吴鞠通研究集成

主　编　严　冰

副主编　（按姓名笔画排序）

丁　勇　卜开初　王兆军

王修锋　严晓枫

中医古籍出版社

图书在版编目（CIP）数据

吴鞠通研究集成/严冰主编. －北京：中医古籍出版社，2012.5

ISBN 978－7－5152－0196－2

Ⅰ.①吴… Ⅱ.①严… Ⅲ.①吴鞠通(1758～1836)－生平事迹②中国医药学－文集
Ⅳ.①K826.2②R2－53

中国版本图书馆 CIP 数据核字（2012）第 084138 号

吴鞠通研究集成

主　　编　严　冰

责任编辑　伊广谦
特约编辑　万　涛
封面设计　陈　娟
出版发行　中医古籍出版社
社　　址　北京东直门内南小街 16 号（100700）
印　　刷　北京金信诺印刷有限公司
开　　本　787mm×1092mm　1/16
印　　张　84.75
字　　数　2115 千字
版　　次　2012 年 5 月第 1 版　2012 年 5 月第 1 次印刷
印　　数　0001～1500 册
书　　号　ISBN 978－7－5152－0196－2
定　　价　248.00 元

《吴鞠通研究集成》编委会

（名次均按姓氏笔画排序）

内容提要

吴鞠通是我国医学史上一位伟大的医学科学家，近200年来，他所著的《温病条辨》、《吴鞠通医案》、《医医病书》，在我国传统医学的传承和发展中发挥了不可或缺的作用，尤其在温热病方面的影响更为显著、深远。

《吴鞠通研究集成》全方位、多侧面汇集了鞠通其人生平、学说思想、学术精华、研究应用、传承发展等内容。本书把鞠通著作问世以来（1812－2009年），专家、学者以及临床工作者研究的著作、论文和科研成果等汇集成册。其内容的全面性、资料的广泛性、研究方法的多样性、价值的权威性皆属空前仅有。卷开一览，研究吴鞠通的学说思想和学术精华，尽在眼前。

本书仿《中华古代名医名著研究集成》体例编写，是大型中医药文献丛书之一，是中医药界科研部门、大专院校、医院、药厂不可多得的重要参考文献，也是图书馆和从事中医临床工作和热爱中医的西医工作者学习、参考、收藏和研究的好书。

吴鞠通（1758～1836）　崔成雨 画

前　言

吴鞠通，名瑭，字佩珩，江苏淮阴人。是我国医学史上一位伟大的医学科学家。著有《温病条辨》、《吴鞠通医案》、《医医病书》三部医学著作。其《温病条辨》是中医温病学的里程碑，和《内经》、《伤寒论》、《金匮要略》并称为中医四大经典著作，和汉·张仲景比肩而立，为我国医学史上两大柱石，故有“伤寒宗仲景，温病有鞠通”之说。

吴鞠通本习儒，因父病年余，至于不起，瑭愧恨莫及，以为父病不知医，尚复何颜立天地间，加之侄儿巧官患温病，发黄而死。这时他认为只有医学才能救人于生，遂发愤攻医，“进与病谋，退与心谋”，以其独有的思维模式，经过实践，在中国医学史上，留下了光辉的一页。其学术思想的精华，集中反映于他的传世之作《温病条辨》。《温病条辨》中的三焦辨证学说，为温病学的治疗提出了完整的辨证治疗体系，为中医学增一法门，属空前仅有。吴鞠通丰厚的医学功底，还表现在他的《吴鞠通医案》和《医医病书》中，他治疗的范围涉及内、外、妇、儿、五官、皮肤等多科，治疗方法涉及内服、外用、针灸、导引、心理等方面，其治疗的病种囊括了现代临床所有发热性疾病，包括突起高热，如非典、禽流感等，以及内科疾病，妇科疾病，儿科疾病，外科疾病，针灸科疾病等。

他所从事的临床工作，实际是全科医生的工作，吴鞠通不单是一位伟大的温病学家，而且是一位名符其实的临床家，这样称谓一点也不过分。作为温病学派而言，他创立的三焦辨证学说，在中医学说流派中的地位是确定的。从书出至今，对中医学术的影响之大是空前的。单就研究吴鞠通学说的版本来看，约一百多种，吴鞠通研究性著作及相关著作目前收集到的近70种版本。可以这样说，凡研究温病学术的没有不提到吴鞠通的。就吴鞠通家乡而言，研究吴鞠通的学术会议全国性的就有两次，地方性的就有6次，参加研讨的有国医大师，有中国中医科学院院士，有大学研究员、教授、博士，有临床第一线的专家等，有相当一部分人在各自的研究领域中属于学术前沿，甚至为研究领域里的领军人物和泰斗级人物，绝大部分的论文是在全面、系统、深入地收集和研究资料的基础上，精心提练，加工细磨，根底很深，有的是临床多年研究心得的结晶，有的是博览群书付出的心血，挖掘了很多新的史料，观点新颖、研究精辟的好文章，内容涉及吴鞠通的《温病条辨》、《吴鞠通医案》、《医医病书》的各个方面，内容丰富，覆盖面广，代表性强。就作者而言，有全国最权威的专业学术研究机构的专家，有全国著名高校的学者，也有各地的中医学术权威和学科带头人、文史研究专家、还有作曲家。在参加集成研究的，最高年龄94岁，更加可喜的是有近百分之九十左右是中青年中医药工作者，最小的只有22岁，他们是中医的希望和未来！文艺界还拍有吴鞠通会议记录片和电视连续剧等。

这部万言著作的医籍，是编者们在两年多的时间里利用节假日和晚间休息完成的，直接参与和关注《吴鞠通研究集成》编辑出版工作的上至国医大师下至专家学者直到论文作者，计2000多人，在分工上主编负责全书的策划，框架设计，重要章节的撰写和全书的审查以及编委会有关会议的召开及工作协调等；执行主编在主编的策划下带领有关执行副主编和编委完成各自负责的资料汇集、审查和初编；副主编在主编的直接主持下，对所有汇集的资料按设计的框架再进行统汇、统编、统审，最后汇集成书。实事求是地说《吴鞠通研究集成》

的出版是集体力量协作的结晶，是大家心血的凝聚，在此郑重地说一声：谢谢！

《集成》编写仿《中华古代名医名著研究集成》体例，除概述综述主题外，分四篇一附。第一篇吴鞠通《温病条辨》、《吴鞠通医案》、《医医病书》版本及后世的主要研究性著作，第二篇已公开发表的研究吴鞠通著作的论文总目录、选辑目录（1812～2009年），第三篇有关研究吴鞠通的学术会议、论文目录和论文选辑目录，第四篇是研究、弘扬、纪念吴鞠通的主要学术机构和活动，附篇是编委会一览表及其它，共五篇合为一书。《集成》的出版目的主要在于彰先人之功，励今人之志，扬吴门医术，为传承弘扬中医事业做点贡献。

《集成》者，集大成也。就我们主观而言很想把古今、国内外，凡研究吴鞠通学说的全部资料，一个不漏的全部在《集成》上汇总，奉献给读者，但客观上因研究吴鞠通的学说资料实在太多，故这个愿望终未实现。另因收集资料的局限性，一些有价值的著述，可能因未被发现或取舍不当而未被收入，望能谅解！对选辑的论文论著，一律尊重原作。明显错字，作了更正，对引用的参考文献一律从略，如需者，请追溯原文。对一九四九年之前发表的作品，凡标点符号通篇用“。”或“。。”或“∞”者，统一按现代标点符号的应用重新加点。对于集成我们原计划两年完成，因资料实在太多，又需一一过目，所以延迟到2010年出版，是年发表的关于吴鞠通研究的论文论著，凡我们能见到的，也有少数经选入编，增一新意。还有一点要说及的，即为了最大限度的给读者们提供比较全面的资料信息，其中大量的文章和著述，都是以目录的形式收编的，即使选辑的，有的也只是节选，对所选书籍和论文的编者及其所在单位，书中皆以统一的体例进行标志，以表示对您的尊重和感谢，也让我们永远记住，您为传承和弘扬吴鞠通学说作出的卓越贡献！说句实话，没有您的参与，就等于位有虚席，是书付梓之前，我们为了把好事做得更好、更实、更与您的意愿相合，故对所有参与者，各发一封公开信，还不知都收到否？如因通讯关系，未能如愿者，我们在此谨再道一声，请谅解！还有就是我们对研究吴鞠通学说的有关著作的叙言、前言、引言、凡例、编写说明、出版说明、内容提要、内容简介、点校说明或后记等也尽可能选择入编，为研究者选择读本时作引路之参考。

在这里我们还需要强调的是，在当今时代的背景下，吴鞠通的学说思想是我们研究的核心，对其后世医学的影响和作用，是我们研究的关键，解决了这个问题，我们的研究方向和目的是很明确的，因此绕开枝叶，集中精力，多做实事，阐发主题，笔墨集中，表现实质，是我们研究的出发点和立足点。当然我们也诚恳希望，在研究吴门（瑭）医派的事业中，能有更多、更详、更好、更具历史观、时代感的论著佳作涌现，为人类的健康作出实在的、新的、更大的贡献。

本书在编辑出版过程中，国医大师程莘农、朱良春、周仲瑛、徐景藩、颜正华对是书的框架设计、编纂工作、学术问题等给予指导，并为是书挥毫题辞。对中国中医科学院、北京中医药大学、天津中医药大学、南京中医药大学、上海中医药大学、河南中医学院、北京中医古籍出版社、淮安市淮阴医院、淮阴吴鞠通中医研究院、淮阴吴瑭医派学术研究会、吴鞠通家乡等有关领导和单位的大力支持以及全国专家、学者的关爱和帮助，在此一并致谢！

吴鞠通学说是人类的福音，集成是编者的职责，传承弘扬，发展运用，是医者永恒的主题。《吴鞠通研究集成》编纂之后，我们更有体会，更有共识，中医学的发展离不开这些经典，少不了追求者的努力，过去如此，现在如此，将来也必然如此。中医经典凡中医者必读之书，从医者必由之路，这是中医学的历史和未来，明天会更好。

庚寅仲夏　严　冰

目　　录

概　说

吴鞠通是中国医学史上一位伟大的医学科学家，著有《温病条辨》、《吴鞠通医案》、《医医病书》。他创立的温病三焦辨证学说，是中医的一门科学，温热病的里程碑。研究他的学说思想，发展他的学术，对于中医的传承和发展，对于人类的需求，特别是在当今世界面临新的疾病谱面前，尤其是突发高热疾病，研究它、发展它、应用它，意义深远，非同寻常。

一、吴鞠通其人其事

吴瑭（1758～1836），字佩珩，号鞠通，江苏淮阴人，著名医学科学家。著有《温病条辨》、《吴鞠通医案》、《医医病书》三本医著，被誉为“上为吴又可之诤臣，下导王孟英之先路”。其《温病条辨》是吴鞠通一生心血的结晶，他上承岐黄、仲景之旨，下承河间、天士等诸家之说，去其驳杂，取其精微，掺合己见，全面系统、集大成、有创见的论述了温热病的辨证论治规律，结合实践创立了三焦辨证学术，最终于1812年《温病条辨》成书问世，成羽翼《伤寒论》之作，和《伤寒论》共为中医学的里程碑，是一部不朽之作。《吴鞠通医案》清末只有手抄本问世，1856年初次付印，是吴鞠通理论与实践的总结。是书以《温病条辨》理论指导实践，又以实践验证了理论，理论联系实际，互证其学，并结合除温病以外的医案记实，合而著成。《吴鞠通医案》一书，示人临证以规矩和法则，是一部医案力作。《医医病书》书成于1831年，是吴鞠通医学理论的重要组成部分。三本医著，共同构建了吴鞠通自己独特的医学理论体系，创立了中医学理论的新篇章，影响着一代又一代的中医，在中医医坛产生了巨大影响。三本医著问世至今近200年来，据不完全统计，版本计110多种；吴鞠通研究性著作版本计70多种，各类学术论文1700多篇。其研究的深度、广度，参加者之多，都属空前仅有。目前临床应用鞠通学术思想治疗的病种，单就银翘散而言，加减治疗的病种达60多种。其治疗面涉及温热病以外的内科、外科、妇科、儿科、五官等临床各科，以及针灸、心理疗法、食疗等范畴。尤其是对现代世界性突发高热疾病的治疗，产生了巨大影响，起了不可替代的作用，具有重要而深远的指导意义。

还要提出的是，本概述除了论述吴鞠通其人其事，对吴鞠通与《温病条辨》，吴鞠通与《吴鞠通医案》，吴鞠通与《医医病书》的有关内容也是我们要重点述及的，这是概述的中心。

吴鞠通幼时聪明伶俐，1 岁就会走路，2 岁自己拿筷不要人喂，3 岁能背诗百首，14 岁考取乡试秀才，15 岁离家求学。19 岁时家庭因遭不幸，父病不起而使他改变了初衷，发愤学医。他说："父病不知医，尚复何颜立天地间。"于是卖地买书，朝研夕究，要在医之道上寻得真经。23 岁时，侄儿巧官患温病，初起喉痹，几经误治，以致发黄而死。由此，更增加他刻苦钻研医学的决心，"慨然弃举子业"，而专事于医。

据《吴氏家谱》载：吴瑭祖籍淮阴渔沟南吴大庄。祖父吴伟兴排行老二，乡里为塾，家有田六顷，房十数间。1750 年，伟兴公兄弟分家，各立门户。按世俗，长兄老大伟驹承以祖宅，老二伟兴携子守让，另立家业，来到渔沟东三十里外的大兴庄东"饮马塘"落户。从此吴伟兴一家便落户于大兴庄。1757 年，吴守让经姑母介绍，与西北乡丁大庄丁氏结婚。第二年，便生下一男，这就是吴瑭。据说，起名为瑭，亦有含义。一说瑭为玉器，既有清翠响亮之音，又有纯色之美，因取之为吴瑭。二说，宅傍"饮马塘"，传说当年隋朝大将罗成南征时路过此处，塘内水清而甜，便安营扎寨，全军战马在此塘饮水，最后得胜而回，此塘后曰"饮马塘"，亦为贵人甘泉之塘，所以取其谐音为瑭，塘、瑭皆贵美之意也。

查阅相关资料，关于吴鞠通名、字、号，源本出于已故全国名老中医秦正生先生在 1984 年《淮阴科技》发表的"吴鞠通之生平及其成就"一文所写："淮阴先贤吴公鞠通先生，讳瑭，字佩珩，号鞠通。"吴公之名何以有瑭塘、佩珮之不同？先生曰：瑭塘皆吉利之字，佩珮意同，珩、佩（珮）皆玉器也，与瑭同义，玉乃一统，何能有二。又中国文化多以成双为吉，故有人把珮（佩）写成配，可能笔误，或出于臆想。淮阴问心堂吴瑭《温病条辨》手抄本原本写吴鞠通，讳瑭，字佩珩。鞠通为其号，后来多以号行，其字遂掩，故凡中医者，没有不知道吴鞠通三字，其由在此。"淮阴吴瑭"这四个字，原是吴鞠通《温病条辨》大作告成之后，在自序中自署的家乡和自己的名字。"淮阴吴瑭"这四个字，是吴鞠通在《温病条辨》书成之后亲手所署，无疑是真实的，可信的，不需后人费墨饶舌。再说，鞠通为人心正口直，性刚气傲，思维敏捷，凡事求实，不可能连自己的祖籍也写错的，这一点我们是确认的。至于有的著作或论文中写"吴鞠通，名瑭，字佩珩，号鞠通"，有的写"吴瑭，字配珩，号鞠通，江苏淮阴（今淮安市）人"，还有的写"吴君讳瑭，字配珩，号鞠通，江苏淮安府山阳县人等等。提法不一，今出于对古人尊重起见，有必要作一些研究和考证。吴瑭，号鞠通究属何意呢？据说此间尚有一段故事。原来，古有孙凤者，善抚琴，一日，得了一张古琴，甚为喜爱，朝夕操弹。忽一日，琴不弹也自动发出声响，将孙凤所弹过之曲一一重复演奏，人称自鸣琴，一时名闻遐迩。孙凤大惊，不敢再弹。有一道人得知，特来拜访，把玩之后，从琴中取出一虫，琴则不复自鸣矣。人问其故，道人答曰："此虫名'鞠通'，十分灵巧，能重复他人之术，因而操琴一遍，则自能模仿也。"吴瑭乃一饱学之士，鞠通之典，大概出于此处。这一传说无关紧要，但吴鞠通讳瑭，字佩珩，淮阴人只是实在的。关于吴鞠通故里，吴鞠通在《温病条辨》自序中，自署淮阴吴塘，为古今人所共认，本无异义。但近年来由于改革开放，对古人颇多热议，吴鞠通的家乡也不例外，一说吴鞠通淮阴人、清河人、清江人，此说基本含义是吴鞠通淮阴人；一说吴鞠通淮安人、山阳人、楚州人，此说基本含义是吴鞠通老淮安人。有的个别学者，也随变而变，详索资料，争议之点关键是古今区域之变、管辖之变、谱牒著书，落下之争。考地还是那地块，人还是（吴鞠通）那个人，实无他变。问题既然提出，为了使广大读者对这个问题和相关问题有一个清晰的认识，所以作了一些脉络辨析，特此说明。最终正其言："吴鞠通，讳瑭，字佩珩，江苏淮阴人。"2001年淮阴市更名为淮安市，所以今有人说，吴鞠通今淮安市人就不足为怪了。另，关于何处是当年"问心堂"，我们也作了一些考证。其也有二说：一说是老淮安河下镇（见《河下圆亭记补篇》，有油印手抄本），一说是淮阴西坝镇三盛码头（杨家码头。见《江苏盐业志》一书）。两处皆有"问心堂"。西坝与河下一属淮阴，一属老淮安，地图上零距离，实际相距20多里。吴鞠通时为名医，两处坐堂当属可信，坐堂看病与著书立说也理在其中。

道光十一年，年岁已高的吴瑭，陡生回乡之念，这时他已74岁，经好友汪廷珍周旋，托请户部张公帮忙，道光皇帝准允，于同年回到了阔别已久的老家淮阴，在淮阴西坝镇杨家码头复建了问心堂，继续为民坐堂医病。根据有关资料记述和鞠通家乡人，尤其是鞠通先生学说的追随者们，即中医世家（如五世为医的王昭和、谢德明等）中医人的口碑和留下的著作中看，鞠通先生因劳累过度，于道光十六年（1836年）秋逝世，葬于邑北淮阴丁家集东郊大兴庄祖茔之侧，即今吴鞠通碑林之地，其还有出棺时场面的记载（吴氏家谱）。

公素纯孝，常有追远之心，虽旋居京师，犹数次回家省墓。道光三年秋，甫至家乡之"清河"境内，曾遇一朱姓病温，四人抬在树下息肩，子在床旁啜泣。瑭即下车，诊其为燥热伤津，因某医回不治，故其子在泣也。欲处方则距城较远，购药莫及，俯视仰思间，忽见道旁不远，有一土丘，其上长满生地。乃欣然曰：君母有救矣。令其刨鲜生地斤许，绞汁近碗，覆杯即愈。是年冬，被邀赴越之绍兴，与浙地之硕彦吴云章、胡云南等交往至密。有朱姓病痰饮，诸医投以补剂，越补越剧，公为之化痰之剂而愈。其例多也，不必多举。

吴瑭论为人，光明磊落，心正口直，性刚气傲，凡事求实，见俗医处方之谬者辄疵之，至病家交口訾君，君据理直言，不循人情。对于那些以医术为手段，妄抬身价，重索谢金，既骄且吝的"俗医"、"庸医"，白眼相待，斥之为"可耻之极"，不相往来，以致那些俗医、庸医们见而避去。对病人，怀救人之心，临症中虽是危疾，不避嫌怨，以治病救人为怀。其医术过人，所医者皆奇效，疑难杂病，无不应手而愈。先生在京、苏淮、浙等地，为民治病，所到之处皆以医名，求治者接踵而来。古稀之年，春节欢聚之日，不避旧风习俗，出门为病人诊治，医德之高，仁心之良，实为后人所敬。

他知识渊博，其"论甚豪，上下古今，了如指掌"。学有根底，善师众长，谦虚诚恳。学叶氏，一再表明，只是要将散见于叶氏医案中的"散金碎玉"整理出来，"摭拾其大概，粗定规模"，目的"俾学者有路可寻"，毫无隐讳、自夸。对人不隐善掠美，在他的著述中，对诸医家的评述，"大抵功过两不相掩"，实事求是，公允、中肯。如在《温病条辨》中说："诸贤如木工钻眼，已至九分，瑭特透此一分，作圆满会耳，非敢谓高过前贤也"。其学术思想对前人的继承有一说一。他说："本论详加考核，准古酌今，细立治法，除伤寒宗仲景法外，俾四时杂感，即若列眉；未始非叔和有以肇其端，东垣、河间、安道、又可、嘉言、天士宏其议，而瑭得以善其后也。"对前人有关温病的各种论述，功过是非，褒贬取舍，以学术的态度，直言不讳。他说："至于驳证处，不得不下直言，恐误未学。"但要真正让吴瑭做到对前人之论百分之百地去其杂取其精也实很难。尽管他作了很大的努力，但也不是完美无缺的。如他对吴又可"邪伏膜原"等的治疗，和薛生白的《温热病篇》的内容就未能说及。可能他未及此书，但这不会影响一个伟大医学家的光辉形象。他非常厌恶那些力诋别人却又暗窃别人成果的坏学风。他在《温病条辨·伤寒注论》中，论到喻嘉言等人时说："独恶其自高己见，各立门户，务掩前人之善耳。后之学者，其各以明道济世为急，毋以争名竞胜之心"，则"民生幸甚"。对自己的不足，直言不隐。如谈自己对燥气的认识，是沿袭前人之旧，论述有偏。他不隐人之善，不掩己之过，心正口直，光明磊落。他经历了乾隆、嘉庆、道光三个时代，亲眼目睹清王朝由"乾隆盛世"逐渐走向衰败和西方医学逐渐向中国渗透，中医面临着挑战和选择，而一代名医吴鞠通丝毫没有动摇他对中医的坚信和为之奋斗的信念。他的《温病条辨》、《吴鞠通医案》、《医医病书》三本医著，具有承前启后的作用，他所从事的事业，是开创性的伟大事业！一生其学为人，其术为人，其心为人，其志为国，乃千古典范，永远值得我们学习和缅怀。伟大的医学科学家吴鞠通先生永垂不朽！

二、吴鞠通《温病条辨》

没有吴鞠通，就没有《温病条辨》。《温病条辨》是清伟大的医学科学家吴鞠通所著的一部里程碑式的不朽之作。

鞠通受其父训，原本习儒，正欲赴科考之时，其父突然患病，以至不起，病年余而亡。年少的鞠通，年方十九（1776 年），"哀痛欲绝"，自愧父病不知医，"何颜立天地间"。于是以汉医圣张仲景为榜样，"慨然弃举之业，专事方术"，希望自己能像张仲景那样"悲宗（家）族之死，作《玉函经》为后世医学"之祖。于是多方购买医书，朝夕诵读。经过四年多的苦心钻研，虽对医术略知一些，但觉自己初学，对"温病治法，茫乎未之闻也"。就在乾隆四十五年（1780 年），侄儿巧官又患温病，初起喉痹，当时俗医不知温病治法，方药乱投，"后至发黄而死"，一个幼小的生命又被病魔夺去了。眼睁睁的事实，鞠通深知，只有医术才能救人之命。他对俗医非常气愤，感到为医者不少，术高者不多，如能得名医指点，定能学到真知，解民疾之苦痛，于是产生了外访求师的念头。乾隆四十八年（1783 年）秋，鞠通游学京师。是年 26 岁的吴鞠通，到了北京，生活拮据，经友人介绍至四库馆阁检校《四库全书》。这对原本好学进取的吴瑭，如鱼得水，既能博览先贤医著，又能佣书自给，余遐还可与京城名医切磋医术。这是一代名医成功之机遇，也是《温病条辨》书成的先端。

四库馆阁，是皇家的书院，藏书万卷。给鞠通择书博览提供了机会，因而学业大进，给人治病，常获奇效。癸丑岁（乾隆五十八年），京都温疫大流行，其死于世俗之手者不可胜数。36 岁的吴瑭，受友之催促，为之救治，多所得愈。"大抵已成坏病（者）"，经鞠通治疗，"幸存活数十人"。这对吴氏来说，虽是小小的治疗业绩，其实也是才能的展示，从而更加坚定了对医的热爱和进一步在医学领域里谋求发展的决心和信心。在京检校《四库全书》，得明季吴又可《温疫论》，"观其议论宏阔，实有发前人所未发，遂专心学步焉。察其法，亦不免支离驳杂，大抵功过两不相掩，盖用心良苦，而学术未精也。"于是瑭又考晋唐以来诸贤议论，觉得各有所长，又各执一端，尤其是温病学说，无一完备之作，心中不安。更因京都温疫流行，其死于世俗之手者，不可胜数，"生民何辜，不死于病而死于医，是有医不若无医也，学医不精，不若不学医也"。于是立志采集历代名贤著述，去其驳杂，取其精微，间附己意，以及考验，合成一书，名曰《温病条辨》。是书上承《内经》、《伤寒论》，下继吴又可、叶天士等明清诸家学说。在《温病条辨》"原病篇"中，吴氏引《内经》条文

19 条，逐条联系前人论述进行注释，作为《温病条辨》阐述温病的理论依据。并取《内经》三焦之意，创温热病三焦辨证纲领。对张仲景的《伤寒论》尤其推崇，在凡例中指出“是书仿仲景《伤寒论》作法”。是书虽为温病而设，实可羽翼《伤寒》。书中将温病和伤寒两分开，并非与《伤寒论》分庭抗礼。《伤寒论》六经，由表入里，由浅及深，须横看。本论论三焦，由上及下，亦由浅入深，须竖看，与《伤寒论》为对待文字，有一纵一横之妙。而两者在外感热病的辨证上是一脉相承。故鞠通说：“学者诚能合二书而细心体察，自无难识之证。”鞠通汇前人的经验于一炉。进与病谋，退与心谋，于 1798 年写成《温病条辨》。稿成之后，“犹未敢自信”，“藏诸笥者久矣”。1812 年，淮问心堂刻本始问世。是书凡七卷（含卷首），亦有云六卷。首卷历引经文为纲，分注为目，原温病之始；卷一为上焦篇，凡一切温病之属上焦者系之；卷二为中焦篇，凡温病之属中焦者系之；卷三为下焦篇，凡温病之属下焦者系之；卷四杂说救逆，病后调治；卷五解产难，专论产后调治及病论；卷六解儿难，专论小儿疾病。全书以三焦为纲，病名为目，分篇分条列述了风温、温热、温疫、温毒、暑温、湿温、秋燥、冬温、温疟等九种温病的证治，理法方药俱全。参看有关资料，吴鞠通从动意写书，到书成，前后约经 20 年的时间，最后于嘉庆癸酉年（公元 1813 年）正式刊版，是目前能看到的最早的问心堂刻本。但是，最早的版本应是嘉庆十七年（1812 年）刻本，淮阴王绍和（中医世家，五世相传）、秦正生等老中医藏本。1813 年问心堂刻本一出，震动大江南北，相继刻印者多多，具不完全统计，解放前计有 70 多种版本，之后计有 30 多种版本，其研究性著作和研究的相关著作就更多，计有 60 多种版本。兹就《温病条辨》研究中的几个重要问题概说于兹。

（一）《条辨》确立了三焦温病的治疗原则，建立了温病治疗的方药体系

书中指出三焦温病的治疗原则是“治上焦如羽（非轻不举），治中焦如衡（非平不安），治下焦如权（非重不沉）”。考人之体质有强弱之分，脏脏部位有高下之别，受邪之地有上中下之异，临床表现万不会一致。吴氏从临床实际着眼，立三焦治则治法各异，分别运用于三焦温病的治疗之中，从而形成了治疗外感热病所独有的理论体系。三焦温病的治则各异，用方考究，根据临床需要，或用古方，或古方加减（即变方），或自创新方，药达病所，非常符合临床实际，是一科学的创举。如上焦温病，病在上焦属手太阴表证，多为温病的初起阶段，邪在卫分，发热特征为微热，发热微恶寒。病在上焦，邪热由表入里，由卫入气，其热特征表现为壮热（恶热或但恶热不恶寒）、大渴、脉洪大；若逆传心包，邪热内陷心营，病势深重，则表现为高热不渴，夜热为甚，舌绛而干的特点；入血则身灼热兼见吐血、衄血、尿血、便血，甚则出现昏迷、抽搐、斑疹显露等症。此皆属病在上焦，相当于卫分证候及逆传心包证候。论治疗，在表治宜辛凉透表，方用“桑菊”、“银翘”；入里在气，治宜清热保津，“白虎”为当；入里在营（血），清营透热，凉血解毒，清营汤加犀角、生地、元参、丹皮、白茅根等。然病不变症变，上焦温病由表入里，由卫入气，甚则入营动血，皆不能截然分开，应随其发热的特征参以兼症，统观处理。

中焦温病是温病的极期阶段，邪入中焦，一般病程较长，高热持续。临床上邪入中焦，从燥化则热邪炽盛，从湿化则可见湿盛于热或湿热并重，其变既可导致阳明热盛，又可导致阳明腑结，既有湿热上蒙心包之证，又有传至下焦之变。发热特征随其病变的脏腑部位和兼邪不同而异。如热在阳明，阳明热盛，则证见壮热，兼见大渴，脉洪大，为病邪入里，正邪剧争，气分热盛的标志，治同上焦气分热盛之证；若热在胃肠，证见恶热，日晡益甚，脉见沉数有力，甚则脉体反小而实，这是邪在阳明之腑的表现，治当攻下为是。若下后数日，症见热不退，或退不尽，兼见口燥咽干等症，这是下后阴伤，余邪未尽，复聚阳明之证，或用护胃轻下法，或用增液养阴法，以退其热；若湿热互蒸于中焦，症见汗出热解，继而复热，此乃湿温病反复发热之特征，其汗是湿热互蒸之由，治当清热祛湿，两相兼顾，不可偏一。总之病在中焦而发热，随其病机不同，其表现不同，治法各异。

邪入下焦，为温热病的末期阶段，温病邪入下焦，每致阴枯液涸，其热特征为低热（“身热不甚，手足心热甚于手足背”）、夜热早凉，是肝肾阴虚，邪少虚多之候，治以滋阴祛邪为主。其具体运用，应脉证合参，兼证兼治。

（二）《条辨》指出寒温有别，使温病脱却伤寒自成体系

伤寒与温病，虽同属外感热病，但实为两种不同的病证。历代医家论及颇多，但都不甚精详，未能脱却伤寒套套，概以伤寒之法，统治六气之病。所以然者，缘对伤寒、温病的病因认识不清。其论述精详者，首推吴瑭。他明确指出，伤寒与温病，其病邪性质、感染途经以及治法，断然有别，谓：“伤寒，阴邪也，阴盛伤人之阳也”；“温病由口鼻而入，自上而下，鼻通于肺，始手太阴”；“温热，阳邪也，阳盛则伤人之阴也。”对于伤寒、温病，吴氏谓“阴阳两大法门之辨”，因“伤寒伤人身之阳，故喜辛凉、甘寒、咸寒以救其阴”。吴氏之说，使温病由此真正脱却伤寒窠臼而自成体系。

（三）《条辨》强调养阴护津，贯彻治疗温病的始末

吴氏谓“温病伤人身之阴，故喜辛凉、甘寒、甘咸，以救其阴。”其具体运用，贯彻于三焦温病治疗的始末。诚如他自己指出，始终以救阴精为主（杂说）。首先，他主张“预护其虚”。病在上焦卫分，虑其温邪伤阴，即用芦根生津；病入中、下焦，分别用凉、寒、咸等法以清热救阴。《条辨》滋阴法归纳起来，有滋阴解表、滋阴解毒、滋阴清热、滋阴养胃、滋阴润肺、救阴通便、育阴安神、养阴熄风等，广泛地运用于三焦温病的治疗之中。所以吴氏实为后来治疗温热病强调养阴护津的典范。

此外，在温病治疗过程中，吴氏还非常重视饮食疗法，并运用了外治法。饮食疗法在中医医籍中记载颇多，如《周礼》有食医记载，《内经》有“五谷为养，五果为助，五畜为益”之说，但作为法用在温病治疗上则不多。吴氏据“药食同源”之理，将食物药用者，计20多种，如银翘散中的豆豉，新加黄龙汤中的海参，桃花汤、桃花粥中的粳米，猪肤汤中的猪肤、白蜜、白米等皆属此类。法如甘润养阴法用猪肤汤，甘寒滋阴法用雪梨浆等。外治法，原为外科所用，吴氏不拘一格，用于温热病治疗中。如用外敷法，取水仙膏、三黄二香散以治阳性痈毒。用抹拭法，取水蘸薄荷末以治阳明温病下后，秽浊苔垢未去者，而奏解热生津之功，为温热病的治疗又开拓了新的内容。

（四）《条辨》融六经、卫气营血、三焦为一炉

吴氏谓：“《伤寒论》六经由表及里，由浅及深，须横着。本论论三焦由上及下，亦由浅入深，须竖着。与《伤寒论》为对待文字，有一纵一横之妙。”然此则相比较而言，人是有机的整体，不可截然分开，虽以三焦分论，但仍以六经为病名，诸如太阴温病、太阴风温、太阴伏暑、阳明温病、阳明燥证、少阴温病、手太阴暑温、手厥阴暑温等。且也贯穿着卫气营血辨证，吴氏认为：“《伤寒论》中分营分卫，言阴言阳，以外感初起，必由卫而营，

由阳向阴。”喻“（足）太阳如人家大门，由外以统内，主营卫阴阳；手太阴为华盖，三才之天，由上以统下，亦由外以包内，亦主营卫阴阳，故大略相同”，所以三焦辨证也运用了卫气营血的理论。《条辨》多次提到了卫气营血，如“太阴湿温，气分痹郁而哕者”用宣痹汤；“燥伤太阴气分者”用桑杏汤；“热初入营，肝风内动者”用清营汤去牛膝加钩藤、丹皮、羚羊角；“热在营中”用清营汤；“气血两燔”用玉女煎去牛膝加元参方等。凡此皆是吴氏吸收仲景、天士之长的具体表现。六经、三焦、卫气营血虽云有共同之处，但细观之又各有不同之点，所以“学者须于同中求异，异中验同，同异互参，真诠自见”，方能全面理解，相得益障。总之，吴氏匠心苦运，将六经、卫气营血、三焦辨证有机地连在一起，融为一炉，实谓空前仅有。我们应细心观察，博览各家之注，结合实际，古为今用，扬长补短，透彻理解，方能使《条辨》的学说思想在防治急性温热性疾病方面，尤其是突发高热方面，发挥更大的作用。

关于三焦辨证：

《上焦篇》计66条，主要指手太阴肺与手厥阴心包的病变。手太阴肺的病变，又有在表在里之分，在表其病理是邪袭肺卫，肺气失宣；在里是邪热壅肺，肺气闭郁。手厥阴心包的病变，其病理是邪热内陷心包，心窍闭阻。病在上焦多实证、急证。

在辨证过程中，主症突出，兼证兼顾。病在上焦手太阴肺，邪属表浅，主症为发热（身热，尺肤热，午后热甚），口渴而咳，脉动数。但因人之正气有强弱之分，感邪有轻重之别，故有身不甚热，但微咳，渴者；有恶热而渴，有恶热面赤，大汗渴甚等不同见症。例如：风温、温热、冬温之邪在上焦则见微渴或渴。若邪入气分，热盛伤阴，则可兼见气虚，而见汗多，鼻煽，脉象散大无力等症；热邪入营，则可见舌绛而干，反不口渴；肺经邪热太盛，伤阴动血，则血从上溢而见吐血、衄血；入营动血则发斑疹；邪热逆传心包，内闭心神，则神昏谵语，痉厥抽搐。

上焦温病，主要为温病的初期阶段。“温邪上受，首先犯肺”。肺主皮毛属卫，病邪袭肺侵卫，故当解表。“解表初用辛凉轻剂”，表解热退则病已。肺位至高，药过重则过病所，故用药宜味薄质轻，并令“勿过煮，过煮则味厚而入中焦”。如此方能达轻清升举、透邪外达之的，即吴氏所谓“治上焦如羽”之意。“如羽”之法在上焦运用颇多，但又非独在上焦，中焦等也有用“如羽”之法的，如辛凉透表法、辛凉润燥法、辛凉泄热法、宣肺透暑法、清温败毒法、清热利咽法、清气凉营法、清营透疹法以及辛凉辛温合法等，皆属此类或寓此意。至于邪入心包，症见舌绛，神昏谵语者，其治疗法则，则又非“如羽”所能奏功，治当清心开窍为宜。

由于温病初起，多因感受风邪而发，风与温皆为阳邪，故治疗宜辛凉为主。辛以散风，凉以去热，佐以苦甘，因苦能泻热，甘能缓急。故风温初起，鞠通分别以辛凉轻剂桑菊饮，辛凉平剂银翘散，辛凉重剂白虎汤分而治之。在具体运用中尚有辛凉、甘寒合法，方如玉女煎去牛膝熟地加细生地元参方、减味竹叶石膏汤方、银翘散汤方、青蒿鳖甲汤方、竹叶玉女煎以及清燥救肺汤等。

临床上凡温邪在表，或表里俱热或温燥伤肺而热邪伤津耗液者，均可用辛凉甘寒之剂治之。若属无形之热入于肺络，当用芳香轻药以清肺络之热，如清络饮。若由于温邪逆传，如心疟，又可用加减银翘散清肺与膈中之热，引邪外出，使邪热外透于表，从辛凉而解。上焦温病若兼见暑温、伏暑、湿温、寒湿、温疟、秋燥等证者，治当变法，如属湿温证，表里经络、脏腑三焦均为湿邪所困，鞠通则改用辛凉淡渗，如茯苓皮汤、薏苡竹叶散，目的在于用辛凉解肌表之热，淡渗利在里之湿，双解表里，则湿热得除，恰切病机。在治疗中，鞠通还常常辛凉、辛温合用，治疗暑温、暑湿痹者等证，方如新加香薷饮、加减木防己汤等。夏月伤暑或外感于寒，内伤于湿，因暑必夹湿，湿为阴邪，非温不解，则用新加香薷饮治疗。香薷有“夏月之麻黄”称谓，能发暑邪之表，配合辛凉之味而为辛凉与辛温合法，则病邪可去。暑湿痹证，则改用加减木防己汤，辛凉辛温合用。遇湿温初起，鞠通用三仁汤清开上焦之湿，达气化湿也化，谓之苦辛淡法。用上焦宣痹汤治太阴湿温气分痹郁而哕者，用小承气汤、大承气汤，取厚朴之辛，配苦寒之味泻其热者，谓苦辛通法。暑温湿热或伏暑之证，湿热并重者，鞠通用白虎加苍术汤，合为苦温辛凉之剂，方以苦温燥在里之热，辛凉去在表之热。若邪热内陷，神色昏迷，谵语惊厥，口渴身热，面赤唇焦者，用安宫牛黄丸、至宝丹、紫雪丹等咸寒苦辛相伍，清热解毒，芳香透邪。燥伤肺胃阴者，用沙参麦冬汤甘寒养阴，寒湿伤阳者，用苦辛温法，桂枝姜附汤治之。手太阴暑湿汗多，脉散大，喘渴欲脱者，用生脉散酸甘化阴治之，用清暑益气汤治中暑，酸甘辛甘合用，既能益气又能养阴且兼祛湿。

凡上所述，治法皆离不开“辛散”之味，是鞠通“治上焦如羽，（非轻不举）”治则之体现也。其“治中焦如衡（非平不安）”、“治下焦如权（非重不沉）”也将各得其所，处方严谨，法在方中，以此指导临床，启发后人，扩大思路，为创新发展树旗引导，为后来者治疗温热病起到了提纲挈领的指导作用，即使是当今的特起高热诸病亦可效法而从之。

卷二《中焦篇》计 102 条，主要指足阳明胃、手阳明大肠，以及足太阴脾的病变。在胃其病理是邪正剧争，胃热亢盛；在肠是热结肠道，腑气不通；在脾是湿热困脾，气机郁阻。病在中焦和病在上焦雷同，多属实证、急证。

病在中焦，多为津伤里结之证。邪正剧争于足阳明胃者，以发热不恶寒反恶热、面赤、汗出、口渴、气粗、苔黄燥、脉洪数为主症。若热盛不退，脉象浮而促，是热邪稽留中焦不解，阴气被伤之证。若邪热燥结阳明之腑，则腑气失其通畅，而临床可见腹满硬痛、不大便、舌苔老黄、甚则黑苔起刺、脉象沉实等症。若湿热之邪由募原直达中焦，此时病机尚浅，临床可见不饥不食、机窍不灵等症。然湿热之邪留恋脾胃一时难解，随着人的体质差异，邪之所属，则又有湿重、热重之分。初起阶段，多为湿重于热，或湿热并重，临床以身热不甚、脘闷便溏、口不渴或渴不欲饮、舌苔白腻或黄腻为其特征。若湿热郁蒸，弥漫三焦，波及其他脏腑者，亦可出现疟、痢、疸、痹等证，甚则出现上蒙清窍，神识昏昧或化燥伤阴，入营动血之变。

中焦温病，为邪正相争的阶段。脾胃居中，位于上下之间，是升降出入的枢纽。温病邪入中焦，主要表现为邪热炽盛和脾胃升降失调，即吴氏谓“阳明温病”、“太阴温病”是也。治疗以祛邪为主，但必须处处顾全脾胃。用药味薄质轻不达病所，味厚质重反过其位。所以先生提出：“治中焦如衡，非平不安。”用药宜不偏不倚，公正平和，务使邪去而正安，服药宜中病即止，不必尽剂，以防伤及脾胃。如服大承气汤时嘱：“先服一杯，约两时许，得利，止后服，不知，再服一杯，再不知再服。”以及其他“得利，止后服，不便，再服”，“虚者复纳人参二钱，大枣三枚”等嘱，皆为“如衡”之体现。观其《条辨》“如衡”之法，中焦运用颇多，如芳香化湿法、疏运中焦法、通腑泄热法、苦辛通降法、清热化湿法、甘寒养胃法、滋阴清热法等，皆属此类。

考辛能宣散，辛散是中医祛邪的一种方法。鞠通把具有辛散的药物和苦味的药物结合起来，不但用治上焦温病，而且在中焦应用也颇多，取苦辛能散能燥的药理，谓之苦辛法。其具体运用有苦辛温法，如草果茵陈汤治足太阴寒湿证，椒附白通汤治足太阴寒湿，苓姜术桂汤治疗寒伤脾胃之阳，四加减正气散治疗湿阻气分，五加减正气散治秽湿著里，脘闷便泄，加减附子理中汤治太阴寒利，厚朴草果汤治热少湿多之湿疟，加减小柴胡汤治疟邪内陷变痢而脾胃气衰，用半夏泻心汤去甘草加枳实杏仁方，苦辛寒法合用治阳明暑湿，用半夏泻心汤去人参干姜甘草加枳实生姜方治阳明湿温，呕而不渴，用人参泻心汤加白芍治中阳本虚，湿热内陷，用加减人参泻心汤治疟伤胃阳，热劫胃液证，用三石汤治暑温蔓延三焦证，三香汤治湿热内陷，机窍不灵，用一加减正气散治三焦湿郁，升降失司，用三加减正气散治秽湿着里，气机不宣，久则酿热，用杏仁石膏汤治湿热黄疸，青蒿鳖甲汤用于治疗暮热早凉，少阳疟偏于热重者，用连翘赤豆饮送服保和丸治素积劳倦，再感湿温，误用发表，面目俱黄者，苦辛微寒合用，饮以解外，丸以和中运脾，以消内湿，则诸证自除。鞠通用味苦配以辛温佐以淡渗利湿之味，谓之苦辛淡法，用于治疗湿热之证或湿重于热者，如二加减正气散治湿郁三焦之证，二金汤治黄疸肿胀等，皆属此类。用辛味苦味同用，用辛以开闭，以通达降，称苦辛通法，如用四苓加木瓜厚朴草果汤苦温酸淡合法治太阴寒湿，四苓加厚朴秦皮汤苦温辛淡治足太阴寒湿证，用四逆加人参构成甘温辛热之剂用治霍乱证，用茵陈蒿汤苦寒清利治阳明温病发黄，用黄连黄芩汤构成苦寒辛香之剂用治阳明温病干呕口苦而渴，用大小承气汤、宣白承气汤苦寒辛通治阳明温病而应下者，用栀子豉加姜汁方苦寒酸辛合法治阳明温病下后心中懊憹者，用护胃承气汤、新加黄龙汤、冬地三黄汤苦寒甘寒合法治阳明温病各得其所，用调味承气汤、增液汤、增液承气汤、新加黄龙汤等咸寒苦甘合法治阳明温病胃阴耗损，用玉竹麦冬汤治秋燥，燥伤胃阴，处方严谨，法在方中，以此指导临床为后人治疗中焦温病，起到提纲挈领的作用。

以上所举之方，只是法之代表方，详细内容尚需结合条文，理解应用。

卷三《下焦篇》计 78 条，主要指足少阴肾和足厥阴肝的病变。在肾其病理是邪热久留，肾阴耗损；在肝其病理是水不涵木，虚风内动。病在下焦多属虚多实少之证。

病入下焦为邪正相争的后期，吴氏谓“中焦病不治则传下焦，肝与肾也”。其又有正虚邪留和正虚邪退之别。邪热入肾，津枯水竭，以口干舌燥，齿黑唇裂，心中烦，不得卧，手足心热等为主症；水不涵木，肝风内动，以厥热交作，抽搐或狂乱不宁为主；若余邪留伏营阴，则可出现消渴，肌肤麻痹，心烦等症；阴液元气两伤，则睡眠不安，食纳无味，或见神志模糊不清之状。

下焦温病，主要在肝与肾，属温病后期邪少虚多之阶段。临床表现为邪热伤阴，津枯水竭，肾阴亏耗，肝风内动之重症危候，治宜甘寒咸法，用大剂滋阴潜阳之品，方能挽其虚脱危险之局，用药宜味厚质重，否则难入其下焦。诚如曹炳章谓：“凡温病在上焦者，业已虑其伤阴，况传至下焦乎？故用药纯取重镇厚味滋腻之品。”所以吴氏指出，“治下焦如权（非重不沉）”。“如权”之法，在下焦运用最多，诸如滋阴退热法、育阴清热法、滋阴熄风法、养阴润燥法等，皆为“非重不沉”之体现。

温病入下焦，肝与肾也。温邪久留，脾阳不足，肾阳疲惫，鞠通用安肾汤辛温苦淡合法，渗湿而补脾阳，釜底增薪，温肾暖脾；用鹿附汤治湿久不治，邪伏少阴，舌白身痛，足跗浮肿者；用术附姜苓汤治疗湿伤阳，痿弱不振，肢体麻痹，痔疮下血者；用桃花汤甘温涩法，治下焦虚寒，阳败阴竭，正气欲绝，下利无度者；用一甲煎咸寒兼涩，存阴固涩，治温病下后，反大便溏甚，脉仍数者；用三甲复脉汤咸寒甘润，治热邪深入下焦，阴液亏损，证见痉厥，心中大动，脉细促者；用犀角地黄汤，咸寒苦甘，治少阴温病邪入血分，内有瘀血，此方能清热凉血兼以养阴；用三才汤甘寒养阴，治暑邪久热，阴液元气两伤者；用加减复脉汤治温病误表，津液被劫或温病耳聋；用小定风珠方甘寒咸法，育阴潜阳，治温邪久踞下焦，灼肝液为厥，扰冲脉为哕者；用加减桃核承气汤，治疗热入血室；用椒桂汤治暴感寒湿成疝；用大黄附子汤治邪踞厥阴，表里俱急之寒疝；用天台乌药散治寒湿客于肝肾、小肠而成寒疝者；用温脾汤，取草果等药构成苦辛温里法以治太阴三疟；用加减泻心汤苦辛寒合用治疗噤口痢；用断下渗湿汤苦辛淡三味合用治久利带瘀血者；用宣清导浊汤治湿温久羁，三焦弥漫，神昏窍阻，少腹硬满，大便不下者；用乌梅丸酸甘苦辛合法治久痢伤及厥阴，上犯阳明之证；用减味乌梅丸治厥阴三疟；用椒梅汤治暑邪深入厥阴；用连梅汤酸苦甘寒，治暑邪深入少阴消渴，深入厥阴麻痹；用人参乌梅汤酸甘化阴治久痢伤阴；用地黄余粮汤治久痢阴伤气陷者；用大定风珠酸甘咸寒潜阳之味治热邪久羁，吸铄真阴而见神倦瘛疭，脉气虚弱，舌绛苔少，时时欲脱者。其它诸如三甲复脉汤、专翕大参膏等，皆属此类，学者互参，用时择选。

卷四《杂说》凡18篇。是篇论述有补《条辨》或其他著中之未完，有自立新论，遵古不泥，其见解独特，治学严谨，值得一读。

《内经》曰："风为百病之长。"又曰："风者善行而数变。""前人多守定一桂枝，以为治风之祖方；下此则以羌、防、柴、葛为治风主要药，皆未体风之情，与《内经》之精义者也。"明确指出，桂枝汤"所治之风，风兼寒者也"，"若风之不兼寒者，则从《内经》风淫于内，治以辛凉，佐以苦甘"治之。指出寒温两大法门，各不相同，不可一视，也不可偏执。"杂说"中"辛凉止汗"，乃鞠通首倡。他在"杂说·汗论"中指出："其有阳气有余，阴精不足，又为温热升发之气所灼，而汗自出，或不出者，必用辛凉以止其自出之汗，用甘凉甘润培养其阴精为汗之材料，以为正汗之地，本论之治温热是也。"鞠通谓辛凉止汗之法，实质是针对温热病而言，温为阳邪多灼津耗液，辛凉止汗实为护阴精而为。其代表方剂如桑菊饮、银翘散、白虎汤均治太阴温病。太阴温病有自汗、汗大出、汗多、有汗或大汗不止等症状，皆可用上述诸方加减，而达辛开凉清，郁开热透，津还热退，其汗自止之目的，此皆理也。对六气之常论述也颇多，其说独具，他指出："论病者，要知夏日亦有寒病，冬日亦有温病，次年春夏尚有上年伏暑，错综变化，不可枚举。""除伤寒宗仲景法外，非伤寒者，则于本论中求之。"恐致伤寒温病界限不清，对六气之变，明确指出寒温有别，不可相混。更可贵之处，强调"非其时而有其气"的病因说，非常符合实际，对指导临床，意义非浅。在是篇"寒疫论"中又说："世多言寒疫者，究其病状，则憎寒壮热，头痛，骨节烦疼，……时行则里巷之中，病俱相类，若役使者然"。明示"疫"之传染性，不可忽视。不论四时，或有是证，治"用辛温解肌……辛凉清热，无二理也。"凡此之说，对外感热病的治疗起了很大的指导作用，即便是当今的特起高热病证，也不失其指导意义，值得镜鉴和效法。

是篇对读书学习，提倡遵经，指出"医书亦有经史子集"之分，学者不可不遵经，经书一定要读，如《灵枢》、《素问》、《神农本经》、《难经》、《伤寒论》、《金匮玉函经》等，皆为医疗之经，不可不读。不遵经，则学无根底，或流于异端。然鞠通先生又提出："遵经太过，死于句下。"则无益，即《孟子》谓："尽信书，则不如无书也。"凡此等等，给人以启迪，是篇文字虽不多，每寓金石良言，读者自取幸矣！

卷五《解产难》，共17篇，其内容论保胎、催生、下死胎以及产后诸病的证因论治。其中对产后三大难证以及产后补虚、产后瘀血、产后腹痛、产后失血等论述精辟，独具有格，兹概述于下。

《金匮》妇人产后病脉证治第二十一篇曰："新产妇有三病，一者病痉，二者病郁冒，三者大便难。"论其病因，新产血虚，多汗出，喜中风，故令病痉。"亡血复汗，寒多，故令郁冒"，"亡津液胃燥，故大便难"所致产后三大证皆因虚出，故有产后多虚之况，临床多以补虚为主。似理在其中，不无二法，但鞠通先生在《解产难》卷中却说："产后气血虚不可不补，然杂证一概置之不问，则亦不可"。并告诫临证要识证者真，对病确，一击而罢，中病即止，否则，太过则重伤气血，不及则邪气逗留正气逾虚，并举张景岳所云："产后既有表邪，不得不解……既有内伤停滞，不得不开通消导。"兼症兼治，大理也，所以说鞠通所言非常切合临床实际，值得深入学习和探讨。对"产后瘀血实证。"鞠通指出"必有腹痛拒按情形"，如果痛处拒按，属实证，结合产后之虚，轻者用生化汤，重者用回生丹最妙。盖回生丹以醋煮大黄，药入病所而不伤他脏，内多飞走有情食血之虫，又有人参扶正，何瘀不破，何正能伤。对一见产后腹痛，不问拒按喜按，一概以生化汤从事，或每至产后，必服生化汤者，而致阴虚劳病者，鞠通则提出指责。其他诸如产后大便难，可与增液汤，产后失血治同温病法等等。此皆鞠通"辨证"思想在妇产科领域的体现，对开拓中医产后病的治疗具有一定的指导意义。

总而言之，《解产难》立论精辟，论而有据，发前人之隐，敢于创新，对中医妇科学的发展具有重大意义。

卷六《解儿难》凡24篇。主要论述小儿的生理、病理特点以及小儿发病的主要病因和用药特点，对小儿疳疾和小儿痉证等证因论治见解独到，兹略述于兹。

由于小儿的机体正处在生长发育的过程，尚未完全成熟，随着年龄的增长，无论在生理、病理等方面都有一定的特点，和成人有着明显的差异，年龄越小越显得突出，年龄越接近成人，则越不明显。宋代钱乙在《小儿药证直诀》中指出小儿"五脏六腑，成而未全，……全而未壮"。最早儿科专书《颅囟经》称小儿为"纯阳"。鞠通有感于此，在"解儿难"中独创见解，指出"小儿稚阳未充，稚阴未长"。"阴"指内脏的实质、精血、津液等物质的东西；"阳"是指内脏和精、血、津液等物质运动的功能作用，阴阳是互根的。所谓"稚阴稚阳"，即指小儿无论物质基础和生理功能方面都是幼稚的、不完善的。他形象地把小儿比喻为"春令也，东方也，木德也"，借以说明小儿有如旭日初生之气，春令草木初芽之时，生长发育相盛之期，但并不壮实。另一方面，小儿柔弱不足，虽生机蓬勃，但不完善且不成熟，这是小儿的生理特点。鞠通谓："其脏腑薄，藩篱疏，易于传变；肌肤嫩，神气怯，易于感触。"说明小儿寒暖不能自调，乳食不知自节。五脏之中尤以脾肺二脏最显明显，属于"稚阳体，邪易干"。小儿"脾常不足"，体质处于幼稚阶段，对疾病的抵抗力较差，邪气易于感染。脾胃功能差，脾胃乃后天之本，主运化水谷和输布精微，对气血的生长和维持正常的生理活动起着无法代替的作用，乃生命之源；若饮食不节，饥饿无常，或感受湿热之邪，均可影响脾胃的功能，出现积滞、呕吐、泄泻等疾病。肺司呼吸，主一身之气，外合皮毛，由于小儿生理上形体柔嫩，卫外机能未固，对外适应功能较差，外邪易从皮毛或口鼻而入，影响肺的生理功能，出现感冒、咳嗽、喘咳等疾病，或易感时行厉气，出现麻疹、水痘、痄腮等疾病。凡此是篇述及甚详，值得效法应用。此外鞠通对痉、疳积、痘证、疹证等也论述颇详。如痉证，鞠通指出"只治致痉之因痉自止，不必沾沾但于痉中求之。若执痉以求痉，吾不知痉为何物"。十分强调审因以论治、治病必求其本的原则。还指出："痉者，筋病也。知痉为筋病，思过半矣。"一语道破了痉为筋病这一本质。十分可贵的是，鞠通还把小儿痉病分为寒痉、风温痉、湿热痉、暑痉、湿痉、燥痉、内伤饮食痉、客忤痉、本脏自病痉等九大纲领论述，颇具参考价值，值得进一步研讨。在治疗小儿疳疾上，尤重调理脾胃，提出“疏补中焦”、“升降胃气”、“甘淡养胃”、“调和营卫”、“伤其脾胃，调其饮食”、以及丸药缓治，食后击鼓等方法，都非常适合小儿脾胃之病的治疗和调护。“解儿难”论理精辟，对小儿的生理、病理发前人所未发，论病因特点，切中实际，给后学者寓深刻的启迪。

三、吴鞠通·《吴鞠通医案》

《吴鞠通医案》（以下简称《医案》）是先生毕生经验之荟萃。全书按疾病分为四卷，一卷为温病、伤寒，二、三卷为杂病，第四卷为妇科、儿科病案。“清末仅以抄本流传，藏者也秘不示人。”1916年，始有裘吉生与金月笙二氏分别刊刻发行。前者为板藏绍兴裘氏四卷本，后者为杭州有益山房刊印五卷本。继则绍兴曹炳章先生又采金月笙之五卷本，重为核定，收入《中国医学大成》书中。1960年人民卫生出版社复将裘氏之四卷本，作了校正后排印发行。之后，发现有丹井书室旧藏抄本《吴鞠通先生医案》五卷十六册，与上述几个版本比较，内容丰富完善。经整理后为四卷，卷一为温病、伤寒，计十个病症，一百四十三个医案；卷二、卷三为杂病（包括附病），计三十五个病症，二百三十五个医案；卷四为妇人、小儿疾病，计十二个病症，七十九个医案，再版发行。时隔二十五年，值吴鞠通先生诞辰250周年纪念，严晓枫根据此版本参阅其它印本校刊，提出“古为今用，以为学者所共识，遵古不泥，继承发扬、发展、创新缺一不可”的指导思想，力求内容集中，便于效法和学习研究，将有关病名稍作变动，当合则并，当舍则弃。如“肿胀”、“水气”合并为“水肿”，寒湿改为“痹证”，脾胃诸案纳入“胃痛”分三卷排列，卷一外感疾病计10个病，卷二为内科疾病，计32个病，卷三为妇科、儿科诸病，计12个病，总计457个病案。合编成册，名仍曰《吴鞠通医案》，并编入《吴鞠通医书合编》（由北京中医古籍出版社出版发行）。随之王兆凯、王兆军著的《吴鞠通医案析评》问世。之后又喜见不少相关的研究著作出现，为医案的研究广开法门，可喜可读。

《医案》一书是吴鞠通治疗临床经验的积累，本书记述的各案，充分反映了吴氏的证治规律，而且许多医案都有连续记录，从而可以看出吴氏根据病情变化而法变药变的技巧。本书和《温病条辨》相互映证，对于研究吴鞠通学说，以及临床证治可以说是一部力作。难怪曹炳章赞吴氏《医案》谓：“为后学师范，堪作诊断术之专书。”吴庆坻在《吴鞠通医案》序中谓：“窃叹是书也，可以为医门之阶梯矣。其辨微也，分肌擘理，若屠牛坦，一朝解十二牛而芒刃不顿；其纠缪也，若老吏谳狱，虽情伪万变，执吾法以绳之，而无所于挠。”可以看出，吴鞠通在辨证论治研究方面是下过很大功夫的，就其内容概述于兹。

《医案》记载了温病、内科杂病、妇科、儿科和伤寒等疾病的治验，计54个病。《医案》中的内容是鞠通先生一生临证的记录，集大成地验证了吴氏治疗温病的经验，特别是温病以外的经验。鞠通以《条辨》理论指导实践，又以《医案》实践验证了理论，理论联系实际，密切结合，两相印证。是书是研究吴鞠通学术思想不可多得的好书，读了颇受启迪。如卷一继案误汗痉厥神昏，苗案热盛伤营，周案误升动血等的治疗经验，将是后学者们应当慎之、戒之的。在治血证中他认为吐血、衄血应先辨其部位，分清上下，治疗上或清其上焦气分，或化其瘀血，或宁其络，不能见血止血，其见解独具特色。吴鞠通在学术上博采众长，不故步自封，偏执己见。如《医案》中对麻黄汤、桂枝汤、小柴胡汤、大青龙汤、通脉四逆汤、白头翁汤、麻黄附子汤等案的应用十分灵活，恰到是处。在治疗其他诸多内科杂病、妇科、儿科以及伤寒等的验案中也治验独特，如见肝之病，首立通络，治中焦之病，首先顾护脾胃等，皆值得借鉴。凡此《医案》记载甚详，各寓其妙，独具其格。

如卷一外感疾病风温等 10 个病，除伤寒外，在温热病治疗中处处顾护阴津。如病在上焦，鞠通用银翘散治疗，《医案》中除伏暑、湿温门病邪夹湿，暑温门初起邪热盛外，其余各门温病案，多用此方加减，汤案出汗去荆芥加杏仁；赵案表证为甚，头痛自汗者加人中黄、郁金。另一赵案，项强痉为主，舌伸者加僵蚕、人中黄。姚案误治，谵语、烦躁或神呆，加牛黄清心丸（首案）。温疫赵案，老年下虚，邪踞血分，用辛凉合芳香法去荆芥、竹叶、甘草、桔梗，合增液汤，加桑叶、丹皮治之。从以上诸案看，吴氏治上焦温病主要用银翘散等为第一方加减变通，为治上焦温病之一法门。温热病“法宜辛凉解肌”，“切忌辛温发表，甘热温里和通阳发汗”。《医案》中误治与救误案颇多。如因误汗，病已 9 日，兼谵语癫狂，《医案》与白虎汤加生地、犀角、麦冬、甘草送服紫雪丹，气营两清。因误汗 7 次，心阳受损，邪入心包，神昏不语，《医案》用牛黄丸，芳香以开膻中。因误汗惊厥神昏，热伤营血(《苗案》)，但气分未罢，故用清营汤、玉女煎、犀角地黄汤合用，清营凉血、滋阴凉血合用。鞠通治疗温热病，清热保津的学说思想贯穿于案中，阅后启人思路，值得细咀回首。鞠通对温病误升动血、误补成实、误苦化燥也颇多经验，治有一得。如误升动血，因误用柴胡“十数日之多”而出现“呕血便血”(《医案》·周案)，救误用犀角地黄丸凉血止血、合黄连、麦冬，苦甘合化治之。误补成实，因患热病自服补中益气汤甘温壅补，致邪无出路，迅速化热化燥成实，热结阳明(《医案》·赵案)，鞠通急用调胃承气汤加元参下之，前后共下 13 次，出疹 13 次，方“脉静身凉”。出疹者说明因遏之邪得以宣泄，佳象也，后用甘寒滋阴而痉愈。是案说明急性热病，正实邪盛，宜清宜透宜下，应以祛邪为先，补则因闭门留寇，热转化燥加重病情，幸救误得法而转机。误苦化燥(《医案》·史氏)，因患热性病，先某医误汗，又误用龙胆草、芦荟等极苦化燥之品，劫灼津液，阴分大伤，鞠通急用玉女煎加犀角清热生津，气营两清。上方服 6 剂无改善，反见大便不通，此乃化燥成实之征，无水舟停。鞠通又急用大承气汤急下之，因证而变，俾津液渐复，“脉静身凉”而愈。是条说明因误苦化燥而又用苦寒折之，则伤津耗液，鞠通急用大承气汤急下之，转危为安。在临床实践中，急性热病如流脑、出血热、肺炎、流感等热势特高，病情凶险之证，特别是今之特起高热，应效法鞠通，大胆果断，正确择方遣药，冲出困境，化险为夷，凡卷开可见。

卷二内科疾病中风、胁痛、血证、水肿、头疼、胃痛、失音、痰饮等 32 个病，其病位涉及五脏六腑各个方面，其病因有气郁、痰、火、风、寒、血瘀等，其治法有从脏腑辨治，有从经络辨治。用药细心大胆，应变灵活，不效不更方，非术精之至，辨证切确，差无分毫，不敢为也。如胁痛、肝厥、肝痛、吐血、积聚、淋浊等病种，凡具有“肝郁气滞、胁肋胀痛、癥瘕积聚、脉络瘀著”，或“血证久不止”，“吐瘀血”等络脉痹阻的证候，皆用新绛旋覆花汤（新绛纱、桃仁、归须、旋覆花、丹皮、广皮、制半夏）加减治疗，从络化瘀论治。在治疗血证中，重视肝郁血滞的机理，用降气活络以止血，指出肝气郁结，则血行瘀滞，血不归经，容易造成吐血、咳血或逆血的病理机制，治疗十分重视活肝络以止血。他认为“血滞者调其气而血自通，血外溢者降其气而血自下”，在(《医案》·岳案）吐血案中即用此法降气以使血止。在治疗血证中，鞠通不单守一法，而是灵活运用，随证变而法变。如

《医案》便血案中，将便血分近血远血，从湿热虚寒论治取效满意。《医案》吐血18个病例中，有4个病案用小建中汤或小建中汤加减，复其中阳，温脾摄血而达血止。《医案》吐血胡案，服14帖诸症皆愈。值得一提的是桂枝辛温，方家多认为桂枝为补中气要药，而在吐血的几个案例中鞠通均用桂枝，取温止血，获效满意，非临床家者无此经验，无此胆识，可见先生的治学思想非同一般，经验丰富，独具一格。治小便不利用宣通阴络法、甘苦合化法、清利湿热法、清利膀胱法、芳香开窍法、辛开苦降法、辛凉淡法、通阳化气法、通胆腑利小便法、甘温益胃法等，因病因、病症、病期不同而把握病机，审证求因，审因论治，知常达变。如《医案》普案，小便淋浊，茎管痛不可忍，患者自用五苓、八正、萆解分清饮等，愈利愈痛。鞠通询其由房事不遂而成，认为尿管与精管异途，治应通精管为是，用虎杖散加减，服1剂痛轻，5剂痛止，7剂浊净，后以补奇经而愈。《医案》便血陈案中，他将蠲饮丸中干姜炮成炭加苡仁，用治"阳虚脉弦，素有寒湿痰饮"，收"通阳渗湿而补脾胃"之效。凡此又宗"饮属阴邪非温不化"和"病痰饮者当以温药和之"之旨。但他又不拘一法，他说："饮病当温者，十有八九，然当清者，亦有一二。"治痰饮，又善用石膏，取其甘寒肃降，宣肺利导，从脏腑辨治，用量据证而定，随证增减。如《医案》赵大爷案（痰饮而喘兼痹证），从乙酉下月三十日治至九月初四（第166诊），先后用石膏五十斤之多，而脉犹洪。鞠通谓："千古来未有如是之顽病，皆误下伤于前，误补留邪于后之累"。继用石膏，用量由每剂二两加大到八两，至15日，脉仍洪，又加石膏一倍，成一斤。服三贴，16日，右脉之洪大者得石膏一斤大减。病减者，减其制，石膏随减至六两。量变之快，独具匠心，实为临床大家之举。此案自正月服药至十月。石膏用量累达百斤之多，足见鞠通治疗慢性病的手段，非一般之举。他说："用石膏百斤之多，虽无不见效，究未拔除病根，左胁间漉漉有声，仍不时咳喘，此水在肺也，当用十枣汤无疑。"但十枣汤太峻，降用妙应丸（制甘遂五钱，制大戟五钱，白芥子五钱，研细末，神米曲糊为丸），续续下之，得下痰水即止，以尽为度。鞠通治痰饮非固执一方一法，而兼证兼治，因证而变。治张氏案，支饮射肺，眩冒，小青龙去麻辛；金氏案，风寒夹饮为病，喘满短气，饮则呕，倚息不得卧，小青龙去麻、辛加枳实、广皮以祛饮为主。痰饮兼夹风温症者，用辛凉表药先解卫分邪热。如痰饮门最后案中，因其人本有痰饮喘咳，又感风温，随投银翘散辛凉清上，急则治其标，然内里之饮亦可随汗出而缓解，即前贤所谓"表解里自和"之意，若以治饮为急，反有引邪内陷之虞，真谓用心良苦矣。他治饮，攻补适中，防补留邪。他主张饮证不宜早补，唯恐因补壅遏中土，使饮留下去。对虚实相兼，虚多实少，多宗景岳"两虚一实，先治其实"之旨，先实后虚，井然有序。又如《医案》钱氏案中，皆因前医补之不当，故而"愈治愈胀，愈治愈疼，以致胸高不可俯，夜坐不可以卧"。他大声疾呼："热急矣，断非缓药所能救"，而用巴豆霜三分，下黑水近一桶，俟事稍平，方以和脾胃而调之。此给治饮蛮用温补者，以极好的慎戒和借鉴。在痰饮咳嗽又吐血三年不愈的严案中说："经谓阳络伤则血上溢，要知络之所以伤者，有寒有热，并非人之络只许阳火伤之，不准阴火伤之也"。他指出："今人见血投凉，为医一大痼疾，医士之疾不愈，安望病家之疾愈哉！"。而用炮姜、桂枝、姜夏、陈皮、焦白术、茯苓、五味子、枳实等温经和血，令血归其经而病愈。

卷三凡妇儿疾病计12个病。其中闭经5案，痛经、月经不定期、月经过多的各2案，崩证1案，兼纳差的6案，呕吐、癥瘕、腹痛的各5案，白带多的各2案，不孕、便溏体倦者各1案。在月经病诸案中，鞠通治有独到。他说："驱脏中之浊阴，即所以通下焦之阳气，不唯通下焦之阳，亦且大通胃阳，胃阳得开而健食，健食而生血。"所以通阳泄浊即所以护胃，胃旺，月经病焉有不愈之理。择药多用半夏、姜、当归、陈皮、茯苓、小茴香等和胃通络、燥湿、渗湿之味。他用通补奇经丸、化癥回生丹、天台乌药散治月经妇科诸病，即寓此意。由此可见，无论何种月经病，多兼有胃病或阳气不通，浊阴结聚的临床症状，从而说明通阳泄浊法调经，也属一法，恰合案中病机。《医案》中对产后受伤，虚不肯复，月经不调，带下日久，六脉微细的患者，指出必须“治在八脉，非通补奇经丸不可”。病人若兼有寒湿，则用汤剂性温而温经。胎前产后，诸如《医案》范氏，三月殒胎，业已三次，经用专翕大生膏而效。《医案》于氏面色青黄，脉弦细，改用天根月窟膏，双补下焦阴阳，兼益八脉而愈。治难产及死胎不下，吴氏不仅善用古法，且也颇有创新。如吴氏年长，难产不下已三日，鞠通断为“气阴不足，并骨不开”，用生龟板八两，尽剂而生，为治腹中死胎不下开又一法门。在小儿疾病方面，鞠通根据小儿“易虚易实，易寒易热，易感外邪”的病理特点，所以小儿感冒、咳嗽、痘疹、食积、飧泄等较为多见。根据临床观察，小儿疾病实多虚少，鞠通提出“驱病宜速”。在这方面，《医案》对小儿疾病的诊疗亦独特见解，经验丰富。治食积(《医案》·金男案)，三岁，呕吐，食积证，鞠通用和胃醒脾，一剂奏效。周女，身热，隐隐有点，防痘，先用辛凉解肌，令其疹出，用银翘散治之。二朝，点出未透，据疹宜透之理，仍宜解肌，照前方。三朝虽已出齐，但痘顶陷色暗，此为险痘。鞠通随症变而变，或与活血解毒，或以重剂清热提陷，或用补托法，或用大剂峻补法，几经变方，先后治疗 13 天险痘转危为安。后以驱逐余毒，而善其侯。药随证变，丝丝入扣，病虽危急，不慌不乱，终治达的。凡案此不胜枚举，读之令人深思。

是卷鞠通提出通（胃）阳泄浊法以调经，养阴益气，以治死胎不下，小儿“驱病宜速”的论点，是谓遵古不泥，用有发挥，寓有创新，给人以宝贵的启迪。总之《医案》一切从临床实际出发，当用古方古法，随手取来，随其证变而变，冲破规矩，立法选方，切中病机，值得深入研究。

四、吴鞠通·《医医病书》

《医医病书》书成于 1831 年，系吴鞠通晚年之作，计 72 篇。原由其友浙江胡沄先生曾被时医所误，更因自己目睹社会上医术不精，害人至死。在《温病条辨》自序中，他说：“其死于世俗之手者，不可胜数。呜呼！生民何辜，不死于病而死于医，是有医不若无医也。学医不精，不若不学医也。”对此，他感慨颇深，为纠正时医之弊，也为回报医友所托，而作《医医病书》。在《医医病书》题词中说，病人之病，赖医人之医。医人之病，层出不穷，将何以补偏救弊，捍卫民生哉？孔子谓：“工欲善其事，必先利其器。”孟子谓：“不以规矩，不能成方圆。”医人者，规矩也；病人者，所制之器也。今将修规矩以制器，作《医医病书》。寥寥数语，点出了撰写的目的和动机，就是医“医生的病”。说穿了，就是谈医德医风，如何当医生，特别是当个好医生，就是要德术兼备，首先德好，术不精杀人，德不好坑人。书虽不宏大，但论述颇精，为历代从医者所推崇。论医德、医风、文风、学风，语出中肯；内科杂病，用药之道，说理恰切。其书全由鞠通先生亲手所著，为吴瑭完整医学理论体系的重要组成部分，作者因叹时医之谬妄而作。此书“一医流医之病，一以补前刻（指《温病条辨》）所不及，盖前未及内伤及杂证也。”是书溯源探幽，勤求古训，尤重视《内经》、《难经》、《玉函经》、《本草经》等。融会贯通，发其精微，是吴氏对内伤杂病治疗的经验积累。是书以重视阳气，护其胃气为要旨。对时医滥用滋补之弊，对医德、医术及医者之病，以及治病原则、方法、药性和择方用药之道皆一一作了论述。可惜的是，此书写成后，未曾刊行，只有手抄本，开始在吾淮流传，后传入浙江，被浙江名医何廉臣先生所珍藏。四明曹炳章先生，有识之士也，又从何廉臣先生处录得，并加以整理，于1915年由绍兴育新书局石印，收载于《曹氏医学丛书》之中。从此，渐传于世，然仍流传不广。直到1983年，才由江苏科学技术出版社重新印刷。2007年，淮阴吴瑭医派学说研究会卜开初君加以点注，名曰《医医病书点注》，为使研读者学习方便，一览知意。严晓枫将是书凡72篇，分上、中、下三卷，将原目录重新排列，即卷一医术医德计13篇，卷二杂病辨治计31篇，卷三方药之道计28篇，概述其要。后编入《吴鞠通医书合编》（2007年由中医古籍出版社出版发行）。2010年淮阴吴瑭医派学术研究会丁勇等又加以析评，名曰《医医病书析评》，字里行间，重在“用”字。近获还有其他版本问世，更得广传，实是欣辛。

卷一医德医术计13篇。“行医之本本于术，施术之本本于德“，医乃仁术，贵在活人，术不精，医不好病则杀人，有了术没有德，为己谋财，则坑人。鞠通认为：天下万事，莫不成于才，莫不统于德。无才固不足以成德，无德以统才，则才为跋扈之才。所以他指出：“医也，儒也，德为尚矣。”

他倡导德术，择书博览，特别重视医德的修养和医术的提高。他说：“有德者必有不忍之心，不忍人之心油然而生。”一语道破，为医者，医德医术不可缺一。在《时医俗医病论》中，鞠通先生对“妄抬身价，重索谢资，竟有非三百金一日请不至者”的俗医、时医十分鄙视。他们贪得无厌，将手中的医术当着本钱，任意抬价、要价、索取像做生意一样，“杀人以求利”，他们连商人都不如，哪还有一点德啊！是可忍孰不可忍！先生还避近就远，举苏州为例，大声疾呼：“此等盛气苏州更甚。”笔者深思鞠通曾在“问心堂”坐堂，常出诊涟水（见《吴鞠通医案》）以及周边乡村，他对家乡医德医风十分清楚，只不过以举苏州更甚为例，来指出家乡乃至整个社会的不正医风的缩影罢了。先生还对名医、时医、俗医批评道：“名医之病，首在门户之见，看不起他人。时医之病又骄又吝，重索谢金。俗医之病，病态百出，好似商人做买卖，谓之开药店。”总之名医、时医、俗医之病表现虽不同，其实质都是只为自己不为别人。鞠通在《医非上智不能论》中指出，为医应广读经书，博知博览，为业心正，否则不能成为大医。医必读书有博学之才，方能应付错综复杂的病情变化。因人之体质有强弱之分，得病之后病情千变万化，若执一见，只难十全。如金元四大家刘河间主火说，李东垣补土说，朱丹溪滋阴说，张子和攻下说，皆各持其理，也各有道理，但归根结底各有所偏。故吴鞠通提出对各家学说，只可采择从事，不可死搬硬套，当以《内经》、《难经》仲景大家为主，兼参百家之理，方不致偏，也不致误。他还指出，不读《内经》、《金匮》、《神农本草经》、《易经》、《周礼》等古书，不知其妙不能用也。同时他还认为不读古书固然不对，但读古书要有选择且要精读，故在《好古恶今论》中说：“有必读之书，有可读之书，有不可读之书，当区别对待。”实践证明，鞠通高论，确有见地。古为今用，不是为了读古书而去读古书，读书是为了用，即传承与发扬，发扬与创新当并举，医者方能达到鞠通先生提出的果、达、艺三者俱备。果者，即果敢、果断之意；达者，通晓、明白之意；艺者，才能、技艺之谓。就是说医者要有胆、有识、有技，三者缺一不可，否则临证必乱，乱则害人，此之谓也。归根结底一句话，医者要有仁爱之心，必须德才兼备，以德为先，以术为重，缺一不可。多么语重心长、贴近人心的肺腑之言啊。

卷二《杂病辨治》，是卷共31篇，主要论述对内伤杂病的辨证治疗，一补《温病条辨》

之不足，二是对有关理论的再认识。曹炳章在《医医病书》序中赞谓“为后学师范，堪作诊断术之专书”。吴瑭是一位深究辨证论治并作出贡献的一位医学家，他十分强调作为一个医生首要之事是“识证真，对病确，一击而罢”。在辨证方面，他认为无论内伤外感，必辨明阴阳，必辨明病位，必究“所损伤处”，方可对证治疗。反对乱投药方，妄伤无过之地。在《五脏六腑作用治法论》中说：“五脏六腑体用不同，因此各有补法，补脏之体用守法，五脏的功能，藏而不泻，以藏为用。补腑之用，用泻药，六腑的功能泻而不藏，以通为用。”万不可一听需补，凡补药皆上，坑人也。在辨证上，先生不但对治疗热性病方面提出以三焦辨证为纲，而且在辨治内伤杂病方面也提出以三焦为纲。他在《治内伤必须辨明阴阳三焦论》中说：“又必究其上中下三焦所损何处而施治；补上焦以清华空灵为要；补中焦以脾胃之体用各适其性，两不相忤为要；补下焦之阴，以藏纳缩为要，补下焦之阳，以流动充满为要。……补上焦如鉴之空，补中焦如衡之平，补下焦如水之注，各得其所，忽令乱也。”在辨明三焦的基础上，还指出脏腑体阴用阳治法殊异，如对中焦寒湿，伤在中焦脾胃，又有伤脾阳，伤脾阴，伤胃阳，伤胃阴之分，法各不同。对杂病虚劳、吐血、便血、溺血、小便论、大便论、头痛头晕、经闭、中风、外感、溢饮、水肿、鼓胀、痿痹等，皆列专篇论述，经验独到，治有特色。如治血证，认为肝郁最多。夫肝藏血，性喜条达，肝郁则血瘀滞，血失其常则为吐血、咳血等，由肝下冲脉注其前阴则为溺血。治疗皆当活其肝络，降其火。降火所以降气，降气所以清肝，气畅火降则络宁血止，而肝血得藏，则血不外溢也。在论治上，众所周知，鞠通重养阴清热。这是因为他认为凡热病者皆伤精气也，温为阳邪，易伤阴耗液。他说：“盖热病未有不耗阴者，其耗之未尽则生，尽则阳无留恋，必脱而死也。”可见吴瑭非常重视护阴。但对内伤杂病，则不然，对内伤诸症，他十分重视阳气。他批评朱丹溪“阳常有余，阴常不足”的一偏之弊。他在《虚劳论》中说：“愚按虚劳一证，阳虚者多，阴虚者少。”又列举“虚劳尚有伤阴，伤阳，伤八脉之辨。”八脉受伤，补之犹以督脉之阳为主。盖阳能统阴，阴不能统阳也。其他则伤阳居多，今人恣用补阴，爱用寒凉，伤阳者，更多之又多矣。古人云：“阳不尽不死。”又云：“人非阳气不生活。”所以“即当补阴之症，仍所以为恋阳计也。”指出虽喜补虚者，莫过仲景：“诸虚不足，小建中汤主之。”夫建中以调和营卫，补中土为主。他在《虚劳论》中指出：“无论三阴皆以胃气为要”。胃为后天之本，人之十二经，都取于胆，听命于心，受养于胃，有胃气则生，无胃气则死，可见胃气之重要。故治之过程中，首要顾护胃气，凡苦寒败胃，滋腻碍胃，皆当慎用，不可久服，此将顾护胃家辨治之道也。

卷三方药之道，是卷计28篇，医术神奇，精于方药。方以药成，方从法出，法随证立，互相为用，密不可分。临床选方遣药皆因辨证所需。在是卷中，鞠通对其方、其药、其制、其用论述颇精。五脏六腑，体阴者用必阳，体阳者用必阴。凡补五脏之体者皆守药，补六腑之体者皆通药，此之要也。鞠通谓“看病须察兼证”，“用古方必求其立方之故”，论选方用药之道，论用方对证为是，论用药先后缓急得宜，不可偏执，对临床颇有指导意义。用方，先生有肝郁用逍遥散，痰饮用二冬二母，外感身热或佥用泻白散以及四君子汤，肾气丸等皆列有专论。方随法出，法取之于证，所损何处既定，则法随出。病有虚实，治有补泻，虚则补之，实则泻之，理确无疑。但议补亦有补之道，吴氏认为：补虚先去实，如虚损应补，而有实症碍手，当先去其实。否则，虚未能补，已滋长其邪。如《痰饮用二冬二母六味论》中说：“有见痰饮之咳，又谓劳病，恣用补阳，亦更不可为矣。”其结果必将为贼立帜，更增其害。方以对证，药以治病。吴氏认为，天下无不偏之药，亦无不偏之病。医者原以药之偏，矫病之偏。如对症，毒药亦仙丹。治当用何法，方当用何方，药当用何药，鞠通认为，无好恶之分，寒热温凉，皆在所用。另外，药以组方，药量多少，对方药疗效亦至关重要，他作了精辟的阐述。鞠通在《用药分量论》中指出：用药分量的大小，无定规，因证有轻重之分，用量全据病之需要。以石膏为例，有剂达半斤，有剂用一斤之多者，全因病之需要，有宜少，有宜多，当重则重，当轻则轻，以中病为目的。方药虽好，若药煮不得法，也影响疗效。吴瑭指出：药之效不效，与煎煮关系至密。如小建中汤先煎五味去渣，后入饴糖。大柴胡汤则煎减半，去渣再煎。以及麻黄汤、桂枝汤、苓桂草枣汤、五苓散等皆有专论。对炮炙各有法度。非常符合临床实际。论方论药之道文字虽不多，而内容十分丰富，皆方药之道也，读后给人以启迪。总之，《医医病书》文字虽不多，其立论广泛，内容丰富，医学修养，治学态度，学术造诣等，皆堪称为后学楷模。

以上略述，错漏之处，知所不免，以偏概全，甚或有之，企盼诸家起而正之。

第一篇　有关《温病条辨》、《吴鞠通医案》、《医医病书》版本的研究

一、《温病条辨》、《吴鞠通医案》、《医医病书》版本研究

（一）《温病条辨》的版本

1. 1949年之前

乾隆五十八年癸丑（1793年），京都温疫大行，面临惨状，吴瑭立意并着手著书《温病条辨》（见《温病条辨》自序和征保序）。

清嘉庆三年戊午（1798年），《温病条辨》书成，末刊。

清嘉庆十七年壬申（1812），问心堂刻本问世，是最早的问心堂版本，淮阴手抄本流行，中医世家王绍和（五世相传）、秦正生等藏本。

清嘉庆十八年癸酉（1813）问心堂刻本

清道光十五年乙未（1835）叶氏溶吾楼刻本

清道光二十三年癸卯（1843）维杨文盛堂刻本

清咸丰九年己未（1859）天津孙昌刻本

清咸丰十年庚申（1860）信义书屋刻本

清咸丰十年庚申（1860）亦草堂刻本

清咸丰十年庚申（1860）宏道堂刻本

清同治二年癸亥（1863）泰州纪恒刻本

清同治三年甲子（1864）海陵纪氏刻本

清同治四年乙丑（1865）刻本

清同治五年丙寅（1866）刻本

清同治八年己巳（1869）凝香阁刻本
清同治九年庚午（1870）六安求我斋刻本
清同治十年辛未（1871）古渝槐荫书屋刻本
清光绪四年戊寅（1878）河南抚署刻本
清光绪七年辛巳（1881）刻本
清光绪十年甲巳（1884）京都二酉斋刻本
清光绪十五年己丑（1889）浙江书局刻本
清光绪十八年壬辰（1892）文源堂藏本刻本
清光绪十九年癸巳（1893）上海图书集成印局铅印本
清光绪十九年癸巳（1893）矿务公司刻本
清光绪二十一年乙未（1895）学库山店刻本
清光绪二十一年乙未（1895）江右醉芸轩刻本
清光绪二十五年己亥（1899）曲江书屋石印本
清光绪二十七年辛丑（1901）南恩贤书屋刻本
清光绪二十九年癸卯（1903）京都二酉斋刻本
清光绪三十一年乙巳（1905）粤东冯继善刻本
清光绪三十二年丙午（1906）上海千顷堂石印本
清光绪三十三年丁未（1907）富记书屋刻本
清宣统元年乙酉（1909）渭南严氏刊本
清宣统三年辛亥（1911）上海砾石书局石印本
清宣统三年辛亥（1911）上海会文堂新记书屋石印本
清宣统三年辛亥（1911）扬州文富堂刻本
清宣统三年辛亥（1911）上海文渊山房刻本
清宣统三年辛亥（1911）宁清群玉山房刻本
清宣统三年辛亥（1911）南充博古斋刻本
清宣统三年辛亥（1911）贵阳文通书局铅印本
清宣统三年辛亥（1911）鹤皋叶氏刻本
清宣统三年辛亥（1911）粤东惠济仓刻本
清宣统三年辛亥（1911）彤阳文星堂刻本
清宣统三年辛亥（1911）广州粤东编译公司石印本
清宣统三年辛亥（1911）清刻本（陆懋修批）
1912 年成都正古堂刻本
1913 年上海文瑞楼石印本
1913 年章福记书局石印本
1914 年上海锦章书局石印本
1920 年上海铸记书局石印本
1920 年上海文瑞楼石印本
1921 年上海锦章书局石印本
1921 年上海书局石印本
1921 年上海铸造记书屋石印本

1922 年上海世界书局石印本
1923 年上海世界书局石印本
1928 年上海世界书局石印本
1929 年上海鑫记书局石印本
1932 年上海世界书局石印本
1935 年上海中医书局铅印本
1936 年上海世界书局石印本
1936 年校经山房铅印本
1936 年上海文新出版社铅印本
1936 年上海大文书局石印本（残）
1937 年上海千顷堂书局铅印本
1937 年上海广益书局石印本
1941 年长春大学书局石印本
1941 年上海进步书局石印本
1941 年中西医药书局铅印本

2. 1949 年之后

1949 年上海广益书局石印本
1953 年上海广益书局铅印本
1954 年锦章书局铅印本
1955 年上海中华书局出版
1955 年上海中医书局《温病条辨》铅印本
1955 年人民卫生出版社《温病条辨》影印本
1955 年 3 月人民卫生出版社《温病条辨》影印本
1956 年人民卫生出版社《温病条辨》影印本
1957 年人民卫生出版社《温病条辨》铅印本
1957 年四川人民出版社《温病条辨》铅印本
1963 年 10 月人民卫生出版社《温病条辨》铅印本
1972 年 12 月人民卫生出版社《温病条辨》铅印本
1979 年人民卫生出版社《温病条辨》铅印本
1985 年人民卫生出版社《温病条辨》铅印本
1994 年 7 月中医书店出版《温病条辨》铅印本
1995 年 6 月学苑出版社出版《温病条辨新解》
1997 年辽宁科技出版社出版《温病条辨》
1999 年中国中医药出版社出版《吴鞠通医学全书》
2002 年学苑出版社出版《温病学全书》
2003 年人民卫生出版社出版图解《温病条辨》
2004 年学苑出版社《温病条辨集注与新论》
2005 年人民卫生出版社出版《温病条辨》
2005 年人民军医出版社出版《温病条辨》新校版

2005 年军事医学科学出版社出版活解《温病条辨》
2006 年中国中医药出版社出版《温病条辨》
2007 年人民卫生出版社出版《温病条辨》讲解
2007 年中医古籍出版社《吴鞠通医书合编》
2007 年中医古籍出版社出版《温病条辨》析评
2008 年山西科技出版社出版《温病条辨》、《医医病书》合本
2008 年人民军医出版社出版《温病条辨》导读
2008 年中国中医药出版社出版《温病条辨通俗讲话》

（二）《吴鞠通医案》版本研究目录

1833 ~ 2009 年间

清末：丹林书屋藏抄本。

1916 年：金月笙，杭州有益山房铅印本。之后曹炳章，采用金氏五卷本，重为校定，收入《中国医学大成》。

1916 年：裘吉生，绍兴医药学报社木活字本。

1960 年：人民卫生出版社复将裘氏之四卷本校正发行。

1960 – 1985 年：王绪鳌点校，《吴鞠通医案》，人民卫生出版社再发行（共 6 次印刷）。

1998 年：《吴鞠通医案》，中国中医药出版社出版。

1999 年：李刘坤编《吴鞠通医学全书》，中国中医药出版社。

2007 年：严冰主编《吴鞠通医书合编》（严晓枫首次将医案加引言，分三卷编入，卷首加概说），中医古籍出版社出版。

2010 年：《吴鞠通医案析评》，王兆凯、王兆军著，中医古籍出版社出版发行。

（三）《医医病书》版本研究目录

1831 年 ~ 2009 年间

1831 年：书成未版，淮阴手抄流行。

江苏淮阴中医世家王绍和（五世相传）抄本，秦正生等珍藏。之后传之浙江，何廉臣诊藏。

1915 年：曹炳章整理，绍兴育新书局石印发行，收入《曹氏医学丛书》。

1985 年：沈凤阁《医医病书校注》，江苏省科技出版社出版发行。

1999 年：李刘坤《吴鞠通医学全书》，中国中医药出版社出版发行。

2007 年：严冰主编《吴鞠通医书合编》（严晓枫首次将《医医病书》加引言，分三卷编入，卷首加概说），中医古籍出版社出版发行。

2007 年：卜开初《医医病书点注》，中医古籍出版社出版发行。

2010 年：丁勇、严晓枫著《医医病书析评》，中医古籍出版社出版发行。

二、吴鞠通研究性著作及相关资料

（一）研究性著作

增评温病条辨．陆士谔．1818
评注温病条辨．叶霖．1889
增补评注温病条辨．曹炳章．1918
新编温病条辨汤方歌．罗燮元．中医月刊（原载），1936
增补评注温病条辨．王孟英．上海科技出版社，1958
吴鞠通医案．吴瑭．人民卫生出版社，1960
吴鞠通医案．王绪鳌点校．人民卫生出版社，1960
温病条辨白话解．浙江中医学院编．人民卫生出版社，1978
医医病书．沈凤阁．校注江苏科技出版社，1985
温病条辨白话文．孟澍江主编．春秋出版社，1988
温病条辨新解．王振坤．学苑出版社，1995
医学家吴鞠通现代研究．杨飞等．金陵书社印刷厂（香港），1997
温病条辨文白对照．杨进．中国医药科技出版社，1998
吴鞠通医案校注．李宗一，郭莉莉．中国中医药出版社，1998
吴鞠通医学全书．李刘坤．中国中医药出版社，1999
温病条辨临床学习参考．杨进．人民卫生出版社，2002
图解温病条辨．刘越．人民卫生出版社，2003
温病条辨新校．卢红蓉．人民军事出版社，2005
活解温病条辨．刘观涛，刘屹松，石向前．北京军事医学科学出版社，2005
温病条辨集注与新论．李顺保．学苑出版社，2005
温病条辨．（中医临床必读丛书）．杨进．人民卫生出版社，2005
温病条辨赋方歌释义．谢德明．中医古籍出版社，2006
吴鞠通医书合编．严冰，严晓枫．中医古籍出版社，2007
医医病书点注．卜开初．中医古籍出版社，2007
温病条辨析评．严冰．中医古籍出版社，2007
温病条辨讲解．方药中，许家松．人民卫生出版社，2007
点评温病条辨．何平叔．人民军医出版社，2007
温病条辨导读．杨进．人民军医出版社，2008
温病条辨通俗讲话．刘景源．中国中医药出版社，2008
吴鞠通医案析评．王兆凯，王兆军．中医古籍出版社，2010
医医病书析评．丁勇，严晓枫．中医古籍出版社，2010

（二）相关资料

温病合编．清·石寿棠
归砚录．清·王孟英
伤寒金匮温病名著集成．于伯海
温病学说之研究．沈庆法
中医药高级丛书·温病学．彭胜权
温病学理论理论与实践．杨进．人民卫生出版社
中药制剂手册．中国中医研究院．北京人民卫生出版社，1975
温病刍言．王季儒．天津科技出版社，1981
温病赋与方歌．清·清河曹伯玉原著，秦正生点校．1984
温病指南．清·娄杰辑．北京中医古籍出版社，1985
温病学．孟澍江，王乐匋．上海科技出版社，1985
温病汇讲．方药中，许家松．北京人民卫生出版社，1986
温病名著通俗讲话．沈济苍，沈庆法．上海科技出版社，1986
中医对流行性出血热的认识和防治．朱伯让，李景荣．人民卫生出版社，1986
运用温病学说治疗小儿肺炎．王伯岳．人民卫生出版社，1986
试论小儿湿热病证．王伯岳．人民卫生出版社，1986
流行性乙型脑炎中医辨治的体会．高辉远．人民卫生出版社，1986
中医对钩端螺旋体病的认识和防治．米伯让整理，李景荣协助．人民卫生出版社，1986
清法和下法在温病临床中的具体运用．董建华．人民卫生出版社，1986
中华人民共和国卫生部药典．人民卫生出版社，1990
温病八大名著．宋乃光，等．北京中国中医药出版社，1995
传世藏书．何清湖．海南国际新闻出版中心出版，1995
中国历代方论精选．李飞．江苏科技出版社，1998
温病名方验案说评．陈明，郭秀丽．学苑出版社，2001
温病学之研究．杨进．高等教育出版社，2001
新编温病学．杨进．学苑出版社，2003
温病学（21世纪课程教材）．杨进．人民卫生出版社，2003
温病学重点难点解析．杨进．人民卫生出版社，2004
难病奇方·银翘散．潘振亮，姚晓渝．中国中医药出版社，2005
温病学派四大家研究．盛增秀．中国中医药出版社，2006
淮阴中医中篇“吴瑭研究”．严冰．北京中医古籍出版社，2007
中医必读百部名著（温病卷）．杨进．华夏出版社，2007
温病学（精编教材）．杨进．上海科技出版社，2008
温病学（教学参考高级丛书第二版）．杨进．人民卫生出版社，2008

（三）吴鞠通研究性著作及相关资料版本内容选辑

新编温病条辨汤方歌（上焦篇）

罗燮元

风温　温热　温疫　温毒　冬温

一、银翘散

温邪上受肺当先叶氏语，散主银翘各一两专，竹叶荊芥各四两，甘草豆豉各五钱，六钱薄荷桔梗牛蒡同研末，苇根一尺煎汤送，但取轻清勿过煎。若不恶寒而但发热口渴，为温病，见《伤寒论》，麻黄石膏加入本仲景之薪传。张子培《春温三字诀》，谓此方宜加麻黄，其效倍速。或用麻杏石甘汤。

【加减歌】胸闷藿香郁金煮，专取芬芳治客忤。若还咳渴杏粉加，生津降逆如神辅。鼻衄芥豉悉宜除，栀柏茅根应生杵。薰蒸湿热肿咽喉，马勃贝玄如开户。热渐入营倍地冬，濡润增津液流渚。疹形一见去豉温，大青丹玄地加煮。便赤加栀母芩连，导源无畏寒苦。

二、桑菊饮

桑菊饮甘草翘桔杏仁，薄荷苇茎宜气尚轻清。若还气燥生痰嗽，玉竹石膏瓜蒌二母知贝母增。渴甚麦冬黄芩花粉润，丹皮玄参犀地更清营。但观舌绛知伤液，速把苇根薄荷倾去不用.

三、白虎汤

四、白虎加人参汤　见公余《长沙歌》。

五、玉女煎去牛膝熟地加生地玄参方。

气血两燔火势猖，石膏一两重辛凉，六钱地麦冬知玄四钱，壮水滋阴以制阳。

六、犀角地黄汤合银翘散方

风热交蒸血上行，两伤营卫热非轻。犀角地黄汤清营兼止衄，败毒银翘散去豉荆。

七、雪梨浆

雪梨一双取甘凉，新汲井华水沃以浆。口渴良由温热甚，时时频饮救津亡。

八、五汁饮

五汁频研天冬麦冬，甘寒润燥液增浓。苇茎勃荠蔗藕同碎，饮服频频水自充。

九、栀子豉汤

十、瓜蒂散　见《长沙歌》。

十一、清营汤去黄连方

舌绛口干不欲咽水，清营汤内见后去黄连。只缘热甚于营分，但取甘寒去苦寒。

十二、化斑汤

斑赤良由肺胃炎，化斑白虎汤入犀玄。膏须重用余皆佐，甘苦咸寒气血兼。

十三、银翘散去豆豉加生地丹皮大青倍玄参方

辛温误汗汗伤阴，血络凝邪疹遍生。急取银翘加丹地，增大青去豉倍玄参。

十四、清宫汤

清宫群药取诸心，莲子玄翘竹叶均。通络麦冬还益气，入心犀角更宁神。痰加梨汁竹沥蒌需子，热炽人中黄汁取金。若是神昏由窍阻。银花石薄荷叶尚芳馨。

十五、安宫牛黄丸

安宫郁金梅片麝犀角牛黄，定魄丹砂珍珠藉众香，涤热三黄芩连栀雄黄解毒，蜜丸衣箔蜡溶裹。

十六、至宝丹

至宝丹硃砂琥珀玳瑁珍，犀均一两妙通灵，麝香牛黄减半安息香汤和，蜡护为丸善镇心。

十七、紫雪丹

飞金百叶从徐灵胎改煮清泉，紫雪咸寒热益蠲。次以膏寒磁滑诸石，各三斤同煮一斤升麻玄。除渣更合丁香一两，沉香木香犀羚各五两研。甘草半斤同煮汁，二硝硝石芒硝各一斤独微煎。柳枝随搅投盆结，将冷投麝香两二钱传。再漂辰砂三两入，退寒三日蜡瓶安。诸凡热炽神昏昧，此是清宫第一仙。

十八、普济消毒饮去升柴芩连方

普济银翘桔草玄，专清温毒肿喉咽。蓝根马勃蚕牛子，荊芥薄荷芦根气肃天。

十九、水仙膏

温毒项疼肿若疮，水仙膏取重辛凉。不拘多少和根捣，患处重敷粟出良。

二十、三黄二香散

水仙敷过粟疮生，连柏川黄一两均。乳没五钱同碾细，初调茶汁继油浸。

二十一、清暑益气汤　见《时方歌》。

二十二、新加香薷饮

因暑伤寒表不疏，新加方法饮香薷。银翘扁豆花川朴，微藉辛温汗解肤。

二十三、白虎加苍术汤

白虎原汤本救阴，若逢身重湿难胜。更加苍术原汤煮，除湿清金两不侵。

二十四、生脉散　见《时方歌》。

二十五、清络饮

清络银花扁豆花，西瓜衣翠并丝瓜皮，轻清竹叶荷边叶，风暑余邪妙可夸。

二十六、清络饮加甘桔麦冬杏仁知母汤

但咳无痰声且扬，暑温偏热喜辛凉。方需清络加甘桔，知麦杏仁润利强。

二十七、小半夏加苓再加杏仁厚朴汤

暑温咳重且多痰，渴饮不多湿偏延。小半夏加苓生姜朴杏，甘澜水煮饮咸捐。

二十八、清营汤

不寐语评舌质红，清营汤泄热仗黄连麦冬，银翘竹叶丹参玄参生地，更藉灵犀一点通。

二十九、清络饮加杏仁薏苡汤

暑瘵阴阳表里亏，纯清纯补两难施。薏仁杏滑加清络饮，清利和营并得宜。

三十、清营汤加钩藤丹皮羚羊角方

暑入营阴痉厥成，息风羚角加入清营汤，钩藤丹皮并进兼通络，热甚还冲紫雪丹烹。

伏　暑

三十一、银翘散去牛蒡加杏仁滑石汤

伏暑微寒表未开，白苔脉濡渴烦来。银翘散去蒡轻宣气，杏滑加来湿并排。

【加减歌】胸闷宜加香豉郁金，呕加苓夏莫疑猜。薏仁通草还清利，淡以渗之气化谐。

三十二、银翘散加生地丹皮赤芍麦冬汤

伏暑汗无舌质红，邪居血分渴烦中。银翘散解表加清血，丹皮赤芍和营倍地冬。

三十三、银翘散去牛蒡芥穗加杏仁石膏黄芩汤

三十四、加减参麦散

伏暑头痛汗出恶风，渴而苔白燥频凶。银翘散去蒡和荊芥，芩石膏法外宗。倘使脉洪烦渴甚，仍须白虎汤剂加重。若还舌赤由心热，生脉散见时方加丹皮生地汁中。

寒　湿

三十五、三仁汤

三仁白蔻杏取辛开，厚朴夏薏仁竹叶该。通草滑石轻宣诸湿化，甘澜水煮妙和偕。

三十六、清宫汤去莲心麦冬加银花赤豆方

湿温双厥见神昏，急用清宫汤赤豆皤。再入银花莲心麦去，另同紫雪至宝丹吞。

三十七、银翘马勃散

银翘马勃射干牛蒡煎，湿痹咽疼气分旋。阻甚卢根加滑桔，轻宣肺气取辛寒。

三十八、宣痹汤

或因湿痹气难舒，宣痹汤枇杷淡豉如。通草射干金取郁，苦辛通法用良图。

三十九、千金苇茎汤加滑石杏仁汤

湿痹痰凝喘促张，苇茎汤见《金匮歌括》宣肺仗辛凉。再加滑杏尤清湿，饮别寒痰始合方。

四十、四物瓜蒂散　见《金匮歌》。

四十一、桂枝姜附汤

桂枝姜附术煎浓，寒湿伤阳脉缓从。舌淡滑苔轻络拘束，温中燥湿藉辛通。

温　疟

四十二、白虎加桂汤　见《金匮歌》。

四十三、加味五汁饮

痺疟津枯五汁饮频，欲清衰热竹叶翘斟。滋阴玄地知母清肺，开结杏仁滑石利清。

四十四、杏仁汤

杏仁汤宣肺尚轻清，肺疟良因伏暑凝。滑石桑叶翘苓茯蔻，梨皮止咳取凉辛。

四十五、加减银翘散

心疟谵语昏狂舌赤露，银翘竹叶麦冬犀玄。参汁冲荷叶清芳溢，一粒牛黄丸另觅研。

秋　燥

四十六、桑杏汤

桑杏汤沙参贝母鼓栀，辛凉宣肺取梨皮。秋伤燥令成痰嗽，专取轻清勿重施。

四十七、沙参麦冬汤

参麦冬桑玉竹甘草，甘寒花粉扁豆生探。燥伤肺胃宜清肃，咳久骨皮另外馅。

四十八、翘荷汤

翘薄荷汤栀皮绿豆皮，开提肺气桔甘草宜。耳鸣羚角丁茶入，目赤夏枯草菊叶司。咽痛另加牛蒡子，黄芩直折不容推。诸般窍闭由炎燥，微取辛凉火郁摧。

四十九、清燥救肺汤　见《时方歌》。

五十、杏苏散

鼻塞头疼凉燥伤，杏苏散解表嗽尤良。涤痰枳壳桔苓陈皮夏，辛苦前胡草枣姜，无汗脉弦宜羌活，有汗去苏用苏梗常。眉疼加白芷芩因热，苍术厚朴宽胸腹泻强。

五十一、桂枝汤　见《长沙歌》

五十二、桂枝柴胡各半汤加吴萸楝子茴香木香方

桂柴各半桂枝汤合小柴胡协和二阳太少也，枣姜吴萸川楝木茴香。疝瘕胁痛身寒热，寒燥宜温呕逆良。

五十三、化癥回生丹

六两人参二两芎，姜黄乳没安桂吴萸同。降香茴香麝艾灵脂良姜阿魏，蝱蛭两头尖川椒胡索红花。苏子三棱干漆煅，余皆三两杏桃仁攻。公丁香苏木三两香附，四两地黄归尾芍从。其一两蒲黄咸捣末，大黄八两醋煎浓。膏熬益母草同大黄等分，鳖甲二斤胶独丰。炼蜜为丸黄蜡护，用时酒水酌其病之轻重也冲服。燥淫所胜成癥结，干血劳伤此统宗。补正驱邪辛泄浊，苦温通络甚从容。诸凡血闭金疮损，堪奏回生第一功。

五十四、复亨丹

痛止无常有似癥，复亨丹取石硫君。十分鹿茸八分茯苓末。龟板四分桂与参。萆薢茴香归杞六分，川椒三分益母膏烹。蜜丸梧子时频服，温润通阳更护阴。

《温病条辨文白对照》（首卷原病篇）

杨　建

卷首　原病篇

【原文】

一、《六元正纪大论》曰：辰戌之岁，初之气，民厉温病；卯酉之岁，二之气，厉大至，民善暴死；终之气，其病温。寅申之岁，初之气，温病乃起；丑未之岁，二之气，温厉大行，远近咸若。子午之岁，五之气，其病温。巳亥之岁，终之气，其病温厉。

叙气运，原温病之始也。每岁之温，有早暮微盛不等，司天在泉，主气客气[1]，相加临而然也。细考《素问》注自知，兹不多赘。

按吴又可谓温病非伤寒，温病多而伤寒少，甚通。谓非其时而有其气，未免有顾此失彼之诮[2]。盖时和岁稔[3]，天气以宁，民气以和，虽当盛之岁亦微；至于凶荒兵火之后，虽应微之岁亦盛。理数自然之道，无足怪者。

【注释】

[1] 司天在泉，主气客气：中医运气学说的名词术语。详参《内经》有关注释本。

［2］诮：qiào，音峭。责备。

［3］稔：rěn，音忍，庄稼成熟。

【语译】

一、《六元正纪大论》说：从运气学说推算，每到了辰戌年，自大寒到惊蛰这一称为“初之气”的阶段，人们较容易发生各种疫病和瘟病；到了卯酉年，自春分到立夏这一称为“二之气”的阶段，人们常因突然发病而死亡，而在自小雪到小寒这一称之为“终之气”的阶段，人们较容易发生温病；到了寅申年，在“初之气”阶段，人们也较容易发生温病；到了丑未年，在“二之气”阶段，容易发生温疫病的流行，不论地区的远近，人们都可以发病；到了子午年，自秋分到立冬这一称为“五之气”的阶段，也容易发生温病；到了巳亥年，在“终之气”阶段，往往会发生温病和疫病。

以上是通过论述运气来探求发生温病的原因。每年发生的温病，有时早，有时迟，有时病情轻，有时病情重，这是由于每年的司天、在泉、主气、客气的循环和它们之间的配合有所不同的缘故。关于这方面的具体内容可以参阅《素问》及其各种注家，自能明白，这里就不再详细讨论了。

按：吴又可在《温疫论》中提出温病不是伤寒，从疾病的发生来说，温病多而伤寒少，这些都是对的。如果把温病的发生原因归结于在某个季节出现了不是这一季节的气候，即所谓“非其时又有其气”，这就难免要被人指责为顾此失彼，不能自圆其说。大凡如一年之中气候正常，风调雨顺，人们也能安居乐业，虽然该年温热之气盛行，温病的发生也轻微。相反，如在饥荒或战乱之年，虽然温热之气轻微，也会盛行温病。这是由温病发生的规律所决定的，没有什么可奇怪的。

【原文】

二、《阴阳应象大论》曰：喜怒不节，寒暑过度，生乃不固。故重阴必阳，重阳必阴。故曰：冬伤于寒，春必病温。

上节统言司天之病，此下专言人受病之故。

细考宋元以来诸名家，皆不知温病伤寒之辨。如庞安常之《卒病论》[1]、朱肱之《活人书》，韩祗和之《微旨》、王实之《证治》、刘守真之《伤寒医鉴》、《伤寒直格》、张子和之《伤寒心镜》等书，非以治伤寒之法治温病，即将温暑认作伤寒，而疑麻桂之不可用，遂别立防风通圣、双解通圣、九味羌活等汤，甚至于辛温药中加苦寒。王安道《溯洄集》中辩之最详，兹不再辩。论温病之最详者，莫过张景岳、吴又可、喻嘉言三家。时医所宗者，三家为多，请略陈之：按张景岳、喻嘉言皆著讲寒字，并未理会本文上有“故曰”二字，上文有“重阴必阳，重阳必阴”二句，张氏立论出方，悉与伤寒混，谓温病即伤寒，袭前人之旧，全无实得，固无足论。喻氏立论，虽有分析，中篇亦混入伤寒少阴、厥阴证，出方亦不能外辛温发表、辛热温里，为害实甚。以苦心力学之士，尚不免智者千虑之失，尚何怪后人之无从取法，随手杀人哉！甚矣，学问之难也！吴又可实能识得寒温二字，所见之证，实无取乎辛温、辛热、甘温。又不明伏气为病之理，以为何者为即病之伤寒，何者为不即病待春而发之温病，遂直断温热之原非风寒所中，不责己之不明，反责经言之谬。瑭推原三子之偏，各自有说：张氏混引经文，将论伤寒之文，引证温热，以伤寒化热之后，经亦称热病故也。张氏不能分析，遂将温病认作伤寒。喻氏立论，开口言春温，当初春之际，所见之病，多有寒证，遂将伤寒认作温病。吴氏当崇祯凶荒兵火之际，满眼温疫，遂直辟经文“冬伤于寒，春必病温”之文。盖皆各执己见，不能融会贯通也。瑭按伏气为病，如春温、冬咳、温疟，《内经》已明言之矣。亦有不因伏气，乃司天时令现行之气，如前列《六元正纪》所云是也。此二者，皆理数之常者也。更有非其时而有其气，如又可所云戾气，间亦有之，乃其变也。惟在司命者善察其常变而补救之。

【注释】

［1］《卒病论》：查庞安常著有《伤寒总病论》，此处所说的《卒病论》疑有误。

【语译】

二、《阴阳应象大论》说：如果人们不能注意节制自己的喜怒等情绪，或不能注意适应冬寒夏暑等气候的变化，健康就会受到影响，严重时还可危及生命。从阴阳的关系来说，大凡阴发展到了极点就会向阳的方面转化，而阳发展到了极点也会向阴的方面转化，即所谓“重阴必阳，重阳必阴”。在疾病的发生上也是这个道理，即冬天感受了寒邪，到了春天就会转化成以发热为主要特点的温病。

前一节是从运气学说来讨论司天之气所引起的疾病，而以下则是讨论人们发生温病的原因。

我曾详细考证过自宋元以来许多有名医家的学术论著，竟然都没有能明确提出温病和伤寒的区别。如庞安常的《伤寒总病论》、朱肱的《伤寒活人书》、韩祇和的《伤寒微旨论》、王实的《证治》、刘守真的《伤寒医鉴》和《伤寒直格》、张子和的《伤寒心镜》等书，不是用治伤寒的方法来治疗温病，就是把温病、暑病等温热病当作伤寒，但同时又怀疑麻黄汤、桂枝汤等辛温解表方剂用之不妥，所以就另外创制了防风通圣散、双解通圣散、九味羌活汤等方剂，甚至还采用在辛温方中加入苦寒药的方法，这在王安道的《医经溯洄集》中有较为详细的辨察和论述，这里就不再讨论了。对于温病进行较详细论述者，莫过于张景岳、吴又可、喻嘉言这三位医家。现在社会上一般医生所遵循的，大多数也主要是这三家的论述，所以有必要把他们的主要观点作一分析：张景岳和喻嘉言对以上《阴阳应象大论》中所说的温病进行论述时，都是从感受了寒邪来分析，但没有注意到原文中的“故曰”两个字。在“故曰”的前面有“重阴必阳、重阳必阴”这句话，张景岳对此未作仔细推敲，所以他对温病的论述和用方都与伤寒混在一起，说温病就是伤寒。这是因为他因袭了前人的旧论，自己并没有新的发挥，所以对他的论述没有必要多加评论。至于喻嘉言在论述温病时虽然有所分析和阐发，但在中篇里把伤寒的少阴病证、厥阴病证混入其中，所用的方剂也不外是辛温解表、辛热温里等治疗伤寒的方子，如果用这些方子来治疗温病，为害就大了。上述的张景岳、喻嘉言都是刻苦钻研医学，并取得很大成就的有名医家，但也不免智者千虑，而有一失之处，所以难怪后世许多医生在治病时没有正确的治法可以遵循，以致断送了无数患者的生命。由此可见，做学问是多么的难啊！吴又可是一位真正能分辨伤寒和温病的医家，他治疗温病已不再采用辛温、辛热、甘温等方药。但是他却不了解病邪内伏，过时而发病的伏气理论，因而对所谓感受寒邪立即发病就是伤寒，如感受寒邪后没有立即发病，到春天再发病者为温病的理论未能搞清楚，就直接断言温热病的病原不是感受风寒。对于《内经》的论述，不是检讨自己未弄清伏气理论，反而批评《内经》所说的有错误。我推想上述三位医家之所以会对温病认识不全面，各自有其原因：张景岳是因引证《内经》原文有误，把论伤寒的原文用来论证温热病。这是由于《内经》中把伤寒在化热后的病证也称为热病之故。因而张氏不能正确分析，就把温病当作伤寒了。喻嘉言在论及温病时，以春温为主，而他在初春所见到的病证多数还属于感受寒邪而引起的寒证，所以他就把伤寒误认为温病了。吴又可所处的时代正是明末崇祯年间，当时灾荒和战乱引起了温疫的大流行，吴氏所见到的都是温疫，所以坚决反对《内经》中关于"冬伤于寒，春必病温"的说法。这些都是由于他们各自抱有片面的看法，而没有能够把有关温病的理论融会贯通所造成的。我认为，温病的发生有的是伏气所引起的，如春温、冬咳、温疟等，在《内经》中已有明确的论述。另一方面也有不是伏气引起的，而是由于每年的司天时令之气引起发病的。正如前面《六元正纪大论》中所说的就是这种情况。这两种原因是属于比较常见的。另外，也有因为感受了不是当时主气的时令之气，或感受了如吴又可所说的戾气而发病的。这后面两种情况虽然有时可以发生，但毕竟不是常而是变。作为医生应当善于辨察温病发生的常和变，并采取相应的救治方法。

【原文】

三、《金匮真言论》曰：夫精者，身之本也，故藏于精者，春不病温。

《易》曰：履霜坚冰至，圣人恒示戒于早，必谨于微。《记》曰：凡事预则立。经曰：上工不治已病治未病，圣人不治已乱治未乱。此一节当与《月令》[1]参看，与上条"冬伤于寒"互看。盖谓冬伤寒则春病温，惟藏精者足以避之。故《素问》首章《上古天真论》即言男女阴精之所以生，所以长，所以枯之理；次章紧接《四气调神大论》，示人春养生以为夏奉长之地，夏养长以为秋奉收之地，秋养收以为冬奉藏之地，冬养藏以为春奉生之地。盖能藏精者，一切病患皆可却，岂独温病为然哉！《金匮》谓五脏元真通畅，人即安和是也。何喻氏不明此理，将"冬伤于寒"作一大扇文字，将"不藏精"又作一大扇文字，将"不藏精而伤于寒"，又总作一大扇文字，勉强割裂《伤寒论》原文以实之，未免有过虑则凿之弊。"不藏精"三字须活看，不专主房劳说，一切人事之能摇动其精者皆是。即冬日天气应寒而阳不潜藏，如春日之发泄，甚至桃李反花之类亦是。

【注释】

［1］《月令》：为《礼记》的一个篇名，记述每年十二个月的时令和有关事物。

【语译】

三、《金匮真言论》说：精是人体生命和健康的根本，因而如能保养好精，到春天就不会患温病。

《易经》说：如路上已有了霜，那么河里结坚冰的日子也快临近了。这是古代的圣贤告诫人们凡事应及早发现和准备，特别要注意所出现的苗头，从而可以防微杜渐。在《礼记》中也说：凡是在事先就有准备的，就能取得成功。在《内经》中说：高明的医生不仅是治疗已经发生的疾病，而是能防止疾病的发生。这就好比英明的领导者不是去治理已经发生的动乱，而是要预防动乱的发生。这一节的内容可与《礼记·月令》篇互相参看，也要与上一条关于“冬伤于寒”的论述相互参照。上一条中论及冬天伤于寒，到春天就会患温病，而本条则指出，如能保养好精就可以避免患温病。因而在《素问》的第一章《上古天真论》中就首先论述了男女阴精是如何生成、如何生长、如何枯竭的道理。并在第二章《四气调神大论》中又教人们养生的方法，即如果在春季能养好“生”，就可以为夏季的“长”打好基础；如在夏季能养好“长”，就可以为秋季的“收”打好基础；如果能在秋季养好“收”，就可以为冬季的“藏”打好基础；如果能在冬季能养好“藏”，又可以为春季的“生”打好基础。凡是能够好好保养精而使精充足的人，任何疾病都不容易发生，岂仅仅是不发生温病呢？这就是在《金匮》中已说过的：如果五脏的元真之气能通畅，人体就会健康平安。但怎奈何喻嘉言却未能搞清这个道理，他在论述温病的发生时，把因冬季感受寒邪而发病的作了一大篇文章，把不能藏精而发病的又作了一大篇文章，再把既不能藏精又在冬季感受寒邪而发病的作了一大篇文章。同时又把《伤寒论》的原文勉强地割裂后，放在其中作为引证。这样做，虽然似乎考虑得很周到，其实反而有过于刻板之弊病。对《内经》中的“不藏精”这三个字应当灵活地去认识，不能仅局限于性生活过度而造成的不藏精，凡是人们能够耗伤精气的行为都属于“不藏精”之例。如在冬天气候应寒冷，但因阳气不能正常地潜藏，却象春天那样的发泄，引起气候温暖，甚至使桃、李等树木提前开花，都属于“不藏精”之类。

【原文】

四、《热论篇》曰：凡病伤寒而成温者，先夏至日者为病温，后夏至日者为病暑。暑当与汗出，勿止。

温者，暑之渐也。先夏至，春候也。春气温，阳气发越，阴精不足以承之，故为病温。后夏至，温盛为热，热盛则湿动，热与湿搏而为暑也。勿者，禁止之词。勿止暑之汗，即治暑之法也。

【语译】

四、《热论篇》说：凡是感受了寒邪而发生的温热病，如果在夏至以前发病的，就称为温病，而在夏至以后发病的，就称为暑病。暑邪致病因里热蒸迫而有汗，而暑邪也可与汗一起外达，所以这种出汗切勿使用止汗的方法。

所谓温病是发生于暑之前的疾病。从季节上来说，夏至日以前是属于春季，春季的气候较为温暖，在这一条件下，阳气较为升发外泄，如果人体的精气较虚，不能与阳气保持平衡，阳热就会过分亢盛而容易患温病。在夏至日以后温和的气候进一步变热，同时，因天气炎热，还可造成湿气的上蒸，这样使热与湿两种性质的病邪相互结合而形成暑邪。《内经》中提出“切勿”是一种明确的禁止用语，即强调切勿去止因感受暑邪而引起暑病的出汗，这是治疗暑病的一个重要原则。

【原文】

五、《刺志论》曰：气盛身寒，得之伤寒；气虚身热，得之伤暑。

此伤寒暑之辨也。经语分明如此，奈何世人悉以治寒法治温暑哉！

【语译】

五、《刺志论》说：人体之气盛实而身体恶寒较明显的，一般是感受了寒邪而发病；如人体之气较虚乏而身发热的，往往是感受暑邪而发病。

以上是对感受寒邪和暑邪后所出现不同病证的辨察要点。在《内经》中对这一点已说得很明白，怎奈何现在世上的医生怎么都是用伤寒的方法来治温病和暑病呢？

【原文】

六、《生气通天论》曰：因于暑，汗，烦则喘喝，静则多言。

暑中有火，性急而疏泄，故令人自汗。火与心同气相求，故善烦（烦从火从页，谓心气不宁，而面若火烁也）。烦则喘喝者，火克金故喘，郁遏胸中清廓之气，故欲喝而呻之。其或邪不外张而内藏于心，则静；心主言，暑邪在心，虽静亦欲自言不休也。

【语译】

六、《生气通天论》说：感受暑邪而发病的病证特点是：汗出较多，有时表现为烦躁不安而气喘喝喝有声，有时则因邪犯心主而静卧，神识不清，自言自语甚至胡言乱语。

暑的性质中就包括了火热在内，所以它的致病特点是发病急骤，病变较快，并容易造成人体肌表的疏松，因而在发病后使人出较多的汗。心在五行属火，与火邪属性相同，所以火热性质的病邪较易侵犯心，即所谓“同气相求”。心主神明，在受到火热之邪的侵犯后就会引起心烦（从“烦”这个字来看，是由火和页组成的，也就是说烦是指心气不能安宁，同时面部发红如被火烁烧一般）。至于出现烦而气喘喝喝有声，是因为从五行生克的关系来说，火易克金，而五脏中肺属金，肺气受伤，加上火热之气能阻遏胸廓肺中的清阳之气，使其不能通畅，所以就会气喘，喉中喝喝有声如呻吟一般。如果暑邪深入在内，犯于心而不能外达，病人就会静卧不动，但又因心主言语，所以在心神被暑邪扰动时，虽然神态看上去安静，但会不断地自言自语，实际是神志不清的表现。

【原文】

七、《论疾诊尺篇》曰：尺肤[1]热甚，脉盛躁者，病温也；其脉盛而滑者，病且出也。

此节以下，诊温病之法。

经之辨温病分明如是，何世人悉谓伤寒，而悉以伤寒足三阴经温法治之哉！张景岳作《类经》，割裂经文，蒙混成章，由未细心紬绎[2]也。尺肤热甚，火烁精也；脉盛躁，精被火煎沸也；脉盛而滑，邪机向外也。

【注释】

［1］尺肤：指前臂内侧自肘关节至腕关节部的皮肤。

［2］紬绎：紬，chōu，音抽，引出。紬绎，引出头绪。

【语译】

七、《论疾诊尺篇》说：如诊察自肘至腕这一段称为尺肤的皮肤，发热较甚，脉象又盛大而躁疾快速，这是温病的重要特征。如果这种病人的脉象表现为盛大而滑利；是正气能祛邪外出的表现。

从这一节开始，讨论温病的诊断方法。

在《内经》中对温病的辨察已这样明白，为什么当今的医生还是把温病都当作伤寒，使用治疗伤寒足太阴、足少阴、足厥阴证的各种温热方药来治疗温病呢？张景岳所著的《类经》，是把《内经》的原文割裂拼凑而成以蒙混读者的，它对《内经》的原文并没有认真、细致地进行阐述。尺肤发热甚，是因为暑邪的火热之气耗烁阴精所引起的，脉象盛大而滑利，是病邪有向外透达趋势的兆象。

【原文】

八、《热病论》曰：热病三日，而气口[1]静人迎[2]躁者，取之诸阳五十九刺，以泻其热而出其汗，实其阴以补其不足者。身热甚，阴阳皆静者，勿刺也；其可刺者，急取之，不汗出则泄。所谓勿刺者，有死征也。热病七日八日动喘而弦[3]者，急刺之。汗且自出，浅刺手大指间。热病七日八日脉微小，病者溲血，口中干，一日半而死，脉代[4]者，一日死。热病已得汗出而脉尚躁，喘，且复热，勿刺肤，喘甚者死。热病七日八日脉不躁，躁不散数，后三日中有汗，三日不汗，四日死；未曾汗者，勿腠刺之。热病不知所痛，耳聋不能自收，口干，阳热甚，阴颇有寒者，热在骨髓，死不可治。热病已得汗而脉尚躁盛，此阴脉之极也，死。其得汗而脉静者生。热病者，脉尚躁盛而不得汗者，此阳脉之极也，死。(阳脉之极，虽云死征，较前阴阳俱静有差，此证犹可大剂急急救阴，亦有活者。盖已得汗而阳脉躁甚，邪强正弱，正尚能与邪争。若留得一分正气，便有一分生理，只在留之得法耳。至阴阳俱静，邪气深入下焦阴分，正无捍邪之意，直听邪之所为，不死何待。) 脉盛躁，得汗静者生，热病不可刺者有九：一曰汗不出，大颧发赤，哕[5]者死。二曰泄而腹满甚者死。三曰目不明，热不已者死。四曰老人、婴儿，热而腹满者死。五曰汗大出，呕，下血者死。六曰舌本烂，热不已者死。七曰咳而衄，汗不出，出不至足者死。八曰髓热者死。九曰热而痉者死，腰折、瘛疭、齿噤龂也。凡此九者不可刺也。太阳之脉色荣颧骨，热病也。与厥阴脉争见者，死期不过三日。少阳之脉色荣颊前，热病也。与少阴脉争见者，死期不过三日。

此节历叙热病之死征，以禁人之刺，盖刺则必死也。然刺固不可，亦间有可药而愈者。盖刺法能泄能通，开热邪之闭结最速，至于益阴以留阳，实刺法之所短，而汤药之所长也。

热病三日而气口静人迎脉躁者，邪机尚浅，在上焦，故取之诸阳以泄其阳邪，阳气通则汗随之。实其阴以补其不足者，阳盛则阴衰，泻阳则阴得安其位，故曰实其阴，泻阳之有余，即所以补阴之不足，故曰补其不足也。

身热甚而脉之阴阳皆静，脉证不应，阳证阴脉，故曰勿刺。

热病七、八日，动喘而弦，喘为肺气实，弦为风火鼓荡，故浅刺手大指间，以泄肺热，肺之热痹开则汗出。大指间，肺之少商穴也。

热证七、八日，脉微小者，邪气深入下焦血分，逼血从小便出，故溲血，肾精告竭，阴液不得上潮，故口中干；脉至微小，不惟阴精竭，阳气亦从而竭矣，死象自明。倘脉实者可治，法详于后。

热病已得汗，脉尚躁而喘，故知其复热也；热不为汗衰，火热克金故喘。金受火克，肺之化源欲绝，故死。间有可治，法详于后。

热病不知所痛，正衰不与邪争也；耳聋，阴伤精欲脱也；不能自收，真气惫也；口干热甚，阳邪独盛也；阴颇有寒，此寒字作虚字讲，谓下焦阴分颇有虚寒之证，以阴精亏损之人，真气败散之象已见，而邪热不退，未有不乘其空虚而入者，故曰热在骨髓，死不治也。其有阴衰阳盛而真气未至溃败者，犹有治法，详见于后。

热病已得汗而脉尚躁盛，此阴虚之极，故曰死。然虽不可刺，犹可以药沃之得法，亦有生者，法详于后。

脉躁盛不得汗，此阳盛之极也。阳盛而至于极，阴无容留之地，故亦曰死。然用药开之得法，犹可生。法详于后。

汗不出而颧赤，邪盛不得解也；哕，脾阴病也。阴阳齐病，治阳碍阴，治阴碍阳，故曰死也。泄而腹满甚，脾阴病重也，亦系阴阳皆病。目不明，精散而气脱也。经曰：精散视岐，又曰：气脱者目不明。热犹未已，仍烁其精而伤其气，不死得乎！老人、婴儿，一则孤阳已衰，一则稚阳未足，既得温热之阳病，又加腹满之阴病，不必至于满甚，而已有死道焉。汗不出，为邪阳盛，呕为正阳衰；下血者，热邪深入不得外出，必逼迫阴络之血下注，亦为阴阳两伤也。舌本烂，肾脉、胆脉、心脉皆循喉咙系舌本，阳邪深入，则一阴一阳之火结于血分，肾水不得上济，热退犹可生，热仍不止，故曰死也。咳而衄，邪闭肺络，上行清道，汗出邪泄可生，不然则化源绝矣！髓热者，邪入至深至于肾部也。热而痉，邪入至深至于肝部也。以上九条，虽皆不可刺，后文亦间立治法，亦有可生者。太阳之脉色荣颧骨为热病者，按手太阳之脉，由目内眦斜络于颧，而与足太阳交，是颧者两太阳交处也。太阳属水，水受火沸，故色荣赤为热病也。与厥阴脉争见，厥阴，木也，水受火之反克，金不来生木反生火，水无容足之地，故死速也。少阳之脉色荣颊前为热病者，按手少阳之脉，出耳前，过客主人[6]前（足少阳穴），交颊至目锐眦而交足少阳，是颊前两少阳交处也。少阳属相火，火色现于二经交会之处，故为热病也。与少阴脉争见，少阴属君火，二火相炽，水难为受，故亦不出三日而死也。

【注释】

［1］气口：即在手腕部的诊脉处，又称寸口。

［2］人迎：也是古代医生诊脉的一个部位，即在结喉旁两侧颈总动脉的搏动处。

［3］动喘而弦：有几种解释：有的认为动和弦是脉象表现，喘为气息喘急。有的认为是指稍活动就气喘不已，并见弦脉。本书中取后者。

［4］代：脉象的一种。为脉缓弱而出现有规则的间歇。

［5］哕：yuě，呕吐，或指呃逆。

［6］客主人：穴位名，属足少阳经。

【语译】

八、《热病篇》说：热病到了第三天，诊察气口的脉较为安静而人迎的脉躁疾不宁，这是病邪在阳分，可以随证选用五十九个阳经穴位进行针刺，通过针刺可以使病人出汗而泻出阳分的邪热。在此同时，还要注意对阴经的穴位进行补法治疗，以补充阴分的不足。如病人表现身热很盛，但阴阳各处的脉象反而都很平静，这提示邪气虽盛而正气甚虚，以致无力抗邪，这是很危险的，不能再用针刺的方法，以免更耗损人体的正气。对于可以进行针刺治疗的病证，应尽快地按病证取穴施治，如果在针刺后仍没有汗出，就要改用泄热的其他治法。上面所说的不能用针刺治疗的病证，是由于出现了正不胜邪的危象。热病到了第七、八天，如稍动就气喘较甚，而诊脉有弦象的，应立即用针刺的方法，使病人能通过出汗而使邪热外泄。具体方法是选用手大指间的穴位，即手太阴经的少商穴。如热病到了第七、八天时，脉象微小，并见尿血，病人口中干燥，这种病情非常危险，病人在一天半内就可能死亡；如再出现脉歇止有定时的代脉，更为危重，病人在一天内就可能死亡。热病如果已经出了汗而脉象仍然躁疾不宁，并伴有呼吸喘急，身热再度炽盛的，不能再用针刺肌肤的方法。这种病证如出现很严重的气喘，预后甚差，病人多会死亡。热病到第七、八天时，脉象已不躁疾，或虽躁疾而不散大、不甚数急的，在以后的三天内应有汗出，如果在三天内没有汗出，病情较为危重，可能会在四天内死亡。如果病人一直没有出汗，就不能用针刺的治疗方法。热病患者如连自己的病痛都不能说清楚，加上耳聋，四肢弛缓而不能运动自如，口干较甚，就说明阳热之邪极盛而阴液也有严重的耗伤，邪热已深入到骨髓，病情非常危重，往往能造成病人死亡而难以救治。如果热病患者已经出过汗，但脉象仍然躁疾而盛大，称为“阴脉之极”，这是病人的阴液虚极的缘故，每可导致死亡。如果病人在发汗后脉象平静，这种情况预后较好，不致于造成死亡。另一方面，如果热病患者的脉象躁疾而盛大，但一直不能出汗的，称为“阳脉之极”，这是阳热盛极的表现，预后也不好，每可导致死亡。（虽然出现了“阳脉之极”是一种死证，但比较前面所说的身热很盛而阴阳各处的脉象都很平静的那种情况有所不同。对于这种病证，还可以试用大剂量的养阴药，以很快地补充耗伤的阴液，或许还有能救活的。这里所出现的是已经出了汗而阳脉仍然躁疾，这是邪气强盛而正气虚弱的反映，但同时也表明正气尚能与病邪进行抗争，所以说还有救治的可能。对于病人来说，如能留得一分正气，就有一分生存的希望，问题是在于要有正确的保留正气的方法。而病情发展到阴阳诸脉都已平静无力，表明病邪已深入到下焦，肝肾的阴液都已枯竭，正气已完全失去了与病邪抗争的能力，只能听凭病邪肆虐，到这个程度病人难道还会不死吗?）如果热病患者原来见脉躁疾盛大，但在出汗后脉转为平静的，这是一种好的现象。对于热病的治疗，有以下九种情况不能用针刺：一是热势虽盛而不能出汗，同时伴有颧部发红而发生剧烈呕吐或呃逆的，易致死亡。二是出现腹泻而腹部极度胀满者，易致死亡。三是患热病后两目视物不明，身热不退的，易致死亡。四是老人和婴儿患热病后，出现身热而腹部胀满较甚的，易致死亡。五是在热病过程中出现大汗，呕吐，大便下血的，易致死亡。六是舌根部已有溃烂，同时又发热不止的，易致死亡。七是发生咳嗽和衄血，不出汗，或虽然有汗而足部无汗的，易致死亡。八是发热如同从骨髓中而出一般，易致死亡。九是发热而出现痉厥，即见腰背反张、手足抽搐、咬牙啮齿的，易致死亡。凡是以上所说的九种情况，因病情十分危重，极易死亡，所以不宜用针刺治疗。足太阳的经脉上行通过颧骨部位，所以在热病过程中的太阳病证阶段可见到颧部发红，但如与厥阴病证的表现同时出现，提示病邪已深入，预后甚差，在三天之内就可能死亡。足少阳的经脉上行通过颊前，所以在热病过程中的少阳病证阶段也可见到颊部发红，但如与少阴病证的表现同时出现，也是病邪已深入的征兆，预后甚差，在三天之内也可能死亡。

这一节主要论述了热病的各种预后不良的“死证”，对这些死证是禁用针刺方法的，如果妄用了针刺方法，就必然会加速病人的死亡。但是，虽然不能用针刺治疗，并不是说就没有任何治疗方法了，其中还有一些病证可以通过使用药物得到治愈。这是因为针刺的主要作用是能够泄热和疏通，所以对于开通热邪的闭结有很快的作用。至于要补充人体的阴液，并进而保留阳气，这却不是针刺法所能起到的作用，而是汤药的特长了。

热病在第三天左右，气口脉平静而人迎脉躁疾，表明病邪所在的位置还比较浅在，往往还属于上焦病变，所以取各阳经的穴位来宣泄尚在阳分的邪热，阳气一旦宣通，自然就能使邪热随汗而外解。《内经》中提到的充实其阴经以补阴液不足的含义，与养阴方药的作用不同。因为在热病中，邪热亢盛就必然会耗损阴液，如果能使邪热外泄，就可以有效地保护阴液不受损伤，从这个意义来说，起到了补阴液的作用。也就是清除了阳热亢盛之邪，起到了补充阴液不足的效果，所以《内经》中说针刺也能补充阴液的不足。

热病患者如身热较甚而脉却反而平静，这是脉与证不相符合，在阳证中出现了阴脉，预后是不好的，所以说不能用针刺治疗。

热病到了第七、八天，出现了弦脉和稍活动就气喘较甚。这是因为肺主气，邪热壅于肺，使肺气闭实，就会引起气喘，而弦脉是风与火热之邪相互结合后，火借风势，鼓荡为患的表现。《内经》中所说的取大指间的穴位，是指属于手少阴肺经的少商穴。对这一病证的治法，是通过浅刺少商穴，宣通肺气，使闭塞在肺的邪热得到外泄，因肺主皮毛，所以宣通肺气也可使皮毛汗孔开泄而出汗。

热病到了第七、八天，脉见微小，这提示了病邪已深入到下焦血分，所以会迫血妄行，引起尿血。下焦为肝肾所在，病入下焦，必然会耗竭肾阴，肾阴不能向上运送润泽口腔，所以就会出现口干。脉象已变得微小，这说明不仅肾的阴精已耗竭，同时因为阴阳互根，阴伤至极，必然导致阳气的衰竭，所以脉象表现得微小，这是垂危病人的一种表现。但如果脉象还比较有力的，就可以进行治疗，具体的方法在后面将要论及。

如热病已出了汗，但因为脉象仍然躁疾而气喘，所以知道还会再次发热，而且这种发热不会因出汗而减退。火热之邪从其五行关系来说，是容易克金的，所以肺金会被火热之邪所克，致肺气壅塞而作喘。如果火热之邪克金甚重，会导致肺的化源欲绝，所以也易导致死亡。对这类病证有时还有治疗的方法，具体内容将在后面论及。

如果热病患者自已都不能指出病痛的所在，那就说明病人的正气已经虚衰欲竭，无力与病邪进行抗争了。耳聋则是由阴液大伤而导致精气将脱所引起的。四肢弛缓而不能自主地活动，提示人体的真气已非常虚衰。口干而热势较甚，清楚地表明了该病证阳热盛而阴液已大虚了。这里《内经》原文上所说的“阴颇有寒”中的“寒”字，应作“虚”字来理解。原文的意思是指出该病证属下焦虚衰，阴精已极度虚少，人体的真气已出现了溃败的现象。在此同时，邪热还未退，邪热没有不乘虚直入的，所以说热邪深入到骨髓的往往会导致死亡而难以救治。如果是属于阴液已伤而阳热亢盛，但真气尚没有到完全溃败的严重程度，那还是有可治之法的，具体方法将在后面论及。

热病患者如已出汗而脉象仍然躁疾盛大，这是由于阴液虚极的缘故，所以说易致死亡。然而虽然不可用针刺的方法，但是可以通过用药物来补充阴液，其中也有能得到治愈的，具体方法将在后面论及。

热病患者如无汗、颧部发红，提示邪热较盛而难以外解，病在阳，而另一方面出现呕吐或呃逆，这又说明脾阴有病，所以是一种阴阳俱病的病证。对这类病证的治疗，如治阳热之邪，用寒凉清热药，对脾阴不利，而如治脾阴，所用的养阴柔润药对阳热又不利。正因为病情重而治疗困难，所以也称易致死亡。如见腹泻而腹部胀满很严重，提示脾阴的病变甚重，也是一种阴阳俱病的病证。如出现了双目视物不明，是由于阴精已耗散而导致正气外脱所引起的，在《内经》中说：精气耗散后就会在视物时出现复视。又说：正气外脱就会视物不清。这种病证，邪热还未退而仍在耗烁着精气和正气，难道还会不死吗？老人和婴儿，前者属于阴精将竭而所存的孤阳也已大衰，后者则属于稚阳未充，他们在患了热病后，既有邪热这种阳病，又有腹部胀满这种阴病，即使腹部的胀满不太严重，也是非常危重的病证。热病患者不能出汗，是因病邪的阳热盛于内，而呕吐则是人体的脾阳衰在里。这种病证之所以会发生大便下血，是因为热邪深入在内而不能外出，必然要逼迫肠道的血络，使血液下注而造成便血，这也是阴阳两个方面都受伤的表现。人身的肾脉、胆脉心脉等经脉都上行循喉咙而系于舌根，所以在热病中出现舌根溃烂，是因为阳热之邪深入后，影响到少阴心肾和少阳胆这“一阴一阳”经脉，这些经脉的火邪结于血分而使舌根发生溃烂；这时阴液必然大伤，肾脏所藏的阴精不能向上传送，如邪热能退，还不致于危及生命，如邪热仍然亢盛，那就会导致死亡了。热病患者出现咳嗽和衄血，是由于邪热闭阻于肺络，肺气不能宣通就会咳嗽，邪热迫血上出呼吸道，就会衄血。这类病证，如能通过出汗而使邪热外泄，还有治好的可能，不然的话，就可以导致肺的化源欲绝，难以救治。邪热从骨髓而发出，是由于病邪已深入至下焦肾而造成的。发热而又见痉厥，是由于邪热深入到肝经所致。上面所说的九种情况，虽然都不能用针刺治疗，但在本书后面对有些病证仍然列出了治法，其中也有的是可以治好的。手足太阳两条经脉所经过的颧骨部位发红是热病的重要表现，这是因为手太阳经脉从眼睑内角斜向经过颧部，与经过该处的足太阳经脉相交，所以颧部是手足两条太阳经脉的交会之处，太阳的五行性质属于水，水在火的作用下就会沸腾，在热病中表现为太阳经脉经过的颧部发红。以上所说的厥阴在五行属木，水可受到火的反克，如肺金不能生水，水少则火更旺，又进一步耗伤水液，所以会导致阴液的虚竭，是一个易致死亡的病证，在热病的初起出现厥阴的见证，是一种危重的表现。手少阳的经脉从耳前经过足少阳经的客主人穴，交会于颊部，并到眼外角而交于足少阳经脉，这是颊前手足两条经脉的交会之处。少阳属于相火，火的红色出现在两条经脉交会的颊处，是热病的主要表现之一。少阴属于君火，在热病中如在颊部见红色为少阴见证，就表明少阴君火与少阳相火两火相互交结炽烈，必然会严重地耗伤阴液。所以上述两种见证都是很危重的，一般不出三天就会死亡。

【原文】

九、《评热病论》：帝曰：有病温者，汗出辄复热，而脉躁疾，不为汗衰，狂言不能食，病名为何？岐伯曰：病名阴阳交，交者死也。人所以汗出者，皆生于谷，谷生于精。今邪气交争于骨肉而得汗者，是邪却而精胜也。精胜则当能食而不复热。复热者，邪气也，汗者，精气也。今汗出而辄复热者，邪气胜也。不能食者，精无俾也。病而留者，其寿可立而倾也。且夫《热论》曰：汗出而脉躁盛者死。今脉不与汗相应，此不胜其病也，其死明矣！狂言者，是失志，失志者死。今见三死，不见一生，虽愈必死也。

此节语意自明，经谓必死之证，谁敢谓生？然药之得法，有可生之理，前所谓针药各异用也，详见后。

【语译】

九、《评热病论》：黄帝说：有的温病患者在出汗后热势稍退，但很快地热势又上升，其脉象躁乱速疾，病情没有因为出汗而得到减轻，同时又出现语言狂乱，不能进食等症状，这是什么病呢？岐伯回答说：这种病名叫阴阳交，阴阳交病，病情必定十分严重，很容易导致死亡。人体之所以会出汗，要依赖水谷进入胃后通过运化而生成的精气。当邪气与体内精气互相交争于骨肉之处，就会有汗液排出。这是病邪得以退却而精气战胜病邪的反映。但如果是精气战胜了病邪，应当能进饮食而不再发热，现在却是汗出之后而再度发热，就是病邪战胜人体精气的表现。病邪伤了脾胃就不能进食，不进饮食则精气更得不到补充。出现这种情况，提示病邪久留不去，病人的寿命就不会很长了。况且在《灵枢·热论》中说：热病在出汗之后，如果脉象仍然躁疾盛大的，这是死证。现在出现了脉象与出汗之后的通常表现不相符合的情况，表示精气衰竭，不能战胜病邪，所以必然会导致死亡的理由是很明白的。至于出现语言狂乱，是心气大伤而致神志失常的反映。以上所论及的汗出而热势再盛、不能进食、神志狂乱三种情况，都是易导致死亡的证候，而无一线生机，所以尽管病情有时会暂时稍愈，但最终还是要死亡的。

这一节所说的意思已很明白了。《内经》中所说属于必死之证，还有谁敢说能够治愈呢？但是如果用药得法，还是有可以治好希望的。前面已说到的针刺和药物作用各不相同，对于这方面的情况，在以后还要详细讨论。

【原文】

十、《刺热篇》曰：肝热病者，小便先黄，腹痛多卧，身热。热争则狂言及惊，胁满痛，手足躁，不得安卧。庚辛甚，甲乙大汗，气逆则庚辛日死。刺足厥阴、少阳。其逆则头痛员员[1]，脉引冲头也。

肝病小便先黄者，肝脉络阴器；又肝主疏泄，肝病则失其疏泄之职，故小便先黄也。腹痛多卧，木病克脾土也。热争，邪热甚而与正气相争也。狂言及惊，手厥阴心包病也，两厥阴同气，热争，则手厥阴亦病也。胁满痛，肝脉行身之两旁，胁其要路也。手足躁不得安卧，肝主风，风淫四末，又木病克土，脾主四肢，末病热，必吸少阴肾中真阴，阴伤，故骚扰不得安卧也。庚辛金日克木，故甚。甲乙肝木旺时，故汗出而愈。气逆谓病重而不顺其可愈之理，故逢其不胜之日而死也。刺足厥阴、少阳，厥阴系本脏，少阳，厥阴之腑也，并刺之者，病在脏，泻其腑也。逆则头痛以下，肝主升，病极而上升之故。

自庚辛日甚以下之理，余脏仿此。

【注释】

［1］员员：头部沉重、眩晕的感觉。

【语译】

十、《刺热篇》说：肝热病患者的临床表现主要有：先见小便发黄，腹部疼痛，全身无力而多卧，身体发热。邪热与正气互相交争，可称为“热争”，这时出现语言狂乱、心中惊慌不安，两胁部胀满疼痛，手足躁动不宁，不能很好地入睡。这种病证在庚辛日病情会加重，而在甲乙日可能会有大汗。如正气不敌病邪，病情就会发生逆转，称为“气逆”，到庚辛日就可能会死亡。病情逆转的主要表现是头痛、眩晕，这是由于病邪循肝经上冲于头的缘故。对这种病证的针刺治疗方法，主要是取足厥阴和足少阳两经的穴位。

肝经有热而小便先黄的原因，是因为肝的经脉上行环绕于阴器。而肝是主疏泄的，肝经受到邪热的侵犯就会失去疏泄的功能，必然影响到尿液而使尿色发黄。肝病出现腹部疼痛而多卧，从五行的关系来说，属于木克土，即肝木有病而克土。邪热亢盛与正气相争，称为“热争”。出现言语狂乱和心中惊慌，是手厥阴心包有病的表现。手厥阴与足厥阴同属厥阴，因出现了“热争”，足厥阴肝的邪热亢盛就会影响到手厥阴心包经。出现胸胁满而疼痛，是由于肝的经脉循行于身的两侧，胁部为肝经的通路。出现手足躁动不宁，不能安睡，有两个方面的原因：一是肝气与风相通，风气又可影响到四肢，所以肝有热就会生风而引起四肢的抽搐。二是因为肝木有病后会克脾土，脾主四肢；而肝木又依赖肾水的涵养，如肝木有热就会耗竭肾中的真阴，真阴受伤后就不能涵养肝木，肝主润泽人体的筋，如肝木无阴液滋养，就会发生四肢的拘急，手足躁动不宁而不能安睡。庚辛日在五行属金，主克木，所以在庚辛日肝病会加重。甲乙日在五行属木，所以在甲乙木气旺盛之日，肝病往往会汗出热退而病得愈。“气逆”是指病情危重而在治疗时又不能用正确的方法，所以如遇到肝木所不胜的日子，就会加重病情，甚至死亡。其中所说的头痛、眩晕，是由于肝气主升，肝热极重就会上冲而升于头部。对这类病证的治疗，可用针刺足厥阴、足少阳的方法。这是因为，足厥阴是肝的本脏，足少阳胆则是与肝脏相应的腑。对肝热病者取胆经的穴位，是用泻胆腑的方法来清肝脏的邪热。

对于上文中所说的庚辛之日病会加重的道理，在以下论及其他各脏的病证时，都是一样的道理，可以参考对肝热病的解释进行理解，不再作详细分析。

【原文】

十一、心热病者，先不乐，数日乃热。热争则卒心痛，烦闷善呕，头痛面赤无汗。壬癸甚，丙丁大汗，气逆则壬癸死。刺手少阴、太阳。

心病先不乐者，心包名膻中[1]，居心下代君用事，经谓膻中为臣使之官，喜乐出焉，心病故不乐也。卒心痛，凡实痛，皆邪正相争，热争，故卒然心痛也；烦闷，心主火，故烦，膻中气不舒，故闷。呕，肝病也，两厥阴同气，膻中代心受病，故热甚而争之后，肝病亦见也。且邪居膈上，多善呕也。头痛，火升也。面赤，火色也。无汗，汗为心液，心病，故汗不得通也。

【注释】

［1］膻中：在不同场合有不同含义：有时指心包，如《素问·灵兰秘典论》说：“膻中者，臣使之官，喜乐出焉”；有时指胸中，特别是指两乳之间，如《灵枢·海论》说：“膻中者，为气之海也。”另外也是一个穴位的名称。此处指心包，而下文的膻中又可理解为胸中。

【语译】

十一、心热病患者的临床表现主要有：先出现情绪的不快乐，在数日后开始发热。如邪热亢盛而与正气相争时，可突然发生心中作痛，伴有烦躁不安，胸中痞闷，时时呕吐，头痛，面部红赤，全身无汗。心在五行属火，所以每到壬癸水旺之日，水能克火，病情就会加重。而每到丙丁火旺之日，就可能出大汗而病情减轻。如正气不敌邪气而出现“气逆”，到了壬癸日就可能因病情加重而死亡。治疗方法主要是针刺手少阴和手太阳经的穴位。

心包又称为膻中，位置处于心的下面，主要的作用是代心脏行使君主的职责，所以《内经》中说：膻中为臣使之官，管理人的喜乐等情绪。因而，当心病后会先表现为情绪不快乐。突然发生的心中疼痛，如果是属于实痛，一般都是由于邪正相互交争而引起的，现在因为有邪热与正气相争的“热争”，所以会发生心痛。心主火，如邪热扰于心，就会出现心烦；如膻中的气机不能通畅，就会出现闷塞的症状。这处所发生的呕吐是由于肝气上逆引起的，这是因为手厥阴心包和足厥阴肝同属厥阴，而心包代心受病，在邪热亢盛而与正气相争后，手厥阴心包的邪热影响到足厥阴肝的缘故。加上这时邪热主要位于膈上，更容易引起呕吐。头痛是因肝火上升所致，面部红赤是火热颜色的反映。本病证之所以没有汗出，是因为汗为心液，如邪热在心，耗伤了心液，加上心气不能保障汗液的排泄，所以心病后往往没有汗。

【原文】

十二、脾热病者，先头重，颊痛，烦心，颜[1]青，欲呕，身热。热争则腰痛。不可用俯仰，腹满泄，两颌痛。甲乙甚，戊己大汗，气逆则甲乙死。刺足太阴、阳明。

脾病头先重者，脾属湿土，性重，经谓：湿之中人也，首如裹。故脾病头先重也。颊，少阳部也，土之与木，此负则彼胜，土病而木病亦见也。烦心，脾脉注心也。颜青欲呕，亦木病也。腰痛不可用俯仰，腰为肾之府，脾主制水，肾为司水之神，脾病不能制水，故腰痛；再脾病胃不能独治，阳明主约束而利机关，故痛而至于不可用俯仰也。腹满泄，脾经本病也。颌痛，亦木病也。

【注释】

［1］颜：此处是指额部。

【语译】

十二、脾热病患者的临床表现主要有：先发生头部沉重，面颊部疼痛，心中烦，额部发青，想要呕吐，身发热。如邪热与正气相争，会出现剧烈的腰痛，甚至腰不能前后俯仰。同时还会出现腹胀满而大便泄泻，两侧颌部作痛。这类病人每到甲乙日主木旺时，病情会加重，而每逢戊已日土旺时，就可能发生大汗而病情减轻，如不敌邪气而“气逆”，在甲乙日就可能因病情加重而死亡。治疗方法主要是针刺足太阴和足阳明经的穴位。

脾病患者之所以会先出现头部沉重的症状，是因为湿属阴邪，它的性质重浊黏腻，能阻遏阳气运行的缘故。正如《内经》中所说：“湿邪侵犯人体后，会出现头部沉重如有东西包着般的症状。”所以在脾病后，会先出现头部沉重的症状。面颊部是少阳经脉循行经过的地方，脾属土而少阳属木，从五行关系来说，二者一方胜则另一方负，所以当脾有病后，会影响到少阳胆，使胆经部位出现疼痛等症状。脾脉有一条支脉上行过膈而注入心中，所以脾病后也可影响到心而出现心烦。额部发青和想要呕吐，都属于脾土有病后肝木克脾土的症状。出现腰痛不能俯仰的原因是，腰为肾脏所在的部位，脾有统制水液的功能，而肾又是管理水液的主要脏器，所以当脾有病而不能统制水液时，就会使肾产生病变，在腰部表现为明显的疼痛。另一方面，脾与胃都属土，都与运化水谷的功能密切相关，所以当脾病后，胃的功能也必然会受到影响。胃有主约束经脉和通利关节等作用，所以在脾病后，也会导致腰部的疼痛，甚至不能前后俯仰。至于腹部的疼痛和泄泻等症状是脾本身的功能失常后所出现的。颌部在两侧，为少阳胆经所经过的部位，出现疼痛也属于脾病后所导致的木克土的症状。

【原文】

十三、肺热病者，先淅然厥，起毫毛，恶风寒，舌上黄，身热。热争则喘咳，痛走胸膺背，不得太息，头痛不堪，汗出而寒。丙丁甚，庚辛大汗，气逆则丙丁死。刺手太阴、阳明，出血如大豆，立已。

肺病先恶风寒者，肺主气，又主皮毛，肺病则气贲郁不得捍卫皮毛也。舌上黄者，肺气不化则湿热聚而为黄苔也（按苔字，方书悉作胎。胎乃胎胞之胎，特以苔生舌上，故从肉旁。不知古人借用之字甚多。盖湿热蒸而生苔，或黄、或白、或青、或黑。皆因病之深浅、或寒、或热、或燥、或湿而然。如春夏间石上土坂之阴面生苔者然。故本论苔字悉从草不从肉）。喘，气郁极也。咳，火克金也。胸膺背，肺之府也，皆天气主之。肺主天气，肺气郁极，故痛走胸膺背也。走者，不定之词。不得太息，气郁之极也。头痛不堪，亦天气贲郁之极也。汗出而寒，毛窍开，故汗出，汗出卫虚，故恶寒，又肺本恶寒也。

【语译】

十三、肺热病患者的临床表现主要有：先淅淅然怕冷而四肢不温，皮肤毫毛耸起，怕风寒，舌上表现为黄苔，身发热。如邪热与正气相争，会出现喘息、咳嗽，疼痛走窜到胸膺和背部，因作深呼吸时疼痛更为剧烈，所以不能进行深呼吸。同时伴有剧烈头痛甚至难以忍受，虽有出汗，但仍觉畏寒。这类病人每到丙丁日主火旺时，病情会加重，而每逢庚辛日金旺时，就可能发生大汗而病情减轻，如正气不敌邪气而“气逆”，在丙丁日就可能因病情加重而死亡。治疗方法主要是针刺手太阴和手阳明经的穴位，最好能在穴位上刺出血如豆粒大，往往可收到立竿见影的效果。

肺热病患者之所以会先出现怕风寒，是因为肺主气，又主人一身的皮毛，如果肺有病，就会导致气的郁闭，不能使皮毛发挥正常的卫外作用。舌上见黄苔是因为当邪热在肺时，使肺气不能正常宣布津液，从而生成痰湿，与邪热互结，所以形成黄苔。（按：苔这个字在古代医书中都写作胎。胎的原意是指胎胞的胎，而苔是生在舌上的，如同胎胞包在胎外一般，所以把苔写作肉旁的胎。古人用通假字是很多的，胎字就是其中一例。而因湿热熏蒸于上所形成的苔，有的黄，有的白，有的青，有的黑，这是由疾病病位的深浅、性质的寒热、或燥、或湿等因素而造成的，正如在春夏季节时，石头或土丘的背阳处所生的青苔一般，因而在本书中，凡提及苔字，都用草字头而不用肉旁。）气喘是肺气郁闭到了极点的表现，咳嗽则是火热犯于肺，肺失清肃所致。胸膺和背部是主呼吸天之气的肺脏所在的部位，所以肺有病后，肺气郁闭甚，就可以使胸膺和背部出现疼痛。这种疼痛往往是走窜的，即疼痛多为游走不定。因肺气郁闭太甚，所以连作深呼吸都困难。头痛剧烈，也是因为肺气郁闭，邪热上逆所致。因邪热内蒸于肺，而肺主皮毛，使皮毛开泄，所以可以出汗，但汗出之后，卫表之阳气会耗伤，所以仍有恶寒的表现，加上肺为娇脏，本来就较容易怕冷，所以在肺热病中常见恶寒。

【原文】

十四、肾病热者，先腰痛，胻[1]酸，苦渴数饮，身热。热争则项痛而强，胻寒且酸，足下热，不欲言，其逆则项痛，员员澹澹然[2]。戊己甚，壬癸大汗，气逆则戊己死。刺足少阴、太阳。

肾病腰先痛者，腰为肾之府，又肾脉贯脊会于督之长强穴。胻，肾脉入跟中，以上腨[3]内，太阳之脉亦下贯腨内，腨即胻也；酸，热烁液也。苦渴数饮，肾主五液[4]而恶燥，病热则液伤而燥，故苦渴而饮水求救也。项，太阳之脉，从巅入络脑，还出别下项。肾病至于热争，脏病甚而移之腑，故项痛而强也。胻寒且酸，胻义见上。寒，热极为寒也；酸，热烁液也。足下热，肾脉从小指之下，邪趋足心涌泉穴，病甚而热也。不欲言，心主言，肾病则水克火也。员员澹澹，状其痛之甚而无奈也。

【注释】

[1] 胻：héng，音衡。足胫部。
[2] 员员澹澹然：澹，dàn，音淡。员员澹澹然，不能活动。
[3] 腨：chuài，音踹，小腿肚部。
[4] 五液：指汗、涕、泪、涎、唾五种人体的分泌液，此处泛指人体的各种津液。

【语译】

十四、肾热病患者的临床表现主要有：先出现腰痛，足胫部发酸，口渴较甚而频繁地饮水，身热。如邪热与正气相争，会出现项部疼痛而强直、足胫部不仅发酸，而且有寒冷感，但脚的下部却发热，并不想说话等症状。如病情严重的，项部疼痛剧烈而不能活动。这类病人每到戊己日主土旺时，病情会加重，而每逢壬癸日水旺日，就可能发生大汗而病情减轻，如正气不敌邪气而“气逆”，在戊己日就可能因病情加重而死亡。治疗方法主要是针刺足少阴和足太阳经的穴位。

肾热病患者之所以会先出现腰痛，是因为腰部属于肾脏所在的部位，而且肾的经脉又贯穿背脊而交会于督脉上的长强穴。出现足胫部发酸，是因为肾的经脉从足跟上行到小腿肚处，而足太阳经脉也向下贯穿入小腿肚。小腿部与足胫相邻，所以在足胫部会发酸。这种发酸的感觉是因为邪热烁伤了阴液所造成的。肾又主人身的各种津液，最怕津液的缺乏，所以有“肾恶燥”之说。在患热病后，必然会有津液的耗伤，人体为了补充津液，所以口渴较甚而喝很多的水。项部是足太阳经脉经过的地方，该经脉从头顶部进入脑，再向下行到后项部。肾与膀胱是互为表里的脏腑，当肾热病出现邪热炽盛而与正气相争时，肾脏的病邪就会波及到膀胱腑，所以足太阳膀胱经所经过的项部就出现疼痛而强直的症状。在足胫部出现发酸发冷的感觉，是因为热极而反而出现了真热假寒的症状，出现发酸的原因也是由于邪热烁伤了津液而导致的。因足少阴肾经是从足小趾斜走到涌泉穴，所以肾病较重时会觉足心发热。肾在五行属水，而心属火，肾病后可能影响及心，即所谓水克火，而心主言语，心病后就可以出现不想说话的症状。在原文中所说到的员员澹澹，是描述项痛剧烈而又无可奈何、难以言状的样子。

【原文】

十五、肝热病者，左颊先赤；心热病者，颜先赤；脾热病者，鼻先赤；肺热病者，右颊先赤；肾热病者，颐先赤。病虽未发，见赤色者刺之，名曰治未病。

此节言五脏欲病之先，必各现端绪于其部分，示人早治，以免热争则病重也。

【语译】

十五、一般来说，肝热病患者在左颊部先发红，心热病患者在颜部先发红，脾热病患者在鼻部先发红，肺热病患者在右颊部先发红，肾热病患者在颐部先发红。这些症状往往在疾病还没有明显发作时就可以出现了，如能在见到不同部位发红的时候，立即选用相应的针刺方法，以得到及早的治疗，称为“治未病”。

这一节是论述在五脏将要发生热病前，必然会在面部五脏分属的部位出现先兆症状。这是提示医生要及时发现病情而及早采取治疗措施，从而能防止发展到邪热与正气发生剧烈相争的严重程度，救治就要困难得多了。

【原文】

十六、《热论篇》：帝曰：热病已愈，时有所遗者，何也？岐伯曰：诸遗者，热甚而强食之，故有所遗也。若此者，皆病已衰而热有所藏，因其谷气相薄[1]，两热相合，故有所遗也。帝曰：治遗奈何？岐伯曰：视其虚实，调其逆从，可使必已也。帝曰：病热当何禁之？岐伯曰：病热少愈，食肉则复，多食则遗，此其禁也。

此节言热病之禁也，语意自明。大抵邪之着人也，每借有质以为依附，热时断不可食，热退必须少食，如兵家坚壁清野之计，必俟热邪尽退，而后可大食也。

【注释】

[1] 薄：与“搏”字通。

【语译】

十六、《热论篇》说：黄帝问道：热病在愈后，有时还会留有一些余热或其他症状，这是什么原因呢？岐伯回答说：出现这些情况是因为在热病热势还较盛的时候就强使病人勉强进食而造成的，所以会留下一些邪热或其他症状。这种病人，都是病情虽然有所减轻但仍有邪热内藏而未能尽去，此时如进食，导致谷物与所余的邪热互相搏结，余热就会内留而不去，形成了热病后的后遗病证。黄帝问：如何治疗热病后的这些后遗病证呢？岐伯回答说：治疗的方法主要是辨察病证的虚实情况，纠正阴阳的不调和，是一定可以治好的。黄帝问：热病应注意哪些禁忌？岐伯说：当热病才开始痊愈时，如进食肉类，就可能助长热邪而导致热势又起，病情会发生反复。如在这时进食过多，就会导致余热久留不去，出现各种后遗病证。这些都是在治疗热病中应予注意的禁忌。

这一节是论述热病的禁忌，所说的内容很明白，不必多作分析。一般来说，病邪侵犯人体往往要借助某些有形的东西作为依附。所以在发热时绝对不能随便进食，即使在热退后也必须少进食。这正与古代军事家在作战时采用的坚壁清野，断绝敌人的粮草来源一样。所以一定要在邪热全部退尽之后，方能正常地进食。

【原文】

十七、《刺法论》：帝曰：余闻五疫之至，皆相染易，无问大小，病状相似，不施救疗，如何可得不相移易者？岐伯曰：不相染者，正气存内，邪不可干。

此言避疫之道。

按：此下尚有避其毒气若干言，以其想青气想白气等，近于祝由[1]家言。恐后人附会之词，故节之。要亦不能外“正气存内，邪不可干”二句之理，语意已尽，不必滋后学之惑也。

【注释】

［1］祝由：古代以祝祷治病的方法。

【语译】

十七、《刺法论》说：黄帝问道：我听说各种疫病的发生，都能造成人与人间互相传染，不论年龄的大小，在发病后的症状都相似。现暂且不论救治的问题，只是讨论一下如何才能防止互相的传染？岐伯回答说：要防止互相的传染，最主要的是要保持人体内有足够的正气，这样病邪才不能侵犯而发病。

这一节是论述防止疫病发生的原则。

在这段论述避免感染疫病的原文后还有要“避其毒气”等几句话。因这些内容中有想青气、想白气等一些说法，与祝由家所说的相似，恐怕后人会对此牵强附会，所以就把这些内容删去了。最重要的不外是：只要能保持人体正气的强盛，病邪就不能侵犯，这两句话所要表达的意思已很清楚了，不必再引起后世人的疑惑。

【原文】

十八、《玉板论要》曰：病温虚甚死。

病温之人，精血虚甚，则无阴以胜温热，故死。

【语译】

十八、《玉板论要》说：凡是患温病的人，如正气虚极是一种死证。

对患温病的人来说，如阴血亏虚严重，必然导致没有阴液来制阳热，热势必然更盛，所以是一种预后极差的死证。

【原文】

十九、《平人气象论》曰：人一呼脉三动，一吸脉三动而躁，尺热曰病温，尺不热脉滑曰病风，脉涩曰痹。

呼吸俱三动，是六、七至脉矣，而气象又急躁，若尺部肌肉热，则为病温。盖温病必伤金水二脏之津液，尺之脉属肾，尺之穴属肺也，此处肌肉热，故知为病温。其不热而脉兼滑者，则为病风，风之伤人也，阳先受之，尺为阴，故不热也。如脉动躁而兼涩，是气有余而血不足，病则为痹矣。

【语译】

十九、《平人气象论》说：如果病人在一呼之间脉跳动三次，一吸之间脉也跳动三次，脉象表现得躁动不安，尺肤又发热，这就是温病。如果尺肤不发热，脉象滑的，是感受风邪所致的病。如果脉象涩而不流利的，就是痹证。

一呼一吸脉都跳三次，也就是呼吸一次脉跳六、七次，如脉象又见躁急不宁，前臂至肘部内侧皮肤发热，这是温病的表现。因为温病在病变过程中必然要损伤肺与肾这两个金水之脏的津液，而在尺肤部位的经脉属肾，穴位则属肺，所以在尺肤部位发热，就可以知道是患了温病。如果尺肤不发热，但脉却滑的，属于风邪为病。因为风邪侵犯人体多伤于阳部，而尺肤在内侧属阴，所以风邪为病尺肤不发热。如果脉象躁动而又兼有涩象，是由于气虽有余而阴血不足，所以属于痹证。

《温病条辨析评》（上焦篇，附证治分类选）

严　冰

上焦篇　卷一

提要

上焦温病，主要指手太阴肺与手厥阴心包的病变。手太阴肺的病变，又有在表在里之分，在表其病理是邪袭肺卫，肺气失宣；在里是邪热壅肺，肺气闭郁。手厥阴心包的病变，其病理是邪热内陷心包，心窍闭阻。病在上焦多实证、急证。

上焦温病，主要为温病的初期阶段。“温邪上受，首先犯肺”。肺主皮毛属卫，病邪袭肺侵卫，故当解表。“解表初用辛凉轻剂”，表解热退则病已。肺位至高，药过重则过病所，故用药宜味薄质轻，并令“勿过煮，过煮则味厚而入中焦”。如此方能达轻清升举、透邪外达之的。即吴氏所谓“治上焦如羽（非轻不举）”之意。“如羽”之法在上焦运用颇多，但又非独在上焦，中焦等也有用“如羽”之法的，如辛凉透表法、辛凉润燥法、辛凉泄热法、宣肺透暑法、清瘟败毒法、清热利咽法、清气凉营法、清营透疹法以及辛凉辛温合法等，皆属此类或寓此意。至于邪入心包，症见舌绛，神昏谵语者，其治疗法则，则又非“如羽”所能奏功，治当清心开窍为宜。

由于温病初起，多因感受风邪而发，风与温皆为阳邪，故治疗宜辛凉为主。辛以散风，凉以去热，佐以苦甘，因苦能泻热，甘能缓急。故风温初起，鞠通分别以辛凉轻剂桑菊饮，辛凉平剂银翘散，辛凉重剂白虎汤分而治之。在具体运用中尚有辛凉、甘寒合法。方如玉女煎去牛膝熟地加细生地元参方、减味竹叶石膏汤方、银翘散汤方、青蒿鳖甲汤方、竹叶玉女煎以及清燥救肺汤等。

临床上凡温邪在表，或表里俱热或温燥伤肺而热邪伤津耗液者，均可用辛凉甘寒之剂治之。若属无形之热入于肺络，当用芳香轻药以清肺络之热，如清络饮。若由于温邪逆传，如心疟，又可用加减银翘散清肺与隔中之热，引邪外出，使邪热外透于表，从辛凉而解。上焦温病若兼见暑温、伏暑、湿温、寒湿、温疟、秋燥等证者，治当变法，如属湿温证，表里经络、脏腑三焦均为湿邪所困，鞠通则改用辛凉淡渗，如茯苓皮汤、薏苡竹叶散，目的在于用辛凉解肌表之热，淡渗利在里之湿，双解表里，则温热得除，恰切病机。在治疗中，鞠通还常常辛凉、辛温合用，治疗暑温、暑湿痹者等证，方如新加香薷饮、加减木防己汤等。夏月伤暑或外感于寒，内伤于湿，因暑必夹湿，湿为阴邪，非温不解，则用新加香薷饮治疗，香薷有“夏月之麻黄”称谓，能发暑邪之表，配合辛凉之味而为辛凉与辛温合法，则病邪可去。暑湿痹证，则改用加减木防己汤，辛凉辛温合用。遇湿温初起，鞠通用三仁汤清开上焦之湿达气化湿也化，谓之苦辛淡法。用上焦宣痹汤治太阴湿温气分痹郁而哕者，用小承气汤、大承气汤取厚朴之辛配苦寒之味泻其热者，谓苦辛通法。暑温湿热或伏暑之证，湿热并重者，鞠通用白虎加苍术汤合为苦温辛凉之剂，方以苦温燥在里之湿，辛凉去在表之热。若邪热内陷，神色昏迷，谵语惊厥，口渴身热，面赤唇焦者用安宫牛黄丸、至宝丹、紫雪丹等咸寒苦辛相伍，清热解毒，芳香透邪。燥伤肺胃阴者，用沙参麦冬汤甘寒养阴，寒湿伤阳者，用苦辛温法，桂枝姜附汤治之，手太阴暑湿汗多，脉散大，喘渴欲脱者，用生脉散酸甘化阴治之，用清暑益气汤治中暍，酸甘辛甘合用，既能益气又能养阴且兼祛湿。

凡上所述，治法皆离不开“辛散”之味，是鞠通“治上焦如羽，（非轻不举）”治则之体现也，其详细治法，可结合条文，一起览读。

风温　温热　温疫　温毒　冬温

一、温病者：有风温、有温热、有温疫、有温毒、有暑温、有湿温、有秋燥、有冬温、有温疟。

此九条，见于王叔和《伤寒例》中居多，叔和又牵引《难经》之文以神其说。按时推病，实有是证，叔和治病时，亦实遇是证。但叔和不能别立治法，而叙于《伤寒例》中，实属蒙混，以《伤寒论》为治外感之妙法，遂将一切外感悉收入《伤寒例》中，而悉以治伤寒之法治之（心苦为分明。——朱评）。后人亦不能打破此关，因仍苟简，千余年来，贻患无穷，皆叔和之作俑，无怪见驳于方有执、喻嘉言诸公也。然诸公虽驳叔和，亦未曾另立方法，喻氏虽立治法，仍不能脱却伤寒圈子，弊与叔和无二，以致后人无所遵依。本论详加考核，准古酌今，细立治法，除伤寒宗仲景法外，俾四时杂感，郎若列眉；未始非叔和有以肇其端，东垣、河间、安道、又可、嘉言、天士宏其议，而瑭得以善其后也。

风温者，初春阳气始开，厥阴行令，风夹温也。温热者，春未夏初，阳气弛张，温盛为热也。温疫者，厉气流行，多兼秽浊，家家如是，若役使然也。温毒者，诸温夹毒，秽浊太甚也。暑温者，正夏之时，暑病之偏于热者也。湿温者，长夏初秋，湿中生热，即暑病之偏于湿者也（热湿两字著眼。——朱评）。秋燥者，秋金燥烈之气也，冬温者，冬应寒而反温，阳不潜藏，民病温也。温疟者，阴气先伤，又因于暑，阳气独发也。

按诸家论温，有顾此失彼之病，故是编首揭诸温之大纲，而名其书曰《温病条辨》。

【析评】古之谓温病者，即多种发热性疾病的总称。其特征即发热，热为阳邪，易化燥伤阴是其共性。因时令之变，病发有九，本条首揭诸温之大纲，为《条辨》之首。

二、凡病温者，始于上焦，在手太阴。

伤寒由毛窍而入，自下而上，始足太阳。足太阳膀胱属水，寒即水之气，同类相从，故病始于此。古来但言膀胱主表，殆未尽其义。肺者，皮毛之合也，独不主表乎（按人身一脏一腑主表之理，人皆习焉不察。以三才大道言之：天为万物之大表，天属金，人之肺亦属金，肺主皮毛，经曰皮应天，天一生水；地支始于子，而亥为天门，乃贞元之会；人之膀胱为寒水之腑；故俱同天气，而俱主表也）！治法必以仲景六经次传为祖法。温病由口鼻而入，自上而下，鼻通于肺，始手太阴。太阴金也，温者火之气，风者火之母，火未有不克金者，故病始于此，必从河间三焦定论。再寒为阴邪，虽《伤寒论》中亦言中风，此风从西北方来，乃觱发之寒风也，最善收引，阴盛必伤阳，故首郁遏太阳经中之阳气，而为头痛身热等证。太阳阳腑也，伤寒阴邪也，阴盛伤人之阳也。温为阳邪，此论中亦言伤风，此风从东方来，乃解冻之温风也，最善发泄，阳盛必伤阴，故首郁遏太阴经中之阴气，而为咳嗽自汗口渴头痛身热尺热等证（风字从无人辨析至此。——朱评）。太阴阴脏也，温热阳邪也，阳盛伤人之阴也。阴阳两大法门之辨，可了然于心目间矣（提纲。——朱评）。

夫大明生于东，月生于西，举凡万物，莫不由此少阳、少阴之气以为生成，故万物皆可名之曰东西。人乃万物之统领也，得东西之气最全，乃与天地东西之气相应。其病也，亦不能不与天地东西之气相应。东西者，阴阳之道路也。由东而往，为木、为风、为湿、为火、为热，湿土居中，与火交而成暑，火也者，南也。由西而往，为金、为燥、为水、为寒，水也者，北也。水火者，阴阳之征兆也；南北者，阴阳之极致也。天地运行此阴阳以化生万物，故曰天之无恩而大恩生。天地运行之阴阳和平，人生之阴阳亦和平，安有所谓病也哉！天地与人之阴阳，一有所偏，即为病也。偏之浅者病浅，偏之深者病深；偏于火者病温、病热，偏于水者病清、病寒，此水火两大法门之辨，医者不可不知。烛其为水之病也，而温之热之；烛其为火之病也，而凉之寒之，各救其偏，以抵于平和而已。非如鉴之空，一尘不染，如衡之平，毫无倚着，不能暗合道妙，岂可各立门户，专主于寒热温凉一家之论而已哉（医学总论。偏于补泻者，厥罪惟均。——朱评）！瑭因辨寒病之原于水，温病之原于火也，而并及之。

【析评】叶天士《外感温热论》云：“温邪上受，首先犯肺。”凡一般的温病，多从口鼻而入，鼻通于肺，肺主皮毛属卫，病邪侵卫袭肺，始于上焦，在手太阴肺。故温病之初辨证论治多由此立论。

三、太阴之为病，脉不缓不紧而动数，或两寸独大，尺肤热，头痛，微恶风寒，身热自汗，口渴，或不渴，而咳，午后热甚者，名曰温病。

不缓，则非太阳中风矣；不紧，则非太阳伤寒矣；动数者，风火相煽之象，经谓之躁；两寸独大，火克金也。（按：温病之脉多洪，或长，或滑，或数，兼见不一；然总无紧脉，紧则为寒，乃非温病。但紧数二脉相类，辨之宜确。《脉诀》云：数而弦急为紧；又云：紧来如数似弹绳，数脉惟看至数间。玩此，则知紧数矣。——朱评）。尺肤热，尺部肌肤热甚，火反克水也。头痛、恶风寒、身热自汗，与太阳中风无异，此处最足以相混，于何辨之？于脉动数，不缓不紧，证有或渴、或咳、尺热，午后热甚辨之。太阳头痛，风寒之邪，循太阳经上至头与项，而项强头痛也。太阴之头痛，肺主天气，天气郁，则头亦痛也，且春气在头，又火炎上也。吴又可谓浮泛太阳经者，臆说也。伤寒之恶寒，太阳属寒水而主表，故恶风寒、温病之恶寒，肺合皮毛而亦主表，故亦恶风寒也。太阳病则周身之阳气郁，故身热；肺主化气，肺病不能化气，气郁则身亦热也。太阳自汗，风疏卫也；太阴自汗，皮毛开也，肺亦主卫。渴，火克金也。咳，肺气郁也。午后热甚，浊邪归下，又火旺时也，又阴受火克之象也。

【析评】此条指出温热病的主脉主证，且从脉象等来鉴别温病与伤寒初起之不同。在《条辨》中皆有是证说明。温邪侵犯手太阴肺，其症状表现为尺肤热，头痛，微有怕冷，发热，自汗，口渴或者不渴而有咳嗽，午后发热更甚。这就是温病初起的主证，从脉象而言，脉不缓说明不是太阳中风证，脉不紧也非太阳伤寒证，动而数，风火相煽，热甚现象，两寸独大，寸上焦肺脉，火热之征，这些脉象特征，都是伤寒初起所没有的。

四、太阴风温、温热、温疫、冬温，初起恶风寒者，桂枝汤主之；但热不恶寒而渴者，辛凉平剂银翘散主之，温毒、暑温、湿温、温疟，不在此例。

按仲景《伤寒论》原文，太阳病（谓如太阳证，即上文头痛身热恶风自汗也），但恶热不恶寒而渴者，名曰温病，桂枝汤主之。盖温病忌汗，最喜解肌，桂枝本为解肌，且桂枝芳香化浊，芍药收阴敛液，甘草败毒和中，姜、枣调和营卫，温病初起，原可用之。此处却变易前法，恶风寒者主以桂枝，不恶风寒主以辛凉者，非敢擅违古训也。仲景所云不恶风寒者，非全不恶风寒也，其先亦恶风寒，迨既热之后，乃不恶风寒耳，古文简、质，且对太阳中风热时亦恶风寒言之，故不暇详耳。盖寒水之病，冬气也，非辛温春夏之气，不足以解之，虽曰温病，既恶风寒，明是温自内发，风寒从外搏，成内热外寒之证，故仍旧用桂枝辛温解肌法，俾得微汗，而寒热之邪皆解矣。温热之邪，春夏气也。不恶风寒，则不兼寒风可知，此非辛凉秋金之气，不足以解之。桂枝辛温，以之治温，是以火济火也，故改从内经“风淫于内、治以辛凉、佐以苦甘”法（全书力辟以温治温之非，而以桂枝发端，明乎外寒搏内热，或非寒时而感寒气者，本可用之。而纯乎温病者不可用，明矣。又按：外寒搏内热，及非时伤风，春秋皆有之，即暑中亦有之，皆可少投辛温，但须辨之清切耳。——朱评）。

桂枝汤方

桂枝六钱　芍药（炒）三钱　炙甘草二钱　生姜三片　大枣（去核）二枚

煎法服法，必如《伤寒论》原文而后可，不然，不惟失桂枝汤之妙，反生他变，病必不除。

汪按：麻黄、桂枝，既系肺药，故传足不传手，前人多不以为然，但人之经络相通，而天之感气则异，故治法不同也。

辛凉平剂银翘散方

连翘一两　银花一两　苦桔梗六钱　薄荷六钱　竹叶四钱　生甘草五钱　芥穗四钱　淡豆豉五钱　牛蒡子六钱

上杵为散，每服六钱，鲜苇根汤煎，香气大出，即取服，勿过煎。肺药取轻清，过煎则味厚而入中焦矣。病重者，约二时一服，日三服，夜一服；轻者三时一服，日二服，夜一服；病不解者，作再服。盖肺位最高，药过重，则过病所，少用又有病重药轻之患，故从普济消毒饮时时清扬法（妙甚。——朱评）。今人亦间有用辛凉法者，多不见效，盖病大药轻之故，一不见效，随改弦易辙，转去转远，即不更张，缓缓延至数日后，必成中下焦证矣。胸膈闷者，加藿香三钱、郁金三钱，护膻中；渴甚者，加花粉；项肿咽痛者，加马勃、元参；衄者，去芥穗、豆豉，加白茅根三钱、侧柏炭三钱、栀子炭三钱；咳者，加杏仁利肺气；二、三日病犹在肺，热渐入里，加细生地、麦冬保津液；再不解，或小便短者，加知母、黄芩、栀子之苦寒，与麦、地之甘寒，合化阴气，而治热淫所胜。

【方论】按温病忌汗，汗之不惟不解，反生他患（要著。——朱评）。盖病在手经，徒伤足太阳无益；病自口鼻吸受而生，徒发其表亦无益也。且汗为心液，心阳受伤，必有神明内乱、谵语癫狂、内闭外脱之变。再，误汗虽曰伤阳，汗乃五液之一，未始不伤阴也。《伤寒论》曰：“尺脉微者为里虚，禁汗，”其义可见。其曰伤阳者，特举其伤之重者而言之耳（精能之至。——朱评）。温病最善伤阴，用药又复伤阴，岂非为贼立帜乎？此古来用伤寒法治温病之大错也。至若吴又可开首立一达原饮，其意以为直透膜原，使邪速溃，其方施于藜藿壮实人之温疫病，容有愈者，芳香辟秽之功也；若施于膏梁纨绔、及不甚壮实人，未有不败者。盖其方中首用槟榔、草果、厚朴为君；夫槟榔，子之坚者也，诸子皆降，槟榔苦辛而温，体重而坚，由中走下，直达肛门，中下焦药也；草果亦子也，其气臭烈大热，其味苦，太阴脾经之劫药也；厚朴苦温，亦中焦药也。岂有上焦温病，首用中下焦苦温雄烈劫夺之品，先劫少阴津液之理！知母、黄芩，亦皆中焦苦燥里药，岂可用乎？况又有温邪游溢三阳之说，而有三阳经之羌活、葛根、柴胡加法，是仍以伤寒之法杂之，全不知温病治法，后人止谓其不分三焦，犹浅说也。其三消饮加人大黄、芒硝，惟邪入阳明，气体稍壮者，幸得以下而解，或战汗而解，然往往成弱证，虚甚者则死矣。况邪有在卫者，在胸中者，在营者，入血者，妄用下法，其害可胜言耶？岂视人与铁石一般，并非气血生成者哉？究其始意，原以矫世医以伤寒法治病温之弊，颇能正陶氏之失，奈学未精纯，未足为法。至喻氏、张氏多以伤寒三阴经法治温病，其说亦非，以世医从之者少，而宗又可者多，故不深辩耳。本方谨遵《内经》"风淫于内，治以辛凉，佐以苦甘；热淫于内，治以咸寒，佐以甘苦"之训（王安道《溯洄集》，亦有温暑当用辛凉不当用辛温之论，谓仲景之书，为即病之伤寒而设，并未尝为不即病之温暑而设。张凤逵集治暑方，亦有暑病首用辛凉、继用甘寒，再用酸泄酸敛，不必用下之论。皆先得我心者）。又宗喻嘉言芳香逐秽之说，用东垣清心凉膈散，辛凉苦甘。病初起，且去入里之黄芩，勿犯中焦；加银花辛凉，芥穗芳香，散热解毒；牛蒡子辛平润肺，解热散结，除风利咽；皆手太阴药也。合而论之，经谓"冬不藏精，春必温病"，又谓"藏于精者，春不病温"，又谓"病温虚甚死"，可见病温者，精气先虚（著眼。止此二语，沾丐后学无穷矣。——朱评）。此方之妙，预护其虚，纯然清肃上焦，不犯中下，无开门揖盗之弊，有轻以去实之能，用之得法，自然奏效，此叶氏立法，所以迥出诸家也。

【析评】温病初起鞠通用桂枝汤，古今方家褒贬不一，似皆有理，还持有据。从大理而言，寒温两径，断不可混。温病既定，无庸自圆。虽在《条辨》中用桂枝者有20条之多，但有的还当商榷。辛凉平剂银翘散和辛凉轻剂桑菊饮皆谓"治上焦如羽，（非轻不举）"之代表方，病性已定，又何用桂枝？

注：参阅卷一上焦篇《七条》下"辛凉三剂总析"。

五、太阴温病，恶风寒，服桂枝汤已，恶寒解，余病不解者，银翘散主之；余证悉减者，减其制。

太阴温病，总上条所举而言也。恶寒已解，是全无风寒，止余温病，即禁辛温法，改从辛凉。减其制者，减银翘散之制也。

【析评】和上条互参。并参阅卷一上焦篇《七条》下"辛凉三剂总析"。

六、太阴风温，但咳，身不甚热，微渴者，辛凉轻剂桑菊饮主之。

咳，热伤肺络也。身不甚热，病不重也。渴而微，热不甚也。恐病轻药重，故另立轻剂方。

辛凉轻剂桑菊饮方

杏仁二钱　连翘一钱五分　薄荷八分　桑叶二钱五分　菊花一钱　苦梗二钱　甘草八分　苇根二钱

水二杯，煮取一杯，日二服。二、三日不解，气粗似喘，燥在气分者，加石膏、知母；

舌绛暮热，甚燥，邪初入营，加元参二钱、犀角一钱；在血分者，去薄荷、苇根，加麦冬、细生地、玉竹、丹皮各二钱；肺热甚加黄芩；渴者加花粉。

【方论】此辛甘化风、辛凉微苦之方也。盖肺为清虚之脏，微苦则降，辛凉则平，立此方所以避辛温也。今世佥用杏苏散通治四时咳嗽，不知杏苏散辛温，只宜风寒，不宜风温，且有不分表里之弊。此方独取桑叶、菊花者；桑得箕星之精，箕好风，风气通于肝，故桑叶善平肝风；春乃肝令而主风，木旺金衰之候，故抑其有余，桑叶芳香有细毛，横纹最多，故亦走肺络而宣肺气。菊花晚成，芳香味甘，能补金水二脏，故用之以补其不足。风温咳嗽，虽系小病，常见误用辛温重剂销铄肺液，致久嗽成劳者不一而足（吃紧语。——朱评）。圣人不忽于细，必谨于微，医者于此等处，尤当加意也。

【析评】考手太阴肺，位至高，药过重则过病所，故用药宜味薄质轻，并令“勿过煮，过煮则味厚而入中焦。”如此方能达轻清升举，透邪外达之目地，即吴氏所谓“治上焦如羽（非轻不举）”之意。参阅卷一上焦篇《七条》下“辛凉三剂总析”。

七、太阴温病，脉浮洪，舌黄，渴甚，大汗，面赤，恶热者，辛凉重剂白虎汤主之。

脉浮洪，邪在肺经气分也。舌黄，热已深。渴甚，津已伤也。大汗，热逼津液也。面赤，火炎上也。恶热，邪欲出而未遂也。辛凉平剂焉能胜任，非虎啸风生，金飚退热，而又能保津液不可（篇中屡言保津液，读者不可忽也。——朱评），前贤多用之。

辛凉重剂白虎汤方

生石膏（研）一两　知母五钱　生甘草三钱　白粳米一合

水八杯，煮取三杯，分温三服，病退，减后服，不知，再作服。

【方论】义见法下，不再立论，下仿此。

【析评】病虽在手太阴，但高热、渴甚、大汗、脉洪证俱，说明邪热更深一层，故选用辛凉重剂白虎汤，退热保津，药随证变。

附：析辛凉三剂

《条辨》一书，提出三焦温病的治疗原则是“治上焦如羽，（非轻不举），治中焦如衡，（非平不安），治下焦如权，（非重不沉）。”今就辛凉轻剂桑菊饮（简称轻剂），辛凉平剂银翘散（简称平剂），辛凉重剂白虎汤（简称重剂），在其方剂组成、煎服法、临床运用三个方面试加剖析，以探讨吴氏“治上焦如羽，（非轻不举）”的含义。

（一）方剂组成，轻清突出

“辛凉三剂”皆治上焦温病。上焦温病主要表现为肺、心二经的病变。邪在肺卫可见头痛，发热恶寒，有汗或无汗，口渴或不渴而咳，脉浮数，两寸独大等。上焦多为温病的初期阶段，系手太阴肺经的病变，治疗宜采用轻清宣透之法祛邪外出，故吴氏谓“治上焦如羽，（非轻不举）”，也即《内经》“因其轻者而扬之”，“其在皮者，汗而发之”之意也，与叶天士所谓“在卫汗之可也”意相雷同。温为阳邪，从口鼻而入，首先犯肺。肺合皮毛而主卫。病邪袭肺侵卫，卫气与邪抗争，则治当解表。表解热退则病已，亦可杜其传变。据邪之性属，故解表取辛凉三剂。吴氏所用三方皆对其上焦温病，病在肺卫而言。至于邪入心包，症见舌绛、神昏谵语者，病虽属上焦，但非辛凉透表所能奏功，故不在此论。为此，吴氏在三方组成上很为考究。轻剂以桑叶、菊花为主药，用量较轻。此方用药大多质地轻清，味辛易散，乃“辛甘化风，辛凉微苦之方”。“桑叶芳香有细毛横纹最多，走肺络而宣肺气，清肺热而止咳”，合菊花甘凉轻清，以疏散上焦风热。如此，则肺气得宣，邪退而咳止；平剂用银花、连翘、荆芥、竹叶、薄荷等，质轻味辛，诸药相伍，清宣透表，尤其是荆芥配以薄荷，并以鲜苇根汤煎，共济疏散风热，清热生津之功，用之可使热退渴解；重剂主用石膏，用量倍于它药，石膏虽大寒之品，然其味辛甘，质重气轻，清宣泄热以除烦，其为主药，知母其性凉润，以滋其燥，用为辅药，且石膏、知母相伍，能增强清热除烦之力。甘草、粳米益胃护津，使大寒之剂而无损伤脾胃之虑，诸药相合，共奏清热生津之功。综上所述，“辛凉三剂”轻以宣肺为主，平以泄卫为主，重以清热生津为主，三方组合虽各有侧重，然皆轻清突出。临床孰去孰从，权在灵活。

（二）煎勿过煮，服药有时

历代医家对煎药颇为重视。《医学源流论》云：“煎药之法，最宜深讲，药之效不效，全在乎此。”考上焦卫表之药，一般都有轻扬辛散之特点，为了达到轻清宣透以祛邪达表之目的，吴氏对“辛凉三剂”的煎法非常重视，各有所嘱。在讲到煎平剂时，他指出：“香气大出，即取服，勿过煮，肺药取其轻清，过煮则味厚而入中焦矣。”此段虽指平剂的煎服法，但它列在轻剂、重剂之前，实指“辛凉三剂”的煎法要旨。在辛凉轻剂、重剂的煎药时间上，辛凉轻剂是“水二杯，煮取一杯”，辛凉重剂是“水八杯，煮取三杯”的记述则是非常明确的。此外，服药是否如法，对疗效亦有一定的影响。在讲到辛凉平剂银翘散的服法时，吴氏指出，“上杵为散，每服六钱，鲜苇根汤煎，香气大出，即取服，勿过煎。”“病重者，约二时一服，日三服，夜一服；轻者三时一服，日二服，夜一服；病不解者，作再服。”如此服之，昼夜不停，药力持续，利于顿挫病势，对急性发热性疾病，尤为恰当。关于轻剂的服法，他指出：“日二服。”关于重剂的服法，他指出“……分温三服。病退，减后服，不知，再作服。”临床上病情有轻重，体质有差异，表药轻清，一般以得汗病去为度，用药应适可而止，不必尽剂，以免损伤正气。吴氏提出的“即取服”，“分温服”，“不知，再作服”，以及其他时间给药法等等，都是视病情需要，灵活运用的。

（三）三剂运用，贵在灵活

吴鞠通云：“治上焦如羽，（非轻不举）。”叶天士亦云：“在表初用辛凉轻剂。”此皆指邪在卫分，病在上焦，非是指病轻。轻清之剂，运用恰当，同样可以治疗重病。其具体运用时，吴氏又十分强调各自所主。他说：“太阴风温，但咳，身不甚热，微渴者，辛凉轻剂桑菊饮主之”；“但热不恶寒而渴者，辛凉平剂银翘散主之”；“太阴温病，脉浮洪，苔黄渴甚，大汗，面赤，恶热者，辛凉重剂白虎汤主之”。

此外，温邪致病的特点是：“温邪上受，首先犯肺”和“热变最速”。故临床上见到咳而渴，发热不恶寒者，常常是轻剂、平剂结合运用，一则宣肺，二则泄卫。若邪在卫分，病在上焦，未得表解，必化热而内传气分。这时，一方面由于热邪燔灼，另一方面由于正邪交争，则临床见症转为发热不恶寒，但恶热，大汗出，脉浮洪，渴甚者，此时吴氏则因其病变而变，指出：“辛凉平剂焉能胜任，非虎啸风生，金飚退热，而又能保津液不可”，随投重剂白虎汤。总之，在用“辛凉三剂”时，应时时注意“治上焦如羽，（非轻不举）”之旨，但若用之不当，则祸不旋踵，故吴氏在《温病条辨》中对轻剂桑菊饮指出：“微苦则降，辛凉则平，立此方所以避辛温也”，明确了温病的治疗大法。温为阳邪，故解表应取辛凉而避辛温。对平剂的运用，他指出两点：一是肺家用药取其轻清，药勿过病所；二是温热病最易伤阴，用药勿为贼树帜。对重剂白虎汤的运用则明确指出：“白虎本为达热出表，若其人脉浮弦而细者，不可与也；脉沉者，不可与也；不渴者，不可与也；汗不出者，不可与也。常需识此，勿令误也。”凡此等等，皆说明吴氏在选方遣药过程中，处处注意，贵在变通。

综上所述，吴氏运用“辛凉三剂”，选药轻清，轻重有别，煎煮适宜，服药有时，为治上焦卫分病变提供了代表方剂。但择方运用应根据辨证需要，各入其所。

八、太阴温病，脉浮大而芤，汗大出，微喘，甚至鼻孔扇者，白虎加人参汤主之；脉若散大者，急用之，倍人参。

浮大而芤，几于散矣，阴虚而阳不固也。补阴药有鞭长莫及之虞，惟白虎退邪阳，人参固正阳（人参不专固阳。——朱评），使阳能生阴，乃救化源欲绝之妙法也。汗涌，鼻扇，脉散，皆化源欲绝之征兆也。

白虎加人参汤方

即于前方内，加人参三钱。

【析评】症状较上条为重，热盛伤阴，阳气不固，故用白虎加参固脱清热而生津。“倍人参”，若改用西洋参滋阴，人参固脱而共挽垂危之急，只更切病机。另：可结合现代医学给予补液，中西结合。

九、白虎本为达热出表，若其人脉浮弦而细者，不可与也；脉沉者，不可与也；不渴者，不可与也；汗不出者，不可与也；常须识此，勿令误也。

此白虎之禁也。按白虎慓悍，邪重非其力不举，用之得当，原有立竿见影之妙，若用之不当，祸不旋踵。懦者多不敢用，未免坐误事机；孟浪者，不问其脉证之若何，一概用之，甚至石膏用至斤余之多，应手而效者固多，应手而毙者亦复不少。皆未真知确见其所以然之故，故手下无准的也。

【析评】鞠通方药之禁较多且细，此乃白虎之禁。因症状表现与“四大”相左，故皆属不宜。

十、太阴温病，气血两燔者，玉女煎去牛膝加元参主之。

气血两燔，不可专治一边，故选用张景岳气血两治之玉女煎。去牛膝者，牛膝趋下，不合太阴证之用。改熟地为细生地者，亦取其轻而不重，凉而不温之义，且细生地能发血中之表也。加元参者，取其壮水制火，预防咽痛失血等证也（此思患预防之义。——朱评）

玉女煎去牛膝熟地加细生地元参方（辛凉合甘寒法）

生石膏一两　知母四钱　元参四钱　细生地六钱　麦冬六钱　水八杯，煮取三杯，分二次服，渣再煮一盅服。

【析评】太阴温病，既出现身热、烦渴、自汗的气分症状。又出现舌质红绛苔黄，烦而不寐等血分症状。故治用白虎汤中的石膏知母退热清气，加生地、麦冬、元参凉血生津，气血双清，两相兼顾。而牛膝、熟地入肝肾二经，皆下焦药也，去之有理。

十一、太阴温病，血从上溢者，犀角地黄汤合银翘散主之。其中焦病者，以中焦法治之。若吐粉红血水者，死不治；血从上溢，脉七、八至以上，面反黑者，死不治；可用清络

育阴法。

血从上溢，温邪逼迫血液上走清道，循清窍而出，故以银翘散败温毒，以犀角地黄清血分之伏热，而救水即所以救金也。至粉红水非血非液，实血与液交迫而出，有燎原之势，化源速绝。血从上溢，而脉至七、八至，面反黑，火极而似水，反兼胜己之化也，亦燎原之势莫制，下焦津液亏极，不能上济君火，君火反与温热之邪合德，肺金其何以堪，故皆主死。化源绝，乃温病第一死法也。子曰：敢问死？孔子曰：未知生，焉知死。瑭以为医者不知死，焉能救生。细按温病死状百端，大纲不越五条。在上焦有二：一日肺之化源绝者死；二日心神内闭，内闭外脱者死。在中焦亦有二：一日阳明太实，土克水者死；二日脾郁发黄，黄极则诸窍为闭，秽浊塞窍者死。在下焦则无非热邪深入，消铄津液，涸尽而死也。（危矣哉，亦微矣哉！——朱评）。

犀角地黄汤方（见下焦篇）

银翘散（方见前）

已用过表药者，去豆豉、芥穗、薄荷。

【析评】血从上溢或为衄血，或为吐血，治在上焦。中焦另论。从辨血色、面色提出预后和治疗，真谓诊察细微，给后学者以宝贵的启迪。

十二、太阴温病，口渴甚者，雪梨浆沃之；吐白沫黏滞不快者，五汁饮沃之。

此皆甘寒救液法也。

雪梨浆方（甘寒法）

以甜水梨大者一枚薄切，新汲凉水内浸半日，时时频饮。

五汁饮方（甘冷法）

梨汁　荸荠汁　鲜苇根汁　麦冬汁　藕汁（或用蔗浆）

临时斟酌多少，和匀凉服，不甚喜凉者，重汤炖温服。

【析评】为饮食疗法治疗温病，开一法门。太阴温病，病位虽在上焦，但已出现口渴，而且较甚，说明其人阴分素亏，不耐邪热，故即当甘凉濡润，用雪梨浆以滋津液。如口中吐白沫，感到黏滞不爽快，说明津液被邪热煎炼上迫，舌必干燥，病情比前更重。故只有改用五汁饮，甘寒灌之，以救其津液不足。

十三、太阴病得之二、三日，舌微黄，寸脉盛，心烦懊侬，起卧不安，欲呕不得呕，无中焦证，栀子豉汤主之。

温病二、三日，或已汗，或未汗，舌微黄，邪已不全在肺中矣。寸脉盛，心烦懊侬，起卧不安，欲呕不得，邪在上焦膈中也。在上者因而越之，故涌之以栀子，开之以香豉。

栀子豉汤方（酸苦法）

栀子（捣碎）五枚　香豆豉六钱

水四杯，先煮栀子数沸，后纳香豉，煮取二杯，先温服一杯，得吐止后服。

【析评】无形热邪，留扰胸隔，故见是证。方用豆豉辛开，栀子苦降，以宣透热邪，方药对证，条文中“无中焦症”一语，即指无热、自汗、烦渴的阳明经证，亦无腹满、便秘的阳明腑证。故不能用白虎去“清”也不能用承气来“下”。真谓语值千金。

十四、太阴病得之二、三日，心烦不安，痰涎壅盛，胸中痞塞欲呕者，无中焦证，瓜蒂散主之，虚者加参芦。

此与上条有轻重之分，有有痰无痰之别。重剂不可轻用，病重药轻，又不能了事，故上条只用栀子豉汤快涌膈中之热，此以痰涎壅盛，必用瓜蒂散急吐之，恐邪入包宫而成痉厥也。瓜蒂、栀子之苦寒，合赤小豆之甘酸，所谓酸苦涌泄为阴，善吐热痰，亦在上者因而越之方也。

瓜蒂散方（酸苦法）

甜瓜蒂一钱　赤小豆（研）二钱　山栀子二钱

水二杯，煮取一杯，先服半杯，得吐止后服，不吐再服。虚者加人参芦一钱五分。

【析评】本条系上条无形之热加有形之痰痞阻胸隔，上焦气机不宣之症。用瓜蒂散方吐出膈上痰热，则病可愈，此在治疗上又示人一法。今人多用黄芩、山栀、豆鼓、杏仁、贝母、瓜蒌壳之类，治之每效。

十五、太阴温病，寸脉大，舌绛而干，法当渴，今反不渴者，热在营中也，清营汤去黄连主之。

渴乃温之本病，今反不渴，滋人疑惑，而舌绛且干，两寸脉大，的系温病。盖邪热入营蒸腾，营气上升，故不渴，不可疑不渴非温病也，故以清营汤清营分之热，去黄连者，不欲其深入也。

清营汤（见暑温门中）

【析评】叶天士云：“其热传营，舌色必绛”。热入营血，故反不渴，用是方清营分邪热，得当；黄连味苦生燥故去之，在理。

十六、太阴温病，不可发汗，发汗而汗不出者，必发斑疹，汗出过多者，必神昏谵语。发斑者，化斑汤主之；发疹者，银翘散去豆豉，加细生地、丹皮、大青叶，倍元参主之。禁升麻、柴胡、当归、防风、羌活、白芷、葛根、三春柳（此等处皆深得仲景意，而人不解此久矣。——朱评）。**神昏谵语者，清宫汤主之，牛黄丸、紫雪丹、局方至宝丹亦主之。**

温病忌汗者，病由口鼻而入，邪不在足太阳之表，故不得伤太阳经也。时医不知而误发之，若其热甚血燥，不能蒸汗，温邪郁于肌表血分，故必发斑疹也。若其表疏，一发而汗出不止，汗为心液，误汗亡阳，心阳伤而神明乱，中无所主，故神昏。心液伤而心血虚，心以阴为体，心阴不能济阳，则心阳独亢，心主言，故谵语不休也。且手经逆传，世罕知之，手太阴病不解，本有必传手厥阴心包之理，况又伤其气血乎！

化斑汤方

石膏一两　知母四钱　生甘草三钱　元参三钱　犀角二钱　白粳米一合

水八杯，煮取三杯，日三服，渣再煮一盅，夜一服。

【方论】此“热淫于内，治以咸寒，佐以苦甘”法也。前人悉用白虎汤作化斑汤者，以其为阳明证也。阳明主肌肉，斑家遍体皆赤，自内而外，故以石膏清肺胃之热，知母清金保肺而治阳明独胜之热，甘草清热解毒和中，粳米清胃热而保胃液，白粳米阳明燥金之岁谷也。本论独加元参、犀角者，以斑色正赤，木火太过，其变最速，但用白虎燥金之品，清肃上焦，恐不胜任，故加元参启肾经之气，上交于肺，庶水天一气，上下循环，不致泉源暴绝也（微妙可思。——朱评），犀角咸寒，禀水木火相生之气，为灵异之兽，具阳刚之体，主治百毒蛊疰，邪鬼瘴气，取其咸寒，救肾水，以济心火，托斑外出，而又败毒辟瘟也；再病至发斑，不独在气分矣（著眼。——朱评），故加二味凉血之品。

银翘散去豆豉加细生地丹皮大青叶倍元参方

即于前银翘散内去豆豉，加：

细生地四钱　大青叶三钱　丹皮三钱　元参加至一两

【方论】银翘散义见前。加四物，取其清血热；去豆豉，畏其温也。

按：吴又可有托里举斑汤，不言疹者，混斑疹为一气也。考温病中发疹者，十之七、八，发斑者十之二、三。盖斑乃纯赤，或大片，为肌肉之病，故主以化斑汤，专治肌肉；疹系红点高起，麻、瘄、沙皆一类，系血络中病，故主以芳香透络，辛凉解肌，甘寒清血也。其托里举斑汤方中用归、升、柴、芷、穿山甲，皆温燥之品，岂不畏其灼津液乎？且前人有痘宜温、疹宜凉之论，实属确见，况温疹更甚于小儿之风热疹乎！其用升、柴，取其升发之义，不知温病多见于春夏发生之候，天地之气，有升无降，岂用再以升药升之乎？且经谓“冬藏精者，春不病温”。是温病之人，下焦精气久已不固，安庸再升其少阳之气，使下竭上厥乎！经谓“无实实，无虚虚，必先岁气，无伐天和”，可不知耶？后人皆尤而效之，实不读经文之过也。

再按：时人发温热之表，二、三日汗不出者，即云斑疹蔽伏，不惟用升、柴、羌、葛，且重以山川柳发之。不知山川柳一岁三花，故得三春之名，俗转音三春为山川，此柳古称柽木，诗所谓“其柽其椐”者是也。其性大辛大温，生发最速，横枝极细，善能入络，专发虚寒白疹，若温热气血沸腾之赤疹，岂非见之如雠仇乎？夫善治温病者，原可不必出疹，即有邪郁二、三日，或三、五日，既不得汗，有不得不疹之势，亦可重者化轻，轻者化无，若一派辛温刚燥，气受其灾而移于血，岂非自造斑疹乎？再时医每于疹已发出，便称放心，不知邪热炽甚之时，正当谨慎，一有疏忽，为害不浅。再疹不忌泻，若里结须微通之，不可令大泄，致内虚下陷，法在中焦篇。

汪按：三春柳一名西河柳，又名观音柳，《图经》《别录》未载，自缪希雍《广笔记》盛推其治疹之功，而用者遂多。不知寒疹须发，温疹不须发，可用辛凉，不可用辛温也。木棉纱之类同此。疹以泻为顺，忌升提，忌辅涩，亦不宜下，以犯中下二焦。其疹痢者，当苦寒坚阴，治属中下。

清宫汤方

元参心三钱　莲子心五分　竹叶卷心二钱　连翘心二钱　犀角尖（磨冲）二钱　连心麦冬三钱

【加减法】热痰盛加竹沥、梨汁各五匙；咯痰不清，加瓜蒌皮一钱五分；热毒盛加金汁、人中黄；渐欲神昏，加银花三钱、荷叶二钱、石菖蒲一钱。

【方论】此咸寒甘苦法，清膻中之方也。谓之清宫者，以膻中为心之宫城也。俱用心者，凡心有生生不已之意，心能入心，即以清秽浊之品，便补心中生生不已之生气，救性命于微芒也。火能令人昏，水能令人清，神昏谵语，水不足而火有余，又有秽浊也。且离以坎为体，元参味苦属水，补离中之虚；犀角灵异味咸，辟秽解毒，所谓灵犀一点通，善通心气，色黑补水，亦能补离中之虚，故以二物为君（体会入微。——朱评）。莲心甘苦咸，倒生根，由心走肾，能使心火下通于肾，又回环上升，能使肾水上潮于心，故以为使。连翘象心，心能退心热。竹叶心锐而中空，能通窍清心，故以为佐。麦冬之所以用心者，本经称其主心腹结气，伤中伤饱，胃脉络绝，试问去心，焉能散结气，补伤中，通伤饱，续胃脉络绝哉？盖麦冬禀少阴癸水之气，一本横生，根颗连络，有十二枚者，有十四、五枚者，所以然之故，手足三阳三阴之络，共有十二，加任之尾翳，督之长强，共十四，又加脾之大络，共十五，此物性合人身自然之妙也，惟圣人能体物象，察物情，用麦冬以通续络脉。命名与天冬并称门冬者，冬主闭藏，门主开转，谓其有开合之功能也。其妙处全在一心之用，从古并未有去心之明文，张隐庵谓不知始自何人，相沿已久而不可改，瑭遍考始知自陶宏景始也，盖陶氏惑于诸心人心，能令人烦之一语，不知麦冬无毒，载在上品，久服身轻，安能令人烦哉！如参、术、芪、草，以及诸仁诸子，莫不有心，亦皆能令人烦而悉去之哉？陶氏之去麦冬心，智者千虑之失也。此方独取其心，以散心中秽浊之结气，故以之为臣。

安宫牛黄丸方

牛黄一两　郁金一两　犀角一两　黄连一两　朱砂一两　梅片二钱五分　麝香二钱五分　真珠五钱　山栀一两　雄黄一两　金箔衣　黄芩一两

上为极细末，炼老蜜为丸，每丸一钱，金箔为衣，蜡护。脉虚者人参汤下，脉实者银花、薄荷汤下，每服一丸。兼治飞尸卒厥，五痫中恶，大人小儿痉厥之因于热者。大人病重体实者，日再服，甚至日三服；小儿服半丸，不知再服半丸。

【方论】此芳香化秽浊而利诸窍，咸寒保肾水而安心体，苦寒通火腑而泻心用之方也（体用字著眼。——朱评）。牛黄得日月之精，通心主之神。犀角主治百毒，邪鬼瘴气。真珠得太阴之精，而通神明，合犀角补水救火。郁金草之香，梅片木之香（按冰片，洋外老杉木浸成，近世以樟脑打成伪之，樟脑发水中之火，为害甚大，断不可用），雄黄石之香，麝香乃精血之香，合四香以为用，使闭固之邪热温毒深在厥阴之分者，一齐从内透出，而邪秽自消，神明可复也。黄连泻心火，栀子泻心与三焦之火，黄芩泻胆、肺之火，使邪火随诸香一齐俱散也。朱砂补心体，泻心用，合金箔坠痰而镇固，再合真珠、犀角为督战之主帅也。

紫雪丹方（从《本事方》去黄金）

滑石一斤　石膏一斤　寒水石一斤　磁石水煮二斤　捣煎去渣入后药

羚羊角五两　木香五两　犀角五两　沉香五两　丁香一两　升麻一斤　元参一斤　炙甘草半斤

以上八味，并捣锉，入前药汁中煎，去渣入后药。

朴硝、硝石各二斤，提净，入前药汁中，微火煎，不住手将柳木搅，候汁欲凝，再加入后二味。

辰砂（研细）三两　麝香（研细）一两二钱　入煎药拌匀。合成退火气，冷水调服一、二钱。

【方论】诸石利水火而通下窍。磁石、元参补肝肾之阴，而上济君火。犀角、羚羊泻心、胆之火。甘草和诸药而败毒，且缓肝急。诸药皆降，独用一味升麻，盖欲降先升也。诸香化秽浊，或开上窍，或开下窍，使神明不致坐困于浊邪而终不克复其明也。丹砂色赤，补心而通心火，内含汞而补心体，为坐镇之用。诸药用气，硝独用质者，以其水卤结成，性峻而易消，泻火而散结也。

局方至宝丹方

犀角（镑）一两　朱砂（飞）一两　琥珀（研）一两　玳瑁（镑）一两　牛黄五钱　麝香五钱

以安息重汤炖化，和诸药为丸一百丸，蜡护。

【方论】此方会萃各种灵异，皆能补心体，通心用，除邪秽，解热结，共成拨乱反正之功。大抵安宫牛黄丸最凉，紫雪次之，至宝又次之，主治略同，而各有所长，临用对证斟酌可也。

【析评】条文指出太阴温病因误治而形成发斑和疹，病势严重又出现神昏谵语。因病机不同，故治法相异。

疹即色红点小，高出皮肤，发于太阴血络，治宜透络凉血清热解毒，用银翘散去豆鼓加生地、丹皮、大青叶倍元参主之。斑即点大色红成片，不高出皮肤，发于阳明肌肉，治宜清胃解毒，方用化斑汤。以“神昏谵语”为主症者，鞠通提示可用清宫汤、安宫牛黄丸、紫雪丹，局方至宝丹治之，一症点四方。

笔者认为临床上用当有别，清宫汤即清心也，用于阴伤热陷心包，神昏时有谵语者，谓“发热神糊清宫汤”；安宫牛黄丸用于热陷心包，神昏谵语，痰热俱盛者，谓“神昏谵语牛黄丸”；紫雪丹（散）用于神昏谵语，抽搐痉厥，热重风重者，谓“乒乒乓乓紫雪丹”；至宝丹用于神昏不语，痰闭心窍，痰重于热者，谓“不声不响至宝丹”。对升、柴辛温升散之味，能升阳助热，伤阴耗液，故列入温病的禁用范围，亦理在其中，但也不尽然。参考《闫氏小儿方论》解肌透疹的升麻葛根汤和缪氏《先醒斋医学广笔记》透疹解表清泄肺胃的“竹叶柳蒡汤”等，便可得知。

注：方名非缪希雍自己冠名，系后人揣其意而加今名，已沿用成习。

十七、邪入心包，舌蹇肢厥，牛黄丸主之，紫雪丹亦主之。

厥者，尽也。阴阳极造其偏，皆能致厥。伤寒之厥，足厥阴病也。温热之厥，手厥阴病也（著眼。——朱评）。舌卷囊缩，虽同系厥阴现证，要之舌属手，囊属足也。盖舌为心窍，包络代心用事，肾囊前后，皆肝经所过，断不可以阴阳二厥混而为一，若陶节庵所云：“冷过肘膝，便为阴寒”，恣用大热。再热厥之中亦有三等：有邪在络居多，而阳明证少者，则从芳香，本条所云是也；有邪搏阳明，阳明太实，上冲心包，神迷肢厥，甚至通体皆厥，当从下法，本论载入中焦篇；有日久邪杀阴亏而厥者，则从育阴潜阳法，本论载入下焦篇。

牛黄丸、紫雪丹方（并见前）

【析评】舌为心之窍，热入心包，心包代心受邪，热深邪重故舌蹇。

“厥”，当特别注意。厥有“真寒假热”、“真热假寒”之别，此属热厥无疑，故当用清心开窍治之，此辨之要也。

十八、温毒咽痛喉肿，耳前耳后肿，颊肿，面正赤，或喉不痛，但外肿，甚则耳聋，俗名大头温、虾蟆温者，普济消毒饮去柴胡、升麻主之，初起一、二日，再去芩，连，三四日加之佳。

温毒者，秽浊也。凡地气之秽，未有不因少阳之气而自能上升者，春夏地气发泄，故多有是证；秋冬地气，间有不藏之时，亦或有是证；人身之少阴素虚，不能上济少阳，少阳升腾莫制，亦多成是证；小儿纯阳火多，阴未充长，亦多有是证。咽痛者，经谓“一阴一阳结，谓之喉痹”。盖少阴少阳之脉，皆循喉咙，少阴主君火，少阳主相火，相济为灾也。耳前耳后颊前肿者，皆少阳经脉所过之地，颊车不独为阳明经穴也。面赤者，火色也。甚则耳聋者，两少阳之脉，皆入耳中，火有余则清窍闭也。治法总不能出李东垣普济消毒饮之外。其方之妙，妙在以凉膈散为主，而加化清气之马勃、僵蚕、银花，得轻可去实之妙；再加元参、牛蒡、板蓝根，败毒而利肺气，补肾水以上济邪火；去柴胡、升麻者，以升腾飞越太过之病，不当再用升也，说者谓其引经，亦甚愚矣！凡药不能直至本经者，方用引经药作引，此方皆系轻药，总走上焦，开天气，肃肺气，岂须用升、柴直升经气耶？去黄芩、黄连者，芩连里药也，病初起未至中焦，不得先用里药，故犯中焦也。

普济消毒饮去升麻柴胡黄芩黄连方

连翘一两　薄荷三钱　马勃四钱　牛蒡子六钱　芥穗三钱　僵蚕五钱　元参一两　银花一两　板蓝根五钱　苦梗一两　甘草五钱

上共为粗末，每服六钱，重者八钱。鲜苇根汤煎，去渣服，约二时一服，重者一时许一服。

【析评】考少阴少阳经脉上循喉咙，少阳经直过耳前、耳后及颊部。温毒之邪循经上炎，热毒壅滞，故是证蜂起，依据形象而命名为大头瘟、蛤蟆瘟。鞠通用普济消毒饮去柴胡、升麻、黄芩、黄连治之。而达清热解毒，散邪消肿之功。临床上若见发热，体温在39℃左右者，柴胡、黄芩不去，柴胡重用，则退热效果颇佳。

十九、温毒外肿，水仙膏主之，并主一切痈疮（此治温毒第一捷径法门也。——朱评）。

按：水仙花得金水之精，隆冬开花，味苦微辛，寒滑无毒，苦能升火败毒，辛能散邪热之结，寒能胜热，滑能利痰，其妙用全在汁之胶粘，能拔毒外出，使毒邪不致深入脏腑伤人也。

水仙膏方

水仙花根，不拘多少，剥去老赤皮与根须，入石臼捣如膏，敷肿处，中留一孔出热气，干则易之，以肌肤上生黍米大小黄疮为度。

【析评】水仙膏外用简便、有清热解毒、消肿止痛功效。凡痈疮未化脓者宜。

二十、温毒敷水仙膏后，皮间有小黄疮如黍米者，不可再敷水仙膏；过敷则痛甚而烂，三黄二香散主之。

三黄取其峻泻诸火，而不烂皮肤，二香透络中余热而定痛。

三黄二香散方（苦辛芳香法）

黄连一两　黄柏一两　生大黄一两　乳香五钱　没药五钱

上为极细末，初用细茶汁调敷，干则易之，继则用香油调敷。

【析评】三黄二香散泻火解毒，消肿定痛，活血生肌。对痈疮已化脓者尤宜。

二一、温毒神昏谵语者，先与安宫牛黄丸、紫雪丹之属，继以清宫汤。

安宫牛黄丸、紫雪丹、清宫汤（方法并见前）

【析评】卷一上焦篇：（十六）条互参。

暑 温

二二、形似伤寒，但右脉洪大而数，左脉反小于右，口渴甚，面赤，汗大出者，名曰暑温，在手太阴，白虎汤主之；脉芤甚者，白虎加人参汤主之。

此标暑温之大纲也。按温者热之渐，热者温之极也。温盛为热，木生火也。热极湿动，火生土也。上热下湿，人居其中而暑成矣。若纯然不兼湿者，仍归前条温热例，不得混入暑也（著眼。——朱评）。形似伤寒者，谓头痛、身痛、发热恶寒也。水火极不同性，各造其偏之极，反相同也。故经谓水极而似火也，火极而似水也。伤寒，伤于水气之寒，故先恶寒而后发热，寒郁人身卫阳之气而为热也，故仲景《伤寒论》中，有已发热或未发之文。若伤暑则先发热，热极而后恶寒，善火盛必克金，肺性本寒，而复恶寒也。然则伤暑之发热恶寒虽与伤寒相似，其所以然之故实不同也，学者诚能究心于此，思过半矣。脉洪大而数，甚则芤，对伤寒之脉浮紧而言也。独见于右手者，对伤寒之左脉大而言也，右手主上焦气分，且火克金也，暑从上而下，不比伤寒从下而上，左手主下焦血分也，故伤暑之左脉反小于右。口渴甚面赤者，对伤寒太阳证面不赤，口不渴而言也；火烁津液，故口渴，火甚未有不烦者，面赤者，烦也，烦字从火后页，谓火现于面也。汗大出者，对伤寒汗不出而言也（伤寒伤暑，或症或脉，此篇辨之详矣。学者亦宜留意，无致临症他歧。——朱评）。首白虎例者，盖白虎乃秋金之气，所以退烦暑，白虎为暑温之正例也，其源出自《金匮》，守先圣之成法也（不知守先圣成法者，不可与读此书。——朱评）。

白虎汤、白虎加人参汤方（并见前）

【析评】感受暑热之气而发病者，称暑温。暑为阳邪，重伤上焦气分，急当清热保津，故用白虎汤。脉芤示气阻耗伤太过，益气养阴，亦属当务之急，人参可用，西洋参为佳。

白虎汤、白虎加人参汤见卷一（七）、（八）条。

二三、《金匮》谓太阳中暍，发热恶寒，身重而疼痛，其脉弦细芤迟，小便已，洒然毛耸，手足逆冷，小有劳，身即热，口开前板齿燥，若发其汗，则恶寒甚，加温针，则发热甚，数下，则淋甚，可与东垣清暑益气汤。

张石顽注，谓太阳中暍，发热恶寒身重而疼痛，此因暑而伤风露之邪，手太阳标证也。手太阳小肠属火，上应心包，二经皆能制金烁肺，肺受火刑，所以发热恶寒似足太阳证。其脉或见弦细，或见芤迟，小便已，洒然毛耸，此热伤肺胃之气，阳明本证也（愚按：小便已，洒然毛耸，似乎非阳明证，乃足太阳膀胱证也。盖膀胱主水，火邪太甚而制金，则寒水来为金母复仇也。所谓五行之极，反兼胜己之化）。发汗则恶寒甚者，气虚重夺（当作伤）其津（当作阳）也。温针则发热甚者，重伤经中之液，转助时火，肆虐于外也。数下之则淋甚者，劫其在里之阴，热势乘机内陷也。此段经文，本无方治，东垣特立清暑益气汤，足补仲景之未逮。愚按：此言太过。仲景当日，必有不可立方之故，或曾立方而后世脱简，皆未可知，岂东垣能立而仲景反不能立乎？但细按此证，恰可与清暑益气汤，曰可者，仅可而有所未尽之词，尚望遇是证者，临时斟酌尽善。至沈目南《金匮要略注》，谓当用辛凉甘寒，实于此证不合。盖身重疼痛，证兼寒湿也。即目南自注，谓发热恶寒身重疼痛，其脉弦细芤迟，内暑而兼阴湿之变也。岂有阴湿而用甘寒柔以济柔之理？既曰阴湿，岂辛凉所能胜任！不待辩而自明。

清暑益气汤方（辛甘化阳酸甘化阴复法）

黄芪一钱　黄柏一钱　麦冬二钱　青皮一钱　白术一钱五分　升麻三分　当归七分　炙草一钱　神曲一钱　人参一钱　泽泻一钱　五味子八分　陈皮一钱　苍术一钱五分　葛根三分　生姜二片　大枣二枚

水五杯，煮取二杯，渣再煎一杯，分温三服。虚者得宜，实者禁用；汗不出而但热者禁用。

【析评】中暍，即夏季伤暑。暑为阳邪，伤气伤阴，治当清暑益气益阴为法。若误治，如发汗、温针等则变生他端，用李东垣清暑益气汤(《脾胃论》）清暑生津，益脾气而养阳，气阴双顾尤注重其阳，对于原本气虚而夏伤暑湿者尤为适合。故鞠通用“可与”二字冠上。若纯属暑热耗津，更可与王孟英之清暑益气汤(《温热经纬》）清暑益气，养阴生津为好。

二四、手太阴暑温，如上条证，但汗不出者，新加香薷饮主之。

证如上条，指形似伤寒，右脉洪大，左手反小，面赤口渴而言。但以汗不能自出，表实为异，故用香薷饮发暑邪之表也。按香薷辛温芳香，能由肺之经而达其络，鲜扁豆花，凡花皆散，取其芳香而散，且保肺液，以花易豆者，恶其呆滞也，夏日所生之物，多能解暑，惟扁豆花为最，如无花时，用鲜扁豆皮，若再无此，用生扁豆皮。厚朴苦温，能泄食满，厚朴皮也，虽走中焦，究竟肺主皮毛，以皮从皮，不为治上犯中，若黄连甘草，纯然里药，暑病初起，且不必用，恐引邪深入，故易以连翘、银花，取其辛凉达肺经之表，纯从外走，不必走中也。

温病最忌辛温，暑病不忌者，以暑必兼湿，湿为阴邪，非温不解（分别极明晰。——朱评），故此方香薷、厚朴用辛温，而余则佐以辛凉云。下文湿温论中，不惟不忌辛温，且用辛热也。

新加香薷饮方（辛温复辛凉法）

香薷二钱　银花三钱　鲜扁豆花三钱　厚朴二钱　连翘二钱

水五杯，煮取二杯。先取一杯，得汗止后服；不汗再服；服尽不汗，再作服。

【析评】证如上条，但汗不出，多系夏日因热贪凉，腠理闭，故汗不出，是方解表清暑与机合拍。有云：“香薷乃夏天之麻黄”，此喻香薷辛温芳香，疏表清暑，能令邪微汗而解，喻之恰当。

二五、手太阴暑温，服香薷饮，微得汗，不可再服香薷饮重伤其表，暑必伤气，最令表虚，虽有余证，知在何经，以法治之。

按伤寒非汗不解，最喜发汗；伤风亦非汗不解，最忌发汗，只宜解肌，此麻桂之异其治，即异其法也（如疱丁解牛，奏刀砉然。——朱评）。温病亦喜汗解，最忌发汗，只许辛凉解肌，辛温又不可用，妙在导邪外出，俾营卫气血调和，自然得汗，不必强责其汗也。若暑温、湿温则又不然，暑非汗不解，可用香薷发之，发汗之后，大汗不止，仍归白虎法，固不比伤寒伤风之漏汗不止，而必欲桂附护阳实表，亦不可屡虚其表，致令厥脱也，观古人暑门有生脉散法，其义自见。

【析评】《素问·宣明五气论篇》云：“心为汗。”汗液大泄，必耗正气，汗出微微，中病即止，太过则易生它端，鞠通指出“不可再服”，否则“重伤其表”。鞠通所嘱，乃金石良言，非常符合临床实际。暑邪最易伤气，若过用发汗药，汗出表虚，易引起亡阳厥脱之变。所以暑病发汗，当慎之又慎。虽有其他兼证，也应根据邪在何经，辨证施治，方不致误。

二六、手太阴暑温，或已经发汗，或未发汗，而汗不止，烦渴而喘，脉洪大有力者，白虎汤主之；脉洪大而芤者，白虎加人参汤主之；身重者，湿也，白虎加苍术汤主之；汗多脉散大，喘喝欲脱者，生脉散主之。

此条与上文少异者，只已经发汗一句。

白虎加苍术汤方

即于白虎汤内加苍术三钱。

汗多而脉散大，其为阳气发泄太甚，内虚不司留恋可知。生脉散酸甘化阴，守阴所以留阳，阳留，汗自止也。以人参为君，所以补肺中元气也。

生脉散方（酸甘化阴法）

人参三钱　麦冬（不去心）二钱　五味子一钱

水三杯，煮取八分二杯，分二次服，渣再煎服，脉不敛，再作服，以脉敛为度。

【析评】白虎正法、变法前多条述及，此条提出且随证变而辨到手太阴暑湿用生脉散者，皆寓方随证变，法在方中之理，凡此医者皆当细辨，因证择方。

二七、手太阴暑温，发汗后，暑证悉减，但头微胀，目不了了，余邪不解者，清络饮主之，邪不解而入中下焦者，以中下法治之。

既曰余邪，不可用重剂明矣，只以芳香轻药清肺络中余邪足矣。倘病深而入中下焦，又不可以浅药治深病也。

清络饮方（辛凉芳香法）

鲜荷叶边二钱　鲜银花二钱　西瓜翠衣二钱　鲜扁豆花一枝　丝瓜皮二钱　鲜竹叶心二钱

水二杯，煮取一杯，日二服。凡暑伤肺经气分之轻证皆可用之。

【析评】清络饮芳香轻清之剂，凡暑温余邪未清或伤暑较轻者皆可用之。此鞠通“治上焦如羽，（非轻不举）”治则之应用也，若邪入中下焦者，又当从“治中焦如衡，（非平不安）”和“治下焦如权，（非重不沉）”法则中择方选药为是。

二八、手太阴暑温，但咳无痰，咳声清高者，清络饮加甘草、桔梗、甜杏仁、麦冬、知母主之。

咳而无痰，不嗽可知，咳声清高，金音清亮，久咳则哑，偏于火而不兼湿也。即用清络饮，清肺络中无形之热加甘、桔开提，甜杏仁利肺而不伤气，麦冬、知母保肺阴而制火也。

清络饮加甘桔甜杏仁麦冬汤方

即于清络饮内，加甘草一钱，桔梗二钱，甜杏仁二钱，麦冬三钱。

【析评】条中“但咳无痰，咳声清高”八字点破咳因火邪烁金，肺失肃降，治宜以润达降，则热清咳止，选方遣药确到好处。

二九、两太阴暑温，咳而且嗽，咳声重浊，痰多不甚渴，渴不多饮者，小半夏加茯苓汤

再加厚朴、杏仁主之。

既咳且嗽，痰涎复多，咳声重浊，重浊者土音也，其兼足太阴湿土可知。不甚渴，渴不多饮，则其中之有水可知，此暑温而兼水饮者也。故以小半夏加茯苓汤，蠲饮和中；再加厚朴、杏仁，利肺泻湿，预夺其喘满之路；水用甘澜，取其走而不守也。

此条应入湿温，却列入此处者，以与上条为对待之文，可以互证也。

小半夏加茯苓汤再加厚朴杏仁方（辛温淡法）

半夏八钱　茯苓块六钱　厚朴三钱　生姜五钱　杏仁三钱

甘澜水八杯，煮取三杯，温服，日三。

【析评】此咳嗽痰多，咳在手太阴，痰源于足太阴，咳声重浊，无疑痰湿为重。温病大家跳出“暑温”范围，用小半夏加味，因证施治，灵活运用，符合临床实际。

三十、脉虚夜寐不安，烦渴舌赤，时有谵语，目常开不闭，或喜闭不开，暑入手厥阴也。手厥阴暑温，清营汤主之；舌白滑者，不可与也。

夜寐不安，心神虚而阳不得入于阴也。烦渴舌赤，心用恣而心体亏也。时有谵语，神明欲乱也。目常开不闭，目为火户，火性急，常欲开以泄其火，且阳不下交于阴也；或喜闭不喜开者，阴为亢阳所损，阴损则恶见阳光也。故以清营汤急清宫中之热，而保离中之虚也。若舌白滑，不惟热重，湿亦重矣，湿重忌柔润药，当于湿温例中求之，故曰不可与清营汤也。

清营汤方（咸寒苦甘法）

犀角三钱　生地五钱　元参三钱　竹叶心一钱　麦冬三钱　丹参二钱　黄连一钱五分　银花三钱　连翘（连心用）二钱

水八杯，煮取三杯，日三服。

【析评】此暑邪陷入心包，舌赤为证。心营相连，用清营汤的对。若舌苔白滑而腻，是病在气分，热邪被湿困阻，治当苦温化湿为是，咸寒清热药，对湿邪有碍，故清营汤不可用也。

三一、手厥阴暑温，身热不恶寒，清神不了了，时时谵语者，安宫牛黄丸主之，紫雪丹亦主之。

身热不恶寒，已无手太阴证，神气欲昏，而又时时谵语，不比上条时有谵语，谨防内闭，故以芳香开窍、苦寒清热为急。

安宫牛黄丸、紫雪丹（方义并见前）

【析评】卷一上焦篇：（十六）条互参。

三二、暑温寒热，舌白不渴，吐血者，名曰暑瘵，为难治，清络饮加杏仁、薏仁、滑石汤主之。

寒热，热伤于表也；舌白不渴，湿伤于里也；皆在气分，而又吐血，是表里气血俱病，岂非暑瘵重证乎？此证纯清即碍虚，纯补则碍邪，故以清络饮清血络中之热，而不犯手；加杏仁利气，气为血帅故也；薏仁、滑石，利在里之湿；冀邪退气宁而血可止也。

清络饮加杏仁薏仁滑石汤方

即于清络饮内加杏仁二钱，滑石末三钱，薏仁三钱，服法如前。

【析评】暑瘵难治，难在肺络出血，阴分已伤，舌白不渴，暑又兼湿，治用清肺宁络，助其湿；香燥祛湿，助其热。两皆有弊，故曰难治。两弊取其小，吴氏巧用轻清肺络，淡渗利湿合为一炉，使之邪退气宁，则血止病愈，妙哉！

三三、小儿暑温，身热，卒然痉厥，名曰暑痫，清营汤主之，亦可少与紫雪丹。

小儿之阴，更虚于大人，况暑月乎！一得暑温，不移时有过卫入营者，盖小儿之脏腑薄也（脏腑薄则传变速也。——朱评）。血络受火邪逼迫，火极而内风生，俗名急惊，混与发散消导，死不旋踵，惟以清营汤清营分之热而保津液，使液充阳和，自然汗出而解，断断不可发汗也（上紧关头，故叮咛重申。——朱评）。可少与紫雪者，清包络之热而开内窍也。

【析评】不拘何病，有是证选是方。暑痫亦然。

卷一　上焦篇：（十六）条、（三十一）条互参

三四、大人暑痫，亦同上法。热初入营，肝风内动，手足瘛疭，可于清营汤中，加勾藤、丹皮、羚羊角。

【析评】热初入营，引动肝风，用清营汤清营中之热，用钩藤、丹皮、羚羊角凉肝熄风，诸药配伍，切中病机。

伏　暑

（按暑温伏暑，名虽异而病实同，治法须前后互参，故中下焦不另立一门。）

三五、暑兼湿热，偏于暑之热者为暑温，多手太阴证而宜清；偏于暑之湿者为湿温，多足太阴证而宜温；湿热平等者两解之。各宜分晓，不可混也。

此承上起下之文。按暑温、湿温，古来方法最多精妙，不比前条温病毫无尺度，本论原可不必再议，特以《内经》有先夏至为病温、后夏至为病暑之明文，是暑与温，流虽异而源则同，不得言温而遗暑，言暑而遗湿。又以历代名家，悉有蒙混之弊，盖夏日三气杂感，本难条分缕晰。惟叶氏心灵手巧，精思过人，案中治法，丝丝入扣，可谓汇众善以为长者，惜时人不能知其一、二；然其法散见于案中，章程未定，浅学者读之，有望洋之叹，无怪乎后人之无阶而升也。故本论摭拾其大概，粗定规模，俾学者有路可寻，精妙甚多，不及备录，学者仍当参考名家，细绎叶案，而后可以深造。再按：张洁古云："静而得之为中暑，动而得之为中热；中暑者阴证，中热者阳证"。呜呼！洁古笔下如是不了了，后人奉以为规矩准绳，此医道之所以难言也。试思中暑，竟无动而得之者乎？中热，竟无静而得之者乎？似难以动静二字分暑热。又云"中暑者阴证"，暑字从日，日岂阴物乎？暑中有火，火岂阴邪乎？暑中有阴耳，湿是也，非纯阴邪也。"中热者阳证"，斯语诚然，要知热中亦兼秽浊，秽浊亦阴类也，是中热非纯无阴也。盖洁古所指之中暑，即本论后文之湿温也；其所指之中热，即本论前条之温热也。张景岳又细分阴暑，阳暑：所谓阴暑者，即暑之偏于湿，而成足太阴之里证也；阳暑者，即暑之偏于热，而成手太阴之表证也。学者非目无全牛，不能批隙中窾。宋元以来之名医，多自以为是，而不求之自然之法象，无怪乎道之常不明，而时人之随手杀人也，可胜慨哉！

汪按：偏湿偏热，伤手伤足，挈领提纲，可谓不易之论，学者从此认清，自不患动手便

错矣。又按：洁古所谓动者，指奔走劳役之人，触冒天地之热气而病者也；所谓静者，指富贵安逸之人，纳凉于高堂大厦以避热而中湿者也。然动者亦有时中湿，静者亦有时中热，未可拘执。静者一种内，又有乘凉饮冷，无湿气而但中寒气，应用桂枝、大顺，甚则理中、四逆者，此即夏月伤寒，当一一条分缕晰也。至景岳于六气治法，全未入门，无足置论。

【析评】语为暑温、湿温划线。指出尚有湿重、热重、湿热并重之分，不可混淆。

三六、长夏受暑，过夏而发者，名曰伏暑。霜未降而发者少轻，霜既降而发者则重，冬日发者尤重，子、午、丑、未之年为多也。

长夏盛暑，气壮者不受也；稍弱者但头晕片刻，或半日而已；次则即病；其不即病而内舍于骨髓，外舍于分肉之间者，气虚者也。盖气虚不能传送暑邪外出，必待秋凉金气相搏而后出也，金气本所以退烦暑，金欲退之，而暑无所藏，故伏暑病发也。其有气虚甚者，虽金风亦不能击之使出，必待深秋大凉初冬微寒相逼而出，故尤为重也。子、午、丑、未之年为独多者，子、午君火司天，暑本于火也；丑、未湿土司天，暑得湿则留也。

【析评】为伏暑正名。即大暑以后十八天为长夏，是热盛湿动时期，如感受暑邪，当时未发病，过了夏季而发病的，称为伏暑。根据体质和运气学说推论有轻、重、尤重之分。又指出子午少阴君火司天之年和丑未太阴湿土司天之年，暑火同气相求，暑湿留滞相蒸，故比其他年分发病多些，以此引人注意，指出时令也是温热病的发病原因之一。所以中医治病有因病、因证、因人、因时治宜之说，就是这个道理。

三七、头痛微恶寒，面赤烦渴，舌白，脉濡而数者，虽在冬月，犹为太阴伏暑也。

头痛恶寒，与伤寒无异；面赤烦渴，则非伤寒矣，然犹似伤寒阳明证；若脉濡而数，则断断非伤寒矣（分明。——朱评）。盖寒脉紧，风脉缓，暑脉弱，濡则弱之象，弱即濡之体也（此作者金针度人处。——朱评）。濡即离中虚，火之象也；紧即坎中满，水之象也。火之性热，水之性寒，象各不同，性则迥异，何世人悉以伏暑作伤寒治，而用足六经羌、葛、柴、芩每每杀人哉！象各不同，性则迥异，故曰虽在冬月，定其非伤寒而为伏暑也。冬月犹为伏暑，秋日可知。伏暑之与伤寒，犹男女之别，一则外实中虚，一则外虚中实，岂可混哉！

【析评】参阅上伏暑条。

三八、太阴伏暑，舌白口渴，无汗者，银翘散去牛蒡、元参加杏仁、滑石主之。

此邪在气分而表实之证也。

【析评】太阴伏暑兼湿治用辛凉退热加开肺渗湿之味，条文中未言发热，实则发热，用银翘散可知。因发热是一般热性病的通候，无容怀疑，以下诸条皆同。

三九、太阴伏暑，舌赤口渴，无汗者，银翘散加生地、丹皮、赤芍、麦冬主之。

此邪在血分而表实之证也。

【析评】针对口渴无汗，加麦冬、生地等养阴以培汗源；用赤芍、丹皮等凉血清热。是方加减是鞠通治温病，处处注意养阴护津学说思想的具体体现，反应了临床实际。

四十、太阴伏暑，舌白口渴，有汗，或大汗不止者，银翘散去牛蒡子、元参、芥穗，加杏仁、石膏、黄芩主之；脉洪大，渴甚汗多者，仍用白虎法；脉虚大而芤者，仍用人参白虎法。

此邪在气分而表虚之证也。

【析评】太阴伏暑，辛凉平剂、重剂，随证加减，灵活变通，切贴病机。和卷一上焦篇

（七条）、（八条）互参。

四一、太阴伏暑，舌赤口渴汗多，加减生脉散主之。

此邪在血分而表虚之证也。

银翘散去牛蒡子元参加杏仁滑石方

即于银翘散内，去牛蒡子、元参，加杏仁六钱，飞滑石一两。服如银翘散法。胸闷加郁金四钱、香豉四钱；呕而痰多，加半夏六钱，茯苓六钱；小便短，加薏仁八钱，白通草四钱。

银翘散加生地丹皮赤芍麦冬方

即于银翘散内，加生地六钱，丹皮四钱，赤芍四钱，麦冬六钱。服法如前。

银翘散去牛蒡子元参芥穗加杏仁石膏黄芩方

即于银翘散内，去牛蒡子、元参、芥穗，加杏仁六钱，生石膏一两，黄芩五钱。服法如前。

白虎法、白虎加人参法（俱见前）

加减生脉散方（酸甘化阴）

沙参三钱　麦冬二钱　五味子一钱　丹皮二钱　细生地三钱

水五杯，煮二杯，分温再服。

【析评】舌赤，邪热入血，当清热凉血；口渴汗多，津液耗伤，当养阴生津。鞠通审证求因，审因论治，法在方中，丝丝入扣。

四二、伏暑、暑温、湿温，证本一源，前后互参，不可偏执。

【析评】条文指出伏暑、暑温、湿温“异病同治”之理。但应注意其变，前后互参，根据湿重、热重分别治疗，方不致误。

湿温　寒湿

四三、头痛恶寒，身重疼痛，舌白不渴，脉弦细而濡，面色淡黄，胸闷不饥，午后身热，状若阴虚，病难速已，名曰湿温。汗之则神昏耳聋，甚则目瞑不欲言，下之则洞泄，润之则病深不解，长夏深秋冬日同法，三仁汤主之。

头痛恶寒，身重疼痛，有似伤寒，脉弦濡，则非伤寒矣。（分明。——朱评）。舌白不渴，面色淡黄，则非伤暑之偏于火者矣。胸闷不饥，湿闭清阳道路也。午后身热，状若阴虚者，湿为阴邪，阴邪自旺于阴分，故与阴虚同一午后身热也。（此条人多误认阴虚，当知此理。——朱评）。湿为阴邪，自长夏而来，其来有渐，且其性氤氲黏腻，非若寒邪之一汗而解，温热之一凉则退，故难速已。世医不知其为湿温，见其头痛恶寒身重疼痛也，以为伤寒而汗之，汗伤心阳，湿随辛温发表之药蒸腾上逆，内蒙心窍则神昏，上蒙清窍则耳聋目瞑不言。见其中满不饥，以为停滞而大下之，误下伤阴，而重抑脾阳之升，脾气转陷，湿邪乘势内渍，故洞泄。见其午后身热，以为阴虚而用柔药润之，湿为胶滞阴邪，再加柔润阴药，二阴相合，同气相求，遂有锢结而不可解之势。惟以三仁汤轻开上焦肺气，盖肺主一身之气，气化则湿亦化也（至理。解此二语，则于湿温病思过半矣。——朱评）。湿气弥漫，本无形质，以重浊滋味之药治之，愈治愈坏。伏暑湿温，吾乡俗名秋呆子，悉以陶氏《六书》法治之，不知从何处学来，医者呆，反名病呆，不亦诬乎！再按：湿温较诸温，病势虽缓而实重，上焦最少，病势不甚显张，中焦病最多，详见中焦篇，以湿为阴邪故也，当于中焦求之。

三仁汤方

杏仁五钱　飞滑石六钱　白通草二钱　白蔻仁二钱　竹叶二钱　厚朴二钱　生薏仁六钱　半夏五钱

甘澜水八碗，煮取三碗，每服一碗，日三服。

【析评】文述湿温的主证主脉，提出用三仁汤轻开上焦肺气，肺主一身之气，气化则湿化，用朴、藿芳香化湿运脾；杏、夏苦辛宣肺和胃；苡、滑、通淡渗除湿，合为轻可去实之剂，用治湿温初起。忌汗、下、润。发汗过多，耗伤心阳，湿邪随表药蒸腾上升，内蒙心窍，就会出现神志昏迷等症状；攻下则耗伤阴液，有碍脾阳升发而致泄泻；若误认为阴虚潮热而用滋阴柔润，则阴得阴盛，同气相应，加重病情，痼疾难解。但据临床实际，有是证用是药，亦可常法中稍佐变法，掌握“辨”字灵活运用，切勿拘泥。

四四、湿温邪入心包，神昏肢逆，清宫汤去莲心、麦冬，加银花、赤小豆皮，煎送至宝丹，或紫雪丹亦可。

湿温著于经络，多身痛身热之候，医者误以为伤寒而汗之，遂成是证。仲景谓湿家忌发汗，发汗则病痉。湿热相搏，循经入络，故以清宫汤清包中之热邪，加银花、赤豆以清湿中之热，而又能直入手厥阴也。至宝丹去秽浊复神明，若无至宝，即以紫雪代之。

清宫汤去莲心麦冬加银花赤小豆皮方

犀角一钱　连翘心三钱　元参心二钱　竹叶心二钱　银花二钱　赤小豆皮三钱

至宝丹、紫雪丹方（并见前）

【析评】“肢逆”二字乃心阳受损，湿遏热伏，阳气不能布达四肢而逆，故四末冰冷，非真寒也。

卷一上焦篇：（十六）条互参。

四五、湿温喉阻咽痛，银翘马勃散主之。

肺主气，湿温者，肺气不化，郁极而一阴一阳（谓心与胆也）之火俱结也。盖金病不能平木，木反挟心火来刑肺金。喉即肺系，其闭在气分者即阻，闭在血分者即痛也，故以轻药开之。

银翘马勃散方（辛凉微苦法）

连翘一两　牛蒡子六钱　银花五钱　射干三钱　马勃二钱

上杵为散，服如银翘散法。不痛但阻甚者，加滑石六钱，桔梗五钱，苇根五钱。

【析评】参考卷一上焦篇（十八）条，此病证较轻，故用银翘马勃散，轻清开宣可也。

四六、太阴湿温，气分痹郁而哕者（俗名为呃），宣痹汤主之。

上焦清阳膹郁，亦能致哕，治法故以轻宣肺痹为主（痹证治法，备载《金匮》，学者细详之。本论专详温病，不及备论，疟痢仿此。——朱评）。

宣痹汤（苦辛通法）

枇杷叶二钱　郁金一钱五分　射干一钱　白通草一钱　香豆豉一钱五分

水五杯，煮取二杯，分二次服。

【析评】宣痹汤宣上焦痹也，湿邪困于上焦，清阳阻郁，肺气不宣郁而哕（呃逆），是方轻宣肺郁，肺宣湿化，哕当自止。若系中、下焦呃逆者又当别论。

四七、太阴湿温喘促者，千金苇茎汤加杏仁、滑石主之。

《金匮》谓喘在上焦，其息促。太阴湿蒸为痰，喘息不宁，故以苇茎汤轻宣肺气，加杏仁、滑石利窍而逐热饮。若寒饮喘咳者，治属饮家，不在此例（著眼。——朱评）。

千金苇茎汤加滑石杏仁汤（辛淡法）

苇茎五钱　薏苡仁五钱　桃仁二钱　冬瓜仁二钱　滑石三钱　杏仁三钱

水八杯，煮取三杯，分三次服。

【析评】太阴脾湿不化，酿痰上壅于手太阴肺，肺气不得宣降而喘促，治用清肺宣降，祛湿绝痰，一方加味，二法合治，非常恰合病机。

四八、《金匮》谓太阳中暍，身热疼痛而脉微弱，此以夏月伤冷水，水行皮中所致也，一物瓜蒂汤主之。

此热少湿多，阳郁致病之方法也。瓜蒂涌吐其邪，暑湿俱解，而清阳复辟矣。

一物瓜蒂汤方

瓜蒂二十个

上捣碎，以逆流水八杯，煮取三杯，先服一杯，不吐再服，吐停后服。虚者加参芦三钱。

【析评】中暍，即夏季伤暑证。因有发热恶寒等表证，故称太阳中暍。鞠通匠心巧运，用药一味，为中暍治疗增一法门。

卷一上焦篇:（二十三）条互参。

四九、寒湿伤阳，形寒脉缓，舌淡，或白滑不渴，经络拘束，桂枝姜附汤主之。

载寒湿，所以互证湿温也。按寒温伤表阳中经络之证，《金匮》论之甚详，兹不备录。独采叶案一条，以见湿寒、湿温不可混也。形寒脉缓，舌白不渴，而经络拘束，全系寒证，故以姜附温中，白术燥湿，桂枝通行表阳也。

桂枝姜附汤（苦辛热法）

桂枝六钱　干姜三钱　白术（生）三钱　熟附子三钱

水五杯，煮取二杯，渣再煮一杯服。

【析评】寒伤表阳，湿滞经络，“邪之所凑，其气必虚”。阳虚寒入，故用是方温通经脉，湿去寒散，则诸症自会次第消失。

温　疟

五十、骨节疼烦，时呕，其脉如平，但热不寒，名曰温疟，白虎加桂枝汤主之。

阴气先伤，阳气独发，故但热不寒，令人消烁肌肉，与伏暑相似，亦温病之类也（是故入本论。——朱评）。彼此实足以相混，故附于此，可以参观而并见。治以白虎加桂枝汤者，以白虎保肺清金，峻泻阳明独胜之热，使不消烁肌肉；单以桂枝一味，领邪外出，作向导之官，得热因热用之妙（谁人能言，谁人能解此言。——朱评）。经云："奇治之不治，则偶治之，偶治之不治，则求其属以衰之"，是也，又谓之复方。

白虎加桂枝汤方（辛凉苦甘复辛温法）

知母六钱　生石膏一两六钱　粳米一合　桂枝木三钱　炙甘草二钱

水八碗，煮取三碗。先服一碗，得汗为知，不知再服，知后仍服一剂，中病即已。

【析评】见（五三）条。

五一、但热不寒，或微寒多热，舌干口渴，此乃阴气先伤，阳气独发，名曰瘅疟，五汁饮主之。

仲景于瘅疟条下，谓以饮食消息之，并未出方，调如是重病而不用药，特出饮食二字，重胃气可知。阳明于脏象为阳土，于气运为燥金，病系阴伤阳独，法当救阴何疑。重胃气，法当救胃阴何疑。制阳土燥金之偏胜，配孤阳之独亢，非甘寒柔润而何！此喻氏甘寒之论，其超卓无比伦也。叶氏宗之，后世学者，咸当宗之矣。

五汁饮（方见前）

【加减法】此甘寒救胃阴之方也。欲清表热，则加竹叶、连翘；欲泻阳明独胜之热，而保肺之化源，则加知母；欲救阴血，则加生地、元参；欲宣肺气，则加杏仁；欲行三焦开邪出路，则加滑石。

【析评】见（五三）条。

五二、舌白渴饮，咳嗽频仍，寒从背起，伏暑所致，名曰肺疟，杏仁汤主之。

肺疟，疟之至浅者，肺疟虽云易解，稍缓则深，最忌用治疟印板俗例之小柴胡汤（吃紧。——朱评），盖肺去少阳半表半里之界尚远，不得引邪深入也，故以杏仁汤轻宣肺气，无使邪聚则愈（仆尝以此方治人，一、二剂辄效阅此，心怦怦有动也。——朱评）。

杏仁汤方（苦辛寒法）

杏仁三钱　黄芩一钱五分　连翘一钱五分　滑石三钱　桑叶一钱五分　茯苓块三钱　白蔻皮八分　梨皮二钱

水三杯，煮取二杯，日再服。

【析评】见（五三）条。

五三、热多昏狂，谵语烦渴，舌赤中黄，脉弱而数，名曰心疟，加减银翘散主之；兼秽，舌浊口气重者，安宫牛黄丸主之。

心疟者，心不受邪，受邪则死，疟邪始受在肺，逆传心包络。其受之浅者，以加减银翘散清肺与膈中之热，领邪出卫；其受之重者，邪闭心包之窍，则有闭脱之危，故以牛黄丸，清宫城而安君主也。

加减银翘散方（辛凉兼芳香法）

连翘十分　银花八分　元参五分　麦冬五分（不去心）　犀角五分　竹叶三分

共为粗末，每服五钱，煎成去渣，点荷叶汁二、三茶匙。日三服。

安宫牛黄丸方（见前）

【析评】（五十）温疟、（五十一）瘅疟、（五十二）肺疟、（五十三）心疟。疟，临床以寒战壮热，休作有时为特征的一种病症。多发于夏秋之间，吴氏承《内经》《素问疟论篇》以及《金匮要略·疟病篇》，将疟证分为温疟，发热不恶寒；瘅疟，高热伤津；肺疟，暑湿相搏于肺；心疟，高热神昏，心及包络受邪四种证候。治疗审证求因，审因论治，法从方中，各归其所。

秋　燥

五四、秋感燥气，右脉数大，伤手太阴气分者，桑杏汤主之。

前人有云：六气之中，惟燥不为病，似不尽然。盖以《内经》少秋感于燥一条，故有此议耳。如阳明司天之年，岂无燥金之病乎？大抵春秋二令，气候较夏冬之偏寒偏热为平和，其由于冬夏之伏气为病者多，其由于本气自病者少，其由于伏气而病者重，本气自病者轻耳。其由于本气自病之燥证，初起必在肺卫（著眼。——朱评），故以桑杏汤清气分之燥也。

桑杏汤方（辛凉法）

桑叶一钱　杏仁一钱五分　沙参二钱　象贝一钱　香豉一钱　栀皮一钱　梨皮一钱

水二杯，煮取一杯，顿服之，重者再作服（轻药不得重用，重用必过病所。再一次煮成三杯，其二、三次之气味必变，药之气味俱轻故也）。

【析评】秋天感受当令之气，名为秋燥。临床上燥而偏热者，称温燥；燥而偏寒者，称凉燥，病皆在上焦手太阴肺。

此条为温燥之轻证，用桑杏汤辛凉清润，直达病所，择方切中病机。

五五、感燥而咳者，桑菊饮主之。

亦救肺卫之轻剂也。

桑菊饮方（见前）

【析评】燥邪袭肺，病初证轻，辛凉轻剂可也。

卷一上焦篇：（六）条互参。

五六、燥伤肺胃阴分，或热或咳者，沙参麦冬汤主之。

此条较上二条，则病深一层矣，故以甘寒救其津液。

沙参麦冬汤（甘寒法）

沙参三钱　玉竹二钱　生甘草一钱　冬桑叶一钱五分　麦冬三钱　生扁豆一钱五分　花粉一钱五分

水五杯，煮取二杯，日再服。久热久咳者，加地骨皮三钱。

【析评】燥邪伤及肺胃之阴，症较上两条皆重，故用甘寒生津法，取沙参麦冬汤，法从方出，以方代法。

五七、燥气化火，清窍不利者，翘荷汤主之。

清窍不利，如耳鸣目赤，龈胀咽痛之类。翘荷汤者，亦清上焦气分之燥热也。

翘荷汤（辛凉法）

薄荷一钱五分　连翘一钱五分　生甘草一钱　黑栀皮一钱五分　桔梗二钱　绿豆皮二钱

水二杯，煮取一杯，顿服之。日服二剂，甚者日三。

【加减法】耳鸣者，加羚羊角、苦丁茶；目赤者，加鲜菊叶、苦丁茶、夏枯草；咽痛者，加牛蒡子、黄芩。

【析评】清窍亦谓上窍，眼、耳、口、鼻也，清阳之气所出，和下窍相对而言。下窍者，肛门、尿道也，浊阴所出。在上燥气化火，上犯清空，故用翘荷汤清上焦气分，清气即所以降火，火去则诸如耳鸣、目赤、牙肿、咽痛等清窍不利之症可随之而消。

五八、诸气臜郁，诸痿喘呕之因于燥者，喻氏清燥救肺汤主之。

喻氏云：诸气臜郁之属于肺者，属于肺之燥也，而古今治气郁之方，用辛香行气，绝无一方治肺之燥者。诸痿喘呕之属于上者，亦属于肺之燥也，而古今治法以痿呕属阳明，以喘属肺，是则呕与痿属之中下，而惟喘属之上矣，所以千百方中亦无一方及于肺之燥也。即喘之属于肺者，非表即下，非行气即泻气，间有一、二用润剂者，又不得其肯綮。总之，《内经》六气，脱误秋伤于燥一气，指长夏之湿为秋之燥。后人不敢更端其说，置此一气于不理，即或明知理燥，而用药夹杂，如弋获飞虫，茫无定法示人也。今拟此方，命名清燥救肺汤，大约以胃气为主，胃土为肺金之母也。其天门冬虽能保肺，然味苦而气滞，恐反伤胃阻痰，故不用也；其知母能滋肾水清肺金，亦以苦而不用；至于苦寒降火正治之药，尤在所忌，盖肺金自至于燥，所存阴气不过一线耳，倘更以苦寒下其气，伤其胃，其人尚有生理乎？诚仿此增损以救肺燥变生诸证，如沃焦救焚，不厌其频，庶克有济耳。

清燥救肺汤方（辛凉甘润法）

石膏二钱五分　甘草一钱　霜桑叶三钱　人参七分　杏仁（泥）七分　胡麻仁（炒研）一钱　阿胶八分　麦冬（不去心）二钱　枇杷叶（去净毛，炙）六分

水一碗，煮六分，频频二、三次温服。痰多加贝母、瓜蒌；血枯加生地黄；热甚加犀角、羚羊角，或加牛黄。

补秋燥胜气论

按前所序之秋燥方论，乃燥之复气也，标气也。盖燥属金而克木，木之子，少阳相火也，火气来复，故现燥热干燥之证。又《灵枢》谓：丙丁为手之两阳合明，辰巳为足之两阳合明，阳明本燥，标阳也。前人谓燥气化火，经谓燥金之下，火气承之，皆谓是也。案古方书，无秋燥之病。近代以来，惟喻氏始补燥气论，其方用甘润微寒；叶氏亦有燥气化火之论，其方用辛凉甘润；乃《素问》所谓燥化于天，热反胜之，治以辛凉，佐以苦甘法也。瑭袭前人之旧，故但叙燥证复气如前。书已告成，窃思与《素问》燥淫所胜不合，故杂说篇中，特著燥论一条，详言正化、对化、胜气、复气以补之。其于燥病胜气之现于三焦者，

究未出方论，乃不全之书，心终不安。嗣得沈目南先生《医征》温热病论，内有秋燥一篇，议论通达正大，兹采而录之于后，间有偏胜不圆之处，又详辨之，并特补燥证胜气治法如下。

再按胜复之理，与正化对化，从本从标之道，近代以来，多不深求，注释之家，亦不甚考。如仲景《伤寒论》中之麻桂、姜附，治寒之胜气也，治寒之正化也，治寒之本病也。白虎、承气，治寒之复气也，治寒之对化也，治寒之标病也。余气俱可从此类推。（太阳本寒标热，对化为火，盖水胜必克火。故经载太阳司天，心病为多。未总结之曰：病本于心，心火受病必克金。白虎，所以救金也。金受病，则坚刚牢固，滞塞不通，复气为土，土性壅塞，反来克本身之真水。承气，所以泄金与土而救水也。再经谓：寒淫所胜，以咸泻之。从来注释家，不过随文释义，其所以用方之故，究未达出。本论不能遍注伤寒，偶举一端，以例其余。明者得此门径，熟玩《内经》，自可迎刃而解；能解伤寒，其于本论，自无难解者矣。由是推之，六气皆然耳。）

汪按：此论平正通达，发前人所未发，但其立方用药，仍不免袭前人窠臼，辛温表散与寒凉杂用，故存此论，而不用其方。

沈目南《燥病论》曰：《天元纪大论云》：天以六为节，地以五为制。盖六乃风寒暑湿燥火为节，五即木火土金水为制。然天气主外，而一气司六十日有奇；地运主内，而一运主七十二日有奇。故五运六气合行而终一岁，乃天然不易之道也。《内经》失去长夏伤于湿、秋伤于燥，所以燥证湮没，至今不明。先哲虽有言之，皆是内伤津血干枯之证，非谓外感清凉时气之燥。然燥气起于秋分以后，小雪以前，阳明燥金凉气司令。经云：阳明之胜，清发于中，左胠胁痛，溏泄，内为嗌塞，外发㿗疝。大凉肃杀，华英改容，毛虫乃殃。胸中不便，嗌塞而咳。据此经文，燥令必有凉气感人，肝木受邪而为燥也。惟近代喻嘉言昂然表出，可为后世苍生之幸；奈以诸气膹郁，诸痿喘呕，咳不止而出白血死，谓之燥病，此乃伤于内者而言，诚与外感燥证不相及也。更自制清燥救肺汤，皆以滋阴清凉之品，施于火热刑金，肺气受热者宜之。若治燥病，则以凉投凉，必反增病剧。殊不知燥病属凉，谓之次寒，病与感寒同类。经以寒淫所胜，治以甘热，此但燥淫所胜，平以苦温，乃外用苦温辛温解表，与冬月寒令而用麻桂姜附，其法不同，其和中攻里则一，故不立方。盖《内经》六气，但分阴阳主治，以风热火三气属阳同治，但药有辛凉苦寒咸寒之异；湿燥寒三气属阴同治，但药有苦热苦温甘热之不同。仲景所以立伤寒温病二论为大纲也。盖《性理大全》谓燥属次寒，奈后贤悉谓属热，大相径庭。如盛夏暑热熏蒸，则人身汗出濈濈，肌肉潮润而不燥也；冬月寒凝肃杀，而人身干槁燥冽。故深秋燥令气行，人体肺金应之，肌肤亦燥，乃火令无权，故燥属凉，前人谓热非矣。

按先生此论，可谓独具只眼，不为流俗所汩没者。其责喻氏补燥论用甘寒滋阴之品，殊失燥淫所胜，平以苦温之法，亦甚有理。但谓诸气膹郁，诸痿喘呕，咳不止出白血，尽属内伤，则于理欠圆。盖因内伤而致此证者固多，由外感余邪在络，转化转热而致此证者，亦复不少。瑭前于风温咳嗽条下，驳杏苏散，补桑菊饮，方论内极言咳久留邪致损之故，与此证同一理也。谓清燥救肺汤治燥之复气，断非治燥之胜气，喻氏自无从致辨；若谓竟与燥不相及，未免各就一边谈理。盖喻氏之清燥救肺汤，即《伤寒论》中后半截之复脉汤也，伤寒必兼母气之燥，故初用辛温甘热，继用辛凉苦寒，终用甘润，因其气化之所至而然也。至谓仲景立伤寒温病二大纲，如《素问》所云，寒暑六入，暑统风火，寒统燥湿，一切外感，皆包于内，其说尤不尽然，盖尊信仲景太过而失之矣。若然，则仲景之书，当名六气论，或外感论矣，何以独名伤寒论哉！盖仲景当日著书，原为伤寒而设，并未遍著外感，其论温、论暑、论湿，偶一及之也。即先生亦补《医征》温热病论，若系全书，何容又补哉！瑭非好辨，恐后学眉目不清，尊信前辈太过，反将一切外感，总混入《伤寒论》中，此近代以来之大弊，祸未消灭，尚敢如此立论哉！

汪案：谓善读仲景之书，不独可以治伤寒，并可以治六气，则是；谓仲景之书，已包六气在内，则非。

【析评】参合《内经》病机十九条，若属燥气伤及肺阴胃津者，皆当甘寒滋燥，只是邪气有深浅，病症有轻重罢了。是条用《医门法律》清燥救肺汤轻宣润肺与养阴并进，共凑甘寒濡润，滋燥养肺之动，立法正确，择方精当。

一、秋燥之气，轻则为燥，重则为寒，化气为湿，复气为火。

揭燥气之大纲，兼叙其子母之气、胜复之气，而燥气自明。重则为寒者，寒水为燥金之子也；化气为湿者，土生金，湿土其母气也。《至真要大论》曰：阳明厥阴，不从标本，从乎中也。又曰：从本者，化生于本；从标本者，有标本之化；从中者，以中气为化也。按阳明之上，燥气治之，中见太阴。故本论初未著燥金本气方论，而于疟疝等证，附见于寒湿条下。叶氏医案谓伏暑内发，新凉外加，多见于伏暑类中；仲景《金匮》，多见于腹痛疟疝门中。

【析评】文从病因学说，五行学说，运气学说点出秋燥之气为病有轻有重，以及转化为湿为火的一般规律，发前人所未发，给后学者寓深刻的启迪。

二、燥伤本脏，头微痛，恶寒，咳嗽稀痰，鼻塞，嗌塞，脉弦，无汗，杏苏散主之。

本脏者，肺胃也。经有嗌塞而咳之明文，故上焦之病自此始。燥伤皮毛，故头微痛恶寒也，微痛者，不似伤寒之痛甚也。阳明之际，上行头角，故头亦痛也。咳嗽稀痰者，肺恶寒，古人谓燥为小寒也；肺为燥气所搏，不能通调水道，故寒饮停而咳也。鼻塞者，鼻为肺窍。嗌塞者，嗌为肺系也。脉弦者，寒兼饮也。无汗者，凉搏皮毛也。按杏苏散，减小青龙一等。此条当与下焦篇所补之痰饮数条参看。再杏苏散乃时人统治四时伤风咳嗽通用之方，本论前于风温门中已驳之矣；若伤燥凉之咳，治以苦温，佐以甘辛，正为合拍。若受重寒夹饮之咳，则有青龙；若伤春风，与燥已化火无痰之证，则仍从桑菊饮、桑杏汤例。

杏苏散方

苏叶　半夏　茯苓　前胡　苦桔梗　枳壳　甘草　生姜　大枣（去核）　橘皮　杏仁

【加减法】无汗，脉弦甚或紧，加羌活，微透汗。汗后咳不止，去苏叶、羌活，加苏梗。兼泄泻腹满者，加苍术、厚朴。头痛兼眉棱骨痛者，加白芷。热甚加黄芩，泄泻腹满者不用。

【方论】此苦温甘辛法也。外感燥凉，故以苏叶、前胡辛温之轻者达表；无汗脉紧，故加羌活辛温之重者，微发其汗。甘、桔从上开，枳、杏、前、芩从下降，则嗌塞鼻塞宣通而咳可止。橘、半、茯苓，逐饮而补肺胃之阳。以白芷易原方之白术者，白术中焦脾药也，白芷肺胃本经之药也，且能温肌肉而达皮毛。姜、枣为调和营卫之用。若表凉退而里邪未除，咳不止者，则去走表之苏叶，加降里之苏梗。泄泻腹满，金气太实之里证也，故去黄芩之苦寒，加术、朴之苦辛温也。

【析评】燥有凉燥热燥之分，此条系凉燥所伤，故鞠通自制杏苏散一方，发表宣肺而能凉燥，利气化痰以止咳嗽，诸药和合，直达病所。

三、伤燥，如伤寒太阳证，有汗，不咳，不呕，不痛者，桂枝汤小和之。

如伤寒太阳证者，指头痛、身痛、恶风寒而言也。有汗不得再发其汗，亦如伤寒例，但燥较寒为轻，故少与桂枝小和之也。

桂枝汤方（见前）

【析评】条言“伤燥”，必有唇燥咽干等证，法用桂枝汤小和之，此乃营卫不和之轻症，可酌加润燥之味。

方见卷一上焦篇（四）条。

四、燥金司令，头痛，身寒热，胸胁痛，甚则疝瘕痛者，桂枝柴胡各半汤加吴萸楝子茴香木香汤主之。

此金胜克木也。木病与金病并见，表里齐病，故以柴胡达少阳之气，即所以达肝木之气，合桂枝而外出太阳，加芳香定痛，苦温通降也。湿燥寒同为阴邪，故仍从足经例。

桂枝柴胡各半汤加吴萸楝子茴香木香汤方（治以苦温，佐以甘辛法）

桂枝　吴茱萸　黄芩　柴胡　人参　广木香　生姜　白芍　大枣（去核）　川楝子　小茴香　半夏　炙甘草

【析评】秋季燥金当令，凉燥袭于肺卫，金盛克木，肺肝两经同病，此治燥因证变之变之法。

五、燥淫传入中焦，脉短而涩，无表证，无下证，胸痛，腹胁胀痛，或呕，或泄，苦温甘辛以和之。

燥虽传入中焦，既无表里证，不得误汗、误下，但以苦温甘辛和之足矣。脉短而涩者，长为木，短为金，滑为润，涩为燥也。胸痛者，肝脉络胸也。腹痛者，金气克木，木病克土也。胁痛者，肝木之本位也。呕者，亦金克木病也。泄者，阳明之上，燥气治之，中见太阴也。或者，不定之辞；有痛而兼呕与泄者，有不呕而但泄者，有不泄而但呕者，有不兼呕与泄而但痛者。病情有定，病势无定，故但出法而不立方，学者随证化裁可也。药用苦温甘辛者，经谓燥淫所胜，治以苦温，佐以甘辛，以苦下之。盖苦温从火化以克金，甘辛从阳化以胜阴也。以苦下之者，金性坚刚，介然成块，病深坚结，非下不可。下文即言下之证。

【析评】燥邪袭肺，未得及解而传入中焦，出现肝脾两经等症状。鞠通根据《内经》“燥淫所胜，治以苦温，佐以甘辛”之旨。示人用“苦温甘辛以和之”，未提出方药，医者当灵活运用方是。

六、阳明燥证，里实而坚，未从热化，下之以苦温；已从热化，下之以苦寒。

燥证阳明里实而坚满，经统言以苦下之，以苦泄之。今人用下法，多以苦寒。不知此证当别已化未化，用温下寒下两法，随证施治，方为的确。未从热化之脉，必仍短涩，涩即兼紧也；面必青黄。苦温下法，如《金匮》大黄附子细辛汤，新方天台乌药散（见下焦篇寒湿门）加巴豆霜之类。已从热化之脉，必数而坚，面必赤，舌必黄，再以他证参之。苦寒下法，如三承气之类，而小承气无芒硝，轻用大黄或酒炒，重用枳、朴，则微兼温矣。

【附治验】丙辰年，瑭治一山阴幕友车姓，年五十五岁，鬓发已白大半。脐左坚大如盘，隐隐微痛，不大便数十日。先延外科治之，外科以大承气下之三、四次，终不通。延余诊视，按之坚冷如石，面色青黄，脉短涩而迟。先尚能食，屡下之后，糜粥不进，不大便已四十九日。余曰：此癥也，金气之所结也。以肝本抑郁，又感秋金燥气，小邪中里，久而结成，愈久愈坚，非下不可，然寒下非其治也。以天台乌药散二钱，加巴豆霜一分，姜汤和服。设三伏以待之，如不通，第二次加巴豆霜分半；再不通，第三次加巴豆霜二分。服至三次后，始下黑亮球四十九枚，坚莫能破。继以苦温甘辛之法调理，渐次能食。又十五日不大便，余如前法下，至第二次而通，下黑亮球十五枚，虽亦坚结，然破之能碎，但燥极耳。外以香油熬川椒，熨其坚处；内服苦温芳香透络，月余化尽。于此证，方知燥金之气伤人如此，而温下寒下之法，断不容紊也。

乙丑年，治通廷尉，久疝不愈。时年六十八岁。先是通廷尉外任时，每发疝，医者必用人参，故留邪在络，久不得愈。至乙丑季夏，受凉复发，坚结肛门，坐卧不得，胀痛不可忍，汗如雨下，七日不大便。余曰：疝本寒邪，凡坚结牢固，皆属金象，况现在势甚危急，非温下不可。亦用天台乌药散一钱，巴豆霜分许，下至三次始通，通后痛渐定。调以倭硫黄丸，兼用《金匮》蜘珠散，渐次化净。以上治验二条，俱系下焦证，以出阳明坚结下法，连类而及。

【析评】阳明燥证，以化热与否而决定治用苦温或苦寒，一字之差，寒温之别，断不可混淆，否则“差之毫厘，失之千里”，所以作为一名医生，对疾病的诊断，绝对不能差不多，差不多就是差得多。

七、燥气延入下焦，搏于血分，而成癥者，无论男妇，化癥回生丹主之。

大邪中表之燥证，感而即发者，诚如目南先生所云，与伤寒同法，学者衡其轻重可耳。前所补数条，除减伤寒法等差二条，胸胁腹痛一条，与伤寒微有不同，余俱兼疝瘕者，以经有燥淫所胜，男子㿉疝，女子少腹痛之明文。疝瘕已多见寒湿门中，疟证、泄泻、呕吐已多见于寒湿、湿温门中，此特补小邪中里，深入下焦血分，坚结不散之痼疾。若不知络病宜缓通治法，或妄用急攻，必犯瘕散为蛊之戒。此蛊乃血蛊也，在妇人更多，为极重难治之证，学者不可不预防之也。化癥回生丹法，系燥淫于内，治以苦温，佐以甘辛，以苦下之也。方从《金匮》鳖甲煎丸与回生丹脱化而出。此方以参、桂、椒、姜通补阳气，白芍、熟地守补阴液，益母膏通补阴气，而消水气，鳖甲胶通补肝气，而消癥瘕，余俱芳香入络而化浊。且以食血之虫，飞者走络中气分，走者走络中血分，可谓无微不入，无坚不破。又以醋熬大黄三次，约入病所，不伤他脏，久病坚结不散者，非此不可。或者病其药味太多，不知用药之道，少用独用，则力大而急；多用众用，则功分而缓。古人缓化之方皆然，所谓有制之师不畏多，无制之师少亦乱也。此方合醋与蜜共三十六味，得四九之数，金气生成之数也。

化癥回生丹方

人参六两　安南桂二两　两头尖二两　麝香二两　片子姜黄二两　公丁香三两　川椒炭二两　虻虫二两　京三棱二两　蒲黄炭一两　藏红花二两　苏木三两　桃仁三两　苏子霜二两　五灵脂二两　降真香二两　干漆二两　当归尾四两　没药二两　白芍四两　杏仁三两　香附米二两　吴茱萸二两　元胡索二两　水蛭二两　阿魏二两　小茴香炭三两　川芎二两　乳香二两　良姜二两　艾炭二两　益母膏八两　熟地黄四两　鳖甲胶一斤　大黄八两（共为细末，以高米醋一斤半，熬浓，晒干为末，再加醋熬，如是三次，晒干，末之）

共为细末，以鳖甲、益母、大黄三胶和匀，再加炼蜜为丸，重一钱五分，蜡皮封护。同时温开水和，空心服；瘀甚之证，黄酒下。

一、治癥结不散不痛。

一、治癥发痛甚。
一、治血痹。
一、治妇女干血痨证之属实者。
一、治疟母左胁痛而寒热者。
一、治妇女经前作痛，古谓之痛经者。
一、治妇女将欲行经而寒热者。
一、治妇女将欲行经，误食生冷腹痛者。
一、治妇女经闭。
一、治妇女经来紫黑，甚至成块者。
一、治腰痛之因于跌扑死血者。
一、治产后瘀血，少腹痛，拒按者。
一、治跌扑昏晕欲死者。
一、治金疮棒疮之有瘀滞者。

【析评】燥病日久，延及下焦，搏于血分，成癥积者，立化癥回生丹治疗。若在气分，当治气为主，谓“瘕为气病”，用柴桂各半加吴萸楝子茴香木香汤和复亨丹等。随变而“辨”，应“辨”而定，方能切中病机，不会致误。

和下条互参。

八、燥气久伏下焦，不与血搏，老年八脉空虚，不可与化癥回生丹，复亨丹主之。

金性沈著，久而不散，自非温通络脉不可。既不与血搏成坚硬之块，发时痛胀有形，痛止无形，自不得伤无过之营血，而用化癥矣。复亨大义，谓剥极而复，复则能亨也。其方以温养温燥兼用，盖温燥之方，可暂不可久，况久病虽曰阳虚，阴亦不能独足，至老年八脉空虚，更当预护其阴。故以石硫黄补下焦真阳，而不伤阴之品为君，佐以鹿茸、枸杞、人参、茯苓、苁蓉补正，而但以归、茴、椒、桂、丁香、萆薢，通冲任与肝肾之邪也。按解产难中，已有通补奇经丸方；此方可以不录。但彼方专以通补八脉为主，此则温养温燥合法；且与上条为对待之方，故并载之。按《难经》：任之为病，男子为七疝，女子为瘕聚。七疝者，朱丹溪谓：寒疝、水疝、筋疝、血疝、气疝、狐疝、癥疝，为七疝。《袖珍》谓：一厥、二盘、三寒、四癥、五附、六脉、七气，为七疝。瘕者血病，即妇人之疝也。后世谓：蛇瘕、脂瘕、青瘕、黄瘕、燥瘕、狐瘕、血瘕、鳖瘕，为八瘕。盖任为天癸生气，故多有形之积。大抵有形之实证宜前方，无形之虚证宜此方也。

按燥金遗病，如疟疝之类，多见下焦篇寒湿湿温门中。再载在方书，应收入燥门者尚多，以限于边幅，不及备录，已示门径，学者隅反可也。

复亨丹方（苦温甘辛法）

倭硫黄十分（按倭硫黄者，石硫黄也，水土硫黄断不可用）　鹿茸（酒炙）八分　枸杞子六分　人参四分　云茯苓八分　淡苁蓉八分　安南桂四分　全当归（酒浸）六分　小茴香六分（酒浸，与当归同炒黑）　川椒炭三分　萆薢六分　炙龟板四分

益母膏和为丸，小梧桐子大。每服二钱，日再服；冬日渐加至三钱，开水下。

按前人燥不为病之说，非将寒燥混入一门，即混入湿门矣。盖以燥为寒之始，与寒相似，故混入寒门。又以阳明之上，燥气治之，中见太阴；而阳明从中，以中气为化，故又易混入湿门也。但学医之士，必须眉目清楚，复《内经》之旧，而后中有定见，方不越乎规

矩也。

霹雳散方

主治中燥吐泻腹痛，甚则四肢厥逆，转筋，腿痛，肢麻，起卧不安，烦躁不宁，甚则六脉全无，阴毒发斑，疝瘕等证，并一切凝寒固冷积聚。寒轻者，不可多服；寒重者，不可少服，以愈为度。非实在纯受湿燥寒三气阴邪者，不可服。

桂枝六两　公丁香四两　草果二两　川椒（炒）五两　小茴香（炒）四两　韭白四两　良姜三两　吴茱萸四两　五灵脂二两　降香五两　乌药三两　干姜三两　石菖蒲二两　防己三两　槟榔二两　荜澄茄五两　附子三两　细辛二两　青木香四两　薏仁五两　雄黄五钱

上药共为细末，开水和服。大人每服三钱，病重者五钱；小人减半。再病重者，连服数次，以痛止厥回，或泻止筋不转为度。

【方论】按《内经》有五疫之称，五行偏胜之极，皆可致疫。虽疠气之至，多见火证；而燥金寒湿之疫，亦复时有。盖风火暑三者为阳邪，与秽浊异气相参，则为温疠；湿燥寒三者为阴邪，与秽浊异气相参，则为寒疠。现在见证，多有肢麻转筋，手足厥逆，吐泻腹痛，胁肋疼痛，甚至反恶热而大渴思凉者。经谓雾伤于上，湿伤于下。此证乃燥金寒湿之气（经谓阳明之上，中见太阴，又谓阳明从中治也），直犯筋经，由大络别络，内伤三阴脏真，所以转筋，入腹即死也。既吐且泻者，阴阳逆乱也。诸痛者，燥金湿土之气所搏也。其渴思凉饮者，少阴篇谓自利而渴者，属少阴虚，故饮水求救也。其头面赤者，阴邪上逼，阳不能降，所谓戴阳也。其周身恶热喜凉者，阴邪盘踞于内，阳气无附欲散也。阴病反见阳证，所谓水极似火，其受阴邪尤重也。诸阳证毕现，然必当脐痛甚拒按者，方为阳中见纯阴，乃为真阴之证，此处断不可误。故立方荟萃温三阴经刚燥苦热之品，急温脏真，保住阳气。又重用芳香，急驱秽浊。一面由脏真而别络大络，外出筋经经络以达皮毛；一面由脏络腑络以通六腑，外达九窍。俾秽浊阴邪，一齐立解。大抵皆扶阳抑阴，所谓离照当空，群阴退避也。再此证自唐宋以后，医者皆不识系燥气所干，凡见前证，俗名曰痧。近时竟有著痧证书者，捉风捕影，杂乱无章，害人不浅。即以痧论，未有不干天地之气，而漫然成痧者。究竟所感何气，不能确切指出，故立方毫无准的。其误皆在前人谓燥不为病，又有燥气化火之说。瑭亦为其所误，故初刻书时，再三疑虑，辨难见于杂说篇中，而正文只有化气之火证，无胜气之寒证。其燥不为病之误，误在《阴阳应象大论》篇中，脱秋伤于燥一条；长夏伤于湿，又错秋伤于湿，以为竟无燥证矣。不知《天元纪》，《气交变》，《五运行》，《五常政》，《六微旨》诸篇，平列六气，燥气之为病，与诸气同，何尝燥不为病哉！经云：风为百病之长。按风属木，主仁。《大易》曰：元者善之长也，得生生之机，开生化之源，尚且为病多端，况金为杀厉之气。欧阳氏曰：商者伤也，主义主收，主刑主杀。其伤人也，最速而暴，竟有不终日而死者。瑭目击神伤，故再三致意云。

【析评】燥气进入下焦，搏于血分，实证者用化癥回生丹治疗；反之若不与血搏，而形成无形虚证或年老体虚者只宜用复亨丹治疗，何孰何从，全在于“辨”。鞠通在《条辨》中处处重视辨证论治的学说思想，独具有格，值得弘扬。

附证治分类选

（一）温热证类

【病名】风温　温热　温疫　温毒　秋燥　冬温　暑温　伏暑

【证候与治疗】

1. 温邪犯肺，肺卫失宣。

症状：热发（身热、尺肤热），微恶风寒，自汗，头痛，口渴，咳嗽，脉动数。（上焦篇3、4、6条）

病机分析：温邪由口鼻而入，鼻气通于肺，肺合皮毛而统卫。温邪犯肺，外则卫气郁阻，内则肺气不宣。温邪外袭，卫气与之相争，故见发热，亦即《素问·调经论》谓："卫气不得泄越，故发热。"卫气郁阻，肌腠失却温养，故微恶风寒；卫气开合失司，皮毛疏泄，则自汗；头乃诸阳之会，热为阳邪，热蒸于上，经气不利，则头痛；温热伤津，是以口渴；肺气失宣，故而咳嗽；其脉动数者乃外感温热之征。

治法：辛凉透表。

主方：桑菊饮、银翘散。吴氏遵《内经》"风淫于内，治以辛凉，佐以苦甘"之训，创辛凉轻剂桑菊饮，辛凉平剂银翘散。轻以宣肺为主，平以泄卫为主，二方用药轻清，以透卫分之邪热，为治疗温病初起，邪在卫分之代表方。临床上可根据情况，随证加减：病在上焦，邪阻胸膈，气机不畅而症见胸闷者加藿香、郁金芳香辟秽，疏利气机；表虚有汗去牛蒡子、荆芥等发散之药，加党参以固卫气；热入气分，病在太阴，肺失宣肃，咳嗽者加杏仁以宣利肺气，热盛加黄芩以清肺热，气粗而喘者，加石膏、知母以清气分大热；邪热入营动血，症见舌绛烦躁、小便黄赤、吐血、衄血甚或发斑发疹者，宜去荆芥、豆豉辛温动血之味，加犀角、玄参、生地、丹皮、侧柏叶、大青叶等以清营泄热，或用犀角地黄汤滋阴清热，凉血止血。

按语：①温病初起，多见苔薄，舌尖边红，吴氏未有言及此症，疑为省文或疏漏之由。②临床上普通感冒、流行性感冒、流行性腮腺炎、急性咽喉炎、急性扁桃体炎、急性支气管炎、肺炎、流脑等病之初起见有上述证候者，可参考本条辨治。

2. 热入肺经，气分津伤。

症状：壮热（恶热），大汗，口渴甚，渴喜饮冷，面红赤，舌红苔黄燥，脉洪大。（上焦篇7条）

病机分析：热邪深入肺经气分，正邪剧烈相争，里热蒸腾于外，则肌肤壮热（恶热）；热邪蒸迫津液外泄，是以汗多；热盛津伤，故见渴甚而喜冷饮；热邪循经上冲以致面部红赤。舌红苔黄燥，脉洪大者，均为气分无形邪热亢盛之征。

治法：清气泄热。

主方：辛凉重剂白虎汤加减。临床上风湿、暑温等而见热盛伤津，壮热、口渴、汗多、脉洪大者，皆可用白虎之辛寒，以泻火除烦而保津。正气虚者，宜加人参以固气，清中寓补；热伏骨髓，耗津烁液，热扰其髓，证见"骨节疼烦，……但热不寒者（温疟条）"，宜加桂枝，温为凉用，引邪外达；夹湿者加苍术以燥湿；邪在气分未解，而入营血者，宜玉女煎（生石膏、知母（白虎汤主药）、牛膝、熟地、麦冬）去牛膝加玄参，熟地易生地气营双清；津伤者可加石斛、花粉、芦根等生津之品。

按语：①白虎汤临床运用，有治伤寒，有治温病，病虽途异，机理雷同，皆为邪正剧争气分，无形邪热蒸腾人体内外之证，故辨可互参，治可同法。②临床上流脑、乙脑、肺炎、肠伤寒、斑疹伤寒、小儿麻疹、中暑等见有上述证候者，可参本条辨治。

3. 温毒上冲，充斥头面。

症状：咽喉肿痛，耳前耳后肿，颊肿，面红赤，或喉不痛但外肿，甚则耳聋（俗名大头瘟、蛤蟆瘟）。（上焦篇 18 条）

病机分析：外感时行温毒，壅于上焦，窜于头面两颊、咽喉等，故见上症。

治法：清瘟败毒。

主方：普济消毒饮加减。本方有清热解毒、疏风消肿之功效。凡因感受风热疫毒之邪，上攻头面所致的头面红肿灼痛，咽喉肿痛以及头面部的痈疮肿毒等，皆可用本方治疗。便秘者加生军以泻热通便；初起表证甚者，可加荆防以透邪；表证已罢者，去柴胡薄荷；小儿伴有惊厥先兆时，可加钩藤以平肝熄风；用于小儿痄腮，可外敷清热解毒，消肿止痛之剂，如紫金锭，水仙膏等则效果更佳。

按语：①本证初起临床多有发热恶寒等表证。而吴氏未言，疑为省文或其所见皆为温毒上冲之中、后期之证。吴氏治温毒选用水仙膏败毒散结，三黄二香散清火解毒、消肿止痛，和现代民间常用之鸭蛋泥（即腌蛋之咸泥）、蚯蚓白糖液、陈墨汁等外敷治疗小儿腮腺炎，理皆相同，可就其便而选用。②临床上流行性腮腺炎、急性咽炎、急性扁桃腺炎、急性中耳炎、淋巴结炎等而见有上述证候者，皆可参考本条辨治。

4. 湿（温）热郁遏，上灼肺系。

症状：喉阻咽痛。（上焦篇 45 条）

病机分析：温热之邪或湿热之邪郁遏而上灼于肺，肺系通于喉，肺气闭塞，其火炽盛，故见喉阻咽痛。

治法：清热利咽。

主方：银翘马勃散加味。温热之邪或湿热之邪郁遏而上灼于肺系，证见咽喉红肿疼痛者，用本方清热解毒，利咽消肿最为合拍。热盛宜加黄芩以清肺热；口渴宜加花粉生津止渴；便秘可加大黄以通便泄热。

按语：本方和普济消毒饮主治略有不同，前者病证较重，此则较轻。临床上急性咽喉炎、扁桃腺炎等而见上述证候者，可参本条辨治。

5. 太阴温病，邪扰胸膈。

症状：心烦懊侬，卧起不安，欲呕不得呕（无大热、自汗、烦渴和腹满便秘之中焦症），舌微黄，寸脉盛。（上焦篇 13 条）

病机分析：温邪由卫入气，无形热邪，留扰上焦胸膈，郁而不宣，气机不畅，因心居胸中，胃连膈间，所以胸膈有热，多影响心胃。影响于心，则心烦懊侬，卧起不安；影响于胃，则欲呕不得呕；由于邪热较盛，病在上焦，故苔黄而寸脉盛。

治法：宣透膈热，解热除烦。

主方：用栀子豉汤化裁。无形邪热，留扰上焦胸膈，证见苔黄、心烦懊侬、寸脉盛、起卧不安、欲呕不得呕、又无中焦实热见证者，用本方轻清泄热，解热除烦，最为贴切。临床上可酌加黄芩、郁金、蒌皮、贝母等以清热解毒、利气宣痹，则效果更好。若邪热较盛，灼燔胸膈，可易凉膈散凉膈泄热。

按语：①若系无形之热和有形之痰，壅阻胸膈；上焦气分不宣，又无中焦实热证者，可改用瓜蒂散，吐其痰热，谓：“在上者因而越之”也；体虚者可加人参补正助吐。目前临床上误服或意服有毒之物者，可效法治之，并可配洗胃法以引毒外出。②临床上病毒感染、肺炎、感冒等见有上述证候者，可参考本条辨治。

6. 肺热及营，窜络发疹，迫血发斑。

症状：太阴温病发斑疹（身布斑疹、吐血、咳血、衄血、便血、尿血，身体灼热，烦躁，甚则神昏谵语或四肢抽搐，舌质深绛，脉细数）。（上焦篇16条）

病机分析：温病邪热内郁，侵袭营血，热邪深入，迫血妄行，则外发斑疹。或为吐血、咳血、衄血、便血、尿血。其病机有浅深之别，热郁阳明，胃热炽盛，内迫营血，外溢肌肤多发斑；肺热郁闭，波及营分，外窜血络多发疹。营血热炽，则身体灼热，心主血，主神明，血分之热扰乱心神，则烦躁不安，甚则神昏谵语，肝为风木之脏，主藏血液，血分之热波及肝经，薰灼筋脉则挛急而见手足抽搐；热入营血，邪热深重，所以舌质深绛而脉显细数。

治法：泄热凉营，透疹化斑。

主方：发疹用银翘散去豆豉加生地、丹皮、大青叶、元参方；发斑用化斑汤。热毒盛者加板兰根、紫草以解血分热毒；气分邪热仍盛者用银翘散合白虎汤清气泄热；热毒化火，充斥气血，用化斑汤合清瘟败毒饮清热泻火，凉血解毒；出血不止者加茜草根、白茅根等凉血止血；血络瘀结者加赤芍、丹参等活血散淤；热盛动风加钩藤、羚羊角等或合紫雪丹凉肝熄风；热闭心包加用安宫牛黄丸等清心开窍。

按语：①吴氏述症甚简，只言“斑疹”。一般地说，由于郁热得发而发斑疹，症应见灼热烦躁、吐血、衄血、咳血、尿血、便血、口渴、舌深绛、烦躁，甚则神昏谵语、痉厥动风、脉细数等症。如兼见闷瞀心烦、甚或耳聋者，是为发斑之兆；如伴有胸闷咳嗽者，则为发疹之兆。斑疹外透，说明邪有外达之机，热势多逐渐下降，故叶氏谓：“但宜见”，又谓“不宜多见”，多见则说明邪重毒盛。②临床上斑疹、伤寒、猩红热、流行性脑脊髓膜炎、流行性出血热、败血症等见有上述证候者，可参考本条辨治。

7. 上焦温病，邪热入营。

症状：身热夜甚，心烦躁扰，口反不渴，舌绛而干，寸脉大（斑疹隐隐）。（上焦篇15条）

病机分析：热邪传入营分，营阴耗损，阴不涵阳，则身热夜甚；“营气通于心”，“心主神明”，其热扰乱，则心烦躁扰；营属阴，热邪入阴，蒸腾营气上濡于口，故口反不渴；热邪走窜肌表血络，所以可见斑疹隐隐；舌绛而干，寸脉大者，皆营热蒸腾之征。

治法：清营泄热。

主方：清营汤。本方为治邪热入营的代表方，临床上风温、温疫、温热、温毒、冬温、暑温等而见有上述证候者，可用本方清营泄热；气营两燔，易加减玉女煎，清气凉营；营血同病，当合犀角地黄汤清营凉血；热盛动风，病势急重，当佐三宝（牛黄丸、紫雪丹、至宝丹）清热解毒，熄风开窍。

按语：临床上流脑、乙脑、出血热、败血症、中毒性菌痢、中暑等而见有上述证候者，急应效法辨治。

8. 邪热犯肺，逆传心包。

症状：热多昏狂，谵语烦渴，舌赤中黄，脉弱而数。（上焦篇53条）

病机分析：热邪犯肺未得及解，逆传心包，扰乱神明，营阴受损，是以高热昏狂，谵语烦渴；舌赤中黄，脉弱而数者，皆热在气营之征。

治法：清气凉营。

主方：加减银翘散。方用银花、连翘清乎气分之热，犀角、玄参解乎营分之毒，麦冬护阴，对病在气分初入营分，尤为合适，更用竹叶一味，清心除烦兼能凉散上焦邪热，一药双功，既能清气，又能入营，而“透热转气”。若热入心包神昏谵语严重者，宜用竹叶卷心，则清心除烦之力更强。兼秽浊蒙闭心窍者宜用安宫牛黄丸等以清宫城而安君主。

按语：①吴氏用此方治疗心疟，实系邪热在太阴气分未解，又逆传厥阴包络之症，故治用加减银翘散以清太阴气分和厥阴包络之热。此和叶天士谓：“在卫汗之可也，到气才可清气，入营犹可透热转气”，理相一致。②临床上流感、肺炎、乙脑、流脑、中暑等病见上述证候者，可参考本条辨治。

9. 邪入心包，心窍闭阻。

症状：全身灼热，神昏谵语，或昏愦不语，舌蹇肢厥。（上焦篇17条）

病机分析：邪热内陷，阳气郁遏于内，故见全身灼热如焚而四肢厥冷，此即所谓“热深厥深”之理也；邪热内陷心包，灼液为痰，阻闭包络，神明被扰，以致神昏谵语或昏愦不语；舌为心之苗，心包热盛，窍机不灵，故见舌蹇而言语不利。

治法：清心开窍。

主方：清宫汤或同用安宫牛黄丸、至宝丹、紫雪丹。清宫汤专清包络邪热之方，包络乃心之宫城，清包络即所以清宫也，是方意在使心包邪热外透而解。痰热甚者加竹沥、瓜蒌、竺黄或送服猴枣散清热化痰。然临床上邪热内闭心神，此方多不能独功，欲开窍醒神，宜据其热盛、痰盛、风盛之偏而选用三宝。谓：“神昏谵语牛黄丸（优于清热开窍），不声不响至宝丹（优于芳香辟秽，化痰开窍），乒乒乓乓紫雪丹（优于熄风开窍）”，据其病情所需或用清宫汤送服，则效更佳。

临床上，上焦温病，热入心包兼有腑实，即手厥阴手阳明同病者，开窍应佐攻下，方用牛黄承气汤清心开窍，通腑泻热；热在心营，下移小肠，宜用导赤承气汤清心凉营，清肠泻腑；热闭心包，血络瘀滞，清心开窍，当佐大黄、桃仁、生地、丹皮等泄热化瘀为宜。

按语：临床上中毒性肺炎、白喉、伤寒、猩红热、中暑、脑炎、脑膜炎、败血症、中毒性菌痢、特起高热等各种传染病并发中毒性脑炎等而见有上述证候者，可参本条辨治。

10. 暑热入营，肝风内动。

症状：高热（身热），卒然痉厥（当神昏），手足瘛疭（角弓反张），舌绛而脉细数。（上焦篇34、35条）

病机分析：暑热炽盛，入营伤阴，肝风内动故见上证（名曰暑痫）。其风火相煽，闭塞清窍，可致神志昏迷，舌绛脉细数者，乃邪热入营必有之症。

治法：清营凉血，平肝熄风。

主方：清营汤加钩藤、丹皮、羚羊角，亦可与紫雪丹。暑热亢盛，热极动风，用本方清营凉血，加钩藤、丹皮、羚羊角凉肝熄风而止痉。如心营热盛，加紫雪丹以增清热熄风之功；阳明热盛加石膏、知母辛寒清气；抽搐较甚者宜加全虫、地龙、僵蚕等镇痉熄风。

按语：临床上中暑、肺炎、流脑、乙脑等出现上述证候者，可参考本条辨治。

11. 秋令燥邪，袭于肺胃。

症状：发热头痛，干咳或咳嗽少痰，口鼻干燥，口渴，舌红苔白，右脉数大。（上焦篇54条）

病机分析：温燥初起，邪袭肺卫，卫气失宣，故见发热头痛，温燥犯肺，肺津受伤，清肃失司，是以干咳少痰，口鼻干燥；热伤胃阴则口渴；舌红苔白，右脉数大者皆燥邪侵袭肺卫之征。

治法：辛凉润燥。

主方：桑杏汤。方系透表润燥之代表方，表闭较甚者加薄荷辛凉透表；咽干疼痛者加双花、山豆根、牛蒡子清热利咽；大便燥结加紫菀以清肺通便；若燥伤肺胃之阴，症状较重，出现发热或咳或喘者，宜用沙参麦冬汤或清燥救肺汤，甘寒濡润，肺胃两滋；上焦气分燥热扰及清空者，宜改翘荷汤轻清宣透以泄气分燥热。

按语：①清泄燥热有忌用苦寒，以免苦燥伤阴之禁。但若燥入阳明，已从热化，亦可下之以苦寒，随证施治；若燥气延入下焦，而成癥积者，则治法殊异。宜用化癥回生丹或复亨丹治疗。②临床上秋凉感冒、肺炎、白喉、小儿麻痹症等早期见有上述证候者，可参考本条辨治。

（二）湿热证类

【病名】湿温　暑温　伏暑

【证候与治疗】

1. 湿邪困于上焦，郁阻清阳，肺气不宣。

症状：发热不甚，胸中气闷，呃逆作响，头痛身重，舌白，口不渴。（上焦篇46条）

病机分析：太阴湿温，邪袭于肺，清阳被郁，肺气不宣，故见发热、头痛、气闷、呃逆；湿性下趋，湿阻经络，是以身重痛；因夹湿邪，则舌白不渴。

治法：清宣肺郁。

主方：宣痹汤（上焦）。病在上焦太阴，湿困于上。清阳阻郁，当用上焦宣痹汤（枇杷叶6克（去毛），郁金4.5克，射干3克，白通草3克，香豆豉4.5克），轻宣肺气，肺宣则湿化，湿化则病除。咳嗽加杏仁以宣肺，痰多佐黄芩以清肺；胸闷不快，呃逆甚者，加瓜蒌壳、陈皮、枳壳以理气宽胸，湿重加藿香、佩兰、滑石以化湿利湿。

按语：此条虽亦言痹，但与《内经》所言之痹不尽相同，《内经》所称之痹有风痹，有寒痹，有湿痹，有热痹，病因属风、寒、湿、热诸邪，痹阻经络所致。而本条所言之痹，纯系湿热之邪，困于上焦，清阳痹阻，肺气不宣之证，病较轻浅，证属温病范畴。

2. 暑邪犯肺，肺气不宣。

症状：身热微有恶风，有汗（寒从背起），咳嗽频作，渴思饮水，舌苔白。（上焦篇53条）

病机分析：暑邪犯肺，肺失宣降，则身热恶风，咳嗽频作；暑多兼湿是以苔白；热逼炎薰，则汗出；暑为阳邪，津液受耗，故而渴思饮水。

治法：宣肺透暑。

主方：杏仁汤。此属暑温邪在太阴肺卫之轻证，用本方宣肺透暑即可达愈。热重宜加银花、青蒿以清热解暑；夹湿宜加扁豆、藿佩祛暑化湿；合滑石、茯苓等淡渗泄热，则效更佳。

按语：①吴氏将本条纳入温疟类，曰“肺疟”。属暑温在表之轻证，若属暑燔阳明，入营动血或痉厥者，则非本方所能胜任。②临床上夏秋季感冒、急性支气管炎、中暑等见有上述证候者，可参考本条辨治。

3. 湿热蕴痰，邪壅于肺。

症状：壮热，咳嗽气急，咳吐黄稠浓痰，口干，舌红苔黄，脉滑数。（上焦篇47条）

病机分析：湿热蕴蒸于太阴，酿痰阻闭于肺，邪热壅肺，肺失宣肃，故见壮热、咳嗽、呼吸急促而吐痰黄稠；热邪耗津，是以口燥咽干；脉舌之征，乃热势亢盛之象。

治法：清热宣肺，平喘利湿。

主方：千金苇茎汤加杏仁滑石方。本方为治肺痈之常用方。热毒内盛加双花、连翘、虎杖、鱼腥草以增强清热解毒之功；火热炽盛者加石膏、知母、天花粉清热保津；胸痛加郁金、赤芍活血通络；咳痰黄稠，喘而气急者加杏仁、黄芩、滑石清热宣肺，平喘利湿；若喘咳息促、吐痰涎、脉洪数、右大于左、喉哑者（下焦篇48条），宜易麻杏石甘汤清肺平喘。

按语：①喘咳，息促，脉洪数，右大于左，喉哑者（下焦篇48条）。良由邪在肺卫不解，肺热郁蒸，清肃失司所致。此条吴氏虽列入下焦而论，但追其病位，研其病因病机，实在上焦。鞠通先生谓："此证息促，知在上焦。""（脉）右大于左，纯然肺病"，故列此论及。②急性支气管炎、肺炎、支气管哮喘合并肺部感染、肺脓疡等病见有上述证候者，可参本条辨治。

4. 暑邪外袭，复感新凉。

症状：身热无汗或有汗，头昏痛或微恶风寒，或胸闷恶心，舌红苔薄腻，脉浮数。（上焦篇22、24条）

病机分析：夏月暑邪外袭，太阴受病，复因贪凉感寒，肺气失宣，故身热无汗，头痛而微恶风寒；暑为阳邪，又值炎夏，故新凉之症很快消失而表现热逼腠开，是以有汗；炎热耗津则口干；兼夹湿邪，气机受阻，则胸闷恶心；脉舌之象，乃暑湿相蒸之征。

治疗：透表清暑。

主方：新加香薷饮。是方为解表清暑的代表方。热盛宜加黄连、银花、连翘、芦根、青蒿、生扁豆、茯苓等以增强清热解暑之功。若暑温汗后，暑温悉减，减而未止，未传中下焦者，宜用清络饮，芳香透表，清除暑邪；兼咳加桔梗、杏仁、黄芩、知母等清热宣肺，以除余邪；若系夏月感受暑邪，或因贪凉，水湿之气停留于肌肉之间，湿多热少而证见发热、身重疼痛者，宜易一物瓜蒂散，清热除湿，水湿去则暑无所附，其热自退；热重湿轻者，宜易白虎加苍术汤，清暑兼以除湿；若太阴暑温汗出过多，脉数大，气息急促欲脱者，用生脉散，酸甘化阴，守阴留阳；舌赤口渴明显者用加减生脉散，清热凉血，滋阴生津；暑易伤气烁津，气虚重者，宜易东垣清暑益气汤，气阴双顾。

按语：①伏暑、暑温、湿温证本一源，凡见有上述主治证候者，皆可效法辨治。②王孟英《温热经纬》之清暑益气汤和李东垣的清暑益气汤，名同而异。临床上感受暑邪而发热，其偏阴虚夹湿者，用王氏清暑益气汤清热解毒，养阴化湿：偏气虚夹湿者，用东垣清暑益气汤，清暑除湿，补气而生津。③临床上夏月感冒、流感等见有上述证候者，可参考本条辨治。

点评《温病条辨》（中焦篇）

何平叔

卷二　中焦篇

风温　温热　温疫　温毒　冬温

一、面目俱赤，语声重浊，呼吸俱粗，大便闭，小便涩，舌苔老黄，甚则黑有芒刺，但恶热，不恶寒，日晡益甚者，传至中焦，阳明温病也。脉浮洪躁甚者，白虎汤主之，脉沉数有力，甚至脉体反小而实者，大承气汤主之。暑温、湿温、温疟，不在此例。

【大承气汤方】大黄六钱，芒硝三钱，厚朴三钱，枳实三钱。

水八杯，先煮枳朴，后纳大黄、芒硝，煮取三杯，先服一杯，约二时许，得利止后服，不知，再服一杯，再不知，再服。

点评者注：原方煎服法为“以水一斗，先煮二物，取五升，去滓，内大黄，煮至二升，去滓，内芒硝，更上微火一两沸，分温再服，得下，余勿服”，应当遵守此法。《条辨》此方药量稍轻。

【点评】大承气汤是阳明主方之一，是烈性的大寒泻下药，《伤寒论》中记叙最详细，共达十九条之多，为了正确使用此方，现在一一列出：

1.《阳明篇》中有

（1）“阳明病，脉迟，虽汗出，不恶寒者，其身必重，短气，腹满而喘，有潮热者，此外欲解也，可攻里也，手足濈然汗出，此大便已硬也，大承气汤主之，若汗多，微发热恶寒者，外未解也，其热不潮，未可与承气汤。若腹大满不通者，可与小承气汤微和胃气，勿令大泄下。”

注：脉迟是不能用大承气汤的，条中指燥屎已硬之前的脉象。下面条文中载有“脉实者”“脉滑而数”才是使用大承气汤的脉象。

（2）“伤寒，若吐若下后，不解，不大便五六日，上至十余日，日晡所发潮热，不恶寒，独语如见鬼状，若剧者，发则不识人，循衣摸床，惕而不安，微喘直视，脉弦者生，涩者死。微者，但发热谵语者，大承气汤主之，若一剂利，止后服。”

（3）“阳明病，潮热，大便微硬者，可与大承气汤，不硬者，不可与也。若不大便六七日，恐有燥屎，欲知之法，少与小承气汤，汤如腹中，转屎气者，乃可攻之”。

（4）“阳明病，谵语有潮热，反不能食者，胃中必有燥屎五六枚也，若能食者，但硬耳，宜大承气汤下之。”

（5）“大下后，六七日不大便，烦不解，腹满痛者，此有燥屎也，所以然者，本有宿食也，宜大承气汤。”

（6）“腹满不减，减不足言，当下之，宜大承气汤。”此条亦见于《金匮》中。

（7）“二阳并病，太阳证罢，但发潮热，手足漐漐汗出，大便难而谵语者，下之则愈，宜大承气汤。”

（8）“伤寒六七日，目中不了了，睛不和，无表里证，身微热者，此为实也，急下之，宜大承气汤。”

(9)“汗出谵语者，以有燥屎在胃中，此为风也，须下之，过经乃可下之，下之过早，语言必乱，以表虚里实故也，下之则愈，宜大承气汤。”

(10)“阳明病，下之，心中懊侬而烦，胃中有燥屎者可攻。腹微满，初头硬，后必溏，不可攻之。若有燥屎者，宜大承气汤。”

(11)“病人烦热，汗出则解，又如疟状，日晡所发热者，属阳明也，脉实者宜下之，脉浮虚者宜发汗，下之宜大承气汤，发汗宜桂枝汤。”

(12)“病人小便不利，大便乍难乍易，时有微热，喘冒不能卧者，有燥屎也，宜大承气汤。”

(13)“得病二三日，脉弱，无太阳柴胡症，烦躁心下硬，至五六日，虽能食，以小承气汤少少与之，微和之，令小安，至六日，与承气汤一升，若不大便六七日，小便少者，虽不能食，但初头硬，后必溏，攻之必溏，须小便利，屎定硬，乃可攻之，宜大承气汤。”

(14)“阳明发热汗多者，急下之，宜大承气汤。”

(15)“发热不解，腹满痛者，急下之，宜大承气汤。”

(16)“阳明少阳合病，必下利，此脉不负者，顺也，负者失也，相互克贼，名为负也，脉滑而数者，有宿食也，当下之，宜大承气汤。”

2.《少阴篇》中有

(1)“少阴病，得之二三日，口燥咽干者，急下之，宜大承气汤。”

(2)“少阴病，自利清水，色纯青，心下必痛，口干燥者，急下之，宜大承气汤。”

(3)“少阴病，六七日，腹胀不大便者，急下之，宜大承气汤。”

条目虽繁多，但可一以蔽之，大承气汤为下“燥屎硬定”而设立。通过上面条目可以判断燥屎硬定的脉证。大承气证为阳明证，即太阳证已罢，或者说没有恶风寒体痛头痛等太阳表证，而是身热汗自出，不恶寒，反恶热。

“燥屎硬定”是实证，故大承气证的脉象是“实脉”“滑数脉”等实证脉象。其证象有：

(1) 不大便六七日以上，小便自利。大承气证条目中说：“过经乃下之，下之过早，语言必乱。”过“经”，指按《内经》一日一经理论，过完六经需要六日，即指不大便六七日以上，并非指要经过六经证状，也可能不大便达到十余日的。小便自利，津液自下焦由膀胱而出，留于大肠者少，故燥屎得以硬定。

(2) 潮热。即日晡发热，常伴有手足汗出。

(3) 腹满。甚则腹痛，常是腹满不减，减不足言。

(4) 谵语。严重的有“独语如见鬼状”；“发则不识人，循衣摸床，惕而不安，微喘直视”。出现这种严重情况很危险，仲景谓：“脉弦者生，涩者死。”

(5) 喘或微喘。严重时喘不得卧。

除此以外，还有一些辅助判断，如《阳明篇》中说：“病人不大便五六日，绕脐痛，烦躁，发作有时者，此有燥屎，故使不大便也。”此外也常有阳明证的普遍证象，如发热、自汗、不恶寒、反恶热等。

临证上有时症状不全，但所存有的脉证，必须足以判断燥屎存在而且已经硬定。若在疑似之间，仲景先与小承汤试探，若转矢气（放屁）则燥屎硬定，再用大承气汤攻下。

再看《条辨》本条脉证：

(1) 白虎汤为表里有热而设，就是说不但外证身体壮热（高热），而且内里也有热，大承气汤为燥屎硬定而设，白虎汤清表里之热，前人谓之治阳明经证，大承气汤下硬定之燥屎，前人谓之治阳明腑证，其内外之证象大不相同，岂能在相同的证象的情况下，仅仅因为脉象“浮洪躁甚”而用白虎汤，脉体“反小而实”而用大承气汤。

（2）白虎汤证的脉象为“滑脉”“滑数脉”等实证脉象。浮洪脉的脉体较大，为实中稍夹虚的脉象，仲景恒用白虎加人参汤（常有大渴证）。《条辨》本条之证并无表热（发热），仅为里热，脉浮洪时为里热夹虚，断然不能使用白虎汤。

（3）条中证象不含燥屎硬定五要证（即前面大承气证五要证）。甚至没有其中确定的任何一条，根本不能使用大承气汤。此时无燥屎可下，强行使用大承气汤只会徒伤正气和脾胃，导致自利、结胸、胸痞、不食等变证，难于善后。条中舌苔老黄等，只是里热之象，既无身热（发热）自汗，也没有“胃家实”等，根本不能称作阳明病。更不要说作为阳明病的提纲了。

（4）条中“日晡益甚者”句不可解，本条前面“大便闭，小便涩，舌苔老黄，甚则黑有芒刺”诸证不可能日晡益甚，后面的“面目俱赤，语声重浊，呼吸俱粗”，“但恶热，不恶寒”诸证日晡益甚，不知道能够说明什么样的问题，不管怎样，它和大承气汤证的“日晡潮热”完全是两回事。

条中舌苔“黑有芒刺”，黑苔往往病已及肾，审证用药更当谨慎，大承气汤为暴烈之剂，稍有闪失后果严重。

从上可见，鞠通于白虎汤、大承气汤脉症甚是茫然。仲景大承气汤证中有两条值得注意：

一为“目中不了了，睛不和”作为大承气汤急下证，此证有关神志，颇类谵语，条中似较谵语更急，作为急下证。另一个为“自利清水，色纯青”“口中干”也是急下证，这是津液水分虽未走膀胱，却直走大肠，燥屎自若，故应急下。当然这两种情况临证也应全面考虑脉证舌象，再确定是否急下。此即《条辨》本篇“七”条中所谓“热结旁流”。自利清水谓之“热结旁流”，此名虽然出自吴又可，但却有些名实不符。

二、阳明温病，脉浮而促者，减味竹叶石膏汤主之。

【减味竹叶石膏汤方】竹叶五钱，石膏八钱，麦冬六钱，甘草三钱。水八杯，煮取三杯，一时服一杯，约三时令尽。

【点评】仲景辨脉法说：“脉来缓，时一止复来者，名曰结。脉来数，时一止复来者，名曰促。”“阳盛则促，阴盛则结。”《太阳篇》中谓结代脉“得此脉者，必难治”。《灵枢·宣明五气篇》“心藏神”“心主脉”，促脉与结脉代脉虽有阴阳之异，但都是脉搏动产生间歇，表明心脏搏动异常。《太阳篇》中说：“伤寒脉结代，心悸动，炙甘草汤主之。”虽然结脉为阴盛，仍然使用炙甘草汤（又称复脉汤）峻补心脉之阴阳，恢复心搏之正常功能。减味竹叶石膏汤减去人参等阳药，成为阴寒之剂，实难恢复心搏之正常功能，难以治疗促脉。《条辨》本条没有一个证象，难以选择合适的汤剂。对这类异常脉象，总应该首先考虑复脉汤、生脉散等。若有发热不恶寒外证，使用竹叶石膏汤时，应该用含人参的竹叶石膏汤原方，再加入五味子以构成生脉散之意。当然临证应该根据全面脉证用药，是不能但凭一个脉象用药的。何况按鞠通“阳明温病”提纲证象判别阳明病是完全不行的。

《伤寒论》中有“促”脉的四个病条，赵开美本《伤寒论》均为“纵”脉。

①“太阳病，下之后，脉促，胸满者，桂枝去芍药汤主之。若微恶寒者，去芍药方中，

加附子汤主之。”（《太阳篇》）

②“太阳病，桂枝证，医反下之，利遂不止，脉促者，表未解也，喘而汗出者，葛根黄连汤主之。”

③“太阳病下之，其脉促，不结胸者，此为欲解也。脉浮者，必结胸也。”（《太阳篇》）

④“伤寒脉促，手足厥逆者，可灸之。”（《厥阴篇》）

这四条促脉，病情很不相同，因此单凭脉促，是不足以判病用药的。

三、阳明温病，诸证悉有而微，脉不浮者，小承气汤微和之。

【点评】

1. 关于小承气汤证，《伤寒论》阳明篇中有：

（1）“阳明病，潮热，大便微硬者，可与大承气汤，不硬者，不可与也。若不大便六七日，恐有燥屎，欲知之法，少与小承气汤，汤如腹中，转屎气者，乃可攻之，若不转屎气者，此但初头硬，后必溏，不可攻之，攻之必胀满不能食也。欲饮水者，饮水则哕，其后发热者，必大便复硬而少也，以小承气汤和之，不转矢气者，慎不可攻之。”

（2）“阳明病，其人汗多，以津液外出，胃中燥，大便必硬，硬则谵语，小承气汤主之，若一服谵语止，更莫复服。”

（3）“阳明病，谵语发潮热，脉滑而疾者，小承气汤主之，因与承气汤一升，腹中转矢气者，更服一升，若不转矢气，勿更服之，明日不大便，脉反微涩者，里虚也，为难治，不可更与承气汤”。

（4）“太阳病，若吐，若下，若发汗，微烦，小便数，大便因硬者，与小承气汤和之愈。”

此外，大承气汤证中1和13条里也提到小承气汤。

2.《厥阴篇》中有

“下利，谵语者，有燥屎也，小承气汤主之”。

这里比较一下大小承气汤（都是两次服量）。

	大承气汤	小承气汤
大黄	四两	四两
厚朴	半斤	二两
枳实	五枚	三枚
芒硝	三合	无

古称半斤为八两，大承气汤除枳实、厚朴量大而外，另有三合芒硝，其攻下力远较小承气汤猛烈，故仲景常称大承气汤为“攻之”，小承气汤不足量使用时称“和之”“微和之，令小安”“微和胃气，不令大泄下”，但是足量使用时攻下力仍然很强，如第3条谵语潮热脉滑疾等一派实证，用小承气汤一升后，不转矢气就不能再服。小承气汤的使用注意以下两点：

①在燥屎将硬未硬之时，先服少量小承气汤令小安，硬定后再服大承气汤［见大承气汤（13）］。或者燥屎硬定在疑似之间，先用小承气汤试探，转屎气后燥屎确已硬定，再用足量小承气汤下之，严重时用大承气汤攻之［见（1）、（3）及大承气汤（13）］。

②在下证较轻时，取代大承气汤攻下，如①中“其后发热者，必大便复硬而少也，以小承气汤和之”，因硬燥屎少，用小承气汤替代大承气汤攻下就行了。但是，小承气汤也能治潮热、谵语、脉滑疾等阳明大证，也是寒下峻剂，不能小看和轻用。

现在回到《条辨》本条“阳明温病，诸证悉有而微”。自注中说：“指首条所列阳明证而言”，对首条所列证象“悉有而微”不防描写一下：“病人不发热，面目稍赤，语言稍重浊，呼吸稍粗，舌苔黄，稍恶热，不恶寒，日晡稍甚”。这种情况，非常接近无病常人，病家不会因此就诊，更没有燥屎下证和肠胃严重热证，小承气汤不是四君子汤，岂可随便“微和之”。鞠通不知燥屎之理，这类病条，出自书斋，非临证可行。

四、阳明病，汗多谵语，舌苔老黄而干者，宜小承气汤。

【点评】下一条自注中说：“温病谵语，有因燥屎，有因邪陷心包。”心包代心受邪，是根据内经《灵枢·邪客》“故诸邪之在于心者，皆在于心包络，包络者，心主之脉也。”《素问·宣明五气》“五气所生病，心为噫，肺为咳，肝为语，脾为吞，肾为欠为嚏……。”《灵枢·九针》“肝主语。”

谵语是说胡话，是一种“语”，而不是舌强不语证。依据《内经》，显然“谵语”为肝所生病，而绝不是心所生病，当然更不会是什么“邪入心包”了。可见认为“邪入心包”导致谵语是完全错误的。《五阅五使》“心病者，舌卷短，颧赤”，说明只有舌强、舌短无语才属于心病。另外谵语也是阳明病的证象，《素问·脉要经终论》“阳明终者，口目动作，善惊妄言”，妄言即谵语，可见阳明病有谵语证。这也就是为什么阳明燥屎证常常出现谵语的原因。

下一条注中又说：“伤寒之谵语，舍燥屎无他证”更是完全错误的。现在讨论仲景《伤寒论》中关于谵语产生的种种原因及其治法：

（1）燥屎致谵：仲景使用大、小承气汤下燥屎以止谵语。

（2）误汗、下、火致谵又分为：①少阳误汗。②少阴误汗。这两条引文在上焦篇“十六”点评中。③阳明误汗。引文见上焦篇“十三”点评中。④太阳火劫发汗。“形如伤寒，其脉不弦紧而弱。弱者必渴，被火者必谵语。弱者发热，脉浮，解之当汗出，愈”；“太阳病中风，以火劫发汗，……久则谵语”。⑤太阳误下。“伤寒八九日，下之，胸满烦惊，小便不利，谵语，一身尽重，不可转侧者，柴胡加龙骨牡蛎汤主之。”其治法，仲景只出了栀子豉汤和柴胡加龙骨牡蛎汤两个方子。一般而言，误汗、下、火后，原来该经证象仍然存在的，就应当仍然按该经治法治疗，如果成为了坏证的，就应该随证治之。但是应该注意谵语为实证，伤寒论阳明篇中说：“夫实则谵语，虚则郑声，郑声，重语也。”⑥太阳少阳并病谵语。“太阳与少阳并病，头项强痛，或眩冒，时如结胸，心下痞硬者，当刺大椎第一间，肺俞，肝俞，慎不可发汗，发汗则谵语，脉弦，五六日，谵语不止，当刺期门”。（《太阳篇》）

（3）三阳合病谵语。“三阳合病，腹满身重，难以转侧，口不仁而面垢，谵语遗尿。发汗则谵语，下之则额上生汗，手足逆冷，若自汗出者，白虎汤主之。”三阳自然包括阳明，出现谵语是很自然的，注意此时不但谵语同时厥逆，厥逆为三阴大证，合此两大证非白虎不办。

（4）热入血室致谵。《太阳篇》中有“妇人伤寒发热，经水适来，昼日明了，暮则谵语，如见鬼状者，此为热入血室，无犯胃气及上二焦自愈。”“妇人中风，发热恶寒，经水适来，得之七八日，热除而脉迟身凉，胸胁下满，如结胸状，谵语者，此为热入血室也，当刺期门，随其实而泻之。”《阳明篇》有：“阳明病，下血谵语者，此为热入血室；但头汗出者，刺期门，随其实而泻之，濈然汗出而愈。”

刺期门即泻肝，《太阳篇》中还有：“伤寒腹满谵语，寸口脉浮而紧，此肝乘脾也，名曰纵，刺期门。”指明谵语为肝病，因有腹满，知肝乘脾。由此可见热入血室的谵语证都是肝实肝热之病，仲景都是通过刺期门泻肝止谵。

仲景谵语理论如此丰富，怎么能说“舍燥屎而无他证”？《条辨》本条是将小承气汤证2条“汗多”“谵语”摘入，可惜有意回避了“胃中燥，大便必硬，硬则谵语”的病因。

五、阳明温病，无汗，小便不利，谵语者，先与牛黄丸；不大便，再与调胃承气汤。

【点评】先看调胃承气汤，《伤寒论·太阳篇》中有：“伤寒脉浮，自汗出，小便数，心烦，微恶寒，脚挛急，反与桂枝汤，欲攻其表，此误也，得之便厥，咽中干，烦躁，吐逆者，作甘草干姜汤与之，其脚即伸。若胃气不和，谵语者，少与调胃承气汤。若重发汗，复加温针者，四逆汤主之。”“太阳病未解，脉阴阳俱停，必先振栗，汗出而解。但阳脉微者，先汗出而解；但阴脉微者，下之而解，若欲下之，宜调胃承气汤主之。”“伤寒十三日不解，过经，谵语者，以有热也，当以下之。若小便利者，大便当硬，而反下利，脉调和者，知医以丸药下之，非其治也。若自下利者，脉当微厥，今反和者，此为内实也，调胃承气汤主之。”

《阳明篇》有：“太阳病三日，发汗不解，蒸蒸发热者，属胃也，调胃承气汤主之。”“阳明病，不吐不下，心烦者，可与调胃承气汤。”“伤寒吐后，腹胀满者，与调胃承气汤。”

条中强调“胃气不和”“属胃”，可知不是针对不大便或者燥屎的，而是用调胃承气汤除肠胃之热，其意不在“下”。但是服量若大，也可以作为攻下之剂。如上面《太阳篇》中第二条。

《条辨》书中不载调胃承气汤服法，而《伤寒论》中谓“少少温服”，故此汤虽有硝黄峻下之品，但服之少少，又加以甘草之甘缓，去枳朴利气推助，故其意不在泻下而是在除胃中之热。

谵语既然常因肝实热或阳明实热所致，当然应该除热止谵。前面厥而谵语，阴阳大证并见，用白虎汤除阳明之热，镇厥止谵。这里阳明实热“胃不和”，用调胃承气汤除热止谵，不过更偏重除肠胃之热而已。《条辨》本条用“无汗，小便不利”说明“谵语之不因燥屎”“系心包络证”，（自注中所言）用牛黄丸，牛黄丸性大寒虽可除胃热止谵，但是毕竟谵语与心及心包络无关。牛黄丸辛香走窜伤人正气心志，用之实在所得者少，所损者多，不如迳用调胃承气汤或者白虎汤。若是肝热谵语，又当泻肝除热。

六、阳明温病，面目俱赤，肢厥，甚则通体皆厥，不瘛疭，但神昏，不大便，六七日以外，小便赤，脉沉伏，或并脉亦厥，胸腹满坚，甚则拒按，喜凉饮者，大承气汤主之。

【点评】疫病发热，常有面赤，目赤者甚少，若有目赤太甚，常为眼病并不是疫病热重的表现，何况条中并没有发热证象。

自注中说：“热极而厥”，厥而谵语，为热极而厥，那也是白虎汤证。《伤寒论·厥阴篇》说：“诸四逆厥者，不可下之，虚家亦然。”《少阴篇》中说：“少阴病，脉沉者，急温之，宜四逆辈。”

可见大承气汤绝不是治厥之方，沉伏之脉也不是大承气汤证脉象。

至于“胸腹坚满”，大承气汤用于下燥屎，燥屎在肠中，只会腹满不会胸满。《阳明篇》中说：“阳明病，心下硬满者，不可攻之，攻之，利遂不止者死，利止者愈”，心下尚且如此，何况胸中。即使是大陷胸证，也只是“从心下至少腹，硬满而痛，不可近者”。只有瓜蒂散证有“胸中痞硬”，小柴胡汤证有胸胁满。

综上所述，《条辨》本条症状绝非大承气汤证，严禁使用大承气汤。至于条中“脉亦厥”“肢厥，甚至通体皆厥”，脉厥心搏已停止，通体皆厥，体温已下降，恐怕病人已经濒临死亡。

七、阳明温病，纯利稀水无粪者，谓之热结旁流，调胃承气汤主之。

【点评】利稀水无粪与大承气证利清水色纯青不同，本条稀水应色黄近于自利，参看《太阳篇》调胃承气汤证最后一条，与色纯青的清水大承气汤证急下证不同，这里取调胃承气之寒，非取其下也。吴又可依据《伤寒论》对利清水之证用大承气汤是对的，稀水或清水称“热结旁流”有些不妥。不过临床只有通过脉证判定是热利时才能用调胃承气汤。

八、阳明温病，实热壅塞为哕者下之，速声哕者，中焦；声断续，时微时甚者，属下焦。

【点评】哕乃胃气上逆，有虚实之分，虚证为胃中虚冷。实证常兼腹满等证；或因燥屎或因三焦不通。

关于胃中虚冷，《伤寒论·阳明篇》中有：“若胃中虚冷，不能食者，饮水则哕。”“阳明病，不能食，攻其热必哕，所以然者，胃中虚冷故也，以其人本虚，故攻其热必哕。”“伤寒大吐大下之，极虚，复极汗出者，以其人外气怫郁，复与之水，以发其汗，因得哕。所以然者，胃中虚冷故也。”仲景虽未出治法，指出胃中虚冷，自当温胃散寒。若外证未解，治疗外证时，勿忘胃中虚冷。

关于实证哕，《伤寒论·太阳篇》中有：“太阳病中风，以火劫发汗，邪风被火热，血气流溢，失其常度，两阳相熏灼，其身发黄。阳盛则欲衄，阴虚则小便难，阴阳俱虚枯竭，身体则枯燥，但头汗出，剂颈而还，腹满而喘，口干咽烂，或不大便，久则谵语，甚者至哕，手足躁扰，捻衣摸床，小便利者，其人可治。”“阳明中风，脉弦浮大而短气，腹都满，胁下及心痛，久按之气不通，鼻干不得汗，嗜卧，一身及面目悉黄，小便难，有潮热，时时哕，耳前后肿，刺之小瘥。外不解，病过十日，脉续浮者，与小柴胡汤；脉但浮，无余证者，与麻黄汤；若不尿，腹满加哕者，不治。”《厥阴篇》中有：“伤寒，哕而腹满；视其前后；知何部不利，利之愈。”

哕是一个证象而非独立的一种病。在柴胡汤证或麻黄汤证等之中出现，直接用小柴胡汤或麻黄汤即可治愈。若哕而腹满，又见谵语，捻衣摸床，即为燥屎硬定的大承气证，应当用大承气汤下之，就是上面厥阴条中“何部不利”的后部不利（大便不利）。前部不利，指哕而腹满小便不利，若无它证，利小便后哕而腹满会自愈。

《素问·逆调论》“肾者水脏，主津液。”不尿腹满而哕不但三焦不通，而且肾气衰竭，肾水泛积而腹满，自然不能挽救了。《条辨》本条谓：“实热壅塞为哕者下之”，又不详出脉证。岂能轻易言下，如果不是大便不利（即后部不利）而有硬燥屎，是决不能用下法的。或者说哕若不与腹满谵语等大承气汤证同时出现是断然不能下的。

《条辨》下焦篇“十五”条谓；“既厥且哕”，自注说：“抚冲脉为哕”，不知道源于何处。《条辨》将哕分为中下焦也没有根据。

九、阳明温病，下利谵语，阳明脉实，或滑疾者，小承气汤主之；脉不实者，牛黄丸主之，紫雪丹亦主之。

【小承气汤方】大黄五钱，厚朴二钱，枳实一钱。水八杯，煮取三杯，先服一杯，得宿粪，止后服，不知再服。

【调胃承气汤】大黄三钱，芒硝五钱，生甘草二钱。

【点评】本条取自《伤寒论·厥阴篇》小承气汤证条，而将“有燥屎也”改为阳明脉实，或滑疾者，脉实或滑疾而称阳明，实不知其所指。“有燥屎”值得特别注意，仲景判断燥屎的存在，故用小承气汤。实脉和滑疾脉虽然也是燥屎硬定的脉象，但是没有燥屎的白虎证也是这种脉象。总之，用小承气汤必须要有燥屎的存在。牛黄丸紫雪丹都是大寒之剂，脉虚的病人也应该禁止使用。

《条辨》关于阳明谵语证的治疗，用小承气汤两条，用调胃承气汤一条，惟独没有治疗阳明谵语证的主将大承气汤，《伤寒论》文中凡是有燥屎句，皆被删去，看来《条辨》对于大、小承气汤针对硬燥屎以及硬燥屎的判断方法及其证象都甚是茫然。自然不能掌控三承气的使用了，更不要说仲景治疗谵语的其他种种手段了，更是鞠通所没有知晓的。

十、温病三焦俱急，大热大渴，舌燥，脉不浮而躁甚，舌色金黄，痰涎壅甚，不可单行承气者，承气合小陷胸汤主之。

【承气合小陷胸汤方】生大黄五钱，厚朴二钱，枳实二钱，半夏三钱，栝蒌三钱，黄连二钱。水八杯，煮取三杯，不下，再服一杯，得快利，止后服，不便再服。

【点评】高热大渴及舌象都是典型的白虎加人参证，兼痰涎时可用白虎加人参汤加半夏瓜蒌去痰即可，白虎寒性已足，不必再用黄连。此证无燥屎，哪能用小承气汤妄下？此时止渴之人参不能用党参取代，最好再加花粉。

十一、阳明温病，无上焦证，数日不大便，当下之，若其人素阴虚，不可行承气者，增液汤主之。服增液汤已，周十二时观之，若大便不下者，合调胃承气汤微和之。

【增液汤方】元参一两，麦冬（连心）八钱，细生地黄八钱。水八杯，煮取三杯，口干则与饮，令尽，不便，再作服。

【点评】何谓无上焦证，《条辨》也没有说清楚过。其人素阴虚，条中也不列出证象。数日不大便，并没有燥屎硬定的证象，哪能随便说“当下之”。《条辨》将下硬燥屎的下证，当成了普通的通润大便的便秘证。故《条辨》书中所谓“当下之”“下证悉具”统统靠不住。

增液汤是润便药，只能用于疫病大愈，大便秘结的善后处理，如果发热等证未愈，柔药恋邪，就不能使用。而且增液汤太阴柔伤胃气，不宜多服。仲景有蜜煎导一法，对于燥屎虽硬，而津液内竭不能用承气汤下法，就改用此浣肠法。《阳明篇》中说：“阳明病，自汗出，若发汗，小便自利者，此为津液内竭。虽硬不可攻之，当须欲自大便，宜蜜煎导而通之。若土瓜根及大猪胆汁，皆可为导。”即使在此时，也嫌增液力量太弱，不足以替代蜜煎导等外治之法。

十二、阳明温病，下后汗出，当复其阴，益胃汤主之。

【益胃汤方】沙参三钱，麦冬五钱，冰糖一钱，细生地黄五钱，玉竹一钱五分。水五杯，煮取二杯，分二次服，渣再煮一杯服。

【点评】益胃汤也是下后脉静身凉。病已大定之后的善后之方。但也应根据情况或复其阴或用四君子汤等复其阳气，（尤其是胃气）或阴阳双补，或停药静待，不可一概任用这类阴柔之药善后。吴又可温病善后不能用白术等的观点不可取。

十三、下后无汗脉浮者，银翘汤主之；脉浮洪者，白虎汤主之，脉洪而芤者，白虎加人

参汤主之。

【银翘汤方】银花五钱，连翘三钱，竹叶二钱，生甘草一钱，麦冬四钱，细生地黄四钱。

【点评】但凭脉象，就使用剽悍之白虎汤，实在不妥。浮洪之脉为白虎人参证脉象，必须外证身壮热而渴，舌苔黄燥，才能使用白虎加人参汤。洪芤之脉，严禁使用白虎加人参汤。银翘汤也只是善后复阴之药。自注谓“增液为作汗之具”不合医理，自古没有用阴药发汗或作汗之理。

十四、下后无汗，脉不浮而数，清燥汤主之。

【清燥汤方】麦冬五钱，知母二钱，人中黄一钱五分，细生地黄五钱，元参三钱。水八杯，煮取三杯，分三次服。

【点评】本条只有一个“无汗”的证象，单单凭此脉证是不足以处方的，假设下后诸证全退去，只是无汗和脉数，说明余邪尚未全尽，稍待后如果数脉渐退，那就是邪去病愈，不需再服药。反之，如果脉数不退，身热复起，无太阳表证，可用竹叶石膏汤，此药滋阴补虚除余邪，善退热而去脉数，《伤寒论》用治“伤寒解后，虚羸少气，气逆欲吐者”，壮者可用党参取代人参。有太阳表证，就应该用活人败毒散。清燥汤阴柔而寒，大伤胃气，若非外证已尽，内热而燥，不可轻用。

这里连续三条都讨论下后脉象，只有“汗出”（十二条）或者“无汗”（十三、十四条）一个证象。又出了三个阴柔伤胃之方。《条辨》不识下证，自然用下法多为误下，误下之后往往出现许多大证或重证，这三条都略而不讲，但凭脉象，就任用一派阴柔，甚至用大寒之白虎汤，实在误人。

《伤寒论》中记述的“下法”达百条之多，其中讨论“误下”又占近1/2，虽然其中不少与“吐”“汗”法同见，如栀子豉证有“发汗吐下后，……栀子豉主之”，但是也有大量单纯下后的脉证记述，由于条文太多不能全录。为了对下后的后果有比较全面的了解，下面摘出其中重要的条款。其实一些重要大证，有时也可因误下而出现，如白虎汤证，白虎加人参汤证，栀子豉汤证，陷胸证乃至桂枝证、柴胡证等。

《伤寒论·太阳篇》中有：“太阳病，下之后，其气上冲者，可与桂枝汤。”“太阳病，下之后，脉促，胸满者，桂枝去芍药汤主之。若微恶寒者，去芍药加附子汤主之。”“太阳病，桂枝证，医反下之，利遂不止，脉促者，表未解也，喘而汗出者，葛根黄连汤主之。”“脉浮数者，法当汗出而愈。若下之，身重心悸者，不可发汗，当自汗出乃愈。”“伤寒医下之，续得下利清谷不止，身疼痛者，急当救里。后身疼痛，清便自调者，急当救表。救里宜四逆汤，救表宜桂枝汤。”“凡柴胡汤病证而下之，若柴胡汤证不罢者，复与柴胡汤，必蒸蒸而振，却发热汗出而解。”“病发于阳而反下之，热入，因作结胸。病发于阴而反下之，因作痞。所以成结胸者，以下之太早故也。”“太阳病下之，其脉促，不结胸者，此为欲解也。脉浮者，必结胸也。脉紧者，必咽痛。脉弦者，必两胁拘急。脉细数者，头痛未止。脉沉紧者，必欲呕。脉沉滑者，协热利。脉浮滑者，必下血。”“太阳少阳并病，而反下之，成结胸，心下硬，下利不止，水浆不入，其人心烦。”“本以下之，故心下痞，与泻心汤。痞不解，其人渴而口燥烦，小便不利者，五苓散主之。”

《伤寒论·阳明篇》中有：“问曰：何缘得阳明病？答曰：太阳病发汗、若下、若利小便，此亡津液，胃中干燥，因转属阳明，不更衣，内实，大便难者，此名阳明也。”“阳明病，心下硬满者，不可攻之，攻之，利遂不止者死，利止者愈。”

此外，大承气汤证第（2）、（5）、（10）条，小承气汤证第（4）条都是在下后出现的。《伤寒论·少阳篇》中有：“若已吐、下、发汗、温针，谵语，柴胡汤证罢，此为坏病，知犯何逆，以法治之。”

《伤寒论·太阴篇》中有：“太阴之为病，腹满而利，食不下，自利益甚，时腹自痛。若下之，必胸下结硬。”“本太阳病，医反下之，因而腹满时痛者，属太阴也，桂枝加芍药汤主之。”

《伤寒论·厥阴篇》中有：“厥阴之为病，消渴，气上撞心，心中疼热，饥而不能食，食则吐蛔，下之利不止。”

以上可以看出，下后脉象证象万千，主要有结胸、痞、自利、或者坏病等，绝不是三个阴柔之方可以了事的。

十五、下后数日，热不退，或退不尽，口燥咽干，舌苔干黑，或金黄色，脉沉有力者护胃承气汤微和之；脉沉而弱者，增液汤主之。

【护胃承气汤方】元参三钱，麦冬三钱，细生地三钱，生大黄三钱，丹皮二钱，知母二钱。水五杯，煮取二杯，先服一杯，得结粪，止后服，不便，再服。

【点评】下后发热咽干，并没有燥屎硬定证象，决不能再下，护胃承气汤每服大黄不过一钱半，不算攻下，虽然生地黄可以滋肾，宜于黑苔，但全方仍嫌滋腻伤胃，且不利于除外热，不可过服。

金黄苔为内热甚，除热即可。脉沉而有力为实脉之类，可以用白虎汤除内外之热。脉沉而弱者，正气渐虚，但是此时仍有外热，外邪尚甚，增液阴柔恋邪，断不可用，可用竹叶石膏汤补虚除热，只是现在正气渐虚，人参不能用党参替代。舌苔黑而脉弱者，应该考虑是否肾气虚衰。总之，此证应该除内外之热，而决不该再用下。

十六、阳明温病，下后二、三日，下证复现，脉不甚沉，或沉而无力，止可与增液，不可与承气。

【点评】不识“当下之证”，故“下证复现”之语商榷余地极大。何况当下之证，一派实证，岂有脉沉而无力之理。即使正虚，仲景有蜜煎导等浣肠之法。增液只宜于善后大便秘结的病人。

十七、阳明温病，下之不通，其证有五；应下失下，正虚不能运药，不运药者死，新加黄龙汤主之。喘促不宁，痰涎壅滞，右寸独大，肺气不降者，宣白承气汤主之。左尺牢坚，小便赤痛，时烦渴甚，导赤承气汤主之。邪闭心包，神昏舌短，内窍不通，饮不解渴者，牛黄承气汤主之。津液不足，无水舟停者，间服增液，再不下者，增液承气汤主之。

【新加黄龙汤】细生地五钱，生甘草二钱，人参一钱五分（另煎），生大黄三钱，芒硝一钱，元参五钱，麦冬（连心）五钱，当归一钱五分，海参（洗）二根，姜汁六匙。水八杯，煮取三杯，先用一杯，冲参汁五分姜汁二匙，顿服之。

【宣白承气汤方】生石膏五钱，生大黄三钱，杏仁粉二钱，栝蒌皮一钱五分。水五杯，煮取二杯，先服一杯，不知再服。

【导赤承气汤】赤芍三钱，细生地五钱，生大黄三钱，黄连二钱，黄柏二钱，芒硝一钱。水五杯，煮取二杯，先服一杯，不下再服。

【牛黄承气汤】即用前安宫牛黄丸二丸，化开，调生大黄末三钱，先服一半，不知再服。

【增液承气汤】即增液汤内，加大黄三钱，芒硝一钱五分。水八杯，煮取三杯，先服一杯，不知再服。

【点评】鞠通不识下证，常常不应该下而误下。好在鞠通大小承气汤中硝黄用量稍轻，误下不通亦属于大幸，如果误下之后导致自利腹胀不食结胸等变证，岂不是更为糟糕。首先所谓正虚不能运药，当为误用硝黄戕伤正气所致。既然说："正虚""不运药者死"，奈何仍然用含硝黄之新加黄龙汤加速其死亡。

条中由于没有燥屎硬定证象，根本不能使用下法。本条五方或含大黄或同时含有硝黄，虽然用量稍轻，不致大下，终不切于病，用之不加病已是幸事，何谈治病。第二种情况，证见喘促，痰壅，若外无大热，则是麻杏石甘汤证。喘甚，可以与葶苈大枣泻肺汤合用。第三、四种情况，均有"渴甚"之证，或小便赤痛，应该详察所有脉证，选用治渴的白虎加人参、小柴胡等方加减治疗。

最后津液不足的情况，仲景着重疏通三焦，鞠通专用阴柔补津液，如果津液可补，三焦不通，津液壅堵胃中，变生他证。三焦通畅，饮水即足以充分补充津液，根本用不着阴柔药伤正。如果真的津液内竭而下证又急，仲景自有蜜煎导等方法。

十八、下后虚烦不眠，心中懊侬，甚至反复颠倒，栀子豉汤主之，若少气者，加甘草，若呕者，加姜汁。

【栀子豉加甘草汤】即于栀子豉汤内，加甘草二钱，煎法如前。

【栀子豉加姜汁汤】即于栀子豉汤内，加姜汁五匙。

【点评】此《伤寒论·太阳篇》中原文，只是将句首"发汗吐下后"改变为"下后"而已。

十九、阳明温病，干呕口苦而渴，尚未可下者，黄连黄芩汤主之。不渴而舌滑者属湿温。

【黄连黄芩汤方】黄连二钱，黄芩二钱，郁金一钱五分，香豆豉二钱。水五杯，煮取二杯，分二次服。

【点评】本条未出脉象，按其证象为小柴胡汤证，用小柴胡汤依法加减即可，不必芩连并用伤人胃气。小柴胡汤证其脉多弦。

半夏、生姜古称治呕吐圣药，《条辨》偏偏不用，其心目中认为香豉等芳香药可以止呕，观其栀子豉证都加入"干呕"之证，查《本草》栀子、豆豉、郁金都没有镇呕的作用，仲景对栀子豉汤证兼呕便加入生姜，《条辨》此方只除里热，既不能止渴，也不能治呕。

二十、阳明温病，舌黄燥，肉色绛，不渴者，邪在血分，清营汤主之。若滑者，当于湿温中求之。

【点评】本条没有详细的其他脉证，《条辨》本篇首条阳明温病提纲中，没有阳明病的主要外证"身热自汗"（即发热），只有恶热，恶热指怕热，而怕热与发热完全是两回事。而阳明病最吃紧的证候之一恰恰是身热，而且常常是壮热（发高热），在下证中常常还表现为潮热。《条辨》只有本篇"十"条提到"大热大渴"，"十五"条提到"下后数日，身热不退，或退不尽"，"三十三"和"三十五"条提到"微热"而外，其余诸条包括白虎汤证、承气汤证都不含发热、潮热等重要且必备的证象，真正奇怪得很。这便是鞠通的阳明病理论，处处让人怀疑的原因。即如本条，若无身热（即不发热），即使有本篇首条诸证，既不必要也不能同时使用犀角黄连。

本条的理论也很难理解，自注中说："邪气深入血分，格阴于外，上潮于口，故反不渴也。"所格于外之阴为何物，是营气还是血？外为何处，是脉外还是体表？何以在外之阴能够上潮于口？何以阴在口中就能够止渴？自注中又说："曾过气分，故苔黄而燥"，现在邪气既然已过气分而人血分，何以黄燥之苔仍然不退？凡此种种，疑问重重。

二十一、阳明斑者，化斑汤主之。

【点评】本条阳明斑证与上焦篇的上焦太阴斑证有何异同？何以一置上焦，一置中焦？既然一者来自上焦，一者来自中焦，病原不同，为何治法全同？三焦论治，矛盾重重。

二十二、阳明温病，下后疹续出者，银翘散去豆豉加细生地大青叶元参丹皮主之。

【点评】同上条一样，上、中焦之疹，脉证有何异同？何以分别来自上、中焦之疹证，其治法全同？又何以上中二焦都可以出现斑疹证？其实斑疹是一个独立的疾病，根本不能强行划分为上、中焦病。

二十三、斑疹，用升提，则衄，或厥，或呛咳，或昏痉，用壅补则瞀乱。

【点评】《条辨》此条，不过是再次重申斑疹不能用升麻、柴胡、防风、当归等。

自注中说："若用柴胡、升麻辛温之品，直升少阳，使热血上循清道则衄，过升则下竭，下竭者必上厥。"真是危言耸听。首先柴胡、升麻古今皆以为其性凉，何以指其为性温。升少阳不假，何以能带动热血上循清道（不知指哪条道）致衄？何物会因为升少阳而"下竭"？何以下竭会引起上厥？

仲景在《少阴篇》中说："少阴病，但厥无汗，而强发之，必动其血，未知从何道出，或从口鼻，或从目出，是名下厥上竭，为难治。"其原有之厥，为阴阳气不相顺接而手足逆冷在下，强汗亡阳动血在上，故血从上窍或口或鼻或目而出。这里模仿出一个上厥下竭，又说不出竭于下者为何物，实际上根本不会因服升柴而出现厥证的。少阳所生者少火，所谓生生之气，故东垣名方补中益气汤为中医近800年使用最频繁的方剂之一，从来未见有因服此药而上厥下竭的。

衄证往往是失表所致，表药多升，只要不是强行发汗，升提不会致衄的。厥证是阴阳气不相顺接，多为阳气虚衰所致，与升提无关，治厥名方四逆散就含升提之柴胡。痉病或因高热不退，或因疮家误汗，与升提也没有任何关系。斑疹为肤表之疾，最忌内陷，表药升托，可以防止内陷，故不但不忌升提，反而需要适当使用。

斑疹无人用壅补，用当归不过引血归经，即便是使用人参黄芪固正托毒，也决不会瞀乱。

自仲景用当归升麻治阳毒以来，用表药治斑疹近2000年，成效卓著，为何欲全禁之？当然，斑疹情况不一，常常应该表里兼治。

二十四、斑疹阳明证悉具，外出不快，内壅特甚者，调胃承气汤主之，得通则已，不可令大泄，大泄则内陷。

【点评】斑疹既已外出不畅，表托实不可少，调胃承气汤其意在于除热而不是重于下（自然应该依法少少服药），但是仍然难以独任。若大便秘结，内热甚盛，最宜选用河间防风通圣散内外合治，河间此方用药分量合宜，不会造成大泄下。

二十五、阳明温毒发痘者，如斑疹法，随其所在而攻之。

【点评】痧痘治法不同，古有专科。仲景说：“知犯何逆，以法治之。”未必一定要攻之。

二十六、阳明温毒，杨梅疮者，以上法随其偏而调之，重加败毒，兼与利湿。

【点评】杨梅疮患者即梅毒患者，治疗时自然应该兼顾其疮，即仲景所说的“疮家”。宜加特效药如自注说的土茯苓之类。这两条称阳明温毒，又不详列其脉证，不知其脉证与阳明病有何异同。这类病条于临证者没有多少用处。

二十七、阳明温病，不甚渴，腹不满，无汗，小便不利，心中懊侬者，必发黄，黄者栀子柏皮汤主之。

【栀子柏皮汤方】栀子五钱，生甘草二钱，黄柏五钱。水五杯，煮取二杯，分两次服。

【点评】《伤寒论·阳明篇》中有：“伤寒身黄发热者，栀子柏皮汤主之。”《金匮·黄疸篇》中有：“酒黄疸，心中懊侬或热痛，栀子大黄汤主之。”汤用栀子大黄豆豉和枳实。

本条将《伤寒论》栀子柏皮汤证的发热证改作“不甚渴，腹不满，无汗，小便不利，心中懊侬”。

栀子柏皮汤没有利小便的作用，发黄常有小便不利，但本条强调小便不利，应该此证较急，就应当使用利小便的茵陈蒿汤，而心中懊侬，便应该栀子和豆豉同用。可见本条使用栀子柏皮汤是不大对证的。

黄疸发热也很常见。《金匮·黄疸篇》中说：“疸而渴者，其疸难治，疸而不渴者，其疸可治，发于阴部其人必呕，阳部其人振寒而发热也。”

二十八、阳明温病，无汗，或但头汗出，身无汗，渴欲饮水，腹满舌燥黄，小便不利者，必发黄，茵陈蒿汤主之。

【茵陈蒿汤】茵陈蒿六钱，栀子三钱，生大黄三钱。水八杯，先煮茵陈减水之半，再入二味煮成三杯，分三次服。

【点评】首先药的煎法不对，《伤寒论》此方的煎法是“右三味，以水一斗，先煮茵陈，减六升内二味，煮取三升”。也就是说后二味从水六升煮至三升，《条辨》从四杯煮至三杯，药的有效成分不能充分煎出。鞠通用药量常常稍偏轻。

《伤寒论·阳明篇》中有：“阳明病，发热汗出，此为热越不能发黄也。但头汗出，身无汗，剂颈而还，小便不利，渴引水浆者，此为瘀热在里，身必发黄，茵陈蒿汤主之。”“伤寒七八日，身黄如橘子色，小便不利，腹微满者，茵陈蒿汤主之。”

《金匮·黄疸篇》中有：“谷疸之为病，寒热不食，食即头眩，心胸不安，久久发黄为谷疸，茵陈蒿汤主之。”

《条辨》本条将“腹微满”改作腹满。《金匮·黄疸篇》中女劳疸条中说：“腹如水状不治”“腹满者难治”，于谷疸又说：“虽下之，腹满如故，所以然者，脉迟故也。”“黄疸病，小便色不变，腹满而喘，不可除热，除热必哕，哕者，小半夏主之。”由此可见，茵陈蒿汤证只是“腹微满”，若是腹满较甚，常常是正气虚之象，不能用茵陈蒿汤除热，祛黄却含伤正的大黄，足见《条辨》本条用茵陈蒿汤是不大对证的。就是要用也宜将大黄改为甘草，此时大致只能用茵陈五苓散或者是小柴胡汤加茵陈、茯苓等利尿药了，《金匮》说：“诸黄腹满而呕者，与柴胡汤。”

特别应该注意的一点是，仲景指明“瘀热在里”的发黄，其黄如橘子色。如果黄色淡而晦暗，小便自利，那又将是虚劳小建中汤证了。黄疸为重证，是肝胆受病，胆汁外泄。《金匮》说："黄疸之病，当以十八日为期，治之十日以上瘥，反极为难治。"

二十九、阳明温病，无汗，实证未剧，不可下，小便不利者，甘苦合化，冬地三黄汤主之。

【冬地三黄汤方】麦冬八钱，黄连一钱，苇根汁半酒杯（冲），元参四钱，黄柏一钱，银花露半酒杯（冲），细生地四钱，黄芩一钱，生甘草三钱。水八杯，煮取三杯，分三次服，以小便得利为度。

【点评】本方为增液汤加三黄、苇根、银花而成，阴寒殊甚，虽然三黄用量较轻，仍然戕伐胃气，若非内热甚急，不可轻用。按本篇首条阳明病加无汗，又申明"实证未剧"，说明热证轻缓，根本不能用此阴寒之剂，大伤正气。何况此药非利小便之品，用之利小便，真有些南辕北辙了。

本条自注中说："温热之小便不通，无膀胱不开证，皆上游（指小肠而言）热结，与肺气不化者。"小便不通只与肾膀胱三焦有关，肾为水脏，三焦为"决渎之官"，内经言之凿凿。如果医者都不管五脏功能，随便认指，小便不通与小肠肺有关，那么为什么不能与大肠脾胃肝胆有关，这样一来，岂非中医理论全乱了套，可以任意指说了？

"甘苦合化"之说也是不通。自古只有渗淡利小便，甘苦如何能够化通小便？有时内热小便赤短，除热后小便清长，便说苦寒药可以利小便，甚至成了"甘苦合化"利小便不合医理。

三十、温病小便不利者，淡渗不可与也，忌五苓八正辈。

【点评】本条承接上条立论而言，治疗小便不利使用淡渗之五苓八正辈，为近2000载利尿之正治，岂能全禁之。

只有在特殊的情况下，小便不利时不宜用淡渗之五苓八正辈，如《伤寒论·太阳篇》中说："大下之后，复发汗，小便不利者，亡津液故也，勿治之，得小便利自愈。"《伤寒论·阳明篇》中说："阳明病，汗出多而渴者，不可于猪苓汤，以汗多胃中燥，猪苓汤复利其小便也。"

在疫病中，仲景经常使用五苓散、猪苓汤利小便。《太阳篇》中说："太阳病，发汗后，大汗出，胃中干，烦躁不得眠，欲得饮水者，少少与饮之，令胃气和则愈。若脉浮，小便不利，微热消渴者，五苓散主之。""本已下之，故心下痞，与泻心汤，痞不解，其人渴而口烦躁，小便不利者，五苓散主之。"

《伤寒论·阳明篇》中说："若脉浮发热，渴欲饮水，小便不利者，猪苓汤主之。"

以上三条，都含有渴证，实际上仲景不但常常用五苓散、猪苓汤利尿，更是常常用五苓散、猪苓汤治疗渴证。

三十一、温病燥热，欲解燥者，先滋其干，不可纯用苦寒也，服之反燥甚。

【点评】热又有表热和里热之分，治法各不相同。本条所谓"滋其干"不外就是用增液之类阴柔滋腻药，这类药不能除热，反之，如果身热（发烧）用之恋邪难解，徒然延长病程。

燥是致病的六种原因之一（后人称作六淫即风、寒、暑、湿、燥、火）。前文中燥病论已作了专门讨论。由于仲景《金匮》及《伤寒论》没有讨论"燥"。因此燥病一直没有被专门研究过，直到清初喻嘉言才有专论，认为《素问·生气通天论》的"秋伤于湿"应当是

“秋伤于燥”。主张燥为热类。而《条辨》赞同沈自南认为燥为寒类，谓之“次寒”。《条辨》上焦篇秋燥中将一些轻证伤寒作为燥证，中焦篇中将“胃中燥”作为燥证，下焦篇中将一例昼凉夜热病作为燥病，而且承袭喻嘉言称作“秋燥”。

秋燥之名甚为不妥，即便《内经》真可以按喻嘉言所改成为“长夏伤于湿，秋伤于燥”。显然不能将湿命名为“长夏湿”，同样不能将燥称作“秋燥”。

由于“燥胜则干”，后世常常把口舌干燥，胃中燥等作为燥证。仲景没有讨论过燥所生病，但却善于治疗口舌干燥，胃中燥等病。首先讨论口舌干燥。口舌干燥大多是内热尤其是肠胃热引起的，如白虎加人参汤证有三条分别说：“口燥渴”“口干舌燥者”“舌上干燥而烦”。《少阴篇》说：“少阴病，得之二三日，口燥咽干者，急下之，宜大承气汤。”看来此证着眼于除阳明之热。胃中燥有时又谓之胃中干，通常是大汗出“亡津液”引起的，若三焦通畅，常常可以饮水自愈，如《太阳篇》中说：“太阳病，大汗出，胃中干，烦躁不得眠，欲得饮水者，少少与饮之，令胃气和则愈。”《阳明篇》中说：“太阳病，本自汗出，医更重发汗，病已瘥，尚微烦不了了者，此大便必硬故也。以亡津液，胃中干燥，故令大便硬。当问其小便，日几行。若本小便三四行，今日再行，故知大便不久出；今为小便数少，以津液当还入胃中，故知不久必大便也。”

两种情况常兼渴证，喻嘉言认为“燥证必渴”。仲景治渴，常常使用五苓散、猪苓汤等通调水道。嘉言方中有六味地黄丸，大补地黄丸治肾通调下焦水道，其自制清燥救肺汤，也是竹叶石膏之类清热之品。

《条辨》以燥证为“次寒”，其中焦秋燥“一百二、燥证气血两燔者，玉女煎主之”，任用大寒之药，自背其说。虽然“燥者濡之”，但柔药大多太过滋腻。

三十二、阳明温病，下后热退，不可即食，食者必复；周十二时后，缓缓与食，先取清者，勿令饱，饱则必复，复必重也。

【点评】注中特别强调“必者，断然之词也”，实际上却不尽然，往往由于邪未去尽，身热复起，未必是进食过早所致。不过疫病愈后，食复劳复，仲景早已言之。下后脉静身凉，然而胃气受伤，适当节食是必要的，只是禁食达十二时（二十四小时）有些过分，病后需要恢复，应视其胃气，及早缓缓与食。

三十三、阳明温病，下后脉静，身不热，舌上津回，十数日不大便，可与益胃、增液辈，断不可再与承气也。下后舌苔未尽退，口微渴，面微赤，身微热，日浅者亦与增液辈，日深舌微干者，属下焦复脉法也（方见下焦）。勿轻与承气，轻与者肺燥而咳，脾滑而泄，热反不除，渴反甚者，百日死。

【点评】本条前一半，下后脉静身凉热退，大势底定，为病愈之象。以后十余日不大便，说明胃气不和，此时最宜用东垣补中益气汤，胃气来复，大便自然会正常，切莫服益胃增液辈阴柔滋腻之品，再伤胃气。

后半段为下后余邪未尽，即当继续去邪，切不可用增液辈阴柔恋邪难愈。此时表证已去，最宜用竹叶石膏汤补虚退热除邪，方中人参不要用党参代替。所谓“日深舌微干，属下焦复脉法”完全不对，此时余邪尚存，一用阴柔滋腻的加减复脉汤，病将久拖难愈，实为养寇遗患。

条中并没有燥屎硬定的证象，根本不会考虑用承气汤攻下，误下后自利很常见，致咳则不大可能。

三十四、阳明温病，渴甚者，雪梨浆沃之。

【**点评**】饮用泡梨片水只能解渴，不能治渴。

三十五、阳明温病，下后微热，舌苔不退者，薄荷末抹之。

【**点评**】微热苔黄，余邪未尽，当服竹叶石膏汤，病愈苔自去，抹舌去苔，并无益处。

三十六、阳明温病，斑疹温痘，温疮，温毒，发黄，神昏谵语者，安宫牛黄丸主之。

【**点评**】应该弄清楚谵语产生的原因对证治疗，不应该但见谵语，就用安宫紫雪之类。斑疹温痘，温疮，温毒，发黄等证一概用安宫牛黄丸更为不妥。

三十七、风温、温热、温疫、温毒、冬温之在中焦，阳明病居多；湿温之在中焦，太阴居多，暑温则各半也。

【**点评**】本篇前36条都是阳明病，可见《条辨》书中风温温热等那里是阳明病居多，而全都是阳明病。

风温、温热、温疫、温毒、冬温总评

《条辨》本篇中不称“中焦胃病”而谓之阳明病，胃足阳明经循行路线是由鼻至足，遍历三焦，因此中焦病不得称作阳明病，反之阳明病就不会局限为中焦病，何况大小承气汤攻下硬燥屎，燥屎在大肠中，大肠属手阳明，其位置在下焦，岂能够作为中焦病，可见三焦与经络的混合理论是“自相矛盾”的。

《条辨》不知谵语产生的原因，称是“邪入心包”，而且只认为是“邪入心包”证和下证，自然就无法对证施治了。

《条辨》不了解大小承气汤用于攻下“硬定燥屎”，也不了解硬定燥屎的临床证象，简言之就是不懂“下证”，自然也就不能正确使用大小承气汤了。

《条辨》不懂得白虎汤证和白虎加人参汤证各自的脉象和最关键的证象，自然就不能正确运用白虎汤和白虎加人参汤了。

《条辨》不知渴证的病因，不会治渴，对“渴甚”的病者只会教其泡梨片水解渴。

《条辨》不能正确掌握栀子豉汤证、瓜蒂散证、栀子柏皮汤证和茵陈蒿汤证，自然也就不能正确使用栀子豉汤、瓜蒂散、栀子柏皮汤和茵陈蒿汤了。

对于种种阳明大证既然都茫然于心，临证自然难于取效。本篇主要病条都摘自《伤寒论》，一经改动，常有错误出现。

暑温、伏暑

三十八、脉洪滑，面赤身热头晕，不恶寒，但恶热，舌上黄滑苔，渴欲凉饮，饮不解渴，得水则呕，按之胸下痛，小便短，大便闭者，水结在胸也，小陷胸汤加枳实主之。

【小陷胸汤加枳实方】黄连二钱，栝蒌三钱，枳实二钱，半夏五钱。急流水五杯，煮取二杯，分二次服。

【**点评**】首先本证绝不是暑证，因为暑证气虚，而滑脉是实脉，是中暑证所不可能有的。暑证最实的脉象是白虎人参汤证的洪大脉，而绝不可能出现洪滑脉。

《条辨》新例本证只是普通的伤寒阳明白虎汤证，脉洪滑、身热、不恶寒、但恶热、大便闭、舌黄，以及饮不解渴（即大渴引饮）都说明内外有热，与白虎汤证相合。应该使用白虎汤。注意本证没有下证，大便虽闭，但是小便短，津液将还回胃中，会自行大便。因为有大渴引饮，更宜使用白虎加人参汤，头晕可加半夏、生姜。

至于得水则呕、按之胸下痛，并不说明是水结在胸，因为呕证并不是水饮证的特征证象，饮证的特征脉证是脉弦、心悸、冒、眩晕等，而且小陷胸汤加枳实也不是治疗水饮之方，因此本证用小陷胸汤加枳实是不行的。同时小陷胸汤所治疗的结胸证也不是针对水结在胸的。《伤寒论·太阳病》中说："阳气内陷，心下因硬，则为结胸。"

总之，本证是一个典型的伤寒阳明病。既不是小陷胸汤证，更不是什么暑证，也不是"水结在胸"证。

三十九、阳明暑温，脉滑数，不食不饥不便，浊痰凝聚，心下痞者，半夏泻心汤去人参、干姜、大枣、甘草加枳实、杏仁主之。

【半夏泻心汤去干姜、甘草加枳实、杏仁方】半夏一钱，黄连二钱，黄芩三钱，枳实二钱，杏仁三钱。水入杯煮取三杯分三次服，虚者复纳人参二钱，大枣三枚。

【点评】脉滑数，当然不是暑证。

仲景治痞虽以诸泻心汤为主之，但也使用旋复代赭汤等其他方剂。结胸证和痞证并不是条中所谓"浊痰凝聚"而是伤寒误下或者误汗所致，《伤寒论·太阳病篇》中说："病发于阳而反下之，热入，因作结胸；病发于阴而反下之，因作痞，所以成结胸者，以下之太早故也。""太阳于少阳并病，而反下之，成结胸，心下硬，下利不止，水浆不入，其人心烦。""太阳病，医发汗，遂发热恶寒，因复下之心下痞，表里俱虚，阴阳气并竭，无阳则阴独。""太阳病，脉浮而动数……表未解也。医反下之，动数变迟，膈内剧痛，胃中空虚，客气动膈，短气烦躁，心中懊侬，阳气内陷，心下因硬，则为结胸，大陷胸汤主之。若不结胸……身必发黄。"

对结胸证，仲景用大陷胸汤，其中有甘遂逐水，甚至用十枣汤逐水，但是对于痞证，主要使用诸泻心汤除热补虚，例如半夏泻心汤、生姜泻心汤都是除热的芩连和补正的人参、干姜、甘草大枣同用，甘草泻心汤没有用人参，附子泻心汤用附子和三黄（大黄、黄芩、黄连），只有大黄黄连泻心汤单纯除热，而旋复代赭汤却只是补正和降胃中逆气，还有一方用五苓散利小便止渴（应该下一步再治痞）。这是因为仲景在《伤寒论》中认为痞证的病因是"胃中虚，客气上逆"、"胃中不和"、"表里俱虚，阴阳气并竭"、等。这与《条辨》本条说的"浊痰凝聚"完全不同，而且痰饮证多为弦脉，不会出现滑数脉。

《条辨》本条的滑数脉为实证脉象，与痞证热而夹虚不符，除非是大黄黄连泻心汤证，《条辨》本条用半夏泻心汤去人参、大枣、干姜、甘草加枳实、杏仁成为了除热祛痰之剂，而不再是治疗痞证之方，因为攻痞必须除热和补正并用。

四十、阳明暑温，湿气已化，热结独存，口燥咽干，渴欲饮水，面目俱赤，舌燥黄，脉沉实者，小承气汤各等分下之。

小承气汤（方义并见前，此处不必以大黄为君，三物各等分可也）

【点评】在鞠通的"暑兼湿热"理论中，才可能有湿气已化，热结独存。没有了湿，就不是暑证了，因为《条辨》上焦第二十二条自注中说"上热下湿，人处其中而暑成矣，若纯热不兼湿者，仍归温热例，不得混入暑也。"也就是说，本证本来就不是《条辨》认为的暑了，怎么又会放到暑证里来讨论？

从本条证象看，是一个里热实证，由于没有发热的"表热"证，不能用祛"表里之热"的白虎汤，尽管现在是实脉，也不能用白虎汤。同时条中没有燥屎证里的任何一个下证，因此是不能够“下”的。否则腹满、自利、结胸、心下痞等等危证峰起。小承气汤各等分，即主药大黄用量减半，泻下之力大减，如果再少少与服，将泻下药作为寒药用，还算不错。但是厚朴辛温相对用量变大之后，全方寒性并不峻，而且大黄泻下之性，有碍正气，与其如此，不如选择普通寒性处方，如黄芩汤、竹叶石膏汤之类，即可以达到相同的目的而不必担心泻下之弊。

本证有“口燥咽干，渴欲饮水”，这也是柴胡汤证。按仲景柴胡汤证“但见一证便是，不必悉具”的原则，也可以选用小柴胡汤，而且小柴胡汤有疏通上焦有使“津液得下，胃气因和”的作用，用之很可能有意想不到的效果。

自注中大谈温病与伤寒“下”法如何之不同，一方面温病即伤寒，其下法岂能有不同。另一方面，就本证而言，除了“脉沉实”而外，没有包含任何下证，根本谈不到用下法。

四十一、暑温蔓延三焦，舌滑微黄，邪在气分者，三石汤主之；邪气久留，舌绛苔少，热搏血分者，加味清宫汤主之，神识不清，热闭内窍者，先与紫雪丹，再与清宫汤。

【三石汤方】飞滑石三钱，生石膏五钱，寒水石三钱，杏仁三钱，竹茹（炒）二钱，银花三钱（花露更妙），金汁（冲）一酒杯，白通草二钱。水五杯，煮取二杯，分二次温服。

【加味清宫汤】即于前清宫汤内加知母三钱，竹沥五茶匙冲入。

【点评】本条所出三方都是峻寒之方，读者自然想弄清脉证，但是条中每一方只有一证，三石汤只有“舌滑微黄”，加味清宫汤只有“舌绛苔少”，先与紫雪丹，再与清宫汤证只有“神识不清”，实在难以凭此用药。

再看条中“暑温蔓延三焦”句，自注中说“蔓延三焦，则邪不在一经一脏矣，故以急清三焦为主。然虽云三焦，以太阴为要领。”也并没有出一个脉证。如果认为条中“暑温”指应该有上焦手太阴暑温提纲第二十二条证象“形似伤寒”、“口渴甚”、“汗大出”诸证，该条自注中说：“形似伤寒者，谓头痛，身痛，发热恶寒也。”要是真有如此证象，峻寒之方三石汤一用，病者必然“其危立至”了。

至于自注说：“肺通调水道，下达膀胱”，也不合医理。《素问·逆调论篇》“肾者水脏，主津液。”《素问·灵兰秘典论篇》“膀胱者，州都之官，津液藏焉”，“三焦者，决渎之官，水道出焉”，“肺者，相傅之官，治节出焉”。

从中可见，“肺”能够“通调水道，下达膀胱”。也许鞠通误解了《素问·经脉别论篇》的一段话“脾气散精，上归于肺，通调水道，水精四布，五经并行”，这是说“精”通调水道，而不是指肺。

条中所谓：“邪在气分”、“热搏血分”、“热闭内窍”，都是没有充分脉证依据的，仅仅是凭了一个证象而谈。三石汤为大寒之剂，而“舌滑微黄”热象甚轻，岂能使用。同样，加味清宫汤中含犀角、知母也是大寒之剂，岂能只见“舌绛苔少”便贸然使用。至于一见“神志不清”，不考虑其不同的病因就一概用紫雪等，其不妥我们已经反复指出。

四十二、暑温伏暑，三焦均受，舌灰白，胸痞闷，潮热呕恶，烦渴自利，汗出溺短者，杏仁滑石汤主之。

【杏仁滑石汤方】杏仁三钱，滑石三钱，黄芩二钱，橘红一钱五分，黄连一钱，郁金二钱，通草一钱，厚朴二钱，半夏三钱。水八杯，煮取三杯，分三次服。

【点评】自注说：“舌白胸痞，自利呕恶，湿为之也。”伤寒太阳病及杂证中，白苔非常普遍，不止是湿，胸痞我们在上面的第三十九条点评中已经指出痞证产生的原因，那是与湿毫无关系的。湿只能产生濡泻和肾的窍泻，通常的自利与湿没有关系，呕恶乃胃气上逆，与湿也无关，指本证为湿是不对的。

自注又说："杏仁、滑石、通草，先宣肺气，由肺而达膀胱以利湿"，滑石、通草本来就是利小便的药，并不是"先宣肺气，由肺而达膀胱以利湿"。而且上条点评中已经说明肺不可能"通调水道，下达膀胱"。此外，本证溺短是因为自利津液后失，是正常现象，溺短并不是小便不利，是不应该利尿的。

条中"胸痞闷"，不是真正的痞证，因为痞在心下而不在胸，痞有形而非闷，此证应当是胸满证。舌灰白则无内热，本证的吃紧证候是潮热自利，由于没有内热，仍未入阳明，比照《伤寒论·太阳病》篇："伤寒十三日不解，胸胁满而呕，日晡所发潮热，已而微利。此本柴胡汤证，下之而不得利，今反利者，知医以丸药下之，非其治也。潮热者实也，先宜小柴胡汤以解外，后以柴胡加芒硝汤主之。"二者基本上是相同的，先用小柴胡汤解外，若自利不止再治利。潮热自利，也是一种合病下利。

舌白应该是指舌苔白，白而润是有寒，白而燥是有热，比起黄燥苔则热象为轻，除了舌苔白生芒刺，热象都轻微。灰白之苔，则见于寒证，而杏仁滑石汤太寒，不适宜于本证。凡是自利都津液后失，溺短是正常的，只要不是小便不利，就不能利尿。

寒　湿

四十三、湿之入中焦，有寒湿，有热湿，有自表传来，有水谷内蕴，有内外相合。其中伤也，有伤脾阳，有伤脾阴，有伤胃阳，有伤胃阴，有两伤脾胃，伤脾胃之阳者十常八、九，伤脾胃之阴者十居一二。彼此混淆，治不中窾，遗患无穷，临证细推，不可泛论。

【点评】这段文字，代表鞠通对于"湿"气不正确的认识。

（1）"热湿"、"寒湿"的病名不对。热不是六气之一，不能中人成病，因此不可能有热湿病原，至于湿邪造成病理的热，那是人体的病理反应，不能和湿共同成为病原，因此也不可以成为病名。寒虽然是六气之一，寒湿如果同时入中人体，是可以称为寒湿病的，但是这里的寒是指病理之寒，因此作为病名就不妥当，而且容易和真正的寒湿痹病相混淆。

（2）"湿"是六气之一，而六气是"天之阴阳"。《素问·天元纪大论篇》："寒暑燥湿风火，天之阴阳也，三阴三阳上奉之。木火土金水火，地之阴阳也，生长化收藏下应之。"因此对人体而言，只可能通过肤表经络而入中脏腑，而湿伤脾主要出现肿满，而不是普通的脾胃病。

（3）水谷内蕴绝对不能产生"湿"。因为湿是天之阴阳的六气之一，水谷中的水就是人体所需要的水分，怎么可能是湿，把水湿混为一谈，是不对的。至于劳倦饮食伤脾产生疾病，是人体的内因，与"湿"和"寒"毫无关系。至于寒湿、热湿伤脾胃之阴阳等更是不对的。

（4）按《内经》，湿除了"中满"、"饮食不化"、"诸湿肿满，皆属于脾"而外，其他的脾胃病都不能妄指为湿伤脾胃，即使有了上述三种证象，还必须结合湿的其他证象脉象才能判断是否是"中湿"。下面的脾胃病，大多不是湿证，其中只有黄疸病和痹病是湿邪造成的病。

（5）《灵枢·五邪》："邪在脾胃，则病肌肉痛，阳气有余，阴气不足，则热中善饥。阳气不足，阴气有余，则寒中肠鸣、腹痛。阴阳俱有余，各俱不足，则有寒有热，皆调于三里。”《内经》里一方面将脾胃阴阳混合讨论，另一方面其虚实（有余、不足）对应的疾病非常具体。而《条辨》将脾胃阴阳分开，其对应病证又没有明确的定义，因此临床并没有意义。

四十四、足太阴寒湿，痞结胸满，不饥不食，半苓汤主之。

【半苓汤方】半夏五钱，茯苓块三钱，川连一钱，厚朴三钱，通草八钱（煎汤煮前药）。水十二杯，煮通草成八杯，再入余药煮取三杯，分三次服。

【点评】痞如果是可以触摸到的有形之痞，那是伤寒误下所致，与湿无关，如果是指无形的痞结不通，那更与湿无关。胸满不是中满，与湿无关，不饥不食不是饮食不化，因此本证与湿毫无关系。既谓之寒湿，何以半苓汤中含有川连，既无小便不利，为何要利小便。

通常“胸胁苦满，默默不欲饮食”，是小柴胡汤证，虽然还应该结合其他脉证做出最后判断，但是按照小柴胡汤证但见一证便是的原则，大体说来，如果只有条中证象，应该用小柴胡汤。

四十五、足太阴寒湿，腹胀，小便不利，大便溏而不爽，若欲作滞下者，四苓加厚朴秦皮汤主之，五苓散亦主之。

【四苓加厚朴秦皮汤方】茅术三钱，厚朴三钱，茯苓块五钱，猪苓四钱，秦皮二钱，泽泻四钱。水八杯，煮成三杯，分三次服。

【五苓散】猪苓一两，赤术一两，茯苓一两，泽泻一两六钱，桂枝五钱。共为细末，百沸汤和服三钱，日三服。

【点评】腹胀可以认为是“中满”，便溏可以认为是濡泻，但是仔细研究可以看出，濡泻不会便不爽而欲作滞下，因此本证仍然不是湿证。欲作滞下肠胃仍然不和，非单纯利小便可愈，四苓加厚朴秦皮汤虽然加了秦皮、厚朴，仍然不行。

腹胀有虚实之分，大承气汤证的腹满为实证腹满。虚证腹满如《灵枢·经脉》：“胃中寒则胀满”；“足太阴之别，……虚则鼓胀”。本条中没有脉象和舌象，不能准确判断寒热。条中称为“寒湿”为何还要用苦寒之秦皮。“欲作滞下”通常不是寒证。如果不是寒证还是用芍药散为好。如果没有内热，只是“腹胀，小便不利，大便溏而不爽”还是宜用补中益气汤，加茯苓、猪苓利小便。

四十六、足太阴寒湿，四肢乍冷，自利，目黄，舌白滑，甚则灰，神倦不语，邪阻脾窍，舌蹇语重，四苓加木瓜草果厚朴汤主之。

【四苓加木瓜草果厚朴汤】生茶三钱，白术三钱，猪苓一钱五分，泽泻一钱五分，赤苓块五钱，木瓜一钱，厚朴一钱，草果八分，半夏三钱。水八杯，煮取三杯，分三次服。阳素虚者加附子三钱。

【点评】自注说：“心藏神，故神昏”，而条中说：“神倦不语。”可见这里将类似“但欲寐”的证象称为神昏，但是在有的病条中又称神昏谵语，而但欲寐与谵语二证一虚一实，完全不同，读本书这种地方要留意。自注中再次说：“心主言”，与《内经》“心主噫”“肝主语”不符合。

自注中说：“目白睛属肺”此为后世眼科之说，不足凭信。不能因此判断本证兼有手太阴病。本条四肢乍冷，自利，舌白滑，甚则灰，神倦不语，确是寒象，不过仍然应该通过脉象来确诊，条中“目黄”一证应该特别注意，本证虚寒目黄，应该属于阴黄之类。黄病应该是湿病。条中“舌謇语重”一证也值得注意，舌謇在《内经》中称为舌卷，有少阳舌卷，心病舌卷，最严重的是厥阴绝舌卷，《素问·脉要经终论篇》：“厥阴终者，中热嗌干，喜溺心烦，甚则舌卷卵上缩而终矣。”本证“舌蹇语重”，从语重看，可能只是口中津液不足，舌不灵活，不是舌本身的病变。即使是舌卷，也不一定就是脾病。

从总的证象看，是阳虚寒证，应当温补。这种病理性寒证不是感受到六气中的“寒”邪。本证有黄证是湿邪所致，但是没有根据说是足太阴寒湿。舌白滑或者灰，普通寒证常会出现。本证没有小便不利，不能利小便，因此用四苓加木瓜草果厚朴汤是不对的，应当用理中汤之类温胃回阳即可，有目黄宜加茵陈。这里，临床医师务必留心脉象，以求正确的确诊。

四十七、足太阴寒湿，舌灰滑，中焦滞痞，草果茵陈汤主之。面目俱黄，四肢常厥者，茵陈四逆汤主之。

【草果茵陈汤方】草果一钱，茵陈三钱，茯苓皮三钱，厚朴二钱，广陈皮一钱五分，猪苓二钱，大腹皮二钱，泽泻一钱五分。水五杯，煮取二杯，分二次服。

【茵陈四逆汤方】附子三钱（炮），干姜五钱，炙甘草二钱，茵陈六钱。水五杯煮取二杯，温服一杯，厥回止后服；仍厥，再服，尽剂，厥不回，再作服。

【点评】本条前后是两个病证，前面部分，滞痞之痞，为后世所说之痞。与仲景《伤寒论》中按之有形之痞，大不相同。例如景岳说：“痞者，痞塞不开之谓，满者，胀满不行之谓，盖满则近胀，而痞则不必胀也。”仲景有形之痞与滞无关，而《条辨》之痞，则与“滞”“满”共见，即后世所谓之痞，与“满”很接近。《条辨》条中“舌灰滑，中焦滞痞”意则脾胃不畅，因此是脾胃小疾，只稍稍加温胃健脾即可痊愈，而《条辨》使用草果茵陈汤却颇为费解。没有黄证何必使用茵陈，用二苓泽泻利尿，此证并无小便不利，何得强行通利。东垣治脾胃病，依据《内经》劳倦饮食伤脾胃的论点，其疗效独步今古。他在《脾胃论》中说“为胃气不行，内亡津液而干枯……而淡渗五苓之类，则所当禁也。”又说：“盖阳明化燥火，津液不能停，禁发汗，利小便，为重伤津液。”“亦忌冷水及寒凉淡渗之物及诸果，恐阳气不能生旺也。……若渗泄淡味，皆为滋阴之味，为大禁也，虽然亦有从权而用之者。”小便不利而使用淡渗，通调三焦，是应该的，如果是亡津液导致小便少，仲景也明确说此时不能利小便，与东垣理论相合，总之没有小便不利，就不应当利小便，即使对真正的湿证也是如此。

本条“舌灰滑，中焦滞痞”如果舌本色淡，脉弱或迟等，确实属于脾胃虚寒不能运化，可以温中祛寒，因为有痞滞，可以用一点利气消导药，根据寒象的轻重，加入理中汤、建中汤、四君子汤等等之中。

本条后部分“面目俱黄，四肢常厥者”，如果是阴黄，就应该出现脉微弱等，《条辨》用茵陈四逆汤是合适的，此汤回阳祛黄。本证不载脉象就用药，有些草率。

四十八、足太阴寒湿，舌白滑，甚则灰，脉迟，不食，不寐，大便窒塞，浊阴凝聚，阳伤腹痛，痛甚则肢逆，椒附白通汤主之。

【椒附白通汤方】生附子三钱，川椒（炒黑）二钱，淡干姜二钱，葱白三茎，猪胆汁半酒杯（去渣后调入）。水五杯，煮成两杯，分二次凉服。

【点评】本证“舌白滑，甚则灰，脉迟，不食”是胃气虚寒，《灵枢·脉解篇》：“胃无气，则恶闻食臭也。”《素问·大惑论篇》：“胃气逆上，则胃脘寒，故不嗜食也。”关于“不寐”，《素问·逆调论篇》：“胃不和则卧不安。”

本证胃气虚寒，当然应该温中祛寒，但是用椒附白通汤则不宜。首先迟脉与微脉和芤脉不同，只是脉动较慢，说明有寒，但没有虚象，迟脉而不见四肢逆冷，不宜使用四逆汤类，何况本证并没有恶寒自利等证，肢逆也只出现在“腹痛甚”时。而且有大便窒塞，因此不能用椒附白通汤。白通汤为四逆汤之类，其主药都是姜附，此方加入川椒后，其温中回阳之力，比白通汤更强，实在是病轻药重，大不相宜。此证腹痛，最宜用小建中汤温中祛寒，芍药专止腹痛，其性微寒，不碍复阳。其大便秘塞可加润便药如麻仁、当归等。当归甘温悦脾胃润便通肠，于此证颇为相宜。

此外，也有胃中有热而不欲食的，仲景谓之客热不能消谷引食。

四十九、阳明寒湿，舌白腐，肛坠痛，便不爽，不喜食，附子理中汤去甘草加广陈皮厚朴汤主之。

【附子理中汤去甘草加广皮厚朴汤方】生茅术三钱，人参一钱五分，炮干姜一钱五分，厚朴二钱，广陈皮一钱五分，生附子一钱五分。水五杯，煮取八分二杯，分温再服。

【点评】本条证象与前几条没有特别的不同，一会儿太阴，一会儿阳明，既无界定，当然是随便指认，没有依据。本条寒象比较上一条还轻，附子理中汤也是四逆汤类，此证更不相宜。肛坠乃阳气下陷，附子理中汤虽然能够温中回阳，但是不能升举下陷之阳，陈、朴利气，用之不当，反破胃气。

本证寒象轻浅，最宜用东垣补中益气汤，一剂必然肛举便通而能食矣。这类病用四逆汤、附子理中汤之类即谓之“蛮补”、“蛮补”。而且附子理中汤太热，服后会有变证。

自注所谓：“胃受寒湿所伤，故肛门坠痛而便不爽”，说寒湿能造成肛坠痛，没有依据。实际上面本节除黄证外，其余脾胃病条款都与寒湿无关，都是劳倦饮食损伤脾胃所造成。不过表现为病理的寒象而已。自注又说：“阳明失阖，故不喜食”，也没有根据。

五十、寒湿伤脾胃两阳，寒热，不饥，吞酸，形寒，或脘中痞闷，或酒客湿聚，苓姜术桂汤主之。

【苓姜术桂汤方】茯苓块五钱，生姜三钱，炒白术三钱，桂枝三钱。水五杯，煮取二杯，分温再服。

【点评】本证“寒热”表述不清楚，既可能是伤寒太阳病的恶寒发热，也可能是少阳病的往来寒热，不饥，吞酸，或脘中痞闷是脾胃兼证，这在外感病人中时有所见，痞在脘中，说明不是心下有形之痞，而是满闷。对脾胃虚弱的或者受到劳倦饮食伤害脾胃的，很容易出现。这明明是感冒伤寒，若是太阳病的恶寒发热，就应该用活人败毒散，如果是少阳病的往来寒热，就应该用小柴胡汤；“形寒”如果指恶寒，本证就是伤寒太阳病。

本条《条辨》所用苓姜术桂汤，完全不妥。桂枝生姜虽然是表药，但是一遇到实表敛汗的白术，其解表之力尽失。同时桂枝一配茯苓就成为利尿行水之药，根本不能退热解表。

本证不是寒湿伤脾胃两阳。

五十一、湿伤脾胃两阳，既吐且利，寒热身痛，或不寒热，但腹中痛，名曰霍乱。寒多，不欲饮水者，理中汤主之。热多，欲饮水者，五苓散主之。吐利汗出，发热恶寒，四肢拘急，手足厥逆，四逆汤主之。吐利止而身痛不休者。宜桂枝汤小和之。

【理中汤方】人参、甘草、白术、干姜各三两，水八杯，煮取三杯，温服一杯，日三服。

【五苓散方】（见前）

【四逆汤方】炙甘草二两，干姜一两半，生附子一枚（去皮），加人参一两。水五茶碗，煮取二碗，分二次服。

【点评】霍乱与湿毫不相关，虽然前人也偶尔提到霍乱有兼受湿邪的，但不能作霍乱产生的病因。

附：霍乱论（点评者专论）

《灵枢·经脉篇》说："足太阴之别，……入络肠胃，厥气上逆，则霍乱。"《素问·六元正纪大论篇》："土郁之发……呕吐霍乱。""太阴所致为中满霍乱吐下。""不远热则热至……热至则身热，霍乱吐下"。《灵枢·五乱》："气……乱于肠胃，则为霍乱。"景岳将"霍乱"解释为"挥霍缭乱"，其实从字面上讲成"霍然而乱"，言其至也突然，更为贴切。

以上可见，《内经》认为霍乱是肠胃和足太阴脾病，而肠胃脾病是由饮食劳倦引起的，与湿没有关系。

《伤寒论·霍乱病脉证》说："伤寒其脉微涩者，本是霍乱。"认为霍乱也是伤寒病。也许霍乱一篇原来就是在《伤寒论·太阴篇》中，被以后的收集者，独立出来。可见霍乱病有肠胃脾病和伤寒两个原因。

"恶寒脉微，而复利，利止，亡血也，四逆加人参汤主之。""吐利汗出，发热恶寒，四肢拘急，手足厥冷者，四逆汤主之。""既吐且利，小便复利而大汗出，下利清谷，内寒外热，脉微欲绝者，四逆汤主之。""吐已下断，汗出而厥，四肢拘急不解，脉微欲绝者，通脉四逆加猪胆汁汤主之。"以上《伤寒论》中四条四逆证，除第二条没有脉象以外，其余三条都是"微"脉或"脉微欲绝"，后三条都有厥逆证，可知四逆汤证的主要脉证除吐利而外，就是脉微而厥逆了。

《伤寒论·霍乱病脉证》还说："霍乱，头痛，发热，身疼痛，热多欲饮水者，五苓散主之，寒多不用水者，理中汤主之。"霍乱一证，外有发热恶寒身痛的表证，内有吐利厥逆。

《伤寒论·太阳病篇》说："伤寒医下之，续得下利清谷不止，身疼痛者，急当救里。后身疼痛，清便自调者，急当救表，救里宜四逆汤，救表宜桂枝汤。"霍乱证吐泻厥逆最急，因此应该先止吐利，再解表退热。所以《伤寒论》在理中五苓汤证后，紧接着一条："吐利止而身痛不休者，当消息和解其外，宜桂枝汤小和之。"当然如果是恶寒发热体痛等太阳病，解表退热还是活人败毒散好。

以上便是霍乱论。

现在回到《条辨》本条。由于不重视脉象，如此重证，却不出脉象。

《条辨》本条说："或不寒热"，这类霍乱就不是伤寒霍乱，而是纯粹的脾胃吐利，通常没有脉微和厥逆，这时选用半夏泻心汤最好。如果外有寒热而没有微脉和厥逆，就应该选用藿香正气散，同时兼顾内外。对照《条辨》本条，可以看出条中所述大致是正确的，只不过霍乱的病因绝不是"湿伤脾胃两阳"而已。

五十二、霍乱兼转筋者，五苓散加防己桂枝薏仁主之；寒甚脉紧者，再加附子。

【五苓散加防己桂枝薏仁方】即于五苓散中加防己一两，桂枝一两半，足前成二两，薏仁二两，寒甚者，加附子大者一枚、小者二枚。杵为细末每服五钱，百沸汤和，日三，剧者日三夜一服，得卧则勿令服。

【点评】《素问·宣明五气论篇》说“肝主筋”，《条辨》所用的桂枝、防己、薏苡仁都不入肝经，不是治转筋之专药，不如用入肝舒筋专药如木瓜、白芍之类更为有效。转筋通常发生在吐泻之后，如吐泻未止，在治疗霍乱的药剂如四逆、理中、五苓、藿香正气散中随宜加入舒筋的木瓜等，不是必须加入五苓散中，如果吐利已止，表未解，则可以加入解表药中，随宜使用，才能取效。

紧脉常见于伤寒表证，不是疾病“寒甚”，不应该作为加附子的依据。注意霍乱用四逆汤只是因为里证吐利急，先回阳温里，然后再解表除寒热，并不是用四逆汤治疗在表之寒热。而是先止吐利，然后再解表。

景岳对转筋有一个处理手法，即用手指钩住足踇指上扳，可以缓解甚至止住转筋。对于平时转筋，这个手法用之也很有效。

五十三、卒中寒湿，内挟秽浊，眩冒欲绝，腹中绞痛，脉沉紧而迟，甚则伏，欲吐不得吐，欲利不得利，甚则转筋，四肢欲厥，俗名发痧，又名干霍乱，转筋者，俗名转筋火，古方书不载，蜀椒救中汤主之，九痛丸亦可服，语乱者，先服至宝丹，再与汤药。

【救中汤方】蜀椒（炒出汗）三钱，淡干姜四钱，厚朴三钱，槟榔二钱，广陈皮二钱，水五杯，煮取二杯，分二次服。

【九痛丸方】附子三两（炮），生狼牙一两（炙香），巴豆一两（去皮心，熬，研如脂），人参、干姜、吴茱萸各一两。上六味，末之，炼蜜丸如桐子大，酒下。强人初服三丸，日三服，弱者二丸。兼治卒中恶，腹胀痛，口不能言；又治连年积冷，流注心胸痛，并冷冲上气，落马坠车血疾等皆主之。忌口如常法。

【点评】本条不是“卒中寒湿，内挟秽浊”。本条脉象“脉沉紧而迟，甚则伏”又无寒热表证，一般而言可以认为是寒证（病理寒证），但是卒然暴痛之证遇到这种脉象，应该警惕，景岳于腹痛脉象说：“暴痛之极者，每多沉伏细涩，最似极虚之候，不知气为邪逆，气逆则脉道不行而沉伏异常，此正邪实之脉，然于沉伏之中细察之，必有梗梗然弦紧之意，此必寒邪阻遏阳气者，多有是脉，若火邪作痛，则不然也，凡见此者，不得因其极细极微而妄用补剂。”因此此证是内停痰饮，故眩冒欲呕，腹中绞痛，若硬满，则兼食积。古人常用盐汤探吐，去其痰食。再利气温阳。若是阻塞不甚，或有愈者，若阻塞太甚，很可能就是“肠梗阻”之类，恐怕只有西医外科治疗了。救中汤温中利气，九痛丸温下，于梗阻重证，恐难有效。既是寒证，那能因为语乱而用大寒之至宝丹。此外：肠痈也会腹绞痛，仲景有大黄牡丹皮汤，良效。肠痈就是现在所说的阑尾炎。

湿温（疟、痢、疸、痹附）

一、湿热（温）

五十四、湿温上焦未清，里虚内陷，神识如蒙，舌滑脉缓，人参泻心汤加白芍主之。

【人参泻心汤方】人参二钱，干姜二钱，黄连一钱五分，黄芩一钱五分，枳实一钱，生白芍二钱。水五杯，煮取二杯，分二次服，渣再煮一杯服。

【点评】自注中说：“湿之中人首如裹，目如蒙”，《内经》只是说“首如裹”没有说“目如蒙”，何况目如蒙和神识如蒙也很不相同。自注中又说：“此与热邪直入包络谵语神昏有间”，也就是告诉我们神识如蒙不是神昏，而是“人昏”，大致指头晕，这就是本证的所有证象。此外就是“舌滑脉缓”了。就凭这点脉证就能说湿温“上焦未清，里虚内陷”，未免武断，头晕舌滑脉缓很接近正常人，脉证完全得不出“里虚”的结论，更不要说是湿温里虚内陷了。

这种头晕小疾，很常见，或因睡眠不好，或水饮稍有停滞，用一剂小半夏加茯苓汤，二陈汤之类即可痊愈。再说泻心汤也不是治疗“湿”证之方，何以能治湿温里虚内陷，本证既无心下痞，也没有自利，没有理由用泻心汤。

五十五、湿热受自口鼻，由募原直走中道，不饥不食，机窍不灵，三香汤主之。

【三香汤方】栝蒌皮三钱，桔梗三钱，黑山栀二钱，枳壳二钱，郁金二钱，香豉二钱，降香末三钱。水五杯，煮取二杯，分二次温服。

【点评】首先热不是六气之一，不能中人成病，更不可能受自口鼻。湿邪能够中人成病，其途径是由肤表而络而经而腑脏，何况《灵枢·百病始生篇》说：“清湿则伤下”，根本不可能“受自口鼻”。“由募原直走中道”更加毫无根据，更何况既然湿从口鼻而入为何不伤肺而是“由募原直走中道”？

整个病条就只有一个证象，即不饥不食，其原因很多，惟独不会因为“湿”。不饥不食病关脾胃，湿入脾为肿满。而胃为水谷之海，并非湿可以轻易伤害的。不饥不食主要是胃气受伤，以虚寒为多，虽然胃热也可能引起不饥不食，但必须有相应的脉证判断，岂能单凭不饥不食一证，就能够认为是胃热。

《条辨》本条的三香汤是用栀子豉汤加利气祛痰药而成，不是治湿之方，虽然能够除热行气，也许胃热气逆不食之证有些效果。却没有开胃进食之力，不是治疗不食常用之方。若是胃寒不食，此方大为不宜。

五十六、吸受湿邪，三焦分布，热蒸头胀，身痛呕逆，小便不通，神识昏迷，舌白，渴不多饮，先宜芳香通神利窍，安宫牛黄丸；继用淡渗分消浊湿，茯苓皮汤。

【茯苓皮汤】茯苓皮三钱，生薏苡仁五钱，猪苓三钱，大腹皮三钱，白通草三钱，淡竹叶二钱。水八杯，煮取三杯，分三次服。

【点评】本条吃紧证候为昏迷小便不通，呕逆。《伤寒论·平脉法》说：“寸口脉浮而大，浮为虚，大为实。在尺为关，在寸为格，关则不得小便，格则吐逆。”

本条证象“呕逆”与“吐逆”有些不同，吐逆要吐出一些胃中物。只是《条辨》往往呕与吐混淆。关格是大证，若因关格而昏迷，是肾气虚竭正气将败的危险证象，呕而不吐病情稍缓，此时利尿滋肾补中或者尚可挽回。安宫牛黄丸大寒峻剂，大伤元气，此时岂能轻与。不能一见神昏，就轻用大寒及“脑麝”等。

茯苓皮汤利尿之力远不及五苓，此时用之不但缓而力薄，而且此时不能单纯利小便，同时应该补肾与正气。否则一旦关格势成，局面很难挽回。

五十七、阳明湿温，气壅为哕者，新制橘皮竹茹汤主之。

【新制橘皮竹茹汤】橘皮三钱，竹茹三钱，柿蒂七枚，姜汁三茶匙（冲）。水五杯，煮取二杯，分二次服。不知，再作服。

【点评】哕证，《条辨》本书竟分散各处，重出多条，其所论述的病因，偏偏要和仲景相对立。在上焦篇第四十六条中，我们已经列出了哕证的4条原因。

对比一下《条辨》本书认为的病因，①在上焦第四十六条说：太阴“气分痹郁而哕者”。②在中焦，第八条说：“实热壅塞为哕者下之”，并没有出方，大致暗指大承气汤证中出现的哕。③本条说：“湿温气壅为哕”。④下焦篇第十五条既厥且哕自注中说：“温邪久据下焦……扰冲脉为哕”，这后一种病因最不可思议，《素问·骨空论篇》说：“冲脉为病，气逆里急”，明白说明是气逆造成“里急”，哕绝不是里急。大致鞠通看上了“气逆”的说法，作为哕证的原因。临床上仲景的4个原因最切用，叶天士治哕也谨守温胃之法，《金匮》治哕的橘皮竹茹汤也以温胃补胃为主，不过也用了橘皮利胃气之药，看来在温补胃的同时稍利胃气止逆是应该的。但是指哕的病因为气痹、气壅、气塞就不对了。因此本条新制橘皮竹茹汤去除了仲景原方补胃的参、甘、枣是不对的。加入柿蒂是好的，最好再加丁香。《条辨》本条用方基本上是切合病情的。

自注说：“诸皮皆凉”的说法也是不尽然，固然有性寒的如黄柏等是皮，但是厚朴、杜仲都是皮，其性却温，肉桂也是皮，药性却是辛热。

五十八、三焦湿郁，升降失司，脘连腹胀，大便不爽，一加减正气散主之。

【一加减正气散方】藿香梗二钱，厚朴二钱，杏仁二钱，茯苓皮二钱，广皮一钱，神曲一钱五分，麦芽一钱五分，绵茵陈二钱，大腹皮一钱。水五杯，煮二杯，再服。

【点评】本条“脘连腹胀，大便不爽”，认为是“三焦湿郁，升降失司”，没有道理。腹胀有虚实之分，实胀如大承气证腹胀，虚胀多为脾虚作胀，还有中气不顺作胀，也属于脾胃不和，属于虚胀。二者在证象上大不相同，实证拒按腹较硬，虚证喜按而柔软。从本条用方来看，是属于脾胃气滞作胀。这与湿和三焦扯不上任何关系，脾胃气滞说成是“升降失司”，就显得含糊不清。本证的治疗应该是补中利气，《条辨》用一加减正气散消导利气大体正确。但是加入茵陈苦寒伤胃，而且与茯苓相合利尿则很不合宜。杏仁利肺气，与脾胃气滞无关，用之无益。同时利气药多用反而破气，从而伤害正气，如果利气药不能取效，就应该温补脾胃以止虚胀。虚证大便不爽，应该加入当归类润便药。

一加减正气散除去了正气散原方中补正解表药，几乎只保留了利气药。加入消导药后，完全变成了利气消导之方，与原方含义完全不同，实在不宜再保留正气散之名。必须说明的是，条中不含脉象和舌象，而且证象也不详尽，不能充分判断是否确是脾胃气滞。此外腹胀也可能有腹水腹胀和癃闭腹胀等虚中夹实之证，腹胀而不肿，与湿人脾的“肿满”不同。

五十九、湿郁三焦，脘闷，便溏，身痛，舌白，脉象模糊，二加减正气散主之。

【二加减正气散】藿香梗三钱，广皮二钱，厚朴二钱，茯苓皮三浅，木防己三钱，大豆黄卷二钱，川木通一钱五分，薏苡仁三钱。水八杯，煮三杯，三次服。

【点评】本条“脘闷，便溏”也是脾胃病，不是“湿郁三焦”。身痛说明稍有表证，“脉象模糊”就是似有似无，是正虚脉象，属于脾胃气虚。

本方仍然主要是利气和利小便之方，豆卷甘平虽悦脾胃，独立方中，其力甚弱。藿梗虽然能够走表，其力量微弱，不足以镇身痛。防己也没有走表镇痛之功，而是去水利尿。全方大力利小便。

本条自注中说：“利小便所以实大便也。”实际上，只有对外邪已尽，虚泻不止，才用利小便分消之法，是不可以用于便溏的。因为虚泻无度，水分大量后走，通过利小便使水分前走，大便因为水分减少而让泄利减轻。溏泻失水不多，利小便没有多大用处。因此本证使用二加减正气散是不对的。

本证应该温补中气，增强脾胃，同时用一点风药镇痛，附带升举脾胃阳气。本证由于脉虚，最好选择理中汤等比较有力的温中的方剂。而且本证“舌白”如果白而润，就是不存在里热之象，可以放心用理中汤。自注说的“防已急走经络中湿郁”，是没有根据的说法。

六十、秽湿着里，舌黄脘闷，气机不宣，久则酿热，三加减正气散主之。

【三加减正气散方】藿香（连梗叶）三钱，茯苓皮三钱，厚朴二钱，广皮一钱五分，杏仁三钱，滑石五钱。水五杯，煮二杯，再服。

【点评】前两方藿香只用梗，自注中说：“取其走中不走外也。”就是认为藿香只有叶有表性而梗没有，这是没有根据的说法。而且本条方中又要连叶用，不知道为何又要用其“走外”之性。其实上条有体痛表证（其自注中也说：“经络证矣”），而此条没有，上条不用叶“走外”而本条反用，自背其说。《条辨》将利肺气的杏仁常常作为普通利气药用，因此三加减正气散和前面两方一样，是利气和利小便之剂。上条还因为便溏而利小便，而本条仍然利小便。这是因为总认为利小便可以除湿。但是仲景明明说：“湿痹之候，小便不利，大便反快但当利其小便。”利小便只为了疏通水道，没有小便不利，根本就不应该利小便。同时，利小便对脾胃没有任何好处，不是治疗脾胃病的一种方法。

利气一法，也只是针对脾胃气滞，否则破气伤胃，因此利气加利小便之法，不是脾胃病的正治。本证又是只有一个证象“舌黄脘闷”其余都是闲话。根本不足以充分判断病因，从而正确用药。而三加减正气散顺气利小便用于“舌黄脘闷”之证，可谓毫无着落。

六十一、秽湿着里，邪阻气分，舌白滑，脉右缓，四加减正气散主之。

【四加减正气散方】藿香梗三钱，厚朴二钱，茯苓三钱，广皮一钱五分，草果一钱，楂肉（炒）五分，神曲二钱。

【点评】上面三条还可以从脘闷、便溏、脘连腹胀等推想是脾胃病，本条就只有“舌白滑，脉右缓”加两句无用之话，就真的不知道其所指了。

常人如果没有其他证象，脉缓不算病，舌白滑也不算病，根本不必服药。其方四加减正气散基本上也是消导利气，只有草果有温中之力。本方用于本证，实属毫无道理。

六十二、秽湿着里，脘闷便泄，五加减正气散主之。

【五加减正气散】藿香梗二钱，广皮一钱五分，茯苓块三钱，厚朴二钱，大腹皮一钱五分，谷芽一钱，苍术二钱。水五杯，煮二杯，日再服。

【点评】本条证象接近第五十九条，该条有身痛外证，本条便泄稍重于便溏。用方也基本保持了平胃散的特点，还算大体不差。不过大腹皮行气力量较强，这种脘闷便泄轻证没有必要使用，不见呕逆，藿香用之也无益。本证也只有“脘闷便泄”，这种见一两个证象便草率用药，是很不严肃的治病态度。

以上5条，除了六十一条外，勉强算是脾胃病，于湿毫无关系。5个加减正气散，与正气散原方含义大相径庭，完全不应该保留正气散之名，以免混淆视听。

这5个方子，都是针对脾胃病的，应该使用甘草、大枣、生姜，这些都是最佳的甘温护胃良药。一些医家认为大枣甘草满中滞胃，这种观点是不对的，鞠通认为是“守补”，其实也是认为它们呆滞，即滞胃气。虽然《素问·奇病论篇》有甘者令人中满之说，那是指甘美食物而言，同时《素问·阴阳应象大论篇》：“气味辛甘发散为阳”，它们都是甘味阳药，是不可能滞胃气的，仲景最常使用它们，再说大枣还是常用果品，饥饿时吃半斤也不会坏胃，足见它们只有护胃之功，并无滞胃之弊。尤其对于脾胃不足的疾病是不能或缺的良药。

六十三、脉缓身痛，舌淡黄而滑，渴不多饮，或竟不渴，汗出热解，继而复热，内不能运水谷湿，外复感时令之湿，发表攻里，两不可施，误认伤寒，必转坏证，徒清热则湿不退，徒去湿则热愈炽，黄芩滑石汤主之。

【黄芩滑石汤方】黄芩三钱，滑石三钱，茯苓皮三钱，大腹皮二钱，白蔻仁一钱，通草一钱，猪苓三钱。水六杯，煮取二杯，渣再煮一杯，分温三服。

【点评】脉缓身痛发热，伤寒太阳表正仍在，没有恶寒而舌淡黄，稍现阳明证象，准确的说，是以太阳病为主要的太阳阳明并病。舌淡黄而滑，滑则津液未伤，黄色淡则内热甚微，可以按伤寒太阳病治疗，直接使用活人败毒散。或者稍加黄芩兼顾阳明之热。如果身痛解而热不退，此时应按阳明病的轻证论治，使用竹叶石膏汤。

本证没有一个湿证的证象，与湿没有关系。“湿”是天之阴阳的六气之一，哪里会有什么“水谷之湿”。至于时令之湿即六气之湿，四季均有，不会因时令而有无。此病本来就是伤寒，治疗不恰当当然会变成“坏证”。如果服用《条辨》给定的清热利尿的黄芩滑石汤，很可能变证峰起，真正成为坏证。

本证并没有小便不利，根本不能利小便。

六十四、阳明湿温，呕而不渴者，小半夏加茯苓汤主之；呕甚而痞者，半夏泻心汤去人参、干姜、大枣、甘草加枳实、生姜主之。

【小半夏加茯苓汤】半夏六钱，茯苓六钱，生姜四钱。水五杯；煮取二杯，分二次服。

【半夏泻心汤去人参干姜大枣甘草加枳实生姜方】半夏六钱，黄连二钱，黄芩三钱，枳实三钱，生姜三钱。水八杯，煮取三杯，分三次服，虚者复纳人参大枣。

【点评】前面我们已经指出，《条辨》所有阳明病都似是而非，本证既没有身热自汗、不恶寒反恶热，也没有“胃家实”证象，哪里能够和阳明病沾上边？条中两个方子各对应一个证象，下面分别讨论。

首先讨论小半夏加茯苓汤，自注说：“呕而不渴者，饮多热少也。”原来《条辨》认为这是一个因为饮和热的病，而且饮多热少。既然是饮和热的病就与“湿”病没有关系，大概认为温热是一样的，饮和湿也是一样的，才可能把饮和热的病称为“湿温”。以前我们已经指出，热是壮火，而温是少火，“壮火食气”“少火生气”。二者的病理作用完全相反，绝不可以混为一谈。同样“湿”是天之阴阳的六气之一，是中人成为病的外因。而“饮”是人体内部体液运行障碍造成的水潴留而引起的疾病，是内因疾病。可见湿和饮是性质完全不同的两类疾病，绝不能混为一谈。

本证只有“呕而不渴”证象，由此既不足以判定有“热”，也不足以判定有“饮”。要是有外热，就应该有发热等，要是有内热就应该有舌苔黄燥等，其脉或滑或数等。要是有饮证就应该脉弦而有眩冒心悸等证。因此本证只是一个原因不明的单纯呕证，最可能是胃气不和的原因。由于小半夏汤治呕如神，可以通治各种呕证，因此用于治疗本证没有不愈的，单纯的呕证没有必要加茯苓，用小半夏汤就行了。

现在再看痞证，如果是饮证出现的“痞”，就用小半夏加茯苓汤即可治愈，《金匮》说：“卒呕吐，心下痞，膈间有水，眩悸者，半夏加茯苓汤主之。”至于其他不是水饮证的痞，如胁下痞用小柴胡汤，胸中痞硬用瓜蒂散，心下痞用大柴胡汤及各种泻心汤等法度森严，不能一见痞证就用泻心汤。《条辨》大量出现只有一个证象就贸然出方，是不对的。痞证常常出现在伤寒病误下之后，痰饮证中偶尔出现，与湿证却一点关系都没有。

六十五、湿聚热蒸，蕴于经络，寒战热炽，骨骱烦疼，舌色灰滞，面目痿黄，病名湿痹，宣痹汤主之。

【宣痹汤方】防已五钱，杏仁五钱，滑石五钱，连翘三钱，山栀三钱，薏苡仁五钱，半夏（醋炒）三钱，晚蚕沙三钱，赤小豆皮三钱。水八杯，煮取三杯，分温三服，痛甚者，加片子姜黄二钱，海桐皮三钱。

【点评】自注说："痹之兼乎热者，亦复不少，……本论因载湿温而类及热痹。"也就是认为本条是湿和热（温）产生的热痹。《素问·痹论篇》："风寒湿三气，合而为痹也"，哪里会有什么"热痹"？痹证脉"沉细"，本证"舌色灰滞"，也无内热。加之"寒战热炽，骨骱烦疼"，寒战热炽实际上就是恶寒发热，而且热炽指高热，寒战说明恶寒厉害，骨节烦疼伤寒病也很常见。如果不见沉细之脉，本证是典型的伤寒太阳病，应当使用活人败毒散，一剂即当痊愈。由于活人败毒散不是发汗之剂，即使是脉沉细的湿痹，也可以用之解表，再用蠲痹汤治疗痹证。当然也可以直接用蠲痹汤。

上焦第四十六条哕证出现一个"宣痹汤"，这里又来一个宣痹汤，一书中两个同名不同药的方子，势必造成称谓上的混乱。本条用的宣痹汤，性寒而利小便，是纯粹走里之剂，本证有太阳表证"寒战热炽，骨节烦疼"，不管是不是湿痹都决不可使用。加之"舌色灰滞"，当为有寒，更加不可使用寒药。

六十六、湿郁经脉，身热身痛，汗多自利，胸腹白疹，内外合邪，纯辛走表，纯苦清热，皆在所忌，辛凉淡法，薏苡竹叶散主之。

【薏苡竹叶散方】薏苡仁五钱，竹叶三钱，飞滑石五钱，白蔻仁一钱五分，连翘三钱，茯苓块五钱，白通草一钱五分。共为细末，每服五钱，日三服。

【点评】本条证象只有"身热身痛，汗多自利，胸腹白疹"，也没有给出脉象和舌象，失之过于简单。大体而言，身痛病仍然在太阳，不恶寒而身热自汗，病在阳明，证属伤寒太阳阳明合病，故有自利，白疹在肤表，也属表证。合病自利，首选方剂为活人败毒散，再加防风等去疹药。如果身痛解而热退未尽，可以用竹叶石膏汤清解阳明。

本证没有小便不利，当然不能使用薏苡仁、竹叶散利小便，此汤没有解表之力，完全不适合本证。

自注中说："表邪从气化而散"，表邪只可能通过"辛甘发散为阳"的风药才能表散。利小便的薏苡竹叶散根本不能气化表邪，而且没有药可以气化表邪，同时表邪也不可能从气化而散。表邪的说法也有些不妥，应该说是表证。

六十七、风暑寒湿，杂感混淆，气不主宣，咳嗽头胀，不饥舌白，肢体若废，杏仁薏苡汤主之。

【杏仁薏苡汤】杏仁三钱，薏苡仁三钱，桂枝五分，生姜七分，厚朴一钱，半夏一钱五分，防已一钱五分，白蒺藜二钱。水五杯，煮三杯，渣再煮一杯，分温三服。

【点评】条中"风暑寒湿，杂感混淆，气不主宣"是几句闲话，本证的风暑寒湿对应的症状是哪些，何谓风暑寒湿杂感混淆，其表现在哪里？咳嗽原因也不一定就是肺气不主宣，不饥也不一定就是胃气不主宣。

本证"肢体若废"与"不仁"有些不同，更近于"但臂不举"的"不用"的风痹，《素问·递调论篇》说："营气虚则不仁，卫气虚则不用。"脾主四肢，而且"若废"说明不是真正废了，与不食相合，加之咳嗽头胀，稍感风寒。应该是脾虚挟风寒之证。

本条用杏仁薏苡汤，显然不对证，而且此方也不能治疗条中“风暑寒湿”混淆之证。首先此方不能镇咳，仅仅依靠杏仁半夏治咳是不行的。其次桂枝仅仅五分加生姜七分难敌苦寒防己一钱五分，用于温中开胃也是不行的。方中表药虽然对于肢体若废有些益处，但是力量很弱，难奏其效。因此从各方面来说，此方都是敷衍之方，应该先治其咳，再温脾胃除风，开胃并治其四肢。

六十八、暑湿痹着，加减木防己汤主之。

【加减木防己汤】防己六钱，桂枝三钱，石膏六钱，杏仁四钱，滑石四钱，白通草二钱，薏苡仁三钱。水八杯，煮取三杯，分温三服，见小效不即退者，加重服。

【点评】本条文中只说痹着而不载证象，自注说：“风胜即引，引者（吊痛制痛之类，或上或下，四肢游走作痛，经谓行痹是也）。加桂枝、桑叶，湿胜即肿，肿者加石膏、萆薢、苍术。寒甚则痛，痛者加防己，桂枝、姜黄，海桐皮”，又称“不能备载全文”，“示门径而已”。并没有说清楚本条药方加减木防己汤究竟针对痹证的哪些症状而言。上述自注中也提到痹证的证因风寒湿，但本条目中又称“暑湿痹者”，按鞠通定义“暑兼湿热”，且热多湿少。这样看来暑湿痹其实就是湿热痹，同上条一样，热只是病理的热，是一种证象，不是病因，因此绝不可能有“热痹”病。痹证发热或者痹证内热，则是可能的。

自注又说：“此治痹之祖方也。”但是仲景根本不用木防己汤治痹，而是用于水饮证。《金匮》说：“膈间支饮，其人喘满，心下痞坚，面色黧黑，其脉沉紧者，得之数十日，医吐下之不愈，木防己汤主之，虚者即愈。实者三日复发，复发不愈者，宜木防己汤去石膏加茯苓芒硝汤主之。”

《条辨》本条加减木防己汤就是仲景木防己汤去人参加杏仁再加利小便的滑石、通草、薏仁。根本不是治痹之方，关于痹证及其治疗，下面做出一些简单的讨论。

附：痹病论（点评者专论）

《素问·痹论篇》：“风寒湿三气杂至，合而为痹也。其风气胜者为行痹，寒气胜者为痛痹，湿气胜者为著痹。”“凡痹之类，逢寒则虫，逢热则纵。”“虫”字，《甲乙经》作“急”字，意义较妥善，“虫”字可能是传抄之误。

痹证主证是痛和不仁，且常见关节痛，掣痛。程钟龄说：“其风气胜者为行痹，游走不定也。寒气胜者为痛痹，筋骨挛痛也。湿气胜者为著痹，水肿重坠也。”“痹者，痛也。”

仲景治疗“湿”、“风湿”，《金匮》中有六方，主要是祛风温中。特别值得注意的是都不用利小便之法。《金匮》：“风湿相搏，骨节疼烦掣痛，不得屈伸，近之则痛剧，汗出，短气，小便不利，恶风，不欲去衣，或身微肿者，甘草附子汤主之。”方用甘草、附子、桂枝、白术四味。此证虽然小便不利，而且是风湿病，仲景并没有利小便。这和鞠通逢湿就任意利小便形成鲜明的对比。

《金匮》关于痹证有另外一个定义：（中风历节病）“夫风之为病，当半身不遂或但臂不举者，此为痹。”这是单纯的风痹，在虚风内中的疾病中常见这种后遗症。

痹证最有效的方子是蠲痹汤：羌活 12 克，独活 12 克，桂心 8 克，秦艽 20 克，当归 30 克，川芎 10 克，甘草 8 克，海风藤 20 克，桑枝 30 克，乳香 8 克，木香 8 克。用 2 煎法，分温 4 服。钟龄关于本方有一个加减法：“风气胜者，更加秦艽、防风。寒气胜者，加附子，湿气胜者，加防己、萆薢、薏苡仁。痛在上者，去独活，加荆芥。痛在下者，加牛膝。间有湿热者，其人舌干、喜冷、口渴、溺赤、肿处热辣，此寒久变热也，去肉桂，加黄柏三分。”

痹证是《条辨》湿证中出现与湿有关的病条，但是其治法却不对。

二、黄疸

六十九、湿热不解，久酿成疸，古有成法，不及备载，聊列数则，以备规矩（下疟、痢等证仿此）。

【点评】黄疸的确是“湿”产生的疾病，但不是“湿热不解，久酿成疸”，黄疸病大多是中湿后卒然而发，也可能是逐渐而发，但不是湿热久酿成疸。本条自注中陈述的《金匮》治疗黄疸的方法，不过随文敷衍，似是而非。如果参看下面紧接着的四个病条，完全可以看出，鞠通没有从根本上掌握治疗黄疸病的方法。

附：黄疸论（点评者专论）

黄疸病多数表现为热证，但是也有表现为寒的。其病因只有湿，寒热都只是病理的证象。《金匮·黄疸病篇》说：“然黄家所得，从湿得之。”下面我们简单讨论黄疸病的证治，仲景治疗黄疸的方法很多，现在逐一加以说明。

1. 下法　下法针对实证（热证）黄疸而设，主要治疗方法是寒下，《金匮》说：“热在里，当下之。”所用药方有茵陈蒿汤、栀子大黄汤、大黄硝石汤、猪肤发煎。此外还用硝石矾石散，由于矾石性热，此散近于平性。实证证象主要表现为小便不利，黄色鲜明如橘子、如黄柏，腹微满（含少腹满）而且腹满愈甚，病愈难治。

茵陈蒿汤证《金匮·黄疸病篇》有：“谷疸之为病，寒热不食，食即头眩，心胃不安，久久发黄为谷疸，茵陈蒿汤主之。”

《伤寒论·阳明病》中有：“阳明病发热汗出，此为热越，不能发黄。但头汗出，身无汗，剂颈而还，小便不利，渴引水浆者，此为瘀热在里，身必发黄，茵陈蒿汤主之。”“伤寒七八日，身黄如橘子色，小便不利，腹微满者，茵陈蒿汤主之。”

硝石矾石散证《金匮·黄疸病篇》有：“黄家日晡所发热而反恶寒，此为女劳得之，膀胱急，少腹满，身尽黄，额上黑，足下热，因作黑疸，其腹胀如水状，大便必黑，时溏，此女劳之病，非水也，腹满难治。用硝矾散主之。”本条硝石矾石散证没有明确写“小便不利”，但膀胱急即小便难之象，而且《金匮·黄疸病篇》有“脉沉，渴欲饮水，小便不利者，皆发黄。”“浊气下流，小便不通。”

大黄硝石汤证《金匮·黄疸病篇》有：“黄疸病，腹满，小便不利而赤，自汗出，此为表和里实，当下之，宜大黄硝石汤。”

栀子大黄汤证《金匮·黄疸病篇》有：“酒黄疸，心中懊侬，或热痛，栀子大黄汤主之。”“酒疸病，或无热，靖言了了，小腹满欲吐，鼻燥，脉浮者，先吐之，脉沉者，先下之。”“夫病酒黄疸，必小便不利，其候心中热，足下热是其候也。”

对于黄疸病症状，仲景一再强调“小便不利”“小便不通”。因此实证黄疸病都有小便不利之证，但是有一条值得注意：“额上黑，微汗出手足中热，薄暮即发，膀胱急，小便自利，名女劳疸，腹如水状不治。”小便自利，就不应该膀胱急，应该是“小便不利”传抄之误。

应该注意这几种下证的区别：硝矾散用于女劳疸，又称黑疸，其特征证象是“额上黑”；栀子大黄汤用于酒黄疸，其特征证象是“心中懊侬，或热痛”；大黄硝石汤用于表和里实，“表和”的特征证象是“自汗出”；茵陈蒿汤用于谷疸，其特征证象是“不食，食即头眩”。

临床上，在黄疸型肝炎病初起，目正黄，发热或不发热，不能食，没有腹满的，用茵陈蒿汤改大黄为甘草，即改下法为清法，稳妥而效果很好，2～3剂即可痊愈。

2. 利小便法　黄疸实证，热象不甚，仲景用利小便法，即用茵陈五苓散。特别要注意的是，茵陈一味用量特大，用十分，而五苓散总量是五分。实证黄疸都有小便不利，因此此法不能仅仅针对小便不利，主要用于热象不甚。《金匮》说：“诸黄家病，但利其小便。”

3. 表法、和法、建中法　这些方法用于实证黄疸在热象基本清除以后，或者用于虚证（或寒证）黄疸，即景岳称为“阴黄”的。

《金匮·黄疸病篇》说：“诸黄家病，但利其小便，假令脉浮，当汗解之，宜桂枝加黄芪汤主之。”《伤寒·论阳明病》中说：“伤寒瘀热在里，身必发黄，麻黄连翘赤小豆汤主之。”以上是表法。《金匮·黄疸病篇》又说：“诸黄，腹痛而呕者，宜柴胡汤。”便是和法。《金匮·黄疸病篇》还说：“男子黄，小便不利者，当与虚劳小建中汤。”是为建中法。

4. 吐法　《金匮·黄疸病篇》说：“瓜蒂散治诸黄。”“酒黄疸者……脉浮者，先吐之。”“酒疸，心中热，欲吐者，吐之愈。”《金匮》没有出更多的脉证，按吐法的一般原则，胸咽等上部壅堵急，可用吐法开之。

5. 清热法　对实证黄疸，腹不满而热象急的。可以清热去黄，《伤寒·论阳明篇》说：“伤寒身黄发热者，栀子柏皮汤主之。”临床对黄疸初起，腹不满的，可将茵陈蒿汤中大黄改作甘草，将下剂改作清热祛黄之剂。

此外，“寒湿在里”也可发黄，《伤寒·论阳明篇》说：“伤寒，发汗已，身目为黄，可以然者，以寒湿在里，不解故也。以为不可下也，于寒湿中求之”，是伤寒兼湿发黄，其发黄的病因仍然只是湿。黄疸是大证，《金匮》说“黄疸之病，当以十八日为期，治之以十日以上瘥，反极为难治”。

通过以上总结不难看出，仲景治黄疸法度亦森严。

七十、夏秋疸病，湿热气蒸，外于时令，内蕴水谷，必以宣通气分为要，失治则为肿胀，由黄疸而肿胀者，苦辛淡法，二金汤主之。

【二金汤方】鸡内金五钱，海金沙五钱，厚朴三钱，大腹皮三钱，猪苓三钱，白通草二钱。水八杯煮取三杯，分三次温服。

【点评】条中说治黄疸以“宣通气分为要”，鞠通所用“宣气分”药都是很普通的利气药，利气药成了治黄疸之要药是不对的。《条辨》本条“黄疸而肿胀”即仲景之腹微满，依大法应当下。二金汤除了利小便药，另有厚朴利气，鸡内金消食健脾，海金沙治淋证，整个药方没有一味治黄疸药，此方出自叶案“疸”病门。治“由黄疸变为肿胀，湿热何疑”，叶天士用此方另有“每三日兼进浚川在六七十粒”。浚川丸由下面药味组成：黑牵牛、大黄、甘遂、芒硝、郁李仁、木香，是十分猛峻的大寒下药。叶天士此案，虽然仍然按仲景法用“寒下”除热祛湿，但本身就有两个缺点。①不含去黄药茵陈栀子等，②下药中含牵牛甘遂等大毒伤正之药，因此本条叶案并不是黄疸腹满的正治。到了《条辨》这里，更是去掉了主要治病的浚川丸，可以说《条辨》本条治法根本不是黄疸腹满证治法。可是《条辨》却作为“黄疸而肿胀”的标准治法，这将严重的误导后学，贻误病家。

七十一、诸黄疸小便短者，茵陈五苓散主之。

【茵陈五苓散】茵陈末十分，五苓散五分。共为细末，和匀，每服三钱，日三服。

【点评】本条自注引沈自南：“此黄疸气分实证，通治之方”，黄疸是“湿”邪伤肝胆，没有气血之分，茵陈五苓散也不是通治之方。

自注中又说：“独采此方者，以其为实证通治之方。”此方五苓散中含有桂枝、白术温性之药，牵制了茵陈的寒性，故本方寒性较弱。只适用于实证热象不甚的轻证，局限性很大，而实证黄疸是以茵陈蒿汤为代表的下法为主。因此茵陈五苓散绝不是黄疸实证通治之方。

条中说茵陈五苓散用于“诸黄疸小便短者”，即是说，凡是黄疸小便短者都要用此方，其实实证黄疸如茵陈蒿汤证等都有小便不利，小便短少，因此认为茵陈五苓散是通治小便短者，也是完全不对的。

七十二、黄疸脉沉，中痞恶心，便结溺赤，病属三焦里证，杏仁石膏汤主之。

【杏仁石膏汤方】杏仁五钱，石膏八钱，法夏五钱，山栀三钱，黄柏三钱，枳实汁每次三茶匙冲，姜汁每次三茶匙冲。水八杯，煮取三杯，分三次服。

【点评】《条辨》一书中，大量出现“上焦”、“中焦”、“下焦”、“三焦”证以及“三焦里证”，可是从来没有严格定义过，也没有大致的证象可循。

《伤寒·论阳明病篇》中说：“伤寒身热发黄者，栀子柏皮汤主之。”可见栀子柏皮汤治疗伤寒兼湿所致黄疸，本条用杏仁石膏汤即栀子柏皮汤加味，恶心即欲呕之意，加生姜，半夏是正法，嫌原汤寒力不足，加石膏以针对热象更张者，原无不可，枳实宽气开痞，也算对证，此病与肺无关，杏仁不必用，原方悦脾护胃之甘草不应减去。惟所加诸药分量远大于君药栀子柏皮，是谓喧宾夺主本末倒置。而且方名杏仁石膏汤，视杏仁石膏为君药就很不妥当。本方大体上是治疗黄疸的“清热”法，可惜用药轻重倒置，不能贴切，本证并无发热外证，终不宜重用石膏。

《金匮》有：“酒黄疸……其脉浮者，先吐之。沉弦者，先下之。”所以对于黄疸沉脉应该首先考虑下法。

七十三、素积劳倦，再感湿温，误用发表，身面俱黄，不饥溺赤，连翘赤豆饮煎送保和丸。

【连翘赤豆饮方】连翘二钱，山栀一钱，通草一钱，赤豆二钱，花粉一钱，香豆豉一钱，煎送保和丸三钱。

【保和丸方】山楂、神曲、茯苓、陈皮、蔔子、连翘、半夏。

【点评】《伤寒·论阳明篇》中说：“伤寒瘀热在里，身必发黄，麻黄连翘赤豆汤主之。”

条中“素积劳倦，身面俱黄”，这种劳倦所致之黄应该属于虚劳建中证，至于“再感湿温”，如何能够从证象加以判定？保和丸为消导之方，而汤药却用“伤寒瘀热在里”的麻黄连翘赤豆汤加减而来。自注说：“用连翘赤豆饮以解其外，保和丸以和其中”，此方减去原方护中之甘草、大枣，另加消导利气为主之保和丸，又减去解外有力的麻黄，因此此方既不能解外也不能和中。如果用以治疗伤寒兼湿发黄，这种加减大不如麻黄连翘赤豆汤原方，如果认为原方去黄之力应该加强，可以加入茵陈、黄柏之类。连翘赤豆饮去黄之药只有山栀一钱，故此方治疗黄疸之力很弱，难奏其效。

自注说："是人之赖食湿以生者，反为食湿所困"，《内经》一再说"饮食入胃"，是人之赖以生者，是饮食，而非湿气。而湿是六气之一，是天之阴阳，谁人能够依靠食"湿气"而生存？更加不能"为食湿所困"，看来鞠通是把饮食中的水分当作是湿，更何况水饮病与湿病不但证象完全不同，而且湿伤脾应为肿满。

黄疸是湿邪所致，与"发表"无关。《伤寒论》中有三条误治致黄。《太阳病篇》："得病六七日，脉迟浮弱，恶风寒，手足温，医二三下之，不能食，而胁下满痛，面目及身黄；颈项强，小便难者，与柴胡汤。""太阳病，脉浮而动数，……头痛发热，微盗汗出而反恶寒者，表未解也。医反下之，……""若不结胸，但头汗出，余处无汗，剂颈而还，小便不利，身必发黄也。""太阳病中风，以火劫发汗，邪风被火热，血气流溢，失其常度，两阳相熏灼，其身发黄。"《伤寒论》中几次说到"火劫发汗"，没有解释，大致是当时一种熏烤发汗法，而不是用发表药。这三条说明，发表不可能致黄，按"黄家所得，从湿得之"，黄病必然有湿，与"发表"无关。

三、疟疾

七十四、湿甚为热，疟邪痞结心下，舌白口渴，烦躁自利，初身痛，继则心下亦痛，泻心汤主之。

【点评】 自注说"此疟邪结心下气分之方也"，按《素问·疟论篇》疟病内伏五脏胃腑，外达六经营卫，怎么可能只结心下气分。条中将疟和湿热拉在一起，自然也是完全不对。虐邪久缠，只会结于胁下为疟母，心下痞则多为误下所致。

本条疟、利、痞、身痛、心下痛，是不同疾病错见，类似伤寒坏病，应该按缓急分别治疗。仲景泻心汤有五（半夏、甘草、大黄黄连、附子、生姜泻心汤），《条辨》又有人参泻心汤。本条先用泻心汤治痞和下利，是对的，因为没有呕吐证，选用甘草泻心汤为好。但是下一步应该用小柴胡汤加草果、槟榔、桂枝、羌活等治疟和心下痛，兼治身痛。

七十五、疮家湿疟，忌用发散，苍术白虎汤加草果主之。

【苍术白虎汤加草果方】即白虎汤内加苍术、草果。

【点评】 疟疾的病因是风和寒，与湿一点关系都没有。

疮家只忌发汗，不忌只解表不发汗的发散。

白虎汤加味，能够治疗但热不寒的温疟，对于温疟，《条辨》用方是对的。如果是寒热交替的普通疟疾，仍然应该用小柴胡汤加截疟药。小柴胡汤为和解之剂，并不发汗，疮家不忌。

七十六、背寒，胸中痞结，疟来日晏，邪渐入阴，草果知母汤主之。

【草果知母汤方】草果一钱五分，知母二钱，半夏三钱，厚朴二钱，黄芩一钱五分，乌梅一钱五分，花粉一钱五分，姜汁五匙（冲）。水五杯，煮取二杯，分二次服。

【点评】 疟来日晏，的确是疟疾渐向二日疟转变，是病情加重的表现，但不是"邪渐入阴"。因为"疟气内搏"原本就伏于五脏和胃腑，或者说疟疾一开始就是在"阴"，因此不能说"邪渐入阴"。疟疾加重，只说明疟邪更深入更加胶固而已。

疟邪胶着，大伤正气，背属阳，背寒多为阳虚，苦寒之药不宜。疟疾非寒药可治，小柴胡汤虽然含有黄芩，但与人参姜枣同用，不会损伤阳气。草果知母汤中知母、黄芩大寒，病家阳气何堪，此方虽然截疟，但苦寒不切于病。

小柴胡汤原本就治疗胸胁苦满，正贴合本证。背寒宜加桂枝，疟邪深伏，应加利气药如青皮、厚朴之类，尤其本证有“胸中痞结”利气药更加不能少，自然截疟之药草果、槟榔之类同样不可少。

七十七、疟伤胃阳，气逆不降，热劫胃液，不饥不饱，不食不便，渴不欲饮，味变酸浊，加减人参泻心汤主之。

【加减人参泻心汤】人参二钱，黄连一钱五分，枳实一钱，干姜一钱五分，生姜二钱，牡蛎二钱，水五杯煮取二杯，分二次温服。

【点评】此条中所谓“胃阳”就是胃气，“胃液”即鞠通所称“胃阴”。所谓胃阴伤，不过就指胃中津液枯燥，或津液受伤。因此本条应当指胃“阴阳”俱伤，不过自注中说“恰偏于阳伤为多”。《条辨》胃阳伤胃阴伤，没有确切与之对应的证候群，自然无从认定。但“不饥不饱，不食不便”当然应该是疟邪伤及脾胃。

本证首先判断“不饥不饱，不食不便”的病因，内伏脏腑的疟是基本的原因，如果按《条辨》判断，是胃阴阳俱伤，而且“恰偏于阳伤为多”，就是以胃气虚为主。本证单独治胃，是治标不治本，而本证标本俱急，应当同时治疗。更为奇怪的是，《条辨》不认为其加减人参泻心汤是治胃，而是治厥阴经，自注说：“所以使胃气上升者，非胃气也，肝与胆也。”他的意思就是说本证应该治疗肝和胆，以升胃气，大概是看到补中益气汤用柴胡、升麻升少阳达到增强胃气的作用，一方面这只是在阳气下陷时（清气在下）有效，另一方面，补中益气汤中参、术、苓、草、芪等大队温补脾胃之品，才能取得补中益气的效果。虽然疟疾往来寒热，不离肝胆，但是哪里会有肝胆升胃气的道理。

自注中说：“按大辛大温与大苦大寒合方，乃厥阴经之定例”，并以泻心汤为典型方剂，这种论点并没有根据。查《本草》，加减人参泻心汤、乌梅丸中除黄连和牡蛎外其他药都不入厥阴经，因此不能说此方是专入厥阴经的。而且《伤寒论》中，从来不用诸泻心汤治疗厥阴病。鞠通是针对乌梅丸而言，然而厥阴病“热利下重”，用白头翁汤就是纯粹的苦寒药。因此说成是“定例”太牵强。

本证既是疟邪伤胃，就应该标本兼治，此时最好的方剂仍然是小柴胡汤加截疟药。小柴胡汤证中有“默默不欲饮食”，同时条中“味变酸浊”应该是口中泛酸，说明胃不能化。可以加一些利气消导药，并用当归润肠，因此本证应该用小柴胡汤加草果、槟榔、青皮、厚朴、当归、山楂、神曲等。

七十八、疟伤胃阴，不饥不饱，不便，潮热，得食则烦热愈加，津液不复者，麦冬麻仁汤主之。

【麦冬麻仁汤方】麦冬（连心）五钱，火麻仁四钱，生白芍四钱，何首乌三钱，乌梅肉二钱，知母二钱。水八杯，煮取三杯，分三次温服。

【点评】自注说：“上条以气逆味酸辨阳伤，本条以潮热得食则烦热愈加定阴伤也。”这种判断胃阴伤和胃阳伤的标准《条辨》没有解释，这是由于《条辨》没有对胃阴胃阳疾病作过分别的定义，因此这种判断没有标准，从而很不可信。不过不大便而有潮热，应该是阳明病，可惜条中没有脉象，证象也不全面，不能判断是否有燥屎而为下证。本证有潮热不便的阳明证，对于疟疾而言，它是卒病。如果这个卒病不严重，那就应该二者兼治。如果这卒病严重，例如已经构成燥屎下证，就应该先用下法治卒病。由于本证的脉证不全，不能充分判断应该先治或者兼治。自注又说："疟邪伤阴"，疟邪内伏五脏胃腑，外伤营卫，不是仅仅伤阴。麦冬麻仁汤是寒柔之剂，很不利于胃气，对本证"不饥不饱"犹不相宜。如果阳明证很重，如舌苔黄燥，腹满痛，潮热，不大便，脉滑或者脉实等，就应该考虑小承气汤之类，麦冬麻仁汤力量就不足。如果阳明证不严重，仅有潮热，本证仍然应该标本兼治，阳明病潮热与阴虚劳热大不相同，不能因此大用阴柔之剂。所以本证的治疗应该和上条基本相同，即小柴胡汤加味，由于本证潮热，不大便，可以加入黄连或者知母或石膏等清胃热。

此外条中认为"津液不复"，从证象中很难得此结论。即使胃中津液不复，也不宜阴柔壅补。

七十九、太阴脾疟，寒起四末，不渴多呕，热聚心胸，黄连白芍汤主之；烦躁甚者，可另服牛黄丸一粒。

【黄连白芍汤方】黄连二钱，黄芩二钱，半夏三钱，枳实一钱五分，白芍三钱，姜汁五匙（冲）。水八杯，煮取三杯，分三次温服。

【点评】《灵枢·刺疟篇》说："脾疟者，令人寒，腹中痛，热则肠中鸣，鸣已汗出。""足太阴之疟，令人不乐，好太息，不嗜食，多寒热汗出，病至则喜呕，呕已乃衰，即取之。"

按《内经》，太阴疟和脾疟是不同时，混淆脏腑与六经是错误的，相互比较可以知道本条既不是"足太阴之疟"，也不是"脾疟"。

条中说："寒起四末"，自注说："脾主四肢，寒起四末而不渴，故知其为脾疟也。"可见四末即四肢之末，实际就是四末寒，即手足逆冷，显然是四逆证。四逆证不专属于脾，更加不能用于判断为脾疟。"热聚心胸"不大像是证象。"烦躁"一证常出现在阳虚寒证中且是重证。《伤寒论·少阴篇》中说："少阴病，吐利，躁烦，四逆者死。""少阴病，吐利，手足厥冷，烦躁欲死者，吴茱萸汤主之。"

《伤寒论·厥阴篇》中说："伤寒六七日，脉微，手足厥冷，烦躁，灸厥阴，厥不还者，死。"值得注意的是，黄连阿胶汤证是"心中烦，不得卧"。

烦躁有时也出现在燥屎实证中，《伤寒论·阳明病篇》："病人不大便五六日，绕脐痛，烦躁，发作有时者，此有燥屎，故使不大便也。"有燥屎，就应该是大小承气汤证。

本条黄连白芍汤是黄连阿胶汤中鸡子黄、阿胶改变为半夏、枳实、姜汁而来。而牛黄丸更寒。凡是有四逆证，脉象和舌象就是关键，更何况还有烦躁证，如果脉滑、舌苔黄燥就是白虎汤证。只有这时，才可以使用《条辨》本条的方剂。如果脉微舌苔白润而舌本色淡就是阳虚四逆汤证，此时用黄连白芍汤必然会"其危立至"，其实这些都是疟疾兼证。

八十、太阴脾疟，脉濡寒热，疟来日迟，腹微满，四肢不暖，露姜饮主之。

【露姜饮方】人参一钱，生姜一钱。水两杯半，煮成一杯，露一宿，重汤温服。

【点评】当然本证不是太阴疟，不是脾疟，脾疟是腹中痛而不是腹微满。四肢不暖，即使不是四逆证，恐怕也差之不远，加之腹微满，脉濡，是虚证，露姜饮虽然基本对证，但是其力太弱。需要用参附汤或者理中汤。同时也不能弃疟疾于不顾，应该加入柴胡草果之类。而且"脉濡寒热"中的寒热，是指疟发时的往来寒热，还是另有寒热？治疗时必须弄清楚，在用药时也必须加以考虑。露姜饮，每服只有人参生姜各一钱，其药量也太小。

八十一、太阳脾疟，脉弦而缓，寒战，甚至则呕吐噫气，腹鸣溏泄，苦辛寒法，不中与也，苦辛温法，加味露姜饮主之。

【加味露姜饮方】人参一钱，半夏二钱，草果一钱，生姜二钱，广皮一钱，青皮（醋炒）一钱。水二杯半，煮成一杯，滴荷叶露三匙。温服，渣再煮一杯服。

【点评】此方为常见的截疟方，然而寒战，疟邪尚盛，方中应加柴胡。溏泻，脉缓，脾胃受伤，应加白术。草果一味力不足或加其量，或再加槟榔共奏截疟之功，此方药量过轻。

八十二、中焦疟，寒热久不止，气虚邪留，补中益气汤主之。

【补中益气汤方】炙黄芪一钱五分，人参一钱，炙甘草一钱，白术（炒）一钱，广皮五分，当归五分，升麻（炙）三分，柴胡（炙）三分，生姜三片，大枣（去核）二枚。水五杯，煮取二杯，渣再煮一杯，分温三服。

【点评】疟邪内伏五脏胃腑，外达营卫，称中焦疟，是不对的。气虚证象应该加以指明。此方作为三服的分量太轻，应该加两倍药量，同时要药柴胡用量不应少于三钱。既然是“久不止”，就应该截疟，应加入草果槟榔。

八十三、脉左弦，暮热早凉，汗解渴饮，少阳疟偏于热者，青蒿鳖甲汤主之。

【青蒿鳖甲汤方】青蒿三钱，知母二钱，桑叶二钱，鳖甲五钱，牡丹皮二钱，花粉二钱。水五杯，煮取二杯，疟来前分二次温服。

点评者注：此汤药味和本书下焦篇第十二条内的青蒿鳖甲汤有二味药不同。

【点评】自注说：“青蒿较柴胡力软，且芳香逐秽，开络之功，则较柴胡有独胜。”疟邪与风同类，《素问·疟论篇》：“夫风之与疟也，相似同类”，不是芳香可逐之秽。青蒿不是破血之品，何有开络之功，既然力不及柴胡，何必改用。疟邪久缠不休，伤人正气，而且于六腑中，疟邪专入胃腑，知母苦寒大伤胃气。小柴胡汤中也有黄芩本来就适用于“疟偏于热者”。小柴胡汤中黄芩置于人参、姜、枣之中，苦寒之害大受牵制。但是在青蒿鳖甲汤中，青蒿知母处于大队阴药之中，其害更烈，用其代小柴胡汤实在弊多利少。

八十四、少阳疟如伤寒证者，小柴胡汤主之。渴甚者去半夏，加栝蒌根，脉弦迟者，小柴胡汤加干姜陈皮主之。

【小柴胡汤方】柴胡三钱，黄芩一钱半，半夏二钱，人参一钱，炙甘草一钱五分，生姜三片，大枣（去核）二枚。水五杯，煮取二杯，分二次温服。加减如《伤寒论》中法，渴甚者去半夏，加栝蒌根三钱。

【小柴胡汤加干姜陈皮汤方】即于小柴胡汤内加干姜二钱，陈皮二钱。水八杯，煮取三杯，分三次温服。

【点评】渴者，仲景除加花粉（栝蒌根）而外，人参还应加量。鞠通使用汤药量偏轻，散药量偏重，读者应当注意。

小柴胡汤为疟疾正治，但是应该加入草果槟榔等截疟药。治疟不过两法，一是用小柴胡汤止其寒热，一是用草果、槟榔、常山（或蜀漆）驱逐疟邪。除此之外，疟疾日久，病家正虚而疟不止，往往补正而疟止，阴虚者用当归、白芍、首乌等，阳虚者用人参、白术、干姜等，气滞者用陈皮、青皮、厚朴等（肝宜疏泄）。另外如有疟母，当攻其疟母。

八十五、舌白脘闷，寒起四末，渴喜热饮，湿蕴之故，名曰湿疟，厚朴草果汤主之。

【厚朴草果汤方】厚朴一钱五分，杏仁一钱五分，草果一钱，半夏二钱，茯苓块三钱，广皮一钱。水五杯，煮取二杯，分二次温服。

【点评】疟疾与湿毫无关系，哪里会有什么“湿疟”。寒起四末近于四逆，渴乃水道不通，胃中枯燥。本条为疟邪所致阳虚之证，人参、白术、干姜可以酌情加入。杏仁无益于本证可以减去。为加强驱疟之力，可加槟榔。

以上疟疾各条，大多是讨论疟疾的兼证，疟疾的兼证万千，病条愈多，头绪愈加纷然。如果不抓住治疗要领，将一些类似医案的疟疾兼证病例塞入凑数，实际上只会影响疟疾的正确治疗。

四、下利（痢疾）

八十六、湿温内蕴，夹杂饮食停滞，气不得运，血不得行，遂成滞下，俗名痢疾，古称重证，以其深入脏腑也。初起腹痛胀者易治。日久不痛并不胀者难治。脉小弱者易治；脉实大数者难治。老年久衰，实大小弱并难治；脉调和者易治。日数十行者易治；一二行或有或无者难治。面色便色鲜明者易治；秽暗者难治。噤口痢属实者尚可治；属虚者难治。先滞后利者易治；先利后滞者难治。本年新受者易治；上年伏暑，酒客积热，老年阳虚积湿者难治。季胁少腹无动气疝瘕者易治；有者难治。

【点评】本条所列易治难治情况很多，下利证除少数险证及不治之证（如少阴死证等），其他情况，只要治疗正确，都是不难治愈的。

本条认为利证的病因主要方面也不对，首先我们对下利作一个讨论。

附：下利论（点评者专论）

下利是极常见疾病，几乎人人都患过。下利名称很多，有泄泻，有痢疾，有飧泄，有溏泄，有濡泄，有肠澼，有滞下，其间没有严格的界限。一般而言，泄泻指下利次数较少，泻者为稀粪，有时有腹痛，不过有时也有“下泻无度”的情况，指下泻次数很多。《内经》肠澼之证，后人即指为痢疾，一般而言，痢疾指下利次数较多，利下赤白，里急后重，虚坐努圊等便泻不爽的证象，后人便称作滞下。其实滞下之名也不比痢疾好，最好还是将泻痢通称为下利，正如仲景所称。

病因：下利的病因有内因和外因。

（一）内因

1. 脾胃大小肠病　《灵枢·经脉篇》：“是主脾所生病者，……心下急痛，溏、瘕泄。”《素问·脏气法时论篇》：“脾病者……虚则腹满肠鸣，飧泄食不化。”《素问·气厥论篇》：“肾移热于脾，传为虚，肠澼，死不可治。”《素问·五常正大论》：“其病飧泄，邪伤脾也。”《灵枢·师传》：“肠中寒，则肠鸣飧泄，胃中寒，肠中热，则胀而且泄。”《灵枢·百病始生》；“邪之中人也……留而不去，传舍于肠胃，……多寒则肠鸣飧泄，食不化，多热则溏出糜。”《素问·举痛论篇》：“寒气客于小肠，小肠不得成聚，故后泄腹痛矣。”《素问·宣明五气篇》：“大肠小肠为泄。”

注意其中也提到“寒”气。

2. 肝（怒）　《灵枢·经脉篇》：“是肝所生病者，胸满呕逆飧泄，狐疝。”《素问·举痛论》：“怒则气逆，甚则呕血及飧泄，故气上矣。”

3. 阳气下陷　《素问·阴阳应象大论篇》：“清气在下，则生飧泄，浊气在上，则生䐜胀。”

（二）外因

除了寒而外，还有风、湿、燥、火。

1. 风 《素问·阴阳应象大论篇》："春伤于风，夏生飧泄。"《灵枢·论疾诊尺篇》："春伤于风，夏生后泄，肠澼。"

2. 湿 《素问·阴阳应象大论篇》："湿胜则濡泄。"《素问·至真要大论篇》："湿变乃举，……甚则入肾，窍泻无度，太溪绝，死不治。"《素问·六元正纪大论篇》："民病寒湿……濡泻血溢。"

3. 燥 《素问·气交变大论篇》："岁木不及，燥乃大行……民病中清……肠鸣溏泄。"《素问·至真要大论篇》："阳明司天，燥淫所胜……民病……注泄鹜溏。""太阴之胜……雨数至，燥化乃见……善注泄。"

4. 火 《素问·至真要大论篇》："火淫所胜……民病注泻赤白。"

（三）治疗

下利的治疗，《伤寒论》中已相当完善。这里简单加以总结。

1. 热利 热利是指病理性热而下利，主要指内热。同时也有表热（发热）下利，这种表热下利，多为伤寒合病下利。内热下利的产生可以是伤寒（或风）等，也可以是饮食劳倦伤脾胃所致。

内热下利的治疗，仲景用方有：（参见温病下焦篇第九条点评中引《伤寒论》文）白头翁汤、生姜泻心汤、黄芩汤、大柴胡汤、四逆散、葛根黄芩黄连汤、大、小承气汤等。这体现两点，一是寒性止利药，如白头翁、黄连、黄芩等，另一是用下法，去燥屎等肠（胃）中积滞，这在下利中很少见，至于轻微的积滞，后人发现用利气的方法更好。现在临床疗效最好的有下面三个方子，即洁古芍药汤、白头翁汤、泻心汤（生姜泻心汤、半夏泻心汤等）。尤其是洁古芍药汤，临床应用最广，如果不用大黄，并且改汤剂为散剂，不但扩大了其应用范围，而且使用方便。

芍药散：芍药 18 克，当归 9 克，黄芩 9 克，黄连 9 克，桂枝 9 克，槟榔 5 克，木香 5 克，甘草 5 克。研为极细末，每服 5～6 克，或者按比例加大分量，作为成药备用。或者用作汤剂，用两煎法，取汁，轻证分温 4 服愈，重证分温 3 服，不愈再作服。

此方用桂枝大温引领芩连，符合《内经》用寒远寒的道理，与泻心汤干姜引领芩、连含义相同。本方治利而不治呕吐，因此不用姜夏。对于因风下利，桂枝更胜干姜。芍药、当归理血，善治腹痛而止血利。木香、槟榔理气，后重努圊自解，疗效显着迅速，类似半夏泻心汤。对于腹痛、里急后重、便血的疗效，又胜于泻心汤。而且此方有桂枝、当归、木香、槟榔大批温药牵制芩、连，全方并不很寒，热象轻微之证也可以使用，因此其应用范围广泛，例如一般肠胃炎证下利，只消服药 1 次，常常 10～20 分钟下利即止，再服药两三次即可痊愈。

2. 疫痢 即表热（发热）下利，外有发热等表证，内有下利，大多为伤寒合病下利，《伤寒论·太阳病篇》说："太阳与阳明合病者，必自下利，葛根汤主之。"葛根汤全力解表，是因为此时病在太阳与阳明合病。喻嘉言不清楚这点，本来活人败毒散解太阳之表治疫痢，他却认为是"逆流挽舟"。后人发现稍温而近于平性的活人败毒散，治疗疫痢有特效，是治疫痢最好的首选之方。其实就是治疗合病下利，此病本来就在三阳经，何用"逆流挽舟”。

“太阳与少阳合病，自下利者，与黄芩汤；若呕者，黄芩加半夏生姜汤主之。”这是合病下利另一种治法。这种合病下利用寒剂治疗，可以归人内热下利中。

3. 阳气下陷（清气在下）　此证还常见肛门下坠，腹坠等，这种下利最好的方剂是补中益气汤。另有一种下焦利，胃肠无寒热，病在下焦（指作为六腑之一的下焦）虚利，用赤石脂、禹余粮等收涩药治疗，不效，再利小便。这与阳气下陷一样，属于下焦下利，这种情况，大多数时候可以用补中益气汤代替。

4. 寒利　这种寒也是病理性寒，可以是外邪风寒等产生，也可以是饮食劳倦伤脾胃所产生，多为阳虚寒证。也是伤寒三阴病的常见证象，霍乱吐泻也大多是阳虚寒证，治疗之方，《伤寒论》中有人参桂枝汤、桃花汤、吴茱萸汤、理中汤、四逆汤类（含通脉四逆汤、白通汤、白通加猪胆汁汤）等。这些方子都是回阳止利，不过药力轻重不同而已。

下利病深者，可以人五脏，《素问·奇病论篇》：“肾脉小搏沉为肠澼下血”“心肝亦下血。”

以上便是我们的下利论。

现在回到《条辨》本条，“湿温内蕴，夹杂饮食停滞，气不得运，血不得行，遂成滞下，俗名痢疾”，首先，湿不是痢疾的病因，按《内经》“湿胜则濡泄”，什么是濡泄，说“燥者润之”，又说“燥者濡之”，见《素问·至真要大论篇》。濡湿与润湿同义，润泻，不过大便微溏而已，不可能是痢疾。至于湿人肾“窍泻无度”，属于虚证下利，与滞下的下利不同，因此湿不是痢疾的病因。同时单纯的外邪即可致痢，如伤寒热利下重，不必要求和“夹杂饮食停滞”共同作用才能成痢。反之单纯的饮食劳倦伤脾胃，也能成痢，而且饮食不洁或者饥饱失宜损害脾胃引起下利也未必一定停滞。因为脾胃受伤，其病理性的寒热都会导致下利，形成热利或者寒利。下利见血，是孙络肠胃受损，说“血不得行”也有些不妥。

条中罗列的难治易治也不尽然，例如“日数十行者易治，一二行或有或无者难治”，利下日数十行，泻利无度，津液大失，即将变起不测，极急之侯，何言易治，一二行或有或无者尚可缓图，未必难治。一些常人偶然消化不良，数日间每日轻泻一二次，常常不药而愈。又如关于脉象，条中说：“脉小弱者易治；脉实大数者难治。”

《金匮·呕吐哕下利病篇》说：“下利，手足厥逆无脉者，灸之不温，若脉不还，反微喘者死。”无脉，为小弱之极，反为死证。“下利，脉数，有微热汗出，今自愈，设脉紧，为未解”。“下利，脉数而渴者，今自愈，设不瘥，必圊脓血，以有热故也。”

可以看出“数”脉也有轻证自解的。治病，最重要的是正确治疗，否则易治的病弄不好也变得很难治了。

八十七、自利不爽，欲作滞下，腹中拘急，小便短者，四苓合芩芍汤主之。

【四苓合芩芍汤方】苍术二钱，猪苓二钱，茯苓二钱，泽泻二钱，白芍二钱，黄芩二钱，广皮一钱五分，厚朴二钱，木香一钱。水五杯，煮取二杯，分二次温服，久痢不再用之。

【点评】证象太简，又没有脉象和舌象，一般而言欲作滞下，热证居多，此时最宜用芍药散。

本条四苓合芩芍汤主要是利气和利小便，只有黄芩清热，白芍理血。自利大量失水，小便短一点也很正常，不算小便不利。而利小便之法，只宜用于外邪已尽，肠胃寒热已除，只是下焦不能正常分流水分，致使津液潴留大肠为泻下，从而可以通过疏理下焦利尿，使水分前走而止泻。仲景在赤石脂禹余粮证，明确说明只用于利不在中焦而在下焦，收涩不效再利小便。

本证欲作滞下，或者邪气滞留脾胃，或者肠胃寒热未尽，是不应该利小便的。欲作滞下，病欲加重，黄芩一味，力量太弱。

八十八、暑湿风寒杂感，寒热迭作，表证正盛，里证复急，腹不和而滞下者，活人败毒散主之。

【点评】外有表证，内有下利，是为合病下利，用活人败毒散，理所当然，非常贴切。但是“寒热迭作”值得研究，究竟是指先后而作的往来寒热的少阳表证，还是指恶寒发热并见的太阳表证。如果是太阳表证，活人败毒散就不需要加减，如果是少阳表证，柴胡就必须加量重用，若是少阳证很明显，黄芩等也可酌情加入。关于活人败毒散，自注中说：“此方在风湿门中，用处甚多，若湿不兼风而兼热者即不合拍，奚况温热门中乎，世医用此方治温病已非一日，吾只见其害，未见其利也。”鞠通不懂此方能治温病（即伤寒）太阳病，解太阳表证体痛头痛恶寒发热其效如神，如果弃而不用，就不能治疗感冒疫病于初起之时，是误己而又误病人。

八十九、滞下已成，腹胀痛，加减芩芍汤主之。

【加减芩芍汤方】白芍三钱，黄芩二钱，黄连一钱五分，厚朴二钱，木香（煨）一钱，广皮二钱。水八杯，煮取三杯，分三次温服。忌油腻生冷。

点评者注：其加减法太繁，不录。

【点评】此方很接近芍药散，对热利自然有效，但是终究不如芍药散配伍巧妙。而且药量轻，力量不足。成年人普通中药的正常服药量每次服量约25～35克，本方总量为旧称一两一钱五分，仅约40克，分为3服，每服药量约13克。下利主药（君药）黄连正常用量每服量约1～1.5克，黄芩量3～4.5克。（汤剂量）。本方黄连量已足，黄芩量稍轻。

九十、滞下湿热内蕴，中焦痞结，神识昏乱，泻心汤主之。

泻心汤（方法并见前）

【点评】本条颇有疑问，首先前面没有泻心汤，只有人参泻心汤（卷二第五十四条）。其次“中焦痞结”，是指感到痞塞不通，还是痞结有形，《条辨》本书所指中焦甚广，痞结是在心下或在胁下，二者治法不同。第三“神识昏乱”既不是神昏谵语又不是昏迷卒倒，是否是指意识不清或者心慌意乱。本条又不出脉象舌象，有关神识昏乱应该是重要证候，不能叙证这样含糊不清。

仲景生姜、半夏等泻心汤都是治疗下利的良方，《条辨》本书人参泻心汤也一样，可惜“神识昏乱”语意含糊，否则可以对此方加减，使之更为合证。

九十一、滞下红白，舌色灰黄，渴不多饮，小溲不利，滑石藿香汤主之。

【滑石藿香汤方】飞滑石三钱，白通草一钱，猪苓二钱，茯苓皮三钱，藿香梗二钱，厚朴二钱，白蔻仁一钱，广皮一钱。水五杯，煮取二杯，分二次服。

【点评】《条辨》一书对滞下证象一直没有描述，只有一条说：“自利不爽，欲作滞下。”至于痢疾常见的里急后重，虚坐努圊，暴注肠澼等的有无，《条辨》都不在意。本条“滞下红白”，也是痢疾时见证象，见此必须要用理血的当归、白芍等，只是和中理气是不够的。

舌色虽灰但见黄，仍然有热，芩、连不可少，小溲不利虽然可以利尿，但是不必大队利尿之品，显然滑石藿香汤不对本证，应该使用芍药散。若要利小便，可以加茯苓一味即可，因为芍药散内有桂枝，与茯苓配合，利尿之力足矣。总之，下利之疾，津液已失，利尿一定要慎重。

九十二、湿温下利，脱肛，五苓散加寒水石主之。

【五苓散加寒水石方】即于五苓散内加寒水石三钱，如服五苓散法，久痢不再用之。

【点评】这里称“下利”不称“滞下”，应该没有里急后重等“不爽”证象，另外只有脱肛一证，不足以判断寒热。方后又称痢，可见下利与痢难于截然划分。

寒水石大寒，其寒性与芩、连相当，而其性类石膏，性寒而不能止利，在下利热利证中，只宜用芩、连。

本证没有小便不利，是不能用五苓散利小便，重伤津液。方后自注说：“久痢不再用之”，这种说法也不对。仲景利小便法，用于外邪及寒热已尽时，即常在久利之后。脱肛也常在久利阳气下陷之后。可见利小便法应该针对小便不利，而不在利之新久。本证若有热象，就应该考虑芍药散之类，如果邪尽而且内外寒热已止，只是下焦虚利，可以用补中益气汤，止利并治脱肛。此时若是小便不利，才可以用五苓散，但是不能加入寒水石。

九十三、久痢阳明不阖，人参石脂汤主之。

【人参石脂汤方】人参三钱，赤石脂（细末）三钱，炮姜二钱，白粳米（炒）一合。

水五杯，先煮人参、白米、炮姜令浓，得二杯，后调石脂细末和匀，分二次服。

【点评】鞠通以滞下为痢，与一般下利不同，专指有里急后重便不爽的下利证。

本条仍然是痢，应当外邪未尽，或者肠胃寒热未已，可惜条中没有其他脉证。人参石脂汤性热而收涩，不能对证。

本条自注说：“久痢胃虚，虚则寒”，判定胃寒应该依据证象，而不应该依据“久痢”。虚不一定是寒证，《素问·调经论篇》说：“阴虚生内热。”

痢疾称为“阳明不阖”，不妥，《内经》虽然有。《素问·阴阳离合论篇》太阳为开，阳明为阖，少阳为枢”，是指阴阳之开合，并非指对便泄之开合。

九十四、自利腹满，小便清长，脉濡而小，病在太阴，法当温脏，勿事通腑，加减理中汤主之。

【加减理中汤方】白术三钱，附子二钱，干姜二钱，茯苓三钱，厚朴二钱。水五杯，煮取二杯，分二次温服。

【点评】首先，理中汤是理中焦，中焦属于六腑，因此理中汤入腑而非温脏，附子治阳虚四逆等证，其作用主要是回阳救逆，不过附子理中汤，也属于四逆辈，也有一定的温脏作用。同样治疗下利绝大多数情况都应该清热利气和血，或者理中回阳。只有极少数情况用大黄甚至大承气汤攻下，也只是疏通肠胃，而不是疏通所有六腑，称作通腑，泛而不切。

加减理中汤，姜附同用，即有四逆汤之意，应该用于脉微四逆等阳气大虚之证，本证不见四肢厥逆，而且濡小之脉，说明阳虚减四逆证一等，因此本证用理中汤已足，不必用附子理中汤。

自注说：“去甘守之人参、甘草”，人参外能补气回阳，能补五脏，生津液，不守一经一脏，岂能谓其“甘守”，甘草能败毒治内外之疮痈，调和诸药而护脾胃，仲景解表药中大多有甘草，说明其性不守，况且“辛甘发散为阳”，岂有“甘守”之理。

自注说“通运之茯苓、厚朴”，利气之厚朴，说它通气（其实是顺气）也很勉强，说它能“运”什么就有些不通了。茯苓说它通水道还可以，总不能说它“运”水吧，“通运”之说也有些怪。同时利气药也能散气（古人谓之破气），阳气虚时忌用，故本证不宜使用。理中汤中人参、甘草为护脾胃止下利的要药，岂可随意减去。

九十五、自利不渴者属太阴，甚则哕冲气逆，急救土败，附子粳米汤主之。

【附子粳米汤方】人参三钱，附子二钱，炙甘草二钱，粳米一合，干姜二钱。水五杯，煮取二杯，渣再煮一杯，分三次温服。

【点评】“自利不渴”仅仅是伤寒太阴病的一个证象。《伤寒论》中太阴病条很少，很可能有大量轶失。《伤寒论·太阴病篇》说：“太阴之为病，腹满而吐，食不下，自利益甚，时腹自痛。若下之，必胸下硬结。”“太阴中风，四肢烦疼，阳微阴涩而长者，为欲愈。”“自利不渴者，属太阴，以其脏有寒故也。当温之，宜服四逆辈。”

本条用方附子粳米汤，也是四逆辈，用此方时应该根据脉证确实是阳虚才行。本证只有自利不渴，没有脉微腹满四逆等证，终不宜轻用四逆辈。从“哕冲气逆”就认为要“急救土败”论据不足。哕虽然病因常是胃寒，但是未必到了“急救土败”的程度。

九十六、疟邪热气，内陷变痢，久延时日，脾胃气衰，面浮腹膨，里急肛坠，中虚伏邪，加减小柴胡汤主之。

【加减小柴胡汤】柴胡三钱，黄芩二钱，人参一钱，丹皮一钱，白芍（炒）二钱，当归（土炒）一钱五分，谷芽一钱五分，山楂（炒）一钱五分。

【点评】自注说：“疟邪在经者多，较之痢邪在脏腑者浅，痢则深于疟矣。”这种观点也是非常错误的，按《内经》、《素问·疟论篇》：“寒气藏于骨髓之中”、“病藏于肾”、“气内藏于心”。而且有肺、心、肝、脾、肾五脏疟，同时还有胃以及足六经疟，称为十二疟。疟邪内伏（搏）五脏胃腑，外“与卫气并居”、“卫气应乃作”，所以认为疟浅痢深完全不对。相反，三阴之利，确也内犯五脏，可以认为和疟邪同样“深”。但是饮食劳倦引起的痢疾则主要在脾胃大小肠，较之疟邪，应该就浅了。

痢疾的病因内因是脾胃大小肠，外因是风、寒、燥等。疟疾病因虽然也是风、寒，但是这风不是普通的风，而是与风“相似同类”的疟气，因此疟疾是不可能“内陷变痢”，即是说二者是完成独立的两种疾病，不能相互转变，更没有深浅之分。

本条“疟邪热气，内陷变痢”，究竟疟疾是否还存在，如果疟疾和痢疾都存在，那么用小柴胡汤就基本上是对的，但是“面浮腹膨，里急肛坠，中虚伏邪”，中气已虚，外邪未尽，应当扶正祛邪，此时应该加草果、槟榔截疟，若是痢偏于热则应加干姜、黄连，偏于寒则应加干姜、白术，此时内外皆急，消导之谷芽、山楂没有用处，可以减去。既无腹痛便血，牡丹皮、白芍、当归都不宜使用。疟邪与风相类似，而不是什么“热气”。小柴胡汤中姜枣、甘草护胃，不应减去。

如果疟疾已止，小柴胡汤就不宜使用，而应该完全。按痢疾治疗。

九十七、春温内陷下痢，最易厥脱，加减黄连阿胶汤主之。

【加减黄连阿胶汤】黄连三钱，阿胶三钱，黄芩二钱，炒生地黄四钱，生白芍五钱，炙甘草一钱五分。水八杯，煮取三杯，分三次温服。

【点评】本条除“痢”外，没有一个脉证；“春温内陷”不知陷到哪里？其实伤寒三阴自利是正常传变，谓之“内陷”只会扰乱视听。杂证自利为饮食劳倦伤及脾胃所致，都不宜称为“内陷”。自注说“春温内陷，热多湿少明矣，热必伤阴，故立法以救阴为主”，从本病条是判断不了此痢的寒热，只能推想热痢应当有里急后重等，再加上注中说“热多湿少”。由于没有脉证判别，只能承认是个热证，芩连加胶地芍和甘草，治热利虽远不及芍药散，但也有相当疗效。厥脱证绝大多数为阳虚四逆等证，用阴寒药恐怕不是防厥脱而是制造厥脱。《条辨》本条既没有出现厥脱，用加减黄连阿胶汤也无大碍，但说防厥脱就是闲话了。自注说：“热必伤阴”也是和“壮火食气”理论不符。

九十八、气虚下陷，门户不藏，加减补中益气汤主之。

【加减补中益气汤】人参二钱，黄芪二钱，广皮一钱，炙甘草一钱，归身二钱，炒白芍三钱，防风五分，升麻三分。水八杯，煮取三杯，分三次温服。

【点评】补中益气汤用于中气下陷之自利，这种自利其实为一种泄泻，也不是重度泄泻，只针对外邪已尽，寒热已去，阳气下陷（清气在下），如四肢怠倦，手足心热，不思饮食，腹中不和，肛坠等，本方补脾胃升阳气。本条中不出现证象脉象，但谓“气虚下陷，门户不藏”，读者如何把握？此方减去白术，补脾止泻之力大减，柴胡升少阳为三阳之枢，改变为入太阳经的防风，升举阳气之力大减。改变成方主药导致原方意义和作用大变的做法，实不可取。

阳气下陷（清气在下），未必一定气虚。是否气虚，需要由脉证判断。

九十九、内虚下陷，热利下重，腹痛，脉左小右大，加味白头翁汤主之。

【加味白头翁汤】白头翁三钱，秦皮二钱，黄连二钱，黄柏二钱，白芍三钱，黄芩三钱。水八杯，煮取三杯，分三次服。

【点评】自注说：“此内虚湿热下陷，将成滞下之方”，湿只能入肾造成窍泻，不可能“内虚湿热下陷”而成为“热利”。再说热利是实证，并没有内虚证象。白头翁汤四味寒药协力，有阴无阳，是治疗厥阴“热利下重”（即痢疾）之重剂，岂能是“将成滞下之方”。如果没有证象需要，成方岂能擅改，腹痛可以加白芍，再加黄芩就毫无理由。条中所添脉象，自注说；“脉右大者，邪从上中而来；左小者，下焦受邪，坚结不散之象”，这种脉学完全没有根据。

秋　燥

一百、燥伤胃阴，五汁饮主之，玉竹麦门冬汤亦主之。

【玉竹麦门冬汤】玉竹三钱，麦冬三钱，沙参三钱，生甘草一钱。

水五杯，煮取二杯，分二次服。土虚者，加生扁豆，气虚者，加人参。

【点评】按《内经》，燥气不伤胃，更加不可能伤胃阴。

《条辨》多次说到“伤胃阴”，从来没有给出来一组定义的证象脉象群，由本条也看不出燥伤胃阴与其他原因造成的“伤胃阴”有何异同？因此这种病条，都是书斋病条。

一百零一、胃液干燥，外感已尽者，牛乳饮主之。

【牛乳饮】牛乳一杯，重汤炖熟，顿服之，甚者日再服。

【点评】“胃液干燥”与燥邪伤人毫无关系。胃液干燥有哪些证象脉象？与“伤胃阴”有何异同？

一百零二、燥证气血两燔者，玉女煎主之。

【点评】按《内经》，燥伤肝，证象清楚明白，既不会燔气，也不会燔血。

在温病上焦篇十条也出现“气血两燔”，也和本条一样，无论条中和注中都没有任何证象和脉象，何种病算是气血两燔，成了谜团。

《温病条辨讲解》（下焦篇）

方药中　许家松

卷三　下焦篇(1)

（法七十八要，方六十四卷，图一首，共二百三十八法，一百九十八方）

风温　温热　温疫　温毒　冬温(2)

【讲解】

（1）下焦篇　“下焦”，从温病传变来看，“始于上焦”，“终于下焦”，因此下焦温病是指温病的后期或晚期；从温病部位来看，上焦心肺，中焦脾胃，下焦肝肾，因此下焦温病，病在肝肾。本篇是专论温病后期，肝肾病变的临床表现及辨证论治，所以，下焦篇列于上焦篇、中焦篇之后。从温病性质来看，邪热仍存，正气已虚，故多虚实夹杂证。

（2）风温、温热、温疫、温毒、冬温　前文讲解中，已曾述及，温病基本上分为兼湿与不兼湿两大类。风温，温热，温疫，温毒，冬温，属于温病之不兼湿一类，亦即统属于温热范围，所以合并加以讨论。

一、风温、温热、温疫、温毒、冬温，邪在阳明久羁，或已下，或未下，身热面赤，口干舌燥，甚则齿黑唇裂，脉沉实者，仍可下之(1)；脉虚大，手足心热甚于手足背者，加减复脉汤主之(2)。

温邪久羁中焦，阳明阳土，未有不克少阴癸水者，或已下而阴伤，或未下而阴竭。若实证居多，正气未至溃败，脉来沉实有力，尚可假手于一下，即《伤寒论》中急下以存津液之谓。若中无结粪，邪热少而虚热多，其人脉必虚，手足心主里，其热必甚于手足背之主表也。若再下其热，是竭其津而速之死也。故以复脉汤复其津液，阴复则阳留，庶可不至于死也。去参、桂、姜、枣之补阳，加白芍收三阴之阴，故云加减复脉汤。在仲景当日，治伤于寒者之结代，自有取于参、桂、姜、枣，复脉中之阳。今治伤于温者之阳亢阴竭，不得再补其阳也。用古法而不拘用古方，医者之化裁也。

【讲解】

本条阐述下焦温病的脉、证及治法。

（1）“邪在阳明久羁……仍可下之。”“邪在阳明久羁，或已下，或未下”，是指温病的病机，意即中焦温病不解，热盛必然伤阴。“已下”，固然伤阴更速；“未下”，由于热邪久羁，同样亦可伤阴。“肝藏血”，“肾藏精”，为人体阴精的根本所在，因此，中焦温病久而不解，必然传入下焦，伤及肝肾之阴，所以原注谓：“温邪久羁中焦，阳明阳土，未有不克少阴癸水者。”“身热面赤，口干舌燥”，为阴虚内热之象，“齿黑唇裂”为阴虚已甚。温病后期出现上述症状与体征，说明温病已至下焦。温病至下焦，一般说来，阴精已伤，必须救阴扶正，不宜再用下法。但如见脉沉实，亦即脉见沉大有力，说明热邪炽盛，病虽然已至下焦，但正气尚未至溃败，仍可用下法攻邪，邪去则正气自然来复。原文谓“脉沉实者，仍可下之”，原注谓“若实证居多，正气尚未至溃败，脉来沉实有力，尚可假手于一下，即《伤寒论》中急下以存津液之谓”，即属此意。

（2）“脉虚大，……加减复脉汤主之。”上条是言脉沉实者，仍可下之，此条是言脉如出现虚大，即脉大而无力或脉大而芤者，脉大而芤示正气虚极，则不可用下法；“手足心热甚于手足背者”，手心为手厥阴心包络经的循行部位，足心为足少阴肾经部位，手足心热甚于手足背，示心肾阴虚，亦不能用下法。下焦温病出现这种情况均属于正气溃败之象，必须扶正救阴，所以用加减复脉汤。原注谓：“若中无结粪，邪热少而虚热多，其人脉必虚，手足心主里，其热必甚于手足背之主表也。若再下其热，是竭其津而速之死也。”其义甚明。

加减复脉汤，即《伤寒论》中复脉汤，亦即炙甘草汤减味，加白芍。方剂组成及方论，见本篇第八条。

二、温病误表，津液被劫，心中震震，舌强神昏，宜复脉法复其津液，舌上津回则生；汗自出，中无所主者，救逆汤主之。

误表动阳，心气伤则心震，心液伤则舌謇，故宜复脉复其津液也。若伤之太甚，阴阳有脱离之象，复脉亦不胜任，则非救逆不可。

【讲解】

本条指出温病误表伤津的证治。

“温病误表”，即下焦温病出现上条典型症征，误用辛温发表。“心中震震”，指心跳急剧增快。“舌强”，指舌头运转不灵，语言不利。“神昏”，指神识昏迷。“汗自出”，即多汗或冷汗。“中无所主”，指心慌烦乱。这些症状，均属“温病误表，津液被劫”的严重后果，所以必须用复脉汤以复其津液。其津液恢复与否，以舌上津液情况为观察重点，用复脉汤一类方剂后，舌质仍绛红干燥无津液，齿黑唇裂者，示津液未复，预后不良；舌红变浅，苔黄变浅、变润、有津液者，示津液已复，预后尚好。

救逆汤，属于复脉汤一类方剂，即加减复脉汤去麻仁，加生龙骨、牡蛎及人参，方见本篇第八条。

三、温病耳聋，病系少阴，与柴胡汤者必死。六七日以后，宜复脉辈复其精。

温病无三阳经证，却有阳明腑证（中焦篇已申明腑证之由矣）、三阴脏证。盖脏者藏也，藏精者也。温病最善伤精，三阴实当其冲。如阳明结则脾阴伤而不行，脾胃脏腑切近相连，夫累及妻，理固然也，有急下以存津液一法。土实则水虚，浸假而累及少阴矣，耳聋不卧等症是也。水虚则木强，浸假而累及厥阳矣，目闭痉厥等症是也，此由上及下，由阳入阴之道路，学者不可不知。按温病耳聋《灵》、《素》称其必死，岂少阳耳聋，竟至于死耶？《经》谓肾开窍于耳，脱精者耳聋，盖初则阳火上闭，阴精不得上承，清窍不通，继则阳亢阴竭，若再以小柴胡汤直升少阳，其势必至下竭上厥，不死何待！何时医悉以陶氏六书，统治四时一切疾病，而不究心于《灵》、《素》、《难经》也哉！瑭于温病六七日以外，壮火少减，阴火内炽耳聋者，悉以复阴得效。曰宜复脉辈者，不过立法如此，临时对症，加减尽善，是所望于当其任者。

【讲解】

本条提示温病后期肾虚耳聋的治疗。

本条是承前两条而言。“温病”，此指下焦温病，下焦肝肾，其经脉循行与耳密切相关。因此，下焦温病常合并耳聋。一般性耳聋，如属于肝气郁闭，疏泄失职所致，当用小柴胡汤舒肝降逆。但温病耳聋，多系热盛伤阴，所以不能用升散之剂耗其阴津，以避免出现下竭上厥的危候。此与前条“温病误表”性质相似，因此原文谓“温病耳聋”病系少阴，与柴胡汤者必死。温病发病六七日以后，已属温病后期，此时出现耳聋，多属肝肾虚竭表现，所以须用复脉，吴氏谓“复阴得效”。

四、劳倦内伤，复感温病，六七日以外不解者，宜复脉法。

此两感治法也。甘能益气，凡甘皆补，故宜复脉。服二三帖后，身不热而倦甚，仍加人参。

【讲解】

本条指出劳倦伤气复感温邪的治法。

“劳倦内伤”，指素体虚弱的患者。“复感温病”，指同时又外感温病。“劳倦内伤”患者，多属久病，多为肝肾不足。“复感温病，六七日以外不解”，亦属温病后期，肝肾受病，故须用复脉法。

五、温病已汗而不得汗，已下而热不退，六七日以外，脉尚躁盛者，重与复脉汤。

已与发汗而不得汗，已与通里而热不除，其为汗下不当可知。脉尚躁盛，邪固不为药衰，正气亦尚能与邪气分争，故须重与复脉，扶正以敌邪，正胜则生矣。

【讲解】

本条指出温病汗、下无效的治法。

上焦温病可以发汗，中焦温病可以攻下，但汗、下后病应解，如病至六七日不解，脉见躁动不静，说明病已入下焦，损伤肝肾之精，应按下焦温病论治，所以仍应予以复脉。

六、温病误用升散，脉结代，甚则脉两至者，重与复脉。虽有他证，后治之。

此留人治病法也。即仲景里急，急当救里之义。

【讲解】

本条指出温病误治后出现结代脉的证治。

“脉结代”，即出现脉律不齐。“脉两至”，即二联脉，均属严重心律紊乱，尤以出现二联脉，通常是严重心功受损，病情危重的临床表现。下焦温病误用升散出现“脉结代”、“脉两至”，属病情危重，应予急救。所以要重与复脉以纠正脉律，至于其他症状，待脉律纠正以后再作处理。此条与《伤寒论》“伤寒，脉结代，心动悸，炙甘草汤主之”条文文义相近，但本条明确指出了“脉两至”，说明吴氏对急性热病出现心律紊乱的观察更周密，这是对《伤寒论》炙甘草汤证的补充和发展。

七、汗下后，口燥咽干，神倦欲眠，舌赤苔老，与复脉汤。

在中焦下后与益胃汤，复胃中津液，以邪气未曾深入下焦。若口燥咽干，乃少阴之液无以上供，神昏欲眠，有少阴但欲寐之象，故与复脉。

【讲解】

本条指出因汗、下伤阴的治法。

“汗下后”，指用发汗、攻下法治疗后，病仍不解，必然伤阴。“口燥咽干”，“神倦欲眠”，是伤阴的表现，因为阳生于阴，气生于精，阴伤则气失化源，所以神倦欲眠。“舌赤”，指舌质红赤。“苔老”，指舌苔粗糙干裂，是津液受伤严重的现象，所以仍应予复脉汤以复其阴液。切不可一见“神倦欲眠”而断为气虚，并予以益气升散之剂而速其危。

八、热邪深入，或在少阴，或在厥阴，均宜复脉。

此言复脉为热邪劫阴之总司也。盖少阴藏精，厥阴必待少阴精足而后能生，二经均可主以复脉者，乙癸同源也。

加减复脉汤方（甘润存津法）

炙甘草六钱　干地黄六钱（按地黄三种用法：生地者，鲜地黄未晒干者也，可入药煮用，可取汁用，其性甘凉，上中焦用以退热存津；干地黄者，乃生地晒干，已为丙火炼过，去其寒凉之性，本草称其甘平；熟地制以酒与砂仁，九蒸九晒而成，是又以丙火，丁火合炼之也，故其性甘温。奈何今人悉以干地黄为生地，北人并不知世有生地，众谓干地黄为生地，而曰寒凉，指鹿为马，不可不辨）　生白芍六钱　麦冬（不去心）五钱　阿胶三钱　麻仁三钱（按柯韵伯谓；旧传麻仁者误，当系枣仁。彼从心悸动三字中看出传写之误，不为无见，今治温热，有取于麻仁甘益气，润去燥，故仍从麻仁）

水八杯，煮取八分三杯，分三次服。剧者加甘草至一两，地黄、白芍八钱，麦冬七钱，日三，夜一服。

救逆汤方（镇摄法）

即于加减复脉汤内去麻仁，加生龙骨四钱，生牡蛎八钱，煎如复脉法。脉虚大欲散者，加人参二钱。

【讲解】

本条是讲述加减复脉汤的适应证。

以上八条均述加减复脉汤的临床运用。本条是加减复脉汤证的总结。意即凡属温病晚期，热邪深入，只要是下焦温热伤阴见证，不论其病在肾，或病在肝，或肝肾同病，均可予以复脉汤。由于肝肾同属下焦，同司相火，滋肾之剂可以养肝，养肝之剂也可以滋肾，这就是原注所谓“盖少阴藏精，厥阴必待少阴精足而能生，二者均可主以复脉法，乙癸同源也”。注中的“乙”，是指肝，“癸”是指肾。肝藏血，肾藏精，肝肾同居下焦，同司相火，所以叫做“乙癸同源”。

【临证意义】

加减复脉汤，源出《伤寒论》复脉汤，亦即炙甘草汤，本方去原方中参、姜、桂、枣，加白芍，即加减复脉汤。吴氏在运用本方中，常加人参、大枣，因此加减复脉汤实际上只是炙甘草汤去姜、桂二味。下焦温病，热邪深入，阴精枯竭，一般情况下，故不宜再用姜、桂辛温之品以重耗其阴精。但是又必须注意到，“阴为阳之基”，“气生于阴”，阴竭阳必然随之而亡，所以在阴竭阳脱的时候，又不能完全回避温化之剂。昔年我的老师著名中医陈逊斋先生在治疗下焦温病中，常选用炙甘草汤复脉，但在处方用药上推敲极细。热邪深入伤阴，未及阳脱者，以炙甘草汤去姜桂或重减其量，如有亡阳现象，如肢厥、汗出者，则必用姜桂或加大其量，甚至再加附子，疗效十分显著。吴氏在上述条文注文中谓：“用古法而不拘用古方，医者之化裁也”，“曰宜复脉辈者，不过立法如此，临时对症，加减尽善，是所望于当其任者”，陈老的经验和吴氏所述临证意义重大，值得我们深思。

九、下后大便溏甚，周十二时三四行，脉仍数者，未可与复脉汤，一甲煎主之；服一二日，大便不溏者，可与一甲复脉汤。

下后法当数日不大便，今反溏而频数，非其人真阳素虚，即下之不得其道，有亡阴之虑。若以复脉滑润，是以存阴之品，反为泻阴之用。故以牡蛎一味，单用则力大，即能存阴，又涩大便，且清在里之余热，一物而三用之。

一甲煎（咸寒兼涩法）

生牡蛎二两（碾细）

水八杯，煮取三杯，分温三服。

一甲复脉汤方

即于加减复脉汤内，去麻仁，加牡蛎一两。

十、下焦温病，但大便溏者，即与一甲复脉汤。

温病深入下焦劫阴，必以救阴为急务。然救阴之药多滑润，但见大便溏，不必待日三四行，即以一甲复脉法，复阴之中，预防泄阴之弊。

【讲解】

此两条是讲一甲复脉汤的适应证。下焦温病，证属阴虚，一般情况下，大便偏干，今反便溏，是一种特殊情况。一是平素阳虚，加之下之不得其道，更伤其阳，所以便溏；二是加减复脉汤，药性甘柔滑润，便溏是服药过程中的一种服药反应。所以原文在此提出了两种处理方法。一是：便溏由于患者素阳虚或误下伤阳所致者，虽属下焦温病，不能予复脉汤，可予一甲煎，即单用牡蛎一味重用，以固涩之，以防阳脱，腹泻停止后，再根据患者体质情况辨证论治；二是：患者平素并不阳虚，只是在服加减复脉汤时大便转溏，仍可用复脉汤，但应加入固涩之品以防便溏，方用一甲复脉汤即可，这就是原文所谓的“救阴之药多滑润，但见大便溏，不必待日三四行，即以一甲复脉法，复阴之中，预防泄阴之弊。”

此两条指出下焦温病便溏伤阴的治法。

十一、少阴温病，真阴欲竭，壮火复炽，心中烦，不得卧者，黄连阿胶汤主之。

按：前复脉法为邪少虚多之治。其有阴既亏而实邪正盛，甘草即不合拍。心中烦，阳邪挟心阳独亢于上，心体之阴，无容留之地，故烦杂无奈；不得卧，阳亢不入于阴，阴虚不受阳纳，虽欲卧得乎！此证阴阳各自为道，不相交互，去死不远，故以黄芩从黄连，外泻壮火而内坚真阴；以芍药从阿胶，内护真阴而外捍亢阳。名黄连阿胶汤者，取一刚以御外侮，一柔以护内主之义也。其交关变化神明不测之妙，全在一鸡子黄，前人训鸡子黄，佥谓鸡为巽木，得心之母气，色赤入心，虚则补母而已，理虽至当，殆未尽其妙。盖鸡子黄有地球之象，为血肉有情，生生不已，乃奠定中焦之圣品，有甘草之功能，而灵于甘草；其正中有孔，故能上通心气，下达肾气，居中以达两头，有莲子之妙用；其性和平，能使亢者不争，弱者得振；其气焦臭，故上补心；其味甘咸，故下补肾；再释家有地水风火之喻，此证大风一起，荡然无余，鸡子黄镇定中焦，通彻上下，合阿胶能预熄内风之震动也。然不知人身阴阳相抱之义，必未能识仲景用鸡子黄之妙，谨将人身阴阳生死寤寐图形，开列于后图，以便学者入道有阶也。

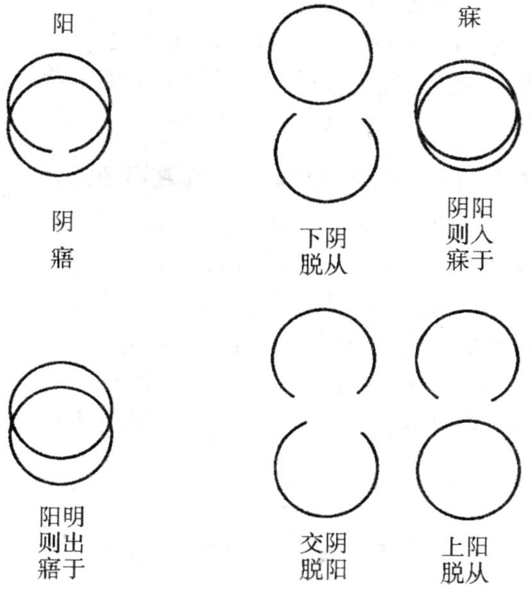

图 1　人身阴阳生死寤寐图

黄连阿胶汤方（苦甘咸寒法）

黄连四钱　黄芩一钱　阿胶三钱　白芍一钱　鸡子黄二枚

水八杯，先煮三物，取三杯，去滓，内胶烊尽，再内鸡子黄，搅令相得，日三服。

【讲解】

本条讨论了少阴温病阴虚邪盛的证治。

“少阴温病”，即下焦温病，“少阴”，指足少阴肾。下焦温病，病位在肝肾。由于肝肾同源，所以统称“少阴温病”。

下焦温病，温邪久羁，热盛伤阴，肝肾之阴，消耗殆尽，故曰“真阴欲竭”。“壮火”，即邪火，亦即温热之邪。“壮火复炽”，即邪热炽盛。温病晚期，正气已虚，正不胜邪，邪热就更加猖獗，愈使真阴更加枯竭，正气加速崩溃。此时治疗单纯救阴，则缓不济急，单纯清邪，反又伤正，所以原注谓“此证阴阳各自为道，不相交互，去死不远”。

本条根据《伤寒论》少阴病热化证治疗经验，提出用黄连阿胶汤治疗。《伤寒论·辨少阴病脉证并治》云：“少阴病得之二三日以上，心中烦，不得卧，黄连阿胶汤主之。”从方药组成看，方中白芍、阿胶、鸡子黄养阴，黄连、黄芩清热，因此，本方是具有补阴清热、扶正祛邪作用的方剂。所以吴注谓："外泻壮火而内坚真阴……内护真阴而外捍亢阳，名黄连阿胶汤者，取一刚以御外侮，一柔以护内主之义也。"

【临证意义】

黄连阿胶汤从方药组成来看，黄连为君，用量最重，黄连的主要作用是清火泻热，辅以黄芩，清火泻热作用更强。白芍、阿胶、鸡子黄，虽有养阴作用，但药性平缓，恐难以迅速产生救阴作用。因此我们认为黄连阿胶汤的主要作用仍是以攻邪为主，养阴为辅，正如后文所说："邪少虚多者，不得用黄连阿胶汤。"其所以在"真阴欲竭，壮火复炽"时用此能产生救阴作用者，还是属邪去正复之理。吴氏十分强调方中鸡子黄一味，二枚鸡子黄能否有如此之妙用，我们持怀疑态度，对原注此部分不作讲解。

十二、夜热早凉，热退无汗，热自阴来者，青蒿鳖甲汤主之。

夜行阴分而热，日行阳分而凉，邪气深伏阴分可知；热退无汗，邪不出表而仍归阴分，更可知矣，故曰热自阴分而来，非上中焦之阳热也。邪气深伏阴分，混处气血之中，本能纯用养阴，又非壮火，更不得任用苦燥。故以鳖甲蠕动之物，入肝经至阴之分，既能养阴，又能入络搜邪；以青蒿芳香透络，从少阳领邪外出；细生地清阴络之热；丹皮泻血中之伏火；知母者，知病之母也，佐鳖甲、青蒿而成搜剔之功焉。再此方有先入后出之妙，青蒿不能直入阴分，有鳖甲领之入也；鳖甲不能独出阳分，有青蒿领之出也。

青蒿鳖甲汤方（辛凉合甘寒法）

青蒿二钱　鳖甲五钱　细生地四钱　知母二钱　丹皮三钱

水五杯，煮取二杯，日再服。

【讲解】

本条指出邪伏阴分的病机和治法。

"夜热早凉"，即夜晚发热，白天不发热，体温正常。夜晚发热，一般情况下多属阴虚。"热退无汗"，即热退时并无汗出现象。"热退无汗"，一般情况下多是单纯里热，亦属阴虚者多，所以原文谓"热自阴来"。青蒿鳖甲汤属于养阴退热剂。方中以青蒿清透热邪，鳖甲、生地养阴，知母、牡丹皮清热，属阴虚内热患者。本方具有良好的退热作用。

本书中焦篇第八十四条，亦有一青蒿鳖甲汤方，用于治疗少阳疟之偏热多者。方中有桑叶、花粉以清透气分热邪，生津止渴。此方则用生地以清热，滋肝肾之阴。可互相参看。

十三、热邪深入下焦，脉沉数，舌干齿黑，手指但觉蠕动，急防痉厥，二甲复脉汤主之。

此示人痉厥之渐也。温病七八日以后，热深不解，口中津液干涸，但觉手指掣动，即当防其痉厥，不必俟其已厥而后治也。故以复脉育阴，加入介属潜阳，使阴阳交纽，庶厥不可作也。

二甲复脉汤方（咸寒甘润法）

即于加减复脉汤内，加生牡蛎五钱，生鳖甲八钱。

【讲解】

本条指出热深防痉厥的证治。

下焦温病，“舌干齿黑”，常为阴虚至极、阴精欲竭的临床表现。阴虚至极，常出现风象而在临床上表现为惊痫抽搐，亦即原文中所谓的“痉厥”。“手指但觉蠕动”就是痉厥行将发作的前兆，这也就是原注所说的“此示人痉厥之渐也”。阴虚欲痉或已作痉，其总的治疗原则是：“育阴潜阳”。“育阴”，即培补真阴，“潜阳”，即平肝熄风。二甲复脉汤即加减复脉汤加生牡蛎、生鳖甲，方中复脉汤可以育阴，牡蛎、鳖甲可以潜阳，听以阴虚欲痉或已出现痉厥，均可使用本方，阴虚至极有可能出现痉厥，作为早期治疗，防微杜渐，亦可使用本方。

十四、下焦温病，热深厥甚，脉细促，心中憺憺大动，甚则心中痛者，三甲复脉汤主之。

前二甲复脉，防痉厥之渐；即痉厥已作，亦可以二甲复脉止厥。兹又加龟板名三甲者，以心中大动，甚则痛而然也。心中动者，火以木为体，肝风鸱张，立刻有吸尽西江之势，肾水本虚，不能济肝而后发痉，既痉而水难猝补，心之本体欲失，故憺憺然而大动也。甚则痛者，“阴维为病，主心痛”，此证热久伤阴，八脉丽于肝肾，肝肾虚而累及阴维故心痛，非如寒气客于心胸之心痛，可用温通。故以镇肾气、补任脉、通阴维之龟板止心痛，合入肝搜邪之二甲，相济成功也。

三甲复脉汤方（同二甲汤法）

即于二甲复脉汤内，加生龟板一两。

【讲解】

本条指出热深厥甚的证治。

前条是言“阴虚欲痉，”此条是言痉厥已经发作。前已述及，阴虚欲痉及已出现痉厥，均可使用二甲复脉，所以本条原注谓“前二甲复脉，防痉厥之渐，即痉厥已作，亦可以二甲复脉止厥。”本条情况更重，不但痉厥发作，而且合并了心动过速，即原文所谓“心中憺憺大动”，而且有心律紊乱，即原文所谓“脉细促”，“促”者，数中一止也，同时还有心前区疼痛，情况十分严重，单用二甲复脉汤，在潜阳方面，犹恐力弱，所以再加龟甲，龟甲具育阴潜阳双重作用，加龟甲后，即成三甲复脉汤，治疗作用较前增强。

十五、既厥且哕（俗名呃忒），脉细而劲，小定风珠主之。

温邪久踞下焦，烁肝液为厥，扰冲脉为哕，脉阴阳俱减，则细，肝木横强则劲，故以鸡子黄实土而定内风；龟板补任（谓任脉）而镇冲脉；阿胶沉降，补液而熄肝风；淡菜生于咸水之中而能淡，外偶内奇，有坎卦之象，能补阴中之真阳，其形翕阖，故又能潜真阳之上动；童便以浊液仍归浊道，用以为使也。名定风珠者，以鸡子黄宛如珠形，得巽木之精，而能熄肝风，肝为巽木，巽为风也。龟亦有珠，具真武之德而镇震木。震为雷，在人为胆，雷动未有无风者，雷静而风亦静矣。亢阳直上巅顶，龙上于天也，制龙者，龟也。古者豢龙御龙之法，失传已久，其大要不出乎此。

小定风珠方（甘寒咸法）

鸡子黄（生用）一枚　真阿胶二钱　生龟板六钱　童便一钱　淡菜三钱

水五杯，先煮龟板、淡菜得二杯，去滓，入阿胶，上火烊化，内鸡子黄，搅令相得，再冲童便，顿服之。

【讲解】

本条述痉厥兼呃逆的证治。

“既厥且哕，”“厥”，即前述之“痉厥”，“哕”，此指呃逆，全句意即痉厥中同时出现呃逆者，可用小定风珠方治疗。小定风珠方中鸡子黄、阿胶、龟甲、淡菜等，均属补阴剂，龟甲且有潜阳作用，“童便”，即人尿，一般以12岁以下儿童小便为童便，本品有滋阴、降火、止血作用。关于“哕”的辨治，宜本条与中焦篇九十五条相互参看。

十六、热邪久羁，吸铄真阴，或因误表，或因妄攻，神倦瘛疭，脉气虚弱，舌绛苔少，时时欲脱者，大定风珠主之。

此邪气已去八九，真阴仅存一二之治也。观脉虚苔少可知，故以大队浓浊填阴塞隙，介属潜阳镇定。以鸡子黄一味，从足太阴，下安足三阴，上济手三阴，使上下交合，阴得安其位，斯阳可立根基，俾阴阳有眷属一家之义，庶可不致绝脱欤！

大定风珠方（酸甘咸法）

生白芍六钱　阿胶三钱　生龟板四钱　干地黄六钱　麻仁二钱　五味子二钱　生牡蛎四钱　麦冬（连心）六钱　炙甘草四钱　鸡子黄（生）二枚　鳖甲（生）四钱

水八杯，煮取三杯，去滓，再入鸡子黄，搅令相得，分三次服。喘加人参，自汗者加龙骨、人参、小麦，悸者加茯神、人参、小麦。

【讲解】

本条述阴竭欲脱的救治。

“热邪久羁，吸铄真阴”，是指温病深入下焦，病久伤阴；“或因误表，或因妄攻”，是指有的病人虽然病程不久，但由于误用辛温发表，或苦寒攻下，由于汗、下均可伤阴，所以也可以短期内即出现真阴枯竭情况。“神倦”，指精神极度疲惫。

“瘛疭”，指肢体拘急抽搐。“时时欲脱”，指阴竭虚脱，病属急重危证，必须急予育阴潜阳固脱之剂以急救。

“大定风珠”即三甲复脉汤合生脉散。三甲复脉汤为育阴潜阳重剂，生脉散可以固脱，所以温病“热邪久羁，吸铄真阴，阴虚欲痉或作痉，时时欲脱”者，须用本方，本方有滋补真阴、潜阳固脱之功，属于加减复脉汤一类方剂中之重剂。

【临证意义】

临床运用举例：

案35　大定风珠治疗温病后期阴虚液涸案

张某，女，1岁，因发热咳嗽已5日，于1959年1月24日住某医院。

住院检查摘要：体温38℃，皮肤枯燥，消瘦，色素沉着，夹有紫癍，口四周青紫，肺叩浊，水泡音密聚，心音弱，肝大3公分。血化验：白细胞总数4200/mm^3，中性61%，淋巴39%，体重4.16公斤。诊断：①重症迁延性肺炎；②三度营养不良；③贫血。

病程与治疗：入院表现精神萎靡，有时烦躁，咳嗽微喘，发热，四肢清凉，并见拘紧现象，病势危重，治疗1个半月，虽保全了性命但褥疮形成，肺大片实化不消失，体重日减，使用各种抗生素已1月之久，并多次输血，而病儿日沉困，白细胞总数高达38400/mm^3，转为迁延性肺炎，当时在治疗上非常困难。于3月11日请蒲老会诊，症见肌肉消瘦，形槁神呆，咽间有痰，久热不退，脉短涩，舌无苔，属气液枯竭，不能荣五脏、濡筋骨、利关节、温肌肤，以致元气虚怯，营血消铄，宜甘温咸润生津，并益气增液。处方：

干生地四钱　清阿胶三钱（另烊）　麦门冬二钱　炙甘草三钱　白芍药三钱　生龙骨三钱　生牡蛎四钱　制龟甲八钱　炙鳖甲四钱　台党参三钱　远志肉一钱五分

浓煎300ml，鸡子黄（一枚，另化服），童便一杯，先服，2日服。

连服3周后，大便次数较多，去干生地、童便，加大枣三枚（劈），浮小麦三钱，再服2周痰尚多，再加胆星一钱，天竺黄二钱。

自服中药后，病情逐渐好转和恢复：①不规则发热于2周后，体温逐渐恢复正常；②肺大片实化逐渐消失；③用药1周后，褥疮消失，皮肤滋润，色素沉着渐退，1个半月后，皮下脂肪渐丰满；④体重显著增加；⑤咳嗽痰壅消失；⑥食欲由减退到很好；⑦由精神萎靡，转为能笑、能坐、能玩。于同年5~8日痊愈出院。

（《蒲辅周医案》）

十七、壮火尚盛者，不得用定风珠、复脉。邪少虚多者，不得用黄连阿胶汤。阴虚欲痉者，不得用青蒿鳖甲汤。

此诸方之禁也。前数方虽皆为存阴退热而设，其中有以补阴之品，为退热之用者；有一面补阴，一面搜邪者；有一面填阴，一面护阳者；各宜心领神会，不可混也。

十八、痉厥神昏，舌短，烦躁，手少阴证未罢者，先与牛黄紫雪辈，开窍搜邪；再与复脉汤存阴，三甲潜阳，临证细参，勿致倒乱。

痉厥神昏，舌謇烦躁，统而言之为厥阴证。然有手经足经之分：在上焦以清邪为主，清邪之后，必继以存阴；在下焦以存阴为主，存阴之先，若邪尚有余，必先以搜邪。手少阴证未罢，如寸脉大，口气重，颧赤，白睛赤，热壮之类。

十九、邪气久羁，肌肤甲错，或因下后邪欲溃，或因存阴得液蒸汗，正气已虚，不能即出，阴阳互争而战者，欲作战汗也，复脉汤热饮之。虚盛者加人参；肌肉尚盛者，但令静，勿妄动也。

按：伤寒汗解必在下前，温病多在下后，缚解而后得汗，诚有如吴又可所云者。凡欲汗者，必当先烦，乃有汗而解。若正虚邪重，或邪已深入下焦，得下后里通；或因津液枯燥，服存阴药，液增欲汗，邪正努力纷争，则作战汗，战之得汗则生，汗不得出则死。此系生死关头，在顷刻之间。战者，阳极而似阴也，肌肤业已甲错，其津液之枯燥，固不待言。故以复脉加人参助其一臂之力，送汗出表。若其人肌肤尚厚，未至火虚者，无取复脉之助正，但当听其自然，勿事骚扰可耳，次日再议补阴未迟。

【讲解】

本条述下焦温病战汗的病机与治疗。

以上共十九条，论述下焦温病其属于温热类的辨证论治。从第一条至第十六条是讲加减复脉汤的一般适应证及其用法。第十七条至第十九条是讲加减复脉汤的具体适应证以及在运用本方时，如何根据正邪之间的消长进退掌握分寸问题。

第十七条是讲下焦温病，虽然可以通用育阴潜阳法以复其阴，但必须根据邪正之间的关系，区分标本缓急而定用药先后。如邪火尚盛者，就必须先清邪火，此时就需用黄连阿胶汤一类方剂以治其标，不得急于用育阴潜阳之剂。因为邪火不去，阴液难复，正气亦必不能复。这就是原文所谓的“壮火尚盛者，不得用定风珠、复脉”。反之，如邪火不盛，重在阴液欲竭，必须重在救阴，不得再用攻邪之剂，当用复脉、定风珠之类。这就是原文所谓的“邪少虚多者，不得用黄连阿胶汤”。下焦温病特别是在阴虚欲痉或作痉时，属下焦温病中的急重危证，此时用药必须及时和准确，否则就会贻误治疗，导致不救。原文所谓“阴虚欲痉者，不得用青蒿鳖甲汤”，是因为青蒿鳖甲汤属清热养阴之剂，对阴虚欲痉者来说，必须急用育阴潜阳，方宜选用二甲、三甲复脉汤一类方剂，此时如用本方，反会贻误治疗。

第十八条原意与第十七条基本相同，即虽属下焦温病，治应育阴潜阳，但如邪火仍盛，即原文所谓“手少阴证未罢者”，“手少阴”，指手少阴心，亦即心经火邪仍盛，临床表现有“寸脉大，口气重，颧赤，白睛赤，热壮，之类，亦应先清火邪，先与牛黄、紫雪之类，清心开窍，俟邪火基本消除以后，再用三甲复脉汤之类以育阴潜阳，此先治其标，再治其本之意。

第十九条是谈下焦温病过程中欲作“战汗”的问题。所谓“战汗”，即下焦温病过程中，患者突然出现心烦，然后全身出汗，有的患者心烦汗出后症状减轻；有的患者心烦汗出后症状加重，甚至汗出气脱身死。这种情况常是温病晚期，正邪最后搏斗的一种临床表现。正气最后战胜邪气，则汗出而解，正气不胜邪气，则汗出而亡。所以叫“战汗”，是由于战汗的发生是正邪最后一战，因此在治疗上必须以支持正气为主，所以原文提出“以复脉汤热饮之”，“虚甚者加人参”。从临床经验看，用独参汤代茶饮最好，即单用人参一味，浓煎代茶频服。此时应绝对保持患者安静，这也就是原文所谓的“但令静，勿妄动”。保持安静，对欲作战汗的患者，十分重要。服药者，保持安静，更有利于患者向好的方面转归，用药不及，未服药者，保持安静，有时也常常收到自然好转的效果。

二十、时欲漱口不欲咽，大便黑而易者，有瘀血也，犀角地黄汤主之。

邪在血分，不欲饮水，热邪燥液口干，又欲求救于水，故但欲漱口，不欲咽也。瘀血溢于肠间，血色久瘀则黑，血性柔润，故大便黑而易也。犀角味咸，入下焦血分以清热，地黄去积聚而补阴，白芍去恶血，生新血，丹皮泻血中伏火，此蓄血自得下行，故用此轻剂以调之也。

犀角地黄汤方（甘咸微苦法）

干地黄一两　生白芍三钱　丹皮三钱　犀角三钱

水五杯，煮取二杯，分二次服，渣再煮一杯服。

二十一、少腹坚满，小便自利，夜热昼凉，大便闭，脉沉实者，蓄血也。桃仁承气汤主之，甚则抵当汤。

少腹坚满，法当小便不利，今反自利，则非膀胱气闭可知。夜热者，阴热也；昼凉者，邪气隐伏阴分也。大便闭者，血分结也。故以桃仁承气通血分之闭结也。若闭结太甚，桃仁承气不得行，则非抵当不可，然不可轻用，不得不备一法耳。

桃仁承气汤方（苦辛咸寒法）

大黄五钱　芒硝二钱　桃仁三钱　当归三钱　芍药三钱　丹皮三钱
水八杯，煮取三杯，先服一杯，得下止后服，不知再服。

抵当汤方（飞走攻络苦咸法）

大黄五钱　虻虫（炙干为末）二十枚　桃仁五钱　水蛭（炙干为末）五分
水八杯，煮取三杯，先服一杯，得下止后服，不知再服。

【讲解】

以上两条是谈下焦温病合并出血及瘀血的诊断和治疗。

第二十条是谈出血，出血除肉眼可见的出血，如便血、尿血、咳血、衄血等以外，临床表现上还有两点提示有出血或瘀血，其一是：口干欲饮水，但又不能饮，以含漱为快，这就是原文中所谓的“时欲漱口不欲咽”。其二是：大便稀溏，色黑，这就是原文中所谓的“大便黑而易者”。临床上凡见出血，或虽无肉眼可见出血，但有大便黑而稀溏光亮者，均应考虑出血，进行紧急处理。出血的原因很多，下焦温病，证属阴虚，因此下焦温病合并出血，多属阴虚内热，热人血分，迫血妄行，治宜养阴、凉血、止血。犀角地黄汤为养阴凉血方，所以下焦温病合并出血时，常选用本方。

第二十一条是谈蓄血证的治法。瘀血的主要临床表现为少腹坚满，或腹部可以摸到肿物。“少腹坚满”，可以是膀胱蓄水，也可以是蓄血。蓄水与蓄血的鉴别，关键在小便情况，少腹坚满，小便不利者，多为蓄水；少腹坚满，小便通利者，多属蓄血。蓄血证在治疗上必须攻瘀，桃仁承气汤及抵当汤是攻瘀常用方。所以下焦温病合并瘀血者，亦可选用本方。不过应该提出者，下焦温病，真阴欲竭，救阴常是下焦温病的主要治疗方法。攻下之剂，多有伤阴之弊，非万不得已之时，不可使用。例如由于血瘀而致之大出血者，瘀不去则血不止，不得不用攻瘀以求止血。或大便闭结，多日不行，不得不勉强攻下以通闭结，其他一般情况，不得轻用。原注谓“不可轻用，不得不备一法”，即属此意。

【临证意义】

临床运用举例：

案36　犀角地黄汤、黄连阿胶汤、青蒿鳖甲汤治疗肠伤寒便血、夜热早凉案。

赵某，男，36岁，1959年9月2日入院。

病史：发病5天，起病较缓，发烧，头痛头晕，疲倦乏力，关节疼痛，恶心呕吐，口干不思饮，腹胀泄泻，日三四次。

检查：表情淡漠、倦睡，面黄，消瘦，口唇疱疹，舌苔白薄，脉象沉缓有力，体温40℃，脉搏78次/分，白细胞5500/mm^3，中性75%，淋巴25%，嗜酸性细胞22个，肥达氏反应（O）1∶80，（H）1∶1280，血培养（-），大便培养（+）。

治疗：给予合霉素口服，症状未能控制，10天后发生药疹，改为氯霉素，青、链霉素肌注，口服金霉素，静脉滴注葡萄糖、氢考等。至9月16日病情恶化，患者体温弛张，晨起37℃左右，午后40℃左右，大便泄泻，日行四五次，午后呕出瘀血块约15ml，肠蠕动亢进，肠鸣如雷之后，便出瘀血约500ml，血压94/44mmHg，患者昏迷，采取输血输液等急救措施，停用抗生素，服用中药。处方：犀角地黄汤合黄连阿胶汤加味：

广犀角四钱　生地一两　白芍炭六钱　粉丹皮八钱　川连四钱　炒黄芩六钱　侧柏炭六钱　藕节六钱　炒槐花六钱　小蓟炭五钱　白茅根一两　黑栀子四钱　阿胶一两五钱，烊化

加水1500ml，煎成400ml，每服200ml，每日1剂，服前加生鸡子黄一枚搅匀温服。3剂。

9月19日病情好转，精神清晰，微能进食，大便如黑泥状，每日约排200g，舌质淡红，无苔，脉象芤数，体温晨36℃左右，午后38.5℃左右。改服犀角地黄汤加味：

广犀角四钱　生地一两　丹皮六钱　黑栀五钱　藕节六钱　川连三钱　侧柏五钱　双花炭一两五钱　白茅根一两　青蒿八钱　知母三钱　甘草三钱

加水1500ml，煎取300ml，分3次温服，每日1剂。3剂。

9月22日，食欲正常，大便每日1次，大便潜血化验（－），唯余夜热早凉症状，体温早36℃左右，午晚38℃以上。处方：青蒿鳖甲汤合益胃汤加味：

生熟地各六钱　沙参四钱　知母三钱　牡丹皮三钱　青蒿四钱　生鳖甲五钱　炙龟甲五钱　玉竹一两　麦冬四钱　荷叶四钱　黄柏一钱五分　生炙草各一钱五分

加水1500ml，煎取400ml，分4次温服，每日1剂，共服10剂，体温保持在36℃左右，诸症消失，痊愈出院。

（许家松：《张哲臣老大夫治疗肠伤寒250例的经验》，山东中医学院：《中医学术交流选编》，1977）

二十二、温病脉，法当数，今反不数而濡小者，热撤里虚也。里虚下利稀水，或便脓血者，桃花汤主之。

温病之脉本数，因用清热药撤其热，热撤里虚，脉见濡小，下焦空虚则寒，即不下利，亦当温补，况又下利稀水脓血乎！故用少阴自利，关闸不藏，堵截阳明法。

桃花汤方（甘温兼涩法）

赤石脂一两（半整用煎，半为细末调）　炮姜五钱　白粳米二合

水八杯，煮取三杯，去渣，入石脂末一钱五分，分三次服。若一服愈，余勿服。虚甚者加人参。

二十三、温病七、八日以后，脉虚数，舌绛苔少，下利日数十行，完谷不化，身虽热者，桃花粥主之。

上条以脉不数而濡小，下利稀水，定其为虚寒而用温涩。此条脉虽数而日下数十行，至于完谷不化，其里邪已为泄泻下行殆尽。完谷不化，脾阳下陷，火灭之象；脉虽数而虚，苔化而少，身虽余热未退，亦虚热也，纯系关闸不藏见证，补之稍缓则脱。故改桃花汤为粥，取其逗留中焦之意，此条认定完谷不化四字要紧。

桃花粥方（甘温兼涩法）

人参三钱　炙甘草三钱　赤石脂六钱（细末）　白粳米二合

水十杯，先煮参、草得六杯，去渣，再入粳米煮得三杯，纳石脂末三钱，顿服之。利不止，再服第二杯，如上法；利止停后服。或先因过用寒凉，脉不数身不热者，加干姜三钱。

【讲解】

以上两条讲痢疾后期，亦即久痢的治疗方法。

关于痢疾的治疗，《温病条辨·中焦篇》有较详细的论述，《温病条辨·中焦篇》九十三条："久痢阳明不阖，人参石脂汤主之"，文中之人参石脂汤即本条桃花汤、桃花粥复方。其义与本条基本相同，痢疾虽属独立疾病，但由于其系急性传染病，属温病的一种常见疾病，可以纳入温病范围。温病晚期，病属下焦，所以痢疾后期，也属下焦温病之内。由于久痢的治疗，中焦篇中已作讲解，桃花汤、桃花粥均属于固肠止痢之剂，与人参石脂汤之义相同，因此不再作重复讲解。

二十四、温病少阴下利，咽痛胸满心烦者，猪肤汤主之[1]**。**

此《伤寒论》原文。按：温病热入少阴，逼液下走，自利咽痛，亦复不少，故采录于此。柯氏云：少阴下利，下焦虚矣。少阴脉循喉咙，其支者出络心，注胸中，咽痛胸满心烦者，肾火不藏，循经而上走于阳分也；阳并于上，阴并于下，火不下交于肾，水不上承于心，此未济之象。猪为水畜而津液在肤，用其肤以除上浮之虚火，佐白蜜、白粉之甘，泻心润肺而和脾，滋化源，培母气，水升火降，上热自除，而下利自止矣。

猪肤汤方（甘润法）

猪肤一斤（用白皮从内刮去肥，令如纸薄）

上一味，以水一斗，煮取五升，去渣，加白蜜一升，白米粉五合，熬香，和令相得。

二十五、温病少阴咽痛者，可与甘草汤；不瘥者，与桔梗汤[2]。

柯氏云：但咽痛而无下利胸满心烦等症，但甘以缓之足矣。不瘥者，配以桔梗，辛以散之也。其热微，故用此轻剂耳。

甘草汤方（甘缓法）

甘草二两

上一味，以水三升，煮取一升半，去渣，分温再服。

桔梗汤方（苦辛甘升提法）

甘草二两　桔梗二两

法同前。

二十六、温病入少阴，呕而咽中伤，生疮不能语，声不出者，苦酒汤主之。

王氏晋三云：苦酒汤治少阴水亏不能上济君火，而咽生疮声不出者。疮者，疳也。半夏辛滑，佐以鸡子清之甘润，有利窍通声之功，无燥津涸液之虑；然半夏之功能，全赖苦酒，摄入阴分、劫涎敛疮，即阴火沸腾，亦可因苦酒而降矣，故以为名。

苦酒汤方（酸甘微辛法）

半夏（制）一钱　鸡子一枚（去黄，内上苦酒鸡子壳中）

上二味，内半夏著苦酒中，以鸡子壳置刀环中，安火上，令三沸，去渣，少少含咽之。不差，更作3剂。

【讲解】

以上三条，是讲下焦温病合并咽痛时的治疗。

这三条原文均见于《伤寒论·辨少阴病脉证并治》。310 条："少阴病，下利，咽痛，胸满，心烦，猪肤汤主之。311 条："少阴病二三日，咽痛者，可与甘草汤。不差，与桔梗汤。" 312 条："少阴病，咽中伤，生疮，不能语言，声不出者，苦酒汤主之。"此三条为少阴病热化证，与下焦温病中温热病相类似。所以吴氏把这三条原文句首加上"温病"二字，其余一字不易的列在下焦温病中。

二十四条是谈咽痛轻症。咽痛轻症在下焦温病出现，可以不必专门处理，从饮食营养调理即可，所以用猪肤汤。猪肤汤中之猪肤，即鲜猪皮。白蜜、白米粉，均属饮食营养，甘润之品，因此，本方实际是饮食治疗。

二十五条是谈咽痛之较重者。咽痛已重，单靠饮食调理已不能缓解症状，必须用药物作治疗，所以本条提出用甘草汤或桔梗汤。甘草有缓中补虚、祛痰止痛作用，所以可以用以治少阴咽痛。加入桔梗则祛痰作用更强，所以原文谓："少阴咽痛者，可与甘草汤，不差者，与桔梗汤。"

二十六条是谈咽痛之最重者。咽中生疮，言语不出，所以必须用较强作用的祛痰、敛疮、清咽、止痛药物，并直接作用咽部才能取得疗效。所以本条提出用苦酒汤含咽。苦酒就是米醋，有敛疮、清咽、止痛的作用。鸡蛋白有保护疮面的作用，半夏有祛痰作用。咽部红肿疼痛、生疮化脓，此方确有一定疗效。

二十七、妇女温病，经水适来，脉数耳聋，干呕烦渴，辛凉退热，兼清血分，甚至十数日不解，邪陷发痉者，竹叶玉女煎主之。

此与两感证同法。辛凉解肌，兼清血分者，所以补上中焦之未备；甚至十数日不解，邪陷发痉，外热未除，里热又急，故以玉女煎加竹叶，两清表里之热。

竹叶玉女煎汤方（辛凉合甘寒微苦法）

生石膏六钱　干地黄四钱　麦冬四钱　知母二钱　牛膝二钱　竹叶三钱

水八杯，先煮石膏、地黄得五杯，再入余四味，煮成二杯，先服一杯，候六时复之，病解停后服，不解再服（上焦用玉女煎去牛膝者，以牛膝为下焦药，不得引邪深入也。兹在下焦，故仍用之）。

二十八、热人血室，医与两清气血，邪去其半，脉数，余邪不解者，护阳和阴汤主之。

此系承上条而言之也。大凡体质素虚之人，驱邪及半，必兼护养元气，仍佐清邪，故以参、甘护元阳，而以白芍、麦冬、生地和阴清邪也。

护阳和阴汤方（甘凉甘温复法，偏于甘凉，即复脉汤法也）

白芍五钱　炙甘草二钱　人参二钱　麦冬（连心炒）二钱　干地黄（炒）三钱

水五杯，煮取二杯，分二次温服。

二十九、热人血室，邪去八、九，右脉虚数，暮微寒热者，加减复脉汤，仍用参主之。

此热入血室之邪少虚多，亦以复脉为主法。脉右虚数，是邪不独在血分，故仍用参以补气。暮微寒热，不可认作邪实，乃气血俱虚，营卫不和之故。

加减复脉汤仍用参方

即于前复脉汤内，加人参三钱。

三十、热病经水适至，十余日不解，舌萎饮冷，心烦热，神气忽清忽乱，脉右长左沉，瘀热在里也，加减桃仁承气汤主之。

前条十数日不解用玉女煎者，以气分之邪尚多，故用气血两解。此条以脉左沉，不与右之长同，而神气忽乱，定其为蓄血，故以逐血分瘀热为急务也。

加减桃仁承气汤方（苦辛走络法）

大黄（制）三钱　桃仁（炒）三钱　细生地六钱　丹皮四钱　泽兰二钱　人中白二钱

水八杯，煮取三杯，先服一杯，候六时，得下黑血，下后神清渴减，止后服。不知，渐进。

按：邵新甫云：考热人血室，《金匮》有五法：第二条主小柴胡，因寒热而用，虽经水适断，急提少阳之邪，勿令下陷为最。第二条伤寒发热，经水适来，已现昼明夜剧，谵语见鬼，恐人认阳明实证，故有无犯胃气及上二焦之戒。第三条中风寒热，经水适来，七八日脉迟身凉，胸胁满如结胸状，谵语者，显无表证，全露热入血室之候，自当急刺期门，使人知针力比药力尤捷。第四条阳明病下血谵语，但头汗出，亦为热入血室，亦刺期门，汗出而愈。第五条明其一证而有别因为害，如痰潮上脘，昏冒不知，当先化其痰，后除其热。仲景教人当知变通，故不厌推广其义，乃今人一遇是证，不辨热入之轻重，血室之盈亏，遽与小柴胡汤，贻害必多。要之，热甚而血瘀者，与桃仁承气及山甲、归尾之属；血舍空而热者用犀角地黄汤，加丹参、木通之属；表邪未尽而表证仍兼者，不妨借温通为使；血结胸，有桂枝红花汤，参入海蛤、桃仁之治；昏狂甚，进牛黄膏，调入清气化结之煎。再观叶案中有两解气血燔蒸之玉女煎法；热甚阴伤，有育阴养气之复脉法；又有护阴涤热之缓攻法。先圣后贤，其治条分缕析，学者审证定方，慎毋拘乎柴胡一法也。

【讲解】

以上四条，是讲下焦温病，妇女患者月经适来，“热入血室”的诊断和治疗。

“热入血室”是中医学中的一个病理生理术语，首见于《伤寒论》及《金匮要略》。“血室”，多数学者认为是“女子胞”，亦即子宫。因此，“热入血室”为热邪入侵胞宫，类似现代所谓急性盆腔感染一类疾病。急性感染性疾病，总的来说，均可纳入温病范围，妇女急性盆腔感染亦不例外，因此本书将此列入下焦温病之中，专条加以讨论。

热入血室虽然是一个独立性疾病，但仍然是以正邪之间的消长进退为依据来辨证论治。

二十七条是谈“热入血室”的一般治疗。“热入血室”既然表现为正邪分争，所以在治疗原则上应扶正祛邪，和解表里。因此，《伤寒论》、《金匮要略》首先用小柴胡汤来治疗。“热入血室”之属于温病范围者，也仍以扶正祛邪、和解表里为立法原则，本条提出了竹叶玉女煎方。本方即玉女煎加竹叶，方中干地黄、麦冬养阴扶正，竹叶、生石膏清热祛邪，加牛膝引入下焦。热入血室其临床表现属于温病范围者，一般均可使用本方治疗。

二十八、二十九条是谈“热入血室”经治疗后，余邪不解，邪去正虚者的治疗。邪去正虚，重在扶正。所以本条提出用护阳和阴汤方，即加减复脉汤去阿胶、麻仁，加人参，或用加减复脉汤仍用参方，以气血两顾，扶正以祛余邪。下焦温病邪少虚多者，一般情况下均可以复脉为主法，“热入血室”自不例外，所以注文谓“亦以复脉为主法”。

三十条是谈“热入血室”属蓄血证的临床表现及治疗。其“血分瘀热”主要表现为精神情志的反常，这也就是《伤寒论》中所述：“妇人伤寒，发热，昼日明了，夜则谵语，如见鬼状者，此为热入血室。”本条述为“神气忽清忽乱”。由于瘀热在血分，所以必须首先攻瘀，用加减桃仁承气汤。

三十一、温病愈后，嗽稀痰而不咳，彻夜不寐者，半夏汤主之。

此中焦阳气素虚之人，偶感温病，医以辛凉甘寒，或苦寒清温热，不知十衰七、八之戒，用药过剂，以致中焦反停寒饮，令胃不和，故不寐也。《素问》云：胃不和则卧不安，饮以半夏汤，复杯则寐。盖阳气下交于阴则寐，胃居中焦，为阳气下交之道路，中寒饮聚，致令阳气欲下交而无路可循，故不寐也。半夏逐痰饮而和胃，秫米秉燥金之气而成，故能补阳明燥气之不及而渗其饮，饮退则胃和，寐可立至，故曰复杯则寐也。

半夏汤（辛甘淡法）

半夏（制）八钱　秫米二两（即俗所谓高粱是也，古人谓之稷，今或名为芦稷，如南方难得，则以薏仁代之）

水八杯，煮取三杯，分三次温服。

三十二、饮退则寐，舌滑，食不进者，半夏桂枝汤主之。

此以胃腑虽和，营卫不和，阳未卒复，故以前半夏汤合桂枝汤，调其营卫，和其中阳，自能食也。

半夏桂枝汤方（辛温甘淡法）

半夏六钱　秫米一两　白芍六钱　桂枝四钱（虽云桂枝汤，却用小建中汤法。桂枝少于白芍者，表里异治也）　炙甘草一钱　生姜三钱　大枣（去核）二枚

水八杯，煮取三杯，分温三服。

三十三、温病解后一身凉如水，冷汗自出者，桂枝汤主之。

此亦阳气素虚之体质，热邪甫退，即露阳虚，故以桂枝汤复其阳也。

桂枝汤方（见上焦篇。但此处用桂枝，分量与芍药等，不必多于芍药也；亦不必啜粥再令汗出，即仲景以桂枝汤小和之法是也）

三十四、温病愈后，面色萎黄，舌淡，不欲饮水，脉迟而弦，不食者，小建中汤主之。

此亦阳虚之质也，故以小建中，小建其中焦之阳气，中阳复则能食，能食则诸阳皆可复也。

小建中汤方（甘温法）

白芍（酒炒）六钱　桂枝四钱　甘草（炙）三钱　生姜三钱　大枣（去核）二枚　胶饴五钱

水八杯，煮取三杯，去渣，入胶饴，上火烊化，分温三服。

三十五、温病愈后，或一月，至一年，面微赤，脉数，暮热，常思饮不欲食者，五汁饮主之，牛乳饮亦主之。病后肌肤枯燥，小便溺管痛，或微燥咳，或不思食，皆胃阴虚也，与益胃五汁辈。

前复脉等汤，复下焦之阴。此由中焦胃用之阴不降，胃体之阳独亢，故以甘润法救胃用，配胃体，则自然欲食，断不可与俗套开胃健食之辛燥药，致令燥咳成痨也。

五汁饮牛乳饮方（并见前秋燥门）

益胃汤（见中焦篇）

按：吴又可云：病后与其调理不善，莫若静以待动，是不知要领之言也。夫病后调理，较易于治病，岂有能治病，反不能调理之理乎！但病后调理，不轻于治病，若其治病之初，未曾犯逆，处处得法，轻者三五日而解，重者七八日而解，解后无余邪，病者未受大伤，原可不必以药调理，但以饮食调理足矣，经所谓食养尽之是也。若病之始受既重，医者又有误表、误攻、误燥、误凉之弊，遗殃于病者之气血，将见外感变而为内伤矣。全赖医者善补其过（谓未犯他医之逆；或其人阳素虚，阴素亏；或前因邪气太盛，故剂不得不重；或本虚邪不能张，须随清随补之类），而补人之过（谓已犯前医之治逆），退杀气（谓余邪或药伤），迎生气（或养胃阴，或护胃阳，或填肾阴，或兼固肾阳，以迎其先后天之生气），活人于万全，岂得听之而已哉！万一变生不测，推委于病者之家，能不愧于心乎！至调理大要，温病后一以养阴为主。饮食之坚硬浓厚者，不可骤进。间有阳气素虚之体质，热病一退，即露旧亏，又不可固执养阴之说，而灭其阳火。故本论中焦篇列益胃、增液、清燥等汤，下焦篇列复脉、三甲、五汁等复阴之法，乃热病调理之常理也；下焦篇又列建中、半夏、桂枝数法，以为阳气素虚，或误伤凉药之用，乃其变也。《经》所谓："有者求之，无者求之，微者责之，盛者责之，"全赖司其任者，心诚求之也。

【讲解】

以上五条是讲温病愈后的治疗及调理。

第三十一、三十二条是讲温病愈后，由于温病一般多是热邪伤阴之证，在治疗过程中如过用甘寒辛凉清热养阴之药，以致脾阳受损，痰湿内生，出现咳嗽吐稀痰、失眠、饮食减少等症就不可拘于养阴保津之说，不敢使用刚燥之剂，仍应予以补脾、祛痰以纠其偏，方用半夏汤或半夏桂枝汤。半夏汤即古方半夏秫米汤，有祛痰和胃作用。半夏桂枝汤即半夏秫米汤合小建中汤，有温中补脾、祛痰和胃作用。

第三十三条是讲温病愈后，身体虚弱，邪去正未复，营卫不和，表阳已虚，故自汗、身凉、脉迟。治宜调和营卫，用桂枝汤。

第三十四条，也是讲温病愈后，邪虽去而正未复，面黄、消瘦、食欲不振，这也是脾胃虚弱，中焦阳气不足的表现，必须温中补脾，以复中焦之阳气，所以用小建中汤。

以上四条，说明温病愈后，一般多属阴虚，但如患者素体阳虚复感温病，或温病过程中过用寒凉甘柔或苦寒清热之剂，也可由阴虚转为阳虚，出现中焦虚寒，阳气不振等现象。因此，必须照顾脾胃运化功能，保护中阳，使营卫调和。不可拘泥于凡属温病均宜养阴保津之常法，而应因人而异，辨证论治。

第三十五条是讲温病愈后之药物调理及饮食调理。温病热退后，如无合并症，即可停止药物治疗，注意饮食起居即可痊愈。这也就是原注中所谓的"解后无余邪，病者未受大伤，原可不必以药调理，但以饮食调理足矣"。但如有合并症或患者外感温病前原有慢性病，则又必须针对其合并症或原有疾病情况加以处理。本条所列之五汁饮，牛乳饮等，实际上均属于饮食营养调理之品，读者可举一反三。

【临证意义】

以上三十五条，是谈下焦温病温热类的辨证论治及温病愈后的一般调理。从这些条文中所述有关内容来看，下焦温病的病理生理特点是："真阴欲竭，壮火复炽，"亦即温病晚期，基本上是属于一种正虚邪实的局面。如何处理？本篇提出了"邪多虚少"，"邪少虚多"，因而在治疗上也就据此提出了"邪多虚少者"，治疗重点仍在祛邪，但应兼顾其正。"邪少虚多者"，治疗重点则在扶正，兼祛其邪。这些认识在临证时意义重大。今举一临床实例以为例证。

临床运用举例：

案 37　三甲复脉汤治疗肾病发热案

谭卫东，男孩，9 岁，北京人。

患儿于 1 岁 9 个月时，突然发热，浮肿，当时诊为急性肾炎，以后曾在我院，海淀医院、儿童医院及北京市中医院住院，诊为慢性肾炎。曾用中西药物治疗，疗效不显。近 3 年来家长失去信心，未予治疗。1976 年 12 月底，患儿发烧、咳嗽，以后出现嗜睡、鼻衄、恶心、呕吐、尿少，于 1977 年 1 月 4 日急诊入院。入院时体检：明显消瘦，皮肤干燥，鼻翼煽动，呼吸困难，心律不齐。实验室检查：CO_2 结合力 12.2 容积%，尿素氮 216mg%，血红蛋白 5.8g，诊断慢性肾炎、尿毒症、酸中毒、继发性贫血。入院后立即采取紧急措施，输液、纠正酸中毒及脱水，予抗生素，同时予中药真武汤、生脉散加味方（附片二钱、炒白芍四钱、炒白术三钱、茯苓三钱、干姜二钱、党参四钱、麦冬三钱、五味子三钱、泽泻三钱、车前子三钱、竹茹三钱、甘草二钱）处理后症状稍有稳定，CO_2 结合力上升至 56 容积%，但全身症状无大改善，仍处于嗜睡衰竭状态，同时有鼻衄、呕吐咖啡样物。

1 月 6 日血红蛋白下降至 4.5g，当时曾予输血，1 月 7 日患儿情况转重，不能饮食，恶心呕吐频频发作，服药亦十分困难，大便 1 日数次，呈柏油样便，且有呕血，呼吸慢而不整，14～18 次/分，心率减慢至 60～80 次/分，当予可拉明、洛贝林、生脉散注射液等交替注射，并向家属交待病情，危在旦夕。1 月 8 日患儿情况继续呈嗜睡衰竭状态，面色晦黯，呼吸减慢，心率减慢至 60 次/分。大便仍为柏油便，看来情况越来越重，因急请会诊。会诊时患儿呈嗜睡朦胧状态，时有恶心呕吐，呼吸深长而慢，脉沉细微弱无力而迟，舌嫩润齿痕，尖微赤，苔薄白干中心微黄，同意儿科诊断，中医辨证方面当时按余"辨证论治五步"分析，患儿症状主要呈恶心呕吐，进食困难，嗜睡半朦胧状态，呕血便血，按照中医理论这些症状应属于脾胃败绝之象，因此，第一步定位在脾胃。患儿呈嗜睡状，脉沉细无力而迟，舌嫩齿痕尖微赤中心稍黄，按照中医理论这些表现属于气阴两虚，结合患儿全身情况看，应属气阴两竭，因此第二步定性为气阴两竭。定位与定性合参，即可定为脾胃气阴两竭。但分析患儿发病全过程，患儿肾病已久，一直未愈，当前主要症状，系继发于原有肾病基础之上，根据"必先五胜"原则，原发病应在肾，因此第三步应定为病在肾，波及脾，兼及心肺，证属气阴两竭。第四步在治疗上补肾、补脾、补心、补肺均应考虑，但由于其原发病在肾，根据治病求本原则，因此第四步则应重点在补肾，在配伍上补肾应同时治其所胜及所不胜，因此第五步则应在补肾的同时兼治其心脾。基于上述分析，因此以参芪地黄汤加竹茹为治，处方：人参二钱另煎兑入，党参五钱，黄芪五钱、细生地八钱、苍白术各二钱、五味子二钱、丹皮二钱、茯苓五钱、泽泻二钱、淡竹茹三钱，服上方 1 剂，患儿症状即有好转，心率转为84次/分，以后继续服上方3剂，患儿恶心呕吐基本控制，已有食欲，能进少量饮食。1月12日患儿出现发热，大便溏泻，且有完谷不化现象，又请会诊，考虑此属饮食不节所致，前方加葛根三钱，川连五分，干姜五片，病房同时给黄连素、青霉素、氯霉素、制霉菌素。1月17日会诊时情况稳定，食纳增加，但大便仍为3～4次/日，体温仍在38.0℃。由于患儿情况逐日好转，病房改病危为病重。1月24日请会诊，考虑患儿气虚现象已经基本控制，当前以补肾阴为主，由于肾虚患者同时考虑胃乘心侮的问题，因此改用麦味地黄汤合竹叶石膏汤同进，并建议病房停用所有抗生素，服药5剂后，体温逐渐下降至37.2～37.3℃。2月3日再请会诊，为了加强补肾养肝作用，除仍用麦味地黄汤合竹叶石膏汤外，再加用三甲复脉汤，服药后2天，体温即完全下降至正常范围。2月9日再请会诊，由于体温已经正常，患儿这几天饮食稍差，因去三甲复脉汤，改用麦味地黄汤合竹叶石膏汤，加味枳术丸，以后继续服本方多剂，患儿情况良好，精神饮食、睡眠、大小便基本正常，无明显自觉症状，玩乐如常。病房用中药治疗过程中除因患儿CO_2结合力总在低界，常用碳酸氢钠以纠正其酸中毒以外，未作其他特殊处理，由于患儿自觉症状已经消失，因此于3月16日要求出院，出院时实验室检查未恢复正常，CO_2结合力33～36容积%，尿素氮56.5mg%，尿蛋白+++，血红蛋白5.8g。出院后3月31日来我处门诊，仍用参芪麦味地黄汤加竹茹，益母草、白茅根，嘱每日1剂，不用任何其他中西药物。4月21日门诊复诊，血红蛋白上升至9.5g，CO_2结合力29.12容积%，尿素氮66mg%，仍予前方不变。6月22日再来门诊复查，尿素氮下降为22.8mg%，CO_2结合力上升至47.04容积%，血红蛋白上升为10g，尿蛋白为++，由于患儿无任何症状，玩乐如常，因此以上方改制为蜜丸常服，1978年4月4日再来门诊复查，血红蛋白13g，尿素氮25.8mg%，CO_2结合力44.8容积%，尿蛋白痕迹。今年9月患儿母亲来告，患儿最近又复查一次，一切完全正常，已经入小学上学，尿蛋白亦转阴性，基本治愈。

此病例从温病角度来看，其病程中出现发热一段，基本上属于素体肝肾虚损不足，复又新感外邪，属于正虚邪实，邪少虚多之候。我们在临床处理上，毅然全部撤去抗生素，速与三甲复脉汤，果然一药热退，正气渐复，并达到了完全治愈的疗效。这是我们遵循上述治疗原则的效果，于此也说明了上述治疗原则在临床中的指导意义。

暑温　伏暑

三十六、暑邪深入少阴消渴者，连梅汤主之；入厥阴麻痹者，连梅汤主之；心热烦躁神迷甚者，先与紫雪丹，再与连梅汤。

肾主五液而恶燥，暑先入心，助心火独亢于上，肾液不供，故消渴也。再心与肾均为少阴，主火，暑为火邪，以火从火，二火相搏，水难为济，不消渴得乎！以黄连泻壮火，使不铄津，以乌梅之酸以生津，合黄连酸苦为阴；以色黑沉降之阿胶救肾水，麦冬、生地合乌梅酸甘化阴，庶消渴可止也。肝主筋而受液于肾，热邪伤阴，筋经无所秉受，故麻痹也。再包络与肝均为厥阴，主风木，暑先入心，包络代受，风火相搏，不麻痹得乎！以黄连泻克水之火，以乌梅得木气之先，补肝之正，阿胶增液而熄肝风，冬、地补水以柔木，庶麻痹可止也。心热烦躁神迷甚，先与紫雪丹者，开暑邪之出路，俾梅、连有入路也。

连梅汤方（酸甘化阴酸苦泄热法）

云连二钱　乌梅（去核）三钱　麦冬（连心）三钱　生地三钱　阿胶二钱

水五杯，煮取二杯，分二次服。脉虚大而芤者，加人参。

【讲解】

本条述下焦暑温消渴、麻痹、烦躁的治疗。

前已述及，“暑温”，即暑之偏热者。“伏暑”即暑病之过时而发者，外感暑邪，如同其他温病一样，均以三焦叙其传变及按之上中下三焦辨证论治，因此外感暑邪不论是即发还是过时而发，只要发病以后迁延至后期者，均可列入下焦，按下焦温病进行辨证论治。本节共六条，主要论述下焦暑温的诊断与治疗方法。

下焦温病之属于温热类病者，其治疗重点是养阴、救阴，兼以祛邪，下焦暑温，自不例外。因此，前述下焦温病的治疗方法，在治疗下焦暑温时，亦可区别选用。

连梅汤为补阴扶正兼以祛邪方，方用麦冬、生地、阿胶为下焦温热病中常用补阴药物，乌梅为生津止渴药物，黄连为清热燥湿祛邪药物，其组方之义与前述诸方大致相同，所不同者，下焦温病一般重在育阴潜阳，兼以祛邪的药物多属甘寒或咸寒，而本方兼以祛邪的药物则是苦寒清火燥湿的黄连，这是因为“暑必夹湿”。“暑温”虽属暑之偏于热者，但是总是兼有湿邪，所以须合用黄连以清火燥湿。

连梅汤的适应证，本条提出了三种情况，其一是“消渴”；其二是“麻痹”；其三是“烦躁”、“神迷”，即出现精神神志症状。这三种情况均与真阴枯竭，津液不足有关。而真阴枯竭，津液不足发生的原因，在下焦温病中又常系由于“热邪深入”或“热邪久羁”所引起。连梅汤中黄连可以清除深入的热邪，这就是原注所谓的“黄连泻壮火，使不铄津”，乌梅可以生津液，麦冬、阿胶、生地可以救阴。所以可以用于治疗下焦暑温中之消渴、麻痹、烦躁、神迷等症状。不过，前已述及，下焦温病治疗原则，邪多虚少者，仍应首先祛邪，然后补虚。烦躁神迷等症，属于邪甚的急重表现，根据上述原则，仍应首先祛邪，所以原文明确指出：“心热烦躁神迷甚者，先与紫雪丹，再与连梅汤。”此用药原则与前述“少阴温病，真阴欲竭，壮火复炽，心中烦，不得卧者，黄连阿胶汤主之”，“痉厥神昏，舌短、烦躁、手少阴证未罢者，先与牛黄紫雪辈，开窍搜邪，再与复脉汤存阴，三甲潜阳，临证细参，勿致倒乱”等条文之意，基本相同。也是下焦温病治疗原则在下焦温病各类疾病中的具体运用。

三十七、暑邪深入厥阴，舌灰，消渴，心下板实，呕恶吐蛔，寒热，下利血水，甚至声音不出，上下格拒者，椒梅汤主之。

此土败木乘，正虚邪炽，最危之候。故以酸苦泄热，辅正驱邪立法，据理制方，冀其转关耳。

椒梅汤方（酸苦复辛甘法，即仲景乌梅圆法也，方义已见中焦篇）

黄连二钱　黄芩二钱　干姜二钱　白芍（生）三钱　川椒（炒黑）三钱　乌梅（去核）三钱　人参二钱　枳实一钱五分　半夏二钱

水八杯，煮取三杯，分三次服。

【讲解】

前条连梅汤是讲养阴扶正兼以祛邪，本条椒梅汤是讲益气温中，酸苦泄热，辅正驱邪，寒热并用。暑邪深入，可以伤阴，也可以伤阳，伤阴则阴虚内热者用连梅汤已如前述，伤阳则寒热错杂者则可用本方。方中人参、干姜、川椒温阳益气，白芍养阴，黄芩、黄连清热泻火，枳实、半夏宽胸理气，祛痰降逆，辅正驱邪，寒热平调。所以暑邪深入下焦，临床上出现舌灰，消渴，心下板实，呕恶吐蛔者，下利者，可以使用本方。

本方由《伤寒论》中乌梅丸方变化而来，较乌梅丸方少细辛、桂枝、附子、黄柏、当归，加黄芩、白芍、枳实、半夏。所以然者，此系下焦暑温，与伤寒病至厥阴毕竟有所不同，所以本方在温中方面，与乌梅丸相近而偏柔。暑必夹湿，吴氏在下条注中明确指出，不兼湿不得名暑温。因此本方较乌梅丸又多半夏、枳实等理气降逆、祛痰燥湿之品。所以后人谓："此方由乌梅丸化裁，较之连梅，有刚柔之分。"

椒梅汤方后原注谓："酸苦复辛甘法，即仲景乌梅丸法也。方义已见中焦篇。"查本书中焦篇并无本方，亦无乌梅丸方，本书乌梅丸方见下焦篇七十二条，亦无方论，吴氏在方后注中谓："此乌梅丸本方也，独无论者，以前贤名注林立，兹不再赘，分量制法，悉载《伤寒论》中。"可见吴氏在本书中并未讨论本方。前文"方义已见中焦篇"一语，疑系刻误。

【临证意义】

临床运用举例：

案 38　椒梅汤治疗流行性乙型脑炎案

高某，男，7 岁，住某医院已 3 日，诊断为流行性乙型脑炎。

病程与治疗：会诊时，患儿高烧烦躁。腹满下利，呕，苔黄少津，舌质淡红，唇干，予水则拒，爪甲青，面赤，日夜不安睡，不食，狂叫不宁，脉沉数弦急，曾服寒凉大剂及至宝、牛黄、犀、羚而病势不减，乃热邪内陷阴中，太阴寒化，厥阴蛔动之象，予以椒梅汤去黄芩、半夏。处方：

党参二钱　黄连一钱五分　白芍二钱　乌梅二钱　川椒二十粒　炮干姜一钱　炒枳实八分

浓煎温服。1 剂热退，睡安躁减，再剂利止，胀消烦除。并下蛔虫一条，续以温脾和胃调理而愈。

（《蒲辅周医案》）

三十八、暑邪误治，胃口伤残，延及中下，气塞填胸，躁乱口渴，邪结内踞，清浊交混者，来复丹主之。

此正气误伤于药，邪气得以窃据于中，固结而不可解，攻补难施之危证，勉立旋转清浊一法耳。

来复丹方（酸温法）

太阴元精石一两　舶上硫黄一两　硝石一两（同硫黄为末，微火炒结砂子大）　橘红二钱　青皮（去白）二钱　五灵脂二钱（澄去砂，炒令烟尽）

【方论】晋三王氏云：易言一阳来复于下，在人则为少阳生气所出之脏。病上盛下虚，则阳气去，生气竭，此丹能复阳于下，故曰来复。元精石乃盐卤至阴之精，硫黄乃纯阳石火之精，寒热相配，阴阳互济，有扶危拯逆之功；硝石化硫为水，亦可佐元、硫以降逆；灵脂引经入肝最速，能引石性内走厥阴，外达少阳，以交阴阳之枢纽；使以橘红、青皮者纳气必先利气，用以为肝胆之向导也。

【讲解】

此条是讲外感暑邪后，因误治遂使邪气固结中、下焦而出现危证的治疗。

外感暑邪，由于误治，病邪深入中、下焦，出现了邪气固结，正气欲脱的险证。此时，温阳则邪热仍在，攻邪则正气欲脱，这就是原注中所谓的："此正气误伤于药，邪气得以窃据于中，固结而不可解，攻补难施之危证。"此种情况只有以温下夺邪一法，峻攻其邪，邪去则正气自然恢复。"来复丹"中主要药物元精石，又名玄精石，系盐卤漏渗入土，年久结石，味咸寒凉；硝石，即消石，味苦性寒，具有攻下作用；硫黄，即石硫黄，其性大热，具有泻下作用。三药合用，共奏峻下攻邪之功。此三味药，力猛性烈，而且有毒，一般情况下不常用，只能用于情况危重而一般苦寒攻下之剂又不能确保通下时，才能使用本方。本条所述各种症状，如所谓："气塞填胸"，是指严重的呼吸困难；"躁乱口渴"，是指严重的精神神经症状；"清浊交混"，是指严重的生理功能紊乱及衰竭均属危急，所以选用本方以求急救。不过，病已至此，预后好坏，尚难预料，所以原注谓："勉力旋转清浊一法耳。"其意盖亦死中求活，勉尽人事之意而已。

三十九、暑邪久热，寝不安，食不甘，神识不清，阴液元气两伤者，三才汤主之。

凡热病久入下焦，消铄真阴，必以复阴为主。其或元气亦伤，又必兼护其阳。三才汤两复阴阳，而偏于复阴为多者也。温热、温疫未传，邪退八、九之际，亦有用处。暑温未传，亦有用复脉、三甲、黄连阿胶等汤之处。彼此互参，勿得偏执。盖暑温不列于诸温之内，而另立一门者，以后夏至为病暑，湿气大动，不兼湿不得名暑温，仍归温热门矣。既兼湿，则受病之初，自不得与诸温同法，若病至未传，湿邪已化，惟余热伤之际，其大略多与诸温同法；其不同者，前后数条，已另立法矣。

三才汤方（甘凉法）

人参三钱　天冬二钱　干地黄五钱

水五杯，浓煎两杯，分二次温服。欲复阴者，加麦冬、五味子。欲复阳者，加茯苓、炙甘草。

【讲解】

本条是讲下焦温病气阴两虚的一般治疗。

温邪深入下焦，必然阴伤液涸，所以下焦温病只要邪热不盛，在治疗上首先就是救阴。但是，由于气生于阴，"壮火食气"的原因，因此下焦温病，除了阴虚以外，还多见气虚，更多的是气阴两虚，因此在治疗上除了养阴、救阴以外，更多的也就是气阴两补。上述各条中，原文恒加人参，本条中又提出了三才汤，气阴两补，即其例证，这就是原文原注中所谓的："凡热病久入下焦，消铄其阴，必以复阴为主，其或元气亦伤，又必兼护其阳，三才汤两复阴阳，而偏于复阴为多者也。"

"暑温"，是温病中的一种夹有湿邪的病证。所以原文原注谓"另立一门者，以后夏至为病暑，湿气大动，不兼湿不得名暑温"。但是，暑温毕竟是属于温病范围，因此下焦暑温也就仍具有下焦温病的共性，即气阴两伤的共同点，因为暑温传至下焦时，只要其温邪不盛，临床表现上以气阴两伤为主时，自亦仍可按下焦温病的一般处理，予以气阴两复之法。所以原文原注谓："若病至未传，湿邪已化，惟余热伤之际，其大略多与诸温同法。""暑温未传，亦有用复脉、三甲、黄连阿胶等汤之处，彼此互参，勿得偏执。”

三才汤中人参益气，天冬，地黄养阴，是治下焦温病益气养阴的常用方剂，所以下焦暑温，临床表现以气阴两伤为主者，亦常用本方。原方加减法中阴虚为主，重在复阴者，加麦冬、五味，即生脉散合用，为治暑之常用方剂。气虚为主，重在复阳者，加茯苓、甘草，即茯苓甘草汤合用。茯苓、甘草为健脾利湿药物，本身并无明显复阳作用，其所以用此以复阳者，因为气虚可以生湿，湿盛必然困脾伤阳，利湿之后，脾不为困，运化作用必然自行恢复。此亦邪去正复之意。

四十、蓄血，热入血室，与温热同法。

四十一、伏暑、湿温胁痛，或咳，或不咳，无寒，但潮热，或竟寒热如疟状，不可误认柴胡证，香附旋覆花汤主之；久不解者，间用控涎丹。

按：伏暑、湿温，积留支饮，悬于胁下，而成胁痛之证甚多，即《金匮》水在肝而用十枣之证。彼因里水久积，非峻攻不可；此因时令之邪，与里水新搏，其根不固，不必用十枣之太峻。只以香附、旋覆善通肝络而逐胁下之饮；苏子、杏仁降肺气而化饮，所谓建金以平木；广皮、半夏消痰饮之证；茯苓、薏苡仁开太阳而合阳明，所谓治水者必实土，中流涨者开支河之法也。用之得当，不过三五日自愈。其或前医不识病因，不合治法，致使水无出路，久居胁下，恐成悬饮内痛之证，为患非轻，虽不必用十枣之峻，然不能出其范围，故改用陈无择之控涎丹，缓攻其饮。

香附旋覆花汤方（苦辛淡合芳香开络法）

生香附三钱　旋覆花（绢包）三钱　苏子霜三钱　广皮二钱　半夏五钱　茯苓块三钱　薏仁五钱

水八杯，煮取三杯，分三次温服。腹满者，加厚朴。痛甚者，加降香末。

控涎丹方（苦寒从治法）

痰饮，阴病也。以苦寒治阴病，所谓求其属以衰之是也。按肾经以脏而言，属水，其味咸，其气寒；以经而言，属少阴，主火，其味苦，其气化燥热。肾主水，故苦寒为水之属，不独咸寒为水之属也，盖真阳藏之于肾，故肾与心并称少阴，而并主火也，知此理则知用苦寒咸寒之法矣。泻火之有余用苦寒，寒能制火，苦从火化，正治之中，亦有从治；泻水之太过，亦用苦寒，寒从水气，苦从火味，从治之中，亦有正治，所谓水火各造其偏之极，皆相似也。苦咸寒治火之有余、水之不足为正治，亦有治水之有余、火之不足者，如介属芒硝并能行水，水行则火复，乃从治也。

甘遂（去心制）　大戟（去皮制）　白芥子

上等分为细末，神曲糊为丸，梧子大，每服九丸，姜汤下，壮者加之，羸者减之，以知为度。

【讲解】

此两条是讲下焦暑温的合并症及其治疗。

四十条是讲合并蓄血，热入血室。关于蓄血及热入血室，本篇二十一条、二十八条、二十九条、三十条均有论述，凡属下焦温病均可按此辨证论治，下焦暑温属于下焦温病范围，因此亦可据此辨证论治。所以原文谓：“蓄血、热入血室，与温热同法。”

四十一条是讲合并“蓄水”。所谓“蓄水”，是由于热邪深入，由热生湿而致之水饮潴留，因水饮积停胸胁而在临床表现为胸胁满痛，这就是原文原注所谓“伏暑、湿温，积留支饮，悬于胁下而成胁痛之证”。水饮积留于胁下而致之胸胁满痛，《金匮要略》谓为“悬饮”，在治疗上主张用攻水的方法，方用十枣汤。原文谓“饮后水流在胁下，咳唾引痛，谓之悬饮。”“病悬饮者，十枣汤主之。”十枣汤由甘遂、大戟、芫花组成，是一个峻攻水邪的著名方剂。本条治疗蓄水，吴氏师其意而不用其方，提出下焦暑温合并“蓄水”时，其轻者、浅者，用香附旋覆花汤；其重者、深者，用控涎丹。此方由甘遂、大戟、白芥子组成，与十枣汤相似。这就是原文原注中所谓的：“此因时令之邪，与里水新搏，其根不固，不必用十枣之太峻，只以香附、旋覆……中流涨者，开支河之法。”“久居胁下，恐成痰饮内痛之证，为患非轻，虽不必用十枣之峻，然不能出其范围。”

【临证意义】

自三十六条至四十一条，共六条，是论述下焦暑温的临床表现及治疗。这些论述，其临证意义十分重大。在这些条文中，它一方面提出了暑温是一种独立的疾病，“暑必夹湿”，因而在治疗上首先要考虑其兼湿的问题。但另，方面又明确指出了暑温属温病范围之一，与不兼湿之温热有其共性，因此也可以用治温热法来治疗暑温；另一方面它又重点论述了暑温误治，暑邪深入下焦而致“蓄热”、“蓄血”，“蓄水”的治疗方法。特别是在治疗蓄水轻浅阶段时，提出：“中流涨者，开支河之法”，选香附旋覆花汤作治疗，这一点，临证意义更是十分重大。中医书中所谓的“悬饮”，多数属于现代所谓的渗出性胸膜炎或其他疾病合并胸水者，对于这类疾病，过去多用十枣汤一类峻攻剂。十枣汤对于悬饮虽有一定治疗效果，但副作用很大，四十一条所提出的香附旋覆花汤治疗悬饮也有一定治疗效果，但无副作用，十分安全。本方不但可治疗悬饮轻症，对悬饮重症，也有一定的治疗作用。这个方剂在临床上可进一步深入研究和进一步推广应用。

寒湿（便血、咳嗽、疝瘕附）

四十二、湿之为物也，在天之阳时为雨露，阴时为霜雪，在山为泉，在川为水，包含于土中者为湿。其在人身也，上焦与肺合，中焦与脾合，其流于下焦也，与少阴癸水合。

此统举湿在天地人身之大纲，异出同源，以明土为杂气，水为天一所生，无处不合者也。上焦与肺合者，肺主太阴湿土之气，肺病湿则气不得化，有霧雾之象，向之火制金者，今反水克火矣，故肺病而心亦病也。观《素问》寒水司天之年，则曰阳气不令，湿土司天之年，则曰阳光不治自知，故上焦一以开肺气救心阳为治。中焦与脾合者，脾主湿土之质，为受湿之区，故中焦湿证最多；脾与胃为夫妻，脾病而胃不能独治，再胃之脏象为土，土恶湿也，故开沟渠，运中阳，崇刚土，作堤防之治，悉载中焦。上中不治，其势必流于下焦。《易》曰：水流湿。《素问》曰：湿伤于下。下焦乃少阴癸水，湿之质即水也，焉得不与肾水相合。吾见湿流下焦，邪水旺一分，正水反亏一分，正愈亏而邪愈旺，不可为矣。夫肾之真水，生于一阳，坎中满也，故治少阴之湿，一以护肾阳，使火能生土为主；肾与膀胱为夫妻，泄膀胱之积水，从下治，亦所以安肾中真阳也。脾为肾之上游，升脾阳，从上治，亦所以使水不没肾中真阳也。其病厥阴也，奈何？盖水能生木，水太过，木反不生，木无生气，自失其疏泄之任，经有“风湿交争，风不胜湿”之文，可知湿土太过，则风木亦有不胜之时，故治厥阴之湿，以复其风木之本性，使能疏泄为主也。

本论原以温热为主，而类及于四时杂感。以宋元以来，不明仲景伤寒一书专为伤寒而设，乃以伤寒一书，应四时无穷之变，殊不合拍，遂至人著一书，而悉以伤寒名书。陶氏则以一人而屡著伤寒书，且多立妄诞不经名色，使后世学者，如行昏雾之中，涉不自觉其身之坠于渊也。今胪列四时杂感，春温、夏热、长夏暑湿、秋燥、冬寒，得其要领，效如反掌。夫春温、夏热、秋燥，所伤皆阴液也，学者苟能时时预护，处处堤防，岂复有精竭人亡之虑。伤寒所伤者阳气也，学者诚能保护得法，自无寒化热而伤阴，水负火而难救之虞。即使有受伤处，临证者知何者当护阳，何者当救阴，何者当先护阳，何者当先救阴，因端竟委，可备知终始而超道妙之神。瑭所以三致意者，乃在湿温一证。盖土为杂气，寄旺四时，藏垢纳污，无所不受，其间错综变化，不可枚举。其在上焦也，如伤寒；其在下焦也，如内伤；其在中焦也，或如外感，或如内伤。至人之受病也，亦有外感，亦有内伤，使学者心摇目眩，无从捉摸。其变证也，则有湿痹、水气、咳嗽、痰饮、黄汗、黄瘅、肿胀、疟疾、痢疾、淋症、带症、便血、疝气、痔疮、痈脓等证，较之风火燥寒四门之中，倍而又倍，苟非条分缕析，体贴入微，未有不张冠李戴者。

【讲解】

本条论述“湿”的定义、产生机理，及其在疾病中的临床表现，治疗原则。所以原注谓：“此统举湿在天地人身之大纲，异出源同，以明土为杂气，水为天一所生，无处不合者也”。

“湿”与水同属一类，在正常情况下是水，水是正常生命活动所必需的。从自然界来说，云、雾、雨、露、霜、雪等都是水及其同类物，没有这些，自然界就不能产生正常的生命现象及保持正常的生态平衡。从人体来说，津液、血液、精液也都是水的同类物，没有这些，人体的生命就不能存在。如果缺少，也不能进行和保持正常的生理活动。水液在人体中与肺、脾、肾三脏密切相关，因为“肺主治节”，对水液有治理调节的作用；“脾主运化”，对水液有化生、运输、敷布的作用；“肾主藏精”，“主水”，司排泄，对水液有储藏、排泄的作用。这就是原文所谓的：“湿之为物也，在天之阳时为雨露，阴时为霜雪，在山为泉，在川为水，包含于土中者为湿，其在人身上，上焦与肺合，中焦与脾合，其流于下焦也，与少阴癸水合。”

水有正水、邪水之分。所谓正水，即正常的水，自然界中正常的雨露霜雪，土壤中包含着适当的水分，这些都是正常的水，为正常自然现象及生态平衡所必需。人体中津液、血液、精液储备及活动，均属正常，这些也是正常的水，为人体正常生理活动所必需。反之，自然界中如降雨、降雪过多，潮湿过度，土壤过湿成涝；人体中水饮停留，血瘀妄行，这些都是不正常的水，为自然和人体的正常现象所不需要。在自然界来说，就是灾害；在人体来说，就是疾病。这也就是原文原注中所谓：“邪水旺一分，正水反亏一分，正愈亏而邪愈旺，不可为矣。”

“水”与“湿”，属于同类，所以水也可叫做湿。《内经》中也有“在天为湿”，“湿生土”；本条原文也有“包含于土中者为湿”等提法，一般也把正常的水液分布现象叫做“湿润”。但是从临床的角度来看，水和湿虽属同类，但又有严格的区分，一般把正水叫做“水”，把邪水叫做“湿”，自然界降雨过多、气候潮湿过甚，或居住地周围环境过度潮湿，外感湿淫，即“湿淫于外”，属外湿。人体在致病因素作用后产生的液态病理生理产物为内生湿邪，如浮肿、白带、脓血、黄疸等，称之为“湿淫于内”，属内湿，此种疾病表现，也叫“湿邪内蕴”。就是原文原注中所谓的“其变证也，则有湿痹、水气、咳嗽、痰饮、黄汗、黄瘅、肿胀、疟疾、痢疾、淋症、带症、便血、疝气、痔疮、痈脓等证”。

“水”与“湿”，在性质上都属于“阴”，自然界中的雨、雪，只有在阴天时才能出现，人体的水液运行失常，多数情况下也是在人体肺、脾、肾功能障碍时才产生。所以作为病邪的“湿”，属于“阴邪”。既为“阴邪”，则非温不化，所以《金匮要略》谓：“病痰饮者，当以温药和之。”本书亦据此定出“温病之兼湿者，忌柔喜刚”的治疗原则。

“湿”既属“邪”，则必须要有出路，因为邪不去，则正不能复。一般说来，湿邪的出路有以下四个途径：其一是湿邪在表者，例如：无汗、身重、身痛、浮肿、皮肤瘙痒者，用发汗的方法，使其从表出。其二是湿邪在里在上病情急重者，例如：胃脘胀满、疼痛、呕吐恶心、心烦欲死者，可以用吐法，使其从上出；其三是病在里在下，病情急重者，例如：腹痛、便秘而下利纯清水，或里急后重、大便脓血、高热肢厥者，则可用下法，使其从下出；其四是上述各症，均属缓起，并非特别急重，具有明显小便不利者，均可用利小便的方法，使其从小便排出。

湿邪有了出路，不等于湿病已经治愈，特别是内生的湿只是病的结果，而不是病的原因，病因不去，则湿邪旋去旋生。因此，又必须针对湿邪产生的原因，治病求本。其由寒生湿者，要温中燥湿；其由热生湿者，要清热利湿；其由虚生湿者，要补虚利湿。至于为什么出现寒热虚实，又必须溯本求源，辨证论治，这也就是《素问·至真要大论》中所谓的“有者求之，无者求之，盛者责之，虚者责之”，亦即本条原文原注内容的基本精神。

四十三、湿久不治，伏足少阴，舌白身痛，足跗浮肿，鹿附汤主之。

湿伏少阴，故以鹿茸补督脉之阳。督脉根于少阴，所谓八脉丽于肝肾也；督脉总督诸阳，此阳一升，则诸阳听令。附子补肾中真阳，通行十二经，佐之以菟丝，凭空行气而升发少阴，则身痛可休。独以一味草果，温太阴独胜之寒以醒脾阳，则地气上蒸天气之白苔可除；且草果，子也，凡子皆达下焦。以茯苓淡渗，佐附子开膀胱，小便得利，而跗肿可愈矣。

鹿附汤方（苦辛咸法）

鹿茸五钱　附子三钱　草果一钱　菟丝子三钱　茯苓五钱

水五杯，煮取二杯，日再服，渣再煮一杯服。

【讲解】

本条是指肾阳虚衰、寒湿下注的证治。

下焦寒湿，由于肝肾阳虚，特别是肾阳虚衰，不能将水湿外泄。水为阴邪，得阳则化，因而在治疗上也就必须温补肾肝之阳佐以淡渗利湿之药，则小便自然通利，肿胀全消。鹿附汤为温肾利水剂，方中鹿茸、附子，温补肝肾之阳，菟丝子培补肾阴，佐以茯苓淡渗利湿，所以对下焦寒湿、肾阳虚所致之水肿，效果更好。

鹿附汤方见原文。方中鹿茸一味，为贵重药物，当前价较贵，可减少用量，不必入煎，可以制为粉剂，温酒调服，或用药汤冲服，不但可以节省用药，而且效果更理想。

此案源于《临证指南医案·湿门》，原方录用，未作加减。其谓“苦辛咸法”，疑为“苦辛温法”之误。

四十四、湿久，脾阳消乏，肾阳亦惫者，安肾汤主之。

凡肾阳惫者，必补督脉，故以鹿茸为君，附子、韭子等补肾中真阳；但以苓、术二味，渗湿而补脾阳，釜底增薪法也（其曰安肾者，肾以阳为体，体立而用安矣）。

安肾汤方（辛甘温法）

鹿茸三钱　胡芦巴三钱　补骨脂三钱　韭子一钱　大茴香二钱　附子二钱　茅术二钱　茯苓三钱　菟丝子三钱

水八杯，煮取三杯，分三次服。大便溏者，加赤石脂。久病恶汤者，可用二十分作丸。

【讲解】

本条为湿伤脾肾之阳的治法。

本条与前条之义基本相同。所不同者，前条重点在肾，本条兼及于脾，所以原文明确提出："湿久，脾阳消乏，肾阳亦惫。"安肾汤方，除具有温肾作用，与鹿附汤相同以外，加入了胡芦巴、补骨脂、韭子等壮阳药物，壮阳药物有补命门之义的作用，补命火可以生脾土，因此有温脾阳的作用，同时还加入了茅术，直接补脾，所以此方有温补脾肾的作用。"湿"的产生虽然与肺脾肾皆密切相关，但是，脾的运化作用不行，又是重点之重点，所以前条原注谓："脾主湿土之质，为受湿之区，故中焦湿证最多。"安肾汤虽云安肾，实乃脾肾两温，所以为下焦寒湿的常用方。

四十五、湿久伤阳，痿弱不振，肢体麻痹，痔疮下血，术附姜苓汤主之。

按痔疮有寒湿、热湿之分，下血亦有寒湿、热湿之分，本论不及备载，但载寒湿痔疮下血者，以世医但知有热湿痔疮下血，悉以槐花、地榆从事，并不知有寒湿之因，畏姜、附如虎，故因下焦寒湿而类及之，方则两补脾肾两阳也。

术附姜苓汤方（辛温苦淡法）

生白术五钱　附子三钱　干姜三钱　茯苓五钱

水五杯，煮取二杯，日再服。

四十六、先便后血，小肠寒湿，黄土汤主之。

此因上条而类及，以补偏救弊也，义见前条注下。前方纯用刚者，此方则以刚药健脾而渗湿，柔药保肝肾之阴，而补丧失之血，刚柔相济，又立一法，以开学者门径。后世黑地黄丸法，盖仿诸此。

黄土汤方（甘苦合用刚柔互济法）

甘草三两　干地黄三两　白术三两　附子（炮）三两　阿胶三两　黄芩三两　灶中黄土半斤

水八升，煮取二升，分温二服（分量服法，悉录古方，未敢增减，用者自行斟酌可也）。

【讲解】

此两条是讲下焦寒湿合并便血的临床表现及治疗方法。

四十五条是讲下焦寒湿合并痔疮出血，痔疮出血一般都是先血后便。痔疮出血的病因有寒湿和湿热的不同，其属于湿热者，用清热利湿止血的药物治疗，其属于寒湿者，则须用温中利湿的药物治疗。本条所列之术附姜苓汤，即属于温中利湿一类方剂。痔疮出血在临床诊断及治疗上必须严格区分寒热，否则祸不旋踵。本条原注谓：“按痔疮有寒湿、热湿之分，本论不及备载，但载寒湿痔疮下血者，以世医但知有热湿痔疮下血，悉以槐花、地榆从事，并不知有寒湿之因，畏姜、附如虎，故因下焦寒湿而类及之。”即属此意。吴氏为温热学派大师，所见如此，令人敬佩。今之温病学者，有不少人只谈温热、湿热，绝口不说姜附，“畏姜、附如虎”，观吴注应该有所启发。

四十六条是讲下焦寒湿合并非痔疮出血。非痔疮出血，一般都是先便后血。非痔疮出血，亦属于“湿”。但一般阴阳俱虚、寒热错杂者不少。本条所附黄土汤，出自《金匮要略》，原文云：“下血，先便后血，此远血也，黄土汤主之。”方中附子、白术温中补脾，地黄、阿胶滋肾养肝，黄芩清热，黄土温摄止血，为治疗疾病晚期出血之著名方剂，因此下焦寒湿合并便血，特别是先便后血者，常用本方。

四十七、秋湿内伏，冬寒外加，脉紧无汗，恶寒身痛，喘咳稀痰，胸满舌白滑，恶水不欲饮，甚则倚息不得卧，腹中微胀，小青龙汤主之；脉数有汗，小青龙去麻、辛主之；大汗出者，倍桂枝，减干姜，加麻黄根。

此条以《经》有“秋伤于湿，冬生咳嗽”之明文，故补三焦饮症数则，略示门径。按经谓秋伤于湿者，以长夏湿土之气，介在夏秋之间，七月大火西流，月建申，申者，阳气毕伸也，湿无阳气不发，阳伸之极，湿发亦重，人感此而至冬日寒水司令，湿水同体相搏而病矣。喻氏擅改经文，谓湿曰燥者，不明六气运行之道。如大寒，冬令也，厥阴气至而纸鸢起矣。四月，夏令也，古谓首夏犹清和，俗谓四月为麦秀寒，均谓时虽夏令，风木之气犹未尽灭也。他令仿此。至于湿土寄旺四时，虽在冬令，朱子谓“将大雨雪，必先微温”，盖微温则阳气通，阳通则湿行，湿行而雪势成矣，况秋日竟无湿气乎！此其间有说焉，《经》所言之秋，指中秋以前而言，秋之前半截也；喻氏所指之秋，指秋分以后而言，秋之后半截也。古脱燥论，盖世远年湮，残缺脱简耳。喻氏补论诚是，但不应擅改经文，竟崇己说，而不体之日月运行，寒暑倚伏之理与气也。喻氏学问诚高，特霸气未消，其温病论亦犯此病。学者遇咳嗽之症，兼合脉色，以详察其何因，为湿，为燥，为风，为火，为阴虚，为阳弱，为前候伏气，为现行时令，为外感而发动内伤，为内伤而招引外感，历历分明。或当用温用凉，用补用泻，或寓补于泻，或寓泻于补，择用先师何法何方，妙手空空，毫无成见，因物付物，自无差忒矣。即如此症，以喘咳痰稀，不欲饮水，胸满腹胀，舌白，定其为伏湿痰饮所致。以脉紧无汗，为遇寒而发，故用仲景先师辛温甘酸之小青龙，外发寒而内蠲饮，龙行而火随，故寒可去；龙动而水行，故饮可蠲。以自汗脉数（此因饮邪上冲肺气之数，不可认为火数），为遇风而发，不可再行误汗伤阳，使饮无畏忌，故去汤中之麻黄、细辛，发太阳、少阴之表者，倍桂枝以安其表，汗甚则以麻黄根收表疏之汗。夫根有归束之义，麻黄能行太阳之表，即以其根归束太阳之气也。大汗出减干姜者，畏其辛而致汗也。有汗去麻、辛不去干姜者，干姜根而中实，色黄而圆（土象也，土性缓），不比麻黄干而中空，色青而直（木象也，木性急，干姜岂性缓药哉！较之麻黄为缓耳。且干姜得丙火煅炼而成，能守中阳；麻黄则纯行卫阳，故其慓急之性，远甚于干姜也），细辛细而辛窜，走络最急也（且少阴经之报使，误发少阴汗者，必伐血）。

小青龙汤方（辛甘复酸法）

麻黄（去节）三钱　甘草（炙）三钱　桂枝（去皮）五钱　芍药三浅　五味二钱　干姜三钱　半夏五钱　细辛二钱

水八碗，先煮麻黄减一碗许，去上沫，内诸药，煮取三碗，去滓，温服一碗。得效，缓后服，不知，再服。

【讲解】

本条是讲外寒引动内饮发为咳喘的证治。

本条从内容上看，应是讲上焦寒湿，但由于本书上焦篇所述寒湿，内容甚简，中焦篇论湿，虽较系统全面，但对于上焦寒湿亦语焉不详，因此在下焦篇中寒湿项下，再作补充。本条即是对上焦寒湿的具体补充。

“秋湿内伏”，指秋季初期感受长夏之湿邪，未即时发病；“冬寒外加”，指初冬再感寒凉，外寒与内湿相搏，因而发生疾病。这里所讲的“秋湿”，后世争议颇多。不少人认为“秋伤于湿”是“秋伤于燥”之误。“秋伤于湿”，原语出自《内经》。《素问·生气通天论》谓：“秋伤于湿，上逆而咳。”《素问·阴阳应象大论》谓：“秋伤于湿，冬生咳嗽。”由于《内经》认为四时气候特点是：“春风”，“夏热”、“长夏湿”、“秋燥”、“冬寒”，所以后世学者有人认为“秋伤于湿”不能解释，《内经》原意应为“秋伤于燥”，因而喻嘉言更直接将《内经》原文“秋伤于湿”改为“秋伤于燥”。

吴氏不同意上述认识，认为经文无误，吴氏认为四时之气是连续的，不可能割断，秋季是继于长夏之后，长夏主湿，初秋必然兼湿，只有到了中秋以后，才明显由湿转燥，经文“秋伤于湿”是指长夏之后，中秋以前这段时间而言，因此说“秋伤于湿”是可以理解的。这就是本条原注中所谓的“经所言之秋，指中秋以前而言，秋之前半截也；喻氏所指之秋，指秋分以后而言，秋之后半截也”。对于季节气候的消长进退，《内经》一贯认为是渐变而不是突变，因此吴氏的认识是正确的，是符合《内经》精神的，也是符合季节气候变化实际情况的。

“秋湿内伏”，是指人体在初秋季节，感受湿邪而致痰饮内伏，由于所伏痰饮不盛，所以在临床上并无明显疾病表现。“冬寒外加”，是指在此基础上复感寒凉，由于寒邪束于肌表，湿邪更无出路，故湿邪加重，因而发生疾病，这也就是一般所谓的“外寒内饮”证，由于此病系外寒引起内湿，所以本书列入了寒湿的范围。由于秋伤湿，秋与肺密切相关，寒凉束表，肺主皮毛，也与肺密切相关，肺属上焦，所以此病初期应属上焦寒湿。因而其临床表现也以肺经症状为主。本条所列症状和体征：“脉紧无汗、恶寒身痛、喘咳稀痰，胸满舌白滑，恶水不欲饮，甚则倚息不得卧，腹中微胀”等，均属于寒邪伤肺、外寒内饮的症征，所以本条在治疗上提出了宣肺、散寒、解表、蠲饮的小青龙汤来作治疗。

小青龙汤为《伤寒论》方。《伤寒论》谓：“伤寒表不解，心下有水气，干呕发热而咳，或渴，或利，或噎，或小便不利，少腹满，或喘者，小青龙汤主之。”小青龙汤是治疗外寒内饮，或素体阳虚内寒，再加外感，表现为外寒内饮者的著名经典方剂，有十分明显的治疗效果。

小青龙汤的加减法见原文，不另作讲解。

四十八、喘咳息促，吐稀涎，脉洪数，右大于左，喉哑，是为热饮，麻杏石甘汤主之。

《金匮》谓：“病痰饮者，当以温药和之。”盖饮属阴邪，非温不化，故饮病当温者，十有八九，然当清者，亦有一二。如此证息促，知在上焦；涎稀，知非劳伤之咳，亦非火邪之但咳无痰而喉哑者可比；右大于左，纯然肺病，此乃饮邪隔拒，心火壅遏，肺气不能下达。音出于肺，金实不鸣。故以麻黄中空而达外，杏仁中实而降里，石膏辛淡性寒，质重而气清轻，合麻杏而宣气分之郁热，甘草之甘以缓急，补土以生金也。

按：此方，即大青龙之去桂枝、姜、枣者也。

麻杏石甘汤方（辛凉甘淡法）

麻黄（去节）三钱　杏仁（去皮尖碾细）三钱　石膏（碾）三钱　甘草（炙）二钱

水八杯，先煮麻黄，减二杯，去沫，内诸药，煮取三杯，先服一杯，以喉亮为度。

【讲解】

本条是讲上焦热湿，热饮之证。

本条本不应属于寒湿，更不是下焦寒湿，所以列此者，是以此作为对照，鉴别诊断之意。

本条所列症状，其喘咳息促与前条同，吐稀痰也与前条同，但在脉象上不同。前条脉紧；本条脉洪数，右大于左；前条无汗，本条原文虽未谈汗，但应有汗；前条无声哑，本条有声哑。脉洪数，提示里热炽盛；右大于左，提示热邪在肺；无汗提示表寒，有汗则提示里热；声音嘶哑，提示肺热；吐稀痰，提示有湿。综合分析，前条之吐稀痰，系属因寒生痰；所以应属寒湿；本条之吐稀痰，系属因热生痰，所以应属热湿，性质不同，所以治疗上也不同。前条用宣肺、散寒、解表、蠲饮之小青龙汤，本条则用宣肺、清里、辛凉解表之麻杏石甘汤。

麻黄杏仁石膏甘草汤，亦出自《伤寒论》，原文云："发汗后，不可更行桂枝汤，汗出而喘，无大热者，可与麻黄杏仁甘草石膏汤。"为治肺热咳喘的一个常用的、有效的方剂。

四十九、支饮不得息，葶苈大枣泻肺汤主之。

支饮上壅胸膈，直阻肺气，不令下降，呼息难通，非用急法不可。故以禀金火之气，破癥瘕积聚，通利水道，性急之葶苈，急泻肺中之壅塞；然其性慓悍，药必入胃过脾，恐伤脾胃中和之气，故以守中缓中之大枣，护脾胃而监制之，使不旁伤他脏，一急一缓，一苦一甘，相须成功也。

葶苈大枣泻肺汤（苦辛甘法）

苦葶苈（炒香碾细）三钱　大枣（去核）五枚

水五杯，煮成二杯，分二次服，得效，减其制，不效，再作服，衰其大半而止。

【讲解】

本条是讲支饮的证治。

由于咳喘系由于痰涎壅塞气道，情况较急，所以重点在急治其痰，方选攻痰作用较强之葶苈大枣泻肺汤。这也就是原文原注中所谓的"支饮上壅胸膈，直阻肺气，不令下降，呼息难通，非用急法不可"。

"支饮"是一个病名，源出《金匮要略·痰饮咳嗽病脉证并治》，原文云："咳逆倚息，气短、不得卧、其形为肿，谓之支饮。"对于"支饮"的治疗，《金匮要略》基本上以祛痰、行水为主法，视情况轻重缓急而选用木防己汤、木防己去石膏加茯苓芒硝汤，泽泻汤，厚朴大黄汤，葶苈大枣泻肺汤，小半夏汤，十枣汤等方，其中攻水重剂为十枣汤，次重剂为葶苈大枣泻肺汤。本条所列临床表现虽亦系急重证，但未出现肿满及咳唾引痛，尚属于重症中之较轻者，所以选用本方。

以上三条，均属于上焦痰湿。一条是讲上焦寒湿，一条是讲上焦热湿，一条是讲痰湿急症，均属于“痰饮”病范围。读者学习此篇时，可以与《金匮要略·痰饮咳嗽病脉证治篇》互参。吴氏以上有关论述，亦系概括《金匮要略》立论，互参《金匮要略》不但自得其全，而且也可以据此以探索吴氏论温源流，对研究吴氏学术思想和治病经验，大有好处。

五十、饮家反渴，必重用辛，上焦加干姜、桂枝，中焦加枳实、橘皮，下焦加附子、生姜。

《金匮》谓干姜、桂枝为热药也，服之当遂渴，今反不渴者，饮也。是以不渴定其为饮，人所易知也。又云：“水在肺，其人渴”，是饮家亦有渴症，人所不知。今人见渴投凉，轻则用花粉、冬、地，重则用石膏、知母，全然不识病情。盖火咳无痰，劳咳胶痰，饮咳稀痰，兼风寒则难出，不兼风寒则易出，深则难出，浅则易出。其在上焦也，郁遏肺气，不能清肃下降，反挟心火上升烁咽，渴欲饮水，愈饮愈渴，饮后水不得行，则愈饮愈咳，愈咳愈渴，明知其为饮而渴也，用辛何妨，《内经》所谓辛能润是也。以干姜峻散肺中寒水之气，而补肺金之体，使肺气得宣，而渴止咳定矣。其在中焦也，水停心下，郁遏心气不得下降，反来上烁咽喉，又格拒肾中真液，不得上潮于喉，故嗌干而渴也。重用枳实急通幽门，使水得下行而脏气各安其位，各司其事，不渴不咳矣。其在下焦也，水郁膀胱，格拒真水不得外滋上潮，且邪水旺一分，真水反亏一分，藏真水者，肾也，肾恶燥，又肾脉入心，由心入肺，从肺系上循喉咙，平人之不渴者，全赖此脉之通调，开窍于舌下玉英廉泉，今下焦水积而肾脉不得通调，故亦渴也。附子合生姜为真武法，补北方司水之神，使邪水畅流，而真水滋生矣。大抵饮家当恶水，不渴者其病犹轻，渴者其病必重。如温热应渴，渴者犹轻，不渴者甚重，反象也。所谓加者，于应用方中，重加之也。

【讲解】

本条是讲病寒湿合并口渴的治疗方法。

“饮家”，指寒湿患者，一般情况下，兼湿患者多不渴，但在湿邪严重困脾的情况下，脾的运化功能严重衰退，不能将人体摄入水分正常敷布至所需要的器官，因而一方面水饮内停，积存体内，而另一方面局部器官又缺乏津液而出现干渴，因此凡属于水饮内停，湿困脾阳而出现的口渴症状，在治疗上必须用辛温之剂，温扶肺脾肾气，特别是温扶脾阳，使脾的运化作用恢复。脾运恢复，则津液也就自然得到正常敷布，因而口渴也就自然消失，这也就是原文所谓的“饮家反渴，必重用辛”。

“饮家反渴，必重用辛”的道理及临床用药经验，吴氏是根据《伤寒论》、《金匮要略》提出来的。仲景在论述小便不利时，常常提到合并消渴，《伤寒论》七十一条谓：“小便不利，微热消渴者，五苓散主之。”《伤寒论》七十三条谓：“汗出而渴者，五苓散主之，不渴者，茯苓甘草汤主之。”《金匮要略·消渴小便不利淋病脉证并治》谓：“渴欲饮水，水入则吐者，名曰水逆，五苓散主之。”《金匮要略·痰饮咳嗽病脉证并治》中谓：“水在肺，吐涎沫，欲饮水。”“胸中有留饮，其人短气而渴。”“病痰饮者，当以温药加之。”“细辛、干姜为热药，服之当遂渴，而渴反止者，为支饮也。”这些条文都明确指出了小便不利，水饮内停，可以出现口渴，治疗上要用辛温，吴氏在原注中首引《金匮要略》原意，其后又引述了《内经》“辛以润之”的原意，提出了“饮家反渴，必重用辛”的治疗原则，说明吴氏认识完全是在《内经》、《伤寒论》、《金匮要略》的基础上发展而来。

应该指出，吴氏“饮家反渴，必重用辛”的治疗原则，虽然是遵循《伤寒论》、《金匮要略》，但吴氏在《伤寒论》、《金匮要略》基础上又有所发展。吴氏的发展是吴氏在原文中所提出的“上焦加干姜、桂枝；中焦加枳实、橘皮；下焦加附子、生姜”。上焦加干姜、桂枝；下焦加附子、生姜，也是仲景法。水饮在肺，仲景常用干姜、细辛、五味子；水饮在胃、膀胱，仲景常用真武汤。但水饮在中焦脾胃，用枳实、橘皮，则是吴氏的经验。为什么中焦加枳实、橘皮？吴氏在原注中说的很明白：“重用枳实，急通幽门，使水得以下行而脏气各安其位，各司其事，不渴不咳矣。”这是吴氏的重大发现，近人有用枳实治疗由于肺脾气虚而致之内脏下垂，疗效甚好。编者在治疗脾胃气虚者也常以苍白术合枳实同用，效果也比单用补脾药好，说明吴氏这一经验值得我们加以重视。

【临证意义】

吴氏“饮家反渴，必重用辛”这一治疗原则，临证意义十分重大。目前，不少人在临床上一见口渴，便谓阴虚内热，多用养阴生津之剂，有如吴氏原注中所谓：“今人见渴投凉，轻则用花粉、冬、地，重则用石膏、知母，全然不识病情。”用药无效。我们在临床治疗中，只要在辨证上确属因寒生湿，由湿困脾。而在临床上表现为口渴的患者，恒遵吴氏“饮家反渴，必重用辛”的治疗原则，效果甚好。例如我们在西医诊断为“干燥综合征”及糖尿病患者时，有的用丁蔻桂附理中汤，有的用加味理中汤，有的用金匮肾气丸，效果都较好。于此说明了中医理论在临床实践中的指导意义及重大作用。

五十一、饮家阴吹，脉弦而迟，不得固执《金匮》法，当反用之，橘半桂苓枳姜汤主之。

《金匮》谓阴吹正喧，猪膏发煎主之。盖以胃中津液不足，大肠津液枯槁，气不后行，逼走前阴，故重用润法，俾津液充足流行，浊气仍归旧路矣。若饮家之阴吹，则大不然。盖痰饮蟠踞中焦，必有不寐、不食、不饥、不便、恶水等症。脉不数而迟弦，其为非津液之枯槁，乃津液之积聚胃口可知。故用九窍不和，皆属胃病例，峻通胃液下行，使大肠得胃中津液滋润而病如失矣。此证系余治验，故附录于此，以开一条门径。

橘半桂苓枳姜汤（苦辛淡法）

半夏二两　小枳实一两　橘皮六钱　桂枝一两　茯苓块六钱　生姜六钱

甘澜水十碗，煮成四碗，分四次，日三夜一服，以愈为度。愈后以温中补脾，使饮不聚为要。其下焦虚寒者，温下焦。肥人用温燥法，瘦人用温平法。

按：痰饮有四，除久留之伏饮，非因暑湿暴得者不议外；悬饮已见于伏暑例中，暑饮相搏，见上焦篇第二十九条；兹特补支饮、溢饮之由，及暑湿暴得者，望医者及时去病，以免留伏之患。并补《金匮》所未及者二条，以开后学读书之法。《金匮》溢饮条下，谓大青龙汤主之，小青龙汤亦主之。注家俱不甚晰，何以同一溢饮，而用寒用热，两不相伴哉？

按：大青龙有石膏、杏仁、生姜、大枣，而无干姜、细辛、五味、半夏、白芍，盖大青龙主脉洪数面赤喉哑之热饮，小青龙主脉弦紧不渴之寒饮也。由此类推，“胸中有微饮，苓桂术甘汤主之，肾气丸亦主之。”苓桂术甘，外饮治脾也；肾气丸，内饮治肾也。再胸痹门中，“胸痹心中痞，留气结在胸，胸满，胁下逆抢心，枳实薤白汤主之，人参汤亦主之。”又何以一通一补，而主一胸痹乎？盖胸痹因寒湿痰饮之实证，则宜通阳，补之不惟不愈，人参增气且致喘满；若无风寒痰饮之外因、不内外因，但系胸中清阳之气不足而痹痛者，如苦读书而妄想，好歌曲而无度，重伤胸中阳气者，老人清阳日薄者，若再以薤白、栝蒌、枳实，滑之，泻之，通之，是速之成劳也，断非人参汤不可。学者能从此类推，方不死于句下，方可与言读书也。

【讲解】

本条是讲寒湿合并阴吹的辨证论治。

“阴吹”，即妇女阴道排气。“阴吹”之名，首见《金匮要略·妇人杂病脉证并治》，其谓：“胃气下泄，阴吹而正喧，此谷气之实也，膏发煎导之。”

阴道排气，一种情况是大便不通，大便秘结时，直肠充满硬结大便，压迫阴道，所以发生阴道排气；另一种情况是小便不利，少腹积水，压迫阴道，所以发生阴道排气。前者治疗上应予润肠通便，大便通畅以后，阴道排气自然消失。后者则应利水消胀，小便通利以后，阴道排气自然消失。此两种情况在临床表现上都是阴道排气，但由于其病机不同，所以治疗方法也有不同。《金匮要略》中所说的情况是属于前一种情况，所以谓之“此谷气之实也”。“谷气实”，是指大便秘结。膏发煎，主要药物是猪膏，亦即猪油，口服大量猪油通便，以治疗由于大便秘结而致之阴吹，即原注所谓“盖以胃中津液枯槁，气不后行，逼走前阴，故重用润法，俾津液充足流行，浊气得归旧路”。本条所指的情况属于后一种情况，即水饮内停，压迫阴道而致阴吹。原文谓“饮家”，即指素有积水患者，“脉弦而迟”，属于阳虚，有积水说明属于寒湿，前条已曾述及。吴氏认为饮家水在中焦者，加枳实、橘皮。饮家出现阴吹，多属津液积聚胃口，所以吴氏从中焦论治，以橘半桂苓枳姜汤来作治疗。原文原注谓：“此证是余治验，故附录于此，以开一条门径。”并明确提出：“不得固执《金匮》法，当反用之。”说明吴氏丰富的治疗经验和遵经而不泥古的治学态度。

此外，吴氏在橘半桂苓枳姜汤方后注中，特别提出了愈后的治疗问题，他一方面提出使用本方以愈为度，亦即“中病即止”，愈后要“温中补脾，使饮不聚”，“其下焦虚寒者，温下焦”，这是“治病必求于本”。“肥人用温燥法，瘦人用温平法”，这是因人而异。在方后吴氏还加了大段按语，从中可以看出，吴氏治学力主因人、因时、因地制宜，反对机械地对待疾病，这是中医学指导思想整体恒动观念在临床中的具体体现。

五十二、暴感寒湿成疝，寒热往来，脉弦反数，舌白滑，或无苔不渴，当脐痛，或胁下痛，椒桂汤主之。

此小邪中里证也。疝，气结如山也。此肝脏本虚，或素有肝郁，或因暴怒，又猝感寒湿，秋月多得之。既有寒热之表证，又有脐痛之里证，表里俱急，不得不用两解。方以川椒、吴萸、小茴香直入肝脏之里，又芳香化浊流气；以柴胡从少阳领邪出表，病在肝治胆也；又以桂枝协济柴胡者，病在少阴，治在太阳也，经所谓病在脏治其腑之义也，况又有寒热之表证乎！佐以青皮、广皮，从中达外，峻伐肝邪也；使以良姜，温下焦之里也，水用急流，驱浊阴使无留滞也。

椒桂汤方（苦辛通法）

川椒（炒黑）六钱　桂枝六钱　良姜三钱　柴胡六钱　小茴香四钱　广皮三钱　吴茱萸（泡淡）四钱　青皮三钱

急流水八碗，煮成三碗，温服一碗，覆被令微汗佳；不汗，服第二碗，接饮生姜汤促之；得汗，次早服第三碗，不必覆被再令汗。

五十三、寒疝脉弦紧，胁下偏痛发热，大黄附子汤主之。

此邪居厥阴，表里俱急，故用温下法以两解之也。脉弦为肝郁，紧，里寒也；胁下偏痛，肝胆经络为寒湿所搏，郁于血分而为痛也；发热者，胆因肝而郁也。故用附子温里通阳，细辛暖水脏而散寒湿之邪；肝胆无出路，故用大黄，借胃腑以为出路也；大黄之苦，合附子、细辛之辛，苦与辛合，能降能通，通则不痛也。

大黄附子汤方（苦辛温下法）

大黄五钱　熟附子五钱　细辛三钱

水五杯，煮取两杯，分温二服（原方分量甚重，此则从时改轻，临时对证斟酌）。

五十四、寒疝少腹或脐旁，下引睾丸，或掣胁，下掣腰，痛不可忍者，天台乌药散主之。

此寒湿客于肝肾小肠而为病，故方用温通足厥阴手太阳之药也。乌药祛膀胱冷气，能消肿止痛；木香透络定痛；青皮行气伐肝；良姜温脏劫寒；茴香温关元，暖腰肾，又能透络定痛；槟榔至坚，直达肛门散结气，使坚者溃，聚者散，引诸药逐浊气，由肛门而出；川楝导小肠湿热，由小便下行，炒以斩关夺门之巴豆，用气味而不用形质，使巴豆帅气药散无形之寒，随槟榔下出肛门；川楝得巴豆迅烈之气，逐有形之湿，从小便而去，俾有形无形之结邪，一齐解散而病根拔矣。

按疝瘕之证尚多，以其因于寒湿，故因下焦寒湿而类及三条，略示门径，直接中焦篇腹满腹痛等症。古人良法甚伙，而张子和专主于下，本之《金匮》病至其年月日时复发者当下之例，而方则从大黄附子汤悟入，并将淋、带、痔疮、癃闭等证，悉收入疝门，盖皆下焦寒湿湿热居多。而叶氏于妇科久病癥瘕，则以通补奇经，温养肝肾为主，盖本之《内经》“任脉为病，男子七疝，女子带下瘕聚”也。此外良法甚多，学者当于各家求之，兹不备载。

天台乌药散方（苦辛热急通法）

乌药五钱　木香五钱　小茴香（炒黑）五钱　良姜（炒）五钱　青皮五钱　川楝子十枚　巴豆七十二粒　槟榔五钱

先以巴豆微打破，加麸数合，炒川楝子，以巴豆黑透为度，去巴豆麸子不用，但以川楝同前药为极细末，黄酒和服一钱。不能饮者，姜汤代之。重者日再服，痛不可忍者，日三服。

【讲解】

以上三条是讲“疝”病的临床表现及治疗方法。

“疝”，病名，首见《内经》。《素问·长刺节论》谓：“疝在少腹，腹痛不得大小便，病名曰疝，得之寒。”以后张仲景在《金匮要略》中提出了“寒疝”这个病名及“温通止痛”的治疗原则，以及大建中汤、大黄附子汤、赤丸方、大乌头煎、当归生姜羊肉汤、抵当乌头桂枝汤等方剂。

“疝”，素有“七疝”之称。所谓“七疝”，即“寒疝”、“筋疝”、“水疝”、“气疝”、“血疝”、“狐疝”、“癞疝”等七种疝病。这七种疝病临床上各有特点，不尽相同，以上三条所述，仅属寒疝。

根据上述三条的具体内容，吴氏对于“寒疝”的认识是：“寒疝”的病因，其内因是患者素体肝气不足，复加猝感寒凉；或素有肝郁，或因暴怒导致肝气受损，再加猝感寒凉，所以发病。这就是五十二条原注中所谓的“此肝脏本虚，或素有肝郁，或因暴怒，又猝感寒湿，秋月多得之”。

“寒疝”的病机，其病位在足厥阴肝，其病性属于寒湿，由于多属猝感寒凉，所以既有表证，也有里证。疼痛之理，系由寒湿导致气滞血瘀，肝胆经络不通，不通则痛。这也就是本篇五十二条原注中所谓的“秋月多得之”，既有寒热之表证，又有脐痛之里证。本篇五十三条原注中所谓的“邪居厥阴，表里俱急。”

“寒疝”的临床表现是：少腹或脐部疼痛，或牵引胁下痛，或牵引睾丸痛，或牵引腰痛，疼痛十分剧烈，或合并发热、恶寒、寒热往来；脉弦紧，这就是本篇五十二条原文中所谓的“寒热往来”，本篇五十三条原文中所谓的“寒疝，脉弦紧，胁下偏痛发热”，本篇五十四条原文中所谓的“寒疝少腹或脐旁，下引睾丸，或掣胁，下掣腰，痛不可忍”。

“寒疝”的治疗，其治法是温中、散寒、理气、通下，常用方是：椒桂汤、大黄附子汤、天台乌药散。

【临证意义】

以上自四十二至五十四条，共十三条专论“寒湿”，这在温病临床中十分重要，因为温病基本上可以分为“兼湿”与“不兼湿”两大类，温病兼湿在临床上十分常见。而“湿”又有“寒湿”、“热湿”之分，因寒生湿，即寒湿，不了解寒湿，则不能区别“热湿”，因而也就不能正确处理热湿亦即湿温一类病证。由于如此，所以吴氏在上中下三焦中，均各列寒湿，达二十五条之多。而在下焦寒湿中更是作了比较全面的系统论述。吴氏在本篇四十三条原注中谓：“本论原以温热为主而类及四时杂感……春温、夏热、秋燥，所伤者皆阴液也，学者倘能时时护阴，处处堤防，岂复有精竭人亡之虑。伤寒所伤者，阳气也，学者诚能保护得法，自无寒化热而伤阴，水负火而难救之虞。即使有受伤处，临证者知何者当护阳，何者当救阴，因端竟委，可备知终始而超道妙之神。瑭所以三致意者，乃在湿温一证，盖土为杂气，寄旺四时，藏垢纳污，无所不受，其间错综变化，不可枚举……较之风火燥寒四门之中，倍而又倍，苟非条分缕析，体贴入微，未有不能张冠李戴者。”吴氏在论中明确指出了湿病的复杂性和在温病临床中了解温病变化的必要性。因此，我们要治疗温病，必先了解伤寒；要治疗湿温，必须了解寒湿。吴氏原注，值得我们精读。

湿温（疟、痢、疸、痹附）

五十五、湿温久羁，三焦弥漫，神昏窍阻，少腹硬满，大便不下，宣清导浊汤主之。

此湿久郁结于下焦气分，闭塞不通之象，故用能升、能降、苦泄滞、淡渗湿之猪苓，合甘少淡多之茯苓，以渗湿利气；寒水石色白性寒，由肺直达肛门，宣湿清热，盖膀胱主气化，肺开气化之源，肺藏魄，肛门曰魄门，肺与大肠相表里之义也；晚蚕砂化浊中清气，大凡肉体未有死而不腐者，蚕则僵而不腐，得清气之纯粹者也，故其粪不臭不变色，得蚕之纯清，虽走浊道而清气独全，既能下走少腹之浊部，又能化浊湿而使之归清，以己之正，正人之不正也，用晚者，本年再生之蚕，取其生化最速也；皂荚辛咸性燥，入肺与大肠，金能退暑，燥能除湿，辛能通上下关窍，子更直达下焦，通大便之虚闭，合之前药，俾郁结之湿邪，由大便而一齐解散矣。二苓、寒石，化无形之气；蚕砂、皂子，逐有形之湿也。

宣清导浊汤（苦辛淡法）

猪苓五钱　茯苓五钱　寒水石六钱　晚蚕沙四钱　皂荚子（去皮）三钱

水五杯，煮成两杯，分二次服，以大便通快为度。

【讲解】

以上四十二条至五十四条是讲下焦寒湿，以下五十五条至七十七条是讲下焦湿温，亦即下焦热湿，重点是讲疟疾、痢疾之深入下焦，迁延不愈者之临床表现及治疗方法。

本条是讲湿温后期，湿邪无有出路，以致影响全身而出现危象的证治。

“神昏”即神识不清，“窍阻”指蒙蔽心窍而神昏。湿温后期临床上出现神志昏迷、大便不通，这是下焦湿温的急重危证。

本证发生的原因，是由于湿热之邪无出路所引起，因此治疗上必须清利湿热，使湿热之邪能有出路排出体外。宣清导浊汤中猪苓、茯苓，可以利小便，寒水石可以清热利湿，晚蚕砂、皂荚子可以通大便，均能使久羁之湿邪排出体外。所以下焦湿温凡大小便不通者，一般情况下均可使用本方。

五十六、湿凝气阻，三焦俱闭，二便不通，半硫丸主之。

热伤气，湿亦伤气者何？热伤气者，肺主气而属金，火克金则肺所主之气伤矣。湿伤气者，肺主天气，脾主地气，俱属太阴湿土，湿气太过，反伤本脏化气，湿久浊凝，至于下焦，气不惟伤而且阻矣。气为湿阻，故二便不通，今人之通大便，悉用大黄，不知大黄性寒，主热结有形之燥粪；若湿阻无形之气，气既伤而且阻，非温补真阳不可。硫黄热而不燥，能疏利大肠，半夏能入阴，燥胜湿，辛下气，温开郁，三焦通而二便利矣。按上条之便闭，偏于湿重，故以行湿为主；此条之便闭，偏于气虚，故以补气为主。盖肾司二便，肾中真阳为湿所困，久而弥虚，失其本然之职，故助之以硫黄；肝主疏泄，风湿相为胜负，风胜则湿行。湿凝则风息，而失其疏泄之能，故通之以半夏。若湿尽热结，实有燥粪不下，则又不能不用大黄矣。学者详审其证可也。

半硫丸（酸辛温法）

石硫黄（硫黄有三种：土黄，水黄，石黄也。入药必须用产于石者。土黄土纹，水黄直丝，色皆滞暗而臭；惟石硫黄方棱石纹而有宝光不臭，仙家谓之黄矾，其形大势如矾。按硫黄感日之精，聚土之液，相结而成。生于艮土者佳，艮土者，少土也。其色晶莹，其气清而毒小。生于坤土者恶，坤土者，老土也，秽浊之所归也，其色板滞，其气浊而毒重，不堪入药，只可作火药用。石黄产于外洋，来自舶上，所谓倭黄是也，入莱菔内煮六时则毒去）　半夏（制）

上二味，各等分为细末，蒸饼为丸梧子大，每服一、二钱，白开水送下（按半硫丸通虚闭，若久久便溏，服半硫丸亦能成条，皆其补肾燥湿之功也）。

【讲解】

本条是讲寒湿阻闭、二便不通的证治。

前条是讲大便不通系属于热湿者，故用具有清热利湿作用的宣清导浊汤以利尿通便。

本条是讲大小便不通系属于寒湿者，是肾中阳气为湿所困，肾司二便，肾的功能失职，所以二便不通。用温阳化湿法来通便利尿，用硫黄补助肾的阳气。

此两条一热一寒，说明湿证变化多端，必须辨证论治。吴氏原注："按上条之便闭，偏于湿重，故以行湿为主，此条之便闭，偏于气虚，故以补气为主"，即属此意。

"半硫丸"为石硫黄及半夏两味药物组成，方论及制法、服法均见原文，不作讲解。不过需要指出，硫黄性大热，且有毒，非确属寒湿内结，大便不通者禁用。即使是适应证，也不能常用、久用，以免造成不良后果。

五十七、浊湿久留，下注于肛，气闭肛门坠痛，胃不喜食，舌苔腐白，术附汤主之。

此浊湿久留肠胃，致肾阳亦困，而肛门坠痛也。肛门之脉曰尻，肾虚则痛，气结亦痛。但气结之痛有二：寒湿、热湿也。热湿气实之坠痛，如滞下门中用黄连、槟榔之证是也。此则气虚而为寒湿所闭，故以参、附峻补肾中元阳之气，姜、术补脾中健运之气，朴、橘行浊湿之滞气，俾虚者充，闭者通，浊者行，而坠痛自止，胃开进食矣。按肛痛有得之大恐或房劳者，治以参、鹿之属，证属虚劳，与此对勘，故并及之。再此条应人寒湿门，以与上三条有互相发明之妙，故列于此，以便学者之触悟也。

术附汤方（苦辛温法）

生茅术五钱　人参二钱　厚朴三钱　生附子三钱　炮姜三钱　广皮三钱

水五杯，煮成两杯，先服一杯；约三时，再服一杯，以肛痛愈为度。

【讲解】

本条是讲湿邪久留、肛门坠痛的证治。

肛门坠痛，属湿浊邪气久而不清，湿邪下注，气道闭塞，下注于肛门，而有坠痛之感。但由于湿的产生有寒有热，因此，肛门坠痛亦有热湿、寒湿之不同。其属于热湿者，治疗上应清利湿热。其属于寒湿者，则必须温中燥湿。本条是讲由于寒湿而引起的肛门坠痛，所以选用本方。

【临证意义】

以上三条，均属于湿邪久留，深入下焦之病。湿邪下注的临床表现，一般来说，主要在大小便不利方面。小便方面主要表现为尿少、尿频、尿痛、尿热；大便方面主要表现为大便不通，腹痛腹泻，或里急后重，肛门胀痛，大便脓血。但上述这些临床表现，寒湿、热湿均可引起，因此，必须认真鉴别。属于寒湿方面的诊断要点是：其一，素体阳虚或病程较长、反复发作；其二，多无尿痛、尿热，大便溏泻，或先干后溏，大便泻出物色淡黄，或下利清谷；其三，有其他寒证的症状与体征，如恶寒，脉细、迟、弱，舌淡，苔薄白或苔淡，苔腐白；其四，服清热利湿之剂无效。属于热湿方面的诊断要点，则与此相反：其一，素体壮实或素体阴虚，发病急，病程短；其二，小便方面，多尿液黄赤或浑浊，或有尿频、尿急、尿痛。大便方面，多便结如球，或大便黏稠如胶；其三，有其他热证症状和体征，如发热不恶寒，脉数而有力，舌红，苔黄干或黄腻；其四，服清热利湿剂有效。

在下焦湿温的治疗方面，鉴别寒湿或热湿十分重要。所以吴氏不仅在本书中专列寒湿，而且在专论湿温条文中也再列寒湿条文，吴氏在本篇五十七条注中谓："此条应入寒湿门，以与上三条有互相发明之妙，故列于此，以便学者之触悟也。"吴氏之语，一方面说明了他在认识上的全面性；另一方面也说明湿邪内伏的复杂性和寒湿、热湿在一定程度上的不可分性。其在临证意义方面，十分重大，值得我们深思。

五十八、疟邪久羁，因疟成劳，谓之劳疟；络虚而痛，阳虚而胀，胁有疟母，邪留正伤，加味异功汤主之。

此证气血两伤。《经》云：劳者温之，故以异功温补中焦之气，归、桂合异功温养下焦之血，以姜、枣调和营卫，使气血相生而劳疟自愈。此方补气，人所易见，补血人所不知。《经》谓：中焦受气，取汁变化而赤，是谓血。凡阴阳两伤者，必于气中补血，定例也。

加味异功汤方（辛甘温阳法）

人参三钱　当归一钱五分　肉桂一钱五分　炙甘草二钱　茯苓三浅　于术（炒焦）三钱　生姜三钱　大枣（去核）二枚　广皮二钱

水五杯，煮成两杯，渣再煮一杯，分三次服。

五十九、疟久不解，胁下成块，谓之疟母，鳖甲煎丸主之。

疟邪久扰，正气必虚，清阳失转运之机，浊阴生窃踞之渐，气闭则痰凝血滞，而块势成矣。胁下乃少阳厥阴所过之地。按：少阳、厥阴为枢，疟不离乎肝胆，久扰则脏腑皆困，转枢失职，故结成积块，居于所部之分。谓之疟母者，以其由疟而成，且无已时也。按：《金匮要略》原文："病疟以月一日发，当以十五日愈；设不瘥，当月尽解；如其不瘥，当云何？此结为癥瘕，名曰疟母，急治之，宜鳖甲煎丸。"盖人身之气血与天地相应，故疟邪之著于人身也，其盈缩进退，亦必与天地相应。如月一日发者，发于黑昼月廓空时，气之虚也，当俟十五日愈。五者，生数之终；十者，成数之极；生成之盈数相会，五日一元，十五日三元一周；一气来复，白昼月廓满之时，天气实而人气复，邪气返而病当愈。设不瘥，必俟天气再转，当于月尽解。如其不瘥，又当云何？然月自亏而满，阴已盈而阳已缩；自满而亏，阳已长而阴已消；天地阴阳之盈缩消长已周，病尚不愈，是本身之气血，不能与天地之化机相为流转，日久根深，牢不可破，故宜急治也。

鳖甲煎丸方

鳖甲（炙）十二分　乌扇（烧）三分　黄芩三分　柴胡六分　鼠妇（熬）三分　干姜三分　大黄三分　芍药五分　桂枝三分　葶苈（熬）一分　石韦（去毛）三分　厚朴三分　牡丹皮五分　瞿麦二分　紫葳三分　半夏一分　人参一分　䗪虫（熬）五分　阿胶（炒）三分　蜂窝（炙）四分　赤硝十二分　蜣螂（熬）六分　桃仁二分

上二十三味，为细末。取煅灶下灰一斗，清酒一斤五斗，浸灰，俟酒尽一半，煮鳖甲于中，煮令泛烂如胶膝，绞取汁，纳诸药煎为丸，如梧子大。空心服七丸，日三服。

【方论】此辛苦通降，咸走络法。鳖甲煎丸者，君鳖甲而以煎成丸也，与他丸法迥异，故曰煎丸。方以鳖甲为君者，以鳖甲守神入里，专入肝经血分，能消癥瘕，领带四虫，深入脏络，飞者升，走者降，飞者兼走络中气分，走者纯走络中血分。助以桃仁、牡丹皮、紫葳之破满行血，副以葶苈、石韦、瞿麦之行气渗湿，臣以小柴胡、桂枝二汤，总去三阳经未结之邪；大承气急驱入腑已结之渣滓；佐以人参、干姜、阿胶，护养鼓荡气血之正，俾邪无容留之地，而深入脏络之病根拔矣。按：小柴胡汤中有甘草，大承气汤中有枳实，仲景之所以去甘草，畏其太缓，凡走络药不须守法；去枳实，畏其太急而直走肠胃，亦非络药所宜也。

【讲解】

此两条是讲"劳疟"的病因、病机、临床表现及治疗方法。

“劳疟”，是疟疾的一个类型，由于疟疾的发病季节多在夏秋季，此时气候热而又湿，疟疾是属外感湿邪致病，所以属于湿温范围。

“劳疟”的定义：原注谓“疟邪久羁，因疟成劳，谓之劳疟”。所谓“劳”，有“劳损”、“虚损”之义。“疟邪久羁”，即疟疾反复发作，久治不愈。“因疟成劳”，指因疟疾反复发作，久治不愈，导致全身虚损。因此，“劳疟”也就是指今天所谓的慢性疟疾。由于其反复发作，病程很久，所以，“劳疟”又称“久疟”。

“劳疟”的病机：原注谓“邪留正伤”，这就是说，由于疟邪久留体内，人体气血两伤，因而也就可以出现各种正虚邪实气血两虚的症状和体征，如头晕、耳鸣、眼花、心跳、无力、食少、便溏、脉虚等等。同时，由于气血两伤也就必然导致气滞血瘀，因而久疟患者，常常在左肋下摸到肿块，这就是“疟母”。为什么会产生疟母？原注谓：“疟邪久扰，正气必虚，清阳失运转之机，浊阴生窍踞之渐，气闭则痰凝血滞而块势成矣。胁下乃少阳厥阴所过之地。按少阳、厥阳为枢，疟不离乎肝胆，久扰则脏腑皆困，转枢失职，故结成积块，居于所部之分。这就是说，由于疟邪久居，耗损正气，气血失调，气机郁滞，血液瘀结，在胁下凝结成块。由于胁下为少阳、厥阴经脉循行之处，疟疾又不离乎肝胆，疟疾久而不愈，以致肝胆气血功能失调，所以在胁下形成硬块，称为“疟母”。

“劳疟”的治疗，本篇五十八条是治本。所谓“治本”，即治疗因疟邪久扰而致正气的虚损，亦即补气补血。加味异功汤就是气血双补方剂。培补气血，一般又以补气为主，因为阴生于阳，血生于气，气血两虚者，补气就可以补血，所以原注谓：“凡阴阳两伤者，必于气中补血，定例也。”这也就是一般所谓的“善补阴者，当于阳中求阴”。本篇五十九条是治疗由于气血两伤而与致肝胆气滞血瘀所积结而成的“疟母”，亦即肋下硬块。条中所选的鳖甲煎丸，即属于攻坚散积、消瘀除疟的方剂。此方出自《金匮要略·疟病脉证并治》。吴氏认为，《金匮要略》方之意是：“疟母”一般已不能自然消失，因此必须运用攻坚散瘀之法。这就是原注中所谓的，“天地阴阳之盈缩消长已周，病尚不愈，是本身之气血，不能与天地之化机相为流转。日久根深，牢不可破，故宜急治也。”所谓“急治”，乃急者治其标之意。

六十、太阴三疟，腹胀不渴，呕水，温脾汤主之。

三疟本系深入脏真之痼疾，往往经年不愈，现脾胃证，此属稍轻。腹胀不渴，脾寒也，故以草果温太阴独胜之寒，辅以厚朴消胀。呕水者，胃寒也，故以生姜降逆，辅以茯苓渗湿而养正。蜀漆乃常山苗，其性急走疟邪，导以桂枝，外达太阳也。

温脾汤方（苦辛温里法）

草果二钱　桂枝三钱　生姜五钱　茯苓五钱　蜀漆（炒）三钱　厚朴三钱

水五杯，煮取两杯，分二次温服。

【讲解】

本条讲太阴三疟的证治。

“太阴三疟”，“太阴”，指足太阴脾。“三疟”，即三日疟，即疟疾每三天发作一次者。对于疟疾，一日一发者，其病浅；间日一发者，其病较深；三日一发者，其病最深，容易复发，迁延难愈。所以原注谓：“三疟本系深入脏真之痼疾，往往经年不愈。”

“三日疟”，又名三阴疟，其临床表现除典型疟疾症状，如寒热往来，定时而作以外，其合并症以脾症状为主者，名太阴三疟；以肾症状为主者，名少阴三疟；以肝症状为主者，名厥阴三疟。由于三日疟与脾、肾、肝三脏密切相关，脾属足太阴，肾属足少阴，肝属足厥阴，所以三日疟，一般统称三阴疟，认为较其他疟疾顽固迁延，流连难愈。

本条所述合并症状，如腹胀不渴、呕水等，均属脾胃虚寒，脾属太阴，所以称为太阴三疟。由于三日疟患者在临床上以脾寒者多见，所以对于慢性疟疾，有的地方民间又叫“脾寒”。

温脾汤可以治疗脾胃虚寒及截疟，方中草果、厚朴温脾消胀，生姜温胃降逆，桂枝、茯苓温中利湿，蜀漆，即常山，为截疟药。凡属疟疾，只要表现上述症状，属于脾胃虚寒的，均可使用本方。疟疾停止发作后，去蜀漆，再服一段温脾温胃药物，可以停止复发。

六十一、少阴三疟，久而不愈，形寒嗜卧，舌淡脉微，发时不渴，气血两虚，扶阳汤主之。

《疟论》篇：黄帝问曰：时有间二日，或至数日发，或渴或不渴，其故何也？岐伯曰：其间日者，邪气客于六腑，而有时与卫气相失，不能相得，故休数日乃作也。疟者，阴阳更胜也。或甚或不甚，故或渴或不渴。《刺疟篇》曰：足少阴之疟，令人呕吐甚，多寒热，热多寒少，欲闭户牖而处，其病难已。夫少阴疟，邪人至深，本难速已；三疟又系积重难反，与卫气相失之证，久不愈，其常也。既已久不愈矣，气也血也，有不随时日耗散也哉！形寒嗜卧，少阴本证，舌淡脉微不渴，阳微之象。故以鹿茸为君，峻补督脉，一者八脉丽于肝肾，少阴虚，则八脉亦虚；一者督脉总督诸阳，为卫气之根本。人参、附子、桂枝、随鹿茸而峻补太阳，以实卫气；当归随鹿茸以补血中之气，通阴中之阳；单以蜀漆一味，急提难出之疟邪，随诸阳药努力奋争，由卫而出。阴脏阴证，故汤以扶阳为名。

扶阳汤（辛甘温阳法）

鹿茸（生锉末，先用黄酒煎得）五钱　熟附子三钱　人参二钱　粗桂枝三钱　当归二钱　蜀漆（炒黑）三钱

水八杯，加入鹿茸酒，煎成三小杯，日三服。

【讲解】

本条讲少阴三疟的证治。

“少阴三疟”，即三日疟之由于肾寒所致者，三日疟，其临床表现有肾阳虚衰症状与体征者，均可名曰“少阴三疟”。

由于少阴三疟系属肾寒，所以少阴三疟的治疗原则是温肾截疟。

本条所列扶阳汤，即温补肾阳截疟方剂。方中鹿茸、附子、桂枝温肾；人参、当归益气养血；蜀漆截疟。对于少阴三疟有一定治疗效果。凡属疟疾，只要在临床上表现有肾阳不足者，均可运用本方治疗。用本方治少阴疟，疟疾停止发作后，即减去蜀漆，再继续服用本方或其他温补肾阳方剂一段时间，亦可抗疟疾复发。

六十二、厥阴三疟，日久不已，劳则发热，或有痞结，气逆欲呕，减味乌梅圆法主之。

凡厥阴病甚，未有不犯阳明者。邪不深不成三疟，三疟本有难已之势，既久不已，阴阳两伤。劳则内发热者，阴气伤也；痞结者，阴邪也；气逆欲呕者，厥阴犯阳明，而阳明之阳将惫也。故以乌梅圆法之刚柔并用，柔以救阴，而顺厥阴刚脏之体，刚以救阳，而充阳明阳

腑之体也。

减味乌梅圆法（酸苦为阴，辛甘为阳复法）

（以下方中多无分量，以分量本难预定，用者临时斟酌可也）

半夏　黄连　干姜　吴萸　茯苓　桂枝　白芍　川椒（炒黑）　乌梅

按：疟痢两门，日久不治，暑湿之邪，与下焦气血混处者，或偏阴、偏阳，偏刚、偏柔；或宜补、宜泻，宜通、宜涩；或从太阴，或从少阴，或从厥阴，或护阳明，其证至杂至多，不及备载。本论原为温暑而设，附录数条于湿温门中者，以见疟痢之原起于暑湿，俾学者识得源头，使杂症有所统属，粗具规模而已。欲求美备，勤绎各家。

【讲解】

本条讲厥阴三疟的证治。

“厥阴三疟”，即三日疟之由于肝寒所致者。三日疟，其临床表现有肝气不足症状与体征者，均可名曰“厥阴三疟”。

由于厥阴三疟多属肝虚，所以其治疗原则是温肝截疟。肝虚，肝之疏泄必然失职，“土得木而达”，所以在肝失疏泄气机上逆的情况下，脾的运化作用也会受到影响，因此湿盛于里，而湿邪又可化热，在临床上又可出现发热、痞结、气逆欲呕之寒热错杂现象。在治疗上对于厥阴之疟，除温肝截疟以外，还要合以温阳化湿、清热燥湿、寒热平调。减味乌梅丸，即乌梅丸去人参、细辛、附子、黄柏、当归、加半夏、吴萸、白芍。此方温肝、补肝、温胃、清热、燥湿，刚柔并用，寒热平调，可以治疗三日疟之由于肝虚、脾滞、寒热错杂者。减味乌梅丸方中无蜀漆，其他药物亦无截疟作用，因此本方治“厥阴之疟”，是从调和肝脾着眼。这可能就是吴氏在原注中所谓“故以乌梅丸法之刚柔并用，柔以救阴，而顺厥阴刚脏之体，刚以救阳，而充阳明阳腑之体”。我们的经验此方亦可合用截疟药，可加常山，在治疗疟疾而见寒热错杂证者，对于制止疟疾发作，也有效果。

以上自五十八条至六十二条共五条，是讲劳疟及三阴三日疟的治疗方法。劳疟及三阴三日疟均属虚证。从“治病求本”的角度来说，均应补虚，但从标本并治的角度来说，又应标本并治。从劳疟的治疗来看，治本方面，用加味异功汤；从治标方面来看，则用鳖甲煎丸；从三阴疟的治疗来看，太阴三疟以温脾汤治其本，少阴三疟以扶阳汤治其本，厥阴三疟以减味乌梅丸治其本。但太阴三疟、少阴三疟的治疗上，方中又同时合用常山截疟以治其标，这是中医学标本理论的具体运用。至于其他疟疾的治疗，上中焦篇亦有论述，下焦篇中仅论述劳疟及三阴疟，前后互参，大法已经基本具备，读者如欲进一步了解疟疾有关理论认识及临床辨证论治，可以再进一步参阅历代疟疾专著。

六十三、酒客久痢，饥食不减，茵陈白芷汤主之。

久痢无他证，而且能饮食如故，知其病之未伤脏真胃土，而在肠中也；痢久不止者，酒客湿热下注，故以风药之辛，佐以苦味入肠，芳香凉淡也。盖辛能胜湿而升脾阳，苦能渗湿清热，芳香悦脾而燥湿，凉能清热，淡能渗湿也，俾湿热去而脾阳升，痢自止矣。

茵陈白芷汤方（苦辛淡法）

绵茵陈　白芷　北秦皮　茯苓皮　黄柏　藿香

【讲解】

从六十三条至七十七条，共十五条，是论述久痢的病因、病机、诊断和治疗。

“久痢”，即痢疾经久不愈。凡属腹痛腹泻，里急后重，大便不爽，或便黏液，或夹脓血等，均称为“痢”。因此，“久痢”，即经常腹痛、腹泻、大便稀薄或下黏液，相当于现代所谓的“慢性痢疾”、“慢性肠炎”一类疾病。

六十三条中所指的“酒客”，是指素有饮酒习惯的患者，“酒客久痢”，指长期饮酒过多，又长期腹泻或脓血便，久治不愈。

“饮食不减”，指虽然长期腹泻，但饮食如常。中医认为，饮酒可以产生湿热，“痢疾”也多属湿热表现。因此，酒客久痢的原因，除脾胃本身的原因以外，也可能还有饮酒的原因。因为脾胃本身原因可以产生湿热，湿热下注，即成痢疾；长期饮酒也可以产生湿热，湿热下注，成为痢疾。二者如何鉴别？那就要看患者的饮食情况是否正常。由于脾胃本身原因引起的痢疾，一般均有脾胃症状，如食欲减退，呕吐恶心，胃脘膜胀等等。如系由于长期饮酒所致者，则饮食方面可无明显变化。在治疗上，前者重点在温补脾胃，后者清利湿热即可。本条明确指出“饮食不减”，所以治以清利湿热，方用茵陈白芷汤。

茵陈白芷汤，为清热利湿方剂，由于一般痢疾均属湿热，因此也均可使用本方，不专主“酒客久痢”。但应该指出者，即“酒客久痢”也并不是完全与脾胃本身无关，因为酒能生热，热能生湿，长期饮酒，湿热困脾，引起脾胃气虚者，亦不少见。如果临床上出现脾胃不足，食少纳减等症状者，即使是酒客久痢，也不宜使用本方。“初痢忌涩，久痢忌攻，挟表宜散，正虚宜补”，这是治痢十六字诀，久痢多属虚证，因此在治疗上应予注意。

六十四、老年久痢，脾阳受伤，食滑便溏，肾阳亦衰，双补汤主之。

老年下虚久痢，伤脾而及肾，食滑便溏，亦系脾肾两伤。无腹痛、肛坠、气胀等症，邪少虚多矣。故以人参、山药、茯苓、莲子、芡实甘温而淡者补脾渗湿，再莲子、芡实水中之谷，补土而不克水者也；以补骨、苁蓉、巴戟、菟丝、覆盆、萸肉、五味酸甘微辛者，升补肾脏阴中之阳，而兼能益精气安五脏者也。此条与上条当对看，上条以酒客久痢，脏真未伤而湿热尚重，故虽日久仍以清热渗湿为主；此条以老年久痢，湿热无多而脏真已歉，故虽滞下不净，一以补脏固正，立法于此，亦可以悟治病之必先识证也。

双补汤方（复方也，法见注中）

人参　山药　茯苓　莲子　芡实　补骨脂　苁蓉　萸肉　五味子　巴戟天　菟丝子　覆盆子

【讲解】

本条是讲老年久痢脾肾阳虚的治疗方法。

久痢必然伤脾，脾病必然及肾。久痢，脾肾两伤应是一般最常见的情况。本条特别指出：老年久痢，脾肾两伤者，因为老年患者，脾肾本已不足，再加久痢，更容易出现脾肾两伤情况，实际上一般久痢患者，都应该考虑脾肾两伤以及在治疗上如何培补脾肾的问题，不独老年久痢为然。

本条与前条，系属对应文字。前条讲“酒客久痢”，虽下痢日久，久痢属虚，但因为湿热甚重，所以在治疗上仍以清热利湿；本条讲“老年久痢”，虽亦有湿热，但从临床表现上看，“食滑便溏”，正气已虚，所以在治疗上要培补脾肾。从总的精神来看，还是从标本缓急着眼，即邪盛者，重在祛邪，邪去则正自复；正虚者，重在扶正，正复则邪自去。本条原注谓“本条与上条当对看，上条以酒客久痢，脏真未伤而湿热较重，故虽日久仍以清热渗湿为主，本条以老年久痢，湿热无多而脏真已歉，故虽滞下不净，一以补脏固正，立法于此，亦可悟治病之必先识证也”。即属此意。

六十五、久痢小便不通，厌食欲呕，加减理阴煎主之。

此由阳而伤及阴也。小便不通，阴液涸矣；厌食欲呕，脾胃两阳败矣。故以熟地、白芍、五味收三阴之阴，附子通肾阳，炮姜理脾阳，茯苓理胃阳也。按：原方通守兼施，刚柔互用，而名理阴煎者，意在偏护阴也。熟地守下焦血分，甘草守中焦气分，当归通下焦血分，炮姜通中焦气分，盖气能统血，由气分之通，及血分之守，此其所以为理也。此方去甘草、当归，加白芍、五味、附子、茯苓者，为其厌食欲呕也。若久痢阳不见伤，无食少欲呕之象，但阴伤甚者，又可以去刚增柔矣。用成方总以活泼流动，对症审药为要。

加减理阴煎方（辛淡为阳酸甘化阴复法。凡复法，皆久病未可以一法了事者）

熟地　白芍　附子　五味　炮姜　茯苓

【讲解】

本条是讲久痢脾肾两伤的治疗方法。

久痢小便不通是肾阳虚衰的表现，久痢厌食欲呕，是脾阳虚衰的表现，久痢患者如出现小便不通再加上呕吐厌食，属于危候，即原注中所谓的“小便不通，阴液涸矣；厌食欲呕，脾胃两阳败矣”。因此在治疗上必须温阳救急。选方加减理阴煎，重剂温补脾肾，以求维持，否则祸不旋踵。

加减理阴煎与双补汤均属脾肾两补方剂，所不同者，双补汤较平和，久痢脾肾阳虚，一般情况下可用此方；加减理阴煎较峻猛，急症情况下可用此方。急症用此方时，附子须用较大剂量，以不少于30克（先煎1小时）为好，否则，不能产生急救作用。

六十六、久痢带瘀血，肛中气坠，腹中不痛，断下渗湿汤主之。

此涩血分之法也。腹不痛，无积滞可知，无积滞，故用涩也。然腹中虽无积滞，而肛门下坠，痢带瘀血，是气分之湿热久而入于血分，故重用樗根皮之苦燥湿、寒胜热、涩以断下，专入血分而涩血为君；地榆得先春之气，木火之精，去瘀生新；茅术、黄柏、赤苓、猪苓开膀胱，使气分之湿热，由前阴而去，不致遗留于血分也；楂肉亦为化瘀而设；银花为败毒而然。

断下渗湿汤方（苦辛淡法）

樗根皮（炒黑）一两　生茅术一钱　生黄柏一钱　地榆（炒黑）一钱五分　楂肉（炒黑）三钱　银花（炒黑）一钱五分　赤苓三钱　猪苓一钱五分

水八杯，煮成三杯，分三次服。

【讲解】

此条是讲久痢患者，大便中带有瘀血，肛门下坠的治疗。便中带瘀血，说明肠道有出血，因为没有出血就没有瘀血。腹中不痛只是肛中下坠，说明病不在腹而在肛中，肛坠一般多属湿热，但如有瘀血，则又与肛中出血有关。因此在治疗上当以止血、活血、化瘀合清热、利湿、燥湿药同用，以治其标。

断下渗湿汤，方剂组成见原文，方论见原注，本方作用是涩血为主，佐以清热、利湿、燥湿。所以本条选用此方。

应该指出者，久痢患者，原则上属于虚证，因此本方治疗只是治标，应当中病即止，症状消失或明显减轻以后，仍应着眼培补脾肾。

六十七、下痢无度，脉微细，肢厥，不进食，桃花汤主之。

此涩阳明阳分法也。下痢无度，关闸不藏；脉微细肢厥，阳欲脱也。故以赤石脂急涩下焦，粳米合石脂堵截阳明，干姜温里而回阳，俾痢止则阴留，阴留则阳斯恋矣。

桃花汤（方法见温热下焦篇）

【讲解】

本条是讲久痢阳脱的证治。

“下痢无度”，即下利不止。“肢厥、脉微细、不进食”，即四肢发凉、阳气欲脱的危候。必须立即止痢以治其标，即原注中所谓“下痢无度、关闸不藏，脉微细，肢厥，阳欲脱也，故以赤石脂急涩下焦……”桃花汤作用是回阳固涩，所以久痢下痢不止者可用本方。桃花汤处方见中焦篇第二十二条。

六十八、久痢，阴伤气陷，肛坠尻酸，地黄余粮汤主之。

此涩少阴阴分法也。肛门坠而尻脉酸，肾虚而津液消亡之象。故以熟地、五味补肾而酸甘化阴；余粮固涩下焦，而涩可除，坠可止，痢可愈也（按石脂、余粮，皆系石药而性涩，桃花汤用石脂不用余粮，此则用余粮而不用石脂。盖石脂甘温，桃花温剂也。余粮甘平，此方救阴剂也，无取乎温，而有取乎平也）。

地黄余粮汤方（酸甘兼涩法）

熟地黄　禹余粮　五味子

【讲解】

本条是讲久痢阴伤气陷的治疗方法。

由于久痢泻下不止，因患者泻下程度及原有体质不同，而临床表现不尽相同，有的表现为伤阴，有的表现为伤阳，因而在治疗中，虽然均属急止下痢，涩以固脱，但在选方用药上仍有区别，属于伤阳者，应温中固脱，属于伤阴者，则应救阴固脱。前条所述久痢泻痢无度，属于伤阳，所以用桃花汤；本条所述之久痢泻痢无度，则属于伤阴，所以用地黄禹余粮汤。

赤石脂与禹余粮均有涩肠止痢的治疗作用，但赤石脂性温，桃花汤中配以干姜，温涩作用更强，禹余粮性平，地黄禹余粮汤中配以熟地黄、五味子，则涩肠止痢之外，复有救阴作用，因此桃花汤用于下痢伤阳欲脱患者，地黄禹余粮汤用于下痢伤阴欲脱患者。吴氏按语谓：“按石脂、余粮，皆系石药而性涩，桃花汤用石脂不用余粮，此则用余粮不用石脂，盖石脂甘温，桃花汤温剂也，余粮性平，此方救阴剂也，无取乎温而有取乎平也。”即属此义。这是吴氏选方用药人细之处。

六十九、久痢伤肾，下焦不固，肠腻滑下，纳谷运迟，三神丸主之。

此涩少阴阴中之阳法也。肠腻滑下，知下焦之不固；纳谷运迟，在久痢之后，不惟脾阳不运，而肾中真阳亦衰矣。故用三神丸温补肾阳，五味兼收其阴，肉果涩自滑之脱也。

三神丸方（酸甘辛温兼涩法，亦复方也）

五味子　补骨脂　肉果（去净油）

【讲解】

本条讲久痢下痢无度之缓证的治疗。

前两条是讲久痢下痢无度欲脱之急证治疗。急则治其标，所以宗仲景少阴下利治法，涩以固脱，或用桃花汤，或用地黄禹余粮汤以固肠止痢。本条是指久痢下痢无度之较缓者，缓则治其本，所以不需用赤石脂、禹余粮固涩剂，直接治本为主，兼以固涩。久病必然伤阳，本条即为久痢伤阳而立。三神丸由五味子、补骨脂、肉果三味药物组成。补骨脂温肾阳，五味子敛肾阴，肉果有温涩止痢作用，共奏温阳固脱之功，以治久痢伤阳者。

“肠腻滑下”，指下痢不止，“纳谷运迟”，指受纳水谷正常而运化水谷无力，均属脾肾阳虚之象。久痢不止，必然伤肾，肾被伤则命火不能生脾土，因而必须补命火以生脾土才能达到治疗目的，所以本条直接把“肠腻滑下，纳谷运迟”列入“久痢伤肾”之下，这是五脏相关学说在临床上的具体体现。

七十、久痢伤阴，口渴舌干，微热微咳，人参乌梅汤主之。

口渴微咳于久痢之后，无湿热客邪之证，故知其阴液太伤，热病液涸，急以救阴为务。

人参乌梅汤（酸甘化阴法）

人参　莲子（炒）　炙甘草　乌梅　木瓜　山药

按：此方于救阴之中，仍然兼护脾胃。若液亏甚而土无他病者，则去山药、莲子，加生地、麦冬，又一法也。

【讲解】

本条是讲久痢伤阴的治疗。

由于湿热久痢耗伤阴液，所以，久痢出现“口渴”、“舌干”、“微热”、“微咳”，均属阴液亏虚症征，所以久痢伤阴者选用人参乌梅汤，以救其阴液。

七十一、痢久阴阳两伤，少腹肛坠，腰胯脊髀酸痛，由脏腑伤及奇轻，参茸汤主之。

少腹坠，冲脉虚也；肛坠，下焦之阴虚也；腰，肾之腑也；胯，胆之穴也（谓环跳）；脊，太阳夹督脉之部也；髀，阳明部也。俱酸痛者，由阴络而伤及奇经也。参补阳明，鹿补督脉，归、茴补冲脉，菟丝、附子升少阴，杜仲主腰痛，俾八脉有权，肝肾有养，而痛可止，坠可升提也。

按：环跳本穴属胆，太阳少阴之络实会于此。

参茸汤（辛甘温法）

人参　鹿茸　附子　当归（炒）　茴香（炒）　菟丝子　杜仲

按：此方虽曰阴阳两补，而偏于阳。若其人但坠而不腰脊痛，偏于阴伤多者，可于本方去附子加补骨脂，又一法也。

【讲解】

本条是讲久痢阴阳两伤并兼“腰、胯、脊、髀”酸痛症的治疗。

“少腹肛坠”，指少腹及肛门下坠。是久痢的本证，与久病“冲脉”受损有关。“腰”指两侧腰部，腰为肾之府，久痢伤肾，所以出现腰痛。“胯”指髋部，与足少阳胆经有关。“脊”指脊柱，与督脉及足太阳膀胱经有关。“髀”指大腿的上部，与足阳明胃经有关。久痢患者，这些部位出现酸痛，说明久痢不仅损伤了肝、脾、肾正经，而且奇经也受损伤，所以原文原注谓：“俱酸痛者，由阴络而伤及奇经也。”因而在治疗上也就必须兼治正经及奇经，阴阳两伤，阴阳两补，参茸汤有兼补正经奇经的作用，所以久痢阴阳两伤而在临床上合并腰、脊、胯、髀酸痛者，即可选用本方。本方方解，原注已详，讲解从略。

七十二、久痢伤及厥阴，上犯阳明，气上撞心，饥不欲食，干呕腹痛，乌梅圆主之。

肝为刚脏，内寄相火，非纯刚所能折；阳明腑，非刚药不复其体。仲景厥阴篇中，列乌梅圆治木犯阳明之吐蛔，自注曰：又主久痢方。然久痢之症不一，亦非可一概用之者也。叶氏于木犯阳明之疟痢，必用其法而化裁之，大抵柔则加白芍、木瓜之类，刚则加吴萸、香附之类，多不用桂枝、细辛、黄柏，其与久痢纯然厥阴见证，而无犯阳明之呕而不食撞心者，则又纯乎用柔，是治厥阴久痢之又一法也。按：泻心寒热并用，而乌梅圆则又寒热刚柔并用矣。盖泻心治胸膈间病，犹非纯在厥阴也，不过肝脉络胸耳。若乌梅圆则治厥阴，防少阳、护阳明之全剂。

乌梅圆方（酸甘辛苦复法。酸甘化阴，辛苦通降，又辛甘为阳，酸苦为阴）

乌梅　细辛　干姜　黄连　当归　附子　蜀椒（炒焦去汗）　桂枝　人参　黄柏

此乌梅圆本方也。独无论者，以前贤名注林立，兹不再赘。分量制法，悉载《伤寒论》中。

【讲解】

本条述久痢伤阳、寒热错杂的证治。

本条所选用乌梅丸方是《伤寒论》中治久痢的方剂。《伤寒论·辨厥阴病脉证并治》谓：“蛔厥者，乌梅丸主之，又主久痢。”自此方出后，后世治疗久痢，多用此方。吴氏尊重仲景学说，所以在他提出了前述治疗经验以后，也提出了乌梅丸治疗久痢的经验。

“乌梅丸”，其主要作用是扶正祛邪，寒热并用，所以一般均用于疾病之正虚邪实者。久痢患者，阴阳两伤，其正气已虚；里急后重，下痢脓血，则湿热仍盛。因此，对于久痢患者来说，在治疗上常须扶正祛邪同进，寒热平调，温清并行，才能不致于顾此失彼，取得较好的治疗效果。乌梅丸的作用，已如上述，扶正祛邪，寒热平调，所以乌梅丸是治久痢的常用方。对于慢性痢疾及慢性结肠炎，均有一定的治疗效果。

用乌梅丸治久痢，吴氏是尊重的，否则他就不会在此提出乌梅丸治久痢的问题，但是吴氏又认为：“然久痢之证不一，亦非可一概用之者也。”这是吴氏的经验之谈，值得我们注意。作者经验认为：乌梅丸用治久痢，以久痢伤阳，症属寒湿，湿郁化热，寒热错杂者，效果较好，不宜用于久痢伤阴，湿热内蕴患者。非属寒湿化热、寒热错杂之久痢患者，仍须从其他治疗久痢方法辨证论治。

七十三、休息痢经年不愈，下焦阴阳皆虚，不能收摄，少腹气结，有似癥瘕，参芍汤主之。

休息痢者、或作或止，止而复作，故名休息，古称难治。所以然者，正气尚旺之人，即受暑、湿、水、谷、血、食之邪太重，必日数十行，而为胀、为痛、为里急后重等症，必不或作或辍也。其成休息痢证者，大抵有二，皆以正虚之故。一则正虚留邪在络，至其年月日时复发，而见积滞腹痛之实证者，可遵仲景凡病至其年月日时复发者当下之例，而用少少温下法，兼通络脉，以去其隐伏之邪；或丸药缓攻，俟积尽而即补之；或攻补兼施，中下并治，此虚中之实证也。一则纯然虚证，以痢久滑泄太过，下焦阴阳两伤，气结似乎癥瘕，而实非癥瘕，舍温补其何从！故以参、苓、炙草守补中焦，参、附固下焦之阳，白芍、五味收三阴之阴，而以少阴为主，盖肾司二便也。汤名参芍者，取阴阳兼固之义也。

参芍汤方（辛甘为阳酸甘化阴复法）

人参　白芍　附子　茯苓　炙甘草　五味子

【讲解】

本条是讲休息痢的治疗。

“休息痢”指痢疾症状时作时止，或止而复作，故称“休息”。本条系指痢久年不愈而滑泄太过，下焦阴阳两虚，肾虚气化收摄无权，故有滑泄不禁，少腹气结不散而似块状之证，治以温补阳气、收摄阴气，用参芍汤。

参芍汤的功用，吴注甚详，兹不再述。

关于久痢的治疗，前已述及，久痢伤阳者补阳，久痢伤阴者救阴，久痢阴阳两伤者，阴阳两补，参芍汤亦系阴阳气血双补方剂，故运用于久痢之阴阳两虚者。

七十四、噤口痢，热气上冲，肠中逆阻似闭，腹痛在下尤甚者，白头翁汤主之。

此噤口痢之实证，而偏于热重之方也。

白头翁汤（方注见前）

七十五、噤口痢，左脉细数，右手脉弦，干呕腹痛，里急后重，积下不爽，加减泻心汤主之。

此亦噤口痢之实证，而偏于湿热太重者也。脉细数，温热著里之象；右手弦者，木入土中之象也。故以泻心去守中之品，而补以运之，辛以开之，苦以降之；加银花之败热毒，楂炭之克血积，木香之通气积，白芍以收阴气，更能于土中拔木也。

加减泻心汤方（苦辛寒法）

川连　黄芩　干姜　银花　楂炭　白芍　木香汁

七十六、噤口痢，呕恶不饥，积少痛缓，形衰脉弦，舌白不渴，加味参苓白术散主之。

此噤口痢邪少虚多，治中焦之法也。积少痛缓，则知邪少；舌白者无热；形衰不渴，不饥不食，则知胃关欲闭矣；脉弦者，《金匮》谓：弦则为减，盖谓阴精阳气俱不足也。《灵枢》谓：诸小脉者，阴阳形气俱不足，勿取以针，调以甘药也。仲景实本于此而作建中汤，治诸虚不足，为一切虚劳之祖方。李东垣又从此化出补中益气、升阳益气、清暑益气等汤，皆甘温除大热法，究不若建中之纯，盖建中以德胜，而补中以才胜者也。调以甘药者，十二经皆秉气于胃，胃复则十二经之诸虚不足，皆可复也。叶氏治虚多脉弦之噤口痢，仿古之参苓白术散而加之者，亦同诸虚不足调以甘药之义，又从仲景、东垣两法化出，而以急复胃气为要者也。

加味参苓白术散方（本方甘淡微苦法，加则辛甘化阳，芳香悦脾，微辛以通，微苦以降也）

人参二钱　白术（炒焦）一钱五分　茯苓一钱五分　扁豆（炒）二钱　薏仁一钱五分　桔梗一钱　砂仁（炒）七分　炮姜一钱　肉豆蔻一钱　炙甘草五分

共为极细末，每服一钱五分，香粳米汤调服，日二次。

【方论】参苓白术散原方，兼治脾胃，而以胃为主者也，其功但止土虚无邪之泄泻而已。此方则通宣三焦，提上焦，涩下焦，而以醒中焦为要者也。参、苓、白术加炙草，则成四君矣。按四君以参、苓为胃中通药，胃者腑也，腑以通为补也；白术、炙草，为脾经守药，脾者脏也，脏以守为补也。茯苓淡渗，下达膀胱，为通中之通；人参甘苦，益肺胃之气，为通中之守；白术苦能渗湿，为守中之通；甘草纯甘，不兼他味，又为守中之守也，合四君为脾胃两补之方。加扁豆、薏仁以补肺胃之体，炮姜以补脾肾之用；桔梗从上焦开提清气，砂仁、肉蔻从下焦固涩浊气，二物皆芳香能涩滑脱，而又能通下焦之郁滞，兼醒脾阳也。为末，取其留中也；引以香粳米，亦以其芳香悦土，以胃所喜为补也。上下斡旋，无非冀胃气渐醒，可以转危为安也。

七十七、噤口痢，胃关不开，由于肾关不开者，肉苁蓉汤主之。

此噤口痢邪少虚多，治下焦之法也。盖噤口日久，有责在胃者，上条是也；亦有由于肾关不开，而胃关愈闭者，则当以下焦为主。方之重用苁蓉者，以苁蓉感马精而生，精血所生之草而有肉者也。马为火畜，精为水阴，禀少阴水火之气而归于太阴坤土之药，其性温润平和，有从容之意，故得从容之名，补下焦阳中之阴有殊功。《本经》称其强阴益精，消癥瘕。强阴者，火气也，益精者，水气也。癥瘕乃气血积聚有形之邪，水火既济，中土气盛，而积聚自消。兹以噤口痢阴阳俱损，水土两伤，而又滞下之积聚未清，苁蓉乃确当之品也；佐以附子补阴中之阳，人参、干姜补土，当归、白芍补肝肾，芍用桂制者，恐其呆滞，且束入少阴血分也。

肉苁蓉汤（辛甘法）

肉苁蓉（泡淡）一两　附子二钱　人参二钱　干姜炭二钱　当归二钱　白芍（肉桂汤浸炒）三钱

水八杯，煮取三杯，分三次缓缓服，胃稍开，再作服。

【讲解】

以上四条是论述“噤口痢”各种不同的证候、病机及治疗方法。

“噤口痢”是痢疾中的一个病型，属于痢疾中的急重症。

噤口痢的临床特点是：无食欲，不能进食或食人则吐。《医宗必读》谓：“噤口乃食不得入，到口即吐，有邪在上膈，火气冲逆者，……有阳气不足，宿食未消者……有肝气呕吐者……有水饮停聚者……有积秽在下、恶气薰蒸者……”痢而能食，为湿热之邪仅在肠而未侵犯胃，痢而不能食或食入则吐，则湿热之邪已经影响全身，不论其影响途径为何，均是病情严重的征兆。

噤口痢在临床上亦分虚实。一般来说，初痢合并噤口者多实。久痢合并噤口者多虚。实者治以清热利湿，通里攻下；虚者则应重点补虚。以上四条，即按由实到虚的次序，分条论述噤口痢的治疗，并附方示范。

七十四条是谈噤口痢的实证。本证多在痢疾初起，临床上多有发热，或自觉有热气上冲、腹痛、腹胀、大便不通畅，泻出物有脓血或黏液，但泻出物量不多，不欲饮食或食入则吐，这种情况属于湿热邪毒在里，必须清热利湿攻里通下，一般可用白头翁汤，邪盛者可以在本方中再加生大黄。所以原文谓："噤口痢，热气上冲，肠中逆阻似闭，腹痛在下尤甚者，白头翁汤主之。"原注谓："此噤口痢之实证而偏于热重之方也。"

七十五条是指噤口痢实证中之稍缓者。本证多在痢疾初起，有的也可能在痢疾中期，症状上有发热或不发热，干呕恶心较重，不欲饮食，腹泻，里急后重，大便脓血，一般多属湿热内蕴，气滞血逆，因此治法以清热利湿，调气行血。一般用芍药汤、香连丸、黄芩汤之类，这是治痢常法及通用方。加减泻心汤是前述常用方基础之上的新组合，有上述三方复方之意而有加减，方论见原注，痢疾之合并噤口者，可以用本方。痢疾之不合并噤口，能食者，也可用本方。

七十六条是指噤口痢之虚证。本证多在痢疾中期或后期，亦即多在久痢中出现，这种病人一般痢疾症状并不十分急重，这也就是原文中所谓的"积少痛缓"，"形衰脉弦"，衰弱外观，不发热，可有恶心呕吐，不欲饮食　多属久痢脾胃虚弱，因此治法以健脾和胃，参苓白术散为健脾和胃常用方。加味参苓白术散，即参苓白术散加炮姜、肉豆蔻，去山药、陈皮、莲子肉、大枣，则本方更有温胃作用，因此，运用于久痢脾胃虚弱呕恶不欲食者。

七十七条也是谈噤口痢之虚证。前条是谈噤口痢之属于久痢脾胃虚弱者，所以治宜健脾温胃，本条是谈脾胃虚弱，呕恶不欲食。其原因是由于久痢伤肾，命火不能生土所致者，在治疗上则应温补脾胃，补火生土，这也就是原文所谓的"噤口痢，胃关不开，由于肾关不开"。原注中所谓的"亦有由于肾关不开，而胃关愈闭者，则当以下焦为主"。本条所述肉苁蓉汤，为温补肝肾兼补脾胃的方剂，所以久痢噤口不食患者之由于肾阳虚衰，脾阳亦继之虚衰所致者，即可使用本方或此一类温补脾肾剂。

以上四条，由于均有不欲饮食或食入则吐，所以均列属噤口痢一类，其实临床上真正称之为噤口痢的多属第一条所列噤口痢之实证、急证。后三条，一般不一定称"噤口痢"，但由于痢疾而不能食或食入则吐，一般均示预后不良，因此亦列入"噤口痢"范围，以示严重。

【临证意义】

以上自五十五条至七十七条均是论述下焦湿温，其中主要内容又是论久疟、久痢的病因、病机、治则、治法。虽然本书主要是论温病，并非疟痢专书，语焉不详，但由于疟痢均属每年夏秋间季节性疾病，均属外感夏秋时邪所致的疾病，所以可以据此举一反三，类及他病，这也就是吴氏原注中所谓的"本论原为温暑而设，附录数条于湿温门中者，以见疟痢之源，起于暑湿，俾学者识得源头，使杂证有所统属，粗具规模而已。"因此对于一切外感暑湿之病，均可以此为法，这也就是凡属外感暑湿之证，均应分清其暑湿之间的关系，热多于湿者，属于暑温范围，可按暑温论治，湿多于热，则属于湿温范围，则应按湿温论治。由于湿为阴邪，用药宜刚，湿与热合，又必须刚柔并用，寒热平调。下焦湿温，由于病至下焦，湿邪深入而正气已虚，因此又必须考虑到正虚邪实，寒热错杂的复杂局面，而在治疗上又必须注意到标本缓急，或扶正，或祛邪，或扶正祛邪同进。这是中医理论在临床实践中的具体运用，其临证意义十分重大，读者如能细读下焦湿温中有关内容，当应有所体会。

附录病例二则，以见本节所述内容在临床中的指导作用。

临床运用举例：

案39　久疟治验

方某，男，21岁。

患者3年来，反复寒热往来，定时而作，医诊疟疾，与服抗疟药物，疟疾可以在服药后立即停止发作，但时作时止，停药即发，以后医者嘱长期服用抗疟药，但服药期间，形羸色败，头发半白，头晕耳鸣，虚弱不堪，以后患者偶见当时名医张简斋老先生，嘱停服抗疟药物，改用单方黄芪二两，狗肉一斤，炖汤，每周服1次，连服2次。患者遵命如法，自服用本方之日起，即第一次服用本方以后，至今40余年，未再发过疟疾，而且健康很快恢复，白发转黑，至今健康。（张简斋医案）

临床运用举例：

案40　久痢治验

郑某，男，7岁。

患者近1年来，经常腹泻，其父母系西医大夫。每腹泻发作，辄与抗生素治疗，服药后腹泻可以转正常，但反复发作，饮食稍有不慎，腹泻即作。最近1周来，因伤食又出现腹泻，服抗生素无效，请我治疗。就诊时，患儿形瘦色败，脉沉细数。余曰：此久痢也，当温补脾胃佐以清热燥湿之品，予连理汤，即理中汤加黄连。患儿服药后，一药痢止，以后再服健脾之剂数剂，腹泻即再未发作。至今患儿已20余岁，身体健康。

上述病例，一为久疟、一为久痢患者，在治疗上按照本篇所述原则进行治疗，效如桴鼓，于此说明上述理论在实际临床中的重大指导作用。

秋　燥

七十八、燥久伤及肝肾之阴，上盛下虚，昼凉夜热，或午咳，或不咳，甚则痉厥者，三甲复脉汤主之，定风珠亦主之，专翕大生膏亦主之。

肾主五液而恶燥，或由外感邪气久羁而伤及肾阴，或不由外感而内伤致燥，均以培养津液为主。肝木全赖肾水滋养，肾水枯竭，肝断不能独治，所谓乙癸同源，故肝肾并称也。三方由浅入深，定风浓于复脉，皆用汤，从急治。专翕取乾坤之静，多用血肉之品，熬膏为丸，从缓治。盖下焦深远，草木无情，故用有情缓治。再暴虚易复者，则用二汤；久虚难复者，则用专翕。专翕之妙，以下焦丧失皆腥臭脂膏，即以腥臭脂膏补之，较之丹溪之知柏地黄，云治雷龙之火而安肾燥，明眼自能辨之。盖凡甘能补，凡苦能泻，独不知苦先入心，其化以燥乎！再雷龙不能以刚药直折也，肾水足则静，自能安其专翕之性；肾水亏则动而躁，因燥而躁也。善安雷龙者，莫如专翕，观者察之。

三甲复脉汤、定风珠（并见前）

专翕大生膏（酸甘咸法）

人参二斤（无力者以制洋参代之）　茯苓二斤　龟板（另熬胶）一斤　乌骨鸡一对　鳖甲一斤（另

熬胶）　牡蛎一斤　鲍鱼二斤　海参二斤　白芍二斤　五味子半斤　麦冬二斤（不去心）　羊腰子八对　猪脊髓一斤　鸡子黄二十圆　阿胶二斤　莲子二斤　芡实三斤　熟地黄三斤　沙苑蒺藜一斤　白蜜一斤　枸杞子（炒黑）一斤

上药分四铜锅（忌铁器，搅用铜勺），以有情归有情者二，无情归无情者二，文火细炼三昼夜，去渣；再熬六昼夜；陆续合为一锅，煎炼成膏，末下三胶，合蜜和匀，以方中有粉无汁之茯苓、白芍、莲子、芡实为细末，合膏为丸。每服二钱，渐加至三钱，日三服，约一日一两，期年为度。每殒胎必三月，肝虚而热者，加天冬一斤，桑寄生一斤，同熬膏，再加鹿茸二十四两为末（本方以阴生于八，成于七，故用三七二十一之奇方，守阴也。加方用阳生于七，成于八，三八二十四之偶方，以生胎之阳也。古法通方多用偶，守法多用奇，阴阳互也）。

【讲解】

本条是讲燥邪伤及肝肾之阴的证治。

“下焦秋燥”，即外感燥邪，流连未愈，“燥邪”由上焦而至中焦，而至下焦，致使肝肾受损而在临床上出现肝肾不足、气阴两虚的症状和体征者。

关于“秋燥”的全面认识，本书在“上焦篇”已经详细论述，特别是在“上焦篇”秋燥部分所附“补秋燥胜气论”中，已对上中下三焦之秋燥胜气部分作了全面的论述，同时也提出了三焦秋燥胜气为病的具体治疗方药。秋燥复气部分，则分列在本书上、中、下三焦温病有关秋燥门内。因此读者在学习秋燥部分时，除了阅读本书原列秋燥部分外，更必须同时阅读“补秋燥胜气论”部分，始得其全。

本条讲的是秋燥复气部分之深入下焦者。秋燥复气即火热之气，外感秋燥复气即外感火热之气，火热可以伤阴耗液，至下焦时，所伤者为肝肾之阴，阴虚则阳盛，因此下焦秋燥复气为病的病机及临床表现主要就是“阴虚液脱”，“下虚上盛”，这也就是本条原文中所谓的“燥火伤及肝肾之阴，上盛下虚”。

“阴虚液脱，上盛下虚”，是下焦温病温热类疾病中的共同特点，因而在临床表现上也基本相同。本条原文所列症状如：“昼凉夜热，或干咳，或不咳，甚则痉厥”，仅属举例，实则前述下焦温病中温热类疾病的各种临床表现，下焦秋燥中均可出现，有关下焦温病中温热类疾病的各种临床表现，读者可以参看前章，此处不再重列。

由于秋燥复气致病之下焦秋燥，与下焦温病中之温热类疾病属于一类，因此在治疗方法上也基本相同，所以原文谓“三甲复脉汤主之，定风珠亦主之”。质言之，即“复脉辈”均可使用。

对于秋燥复气深入下焦的治疗，除复脉辈外，本条提出了“专翕大生膏”一方，本方药物组成、制法、服法、均见原文。分析原方，基本上由两大类组成，一类是动物性营养食物，这也就是吴氏原注中所谓的“血肉有情之品”，方中龟甲、乌骨鸡、鲍鱼、鳖甲、海参、羊腰子、猪脊髓、鸡子黄等，均属此类；一类是植物性营养食物，这也就是吴氏在原注中所谓的“草木无情之品”，方中莲子、芡实、白蜜均属此类。综合全方，实为饮食营养调理，因此本方适用于一切慢性病的病后调理。吴氏之所以最后提出本方者，实即以本方作为一切温病后期饮食营养调理方剂以求逐渐恢复。吴氏在本条原注中谓，“专翕取乾坤之静，多用血肉之品，熬膏为丸，从缓治，盖下焦深远，草木无情，故用有情缓治……久虚难复者，则用专翕”，其义甚明。

小　结

一、本篇较全面地论述了下焦温病的病因和病机。在病因方面，认为下焦温病的发生，或由传变而来，如原文所谓："邪在阳明久羁，热邪深入"；或由于治疗上的不当，如原文所谓："温病误表，津液被劫"，"温病误用升散"。在病机方面，认为下焦温病，其不兼湿，属于温热类疾病者，病在肝肾，证属虚热，如原文所谓："热邪深入，或在少阴或在厥阴"，"少阴温病，真阴欲竭，壮火复炽"。其兼湿属于湿温或寒湿类疾病者，病在肝肾或病在脾胃，或在三焦，证属湿热内蕴或寒湿交搏，正虚邪实，如原文所谓："湿之为物也，其流于下焦，与少阴癸水合"，"湿温久羁，三焦弥漫"。

二、本篇较全面地论述了下焦温病的诊断和治疗。在诊断方面，本篇仍承上焦及中焦篇，将下焦温病分为不兼湿与兼湿两大类。其不兼湿者，统属温热。其兼湿者又分为热湿或寒湿两大类。在治疗上其属于温热者，以育阴潜阳为主法；其属于热湿，亦即属于湿温者，以滋肾清热燥湿为主法；其属于寒湿者，以温补脾肾、淡渗利湿为主法。

三、本篇较全面地提出了温病病后的饮食调理及药物调理，认为温病病后的饮食及药物调理原则上以养阴生津为主，具体提出了牛乳饮、五汁饮、益胃汤、专翕大生膏等方剂，但同时又指出了不能拘于养阴生津之一个方面，仍应根据患者病前体质及病后情况，具体情况具体处理。

四、本篇在下焦湿温部分，具体提出了"久疟"、"久痢"的诊断和治疗问题，并以疟痢为例，提示了一切杂病在晚期治疗中的复杂性以及在治疗上区分标本缓急先后的必要性。

汗液是由人体的阳气蒸化阴精而形成的。

《活解温病条辨》（卷四、卷五、卷六）

刘观涛　刘屹松　石向前

第四卷　杂　说

修身养性的人，难在明辨是非；研究事物规律的人，难在把握事物间的相互关系

【读经先知】本卷汇集了吴鞠通的10余篇医论，因为涉及到内科杂证、中医基础理论及补充前三卷的遗漏等方面的内容，范围较为庞杂，所以篇名称作"杂说"。

汗　论

【原文】

汗也者，合阳气阴精蒸化而出者也。《内经》云：人之汗，以天地之雨名之。盖汗之为物，以阳气为运用，以阴精为材料。阴精有余，阳气不足，则汗不能自出，不出则死；阳气有余，阴精不足，多能自出，再发则痉，痉亦死；或熏灼而不出，不出亦死也。其有阴精有余，阳气不足，又为寒邪肃杀之气所搏，不能自出者，必用辛温味薄急走之药，以运用其阳气，仲景之治伤寒是也。伤寒一书，始终以救阳气为主。其有阳气有余，阴精不足，又为温

热升发之气所铄，而汗自出，或不出者，必用辛凉以止其自出之汗，用甘凉甘润培养其阴精为材料，以为正汗之地，本论之治温热是也。本论始终以救阴精为主。此伤寒所以不可不发汗，温热病断不可发汗之大较也。唐宋以来，多昧于此，是以人各著一伤寒书，而病温热者之祸亟矣。呜呼！天道欤？抑人事欤？

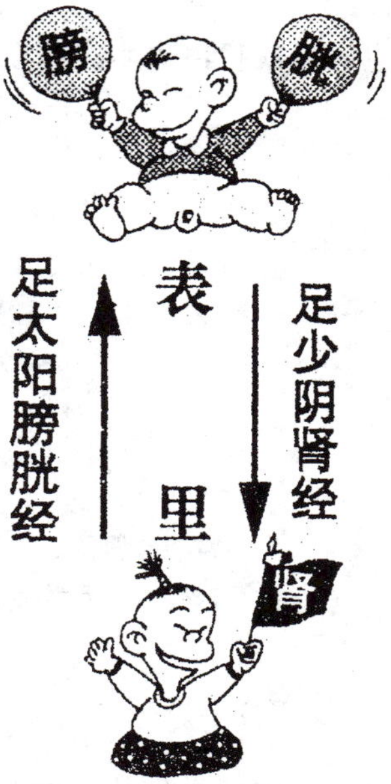

肾在五行中属水，主要功能为藏精，主生长、发育、生殖和水液代谢。

【译文】

汗液是由人体的阳气蒸化阴精而形成的。《内经》说：人体的汗液就像自然界的雨一样，因为汗液的形成是以阳气来温化、以阴精作为基础材料的。如果阴精有余而阳气不足、就不能蒸汗外出，无汗则会闭闷而死亡。若阳气有余而阴精不足，则阳气蒸发阴精，往往有自汗出的表现。如果再使用发汗的方法就会发生痉挛，严重的甚至会发生死亡。有的用火熏灼疗法，迫使病人出汗，如汗不出的，这也是死证。凡是阳气不足，阴精有余的人，一旦感受肃杀之气的寒邪，则阳气更不能蒸发阴精，汗液不能外出，治疗上当用辛温味薄发散的药物，鼓动人体的阳气，使寒邪随汗液而消除，这就是张仲景治疗伤寒的方法。因此就《伤寒论》这本书而言，自始至终是以救阳气为主。另外，阳气有余、阴精不足的人，一旦感受温邪，体内的津液势必受温热之气所蒸灼而出汗，也可因邪闭而无汗但，不论汗出与否，在治疗上首先要用辛凉的药物使自汗停止，或用甘凉濡润的药物来养阴，作为汗液生成的材料，恢复汗液正常外出的功能。本书治疗温病的方法就是这样的。本书从始至终是以救阴精为主。因此伤寒不可以不发汗，但温病绝对不可以辛温发汗，这是两者在治疗上的根本区别。唐、宋以来，很多人对这个道理不明白，人们只知道治疗伤寒的方法，那些感受温邪的人却就遭殃了。唉，这完全是人为造成的。

春令主风、夏令主火、长夏主湿土、秋主燥、冬主寒。

方中行先生或问六气论

【原文】

原文云：或问天有六气——风、寒、暑、湿、燥、火。风、寒、暑、湿，经皆揭病出条例以立论，而不揭燥火。燥火无病可论乎？曰：《素问》言春伤于风，夏伤于暑、秋伤于湿，冬伤于寒者，盖以四气之在四时，各有专令，故皆专病也。燥火无专令，故不专病，而寄病于百病之中；犹土无正位，而寄王于四时辰戌丑未之末。不揭者，无病无燥火也。愚按：此论，牵强臆断，不足取信，盖信经太过则凿之病也。春风，夏火，长夏湿土，秋燥，冬寒，此所谓播五行于四时也。经言先夏至为病温，即火之谓；夏伤于暑，指长夏中央土而言也；秋伤于湿，指初秋而言，乃上令湿土之气，流行未尽。盖天之行令，每微于令之初，而盛于令之末；至正秋伤燥，想代远年湮，脱简故耳。喻氏补之诚是，但不当硬改经文，已详论于下焦寒湿第四十七条中。今乃以土寄王四时比燥火，则谬甚矣。夫寄王者，湿土也，岂燥火哉！以先生之高明，而于六气乃昧昧焉，亦千虑之失矣。

肾阴和肾阳，又称元阴和元阳、真阴和真阳，是机体阴阳的根本，二者之间相互制约、相互依存、相互为用，维护着各脏腑阴阳的相互平衡。

【译文】

方中行先生的《或问六气论》原文里说：有人问，天有六气，即风、寒、暑、湿、燥、火。《内经》对风寒暑湿四气都有专条论述，并指出它们致病的道理，但没有提及燥火二气，难道燥火不是致病因素吗？回答说：《素问》讲春季感受风邪、夏季感受暑邪、秋季感受湿邪、冬季感受寒邪，因为四气配四时都有一定的规律。所以它们各有专门的病症。燥火二气没有专门的时令相配，因此没有专门的病症，只能在四时中的其他病症里表现出来。这就如同五行中的土，没有专门的时令相配，而是主每季的最后 18 天一样。按方中行先生所说，《内经》之所以不指出燥火为病，其原因即在于此。我认为这个观点未免牵强臆断，不足以使人相信，这是迷信经典太过而导致的毛病。春令主风、夏令主火、长夏主湿土、秋主燥、冬主寒，这是五行在四时的具体体现。《内经》里说，夏至之前感受的是温热邪气，即六气中的火热邪气。又说，夏季感受暑邪，这是指长夏季节湿土所主的时令而言。秋季感受湿邪是指初秋而言，是上一个时令湿土的余气流行未尽的缘故。每一季节的主气都是初期较轻微而末期较旺盛。按理，到正秋季节应感受燥邪，但在《内经》中却没有提到，大概是因为年代久远，经文中有脱落错简的缘故。喻嘉言补上了秋伤于燥这一条是很正确的，但强行更改经文是不恰当的，这一点我在下焦寒湿篇第 47 条已经详细讨论过了。现在方中行以土寄旺于四季的例子，来牵强附会地比喻燥火，真是大错特错。要知道寄旺的只是湿土，燥火二气哪能是这样呢？以方中行先生的高明，对六气为病仍糊涂不清，这可以说是智者的千虑一失。

学医之人，应该阐明医道、济世救人为己任。

伤寒注论

【原文】

仲祖《伤寒论》，诚为金科玉律[①]，奈注解甚难。盖代远年湮，中间不无脱简，又为后人妄增，断不能起仲景于九原而问之，何条在先，何条在后，何处尚有若干文字，何处系后人伪增，惟有阙疑阙殆，择其可信者而从之，不可信者而考之已尔。创斯注者，则有林氏、成氏，大抵随文顺解，不能透发精义，然创始实难，不为无功。有明中行方先生，实能苦心力索，畅所欲言，溯本探微，阐幽发秘，虽未能处处合拍，而大端已具。喻氏起而作《尚论》，补其阙略，发其所未发，亦诚仲景之功臣也；然除却心解数处，其大端亦从方论中来，不应力诋方氏。北海林先生，刻方氏前条辨，附刻《尚论篇》，历数喻氏僭窃之罪，条分而畅评之。喻氏之后，又有高氏，注尚论发明，亦有心得可取处，其大端暗窃方氏，明尊喻氏，而又力诋喻氏，亦如喻氏之于方氏也。北平刘觉葊先生起而证之，亦如林北海之证尚论者然，公道自在人心也。其他如郑氏、程氏之后条辨，无足取者，明眼人自识之。舒驰远之集注，一以喻氏为主，兼引程郊倩之后条辨，杂以及门之论断，若不知有方氏之前条辨者，遂以喻氏窃方氏之论，直谓为喻氏书矣。此外有沈目南注，张隐庵集注，程云来集注，皆可阅。至慈溪柯韵伯注伤寒论著《来苏集》，聪明才辨，不无发明，可供采择；然其自序中谓大青龙一证，方、喻之注大错，目之曰郑声，曰杨墨，及取三注对勘，虚中切理而细释之，柯注谓风有阴阳，汗出脉缓之桂枝证，是中鼓动之阳风；汗不出脉紧烦躁之大青龙证，是中凛冽之阴风。试问中鼓动之阳风者，而主以桂枝辛甘温法，置《内经》风淫于内，治以辛凉，佐以苦甘之正法于何地？仲景自序云“撰用《素问》《九卷》”，反背《素问》而立法耶？且以中鼓动之阳风者，主以甘温之桂枝，中凛冽之阴风者，反主以寒凉之石膏，有是理乎？其注烦躁，又曰热淫于内，则心神烦扰；风淫于内，故手足躁乱（方先生原注：风为烦，寒则躁）。既曰凛冽阴风，又曰热淫于内，有是理乎？种种矛盾，不可枚举。方氏立风伤卫，寒伤营，风寒两伤营卫，吾不敢谓即仲景之本来面目；然欲使后学眉目清楚，不为无见。如柯氏之所序，亦未必即仲景之心法，而高于方氏也。其删改原文处，多逞臆说，不若方氏之纯正矣。且方氏创通大义，其功不可没也。喻氏、高氏、柯氏，三子之于方氏，补偏救弊，其卓识妙悟，不无可取，而独恶其自高已见，各立门户，务掩前人之善耳。后之学者，其各以明道济世为急，毋以争名竞胜为心，民生幸甚。

【注释】

①金科玉律：指完美重要的法令。

【译文】

张仲景的《伤寒论》，后世医家多尊为医学上最完美的范本。无奈该书的文辞深奥，注解很困难。又由于年代久远，其中文字一定有脱落或被后人随意增添的地方，现在自然不能向九泉之下的张仲景询问究竟那一条原文在前，那条在后，何处有脱落的文字，何处是后人增添的内容，只有存疑待考，选择那些可信的经文，对不可信的部分加以考证，留待进一步的探讨。最初注解《伤寒论》的有林亿和成无已，不过他们都是随文注释，而不能阐发原文的精义，但最初注释《伤寒论》的确很难，不能说没有功劳。明代的方中行先生，能够苦心钻研，畅所欲言，追本穷源地探索其中的深奥含义，虽然有的地方还不够合拍，然而《伤寒论》原书的基本精神，大体上已经完备了。喻嘉言写

一旦肾阴和肾阳的平衡被破坏，就会形成肾阴虚或肾阳虚，出现内热、眩晕、耳鸣、腰膝酸软、遗精、舌质红而少津等，肾阴虚征候。

《尚论》补充方中行先生忽略的地方，并对方氏没有解释清楚的方面提出了自己的看法，加以发挥，这对注释张仲景的《伤寒论》来说，也是有功之人。但喻氏除了自己有心得的几处之外，大部分都是从方中行的理论中演化而来的，那么就不应该在书中极力诋毁方氏。后来林北海先生把方氏的《前条辨》和喻氏的《尚论篇》合并在一起，历数喻嘉言剽窃的过错，并逐条予以分析评述。喻氏之后，又有高学山著《伤寒尚论辨似》，且作了注解并加以发挥，其中也有自己的心得和可取的地方，但主要内容也是剽窃方氏的观点，且在表面上尊崇喻嘉言，骨子里又极力诋毁喻嘉言，这种做法就像喻嘉言对待方中行一样。后来北平的刘觉也作了评证，也如同林比海评证《尚论》一样。这样彼此攻击，究竟谁是谁非，大家自有公论。其它如郑重光的《伤寒条辨续注》和程应旄（郊倩）的《伤寒论后条辨》，都没有什么精采可取的地方，有见识的人自然能够辨别。以后舒施远著《伤寒论集注》，以喻氏的论述为主，兼引程郊倩的《伤寒论后条辨》，并采集其他人的见解，就如同不知道有方氏的《伤寒条辨》一样，竟把喻氏剽窃方氏的论述，看成是喻氏所注之书。此外，沈目南的《伤寒六经辨证治法》、张隐庵的《伤寒论集注》和程云来的集注解，都有好的地方，可供阅读。慈溪的柯韵伯为注解《伤寒论》而著《伤寒来苏集》，以他的聪明才辨，对《伤寒论》中许多发明之处，值得参考。但他在自序里指责方氏、喻氏二人对于伤寒大青龙汤证的注解有很大的错误，甚至把他们的观点看成是淫乱的郑国之声，犹如杨墨的邪说。但是只要把三家注解互相对照一下，仔细加以分析，就可以发现问题不是这样的。例如，柯氏说：风有阴阳的区别，汗出脉缓的桂枝汤证是感受了鼓动的阳风；汗不出，脉紧烦躁的大青龙汤证是感受了凛冽的阴风。那么我要请问他，既是感受鼓动的阳风，而用桂枝汤辛甘温法，那么将《内经》里的“风淫于内，治以辛凉，佐以苦甘”的正治法则放在什么地位呢？张仲景的自序中曾说他所著《伤寒论》是根据《素问》和《九卷》立法的。难道柯氏能违背《素问》而另立治法吗？更何况感受阳风的病人，反而以辛甘温的桂枝汤为主来治疗，而感受凛冽的阴风者却用寒凉的石膏治疗，有这样的道理吗？柯氏解释烦躁时又说，热邪侵淫于内则心神烦扰，风邪侵淫于内则手足躁乱（方中行原注为：受风则烦，感寒则躁）。既然说是感受凛冽的阴风，又说是热淫于内，有这样的道理吗？书中许多矛盾的地方，难以一一列举。方中行所提出的风伤卫，寒伤营，风寒两伤营卫的论点，我不敢说这就是张仲景的原意，但是为了使后世学医之人能够搞清原书的眉目，这种见识和方法，还是比较好的。至于柯氏自序中的论点，也不一定就是张仲景的本意，他也不见得比方氏高明多少。而且柯氏随意删改原文，就不如方氏的《伤寒条辨》纯正了。方氏能刻苦钻研，通晓张仲景《伤寒论》的大意，对后学有一定的帮助，其功绩不可磨灭。不过喻氏、高氏、柯氏三位先生对于方氏的论述，能够起到补偏救弊的作用，其中自然不乏卓越的见识，当然有他好的一面，但是他们只知抬高自己，各立门户，自成派别，而将前人的长处一概抹煞，这是不对的。所以我希望今后学医之人，应以阐明医道，济世救人为己任，不要醉心于争名誉，那样才真是老百姓的幸运。

风为百病之长，其特点是善于行走而变化多端。

风　论

【原文】

《内经》曰：风为百病之长。又曰：风者善行而数变。夫风何以为百病之长乎？大易曰：元者善之长也。盖冬至四十五日，以后夜半少阳起而立春，于立春前十五日交大寒节，而厥阴风木行令，所以疏泄一年之阳气，以布德行仁，生养万物者也。故王者功德既成以后，制礼作乐，舞八佾①而宣八风，所谓四时和，八风理，而民不夭折。风非害人者也，人之腠理密而精气足者，岂以是而病哉！而不然者，则病斯起矣。以天地生生之具，反为人受害之物，恩极大而害亦广矣。盖风之体不一，而风之用有殊。春风自下而上，夏风横行空中，秋风自上而下，冬风刮地而行。其方位也，则有四正四隅，此方位之合于四时八节也。立春起艮方，从东北隅而来，名之曰条风，八节各随其方而起，常理也。如立春起坤方，谓之冲风，又谓之虚邪贼风②，为其乘月建之虚，则其变也。春初之风，则夹寒水之母气；春末之风，则带火热之子气；夏初之风，则木气未尽，而炎火渐生；长夏之风，则挟暑气、湿气、木气（未为木库），大雨而后暴凉，则挟寒水之气；久晴不雨，以其近秋也，而先行燥气，是长夏之风，无所不兼，而人则无所不病矣。初秋则挟湿气，季秋则兼寒水之气，所以报冬气也。初冬犹兼燥金之气，正冬则寒水本令，而季冬又报来春风木之气，纸鸢起矣。再由五运六气而推，大运如甲巳之岁，其风多兼湿气；一年六气中，客气所加何气，则风亦兼其气而行令焉。然则五运六气非风不行，风也者，六气之帅也，诸病之领袖也，故曰：百病之长也。其数变也奈何？如夏日早南风，少移时则由西而北而东，方南风之时，则晴而热，由北而东，则雨而寒矣。四时皆有早暮之变，不若夏日之数而易见耳。夫夏日曰长曰化，以盛万物也。而病亦因之而盛，《阴符》所谓害生于恩也。无论四时之风，皆带凉气者，木以水为母也；转化转热者，木生火也；且其体无微不入，其用无处不有，学者诚能体察风之体用，而于六淫之病，思过半矣。前人多守定一桂枝，以为治风之祖方；下此则以羌、防、柴、葛为治风之要药，皆未体风之情与《内经》之精义者也。桂枝汤在伤寒书内，所治之风，风兼寒者也，治风之变法也。若风之不兼寒者，则从《内经》，风淫于内，治以辛凉，佐以苦甘，治风之正法也。以辛凉为正而甘温为变者何？风者木也，辛凉者金气，金能制木故也。风转化转热，辛凉苦甘则化凉气也。

或是出现疲惫乏力，形寒肢冷，腰酸腿痛和痿弱，小便清长或不利、遗尿失禁、舌质淡、以及机能减退和水肿等肾阳虚的症候。

【注释】

①八佾：佾（音 yì 意）舞列。“八佾”是古代天子专用的舞乐行列。

②虚邪贼风：泛指四时不正的气候，因为它们具有贼害的性质，会使人致病，故名。

【译文】

《内经》说：风邪是各种外感因素中较主要的。又说：风邪的特点是善于行走而变化多端。为什么说风是许多外感病的主因呢？《周易》中说：元者，善之长也。就是说万物的生长都始于春天，自冬至以后四十五天的夜半时起，少阳初生而春季开始，这就是立春。在立春前十五天的大寒是厥阴风木行令，因为风木主疏泄，一年的阳气发生就由此开始，如同施行仁德一样来生养万物。所以帝王们在成就功德以后就要制定礼仪，而作音乐舞蹈，纠正不良的风气。只要四时气候调和，八方的风气和顺，老百姓就不会有疾病和夭折了。风邪不侵犯人体，而且人体腠理固密，精气充足，怎会发生疾病呢？否则，就会产生疾病。所以天地间这种生发之气，虽然对人类恩泽极大，但在一定条件下也可侵犯人体，造成危害。因为风邪的性质不同，作用也有区别。例如春风是自下而上的，夏风是横扫空中的，秋风是自上而下的，冬风是刮地而行的。讲到它们的方位，也有东南西北等四种边侧方位。这八个方位与四时八节相应。例如立春时的风，是起于艮方，从东北隅方向而来的，称作“条风”。八风都按一定的规律从一定的方向而起，这是正常的现象。如果立春时节，风从坤方正北方向来的，称作“冲风”，这种不正之风，能使人致病，所以又称为虚邪贼风。这是风邪乘小月的不足而改变了它的方位和性质。又如初春时节的风，由于紧接冬末，寒水之气尚在，所以其风多挟寒气；春末时候的风，因将临夏季，所以风多挟热气；初夏季节的风，因为前阶段春令时节的木气未尽而炎火之气已逐渐生发，因此其风多带温和之气；到长夏季节，这时候天气炎热，又是湿土当令，月建又属于未，未属木，因此其风多挟着暑气、湿气、木气。若在大雨之后，天气骤然变冷，则挟有寒水之气。如果久晴不下雨则接近于秋季，由于燥是秋令的主气，因此燥气便提前来临了。长夏季节的风可夹杂多种的邪气，所以人若感受了它，便会形成各种不同的病证。初秋季节的风挟有湿气，晚秋时节的风则兼有寒水之气，这是预先告诉人们冬天的气候即将来临。初冬季节的风尚带有秋令的燥气，正冬才是寒水之气为主，隆冬时节又孕育着来春厥阴风木之气，由于阳气已经萌动，那时候的风逐渐自下而上，所以风筝可以放起来了。再从五运六气来推算六十年一转的大运，如遇上甲巳年，则风中多夹湿气，一年中的六气主令期间，又要看所夹临的客气，因此风邪也兼挟有各种客气，不过五运六气没有风是不行的，风居六气的首位，也就是万病的主因，所以说“风为百病之长”。至于它为什么会变化多端呢？这也是可以理解的，如夏天早上的风起自南方，没过多久就会转变为西风，北风或者是东风。在刮南风的时候，天气大多晴暖，如果刮北风或东风，就会下雨而气候也因而变冷了。虽然一年四季的气候早晚都会有不同，但是不像夏天变化那么快，而且易于察觉。夏季为万物生长发育旺盛的时候，由于气候变化频繁，所以使人生病的机会也较多，这正如《阴符经》中所说的“害生于恩也”。四时的风之所以都带有凉气，是因为风属木，而木生于水的缘故。能转化为热是因为木能生火。而且风邪是无孔不入的，如果学医的人确实深入体察了风的性质和作用，那么对六淫致病的道理就可明白大半了。前人多死守桂枝汤，认为它是治风的祖方。后人又把羌活、柴胡、葛根作为治风的要药，实际上都是没有懂得风的性质和作用，及领悟《内经》的精义。桂枝汤在《伤寒论》中所主治的风是兼有寒水之气的风，是治疗风病的变法。如果风不兼寒，则应当遵从《内经》“风淫于内，治以辛凉，佐以苦甘”的法则，这才是治风的正法。为什么说辛凉为常法，而甘温为变法呢？因为风属木，而辛凉为金之气，这就是金能克木的道理。所以当风转化为热时，以辛凉苦甘法治疗就可以化生凉气。

心失肾阴的上承则可引起心火上炎，或导致心肾阴虚。

学医之人不能不尊崇经典，然太过死读经文，不知灵活变通，仍无济于事。

医书亦有经子史集论

【原文】

儒书有经子史集，医书亦有经子史集。《灵枢》，《素问》，《神农本经》，《难经》，《伤寒论》，《金匮玉函经》，为医门之经；而诸家注论、治验、类案、本草、方书等，则医之子、史、集也。经细而子、史、集粗，经纯而子、史集杂，理固然也。学者必不可不尊经，不尊经则学无根柢[①]，或流于异端；然尊经太过，死于句下，则为贤者过之，《孟子》所谓：尽信书，则不如无书也。不肖者不知有经，仲景先师所谓：各承家技，终始顺旧，省疾问病，务在口给，相对斯须，便处汤药，自汉时而已然矣，遑问后世，此道之所以常不明而常不行也。

【注释】

①根柢："柢"（音 dǐ 底）意为树根。全意为根基。

脾失去肾阳的温煦，则可出现五更泄、下利清谷等肾阳虚之症。

【译文】

儒家的书籍有经、子、史、集的区分，医学书籍也同样可以分为经、子、史、集等类。《灵枢》、《素问》、《神农本草经》、《难经》、《伤寒论》、《金匮玉函经》等，都是中医学的经典著作。而各家的注释，论述、治疗验案、药物、方剂，则是医书的子、史、集。从它们的内容来讲，经典的内容细致深奥而子、史、集通俗；经典的内容纯正而子、史、集的内容杂乱，这是当然的道理。学医的人不能不尊崇经典，否则学习就没有基础，还容易误入歧途。然而尊经太过死读经文，不知灵活变通，则仍然无济于事。以前孟子说完全相信书，则不如无书，就是为启发这种读死书的人讲的。何况有些不学无术的人，连什么是经书也不知道。所以先师张仲景说过这样的话：有些医生只知道各自承袭祖传医术，而且始终守旧，不知改进；查问疾病只依靠一些能够取信于病家的话，来敷衍病人，诊察片刻即给予汤药处方。由此可知，早在汉代就有这种不重视经典的现象，更何况后世呢？中医学术得不到应有的发展，与此不能说没有关系。

本书治疗温病的方法，实际是从银翘散开始的。

本论起银翘散论

【原文】

本论第一方用桂枝汤者，以初春余寒之气未消，虽曰风温（系少阳之气），少阳紧承厥阴，厥阴根乎寒水，初起恶寒之症尚多，故仍以桂枝为首，犹时文之领上文来脉也。本论方法之始，实始于银翘散。

【译文】

本书第一首方剂用桂枝汤的道理，是因为初春时候，冬令余寒未尽，虽然病属风温，但初春少阳之气与厥阴相接，而厥阴之气又根于太阳寒水，这种病证，初起时恶寒较重，所以仍然用桂枝汤作为首方来解除太阳寒水之邪，这就好像做文章要承接上文的来龙去脉一样。但是本书治疗温病的方法，实际是从银翘散开始的。

风寒暑湿燥火与四季相配，这是年年不变的正常现象。治病的医生，必须懂得夏天也有寒病，冬天也有温病。第二年的春夏季节，还有上一年的伏暑发生，病症错综复杂，难以列举，全在于临证时辨证准确。本书的凡例里曾讲过：除了伤寒遵循张仲景的治法以外，四时的邪气外感，本篇里面都有详细的叙述，排列得很清楚。后世医生在临证时，如果确实认定为伤寒，不论何时，自然应当根据张仲景的方法治疗，如果真的知道是六气中的何种邪气外感，而不是伤寒证，那就应当在本书中寻找治法。上焦篇中已经详细地对伤寒、温暑进行了鉴别。

【方剂趣记图解】

逍遥散

宋·陈师文

《太平惠民和剂局方》

趣记	逍遥将和户主干服龟药
	逍遥（散）（煨）姜（薄）荷（柴）胡（白）术（炙）甘（草）茯（苓）（当）归（白芍）药

【组成】8味：煨姜5克　薄荷（少许）　柴胡30克　白术30克　炙甘草15克　茯苓30克　当归30克　白芍药30克

【用法】上6味为末每服6克，用煨姜、薄荷稍煎，热汤送服。

【功效】疏肝解郁，养血健脾。

【主治】肝郁血虚证。

现常用本方治疗慢性肝炎、慢性胃炎、胸膜炎、神经衰弱等病属于肝郁血虚，脾失健运者。

【注意】柴胡重用（12～18克），透表解热；轻用（2～4克），并配黄芪，升阳举陷；中等量（6～9克），疏肝解郁。薄荷重用（7～10克）发表解热；轻用（1.5～3克），辛散肝气。故本方中柴胡宜用中等量，薄荷宜用小剂量。

前人过于相信经典，使得人们患了病得不到适当的治疗。

本论粗具规模论

【原文】

本论以前人信经太过（经谓热病者，伤寒之类也；又以《伤寒论》为方法之祖，故前人遂于伤寒法中求温热，中行且犯此病），混六气于一《伤寒论》中，治法悉用辛温，其明者亦自觉不合，而未能自立模范。瑭哀道之不明，人之不得其死，不自揣度而作是书，非与人争名，亦毫无求胜前贤之私心也。至其序论采录处，粗陈大略，未能细详，如暑证中之大顺散、冷香饮子、浆水散之类，俱未收录。一以前人已有，不必屋上架屋，一以卷帙纷繁，作者既苦日力无多，观者反畏繁而不览，是以本论不过粗具三焦六淫之大概规模而已。惟望后之贤者，进而求之，引而伸之，斯愚者之大幸耳。

【译文】

心失去肾阳的温煦，则会出现心悸、脉迟、汗出、肢冷、气短等肾阳虚之症。

本论认为前人过于相信经典（《内经》讲：凡是热病都属于伤寒一类，又因《伤寒论》方剂是一切外感病治法的开端，所以前人就用治伤寒的方法来治疗温病，连方中行也犯这样的错误），将六种不同的外感证与伤寒混杂在一起，因而完全采用辛温的治法治疗这些外感病。虽然有些高明的人也感觉到这种治法不对，但又没有另立一种有效治法为示范。我痛惜中医不能发扬光大，人们患了病得不到适当的治疗，因此不能尽其天年而夭折，故不自量力写了这部书。其目的不是想同别人争名誉，也丝毫没有抱着要比前贤来得高明的私心。在序论采录部分不过是粗陈大概，还不够精细和全面。例如治疗暑证的大顺散，冷香饮子，浆水散等都没有收录。一是因为前人已经有记载，不需要反复唠叨；另外，也恐怕这部书的篇幅过于冗长，我本来担心时间和精力不足，若太繁乱，反而会使读者感到麻烦而不愿看。所以本书不过是介绍了三焦六淫的大概，希望今后有识之士进一步研究发扬光大，这才是我最感幸运的事情。

肾精充盈，髓海得养，则听觉灵敏，分辨力较高。

无论任何季节，都可见寒疫这类证候。

寒疫论

【原文】

世多言寒疫[1]者，究其病状，则憎寒壮热，头痛骨节烦疼，虽发热而不甚渴，时行则里巷之中，病俱相类，若役使者然；非若温病之不甚头痛骨痛而渴甚，故名曰寒疫耳。盖六气寒水司天在泉，或五运寒水太过之岁，或六气中加临之客气为寒水，不论四时，或有是证，其未化热而恶寒之时，则用辛温解肌；既化热之后，如风温证者，则用辛凉清热，无二理也。

【注释】

①寒疫：指时疫中见阴寒症状者。

【译文】

人们通常所说的寒疫，详细考察它的症状，有憎寒壮热，头痛骨节烦疼，虽然发热但口渴不明显，流行时家家户户的病人症状相似，就好像受人役使一样。这种寒疫不像温病那样头痛骨痛不很厉害而口渴严重，因此称为寒疫。说到它发生的原因，主要是由于六气寒水司天或者在泉，或遇到五运寒水太过的年份，或者六气中加临的客气为太阳寒水，无论任何季节都可见这类证候。治疗上在见到恶寒尚未化热的时候，须用辛温解肌的方剂；已经化热以后，好像风温症状的，则用辛凉清热的方剂，这与伤寒、温病的治疗道理是一样的。

伤寒始于太阳，温病始于太阴。

温病起手太阴论

【原文】

四时温病，多似伤寒；伤寒起足太阳，今谓温病起手太阴，何以手太阴亦主外感乎？手太阴之见证，何以大略似足太阳乎？手足有上下之分，阴阳有反正之义，庸可混乎！《素问·平人气象论》曰：藏真高于肺，以行营卫阴阳也。《伤寒论》中，分营分卫，言阴言阳，以外感初起，必由卫而营，由阳而阴。足太阳如人家大门，由外以统内，主营卫阴阳；手太阴为华盖，三才之天，由上以统下，亦由外以包内，亦主营卫阴阳，故大略相同也。大虽同而细终异，异者何？如太阳之窍主出，太阴之窍兼主出入；太阳之窍开于下，太阴之窍开于上之类，学者须于同中求异，异中验同，同异互参，真诠自见。

尿液的排泄虽在膀胱，但须依赖肾的气化才能完成。

【译文】

四时温病多半与伤寒的表现相似，但伤寒是先起于足太阳经，现在所说的温病先起于手太阴经，为什么手太阴经也主外感表证，而且手太阴经的表现又与足太阳经的表现相似呢？手足有上下的区别，阴阳有反正的不同，这是不能混淆的。《素问·平人气象论》说：五脏的真气高居于上部，收藏在肺脏，它能够行营卫而通阴阳。《伤寒论》里分营卫，讲阴阳，是因为外感初起，必定由卫到营，由阳分到阴分。足太阳经就如同门户一样，在外充作内脏的屏障，主一身的营卫阴阳。手太阴肺位置最高，是天、地、人三才中的天，由上统摄下，也能由外而顾护内，也能主司营卫阴阳，因此功能、表现与伤寒大略相同。但大的方面虽然相同，细微的地方仍有区别，究竟不同在哪里呢？如足太阳为膀胱，职司排泄而主出，故开窍于下；手太阴职司宣发肃降，所以主出也主入，如手太阴肺开窍于上等等，因此学医的人应当在同中求异，异中求同，互相比较，相互参考，那么对伤寒始于太阳，温病始于太阴的道理，自然能领悟了。

燥气寒化，是燥气的本病。

燥气论

【原文】

前三焦篇所序之燥气，皆言化热伤津之证，治以辛甘微凉（金必克木，木受克，则子为母复仇，火来胜复矣），未及寒化。盖燥气寒化，乃燥气之正，《素问》谓“阳明所至为清劲”是也。《素问》又谓“燥极而泽”（土为金母，水为金子也），本论多类及于寒湿伏暑门中，如腹痛呕吐之类，经谓“燥淫所胜，民病善呕，心胁痛不能转侧”者是也。治以苦温，《内经》治燥之正法也。前人有六气之中，惟燥不为病之说。盖以燥统于寒（吴氏《素问》注云：寒统燥湿，暑统风火，故云寒暑六入也)，而近于寒，凡是燥病，只以为寒，而不知其为燥也。合六气而观之，余俱主生，独燥主杀，岂不为病者乎！细读《素问》自知。再前三篇原为温病而设，而类及于暑温、湿温，其于伏暑、湿温门中，尤必三致意者，盖以秋日暑湿踞于内，新凉燥气加于外，燥湿兼至，最难界限清楚，稍不确当，其败坏不可胜言。经谓粗工治病，湿证未已，燥证复起，盖谓此也(湿有兼热兼寒，暑有兼风兼燥，燥有寒化热化。先将暑湿燥分开，再将寒热辨明，自有准的)。

【译文】

因见，尿频、遗尿、尿失禁、尿少或尿闭均与肾气化功能失常相关。

在前面三焦篇里所提到的燥气，都是阐述化热伤津的证候，故治以辛甘微凉之品(金能克木，木气受克则其子为母复仇，火气盛以克制金气)，而没有提到燥从寒化的证候。燥气寒化，是燥气的本病，《素问》说："阳明所至为清劲"，说明阳明燥金司天，气候多清肃劲急。《素问》又讲："燥极而泽"(因为土为金之母，水为金之子)说明干燥到极点就有恢复润泽的可能。本书将燥证大都放在寒湿、伏暑类中讨论，如腹痛、呕吐等，即《内经》中所说的燥气偏胜，人们常患呕吐，心胁痛，身体不能转侧的病症，须要用苦温药物来治疗，这是《内经》治疗燥证的正治法。前人有"六气之中，只有燥气不会致病"的说法，是因为燥证包括在寒证中，而燥气与寒气接近，所以凡是见到燥证，就以为是寒证，(吴昆在《素问》的注解里说："寒统摄燥与湿，暑统摄风与火。"所以说寒暑包括了六气。)而不知道是燥证。六气总的来说，只有燥为秋令肃杀之气，怎么会不致病呢？只要仔细研究《素问》就明白了。另外，本书的三焦篇虽然专门讨论温病，但对暑温、湿温也作了介绍，尤其是在伏暑、湿温门中，更是再三说明，这是因为秋天暑湿潜伏于内，凉燥之气感受于外，燥湿夹杂，界限最难分清，在诊断上稍有不当，其后果不堪设想。《内经》说庸医治病，湿证还没有治好，又出现了燥证，就是针对这种情况说的。

自然界万物靠六气推动其生长繁殖，人感受疾病就是由这种变化造成的。

外感总数论

【原文】

天以六气生万物，其错综变化无形之妙用，愚者未易窥测，而人之受病，即从此而来。近人止知六气太过曰六淫之邪，《内经》亦未穷极其变。夫六气伤人，岂界限清楚毫无兼气也哉！以六乘六，盖三十六病也。夫天地大道之数，无不始于一，而成于三，如一三为三，三三如九，九九八十一，而黄钟始备。六气为病，必再以三十六数，乘三十六，得一千二百九十六条，而外感之数始穷。此中犹不兼内伤，若兼内伤，则靡可纪极矣。呜呼！近人凡见外感，主以一柴葛解肌汤，岂不谬哉！

【译文】

自然界的万物靠六气来推动其生长繁殖，这种错综复杂的变化，无穷的奥妙，一般人不容易窥测到，人感受疾病就是由这种变化造成的。现在的人们只知道六气太过为六淫邪气，就是《内经》也没有详尽地阐明它的变化。六气伤人怎么可能各自界限分得那么清楚，没有其它的兼气呢？用六乘六是三十六种病，自然界万物的变化都是从一开始，而成于三，如一三为三，三三为九，九九八十一，成为十二律中的黄钟之数，六气为病，也应该用这种方法来推算。所以以六乘六，就有三十六种，再以三十六乘三十六，就得一千二百九十六种病，这样外感病的变化就详尽了。这其中还没有兼论内伤，如果再加上内伤，那就很难计算了。现在的人啊，只要见到外感病就用柴葛解肌汤，这难道不是错误的吗？

治疗外感病贵在迅速，治疗内伤病应从容不迫，治疗上焦病则应轻剂轻药。

治病法论

【原文】

治外感如将①（兵贵神速，机圆法活，去邪务尽，善后务细，盖早平一日，则人少受一日之害）；治内伤如相②（坐镇从容，神机默运，无功可言，无德可见，而人登寿域）。治上焦如羽（非轻不举）；治中焦如衡③（非平不安）；治下焦如权④（非重不沉）。

【注释】

①如将："将"为主持军事的武官。这里比喻治病犹如用兵，要迅速主动，灵活善战。

②如相："相"即宰相，是封建社会中主持国家政事的大臣。这里比喻治病犹如治国，要从容镇静、洞察一切。

③如衡"衡"即"衡器"，古时把称杆叫做"衡"。这里比喻用药要轻重适中，平衡不倚。

④如权："权"指"秤锤"，以共质重而下沉来比喻选药宜浊厚沉重。

【译文】

治疗外感病如同领兵作战，贵在迅速，机动灵活，祛邪一定要干净彻底，善后的措施要细致，邪气早一天清除，身体即少受一天的伤害。治疗内伤病如同宰相治国，从容不迫的稳守中央，以镇静的态度来观察全局，看起来似乎无功无德，但以此法治疗内伤病，可以使人们身体恢复健康。治疗上焦病要使药物如羽毛一样轻清上浮，如果不是轻剂轻药难以上举达到病所；治疗中焦病例要如同衡器那样的平正，不平则中焦脾胃不安和；治下焦病例要使用重浊味厚犹如秤砣那样沉重的药品，不是重浊的药物则难以下沉达到病位。

医生对于任何一种药物不应有喜用或厌恶的成见，而应以有利病情为准。

吴又可温病禁黄连论

【原文】

唐宋以来，治温热病者，初用辛温发表，见病不为药衰，则恣用苦寒，大队芩、连、知、柏，愈服愈燥，河间且犯此弊。盖苦先入心，其化以燥，燥气化火，反见齿板黑，舌短黑，唇裂黑之象，火极而似水也。吴又可非之诚是，但又不识苦寒化燥之理，以为黄连守而不走，大黄走而不守。夫黄连不可轻用，大黄与黄连同一苦寒药，迅利于黄连百倍，反可轻用哉？余用普济消毒饮于温病初起，必去芩、连，畏其入里而犯中下焦也。于应用芩、连方内，必大队甘寒以监之，但令清热化阴，不令化燥。如阳亢不寐，火腑不通等证，于酒客便溏频数者，则重用之。湿温门则不惟不忌芩连，仍重赖之，盖欲其化燥也。语云："药用当而通神"，医者之于药，何好何恶，惟当之是求。

【译文】

从唐、宋以来，治疗温病的医生，初起都是用辛温的药物来发汗，看到病势没有好转，就无所顾忌地大量使用黄芩、黄连、知母、黄柏等苦寒类药物，愈服愈燥，刘河间也犯过这种错误。要知道苦味先入心，能化燥，燥又能化火，所以反而出现齿黑、舌短缩而苔焦黑，唇黑干裂等火极似水的症状。吴又可批驳温病禁用黄连是很对的，但他仍没有明白苦寒化燥的道理，只强调黄连守而不走，大黄走而不守，故此认为黄连不可随便使用，但大黄和黄连都是苦寒药物，而且大黄的苦寒通利，更甚于黄连百倍，难道不能用黄连反而可以轻易使用大黄？我用普济消毒饮治疗温病初起时，必定除去黄芩、黄连，恐怕它们引邪入里而侵犯中下焦。在需要用黄芩、黄连的方剂里，必定佐用大量的甘寒药物，来制约其化燥的偏性，只需要它们发挥清热救阴的作用，不使它们化燥。不过在阳热亢盛导致失寐及火腑不通等证中，或长期嗜酒之人大便溏而次数多的，也可以重用苦寒药物。治疗湿温病不但不忌芩连，还要依赖它的苦能化燥的特性。俗话说：药物应用适当就会产生神奇的效果。医生对于任何一种药物，不应该有喜用或厌恶的成见，只应以有利于病情为标准。

治疗温热气复证具有肿胀的可用复脉汤，重用甘草，肿胀自然可以消除。

风温、温热气复论

【原文】

仲景谓腰以上肿当发汗，腰以下肿当利小便，盖指湿家风水、皮水之肿而言。又谓无水虚肿，当发其汗，盖指阳气闭结而阴不虚者言也。若温热大伤阴气之后，由阴精损及阳气，愈后阳气暴复，阴尚亏歉之至，岂可发汗利小便哉！吴又可于气复条下，谓血乃气之依归，气先血而生，无所依归，故暂浮肿，但静养节饮食自愈。余见世人每遇浮肿，便与淡渗利小便方法，岂不畏津液消亡而成三消证，快利津液为肺痈肺痿证，与阴虚、咳嗽身热之劳损证哉！余治是证，悉用复脉汤，重加甘草，只补其未足之阴，以配其已复之阳，而肿自消。千治千得，无少差谬，敢以告后之治温热气复者，暑温、湿温不在此例。

【译文】

张仲景说：腰以上肿胀的应当用发汗法，腰以下肿胀的应当利小便，这是指素有湿邪的人患了风水、皮水所致的水肿而言。又说：没有水湿的虚肿，可以用发汗法治疗，这是指阳气闭结而阴不虚的病症而言。如果温热病严重损伤阴气，而进一步损伤了阳气，治疗后阳气虽然恢复但阴液极虚，难道可以用发汗利小便的方法治疗吗？吴又可在气复条下说：血是阳气依附的物质，病后阳气恢复较快而阴血恢复较慢，这时阳气缺乏可依附的物质，故出现浮肿，所以只须安静调养，控制饮食，就可逐步痊愈。我看到许多医生每遇上浮肿就用淡渗、利小便的方法，怎么不担心津液消耗过度而成为消渴证，以及重伤津液而为肺痈、肺痿和阴虚咳嗽、阴虚内热等虚劳证呢？我治疗这类肿胀都用复脉汤，重用甘草，只补充不足的阴液，配合已经复原的阳气，那么肿胀自然可以消除。我治疗许多患者都很有效果，没有任何副作用，所以敢于告诉今后治疗温热气复证且有肿胀表现的医生，但暑温、湿温病所引起的肿胀，不能运用这种治疗方法。

善于治血的人不治有形之血，而治无形之气。

治血论

【原文】

人之血，即天地之水也，在卦为坎（坎为血卦）。治水者不求之水之所以治，而但曰治水，吾未见其能治也。盖善治水者，不治水而治气。坎之上下两阴爻，水也；坎之中阳，气也，其原分自乾之中阳。乾之上下两阳，臣与民也；乾之中阳，在上为君，在下为师；天下有君师各行其道于天下，而彝伦不叙者乎？天下有彝伦攸叙。而水不治者乎？此《洪范》所以归本皇极，而与《禹贡》相为表里者也。故善治血者，不求之有形之血，而求之无形之气。盖阳能统阴，阴不能统阳；气能生血，血不能生气。至于治之之法，上焦之血，责之肺气，或心气；中焦之血，责之胃气，或脾气；下焦之血，责之肝气、肾气、八脉之气。治水与血之法，间亦有用通者，开支河也；有用塞者，崇堤防也。然皆已病之后，不得不与治其末；而非未病之先，专治其本之道也。

【译文】

人体的血液就如同天地之间的水，在卦象上表现为坎（☵），坎代表血卦。如果治水的人不明白水液流通的原理，而只知道见水治水，我没有见过这样能成功的。善于治水的人，不治水而治气。坎的上下是两个阴爻，代表水；坎的中间是阳爻，代表阳气，它的根源是乾卦（☰）的中阳分派出来的，乾卦的上下两个阳卦，代表臣与民；乾的中阳在上代表君王，在下代表师长；君王、师长在天下各行其道，那么纲常伦理有次第；天下有了规矩，难道水还不能治吗？所以善于治血的人不治有形之血，而治无形之气，因为阳能统阴，而阴血不能统摄阳气。气能生血，而血不能生气。至于治血的方法，在上焦的，要着眼于肺气和心气；在中焦的，要着眼于胃气或脾气；在下焦的，要着眼于肝气、肾气和奇经八脉之气。在治水和治血的方法中，偶尔也有采用疏通瘀滞方法的，就是开支河的方法；有用塞法的，如同巩固堤防，以防止水泄。但这些治法都是在已病之后，不得不暂治其标的权宜之计，而不是未病之前治根本的方法。

人体的孔窍都是为了运行阳气，其中的奥妙无非是相互生成。

九窍论

【原文】

人身九窍，上窍七，下窍二，上窍为阳，下窍为阴，尽人而知之也。其中阴阳奇偶生成之妙谛，《内经》未言，兹特补而论之。阳窍反用偶，阴窍反用奇。上窍统为阳，耳目视听，其气清为阳；鼻嗅口食，其气浊则阴也。耳听无形之声，为上窍阳中之至阳，中虚而形纵，两开相离甚远。目视有形之色，为上窍阳中之阴，中实而横，两开相离较近。鼻嗅无形之气，为上窍阴中之阳，虚而形纵，虽亦两窍，外则仍统于一。口食有形之五味，为上窍阴中之阴，中又虚又实，有出有纳，而形横，外虽一窍，而中仍二。合上窍观之，阳者偏，阴者正，土居中位也；阳者纵，阴者横，纵走气，而横走血，血阴而气阳也。虽曰七窍，实则八也。阳窍外阳（七数）而内阴（八数），外奇而内偶，阳生于七，成于八也。生数，阳也；成数，阴也。阳窍用成数，七、八成数也。下窍能生化之前阴，阴中之阳也；外虽一窍而内实二，阳窍用偶也。后阴但主出浊，为阴中之至阴，内外皆一而已，阴窍用奇也。合下窍观之，虽曰二窍，暗则三也。阴窍外阴（二数）而内阳（三数），外偶而内奇；阴窍用生数，二、三生数也。上窍明七，阳也；暗八，阴也。下窍明二，阴也；暗三，阳也。合上下窍而论之，明九，暗十一，十一者，一也；九为老，一为少，老成而少生也。九为阳数之终，一为阳数之始，始终上下，一阳气之循环也。开窍者，运阳气也。妙谛无穷，一互字而已。但互中之互，最为难识，余尝叹曰：修身者，是字难；格致者，互字难。

【译文】

人身有九个孔窍，上窍七个，下窍二个，上窍属阳，下窍属阴，这是人们都知道的。其中阴阳奇偶相互形成的奥妙，《内经》中也没有提到，现在特地加以补充论述。阳窍的数目反而是偶数，阴窍的数目反为奇数。上窍都属阳，耳目主管视听，接触的是清气；鼻主管嗅觉，口司饮食，都是浊气属阴，所以就上窍来说，耳听无形之声为阳中之至阳，其形状为垂直而中间空虚，两耳相距最远。目视有形的颜色，所以为上窍的阳中之阴；其形状为外表横列而中间充实，两目相距最近。鼻嗅无形之气，为上窍的阴中之阳，其外形垂直而中空，虽然是两个鼻孔，但外为一致的。口进食有形的五味，为上窍中的阴中之阴，其外形横列而中间有虚有实，它具有能出能纳的作用，因为口为脾之窍，而舌为心之窍，所以外形虽然是一窍，但实际上是两窍。上窍总的来说，阳窍偏于两旁，而阴窍在正中；阳窍垂直，阴窍横列。直的走气分，横的走血分，血属阴而气属阳。虽然列形是七窍，实际上是八窍。所以阳窍外表看起来为七个，属阳，为奇数，实际上为八窍，属阴为偶数，这是因为阳生于七而成于八，总的来说七与八都是成数。再看下窍前阴具有生化作用，所以为阴中之阳；其外形看起来虽然是一个窍，而实际分为精、尿两窍，所以为下窍中的阳窍，用偶数。后阴主要用于排除秽浊，为阴中之至阴，从内到外只有一个窍，为奇数，因此下窍虽是二窍，实际上是三窍。所以阴窍外形为二，是偶数，实际上是三窍，为奇数。就上下窍来说，外观为九窍，实际为十一窍。十一去十为一，九为老数，一为少数，万物生于少而成于老，九为阳数的终结，一为阳数的开始，从始至终，自上到下，都在于阳气的循环。人体的孔窍都是为了运行阳气，其中的奥妙无非是相互生成，但阴中有阳、阳中有阴最难识别。我曾经慨叹说修身养性的人，难在明辨是非；研究事物规律的人，难在把握事物间的相互关系。

【方剂趣记图解】.

半夏泻心汤

汉·张仲景《伤寒论》

趣记	伴侠写信	亲人早降下草帘
	半夏泻心(汤)	芩(黄) 人(参) 枣(大) 姜(干) 夏(半) 草(炙草) 连(黄)

【组成】 7 味：黄芩 9 克　人参 9 克　大枣 4 枚　干姜 9 克　半夏 12 克　炙甘草 9 克　黄连 3 克

【用法】 水煎服。

【功效】 和胃降逆，开结除痞。

【主治】 脾胃不和。

本方主要用于胃肠疾患，如急性或慢性胃炎、胃溃汤、十二指肠溃疡、肠炎、小儿中毒性消化不良等见有上述症候者。

【注意】本方辛开苦降，兼补中气，只宜于虚痞，不宜用于实痞。

【本节表解】

内容	具体时节	风之特征
四时风之特征	春初	夹寒水之母气
	春末	带火热之子气
	夏初	木气未尽，而炎火渐生
	长夏	挟暑气、湿气、木气
	初秋	挟湿气
	季秋	兼寒水之气
	初冬	兼燥金之气
	季冬	报来春风木之气

内容	部位	治血原则
治血论	上焦	着眼于肺气和心气
	中焦	着眼于胃气或脾气
	下焦	着眼于肝气、肾气和奇经八脉之气

【名医医案】

徐某，头面浮肿已将二十天。头为诸阳之首，风邪外袭，首当其冲。肿则为水为湿，痛则为风，风水凝结，则痛而且胀，以致邪不外解，窜入少阳之经，遂使口苦，咽干而哽痛，胸胁痞闷。舌苔薄腻，脉来沉弦滑。当以辛凉宣散以去头面之风，和解枢机以泄肝胆之郁火。

【处方】薄荷叶3克（后下），荆芥4.5克，桑叶3克，蝉衣、软柴胡各4.5克，银花9克，连翘壳12克，板蓝根12克，象贝粉（包）、炙天虫各9克，甘中黄3克（包），蔓荆子9克。

二诊：迭进辛凉宣化、清热泻肝之剂。头面浮肿渐消，咽喉哽痛亦瘥。舌苔薄白，脉来沉滑。再拟原法续进。

【处方】荆芥4.5克，薄荷叶4.5克（后下），银花9克，蝉衣3克，连翘壳9克，桑叶9克，板蓝根15克，炙天虫12克，蔓荆子9克，象贝粉9克（包），甘中黄4.5克。

黄某，男，60岁，咯血络续不断，延近五月，呻吟床间，服药百剂未见效果。现今咳嗽不已，咯血不止。舌红赤而呈龟裂之状，脉寸弱关弦尺洪。此系肝火炽盛，消铄肺金，其标在肺，其本在肾。今非滋下竭之肾水，何以制其亢炎之势；非平肝泻火，肺金焉得清宁。治以滋阴清肺、凉肝泻火法。

【处方】小生地15克，黑玄参9克，大麦冬6克，决明子18克，枯条芩6克，炒竹茹6

克，侧柏叶9克，怀牛膝6克，茅芦根各30克（去心节）。

服上药数剂即告痊愈，续以滋养肺肾之剂以善其后。

【歌诀】

中风总括

风从外中伤肢体，痰火内发病心官，
体伤不仁与不用，心病神昏不语言，
当分中络经腑脏，更审虚实寒热痰。
脱证撒手为脾绝，开口眼合是心肝，
遗尿肾绝鼾声肺，闭证握固紧牙关，
初以通关先取嚏，痰壅不下吐为先。

中风死候

寸口脉平卒中死，生气独绝暴脱之，
五脏几息呼吸泯，譬如堕溺岂能期。
脉来一息七八至，不大不小尚能医，
大小浮昼沉夜死，脉绝不至死何疑，
脱证并见皆死候，摇头上窜气长嘘，
喘汗如油痰拽锯，肉脱筋痛发枯直。

痹病总括

三痹之因风寒湿，五痹筋骨脉肌皮，
风胜行痹寒痹痛，湿胜着痹重难支。
皮麻肌木脉色变，筋挛骨重遇邪时，
复感于邪入脏腑，周同脉痹不相移。

医生用没有弄清性能的药物来治疗没有诊断清楚的疾病，哪有不治死人的道理呢？

第五卷　解产难

母亲生孕孩子产生危难，主要是人为造成的。

【读经先知】“解产难”原意是用医术解除妇女胎产时的危难。作者针对世俗对妇女胎产疾病缺乏认识的现象，专门讨论保胎的方法、产后调理及产后三大证的诊治、并对产后用药等问题作了较广泛的论述。

解产难题词

【原文】

天地化生万物，人为至贵，四海之大，林林总总，孰非母产。然则母之产子也，得天地、四时、日月、水火自然之气化，而亦有难云乎哉？曰：人为之也。产后偶有疾病，不能不有赖于医。无如医者不识病，亦不识药；而又相沿故习，伪立病名；或有成法可守者而不守，或无成法可守者，而妄生议论；或固执古人一偏之论，而不知所变通；种种遗患，不可以更仆数。夫以不识之药，处于不识之病，有不死之理乎？其死也，病家不知其所以然，死者更不知其所以然，而医者亦复不知其所以然，呜呼冤哉！瑭目击神伤，作《解产难》。

【译文】

在自然界的万物中，人是最宝贵的。如此庞大的世界，生活着成千上万的人，这些人没有哪一个不是由母亲生育的。母亲生孕孩子，遵循四时气候的变化，顺应天地的变迁，日月的运行，水火生化等自然规律，为什么还会有危难呢？这主要是人为造成的。妇女生产后，偶尔感染上疾病，不得不依赖医生的治疗。假如有些医生不了解致病的原因和病机的变化，也不懂药物的性能，仅凭旧的方法和狭隘的经验捏造病名，随意治疗；有些医生对本来有效的治法却不采用，对无法可依的却妄加评论；有些医生拘泥古人的片面见解，不能灵活变通；象这样的医生给病人留下的种种祸患，不可一一列举。医生用没有弄清性能的药物来治疗没有诊断清楚的疾病，哪有不治死人的道理呢？产妇死了，她的家属不知道致死的原因，死者更不明白自己为何死亡，而治病的医生也弄不清楚其死因何在，这些人死得真是冤枉啊！我目睹这一系列情景，心中深感悲伤，于是就编写了《解产难》。

前人对产后疾病的论述很少没有偏见，因而因陋就简的风气盛行。

产后总论

【原文】

产后治法，前人颇多，非如温病混入《伤寒论》中，毫无尺度者也。奈前人亦不无间有偏见，且散见于诸书之中，今人读书不能搜求拣择，以致因陋就简，相习成风。兹特指出路头，学者随其所指而进步焉，当不歧于路矣。本论不及备录，古法之阙略者补之，偏胜者论之，流俗之坏乱者正之，治验之可法者表之。

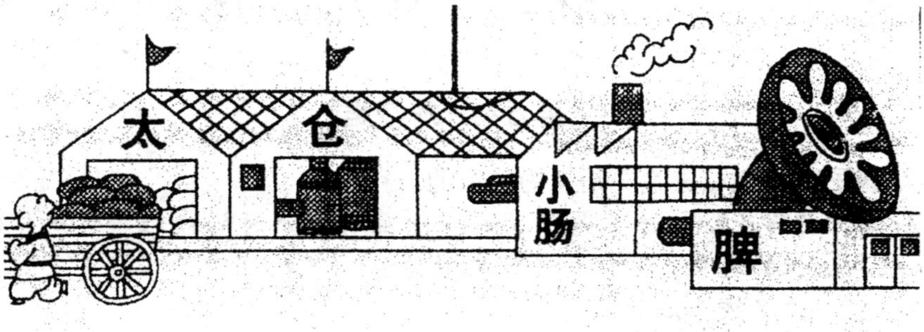

饮食入口，经过食管，容纳于胃，故称胃为“太仓”、“水谷之海”。容纳于胃中的水谷，经过胃的腐熟后，下传于小肠，其精微经脾之运化，而营养全身。

【译文】

关于妇女产后疾病的治疗方法，前代医家论述很多，它不像温病那样混杂在《伤寒论》之中，毫无明显的界限和标准。遗憾的是前人对产后疾病的论述很少没有偏见，就是这些有偏见的论述也是分散记载在各种医书之中，现在的人很难全面的读到，更无法进行选择，于是因陋就简的风气盛行。鉴于以上情况，我特地指出治疗产后疾病的途径，让学医的人能按照我指明的方向少走弯路，取得较好的效果。本书不能对所有产后疾病进行全面系统的论述，仅仅只能对古人治法中有缺漏的地方进行补充，对持有偏见的论点进行讨论，对那些低劣庸俗之处给予修改，并介绍一些行之有效的验方，供后人借鉴。

产后尽管有气血亏虚，然表现为实证的，仍应当治疗实证。

产后三大证论一

【原文】

产后惊风[①]之说，由来已久，方中行先生驳之最详，兹不复议。《金匮》谓新产妇人有三病：一者病痉，二者病郁冒[②]，三者大便难。新产血虚，多汗出，喜中风，故令人病痉；亡血复汗，故令郁冒；亡津液胃燥，故大便难。产妇郁冒，其脉微弱，呕不能食，大便反坚，但头汗出，所以然者，血虚而厥，厥而必冒，冒家欲解，必大汗出，以血虚下厥，孤阳上出，故头汗出。所以产妇喜汗出者，亡阴血虚，阳气独盛，故当汗出，阴阳乃复。大便坚，呕不能食，小柴胡汤主之。病解能食，七、八日复发热者，此为胃实，大承气汤主之。按：此论乃产后大势之全体也，而方则为汗出中风一偏之证而设。故沈目南谓仲景本意，发明产后气血虽虚，然有实证，即当治实，不可顾虑其虚，反致病剧也。

【注释】

①产后惊风：即“产后发痉”，是产后急症之一。主要症状有突然项背强直，四肢抽搐，甚则口噤不开，角弓反张，多因生产之时感受风邪所致。

②郁冒：由于产后失血过多，汗出亦多，气血两虚，寒邪乘虚而入，郁闭于内，不能外散，逆而上冲，致眩晕昏冒，而为郁冒。

【译文】

产后容易患惊风的说法，很早就有了，方中行医生曾经对这种观点批驳得十分详尽，在此就不再讨论了。《金匮要略》认为刚生小孩的妇女容易患三种产后病：第一种是产后痉证；第二种是产后郁冒；第三种是产后大便难。新产妇由于产后失血，导致气血亏虚，表虚不仅汗出较多，而且容易感受风邪，风邪入内，筋脉又失于濡养，往往使筋脉拘急发为痉证；产后失血、又汗出，阴血亏于下，孤阳浮于上而发产后郁冒证；又因产后亡血耗津、胃肠中的津液亦伤，肠道失于濡润传导不利，导致产后大便难。产妇患郁冒证，临床表现为脉象微弱，头晕目眩，呕吐不能进食，大便硬结，但头上汗出。出现这些临床症候的原因是产后血虚不能滋养心血，神明不守而发为晕厥，晕厥就必然会形成郁冒。要治好郁冒证，一定

心与脾：心主血，脾统血，脾又为气血生化之源，故心与脾关系至密。脾的运化功能正常，则化生血液的功能旺盛。血液充盈，则心有所主。

要让患者全身出汗，因为产妇失血以后，阴血亏于下，孤阳上浮，阳热蒸腾，所以只头部出汗。产妇爱出汗是因阴津亏耗，血液虚少，阳气独盛，只有全身汗出，过盛的阳气才会减弱，阴阳才能协调。如果大便硬结，呕吐不能进食，宜用小柴胡汤治疗。病情缓解以后，能够进食，但过了七、八天又发热的，这属于阳明腑实证，宜选用大承气汤治疗。这里仅对产后病作了大概的论述，所列举的二个方剂，则是为产后汗出，感受风邪后的病证而设立的。所以沈目南说张仲景的本来意思是想阐明产后尽管有气血亏虚，然而却又表现为实证，在治疗时，仍然应当治疗实证，不能因为顾忌产后多虚，不敢用攻下，反而使病情加重。

妇人产后因脏腑本身发生病变可选用三甲复脉汤、大小定风珠和专翕大生膏治疗。

产后三大证论二

【原文】

按产后亦有不因中风，而本脏自病郁冒、痉厥、大便难三大证者。盖血虚则厥，阳孤则冒，液短则大便难。冒者汗者，脉多洪大而芤；痉者厥者，脉则弦数，叶氏谓之肝风内动，余每用三甲复脉、大小定风珠及专翕大生膏而愈（方法论注悉载下焦篇），浅深次第，临时斟酌。

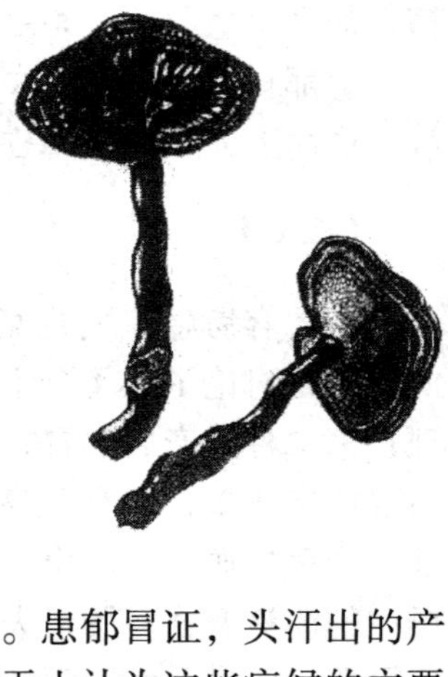

【译文】

妇人产后也有不因感受外风，是因脏腑本身发生病变出现郁冒、痉证、大便难三大证的。一般来说，由于血虚、筋脉失养，也可以导致筋脉拘急，四肢抽搐；阴亏于下，孤阳上浮也会出现头昏目眩；津血亏虚，胃肠干枯，肠道失润，也有大便难解。患郁冒证，头汗出的产妇，脉象大多洪大而芤；患痉证而头晕目眩的产妇，脉象弦数，叶天士认为这些症候的主要病机是阴血亏虚，肝风内动。我常常选用三甲复脉汤、大小定风珠和专翕大生膏治疗以上产后病症而获效。（药物的组成和服法都记载在下焦篇）对于以上方药的使用，应根据产妇阴血亏虚的较重，病邪的浅深，随症加减，灵活掌握。

我制定的七个方子用于临床，疗效显著。

产后三大证论三

【原文】

《心典》云："血虚汗出，筋脉失养，风入而益其劲，此筋病也；亡阴血虚，阳气遂厥，而寒复郁之，则头眩目瞀，此神病也；胃藏津液而灌溉诸阳，亡津液胃燥，则大肠失其润而大便难，此液病也。三者不同，其为亡血伤津则一，故皆为产后所有之病。"即此推之，凡产后血虚诸证，可心领而神会矣。按：以上三大证，皆可用三甲复脉、大小定风珠、专翕膏主之。盖此六方，皆能润筋，皆能守神，皆能增液故也，但有浅深次第之不同耳。产后无他病，但大便难者，可与增液汤（方注并见中焦篇温热门）。以上七方，产后血虚液短，虽微有外感，或外感已去大半，邪少虚多者，便可选用，不必俟外感尽净而后用之也。再产后误用风药，误用辛温刚燥，致令津液受伤者，并可以前七方斟酌救之。余制此七方，实从《金匮》原文体会而来，用之无不应手而效，故敢以告来者。

【译文】

《金匮心典》记载说：产后血虚，汗液外出，筋脉失于濡养，外风乘虚而入，则加重了筋脉拘挛，这属于筋脉的病变；产后失血又有汗出，阴血亏损于下，阳气浮越于上，又被寒邪郁闭，发为头晕目眩，这属于神志的病变；胃腑能贮藏津液并灌溉三阳经脉，如果产后津液耗伤，致胃肠枯燥，那么大肠失于濡润则大便难解，这属于津液的病变。以上三种情况，临床表现虽各不相同，但都是由于产后亡血伤津，所以都是产后形成的病症。以此类推，对于产后血虚所致病症的治疗，也就心领神会了。上面介绍的三大证，都可选用三甲复脉汤、大小定风珠、专翕膏治疗。这六首方剂，都具有濡润筋脉、宁心安神，增液润燥的作用。只因为病情有轻重，病位有浅深，在运用这六个方子的时候，要注意先后秩序，这又是不同的地方。如果产后不兼夹其它病症，仅仅只有大便难出，就可选用增液汤（药物组成，注释见中焦篇温热门）。以上七个方子，均可用于产后血虚津亏，即使稍感外邪，或者感受的外邪已基本解除的邪少虚多证，也可选用这类方子，不需要等待外邪祛净以后再用。另外，产妇如误用了祛风及辛温刚燥的药，致使津液受伤的，也可用前面介绍的七个方子加减治疗。我制定的这七个方子，实际上是在学习《金匮要略》后体会出来的，将它们用于临床，得心应手，用它们治疗产后疾病，疗效显著，所以才大胆地提出来供后来学医的人参考应用。

恶露不下，败血冲心的，十个病人难以救活一个。

产后瘀血论

【原文】

张石顽云：“产后元气亏损，恶露[①]乘虚上攻，眼花头眩，或心下满闷，神昏口噤，或痰涎壅盛者，急用热童便主之。或血下多而晕，或神昏烦乱，芎归汤加人参、泽兰、童便，兼补而散之（此条极须斟酌，血下多而晕，血虚可知，岂有再用芎、归、泽兰辛窜走血中气分之品，以益其虚哉！其方全赖人参固之，然人参在今日，值重难办，方既不善，人参又不易得，莫若用三甲复脉、大小定风珠之为愈也，明者悟之）。又败血上冲有三：或歌舞谈笑，或怒骂坐卧，甚则逾墙上屋，此败血冲心多死，用花蕊石散，或琥珀黑龙丹，如虽闷乱，不至颠狂者，失笑散加郁金；若饱闷呕恶腹满胀痛者，此败血冲胃，五积散或平胃加姜、桂，不应，送来复丹，呕逆腹胀，血化为水者，《金匮》下瘀血汤；若面赤呕逆欲死，或喘急者，此败血冲肺，人参、苏木，甚则加芒硝荡涤之。大抵冲心者，十难救一，冲胃者五死五生，冲肺者十全一、二。又产后口鼻起黑色而鼻衄者，是胃气虚败而血滞也，急用人参、苏木，稍迟不救。”愚按：产后原有瘀血上冲等证，张氏论之详矣。产后瘀血实证，必有腹痛拒按情形，如果痛处拒按，轻者用生化汤，重者用回生丹最妙。盖回生丹以醋煮大黄，约入病所而不伤他脏，内多飞走有情食血之虫，又有人参护正，何瘀不破，何正能伤。近见产妇腹痛，医者并不问拒按喜按，一概以生化汤从事，甚至病家亦不延医，每至产后，必服生化汤十数帖，成阴虚劳病，可胜悼哉！余见古本《达生篇》中，生化汤方下注云：专治产后瘀血腹痛、儿枕痛[②]，能化瘀生新也。方与病对，确有所据。近日刻本，直云：“治产后诸病”，甚至有注“产下即服者”，不通已极，可恶可恨。再《达生篇》一书，大要教人静镇，待造化之自然，妙不可言，而所用方药，则未可尽信。如达生汤下，“怀孕九月后服，多服尤妙”，所谓天下本无事，庸人自扰之矣。岂有不问孕妇之身体脉象，一概投药之理乎？假如沉涩之脉，服达生汤则可，若流利洪滑之脉，血中之气本旺，血分温暖，何可再用辛走气乎？致产后下血过多而成痉厥矣。如此等不通之语，辨之不胜其辨，可为长太息也！

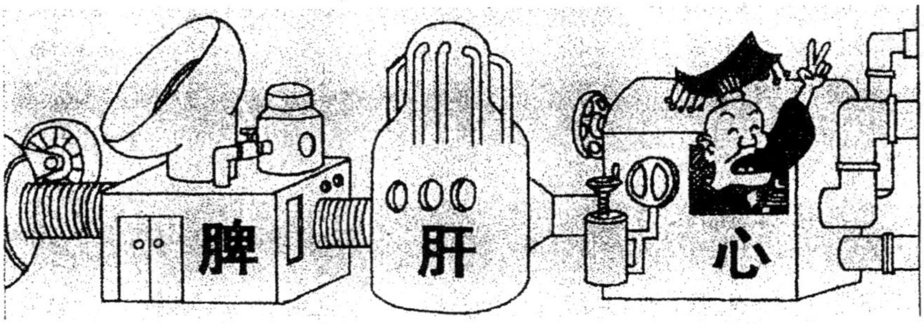

心与肝。心主血，肝藏血。人体的血液，生化于脾，贮藏于肝，通过心以运行全身。心之行血功能正常，则血行正常，肝有所藏；若肝不藏血，则心无所主，血液的运行也会失常。

【注释】

①恶露：指产妇分娩后，胞宫内遗留的余血和浊液。

②儿枕痛：又称儿枕，为产后因瘀血引起的下腹疼痛。

【译文】

张石顽认为：新产以后，元气亏虚，恶露不下，乘虚上攻，出现头晕，视物昏花，有的胃脘作胀，胸部满闷，神志昏迷，牙关紧闭，有的痰涎很多，阻塞气道，应迅速取热童便治疗。如果产妇因出血量多，症见头晕，或者神志昏糊，烦躁不安，用芎归汤加人参、泽兰、童便治疗，这属益气活血法。（注：这条要仔细斟酌，如因产后出血量多才出现头晕，患者血虚是无疑的，这时再用川芎、当归、泽兰等辛窜走血中气分的药，岂不是更加重了血虚证吗？方中主要用人参起益气固脱的作用，但人参价格昂贵，一般的人难以承受，用该方治疗本证既不妥善，而且人参也不容易得到，还不如选用三甲复脉、大小定风珠等来治疗这些产后病，聪明的人都能领悟其中的道理。）张氏又认为产后败血上冲，临床表现有三种情况：其一是病人手舞足蹈、说笑无常；其二是病人坐卧不宁，怒骂不止；其三是病人躁狂反常，能越墙上屋，这些都是恶露不下、败血冲心，有可能导致死亡，宜选用花蕊石散或者琥珀黑龙丹治疗。假若仅仅只有心烦、胸闷，而无神志错乱，还未发作癫狂，只须失笑散加郁金就可以了。假若出现脘中饱胀、恶心呕吐、腹部胀满、疼痛，这是恶露不下，败血上冲犯胃，宜用五积散或者用平胃散加生姜、桂枝治疗，如果无效，加服来复丹。若呕吐呃逆腹胀，这属于瘀血化为痰饮，用《金匮》下瘀血汤治疗。假若表现为面红、呕吐、呃逆欲死，或者呼吸急促、喘息不止，这属于恶露不下，败血冲肺，宜用人参、苏木等药物；病情重的，加用芒硝来通下瘀滞。一般来说，恶露不下，败血冲心的，十个病人难以救活一个。败血冲胃的，十个人之中可救活一半；败血冲肺的，十个人之中难救活一、二个。另外，产后口鼻呈黑色，并且伴鼻衄的，这是胃气虚败而瘀血停滞的表现，急用人参、苏木救治，稍有延缓就无法治愈了。以上可以看出，张氏对于产后恶露不下，败血上冲的症候，论述得十分详尽。产后瘀血属实证，一定有腹痛拒按的表现。如果腹痛拒按，瘀血较轻的，可选用生化汤治疗，对于瘀血停滞较重的，用回生丹最为恰当。因为回生丹中的大黄是用醋制过的，能直达病变的部位，且不损伤其它的脏腑。在回生丹中，包含有能飞会走食血的虫类药物，并配有人参固护人体正气，因此，这个方子既可破瘀血，又不损伤人体正气。最近，我遇见一些医生诊治产后腹痛，并不询问腹痛是拒按还是喜按，一律都用生化汤来治疗。更严重的是，产妇的家属，不请医生，自作主张要产妇在生产之后服生化汤十多副，这样致使产后阴虚之体更虚，最后形成虚劳病，真让人痛心啊！我翻阅古本《达生篇》，其中生化汤方下注释说：该方专治产后瘀血腹痛、儿枕痛，其功能主要是祛瘀生新。这应该是临床使用生化汤的根据。但是近日版本却说生化汤能治疗产后各种疾病，甚至有人注释说，产后应立即服用生化汤，这简直对生化汤适应症一无所知达到了极点，实在是让人厌恶和气愤。再说《达生篇》这本书，提出的主要观点是要产妇心平气和，安静休养，临产时若没有其它变化，就顺其自然，这种观点的确妙不可言。然而该书在用药方面则不能全信，例如在达生汤的注释中说：怀孕九个月后要服达生汤，多服其疗效尤佳。这种提法真可谓：天下本来平安无事，庸人忧天倒惹来了许多烦扰。对孕妇怎么能不询问病情和身体状况，不诊察脉象，就一概投用达生汤呢？如果孕妇的脉象沉涩，属瘀血停滞的服达生汤还可以；假若孕妇的脉象流利洪滑，属气血旺盛血分有热，此时怎么能再用辛散走窜药呢？假如用了这类药，就一定会导致产后出血过多形成产后痉病。像这一类脉证与方药不符的地方，本书多得分辨不清，实在让人叹息不止。

【方剂趣记图解】

仙方活命饮

宋·陈自明《校注妇人良方》

趣记

仙方活命药　相当金凤草

末臣就备花假制造

赤芍　乳　防甘
仙方活命药　香当金风草
（饮）　归银花

穿山白
没陈酒贝花甲芷皂
药皮　母粉　角刺

【组成】 14 味：赤芍药 6 克　乳香 6 克　当归尾 6 克　金银花 15 克　防风 6 克　甘草 6 克　没药 6 克　陈皮 9 克　酒 1 杯　贝母 6 克　花粉 15 克　穿山甲 6 克　白芷 6 克　皂角刺 6 克

【用法】 加酒 1 杯，水煎服。

【功效】 清热解毒，和营消肿，活血止痛。

【主治】 疮疡肿毒初起，热毒壅遏，营卫阻滞，红、肿、热、痛属阳证者。用于一般化脓性炎症。脓未成者服之消散，脓已成者服之促使外溃。除内服外，药渣捣烂可外敷。

【注意】 疮痈溃后，不可再服。阴证忌用此方。

对产后实证的治疗，最好的方法就是要做到“手挥目送”。

产后宜补宜泻论

【原文】

朱丹溪云：“产后当大补气血，即有杂病，从末治之；一切病多是血虚，皆不可发表。”张景岳云：“产后既有表邪，不得不解；既有火邪，不得不清；既有内伤停滞，不得不开通消导；不可偏执。如产后外感风寒，头痛身热，便实中满，脉紧数洪大有力，此表邪实病也。又火盛者，必热渴躁烦，或便结腹胀，口鼻舌焦黑，酷喜冷饮，眼眵[①]尿痛，溺赤，脉洪滑，此内热实病也。又或因产过食，致停蓄不散，此内伤实病也。又或郁怒动肝，胸胁胀痛，大便不利，脉弦滑，此气逆实病也。又或恶露未尽，瘀血上冲，心腹胀满，疼痛拒按，大便难，小便利，此血逆实证也。遇此等实证，若用大补，是养虎为患，误矣。”愚按：二子之说，各有见地，不可偏废，亦不可偏听。如丹溪谓产后不可发表，仲景先师原有亡血禁汗之条，盖汗之则痉也。产后气血诚虚，不可不补，然杂证一概置之不问，则亦不可；张氏驳之，诚是。但治产后之实证，自有妙法，妙法为何？手挥目送是也。手下所治系实证，目中心中意中注定是产后。识证真，对病确，一击而罢；治上不犯中，治中不犯下，目中清楚，指下清楚，笔下再清楚，治产后之能事毕矣。如外感自上焦而来，固云治上不犯中，然药反不可过轻，须用多备少服法，中病即已，外感已即复其虚，所谓无粮之兵，贵在速战；若畏产后虚怯，用药过轻，延至三、四日后，反不能胜药矣。余治产后温暑，每用此法。如腹痛拒按则化瘀，喜按即补络，快如转丸，总要医者平日用功参悟古书，临证不可有丝毫成见而已。

【注释】

①眵：（音 chī 痴）俗称眼眵，为眼的分泌物。

【译文】

朱丹溪说：产后应当大补气血，就是患有内科杂病，也应放在以后治疗；产后所患的一切疾病大多是因为血虚所致，即使感受了风寒也不能采用发汗解表。张景岳说：产后既然合并有表邪，就不得不采用解表法；产后合并有热邪，就不得不采用清热法；产后既然合并有内伤饮食停滞，就不得不采用消导散结开通之法。不应该顽固坚持产后纯虚的偏见。例如：产后感受风寒之邪，临床表现为头痛、发热、大便干结、腹部胀满，脉紧数洪大有力，这属于风寒外束肌表，阳明腑实之证。又例如热邪亢盛的产妇，临床表现一定是烦热口渴，躁扰，有的大便秘结，腹部胀满，口鼻干燥，舌苔焦黑，渴喜冷饮，眼角有眼屎，小便时疼痛，尿色红赤，脉洪大而滑，这属于里热实证；有的产妇产后饮食过量，导致停积不化，这属于饮食内伤的实证；有的产妇因情志忧郁、恼怒伤肝，气机郁结，表现为胸胀胁痛，大便不利，脉象弦滑，这属于气机逆乱的实证；有的产妇产后恶露未净，瘀血上冲，表现为脘腹胀满，腹痛拒按，大便困难，小便自利，这属于瘀血上逆的实证。临床上如果碰上了这类实证，假若选用大补的方法治疗，这就如养虎遗患，祸害无穷，这样的治法，肯定是错误的。我认为这二位医家的看法，各有独到之处，对他们的观点不应该排斥一方，也不能偏信一方。例如：朱丹溪提出的产后不能采用解表法，先师张仲景本来讲过失血的病人禁用发汗，这是因为产后失血采用发汗法会导致痉证。产后气血确实很虚，不能不选用补法，但是对产后并发的内科杂病，一概置之度外，不闻不问，这也是不行的。张景岳批驳朱丹溪对产后病单用补法的观点，的确有道理。对产后实证的治疗，我有最好的方法，就是要做到“手挥目送”。也就是面对的病人虽然是实证，但心中一定要想到这是产妇，这样才能做到辨证清楚，诊断准确，也就能击中要害而获效。一般来说，治上焦的病，用药要轻，不要侵犯中焦；治中焦的病，药不宜过重，以免侵犯下焦，这样才能做到：“目中清楚，指下清楚，笔下再清楚”，那么治疗产后的疾病就能周全无误了。如果感受了从上焦而入的外邪，本来应选用质地轻扬的药物，不要侵犯中焦，然而在临床上有时也不能使用太轻的药物，这时必须采用少量频服的方法，而且病邪祛除后就停止用药，外感病好了，立即再用补药治疗虚损，这如同作战一样，对缺粮的部队，宜速战速决。假若惧怕产后正虚而用药力量太轻，病情迁延三至四天后，反而使本来亏虚的体质更虚，失去了运化药物的能力。我治疗产后感受温热、暑热的病，常常采用这个方法。如若产后腹痛拒按就用活血祛瘀法；如果产后腹痛喜按，这是血虚，立即用补血通络法。这样，病情很快就会转危为安。识证的关键在于医生平时要用心读书，认真钻研古代医籍，在临床辨证中，不能抱有丝毫的主观、片面的观点就行了。

产后初感外邪，应迅速祛邪为主。

产后六气为病论

产后六气为病，除伤寒遵仲景师外（孕妇伤寒，后人有六合汤法），当于前三焦篇中求之。斟酌轻重，或速去其邪，所谓无粮之师，贵在速战者是也。或兼护其虚，一面扶正，一面驱邪。大抵初起以速清为要，重证亦必用攻。余治黄氏温热，妊娠七月，胎已欲动，大实大热，目突舌烂，乃前医过于瞻顾所致，用大承气一服，热退胎安，今所生子二十一岁矣。如果六气与痉瘛之因，皦然心目①，俗传产后惊风之说可息矣。

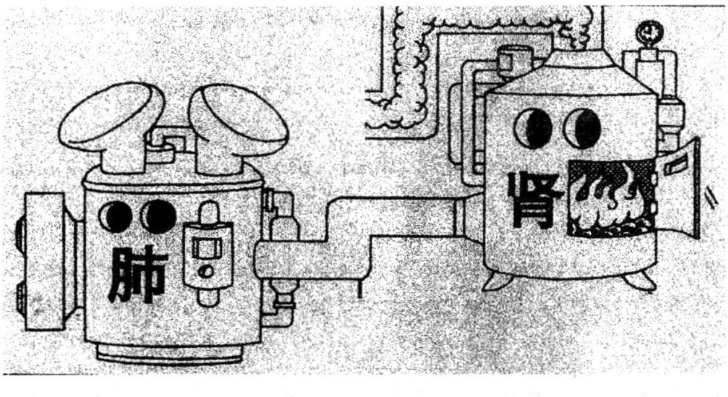

肺与肾：肺与肾的关系，主要体现于水液的代谢和呼吸运动两方面。

【注释】

①皦然心目：皦（jiǎo 皎）纯白，明显的意思。心目皦然，比喻心中明白，一目了然。

【译文】

对于产后感受六气所患的疾病，其治疗方法除感受寒邪应遵循张仲景的以外（孕妇感受寒邪，后人有用六合汤的治疗方法），其余的都在本书前面三焦篇中有了详尽的论述。针对邪盛正虚的轻重，有的采用速战速决的方法以祛除病邪；有的采用攻补兼施的方法，即一方面扶正，一方面祛邪。一般来说，产后初感外邪，应迅速祛邪为主，对于产后里实重证也一定要采用攻邪的方法。我曾治疗一姓黄的孕妇，她感受了温热病邪，当时妊娠已七个月了，热邪引起胎动不安，表现为大实大热的症状，双目突出，口舌糜烂，这是前面的医生过于瞻前顾后所致。我选用大承气汤一付，孕妇服完药后，热退胎安，当时生下的儿子现在已有二十一岁了。医生如果能对六气及痉证的病因病机理解透彻，那么社会上流传的产后容易患惊风的说法也就不存在了。

白花曼陀罗

产妇产后能否用白芍，主要看产妇患的是虚寒证还是虚热证。

产后不可用白芍辨

【原文】

朱丹溪谓产后不可用白芍，恐伐生生之气，则大谬不然，但视其为虚寒虚热耳。若系虚寒，虽非产后，亦不可用；如仲景有桂枝汤去芍药法，小青龙去芍药法。若系虚热，必宜用之收阴。后世不善读书者，古人良法不知守，此等偏谬处，偏牢记在心，误尽大事，可发一叹。按：白芍花开春末夏初，禀厥阴风木之全体，得少阴君火之气化，炎上作苦，故气味苦平(《本经》芍药并无酸字，但云苦平无毒，酸字后世妄加者也)。主治邪气腹痛，除血痹，破坚积，寒热疝瘕，止痛，利小便，益气，岂伐生生之气者乎？使伐生气，仲景小建中汤，补诸虚不足而以之为君乎？张隐庵《本草崇原》中论之最详。

【译文】

朱丹溪说：产后患病不能用白芍治疗，因为白芍会克伐产妇的生发之气，这种观点是大错特错的。事实上并不是这样，产妇产后能否用白芍，主要是看产妇患的病症是虚寒证还是虚热证。如果患的是虚寒证，尽管病人不是产后，也不能使用白芍。例如，张仲景有桂枝汤去芍药、小青龙汤去芍药等治法。反过来说，如果病人患的是虚热症，必须选用白芍收敛阴液。后代不善于读书的人，对古人好的治疗方法不能继承，而对这些片面错误的观点，偏偏能牢牢地记在心里，延误了治病的大事，可真让人叹息啊！白芍在春末夏初之时花开，禀承了整个春季的厥阴风木之气，又得到了初夏少阴君火的气化，火性炎上，在味为苦，所以白芍气味苦平。《神农本草经》记载白芍，只说其味苦平无毒，味酸是后世医家凭空想象而加上去的。白芍主治邪气导致的腹痛，能活血祛瘀，攻坚破积，治疗疝气、癥瘕所致的恶寒发热，能止痛、利小便、益气，这怎么能说白芍是克伐产妇的生发之气呢？假若白芍真能克伐生发之气，那张仲景用小建中汤治疗各种虚证都用白芍作为君药，又将如何解释呢？对于白芍的应用，张隐庵在《本草崇原》中论述得很详尽，可供参阅。

如产妇血虚有热，就绝对不能使用当归、川芎。

产后误用归芎亦能致瘛论

【原文】

当归、川芎，为产后要药，然惟血寒而滞者为宜，若血虚而热者断不可用。盖当归秋分始开花，得燥金辛烈之气，香窜异常，甚于麻、辛，不过麻、辛无汁而味薄，当归多汁而味厚耳。用之得当，功力最速，用之不当，为害亦不浅。如亡血液亏，孤阳上冒等证，而欲望其补血，不亦愚哉！盖当归止能运血，裒多益寡，急走善窜，不能静守，误服致瘛，瘛甚则脱。川芎有车轮纹，其性更急于当归，盖物性之偏长于通者，必不长于守也。世人不敢用白芍，而恣用当归、川芎，何其颠倒哉。

【译文】

当归、川芎是产后病中常用的药物，只是这二味药仅仅适宜产后寒邪凝滞血分的病症，如果产妇血虚有热，就绝对不能使用。因为当归在秋分开始开花，禀受了秋天辛烈之气，其香燥走窜之性不同于一般的药物，它比麻黄、细辛还要厉害，且麻黄、细辛干燥无汁，其味薄，而当归润泽，其味厚。如果用得恰当，收效非常迅速，如果使用不当，对人体造成的祸害也不小。假若产后失血过多，津液亏损，出现孤阳上浮的症候，想用当归、来补益产妇的血虚，这也是很愚蠢的行为。因为当归主要作用是活血，其性急猛、善于走窜，并不能固守人体阴液，所以产后若误服会引起抽搐，抽搐严重时还会出现脱证。川芎饮片有车轮样纹理，具有辛散温通、活血、走窜的作用，它比当归还要急猛。一般来说，具有温通活血性能的药物，决不可能有固守的作用。现在的医生，认为白芍能伤人的身体而不敢用，却妄用当归、川芎来治疗产后病，这完全是颠倒是非啊！

若肾气不足，气化失常，固摄无权，则膀胱之开合失度，即可出现小便不利或失禁，及遗尿、尿频等症。

妇科医生应当首先明白产后会导致奇经八脉空虚的道理。

产后当究奇经论

【原文】

产后虚在八脉，孙真人创论于前，叶天士畅明于后，妇科所当首识者也。盖八脉丽于肝肾，如树木之有本也；阴阳交构，胎前产后，生生化化，全赖乎此。古语云：医道通乎仙道者，此其大门也。

【译文】

认为产后会导致奇经八脉空虚的观点，是由孙思邈首先提出来的，后来叶天士给予了补充发挥，妇科医生应当首先明白这个道理。奇经八脉隶属于肝肾，就像树木有根一样，阴阳交构，胎前产后，发育成长，都与奇经八脉有关。古人说：精通医学道理的人，就能通晓神仙之道，延年益寿，调理奇经八脉，就能达到这个目的。

胎死腹中可选用补偏纠弊的方法，死胎自然就下来了。

下死胎不可拘执论

【原文】

死胎不下，不可拘执成方而悉用通法，当求其不下之故，参之临时所现之证若何。补偏救弊，而胎自下也。余治一妇，死胎不下二日矣，诊其脉则洪大而芤，问其症则大汗不止，精神恍惚欲脱。余曰：此心气太虚，不能固胎，不问胎死与否，先固心气，用救逆汤加人参，煮三杯，服一杯而汗敛，服二杯而神清气宁，三杯未服而死胎下矣。下后补肝肾之阴，以配心阳之用而愈。若执成方而用平胃、朴硝，有生理乎？

【译文】

如果胎儿死在母体腹中不下，治疗就不能拘泥固有的方法，一味地采用攻下，而应该分析死胎不下的原因，结合当时产妇临床症候，可选用补偏纠弊的方法，这样死胎自然就下来了。我曾经治过一孕妇，胎儿死在腹内有二天没有下来，产妇的脉洪大且芤，症状表现为大汗淋漓、神志恍惚，正气将有虚脱的危险。我认为这是心气太虚，胎元不固，现在不管胎儿是死、是活，都要首先采用补心气的方法，用救逆汤加人参，煎煮后取药汁三杯，服完第一杯药汁，孕妇全身汗出停止，服完第二杯药汁，孕妇的神志就清楚了，第三杯药汁还未服完，孕妇腹中的死胎就下来了。死胎下后，我又给产妇用滋补肝肾的药物以配心阳，不久，产妇的病就好了。诊治这样的病人，如果拘泥成法，选用平胃散、或朴硝治疗，那病人还会有命吗？

阳虚病人应补益阳气，阴液亏损的病人应滋养阴液。

催生不可拘执论

【原文】

催生亦不可拘执一辙，阳虚者补阳，阴损者翕阴，血滞者通血。余治一妇素日脉迟，而有癥瘕寒积厥痛，余用通补八脉大剂丸料，服半载而成胎，产时五日不下，是夕方延余诊视。余视其面青，诊其脉再至，用安边桂五钱，加入温经补气之品，作三杯，服二杯而生矣，亦未曾服三杯也。次日诊其脉涩，腹痛甚拒按，仍令其服第三杯，又减其制，用一帖，下癥块长七八寸，宽二三寸，其人腹中癥块本有二枚，兹下其一，不敢再通矣。仍用温通八脉由渐而愈。其他治验甚多，略举一二，以见门径耳。

【译文】

催生也不应该拘泥于一种方法。阳虚的病人应补益阳气，阴液亏损的病人应滋养阴液，瘀血停滞的病人应活血通络。我曾治疗过一妇女，病人平素脉迟，又患有癥瘕、寒积和少腹痛，我用通补八脉的方药制成药丸，让她服了半年余，终于怀了孕。在临产时经过五天生不下来，这天晚上请我出诊，我看孕妇的面色发青，诊她的脉一息只有二至，于是用安边桂（肉桂）五钱，加入温经补气的药物中，煎煮后取药汁三杯，当孕妇服完二杯药后，胎儿就生下来了。第二天，再看病人出现脉涩，少腹剧烈疼痛，并且拒按，于是嘱咐病人服完第三杯药，并将上方减量，再服一付，妇人服完药后，又排出一包块长约七至八寸，宽约二至三寸血块，我估计该产妇腹中本来有二枚包块，现在已下一枚，考虑到产后有虚，不敢继续攻下，于是改用温通奇经八脉的方法，包块逐渐消散而愈。像这一类疾病经治疗后痊愈的人很多，这里仅举一、二例，提示的治疗方法仅供参考。

产后肾阴亏损，应采用补肾阴的方法以抑制心阳，使阴阳平衡。

产后当补心气论

【原文】

产后心虚一证，最为吃紧。盖小儿禀父之肾气、母之心气而成，胞宫之脉，上系心包，产后心气十有九虚，故产后补心气亦大扼要。再水火各自为用，互相为体，产后肾液虚，则心体亦虚，补肾阴以配心阳，取坎填离法也。余每于产后惊悸脉芤者，用加味大定风珠，获效多矣（方见温热下焦篇，即大定风珠加人参、龙骨、浮小麦、茯神者）。产后一切外感，当于本论三焦篇中求乏，再细参叶案则备矣。

【译文】

产后心气虚，是最严重的病证。由于胎儿是禀受了父亲的肾气，母亲的心气而形成的。且胞宫的经脉上通心气，因此，产后十人之中有九人心气亏虚，所以产后补益心气显得特别重要。又肾主水、心主火，二者虽各司其主，但又是互相联系，相互为用的。产后肾阴亏损，导致心阴亦虚，于是采用补肾阴的方法以抑制心阳，使水火协调，阴阳平衡。我在临床中，常对产后惊悸、脉芤的病人用加味大定风珠治疗，取得了很好的疗效。（该方见于下焦篇，即大定风珠加人参、龙骨、浮小麦、茯神等。）对于产后一切外感病，应当结合本书三焦篇的内容，同时还要参阅叶天士医案，那样就更全面了。

产后不怕出现虚寒证，只怕出现虚热证。

产后虚寒虚热分别论治论

【原文】

产后虚热，前则有三甲复脉三方，大小定风珠二方，专翕膏一方，增液汤一方。三甲、增液，原为温病善后而设；定风珠、专翕膏，则为产后虚损，无力服人参而设者也。古人谓产后不怕虚寒，单怕虚热。盖温经之药，多能补虚，而补虚之品，难以清热也。故本论详立补阴七法，所以补丹溪之未备。又立通补奇经丸，为下焦虚寒而设。又立天根月窟膏，为产后及劳伤下焦阴阳两伤而设也，乃从阳补阴，从阴补阳互法，所谓天根月窟间来往，三十六宫都是春也。

【译文】

对产后虚热证的治疗，前面已介绍过用一、二、三甲复脉汤，大小定风珠，专翕膏及增液汤来治疗。三甲复脉汤、增液汤原来是为温病后期阴津亏损而设立的善后方；大小定风珠汤、专翕膏是为产后虚损但又无钱服人参而设立的。古人说产后不怕出现虚寒证，只怕出现虚、热证。因为一般温经的药物，多数能补虚损，但是温经补虚的药没有清热的作用。所以，我在本书中详细的作了论述，并拟定了补阴的七种方法，用来补充朱丹溪滋阴法不完备的地方。又制定通补奇经丸，这是为产后下焦虚寒证而设立的。还制定了天根月窟膏，是为治疗产后虚损及下焦劳伤，阴阳两伤而设立的，该方主要作用是从阳中求阴，阴中求阳，起到阴阳互补的作用，犹如“天根月窟间来往，三十六宫都是春”一样。

冲任不固，则不能养胎。

保胎论一

【原文】

每殒胎五、六月者，责之中焦不能荫胎，宜平日常服小建中汤；下焦不足者，天根月窟膏，蒸动命门真火，上蒸脾阳，下固八脉，真精充足，自能固胎矣。

【译文】

妇人如果经常在妊娠五、六个月时流产，多属于中焦脾胃虚弱，冲任不固，不能养胎，治疗宜平时常服小建中汤；若属下焦肾虚冲任不固的，宜选用天根月窟膏，该方其主要作用是温补肾中命门之真火，上能温运脾阳，下能固涩奇经八脉，使肾精充足，这样胎元自然就得到保护了。

白花菜

肝经有虚热的人，受孕快，流产也快。

保胎论二

【原文】

每殒胎必三月者，肝虚而热，古人主以桑寄生汤。夫寄生临时保胎，多有鞭长莫及之患，且方中重用人参合天冬，岂尽人而能用者哉！莫若平时长服二十四味专翕膏（方见下焦篇秋燥门），轻者一料，即能大生，重者两料（滑过三、四次者），永不堕胎。每一料得干丸药二十斤，每日早中晚服三次，每次三钱，约服一年。必须戒房事，毋令速速成胎方妙。盖肝热者成胎甚易，虚者又不能保，速成速堕，速堕速成，尝见一年内二、三次堕者，不死不休，仍未曾育一子也。专翕纯静，翕摄阳动之太过（肝虚热易成易堕，岂非动之太过乎），药用有情者半，以补下焦精血之损；以洋参数斤代人参，九制以去其苦寒之性，炼九日以合其纯一之体，约费不过三、四钱人参之价可办矣。愚制二十一味专翕膏，原为产后亡血过多，虚不肯复，痉厥心悸等证而设，后加鹿茸、桑寄生、天冬三味，保三月殒胎三、四次者，获效多矣，故敢以告来者。

通补奇经丸方（甘咸微辛法）

鹿茸八两（力不能者以嫩毛角代之）　紫石英（生研极细）二两　龟板（炙）四两　枸杞子四两　当归（炒黑）四两　肉苁蓉六两　小茴香（妙黑）四两　鹿角胶（六两）　沙苑蒺藜二两　补骨脂四两　人参（力绵者以九制洋参代之，人参用二两，洋参用四两）　杜仲二两

上为极细末，炼蜜为丸，小梧子大，每服二钱，渐加至三钱。大便溏者加莲子、芡实、

牡蛎各四两，以蒺藜、洋参熬膏法丸。淋带者加桑螵蛸、菟丝子各四两。癥瘕久聚少腹痛者，去补骨、蒺藜、杜仲，加肉桂、丁香各二两。

天根月窟膏方（酸甘咸微辛法，阴阳两补、通守兼施复法也）

鹿茸一斤　乌骨鸡一对　鲍鱼二斤　鹿角胶胶一片　鸡子黄十六枚　海参二斤　龟板二斤　羊腰子十六枚　桑螵蛸一斤　乌贼骨一斤　茯苓二斤　牡蛎二斤　洋参三斤　菟丝子一斤　龙骨二斤　莲子三斤　桂圆肉一斤　熟地四斤　沙苑蒺藜二斤　白芍二斤　芡实二斤　归身一斤　小茴香一斤　补骨脂二斤　枸杞子二斤　肉苁蓉二斤　萸肉一斤　紫石英一斤　生杜仲一斤　牛膝一斤　萆薢一斤　白蜜三斤

上三十二味，熬如专翕膏法。用铜锅四口，以有情归有情者二，无情归无情者二，文火次第煎炼取汁，另入一净锅内，细炼九昼夜成膏；后下胶、蜜，以方中有粉无汁之茯苓、莲子、芡实、牡蛎、龙骨、鹿茸、白芍、乌贼骨八味为极细末，和前膏为丸梧子大。每服三钱，日三服。

此方治下焦阴阳两伤，八脉告损，急不能复，胃气尚健（胃弱者不可与，恐不能传化重浊之药也），无湿热证者；男子遗精滑泄，精寒无子，腰膝酸痛之属肾虚者（以上数条，有湿热皆不可服也）；老年体瘦痱中，头晕耳鸣，左肢麻痹，缓纵不收，属下焦阴阳两虚者（以上诸证有单属下焦阴虚者，宜专翕膏，不宜此方）；妇人产后下亏，淋带癥瘕，胞宫虚寒无子，数数殒胎，或少年生育过多，年老腰膝尻胯酸痛者。

【译文】

妇人如果经常在妊娠三个月时流产，这是肝虚有热，古人主张用桑寄生汤治疗。服桑寄生汤虽然能起到暂时的安胎作用，但其安胎的功效不会持久，而且该方中重用了人参和天冬，人参价格昂贵，不是所有的人都用得起的，像这样，还不如平时长期服用由二十四味药组成的专翕膏（方见下焦篇秋燥门），病轻的，只需服用一料药膏，就能保住胎儿，顺利生产；如果孕妇胎动较重，曾流产过三、四次，服用两料药膏，就不会流产了。每一料药制成干药丸约二十斤，每天早、中、晚服，每次三钱，大约服药一年。在服药期间要戒房事，以免受孕怀胎太快。肝经有虚热的人，很容易受孕，由于肝虚、冲任不固，不能保胎，虽然受孕快，流产也快。我曾经遇见一妇女，在一年内有二、三次流产，不死不罢休，始终没有生育过一个孩子。我设制的专翕膏，其药物为纯养阴之品，具有滋养收敛阴液而制约阳气太过的功能（对于肝虚热盛容易受孕亦容易小产的妇人，怎么不是阳气太过而致胎动不安呢?）。在专翕膏中选用了半数血肉有情（动物药）的药物，补益下焦精血的不足，用西洋参数斤代替人参，经过九蒸九晒除去了苦寒之性，九制以后，药性为纯补不会伤人体，其费用只折合三至四钱人参的价格。我拟定二十一味药物组成的专翕膏，本来是用来治疗产后失血过多，血虚不能恢复导致痉厥，心悸等症而设立的，以后又在该方中加上鹿茸、桑寄生、天冬三味药物，治疗在三个月内小产或曾流产三至四次的妇人，多有较好的效果，因此，我才大胆的将该方推荐给后来的医生使用。

通补奇经丸方（甘咸微辛法）

鹿茸八两（如果没有能力获得，可用嫩毛角代替它）　紫石英二两（生研细末）　炙龟板四两　当归四两（炒黑）　肉苁蓉六两　小茴香（炒黑）四两　鹿角胶六两　人参（财力不足的可用九制洋参四

两代替）二两　枸杞子四两　沙苑蒺藜二两　补骨脂四两　杜仲二两

上药研成极细粉末，炼蜜为丸，如梧桐子大，每次服二钱，逐渐加到三钱。若大便溏薄加莲子、芡实、牡蛎各四两，用沙苑蒺藜、洋参熬膏制成丸药。若小便淋漓或患带下病，加桑螵蛸、菟丝子各四两。若患癥瘕积聚日久。伴有少腹疼痛的，去补骨脂、蒺藜、杜仲，加肉桂、丁香各二两。

天根月窟膏方（酸甘咸微辛法，具有阴阳两补，通守兼施多种功效）

鹿茸一斤　乌骨鸡一对　鲍鱼二斤　鹿角胶一斤　鸡子黄十六枚　海参二斤　龟板二斤　羊腰子十六枚　桑螵蛸一斤　乌贼骨一斤　茯苓二斤　牡蛎二斤　洋参三斤　菟丝子一斤　龙骨二斤　莲子三斤　桂圆肉一斤　熟地四斤　沙苑蒺藜二斤　白芍二斤　芡实二斤　归身一斤　小茴香一斤　补骨脂二斤　枸杞子二斤　肉苁蓉二斤　萸肉一斤　紫石英一斤　生杜仲一斤　牛膝一斤　萆薢一斤　白蜜三斤

以上三十二味药，像熬专翕膏一样，采用铜锅四口，将血肉有情之品放在两个锅内，非血肉有情之品放在另外的两口锅内，分别用小火煎煮取汁，将药汁放人另一口锅内，慢慢地煎熬九天九夜收成膏；然后加入胶类药物和白蜜，把方中茯苓、莲子、芡实、牡蛎、龙骨、鹿茸、白芍、乌贼骨八味药研成极细粉末，加入前面的膏内，制成蜜丸如梧桐子大，每次服三钱，一日三次。

该药膏主治下焦阴阳两伤、八脉亏损，不可能迅速恢复，而胃气尚正常（胃气虚弱，往往助湿伤胃不能运化重浊之邪，所以不能用），且没有湿热症状的病证。

该方能治疗男子遗精、滑精、早泄、精寒无子，伴腰膝酸痛属肾虚的病人。（以上几条，有湿热症状的都不能服用。）适用于老年体瘦、中风、眩晕耳鸣、左侧肢体麻木、活动不利、肢体痿躄不用，属下焦阴阳两虚的病人。（以上各种症候，如果纯粹属下焦阴虚的病人，宜用专翕膏，不适宜用此方。）本方还适用于妇人产后下元虚亏，淋漓带下，癥瘕胞宫虚寒无子，或反复多次堕胎，或年轻时由于生育过多，到了老年腰膝髋骶酸痛的病人。

趣记

两个小侄联合　敢擒大猪

朴　薄　炙　黄
凉膈硝栀连荷　甘芩大竹
（散）　子　翘　草　黄　叶

【组成】8 味：朴硝 600 克　栀子 300 克　连翘 1200 克　薄荷 300 克　炙甘草 600 克　黄芩 300 克　大黄 600 克　竹叶 7 片

【用法】共为粗末，每服 9 克，人竹叶 7 片，蜜少许，水煎，食后温服。若作汤剂，减其量。

【功效】清热解毒，上清下泻。

【主治】脏腑积热。

现代常用本方加减治疗流感、流脑、乙脑、胆囊炎等属上焦热盛者。

凉膈散

宋·陈师文《太平惠民和剂局方》

【本节表解】

内容	病名	病因	症状
产后妇女易患三种病	产后痉证	新产血虚	多汗出，喜中风，筋脉拘急
	产后郁冒	亡血	脉象微弱，头晕目眩，呕吐不能进食，大便硬结
	产后大便难	产后亡血耗津，胃肠中的津液也伤	大便难

内容	症状	治法
产后败血上冲的各种症状及治法	心烦，胸闷，而无神志错乱	失笑散加郁金
	脘中饱胀，恶心呕吐，腹部胀满	五积散或者用平胃散加生姜、桂枝
	呕吐呃逆腹胀	下瘀血汤
	面红，呕吐，呃逆欲死，或者呼吸急促，喘息不止	宜用人参、苏木等
	产后口鼻呈黑色，伴有鼻衄	用人参、苏木救治

内容	类别	病因	治法
保胎论	妊娠五、六个月时流产	中焦脾胃虚弱，冲任不固，不能养胎	小建中汤
		下焦肾虚冲任不固	天根月窟膏
	妊娠三个月流产	肝虚而热	桑寄生汤

【名医医案】

陈某，女，30岁，第一胎钳产后已七十天，因出血过多，产后失眠焦虑，自恐不能继续生存，对婴儿亦不知所措，失望悲观，胡言乱语，服精神病院大量镇静剂后，神疲目昏畏光，自汗烦热，口干不引饮，纳呆胸闷痰多，大便次数增多，舌淡，苔白厚腻，脉细数。证属产后虚弱，脾胃失和，痰湿阻滞，清阳不升。治宜健脾和胃，化痰开窍。

【处方】陈胆星9克，石菖蒲9克，淡远志6克，陈皮6克，制川朴4.5克，黄连3克，生地12克，丹皮9克，茯苓皮9克，生米仁12克，杏仁9克，车前子12克，六一散（包）12克。五剂。

二诊：五日前经转，当晚惊恐失眠，过量服安眠药，昏睡，瞳孔放大，经医院灌洗肠胃。数日来胸闷心烦气促，目涩神疲畏光，大便溏薄，咽喉如有物阻，咽食时食管隐痛。脉濡微数，舌淡，苔白腻。证属产后气血虚弱，脾胃失和。治宜健脾和胃，养心宁神。

【处方】制川朴3克，陈皮6克，白术6克，茯苓9克，首乌藤30克，合欢皮12克，淡远志6克，淮小麦30克，炙甘草4.5克，龙牡（各）30克，磁朱丸（包）12克。六剂。嘱停服西药镇静剂。

三诊：大便溏薄，纳平，口苦咽干，神志清晰，对答如流，能处理一般家务，脉濡细，苔薄腻，有齿痕。治同前意。

【处方】陈皮6克，姜半夏6克，白术6克，茯苓9克，淮小麦30克，炙甘草4.5克，合欢皮12克，首乌藤30克，淡远志6克，龙牡（各）30克，磁朱丸（包）12克。六剂。酌情于临睡前服利眠宁及谷维素各2粒。

四诊：停服精神病院西药镇静剂已半月，纳可。能入睡4~5小时，醒来头胀，面部潮红，仍悲观抑郁，目涩心烦，脉微带数，舌暗，苔薄腻，有齿痕。证属阴血不足，心失濡养，虚火上炎，神无所主。治宜平肝清热，养心宁神。

【处方】陈胆星9克，石菖蒲6克，丹参9克，辨茯苓9克，首乌藤15克，合欢皮12克，广郁金9克，淡远志6克，桑椹子12克，枸杞子12克，淮小麦30克，炙甘草4.5克，龙牡（各）30克，陈皮6克。三剂。

五诊：近来能逗引小儿嬉笑及处理小儿事务，纳呆，有时便溏，仍多思虑。脉细，舌暗，苔薄腻。治宗原法，原方出入。

【处方】陈皮6克，白术6克，淮小麦30克，炙甘草4.5克，合欢皮12克，首乌藤15克，辨茯苓12克，淮山药12克，淡远志6克，酸枣仁9克，磁朱丸（包）12克。七剂。

【歌诀】

胞衣不下证治方歌

夺命散

胞衣不下因初产，用力劳乏风冷凝，
下血过多产路涩，血入胞衣腹胀疼，
急服夺命没竭散，勿使冲心喘满生。
谕令稳婆随胎取，休惊产母莫教闻。

产门不闭证治方歌

十全大补汤

产门不闭由不足，初产因伤必肿疼。
不足十全大补治，甘草汤洗肿伤平。

血晕证治方歌

清魂散　佛手散

产后血晕恶露少，面唇色赤是停瘀。
恶露去多唇面白，乃属血脱不须疑。
虚用清魂荆芥穗，人参芎草泽兰随，
腹疼停瘀佛手散，醋漆熏法总相宜。

头疼证治方歌

芎归汤　八珍汤

产后头疼面黄白，无表无里血虚疼，
恶露不行兼腹痛，必因瘀血上攻冲，
逐瘀芎归汤最效，虚用八珍加蔓荆。

小儿患病，一方面是父母调养失当，另一方面是庸医诊治不当。

第六卷　解儿难

不精通内科、妇科，不弄清小儿生理、病理的特点，是绝不能当儿科医生的。

【读经先知】篇名原意是通过医术解除儿童因疾病造成的灾难。作者依据小儿稚阳未充，稚阴未长的生理特点，对儿科常见病如痉病、疳疾、痘疮等，结合前人的观点进行论述，纠正了世人在这些病症方面的错误认识。

解儿难题词

【原文】

儿曷为乎有难？曰：天时人事为之也，难于天者一，难于人者二。天之大德曰生，曷为乎难儿也？曰：天不能不以阴阳五行化生万物；五行之运，不能不少有所偏，在天原所以相制，在儿任其气则生，不任其气则难，虽天亦莫可如何也，此儿之难于天者也。其难于人者奈何？曰：一难于儿之父母，一难于庸陋之医。天下之儿皆天下父母所生，天下父母有不欲其儿之生者乎？曷为乎难于父母耶？曰：即难于父母欲其儿之生也。父母曰：人生于温，死于寒。故父母惟恐其儿之寒也。父母曰：人以食为天，饥则死。故父母惟恐其儿之饥也。天下之儿，得全其生者此也；天下之儿，或受其难者，亦此也。谚有之曰：小儿无冻饿之患，有饱暖之灾。此发乎情，不能止乎义礼，止知以慈为慈，不知以不慈为慈，此儿之难于父母者也。天下之医，操生人之术，未有不欲天下之儿之生，未有不利天下之儿之生，天下之儿之难，未有不赖天下之医之有以生之也。然则医也者，所以补天与父母之不逮以生儿者也，曷为乎天下之儿，难于天下之医也？曰：天下若无医，则天下之儿难犹少，且难于天与父母无怨也。人受生于天与父母，即难于天与父母，又何怨乎？白天下之医愈多，斯天下之儿难愈广，以受生于天于父母之儿，而难于天下之医，能无怨乎？曷为乎医愈多，而儿之难愈广也？曰：医也者，顺天之时，测气之偏，适人之情，体物之理，名也，物也，象也，数也，无所不通，而受之以谦，而后可以言医，尤必上与天地呼吸相通，下与小儿呼吸相通，而守之以诚，而后可以为医。奈何夹生人之名，为利己之术，不求岁气，不畏天和，统举四时，率投三法，毫无知识，囿于见闻，并不知察色之谓何，闻声之谓何，朝微夕甚之谓何，或轻或重之谓何，甚至一方之中，外自太阳，内至厥阴，既与发表，又与攻里；且坚执小儿纯阳

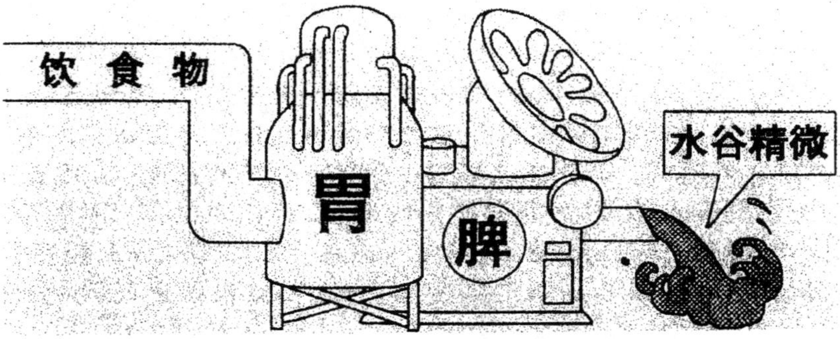

血的生成：血主要由营气和津液所组成，营气和津液都来自所摄入的饮食物，经脾和胃的消化吸收而生成的水谷精微，所以说脾和胃是气血生化之源。

之说，无论何气使然，一以寒凉为准，无论何邪为病，一以攻伐为先；谬造惊风之说，惑世诬民；妄为疳疾之丸，戕生伐性；天下之儿之难，宁有终穷乎？前代贤医，历有辨难，而未成书；瑭虽不才，愿解儿难。

【译文】

小儿为什么也会患病呢？我认为这与自然气候的异常和人为因素有关。自然气候异常的原因只一种，人为的因素有二种。大自然养育人类功德无量，怎么会使小儿患病呢？自然界按照阴阳五行的变化化生万物，但是五行的运行也会有偏胜的时候。阴阳五行本来就是相互联系，相互制约的，对于小儿，若能适应这些变化，身体就强健；若不能适应这些变化，就会发生疾病，哪怕是神仙也不能违背这种规律，这就是造成小儿患病的自然因素。小儿患病的人为因素又是什么呢？一方面是其父母的调养失当，另一方面是小儿患病后碰上了庸俗无能的医生诊治不当。世上的孩子都是父母生育的，天下的父母都希望自己的孩子健康成长，这怎么能说小儿患病是由父母造成的呢？这是因为父母本想让自己的孩子长得健实，他们认为孩子适宜在温暖的环境中生长，感受了寒邪就会生病，甚至死亡，总是担心孩子受寒而让他们穿得多多的。又有些父母认为，饥饿也会患病，甚至死亡。他们怕小儿挨饿，于是给予大量肥甘厚味的食物。社会上的小孩的确有穿得暖、吃得好，身体也健康的，但更多的小儿是由于受到父母过分疼爱而发病。俗话说：“无冻饿之患，有饱暖之灾”。疼爱孩子是人之常情，这样的父母只知道过分的疼爱才叫慈爱，却不理解看起来不够疼爱，其实才是最好的慈爱这句话的道理。这就是父母导致小儿患病的原因。社会上的医生，掌握着治病救人的技能，没有哪一个医生不想治好所有小儿病，也没有哪一个医生有意去干不利于小儿健康的事

情。儿童患病必须依靠医生来诊治，因为医生既能调理小儿适应自然环境，又能指导父母护理好孩子，这怎么能说小儿患病是医生造成的呢？小儿的病如果是由自然气候异常，或是因父母哺养不当所致，那没有什么可抱怨的。禀受了自然之气由父母生育的小儿，如因庸医误治导致患病，父母怎会不埋怨医生呢？有人说，假如世上没有这样的医生，小儿的病还会少些，这话也不是全无道理的。一名好的医生，会顺应自然的规律，能测知六气的偏胜，善于调理人的情绪，洞察事物的道理，对物理、气象、术数、天文无不精通，同时接待病人热情、诚恳。一名好的儿科医生，上能通晓自然界的变化，下能掌握小儿的生理变化，真心实意对待患儿。无奈的是，有些医生打着治病救人的招牌，专做损人利己的事情，他们不研究五运六气的学说，不管气候的变化，用一首方剂统治四时不同的疾病，乱用汗、吐、下三法；他们知识狭窄、毫无本事，甚至连怎样进行望诊、如何进行闻诊，为什么小儿患病早晨较轻，晚上加重，为何有的小儿病轻，有的小儿病重都不知道。更为严重的是在一张处方中，既有治太阳的药，又有治厥阴的药；既用了疏散表邪的药，又用了攻下里实的药；并且固执地坚持说小儿为纯阳之体，不管小儿感受的是什么病邪，一概采用寒凉药物治疗；也不管病邪在表在里，开始就用攻下的方法；并荒谬地编造小儿惊风的理论，愚弄欺骗百姓，胡乱制成治疗小儿瘠疾的药丸，伤害小儿健康和性命。像这样下去，小儿的疾病永无休止，何时才能得到安宁呢？前代名医对小儿疾病的诊治虽然也有些文字记载，却没有编成专科书籍，我虽然没有什么才华，但希望能解除小儿患病的痛苦。

血虚、血热或运行失常会导致健忘、多梦、失眠、烦躁，甚则可见神志恍惚、惊悸不安，以及谵狂、昏迷等神志失常的临床表现。

小儿患病外因是六淫，内因不外是饮食所伤和胎毒。

儿科总论

【原文】

古称难治者，莫如小儿，名之曰哑科。以其疾痛烦苦，不能自达；且其脏腑薄，藩篱疏，易于传变；肌肤嫩，神气怯，易于感触；其用药也，稍呆则滞，稍重则伤，稍不对证，则莫知其乡，捉风捕影，转救转剧，转去转远；惟较之成人，无七情六欲之伤，外不过六淫，内不过饮食胎毒而已。然不精于方脉妇科，透彻生化之源者，断不能作儿科也。

【译文】

白花丹参

古人认为最难诊治的是小儿病，小儿科又称为哑科。这是因为小儿年幼，不能将自己的痛苦陈述清楚，而且小儿脏腑娇嫩，腠理疏松，肌肤柔嫩，易受惊吓，容易感受病邪，发生转变。儿科疾病用药，稍呆腻就会导致邪气滞留，稍重就会损伤正气，用药稍不对证，病情就会变化莫测。若诊治没有把握如捕风捉影，往往使可治的轻证，转为重证，由重证转为危证而死亡。小儿病与成人比较，不同的是：小儿患病的病因没有七情六欲的伤害，外因不过是六淫，内因不外是饮食所伤和胎毒罢了。但是，如不精通内科、妇科，不彻底的弄清小儿的生理、病理的特点，是绝对不能当儿科医生的。

古人称小儿为纯阳之体，是出自炼制丹药的道家说法。

俗传儿科为纯阳辨

【原文】

古称小儿纯阳，此丹灶家言，谓其未曾破身耳，非盛阳之谓。小儿稚阳未充，稚阴未长者也。男子生于七，成于八；故八月生乳牙，少有知识；八岁换食牙，渐开智慧；十六而精通，可以有子；三八二十四岁真牙生[①]（俗谓尽根牙）而精足，筋骨坚强，可以任事，盖阴气长而阳亦充矣。女子生于八，成于七；故七月生乳牙，知提携；七岁换食牙，知识开，不令与男子同席；二七十四而天癸至；三七二十一岁而真牙生，阴始足，阴足而阳充也，命之嫁。小儿岂盛阳者哉！俗谓女子知识恒早于男子者，阳进阴退故也。

【注释】

①真牙：即智齿，指生长最迟的第三臼齿，又称尽头牙，或称尽根牙。

【译文】

古人称小儿为纯阳之体，这是出自炼制丹药的道家说法，是指小儿未到成年，属真童子，并不是说小儿阳气旺盛。小儿具有“稚阳未充，稚阴未长”的生理特点。古人认为男子生数为七，成数为八。所以男孩长到八个月时，开始长乳牙，对外界环境稍有感知；到了八岁时，开始更换恒齿，渐渐地扩开智慧；到了十六岁时，肾气盛，精气溢泻，具有生育的能力，可以结婚生育子女；到了二十四岁，长出智齿，而且精气旺盛，筋骨强健，能够独立承担所有的事情，这是因为此时男子精气充足，阳气也旺盛。女子生于阳数八，成阴数七。所以女孩七个月时，开始长乳齿，能模仿成人做一些动作；七岁时开始换恒齿，知识面开始扩大，因此不要与男孩接触；到了十四岁，肾气始旺，月经初次来潮；到了二十一岁时，长出智齿，这时阴精充足，阳气旺盛，即可婚嫁了。以上是小儿生长发育的规律，怎么能说十四岁以下小儿阳气旺盛呢？通常说女孩比男孩懂事得早，这是因为男子成数为八，女子成数为七，八属阴，七为阳，阳进而阴退。

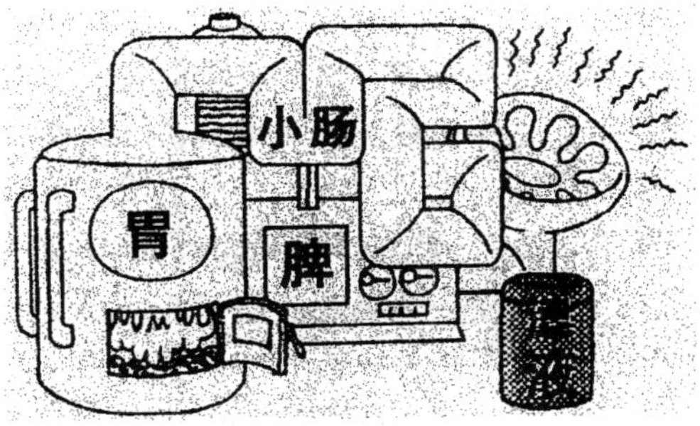

津液的生成，是通过胃对饮食物的“游溢精气”和小肠的“分清别浊”、“上输于脾”而生成的。

其实苦寒类药物，在小儿科是最忌的。

儿科用药论

【原文】

世人以小儿为纯阳也，故重用苦寒。夫苦寒药，儿科之大禁也。丹溪谓产妇用白芍，伐生生之气，不知儿科用苦寒，最伐生生之气也。小儿，春令也，东方也，木德也，其味酸甘，酸味人或知之，甘则人多不识。盖弦脉者，木脉也，经谓弦无胃气者死。胃气者，甘味也，木离土则死，再验之木实，则更知其所以然矣，木实惟初春之梅子，酸多甘少，其他皆甘多酸少者也。故调小儿之味，宜甘多酸少，如钱仲阳之六味丸是也。苦寒之所以不可轻用者何？炎上作苦，万物见火而化，苦能渗湿。人，倮虫也，体属湿土，湿淫固为人害，人无湿则死。故湿重者肥，湿少者瘦；小儿之湿，可尽渗哉！在用药者以为泻火，不知愈泻愈瘦，愈化愈燥。苦先入心，其化以燥也，而且重伐胃汁，直致痉厥而死者有之。小儿之火，惟壮火可减；若少火则所赖以生者，何可恣用苦寒以清之哉！故存阴退热为第一妙法，存阴退热，莫过六味之酸甘化阴也。惟湿温门中，与辛淡合用，燥火则不可也。余前序温热，虽在大人，凡用苦寒，必多用甘寒监之，惟酒客不禁。

【译文】

一般人认为小儿为纯阳之体，因而往往重用苦寒的药物。其实苦寒类药物，在小儿科是最忌的。朱丹溪说产妇用白芍会损伤生发之气，却不懂得儿科使用苦寒药物，更容易损伤小儿的生发之气。儿童犹如春天，类似木的生长特性，其味酸甘，对于木具有酸味人们或许知道，木具有甘味就鲜为人知了。一般来说，弦脉是肝木脉象，《内经》说：脉弦没有胃气的人属死脉。胃气在五行归类中，其味为甘，弦脉而无胃气就如树木离开了土一定会死的道理一样。再看树的果实，更能说明问题了，果实中仅有初春的话梅，其味酸多甘少，其它的果实都是甘多酸少的。所以治疗小儿疾病的药物，味道也应甘多酸少，像钱仲阳的六味丸就是这样的。为什么小儿病不能轻易使用苦寒药品呢？这是因为火性炎上就产生苦味，万物被火焚就化为灰烬，苦能燥湿。人类属裸体动物，形体为湿土，湿邪太过本来就会给人体带来灾害，但人若缺乏水湿也会死亡，所以痰湿过盛使人肥胖，水湿太少使人消瘦。小儿体内的水湿，怎能全部除尽呢？有些医生在用药时，认为苦寒药是泻火的，却不懂得愈泻火则机体愈瘦，愈用化湿药身体就愈干燥。因为苦味首入心经，能化燥，会严重耗伤胃津，直致小儿痉厥而死亡的临床也不少见。对于小儿体内的火，只有壮火才可用泻火法，假如是少火那是促进小儿生长发育的，怎么能妄用苦寒药物清泻呢？因此，采用存阴退热法是最好的方法，存阴退热最好选用六味地黄丸酸甘化阴为妥。在湿温病中此法应与辛淡药物合用，对于燥热证，就不能采用此法了。我在本书前面论述温热病时已指出，即使是成人，用苦寒药时，也要配合甘寒之品以防伤阴，惟有嗜酒湿热偏重者，才不禁苦寒之品。

【方剂趣记图解】

白虎汤

汉·张仲景《伤寒论》

趣记

白虎惊搭草母

白虎(汤)粳(米)(生)石(膏)(炙甘)草(知)母

【组成】4味：粳米15克　生石膏30克　炙甘草6克　知母10克

【用法】米熟汤成，弃渣温服。

【功效】清热生津，除烦止渴。

【主治】阳明气分热盛证。

现常用于某些流感、流脑、乙脑、肺炎、肠伤寒、钩端螺旋体病等疾病。

【注意】①发热无汗，表证未解，不宜使用。②脉浮弦而细，或沉，或口不渴，无里热征象者，不宜使用。③血虚阳浮证类白虎，宜投当归补血汤以固护浮越之阳，误用此方祸不旋踵。④阴盛格阳，投此方犹如雪上加霜，危亡立至。

小儿出现的痉病，大多是医生误治造成。

儿科风药禁

【原文】

近日行方脉者，无论四时所感为何气，一概羌、防、柴、葛。不知仲景先师，有风家禁汗，亡血家禁汗，湿家禁汗，疮家禁汗四条，皆为其血虚致痉也。然则小儿痉病，多半为医所造，皆不识六气之故。

【译文】

近来有些医生治疗四时外感病，不论是感受何种邪气，一律都用羌活、防风、柴胡、葛根等祛风药治疗。他们不明白先师张仲景提出的：表虚感受风邪的病人禁发汗，失血的病人禁发汗，感受湿邪的病人禁发汗，久患疮疡的病人禁发汗共四条禁忌症，否则就可造成血虚，导致痉厥。小儿出现的痉病，大多数也是医生误治造成的，这都是因为他们不理解六气为病的道理所致。

六气都可以导致痉证。

痉因质疑

【原文】

痉病之因，素问曰："诸痉项强，皆属于湿。"此湿字，大有可疑，盖风字误传为湿字也。余少读方中行先生《痉书》，一生治病，留心痉证，觉六气皆能致痉。风为百病之长，六气莫不由风而伤人；所以痉病现证，皆风木刚强屈拗之象。湿性下行而柔；木性上行而刚；单一湿字，似难包得诸痉。且湿字与项强字即不对，中行《痉书》一十八条，除引《素问》《千金》二条，余十六条内，脉二条，证十四条，俱无湿字证据。如脉二条：一曰：夫痉脉按之紧如弦，直上下行；二曰：《脉经》云：痉家，其脉伏坚，直上下。皆风木之象，湿之反面也。余十四条：风寒致痉居其十，风家禁下一条，疮家禁汗一条，新产亡血二条，皆无所谓湿也者。即《千金》一条，曰：太阳中风，重感于寒，湿则变痉也。上下文义不续，亦不可以为据。中行注云：痉，自《素问》以来，其见于《伤寒论》者，乃叔和所述《金匮》之略也；《千金》虽有此言，未见其精悉。可见中行亦疑之。且《千金》一书，杂乱无章，多有后人羼杂[①]，难以为据。《灵枢》《素问》二书，非神圣不能道，然多述于战国汉人之笔，可信者十之八、九，其不可信者一、二；如其中多有后世官名地名，岂轩岐逆料后世之语，而先言之哉？且代远年湮，不无脱简错误之处。瑭学述浅陋，不敢信此湿字，亦不敢直断其非，阙疑以俟来者。

【注释】

①羼杂：羼（音 chàn 忏），意为掺杂。

【译文】

痉证发作的原因，《素问》中有“诸痉项强，皆属于湿”的记载。文句中这个“湿”字，值得怀疑，我考虑是“风”字错为“湿”字。我年青时，读过方中行先生的《痉书》，在一生的临床实践中，对痉证特别留意，我认为六气都可以导致痉证。风为百病之长，六气之中没有哪一气不是随着风邪而侵害人体的；各种痉病表现的临床症候，都具有风木强劲的特点。湿的本性能下行且柔润，木的本性能上行且刚劲；单纯感受湿邪似乎很难包括所有的痉病，而且湿邪也不会出现项强的症候。方中行的《痉书》有十八条，除了引用《素问》《千金》中的二条外，剩下的十六条内，描述脉象的有二条，描写症状的有十四条，都没有“湿邪”致痉的根据。例如描写脉象的两条中，一条说：痉病脉象如弓弦一样紧，从寸到尺都一样；另一条说：《脉经》认为，患痉病病人的脉象从寸到尺，都现沉伏坚硬。这二条都是风木的脉象，与湿邪濡缓的脉象正好相反。剩下的十四条，属风寒导致的痉病占了十条，另外，易感风邪禁忌下法的有一条，长期患疮疡的禁用汗法的有一条，有关新产失血的有二条。这十四条中，都与湿邪无关。《千金》一条中，曾有太阳中风又感受寒湿，演变为痉证的记载。但这一条中上下文义不相连续，何况《千金》这部书内容杂乱无章，有很多地方都有后人掺杂的内容，很难用它作湿邪致痉的依据。方中行注释说：痉病最早见于《素问》，后来出现在《伤寒论》之中，这是王叔和从《金匮要略》中择录的。《千金》虽然有痉病的病名，但描述的症状既不全面又不精确，这可以看出方中行先生对此也抱怀疑态度。《内经》这部著作，不是博学多识的人不可能通晓它的含义，何况这部书是由战国时期及汉代的人写成的，其中可信的有十之八、九，不可信的仍然有十之一、二。例如书中出现过许多后世的官名和地名，难道是黄帝岐伯能事先知道后代会有这些官名、地名而先记载下来吗？况且这本书年代久远，不可能没有缺漏或错误的地方。我的学识浅陋，虽不敢相信湿邪可导致痉病，但也不敢断定湿邪不可能导致痉病，于是将这个疑点提出来，希望后学的人进一步探讨。

似乎只有“风”字，才可以概括各种痉证的病因。

湿痉或问

【原文】

或问子疑《素问》痉因于湿，而又谓六淫之邪皆能致痉，亦复有湿痉一条，岂不自相矛盾乎？曰：吾所疑者诸字皆字，似湿之一字，不能包括诸痉，惟风可以该括，一也；再者湿性柔，不能致强，初起之湿痉，必兼风而后成也。且俗名痉为惊风，原有急慢二条。所谓急者，一感即痉者，先痉而后病；所谓慢者，病久而致痉者也。一感即痉者，只要认证真，用药确，一二帖即愈，易治也。病久而痉者，非伤脾阳，肝木来乘；即伤胃汁肝阴，肝风鸱张，一虚寒，一虚热，为难治也；吾见湿因致痉，先病后痉者多，如夏月小儿暑湿泄泻暴

许多疾病的发生，与季节的气候变化，有着密切的联系，从而形成了一个四季发病的客观规律，所以中医将这些病气称作各个季节的主气。

注，一昼夜百数十行，下多亡阴，肝乘致痉之类，霍乱最能致痉，皆先病后痉者也。当合之杂说中《风论》一条参看。以卒得痉病而论，风为百病之长，六淫之邪，皆因风而人。以久病致痉而论，其强直背反瘛疭[①]之状，皆肝风内动为之也。似风之一字，可以包得诸痉。要知痉者筋病也，知痉之为筋病，思过半矣。

【注释】

①瘛疭：瘛，筋脉拘急而缩；疭，筋脉缓疭而伸。手足伸缩交替，抽动不已，称为瘛疭。

【译文】

或许有人问我，既然怀疑《素问》湿邪导致痉病的观点，却又说六淫之邪都可能致痉病，书中还有一条是论述湿痉的，这难道不是自相矛盾吗？我得说明的是，我所怀疑的是条文中的“诸”字和“皆”字，好像只一个“湿”字，不能概括各种痉病的原因，只有风才可以概括，这是其一。另外，湿的本性柔润，不会出现僵直的痉病，就是初发的湿痉，也一定是合并风邪之后，才会形成痉病。而且俗称痉病为惊风，惊风本来就有急惊风，慢惊风。所谓急惊风，是指感受外邪后，立即出现抽搐、痉厥的病症；所谓慢惊风，是指久病后才出现抽搐、惊厥的病症。急惊风只要认证准确，用药正确，服一、二付就可治愈。慢惊风，有的是久病损伤了脾阳，肝木乘脾土所致，有的是胃阴和肝阴被劫，导致肝风鸱张，一属虚寒、一属虚热，所以难治。我所诊治因湿邪导致的痉病，多是先患病然后转成痉证。例如，夏天小儿感受了暑湿病邪，出现泄泻暴作，一昼夜可达百次或几十次，泻下太过，则耗伤阴津，肝木来乘脾土发为痉证。上吐下泻的霍乱证，也往往导致痉病，这些都是先患其它的病，后来又致痉证的情况，应当结合杂说篇中《风论》的条文参看。就突发的痉病来说，风为百病之长，六淫之邪都随风邪而侵入人体。对因久病导致痉证的病人来说，患者出现强直，角弓反张，手足搐搦的症状，都是由于肝风内动所出现的临床表现。似乎只有“风”字，才可以概括各种痉证的病因。痉证是筋脉的病变，如果明白了这一点，对痉证的诊治就弄懂一大半了。

六淫之邪导致痉病是实证。

痉有寒热虚实四大纲论

【原文】

六淫致痉，实证也；产妇亡血，病久致痉，风家误下，温病误汗，疮家发汗者，虚痉也。风寒、风湿致痉者，寒证也；风温、风热、风暑、燥火致痉者，热痉也（按此皆瘛证属火，后世统谓之痉矣，后另有论）。俗称慢脾风[①]者，虚寒痉也；本论后述本脏自病者，虚热痉地。（亦系瘛证）。

【注释】

①慢脾风：指小儿由于吐泻过度，正气虚弱，出现手足蠕动、四肢厥冷，面唇青紫，额头出汗，神昏谵语等症，属慢脾风。

【译文】

六淫之邪导致痉病是实证。产妇失血，久病致痉，外感风邪误用下药，温病误用辛温发汗，患疮疡日久又误用发汗等等所致的痉病，都是虚证。因感受风寒、风湿之邪导致的痉证属寒痉；因感受风温、风热、风暑、燥火等邪气而导致的痉证属热痉。通常说的慢脾风，属虚寒型痉病，本书后面记述的本脏自身病而导致的痉证，属虚热痉。

在出现呕吐和泄泻时首先要防止发生痉证，而不是等其发作后再制定止痉的方法。

小儿痉病瘛病共有九大纲论

【原文】

寒痉

仲景先师所述方法具在，但须对证细加寻绎，如所云太阳证体强，几几然，脉沉迟之类，有汗为柔痉，为风多寒少，而用桂枝汤加法；无汗为刚痉，为寒痉，而用葛根汤，汤内有麻黄，乃不以桂枝立名，亦不以麻黄立名者，以其病已至阳明也。诸如此类，须平时熟读其书，临时再加谨慎，手下自有准的矣。

风寒咳嗽致痉者，用杏苏散辛温例，自当附入寒门。

风温痉（按此即瘛证，少阳之气为之也，下温热、暑温、秋燥，皆同此例）

乃风之正令，阳气发泄之候，君火主气之时，宜用辛凉正法。轻者用辛凉轻剂，重者用辛凉重剂，如本论上焦篇银翘散、白虎汤之类；伤津液者加甘凉，如银翘加生地、麦冬，玉女煎以白虎合冬、地之类；神昏谵语，兼用芳香以开膻中，如清宫汤、牛黄丸、紫雪丹之类；愈后用六味、三才、复脉辈，以复其丧失之津液。

风温咳嗽致痉者，用桑菊饮（方见上焦篇），银翘散辛凉例，与风寒咳嗽迥别，断不可一概用杏苏辛温也。

温热痉（即六淫之火气，消铄真阴者，《内经》谓先夏至为病温者是也）

即同上风温论治。但风温之病痉者轻而少，温热之致痉者多而重也。药之轻重浅深，视病之轻重浅深而已。

暑痉（暑兼湿热，后有湿痉一条，此则偏于热多湿少之病，去温热不远，经谓后夏至为病暑者是也）

按俗名小儿急惊风[①]者，惟暑月最多，而兼证最杂，非心如澄潭，目如智珠，笔如分水犀者，未易辨此。盖小儿肤薄神怯，经络脏腑嫩小，不奈三气发泄。邪之来也，势如奔马，其传变也，急如掣电，岂粗疏者所能当此任哉！如夏月小儿身热头痛，项强无汗，此暑兼风寒者也，宜新加香薷饮；有汗则仍用银翘散，重加桑叶；咳嗽则用桑菊饮；汗多则用白虎，脉芤而喘，则用人参白虎；身重汗少，则用苍术白虎；脉芤面赤多言，喘喝欲脱者，即用生脉散；神识不清者，即用清营汤加钩藤、丹皮、羚羊角；神昏者，兼用紫雪丹、牛黄丸等；病势轻微者，用清络饮之类，方法悉载上焦篇，学者当与前三焦篇暑门中细心求之。但分量或用四之一，或用四之二，量儿之壮弱大小加减之。痉因于暑，只治致痉之因，而痉自止，不必沾沾但于痉中求之。若执痉以求痉，吾不知痉为何物。夫痉，病名也，头痛，亦病名也。善治头痛者必问致头痛之因，盖头痛有伤寒头痛，伤风头痛，暑头痛，热头痛，湿头痛，燥头痛，痰厥头痛，阳虚头痛，阴虚头痛，跌扑头痛，心火欲作痈脓之头痛，肝风内动上窜少阳胆络之偏头痛，朝发暮死之真头痛，若不问其致病之因，如时人但见头痛，一以羌活，藁本从事，何头痛之能愈哉！况痉病之难治者乎！

湿痉（按：此一条，瘛痉兼有，其因于寒湿者，则兼太阳寒水气，其泄泻太甚，下多亡阴者，木气来乘，则瘛矣）

按中湿即痉者少，盖湿性柔而下行，不似风刚而上升也。其间有兼风之痉，《名医类案》中有一条云："小儿吐哯欲作痫者，五苓散最妙。"本论湿温上焦篇，有三仁汤一法；邪入心包，用清宫汤去莲心、麦冬，加银花、赤小豆皮一法；用紫雪丹一法；银翘马勃散一法；千金苇茎汤加滑石、杏仁一法；而寒湿例中，有形似伤寒，舌白不渴，经络拘急，桂枝姜附汤一法，凡此非必皆现痉病而后治。盖既感外邪，久则致痉，于其未痉之先，知系感受何邪，以法治之，而痉病之源绝矣，岂不愈于见痉治痉哉！若儿科能于六淫之邪，见几于早，吾知小儿之痉病必少。湿久致痉者多，盖湿为浊邪，最善弥漫三焦，上蔽清窍，内蒙膻中，学者当于前中焦、下焦篇中求之。由疟痢而致痉者，见其所伤之偏阴偏阳而补救之，于疟痢门中求之。

燥痉

燥气化火，消铄津液，亦能致痉，其治略似风温，学者当于本论前三焦篇秋燥门中求之。但正秋之时，有伏暑内发，新凉外加之证，燥者宜辛凉甘润，有伏暑则兼湿矣，兼湿则宜苦辛淡，甚则苦辛寒矣，不可不细加察焉。燥气化寒，胁痛呕吐，法用苦温，佐以甘辛。

内伤饮食痉（俗所谓慢脾风者是也）

按：此证必先由于吐泻，有脾胃两伤者，有专伤脾阳者，有专伤胃阴一者，有伤及肾阳者，参苓白术散、四君、六君、异功、补中益气、理中等汤，皆可选用。虚寒甚者，理中加丁香、肉桂、肉果、诃子之类，因他病伤寒凉药者，亦同此例。叶案中有阴风入脾络一条，方在小儿痫痉厥门中，其小儿吐泻门中，言此证最为详细。案后华岫云驳俗论最妙，学者不可不静心体察焉！再参之钱仲阳、薛立斋、李东垣、张景岳诸家，可无余蕴矣。再按：此证最险，最为难治，世之讹传妄治已久，四海同风，历有年所，方中行驳之于前，诸君子畅论于后，至今日而其伪风不息，是所望于后之强有力者，悉取其伪书而焚耳。细观叶案治法之妙，全在见吐泻时，先防其痉，非于既痉而后设法也。故余前治六淫之痉，亦同此法，所谓上工不治已病治未病，圣人不治已乱治未乱也。

客忤痉（俗所谓惊吓是也）

按：小儿神怯气弱，或见非常之物，听非常之响，或失足落空，跌扑之类，百证中或有一、二，非小儿所有痉病，皆因子惊吓也。证现发热，或有汗，或无汗，面时青时赤，梦中呓语[②]，手足蠕动，宜复脉汤去参、桂、姜、枣，加丹参、丹皮、犀角补心之体，以配心之用。大便结者，加元参；溏者加牡蛎；汗多神不宁有恐惧之象者，加龙骨、整琥珀、整朱砂块（取其气而不用其质，自无流弊），必细询病家确有所见者，方用此例。若语涉支离，猜疑不定者，静心再诊，必得确情，而后用药。

愚儿三岁，六月初九日辰时，倚门落空，少时发热，随热随痉，昏不知人，手足如冰，无脉，至戌时而痉止，身热神昏无汗；次日早，余方与复脉汤去参、桂、姜、枣，每日一帖，服三、四杯。不饮不食，至十四日巳时，得战汗而愈。若当痉厥神昏之际，妄动乱治，岂有生理乎！盖痉厥则阴阳逆乱，少不合拍则不可救，病家情急，因乱投药饵，胡针乱灸而死者，不可胜纪。病家中无主宰，医者又无主宰，儿病其何堪哉！如包络热重，唇舌燥，目白睛有赤缕者，牛黄清心丸，本论牛黄安宫丸、紫雪丹辈，亦可酌而用之。

【注释】

①急惊风：以发病急为特征，突然高热惊厥，烦躁不安，面红，唇赤，痰壅气促，牙关噤急，继而四肢抽搐，神识昏迷，头项强硬，甚则角弓反睛，涕泪皆无。

②呓语：呓（音 yī 义）即说梦话。

【译文】

寒痉

寒痉治法，尽管张仲景阐述得很清楚，也很完备，但在临证时，仍然要仔细的探索是否与病症相符。例如，他说太阳证应周身强直、筋脉拘紧不柔和，脉象沉迟等。又说，汗出的称为柔痉，因为感受的病邪为风多寒少，治疗选用桂枝汤加味；如无汗出的称为刚痉，是寒邪所致，选用葛根汤治疗，该方内虽有麻黄、桂枝，不能用桂枝命名，但又为什么不能用麻黄命名呢？这是因为此时病已进入阳明了，所以名为葛根汤。像这一类的问题，不仅在平时要熟读《伤寒论》，临证时尤应谨慎，才能做到准确无误。

如风寒咳嗽导致的痉病，宜用辛温的杏苏散治疗，也应该将它附在“寒痉”这一类里。

风温痉（这就是瘛病，是少阳之气太过形成的，下面的温热、暑温、秋燥都与此相同。）

本病多发生在气候温暖多风的时候，此时阳气发泄，君火主气，宜采用辛凉法治疗。病情轻的用辛凉轻剂，病情重的用辛凉重剂，本书上焦篇介绍的银翘散、白虎汤就是这类方剂。当津液损伤时，加用甘凉之品，如银翘散加生地、麦冬，玉女煎是在白虎汤内加麦冬、生地等。如神昏谵语，应加上芳香开窍之品，如清宫汤、安宫牛黄丸、紫雪丹之类。病治愈后，用六味地黄丸、三才汤、复脉汤等加减化裁，促使津液恢复。

风温咳嗽导致的痉证用桑菊饮、银翘散等辛凉方剂治疗，与风寒咳嗽导致的痉证，其病因病机绝然不同，切不能一概选用辛温的杏苏散。

温热痉（是六淫中的火邪，消烁真阴导致的痉病，即《内经》中所说先夏至日为病温。）

温热痉与风温痉的治法相同。只是风温导致的痉病少，而且症状轻，温热导致的痉病多见，而且临床症状较重。对于温热痉证，应根据病情的轻重，病邪的深浅，选用恰当的药物治疗。

暑痉（暑邪兼湿邪和热邪，后面有湿痉一条，此证偏于热重湿轻与温热相近似，即《内经》中所说后夏至日为病暑。）

暑痉民间称为小儿急惊风，是夏天最常见的疾病，而且兼夹证最为复杂，不是思维清晰、目光敏锐，处理问题果断、正确的医生，则不容易明辨清楚。因为小儿肌肤疏松，神气怯弱，经络脏腑娇嫩，不能承受夏天暑、湿、热三种病邪的侵袭。一旦小儿感受了暑邪，其病势的发展犹如奔驰的野马，传变迅速如闪电，在这种情况下，那些知识粗浅，医技不精，责任心不强的医生，怎么能担得起治疗的重任呢？如夏天小儿发热、头痛、项背僵直，身无汗出，这是感受了暑兼风寒之邪，宜用新加香薷饮治疗；如身有汗出，仍宜选用银翘散重加桑叶治疗；咳嗽就用桑菊饮治疗；如汗出较多用白虎汤，如脉芤，伴有气喘则宜用人参白虎汤治疗；如身体沉重、汗少，宜用苍术白虎汤治疗；如脉芤、面红、话多，又有气喘欲脱，应立即选用生脉散治疗；如神识不清，迅速用清营汤加钩藤、丹皮、羚羊角等治疗；神志昏迷的除用上方外，还应灌服紫雪丹、安宫牛黄丸等；病势轻微的用清络饮就可以了。上方的组成和服用方法，都在本书的上焦篇内，学医的人应结合前面三焦篇中暑温的内容细心探求。有的小儿可用成人药量的四分之一，有的小儿可用成人的一半，这要根据小儿的体质强弱及年龄大小而变化。小儿痉病是由于感受暑邪引起的，不能专门止痉，只要针对病因治疗，痉病就可自行停止了。如果一味地采用止痉的方法治疗痉证，就更弄不明白痉证是什么病了。“痉”是病名，“头痛”也是病名。善于治疗头痛的医生一定要弄清头痛的原因，头痛有因感受寒邪所致，有因感受风邪所致，有因感受暑邪所致，有因感受温热所致，有因感受湿邪所致，有因燥邪所致，还有痰厥痛，阳虚头痛，阴虚头痛，外伤头痛，心火上炎将作痈脓的头痛，肝风内动上窜少阳胆经的偏头痛，以及朝发暮死的真头痛等。如果不探求导致头痛的原因，像某些医生，只要见到头痛，一概用羌活、藁本等治疗，这怎么能将头痛治好呢？何况痉证的治疗比头痛还要困难。

湿痉（本证瘛证，症证都有，由寒湿引起的，则兼太阳寒水气，因泄泻太过，阴液亡失，是肝木克伐，则为瘛证。）

一般来说感受湿邪导致的痉病，在临床上较少见，因为湿性柔润，具有下行的特点，不像风性刚强慓悍，具有升发的特性。湿痉之中也有兼风邪致痉的，《名医类案》中有一条文说：小儿因呕吐乳汁像痫证发作一样，用五苓散治疗最佳；本书在湿温上焦篇中，有三仁汤法；邪入心包，有清宫汤去莲心、麦冬，加银花、赤小豆法；或用紫雪丹的治疗方法；有用银翘马勃散的治法；有千金苇茎汤加滑石、杏仁的治法。而在感受寒湿病例中，有形似伤寒，舌苔白、口不渴、筋脉拘急，用桂枝姜附汤的治法。像这一系列病证，不一定都要等到痉证出现后才给予治疗。因为感受外邪后，在体内时间一久，就会发痉病。因此，在还没有出现痉病的时候，针对感受的病邪，依法施治，这样痉病的根源就被杜绝了，难道不比出现了痉病再进行治疗更好吗？如果儿科能早一点祛除六淫之邪，我深信小儿痉证一定要少得多。湿邪停留日久导致痉病，较多的原因是由于湿为浊邪，最善于弥漫三焦，湿浊蒸上则蒙蔽清窍，湿浊内扰则蒙蔽心包。学医的人，应当结合前面我所介绍的中焦篇、下焦篇的内容来探求治法。由疟证、痢疾而导致的痉证，应根据病邪损害的是阴还是阳，而采取相应的治疗，在疟痢门中去寻找治法。

燥痉

由于燥气化火，消灼体内的津液也可能致痉病。燥痉的治疗方法与风温痉大致相同，学医的人应当在本书前面介绍的三焦篇秋燥篇中去寻找治法。只是在晚秋的时候，还有伏暑内发，又感新凉的病证。感受燥邪宜用辛凉甘润之法，如果有伏暑，一定夹有湿邪，夹湿就要用苦辛淡法，严重的则用苦辛寒法治疗，对于这些情况，医生不能不仔细观察。若是燥气化寒，症见胁痛呕吐，治疗时宜用苦温佐以甘辛的方法。

内伤饮食痉（本证就是一般的说的慢脾风）

此证发作前一定患过呕吐或泄泻，有的是脾胃两伤，有的是独伤脾阳，有的是只伤胃阳，有的还伤及肾阳，临床可选用参苓白术散、四君子汤、六君子汤、五味异功散、补中益气汤、理中汤等方剂治疗。脾胃虚寒较重的，应用理中汤加丁香、肉桂、肉果、诃子等药，由于患其它的病而过服寒凉药物造成的，也用这些方法治疗。叶天士医案中有“阴风入脾络”的记载，治疗的方剂放在小儿痫、痉、厥篇中，此证在小儿吐泻篇中，论述得最为详细。在本案之后，华岫云加有按语，批驳了当时一些不正确的观点，学医的人不可不细心体会。再参考钱仲阳、薛立斋、李东垣、张景岳各家对痉病的论述，这样就会更全面了。再说本证最危险，最难治疗，社会上错误的说法和不正确的治疗相传已久，延习成风。方中行先生对这些都进行过批驳，后来各位医家也分别畅述过自己的论点，但是时至今日，这种坏风气仍未平息。因此，我盼

津液有滋润和濡养的生理功能，如布散于肌表的津液，具有滋润皮毛的作用。

望今后有一位具有权威的人，能将这些坏的书籍焚烧干净。仔细地阅读叶氏医案中治疗痉证的方法，其特点是在出现呕吐和泄泻时，首先防止发生痉证，不是等待痉证发作后再制定止痉的方法。所以，我在前面篇章中介绍六淫致痉，也是采用了这个方法，正如《内经》所说的，高明的医生不主张治疗已发生的疾病，而要在未病之前进行预防；品德高尚的人不是在已经发生动乱时进行治理，而是在未乱之前强调防范。

客忤痉

由于小儿神气怯弱，突然看见了异常的物体，听到了异常的声响，或因不慎从高处失足跌倒，都可发生痉病。然而，并非所有的痉病都由惊吓所致，因受惊致痉的仅占痉病中的百分之一二。本证如见发热，或有汗，或无汗，面色有时青紫，有时发红，夜梦中说胡话，手足蠕动，宜用复脉汤去参、桂、姜、枣，加丹参、丹皮、犀角滋养心阴以配心阳。如大便干结再加玄参，大便溏薄另加牡蛎；如汗出较多，心神不宁，有恐惧的表现，又加龙骨、琥珀、朱砂；但一定要详细地询问家属，确实存在上述症状，才能采用上面的治法。假如家属回答不确切，或不肯定，医生应静下心来认真仔细地重新诊察，一定要获得确凿的依据，然后才能用药治疗。

我的儿子三岁那年，六月初九的早晨，靠着门站着，不慎摔倒，不一会就开始发热，接着发生痉厥，出现神志昏迷，不省人事，四肢冰凉，触不到脉，直到黄昏时痉才停止，但仍然身热神昏，全身无汗；到第二天早晨，我才给他送服复脉汤去参、桂、姜、枣，每天一付，分三～四次服，但仍然不思饮食，直到第十四天十时左右，才出现战汗，病就好了。假若当时儿子在神昏痉厥的时候。随意慌乱给予治疗，就没有生存的机会了。痉厥属阴阳逆乱，稍有药证不相符，就会不可救治。面对这种情况，患儿的家属因心情焦急，于是胡乱求医用药，乱用针灸治疗造成死亡的，数不胜数。如果患儿家属没有主见，医生也没有主见，小儿的生命还有什么安全保障呢？心包络热重，口唇、舌面干燥、白睛红丝，宜用牛黄清心丸，本篇中介绍的安宫牛黄丸，紫雪丹等药也可酌情选用。

【译文】

本脏自病痉（此证即瘛病）

本证是由于小儿父母平时担心孩子感受寒邪，被子盖得过厚，衣服穿得过多，或者冬时房间过暖，以致小儿汗出过多，汗为血之液，汗多津血受伤，导致痉病发作，这与产后失血致痉的道理相同。肝主血，肝脏本身需要血来滋养，肝血充足，肝木柔顺，肝血不足，肝木强直，所以称为本脏自病。本脏自病痉，实际上是六淫导致痉病的根本原因；因汗血同源，出汗多一方面使血液更伤，导致痉病发作，另一方面汗出过多，也会使卫外的阳气损伤，卫外功能减弱，就容易感受六淫之邪。这些道理不仅高明的医生应自己明白，而且在平时还应该事先告诫小儿的父母，不要穿得过暖，致使小儿汗出太过，耗伤津血，这样无形中消除了致病的原因，这是一种以预防为主的方法。治疗本脏自病的痉证，一概用育阴柔肝法，这与产后失血导致痉证的治法一样，就是“血足风自灭”的意思。六味地黄丸、复脉汤、三甲复脉三方、大小定风珠二方、专翕膏都可选用。在小儿痉证停止后，可用专翕膏善后，每天服四、五钱，分二次服。对于感受六淫之邪，误用汗法而导致的痉病，也可采用这样的方法治疗。风温、温热误汗以后，首先要保存阴液，与感受寒邪而误汗后，要急于补阳气不同。

这是因为伤寒主要是伤阳，温病主要是伤阴。

【原文】

本脏自病痉（此证则瘛病也）

按此证由于平日儿之父母，恐儿之受寒，覆被过多，著衣过厚，或冬日房屋热炕过暖，以致小儿每日出汗，汗多亡血，亦如产妇亡血致痉一理。肝主血，肝以血为自养，血足则柔，血虚则强，故曰本脏自病。然此一痉也，又实为六淫致痉之根；盖汗多亡血者，本脏自病，汗多亡卫外之阳，则易感六淫之邪也。全赖明医参透此理，于平日预先告谕小儿之父母，勿令过暖汗多亡血，暗中少却无穷之病矣，所谓治未病也。治本脏自病法，一以育阴柔肝为主，即同产后血亡致痉一例，所谓血足风自灭也。六味丸，复脉汤，三甲复脉三方，大小定风珠二方，专翕膏，皆可选用。专翕膏为痉止后，每日服四、五钱，分二次，为填阴善后计也。六淫误汗致痉者，亦同此例。救风温、温热误汗者，先与存阴，不比伤寒误汗者急与护阳也，盖寒病不足在阳，温病不足在阴也。

如医生对六气机理通晓，患痉病的人一定会减少。

小儿易痉总论

【原文】

按：小儿易痉之故，一由于肌肤薄弱，脏腑嫩小，传变最速；一由近世不明六气感人之理，一见外感无论何邪，即与发表。既痉之后，重用苦寒，虽在壮男壮女，二、三十岁，误汗致痉而死者，何可胜数！小儿薄弱，则更多矣。余于医学，不敢自信，然留心此证几三十年，自觉洞彻此理，尝谓六气明而痉必少，敢以质之明贤，共商救世之术也。

【译文】

小儿容易患痉病的原因：其一是由于小儿肌肤薄弱，脏腑娇嫩，形气未充，感受外邪后，传变迅速所致；其二是近代的医生弄不清六淫侵害人体的机理，遇到外感病，不论是感受的哪一种外邪，就用发汗解表法治疗，致使汗出过多，津血伤而发痉病。痉病发作后，又重用苦寒药，像这样用药，就是年龄在二、三十岁的男女青壮年，因为误汗导致痉病死亡的也不知有多少！何况小儿肌肤薄弱，像这样致死的就更多了。我在医学方面，虽然不敢自信，然而我留心观察这一类疾病已近三十年了，自己认为能够彻底的掌握此病的机理，也曾提出过，如医生对六气机理通晓，那么患痉病的人一定会减少，因此大胆地将自己的观点发表于世，与有识之士共同探讨救世济人的医术。

痉病治疗宜选用刚燥性温的药物，瘛病治疗宜选用柔润清凉之品。

痉病瘛病总论

【原文】

《素问》谓太阳所至为痉，少阳所至为瘛。盖痉者，水也；瘛者，火也；又有寒厥、热厥之论最详。后人不分痉、瘛、厥为三病，统言曰惊风痰热，曰角弓反张，曰搐搦，曰抽掣，曰痫、痉、厥。方中行作《痉书》，其或问中所论，亦混瘛而为痉，笼统议论。叶案中治痫、痉、厥最详，而统称痉厥，无瘛之名目，亦混瘛为痉。考之他书，更无分别，前痉病论因之，从时人所易知也。谨按：痉者，强直之谓，后人所谓角弓反张，古人所谓痉也。瘛者，蠕动引缩之谓，后人所谓抽掣、搐搦，古人所谓瘛也。抽掣、搐搦不止者，瘛也。时作时止，止后或数日，或数月复发，发亦不待治而自止者，痫也。四肢冷如冰者，厥也；四肢热如火者，厥也；有时而冷如冰，有时而热如火者，亦厥也。大抵痉、瘛、痫、厥四门，当以寒热虚实辨之，自无差错。仲景刚痉柔痉之论，为伤寒而设，未尝议及瘛病，故总在寒水一门，兼风则有有汗之柔痉，盖寒而实者也；除寒痉外，皆瘛病之实而热者也。湿门则有寒痉有热瘛，有实有虚；热病久耗其液，则成虚热之瘛矣。前列小儿本脏自病一条，则虚热也。产后惊风之痉，有寒痉，仲景所云是也；有热瘛，本论所补是也。总之痉病宜用刚而温，瘛病宜用柔而凉。又有痉而兼瘛，瘛而兼痉，所谓水极而似火，火极而似水也。至于痫证，亦有虚有实，有留邪在络之客邪，有五志过极之脏气，叶案中辨之最详，分别治之可也。瑭因前辈混瘛与痉为一证，故分晰而详论之，以备裁采。

【译文】

《素问》认为：太阳之气盛引起痉病，少阳之气盛引起瘛证。因此痉属寒水为病，瘛属相火为病；同时，书中对寒厥、热厥的论述也很详尽。后代医家将痉、瘛、厥三种病笼统地称之为惊风痰热，或称角弓反张，称搐搦，称抽掣，称痫、痉、厥等等。方中行先生编写了《痉书》，在或问篇中也是将瘛混杂在痉病中，笼统的加以评论。叶天士医案对于痫、痉、厥的论述虽然很详细，也统称为痉厥，而无瘛的病名，也是将瘛证混在痉病中。再参考其它的医书，对这二种病都没有明确的区别。前面我介绍的痉病，也是按这种方式论述的，这是为了让现代的人容易理解、明白。我认为痉，是指筋脉拘急，身体强直，后人称为角弓反张，古人称为痉证。瘛证，是指肢体筋脉濡动牵引拘挛，后人称为抽掣，搐搦，古人称为瘛。临床表现为抽掣、搐搦不止的为瘛。表现抽搐时作时止，停止后数天或数月再发，每次发作不需治疗，抽搐自行停止的，称为痫证。四肢逆冷如冰，称为厥证；四肢热如火的也称为厥；有时冷如冰，有时热如火，还是称为厥。对于痉、瘛、痫、厥四种病，按寒、热、虚、实来辨证，这样，自然就不会出现差错了。张仲景所论述的刚痉和柔痉，是为感受寒邪而立的病名，并没有谈到瘛证，因此都属于太阳寒水类的疾病。如兼风有汗出的称柔痉，也属寒病实证；除寒痉外，其余都属热而实的瘛证。在湿病类有寒痉也有热瘛。有实证，也有虚证，如患温病日久，损耗人体津液，就会形成虚热瘛，产后惊风的痉病，既有张仲景所说的寒痉，也有本书所补充的热瘛。总之，痉病治疗宜选用刚燥性温的药物，瘛病的治疗宜选用柔润清凉之品，对于痉病兼瘛证的，或瘛病而兼痉证的，这就是常说的寒极似火，热极似寒的变证。至于痫证，也有虚实之分，有邪气停留在经络的实证，也有五志过极损伤脏腑的虚证，对于这方面叶氏医案中分析得很详细，临床上可根据不同的情况分别给予治疗。我鉴于前辈将瘛与痉混为一证，所以对这二证进行分析、论述，供后人参考。

六气中只有寒邪致病才不得不用发汗的方法。

六气当汗不当汗论

【原文】

六气六门，止有寒水一门，断不可不发汗者。伤寒脉紧无汗，用麻黄汤正条；风寒夹痰饮，用大小青龙一条。饮者，寒水也，水气无汗，用麻黄甘草、附子麻黄等汤。水者，寒水也，有汗者即与护阳。湿门亦有发汗之条，兼寒者也；其不兼寒而汗自出者则多护阳之方。其他风温禁汗，暑门禁汗，亡血禁汗，疮家禁汗，禁汗之条颇多，前已言之矣。盖伤于寒者，必入太阳，寒邪与寒水一家，同类相从也。其不可不发者何？太阳本寒标热，寒邪内合寒水之气，止有寒水之本，而无标热之阳，不成其为太阳矣。水来克火，如一阳陷于二阴之中，故急用辛温发汗，提阳外出。欲提阳者，乌得不用辛温哉！若温暑伤手太阴，火克金也，太阴本燥标湿，若再用辛温，外助温暑之火，内助脏气之燥，两燥相合，而土之气化无从，不成其为太阴矣，津液消亡，不痉何待！故初用辛凉以救本脏之燥，而外退温暑之热；继用甘润，内救本脏之湿，外敌温暑之火，而脏象化气，本来面目可不失矣。此温暑之断不可发汗，即不发汗之辛甘，亦在所当禁也。且伤寒门中，兼风而自汗者，即禁汗，所谓有汗不得用麻黄。无奈近世以羌活代麻黄，不知羌活之更烈于麻黄也。盖麻黄之发汗，中空而通，色青而疏泄，生于内地，去节方发汗，不去节尚能通能留，其气味亦薄；若羌活乃羌地所生之独活，气味雄烈不可当。试以麻黄一两，煮于一室之内，两三人坐于其侧，无所苦也。以羌活一两，煮于一室内，两三人坐于其侧，则其气味之发泄，弱者即不能受矣。温暑门之用羌、防、柴、葛，产后亡血家之用当归、川芎、泽兰、炮姜，同一杀人利剑，有心者共筹之。

流注于孔窍的津液，具有滋润和保护眼、口、鼻等孔窍作用；渗入于血脉的津液，具有充养和滑利血脉的作用，并成为组成血液的基本物质。

【译文】

风、寒、暑、湿、燥火六气之中，只有寒邪致病，治疗时才不得不用发汗的方法。伤了寒邪，脉象紧、无汗，用麻黄汤治疗正合适；风寒之邪兼夹痰饮，用大青龙汤或小青龙汤治疗。饮是由寒水形成的，寒邪致病，身无汗出，用麻黄甘草汤或附子麻黄汤治疗。水是寒水，身上有汗，就应该保护阳气。湿邪致病也有发汗的记载，这指的是湿兼寒的情况，如湿邪不兼寒邪，出现身上有汗，也多数采用保护阳气的方法。此外，还有风温忌用汗法，暑热禁用汗法，出血者禁用汗法，久患疮疡的人禁用汗法等等，禁汗的情况很多，本书前面已作了简单的介绍。寒邪伤人体，必定会伤及太阳膀胱的经和腑，因为寒邪和寒水同类，同气相求所致。为何一定要用辛温发汗药治疗呢？这是因为太阳膀胱经腑本性属寒，表现为热，寒邪与寒水相合，只有恶寒而无发热，这就不能算是太阳证了。寒水可以制约火邪，唯一的阳气陷入寒水与寒邪二阴之中，就必须急用辛温发汗的药提升阳气外出。要想升提阳气，不用辛温药怎么行呢？如果是温邪或暑邪损伤手太阴肺，这是火邪克伐肺金的表现，太阴本性属燥，表现为湿，假如再用辛温发散的药，既加重了温邪或暑邪，又损伤了脏腑的津液，加重了本脏的燥性，两燥相合，湿土不能气化，而单纯表现为湿象，这也就不能称为太阴了。津液被消灼以至衰亡，怎会不发痉病呢？因此，这类病邪致病，首先用辛凉的药物治疗肺燥，清泄暑热，再用甘润的药，内救本脏津液而外退温暑之热，恢复脏腑的气化功能。因此，温热、暑热致病绝不可发汗，就是不具备发汗作用的辛甘药，也应禁用。伤寒类疾病，兼风邪而自汗的，也应禁汗，这就是“有汗不得用麻黄”的意思。无奈，近代的医师却用羌活代替麻黄，他们不懂得羌活的药性比麻黄更加峻猛。麻黄这种药物，中间是空的，因此有宣通的作用，色青，具有疏泄的功能，生长在内地，去节才能发汗，不去节能通能守，它的气味比较薄；羌活是生长在陕甘宁一带，当地把它叫独活，气味十分雄烈。假如用麻黄一两，在室内煎煮，坐在旁边的人闻不到异常的气味。如果用羌活一两，在室内煎煮，散发出的药味常使旁边的人不能忍受。所以说，温热、暑热类的疾病，用羌活、防风、葛根如同产后失血用当归、川芎、泽兰、炮姜一样，都会造成危害，对于这一类问题，希望与同仁们共同探讨。

疳疾乃因饮食不节所致。

疳 疾 论

【原文】

疳[①]者，干也，人所共知。不知干生于湿，湿生于土虚，土虚生于饮食不节，饮食不节，生于儿之父母之爱其子，惟恐其儿之饥渴也。盖小儿之脏腑薄弱，能化一合者，与一合有半，即不能化，而脾气郁矣。再小儿初能饮食，见食即爱，不择精粗，不知满足，及脾气已郁而不舒，有拘急之象，儿之父母，犹认为饥渴而强与之。日复一日，脾因郁而水谷之气不化，水谷之气不化而脾愈郁，不为胃行津液，湿斯停矣。土恶湿，湿停而脾胃俱病矣。中焦受气，取汁变化而赤，是谓血，中焦不受水谷之气，无以生血而血干矣。再水谷之精气，内入五脏，为五脏之汁；水谷之悍气，循太阳外出，捍卫外侮之邪而为卫气。中焦受伤，无以散精气，则五脏之汁亦干；无以行悍气，而卫气亦馁，卫气馁故多汗，汗多而营血愈虚，血虚故肢体日瘦，中焦湿聚不化而腹满，腹日满而肢愈瘦，故曰干生于湿也。医者诚能识得干生于湿，湿生于土虚，且扶土之不暇，犹敢恣用苦寒，峻伤其胃气，重泄其脾气哉！治法允推东垣、钱氏、陈氏、薛氏、叶氏，诚得仲景之心法者也。疏补中焦，第一妙法；升降胃气，第二妙法；升陷下之脾阳，第三妙法；甘淡养胃，第四妙法；调和营卫，第五妙法；食后击鼓，以鼓动脾阳，第六妙法（即古者以乐侑食之义，鼓荡阳气，使之运用也）；《难经》谓伤其脾胃者，调其饮食，第七妙法；如果生有疳虫，再少用苦寒酸辛，如芦荟、胡黄连、乌梅、史君[②]、川椒之类，此第八妙法，若见疳即与苦寒杀虫便误矣；考洁古、东垣，每用丸药缓运脾阳，缓宣胃气，盖有取乎渣质有形，与汤药异岐，亦第九妙法也。

近日都下相传一方，以全蝎三钱，烘干为末，每用精牛肉四两，作肉团数枚，加蝎末少许，蒸熟令儿逐日食之，以全蝎末完为度，治疳疾有殊功。愚思蝎色青，属木，肝经之虫，善窜而疏土，其性阴，兼通阴络，疏脾郁之久病在络者最良，然其性慓悍有毒。牛肉甘温，得坤土之精，最善补土，禀牡马之贞，其性健顺，既能补脾之体，又能运脾之用。牛肉得全蝎而愈健，全蝎得牛肉而不悍，一通一补，相需成功，亦可备用。一味金鸡散亦妙（用鸡内金不经水洗者，不拘多少，烘干为末，不拘何食物皆加之，性能杀虫磨积，即鸡之脾，能复脾之本性。）小儿疳疾，有爱食生米、黄土、石灰、纸、布之类者，皆因小儿无知，初饮食时，不拘何物即食之，脾不能运，久而生虫，愈爱食之矣。全在提携之者，有以谨之于先；若既病治法，亦惟有暂运脾阳，有虫者兼与杀虫，断勿令再食，以新推陈，换其脏腑之性，复其本来之真方妙。

【注释】

①疳：又称疳证，是泛指小儿因多种慢性疾病而致形体干瘦，津液干枯之证。临床上以面黄肌瘦，毛发焦枯，肚大青筋，精神萎靡为特征。

②史君：药名，即使君子。

【译文】

疳，就是干的意思，这是大家都知道的。只是人们都不明白干是因湿形成，湿是因脾虚而产生，脾虚是由于饮食不节所致，饮食不节又是做父母的因为耽心自己的孩子挨饿、受渴造成的。小儿的脏腑娇嫩，体质薄弱，其脾胃本来只能运化一合量的食物，当父母的硬给一合半，这样就使得饮食不化，导致脾气受困。另外，小儿刚会吃，见食物就爱，既不选择好坏，也不知饱足，直到脾气受困，运化失常，腹胀不适，肢体拘急，这时父母还以为小儿没有吃饱喝足，仍然硬性地要小儿进食。像这样时间一长，脾气郁滞，水谷不能运化，滞留中焦，使脾气更加郁滞，不能为胃运化津液，致使水湿内停。脾土喜燥恶湿，湿邪困阻，将使脾胃发病。中焦脾胃能将饮食化为水谷精微，经过心阳的蒸化，使它变成红色的液体，这就是血。如果中焦脾胃不能受纳水谷，化生精微，那么就不能产生血液，血液就会干枯。再说，水谷产生的精气，洒陈于五脏，成为五脏的津液；水谷精微中的慓悍之气，沿着太阳经外出，抵御外邪的侵袭，这称为卫气。若中焦受伤，脾胃不能转输水谷之精气，因此，五脏的津液亦不足，也就不能产生固护卫外的慓悍之气，致使卫气虚弱，卫气虚，卫表不固，所以多汗出，汗出过多营血更虚，血虚导致肢体日渐消瘦，中焦湿邪停滞不化，气机阻滞则腹部胀满，腹部逐日增大，且肢体更加消瘦，因此说干是因为湿产生的。如果医生的确认识到干是由湿所致，湿是脾土虚所产生，立即采用扶脾土的方法治疗都嫌太迟，怎么还敢妄用苦寒药物峻伤胃气，再次损伤小儿的脾气呢？治疗疳积的方法当推李东垣、钱仲阳、陈文中、薛立斋、叶天士诸位医家，他们对张仲景的疗法，心领神会。以疏化中焦、补益脾胃为第一妙法；以升降胃气为第二妙法；升举清阳、治中气下陷为第三妙法；用甘淡养胃，为第四妙法；调和营卫为第五妙法；调理情志，鼓动脾阳为第六妙法；按《难经》提出的，伤其脾胃，调其饮食为第七妙法；如果生有疳虫、虫积，再少用苦寒酸辛之品，如芦荟、胡黄连、乌梅、使君子、川椒之类杀虫消积这是第八妙法，如果一见疳证就用苦寒杀虫的药物，这是错误的；张洁古、李东垣治疳，常常选用丸药来缓运脾阳，缓宣胃气，这与作用快的汤剂不同，这是第九种妙法。

近来在京城附近相传一首方剂，就是用全蝎三钱，烘干研为细末，每次用精牛肉四两，制成肉丸数枚，加入药末少许，蒸熟后给小儿服用，每天一次，一直至药末用完为止，据说该方治疗小儿疳证有特殊作用。我考虑全蝎色青，属木，为走肝经的虫类药，它的特性善于窜，具有疏通脾土的功能，其性属阴，兼通阴络，脾气郁滞日久，病在络脉的，疗效可能较好。全蝎药性慓悍，有大毒、牛肉甘温，得到坤土的精华，最善于补益脾土，同时牛有类似牡马样的贞烈、柔顺、健行的特性，牛肉既能补益脾脏，又能推动脾的运化，牛肉配全蝎就更能健运，全蝎配牛肉减弱了慓悍之性，二药一通一补，相互为用，相得益彰，可以备用。也可用一味具有消食、磨积、复脾作用的鸡内金治疗，效果会更妙。小儿患疳疾，有的爱吃生米、黄土、石灰、纸布等物，这是因为小儿年幼不懂事，什么东西都吃，致使脾失健运，日久生疳虫，生虫以后，更加爱食各种异物了。这全靠照料小孩的人，应预先注意小儿的饮食卫生；患病后治疗方法也只有暂时温运脾阳，若兼有疳虫，就应配合杀虫药物，绝对不许小儿再乱吃异物，应改变不良的卫生习惯，恢复脾胃的生理功能。

没有君火引动胎毒，就不会发症。

痘证总论

【原文】

《素问》曰：治病必求其本。盖不知其本，举手便误，后虽有锦绣心思，皆鞭长莫及矣。治痘明家，古来不下数十，可称尽善，不比温病毫无把握，尚俟愚陋之鄙论也。但古人治法良多，而议病究未透彻来路，皆由不明六气为病，与温病之源。故论痘发之源者，祇及其半，谓痘证①为先天胎毒，由肝肾而脾胃而心肺，是矣。总未议及发于子午卯酉之年，而他年罕发者何故。盖子午者，君火司天；卯酉者，君火在泉，人身之司君火者，少阴也。少阴有两脏，心与肾也。先天之毒，藏于肾脏，肾者，坎也，有二阴以恋一阳，又以太阳寒水为脏，故不发也，必待君火之年，与人身君火之气相搏，激而后发也。故北口外寒水凝结之所，永不发痘。盖人生之胎毒如火药，岁气之君火如火线，非此引之不发。以是知痘证与温病之发同一类也。试观《六元正纪》所载温厉大行，民病温厉之处，皆君相两火加临之候，未有寒水湿土加临而病温者，亦可知愚之非臆说矣。

【注释】

①痘证：又称痘疮，即天花。是一种病情险恶的毒性传染病，以身发痘疹而命名。

【译文】

《素问》说，治病必求其本。如果不了解疾病发生的根本原因，那必将动手就错，即使后来有再好的方法，也是鞭长莫及无法挽救。古代善于治痘的名家有数十人，他们的医术都称得上是完善的，不像治疗温病的人那样毫无把握，这些尚待我作粗浅的论述。古人治痘的方法虽然很多，但对痘疮的来龙去脉并没有弄清楚，都是因为他们对六气致病的特点和温病的原因还不明白的缘故。所以他们论述痘疮的病因，仅能讲清一部分，说痘疮是由胎毒所致，传变是从肝肾到脾胃，再到心肺，这种说法虽然是对的。但从来没有人谈到，痘疮为何只发生在子午、卯酉之年，其它年分则很少发病。五运六气的学说认为，子午之年君火司天；卯酉之年君火在泉；体内的君火是少阴，少阴包括心和肾。先天的胎毒藏在肾脏，肾属坎水，有两阴顾护一阳，又与属太阳寒水的膀胱互为表里，因此，在正常的情况下藏而不发，如在君火司天之年，外界的火热之气与体内的君火相互搏结，刺激肾中的伏毒，就发生痘疮。所以在冰天雪地的北方，始终都不会发病。体内的胎毒如同火药，当令的君火犹如导火线，如果没有君火引动胎毒，就不会发痘。从这可以看出，痘疮与温病发病的机理相似。请看《素问·六元正纪大论》中，凡是温疫大流行，百姓患温病，都是在君、相两火加临的时候，没有寒水湿土加临而患温病的，从这可以看出我的观点并不是我主观提出来的。

若用解表药治痘疮，其后果将不堪设想。

痘证禁表药论

【原文】

表药者，为寒水之气郁于人之皮肤经络，与人身寒水之气相结，不能自出而设者也。痘证由君火温气而发，要表药何用？以寒水应用之药，而用之君火之证，是犹缘木而求鱼也。缘木求鱼，无后灾，以表药治痘疮，后必有大灾。盖痘以筋骨为根本，以肌肉为战场，以皮肤结痂为成功之地。用表药虚表，先坏其立功之地，故八、九朝灰白塌陷，咬牙寒战，倒靥[①]黑陷之证，蜂起矣。古方精妙不可胜数，惟用表药之方，吾不敢信。今人且恣用羌、防、柴、葛、升麻、紫苏矣。更有愚之愚者，用表药以发闷证是也。痘发内由肝肾，外由血络，闷证有紫白之分：紫闷者，枭毒把持太过，法宜清凉败毒，古用枣变百祥丸，从肝肾之阴内透，用紫雪芳凉，从心包之阳外透；白闷则本身虚寒，气血不支之证，峻用温补气血，托之外出，按理立方，以尽人力，病在里而责之表，不亦愚哉！

【注释】

①靥：（音 yè 页）酒窝。

【译文】

解表药是针对寒邪郁闭人体皮肤经络，与体内的寒气搏结，邪气不能自行外出而设立的。痘证是由君火温气引发的，使用解表药又有什么作用呢？用治疗寒水病证的药物，来治由君火引起的病证，这就好像爬到树上去捉鱼一样。上树捉鱼虽不可得，但无后患；若用解表药治痘疮，其后果将不堪设想。痘疮由筋骨外出，从肌肉透发出来，最后在皮肤上结痂。误用表药使肌表受损，这样首先破坏了赖以祛邪的根基，所以痘疮在八、九天的时候，症现疮色灰白、疮顶塌陷，牙关紧闭，全身寒战，甚至痘疮不结痂反呈溃烂，疮枯变黑等危急重症纷纷出现。古代治疗痘疮好的方法和精妙的方剂虽然很多，但用解表药治疗痘疮，我不敢相信。现在的医生妄用羌活、防风、柴胡、葛根、升麻、紫苏等辛温解表药。更为严重的是，庸医用解表药来透发隐约不显的痘疮闷证。痘疮从肝肾外发，从血络外出，闷证有紫色和白色两种：痘疮色紫的闷证，是热毒太甚，治疗宜用清凉败毒的方法，古时采用枣变百祥丸治疗，使痘疮的毒邪从肝肾的阴分由内向外透出，用芳香清凉的紫雪丹，使痘毒从心包的阳分向外透出；痘疮色白的闷证，属体质虚寒，气血不足的证型，治疗应重用温补气血的方法，托毒外出，依据病情，拟定处方，尽力救治，病邪在里面用解表药，岂不是太愚蠢吗？

治疗痘证一定要在七日之前，祛除感受的外邪。

痘证初起用药论

【原文】

痘证初起，用药甚难，难者何？预护之为难也。盖痘之放肥，灌浆，结痂，总从见点初立根基，非深思远虑者不能也。且其形势未曾显张，大约辛凉解肌，芳香透络，化浊解毒者，十之七八；本身气血虚寒，用温煦保元者，十之二三。尤必审定儿之壮弱肥瘦，黑白青黄，所偏者何在？所不足者何在？审视体质明白，再看已未见点，所出何苗？参之春夏秋冬，天气寒热燥湿，所病何时，而后定方。务于七日前先清其所感之外邪，七日后只有胎毒，便不夹杂矣。

【译文】

痘证初起时，用药很困难，主要是事先难以发现，不能及时用药进行预防。痘疮从起胀，灌浆，结痂，总是从见点时的基础出发，所以不是谨慎细致，认真负责，深思熟虑的医生不能及时发现，妥善处理。如痘疮见点尚不明显，采用辛凉解肌，芳香透络，化浊解毒治疗的，约占十分之七八；对气血虚寒体质的患者，而用温煦保元的方法治疗的，只占十分之二三。尤其要注意小儿体质的强弱，胖瘦，皮肤的黑、白、青、紫，偏于阴还是偏于阳，气血何者不足？明确了这些，再观察见点的情况，所现的痘疮为何类型，再结合春、夏、秋、冬，寒、热、燥、湿的季节气候，选好治法，制定方药。一定要在七日以前，祛除感受的外邪，这样七日以后仅剩胎毒，不夹杂其它病邪，治疗也就容易了。

治疗痘证的名医首推钱仲阳、陈文中二位先生。

治痘明家论

【原文】

治痘之明家甚多，皆不可偏废者也。若专主于寒、热、温、凉一家之论，希图省事，祸斯亟矣。痘科首推钱仲阳、陈文中二家，钱主寒凉，陈主温热，在二家不无偏胜，在后学实不可偏废。盖二家犹水火也，似乎极不同性，宗此则害彼，宗彼则害此。然万物莫不成于水火，使天时有暑而无寒，万物焦矣，有寒而无暑，万物冰矣，一阴一阳之谓道，二家之学，似乎相背，其实相须，实为万世治痘立宗旨。宗之若何？大约七日以前，外感用事，痘发由温气之行，用钱之凉者十之八九，用陈之温者一二。七日以后，本身气血用事，纯赖脏真之火，炼毒成浆，此火不外鼓，必致内陷，用陈之温者多，而用钱之凉者少也。若始终实热者，则始终用钱；始终虚寒者，则始终用陈；痘科无一定之证，故无一定之方也。丹溪立解毒，和中、安表之说，亦最为扼要。痘本有毒可解，但须解之于七日之前，有毒郁而不放肥，不上浆者，乌得不解毒哉！如天之亢阳不雨，万物不生矣。痘证必须和中，盖脾胃最为吃紧，前所谓以中焦作战场也。安表之论，更为妙谛，表不安，虽至将成犹败也，前所谓以皮肤结痂，为成功之地，而可不安之也哉！安之不暇，而可混发以伤之也哉！至其宗钱而非陈，则其偏也。万氏以脾胃为主，魏氏以保元为主，亦确有见识，虽皆从二家脱化，而稍偏于陈。费建中《救偏琐言》，盖救世人不明痘之全体大用，偏用陈文中之辛热者也；书名救偏，其意可知，若专主其法，悉以大黄、石膏从事，则救偏而反偏矣。胡氏辄投汗下，下法犹有用处，汗法则不可也。翁仲仁《金镜录》一书，诚为痘科宝筏，其妙处全在于看，认证真确，治之自效，初学必须先熟读其书，而后历求诸家，方不误事。后此翟氏、聂氏，深以气血盈亏，解毒化毒，分晰阐扬钱氏、陈氏底蕴，超出诸家之上，然分别太多，恐读者目眩。愚谓看法必宗翁氏，叶氏有补翁仲仁不及之条；治法兼用钱、陈，以翟氏、聂氏为钱、陈之注，参考诸家可也。近日都下盛行《正宗》一书，大抵用费氏、胡氏之法而推广之，恣用大汗大下，名归宗汤，石膏、大黄始终重用，此在枭毒太过者则可，岂可以概治天下之小儿哉！南方江西江南等省，全恃种痘，一遇自出之痘，全无治法；医者无论何痘，概禁寒凉，以致有毒火者，轻者重，重者死，此皆偏之为害也。

【译文】

治疗痘证的名家很多，对于他们的观点切不可偏废。如贪图简单省事，只偏信寒凉，或者温热一家，那将祸害无穷。治疗痘证的名医首推钱仲阳、陈文中二位先生。钱仲阳主张用寒凉法治痘证，而陈文中却主张用温热法，两家各有所长，以后学医的人不可偏信一家而否定一家。两人的观点，如同水火，性质极不相同，如果盲目遵从一家，就会伤害另一家。自然界的万物都是由水火构成，假如天气只有暑热而无寒凉，那么万物就会焦枯，只有寒凉而无暑热，万物都会结冰。阴阳是事物变化的规律，两家的观点，表面看似乎相反，其实是互补的，这两种治法为后世治疗痘疮制定了原则。应如何遵循这些原则呢？一般来说，痘疮在七天以前，外邪偏重，温热明显，用钱仲阳的寒凉法治疗的约占十分之八九，而用陈文中温热法治疗的仅占十分之一二。七天以后，痘疮的变化以本身的气血为主，完全依靠五脏的真火，炼毒成浆，如果真火不足，不能灌浆，必定会导致邪毒内陷，这时多采用陈文中的温热法治疗，而用钱仲阳的寒凉法治疗的只有少数。如病变从始至终都属实热的，就始终用钱氏的寒凉法；如病变一直都属虚寒的，就始终用陈氏的温热法。痘证没有固定不变的临床表现，所以也没有固定的方剂进行治疗。朱丹溪治疗痘证，主张用解毒、和中、安表的方法，此提法简明扼要。痘证本来就应清热解毒，只是必须在痘疮发出后的前七天，此时邪毒郁结，痘疮不起胀，不灌浆，怎么能不解毒呢？就好像天气炎热，久晴无雨，万物不能生长一样。治痘疮也必须和中，调和脾胃当然重要，正如前面提到的，中焦是正邪相搏的战场。安表的观点最为精妙，如表不安，尽管即将要成功，结果还会失败，前面提到皮肤结痂时是成功的表现，因此，怎能不安表呢？安表惟恐不及时，怎么能乱用发表而损伤肌表呢？只是丹溪效仿钱氏而否定陈氏，这是他的偏见。又如万密斋以调理脾胃为主，魏氏以保护元气为主，这些也确实是有见地的，尽管都是从钱、陈二家的观点变化而来，然而仍稍倾向于陈氏。另外，费建中在《救偏琐言》中，想纠正社会上的医生对痘疮的机理认识不清，倾向于用陈文中的辛热法治疗的弊病，书名虽称为救偏，他的用意是纠正治痘疮纯用辛温的错误顷向，如果专门用他的方法，全部采用大黄、石膏之品来治疗痘疮，那么想救偏反而更偏。又如胡氏常常采用汗法、下法治疗痘疮，下法对痘疮治疗还有些作用，至于汗法，根本不可应用。翁仲仁编写了《金镜录》一书，确实称得上是痘科的好书，它奥妙之处在于诊断、辨证准确，治疗上自然就会有效果，初学的人，必须首先熟读这本书，然后再参考其它医家的观点，这样才不致误事。此后，翟良、聂久吾等医家以调补气血，解毒，化毒为主治疗痘疮，进一步阐明并发扬了钱氏、陈氏的观点，这是其他医家无法相比的，但是，他们的辨析过于复杂，又使读者感到眼花缭乱，无可适从。我认为痘证的诊断可参考翁氏的《金镜录》，叶天士也有补充翁仲仁不足的地方。痘疮的治疗，可采用钱氏、陈氏的方法，把翟氏、聂氏的观点作为钱氏、陈氏的注解，再参考其他各家的观点就可以了。最近，京城一带广泛流传《正宗》这部书，其内容大致是按费氏、胡氏观点进行发挥的，任意用大汗、大下的方法治疗痘疮，书中称为归宗汤的方子，始终重用石膏、大黄，这对于热毒炽盛的尚适用，怎么能用这样的方法治疗所有小儿痘疮呢？南方的江西、江南等地，全都用种痘来预防痘疮，但一碰上自发的痘疮就没有办法治疗了；如果医生不管是何证型的痘疮，一律禁用寒凉药，这样会导致火毒由轻转重，由重致死，这都是由于过于偏信造成的祸害。

相传痘疮发出稀少，不服药也会自愈，不可尽信。

痘疮稀少不可恃论

【原文】

相传痘疮稀少，不过数十粒，或百余粒，根颗圆绽者，以为状元痘，可不服药。愚则以为三、四日间，亦须用辛凉解毒药一帖，无庸多服；七、八日间，亦宜用甘温托浆药一帖，多不过二帖，务令浆行满足。所以然者何？愚尝见稀少之痘，竟有浆行不足，结痂后患目，毒流心肝二经，或数月，或半年后，烦躁而死，不可救药者。

【译文】

相传痘疮发出稀少，仅有数十粒，或者百余粒，颗粒圆整、光滑、饱满的，称为“状元痘”，不服药也会自愈。我认为在痘疮初起的三至四天内，还是应该服用辛凉解毒的药一付，不需多服：在七至八天时，宜用甘温托毒的药一付，最多也不超过二付，使痘疮起胀，灌浆托毒外出。之所以这样的原因是：我曾经碰见痘疮稀少，但灌浆不足的病人，在结痂后又患眼病，毒邪进人心肝二经，有的经过几个月，或者半年后，出现烦躁，救治无效而死亡。

十二天是痘疮结痂的时间，但也并非是固定不变的。

痘证限期论

【原文】

痘证限期，近日时医，以为十二日结痂之后，便云收功；古传百日内，皆痘科事也。愚有表侄女，于三、四月间出痘，浆行不足，百日内患目，目珠高出眼外，延至次年二月方死，死时面现五色，忽而青而赤而黄而白而黑，盖毒气遍历五脏，三昼夜而后气绝。至今思之，犹觉惨甚，医者可不慎哉！十二日者，结痂之限也；况结痂之限，亦无定期。儿生三岁以后者，方以十二日为准；若初周以后，只九日限耳；未周一岁之孩，不过七日限。

【译文】

痘疮的病程，近代医生认为，只有十二天，痘疮结痂就算好了。古人认为，百日之内所发生的疾病，都与痘疮有关。我有一个表侄女，在三至四月间出痘疮，由于起胀灌浆不足，邪毒内入脏腑，在百天之内又患眼病，出现眼珠外凸，一直拖到第二年的二月才死，死的时候，面色忽然变青，忽而呈红色，时而变为黄色、白色、黑色，这是毒气传遍五脏所致，经过三天三夜，最后才断气。时至今日，想到这件事，仍觉得凄惨。作为一名医生，怎能不谨慎小心行事呢？十二天是痘疮结痂的时间，但也并非是固定不变的。如三岁以上的小儿，才以十二天为期限；刚满周岁的，仅只有九天的期限；未满周岁的小儿才不到七天的期限。

治疗痘疮而没有后遗症，主要是使痘疮浆水充足。

行浆务令满足论

【原文】

近时人心不古，竞尚粉饰，草草了事。痘顶初浑，便云浆足，病家不知，惟医是听。浆不足者，发痘毒犹可医治；若发于关节隐处，亦致丧命，或成废人；患目烦躁者，百无一生，即不死而双目失明矣。愚经历不少，浆色大约以黄豆色为准，痘多者腿脚稍清犹可。愚一生所治之痘，痘后毫无遗患，无他谬巧，行浆足也。近时之弊，大约有三：一由于七日前过用寒凉，七日后又不知补托，畏温药如虎，甚至一以大黄从事，此用药之不精也；二由于不识浆色，此目力之不精也；三由于存心粉饰，心地之不慈也。余存心不敢粉饰，不忍粉饰，口过直而心过慈，以致与世不合，目击儿之颠连疾苦而莫能救，不亦大可哀哉！今作此论，力矫时弊，实从数十年经历中得来。见痘后之证，百难于痘前。盖痘前有浆可上，痘后无浆可行；痘前自内而外出，外出者顺，痘后自外而内陷，内陷者逆也。毒陷于络，犹可以法救之；毒陷于脏而脏真伤，考古竟无良法可救。由逆痘而死者，医可以对儿；由治法不精，而遗毒死者。其何以对小儿哉？阅是论者，其思慎之于始乎！

【译文】

现在的人不如古人待人诚恳，仅仅只注重外表，对疾病的治疗，草草了事。当痘疮顶部刚出现浑浊，就说浆已灌足，家属不了解，只听医生的意见。痘疮灌浆不足，如果痘毒能够透发的，还可以治疗，如果痘毒发在关节或者隐蔽的地方，病重的可导致丧命，病轻的可变残废。如果痘疮合并眼部疾病，而且烦躁，百个病人中难有一个存活，侥幸不死，也会导致双目失明。我在临床实践中，这种情况遇到过很多，痘疮中痘浆颜色以黄豆色为正常，痘疮出的较多，腿脚部位痘浆清稀，还可以治愈。我一生中，所治疗的痘疮，病后没有后遗症，这没有什么技巧，主要是使痘疮浆水充足。现在医生治痘，有三大弊端，第一是痘疮外发后的前七天，过多地用寒凉药物，七天以后，又不知用托补的方法，怕用温药如同怕老虎那样，甚至一直用大黄治疗，这是用药不精确的缘故；第二是不善于辨别痘疮灌浆后的颜色，这是诊断不当的缘故；第三是个别医生用谎言大话欺骗病家，治疗时敷衍塞责，这是居心不良的表现。我一向对病家不敢马虎，也不忍心草率从事，只是言语过于直爽，心地却很善良，与当今社会风气不融洽，当我目睹小儿遭受病痛的折磨，而无法救治时，深感悲哀！今天，特作本文，想尽最大的努力矫正时代弊端，这些观点都是我通过几十年的临床经验而获得的。同时，我认为痘疮后的临床症状比痘前的临床症状难治百倍。这是因为在痘疮前其痘毒可通过灌浆向外托出，在痘疮后，脓疮逐渐干结，其痘毒不能向外提出。一般来说，痘前邪毒由内向外为顺，痘后邪毒自外内陷为逆。若邪毒陷于经络，还可以设法救治；若邪毒内陷于脏，损伤内脏的真气，自古以来就没有什么好方法可以救治了。若因痘疮逆证导致小儿死亡的，作为一个医生可面对死者而问心无愧；若是因为医生的医术不精，邪毒内陷致小儿死亡的，又如何面对死去的小儿呢？阅读这篇文章的读者，应该考虑到痘证的开始就要慎重的对待。

懂得六气致病的规律，疹的治疗就并不困难。

疹　论

【原文】

若明六气为病，疹不难治。但疹之限期最迫，只有三日。一以辛凉为主，如俗所用防风、广皮、升麻、柴胡之类，皆在所禁。俗见疹必表，外道也。大约先用辛凉清解，后用甘凉收功。赤疹误用麻黄、三春柳等辛温伤肺，以致喘咳欲厥者，初用辛凉加苦梗、旋覆花，上提下降，甚则用白虎加旋覆、杏仁；继用甘凉加旋覆花以救之；咳大减者去之。凡小儿连咳数十声不能回转，半日方回如鸡声者，千金苇茎汤合葶苈大枣泻肺汤主之；近世用大黄者，杀之也。盖葶苈走肺经气分，虽兼走大肠，然从上下降，而又有大枣以载之缓之，使不急于趋下；大黄则纯走肠胃血分，下有形之滞，并不走肺，徒伤其无过之地故也。若固执病在脏泻其腑之法，则误矣。

【译文】

如果懂得六气致病的规律，疹的治疗并不困难。可是疹的病程最短，只有三天。刚开始时，用辛凉为主进行治疗，民间常用防风、广皮、升麻、柴胡之类的药物，都应禁用。习惯上见到疹就用表药，这是外行的做法。疹的治疗，大概是先用辛凉清解的方法，再用甘凉清热养阴的治法收功。身出红疹，误用了麻黄、三春柳等辛温药，导致肺受伤，出现咳嗽、气喘，严重时还可出现痉厥。初起用辛凉的药物加苦桔梗、旋覆花，一升一降调理气机；热甚时用白虎汤加旋覆花、杏仁；接着用甘凉药养阴清热，加旋覆花宣肺止咳。咳嗽基本治愈后，减去旋覆花。凡是小儿连续不断地咳，几十声不停，最后伴有鸡叫声的，用千金苇茎汤合葶苈大枣泻肺汤治疗；最近有医生用大黄治这种病，近似杀人，祸害无穷。葶苈子以走肺经气分为主，兼走大肠，能降气，方中又用大枣缓和葶苈子下逐的药性，减轻泻肺的作用；大黄是纯走肠胃血分的药，攻下有形的燥屎，并不走肺经，用它只会白白地损伤正气。如果死守“病在脏，泻其腑”的治则，这是错误的。

假如兼有一点点外邪，就不能使用泻白散。

泻白散不可妄用论

【原文】

钱氏制泻白散，主用桑白皮、地骨皮、甘草、粳米，治肺火皮肤蒸热，日晡尤甚，喘咳气急，面肿热郁肺逆等症。历来注此方者，只言其功，不知其弊。如李时珍以为泻肺诸方之准绳，虽明如王晋三、叶天士，犹率意用之。愚按：此方治热病后与小儿痘后，外感已尽真气不得归元，咳嗽上气，身虚热者，甚良；若兼一毫外感，即不可用。如风寒、风温正盛之时，而用桑皮、地骨，或于别方中加桑皮，或加地骨，如油入面，锢结而不可解矣。考《金匮》金疮门中王不留行散，取用桑东南根白皮以引生气，烧灰存性以止血，仲景方后自注云：小疮即粉之，大疮但服之，产后亦可服，如风寒，桑根勿取之。沈目南注云：风寒表邪在经络，桑根下降，故勿取之。愚按：桑白皮虽色白入肺，然桑得箕星之精，箕好风，风气通于肝，实肝经之本药也。且桑叶横纹最多而主络，故蚕食桑叶而成丝。丝，络象也；桑皮纯丝结成象筋，亦主络，肝主筋，主血，络亦主血，象筋与络者，必走肝，同类相从也。肝经下络阴器，如树根之蟠结于土中；桑根最为坚结，诗称“彻彼桑土”，《易》言“系于苞桑”是也。再按：肾脉之直者，从肾上贯肝膈，入肺中，循喉咙，夹舌本；其支者，从肺出络心，注胸中。肺与肾为子母，金下生水。桑根之性，下达而坚结，由肺下走肝肾者也。内伤不妨用之，外感则引邪入肝肾之阴，而咳嗽永不愈矣。吾从妹八、九岁时，春日患伤风咳嗽，医用杏苏散加桑白皮，至今将五十岁，咳嗽永无愈期，年重一年，试思如不可治之嗽，当早死矣，如可治之嗽，何以至四十年不愈哉？亦可以知其故矣。愚见小儿久嗽不愈者，多因桑皮、地骨，凡服过桑皮、地骨而嗽不愈者，即不可治，伏陷之邪，无法使之上出也。至于地骨皮之不可用者，余因仲景先师风寒禁桑皮而悟入者也。盖凡树木之根，皆生地中，而独枸杞之根，名地骨者何？盖枸杞之根，深入黄泉，无所终极，古又名之曰仙人杖，盖言凡人莫得而知其所终也。木本之入下最深者，未有如地骨者，故独异众根，而独得地骨之名。凡药有独异之形，独异之性，得独异之名者，必有独异之功，亦必有独异之偏胜地。地骨入下最深，禀少阴水阴之气，主骨蒸之劳热，力能至骨，有风寒外感者，而可用之哉！或曰：桑皮、地骨，良药也，子何畏若是？余曰：人参、甘草，非良药耶？实证用人参，中满用甘草，外感用桑皮、地骨，同一弊也。

【译文】

泻白散是钱乙制定的，方中的药物有桑白皮、地骨皮、甘草、粳米，主治肺热，皮肤蒸热，午后热势更重，咳嗽，气喘，面部浮肿，肺经热郁，肺气上逆等症候。历代注释此方的医家，只介绍它的功效，没有人指出它的不足。如李时珍就认为泻白散是泻肺的各种方剂中的准绳，就像王晋三、叶天士这些高明的医生，治咳喘也经常使用。我认为本方治疗外感热病后和小儿痘疮后期，外感已经除尽，正气尚未恢复，导致咳嗽，气喘，身体虚热的病症，疗效明显，假如兼有一点点外邪，就不能使用。如果风寒、风热等外邪旺盛的时候，用了桑白皮、地骨皮，或者在其它的方剂中加上桑白皮或者地骨皮，就好像油加入面粉中，互相结合，不能分开。考证《金匮要略》治外伤病的王不留行散，用桑白皮引导生发之气，烧灰存性用来止血，张仲景在王不留行散的后面自己注释说：疮面小的就用粉剂外敷，疮面大的就要口服，妇人生产以后也可以服食，如果感受了风寒，就不能用桑白皮。沈目南注释说：风寒之邪容易伤及肌表经络，桑白皮主降，所以不能用。我认为桑白皮虽然颜色是白的，能入肺经，但是桑白皮汲取了箕星的精气，箕属风，风气与肝相通，它实际上是肝经的药物。另外，桑叶横纹最多，能通络，主治经络的病，桑蚕以桑叶为食，吐出的丝像脉络一样，桑白皮的纤维如同丝络互相交织，形像筋，因此也主治经络的病。肝主筋，藏血，经络主行血，桑白皮形同经络，其作用也会走肝经，这是同类相从的缘故。厥阴肝经从下向上循行时连系阴器，就像树根蟠结在土中。桑树根最坚硬，《诗经》中说“彻彼桑土”，《周易》谓“系于苞桑”，这些都是指桑根坚硬。另外，足太阴肾经向上直行的经脉，从肾连肝，穿过膈膜进入肺，上循咽喉，行于舌体的两旁；它的支脉，从肺发出，络心脏，注入胸中。肺为金，肾主水，金能生水。桑树根的特点是走下，而且坚硬，从肺经而入肝肾。内伤杂病可用桑白皮，外感热病用它就会引邪深入肝肾，导致咳嗽长期不愈。我的堂妹八、九岁的时候，春天患伤风咳嗽，医生用杏苏散加桑白皮治疗，到现在将近五十岁了，咳嗽一直未好，而且一年比一年加重。设想，如果是不治之症，应早死了，属可治的病，为何经过了四十多年咳嗽不好呢？这是因误用了桑白皮的缘故。我遇到小儿长期咳嗽，治不好，多数是因为用过桑白皮、地骨皮，导致伏邪深陷，无法外出。外感时不用地骨皮，这是我从先师张仲景论述外感风寒不能用桑白皮的道理中领会到的。凡是树根，都长在地下，只有枸杞根，称之为地骨是什么原因呢？因为枸杞根长得很深，犹入黄泉，古人称它为“仙人杖”，大概是一般的人不知它的终端。木本植物的根入土最深的未过于地骨，它与其它的根不一样，故独有“地骨”的名字。大凡药物中有奇异的形状，特异的药性，独特的名称，必定有特殊的功能。地骨入土最深，禀承少阴肾的寒水之气，主治骨蒸潮热，作用能达筋骨，有风寒外感的病人怎么能用呢？有人说：桑白皮、地骨皮是好药，你为何这样害怕？我说人参、甘草不是好药吗？实证用人参、胃脘胀满用甘草，与外感病用桑白皮、地骨皮对人体的危害都是一样的。

药物没有好与坏的区别，只要适合病情的就是好药。

万物各有偏胜论

【原文】

无不偏之药，则无统治之方。如方书内所云：某方统治四时不正之气，甚至有兼治内伤产妇者，皆不通之论也。近日方书盛行者，莫过汪讱庵《医方集解》一书，其中此类甚多，以其书文理颇通，世多读之而不知其非也。天下有一方而可以统治四时者乎？宜春者即不宜夏，宜春夏者更不宜秋冬。余一生体认物情，只有五谷作飰，可以统治四时饿病，其他未之闻也。在五谷中尚有偏胜，最中和者莫过饮食，且有冬日饮汤，夏日饮水之别，况于药乎！得天地五运六气之全者，莫如人，人之本源虽一，而人之气质，其偏胜为何如者？人之中最中和者，莫如圣人，而圣人之中，且有偏于任，偏于清，偏于和之异。千古以来不偏者，数人而已。常人则各有其偏，如《灵枢》所载阴阳五等可知也。降人一等，禽与兽也；降禽兽一等，木也；降木一等，草也；降草一等，金与石也；用药治病者，用偏以矫其偏。以药之偏胜太过，故有宜用，有宜避者，合病情者用之，不合者避之而已。无好尚，无畏忌，惟病是从。医者性情中正和平，然后可以用药，自不犯偏于寒热温凉一家之固执，而亦无笼统治病之弊矣。

【译文】

自然界没有无偏性的药物，所以没有治一切疾病的方剂。如果说某张处方能笼统治疗四季不同气候产生的病邪，甚至还可兼治内伤杂病和妇科病，这都是不切实际的认识。近来方剂书中最受欢迎的是汪讱庵的《医方集解》，书中这样的论点很多。因为此书文理通顺，社会上很多人都读，却不知道其中的不足。世上难道有一张处方能统治四时一切外感病吗？适宜治疗春季疾病的方剂，就不宜治疗夏季疾病；适宜治疗夏季疾病的方剂，就不宜治疗秋冬的疾病。我研究物情一辈子，认为只有五谷做的食物可以笼统治疗四时的饥饿病，除此以外，再也没有听说过其它的方剂能统治四时的病。就是五谷中也有性味的偏胜，最平和的要算汤水了，也有冬天喝开水，夏天喝凉水的不同，何况是药物呢？禀承五运六气最全的是人，人虽然本源相同，但每个人的气质，身体的情况不一样，最具中和之性的是圣人。从古到今，没有偏胜的人只有几个，一般的人都有偏性，如《灵枢》中记载的阴阳五种人就可知晓了。比人低一等的是禽和兽，比禽兽低一等的是树木，比树木低一等的是草，比草低一等的是金石。用药物治病，就是用药物的偏性纠正疾病所造成的偏胜。药物都有偏胜太过的情况，所以有宜用和忌用的，适合病情需要的就用它，不适合病情的就避开它。药物没有好与坏的区别，只要适合病情的就是好药。医生性情中正和平，然后才可用药，就不会犯偏信寒、热、温、凉一家的错误，也不会有用一方统治多种疾病的弊端。

这里特地加以补充药物的形体和生、长、化、收、藏的关系。

草木各得——太极论

【原文】

古来著本草者，皆逐论其气味性情，未尝总论夫形体之大纲，生长化收藏之运用，兹特补之。盖芦主生，干与枝叶主长，花主化，子主收，根主藏，木也；草则收藏皆在子。凡干皆升，芦胜于干；凡叶皆散，花胜于叶；凡枝皆走络，须胜于枝；凡根皆降，子胜于根；由芦之升而长而化而收，子则复降而升而化而收矣。此草木各得——太极之理也。

愚之学，实不足以著书，是编之作，补苴罅漏而已。末附二卷，解儿难、解产难，简之又简，只摘其吃紧大端，与近时流弊，约略言之耳。览者谅之。

【译文】

从古到今，著述本草的医家，都只讨论每味药物的气味和药性，从来没有人论述过药物的形体和生、长、化、收、藏的关系，这里特地加以补充。一般来说，木本植物，它的芦头主生，干与枝叶主长，花主化，子主收，根主藏；草本植物，收与藏都是子。凡是干都主升，而芦头上升的作用比子还强；凡是叶都能散，而花散邪作用更胜于叶；凡是枝都走络脉，而须更优于枝；凡是根都主降，子的沉降作用比根更强；由芦头开始升、长、化、收，子又具有降、升、化、收的禀性。这样永不息止的变化，既符合阴阳升降的规律，又符合太极有阴阳两仪的道理。

我的学识确实没有著书立说的能力，这本书仅只补充前贤的不足之处罢了，尾附的二卷，解儿难、解产难，论述十分简单，只是选择主要之处加以说明，以纠正时下流行的谬误，不足之处请读者谅解。

《温病条辨通俗讲话》（温热病的辨证纲领与治疗原则第三讲、第七讲）

刘景源

在第一讲中已经讲过，《温病条辨》的结构特点是以三焦为纲，病名为目，把六经辨证和卫气营血辨证穿插于三焦各病之中的辨证论治体系。书中的三焦辨证，是用来划分病变部位，把温病分为上焦温病、中焦温病、下焦温病三类不同的证候群，并标示出温病由上至下传变的内在联系。病名分类的目的，是根据病变的性质，把多种不同名称的温病分为温热病与湿热病两大类别。六经辨证，是用来判定病变所在的脏腑经络，从而补充三焦辨证的不足，二者相结合，对具体病证作出明确的定位诊断。卫气营血辨证的作用，是用来划分病变浅深轻重的四个不同阶段。细读《温病条辨》一书，可以明显地看出，书中的温热病是在三焦辨证与六经辨证相结合作出定位诊断的基础上，以卫气营血四个阶段来分别辨治的。也就是说，在《温病条辨》中，是以卫气营血辨证作为温热病的辨证纲领的。

一、温热病的辨证纲领——卫气营血辨证

卫气营血辨证是清代著名温病学家叶天士所创立的温病辨证纲领。叶氏按温病发展过程中对人体损伤的部位与机制的不同，把温病划分为卫、气、营、血四个阶段，全面地揭示了温病由表入里、由浅入深、由轻转重、因实致虚、由功能失常到实质损伤的传变规律。叶氏虽然在《温热论》中提出了卫气营血辨证的理论体系，但在文章中对卫、气、营、血四个阶段的各种证候并未做详细讲述，所以吴鞠通说他："立论甚简，但有医案散见于杂证之中，人多忽之而不深究。"吴氏在叶天士卫气营血辨证理论的指导下，撷取叶氏《临证指南医案》中有关温病验案的精华，结合自己的丰富实践经验，在《温病条辨》三焦篇中，列出了卫、气、营、血四个阶段的各种具体证候，使卫气营血辨证更为具体化，使后人更容易学习掌握。卫气营血辨证，是依据温热邪气对人体卫、气、营、血的损伤而产生的各种证候而创立的辨证纲领，它是以卫、气、营、血的生理概念为基础，以生理功能失常所产生的病理变化为依据而构建的辨证体系。所以，要掌握卫气营血辨证的内容，必须首先掌握卫、气、营、血的生理概念，在此基础上，再进一步掌握卫气营血证候的病机与证候特点、卫气营血证候的传变规律及其相互关系。

1. 卫气营血的生理概念

卫气营血都是构成人体和维持人生命活动的基本物质，卫与气、营与血之间，卫气与营血之间在生理上都有着密切联系，下面简要地讲述它们各自的概念和相互关系。

（1）卫

卫，是指卫气，它是循行于人体周身，内而胸腹、肓膜，外而肌肉、皮毛，对人体各部位起温煦和保卫作用，主司腠理、毛孔的开合，从而调节体温并抵御外邪侵袭的阳气。可以说，卫气的生理功能就是人体一身之气对人体温煦、保卫功能的具体体现。

（2）气

气，是指人体的一身之气，它由受之于父母与生俱来的先天之气、饮食物中的水谷之气和自然界的清气三者相互结合而生成，它提供各脏腑活动的动力而产生脏腑功能。可以说，气就是正气、阳气，又称为真气、原气或真元之气，它是人体生命活动的动力，它的生理功能也就是全身各脏腑功能活动的外在反应。

（3）营

营，是血中之气和血中津液的统称，它来源于水谷精微，运行于经脉之中，通于心，是血液的组成成分。血中之气有推动血液运行的功能，称为"营气"；血中津液有营养人体和化生血液的功能，称为"营阴"。

（4）血

血，是指血液，它由水谷精微和肾精所化生，循经脉运行于周身，其生理功能是营养和滋润人体。

2. 卫气营血证候的病机与证候特点

温热邪气侵袭人体而发生的温热病，一般初起先侵犯体表，导致人体卫外功能失常；进而邪气入里，侵犯脏腑，导致脏腑功能失常，再深入发展，则热入血脉，灼伤营阴，进而耗血动血，损伤血液。

按照卫气营血辨证，可以把温热病的发展过程分为卫分证候、气分证候、营分证候、血分证候四大类别，也就是说，温热病的发展过程可以划分为温热邪气伤卫、伤气、伤营、伤

血四个阶段。

（1）卫分证候

卫分证候，简称卫分证，是温热邪气由口、鼻、皮毛侵袭肺系，导致人体卫外功能失常，卫外失司的阶段，因为病在表，所以它是温热病的初期，也称初起阶段。其证候特点是：发热，微恶风寒，头痛，咳嗽，口微渴，无汗或少汗，舌边尖红苔薄白，脉浮数。

（2）气分证候

气分证候，简称气分证，是温热邪气入里，侵犯脏腑，导致脏腑功能失常的阶段。气分证初起，脏腑功能往往呈现亢奋状态，称为气分实证，气分证后期，由于高热耗伤正气，有时可呈现脏腑功能衰竭状态，称为气分虚证。

气分实证：温热邪气入里，则正气奋起祛邪，正邪相争于里，使脏腑功能处于亢奋状态。因为邪气所犯脏腑不同，或在肺、或在胃、或在肠、或在胆……，所以气分证范围相当广泛，证候类型也多种多样，但因为都属邪气盛而正气不衰，所以都称为气分实证，临床见一派热象，它是温热病发展的中期阶段。因为正邪相争激烈，所以也称为极期阶段。其共同的证候特点是：高热，不恶寒，反恶热，口渴饮冷，尿少而黄，舌红苔黄，脉数有力。

气分虚证：在气分实证过程中，如果高热持续不退，耗气伤津，可以导致津气欲脱，甚至亡阳厥逆，因其属正气大伤，脏腑功能衰竭，所以称为气分虚证。其证候特点是：身热骤退，大汗不止，气短神疲，脉微欲绝，甚或冷汗淋漓，四肢厥逆。

（3）营分证候

营分证候，简称营分证，是温热邪气深入血脉，灼伤营阴，导致血中津液亏损以及心神被扰的阶段，它是温热病的中、后期阶段。其证候特点是：身热夜甚，口反不甚渴，或竟不渴，心烦躁扰不寐，甚或时有谵狂，或见斑点隐隐，舌红绛无苔，脉细数。

（4）血分证候

血分证候，简称血分证，是温热邪气深入血脉，损伤血液，导致动血或耗血的阶段，它是温热病的后期阶段。

动血：是指温热邪气深入血脉，灼伤血络，迫血妄行，导致血不循经，溢出脉外而见局部或全身各部位出血以及心神被扰的证候，因其热邪炽盛，所以称为血分实证。其证候特点是：身热，躁扰昏狂，或吐血，或衄血，或便血，或尿血，或妇女非时经血，量多色紫，或发斑，斑色紫黑，舌绛紫而干，脉数。

耗血：是指热邪耗伤血液，甚则耗损肝血肾精而导致真阴被损，甚至亡阴脱液的证候，因其阴血大伤，所以称为血分虚证。其证候特点是：低热，五心烦热，口干舌燥，心悸，神倦，甚则神昏，瘛疭，耳聋，舌强，质红绛无苔，脉虚大或迟缓结代。

3. 卫气营血证候的传变规律及其相互关系

由以上所讲述的内容可以看出，温热病的传变规律一般来说是按卫分证候——气分证候——营分证候——血分证候的顺序依次递传，逐步深入发展。反之，则病势逐步转轻。

卫分证候是温热邪气袭表，导致人体卫外功能失常的阶段，邪浅病轻；气分证候是温热邪气入里，导致脏腑功能失常的阶段，较之卫分证候邪深病重。二者虽然有浅深轻重的区别，但都属功能失常的病变，并无质的不同，因此说，卫分证是气分证的轻浅阶段，也有人说“卫为气之表”，二者可以统称为气病。营分证候是温热邪气深入血脉，灼伤营阴，导致血中津液耗损，心神被扰的阶段；血分证候是温热邪气深入血脉，鼓动血液而导致出血，或消耗血液而导致真阴耗损的阶段，较之营分证候更为深重。二者虽然有浅深轻重的区别，但都属血液被耗的实质性的损伤，并无质的不同，因此说，营分证是血分证的轻浅阶段，也有人说“营为血之表”，二者可以统称为血病。可以说，由卫分到气分是邪气深入，病情加重的量变过程，由营分到血分，也是邪气深入，病情加重的量变过程，而由卫、气到营、血，则不仅标志着病势更加深重，而且是由功能失常到实质损伤的质变过程。叶天士《温热论》第八条所说的“大凡看法，卫之后方言气，营之后方言血”这句话，就是明确地指出了卫、气与营、血之间的这种相互关系。所以说，卫气营血辨证就是标明温热邪气侵袭人体后，由表入里、由浅入深、由轻转重、因实致虚、由功能失常到实质损伤这个发展传变过程的辨证纲领。其关键在于辨明温热邪气对人体功能活动与营养物质——也就是气与血的损伤过程，所以说卫气营血辨证的核心是气血辨证。

应当说明的是，由于人体禀赋的差异，邪气性质、邪气轻重的不同，治疗的及时和恰当与否，卫气营血传变的规律也不是固定不变的。如果体壮邪轻，治疗及时、得法，则邪气可从卫分、气分而解，未必深入营分、血分；体虚邪重，或治疗不及时、不得法，则邪气可以由卫分而逆传入营；还有初起就发于气分或发于营分者；有初起就见卫气同病或卫营同病者；有气分证未罢而营热已起的气营两燔者；有气分高热直入血分而呈气血两燔者。

卫气营血证候的传变规律及其临床表现虽然多种多样，错综复杂，但是又万变不离其宗，只要掌握了卫、气、营、血四个阶段各自的病机及其证候特点，就能抓住辨证关键，进行及时而准确的治疗。可见，卫气营血辨证对温热病的临床辨治具有重大指导意义。总的来说，其临床意义可以概括为三个方面：一是概括了温热病发展传变过程四个阶段中的四类证候群，二是揭示了温热病发展传变的一般规律，三是标明了温热病各阶段病位的浅深、病情的轻重、正邪的盛衰。上述三者互相联系，为临床论治及判断预后提供了可靠的依据。

二、温热病的治疗原则

因为温热病是外感温热邪气为患，所以总的治疗原则是以寒凉药物清泄热邪，就是《素问·至真要大论》所说的“热者寒之”、“治热以寒”。在这个大前提下，再针对病变所在的部位以及卫气营血的不同阶段，选用相应的寒凉药物进行治疗。

关于三焦各部位的治疗，吴鞠通提出了“治上焦如羽，非轻不举；治中焦如衡，非平不安；治下焦如权，非重不沉”的治疗原则。这就是说，治疗上焦温病，要用质地轻扬的药物以透泄表邪，举邪外出；治疗中焦温病，要调整脾胃的升降功能，使其恢复平衡；治疗下焦温病，要用重镇沉降的药物以滋阴潜阳。

关于卫气营血各阶段的治疗，叶天士在《温热论》中有具体论述。对卫分证候的治疗，叶天士说“在表，初用辛凉轻剂”，又说“在卫汗之可也”。就是说，治疗卫分证应当选用辛凉轻扬的药物，清透在表之风热，使邪气得除，营卫通达而病解汗出。对气分证候的治疗，他说“到气才可清气”。就是说，治疗气分证应当选用寒凉清热的药物以清泄热邪，临床一般以辛寒药物为主。对营分证候的治疗，他说要“凉血清热”，又说：“入营犹可透热转气”。就是说，治疗营分证应当选用清营凉血药物，再配伍清宣气分热邪之品以清透营分热邪，使之透出气分而解。对血分证候的治疗，他说“直须凉血散血”。就是说，治疗血分证应当选用凉血散血药物以凉血散瘀。

治疗温热病除了掌握卫、气、营、血四个阶段的治法外，还应当注意到，温热邪气易伤津液，可以说，在温热病过程中，自始至终都存在着热邪伤阴的问题，因此治疗温热病在泄热的同时，也要时时考虑到存阴，也就是保津、生津、养阴。由于热邪伤阴与内伤杂病的阴虚不同，所以用药应当选甘寒、酸寒、咸寒之品，使之润而不腻，补中有清。总之，温热病的特点是热邪伤阴，其治疗应当着眼于泄热存阴，泄热是手段，而存阴才是根本目的，即如前人所说："存得一分阴液，便有一分生机。"

在温热病的治疗中，除了按卫、气、营、血四个阶段辨证论治外，还应当注意治疗禁忌，如忌辛温发汗、忌淡渗利尿、慎用苦寒药等，这些内容在第一讲中已经讲过，这里不再重复。

湿热病的辨证纲领与治疗原则

《温病条辨》的结构特点是以三焦为纲，也就是说，它是以三焦辨证作为温病的辨证纲领，其中既包括温热病，也包括湿热病。以三焦辨证来辨温热病，虽然可以作出初步的定位诊断，也能大体反映其由上焦至下焦的传变规律，但却不能标示温热病由表入里、由浅入深的传变层次，所以吴鞠通对温热病的辨证实际上是在三焦辨证的框架内又采取了以卫气营血辨证为纲领的分类辨证体系。湿热病是外感湿热邪气引起的病变，湿热邪气有弥漫性和下趋性的特点，初起卫分证与气分证的界限并不明显，往往是呈卫气同病，进而发展为气分证，在湿邪未化燥的情况下，既不入营分，更不入血分，而是留恋在上、中、下三焦气分。可以说，湿热病是以三焦气分证为主要类型的病变，湿热病的这种特点，就决定了它必然以三焦辨证为辨证纲领。

一、湿热病的辨证纲领——三焦辨证

三焦辨证是吴鞠通总结前人，特别是喻嘉言、叶天士等医学家的辨证经验而明确提出并加以倡导的辨证纲领。因为湿热病是外感湿热邪气为患，它具有留恋气分，弥漫三焦，阻滞气机的特点，所以用三焦辨证作为辨证纲领，最适合于指导湿热病的辨证论治。在《温病条辨》中，吴鞠通以三焦为纲，讲述了湿热邪气侵袭人体，留恋三焦，导致三焦生理功能失常所出现的上、中、下三焦各种证候。可以说，三焦辨证是以三焦的生理概念为基础，以生理功能失常所产生的病理变化为依据而构建的辨证体系。所以，要掌握三焦辨证的内容，必须首先掌握三焦的生理概念，在此基础上，再进一步掌握三焦湿热证候的病机与证候特点、三焦湿热证候的传变规律及其相互关系。

1. 三焦的生理概念

"三焦"一词及其生理概念最早见于《内经》，《难经》对其又有所补充，归纳起来主要有以下四个方面的内容。

（1）人体阳气运行的通道——气道

《难经·六十六难》说："三焦者，原气之别始也，主通行三气，经历于五脏六腑。"原气，又称为真气，也就是人体的一身之气。这段文字是说，三焦是被原气所使，它的生理功能是通行"三气"（即宗气、中气、元气），使三者在人体内运行，贯穿五脏、六腑及其所联系的经络、组织、器官，同时，"三气"在运行过程中又互相结合而构成原气。由此可以看出，三焦是人体阳气运行的通道，简称为气道。

（2）人体水液运行的通道——水道

《素问·灵兰秘典论》说："三焦者，决渎之官，水道出焉。"决，是指开通；渎，是指水沟。由此可以看出，三焦是人体内开通的水沟，也就是水液运行的通道，简称为水道。

因为气帅水行，所以气道与水道是一致的，三焦既是气道，又是水道。就是说，水液是

由阳气推动着在三焦通道中运行而敷布周身。《灵枢·五癃津液别》说：“三焦出气，以温肌肉，充皮肤，为其津，其流而不行者为液。天暑衣厚则腠理开，故汗出……天寒则腠理闭，气湿不行，水下留于膀胱，则为溺与气。”可见，三焦是阳气推动水液在人体内代谢的场所和通道，也就是气化的场所和通道。

（3）划分人体上、中、下三个部位

《灵枢·营卫生会》说：“上焦出于胃上口，并咽以上，贯膈而布胸中……中焦亦并胃中，出上焦之后……下焦者，别回肠，注于膀胱而渗入焉。”由这段话可以看出，上焦是指胃上口以上，膈上胸中的部位；中焦是指胃腑之所在，即膈以下脐以上的部位；下焦是指脐以下的下腹部。上焦、中焦、下焦三者合称为三焦。

一般来说，把脏腑按解剖部位分属于三焦，上焦有心、心包与肺；中焦包括脾、胃、肝、胆；下焦包括小肠、大肠、肾、膀胱。需要附带说明的是，由于在温病过程中，胃与大肠的病变关系密切，肝与肾的病变关系密切，所以吴鞠通在《温病条辨》中把大肠的病变与胃的病变一并列于中焦，把肝的病变与肾的病变一并列于下焦。

关于上、中、下三焦的生理功能，《灵枢·营卫生会》中概括为：“上焦如雾，中焦如沤，下焦如渎。”就是说，中焦胃腑腐熟水谷，像发酵一样，泡沫浮游，其精微物质由脾脏输送于上焦。上焦心、肺，像天降雾露一样，把水谷精微敷布于周身以营养人体。下焦各脏腑像水沟一样，使代谢所产生的水谷浊气变成尿液与粪便不断排出体外。总而言之，三焦总司人体一身之气化，是水谷消化、吸收，精微物质的转输、敷布以及糟粕排泄的场所和通道。

（4）人体传化之腑中的一腑

《素问·五脏别论》说：“夫胃、大肠、小肠、三焦、膀胱，此五者，天气之所生也，其气象天，故泻而不藏。此受五脏浊气，名曰传化之腑。”这段话是对三焦生理概念的论述，它把三焦作为人体传化之腑中的一腑，其生理功能是排泄人体内的浊气。

《灵枢·本输》说：“三焦者，中渎之府也，水道出焉，属膀胱，是孤之府也。”这里的“孤”字，是独一无二之意，是说三焦为人体内最大的腑。明代张景岳在《类经·藏象类》中称其为“脏腑之外，躯体之内，包罗诸脏，一腔之大腑也。”可见，三焦既是人体传化之腑中的一腑，又是其中最大的腑，它囊括了人体内的所有脏腑。由此看来，把三焦作为一个具体的传化之腑和用它划分人体上、中、下三个部位这两个生理概念是一致的。也就是说，三焦作为人体内最大的“孤之府”，它包容了上焦、中焦、下焦所属的各个脏腑。

综合上述四个方面的内容，从生理概念上来看，三焦是包括了上焦、中焦、下焦所有脏腑的最大的传化之腑。它是人体气化的场所和通道，人体阳气和水液的运行，食物的消化、吸收，精微物质的转输、敷布以及糟粕的排泄，都是在“孤之府”三焦内进行。三焦的生理功能，实际上是人体上、中、下三个部位所属各脏腑生理功能的概括。

2. 三焦湿热证候的病机与证候特点

湿热病多发于雨湿季节，一般是同时感受湿与热两种邪气而为患，或外感湿邪，因湿而郁热，或素体湿热内蕴，复感时令之邪，内外相引而发病。其病机可以简要地概括为湿热弥漫，气机阻滞，从而导致三焦所属各脏腑功能失常。因为是湿与热两种邪气相合而致病，所以其病变既有湿邪为患的特点，又有热邪为患的反应。湿为阴邪，重浊黏腻，遏阻气机；热为阳邪，其性蒸腾开泄。两种不同属性的邪气相合而为患，就决定了湿热病临床表现的特殊性，其特点可概括为如下四个方面：

一是季节性强，多发于夏秋之交。此时气候炎热，雨量较多，热蒸湿动，弥漫空间，容易侵袭人体而发病。

一是以脾胃为病变中心，弥漫周身，阻滞气机，导致水液代谢失常。脾主湿而恶湿，湿热邪气侵袭，往往困阻脾胃，使其升降失司而致水湿停聚。湿越盛则脾胃越困，脾胃越困则湿越滞，所以湿热病多以脾胃为病变中心。因为湿是弥漫性的邪气，特别是湿与热合，热蒸则湿动，更容易弥漫周身而致一身表里上下的症状同时出现。湿热弥漫则阻滞气机，使气化不利而三焦水道不通，所以湿热病中多见水液代谢失常的临床表现。

一是临床多见矛盾症状。湿与热两种邪气同时为患，二者既各自显示其特性，又相互影响，形成湿热裹结，湿遏则热伏，热蒸则湿动的状态，所以临床每见矛盾症状迭出。如身热不扬，发热而皮肤不灼手，或初扪之反凉，久扪之则热，脉不数而反濡缓；面不红而反淡黄；精神不烦躁而反呆痴；口干而不欲饮；大便数日不下但不燥结而反溏滞等。

一是病程长，缠绵难愈。湿与热互相裹结，如油入面，难解难分。湿性黏滞，难以速除，而有形之湿不祛，无形之热则蕴于湿中而不能解，湿越滞则热越郁，热越蒸则湿越黏，其势胶着难解，往往迁延时日，缠绵难愈。

湿热病初起一般多先犯上焦，进而渐次传入中焦、下焦，就是吴鞠通所说的“始上焦，终下焦”。按照三焦辨证，可以将湿热病的发展过程分为上焦湿热证候、中焦湿热证候、下焦湿热证候三大类别。这三类证候，标示了湿热病发展过程中病变所在的中心部位及其病程阶段。

（1）上焦湿热证候

上焦湿热证候，是湿热邪气由口、鼻、皮毛侵袭肺系，导致卫外失司，肺失宣降，水液代谢失常的病变，它是湿热病的初期阶段。其邪气虽然在表，但是湿热又往往弥漫于里，影响肺、脾两脏，所以湿热病初起多见表里同病。其证候特点是：恶寒发热，身热不扬，头身重痛，舌苔白腻，脉濡。同时还可以兼见脘痞纳呆、小便不利等中、下焦症状。

（2）中焦湿热证候

中焦湿热证候，是湿热邪气郁阻脾胃，导致脾胃运化功能障碍，气机阻滞，升降失司的病变。由于人的体质差异，或湿与热两种邪气的轻重程度不同，或治疗中用药的影响，其证候又有湿重于热、湿热并重与热重于湿三种类别。三者虽然有异，但因其都属脾胃升降失司的病变，所以它们的共同特点是：脘痞腹胀，纳呆食少，大便溏滞，舌苔腻，脉濡。由于湿热弥漫，头身重痛、小便不利等上、下焦症状也可以同时出现。

（3）下焦湿热证候

下焦湿热证候，是湿热邪气侵入下焦的病变。因其湿热裹结，所以病变虽然在下焦，但一般不损伤肝血肾精，而是湿热阻滞于膀胱或小肠、大肠，导致水液代谢失常，饮食物传导失司的一类证候。其虽然也有湿重于热与热重于湿的区别，但共同特点是：小便或大便排出障碍，舌苔腻，脉濡。由于湿热弥漫，头身重痛、脘痞纳呆等上、中焦症状也可以同时出现。

3. 三焦湿热证候的传变规律及其相互关系

由上面所讲的内容可以看出，湿热病的传变规律一般来说是按上焦湿热证候——中焦湿热证候——下焦湿热证候的顺序渐次递传。但是因为湿热弥漫，由上焦可以波及中、下焦，由中焦可以波及上、下焦，由下焦也可以波及中、上焦。三焦湿热证候的这种以一个部位为中心而影响其他部位的特点，是由其致病邪气具有弥漫性的特性所决定的。

由于人体禀赋的差异以及邪气入侵的途径不同，湿热病沿上、中、下三焦的传变规律也并不是固定不变的。比如，邪气从口入，初起就发于中焦者有之；邪气由下袭入，初起即病于下焦者也有之。但是无论其发生发展情况如何变化，只要掌握了上、中、下三焦湿热证候各自的病机及其证候特点，就能抓住辨治的关键。可见，三焦辨证对湿热病的临床辨治具有重大的指导意义。总的来说，其临床意义有二：一是对湿热病不同发展阶段中三类不同证候的概括；一是标明了湿热邪气所在的部位及其由上至下，纵向发展的一般规律。上述二者互相联系，为临床辨治湿热病及判断其预后提供了可靠依据。

二、湿热病的治疗原则

湿热病是外感湿热邪气致病，所以祛湿清热是治疗的基本大法。因为湿邪易于困阻脾胃，阻滞气机，所以在治疗中还要配合健脾醒胃，理气行滞法。

1. 祛湿清热

湿热病是湿与热两种性质不同的邪气同时侵犯人体而为患，所以治疗应当从祛湿与清热两方面入手。因为湿与热合，热蕴湿中，湿不祛则热不能清，所以治疗重点在于祛湿。由于上、中、下三焦湿热证候的中心部位不同，在治疗中，就应当针对其病变的中心部位，选用相应的药物，因势利导以驱邪外出。由于湿热邪气易于弥漫三焦，所以在治疗时还必须兼顾三焦。三焦湿热证候的具体治法可以概括分为如下五种类型：

（1）辛温宣透，芳香化湿

本法简称辛宣芳化法，适用于上焦湿热证候，是指用辛温芳香，轻扬宣透之品，化湿透热以宣肺气，疏通肌腠，使腠理通达，微有汗出，则湿邪可渐从小汗而解，湿祛则热不独存，也随汗出而散。常用药物如：藿香、白芷、苏叶、香薷、苍术等，佩兰、青蒿、银花虽然不是辛温药物，但具有芳香宣化之功，临床中也可以配入，这就是吴鞠通所说的“治上焦如羽，非轻不举”在湿热病临床治疗中的具体体现。

（2）辛温开郁，苦温燥湿

本法简称辛开苦降法，适用于中焦湿重于热的证候，是指以入中焦的辛温与苦温药物相配，辛开苦降，燥湿化浊，调理脾胃，使之恢复升降平衡。常用药物如：半夏、苍术、砂仁、白蔻仁、草果、厚朴、枳实、大腹皮、陈皮、白术等，这就是吴鞠通所说的“治中焦如衡，非平不安”在湿热病临床治疗中的具体体现。

（3）苦寒清热燥湿

本法适用于中焦湿热并重或热重于湿的证候，是指选用苦寒之品，以达到清热燥湿的目的。常用药物如：黄芩、黄连、栀子等。应当说明的是，治疗湿热病使用苦寒药应当审慎，必须属热重于湿者才可使用，如果属湿热并重者，应当辛温、苦温与苦寒同用，以辛开苦降，清热与燥湿并施。如果湿邪重者，苦寒药应当忌用，防其冰伏湿邪，反而使病势难解。

（4）淡渗利湿

本法适用于下焦湿热证候，是指用淡渗之品利尿渗湿，使湿热从小便而去。常用药物如：滑石、通草、茯苓、生薏苡仁、泽泻、猪苓、车前子等。如果是下焦热重于湿者，可以在淡渗利湿之中选加苦寒泄热，通利水道的苦寒清利之品，如：栀子、木通、竹叶等。

（5）兼顾三焦

因为湿热易于弥漫三焦，临床上除了针对病变中心部位进行治疗外，还必须兼顾三焦，也就是说，治上焦不忘中、下焦，治中焦不忘上、下焦，治下焦不忘中、上焦。这也正是临床处方中辛宣芳化、辛开苦降与淡渗利湿药物常常并用的原因所在。

2. 健脾益气，醒胃消导

脾主运化而升清，胃主受纳而降浊。在湿热病中，湿热邪气最易困阻脾胃而致升降失司，消磨、运化功能障碍，所以治疗时应当在祛湿清热之中配入健脾益气之品，如：茯苓、生薏苡仁、白术等；醒胃消导之品，如：砂仁、白蔻仁、山楂、神曲、麦芽、炒薏苡仁等。

3. 理气行滞，开通肺气

湿邪重浊黏滞，易于阻滞气机，气机不畅则水道不通而湿不能去，所以治疗中必须配入理气行滞药物以宣畅气机，使气行则水湿也随之而行。常用药物如：厚朴、枳实、大腹皮、陈皮、藿香梗、苏梗等。肺主通调水道，肺气开通则水道通畅而湿热邪气有出路，所以治疗湿热病常配入开通肺气之品，如：杏仁等。此外，辛宣芳化药物轻扬宣透，也有开通肺气之功。

湿热病的治疗原则及常用药物可以归纳为下面的简表。

湿热病治疗原则及常用药物简表

治疗原则			常用药物
祛湿清热 兼顾三焦	上焦	辛温宣透	藿香、白芷、苏叶、香薷
		芳香化湿	苍术、佩兰、青蒿、银花
	中焦	辛温开郁	半夏、苍术、砂仁、白蔻仁、草果
		苦温燥湿	厚朴、枳实、大腹皮、陈皮、白术
		苦寒清热燥湿	黄芩、黄连、栀子
	下焦	淡渗利湿	滑石、通草、茯苓、生薏苡仁 泽泻、猪苓、车前子
		苦寒清利	栀子、木通、竹叶
健脾益气 醒胃消导		健脾益气	茯苓、生薏苡仁、白术
		醒胃消导	砂仁、白蔻仁、山楂、神曲 麦芽、炒薏苡仁
理气行滞 开通肺气		理气行滞	厚朴、枳实、大腹皮 陈皮、藿香梗、苏梗
		开通肺气	杏仁

三、湿热病的治疗禁忌

在湿热病的治疗中，除了要掌握治疗方法外，还必须掌握其治疗禁忌，以防止因治疗错误而导致变证、坏病的发生。

1. 忌大汗

湿热邪气侵袭上焦，郁阻肌腠，宜用辛宣芳化之品宣透肌腠，使腠理通达，微有小汗而邪从汗解，但大辛大温药物如麻黄、桂枝之类却属忌用。这是因为，湿性黏滞，难以速除，必取微汗，才能缓缓去之，用麻、桂虽欲取大汗而不可得，不惟湿不能去，其温窜之性反而易于助热动湿，鼓动湿邪内闭心包，上蒙清窍，而致神昏、耳聋、目瞑。正如吴鞠通所说："汗之则神昏耳聋，甚则目瞑不欲言。"

2. 忌大下

湿热邪气郁阻胃肠而致腑气不通，忌纯用大黄、芒硝之类大寒峻下之品。这是因为，湿邪黏滞，非一攻可下，用之不惟湿不能去，反而容易损伤脾阳，导致下利不止。正如吴鞠通所说："下之则洞泄。"

3. 忌滋补

湿热病中，往往出现午后身热、口渴等症状，这是湿邪所致，并非阴虚使然，如果误诊为阴虚而妄投生地黄、麦冬之类的滋补之品，则易于滋腻助湿，反使其病胶着难解。正如吴鞠通所说："润之则病深不解。"

4. 忌温补

湿为阴邪，易于遏伤阳气。在湿热病过程中，由于湿阻气机，阳气不通，往往出现面色淡黄或苍白、四肢不温、倦怠乏力等症状，这是湿阻气机，并非虚寒，如果误诊为阳气虚而轻率地使用党参、黄芪之类甘温补气之品，则易于壅滞脾胃而助长湿热，反会使湿热郁蒸而加重病情。正如叶天士所说："不可就云虚寒而投补剂，恐炉烟虽熄，灰中有火也。"

5. 饮食起居宜忌

湿热病过程中及其恢复期，脾胃呆滞，饮食应当以清淡稀软为宜，甜、黏、油腻、冷、硬等难于消化之物应当忌食，防其损伤脾胃而助长湿热或引起食复。

湿热病初愈的患者，机体功能尚未复原，起居也应当谨慎，要注意慎劳作，避寒保暖，既不可过劳，又不可触冒风寒，以防劳复、感冒复。

四、湿热病的转归

湿热病迁延不解，由于体质因素、湿与热两种邪气比重的变化、治疗用药或饮食不当等因素的影响，往往会发生转化。这种转化与促成转化的因素密切相关，往往是因为顺从了某种因素的影响而发生转化，出现从阳化热或从阴化寒，因此称为"从化"。因为转化以后的归属不同，或从阳化热而归属于温热病范畴，或从阴化寒而归属于寒湿病范畴，因此也称为"转归"。总而言之，湿热病一经转化之后，性质已经发生变化，不再属湿热病的范畴。湿热病的转化多发生在中焦湿热证中，因为脾主运化水湿，脾不健运则湿不易去，所以湿热病往往在中焦稽留时间最长，也最容易发生转化。

1. 从阳化热

从阳化热，是指由于患者体质阳气素盛，或邪气的比重热重于湿，或治疗过程中大量使用温燥药物，或病中过食肥甘辛辣食物，致使湿热病在发展过程中湿渐退而热渐盛，最终化燥成温，转化为温热病，或出现气分证，或深入营分、血分。湿热病一旦从阳化热而转化为温热病，就应当按温热病辨治。

2. 从阴化寒

从阴化寒，是指由于患者素体阳虚阴盛，或邪气的比重湿重于热，或治疗过程中大量使用寒凉药物，克伐阳气，或病中冷食、冷饮过多，致使湿热病在发展过程中湿不去而热渐退，阳气受损，最终转化为寒湿病。湿热病一旦从阴化寒而转化为寒湿病，不仅不属于湿热病范畴，而且已经不属于温病的范畴，应当用温阳化湿法辨治。

《吴鞠通医案析评》（案选）

王兆凯　王兆军

风　温

【点评】风温，病名。多指感受风热所致之温病，初见于《温热经纬·叶香岩三时伏气外感篇》。《温病条辨·上焦篇》：“风温者，初春阳气始升，厥阴行令，风夹温也。”多发于冬春二季，主要症状有：发热、头痛、咳嗽、口渴、脉浮数等。初起病在卫分及气分，治宜辛凉透表，方如：银翘散、麻杏石甘汤、千金苇茎汤等加减。如见高热、神志昏迷、手足瘈疭、脉数疾者，为热盛劫津，逆传心包，营血受灼，肝风内动，宜清营泄热，平肝熄风，视其轻重可予羚羊钩藤汤、犀角地黄汤、清营汤、至保丹、紫雪丹、安宫牛黄丸等。如正气大伤，而见虚脱者，急宜回阳固脱，用参附龙牡合生脉散，亦有人认为也是春温之重者（见《医石篇》卷二）。

“风温”也指温病误汗之变证。《伤寒论·辨太阳病脉证并治上》：“太阳病，发热而渴，不恶寒者为温病，若发汗已，身灼热者，名曰风温，风温为病，脉阴阳俱浮，自汗出，身重，多眠睡，鼻息必鼾，语言难出。”治宜葳蕤汤等方。风温，《六气感证要义·风温》：“风温一证，众说分歧，莫衷一是。《伤寒论》：若发汗已，身灼热者，名曰风温为一说。《伤寒序例》谓阳脉浮滑，阴脉濡弱者，更遏于风。变为风温二说。陶节庵乃以素伤于风，复伤于热，风热相搏，即为风温三说。近人以冬温于春，吸受温风，先见手太阴者为风温四说。第四说，以吸受温风为风温，风和温不分先后，虽似稍戾于古，然治法实无二致。”从今日之医分析，当为包括上呼吸道感染、急性支气管炎、感染性肺炎、流行性感冒等。尤应指出，当今之“非典”、“甲流”等疾病，多与风温有相似之处，在治疗“非典”、“甲流”等病时也有深远之临床参考价值。

案例一

甲子年（1804 年）三月初六日　王　二十六岁　风温，脉浮数，邪在上焦。胸痞微痛，秽浊上干清阳。医者误认为痰饮阴邪之干清阳，而用薤白汤。余者又误认为伤寒少阳经之胁痛，而以小柴胡汤治之。逆理已甚，无怪乎谵语烦躁，而胸痞仍不解也。议辛凉治温以退热，芳香逐秽以止痛。

连翘三钱　知母钱半　藿香梗二钱　银花三钱　苦桔梗二钱　牛蒡子二钱　人中黄一钱　薄荷八分　石膏五钱　广郁金钱半

牛黄清心丸一丸，日三服。

【析评】本案为吴公四十七岁（嘉庆九年）时诊案。

甲子之岁，木旺火行，助木茂盛。阳春三月，风木当令，风火易变，其脉浮数，主症仅言胸痞微痛，余症未及。“风温之症，邪在上焦”。当有发热、头痛、口干、咽痛、舌红。吴公诊其病机为秽浊上干清阳。前医以痰饮论之，显然失理。予薤白汤伤心阴动心阳，谬矣。后医又视为伤寒少阳胁痛，予小柴胡汤投之，伤肝阴助木火，差矣！小柴胡汤和解少阳，又失机宜，反致邪气化火入里。恙由风温而起，且有入里之势，故辛凉解表以治外感之风温，加白虎相随清中焦里分之热，芳香辟秽疏行以惩原凶。吴公予：连翘、银花、石膏、知母清热、滋阴、除烦，薄荷、炒牛子、桔梗疏风解表，人中黄、郁金、藿香芳香除秽。症见谵语，热扰神宁不安之势，予牛黄清心安神，以解燃眉之急。

初七日　风温误汗，昨用芳香逐秽，虽见小效，究未能解。今日脉沉数，上行极而下也，渴甚。议气血两燔之玉女煎法，合银翘散加黄连。夜间如有谵语，仍服牛黄丸。

生石膏八钱　连翘四钱　知母四钱　生甘草二钱　丹皮五钱　真川连钱半　银花六钱　细生地六钱　连心麦冬六钱

煮取三碗，分三次服。

【析评】次日再诊，已见小效。其脉沉数，此温病误汗太过而伤阴，病邪由表入里，故见渴甚。以气血两燔之玉女煎法，辛凉合甘寒法。吴公昨予石膏、知母，已示火热入里，且有两燔之势。今又明确白虎变化之方——玉女煎合银翘，更佐黄连、丹皮，以解中焦湿热之邪、慎防入血之传变。

初八日　火势已解，余焰尚存，今日脉浮，邪气还表。

连翘二钱　麦冬五钱　银花六钱　白芍钱半　丹皮二钱　炒知母一钱　黄芩炭八分，分或作钱　细生地三钱　生甘草一钱

今晚一帖，明朝一帖。

【析评】三日再诊，火势已解，余焰尚存，今日脉浮，邪由里又退还表分，故不可予石膏大寒之味，去黄连改用黄芩炭，正是“黄芩清上焦”，“黄连清中焦”，中焦之邪转表，炭用者防其过分苦寒，而加白芍化阴解肌以透表，本方唯有白芍可用还表之用也。知母炒用，否则嫌其滋腻太过而有壅塞之弊。细审连翘四钱改为二钱，麦冬六钱改五钱，生地六钱改三钱，晚、朝各一帖，即药量加倍。均因火势已解，余焰尚存，非养阴清热不可，防其反复。病案寥寥数语，分析和组方却精深得当。

初九日　脉沉数有力，邪气入里，舌老黄微黑，可下之。然非正阳明实证大满大痞可比，用增液汤可矣。

元参两半　麦冬一两　细生地一两

煮成三碗，分三次服完。如大便不快，再作服；快利，停服。

【析评】四日复诊，脉沉数有力，邪又入里。单从舌老黄微黑，乃可下之候也，但非阳明实证之四大，而是风温病之气血两燔灼伤阴液之后，腑实燥粪不下，吴公既未用硝、黄之峻下，也未用枳、朴之破下，以增水行舟法，其意可明矣。

初十日　昨服增液，黑粪已下。舌中黑边黄，口渴，面赤，脉浮，下行极而上也。自觉饥甚，阳明热也。仍用玉女煎加知母，善攻病者，随其所在而逐之。

生石膏八钱　细生地五钱　生甘草三钱　生知母六钱　麦冬六钱　白梗米一撮

断不可食粥，食粥则患不可言。

【析评】五日后复诊，予增液汤日三服后，黑粪已下，舌中黑边黄，口渴，面赤，脉浮，均为下行已达、腑实已去、邪热未尽，且有两燔复燃之势。病在中焦，虽觉饥甚，告知不可过于多食。且用玉女煎加知母，清阳明之热。

养阴清阳明余热，随其病变化所在。吴公予白虎加麦冬，此案生石膏用量已达八钱，因

已有粳米佐之，护胃助药力，更有甘草加量至三钱，缓其药性，生地减为五钱，恐其滋腻，寒凉太过，有伤胃气，麦冬加至六钱，意在养阴、护阴、滋阴、助阴。

尤为要者，吴公明示，断不可食粥。食粥则患不可言，承气汤下后需食热粥防其下脱。而本案为阳明燥热，食粥助阳明，防邪热再造痞满之势，当多饮水即可。

十一日　邪少虚多，用复脉法。二甲复脉汤。

【析评】六日后再诊，邪少虚多，用复脉法，二甲复脉汤。吴公乃觉热邪深入下焦未尽，患者当有舌干边红，手指蠕动，脉沉数，恐有痉厥之忧。手足蠕动，舌红少津，脉沉数，不独阴虚，且有虚风内动之嫌。故谓邪少虚多，取二甲复脉养阴潜阳，也可防痉厥之变。吴公在《温病条辨》中明确提出，“但觉手指掣动，即当防其痉厥，不必俟其至厥而后治也，故以复脉育阴，加入介贝潜阳，使阴阳交纽，庶厥可不作也。”临证之际，以其思想指导临床，一理灌通。

吴公辨治温病，每日一诊，有一日一剂，有一日两剂，有一日三服，药之剂量也是变化精当。配合中成药，告知饮食宜忌。其病邪若流寇一般，被驱之，虽有由上而下变化，或由表入里传，无不搜寻歼灭殆尽，并予善后调和。

案例二

三月初二日　姚　年三十岁风温，误认伤寒发表，致令神昏谵语，阳有汗，阴无汗，大便稀水不爽，现在脉浮，下行极而上也。先渴，今不渴者，邪归血分也。

连翘二钱　银花三钱　元参三钱　竹叶心一钱　丹皮二钱　犀角二钱　桑叶一钱　甘草一钱　麦冬三钱

牛黄清心丸，三次服六丸。

【析评】本案为风温误治。前医予伤寒发表后，吴公接诊之案。

伤寒者为太阳病，多投桂枝汤或麻黄汤。风温感风热温邪，岂可作伤寒论之，风者、温者，阳邪，怎可以温散治之。麻桂则易致汗出太过而伤阴，反引风温邪热入里上扰神明。阳有汗，阴无汗，当为头面上肢胸脘有汗，下肢及腹以下无汗也；便稀不爽，其脉浮，是邪已入里，内伤太过而又上越之表象也。先渴而今不渴者，是邪热入里由卫气进营血。治宜清心凉血，养阴宁心开窍。

方予银翘清热，元参、麦冬养阴，丹皮凉血，竹叶心、甘草、犀角清心火，更加牛黄清心丸清心宁心组成。谓“清膻中法”。桑叶者，宣散透表，兼顾表里之意耳。

初三日　昨用清膻中法，今日神识稍清，但小便短，脉无阴，大便稀水。议甘苦合化阴气，其牛黄丸仍服。

大生地五钱　真川连一钱　生牡蛎粉一两　黄芩二钱　丹皮五钱　犀角三钱　麦冬五钱　人中黄六钱

水八碗，煮取三碗，分三次服。明早再一帖。

【析评】患者神识稍清，均为牛黄丸、丹犀等组成清膻中法之功也。小便短者，小肠有热。大便稀水者，热结非寒也。脉无阴者，阳脉也。阳脉者，数、滑、大、洪等等。予甘苦合化阴气法。方用生地、川连、黄芩、麦冬清热养阴；生牡蛎粉填阴潜阳；人中黄除秽浊；犀角解心热，清心火，宁心安神；丹皮入血凉血，并用牛黄丸，因其传心包而扰神。纵观全方，仍有犀角地黄汤为背景。其理应为小便短而非赤。前方有银翘，本方舍之，虑其过凉。本方以生地甘寒，黄芩苦寒，麦冬甘寒养阴，故谓“甘苦合化阴法”也。值得注意的是八碗水煮成三碗是必须久煎之，分三四次服，明早再服一帖，实为一日二帖，日二剂就是六碗，意在补液，与今日之西医补水输液大同小异，可见吴公煎方服药之玄机，用意深远也。

初四日　即于前方内去犀角，加生鳖甲一两，白芍一两。

【析评】初四日诊，吴公未言症状而是去犀角，加生鳖甲一两，白芍一两，可推测已为二甲之候，首诊医生误治太深，吴公仍然在纠正里热阴伤。

初五日　大热已减，余焰尚存，小便仍不快，用甘苦合化阴气法。

细生地八钱　炒黄柏二钱　丹皮四钱　炒知母二钱　连心麦冬六钱　生甘草二钱　生白芍四钱　生牡蛎五钱　生鳖甲八钱　黄芩二钱

今晚一帖，明早二帖。

【析评】初五日诊，患者大热已减，余焰尚存，小便仍不快，用甘苦合化阴气法。

据此可推论，患者当有前三日壮热、口干、谵语，神志欠清，汗出不解，尿少不畅。前三方服后壮热渐退而微热，舌红苔少，口干舌燥，尿少不畅，尚伴手足蠕动，方予初五日甘苦合化阴气法。

方以冬地二黄养阴清热，连心、麦冬养阴清热入心为要，丹皮凉血，知母炒用且仅二钱，正是勿用黄连之意，黄芩清上焦（有上焦邪热），黄柏清下焦（下焦邪热而小便短或云不快），而无中焦邪热之候，炒知母可不壅滞中焦，白芍、甘草一酸一甘，酸甘化阴，生牡蛎五钱，鳖甲八钱，填阴潜阳，也是二甲之意。病势已明，仍需进一步加大滋阴护液的力度，所以今晚一帖，明日要服二帖（用量多少可计算一下）。

初七日　温病已解，邪少虚多，用复脉法。

直大生地六钱　炒白芍六钱　知母三钱　黄柏二钱　连心麦冬六钱　炙甘草二钱　麻仁三钱　生牡蛎六钱　生阿胶冲，三钱

三帖，三日。

【析评】如条辨所云“温病……六七日后变复脉……”复脉汤即炙甘草汤，药由炙甘草、生姜、人参、生地黄、桂枝、阿胶、麦冬、火麻仁、大枣组成。其功效为益气补血，滋阴复脉。吴公用复脉法，而非完整复脉汤。以复脉汤为主体，即复脉汤去桂枝、人参、生姜、加炒白芍、黄柏、知母、生牡蛎。案中“温病已解”当理解为温病初解之意，邪少虚多，复脉汤之人参去而不予，意在告之邪未尽（邪少），虽虚而不可予人参，早用难免助邪，“虚多”是指阴虚多，而非气虚，白芍炒用，取养阴、酸甘之力倍增。黄柏、知母者，甘苦化阴之意也。

十一日　热淫所遏，其阴必伤，议于前方内去黄柏，知母，防其苦以化燥；加鳖甲、沙参，以杜病后起燥之路。即于前方内去知母、黄柏，加生鳖甲六钱，沙参三钱。

【析评】前方三帖药后，已是中旬首日，热淫殆尽，苦能生燥，燥则伤阴。故前方去黄柏，去滋腻之知母，加鳖甲者填阴潜阳。沙参者，养阴而补气润燥，此证为阴虚多之候，与前方复脉汤不用人参，用沙参，暗意前后呼应。

中　风

“中风”一词最早见于华佗《中藏经》之“病人中风偏枯……”，中风一病源于《内经》，立论于《金匮》，后人更多阐发。如冉雪峰云：“中风在中医学理论上，实为一大疑问，只缘名义乖错，遂令事实混淆。”近代医学家张伯龙、张山雷、张锡纯等受西医思想影响，较明确的提出了本病相当于西医的“脑血管意外”。有医家认为还是以“薄厥”、“大厥”、“类中风”等命名为妥，并把中风分为“中经络”和“中脏腑”，认为中经络相当于缺血性中风，中脏腑相当于出血性中风。1992 年全国中医脑病急症会议正式统一以“中风”作为病名。

案例一

陶氏　六十八岁　左肢拘挛，舌厚而蹇，不能言，上有白苔，滴水不能下咽，饮水则呛。此中风夹痰之实证。前医误与腻药补阴，故隧道俱塞，先与开肺。

生石膏四两　杏仁四钱　鲜桑枝五钱　云苓块五钱　防己五钱　白通草一钱五分　姜半夏五钱　广皮三钱

煮三杯，分三次服。

服一帖而饮下咽。服七帖而舌肿消。服二十帖，诸病虽渐解，而无大效。左肢拘挛如故，舌肿虽消，而言语不清，脉兼结。余曰：此络中有块痰堵塞，皆误补致壅之故，非针不可。于是延郏七兄针之。针法本高，于舌上中泉穴一针，出紫黑血半茶杯，随后有物如蚯蚓，令伊子以手探之，即从针孔中拉出胶痰一条，如勺粉，长七八寸；左手支沟穴一针透关，左手背三阳之络用小针针十余针。以后用药，日日见效。前方止减石膏之半，服至七十余帖而能策仗行矣；服九十帖，能自行出堂上轿矣，诸症悉除。

【析评】本案中风之候：其证颇似现代医学之脑溢血急症。吴公诊为中风夹痰之实证。前医误补已是大错，造成痰浊壅实，痰浊与热结，故滴水难下，饮水则呛，故先开肺气，化痰，清肺热。舌虽白，质必红，予大蓟、石膏。其方以杏仁开肺气，桑枝、云苓、陈皮、姜夏化痰通窍，更以防己（苦、辛、寒，入膀胱、肺、脾经，利水消肿、祛风除湿，治水饮喘嗽）、白通草（甘、淡、寒，入肺、胃、膀胱经，清热利水，通乳，治小便不利）通下焦水道。滴水虽下，饮水则呛是下焦不通，上焦肺气不宣，实为提壶揭盖之意。

其效甚佳，“一帖后饮下咽，服七帖而舌肿消”。二十帖诸病解而反言无大效是指左肢拘挛如故，舌肿消而言不清。当今论为典型的脑溢血后遗症。配以针灸、理疗、康复等措施更为周全。吴公主张今也适用。

案例二

哈　六十六岁　中风湿，口歪，臂不举，腿肿，脉洪数，口渴，胃不开，与辛凉开水道法。

石膏生，四两　茯苓皮一两　桂枝三钱　滑石飞，一两　晚蚕砂三钱　防己二钱　半夏五钱　白通草二钱　桑枝五钱

煮三杯，分三次服。二帖而效，十四帖全愈。后以补脾胃收全功。

【析评】口歪，臂不举，当为夹湿兼水饮水停滞；脉洪数，口渴当为有热。吴公云中风

湿，实为中风湿热。观其用药，吴公已用石膏清热，其方桂枝上引通络，桑枝祛风通络，防己、茯苓皮、通草利湿通下、导湿外泄。茯苓健脾、蚕砂化湿，共用组成清热化湿、祛风通络之方意。病愈后虑其苦寒十四帖，必伤脾胃，恙由湿起，健脾助运乃万全之策也。

胎　前

胎前指怀孕后至分娩前这一阶段所出现的各种疾病。

案例

癸亥（1803年）七月初五日　汪氏　三十七岁　痢疾古称滞下，况久病脉实，欲便先痛，便后痛减，其为积滞未清无疑。非网开一面不能补虚，议温下法。所以敢用此者，经谓有故无殒，故无殒也。

生大黄三钱　官桂一钱五分　焦神曲二钱　炒白芍二钱　黄芩一钱五分　南楂炭一钱　老厚朴二钱　云连一钱　广木香一钱　桃仁泥一钱　归须一钱

水四茶杯，煮成六分三茶杯。先服一杯，候四个时辰，问病人再便腹不痛，止后服；若欲便之先痛减其半，再服一份之半；痛仍照前，再服一份；其第三次亦如前候法。

初七日　服前药，全然不痛。

焦白芍一钱五分　茯苓二钱　广木香八分　黄芩炭八分　云连酒炒，三分　老厚朴一钱　焦茅术一钱　莲子二钱　广皮炭一钱

煮二杯，分二次服。服此方二帖。

初九日　滞下腹痛已去七八，咳嗽冷痰，脉近缓，仍然鸡鸣欲便。议宣滞之中，兼醒脾胃两阳。

茯苓块四钱　厚朴二钱　制茅术三钱　焦白芍二钱　半夏二钱　煨肉果一钱五分　黄芩炭一钱二分　广皮一钱　广木香一钱

煮三杯，分三次服。

【析评】本案为吴公48岁（嘉庆八年）时诊案。

案由陈述清楚，当为寒湿凝聚之中焦痢下证，特征为欲便先痛，便后痛减，虽久病然脉仍实。此乃寒湿积滞，故予以温下破积。吴公以《内经》“有故无殒，亦无殒也”为指导，认为尽管汪氏为高龄孕妇，但实积既在，就应攻积导滞，诚如俗言“有病则病受之”，药用三黄汤加官桂、川朴、既有香连丸之意，又有久病入络之构思，再配入血之品，更予归经桃仁入血，炒白芍温行，楂炭去积滞，焦神曲化食积，方方面面俱到。本案煎煮及服法，水四茶杯，煮至六成，分三茶杯（四杯水煮取三茶杯，浸泡时间甚短，煮沸即可。吾初行医时，父拟方，吾煎药发住院患者，深有心得。本方药物无叶类，以根茎为主，浸泡一小时后只能有三杯，煮沸2~3分钟可取三茶杯，时间稍长，将不足三茶杯。）。先服一杯，候四个时辰（应为八小时），问患者大便否，得便是否腹痛，若不痛，余药不服。若腹痛未止，可再服。若欲便之前其痛减半，再服半杯，若仍痛，则依然服一杯，余药依此法服用。由此可见，吴公对病情观察之细，对处方用药精确，深浅有度，充分把握病情趋势，当赞！当颂！当传！大匠也。二日之后，腹痛大安。料其实、其积、其滞已去，故去生大黄，加健脾之味，再二日，虽有咳嗽冷痰，非其治点，皆因脾土虚寒，土不生金母不生子也，故拟方治其母，坚其阳，醒其脾胃，余症可消矣。

史氏　妊娠七月，温热，用承气大下，已载温热门中，胎气全然无伤，其所生之子，已

三十三岁矣。

【析评】凡学医之初，必读妊娠禁忌歌，每行医者为妊娠之妇拟方之后，必观方而心中默诵禁忌歌，防其疏忽大意，造成大祸。此案妊娠七月，温热，实为阳明脏腑实证，吴公大胆使用承气下之，胎气无妨。吴公之意全在告慰后人“有故无殒，亦无殒也”、“有病则病受之”之理念，吴公育人之心可鉴也。

《医医病书析评》（节选）

丁　勇　严晓枫

题　词

病人之病，赖医人之医。医人之病，层出不穷，将何以补偏救弊，捍卫民生哉？孔子谓：“工欲善其事，必先利其器。”孟子谓：“不以规矩，不能成方圆。”医人者，规矩也；病人者，所制之器也。今将修规矩以制器，作《医医病书》。

【词释】

医医病书：书名。前一个“医”字为动词，作“医治”解；后一个“医”字为名词，应与“病”字相联，解释为“医生的弊病或毛病”。医医病书，即指“医治医生弊病或毛病的书”。

道光辛卯：即公元1831年。

【析评】

题词首句提及“病人——病——医人”。这是一组医务活动中所涉及的基本关系。三者之间，“病人之病，赖医人之医”，而作为医人，既要重视病人的病，也要重视患病的人，这就是“医理”。“医乃仁术”，医人既要重视自身的医德的修炼，也要重视专业素养的提高，这就是“医道”。“医道”是行医者的正道，若误入偏道则“医人之病”便会层出不穷。

“病人之病”与“医人之病”的病证有着质的不同。“病人之病”病于身体，得之外感六淫，内伤七情或饮食劳伤，因体质不同表现出阴、阳、表、里、寒、热、虚、实的证候，病机是“邪之所凑，其气必虚”，即正气不足。“医人之病”病发于心，得之见利忘义、不学寡术或才思不敏。因人而异，表现为无病说有、小病说重、大病说危；或有小病看成重病，大病看成危病；还有因滥用药物而成有病（医源性疾病）者，凡此种种皆医者心术不正，医术不精之过也。

“何以补偏救弊”，捍卫民生呢？吴鞠通先生借用孔子、孟子之道，愤然撰写《医医病书》之著。孔子曰：“工欲善其事，必先利其器。”（语出于先秦·孔子《论语·卫灵公》）意思是要做好工作，先要使工具锋利。“不以规矩，不能成方圆。”（语出战国·邹·孟轲《孟子·离娄上》）比喻做事要遵循一定的法则，国有国法，行有行规，医学更不例外，健康相系，生命相托，医学行业只有凡事立规，凡人讲规，才能维护良好的医疗秩序。所以在今天，医学讲究立规，医学类的法律法规也日臻完善。如：医师行医执业必须遵守《中华人民共和国执业医师法》，而医师获取行业资格也必须按照《医师资格考试暂行办法》的规定参加严格的考试考核等等，倘若不然，“医人之病”的发生则会触目惊心，令人扼腕。“医人之病”在当今社会虽说不多，但时有报道。《医医病书》是为医生制定和修正规矩，让医生能更好地服务于病人的书，是医者必读之书。其内容涉及医德和医术两个方面，术不精，杀人，德不好，坑人。学习和研究《医医病书》，对于加强医德医风建设，以实际行动维护医生的圣洁和荣誉，对于提高医疗水平和服务质量，永立起白衣天使的光辉形象，意义深远。笔者捧读题词，再写《医医病书析评》，实非敢以管窥蠡测之见与先生争衡也，目的只是为鞠通先生“修规矩以制器”而弘扬其功，“医门棒喝”，唤起同行，其守规矩，其为其用，做点工作！

卷一　医德医术

一、时医俗医病论

孔子谓：如有周公之才、之美，使骄且吝，其余不足观也已。时医多骄且吝，妄抬身分，重索谢资，竟有非三百金一日请不至者。此等盛气，苏州更甚。果真能起死回生，亦觉太过，盖病者不尽财翁。细按其学，甚属平平，用药以三分、五分、八分、一钱为率。候其真气复而病自退，攘为己功。稍重之症，即不能了，为自己打算则利，其如人命何？已以是谋生，人竟由是致死，清夜自思，于心安乎？俗医之病百出，予不忍言。即以一端而论，或谓之买卖，或谓之开医店，可耻之极，遑问其它。且即以市道论，杀人以求利，有愧商贾远甚。

【词释】

财翁：财主。
攘：窃取；侵夺。
遑：不及；无须。

【析评】

吴鞠通先生倡导为医者应德术并重，而德术之间，德为前提。他借用孔子之语亮明了这一观点，孔子在《论语》中说，即便是有周公那样美好的才华资质，如果又骄傲又吝啬，其他也就不值得一看了。而时医之病，病在既无才也无德。鞠通先生对“妄抬身分，重索谢资，竟有非三百金一日请不至者”的时医十分鄙视。这些时医医术平平，却盛气凌人，从不为病人考虑，稍重之证，便无法治疗。鞠通先生气愤地责问：“已以是谋生，人竟由是致死，清夜自思，于心安乎？”

而俗医的市刽作风更是令鞠通先生深恶痛绝，他称“俗医之病百出，予不忍言。他们贪得无厌，将手中的医术当本钱，就像是做生意一样，这样的人充得起是在“开医店”，见利忘义，毫无人道可言，可耻之极，不知戕害了多少病人宝贵的生命，破坏了多少美满的家庭？鞠通先生斥之“杀人以求利”，连商人都不如，他们哪里还有一点道德啊！鞠通先生对时医俗医的庸劣做了入木三分的刻画和一针见血地批判。

鞠通先生避近就远，举苏州时医为例，直言不讳“此等盛气，苏州更甚”。实质一叶知秋，先生在家乡淮阴“问心堂”坐堂，也在北京坐诊，他对整个社会的医德医风十分清楚，他的例举，实际是当时整个社会不正医风的缩影，他只不过是列举说明罢了。

忧心的是先生所痛斥的时医俗医之病，今天仍痼疾难除，还在流行，虚假医疗广告、收受药品回扣、索要病家红包、盲目开单检查等等，诸多不正医风时见报端。先生举苏州为例，其用心良苦也。曾见一资料，就在鞠通先生家乡不远的运河岸边，有一个小小的集镇，近200户人家约3平方公里的范围内，就有注册登记的诊所、药店30多家，求医买药者每天有数百人。该镇被称为“丛医镇”。此情虽写是民国时期的事，并称“此时，淮阴中医发展鼎盛”。看后却引人深思，民国出自清灭，一线相连，今人竟有出此褒言，不管出于何意，回头再看看鞠通先生的“时医俗医病论”，振聋发聩，鞠通《医医病书》当今仍值得读，值得认真读！

二、名医病论

名医之病，首在门户之学，其次则以道自任之心太过，未免奴视庸俗，语言过于刚直，为众所不容。或临证之际，设有不对证之方，妄生议论者，则怒发冲冠，有不顾而唾之势；其或性情柔逊者，不肯力争，宛转隐忍，又误大事，做成庸医杀人。安得许多圣贤来学医哉？

【词释】

唾：唾弃。
柔逊：柔和谦逊。
宛转：唐·成玄英《庄子疏》：“宛转，变化也。”宛转者，辗转、委婉之意。
安：怎么；哪里。

【析评】

名医者，名副其实，名不虚传也。然虚有其名，名不副实者，也不无仅有。鞠通一生为医，知其医事，理所当然，所撰“名医病论”，开门见山，一语点破，指出“名医之名”其病有三。一曰“门户之见”，先入为主，排斥异己，拘泥于一家之言，贬低别人，抬高自己，为“众所不容”，此乃医者之大忌。凡为医者，皆各有所长，也各有所短，但当尽职尽责为是，不宜妄言太过，语伤他人。俗语说：“他山之石，可以攻玉。”故凡为医者，当需抛开门户之见，病人为先，团结为主，取长补短，互相切磋。二曰名医之病在于耿直从事，恃才自傲，看不起他人，临证时见有处方异议者，则批评唾弃，恶言其误，引起矛盾，导致众不能容。笔者以为，对错误能大胆果断发表意见，坚持医理，应该是正确举措，但处理不当，导致病家与医生相互冲突，甚至引起事端，矛盾升华，于病人，于自己，于他人均为不利，最好婉言其误，病人第一，解决问题为要。若动则“怒发冲冠”妄生议论，此也为医者之第二大忌也。再曰名医之病，顾及情面，做老好人，明知其误，不敢直言，不肯力争，婉转隐忍，贻误病机，失掉治疗机会，害人不浅。如此之举与庸医杀人有何不同？所谓“我不杀伯仁，伯仁因我而死”。对于医者来说，这是一个非常值得深思的问题。文末鞠通先生还愤笔疾书：“安得许多圣贤来学医哉？”这一沉重而引人注目的问号，问得好！为此笔者抄录一段某医行医之道：“行医之本本于术，施术之本本于德，医乃仁术，贵在活人，术不精杀人，德不好坑人”之语，与天下为医者，特别是名医者们再学习，共勉之，以作对鞠通先生之回报也。

三、不读古书论

今人不读古书，安于小就，得少便足，囿于见闻，爱简便，畏繁重，喜浅近，惧深奥，大病也。《神农本经》《灵枢》《素问》《难经》《伤寒论》《金匮要略》《易经》《诗经》《周礼》《礼记》，断不可不读者也。近人所读者，陶氏《六书》，《寿世保元》，李士材“三书”，讱庵《本草备要》、《医方集解》，吴又可《温疫论》，《景岳全书》等类。甚至仅读《药性赋》、《汤头歌》，便欲行医。近代叶天士医案，精者多而粗者少，远胜陶氏等书，南方人多喜读之，无奈不得要领，但袭皮毛，名为叶派。但叶氏之书，本不易读。盖其书用古最多，读者不知其路，未易领会其用意，而又搜罗散佚，集于门人之手，往往有前无后，有中间而无前后，碎金片玉，不能全备，非真有天分人功者，不能读也。且不读《内经》《金匮》等古书，不知其妙，不能用也。

【词释】

安于：满足。

囿：局限。

陶氏六书：明代陶华所著的六本书，《伤寒琐言》、《伤寒家秘的本》、《伤寒杀车捶法》、《伤寒一提金》、《伤寒截江网》和《伤寒明理续论》。

《寿世保元》：明代龚廷贤的著书。

士材三书：明代李士材的三本著书，《诊家正眼》、《本草通玄》、《病机沙篆》。

《景岳全书》：明代张介宾的著书。

【析评】

鞠通先生对时医不读古书，追求简便之弊，提笔即予以抨击，谓：“今人不读古书，安于小就，得少便足，囿于见闻，爱简便，畏繁重，喜浅近，惧深奥，大病也。”对凡此之为，先生以“大病”二字统之，说明先生既恨且愤。其实，此病非仅鞠通时代所盛，现今也绝非少见。有自称小神仙，搭脉知病者；有年虽未老，留须一大把，自称“老中医”者；有可笑者，从未读过鞠通书，也在议鞠通事；更有可恶者，竟盲目运用砒霜治妇科病，致死人命两条，直令人扼腕叹息！其一害病人，二害中医，凡此种种弊端，皆根于不读书也。特别是鞠通先生指出的“断不可不读”的经典之古书，如是文鞠通所例举的《神农本草经》、《灵枢》、《素问》等10本大作。故古人云：“书犹药也，善读之可以医愚。”此乃中的之言也。

鞠通在此不仅指出了医者不读古书之“大病”，而且结合自己的读书体会和临床实践开列了药方，推荐了书目，实在用心良苦！对不读精典，只读《汤头歌》等便欲行医者提出了批评。吴氏举叶天士《临证指南医案》为例，认为叶天士医案，精者多而粗者少，然不读古书，不得其要领，因叶氏之书，用古最多，不读古书，则不知其来路，不能领会其用意。故吴氏反复强调要多读古书，以学有根基，古为今用。

除了要多读经典医籍外，吴氏认为《易经》、《礼记》等也不可不读。笔者认为鞠通所言恰到是处，中医学是在中华几千年传统文化的大背景下发展起来的，而儒家思想正是其重要组成部分，掌握这一思想也就掌握了学习中医的一把钥匙。故古有“不为良相，即为良医”、“通儒晓医”之说，盖儒医相通也。

医乃大道，非择书博览者不能为也，故鞠通先生反复强调，指出《内经》、《伤寒》等经典著作断不可不读。翻阅有关资料，江苏省卫生厅、江苏省中医药管理局1988年下文公布的108名首批江苏省名中医，其把《内经》、《金匮》、《伤寒论》、《温病条辨》作为自己必读之书者占100%，无一人例外。真可谓英雄所见略同，无庸置疑，皆后学者之楷模也。

卷二　杂病辨治

一、治内伤必须辨明阴阳三焦论

今人治内伤，用六味、八味者遍天下，皆误听丹溪“阳常有余，阴常不足”之谬论。用补中益气汤者十之二三，误用东垣重木轻德之计，而又不察伤阴伤阳，睢自己好尚，专门师传之是。从古称诵读劳阳，谋虑伤阴，如作文、办案、持筹握算、运筹帷幄者，皆劳阴也。如诵读歌唱与一切力作汗出过多者，皆劳阳也。如外感燥、湿、寒三者阴邪，皆伤人之阳气者也；如风、火、暑三者阳邪，皆伤人之阴者也。然间亦有应补阳者，如产后、老年，大抵多阴不足，间亦有阳不足者。又必究其上中下三焦所损何处，补上焦以清华空灵为要；补中焦以脾胃之体用各适其性，两不相忤为要；补下焦之阴，以收藏纳缩为要，补下焦之阳，以流动充满为要。予于《温病条辨》，拙作议补下焦，峙立三法：以专翕膏，补下焦之阴也；奇经丸，补下焦之阳也；天根月窟膏，阴阳两补，使之交纽者也。补上焦如鉴之空，补中焦如衡之平，补下焦如水之注。

【词释】

重木轻德之计：重方轻用之意。
专门师传之是：只认为师传是对的。
忤：违背，抵触。
鉴：镜子。
衡：秤。

【析评】

经云：“善诊者，察色按脉，先别阴阳”。阴阳乃疾病的两大纲领，辨之可提纲挈领，执简驭繁。鞠通先生批评当时的医生治内伤杂病，不善辨证，死守教条，生搬硬套，刻舟求剑，要么认定“阳常有余，阴常不足”，广用六味、八味；要么不察伤阴伤阳，选用补中益气，随心所欲，只认师传，丢掉了辨证论治的根本。先生认为，外感六淫病邪所致疾病中阴邪伤阳，阳邪伤阴，内伤杂病中致病因素不同，伤阴伤阳亦理相一致，如“作文、办案、持筹握算、运筹帷幄者”，都耗伤阴液，而“诵读歌唱与一切力作汗出过多者，”都劳伤阳气。而妇女产后、年老体弱，多数为“阴不足”，间或也有“阳不足”者，这些都需要通过辨证来确定。这就是先生所以深入阐述“治内伤”必须要辨明阴阳的道理，也是他以丰富的临床经验对《内经》“先别阴阳”一语的最好诠释。

治内伤杂病除了辨明阴阳外，还需辨明三焦病位。因为上、中、下三焦损伤不同，其治则治法，施方用药也不同。上焦功能如“雾”，补益宜用清华空灵，轻清之品，起到有助“宣发”的作用；中焦功能如“沤”，补益宜适合脾胃的体用状态，脾体属脏为阴，其用升清、运化属阳，故补益宜升宜健，胃体属腑为阳，其用受纳、下降属阴，故补益宜降宜和，应各适其性不能相互违忤；下焦如“渎”，五脏之中，肝、肾属于下焦，肝藏血、肾藏精，精血同源，故补益下焦之阴，应多用守而不走的血肉有情之品，补益下焦之阳，应多用温通流动之品。鞠通先生还提及《温病条辨》中所用的补下焦之阴、之阳及阴阳双补“三法”，强调“补上焦如鉴之空，补中焦如衡之平，补下焦如水之注”的补益原则和方药，便于学者效法。

因认识上的局限，鞠通先生对金元时期医学家朱丹溪的评价过激，有偏颇之处，以及六淫病邪的阴阳归类亦不尽其善，然瑕不掩瑜，学者细心体味，自有所得。

二、阴常有余阳常不足论

前人有“阳常有余，阴常不足”之论，创为补阴之说。不知阳本该大，阴本该小，前已论之。窃思阴若有余，阳苦不足也。如一年之三百六十日，除去夜分日光不照之阴，一百八十日，昼分日光应照之阳，实不足一百八十日也。盖有风云雨雪之蔽，非阳数之较少乎？一也；再人身附地而生，去天远，去地近，湿系阴邪，二也；君子恒少，小人恒多，三也；古来治世恒少，乱世恒多，四也；在上位恒少，在下位恒多，五也。故历代圣人，未有不贵阳贱阴者，亦未有不扶阳抑阴者，更未有不尊君父而卑臣子者。阳畏其亢，藏者则吉。坤之初六日，履霜，坚冰至。圣人示戒之早如此，概可知矣。

【词释】

前人：指朱丹溪等人学说。

坤之初六：指坤卦六爻的最初之爻，即最下面一爻。从下往上，第二爻称为六二，依次为六三、六四、六五、上六。

履霜坚冰至：语出《周易·坤卦》：“初六，履霜，坚冰至。”指好像在路上见到霜，当可预见坚冰之将至也。

【析评】

本篇论点“阴常有余阳常不足”，与文中所提前人“阳常有余，阴常不足”之论形成鲜明对比。鞠通先生列举天理、人事的多种现象佐证自己的立论。其中，一年三百六十日的日照时间之比，以及人与天地之间的关系等比较有说服力，而人事之君子、小人之比等类比作为论理依据，不免有些牵强附会。

事实上，这两种立论的产生均有特定的历史原因。“阳常有余，阴常不足”为元代朱丹溪之学术见解，产生的原因，一是朱丹溪对刘完素火热学说的进一步发展；二是朱丹溪生活的年代，很多医生机械地搬用《局方》，滥用辛燥药物，劫伤人体之阴液。而鞠通先生之“阴常有余阳常不足”论，一是源于对顺应天象的人之生理的思考；二是看到社会上滥用六味、八味的补阴之法，损害身体却浑然不觉，因此警示人们，生命之根，阳气为重。

纵观医史，鞠通之前，亦有许多医家认为朱丹溪之“阳常有余、阴常不足”立论不确，如张景岳、赵献可等，他们矫枉过正，大倡温补之说，后世医家陈修园便对他们提出批评，写了《景岳新方砭》、《医贯砭》。

对此笔者想起仲景“勤求古训，博览众方”之语，学习中对各种理论应兼容并蓄，扬长避短。根据临床实际，当补阳者，顾其补阴；当补阴者，顾及补阳。运用中因病、因论、因时、因地、因人制宜，病危时，留得一分真阴，换来一分生机；挽住一分真阳，保住一分生命，不必固守“有余”“不足”之论，此至理也。

三、看病须察兼证论

予前著《温病条辨》中，言外感交互，有一千一百九十六条之多，见者必以为怪，惟深明《易》理者知之。要知一千一百九十六条，但指外感之自为交互而然，未及内伤也。若兼内伤，则靡可纪极矣。如《伤寒论》中，酒客不与桂枝汤，凡人大便旧微溏者，不可与栀子豉汤，疮家禁汗，亡血家禁汗，腹中有动气不可下之类，皆兼证之禁也。今人治病，一气且辨之不清，何况兼证。按兼证，有外感兼外感者，如燥金气运，虽在夏月，亦多腹胁疼痛、呕恶、气上阻胸等证，脉弦紧短涩，或泄泻不止，或竟大便十数日不通，烦躁不安，反口渴思凉，饮冷则腹愈痛，得温热药乃解。盖金克木之证，必用火克金。及燥未尽解，忽加暑证，叶氏有秋后伏暑内发、新凉外加之明文。考暑证，热一气，湿一气，湿热交而成暑，又一气，已有三气，再加新凉燥气，是四气矣。万一病者，本有肝郁、疝瘕、动气、便血等证，所兼愈多，医者岂可不条分缕析而细察之哉？刑名家定案，只举其罪名之至重者定之，故曰除轻罪不议。为医者异是。一有遗漏，必有后患。如时文家，作理搭题，不敢蹴空驾御，必须层层还到，方可全愈。而兼证，又当辨明何者为新病，何者为旧病，定法先治新病。仲景云先治新病，谓旧病当后治也。即同为新病，亦有次第，如仲景《伤寒论》中，表急急当救表，里急急当救里是也。遗漏固不是，而缓急有先后，断不可案也。

【词释】

交互：合并，夹杂。

靡可纪极：靡，不。纪，经理。极，终点。即无法统计之意。

金克木之证，必用火克金：五行相生相克，金能克木，是其所胜也。火能克金，也是其所胜也。然木能生火，火者，木之子也。火再克金，是子复母仇。

刑名家：指掌管刑法的人。

异是：异，不同。是，此也，近指代词，代刑法。指不同于此，即治病不同于论刑。

时文家：指当时社会上写文章的人。

作理搭题：理，论点。根据一个论点，叙述有关的论据。

蹴空驾御：蹴，踢，蹦。驾御，驾驶之意。原指不能离开地面而驾车，这里指不能离开各种论点去写文章，转指医生治病，必须面面俱到，治疗主证时，不可忽视兼有之证，以免留有后患。

案：通“按”。根据，考据。

【析评】

病不变证变，方不变药变，这是中医辨证论治的特色之一，证变，药当应随之而变，才能把握临床实际，切中病机，故鞠通提出看病除了抓主症，还必须察其兼证，处方用药方不致误，也不致偏。

人体有强弱之分，感邪有轻重之别，临床见症，千变万化，错综复杂。鞠通以自著的《温病条辨》中单外感兼证为例就有1196条之多，如加上内伤，兼证就更多而“糜可纪极矣”。吴氏在本篇以《伤寒论》为例，谓“酒客不可与桂枝汤”，桂枝汤味甘性温，甘能增湿，辛温助热，酒客胃中素有湿热，则不适于服用桂枝汤，服则致呕。在太阳病篇关于发汗问题，特别提出九种不可汗之人，谓："咽喉干燥者，淋家，疮家，衄家，亡血家，汗家，胃中有寒者，血少者，尺中脉微者，不可汗之。"就是充分考虑到阳虚、血虚、阴虚、中阳不足的体质特点，皆兼证之禁，当因人而异。对今人治病，辨之不清，即行治疗，予以警示。

吴氏尚举暑证为例，暑热、暑湿、湿热交蒸，加之新凉燥气，四气兼夹致病，感邪复杂，病机多变，加之本有诸如肝郁内伤等证，则兼证更多。所以治疗必须条分缕析，详察兼证，医生治疗，与法官定刑不同，哪怕是最小的见症也不能放过，以绝毒处藏奸之虞。对旧病新病，缓急先后，既不能遗漏，也不能顾此失彼，要多层次，多角度收集临床资料，深层地了解与疾病相关的社会因素和饮食起居等明确诊断，急则治标，缓则图本，方随证变，次第先后，有是证用是药，断不可偏也。最后用一句话概括鞠通先生是文的良苦用心，即：医生对每一个诊疗细节的认真，都是对生命的珍惜！

四、治内伤须祝由论

按"祝由"二字，出自《素问》。祝，告也；由，病之所以出也。后世以巫家为祝由科，并列于十三科之中。《内经》谓："信巫不信医不治"，岂可列之医科哉？吾谓凡治内伤者，必先祝由。盖详告以病所由来，使病人知之而勿敢犯，又必细体变风变雅，曲察劳人思归之隐情，婉言以开导之，庄言以惊觉之，危言以悚惧之，使之心悦诚服，而后可以奏效。予一身治病得力于此不少。有必不可治之病，如单腹胀、木乘土、干血劳、噎食、反胃、癫狂之类，不可枚举。叶氏案中谓无情之草木，不能治有情之病，亦此义也。俗语云：有四等难治之人，老僧、寡妇、室女、童男是也；有四等难治之病，酒、色、财、气是也。难治之人，难治之病，须凭三寸不烂之舌以治之。此救人之苦心，敢以质之同志。

【词释】

祝由：古之迷信以符咒治病的一种方法。唐太医署有咒禁科，明太医院有祝由科。
曲察：细心体察。
质之同志：与同道商榷。

【析评】

"祝由"二字，最早出于《内经》，祝是告知的意思，由是疾病发生的缘由。在洞穴群居、钻木取火的远古时代，针药知识很少，治疗疾病的主要方法是心理治疗。故《素问·移精变气论》曰："余闻古之治病，惟其移精变气，可祝由而已。"即"视说病由，不劳针药而已。"说明远古时代祝由是主要的治疗方法。世人不知者谓为妖邪之说，异端之教，岂知是古圣人之一脉遗流也。祝由治疗在历史上延续了很长时间，《隋书·卷十二》载："祝禁博士二人。"《唐六典卷十四》载："咒禁师二人，咒禁二八人，咒禁生十人。"直至元代十一科仍有祝由科，明代十三科也有祝由科。随着生产力的发展，社会的进步，医药知识的积累，出现了以针药治疗为主，祝由佐治的治疗模式，而部分巫医却仍抱缺守旧，装神弄鬼，神乎其神，不信针药。在历史上两者之间的斗争十分尖锐，春秋时代的名医扁鹊提出"六不治"之一就是"信巫不信医，不治。"这种斗争及其转变过程可以从《内经》中看出。《素问·宝命全形论》明确指出"道无鬼神，独来独往。"《素问·五脏别论》则尖锐地批评了“拘于鬼神”、“恶于针石”之人，但同时书中又反复提到“祝由”、“移精变气”等心理治疗。经过前人长期实践，可以看出两种治疗方法的交替过程，最终确立了针药为主的治疗方式。在此论中，鞠通先生匠心独运，认为针药治病固然重要，但心理调适同样重要。他说：“吾谓凡治内伤者，必先祝由，盖详告以病所由来。”言之有理！因为任何疾病的发生，均有其特定的病因，内伤疾病多与七情、饮食、劳逸有关，应向病人尽量说出患病之由，针对各种情况采取不同的指导方法，与情志有关者，婉言开导之，与饮食劳欲有关者，告之以危害，使病人有所收敛，以利于疾病的恢复。故吴氏曰：“凡治内伤者，必先祝由。”先生例举单腹胀，木乘土，干血痨，噎食，反胃，癫狂一类，均与情志有关，如单用药物治疗，不考虑病人的心理因素，则药物难以奏效，故称为不可治之病。正如叶天士所言：“无情之草木，不能治有情之病。”吴氏紧接着又罗列四等难治之人及四等难治之病。四等难治之人，即老僧、寡妇、室女、童男，为何难治？此四类人压抑了人的食色天性。四等难治之病，指的是酒色财气，何也？过度放纵自己，挥霍精力，私欲膨胀，如若不改，病何能治？故吴氏谓：“难治之人，难治之病，但凭三寸不烂之舌治之。”再次强调了心理疏导的重要性，也不失为治病之一法也。

整体观念和辨证论治是祖国医学的特色，重视心理疗法就是其特色表现，整体观念强调“形神一体”，即生理和心理的统一性，所以强调整体观念，必须重视心理问题，而辨证论治强调治病要“因人因时因地制宜”，因人制宜是问题的重心，人的心理活动十分复杂，疾病过程千变万化，所以鞠通先生提出要“凭三寸不烂之舌以治之”。即要细心体察七情之变，重视病人的心理特点、心理状态、社会环境、家庭因素等情况，不厌其烦，详言细语，告之以由。应用药物治疗的同时，结合心理疗法，方可达到最佳的治疗效果，这该是鞠通先生“治内伤须祝由论”给医者的启示吧。

卷三　方药之道

一、用药分量论

用药分量，有宜多者，少则不效，如暑温、痹证、痰饮脉洪者，用石膏每至数斤、数十斤之多，是其常也。乙酉年，予在绍兴治一友，久患误补之伏暑痰饮，发则大喘，每剂用石膏，必半斤、一斤之多，而后喘得稍减，连用七八剂或十数剂而后喘定。迟数日又发，脉必洪大。期年之间，用至一百七八十斤之多，而后大愈，是其变也。药有宜少用者，万不可多用，如寒燥门中用蟾酥，瘀血门中之用皂矾。蟾酥犹可入丸药，皂矾只入外科丹药，丸药中亦不能用。汤剂中用新绛纱，借染匠之巧法。皂祝在见微之间，稍多则染成玄青矣。纪晓岚先生《阅微草堂笔记》中云：“乾隆癸丑春夏间，京中多疫，以张景岳治法治之，十死八九；以吴又可治方治之，亦不甚验。有桐城一医，以重剂石膏，治冯鸿胪星实之姬人，见者骇异，然呼吸将绝，应手辄痊。踵其法者，活人无算。有一剂用至八两，一人服之四斤者。虽刘守真之《原病式》，张子和之《儒门事亲》，专用寒凉，亦未敢至是，实自古所未闻矣。考喜用石膏者，莫过于缪仲淳，名希雍，天崇间人，与张景岳同时，而所传各别。本非中道，故王懋兹《白田集》有‘石膏论’一篇，力辨其非，不知何以取效如此？此亦五运六气适值是年，未可执为定例也。”按桐城医重用石膏治冯病，呼吸将绝，应手辄痊，踵其法者，活人无算。有一剂用至八两，一人服至四斤者，是何足奇。予治西人李姓贾之热病，大热大渴，周身纯赤，一夜饮新汲凉水至二三担之多，汗如雨下，谵语癫狂，势如燎原。予用石膏，每剂先用八两，渐加至一斤，早晚各服一剂。每剂煮成六碗，一时服一碗。间服紫雪丹、牛黄丸，紫雪丹共用至三两之多，牛黄丸共用至三十余粒之多。鏖战十数日之久，邪之大势方解，继清余邪，石膏每剂仍用四两，六、七帖之后，方能脉静身凉。他多类是，不能尽述，半载予医案中。盖药之多寡，视病之轻重也。又云：刘守真、张子和专用寒凉，亦未敢至是，实自古所未闻矣，此乃未读古书之故耳。按张仲景《伤寒论》中之白虎汤用石膏本系半斤，别本有一斤者。即汪讱庵《医方集解》中白虎汤用石膏亦系半斤，《金匮要略》中木防己汤石膏用鸡子大十二枚。或云汉朝戥量本小，照今时不过六二扣。汉时戥量即小，岂汉时鸡子亦小于今乎？又云："考古喜用石膏者，莫如缪仲淳，本非中道。"试问中道何以定哉？盖中无定体，病轻药重轻为不中，病重药轻亦为不中；病浅药深为不中，病深药浅亦为不中；味厚气盛之药，多用为不中，味淡气薄之药，少用亦为不中。石膏质坚汁少，气薄味淡者也，古皆重用，何反以缪仲淳为本非中道也哉？"王懋兹《白田集》石膏论，力辨其非。"皆不知医者所论，何足为据？桐城医用秉辛凉金气、金水相生之石膏，以复太阴之金体，阳明之金用，制木火有余，火来克金之温病，救化源之绝，此所以取效如神，实系天经地义之定例，何云未可执为定例哉？近时苏州医用甘草必三、五分，余药皆五、七分，至一钱为重用，何病可治？此药用少之过。本京有某砂锅之名，用大刚大燥，皆系八两、十两，一剂有用至数十两者。幼科用归宗汤治痘证，十日以外，咬牙寒战，灰白塌陷者，仍用大黄、石膏至一、二斤之多，死而后已。此误用多之过也。

【析评】

用药分量的大小，直接影响着疗效，"有宜多者，少则不效"，"有宜少用者，万不可多用"。鞠通先生在本篇中，以暑温，痹证、痰饮出现脉洪的热证用石膏宜多；寒燥病证用蟾蜍、瘀血病证用皂矾宜少为例，精辟地论述了这一点。

用药分量的多少，还应视病情而定。因病情的需要，鞠通先生所治病例中，用石膏每剂达到半斤、八两、乃至一斤，一年之中用量可达到一百七、八十斤；十数日中，紫雪丹可用至三两，牛黄丸可用至三十余粒，而用皂矾却在几微之间。鞠通先生以评论纪晓岚《阅微草堂笔记》为由，一再提到石膏的使用。就石膏而言，《中药学》教材中生石膏用量内服为5钱至1两，热盛者可用3至4两。与先生所用石膏的剂量差距甚远。鞠通先生提及"石膏质坚汁少，气薄味淡者也，古皆重用"，并以在《伤寒论》和《医方集解》书中白虎汤用石膏为半斤进行佐证，同时通过《金匮要略》书中木防己汤石膏用鸡子大十二枚表明古今所用剂量相当，这说明从汉代到清代，张仲景、汪昂、包括鞠通先生自己都曾因病情需要大剂量使用石膏。那么我们不禁要对当今的《中药学》教材提出质疑，石膏用量何以到了人们广泛使用抗生素，机体抗药性普遍增强的今天反而小了？诚然，药物剂量小不会产生副作用，但病重药轻很难取得好的疗效。中医学是传统的经验型的学科，传授知识、培养专业人才，教材的重要性不言而喻，如石膏之类，理应将历代名医的特色、用量、用法介绍给学习者。而现在的教材记载的剂量却限制在几十克之间，张力很小，学习者不能借鉴前人经验，大多医生便不敢逾越雷池，很多科班出生的中医开出的处方千药一面般的10克左右到底，病情需要时也不敢开出大剂量，其临床的疗效可想而知，中医专家、名家后继乏人显然也在情理之中了。

用药分量的多少还与药物的质地有关，鞠通先生认为"味厚气盛之药，多用为不中"

即不宜多用，《中药学》教材中却指点“味厚滋腻者量重”，即宜多用。两者谁对？结合临床看，还是鞠通先生所言有理，试想味厚者滋腻，多用易碍胃伤气，反不利用于疾病治疗或康复，故用量不宜太大。但适者相宜，过犹不及，药量太大或太小均不能治病。用药之理也是如此，鞠通先生本篇尾列举了苏州医生药量太小，京城医生药量太大的极端事例，进一步强调用药分量应随病情而定的重要性。

二、医者有好用之药有畏用之药论

医者之于药也，不可有丝毫成见。有好用之药，必有不当用而用者，病人死于是矣；有畏用之药，必有当用而不用者，病人誓死于是矣。甚至自信自是，直以身徇。修齐治平，以端好恶为主，孰谓医家不当如是耶？然非格物诚意，好恶莫端。呜呼！可惧哉！

【词释】

好：喜欢。
恶：讨厌。
是：此。
徇：通“殉”。
修齐治平：即儒家“修身、齐家、治国、平天下”的简称。
端：详审。

【析评】

药是医者治疗疾病的武器，医者用药，有好用之药，有畏用之药，何也？笔者以为医者好用之药一为个人擅长而喜用，二为药性平和不偏而喜用，如为前者，尚情有可原，如为后者，则背离用药原则，因为药物治疗疾病，就是用其偏性，如为平稳起见，一概用药平和，药不对证，不当用而用，致延误病机，后果可想而知。正如徐大椿《用药如用兵论》云：“虽甘草、人参，误用致害，皆毒药之类也。”而医者畏用之药，一为不熟悉其四气五味，毒性归经，二为药性过偏，把握不准，遇有当用之时，思前想后，顾虑重重，当用而不敢用，则贻害无穷，甚则误人性命！

故鞠通先生指出：自以为是，凭个人好恶用药行事，是要害了身家性命的。应该像治理国家一样端正自己的用药好恶，要穷究药物的性味、功效、归经等特性，以指导临床用药。正如喻嘉言所言：“先议病，后议药。”即有是病即用是药，无是病，即不用是药。有是病，虽险绝之药亦敢用，无是病，虽平淡之品亦不敢妄加。如是则药断无不效之理。只有把用药之道搞清楚了，才能避免因个人好恶来选择药物。

无独有偶，近日拜读国医大师朱良春教授“半夏生用探析”一文，深有感触。半夏为燥湿化痰、降逆止呕要药，《神经本草经》明注半夏辛温有毒，需用姜汁、明矾制后入煎剂。而朱老仔细研究前人论述，结合个人临床实践，提出半夏可以生用，而且疗效优于制半夏。传统的半夏加工方法，先用清水浸泡，后加白矾，再制，久经浸泡，药性势必大减，用于轻病，尚可有效，用于重病，则难以建功。故朱老改制半夏为生半夏，药效大增，屡起沉疴，若畏其毒性，不敢放胆使用，何来佳效？故畏用之药，当用必用。临证时需积极探究药物的特性，端正个人的用药好恶，此为善用药之道也。

三、细辛论

细辛，细而辛者也。一茎直上，端生一叶，其茎极细，其味极辛。《本经》称其气味辛温无毒，主咳逆上气，头痛，脑痛，筋节拘挛，风湿痹痛，死肌，久服明目，利九窍，轻身延年。张隐庵谓细辛乃《本经》上品药也，味辛臭香无毒，主明目利窍。宋元韦占陈承谓细辛单用末不可过一钱，多则气闭不通而死。近医多以此语忌用，嗟嗟！凡药所以治病者也，有是病服是药，岂辛香之药而反闭气乎？岂上品无毒而不可多服乎？方书之言，诸如此类，学者不善详察而竟遵信之，则岐黄之门终身不得入矣。汪讱庵《本草备要》中又将“单用末”三字删去，直谓之不可过一钱，多则闷绝而死，虽死无伤可验，且引开平狱尝治此以实之，其不通乃如此。

【词释】

九窍：五官中共有七窍，加前后二阴，共称九窍。

陈承：宋闽人，著有《重广补注神农本草》。

嗟嗟：感叹语气词。

实：证实。

【析评】

先生开篇即云：“细辛，细而辛者也，一茎直上，端生一叶，其茎心细，其味极辛。”一语道明细辛名字的由来当取其茎细而味辛之意。

细辛，又名小辛(《本经》)，细草(《吴普本草》)，少辛(《纲目》)，独叶草(《中草药手册》)，其得名均与其形状及味道有关。考细辛的性味，《本经》谓其“味辛，温”。《药性论》谓其“味苦辛”。《用药心法》谓其“辛热”。《中药学》谓其“辛温，有小毒。”均大同小异，细辛性温味辛当无争议。论其归经，有说：“手少阴引经药。”(《汤液本草》)，有说：“入心、肝、胆、脾四经。”(《雷公炮制药性解》)，有说：“入手少阴，太阳。”(《本草经疏》)，有说：“入足厥阴，少阴血分。”(《本草汇言》)，而《中药学》谓其归“肺、肾、心经”。说法不同，各有侧重。笔者以为就其治疗适应症而言，细辛对肺、肾经更有特殊的亲和作用。

关于细辛的功效主治，鞠通先生引《本经》说法，称其：“主咳逆，头痛脑痛，百节拘挛，风湿痹痛，死肌，明目，利九窍。”归纳起来，其功效有四：一为解表散寒，本品辛温发散，芳香透达，用于风寒感冒效佳。正如《本草经百种录》所云：“细辛，以气为治也，凡药香者，皆能疏散风邪，细辛气盛而味烈，其疏散之力更大，且风必夹寒而来，而又本热而标寒，细辛辛温，又能驱逐寒气，故其疏散上下之风邪，能无微不入，无处不到也。”二为祛风止痛，本品辛香走窜，宣通郁滞，上达巅顶，通利九窍，善于祛风散寒止痛，可用于头痛、牙痛、痹痛等多种寒痛证。治疗寒痛证以细辛为主药的方剂很多，例如《普济方》中载有细辛散，用细辛一两（净），川芎一两，附子（炮）半两净，麻黄一分上细切，入连根葱白、姜、连，每服五钱，水一盏半，煎至一盏，连进三服，治风冷头痛，痛则如解，其脉微弦而紧。《御药院方》载用细辛、荆介、蜂房各等份上为粗末，每用三钱，水一大盏，煎至七分，去渣，温漱冷吐，治牙齿疼痛，此验方现今仍为临床所习用。细辛功用之三为芳香通窍，本品芳香透达，散风邪，通鼻窍，为治鼻渊之要药。其功效正如《本草正气》所云："细辛，芳香最烈，故善开结气，宣泄郁滞，而能上达巅顶，通利耳目，旁达百骸，无微不至，内之宣络脉而疏通百节，外之行孔窍而直透肌肤。"细辛功用之四为温肺化饮，本品辛散温通，善治肺劳咳喘。如《金匮要略》治痰饮，冲气即低，而反更咳、胸满者，用苓甘五味姜辛汤，方中的细辛用以散寒泄满，除饮止咳，用量三两，汉代一两折合公制3克，相当于用了细辛9克。由此亦引发我们思考与讨论：医界有"辛不过钱"之说，细辛的安全剂量到底为多少？

关于细辛的毒性和用量，古往今来，各有说法。《本经》称其气味辛温无毒，引为上品，言其不但可以久服，且能轻身延年。《本草别说》谓："细辛，若单用末，不可过半钱匙，多则气闷塞，不通者死。"汪讱庵又将"单用末"三字删去，直言不可过钱，至今《中药学》仍载细辛用量为煎服1～3g，散剂每日服0.5～1g，仍遵"辛不过钱"之说，医者畏其毒性，亦不敢多用。鞠通先生极力反对"辛不过钱"之说，认为"凡药之所以治疗者，有是病服是药，岂辛香之药而反闭之乎？"并说："方书之言，学者不善详察而竟遵信之，则岐黄之门终身不得入矣。"指出要善读书，多实践，不能书云亦云，墨守成规，而应着眼于临床，当用则用，当量大则量大。笔者赞同先生的观点，笔者使用细辛10克入煎剂，常规煎煮15分钟，未见有中毒现象。由此可见，"辛不过钱"之说亦非真理。

《温病名方验案说评》（温病条辨方验案选）

陈　明　郭秀丽

银翘散

【方药】

连翘一两（9克）　银花一两（9克）　苦桔梗六钱（6克）　薄荷六钱（6克）　竹叶四钱（4克）　生甘草五钱（5克）　芥穗四钱（4克）　淡豆豉五钱（5克）　牛蒡子六钱（6克）

【用法】

共杵为散，每服六钱（9克），鲜苇根汤煎，香气大出，即取服，勿过煮。肺药取轻清，过煮则味厚而入中焦矣。病重者约二时一服，日三服，夜一服；轻者三时一服，日二服，夜一服；病不解者，作再服（现代用法：按原方配伍比例酌情增减，改作汤剂，水煎服；亦可制丸剂或散剂服用）。

【原文】

凡病温者，始于上焦，在手太阴。（《温病条辨·上焦篇·二》）

太阴之为病，脉不缓不紧而动数，或两寸独大，尺肤热，头痛，微恶风寒，身热自汗，口渴，或不渴而咳，午后热甚者，名曰温病。（《温病条辨·上焦篇·三》）

太阴风温、温热、温疫、冬温，初起恶风寒者，桂枝汤主之。但恶热，不恶寒而渴者，辛凉平剂银翘散主之。（《温病条辨·上焦篇·四》）

太阴温病，恶风寒，服桂枝汤已，恶寒解，余病不解者，银翘散主之。余症悉减者，减其制。(《温病条辨·上焦篇·五》)

太阴温病，血从上溢者，犀角地黄汤合银翘散主之。(《温病条辨·上焦篇·十一》)

太阴温病，不可发汗。发汗而汗不出者，必发斑疹；……发疹者，银翘散去豆豉加细生地、丹皮、大青叶、倍元参主之。(《温病条辨·上焦篇·十六》)

太阴伏暑，舌白口渴，无汗者，银翘散去牛蒡、元参加杏仁、滑石主之。(《温病条辨·上焦篇·三十八》)

太阴伏暑，舌赤口渴，无汗者，银翘散加生地、丹皮、赤芍、麦冬主之。(《温病条辨·上焦篇·三十九》)

太阴伏暑，舌白，口渴，有汗，或大汗不止者，银翘散去牛蒡子、元参、芥穗，加杏仁、石膏、黄芩主之。(《温病条辨·上焦篇·四十》)

【解说】

本方证为风热外感，肺卫郁热之候，临床以发热重、恶寒轻、口微渴、咽微痛，舌边尖红、苔薄黄、脉浮数为其特征，属温病之卫分证。本方组方谨遵《内经》“风淫于内，治以辛凉，佐以苦甘；热淫于内，治以咸寒，佐以甘苦”之旨，又宗喻嘉言“芳香逐秽”之说，共成辛凉透表，芳香辟秽，清热解毒之剂。本方特点有二：一是方中重用银花、连翘各一两，乃借其二药寒凉芳香，既能入肺清热解毒，又能达表宣畅气机。二者相须为用，既清且透，郁、热兼顾，以收清热而不遏气，透邪而不伤津之效。二是在大队辛凉中配以小量(芥穗、豆豉)辛温之品，使其温而不燥，其意不在发汗祛邪，而在于开郁以畅气机，既利于透邪，又不悖辛凉之旨，待“表清里和，营卫通畅，津液得以敷布，自然微汗出而愈，此不用发汗之法而达到汗出之目的，即是在卫汗之的真谛之所在”(赵绍琴先生语)。吴鞠通指出：“此方之妙，预护其虚，纯然清肃上焦，不犯中下，无开门揖盗之弊，有轻以去实之能，用之得法，自然奏效。”凡风热外感初起，温病邪在卫分之证，俱可用本方加减治疗。

【运用】

一、发热(急性扁桃体炎)

蒲辅周医案：霍某某，男，8个月，1964年1月30日初诊。发烧二天，咽喉红，无汗，四肢时凉时热。今日体温40.1℃，呛咳，口干欲饮，腹微满，大便二日未解，小便多。舌正红，苔薄白，脉浮数。诊为急性扁桃体炎。属上焦风热闭结，治宜清宣法。处方：

银花3克，连翘3克，僵蚕4.5克，升麻2.4克，荆芥2.4克，桔梗3克，香豆豉15克，射干2.4克，薄荷(后下)2.1克，竹叶3克，芦根12克，甘草2.4克，葱白(后下)3寸。1剂而愈。

(《蒲辅周医疗经验》1976：252)

按语：患儿虽然高烧40.1℃，咽喉红，腹微满，大便二日未解，然以其无汗、呛咳、苔薄白、脉浮数，说明表气郁闭较甚，闭不开则热不退，热不退则肺胃不和，因而，治疗仍当以开表气之郁闭为先，郁开则热得越，其证可愈。蒲老用银翘散加减，加葱白等意在增强开闭。若内热较甚者，又当加重清热。

二、肺卫风热

牛阳医案：王某，男，24 岁，学生，1989 年 4 月 9 日初诊。昨日活动后汗出当风，今晨起发热恶寒（体温 38.7℃）伴见头痛，咽痛、口渴，轻微咳嗽无痰。舌苔薄白，舌尖红，脉浮数。证属风热袭肺，肺卫失宣。治宜：辛凉宣透。方选银翘散加味：

银花、连翘各 12 克，杏仁、桔梗、牛蒡子、芦根、玄参、竹叶各 10 克，豆豉、荆芥穗、薄荷、甘草各 6 克。

服用 2 剂后，恶寒罢，发热除。仍感口渴，伴轻咳。以原方去豆豉、芥穗，加桑叶 10 克宣肺止咳，天花粉 15 克生津止渴，再服 1 剂而愈。

（中医药学报 1993；<5>：22）

按语：温病初起，病在肺卫，尤以肺有郁热为病理关键，叶天士云："温邪上受，首先犯肺。"吴鞠通亦云："凡病温者，始于上焦，在手太阴。"本案为风热上受，肺卫郁热，其治之之法，重在开宣肺气，透邪外达，以达清透郁热之目的，方用银翘散加杏仁、玄参清透并施，宣开肺气，待肺气宣，郁闭开，则邪热自然外透。

三、咳嗽（慢性支气管炎、肺气肿并左肺感染）

严婉英医案：王某某，女，75 岁，1987 年 9 月 25 日初诊。咳嗽，左侧胸闷痛 5 天，原有慢性咳嗽史 10 余年。现咳嗽、痰黄，不易咯出。兼有发热、身痛、咽干欲饮。舌质红，苔薄黄腻，脉细数。查：体温 38℃，双肺呼吸音粗糙，左肺叩诊浊音。胸透示两肺纹理增加，左上、下肺，野有片状影，诊断为慢支炎、肺气肿并左肺感染。证属：风热咳嗽，治拟：疏风清热、肃肺化痰。

银花 20 克，连翘 10 克，竹叶 10 克，淡豆豉 10 克，荆芥 10 克，杏仁 10 克，桔梗 5 克，鱼腥草 15 克，黄芩 10 克，前胡 10 克，法夏 10 克，枇杷叶 10 克，甘草 10 克。5 剂。

二诊，药后热退，诸症减轻，唯感口渴欲饮。原方去荆芥，加沙参 10 克。5 剂。

三诊，精神好转，纳谷有增。稍有咳嗽，咯痰色白，易咯出。胸透示：两侧肺纹理增多。原方续进 5 剂后，以香砂养胃丸善后调理。

（贵阳中医学院学报 1991；<3>：30）

按语：素有咳嗽史，又感风热之邪，新邪引动旧疾，以咳嗽兼痰黄、发热、咽干、舌红、脉数之症，是当疏风散热为法，辛凉平剂银翘散加清肺止咳效佳。

四、心悸（病毒性心肌炎）

刘芳医案：李某，女，25 岁，工人，于 1995 年 3 月 12 日初诊。患者 2 周前因受凉出现咳嗽，咽痛，口服"感冒清片"和"麦迪霉素片"后咽痛消失，咳嗽明显减轻，2 天前出现胸闷、心悸、口干、乏力。查：体温 37℃，P120 次/min，双肺呼吸音清晰，心界不扩大，心率 120 次/min，律齐，无杂音。心电图示；窦性心动过速。SCPK220u/L，SGOT40u/L，舌质红，苔薄黄，脉细数。西医诊断：病毒性心肌炎。中医诊断：心悸，证属热毒扰心。治宜清热解毒，滋阴安神。

药用：银花 15 克，连翘 15 克，牛蒡子 10 克，桔梗 10 克，芦根 10 克，板蓝根 20 克，生地 25 克、枣仁 10 克，当归 10 克，黄芩 10 克，荆芥 10 克，薄荷 6 克。水煎服，每日 1 剂。辅以大剂量维生素 C 静滴。

治疗 7 天后心悸、胸闷消失，仅感乏力，纳差。继用原方 10 剂后，患者症状、体征全部消失，复查心电图、心肌酶谱均恢复正常。判为临床治愈。

（湖南中医杂志 1997；<4>：30）

按语：病毒性心肌炎多为病毒感染后发病，早期是由于感冒或肠道病毒直接侵犯心肌所致，后期是病毒在心肌内持续存在及免疫失调损害心肌。中医认为本病是由于体质素虚，复感温热之邪，耗伤气阴，致心失所养，心脉不畅。病位在心，但常与肺脏有密切关系，本病证候特点是虚实相兼。通过临床观察，刘氏体会到以银翘散为主治疗病毒性心肌炎疗效满意。临症加减：咽痛明显加板兰根20克；心悸明显加黄芪15克，炙甘草10克；胸闷、气短兼ST－T改变者加当归10～25克；热象明显者加黄芩10克。

五、耳聋

王瑞凤医案：李某，女，45岁，某中学教师，1990年11月12日初诊。头痛鼻塞2日，已服用感冒清。今晨起床，自觉眩晕，全身酸困，两耳憋气闷胀，耳底痒痛，有阻塞感，耳鸣，但仍坚持上课。到第二节课后突然觉得耳聋，听不清学生讲的话，心烦意乱无法再坚持工作。急来医院就诊。查舌尖红、苔薄黄，脉浮数。尚见咽喉肿痛、咳嗽痰稠色黄绿且难咯。

处方：荆芥、薄荷、桔梗、淡豆豉、大力子、淡竹叶、僵蚕、射干、贝母、石菖蒲各10克，银花、连翘、芦根各15克，甘草6克，葛根40克，2剂。1日1剂煎服，每日3次。

11月14日再诊，听力已基本恢复，但耳鸣时发时止，咽痛、咳痰等症明显减轻。续用原方去射干，葛根加至50克，2剂。又2日后耳鸣消失，即告痊愈。

（云南中医中药杂志1997；<1>：54）

按语：此例证属风热外乘夹痰火上壅清道而引起的耳聋，以银翘散加射干、僵蚕、贝母清热利咽化痰，加石菖蒲芳香开窍、逐痰宣壅；葛根辛凉解表、散热解肌。王氏认为，用银翘散是本病的正治法，临床实践又体会到重加葛根效果较佳。据分析葛根富含葛根黄酮，有扩张脑及内耳血管的作用，还有促进细胞代谢的作用。大剂量用之能改善内耳循环而促进耳聋的治愈。

六、紫斑

严婉英医案：侯某某，男，19岁，住院号：9401，1988年11月22日初诊。患者因发热、双下肢有散在瘀斑四天，伴齿龈出血、黑便，于11月16日入院。现：体温39℃，神疲乏力，口渴欲饮，双下肢见散见瘀斑，大便黑溏，一日二行。舌红，苔薄白，脉弦细数。证属：紫斑（血热妄行）。治拟：疏风透表，凉血止血。

银花30克，连翘10克，竹叶10克，淡豆豉10克，黄芩10克，丹皮10克，玄参10克，夏枯草15克，焦山栀10克，板兰根15克，仙鹤草20克，紫草10克，甘草10克。6剂。

二诊：6剂后热退，下肢紫斑消失，大便转黄。调治后痊愈出院。

（贵阳中医学院学报1991；<3>：31）

按语：热入营血，斑疹隐现，清凉之余，宜透毒外出，此叶天士“入营犹可透热转气”之大法。偏于卫、气分者，宜银翘散加清营凉血之品；入于营、血分者，又宜清营汤类。

七、皮肤瘙痒

严婉英医案：徐某某，女，56岁，1989年9月15日初诊。全身皮肤瘙痒2月余，头面部有散在红色斑块，高出皮肤。夜间瘙痒尤甚，不能安寐。曾反复用氢化可的松静滴，口服强的松片，赛庚啶等药物，疗效不佳。现纳谷不香，咽红，舌质红，苔薄黄，脉弦滑。证属：皮肤瘙痒，邪热入营。治拟：祛风清热透营。

银花15克，连翘15克，黄芩15克，荆芥、防风各10克，蝉衣10克，赤芍10克，丹皮10克，夏枯草15克，猪苓15克，茯苓15克，竹叶10克，六一散15克。5剂。

二诊：服药10剂后，皮肤瘙痒止，头面部红色斑块消失，唯感下阴瘙痒。原方加车前子15克，5剂。

三诊：诸症已除，继用参苓白术丸健脾化湿调理而愈。

（贵阳中医学院学报1991；<3>：30）

按语：严氏认为，凡外感风热失于疏解，表邪郁闭皮毛而见皮肤瘙痒者，用本方加清营凉血之丹皮、赤芍及淡渗利湿之猪、茯苓、六一散等，使邪有去路而效佳。

【补述】

吴鞠通在“银翘散”方后注中尚有加减用法，于临证实践多有裨益，录之以供参考。其云“胸膈闷者，加藿香三钱、郁金三钱护膻中；渴甚者，加花粉；项肿咽痛者，加马勃、元参；衄者，去芥穗、豆豉，加白茅根三钱、侧柏炭三钱、栀子炭三钱；咳者，加杏仁利肺气；二、三日病犹在肺，热渐入里，加细生地、麦冬保津液；再不解或小便短者，加知母、黄芩、栀子之苦寒，与麦、地之甘寒，合化阴气而治热淫所胜。”

桑 菊 饮

【方药】

杏仁二钱（6克）　连翘一钱五分（5克）　薄荷八分（2.5克）　桑叶二钱五分（7.5克）　菊花一钱（3克）　苦桔梗二钱（6克）　生甘草八分（2.5克）　苇根二钱（6克）

【用法】

水二杯，煮取一杯，日二服。

【原文】

太阴风温，但咳，身不甚热，微渴者，辛凉轻剂桑菊饮主之。（《温病条辨·上焦篇·六》）

感燥而咳者，桑菊饮主之。（《温病条辨·上焦篇·五十五》）

【解说】

发热、口渴本为风温病之临床特征，渴之有无以辨内热之存否，渴之微甚可晓内热之轻重。今“身不甚热、微渴者”，示之病邪轻浅，说明本方证为风温之轻证，热象不显，而以“但咳”为特点。咳为温热袭肺，热伤肺络所致，其病位集中在肺，而全身症状，较银翘散证为轻，故以辛凉轻剂桑菊饮治之，重在疏风清热，宣肺止咳。本方特点：①肺肝同治。风温为病，春气多发，致木旺侮金，肺肝同病，肝气有余上逆欺肺，又加“温热上受，首先犯肺”，致令肺不肃降，咳嗽遂作。故用桑叶、菊花并作君药，臣以薄荷辛凉而平，入肺、肝二经，既清透肺络之热，又平抑肝经之邪，俾使风从肝出、热从肺透，风温已矣。②升降并用。方中桔梗主升，杏仁主降，升则肺气宣发以解肌，降则肺气肃降以平肝，肺复宣降之职，则邪却而咳止矣。③清热之余伍以生津。温热之邪，最易伤津耗液，热甚伤津益甚，热微伤津亦微。故方中既用连翘佐助桑菊清透上焦邪热，又伍苇根于清热之中养阴生津，肺阴得保，则其气自清肃而平，此治温病肺咳之时，尤应重视。否则，若不得肺津，或误用辛温之剂，必祸不旋踵。正如吴鞠通于《温病条辨》中说："风温咳嗽，虽系小病，常见误用辛温重剂，销铄肺液，致久咳成劳者，不一而足。圣人不忽于细，必谨于微，医者于此等处，尤当加意也"。临床上，凡风热闭肺之证，或风寒外感化热，而以咳嗽为主要见症者，或感冒后遗咳嗽不已，证属风热者，选用本方治疗有佳效。

【运用】

一、发热

蒲辅周医案：蒙女，8个月。腺病毒肺炎，高烧七天，现体温39.8℃，咳喘，周身发有皮疹，惊惕，口腔溃烂，唇干裂，腹微胀满，大便稀，日行五次，脉浮数有力，舌红少津无苔。属风热闭肺，治宜宣肺祛风，辛凉透表法。处方：

桑叶3克，菊花3克，杏仁3克，薄荷（后下）2.1克，桔梗2.1克，芦根9克，甘草2.4克，连翘3克，僵蚕4.5克，蝉衣（全）7个，葛根3克，黄芩2.1克，葱白（后下）2寸。1剂2煎，共取120毫升，分多次温服。

复诊：中西药结合治疗，热势稍减，体温39℃，昨夜有抽搐预兆，已用镇静剂，脉同前，舌红苔薄黄少津。面红，腹微满，四肢不凉。原方去葛根，加淡豆豉9克，再服1剂，煎服法同前。

三诊：身热已退，咳嗽痰减，皮疹渐退，思睡，不爱睁眼，大便稀好转，次数也减少，腹已不胀满。脉浮数，舌红苔薄白，舌唇仍溃烂。原方去葱豉，加炙枇杷叶3克，前胡2.1克，煎服法同前，连服2剂而渐愈。

（《蒲辅周医案》1973：164）

按语：本例综合观之，属风热闭肺之重证，蒲老认证精确，不落古人之巢臼，率用辛凉轻剂桑菊饮加僵蚕、蝉衣、葛根、黄芩治之，乃"轻以去实"之楷范也。

二、遗尿

熊晓刚医案：王某，男，6岁，1991年7月26日初诊。患遗尿已4年，每夜2~3次，夜夜皆然。又复感风热，咳嗽，烦渴思饮，尿频短不畅，日十数行，舌质红，苔薄黄，脉弦数。证属肺热上扰，湿阻膀胱。治宜宣肺散邪以清水之上源，清利膀胱以疏通三焦气机。以桑菊饮加味：

桑叶、菊花、杏仁、桔梗各6克，连翘、芦根、车前草各12克，薄荷、甘草各3克，瞿麦、花粉各9克。

服药2剂，咳嗽好转，每次尿量增加，尿次减少，夜乃尿床1次。继服5剂，夜不遗尿，余症均愈。改用六君子汤5剂以善其后，随访至今，尿床未见复发。

三、水肿（小儿急性肾炎）

熊晓刚医案：帅某，女，12岁，1993年6月16日初诊。5天前因感冒而致发烧，咳嗽，继而出现颜面及四肢浮肿，曾服西药效果不显，始求中医治疗。症见：颜面及双下肢浮肿，伴咳嗽，咽痛，口干微渴，尿短赤少，舌质红、苔薄黄，脉弦浮。尿常规：蛋白（+++），透明管型、颗粒管型少许。证乃风热外袭，肺气不宣，水湿内停。治宜疏风散热，宣肺利水。以桑菊饮加减：

桑叶、杏仁、桔梗、连翘、菊花、牛蒡子、泽泻各9克，芦根12克，白茅根18克，薄荷 3 克。

服 5 剂，咳嗽、咽痛除，水肿消，再服 7 剂，尿中蛋白及管型均无。后服香砂六君子汤以巩固疗效。追访至今，未见复发。

（以上两案见陕西中医 1995；<8>：368）

按语：上二案，一为咳嗽、遗尿，一为水肿、尿短，症虽相反，病机则同，皆由风热闭肺，肺失通调水道之故，故皆用桑菊饮加减清透肺中之热而愈。于此可见中医“异病同治”妙义之一斑。

四、风热喉痹（急性咽炎）

王雅玲医案：某女，30 岁，1994 年 10 月 12 日初诊。咽痛 3 天，伴咽痒，咳嗽，口干，自服草珊瑚、感冒清病情无好转。夜寐欠佳，纳可，二便通调。检查见咽黏膜急性充血，后壁散在淋巴滤泡增生，侧索充血，肿胀，舌质淡红，苔薄黄，脉浮数。证属风热邪毒侵袭肺卫，上扰咽喉。治以疏风清热，解毒利咽。

处方：桑叶 10 克，菊花 10 克，杏仁 10 克，连翘 10 克，薄荷 6 克，芦根 12 克，桔梗 10 克，牛蒡子 12 克，元参 15 克，甘草 6 克。水煎服，日 1 剂，嘱其先以中药蒸气熏喉后服。

患者服药。3 剂后复诊，诉咽痛缓解，咽痒、咳嗽、口干等症减轻，药已中的，原方再服 2 剂而痊愈。

（河北中西医结合杂志 1998；<4>：571）

按语：《喉科心法》称风热喉痹为“阳证喉痹”，属急性实热病证。本证为风热邪毒侵袭肺卫，上扰咽喉而致。故遵吴氏“桑菊饮”加减法，以桑菊饮疏风清热，加牛蒡子、元参利咽消肿止痛，重用甘草以加强清热解毒，缓急止痛，诸药配伍，具有疏风清热，解毒利咽之功，并在内服药的基础上，配合药物蒸气熏喉，使药气直达病所，内外合治，更能获效。

五、耳胀、耳闭（卡他性中耳炎）

王雅玲医案：某女，18 岁，1993 年 8 月 12 日初诊。右耳胀闷，听力减退 3 天，伴鼻塞、流涕、口微渴，纳可，二便调。检查见外耳道干洁，右鼓膜完整，较混浊、凹陷，标志不清，音叉检查不石耳 RT（-），ST（±），WT 偏右，窥鼻镜下见鼻黏膜充血，双下甲稍肿大，鼻道未见黏脓，间接鼻咽镜下见鼻咽部正常，舌质淡红苔薄白，脉浮。证属风热外袭，邪气闭阻清窍。治以疏风清热，祛邪通窍。

处方：桑叶 10 克，菊花 10 克，桔梗 10 克，连翘 10 克，杏仁 10 克，薄荷 6 克，芦根 15 克，川菖蒲 6 克，苍耳子 6 克，甘草 3 克。水煎服。日 1 剂，配合 1% 呋麻液滴鼻。

服药 3 剂后，耳闷胀感明显减轻，听力提高。原方加升麻 6 克，再服 3 剂后诸症悉除而病愈。

（河北中西医结合杂志 1998；<4>：571）

按语：风热犯肺，肺气失宣，邪热上扰耳窍，闭塞耳之气道。故用桑菊饮以疏风清热，加苍耳子、川菖蒲宣肺通窍。治病求本，故起手而愈。

六、鼻疮（鼻前庭炎）

王雅玲医案：某男，60 岁，1994 年 5 月 6 日初诊。双鼻腔干燥灼热感、疼痛 12 天，伴咽干，大便干结。检查见双侧鼻黏膜充血、干燥，鼻前庭糜烂，周围皲裂，有少许痂皮。舌质淡红，苔薄微黄，脉弦。证属风热犯肺，上灼鼻窍。治以疏风清热，养阴润肺。

处方：桑叶10克，菊花10克，桔梗10克，苍耳子6克，杏仁10克，薄荷6克，连翘10克，芦根15克，麦冬12克，黄芩10克，甘草3克。水煎服，日1剂，配合红霉素眼膏涂鼻。

连服6剂，病告痊愈。

（河北中西医结合杂志1998；<4>：571）

按语：《医宗金鉴·幼科杂病心法要诀》曰："鼻疳者，因疳热攻肺而成。"本病为风热之邪客于肺经，热邪循经上灼鼻窍。故以桑菊饮疏风清热，加黄芩增强清肺之功，加麦冬养阴润燥，加苍耳子引经通窍，诸药配合，共奏疏风清热，养阴润肺之功。桑菊饮为辛凉轻清之剂，祛邪而不伤正，清热而不伤阴，用于治疗鼻疳多能奏效。

七、暴喉瘖（急性喉炎）

王雅玲医案：某女，34岁，1996年5月3日初诊。声嘶2天，伴咳嗽，痰少色白，自服黄氏响声丸无好转。检查见咽黏膜无明显充血，间接喉镜下见双侧声带充血、水肿，活动正常，未见新生物。舌质淡红，苔薄微黄，脉浮。证属风热犯肺，肺气不宣，邪客声户。治以疏风清热，开音利喉。

处方：桑叶10克，菊花10克，杏仁10克，连翘10克，桔梗10克，薄荷4.5克，胖大海6克，蝉蜕6克，川菖蒲6克，甘草3克。水煎服，日1剂，嘱其先以中药蒸气熏喉后服。

患者服药3剂后复诊，声嘶好转，咳嗽减轻，再服3剂后声音清亮，恢复如常。

（河北中西医结合杂志1998；<4>：571）

按语：暴喉瘖多属金实不鸣，多因风寒或风热之邪侵袭肺金所致。本证为风热犯肺，肺气失宣，邪热上蒸于喉，客于声带。故以桑菊饮疏风清热，加胖大海、蝉蜕、川菖蒲宣肺、利喉、开音，诸药配伍，共奏疏风清热，利喉开音之功，使邪去而恙自平。

八、瘰疬（颈淋巴结结核）

熊晓刚医案：杨某，女，5岁，1990年8月14初诊。反复发热3月余，经西药治愈。颈项瘰病，伴颈痛；咳嗽半月。诊查：颈左侧耳垂下有一肿块，约1.5厘米×1.5厘米，质中，推之可动，有轻度压痛，体质虚弱，舌苔薄白，脉弦细。西医诊断为颈淋巴结结核。证属风热犯肺，肺气不宣，夹痰凝于少阳、阳明之络。治宜疏风散热，宣肺降气，化痰散结。以桑菊饮加味：

桑叶、菊花、杏仁、桔梗各6克，玄参、连翘、芦根各12克，牛蒡子、夏枯草各9克，薄荷、甘草各3克。

服5剂，项痛，咳嗽除，瘰疬变软，守方加荔核、牡蛎，共服20剂，瘰病消失。

（陕西中医1995；<8>：368）

按语：本例患儿先天不足，加之外感风热，肺热津伤，灼津为痰，痰火凝结颈项发为瘰疬。以桑菊饮疏风散热，宣肺降气，加玄参养阴清热散结；牛蒡子清热解毒利咽；荔核、牡蛎软坚散结，选方恰当，故获良效。

【补述】

吴氏于"桑菊饮"方后注中列有加减法，录之以供参考。其云："二三日不解，气粗似喘，燥在气分者，加石膏、知母；舌绛暮热甚燥，邪初入营，加元参二钱、犀角一钱；在血分者，去薄荷、苇根，加麦冬、细生地、玉竹、丹皮各二钱；肺热甚者，加黄芩；渴者加花粉。"

二、暑呕

谢兆奉医案：张某某，女，49岁，工人，1983年8月13日初诊。患者昨晚突然胸脘满闷，呕吐4次，吐出食物及黄水，饮食不进，恶寒发热，心烦口渴，大便溏，小便短赤，舌苔白腻微黄，脉濡数。查体温38.7℃，血常规：正常。此乃暑邪犯胃。湿滞中焦，浊气上逆所致。治以化浊和胃，清暑解表。投新加香薷饮加味。

处方：香薷10克，厚朴5克，鲜扁豆花20克，银花、连翘各10克，加藿香、制半夏、姜竹茹各10克。

连服2剂呕吐已平，身热亦除，唯胸脘仍闷，按原方再进3剂，药尽病除。

（四川中医1994；<9>：37）

按语：本例病发于暑令，骤起脘痞恶心呕吐，发热恶寒，证属暑热呕吐无疑。盛夏气当令，暑必夹湿，暑湿交困于中，扰动胃腑，胃失和降，浊气上逆，而致呕吐。投新加香薷饮祛暑清热；加入芳香化浊的藿香、制半夏、姜竹茹，以和胃止呕，共服药5剂，热退呕止。

三、暑咳

谢兆丰医案：丁某某，男，20岁，工人，1985年7月29日诊。五天前外出受暑，晚间纳凉感寒，当即身热咳嗽，头痛、恶寒，服止咳退热药未效，终日咳嗽频作，咽部发痒，吐痰色白，胸脘痞闷，口渴，纳呆，尿赤，大便两日未行，舌苔薄腻微黄，脉濡数。查体温38.6℃，血检：白细胞6.4×10^9/L，中性56%，淋巴44%，X线胸透：两肺野清晰。辨证：此乃感暑受寒，肺气失宣。治以祛暑化湿，清宣肺气。投新加香薷饮加味。

处方：香薷10克，厚朴5克，鲜扁豆花20克，银花、连翘各15克，加桑叶、杏仁、川贝母、炒牛蒡各10克。

服药4剂，咳嗽显减，寒热亦解，口干转润。原方去厚朴，再进3剂，咳嗽已止。

（四川中医1994；<9>：37）

按语：本例发热咳嗽，曾用止嗽之剂未应，迨经辨证，时值夏季，暑气当令，气温炎热亢盛，暑邪入侵，致使肺气失宣，清肃失司，而成咳嗽。投新加香薷饮，既解表邪，又清暑热，合桑杏清宣肺气，处方用药，切中病机，投药7剂而获愈。

四、暑泻

谢兆丰医案：单某某，男，30岁，农民，1980年7月25日诊。主诉：劳动受暑，又进瓜果生冷不洁之物，于今日凌晨3点多钟，突然恶寒发热，随之腹泻稀水如注，昼夜已泻10余次，肛门灼热，口干渴饮，食纳不思，小便短少，舌红苔黄稍腻，脉濡数。查体温38.3℃，粪检：黏液（－），白细胞（＋），红细胞（－），证属暑热泄泻。治宜祛暑化湿，清热止泻。用新加香薷饮加味。

香薷、炒扁豆、银花、连翘各10克，厚朴5克；加六一散（布包）、葛根各10克，黄连3克。

服药3剂，泄泻减少为4、5次，体温降至37.6℃，原方再进2剂，泻止热退。

（四川中医1994；<9>：37）

按语：本例初起发热恶寒，旋即暴泻如注，乃暑邪伤及脾胃，清浊不分，邪热入里，下迫大肠而致。故用新加香薷饮加味，祛暑化湿，清热止泻。其中香薷辛香，发散阳气以除热；连翘、银花、葛根、黄连解表清里；扁豆、厚朴健脾化湿而理气；加六一散解暑清热，利湿止泻。方药切中病机，连服5剂，热清而泻止。

五、暑痢

谢兆丰医案：俞某某，男，23岁工人，1985年8月6日初诊。患者腹泻两天，初为水样便，后转为脓血便，夹有不消化食物，昼夜10余次，里急后重，腹痛下坠，恶心欲吐，脘闷纳呆，发热口渴，溲赤，舌红苔黄腻，脉濡数，查体温38.9℃，大便常规：黏液（++），脓细胞（+），红细胞（++++），证属暑热痢疾。治宜祛暑解表，清热止痢。

香薷10克，鲜扁豆花20克，厚朴6克，银花、连翘各15克，加马齿苋15克，木香、黄连各6克，黄芩10克。

服药3剂，发热渐退，腹痛减轻，下痢减少，昼夜腹泻4～5次。守原方去黄芩，再进3剂，服后泻痢止，体温正常，唯饮食不思、口苦、苔腻，改用藿香正气散祛湿和中，服用2剂后，饮食正常，大便检验：阴性。

（四川中医1994；<9>：37）

按语：本例高热腹痛，下痢赤白，为暑热侵入肠胃，湿热为痢。方以新加香薷饮合香连丸加黄芩、马齿苋清热解毒，诸药合用，共奏祛暑化湿、清热止痢之功。

六、眩晕

黄调真医案：谢某某，女，60岁，个体经商者，1996年6月5日初诊。因近日气温较高，店铺通风较差，致头晕眩，胸闷，视物昏花，动辄感天旋地转，静卧症减，恶心欲呕，无寒热，舌偏红，苔白薄腻，脉浮濡数。前医投半夏白术天麻汤不效，症反剧，此乃感受暑湿之邪，湿阻清阳，清窍不利而致眩晕。投新加香薷饮。

药用香薷15克，厚朴15克，扁豆40克，金银花10克，连翘15克。诸药先以沸水浸泡2分钟再煎，沸5分钟即可滤汁饮用，每日1剂。

2剂病愈。

（中医函授通讯1997；<6>：29）

按语：夏暑之日常见因感受暑湿而致眩晕者，其证与痰浊中阻之眩类似，然其病因病机迥异，投半夏白术天麻汤不效而症反剧，用新加香薷饮往往有良效。

三仁汤

【方药】

杏仁五钱（15克）　飞滑石六钱（18克）　白通草二钱（6克）　白蔻仁二钱（6克）　竹叶二钱（6克）　厚朴二钱（6克）　生薏仁六钱（18克）　半夏五钱（10克）

【用法】

甘澜水八碗，煮取三碗，每服一碗，日三服（现代用法：水煎服）。

【原文】

头痛恶寒，身重疼痛，舌白不渴，脉弦细而濡，面色淡黄，胸闷不饥，午后身热，状若阴虚，病难速已，名曰湿温。汗之则神昏耳聋，甚则目瞑不欲言；下之则洞泄；润之则病深不解。长夏深秋冬日同法，三仁汤主之。（《温病条辨·上焦篇·四十三》）

【解说】

本方吴鞠通用于治疗“头痛恶寒，身重疼痛，舌白而渴，脉弦细而濡，面色淡黄，胸闷不饥，午后身热”的湿温证。综观本证乃由湿邪留恋气分所致。湿邪伤人，留恋气分，蕴郁不达，常可波及三焦，而致上焦肺气宣降不畅，中焦脾气运化受阻，下焦肾气分化不利，乃见上述诸症。此时虽头痛恶寒，不可发汗，若“汗之则神昏耳聋，甚则目瞑不欲言”；虽胸闷不饥，不可导下，若“下之则洞泄”；虽午后身热，但不可滋润，若“润之则病深不解”。唯以祛除湿邪，通达气机为宜。而治湿之法，在上宜轻宣透达，在中宜苦温燥化，在下宜淡渗分利。总是因势利导，令湿邪分路而去。三仁汤以“三仁”为主，杏仁苦温，轻开上焦，宣通肺气以通调水道；蔻仁苦辛，斡旋中焦，转枢脾气以运化水湿；薏仁甘淡，疏达下焦，畅通水腑而清利湿热。更配厚朴之理气化湿，半夏之苦温燥湿，滑石、通草、竹叶之淡渗利湿。诸药合用，共奏宣上畅中渗下之功，俾气畅湿行，三焦通利，则诸症自除。临床上，凡湿邪（不论外湿、内湿）伤人，导致三焦气机不利之证，见舌苔白腻，脉来濡、滑者，皆可用本方化裁治疗。

【运用】

一、发热

尚炽昌医案：李某某，男，71岁，1997年5月12日就诊。四月某日因洗头受凉，病发热恶寒如疟状，一直按感冒治疗，注射青、链霉素半月，热仍不解。又服中药解表剂，辛温、辛凉皆尝用，病无起色。现已发热25天，体温38.5℃，并伴有恶寒，身重，头目不清，口渴不欲饮，脘闷不饥，大便不实。体检及辅助检查无异常发现。舌苔白腻，脉濡。尚师曰：此湿温证也。遂处三仁汤原方：

杏仁10克，白蔻仁12克，生薏仁12克，半夏10克，滑石15克，厚朴10克，通草6克，淡竹叶6克。

服1剂即热退。三日后热虽又起，但温度偏低，续服1剂热退身畅而瘥。

（黑龙江中医药1998；<5>：2）

按语：发热可见于多种疾病，因于湿温之发热往往缠绵难愈，其治既不宜辛温发汗，又不宜辛凉解肌。唯宜芳香宣化，畅达气机之法，用三仁汤以祛气分之湿邪，则气达津布，发热自除。

二、咳喘（慢性支气管炎）

尚炽昌医案：张某某，男，39岁，工人，1987年11月12日就诊。咳喘五年不愈，入秋即发，多家医院均诊为“慢性支气管炎”。迭用西药麻黄素、氨茶碱等及中药小青龙汤、定喘汤和诸多止咳平喘之品，病虽暂缓一时，但移时复发，其状复如故。经友人介绍，延请尚师诊治。就诊时见咳嗽气喘，心胸憋闷，耸肩提肚，吐痰稠黏，每夜晚加重，甚则难以平卧。腹胀，纳差，口不知味，有时头晕，疲乏无力。望其舌肥大，苔白腻而厚，脉来滑而略数。尚师辨为湿蕴化热，痹阻肺气，失于宣降而发喘咳。处以三仁汤加味：

杏仁12克，白蔻仁10克，生薏仁12克，半夏10克，厚朴10克，滑石12克，淡竹叶6克，通草6克，苍术6克，陈皮10克，藿香6克，紫菀10克，前胡10克。

服药后，咳喘大减，夜能安卧，饮食有增。中鹄不更，继服上方，共进20剂，咳止喘平，诸恙皆瘥。

（黑龙江中医药1998；<5>：2）

按语：本案为湿邪内蕴，上痹肺气使然，其辨证眼目在于咳喘伴有舌肥苔腻、脉滑、纳呆腹胀。治应重在祛除湿邪，通调气机。前医用小青龙化饮剂，性过温燥，反助阳化热。定喘剂则治标而不治本，故终不能应。三仁汤方化湿、燥湿、利湿并进，加藿香以增芳香透达之力。又合平胃散以化中焦之湿浊，加紫菀、前胡以止咳平喘。本加减方对湿盛咳喘之证，屡用屡验。

三、胸痹（急性下壁、正后壁心肌梗塞）

廖晓岚医案：王某，女，62 岁。患者因反复胸闷痛 19 天，加重 13 天为主诉由急诊科收住入院。症见：胸闷、胸痛持续不减，神疲乏力，痰黄质稠，饮食呆滞，大便秘结。查其面色少华，语音低微，口气臭秽，舌质暗淡苔中根部黄腻，脉细迟。心电图提示：急性下壁、正后壁心肌梗塞。中医初辨为气阴两虚，痰热内蕴。方投生脉散与温胆小陷胸汤化裁交替口服，西药对症治疗。连进 9 剂后，胸痛、咯痰略减，然胸闷、纳呆、口气臭秽、神疲、大便艰难诸症仍存。复细参脉证，改投三仁汤化裁。

处方：生苡仁 30 克，白蔻仁 10 克，厚朴 10 克，通草 10 克，滑石 10 克，半夏 10 克，竹茹 10 克，枳壳 10 克，当归 20 克。

上方服用 4 剂后，患者即觉精神转佳，饮食增进，胸闷、神疲、痰黄质稠等症大减。前方加减继进 9 剂后，诸症俱除，面色转华，黄腻苔退尽，迟脉转平，能够简单料理日常生活，复查心电图已转为慢性稳定性心肌梗塞。复以归脾汤 3 剂，调理气血，病瘥出院。

（云南中医学院学报 1992；<1>：12）

按语：急性心肌梗塞属于祖国医学“胸痹”之重症。其病机不外阴阳气血亏虚，痰浊、阴寒、血瘀阻络等本虚标实两个方面。本案脉证所现，为湿浊痹阻，心血瘀滞，故治以三仁汤宣化湿浊，畅化气机而愈。

四、不寐

张洪俊医案：孙某，男，20 岁，学生，1991 年 7 月 10 日就诊。半年前患失眠，经某医用归脾汤加味治愈。2 个月前，复习迎考致前症复萌，服用归脾汤 20 余剂，天王补心丹数粒，竟无寸功。又选用西药安眠酮、安定、利眠宁虽获片刻寐睡之功，但停药即发。近半月来，彻夜难眠，症见：头重身困，胸闷不思饮食，泛恶欲呕，苔白腻，脉濡缓。此乃思虑过度，劳伤心脾，心神失养，复加湿邪外受，一则困遏中州，二则浊邪害清，内外相因，致使心神不宁。先予轻宣芳香化湿之三仁汤加味治之。

杏仁、薏仁、藿香、佩兰、滑石（包）各 10 克，白蔻仁（杵后下）、远志各 5 克，九节菖蒲、半夏、厚朴、通草各 6 克。水煎服，1 天 1 剂。

服药 3 剂后，白腻苔已化，头重身困亦瘥，每夜可寐 5～6 小时，惟头晕乏力，多梦，纳少神疲，动则心慌。此乃湿邪已化，心脾两虚昭然，改投归脾汤加藿香、九节菖蒲，服用 10 剂后，失眠已愈，诸症皆平。随访至今未复发。

（陕西中医 1995；<10>：469）

按语：此例缘于潜心攻读，思虑过度，劳伤心脾，复加当令湿邪乘虚侵入，上蒙清窍，困遏中焦，故失眠加剧。湿邪为患，理应多睡，何故反致失眠加剧？殊不知心神赖心血滋养，心血源于脾气所生，脾气本已亏虚，复加湿邪相困，健运无权，血液生化乏源，心神无以得养，诸症蜂起。故先予三仁汤轻宣化湿治其标，使湿邪化，中州恢复健运。二诊时心脾两虚已明，故用归脾汤益气健脾，养血安神治其本，加藿香、九节菖蒲芳香化湿，醒胃健脾治其标，标本同治，故获效甚捷。

五、神衰嗜睡

张兆同医案：郑某，男，40 岁，西医师，1985 年 5 月 10 日就诊。患神经衰弱已数年，近日因生气郁闷不舒，病情复发，自服多种兴奋及抑制药品，病情依旧，遂求治于中医。患者敏感多疑，夜间多梦，白昼头重困乏，昏昏欲睡，胸脘满闷，口腻纳呆，口臭，尿黄，便溏而不爽，舌体略胖，苔黄白腻，脉沉滑数，证属肝气抑郁不舒，克伐脾土，枢机不利，水湿停滞，郁而化热，阻滞三焦。此证本虚标实，宜先以芳香化湿之剂宣畅三焦，舒转气机，处以三仁汤加味：

杏仁10克，白豆蔻12克，苡仁18克，佩兰10克，清半夏10克，陈皮10克，厚朴10克，菖蒲10克，郁金10克，焦三仙各15克，每日1剂，水煎服。

5剂后略见效，腻苔略化，胸脘满闷好转。又服10剂，白昼困乏好转，可坚持正常工作。

（北京中医学院学报1991；<3>：54）

按语：神衰郁闷，昏昏欲睡，伴口腻纳呆，脘闷，便溏，苔白腻，乃湿邪困阻，蒙闭清阳之象，故以三仁汤化去湿邪，则清阳自展，又加菖蒲，郁金等清心解郁，开窍醒神，则其效更速。

六、头痛（血管神经性头痛）

吴观之医案：徐某某，男，62岁，1984年9月10日初诊。头痛间断发作已五、六年，尤以近半年加重。头痛发作时伴头胀昏蒙，恶心呕吐，不能进食，周身无力，面色萎黄，大小便正常。舌淡红苔白腻，脉弦细。曾在宣武医院做过脑电图及CT检查，未见明显异常。辨病：血管神经性头痛。辨证：痰湿化热，上蒙清窍。治法：清利湿热，降逆化痰。

杏仁12克，滑石15克，通草5克，白蔻仁6克，竹叶10克，厚朴6克，生苡仁15克，法半夏10克，天麻10克，川芎10克，茯苓12克，白术10克，生姜6克。

服药6剂后，头痛、恶心呕吐减轻，但仍觉头胀昏蒙，四肢无力。效不更方，继服8剂，头痛明显好转，恶心呕吐消失，饮食增加，精神转佳。前方去生姜加藁本10克，继进6剂，头痛乃愈，至今未发。

（北京中医1995；<4>：7）

按语：本案病机系痰湿内阻，郁久化热，上蒙清窍。治疗辨证与对症治疗相结合，方用三仁汤合半夏白术天麻汤并加治头痛要药川芎、藁本清利湿热，降逆化痰，标本同治。使痰浊去、湿热清，则头痛愈。

七、眩晕（美尼尔氏综合征）

毛以林医案：王某，女，56岁，1987年7月28日初诊。20余日前始觉头晕，视物旋转，逐渐加重，在某西医院诊为“美尼尔氏综合征”，用西药效不显转请中医治疗。刻诊：头晕目眩，视物旋转，如坐舟车，泛恶欲呕，头昏且重，肢体酸痛，脘痞不饥，舌淡、苔白腻，脉细濡。证属湿浊之邪上蒙清窍，清阳不展。治宜芳香化湿，分消三焦。

处方：杏仁、佩兰、枳壳、厚朴各6克，白豆蔻4克，藿香、半夏各9克，云茯苓12克，薏仁、滑石各15克，通草3克。

服方3剂，眩晕大减，续服5剂而痊。

（陕西中医1999；<2>：91）

按语：前贤治眩，多从风、火、痰、虚入手，然于临床，不可拘泥，总须辨证施治。观此案病发长夏，湿气司令，以致湿浊之邪浸淫肌体，弥漫三焦。湿阻清阳，蒙蔽清窍则头晕目眩；困于肌表则肢体酸痛；内阻中焦则脘痞不饥。故用三仁汤加藿香、佩兰，芳香化湿，增加枳壳疏利气机，俾湿邪从三焦而解，不治眩则眩自痊。

八、胃脘痛（慢性胃炎）

翟林在医案：朱某某，女，42岁，1990年7月16日初诊。胃痛史2年，胃脘痞满，恶心欲吐，身有低热，午后热甚，手足心热，盗汗，便溏，舌淡、苔白滑，脉滑。胃镜诊为慢性胃炎。证为湿热郁滞中焦，升降失常。治以辛香芳化，开郁和中。

处方：杏仁、草豆蔻、藿香、佩兰、青蒿各12克，薏苡仁30克，半夏、厚朴各15克，滑石20克，通草、神曲、炒谷芽、炒麦芽、竹叶各10克。每日1剂，水煎服。

3剂尽疼痛大减，继服12剂症状缓解。

（山西中医1999；<2>：34）

按语：本案系湿热蕴结，阻滞气机，脾胃升降不畅，故见胃痛等症。湿热熏蒸故见身有低热，午后热甚，身热不扬之症。吴鞠通谓："舌白不渴，脉弦细而濡，面色淡黄，胸闷不饥，午后身热，状若阴虚，病难速已，名曰湿温……三仁汤主之。"病机相同，故宗三仁汤加味而获愈。

九、呕吐（乳癌化疗后呕吐）

吴观之医案：王某某，女，48岁，1990年因患右乳低分化癌，在肿瘤医院做乳癌根治术，术后已进行过两次化疗。1991年9月再次来我院行化疗治疗。化疗用药：氟脲嘧啶500毫克，5%葡萄糖250ml，静脉点滴，连用4天；卡铂200毫克，5%葡萄糖250ml，静脉点滴，隔日一次。应用化疗药物二天后，患者出现恶心呕吐，不欲进食，胸脘满闷，精神倦怠，四肢无力。辨病：药物性呕吐。辨证：湿热中阻，气机不畅，升降失调。治法：清热化湿，降逆止呕。

杏仁12克，滑石15克，通草5克，白蔻仁6克，竹叶10克，厚朴6克，生苡仁15克，法半夏10克，砂仁6克，黄连5克，生姜6克。

服药3剂后，患者恶心呕吐好转，但仍不欲进食。前方去生姜加焦三仙各10克，继服6剂，结果恶心呕吐症状消失，饮食日渐增加，继用补益气血、调理脾胃之剂善其后。

（北京中医1995；<4>：7）

按语：本案系运用化疗药物后出现呕吐副作用，属中医呕吐范畴。呕吐病机主要是胃失和降，气逆于上所致。化疗药物多系温燥之品，易损伤人体正气，致脾胃功能紊乱。脾胃不和，不能运化水湿，水湿中阻，郁而化热，致胃气上逆。三仁汤虽为湿温而设，其制方之理具有宣上、畅中、渗下之功。本案治疗取三仁汤畅中之功，在清热化湿的同时，加砂仁合方中法夏、白豆蔻、厚朴化浊、行气、止呕。并针对呕吐这一主要症状，加生姜、黄连辛开苦降，以顺应"胃以降为顺"之机能而止呕。

十、呃逆不止

彭桂冬医案：患者阎某，男，47岁。因节日饮酒过量，尔后呃逆不止，胸闷腹胀，大便不调，痛苦异常，患者体胖，苔白腻根腐厚，脉弦细。

生薏仁30克，杏仁10克，白蔻仁（打）10克，半夏12克，厚朴10克，枳壳15克，滑石10克，通草6克，神曲10克，莱菔10克，旋覆花（包）10克，代赭石6克，生姜2片。

5剂药呃逆止，腑气畅通。

（北京中医药大学学报1994；<6>：58）

按语：饮酒过量，湿热困胆，脾气不升则大便不调，胃气不降则呃逆不止。以三仁汤祛湿健脾，调畅气机，合旋覆花、代赭石降逆和胃，佐神曲、莱菔子消酒食积滞。气机调顺，升降有序，呃逆自止。

十一、下利（细菌性痢疾）

吴观之医案：李某某，女，36岁，1986年8月7日初诊。自诉于8月5日腹痛，便脓血，有里急后重之感。实验室检查：血象白细胞14×10^9/升，大便常规脓细胞、红细胞满视野，诊为细菌性痢疾。经用庆大霉素及痢特灵治疗，便脓血已止，但仍有腹痛。并伴有恶心呕吐，食纳呆滞，四肢无力，小便黄赤，舌淡红苔白腻，脉滑稍数。实验室检查：血象白细胞9×10^9/升；大便常规见少量白细胞，红细胞未见。辨病：细菌性痢疾。辨证：湿热滞积，气机失畅。治法：清热解毒。化湿行气。

杏仁12克，滑石15克，通草5克，白蔻仁6克，竹叶10克，厚朴6克，生苡仁15克，法半夏10克，木香6克，黄连6克。

服药3剂后，恶心、腹痛好转，能进少量饮食。药已见效，前方加当归10克，焦三仙30克，连服6剂，诸症皆失。实验室检查：血象白细胞8.5×10^9/升，大便常规红、白细胞未见。

（北京中医1995；<4>：7）

按语：细菌性疾病是由痢疾杆菌引起的急性肠道传染病，属中医痢疾范畴。本病多由食入秽浊，损伤脾胃，湿热蕴结肠道而成。本案痢病初起，急用抗生素治疗，肠道湿热虽清，而脾胃损伤未复，湿热余邪未尽，是以脓血虽止而脾失运化症状未除。而且痢疾易伤阴液，故本案治疗取三仁汤宣上畅中之功，去滑石、通草渗下之力，恐耗伤阴液。加木香、黄连行滞气，除湿热余邪。诸症好转，加焦三仙调和胃气，当归调和血脉，使气血和、脾胃调，则诸症均愈。

十二、便秘

王奎平医案：张某，男，50岁，1997年8月3日初诊。患便秘已2年，1～2天排便1次，大便呈细条状，质黏腻，排出困难，有排便不尽感。曾服用滋阴养血、润肠通便药物多剂，服药后便秘不仅无好转，反而出现脘腹胀闷。舌淡红、苔薄黄腻，脉沉细。辨证属湿热壅滞三焦，气机不畅，治以清热利湿，宣畅三焦，疏利气机，拟三仁汤加减。

处方：白蔻仁6克（后下），生薏苡仁30克，光杏仁、厚朴、枳壳、法半夏、桔梗、竹叶、槟榔各10克，瓜蒌仁15克，通草5克。

服药7剂后大便变粗，每天1次，排出顺利，排便不尽感明显减轻，原方续进7剂，诸症消失，便秘痊愈，随访3个月无复发。

（长春中医学院学报1999；<2>：26）

按语：本例便秘的特点为大便变细，质黏腻，排出困难，排便不尽，此乃湿热壅滞三焦，气机不利，大肠传导失司所致。用三仁汤清热利湿，宣畅三焦气机，方药切中病机，故获良效。

十三、便闭（粘连性肠梗阻）

施运涛医案：周某某，男，49岁，已婚，干部，1982年。9月10日初诊。因腹痛腹胀，肛门停止排便排气3天，在我院外科接受手术治疗。术中发现肠腔广泛粘连，已无法分离而关腹。邀诊时症见腹胀如鼓，口出秽气，身热不扬，舌苔厚腻而黄，脉弦滑。证属湿热之邪壅滞三焦，治宜清热通腑。

处方：苦杏仁、滑石、枳实各10克，薏苡仁、大黄（后下）各30克，通草3克，厚朴、芒硝（冲服）各15克，甘草6克。

药进2剂，肛门排气，继之排出腐臭大便约盈盆，腹胀痛顿减。后以上方出入调治半月，痊愈出院，随访至今未复发。

（新中医 1997；<4>：55）

按语：粘连性肠梗阻，是外科急腹症中重症，本例因手术无法分离而改用中药治疗，根据临床主症乃湿热之邪壅滞三焦，故用三仁汤与大承气汤取开上宣中导下之法而取效。

十四、黄疸（急性黄疸型肝炎）

马羽萍医案：李某，男，36岁。因乏力，纳差，尿黄10天。主诉：于1994年3月6日初诊。肝功TB96毫摩尔/升，DB76毫摩尔/升，ALT195U/L，AST150U/L，乙肝病毒指标HBsAg、HBeAg、抗-Hc，均阳性。诊断：急黄肝乙型。现症：身目俱黄其色鲜明，身困重，身热不扬，纳差，恶心，恶油腻，胸腹胀闷，小便黄如浓茶色，口淡不渴，舌苔白厚腻，脉濡缓。中医辨证黄疸，湿热型，湿重于热。治宜化湿解毒清热退黄。方用三仁汤去竹叶，加茵陈、茯苓、泽泻等。服药1周后，诸症减轻，能进食，小便色转淡，继服上方10天后，症状消失，目微黄。上方去茵陈、杏仁，加白术继服用半月后，肝功正常。继用中药治疗约3月后，其乙肝病毒指标仅抗-HBe，抗-HBc阳性，临床治愈。

（陕西中医 1997；<12>：561）

按语：湿热内阻，熏蒸肝胆，胆汁不循常道，发为黄疸。脉证所现，虽湿热内阻，但湿重于热，故以三仁汤加茵陈等以祛湿清热退黄，药中病机，故获良效。据报道，三仁汤为湿热黄疸湿重于热型常用方剂，屡用屡验。

十五、水肿（急性肾炎）

刘友梁医案：郑某某，女，45岁，搬运工人，1979年6月23日诊。患者于一周前突发畏寒发热，肢体酸楚，继则出现腰痛，小便不利，面目浮肿。曾经某某医院门诊诊治。尿检：蛋白（+++），脓球（+），管型少许，诊断为急性肾炎，注射青霉素及口服双氢克尿塞等效果不著，而转请中医治疗。现全身及面目均肿，按之凹陷，肾区有叩击痛，小便短少，伴畏风发热，体温37.812，肢体困倦，脘闷纳呆，大便溏，舌质淡红，苔腻微黄，脉濡。追查病因，据谓平时劳动中汗出，常有脱掉衣服，用冷湿毛巾擦拭习惯。参照证因，拟为湿邪犯中郁表，不能通调水道，水气泛滥发为水肿。治宜宣散化湿，利水消肿，以三仁汤加减。

处方：杏仁、白蔻（后入）、桂枝各6克，香薷、黄芩、川朴、泽泻各9克，生苡米12克，滑石15克，通草4.5克，2剂。

二诊（6月25日）：药后恶风除，热退，尿利，肿减，脘闷纳呆亦瘥，大便如常，但腰部仍痛。尿检：蛋白（++），脓球少许。舌苔已转薄，脉缓濡，体温37.1℃。表邪已解，但水湿尚甚。上方去香薷、桂枝、黄芩，加苍术、车前子各9克，以加强健脾燥湿利水。4剂，每日1剂。

本方连进4剂后，浮肿基本消退，尿蛋白仅少许，诸症皆愈。

按语：水肿一病，其病因多由水湿引起，特别是初起之时，每见有中焦湿困，气机不利，水邪泛滥。湿为阴邪，其性重浊黏腻，故不仅需要淡渗以利湿，而且更需芳香以化浊，苦温燥湿予以配合。三仁汤苦辛芳香甘淡，既能宣畅气机化湿浊，而又能淡渗利尿以消肿，故对水肿初起水湿为患者用之有效。

十六、淋证

尚炽昌医案：王某，男，36岁，司机，1991年6月15日就诊。自述两周前感觉小便灼热，继则尿道口红肿，排出脓性分泌物，某医院性病研究所诊为“淋病”，用抗菌消炎药效果不佳，特求尚师诊治。现仍尿道红肿，小便灼热，并不时有脓性分泌物排出，低热（体温37.7℃）。问诊得知三周前出差南方有不洁性交史，伴有阴囊潮湿，肢酸腿软，倦怠乏力。舌质微红，苔腻微黄，脉滑而细。属中医淋证范畴，乃感受湿热秽浊之邪注于下焦所致。治以芳香化浊，清热利湿为法。处方：

杏仁10克，白蔻仁15克，生薏仁15克，半夏10克，厚朴10克，滑石15克，通草6克，竹叶6克，车前子15克，瞿麦12克，黄柏6克，藿香6克，苍术6克。

连服15剂病愈。

（黑龙江中医药1998；<5>：2）

按语：《临证指南医案》指出：“若夫便浊之恙，只在气虚与湿热推求。”本案为湿热秽浊伤及下焦所致，故用三仁汤以利湿化浊。加藿香以苏脾胃之机，化湿浊之困，俾湿去则热孤。又恐在下之湿热顽板不训，故又合二妙散、车前子、瞿麦以治下焦之湿热。

十七、尿血

张洪俊医案：管某，男，47岁，农民，1992年4月3日就诊。平素有腰膝酸痛病史。半月前负重远行大汗后不久突然出现尿血鲜红，但无灼热刺痛感，腰部酸痛加重，伴恶寒身困，轻微发热，随即到当地医院诊治，经检查疑为：肾结石。给予抗炎和止血药治疗1周，血尿时有反复，或时尿中夹有小血块。又经某医用益肾清热凉血剂治疗10余日，尿血已减轻，唯恶寒身重，发热诸症不减，故延余诊治。症见：血尿色淡红，时隐时现，腰酸痛，恶寒身热（体温38.3℃），头身困重，胸闷，不思饮食，苔白腻，脉濡数。尿检：红细胞（+++），余（-）。B超和摄腹部平片检查肾与输尿管，膀胱均无异常发现。脉症合参，此乃湿热郁遏卫气，下劫肾经，络损血溢所致。拟三仁汤加减治之。

杏仁、薏仁、滑石（包）各10克，白蔻仁（杵后下）3克，制半夏、厚朴、通草各6克，小蓟、马鞭草各15克，白茅根30克。水煎服，1天1剂。

服药5剂后，血尿止，恶寒身热已瘥，白腻苔渐化，精神转佳，又予前方去白蔻仁续服5剂，诸症告愈。尿检3次正常。随访已年余，前症未复发。

（陕西中医1995；<10>：468）

按语：此案辨证的关键在于除血尿外，亦具有恶寒身热，头重身困，苔腻脉濡等湿热郁遏卫气之证，实乃素体肾气不足，复感于邪，湿浊干犯，络脉损伤，失封藏固摄所致。前医不辨，一味投以清热凉血之品，血尿虽暂好转，然湿邪未去，蕴久化热，缠绵不已，去者自去，来者复来。故取三仁汤轻宣化湿，加茅根、小蓟清热利尿，凉血止血，马鞭草化瘀利尿。诸药相合，使湿去热衰，络脉得宁，其血尿自愈。

十八、消渴（糖尿病）

尚炽昌医案：李某，男，45岁，教师，1995年10月5日就诊。患糖尿病两年，口渴喜饮，久服六味地黄丸、玉泉丸等药，毫无效果，靠西药优降糖维持，病情时轻时重，特求治于尚师。刻下仍口渴喜欢，但饮后胃脘发胀。察患者形体肥胖，问其饮食，答曰：喜食肥厚之物。小便短赤，大便不调，烦躁易怒，时有烘热汗出。最近一周查血糖210毫克%，尿糖（++）。视其舌苔白腻，切其脉濡而数。尚师辨为湿蕴化热，困阻脾气，水津不布。处三仁汤加味：

杏仁10克，白蔻仁15克，生薏仁15克，半夏12克，厚朴10克，滑石15克，通草6克，淡竹叶6克，藿香10克，佩兰10克，茯苓20克，陈皮10克，白术10克，栀子10克。

嘱忌食辛辣刺激，肥甘厚腻及各种补品。

服7剂，口渴大减，舌苔好转。早以上方加减，共服20余剂，自觉症状消失，血糖控制在正常范围，尿糖（-）。后以健脾祛湿之剂调理善后，病愈。

（黑龙江中医药1998；<5>：1）

按语：消渴以阴虚燥热者为多，然本案口渴兼有胃脘发胀、苔腻、脉濡，又形体肥胖，择食肥甘之物，则必有湿邪作祟。脾被湿困，运化不及，津不上润于口，故口渴。湿邪内留，故饮后胃脘发胀。《素问·奇病论》曰："此肥美之所发也，此人必数食甘美多肥也。肥者令人内热，甘者令人中满，故其气上溢，转为消渴。"其治疗即不能落"滋阴润燥"之巢臼，否则"润之则病深不解"。而应遵《内经》"治之以兰，除陈气"之大法，用三仁汤以除湿浊之"陈气"，并加藿香、佩兰以芳香悦脾，陈皮、茯苓、白术以健脾祛湿，栀子清热利湿。诸药共伍，则使湿去而脾运，气行而津布。方证相对，故获佳效。

十九、自汗

刘咏医案：黄某，女，50岁，1998年7月29日初诊。日间多汗，动则更甚，伴阵发性烘热，随之汗出浸衣，日发数次，腰腹胀满，口干欲饮，饮食尚可，二便正常，舌红苔黄腻，脉弦滑微数。此乃湿热郁遏，气机不畅，宜清利湿热，宣畅气机，三仁汤化裁。

处方：白蔻仁10克，杏仁10克，薏苡仁12克，竹叶12克，厚朴10克，通草12克，滑石12克，法半夏10克，甘草6克。3剂，水煎服，每日1剂，早晚分服。

8月1日二诊：药后热气下行，汗出减少，口不干，腰腹仍胀满，苔转淡黄腻，此为湿热下移，气机不畅，继清热利湿行滞，上方加枳实10克，苍术10克，加强燥湿行气化滞之功。

8月4日三诊：热平汗止，腹胀已消，饮食、二便正常，舌红，苔薄黄微腻，系余热未清，去厚朴、枳实，再进3剂，病告痊愈。

（河南中医1999；<4>：63）

按语：临床上自汗多因营卫不和、肺气不足所致，治疗以益气固表为多。本案为湿热郁遏，均为热迫津外泄致汗，故用三仁汤清利湿热，宣畅气机而取效。

二十、盗汗

刘咏医案：梁某，女，56岁，1997年12月1日初诊。盗汗1月余，胸以上为甚，头颈汗出如浴，觉来方知，毛巾擦干，再入睡复然，每晚数次，异常痛苦。求治他医，或养阴清热，或益气固表，无效。来诊时见症同前，伴头麻头重，饮食、大小便正常，舌紫红，苔白腻，脉细滑微数。辨为湿热熏蒸，气机郁滞。用三仁汤清利湿热，宣畅气机。

处方：白蔻仁6克，杏仁10克，薏苡仁15克，竹叶12克，通草12克，滑石12克，法半夏10克，丹参15克，石菖蒲12克，浮小麦12克，龙骨30克（先煎），牡蛎30克（先煎）。水煎服，每日1剂，早晚分服。

12月4日二诊：服药3剂，头颈汗出明显减少，每晚只醒一次，头麻头重基本消失，感腰胀痛，舌红，苔薄白腻，脉细滑。此为湿热下行，气机阻滞，不通则痛。药已对证，继清热利湿，行气化瘀止痛，上方去浮小麦、龙骨、牡蛎，加用张锡纯活络效灵丹（即当归15克，丹参15克，乳香15克，没药15克）行气化滞止痛，杜仲15克，川断15克补肾壮腰。

12月8日三诊：面带喜色，诉头颈、胸部汗出已止，睡眠好，腰不痛，无特殊不适，舌红，苔薄白微腻，脉细滑微数。再进三仁汤原方3剂清余热利湿，病愈。

（河南中医1999；<4>：63）

按语：盗汗以虚热多见，治多滋阴降火，养血和营为主。但此例盗汗以常法治疗无效，故舍症从舌脉，以湿热论治，用三仁汤治愈。

二十一、痹证（类风湿关节炎）

吴观之医案：郭某某，女，45 岁，1982 年 8 月 24 日初诊。患者周身关节疼痛 10 余年，每遇长夏之时疼痛加重。近一月来，患者自觉四肢关节疼痛，肿胀，发热，手指关节畸形，活动受限，并伴有肢体倦怠，胸闷不饥，食纳呆滞，恶心不吐，舌淡苔白腻，脉缓。实验室检查：血沉 40mm/时，类风湿因子强阳性。辨病：类风湿关节炎。辨证：湿热痹。治法：清利湿热，通经活络。

杏仁 12 克，滑石 15 克，通草 5 克，白蔻仁 6 克，竹叶 10 克，厚朴 6 克，生薏苡仁 15 克，法半夏 10 克，秦艽 10 克，木瓜 15 克，桑枝 15 克。

服药 6 剂后，患者胸闷、恶心、纳呆好转，关节肿痛有所减轻，活动仍受限，前方去厚朴、滑石，加苍术 10 克、当归 15 克、川芎 10 克，继服 6 剂。结果恶心胸闷已愈，饮食增加，关节肿痛及活动受限明显好转。实验室检查：血沉 20mm/时，类风湿因子阳性。前方加忍冬藤 30 克，继续治疗。

（北京中医 1995；<4>：6）

按语：本案发病每遇长夏之时疼痛加重，而长夏暑湿偏盛。《温病条辨·中焦湿温篇》曰：痹证“因于寒者固多，痹之兼乎热者亦复不少。”可见，痹证辨证不能拘泥于“风寒湿三气杂至合而为痹”之说。本案病机系气血痹阻不通，痰瘀互结为本，复遇长夏暑湿之气外袭而成湿热痹。论治需症证结合，以三仁汤清利湿热，同时针对痹证辅以秦艽、木瓜、桑枝宣通经络。湿去热清，经络宣通，则痹痛自减。二诊加当归、川芎行气、养血、活血、祛瘀，瘀祛络通则疼痛大减。尤妙在去滑石、厚朴加苍术。去滑石、厚朴恐伤津耗气，加苍术合半夏健脾燥湿化痰。最后，重用忍冬藤清热解毒通络以善后，有利于关节肿痛消退，关节功能之恢复。

二十二、阳痿

施运涛医案：王某某，男，30 岁，已婚，干部，1994 年 5 月 16 日初诊。近半年来反复阴茎痿软，勃起困难，伴阴囊潮湿，尿后余沥，大便干结或溏而不爽，身困乏力，胸闷不饥不渴，舌淡，苔白腻，脉细弦。证属湿热下注，治以清热利湿法。

处方：苦杏仁、厚朴、法半夏、苍术、盐黄柏各 10 克，白蔻仁、甘草、淡竹叶各 6 克，薏苡仁 30 克，滑石 20 克，通草 4 克，蜈蚣 1 条。

服药 3 剂，二便通利，阴囊潮湿减，阴茎能勃起，7 剂后诸症消失，阳痿告愈，随访 1 年未复发。

（新中医 1997；<4>：55）

按语：阳痿一病，肾虚多见，然过食膏粱厚味，聚湿生热，下注阴器，宗筋弛纵而致者亦非鲜见。本例以三仁汤开上宣中导下，使二便通利后，湿热之邪自去，阳痿告愈。酌加苍术、黄柏乃二妙丸方，加重清下焦湿热之力，取蜈蚣搜剔之功，并举阳器尔。

二十三、滑精

王振录医案：侯某，男，26 岁，已婚，农民，1980 年 5 月 20 日就诊。患滑精证已三年余，最近加重，每晚必泄 1～3 次，白日入寐亦常滑精。曾多方求医，服药近三百剂，病势有增无减，乃来就诊。患者甚为痛苦，情志抑郁，精神萎靡，面色淡黄虚浮，胸闷纳呆，脘痞便溏，四肢沉重，嗜睡懒言，小便浑浊短赤，心微烦，舌质淡有齿痕、苔白腻、根部略黄，脉寸关沉弱、尺脉滑。查阅前所服诸方，皆填精益髓、补肝固肾、养血安神之剂。然此证属湿热内蕴为主，兼有肾虚，治疗专事补涩焉有治愈之理？故改用清热利湿，佐以补肾固摄法，拟用三仁汤加味治疗。

处方：生薏苡仁30克，杏仁、法半夏各6克，白蔻仁、厚朴、白通草、竹叶各10克，滑石、金樱子各15克，炒芡实12克，煅龙骨21克。

上方连服9剂，其病诸症消失，嘱服金匮肾气丸善后。随访二年未见复发。

（新中医 1986；<7>：47）

按语：本病由于湿热羁留，郁闭气机，阻碍三焦，湿热下流，扰动精室，致精关不固而滑精。若不辨病情，囿于以涩治滑之说，必犯"实实"之戒，致病有增无减，当溯本清源，径三仁汤以疏利气机，宣畅三焦，清利湿热；再佐以金樱子、芡实、龙骨固肾涩精，使疏利而不伤正，收涩而不恋邪。故药仅九剂，使三年沉疴霍然而愈。

二十四、阳强不射精

王振录医案：尚某，男，23岁，已婚，农民，1983年2月1日就诊。新婚五天来诊，自述夫妇同床之时，阳强不倒，精液滴不出，持续二时许，至疲乏无力，阴茎始软，自溢点滴黏液。伴心烦意乱，倦怠痞闷，睾丸、精索、小腹胀坠疼痛，阴囊、两股汗出如水洗，并言手淫则精能射出，舌尖红、苔白厚腻，脉沉数。余初诊为肾气不足，肾精虚弱，相火妄动。投以知柏地黄汤加味六剂，罔效。细审脉症，始悟此乃湿热阻塞肾窍，郁闭气机之故。治当宣畅三焦，分利水湿，佐以清热通窍，投三仁汤加味：

杏仁、厚朴、白通草各10克，薏苡仁21克，滑石12克，白蔻仁、竹叶、黄柏、法半夏、车前子各6克。

服药1剂，同房即可射精少许，2剂有快感，3剂则射精如常人。

（新中医 1986；<7>：47）

按语：本例同房阳强不倒、不射精，手淫则能射，知非肾中精气之不足；心烦而不热，又非相火之妄动，阴囊汗出，两股湿如水洗，显系水湿之下注；睾丸、小腹胀痛，乃水湿化热，阻滞气机，络道不通；精不出者，亦由湿热阻塞肾窍所致。究其病根乃湿热缠绵，氤氲不解，壅遏三焦，气机郁闭之故。故用三仁汤宣畅气机，清利湿热，加黄柏、车前子以增清热利湿之力。药仅三剂，则三焦宣畅，气机疏通，肾窍自开而愈。

二十五、男子不育（精液不液化）

施运涛医案：刘某某，男，32岁，已婚，干部，1990年8月5日初诊。婚后6年未育，精液不液化，屡易医者仍无效。症见胸闷不饥，午后低热，身困乏力，二便尚调，性生活正常，舌淡、苔白，脉濡细。证属脾虚湿阻，治以健脾祛湿，芳香化浊。

处方：白蔻仁6克，薏苡仁、车前子、覆盆子、枸杞子各15克，菟丝子30克，石菖蒲、苦杏仁、厚朴、法半夏、五味子、藿香各10克。

用此方出入先后调治月余，症状消失。复查精液液化正常，2月后妻子妊娠，次年顺产一女婴。

（新中医 1997；<4>：55）

按语：在男性不育症中，精液不液化是常见病多发病。通常在无证可辨的情况下，只要具备有胸闷不饥，身困乏力，或午后低热者，即可运用本方，每每获效。

二十六、水疝（睾丸鞘膜积液）

王振录医案：商某，男，17岁，学生，1983年6月10日就诊。右侧阴囊肿胀、晶亮透明，触之如水囊，卧则肿胀消失，活动后肿胀加重，已两年有余。患者不能骑车、跑步，甚感痛苦。最近症状加重，始来就诊。经外科诊为睾丸鞘膜积液，建议秋后手术治疗。患者愈病心切，乃求先服中药试治；刻诊：右侧阴囊肿大如鸡蛋，胀痛，透明，触之如水囊，透光试验阳性，伴小腹下坠，溲赤，便溏，纳差，阴汗时出，舌淡、苔薄黄腻；脉濡数，辨证为湿热郁闭气机，水停三焦，下注阴囊。治当宣通三焦，利湿清热。用三仁汤加味：

薏苡仁15克，杏仁、白蔻仁、竹叶、法半夏、龙胆草各6克，白通草12克，厚朴、滑石、橘核各10克，柴胡、甘草各3克。三剂，水煎服。外用车前子30克，荔核15克，水煎，洗阴囊。

6月14日二诊：阴囊水肿明显缩小。效不更方，原方继服10剂，外洗药3剂，阴囊水肿告愈。半年后追访，病未复发。

（新中医 1986；<7>：48）

按语：本病多因湿热下注或寒湿内停所致。此例患者证见阴囊肿大，透亮，触之如水囊，阴汗时出，乃三焦郁闭，水湿下注之证；睾丸胀痛、溲赤乃湿邪化热之故。故用三仁汤开上、宣中、渗下，加柴胡、龙胆草、橘核理气化湿，清热通络，使气机疏利，三焦畅通，湿化热清，诸症向愈。

二十七、产后缺乳

周若梅医案：郑某，女，24岁。患者于1988年9月顺产1女婴，2天后乳汁通畅，量多。至第4天突然缺乳。家人使用各种单方调理无效。刻诊时见患者面色有泽，精神良好，唯觉脘闷不饥，舌苔厚腻微黄，脉濡滑。追问病史，知家人唯恐其产后体虚。一味进食肥甘油腻之品，使脾阳被困，湿邪中阻，饮食停滞，致气机不通，乳汁不能疏泄。思忖再三，予以三仁汤加神曲20克，槟榔15克，王不留行30克，以宣畅气机，消导通乳。服药1剂食欲增加，两乳胀满，2剂后乳汁分泌通畅，量足。

（陕西中医 1994；<7>：323）

按语：过食肥甘，湿热内生，阻滞乳络，则乳汁不泄。用三仁汤化湿清热以除病本，加王不留行等以通经下乳。

二十八、梅核气

尹平芬医案：陈某某，女，45岁，1988年4月14日自觉咽喉不舒畅，渐有梗阻之感，继则食道天突处似有物堵，咯之不出，咽之不下，夜寐不宁且梦多，经常出现恐惧感，夜汗多，每晚需更衣2次。躯体四肢肌肉自感痛如针刺，触之即无，形体消瘦，面色晦暗，胸闷善饥，食纳不香，多处求医，用药罔效。尔后，自疑为咽喉癌，遂去某医院检查咽喉、食道均未发现异常。胃镜检查为慢性浅表性胃炎。予疏肝解郁，理脾健胃药亦收效甚微。去秋余探友之际，特邀诊治。证见脉象沉弦，舌苔白腻而滑，疲乏无力，神清懒言，小便清长，大便无滞，欲食不舒，食入则感阻塞。析前医之法，览现有之症，更察其舌苔白腻水滑，病属湿热郁滞，蕴结上焦，而致气机不利，诱发宿痰；加之前医治失法度，投以滋腻、辛温燥湿之品，形成虚实夹杂之证。

疏方：杏仁15克，白蔻仁6克（后下），苡仁20克，厚朴10克，白通草10克，淡竹叶10克，法夏10克，佩兰10克，苍术10克，生麦芽30克，柴胡5克，茯苓10克，甘草3克。嘱服3剂。

复诊：越四日，病情大有好转，恐惧现象消失，服药2小时许，针刺样痛感减轻，咽喉堵塞感稍好，能进稀粥2碗。唯夜汗多，头晕头痛，脉象沉迟，舌苔厚腻稍退，黏滞亦少。药证合拍，效不更方，按原方去法夏、厚朴、佩兰、淡竹叶、白通草，加全瓜蒌15克、浙贝母10克、煅龙牡各6克、桂枝5克、射干6克，续服4剂。

三诊：自述服前药显效，吐出大量涎沫，咽喉部堵塞感消失，食欲大振，面色润泽，思想无虑，情绪安定，夜汗大为减少，唯头晕头痛未息，后以香砂六君子汤加减治疗月余。后随访平安无恙。

（湖南中医杂志1989；<5>：29）

按语：梅核气多因痰气郁结，痰湿凝滞而致，临床常宗《金匮要略》半夏厚朴汤治疗。然本例患者，虽为是证，却非半夏厚朴汤所治，细析其因，病始于孟夏之时，湿邪当令，邪恋气分，郁遏不达，引发宿痰，波及三焦而致脾胃升降失司，湿、痰、热凝滞，胶结不化而致梅核气。故用三仁汤治疗而收良效。

二十九、牙痛

常政红医案：郭某某，男，62岁，1997年7月10日初诊。牙龈肿痛半月，午后加重，口服灭滴灵、麦迪霉素，静脉滴注青霉素均未好转而求诊。诊见：左上齿龈肿胀，色淡红。伴不断饮食，午后头闷不清。每日大便3次、成形，舌体胖、苔厚腻微黄，脉滑。证属上焦湿热，湿重热轻之候。予三仁汤加味。

药用：杏仁10克，白蔻仁10克，薏苡仁30克，半夏10克，滑石12克（包），厚朴12克，通草3克，竹叶5克，白芷9克，藁本9克。3剂，每日1剂，水煎服。

服1剂后，牙痛未作；尽剂，齿龈肿胀明显消退，疼痛消失，饮食增加，每日大便1次，下午稍有头闷。药已对证，守方再服3剂而愈。

（山西中医1999；<1>：48）

按语：牙痛一证，诸家多以火热立论，常以清泄为法治疗。而本案牙痛热象不明显，齿龈肿胀颜色淡红，苔腻微黄，辨证为上焦湿热，湿重热轻，湿邪有化热之势。治疗用三仁汤宣化湿热，加藁本、白芷祛风胜湿消肿，芳香上达病所。药合病机，收效甚快。

三十、风疹（荨麻疹）

段玉环医案：苏某某，男，29岁，1996年10月2日诊。1年前出现全身皮肤瘙痒，抓搔后出现片状、高出皮肤的红色团块，伴口苦、烦躁、纳差。曾在多家医院检查，确诊为荨麻疹，经用苯海拉明、赛更啶、葡萄糖酸钙、地塞米松等治疗，症状仍反复发作，而来本院求治。症状同前，舌质淡红、苔黄厚腻，脉滑。证属湿热蕴结于肌肤，气血瘀滞，治拟清热利湿，活血祛风，方用三仁汤加减。

杏仁、白蔻仁、黄芩、川朴各10克，丹参、苦参各20克，地肤子、白藓皮、滑石、薏苡仁各30克，通草6克，甘草5克。

5剂后，全身瘙痒基本消失，皮疹已无，烦躁、纳差亦除，口黏、口苦明显减轻，苔白腻稍黄，脉滑，效不更方，再进5剂，诸症均除，嘱其戒烟酒，禁食辛辣刺激性食物，随访3年未再复发。

（浙江中医杂志1999；<11>：492）

按语：本案系湿热蕴结于肌肤，气机郁阻，气血瘀滞则全身皮肤瘙痒不已，故取三仁汤加黄芩、苦参清热利湿，丹参、地肤子、白藓皮活血祛风，故湿热得清，痒疹自息，药证相符，取效迅捷。

清营汤

【方药】

犀角三钱（2 克） 生地黄五钱（15 克） 元参三钱（9 克） 竹叶心一钱（3 克） 麦冬三钱（9 克） 丹参二钱（6 克） 黄连一钱五分（5 克） 银花三钱（9 克） 连翘二钱（连心）（6 克）

【用法】

上药水八杯，煮取三杯，日三服。

【原文】

脉虚，夜寐不安，烦渴，舌赤，时有谵语，目常开不闭，或喜闭不开，暑入手厥阴也。手厥阴暑温，清营汤主之。舌白滑者，不可与也。（《温病条辨·上焦篇·三十》）

小儿暑温，身热，卒然痉厥，名曰暑痫，清营汤主之，亦可少与紫雪丹。（《温病条辨·上焦篇·三十三》）

大人暑痫，亦同上法。热初入营，肝风内动，手足瘈疭，可与清营汤中加钩藤、丹皮、羚羊角。（《温病条辨·上焦篇·三十四》）

阳明温病，舌黄燥，肉色绛，不渴者，邪在血分，清营汤主之。若滑者不可与也，当于湿温中求之。（《温病条辨·中焦篇·二十》）

【解说】

本方为邪热入营之证而设。热入营分，以身热夜甚，心烦不寐，时有谵语，斑疹隐隐，舌绛而干，脉数为临床特征。其治当以清营透热，养阴生津为法。《素问·至真要大论》云："热淫于内，治以咸寒，佐以苦甘。"故本方用咸寒之犀角、甘寒之生地以清营凉血为君，伍元参、麦冬养阴清热为臣。又叶天士在《外感温热篇》指出："入营犹可透热转气"，即邪热入营之证，其治当在清营凉血的同时，伍以轻清透气之品，以促使邪热由营分向气分透达，冀其从气分外解。因据临证观察，病邪由气分向营分传变时，常常是气分证与营分证同时并见，也就是气分之热未解，已见热入营分之症象，此时治疗上若纯用清营凉血之品，则每因凉遏而致病邪冰伏不解，若加透热外达之品，则热邪可从营分外泄转入气分而解。基于此，本方佐以银花、连翘、黄连、竹叶四味清热解毒以透邪外出，即所谓"透热转气"也。又恐邪热与瘀相结为瘀热，故配丹参活血以清瘀热。全方合用，共奏清营、透气、养阴、活血之功。临床应用本方，尤应严格掌握舌诊，以舌质红绛、无苔或少苔而干燥者，方宜用之。

【运用】

一、热入营分（上呼吸道感染）（一）

邝国荣医案：曾某某，女，6岁，1993年5月22日初诊。其母代诉：患儿素体瘦弱，于2天前突然高热39.8℃，伴有头痛，咳嗽，流涕，欲呕，烦躁不安，胸腹隐见针尖样大小的红点。其母即找西医治疗，诊断为“上呼吸道感染”。随即给予复方氨基比林1.2ml、柴胡注射液2ml混合后肌肉注射，青霉素160万U经皮试后加入5%葡萄糖氯化钠注射液500ml中作静脉滴注，每日1次。并口服麦迪霉素0.1克，维生素C0.1克，强的松5毫克，每日3次。经上述治疗后约半小时，患儿体温逐渐下降至正常体温。可是当白天静脉滴注结束后，患儿的体温又徐徐上升，至晚上9时，体温又高达40℃。于是继续使用上述西药退热消炎，并将青霉素剂量增加至240万u，继续观察1天。结果患儿病情白天用药时暂时缓解，体温也基本正常，但到了晚上又依然高热。血常规：WBC8 × 10^9/升，N0.5，L0.48，E0.02。由于患儿已反复高热2天，其母邀余中医会诊。刻诊症见：患儿面色红赤，胸腹红疹隐隐，烦躁不安，口渴，壮热，舌红绛而干，脉细数。中医诊断为风温，证属气营同病。治以凉营解毒，透热养阴，方选清营汤加味。

处方：水牛角（先煎）60克，银花6克，连翘、竹叶各5克，玄参、丹参、麦冬、生地各10克，黄连3克，板蓝根15克。每日1剂，3碗水，先煎水牛角20分钟后加余药煎成1碗，分作3次服，每次间隔3小时。在煎煮中药的同时，针刺患儿十宣穴放血泄热，然后接着推按大椎、曲池、合谷等穴，致患儿微微汗出时为止。

次日早上再诊时，其母谓昨晚经中医诊治服药后，患儿慢慢安静入睡，体温亦渐下降，现体温38℃。效不更方，嘱仍按原方药续服1剂。是日晚顺访，患儿体温已正常，红疹消退，并与邻居孩童在玩耍。

（新中医 1994；<10>：37）

按语：风为阳邪，百病之长，夹热相助，传变较速，入营而化生红疹，加之患儿禀赋不足，卫外抗邪之力较弱，故起病突然，反复高热，西药治疗效果欠佳，致出现身热夜甚，口渴烦躁，胸腹斑疹隐隐的热灼营阴之候，故选用清营汤凉营解毒，透热养阴。方中重用水牛角60克代犀角凉解营分之热毒为主药；辅以生地、玄参、麦冬清热养阴；佐以川黄连、竹叶、连翘、银花、板蓝根清热解毒，透热于外；使以丹参协助主药以清热凉血，活血散瘀，以防血与热结。诸药合用，共奏清热养阴和凉营解毒之效。本例因辨证准确，方药契合，同时施以推按大椎、曲池、合谷和针刺十宣穴放血泄热等中医综合疗法，故获效快捷。

二、热入营血（二）

韩芳林医案：芦某，女，4岁半，1988后9月6日来诊。患者因高热咳嗽1周，伴谵语便结，烦扰不安，喜饮喘促，呼吸节律偶有不正，双目凝视，体温39.8℃，双肺密集细小水泡音，心音钝而有力，心律齐，心率140次/分，颈略有抵抗，病理反射未引出，生理反射存在。舌质深绛少津，苔黄，脉细数。证属手厥阴暑温伤于阴津证，以清营汤加味鼻饲主治。

犀角6克，生地12克，玄参9克，竹叶6克，连翘9克，麦冬9克，丹参12克，金银花9克，黄连9克，杏仁9克，甘草3克。浓煎胃管灌服。佐以吸氧、镇静、祛痰止咳等对症治疗。

次日再进1剂，体温降至38℃，谵语消失，呼吸均匀平稳，双眼转动灵活，颈软，大便解，尿多，舌红苔有津，脉数。遵前方去犀角、黄连，加鱼腥草12克。2剂，热退神清，咳减，双肺罗音减少，调治月余，痊愈出院。

（甘肃中医1997；<2>：19）

按语：本案为营阴素虚而邪热入于营分，小儿神气怯弱，感受温热邪毒，蒸腾营阴，内扰心神，故临床常见谵语狂躁，身热夜甚，烦渴或口反不渴诸证。小儿热病邪闭心包者多由热毒所致。毒之为患，更易致邪热鸱张，内耗营阴，若毒不去则热亦不除，变必由生，故治须凉营与解毒并举，透热与救液并施。清营汤中犀角咸寒能解营分热毒；黄连、金银花、连翘、竹叶清心解毒并透热于外；生地、玄参、麦冬、丹参相配，甘寒与咸寒并用，滋营阴而清营热，扶正而不留邪。故凡热毒入营，邪闭心包者可用之。

三、尿血（放射性膀胱损伤）

林柳如医案：邓某，女，58岁，教师，因尿血反复发作2年，于1992年12月来我处就诊。2年前因患宫颈癌手术切除后，局部放射治疗2个疗程后，出现肉眼血尿，经某医院诊为：放射性膀胱损伤。是以益气固肾止血中药治疗，可缓解，但未消失，易反复，故入院治疗，症见肉眼鲜红血尿，尿后明显点滴而下，无灼痛频急感，面色苍白，口干不欲饮，便干难下，夜寐不安，心烦懊怒，舌边尖红略绛，脉细数。虽尿血日久，根据舌脉症辨为阴虚火旺，热郁营血。宜清营泄热，开郁引邪外达，给予清营汤加减。

处方：水牛角25克，生地20克，茅根、玄参各15克，天冬、小蓟、芦根、竹叶各12克，连翘9克，黄连、甘草、木通各6克，每日1剂，水煎分2次服。

用药1周后，尿色转淡红，镜下RBC（++），一般情况好转，夜寐稍差，守上方加入连心1克，连服14剂后，复查尿中无红细胞，症状消失出院。追访半年无复发。

（陕西中医1995；<4>：179）

按语：本案所表现的以尿血为主的证候，病因明确，是由放射治疗后造成膀胱损伤，在古籍中虽无此记载。根据证候表现，此属放射后直损营阴，虚热内生。证属阴虚火旺，热郁营血迫血外溢所致的血尿，治疗以清营泄热，开郁引邪外达为法。取清营汤原方麦冬易天冬补肝之阴；加凉血止血之小蓟、茅根；木通清心火利小便，平抑营分之热，使邪有外达之机，药证相符，故能收效。

四、头昏失眠

林柳如医案：余某，女，48岁，1993年6月初诊。头昏寐差反复发作3年。曾服谷维素、安定治疗，尚能缓解。但易反复并逐日加重。现症：头昏头痛，心烦急躁，多梦少寐，时时梦语，甚则梦游，胸胁胀满，口干不欲饮，大便干结3天未行，心悸心慌，潮热汗出，舌红苔少，脉细数。证属肝肾阴虚，气郁日久，郁热内迫入营。宜清营透热，理气开郁。效仿清营汤之意：

桑叶、菊花、玄参、麦冬、川楝、白芍各12克，生地18克，竹叶、郁金各10克，瓜蒌壳仁各15克，川芎、香附各9克。

连续用药7剂后，叙少许头昏头痛，大便已行，余症均减轻，继服7剂后，症状消失而停药。

（陕西中医1995；<4>：179）

按语：本案患者属肝肾阴虚，肝之体阴不足用阳偏亢，疏泄不及，木郁化火，郁热内迫营分，心营被扰。故选用香附、川楝、郁金、川芎理气行血开郁治本，用清营汤透热转气，使邪有出路，而气机调畅，郁热得泄，营阴得平而获显效。

五、牛皮癣（银屑病）

王荣强医案：张某某，男，56岁，有银屑病史，近1周内病情突发日趋严重，4天后全身皮肤出现潮红色，大片脱屑，体温达39℃，谵语，昏睡，下肢浮肿，全身出现感染状态，舌质红绛，苔黄糙，脉洪数。根据该患病情较重，纯属红皮证型，由热毒炽盛所引起，即服清营汤加味。

生地黄30克，黄连、双花、连翘各20克，大黄5克，竹叶、丹参、玄参、木通、水牛角粉（冲服）、生甘草各15克，水煎日1剂，早晚服。

3剂药服下后病情立刻缓解，体温降致38℃，意识清楚，皮色渐淡，舌质红，苔黄，脉弦数。继服前方3剂病情基本趋于稳定，体温恢复正常，浮肿消退。皮色淡红，舌质微黄，脉弦细，前方去黄连、水牛角粉，加党参20克、当归15克、麦冬15克，连服3剂，外涂油质软膏配合治疗以巩固疗效。

（中医药学报1996；<6>：42）

按语：本案为邪热由气分转入营分，热伤阴液而致，全身之热邪炽盛，血热相搏，脉络受损，溢于肌肤，灼伤皮肤而出现潮红，皮肤失于濡养，津液涸竭故见大片脱屑，瘙痒，湿热阻于下焦而出现浮肿。方中黄连、双花、连翘均为清全身之热邪，解百毒之药，生地黄、木通、大黄可清下焦之湿热，竹叶清心经之火，玄参、麦冬、丹参为滋阴活血之品，以补阴液耗损，使病人能尽快恢复体质，达到治愈之目的。王氏等用本方治疗银屑病5例，结果都取得满意效果，高热减退，炎症缓解，肤色转淡，病情趋于稳定。

安宫牛黄丸

《温病条辨》

【方药】

牛黄　郁金　犀角　黄连　朱砂　山栀　雄黄　黄芩各一两（各30克）　梅片　麝香各二钱五分（各7.5克）　珍珠五钱（15克）　金箔

【用法】

上为极细末，炼老蜜为丸，每丸一钱（3克），金箔为衣，蜡护。大人病重体实者日再服，甚至日三服；小儿服半丸，不知再服半丸。

紫　雪

《千金翼方》

【方药】

金一斤（300克）　寒水石　石膏　磁石各三斤（各900克）　升麻　玄参　羚羊角屑　青木香　犀角屑　沉香各五两（各150克）　丁香四两（120克）　甘草（炙）八两（240克）

【用法】

以水一石，先煮四种金石药，煮取四斗，去滓，纳后八物，煮取一斗，去滓，纳消石四

新加香薷饮

【方药】

香薷二钱（6克） 银花三钱（9克） 鲜扁豆花三钱（9克） 厚朴三钱（6克） 连翘二钱（6克）

【用法】

水五杯，煮取二杯，先服一杯，得汗，止后服，不汗再服，服尽不汗，再作服。

【原文】

手太阴暑温，（发热恶寒，身重而疼痛，其脉弦细芤迟，小便已，洒洒然毛耸，手足逆冷，小有劳身即热，口开，前板齿燥）但汗不出者，新加香薷饮主之。（《温病条辨·上焦篇·二十四》）

手太阴暑温，服香薷饮微得汗，不可再服香薷饮重伤其表。暑必伤气，最令表虚，虽有余症，知在何经，以法治之。（《温病条辨·上焦篇·二十五》）

【解说】

本方主治暑温初起，复感于寒之证，其临床特点是暑温而“形似伤寒”，“汗不出者”，常见于夏月感冒之病中。由于外感有寒，恶寒无汗，故主。以香薷发汗解表，祛暑化湿。毕竟暑热之气蕴藏于内，方以扁豆花、银花、连翘辛凉芳香以清透之。厚朴本为辛温之品，治暑非宜，本方用之，乃因暑必夹湿，令人中满，用本品合香薷以芳香化湿，下气除满。正如吴鞠通自释云：“温病最忌辛温，暑病不忌者，以暑必夹湿，湿为阴邪，非温不解。”总之，本方配伍特点是辛温与辛凉合用，分使暑气、寒邪外走，即如原书所说：此“辛温复辛凉法”也。用于暑夹寒邪，汗不出者。若纯属暑温为病，发热而汗出者，则非本方所宜。

【运用】

一、暑热

谢兆丰医案：魏某某，女34岁，农民，1978年7月4日就诊。自诉：两天前外出受暑，当晚纳凉感寒，昨日高热畏冷，头痛、胸闷、烦躁不安，口渴欲饮，小便短赤，舌红苔薄黄，脉浮数。查体温39.8℃，X线胸透（－），血检：白细胞$5.2 \times 10^9/L$，中性0.54，淋巴0.46。证属感暑受寒，暑热内伏，复为寒闭所致，治以祛暑解表，清热化湿。用新加香薷饮加味。

处方：香薷10克，厚朴6克，鲜扁豆花30克，银花、连翘各15克，加生石膏40克（先煎）。

服药2剂，身出微汗，体温降至37.9℃，原方又服2剂，热退身凉，诸症悉除。

（四川中医1994；<9>：36）

按语：本例先感暑热复受寒邪，故证见表邪郁闭而头痛，畏冷，暑热内炽而高热，加石膏者，增强清泄暑热之力。

升，朴硝精者四升，于汁中煎取七升，投木器中，朱砂粉三两，麝香粉半两，搅令相得，寒之二日，成于霜雪，紫色。强人服三分匕，服之当利热毒，老小以意增减用之，一剂可十年用之（现代用法：将石膏、寒水石、磁石砸成小块，加水煎煮三次；玄参、木香、沉香、升麻、甘草、丁香用石膏等煎液煮三次，合并煎液、滤过，滤液浓缩成膏，朴硝、硝石粉碎入膏中，搅匀，干燥，粉碎成细粉；犀角、羚羊角、朱砂粉末配研，过筛，混匀而成。口服，一次1.5~3克，一日3次。小儿酌量）。

至宝丹

《太平惠民和剂局方》

【方药】

生乌犀屑（研）　朱砂（研飞）　雄黄（研飞）　生玳瑁屑（研）　琥珀（研）各一两（各30克）　麝香（研）　龙脑（研）各一分（各7.5克）　金箔（半入药，半为衣）银箔（研）各五十片　牛黄（研）半两（15克）　安息香一两半（45克）（为末，以无灰酒搅澄飞过，滤去沙土，约得净数一两，慢火熬成膏）

【用法】

将生犀、玳瑁为细末，入余药研匀，将安息香膏重汤煮，凝。成后，入诸药中和搜成剂，盛不津器中，并旋圆如梧桐子大，用人参汤化下三丸至五丸。小儿每二岁服二丸，人参汤化下（现代用法：犀角、玳瑁、安息香、琥珀分别粉碎成细粉；朱砂、雄黄分别水飞或粉碎成极细粉；将牛黄、麝香、冰片研细，与上述粉末配研，过筛，混匀。加适量炼蜜制成大蜜丸，每丸重3克。口服，每次1丸，一日一次。小儿减量）。

【原文】

太阴温病，不可发汗。发汗而汗不出者，必发斑疹；汗出过多者，必神昏谵语。……神昏谵语者，清宫汤主之。牛黄丸、紫雪丹、局方至宝丹亦主之。（《温病条辨·上焦篇·十六》）

邪入心包，舌蹇肢厥，牛黄丸主之，紫雪丹亦主之。（《温病条辨·上焦篇·十七》）

手厥阴暑温，身热不恶寒，清神不了了，时时谵语者，安宫牛黄丸主之，紫雪丹亦主之。（《温病条辨·上焦篇·三十一》）

阳明温病，斑疹，温痘，温疮，温毒，发黄，神昏谵语者，安宫牛黄丸主之。（《温病条辨·中焦篇·三十六》）

紫雪，主脚气毒遍，内外烦热，口生疮，狂叫走，及解诸石、草、热药毒发，卒然黄等瘴疫毒最良方。（《千金翼方·卷十八·压热第六》）

至宝丹，疗卒中急风不语，中恶气绝，中诸物毒暗风，中热疫毒，阴阳二毒，山岚瘴气毒，蛊毒水毒，产后血晕，口鼻血出，恶血攻心，烦躁气喘，吐逆，难产闷乱，死胎不下。又疗心肺积热，伏热呕吐，邪气攻心，大肠风秘，神魂恍惚，头目昏眩，睡眠不安，唇口干燥，伤寒狂语，并皆疗之。（《太平惠民和剂局方·卷一·治诸风》）

【解说】

安宫牛黄丸、紫雪丹、至宝丹合称“三宝”，是凉开法中的常用代表方剂，三方主治、功用略同。主用于温热病热邪内陷心包，痰热壅闭心窍之高热、神昏、谵语以及小儿惊厥证，在流行性乙型脑炎、流行性脑脊髓膜炎、中毒性菌痢、尿毒症、脑血管意外、中毒性脑炎、肝昏迷等病中均可见到此证。三方从性能分析，各有所长，吴鞠通云："大抵安宫牛黄丸最凉，紫雪次之，至宝又次之。"安宫牛黄长于清热解毒，紫雪长于镇痉，至宝丹长于芳香开窍。临床可辨证使用，亦可交替应用或结合应用。

【运用】

一、高热危证（流行性出血热）

贾印宝医案：24 岁的男性患者，因高热及其他症象被确认为流行性出血热，由于体温在确认 6 小时后渐次升至 41.5℃及其他因素被认定为危重型。当即采取头孢菌素 V 与液体糖、钾、钠静滴，次又给予丹参注射液，Vc 等配以能量静滴输入，体温未能得到控制，持续上升至临界温度，临床症象危险。鉴于以上药物无效，遂投以安宫牛黄丸 2 粒（每粒 3 克）并密切观察病情，3 小时后体温得到控制并开始下降，2 小时后又服一粒，体温在次日上午恢复正常脱离险境。继续配合输液服用安宫牛黄丸每日 2 次，每次 1 粒。2 天后改用牛黄清心丸和清瘟银翘汤，自此，患者体温一直正常，不仅未出现回升，且原预测病程中各期症状均未明显出现。为慎重起见，又经当地防疫部门确认诊断无误，观察二周，渐臻痊愈。至此，这一危重的出血热患者竟恢复了健康，尔后随访观察亦无不良感觉。

（中成药 1993；<6>：44）

按语：流行性出血热目前尚无特效药物，一般均采用对症治疗。安宫牛黄丸具有清热解毒、豁痰开窍之功，此例患者获得迅速好转并痊愈，应该认为安宫牛黄丸起了关键作用，对于降控高烧的疗效是不容置疑的；至于从出血热发热期跨越低血压休克期、少尿期、多尿期至全部康复，安宫牛黄丸在整个病程治疗中，其临床机制则有待进一步研究。

二、小儿高热惊厥

罗秀娟医案：王某，女，3 岁 8 个月。春三月，初日仅喷嚏流涕，微有温热，望能自愈而未治。次日即高热 39.7℃，肌肤灼热无汗，烦躁哭吵，便结溺黄。查血常规白细胞 12×10^9/升，中性 64%，淋巴 36%。应用抗生素和物理降温对症处理不效，入夜体温 40℃，时有抽搐惊厥，烦躁谵言，如见鬼神，面色潮红，鼻息气粗，口渴引饮，唇舌焦红，四末欠温。时已卫邪传入气分，有热极风动之势，急须泄热熄风。以紫雪丹 1/2 瓶温开水灌服，两小时后惊厥平息，续服 1/2 瓶，黎明体温渐降。再以生石膏 30 克（先煎），玄参 12 克，银花 15 克，竹叶 6 克煎汤服善后，再次日午后鼻衄少许，大便通，小便清，神清气爽，体温正常告愈。

（陕西中医 1999；<9>：420）

按语：小儿纯阳之体，表卫不固，感受外邪，最易热化，传变最速，热极风动，引发惊厥实为常见，临证急用紫雪丹清热解毒，熄风镇痉确为恰到好处。其症四末欠温为"热厥"之证，"鼻衄"为"红汗"而出，热随"汗"泄，不必惊慌。

三、肝风内动

潘澄濂医案：杨某某，男，38 岁，1971 年 7 月 6 日入浙医一院。入院后经腰穿、血象等检查，原因未明。身热达 40℃，午后突陷昏迷，头汗如淋，四肢瘛疭，呼吸喘促，两目对光反射迟钝，瞳孔散大，角膜呈混浊，舌苔黄燥，质淡红，脉象细数。暑热夹秽之邪，蒙闭心包，肺失清肃，肝风煽动，急拟清暑宣肺，开窍熄风。鲜竹沥 60 克，石菖蒲、六一散各9克，郁金、川贝、麦冬各6克，扁豆花12克，远志4.5克，鲜芦根30克，银花18克，人参至宝丹一颗。上药浓煎，分2次鼻饲。同时应用抗菌素，脱水剂等西药，治疗3天后，至宝丹改为每次2颗，汤剂依上方加减，至第6天始神识转清，身热减轻，后因肺部感染霉菌，身热又升，自动转上海治疗。

（浙江中医药1979；<7>：260）

按语：凡昏迷、痉厥的患者，大都吞咽不灵，经口给药，确有一定困难。潘老当时设想，可选择麝香、冰片以及牛黄、朱砂等主要药味，制成注射剂，便于给药，临床应用，可能会提高疗效。目前，此类注射剂已制成，如清开灵注射液、醒脑静注射液等，已广泛用于临床，为中医治疗急病做出了伟大的贡献。

四、肝风欲动（急性病毒性脑炎）

陈天祥医案：马某某，男，11岁，学生，1986年1月8日8时40分初诊。患儿在操场做广播操过程中突然跌倒，不省人事，由师生送来急诊室。当时无抽搐、无口吐涎沫或口中发声。检体：神志不清，面色苍白带灰，颈部有抵抗。体温35.7℃，P124次/分，R32次/分。瞳孔不等大，右>左，对光返射迟钝，浅反射消失，布氏征（+），布氏征（+）。心脏无殊。舌质淡红，苔白腻，脉细弱。当时考虑有脑疝情况，立即给氧，并静脉注射甘露醇100ml，鼻饲安宫牛黄丸一粒，至9时15分左右，病情仍无好转，出现四肢轻度抽搐，又予鼻饲安宫牛黄丸一粒，继续观察。见患儿不再抽搐，面色逐渐好转。9时50分左右，患儿神志逐渐转清，又经脑脊液常规检查，诊断为急性病毒性脑炎。后又经住院观察，患儿神志清晰，无抽搐，无四肢偏瘫，诸症痊愈出院。随诊二年，患儿智力发育正常。

（浙江中医学院学报1989；<1>：19）

按语：以“惊”、“厥”为主证的脑系疾患，是目前儿科临床上的常见危急重症。来势急、病情重、变化快，若不及时抢救，可留下后遗症，重则危及生命。本例患儿肝风内动，所幸治疗及时，热彻风熄，未留后患，于此可见安宫牛黄丸对实热性脑炎有很好疗效。

五、急黄（肝性脑病）

潘澄濂医案：潘某某，女，22岁，农民，1970年5月间初诊。面目遍身发黄，神昏狂乱，身热37.7℃，纳呆呕恶，大小便失禁，舌苔黄燥，脉象滑数。肝功：麝浊10，谷丙转氨酶500，黄疸指数50；湿热炽盛，热蒙心包，肝胆郁结，胃失和降，拟茵陈蒿汤加安宫牛黄丸：

茵陈、过路黄、荷包草、白茅根各30克，生锦纹、枳壳各9克，黄柏、黑山栀各12克，安宫牛黄丸2颗。

服上方2剂后，神识转清，去安宫牛黄丸，改万氏牛黄清心丸，黄疸逐渐消退，调治月余而出院。

（浙江中医药1979；<7>：260）

按语：本案黄疸之湿热突陷心包，而致神昏高热，故以茵陈蒿汤加味以利其湿热治本，急用安宫牛黄丸清心开窍以治标，标本兼顾，终使病人转危为安。

六、暑痉（钩端螺旋体病脑膜炎型）

罗秀娟医案：蒙某，男，23岁，住院号277682。春夏暴雨洪水之后2天下河洗澡，当晚发热头痛，项强不灵，肢酸疼痛，自服感冒药不效。清晨高热40.3℃，头痛如裂，昏睡烦躁，呕吐数次，急诊入院。查体：面色潮红，急性热病容，双眼结膜充血，颈有抵抗，双侧腓肠肌压痛（++），克氏征、巴氏征阳性，青霉素赫氏反应阳性。脑脊液常规：无色透明，糖52毫克%，细胞计数32个；血清暗视野显微镜见钩端螺旋体6条/滴。抢救抗菌、镇静、激素、脱水、冰敷等多项措施进行，3小时后体温下降至39.7℃，病情尚在危重，邀中医会诊：壮热面赤，烦躁气粗，昏糊谵语，时有抽搐，项强，烦渴大汗，口臭喷热，喷射状呕吐，吐物热臭异常，大便三日不解，小便黄短，舌红、苔黄粗燥，脉洪数。中医诊断：暑痉，为气营两燔危重证。治以清热凉营，解毒熄风，通下泄热，白虎汤急煎得药液150ml，加入紫雪丹1瓶调匀鼻饲，每4小时1次。12小时后，神识渐清，痉厥渐平，呕吐息止，稀便下奇臭，体温下降至37.8℃。如法医治，1周体温正常，18天出院，无后遗症。

（陕西中医 1999；<9>：421）

按语：钩端螺旋体病是一种自然疫源性急性传染病，来热急骤，常有邪陷心营，气营两燔，热煽风动险症发生，非一般清热解毒药物能奏效，只有紫雪丹力卓专著，清热解毒，熄风解痉，通腑泄热方能釜底抽薪。同时以白虎汤清阳明气分壮热，加强“入营犹可透热邪气”的作用，达到气营两清的效果。

七、㖞僻偏废（特发性偏瘫）

陈天祥医案：李某某，女，2岁，1987年8月28日初诊。患儿在家中玩耍时突然跌倒，不省人事，由家长送入本院急诊室。检体：神志不清，颈部轻度抵抗，双瞳等大约0.2cm，对光反射存在。体温正常，心肺无殊。病理反射未引出。右侧鼻唇沟变浅，嘴角向左侧轻度歪斜，右侧肢体偏瘫，上肢肌力1°，下肢肌力0°。左侧正常。舌质淡红，苔根腻，指纹淡紫。西医疑诊为外伤性颅内出血。先予吸氧、50%葡萄糖40ml对症处理，并作观察。中药用安宫牛黄丸鼻饲治疗，每天一粒，分三次服完。患儿在二小时后神志逐渐清晰，能讲话，但仍遗留右侧偏瘫，口眼歪斜。为明确诊断，次日送患儿至浙医大儿童保健院作CT检查，提示：脑部未见占位性病变。该院诊断为：特发性偏瘫，未作特殊治疗。仍服安宫牛黄丸，剂量同上。三天后右侧上下肢逐渐恢复功能活动，口眼歪斜消失。一年后追访，患儿智力发育及四肢活动均正常。

（浙江中医学院学报 1989；(1)：19）

按语：本案热象不明显，但有神昏、偏瘫之症，用安宫牛黄丸开窍醒神，豁痰清心，则脑部气血亦随之畅利，使偏瘫痊愈。临床实践证明，安宫牛黄丸用于“火中”之偏瘫疗效肯定。

八、窒息

陈天祥医案：诸某某，男，3岁，1986年8月18日11时40分初诊。患儿独自游戏时，从楼梯上坠下，不慎被衣带缠住颈部，致缺氧窒息。待家长发现其衣带缠颈、神识不清，即划船将其送来。途中，患儿神志不清，并双目凝视，四肢抽搐一次。

检体：面色苍白带灰，口唇紫绀，四肢时作抽动，昏迷不醒，颈项有抵抗，双瞳孔不等大，右>左，对光反射迟钝，浅反射消失，病理反射未引出。心音低钝，两肺呼吸音清晰，体温正常。舌质淡红，苔薄白，指纹紫滞。治疗除给予常规吸氧、高渗葡萄糖、ATP、静注20%甘露醇50ml（共用两次）外，鼻饲安宫牛黄丸1/3粒，共三小时分三次服完。患儿于午后三时左右开始啼哭，未抽搐，面色转红润。又经住院观察，诸症恢复告愈。一年半后随访，其智力及体格发育均属正常。

（浙江中医学院学报 1989；<1>：20）

按语：陈氏等报道，自1985年以来，探索了应用安宫牛黄丸救治小儿脑系疾患，取得了良效。据有急诊记录的材料统计，自1985～1987年三年中，所抢救的脑系疾病患儿三十余人次，病种包括急性感染性发热性疾病，如急性肺炎、急性扁桃体炎、中毒性菌痢等引起的高热惊厥，和无热惊厥，如脑损伤后遗症、脑炎、低血糖、窒息休克、癫痫发作，特发性偏瘫等。治疗除危重病证配合西药常规处理（包括吸氧、高渗葡萄糖、ATP、辅酶A、抗菌素、退热剂）外，全部病例均采用杭州胡庆余堂生产（批号：850609－04）的安宫牛黄丸鼻饲或口服治疗。抢救全部成功，经追访，均无后遗症。

九、崩漏高热（再生障碍性贫血继发感染）

罗秀娟医案：伍某，女，11岁，住院号272563。月事初潮如崩，20余日不净，倦容浮肿，面唇苍白，极度虚弱入院。查血常规见三少，网织红细胞缺如。骨髓片报告：有核细胞稀少，见大量淋巴细胞、网状细胞和浆细胞，骨髓增生欠佳，符合再生障碍性贫血诊断。经多次少量输血及激素的应用，症状有改善，家属护理也因之疏忽，给患儿洗头洗澡，不慎受凉，喷嚏鼻塞流涕，咳嗽阵发，一般感冒药无效。次日体温骤升至39.8℃，咳嗽气急紫绀，两肺布满干湿性罗音；阴道流血如崩，瘀块甚多，四肢斑疹隐隐，口齿牙龈渗血，气息灼热，目赤唇肿，口渴但不甚饮，烦躁神昏，时说胡话，舌质红绛、苔剥而黄燥，脉促，其证甚危。在西医抗感染，护肝，护肾，镇静，激素和给氧抢救的同时，积极投入中药救治。纵观诸症，已是热陷营血，血热妄行，动风耗血，有败血之征。急以清热解毒，清营凉血散瘀为治。

取紫雪丹2瓶，安宫牛黄丸1只，再取生石膏100克（先煎），连翘、知母、丹皮、紫草各10克，玄参、赤芍各15克，麦冬8克浓煎取汁150ml送鼻服饲上两药，每6小时重复1次。

20天后体温下降至37.8℃，两肺罗音渐收，5天后诸症缓解，斑疹渐淡，神识清楚，度过了感染关。

（陕西中医1999；<9>：421）

按语：本例患儿双亲为近亲结婚，新病与免疫机制有关，再障合并感染，预后凶险。毒邪长驱直入，直捣营血，动血耗血，须清营凉血重剂力挽狂澜，确非紫雪丹与安宫牛黄丸不能直折病势。

增液汤、增液承气汤

《温病条辨》

【方药】

元参一两（30克）　麦冬（连心）八钱（24克）　细生地八钱（24克）

【用法】

水八杯，煮取三杯，口干则与饮令尽；不便，再作服（现代用法：水煎服）。

【方药】

上方加大黄三钱（9克）　芒硝一钱五分（4.5克）

【用法】

水八杯，煮取三杯，先服一杯，不知再服（现代用法：水煎服）。

【原文】

阳明温病，无上焦证，数日不大便，当下之，若其人阴素虚，不可行承气者，增液汤主之。服增液汤已，周十二时观之，若大便不下者，合调胃承气汤微和之。（《温病条辨·中焦篇·十一》）

下后数日，热不退，或退不尽，口燥咽干，舌苔干黑，或金黄色，脉沉而有力者，护胃承气汤微和之；脉沉而弱者，增液汤主之。（《温病条辨·中焦篇·十五》）

阳明温病，下后二三日，下证复现，脉下甚沉，或沉而无力，止可与增液，不可与承气。（《温病条辨·中焦篇·十六》）

阳明温病，下之不通。…… 津液不足，无水舟停者，间服增液，再不下者，增液承气汤主之。（《温病条辨·中焦篇·十七》）

【解说】

本方为温热病中津液不足，肠燥便秘证而设。大凡温病便秘之成因，不越热结与液亏两途。若为阳明腑实热结之实证，当以承气汤类方荡涤肠胃，峻下热结，以急下存阴；若为阴液枯涸，肠燥便秘，即所谓“液干多而热结少”，“水不足以行舟，而结粪不下者”，因其虚实兼夹，倘用承气径攻，恐其液虚不支，必生“虚虚”之乱，此时需滋阴润燥，“增水行舟”，用增液汤治之较为合拍。本方以玄参咸寒润下为君，伍以麦冬之甘寒滋润，生地之滋阴壮水。虽无泻下之力，但三者均属质润多汁之品，籍其滋阴润燥之用，而行间接通便之效，吴鞠通所谓“寓泻于补，以补药之体，作泻药之用”也，后世将之作为“增水行舟”的代表方剂，因此，使用本方时，剂量宜大，非重用不为功。如服本方仍未得便通之效，乃肠燥太甚之故，宜加大黄与芒硝（增液承气汤）。本方不唯治大便不通，临床上凡属津亏液竭所起之证，皆可酌情用之。

【运用】

一、温病伤阴重证

刘渡舟医案：闫某，男，12 岁。患温热病，日久失治，温热之邪下伤肝肾之阴。证见：午后潮热如焚，睡则呓语呢喃，面色枯白，身体羸瘦，饮食不进，哭而无泪。病已至此，其父母认为无望，束手待毙。其亲戚有周君者，与先生为友，力请诊治。切其脉来细数而任按，舌红形如石榴花。视其两目之神不败，口虽干而齿不枯。童子元阴未漓，病虽危而犹可活。为疏：

生地 30 克，玄参 18 克，麦冬 18 克，生甘草 6 克，丹皮 6 克，广犀角 6 克，竹叶 6 克。

嘱药煎两次，分四次服之，每四小时服一次。服 1 剂后，竟酣然熟睡而呓语停止，午后潮热有所减轻。又服 2 剂，则鼻有涕，眼有泪，此乃津液复生，阳热之邪渐退之兆。于上方中再加玉竹 14 克，龟板 24 克，阿胶 10 克（烊化）。又服 3 剂，大见好转，身热已退欲食米粥，大便由秘变易。

治疗仍主甘寒滋阴增液之法，而坚持不懈，计用生地至六斤，玄参、麦冬至四斤以上，治疗约有一月，其病方愈。周身皮屑脱落盈掬，顶发已秃，家人扶之下床，两腿振振欲擗地，站地不稳。温病伤阴之证，临床虽不鲜见，如此例之重者，则确属罕见。

（《刘渡舟临证验案精选》1996：15）

按语：温热邪气，失治误治，每易传至下焦，劫伤肝肾之阴。患儿身体羸瘦，面色枯白，哭而无泪，反映了伤阴耗液之重，正气虽伤，但温热之邪反盛，午后潮热如梦，呓语，舌绛，脉数，一派热入营阴之象昭然若揭。所幸患儿目尚有神，齿尚不枯，脉尚任按，病虽危而阴气未致竭尽，尚有一线可生之机。审时度势，当务之急，必须以大剂甘寒咸润之品救其欲竭之元阴，佐以清营凉血之品，以制温热之肆虐。方用加味增液汤，制大其剂，壮水增液。生地补而不腻，壮水制火；玄参苦咸微寒，能启肾水上潮于天；麦冬能补心阴，润肺胃，通脉络。化生甘霖雨露，则苗勃然兴之矣。三药合用，甘寒增液，咸寒滋阴，壮水之主，以制阳光，另加竹叶、生甘草、丹皮、犀角清营凉血，败毒以解温热。取少量频服之法，以使药力相续，津液渐生也。

二、便秘

吕金山医案：余某，女，82 岁，于 1992 年 4 月 3 日诊。便秘 4 年余，大便 5 ~6 天一行，排便困难，便时长达 1 小时，大便干结如羊粪；量少，并伴肛门疼痛，有时带少量鲜血。有时伴腹胀纳差，头痛头昏，入睡困难，或手足心发热，口干，夜间起床饮水。舌质淡红，苔薄黄，脉细数。

麦冬、生地各 20 克，玄参 16 克，生首乌 15 克，射干 9 克。每日 1 剂，加水 500ml，煎至 240ml，分早、中、晚三次服完，饭后服用。

7 天后，其女儿来诉，患者便秘、手足心发热好转。仍以上方加天冬 25 克，白芍 15 克。连服 7 天后，大便 1 日 ~2 日一行，饮食睡眠改善，足心发热等症消失。随访 14 月，一直尚好。

（湖北中医杂志 1994；<3>：25）

按语：吕氏用本方加味治疗便秘 88 例，结果经治疗 7 天后便秘缓解者 35 例，治疗 14 天后便秘改善者 20 例，服药 3 周后便秘好转者 30 例，治疗 35 天后便秘改善者 1 例，治疗无明显效果者 2 例。其加味：有痔疮、肛裂带血者加仙鹤草、旱莲草各 15 克；有脱肛者加升麻 6 克，白术、炙甘草各 15 克。

三、口疮（复发性口腔溃疡）

刘振湖医案：郭某某，女，50 岁，农民，1988 年 4 月 16 日就诊。患口疮，时愈时发数年，多方求治，仍不能根治。此次发作 5 天，服中西药效不显。诊见舌边及舌底部散在数个溃疡点，自述疼痛剧烈，胃纳不佳，口渴欲饮，素有便干之苦。舌红绛、苔花剥，脉细数。四诊合参，诊为口疮，证属胃燥津亏，浊热上蒸。治以滋阴润燥、泻下降浊，方用增液承气汤加味。

处方：细生地 15 克，玄参 20 克，麦冬 15 克，大黄（后下）、甘草各 10 克，芒硝（冲）、竹叶各 6 克。

服 2 剂后，便下燥屎数枚，减芒硝加郁李仁 12 克，又服 3 剂，大便调而口疮愈，后以麻子仁丸改汤善后，随访 4 年余未复发。

（新中医 1994；<2>：56）

按语：足阳明胃经循行于口，足太阴脾经连舌本散舌下，脾胃互为表里，升清降浊。素体阴亏，无水行舟，阳明燥结，浊气不降，循经上逆而发口疮，治用增液承气汤，增水行舟，使便通浊降则口疮自愈。

四、乳蛾

郭昌照医案：肖某某，男，5 岁。发热，咽喉肿痛四天，曾用解热消炎类西药未效，转余诊见：壮热微恶风寒，体温39.6℃，咽喉疼痛，双侧乳蛾赤肿较著，唇干口灼，口渴思饮，大便干结，小便短黄，舌干红，苔薄黄，脉浮数。血象：白细胞13600/mm^3，中性60%，淋巴38%，单核2%，辨为表热内陷，阴液已伤，治宜养阴清热，解毒利咽为主，佐以疏风宣透。

处方：玄参10克，麦冬6克，生地8克，银花8克，连翘8克，桔梗6克，甘草5克。

服3剂后，体温37.8℃，纳食少许，双侧乳蛾赤肿有减，小便清长，大便不结，继服3剂，诸症悉除。复查血象：白细胞8300/ml^3，中性54%，淋巴44%，单核2%，病乃告愈。

（江西中医药1988；<4>：28）

按语：咽喉由肺胃所主，温热不去，伤及肺胃之阴，蕴毒于咽喉，发生乳蛾。用增液汤以滋肺胃之阴，并以解毒，加银花、连翘、桔梗、甘草，以增解毒利咽之功。

五、梅核气（慢性咽炎）

于建军医案：冯某，男，49岁，1994年7月12日诊。咽部痒痛，异物感2年余。口干咽燥，大便不干。其咽部稍红，咽后壁淋巴滤泡增生，舌淡苔薄白，脉细，恙由肺胃阴亏，津不上承，热结咽喉而致。

处方：玄参30克，生地15克，麦冬30克，桔梗9克，蝉蜕6克，生甘草6克。

6剂后，咽痛及异物感减轻，继服9剂，诸恙告瘥。又以补中益气丸善后，病未再发。

（山东中医杂志1995；<10>：445）

按语：肺胃之脉皆循于咽。肺胃阴亏，津不上承，日久化热，结于咽喉而生本证。增液汤生津润燥，滋养肺胃；蝉蜕甘寒清热，轻浮宣散，合桔梗以解热利咽。奏效后改用补中益气丸，乃补土生金之意。

六、粉刺（痤疮）

于建军医案：张某，男，36岁，1993年9月21日诊。口周散在性痤疮2年余，以下颏部为甚。每因饮酒或进食辛辣食物而加重。长期服用牛黄解毒片、黄连上清丸及抗生素等药物，效不明显。病灶呈暗红色丘疱疹，有脓头，伴口渴唇燥，大便不干，舌淡苔薄白而燥，脉沉细。证属脾胃津亏，热蕴血滞。治宜补阴降火，凉血行血。

拟方：玄参30克，生地30克，麦冬15克，赤芍9克，牛膝12克，生石膏12克。

服3剂，脓头消失，痤疮明显减少，口渴瘥。继进3剂，痤疮基本消失，仅局部有暗红色色素沉着。上方去石膏，加当归9克，服3剂后诸症消失。遂服补中益气丸善后。

（山东中医杂志1995；<10>：444）

按语：脾胃同居中焦，为气血津液化生之源，主肌肉，开窍于口。患者脾胃素虚，过食辛辣，津亏血燥，热蕴血滞，发为痤疮。误用黄连、牛黄等苦寒之品，伤阴败胃，病久不愈。方中重用玄参、麦冬、生地滋阴降火；伍赤芍、牛膝凉血活血、导热下行；使以辛寒之石膏，清热生津。6剂后津复热却，血滞尚存，故仅留色素沉着。去石膏加当归，助其行血之功，诸症悉除。用补中益气丸善后，一防诸药苦寒伤脾，二使中焦气旺，化源充足，病不复发。

七、夏季热

郭昌照医案：罗某某，男，3岁。壮热不已近月，午后热势尤甚，体温在38.5～39.5℃之间，伴烦躁不安，口唇干燥，渴欲饮水，日30余次，大便干结，小便清长，日20余次，形体消瘦，无汗，肌肤灼热，舌红，苔薄黄，脉细数。此系暑热为患，肺胃受蒸，气阴两伤之证。拟以泻热养阴，益气生津为法。

处方：玄参10克，麦冬6克，生地10克，白参4克，生石膏20克（先煎），知母8

克，粳米6克，甘草5克。

服3剂后，热退至38C以下，烦渴大减，小便次数减至日10余次。继进养阴清热，清补兼施之剂，以图缓缓收功。处方：玄参10克，麦冬6克，生地8克，北沙参10克，知母6克，石斛6克，淡竹叶5克，甘草5克。服4剂而病渐愈。

（江西中医药1988；<4>：28）

按语：小儿脏腑娇嫩，形气未充，阴常不足，阳常有余，故临床阴津不足发热证屡见，以增液汤治体虚之温病发热或误伤津液不大便之半虚半实证，正为合拍，故取良效。

八、胃脘痛

刘振湖医案：刘某某，男，37岁，农民，1990年8月25日就诊。患者近2个月来，因事务繁忙，饮食失调，而致胃脘部胀满疼痛，有灼热感，不思饮食，大便干燥，坚硬难排。诊见胃脘部胀满，大便已3日未行，舌红、少苔，脉细数。证属津亏肠燥，腑气不通，治以增液润燥，通腑泻浊，方选增液承气汤加味。

处方：大黄（后下）、玄参各15克，生地20克，芒硝（冲）8克，佛手、枳实、白芍各10克，火麻仁12克，甘草6克。

服3剂后，便通痛止，再以沙参麦冬汤加减善后而愈。

（新中医1994；<2>：57）

按语：本例胃脘痛为津亏肠燥，腑气不通，浊气上逆，气机不畅所致。故用增液承气汤以养阴通腑降浊，佐以佛手、枳实理气而不伤阴，火麻仁、白芍等增润肠止痛之功，药证合拍，故收效甚捷。

九、重症鼻衄

陈超医案：郭某，男，32岁。因右鼻出血一天，于1986年8月10日入院，住院号：45084。连日来工作繁忙，鼻干咽燥，今日起便觉头昏沉，右鼻出血约200毫升。在某市级医院行右鼻腔填塞，肌注止血敏0.5克后血止。中午饭后又出血约300毫升，又重行鼻腔填塞，肌注止血敏0.5克，但仍有少许渗血。晚饭后前鼻孔渗血增多，急送本院住院治疗。入院后即静脉补液加止血敏2克，洁霉素1.2克，并配常用清热、凉血、止血中药5剂内服。入院后第一天，鼻内少许渗血。第二、三天又四次大出血，每次约100～150毫升，故重行前后鼻孔填塞。第四日输血300毫升，鼻内少许渗血，体温38℃。第五日体温上升至39.5℃，前鼻孔仍渗血，病人烦躁不安，已三日无大便，头昏、头痛，口干渴，厌食，恶热喜冷。诊见：唇红，舌干，苔黄，脉细实有力。辨证为肺胃热盛，肺阴被耗，胃热熏蒸，阴虚热炽，迫血妄行。

生地30克，麦冬、玄参、枳实、厚朴各15克，大黄10克，芒硝25克，丹皮20克。

3剂。第六日体温降至37.5℃，鼻腔未再渗血，纳增便通。第七日体温正常，神爽。第八日抽去前后鼻孔纱条，无渗血。第十日痊愈出院。随访一年，未复发。

（四川中医1988；<6>：47）

按语：鼻衄系肺胃热盛，迫血妄行；或肝脾阴虚，虚火上炎，灼伤脉络所致。治宜清热、泻火，增液补阴，凉血止血。本方大黄苦寒泻下，芒硝咸寒软坚润燥，枳实、厚朴行气破结除满，有助大黄、芒硝泻下之功；生地、玄参、麦冬清热增液，润燥滋阴，加丹皮清热凉血，活血化瘀。诸药相伍，共奏峻下热结、增液补阴、凉血止血之功，故疗效卓著。

十、眩晕

刘振湖医案：张某某，男，62岁，农民，1991年3月7日就诊。患者平素大便干结，5

天前，突感头晕目眩，头痛牙疼，口干且臭，大便5日未行，腹满而胀，舌红、少苔、脉细数。辨证为阳明燥结，腑气不降，浊气上逆，治以滋阴润燥，通腑泻浊，方选增液承气汤加味。

处方：生地、玄参各20克，大黄（后下）12克，厚朴、芒硝（冲）各10克，甘草6克。

服2剂后，便下黑褐色粪团数枚，诸症悉除，上方减芒硝，又服2剂，大便正常，嘱注意饮食调理，随访1年未再复发。

（新中医1994；<2>：56）

按语：胃与大肠相表里，胃经又循行头面，阴液亏虚，胃肠燥结，秽浊之气上逆清窍，致眩晕发作。故投以增液承气汤，滋阴润燥，通腑降浊，浊降清升则眩晕自愈。

十一、头面痛

刘渡舟医案：孙某某，女，67岁。右侧面颊掣及颞颥作痛，难以忍受，哭叫之声闻于四邻。痛甚则以手掴其颊，然亦无济于事。因掣及牙齿作痛，患者牙齿几乎拔尽。血压190/120mmHg，问其大便，则称干燥难下，小便黄赤而短。切其脉两寸弦，关部滑大。刘老辨为胃燥伤津，肝胆郁火上犯经络所致。治以清泻胃燥，佐以养阴平肝之法。

玄参30克，生地15克，麦冬30克，大黄6克，玄明粉6克（后下），丹皮10克，白芍12克，炙甘草6克。

服汤2剂，泻下黑色干粪球数块，面颊之疼能见缓，夜间已能睡卧。处方减去玄明粉，另加羚羊角粉1克（冲服），石决明30克，夏枯草16克，以加重平肝潜阳之力。

服至6剂，则疼痛全止，亦未再发，测血压160/90mmHg，诸症随之而愈。

（《刘渡舟临证验案精选》1996：136）

按语：本案辨证主要抓住了两点：一是大便干燥难解，舌红无苔，反映出阳明火热之邪凝结胃肠，燥热伤阴之象；二是脉来寸弦关滑，反映出肝胆有郁火夹杂其间。阳明经脉起于面、齿，肝胆经脉行于头面之两侧，故证见面颊连齿及颞颥烦痛。所用治法，非攻下则燥热不去，不用“增液”则胃阴不复，不佐以平肝潜阳则经中之邪不下。方以“增液承气汤”泄热通便，大滋胃阴，使燥热泻下，有外出之路。加丹皮、白芍、羚羊角、石决明、夏枯草，在于清泄肝胆二经火热，并有养阴柔肝潜阳之功。此力泻燥热而不伤阴，滋水而不恋邪，为彻下承上、胆胃并调之法。

十二、血精（精囊炎、前列腺炎）

颜永潮医案：徐某某，男，49岁，1991年6月5日初诊。患者反复血精3个月余，加重半个月。经多方治疗无效。诉述昨天同房后精液呈血性，血色鲜红，并夹有血块，伴腰酸、乏力、头晕、五心烦热、口渴、便秘，无尿频、尿急、尿痛感及尿血史。检查：形瘦，面色潮红，查前列腺液：红细胞10～12个/高倍镜，白细胞3～4个/高倍镜。卵磷脂小体（++）；精液常规：红细胞15～20个/高倍镜，精子数目、活力均正常。腹部平片肾静脉造影及膀胱镜检查示后尿道充血，其余均示正常。舌质红、苔薄黄，脉弦细数。西医诊断：精囊炎，前列腺炎。中医辨证：阴虚火旺，虚阳迫血走下窍，治拟滋阴降火，泻热通便，宁络散瘀止血。

处方：生地15克，麦冬12克，玄参12克，生川军10克，玄明粉15克，知母10克，川柏10克，怀山药20克，地榆炭10克，田七粉4克（分吞）。

5剂后血精好转，量少，已无血块，大便通畅，头晕、乏力、口干改善，舌质红，苔薄，脉弦细。原方去生军、玄明粉，加紫草，再服7剂，患者血精消失，它症亦愈。复查：前列腺液及精液化验检查，腹部平片肾静脉造影膀胱镜检查均示正常。嘱再服知柏地黄丸合归脾丸1个月以巩固疗效，随访未见复发。

（中医杂志 1995；<1>：8）

按语：脉证所现，为阴虚火旺，燥热内结，灼伤阴络，故以增液承气汤加知、柏、地榆等，以滋阴降火，通便宁络，方证相对，获效肯切。

十三、闭经

那素梅医案：杨某，22岁，工人，1990年4月9日初诊。3年前患肠炎住院治疗，此后停经至今已3年。2年前曾口服乙烯雌酚、肌注黄体酮、人工周期治疗，月经曾来潮2次。之后改服中药治疗，再无经潮。现自觉脱发颇多，白带量少，饮食、二便正常。月经史：16岁$\frac{4}{30}$天，未婚，发育良好，面色红润，舌淡红、苔薄白，脉沉缓无力。肛查：外阴发育良好，宫颈触之光滑，子宫较小，前位着硬，双附件未触及。四诊合参，证属阴亏血少而至经闭。治以补阴液，填精血。以增液汤加味。

处方：玄参、麦冬、生地黄各20克，枸杞子、山药、熟地黄、白芍、茺蔚子各25克，当归、黄精各15克，甘草10克。水煎服，每日1剂。服3剂后于4月12日月经来潮，持续4天止。连服上方10剂月经按期来潮。

（新中医 1998；<3>：34）

按语：此型闭经，临床易误为血虚、血瘀所致，运用补血活血法治之，则往往难于取效，医者抓住该患者闭经前患肠炎腹泻，耗伤津液，阴精亏损，使血海不足而经闭。故用增液汤补充阴液，加小营煎和黄精、茺蔚子补血填精，使精充血足液盛，经血自然源源而来，如期而至。

十四、胎漏（习惯性流产）

祖泽民医案：蔡某，31岁，1980年1月2日诊。结婚8年，先后5次妊娠，但均在孕2~3个月流产，曾多次住院卧床休息、肌注黄体酮及服中药保胎治疗无效。现停经70余天，胸满腹痛，一周未解大便，今日清晨阴道流血，量不多。患者自觉胎儿难保，悲痛不已而来就诊。诊得：孕妇体质清瘦，谈吐时，口中秽气薰人，少腹胀满痞坚，可触及大小如枣状之硬结物，舌质红体瘦、苔老黄起芒刺，脉弦数。

遂拟下方：生大黄10克，醋炒大黄炭12克，玄参15克，麦冬15克，黄芩炭10克，生地黄30克，芒硝3克（冲服），1剂。水煎一服，自觉腹中雷鸣，阴道出血减少。二服大便即通，便下燥屎数十枚，色黑坚如算盘珠，出血停止，腹满消失。三服大便微稀，诸症若失。续拟当归15克，生地黄30克，川芎3克，白芍20克，条芩15克，续断10克，桑寄生10克，菟丝子15克，麦冬12克。5剂，以调理善后。同年8月初顺产一女婴。

（湖南中医学院学报 1991；<2>：24）

按语：本例患者具备阳明病的“痞、满、燥、实”四大症，燥屎蕴结，热扰胞宫，每用补肾养血安胎之法无效，非邪去不能安正，故取用增液承气汤荡涤燥屎，祛除邪热，增液生津，邪去则正安。《素问·六元正纪大论》：“妇人重身，毒之何如？岐伯曰：有故无殒，亦无殒也。”真是至理名言。

十五、产后缺乳

那素梅医案：王某，27岁，教师，1985年2月1日初诊。1984年12月剖宫产，产后

42天，乳汁少而清稀，婴儿每日靠人工喂养牛乳。自觉神疲乏力，心悸气短，语音低微，大便干燥，舌红、苔白，脉沉细无力。四诊合参，证属阴虚，气血津液不足所致，治以增阴液，补气血，下乳。方选增液汤加味。

处方：玄参、生地黄、麦冬各20克，当归、路路通、王不留行各15克，黄芪30克。水煎服，每日1剂。并嘱多饮肉汤。

3剂后乳汁增多，6剂后乳汁充足，自觉症状好转，继服3剂调理善后。

（新中医1998；<3>：34）

按语：患者由于剖宫产分娩，产时出血过多气血亏虚，耗伤阴液，上不能生乳，下不能润肠，因而缺乳、便秘。用增液汤补阴液，伍当归补血汤补气血；路路通、王不留行通经活络，使乳汁化源充盛，畅行无阻而获效。

青蒿鳖甲汤

《温病条辨》

【方药】

青蒿二钱（6克）　鳖甲五钱（15克）　细生地四钱（12克）　知母二钱（6克）　丹皮三钱（9克）

【用法】

上药以水五杯，煮取二杯，日再服。

【原文】

夜热早凉，热退无汗，热自阴来者，青蒿鳖甲汤主之。（《温病条辨·下焦篇·十二》）

【解说】

本方为温病后期，阴虚邪伏而设。本证以夜热早凉，热退无汗，舌红少苔，脉来细数为临床特征。邪热伏于阴分，非清透不能外达；阴亏无以作汗，非滋补无以恢复。故吴瑭氏立本方之旨，在于使伏于阴分之邪热透于阳分而解。方用鳖甲直入阴分，“入络搜邪”，滋阴潜阳；青蒿外出阳分，芳香清透，透邪外出。难怪吴瑭氏自释云：“此方有先入后出之妙，青蒿不能直入阴分，有鳖甲领之入也；鳖甲不能独出阳分，有青蒿领之出也。”更用生地配鳖甲，养阴以生津；知母伍青蒿，透邪并滋阴。至若丹皮之用，有一举两得之功，既可内清血中之伏热，又可外透阴分之伏邪。诸药合用，大抵滋阴透邪并进，标本兼固而图之。凡发热疾患属阴虚者，俱可用本方加减治之。

【运用】

一、低热不退（痢疾后低热不止）

张淑云医案：赵某某，男性，68岁。自述半月前患痢，经治疗后下痢已止，但是唯有低烧起伏不退已一周。经用抗生素无效，腋下体温在37.5℃至38℃，自觉疲乏无力，渴而少饮，暮热早凉，且大便干燥，尿少色黄。查体：体温为37.8℃，面色潮红，舌质红而干、少苔，脉象细数。便常规化验正常，血象正常。证属阴虚内热，治则为养阴透热。予以青蒿鳖甲汤加味。

青蒿10克，鳖甲20克（先煎），生地18克，地骨皮15克，知母10克，丹皮12克，银柴胡12克。服药3剂后热势减退，效不更方，再进2剂，体温正常，诸症消除而告愈。

（北京中医1994；<6>：34）

按语：该患者年老体弱，痢疾治愈后期，余邪未尽，阴虚生内热，其病在阴分。津液亏损所致使阴液灼伤，故见低烧不退。此时治疗若单纯用清热法则更加重伤阴液，若只顾养阴又容易敛其邪气。故在治则上宜使用养阴透热之法。养阴清热凉血药合而用之，使邪热清除而又不伤阴液。

二、小儿夜热

杜志中医案：侯某，女，1岁，1991年10月25日初诊。其母述：患儿于半月前患扁桃体炎发烧经中药治疗好转，近1周来，每晚9～10时始发烧，伴面赤气粗，倦怠嗜睡，无汗，体温38℃～39℃，约1小时后热自退，每夜如斯，白天如常。刻诊：形体较胖，面色红润，扁桃体略大但不红赤，舌红苔白而干，指纹沉而紫滞。查看前医处方尽银翘、豆根、黄芩、青黛之属。拟养阴透热之法。

青蒿6克（后下），炙鳖甲、白薇、知母各8克，丹皮、银柴胡、秦艽各5克，白前6克。

1剂尽，当夜即未发烧，后亦未再发而愈。

（四川中医1998；<12>：53）

按语：此患儿常因感冒咳嗽发烧，迭进寒凉，伤其“稚阴”，阴虚内热，夜热早凉，此“热自阴来”是也。

三、消渴（糖尿病）

景庆医案：杨某，女，52岁。消瘦，乏力，烦渴引饮，消谷善饥，小溲频多，视力减退，舌红苔少，脉滑数。检查尿糖+++，空腹血糖6.8毫摩尔/升。燥热内盛，津液耗损，用青蒿鳖甲汤损益治之。

生地30克，知母10克，青蒿10克，鳖甲10克，丹皮10克，地骨皮15克，石膏30克，黄柏10克，淮山药30克。

服药治疗3个月，症状明显改善，尿糖阴性，空腹血糖5.2毫摩尔/升，继续以知柏地黄丸善后。

（南京中医药大学学报1997；<4>：235）

按语：据报道，青蒿鳖甲汤有明显的控制血糖作用，对阴虚有热型糖尿病，疗效肯定。

四、百合病

杜志中医案：向某，男，38岁，教师，1991年5月20日初诊。述5年前出现失眠、多梦，经服中药未见好转，并相继出现头昏、乏力、精神不振、食欲减退、口苦、小便黄、善太息、思维不集中，影响工作，自觉胁下支满，并有一掌大之灼热区时左时右，走窜不定，时觉胸腹痛，自疑为“肝炎”，经治不效；刻诊：唇面无华，颧微赤，时时叹息，性格内向，少言寡语，忧思苦闷，切其双胁下软，舌质红苔薄而黄，脉细而数。诊为百合病阴虚内热。

百合50克，生地25克，地骨皮20克，青蒿（后下）、炙鳖甲（先煎）、郁金、柴胡各15克，丹皮10克。日1剂，连服1月。

嘱加强体育锻炼，调畅情志，定时起居。半年后专程来告，经服上方月余，诸症消失，未再复发。

（四川中医 1998；<12>：53）

按语：该患者失眠之疾多年，性格内向，情怀不畅，阴伤化火致百合病，采用辨病与辨证结合，以清热养阴为法，清泄肝胆郁火，百合地黄汤为百合病专方，两方合用，透热养阴，俟阴火退则滋阴为主善后，数年之疾竟瘳。同时配合恰当的心理治疗亦十分重要。

五、热痹（急性风湿性关节炎）

万良政医案：王某某，男，32 岁。患者 1982 年 10 月 10 日突然发热，微恶风寒，咳嗽咽痒，右臀部和腰骶部酸痛。次日右下肢酸软无力，膝关节红肿疼痛。第三天相继出现左上肢肘关节红肿疼痛。经某院检查诊断为急性风湿性关节炎。治疗后仍发热不减，关节红肿疼痛，于 10 月 26 日遂来我处诊治。症见发热（体温 39.5℃）不恶风，朝轻暮重，咽喉疼痛，左上肢肘关节和右下肢膝关节局部红肿灼热，痛不可触，屈伸活动不利，腰部酸痛，口渴咽苦，溲黄灼热，脉细滑数，舌红苔黄燥。血沉 115mm/时，抗链“O”700u。证属风湿热痹（急性风湿性关节炎）。病因外感风热兼夹湿邪，痹阻经络，营阴受伤，气血不通而得。治宜养阴清热，除湿通络。方用青蒿鳖甲汤加味。

青蒿 15 克，炙鳖甲 15 克，知母 10 克，生地 30 克，丹皮 10 克，生虎杖 30 克，雷公藤 30 克，秦艽 10 克，鸡血藤 15 克，苡米 30 克。1 日 2 剂，每隔 4 小时服 1 次。

次日体温降至正常。照原方改为每日 1 剂，分两次服。连服 4 剂后未再发热，左上肢肘关节和右下肢膝关节灼热红肿基本消除，疼痛大减，腰骶部微有酸痛。检查血沉、抗链“O”均降至正常范围。效不更方，守原方继服 10 剂后，诸症悉除，热痹痊愈。

（辽宁中医杂志 1986；<7>：35）

按语：热痹的形成可因感受风热之邪与湿相并，而致风湿热合邪为患；或因素体阳盛或阴虚有热，感受外邪之后易从热化；或因风寒湿痹，日久不愈，郁而化热，痹阻经络，气血运行不畅而得。邪热壅于经络、关节，气血郁滞不通，以致局部红肿灼热，关节疼痛，活动不利。热痹易化火伤阴，故可出现关节红肿、疼痛剧烈、发热口渴，舌红苔黄、脉滑数诸症。治以清热解毒，滋阴凉血为主，佐以祛风除湿，活血通络。方中鳖甲滋阴退热，入络搜邪；青蒿芳香清热透络；生地、知母滋阴清热；丹皮凉血散瘀。共奏滋阴清热之效，作者常用本方加虎杖、雷公藤以增清热解毒之力；佐秦艽祛风除湿，鸡血藤活血通络，并结合临床辨证，随其兼症而恰当地增减药物。

六、月经先期

杜志中医案：王某，女，21 岁，未婚，1991 年3 月10 日初诊。述半年来月经每 15～20 天一行，经色鲜红，质稠时夹小血块，伴小腹胀痛，3～4 日经净，口干欲饮，便干溲黄，手足心热，诊脉细而数，舌红苔黄少。

疏方：青蒿（后下）、炙鳖甲（先煎）、白芍、生地、知母、地骨皮各 15 克，粉丹皮 12 克，白薇 25 克，黄柏 10 克（酒炒），益母草 20 克，香附、醋炒青皮各 10 克，甘草 5 克。

服药4 剂，月经3 月23 日来潮，经前腹不痛，经血无块，诸症好转。后嘱患者于经前1 周3 剂，连用三个周期，随访一年余，其经期、量、色、质均正常且无所苦。

（四川中医 1998；<12>：53）

按语：此患者属热伏于阴血，血热扰于胞宫，冲任不固而月经先期，亦“热自阴来”，故以青蒿鳖甲汤为主以清泻血热，且于经前服药，因势利导，相机而行，使血热透解，诸症悉除。

七、口疮（口腔溃疡）

景庆医案：陆某，女，23岁。口腔溃疡反复发作年余，屡投西药维生素、抗生素、甘草锌等均不见效。刻诊：舌尖破碎，口腔黏膜有数个溃疡灼热疼痛，张口疼甚，妨碍进食，口渴口臭，小溲短赤，舌尖红，苔少，脉滑数，以心脾积热，热损阴液，青蒿鳖甲汤主之。

生地30克，知母10克，鳖甲10克，青蒿10克，丹皮10克，地骨皮15克，竹叶10克，石膏30克，黄连5克。

连服15剂，口舌糜溃得愈。

八、雀斑（面部色素沉着）

景庆医案：陈某，女，38岁。面部色素沉着，两颧黝黑，口渴引饮，性情急躁易怒，大便数日一次，质干难解，苔薄黄，舌边红，脉弦。此津液亏损，内热消铄，用青蒿鳖甲汤加味治之。

青蒿20克，生地30克，知母10克，桑白皮10克，丹皮10克，鳖甲10克，竹叶10克，地骨皮15克，大青叶10克，绿梅花6克。

连续服药2月获效，两颧色素退净，便解正常。

（上两案见南京中医药大学学报1997；<4>：235）

按语：以上两案主证虽有不同，但从其兼证看，均为阴分伏热所致，用青蒿鳖甲汤滋阴透热，实属方证相对，故获效甚捷。

大定风珠

《温病条辨》

【方药】

生白芍六钱（18克）　阿胶三钱（9克）　生龟板四钱（12克）　干地黄六钱（18克）　麻仁二钱（6克）　五味子二钱（6克）　生牡蛎四钱（12克）　麦冬（连心）六钱（18克）　炙甘草四钱（12克）　鸡子黄（生）二枚（2只）　鳖甲（生）四钱（12克）

【用法】

水八杯，煮取三杯，去滓，再入鸡子黄，搅令相得，分三次服（现代用法：水煎去滓，再入鸡子黄搅匀，温服）。

加减复脉汤

【方药】

炙甘草六钱（18克）　干地黄六钱（18克）　生白芍六钱（18克）　麦冬（不去心）五钱（15克）　阿胶三钱（9克）　麻仁三钱（9克）

【用法】

水八杯，煮取八分，三杯，分三次服（现代用法：水煎服，阿胶烊化）。

三甲复脉汤

【方药】

于加减复脉汤中加生牡蛎五钱（15 克）　生鳖甲八钱（24 克）　生龟板一两（30 克）

【用法】

同上。

【原文】

热邪久羁，吸烁真阴，或因误表，或因妄攻，神倦瘈疭，脉气虚弱，舌绛苔少，时时欲脱者，大定风珠主之。（《温病条辨·下焦篇·十六》）

下焦温病，热深厥甚，脉细促，心中憺憺大动，甚则心中痛者，三甲复脉汤主之。（《温病条辨·下焦篇·十四》）

风温、温热、温疫、温毒、冬温，邪在阳明久羁，或已下，或未下，身热面赤，口干舌燥，甚则齿黑唇裂。脉沉实者，仍可下之；脉虚大，手足心热甚于手足背者，加减复脉汤主之。（《温病条辨·下焦篇·一》）

温病耳聋，病系少阴，与柴胡者必死。六七日以后，宜复脉辈复其精。（《温病条辨·下焦篇·三》）

劳倦内伤，复感温病，六七日以外，不解者，宜复脉法。（《温病条辨·下焦篇·四》）

温病已汗而不得汗，已下而热不退，六七日以外，脉尚躁盛者，重与复脉汤。（《温病条辨·下焦篇·五》）

温病误用升散，脉结代，甚者脉两至者，重与复脉，虽有它症，后治之。（《温病条辨·下焦篇·六》）

汗下后，口燥咽干，神倦欲眠，舌赤苔老，与复脉汤。（《温病条辨·下焦篇·七》）

热邪深入，或在少阴，或在厥阴，均宜复脉。（《温病条辨·下焦篇·八》）

壮火尚盛者，不得用定风珠、复脉。（《温病条辨·下焦篇·十七》）

邪气久羁，肌肤甲错，或因下后邪欲溃，或因存阴得液蒸汗，正气已虚，不能即出，阴阳互争而战者，欲作战汗也，复脉汤热饮之。虚盛者加人参。肌肉尚盛者，但令静，勿妄动也。（《温病条辨·下焦篇·十九》）

【解说】

大定风珠由加减复脉汤、三甲复脉汤变化而来，三者一脉相承，为《伤寒论》炙甘草汤（复脉汤）衍化而来。大定风珠为真阴大亏，虚风内动而设。夫肝肾精血，乙癸同源，邪热久羁，深入下焦，灼伤肝肾之阴，使水不涵木，阴不敛阳，肝阳上亢化风，而致虚风内动矣。临床以神昏瘈疭，舌绛少苔，脉来虚弱，时时欲脱为辨证要点。真阴大亏，治当复其真阴；虚风内动，又宜潜镇熄风。故本方以加减复脉汤救其真阴，尤恐力怯，又伍鸡子黄、五味子，以滋补原精，收敛真阴，较之加减复脉汤还阴之力更强。伍三甲（牡蛎、龟板、鳖甲）以滋阴潜阳，熄风止抽。标本同治，则阴充而风熄矣。

【运用】

一、虚风内动（重症肺炎后期）（一）

王德元医案：朱某某，女，18岁，1965年3月20日初诊。春温发热月余，初起寒热咳嗽，家属以为外感小恙，未能及时治疗，延误数日，继则高热不退，起伏于38.5～40℃之间，咳嗽气急，引胸作痛，咯痰欠爽，心烦不能安寐，甚则入夜谵语。至某某医院查治，胸透：左下肺大片浓密阴影，血检：白细胞总数21000/立方毫米，中性93%，淋巴7%，诊断为：重症肺炎。经西药输液及大量抗生素、激素，中药迭进辛凉达表如桑、菊、银、翘之类，清化解毒如膏、知、芩、连之属，养阴退热如生地、玄参、沙参、麦冬之品等治疗，热势得挫，咳嗽气急、心烦谵语渐平，胸透复查肺部炎症大部吸收，血象亦趋正常。但低热不清，体温波动于37.3～38℃之间。两日来，恙情突变，特来本院邀诊。刻诊：发热有汗不退（体温37.8℃），面赤唇燥，间或心烦，头晕不能起坐，精神萎顿，神志朦胧，肢清汗出，时而抽动，舌干绛苔少中裂，脉细微欲绝，时有欲脱之象。一派温邪久羁，肝肾真阴耗竭，虚风内动，阴阳离绝之危象，急取吴氏大定风珠法。

处方：生白芍、生地、大麦冬各18克，五味子6克，生龟板、生鳖甲、生龙骨、生牡蛎各15克（先煎），麻仁10克，阿胶9克，小麦1撮，鸡子黄2枚（冲），3剂。

复诊：药后低热渐清，精神转佳，四肢抽动平，唯脘闷纳呆，心烦少寐，舌光红中裂稍有津，脉细数转缓。此乃真阴有回复之象，虚风有下潜之机，浮阳有内敛之兆，而脾运无权，神未宁舍也。药既奏效，宗原法更进一筹。处方：生地、白芍、大麦冬各15克，五味子6克，生龙骨、生牡蛎各24克（先煎），石斛、扁豆、炙内金、生谷芽各10克，酸枣仁6克，5剂。服药后纳谷香，心烦宁，寤寐安。再以原法共服药30剂，诸恙渐瘥。

（中医杂志1989；<4>：17）

按语：本例患者，素体阴亏，冬寒内伏，郁久化热，入春复感新邪而发病。前医历投诸药，热势虽挫，肝肾真阴已耗，阴竭不能藏阳而孤阳外浮，故见身热而缠绵难清，时时欲脱，此乃阴阳即将离决之险象。故速投吴氏大定风珠，取复脉之甘润，以复耗竭之真阴；三甲之咸寒，以潜上冒之厥阳。共奏“阴复阳留”，虚风内定之功。

二、虚风内动（发作性抽搐）（二）

劳建和医案：陆某某，女，57岁，1980年9月30日诊。元旦饮酒时突然出现抽搐，口噤不语，四肢麻木，张口呼吸，此后经常发作。4月份经省某医院神经内科诊治，临床印象为神经官能性疾病，给宁神合剂、安定等，治疗5个月，服药时略有好转，停药后即复发。接诊时发作性抽搐已9月余，且伴有眩晕、寐差、纳少，脉象细弱，舌红少苔。初投羚羊钩藤汤加全蝎、僵蚕、龙齿、竺黄、胆星以平肝潜阳、熄风化痰。服3剂无效。复诊时考虑到患者得病已久，脉虚，舌红，当从虚风论治，改用大定风珠：

麦冬、干地黄、白芍各18克，炙鳖甲、龟板、牡蛎（三味均先煎）、甘草各12克，阿胶9克（烊冲），五味子、麻仁（杵）各6克，鸡子黄2只（打冲）。

服3剂，抽搐停止，余症皆好转。续服3剂，以资巩固。半年后发作1次，仍服原方3剂而愈。追访至今，未再复发。

（浙江中医杂1985；<6>：275）

按语：抽搐有虚实之分，本例为液不养肝，虚风内动之虚证，故初投平肝潜阳、熄风化痰不应，改用本方滋液养阴、柔肝熄风，随手取效。临证若能注意脉气虚弱、舌绛苔少等特征，辄能奏功。此类病例，曾诊治3人，均获痊愈。

三、虚风内动（急性肾功能衰竭）（三）

劳建和医案：周某某，男，54岁，1984年3月10日诊。患慢性支气管炎、肺气肿史15年，并发肺原性心脏病2年，反复肺部感染，咳嗽气急，浮肿加重已40余天，神昏抽搐，尿量减少至日400毫升以下，曾经中西药物治疗，肿退咳止而余症未见好转。接诊时气急发绀明显，无尿已20小时，抽搐频作，神昏谵语，脉细弦数，舌红少津、无苔。心率120/分，律齐，膀胱区不充盈，叩诊实浊，血象：白细胞10800，中性98，淋巴2。诊为严重肺部感染、肺源性心力衰竭、急性肾功能衰竭。急予大定风珠。

麦冬、干地黄、白芍各18克，炙鳖甲、牡蛎、龟板各12克，阿胶9克（烊），五味子、麻仁各6克，甘草12克，鸡子黄2只，竹沥10ml。

局方牛黄清心丸。

药后6小时排尿1次，约800毫升，抽搐较轻，神志时清时昧。次日复诊，上午投大定风珠加竹沥，下午服羚羊钩藤汤加安宫牛黄丸。至第3日，尿量继续增多，抽搐基本控制，神志全清，稍有咳嗽，口舌糜烂，仍投大定风珠加竹沥，珠黄散吹敷口舌。1周后改用清养肺胃，调治月余而愈。

（浙江中医杂志1985；<6>：275）

按语：肾主水，而肺为水之上源。今肺失肃降，不能通调水道，下输膀胱，化源告竭；兼之肾阴干涸，不能养肝，虚风内动。本方能滋肾、柔肝、熄风，配合竹沥清化热痰、牛黄丸清心开窍，药证合拍，终使危症转安。

四、震掉（震颤性麻痹）

劳建和医案：诸某某，男，52岁，1983年11月26日诊。双手颤抖不能控制已2年余，精神紧张时症状加重，睡眠时自行消失。伴四肢、躯干强直，活动受限，言语时声音震颤难于听清，曾经省某医院神经内科诊治，诊断为震颤麻痹，给予安坦、东莨菪碱等治疗后有好转，断药后症状有增无减。诊其脉细弦而数，重按无力，舌薄红少苔。嘱停服西药，予大定风珠。5剂后症状好转，以后多次复诊，均略为加减，共进40剂，震颤、强直基本消失。

（浙江中医杂志1985；<6>：275）

按语：《内经》云："诸风掉眩，皆属于肝。"肝体阴而用阳，液不养肝，虚风内动，故震颤；肝主筋，阴亏不能养筋则筋脉挛急，故四肢、躯干强直。本方能补肝之体，平肝之用，育阴潜阳，震颤自痊；筋脉得荣，强直乃愈。

五、晕厥

王德元医案：张某某，女，56岁，1976年5月16日初诊。患者年近花甲，素有头晕、腰酸、失眠宿恙，肝肾阴亏之象已显。两日前因家庭口角，情志不遂，始则头昏眩晕，心烦肢麻，继而突然晕厥，经家人呼唤拍打始苏，特来我院门诊。刻诊：头昏眩晕欲仆，心中烦懊不宁，肢体麻木，精神萎顿，胸闷嗳气，胃呆不纳，腰际酸疼，苔薄质瘦偏红，脉细弦、尺部按之无力。恙由肝肾阴亏，肝气郁结，阴不恋阳，虚阳化风旋扰所致，治取吴氏大定风珠法。

处方：生地、白芍各20克，生龟板、生龙骨各15克（先煎），生牡蛎30克（先煎），五味子、酸枣仁各10克，首乌及藤各30克，鸡子黄2枚（冲服），5剂。

复诊：药后晕厥未发，头昏肢麻，心烦失眠皆轻，纳谷略香，唯胸闷嗳气，腰酸神疲，苔薄，脉细弦尺转有力。此属肝肾之阴渐复，阳气有所潜藏，而风平尚未全静，神藏尚未安宁也。仍踵原法继进。

处方：生地、白芍各20克，生龟板、生龙骨、生牡蛎各15克（先煎），酸枣仁、五味子、潼蒺藜、菊花、枸杞、石斛、炒谷芽各10克。

守法调理二月余，诸恙告痊，随访一年未发。

（中医杂志1989；<4>：17）

按语：叶天士云："肝肾内伤为厥"，"肝动变化内风为厥"，"厥证，多隶于厥阴肝病"。本例患者素体肝肾阴亏，复加情志所伤，肝郁气逆，阴虚不能藏阳，阳气每易化风，形成风阳相煽、上扰清窍的局势，发为头昏眩晕，甚则晕厥；窜入经络则肢体发麻，手足颤动。治宗吴氏大定风珠意，俾"龙潜海底，雷藏泽中"，故肝厥遂平。

六、小儿暴惊夜啼

张季高医案：陈某，男，3岁，1980年1月2日初诊。父代诉：患儿于20天前傍晚，外出田野，忽闻怪声，顿时惊恐万状，此后每夜于10时开始，突然瞪目起坐，躁动惊啼，摇呼俱不醒，约历时10分钟，渐行缓解，索开水两口，便渐入睡，翌日对夜间惊啼状态全部遗忘。曾服过朱砂安神剂和西药未效。患儿禀性刚强，易发脾气，暴惊后情绪紧张，终日惕惕，唇微红而干，喜渴引饮，舌苔薄黄，脉象细弱而数。此因暴惊，致心虚胆怯，且禀性刚强，木失调达，久郁化火，扰动心神，形成阴弱阳亢，坎离失媾，致入夜惊啼不已，治以大定风珠加味：

白芍5克，阿胶5克（烊冲），鸡子黄1个（冲），龟板10克，地黄15克，麻仁5克，五味子3克，牡蛎15克，麦冬5克，炙甘草2克，鳖甲10克，枣仁10克，蝉衣2克。

服8剂躁定寐安，追访半年未见复发。

（中医杂志1983；<6>：33）

按语：小儿神气不足，心气怯弱，因受暴惊，致梦中啼哭而作惊。盖卫气昼行于阳主寤，夜行于阴主寐，阴阳交合，则渐入梦乡，若阳不入阴，则令人不寐，今患儿受暴惊致心神不宁，且唇干红苔黄而引饮，脉细弱而数，为阴弱阳亢、心肾不交之兆，故拟大定风珠加味，俾真阴递复，水火庶得相济，阴阳相恋而达治愈。

七、不寐

张季高医案：徐某，女，58岁，1979年8月25日初诊。患者体素虚弱，因家务操劳，且中年失偶，心多抑郁，1979年初开始，彻夜转辗反侧，心烦不寐，刚入寐忽又惊醒，且腰膂酸楚，头晕耳鸣而健忘，经服中药宁心安神数十剂和西药未效。症见体瘦神清，面赤唇干，舌红而略绛，口气秽臭，胃纳欠佳，脉尺虚细涩，寸关略大。脉证互参，诊为阴血不足，虚热扰神。欲降其火，宜滋其阴，治以大定风珠。

处方：白芍10克，阿胶10克（另烊冲），龟板10克，地黄15克，麻仁10克，五味子5克，生牡蛎30克，麦冬10克，炙甘草5克，鸡子黄2枚（冲），鳖甲10克。

服药6剂见效，10剂告愈。追访3年，未见复发。

（中医杂志1983；<6>：33）

按语：患者尺虚细涩，因尺为肾部，脉见细涩，且腰膂酸楚，肾虚无疑；寸关略大，为阴弱阳浮之象，因火性炎上，虚热扰神，故见面赤唇干舌绛、心烦不寐诸症，有阳不入阴之象，致使升者复升，降者复降，治以大定风珠，育阴潜阳，交通心肾，故而取效。

八、气瘿（甲状腺功能亢进）

肖妙娥医案：李某，女，21岁，汉族，护士。明显消瘦乏力2月余，于1990年4月16

日就诊。消瘦，眼胀，眼球外突，心悸，烦躁易怒，恶热汗多，颈部稍增粗，失眠，纳食增进，大便每日1次，质软，小便量少色黄，舌质红苔薄黄，脉沉细数。体重46公斤，血压16/9.3KPa。心率每分钟86次，第一心音亢进。甲状腺呈Ⅰ度弥漫肿大，未闻及甲状腺血管杂音。双手平伸震颤明显。基础代谢率25%。甲状腺摄131碘率测定3小时48.5%，6小时63.5%，24小时76.8%。血清总甲状腺素（T_4）14微克/升，血清总三碘甲腺原氨酸（T_3）3.1微克/升。反$T_3$0.7微克/升。游离$T_3$35.1微克/升，游离$T_4$21.8微克/升。其值均高于正常，确诊为甲亢。辨证为阴虚阳亢，以滋阴潜阳，养津润燥散结，方选三甲复脉汤加味。

处方：炙甘草10克，干地黄20克，生白芍20克，麦冬15克，阿胶10克，麻仁10克，生牡蛎15克，生鳖甲20克，生龟版30克，浙贝母15克。

经服40余剂后，症状和体征悉除，体重增加至50公斤，基础代谢率15%。其他实验室检查值均恢复正常。为巩固疗效，嘱患者继续服药半月后减量再停药。4月后随访未复发。

（云南中医中药杂志1995；<5>：31）

按语：“甲亢”属中医学“气瘿”范畴，本案“甲亢”其特点表现为本虚为主，病因为七情怫郁化火，病位在肝、心、胃、肾四脏腑，病机是水火不济，阴虚阳亢，采用三甲复脉汤加减治疗甲亢能够收到较好的效果。经观察应用本方治疗后，不仅临床症状得以消除，对心率、突眼症、甲状腺肿大及实验室检查均有明显的改变，而对肝、肾功能有一定的促进作用，对血象无任何影响。特别对甲亢病中出现的高热症，不能应用水杨酸类药物治疗时用本方对降温有极明显的效果。而对不能接受抗甲状腺西药治疗的患者尤为相宜。

九、胸痹（冠心病）

王德元医案：朱某某，男，59岁，1978年9月26日初诊。素患头眩耳鸣宿恙五年。近二月来因萦思操劳，眩晕耳鸣增剧，心悸荡漾，时而心区隐痛，经某某医院心电图检查：ST段下移，T波低平，诊断为冠心病。舌苔微黄质偏红，脉细小略数，窃思吴鞠通曾有“肝肾虚而累及阴维故心痛”之说，此属肝肾阴虚，累及阴维，心脉失养所致，遂取吴氏大定风珠法。

处方：生地10克，大麦冬10克，白芍15克，炙甘草10克，五味子6克，生龟板24克（先煎），生鳖甲24克（先煎），紫河车10克，茯苓10克，酸枣仁10克，丹参10克，鸡子黄2枚（冲），3剂。

复诊：心前区痛明显好转，心悸亦减，头晕、失眠皆轻，步原法加入玄参、玉竹、全瓜蒌、鸡内金、葛根等调理三月，诸恙遂瘥。

（中医杂志1989；<4>：18）

按语：《难经》云：“阴维为病，苦心痛。”阴维乃奇经八脉之一，隶属于肝肾，是以肝肾阴精亏虚，阴维失其滋养，病发头晕心痛、心悸等症。临床治疗肝肾精血不足，损及阴维者，非单纯运用草木之品而能奏效，须赖血肉有情、调补奇经之辈，配伍甘腻滋填等味，方能达到培养精血、通补奇脉之功效，这亦是补虚法中的重要一招。方中选用龟板、鳖甲、紫河车、鸡子黄等即是此意。但药性腻滞，易碍中宫运化，且精血之虚，每多阳不潜降，虚火易生。故尚须在大队峻补之品中寓通于补，配以瓜蒌、茯苓、鸡内金、丹参、葛根等流动升降之品以使中宫健运，气血调和。诸药配伍，共奏酸甘滋补肝肾阴精、咸寒通养阴维奇脉之功，故心气和，心痛止矣。

十、舌謇（放疗后舌萎缩）

劳建和医案：施某某，女，50岁，1982年8月18日诊。因患鼻咽癌，在某肿瘤医院作放射治疗，治后病情稳定，但出现舌僵硬、左歪、萎缩，感觉基本消失，言语不清，吞咽障碍，不能饮食，脉象弦细，按之无力，舌薄红少苔。此属热伤阴分，津液被劫，舌体失荣，予大定风珠。5 剂后舌较柔和，言语略清，能进稀粥。连服 17 剂，言语基本清楚，能进食粥及软饭。

（浙江中医杂志 1985；<6>：275）

按语：本例由于放射治疗，局部组织损伤，阴液受灼，不能滋润舌本，荣养脉络，因而出现舌体僵硬、左歪、萎缩，虽非吴鞠通所谓之虚风证候，但病机同样为真阴被劫，故使用本方亦获良效。

《难病奇方·银翘散》

潘振亮　姚晓渝

一、银翘散的研究

银翘散源于清代医家吴鞠通所著《温病条辨》，是方组成谨遵《内经》“风淫于内，治以辛凉，佐以苦，以甘缓之，以辛散之”之法，宗喻嘉言芳香逐秽之说，在东垣清心凉膈散辛凉甘苦的基础上加减衍变而成，是治疗风温、温热以及某些杂病属于邪在卫分、上焦，治当辛凉清解者的代表方剂。银翘散及其衍生方为中医临床应用疗效确切的中药复方之一，在临床各科得到广泛的应用。

银翘散方

连翘一两（15g），银花一两（15g），苦桔梗六钱（6g），薄荷六钱（6g），竹叶四钱（4g），生甘草五钱（6g），荆芥穗四钱（4g），淡豆豉五钱（6g），牛蒡子六钱（6g）

上杵为散，每服六钱（18g），鲜苇根汤煎，香气大出，即取服，勿过煮。肺药取轻清，过煮则味厚而入中焦也。病重者，约二时一服，日三服，夜一服；轻者三时一服，日二服，夜一服；病不解者，作再服。

若渴甚者加天花粉以清热生津；项肿咽痛者加马勃、元参以清热解毒；衄者去荆芥、豆豉，加白茅根、侧柏炭、栀子炭以清热凉血；咳者加杏仁以利肺气；胸膈闷者加藿香、郁金以理气化湿解郁。

本方重用金银花、连翘为君，既有辛凉透表，清热解毒的作用，又具芳香辟秽的功效，在透解卫分表邪的同时，兼顾了温热病邪多夹秽浊之气的特点。薄荷、牛蒡子味辛而性寒，疏散风热，清利头目，且可解毒利咽；荆芥穗、淡豆豉辛而微温，助君药发散表邪，透热外出，此两者虽属辛温，但辛而不烈，温而不燥，与大队辛凉药配伍，可增辛散透表之力，皆为臣药，芦根、淡竹叶清热生津，桔梗宣肺止咳化痰，同为佐药。甘草既可调和诸药护胃安中，又可合桔梗清利咽喉，属佐使之用。

【配伍特点】

本方配伍特点有二：一是辛凉之中配伍少量辛温之品，既有利于透风又不悖辛凉之旨；二是疏散风邪与清热解毒，芳香辟秽之品相配，具有外散风热，透邪解表，兼清热、芳香辟秽之功，成清疏兼顾之剂。

二、银翘散方中药物的功效与应用

1. 金银花　又名双花、银花。性味甘寒，甘可缓急解毒，寒可清热泻火。以其清热解毒之功，多用于热毒痈疮、咽喉肿痛等；以其质轻气味芳香，兼能宣散风热，多用于外感风热，温病初起之发热、头痛、咽痛等。实验研究证明本品有较强的广谱抗菌作用，并有抗流感病毒的作用。

2. 连翘　味苦性微寒，其质轻清上浮，可清热解毒，用于外感风热，温病初起等。且可消痈散肿，清心泻火利尿。对多种致病菌及流感病毒有抑制作用。

3. 桔梗　味苦辛性平，为开提肺气之圣药。质轻升浮，善能宣通上焦，宣肺利咽，祛痰排脓，有较强的促进支气管分泌的作用。

4. 薄荷　辛凉解表药，疏散风热，可用于外感风热及温病初起有表证者，清头目利咽膈，也可用于发热头痛。其含挥发性的薄荷油，能兴奋中枢神经，使皮肤毛细血管扩张，促进汗腺分泌，从而使机体散热增加，故有发汗解肌退热作用。

5. 荆芥穗　轻扬疏散，性微温而味辛。然辛而不烈，温而不燥，性质平和，善散风邪。可疏肌腠之邪而解表，用于外感表证。其含挥发油，能促进汗腺分泌，略有发汗作用，且能缓解肢体痉挛。感冒肢体不舒者，用之甚佳。

6. 淡豆豉　为大豆经蒸腌加工发酵而成，具有疏散宣透之性，既能疏散表邪，又能宣散郁热，性质和平；除轻微发汗作用外，尚有促进消化的作用。

7. 牛蒡子　具辛苦寒之性味，可辛散、苦泄、清热。辛寒以外散风热而解表透疹。苦寒以内泄胃之热毒而消肿利咽，透发之中又有清泄之性。

8. 淡竹叶　甘淡性寒，功能泄热除烦利尿，用于热病心烦口渴，及口舌生疮。实验证明对金黄色葡萄球菌、绿脓杆菌有抑制作用；对实验性发热有解热作用。

9. 芦根　为芦苇的根茎，去泥土，须根剥去包皮，洗净鲜用。可清热生津止呕，其质轻，兼有宣透作用[1]。

三、银翘散的功效和应用

银翘散的功效为辛凉透表，清热解毒。吴鞠通制银翘散以治太阴风湿、温热、温疫、冬温初起见“但热不恶寒而渴”之证。后世扩大其应用范围，临床广泛用于温病初起，热郁肺卫诸疾，如传染病、内科呼吸系统疾病、循环系统疾病、消化系统疾病、泌尿系统疾病以及血液系统疾病、外科疮疡、妇科乳腺炎以及儿科、五官科的病证。由于本方有清热解毒之功，故一切热病初起出现热郁肺卫诸症状者，皆可考虑应用。

1. 银翘散在传染病中的应用　如流行性感冒、麻疹、风疹、水痘、手足口综合征、流行性腮腺炎、流行性出血热、猩红热、登革热、传染性单核细胞增多症、流行性乙型脑炎、急性小脑共济失调等。咽痛者加岗梅根、马勃、射干疏散风热，清肺利咽；见口渴、心烦、面赤等胃热炽盛者亦可加生石膏、知母；血热盛者加红条紫草、水牛角以凉血；咳嗽剧烈者加杏仁、桑叶、枇杷叶宣肺止咳；热邪伤阴者加麦冬、天花粉清热养阴，生津止渴。并予隔离休息、适当补液、口服维生素等对症处理。

2. 银翘散在内科疾病中的应用　①呼吸系统疾病，如呼吸道感染、咳嗽、支气管炎；②循环系统疾病，如病毒性心肌炎、风湿性心脏炎；③泌尿系统疾病，如急性肾小球肾炎、猩红热并发肾炎、紫癜性肾炎、IgA 肾炎；④血液系统疾病，如血小板减少性紫癜、过敏性紫癜、再生障碍性贫血、白细胞减少性高烧。若发热口渴甚者加生石膏、知母；咽喉肿痛甚者加元参、马勃、胖大海；咳嗽痰多者加桔梗、杏仁、象贝母、鱼腥草；合并心脏病变者加桃红四物汤、生脉散治疗；口干口苦甚者加黄连；气滞腹胀明显者加大腹皮；肾炎病人表证明显，寒热无汗者银翘散加麻黄、苏叶；表虚无汗者加黄芪、白术；热重、明显血尿者重用连翘，加黄芩、生地、元参；血压高者加生地、元参，并且重用，酌加钩藤、夏枯草；浮肿明显者，黄芩、连翘用量宜轻，重用金钱草、白茅根、泽泻；蛋白尿明显者，加蝉衣、生黄芪、地龙；个别患者如出现呕吐等症状，加藿香、砂仁、苏叶。

3. 银翘散在儿科疾病中的应用　小儿外感发热、小儿上呼吸道感染、小儿急性扁桃体炎、流行性腮腺炎、小儿急性结膜炎、风热咳嗽、小儿口腔炎、小儿疱疹性咽峡炎、小儿迁延性肺炎、小儿咽－结膜热、婴幼儿哮喘、小儿再生障碍性贫血、传染性单核细胞增多症、过敏性紫癜合并紫癜肾、风疹、麻疹、猩红热并发肾炎等。高烧惊厥加钩藤、蝉衣；心烦、口渴加花粉、芦根；恶寒重加荆芥；扁桃体化脓加苡仁；便秘加大黄；伴肺炎者去粳米，加麻黄、桑白皮；若夹饮食积滞加山楂、神曲，夹湿则加木通、滑石；肝风内动加羚羊角、钩藤；咳嗽加杏仁、桔梗，痰多加制半夏、莱菔子，咳喘加炙麻黄、杏仁、鱼腥草；出红斑疹加生地、丹皮；惊搐加钩藤、僵蚕或加用紫雪丹；头痛加菊花、川芎；呕恶加竹茹、姜半夏；声嘶加木蝴蝶、胖大海；喉核紫赤加丹皮、赤芍。药物剂量视年龄大小、体质强弱、病情轻重而定。

4. 银翘散在耳鼻喉科疾病中的应用　如急性扁桃体炎、急性淋巴结炎、急性咽炎、慢性咽炎、咽－结膜热、鼻窦炎、突发性耳聋、急性中耳炎、耳胀、鼻咽癌放疗中口咽黏膜反应、口疮等。咽喉红赤干痛加僵蚕、挂金灯、山豆根清润利咽，喉核肿甚选加夏枯草、僵蚕、浙贝；急性鼻炎加柴胡、丝瓜络；头昏发热，鼻涕多黄，伴口苦加龙胆草、夏枯草；头痛部位在巅顶者加藁本，额部痛者加柴胡，前额眉棱骨痛者重用白芷，后枕部痛者加葛根；兼有虚证者加黄芪、党参、当归。

5. 银翘散在其它疾病治疗中的应用　如皮肤病、神经精神疾病、妇科疾病、眼科疾病、外科疾病等银翘散均广泛应用。

四、银翘散的现代剂型与制作工艺

现代剂型有散剂、丸剂、片剂、袋泡剂、合剂、水剂、冲剂、膏剂、口服液剂等。

【制作工艺】

1. 散剂（煮散）　“辛凉平剂银翘方……上杵为散，每服六钱，鲜苇根汤煎，香气大出，即取服，勿过煎。”[2]

2. 丸剂

（1）按处方将上药炮制合格，称量配齐，牛蒡子单放。

（2）粉碎与混合　将金银花等八味药先打碎；再将牛蒡子轧碎，陆续掺入上药粉中打成细粉。过 80～100 目细罗，混匀，损耗率 5%～10%。

（3）制丸

①蜜丸。取炼蜜（每 1.0 份药粉约用炼蜜 1.9 份，和药时蜜温 100℃），与上药细粉搅拌均匀，成滋润团块，挤齐，制丸。丸重 10g，含药 3.4g，公差率 ±2%。装蜡纸筒。粘蜡

封固，装纸盒密封。

②药汁丸。另取芦根30g，洗净，酌予碎断，以清水熬透，压榨取汁。将煎液与榨出液合并，过滤。取药汁加冷开水，与上药粉为小丸晒干或低温干燥。取干丸10份，另取滑石粉2份为衣，撞亮，晒干，每100粒重10g，每12g装入纸袋，封固，公差率±2%[3]。

（4）浓缩丸　金银花200g，连翘200g，薄荷120g，荆芥穗80g，淡豆豉100g，牛蒡子（炒）120g，桔梗120g，淡竹叶80g，甘草100g。九味药中，金银花、桔梗粉碎成细粉，过筛；薄荷、荆芥穗提取挥发油，蒸馏后的水溶液另器收集，药渣与其余连翘等五味水煎煮二次，每次2小时，合并煎液，滤过，滤液与上述溶液合并，浓缩成膏状，加入金银花、桔梗细粉，混匀，干燥，粉碎成细粉，过筛，喷加薄荷、荆芥挥发油，混匀，每100g粉末加炼蜜80～90g，制成浓缩丸，即得[4]。

3. 片剂

（1）方法一　按处方将上药炮制合格，称量配齐，各药单放。取金银花18kg，甘草和桔梗18kg，共轧为细粉（作吸收剂），和匀过100～120目细罗，损耗率5%；牛蒡子轧碎。去薄荷、连翘、荆芥穗，分别置提取器内，加水10～12倍量，加热至沸并保持微沸状态，将油提取完全为止（提油量约为薄荷1%，连翘、荆芥各0.8%），保留药渣和药液。取下余甘草10.5kg与淡豆豉和薄荷等三味提去油后的药渣和药液一起，用煮取法提取二次。第一次加水8倍量，煮沸3小时，第二次加水6倍量，煮沸2小时。滤取二次药液，合并静置。取下余金银花12kg和淡竹叶用热浸法提取3次。第一次加水12倍量（煮沸后马上停火，保持80℃～90℃），浸渍2小时，第二次加水10倍量，浸渍1小时，第三次加水8倍量，浸渍半小时（法同第一次），滤取3次药液，与甘草、薄荷等药液合并，浓缩为稠膏。取金银花等细粉与甘草、金银花、牛蒡子等浓缩膏搅拌均匀，分成小块，晾干或低温干燥，轧为细粉。取上述细粉，喷洒适量50%乙醇，搅拌成软材，过16～18目筛网，制成颗粒，干燥后整粒时，将薄荷等挥发油喷洒入颗粒内，搅匀密闭。取合格颗粒，加入0.5%硬脂酸镁（约8.4kg）混合均匀。制成片剂为土黄色，无花纹，每片0.6g（每4片相当于原药6.9g）。每瓶装12片，玻璃瓶或塑料袋装，密封。置室内阴凉干燥处[4]。

（2）方法二　取金银花18kg，生甘草4.8kg，混合打碎成细粉，过80～100目筛，留取细粉备用。取薄荷、连翘、荆芥穗，分别置挥发油提取器内。加水11～12倍，提取挥发油，备用。将药渣与所剩的甘草、淡豆豉一起加水煮提二次。第一次加8倍量水，煮沸2小时，第二次加6倍量水，煮沸1小时。滤取两次药液，合并静置。另取剩下的金银花和淡竹叶用热浸法提取三次。第一次加水10倍量（煮沸后马上停火，保持80℃～90℃），浸渍2小时，第二次加水8倍量，浸渍1小时，第三次加水6倍量，浸渍半小时（法同第一次），合并三次滤液，与甘草、薄荷等药液合并，浓缩为稠膏。取牛蒡子碎粉，用7倍量70%乙醇渗漉法提取，收集滤液，回收乙醇并浓缩成稠膏。将金银花等细粉与甘草、金银花、牛蒡子等浓缩膏搅拌均匀，分成小块，晾干或低温干燥，再粉碎成80～100目细粉，然后用50%乙醇为湿润剂，制成软材，过16～18目筛制粒，干燥后整粒并将薄荷等挥发油喷洒入颗粒内。搅匀，密闭2小时。加0.5%硬脂酸镁混合均匀，压片。片重约0.6g[5]。

（3）方法三　将金银花等六味药经打粉、乙醇浸渍、减压浓缩至一定比重的清膏作为喷浆液，将甘草等二味药打成细粉作为填充材料，在一步制粒机内制粒。制粒条件：进风温度100℃，出风温度60℃，负压400mmHg，喷压2kg，流量1000ml/55s。制成颗粒后，冷却至60℃以下，加入已粉碎成细粉的薄荷脑等混合，整粒成合格颗粒，再压片、包衣、检验、包装成成品[5]。

4. 合剂　原方十味，薄荷、荆芥穗分别蒸馏提取挥发油，留取余渣及母液，金银花、桔梗、连翘、淡竹叶、甘草、淡豆豉、牛蒡子、苇根和以上余渣以20%乙醇渗漉取液，和以上母液混合，浓缩至需要量，以0.3%安息香酸防腐。包装时按规定量，将挥发油直接加入瓶内。浓度为1ml相当于原方生药1g，原方一剂合本药24ml。本品为淡褐色，有荆芥、薄荷香气[5]。

5. 水剂　原方十味，薄荷、荆芥穗蒸馏提取挥发油，保留提油后的浓缩液约350ml供调配药液用。药渣与其余八味用蒸馏后的药液加水分次煎煮至味尽，滤过，合并滤液，浓缩至约420ml，比重1.20（80℃热测），放冷。倾入4倍容量的乙醇中，搅匀，静置24小时，取上清液，滤过浓缩至约660ml，加入苯甲酸1.8g和对羟基苯甲乙酯0.38g使溶解，放冷，静置，滤过，灌装，每支10ml，再加挥发油和9g吐温-80，并添加适量上留浓缩液至1000ml，混匀，静置，滤过，灌装，每支10ml，即得[6]。

6. 冲剂　部分为挥发油，余药按加水煎煮乙醇沉淀法提取，药液浓缩成膏，加糖粉制粒，干燥后喷挥发油，过筛，混匀而成[7]。

7. 内服膏剂　①煮提：牛蒡子、淡豆豉、桔梗、银花、淡竹叶、甘草，煮提三次，时间分别为2小时、1小时、1小时。②提油：荆芥穗、薄荷约16小时，油尽收药液。③制膏汁：合并以上药液，沉淀过滤，减压浓缩至比重1.30（50℃热测）先入挥发油及本科出膏5%的老蜜（120℃）加热混匀。去沫放凉至50℃左右，每50kg成品膏含防腐剂0.5%（苯甲酸钠0.4%，尼泊金乙酯0.1%），用乙醇深溶化，搅拌均匀。每支装4.0g[6]。

8. 口服液剂

（1）方法一　①热浸：取金银花、淡竹叶，用热浸法提取［方法同片剂（1）中的热浸方法］三次。②煮提：取甘草、桔梗、淡豆豉和薄荷等三味提油后的药渣和药液一起，用煮提法提取［方法同片剂（2）的煮提方法］二次。③浓缩：将上述金银花、甘草等八味药液用真空薄膜浓缩法浓缩成药液：药料＝1∶2时收集浓缩液。④醇处理：将上述浓缩液放冷至室温，加浓醇使含醇量为60%，冷藏，过滤，回收乙醇；浓药液兑一定量蒸馏水，冷藏，过滤，灭菌，备用（测定氯原酸、牛蒡苷含量）。⑤提油：取薄荷、连翘、荆芥穗，按提油法［操作同片剂（1）的提油法］提至油尽。⑥渗漉：取牛蒡子碎末，用7倍量70%乙醇按渗漉法提取，收取滤液，回收乙醇，浓缩液兑入④项回收乙醇后的浓药液中。⑦配液：按量取薄荷、连翘、荆芥穗挥发油，混合，加入适量吐温-80，搅拌或研磨下由少至多逐渐兑入金银花、甘草、牛蒡子等提取并处理澄清的药液，充分搅拌，加蒸馏水调至全量（每10ml含液剂6.8g药料）250L（测定氯原酸、牛蒡苷、挥发油的含量）。⑧灌封：将口服用安瓿洗净，烘干，每瓶装量10ml，熔封，灭菌，检查，印字，包装[7]。

（2）方法二　将银翘散组成（银花80g，连翘80g，薄荷60g，荆芥32g，淡豆豉40g，牛蒡子48g，桔梗48g，淡竹叶32g，芦根48g，甘草40g，单糖浆350ml）中的薄荷、连翘及荆芥提取挥发油备用。淡豆豉温浸二次，每次2小时。合并浸液，浓缩至适量。金银花等其余各味及提取挥发油后的剩渣水煎两次，每次2小时。合并滤液，与淡豆豉浸液合并，浓缩至适量，加乙醇至含醇量约65%。静置2小时，吸取上清液，回收乙醇。药液加入单糖浆中，搅匀。薄荷油及连翘、荆芥挥发油用适量乙醇搅匀，逐渐加入上述糖浆液中，搅匀，全量为1000ml，分装即得[8]。

9. 方便汤剂　处方中桔梗、薄荷、荆芥三味药，粉碎成100目粉备用，余药加水煎煮2

次，浓缩成浸膏，与上述粉混合机制成干燥颗粒，过80目细筛，筛去细粉，即得[9]。

五、银翘散的衍生方

1. 银翘散去豆豉加细生地丹皮大青叶倍元参方

【方药】连翘、银花、苦桔梗、薄荷、竹叶、生甘草、荆芥穗、牛蒡子、细生地、丹皮、大青叶、元参。

【功效】宣肺泄热，凉营透疹。

【主治】温邪侵犯肺经气分，波及营络之肺热发疹证。症见身热，肌肤发疹，咳嗽胸闷，舌红苔薄黄，脉数。本方吴氏原治太阴温病误汗伤阴所致之发疹，临床应用时可不必拘于此，凡温病发疹者皆可用之[10]。

2. 银翘散去牛蒡子元参加杏仁滑石方

【方药】连翘、银花、苦桔梗、薄荷、竹叶、生甘草、荆芥穗、淡豆豉、杏仁、滑石。

【功效】辛凉解表，宣肺化湿。

【主治】温病邪热在表，兼有湿邪郁表，或伏暑卫气同病者。症见发热，微恶风寒，头痛，周身酸痛，无汗或少汗，心烦口渴，尿短黄，脘痞纳呆，舌红苔腻，脉浮数或濡数。临床凡温邪在表，兼有湿邪者均可用之，取杏仁滑石宣肺化湿，湿去则热孤，邪热易透。

3. 银翘散加生地丹皮赤芍麦冬方

【方药】连翘、银花、苦桔梗、薄荷、竹叶、生甘草、荆芥穗、淡豆豉、牛蒡子、生地、丹皮、赤芍、麦冬。

【功效】辛凉解表，凉营泄热。

【主治】温病卫分未解，营阴已伤，或伏暑卫营同病者。症见发热，微恶寒，头痛少汗，口干不渴，心烦，舌赤少苔，脉浮细而数。温病初起，营阴已伤或表证未罢，邪已入营者可用之[10]。

4. 银翘散去牛蒡子元参芥穗加杏仁石膏黄芩方

【方药】连翘、银花、苦桔梗、薄荷、竹叶、生甘草、淡豆豉、杏仁、石膏、黄芩。

【功效】辛凉解表，清热泻火。

【主治】温病卫气同病者，症见发热，不恶寒或微恶寒，口渴引饮，汗出较多，舌红苔黄而干，脉数或滑数。临床凡表邪未解，热入气分者均可用之[10]。

5. 银翘马勃散

【方药】银花、连翘、马勃、射干、牛蒡子、元参、桔梗。

【功效】疏风散邪，清热解毒，祛痰利咽，消肿止痛。

【主治】风温热毒结于咽喉之证。

【组方原理和特点】银翘马勃散出自《温病条辨》，吴鞠通云："本方谨遵《内经》'风淫于内，治以辛凉，佐以苦甘；热淫于内，治以咸寒，佐以甘苦'。"方中银花、连翘可清卫、气、营、血之热，重在清热解毒；连翘、薄荷辛凉质轻，散热解毒，亦可加强解表的作用；牛蒡子疏散风热，利咽散肿；马勃、射干清热解毒，祛痰利咽，消肿止血；元参清热解毒，散结消痈；桔梗宣肺化痰，又载诸药上行，以达病所；甘草化痰，缓急止痛，调和诸药；桔梗、甘草配伍名桔梗甘草汤，能宣肺止咳，利咽排脓。诸药合用，共奏疏风散邪，清热解毒，祛痰利咽，止痛消肿之功[11]。

6. 银翘滴鼻剂

【方药】金银花、连翘、薄荷、荆芥、淡豆豉、牛蒡子（炒）、桔梗、淡竹叶、甘草。

【功效】辛凉透表，清热解毒。

【主治】温病初起，风热初犯肺卫。

【组方原理和特点】银翘滴鼻剂为银翘解毒丸改变剂型和用药途径研制而成，它源于银翘散，由银花、连翘、薄荷、荆芥、淡豆豉、牛蒡子、桔梗、淡竹叶、甘草组成，具有辛凉透表，清热解毒的功效，是治疗温病初起，风热初犯肺卫的要方，切中小儿风热感冒的病因病机，故为儿科治疗该病的首选药物。但原剂型丸剂起效缓慢，加之小儿拒药，有延误病情之嫌。针对这一难题，我们在中医鼻药疗法启示下，将其改为滴鼻剂。鼻为肺之窍，温邪犯肺多从口鼻而入而表现为肺卫不和及鼻咽部症状，滴药鼻中，不仅可宣肺透表，又可使药物直接作用于鼻咽部，较快地缓解临床症状。据现代研究，鼻黏膜有丰富的毛细血管，有利于药物的吸收。验证于临床，滴鼻剂的确具有较原剂型退热迅速、用量小、无毒副作用、使用携带方便的优点[12]。

7. 银翘解毒饮

【方药】银花、连翘、薄荷、牛蒡子、桔梗、生甘草、生石膏、知母、生地、元参、麦冬、焦栀、黄芩、板蓝根、僵蚕。

【功效】辛凉解表，清气凉营，解毒熄风，保津护阴。

【主治】流行性乙型脑炎（普通型）。暑温病卫分重证兼见气营证。症见高热盛，微恶寒，头痛面赤，出汗或汗出不畅，口渴，呕吐，项强，伴嗜睡神昏等症。体温39℃～40℃，舌质红，苔薄黄而燥，脉浮滑数。

【组方原理和特点】本方由银翘散、白虎汤、增液汤化裁加减组成，主要用于暑温病卫分重症兼见气营证。方中银花、连翘清热解毒，透表利尿；薄荷、牛蒡子、桔梗宣散表邪，透热外出，开利肺气，祛风除痰；元参、麦冬、生地、知母滋阴清热，生津润燥通便；焦栀、黄芩、板蓝根燥湿解毒，清利三焦之热；僵蚕熄风止痉；甘草益胃护阴。诸药合用，具有祛邪不伤正，扶正不恋邪和预防病情转危之效[13]。

古今医家论银翘散

一、吴鞠通

《温病条辨》：按温病忌汗，汗之不惟不解，反生他患，盖病在手经，徒伤足太阳无益；病自口鼻吸受而生，徒发其表亦无益也。且汗为心液，心阳受伤，必有神明内乱、谵语癫狂、内闭外脱之变。再，误汗。虽曰伤阳，汗乃五液之一，未始不伤阴也。《伤寒论》曰："尺脉微者为里虚，禁汗"，其义可见。其曰伤阳者，特举其伤之重者而言之耳。温病最善伤阴，用药又复伤阴，岂非为贼立帜乎？此古来用伤寒法治温病之大错也……本方谨遵《内经》"风淫于内，治以辛凉，佐以苦甘；热淫于内，治以咸寒，佐以甘苦"之训。又宗喻嘉言芳香辟秽之说，用东垣清心凉膈散，辛凉苦甘。病初起，且去入里之黄芩，勿犯中焦；加银花辛凉，芥穗芳香，散热解毒；牛蒡子辛平润肺，解热散结，除风利咽，皆手太阴药也。合而论之，经谓"冬不藏精，春必病温"；又谓"藏于精者，春不病温"；又谓"病温，虚甚死"。可见病温者，精气先虚。此方之妙，预护其虚，纯然清肃上焦，不犯中下，无开门揖盗之弊，有轻以去实之能，用之得法，自然奏效。此叶氏之法，所以迥出诸家也[14]。

二、张秉成

《成方便读》：治风温、温热，一切四时温邪，病从外来，初起身热而渴，不恶寒，邪全在表者。此方吴氏《温病条辨》中之首方，所治之温病，与瘟疫之瘟不同，而又与伏邪之温病有别。此但言四时之温邪，病于表而客于肺者，故以辛凉之轻剂清解上焦。银花、连翘、薄荷、荆芥皆辛凉之品，轻扬解散，清利上焦者也；豆豉宣胸化腐，牛蒡利膈清咽，竹叶、芦根清肺胃之热而下达，桔梗、甘草解胸膈之结而上行。此淮阴吴氏特开客气温邪之一端，是前人所未发耳[14]。

三、李畴人

《医方概要》：治温邪初起。以牛蒡宣利肺气而滑利窍；豆豉发越少阴陈伏之邪，为君；以银花、连翘甘凉轻清，宣泄上焦心肺之邪为臣；荆芥散血中之风；薄荷辛凉，宣肺胃之热而泄风；竹叶清心肺；甘、桔解毒开肺，载诸药上浮；芦根清胃热，合辛凉轻剂而治肺胃上焦风温，但热无寒。咳嗽不爽，加杏仁、象贝；口燥加花粉；热重加山栀、黄芩；脉洪口渴，石膏亦可加。吴氏以银翘散为主，治津气内虚之人[14]。

四、盛心如

《实用方剂学》：银花、连翘为治温病之主药。薄荷、荆芥以散风；竹叶、甘草以清热（此四味为佐）。用桔梗为使，轻扬以开其上；加苇根为引，甘淡以泄于下。而以牛蒡、淡豆豉为臣，通玄府以逐邪，俾为汗解。此亦辛凉苦甘之旨，诚为外感风温，初起在表、无汗之主方。本方根据河间凉膈散而加减复方之治也[14]。

五、蔡陆仙

《中国医药汇海·方剂部》：银翘散为近世之温热病辛凉解表之通方。方中有薄荷、牛蒡、竹叶、豆豉之辛凉宣散，又君以银花、连翘之清解心热，俾心热清则肺得清肃，而又金风送爽，飒飒生凉，肺气宣散，皮毛之壅热自开矣。况有桔梗、芦根以直接宣清肺热，更何患口渴之不清，身热之不解耶[14]？

六、秦伯未

《谦斋医学讲稿》：一般用银翘散，多把银花、连翘写在前面。我认为在温病上采用银翘散，当然可将银翘领先，但银翘是否是君药，值得考虑。如果银翘为君，那么臣药又是什么呢？我的意见，银翘散的主病是风温，风温是一个外感病，外邪初期都应解表，所以银翘散的根据是“风淫于内，治以辛凉，佐以苦甘”，称为辛凉解表法。这样，它的组成就应该以豆豉、荆芥、薄荷的疏风解表为君；因系温邪，用银、翘、竹叶为臣；又因邪在于肺，再用牛蒡、桔梗开宣上焦；最后加生甘草清热解毒，以鲜芦根煎汤清热止渴。处方时依次排列，似乎比较恰当。既然以解表为主，为什么用清热药作为方名？这是为了纠正当时用辛温发汗法治疗温病的错误，不等于风温病只要清热不要解表[14]。

七、孟澍江

《温病学方论与临床》：外邪袭表，故治疗亦须解表之法，但病因是风热之邪所致，所以不宜用辛温，误用则有化燥伤津之虞。而用辛凉解表之法以透表泄热，银翘散为合拍，方用荆芥、豆豉、牛蒡、薄荷轻宣解表，杏仁、桔梗、甘草开肺止咳，利咽止痛，双花、连翘清热泄邪，抑菌消炎。

八、焦庆华

连翘在银翘散中的作用及地位：银翘散中银花、连翘功具辛凉透邪，清热解毒，在方中的作用和地位历来被医家所重视。然虽银翘并提，但多重银花而略连翘。其实，从银翘散的方源及其制方原则结合药物的效用来看，焦庆华认为具备主要功效的应是连翘，而非银花。根据吴氏制方的原则是“治以辛凉，佐以苦甘”，以之为基本方的东垣清心凉膈散本身已具备此功效，而其主药即为连翘，加银花只不过是辅助主药并加强其作用而已。再从连翘性味和功效来看，连翘味苦辛凉，功具透表解肌，清热解毒，为“治风热要药”，完全具备银翘散方证主药的条件。反观金银花，吴氏言其辛凉，但历代医家对其性味持有异议，《滇南本草》谓其“性寒，味苦”，《本草正》言其“味甘、气平，其性微寒”。《中药学》教材、《中药大辞典》、《简明中医辞典》等皆谓其属甘寒之品。另外从现代药理分析来看，银花虽有良好的抗菌作用，但却没有辛凉解表药所具有的发汗和解热之作用，由此亦说明银花难归于辛凉之剂，在方中只起辅助连翘的作用。但由于金银花质体轻清，气味芬芳，性属甘寒，既能清热解毒，又能透热于外，且可芳香辟秽，和连翘相配，相得益彰，故银花、连翘常相提并论，相须为用[15]。

参考文献

［1］尚炽昌．银翘散．家庭医学，1997，（8）：28～29

［2］吴鞠通．温病条辨．上海：中华书局，1955：23

［3］中国中医研究院．中药制剂手册．北京：人民卫生出版社，1975：213

［4］中华人民共和国卫生部药典委员会．中华人民共和国药典．北京：人民卫生出版社，1990：502

［5］莫静义，徐志勇．银翘片工艺改进研究．中成药，1992，14（7）：2

［6］曹春林．中药制剂汇编．北京：人民卫生出版社，1983：1327

［7］曹春林．中药制剂注释．上海：上海科技出版社，1993：23

［8］谷建人，何尊三，许菊．银翘饮口服液的研制．中成药研究，1985，（8）：9

［9］姚毅，杨正贤．银翘解毒方便汤剂与传统汤剂比较的实验研究．中国中药杂志，1994，19（10）：604

［10］张保伟，王中元，彭松林．银翘散及其四衍方说略．河南中医药学刊，1997，12（2）：39～40

［11］蔡培英．银翘马勃散加减治疗扁桃体炎36例．江西中医药，2001，32（5）：30

［12］杨永芳，卜献春．银翘滴鼻剂治疗小儿风热型感冒的临床观察．中国中西医结合杂志，1998，18（7）：414～415

［13］米伯让．银翘解毒饮．陕西中医，1993，14（11）：499

［14］李飞．中医历代方论精选．南京：江苏科技出版社，1998：106.

［15］焦庆华．安徽中医临床杂志，2002，14（4）：422

第二篇　已公开发表的研究吴鞠通及其著作的文章

一、公开发表文章的目录

（一）1949 年之前

论文题目	论文作者	发表期刊及时间
吴鞠通《温病条辨》界划三焦、王孟英《温热经纬》病分内营外卫两说俱有至理分析辨之	徐树荣	绍兴医药学报，1915，(15/52)
论《温病条辨》银花赤芍	马叔循	绍兴医药学报，1920；10(11)
问书一则：敬询者圭读吴鞠通先生	沈仲圭	绍兴医药学报，1920；(46)
吴鞠通之章氏《棒喝》语评	裘吉生	绍兴医药学报，1925；11(5)
论吴鞠通《温病条辨》	曹颖甫	中医杂志（上海），1923；(7)
论汗法	俞　芗	中医杂志（上海），1923；(7)
《温病条辨》分三焦立论议	秦伯未	中医杂志（上海），1923；(9)
《温病条辨》辨	张炳昌	绍兴医药月报，1926；3(9)
《温病条辨》辨（续）	张炳昌	绍兴医药月报，1926；3(10)
论吴氏《温病条辨》二甲复脉三甲复脉二方	张锡纯	中医杂志（上海），1927；(24)
《温病条辨》宣痹汤重名订正之磋商	邓可则	中医杂志（上海），1927；(23)
《温病条辨》汤方歌	罗燮元	健康杂志（上海），1929；(8)
读《温病条辨》	贾　芬	如皋医学报五周汇选，1930；(12)
克俭庐医话：《温病条辨》	丁叔廉	家庭医学杂志，1931；2(11)
论《温病条辨》之桂枝汤	胡安邦	中医指导录，1931；(12)
麻桂二汤之正当用途及吴鞠通《温病条辨》所用桂枝汤之商榷	蒋　稚	中国医学院院毕业纪念刊，1933 年（第 4 届）
读《温病条辨》第八节用白虎加人参汤之辩论	倪梦若	杏林医学月报，1933；(52)
《温病条辨》方歌	余氏遗著	姜堰植林医社录 1934；1(8/9)
《温病条辨》方歌（续）	余氏遗著	姜堰植林医社录 1934；1(10/11)

纠正《温病条辨》之蠡测	李鼎昌	光华医学杂志，1936；4(1)
仲景《伤寒论》主六经温病概括在内吴鞠通《温病条辨》主三焦其说孰是	黄文东	中医世界，1936；10(5)
新编《温病条辨》方歌(一)	罗燮元	现代中医，1936；3(1)
新编《温病条辨》方歌(二)	罗燮元	现代中医，1936；3(2)
新编《温病条辨》方歌(三)	罗燮元	现代中医，1936；3(3)
新编《温病条辨》方歌(四)	罗燮元	现代中医，1936；3(4)
新编《温病条辨》方歌(五)	罗燮元	现代中医，1936；3(5/6)
新编《温病条辨》方歌(六)	罗燮元	现代中医，1936；3(7/8)
新编《温病条辨》方歌(七)	罗燮元	现代中医，1936；3(9/10)
新编《温病条辨》方歌(八)	罗燮元	现代中医，1936；3(11/12)
论吴鞠通《温病条辨》之优劣	吴颂华	现代中医杂志，1937；4(2)
《温病条辨》评议(未完)	罗燮元	光华医学杂志，1937；4(9)
《温病条辨》评议(续前)	罗燮元	光华医学杂志，1937；4(10)
《温病条辨》歌括	朱品珊	中国医药月刊(重庆)，1944；1(3)
读书偶记：论吴鞠通	姜春华	国医砥柱，1946；5(1)
《温病条辨》平议	吴衍升	吴兴医药月刊，1947；复(15/16)
《温病条辨》上焦篇用桂枝汤之平议	九华山人	国医砥柱(上海)，1948；6(12)

(二)1949 年之后

1. 对吴鞠通生平事迹的考证和研究

论文题目	论文作者	发表期刊及时间
吴鞠通年岁考	骆　勉	江苏中医，1964；(12)
曹炳章先生对中医药学的贡献	徐荣斋	浙江中医学院学报，1979；(1)
关于吴鞠通生平的又一佐证	王绪鳌	浙江中医学院学报，1983；(2)
吴鞠通与《温病条辨》	吴复苍	天津中医学院学报，1983；(3、4)
外感热病的"从化"问题	印会河	《中医内科新论》，山西人民出版社，1983；5
中华全国中医学会江苏分会召开吴鞠通学术讨论会	殷怀玉	中华医史杂志，1985；(2)
"吴鞠通学术讲座会"在淮阴召开	单健民	江苏中医，1985；(3)
吴鞠通年谱约编	方春阳	浙江中医，1985：(7)
纪念吴鞠通逝世 150 周年	董建华	浙江中医杂志，1985；(7)
温病学说的形成与发展	王晓鹤	山西中医，1986；(1)
试论温病学派的贡献及局限	王景洪	陕西中医学院学报，1986；(3)
吴瑭生平史略	张志元	北京中医学院学报，1987；(6)
吴鞠通与章虚谷的一段佳话	何绍奇	北京中医学院学报，1988；(4)
评吴鞠通	姜春华	上海中医药，1988；(10)
吴鞠通名字号小考	卜开初	上海中医药，1989；(7)
议具古今妙识　论摒世俗陋见	郝印卿	山西中医，1995；(1)

吴鞠通之生平及其成就	秦正生	医学家吴瑭现代研究,金陵出版公司,1997;(2)
《温病条辨》著成年代考	李刘坤	中华医史,1999;(1)
吴鞠通学术成就述评	崔儒涛　谢建群	浙江中医学院学报,1999;(2)
温病名家吴鞠通生平著述考	李刘坤	中华医史,2001;(2)
谈《温病条辨》对《伤寒论》的继承与发展	刘建军	河南中医,2007;(4)
吴鞠通著《温病条辨》之逻辑思维探讨	罗　任　邵　瑛	中华中医药学刊,2007;(4)
浅谈吴鞠通对中医儿科的贡献	夏小军	中医儿科杂志,2007;(5)
《(温病条辨)序》作者汪廷珍"字"、"号"考	邱鹏飞	国医论坛,2008;(1)
吴鞠通以德立医	孙　博　李治罡	医界春秋,2008;(2)
吴瑭《温病条辨》稿本题记	辛德勇	中国社会科学院历史研究所学刊,第三集,2009;(4)

2. 对《温病条辨》文献理论的研究

论文题目	作者	发表刊物及时间
对《温病条辨》之新的评价	江静波	新中医药,1953;(1)
伤寒与温病	李蔚普　赵惕蒙	江西医药,1954;(10)
谈《温病条辨》	吴青尘	新中医药,1955;(5)
温病学说的发生与成长	邓铁涛	中医杂志,1955;(5)
对于伤寒与温病的认识	时逸人	上海中医药杂志,1955;(7)
试论温病的卫气营血和三焦	邓铁涛	江西中医药,1955;(8)
介绍吴氏《温病条辨》下焦篇的内容	陈咨歧	福建中医药,1956;(3)
温病要义	谢仲墨	中医杂志,1957;(1)
吴鞠通《温病条辨》书后	邓铁涛	广东中医,1957;(3)
关于"三焦"之我见	钟益生	中医杂志,1957;(3)
温病要义(续)	谢仲墨	中医杂志,1957;(3)
介绍吴氏《温病条辨》下焦篇的内容(续)	陈谘歧	福建中医药,1957;(4)
温病要义(续)	谢仲墨	中医杂志,1957;(4)
温病学说的形成和发展概述	医　林	中医杂志,1957;(4)
对于伤寒温病之辨惑及金元四大家著作的看法	梁少甫	上海中医药杂志,1957;(4)
介绍吴氏《温病条辨》下焦篇的内容(续)	陈谘歧	福建中医药,1957;(5)
温病要义(续)	谢仲墨	中医杂志,1957;(5)
温病概论	南京中医学校温病教研组	江苏中医药,1957;(5)
论温病学上的"营卫气血"和"三焦"及伤寒温病学说之争问题	王新华	广东中医,1957;(6-7)
温病和伤寒的鉴别	宋洛川	山东医药,1957;(6)
温病要义(续)	谢仲墨	中医杂志,1957;(6)
温病学说的发展(续)	杨达夫	江西中医药,1957;(6)
读《温病条辨》后的体会(一)	田令群　赵成春	中级医刊,1957;(7-9)
尺皮热还是皮肤热	戴回云	浙江中医杂志,1957;(7)

温病要义(续)	谢仲墨	中医杂志,1957;(7)
温热病的主要症候和治法及其方剂的运用规律	秦伯未	上海中医药杂志,1957;(8)
读《温病条辨》后的体会(二)	田令群　赵成春	中级医刊,1957;(8)
温病要义(续)	谢仲墨	中医杂志,1957;(8)
我对于伤寒与温病的看法	翟冷仙	上海中医药杂志,1957;(10)
温病要义(续完)	谢仲墨	中医杂志,1957;(10)
"尺皮热"就是皮肤热	廖家兴	浙江中医杂志,1957;(11)
从临床经验上体会《伤寒论》与《温病条辨》的异同	姚益华	浙江中医杂志,1957;(12)
温病的病理机转和发病规律	杨达夫	江西医药,1958;(1)
介绍《伤寒论释义》、《金匮释义》及《温病学新编》三本新书	缪正来	江苏中医药,1958;(3)
论"新感与伏邪"	张浩良	中医杂志,1958;(3)
关于《温病条辨》第一方用桂枝汤的一些意见	黄耀人	福建中医药,1958;(5)
论温病中的"营卫气血"与"三焦"	戈敬恒	中医杂志,1958;(5)
学习温病后的体会	陈俊鸿	福建中医药,1958;(6)
《温病条辨》第一方用桂枝汤的我见	廖家兴	福建中医药,1958;(7)
温病治法概要	单健民	福建中医药,1958;(8)
掌握辨证治疗的原则,消除伤寒温病的纷争	孙砚孚	上海中医药杂志,1958;(9)
三焦	张保真	西安交通大学学报(医学版)1959;1
统一伤寒温病学说的认识	章巨膺	上海中医药杂志,1959;(4)
对六经、卫气营血、三焦的体会	孙宝楚	江苏中医,1959;(5)
温病概说	万友生	江西中医药,1959;(6)
温病概说(续二)	万友生	江西中医药,1959;(7)
叶天士与吴鞠通在温病学上的成就	静　修	福建中医药,1959;(7)
温病概说(三续)	万友生	江西中医药,1959;(8)
温病概说(续完)	万友生	江西中医药,1959;(9)
学习《温病条辨》之后对黄连治疗温病的体会	徐景藩	中医杂志,1960;(1)
温病治疗中枢转气机问题的探讨	顾　瑞　姚邦垣	成都中医药大学学报,1960;(4)
为什么白虎汤证会恶风寒	万友生	江西中医药,1960;(4)
《温病条辨》湿温学习笔记	王贵淼	广东中医,1960;(6)
伤寒与温病论争的我见	汤益明	江西中医药,1960;(6)
对温病学说的营卫气血和三焦的认识	胡中梁	福建中医药,1960;(9)
《温病条辨》卷首原病篇浅析	俞长荣	哈尔滨中医,1961;(5)
温热顾阴的涵义和临证实用	周筱斋	江苏中医药,1961;(7)
试论养阴学说及其科学性	周尚仁	天津医药,1961;(8)
《温病条辨》和《温疫论》的关系	林可华	福建中医药,1962;(5)
《温病条辨》"风温"学习笔记	王贵淼	广东中医,1962;(10)
温病治疗中清热与养阴的关系	时振声	山西医药杂志,1963;(4)
试论《温病条辨》的若干辨治法则	王贵淼	浙江中医杂志,1965;(2)
《温病条辨》"汗论"浅释	史兰华	山东中医学院学报,1977;(2)

吴鞠通是怎样继承叶天士经验的	赖显荣	浙江中医药,1978;(3)
温病传及下焦的治法	黄道存	广西中医药,1979;(2)
吴鞠通先生论治“秋燥”之研讨	沈仲圭　陆文彬	辽宁中医杂志,1979;(3)
《温病条辨》舌诊运用规律的探讨	时振声	浙江中医药,1979;(7)
从吴又可、叶天士、吴鞠通三家学说看温病学的发展	高和声	浙江中医药,1979;(7)
吴鞠通论治湿温之研讨	沈仲圭　陆文彬	江苏中医杂志,1980;(4)
《温病条辨》与控制论	孟庆云	成都中医学院学报,1980;(4)
《温病条辨》脉诊运用规律的探讨	周方安	陕西中医,1980;(5)
温病昏呃痉厥证治综谈	孟澍江	江苏中医杂志,1980;(6)
吴鞠通“燥气大纲”之我见	吴寿善	湖北中医杂志,1980;(6)
略论《温病条辨》中的数脉	沈伟礼	浙江中医杂志,1980;(7)
试论《温病条辨》的学术特点	沈庆法	浙江中医杂志,1980;(7)
学习《温病条辨》的一些体会	赵　松	贵阳中医学院学报,1981;(1)
读《温病条辨》后	施家模	湖北中医杂志,1981;(1)
《温病条辨·春温》学习笔记	王贵淼	广东中医,1981;(2)
二吴“气复浮肿”小议	董敬斋	山东中医学院学报,1981;(2)
湿温病的“三禁”与“三不禁”	张腊荣	湖北中医杂志,1981;(3)
温病学的发展及展望	孟澍江	江苏中医杂志,1981;(5)
如何理解吴鞠通所说的“热厥之中,亦有三等”	沈庆法	中医杂志,1981;(11)
湿温三禁考	严　忠	江苏中医杂志,1982;(2)
卫气营血辨证与三焦辨证的关系及其临床应用	倪承恺	贵阳中医学院学报,1982;(4)
试论《温病条辨》有关汗证的辨证论治	朱　均	贵阳中医学院学报,1982;(4)
谈谈八纲辨证在《伤寒论》、《金匮要略》、《温病条辨》中的体现	顾文忠	云南中医杂志,1982;(4)
《温病条辨·原病篇》关于寒温暑疫的鉴别	赵立勋	成都中医学院学报,1982;(增刊)
我对《温病条辨》的评价	邓铁涛	浙江中医杂志,1982;(6)
何谓“温病死证五大纲”?临床上有何价值?	王耀武	中医杂志,1982;(7)
学用《伤寒》方还要注意《温病条辨》的发展	王辉武	中医杂志,1982;(8)
《温病条辨》类证辨治	孟澍江	南京中医学院学报,1983;(1)
试论吴鞠通对仲景学说的继承和发展	单书健	吉林中医药,1983;(2)
《温病条辨·自序》的译注	陈开运	北京中医,1983;(3)
《温病条辨》暑温学习笔记	王贵淼	广西中医药,1983;(3)
《温病条辨》类证辨治(二)	孟澍江	南京中医学院学报,1983;(3)
对《温病条辨》中有关问题的认识和体会	孟澍江	广西中医药,1983;(4)
冬温辨惑	覃白怡	湖北中医杂志,1983;(4)
从秋燥演变看吴鞠通的护阴保津学术思想	原金隆	云南中医,1983;(5)
浅谈《温病条辨》羽翼《伤寒论》	汪新象	四川中医,1983;(6)
吴鞠通《温病条辨》舌诊浅谈	褚玄仁　王天如	江苏中医杂志,1983;(6)
浅谈吴瑭对温病学的贡献	蒋士英	江苏中医杂志,1984;(1)
《温病条辨·秋燥》学习笔记	王贵淼	广西中医药,1984;(1)

《温病条辨》关于口渴的辨治	孟澍江　杨　进	南京中医学院学报,1984;(2)
《温病条辨·解儿难》简评	林钦廉	浙江中医学院学报,1984;(2)
吴鞠通治学思想小议	刘　辉	南京中医学院学报,1984;(2)
小议《温病条辨》中的热深厥甚	月　辰	山东中医学院学报,1984;(2)
吴鞠通对仲景学说的继承和发展	周志枢	成都中医学院学报,1984;(4)
吴鞠通"解产难"研讨	陆文彬	四川中医　1984;(4)
《温病条辨》三焦辨证体系的特点	傅景华　戚燕如	吉林中医药,1984;(5)
《温病条辨》的学术建树	俞景茂	中医药学报,1984;(6)
略论《温病条辨》的体质辨治	王贵森	贵阳中医学院学报,1985;(2)
《温病条辨》评介	刘景源	新疆中医药,1985;(2)
从《温病条辨·原病篇》看内经刺热理论对吴鞠通治疗思想的指导	周桂桐　曹一鸣	安徽中医学院学报,1985;(2)
《温病条辨》"辨汗"初探	马　健　张国庆 孟澍江　沈凤阁	广西中医药,1985;(3)
《温病条辨》证治简述	徐伯兴	桂林卫生,1985;(4)
谈吴氏治血证从三焦分治	赵业勤　杨爱华	江苏中医,1985;(5)
浅谈怎样自学《温病条辨》	王贵森	浙江中医学院学报,1985;(6)
浅谈吴鞠通论温病五大死证	张腊荣	湖北中医杂志,1985;(6)
吴鞠通《温病条辨》三焦辨治之研讨	陆文彬	浙江中医杂志,1985;(7)
试论吴鞠通学术思想的特点	董建华	浙江中医杂志,1985;(7)
论吴鞠通温病的三焦辨证	郭振球	北京中医学院学报,1985;(6)
《温病条辨》中小便不利证治浅析	王国栋	江苏中医杂志,1985;(12)
吴鞠通对温病学说的卓越贡献	邹克扬	四川中医,1985;(12)
谈《温病条辨·解儿难》之论痉	田淑霄　李士懋	中医杂志,1986;(1)
《温病条辨》的学术成就和特点	张发荣	成都中医学院学报,1986;(1)
《温病条辨》对温病病因学的贡献	戚燕如	内蒙古中医药,1986;(1)
《温病条辨》复合脉析	莫星明	吉林中医药,1986;(1)
《温病条辨》小便不利证治浅说	谢风英	湖南中医学院学报,1986;(1)
吴瑭《温病条辨》评介	许家松	温病汇讲,人民卫生出版社,1986,2
论《温病条辨》之脉诊	潘涢民	成都中医学院学报,1986;(2)
论《温病条辨》的学术渊源	戚燕如　傅景华	河北中医,1986;(3)
吴鞠通温热病处理方法的探讨	王乐匋	安徽医学,1986;(3)
吴鞠通论治上犯中药禁殊多矛盾	柴中元	北京中医学院学报,1986;(4)
吴鞠通治络法探析	张志远	中医药研究,1986;(4)
吴鞠通"解儿难"的学术见解	宋知行	陕西中医,1986;(5)
略论吴瑭的治学思想	李刘坤	中医教育,1986;(6)
吴鞠通治疗胎产病经验介绍	马大正	浙江中医学院学报,1986;(6)
从《温病条辨》论吴瑭的治学思想	王振坤	湖南中医学院学报,1986;(3)
吴鞠通清热育阴法治疗产后病的意义	王　弘	浙江中医杂志,1986;(7)
吴鞠通脾胃证治初探	王玉先	陕西中医,1986;(7)
从《温病条辨》探讨医源性阴虚	裴业民　石恩权	新中医,1986;(10)

试论吴鞠通“解产难”的学术思想	谢务栋	河北中医,1987;(2)
《温病条辨》辨病分期定位论治体系初探	张文选	陕西中医,1987;(4)
试析《温病条辨》论瘀血	刘鹏举　白　锋	中医函授通讯,1987;(5)
《温病条辨》论肾剖析	杨　进	北京中医学院学报,1987;(5)
温病下焦病证辨析	杨　进	浙江中医杂志,1987;(6)
吴鞠通论温病伤阴及防治	张赤志	浙江中医杂志,1987;(6)
吴鞠通“邪侵上焦辨治”浅识	周正效	江苏中医杂志,1987;(8)
吴鞠通三焦治则浅析	杨喜鑫	实用中医内科杂志,1988;(1)
吴鞠通防治杂病学术思想浅探	左兴中	湖南中医学院学报,1988;(1)
吴鞠通研究温病的思维方法探讨	刘国强	陕西中医学院学报,1988;(1)
“九窍不和皆属胃病”临证管见	黄惠杰	贵阳中医学院学报,1988;(2)
试论吴瑭对寒湿症的三焦论治	王春明　沙玉秀	中医研究,1988;(2)
读《温病条辨·燥气论》	王乐匋	江西中医药,1988;(3)
浅谈吴鞠通“格物辨本草”	戴恩来	甘肃中医学院学报,1988;(3)
“吐血三要法”浅识	钱天雷	安徽中医学院学报,1988;(4)
论《温病条辨》的成就	刘献琳　程鹤年	山东中医学院学报,1988;(4)
试论《温病条辨》的“博涉知病、多诊识脉、屡用达药”	王贵淼	福建中医药,1988;(5)
略论仲景方在《温病条辨》中的运用	刘　霞	江西中医药,1988;(5)
吴瑭温病五大死证的临床意义	谢志敏	江西中医药,1988;(6)
吴鞠通治痢初探	张天真	河北中医,1988;(6)
《温病条辨》保胃气学术思想探索	司新会	辽宁中医杂志,1988;(7)
论吴鞠通重视胃阴的学术思想	徐景藩	江苏中医,1988;(7)
浅析温病气分证治	申春悌　倪爱德	江苏中医,1988;(11)
吴瑭治病手法述要	吕延亭	陕西中医,1989;(2)
吴鞠通对方剂学发展的贡献	王树槐	吉林中医药,1989;(4)
论《温病条辨》之不足	刘献琳　王秀清	山东中医学院学报,1989;(4)
《温病条辨》与《温热经纬》	邓铁涛	新中医,1989;(5)
吴鞠通三焦辨证源流考辨	许家松	新中医,1989;(5)
吴鞠通对《温疫论》的继承和发展	沈庆法	上海中医药杂志,1989;(7)
《温病条辨痹疸论》临床研究	邓铁涛	新中医,1990;(7－9)
试论吴鞠通治疗温病急症的学术思想	聂天义	四川中医,1990;(12)
温病脉象探讨	阎宝珠	江苏中医,1991;(1)
对《温病条辨》中宣气化湿法的探讨	黎忠民	河北中医,1991;(1)
《温病条辨》养阴护津法初探	李宇俊	四川中医,1991;(1)
吴鞠通学术思想述评	赵章忠	北京中医学院学报,1991;(2)
《温病条辨》口渴辨	赵　峪　韦玉英	辽宁中医杂志,1991;(6)
《温病条辨》脉诊浅析	许兴国	四川中医,1991;(10)
对吴鞠通应用《伤寒论》方的探讨	程磐基	辽宁中医杂志,1991;(11)
吴瑭对仲景承气法的继承与发展	庞景三	中医函授通讯,1992;(4)
《温病条辨》水血相关证治探讨	聂天义	四川中医,1993;(9)
吴鞠通与《伤寒论》	程磐基	中国医药学报,1994;(1)

温病辨汗析义	李福海	中医函授通讯,1994;(2)
清营汤用丹参的机理探讨	戴春福	陕西中医学院学报,1994;(3)
浅谈吴鞠通三焦辨证的治法	王启政	河南中医,1994;(4)
《温病条辨》易学思想初探	唐艺凯	国医论坛,1994;(5)
浅评吴瑭的学术思想	王紫阳	江苏中医,1995;(11)
吴瑭“治上焦如羽,非轻不举”临证用药一得	章巧萍	中国民间疗法,1996;(1)
略论吴瑭《温病条辨》对温病学的继承和发展	周朝进	上海中医药杂志,1996;(2)
《伤寒论》与《温病条辨》神昏治法探讨	张国霞	天津中医,1996;(4)
吴鞠通对奇经与脏腑相关运用法度探析	解浚沅	甘肃中医学院学报,1997;(2)
《温病条辨》下焦真阴欲竭证探析	王勇飞	浙江中医杂志,1998;(3)
从《解儿难》看吴瑭的学术思想	程志源	江苏中医,1998;(3)
吴鞠通治上焦病顾护津液之特点	张　炎　范　晔　李　明	北京中医,1998;(4)
试论吴鞠通病原说的科学性	邓铁涛	中国中医基础医学杂志,1998;(5)
《温病条辨》神昏的探讨	伍定邦	湖北中医学院学报,1999;(1)
析《温病条辨》中的“气化则湿亦化”	荆　鲁	河南中医,1999;(2)
吴鞠通学术成就述评	崔儒涛　谢建群	浙江中医学院学报,1999;(2)
《温病条辨》对温热药的运用述略	伍定邦	中医函授通讯,1999;(3)
吴鞠通“坚壁清野”法临证意义浅识	敬　博	中医函授通讯,1999;(5)
吴鞠通温病学术观念的由来与特色	杨奕望	上海中医药杂志,1999;(5)
吴鞠通温病三焦辨证的特点和意义	李刘坤	浙江中医杂志,1999;(10)
吴鞠通论下焦温病阴伤证治浅析	王爱民	江苏中医,1999;(12)
瞰识吴瑭保津护阴观	高慧明	中医文献杂志,2000;(2)
试从《温病条辨》探析吴瑭的唯物辨证观	余　真	中医函授通讯,2000;(3)
“治上焦如羽”之不足	戴春福　翁晓红	云南中医学院学报,2000;(3)
论吴鞠通温病学术思想渊源	李刘坤　凌泽奎	新疆中医药,2000;(4)
《温病条辨》中的若干思维方法	彭　坚	医学与哲学,2000;(5)
吴鞠通《温病条辨》读后	邓铁涛	广东高等教育出版社,2000;(9)
对《伤寒论》与《温病条辨》保津思想统一性探析	刘盛昌	中国中医基础医学杂志,2001;(2)
吴鞠通学术思想浅析	贾树杰	河北中医,2001;(4)
《温病条辨》与《临证指南医案》方证源流探讨	何　斌	中国中医基础医学杂志,2001;(11)
《温病条辨》的温热病即新感春温病推论	翁宜峰	时珍国医国药,2001;(11)
浅谈《温病条辨》治疗痹证的经验	陈　迎	天津中医,2002;(1)
试论“入营犹可透热转气,入血直须凉血散血”的临床意义	陈志宏	国医论坛,2002;(1)
吴鞠通《温病条辨》对《伤寒论》的继承与发展	黄　海	中华医史杂志,2002;(1)
浅析温病卫气营血与三焦辨证	魏国俊	兰州中医学院学报,2002;(2)
《温病条辨》邪正合治观考辨	雷云霞　刘　新	中医药学刊,2002;(4)
吴鞠通“气化则湿化”理论对肾脏病湿热证治疗的启示	龚学忠	浙江中医杂志,2002;(11)
《温病条辨》保阴护津思想探析	马伯艳　李　冀	中医药学报,2003;(1)

对吴瑭《温病条辨》中“治上焦如羽”治法的探讨	周瑞平	山西中医学院学报,2003;(1)
浅述吴瑭对小儿疳症的认识	刘　强　于绣红　田湘平	中医研究,2003;(1)
吴鞠通儿科学术观点浅探	沈开金	吉林中医药,2003;(2)
吴鞠通养阴保津学术思想探要	张晓光	实用中医内科杂志,2003;(4)
吴鞠通小儿痉病证治理论浅探	刘少芸	湖南中医药导报,2003;(7)
三焦学说研究进展	高林林　吴　雄　陈　丹　赵　伟　沈　林　陆重琳	辽宁中医杂志,2003;(8)
《温病学》开窍法及通下法之适应证剖析	沈　强　陈孝银	时珍国医国药,2003;(9)
《温病条辨》湿病治法述要	李改琴　李守朝　郑贵选	陕西中医,2003;(9)
中医学中急性热病学的发展规律浅识	姚　波	中医药学刊,2004;(1)
《温病条辨》禁忌探析	程方平　邢燕玲	中华现代中西医杂志,2004;(2)
试论《温病条辨》承气诸法	张亮亮	中医研究,2004;(2)
从邪正盛衰探析《温病条辨》祛邪与补阴的时机	操儒森	国医论坛,2004;(2)
从《温病条辨》对《伤寒论》的继承与发展论中医发展的创新性	李赛美	广州中医药大学学报,2004;(2)
《温病条辨》滋养胃阴学术思想探讨	朱　虹　王灿晖	南京中医药大学学报,2004;(4)
论吴鞠通气味配伍理论及应用	程昭寰　王永炎	中医杂志,2004;(4)
吴鞠通学术思想研究	刘　新　雷云霞	实用中西医结合临床,2004;(5)
《温病条辨》若干条文商榷	林智辉	国医论坛,2004;(5)
浅析中焦疾病的调理	龚健冰	黑龙江中医药,2004;(6)
卫气营血辨证与三焦辨证的应用现状调查	杜桂琴　肖照岑	浙江中医杂志,2004;(10)
《温病条辨》一书中几个问题的探究	刘景源	中国中医药现代远程教育,2005;(1)
经方与时方原来不相悖——重读吴瑭《温病条辨》	张　酿	中医药学刊,2005;(3)
以《温病条辨》太阴温病理论解读非典	梁　建	四川省卫生管理干部学院学报,2005;(3)
吴鞠通《温病条辨》关于神昏的理论建树	谢红梅	河北北方学院学报,2005;(4)
浅述湿温证的临床辨证和治疗	张琪昌	中华现代中西医杂志,2005;(5)
《温病条辨》一书中几个问题的探究	刘景源	中国中医药现代远程教育,2005;(5)
《温病条辨》评介——吴鞠通学术思想探讨(一)	刘景源	中国中医药现代远程教育,2005;(7)
《温病条辨》评介——吴鞠通学术思想探讨(二)	刘景源	中国中医药现代远程教育,2005;(8)
《温病条辨》对外感温热病的贡献	叶一萍	辽宁中医学院学报,2005;(5)
吴瑭《解儿难》医学批评论	刘庆宪	中医药学刊,2005;(9)
《温病条辨》中的死证刍议	李伟林	辽宁中医杂志,2005;(11)
“治上焦如羽”之管见	许华俊　宁寿深	中国社区医师,2005;(20)

阴虚体质在《温病条辨》治疗中的体现探讨	郭文岗　吴志刚	贵阳中医学院学报,2006;(1)
辨析温病学中“毒”的含义及其证治	陈云逸　王道坤	甘肃中医,2006;(2)
评吴鞠通之凉燥学说	何德昭	中医药导报,2006;(2)
浅谈《伤寒论》与《温病条辨》体质思想之异同	王　方　顾　星	中医药导报,2006;(3)
《温病条辨》运用温药规律初探	杨　洁　邱丽瑛	江西中医药,2006;(3)
《温病条辨·解儿难》学术思想探析	周亚兵　吴　敏	广州中医药大学学报,2006;(4)
试论系统性思维在《温病条辨》中的应用	罗　任	国医论坛,2006;(5)
《温病条辨》“温病死证五大纲”探析	王　英　盛增秀	中医药学刊,2006;(5)
浅谈《温病条辨·疳疾论》	刘　艳　郑志勇	中医杂志,2006;(7)
吴瑭论治血证经验	王　蕾　秦玉龙	吉林中医药,2006;(7)
吴鞠通妇产病学思想特色探析	申　霞	中医研究,2006;(10)
《温病条辨》对艾滋病病因认识的启示	金　燕　危剑安　薛柳华　周　伟	中国中医基础医学杂志,2007;(1)
吴鞠通三焦辨证辨析	魏　民	光明中医,2007;(1)
温病辛凉(寒)透泄法理论研讨	郭选贤　梅晓萍　刘爱华　谢世平　牛宝生　谢忠礼　金培祥	四川中医,2007;(1)
吴鞠学术成就探析	周丽雅　岳冬辉　孙耀东	中国中医基础医学杂志,2007;(2)
《温病条辨》中以桂枝汤为全书第一方问题的探究	刘春霞　张阳英	吉林中医,2007;(4)
《温病条辨》汗下禁忌溯源与评价	顾　漫	中国中医基础医学杂志,2007;(4)
《温病条辨》的学术成就与创新	许家松	世界中医药,2007;(4)
《温病条辨》及其学术渊源	宋咏梅　张思超	山东中医杂志,2007;(4)
《温病条辨》与三焦辨证	宋咏梅　张思超	山东中医杂志,2007;(5)
从《温病条辨》看中医脉学的现状及未来	闪增郁　陈燕萍　汪南玥　于友华　张　智　向丽华	世界科学技术－中医药现代化,2007;(5)
探析《温病条辨》重阴精的学术思想	宋咏梅　张思超	山东中医杂志,2007;(6)
《温病条辨》中三焦分阶段滋阴法的运用	黑　丹　李海波	吉林中医药,2007;(11)
《温病条辨》下法思想探讨	张思超　宋咏梅	山东中医杂志,2007;(12)
《温病条辨》运用仲景方规律探要	陈保红	实用中医内科杂志,2008;(4)
吴鞠通论治虚劳经验探析	胡向阳　张荣华	江苏中医药,2008;(5)
吴鞠通温病辨证特点探析	王秀莲	山东中医药大学学报,2008;(5)
《温病条辨》不寐的探讨	唐清华　贾　微　陈　升	江苏中医药,2008;(9)
《温病条辨》论汗浅析	潘雨薇　杨钦河	国医论坛,2009;(1)
吴鞠通论治湿温的特色	张宏勇　张　勤　孙守才	山西中医学院学报,2009;(1)
吴鞠通对《伤寒论》的继承与发展	顾武军	南京中医药大学学报,2009;(2)

吴鞠通论治湿热病特点探析	耿学英　宋乃光	中华中医药学刊,2009;(2)
吴鞠通认证施治思想探悉	郭　海　龚婕宁 张庆宏　董丽霞	辽宁中医药大学学报,2009;(3)
吴鞠通治疗危重病八法	汤川安	中医文献杂志,2009;(4)
温病学说羽翼伤寒理论	王兆军　王兆凯	中国中医现代远程教育杂志,2009;(9)
《温病条辨》羽翼伤寒的探讨	赵　琦　刘小凡	现代中西医结合杂志,2009;(15)
吴鞠通对湿温的辨证与论治浅析	王兆军　王殿虎	实用中医内科杂志,2010;(7)

3. 对《温病条辨》理法方药的研究

关于《温病条辨》第一方用桂枝汤的一些意见	黄耀人	福建中医药,1958;(4)
“《温病条辨》”保津滋阴疗法的探索	孙宝楚	江苏中医药,1959;(10)
学习《温病条辨》后对黄连治疗温病的体会	徐景藩	中医杂志,1960;(1)
吴鞠通氏对银花连翘的应用	张浩良	浙江中医杂志,1964;(4)
对缪希雍、吴鞠通有关麻疹用药的体会	卢浩然	广东医学,1965;(1)
关于吴瑭氏“泻白散不可妄用论”一文的几点意见	苏　旭	黑龙江中医药,1966;(6)
《温病条辨》中有关治疗湿热的几个代表性方剂的临床运用体会	时振声	浙江中医药,1978;(3)
略谈《温病条辨》中药物配伍性味组合——兼与林乾良同志商榷	林绍日	浙江中医药,1978;(5)
吴鞠通运用通下法的研讨	沈仲圭　陆文彬	吉林中医药,1979;(4)
应用沙参麦冬汤加减治疗心动过速的点滴体会	苏庆黄	辽宁中医杂志,1980;(1)
《温病条辨》奇经八脉为病的治疗法则	冯济凤	贵阳中医学院学报,1981;(4)
吴鞠通先生运用清营凉血法研讨	沈仲圭　陆文彬	云南中医杂志,1981;(4)
清营汤浅探	左言富　李　飞	浙江中医,1981;(7)
《温病条辨》的清滋法配合	杨　进　孟澍江	陕西中医,1982;(1)
吴鞠通对炙甘草汤的发展	江克明	中医杂志,1982;(2)
仲景方在《温病条辨》中的运用规律初探	薛近芳	浙江中医院学报,1982;(2)
清热安宫丸临床疗效观察	邓筱安	江西医药,1982;(2)
《温病条辨》治痢法探讨	时振声	吉林中医药,1982;(3)
吴鞠通治寒湿七法	徐宗熹	浙江中医,1982;(6)
《温病条辨》中泻心汤的加减法有哪些？各主何证？	王益鹏	中医杂志,1982;(11)
浅析吴瑭运用调畅气机治疗湿热诸法	沈庆法	吉林中医药,1983;(2)
吴鞠通复脉法试析	潘远根	湖南中医学院学报,1983;(2)
试论《温病条辨》湿热治法	吴毅彪	安徽中医学院学报,1983;(2)
吴鞠通治温病发黄九法	陈志源	黑龙江中医药,1983;(3)
从承气汤的运用,看伤寒和温病的统一性	范准成	陕西中医,1983;(6)
宣白承气汤加味治疗小儿麻疹肺炎经验	樊祖仁	陕西中医,1983;(6)

略述《温病条辨》论湿温七法	王贵淼	四川中医,1983;(6)
桑菊饮的工艺改进及质量标准的修订	孙继军　袁雅美 何尊三　陈洛怡	中成药研究,1983;(8)
从《温病条辨》看吴鞠通的临床思想特点	陈广源	贵阳中医学院学报,1984;(1)
对吴鞠通论治温病运用下法的体会	刘苓文	辽宁中医学院学报,1984;(1)
论吴鞠通“治上焦如羽”的机理和方法	王兴华	安徽中医学院学报,1984;(2)
“桃仁承气汤”并非吴鞠通所创	张国庆　马　健	中医杂志,1984;(2)
吴鞠通温病治疗禁忌学说初探	李刘坤	北京中医学院学报,1984;(4)
阳明温病下后辨证并治	陈国华	四川中医,1984;(4)
有关清营汤的几个问题初探	马　骥	辽宁中医杂志,1984;(4)
《温病条辨》服药方法与临床	金淑琴	陕西中医,1984;(10)
试析辛凉三剂	严　冰	广西中医药,1985;(1)
试析《温病条辨》的制方用药特点	何其林	河南中医,1985;(3)
略述《温病条辨》治伏暑五法	王贵淼	陕西中医,1985;(4)
吴鞠通治痰饮浅探	马继松　朱　华	安徽中医学院学报,1985;(4)
从加减正气散观“湿温”证治	李世君	四川中医,1985;(4)
温病初起能否应用辛温药辨析	王兴华	黑龙江中医药,1985;(5)
《温病条辨》对黄连的取舍	杨　宇	山东中医杂志,1985;(6)
吴鞠通“辛凉止汗”说初探	顿宝生	浙江中医,1985;(7)
《温病条辨》白虎四禁刍议	许建平　金文君	浙江中医,1985;(7)
化癥回生丹之我见	梁颂名	新中医,1985;(11)
试述《温病条辨》对脾胃病的治疗	邓大勇	四川中医,1985;(12)
吴鞠通运用清气法初探	陆文彬	湖南中医杂志,1986;(1)
《温病条辨》宣肺十二法	陈　荣	福建中医药,1986;(1)
评吴鞠通用桂枝汤治温病	柴中元	山西中医,1986;(2)
养阴生津法在温病领域中的应用	潘澄濂	温病汇讲,人民卫生出版社,1986;2
对温病学中有关问题的讨论	孟澍江	温病汇讲,人民卫生出版社,1986;2
《温病条辨·原病篇》试解	许家松	温病汇讲,人民卫生出版社,1986;2
《温病条辨》痹、疸、症论	邓铁涛	温病汇讲,人民卫生出版社,1986;2
《温病条辨》代表性方剂的分析	时振声	温病汇讲,人民卫生出版社1986,2
治外感如将治内伤如相	俞长荣	辽宁中医杂志,1986;(2)
吴鞠通治血四要	赵业勤　杨爱华	河北中医,1986;(3)
浅谈《温病条辨》清络法的运用	周贤清	江西中医药,1986;(5)
三仁汤治疗不稳定型心绞痛一例	何保仪	河南中医,1986,(5)
《温病条辨》中酸苦、酸甘法的应用	时振声	辽宁中医杂志,1986;(6)
试析《温病条辨》白虎诸法	李世禄	浙江中医,1986;(7)

谈吴瑭对银花的运用	周凤梧	古今方药纵横,人民卫生出版社,1987
吴鞠通利小便开拓性三法	杨世权	河南中医,1987;(1)
吴鞠通的开宣肺气法	谢 路	中医药研究,1987;(1)
醒神志之昏乱,挽狂澜于倾倒——吴鞠通救治温病神昏的学术经验探要	蔡定芳 马 健 孟澍江	实用中医内科杂志,1987;(1)
从《温病条辨》看吴鞠通的学术思想特点	韩中平 张 文	西安交通大学学报(医学版),1987;(1)
吴鞠通论燥治燥略评	柴中元	中医学院学报,1987;(1)
略谈吴鞠通之论痉	赵书阁	内蒙古中医药,1987;(2)
吴鞠通论苦寒治温宜忌之得失	翁 星 张之文	成都中医药大学学报,1987;(2)
谈《温病条辨》治湿温的用药特色	袁博渊	江西中医药,1987;(3)
谈《温病条辨》治湿温的用药特色	贾美华	福建中医药,1987;(3)
评吴鞠通运用经方之得失	柴中元	江苏中医药,1987;(3)
吴鞠通《解儿难》初探	张业宗	吉林中医药,1987;(4)
吴瑭"治上焦如羽"小识	蓝青强	广西中医药,1987;(5)
《温病条辨》运用姜汁的规律	宋 杰	浙江中医,1987;(6)
加味增液汤在鼻咽癌"放疗"中的应用	张炳坤	福建中医药,1987;(6)
吴鞠通治络八法	李正明	江苏中医药,1987;(8)
吴鞠通痹证证治经验浅析	封太来	江苏中医药,1987;(8)
《温病条辨》"五承气汤"运用辨析	周 宁	江苏中医药,1987;(8)
吴鞠通痹证证治经验浅析	封太来	江苏中医药,1987;(8)
清营汤用连翘、银花、竹叶心之浅见	陈德宁	中医药信息,1988;(1)
吴鞠通用桂枝汤治温刍谈	陈淑范	实用中医内科杂志,1988;(1)
养阴法的确立和吴瑭的运用	王志民	中医药学报,1988;(3)
三甲复脉汤善治阴虚阳痿	金春乐	浙江中医杂志,1988;(4)
吴鞠通治痢十法	杜建忠	安徽中医学院学报,1988;(4)
三仁汤化裁治疗高热验案	姜玉杰 王玉荣 郭书明	吉林中医药,1988;(6)
评吴瑭制方用药的轻重取舍	欧林德	新中医,1988;(11)
浅述《解产难》论治产后病的特点	孟祥英	河南中医,1989;(1)
鞠通论诸温之大纲之五失	柴中元	四川中医,1989;(1)
湿温"三禁"与白虎汤"四禁"	郭选贤 王新志	光明中医,1989;(1)
试论吴鞠通三大治则中顾护脾胃的思想——兼谈脾胃对温热病证的意义	肖森茂 彭永开	浙江中医学院学报,1989;(2)
《温病条辨》数脉浅析	郭治安	吉林中医药,1989;(2)
"凉血散血"新识	周 群 赵绍琴	贵阳中医学院学报,1989;(2)
《温病条辨》泻阳明救少阴方治浅析	曹永康	南京中医药大学学报,1989;(3)
论宣降肺气法在温病治疗中的应用	原国才 宋吉仲	北京中医学院学报,1989;(4)
浅谈《温病条辨》白虎汤昼夜兼服法	高永平	浙江中医杂志,1989;(4)
论《温病条辨》对秋燥的认识和治疗	李学明	四川中医,1989;(4)

吴鞠通诊治便血初探	吴　成	甘肃中医学院学报,1989;(4)
探讨《温病条辨》攻下后的调治法则	吴　成　孟澍江	湖北中医杂志,1989;(4)
吴鞠通在方剂治法上对叶天士的继承和发展	陶晓华	江苏中医,1989;(5)
吴瑭运用杏仁经验琐谈	李志安　王洪海	陕西中医,1989;(5)
温病三焦治法与药师的升降浮沉说	樊　镃	北京中医,1989;(6)
吴鞠通"汗论"初探	李攻戍	浙江中医药大学学报,1989;(6)
吴鞠通运用通阳泄浊法调经简析	刘学俭	江苏中医药,1989;(7)
《温病条辨》应用玄参面面观	杜恩伟	浙江中医杂志,1989;(7)
风温病常宜卫气同治	詹文涛	长江医话,北京科学技术出版社,1989;10
透法在温病治疗中的应用	颜亦鲁	长江医话,北京科学技术出版社,1989;10
湿温用下一得	陈幼清	长江医话,北京科学技术出版社,1989;10
漫谈钩体病与温病的关系	李明富	长江医话,北京科学技术出版社,1989;10
从银翘散袋泡剂谈保持传统剂型的意义	汪新象	长江医话,北京科学技术出版社,1989;10
试论吴鞠通运用经方治疗温病的指导思想及规律	刘吉祥　杜雨茂	陕西中医,1989;(11)
小议《温病条辨》中桂枝类方及桂枝的应用	冯怀英	四川中医,1989;(11)
吴瑭调理气机治疗温热病浅述	沙宝瑜	四川中医,1989;(11) 上海中医学院出版社,1990
吴鞠通产后病学术思想探析	王　茇　乔　模	中医药研究,1990;(1)
鞠通治温热病发热名方析	陈华圣	中医药学刊,1990;(1)
《温病条辨》对三承气汤的发展应用	于珠莹	山东中医杂志,1990;(1)
《温病条辨》伏暑浅析	周学平	福建中医药,1990;(2)
安宫牛黄丸临床新用	贺振泉	中成药新用,上海中医学院出版社,1990;4
论《温病条辨》对热病痉厥的证治	刘应柯	天津中医学院学报,1990;(4)
《温病条辨》暑温治法	吴国其	广西中医药,1990;(6)
《温病条辨》温药运用规律浅析	万小刚　金光亮	江苏中医药,1990;(6)
"清营汤"透热转气质疑	裴业民	浙江中医杂志,1990;(8)
吴鞠通外感热病运用桂枝的案例赏析	徐承祖	新中医,1990;;(11)
独胜散见闻	王士相	名医奇方秘术,中国医药科技出版社,1991
试述《温病条辨》中的方药起效时间	焦一鸣　王　放	国医论坛,1991;(1)
《温病条辨》中杏仁之运用	王洪海	江苏中医,1991;(2)
发掘温病古方推进急症研究	杨万章	中医药信息报,1991,(3)
吴鞠通治温病神志变化的特点	龚婕宁　吴　容	江苏中医,1991;(3)
《温病学·风温》析疑三则	郭选贤　陈　明	河南中医,1991;(3)

试述吴鞠通治疗湿温十法	贾　敏	吉林中医药,1991;(4)
吴鞠通治温病运用宣肺法的经验	马　健	甘肃中医学院学报,1991;(4)
《温病条辨》中“汗”的辨证与施治	常楼起　白雪明	河北中医,1991;(4)
春温神昏治验	孟澍江	江苏当代老中医经验选,1992
试论“治上焦如羽,非轻不举”对小儿外感热病的意义	孙　钢	国医论坛,1992;(2)
吴瑭运用温热药治疗温病浅探	宋福印	河北中医,1992;(2)
从白虎汤禁忌证谈四诊合参	郑健刚　李　彬	天津中医药,1992;(5)
谈吴鞠通对张仲景下法的继承和发展	余信树	湖北中医杂志,1993;(1)
试论加减正气散及运用	李世增	北京中医,1993;(1)
对吴鞠通运用仲景下法而发展的体会	李培生	新中医,1993;(1)
小议《温病条辨》的 2 点失误	胡云汉　魏玲凤	福建中医药,1993;(3)
杏苏散的研究——杏苏散非治燥之方,亦非润剂	徐传富	四川中医,1993;(5)
吴鞠通运用银翘散之探析	胡振义	中医药学刊,1993;(5)
运用吴氏攻下法治疗内科杂病举隅	李守朝　李忠杰	陕西中医函授,1993;(5)
试论吴鞠通对下法的贡献	李国平　刘香云　张淑贤	中医药学报,1993;(6)
《温病条辨》中的方剂来源刍议	彭述宪	湖南中医杂志,1993;(6)
方不在多法活则灵	刘渡舟	当代名医临证精华·痹证专辑,中医古籍出版社,1993;12
杏苏散是治凉燥证初起之方,是辛润剂	宋晓鸿	四川中医,1994;(1)
风温误治	王启政	黄河医话,北京科技出版社,1994
《温病条辨》用下十法述要	孙大定	中医药学刊,1994;(2)
刘仕昌教授谈温病名家	史志云	新中医,1994;(4)
《温病条辨》热厥证辨治经验探讨	周永学	陕西中医函授,1994;(4)
对《温病条辨》中茵陈蒿汤证舌苔的见解	张鸿彩	浙江中医学院学报,1994;(4)
吴鞠通产后病论治特色初析	李应存	贵阳中医学院学报,1994;(4)
吴鞠通辨治小便不利经验初探	张林国　李嘉庆	浙江中医,1994;(6)
《温病条辨》下法述要	孙大定	河南中医,1994;(6)
吴鞠通三焦用药浅识	梁秀璟	四川中医,1994;(6)
暑湿案两例	杨志明	中国当代名医类案,四川科技出版社,1995
吴鞠通运用杏仁的经验初探	张保伟　白　清　杨江儒	河南中医药学刊,1995;(1)
吴鞠通论治产后三证初探	陈秋梅	天津中医学院学报,1995;(1)
《温病条辨》水血相关证治探讨	聂天义	江西中医药,1995;(2)
五承气汤治疗急症举隅	张淑人	安徽中医学院学报,1995;(2)
温病辨病分期审证论治体系初探	张文选	北京中医药大学学报,1995;(2)
吴鞠通养阴 10 法	郭兆安　杨培民　孙瑞玲	中医研究,1995;(4)
吴鞠通“逐邪就近说”浅探	黄建军	山东中医杂志,1995;(4)

吴鞠通救阴精10法析略	萧曙明	中医杂志,1995;(6)
吴鞠通论治产后病学验探析	陈　计	上海中医药杂志,1995;(6)
吴鞠通治痢手法初探	周祯祥	四川中医,1995;(7)
吴鞠通三焦温病清热养阴法探析	周学池	新中医,1995;(7)
试探吴鞠通《温病条辨》补阴治则	袁　陶	四川中医,1995;(12)
《温病条辨》中银花、连翘配伍方剂特点浅谈	耿　耘	江苏中医学院学报,1996;(1)
桑菊饮合生脉散治疗小儿肺炎	谢存柱	长江医话,北京科学技术出版社,1996
脾胃病辨治有“三要”	刘盛斯	长江医话,北京科学技术出版社,1996
探吴氏急重危症给药间隔时间	张玉芳	河南中医药学刊,1996;(1)
《温病条辨》食疗方		天津中医学院学报,1996;(2)
从《温病条辨》看吴鞠通以温治温方法	黄礼明　彭雪红	四川中医,1996;(2)
论《温病条辨》中汤方的用药规律	张玉芳	黑龙江中医药,1996;(2)
儿科寒温学派源流论	俞景茂	南方医话,北京科学技术出版社,1996;3
麻疹之治在于透	班秀文	南方医话,北京科学技术出版社,1996;3
辛凉煎剂经验琐谈	左公任	北方医话,北京科学技术出版社,1996;3
“伤寒由毛窍而入,温病由口鼻而入“之我见	王为兰	燕山医话,北京科学技术出版社,1996;3
温热病杂谈	刘渡舟	燕山医话,北京科学技术出版社,1996;3
温病之“热”与“汗”	董建华	燕山医话,北京科学技术出版社,1996;3
三仁汤治湿热眼病	寇崇琇	黄河医话,北京科学技术出版社,1996;3
“通利疗法”在温热病中的应用	朱良春　朱建华	中国医药学报,1996,(3)
应重视用黄连解毒汤治神昏	戴春福　翁晓红	甘肃中医学院学报,1996;(3)
从银翘散看“治上焦如羽”的实质	徐大鹏	北京中医,1996;(4)
吴鞠通治疗痹证特色	王彦晖	浙江中医杂志,1996;(4)
《温病条辨》药物性味配伍规律浅探	赵聚山	南京中医药大学学报,1996;(5)
略论吴鞠通对儿科学的贡献	彭晓霞	湖南中医杂志,1996;(6)
加味宣痹治疗梅核气	彭景星	中医药信息报,1996;(7)
《温病条辨》“透邪”特点浅析	陆为民	四川中医,1996;(11)
吴鞠通治疳方法浅析	闵长州	新中医,1986;(11)
试论《温病条辨》方的药后反应及补救措施	何庭槐　郭聂涛	中医药学报,1997;(1)
《温病条辨》运用承气汤方特点辨析	施锡璋	四川中医,1997;(1)
《温病条辨》咳嗽证治方论辨析	桑培初	海南医学,1997;(4)
浅析吴鞠通的湿温治疗三禁	范新民　柴树鹰	长治医学院学报,1997;(4)

吴鞠通内伤杂病辨治特色	李刘坤	北京中医药大学学报,1997;(6)
吴鞠通温病误治救逆经验探讨	黄　琴	浙江中医杂志,1997;(10)
试述《温病条辨》在治疗外感热病中的扶正思想	田劲梅　谢海洲	北京中医,1998;(1)
《温病条辨》服药方法辨析	李应存	中医函授通讯,1998;(2)
谈《温病条辨》中的清热法	周晓荣	新疆中医药,1998;(2)
《温病条辨》透邪16法	陆为民	辽宁中医杂志,1998;(2)
《温病条辨》中白虎汤之应用	赵星华	实用中医内科杂志,1998;(3)
论"治中焦如衡,非平不安"与胃脘痛的治疗	崔儒涛　蔡　淦　谢建群	山东中医杂志,1998;(3)
吴鞠通攻下法临证拾遗	李守朝	陕西中医学院学报,1998;(4)
试析《温病条辨》中"三宝"的应用	毛静远　白　健	中医药研究,1998;(4)
论吴鞠通临床用药策略	李刘坤　凌泽奎	新疆中医药,1998;(4)
《温病条辨》护阳要旨说约	高永平　张素珍	四川中医,1998;(4)
吴鞠通治上焦病顾护津液之特点:读《温病条辨》有感	张　炎　范　晔	北京中医,1998;(4)
浅述《温病条辨》中化湿法的运用	傅中斐　韩桂荣	现代中西医结合杂志,1998;(5)
浅谈《温病条辨》辨治神昏的特色	李爱民	中医函授通讯,1998;(6)
试论《温病条辨》之透法	鲁纯纵	江西中医药,1998;(6)
温热病热瘀证治初探	杨　进	江苏中医,1998;(10)
《温病条辨》银花连翘的初探	张利沙　张利书　宋俊霞	内蒙古中医药,1999;(S1)
《温病条辨》中银花、连翘配伍方剂特点浅谈	耿　耘	江西中医学院学报,1996;(1)
以三焦辨证治疗肾炎水肿	古容芳	光明中医,1999;(2)
与众不同的吴鞠通护胃调经法	张文红　冯爱琴	中医药研究,1999;(2)
《温病条辨》阳明温毒杨梅疮病考实	孙启明	中华医史杂志,1999;(3)
《温病条辨》对温热药的运用述略	伍定邦	中医函授通讯,1999;(3)
吴鞠通在温病治法方面的创新和贡献	李刘坤	浙江中医杂志,1999;(3)
吴鞠通"坚壁清野"法临证意义浅识	敬　博	中医函授通讯,1999;(5)
吴鞠通论下焦温病阴伤证治浅析	王爱民	江苏中医,1999;(12)
谢昌仁论述吴鞠通运用下法的经验	谢英彪	辽宁中医学院学报,2000;(1)
吴瑭病势辨证论治经验拾粹	刘　鸣	中医文献杂志,2000;(1)
论透邪法在《温病条辨》中的运用	汪　红　张耀奇	国医论坛,2000;(1)
《温病条辨》应用辛味药的特点浅探	刘志芳　谷永红	内蒙古中医药,2000;(1)
《温病条辨》水仙根皮炎和三黄二香散	孙启明	中华医史杂志,2000;(3)
浅谈吴瑭《温病条辨》用药辩证观	余　真	医学与哲学,2000;(6)
吴鞠通治病特色谈	严　忠	吉林中医药,2000;(6)
吴鞠通温病咳嗽辨治经纬观探析	刘学俭	安徽中医学院学报,2001;(2)
对《伤寒论》与《温病条辨》保津思想统一性探析	刘盛昌	中国中医基础医学杂志,2001;(2)
吴鞠通临证特点管窥	郑志杰	福建中医药,2001;(3)
"欲降先升"论	王立人　徐晓东	浙江中医学院学报,2001;(3)

小议吴鞠通用桂枝汤治温病初起	陈　鹏	中国中医基础医学杂志,2001;(3)
吴鞠通治疗咳嗽特色探析	刘学俭	江苏中医,2001;(4)
《温病条辨》对神志异常证治纂要	马晓北	中医药学刊,2001;(4)
试析《温病条辨》以桂枝汤开篇的意义	陈津生	上海中医药杂志,2001;(4)
运用《温病条辨》方治疗大叶性肺炎的探讨	韩　云　许　坚　林　琳	现代中西医结合杂志,2001;(5)
论《温病条辨》中地黄之运用	马　红　龚婕宁	中国中药杂志,2001;(5)
《温病条辨》对痹证的认识指要	沈　鹏	中医药学刊,2001;(6)
论吴鞠通温热病方剂的特点	李祖佑	中国实验方剂学杂志,2001;(6)
吴鞠通加减复脉汤救阴探析	刘吉善	湖北中医杂志,2001;(8)
清代名医吴鞠通"温病治禁"浅释	周惠芳	中国中医药杂志,2002;(1)
《温病条辨》运用白虎加人参之我见	金　华	天津中医学院学报,2002;(3)
吴鞠通论治虚劳证的脾胃观	刘逴慜	福建中医药,2002;(3)
《温病条辨》宣肺利气以治湿法则探析	王　肃	湖北中医杂志,2002;(5)
《温病条辨》辛凉法应用浅析	宋恩峰　韦桂莲　涂自斌	安徽中医学院学报,2002;(5)
《温病条辨》久痢辨治初探	李长秦	中医药学刊,2002;(6)
《温病条辨》中承气汤的运用和发展	汪　洲	安徽中医临床杂志,2002;(6)
从《温病条辨》看温病特殊证治中的先后缓急策略	李刘坤　凌泽奎	新疆中医药,2002;(6)
《温病条辨》治痢方与法	麻晓慧	陕西中医,2003;(1)
《温病条辨》对方剂学的贡献	华浩明　王灿晖　杨　进	中医杂志,2003;(2)
从承气汤类看吴鞠通使用下法的丰富内涵	王彦如	辽宁中医学院学报,2003;(4)
试论吴鞠通"补阴以救阳"	郑春素	河南中医学院学报,2003;(4)
吴鞠通养阴保津学术思想探要	张晓光	实用中医内科杂志,2003;(4)
吴鞠通论治湿热痹	宋乃光	北京中医药大学学报,2003;(5)
仲景方在《温病条辨》中的运用规律探析	李庆升　徐树楠	山东中医杂志,2003 年;(5)
试述吴鞠通应用海洋药物之经验	周俊兵	河北中医,2003;(5)
吴鞠通《温病条辨》治疗温病用药特点研究	雷云霞　刘　新	实用中西医结合临床,2003;(6)
《温病条辨》禁忌证法探析	吕文亮	湖北中医杂志,2003;(6)
吴鞠通对叶天士在方剂学上的继承与发挥	何　征	中医药学刊,2003;(6)
从温病学角度认识传染性非典型肺炎	杨　进	江苏中医,2003;(6)
《温病条辨》治法特色探讨	刁人政	四川中医,2003;(7)
《温病条辨》对养阴法的运用	陈克中	江苏中医药,2003;(9)
吴鞠通温病治疗禁忌思想探讨	马卫国　杨进	四川中医,2003;(9)
《温病条辨》久痢辨治初探	李长秦	中医药学刊,2003;(11)
《温病条辨》养阴法探析	丁世幸	实用中医药杂志,2003;(12)
三焦的实质及其临床意义	熬海清　吴丽丽	江苏中医药,2004;(2)
从《温病条辨》看吴瑭对下法的运用	李培武	江西中医学院学报,2004;(3)

《温病条辨》治法禁忌与护阴关系探讨	刘　林	光明中医,2004;(4)
《温病条辨》妙用桂枝汤辨析	饶　吉　施锡璋	实用中医内科杂志,2004;(6)
加减复脉汤与下焦温病证治浅析	徐重明　汪自源	湖北中医杂志,2004;(7)
温病治疗中的祛邪与扶正	刘　涛	江苏中医药,2004;(9)
《温病条辨》滋养肾阴十法及其临床运用	王建康	浙江中医杂志,2004;(10)
刍议吴鞠通用桂枝汤治温病初起	卢红蓉　宋乃光	陕西中医,2004;(12)
《温病条辨》苦寒运用法则探析	刘　林	中国医药学报,2004;(17)
增液汤在《温病条辨》方中的配伍运用特点探讨	王礼凤　彭玉兰	江西中医药,2005;(1)
浅析《温病条辨》中杏仁之运用	李华锋　吕文亮	湖北中医杂志,2005;(2)
杏苏散组方意义探讨	朱　虹　王灿晖	安徽中医学院学报,2005;(2)
《温病条辨》中承气汤的应用浅析	鞠　华　鞠　萍	中华现代中西医杂志,2005;(3)
经方与时方原来不相悖——重读吴瑭《温病条辨》	张再良	中医药学刊,2005;(3)
吴鞠通温病坚阴与育阴探要	操儒森　曹　征	江西中医药,2005;(4)
吴鞠通对安宫牛黄丸的认识及运用浅识	马玉红　周鸿飞	中国中医基础医学杂志,2005;(7)
湿温汗下润忌宜及儿科临床	姜润林	中国中医药现代远程教育,2005;(8)
吴鞠通"甘苦合化阴气法"浅探	黄绥心　戴春福	中医杂志,2005;(12)
吴鞠通用桂枝汤治温病初起刍议	卢红蓉　宋乃光	中医杂志,2006;(1)
《温病条辨》银翘散及其变方的应用浅识	李　俊　叶　烨	中医文献杂志,2006;(1)
《温病条辨》对《伤寒论》承气汤的运用和发展	邹　雯	江西中医药,2006;(1)
浅析吴鞠通对玄参、生地、麦冬的配伍应用	汪　平　刘　琼	吉林中医药,2006;(2)
吴鞠通新绛旋复汤应用探析	刘逴慜　曹凡华	福建中医药,2006;(3)
吴鞠通治燥特色探讨—西北燥证治法相关文献研究	王　燕　周铭心	新疆中医药,2006;(4)
《温病条辨》儿科用药特色	张爱焕	河南中医学院学报,2006;(4)
辛甘化阳法在《温病条辨》中之应用	林永富	福建中医药,2006;(6)
《温病条辨》对《伤寒论》下法的发展	程海英	中医药管理杂志,2006;(7)
试论《温病条辨》中银翘散的配伍运用特点	邬　姗　刘　林	中医药学刊,2006;(10)
吴鞠通用桂枝汤治温病初起刍议	杨叁平　刘卫滨	医药产业资讯,2006;(11)
吴鞠通《温病条辨》湿邪治法特点管窥	胡　浩　周铭心　吕光耀	中国中医基础医学杂志,2006;(12)
浅析《温病条辨》对经方复脉汤之化裁	张　莉　张焕萍	中国误诊学杂志,2006;(24)
吴鞠通"甘苦合化利小便"法探析	彭文博　何新慧	上海中医药杂志,2007;(2)
由增液汤谈"增水行舟"	周晓平　郭　海　刘　涛	河南中医,2007;(2)
浅论《温病条辨》治则	王瑞辉　陈明辉	内蒙古中医药,2007;(3)
《温病条辨》治痢方与法解析	景月华	河南中医,2007;(3)
《温病条辨》宣肺化湿法浅析	彭　锦	中医杂志,2007;(3)
论《温病条辨》中人参之应用	邱颂平	天津中医药大学学报,2007;(3)

浅谈吴鞠通对动物药的独特认识	赖鹏华　黄　海	福建中医药,2007;(3)
《温病条辨》中以桂枝汤为全书第一方问题的探究	刘春霞　张阳英	吉林中医药,2007;(4)
吴瑭《温病条辨》治疗温病用药特点分析	姚　征	国际中医中药杂志,2007;(5)
吴鞠通三甲复脉汤证治浅识	孙银丹	实用中医内科杂志,2007;(6)
《温病条辨》增液汤功效探析	吴晓丹　孙丽英　马伯艳	南京中医药大学学报,2007;(6)
《温病条辨》方剂加减变化探讨	刘宏艳　韩　娟　肖照岑	山西中医,2007;(6)
《温病条辨》对《伤寒论》承气汤的继承和发展	张晗睿　谢　婷　崔　健　王庆国	中医药学报,2007;(6)
第七讲吴鞠通《温病条辨》方药特点分析(一)	张思超　宋咏梅	山东中医杂志,2007;(7)
第八讲吴鞠通《温病条辨》方药特点分析(二)	张思超　宋咏梅	山东中医杂志,2007;(8)
浅析《温病条辨》痢疾治法特点	闫东庆	中国中医急症,2007;(9)
辛甘化阳法在《温病条辨》中的应用	张　越　陈杨荣	中国中医基础医学杂志,2007;(11)
吴鞠通对仲景养阴法的运用与发展	赖明生　杨禅中　陈润东	北京中医,2007;(12)
《温病条辨》中透邪法运用浅析	尹　标	现代中西医结合杂志,2007;(19)
《温病条辨》银翘散及类方辨析	周　江	中国中医急症,2008;(1)
《温病条辨》温热类温病治法研究	刘宏艳　韩　娟　肖照岑	河南中医,2008;(2)
浅谈《温病条辨》中辛温药物的运用	张　斌　张思超	中医杂志,2008;(3)
对《温病条辨》中禁用升麻、柴胡的看法	陈秦英	浙江中医杂志,2008;(4)
《温病条辨》药物特殊煎服法探析	鲁玉辉	福建中医学院学报,2008;(4)
《温病条辨》阳明温病下之不通五方之论	宋乃光	中华中医药学刊,2008;(4)
吴鞠通《温病条辨》治哕三法试析	曾　琳	贵阳中医学院学报,2008;(4)
《温病条辨》中"凉开三宝"用法初探	邵雅斐	实用中医内科杂志,2008;(5)
《温病条辨》中吴氏独创方研究	刘宏艳　肖照岑　年　莉	长春中医药大学学报,2008;(5)
吴鞠通用姜五药初探	刘清华　杨素芳	福建中医学院学报,2008;(6)
吴瑭从三焦治湿法的探讨	金忠诚	中国中医药现代远程教育,2008;(10)
《温病条辨》应用辛凉法探讨	刁人政	四川中医,2008;(12)
《温病条辨》三焦分治考释	王剑发	新中医,2009;(4)

4. 对《吴鞠通医案》的研究

吴鞠通运用新绛旋覆花汤的经验	黄兆强	江苏中医杂志,1982;(4)
吴鞠通杂病证治选议	陆寿康	中医杂志,1983;(1)

吴鞠通杂病心法初探	陆寿康	江苏中医药,1983;(4)
《吴鞠通医案·陶案》剖析兼议	沈庆法	上海中医药杂志,1985;(1)
吴鞠通治疗血证验案浅析	贾美华	福建中医药,1985;(3)
《吴鞠通医案》冬温门张姓案析评	柴中元	新疆中医药,1985;(3)
吴鞠通治疗产后病经验	高钦颖	浙江中医杂志,1985;(7)
认证无差,用药精当—读《吴鞠通医案》	俞中元	浙江中医杂志,1985;(7)
试论"甘苦合化法"—《吴鞠通医案·暑温门》周案赏析	杨世权	四川中医,1985;(7)
吴鞠通辛开苦降法在内科临床上的运用	李良松	福建中医药,1986;(1)
《吴鞠通医案》胃痛呕吐篇初析	徐景藩	南京中医药大学学报,1986;(4)
吴鞠通清热育阴法治疗产后病的意义	王 竑	浙江中医杂志 1986;(7)
温病误治与救误	杜献琛	江西中医药,1988;(1)
吴鞠通杂病治验说约	姜少灏 卢岳华	北京中医学院学报,1988;(3)
吴鞠通心理疗法举隅	李振彬	山西中医,1989;(6)
浅析吴鞠通论治邪入心包证	赵世芬	辽宁中医杂志,1989;(6)
吴鞠通运用通阳泄浊法调经简析	刘学俭	江苏中医,1989;(7)
《吴鞠通医案》运用经方的若干特点	廖云龙	江西中医药,1991;(5)
吴鞠通治痢心法探讨	耿献琳 李大卓	浙江中医杂志,1992;(10)
吴鞠通妇科治验探析	王凯平	上海中医药杂志,1992;(11)
吴鞠通辨治小便不利经验初探	张林国 李嘉庆	浙江中医杂志,1994;(6)
吴鞠通暑温医案初探	史竞懿	上海中医药杂志,1994;(12)
《吴鞠通医案》小儿咳嗽案赏析	杨崇华	四川中医,1994;(12)
吴瑭医案二则浅析	李会昌 付金昌	陕西中医,1996;(3)
吴鞠通治血特点探微	陈果然	南京中医药大学学报,1996;(3)
吴鞠通治疗痹证特色	王彦晖	浙江中医杂志,1996;(4)
从《吴鞠通医案》探温病误治变证	黄 琴	贵阳中医学院学报,1997;(2)
吴鞠通治疗难治性咳嗽的经验	朱 翔 马 健	新疆中医药,2000;(3)
吴瑭治疗痰饮经验浅析	吴 德	浙江中医杂志,2000;(4)
吴鞠通临证特点管窥	郑志杰	福建中医药,2001;(3)
《吴鞠通医案》温病误治变症病机证治探讨	黄 琴	四川中医,2001;(6)
从《吴鞠通医案》看温病初起恶寒的实际治疗	李刘坤 凌泽奎	新疆中医药,2006;(5)
《温病条辨》中姜汁应用浅析	章新根 唐仕欢	江西中医药,2006;(8)
《吴鞠通医案》对温热病治法的创新	彭文博 何新慧	上海中医药杂志,2008,(8)

5. 对《医医病书》的研究

吴鞠通《医医病书》探析	沈凤阁	河南中医,1984;(6)
针砭时弊启悟后人——谈吴鞠通《医医病书》的学术思想	朱伟常	辽宁中医杂志,1985;(12)
吴鞠通与《医医病书》	刘心德	新中医,1987;(6)
从《医医病书》看吴瑭晚年的学术思想	柴中元	上海中医药杂志,1988;(8)
吴瑭《医医病书》探析	刘 晨	江苏中医,1989;(3)

议具古今妙识论摒世俗陋见——吴鞠通《医医病书》学术探析	郝印卿	山西中医,1995;(1)
吴瑭《医医病书》浅析	王志斌　陈成东	江苏中医,1995;(6)
吴鞠通《医医病书》面面观	顾泳源	江苏中医,1998;(1)
读《医医病书》略论学医	李以松	江苏中医,2000;(5)
吴鞠通《医医病书》学术思想探析	吴厚庭	福建中医药,2006;(4)

6. 对吴鞠通学说的临床应用和有关的实验研究

500例上呼吸道感染之门诊观察和中药银翘合剂的疗效报告	朱文超　汪鑫涛	中国医刊,1956;(12)
暑温兼湿夹食治愈一例	周筱斋	江苏中医,1958;(9)
中药银翘合剂治疗236例上呼吸道炎疗效观察	梁其绶	云南医药,1959;(1)
银翘散治疗流行性感冒45例疗效观察	刘明达	中国医刊,1959;(3)
三仁汤治疗波状热临床观察	孙晓飞	辽宁医学杂志　1959;(4)
以银花三黄解毒汤为主治疗13例"流行性脑脊髓膜炎"的经验介绍	颜文明	上海中医药杂志,1959;(6)
银翘散、桑菊饮之理论基础及其临床运用	赵成青　田令群	江西医药,1959;(7)
"银翘散"治疗流行性腮腺炎130例临床总结	李程之	山东医药　1959;(9)
银翘散倍元参去元参问题的讨论	刘普希	浙江中医杂志　1959;(10)
白虎汤在临床上的运用法则之研讨	沙星垣	中医杂志,1960;(3)
用大定风珠抢救伤寒脑热症记实	叶建寅	浙江中医杂志,1960;(5)
白虎汤加减治疗乙型脑炎的临床应用与体会	郭可明　王瑞堂　郭纪生	辽宁中医杂志,1960;(7)
银翘散加减治疗药物(合霉素)皮疹的临床观察(附六例报告)	胡澍群　李奇成　杨蓉珍	江西中医药,1960;(12)
湿温变症验案	陈朗清	江苏中医,1961;(8)
应用湿温理论经验治疗小儿肠伤寒症的规律探讨	南京中医学院附属医院儿科	江苏中医,1961;(Z1)
李畴人先生治温病昏谵验案分析	杨寿元	江苏中医,1962;(11)
温病治验	季少三	江苏中医,1963;(4)
银翘散对温热病初期效验介绍	杨春福	福建中医药,1964;(5)
对吴鞠通香附旋覆花汤在临床运用上的体会	胡树芝	广东医学,1965;(2)
用三仁汤加味治湿温证二例	陈继曾	上海中医药杂志,1965;(4)
加味宣痹汤治疗胸痹病例介绍	沈兆科	福建中医药;1965;(5)
化癥回生丹治愈卵巢囊肿(肠覃、石瘕)1例	路　新	上海中医药杂志,1965;(8)
三仁汤运用举例	张松石	浙江中医杂志,1965;(9)
银翘散的配伍和运用	张浩良	江西医药,1965;(12)
应用银翘散治疗产褥感染的观察	吴连福	黑龙江中医药,1965;(2)
银翘散原方中有元参吗	田成庆	江苏中医药,1966;(2)
蒲辅周医案两则	蒲辅周	人民卫生出版社,1972;12
中草药"银甲丸"治疗盆腔炎	王渭川	新中医,1973;(4)

三仁汤的运用举例	陈瑞春	中医杂志,1976;(8)
银翘散新解	曲忠山　李凤波 李俊彪	新医学,1976;(8)
安宫牛黄丸新型药剂的研究	北京中医 学院中药系	新医药学杂志,1976;(8－9)
湿温治法三禁	朱炳林	浙江中医药,1977;(3)
银翘散加减治疗小儿病毒感染发热有效	周泽才	中草药通讯,1977;(11)
小儿湿温病与“温胆三仁汤”	康若虞	云南中医学院学报,1978;(1)
清营汤的临床运用	沈敏南	浙江中医药,1978;(3)
叶秉仁医案	江苏省卫生厅	江苏中医学术活动文选, 江苏人民出版社,1978;3
湿蕴痰结喘嗽证	郑　桥	老中医经验汇编, 人民卫生出版社,1978;6
温病医案选	李继昌	李继昌医案, 云南人民出版社,1978;8
桂枝汤治验	张耀卿	内科临证录, 上海科技出版社,1978;10
关幼波医案	北京中医医院编	关幼波临床经验选, 人民卫生出版社,1979;1
桃仁承气汤临床运用	赵尚久　贺又舜	湖南中医学院学报,1979;(1)
肝硬变合并上呼吸道感染	北京中医医院	《关幼波临床经验选》, 人民卫生出版社,1979;1
桑杏汤治疗百日咳	薛景勋	新中医　1979;(3)
外科面部丹毒	张羹梅	临证偶拾,上海科技出版社, 1979;4
青蒿鳖甲汤治盗汗	龙安良	浙江中医药,1979;(5)
流行性乙型脑炎 2 例	赵心波	赵心波儿科经验选编, 人民卫生出版社,1979;8
三仁汤的临床应用	丁忠信　周莉莉	浙江中医药杂志,1979;(8)
儿科验案二则	何世英	何世英儿科医案, 宁夏人民出版社,1979;9
红斑性狼疮	何世英	何世英儿科医案, 宁夏人民出版社,1979;9
温邪犯肺引从枢解	李聪甫	李聪甫医案, 湖南科技出版社,1979;9
暑邪客表证	黄一峰	黄一峰医案医话集, 江苏科技出版社,1979;9
银翘散的临床应用	刘世昌	河北中医,1980;(1)
用宣痹汤治疗肥厚性咽炎的体会	姚梅龄	江西中医药,1980;(1)
三仁汤临床应用的点滴体会	程　竑	陕西中医,1980;(1)
应用沙参麦冬汤加减治疗心动过速的点滴体会	苏庆英	辽宁中医杂志,1980;(1)

略论温病昏迷的证治	王　琦	江苏中医,1980;(1)
冬温(流感)	章次公	章次公医案, 江苏科技出版社,1980;3
桃仁承气汤之我见	于敬海	山东医药,1980;(3)
湿温病运用附子的经验	柯梦笔　夏治平	江苏中医杂志,1980;(5)
三仁汤治小儿"风水"病	邓启源	中医杂志,1980;(12)
青蒿鳖甲汤加减治疗疹后肺炎19例报告	王树山　郭丽珠 滕宣光	辽宁中医杂志,1981;(2)
温病夹证辨治经验	黄星楼　于　格	江苏中医药,1981;(2)
增液汤加味治疗放疗所致口腔反应120例	黄奕助	广西医药,1981;(5)
浅谈温病的透法	沈庆法	江苏中医药,1981;(5)
清营汤加减治愈产碱杆菌败血症1例	王　宁	中医杂志,1981;(5)
伏气温病质疑	周少伯	江苏中医药,1981;(6)
三焦辨证在治疗单疱病毒角膜炎中的应用	庞万敏	云南中医中药杂志,1981;(6)
温病验案	浙江省中医 研究所	潘澄廉医论集, 人民卫生出版社,1981;7
周慕新小儿湿温治验二则	赵玉贤	周慕新儿科临床经验选, 北京出版社,1981;9
柯利民湿温热伏案	柯利民	老中医医案选, 黑龙江科技出版社,1981;11
清利法治湿证	时振声	温热病专辑,江苏科技出版社, 1981;11
银翘散加减治疗小儿肺炎25例	胡居息	湖北中医杂志,1982;(1)
也谈银翘散方中主药	阎殿昌	辽宁中医杂志,1982;(2)
中医局长患急重热痹以后	焦树德	上海中医药杂志,1982;(4)
浅谈吴鞠通对下法的应用	张绍杰	新疆中医药,1982;(4)
漫谈温病神昏证治	陈继明	江苏中医药,1982;(5)
小儿温病高热神昏发痉的临床治验	刘延龄　戴金梁 李跃谦　任士聪	江苏中医药,1982;(5)
加味宣痹汤临床应用一得	陈小钦	福建中医药,1982;(6)
大定风珠、地龙白糖液治疗乙脑恢复期严重精神障碍8例	朱必泉	湖北中医杂志,1982(6)
伤寒、副伤寒治验—三仁汤治疗37例临床观察	周　辉	新中医,1982;(7)
湿阻大肠治验	路志正	医话·医论荟要, 人民卫生出版社,1982;7
整理猩红热合并肾炎	刘志明　孙学东	医话医论荟要, 人民卫生出版社,1982;7
三仁汤的临床应用	曾救凡	中医杂志　1982;(7)
湿热证	程门雪	名老中医之路, 山东科技出版社,1982;8

加减香薷饮治疗96例夏季“流感”	毛文彬　吴宜澂 董松林　李　嘉	上海中医药杂志,1982;(8)
在温病中,黄连阿胶汤、大定风珠、青蒿鳖甲汤三方如何鉴别运用?	张腊荣	中医杂志,1982;(9)
疹毒袭肺案(麻疹合并肺炎)	祝谌予	施今墨临床经验集, 人民卫生出版社,1982;12
三仁汤的临床运用	刘友樑	福建中医药,1983;(1)
银翘散方证刍议	顿宝生　谢路	陕西中医学院学报,1983;(2)
暑温治验	李乐园	山东中医杂志,1983;(2)
谈《温病条辨》之下法	于世良	浙江中医学院学报,1983;(2)
儿科临床运用银翘散治案举例	陈蓉蓉	浙江中医学院学报,1983;(2)
沙参麦冬饮加味治疗秋燥病四例	李玉冬	福建中医药,1983;(2)
增液承气汤治愈频繁呕吐一则	徐学云	江西中医药,1983;(3)
评张锡纯“论吴氏《温病条辨·二甲复脉、三甲复脉二汤》”	田积有	河南中医,1983;(4)
吴鞠通攻下八法的运用	张德超	江苏中医药,1983;(5)
急性支气管炎证治	印会河	山西人民出版社,1983;5
上焦宣痹汤的临床运用体会	章湘侯	江苏中医药,1983;(5)
三仁汤治阳痿	陈瑞春	上海中医药杂志,1983;(5)
《温病条辨》化湿法的运用	程昭寰	中医杂志,1983;(6)
鹿附汤治愈慢性肾炎	蒋良述	四川中医,1983;(6)
沙参麦冬汤加减治疗小儿口疮34例	韦振群	陕西中医,1984;(1)
三仁汤临床运用举隅	夏丽华　张启明	吉林中医药,1984;(1)
加减复脉汤临床运用一得	谢天生	云南中医学院学报,1984;(1)
连梅汤在热病中的应用	伍本彩	江西中医药,1984;(1)
三仁汤治疗失眠证	叶琼花	湖南中医学院学报,1984;(1)
温热病治疗中的点滴体会	马云翔	江苏中医药,1984;(2)
加减正气散治疗病毒性肝炎	张厚雄	四川中医,1984;(2)
藿朴三仁汤治疗梅雨季节胃肠型感冒40例小结	孙克勤	江苏中医药,1984;(3)
黄芩滑石汤临床运用体会	杨泽鸿	云南中医中药杂志,1984;(3)
阳明温病下后辨证并治	陈国华	四川中医,1984;(4)
退热银翘散治疗急性高热22例体会	朱其皆	广西中医药,1984;(4)
三仁汤的临床运用	罗希铮	四川中医,1984;(4)
香附旋覆花汤治疗胸膜腔积液	牟克祥	四川中医,1984;(5)
银翘散治疗温病红疹有效	陈兆章	中医杂志,1984;(6)
大定风珠治愈肾炎高血压抽搐一例	杨占英	河南中医,1984;(6)
醒脑静抢救肝性昏迷的临床观察	李子敬　夏振洲	江苏中医药,1984;(6)
增液注射液的制备及临床试用	林毅宏　范德安 朱正琛　周　薇 黄仕开	福建中医药,1984;(6)

医案二则	刘惠宁	著名中医学家的学术经验，湖南科技出版社，1984;7
宣白承气汤的临床运用	孙　浩	浙江中医杂志，1984;(7)
三仁汤验案一则	陈文渊	新中医，1984;(8)
宣痹汤治疗肺炎 50 例简介	熊桂兰	浙江中医杂志，1984;(8)
银翘散方证探讨	李其忠	上海中医药杂志，1984;(9)
"化脑"治验	宋明星	江苏中医药，1985;(1)
三仁汤化裁临床应用举隅	雷新源	江西中医药，1985;(1)
沙参麦冬汤加减治疗肺心病呼吸衰竭合并霉菌感染二例	赵金华　朱志良	河北中医，1985;(2)
加减复脉汤治愈痹症	蓝建信	四川中医，1985;(2)
三仁汤加减治愈孕妇湿热病	武世昌	北京中医杂志，1985;(3)
银翘散、桑菊饮用芦根辨	谢　路	云南中医中药杂志，1985;(3)
浅论腻苔与三仁汤的临证	樊中妙	河南中医，1985;(3)
加减复脉汤临床运用	许世瑞	河北中医，1985;(3)
三才汤加味临床治验	樊宝林	四川中医，1985;(4)
加减杏苏散治疗小儿外感咳嗽	梁荣亚	四川中医，1985;(4)
银翘散治温疫略评	柴中元	云南中医学院学报　1985;(4)
对银翘散不同剂型的探讨	陈继良	天津中医药，1985;(4)
吴瑭银翘散立旨的推论	赵中石	新疆中医药，1985;(4)
三仁汤救脱	吕国泰	山西中医，1985;(4)
化湿法在心律失常中的应用	靳士华	河北中医，1985;(5)
银翘散方使用何种剂型为宜	江平安	江西中医药，1985;(5)
益胃汤临床应用举隅	刘善志	陕西中医，1985;(5)
三仁汤治疗骨质增生病	田茂林	四川中医，1985;(5)
增液承气汤治疗慢性铅中毒	黄志锋	江西中医药，1985;(5)
增液承气汤加味治疗产后尿闭 34 例	渐秀松	辽宁中医，1985;(6)
应用温病辨证方法治疗 19 例急性肾盂肾炎临床体会	刘永祥	黑龙江中医药，1985;(6)
银翘散在外科病中的应用	王俊国	陕西中医，1985;(6)
沙参麦冬汤对肺结核的症状治疗	刘巧珍	河北中医，1985;(6)
大定风珠加减治疗手颤	吕建光	河北中医，1985;(6)
银翘饮口服液研制	谷建人　何尊三　许　菊	中成药研究，1985;(8)
安宫牛黄丸治疗农药中毒引起的高热症	黄金平	浙江中医杂志，1985;(8)
安宫牛黄丸治疗副鼻窦炎 24 例	张良尧	浙江中医杂志，1985;(8)
清营汤治疗狐惑病	张明德	浙江中医杂志，1985;(8)
湿热诸毒黄疸	刘渡舟	《肝病证治概要》，天津科技出版社，1985;8
440 例伤阴病例的治疗观察	田令群　黄德芬　黄星垣	上海中医药杂志，1985;(9)

三仁汤的临床运用举例	靳士华	陕西中医,1985;(11)
银翘白虎汤加减治疗风湿性心脏炎的体会	缪宝迎	浙江中医杂志,1985;(11/12)
二甲复脉汤治愈抽搐	陈文邦	四川中医,1985;(11)
加减化斑汤在眼科的临床应用	窦维铭　黄叔仁	中医杂志,1985;(11)
外科验案	朱进忠	天人相应与辨证论治, 山西科技教育出版社,1985;12
吴鞠通痉病辨治规律探讨	李刘坤	北京中医学院学报,1986;(1)
略谈《温病条辨》的活血化瘀法	李一立	贵阳中医学院学报,1986;(1)
辨治温病卫分证的经验	陈幼清　陈　革	江苏中医药,1986;(1)
银翘散加减治疗小儿肺部湿罗音 11 例	张绍利　李文兵	浙江中医杂志,1986;(1)
银翘散运用体会	缪宝迎	中医药研究杂志,1986;(1)
银翘散袋泡剂对呼吸道感染 50 例疗效观察	刘祥泉　吴光坤 柯祥文	四川中医,1986;(1)
加味三香汤治疗胸胁挫伤 24 例小结	文晖中	中医杂志,1986;(1)
辛凉平剂银翘散琐谈	杜长龄	北京中医药,1986;(2)
三仁汤治湿热痹症一则	侯玉明	中医药学报,1986;(2)
大定风珠临床应用举隅	叶益丰	新中医,1986;(2)
三香汤加减治疗癫狂症 100 例临床观察	陶　平	江西中医药,1986;(3)
银翘散的药理作用研究	邓文龙　王文烈 刘家玉　叶尚钧 徐嘉红　邓治文	中医杂志,1986;(3)
银翘散袋泡剂治疗急性上呼吸道感染的疗效观察	俞瑞霞	中成药,1986;(4)
三仁汤外科治验二则	李福兴	黑龙江中医药,1986;(4)
三仁汤治疗不稳定型心绞痛一例	何保义	河南中医,1986;(5)
加减复脉汤治愈石淋	熊绍权	四川中医,1986;(5)
加减复脉汤治愈阴枯证	姜志学	四川中医,1986;(5)
益胃汤加味治愈霉菌感染 2 例报告	黄文清	中西医结合杂志,1986;(5)
三黄二香散外敷治疗痈肿	喻洪钢	四川中医,1986;(6)
沙参麦冬汤治验二则	卓光银	中医杂志,1986;(6)
三甲复脉汤治疗肌萎缩侧索硬化症	叶俊德　叶铿铿	福建中医药,1986;(6)
温病神昏临证一得	赵绍琴	中医杂志,1986;(7)
青蒿鳖甲汤加减治疗热痹	万良政	辽宁中医杂志,1986;(7)
清营汤治疗温病重症的临床体会	徐振涯	浙江中医杂志,1986;(7)
三仁汤在男科病中的应用	王振录	新中医,1986;(7)
青蒿鳖甲汤加减治疗热痹	万良政	辽宁中医杂志,1986;(7)
增液承气汤加减治疗散发性病毒性脑炎	陈淦方	浙江中医杂志,1986;(7)
醒脑静保留灌肠治疗肝昏迷二例	郑义同	江苏中医药　1986;(7)
三仁汤治愈消渴证	夏时金	四川中医,1986;(8)
三仁汤新用举隅	陶文清	陕西中医,1986;(8)
椒梅汤临床活用	董廷汉	上海中医药杂志,1986;(8)

湿温入营	冯界之	四川中医,1986;(9)
三仁汤治血尿	张连贵	四川中医,1986;(10)
三仁汤在脾胃病中的应用	傅明光	浙江中医杂志,1986;(10)
加味增液汤治疗唇炎15例	盛业志　周必英	四川中医,1986;(12)
香附旋覆花汤的临床应用	牟克祥	江苏中医杂志,1986;(12)
清营汤加减治疗皮肤黏膜淋巴结综合征5例	唐莉珍　景斌荣 葛安霞　海鸿	北京中医,1987;(2)
江尔逊运用阳明厥阴从化规律的经验	徐云虹	四川中医,1987;(2)
咳血治验	薛锦云	江苏中医杂志,1987;(2)
银翘散加减治疗肾病综合征	胡居息	四川中医,1987;(2)
三仁汤在耳鼻喉科的应用	贾春芒	河北中医,1987;(3)
沙参麦冬汤治愈阑尾炎术后严重呕吐一例	舒　义	黑龙江中医药,1987;(3)
三仁汤加减治疗流行性出血热举隅	谭凤森　谭凤华	四川中医,1987;(4)
银翘散加味治疗爆发性剧烈风疹400例介绍	汪德云	中医杂志,1987;(4)
温毒病例讨论	时振声	中医疑难病例分析, 山西科教出版社,1987,5
增液承气汤治愈食复重症(感染性休克)一例	奚肇庆	河南中医,1987;(5)
增液承气汤治验二例	陈传儒	新中医,1987;(5)
伏暑验案	时振声	《中医疑难病例分析》 山西科学教育出版社,1987;5
加味增液汤在鼻咽癌"放疗"中的应用	张炳坤	福建中医药,1987;(6)
安宫牛黄丸对兔脑脊液乳酸脱氢酶、脑组织化学乳酸脱氢酶的影响	刘　涛　孟澍江 沈凤阁　王灿晖 郑榉年	江苏中医药,1987;(6)
吴鞠通"邪侵上焦辨治"浅识	周正效	江苏中医药,1987;(8)
三仁汤临床运用体会	张正凡　刘淮英	江苏中医药,1987;(8)
沙参麦冬汤治疗燥咳154例临床小结	赵棣华　赵希庆	江苏中医药,1987;(8)
断下渗湿汤治疗带下的经验体会	王少华　王淑善	江苏中医药,1987;(8)
清营汤治疗皮肤病验案二则	司在和	江苏中医药,1987;(9)
增液汤的临床应用	吴干银	陕西中医,1987;(9)
银翘散在眼科临床的运用	王淑梅　杨　光	辽宁中医杂志,1987;(11)
三仁汤加味治疗恶阻	郑忠民	四川中医,1988;(1)
加味银翘散内外并用治疗流行性腮腺炎50例	贾美华	新疆中医药,1988;(2)
变应性亚败血症治验1例	张祥生　刘小京	黑龙江中医药,1988;(2)
黄芩滑石汤临证举隅	陈　立	北京中医,1988;(2)
椒梅泻心汤治疗蛔厥	彭清华	四川中医,1988;(2)
风热、风温案	丁学成	江苏中医药,1988;(3)
创伤性气胸治验	杨克俭	四川中医,1988;(3)
三仁汤化裁治便秘	张元华　兰颖聪 陈家锡	新中医,1988;(3)

三仁汤治疗急性高山反应50例	姜正谦　陈建冲　雍　丽	中医杂志,1988;(3)
银翘散变通运用一得	张瑞士　简书芬	河北中医,1988;(3)
椒梅汤治疗腹型过敏性紫癜68例临床分析	潘焕鹤	江苏中医药,1988;(3)
安宫牛黄丸在颅脑损伤中催醒作用的疗效观察	王永恒	中华中医药杂志,1988;(4)
增液汤加味治疗小儿发热的临床应用	郭昌照	江西中医药,1988;(4)
三甲复脉汤善治阴虚阳痿	金春乐	浙江中医杂志,1988;(4)
安宫牛黄丸研究概况	任日君	山东中医学院学报,1988;(4)
银翘散化裁治疗小儿口疮48例	曹晶明	广西中医药,1988;(5)
清营汤的临床新用	孙玉甫	山东中医杂志,1988;(5)
养阴增液汤治愈急腹症术后霉菌感染20例	王毓秀	中西医结合杂志,1988;(5)
宣白承气汤在肺部急症中的应用	廖金龙	江西中医药,1988;(5)
三黄二香散外治带状疱疹	殷大彰	中医杂志,1988;(6)
清营汤加减治愈过敏性紫癜1例	张国锦	中西医结合杂志,1988;(6)
加味增液承气汤治疗重症鼻衄	陈　超	四川中医,1988;(6):
以安宫牛黄丸为主治疗黄疸型肝炎	匡耀祖	江西中医药,1988;(6)
安宫牛黄丸治疗脑外伤后综合征	张祝华	浙江中医杂志,1988;(6)
安宫牛黄丸治疗门脉高压症术后脑病49例临床观察	谢锐光　郑维榕	中国中西医结合杂志,1988;(6)
银翘散在热性病中的应用	陈兴才　张桂芝	四川中医,1988;(7)
食管及胃术后空肠置管增液汤补液疗法	马荣赓　戴建良　杨柏岩　何立璋　陶建中　俞宪民　谈启秀	中国中西医结合杂志,1988;(7)
大定风珠加天竺黄治愈乙脑后遗症	魏良义	四川中医,1988;(7)
大定风珠加减治疗流行性乙脑后遗症	罗道揆	上海中医药,1988;(9)
清营汤临床应用	齐志卿	新中医,1988;(9)
三仁汤治疗胆道感染	曾　春　梁名仁　林　青	四川中医,1988;(9)
三仁汤治疗重症水痘	陈治水	四川中医,1988;(10)
凉膈增液汤	张　刚　戴高升	中医杂志,1988;(11)
安宫牛黄冰栓和冬眠Ⅱ号为主治疗流行性乙型脑炎180例	刘万朝　王西印　杨瑞祥	中西医结合杂志,1988;(11)
银翘散加减治疗上部疮疡和皮肤病38例小结	卢业轩	广西中医药,1989;(1)
增液汤在鼻衄中的运用	孙延昭	黑龙江中医药,1989;(1)
增液承气汤治疗高血压脑病一例	赵国祥	黑龙江中医药,1989;(1)
宣痹汤之临床应用	赵崇学	北京中医,1989;(2)
人参乌梅汤在儿科临床的运用	张业宗	吉林中医药,1989;(3)
益胃汤加减治愈前列腺炎	姜志学	四川中医,1989;(3)
白虎三仁汤治疗病毒感染发烧	唐化煮	四川中医,1989;(4)

狂病验案一则	朱卓峰　朱铁峰	奇难杂证新编，广东科技出版社，1989，4
三仁汤治疗慢性胆囊炎	陈治水	四川中医，1989；(4)
三仁汤治疗梅核气	尹平芬	湖南中医杂志，1989；(5)
桑菊饮新用	夏　斌	中医杂志，1989；(6)
湿温验案二则	朱可贞　严东标	四川中医，1989；(6)
化斑汤验案举隅	邓启源	辽宁中医杂志，1989；(6)
三黄二香散外治带状疱疹	张长顺	浙江中医杂志，1989；(7)
人参乌梅汤治疗杂病举隅	陈树人	浙江中医杂志，1989；(7)
难病治验	朱进忠	难病奇治，科学文献出版社重庆分社，1989；(11)
治疗脑病应用大定风珠举隅	龚文德	上海中医药杂志，1989；(12)
安宫牛黄栓为主治疗中风12例的临床观察	曲春媛	辽宁中医杂志，1990；(1)
银翘解毒片的药理研究	周远鹏　江京莉	中成药，1990；(1)
银翘散研究概况	刘菊妍　蔡建伟	云南中医杂志，1990；(1)
自拟“银翘散加黄芪汤”治验	陈炎泉	新中医，1990；(1)
银翘散治疗病毒性肝炎	石　坚	实用中医内科杂志，1990；(1)
安宫牛黄栓为主治疗中风12例的临床观察	曲春媛	辽宁中医杂志，1990；(1)
安宫牛黄丸配合西药治疗肝癌并发肝昏迷	陈家俊　金　源　吴丹红	浙江中医杂志，1990；(1)
银翘散研究概况	刘菊妍　蔡建伟	云南中医杂志，1990；(1)
银翘解毒口服液药理实验研究	邢富强　靳桂贞	北京医药，1990；(2)
增水行舟法临床运用举要	赵文生	四川中医，1990；(2)
清营汤加减治疗接触性皮炎	高正星	四川中医，1990；(2)
宣白承气汤运用经验	王少华	江苏中医，1990；(2)
师黄龙之治法中风不语	路志正	路志正医林集腋，人民卫生出版社，1990；3
宣泄湿热治痹一例	路志正	路志正医林集腋，人民卫生出版社，1990；3
三仁汤治疗喘证	靳永强　张增科	河南中医，1990；(4)
术后发热50例临床证治	戴晓艳	云南中医杂志，1990；(4)
银翘解毒丸治急慢性湿热型胃炎	贺振泉	中成药新用，上海中医学院出版社，1990；4
宣白承气汤化裁治咳喘	赵吉林	四川中医，1990；(5)
三甲复脉汤治疗小儿多动症68例	冯步珍	陕西中医，1990；(6)
沙参麦冬汤加味治疗小儿咳喘40例	魏　旭	上海中医药杂志，1990；(7)
吴鞠通清少阳胆络法的临床应用	王齐生	浙江中医杂志，1990；(8)
“湿温三忌”在肠伤寒护理中的意义	梁雪芬	新中医，1990；(11)
安宫牛黄丸的研究近况	黄玉芳	南京中医药大学学报，1991；(1)
青蒿鳖甲汤治疗阴虚感冒75例小结	梁文学	国医论坛，1991；(2)

安宫牛黄丸并中医辨证治疗中晚期原发性肝癌20例临床疗效观察	张所乐 程剑华 赵德慧 龙浩 王晓 竺家利 朱力平 黎治平 刘伟新	江西中医药,1991;(2)
郭可明老师治疗乙脑经验	王义和	四川中医,1991;(3)
手足口病的中医辨证治疗	刘宏波 卞国本	南京中医学院学报,1991;(3)
中药治疗高热30例	覃海能	广西中医药,1991;(3)
银翘马勃散加味治咽喉急证	郭士江	新中医,1991;(5)
银翘散加减治愈颈淋巴水囊瘤	华占海	四川中医,1991;(6)
沙参麦冬汤加味治腰腿痛	陈正国	四川中医,1991;(7)
小儿高热	许永茂	名医奇方秘方,1991,8
运用吴鞠通方治疗顽症三则	赵富春 马秀琴	河南中医,1992;(1)
清营汤加味治疗癌性疼痛68例观察	王国平	山西中医,1992;(1)
椒梅汤加减治疗儿童过敏性紫癜1例	张荣明	南京中医药大学学报,1992;(2)
清营汤新用	徐宝国	新中医; 1992;(2)
三甲复脉汤新用举隅	孙继铭	实用中医内科杂志,1992;(2)
吴鞠通治疗狂证经验探讨	董学敏	山西中医,1992;(3)
高热昏迷治验	仝选甫	中原农民出版社,1992;(3)
高心病阴虚阳亢型治验	何山斗	中医疑难杂症诊治,中原农民出版社,1992;3
清营汤合蓖杏膏治疗银屑病	李素霞 吕文庆	四川中医,1992;(3)
三仁汤加味治疗小儿湿疹	廖健文	浙江中医杂志,1992;(4)
三仁汤治验	周胜涟	实用中医内科杂志,1992;(4)
重感冒高热湿温证	唐阳春	名医医术荟萃,重庆出版社,1992;6
午后潮热案	王德润	临证笔录秘验集,中国中医药出版社,1992;6
犀角地黄汤治疗蛛网膜下腔出血20例	陈楚玺	国医论坛,1992;(1)
银翘片工艺改进研究	莫静义 徐志勇	中成药,1992;(7)
银翘解毒颗粒剂与丸剂的药理作用比较	魏云 刘礼意	中成药,1992;(8)
银翘散剂型与药效的分析	凌荷珍	湖南中医杂志,1992;(6)
宣痹汤加味治红斑性肢痛症有效	邓珠强	新中医,1992;(9)
《温病条辨》法则在风湿性心脏病防治中的运用	陈洛川 周伯康	新中医,1992;(10)
急慢性风湿性关节炎诊治	顾丕荣 汤叔良	疑难病诊治探幽,天津科技出版社,1992;12
银翘白虎汤加味治疗小儿高烧200例临床报告	邓光琴	攀枝花医药,1993;(1)
中医药治疗乙型脑炎44例疗效观察	李保甫 苏礼潮	国医论坛,1993;(2)
三仁汤加减治疗不安腿综合征12例	何刚	中医药信息,1993;(2)
小儿急性扁桃体炎100例临床分析	宋家华 刘惠芳	泸州医学院学报,1993;(2)
杏苏散的临床应用	刘芳贵 冷崇芳	实用中医内科杂志,1993;(2)

宣痹汤加减治疗腰腿痛104例	王光浩　黎志远	湖北中医杂志,1993;(3)
安宫牛黄丸治疗重症肝炎73例小结	钟建平	浙江中医杂志,1993;(3)
从"三部三脏相关说"论治耳病	邱美和	新中医,1993;(4)
清营汤降低家兔营分证体温的实验观察	戴春福　翁晓红	成都中医学院学报,1993;(4)
无名高热案	刘渡舟	名医奇方秘术, 中国医药科技出版社1993;5
青蒿鳖甲汤治疗小儿肺炎后期低热	方正浩	四川中医,1993;(7)
桂枝汤治疗低热	董廷瑶　王霞芳	中国医药科技出版社,1993;8
银翘解毒饮	米伯让	陕西中医,1993;(11)
杏苏散非治燥之方亦非润剂	徐传富	四川中医,1993;(11)
四时温病证治大要	蒲辅周	当代名医临证精华, 中医古籍出版社,1993;12
钩端螺旋体病证治	米伯让　李景荣	当代名医临证精华·温病专辑, 中医古籍出版社,1993;12
病毒性肺炎案	张震夏	当代名医临证精华·温病专辑, 中医古籍出版社,1993;12
安宫牛黄丸治疗脑卒中急性期神昏的临床观察	傅志慧	新中医,1993;(12)
沙参麦冬汤加减治疗慢性咽炎80例	顾爱善　刘清本	中国中西医结合杂志,1994;(1)
银翘活血汤治疗急性肾炎的临床观察	高　伟　高　群	中药药理与临床,1994;(1)
青蒿鳖甲汤治疗激素依赖性特发性血小板减少性紫癜	朱淑琴　李玉英	浙江中医杂志,1994;(1)
银翘散加减治疗小儿咽—结膜热30例	殷　勤　谭　清	河南中医,1994;(2)
银翘二赤汤治疗荨麻疹、湿疹性皮肤瘙痒经验点滴	谢生明	云南中医学院学报,1994;(2)
增液承气汤新用	刘振湖	新中医,1994;(2)
银翘柴葛汤治疗麻疹36例	杨季国	浙江中医学院学报,1994;(3)
复方麝香注射液治小儿呼吸暂停78例观察	曹辅发	中国中医急症,1994;(3)
香附旋覆花汤治疗结核性胸膜炎	房才龙	浙江中医杂志,1994;(3)
大定风珠治疗职业性眩晕26例	王改敏　高　萍	国医论坛,1994;(3)
沙参麦冬汤对大鼠胃黏膜损伤的保护作用	曹西华　侯家玉	北京中医药大学学报,1994;(4)
安宫牛黄丸在儿科临床的再运用	虞坚尔　邱根祥 李晓葵　唐为勇	上海中医药杂志,1994;(5)
银翘散治病毒性感染验案举隅	郑益民	中成药,1994;(5)
益胃汤加味治疗眩晕症108例	陆维宏	浙江中医杂志,1994;(6)
增液汤加减治复发性口腔溃疡	何凤池	新中医,1994;(6)
银翘散加麻黄治疗感冒	盛　京	四川中医,1994;(8)
新加香薷饮治疗暑病	谢兆丰	四川中医,1994;(9)
银翘解毒方便汤剂与传统汤剂比较的实验研究	姚　毅　杨正贤	中国中药杂志,1994;(10)
加味银翘散治疗小儿疱疹性口炎112例	高津福　林和平	中国中西医结合杂志,1994;(10)
梅核气与半夏宣痹汤	韩导辰	北京科技出版社,1994;(10)
清宫汤新用	汪庆智	四川中医,1994;(10)

治疗温病经验点滴	于有山	高辉远经验研究，中国中医药出版社，1994；11
高辉远挽治乙脑急重案析	于有山	高辉远经验研究，中国中医出版社，1994；11
顽固发热三年治验	张维广　朱文芳　李　建　李晓剑　指导：采祚民	上海中医药杂志，1994；(11)
醒脑静治疗缺血性中风的临床观察	金为群　梅柳松	上海中医药杂志，1994；(11)
银翘散加味治疗小儿外感高热 102 例	王绍洁　曲建伟	辽宁中医杂志，1994；(12)
安宫牛黄丸苦寒药作用探析	戴春福　翁晓红　郭文兵	陕西中医，1995；(1)
银翘散为主治疗风疹 196 例	蔡　恒　谢智慧	内蒙古中医药，1995；(1)
白虎银翘汤治疗感冒发热 689 例	范德斌	中医研究，1995；(1)
增液承气汤加减治疗血唾血精	颜永潮	中医杂志，1995；(1)
清营汤合紫雪散治愈病毒性脑炎 1 例	李　瑞　贺　耀	内蒙古中医药，1995；(1)
应用表里双解法治疗外感高热的体会	姚欣艳	湖南中医学院学报，1995；(2)
大定风珠冲剂治疗小儿难治性锌缺乏症 47 例	唐堪春	国医论坛，1995；(2)
银翘散加减治疗青少年麻疹样病毒疹 78 例	曹元宇　魏跃钢	南京中医药大学学报，1995；(3)
加减银翘散治疗风疹的体会	郭　兰	江西中医药，1995，S3:62
水痘合并小脑共济失调治验一例	许文颖	广西中医药，1995；(3)
银翘白虎合剂治疗外感高热症的临床探讨	刘远庆	福建中医药，1995；(3)
羌膏银翘汤治疗小儿感冒高热 81 例临床观察	王建敏	实用中医药杂志，1995；(3)
通气银翘散治疗耳胀一得	安改香　邢守平	山西中医，1995；(3)
新加香薷饮治疗暑病 4 则	缪钟丽	江苏中医，1995；(3)
加减复脉汤治疗早搏 167 例	林君平　林晓丹	山东中医杂志，1995；(4)
中药治疗手足口综合征 34 例临床分析	李　兰	天津中医，1995；(4)
银翘马勃散为主治小儿风热乳蛾 80 例	薛　玫	四川中医，1995；(4)
中西药结合治疗化脓性扁桃体炎 58 例	谢桂安	四川中医，1995；(4)
银翘散加味治疗急性扁桃体炎、咽炎 176 例	莫少琪	新中医，1995；(7)
银翘散加减治疗急性化脓性扁桃体炎 38 例	黄桂英	广东医学，1995；(10)
银翘白虎汤治疗外感高热举隅	林国裕　林淑凡　宁靖范　林秀东	陕西中医，1995；(11)
清营汤治疗外伤性肝脾破裂伴腹腔内感染	李继功　王敬芳　曹振瑞	山东中医杂志，1995；(12)
银翘败酱汤治疗急性肾炎 100 例临床观察	吴盛荣	江西中医药，1996；(1)
加减银翘汤治疗流行性感冒 378 例疗效观察	王凤珍　王厚生	西北民族学院学报（自然科学版），1996；(2)
银翘散加减治疗风疹	陆树柏	云南中医中药杂志，1996；(2)
银翘汤加味治疗小儿疱疹性咽峡炎 70 例	赵喜连　周荣峰	湖南中医杂志，1996；(2)
清开灵合银翘散治疗急性扁桃体炎 35 例	邱建环	桂林医学杂志，1996；(2)
“产后宜温”不可全信	徐有玲	北京科技出版社，1996；3

桑菊饮可消膨	陈　华	长江医话，北京科技出版社，1996;3
湿病活血能增效	王辉武	长江医话，北京科技出版社，1996;3
三仁汤加味治泌尿结石41例	田发益	四川中医，1996;(3)
新加沙参麦冬汤对化疗增效减毒的实验研究	舒琦瑾	浙江中医杂志，1996;(3)
银翘石膏汤治小儿高热78例	邓国梅	国医论坛，1996;(4)
自拟复方苍夷银翘汤治疗鼻窦炎359例	刘金霞	陕西中医，1996;(5)
吴鞠通治疗血证用药经验探析	吴定中	中医药研究，1996;(5)
三仁汤加味治疗急性肾炎68例	陈维初	江西中医药，1996;(6)
三仁汤治小儿低热综合症	方正浩	四川中医，1996;(6)
桑菊饮临床应用举隅	羊静华　罗火泉　黄德惠	陕西中医，1996;(6)
三仁汤治小儿低热综合征	方正浩	四川中医，1996;(6)
加味银翘散治疗流行性出血热40例	杜德林	上海中医药杂志，1996;(9)
银翘丹栀龙胆汤治疗荨麻疹型药疹21例	许　为	上海中医药杂志，1996;(12)
银翘散及其四衍方说略	张保伟　王中元　彭松林	河南中医药学刊，1997;(2)
清热饮治疗300例高热病人的疗效观察	赵学光	中国中医急症，1997;(2)
银翘散加味治疗磺胺类药过敏性眼病	陈旭红	中国中医眼科杂志，1997;(2)
椒梅汤加减治疗儿童过敏性紫癜1例	张荣明	南京中医药大学学报，1997;(2)
银翘紫丹汤治疗猩红热并发肾炎31例	杨季国	浙江中西医结合杂志，1997;(3)
双黄连粉针合银翘袋泡剂治疗小儿外感高热症86例临床观察	刘　薇	贵阳中医学院学报，1997;(3)
银翘龙骨消肿汤治疗痄腮100例	游月春　林俊谷	时珍国医国药，1997;(4)
银翘散治疗病毒性心肌炎52例	刘　芳	湖南中医杂志，1997;(4)
银翘散	尚炽昌	家庭医学，1997;(8)
银翘解毒汤治疗登革热268例	曾　冲	新中医，1997;(8)
银翘散防治鼻咽癌放疗致口咽部毒性反应29例	刘红杯　罗美华	辽宁中医杂志，1997;(9)
双波长分光光度法测定维C银翘片中对乙酰氨基酚的含量	林　敏　郑广东　林　强	海峡药学，1998;(1)
高效液相色谱法测定银翘双解栓中黄芩苷的含量	朱秀荣　朱忠恕　麻凤华	药物分析杂志，1998;(1)
生脉散合银翘散治疗病毒性心肌炎37例	孙德欣	国医论坛，1998;(2)
《温病条辨》中白虎汤之应用	赵星华	实用中医内科杂志，1998;(3)
加味银翘白虎汤治疗小儿高热62例	李彦霖	泸州医学院学报，1998;(3)
银翘解毒水的药理研究	陈　红　曾　南　吴春燕　赵兴梅	中药药理与临床，1998;(5)
银翘散加减方治疗扁桃体炎高热急症93例	黄彩英	中国中医急症，1998;(5)
银翘散加减治疗水痘42例疗效观察	梁吉春　梁晓秋	北京中医药大学学报，1998;(6)

麻银合方治疗急性上呼吸道感染	王　平　张　红　张云栋	山东中医杂志,1998;(6)
银翘滴鼻剂治疗小儿风热型感冒的临床观察	杨永芳　卜献春	中国中西医结合杂志,1998;(7)
银翘解毒汤治疗妊娠期风疹病毒感染76例	弭　阳　弭　超	山东中医杂志,1998;(11)
反相高效液相色谱法测定银翘解毒片中绿原酸和甘草酸的含量	倪坤仪　韩南银　屠　洁	中国药科大学学报,1999;(1)
疏通宣解方治疗内伤基础上肺卫郁热证的临床观察	张治祥　姜良铎	陕西中医学院学报,1999;(1)
银翘滴鼻剂药理作用的研究	唐湘娟　刘礼意　陈显雄	湖南中医杂志,1999;(2)
《温病条辨》阳明温毒杨梅疮病考实	孙启明	中华医史杂志,1999;(3)
银翘解毒冲剂中连翘苷的含量测定	叶　冠　余延琴	基层中药杂志,1999;(3)
中西医结合治疗咽结膜热65例	肖淑娥	湖南中医药导报,1999;(4)
衍化银翘散防治鼻咽癌放疗中口咽黏膜反应的临床观察	罗美华　刘红杯	中国中西医结合杂志,1999;(5)
银翘散颗粒剂、袋泡剂、汤剂和丸剂药理作用比较研究	刘广南　许家骝　张诚光	中药药理与临床,1999;(6)
银翘散治疗小儿风疹532例	李七一	吉林中医药,1999;(6)
银翘丹栀龙胆汤治疗荨麻疹型药疹4例	陈　敏	吉安师专学报,1999;(6)
银翘散治疗肾性咽喉病54例	刘洪陆	陕西中医,1999;(6)
新加香薷饮治疗暑温证31例	李吉祥	江苏中医,1999;(7)
银翘散在儿科临床中的运用体会	杨季国	中国中医药信息杂志,1999;(7)
银翘散加减治疗痤疮	马淑丽	山东中医杂志,1999;(9)
银翘散应用举隅	安　峰	实用中医内科杂志,1999;(9)
维C银翘片(强力)中绿原酸的薄层扫描法测定	梅　艳　王振中　马长青	中国中药杂志,1999;(11)
银翘板地汤治疗接触性皮炎36例	王怀平	中国乡村医生,2000;(1)
紫外分光光度法测定复方银翘口服液中扑热息痛的含量	韦　宾	右江民族医学院学报,2000;(2)
银翘散治疗小儿外感高热证60例疗效观察	张　原	成都医药,2000;(2)
银翘散治疗病毒性下呼吸道感染疗效观察	耿小茵　刘光太	海南大学学报,2000;(3)
银翘滴鼻剂的制备及应用	伍玉甜　黄镇光	广东药学,2000;(3)
自拟银翘白虎汤加减治疗外感高热180例小结	于秀娥	安徽中医临床杂志,2000;(4)
辛凉解表宣肺透疹法治疗成人麻疹	叶少华　尹　岚	湖北中医杂志,2000;(5)
银翘马勃散加味治疗急症一得	廖世忠　陆社桂　张　刚	中国中医急症,2000;(5)
中西医结合治疗突发性耳聋30例	叶伊琳	安徽中医学院学报,2000;(5)
银翘马勃汤治小儿急性扁桃体炎60例	邓吉华	江西中医药,2000;(6)
应用"治上焦如羽,非轻不举"的临床体会	欧阳晓勇	中国中医药信息杂志,2000;(7)
银翘散加减治疗肾炎的体会	李传平	中国中医药信息杂志,2000;(7)
中药外洗治疗下肢丹毒	石丽艳	湖北中医杂志,2000;(8)

中西医结合治疗化疗所致白细胞减少性高烧14例	郝勤岭	河南医药信息,2000;(8)
麻杏银翘汤合西药治疗婴幼儿哮喘37例	李国友　王　刚	四川中医,2000;(9)
银翘白虎汤治疗小儿迁延性肺炎18例	刘克龙	河北中医,2000;(11)
犀角地黄汤合银翘散治疗小儿血证一得	李荣辉	中国民间疗法,2000;(12)
银翘散合补中益气汤加减治疗老年肺炎的临床研究	杨周瑞	中医研究,2001;(1)
银翘散加味灌肠治疗小儿外感发热30例临床观察	王秀坤　田　力	国医论坛,2001;(1)
银翘散抗流感病毒有效部位群中黄酮含量的测定	石　铖　石任兵　刘　斌	北京中医药大学学报,2001;(2)
银翘玉屏风汤拮抗急性风寒应激小鼠免疫功能抑制作用实验研究	姚实林　张　杰　汪　涛	时珍国医国药,2001;(2)
丹鸡银翘饮治疗皮肤瘙痒症80例	刘宗廷　刘彩英	内蒙古中医药,2001;(2)
高效液相色谱法测定维C银翘片中对乙酰氨基酚的含量	周　瑾　张榕平	海峡药学,2001;(2)
HPLC测定维C银翘片中对乙酰氨基酚的含量	周金霞　于万军	牡丹江医学院学报,2001;(3)
银翘解毒丸中微量元素的测定	王旭丰　贾志新	山西中医学院学报,2001;(3)
银翘解毒片长毒性实验研究	王宗伟　吴　杰　危建安	中医研究,2001;(3)
自拟银翘汤治疗小儿外感高热260例	童刘章	中国中医急症,2001;(3)
中西医结合治疗单纯疱疹性角膜炎56例	周　清	湖南中医杂志,2001;(3)
银翘散加减治疗小儿急性热证65例疗效观察	董学良　董晋瑛	山西预防医学,2001;(4)
大黄治疗小儿风热感冒40例疗效分析	从　丹	铁道医学,2001;(4)
银翘散抗流感病毒有效部位群中黄酮类成分研究	石　铖　石任兵　刘　斌	中国中药杂志,2001;(5)
加味银翘散治疗急性上呼吸道感染62例观察	吕明惠	蚌埠医学院学报,2001;(5)
银翘散在皮肤科临床应用举隅	蒋　蔚	安徽中医临床杂志,2001;(5)
银翘马勃散加减治疗扁桃体炎36例	蔡培英	江西中医药,2001;(5)
中西医结合治疗盆腔炎103例	韩　硕　谢红旭	国医论坛,2001;(6)
银翘石膏汤治疗小儿外感高热60例	宁连如	四川中医,2001;(7)
桑菊银翘合剂治疗小儿外感风热咳嗽127例	林小兰　陈玉霞	新中医,2001;(7)
中药为主治疗病毒性角膜炎19例	李宫鸿　钟利群	实用中医药杂志,2001;(8)
银翘汤治疗湿热型胃痛32例	史庭仁	四川中医,2001;(11)
银翘散加味治疗急性扁桃体炎51例疗效观察	王海霞　王　幼　李文芳	现代中西医结合杂志,2001;(15)
银翘散合玉屏风散治疗小儿上呼吸道感染	武忠秀	新疆中医药,2002;(1)
加味银翘散治疗慢性咽喉炎136例	温利辉　黄清苑	新中医,2002;(1)
银翘散合半夏厚朴汤治疗慢性咽炎33例	段胜红	湖北民族学院学报(医学版),2002;(1)
胡天成教授运用银翘马勃散经验撷萃	敖素华　韦衮政	四川中医,2002;(1)

银翘散治疗手足口病	马爱军	安徽中医临床杂志,2002;(2)
银翘白虎汤加减治疗儿童急性化脓性扁桃体炎	苏思杰	云南中医学院学报,2002;(2)
维C银翘片中维生素C含量的中红外漫反射光谱技术定量分析研究	程存归　方克鸣	中国中药杂志,2002;(3)
银翘散加减方药理作用初探	余　奇　林庆华　黄天文	中医药研究,2002;(3)
银翘解毒汤治疗流行性感冒32例	时文英　张　芳　于春艳	实用医药杂志,2002;(3)
泄热透疹法治疗成人麻疹18例分析	林兴栋　钟嘉熙　杨德福　于征淼	广州中医药大学学报,2002;(3)
银翘红酱解毒汤为主治疗盆腔炎性包块34例	郑瑞芹　孙　利　巩曰云	山东中医杂志,2002;(3)
银翘五草汤治疗小儿急性结膜炎67例	冯贵明　冯云波　肖秀芳	四川中医,2002;(3)
增液承气汤应用举隅	李俊荣	河南中医学院学报,2002;(3)
银翘散结汤治疗小儿痄腮45例	林炳胜	新中医,2002;(4)
银翘马勃散加味治疗喉源性咳嗽276例	谷名成	江苏中医药,2002;(4)
中药为主治疗病毒性角膜炎疗效观察	齐翠英	河南中医,2002;(4)
银翘散合升降散化裁方治疗扁桃体炎致高热103例	金培祥	中国中医急症,2002;(4)
HPLC法测定维C银翘片中对乙酰氨基酚的含量	戴　涌　徐长根　郝武常	西北药学杂志,2002;(5)
三仁汤临床验案举隅	李长文	河南中医药学刊,2002;(5)
银翘汤加减治疗流行性腮腺炎28例	王吉英　付蕴英	辽宁中医杂志,2002;(6)
中药二联治疗急性感染性疾病的临床研究	耿小茵　熊东亮　赖　真	河南中医药学刊,2002;(6)
小柴胡汤合银翘散临床运用体会	曾四来　曾宪慧	新疆中医药,2002;(6)
银翘红酱解毒汤治疗急性盆腔炎65例	张春艳	中医研究,2002;(6)
《温病条辨》中承气汤的运用和发展	汪　洲	安徽中医临床杂志,2002;(6)
中医治疗水痘28例	杨桂霞	陕西中医,2002;(6)
三仁汤新用	张聚府　王月芬　刘秀省	新中医,2002;(6)
紫外分光光度法测定维生素C银翘片中维生素C含量	李安荣　杨玲莉　夏代全	中国药业,2002;(8)
银翘散合青蒿鳖甲汤加减治疗发热35例	李继勇　李　牧	山东医药,2002;(9)
漫反射FTIR定量分析维C银翘片中对乙酰氨基酚含量	程存归　陈　彬　刘俊华　郑人卫	中成药,2002;(10)
维C银翘片中对乙酰氨基酚含量测定方法改进	宋　辉　陈为飞	医药导报,2002;(11)
中西医结合治疗慢性肺心病右心衰竭31例疗效观察	李　强	新中医,2002;(11)

银翘散抗流感病毒有效部位群化学成分的分离与鉴定	石　铖　石任兵　刘　斌	中国中药杂志,2003;(1)
银翘散浓缩袋泡剂抗炎、解热、解毒、镇痛、抗菌和抗病毒作用	潘竞锵　刘惠纯　韩　超	广东药学,2003;(1)
不同剂型银翘散抗菌、抗病毒作用的研究	肖锦仁　郭　昱　吴红娟	湖南中医学院学报,2003;(1)
银翘白虎汤为主治疗传染性单核细胞增多症疗效观察	葛安霞　冀晓华　郭　薇	中国中医急症,2003;(1)
银翘散加减治疗急性肾炎 136 例	王建雄	郴州医学高等专科学校学报,2003;(1)
银翘散新用	张建新　常　庚	光明中医,2003;(2)
叶霖对《温病条辨》褒贬评价刍议	金淑琴	陕西中医,2003;(2)
银翘散合增液汤治疗急性咽炎 52 例	王　瑛	山东中医杂志,2003;(3)
银翘散在儿科临床的扩大使用	朱久升　陈忠华	中华实用中西医杂志,2003;(3)
RP－HPLC 测定银翘散抗流感病毒有效部位群中牛蒡子苷的含量	石　铖　石任兵　陆蕴如　刘　斌　杜力军	中国药学杂志,2003;(4)
宣白承气汤加味治疗小儿肺炎 60 例	金培祥　孙永红	中华实用中西医杂志,2003;(6)
银翘散在儿科的应用体会	汪贤昀	中华实用中西医杂志,2003;(8)
论“非典型肺炎”即《温病条辨》中之太阴温病	张志义　张建国　张建民　王振爽	河北中医,2003;(8)
吴鞠通“治上焦如羽”思想在外感咳嗽治疗中的指导作用	王晓君	山东卫生,2003;(9)
三仁汤临床应用举隅	陈伯青	中医药临床杂志,2004;(5)
从“温病学说”看今日“SARS”	蔡雪映	中医药临床杂志,2004;(5)
江尔逊运用三仁汤心法	余国俊	中国社区医师,2004;(22)
三仁汤临证新用	林　华	中国民间疗法,2005;(1)
甘露消毒丹治疗高热举隅	毛成健	中华临床医学杂志,2005;(5)
以《温病条辨》太阴温病理论解读非典	梁　建	四川省卫生管理干部学院学报,2005;(3)
读《温病条辨·活血论》谈眼玻璃体积血的治疗	陈兹满　邱　波　李振萍	新中医,2005;(8)
蒲辅周儿科医案二则	蒲辅周　高辉远	《蒲辅周医案》人民卫生出版社,2005;9
宣痹汤加味治疗湿热型弱精子症 48 例	温泉盛　陈代忠	浙江中医杂志,2005;(10)
增液承气汤临床举隅	黄爱民　吴曼玲	中国中医药现代远程教育,2005;(10)
银翘散治疗发热及感染性疾病浅析	赵莉莉	中国民间疗法,2005;(11)
沙参麦冬汤临床应用举偶	段玉环	中华实用中西医杂志,2005;(22)
三仁汤治验二则	谢沛霖　周大平	辽宁中医杂志,2006;(3)
三仁汤男科应用举隅	江立军　宋易华	中国民间疗法,2006;(3)

吴鞠通代赈普济散的组方意义及临床运用	李刘坤　凌泽奎	北京中医药大学学报,2006;(5)
清开灵注射液的研究进展	肖　兰　赵绪元	中国药房,2006;(6)
浅析吴鞠通祛湿法在香港地区的应用	温桂荣	湖北中医杂志,2006;(6)
HPLC 测定银翘散中牛蒡子苷的含量	刘雅茹　王雪峰	中国中药杂志,2006;(13)
《温病条辨》中增液汤的应用	德学慧	内蒙古中医药,2007;(1)
《温病条辨》中清营汤的运用及发挥	董　静	中医药临床杂志,2007;(1)
《温病条辨》增液汤治疗津亏液竭便秘的实验研究	马伯艳　李　冀 肖洪彬	江苏中医药,2007;(5)
《温病条辨》对《伤寒论》承气汤的继承和发展	张晗睿　谢　婷 崔　健　王庆国	中医药学报,2007;(6)
毛德西治疗暑病经验举隅	毛开颜	辽宁中医杂志,2007;(8)
孙玉信运用三仁汤经验	刘建平　李媛娥	中国中医药信息杂志,2007;(10)
《伤寒论》方在《温病条辨》中的运用与发展探析	汤晓龙	中医文献杂志,2008;(1)
增液汤的作用及其应用	杨　进	江苏中医药,2008;(3)
银翘散治疗艾滋病	郭选贤　彭青鹤	江苏中医药,2008;(3)
新加黄龙汤治疗肝硬化腹水	陈文慧	江苏中医药,2008;(3)
青蒿鳖甲汤的临床应用	钟嘉熙　梁雪芬	江苏中医药,2008;(3)
承气汤类方的临床应用	郭永洁　胡　静	江苏中医药,2008;(3)
《温病条辨》方剂多频清热类药物应用分析	肖照岑　刘宏艳	江苏中医药,2008;(3)
《温病条辨》承气汤的临床应用新探	宋莹莹　马　健	南京中医药大学学报,2008;(5)
吴鞠通湿病学说与肠易激综合征	刘　华	中国民间疗法,2008;(7)
吴鞠通《温病条辨》对厥证的认识及辨治创新	金楠楠　马　堃	江苏中医药,2008;(12)
温病学家吴鞠通与温病学科发展的思考	包　琳	中国医药指南,2008;(24)
从实际病例认识《温病条辨》"识证施治"的重要性	陈　斌　郭　海 龚婕宁	中国中医急症,2009;(4)
《温病条辨》舌诊辨析	郜慧萍　岳在文	光明中医,2009;(4)
吴鞠通温病养阴思想探析及临床应用心得	范文杰	上海中医药杂志,2009;(6)

二、已发表文章选辑

（一）对吴鞠通生平事迹的考证和研究

温病名家吴鞠通生平著述考

李刘坤

清代著名温病学家吴鞠通，名瑭，字配珩，鞠通实乃其号。因其在著作中常署鞠通之号，很少用配珩之字，致使其字被掩，后人很少知之，甚至将鞠通当作其字。关于其故里，吴氏自称为淮阴人。如《温病条辨》自序后书“淮阴吴瑭自序”。然考清代所设府县，并无淮阴之名。淮阴为县，始于秦时，汉高祖刘邦封韩信为淮阴侯，即辖此地。元、明、清时，改名为清河县。公元1914年，复名淮阴。淮阴为郡，置于后魏，明、清时改为淮安府。可见，吴氏所谓之淮阴，只是指古淮阴之地，并非当时确切的府县。正由于他当时没有明确说明出生之地，以致今人常为其故里发生争论。有的说他为江苏淮安县河下镇人，有的说他为江苏淮阴市清河区人。而《清史稿》、《中国医学人名志》等著作，只是笼统称其为江苏淮阴人。不过，从《淮安府志》、《淮安艺文志》等资料的记载来看，吴氏故里当为清代淮安府山阳县。曾为《温病条辨》作序的汪廷珍，自称为吴氏“同里愚弟”，而《清史稿》则谓王氏为江苏山阳人，此亦可作为吴氏故里之佐证。尤其是在《医医病书》中，吴氏好友朱士彦所撰“吴鞠通传”，明确指出其为“江苏淮安府山阳县人”，则更为可信。清代山阳县，即今淮安市。当然，淮安市目前亦属淮阴市所辖，故笼统地称其为江苏淮阴市人亦未尝不可。至于其生卒年代，争论亦不少。如对其出生年代，有说生于1758年，有说生于1750年。还有不少学者，见《中国医学人名志》有“吴瑭，字鞠通，清江苏淮阴人，乾嘉之间（1736～1820）游京师，有医名”的记载，便误将书中对“乾嘉之间”所作的注解当作吴氏的生卒年代。如《中国历代名医评介》、《中国医学史讲义》等书都持此说。其实，欲考其生卒年代并不太难。吴氏在《医医病方》中曾提到：“予生于中元戊寅。”戊寅，即乾隆二十三年，公元1758年。金月笙所刊之《吴鞠通医案》暑温门中所载吴鞠通自医之案，曾注明：“丁巳六月十三日，时年四十岁。”丁巳，即嘉庆二年，公元1797年。按此推算，其出生年代与吴氏自述相符。另外，在朱士彦所作“吴鞠通传”中，谓其“道光十六年二月卒”。另有抄本，在“道光十六年二月卒”之后，还有“年七十有九”五字。道光十六年，即公元1836年。由此可见，其生卒年代应为1758～1836年。

吴氏出生于较贫寒的书香之家。其父名守让，字逊夫，乾隆十四年（1749）秀才，曾在当地教学，弟子甚多。受其父影响，吴氏自幼攻读儒书，希图科名。然在其19岁时，父亲久病不愈而逝世，使其精神上受到极大的打击，遂在为父守丧期间，购置医书，抽空而读。当读罢张仲景《伤寒杂病论》序言中“外逐荣势，内忘身命”之论后，深受感动，便毅然放弃科考之念，专门学医以求救人济世。过了 4 年，其 23 岁时，侄子巧官突患温病。初起为喉痹肿痛，外科吹以冰硼散，凉遏气机，喉遂闭塞不通。又遍请当时医师治之，大抵不外使用双解散、人参败毒散等方药，终至发黄而死。吴氏因学医不久，且未得治温要领，故未敢轻易发表意见。这对吴氏来说，无疑又是一次沉重的打击，并使之开始注重温病的研究。又过 3 年，其 26 岁时，因家境困难及对当地学习条件的不满等因素，便离开家乡，来京师谋求发展。当时，适值《四库全书》第一份已抄写结束，其余几份正待人校对誊抄。经朋友介绍，吴氏便找到了校对誊抄《四库全书》的工作。这对于家境贫寒而又嗜好读书的吴氏来说，实在是一份极为难得的工作。他正是靠这份工作，既解决了家庭经济的困难，又得以博览群书，尤其是得以阅读当地难以见到的医学名著，如我国第一部温病学专著——明代吴又可的《温疫论》，清代医中国手——叶天士的《临证指南医案》等。吴氏“进与病谋，退与心谋”，历十年寒暑，医学知识大进，尤其是精究叶天士《温热论》和治温验案，深得治温之大法。然为慎重起见，未敢轻治一人。至癸丑年（1793），其 36 岁时，京师发生温疫大流行，经误治而死者，不可胜数。吴氏之友知其通医，又目睹当时温疫被误治之惨状，故力促其起而治之。他亦不忍袖手旁观，故尽其所能而救之。虽然求治者大多已成坏病，但经其救治，幸存者达数十人之多。通过这次亲身临床实践，不仅使他加深了对温病的了解，而且也使他进一步认识到庸医误治的危害，以致发出“生民何辜，不死于病而死于医，是有医不若无医也，学医不精，不若不学医也”的感叹。同时，也使他初步体会到所用治温之法的卓越效果，并开始萌发了著治温之书——《温病条辨》的念头。然毕竟其当时的临床经验还很不足，故缺乏自信，迟迟未敢落笔。又历 6 年，至于戊午，即公元 1798 年，吴氏 41 岁时，其同乡好友汪瑟庵先生预测来年会有温疫流行，故促其速成治温之书。此时，吴氏已有了一定临床经验的积累，又经汪氏再三催促，便下定决心，在诊疗之余，着手写作《温病条辨》。

长期以来，几乎所有的学者都认为《温病条辨》成书于写作当年，即 1798 年，这是一个极大的误解。实际上，此书并非当年写成，而是经过 15 年左右的努力，前后数易其稿，直至嘉庆十八年（1813），吴氏 56 岁时，才真正完成。问心堂《温病条辨》即首刊于此年。由此足见其写作之认真和艰辛。

初著《温病条辨》时，由于其对燥邪的认识不够全面，故在秋燥门中，仅论及温燥证治，未及凉燥。道光元年（公元 1812 年），其 64 岁时，遇京师燥疫流行，民多吐利腹痛而死。他细审病证，认为系凉燥为患，特制苦温芳香、扶阳逐秽之剂——霹雳散以救之，大获奇效。当年顺天（北京）乡试，主考官员购其所制霹雳散百余剂，令考生服用，果然场中无患疫而死者。通过这次防治燥疫的实践，使吴氏对燥邪为患有了较全面的认识，并对以前的片面认识作了深刻反省，进而参考明代医家沈目南的《燥病论》，作“补秋燥胜气论”一篇，补入《温病条辨》之中。

《温病条辨》一书，创立以三焦辨证为核心的理法方药完整的温病学辨证论治体系，并非无源之水，无本之木，而是远宗《内经》、仲景之旨，发扬又可之说，近承叶氏之论，博采百家精华而成，故能经得起实践检验，补《伤寒论》治温之不足，成为最具影响的温病学名著之一。如书中所载方剂，除去重复者，约 203 首，而用仲景原方及由其方加减者即达半数左右；书中共有方证条文 240 条左右，而直接取材于《临证指南医案》的方证条文就有百条之多。足见吴氏既善于继承，又长于创新。

道光八年（公元 1828 年），吴氏 71 岁时，其好友胡沄曾受时医误治之害，后被其治愈，故力促其写《医医病书》，以矫医界时弊。书于1831年写成。1833年，胡沄为该书写序。惜未及时刊行，仅以抄本流传。1915年后才正式刊行于世。

吴氏晚年，还将一生治验（主要为1793~1833年的医案）整理成册（即今传之《吴鞠通医案》，1916年后才出版发行），嘉惠后学。目前，有不少学者认为吴氏医案为后人所辑，笔者认为，此说并不完全正确。虽然后人在出版其医案时，作过一些整理工作，如划分卷次，排列先后等，但基本内容均由先生亲自搜集完成。他在《医医病书》“用药分量论”中，介绍了重用石膏治疗大热之证的经验后，特意指出：“他多类似，不能尽述，半载余医案中”，可见其在1831年著成《医医病书》时，医案已具雏形。1833年，胡沄在《医医病书》序中更明确写道：“《医医病书》……当与君《温病条辨》及未刻之医案并传不朽。”说明其医案已于1833年全部整理完毕，只待刊行而已。

道光十六年（1836）二月，吴氏因长子病故，精神倍受刺激，以致抑郁成疾，衄血不止而逝世。终年虚岁79，葬于京郊。

吴氏一生献身医学，不仅嗜学不厌，研理务精，勤于实践，勇于创新，而且居心忠厚，医德高尚，对患者认真负责，满腔热忱，虽遇危证，不避嫌怨。如道光三年（1823）秋，他回淮省墓，刚至家乡境内，就见数人抬一重病老妇在道旁树下歇肩，其子在旁不住哭泣。吴氏下车询问，得知当地医生嫌老妇病重，推脱不治，便不顾旅途疲劳和个人得失，立即为之诊疗。经过切脉辨舌，诊为燥热伤津。欲为处方，又虑该处离城较远，取药困难，耽误病情，变生不测。正在忧愁不安之际，忽见道旁不远处有一土丘，其上长满生地，便高兴地对患者之子说：不必担心，你母有救了，并让其速刨鲜生地一斤多，绞汁近一碗，给患者服下，果然覆杯而愈。此事在当地传为美谈。

其治学反对门户之见，能虚心而师百氏，博采诸贤之长。即使在他成名之后，仍能虚心向能者求教。如他不善针法，每遇疑难重证，药物难奏速效时，便请善于针灸的郑芷谷医师予以配合。这与“同行是冤家”、“文人相轻”之风相比，实在是难能可贵。他心正口直，对于前贤之误，敢直言驳证，以免贻误后学。对医界时弊，更是疾恶如仇，认为医师妄抬身价，重索谢资者，极为可耻；只为自己打算，不为病人打算者，最为可恶。每遇俗医处方之谬，则立即指正，从不粉饰。正因为如此，也难免得罪一些同行，遭来非议。正如他所说：“余存心不敢粉饰，不忍粉饰，口过直而心过慈，以致与世不合。”

他也能正确对待自己，虽著《温病条辨》，创温病辨治新法，但从不居功自傲。正如他所说：“诸贤如木工钻眼，已至九分，瑭特透此一分，作圆满会耳，非敢谓高过前贤也。”并认为此书并非尽善尽美，诚恳表示：“无论先达后学，有能择其弊窦，补其未备，瑭将感之如师资之恩。”而且他确实能知错必改，如在《温病条辨》杂说中著“燥气论”一篇，及晚年所作“补秋燥胜气论”，即是弥补其初著《温病条辨》之失。

总之，吴氏一生，不仅在医学方面作出了巨大贡献，而且在治学和为人处世等方面给后人树立了楷模，值得我们很好地学习和永远怀念。

［《中华医史杂志》，2001；（2）］

吴鞠通之生平及其成就

秦正生

淮阴先贤吴公鞠通先生，讳瑭，字佩珩。与汉代张师仲景，同为在外感热病治疗上作出了两个飞跃的贡献。张师生于东汉末年，战乱频仍，温疫流行，目睹那“家家有僵尸之痛，户户有号泣之哀”的惨状，“勤求古训，博采众方”，根据《素问·热论》、《胎胪药录》等基础理论，撰写了我国第一部临床医学巨著——《伤寒论》。创立了理、法、方、药之系统性六经辨证施治方法，奠定了我国医学理论与临床诊断、治疗密切结合的基础，后人遵之为医圣。吴公生当逊清乾、嘉之际，历经了多次的温疫病流行，因而专心致志于温病学之研究。他认为伤寒与温病有水火之异，仲圣之《伤寒论》，偏于寒而略于温。于是总结前人经验，参以个人实践，写成了一部系统地、完整地、足以羽翼《伤寒》的温热病辨证施治的巨著——《温病条辨》，使后人不致再蹈那“以治伤寒法治温病”的错辙。其对人民健康贡献之大，较之仲圣，真可谓“先后揆一”，为外感热病树立两个里程碑。

公生于乾隆十七年（公元1752年），以衄疾卒于道光十六年（公元1836年）二月某日，葬于邑北“丁家集”东郊祖茔之侧。

公少习儒，十九岁时，以父病年余，至于不起，认为父病不知医，简直无颜立于天地间。乃选购方书，朝夕诵读。二十三岁时，侄巧官病温，初起喉痹，终误俗医。当以初读医书，未敢妄赞一词，以致发黄而死。遂慨然弃举子业而专事于医。

二十六岁游京师，适“四库馆阁”开，以贫故，庸书自给，因得博览群书，既于医有得，见宋元以来诸书，皆疑有未尽。及见《内》、《难》二经，乃知其源之所出；《伤寒论》、《金匮要略》，始知医学莫先于此。迨见吴又可《温疫论》，“观其议论宏阔、顿觉耳目为之一新”，然久之、又觉其支离庞杂，“且仅能治一时之时疫，不能治常候之温病”。认为功过两不相掩，谓其用心苦而术有未精也。居曾谓：仲景以下，惟孙真人论八脉，张隐庵《本草崇源》，叶天士《临证指南》可观；窦材之书，虽许其扶阳抑阴，但亦不可过信；守真、香岩始有温病之方，惜无专书出现。于是遍考历代诸贤议论，“进与病谋、退与心谋”，勤求古训、精究病例，经过十年时间，终于在医学方面有了新的造诣。

乾隆五十八年（公元1793年），岁次癸丑，京都温疫流行，死于世俗之手者，不可胜计。斯时，公对医学事业虽然有得，但仍不敢“率尔操觚”，经友朋力劝，始勉强治之，已成坏病而从死神手中夺回者数十人。乃叹曰：“呜呼！生民何辜，不死于病而死于医，是有医不若无医也”。于是起了“济病人之苦、医医人之病”的决心，他采集历代名贤著述、去其驳杂，取其精微，以及己意考验，历数十年，终于完成了使温病学在医学史上成为一专门学科的经典巨著——《温病条辨》。其书以三焦补充叶天士卫、气、营、血之不足，将温热病的发展过程划分为三个阶段；将风温、春温、湿温、温疫……等九种温病，进行了条分缕析；归纳了清络、清营、育阴等法则；将叶天士之有药无方者一一组成名剂（如桑菊饮、清营汤等），总结了一整套的温病治疗方剂；把温病的病因病机、辨证施治等均给以很大程度的提高，使温病学说有了灿然大备之完整体系，给后世之治温病学者有了规随。至其所创之三宝，即今之业西医者，亦多依为抢救体系，为抢救危急重症之囊中法宝。厥功之伟，岂可胜道哉？或者曰：吴公之《温病条辨》虽善，但若吹之，亦不免有小疵之处，余则曰：

君所言者，各书皆有，非独《温病条辨》已也。夫洗垢虽可索瘢，但终不能影响其大醇。

道光初（公元1821年），民病吐利，死者甚众。公曰："此燥之正气也"，乃于明人沈目南《秋燥论》后，补《秋燥伏气论》一卷。其年顺天乡试，公为制"霹雳散"百余剂，场中无死者。又叹俗医之谬妄，复于道光十一年（公元1831年），完成一部很有价值的《医医病书》，以及后人辑录其自乾隆五十九年（公元1794年）迄道光十三年（公元1833年）代人治病的医案——《吴氏医案》。

公素纯孝，常存追远之心，虽旋居京师，犹数数回家省墓。道光三年秋，甫至家乡之"清河"境内，遇一朱姓病媪，四人抬在树下息肩，子在床旁啜泣。立即下车，诊其为燥热伤津，因医回不治，故其子在泣也。欲处方则距城较远，购药莫及。俯视仰思间，忽见道旁不远，有一土丘，其上满布生地。乃欣然曰：君母有救矣。令其刨鲜生地斤许，绞汁近碗，覆杯而愈。余初习医时，尚闻故老传其美谈云。是年冬，被邀赴越之绍兴，与浙地之硕彦吴云章、胡云南等交往至密。有朱姓病痰饮，诸医皆投以补剂，越补越剧，公为之疏化痰之剂而愈。其术多类此。

胡云南《吴鞠通先生传》曰："公性狷急，不能容物。论某某贤，某某不肖，绝无阿徇。俗医处方之有谬者辄疵之，所至医辄避去，至病家交相訾公，公必据理直言，不徇人意，以致人皆惮之。山阳汪文端公，知公最深，乃汪以忧归，公遂无可语者。然公居心忠厚，与人能尽言，笃于故旧，处事恶当，闻天下有水旱盗贼，辄有忧色，以是人多叹服之，岂独于医哉!"

王达士《医权·论文字医与经历之医不同》曰：文字之医用药多补，经历之医用药多泻；文字之医严于纪律，经历之医精乎心法；文字之医见功迟，经历之医见功速；文字之医精乎论理，经历之医精乎识证；文字之医过于迂，经历之医过于霸，然皆功罪各半焉。焉二医兼之，再能通乎权宜，灵其机权，则万举万当矣。"余曰：若吴公者，可谓兼两者之长，而无两者之失之通权达变者矣。

［《医学家吴瑭现代研究》金陵书社出版公司，1997；(2)］

吴鞠通年岁考

骆　勉

清代温病学大家吴鞠通的岁数和生卒年月，各书记载，很不一致，按照近代有关医史资料，如北京中医学院重订本《中国医学史讲义》：(96页)"淮阴吴瑭，字鞠通，生于公元1736－1820年。该院重订本《中医各家学说讲义》亦作"生于乾隆嘉庆（公元1736－1820年）间"。

杨铭鼎《中国历代名医及其著述简表》(《中华医学杂志》29卷6期)(331页)把吴氏生年列入乾隆十五年(1750)。

郭霭春《中国医史年表初稿》(《哈尔滨中医》7卷3期(三页)引用了杨氏的说法)。

这是最近见到的一些，此外从以前各种文献考查，《吴鞠通医案》里，还有两段有关吴氏年岁的医案：

卷一、暑温门七页"丁丑六月十三日，吴，四十岁，……鞠通自医"；卷三、肺痈阴119页"己巳年冬月，堂伯兄四十岁"（医案据人民卫生出版社1963年排印本）。

按医案中“鞠通自医”案，丁丑嘉庆二十二年（1817）四十岁，吴氏则应生于乾隆四十三年（1778）。如己巳嘉庆十四年（1809）吴氏堂兄四十岁，则吴氏应生于乾隆三十五年（1770），乃兄生年以后。

以上这些记载，根据我已掌握的材料核对，总觉与客观事实不甚符合。

吴氏的年岁，的确知道的人不多，清陆以湉《冷庐医话》谈医人每享高年，从魏华陀到清叶桂年岁都谈到，连只享年七十七岁小于吴氏的汪机都谈了，对于吴氏于卷二今书中曾推崇吴鞠通，但在年岁上却没有提及，大概他对吴氏的年岁也不够清楚。

吴氏的传记，除朱士彦在《医医病书》的一篇《吴鞠通传》中曾述吴氏死于道光十六年（1836）二月以外，《清史稿》、光绪《淮安府志》，都有简略叙述：

《清史稿》五〇七卷列传二八八艺人一《吴瑭传》：瑭字鞠通，江苏淮阴人，乾嘉之间游京师，有名，学本于桂（按指叶桂，天士），以桂之论甚简，但有医案，散见于杂症之中，人多忽之者，著《温病条辨》以畅其义，其书盛行。”

光绪《惟安府志》卷二九人物《吴水云传》：“嘉庆中，有吴瑭，字鞠通，有学术，工为医，尝著《温病条辨》，发前人所未发，业是术者多遵之。”

在这两篇传里，都未谈到他的年岁，因此给研究者带来一定困难，产生了各种不同的说法。

北京中医学院所编《中国医学史讲义》，说吴氏“生于公元1736～1820年”时间是否正确？请以事实来说明。他要是公元1736年乾隆元年生，那到道光十一年（1831）作《医医病书》时已九十六岁，到道光十六年死时已一百零一岁了，而胡沄《医医病书·序》：“戊子余至京师，君年已逾七十。”戊子是道光八年（1828），到作序时距十一年仅有三年，最多是将近八十，怎会有九十六岁？有关文献（见下）都说他“七十”、“逾七十”、“七十后”，连八十也从来没人说过，活到一百零一，似乎缺少根据；要说他死于1820年嘉庆二十五年，不仅与朱传所说不合，与事实距离更大，那他怎么能在这死后的十一年——道光十一年作《医医病书》呢？《吴鞠通医案》中道光元年以后的许多病案，又是从哪里来的呢？所以说吴氏是不可能生于公元1736年，死于1820年的。

既然如此，该院为什么会这样写？在我主观认为很可能是误将陈邦贤《中国医学史》或陈氏和严菱舟合著的《中国医学人名志》中吴瑭项下乾嘉时间注解，作他的生卒年。考陈氏修订本《中国医学史》十章三节清代著名医学人物（287页）吴瑭介绍：

吴瑭，字鞠通，清江苏淮阴人，乾嘉之间（公元1936～1820年）游京师，有医名，其学本于桂……”

《中国医学人名志》也作如此介绍。

这段文字很明显的是根据《清史稿·吴瑭传》稍加变化。在乾嘉之间后面，加上公元纪年，只是说明乾隆元年至嘉庆二十五年的时间是公元什么时候，并未指出是他的生卒年，这也是陈氏医史中说明时间的惯例，因有这一注解，北京医学院编医史的同志，就误认为是吴氏的生卒年，加以引用，错误因此产生。

杨铭鼎谓吴生于乾隆十五年（1750），比较接近事实，可是时间是嫌早些。

杨氏作如此推测，大概是根据吴氏《温病条辨·自序》，吴氏在自序中说：

“……缘瑭十九岁时，父病年余，至于不起……越四载，犹子巧官病温……又越三载，来游京师，检校《四库全书》……”

以自序中年龄计算，吴氏当在二十六岁到京师，清高宗纂修《四库全书》是始于乾隆三十八年（1773），终于四十七年（1782）（一般说是成于是年，而四十七年只是四库第一分钞成，续钞六部，至五十三年始竣，见任松如《四库全书答问》），如果说他从四库开始纂集即参加，则应生于乾隆十三年（1748），而事实上无法肯定吴氏是在乾隆三十八年参加四库纂修工作，杨氏就推迟二年计算（或许是把自序中“父”病年余算在十九岁后）。以乾隆十五年为其生年，大概杨氏也不能肯定，所以在后面又加上（?），这只是估计，不论是这样推断或另有根据，时间总是早了些。

我的理由有二：

1. 吴氏自著的《医医病书》作于道光十一年，在该书第一则《医非上智不能》里开始就说：“予年三十时，汪瑟庵先生谓予曰：‘医非神圣不能’予聆之，惊且疑，以为医何如是之难，医道何如是之深哉！今历四十余年，时时体验，事事追思，愈知医之难且深也……”道光十一年，吴氏自称和汪廷珍（瑟庵）论医，是“年三十”，到那时是“历四十余年”，可见吴氏当时是七十余岁，如果生于乾隆十五年，这时应为八十二岁，说三十岁时和汪廷珍谈话，就应说“今历五十余年”，而不应说“今历四十余年”，在这一年，胡沄序他的《医医病书》，也只说三年前的戊子（1828），吴氏是“年已逾七十”，并没有说他年已近八十。

2. 吴氏好友潘德舆、孔继铼、丁晏等人在吴氏生前或生后所作有关吴氏年岁时文里，都只有“七十”“七十后”而没有“八十”字样，如杨氏说法不误，吴氏系生于乾隆十五年，以朱士彦说卒于道光十六年计算，则应享年八十七岁，与潘、孔、丁说法都不一致，似乎也不可能。

杨氏原文未见，据郭氏说，如系作于二三十年以前，而郭氏没有加以订正。

《吴鞠通医案》，系吴氏自著，医案中，丁丑鞠通自医病案，该是确实可信了，其实，以事实核对，也不可靠。

《四库全书》最后钞写完竣是乾隆五十三年（1788），照吴氏《温病条辫》自序推算，他是二十六岁“来游京师，检校《四库全书》”，即使他是在即将完竣的这年来参加，以丁丑（1817）四十岁、生于乾隆四十三（1778）年计算，这时吴氏就不是二十多岁而是十一岁，以一个十一岁的孩子，怎么能检校《四库全书》？何况他又不一定在最后一年才参加，所以说这是绝不可能的事。以这个生年再推算，嘉庆三年（1798），吴氏写成《温病条辨》时，才二十一岁，与吴氏自序中的时间就完全不合。到嘉庆十七年，替《温病条辨》作序的汪廷珍（1757～1827 见光绪淮安府志）已五十六岁，吴氏才三十五岁，这个“榜眼公”能对这小到三十多岁的后生称“同里愚弟”吗？以此推算，吴氏 1831 年著《医医病书》，说四十余年前和汪廷珍论医，也就不是“三十岁时”而是十三岁时了；朱士彦说他卒于道光十六年，只应享年五十九岁了。这与吴氏自己在《医医病书》、《温病条辨》中有关年岁的话和他朋友们的“七十”“逾七十”的说法都不相合，虽说是吴氏自著的书，注明自己的岁数，可是也靠不住。

《吴鞠通医案·肺痈门》：己巳年“堂伯兄”四十岁医案，似乎与吴氏年岁有关，说也奇怪，按实一算，与上一医案，是同样靠不住。

这个“堂伯兄”堂伯二字是病人的名字呢？还是吴氏的堂房伯兄呢？照字面讲，应是他的堂房伯兄，如己巳年、嘉庆十四年（1809）他的堂伯兄是四十岁，他的堂伯兄当生于乾隆三十五年（1770），吴氏的生年，一定还要迟于这一年，到道光十六年卒，是不会有六十七岁（应小于乃兄），还是与吴氏《医医病书》里的话吴氏朋友们所谓“七十”等类的话都不一样，参看上面丁丑“鞠通自医”一案年岁的讨论，就可知道吴氏的生年就是早于乾隆四十三年几年，在乾隆三十五年以后，仍然不是事实可能。

医案是吴氏自著，上面又为什么会有这些错误？照我推测，是在传钞中字的论误，以我在下面确定吴氏的生年计算，嘉庆二十二年，吴氏是六十岁；嘉庆十四年，吴氏是五十二岁，这时他的“堂伯兄”可能是六十岁，这两条医案中的六十的“六”字，行、草书都写作“ス”，在传钞中，丢掉一点，以形近而讹成“の”字，吴氏医案，最早刊于清末（清光绪杭州有益山房排印本，见丁福保、周云青《四部总录医药编》），距吴氏之死，已七、八十年，在长期辗转钞写中，难免不有错误，曹炳章说裘氏刊本“讹误居多”，人民卫生出版社1963年排印本，是以裘氏刊本为主，虽经“作了一些校正”，而钞写流传中错误，不一定都能一一改正，以讹传讹，六字遂成四字，当然这只是我的主观推测，可是，与客观事实有较大出入，不论是别人书上的话，还是他自己书上的话，都是不能置信。

根据以上对各种说法的商榷，可见，要确定吴氏的生年、年岁，必得合乎下列两个条件：

一、吴氏本人在《温病条辨》等书中有关自己年岁的说法；二、吴氏友人在各种资料中有关他年岁说法。不然，所确定的生年，就不能成立。

经我再三查考，问题终于得到了解决。以前，我读《医医病书》，在该书第五则《三元气候不同，医要随时变化论》里，发现有吴氏自己谈到生年的话：“……予生中元戊寅，癸丑年，都中温疫大行，予著《温病条辨》，以正用伤寒法治温病之失，下元甲子以后，寒病颇多，辛巳年，燥疫大行，死者无算，予作霹雳散以救之，又补《燥金胜气论》一卷，附《温病条辨》后，近日每年多有燥金症，是予一人之身历，中元多火症，下元则多寒症，以可执一家之书，以治百病哉！”

“三元”是我国过去“数术家”说法，以一甲子六十年为一元，又以一百八十年三个甲子分为上、中、下三元。吴氏把它运用到医学上，一方面用来说明“气候”，一方面用来说明时间。他说自己身历中元、下元，以道光十六年前他生前的时间来看看他在这段文字里所记的甲子，就可知道：辛巳是道光一年（1821）；甲子是嘉庆九年（1804）；癸丑是乾隆五十八年（1793）；戊寅是乾隆二十三年（1758），他著《医医病书》是道光十一年，说这时是“下元”，那么在这六十年前的戊寅，就是在“中元”，所谓“予生中元戊寅”，也就是明白告诉我们，他是生于乾隆二十三年戊寅（1758）。

这是吴氏自己的话，当然是有力证明。可是，我还怕是“孤证”，或是钞写的错误，不敢完全相信，总想再找一个佐证，来证明它是正确无误。

经过一番搜寻，材料竟然获得，去年，吴氏故乡韩玉甫医师为我在一旧钞本《温病赋》（清李厚坤著）前面找到一篇朱士彦的《吴氏传》，我与南京中医学院油印本《医医病书》前朱著吴传相比较，钞本吴传是多了几项吴氏史料，其中最突出的一点，也是我最需要的一点，是叙述吴氏“道光十六年二月卒”后，多了“年七十有九”五个字，照这年岁推算，也正是生于乾隆二十三年戊寅。

我又拿它与吴氏在《温病条辨》等书里的话和他几个朋友的话相核对，也大都吻合。

他既生于乾隆二十三年，依此推算，到京师是二十六岁，这时，《四库全书》第一分钞写刚结束，其他几分钞写方才开始。他自己说是“检校《四库全书》”这是要面子话，朱士彦说他到四库馆中“佣书以自给”，二十六岁青年人，知识有限，只能做“钞胥”，而且馆中正在做钞写工作，他是在这时进京、入馆，与时间、身份、工作都无不合。《温病条辨》

成书于嘉庆三年，他是四十一岁，刊行前一年道光十七年（1812），他的朋友汪廷珍替他做序，汪已于乾隆己酉（1789）以进士第二人及第，到北京，和他长时间在一起，所以能鼓励他著书，替他书上加按语，又替他写序，汪比吴大一岁，还能兼称为“同里愚弟”。

到道光十一年著《医医病书》时，吴氏已虚年龄七十四岁，因而在叙述到与汪廷珍论医时说：“予年三十时”、“今历四十余年”。

就是医案中有关时间记载，与此生年、年岁也大体符合。

医案中最早而且可靠地有明确纪年的是肿胀门甲寅陈姓一案，甲寅是乾隆五十九年，另外痘症门有己酉何女一案，己酉是乾隆五十四年，而把这案放在庚申嘉庆五年十月（痘症后附注“庚申十月起”）医案后面，时尚似乎有疑问，乾隆年份，仅此两案，与吴氏在《温病条辨》自序中谓在癸丑前“未敢轻治一人”的话相一致。医案中最后的是伏暑门癸巳俞姓一案，癸巳是道光十三年，乾隆五十八年癸丑前后，吴氏三十五岁左右，刚开始临诊，医案留传就少。道光十三年离吴氏之死只有三年，这时他已七十六岁，年老体衰，不常应诊，医案就到此为止。医案虽不能明确证明他的年岁，可是，还能拿它来检验所确定的年岁与医案的记载是否大体不差，是否合乎一个人年龄，与一般事物的发展规律。如上文所说，他不可能卒于嘉庆二十五年（1820），因为道光时候还存在许多医案，不是可作反证吗？若以生于乾隆二十三年推算他的年岁，和医案相校，就不会有这样的问题。

以上是和吴氏本人著作相印证，下面再和吴氏朋友们诗文相比较：

胡沄《医医病书》序：“戊子年，余至京师，君年已逾七十”，这话，前面已引用过，戊子是道光八年，这时吴氏七十一岁，七十刚刚逾了一岁。

清潘德舆《养一斋集》卷五辛卯（1831）诗《秋夜就吴丈鞠通欲》两首五古里说：他“七十如孩婴”；清孔继鑅《心响往斋诗集》卷四戊戌（1838）《感逝》十六章中有一首五古悼念《吴鞠通布衣瑭》也说：他“七十犹儿童”，潘诗作于吴氏七十四岁，孔时作于吴氏死后二年，吴氏卒年七十九，两者都称“七十”，这是文艺上以定数代不定数的“借代”修辞手法，举其成数，诗是文艺创作，不同与历史传记撰述，这两首诗虽不能明确地证实年岁的具体数字，但有一点却可证明：吴氏只活到七十几岁而没有活到八十岁。

在我搜到的吴氏故乡地方文献中，提到吴氏年岁与生于戊寅说稍有出入的是丁晏的《感旧诗》（民国四年罗振玉选印，附于《颐志斋文钞》）。

丁氏《感旧诗》中有怀念《吴鞠通医士》五古一首，前弁短序，序中有“七十后返淮祭墓，旋入都，数年卒”，吴氏返淮祭墓，已知道的只有在道光四、五年回淮一次，照推算，这时他才六十七、八，并不是“七十后”，或许吴氏在七十后另有一次回淮祭墓，而文献没有记载，不然，年岁是有出入的，原因大概是由于两点：

1. 丁诗《感旧爵》，没有注明作诗时间，以爵中有鲁一同卒的记载，该诗当作于鲁氏卒年同治二年（1863）以后，离吴氏之死，已近三十年，从三十年后追忆，不免稍有三、四岁的出入；

2. 丁氏生于乾隆五十九年（1794）（见梁廷灿《历代名人生卒年表》），此吴氏小到三十六岁，与吴氏并不是“总角交”，吴氏长期寓京，丁氏终年留淮，接触机会本不甚多，对朋友年岁的记忆，特别是对三十年前交往不太密切的朋友生平小事的记忆，以作诗时丁氏已七十岁的人来说，记得不十分清楚是完全可能的事，这只是丁氏记忆问题，并不妨碍与绝大多数事实相符合的这一生年说法的成立。

通过以上反面说法的驳议，正面说法的论证，可以作出这样结论：“吴鞠通生于乾隆二十三年，卒于道光十六年，享年七十九岁。”

［《江苏中医》，1964；（12）］

《温病条辨》著成年代考

李刘坤

《温病条辨》是清代温病学家吴鞠通的代表著作，目前的图书目录及有关的书刊杂志，均谓其著成于1798年。然笔者经过反复考证，认为此说极为错误，必须予以纠正。

俗谓《温病条辨》著成于1798年，其主要依据仅是问心堂《温病条辨》吴鞠通自序中的一段不甚明确的叙述。吴氏在自序中说：“癸丑岁，都下温疫大行……因有志采辑历代名贤著述，去其驳杂，取其精微，间附己意，以及考验，合成一书，名曰《温病条辨》，然未敢轻易落笔。又历六年，至于戊午，吾乡汪瑟庵先生促瑭曰：来岁己未，湿土正化，二气中温厉大行，子盍速成是书，或者有益于民生乎！瑭愧不敏，未敢自信，恐以救人之心，获欺人之罪，转相仿效，至于无穷，罪何自赎哉！然是书不出，其得失终未可见，因不揣固陋，黾勉成章。”

自序中提到的癸丑岁，即乾隆五十八年，公元1793年。此年吴氏36岁，遇京城流行温疫，死于世俗之手者不可胜数，诸友促其治之，幸存活数十人，略有治温心得，故产生著《温病条辨》之念。但由于缺乏自信，迟迟未敢落笔。6年以后，时至戊午，即嘉庆三年，公元1798年，吴氏41岁，同乡好友汪廷珍（字瑟庵）先生预见来年会有温疫流行，又促其速成此书。正是在汪氏的催促下，吴氏才下定决心，写成此书。

一般来说，某一著作的著成年代，可以从其自序内容或写序时间上得到启示。但吴氏《温病条辨》自序后并未标明写序时间，即使自序内容，也只是说明其写作动机和开始写作此书的年代，并未明确提出写成此书的时间，这无疑给判定其成书年代增加了困难。

当然，若仅仅根据其自序中所述，将1798年既当作其开始写作年代，又当作其著作完成年代，也未尝不可。但是，综观本书的初刊年代、其他序言及全书内容等，就会发现此说难以成立。

一、从初刊年代来看

关于《温病条辨》的最早版本，长期以来有两种说法：一说是嘉庆十七年壬申（1812年）汪廷珍刻本；一说为嘉庆十八年癸酉（1813年）问心堂刻本。持第一种说法的根据主要是1961年版《中医图书联合目录》；持第二种说法的根据则是1991年版《全国中医图书联合目录》。笔者经多方调查，见到的最早版本仅为1813年的问心堂刻本，并无1812年刻本。据史料记载，问心堂为吴鞠通书室之名，由其同乡好友汪廷珍书写匾额。汪廷珍长吴氏一岁，乾隆己酉年（1789年）中进士，道光时官至礼部尚书，亦精医学，不仅催促吴氏写《温病条辨》，而且于1812年为之作序，鼓励其早日出版，并予以参订全书，多处加以按语。由于他在序中说“吴子以为然……而授之梓”，故有人认为此书最早由汪氏刻于1812年，然至今未见此本流传。笔者认为这可能是后人对汪氏序言误解所致。

若以1813年为《温病条辨》初刊年代的话，距1798年已有15年之久。即使有1812年刊本，距1798年也长达14年。吴氏既然是受汪氏所促，于1798年开始写作此书，并于当年完成的话，那么，为何时隔14年后，才求汪氏作序而刊行呢？遍查有关资料，并未发现特殊理由，只能说明其当年并未真正完成此书。因为此书并非一般通俗读物，而是具有独特观点和崭新辨治体例的医著，吴氏当年才41岁，临证不过短短6年，经验并不丰富，著书又是首次，写出初稿，不敢自信，又求名人参订评审，反复修改，故当年写作、当年完成是不大可能的。

二、从他人序言内容来看

从问心堂本来看，为《温病条辨》作序和予以点评或参订者还有朱彬（字武曹）和征保（字以园）二人。朱彬序于1811年4月，征保序于1813年仲秋。朱序中未提示该书具体著成年代，而只能据其写序时间推断书稿已于1811年前写成。征序则明确指出："嘉庆甲子，出所著治温法示余。余向之急欲订正者，今乃发复析疑，力矫前非，如拨云见日，宁不快哉！阅十稔而后告成，名曰《温病条辨》。末附三卷，其一为《条辨》之翼，余二卷约幼科、产后之大纲，皆前人之不明六气而致误者，莫不独出心裁，发前人所未发。"嘉庆甲子，即1804年，到嘉庆癸酉年（1813年），恰好10年。可见其初稿成于1804年左右，最后定稿并付梓则为1813年。

三、从书中内容来看

综观《温病条辨》全书内容，可以发现某些篇章显然不是1798年左右所写。如卷六解儿难中有《泻白散不可妄用论》一篇，其中写道："吾从妹八九岁时，春日患伤风咳嗽，医用杏苏散加桑白皮，至今将五十岁，咳嗽永无愈期，年重一年。"可见吴氏写这一篇时，年龄起码在五十岁左右，不会小于其堂妹的年龄。而1798年时，吴氏刚41岁，所以，决不可能写这一篇。即使1804年完成初稿之时，吴氏也才47岁。因此，此篇有可能是1804年以后所加。

又如卷六解儿难《小儿易痉总论》说："余于医学，不敢自信，然留心此证几三十年，自觉洞彻此理。"说明写此篇时，吴氏已从医近30年。若从其19岁学医算起，写此篇时也将近50岁。也就是说，此篇也不会写于1798年，而应写于1807年左右。

再如卷五解产难《产后六气为病论》中说："余治黄氏温热，妊娠七月，胎已欲动，大实大热，目突舌烂，乃前医过于瞻顾所致，用大承气一服，热退胎安，今所生子二十一岁矣。"此案约治于1793年京城流行温疫之时，距其写作此篇，已过20年，恰好为1813年，即问心堂本初刊之年。

四、《温病条辨》的完善过程

1813年初版问心堂《温病条辨》的内容并不完整，上焦篇秋燥门中仅有温燥的内容，而无凉燥的证治方药，这与吴氏当时对凉燥缺乏足够认识有关。1821年以后，吴氏多次经历燥疫流行，始对凉燥有较深刻的认识，并制"霹雳散"一方，救治凉燥疫证，获效良多，遂作《补秋燥胜气论》一篇，于道光十五年（1835年）补入叶刻《温病条辨》中，但未录入"霹雳散"及其方论。道光十六年（1836年）八月，即吴鞠通逝世半年后，由其子廷芷、廷荃及婿周宗信重校《温病条辨》时，始将霹雳散一方补入。至此，才形成完善的《温病条辨》一书。因此，道光十六年版本应视作《温病条辨》的善本。

由此可见，《温病条辨》一书，并非著成于1798年。笔者认为，此书开始写作于1798

年，初稿约完成于1804年，初版定稿并刊行于1813年，最后完善于1936年。从开始写作，到初刊定稿出版，前后反复修改，历时达巧年左右，至最后完善，长达38年之久，足见其治学之严谨，著书之认真。

［《中华医史杂志》，1999；（1）］

关于吴鞠通生年的又一佐证

王绪鳌

清代著名温病学家吴鞠通的生卒年代，至今各书仍记载不一。如贾得道著的《中国医学史略》（1979年，山西人民卫生出版社出版），杨文儒等编著的《中国历代名医评价》（1980年，陕西科学技术出版社出版），《中医各家学说》（1980年，上海科学技术出版社出版）及湖南中医学院编的《中国医学发展简史》等均沿用《清史稿·吴瑭传》材料的记载："瑭，字鞠通，江苏淮阴人，乾嘉之间，游京师，有名，学本于桂。"此仅笼统地称吴鞠通为乾嘉时名医，说明他生活在乾隆元年至嘉庆二十五年间即1736～1820年。均未具体指出吴氏的生卒年代。

杨铭鼎《中国历代名医及其著述简表》（《中华医学杂志》29卷，6期331页）则把吴氏生年列为乾隆十五年即公元1750年。

《江苏中医》1964年12期骆勉的"吴鞠通年岁考"广征博引，对吴氏生卒年代作了详细的考证，并得出结论证实吴氏生于乾隆二十三年（1758年），卒于道光十六年（1836年），享年七十九岁。

1981年人民卫生出版社所出版的《中医大辞典·医史分册》，虽已引用了骆氏的材料，但仍不作肯定。推测其主要原因，是骆氏在考证吴氏生年时，尚有一些疑点未解。即《吴鞠通医案》乃是吴氏自著，其中在卷一暑温门（第7页）中，有一个鞠通自医案，其中所记载的年代，和当时吴氏的年龄，应当是确定吴氏生年很力的证据。其载："丁丑，六月十三日，吴，四十岁……鞠通自医。"（据人民卫生出版社1960年排印本）根据丁丑为嘉庆二十二年（1817年）四十岁，吴则应生于乾隆四十三年（1778年），这与骆氏根据吴氏《温病条辨》自序推算，他是二十六岁来游京师，检校《四库全书》，而《四库全书》最后抄写完竣是在乾隆五十三年（1788年），即使吴氏是在即将完竣的这一年来参加，以丁丑（1817）四十岁，生于乾隆四十三年（1778年）计算，那时吴氏只是一个十一岁的孩子，检校《四库全书》是绝不可能的。因此曾怀疑《吴鞠通医案》材料中的不可靠性。

最近，我在重订《吴鞠通医案》时发现，1960年人民卫生出版社排印《吴鞠通医案》主要是根据1916年裘吉生的四卷本为主要蓝本发行的。而吴氏医案在1916年尚有金月笙氏杭州有益山房铅印本，见其在卷二、暑温门十一页非常清楚的印着："鞠通自医，丁巳六月十三日，时年四十岁……"一段话。丁巳年（嘉庆二年）即公元1797年，此时吴四十岁，则推算吴氏当生于公元1758年（戊寅，乾隆二十三年）。与吴氏在《医医病书》第五则《三元气候不同，医要随时变化论》里自己谈到生年的话："予生中元戊寅……"及骆氏考证相符合。

裘、金两个版本，在吴氏自医案中所记载的年代一为丁丑，一为丁巳，谁是谁非呢？我又核对了清末另一个与金、裘不同的抄本，发现吴鞠通自医案所记载的日期，当是丁巳，而不是丁丑，从而说明该案年代，系裘吉生在刊刻时所误，人民卫生出版社在排印时，则以讹传讹。而骆氏在考证时，估计也未见到金月笙代之原本。至此有关吴氏之生年，当为乾隆二十三年（1758 年）无误。骆勉所考证的吴鞠通生卒年代是可信的。

［《浙江中医学院学报》，1983；（2）］

吴鞠通年谱约编

方春阳

吴鞠通对温病学学科的发展作出了卓越的贡献，因此被推戴为“温病四大家”之一。吴氏近师叶氏，远宗仲景，而又贯通于刘河间、吴又可诸家，加上自己丰富的实践经验，强调治疗温病必须跳出治疗伤寒的圈子，倡导以三焦辨论论治，确立清热养阴的治疗原则，而又反复验证于临床，撰成《温病条辨》一书，为温病学学科的形成奠定了基础。明年是吴氏逝世一百五十周年，为了表示对这位伟大医学家的纪念，谨撰本编，以申敬意。

乾隆二十三年戊寅（1758）　1 岁

吴瑭诞生于江苏淮安县城内。

［按］吴瑭，字配珩，号鞠通（汪青棠《山阳河下园亭记补编·问心堂》）。江苏淮安人。为著名的温病学家。《清史稿·卷五〇七·列传二八八·艺人一》谓其“乾嘉之间游京师，有名。学本于（叶）桂，以桂之论甚简，但有医案散见于杂证之中，人多忽之者。著《温病条辨》以畅其义，其书盛行。”

吴氏自署“淮阴”，《清史稿》亦称其为“淮阴人”，《山阳河下园亭记补编》则称其为“山阳人”。“淮阴”、“山阳”，均系“淮安”之古称，即今之江苏省淮安县。

吴氏生年据朱士彦《吴鞠通传》、《吴鞠通医案·卷二·暑温·鞠通自医》及《医医病书·三元气候不同医要随时变化论》推定。

乾隆四十一年丙申（1776）　19 岁

父亡，悲痛之余，弃举学医。

［按］吴氏自谓“十九岁时，父病年余，至于不起。瑭愧恨难名，哀痛欲绝，以为父病不知医，尚复何颜立天地间，遂购方书，伏读于苫块之余，至张长沙‘外逐荣势，内忘身命’之论，因慨然弃举子业，专事方术”（《问心堂温病条辨·自序》）。

乾隆四十五年庚子（1780）　23 岁

侄子病温而卒。

［按］吴氏云父亡后“越四载，犹子巧官病温。初起喉痹，外科吹以冰硼散，喉遂闭；又遍延诸时医治之，大抵不越双解散、人参败毒散之外，其于温病治法，茫乎未之闻也，后至发黄而死。瑭以初学，未敢妄赞一词，然于是证，亦未得其要领。（《问心堂温病条辨·自序》）。

乾隆四十八年癸卯（1783）　26 岁

初夏，游涟水，归治长安痘愈。秋，赴京，检校《四库全书》，得《温疫论》，遂专心学步。

［按］《吴鞠通医案·卷四·痘证》载一辛巳年补述的医案，谓“癸卯初夏，余有涟水之游。长女甫二龄，于四月十一日见点，至二十五日已半月矣”。延医调治未能应手，适值

归家，治之获痊。

吴氏十九岁丧父，四年后侄子病温而卒，“又越三载，来游京师，检校《四库全书》，得明季吴又可《温疫论》，观其议论宏阔，实有发前人所未发，遂专心学步焉”（《问心堂温病条辨·自序》）。依此推算，当于本年赴京，时间则在秋天。

汪青棠谓吴氏“少颖异，年十九而孤。家贫，弃举子业，走京师。时四库馆开，佣书以自给，因得尽读秘阁所藏医家各书，益自靡砺，学乃大进。为人治病，皆奇效。（《山阳河下园亭记补编·问心堂》）。清高宗诏修《四库全书》在乾隆三十八年癸巳（1773），至四十七年壬寅（1782）第一部编纂抄成，其余六部仍继续誊抄，至五十三年戊申（1788）始全部竣工。由于本年《四库全书》的另六部仍在继续誊抄中，因此吴氏得以有此“佣书以自给”的机会。关于“佣书以自给”的问题，朱士彦的《吴鞠通传》记载相同，可见这是比较可靠的，所谓“检校”，只是一种委婉的说法而已。吴氏自本年赴京以后，一直侨寓于京，仅归家省墓探亲两次。一次在六十六岁时，另一次据丁晏所记在七十岁以后，具体时间已不可考。

乾隆五十二年丁末（1787）　30 岁

与汪廷珍论医。

［按］吴氏追忆云：“予年三十时，汪瑟庵先生谓予曰：‘医非神圣不能’。予聆之，惊且疑，以为医何如是之难？医道何如是之深哉？今历四十余年，时时休验，事事追思，愈知医之难且深也”（《医医病书·医非上智不能》）。

汪廷珍（1757—1827），字瑟庵。吴氏同里人。乾隆己酉进士，以第二名（榜眼）及第，道光中官至礼部尚书，卒谥文端。著有《实事求是斋诗文集》。亦精于医，曾参订《温病条辨》。

乾隆五十八年癸丑（1793 年）　36 岁

京师温疫大行，始出诊治，颇获良效。

［按］吴氏自谓学习吴有性《温疫论》之后，又遍考晋唐以来诸贤议论，“进与病谋，退与心谋，十阅春秋，然后有得，然未敢轻治一人。癸丑岁，都下温疫大行，诸友强起瑭治之，大抵已成坏病，幸存活数十人，其死于世俗之手者，不可胜数”（《问心堂温病条辨·自序》）。吴氏屡起大证，如《吴鞠通医案·卷一·温疫》所载之刘、史、赵等案均是。由于吴氏深感当时以伤寒法混治温病之弊，因而立志另辟蹊径，以救夭札。

嘉庆二年丁巳（1797）　40 岁

患暑病，自治而愈。

［按］《吴鞠通医案·卷二·暑温》载：“鞠通自医。丁巳六月十三日。时年四十岁。先暑后风，大汗如雨，恶寒不可解。先服桂枝汤一帖，为君之桂枝用二两，尽剂毫无效验；次日用桂枝八两，服半剂而愈。”

嘉庆三年戊午（1798）　41 岁

《温病条辨》撰成。

［按］吴氏痛病者之死于无辜，于是“有志采辑历代名贤著述，去其驳杂，取其精微，间附己意，以及考验，合成一书，名曰《温病条辨》，然未敢轻易落笔。又历六年，至于戊午，吾乡汪瑟庵先生促瑭曰：‘来岁己未湿土正化，二气中温厉大行，子盍速成是书，或者有益于民生乎’。……因不揣固陋，黾勉成章”（《问心堂温病条辨·自序》）。此由可知，《温病条辨》初稿草成于乾隆五十七年壬子（1792），而二稿完成于本年。

《温病条辨》六卷，卷首一卷。卷首历引经文为纲，分注为目，原温病之始；卷一为上焦篇，凡一切温病之属上焦者系之；卷二为中焦篇，凡温病之属中焦者系之；卷三为下焦篇，凡温病之属下焦者系之；卷四为杂说；卷五为解产难；卷六为解儿难，亦多有发明。此书自问世以来，即受到医学界的广泛重视，释清华称其为“治温之津梁”（《珍藏医书类目》）；谭天骥谓“此为治温所必看之书”（《意园读医书笔记·卷上》）。此书不仅理论系统，而且具有很高的临床价值。虽有持不同见解而加以批评者，如王士雄、叶霖辈，然大醇小疵，不足为病，其有功于世，较王、叶辈甚远。

嘉庆七年壬戌（1802）　45 岁

为觉罗毓君治悬饮。

［按］此据《吴鞠通医案·卷四·痰饮》。吴氏与觉罗相友善，因觉罗而获交胡沄。

嘉庆十六年辛未（1811）　54 岁

朱彬为《温病条辨》作序。

［按］朱氏谓本书“自温而热而暑而湿而燥，一一条分缕析，莫不究其病之所从生，推而至于所终极。其为方也约而精，其为论也闳以肆，俾二千余年之尘雾豁然一开。昔人谓仲景为轩岐之功臣，鞠通亦仲景之功臣也”（《温病条辨·序》）。朱氏字武曹，“少时有志于医，年逾四十，始知其难，乃废然而返”（同上），可见其具有相当医学水平。其于《条辨》之评点，亦多精切之处。

嘉庆十七年壬申（1812）　55 岁

汪廷珍为《温病条辨》作序。

［按］汪氏谓“吾友鞠通吴子，怀救世之心，秉超悟之哲，嗜学不厌，研理务精，抗志以希古人，虚心而师百氏，病斯世之贸贸然也，述先贤之格言，摅平生之心得，穷源竟委，作为是书”（《温病条辨·序》）。并鼓励和支持吴氏付梓。

嘉庆十八年癸酉（1813）　56 岁

征保为《温病条辨》作序。本书于是年刊行。

［按］征氏谓吴氏“嘉庆甲子，出所著治温法示余，余向之。急欲订正者，今乃发覆析疑，力矫前非，如拨云见日，宁不快哉！阅十稔而后告成，名曰《温病条辨》”（《温病条辨·序》）。嘉庆甲子征氏所见者当为《温病条辨》之二稿，“阅十稔”后之本年始为定稿。自乾隆壬子酝酿初稿至本年，前后共计二十二年，其著述一丝不苟之精神，可以想见。征氏字以园，深于医，书中有其按语。

《温病条辨》现存“嘉庆癸酉年镌”“问心堂藏板”之原刻本，足证书于本年刊行。问心堂为吴氏之堂名。

嘉庆二十二年丁丑（1817）　60 岁

冬，获交胡沄。

［按］胡氏云：“丁丑冬，下榻觉罗毓君书斋，获晤淮阴吴君鞠通。论甚豪，上下古今，了如指掌。一日窃告毓君：‘胡君体肥嗜肉，不久将得中风’。余心讶之，又以严亲已已得热痹，左足拘挛，心常戚戚。因踵门叩之，所论与他医不同，心益异之。”（《医医病书·序》）

嘉庆二十三年戊寅（1818）　61 岁

春，倩胡沄重校《温病条辨》。冬，延其课次子及婿，并为治病。

［按］胡氏谓“戊寅春，君以所刻《温病条辨》嘱余重校，又见君所医皆奇效，乃大惊

服，遂信医学自有真也，爰请就学。君勉余先禁肉食，从之，乃峻治之，效稍稍著。是冬延余课其次子及婿，治益峻……余服君药三载，体日癯，人皆惊，而病则愈，医学至是日进”（《医医病书·序》）。

胡氏又谓“先是临海郑君芷谷得针法于天台山僧，居京以疡医著名，吴君欲余痰之速愈也，谓沉痼之疴，非针不达。偕访之，论相得，心亦古，遂订交”（同上）。郑氏针术甚高，吴氏常邀会诊，如《吴鞠通医案·卷三·中风》陶案、《卷四·痰饮》汪案，均以针药同施奏功。

道光元年辛巳（1812）　64岁

燥疫大行，制霹雳散以救之；又补撰《燥金胜气论》，附《温病条辨》后。顾南雅病燥，治之获愈，赠联一幅。

［按］吴氏云：“予生中元戊寅。癸丑年，都中温疫大行，予著《温病条辨》，以正用伤寒法治温病之失，下元甲子以后，寒病颇多。辛巳年，燥疫大行，予作霹雳散以救之，又补《燥金胜气论》一卷，附《温病条辨》后。近日每年多有燥金证。是予一人之身历，中元多火证，下元则多寒证，岂可执一家之书以治百病哉。”（《医医病书·三元气候不同医要随时变化论》）

胡沄谓“余师顾南雅先生赠以楹帖云：‘具古今识艺斯进，正世俗见功乃神’。盖先生辛巳染燥痰，得君而愈。以身受之，故言之亲切有味也。”（《医医病书·序》）

道光三年癸未（1823）　66岁

秋，归淮安省墓。

［按］胡沄谓“癸未余成进士，归班待选，闻慈亲病，遄归……是岁秋，吴君抵淮阴省墓。”（《医医病书·序》）。

道光四年甲申（1824）　67岁

冬，应绍兴赵氏之请，赴越治疾。

［按］《吴鞠通医案·卷三·杨案》就诊日期为“甲申十一月初二日”，“十二月十一日”诊谓“因余有绍兴之行，令其常服和胃方，胁痛发时暂服新绛旋覆花汤”。可见胡沄谓“余邻赵君岷江、云涛昆季，痛其母时患痰厥，且各有痼疾，因余以礼迎之”（《医医病书·序》）一事。当在胡氏归里之次年，即本年。

胡氏又谓“君喜越中山水，且熟知余友嵊邑吴君云章精地理，乐与之友。云章病痰饮，诸医皆投以补剂，故无效而转剧，得君治之乃愈。其外沉疴怪证，君应手而愈，一如在京师时。虽医忌且诟，识者自叹服焉”（同上）。

道光五年乙酉（1825）　68岁

春，再度赴越，诊治越氏痼疾。

［按］杨案接载：“四月初三日，余复由淮至绍，初八日至苏州。”同书《卷四·痰饮》赵案亦载四月“十五日，自淮安复至绍兴”。赵即“云涛”，据赵彦晖回忆：“族兄云涛病痰饮气喘，身躯肥胖，行不数武，辄喘甚。因偕同志聘吴鞠通来绍，时道光乙酉也。吴以大剂石膏、半夏等治之。数月，喘渐平，痰亦少，身躯顿瘦，愈后即登高亦不作喘，案载吴氏《医案》中。鞠通归淮阴，濒行时嘱勿食猪肉。后偶食之，即觉痰多，身躯复骤胖，嗣后终身不敢食猪肉。”（《存存斋医话稿·卷一·十五》）又云：“族侄柏堂谓余言，二十一岁时酒后寐中受风，遍身肌肤麻痹，搔之不知痛痒，饮食如常。时淮阴吴鞠通适寓伊家，请诊。咕用桂枝汤：桂枝五钱，白芍四钱，甘草三钱，生姜三片，大枣两枚。水三杯，煮二杯，先服

一杯，得汗止后服，不汗再服，并嘱勿夜膳，临睡觉腹饥，服药一杯，须臾啜热稀粥一碗，覆被取汗。柏堂如其法，只一服，便由头面至足遍身漐漐得微汗，汗到处以手搔之辄知痛痒，次日病若失。”（《存存斋医话稿·卷一·十二》）

曹炳章谓吴氏“先以医术名于北。与越人莫宝斋尚书交最密切，莫病痰饮，喘不得卧，病颇重，吴君适回南省墓，遂留绍，或住莫家，或居赵园。时绍城任济堂九先生名颇盛，与之讨论古今医籍，心心相印，遂出《温病条辨》一书，互相辨析”（《增订医医病书·序》）。

道光八年戊子（1828） **71岁**

胡沄请撰《医医病书》。

［按］胡氏谓“戊子余至京，君已年逾七十。聪明强固，得于读书之力为多。君之为人，心正口直，性刚气傲，不如用药之中正和平，因是毁誉不一。盖明医关造化，非如时医乘命运、俗医工便佞，有由然矣。原非至亲及穷乏者，不为立方。自以心性与君同也，幸其子及婿传而习之。余因身受时医补阴之误，嘱君著《医医病书》”（《医医病书·序》）。

道光十一年辛卯（1831） **74岁**

冬，《医医病书》撰成，稿存胡沄家。与潘德舆友善，潘有《秋夜就吴丈鞠通饮》诗。

［按］吴氏《医医病书·题词》云：“病人之病，赖医人之医；医人之病，层出不穷，将何以恤灾救患、捍卫生民哉！仲尼谓‘工欲善其事，必先利其器’，子舆氏谓‘不以规矩，不能成方圆’。医人者，规矩也；病人者，所制之器也。今将修规矩以成器，作《医医病书》。”末署“道光辛卯冬月，吴鞠通自题”。

《医医病书》计七十二则，泛论医理、病理、证治、用药，颇多针砭时弊之论，而于医之会心处亦复不少。赵彦晖云：“此书存余友胡寀墀家，寀墀之祖水云先生沄序之……惜书语多浅率，乃最初稿本，未经修饰，锓本复多脱文讹字。”（《存存斋医话稿续编·十五》）厥后曹炳章为之整理，成《增订医医病书》二卷，然谬误仍复不少。

潘德舆（1785—1839），字彦辅，一字四农。吴氏同里人。道光举人。博学工文章，其学以克己有耻为归，尤喜言治术。客游京师，名甚著。以大挑补安徽知县，未赴卒。著有《养一斋诗文集》。《养一斋集·卷五·辛卯》有《秋夜就吴丈鞠通饮》五古两首。其一云：“秋阴暖西陆，万籁腾商声。黄尘起通衢，谁与宣精诚？我乡有高士，观物提鉴衡。入世畜真气，七十如孩婴。感怆民疮痍，血泪相和倾（鞠能闻东南数省大水，民死无数，为之痛哭咯血）。热心抱古痛，岂日身命轻！我闻三太息，位贱犹怦怦。”其二云：“饮酒亦何好！不饮弥昧长。道浅愁自多，假酒伸回肠。嵇阮岂酒徒，悲时亲醉乡！此即根柢疏，所学难升堂。读书数十年，岂师晋士狂！岁月苦不居，世事真难量。丈人勿幽忧，月上姑倾觞。”

道光十三年癸巳（1833） **76岁**

编集《医案》。胡沄为《医医病书》作序。

［按］吴氏医案大多有年月可稽，除补述癸卯治长女痘证案外，大抵起自癸丑，迄于癸巳，与《问心堂温病条辨·自序》所述情况相合。因其下限在癸巳，故编集当在本年。《医案》现行有两种版本：一为金月笙本，五卷；一为裘吉生本，二卷。金本收案较多，但癸巳两案均在裘本中。汪青棠又谓吴氏辑有《问心堂医案》四卷，未见。《吴鞠通医案》立法用药，一一可与《温病条辨》印证，方纯剂重，手巧心灵，颇能启迪后学，嘉惠来者。

胡沄《医医病书·序》末署“道光十三年岁次癸巳仲秋之月”。

道光十六年丙申（1836）　79岁

二月，吴瑭卒，葬于京郊。

［按］朱士彦《吴鞠通传》谓其“道光十六年二月卒，年七十有九。汪青棠称其“宅心忠厚，笃于故旧。与人能尽言，处事悉当。闻水旱之灾，辄忧形于色，倾囊赈助，有‘先天下之忧而忧，后天下之乐而乐’之风”（《山阳河下园亭记补编·问心堂》）。

吴氏与孔继镰及丁晏友善。孔氏为曲阜人，丁氏为同里人。吴氏逝世后均有悼念诗作，诗皆为五古。孔氏《心乡往斋集·卷四·戊戌·感逝十六章》中有一首云：“一真际百物，七十犹儿童。术精道不曲，乃自婴其穷。在腹有羲皞，抵掌无王公。燕蓟覆抔土，不返淮流东（吴鞠通布衣瑭）”。丁氏《颐志斋感旧诗·吴鞠通医士》前有小序：“名瑭，与余同籍。久客京师，以医术济人。著《温病条辨》，行于世。嗜学好奇，与余相善。直谅多闻，古之益友。首春自署其门曰：‘云呈五色，鸟画双睛’。本《拾遗记》：唐尧在位，重明之鸟一名双晴，今人每岁元旦图画遗像。有达官醉过其居，遣奴子问出典，君叱而不答。又有孝廉官山东知州，地在济北，启事用‘济阴’字，君谓‘水北为阳，水南为阴，尔未见《诗》孔疏聊？我尝谓尔文理不通，尔不之服，今果然矣’。孝廉阴怒而阳谢之。在都中，厚遇同乡，人怀其德。七十后返淮祭墓，旋入都，数年卒。其子入大兴籍，为上舍生。”诗云：“吴生豁达人，坦白无芥蒂。格物绘图说，五行审真谛。厚德重梓乡，感叹羁异地。药饵究俞跗，疮痍思物济。直道获令终，罔生何所冀。”

［《浙江中医杂志》，1985；(7)］

温病学家吴鞠通

眭法长

吴鞠通和汉代张仲景比肩而立，他们并为我国中医学史上的两大柱石。张仲景，以他的光辉著作《伤寒论》、《金匮要略》，开创了中医药物疗法的基本格局，是为中医学的泰斗；而吴鞠通，则总结前人的医学成就，著述了“实可羽翼伤寒”的《温病条辨》，最终完成了开拓中医学又一个重要领域的伟大工程，他不啻是炳耀长天的启明。

吴鞠通，名瑭，江苏淮阴人（清乾嘉年间）。他出生在中国封建社会最末一个“盛世”。那时候，清王朝在政治上取得了较长时间的稳定统一，经济上农业、手工业和商业都获得长足发展，资本主义萌芽进一步增长，呈现出“国富物阜”的景象，封建文化也出现了一个欣欣向荣的局面。

中医学历来视张仲景为“祖师”，以《伤寒论》为“金科玉律”。但张仲景的书实是“专为伤寒而设，未曾偏及于六淫”。后世的学者又多不能“究其文，通其义”，举一反三，触类旁通，大抵只能“以伤寒之法疗六气之疴”，以致经常出现“死于病者十二三，死于医者十八九”的严重情况。虽然也曾有些明达之士提出过疑问，但均不能脱却《伤寒论》蓝本。明代安道以后，开始对“温病”有了新的看法。明末清初的吴又可，因当时南北大疫，医以伤寒法治之不效的情况，“推究病源，就所历验，著《温疫论》”。提出“温疫之为病，乃是天地间别有一种异气所感”，而这种异气是“自口鼻而入”，发展了温病的学说。到了清代，中医学有了进一步的发展。吴又可之后，喻嘉言、张隐庵、柯韵伯等名家辈出。叶天士结合自己的实践体会，提出“温邪上受，首先犯肺，逆传心包”的论点，解说了新感温病的辨治方法，对温病学说作出了新的贡献。但叶氏是吴县人，“所治多南方证”，临床经验有所局限，而且他“少著述”，“又立论甚简，但有医案散见于杂症之中，人多忽之而不深究”；加之时医“贪常习故”、“各是师说”、“恶闻至论”，所以其义不畅，仍然不能从根本上改变“以治寒者治温，自唐宋迄今，千古一辙”的情况。

最终解决这个问题的重任历史地落到吴鞠通的肩上。吴鞠通五岁那一年（公元1762年），清河县治从淮阴故城迁到了清江浦。那时这里已经发展为“市街栉比数千里不绝”，“居民达数万户”的一个重镇。从地理形势看，它“扼江北之要冲”，是“南省人士北上所必经之孔道”。市镇的繁荣、交通的发达、人文的荟萃，培育了他年轻的心志。继而骤变陡生，十九岁时，他的父亲在病了一年多之后终于死去。眼见时医俗医一不能“确识病情之寒热虚实燥润”，二不能“精察药性”，或者胡乱投药，或者束手无策，他“愧恨难名，哀痛欲绝”，认为父病不知医，直没有颜面立身在天地之间。于是他发愤习医。他购置了一批医书，在给父亲守孝期间刻苦攻读。他崇敬张仲景的为人，仰慕他“外逐荣势，内忘身命”的钻研精神，“慨然弃举子业”，而以行医为终身事业。

他二十三岁那一年，侄儿巧官“温病，初起喉痹”，请医生来，则“吹以冰硼散”，“喉遂闭”。后来又请了好几位医生诊治，亦“大抵不越双解散、人参败毒散之外”，没有懂得温病治法的。他当时已读医书四年，但也基本没有搞懂温病是怎么回事，所以并“未敢妄赞一词”。侄儿终于“发黄而死”。

三年后，乾隆四十八年（公元1783年），吴鞠通二十六岁，“游京师，检校《四库全书》”。这给他提供了大量阅读先贤医书的机会。他见到了吴又可的《温疫论》，眼目为之一新，认为这本书“议论宏阔，实有发前人所未发”，于是“专心学步”。但仔细阅读之后，他又发现，吴书“支离驳杂”，而且只是“治一时之时疫”，不是“治常候之温热”。因而他又“遍考晋唐以来诸贤议论”。在大量阅读和认真钻研医学经典和名家著作的同时，他“进与病谋，退与心谋”，结合各种病例仔细揣摩，经过十年时间，终于对中医学有了新的发现。

然而，至此他仍未敢“轻治一人”。乾隆五十八年癸丑（光元1793年），“都下温疫大行”，朋友们力劝他行医治病。看到许多人染上温疫，因得不到医治或被俗医误治而死去，他悲愤地慨叹：“呜呼，生民何辜！不死于病而死于医，是有医不若无医也。学医不精，不若不学医也！”他起而治之。病已重危者，因他治疗而存活的就有数十人。

经过这一场浩劫，他决心“采辑历代名贤著述，去其驳杂，取其精微，间附已意以及考验，合成一书。”以“济病者之苦，医医士之病”。他苦心孤诣，历十数年，终于完成中医学史上又一经典著作《温病条辨》。

这本书运用三焦学说，系统地、科学地提出了温病辨证论治的纲领。“它为温病而设”，“补古来一切外感之不足”。全书分七卷。首卷历引《素问》、《灵枢》等经文的有关条目为纲，分注为目，溯说温病病源的根始。下面分上、中、下三焦论治，是全书的中心内容。卷五杂说救逆和病原调治，以便读者一目了然，不致临证混淆。余二卷约为幼科、产后大纲，皆前人不明六气而致误者。

此书深得论者及诸医家的重视推崇。朱彬为之作序说：“《温病条辨》七卷，自温而热而湿而燥，一一条分缕析，莫不究其病之所从生，推而至于所终极，其为方也约而精，其为论也宏以肆。俾千二余年之尘雾，豁然一开。”苏征保则说；“此编之出，将欲悬诸国门，以博弹射。积习之难革者，虽未必一时尽革，但能拾其绪余，即可为苍生之福。数百年后，当必有深识其用心者夫！然后知此编之羽翼长沙，而为长沙之功臣，实亦有熊氏之功臣也！”有的说“治温病不可无此书”，有的认为“可为治温病之津梁”。今人则认为《温病条辨》一书，确是清一代温病著作中一部出色的好书，直到今天，在防治温热病方面，仍有重要的实用价值”。

道光三年（公元1823年），吴鞠通66岁。这年秋天，他“抵淮省墓”；冬天，应邀赴浙江绍兴等地。他“喜越中山水”，并与精于地理之学的嵊邑吴云章等为友。朱“病痰饮，诸医皆投以补剂，无效而转剧”，他“治之”，“乃愈”。还有一些“沉疴怪症”，他“应手而愈”，“一如在京师时”。时医妒忌他，咒骂他，而有见识的人却都“叹服”于他。他为人“心正口直，性刚气傲”，虽有人赠以楹帖，称他“具古今识艺斯进，去世俗见功乃神”。

他的著述，还有《医医病书》和《吴氏医案》。《医医病书》成于道光十一年（公元1831年），后经曹炳章辑纂，分为学医总论、病理名论、证治要论、用药统论四编。本着医治时医俗医之病的宗旨，取“切中时弊，为日用所不可不明辨”的问题，认真加以申述，是一部有价值的中医医德理论专著。《吴氏医案》分温病、伤寒、杂病、妇科、儿科等，共四卷。是其毕生经历之荟萃，亦是运用了张仲景以后至清初名家研究成果的临证记录。医案记自乾隆五十九年甲寅（公元1794年），迄于道光十三年癸巳（公元1833年）。他77岁那一年，春节期间仍在为一个三岁的女孩诊治重险痘症，医德可贵。

吴公琐谈

胡长庚

吴公名瑭，字鞠通。公元1726~1820年（即清高宗乾隆元年——仁宗嘉庆二十五年），享年84岁，江苏淮阴人，谢观《中国医学大辞典》一说江苏清河人。清河即今淮阴市境内，现市内尚有以“清河”二字冠名之“清河区”、“清河饭店”……君是我国清代著名的温病学家，著有《温病条辨》六卷（亦有将引经分注定为首卷而云七卷），立三焦辨证法则以治温病，是为空前绝后；《鞠通医案》四卷（裘庆元《医药丛书四集》本《中国医学大成》亦作五卷），云非案头所作，然临证纪实颇细，研究深堪，实为经验之荟萃，君愤于当时庸医误人，还著有《医医病书》二卷，以纠时医之弊。

君年十九，父病年余，卒至不起，瑭愧恨莫及，以为“父病不知医，尚复何颜立天地间”，遂发愤攻医，买书苦读。越七年之后，于乾嘉之际，为阔眼界，毅然离乡，来到京师，得以检校《四库全书》。君攻书精博，上自轩岐，下迄近代，凡医药书籍，无不搜览，颇多心得，结合实践，写成《条辨》一书，名满神州，朝野尊敬。在京与当朝宰相廷珍关系至密，往来多多，兄弟相称，一官一民，何致于此？还谅同居京师为客，远离家乡倍亲吧！据《清史稿》载：“汪廷珍山阳人（山阳即今江苏淮安县），吴鞠通淮阴人。”淮阴淮安历有两淮相称。二人远离家乡，身居千里之外，相遇在京何有不亲哉！犹如华裔在外，遇则念念炎黄，即便同属一地而工作于它省异乡者，凡遇皆以老乡相称，自觉倍亲，此古今一意也。所以汪为《条辨》写序谓“同里愚弟汪廷珍谨序”。君好古敏求，名声颇重，两淮方圆数十里地，乃至数百里，文人医家无不敬之，如安东石氏寿棠芾南先生，在所著《医原》一书中，亲切称之为“吾乡鞠通先生，怜儿之疾苦，作解儿难一册”（安东即今江苏涟水县）。淮安老中医章湘侯亦谓：“光绪年代淮安文士丁晏在《感旧诗》集中还撰有纪念吴的诗。”“同里”、“吾乡”之谓者，离淮阴城少则二三十里地，多则七八十里地，乡里之人对鞠通感情之深，可见一斑。更有直称淮安为吴氏故乡者，此也不无感情之乎哉！

君其为人，性刚气傲，心正口直，凡事求实。业遵《内经》，效仲景，览众长，处方遣药，轻重灵活，效若桴鼓。先后在京、苏、浙等地，大江南北，运河两岸，为民治病除疾，所至皆以医名，远近求治者，接踵相来，古稀之年，春节聚欢之日，出门为病儿诊治，医德之高，存心之忠，实为后人所敬。“见俗医处方之谬者辄疵之，所至医辄避去，至病家交口訾君，君据理直言，不徇人意，人皆惮之。”和越人莫宝斋尚书交最切，闻其有恙，喘息不得卧，病势严重，此“瑭适南还省墓”，君遂留绍，为之诊治。“时绍城任济堂名颇重，与之讨论古今医籍，颇相莫逆，后以《条辨》体例，意见相左，遽绝交。”君立三焦学说以治温病，欲与仲景之六经学说分庭抗礼，后人攻击之者，大不乏人。还云列温病之大纲凡十，曰风温，曰温热，温疫，温毒，暑温，湿温，秋燥，冬温，温疟，暑温，命名不妥，悉纳之于温病之中，此温病之所以芜杂而不可理欤！又“采附各方，不但剪裁未善，去取亦有未当”。皆不免“守珠胶瑟，难与适变”之诮！故君子医为信者传，难为不知者言也。

君初娶鲍氏，继室崔氏，有云衄血而卒，一说肺病而终，究安何地，尚待考证，后世传焉，亦无信捎。据名老中医秦正生忆：“在抗战前吾淮已故中医孟乐天先生尝谓：吴君有幼孙吴南，曾开设利民钱庄于邑之安澜门内大源苍头，伊少时曾一往邑北丁家集东一吊吴公之墓云。”

吴鞠通医籍考

陈　清

淮阴吴鞠通是清代著名的温病学家，对中国温病学的发展作出了承先启后的卓越贡献。余喜读文史，但对医林人物史迹却了解甚少，由于吴鞠通是淮阴人则每注意之。兹就所知，对吴鞠通的生平、学术成就做一介绍，并对吴鞠通医人籍贯（出生地）的质疑，提一些管见以供参考。

（一）

吴鞠通，名瑭，字配珩，江苏淮阴人。生于公元1758年，以衄疾卒于公元1836年，葬于邑北丁家集东郊祖茔之兕。享79岁。

1762年，清河县治，吴鞠通随父母由淮阴故城迁至清江浦。当时清江浦居民数万户，街市栉比数里不绝。如此市镇繁荣，交通发达，人文荟萃之区，足以培养他年轻的心志，为其成才奠定了良好基础。吴鞠通十九岁时，生病卧床多年的父亲终于离他而去，吴鞠通悲痛万分。他在《温病条辨》自序中写道：“父病年余，至于不起，瑭愧恨难名，哀痛欲绝。”认为“父病不知医，尚复何颜立天地间”。于是他发愤学医，买书苦读。1780年，侄儿巧官患温病。初起喉痹，几经误治，终于“发黄”而死。由此，更增加他“外逐荣势，内忘身命”刻苦钻研医学的决心。“慨然弃举子业”，而以济世活人为终身事业。

1783年，吴鞠通“游京师，检校《四库全书》”，这给他提供了大量阅读先贤医书的机会。在大量阅读认真钻研医学经典和名家著作的同时，他“进与病谋，退与心谋”，经过十年的学习、研究，终于对中医学有了新的见解。

（二）

1793 年（乾隆五十八年），“瘟疫大行”，吴鞠通眼看许多人染上了温疫，因得不到医治或医误治而死去，他悲愤慨叹：“呜呼，生民何故！不死于病而死医，是有医不若无医也：学医不精，不若不学医也”！他决心“采辑历代名贤著述，去其驳杂，取其精微，间附己意，以及考验”，合成一书，以“济病者之苦，医医士之病”。他苦心诣，历十数载，于 1798 年（嘉庆三年）写成中医史上又一部经典著作——《温病条辨》。南京中医药大学温病学教授孟澍江评之曰：“《温病条辨》以三焦学说为经，卫气营血为纬”，全书六卷，共 238 法（条），193 方，发展了温病学理论，完善了温病辨证纲领，丰富了温病治法，确立了温病辨证体系。他的学术思想对后世医人启发很大。

吴鞠通的另一部著作是《医医病书》，于 1831 年（清道光辛卯年）写成。当时未曾问世，四明曹炳章从何廉臣处录存并加以整理，于 1915 年（民国四年）由绍兴育新书局石印，并收载在《曹氏医学丛书》。全书七十二论，皆针对各种时弊而言。其主要内容分四大类。一为论医德，医术及医者之病；二为内科杂病的论述；三为治疗原则、方法的论述；四为论药物性能及用药之道。另有《吴鞠通医案》一册，是吴鞠通毕生经历之荟萃，是运用张仲景以后至清初名家研究成果的临证记录。

（三）

关于吴鞠通的出生地，历来有不少不同的记述，为了释误，兹就案头资料和征询所知，举其要而述之。

一、对吴鞠通出生于淮安的几种说法

1. 骆勉《吴鞠通年岁考》：“淮安为吴鞠通之故乡……”

2. 《淮安府志》：“嘉庆中，有吴瑭，字鞠通。有学术，工为医，尝著《温病条辨》。发前人所未发，业是术者多遵之。”

3. 汪廷珍《温病条辨》叙：“吾友鞠通吴子，怀救世之心……作为是书……相与评骘而授之以梓……嘉庆十有七年壮月既望，同里愚弟汪廷珍谨序。”

上述资料，提到吴鞠通出生与淮安府有关的是汪廷珍《温病条辨》序和《淮安府志》：直接说吴鞠通出生在淮安的是骆勉的《吴鞠通年岁考》。其实，骆勉的依据，就是来自汪廷珍《序》中之“同里”和《淮安府志》之“府”。故“同里”和“府”，成了质疑吴鞠通出生地的关键词。现在就从“同里”的含义说起。

汪廷珍（公元 1757 ~ 1827 年）字瑟庵，山阳人。清代乾隆年间进士，官至礼部尚书。《清史稿》载：“汪廷珍，山阳人；吴鞠通，淮阴人。”古之山阳，即今之淮安楚州区。淮阴、山阳属淮安府管辖，历来就有两淮相称。汪、吴同为淮安府人，同住京师，且过从甚密。一官一民，兄弟相称，备感亲切，互称同里，情理当然。胡长庚同志在《吴公琐谈》一文中说得好：“淮阴、淮安历有两淮之称。江、吴二人远离家乡，身居千里之外，相遇在京，有何不亲哉！犹如华裔在海外，遇则念念炎黄；即便同属一地区而工作于他省异乡者，凡遇皆以老乡相称，自觉倍亲，古今同一理也。”此外，安南（即今之涟水县）石芾南在所著《医原》一书中，曾亲切地称“吾乡鞠通先生悯儿之疾苦，作《解儿难》一册”，此亦称吴鞠通为同乡。由此可见，涟水、淮阴可称老乡，淮阴、山阳（淮安）称同里，就不足为奇了。

二、对吴鞠通出生清河县的记载

《中国医学大辞典》载："吴瑭，字鞠通，清江苏清河县人。十九岁父病年余不起，遂发奋事医。师从叶氏，长客京师，颇多治验，著有《温病条辨》、《医医病书》及《吴氏医案》。"

《中国医学大辞典》谓吴鞠通为江苏清河县人，此说无误。考诸文献，清河在淮阴境内早有记载：张煦侯《淮阴风土记》谓："公元1762元，清河县治，从淮阴故城迁到了清江浦。"周恩来《射阳忆旧》亦谓："清江浦扼江北之要冲，是南省人士北上之必经之孔道"。今仍有清河命之"清河区"，和以清河冠名之"清河饭店"等。淮阴建市前曾名清江市，足证该书所指吴鞠通为清河人，即清江人、淮阴人之别称。

三、对吴鞠通出生于淮阴的记述

吴鞠通出生于淮阴毋庸置疑，众多医人志均谓之。本文参考医籍、文史百余册，皆曰："吴鞠通，淮阴人也。"兹择而志之。

1. "吴瑭，清著名医学家，字鞠通，江苏淮阴人。"——《中医人物辞典》
2. "吴瑭，字鞠通，江苏淮阴人，为乾嘉时名医。"——《中国医学史》
3. "吴瑭（1758～1836），字鞠通，江苏淮阴人。"——《中国古代医学家》
4. "吴瑭，字鞠通，清代江苏淮阴人。"——《中国历代名医传》
5. "吴瑭，字鞠通，清淮阴人。"——《江苏历代医人志》
6. "吴瑭，清代著名医学家。江苏淮阴人"。——《中医辞典》
7. "公（吴瑭）纯孝，常存追远之心。虽旋居京师，犹数次回家省墓。道光三年秋，甫至家乡之清河境内，遇朱姓病媪……公令其刨鲜生地斤许绞汁。覆杯而愈。"——《吴氏医案》
8. "吴鞠通生于乾隆十七年（公元1758年），以衄疾卒于道光十六年（公元1836年）二月某日，葬于邑北丁家集东郊祖茔之隰"——秦正生《吴鞠通之生平及其成就》
9. "在抗日战争前，吾淮已故中医孟乐天先生尝谓：吴君鞠通有幼孙吴南，曾开设利民钱庄于邑之安澜门内大源巷头。伊少时曾往邑北丁家集东一吊吴公之墓。"——胡长庚《吴公琐谈》

结语

从上述史料可以证实，清代名医吴鞠通生于淮阴，殁后葬于淮阴；祖茔在淮阴，子孙亦在淮阴，是实实在的淮阴人。淮安人汪廷珍所称吴鞠通为同里，是泛指之词，是海称，因为他们同是淮安府人。《淮安府志》记载的没有错。它是以"府"为单位记述本府人物的生平事迹的，没有必要再指山阳或淮阴了。《中国医学大辞典》称吴鞠通为清河县人，亦无讹，是地域名异之故。清河县治从淮阴故城而清江浦，清江浦而清江市，清江市而淮阴市，名异而地域实同。《吴鞠通年岁考》谓吴鞠通为淮安人，是误在'淮安'与'同里'上。他把淮安府限于淮安县，他忘却了山阳、淮阴同淮安府：又将同里固定在一个县一个乡一个小范围里，认为同里一定是同一个乡里；更可能《年岁考》作者未暇参考医籍、人物志、方舆、郡县志、谱牒诸书，以致有误。好在现在又新建淮安市了，古今对照，也不足怪。"都是同市人，不必相追究”。

吴鞠通名字号小考

卜开初

《温病条辨》，堪称温热病学的，经典著作。关于作者姓名、字、号，一般书籍只言其姓吴名瑭，字鞠通。如《中国医学人名志》：“吴瑭，江苏淮阴人，字鞠通。”《简明中医辞典》：“吴瑭，清代著名医学家，字鞠通。”其他多种书刊也大多如此称谓。

古人的名、字，本有一定的规律和意义，其姓为头，再取一名，合称姓名。正名之外，别取一字，多根据名的意义引伸而得，或用别解法，或用拆字法等。如诸葛亮，字孔明。亮、明，其义相同。苏轼，字子瞻，轼，车前之横木；瞻，远望也，登轼则可望远，其义相连。张璐，字路玉，则为拆字法。而吴瑭，字鞠通。瑭乃玉器，与鞠通毫不相干，如何成为其名与字呢？令人百思不得其解。昔年，曾请教了里贤秦正生主任医师，他记起曾有文载吴鞠通先生其字配珩者。瑭，珩，皆为佩戴之玉器，这样就说得通了，鞠通则当非其字而为其号子。

考古人取号也各有意义，如欧阳修号“六一居士”，用他自己的话说，是因为“吾家藏书一万卷，集录三代以来金石遗文一千卷，有琴一张，有棋一局，而尝置酒一壶……以吾一翁，老于此五物之间，是岂不为六一乎？”朱震亨号丹溪，是因为家住浙江义乌丹溪，因地而名，称为丹溪翁。然而，吴瑭号鞠通究属何义呢？我请教了中医研究院的耿鉴庭研究员，方得其端倪。早在贾子学林中记载了一则故事：古有孙凤者，善抚琴，日久琴不抚也自有声响，一如人弹，因号“自鸣琴”，一时名闻遐迩。有一道人得知，特来拜访，从琴中取走一虫，琴则不复鸣矣。人问其故，道人答曰：此虫名“鞠通”，十分灵巧，能重复他人之术，因而操琴一遍，则自能模仿也。鞠通之典，大概出于此处。

耿老还告诉我，鞠通善通，最能发音，若遇耳聋失聪之人，只须将鞠通放在耳边，须臾即可聆声。此又一说也。

吴瑭取鞠通之意，拙意认为，可能是因前人（叶天士、薛生白等）已将温病学说的理论阐述明白，治疗方法也已大备，他自己只是将别人的学说重复，加以整理而已。此意可在《温病条辨·凡例》中得到印证。如吴瑭曰：“是编之作，诸贤如木工钻眼，已至九分，瑭特透此一分作圆满会耳。”然而，这不过是他的谦虚，其实吴瑭也有许多创见，此不赘。

至此，可以认为：吴瑭，字配珩，号为鞠通，后来以号代名，其字遂掩。

[《上海中医药杂志》，1989；(7)]

吴鞠通与《温病条辨》

吴复苍

吴瑭，字鞠通，江苏淮阴人，为乾嘉时（1758—1836 年）名医。吴氏年甫弱冠，以父病年余而卒，遂弃举子业，专事方术，抗志以希古人，虚心而师百氏。学本于叶天士，但天士立论甚简，他鉴于当时温疫流行，病人死于世俗之手甚众，遂“采辑历代名贤著述，去其驳杂，取其精微，间附已意，以及考验，合成一书，名曰《温病条辨》（以下简称《条辨》）”。

《条辨》成书于1798年，共七卷（原书凡例）。卷首为原病篇，历引《内经》若干有关解释温病学机理的原文，逐条进行注释和论述，为以后各篇的论述提出了理论依据。卷一为上焦篇，各种温病，凡表现有上焦证者，均在本篇论述。卷二为中焦篇，凡各种温病，表现有中焦证者，均在本篇论述。卷三为下焦篇，凡温病以下焦病证出现者，均在本篇论述，上、中、下三焦是全书的中心内容。卷四为杂说，系《条辨》之翼，是以医话形式论述救逆及病后调理，并对前述各篇适当进行补充和说明。卷五解产难，专论产后调治与产后惊风。卷六解儿难，专论小儿急慢惊风、痘证等。本书是一部理法方药俱全的较为完整的中医温病学专著，对温病学的发展有相当贡献和影响，本文拟就其学术渊源、学术特点等进行阐述。

一、学术渊源

溯源《灵》《素》　问道长沙

吴鞠通究心于《内经》、《伤寒》，尝谓：“学者必不可不尊经，不尊经则学无根柢，或流于异端，然尊经太过，死于句下，则为贤者之过（卷四、杂说）”。《条辨》卷首设原病篇，历引《内经》若干条文，溯说温宿之根始；引申“三焦”之意，倡三焦辨证理论；处方用药，讲究性味配伍，各方条下，必注明系用《内经》何法，深得经旨。吴氏对仲景更是推崇备至。所著《条辨》仿仲景《伤寒论》体例，论三焦，由上及下，与《伤寒论》对待文字，有一纵一横之妙，实可羽翼伤寒。在具体内容上，以方剂运用为例：《条辨》共198方，其中沿用《伤寒》方及其加减变通的方剂约80余首。可见鞠通不但倡仲景之立法，还羽翼于《伤寒》之所未备，实为长沙之功臣。

学步又可　师承叶氏

吴氏自序云：“检校《四库全书》，得明季吴又可《温疫论》。观其议论宏阔，实有发前人所未发，遂专心学步焉”。可见《温疫论》对该书有深远影响，并体现在上、中、下三篇中：于上焦篇吸取《温疫论》邪从口鼻而入的论点，用以说明温邪的侵入途径和传变规律（上焦篇·2条）。中焦篇吸收《温疫论》应下失下及下后变证等内容，脱化出新的方剂，如以增液汤合调胃承气汤代又可承气养荣汤，以新加黄龙汤代又可引用之陶氏黄龙汤（中焦篇·11，17条）。下焦篇蓄血证治（下焦篇·20—21条），亦均采自《温疫论》，诸如此类，都是吴鞠通善于继承又可经验的成果。吴氏通过对叶天士医案的研究，认为叶氏持论平和，立法精细，很可取法，但其立论甚简，内容散见，人多忽之而不深究，遂以颖悟之才，敏求其学。首先遵叶氏“仲景伤寒先分六经，河间温热须究三焦”之论，创三焦辨证体系，以条文固定叶案理法方药，如中焦篇除外医论条文，计10条，引自叶案的就有49条，其中有原案全录的，有取案语而易方的，有两案合并的，有据案发挥的。其次，继承叶氏诊断方法，如辨舌、诊脉。《条辨》全书正文238条，其中有舌诊内容的33条，大多是继承叶氏辨舌经验；有脉诊内容的75条中，录自《临证指南医案》者22条，其中16条与叶案脉象相同，其余6条在叶案中只有症药，吴氏补入脉象，可见吴氏继承叶氏等前人脉诊经验，并有所补充。

鞠通又虚心而师百氏，如东垣，河间，安道、嘉言等，把各家学说和自己的实践结合起来，汇集而在《条辨》，进一步总结和发展了温病学说。诚如吴氏所云：“本论详加考核，准古酌今，细立治法，除伤寒宗仲景外，俾四时杂感，朗若列眉，未始非叔和有以肇其端，东垣、河间、安道、又可、嘉言、天士宏其议，而瑭得以善其后也”。

二、学术特点

论三焦　分证施治　轻透权衡

《条辨》创立的三焦辨证，用以说明证候与病理，并为治疗提供依据。吴鞠通指出：“治上焦如羽，非轻不举；治中焦如衡，非平不安；治下焦如权，非重不沉。”所谓“治上焦如羽”，系指温病初起，邪在肺卫，治宜轻清宣透之法，方如银翘散、桑菊饮、桑杏汤、三仁汤之类；“治中焦如衡”，系使脾胃相合、阴阳互济而臻于平衡，方如白虎、承气及加减正气散之类；“治下焦如权”，系指用味厚重镇之品以滋填潜镇下焦肝肾之阴，方如加减复脉汤、大定风珠等。吴氏还指出：“在上焦以清邪为主，清邪之后，必继以存阴；在下焦以存阴为主，存阴之先，若邪尚有余，必先以搜邪（下焦篇·18条注文）”。提示医者临证，不但要掌握原则，还要灵活变通。

治湿热　宣展气机　清灵流动

温热、湿热是本书两大纲。吴氏为突出湿热证治，特引出寒湿，“以湿温紧与寒湿相对，文寒湿而湿温更易明晰（中焦篇·44条注文）”。并指出“湿温，较诸温病，势虽缓而实重，上焦最少，病势不甚显张，中焦病最多”的病理特点（上焦篇·43条注文），引出三仁汤，以杏仁开上，蔻仁畅中、苡仁渗下，倡分利三焦之治。湿热阻于三焦，当治以透、化、渗、清等法。吴氏提出：“凡通宣三焦之方，皆扼重上焦，以上焦为病之始入，且为气化之先（中焦篇·72条注文）”，气化则湿亦亦化。所以治上焦开肺气以除湿，治中焦以升降分消为治；治下焦以通阳宣导为法。总之以清灵流动，宣展气机为原则。

治温热　存津保液　滋阴救精

《条辨》强调“始终以救阴精为主（卷四·汗论）”。救阴之法，分为存津保液与滋阴救精两类，即防与治两个方面。存津保液可用辛凉解表、辛寒清热、清心开窍、苦寒攻下诸法。辛凉解表，方如银翘散，吴氏于该方方论中指出：“此方之妙，予护其虚，纯然清肃上焦，不犯中下，无开门揖盗之弊，有轻以去实之能”。清热保津，方如白虎汤，吴氏指出：“非虎啸风生，金飚退热，而又能保津液不可（上焦篇·7条注文）”。清心开窍，方如安宫牛黄丸，该方指出：“此芳香化秽浊而利清窍，咸寒保肾水而安心体，苦寒通火腑泻心用之方也”。急下存阴，吴氏于大承气汤方论中指出：“承气汤通胃结，救胃阴”。吴氏并提出“温邪火羁中焦，阳明阳土，未有不克少阴肾水者（下焦篇·1条注文）”，强调应重视上、中焦阶段的存津保液，以防病邪深入。这种具有预防思想的见解，尤为可贵。滋阴救精针对阴液耗伤而言，多用甘凉（寒）生津，方如沙参麦门冬汤；咸（甘）寒滋阴，方如加减复脉汤；酸甘化阴，方如生脉散；育阴潜阳，方如大定风珠等。

施下法　区别应用　扩展变通

吴鞠通根据温病热象偏重，易于化燥伤津的特点，完善扩展了攻下法的应用。首先区别运用三个承气汤，使之更加系统、详细，更切合临床实际。如中焦篇第一条大承气汤，他强调指出面色赤、语声重、呼吸粗，大便闭，舌苔老黄，甚或黑有芒刺，脉沉数有力，甚则脉体反小而实等燥实证为其施用重点，并在方论中指出：厚朴分量不似《伤寒论》中重用者，治温与治寒不同，畏其燥也。”同时于中焦篇第11条方论中更明确指出：“热结液干之大实证，则用大承气。”即是说施用大承气不必以痞、满，燥、实、坚俱备而印定眼目。小承气汤的适应证是“阳明温病，诸证悉有而微，脉不浮者，小承气汤微和之”。说明大、小承气之区别，只是证有轻重之分。至于调胃承气汤之指征，则为“热结旁流”。这是因为“热结旁流，腑气不通，不用枳朴，独取芒硝入阴以解热结，反以甘草缓芒硝急趋之性，使之留中解结，不然，结不下而水独行，徒使药性伤人也（中焦病·7条注文）”。吴鞠通施用下法，还体现在扩展变通上。如中焦篇第17条所论述的五个攻下方剂：正虚不能运药，用新加黄龙汤；肺气不降，用宣白承气汤；小肠热结，用导赤承气汤；窍闭热结，用牛黄承气汤；无水舟停，用增液汤或增液承气汤。此外还有治下后热不退或退不尽的护胃承气汤（下焦篇·11条），以及下后汗出、下后无汗、下后证复现等下后变证的处理，和下后邪解汗出，“当复其阴”的调养措施等，极大地丰富了温病下法的内容。

［《天津中医学院学报》，1983；（3、4）］

谈清温病学派的成就

方药中

到了清代，温热学派兴起，其中如叶天士、吴鞠通、王孟英等均属大家。他们在继承前人、总结经验的基础上，对急性传染病的病因认识又大大地进了一步。他们一方面继承《内经》之说，认为气运偏胜是温病发生的外因，“不藏精”、“正气虚”是温病发生的内因，并且强调了“正气存内，邪不可干”。吴鞠通在所著《温病条辨》中，首列原病篇十九条，明确指出：“叙气运，原温之始也。每岁之温，有早暮微甚不等，司天在泉，主气客气，相加临而然也。”“盖能藏精者，一切病患皆可却。”“要亦不能外正气存内，邪不可干之理。”王孟英在所著《温热经纬·自序》中亦明确指出：“夫此五气原以化生万物，而人或感之为病者，非天气有偶偏即人气有未和也。”另一方面，他们也承认引起时疫的某些特异性致病因素，如吴鞠通所著《温病条辨》中明确指出：“温疫者，厉气流行，多兼秽浊，家家若是，若役使然也。温毒者，诸温夹毒，秽浊尤甚也。”（《温病条辨·上焦篇》）“更有非其时而有其气，如又可所云戾气，间亦有之，乃其变也。”（《温病条辨·原病篇》）他们一方面肯定了吴又可在古人论述基础上有其发展的一方面，但同时也批评了他有其局限的另一方面。如吴鞠通在《温病条辨》中明确指出：“检校《四库全书》，得明季吴又可《温疫论》，观其议论宏阔，实有发前人所未发，遂专心学步焉。细察其法，亦不免支离驳杂，大抵功过两不相掩，盖用心良苦，而学术未精也。”（《温病条辨·自序》）“按吴又可谓温病非伤寒，温病多而伤寒少，甚通。谓非其时而有其气，未免有顾此失彼之诮。”（《温病条辨·原病篇》）吴氏把外因和内因密切结合起来，把气候变化和人体的生理及病理变化密切结合起来，把自然灾害和社会动乱密切结合起来，如他所谓的：“盖时和岁稔，天气以宁，民气以和，虽当盛之岁亦微；至于凶荒兵火之后，虽应微之岁亦盛，理数自然之道，无足怪者。”（同上）“不藏精三字须活看，不专主房劳说，一切人事之能摇动其精者皆是，即冬日天气应寒，而阳不潜藏，如春日之发泄，其至桃李反花之类亦是”。（同上）这些认识应该说是完全正确的，是在前人认识的基础上进一步发展。

［《医学承启集》，中医古籍出版社，1993；（8）］

评吴鞠通

姜春华

吴瑭（1758～1836），“乾嘉之间游京师有名，学本于桂（叶桂），以桂立论甚简，著《温病条辨》，以畅其义”（《清史稿》），此言确然。其著《温病条辨》以三焦分病部属，此源于天士“伤寒分六经，温病分三焦”之说；其说温病自上而下，亦实由叶氏“温邪上受”而来，故其学术思想主要是继承叶天士。其著书之意，实为专论治温而写，过去医家每将伤寒、温暑相混，致治法有误，尚有虽认为伤寒与温暑不同而治法仍有以伤寒治温病者。但对其三焦分病之说，不仅伤寒家反对，即使温热家中也有反对者。今就其中心而评介之。

1. “伤寒论六经，由表入里，由浅入深，须横看；本论论三焦，由上及下，亦由浅入深，须竖看。”（《温病条辨·凡例》）

陆九芝为尊古伤寒学派，其不同意违反六经另创三焦固然，而温热派之柳宝诒亦不同意何也？盖六经主病由来已久，深印人心目中，六经不仅分伤寒，且主杂病、主百病，成为传统，而三焦主病，则系新创。从客观言之，六经为解剖位置，以此诸症名曰太阳，以彼诸症名曰阳明，可以相传，可以直中。人身不越六经部位，百病自各有部，病各有初、中、末，亦不出六经部位，六经亦包括上、中、下三焦之脏腑，六经见证有寒、热、虚、实，按部分而治之。三焦亦系解剖部位，上焦心肺，中焦脾胃，下焦肝肾，凡百病症亦莫不影响于此诸脏腑，此诸脏腑既受影响，即表现该脏器之证候，故三焦亦可统百病。此六经、三焦两者之所异，一则认为病自皮肤而入，一则自口鼻而入，病从口鼻入之说出自明，吴又可及袁体庵氏。夫病之从皮肤入，人不可得面见，唯症状足以说明之，传统说自皮肤之者多见太阳证，自口鼻上受者多见肺经证候。故温邪上受，首先犯肺者亦只犯肺之温病一种，其余不能赅也。叶天士原于袁体庵之说本不全面，而鞠通据之为温病之总纲，且天士言三焦，并不截然分开，往往统言：“三焦俱受”，“病在中上二焦”，“弥温三焦”等。而鞠通乃将每一温病割裂三部分。凡例说：“一卷为上焦篇，凡一切温病之属上焦者系之；二卷为中焦篇，凡温病之属中焦者系之；三卷为下焦篇，凡温病之属下焦者系之”“俾阅者心目了然，胸有成局，不致临证混淆，有治上犯中，治中犯下之弊。”吴氏初意，将各种温病之有上焦见证归入上焦，是割裂疾病，缺乏疾病之完整性与动态变化性，诚如柳氏宝诒之言：“岂上焦之病独不见中下二焦乎？是胶柱鼓瑟法。”若能将每温病从发展过程上分三焦，而指出各种温病特点，则可见到同中有异，异中有同矣。质言之，六经有其全面性、动态性，而三焦只能代表局部性、片面性。吴氏《杂说》说：“伤寒起于足太阳，由外以统内之营卫阴阳”，“手太阴为华盖，三才之天，由上以统下，亦由外以包内，亦主荣卫阴阳，故大略相同也。大虽同而细终异，学者须于同中求异，异中验同”。伤寒家原以太阳主一身之表，为诸阳主气，营卫均属太阳之表；柯韵伯以太阳为心，心主营，故见营卫之证；吴氏以肺主气，亦统营卫，故皆见表证；一则见呼吸证，一则不见，故说法不同。其实太阳主表，肺主皮毛亦主表。

总之，凡热性病初起，皆有营卫之表证，其所以区别属卫属营者，以表证亦有不同表现。从内脏关系立论，“心主营，肺主卫，寒伤营，风伤卫”。温邪受“风寒袭表”，亦仅为代表某些发病因素与病位。由于时代限制，仅能如此区别，有利于治疗耳。

吴氏《杂说》于温病主银翘散。按温病有种种，此系治温之一法，不能概施。今之医者，一见发热，动笔辄用桑、菊、银、翘，未始不受吴氏影响。

吴氏《上焦篇》伪造仲景条文说：“按仲景《伤寒论》原文太阳病，但发热不恶寒而渴者，名曰温病，桂枝汤主之。”吴氏伪造此不通条文以诬仲景。既恶热矣，而又口渴，安可再用桂枝？且称曰原文，真欺人之谈。

三焦所采方颇多实效，可为临床之参考。其书之所以通行全国，且有人以与《伤寒论》并列作为教科书，就温病而论温病，其书诚有可取之处，然就中医学而论，安能匹配仲景乎？

2. 以阳为重

吴氏《医医病书》说：“前人有阳常有余、阴常不足之论，创为补阴之说，不知阳本该大，阴本该小。……窃思阴若有余，阳若不足也。如一年三百六十日之日夜两半，加上风雨雪，阳实不足，一也；……人附于地，湿为阴邪，二也；君子少，小人多，三也；治世少，乱世多，四也；在上位少，下位多，五也。”“故三教圣人未有不贵阳贱阴，扶阳抑阴。”比喻不伦不类，如此说阴阳多少，不通之至。将自然人事作为推理，原是中医学推理之一法，奈不合逻辑何？在前人犹可谅，今人继承回护则不可恕。吴氏又说：“虚劳一证，今人概用补阴，惑于阳常有余，阴常不足之论，自丹溪作俑，牢不可破，杀人无算！”按丹溪只有泻火，亦未专用补阴，此属吴氏继承景岳误责丹溪之言。又说：“古人云‘阳不尽不死”，又云‘人非阳气不生活”。试观卒中而死之人，死后肌肉一毫不减，阴虽充满，无所于生。”此亦袭用景岳之说。吴氏于虚劳主从仲景用建中，责“东垣自立门户，舍建中不用，而易之以补中益气”。曹炳章说：“按今之所谓虚劳，前人有说即古之蒸病也。《金匮》所谓虚劳，即今之脱力也，知此而《金匮》虚劳诸方可以知所用矣。”曹氏之说极是，吴氏对此，似少分别。

[《上海中医药杂志》，1988；(10)]

吴瑭《温病条辨》稿本题记

辛德勇

一、《温病条辨》的医学史地位

在中国医学史上，治疗瘟疫，也就是流行性传染病的基本理论和方法，有“寒病”和“温病”两大派别。

首先是南阳人张仲景，针对东汉末建安年间瘟疫流行的具体病情，探讨总结出一套以“伤寒学说”为基础的治疗瘟疫的寒病理论和方法，见于其传世著作《伤寒论》和《金匮要略》。张仲景被后世医家尊崇为先师、医圣，他创立的伤寒治疗理论，也被奉为治疗瘟疫的不二准绳，历代相承一千四百多年。

直至明代崇祯末年，苏州震泽人吴有性（字又可），因当时南北直隶、山东、浙江瘟疫大范围流行，他亲见许多医生运用传统的伤寒法医治无效，致使“枉死者不可胜记”，始推究病源，参稽医案，探究总结出一套与传统伤寒学说不同的“温病学说”，作为治疗流行性传染病的基本理论。吴有性所著《瘟疫论》，也成为温病学说的奠基性著述。

按照吴有性的看法，在数百瘟疫患者之中，只会偶然有一个病人，是由伤寒亦即外感风寒所致，其他绝大部分病症都是由温热引起。由此可知，吴有性首倡温病学说的医疗实践价值，决不在张仲景的伤寒学说之下。《四库提要》称自《瘟疫论》一书出，“瘟疫一症，始有绳墨之可守”，这可以代表后世对于温病学说之医学史意义的客观总结。

吴有性的《瘟疫论》，虽能发前人所未发，为温病学说奠定了基础，但是还很不完备。后世医家，称“细察其法，亦不免支离驳杂，大抵功过两不相掩，盖用心良苦，而学术未精也”（吴瑭《温病条辨·自序》）。

于是，至清代康熙、雍正年间，又有苏州吴县人叶桂（字天士），进一步发展完善温病学说，在发病、传播、病变进程、症候分类、治疗方法等各个方面，都做出了更为深入、全面的论述，标志着治疗流行性传染病的温病学说，已经全面建立起来。叶氏则被公认为这一学派的建立者。

叶桂虽然为建立温病学说做出了最重要的学术贡献，可是却由于他不喜欢撰述，在生前没有写下任何医学著作。他的温病学见解，仅存留于门人顾景文手录《温热论》一卷二十则之中（曹禾《医学读书志》卷下）。对于这一学派的建立者来说，这显然过于简略，说不上系统，更谈不上完备，对于医学史研究，更是一个很大的缺憾。

叶氏虽然不喜著述，却很乐于向门人传授医术，身后还有不少服膺其医道的私淑弟子，阐发弘扬他的医学主张，吴瑭便是其中成就卓著的代表性人物。

吴瑭，江苏淮阴人，《清史稿》卷五〇二《叶桂传》下附有他的小传，然而过于简略，仅寥寥数语。据吴瑭《温病条辨》自序，他大致出生于乾隆二十二年（公元1757年前后）。十九岁时，因父亲患病不治，放弃科举，发奋从事医术。

二十三岁时，侄子患温病，而他自己学医未久，医术不精，无从措手，对于温病治疗方法，更是闻所未闻，虽遍请当地医者，却都以伤寒法治之，非但没能医好，反而断送了侄子的性命。这件事，对于他后来专注于医治温病，可能起到了很大的刺激作用。二十六岁，游学京师，自云因参与“检校《四库全书》”，始得读到吴有性的《瘟疫论》，“观其议论宏阔，实发前人所未发，遂专心学步焉”，从此潜心致力于温病的研究与治疗。

至乾隆五十八年，吴瑭三十六岁时，他已“进与病谋，退与心谋”，遍考晋唐以来前贤著述，结合自己的行医实践，研求揣摩温病疗法整整十年。这一年京师瘟疫流行，吴瑭用温病疗法救活数十人，而由于这一疗法尚未普及，其他“死于世俗之手者，不可胜数”。面对这一惨状，吴瑭愤而感叹说：“生民何辜！不死于病而死于医，是有医不若无医也；学医不精，不若不学医也。”于是，为给其他医生医治温病提供准绳，以救治患者，他这才“有志采辑历代名贤著述，去其驳杂，取其精微，间附己意以及考验，合成一书”，这就是本文所要记述的《温病条辨》。

吴瑭《温病条辨》一书，计正文六卷并卷首一卷。卷首一卷除自序及凡例外，有“原病篇”十九条，用引述《内经》加以证释的形式，叙述温病病源。卷一，上焦篇；卷二，中焦篇；卷三，下焦篇。——这三卷是全书的核心内容，分类论述各种温病的症候与治疗方剂。卷四，杂说，分专题阐述他对于温病的一些理论见解。卷五，产科。卷六，儿科。

本书的体例是分条目逐条叙述有关内容，故名为“条辨”。每一条在叙述形式上由以下几部分组成：（1）“纲目”。（2）对于纲目内容的“疏解”。（3）治疗“方剂”及其“服法”。（4）阐释方剂的“方论”。

吴瑭致力于温病诊治，虽发端于吴有性的《瘟疫论》，赞赏其温病学说的诊治视角，可是却颇不认同他对于病症的一些具体诊断看法和治疗方剂，“惜其立论不精，立法不纯”，并“不可从”。

真正使吴瑭心悦诚服的温病大师是叶桂。吴瑭称颂叶桂的温病学见解“持论平和，立法精细”（《温病条辨·凡例》）。当然，叶桂也并不是完美无缺。他认为叶桂的缺憾主要有两方面。一是叶桂为吴人，其温病诊治主张，多是针对南方人的病症而总结出的经验，有所局限。而吴瑭的家乡淮阴地处南北方之间，且为南北往来交通要冲，可以广泛接触各地的患者，他又北游京师多年，对于北方的温病有许多深切的接触，在这方面足以弥补叶桂的缺陷。二是叶桂没有留下自己的著述，后人转述的内容则“立论甚简，但有医案散见于杂症之中”，以致“人多忽之而不深究”（同上）。吴瑭说，叶桂“心灵手巧，精思过人，案中治法，丝丝入扣，可谓汇众善以为长者。惜时人不能知其一二。然其法散见于案中，章程未定，浅学者读之，有望洋之叹，无怪乎后人之无阶而升也”（《温病条辨》卷一《上焦篇》第三十五条）。他认为，只有通过进一步阐释发挥，才能将叶桂所探明的“章程”梳理明晰。总之，温病学说发展至叶桂，“如木工钻眼，已至九分”，吴瑭撰著《温病条辨》，不过是想“透此一分，作圆满会耳”（《温病条辨·凡例》）。——由这一撰作缘起中可以看到，《温病条辨》是温病学发展历程中的一部总结性著述。该书刊印后盛行于世，在社会上产生了非常广泛的影响(《清史稿》卷五〇二《叶桂传》附《吴瑭传》)，它在中国医学史上占有重要地位。

二、述《温病条辨》稿本

如前所述，乾隆五十八年，吴瑭开始立意撰写《温病条辨》，但是，他又自言当时“未敢轻易落笔”。直至六年后的嘉庆三年，始在同乡汪廷珍的怂恿下，“黾勉成章”（《温病条辨·自序》），写成此书。不过，按照他在自序中所讲的乾隆五十八年时就已经为本书确定了《温病条辨》这一书名的情况来看，恐怕当时就已经开始从事撰述，嘉庆三年时只是修改定稿而已。

事实上，撰写这样一部“采辑历代名贤著述，去其驳杂，取其精微，间附己意，以及考验，合成一书”的著述（同上），绝不是能够一蹴而就的事情，而吴瑭的主要时间和精力，还要放在行医治病上，这就必须要有一段比较长的时间，才能写成此书。据此推测，《温病条辨》始撰于乾隆五十八年，定稿于嘉庆三年，应该是比较合乎实际情况的。

根据《贩书偶记》的著录，目前所知《温病条辨》的最早刊本，为嘉庆癸酉亦即嘉庆十八年的问心堂刊本。《贩书偶记续编》则还著录有道光十五年鹤皋叶氏重刊本，以及同治庚午（同治九年）六安求我斋重刊朱彬评本。吴瑭在《温病条辨》的“凡例”中声言，“是书原为济病者之苦，医医士之病，非为获利而然”，所以，若“有能翻版者听之”。由于此书深受患者和医生欢迎，确实流行很广。除上述诸本外，至今在书肆上仍可以看到其他一些清末书坊翻刻本。与此形成鲜明对照的是，比吴瑭时代稍晚的另一位著名温病学者王士雄，其代表性著作《温热经纬》，在医学史上的重要性，仅次于《温病条辨》，当今研究医学史者往往将二者并称，然而在清代却流传殊少。这也从一个侧面，说明了《温病条辨》一书在清代的广泛影响，以及它在社会上所产生的重要作用。

1998年秋，我在北京书肆上，买到一部清人写本《温病条辨》。书经今人装修，金镶玉线装上、下两册。封皮书签题“吴鞠通温病条辨原稿”，明显出自今人之手，而上册中原本封面上书有“吴瑭手著医稿”字样，审其墨色字迹，应是清人所书。

与通行的刊本相比，这部写本并非全帙，仅存有刊本的卷首及卷一至卷三的基本内容。

但如上所述，这正是本书的核心部分。这个写本满纸都是增添移改的字迹，应属作者吴瑭原稿无疑。与刊本两相比较，可知这部稿本具有如下特点[①]：

（一）纲目部分基本上已经写定。与后来的刊本在内容和次序上，基本都没有什么差别。

（二）疏解部分仅含有后来刊本的一部分内容。说明吴瑭后来又有增益。有的条目是根本未加疏解，有的条目是较刊本疏解还不够丰富。如刊本卷一《上焦篇》第三十七条疏解部分内容为：

头痛恶寒，与伤寒无异。面赤烦渴，则非伤寒矣，然犹似伤寒阳明症。若脉濡而数，则断断非伤寒矣。盖寒脉紧，风脉缓，暑脉弱。濡则弱之象，弱即濡之体也。濡即离中虚，火之象也；紧即坎中满，水之象也。火之性热，水之性寒，象各不同，性则迥异，何世人悉以伏暑作伤寒治，而用足六经，羌、葛、柴、芩，每每杀人哉！象各不同，性则迥异，故虽在冬月，定其非伤寒而为伏暑也。冬月犹为伏暑，秋日可知。伏暑之与伤寒，犹男女之别，一则外实中虚，一则外虚中实，岂可混哉！

其中“火之性热，水之性寒”一句以下内容，均为此稿本所无。类似情况，可见于书中大多数条目。可见吴瑭后来又在疏解部分做了较大分量的重要补充。

（三）方剂部分此稿本与刊本在形式上差别较大，即刊本是清楚开列所用药物品种及其剂量和炮制方法，而稿本则是写成医生实践中具体行用的歌诀形式，再旁注药物剂量及炮制方法。如卷二《中焦篇》第六十五条下之“宣脾汤方”，刊本为：

防己（五钱）杏仁（五钱）滑石（五钱）连翘（三钱）山栀（三钱）薏苡（五钱）半夏（醋炒，三钱）晚蚕砂（三钱）赤小豆皮（三钱）此稿本则写作：

宣脾防（五钱）翘（三钱）（赤）小豆皮（三钱），夏（三钱，醋炒）（蚕）沙（三钱）杏（五钱）滑（五钱）薏（五钱）山栀（三钱）。热蒸湿聚骨烦痛，灰滞（舌）苔兼面（目）萎（黄）宜。

前两句是讲宣脾汤所用药剂，后两句则是讲述此方所针对的病症。有的歌诀中还含有药剂、服用方法和解说方剂的“方论”部分内容。此外，刊本中在每种方剂后面，均写有药物服用方法，而此稿本则基本没有相应内容。

吴瑭撰著此书，本以“尚简要，便记诵”为行文准则(《温病条辨·凡例》)，所谓“汤头歌诀”则是行医者中最为流行的方剂记诵形式，容易记忆，所以他最初采用这种叙述形式，也是很自然的事情。按照前文的推测，《温病条辨》从开始动笔撰写，到书稿写定，前后共经历了六年时间。此稿本与刊本在治疗方剂表述形式上的这种差别，反映的就是最后定本对于初稿本的修改，而修改的原因，则显然是由于歌诀虽便于记忆和利用，却不如普通的叙述文字更为清楚、准确。

据吴瑭在《温病条辨》自序中所述，自乾隆五十八年立志撰述此书以来，直至嘉庆三年汪廷珍极力劝导其尽早刊布于世时，他才下决心将其付梓刊印。未刊印前实际上只是自己看，所以，采用便于记诵的歌诀自然方便；刊印后要给别人看，看病又是人命关天的事，来不得半点马虎，因此叙述必须绝对清楚、准确。其他像前述增补“疏解”的内容、添加药物服用方法以及下文所述增补“方论”的内容等等增改，也都应当是与刊行公布于世的客

---

① 因手头不便，这里使用中国书店 1994 年 7 月据嘉庆问心堂刊本排印出版的校注本作为比勘的依据。

观要求有关。

（四）方论部分，稿本中只有一小部分方剂附有方论内容，比刊本要少许多；附有方论的部分，在刊本中往往也又有增补。

确认这个写本为吴瑭手著原稿，除了上面讲到的与传世刻本之间的相关关系外，还有如下一些重要特征，可以作为鉴定的依据。

（一）写本中有些内容，被刊本删除未用。如卷一《上焦篇》第十二条，本条纲目内容为：

太阴温病，口渴甚者，雪梨浆沃之；吐白沫黏滞不快者，五汁饮沃之。

其下刊本列有"雪梨浆方"和"五汁饮方"。如前所述，在《温病条辨》的稿本上，所有的治疗方剂，都是用歌诀的形式来表述的，在这里，除了与刊本相应的记述"雪梨浆方"和"五汁饮方"歌诀之外，还有一条可称之为"加减五汁饮方"的歌诀，正式刊行时便被作者删除未用：

五汁加减法当别，欲清表热竹（叶）翘咽。保肺化源知母加，能泻阳明独胜热。急救阴血加（生）地（元）参，欲宣肺气杏最切。开邪出路重三焦，滑石随添邪可泄。

删除这个歌诀，应是从医疗角度考虑，其有不尽适宜之处。而如卷一《上焦篇》第三十五条之纲目内容为："暑兼湿热，偏于暑之热者为暑温，多手太阴证而宜清；偏于暑之湿者为湿温，多足太阴证而宜温；温热平等者两解之。各宜分晓，不可混也。"其下之疏解部分原稿写有：

偏湿偏热，伤手伤足，挈领提纲，可谓不易之论。学者从此认清，自不患动手便错矣。

刻本中将这些话削而未刊，则是另有原因。吴瑭对于他在这一条纲目中所阐述的观点是非常得意的，称"历代名家"对于这一问题"悉有蒙混之弊"，于是在行世刊本的疏解部分中，写有他自己将以此"粗定规模，俾学者有路可寻"这样的话。明白这一点，就会理解他何以会在原稿本中标榜自己的观点为"不易之论"了。可是不管他如何自得，自我标榜"不易之论"，终究还是过于招摇，所以，最终还是削去为佳。

（二）对比此写本与行世刊本，可以看到一些明显的刊本对于写本的文字修饰和内容调整。如卷二《中焦篇》第十一条下之疏解，写本为：

此方所以代吴又可承气养荣汤法也。润剂即能通便，此法最稳最妙。既可攻实，又可防虚。余以此治体虚之温病，与前医误伤津液、不大便、半虚半实之症，专以此法救之，无不应手而效。

刊本删除其中"润剂即能通便，此法最稳最妙"两句，在这一位置上添写有："妙在寓泻于补，以补药之体，作泻药之用。"下文写本中"余以此"云云，与"专以此法救之"句中的前后两个"以此"，显然是因写稿时未经仔细斟酌而重复，所以在上梓时削去。这种情况，足以说明二者之间只能是稿本与定本的关系。

通过这部《温病条辨》稿本，我们可以了解到吴瑭撰著此书时的一些具体情况。

首先，如前所述，卷首和前面一至三卷，这是全书的核心内容，是吴瑭的主要医学贡献，也是他撰写并刊行此书，最迫切地想向世人表述的主要医学见解。通过以上的对比分析，我们可以看到，这部稿本应是此书最早的初稿。既然后面的杂说、产科、儿科三部分（特别是产科和儿科两部分）只是核心内容之外的附庸，那么，这部稿本仅存这部分核心内容，就很可能是吴瑭当时还仅仅撰写了这一部分书稿，似乎不应当是原本已一同写有后面部分而在流传过程中散佚毁失。

其次，我们可以看到，吴瑭撰写此书时，最初只写了诊治温病的“纲目”和方剂歌诀部分，以及很少一小部分对于上述“纲目”内容的“疏解”，其他大部分“疏解”内容，是以后逐渐增添上去的。至于添加药物的煎服方法和改方剂歌诀为普通叙述性文字，则应迟至正式刊行前定稿的时候。

[《中国社会科学院历史研究所学刊》，2004；（10）]

（二）对《温病条辨》文献理论的研究

《温病条辨》与《温热经纬》

邓铁涛

一、对《温病条辨》之评价

对于《温病条辨》的评价，近代医家意见颇不一致，有褒有贬，贬者尤以王士雄、叶霖为最力。王氏认为“可议处甚多”，希望“读者勿随波逐流”；叶氏则严厉指责，甚至詈其“剽窃”，“欺世盗名，莫此为极”。笔者认为这样的评价是失当的。《条辨》的价值，不容抹煞，举其大者，有下列三个方面：

（一）使温病学成为独立的一门学科　有关温病的论述，历代皆有，日积月累，至叶天士始趋成熟，然而他的经验散见于《临证指南》，理论虽有《温热论》及《幼科要略》，也仅属发凡起例而已。我们承认叶天士为温病学科奠定基础有巨大功绩，但也毋庸讳言，温病学科在他手里尚未达到完整、系统的地步。《条辨》则从《内经》到叶天士的著作和医案，广搜博采，含英咀华，进行全面、系统的总结，病名、病因、病机、辨证纲领、治法、方药等各项内容，条分缕析，纲举目张，基本上达到理足方效的程度，为使温病学成为独立于伤寒之外的一门系统性学科作出了卓越的贡献。其系统性和完整性，为王孟英《温热经纬》所不及。笔者管见，叶天士之书是温病学的雏形；《条辨》才是成形著作，《经纬》则可算作补充材料。

叶霖指责《条辨》“剽窃叶案，杜撰方名”。这种说法也欠公允。继承前人的经验，本来就无可非议，何况吴鞠通已把学术渊源的来龙去脉在伏暑中说得一清二楚，“叶氏心灵手巧，精思过人，案中治法，丝丝入扣，可谓汇众善以为长者，惜时人不能知其一二。然其法散见案中，章程未定，浅学者读之，有望洋之叹，无怪乎后人之无阶而升也。故本论拾其大概，粗定规模，俾学者有路可寻。精妙甚多，不及备录，学者仍当参考名家，细绎叶案，而后可以深造。”明白如此，似不能再以“剽窃”目之。又在凡例中说：“故历取诸贤精妙，考之《内经》参以心得，为是编之作。诸贤如木工钻眼，已至九分，瑭特透此一分作圆满会耳。”其态度之谦虚谨慎，尤令人钦佩不已。

（二）比较全面地论述了温病的病因学　《条辨·原病篇》第一条，引《素问·六元正纪大论》以说明每岁之温有早暮微盛之不同，由司天在泉，主客加临等变化的影响所致。

承认运气的变化在发病学上的重要性，此为“常”即一般规律；又指出“变”即特殊规律，如：“盖时和岁稔，天气以宁，民气以和，虽当盛之岁亦微；至于凶荒兵火之后，虽应微之岁亦盛。理数自然之道，无足怪者。”同篇第二条又说：“伏气为病，如春温、冬温、温疟，《内经》已明言之矣；亦有不因伏气，乃司天时令现行之气，发前列《六元正纪》所云是也。此二者皆理数之常者也。更有非其时而有其气，如又可所云‘戾气’，间亦有之，乃其变也。惟在司命者，善察其常变而补救之。”指出温病的外因是外界环境与气候变化的失常，以及邪气（疫、疠）的伤害。叶霖批评：“鞠通所载诸证，言四时六气之常；延陵论疫，道天地诊厉之变。知其常不能通其变，识其变不能达其常，致使温热，温疫不分，遗误来兹，两人皆不得辞其过。”从上述看来，叶氏之言并不中肯。

《条辨·原病篇》第三条“故藏于精者，春不病温”。吴氏自释：“不藏精三字须活看，不专主房劳说，一切人事之能动摇动其精者皆是，即冬日天气应寒而阳不潜藏，如春日之发泄，甚至桃李反花之类亦是。”这说明机体有弱点给外因以可乘之机，是温病的内因。这一观点连叶霖也加赞赏，认为“释经义明白晓畅，不藏精三字须活看，尤有卓见”。

概括起来说，外界环境、气候的变化失常，会导致机体出现弱点，当机体有弱点可乘之时，病邪就容易侵入人体，导致疾病的发生。这一见解正是继承和发扬了《内经》“正气内存，邪不可干”、“邪之所凑，其气必虚”的理论，比较全面、完整地论述了温病的病因。时至今日仍然可以说这是比较先进的病因学说。

（三）对温病辨证论治的几项贡献　《条辨》创立的三焦辨证之法，系根据叶天士的“河间温热须究三焦”之说发展而来。王士雄最为反对，认为这是“界划三焦”，主张按卫气营血辨证。其实三焦辨证与卫气营血辨证各有所长，当时还不能互相取代。从现在的临床实践看来，卫气营血辨证虽比较符合温病的发病规律，又比较容易掌握。但也有其不足之处，而其不足之处，正是三焦辨证之所长。《条辨·下焦篇》中指出温病发展到后期，常见肝肾之阴受损的情况，并详细阐述了肝肾之阴受损的证治，这是三焦辨证的一大长处，为温病学派强调的“养得一分阴，保得一分命”的观点提供了较为充足的理论依据和有效治法。《条辨》在这方面的贡献是应该肯定的。

《条辨》对各个季节的温病（如冬温、风温、春温、湿温、暑温、伏暑、秋燥等）的特点、变化规律和治疗方法进行较为清晰详尽的论述，使辨证与辨病有机地联系起来，这是前人所云未能做到，而由吴氏将其完成了的。更应当指出的是，吴氏把秋燥纳入温病范围，补充前人之未备。这虽然受到喻嘉言的启发，但其功也不在喻氏之下。

此外，《条辨》在温病治法上的承先启后作用，也是不可磨灭的。如对“三高”——安宫牛黄丸、紫雪丹、至宝丹的作用和运用的阐述，就大大地起了指导作用，为后人提供了宝贵的经验(《临证指南》只载紫雪、至宝，《温热经纬》附方只载牛黄清心丸与至宝丹)。直至今天，我们在治疗温病高热时，往往还是依靠“三宝”使患者安然渡过难关。这是祖国医学不用物理降温之法，而又绝少后遗症的关键所在，又如雪梨浆与五汁饮等，正好用口服方法解决了发热患者的补液问题，现在也还有其实用价值，因为输液不能完全代替其作用，我师其法，着用甘蔗汁口服治疗高热舌上芒刺之患者生津甚效。又如“下法”的运用。《条辨》在《伤寒论》的“下法”之外开辟了新天地。以三承气法为基础，结合温病的特点，发展为增液汤、增液承气汤、宣白承气、导赤承气、牛黄承气、新加黄龙汤等等共 11 方。这正是温病学派在“下法”中提出的“无水舟停”，“滥水行舟”之理论与方法的得意之作。

还有一个问题需要附带说一下。即叶霖在《条辨·中焦篇》六十九条吴代自释后的批语中说："论黄疸证治，全从《临证指南》蒋式玉论中窃来，并不将阴黄、阳黄、在腑、在脏，形证、病因辨明，而自诩究心有年，用罗天益法化裁之，无不应手取效。欺世盗名，莫此为极。"按吴氏自按确有一大段文字（从"《金匮》有辨证三十五条"起，至"出茵陈四逆汤之治"）从《指南》蒋按中引来，未注明出处，当然有掠美之嫌。但前人亦有此种情况，且《条辨》之凡例中已有说明，似不应苛求，吴氏还补充说："有寒湿，得燥热药数剂，阳明转燥金之化而为阳者，即从阳黄例治之。"说明在一定的条件下，阴黄与阳黄是可以相互转化的，这一论点确具卓见，证之我们的实践，的确如此。可见吴氏之引用前人，是经过临床验证而又参以自己心得的，决非饾饤者可比。

二、对《温热经纬》之评议

王孟英生于吴鞠通之后，他熟读吴氏及叶、薛诸家之著作，有大量治疗温病热病的临证体会，反过来对《温病条辨》有不少看法和意见，特别是对吴氏的三焦辨证最不同意。如对《温病条辨》："凡病温者，始于上焦，在手太阴"之按语说："嘻！岂其未读《内经》耶？伏邪为病，自内而发，惟冬、春、风温，夏暍秋燥，皆始于上焦。若此等界限不清，而强欲划界以限病，未免动手即错矣，夫温热究三焦者，非谓病必上焦始，而渐及中下也，伏气自内而发，则病起于下者有之：胃为藏垢纳污之所，湿温疫毒，病起于中者亦有之，暑邪挟湿者亦犯中焦；又暑属火，而心为火脏，同气相求，邪极易犯，虽始于上焦，亦不能必其在手太阴一经也。"这一看法，可能是王孟英要编写《温热经纬》一书的动机。他一生之研究，认为温病的病机应分"新感"与"伏气"是辨证论治的关键。王氏自序说，"或以伤寒为温病，或以温热为伤寒，或并疫于风温，或并风温于疫，或不知有伏气为病，或不知有外感之温，甚至并暑暍而不识，良可概也！"这是王氏编写此书之全部意见。

《经纬》之编写体例与《条辨》不同，吴氏除了《原病篇》以注解《内经》经文以抒己见之外，其余全部都以自己的文字写成条文，又再自加注解。全书既有一套辨证论治系统，又有自完其说的理论，虽然学术来源于《临证指南医案》，但已被吸收消化，成为吴氏之理论体系。王氏估计要另成体系超越吴氏颇为吃力，亦可能出于王氏之性格与吴氏不同，认为吴氏之做法不符合谦谦君子之作风。故王氏之《经纬》乃与《条辨》相反，全部以前人之文字为依据，按自己之意见去剪裁，并按自己的意见加以引伸，真是名符其实的以别人所吐之丝为经纬，王氏机织成绵绣。王氏自序说："以轩岐仲景之文为经，以叶薛诸家之辨为纬。……其中注释，择昔贤之善者而从之，间附管窥，必加雄按二字以别之。俾读者先将温暑湿热诸病名，了然于胸中，然后博览群书，庶不为其所眩惑，而知所取舍矣，非敢妄逞意见，欲盖前贤。"

现在看来，王氏之《经纬》是一本温病学的"文献综述"。不过文献综述，是以反映文献出主要内容为宗旨，而王氏之综述文献，是以表达王氏之意图为宗旨，按照王氏之样式加以裁剪的。本了大之剪裁是把温病分为"外感"与"伏气"两大类型。这样的分类，目的在于使后人注意温热病有表而及里，更有自里出表的规律。《经纬》对温病学说是有贡献的。但他不是用自己的笔墨去阐明这一大问题，而首先把前人的著述剪成两幅，所以叶霖批评王孟英"强分内外"，甚至说："海宁于外感伏气全无定见！"后一批评未免过当了。

王氏之《经纬》仿《温病条辨·原病篇》之法，先搬《内经》、《伤寒论》于前，名之为经，一则说明渊源于《内》、《难》、《伤寒》，二则以防伤寒家之责难。细读《经纬》，然后知王氏之重心在"纬"不在"经"，且在"纬"之中又以叶天士之《温热论》与《幼科要略》为重点之重点。以极力提倡“外感”与“伏气”之辨，并直接以“卫气营血”说取代吴氏之“三焦”说。试观王氏全书之按语唯独以叶氏之《温热论》及《幼科要略》最多又最为详细足以为证。故后世之读王氏书者，受叶氏《论》、《略》之影响亦最大也。

《温病条辨》论九种温病之中，对温疫之论述似嫌不足，故余师愚之《疫疹一得》亦为《经纬》作重点介绍者。王氏说：乾隆年间，京师大疫，桐城医士投大剂石膏应是痊，踵其法者，活人无算，后乃知此法实出于《疫疹一得》，此书几失传。虽然王氏认为该书“虽纯疵互见，而独识淫热之疫别开生面，洵补昔贤之未逮，堪为仲景之功臣。”可见王氏对此书评价相当高。难怪王孟英特以余氏之作压轴全书。评论家苛刻如叶霖也对王氏此举有较好之评价：“余氏所谓乃暑热偏热偏盛之疫，以清瘟败毒散一方概治，毋太疏略乎？然一家之言，不可泥执，又不可不知也。海宁注多有补正，当参。”

[《新中医》，1989；(5)]

《温病条辨》和《温疫论》的关系

林可华

吴鞠通《温病条辨》，历来医界都认为是师承叶天士，以《临证指南医案》和《温热论》作为基础，结合自己的临床经验编写而成，其实并不完全如此。据文献上的探讨，吴氏的著作，除与叶天士各书有较密切的关系外，而吴又可的《温疫论》对它也有深刻的影响。

吴鞠通在《温病条辨》自序中说：“又越三年，来游京师，检校《四库全书》，得明季吴又可《温疫论》，观其议论宏阔，实有发前人所未发，遂专心学步焉。”从这几句话可以看出他对《温疫论》是很推崇的。《温病条辨》中的学说，虽然主要是限于叶氏，同时对于《温疫论》还提出了不同的看法，但其中吸取《温疫论》的观点和方法仍然很多。在上中下三焦篇内（温热型）都能找到，特别是在中焦篇阳明温病条更多。现略举如下。

上焦篇

本篇中主要吸取《温疫论》邪由口鼻而入的论点，而说明温邪的侵入途径和传变规律。”

如上焦篇第二条说：“凡病温者，始于上焦，在手太阴。”注说：“温病由口鼻而入，自上而下，鼻气通于肺，始于手太阴。”又中焦篇第一条注中说：“温病由口鼻而入，鼻气通于肺，口气通于胃，肺病逆传，则为心包；上焦病不治，即传中焦，胃与脾也；中焦病不治，即传下焦，肝与肾也；始上焦，终下焦。”叶氏在《温热论》中，仅言温邪首先犯肺，这给吴鞠通的启发，只能起到鼻气通于肺的指导作用，同时叶氏这个论点，溯源亦当是从《温疫论》来。《温疫论·原病篇》说：“此气之来，无老少强弱，触之者即病，邪自口鼻而入。”这才是吴鞠通制定本节条文的理论根据。其次如白虎汤及瓜蒂散证治亦取法于《温疫论》。

《温疫论》白虎汤列在达原饮之后，以疫邪初起，结于募原，不从外解而内传，欲表未表，脉洪长而数，大汗大渴，故用白虎汤辛凉解散治之。《温病条辨》中亦列在银翘散之后，治温热之邪，由卫转气。两者用法相同。可见，《温病条辨》中的白虎汤证治是从《温疫论》中引申而采。

瓜蒂散证，《温疫论》编列在白虎汤之后，以温疫邪在胸膈，满闷，心烦喜呕，欲吐不吐，虽吐而不得大吐，腹不满，欲饮不能饮，欲食不能食，故以瓜蒂散吐之，方后并云，如无瓜蒂，以淡豆豉一钱代之。《温病条辨》亦以温邪初受在表，化热入里，未至阳明，邪留胸膈，当用吐法（上焦篇第十三条），分别定出栀子豉汤和瓜蒂散两方，这和《温疫论》用意也完全一致。

中焦篇

吴又可对讨论疫邪传里的证候及治疗方法贡献最大，特别是在应下失下和下后变证等方面。正如柳宝诒所说："篇中论应下失下，及下后诸变证，曲折详尽，多阐前人未发之秘，堪为临证圭臬者正复不少。"故《温病条辨》中焦篇中的下法多是从《温疫论》中有批判地继承下来。至于下后变证的治疗则完全受意于《温疫论》。如中焦篇第十三条说："下后无汗，脉浮者，银翘汤主之。脉浮洪者，白虎汤主之，脉浮而芤者，白虎加人参汤主之。"这与《温疫论》九传治法和下后脉浮两节立意相同。又中焦篇第十四条说："下后无汗，脉不浮而数，清燥汤主之。"注："即吴又可下后间服缓剂之法也……"又中焦篇第十五条说："下后数日，热不退或退不尽，口燥咽干，舌苔干黑，或金黄色，脉沉而有力者，护胃承气汤微和之，脉沉而弱者，增液汤主之。"注："温病下后、邪气已净，必然脉静身凉，邪气不净，有延至数日，邪气复聚于胃，须再通其里者，甚至屡下而后净者，诚如吴又可所云……"又中焦篇第十六条说："阳明温病，下后二三日，下证复现，脉不甚沉，或沉而无力，只可增液，不可与承气汤。"注中亦说明采自《温疫论》。

还有失下证的治疗，《温病条辨》所定五种治法，基本上也是由《温疫论》脱化而来。如中焦篇第十七条说："阳明温病，下之不通，其证有五，应下失下，正虚不能运药，不运药者死，新加黄龙汤主之；喘促不宁，痰涎壅滞，右寸实大，肺气不降者，宣白承气汤主之；左尺牢坚，小便赤痛，时烦渴甚，导赤承气汤主之；邪闭心包，神昏舌短，内窍不通，饮不解渴者，牛黄承气汤主之；津液不足，无水舟停者，间服增液，再不下者，增液承气汤主之。"这里新加黄龙汤方是脱化于《温疫论》的黄龙汤；增液承气汤方是脱化于《温疫论》中的承气养营汤；导赤承气汤是师意于《温疫论》中"小便不利治在胃兼治膀胱"的理论（见传变不常及小便节）；宣白承气汤是脱胎于《温疫论》中的大黄丸及蒌贝养营汤。

下焦篇

下焦篇对邪入血分的治法，也有数则和《温疫论》有关。如下焦篇第二十条说；"时欲漱口不欲咽，大便黑而易者，有瘀血也，犀角地黄汤主之。"又下焦篇第二十一条说："少腹坚满，小便自利，夜热昼凉，大便闭，脉沉实者，蓄血也，桃仁承气汤主之，甚则抵当汤。"这两条治法亦均采自《温疫论》（见蓄血节）。

从以上的初步探讨，说明《温病条辨》和《温疫论》的关系也很密切，这一点在研究吴氏《温病条辨》时，是不能加以忽视的。

［《福建中医药》，1963；（5）］

论吴鞠通重视胃阴的学术思想

徐景藩

脾胃为后天之本，其重要性自不待言。历来医家论脾胃之阴者颇多，尤以叶桂《临证指南医案》为著，人皆知之。然而，吴鞠通在实践的基础上，步叶氏之后，对脾胃学说又有所阐发，有些论说甚为精辟，药治经验颇为可贵，卓有贡献。谨就个人之读书和临证体会，愿与同道共同研讨。

一、胃之特性“体阳用阴”

吴氏对胃的生理特点概括为“体阳而用阴”（《温病条辨》人卫 1955 影印版 56 页、89 页）。此乃从叶桂论肝的生理“体阴用阳”（《临证指南医案·肝风篇按》）而引申及胃。叶吴二氏将脏腑生理以“体”“用”称喻，在学术上有相共之处。胃与肝部位相邻，功能相关，然其“体”“用”不同，故病理变化和证治有异。明乎此，对提高肝、胃病症的防治效果，具有实践指导意义。

胃“体阳”，是指胃的组织结构和生理功能具有温热、运动的特性。胃“用阴”，是指胃需腐熟水谷所赖的主要物质，具有液状而濡润的特性。“体阳”与“用阴”共同完成胃所特有的功能，并籍以维持人体各脏腑间的动态平衡。

（一）“体阳”

程应旄曾云：“胃无消磨则不化。”（《杂病广要·脾胃病》49 页）“消磨”即是胃“体”之阳所体现的功能。如胃的运动功能减退，则水谷之消化、腐熟、转输为精微等过程必然受影响，结果是水可以成为湿（水反为湿），谷可以成滞（谷反为滞）。停于胃中为痞满、胀、痛。传入肠中，运化不及，致成濡泄。由于胃之“体阳”，故胃阳不足，湿浊可积留成饮。痰饮内停，胃中可有漉漉之声；饮邪上干，可见眩晕、吐逆等症。

胃阳不足，治法宜温中通阳。故吴瑭概括称为“能受刚药”或“可与刚中之柔”（《条辨》88 页）。这一治则，亦为临床医家常用。吴氏所立苓姜术桂汤（茯苓块、生姜、炒白术、桂枝）治“不饥、吞酸、形寒或脘中痞闷，或酒客湿聚”，认为“此兼运脾胃，宣通阳气之轻剂”（《条辨》72 页），似可列为治胃阳不振之代表方。又如“人参、甘草守中阳，干姜、附子通中阳，……干姜、甘草护中阳”（《条辨》73 页）等用药指针，均为吴氏治疗胃阳不足的经验之谈。

胃阳亢盛则郁热内生，症见胃热之证。又因肝胃密切相关，肝火犯胃，胃阳有余，出现肝胃郁热之证。治宜清胃或泄肝和胃。阳盛则阴虚，胃阳有余者，胃阴易耗，导致胃阴不足，故泄热之中常佐护阴、养阴之品。清热之品本身即能防其阴损而有护阴之功。当然清热不能过用苦寒，以免伤其阴液。

（二）“用阴”

胃阴是胃消化水谷的重要物质基础。吴氏曾强调；“十二经皆禀气于胃，胃阴复而气降得食，则十二经之阴皆可复矣。”（《条辨》56 页）可见胃阴之存耗，关系到整体的生理功能。治疗外感温热病或杂病，均应重视胃阴。对外感温病，吴氏强调“滋阴不厌频烦”（《条辨》58 页），对治疗内伤胃病也要处处维护胃阴，这些都是重要的治疗原则。

胃阴不足，胃中失濡，纳谷必少，食少不易消化，中脘痞胀，嘈痛，口干或渴，大便干结，形日以瘦；舌红少苔，甚则光剥。吴氏所述：“肌肤枯燥，小便溺管痛，或微燥咳……，皆胃阴虚也。”都是胃阴不足的临床表现。而且，“中焦胃用之阴不降，胃体之阳独亢。”（《条辨》113 页）此处言“不降”是指不长、不复之意。若胃阴虚而胃阳亢盛，则互为因果，于病尤重。治之之法，吴氏主以“甘润法救胃阴”，“欲复其阴，非甘凉不可”（《条辨》56 页）。这类药物，亦为当代所沿用。吴氏认为甘凉法具有“救胃用，配胃体”的作用，说明把握养胃阴的主要治则，可使胃腑的体用得宜，阴阳平秘，俾能恢复正常的功能。

二、甘凉养阴酸甘化阴

（一）甘凉法

吴氏立益胃汤（沙参、麦冬、冰糖、细生地、玉竹）指明为“甘凉法”，是甘凉养胃的代表方，已成为当代治疗胃阴不足病证的常用方。吴氏认为：“欲复其阴，非甘凉不可，……取益胃，用之义也。”（《条辨》56 页）通过胃阴复而气降得食。这里对甘凉法滋养胃阴的机理和益胃汤的方义，做了高度的概括。

甘能入脾胃经，凉能制其郁热，甘凉相合能清养脾胃。不仅如此，甘凉亦能作用于肺，养肺清金。盖脾胃为后天之本，精微气血上奉于肺，故吴氏谓：“胃土为肺经之母也。”（《条辨》50 页）“凉”次于“寒”，凡内伤杂病的郁热证候，凉法的适用较为广泛、安全。故益胃汤既可用于胃病阴虚证，却又不局限于胃病，诸凡肺胃阴虚、肝胃阴虚之证，均可据证参用。即便胃阴虚的表现不甚显著，肺阴虚或肝阴亏虚证候，亦可参用。一般笼统所说的阴虚证候，都包含胃阴不同程度亏虚。言“益胃”是通过胃阴的来复，使阴液输布全身以滋养它脏。于此可见，养阴者必须养胃，故益胃汤的适应证比较广泛。

吴氏甘凉法适用于肺阴虚者，尚有清燥汤（麦冬、知母、生地、元参、人中黄）；适用于脾阴虚者尚有三才汤（人参、天冬、干地黄）。

甘凉、甘寒，药性相似而程度有所差异。然而，吴氏立“甘寒法”数方如沙参麦冬汤、玉竹麦冬汤、牛乳饮、五汁饮，所列药味，仍以甘凉为主。梨汁、鲜苇根汁和天花粉等味，虽有甘寒之名，实无寒凝之性，故亦可认为属于甘凉法的范畴。

（二）酸甘法

吴氏在上述甘凉药物中参用酸味药物如乌梅、白芍、木瓜、五味子等，称为酸甘法，并据酸甘药物的功用，具有化生阴液的效应而称为“酸甘化阴法”。此法不仅适用于外感温热疾病，也较广泛地适用于内伤杂病。由于酸甘相合，气阴兼顾，运用得当，具有意外的功效，故近代临床医家均甚推崇之。

吴氏列举“酸甘化阴法”之方剂有加减生脉散（沙参、麦冬、五味子、丹皮、生地）、麦冬麻仁汤（麦冬、麻仁、白芍、首乌、乌梅、知母）、人参乌梅汤（人参、乌梅、莲子、木瓜、山药、甘草）。

药味之酸，具有柔刚、敛液的作用。酸属阴，与人体之阴（液、精）同类。胃用阴，故酸药有养胃滋液之功用。

酸药能柔肝体（阴）而制肝用（阳）。既可用治肝阴不足、肝阳有余之证，又能通过制肝用而消除对胃腑的病理影响。故酸剂能兼治肝胃同病。胆附于肝，共主疏泄，胆经湿热久结而成石者，酸药藉其柔能制刚之性，而利于结石之溶解。

酸能敛液、生津，液得以敛而不失，即寓有护阴之用。酸亦能敛气，凡证见肺气虚耗者，酸剂亦能敛摄肺气之耗散。年老之人，阳常有余，阴常不足，酸药敛阴、滋阴，酸甘可以化阴，故具有抗老防病的药理作用。

甘入脾胃。甘温者主要补脾气，升脾阳。甘而微凉者，主要入胃（及肝）。甘而微温者，如党参、山药、莲子、炙甘草等，补脾而不燥，益气而不滞。若与酸药相合，酸甘既入脾胃，亦能作用于肝，既能养阴，兼能补气，有利于气化功能的增强而达到滋生阴液的目的。所以“化阴”二字，立意曲妙。“化”者化生之意，使甘药具有配伍酸剂以化生阴液之功，成为别具特色的一种治法——酸甘化阴法。

关于吴氏酸甘化阴法在脾胃病临床中的运用，据个人经验，主要有下列几点：

1. 胃阴虚兼胃气虚证　胃病经久，胃脘痞胀、隐痛，得食可暂缓解，但移时症状又作。喜进半流质饮食、不欲啖干饭，食量减少，口干，饮水不多。舌质红或淡红而干，胃酸少或无酸。常见于慢性胃炎（浅表萎缩性，或萎缩性），或伴有胃、十二指肠溃疡或胃下垂。治宜酸甘化阳，和中理气，药如太子参、麦门冬、北沙参、杭白芍、炙甘草、乌梅、细青皮、木蝴蝶、佛手片、石见穿、炙内金、茯苓等。胃阴虚而郁热内生，口干引饮，脘宇灼痛或嘈痛者，酌加蒲公英、淡黄芩、青木香等。

2. 肝胃阴虚、肝邪乘脾证　脘腹痞胀、隐痛，食少，形瘦，口干，大便次多量少或溏泄，便前辄腹痛。舌红，脉濡。常见于慢性胃肠炎，肠功能紊乱，小肠吸收不良综合症等。法以酸甘化阴，抑肝和胃健脾。药如焦白芍、乌梅炭、北五味、炒山药、炒陈皮、煨木香、炙甘草、建莲肉、炒防风、红枣等。大便濡泄较著者，可加木瓜炭、焦冬术、焦六曲等。

3. 肝阳犯胃证　如中年以上之人，经常头昏目眩，面赤升火，胃脘不适，不饥、食少，甚则恶心欲吐。舌红，脉弦。常见于高血压病，动脉硬化兼慢性胃炎等疾患。治宜酸甘化阴，平肝和胃。药如杭白芍、白蒺藜、冬桑叶、杭菊花、炒白术、炙甘草、法半夏、炒橘皮、麦门冬、芦根等。肝阳有化风之象者，配以钩藤、明天麻、怀牛膝等。此法似王旭高治肝三十法“培土宁风法”而更胜一筹。

4. 脾胃气虚，肺阴不足证　肺痨久病或原有胃痛，便溏，继病咳逆上气，久咳少痰，潮热，口干，食少，形瘦，舌红，脉细数。常见于肺结核、慢性支气管炎兼慢性胃炎等。治当酸甘化阴，益气补肺。药如炒党参、北沙参、麦门冬、炒山药、五味子、炙甘草、川百合、炒白芍、炒扁豆、大枣、梨皮、冬虫夏草等。如肺阴虚而络损出血（咳血、唾血）者，当据证而酌加清络止血之品，如藕节、生地、赤芍、丹皮、芦茅根等。

以上简要列举吴氏对胃（脾）阴学说的论述及其主要治法，时至今日，能指导实践，贡献卓著。吴氏代表作《温病条辨》一书，不限于论治温病。重温是书，所受启迪益深。

《温病条辨》论肾剖析

杨　进

肾在温病的发生、发展过程中有什么作用？有哪些病变？应如何治疗？为此，尚未见有较系统论述者。吴鞠通《温病条辨》中论肾之处颇多，惜语焉欠详，又不免有所疏漏，且其内容散于各条文中。本文拟就吴氏所论再参以己见，试阐发肾与温病发生、发展、辨证、治疗的关系。

一、病温之原　须究肾精

人体感受温热之邪后是否发病，取决于正气之强弱，而正气的强弱主要通过两个方面表现出来：其一是卫气的功能是否正常，当卫气御外功能减退时，温邪易入侵人体而发病，尤其多发为新感温病，初起以卫表见证为主；其二是肾精之盈亏，当肾精不足时，亦易患温病。吴氏在《内经》“藏于精者，春不病温”之说的基础上提出了“病温者，精气先虚”（上焦4）。因肾精不足而发生的温病尤以伏气温病为多，即病发之初即有明显的里热见证。

对于肾精不足与温病发生的关系，吴氏进一步提示：“春气温，阳气发越，阴精不足以承之，故为病温”（原病4），其义似可从两个方面来分析：一是由于人体真阴不足，导致体内阴阳平衡失调，阳热内盛而处于亢进状态，一旦感受温邪，极易导致火热之势炽盛，甚则内陷而伤阴、厥脱。这种真阴不足每为素体禀赋条件所致，所以有些看来形体壮实健康，在患某些温病后，其临床表现反而较重而易发生危重变证。二是由于真阴不足，温邪易乘虚而入里，故初病即可见里热见证。同时因肾藏五脏六腑之精，肾精不足就不能充养全身脏腑、组织，心、肝等脏亏虚，温邪内陷而有昏、痉、厥、脱之变。除此以外，如平素摄生不慎，过度劳作，或大病之后，或年老而肾阴亏耗，或年幼而真阴不充，亦可导致卫气不足而减弱全身防御功能，从而易感温邪而发为温病，所以劳倦、大病后，以致老年人、小儿易患温病。

对于肾精的概念和肾精不足的原因，吴氏提出：“不藏精三字须活看。不专主房劳说。一切人事之能摇动其精者皆是”（原病3）。即强调所谓精不单是指生殖之精，肾精不足亦不仅是房劳所致，此论甚有见地，对此我们还可以进一步认为肾精不足尚不止“不藏”一端，凡久病，年老、劳作过度之类固然属“不藏”，而素体禀赋不足或小儿，则属“不充”之类。

二、温病之变　终多及肾

吴氏在论述温病传变规律时指出：“上焦病不治，则传中焦胃与脾也；中焦病不治，即传下焦肝与肾也”（中焦1），说明温病传变最终可伤及下焦肝肾，按吴氏愿意，肝肾主要是指肝肾真阴，其中又以肾精耗伤为主，然而，从《温病条辨》下焦篇内容来看，温病伤肾又有阴阳之别，除了较常见的肾阴耗伤外，还有伤及肾阳的，甚至导致肾阳衰微。

温病之终易伤阴的原因主要有三：一是温病系感受温热之邪而发病，致病后阳热炽盛，极易耗伤阴液。而肾阴为人体阴液之本，当阴伤较甚则可累及肾阴，最终导致肾阴亏耗。二是患温病，尤其是患伏气温病者，每在发病前已有肾精不足，在病变过程中邪易入下焦，故更易耗伤肾阴，这就是为什么伏气温病较易形成真阴耗伤证的主要原因。三是由于其它脏腑病变的影响，如阳明热盛，尤其热结肠腑阶段，不仅大量津液外泄为汗，而且津液为邪热铄耗，其甚者则耗及肾阴，故吴氏说：“温邪久羁中焦阳明阳土，未有不克少阴癸水者”（下焦1）。至于肾阳亏耗的原因，除了上述肾阴伤甚可累及肾阳而致阴阳两伤外，每常见于湿热类温病中，湿邪属阴而易损阳气，故导致肾阳衰微的病理变化。肾阳衰微之甚者可出现阳气外脱。

三、肾病之证　表现多端

温病出现肾的病变，其种类甚多，性质不一，《温病条辨》所论较全面，现归纳于下：

1. 真阴耗竭　温病后期，肝肾真阴耗竭，尤其是以肾阴亏耗为主，属邪少虚多之候，证见低热颧红、口干舌燥，手足心热甚于手足背、脉虚大，或见心中振振，舌强神昏，或见耳聋，或见口燥咽干，神倦欲眠，舌赤苔老；或见脉结代，甚则脉一息两至等。

2. 虚风内动　真阴耗竭后，水不涵木而导致肝风内动。除有上列真阴耗竭见证外，还见手指蠕动，或四肢厥冷，心中憺憺大动，甚则心中痛，脉细促。

3. 阴虚火炽　由于肾阴不足，不能上济心火致心火炽盛，而心火愈盛又更耗灼肾阴，致阴虚火炽。证见心中烦，不得卧，其它尚可见低热、口干咽燥、苔薄黄或薄黑、舌质红、脉细数等症状。

4. 真阴大伤，元气欲脱　如真阴耗竭已极，即吴氏所说："真阴仅存一二"，元阳将失附丽，即有绝脱之变。证见神倦瘈疭、脉气虚弱、舌绛苔少、时时欲脱，或见汗自出、中无所主。

5. 邪伏阴分　温病后期，余热未尽而肝肾之阴已伤，余邪深伏阴分。证见夜热早凉、热退无汗。

6. 少阴虚火上炎　温病后期，肾阴不足而致虚火上炎。证见咽痛、胸满、心烦。

7. 暑邪深入少阴　暑温后期，暑热之邪伤及下焦真阴，筋脉失于濡养，此时真阴伤而余热未去。证见发热、烦躁、消渴或麻痹。

8. 气阴两伤　温病后期，不仅真阴消铄，而且元气受伤。证见寝不安、食不甘、神识不清。

9. 肾阳虚惫　在痢疾、疟疾、湿温等病后期都可伤及肾阳。如久痢脾肾两虚者，证见纳谷运迟、食滑便溏，甚则滑脱不禁等。在温热病中出现的少阴虚寒证，即四肢逆冷、精神萎靡、脉微细等。亦是肾阳虚惫之证。

10. 阳虚湿盛　在湿热性温病后期每易出现肾阳虚衰，湿邪内盛，其表现有多种：或为浊湿久留肠胃而致肾阳不足、湿浊内困，证见气闭坠痛、胃不喜食、舌苔腐白；或为湿邪久伏少阴致肾阳衰而湿内盛，证见舌白身痛、足跗浮肿，或在湿温后期湿胜阳微，证见肢体浮肿、心悸、喘促等；或肾阳不足而导致膀胱气化失司，证见四肢厥冷、舌淡口不渴、小便不利或不通。

11. 湿困肾阳　湿浊较甚闭阻下焦则可困遏肾阳，临床见证以二便不通为主。如吴氏所说："肾中真阳为湿所困，久而弥虚，失其本然之职。"（下焦56）

12. 饮伏下焦　痰饮所在部位有上、中、下焦之别，而痰饮在下焦不仅可困遏肾阳，还可格拒真阴，致真阴不得外滋上潮，故临床多有口渴症状。

13. 阳气外脱　在温病过程中因素体阳气衰弱，病中温邪耗散阳气，过用或误用寒凉而戕伤阳气以及阴血大耗，均可导致心肾阳气外脱，并每多见内闭外脱之证。证见面色苍白、冷汗淋漓、四肢逆冷、神疲或迷、脉微细欲绝等。

四、治肾之要　当分标本

温病出现肾之病变一般以虚证为主，但往往又兼有邪实，此时以肾虚为本，邪实为标。因此在治疗时应注意分清标本缓急轻重而确定主以补虚，还是主以祛邪，或补泻兼施。吴氏说："在下焦以存阴为主，存阴之先，若邪尚有余，必先以搜邪"（下焦48），即是指出当下焦肝肾不足时，确立标本缓急轻重的原则。

在治本方面，不外"预护"和"补益"两端。"预护"即在温病中虽未出现明显的肾病见证，而根据其病机特点或发展趋势，采取某些预防肾病发生的治疗措施。“补益”即根据肾之阴阳所虚而分别补益肾阴或肾阳，或肾之阴阳并补。此外，亦有其病虽未伤及肾，但通过治肾而有助于其它脏腑病证的治疗。如吴氏在阐发化斑汤中玄参作用时说；“但用白虎燥金之品清肃上焦，恐不胜任，故加玄参启肾经之气，上交于肺，庶水天一气上下循环，不致泉源绝也”（上焦16），即说明在治疗阳明胃热发斑时用补肾阴之玄参可助清胃之力。

在治标方面，大致有“逐邪”和“扶正”两端。“逐邪”是用攻逐透邪之法祛除邪实。由于引起肾病的实邪有的在肾，有的不在肾，故其治法亦各异。对于因其它脏腑之实邪而致肾病者，治疗重点在祛除其它脏腑之实邪。如因阳明腑实而劫耗肾阴者，攻下腑实就可以保护肾阴，即“急下存阴”；如湿浊在下困遏肾阳者，则主以祛除下焦湿浊，如余邪留伏阴分者，又当主以清透余邪。“扶正”是指通过扶助正气来达到祛邪的目的，与单纯的补虚不尽相同。如真阴内耗而虚风内动者，以滋补真阴来平息肝风；肾阴不足且有虚火上炎者，可通过育阴来退虚热。

在临床上，温病肾的病证多为虚实错杂，因而多标本同治，且标本间又互相联系，如补虚每可有助祛邪，祛邪亦为护正，故吴氏指出：“有以补阴之品为退热之用者，有一面补阴，一面搜邪者，有一面填阴，一面护阴者，各宜心领神会，不可混也。”（下焦17）

五、温病治肾　诸法纲目

（一）滋阴法

1. 滋补真阴　用于真阴耗竭证，方用加减复脉汤。用药主以甘润，多以甘寒与咸寒、酸寒相伍，真阴虚甚者，可用“浓浊填阴寒隙”之品。

2. 滋阴息风　用于阴虚风动证，方用小定风珠、三甲复脉汤等。用药除了上述滋补真阴之品外，还可加用介石潜阳镇定之类。

3. 滋阴降火　用于各种真阴虚耗的虚火上炎证，如仅为少阴之水不足而虚火上炎致虚烦、咽痛者，主以滋阴，用猪肤汤之类即可。若肾阴不足而心火炽盛，用黄连阿胶汤、连梅汤等。

4. 滋阴固肿　用于真阴将竭而元气欲脱者。用方为滋补真阴剂中加入滋补元气固脱之品，如救逆汤或大定风珠加入人参、龙骨等。

5. 育阴透邪　用于邪气深伏阴分证，方用青蒿鳖甲汤。

（二）温肾法

1. 温补肾阳　用于各种肾阳虚惫和少阴虚寒证，方用四逆汤、参茸汤、肉苁蓉汤等。吴氏对肾阳虚惫者每加用温补督脉之品，如鹿茸，此处还常用补骨脂、葫芦巴、韭子、大茴等温补药。

2. 温阳祛湿　用于各种肾阳不足、湿邪内盛，或湿浊困遏肾阳证，方用鹿附汤、安肾汤、术附汤、双补汤、椒附白通汤、真武汤等，用药除上述温补肾阳诸药外，祛湿常用茯苓、苍术、白术、厚朴等。此外有湿浊困于下焦而二便不通者，可用半硫丸。

3. 温阳固涩　用于脾肾阳虚、大便滑脱不禁证，方用三神丸。

4. 回阳救逆　用于阳气暴脱证，方用独参汤、参附汤。吴氏对此无专条论述，但强调“诸阳欲脱”时在四逆汤中当加人参，即寓此意。

（三）阴阳双补法

用于真阴耗伤，元气亦伤之证，方用三才汤。此外，吴氏所用的加减复脉汤加人参等法也也是属于两复阴阳。

[《北京中医学院学报》，1987；(5)]

试论吴鞠通病原说的科学性

邓铁涛

世人多不理解中医没有细菌学说，却能治疗传染病，对病毒性传染病的治疗效果甚至处于世界领先地位，其故安在？因为中医走的是另一条道路。

中医虽无细菌学说，但细菌早已被概括于“邪气”之中。吴又可的戾气、属气、杂气学说，已非常接近对细菌的认识，惜明代无光学上的成就，致未能进一步发展耳！但温病的病原说发展到吴瑭，却使中医理论从另一角度认识发热性传染性及流行性疾病——温病的病因理论。这一理论，今天看来科学性极高，足以破解中医虽无细菌学说，仍然能治疗急性传染病之道理所在。

吴瑭《温病条辨·病原篇》专门论述温病的病因、病机、证候、诊断、治疗与预防等方面的问题。该文虽然首先引述《内经》有关温病的经文十九条作论据，其实他在引文后面的注解才是他的观点所在。他自称羽翼《伤寒》，为避免遵经守旧者的批评，不能不精选经文以为己用。一则出于学术的继承，二乃当时的历史条件使然，也是吴氏苦心所在，以便于推广其学说的一种策略。

《温病条辨·原病篇》属于病因理论的论述共三条。试作分析，看其科学性之所在。

1. “《六元正纪大论》曰：辰戌之岁，初之气，民厉温病，卯酉之岁……”

吴瑭注：“叙气运，原温病之始也，每岁之温有早暮微盛不等。司天在象，主气客气相加临而然也。细考《素问》自知，兹不多赘。”

“按吴又可谓温病非伤寒，温病多而伤寒少，甚通。谓非其时而有其气，未免有顾此失彼之消，盖时和岁稔，天气以宁，民气以和，虽当盛之岁亦微；至于凶荒兵火之后，虽应微之岁亦盛，理数自然之道，无是怪者。”

铁涛按：吴氏继承传统之理论，承认气运的变化是温病发生的原因之一。他承认吴又可厉气之病因，但温病不能统由于厉气所致。他最后补充：流行病发生的微与甚，还与凶荒兵火之后有密切的关系。即是说他承认大自然的变化规律与发病有密切的关系，大自然的变化既作用于人体，也影响致病物质的生长与广泛为害，又创造性地提出地理气候及社会因素与发病有密切的关系。

2. “《阴阳应象大论》曰：喜怒不节，寒暑过度，生乃不固。故重阴必阳，重阳必阴。故曰：冬伤于寒，春必病温。”

瑭注：“上节统言司天之病，此专言人受病之故。”

“细考宋元以来诸名家，皆不知伤寒温病之辨。……论温病之最详者，莫过张景岳、吴又可、喻嘉言三家。……瑭推原三子之偏，各自有说，张氏混引经文，收论伤寒之文，引证温病，以伤寒化热之后，经亦称热病故也，张氏不能分析，遂收温病认作伤寒。喻氏立论，开口言春温，当初春之际，所见之病，多有寒证，遂收伤寒认作温病。吴氏当崇祯凶荒兵火之际，满眼温疫，遂直辟经文‘冬伤于寒，春必病温’之文。盖皆各执偏见，不能融会贯通也。瑭按伏气为病，如春温、冬咳、温疟，《内经》已明言之矣。亦有不因伏气，乃司天时令现行之气，如前所列《六元正纪》所云是也。此二者，皆理数之常者也。更有非其时而有其气，如又可所云戾气，间亦有之，乃其变也。惟在司命者善查其常变而补救之。”

铁涛按：这一条主要说明，温病之形成有内因与外因两大因素。“喜怒不节，寒暑过度”而致“生乃不固”，说明正气内存的重要性。“冬伤于寒，春必病温”，是说明“重阴必阳，重阳必阴”，冬天属阴，寒亦属阴。两阴相重，与正气相持（伏气）不即发病，至春天乃发，便成温病。总之用以说明邪正相争的观点。

其所辨析张景岳、吴又可与喻嘉言是讨论温病的界限问题，且勿俱论。最重要的是他承认吴又可的“戾气”这一致病物质的存在。承认“戾气”与司天时令现行之气同为致病物质，而区分引发疾病之轻与重，一般与特殊的发热性流行性疾病。

3. “《金匮真言论》曰：夫精者身之本也，故藏于精者，春不病温。”

瑭注：“《易》曰履霜坚冰至，圣人恒示戒于早，必谨于微。记曰：凡事预则立。经曰：上工不治已病治未病，圣人不治已乱治未乱。此一节当与月令参看，与上条冬伤于寒互看，盖谓冬伤寒则春病温，惟藏精者足以避之。……不藏精三字须活看，不专指房劳说，一切人事之能动摇其精者皆是。即冬日天气应寒而阳不潜藏，如春日之发泄，甚至桃李反花之类亦是。”

铁涛按：这一条是强调“内因”在发病上的重要性。其冬不藏精须活看之说，是吴氏的创见，一些批评吴氏者亦不能不佩服他这一见解。吴氏把冬伤于寒与冬不藏精互看，统归之为内在致病因子，并处于重要之地位。吴氏之论符合唯物辩证法的内因与外因的辩证关系，即内因是物质变化的关键，外因是变化的条件。

综上所述，吴鞠通对温病病因的认识是比较科学的。其指导意义一直到今天。

总括言之，吴氏之病原说为：

（1）岁气、年时（气候与环境因素）

（2）藏精、冬伤于寒（人体内在因素）

（3）戾气、时行之气（致病物质）

气候环境的变化 {——致病物质活跃
——正气不足以拒邪} 发病

这样的病原说比之只重视病原体的现代医学理论似略胜一筹。当然吴氏对于微生物的认识与现代微生物学相比，就有天壤之别了。如果我们今天把微生物学的知识，取代比较含糊的戾气与时行之气，那就是比较完满的传染病流行病的病因学说了。其实近三四十年来，中医治疗传染病早已照此办理了。

1956 年石家庄乙脑流行，按暑热病因用白虎汤治疗，取得 90% 以上的治愈率，且基本无后遗症；1957 年北京乙脑流行，按暑湿病因治疗，又取得相同的效果；1958 年广州乙脑流行，证多属热盛湿伏，用清暑热祛湿法，与北京之清暑化湿法不同而疗效相同。

又如国家“七五”攻关课题——流行性出血热中医治疗。南京周仲瑛氏治疗 1127 例，其效果为：中医药组治疗 812 例，病死率为 1.11%。西医药对照组治疗 315 例，病死率 5.08%（$P<0.01$），明显优于对照组。江西万有生氏治疗 413 例，其效果为：中医药组 273 例，病死率为 3.7%，对照组 140 例，病死率为 10.7%（$P<0.01$），疗效明显优于对照组。

周氏病例在江苏省 6 个市县，万氏病例在江西省 6 个市县。因地理气候有别，虽西医诊断同属流行性出血热，但西医治法大致相同。而周氏的治疗以清气凉营为主，万氏则以治湿毒法为主。两学者之理论依据，统出于伤寒学与温病学，他们引入了流行性出血热的微生物病因说，又运用了温病学的病因说。由于地理气候环境不一样，患者的体质不一样，虽然同为出血热病毒引起的病，但中医药的立法处方差别很大，而疗效都优于对照组。或曰按周氏之法治江西之病是否会提高疗效？答案应该是否定的。因为两地的治疗都是在中医理论指导下进行的。北京治疗乙脑早已证明采用石家庄经验用白虎汤治乙脑，死亡率马上提高，成为否定中医疗效的把柄。后请蒲辅周老先生会诊，用清暑合用化湿之剂而提高疗效。

“中医不能丢”首先是中医的系统理论不能丢。近十多年来，中医药在中医院病房中，日渐处于从属地位。究其根源由于实践不力，对中医系统理论失去信心。近年来已有人进一步在中医理论上自愿从属，即以西医之理论为坐标去衡量中医，符合者对，不符合者为落后、为保守。视中医之精华而不见，只见毫毛而不见舆薪！例如用西医之新模式去批评中医保守；或认为中医临床之所以落后皆由基础理论没有突破所致；更有提出“抗体内存”邪不可干以评说正气内存邪不可干；又有人认为胃溃疡之成因自发现螺旋杆菌之后，就用不着寒温等理论了！果真如此吗？西医理论在几年前还认定“无酸不成溃疡”，现在则“无螺旋杆毒不成溃疡”，我们都跟着走吗？香港目前有西医主张用抗菌素治疗胃溃疡，我们跟着用什么中药治疗胃溃疡病呢？难道理论自愿从属下去，就能达到中医现代化吗？我和王建华教授共事的一位研究生刘友章，利用电子显微镜从亚细胞水平研究脾胃虚寒型胃溃疡和肝胃不和型胃溃疡有什么差别。结果发现脾胃虚寒型的胃黏膜壁细胞线粒体受破坏而肝胃不和型之胃溃疡则线粒体无损害。这些问题，又如何用螺旋杆菌去解释呢？

泛览一些中医论者的文章，着意于“破”者为多，用力于“立”者较少，而所云破者又多以西医为据。在今天而言，这等倾向是中医药学发展的最大障碍，不可等闲视之！

中医与西医发展的道路原不相同，所以互补性强，中西医结合是发展医学的一种理想方法。西医学全世界都在努力发展，中医药学的发展舍我其谁？若只用西医理论去改造中医，一直从属下去，哪里还有中西医结合呢？应该应用现代的新科技（包括西医新成就）去钻研中医，发扬中医，先别急于去否定中医。

我认为中医理论是一个丰富的宝藏，其中有不少超前的东西，等待人们去发现去发扬，能如此必将对人类文明做出重大贡献。

［《中国中医基础医学杂志》，1998；（5）］

论吴鞠通《温病条辨》

曹颖甫

自轩岐《内经》以来，各家著述，发明医理者，代不乏人。虽温凉寒热，各有所偏，李东垣主脾胃，多用温燥；朱丹溪谓阳常有余，则多用滋降。要皆以己所独见，补前人之缺失。夫岂不足导后之学者哉。以予观吴鞠通绪论，可异焉。夫诊断之学，先辨六经，发原于轩岐，表彰于仲景，是故见背毛淅淅头项腰脊强痛，而知其病在太阳；见发热、汗出、胃家实，而知其病在阳明；见咽干、口苦、目眩，而知其病在少阳；见脉象微细，但欲寐者，而知其病在少阴；见腹满而吐、自利、腹痛者，而知其病在太阴；见消渴、气上撞心、饥不欲食、食即吐蛔者，而知其病在厥阴。今鞠通之书，重要方治。大率原本《伤寒》、《金匮》，而诊断大纲，乃变乱六经而主三焦。使近世以来医家，不复能读仲景，不得谓非鞠通之罪也。三焦特十二经之一耳。鞠通乃以肺与以为上焦，脾胃为中焦，肾膀胱大小肠为下焦。其说已背经旨。《内经》云："三焦者，决渎之官，水道出焉。"又曰："下焦者，络肾属膀胱，别于迴肠而渗入焉。"近世西医谓之输尿管。按之《内经》下焦如渎之旨。正自相合，虽上中二焦，经无明文，要必实有其部位，如近世唐容川所言，其不可以脏腑当之也明矣。《内经》云："善治病者治皮毛。"故仲景《伤寒论》，于太阳篇为独详。有不备者，复散见《金匮》。诚以六淫之邪，皆由表受，及病者中气未虚，表而出之，不欲其陷入他经，此曲突徙薪之计也。盖太阳经气，目行于表，挟饮入于胃之精气，疏达于玄府，以卫外而为固，方六淫之邪初犯皮毛，有先阻其汗液，脉浮、头项强痛而恶寒者，名曰伤寒。有汗出恶风而脉缓者，名曰中风。发热而渴，不恶寒者，名曰温病，推之痉湿暍三证，仲景俱以太阳名之。盖太阳为寒水之经，外主汗液，内主小便，越人《难经》所谓伤寒有五者，正此意也。是故《内经》云："湿上盛而热，治以苦温，佐以辛甘，以汗为故而止，此即湿温属太阳之证也。"又云："因于暑，动则喘喝，静则多言，体若燔炭，汗出而散，此暑病属太阳之证也。"又曰风寒客于人，使人毫毛毕直，皮肤闭而为热，当此之时，可汗而发，此风病属太阳之证也。病气既属太阳，即不得不谓之伤寒。今按鞠通书，于他经之病，未尝显背仲景，特于太阳一经，缺而不备，不知太阳实他经门户，譬诸盗贼之来，岂有门户不辟而入人堂奥者乎？特温热暑湿之受病，与风寒同；温热暑湿之发病，与风寒略异。鞠通见其末而不揣其本，尝即其误会之处，为鞠通原之，夫寒则血凝泣，暑则气淖泽。虚邪因而入客经言略可征矣。冬三月，皮毛紧，肌腠密，故风寒之中人，使人毫毛毕直，虽曰日传一经，正有二三日未离太阳者。若夫发陈蕃秀之令，阳气发自地中，使人皮毛肌腠日渐疏泄，故有初犯太阳而已兼阳明者，此之不可不辨也。鞠通之言曰："凡病温者，始于上焦，在手太阳。"又曰："温病由口鼻而入，不知六淫之犯太阳，外袭皮毛。"即内应于肺，盖太阳主一身之表，肺主皮毛，病机之传袭，正如桴鼓相应，无论温病为然，即风寒之病，何独不然？请略举之以证鞠通之失。肺主气，气郁则喘，肺开窍于鼻，肺热则自衄，天气通于肺，风寒袭之，痰涎窒肺窍，不能顺受天气，则拂逆而为咳。《伤寒论》曰："太阳病，头痛发热，身疼腰痛，骨节疼痛，恶热无汗而喘者，麻黄汤主之。伤寒脉浮紧，不发汗，因致衄者，麻黄汤主之。伤寒表不解，心下有水气，干呕、发热、而咳或喘者，小青龙汤主之。"之三证并见手太阴证，仲景列之于太阳篇者，以其受病之原则固起于太阳也，蜀人张子培知其然，故其著春温三字诀，于温病初起微恶寒者，多以麻杏石甘汤主治，或于桑菊银翘二方中加生麻绒七八分，或一二钱，以为功效倍于本方。由是观之，彼虽未斥言鞠通之谬，温病之来，不能离太阳一经，亦可知矣。既曰不离太阳，病机当起自皮毛，何谓从口鼻入乎？彼云不恶风寒，主以辛凉，此说诚然，然病机之迁变，正宜随证用药，无论温病化热，不宜于麻桂，即伤寒传入阳明而后，有不改用白虎承气，而仍用麻桂者乎？且鞠通以为邪从鼻口入者，不攻破其意旨，犹未足服鞠通之心也。鞠通之意，曰邪从鼻入，则病在手太阴，邪从口入，则病在足阳明，故其言温病也，多主肺胃，独不思温邪之袭肺也，先由卫气不能卫外为固，邪犯皮毛而内应于肺乎？抑皮毛肌腠，初无感觉乎？若谓皮毛肌腠，绝无感觉，则是阴液内充，卫阳外达，肺又安得而病乎？太阳自汗，则土从燥化，因属阳明，伤寒之例，本自显然，故吾谓温病之自汗，即太阳阳明之兼证，而为热结胃家之渐，今鞠通之书，必欲破除太阳，而谓邪从口入，彼言阳明温病汗多谵语，宜小承气汤，非即由太阳传入阳明之证乎？且得曰从口入乎？若夫，病邪由鼻吸入者，瘴疠疫毒多有之，从口入者，饱食伤胃及误服诸毒多有之，不在温病例。

按鞠通大意，不过欲破除太阳一经，传入阳明以后，原未敢显背仲景，方亦平正可法，究其误会之处，正坐不明越人伤寒有五条例，《内经》云："热病皆伤寒之类。"盖以六淫之邪，初犯太阳，无不伤太阳寒水之经，故谓之伤寒，不然，中风、湿温、热病、温病，何为混称伤寒？而仲景于中风温病，且并列于太阳篇乎？颖甫并注。

［《中医杂志》（上海），1923；（7）］

仲景伤寒论主六经温病概括在内吴鞠通温病条辨主三焦其说孰是

黄文东

夫伤寒者，冬伤于寒而即发，由表传里，有次序者也。温病者，邪伏募原而不即发，由里达表，无常经者也。汉仲景者伤寒于温病互有发明，如太阳有阳旦，阳明有葛根、白虎、承气，少阳有大小柴胡、黄芩汤之类。若三阳之邪，传入三阴，从燥火而化者，阴液涸竭，大便不通，均曰宜大承气汤急下存阴；假阳明为出路，热在少阴，烦躁不寐，有黄连阿胶汤；邪少虚多，气阴兼枯者，有炙甘草汤；若三阴陷症腹满下利厥逆则有理中、四逆、吴茱萸汤。温病中每因药误而致此者，亦可用之，不过伤寒易亡阳，温病易亡阴，所以辛热之剂，不宜于温病必不可用也，清吴鞠通著《温病条辨》，列上中下三焦为三篇以辨邪之深浅，药之轻重，如上焦主心肺，肺先受邪，次传心包，宗叶氏温邪上受，首先犯肺，逆传心包之旨，而在肺经有银翘、桑菊饮，在心包有牛黄清心、紫雪、至宝之类；若中焦主脾胃，胃先受邪，次传于脾，脘痛拒按，痞满泛恶等症，有陷胸汤及诸泻心汤，亦是仲景之方也；若下焦主肝肾，邪传厥少，风动火炽阴液有涸竭之虞，用复脉、大小定风珠及一甲、二甲、三甲等。虽曰滋阴泄热，未免嫌其板实，如增液、清营、清宫等汤，尚是可取之方。夫温为热气，弥漫蒸腾，有三阳经同病，有阳经兼阴经同病，而谓邪之在何经也，固不易辨。故仲景《伤寒论》，虽未明言温病，但尚有线索可寻，鞠通主三焦，其背于六经则过矣，而其治法，悉以存阴清凉为务，亦可为好用辛热者戒，由此观之六经为伤寒温病之范围抑亦为万病之准绳也，后之学者，欲知温病，先知伤寒，贵互取精粹而贯通之，庶几乎可。

［《中医世界》，1936；（5）］

论吴鞠通温病条辨脱离伤寒圈套错

陈　秩

吴氏条辨一书，吾国今日医家，大都人手一部，入人之深，有如水银泻地，可谓无孔不到矣。借口实者，不曰黄帝曾与四方之间，即曰河间曾究三焦之说，奚亦知四方之士宜固不同，而四时之气候则一。故曰彼卷之温，为夏之暑，秋之忿，为冬之怒。有其气而发其病，此则众人之所同，而不能限于地域者也。三焦为火腑，本经病固多见温。六经有余，郁而无所泄（气有余便是火）复感时邪，内外交结，此亦不能限于不病温，仲圣著伤寒，太阳篇立论曰："太阳病，发热而渴，不恶寒者为温病；若发汗已，身灼热者，名曰风温，风温为病，脉阴阳俱浮，自汗出，身重多眠，睡息必鼾，语言难出；若被下者，小便不利，直视失溲；若被火者，微发黄色，剧则如惊痫，时瘛疭；若火熏之，一逆尚引日，再逆促命期，此太阳一经见证之温病也。"（太阳经脉过处皆病西医称脑膜，见状即此证）论本详伤寒之书，而忽什温病一条，且独揭诸太阳篇首，下不处方，余各经亦不具载温病只字，此一则明示后人温热与伤寒之区别也，一则明示后人即六经中均有温病也，所异者为在表之伤寒中风，及在里之寒邪积饮诸证为不相入耳，其表解里热未除诸方，实在悉为治诸温病之方，诚略举数方，以例其余，就上论太阳温证，予谓葛根芩连汤可用，越婢汤（去大枣）可用；至太阳证热入膀胱，因而少腹急结者，则立桃核承气汤；心下痞，按之濡，其脉关上浮者，则立大黄黄连泻心汤；病发于阳，而反下之，热入因作结胸，则立大陷胸汤与陷胸丸；太少两阳合病下痢，则立黄芩汤；瘀热在里，身因发黄，则立茵陈蒿汤；心中懊，三焦火郁者，则立栀子豉汤；阳明证胃家实，便闭腹痛者，则立大小承气汤；三阳合病，面垢谵语，发热汗出，则立白虎汤；趺阳脉浮而涩，大便难，其脾为约，此阳明病，泄及乎太阴，则立脾约丸；他如阴阳易瘥后劳复，则立竹叶石膏汤；少阴病二三日以上，心烦不得卧，则立黄连阿胶汤；厥阴病热痢下重，则立白头翁汤。吴氏《温病条辨》，如此类选用不少。所怪诸条辨，不参证伤寒，与六经立论，此实为启后人混淆珠鱼，舍本逐末，背经旨而流为取巧误世之阶梯，顾或者曰：吴氏之方轻淡，正合南人身分。若然，即市面所市之豆腐浆、莲粥水、苦凉茶、王老吉，不尤平易十倍乎？夫为医不难于处方，而难于察证。汤方者呆物也，得其证而用之，则牛溲马勃，可为寿世之药；不得其证而用之，则参苓珠桂，又何殊蔓生药草，仲圣序论，溯医道源流。歎仓公死后不得而传，继而复痛为时医曰："观今之医，不念思求经旨，以演其所知，各承家技，终始顺旧，省疾问病，务在口给，相对斯须，便处汤药，按寸不及尺（握手不及足），人迎趺阳，三部不参，动数发息，不满五十，短期未知，决诊九候，曾无髣髴，明堂阙庭，尽不见察，所谓管窥已。欲视死别生，实为难矣，明如仲圣，立论一崇经旨，其处方也严，其应病也变。著本论生死人而肉白骨，谓前不见古人，此予不敢轻断。后不见来者，此则为世公论也。"经云："伤寒者，皆热病也。"释义风寒客于人，使人毫毛毕直，膏闭而为热，是伤寒为热病。温证亦为热病。吴氏条辨，全篇论温热不参证伤寒，立三焦而药六经，本壤其未必折，源浊面流亦浊，此自然之趋势。无怪今世治吴氏书者，几以为南方无伤寒矣。仲圣序伤寒，开篇即摘温病症状，千里毫厘，盖恐人之误认也，尤其是伤寒传经之四逆散病，此热淫于内，不详参脉证，更易混淆。孰谓吴氏于温病脱出伤寒圈套，足补仲圣之不足，而为仲圣之功臣？不知吴氏论温热不参证伤寒，主三焦而不立六经，正为破国医之系统，而为仲圣之罪人！乃竟今之医者，甚至视吴氏为继起之圣，以为仲景创伤寒于先，吴氏立温病于后，先圣后圣，其揆若一。舍本逐末，不务经旨，而为事于辛凉平剂银翘辈诸类方，倖而中病也，则炫其术之可施；不中病也，则归究于大数之不可挽。而人亦以其方之淡，不但不究医之误，并且随而和之曰："诚天命也。"噫！天耶？人耶？国内高明，其有共起而正之者乎？跂予望之。

[《杏林医学月报》，1932；(42)]

温病条辨分三焦立论议

秦伯未

《内经》之论三焦，一则曰："三焦者，决渎之官，水道出焉。"再则曰："上焦如雾，中焦如沤，下焦如渎。"《金匮》曰："腠者，三焦通汇元真之处。是三焦者，人身之纲膜，水津之所归也。"《温病条辨》不明经义，以心肺属上焦，脾胃属中焦，肝肾属下焦，根本既揆，安望其能治病哉？于是仲圣《内经》六经之分，泯然淘汰，悖经之罪，又能逭乎！夫六经犹大匠之规矩，大匠不能舍规矩而成方圆。上工不能弃六经而求标本，故伤寒一书，悉以六经统之，未尝以三焦立名也。而邪之所凑，虽有直中三阴者，总以太阳为多。所谓太阳主卫，出入之道路，即温病亦由表入。《伤寒论》曰："太阳病，发热而渴，身灼热者，名曰温病。"玩太阳病三字可知。故《内经》有"体若燔炭，汗出而散"之文，若从肺入，安得劫汗乎？叶香岩更曰："首先犯肺，逆传心包。"自此言出而阳明为温热之薮之文，无端扫地。殊不知神昏者，乃胃络通于心，胃实而热邪上蒙君主所致，总宜清热和胃为主，安得用犀角、羚羊之辈，不辨标本，已属大误，况更以滋腻之品，固住其邪乎？于是昔日之神昏，一变而为真神昏矣。推其原皆，上焦心肺误之也，即谓鞠通杀之可也。更证以《金匮》痉湿暍症，仲景均冠以太阳病，所以明六淫之气，皆从外受，于风有桂枝汤，于湿有麻黄苡米汤，于暍有白虎汤以养津酿汗。奈何后人不察之甚耶？呜呼！不明六经而欲议病，吾终见其操刀杀人矣。悲夫！悲夫！吾欲无言。

按：《内经》言：因于暑，动则喘喝，静则多言，体若燔炭，汗出而散。又言湿上盛而热，治以苦温，佐以辛甘，以汗为故而止。长沙于痉湿暍证，尽冠以太阳病，正与经义密合。后人引经略于治法，吴鞠通始作之俑。于是治病不本六经，庸医乃操刀而杀人矣。曹尹甫志。

[《中医杂志》(上海)，1923；(9)]

《温病条辨》舌诊运用规律的探讨

时振声

吴鞠通《温病条辨》是在继承叶天士温病学说的基础上，以三焦辨证结合卫气营血辨证，对温病病程的发展给以具体分析，这对掌握病机，归纳脉证，区别证候，从而为治疗提供了理论依据。同时有关舌诊的运用，在临床辨证上极为重要，并在本书中有较详细的记载，现试作如下分析：

一、舌诊的运用

舌诊属于祖国医学的望诊范围。温病学派，对舌诊尤为高度重视，辨舌的经验得到很大发展与系统总结。《温病条辨》把舌诊运用在辨别病机，指导治疗，观测预后等方面。

（一）辨别病机：如中焦篇1条："面目俱赤，语声重浊，呼吸俱粗，大便闭，小便涩，舌苔老黄，甚则黑有芒刺，但恶热，不恶寒，日晡益甚者，传至中焦，阳明温病也……"此以舌苔老黄，甚则黑有芒刺，代表了邪热传至中焦，由于热甚伤津，故舌苔由老黄转黑，甚有芒刺。

又如中焦篇19条："阳明温病，干呕，口苦而渴，尚未可下者，黄连黄芩汤主之。不渴而舌滑者，属湿温。"此以舌滑，说明有湿，邪热已入中焦，当热甚伤津。如舌不干而反滑，故非温热，而是湿温。

（二）指导治疗：上焦篇38，39条，均是太阴伏暑，口渴无汗；以舌白属气分，舌赤属血分，因此治疗各异。又如中焦篇33条有："阳明温病，下后脉静，身不热，舌上津回，十数日不大便，可与益胃、增液辈，断不可再与承气也。下后舌苔未尽退，口微渴，面微赤，脉微数，身微热，日浅者亦与增液辈，日深舌微干者，属下焦，复脉法也，勿轻与承气……”此以舌上虽然津回，但十数日不大便，仍属津亏，故宜益胃、增液辈，如下后苔未退尽，亦不宜再用苦寒攻下之剂，仍宜增液辈，津回液复，大便得通，则苔可尽退，如时间较长，舌微干，则属下焦肝肾阴虚，宜用复脉法。根据攻下后的舌诊变化，预测病邪的深浅，津液耗损的程度，以决定治疗措施。

（三）观测预后：下焦篇2条有：“温病误表，津液被劫，心中震震，舌强神昏，宜复脉法复其津液，舌上津回则生……”温病最易伤津，邪热传入下焦，本已津伤液亏，又复误用表药，津液被劫，而发生种种变证，自当用复脉法以复其津液，药后舌上津回则示预后较好，如津不回，则有阴阳欲脱之兆。

二、舌诊的内容

舌诊，可从以下三方面来分析：

（一）舌苔

1. 白苔　上焦篇32，37，38，40，43，49，52诸条；中焦篇46，48，49，56，61，67，74，85诸条；下焦篇43，47，52，57，76诸条均有记载，一般白苔有以下几种含义：

（1）主邪在气分：暑温，伏暑，肺疟的邪在上焦气分，可见舌苔白，如暑温之加味清络饮证，伏暑之加减银翘散证，肺疟之杏仁汤证。风暑寒湿杂感亦可见舌苔白，如杏仁薏苡汤证。

（2）主湿：上焦暑温，伏暑邪在气分者，因暑必兼湿，故可见舌苔白，其他如湿温的三仁汤证，三焦秽湿的茯苓皮汤证，湿郁三焦的二加减正气散证，湿疟的厚朴草果汤证，寒湿日久的鹿阳汤证，因均有湿邪为患，故皆见舌苔白。

（3）主寒：湿邪属阴、属寒，湿如寒化则在白苔中可见滑润之象，即所谓白滑苔，如寒湿伤阳的桂枝姜附汤证，寒湿伤脾的四苓加木瓜厚朴草果汤证，寒湿凝聚而肢厥的椒附白通汤证，寒湿成疝的椒桂汤证，以及秋湿内伏冬寒外加的小青龙汤证均是。

2. 白腐苔　上焦篇49条及下焦篇57条，有见白腐苔者，均是脾胃阳气受寒湿所伤，并有不思食，肛门坠痛，大便不爽等表现，如附子理中去甘草，加广皮、厚朴汤证及术附汤证均是。

3. 黄苔　上焦篇：7、13、53诸条，中焦篇1、4、10、15、20、28、35、38、40、41、63诸条均可见。黄苔见于以下几种情况。

（1）主热甚：如太阴温病的白虎汤证，如燥热过甚传至中焦，舌苔还可进一步变为老黄黑燥，并见苔起芒刺。太阴温病的栀子豉汤证亦可见舌苔微黄。挟湿者，如阳明暑湿水结在胸的小陷胸加枳实汤证，暑温的三石汤证，湿温的黄芩滑石汤证，均有舌苔黄或微黄，但质必滑润。阳明温病邪入血分，亦见苔黄而燥，但质必绛，如清营汤证。心疟，热多昏狂，亦见舌苔中黄，但质亦赤，如加减银翘散证。

（2）主里实：阳明温病府实证，舌苔必黄或老黄，必伴有质干燥，如小承气汤证、承气合小陷胸汤证、护胃承气汤证。如湿热郁结而身目发黄的茵陈蒿汤证，亦见舌燥黄而腹满。

4. 灰苔　中焦篇42、46、47、48、65、91诸条，下焦篇37条，均有灰苔的叙述，灰苔主要主湿，如原有寒湿，舌苔白滑，可以变为灰苔，如四苓加木瓜草果厚朴汤证，椒附白通汤证。寒湿甚，则灰苔兼见滑润，如寒湿阴黄的草果茵陈汤，茵陈四逆汤证。如湿兼有热者，如暑温伏暑之杏仁滑石汤证，其苔见灰白，湿痹湿聚热蒸的宣痹汤证则苔见灰滞，暑湿内伏，滞下红白的滑石藿香汤证则舌苔灰黄。至于暑邪深入厥阴的椒梅汤证其舌亦灰，为土败木乘，正虚邪炽之候，由脾虚生湿，故舌苔亦灰。

5. 黑苔　《温病条辨》中焦篇 1、15 两条有黑苔之记载。前条是邪热传至中焦而成阳明温病，舌苔由老黄变黑有芒刺，宜大承气汤攻下涤热；后条为阳明温病下后，邪气未净，复聚于胃而舌苔干黑，亦宜护胃承气汤下其余邪。

（二）舌质

凡察舌质先要辨其干燥润滑；干者津乏，扪之而涩；滑者津足，扪之而湿。其次辨其舌色。《温病条辨》中有关舌质有燥润、舌赤、舌绛、舌淡之分。

1. 舌干燥　上焦篇 15、51 条，中焦篇 4、10、20、28、32、40 诸条，下焦篇 1、13、70 诸条均可见舌干燥。舌质干燥为津液受伤。阳明温病以承气汤下后，脉静，身不热，可以舌上津回；如下后余邪尽，病程长者，舌见微干，则属下焦，宜用复脉法治疗。如舌燥有黄苔，则属里热实证，如承气汤类。湿热阳黄的茵陈蒿汤证，亦见苔黄而燥。瘅疟热盛而伤阴，亦可舌干，属五汁饮证。久痢伤阴的人参乌梅汤证，亦见舌干。如舌干而质绛，则为热在营血，宜用清营汤。温热深入下焦，舌燥甚，甚则齿黑唇裂，可用加减复脉汤治疗。

2. 舌滑　中焦篇 19、38、46，47、48、54、63 诸条均见舌滑。舌滑主湿，如阳明温病不渴而舌滑者，属湿温。湿热较著多黄滑苔，如小陷胸加枳实汤证、黄芩滑石汤证。寒湿则为白滑或灰滑，如四苓加木瓜草果厚朴汤证、椒附白通汤证等。温病愈后，中焦停饮，经治疗后饮退但舌仍滑，不思食，乃中焦阳气未复，犹有湿困，故主半夏桂枝汤治疗。

3. 舌赤　上焦篇 30、39、41、53 诸条，下焦篇 7 条论及舌赤。为邪热入于营血则见舌赤，如手厥阴暑温，由于热邪灼铄阴液而见舌赤，宜用清营汤治疗。太阴伏暑邪在血分亦见舌赤，表实用银翘散加味，表虚则用加减生脉散。温病汗下后，少阴精液损耗不能上承，亦可舌赤，但苔色坚老，宜用复脉法。

4. 舌绛　上焦篇 15 条，中焦篇 20、41 条，下焦篇 16、23 条均见舌绛。舌绛亦为热在营血，如清营汤证。如热邪逗留下焦时久，已经消铄肝肾阴液，亦见舌绛。如见瘈疭则属大定风珠证。温病邪热入血而舌绛，但下利日数十行，是由于脾阳下陷，火衰不能化土。肾之关门不能闭藏所致，则属桃花汤证。

5. 舌淡　上焦篇 49 条，下焦篇 34、61 条均可见，因寒湿伤阳，阳虚而舌淡，宜桂枝姜附汤。素体阳虚，温病愈后仍现阳虚，面色萎黄，不思饮食，其舌色淡，宜小建中汤。久疟，气血两虚的扶阳汤证，亦见舌淡。

（三）舌体

舌体变化，可见舌短、舌蹇、舌强，今分述之：

1. 舌短　中焦篇 17 条及下焦篇 18 条可见。阳明温病下之不通，热邪内闭心包，神昏舌短，宜牛黄承气。牛黄丸开手少阴之闭，承气则泻阳明而救足少阴之消亡。痉厥神昏，舌短烦躁，在上焦为邪热逆传心包，在下焦则为肝肾阴虚。上焦则宜牛黄、紫雪辈开窍搜邪，继则与复脉存阴，或再加三甲潜阳；在下焦则以存阴为主，如尚有余邪，亦可先以搜邪。如舌短兼见苔黄白而质绛，为心包热极火逼也，如兼舌卷囊缩，即为肝阴已涸之征。

2. 舌蹇　上焦篇 17 条。邪入心包，舌蹇肢厥，舌蹇主要由舌短卷缩，转动迟钝或强硬，以致语言蹇涩，意同舌短，亦用牛黄，紫雪辈。

3. 舌强　下焦篇 2 条。因津液被劫而舌强神昏，舌强为强直状，转动不灵活，亦是阴伤所致，宜复脉法。

总之，吴鞠通《温病条辨》的舌诊内容，是继承了叶天士的舌诊，虽在临床上进一步运用，并加以验证，但并未有所发展。叶天士对温热病的辨证，在舌诊、验齿、观察斑疹白㾦等方面，均较《温病条辨》更为系统而细微，如叶氏在运用小陷胸汤或泻心汤等苦泄药时，也要察舌辨苔，对证投方，谓："人之体，脘在腹上，其位居中，按之痛或自痛，或痞胀，当用苦泄，以其入腹近也，必验之于舌，或黄或浊，可与小陷胸汤或泻心汤，随证治之。苔白不燥，或黄白相兼，或灰白不渴，慎不可乱投苦泄，其中有外邪未解里先结者，或邪郁未伸，或素属中冷者，虽有脘中痞闷，宜从开泄，直通气滞，以达归于肺。"说明脘痛或痞胀，必黄浊之苔，方可治以苦泄。如痰浊内阻而无热象之白苔不燥，或有表证未解而里证先结致舌苔黄白相兼，或素有脾胃寒湿，舌苔灰白而不渴，皆不可用苦泄之剂。可见叶氏对舌诊之重视。还提出察"温热之病，看舌之后，亦须验齿"，理由是："齿为肾之余，龈为胃之络，热邪不燥胃津，必耗肾液，且二经之血，皆走其地"，验齿方法，又提出察血瓣、齿燥、齿垢、齿血等四个方面，这些在温病学的诊断上都有指导意义，吴氏在这方面却未寄予应有重视，只在下焦温病中提到齿黑。吴氏在舌诊的运用上虽是继承了前人学说，但缺乏一定的创造性，似乎美中不足。

[《浙江中药》，1979；(7)]

试论吴鞠通学术思想的特点

董建华

对吴鞠通学术思想的评价，历来就有不同的见解。有的医家认为吴氏的学术思想完全师法仲景，没有什么创新，对临床亦无指导意义；有的医家则认为他师古而不泥古，在许多重要课题上，是有独特见解的。我倾向于后一类评价，因为他在治疗温热病方面是有所创造、有所发明的；他对祖国传统医学的发展，是做出了卓越贡献的。下面就他的学术思想的特点，谈一点个人的粗浅看法：

三焦辨证的实践性

三焦这个概念，最早出自《内经》。《内经》将人的躯干所辖的脏腑，划为上中下三部分，称之为"上焦"、"中焦"、"下焦"。上焦是指咽喉至胸膈部位，包括心肺在内；中焦是指膈下、脐部以上的脘腹部位，包括脾胃等脏腑；下焦是指脐以下部位，包括肾与膀胱等脏腑。吴氏根据《内经》提出的三焦理论，结合自己长期临床实践的经验，系统地阐述了三焦所属脏腑在温病过程中引起的病理变化，并以三焦学说作为温热病辨证的总纲。以此来概括证候的轻重、病情的深浅以及所病的部位，然后对证施治，这同张仲景《伤寒论》以六经为纲、叶天士以卫气营血为纲一样，对指导临床实践，都有十分重要的现实意义。吴氏在《温病条辨》一书中，对怎样运用三焦学说来进行辨证施治的问题，分别作了详尽的论述。

一、关于上焦的证候："凡病温者，始于上焦，在手太阴，太阴之为病，脉不缓不紧而动数，或两寸独大，尺肤热，头痛，微恶风寒，身热自汗，口渴或不渴而咳。午后热甚。"这一系列的症状，多出现在温病初期；若继见神昏谵语，舌绛等症，则为邪陷心包。由此可见，上焦的病候，主要包括手太阴肺和手厥阴心包二经的病变。

二、关于中焦的证候："面目俱赤，语声重浊，呼吸俱粗，大便闭，小便涩，舌苔老黄，甚则黑有芒刺，但恶热，不恶寒，日晡益甚者，传至中焦，阳明温病也。"这些是中焦温病的典型症状。临床如见头重身痛，胸闷不饥，午后身热，舌苔白腻，脉濡等，这属湿温病，是足太阴的特征。所以，中焦的病候，主要是指足太阴脾、足阳明胃和手阳明大肠三经的病变。

三、关于下焦的证候："凡汗下后，或热久不退，脉尚躁甚；或汗后脉虚大，手足心热；或汗后舌强，神昏耳聋；或阴液将涸而形成的厥、哕、痉等，以及脉结代，心烦不得卧。"这些症状多在温热病后期出现，由于肝肾阴虚而致，所以都归在下焦里面。下焦的病候，主要是指足少阴肾和足厥阴肝二经的病变。

总之，三焦所属脏腑证候的传变，标志着温病发展过程中的三个不同阶段。上焦手太阴肺的病变，多为温热病的初期阶段；中焦阳明胃（包括脾）的病变，多为温热病的极期阶段；下焦是足厥阴肝、足少阴肾的病变，多为温热病的末期阶段。其转变过程，吴氏指出："温病由口鼻而入，鼻气通于肺，口气通于胃。肺病逆传，则传心包；上焦病不治，则传中焦，胃与脾也；中焦病不治，则传下焦，肝与肾也。始上焦，终下焦。"但这是一般的演变情况，并不是固定不变的绝对规律。如何鉴别这些传变？应当根据临床所见证候为依据。

叶天士的卫气营血辨证，是从横的方面划分了病邪所在位置的深浅；而吴鞠通则自上到下从纵的方面论述了温邪的传变及病情的轻重。故后世对叶、吴两家有"一横一纵"之称。三焦辨证同六经、卫气营血辨证一样，都是中医治疗温热病的辨证方法，三者之间有着不少共性。如在病情性质方面，三者所提示的病情性质大体上是相吻合的。如伤寒化热，阳明燥热盛于内，或外蒸肌肉而见壮热，汗大出，大烦大渴，脉洪大等症，同卫分温病不解，热邪传入气分证以及中焦气分证是一致的。在受邪深浅方面，三者都能预示病邪的深浅。如邪在太阳、卫气、上焦，病变在表，受邪较轻；如邪在厥阴、血分、下焦，病变在里，受邪较重。在传变过程方面，三者都说明了疾病的转变过程。如六经辨证认为病的传变是由太阳→阳明→少阳→太阴→少阴→厥阴；卫气营血辨证认为病的传变过程是"卫之后方言气，营之后方言血"；三焦辨证则认为病变的过程是从上至中及下，由浅入深，由表及里。在病变部位方面，"凡病温者，始于上焦，在手太阴（肺）"，则同"温邪上受，首先犯肺"的说法，也是一致的。由此可见，三焦辨证确实是临床治疗温病的一种辨证纲领。否定三焦辨证的学说，认为它对温病防治没有什么实践意义的论点是不对的。

三大治则的科学性

"治上焦如羽，非轻不举，治中焦如衡，非平不安；治下焦如权，非重不沉。"这三大原则是吴氏按照自己所创的三焦辨证理论，结合长期实践的经验，根据病情轻重，受邪深浅，所病部位，脏腑性质及药物性味功能等各方面因素进行综合观察分析后提出来的。这是十分宝贵的财富，具有高度的科学性。

吴氏的"凡病温者，始于上焦，在手太阴"，是继承叶天士的"温邪上受，首先犯肺"的学说而来的，说明了温邪受自口鼻，病位在肺。肺为清虚之脏，邪犯于肺，便可发生一系列肺卫症状，如咳嗽、发热、微恶风寒、鼻塞、口渴、舌白而干，脉浮等症。由于病邪在表，内应于肺，病属轻浅，所以只要用些清散药物，就可收效。因此，以"上焦如羽"来比喻温病初起，病位在肺，"如羽"形容邪在浅表像羽毛那样轻浮之义。病变既在皮毛，况在上焦，故只要用辛散轻清的方药，驱邪外出，可以达到驱邪而不伤正，这就是"治上焦如羽，非轻不举”的本意。

“治中焦如衡，非平不安。”衡是平衡的意思。病在中焦，说明邪已入里。中焦脾胃具有升降、运纳、湿燥不同的生理特点，一旦升降、运纳、湿燥的平衡失常，有所偏胜，就会产生种种病理变化。所以，治疗中焦的病证，首先要观察病位所在，即病在脾还是病在胃；其次要分析伤阴还是伤阳、湿重还是热重。然后对症施治，进行调整，使其平衡。例如病在胃，热重伤阴，则以清热生津为宜，如病重腑气不通，则应以增液通下为主；若病在脾，湿阻中焦，当以芳化燥湿方主。俟热清湿化，脾胃升降、运化功能正常，燥湿平衡，病情也会很快减除。因此把这种治疗过程概括为“治中焦如衡，非平不安”。

“治下焦如权，非重不沉。”权指秤锤，秤锤是铁的，非常沉重。一般下焦肝肾的病变，往往阴精内劫，虚多实少，所以必须重用滋阴养血重镇的药物，或在厥脱时重用温肾救逆的药物，这就是“非重不沉”的意思。

这三个治疗原则，都是从脏腑病变与脏腑性质总结出来的，因此不仅是治疗热病必须遵循的原则，同时对其它疾病的治疗，同样具有重要的指导意义。

自制方剂的创造性

吴氏在制方立法用药上，十分富有创造性。这种创造性，可以用十六个字来概括：立法严谨，用药轻灵，随机应变，事半功倍。现举桑菊饮、银翘散等方为例，具体地谈谈这些特点。

桑菊饮：这是一张治风温身热不甚，微咳的主方药。方中以桑叶、菊花为主药，都具有清轻泻热的作用；加薄荷以助解表散风之力；桔梗、甘草、杏仁能宣肺利气，止咳化痰；连翘清热解毒；芦根生津止渴诸药合用，具有散风清热、宣肺止咳的作用。吴氏说这是辛甘化风、辛凉微苦之方。根据“上焦如羽，非轻不举”的原则，定为辛凉轻剂。此方用药虽很平淡，但具有轻可去实的良好作用。其灵活之处，反映在加减之中：如气粗似喘，加石膏、知母；舌绛暮热甚，燥邪初入营者，加玄参、犀角；病在血分者，去薄荷、芦根，加麦冬、细生地、玉竹、丹皮；肺热盛者，加黄芩；渴者，加花粉。一张处方，稍经加减，其治疗作用就有所不同，这充分反映出轻巧灵活的特点。

银翘散：这也是治疗上焦病的一张主方。但作用却不同于桑菊饮，以治热重咳轻为主。因其清热作用较好，故称为辛凉平剂。方以银花、连翘为主药，配伍牛蒡子、薄荷清透表热更为有力；以甘草、桔梗利咽止咳；芦根、竹叶清膈上之热，并可生津止渴。特别要指出的是方中加豆豉、荆芥二味微辛温之品，这是独到之处。辛凉解表方中为什么要此二味辛温解表药？意义何在？原因就在于：豆豉、荆芥二味配入辛凉之中，透表清热的作用更为明显。此方如在微恶风寒而热盛少汗时，疗效更佳。吴氏制定此方是根据《内经》“风淫于内，治以辛凉，佐以甘苦”的理论而来的。本方虽然四时均可应用，但以用于春季为多。吴氏对银翘散煎服法的要求很为严格。在煎法上，要求用鲜芦根汤，不能久煎，勿过煎，香气大出即取服。因为肺药取轻清，过煎则味厚而入中焦。在服法上要求，重者二时（4 小时）一服，日三服，夜一服；轻者三时（6 小时）一服，日二服，夜一服；病不减者，作再服。盖肺位最高，药过重则过病所，药过少则又有病重药轻之患，不能克敌制胜。所有这些，都是从实践中总结出来的宝贵经验。吴氏还批评某些人一不见效，就改弦易辙，药石乱投，结果事与愿违，适得其反，病情由轻转重而入中下焦。对于银翘的临床应用，吴氏还提出了许多加减法。如胸闷，加藿香、广郁金疏利气机；渴甚，加花粉生津清热；咽痛，加马勃、玄参解毒消肿；咳甚，加杏仁宣利肺气；热甚而衄血，去荆芥、豆豉，加白茅根、侧柏叶、栀子炭以凉营止血；热渐入里，伤及营分，加细生地、麦冬清热滋阴；热伤津液而小便短少，加知母、黄柏、栀子之苦寒与麦冬、生地之甘寒，以清热养阴。这一切，都充分反映了吴氏制方用药立法严谨，处方灵活的特点。

三仁汤：本方是治疗湿热初起，表里有湿而以里湿为主的一张主方。湿温初起，或暑温挟湿，湿热互结，湿重热轻，邪在气分，燥湿则助热，清热则滞湿，所以吴氏用杏仁之苦温，宣肺利气以化湿；用蔻仁、厚朴、半夏芳化理气以燥湿；用通草、苡仁、滑石淡渗以利湿；用竹叶透热于外。诸药配合，具有开上、宣中、渗下之功，使表里之湿，由上中下三焦分消。湿去则热无所依，而病易转愈。本方化湿而不助热，清热而不滞湿，是根据“中焦如衡，非平不安”的治则拟订的。通过宣气化湿，中焦畅通，脾胃升降平衡，当然会收事半功倍之效。

加减复脉汤：本方由《伤寒论》炙甘草汤去参、桂、姜、枣，加白芍组成，为温热病深入下焦，肝肾阴伤时治疗的主方。在温热病后期，肝肾两虚而出现脉虚大、手足心热、心中憺憺、舌强神昏等症，以及热邪深入，或在少阴或在厥阴时，均宜复脉汤主之。吴氏说：“在仲景当日，治伤于寒者之脉结代，自有取于参、桂、姜、枣以复脉之阳；今伤于温者之阳亢阴竭，不得再补其阳也，用古法而不拘用古方，医者之化裁也。”本方用地黄、阿胶、麦冬、白芍滋阴补血，炙甘草、麻仁扶正润燥，以奏滋阴退热、养液润燥之效。若肝肾阴虚兼见大便溏泄，则宜滋阴固摄，以一甲复脉汤主之，即于加减复脉汤中去麻仁，加牡蛎一两。若因真阴欲竭，内风将起，而仅见于手足蠕动尚未痉厥的，治宜滋阴潜阳，用二甲复脉汤主之，以防发痉，即在加减复脉汤中加生牡蛎五钱，生鳖甲八钱。若兼心中憺憺而动，脉象细促的，此乃阴亏较甚，肝风已动，治宜滋阴潜阳，用三甲复脉汤主之，即在二甲复脉汤中加生龟板一两，以助滋阴潜阳之力。若已见瘛疭、神倦、脉虚、舌绛少苔，时时厥脱的，则为阴精大亏，虚风旋扰，急宜滋阴固脱、潜阳熄风，用大定风珠方主之。本方系三甲复脉汤加味组成，方用阿胶、鸡子黄补阴液而熄内风；用白芍、五味子、甘草甘酸化阴，补阴敛阳；用麦冬、地黄滋阴润燥；取龟板、鳖甲滋阴潜阳。诸药合成，为治疗虚风内动的主方。从上面也可以看出，吴氏用古法而不拘古方，精心化裁，立法严谨，用药灵活，的确值得后人认真学习。

诸承气汤：仲景在《伤寒论》中，为阳明腑实的不同见证，设制了调胃承气汤、大承气汤和小承气汤等方药，吴氏仿照其意，根据温病伤阴的特点，对温热病在气分时出现大便闭塞这种症状，分别不同的病因，创设了新加黄龙汤、宣白承气汤、牛黄承气汤、导赤承气汤和增液承气汤等方。先说导赤承气汤，本方由导赤散和调胃承气汤相合加减而组成，主治温热病在气分阶段，证见身热烦渴，腹满痛拒按，小便短赤而痛，苔黄燥的阳明腑实、小肠热结患者，方用黄连、黄柏、生地、赤芍泻小肠热结，同时又滋养津液；用大黄、芒硝攻阳阳腑实。二肠之邪既出，则诸证均可随之而愈。再谈增液承气汤，本方由吴氏自制的增液汤合仲景的调胃承气汤去甘草组成。主治高热伤阴，热结便燥，用寒下法大便仍然不解，伴见舌红苔黄而干，脉细数者。吴氏认为这种热结便燥，主要是由于燥热伤阴，津液不足，好比无水舟停。治宜增液滋阴，通便泄热，好比增水行舟。本方重用玄参、麦冬、生地增液滋阴，配合大黄、芒硝泄热通便，达到润下燥屎的目的。

黄芩滑石汤：湿为阴邪，其性重浊黏腻，与热相结，则熏蒸难解。若症见身痛，渴不多饮，脉缓，苔淡黄而滑，汗出热解，继而复发者，用黄芩滑石汤分消湿热。本方去湿清热之效甚速，用药也是轻巧灵活的。

吴鞠通的这些制方，师承于古人而超越了古人，其独到之处是：泻中有补，清中有泻，宣通结合。因此，完全可以这样说，这是祖国医学史上一项了不起的发明创造，是值得我们认真学习和细心研究的。

综上所述，我认为吴鞠通是一位既有高超理论，又有丰富临床实践经验的杰出的中医学家。当然，由于历史的局限性，在吴氏著作中，也存在着一些封建性的糟粕。但是，我们应该分清主流与支流、成绩与错误的界限，不能苛求于前人。前人创造的科学与精华，需要我们去继承和发扬；前人遗留下来的封建性糟粕，需要通过我们的创新来剔除和改造，这才是我们应采取的正确态度。

[《浙江中医杂志》，1985；(7)]

《温病条辨痹疸论》临床研究

邓铁涛

吴鞠通把疟、痢、疸、痹亦归入温病之范围，有其独到之见解，值得继承与发扬，下面就吴氏痹疸之论作一介绍，并附按语及个人之医案。

《温病条辨·凡例》

是书原为温病而设，如疟、痢、疸、痹，多因暑温、湿温而成，不得不附见数条，以粗立规模，其详不及备载，以有前人之法可据，故不详论，是书所论者，论前人之未备者也。

[按] 此言温病与痢、疸、痹之异同。可以看作是本书论疟、痢、疸、痹之提纲，从暑温与湿温之角度立论，而重点则补前人之未备者。温病家立足于创新，随处可见。

<痹>

中焦篇

（六十五）湿聚热蒸，蕴于经络，寒战热炽，骨骱烦疼，舌色灰滞，面目萎黄，病名湿痹，宣痹汤主之。

[按] 吴氏自注认为《内经》以风寒湿三气合而为痹，《金匮》提出了“经热则痹”以补充《内经》之不足。经过他的临证细验，觉得热痹亦复不少，因此在湿温门中加入痹证数条，并着力发挥对热痹的治疗，对痹证的论治虽然只刊数条，的确有所发展，其宣痹汤一方疗效不错不可轻视。吴氏说：“实者单病躯壳易治，虚者兼病脏腑……则难治矣。”值得我们仔细体会咀嚼。当然吴氏所指的脏腑仍从温病角度而言，今天若结合西医有在关节疼痛的病来看，急、慢性均种类繁多，需要我们进一步研究发扬。

（六十六）湿郁经脉，身热身痛，汗多自利，胸腹白疹，内外合邪，纯辛走表，纯苦清热，皆在所忌，辛凉淡法，薏苡竹叶散主之。

[按] 吴氏自注：“上条痹在经脉，此则脏腑亦有邪矣，故又立一法。”故治用双解表里之法。但在脏腑者，不仅实证热证，虚证亦不少也。

（六十七）风暑寒湿，杂感混淆，气不主宣，咳嗽头胀，不饥舌白，肢体若废，杏仁薏苡汤主之。

[按] “若废”朱氏解作“废固病”值得讨论，应解作疼痛拘挛或痉痛怠倦不欲举动之

类。如吴氏医案："王，四十六岁，寒湿为痹，背痛不能转侧，昼夜不寐，二十余日，两腿拘挛，手不能握，口眼歪斜，烦躁不安，畏风自汗，脉弦，舌苔白滑，面色昏暗且黄，睛黄，大便闭，先以桂枝、杏仁、苡仁、羌活、广陈皮、半夏、茯苓、防己、川椒、滑石，令得寐，继以前方去川椒、羌活，加白通草、蚕沙、萆薢，得大便一连七八日均如黑旦子，服至二十余利，身半以上稍轻，背足痛甚，于前方去半夏，加附子、片姜黄、地黄、海桐皮，又服十余帖，痛渐止。又去附子地龙，又服十数帖，足渐伸，后服二炒丸加云茯苓、苡仁、萆薢、白术等药收功。"（见《吴鞠通医案·痹》）

（六十八）暑湿痹者，加减术防己汤主之。

［按］吴氏之自注，字数不多，但对本方的运用已详言其经验，认为是治痹之祖方。本方出《金匮》原用治膈间支饮者，吴氏医案，痹证第一案（昆氏，二十六岁案）是一个风湿相搏，一身尽痛又经误汗误下，渴饮、面赤、舌绛、胁胀胸痛之证，两天表里之痹而用木防己汤去人参加炙甘草，杏仁、白术、苍术、香附等治之。其第二案（吴，十一岁）行痹，亦用木防己汤去人参加炙甘草、杏仁泥、茯苓皮、片姜黄、海桐皮、牛膝、生苡仁等。痹证案和桂枝、石膏、防己者还有几案，足见吴氏对此经方之使用确有心得体会，温病学家，对仲景学说均有深入之研究。

本节之后，汪瑟庵所加的按语带有总结性。他指出古方多以寒湿论治，实则"寒湿固者，热湿兀多。"并说"学者细考本文，可得治热痹之梗概矣。"充分肯定吴氏之功。但还有一点值得我们注意的是——在《吴鞠通医案》有些痹证案在治疗过程中，寒痹化热，热痹变寒，辨寒与热，辨证灵活，论治多变。这也是值得我们重视的经验。建议读者，仔细读读《吴鞠通医案》。

下面举几个本人有关痹证案例供参考；

例一：何某，女，20岁。1961年因风湿关节炎反复发作，从大学退学回家。1962年春夏之交风湿病又大发作，全身关节痛甚，发热38℃，诊其舌苔厚腻，脉弦稍数，诊为热痹。处方：老桑枝、糯稻根各30克，白蒺藜、川萆薢各15克，桑寄生18克，炙甘草5克。并嘱其每天晒太阳，时间逐步增加，约十剂而痛止。继服至三十多剂而愈，追踪20多年未再复发。因药廉效好，多人问其父要该方服之亦效云云。

例二：梁某，女，40岁，因洗地至半，突发髋关节疼痛不能坐，痛如刀刺，不能行又不能食，发病二日来诊，舌质淡黯苔黄，脉数。诊为热痹兼血瘀。处方：宣木瓜、赤芍各12克，甘草5克，牛膝9克，石楠藤、银花藤、络石藤、宽筋藤、丹参各24克，当归15克，10剂而愈。

［按］以上两案均宗吴氏热痹之论，处方则根据具体辨证有所变通。下面三例，不属热痹，但亦宗于吴氏也。

例三：黄某，女，56岁，副教授。患关节痛多年经检查类风湿因子阳性，血沉100毫米/小时左右，舌嫩边有瘀斑，苔薄，脉虚时结。处方：桑寄生30克，玉竹、丹参各15克，小环杈、竹茹各9克，地骨皮、鸡血藤各24克、太子参18克，秦艽12克。二诊心悸较为明显，脉结代，舌象如前。处方：桑寄生、鸡血藤各10克，党参24克，橙皮、麦冬、五味子各9克，豨莶草18克，秦艽12克，云茯苓15克，甘草3克。以后加减威灵仙与丹参之类。治疗一年多关节痛及肿基本治愈，心悸时好时发，血沉20～40毫米/小时。追踪三年关节痛未复发，但治疗时间较长耳。类风湿多属虚证，难见速效。

例四：王某，男，50岁，部队干部。经广州部队医院诊断为第四、五、六颈椎增生性肥大。拟用牵引法治疗，但效果无把握，乃于1972年6月12日来诊。证见颈部活动受限制，头部左右旋转活动范围在60°～50°时痛，手臂发麻，舌红、苔白，脉弦数。处方：豨莶草、威灵仙、丹参各9克，白蒺藜18克，白芍、玉竹各15克，老桑枝30克，甘草6克。服二十多剂，颈部活动自如，手亦不麻。1973年三月来访，病未再发。

例五：赵某，男，53岁，亦患颈椎肥大，由上一患者带来求诊，证脉舌大致与上例相同。处方："白蒺藜、首乌、豨莶草、威灵仙各12克，宽筋藤、老桑枝各24克，赤芍15克，甘草6克，七剂。服后证减，手麻减轻，但偏头痛，照上方20剂，诸证均除。

<疸>

中焦篇

（六十九）湿热不解，久酿成疸，古有成法，不及备载，列数则，以备规矩（下疟、痢等证仿此）。

吴氏自注："以黄疸一证而言，《金匮》有辨证三十五条，出治一十二方，先审黄之必发不发，在于小便之利与不利，疸之易治难治，在于口之渴与不渴，再察瘀热入胃之因，或因外并，或因内发，或因食谷，或因酣酒，或因劳色，有随经蓄血，入水黄汗，上盛者一身尽热，下郁者小便为难，又有表虚里虚，热除作哕，火劫致黄。知病有不一之因，故治有不紊之法，于是脉弦胁痛，少阳未罢，仍主以和，渴饮水浆，阳明化燥，急当泻热，湿在上，以辛散，以风胜，湿在下，以苦泄，以淡渗，如狂蓄血，势以必攻，汗后溺白，自定投补，酒客多蕴热，先用清中，加之分利，后必顾其脾阳，女劳有秽浊，始以解毒，继以滑窍，终当峻补真阴，表虚者实卫，里虚者建中，入水火劫，以及治逆变证，各立方论，以为后学津梁。至寒湿在里之治，阳明篇中，惟见一则，不出方论，指人以寒湿中求之。盖脾本畏木而喜风燥，制水而恶寒湿。今阴黄一证，寒湿相搏，例如卑监之土，须暴风日之阳，纯阴之病，疗以辛热无疑，方虽不出，法已显然，奈丹溪云：不必分五疸，总是如盦酱相似。以为得治黄之厄要，殊不知以之治阳黄，犹嫌其湿，以之治阴黄，恶乎可哉！喻嘉言于阴黄一证，竟谓仲景方论亡失，恍若无所循从。惟罗谦甫具有卓识，力辨阴阳，遵仲景寒湿之旨，出茵陈四逆汤之治。瑭于阴黄一证，究心有年，悉用罗氏法而化裁之，无不应手取效。间有始即寒湿，从太阳寒水之化，继因其人阳气尚未十分衰败，得燥热病数帖阳明转燥金之化而为阳证者，即从阳黄例治之。"

叶霖按："论黄疸证治，全从《临证指南·蒋式玉论》中窃来，并不将阴黄、阳黄、在腑在脏，形证病因辨明，而自诩究心有年，用罗天益诩法化裁之，无不应手取效，欺世盗名莫为此极。

［按］叶霖这段批评是很不客气的。吴氏引人之文不注明出处，是不够好，但翻阅清代以前之著作，如此之例并不乏人，则吴氏堪谅。且吴氏在凡例第三条似已有所声明了，"一晋唐以来诸名家，其识见学问功夫，未易窥测。瑭岂敢轻率毁谤乎？奈温病一证，诸贤悉未透过此关……惟叶天士持论平和，立法精细。然叶氏吴人，所治多南方证，又立论甚简，但有医案，散见杂证之中，人多忽之而不深究，瑭故历取诸贤精妙，考之内经，参与心得，为是编之作，诸贤如木工钻眼，已至九分，瑭特透此一分作圆满会耳，非敢谓高过前贤也。"则罗谦甫的理论与经验除为蒋式玉之论加以推崇之外，又经过吴氏的验证，还是有利于后学。吴氏最后指出始有寒湿，得燥热药数帖，阳明转燥金之化而为阳证者，即从阳黄例治之。证之实践的确如此，我们曾见阴黄治疗过程中转为阳黄之证。足证吴氏又"透此一分"矣。

［七十］夏秋疸病，湿热气蒸，外干时令，内蕴水谷，必以宣通气分为要，失治则为肿胀。由黄疸而肿胀者，苦辛淡法，二金汤主之。

叶霖按："窃临证指南治蒋姓案，而捏造其方名。"

［按］方确与蒋姓案同，但并非全案照搬。此方加减治泌尿系结石有效，胆道结石一类黄疸亦效。不同于一般之传染性肝炎之黄疸也。

［七十一］诸黄疸小便短者，茵陈五苓散主之。

［七十二］黄疸脉沉，中痞恶心，便结溺赤，病属三焦里证，杏仁石膏汤主之。

吴氏自注："前条两解表里，此条统治三焦，有一纵一横之义。"（这一段话值得我们重视）

叶霖按语："叶氏治张姓案而捏造方名。"而朱武曹氏则眉批曰："金针尽度，经所谓气化出焉也。"我同意曹氏之意见。

［七十三］素积劳倦，再感湿温，误用发表，身目俱黄，不饥溺赤，连翘赤豆饮煎送保和丸。

吴氏自注："前第七十条，由黄而变他病，此则他病而变黄，亦遥相对待，证系两感，故方用连翘以解其外，保和丸以和其中，俾湿温、劳倦、治逆，一齐解散矣。"

叶霖按："从叶氏治黄姓案窃来，杜撰方名，劳倦二字谓是两感，纵论丹溪补阴之非，以他人门面，作自己牌坊，而妄议前贤，徒为识者笑耳。"

［按］《临证指南》所收"疸"证之案共十篇，吴氏采其三例著之于书，因其皆非治疸之常法，而是吴氏实践有得当，学于叶氏而能化裁，未可因其源自叶案而过责也。正相反，我们应该学习吴氏对前人医案的学习精神。吴氏在上焦篇三十五条自注云："惟叶氏心灵手巧，精思过人，案中治法，丝丝入扣，可谓汇众善以为长者，惜时人不能知其一二，然其法散见案中，章程未定，浅学者读之，有望洋之叹，无怪乎后人之无阶而升也。故本论摭拾其大概，粗定规模，俾学者有路可寻，精妙甚多，不及备录。学者仍当参考名家，细绎叶案，而后可以深造。"吴氏从散在的叶案中，抽丝剥茧，上升为理与法，其功与过，不是很分明了吗？

疸证案

例一：陈××，男，22岁，学生。患者自6~8岁不时有上腹疼痛发黄、发作频频，以后数月至数年发作一次不等。1954年10月（19岁发作入华南医学院第一医院，诊断为胆石病，进行胆囊摘除手术，术后痊愈出院。一年后复发，桂林工人医院X线检查诊断为胆管结石，拟再行手术治疗。1956年12月7日转回华南医学院第一医院经X线检查诊断与工人医院时，采用保守疗法，一年多曾三次发作。症状为上腹疼痛，发热呕吐，巩膜及皮肤发黄。第二次发作时曾诊断为胆管周围炎，再用保守疗法，经十一天治疗，出院后三天又再复发，比前次疼痛，故又疑为胆石症，拟剖腹探查，病人阴历年出院后，没去医院进行手术，1957年2月5日来诊时，症见腹部时痛，巩膜黄，小便深黄，腹泻，消化不佳，脉滑任按，舌质深红舌白苔，两颧赤色，鼻梁色微青，唇红，证脉俱实，此中医所谓阳黄，治以清热疏肝活血为主。处方：郁金、五灵脂、白芍各12克，柴胡、枳壳各9克，桃仁、蒲黄、当归尾各6克，绵茵陈24克。服药后肠鸣腹痛，小便更黄，大便溏黄中带黑，每天二、三次，每次不多。6日再服，服后腹中不适减少，精神较好，胃口好，大便有时结硬。9日再诊，照方白芍改为赤芍、白芍各9克。服后腹中无痛，巩膜黄色渐退，小便消，大便正常，胃口好，精神好，症状已消失。但感气力不足，2月19日病又复发，20日痛甚，22日处方如下，绵茵陈30克，山栀子、延胡索、柴胡、赤芍各9克，五灵脂、蒲黄、郁金各12克，黄芩、桃仁各6克。服后痛不再发展，继服二剂。病势减退，基本痊愈。25日再诊，已无任何症状，再方以善后，处方：首乌、白芍各12克，蕤仁肉8克，绵茵陈18克，五灵脂、柴胡、郁金各9克，枳壳6克。每隔三天服一剂，十多天后停服，以后每月服几剂，追踪二年未复发。

例二：简××，女，30岁，教师。患胆石症，经1972年手术治疗，至1973年5月胆绞痛又再发作，巩膜黄染，肝功能改变。从5月至9月发作七次（牵拉样痛）。中山医附院建议再一次手术治疗，未做，于1973年11月4日来诊。证见胆区钝痛，每天早上10时、下午5时左右其痛必增。舌黯苔白，舌边齿印，脉稍滑。治则：舒肝利胆活血。处方：太子参、白芍各12克，柴胡、郁金各9克，金钱草24克，蒲黄、五灵脂各6克，甘草5克，服12剂。11月18日再诊病减，未见大发作，舌稍红活，齿印明显，脉缓滑。治守前法。处方：金钱草30克，太子参15克，柴胡、郁金各9克，白芍12克，薄黄、五灵脂各6克，甘草5克。服上药10剂后已无痛，稍见口干，加白芍18克，以后每周服二、三剂至1974年3月已能上班工作。服之日久，曾出现贫血，乃减去蒲黄、灵脂，加首乌，金钱草亦减量，或予四君子汤加味以健脾间服。至今已十多年，她能自己掌握什么情况服攻、补之剂。

例三：蒙××，男，35岁，干部。1968年患胆囊炎，经常急性发作，疼痛，呕吐，发黄，约每月发作二、三次，大发作时痛十天八天，少则痛几天。多发于饮食不注意或疲劳之后，发黄、腹痛，舌红、苔浊脉弦数。处方：柴胡、郁金各9克，金钱草30克，蒲黄、五灵脂、甘草各5克，太子参12克，百部3克，黄皮树寄生24克，共服30剂。1978年3月14日来诊云：经上述治疗后1976年、1977年每年只有较疼痛二、三次。基本治愈。

例四：邓××，男，38岁。推销员。患者四个多月前开始发现目黄、身黄、小便黄，伴疲乏、纳减，右胁部疼痛，黄染迅速加深，症状日益增剧，遂于香港某西医院留医，诊断为黄疸型肝炎，经用西药（初为护肝药，后加用激素）治疗一个多月后，病情曾一度好转，黄疸基本消退，谷丙转氨酶由760单位降至180单位。但后来病情又加重。见黄疸加深，疲乏，右胁痛等症状加剧，胃纳极差，每餐仅能食二、三匙饭，肝功能检查提示肝损害加重，一周前已停用激素。遂于1978年8月25日反穗求医。27日初诊。患者皮肤中度黄染，面色黄而暗晦无华，满月脸。唇红，舌暗、苔白厚，中心微黄，脉滑缓。肝大胁下2.5公分，质中等，压痛（+），麝浊2单位，麝絮（阴性），锌浊12单位，谷丙转氨酶463单位，HBsAg阴性，尿胆元阳性，胆红素阳性，尿胆红素阳性（+++），血红蛋白10.4%，红细胞380万/立方毫米，白细胞8,700/立方毫米，杆状4%，中性59%，淋巴36%，伊红1%。B型超声波示：肝上界第五肋间，剑突下4.5公分，肋下2公分，肝厚11公分，脾厚4公分，肋下未触及，肝内稀疏乎段，脾内较密微小波，胆囊排泄功能好。诊断：活动性肝炎合并肝胆道感染。处方：金钱草、黄皮树寄生各30克，田基黄、土茵陈、麦芽各24克，郁金9克，云茯苓、白术各15克，甘草6克。每日一剂，复渣，共服15天，第七天加用茜根9克，停用一切西药。1978年9月10日二诊：黄疸稍退，面色稍华，唯胃纳仍差；肝区仍痛，并见左胸胁部时痛，舌嫩，部分色黯、苔白润，脉细缓。处方：金钱草、黄皮树寄生各30克，白术、云茯苓各18克，广木香（后下）5克，甘草3克，郁金、茜根各9克，麦芽24克，田基黄18克。每日一剂，复渣，共服28剂，第14剂后田基黄减为10克，1978年10月8日三诊：黄疸基本退去，胃纳增加，满月脸亦基本消失，面色转华，舌嫩红，有瘀点，脉细稍涩。按上方（田基黄10克）加太子参20克（共服7天）。10月15日四诊：症状消失，惟时觉胸闷。10月16日肝功能麝浊2单位，麝絮（阴性），锌浊12单位，谷丙转氨酶正常，尿三胆均阴性，尿常规正常，胆固醇230毫克%，舌嫩红，瘀点退、苔白薄，脉细寸弱。处方：太子参、白术各25克，丹参、麦芽各15克，云茯苓、金钱草各18克，广木香（后下）5克，郁金9克，黄皮树寄生24克，甘草3克，共27服。12月12日五诊：仍觉胸闷，肝区稍觉胀。12月13日肝功检查谷丙转氨酶（阴性）、麝浊2单位、麝絮（阴性），HBsAg阴性。舌红，苔白，脉缓稍虚。第一方：金钱草、云茯苓各18克，茜根9克，乌豆衣15克，黄皮树寄生24克，太子参30克，淮山12克，甘草5克，麦芽20克，大枣4枚，二剂。第二方：太子参、桑寄生、黑豆各30克，首乌24克，云茯苓、白术各15克，淮山药、玉竹各12克，郁金9克，麦芽20克，甘草3克，五剂。以后以第二方加减善后，服药一月余以巩固疗效。追踪十年，病未见复发。

以上数案之诊治，均不同于古法，实受启发于吴氏也。

[《新中医》，1990；（7－9）]

吴鞠通三焦辨证源流考辨

许家松

吴鞠通《温病条辨》所创三焦辨证沦治体系渊源何在？迄今仍有争议。吴氏云："温病由口鼻而入，自上而下，鼻通于肺，始手太阴。……故病始于此，必从河间三焦定论。"然陆九芝氏认为三焦辨治温病实源于喻嘉言而託名刘河间，当代学者中，有人提出了三焦辨证实源于罗天益《卫生宝鉴》有热分三焦篇。因此，有必要作一番历史的回顾以正本清源。

一、《内经》《难经》有关三焦的论述

《灵枢·营卫生会》云："上焦出于胃上口，并咽以上，贯膈而布胸中，走腋，循太阴之分而行，还至阳明，上至舌，下足阳明，常与营俱行于阳二十五度，行于阴亦二十五度一周也。故五十度而复大会于手太阴矣。""中焦亦并胃中，出上焦之后，此所受气者，泌糟粕，蒸津液，化其精微，上注于肺脉乃化而为血，以奉生身，莫贵于此，故独得行于经隧，命曰营气。""下焦者，别回肠，注于膀胱而渗入焉。故水谷者，常并居于胃中，成糟粕，而俱下于大肠而成下焦。渗而俱下。济泌别汁，循下焦而渗入膀胱焉。""营出于中焦，卫出于下焦。""上焦如雾，中焦如沤，下焦如渎。"《灵枢·决气》又云："上焦开发，宣五谷味，熏肤、充身、泽毛、若雾露之溉，是谓气。""中焦受气，取汁变化而赤，是谓血。"《内经》中三焦的部位基本上是把人体划分为上中下三个部分。从脏腑来看，上焦为肺心之所居，其功能主要是主入，主布散阳气，温养体表；中焦为脾胃之所居，其功能主要是主纳主化，化生营血；下焦为肾、膀胱、大小肠所居，其功能主要是主出，泌别清浊，为水液之通道。

在《难经·三十一难》中，对上述内容作了进一步的阐发："三焦者，水谷之通道，气之所终始也。上焦者，在心下，下膈，在胃上口，主内而不出。……中焦者，在胃中脘。不上不下，主腐热水谷。……下焦者，当膀胱上口，主分别清浊，主出而不内，以传导也。"

至于三焦的病理变化，《内经》中也已见有论述，如《灵枢·九针论》云："下焦溢为水。"《素问·至真要大论》曰："少阴之胜，心下热善饥，脐下反动，气游三焦……呕逆躁

烦，腹满痛溏泄，传为赤沃。”《素问·调经论》谓：“阳受气于上焦，以温皮肤分内之间，今寒气在外，则上焦不通，上焦不通，则寒气独留于外，故寒慄。帝曰：阴虚生内热奈何？岐伯曰：有所劳倦，形气衰少，谷气不盛，上焦不行，下脘不通。胃气热，热气熏胸中，故内热。帝曰：阳盛生外热奈何？歧伯曰：上焦不通利，则皮肤致密，腠理闭塞，玄府不能，卫气不得泄越，故外热。”

可以看出，阴阳气的盛衰、饮食、劳倦、外邪等均可引起三焦不通而为寒、为热、为水等病理变化。

二、仲景书首先运用了三焦辨证

仲景在《伤寒论》和《金匮要略》中，除运用六经、八纲、脏腑辨证之外，还多处运用了三焦辨证方法，如《伤寒论》164 条（全国高等医药院校试用教材，1979 年版，以下同）“理中者，理中焦，此利在下焦，赤石脂禹余粮汤主之。”233 条“阳明病”，胸胁硬满，不大便而呕，舌上白胎者，可与小柴胡汤。上焦得通，津液得下，胃气因和，身濈然汗出而解。”245 条“食谷欲呕，属阳明也，吴茱萸汤主之。得汤反剧者，属上焦也。”282 条“……少阴病形悉具，小便白者，以下焦虚有寒，不能制水，故令色白也。”150 条“妇人伤寒，发热，经水适来，昼日明了，暮则谵语如见鬼状者，此为热入血室，无犯胃气及上二焦，必自愈。”《金匮要略·五脏风寒积聚病脉证并治》又有：“问曰：三焦竭部，上焦竭善噫，何谓也？师曰：上焦受中焦气未和，不能消谷，故能噫耳。下焦竭，即遗溺失便，其气不和，不能自禁制，不须治，久则愈。师曰：热在上焦者，因咳为肺痿；热在中焦者，则为坚；热在下焦者，则尿血，亦令淋秘不通。”

可以看出，仲景书中的三焦涵义仍是指脏腑部位及其功能，即上焦指肺，主气；中焦指胃脾，主消化；下焦指肾、膀胱，主气化、通利水道。但在仲景书中，仍以六经辨证为主，穿插运用了三焦辨证，且未构成体系，故人多忽之。

三、河间确以三焦辨治热病

以三焦为纲辨治热病者，确始自河间。他在《素问病机气宜保命集》中谓：“病有暴热者病在心肺，有积热者病在肝肾，暴热者宜局方中雄黄解毒丸。积热者，宜局方中妙香丸。暴热上喘者病在心肺，谓之高喘，木香金铃子散。上焦热而烦者，牛黄散。脏腑秘者，大黄牵牛散。上焦热无他证者，桔梗汤。有虚热不能食而热者，脾虚也，宜以厚朴白术陈皮之类治之；有实热能食而热者胃实也，宜以栀子黄芩汤或三黄丸之类治之，郁金柴胡之类亦是也。有病久憔悴发热盗汗五脏齐损此热劳胃蒸病也，瘦弱虚烦、肠澼下血皆蒸劳也，宜养血益阴，热能自退，当归生地黄或钱氏地黄丸是也。”阐明了急性热病初起病在心肺，表现为发热、喘息心烦等症状，治用牛黄丸，对上焦病位除肺而外，还提出了心。若实热能食，病在胃，用清下法；虚热不能食，病在脾，宜健脾燥湿行气。脾胃均属中焦。病久积热，病在肝胃即属下焦，与《内经》和仲景所指膀胱、大小肠等有所不同，宜养阴退热，用生地黄之类。以三焦概括五脏，对热病分三焦辨证论治之义，实是在再明白不过的了。

至于杂病辨证，如《霍乱论》、《消渴论》、《吐论》诸篇，河间也以三焦辨证。如《霍乱论》谓：“邪在上焦则吐，邪在下焦则泻，邪在中焦既吐且泻。”吴鞠通晚年对杂病也主张以三焦辨证，实亦源出河间。吴氏在《医医病书·治内伤须辨明阴阳三焦论》中谓：“必究上中下三焦所损何处”，意在强调外感内伤均以三焦概脏腑以确定病位。

四、罗天益、喻嘉言论三焦辨证

罗天益所著《卫生宝鉴》虽以“上焦热”、“中焦热”、“下焦热”命篇，但均系各方类集，各篇只列方而无论。

喻嘉言在《尚论篇·详论瘟疫以破大惑》中，也提出了三焦辨证。他说：“瘟疫之邪则直行中道流布三焦。上焦为清阳，故清邪从之上入，下焦为浊阴，故浊邪从之下入，中焦为阴阳交界，凡清浊之邪，必从此区分。……邪既入急以逐秽为第一义。上焦如雾，升而逐之，兼以解毒。中焦如沤，疏而逐之，兼以解毒，下焦如渎，决而逐之，兼以解毒。”强调了治疗瘟疫自始至终以解毒为第一要义。

从年代来看，罗天益为东垣弟子，远在河间之后；喻嘉言为清代医家，更在罗氏之后。从所述三焦辨证内容来看，罗、喻所述亦远不及河间明确，证治齐备。至于学术思想的影响，据吴鞠通自述治阴黄法，得力于罗天益；治温强调解毒辟秽及温燥之论，受益于喻嘉言；至于三焦辨证，则认定学承河间。

五、叶天士提出温病当从三焦辨证，但立论甚简

叶天士在《三时伏气外感篇》中提出：“后贤刘河间创议迥出诸家，谓温热时邪，当分三焦，投药以苦辛寒为主，若拘六经分证，仍是伤寒治法，致误多矣。”在《临证指南医案》中指出：“仲景伤寒先分六经，河间温热须究三焦。……议三焦分清治，从河间法。”在《温热论》中，他确也运用了三焦辨证，如：再论气分有不传血分，面邪留三焦，亦如伤寒中少阳病也。彼则和解表里，此则分消上下之势随症变法……”“再论三焦不得从外解，必致成里结。”但其立论甚简，不像卫气营血辨证已形成体系；在治疗上也仍从卫气营血论治。因此，叶氏虽提出了温病当从河间三焦辨治这一观点，但并未形成体系。这一观点对潜心叶学的吴鞠通来说，无疑是深有启发的。

六、吴鞠通创建三焦辨证论治体系

吴氏所创建的三焦辨证论治体系，在《温病条辨》中论述十分明确。他说：“温病由口鼻而入，鼻气通于肺，口气通于胃。肺病逆传则为心包。上焦病不治，则传中焦，胃与脾也。中焦病不治，则传下焦，肝与肾也。始上焦，终下焦。”《伤寒论》六经由表入里，由浅及深，须横看。本论论三焦由上及下，亦由浅入深，须竖看，与《伤寒论》为对待文字，有一纵一横之妙。……而万病诊法，实不出此一纵一横之外。”其三焦辨证体系的基本内涵，大致归纳如下：

（一）取三焦以概脏腑，强调按脏腑定位辨治温病　吴氏三焦体系“三焦”的含义，系继承《内经》和河间所论，以“三焦”来概脏腑，即上焦包括肺与心，中焦包括胃与脾，下焦包括肾与肝，并不涉及三焦名形之争。如果说叶氏卫气营血辨证是气血辨证在温病中的运用和发展，那么，吴氏三焦辨证的重要意义在于把脏腑辨证引进了温病辨证领域，强调温病除辨明卫气营血之外，还必须按脏腑定位论治，从而把温病的气血辨证和脏腑辨证结合起来，以补卫气营血辨证之不足。

（二）以三焦归类温病的病机和证治

1. 上焦温病　指温病初期，由口鼻吸受而入。病位：在手太阴肺，又称太阴温病，逆传则入心包。病性，属表热证，其挟湿者为表湿热证。从卫气营血来看，以卫分证为主，重

证可出现气、营、血或气血两燔证。病势传变：不治，则传入中焦，逆传则入心包；治则为“上焦如羽，非轻不举”。在治法上以祛邪为主，用辛凉宣散解毒的方法，代表方剂为银翘散。夹湿者治以轻宣芳化，用三仁汤之类。扶正主要立足于保肺津，伤津者用五汁饮、雪梨浆。治疗禁忌有：禁辛温发汗，禁治上而犯中、下，初起禁苦寒，斑疹禁升提，湿热类禁汗、下、润（暑温无汗者不在此例）。预后：肺之化源绝者死；心神内闭，内闭外脱者死。

2. 中焦温病　指温病极期，多由上焦温病传来。病位：在阳明胃和太阴脾。其温热类多阳明病，其湿热类多太阴病。病性：为里热证、里实证。挟湿者则为里湿热证。从卫气营血来看，以气分证为主，重者可有营血分证和多种合并证。病势传变：不治则传下焦；治则为“中焦如衡，非平不安”。在治法上以清法和下法祛邪，以恢复胃降脾升的生理功能。代表方剂为白虎汤、承气汤类。由于热盛伤阴，用甘寒生津、咸寒增液以救胃阴。代表方剂为益胃汤、增液汤等。湿热类多表现为湿热郁阻中焦蔓延三焦，以辛苦通降、上下分消为法，代表方剂为一至三加减正气散、黄芩滑石汤、杏仁滑石汤等。治疗禁忌有：禁纯用苦寒，禁淡渗利尿，斑疹禁升提壅补，下后禁迭下，白虎四禁等。湿热类不在此例。二者皆禁热退暴食。预后：或阳明太实、土克水者死；或脾郁发黄、浊秽闭窍而死。

3. 下焦温病　指温病未期，多由中焦温病传来。病位：在少阴肾与厥阴肝，又称少阴温病。病性：以里虚热证为主的虚实夹杂证。其温热类以阴虚阴竭为主。其湿热类可为气虚气阻或气阴两虚甚至以气虚为主。治则为“下焦如权，非重不沉”。在治法上以救阴为急，兼以清邪；如邪盛正虚者，当先以搜邪，继以存存阴。救阴多用重镇药物以潜阳育阴填精。代表方剂为诸复脉汤、定风珠类。挟湿者，湿盛仍以行湿为主，兼顾气阴；偏于气虚阳微者，以补气温阳为主。主要用方如连梅汤、宣清导浊汤、三才汤、人参乌梅汤等。治禁有：邪尚盛者不可先施补阴而致留邪；阴虚为主者不可专予清热；阴虚耳聋禁用柴胡剂等。预后：其热深阴竭者死。

（三）辨病与辨证相结合的“广义温病”体系

吴氏三焦证治体系足以三焦为“纲”以辨证，九种病名为“目”以辨病。九种温病即风温、温热、暑温、湿温、秋燥、冬温、温疫、温毒、温疟，包括了四时温病。此外，还附列了壅湿，从而把风、热、暑、湿、燥、寒六气致病均加以论述，并附列痹、疸、疟、痢等，在记述范围上已是“广义温病”，并把辨证与辨病紧密结合起来。在论述方法，他把九种温病的是否夹湿区分为温热和湿热两大类，执简驭繁，十分切合实用。

综上所述，吴鞠通三焦辨证体系实源于刘河间，他在河间三焦辨证的基础上创立了一个系统、完整，理法方药俱全的温病三焦证治体系，不但在温病学史下写下了光辉的一页，而且对中医辨证论治的发展作出了贡献。

［《新中医》，1989；（5）］

温病昏呃痉厥证治综谈

孟澍江

温病是由温热病邪引起的热象偏重、易于化燥伤阴的一类外感疾病。在其发生发展的过程中，常有昏迷、呃逆、痉厥等特殊性的症状出现。它们的病因、病机各有所别，因此，必须按辨证施治原则进行处理。现仅就温病中可能出现的昏、呃、痉厥三大症及其治疗方法，做一综合性的讨论。

一、昏迷

是温病发展过程中常见的临床表现。由于神志昏迷常与谵语同时出现，所以习惯上往往以昏谵并称。昏谵的基本特征是意识障碍，神志昏迷，语无伦次。其深度昏迷者，可呈昏睡而不语，故又称昏愦。温病中出现昏谵，系机体高级神经活动受到严重抑制，多与心、脑有关，是病情重危的标志。引起昏迷的病种甚多，如中毒性菌痢、中毒性肺炎、流脑、乙脑以及中暑、败血症等，它们的病机约有以下几种：

（一）阳明腑实：除了见有潮热、腹满便结、苔黄燥有刺、脉象沉实等阳明腑实而外，并多伴有昏谵见证。在《伤寒论》中认为神昏谵语，多由阳明腑实热盛所引起，后世伤寒学派亦多赞同此说，如陆九芝说："人病之热，唯胃为甚，胃热之甚，神为之昏。从来神昏之病，皆属胃家。"基于这种认识，他主张温病应包括在伤寒之内，不必另立门户。故他又说："温病热自内燔，其最重者，只有阳明经腑两证，经证用白虎汤，腑证用承气汤，有此两法，无不可治之温病矣。"据此，我们认为热病出现因胃燥热结而发生的昏谵，辨证要点在潮热，苔燥裂，腹满便秘，治疗当用通下，以承气泄腑，腑气一通，神昏自可解除，不必专事用开窍药。

（二）邪陷心营：邪热内陷心营，多发生神昏谵语。其来路有自卫分径入心包者。叶天士说："温邪上受，首先犯肺，逆传心包"，实即指此。所谓逆传，王孟英论之较为确切，他说："邪从气分下行为顺，邪入营分内陷为逆。"意指卫分证不经过气分阶段，很快就出现神昏。从这个意义上来说，逆传者，实际含有"逆证"之意。章虚谷对逆传心包的看法是"心属火，肺属金，火本克金，而肺邪反传于心，故曰逆传也"。此种说法，颇属牵强。无怪王孟英说他"以生克为解，既乖本旨，又悖经文"。神昏的另一来路是从气分而来。在气未解，传入心营，可以出现昏谵。它与卫分逆传心包之见证基本相同，只是在病程中出现的时间稍有早迟之分而已，辨证要点，均以舌红绛为准。总的治疗原则，亦均宜开窍。但须区分是热闭还是痰蒙。热闭与痰蒙在病因、病机、临床表现等方面均有所不同。

热闭：由热邪侵入心包，清窍闭阻所致，其昏迷程度深，常表现昏愦不语，呼之不应，甚或循衣摸床，撮空理线，且伴有高热，烦躁、舌绛等症，多见于热邪深入营血阶段，宜用清心开窍法。常用方剂，如以营热盛为主者用清营汤，以邪犯心包为主者用清宫汤，均可配用开窍药如安宫牛黄丸、至宝丹、紫雪丹等。此三者均有清除心包痰热、苏醒神志的作用。吴鞠通从药味上分析，认为"大抵安宫牛黄丸最凉，紫雪次之，至宝又次之，主治略同，而各有所长，临用对证斟酌可也"。此说可作参考。但此类方药多含有犀羚、脑麝等灵异之品，其气多香窜入心，故温病未见厥闭者，不可早用，否则有开门揖盗，引邪深入之弊。或问："若阳明太实，上冲心包，而见神志昏愦，其治则又当如何?"吴鞠通对此主张是："邪在心包阳明两处，不先开心包，徒攻阳明，下后仍然昏惑、谵语……"此说虽有一定的临床指导意义，但又不可视为定论。若两者俱急，可考虑使用牛黄承气法，一边开窍，一边泄腑。若徒事攻下而不予以清心，也是不符合治疗原则的。

痰蒙：系因湿热痰浊蒙蔽清窍而成。一般昏迷程度较浅，呈似清似昧或时清时昧状态，间有谵语，问答中间有清楚之词，身热大多不高，无狂躁不宁现象，舌上罩有腻苔，此多见于湿热证或温病夹湿证。辨证要点在神志如蒙，舌上有黄浊苔垢，治疗当用豁痰开窍法。常用方如菖蒲郁金汤，还可配合使用开窍药，如苏合香丸等，重在化痰涤浊，痰浊去则窍自开。此症切不可使用清心开窍法，因愈清则痰浊愈生，反使神昏加甚。反之，本法亦不能用于热闭证，误用亦有助热化火之弊。

（三）血蓄下焦：温病下焦蓄血，或妇人病温，适值经来或经断，热入血室，热与血结，均易产生神志症状。其症旦明夕昧，夜更神昏，低声呓语，如见鬼状，甚或其人如狂，并伴有少腹硬满急痛，大便秘，小便自利，病人漱水不欲咽，舌紫绛，舌面望之若干，扪之潮润，脉多见实。此症之神志异常，既不同于阳明腑实，又不同于邪陷心包。其辨证关键要紧紧抓住舌紫绛而湿润，少腹硬满而小便自利，其人如狂。叶天士认为“血结着身体必重，非若阳明之轻旋便捷，何以故耶？阴主重浊，络脉被阻……”此种以身体之重轻，作为有无血结之辨证，似难确信。我们应从整个证情加以辨识，因血结而产生的神昏，治疗当宜去邪通络，化瘀破结。通常使用方如桃核承气汤，此症重在活血化瘀，若因见有神志症状而一味开窍，则往往不能生效。

（四）湿阻下焦：温病秽湿郁阻肠道，上蒙清窍，也可出现神昏。吴鞠通《温病条辨》下焦篇对此方证云：“湿温久羁，三焦弥漫，神昏窍阻，少腹硬满，大便不下，宣清导浊汤主之。”此是湿久郁结下焦气分，闭塞不通所致，虽也有神昏腹满，不大便，但其舌苔厚腻，则不同阳明腑实证；虽有苔腻神昏，但有腹满便秘，则又不是湿热酿痰证，更不同于邪陷心营与血结证；故不用硝黄以攻下、活血以化瘀，也不专事芳香开窍，而是用宣清导浊汤，取猪苓、茯苓淡渗利湿，寒水石清热降火，以化无形之气，更妙在用蚕砂以泄利湿浊，走浊道而化浊为清，皂荚子除湿通便，共逐有形之湿。此方不在开窍而重在涤浊，不开窍而窍自开，是治病求本之法；此方颇有巧思，也是温病学家吴氏补前人所未备之一大成就。

上述神志异常，有因腑实而用承气攻下的，有因邪陷心营而分别热闭与痰蒙而用清心开窍与豁痰开窍的，有因血结而用通瘀破结的，有因湿阻下焦而用宣导湿浊的，可见对于神志异常的治疗，其内容远较《伤寒论》丰富得多。

二、呃逆

又名哕，其产生多与胸隔气机痹阻有关，但其症情有轻重之分。其重者亦应视为险象而予以重视，然亦不可一见呃逆而失措。因其病位，病机不同及症候之有虚有实，必须加以辨证。

（一）病在上焦：吴鞠通《温病条辨》上焦篇载，“太阴湿温，气分痹郁而哕者，宜痹汤主之。”此因上焦气分痹郁而作呃，病位在肺，病势轻浅，外无险候，因主以宣痹汤轻宣肺气之痹结。全方药仅五味：豆豉、射干、郁金、通草、枇杷叶。药取轻清，宣开肺气以止呃，有轻可去实之意。由于病位在肺，其性属热，慎不可一见呃逆，就不加辨证地套用丁香柿蒂散。

（二）病在中焦：吴鞠通《温病条辨》中焦篇载：“阳明湿温，气壅为哕者，新制橘皮竹茹汤主之。”此因湿热壅遏胃气、气机不畅而作呃，与前述之肺气痹结作呃两相对待。以病机言，彼在肺，此则在胃，故不用宣痹汤而用新制橘皮竹茹汤。此方从橘皮竹茹汤加减而成，意在和胃降逆，胃气和降则呃逆可平。因病在气分，只宜宣展气机，故吴鞠通告诫“不宜用参甘峻补”，因愈补则气机愈壅，呃逆愈不能平，诚属经验之谈。此外，阳明温病，实热壅塞者，又可作呃，此较气壅为哕者又深一层，是因胃气大实，致使肺气不得下降而成。此呃之特点是连续呃逆，想还有腑实见症存在，故通腑降逆为治疗之急务，俾里气得通，呃逆则止。

（三）病在下焦：其呃逆的特点是声断续，时微时甚。从表面证象来看，似较连声哕者为轻，其实不然，温病见此呃逆，已是虚象毕现阶段，当有昏陷之势。临床必须警惕。吴鞠通解释为“下焦冲虚之哕，其哕之来路也远”。此种解释，当然未能触及疾病本质，但从“其哕之来路也远”一句来看，似指此证之呃要比上焦气痹、中焦气壅作呃者为重，所以他说此呃属下焦。下焦之呃，意味着已是重危之候。

上述呃逆一证，有上中下三焦之分，其症情与险恶程度有轻重之殊；当然呃逆仅是一个证象，必须结合全身情况加以判断，方能全面。

三、痉厥

痉与厥本来是两个不同证象：痉指痉挛强直而言，厥的含义一为四肢逆冷，一为昏晕厥逆。由于温病过程中常常先痉后厥，厥而又痉，或痉厥并见，故习惯统称痉厥。温病出现痉厥，与心、肝、肾等脏相关，临床着重鉴别虚实两大类型。

（一）实风内动：表现为实证，多发生在温病的极期阶段，所谓“热极而生风”。邪热炽盛，阴液急剧耗损，筋脉干而拘急则痉；如阳气被遏，郁而不达，则四肢不温，清窍失灵则厥。主要表现为抽搐来势急剧，频繁有力，颈项强直，甚则角弓反张，检查巴氏征，克氏征多为阳性，牙关紧闭，两目上视，肢冷昏厥，伴有高热，脉洪数或弦数有力，舌红苔黄。值得指出的是在发生痉厥之前，往往见有不定惊跳，肌张力增强，颈项有抵抗，两目凝视，口角时有颤动以及意识障碍等，此为动风之先兆，临床必须细心观察，预为防范。因实风而起的痉厥，治宜凉肝熄风，代表方为羚羊钩藤汤。见有昏厥的还须配用开窍药；抽搐甚者可用止痉散。然亦常有见痉止痉不效者，如系阳明经热炽盛，则宜用白虎汤清之；如系气分胃肠实热亢盛内有燥结者，又当予攻下。若徒恃羚羊、钩藤熄风则治亦不能合拍，必须通泄腑热而其痉自定。

（二）虚风内动：表现为虚证，大多发生在温病的后期或恢复期，由于热邪逗留日久，阴津血液耗伤已极，筋脉失于濡养而呈动风之象，故称“虚风内动”。其临床表现，除见有手足蠕动或瘛疭、口角颤动、心中憺憺而动等虚风内动之征象外，常伴有低热、颧红、口干舌燥、五心烦热、耳聋失语、形瘦神惫、舌光红、脉虚细等肝肾阴伤见证。治疗宜用滋阴潜镇法，如三甲复脉及大、小定风珠等方。此类方剂，药多浓浊滋腻，必须在“邪气已去八九，真阴仅存一二”的邪少虚多的情况下运用；若用之不当，敛邪损正，其危害亦不小。当然，虚风内动证又有兼挟湿邪痰浊不化而成虚中夹实之证者，治疗用药则比单纯虚证为棘手，必须去邪与扶正并用，而不可泥于“邪少虚多，方可滋阴”之说。

以上所介绍的昏、呃、痉厥是温病过程中常见的症状，这些症状的出现，表示证情危急，祖国医学对这方面证候的处理，无可否认是有其一定疗效的。近多年来，中西医结合运用多法治疗，则其疗效更为显著。事物都是在变革中前进的，我们应该创造更多的理论和治疗手段，使对温病的内容逐步充实和完整，更好地为人民健康服务。

［《江苏中医杂志》，1980；（6）］

论吴鞠通气味配伍理论及应用

程昭寰　王永炎

清代温病学家吴鞠通“有志采撷历代名贤著述，去其驳杂，取其精微，间附己意，以及考验，合成一体，名曰温病条辨”。《温病条辨》问世之后，后世医家谓其为总结叶、薛诸家温病学说的集大成者。该书既倡寒温水火辨，又立清热养阴大法，尤其强化三焦辨证，并于方剂下注明五味组方之规律，如白虎加桂枝汤下注明：“辛凉苦甘复辛温法”，四气与五味组方之规亦彰然于书，释方时亦常从气味配伍理论加以详细说明。本文就吴鞠通气味配伍理论及实践意义，试论如下。

一、溯源《灵》《素》，制方选药宗气味配伍

《温病条辨·卷首》立“原病篇”，引了《素问·六元正纪大论》等10多篇《素问》篇章，首揭医理于前，以明本源，继而在释方时多按《素问》七篇大论有关六气司天在泉胜复从化的演变而施气味组方之理，如释辛凉平剂银翘方时云：“本方谨遵内经，风淫于内，治以辛凉，佐以苦甘，热淫于内，治以咸寒，佐以甘苦之剂……”，“又宗喻嘉言芳香通秽之说，用东垣清心凉膈散，辛凉苦甘，病初起且去入里之黄芩，勿犯中焦，加银花辛凉，芥穗芳香……”，可见用经训去启迪后学，既熨贴，又实用，更有虚怀若谷之处：“此方之妙，预护其虚，纯然清肃上焦，不犯中下，无开门揖盗之弊，有轻以去实之能，用之得法，自然奏效，此叶天士立法所以迥出诸家也。”既然是叶氏的东西就标而明之，其境界非抄袭者可比。

释辛凉轻剂桑菊饮时云：“此辛甘化风、辛凉微苦之方也。盖肺为清虚之脏，微苦则降，辛凉则平，立此方所以避辛温也。”轻剂在于微苦而降，可见气味组方之用，功可巨也。

释辛凉重剂白虎汤时，则要言不烦，此证“辛凉平剂，焉能胜任”，平剂不能胜任，当然就要重剂，重在用甘寒之石膏，苦寒之知母以配伍成方。从仅热伤上焦肺卫，进而及气的病变就有辛凉轻、平、重之次第，其紧密结合临床辨证可知。

释杏苏散方时云：“此苦温甘辛法也”，“若伤燥凉之咳，治以苦温，佐以甘辛，正为合拍”。为什么诊语如此坚定，合《内经》之旨也。

释犀角地黄汤方时云：“甘咸微苦法。犀角味咸，入下焦血分以清热，地黄去积聚而补阴，白芍去恶血，生新血，丹皮泻血中伏火”，是以甘咸苦，一炉共治，正合《内经》“热淫于内，治以咸寒，佐以苦甘”之旨。因此可见，吴鞠通运用气味配伍理论以制方选药是完全依据《素问》、《灵枢》之旨，具有配伍娴熟，理论精当，疗效确切的特点。

二、问道长沙，遵气味配伍理论组方

吴鞠通是十分推崇张仲景辨证立法制方的，他说：“若真能识得伤寒，断不至疑麻桂之法不可用，若真能识得温病，断不致以辛温治伤寒之法治温病。”（《温病条辨·凡例》）究之伤寒与温病之治不同，还在于巧妙气味配伍。他说：“伤寒伤人身之阳，故喜辛温苦热以救其阳，温病伤人身之阴，故喜辛凉甘寒咸寒以救其阴。”（《温病条辨·中焦篇》）其实，

《伤寒论》、《金匮要略》对温病学说产生了极大的影响，吴鞠通崇尚仲景，于法外求法。方不离法，才是真方。如释《伤寒论》大、小承气汤时云："大承气汤方，此苦辛通咸以入阴法，……合四药观之，可谓无坚不破，无微不入，故曰大也。……若去入阴之芒硝，则云小矣。去枳朴之攻气结，加甘草以和中，则云调胃矣"，"小承气汤方，苦辛通重法"，"调胃承气汤，热淫于内治以咸寒，佐以甘苦。"可见认识经方也不离气味配伍理论。

师仲景之法，其目的是宏扬光大。吴鞠通在这方面堪为典范。如释增液承气汤方时云："此咸寒苦甘法"，而区别在于"热结液干之大实证则用大承气，偏于热结而液不干者旁流是也，则用调胃承气，偏于热结液少者，则用增液"，"汤名增液，非重用不为功"。释护胃承气汤时云："苦甘法"，"加意、防护其阴"，宜于"邪气复聚于胃，须再通其里"之时；护胃者，实际上是护其阴；释宣白承气汤时云："其因肺气不降而里证又实者，必喘促大实，则以杏仁石膏宣肺气之痹，以大黄通肠胃之结，此脏腑合治之法也"，实属"苦辛法"；释导赤承气汤云："左尺牢坚，小便赤痛，时烦渴甚"，"因火腑不通，左尺必牢坚之脉"，"小肠热盛，下注膀胱，小便必涓滴赤且痛也，则以导赤去淡通之阳药，及连柏之苦通火腑，大黄芒硝承胃气而通大肠"，此二肠通治法"；释牛黄承气时云："其因邪闭心包，内窍不通者……则以牛黄丸开手少阴之闭，以承气急泻阳明，救足少阴之阴，此两少阴之合治法"。由此可见，上述诸承气法既师承了仲景之法，又发展了仲景之法，活法救人，其活法系在寒热温凉及酸苦辛甘咸淡中审度，足见气味配伍理论的实用价值。

三、师承天士，于气味配伍中以穷变化

吴鞠通师承叶天士学说，可谓匠心独运，他将叶天士临证之方组成若干效用之方收入《温病条辨》之中，据不完全统计，《温病条辨》直接取自《临证指南医案》计有99案，92方，如桑菊饮、连梅汤等都是。再如，吴鞠通发挥叶天士保津养阴治疗法则，总结出辛凉保津、急下存阴、甘寒生津、咸寒滋阴、育阴潜阳诸法，都无出气味配伍理论。如"热邪深入，或在厥阴，或在少阴"，《温病条辨》均以复脉汤，即甘润存津法，而成乙癸同源之治。"去麻仁加牡蛎，即为一甲复脉汤"，"若以复脉滑润，是以存阴之品，反为泻阴之用"，以牡蛎存阴、涩大便、清里余热，"一物而三用之"，若温病八九日以后，热深不解，口中津液干涸，但觉手指掣动，即当防其痉挛"，而采用"咸寒甘润"共治的二甲复脉汤；"若脉细促，心中憺憺大动，甚则心中痛"，采用加入生龟甲后的三甲复脉汤，亦咸寒甘润法。若"既厥且哕，脉细而劲"，可采用"甘咸寒法"的小定风珠方，若"神倦瘛疭，脉气虚弱，舌绛胎少，时时欲脱"者，用酸苦甘咸法的大定风珠方。由此可见，于酸苦甘咸、寒热温凉中变化，对阴虚诸症，或养而镇之，或养而济之，或滋肺肾、熄虚风，都是发扬和继承了叶天士气味配伍理论的结果，其方也都是来源于《临证指南医案》之中。

四、融合百家，于气味配伍以应临床

溯《灵》《素》，遵长沙，师天士，这是吴鞠通得以取得医学大成的根本原因。此外，兼采百家之长于气味配伍理论指导下制方也是吴鞠通的治学特点。如治疗"形似伤寒。右脉洪大，左手反小，面赤口渴"，"但汗不出"的暑温和"辛温复辛凉法"的新加香薷饮方，实系运用《局方》香薷饮去扁豆，加扁豆花、金银花、连翘化裁而成。吴鞠通云："香薷散发暑邪之表，鲜扁豆花芳香而散，且银花、连翘之辛凉，达肺经之表，纯从外走，不必走中也。温病最忌辛温，暑病不忌者，以暑必兼湿，湿为阴邪，非温不解，故此方香薷厚朴用辛温，而余则佐以辛凉之。”可谓解释中肯。

再如《局方》藿香正气散一方，功能解表化湿，理气和中，表里并重，以治外感风寒、内伤湿浊之证。而吴鞠通从临床实践出发，灵活化裁成5个著名的加减正气散方：（1）变正气散苦辛温兼甘法而为“苦辛微寒”之一加减正气散（藿香、厚朴、茯苓皮、神曲、麦芽、大腹皮、茵陈、杏仁），用以治疗“三焦湿郁，升降失司，脘连腹胀，大便不爽”之证；（2）以“苦辛淡法”的二加减正气散（藿香梗、陈皮、厚朴、茯苓皮、木防己、大豆黄卷、川通草、薏苡仁），用以治疗“湿郁三焦，脘闷便溏，身痛舌白，脉象模糊”之证；（3）以“苦辛寒法”组成的三加减正气散（藿香、茯苓皮、厚朴、陈皮、杏仁、滑石），用以治疗“秽湿着里，舌黄脘闷，气机不宣，久则酿热”之证；（4）用“苦辛温法”的四加减正气散（藿香、茯苓、厚朴、陈皮、草果、山楂肉、神曲），用以治疗“秽湿着里，邪阻气分，舌白滑，脉右缓”之证；（5）亦用“苦辛温法”组成的五加减正气散（藿香、茯苓、厚朴、陈皮、大腹皮、谷麦、苍术），用以治疗“秽湿着里，脘闷便泄”之证。由此可见，苦辛原则不变（藿香、陈皮、茯苓、厚朴，5方均用），只是在“微寒”、“寒”、“温”之间而穷其变化，足见吴鞠通治学之严谨。

更有妙者，“苦甘咸法”组方的新加黄龙汤则是《伤寒六书》的黄龙汤演化而来。为什么做这种衍化呢？吴鞠通论曰：“旧方（指黄龙汤）用大承气汤加参、地、当归，须知正气久耗，阴液消亡，不得再用枳朴伤气而耗液，故改用调胃承气。取甘草缓急，合人参补正，微点姜汁，宜通胃气，代枳朴之用，合人参最宜胃气，加麦地玄参保津液之难保，而又去血结之积聚，姜汁为宣气分之用，当归为宣血中之气分之用，再加海参者，海参咸能软坚，甘能补正，按海参之液，数倍于其身，其能补液可知，且能走络中血分，病久必入络，故以之为使也。”衍化之后，无疑既取了陶节庵黄龙汤之长，又补其短，对温病后期气阴两伤、热结未除之证无疑较黄龙汤更合病机，即所谓“应下失下，正虚不能运药者”最宜。

总之，吴鞠通运用气味配伍理论制方是有溯源、有师承；有继承、又有发扬；有理论、更有实践。我们从《内经》以下诸名大家的制方可以看出，气味配伍理论是值得发扬光大的。

从《温病条辨》对《伤寒论》的继承与发展论中医发展的创新性

李赛美

清代吴鞠通著《温病条辨》，创温病三焦辨证纲领，立温病学之标志。是书一遵《内经》，效法仲祖，与《伤寒论》有着千丝万缕的联系，世称根源伤寒，脱却伤寒，超越伤寒。有何超越？如何超越？中医的后学者据此又有何启示？笔者不揣固陋，略撮其要。

一、《温病条辨》对《伤寒论》的继承与发展

1. 体例仿伤寒而不拘泥　《温病条辨》六卷，其中上、中、下焦三卷，另加杂说、解产难、解儿难三卷，卷首原病篇。仿仲景《伤寒论》做法，以条文为载体，言简意赅，便于记诵。其与《伤寒论》不同者：逐条自辨，每条后自加注释以阐述未尽之义；杂说有论说数则，以对三焦分证加以补充；卷首引经文为纲，分注为目，原温病之始；凡例阐述编写体例、目的、特色、学习方法。其文法、语序更近白话；其内容自温而热而暑而湿而燥，温

病为主，旁及妇儿及杂病；其理论从古而今，综及前贤，参以自见，条分缕析，细致入微，“莫不究其病所从生，推而至于所终极”。是谓取伤寒之长而变通运用。

2. 辨证撷六经而辟三焦　少阳者，胆与三焦。《伤寒论》初涉三焦概念，以“上焦得通，津液得下，胃气因和”之理，论服小柴胡汤作用机制；有少阳三焦失枢，水饮内停之柴胡桂枝干姜汤证。太阳病变证寒化证有偏于上焦心阳虚之桂甘系列，偏于中焦脾阳虚之苓桂系列，偏于下焦肾阳虚之姜附系列；热化证也有上、中、下三焦之分。仲景创六经辨证，融三焦之理；吴鞠通创三焦辨证，也融六经之理。如上焦篇言“凡病温者，始于上焦，在手太阴”，并阐述道：“伤寒由毛窍而入，自下而上，始足太阳。足太阳膀胱属水，寒即水之气，同类相从，治法必以仲景六经，次传为祖法。温病由口鼻而入，自上而下，鼻通于肺，始手太阴。太阴金也，温者火之气，故病始于此，必从河间三焦定论。”中焦篇言“温病由口鼻而入，鼻气通于肺，口气通于胃。肺病逆传则为心包，上焦病不治，则传中焦，胃与脾也”。下焦篇言“温病无三阳经证，却有阳明腑证，三阴脏证。盖脏者藏也，藏精者也。温病最善伤精，三阴实当其冲”。其凡例亦云：“《伤寒论》六经由表入里，由浅入深，须横看。本论论三焦由上及下，亦由浅入深，须竖看。与《伤寒论》为对待文字，有一纵一横之妙。”盖伤寒伤人身之阳，故喜辛温甘温苦热，以救其阳；温病伤人身之阴，故喜辛凉甘寒甘咸，以救其阴。虽伤寒、温病同具阳明病，均与承气、白虎之列，但来路、转归、治疗角度不一。伤寒下不宜早，重在顾护阳气，温病下不宜迟，重在顾护津液。异中求同，虽一称经络、一言三焦，实则均落实于脏腑；同中求异，一寒一温，性质迥然有别。尤其独具匠心，融温热疫毒暑湿燥疟于一炉，创立三焦治则：“治上焦如羽，非轻不举；治中焦如衡，非平不安；治下焦如权，非重不沉。”此又超脱伤寒，高于伤寒也。

3. 用药循方书而多发挥　《温病条辨》中三焦辨证用方约200首，用伤寒方者约80首，其中原方25首，加减方约55首。原方包括桂枝汤、小建中汤、白虎汤、承气汤、茵陈蒿汤、栀子柏皮汤、五苓散、抵当汤、桃花汤、白头翁汤、栀子豉汤、泻心汤、小青龙汤、麻杏甘石汤、乌梅丸、黄连阿胶汤、瓜蒂散、理中汤、四逆汤、小柴胡汤，涉及到汗、吐、下、和、温、清、补、消八法。其加减方运用最多者，主要有白虎汤、承气汤、炙甘草汤、泻心汤、五苓散。白虎汤加减方有白虎加苍术汤、白虎加桂枝汤、苍术白虎汤加草果方；承气汤加减方有宣白承气汤、导赤承气汤、牛黄承气汤、增液承气汤、新加黄龙汤、承气合小陷胸汤、护胃承气汤、桃仁承气汤；泻心汤加减方有加减泻心汤、半夏泻心汤去人参干姜甘草大枣加枳实生姜方、人参泻心汤、半夏泻心汤去干姜甘草加枳实杏仁方；五苓散加减方有四苓加厚朴秦皮汤、四苓加木瓜厚朴草果汤、茵陈五苓散、五苓散加防己桂枝薏仁方、四苓合芩芍汤、五苓散加寒水石方；炙甘草汤加减方有加减复脉汤、一甲复脉汤、二甲复脉汤、三甲复脉汤、大定风珠。经云“热者寒之”、“实者泻之”，“热淫于内，治以咸寒，佐以甘苦”；温病者，其性温热，故治以辛凉清热，始终以救阴为主，去邪务尽，善后务细，盖早平一日，则人少受一日之害。而暑亦温类，暑自温来，故将暑温、湿温并收温病论内；然病或兼湿，或湿盛，治法随之或芳化、或渗利。故吴鞠通变用伤寒方者，以清热攻下为主；对湿温、暑湿分别用辛开苦降、温化、淡渗之流；热病伤阴，故又用益胃生津、滋养肝肾之法。总之，引用仲景方以切合临床，病机中的为要。

4. 阐理遵经旨而补未备　《温病条辨》“其为方也约而精，其为论也闳以肆”。自注与杂论部分既遵循经旨，又多临床发挥。如论伤寒、温病汗法之辨：“盖汗之为物，以阳气为运用，以阴精为材料。……其有阴精有余，阳气不足，又为寒邪肃杀之气所搏，不能自出者，必用辛温味薄急走之药，以运用其阳气，仲景之治伤寒是也。……其有阳气有余，阴精不足，又为温热升发之气所烁，而汗自出，或不出者，必用辛凉以止其自出之汗，用甘凉甘润培养其阴精为材料，以为正汗之地”，将寒、温之汗别于洞天；论伤寒与温病之发病：“足太阳如人家大门，由外以统内，主营卫阴阳；手太阴为华盖，三才之天，由上以统下，亦由外以包内，亦主营卫阴阳，故大略相同也。大虽同而细终异，异者何？如太阳之窍主出，太阴之窍兼主出入；太阳之窍开于下，太阴之窍开于上之类。”伤寒、温病均源于外感，然病性有别、传变不同，学者于同中求异，异中验同，真诠自见。关于《温病条辨》第一方用桂枝汤，为避温病用温之嫌，吴鞠通论道：“以初春余寒之气未消，虽曰风温，少阳紧承厥阴，厥阴根乎寒水，初起恶寒之证尚多，故仍以桂枝为首……本论方法之始，实始于银翘散。”余如立白虎汤四禁，阳明温病下之不通五证，名辛凉轻剂、平剂、重剂之意，释小柴胡汤、承气诸方制方之妙，诠诸方运用指征，治法蕴义……堪称补经旨之未备，彰经旨之未发。创新之处，历历可见。

二、对中医发展创新性的启示

1. 创新之宗旨

纵观中医学发展史：自《内经》以降，《伤寒论》、《金匮要略》创立六经辨证、脏腑经络辨证体系，标志着中医临床学的形成，实现中医学由理到治的飞跃；而后温病学应运而生，创立卫气营血辨证、三焦辨证体系，脱却伤寒，且羽翼伤寒，构筑了中医外感病学说的新的里程碑。任何新的理论、学说的形成均有其自身的内部机制、外在环境、跨越式思维方法及创新成果形成规律。继承是前提，发展是根本《温病条辨》近师承于叶氏，远追踪乎仲景，“一以仲景为依归，而变化因心，不拘常格，往往神明于法之外，而究不离乎法之中”，“此编之羽翼长沙，而为长沙之功臣”，诸言表述了《温病条辨》对《伤寒论》的继承性；然“伤寒为法，法在救阳；温热为法，法在救阴。明明两大法门，岂可张冠李戴耶！假令长沙复起，必不以伤寒法治温也”，是说又强调了《温病条辨》突破《伤寒论》的必要性。吴鞠通继承前贤，大胆突破，另立新学，乃继承与发展之必然结果，也是创新宗旨所在。

2. 创新之特质

（1）承接性：吴鞠通自云：“诸贤如木工钻眼，已至九分，瑭特透此一分”；“是书虽为温病而设，实可羽翼伤寒。若真能识得伤寒，断不致疑麻桂之法不可用；若真能识得温病，断不致以辛温治伤寒之法治温病。”反映出温病理论虽脱却伤寒，但不离乎伤寒；吴鞠通对温病学贡献离不开前贤的学术积累与基础。此即是创新的承接性特质。

（2）递进性：方书始于仲景。仲景之书专论伤寒，其中有兼论风者，亦有兼论温者，但方药未备。自叔和而下，大约皆以伤寒之法，疗六气之疴。吴又可著《温疫论》，其方本治一时之疫，而世误以治常候之温热。方中行、喻嘉言诸子，虽刊温病于伤寒之外，而治法终未离乎伤寒之中。刘河间知热病，著《六书》，分三焦论治，而不墨守六经。惜其人朴少文，论简未畅，方杂不精。至叶天士《温病论》出，然后当名辨物。医学发展有其自身内部规律。由于受历史条件、生活环境、个人经验及素养诸多限制，其发现或发明具有极大的艰巨性，且周期久远。尤其于古代中医，因缺乏微观观察手段与技术，获得的宏观、间接信息需经过反复临床验证，此举非一朝一夕、一代二代所能完成。因而创新的递进、沉淀、积累显得格外重要。

（3）实用性：《温病条辨》曰：“是书之出，实出于不得已。因世之医温病者，毫无尺度，人之死于温者，不可胜纪。”“吾乡汪瑟庵先生促瑭曰：来岁己未湿土正化，二气中温疫大行，子盍速成是书，或者有益于民生乎！”因为急需，《温病条辨》应运而生；因为急需，《温病条辨》得到广泛运用，这正是创新目的所在。

（4）时效性：任何创新都具有鲜明的时效性，新是与旧相对而言。随着时空的改变，新的随之变旧，彼时之发展将成为此时之陈旧，不完美是必然的。正因为如此，才有后续之不断创新。吴鞠通在凡例之最后言及：“是所望于后之达士贤人，补其不逮，诚不敢自谓尽善又尽美也。”

3. 创新之途径

医学是运用性极强的学科，其目的是防病治病，保障健康。医学的进步离不开临床需求。每一次重大疾病的发生，必伴随着医学新的命题。吴鞠通主攻温病，是由于其父病年余，至于不起；犹子病温，初起喉痹，后至发黄而死；癸丑岁，都下温疫大行，而医者于六淫之邪混而为一，以治伤寒之法，应变无穷之变，死于病者十二三，死于医者十八九。然临床命题必须通过反复仔细观察，透过现象看本质，进行理性的总结归纳，探索出一定规律，以指导临床，因而理论归纳总结是医学发展的关键所在。《温病条辨》自序云：“瑭进与病谋，退与心谋，十阅春秋，然后有得。”其医学新说正确与否，实用性如何，又必待其回到临床进行验证，并完善提高。正如自序所述，“采辑历代名贤著述，去其驳杂，取其精微，间附己意，以及考验，合成一书。”因而理论与实践紧密结合是医学创新的重要模式和途径。

4. 创新之动力

汪廷珍《温病条辨叙》评吴鞠通：“怀救世之心，秉超悟之哲，嗜学不厌，研理务精，抗志以希古人，虚心而师百氏，病斯世之贸贸也，述先贤之格言，摅生平之心得，穷源竟委，作为是书。”此仁人之术昭然。追踪吴鞠通学医轨迹：“瑭十九…越四载…又越三载…十阅春秋…又历六载”，遍考诸贤议论，非不珠璧琳琅，求一美备者，盖不可得。虽学业已精，但未敢轻治一人，未敢轻易落笔。“是书原为济病者之苦，医医士之病，非为获利而然，有能翻版传播者听之，务望校对真确。”字字真言，尽现务实求真仁人之德。其医德、医术乃医学创新动力之源泉和重要保证。

［《广州中医药大学学报》，2004；（2）］

温病辛凉（寒）透泄法理论研讨

郭选贤　梅晓萍　刘爱华　谢世平　牛宝生　谢忠礼　金培祥

辛凉（寒）透泄法是温病的重要治法之一。对于该法，历代医家都有论述，现代文献也多有报道，但存在着认识不完全一致等问题。本文试就该法进行理论探讨，以期抛砖引玉。

一、历代医家认识述评

《内经》云：“风淫于内，治以辛凉，佐以苦甘。”这是辛凉（寒）透泄法的理论源泉。《伤寒论》中辛（温、寒）味药物的应用为后世辛凉（寒）透泄法奠定了临床基础。

金元时期的刘完素创立了双解散、防风通圣散、天水散等表里双解的方剂。尽管没有明确提出辛凉（寒）透泄法，但已经有了雏形。刘氏所谓“辛凉之剂”，是苦寒、甘寒药与辛温药配伍，“寒以胜热，辛以达表，俾阳之怫郁既除，而表自解、热自清”。如防风通圣散，既有苦寒的栀子、黄芩、连翘、大黄，又有甘寒的石膏、滑石，辛温的防风、麻黄、荆芥、川芎等。刘氏所谓“辛凉”与后世所云辛凉在含义上有较大区别。

元末王履云：“夫唯世以温病热病混称伤寒，……故非辛凉或苦寒之剂不足以解之。”明确提出应该用辛凉或苦寒的药物来治疗温病。与我们今天的辛凉、辛寒法不尽吻合。

明代医家陶华将张洁古的九味羌活汤中辛温的羌防等与苦寒的黄芩、甘寒的生地相伍，名之为“辛凉”。与今所说辛凉不同。

叶天士在《温热论》中总结出了“透邪”的基本学术观点。如治风温初起，主张用“辛凉清上”，“微苦以清降，微辛以宣通”。叶氏所谓“在卫汗之可也”的“汗之”不是辛温发汗，而是辛凉疏散，导邪外出。在论及热在气分的治疗：“黄苔不甚厚而滑者，热未伤津，犹可清热透表。”在叶氏的《温热论》中，带“透”、“泄”的字样出现的频率最高。诸如泄卫透表、清透郁热、泄湿透热、透热转气、战汗透邪、清热透表、泄卫透营等等。在《临证指南医案》中强调了葛洪的葱豉汤中葱豉的透泄作用，在讲到《伤寒论》中栀子豉汤时特别强调了豆豉的透泄作用。叶氏系统地论述了透泄法，其中包括辛凉、辛寒透泄法，它是叶氏学术思想的重要组成部分。

薛生白《湿热病篇》对后世影响很大，他治病主以轻清透邪、宣畅气机之品，如用枳壳、桔梗、淡豆豉、栀子等。体现了透邪外出、宣通气机的观念，但其所云主要适合于湿热性温病。

吴鞠通在《温病条辨》中大倡辛凉之说，他创制了辛凉平剂银翘散、辛凉轻剂桑菊饮，并将白虎汤作为辛凉重剂使用。这些方子是辛凉（寒）透泄法的典型代表方。银翘散中的荆芥、豆豉是透散治法的典型应用，金银花、连翘、竹叶等轻清之品是透泄法的基本药物，白虎汤中的石膏是辛寒清气的代表药物。

杨栗山在前人学说的基础上对辛凉（寒）的学说也有所论述。他说：“余推广河间双解、三黄之意，但河间双解、三黄石膏俱用麻黄，……盖瘟疫热郁自里达表，亦宜解散，但以辛凉为妙”，故对双解散、三黄石膏汤进行增损加减。云：“温病表里三焦大热，渴欲饮水，烦躁不安，多见奇怪不测之状，增损三黄石膏汤、增损双解散、升降散三方并为对证之剂。”可见，杨氏对辛凉（寒）法颇有心得。

何廉臣认为：治疗温病，“必须注重辛散，佐以轻清，庶无凉遏之弊”。对于银翘散一方，后世医家认为对表证明显而见身痛、恶寒、无汗者，解表之力不足，故何廉臣《通俗伤寒论》按语及今人孙纯一《温病一得》都主张加少许麻黄，蒲辅周则常常用葱白，认为“葱白辛温而不燥热，加之原方有豆豉，则增加了透泄之力，使邪去病愈”。何、孙、蒲三人皆强调了治疗卫分证时配合辛温药物的重要性。

当代中医泰斗蒲辅周对杨栗山《伤寒温疫条辨》极为推崇，进一步阐明杨氏瘟疫用辛凉透达的道理。认为杨氏“升降散、增损双解散、增损三黄石膏汤”三方的灵活运用，都渗有辛凉宣透的治则。由此可见，辛凉宣透还是治疗瘟疫初起的重要环节。

张菊人论述到气分证的治疗时，强调“必用辛凉使其透达，才能由内达外而解，内闭郁热由里外达，得辛寒透泄而解，才能自内而解”。可见，郁热内闭是气分证的主要病机，“辛寒透泄”是其对证治法。

赵绍琴认为："温邪犯肺，肺主卫，卫阳之气宣发受阻……开合失司。"因此，卫分证的病机是："肺经郁热证"，其临床表现是由肺影响及卫所造成的肺卫证候，因此，当以辛凉之剂治之。

孟澍江认为："温病卫分证是温邪侵入人体内脏腑而在体表所出现的症状，如风温卫分证为风热病邪犯肺所致"。而治风热犯肺理当用辛凉透泄之剂。孟氏与赵氏所论之含义基本一致，为治疗卫分证采用辛凉透泄法提供了理论依据。

郭谦亨说："风温之治，重在辛凉宣泄，清热化痰……风温早期，宜辛宣、清泄并重。宣重于泄，桑菊、银翘化裁；泄重于宣，麻杏石甘、千金苇茎增损与之，应手取效。"这是辛凉、辛寒透泄法在临床上的典型运用。

本文作者亦认为："银翘散证是风热侵袭肺系，郁于肺卫的肺经郁热证，其治主在辛凉清解，开郁透热。全方其用在辛凉，其主在辛凉。"

二、辛凉（寒）透泄法所用药物的统计

阅读叶天士《温热论》、吴鞠通《温病条辨》等13位医家的19部原著，选出相关的方子，经认真讨论，仔细分析方义，反复筛选，从中抽出具有辛凉（寒）透泄作用的方药。然后根据统计学的原理，做了频数和隶属度的处理。频数越多，说明该药使用的次数越多。"单味中药治疗某一病证的隶属度越大，说明该味中药对于该病证的重要性越大"。

对叶天士的《临证指南医案》、《叶氏医案存真》等8部医案进行了统计，最后得出关于辛凉（寒）透泄法的有110首方。这些方没有方名，只有药物名称，没有药量。方中涉及药物83味。将其隶属度从高到低依次排列，结果见表1。

表1　叶天士辛凉（寒）透泄法药物排序表（前11位）

	杏仁	桑叶	连翘	川贝	薏米	沙参	山栀	滑石	甘草	郁金	橘红
频数	86	37	37	29	28	28	27	26	22	22	21
隶属度	0.78	0.34	0.34	0.26	0.25	0.25	0.25	0.24	0.2	0.2	0.19

对吴鞠通等12位明清温病学家的具有方名的辛凉（寒）透泄法方进行统计，计75首，涉及中药70味，排序前11位的药物如表2所示。

表2　吴鞠通等12位医家辛凉（寒）透泄法药物排序表（前11位）

	生甘草	连翘	石膏	黄芩	栀子	薄荷	桔梗	黄连	银花	豆豉	杏仁
频数	32	28	26	24	18	17	15	14	13	13	13
隶属度	0.44	0.38	0.36	0.33	0.25	0.23	0.21	0.19	0.18	0.18	0.18

从以上二表可看出，叶氏和吴氏等12位医家所用的药物及排序不完全相同，但以辛凉、辛寒为主则是其共性。

三、理论探讨

基本含义：从历代文献及用药统计结果分析，辛凉（寒）透泄法的基本含义是以辛凉（寒）药物为主，并配以其它有关药物，具有轻清透邪、泄热外出作用的一种治法，以使病邪由里向外透达，邪去病愈。

作用机理：辛凉（寒）透泄法的主要药物是性味辛凉（寒），质地轻清的药物。辛（包

括具有辛香之气的药物）能散能行，可散风开郁，疏通透邪；凉（寒）可清泄热邪，驱邪外出。辛开凉（寒）清，相辅相成，邪出病愈。

适用范围：主要适用于风热病邪侵袭人体所致的风温肺热病的邪袭肺卫证和肺胃热盛证。前者风热郁于肺卫，遏郁不解，必资辛凉，导邪外出。后者乃前者之发展，风热自卫入气，肺胃热盛，表里俱热，必依辛寒，透泄邪热。和其它药物相伍，还可用于热郁胸膈、湿阻气分等证。

临床适应症：邪（风热）袭肺卫证：症见发热，微恶风寒，头痛，无汗或少汗，口微渴，咳嗽，咽喉疼痛，舌边尖红，舌苔薄白欠润，脉浮数等；肺胃热盛证：壮热，汗出，口渴，咳喘，咳痰黏稠，气急鼻煽，胸痛，舌质红，苔黄，脉数等。

配伍规律：以辛凉（寒）药物为主，伍以具有辛散透泄、宣通气机作用的辛温（或微温）之品。并常加入苦寒泄热、祛湿化痰、生津利尿之品。而调和诸药之药则必不可少。这是由于兼证的不同所决定的。

用药特点：从统计结果来看，辛凉轻清药物主要有：桑叶、金银花、连翘、薄荷、山栀、蝉蜕等。辛平宣肺利咽的桔梗、辛平祛风的僵蚕的使用频数亦多。辛寒泄热药物主要有石膏、山栀、郁金等。辛（微）温宣透的药物有豆豉、杏仁、橘红等。配伍的苦寒清热燥湿药有黄芩和黄连等。甘淡寒利水渗湿清热的药物有薏米、芦根、滑石等。化痰止咳的有川贝、橘红、桔梗等。甘寒养阴清肺的药物有沙参等。

［《四川中医》，2007；（1）］

《温病条辨》及其学术渊源

宋咏梅　张思超

《温病条辨》是一部系统的温病学专著，是学习和研究中医学必读的经典之著。全面了解其基本情况与学术渊源，有利于继承挖掘其学术精华，达到学以致用的目的。

一、《温病条辨》的基本情况

1. 作者及主要内容　《温病条辨》清·吴瑭撰著。吴瑭，字配珩，号鞠通，江苏淮阴人，生于公元1758～1836年，著名温病学家。《温病条辨》全书六卷，仿仲景《伤寒论》体例，立温病证治法二百三十八条；并于诸条之下自注自辨，书名“条辨”亦出于此。卷首载“原病篇”，历引《内经》原文并加以诠释阐发，以原温病之始；卷一至卷三将风温、温热、温疫、温毒、冬温等四时温病证治分隶于上、中、下三焦篇；详尽阐述其辨证纲要、传变规律及其证治方法。上焦篇载治法58条，方46首；中焦篇载治法102条，方88首；下焦篇载治法78条，方64首，并附图一祯。卷四为杂说，包括评论筋寒注论、伪病名论、温病起手太阴论等专论17篇，专门讨论温病学理论中有待进一步探究辨明的问题。卷五为解产难，专论产妇患温病的证型及症状；卷六为解儿难，从儿科特点阐述小儿惊风、痘症与温病论治的关系。

2. 成书年代与版本流传　关于《温病条辨》的成书年代，目前的图书目录及有关的书刊杂志多谓其成于清嘉庆三年（公元1798年），但从初刊版本、序言、内容等多方面加以考证，可知该书约成于公元1804年，初版定稿并刊行于1813年。

《温病条辨》有时又称为《问心堂温病条辨》，这是一种标明版本的称谓。问心堂是吴瑭刊刻《温病条辨》的书坊之名。据《全国中医图书联合目录》所载，《温病条辨》最早版本为清嘉庆十八年问心堂刻本。现存所见六十余种传本，均源自清嘉庆十八年问心堂刻本；问心堂刻本后逐渐出现了分化，一部分保持原貌而刊行；一部分增加了“补秋燥胜气论”，但无霹雳散及其方论，以道光十五年叶氏刻本为代表；一部分以上内容均有，最为完善，以道光十六年之重校本为代表。

3. 主要影响　《温病条辨》刊行后，便广为流传。后人对其广为增补批注，如温病学家王孟英、叶霖、陆士谔等；还有医家为促进其普及应用，编撰了许多歌括、汤头歌等等。《温病条辨》是一部理、法、方、药自成体系的温病学专著，对温病辨证论治的理论、实践具有重大指导意义，此书问世以来，广为流传，被古今医家所称誉、效法。《珍藏医书类目》提到《温病条辨》说：“首立总论，次列上中下三焦三篇，次列杂说救逆病后调治及产后小儿等，颇有条理，可为治温病之津梁也。”著名中医临床家、理论家，广州中医药大学邓铁涛教授说：“《条辨》从《内经》到叶天士的著作和医案，广搜博采，含英咀华，进行全面、系统的总结，病名、病因、病机、辨证纲领、治法、方药等各项内容，条分缕析，纲举目张，基本上达到理足方效的程度，为使温病学成为独立于伤寒之外的一门系统性学科做出了卓越的贡献。其系统性和完整性，为王孟英《温热经纬》所不及。笔者管见：叶天士之书是温病学的雏形，《条辨》才是成形著作，《经纬》则可算作补充材料。”

二、《温病条辨》的学术渊源

1. 遵《内经》之学，究温病之原委，《温病条辨》凡例曰：瑭故历取诸贤精妙，考之《内经》，参以心得，为是编之作。《温病条辨》原病篇历引《内经》六元正纪、阴阳应象、金匮真言、热论等经文，究温病发病之原委，立辨证施治之大法。《素问·阴阳应象大论》指出“喜怒不节，寒暑过度，生乃不固。故重阴必阳，重阳必阴。故曰冬伤于寒，春必病温”。《素问·热论》：“今天热病者，皆伤寒之类也；……凡病伤寒而成温者，先夏至日为病温，后夏至日为病暑。”《素问·金匮真言论》说：“藏于精者，春不病温”。这些经文指出气候变化过于急剧，或情志刺激超过机体的适应能力，均会导致疾病的发生。阴平阳秘，阴阳和合是人体正常的生理状态，当某种因素引起了人体阴阳盛衰的变化，则会出现相应的病理改变。若人体冬令失于“蛰闭封藏”，为寒邪所伤，深伏体内郁而化热，灼伤阴津，至春阳萌发，伏热自内外发，此即所谓伏气致温。精是人体重要的生命物质，精充则体健，可适四时之寒温，精亏则体虚，难耐寒暑之变化，故曰“藏于精者，春不病温。”若“冬不藏精”，则易又感受“春温”之气，触而即发温病。

《黄帝内经》以降，历代医家关于温病病因众说纷纭。如晋·葛洪在《肘后备急方》中说：“岁中有厉气，兼挟鬼毒相注，名曰温病。”隋·巢元方在《诸病源候论》中更是明确指出，时气、温病都是“人感受乖戾之气而生病”，即认识到温病的病因是一种特殊的致病因素——“乖戾之气”。面对众说纷纭的温病病因，吴鞠通考之《黄帝内经》，参以心得，究温病发病之原委，在《温病条辨》中设“原病”一篇，指出“伏气为病，如春温、冬咳、温疟，《内经》已明言之矣。亦有不因伏气，乃司天时令现行之气，如前列“六元正纪”所云是也。此二者，皆理数之常者也。更有非其时而有其气，如又可所云戾气，间亦有之，乃其变也。惟在可命者善察其常变而补救之。”此段论述明确提出三因致温的观点，这一观点既继承了《内经》的学术思想，又补充完善了温病病因学说。此外，吴鞠通在“三焦”各篇中，关于“阴阳”、“寒热”、“痓瘛”的论述，均溯源于《黄帝内经》。

2. 效法仲祖，羽翼《临寒》《温病条辨》编写体例仿仲景《伤寒论》文尚简要，而且内容承《伤寒》之学，发《伤寒》之未发，又可羽翼《伤寒》。

通读《温病条辨》可以发现：本书以三焦为纲，病证为目，且病证多以六经名之，如太阴温病、阳明温病等。以六经分证来说明疾病传变规律、证候类型、预后转归、治疗原则始见于《黄帝内经》，其后，《伤寒论》将这一理论加以引申发展，正式创立六经辨证体系，并沿用千年，成为历代医家辨治外感病的准绳。《伤寒论》在阐述六经辨证体系的过程中，有多处穿插有三焦辨证的论述；今《温病条辨》以三焦为纲，统领六经之病证，可见《温病条辨》的成书不仅体例效仿《伤寒论》，其内容亦深受其影响。

《温病条辨》上焦篇曰：“凡温病者，始于上焦，在手太阴。《伤寒论》论外感言风寒由毛窍而入，自下而上，始足太阳膀胱，以辛温发散为治。本篇论温病言始于上焦，在手太阴。”吴鞠通将伤寒与温病分而论之，破外邪自皮毛而入的传统认识，此举较仲景之后历代医家因循固步之风可谓创举。且将《伤寒论》辛温解表的桂枝汤作为《温病条辨》开篇的第一方，看似与温病学说旨意极不合拍，但实际上，吴鞠通是以其严谨的学风、实事求是的精神，客观、完整地记录了临床见证，并使其与《伤寒论》珠联璧合、相互补充，具有十分重要的理论价值及临床意义。

《温病条辨》载方205首，其中仲景之方约38首，如桂枝汤、白虎汤、五苓散等均多处提及；经方化裁变方约50余首，师经方立法而创新方约10余首，如由《伤寒论》承气汤化裁而出了增液承气汤、宣白承气汤、牛黄承气汤、护胃承气汤、导赤承气汤；从炙甘草汤化裁而出了一甲复脉汤、二甲复脉汤等诸复脉汤。吴氏效法仲祖所化裁之方，更切合温病的治疗，部分方剂沿用至今，丰富和扩大了经方的应用范围，其内容实可谓“羽翼《伤寒》”。

3. 承叶、吴之学，历取诸贤之精妙　从引用医著可以看出《温病条辨》是吴瑭遵《黄帝内经》，法《伤寒》，博采众长之作。书中引有庞安时《卒病论》、朱肱《活人书》、刘守真《临寒金鉴》、喻嘉言《尚论篇》等诸贤之说，其中对其影响较大的医家是叶天士、吴又可。

吴瑭曾将散在于《临证指南医案》中的有关理、法、方、药和经验，列成条文，加以方论汇入《温病条辨》。据不完全统计，《温病条辨》从《临证指南医案》中继承下来的条文就有百余条。其三焦辨证的创立亦是受叶天士的启发与影响而成。三焦之名始见于《黄帝内经》，三焦用于辨证始于《伤寒论》(《伤寒论》在阐述六经辨证体系的过程中，有多处穿插有三焦辨证的论述)；明确以三焦为纲辨治热病者，始自河间；明确提出温病当从河间三焦辨治者为叶天士，叶氏以三焦套卫气营血辨治温病，且以卫气营血辨证为主，但三焦之论甚简。吴瑭受其影响，遵《黄帝内经》之旨，承河间之学，于《温病条辨》中立三焦辨证之纲领。长期的临证实践表明，卫气营血与三焦辨证，是温病两大重要辨证体系，两者具有相得益彰之妙。吴瑭曾赞叶天士曰：叶天士持论平和，立法精细。《清史稿》称吴瑭“学本于桂（叶桂)”。

从《温病条辨》的内容可以看出，吴瑭继承了吴又可的学术精华，并结合自己的经验进行了发挥。如《温病条辨·上焦篇》曰“温病自口鼻而入，自上而下，鼻气通于肺，始于手太阴。”这与《温疫论》“伤寒之邪，自毫窍而入，时疫之邪，自口鼻而入”一脉相承；此外，新加黄龙汤、增液承气汤等方的创立与运用均是对《温疫论》学术思想的引申与发挥。

总之，《温病条辨》是吴瑭在勤求古训、博采众长的基础上，充分结合自己的临证经验而著，全书理、法、方、药条分缕析，是一部系统的温病学专著，具有独特的学术特点。

［《山东中医杂志》，2007；(4)］

《温病条辨》与三焦辨证

宋咏梅　张思超

吴鞠通在《温病条辨》中创立了理法方药完整实用的三焦辨证体系，这是其宗《内经》，效《伤寒》，历取诸贤精妙，参以心得之作，为温病乃至内伤杂病的辨证论治做出了重要的贡献。

一、三焦辨证的沿革

早在《黄帝内经》、《难经》中就已有关于“三焦”的论述。如《灵枢·营卫生会》云：“上焦出于胃上口，并咽以上，贯膈而布胸中，走腋，循太阴之分而行，还至阳明，上至舌，下至足阳明，常与营俱行于阳二十五度，行于阴亦二十五度一周也。故五十度而复大会于手太阴矣……中焦亦并胃中，出上焦之后，此所受气者，泌糟粕，蒸津液，化其精微……下焦者，别回肠，注于膀胱而渗入焉。……上焦如雾，中焦如沤，下焦如渎。”《难经·三十一难》也明言：“上焦者，在胃上口，主纳而不出……中焦者，在胃中脘不上不下，主腐熟水谷……下焦者，当膀胱上口，主分别清浊，主出而不纳，以传导也。”《难经·六十六难》云：“三焦者，原气之别使也，主通行元气，经历于五脏六腑。”《黄帝内经》、《难经》虽有关于三焦的论述，但主要在于说明三焦的部位、功能及功能特点，并未将三焦用于外感病的辨证。《黄帝内经》对于外感病主要采用六经分证说明其传变规律、证候类型、预后转归、治疗原则等，但其六经证治只论热证、实证，未及寒证与虚证，治疗方法虽有汗、泄两种，但未载方药。

《伤寒杂病论》将《黄帝内经》关于外感病的辨证理论加以引申发展，正式创立六经辨证体系，详细地论述了六经病证的病因、病机、症状、转变及转归，且理、法、方、药俱备，阴阳、寒热、表里、虚实经纬分明。此后，六经辨证成为历代医家辨治外感病的准绳，沿用千年。《伤寒杂病论》在阐述六经辨证体系的过程中，有多处穿插有三焦辨证的论述；如《伤寒论·辨太阳病脉证并治中第六》：“太阳病六七日，表证仍在，脉微而沉，反不结胸，其人发狂者，以热在下焦，少腹满，小便自利者，下血乃愈。”《伤寒论·辨阳明病脉证并治第八》：“食谷欲呕，属阳明也，吴茱萸汤主之。得汤反剧者，属上焦也。”

明确以三焦为纲辨治热病者，始自河间。如《素问病机气宜保命集·热论》曰：“病有暴热者，病在心肺，有积热者，病在肝肾。……上焦热而烦者，牛黄散。脏腑秘者，大黄牵牛散。上焦热无他证者，桔梗汤。……有实热能食而热者，胃实也……有病久憔悴发热盗汗，谓五脏齐损……宜养血益阴。”其后，叶天士创立卫气营血辨证，并明确提出了温病当从河间三焦辨治，但其三焦辨证立论甚简，有方无药，并未形成完整体系。喻嘉言提出“上焦如雾，升而逐之……中焦如沤，疏而逐之……下焦如渎，决而逐之”等学术观点。上述不同时期有关三焦及三焦辨证的学术思想，为吴鞠通创立三焦辨证奠定了坚实的基础。

二、《温病条辨》三焦辨证的主要内容

吴鞠通有感于前人之论朴而少文，简而未畅，其方时亦杂而不精，后人又不能阐明其意，故而遵《黄帝内经》之旨，承历代诸贤之学，参己之心得，于《温病条辨》中创立三焦辨证之纲领，完善了温病学说的理论体系。其三焦辨证的主要内容如下。

1. 以三焦定病位　吴鞠通吸取六经辨证和卫气营血辨证之长，结合自己的临床实践经验，在外感病的辨证中先以三焦为纲，辨病位之上下，再以六经别脏腑经络之不同，继以卫气营血分表里之次第。强调以“三焦”统领脏腑经络，按脏腑定病位，即上焦包括肺与心，一切温病之属手太阴肺、手厥阴心包等上焦脏腑经络者，为上焦温病；中焦包括胃与脾，属足阳明胃和足太阴脾者，为中焦温病；下焦包括肾与肝，属足少阴肾、足厥阴肝者、足太阳膀胱等下焦脏腑经络者，为下焦温病。这样既避免了三焦名形之争，又把温病的气血辨证和脏腑辨证结合起来，使温病病位的划分更加精确细致。

2. 以三焦辨病传　对外感热病的传变规律，《温病条辨》明确提出：“温病由口鼻而入，鼻气通于肺，口气通于胃，肺病逆传，则为心包。上焦病不治，则传中焦，胃与脾也；中焦病不治，则传下焦，肝与肾也。始上焦，终下焦。”强调温病传变具有上焦传中焦，中焦传下焦的由上及下，由浅及深的规律，病在三焦分别涉及不同的脏腑。上焦病多邪轻病浅，见于温病初期，因邪气侵袭脏腑经络之不同，有手太阴肺与手厥阴心包之分；据病位的表里深浅，有卫、气、营、血之别；上焦病阴津多未受伤或伤而不重。中焦病多邪深病重，见于温病的中后期，因邪之不同，多有足阳明胃与足太阴脾之分，风温、温热、温疫、温毒、冬温阳明病居多，湿温太阴病居多，暑湿则各半。阳明温病、阳明温毒、阳明暑温、太阴脾疟等证多有特点，此外，中焦病还有邪在气分与营血之别。中焦病多以热盛为主要特征，此时津液已伤，病变进入关键之时，若救治不当，则会导致病邪深入，阴津大伤，现危重之候。下焦病多邪深病危，见于温病后期，有病在足少阴肾、足厥阴肝、足太阳膀胱、手阳明大肠、妇人血室之分，还有邪在气分、血分之辨。温病发展至下焦，正气已衰，阴精大伤，此时多现邪少虚多之证。

通过《温病条辨》还可以看出，温病沿上焦、中焦、下焦而传变，是邪正斗争的结果，若正虚而邪盛则病由浅及深，若正盛而邪却则病由深及浅。且三焦的传变并非一成不变，有时温病初期亦可见中焦、下焦之证，或上焦、中焦、下焦三焦证并见；如暑温初起可见痉厥等足厥阴肝经之症。

3. 以三焦定治法　吴鞠通以三焦统脏腑定病位、辨病传，因三焦之证病情有别，涉及脏腑功能各异，药物性状气味有轻有重，有厚有薄，有升有降，有浮有沉，故其临证选药组方，因证定法，以法立方，方证相应。《温病条辨》明确提出“治上焦如羽，非轻不举；治中焦如衡，非平不安；治下焦如权，非重不沉”。

上焦心肺，其位最高，治心肺病证之药当如羽毛般轻轻升浮，上举而达于心肺。吴鞠通承《黄帝内经》“其在皮者，汗而发之”之旨，治上焦温病立辛凉解表之法，如治上焦病之银翘散，方中诸药多为轻清芳香之花、叶、壳，以其味辛、气薄而能入上焦肺经。且吴氏用之强调短煎以取其清轻芳香上浮之气，避免过煮味厚气失而入中焦；服药之时，则取时时轻扬之法，根据病情随时调整服药次数及间隔时间，既可防止病轻药重而过病所之弊，又可避免病重药轻之患。又如治热入心包之“凉开三宝”，方中多用麝香、冰片、郁金、雄黄、木香、沉香等气味芳香之品，意在取其轻浮上扬，上达心包，开窍醒神之效。此可谓“治上

焦如羽，非轻不举”。

中焦脾胃，升降相因，既不逆上，也不下陷，如衡器之平，治中焦之证当适其所宜，使升者自升，降者自降，达于平衡。如见热结阳明，大便不通，胃气不降者，则以承气之剂，苦寒攻下，釜底抽薪，通降胃气。故《温病条辨·中焦篇》：“承气者，承胃气也。盖胃之为腑，体阳而用阴，若在无病时，本系自然下降，今为邪气蟠踞于中，阻其下降之气，胃虽自欲下降而不能，非药力助之不可，故承气汤通胃结，救胃阴，乃系承胃腑本来下降之气，非有一毫私智穿凿于其间也，故汤名承气。”中焦温病多以湿热见证，湿热中阻，脾胃升降失司，可见腹胀、便溏、苔腻等症，治之多以清热化湿之法，用五加减正气散、白虎汤加苍术及三石汤等方，苦辛相配，辛开苦降，化湿清热，升降中焦气机，以复中焦之衡。此可谓“治中焦如衡，非平不安”。

下焦肝肾，精血同源，故热入下焦，必导致肝肾精血阴液耗损和虚风内动之证。治之则非质轻味薄上浮之品所能胜任，常须重用阿胶、鸡子黄、海参、鲍鱼等浓浊厚味，或加牡蛎、鳖甲、龟板等贝介重镇之品，使其如秤锤般重坠沉下，达于肝肾，以填补精血，潜阳熄风。如《温病条辨·下焦篇》所载一甲复脉汤、二甲复脉汤、三甲复脉汤、大定风珠、专翕大生膏等方，方中多用阿胶、鸡子黄、海参、鲍鱼、猪脊髓、乌骨鸡、羊腰子等甘咸浊腻血肉有情之药，滋阴补精；以牡蛎、鳖甲、龟板等重镇之品，熄风潜阳，且久煎以取厚味。此可谓“治下焦如权，非重不沉”。

三、《温病条辨》三焦辨证的主要贡献

《温病条辨》三焦辨证是博采众家之长之作，对温病辨证论治的理论、实践具有重大指导意义。《温病条辨》以三焦统脏腑，吸收三焦辨证与六经辨证、卫气营血辨证之精华，与临床实践经验紧密结合，构建了纵横交错的立体辨证体系，使外感温病的辨证达到了上下可分，表里可辨。吴鞠通在《温病条辨》中还以纵横两条线详细论述了温邪的传变方式，弥补了由表及里单一传变方式的局限性，使对外感病传变规律的认识更加全面客观，外感病辨证更加精细而准确，实现了外感病辨证纲领的巨大发展。

《温病条辨》所倡导的“治上焦如羽，非轻不举；治中焦如衡，非平不安；治下焦如权，非重不沉”三焦温病治疗原则，符合三焦所属脏腑的生理特点，为临床诊治温病提供了理论依据和规范，在此原则指导下创立的方剂，对外感病、内伤杂病的治疗用药产生了深远的影响。如在“治上焦如羽，非不轻不举”的用药原则指导下，创制的银翘散、桑菊饮、桑杏汤、翘荷汤等辛凉清宣之剂，在“治中焦如衡，非平不安”的用药原则指导下，创制的具有宣上畅中渗下之功的三仁汤，在“治下焦如权，非重不沉”的用药原则指导下，创制的加减复脉汤、救逆汤、一甲复脉汤、二甲复脉汤、大定风珠等方，时至今日仍广泛运用于临床，堪称方剂配伍之典范。

[《山东中医杂志》，2007；(5)]

探析《温病条辨》重阴精的学术思想

宋咏梅　张思超

《温病条辨》指出温为阳邪，最善发泄，阳盛必伤阴，温病“立法以救阴为主”，认为“留得一分正气（阴津），便有一分生机。”这种“重阴精”的学术思想贯穿《温病条辨》始终，是吴鞠通温病治疗学的突出特色。其主要内容体现为如下方面。

一、阴精的盛衰是关系温病发病、传变的关键

《温病条辨·原病篇》曰：“盖谓冬伤寒则春病温，惟藏精者足以避之……盖能藏精者，一切病患皆可却，岂独温病为然哉。”指出人体阴精充足，则机体抗病能力强，外邪无隙可乘，则温病无由生。反之，若阴精耗损，则机体抗病能力减弱，邪气乘虚而入，易发温病，故其又曰：“病温者，精气先虚。”对于温病的传变，《温病条辨》提出：“温病由口鼻而入，鼻气通于肺，口气通于胃，肺病逆传，则为心包；上焦病不治，则传中焦，胃与脾也；中焦病不治，则传下焦，肝与肾也。始上焦，终下焦……盖伤寒伤人身之阳，故喜辛温、甘温、苦热，以救其阳；温病伤人之阴，故喜辛凉、甘寒、甘咸，以救其阴。”强调“伤阴”是温病发展变化的病机关键，阴精的盛衰是关系温病传变预后的关键，阴精“耗之未尽则生，尽则阳无留恋必脱而死也。”书中所列温病五大死证，阴精消亡是其主要原因。

二、救阴是治疗温病的重要原则

《温病条辨》认为温邪易耗伤阴津，在温病的发展过程中始终存在化燥伤阴的病理倾向，阴精的盛衰关系着疾病的转归，故曰“热必伤阴，立法以救阴为主”，因温病在不同时期病理机制各异，救阴之法又有坚阴、育阴之不同。

1. 邪盛者，祛邪以坚阴

（1）温邪在表，治以辛凉甘润，禁汗保阴　《温病条辨》指出温邪初犯人体，邪热在表，肺卫失宣，病轻邪浅而无明显伤阴之象；因温热阳邪也，阳盛伤人之阴也。若邪热不除则阴津易损，故治以祛邪为要。又因邪热在表，非辛散宣透不除，故宜用辛散祛邪之品。辛散祛邪最强者当属麻黄、桂枝等辛温峻剂，古人治外感多用之，但《温病条辨》承古人之学，不拘于古人之法、方，提出麻黄、桂枝辛温峻烈有伤阴之弊不可用，强调“温病忌汗”的观点，指出“汗之不惟不解，反生他患。盖病在手经，徒伤足太阳无益。病自口鼻而生，徒发其表亦无益也。且汗为心液，心阳受伤，心有神明内乱、谵语癫狂、内闭外脱之变。再，误汗虽曰伤阳，汗乃五液之一，未始不伤阴也……温病最善伤阴，用药又复伤阴，岂非为贼立帜乎?”主张“治上焦如羽，非轻不举”，立辛凉甘润之法，创银翘散、桑菊饮、桑杏汤等名方，以金银花、连翘、桑叶、菊花等轻清宣散之品为主，图轻清宣散，邪祛热清，营卫调和，阴津得存。

（2）邪人气分，治以辛寒，清热保津　太阴温病，邪人气分，无形之热盛，易逼津外泄，以高热、大汗出、口大渴、脉浮洪有力为主症者，治以清热生津，达热出表，“速清为要”，“非虎啸生风，金飚退热而不能保津也。”方选白虎汤速清气分邪热而护津。方中石膏、知母既清肺热，又清胃热，两解太阴、阳明气分无形热邪，是泄热保津之良剂。若邪热

不解，阴津已亏，则加甘寒之品育阴生津以救阴。

（3）热结阳明，苦辛通降，急下存阴　阳明温病，肠胃燥热，传导失司，热邪与糟粕相炼成实，有形之热结阳明，消灼津液，燥结难行，燥结不解则阴津更伤，故宜大承气汤釜底抽薪，急下存阴。对大承气汤之功，《温病条辨》论曰："其承气者，承胃气也。盖胃之为腑，体阳而用阴，若在无病时，本系自然下降，今为邪气蟠踞于中，阻其下降之气，胃虽自欲下降而不能，非药力助之不可，故承气汤通胃结，救胃阴，乃系承胃腑本来下降之气，非有一毫私智穿凿于其间也，故汤名承气。"对阳明燥热之证，《温病条辨》主张急下存阴，但其下法的运用极为慎重，强调急下肠胃津液受损，不可强责其便，否则阴伤更重；此外，《温病条辨》还指出："温病燥热，欲解燥者，先滋其干，不可纯用苦寒也，服之反燥甚……""温病小便不利者，淡渗不可与也。"强调温病祛邪之时，当慎用苦寒、淡渗之法，以防苦寒化燥、淡渗伤阴，这均充分体现了其重视阴精的学术思想。

2. 阴亏者，育阴生津为要　《温病条辨》强调温病治疗以救阴为主，育阴生津是温病治疗之大法，但育阴生津之法常因病邪之部位不同有所区别。

（1）肺胃津亏，治以甘寒生津　温病初、中期，温热之邪羁留上、中焦，多伤及肺胃津液，治以甘凉、甘寒滋润之法滋养肺胃，常用沙参、麦冬、生地、玉竹、花粉等药，方选沙参麦冬汤、玉竹麦冬汤、五汁饮等。如上焦篇12条中提出："太阴温病，口渴甚者，雪梨浆沃之。吐白沫黏滞不快者，五汁饮沃之。"上焦篇56条曰"燥伤肺胃阴分，或热或咳者，沙参麦冬汤主之。"中焦篇12条曰："阳明温病，下后汗出，当复其阴，益胃汤主之。"肺主宣发肃降，为水之上源，胃主腐熟受纳，为阴津化生之源。甘寒之品甘能补中益气，培土生金，肺胃之阴得生；寒则清热，津生热退则阴长阳消，其病自愈。前方中沙参、麦冬、雪梨、苇根等甘寒濡润柔滑之品，长于滋养肺胃之阴，清中焦之热，具甘寒救阴之功，是肺胃津亏之佳剂。

（2）肝肾阴伤，治以甘咸浓浊，填精潜阳　温病日久失治或误治，邪热深入下焦，灼伤肝肾真阴，治以咸寒甘润之法滋阴填精，潜阳熄风，常用玄参、阿胶、地黄、龟板等甘咸浓浊之品，方选加减复脉汤、黄连阿胶汤、青蒿鳖甲汤等。如下焦篇第1条"风温、温热、温疫、温毒、冬温、邪在阳明久羁……脉虚大，手足心热甚于手足背者，加减复脉汤主之。"下焦篇8条"热邪深入，或在少阴，或在厥阴，均宜复脉。"下焦篇第12条"夜热早凉，热退无汗，热自阴来者，青蒿鳖甲汤主之。"下焦篇第14条："下焦温病，热深厥甚，脉细促，心中憺憺大动，甚则心中痛者，三甲复脉汤主之。"加减复脉汤方论曰：温邪久羁中焦，阳明阳土，未有不克少阴癸水者，或已下而阴伤，或未下而阴竭……若中无结粪，邪热少而虚热多，其人脉必虚，手足心主里，其热必甚于手足背之主表也。若再下其热，是竭其津而速之死也。故以复脉汤复其津液，阴复则阳留，庶可不至于死也。去参桂姜枣之补阳，加白芍收三阴之阴，故云加减复脉汤。在仲景当日，治伤于寒者之结代，自有取于参、桂、姜、枣，复脉中之阳，今治伤于温者之阳亢阴竭，不得再补其阳也。小定风珠方论曰：温邪久踞下焦，铄肝液为厥，扰冲脉为哕，脉阴阳俱减则细，肝木横强则劲，故以鸡子黄实土而定内风；龟板补任（谓任脉）而镇冲脉；阿胶沉降，补液而熄肝风；淡菜生于碱水之中而能淡，外偶内奇，有坎卦之象，能补阴中之真阳，其形翕阖，故又能潜真阳之上动；童便以浊液仍归浊道，用以为使也。从上述方论可见温邪深入下焦，伤及肝肾精血，非甘寒之剂所能为功，当以甘咸浓浊之剂，填补阴精，潜镇浮阳。

（3）津亏肠燥，治以咸寒苦甘，增液润肠　热入胃肠，最易伤津化燥，引起便秘，治以咸寒苦甘之法，增液润肠通便，寓泻于补，以补药之体，作泻药之用，既可攻实，又可防虚。常用生地、麦冬、玄参等药，方选增液汤。如下焦篇第11条曰“阳明温病，无上焦证，数日不大便，当下之。若其人阴素虚，不可行承气者，增液汤主之。”方中元参草药味苦咸，微寒，壮水制火，通二便，启肾水上潮于天，其能治液干，固不待言，《本经》称其主治腹中寒热积聚，其并能解热结可知。麦冬主治心腹结气，伤中伤饱，胃络脉绝，羸瘦短气，亦系能补能润能通之品，故以为之佐。生地亦主寒热积聚，逐血痹，用细者取其补而不腻，兼能走络也。三者合用，作增水行舟之计，故汤名增液，但非重用不为功。

（4）气阴两伤，治以补涩兼施，酸甘相伍　温热之邪易耗气伤津，致气阴两伤之证，气虚则阴津失于固摄，阴津耗伤则气无依托，故气阴两伤，治宜补涩兼施，以酸甘之法化阴益气，酸敛收涩，奏益气生津固脱之功。常用五味子、熟地黄、麦冬、乌梅等药，方选生脉散、连梅汤、地黄禹粮汤等。如上焦篇第26条：“汗多而脉散大，其为阳气发泄太甚，内虚不司留恋可知。生脉散酸甘化阴，守阴所以留阳，阳留，汗自止也。”下焦篇第56条：“暑邪深入少阴消渴者，连梅汤主之；入厥阴麻痹者，连梅汤主之；心热烦躁神迷甚者，先与紫雪丹，再与连梅汤。”酸甘相伍既可育阴，又可酸敛气津，具补涩兼施之妙，守阴所以留阳，阳生则阴长，气阴两伤耗散滑脱之证自愈。

三、救阴亦应审时度势，据证而施

《温病条辨》认为阴精的盛衰是关系温病发病、传变的关键，治疗温病“立法以救阴为主”，但是《温病条辨》还强调救阴亦应审时度势，据证而施，养阴之法不可肆意妄投。其临证应用理应注意以下几点：①养阴与祛邪应有主次之分。下焦篇第18条曰“在上焦以清邪为主，清邪之后，必继以存阴；在下焦以存阴为主，存阴之先，若邪尚有余，必先以搜邪。”明确指出祛邪也养阴应有主次先后之分，邪盛而阴未伤，以祛邪坚阴为要；邪盛而阴伤未重，祛邪兼以养阴；邪盛阴伤亦重，祛邪养阴并重；邪退但阴伤严重，以养阴生津为主。②湿温之证慎用养阴。《温病条辨·湿温》有“禁汗、禁下、禁润”之论，成为后世湿温病治疗之要诀。本条强调湿为阴邪，其性重着黏滞，湿热相合，易黏滞难解，湿温初起，多见午后低热之症，不可“见其午后身热，以为阴虚，而用柔药润之，湿为胶滞阴邪，再加柔润阴药，二阴相合，同气相求，遂有锢结而不可解之势”。

自《内经》以降，温为阳邪，善伤阴液，已成共识。《温病条辨》承诸贤之学，合以心得，将此认识贯穿温病发展的全过程，创立理法方药完善的辨证论治体系，对后世产生了深远的影响。近代著名医家任应秋先生赞曰：“温热病之应养阴，亦夫人得而知之；但究应如何育养，亦唯吴瑭最有成熟经验。”

［《山东中医杂志》，2007；（6）］

《温病条辨》下法思想探讨

张思超　宋咏梅

吴瑭继承了张仲景下法思想，充分发挥和扩展了“三承气汤”下法适应证，使温病下法自成体系。现就《温病条辨》诸下法内容予以总结分析。

一、益气生津，通腑泻下

见于《温病条辨·中焦篇》：“应下失下，正虚不能运药，不运药者死，新加黄龙汤主之”。本证为阳明腑实，耗伤气津，临床常见身热、腹满便秘、口干咽燥、倦怠少气，或撮空摸床、肢体颤动、目不了了，苔干黄或焦黑，脉沉弱或沉细。多由腑实应下失、下邪热壅闭、气阴大伤而致。治宜滋阴益气，攻下腑实，方用新加黄龙汤。本方系以陶节庵之黄龙汤去枳实、厚朴、桔梗，加麦冬、玄参、生地黄、海参、姜汁而成，故名新加黄龙汤，亦可看成是增液承气汤加人参、甘草、当归、海参、姜汁而成，是吴鞠通的加减承气汤之一。方中用大黄、芒硝泻热软坚，攻下燥结；人参、甘草补益正气；麦冬、玄参、当归、生地黄滋阴养血；海参滋阴软坚；姜汁宣通胃肠气机，鼓舞胃气。诸药相合以收攻下腑实、益气滋阴之效。

二、宣肺化痰，通腑泻热

见于《温病条辨·中焦篇》：“喘促不宁，痰涎壅滞，右寸实大，肺气不降者，宣白承气汤主之。”本证为痰热壅肺，大肠腑实，临床常见痰涎壅盛、喘促不宁、潮热便秘，苔黄腻或黄滑，脉滑数，右寸实大。本证属于肺与大肠的同病证。邪热壅肺，灼液成痰，痰阻气机，故痰热壅盛，喘促不宁；阳明腑实热结，故潮热、便秘；脉滑数，右寸实大，苔黄腻或黄滑为痰热在肺，里有实热之象。治宜清肺化痰，通腑泄热。方选宣白承气汤。方中生石膏辛甘大寒，两清肺胃，达热出表；生大黄苦寒攻下，通腑泄热；杏仁、瓜蒌皮苦降肺气，化痰平喘。四药相合，共成清肺化痰、通腑泄热之剂。本方既治肺又治肠，肺在五色属“白”，故以宣白承气汤为名。

三、清泄小肠，攻下腑实

见于《温病条辨·中焦篇》：“左尺牢坚，小便赤痛，时烦渴甚，导赤承气汤主之。”本证为阳明腑实、小肠热盛之候，多见于温病的发展过程中。表现为身热，腹满便秘，烦渴，小便短赤、涓滴不畅、溺时疼痛，舌红苔黄。二肠热盛，总由热伏较久、津液耗伤所致，故又出现烦渴。舌红苔黄、脉数为伏热内盛之象。治宜通导大小肠，养阴生津。选用导赤承气汤。方中芒硝、大黄通大肠之秘；生地黄、赤芍、黄连、黄柏养阴泄热，导火腑之热下走。治疗之后，每见大肠之秘得通，小肠之热亦解，而小便自然畅利。尿短赤涩由热盛津伤所致，切不可误认为是下焦湿阻而用淡渗通利之品。

四、清心开窍，攻下腑实

见于《温病条辨·中焦篇》：“邪闭心包，神昏舌短，内窍不通，饮不解渴者，牛黄承气汤主之。”本证属于手厥阴心包与手阳明大肠同病之候，即热入心包兼阳明腑实。临床表现为身热神昏，舌謇肢厥，便秘，腹部按之硬痛，舌绛苔黄燥。脉数沉实。治宜清心开窍，攻下腑实。方选牛黄承气汤。方中用安宫牛黄丸清心豁痰开窍，生大黄泄热攻下燥结。

五、滋阴增液，攻下腑实

见于《温病条辨·中焦篇》：“津液不足，无水舟停者，间服增液，再不下者，增液承气汤主之。”本证为热在肠腑，与肠中糟粕相结而成的热结阴伤证。临床表现为身热，腹胀满，便秘或热结旁流，口干，咽燥，唇裂，舌苔焦燥，脉沉细。治宜滋阴增液，攻下腑实。方选增液承气汤，该方由增液汤加大黄、芒硝而成。玄参、麦冬、生地黄均质润多汁，合用有滋阴生津、润肠通便之功效；大黄、芒硝合用，咸苦寒凉，泻热软坚，攻下腑实。两组药合用，虚实兼顾，滋阴攻下。

六、活血逐瘀，攻下热结

见于《温病条辨·中焦篇》：“少腹坚满，小便自利，夜热昼凉，大便闭，脉沉实者，蓄血也，桃仁承气汤主之，甚则抵当汤。”本证为邪热内陷血分，搏结成瘀，蓄于下焦，上扰心神之候。表现为身热夜甚，少腹硬满、按之疼痛，小便自利，大便结或色黑，神志如狂，或时清时乱，口干而漱水不欲咽，舌紫绛或有瘀斑，脉沉实或涩。治宜通下泄热，活血逐瘀。方选桃仁承气汤。本方即《伤寒论》桃核承气汤去桂枝、甘草，加牡丹皮、赤芍、当归而成。赤芍、牡丹皮既能活血化瘀，又能清热凉血；当归养血活血，桃仁活血通络；大黄、芒硝通下泄热，攻逐瘀结。诸药合用，共达通下泄热、活血散结之目的。

七、清化痰热，攻下腑实

见于《温病条辨·中焦篇》：“温病三焦俱急，大热大渴，舌燥，脉不浮而躁甚，舌色金黄，痰涎壅甚，不可单行承气者，承气合小陷胸汤主之。”本证为痰热阻于胸脘，燥结胃腑。治宜清化痰热，攻下腑实，不可单行攻下。方用承气合小陷胸汤。方中以小承气导结泻热，用小陷胸汤清化痰热。共奏化痰开中、泻热通腑之效，使痰热得以清化，阳明得以清泻，则腑气自能宣通。

总之，吴鞠通在运用、化裁承气汤时，一是因证立法，依法遣方，后选药组方，有因热需要攻下者，也有因寒而需要下者；二是随证变方，根据不同症状的不同表现而增减药味，主证不变，主方不变，而药味随症状而增损。

[《山东中医杂志》，2007；（12）]

温病保津养阴的重要意义

罗元恺

温热病的治法，可概括为清热解毒和保津养阴的两大原则。清热解毒是为了祛邪；保津养阴在一定阶段和一定阶段和一定程度上可以加强清热解毒。这是祖国医学“邪去正安”和“扶正祛邪”的机理。但温热病无论哪一个阶段，治疗时必须时时处处注意保津养阴这一重要原则，以防津亏液竭，变生不测，而导致不良后果。兹从吴鞠通《温病条辨》的基本精神和叶天士《外感温热病》的论点并结合个人体会，加以阐述。

一、温病治法的基本精神

《温病条辨·汗论》说：“本论始终以救阴精为主。”下焦篇“寒湿”中说：“春温、夏热、秋燥，所伤皆阴液也，学者苟能时时预护，处处提防，岂复有精竭人亡之虑?”又银翘散方论说：“温病最善伤阴。”温邪属阳，其性热而易化火，能灼铄津液，耗损真阴。《外感温热篇》指出：“热邪不燥胃津，必耗肾液。”故诊治温病应掌握其病理特征和注意其病情变化规律，及早防范其津液的耗损，以免影响机体的抗病能力。

二、津液的作用

津液是人体不可缺少的营养物质之一。它具有营养、润泽机体各个组织器官和调节整体阴阳动态平衡的作用。津液是机体中的一种体液，它需要保持一定的量和质，以维持正常的新陈代谢，而保证人体的健康。因此，津液实具有调节机体的物质和功能的作用，借以维持身体正常的活动。

温热病由于发热（高热或久热）、出汗，或兼呕吐、泄泻，或误汗、误吐、误下，误用辛燥温热等等的关系，均可消耗体液，损伤阴分，而导致体内水分及电解质的损失，使水电平衡失调，体液循环和营养状况均受影响。以至抵抗力低下，脏腑功能失常。津液是机体中的一种物质，属阴。温热之邪属阳。热邪与阴津，从病机上来说，两者是一种对抗性的矛盾。热邪炽盛，固然可以灼铄阴津，或迫令水分从汗、吐、下等途径大量消失；阴液不足，阴虚则阳胜，又可招致邪热炽盛而更易耗损阴津。这样恶性循环，每致体力迅速下降，甚至导致“亡阴”，形成“阴绝阳脱”的危候。温热病在“邪正交争”的病机上，津液是人体正气的物质基础，必须从各方面予以卫护和保存。所以，治法上及时清热解毒，主要固然为了“祛邪”，间接亦可护阴；生津养阴，主要当然为了“固本”，间接亦可抑邪。这两种治法虽运用于不同的情况和不同的阶段，却具有相辅相成的作用。《温病条辨》特别提出“本论始终以救阴精为主”，可见保津养阴在温热病中的重要意义。

三、护阴的几种方法

护阴的涵义较广，它具有预为卫护、生津增液、抢救真阴等几方面，兹概括为下列几种方法：

（一）间接护阴法——温热病在邪热尚盛时应以祛邪为主，但要注意避免损害阴津或有意识的加以卫护，也就是叶天士所谓“务在先安未受邪之地”之意，如方药不宜用辛温燥热等伤津之品，及时清解温热之邪；不使其过多的出汗；控制其病理上的呕吐、泄泻等均属之。温邪在表时，用辛凉解表，而不用辛温发汗；邪热在表时，用辛凉解表，而不用辛温发汗；邪热内炽时，用甘凉清热，而不用苦寒化燥；邪热内结时，可“急下存津”，但不能妄行泻下（误下）。这都是间接护阴的原则。以风温为例：《温病条辨》指出：“本论方法之始，实始于银翘散。”银翘散为辛凉平剂，它用鲜苇根汤煎，具有清热生津之妙，于解表之中，寓有护阴之意。温邪初盛，即注意到护阴，这可充分体现其“时时预护”的具体运用，此是间接护阴法的例子。又如用治风温咳嗽的辛凉轻剂桑菊饮之用苇根，立意亦同。两方俱属辛凉解表，为上焦卫分证的主方。若邪热炽盛，热逼津液而大汗，津已伤而渴甚，壮热脉洪苔黄，为病较深重，则用辛凉重剂的白虎汤，以其既能“退热而又能保津液”。若津气进一步耗损，以致汗大出，微喘鼻扇者，则用白虎加人参汤，借人参以固气益津，救其化源欲绝。这几首方子，符合《内经·至真要大论》“风淫于内，治以辛凉，佐以甘苦”的原则。这类辛凉之剂，主要为解表、清热，间接也能保津护阴。

《温病条辨》既云“本论方法之始，实始于银翘散”，但第一首方却列了桂枝汤，实有点自相矛盾。这是吴氏尚缺乏大胆反潮流精神的表现，因为历代把张仲景奉为医中的“圣人”，《伤寒论》是“医圣”的经典著作，桂枝汤是《伤寒论》的第一张方子，《温病条辨》也把它列为首方，体例形式上存有一些崇古之意。该书凡例中第一条说：“是书仿仲景伤寒论作法”，但第二条又况：“若真能识得温病，断不致以辛温治伤寒之法治温病。”桂枝汤为辛温解表之剂，实不适宜用于温热病的初起，这点吴氏不是不知道的，所以银翘散方论指出：“温病最善伤阴，用药又复上阴，此古来用伤寒法治温病之大错也。”吴氏本来也认为风温、温热、温疫、冬温等初起是不适宜用桂枝汤的，故把桂枝汤与银翘散并在同一条文之内，而曰“本论方法之始，实始于银翘散”，可见桂枝汤于首，只是一个幌子而已。吴氏“慨然弃举子业，专事方术”，是具有一定的反潮流精神的，但因受当时的崇古习惯势力所宥，未敢表理内外的彻底冲破此藩篱。温病既忌辛温，也忌发汗。发热是温病的主症，汗法本为退热方法之一，但不适宜于温病的退热，因为发汗可以伤阴，叶天士提出“温邪忌散”，《温病条辨》指出“温病忌汗”。因汗为五液之一，发汗过多，足以耗损体液，劫夺阴津。故风温表证，只“当用薄荷、前胡、杏仁、桔梗、桑叶、川贝之属，凉解表邪”（陈平伯《外感温病篇》）。忌用辛温发汗，其着眼点主要是避免用温药伤阴，因温病最善伤阴，故自始至终均需加以卫护。

此外，尚有一种“辟秽清热”之法，如牛黄丸，至宝丹之类。这些方剂除具有芳香化浊通窍的作用外，尚有抑火保津之功。

以上几种方法，都间接具有保津护阴的作用。

（二）直接养阴法——在温热病发展的过程中，因邪热炽盛，久热不退，汗、吐、下过多等等，以致出现阴液受损时，则应用甘寒生津或甘咸养阴法，直接生津养阴，以增强机体的物质基础和抗御功能。温病养阴，主要是用甘药，叶天士所谓“令甘守津还之意”。《温病条辨》这方面的方剂很多，如上焦篇的雪梨浆方，五汁饮等，“皆甘寒救液法也”。又如玉女煎，去牛膝熟地加生地玄参方，用以“壮水制火”；生脉散则为“酸甘化阴，守阴所以留阳”加减生脉散、沙参麦冬汤用治燥伤肺胃阴分等均是。中焦篇用增液汤以治“阴虚不大便”，为“增水行舟”法，乃“务存津液”之剂，益胃汤、玉竹麦门冬汤所以增益胃阴而润燥；牛乳饮为饮食疗法，以津血填补津血，用治为胃液干燥等，均属直接养阴之类。下焦篇则以加减复脉汤为主要方剂，盖“复其津液，阴复则阳留”，《温病条辨》有“复脉法”、“复脉辈”之称，这包括加减复脉汤、救逆汤、一甲复脉汤、二甲复脉汤、三甲复脉汤、大定风珠等，用治温邪久稽，津液被劫，阴精耗伤，肝肾亏损，形成“邪热少而虚多”。临床表现如“口干舌燥，齿黑唇裂，脉虚大，手足心热”，甚则“舌强神昏，神疲瘛疭，舌绛苔少，时时欲脱”等一系列津亏阴竭之象。上、中、下三焦所用生津养阴的方药虽有不同，但其直接增益体液之目的则一，只是针对不同的脏腑组织和不同的病变阶段，而随症选用更适当的生津养阴等方药而已。

（三）综合养阴法——阴分已伤，邪热尚盛，必须清热与养阴并用，但以哪方面为主则应根据病情而定。①邪热较盛，阴虚不甚者，则清解为主，兼以养阴。如《温病条辨·上焦篇》银翘散加减法指出：“热渐入里，加生地、麦冬保津液，再不解，或小便短者，加知母、黄芩、栀子之苦寒，与麦、地之甘寒，合化阴气，而治热淫所胜。”又桑菊饮的加减法说：“舌绛，暮热，甚躁，邪初入营，加元参二钱，犀角一钱，在血分者，去薄荷，苇根，加麦冬、生地，玉竹、丹皮各二钱。又中焦篇的银翘汤，是以麦、地增液为作药之具，仍以银花、连翘解毒而轻宣表气，盖辛凉合甘寒以养阴之例。”②津液既伤，病邪尚盛着，则养阴祛邪并重，前人有所谓“泻南补北”，意即泻火滋水。如中焦篇的增液承气汤之治液干热结，一方面用增液汤以增水行舟，一方面用大黄、芒硝之苦咸以泻其热结。又如下焦篇的黄连阿胶汤主治“真阴欲竭，壮火复炽，心中烦不得卧”，以本方“外泻壮火而内坚真阴；内护真阴而外托亢阳”。又如下焦篇用青蒿鳖甲汤（青蒿、鳖甲、生地、知母、丹皮）。《温病条辨》有两条青蒿鳖甲汤，另一条在中焦篇湿温疟疾门，药物有青蒿、鳖甲、知母、丹皮、花粉、桑叶以治热邪深伏阴分而见夜热早凉。热伏阴分，阴伤可知，故一方面清热养阴，一方面透热外出这都是养阴清热并重之例。③真阴亏损，余热未尽者，可参考直接养阴法和综合养阴法酌情运用。

《温病条辨·下焦篇》17 条说：“壮火尚盛者，不得用定风珠、复脉；邪少虚多者，不得用黄连阿胶汤；阴虚欲痉者不得用青蒿鳖甲汤。”因这些方药，“虽皆为存因退热而设，其中有以补阴之品为退热之用者；有一面补阴，一方面搜邪者；有一面填阴，一面护阳者”，应适当掌握运用。

体会

（一）温热病最易耗损体液，伤阴劫津。津液是人体重要物质之一，属“正气”范畴，具有抗御外邪的作用。根据祖国医学阴阳学说而论，津液属阴分，温热为阳邪，在病理上的阴阳矛盾、邪正斗争过程中，阴液容易为阳邪所消耗，因此，在温热病的病变过程，必须密切注意阴分是否受损和受损的程度。就算在发病初期，便当注意卫护，若在中、后期，更应诊察阴分受损的情况而采用生津养阴或滋液法，这与现代医学重视机体的失水而采取补液措施，有其相似的重要意义。

胃肠道外输液，仅在病员不能进食或必须快速纠正其损耗及不平衡状态时，方考虑使用，而对于心肾功能不佳者，输液量更须慎重考虑。其次要有一定的条件和设备。故无论是补充水分、电解质、热量或营养，口服仍是最自然和最良好的途径，这是现代医学所公认的。祖国医学的保津养阴法若能运用得宜，可防止体液的消失和通过机体的调节功能以维持电解质的平衡，往往可以避免肠胃道外输液，这对于农村和边远地区及在战争环境下，具有重要意义，故如何掌握和进一步发展这一治疗方法，是符合毛主席“备战、备荒、为人民”这一伟大号召的，这值得中西医团结合作来共同研究而加以提高。

（二）外邪未退，或邪热尚盛，应以凉解表邪或凉泄里热为主，但可适当用甘润或甘寒之品以养阴；脏腑津液被劫，肝肾阴精耗伤者，必须用甘润或甘寒之品以养阴；脏腑津液被劫，肝肾阴精耗伤者，必须用甘咸滋润或酸甘化阴之品以救阴。三者须运用适宜，才能收到预期的效果，否则可能产生不良的效应。因为滋腻养阴可以滞邪，若邪热尚盛，尤其是湿热或痰热壅盛者，如不恰当的投以滋阴之药，可使邪热不能透达外泄，掩延病程，甚或变生他患。另一方面，清热亦不宜恣用苦寒，以免苦寒化燥。有表证者，治以凉解表邪；肺胃热盛者则宜凉泄里热。《温病条辨》提出：“于应用芩、连方中，必大队甘寒以监之，即寓护阴于清热之中的意思。

（三）温热病是否已伤阴及损伤至若何程度，除注意临床表现外，必须验之于舌。《温病条辨》论述证、脉者较多，论述舌诊者较少，这应参考叶氏的《外感温热篇》，以互相印证补充。一般来说，舌苔老黄或焦黑而干燥者，为邪热盛而津液受伤，若苔少或无苔而舌色红绛而干，甚或舌卷缩而瘦薄者，则伤阴情况较为严重。这对于指导用药，极为重要。

（四）温病本属热性流行病，但亦可夹寒，夹湿，在寒、湿未完全化热之前，结合其本人体质，却可以伤阳，叶天士所谓“湿胜则阳微也”，至《温病条辨》在中、下焦篇列有“寒湿”门，其中引用了不少温燥和温热之剂，如理中汤、四逆汤、苓姜术桂汤，鹿附汤、安肾汤等等，俱属脾肾虚寒的证治，这与温热病和养阴法却有矛盾。其实这只是作为温热病的一种鉴别诊治方法，使人知所区别而进行辨证施治。正如下焦篇的“寒湿”中说：“本论原以温热为主，而类及于四时杂感”。故寒湿是属于“类及”（即旁及之意）之病，以便作为互相鉴别而已。又感病以后，由于体质的不同，兼夹之各异，其病情变化，故可以伤阴，亦可以伤阳，故《温病条辨》说：“湿之入中焦……伤脾胃之阳者，十常八九，伤脾胃之阴者，十居一二，彼此混淆，治不中窍，遗患无穷。临证细推，不可泛论。”又说：“临证者知何者当护阳，何者当救阴；何者当先护阳，何者当先救阴，因端竟委，可备知始终。”总之，医者应该根据病情的变化而辨证施治，决不能固执一法而限于片面性。

（五）祖国医学通过内服药保健养阴法来保存体液以调治温热病的体液耗损，同时与清热解毒法相辅相成的运用，具有抑邪固本的效果，这种治疗原则具有深远的意义，值得我们深入的研究并进一步加以发扬。

[《新中医》，1975；（1）]

试述《温病条辨》在治疗外感热病中的扶正思想

田劲梅　指导：谢海洲

一般而言，面对急慢性外感热病，我们首先想到的是清热解毒，化痰祛湿，理气活血，攻逐水饮等祛邪之法，有时可获速效，但效不稳定，尤其对于慢性外感热病，单纯祛邪，往往收效甚微。《温病条辨》是治疗急慢性外感热病的经典著作。本文将就其在治疗中的扶正思想进行论述。

一、《内经》源病，扶正为本

在《温病条辨》中，吴氏首列原病篇，引用《内经》原文并加自注共十九条，概括了吴氏对于温病的发病、病因、病机、治则、预后、预防等方面的基本思想，从中我们可以看到他对于温病诊治注重人体正气的原则，如对于温病的发病机制，吴氏认为正气虚损是发病的关键，在原病篇第二、三、十七条，吴氏分别引述《阴阳应象大论》、《金匮真言论》及《刺法论》的著名节语，即“喜怒不节，寒暑过度，生乃不固”，“故藏于精者，春不病温”，“不相染者，正气存内，邪不可干”。原病篇第八条又引述《热病》，详细说明了温病的病机特点为阳盛则热，阳盛则阴病，从而确立了“泻其热而出其汗，实其阴以补其不足”的清热及养阴两大治疗法则，吴氏自注曰：“若留得一分正气，便有一分生理”，这已成为中医治疗一切疾病的指导思想之一。在原病篇第九条吴氏更进一步引用《评热病论》，提示我们温病的发病过程是正邪交争的过程，正能胜邪，则病向愈，正不胜邪，必然死亡，并再次阐明温病治疗根本在于扶正，在清热与养阴两大法则中，养阴生津尤为重要。原病篇第十八条引《玉版论要篇》“病温虚甚死”。吴氏借此说明正气在温病转归中的作用。他在自注中说“病温之人，精血虚甚，则无阴以胜温热，故死。”似乎有强调温病阴虚之意，但从其对补中益气汤、清暑益气汤等方药的具体使用来看，并无忽视气虚之处。所以从温病的的转归中，我们再次体会到扶正思想的重要性。而且吴氏尤其在第五条引述《刺志论》曰：“气盛身寒，得之伤寒；气虚身热，得之伤暑。”由此奠定了治疗暑温用清暑益气养阴的基本法则。综观原病篇，处处以正气为本，扶正思想是治疗温病的根本出发点。值得一提的是在《凡例》中，吴氏特别引用《内经》“大毒治病，十衰其六；中毒治病，十衰其七；小毒治病，十衰其八；无毒治病，十衰其九，食养尽之，勿使过剂。”这是中病即止及饮食调养法则的理论基础。

二、羽翼《伤寒》，强调扶正

《伤寒论》是辨证论治的鼻祖，在其113首方中，甘草、生姜、大枣共用以保护脾胃出现在35首方中，约占31%，由此我们可以对仲景治病处处顾护脾胃略见一斑。如前所述，吴氏在治疗温病中亦以正气为怀，而且在一些具体情况的处理中更加细腻，谨慎。例如在下法运用中，吴氏最大的贡献是创立增液法，寓泻于补，中焦篇第十一条曰：“阳明温病，无上焦证，数日不大便，当下之，若其人阴素虚，不可行承气者，增液汤主之。服增液汤已，周十二时观之，若大便不下者，合调胃承气汤微和之。”由此，“体虚之温病与前医误伤津液，不大便，半虚半实之证”皆有法可依。在这一条中，我们尤其应当看到吴氏对阴虚腑实之证首用纯补之增液汤，若经十二时大便仍不下者，才用调胃承气汤“微和之”，可见其顾护正气之审慎。再者，吴氏又有“数下之禁”，在第十六条明言“阳明温病，下后二、三日，下证复现，脉不甚沉，或沉而无力，止可与增液，不可与承气。”同时，第十四条又有清燥法，禁“连下”，亦为防止损伤正气而设。此外，又有用于下后复聚、防连下伤正的护胃承气汤及用于下后复聚，正虚邪实的新加黄龙汤，均为增液汤加减而来，吴氏在下法中创立的增液法，补《伤寒》之未备，实由扶助正气角度而来。值得一提的是对热结旁流一证，仲景用大承气汤急下存阴，吴氏则改用调胃承气汤，去枳、朴苦燥伤阴，从中也可看出他对保护人体正气用心良苦。

三、中病即止

中病即止，不伤正气，首先反映在吴氏用汗吐下三法祛邪方面。如汗法，上焦篇第二十五条，“手太阴暑温，服香薷饮，微得汗，不可再服，香薷饮重伤其表，暑必伤气，最令表虚，虽有余证，知在何经，以法治之。”此处强调“微得汗，不可再服”，得汗而止，祛邪不伤正。再如吐法，上焦篇第十三条，栀子豉汤治“邪在上焦膈中”，其方后服法为“煮取二杯，先温服一杯，得吐止后服。”这里提示了祛邪猛药少量试服，效止后服的保护正气的原则，又如下法，在大承气汤、小承气汤、调胃承气汤、护胃承气汤甚至增液汤、新加黄龙汤的方后服法中均注明“得便，止后服”，也是提醒后人祛邪勿伤正之意。

第二，中病即止还反映在吴氏设法立方注重辨轻重缓急，轻者轻剂，重者重剂，既疗病又不伤正，如对太阴风温，吴氏设辛凉轻剂桑菊饮、辛凉平剂银翘散、辛凉重剂白虎汤。对于银翘散的使用，又在上焦篇第五条特别说明“余证悉减者，减其制”，充分体现了中病即止、辨证论治的思想。而且在作为辛凉重剂白虎汤的组方中，又有甘草、粳米养胃保津，使白虎汤成为清热、养阴、保津的重剂，邪去正不伤。又如，对于下焦暑温合并“蓄水”时，轻者用香附旋覆花汤，重者用控涎丹，而《金匮》治疗悬饮只有十枣汤一方，所以在这一点上，《温病条辨》是对《金匮》的补充和发展，而发展之处仍在扶助正气方面。

其三，上焦篇第四条，吴氏对银翘散之使用自注曰“经谓‘冬不藏精，春必病温’，又谓‘藏于精者，春不病温’，又谓‘病温虚甚死’，可见病温者，精气先虚，此方之妙，预护其虚，纯然清肃上焦，不犯中下，无开门揖盗之弊，有轻以去实之能，用之得法，自然奏效。”体现了吴氏治上焦勿犯中焦，治中焦勿犯下焦的中病即止、防止传变、预护其虚的思想。

四、久病扶正

急性外感热病转为慢性是临床中的常见现象。因外感热病多以邪气盛为特征，医者常拘泥于祛邪之法，造成越祛邪病越重的情况。《温病条辨》中吴氏以久疟、久痢的证治为例，示后人以久病要以扶正为本的思想，在中焦篇第八十二条及下焦篇第六十一、六十二条，论述了有关久疟的治疗，气虚者用补中益气汤，气血两虚者用扶阳汤，阴阳两伤者用减味乌梅圆法。而对于久痢的论述更加详备，中焦篇第九十三条，下焦篇第六十四至七十七条均为有关久痢条文，吴氏对诸种虚损进行了详细辨证，如属胃虚者用人参石脂汤，脾肾阳虚用双补汤，阳伤及阴用加减理阴煎，肾虚津亡用地黄余粮汤，肾虚不固用三神丸，同时又有阴阳两补、偏于补阳的参茸汤，阴阳气血双补、治疗休息痢的参芍汤，以及补脾益肾治疗噤口痢的加味参苓白术散和肉苁蓉汤。如此细致的分型用药，不难看出吴氏对于扶正以祛邪方法的重视。久病扶正是中医的一大特色。在诸多急性疾病转成慢性疾病中，扶正祛邪是取得疗效的关键。

纵观《温病条辨》，处处以正气为本，实际上诸种祛邪之法，也是为邪去正复而用，这一点，是中医学的精华所在。中医治病着眼于人，病去人留是治疗的目的，而西医治病着眼于病，对人本身则显得照顾不够。《温病条辨》在治疗急慢性外感热病中的扶正思想，对中医及中西医结合临床产生着深远影响，她不愧为中医四大经典之一，其所蕴含的医理、法则值得我们不断深入地探索。

[《北京中医》，1998；(1)]

吴鞠通对《伤寒论》的继承与发展

顾武军

吴鞠通，名瑭，字配珩，鞠通是其号，江苏淮阴人，我国著名的温病学家，其巨著《温病条辨》，是一部温病学中最系统、最完整、集大成的不朽著作。张仲景、鞠通两位医学巨匠，为中医药学的发展作出了巨大贡献，其学术思想是一脉相承的。鞠通遥承仲景，并多有创新，使仲景的学术理论得到了进一步弘扬，真不愧是“羽翼伤寒”之作。

一、羽翼伤寒，倡导寒温一体

从吴氏著《温病条辨》来看，无论是从写作动机和学术理论来看，都是在对《伤寒论》理论继承与发展。吴氏在《温病条辨·凡例》中明确指出：“是书仿仲景《伤寒论》作法，文尚简要，便于记诵。”“是书虽为温病而设，实为羽翼伤寒。若真能识得伤寒，断不致疑麻桂之法不可用；若真能识得温病，断不致以辛温治伤寒之法治温病。伤寒自以仲景为祖，参考诸家注述可也；温病当于是书之辨似处究心焉”（本文所引《温病条辨》内容均引自方药中主编《温病条辨讲解》，光明日报出版社 1988 年版）。可见其著述是为了“羽翼伤寒”，而对于古方、今病问题，则强调重在辨证，于伤寒温病之疑似究心研究。吴氏又指出：“晋唐以来诸名家，其识见学问工夫，未易窥测，瑭岂敢轻率毁谤乎！奈温病一证，诸贤悉未能透过此关，多所弥缝补救，皆未得其本真，心虽疑虑，未敢直断明确，其故皆由不能脱却《伤寒论》之蓝本，其心以为推戴仲景，不知反晦仲景之法。”真可谓“一语破的”，诚陈亦人所说："有些医家不责怪自己辨病不清，辨证不明，立法选方不当，反而认为《伤寒论》的理论不能指导实践，由怀疑进而否定。"这些医家与吴氏之见相差甚矣。吴氏更指出："《伤寒论》六经由表入里，由浅入深，须横看。本论论三焦由上及下，亦由浅入深，须竖看，与《伤寒论》为对待文字，有一纵一横之妙。学者诚能合二书而细心体察，自无难识之证，虽不及内伤，而万病诊法，实不出一纵一横之外。"吴氏之说充分体现其"寒温一体"思想。吴氏"学者诚能合二书而细心体察，自无难识之证，虽不及内伤，而万病诊法，实不出一纵一横之外"，与仲景"虽未能尽愈诸，庶可以见病知源，若能寻余所集，思过半矣"何其相似乃尔。吴氏还说："本论悉遵《神农本草经》、《内经》、《难经》、《玉函经》、《临证指南》，以及一生体验为准，诸家可参考者而不可恃者也。"正由于吴氏对仲景《伤寒论》在继承基础上强调发展，才能著成此不朽之作，诚方药中在《温病条辨讲解》中说："吴瑭在治学方面，其学术渊源可概为二：一是遵《内经》，宗仲景，法叶桂，兼取众医家之长；一是源于自己的临床实践。"

《温病条辨》和《伤寒论》一样，皆是强调辨证论治，给人以规矩，足可为后世法，诚吴鞠通所说："大匠诲人，必以规矩，学者亦必以规矩。是书有鉴于唐宋以来，人自为规，而不合乎大中至正之规，以致后学宗张者非刘，宗朱者非李，未识医道之全体，故远追《玉函经》，补前人之未备，尤必详立规矩，使学者有阶可升，至神明变化出乎规矩之外，而不离乎规矩之中，所谓从心所欲不踰矩。是所望于后之达士贤人，补其不逮，诚不敢谓尽善又尽美也。"

二、注重继承，更注重发展

吴氏对仲景理法方药善于继承，领会其旨而善于活用，更能根据临床实际而进行补充发扬，方药中说："吴瑭宗仲景《伤寒论》为医门之'金科玉律'，在《温病条辨》一百九十八方中，其中用仲景原方三十余个，约占五分之一，如再加上加减方，所占的比例就更大了。就连《温病条辨》的体裁，也是仿效《伤寒论》，采取逐条明辨，言简易记的'条辨'形式。对仲景以下的后世医家，吴氏主张参考百家，取其精妙，去其驳杂。"以下兹举对仲景的发展说明之。

1. 阐明白虎之用

白虎汤为仲景《伤寒论》治阳明热证而设，以辛寒清热保津之用而治阳明邪热炽盛、充斥表里之证。吴氏则将其用于治疗"太阴温病，脉浮洪，舌黄，渴甚，面赤，恶热者"，不仅其脉证可作为对《伤寒论》中白虎汤证的补充，更明确地提出了"白虎本为达热出表"，使其功用更加明确；另外，在方药上改炙甘草为生甘草，更有助于清热之用。方药中说："吴氏不仅用白虎汤清阳明气分之热，而且又用于治手太阴肺经气分之热，这是吴氏的临证经验。"这也就拉近了《伤寒论》的阳明病热证和温病手太阴肺的关系，是以后世医学谓"白虎汤能清肺胃之热"。

2. 创制承气诸方

承气汤是《伤寒论》治阳明腑实证之方，吴氏在《温病条辨》中根据临床之实际，活用承气汤可谓达到了无可复加的境地，指出了"承气汤通胃结，救胃阴，仍是承胃腑下降之气。"《条辨》中除对大、小、调胃诸承气汤有所运用外，还创制了不少新方，有谓"阳明温病，下之不通，其证有五，应下失下，正虚不能运药，不运药者死，新加黄龙汤主之。喘促不宁，痰涎壅滞，右寸实大，肺气不降者，宣白承气汤主之。左寸牢坚，小便赤痛，时烦渴者，导赤承气汤主之。邪闭心包，神昏舌短，内窍不通，饮不解渴，牛黄承气汤主之。津液不足，无水舟停者，间服增液，再不下者，增液承气汤主之。”除以上新加黄龙汤、宣白承气汤、导赤承气汤、牛黄承气汤、增液承气汤外，还有护胃承气汤、桃仁承气汤、加减桃仁承气汤、承气合小陷胸汤等，大大地扩充了承气汤的应用范围，并更加活泼。诚方药中曰：“他一面大量采用仲景的大、小、调胃、桃仁诸承气汤而外，又创制了宣白、导赤、牛黄、增液、护胃承气汤，以及承气合小陷胸汤、新加黄龙汤等。对‘热结旁流’者，不用大承气，而用调胃承气，对下后复结者，提出不可纯施承气，或予增液，或予承气合增液。”

3. 明确黄连阿胶汤之用

黄连阿胶汤为《伤寒论》用治少阴病热化证之方，习以“阴虚阳亢”概括其病机，后世医家往往释其心肾不能相交、冰火不能既济，谓是方能育阴清热。细析其方苦寒之药胜于养阴之药，颇与前述之病机不合，古今医者能识此黄连阿胶汤证者，惟吴鞠通也。吴氏在《条辨》中明确指出是证“阴既虚而实邪正盛”，并谓“邪少虚多者，不得与黄连阿胶汤”。据此可知黄连阿胶汤证的病机当为阴虚热盛，始可与方中重用黄连、黄芩合拍。方药中说：“黄连阿胶汤从方药组成来看，黄连为君，用量最重，黄连的主要作用是清火泻热，辅以黄芩，清火泻热作用更强。白芍、阿胶、鸡子黄，虽有养阴作用，但药性平缓，恐难以迅速产生救阴作用。因此我们认为黄连阿胶汤的主要作用仍是攻邪为主，养阴为辅，正如后文所说：‘邪少虚多者，不得与黄连阿胶汤’，其所以在‘真阴欲竭，壮火复炽’时用此能产生救阴作用者，还是属邪去正复之理。”

4. 巧变复脉诸方

复脉汤即《伤寒论》之炙甘草汤，吴氏用于下焦温病，热邪深入，阴精枯竭之证，据证而变为加减复脉汤，并据此加减变化而有救逆汤、一甲复脉汤、二甲复脉汤、三甲复脉汤等，方药中说：“加减复脉汤，源出《伤寒论》复脉汤，亦即炙甘草汤，本方去原方中参、姜、桂、枣，即加减复脉汤，吴氏在运用本方中，常加人参、大枣，因此加减复脉汤实际上只是炙甘草汤去姜、桂二味。下焦温病，热邪深入，阴精枯竭，一般情况下，故不宜再用姜、桂辛温之品以重耗其阴精。但又必须注意到，‘阴为阳之基’，‘气生于阴’，阴竭阳必然随之而亡，所以在阴竭阳脱的时候，又不能完全回避温化之剂。昔年我的老师陈逊斋先生在治疗下焦温病时，常选用炙甘草汤复脉，但在处方用药上推敲极细，热邪深入伤阴，未及阳脱者，以炙甘草汤去姜、桂或重减其量，如有亡阳现象，如肢厥、汗出者，则必用姜桂或加大其量，甚至再加附子，疗效十分显著。吴氏在上述条文中谓：‘用古法而不拘用古方，医者之化裁也’，‘曰宜复脉辈者，不过立法如此，临时对症，加减尽善，是所望于当其任者’，陈老的经验和吴氏所述临证意义重大，值得我们深思。”并指出吴氏“对复脉汤的加减变化，更赋予了新的意义。”这里的“新的意义”，实指一甲、二甲、三甲之变。

仅从以上数例，足可证明吴氏对《伤寒论》既认真继承，又力主发展创新的思想和实践，今天我们除要继承他的学术思想，更要学习他善于继承、力主发展创新的思想，才能使中医药事业不断得到发展。

[《南京中医药大学学报》，2009；（2）]

略谈温病与治法

刘仕昌

温病，又称温热病，临床上比较多见，尤以华南地处温热地带，发病最为常见。它的辨证论治与理法方药，在临床运用上所收到的效果，值得我们探讨和重视。现把温病有关的问题和临床常用治法，分述如下：

一、温病的概念

（一）什么叫温病

温病是多种热性病的总称。如风温、春温、温热、湿温、暑温、秋燥、伏暑、冬温、温毒、温疫等，都属于温病范畴。临床上以发热为主症，若不发热的便不称温病。

（二）命名的来由

温病名目虽多，多是根据下列三种情况而定名的。

1. 按季节命名　由于四时季节气候的不同，因而命名亦异。如春天气候比冬天较为温暖，这时感受风温邪气而发生热病的称“风温”；夏天气候炎热，这时感受暑热邪气而发生热病的称“暑温”；夏季前后暑湿交蒸之际，这感受暑湿（或湿热）邪气而发生热病的称“湿温”；秋天气候比较干燥，这时感受干燥邪气而发生热病的称“秋燥”；冬天气候应寒而反热，这时感受非时之温热邪气而发生热病的称“冬温”。以上是“外感温病”。还有“春温”，是指春季所发生的急性热病，是先有内热，再加外感诱发，或由伏热内发的。又有“伏暑”，是指暑天受邪内蕴不发，到秋天或冬天感邪诱发的热病。前人认为两者是“伏气温病”。它的病机传遍有异于“风温”等的外感温病，外感温病是由表入里，由轻而重；伏气温病是由里出表，经治疗后，病邪逐渐透解而愈。

2. 按临床特点命名　如“温毒”证，发病当中就有头面肿大，咽喉肿痛或斑疹疮疡等症状出现。

3. 按流行情况命名　如“温疫”证，发病传染迅速，来势凶猛等凶险症状出现。具有流行性传染性为特征，有类于现代医学的“流脑”、“乙脑”等。

（三）临床分类

温病在临床分类上大致可归纳为三类：

1. 温热病类　如风温、春温、暑温、秋燥、冬温等，在临床上均表现为“热性”病症状，治疗以“清热”为主，但因个性的不同，用药时亦当有所侧重。如风温病治疗宜疏风清热，暑温病治疗宜解暑清热，秋燥病治疗宜润燥止咳，而冬温病治疗多与风温同。

2. 湿温病类　如湿温、暑湿、伏暑，三者病名虽不同，但临床上都表现有“湿”与“热”的共同症候，因此，均宜用湿热两清的方法，由于个性有异，湿温可用清热化湿，暑湿须用解暑清热化湿之类。

3. 温疫病类　如温疫、温毒证，病情都是较急的，具有传染性的特点，用药均宜大剂频服，就是说剂量要比平常大，不要日服 2 至 3 剂，才可把病情压制下来。

（四）温病辨证论治纲要：温病的辨证纲要，主要是根据叶天士的“卫气营血”和吴鞠通的“三焦”。兹分述如下：

叶天士《外感温热论》的基本论点

1.《外感温热论》开首提出："温邪上受，首先犯肺，逆传心包"的发病学说，阐明了吴又可所说"温邪从口鼻而入"的立论，补充了《伤寒论》邪从皮毛而入的说法。病邪已从口鼻而入，所以先有恶风寒、发热、头痛、咳嗽、喉痒等肺卫症状。若肺卫之邪不解，已不顺传入胃（气分），而迅速内陷，导致病情恶化，出现神志症候时，认为是"逆传心包"。

2.《外感温热论》的中心内容：以"卫气营血"为纲，以"风温"、"湿温"两大类型为目，处处结合临床实践及治疗经验，提出："肺主气属卫，心主血属营"，"卫之后方言气，营之后方言血"。这是阐明卫气营血的浅深层次，说明卫是气的浅层主表，血是营的深层主里。病初起邪在卫分，出现发热恶风寒等，症候较轻较浅；进一步见气分症候，出现发热不恶寒，反恶热，舌苔黄，尿色黄等，是温邪入理化热伤津，病情较重；如营分症候相继出现，则见夜间发热较甚，烦扰不眠，斑疹初露，间见谵语，舌绛，脉细数等，就标志着病情恶化，营病的发展势必连及血分，如斑疹显现，精神躁扰甚至昏狂谵妄，或见吐血，衄血，大小便出血，舌色深绛等，是为病势既深且重。因此，在治疗原则上定出："在卫汗之可也，到气才可清气，入营犹可透热转气，……入血就恐耗血动血，直须凉血散血……"这就是以"卫气营血"分为四个阶段，作为辨证论治的概括。

吴鞠通《温病条辨》的"三焦"立论

吴氏的《温病条辨》把病邪所在部分归纳为初、中、末三个阶段的证候群，作为辨证论治的依据。所谓上焦不治则传中焦，中焦不治则传下焦，即指上焦病较轻，中焦病较重，下焦病最重的病变发展过程。

上焦：指温病初起，病情较为轻浅阶段。仍本《温热论》："温邪上受，首先犯肺，逆传心包"的立论，其病变包括手太阴（肺），及手厥阴（心包络）的症候。同时指出在这个阶段，有两个恶变，一是"肺之化源绝"，二是"心神内闭，内闭外脱"，都足以致死，进一步发挥了叶氏的立论。

中焦：是指温病发展至邪正交争激烈，邪热灼伤胃肠津液较为突出的阶段。包括了足阳明（胃），手阳明（大肠）的病变，如发热、不恶寒、日晡益甚，面目俱赤，语声重浊，呼吸俱粗，大便秘，小便涩，舌苔老黄甚则黑有芒刺等阳明胃肠实热症候；若邪入中焦而从湿化，则见身热不扬，胸脘痞闷，泛恶欲呕，身重肢困，苔腻脉缓等，为太阴脾湿不化的症候。这一阶段，其中尤以三种恶化的病变更为严重：一是"阳明大实，热炽阴竭"；二是"邪热炽盛，内闭心包"；三是"脾郁发黄，黄极则诸窍为闭"。如果不及时注意防止此种恶化倾向，亦足以导致死亡。

下焦：指温病末期伤阴阶段。即温邪久留中焦，最后导致伤耗下焦阴液，出现足少阴（肾）和足厥阴（肝）的病变；如身热面赤，手足心热甚于手足背，口燥咽干，耳聋，神倦，或心烦不眠，脉细数或虚大等肾阴伤的症候：若肝木失养，虚风内动，可见手足蠕动，甚则瘛疭（抽搐）等肝的见证。还有温病后遗的一些兼夹坏病。同时指出温病在下焦，无非是热邪深入，消铄津液，涸尽而致难治。所谓"阳亢阴竭"的危候。

在治法上，《温病条辨》有这样指出："治上焦如羽（非轻不举），治中焦如衡（非平不安），治下焦如权（非重不沉）。"就是说上焦病用药要轻清，如桑菊饮、银翘散之类；治中焦病用药要视病情的变化，如见胃热炽盛的可用清法的白虎汤；如见肠热内结的可用下法的承气汤等。治下焦病用药要大剂滋润潜镇，如见肾阴不足的可用加减复脉汤养阴增液；如因肝木失养虚风内动发生抽搐的，可用三甲复脉汤，潜镇熄风镇痉。"留得一分津液，便有一分生机”，可见吴氏对于温病后期养阴的重要性。以上是三焦辨证论治的概括。

（五）卫气营血的传变规律

根据上述叶氏的“卫气营血”和吴氏“三焦”的辨治精神，两者病情的传变情况，基本上是一致的，在症候表现上两者亦有很多类似之处。卫气营血的传变，包含了三焦中某些类型，而三焦中亦寓有卫气营血的症候。因此在临床上将两者结合起来，才能更全面的指导温病的辨证论治。为了临床运用上比较方便起见，这里着重介绍卫气营血的传变规律，兹简示于后：

甲、温邪——→卫（肺）——→气（肺、胃、肠、??）——→营（心）——→血（心、肝、肾）。乙、温邪——→卫…→营。上面按卫→气→营→血传变的称“顺传”。这是一般规律。但也有特殊的，如…→所指，卫分受邪不传气分，而很快传入营分的，称“逆传”。前人也有提出“伏气温病”是由里出表的，即病邪由里透发，病初起即出现气分证或营分、血分证的，经治疗后症状逐渐减轻而愈，如“春温”便是。“外感温病”，病情变化是由表入里，如“风温”便是。邪在营分或血分时，可导致闭证（神昏谵语或昏迷不语），更甚的可出现脱证（汗出、肢冷、脉微细欲绝）等险象。

二、温病的治法

温病的治法，是根据发病整个过程中各种不同的症候转化而制定出来的治疗方法。即通过上述的“卫气营血”和“三焦”所属脏腑，在病变过程中反映出来的症候，作为临床辨证和治疗用药的依据。比较常用的治法有下列多种，兹分列如次：

1. 辛凉解表法

适应证：温病邪在卫分。症见发热，微恶风寒，头痛，口微渴，或咳嗽，无汗或微汗出，舌边尖红，苔白薄，脉浮数等。代表方：银翘散和桑菊饮，可随症选用。

2. 清气泄热法　有苦寒清热、辛寒退热和辛寒平喘三种。

①苦寒清热。适应证：邪热在气分而较轻者。症见发热，头痛，口略渴，口苦，尿黄，苔黄，脉数等。代表方：黄芩汤去大枣，加竹叶、连翘、菊花之属。

②辛寒退热。适应证：气分热盛，邪热伤胃脾。症见高热，心烦口渴，汗大出，苔黄，脉洪大或数。代表方：白虎汤。

③辛寒平喘。适应证：邪在气分，肺热壅盛。症见高热，咳嗽气促，甚至鼻扇，舌红，苔黄，脉滑数等。代表方：麻杏石甘汤，加冬瓜仁、芦根、川贝、鱼腥草之属。

3. 通下积热法

适应证：邪入气分，热结大肠。症见日晡潮热（即午后热较甚），腹痛，便秘或热结旁流，或见谵语，苔黄燥，脉沉实等。代表方：大承气汤、小承气汤、调胃承气汤、增液承气汤，随证选用。

4. 清营透热法

适应症：邪热入营，灼伤阴液，扰及心神。症见发热夜甚，心烦不眠，斑疹隐现，偶见谵语，舌质红绛，无苔或少苔，脉细数等。代表方：清营汤。（犀角可用水牛角代，用量可加大）。

5. 凉血解毒法

适应证：邪热深入血分。症见发热夜甚，心烦躁扰，甚则谵语狂乱，失血（吐、衄、便、尿血），斑疹色紫黑，舌色深绛，少苔，脉细数等。代表方：犀角地黄汤加红花、地丁、紫珠草之属。

6. 气营（气血）两清法

适应证：邪热炽盛于气分及营（血）分。症见高热口渴，烦躁，甚则谵语狂妄，斑疹，失血，舌绛，苔黄或黄白相兼，脉洪滑或细数等。代表方：症较轻的可用加减玉女煎，症较重的可用化斑汤。清瘟败毒饮亦可选用。

7. 清心开窍法

适应证：邪热内闭心包。症见神昏谵语或昏迷不语，发热，舌绛，脉数等。代表方：安宫牛黄丸、紫雪丹、至宝丹，可选择急服，并配服清宫汤。

8. 熄风镇痉法：有平肝熄风与养液熄风二种。

①平肝熄风。适应证：邪热炽盛，引动肝风，亦即热极生风之候。症见高热，手足抽搐，甚则角弓反张，神昏，口噤，舌红，苔黄白，脉弦数等，此属实证。代表方：羚角钩藤汤（羚羊角可用羚羊角骨代，用量可加大）。

②养液熄风。适应证：热病经久，肝肾阴伤，导致水不涵木，虚风内动。症见低热久不退，神倦，手足蠕动，甚则瘛疭（抽搐），昏迷，舌绛，苔少，脉细数或虚大等，此属虚证。代表方：三甲复脉汤。

9. 养阴增液法：有甘寒生津与咸寒增液二种。

①甘寒生津。适应证：热病后期或邪热伤及肺胃津液较轻者，症见口舌干燥，时欲引水，胃纳不振，舌红，苔薄干，脉数等。代表方：益胃汤，五汁饮亦可用。

②咸寒增液。适应证：久热伤及下焦肾之真阴，心阴亦伤。症见低热久不退，手足心热甚于手足背，咽干舌燥，耳聋，神倦，心中憺憺大动，舌绛，苔少，脉虚数或结代。代表方：加减复脉汤。

10. 护阴救脱法

适应证：热炽灼津，导致阴竭阳脱危候。症见高热不退，咽干口燥，心烦躁扰，忽大汗出，肢凉，神疲，舌红，脉微细欲绝等。代表方：生脉散加牡蛎、龙骨。如心力衰微的，可酌加附子。

11. 清热化湿法

适应证：湿温病盛于气分者为宜。症见发热，胸脘痞满，头身重痛，小便混浊或短少，苔腻，脉缓等，可视湿热的或轻或重而用药。代表方：三仁汤，杏仁滑石汤，三石汤等，可随证选用。

12. 和解三焦法

适应证：湿热痰浊郁阻三焦。症见寒热往来，胸胁痞满，口苦，尿黄短，苔黄而腻，脉弦数等。代表方：蒿芩清胆汤。

以上1至10法，适用于温热病证。11和12法，适用于湿热病证。其中有一法独用的，有两法同用的，如清气与清营同用便是。也有三法合用的，如用上法时，而患者兼有神志症状的，可并用清心开窍的紫雪丹、至宝丹之属。

这里顺便说明一个问题，温病的治疗既是在辨证论治的原则下来进行，因此也就贯穿了“同病异治”和“异病同治”的精神。例如两个病人同样感受风温病邪而发病，甲病人表现出发热恶寒，头痛，咳嗽，微汗出，舌边尖红，苔白，脉浮数时，就可用辛凉解表的银翘散来治疗；乙病人由于素有痰湿内停，表现出发热，恶风寒，头重痛，困倦，胸满，苔白腻，脉浮缓时，就可用宣化湿浊的三仁汤来治疗，这就是“同病异治”。又如患“流脑”或“乙脑”的病人，虽发病的病因与季节不同，若同样表现高热，心烦，口渴、多汗，苔黄，脉洪数等症状时，均可用辛寒退热的白虎汤，这就是“异病同治”。

我们如果能够掌握了上述有关的问题和治法，今后对于温病的认识和用药是有所帮助。

［《中国百年百名中医临床家丛书》，2001；（1）］

从《温病条辨》看中医脉学的现状及未来

闪增郁　陈燕萍　汪南玥　于友华　张　智　向丽华

温病学的建立，是中医学的一个重要发展，也是中医学术发展的一大进步，温病学已成为中医学的重要组成部分。目前，对于《温病条辨》的研究，多偏重于证和方的内容，对于脉象理论与实践却显得少了一些。

吴鞠通的《温病条辨》之所以被称为中医临床温病学的奠基之作，与其深厚的理论功底、丰富的临床经验和精湛的脉诊技术有着很大的关系。无论是对温病的定义，还是在辨证求因、审因论证过程中，脉象信息起着其他诊法无法替代的重要作用。脉诊在温病的诊断和治疗中占有非常重要的地位。而脉诊技术的高低，是衡量一名中医师的理论修养水平和临床实践能力的试金石。

一、《温病条辨》脉诊作用和特点

如果说《内经》奠定了中医脉学的生理基础，那么，《温病条辨》则奠定了中医温病脉学的临床基础。吴鞠通在《内经》和《伤寒论》等医籍的基础上，结合自己的临床实践，创立了以三焦为纲、九种温病为目、以是否挟湿分类、辨病辨证结合、理法方药俱全的辨证论治体系。

1. 脉象在温病定义中所起的作用

早在《内经》中对于温病的临床表现特点，特别是温病的脉象就有较多的描述，如《素问・评热病论》中说：“有病温者，汗出辄复热，而脉躁疾，不为汗衰，狂言不能食。”在《灵枢・论疾诊尺》篇又提出：“尺肤热甚，脉盛躁者，病温也。其脉盛而滑者，病且出也。”

《温病条辨・上焦篇》第三条对温病的定义是：“太阴之为病，脉不缓不紧而动数，或两寸独大，尺肤热，头痛，微恶风寒，身热自汗，口渴，或不渴，而咳，午后热甚者，名曰温病。”在随后的辨析中，吴鞠通阐释了脉象在其定义中的作用，归纳起来是：①鉴别诊断：“不缓”则非太阳中风矣。“不紧”则非太阳伤寒矣。②时机体整体状态的判断：“动数”风火相煽之象，经谓之躁。③阐释病机：“两寸独大”火克金也。吴氏还特别提出：“头痛，恶风寒，身热，自汗，与太阳中风无异，此处最足以相混，于何辨之？于脉动数、不缓、不紧，证有或渴、或咳，尺热、午后热甚辨之。”充分说明了脉诊在温病鉴别诊断中的重要作用，同时也指出了“脉动数、不缓、不紧”是温病脉象的特征。

二、《温病条辨》脉诊的特点

（1）凭脉辨证、施治。

以脉来辨别温病中的各证是《温病条辨》脉诊运用的主要特点之一。由于《温病条辨》

中将温病分为风温、温热、温疫、温毒、暑温、湿温、秋燥、冬温、温疟九种证，所以，鉴别诊断对医者的要求就更高了，又由于脉诊在鉴别诊断中的独特作用，所以说脉诊技术的高低，是衡量一名中医师的理论修养水平和临床实践能力的试金石。

对于暑温，《温病条辨·上焦篇》第二十二条的描述是："形似伤寒，但右脉洪大而数，左脉反小于右，口渴甚，面赤汗大出者，名曰暑温，在手太阴，白虎汤主之。脉芤甚者，白虎加人参汤主之。"从吴氏对其中脉象的辨析中可知：①脉洪大而数，甚则芤，是对伤寒的脉浮紧而言。②独见于右手者，是对伤寒的左脉大而言。右手主上焦气分，且火克金也。暑从上而下，不比伤寒从下而上。③左手主下焦血分，故伤暑之左脉，反小于右。这里脉象在暑温的诊治中起到了鉴别诊断、阐述医理和凭脉处方的作用。

"头痛微恶寒，面赤烦渴，舌白，脉濡而数者，虽在冬月，犹为太阴伏暑也。"这是《温病条辨·上焦篇》第三十七条对伏暑的定义。从吴氏对此段的辨析里我们可以体会到：伏暑的头痛恶寒这一点与伤寒是相同的，而面赤烦渴，则可断定其不是伤寒，但却与伤寒阳明证非常相似。这样就只有通过脉濡而数，来进行诊断。其理由是："寒脉紧，风脉缓。暑脉弱，濡则弱之象，弱即濡之体也。"此外，吴氏还用易理对脉进行了剖析："濡即离中虚，火之象也。紧即坎中满，水之象也。"并强调："火之性热，水之性寒，象各不同，性则迥异。"吴氏还指出了对伏暑误诊为伤寒的恶果："何世人悉以伏暑作伤寒治，而用足六经羌葛柴苓，每每杀人哉？象各不同，性则迥异。故曰虽在冬月，定其非伤寒而为伏暑也。"至此，我们已经可以看出，脉象在中医温病的诊断中有着其它诊法无法替代的、关乎人命的重要作用。

（2）凭脉断预后

《温病条辨·中焦篇》第八十六条曰："湿温内蕴，夹杂饮食停滞，气不得运，血不得行，遂成滞下，俗名痢疾。古称重证，以其深入脏腑也。"对于湿温这种气不得运，血不得行的重证，吴氏据其脉象反映出的机体正邪相争的状况来判断治疗的难易：①脉小弱者易治；脉实大数者难治。②老年久衰，实大小弱并难治；脉调和者易治。

可见，根据脉象判断预后及治疗的难易，是《温病条辨》脉诊运用的又一个主要特点。

二、中医脉学的现状及其成因

据有关学者统计，某医院全年1400例住院病人，其病历记录只记载了18种脉象，18种脉象中诊出率大于5%的仅有5种脉象，约占28脉的17.86%。这说明脉象信息丢失惊人，中医脉诊这门绝技已近失传，致使脉诊步入申报世界文化遗产的地步。今天的中医临床，四诊之中，几乎只剩问诊一诊，而切诊已沦为敷衍搪塞之过场。

早在1800年前，张仲景就在其《伤寒论》中对不求进取、不重视脉诊的现象给予了批评，"观今之医，不念思求经旨，以演其所知，各承家技，终始顺旧，省疾问病，务在口给。相对斯须，便处汤药，按寸不及尺，握手不及足，人迎趺阳，三部不参，动数发息，不满五十，短期未知决诊，九候曾无仿佛，明堂阙庭，尽不见察，所谓窥管而已。"（《伤寒论·辨脉法第一》）这段文字，也是对今天不少中医师的批评。吴鞠通的《温病条辨》告诉我们，能否较好地掌握脉诊，是人命关天的大事。不会脉诊的中医师，不能称之为中医师，起码不能称之为合格的中医师。

造成目前中医临床脉诊现状有多方面的原因。有脉诊本身对医者理论修养和临床经验及悟性要求较高的原因；有中医教育、教材和教法的问题；还有对于中医学本身的认识问题；

最根本的原因，是中国传统文化的影响。孔子主张“述而不作”、“君子不器”，轻视自然科学规律本身的探索，开创了“重道轻器”之先河。这种文化惯性，自然而然地影响到中医学及脉诊，而这种影响的时间之长、范围之广、程度之深，是其他学科均无法相比的。

三、中医脉学的未来及发展方向

目前中医临床诊疗中存在的问题，很大程度上是由于今天的中医师脉诊能力低下而致的临证判断不准或出现错误，误诊误治的结果必然导致临床疗效的下降。中医师脉诊能力低下的主要原因，一是受到现代医学及其检验设备的冲击，二是因为缺乏中医自己的适用检验设备。因此，提高中医临床疗效，进行中医脉诊现代研究，是一个紧迫且重要的内容，应引起管理层及业界人士足够的重视。

学习与研究《温病条辨》是提高中医脉诊水平重要环节。《温病条辨》虽然不是脉学专著，但其脉学理论非常丰富，着重揭示温病脉证的规律，重视通过脉象判断脏腑的功能状态。在教学中，应加强脉诊的基本理论、基本技能的教学，在实践中掌握脉诊的基本技能。师带徒是学习和传授中医脉诊临床经验的重要方式。

积极开展脉诊客观化、现代化的研究，在重视中医脉诊基础理论研究的同时，更要重视脉诊应用技术的研究，因为理论研究的目的是为提高临床疗效而服务的。就现代适用技术而言，已经可以为中医脉诊研究提供相当的技术支撑，这些现代技术一旦真正为中医脉诊所用，则可能导致一场医学革命。所以，中医脉诊现代研究很可能是中医现代化的一个突破口。

只要大家团结一致，尊重科学，踏实工作，我们就有理由相信中医脉学的未来充满光明，中医脉学将为人类的健康与文明做出更大的贡献。

[《世界科学技术—中医药现代化》，2007；(5)]

《温病条辨》评介

——吴鞠通学术思想探讨（一）

刘景源

清代吴瑭（鞠通）所著的《温病条辨》是一部理、法、方、药自成体系的温病学专著。此书问世已200余年，因其对温病的辨证论治在理论上和实践上都有重大指导意义，所以一经刊行，即为广大医家所称誉、效法。至今，被人们视为学习和研究温病学的重要参考文献。但因其体例独特，内容纵横交织，初学者往往难于掌握要领。笔者仅结合自己的学习体会，对此书及其作者做一评介。

一、《温病条辨》的作者及成书的时代背景

吴瑭，字配珩，号鞠通，江苏淮阴人，生于公元1758～1836年（清代乾隆至道光年间）。在他19岁时，其父病卒，因而“愧恨难名，哀痛欲绝，以为父病不知医，尚复何颜立于天地间”，遂立志攻读医书。读张仲景所著之《伤寒论》，深受其思想之影响，于是“慨然弃举子业，专事方术”。4年之后，其侄子患温病，请了不少医生诊治，多用辛温发散药物，终因治不得法而夭亡。鞠通当时因初学医，“未敢妄赞一词，然于是证，亦未得其要领”。由此，更激励他深入研究关于温病辨证论治的问题。又过了3年，他来到北京，在检校《四库全书》的过程中，看到明末吴又可所著的《温疫论》一书。他认为，吴又可“议论宏阔，实有发前人所未发”。然而“细察其法，亦不免支离驳杂，大抵功过两不相掩，盖用心良苦，而学术未精也”。于是他“又遍考晋、唐以来诸贤议论”，认为“非不珠璧琳琅”，但“求一美备者，盖不得”。对于晋、唐以来，直至当时温病学说未能得到大发展的原因，他认为，“其故皆由不能脱却《伤寒论》蓝本”。他赞赏王履、吴又可大胆突破《伤寒论》的束缚，在温病学说的发展上所做出的努力，但也指出了他们的不足之处。他说：“至王安道，始能脱却伤寒，辨证温病，惜其论之未详，立法未备。吴又可力为卸却伤寒，单论温病，惜其立论不精，立法不纯，又不可从。”他非常拥戴叶天士，认为叶氏“持论平和，立法精细”，但也指出其缺憾：“然叶氏吴人，所治多南方证，又立论甚简，但有医案散见于杂证之中，人多忽之而不深究。”由他这些话可以看出，在吴鞠通所处的时代，经过历代医学家的努力，温病学派已经逐渐脱离《伤寒论》的束缚而向前发展。但当时并没有一部系统研究温病学的专著，温病学说也还未被广大医家所接受。叶天士在温病学方面的卫气营血辨证理论和丰富的实践经验尚未得到推广，当时的医界还是以沿袭伤寒法治温病者居多。因此，用药杂乱，收效甚微，这也就促使吴鞠通下定了著书的决心。他说：“癸丑岁（1793年），都下温疫大行。诸友强起瑭治之，大抵已成坏病，幸存活数十人，其死于世俗者，不可胜数。呜呼！生民何辜，不死于病，而死于医，是有医不若无医也，学医不精，不若不学医也，因有志采辑历代名贤著述，去其驳杂，取其精微，间附己意，以及考验，合成一书，名曰《温病条辨》。”此书完成于1798年，刊刻于1813年。可以说，吴鞠通是由于不满于当时医界沿袭伤寒法治疗温病的时弊，而潜心攻读历代名家著作的。他吸取前人经验，结合自己的读书体会和丰富的临床经验，经过数十年的努力，终于写成了《温病条辨》这部温病学专著。从某种意义来讲，《温病条辨》可以说是一部愤世之作，也可以说是一部温病学的集大成之书（以上引文见《温病条辨》自序与凡例）。

吴鞠通平生著作除《温病条辨》外，现所能见到的还有《吴鞠通医案》、《医医病书》。从这些著作可以看出，吴鞠通的中医理论有相当高深的造诣，临床经验也很丰富。他对《内经》、《伤寒论》等经典著作都曾做过深入的研究，并有很多独到的精辟见解，对后世诸多名家的著作也涉猎极广。他既能吸取前人长处加以发挥，又不盲从，对前人错误观点的批评，有很多地方是恰中要害的。关于吴鞠通的治学态度和为人品格，其友人曾有所评述。汪瑟庵称其：“怀救世之心，秉超悟之哲，嗜学不厌，研理务精，抗志以希古人，虚心而师百氏。”（《温病条辨·汪序》）征保称其：“近师承于叶氏，而远追踪乎仲景。其临证也，虽遇危疾，不避嫌怨。其处方也，一遵《内经》，效法仲祖。其用药也，随其证而轻重之，而功若桴鼓。”（《温病条辨·征序》）这些评价虽难免溢美之辞，但与吴鞠通本人著作的内容对照来看，确实也反映出了他知识渊博，学有所宗，临床经验丰富和性情刚正，不人云亦云的品德。

吴鞠通之所以能著成《温病条辨》这部在温病学发展史上占有重要地位的著作，除了他本人的勤奋努力外，与他所生活的时代也有着密切的关系。

吴氏生活于清代中期的乾隆、嘉庆、道光年间。他一生的大部分时间是处于清朝的鼎盛时期，即所谓“康乾盛世”。这个时期，清帝国的政权相对稳定，比较重视发展文化，人民的生活也较为安定，这就为文人、学者读书学习，致力于研究工作和著书立说提供了有利条件。因此，《古今图书集成》、《四库全书》等卷帙浩繁的丛书相继问世。吴鞠通也正是在这种背景下才有机会“来游京师，检校《四库全书》”（《温病条辨·自序》），并能够从中看到历代医家著述的。这对于开阔他的视野和进一步深造起了重要作用。此外，在学术上，自金、元、明直至清初，经过刘完素、王履、吴又可、叶天士等医学家的不断深入研究和倡导，温病学说在理论上和实践上已经逐步脱离《伤寒论》的束缚，而有自成体系的趋势。特别是叶天士《外感温热篇》和《临证指南医案》的问世，对《温病条辨》的成书有着重大的指导意义。正如吴氏自己所说：“瑭故历取诸贤精妙，考之《内经》，参以心得，为是编之作。诸贤如木工钻眼，已至九分，瑭特透此一分，做圆满会耳”（《温病条辨·凡例》）。另外，从《温病条辨》和《吴鞠通医案》中也可以看出，吴氏一生治疗过大量的温病患者。因此，他有机会在临床观察中深入研究温病发生发展的情况，总结温病的辨证论治规律，这也为他著书立说提供了可靠的实践依据。

由上可以看出，吴鞠通是一位勤奋学习、刻苦钻研、勇于在实践中探索的伟大医学家。他在当时有利的社会条件下，继承了前人的理论和经验，但又不落窠臼，能结合自己的丰富实践经验而有所创见。他花费数十年精力著成的《温病条辨》这部集温病学之大成的专著，丰富了中医学宝库的内容，给后人留下了珍贵的财富。

二、《温病条辨》的体例及编写特点

1.《温病条辨》的体例

全书分为7卷。卷首·原病篇（引经19条）。“历引经文为纲，分注为目，原温病之始。”卷一·上焦篇（法58条，方46首）。“凡一切温病之属上焦者系之。”卷二·中焦篇（法102条，方88首，外附3方）。“凡温病之属中焦者系之。”卷三·下焦篇（法78条，方64首，图1首）。“凡温病之属下焦者系之。”三焦篇共238法，198方。卷四·杂说。“杂说、救逆、病后调治。”卷五·解产难。“专论产后调治与产后惊风。”卷六·解儿难。“专论小儿急、慢惊风、痘证。”

2.《温病条辨》的编写特点

该书仿效张仲景《伤寒论》的做法，以条文分证，使读者便于记诵，故名曰“条辨”。条文后又自加分注，使读者一目了然，便于理解，并免后人妄注，曲解原意。

该书“往往义详于前而略于后，详于后而略于前”（《温病条辨·凡例》）。读时须前后互相参照，方能全面深入理解。

该书主要内容在三焦篇。其结构特点是以三焦为纲，病名为目，把六经辨证和卫气营血辨证穿插于三焦各病之中。其作用为：

（1）三焦辨证在《温病条辨》中的作用

书中的三焦篇以三焦辨证为纲，纵贯全文。作者以三焦来划分病变部位（上焦——心、肺病变；中焦——脾、胃、大肠病变；下焦——肝、肾病变），把温病按其侵袭人体的部位分为上焦温病、中焦温病、下焦温病三类不同的证候群。每一类证候群中都包含了多种不同的证候。三类证候之间又有由上至下、由浅入深传变的内在联系。正如吴氏在《中焦篇第一条分注》中所说：“上焦病不治，则传中焦，胃与脾也。中焦病不治，即传下焦，肝与肾也。始上焦，终下焦。”

关于三焦温病的治则，吴氏在《卷四·杂说·治病法论》中说：“治上焦如羽（非轻不举）；治中焦如衡（非平不安）；治下焦如权（非重不沉）。”这就明确地指出，病在上焦治用轻宣药物，以举邪外出；病在中焦治法虽有多种，但其原则不外祛除邪气，调整脏腑升降

功能之平衡；病在下焦肝血肾精受损，往往见虚风内动之证，治用质重潜镇药物，以息虚风。这段文字虽简洁，却为治疗三焦温病提供了重要的理论依据。

（2）病名分类在《温病条辨》中的作用

在三焦篇中吴氏以病名为目，把各种温病分门论述。作者依据各种温病的病因有别，治法有异，把它们按照病变的性质，分别归纳为温热病和湿热病两大类。凡因温热邪气致病者，皆属温热病范畴；凡因湿热邪气致病者，皆属湿热病范畴。

（1）风温、温热（春温）、温疫、温毒、冬温5个病为一门。这5个病的病因均为温热邪气，故皆属温热病范畴。

（2）暑温、伏暑为一门，其病因有温热邪气和湿热邪气两种。因其病因不同，临床表现及治法亦皆有异。感受暑热邪气而发病者为暑热病，属温热病范畴；感受暑湿邪气而发病者为暑湿病，属湿热病范畴。吴氏在《上焦篇第三十五条》中说："暑兼湿、热。偏于暑之热者为暑温，多手太阴证而宜清；偏于暑之湿者为湿温，多足太阴证而宜温；湿热平等者，两解之。各宜分晓，不可混也。"吴氏此论，意在强调暑病当分暑热与暑湿两类，二者不可混同。在上焦篇中，暑温与伏暑虽分为两门，但吴氏在伏暑病名下加了按语"按：暑温、伏暑，名虽异而病实同，治法须前后互参，故中、下焦篇不另立一门。"

（3）湿温为一门，其病因为湿热邪气，属湿热病范畴。三焦篇中均有寒湿病（上焦篇与湿温同列为一门；中、下焦篇另列一门），实际上它并不属温病范畴，但它与湿温均有湿邪为患，临床表现亦有疑似之处，故附入篇中与湿温对照，以示鉴别。正如吴氏在《上焦篇第四十九条分注》中所说："载寒湿，所以互证湿温也。……以见湿寒、湿温不可混也。"此外，中焦篇与下焦篇湿温门中，皆有"疟痢疸痹附"，此四病虽非湿温病，但因其多为感受湿热邪气而致病，亦属温病范畴，故于湿温门中附带提及。又因前人对此四病论述颇多，故书中不详述之。

（4）温疟为一门，其证多属温热病范畴，因其以上焦证候居多，故仅于上焦篇中列此一门。

（5）秋燥为一门，论温燥病的辨证论治。其病因是燥热邪气，属温热病范畴。上焦篇中附有《补秋燥胜气论》，是讲凉燥为病的，实际上不属温病范畴，但可以与温燥病对照分析。

上述内容归纳见图1。

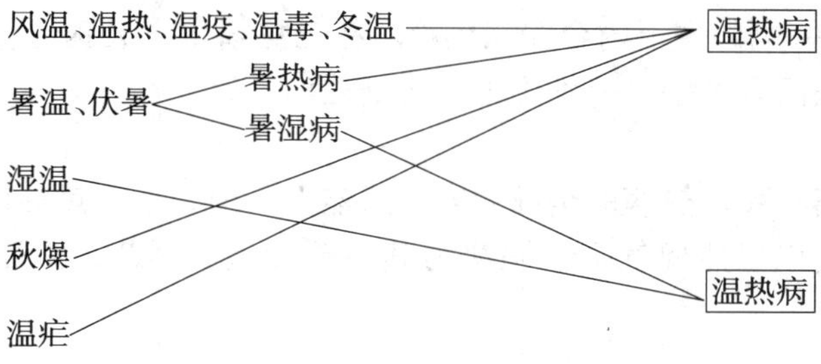

图1 温 病 分 类

由此可以看出，吴鞠通把温病按病名分类，意在强调每个病种各自的临床特点，即个性。而把这些病按其病变性质归纳为温热病与湿热病两大类，又是为了突出这两大类温病各自所包含的几种温病的共同特点，即共性。也可以说是为了执简驭繁。

（3）六经辨证在《温病条辨》中的作用

在三焦篇各病证中多提到六经辨证。其目的是以六经统括其所系的脏腑，作为病变所在脏腑的定位诊断。如：太阴温病——指病变在上焦手太阴肺或中焦足太阴脾；少阴温病——指病变在上焦手少阴心或下焦足少阴肾；厥阴温病——指病变在上焦手厥阴心包或下焦足厥阴肝；阳明温病——指病变在中焦足阳明胃与手阳明大肠。

（4）卫气营血辨证在《温病条辨》中的作用

在三焦篇各病证中，亦常穿插卫气营血辨证。其作用是以卫、气、营、血来标明邪气由表入里、由浅入深的传变层次，以之划分病变浅深轻重的4个不同阶段。卫分证，标志邪气在表，邪浅病轻；气分证，标志邪气入里，正邪相争激烈，多见里热炽盛；营分证、血分证，标志邪气深入，消耗血中津液，或耗血动血，病势危重。卫分证和气分证属功能活动障碍的阶段，营分证和血分证属营养物质损伤的阶段。由书中可以看出，卫气营血辨证主要是用于辨温热病，而在湿热病中则较少提及。

总而言之，《温病条辨》中的三焦辨证是用来划分病变部位的，把温病分为3类不同的证候群，并标示出其由上至下传变的内在联系。病名是根据病变的性质，把多种不同名称的温病分为温热病和湿热病两大类别，这是一种由杂返约的分类方法。六经辨证是用来判定病变所在的脏腑经络的。可以说，三焦辨证是粗线条、大范畴的定位诊断；六经辨证是细线条、具体脏腑的定位诊断。卫气营血辨证是用来划分病变浅深轻重的4个不同阶段的。三焦辨证、病名分类、六经辨证、卫气营血辨证四者相互结合，构成了一个完整，独特的分类辨证体系，为临床治疗提供了可靠的依据。这正是《温病条辨》这部著作编排结构的主要特点。

［《中国中医药现代远程教育》，2005；（7）］

《温病条辨》评介

——吴鞠通学术思想探讨（二）

刘景源

三、《温病条辨》的主要内容及其学术思想的核心

《温病条辨》一书的主要内容在三焦篇。在三焦篇中，吴鞠通将各种温病按病变性质分为温热病和湿热病两大类别，分别论述其辨证论治。

1. 温热病

纵观：三焦篇有关温热病的全部内容，虽然上、中、下三焦的证候类型繁多，治疗方药有异，但自始至终以温热邪气损伤阴津为其主要特点。因此，治疗上始终以泄热存阴为目的。

（1）上焦篇

第三条云：“太阴之为病，脉不缓不紧而动数，或两寸独大，尺肤热，头痛，微恶风寒，身热，自汗，口渴，或不渴，而咳，午后热甚者，名曰温病。”此条讲述了太阴温病初起，邪袭肺卫的临床特点，并从脉象上与伤寒初起做出鉴别诊断。它是三焦温病“始于上焦，在手太阴”（上焦篇第一条）的具体证候，是感邪即发的新感温病的发端。

以下诸条是论述上焦温热病诸证的辨证论治。综其所述，可以归纳为：

①热入卫分。温热病初起，邪袭太阴卫分，导致卫外失司，肺失宣降，治用辛凉轻宣之法，以清解表热，宣畅肺气。若以卫外失司、发热、微恶风寒为主症者，用辛凉平剂银翘散；若以肺失宣降，咳为主症者，用辛凉轻剂桑菊饮；若温燥犯肺，以燥热伤津为特点者，治当清润宣降，方用桑杏汤。

②热入气分。太阴卫分热邪未解，内传入太阴气分，邪气盛而正气不衰，正邪相争，人体功能活动亢奋，以高热、大汗出、口大渴、脉浮洪有力为主症者，治以清热生津，达热出表，方用辛凉重剂白虎汤。若热邪耗气伤津，热邪仍盛而津气已伤，则清热与扶正并施，方用白虎加人参汤。若持续高热，大汗不止，导致津气欲脱，治当益气生津，敛汗固脱，方用生脉散。其余诸方，如清燥救肺汤、栀子豉汤、普济消毒饮去升麻柴胡黄芩黄连方、翘荷汤等，皆属清泄气热之剂。若气分热邪已解，而津液损伤，或发热，或咳，或渴者，则以甘寒清热生津为法，方如沙参麦冬汤、雪梨浆、五汁饮。总的来说，气分证类型虽多，组方虽各有不同，但均不外以清泄气热为法。

③热入营分。热邪深入手少阴营分，烧灼血中津液，邪热盛而营阴伤，以身热夜甚、燥扰不寐、口反不甚渴、舌红绛为主症者，治当清营透热，养阴生津，方用清营汤。若卫分热邪入营，卫营同病，卫有邪阻，营有热逼，使血液瘀于肤表血络而发疹者，治当清透卫营与凉营养阴并施，用银翘散去豆豉，加细生地丹皮大青叶倍元参方。热邪内陷手厥阴心包，灼液成痰，痰蒙热扰，以神昏谵语、舌蹇肢厥为主症者，治当清营养阴，豁痰开窍，方用清宫汤或安宫牛黄丸、至宝丹、紫雪丹。总之，热入营分，治以清营透热，养阴生津为法。若气营两燔者，治当清气与清营并施，用玉女煎去牛膝、熟地，加细生地元参方。

④热入血分。热邪深入血分，灼伤血络，迫血妄行，往往导致血不循经，溢出脉外，见各部位之出血，治当凉血散血，方用犀角地黄汤。若血从上溢，口、鼻出血者，用犀角地黄汤合银翘散。若气血两燔，血溢脉外，瘀于皮下而发斑者，治当清气凉血化斑，方用化斑汤。总之，血分之治，以清热凉血为要。

综观上焦篇温热病诸条文可以看出，尽管病有浅深轻重之别，温热邪气有在卫分、气分、营分、血分之辨，治有清解表热、清泄气热、清营透热、清热凉血之分，但因其均属无形之热，故总起来说，其治疗原则皆可统称为清法，清热即得以保津。若津液耗损较甚者，可于清热之中加甘寒生津之品。

（2）中焦篇

第一条云："面目俱赤，语声重浊，呼吸俱粗，大便闭，小便涩，舌苔老黄，甚则黑有芒刺，但恶热，不恶寒，日晡益甚者，传至中焦，阳明温病也。脉浮洪躁甚者，白虎汤主之；脉沉数有力，甚则脉体反小而实者，大承气汤主之……"此条紧接上焦篇，引出中焦篇诸证，为承上启下之文，论述上焦太阴气分热邪不解、传至中焦阳明气分的证治。《灵枢·经脉》曰："肺手太阴之脉，起于中焦，下络大肠，还循胃口。"手太阴肺与足阳明胃，经脉相联，故上焦太阴气分无形热邪不解，势必顺传中焦，导致足阳明胃之无形热盛，其治疗，仍须清泄气热。因白虎汤中主要药物石膏、知母既清肺热，又清胃热，故仍以白虎汤为治。由此可见，白虎汤是两解太阴、阳明气分无形热邪，泄热保津之良剂。阳明为多气多血之经，故其病变多属里实热证，临床见一派高热之象。但因其有足阳明胃与手阳明大肠之别，故证治又大相径庭。若肺胃高热不解，大汗不止，津液大伤，导致大肠燥热，传道失司，热邪与糟粕相炼成实，形成有形热结，再用白虎汤清之，无异于扬汤止沸，必予釜底抽薪，急下存阴，方用大承气汤。从临床表现来看，阳明温病虽有相同症状，但又有无形热盛与有形热结的不同，本条以脉象加以区别，实则是以脉象论病机。无形热盛，里热蒸腾，气血涌越，故“脉浮洪躁甚”，治用白虎汤清泄气热；有形热结，燥屎内壅，气机阻滞，气血内闭，故“脉沉数有力，甚则脉体反小而实”，治用大承气汤攻下热结。至于有形热结之证还当见腹满痛拒按等症状，以大承气汤之方测其证自知，无庸赘述，故条文中略之。简而言之，本条内容与上焦篇联系分析，可概括为：上焦手太阴气分无形热盛用白虎汤→中焦足阳明气分无形热盛仍用白虎汤→中焦手阳明气分有形热结用大承气汤。

中焦篇其余诸条大致可归纳为 3 种类型：

①阳明气分热盛，但未形成腑实证者，治疗用清法。方如减味竹叶石膏汤、黄连黄芩汤、栀子柏皮汤、冬地三黄汤、小陷胸加枳实汤等。若中焦气分无形热邪深入营分、血分，或气血两燔者，其治法同上焦篇，仍须清气凉营或清气凉血。

②阳阴腑实，有形热结，治疗用下法。这部分内容是中焦篇论述的重点。书中根据阳明腑实的轻重缓急程度，分别论述了苦寒急下的大、小，调胃承气汤三方的运用。此外，又根据各种不同情况，讲述了另外几个通下方剂。如：下后邪气未尽，阴津耗损，邪气复聚，又成腑实者，治用护胃承气汤，以滋阴清热通下。若应当用下法而未及时攻下，迁延时日，致实邪未去而气阴大伤者，治用新加黄龙汤，以攻补兼施。若阳明腑实又兼痰热壅肺，肺与大肠同病者，治用宣白承气汤，以宣肺化痰与攻下热结并施。若阳明腑实又兼小肠热盛，大、小肠同病者，治用导赤承气汤，以清泄小肠与攻下热结并施。若阳明腑实兼痰热蒙蔽心包者，治用牛黄承气汤，以清心豁痰开窍与攻下热结并施。若阴津亏损，液枯肠燥，“无水舟停”者，治用增液汤，以滋阴润下，不效者，用增液承气汤，滋阴与攻下并施。以上几个方剂是吴鞠通在《伤寒论》三承气汤的基础上，针对温病的不同情况，对下法的灵活运用，也是对《伤寒论》下法的发展。再者，阳阴腑实兼痰热结胸，治用承气合小陷胸汤，以攻下与清化并施。阳阴热结发黄，治用茵陈蒿汤，以通利大、小便，泄热降火。此类方剂，亦属下法范畴。

③用下法之后，阳明有形热结已去，无形热邪仍存，或津液未复诸证的善后治疗。方如白虎汤、白虎加人参汤、银翘汤、清燥汤、栀子豉汤、益胃汤、雪梨浆、玉竹麦门冬汤、牛乳饮等。若下后疹续出者，是腑实已去，气血宣畅，已被逼入营分之热邪外达之兆，治当清透与凉营养阴并施，方用银翘散去豆豉加细生地大青叶元参丹皮汤。

综观中焦篇温热病诸条文可以看出，温热邪气在中焦气分，若属无形热盛，概用清泄气热之法，以清热保津；若属有形热结，则当用下法，以急下存阴。下法是中焦篇论述之重点内容。

（3）下焦篇

第一条云：“风温、温热、温疫、温毒、冬温，邪在阳明久羁，或已下，或未下，身热，面赤，口干舌燥，甚则齿黑唇裂，脉沉实者，仍可下之；脉虚大，手足心热甚于手足背者，加减复脉汤主之。”此条紧接中焦篇，引出下焦篇诸证，为承上启下之文，论述中焦阳明气分有形热结之证不解，深入下焦，吸灼真阴，土燥水竭，必然导致肝血肾精大亏的真阴耗损证。中焦阳明气分有形热结证与下焦真阴耗损证，二者虽均有燥热与阴伤之象，但虚实却判然有别，本条以热型与脉象为鉴别标准。若属中焦阳明气分有形热结的腑实证，是以燥热为主，症见高热而“脉沉实”，无论是否用过下法，均须用下法以急下存阴。若属下焦真阴耗损证，则见“脉虚大，手足心热甚于手足背”。其脉之虚大，乃轻取浮大而重按则空之谓，是因真阴亏损而致心阴虚，脉中阴津不足，阴不敛阳，阳气虚浮所致，故须用加减复脉汤甘寒之剂，以滋阴复脉，兼清虚热，此乃下焦篇之首方。篇中有 7 条皆讲此方之适应证。此外，救逆汤、一甲复脉汤、二甲复脉汤、三甲复脉汤、大定风珠等方，皆由此方加减化裁而成。下焦篇还有小定风珠一方，亦与之同属一类。此类方剂，皆大队滋补之品，纯属滋阴法，必以真阴耗损为主症者方可用之。若热邪仍盛者，切不可妄投，防其闭门留寇。正如吴氏在第十七条所云："壮火尚盛者，不可用定风珠、复脉。"以上诸证诸方是下焦篇论述之重点。

下焦篇其余诸条，大致可归纳为 3 种类型：

①真阴耗损而热邪犹存者，治当清热与滋阴并施，方如黄连阿胶汤、竹叶玉女煎、连梅汤、青蒿鳖甲汤等。

②热邪深入下焦，热与血互结，形成瘀血停蓄之证，此类多属实证，治当泄热行瘀，方如犀角地黄汤、桃仁承气汤、抵当汤、加减桃仁承气汤等。

③下焦温热病治疗后，邪气退而未尽，或邪气已退，但阴液已伤，或阳气已伤，或气阴两伤诸证的善后调理之法，方如桃花汤、桃花粥、护阳和阴汤、加减复脉仍用参方、半夏秫米汤、桂枝汤、小建中汤、五汁饮、牛乳饮、益胃汤、三才汤等。

综观下焦篇温热病诸条文可以看出，其论述重点是：温热邪气深入下焦，肝肾真阴耗损，治用滋阴法。

总而言之，《温病条辨》三焦篇中所述温热病，沿上、中、下三焦传变，按卫、气、营、血四个阶段由浅入深发展，在传变发展过程中，始终体现着温热伤阴这一特点。在治疗上，上焦用清法，清热以保津；中焦无形热盛仍用清法；有形热结用下法，急下以存阴下焦以滋阴法为主。三焦温热病的治疗，皆以泄热存阴为原则。可以说，温热伤阴和泄热存阴，是吴鞠通对温热病辨证论治学术思想的核心。

温热病传变发展的一般规律与治疗原则见图 2。

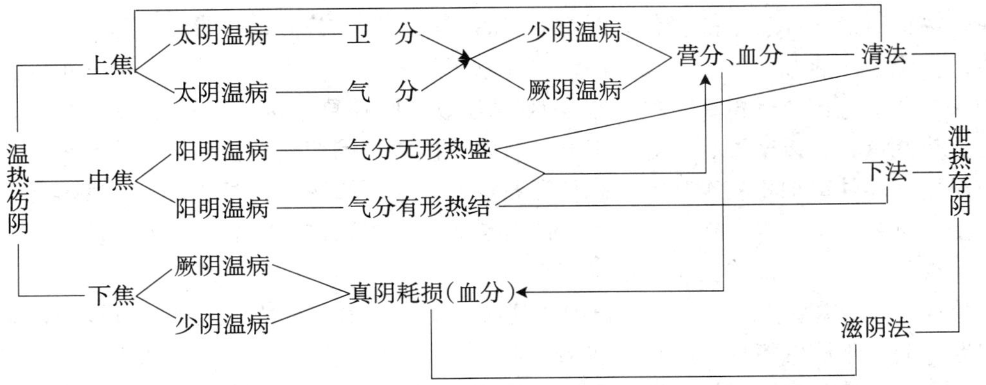

图 2　湿热病传变规律与治疗原则

此外，吴鞠通对温热病的治疗禁忌亦甚为重视，他主要强调 3 个方面：

一是忌辛温发汗。如《上焦篇第四条银翘散方论》中云："温病忌汗，汗之不惟不解，反生它患。"《上焦篇第十六条》亦云："太阴温病，不可发汗。"

二是忌淡渗利尿。如《中焦篇第三十条》云："温病小便不利，淡渗不可与也，忌五苓、八正辈。"

三是慎用苦寒药。如《中焦篇第三十一条》云："温病燥热，欲解燥者，先滋其干，不可纯用苦寒也，服之反燥甚。"

从这些方面也可以充分体现出吴氏治疗温热病处处注意保护津液的学术思想。

2. 湿热病

在三焦篇中，吴鞠通把暑温、伏暑中属于暑湿病的证侯与湿温病一同归入湿热病范畴。因其病因为湿热邪气，湿热熏蒸，弥漫表里，初起卫分和气分的界限并不明显。在湿热未化燥时，一般又不入营分、血分，往往始终留连气分，故用卫气营血辨证很难标示湿热病的传变发展规律，而湿乃重浊之邪，有自上流下之特性，三焦辨证恰能清楚地标明其由上至下的传变途径。所以书中在论述湿热病时，较少用卫气营血辨证，而是以三焦辨证为纲领。综观三焦篇中湿热病的内容，始终突出湿邪弥漫、阻滞气机这一特点，治疗上则强调祛除湿浊，宣畅气机，湿祛则热不独存。

（1）上焦篇

第四十三条云："头痛，恶寒，身重疼痛，舌白，不渴，脉弦细而濡，面色淡黄，胸闷，不饥，午后身热，状若阴虚，病难速已，名曰湿温。……三仁汤主之。"此条讲述了湿热邪气在上焦的临床表现及治法。湿邪困阻上焦，肺气失宣，表气不畅，则头痛，恶寒，身重疼痛。湿阻脾胃，升降失司，故胸闷，不饥。见症虽多，皆因湿邪困阻，肺气失宣所致，故治以轻宣肺气，化湿泄浊之法。正如吴氏在本条分注中所云："惟以三仁汤轻开上焦肺气。盖肺主一身之气，气化则湿亦化也。"其它如新加香薷饮、银翘散去牛蒡元参加杏仁滑石方等，亦属此类方剂。

（2）中焦篇、下焦篇

湿热邪气在中、下焦，其主要特点是湿困脾胃，升降失司，三焦气滞，小便不利。治疗以辛开苦降，宣畅气机，健脾开胃，淡渗利湿为组方遣药之原则。即吴氏所说："以升降中枢为要"（中焦篇第五十九条分注），"共成宣气利小便之功，气化则湿化，小便利则火腑通而热自清矣"（中焦篇第六十三条分注）。因湿热病有湿重于热、湿热并重、热重于湿之分，故在药物配伍上，亦有不同变化。湿重于热者，以辛温、苦温、淡渗三类药物相配，以祛湿为主，从湿中泄热。方如：茯苓皮汤、一加减正气散、二加减正气散、三加减正气散、小半夏加茯苓汤、薏苡竹叶散、二金汤、茵陈五苓散、厚朴草果汤、滑石藿香汤、宣清导浊汤等。湿热并重者，以辛温、苦温、辛寒、苦寒、淡渗之品相配，祛湿与清热并重。方如半夏泻心汤去干姜甘草加枳实杏仁方、杏仁滑石汤、人参泻心汤、黄芩滑石汤、宣痹汤、加减木防己汤、草果知母汤等。热重于湿者，以清热为主，佐以祛湿之品。方如白虎加苍术汤、三石汤、杏仁石膏汤、加味白头翁汤等。

总而言之，《温病条辨》三焦篇中所述湿热病，在沿三焦传变发展的过程中，始终体现着湿邪弥漫，阻滞气机这一特点。在治疗上，上焦以轻宣肺气，化湿泄浊为法；中焦以辛开苦降，宣畅气机，健脾开胃为法；下焦以淡渗利湿为法。三焦湿热病的治疗皆以祛除湿浊、宣畅气机为原则。吴氏对上、中、下三焦湿热病的治法可以用开上、畅中、渗下6个字来概括。也可以说，这是吴鞠通湿热病辨证论治学术思想的核心。此外，因湿热邪气有弥漫三焦的特点，故治上焦要兼顾中、下焦，治中、下焦亦须兼顾上焦。综合剖析书中治疗湿热病诸方的配伍，可以明显看出其处处兼顾三焦的特点，并以用杏仁、滑石、通草三药相配，通利三焦水道为其用药特长。

湿热病传变发展的一般规律与治疗原则见图3。

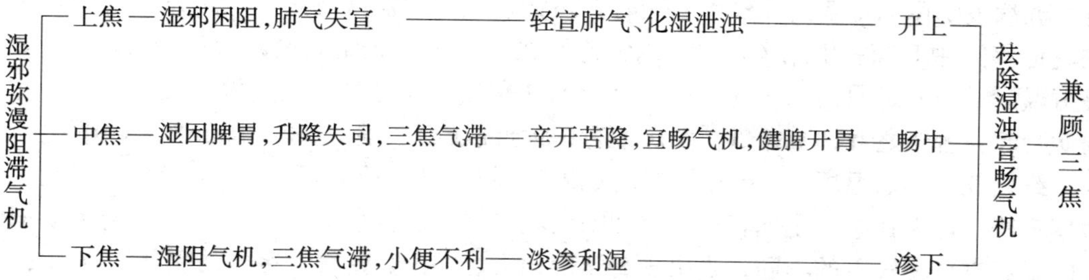

图3　湿热病传变规律与治疗原则

此外，吴鞠通对湿热病的治疗禁忌亦甚为重视，他在《上焦篇第四十三条》中明确地提出了湿温治疗3禁：

一是忌辛温大发汗，防其鼓动湿邪，内蒙心包，上蒙清窍。他说："汗之则神昏耳聋，甚则目瞑不欲言。"

二是忌苦寒峻下，防其损伤脾阳。他说："下之则洞泄。"

三是忌滋腻壅补，防其阴柔敛邪助湿，他说："润之则病深不解。"

综上所述，《温病条辨》以三焦为纲，标明了多种温病的各类证候。以条文形式论述了各类证候的辨证论治，并在条文后自加分注、方论，以分析病机及方药配伍原则。其理、法、方、药条分缕析，是一部系统的温病学专著。由于历史的局限性，书中也存在一些缺点、错误。如以桂枝汤为全书第一方的问题，以及书中个别治疗方剂与证情不相符的问题等，这是我们应当加以分析的。但这些问题在书中仅是细枝末节。在当时的历史条件下，能够产生这样一部在理论上和临床实践上都有重大指导意义的温病学著作，是难能可贵的。它在中医学发展史上占有重要的地位，并将激励后人不断探求，推动温病学说的继续发展。

［《中国中医药现代远程教育》，2005；(8)］

吴鞠通学术成就探析

周丽雅　岳冬辉　孙耀东

吴鞠通，名瑭，字配衍，号鞠通，江苏淮阴人，清代著名温病学家。因19岁丧父之痛，而废举子业，苦读医书。"历取诸贤精妙，考之《内经》，参以心得，为是编之作"（《凡例》）。历时6年，著成了《温病条辨》一书。该书立论新颖，条理分明，理法方药自成系统，理论密切联系实际，继承和发扬了外感热病的学术成果，促进了中医温病学说的发展和临床辨证论治水平的提高。

一、理论基础源自《内经》

吴鞠通对《内经》研究颇有造诣，在《温病条辨·原病》中，吴氏引用《内经》中13个篇章的19段原文，分别对温病的病因、临床表现、治法禁忌、预防预后等方面进行了较为深入的阐发。吴氏在《卷四杂说》中，倡言"医书亦有经子史集论"的观点，并将《素问》、《灵枢》列于诸经之首，表现其对《内经》的重视。

1. 通过运气来探求温病发生

古代大医家大多精通运气理论，吴鞠通对此亦颇有造诣。他在强调人体正气，特别是阴精在温病发病中的重要内在作用的同时，还特别强调了温病的发生与运气变化的密切关系。在《原病》中开篇就引用了运气七篇大论原文：“《六元正纪大论》曰：辰戌之岁，初之气，民厉温病；卯酉之岁，二之气，厉大至，民善暴死；终之气，其病温。寅申之岁，初之气，温病乃起；丑未之岁，二之气，温厉大行，远近咸若。子午之岁，五之气，其病温。巳亥之岁，终之气，其病温厉。”吴氏在文中又说：“叙运气，原温病之始也。每岁之温，有早暮微盛不等，司天在泉，主气客气，相加临而然也。”通过《内经》原文，进一步说明每年发生的温病有早晚轻重的不同，是由于每年的司天、在泉、主气、客气的循环和它们之间的相乎加临有所不同的缘故。这主要是通过运气变化来探求温病的发生原因。另外，在《温病条辨》的寒疫论、补秋燥胜气论、寒湿论等篇章中也有关于运气变化对疾病影响的论述。可见，吴氏对《内经》中运气理论的重视，并提示我们在气候变化无常、传染病肆起的今天，重视运气变化对疾病的影响是现今值得发掘和研究的重要内容。

2. 养阴法则始于《内经》

《内经》首先提出以阴阳互根、阴阳消长、阴阳转化的阴阳平衡学说为基础的生理、病理现象。如《素问·生气通天论》曰：“阴平阳秘，精神乃治”；《素问·阴阳应象大论》曰：“阴在内，阳之守也；阳在外，阴之使也。”《内经》又对阴伤所产生的病理变化做了详细论述，如《灵枢·本神》曰：“五藏，主藏精者也，不可伤，伤则失守而阴虚，阴虚则无气”；《素问·金匮真言论》有：“夫精者，身之本也，故藏于精者，春不病温。”这些论述都为温病养阴法的形成奠定了生理、病理基础，与吴鞠通所云“本论始终以救阴为主”等论述一脉相承。

温病之邪为阳邪，最易耗伤阴液，而病至后期，肝肾之阴受损致使虚象更为严重，此时津伤阴耗已成为病程中的主要矛盾。吴氏根据此特点，在《内经》理论原则指导下，非常重视温病以救阴为主的治疗原则。吴氏谓：“留得一分津液，便有一分生机”，“其有阳气有余，阴精不足，又为温热生发之气所烁，而汗自出，或不出者，必用辛凉……用甘凉甘润培养其阴精。”治宜养阴生津法，以救护阴津之伤。吴氏在治疗中多用甘寒生津、咸寒增液、填补真精等方法治疗，方如益胃汤、增液汤、一甲复脉汤、二甲复脉汤、三甲复脉汤等，药用阿胶、熟地、麦冬、鸡子黄、生地等。这些方药的运用正是《素问·阴阳应象大论》所云：“精不足者，补之以味”、“衰者补之”及《素问·至真要大论》所云：“热淫于内，治以咸寒”、“诸寒之而热者取之阴”等理论在临床中的具体体现。

3. 温病药食调护源自《内经》

《素问·脏气法时论》曰：“毒药攻邪，五谷为养，五果为助，五畜为益，五菜为充，气味合而服之，以补精益气”；《素问·异法方宜论》中也把一切草药都称为毒药。吴氏颇受此影响，在治疗过程中，选用一些饮食进行调理。尤其是温病瘥后，邪热虽已解除，但机体多未恢复正常状态，采用有效、适宜的调理措施，对促进机体及早康复，防止病情反复、迁延具有重要意义。在临床中除注意精神、起居、药物等方面外，饮食调理也是重要环节。“谷肉果菜，食养尽之”（《素问·五常政大论》）正是其中道理。吴氏在此理论指导下，在温病的治疗中选用梨皮、梨汁、藕汁、谷芽、粳米、秫米、鸡子黄、鸡子白、牛乳、猪肤、猪脊髓、羊腰子、乌骨鸡、鲍鱼等益气阴、清余热之品调之；而雪梨浆方、五汁饮、牛乳饮等方剂的应用也是针对于此。可见，吴鞠通在《温病条辨》中非常重视饮食调理在温病病变过程中的重要作用。

4. 组方用药原则源于《内经》

吴氏在方药组成方面，以《内经》处方原则为依据，在《凡例》中指出："本论于各方条下，必注明系用《内经》何法。"如辛凉平剂银翘散方论中云："本方谨遵《内经》'风淫于内，治以辛凉，佐以苦甘；热淫于内，治以咸寒，佐以甘苦'之训"；化斑汤方论中云："此热淫于内，治以咸寒，佐以苦甘法也。"吴氏还特别提倡《素问·五常政大论》的用药原则，即"大毒治病，十去其六；常毒治病，十去其七；小毒治病，十去其八，无毒治病，十去其九。谷肉果菜，食养尽之。无使过之，伤其正也。"

二、制方灵活效法仲景

吴鞠通在《温病条辨》中以张仲景方为依据，遵古法而不泥古方。书中所载方剂多能体现张仲景方之精髓，并有所创新，拓展了经方临床应用的新领域。如《凡例》所言："是书仿效仲景《伤寒论》作法，文尚简要，便于记诵"，"是书虽为温病而设，实可羽翼伤寒"。曾有人统计，《温病条辨》中运用《伤寒论》之方达37首，化裁变方有54首，在这些方剂的应用上吴氏遵循经旨，灵活化裁，方随证变。

在《伤寒论》三承气汤的基础上，吴氏对于下法的应用别具特色。吴氏使用增液汤增水行舟，寓泻于补，治疗阴亏液涸、无水舟停之大便燥结证，避免了滥用承气汤攻下的危害。并创制新加黄龙汤、宣白承气汤、导赤承气汤、牛黄承气汤、增液承气汤等一系列承气方剂，解决了单纯用承气汤下之不通的矛盾，使下法的运用更趋于完善。吴氏还将张仲景复脉汤加以化裁，创制加减复脉汤、救逆汤、一甲复脉汤、二甲复脉汤、三甲复脉汤、大定风珠等方，治疗下焦温病、邪少虚多之证，切合温邪深入下焦而重伤肝肾之阴的特点。

三、《温病条辨》中选用方药

《温病条辨》共选方212首，用药282味，药物共出现频率1373次。其中药物出现频率占前15位的依次是：甘草60次，人参、茯苓各43次，麦冬38次，白芍37次，生地31次，半夏30次，厚朴29次，黄连27次，生姜、黄芩各26次，杏仁、陈皮各25次，干姜23次、桂枝22次，体现了吴氏治疗温病的特点，即应以祛除温邪为主，同时兼顾体质重视养阴、扶正、祛湿的治疗宗旨。

在《温病条辨》中，所用方剂多为吴氏首创，具有极高的理论和实用价值，同时反映了吴氏治疗温病的特点。吴氏在运用清热剂时，以甘苦化阴法，治热盛津伤之证，克服了单纯甘寒养阴和苦寒清热治疗热盛伤津的弊端；又以银翘散、桑菊饮等辛凉轻宣之解表剂，治疗肺卫风热之证，避免了辛温发汗之害，开创了温病治疗的新局面。吴氏还在书中创制了三仁汤、杏仁汤、杏仁石膏汤等方，以杏仁为君，宣肺化气，使气行则水行，气化则湿热俱化，对湿热病证的治疗具有重要作用。重视宣化湿邪正是吴氏治疗温病的特点，书中祛湿剂使用之多也正是此观点的具体体现。

此外，在治疗用药方面，吴氏还提出了"治上焦如羽，非轻不举；治中焦如衡，非平不安；治下焦如权，非重不沉"的三焦用药原则，在临床实践中更具有重要的指导意义。

四、结束语

综上所述，吴鞠通之《温病条辨》是在《内经》理论原则的指导下在《伤寒论》制方原则基础上，不断完善、不断成熟的又一部中医学名著，其中所提出的三焦辨证体系和大量治则治法，是中医温病学治疗的精髓之一，对现今温病临床的证治有重要的指导意义，值得我们很好的继承和发扬。

[《中国中医基础医学杂志》，2007；（2）]

吴鞠通《温病条辨》舌诊浅谈

褚玄仁

吴鞠通《温病条辨》（以下简称《条辨》）首创以三焦为辨证纲领，分别论述了风温、温热、湿温等九种温病的证治，对温病学说做出了巨大贡献。同时，对于“温病察舌”亦多创见。兹浅述如下，以就正于高明。

一、为舌苔正名　辨温病属性

《条辨》共有255条条文，涉及舌诊内容的有66条。具体运用以分析温病属性、辨别三焦病位、指导治疗用药、观测后转归等。文字简要，具“为温病而设”的特色。

《原病篇》第13条：“苔字书中悉作胎，胎乃胎包之胎，特以苔生舌上，故从肉旁，不知古人借用之字甚多。盖湿热蒸而生苔，或黄或白或青或黑，皆因病之深浅，或寒或热或燥或湿而然。如春夏间石上土坂之阴面生苔者然。故本论苔字，悉从草不从肉。”

此为吴氏论舌的首条，具有总论性质。他首先把“舌胎”正名为“舌苔”，又概要地指出了舌苔变化在温病中的临床意义。“舌胎”一词，原创于仲景，吴氏易“胎”为“苔”，深刻又形象地道出了苔生原理、形态特征。虽仅一字之更易，亦可看出吴氏对舌象观察的精细，不盲从古说，敢于改革的治学精神。

舌为心之苗，又为脾之外候。脏腑之精气皆上荣于舌，病则变见于舌。故临床可以根据舌苔的变化，以候“病之深浅”，邪之“或寒或燥或燥或湿”。温热病虽有种种不同，然究其病因性质，概而言之，不外温热和湿热两大类型。“湿热蒸而生苔”。因温和热的属性不同，反映在舌苔上也有明显的差异，温热类的特征是舌苔黄燥，甚则干黑，或起芒刺，湿热类的特征是舌苔滑腻，可有白滑、黄滑、灰滑等分别。欲辨温病属性，必须在舌象上加以鉴别，舍之则可能致误。如：

“太阴温病，寸脉大，舌绛而干，法当渴；今反不渴者，热在营中也。”（《上焦篇》第15条）

“阳明温病，舌黄燥，肉色绛，不渴者，邪在血分……。若滑者……，当于湿温中求之”，“若舌苔白滑、灰滑、淡黄而滑，不渴者，乃湿气蒸腾之象。”（《中焦篇》第20条）

湿热证多不渴，即渴亦不多饮，是属“湿气蒸腾之象”。温热证多口渴，甚则大渴引饮，“渴乃温之本病”，然温邪陷入营血，热迫营阴之气上升则“反不渴”，易与“湿气蒸腾”所致的“不渴”相混淆，滋人疑惑。惟有验舌苔之干燥滑腻，昭若冰鉴，无所遁形。

二、按舌苔变化　探三焦消息

叶氏卫气营血辨证，重在辨舌，吴氏三焦分病．必须在舌象上探其消息，二者均重视舌象的变化。大凡病在上、中二焦，多邪盛正实，易抟聚而成苔，多苔色的变化；一涉下焦，多邪少正虚，易致舌质的变化。并因病的性质有温热与湿热的不同，因此在三焦病变中，又各自有不同的舌象表现。

（一）温热类：温为阳邪，易耗津液，故热在上焦者，多苔黄口渴。如“太阳温病，脉浮洪，舌黄，渴甚。”（《上焦篇》第7条）

热传中焦，燔灼津伤，苔多老黄，金黄，或干黑起刺。如“舌苔老黄，甚则黑有芒刺……传至中焦，阳明温病也。”（《中焦篇》第1条）

温热深入下焦，真阴受劫，舌多见干绛而少苔，舌体可出现强、短、萎等。如“热邪久羁，吸铄真阴……舌绛苔少。”（《下焦篇》第16条）

（二）湿热类：湿为阴邪，湿胜则阳微，故上焦湿热苔多白滑而不渴。如“舌白不渴……名曰湿温”。（《上焦篇》第43条）若为暑温，则因“暑必夹湿”，而有白滑苔外，又因暑为阳邪，易耗气伤津，故有口渴见证。如“太阴伏暑，舌白口渴。”（《上焦篇》第40条）

湿困中焦，湿重者多白滑腻苔或灰滑苔。如“湿郁三焦，脘闷便溏，身痛，舌白。”（《中焦篇》第59条）此与上焦之苔略同，但比之较厚，且多满布为别。此等处，吴氏言之简略，应予注意。热偏重者，多见黄滑苔。如“脉洪滑，面赤，身热，头晕，不恶寒，但恶热，舌上黄滑苔……阳明暑温。”（《中焦篇》第38条）

湿滞下焦，正阳必馁，舌质多偏淡或淡红。如“少阴三疟……舌淡。”（《下焦篇》第61条）舌苔则可见灰黑，腐白等。灰黑之苔多见于寒热错杂、正虚邪炽证。如“暑邪深入厥阴，舌灰，消渴。”（《下焦篇》第37条）腐白苔多见于湿滞阳衰证。如“浊湿久留……舌苔腐白。”（《下焦篇》第57条）

三、治病求其本　方因舌象移

舌象的变化，每为疾病的本质的表现。诚如张登所谓：“邪气入里，其虚实寒热之机，必现于舌，非若脉之隐而不显也。况阴盛格阳，与邪热遏伏，多有假证假脉，惟验舌上苔色之滑燥厚薄，昭若冰鉴，无所遁形。”抓住了舌象的变化，也就把握了疾病的本质。吴氏论治温热，每“方因舌移”，治病求本，绝不见症治症。如“夜寐不安，烦渴，舌赤……清营汤主之。舌白滑者，不可与也。”（《上焦篇》第30条）

暑邪深入心营，舌赤是其的据，理当以清营汤急清营中之热，以“先其所因而伏其所主”。若舌白滑，则不惟热重，湿浊亦重，柔润之药确不可与。

“阳明温病，下后脉静，身不热，舌上津回，十数日不大便，可与益胃、增液辈，断不可再与承气也；下后舌苔未退净，口微渴，面微赤，脉微数，日浅者，亦与增液辈；日深，舌微干者，属下焦复脉法也，勿轻与承气。”（《中焦篇》第33条）

同为温病下后之不大便，若舌上津回、苔已化薄者，知已非阳明热结，而是肠胃津液不足，无水行舟，且宜增水行舟。若“舌上微干”，加以病情日重，显系病入下焦，肝肾阴虚所致，增液辈亦已不克胜任，需“药随证转”，“方因舌移”，用复脉以复其真阴。凡此等证，宜攻下否，均应以舌象为根据，而不可见症治疗。

四、观舌苔变化　判预后吉凶

观舌以判断预后转归，早在《内经》中已有“视唇舌好恶，以知吉凶”之明训。以温热病来说，“留得一分津液，便有一分生机”，津液的存亡对预后吉凶的关系至大。而舌苔的润燥是津液盈亏最灵敏的反应。故吴氏之判温病吉凶，特别重视舌津。如：

“温病误表，津液被劫，心中震震，舌强神昏，宜复脉法以复其津液，舌上津回则生。”（《下焦篇》第2条）

温邪传入下焦，本已津伤液损，又复误表，不啻火上添油，因而发生种种变证。理宜用“复脉法以复其津液”。所谓“舌强”，当是舌质干枯乏液而强，故后文云：“舌上津回则生”，若津不回，则有阴竭阳亡之险。可知津液的来复是生命的关键，舌干润是津液来复的信息。学习《条辨》此等处，不仅要从正面理解，还须从侧面、反面、无字处去领会其精神实质。

综上所述，可见吴氏舌诊，有其独特之处，本文仅是管窥一豹之探，尚未尽吴氏舌诊之奥义也。

[《江苏中医杂志》，1983；(6)]

吴鞠通《温病条辨》对中医儿科的贡献

李 源 郭亦男

吴瑭，字佩珩，号鞠通，清代著名医学家，温病四大家之一，江苏淮阴人。吴氏少习儒学，后因父、侄病亡而发愤学医，专事方术，终成一代医学巨匠。其著作主要有《温病条辨》、《医医病书》、《吴鞠通医案》等。其中《温病条辨·解儿难》在小儿生理、病理方面及诊断、治疗、调护方面都有其独到的见解，对中医儿科学的发展做出了巨大的贡献，兹分述如下：

一、生理方面——稚阴稚阳

小儿生理特点为“稚阴稚阳”，并非一派纯阳。自《颅囟经·脉法》载“凡孩子三岁以下呼为纯阳，元气未散”，提出“纯阳”学说后，后代医家多宗此论。吴氏在此基础上对“纯阳”之说进行了阐发：“古称小儿纯阳，此丹灶家言，谓其未曾破身耳，非盛阳之谓。”明确地指出了“纯阳”非“盛阳”之义。小儿阳气虽显，实则稚嫩。继而吴氏提出了小儿“稚阴稚阳”体质学说，认为小儿体内精血津液以及脏腑、四肢、百骸等有形物质尚未发育成熟（稚阴），脏腑的各项生理功能尚未完善（稚阳），仍处于生长发育的动态过程中。只有待真牙长出后，方达到“阴足而阳充”的状态。“稚阴稚阳”学说深刻阐明了小儿最基本的生理本质，对中医小儿体质学说产生了深远的影响。

二、病理方面——易于感触，易于传变

吴鞠通认为：“小儿脏腑薄，藩篱疏，易于传变；肌肤嫩，神气怯，易于感触。”指出小儿脏腑功能和卫外功能均差，不仅容易罹患疾病，而且在病程中最易传变。同时，他认为小儿致病因素相对单纯，多因外感风、寒、暑、湿、燥、火等六邪之气由外而入；或因饮食不节，积滞内生；或因先天不足，孕受胎毒由母下传而致，一般很少受情志因素影响。小儿稚阴稚阳之体，寒热虚实易于转化，邪气易实，正气易虚，且传变迅速，容易出现错综复杂的证候。这对于掌握小儿疾病发生、发展规律有着重要的作用。

三、诊断方面——六气为病，三焦分证

六气是指 6 种正常气候变化的表现，六淫是风、寒、暑、湿、燥、火 6 种病邪的合称，六淫源于六气。小儿为稚阴稚阳之体，脏腑娇嫩，形气未充，抗病能力差，外邪侵袭而易于发病，且小儿为纯阳之体，以外感热病居多，时行疫气的“麻毒”、“痘证”、“疫咳”等，小儿最易感受，感邪之后易于热化，易于传变。吴鞠通潜心研究温病，对六气有较深刻的认识，认为“天以六气生万物，其错综变化无形之妙用，而人之患病，即从此而来。夫六气伤人，先界限清楚毫无兼气也哉”。故其论小儿外感病因，重视六气为病，认为痘证、痉病、疹等小儿疾病，多因六气所致。如治疗痘证“古人治法良多，而议病究未透彻来路，皆由不明六气为病，与温病之源”。同时，吴鞠通根据《黄帝内经》划分三焦的精神，以叶天士卫气营血辨证理论为基础，提出三焦分证理论，此乃温病学领地一大创举。吴氏认为：“温病由口鼻而入，鼻气通于肺，口气通于胃，肺病逆传，则为心包；上焦病不治，则传中焦，胃与脾也；中焦病不治，即传下焦，肝与肾也。始上焦，终下焦。”吴氏将三焦分证灵活的应用于小儿温病的治疗。如治暑痉，“学者当与前三焦篇暑门中细心求之”；治疗湿痉，“学者当于前中焦下焦篇中求之”等。三焦分证的理论，至今仍对中医儿科的临床诊治有指导作用。

四、治疗方面——用药轻灵，治疳 9 法

根据小儿的生理、病理特点，吴氏主张在小儿用药方面，贵在轻灵，“其用药也，稍呆则滞，稍重则伤。稍不对症，则莫知其乡。”就是说小儿用药宜清轻灵动，中病即效，过则有伤正之虑。吴氏还力陈小儿轻易使用苦寒之弊，“世人以小儿为纯阳也，故重用苦寒也。夫苦寒药，儿科之大禁也，……不知儿科用苦寒药，最伐生生之气也”。同时，吴氏在钱乙、李东垣、叶天士等学术思想的影响下，总结了以调理脾胃为中心的治疳 9 法，分别为：（1）疏补中焦。用枳术丸加减。该方补中寓消，消中寓补，乃治疳第一妙法。（2）升降胃气。小儿脾胃运化失常，升降失司是疳证的基本病理基础，可选半夏泻心汤。（3）升提中气。可用补中益气汤。（4）甘淡养胃。甘淡之药正合小儿疳积的体质特点。（5）调和营卫。宜桂枝汤加减。（6）食后击鼓。相当于现代的音乐疗法，美妙的旋律有助于心情愉悦，气机畅达，脾胃升降和谐，则饮食自化。（7）调整饮食。进食宜清淡，少食油腻、甘甜、辛辣、生冷之品。（8）杀疳虫。（9）丸药缓图。疳证为渐积之候，非一时所能奏效，宜用丸药缓运脾阳，逐渐振奋脾胃。以上 9 种治疳的方法，仍有效的指导中医儿科临床治疗。

五、调护方面——防重于治

吴鞠通在“解儿难题词”中，首先解说做父母的对小儿护养调理之难。吴氏在养育小儿方面有丰富的经验，认为“小儿无冻饿之患，有饱暖之灾”，父母惟恐小儿受寒，覆被著衣过厚，冬日房屋热炕过暖，以致小儿每日出汗，汗多亡血，使肝失所养，不能养肝柔筋而致痉；或汗多腠理疏松，卫气外泄亡阳，易感六淫之邪。疳疾多因“饮食不节，惟恐其儿之饥渴也”。防护“全在提携之者，有以谨之于先”。此外，还对医者提出无病先防、既病防变的治未病要求。指出“上工不治已病治未病，圣人不治已乱治未乱也”。可见吴鞠通对小儿的父母家人及医者都提出了具体要求，体现了无病先防、既病防变、防重于治的预防医学思想。

综上所述，吴鞠通对中医儿科学的发展做出了巨大的贡献，值得儿科医生继承学习和借鉴。

[《长春中医药大学学报》，2008；（2）]

《温病条辨》滋养胃阴学术思想探讨

朱 虹 王灿晖

《温病条辨》是由清代著名医家吴瑭（号鞠通）所著，该书以三焦辨证为纲，对温病的病因、病机、诊断、治疗及预后作出了详尽的阐述，是中医学特别是温病学发展史上一部极其重要的中医古典医籍。《温病条辨》重视温热病邪导致阴液损伤的严重性，故而在治疗时重视滋阴，尤重养胃阴。笔者仔细研习《温病条辨》，略陈吴氏滋养胃阴学术思想于下。

一、温热病邪易伤阴液，“始终以救阴精为主”

温热病邪是温病发生的主要原因，其具阳热之性，“阳胜则阴病”，在温病的发生、发展过程中，易于耗伤人体的阴液。“盖热病未有不耗阴者，耗之未尽则生，耗之尽则阳无以恋，必气绝而死矣。”（本文所引《温病条辨》原文均出自中国中医药出版社，1999 年版《吴鞠通医学全书》。）阴液是构成和维持人体生命活动的基本物质之一，是人体赖以生存的重要物质基础，它与人体的功能表现处于一个动态的平衡中，《素问·生气通天论》云：“阴平阳秘，精神乃治；阴阳离决，精气乃绝。”所以阴液的正常与否，与疾病的轻重、预后有很密切的关系。

阴液的大量丢失，在疾病过程中会导致严重后果，《温病条辨·上焦篇》中明确指出：“……温邪逼迫血液上走清道，循清窍而出……化源速绝。……化源绝，乃温病第一死法也。”同时又强调指出：“细按温病死状百端，大纲不越五条。在上焦有二：一曰肺之化源绝者死；二曰心神内闭，内闭外脱者死。在中焦亦有二：一曰阳明太实，土克水者死；二曰脾郁发黄，黄极则诸窍为闭，秽浊塞窍者死。在下焦则无非热邪深入，消铄津液，涸尽而死也。”此 5 种危重病证，除“脾郁发黄，黄极则诸窍为闭，秽浊塞窍者死”外，其余 4 种均与阴液的大量耗伤有关。可见阴液耗伤对疾病发展过程及预后的影响是非常重要的，同时也反证了《温病条辨》强调养阴、救阴的重要意义。

至于治疗阴伤的对策，《温病条辨·杂说·汗论》提出“本论始终以救阴精为主”。《温病条辨·中焦篇》云：“……辛凉甘寒甘咸，以救其阴。”“……正气日虚一日，阴津日耗一日，须加意防护其阴，不可稍有卤莽……”“在上焦以清邪为主，清邪之后，必继以存阴；在下焦以存阴为主，存阴之先，若邪尚有余，必先搜邪。”虽然似是言祛邪，实质乃强调养阴。昭示了吴氏在诊治温热病时，尤为重视顾护阴液，防止其耗散。实际上，从《温病条辨》及《吴鞠通医案》来看，顾护阴液不仅仅是在理论上的阐述，而且时时贯穿于三焦证治理论和体现在临证治疗中。

二、认识胃的特性，“重胃气，法当救胃阴”

胃处中焦，主受纳、腐熟水谷，化生精微，是人身精气的来源，精气则又是机体抗病、康复机能的重要物质基础，故又有胃为“水谷之海”、“十二经之海”、“后天之本”之说，

《灵枢·五味》云："胃者，五脏六腑之海也，水谷皆入于胃，五脏六腑皆禀气于胃。"《灵枢·海论》又云："胃者，水谷之海……"中医历来重视胃气在生命活动中的重要性，胃气的盛衰有无，关系到机体生命活动及其存亡。《素问·平人气象论》指出"人以胃气为本"。

《温病条辨》在认识胃的基本生理特性的基础上，将胃的功能概括为"体阳用阴"。"胃为足阳明，主诸阳之会，经谓阳明如市，体本阳也；其用主纳，主下降，则阴也。"而至于胃阴之重要，《温病条辨·中焦篇》指出："盖十二经皆禀气于胃，胃阴复而气降得食，则十二经之阴皆可复矣。"说明胃阴之存亡，关系到整个人体生理功能的正常与否。同时也认识到胃阴是消化水谷的重要物质基础，胃阴受伤，则腐熟水谷功能呆滞。

由于胃处中焦，所有疾病均可影响到胃，若《温病条辨·中焦篇》所言："阳明如市，胃为十二经之海，土者万物之所归也，诸病未有不过此者。"温热病邪易伤及胃阴。因此，无论何种温病，均可导致胃阴受损。故而在温热病的治疗中，恢复胃的功能、滋养胃阴，乃为当务之急。如《温病条辨·中焦篇》中指出："下后不大便十数日，甚至二十日，乃肠胃津液受伤之故，不可强责其便，但与复阴，自能便也。"

鉴于胃气在维持人体生命活动过程中的重要性，特别是温邪羁留日久，易于耗伤阴液，因此恢复胃的功能尤为重要。在温热病的治疗中，《温病条辨·上焦篇》提出"重胃气，法当救胃阴无疑"。即是说，要恢复胃的正常生理功能，保证水谷精微的正常代谢，滋养胃阴是毋庸置疑的。《温病条辨》中滋养胃阴常用甘寒救阴、酸甘化阴之法。

《温病条辨·中焦篇》指出："欲复其阴，非甘凉不可。"甘可补益，凉次于寒，性质相同而程度稍异，能够减轻或消除热证。人体的水谷精微、十二经之气均来源于胃，甘凉（寒）相合可消除郁热、滋养胃阴，胃阴恢复，则胃受纳、腐熟功能正常，患者可正常进食，机体的阴液、十二经脉的阴液即可恢复；同时，甘寒之法，亦可滋养肺金，即《温病条辨·上焦篇》第五十八条所言之"胃土为肺金之母也"。代表方如益胃汤、沙参麦冬汤、五汁饮、牛乳饮等，常用药物如沙参、麦冬、生地、玉竹等。

于甘寒药中加入酸味药，如乌梅、白芍、木瓜等，即为酸甘化阴之法。《温病条辨·中焦篇》云："阴伤既定，复胃阴者莫若甘寒，复酸味者，酸甘化阴也。"酸味药能柔肝体（阴）而制肝用（阳），即可通过抑制肝用而消除其对胃的影响，寓"变胃而不受胃变"之意；同时，酸能敛阴生津，津液得敛而不失，有护阴之用。代表方如麦冬麻仁汤、人参乌梅汤等。

从甘寒救阴、酸甘化阴两法可以看出，《温病条辨》在注重胃为后天之本、滋养胃阴的同时，兼顾及肺、肝的病变对胃的影响，换言之，滋养胃阴之法，不仅仅是温热病邪在中焦的治则，而且对于邪在上焦（疾病早期）、邪留下焦（疾病后期）的病变，也可配合运用。

三、治疗三焦病变，"滋阴不厌频繁"

《温病条辨》之三焦辨证，揭示了温病的发病及传变规律，而在整个治疗过程中，一方面强调祛除温热病邪，另一方面又要时时顾护正气，尤其是在祛邪之时必须"预护其虚"。至于护虚的手段，若《温病条辨·中焦篇》汪瑟庵按所云，大抵"滋阴不厌频繁"。但滋阴并非单用滋腻、甘润之品，而是结合病变部位及依据脏腑之异，随证用药。

1. 治上焦病变，培土以生金

上焦病变，也就是心肺两脏的病变。发病初起，上焦病变常表现为肺经病变，治疗用药多以辛凉发表之剂。但治疗后，若病仍在肺，则加用甘凉滋润之品、滋养胃阴之药培土以生金，一则“胃土为肺金之母”，可清金保肺，保护肺津；一则固护中土，“先安未受邪之地”，防止热邪内陷，逆传或顺传而反生他患。所以《温病条辨·上焦篇》论述银翘散时云：“今人亦间有辛凉法者，多不见效，盖病大药轻之故，一不见效，遂改弦易辙，转去转远，即不更张，缓缓延至数日后，必成中下焦证矣。……二、三日病犹在肺，热渐入里，加细生地、麦冬保津液……”“此方之妙，预护其虚，纯然清肃上焦，不犯中下，无开门揖盗之弊，有轻以去实之能……”而在论述化斑汤时又强调：“……粳米清胃热而保胃液，……白虎燥金之品，清肃上焦，恐不胜任，……庶水天一气，上下循环，不致泉源暴绝也。”

2. 治中焦病变，养胃以固中土

中焦病证，一般为温病之极期，病理特点乃正盛邪实，邪正斗争剧烈，常可导致“胃用之阴不降，胃体之阳独亢”的病理变化。所以应用补养胃阴、化生胃液的方法，使“胃阴复而气降”。同时，在这一病理阶段，扶助正气、祛邪外出也是非常重要的。

正气的强弱与否，与后天之本密切相关。胃受纳、腐熟水谷的功能正常，“饮入于胃，游溢精气……”，“人受气于谷，谷入于胃，……五脏六腑，皆以受气……”，可增强机体的防病、抗病能力，而这种功能的正常发挥，与其物质基础胃阴是密不可分的。因此滋养胃阴，“以甘润法救胃用，配胃体”，则中焦功能健全，既可促使疾病早日痊愈，亦可防止病邪向里传变。

滋养胃阴忌用苦寒，以免苦燥更伤其阴，中土功能难以回复。若《温病条辨·中焦篇》云：“温病燥热，欲解燥者，先滋其干，不可纯用苦寒也，服之反燥甚。……举世皆以苦能降火，寒能泻热，坦然用之而无疑，不知苦先入心，其化以燥，服之不应，愈化愈燥。”

3. 治下焦病变，滋后天以养先天

下焦病变，以肝肾为主，多属温病的后期阶段，通常表现为虚多邪少。温病日久，耗伤阴液，真阴被劫。真阴乃一身阴液之根本，“五脏之阴气非此不能滋”，在人体的生长发育、抗病康复等方面有重要作用。真阴有赖于后天之精的补充和滋养。至于温病下焦病变滋养胃阴的重要性，《温病条辨·下焦篇》明言：“全赖医生……迎生气或养胃阴，或护胃阳，或填肾阴，或兼固肾阳，以迎其先后天之生气，活人于万全。……温病后一以养阴为主。”

《温病条辨·下焦篇》云：“温病最善伤精，三阴实当其冲。”实际上，温病后期，除了有肾阴耗损外，也常见胃阴虚损之象。“于救阴之中，仍然兼护脾胃。”因此，温病后期滋补胃阴依然十分重要，胃阴充盛，化生水谷精气的功能正常，则肾精得以补充。《素问·上古天真论》指出：“肾者主水，受五脏六腑之精而藏之。”即是此意。

四、结语

《温病条辨》重视胃阴的学术思想，为丰富和完善温病治疗学理论发挥了积极的作用；同时也示后人以规矩，指导其准确判断温热性疾病的病情和预后。但是温热性疾病的过程中始终存在着热盛和阴伤两大病机，初期是以邪实为主，后期则以阴伤为要。所以救阴精应当先后有序、缓急分明，特别是对温病早期的治疗，仍以祛邪为大法，适当加入滋养胃阴、保护肺津之品，否则会使凉遏冰伏、留邪为患。况且《温病条辨》重视胃阴，并不意味着即以补为法，而要辨证求因，切忌以偏概全。

[《南京中医药大学学报》，2004；（4）]

《温病条辨》羽翼伤寒的探讨

赵　琦　刘小凡

吴鞠通所著《温病条辨》（以下简称《条辨》）一书，在理论上考据《内经》，勤求古训，远循仲景之法，推崇天士之论，对温病证治造诣颇深，不少精辟见解多为后世温病学家所引用，在历代温病理论书籍中起着承前启后的重要作用。关于《条辨》在继承和发展叶学方面的成就，已有不少文章论述，笔者不揣浅陋，仅就《条辨》在羽翼伤寒方面的内容作一初步探讨。

一、远踪仲景，精当选用伤寒方

吴氏论治温病，虽然主要是继承发展了叶天士的经验，但追根溯源，仍以《伤寒论》为依据，师法仲景，循古法经方之规矩，将六经辨证与三焦辨证巧妙结合，互为羽翼。正如其友征保在序中所云："吴子鞠通……近师承于叶氏，而远踪乎仲景。"《条辨》中有不少方剂采自《伤寒论》或由仲景原方化裁变化而出，按顺序排列对照，全书共选用伤寒原方26首：桂枝汤、白虎汤、白虎加人参汤、大承气汤、小承气汤、调胃承气汤、栀子豉汤、栀子柏皮汤、茵陈蒿汤、五苓散、理中汤、四逆汤、瓜蒂散、黄连阿胶汤、桃仁承气汤、抵当汤、桃花汤、猪肤汤、甘草汤、桔梗汤、苦酒汤、小建中汤、小青龙汤、麻杏石甘汤、白头翁汤、乌梅丸。

由伤寒法及方而变化加减者26首：化斑汤、减味竹叶石膏汤、承气合小陷胸汤方、栀子豉加甘草汤、栀子豉加姜汁汤、小陷胸加枳实汤、半夏泻心汤去干姜甘草加枳实杏仁方、半苓汤、草果茵陈汤、椒附白通汤、附子理中汤去甘草加厚朴广皮方、五苓散加防己桂枝苡仁方、半夏泻心汤去人参干姜甘草大枣加枳实生姜方、加减人参泻心汤、加减小柴胡汤、加减黄连阿胶汤、五苓散加寒水石方、小柴胡加干姜陈皮汤、加减附子理中汤、加味白头翁汤、加减桃仁承气汤、半夏桂枝汤、椒梅汤、减味乌梅丸、人参石脂汤、桃花粥方汤（上两方实为桃花汤之变方）。

选用《金匮要略》原方12首：小半夏加茯苓汤、千金苇茎汤、一物瓜蒂散、白虎加桂枝汤、橘皮竹茹汤、加减木防己汤、茵陈五苓散、附子粳米汤、黄土汤、葶苈大枣泻肺汤、大黄附子汤、鳖甲煎丸。另外还在各篇中散载了一些《金匮要略》化裁加减方，如：桂枝姜附汤、苓姜术桂汤、橘半桂苓枳姜汤等。共计选用仲景原方及取法变方凡67首之多，占全书总198方的1/3，从中可看出《条辨》羽翼伤寒，"远踪乎仲景"古法经方之脉络。

二、仿效仲景，巧妙导出温病法

吴氏在《条辨》中，并不是机械地照搬伤寒原方或对号入座，其高超之处在于既不违背仲景原旨，又能在理论上融合古人，针对温病的特点独创新见；在立法选方遣药上，善于变通前人成法，自出机杼，灵活运用，既体现了温病的特色，又羽翼了伤寒之未备，使其纵横交融，圆机活法。如第14条下瓜蒂散方，吴氏遵"酸苦涌泄为阴"之理，用苦寒之山栀，取代轻清宣泄之香豉，药仅换动一味，即变伤寒原方治寒痰阻于胸膈为治温病热痰壅盛之剂。又如上焦篇第7，8条下，温病出现肺经气分证候，吴氏选用伤寒阳明经证的辛凉重剂白虎汤与白虎人参汤，取其“虎啸风生，金飙退热，而又能保津液”以清气分之燥，“惟白虎退邪阳，人参固正气，使阳能生阴，乃救化源欲绝之妙法也”。并在上焦篇第9条下为运用白虎汤方立“四禁”，在中焦篇第13条中提出虽下后无汗，但如见脉浮洪者，仍可用白虎汤的见解。特别是第16条下化斑汤方，吴氏用白虎汤加元参、犀角两味凉血之品，治太阴温病误汗，温邪郁于肌表血分而发斑之证，其方论云“本论独加元参、犀角者，以斑色正赤，木火太过，其变最速，但用白虎燥金之品，清肃上焦恐不胜任，故加元参启肾经之气，上交于肺，庶水天一气，上下循环，不致泉源暴绝也。犀角咸寒……救肾水，以济心火，托斑外出，而又败毒辟瘟也；再病至发斑，不独在气分矣”。既对伤寒白虎汤加减治温病热盛伤血有新的发展，又开创了斑疹分治的先河；既突出了温病保津液主旨，又不失伤寒救阴法原意。

中焦篇取法《伤寒论》阳明篇急下存阴法的条文亦随处可见，如1条、6条（大承气汤），3条、4条、9条（小承气汤），5条、7条（调胃承气汤）皆是论述温病使用三承气汤攻下的法则。伤寒阳明三急下，目的在救护胃阴，但攻下逐热虽有存阴之功，严格分析尚不足以滋胃中之阴，故吴氏对于阴虚之体而有阳明温病下证者，主用生津（意即存阴）通下法；温病大热之体而致津液消耗，主用增液生津法；以及结合温病的特点合攻下与滋阴同用，而发展为增液汤、增液承气汤、新加黄龙汤、宣白承气汤、导赤承气汤等著名方剂，皆源于仲景的急下存阴法，但范于法而不囿于法，采其方而不执其方，善于继承前贤的成果，吸取攻下方面的经验，是温病学派在下法中提出“无水舟停、滋水行舟”等理论与方法的得意之作，较之《伤寒论》攻下法的运用有了进一步的发展和完善。

三、源于三阴，养液救阴有创新

伤寒与温病，两者在初起证候上，主要有偏寒偏温的区别，到了中期，见证几乎相同，不过温病比较复杂，及至后期，则伤寒伤阳者多，温病伤阴者多。但《伤寒论》治疗伤阴的方剂并不多，实不足以应付伤阴的治疗。而《条辨》却在这方面羽翼了养液救阴之未备，特别是下焦篇尤为详细。如遵仲景“里急，急当救里”之义而据《叶案》主法所衍化发展出的复脉法，其代表方剂有加减复脉汤、大定风珠以及救逆汤、一二三甲复脉汤、护阳和阴汤、加减复脉汤仍用参方等。其救阴复脉、益气养血的功效，超过了《伤寒论》炙甘草汤的运用范围。有取“一刚以御外侮，一柔以护内主”之意而选用伤寒少阴祖方黄连阿胶汤，治疗温病后期“真阴欲竭，壮火复炽”之候。有用伤寒滋阴润燥主方小建中汤而治温病愈后、阴阳气血俱虚者。吴氏特别在益胃汤条后按中云：“至调理大要，温病后一以养阴为主…故本论中焦篇列益胃、增液、清燥等汤，下焦篇列复脉、三甲、五汁等复阴之法，乃热病调理之常理也。”并始终强调“温病伤人身之阴，故喜辛凉甘寒甘咸，以救其阴”的宗旨。可用的药物如干地黄、细生地、生白芍、麦冬、阿胶、麻仁、生龙骨、生牡蛎、人参、青蒿、鳖甲、知母、丹皮、鸡子黄、生龟板、童便、淡菜、五味子等滋阴养液、清虚热、补肝肾之品，验之于温病后期确有良效。同时，在下焦篇中还多处指出温病发展到后期，常见肝肾之阴受损的情况及治法，为温病学派“养得一分阴，保得一分命”的观点提供了较为充足的理论依据和有效方法，其清热养阴保液诸法，也较之三阴篇有更大的发挥。

四、结语

吴氏《温病条辨》创立的三焦辨证作为温热病诊治的一种法则，在理论上既不违背仲景法理，更能融贯古今，独创一格，在温病学说上还补充了叶天士卫气营血辨证的不足，同六经辨证在《伤寒论》上作为证治准绳，是如出一辙的，且相互羽翼。两者的基本精神都是以归纳症候群作为辨证论治工具。所以，三焦辨证的创立，既是在伤寒六经传变的基础上进一步发展起来的，又大大地充实了六经辨证在具体运用上的不足，给温病的治疗开辟了新的坦途。

[《现代中西医结合杂志》，2009；(15)]

从吴又可、叶天士、吴鞠通三家学说看温病学的发展

高和声

温病学，源于刘河间“六气皆从火化”之说，其理论孕育于宋、元年代，而倡导于明末吴又可，清初叶天士有所发展，再经吴鞠通的条分理析，从而形成了比较完整的学术体系。现就上述三家学说，分别加以讨论：

《温疫论》的作者吴又可

吴又可由于观察到用《伤寒论》理法应用于热病方面，其传变规律与治疗方药很不适应，认为热病与伤寒不同，而是“温疫”。倡“温疫病因，非风、非寒、非暑、非湿”；“乃天地间别有一种异气所感”，这种异气，便是“杂气”。

一、创立“杂气”说　吴氏于《内经》六气致病因素而外，说还有“杂气”。又阐明“疫者，感天地之戾气”；“时行戾气所发，因其恶疠，又谓之疫疠”；“疫气者，亦杂气中之一，但有甚于他气，故为病颇重，因名之疠气”。这里所指的都是温疫的病源。所谓“戾气”、“疫疠”，实际即存在于自然界的大量微生物，当细菌学尚未被认识以前，提出这些见解，是值得推崇的。

二、倡言邪从口鼻而入　吴又可对热病的传邪途径，有独创见解，说“伤寒之邪，自毫窍而入，时疫之邪，自口鼻而入。”这对后来温病学说很有启发。早在《金匮要略》里，张仲景曾提到传邪途径有一者经络受邪入脏腑；二者四肢、九窍血脉相传云云，已注意到“九窍”受邪，但说得不具体。吴氏对温疫传变过程的认识，可能是以这一理论作依据的。

三、提出邪伏膜原说　膜原，也称募原，但不属一个独立脏器。据《素问·疟论》、《举痛论》及《灵枢·百病始生篇》各篇记载，其部位，似指肠胃之外，皮肤之里的胸廓腹腔，既是“营气所舍”，也是“虚邪”“寒气”所客之地。吴氏说，温疫之邪从口鼻吸受，入于膜原。其部位“内不在脏腑，外不在经络，舍于侠脊之内，去表不远，附近于胃，乃表里之分界，是为半表半里”。分析疫邪不在表，汗之则徒伤表气；又不在里，下之则徒伤胃气。因而创立达原饮一方，冀邪从膜原而达，用槟榔、草果、厚朴，“直达其巢穴，使邪气溃散，速离膜原”。还明辨邪伏膜原，以“舌上苔如积粉、满布无隙”为标志。后来叶天士、吴坤安等都很重视这一经验。

四、分气血辨证，主战汗透邪。吴又可认为温邪伏于膜原，“如鸟栖巢，如兽藏穴”。等到病发，邪毒四张，表里分传，内侵于腑，外淫于经，营卫交伤，诸证渐显。因此，把病程分为气分和血分。外淫于经在气分，内侵于腑为血分。近似《伤寒论》阳明病的经证、腑证。提出：“邪在气分者易疏透，邪在血分者多胶滞”，“留气分解以战汗，留血分解以发

斑”。战汗“必俟伏邪渐退，表气潜行于内，乃作大战，精气自内由膜中以达表，振战止而复热，此时表里相通，故大汗淋漓，衣被湿透，邪从汗解，此名战汗”。此段是叙述温病邪正纷争，表里双解之候，对观察病情机转极为重要。叶天士在此基础上，认为“若其邪始终在气分流连者，可冀其战汗透邪，法宜益胃。令邪与汗并，热达腠开，邪从汗出。解后胃气空虚，当肤冷一昼夜，待气还自温暖如常矣……”意指气分之邪，未传血分时，只要正气尚充，通过人体的抵抗反应，正胜邪却，即可从战汗而解。但若正气一旦虚衰，往往汗出如珠，造成虚脱，必须警惕。在这里，叶氏继吴又可之后，补充益胃增液，促使邪从汗解，是理论上又深入了一层。

叶天士与《温热论》

叶天士，系对温病学说有较大影响的著名医学家。他在理论上既不背仲景法程，更融贯又可见解，于辨证论治方面，独创一格，所以后世多继承其经验，无法越出其门户，贡献是很大的。

一、重视风、湿、温（暑）三气　叶氏首先承认六气致病，重视风、湿两气与温（暑）邪合并等病因，将风湿与湿温，列为温热病中两大证候，说风、温两气都是阳邪，两阳相劫，所以化热最速，传变最快。肺先受邪，易传心包。所谓“春月受风，其气已温，治在上焦，肺位最高，邪必先伤”。“风挟温热而燥生”以“两阳相劫”故也。叶与吴分歧之处，即吴又可立论于“杂气”，否认“六气”重要，误认“湿为杂证”，时疫之邪，非风、非寒、非暑、非湿；叶天士认为温邪挟湿者甚多，因而说“吾吴湿邪害人最广”，“湿与温合，蒸郁而蒙蔽于上，清窍为之壅塞，浊邪害清也”。还认为：“暑邪必挟湿”，“暑伤气分，湿亦伤气”。湿乃重浊之邪，热为熏蒸之气，热处湿中，蒸淫之气上迫清窍，最易神色昏糊，蒙闭心包。热得湿而愈炽，湿得热而愈横。两气交混，弥漫三焦，其势最凶，不比风寒之邪，一汗可解，温热之气，投凉即安。“昔河间治湿热，必取乎辛苦气寒，苦降以逐湿，辛香以祛秽，寒取乎气，藉气行不闭塞于内也。当世医者，混以伤寒表里为治，殊不知秽湿气入口鼻，游行三焦，不与伤寒同法。”指明湿与热（温）合的湿温病，不能简单地用，发汗或清热的治法。并主张在温病初起时就注意挟风、挟湿的问题。指出“或透风于热外，或渗湿于热下，不与热相搏，势必孤矣”。

二、继承口鼻受邪和邪伏膜原学说　叶天士承认温邪由口鼻而受认为“温邪上受，首先犯肺”，与吴又可所说口鼻受邪，伏于膜原，表里分传，似有出入，其实是挟风、挟湿病因的差异。《叶案》中有口鼻受邪犯肺的，也有由肺逆传心包的；有传膜原的，有由膜原传布三焦，或迳传阳明的。如云：“口鼻吸入热秽，肺先受邪”；“从鼻吸而受，必先犯肺，乃上焦病”，是指犯肺的。“疫疠秽邪，从口鼻吸受……逆走膻中”；“口鼻吸入秽浊，自肺系渐入于心包络”，是指由肺逆传心包的。“吸受秽邪，膜原先病，”“秽暑吸入，内结膜原”，指邪伏膜原的。“秽湿邪吸受，由膜原分布三焦”，“气入口鼻，至膜原分布三焦”，是指由膜原传布三焦的。“时令湿热之气，触自口鼻，由膜原以走中道”，“口鼻受寒暄不正之气，过膜原，扰胃系”，“其邪自上及中，必循膜原”，是指由膜原而走中道的。据《叶案》分析，其邪传部位，多由兼挟不同而定，凡风湿燥热，容易犯肺；暑湿秽浊，常传膜原，犯肺易传心包为逆；膜原多归阳明为顺。口鼻受邪和邪伏膜原构成温病学说的主要内容之一。

三、主张温病慎用“攻下”　吴又可提出，“客邪贵乎早逐”，“承气本为逐邪而设”，“温疫可下者三十余证”。但叶氏不主张动辄攻下。认为即使温邪已经“里结阳明”，“亦必验之于舌，或黄甚，或如沉香色，或灰黄色，或老黄色，或中有断纹，皆当下之”；“若未现此等舌，不宜用此等药”。“因恐其中湿聚太阴为满，或寒湿错杂为痛”。叶氏认为温病与伤寒不同。“伤寒热邪在里，劫铄津液，下之宜猛，此多湿热内搏，下之宜轻；伤寒大便溏为邪已尽，不可再下，湿温病大便溏为邪未尽，必大便硬，乃为无湿。”不仅如此，邪未入腑，就是苦寒药也要慎用，恐“外邪未解而里先结”。叶氏说，脘在腹上，其位居中，按之痛或自痛，当用苦泄，但必验之于舌，或黄或浊，可与小陷胸汤或泻心汤。但须要有地之黄，如果黄而光滑，或苔白而不燥，或黄白相兼，或灰白不渴均不相宜。只宜杏仁、蔻仁、橘皮、桔梗之类轻苦微辛之品开泄气机，使邪达归于肺，勿下传肠胃。

四、卫气营血辨证　卫、气、营、血，本是指生理功能而言，为水谷之气所化。吴又可用气分血分表示温疫病传变层次。叶氏推广了这一概念说：“大凡看法，卫之后，方言气；营之后，方言血。”把温病分为卫、气、营、血四个阶段。卫与气系一类；营与血又属一类。并指出卫、气属肺，营、血属心。犯肺，指发热，微恶风寒，或咳嗽，胸痛，或高热，烦渴，汗出，脉数等症状；入营，指温病恶化，表明在气分失治或误治，致营分受热，血液被劫，扰动心神，出现烦躁不安，入夜不寐，舌绛，脉数，继而昏迷谵妄，斑疹，吐衄等一系列危象，最后导致闭脱。心包为心主之宫城，代君受邪。心藏神主血脉，故说心主血，属营，其实仍是气分血分。但如概括温病全过程犹嫌简略。为了正确掌握温病的发展规律，运用营、卫两个概念，这就意味着气血之间尚有一个缓冲步骤可分，表证在卫气为轻，里证入营血为重。卫，指肌表，邪犯卫，指形寒，发热，头痛，咳嗽；脉浮数，舌苔薄白等表证。所谓“在卫，汗之可也”，是表证宜汗之意。如果在卫不解，持续高热不退，大汗，烦渴，脉洪大，舌黄燥，大便秘，小便赤等症状，已属气分证“到气才可清气”，须大清气热。邪在气分是表明邪正交争，机体产生反应性高热时刻，“温者清之”，因为高热，才用清法。由气入营是标志邪盛正衰，机体抗损害反应和代偿反应低落，即为温病恶化的表现。如果在气分不抵御病邪发展，截断其深入之路，必致伤津灼液，扰及心神而入营分。“营分受热，则血液受劫”，此时宜清营凉血，“急急透斑为要”。叶氏认为，“乍入营分，犹可透热，仍转气分而解”。至于动血，是热邪深陷血分，耗血动血，劫铄真阴，亟宜凉血解毒，滋阴潜阳等法。

叶氏从卫、气、营、血辨证，是吴又可气分血分学说的发展和提高，是温病各阶段变化的一个纲领，但非其必然规律。叶氏在对温病的诊断方面，如察舌，验齿，观察斑疹，都有极为细致的叙述。

吴鞠通在温病学方面的贡献

叶天士殁后，吴鞠通诞生，《清史稿》称他“学本于桂……著《温病条辨》以畅其义”。他把《叶案》中有关温病的治验组织成条文化，并提出上、中、下三焦辨证。

一、用条文固定《叶案》理、法、方、药认为：论温病之最详者，莫过于张景岳、吴又可、喻嘉言。但张景岳误将温病作伤寒，喻嘉言误将伤寒作温病，吴又可虽然识得寒温二字，但满眼温疫，否认伤寒。且其立论不精，立法不纯。“……唯叶天士持论和平，立法精细”，因而他从中得到启发，见到暑与温，流虽异而源则同，不得言温而遗暑，言暑而遗湿。”把暑、温、湿三者联系起来看待。他说，“夏日三气杂感，本难条分缕析，唯叶氏心灵手巧，精思过人，案中治法，丝丝入扣……其法散见于案中，章程未定。”于是他写《条辨》，“摭拾其大概，粗定规摸，俾学者有路可寻”。他把《叶案》中关于暑温、湿温以及疸、疟、痢、痹和寒湿门中的绝大部分实例都逐条定法。如中焦篇共九十九条，引《叶案》就有四十九条。其采录形式。有原案全录的，如中焦篇55条三香汤（见湿门李案）；有取案语而易其方的，如上焦篇52条之杏仁汤（见疟门某案），有取二案并成一条的，如中焦篇70条之二金汤（见疸门张、蒋案）。有据《叶案》而发挥的，如中焦篇47条之草果茵陈汤（见湿门陆案）等等，但以全录者为多。也有立法过繁，如五个加减藿香正气散，概以藿香、厚朴、陈皮、茯苓四味为基础分列五方，实无必要。

二、按三焦辨证　吴氏分上、中、下三焦辨证，其目的，要使医者“不致临证混淆，有治上犯中，治中犯下之弊”。实与叶氏卫、气、营、血辨证，殊途同归，仅是补充其不足而已。既然卫、气、营、血辨证是气、血辨证的进一步划分，以表明温病传变阶段的证型归纳。而三焦辨证则是病位辨证，也可以说是五脏辨证。它是以上焦心、肺，中焦脾、胃，下焦肝、肾作为受病对象的。这和温病传邪途径的理论有关。吴鞠通说：“伤寒论六经，由表入里，由浅入深，须横看，本论论三焦，由上及下，亦由浅入深，须竖看。”虽说“凡温病者始于上焦”，但湿温之邪从口鼻吸受，不一定有上焦肺卫见证，可直犯膜原或肠胃，出现中焦脾胃见证。因此说，湿入中焦，见证较多，“有伤脾阳；有伤脾阴；有伤胃阳，有伤胃阴；有两伤脾胃”。此说已非吴氏个人一隅之见。“暑兼湿热，偏于暑之热者为暑温，多手太阴证而宜清；偏于暑之湿者为湿温，多足太阴证而宜温。”这就指明同为暑邪，偏热，治在上焦；偏湿，治在中焦。病位有上中之别，脏器有肺脾之异，治法有清温之差。用三焦辨证，比较明确，否则偏热偏湿可能都有气分或营分证，那样辨证难免笼统。再如下焦篇的加减复脉汤证、椒梅汤证、连梅汤证以及宣清导浊汤证等都非吴氏自创，而是根据《叶案》立法，列入下焦篇的，亦即由叶氏提到的温邪入少阴、陷厥阴、延及中下等理论而来。“热邪深入，或在少阴，或在厥阴，均宜复脉”。少阴指肾，厥阴指肝，病已累及肝肾，同居下焦，这相当于伤寒少阴、厥阴证，是热病后期的症状。“温邪久羁中焦，阳明阳土，未有不克少阴癸水者”。亦指病由中焦延及下焦，邪热灼伤津液而言。至于湿邪由中及下，大多伤及肾阳。如下焦篇43条之鹿附汤，44条之安肾汤等。胃津伤主用甘寒，肾亏则用咸寒或辛温，各得其所。上述三焦辨证进一步阐明：“上焦病不治则传中焦，胃与脾也，中焦病不治即传下焦，肝与肾也。”在此基础上，指出了“治上焦如羽（非轻不举）；治中焦如衡（非平不安）；治下焦如权（非重不沉）”的原则，并尽量为此论点找根据。如对中焦篇55条三香汤和54条人参泻心汤证说所作的注解，认为证由上焦而来，其机尚浅，宜微苦辛开上；中上秽浊，须轻浮清热开郁，而以上焦为邪之出路，故用轻。这都有助于我们对其治疗法则加深理解。

吴又可主张客邪贵乎早逐，叶天士主张温病慎用攻下。吴鞠通一面批评吴又可“恃承气力攻病之具”，“断不可施之于今日”，一方面又客观地分析他“初创温病治法，自有矫枉过正，不暇详审之处”。而认真地吸取攻下方面的经验，创立了增液汤、增液承气汤、新加黄龙汤、宣白承气汤、导赤承气汤等多种攻下方法。在增液汤下注称：“此方所以代吴又可承气养营法也。”清燥汤条下注称“乃用其法而不用其方”。诸如此类，都是吴鞠通善于继承前贤经验的成果。

从吴又可到吴鞠通，在近二个世纪中，各温病学派，推陈出新，互有发明。但盛极难继，自王孟英撰著《温热经纬》而后，温病学说的发展，显得较前逊色。今后应在中西医结合的前提下，对照现代医学的流脑，乙脑、伤寒、痢疾、传染性肝炎，流行性出血热等多种急性传染病，掌握辨病辨证规律，运用中医理论进一步提高疗效，使温病学的实际临床经验获得系统总结，要做到这一点，尚有待于广大医务人员的共同努力。

［《浙江中医药》，1979；（7）］

读《温病条辨》后的体会

田合群　赵成春

《温病条辨》乃讨论与季节、气候变化有关的一类热性疾病。和《伤寒论》一样，均为描述热性病的辨证和施治问题。《温病条辨》中所讨论的热性疾病是“温病”。关于温病，《伤寒论》中就有这样的记述：如“太阳病，发热而渴，不恶寒者，为温病”，“若发汗已，身灼热者，名曰风温，风温为病，脉阴阳俱浮，自汗出，身重，多睡眠，鼻息必鼾，语言难出，若被下者，小便不利，直视失溲；若被火者，微发黄色，剧则如惊痫，时瘛（瘈）疭；若火熏之，一逆尚引日，再逆促命期”，但没有进一步的记载及治疗上的讨论。从经王叔和、李东垣、刘河间、王安道、喻嘉言、叶天士等氏对温病也有不少倡议。在此基础上，吴瑭（鞠通）著《温病条辨》，进一步的发展了为中医治疗热性病的理论体系，使医者具体辨治温病时有所遵循，不可否认的这是吴氏的贡献。《温病条辨》的临床价值，已为近世医家所公认，宗其辨证施治法则治疗热性病者，颇不乏人，故该书为人们所推崇。值此广泛开展学习祖国医学之际，阅读《温病条辨》有所必要。为此，愿将读《温病条辨》后的体会，介绍如下，以供参考。

一、温病与伤寒病的异点

温病与伤寒病均为热性病。在《伤寒论》中对温病的记述不详，后世医家多认为温病与伤寒病不同，但在治疗上无异，直到明清时代，不但认为温病与伤寒病不同，而且在治疗上也有很大的差异。综以文献记述，主要有下列数点：①季节：伤寒病多见于冬月；温病四时皆有。②病因：伤寒为阴邪，乃感严寒之气而生；温病为阳邪，乃感温热秽浊之气而发。③侵入门户：温病从口鼻而入；伤寒从毛窍而入。④病理生理变化：伤寒乃感寒邪（阴邪），阴盛必伤阳，首郁太阳经中之阳气而有头痛，身热，恶风寒，脉浮紧等症，在病理上为阳虚而表现病清、病寒；温病乃感阳邪，阳盛必伤阴，首郁太阴经中之阴气而有头痛，身热，咳嗽，自汗，口渴，脉数等症，在病理上为阴虚而表现病温、病热。⑤辨证：伤寒按六经辨证；温病按三焦辨证。⑥施治：伤寒常伤人之阳，多用“温热”之剂；温病常伤人之阴，多用“寒凉”之剂。不论两者之异点如何，“温病”与“伤寒”异治，是明清医学上的一个新趋向。从发展角度来看，《温病条辨》增加了中医对热性病的证治内容，丰富了中医学术；从现代医学观点看，《温病条辨》与《伤寒论》，同为一般急性热性病的中医疗法。了解上述，我们对温病与伤寒病可有一基本的认识及划分。

以上系前人（如吴鞠通、王馥原等氏）对伤寒与温病所作的一般性划分，其中某些论点正确与否尚待进一步探讨。例如：从伤寒病为一广义的传染病（或热性病）之症候群角度出发，则伤寒病所包括的综合症状四时皆可发生，未必多见于冬月，诸此，有赖大家研究了。无论怎样，吴鞠通氏是以上述的一些论点作为其立论辨证施治基础之一的，为便于领会吴氏书中之内容起见，笔者姑存其说，以供参考。不过我们认为以症候群的情况来作为鉴别伤寒与温病是比较可靠的，即是说某热性病患者出现“发热恶寒、无汗、头项强痛、脉象浮紧者为伤寒病”；有“发热、微恶风寒、有汗、口渴、脉象动数者为温病”。以此，可作为伤寒及温病初起鉴别的依据。当然二者临床病程的演变（如伤寒由三阳证发展为三阴证，温病由上焦证发展为中、下焦证）及其转归上的识别，则须熟习《伤寒论》与《温病条辨》的条文，并需要一定的临床辨证经验。由此可知，症状学的鉴别更具有莫大意义了。

二、温病条辨中所讨论的温病种类及其深入了解“温热”“湿温”的重要性

本书卷一第一条就指出了温病有九种：①风湿，②温热，③温疫，④温毒，⑤暑温，⑥湿温，⑦秋燥，⑧冬温，⑨温疟。并解释其发生原因说：“风温者，初春阳气始开，厥阴行令，风夹温也；温热者，春末夏初，阳气弛张，温盛为热也；温疫者，厉气流行，多兼秽浊，家家如是，若役使然也；温毒者，诸温夹毒，秽浊太甚也，暑温者，正夏之时，暑病之偏于热者也；湿温者，长夏初秋，湿中生热，即暑病之偏于湿者也；秋燥者，秋余燥烈之气也；冬温者，冬应寒而反温，阳不潜藏，民病温也；温疟者，阴气先伤，又因于暑，阳气独发也。”等具体地指出了温病与季节气候的关系。

本书讨论的温病内容甚多，初学者每易觉得繁杂，或短时间内不能掌握本书的要点，以此有必要谈明本书的基本内容是什么？（即是说本书的重点是什么？）汪瑟庵谓：“温热，湿温，为本书两大纲”，指出“温热”及“湿温”是本书的两大重点。王馥原亦认为温病“名目甚繁，而究其治法，只须细审温邪之兼湿与否，及温湿二邪孰多孰少，以为用药之差别”。作者同样认为读《温病条辨》应深入了解“温热”及“湿温”。按温病虽有九种，而病因、病理及治疗之特点，基本上可分为二大类：一类为温热，病因为阳邪（包括风、暑、热、燥），伤人之阴液，表现病温、病热，治宜寒、宜凉；一类为湿温，病因为湿（阴）邪夹“阳邪”，表现病湿、病温，治宜宣、分湿热。从现今医学观点看，“温热”乃描述呼吸系感染、中枢神经系感染、发疹性传染病、发黄性传染病等热性病而导致机体亢奋、机体中毒所表现的一般感染症状与中毒症状以及其处治之方法；“湿温”乃描述上述热性病影响消化机能而表现的胃阳症状——热性病的胃肠型以及胃肠道症状为主的热性病（如痢疾，急性胃肠炎）的处治方法。学习了《温病条辨》中的“温热”及“湿温”，就可用中医方法处治一般热性病的普通型（指感染及中毒的一般症状）及胃肠型（指胃肠道的一般表现），这也是作者认为学习本书应深入了解“温热”及“湿温”的理由。

三、各种温病的临床过程及其相互关系

1. 各种温病及其临床过程　《温病条辨》中所指的温病有九种，但在临床证治过程的描述上，将风温、温热、温疫、冬温合而为一来讨论，温毒、温疟也包括在内；而湿温，暑温，秋燥各分条描述；以此，本书按临床过程系统记述温病证治的只有四种，若将秋燥也列入温热（因秋燥的病理特征与温热基本相同），则本书基本上讨论的温病只有三种。

各种温病有其一定的临床表征，而临床经过是按三焦传变。吴氏谓：“凡病温者，始于上焦，在手太阴”，又“上焦病不治则传中焦，胃与脾也，中焦病不治即传下焦，肝与肾也，始于上焦，终于下焦”。由上焦──→中焦──→下焦，是温病临床过程的基本规律，吴氏在讨论各种温病的证治时，均按此规律——三焦立论。在这里必须要了解“三焦”这一名称的概念，综以文献记述及作者体验，认为必须从下列数点来体会：①代表发病时间：上焦指温病初起，中焦指温病已存在一定的时间，下焦指温病发生很久了，也就是说：上焦指热性病的初期（前驱期或增剧期），中焦指热性病的极期，下焦指热性病的末期（或久绵）。②代表一定的病变部位：上焦病变在“肺”（手太阴温病），指呼吸系统而言，中焦病变在“胃”（阳明温病）和“脾”，指消化系统而言，下焦病变在“肾”（少阴温病）和“肝”，指全身机能状况而言。③代表一定的病理性质：温病的病理性质总属“热证”，但上焦多属表热证，中焦多属实热证，下焦多属虚热证。④代表不同的证候群：包括呼吸系、消化系、神经系等证候。根据这些证候群，来划分温病属于上焦、中焦或下焦（具体划分法见后）。以上四点，可以说基本上代表了三焦的意义。吴氏所讨论的温病，是以三焦立论的。因此，应综以上四点来辨别温病之在上焦、中焦或下焦，从而拟出不同的治疗方法，不应孤立的以其中某点作为三焦的辨别，以免辨证有失。

上已指出温病临床经过是由上焦⟶中焦⟶下焦，即是说：“始于上焦，终于下焦”，此为一般规律，但不一定如是，或由于温病表现轻微，或体质强壮，或侵犯不同的解剖部位，或治疗得当，如此，温病可在上焦阶段或中焦阶段就治愈了。吴氏谓：“上焦病不治即传中焦”，“中焦病不治即传下焦”，说明了温病传变与治疗的关系；吴氏在中焦湿温篇谓：“湿在上焦，若中阳不虚，必始终在上焦，断不内陷”成中焦湿温，或“因中阳本虚，或因误伤于药。其势必致内陷”，也就说明了温病的传变与体质和治疗均有关系。

2. 各种温病的相互关系　各种温病传变的特点，乃温病的病理性质不发生改变，如“温热”经过上焦⟶中焦⟶下焦的传变，病理性质特征终为“温证”“热证”，“湿温”经过传变，其病理性质特征，仍为“湿证”“温证”。

若温病在传变过程中，病理性质特征发生改变叫“转化”，通过“转化”，各种温病之间发生了关系，了解温病的转化也是很重要的。因温病性质发生了改变，温病传变的临床表征发生了改变，从而治疗也就有所不同。如“湿温”是按三焦传变，在传变过程中，可转化为“温热”，也可转化为“寒湿”。转化为“温热”者，乃湿化热致成。吴氏谓：“……湿郁本身阳气，久而生热也，兼损人之阴液”，又“湿久生热，热必伤阴”，在这种情况下，湿化为热，则湿证不存在，而热证存在或更盛，热盛伤阴，这正符合“温热”的表征，治疗也就应用“温热”的方法。如吴氏谓：“寒湿湿温，病后化燥，有当用凉润者可以隅反”。“暑温”也是按三焦传变，在传变过程中，可转化为“温热”，也可能转化为“湿温”；转化为“温热”者，亦湿化热致成，如本书卷二的四十条谓：“阳明暑温，湿气已化，热结独存，口燥咽干，渴欲饮水，面目俱赤，舌燥黄，脉沉实者，小承气汤各等分下之”，具体描述了暑温转化为温热的表征，从而用“温热”的治疗方法。吴氏解释其暑温转化为温热的原因，乃“暑兼湿热，其有体瘦质燥之人，感受热重湿轻之证，湿先从热化尽，只余热结中焦，具诸下证，方可下之”。同样，“温热”按三焦传变中也可转化为“湿温”，本书温热篇中谓：“阳明温病，干呕口苦而渴，尚未可下者，黄连黄芩汤主之，不渴而舌滑者属湿温”，又“阳明温病，舌黄燥，肉色绛，不渴者，邪在血分，清营汤主之，若滑者不可与也，当于湿温中求之”，这说明“温热”发展过程中，也可出现湿温症状，应于“湿温”中寻求治疗方法。

四、以“温热”、“湿温”为例来讨论《温病辨证》施治的基本法则

前已述明“温热”及“湿温”是本书的两大纲，故作者以“温热”、“湿温”为例来讨论温病证治的基本内容。我们知道温病以三焦立论，在临床经过中是按三焦（上焦→中焦

→下焦）传变（但不一定都传变），在传变过程中可以发生“转化”，这些均于前面已加讨论而再重申者，乃引以为例，说明作者是根据此原则来探讨温病证治的。

“温热”和“湿温”，各可分为病在上焦，病在中焦和病在下焦；上、中、下焦各有一定的临床表现——主证，从现代医学观点来分析温病各个阶段的主证，基本上可解释为生物性病原体侵入机体后引起的一般感染及中毒、衰弱症状，故主证又可称为一般症状。此外，温病临床经过中还有一些症状，如神昏、谵语，斑疹，黄疸，喘促，往来寒热（疟疾），后重便脓血（痢疾）等，它各为不同的病变部位所致，在治疗上不论病在上焦或中焦，抑或属“温热”或“湿温”，均不能改变各所要求的治疗原则和方法。如神昏、谵语，中医认为“邪传心包”致成，不论病在上焦或中焦，更不分病属“温热”、“湿温”或“暑温”，均应用“芳香开窍，平肝熄风”之类药物治疗，因其是治疗“邪入心包”的原则。在这里应当辨别若属“温热”而有“邪入心包”者，于“芳香开窍，平肝熄风”法治疗的同时，伍以“辛凉解表”或“苦辛通里”法治疗。若属“湿温”或“暑温”而有“邪入心包”者，则当配以“湿温”或“暑温”的治疗方法。这些症状，为不同病变部位所致，要求不同的治疗方法，可称为并证。

如果说温病各阶段（三焦）的主证为感染后所引起的一般中毒、衰弱等反应。那私，温病各阶段的并证，则更具有疾病的定位和诊断意义，故并证可称为特殊症状。如于温病的临床过程中，除表现一般症状外，还有神昏、谵语，可以说它是神经系统的感染或中毒。同样地，如于一般症状表现的过程中有痘、斑、疹，我们印象中考虑它是发疹性传染病。有喘促，青紫，要想到肺部感染性疾病。耳前后有肿胀，不要忘掉腮腺感染等等。

“温热”“湿温”的证治法则，作者将它分为主证（一般症状）及并证（特殊症状）两方面来讨论，俾易于理解温病证治的基本法则，进一步系统的、全面的了解温病之治疗方法，兹分述如下：

（一）温热的主证及施治

“温热”四时可见，为“阳邪”致成，“阴虚”者易于发生本病。阳盛伤人之阴液而病温、病热。临床上以温证、热证为特征，即生物性病原因子侵入人体后反应出的一般感染、中毒、衰弱等症状为特征。

1. 主证

上焦温热：温邪初感而有微恶风寒、发热、身疼、头痛、自汗、口渴、咳嗽、脉动数，午后热甚等主证者，为病在上焦。或不恶寒，但热而渴者；或不渴而咳者；或但咳，身不甚热，微渴者；重者有面赤、恶热、舌黄、渴甚、汗多、脉浮洪等症。在病之初起有咳嗽、发热、恶寒者，为病在“肺”；有恶寒、发热、头痛、身疼、咳嗽者，为病属“表”；有发热、自汗、口渴、脉数者，谓为“热”证。在病之初超而有上述综合证表现者，为“上焦温热”。上焦温热的临床表现及发病与气候、季节的关系，使我们考虑它是上呼吸道感染、流行性感冒，抑或急性传染病的前驱期、增剧期（表 1）。

中焦温热：温邪进展，内传而有但恶热、不恶寒、面目俱赤、语声重浊、呼吸俱粗、大便闭、小便涩、舌苔老黄，甚则黑有芒刺、日哺益甚，脉象或浮洪或沉实或浮而促者，为温热传变，已至中焦。甚者可有心下满、腹满拒按症；可有恶热、面赤、口渴、汗多、舌黄燥而有芒刺、脉沉实等阳盛热结便秘证；也可有恶热、舌干、口渴、皮肤失水、脉沉无力等阴虚液干便秘等证。因有大便秘，但恶热不恶寒等证，谓温邪已入“胃腑”；有但恶热不恶寒、语声重浊、舌黄燥而生芒刺、大便秘、小便涩、脉沉实等症谓“实证”；有恶热、面目俱赤、口渴、自汗、脉浮洪等谓“热证”；有舌干、口渴、皮肤弹性消失、便结等为“乏津液证”；在温病之进展中而有上述综合证表现者，谓中焦温热。中焦温热的临床表现，此上焦温热沉重，是机体受病原体作用后发生强烈反应的表征，也可以说：中焦温热是传染病的极期（表2）。

下焦温热：“热邪久羁，吸铄真阴”而有身热、面赤、口干、舌燥、齿黑、唇裂、肌肤甲错、神倦欲眠、心中烦躁、手足心热、脉虚大等主证者，谓温热传变，已至下焦。攻心中震震大动，脉结代及心中痛者；或心中烦，不得卧者；或夜热早凉、热退无汗、口燥、咽干、精神不振者；或肌肤干燥、烦闷、不思饮食等等，皆下焦温热常见症状。温病久缠，有神倦、欲眠、烦躁等，为病在“肾”；有肌肤甲错、精神不振、不思饮食、面色萎黄、口干唇裂等谓“虚证”，有身热或夜热早凉、面赤、口干、烦躁等证谓之“热”；有口干舌燥、齿黑唇裂、皮肤枯燥、烦闷不眠、手足心热等是“伤阴乏液”证；在温病之末期而有上述综合证表现者，谓下焦温热。下焦温热的临床表现，基本上可以说是一般感染及中毒症状而导致的机体衰弱（体力消耗，水份不足）的综合表现，符合一般传染病的末期或恢复期征象（表3）。

表1

	特征	主要表征	发病时间	病变部位	病理性质	治疗法则
上焦温热	温证 热证	微恶风寒、发热、身疼、头痛、自汗、口渴、咳嗽、脉动数、午后热甚等。	温热初起	主为“肺”	表、热证	辛凉解表

表2

	特征	主要表征	发病时间	病变部位	病理性质	治疗法则
中焦温热	温证 热证	但恶热、不恶寒、面目俱赤、语声重浊、呼吸俱粗、大便闭、小便涩、舌苔老黄、日晡益甚、脉象或浮洪或沉实或浮而促等。	温热极期	主为“大肠”“胃”	实、热证	清热保津

表3

	特征	主要表征	发病时间	病变部位	病理性质	治疗法则
下焦温热	温证 热证	身热、面赤、口干、舌燥、齿黑、唇裂、肌肤甲错、神倦欲眠、心中烦躁、手足心热、脉虚大等。	温热末期	主为“肾”“肝”	虚、热证	甘寒养阴

2. 施治

上焦温热：微恶风寒、发热、身疼、头痛、咳嗽、口渴、脉数者，适于桑菊饮治疗；但发热，不恶寒而渴者，适于银翘散；重者发热甚高，有面赤、恶热、舌黄、渴甚、汗多、脉浮洪等症，适于白虎汤治疗。即是说：温热初感，轻度发热者，适于桑菊饮；中度发热者，适于银翘散；高度发热者，适于白虎汤。总之，“辛凉解表”是上焦温热治疗的基本法则。

中焦温热：有但恶热、不恶寒、面目俱赤、语声重浊、呼吸俱粗、大便闭、小便涩、舌苔老黄、甚则黑有芒刺、日晡益甚等症；若脉象浮洪者，适于白虎汤治疗；若脉象沉实者，适于大承气汤治疗；若脉象浮而促者，适于减味竹叶石膏汤治疗；若上述表征轻微者，可用小承气汤治疗，若上述表征重笃者，往往大承气汤与小陷胸汤合用来治疗之。此外，中焦温热还有一种阴虚液干便结，要和上述阳盛热结便秘相辨别。阴虚液干便秘，先给与增液汤治疗，不效，才用增液承气汤治疗或增液汤合调胃承气汤治疗。总之，中焦温热是热性病反应最重表现，发热往往很高和持久，治以白虎汤，竹叶石膏汤等辛凉之剂或清燥汤等甘凉之剂，使热证从汗而解；或治以大承气汤，小承气汤等苦辛通里之剂或增液汤等养阴生津之剂，使热证从润下而解。中焦温热的治疗原则是“清热保津”。

下焦温热：有身热面赤、口干舌燥、齿黑唇裂、肌肤甲错、神倦欲眠、心中烦躁、手足心热、脉虚大等症表现者，适于加减复脉汤治疗，或一甲复脉汤，二甲复脉汤，三甲复脉汤治疗；有心中悸，脉结代，甚则心中痛者，适于救逆汤治疗；有心中烦，不得卧等，适于黄连阿胶汤治疗；有微热或夜热早凉，口燥咽干者，适于青蒿鳖甲汤治疗；有肌肤干燥，烦闷，不思饮食者，适于益胃汤治疗。总之，治疗下焦温热主为复脉类方剂。还有心律不整者予救逆汤，有心烦、不得眠者予黄连阿胶汤，轻度发热者予青蒿鳖甲汤，食欲不振者予益胃汤等。必须指出，下焦温热的治疗原则是“甘寒养阴”。

（二）湿温的主证及施治

“湿温”参见于暑月，乃“湿热之邪”致成，脾胃本虚者为发病诱因。临床上表现湿证、热证为特征，即生物性病原因子侵入人体后反应出的一般胃肠道症状及一般感染，衰弱症状为特征。在暑月，皮肤充血，胃肠道相对缺血，若饮食不节或感染，易于发生胃肠道机能紊乱。

1. 主证

上焦湿热：湿邪初感而有头痛恶寒、身重疼痛、喉阻、咳、哕、舌白不渴、面色淡黄、胸闷不饥、午后身热、脉弦细而濡等主证者，为病在上焦。在上焦主证中，有发热、身疼、喉阻、咳嗽、为病在“肺”；有头痛、恶寒、身疼、咳嗽、舌白，谓病属“表”；有午后身热、头痛，属于“热证”；胸闷不饥、舌白不渴、面色淡黄、哕呃、身重、脉濡，叫“湿证”；在湿温初起而有上述综合证（肺、表、热、湿等证）表现者，为上焦湿温。上焦湿温的临床表征，使我们考虑到它是流行性感冒或传染病前驱期所致的一般胃肠道症状及感染、中毒症状（表4）。

中焦湿温：上焦湿温，因治疗不当，或因胃肠本虚，致湿邪内陷而有热蒸头胀、身疼呕逆、便溏哕呃、脘闷腹胀、不饥不食、小便不利、渴不多饮、舌白而滑、脉象或缓或数或濡等主证者，谓湿温传变，已至中焦。中焦主证中，有呕逆、便溏、哕呃、腹胀、不食等，为病在“脾胃”；有热蒸、头胀、身疼、脉数等，属“热证”；有呕逆便溏、脘闷腹胀、小便不利、渴不多饮、舌白而滑、脉濡等，属“湿证”；在湿热中期而有上述综合证（脾胃证、湿证、热证等）表现者，叫中焦湿温。中焦湿温有明显的一般胃肠道症状及一般感染、中毒症状，使我们考虑到它是胃肠道炎症或一般传染病的胃肠型（表5）。

下焦湿温：湿热久羁，肾阳受伤而有微热、烦躁、腹胀、便溏、干呕、不饥、口干、舌淡、身疼、脉微、瘦弱、萎靡、或少腹硬满、二便不爽、肛门坠痛、胃不喜食、舌苔腐白等主证者，为湿温传变，已至下焦。在下焦主证中，有二便不爽、肛门坠痛、瘦弱萎靡、烦躁、脉微者，为病在“肾”；有胃不喜食、瘦弱萎靡、便溏、舌淡、脉微等，属“虚证”；有腹胀便溏、干呕不食、舌苔腐白等，属“湿证”；有微热、烦躁、口干等，属“热证”；在湿温后期而有上述综合证（肾、湿、虚、热等证）表现者，叫下焦湿温。下焦湿温的临床表现，除一般胃肠、中毒症状外，还有一般衰弱症状，出现在湿温末期，使我们考虑到是一般胃肠炎或一般传染病胃肠型的恢复期（表6）。

表4

	特征	主要表征	发病时间	病变部位	病理性质	治疗法则
上焦湿温	湿证热证	头痛、恶寒、身重疼痛、喉阻、咳、哕、舌白不渴、面色淡黄、胸闷不饥、午后身热、脉弦细而濡等。	湿温初起	主为“肺”	表、湿、热证	轻宣肺气

表5

	特征	主要表征	发病时间	病变部位	病理性质	治疗法则
中焦湿温	湿证热证	热蒸头胀、身疼呕逆、便溏哕呃、脘闷腹胀、不饥不食、小便不利、渴不多饮、舌白而滑、脉象或缓或数或濡等。	湿温极期	主为“脾”“胃”	湿、热证	宣利湿热

表6

	特征	主要表征	发病时间	病变部位	病理性质	治疗法则
下焦湿温	湿证热证	微热、烦躁、腹胀、便溏、干呕、不饥、口干、舌淡、身疼、脉微、瘦弱、萎靡、或少腹硬满、二便不爽、肛门坠痛、胃不喜食、舌苔腐白等。	湿温末期	主为“肾”“肝”	虚、湿、热证	补虚祛湿

2. 施治

上焦湿温：有头痛恶寒、身重疼痛、舌白不渴、面色淡黄、胸闷不饥、午后热甚等表征者，适于三仁汤治疗；还咳者，伍以桑叶、桔梗、牛蒡等；还呕吐者，伍以藿香、广皮、郁金等；还哕逆者，可配用宣痹汤。上药皆轻宣肺气、化湿之品，故“轻宣肺气”为上焦湿温治疗之基本法则。

中焦湿温：有热蒸头胀、身疼呕逆、便溏腹胀、脘闷不饥、渴不多饮、舌白而滑等表征者，适于三香汤治疗，或一加减正气散，二加减正气散，三加减正气散，四加减正气散，五加减正气散治疗；欲利小便者，与茯苓皮汤；欲平哕降逆者，与新制橘皮竹茹汤；欲湿热两清者，与黄芩滑石汤；中焦湿温而神识如蒙者，与人参泻心汤。上述药方，从药性论，或为苦辛寒法，或为苦辛降法，或为苦辛淡法，或为苦辛温法，皆为宣利湿热而设，故“宣利湿热”为中焦湿温治疗之基本原则。

下焦湿温：有微热、烦躁、腹胀便溏、干呕不饥、口干舌淡、瘦弱萎倦、脉微等症状，适于加味参苓白术散治疗；欲护阴者，与人参乌梅汤；欲护阳者，与参芍渴；欲清湿热者，与加减泻心汤；欲利大便，与半硫丸。下焦湿温乃中焦湿温中加有虚证之表征，扶持机体，消灭病症乃当务之需，故“补虚祛湿”为下焦湿热治疗原则。

（三）温热、湿温的并证及施治

温热及湿温的临床过程中，除表现上述的主证，要求相应的治疗方法外，还可出现下列并证，亦要求不同的治疗方法。按系统分述如下：

1. 神经系统并证施治

（1）神昏、谵语、舌謇者，适于安宫牛黄丸，至宝丹，紫雪丹，清营汤治疗。

中医认为："温邪逆传心包"故表现神昏、谵语、舌謇、肢厥，用"芳香开窍，平肝熄风"法治疗。在与季节、气候变化有关的热性病（温病）中，表现一般感染、中毒症状外，还有神昏、谵语、舌蹇症状，使我们考虑它是神经系感染（如脑炎、脑脊髓膜炎）或中毒（如虚性脑膜炎）。

（2）瘈疭，神倦者，适于大定风珠方。

瘈疭，神倦，乃"热邪久羁，吸铄真阴，阴液不足，肝风内扰"所致。治以"酸甘咸、潜阳定风"法。瘈疭乃神经系的刺激或损害征。

"温热""湿温"证治基本法则表

证治 分期		主证（一般）证治 主证	施治	并证（特殊）证治		并证	施治
上焦温病	温热	微恶风寒、发热、身疼、头痛、自汗、口渴、咳嗽、脉动数、午后热甚等。	桑菊饮，银翘散，白虎汤	温病各期	神经系统	i 神昏、谵语、舌謇者 ii 瘈疭、神倦者	i 安宫牛黄丸，至宝丹，紫雪丹，清营汤 ii 大定风珠方
	湿温	头痛、恶寒、身重疼痛、喉阻、咳、哕、舌白不渴、面色淡黄、胸闷不饥、午后身热、脉弦细而濡等。	三仁汤，宣痹汤		消化系统	i 目黄或面黄、小便亦黄者 ii 腹泻、里急后重、黏液脓血便者	i 茵陈蒿汤，栀子柏皮汤，茵陈五苓散 ii 加味白头翁汤，加减芩芍汤
中焦温病	温热	但恶热、不恶寒、面目俱赤、语声重浊、呼吸俱粗、大便闭、小便涩、舌苔老黄、日晡益甚、脉象浮洪或沉实或浮而促等。	白虎汤，大承气汤，竹叶石膏汤，小承气汤，增液汤，清燥汤		血液循环系统	i 发斑者 ii 发疹者	i 化斑汤 ii 加减银翘散
	湿温	热蒸头胀、身疼呕逆、便溏哕呃、脘闷腹胀、不饥不食、小便不利、渴而不多饮、舌白而滑、脉象或缓或数或濡等。	三香汤，1－5加减正气散，茯苓皮汤，新制橘成竹茹汤，黄芩滑石汤，人参泻心汤		呼吸系统	i 喘促、鼻扇、青紫者 ii 咳嗽痰稠者、咳嗽痰稀者 iii 咽喉痛者	i 白虎加人参汤，千金苇茎汤加滑石杏仁汤 ii 桑菊饮，杏苏散 iii 银翘马勃散，桔梗甘草汤，普济消毒饮，加味翘荷汤
下焦温病	温热	身热、面赤、口干、舌燥、齿黑、唇裂、肌肤甲错、神倦欲眠、心中烦躁、手足心热、脉虚大等。	加减复脉汤，三甲复脉汤，救逆汤，黄连阿胶汤，青蒿鳖甲汤，益胃汤				
	湿温	微热、烦躁、腹胀、便溏、干呕、不饥、口干、舌淡、身疼、脉微、瘦弱、萎靡、或少腹硬满、二便不爽、肛门坠痛、胃不喜食、舌苔腐白等。	加味参苓白术散，人参乌梅汤，参芍汤，加减泻心汤，半硫丸		其他	i 耳前后肿胀者 ii 温病、寒热往来、脉象弦数者	i 减味普济消毒饮 ii 小柴胡汤，青蒿鳖甲汤

2. 消化系统并证施治

（1）目黄或面黄、小便亦黄者，适于茵陈蒿汤，栀子柏皮汤，茵陈五苓散治疗。

中医认为："湿热下注积于脾胃，经久郁结发黄"，拟以"清利湿热"之剂治之。现今医学认为黄疸之发生机理系因大量红血球破坏，或肝细胞受损害，或肝管输胆管阻塞等致成；在感染性疾病过程中出现黄疸，使我们考虑到传染性肝炎、外耳氏病、或因伤寒、大叶肺炎、恶性疟疾等病所致。

（2）腹泻、里急后重、黏液脓血便者，适于加味白头翁汤，加减芩芍汤治疗。

温病表现有腹泻、里急后重、黏液脓血使者，谓之“痢疾”（滞下）；为“湿热下注大肠所致”，治疗原则，急性期宜“清利湿热”，慢性期宜“补涩”，本文选用吴氏的加味白头翁汤，加减芩芍汤为急性期“清利湿热”之通用方剂。必需指出：痢疾如同疟疾一样，中医认为是一个独立的疾病，历代医家对此病都有发挥（吴氏亦从温病角度于其书中焦篇86－99条文及下焦篇63－77条文讨论本病，作者在此不深谈）。

3. 血液、循环系统并证施治

（1）发斑者，适于化斑汤治疗。

（2）发疹者，加减银翘散治疗。

吴氏认为：“温邪之热积于胃腑或血分”，故在皮肤上出现大片红色的斑及点状凸起的疹，治以“凉血，清胃热”之剂。现今医学认为传染病时的斑、疹，系病原体或毒素作用毛细血管而致成充血或出血性的皮疹。温病的发斑、发疹和温痘，使我们想到它是发疹性传染病，如天花、水痘、麻疹、猩红热，伤寒及败血症等。

4. 呼吸系统并证施治

（1）喘促，鼻扇青紫者，适于白虎加人参汤，千金苇茎汤加滑石杏仁汤治疗。

“温邪挟痰、蕴结于肺”而致喘息，鼻扇，治以“退热、祛痰、平喘”之剂。现今医学关于呼吸道感染性之喘促认为系病原体或毒素作用呼吸道引起发炎，使得气体交换发生障碍，因而有病理生理调节作用所致的呼吸困难（喘促，鼻扇）；由于缺氧所以表现青紫。热性病中出现喘促及青紫，应认为是肺部感染，如大叶肺炎，非典型肺炎等，急性粟粒性肺结核也可有此现象。

（2）咳嗽痰稠者，适于桑菊饮治疗。咳嗽痰稀者，适于杏苏散治疗。吴氏认为：热伤肺络，故咳痰稠厚，燥凉伤肺，故咳痰稀薄，治以“辛凉解表”及“苦温甘辛合化”法。我们知道季节、气候变化，可反射性引起呼吸道血管痉挛，局部抵抗力低下，潜在或侵入的细菌或病毒活动而呈炎症变化。感染后有咳嗽吐痰，易于考虑是支气管炎或上呼吸道感染。

（3）咽喉痛者，适于银翘马勃散，桔梗甘草汤，普济消毒饮，加味薄荷汤治疗。

中医认为：“风热或燥火上攻咽喉”可致喉阻、咽痛，治以“清肺胃之火”为主。感染后而有咽痛或喉痛而阻，则急性咽炎，喉炎，及急性扁桃体炎的可能性大。

5. 其他并证施治

（1）耳前后肿胀者，适用减味普济消毒饮治疗。

吴氏认为耳前后肿胀系“温邪挟肝胆之火及胃热上扰”所致，以“辛凉透解和败毒”法治之。在感染后有耳前后肿，应认为是腮腺发炎如流行性腮腺炎，化脓性腮腺炎等。

（2）寒热往来，脉象弦数者（疟疾），适于小柴胡汤，青蒿鳖甲汤治疗。

中医认为疟疾是一个独立的疾病，它的临床特征有往来寒热（一日发，二日发或三日发），脉象弦数，是“疟邪居半表半里”的结果，故本文选用吴氏少阳疟条的小柴胡汤，青蒿鳖甲汤为通用方剂，但小柴胡汤适于疟疾初期而偏寒者，青蒿鳖甲汤适于疟疾初期而偏热（伤阴）者。必须指出，疟疾除上述特征症状外，还有其他一些症状，以此有不同名称，而吴氏将合符“湿证”“热证”者列于“湿温”篇，而将其表现为“温证”“热证”者称为“温疟”（温疟基本上可列入温热篇）。故《温病条辨》中焦湿温篇74－85条文尚论中焦、胃、肿（湿）疟的症状及处治方法，即是说：讨论疟疾而有一般胃、肠中毒症状的处治方法。下焦湿温篇58－62条文讨论“疟邪久羁”致成“久疟”“疟母““三阴疟”“劳疟”的处治，即是说：讨论疟疾有一般胃、肠中毒症状外，还有全身衰弱症状的处治方法，上焦温疟篇（共四条文，即卷一 50 - 53 条），则讨论疟疾而有“温热”证的处治方法。关于疟疾，历代医家均有发挥，作者在此不做深谈。

五、养阴保津是治疗温病时必守的法则

吴氏在《温病条辨》的条文中或自注中，前前后后花了很大的篇幅论述什么情况下伤阴，什么原因下乏津，什么条件下养阴，什么药物增液等等，其目的无非是阐述温病的养阴保津法则。吴氏认为温病的特征为“温证”“热证”，“热甚”则伤人之阴液而表现“伤阴乏液”证，以此，养阴保津则成为温病的治疗法则。在“养阴保津”法则的要求下，温病的治疗药物多用“寒凉”，“温病”与“伤寒”异治，由此产生，这就解决了上焦温热为什么要用“辛凉解表”而不用“辛温解表”，在下焦温热为什么要用“甘寒养阴”，在中焦温热为什么要用“清热保津”等治疗方法。

在温病过程中（大多在热证明显期），有口干渴、舌燥黄、唇焦裂、肌肤枯燥、皮肤弹性减低、同时或有自汗、或有发热、或有便秘、或有小便涩等症，谓之“乏津液”证。在温病过程中（往往在温病末期“下焦”），有精神不振、面色萎黄、手足心热、烦躁不安、肌肤甲错、瘦弱、脉虚、口干舌燥、齿黑唇裂、失眠或欲睡、同时或有面赤、或有夜热早凉等症，谓之“伤阴”证。往往既有伤阴，又有乏津，故又谓“伤阴乏津”证。

在处治温病时，若没有“乏津”及“伤阴”证，则预防之。因此，在使用药物上应避免“损阴伤津”之药品，如羌活、麻黄、升麻、防风等药，皆温病之禁。在临床处治上要恰当，若辨证不确而操之过急或治之失所，均非适宜。在温病过程中，若有“乏津”及“伤阴”证，则治疗之。一则给以清凉饮料，如雪梨浆、五汁饮、牛奶饮，嘱多饮白开水或糖水等；二则给以“养阴生津”之剂，如增液汤，加减复脉汤，益胃汤等等。

六、学习《温病条辨》的意义

1. 从中医观点来看学习《温病条辨》的意义　《温病条辨》主要是讨论温病的书籍，和《伤寒论》一样均描述与气候、季节变化有关的热性病，它是继张仲景《伤寒论》之后，与王叔和、李东垣、刘河间、王安道、喻嘉言、叶天士等氏对温病有不少倡议而逐步发展起来的。吴鞠通氏著《温病条辨》，进一步发展了中医治疗温病的方法，使温病成为中医治疗热性病的另一学派。温病学派对热性病的辨证施治，有一套独到的见解，使我们在临床上有所遵循，是中医学术上的大进步，我们学习《温病条辨》，就是学习中医治疗热性病的进步方法，必须指出学习《温病条辨》，不能代替《伤寒论》，因各有其辨证及治疗上的特点，皆为研究学理及临床运用上不可缺少的基本知识。

2. 从现今医学观点来看学习《温病条辨》的意义　作者于上对《温病条辨》中的基本内容，作了一简短的体会介绍，可以看出“温热”和“湿温”均不能以一个独立的热性疾病来解释。如温热的临床过程中，表现咳嗽等，使我们想到上呼吸道感染或支气管炎；表现喘促、青紫等，应想到肺部感染；表现神昏、谵语等，应认为是神经系感染或中毒；表现黄疸等，要想到发黄性传染病；表现疹、斑、痘等，从发疹性传染病来认识；耳前后有肿胀等，想到腮腺炎；……。说明温热的记述，包括多种热性疾病。同样，“湿温”的临床过程中，表现喘促、青紫等，应想到肺部感染；表现神昏、谵语等，应认为是神经系感染或中毒；表现黄疸等，要想到发黄性传染病；表现腹痛、里急后重、下利脓血等，应想到痢疾；表现寒热往来，脉弦等，应想到疟疾；……。说明湿温的描述，亦包括多种热性疾病。以上说明温病条辨中记述了许多热性病——特别是传染病。我们学习《温病条辨》，就可从中得到许多传染病的中医处治方法，我们懂得了“温热”，基本上知道如何用中医方法处治一般传染病的普通型（表现一般感染、中毒、衰弱等症状）；如果我们懂得了“湿温”，基本上可以知道中医如何处治一般传染病的胃肠型（即因传染病而引起的一般胃肠道、感染、衰弱等症状）。

七、结束语

（1）《温病条辨》一书，共分六卷，卷一论上焦温病，卷二论中焦温病，卷三论下焦温病，卷四为杂说，卷五为解产难，卷六为解儿难。本文谈论读本书中温病后的体会，重点即在前三卷，后三卷所论与温病学说不甚密切，故不讨论。吴氏论温病，以上焦、中焦、下焦为纬，以风温、温热、温疫、温毒、冬温、暑温、湿温、秋燥为经来辨述温病的病因、发病机理、病理特征、临床表现以及治疗方法。《温病条辨》是在《伤寒论》之后逐步发展起来的论述热性病的书籍，对热性病的辨证施治，有一套独到的见解，是中医学术上的大进步，我们学习《温病条辨》，就是学习中医治疗热性病的进步方法，如果我们学习温病发展史，甚易体会历代医家对待事物的客观态度，那就是他们在中医学术上，尊重前人的经验，但没有盲从，否则就不会有温病学派的产生。

（2）《温病条辨》中讨论的温病有九种，以其发生于春天者叫风温（或春温），发生于夏天者叫暑温，发生于秋天的有秋燥，发生于冬天者叫冬温，因毒气所致者叫温毒，以戾气所致者叫温疫；但从病理性质上基本可归纳为“温热”及“湿温”两类，故本文介绍了“温热”及“湿温”的证治法则。

在介绍“温热”及“湿温”辨证施治法则的同时，相应的说明了温病的某些表征或某阶段（上、中、下焦）相当于现代医学所称的什么样疾病或疾病的什么期，其目的不在分析、考据《温病条辨》中到底描述了一些什么样的疾病，而在说明温病不能以一个独立的疾病来解释，很多疾病——特别是一般传染病，均有这种表征。即是说：学习了《温病条辨》等于学习了中医对一般感染性疾病的处治方法。

（3）《温病条辨》中所论述的“温热”，其发病原因，临床经过，临床表征等，极符合一般传染病的普通型，而“湿温”极符合一般传染病的胃肠型；即是说：学习了“温热”就了解中医对一般传染病普通型（表现一般感染、中毒、衰弱等症状）的处治方法，而学习“湿温”后就知道中医对一般传染病胃肠型（表现胃肠道症状及感染、中毒、衰弱等症状）的处治方法。

（4）学习《温病条辨》，应当了解温病的种类、原因、发病机理、病理特征、临床过程及其相互关系、临床表征及治疗法则等，在此应深入了解“温热”及“湿温”的辨证及施治。

（5）学习《温病条辨》，如同学习《伤寒论》一样，它给我们分析和治疗热性病的原则和方法，为我们进一步研究中医对各种热性病的认识和治疗打下基础。作者在这里不过是向欲学习《温病条辨》的读者，谈一些读《温病条辨》后的体会和看法。

[《中级医刊》，1957；(7)，(8)，(9)]

读《温病条辨》

贾　芬（挹清）

吴氏鞠通，悯世之误以治伤寒者，治温病也，著《温病条辨》，而附以杂说篇，解产难，解儿难，当时多宗之。三焦分疏，条目井然，使温病治法，昭然于世，洵医林不可少之书也。然以芬反复研究，其中可议者尚多，姑举数条，以俟博雅正焉。

上焦篇第四条　太阴风温，温热，温疫，冬温，初起恶风寒者，桂枝汤主之，但热不恶寒而渴者，辛凉平剂银翘散主之。温毒、暑温、湿温、温疟，不在此例。

尤氏云：桂枝汤为伤寒表病而里和者设，温病伏寒变热，少阴之精，已被劫夺，虽有新旧合邪，不可更用辛温助热，而绝其本也。

芬按：伏气温病，自里达表，里正不和，用桂枝汤何著？适以助热而耗液，况以桂枝汤发端，是仍以治伤寒法治温病也。鞠通最遵叶氏，何独不闻叶氏葱豉法？芬又按：银翘散方中，银花、荆芥、牛子、连翘，四味殊为不安。四味乃治痧疹喉痛，及诸时毒之要药，本条朗载温毒不在此例，而用时毒药，是何意见？况银花、荆芥皆入血分。证未入营，岂可先用营药？当从后第六条桑菊饮去菊花加豆豉、葱白为妥。

第十八条　温毒咽痛、喉肿，耳前后肿、头肿、面正赤，或喉不痛，但外肿，甚则耳聋，俗名大头瘟、虾蟆瘟者，普济消毒饮去柴胡升麻主之。初起一二日，再去芩连，三四日加之佳。

芬按：普济消毒饮去升柴芩连，实即前第四条银翘散，去豆鼓、竹叶，加玄参、马勃、僵蚕、板蓝根也，第四条条银翘散，标明温毒不在此例，而此条治温毒诸症，仍用银翘散法，前后自相矛盾，殊堪诧异。又按：据此条治法则，前第四条，不应用银翘散，益显然矣。

第二十三条　《金匮》谓太阳中暍，发热恶寒，身重而疼痛，其脉弦细芤迟，小便已，洒然毛耸，手足逆冷，小有劳身，即热口开，前板齿燥，若发其汗，则恶寒甚，加温针，则发热甚，数下则淋甚，可与东垣清暑益气汤。

王孟英曰：观此治法之三禁，则仲景虽未立方，而甘凉撤热存津之当用，已可不言而喻矣。赵氏、方氏，主用白虎加人参汤，殆从三阳合病，比例而出，似亦近理。又曰：细玩经文，可见其为热炽津枯之候，虽身重恶寒，岂可再投清暑益气汤等辛温燥烈，重劫其津液乎？芬按：沈氏目南，亦有甘凉甘寒之议，鞠通自注谓，证兼阴湿，而疑甘凉甘寒之不可用，实与经旨相反。又按：如果发热恶寒，身重疼痛，手足逆冷，确系证兼阴湿者，亦宜以白虎汤，酌加桂枝或苍术、厚朴之类。清暑益气汤，殊属不合，学者勿为所误。

第二十四条　手太阴暑温，如上条证，但汗不出者，新加香薷饮主之。

鞠通自注：证如上条，指形似伤寒，右脉洪大，左手反小，面赤口渴而言。（芬按：口渴不得用香薷，尤不得用厚朴。）但以汗不能自出，表实为异，故用香薷饮，发暑邪之表也。（芬按：此语误人不浅！香薷辛温，兼泄宿水，为夏月感受寒邪，而汗不出者设。乃仍发寒邪之表，非发暑邪之表也，况暑邪在表，亦但有清法，而无温法。何鞠通之不审耶？）厚朴苦温，能泻实满，厚朴皮也，虽走中焦，究竟肺主皮毛，以皮从皮，不为治上犯中。（芬按：此说何来？厚朴本中焦药，全不走表。何言以皮从皮？惟厚朴花，较能发散达表，然表无寒湿者，万不可投）。

中焦篇第七十六条　背寒，胸中痞结，疟来日晏，邪渐入阴，草果知母汤主之。

芬按：世以疟发于夜，为邪入阴，此俗传之谬说，总须以脉证相参为断。至谓草果能泻中焦湿蕴，理固有之，谓邪欲入阴，所以升之使出者，全赖草果，则万无是理矣。（第九十六条，疟邪内陷变痢，如减小柴胡汤主之，注谓：治之之法，不出喻氏逆流挽舟之议，盖陷而入者，仍提而使之出也，与此条注。同一谬妄。）又注云：俗以乌梅五味等酸敛，是知其一，莫知其他。此说尤不足为训，尝见有误服乌梅、五味，敛邪于内，致生喘满肿胀诸变，不救者甚多，不可不慎。

第八十八条　暑湿风寒杂感，寒热迭作，表证正盛，里证复急，腹不和而滞下者，活人败毒散主之。热毒冲胃噤口者，本方加陈仓米各等分，名仓廪散。服法如前加一倍。噤口属虚者，勿用之。

芬按：此证表证正盛，里证复急，则治法自应发表清里，拟方：香薷、杏仁、鸡苏、广木香、白芍、黄芩、黄连、茯苓、滑石、枳实、厚朴、楂肉，败毒散中，羌独柴芎，类属温燥升提之品，考活人书。治伤寒、瘟疫、风湿、风眩、拘蜷、风痰、头痛目眩、四肢痛，憎寒壮热，项强睛疼，则所治者，原是风寒湿痹，杂感之伤寒温疫，并非兼治暑热之病者，鞠通采此方，以治暑湿风寒杂感之痢，已属谬妄，况热毒冲胃噤口者，再投温燥升提，求缓须臾之死，其可得乎！

第八十九条　滞下已成，腹胀痛，加减芩芍汤主之。

鞠通自注，此滞下初成之实证，一以疏利肠阳湿热为主。

加减法，腹痛甚欲便，便后痛减，再痛再便者，白滞加附子一钱五分，酒炒大黄三钱，红滞加肉桂一钱五分酒炒，大黄三钱。

芬按：明知为肠间湿热，而加用附子、肉桂，谬妄已极，大黄酒炒亦不妥。

［《如皋医学报五周汇选》，1930］

吴鞠通以德立医

孙　博　李治罡

清代著名医家吴鞠通（1758～1836），名瑭，字配珩，江苏淮阴人。其主要医学著作有《温病条辨》、《医医病书》、《吴鞠通医案》。吴鞠通对中医学的学术贡献，在于立法上的革新和理论上的完善，尤其在对温病学说研究方面，提出许多独到的学术见解，创立了理法方药完整实用的三焦辨证体系，为温病学的完善作出了无可替代的巨大贡献。

自1979年至2007年间各类期刊杂志上发表的有关吴鞠通及其著作的文章约有850余篇，主要着眼于其“才”，即学术见地及成就。但关于吴鞠通高尚的医德医风及严谨的治学态度后世甚少论及。然“天下万事，莫不成于才，莫不统于德。无才固不足以成德；无德以统才，则才为跛扈之才，实足以败，断无可成”。（《医医病书·医德论》）笔者实深感于其德，殷切期望鞠通之德感染、醒警世人，尤其是行医者。世人如有所触，则鞠通在天亦感欣慰。

一、尚德恤民，苦心救世

1. 德医并重，以德立医

吴鞠通由忠孝之心触发学医之念，爱民之心推己及彼，真心体恤关爱患者。“缘瑭十九岁时，父病年余，至于不起，瑭愧恨难名，哀痛欲绝，以为父病不知医，尚复何颜立于天地间……因慨然弃举子业，专事方术”；“呜呼！生民何辜，不死于病而死于医，是有医不若无医也，学医不精，不若不学医也”（《温病条辨·自序》）。吴鞠通精湛的医术源于他对百姓的仁爱之心。正因为他深悟人命至贵，所以他毕生都在严格要求自己，实践着他“蒸变人之疾病由痛苦而平和”的行医准则。他在行医过程中，深刻体察患者心理，用药以治外证，调意以治内证“难治之人，难治之病，须凭三寸不烂之舌以治之。救人之苦心，敢以告来者”（《医医病书·治内伤须祝由论》）。如治郭氏单腹胀案，了解其病由丧夫引发，首先以人生大义开其愚蒙，使情志畅遂，后投开郁方药而收全功；治鲍氏大狂7年，知其先因功名不遂而病，重投苦药待其神志转明后，诫之以“伊念头之差，因未识文章至高之境，即能至高，尚有命在，非人力所能强为，何怒之有？人生以体亲心为孝……”，续減苦药，加补阴收功，后鲍氏科举竟中。以上两例，皆记于《吴鞠通医案》中，由此可见鞠通仁爱患者苦心之一斑。鞠通医案随处可察见其仁爱患者之光辉人性。

2. 志存高远，不囿名利　吴鞠通恪尽天职，以“不忍人之心”力学诚求医术，他淡泊名利，尤愤俗世之医惟名利是务的弊病，慨叹“俗医之病百出，余不忍言。即以一端而论，京师谓做买卖，绍兴谓之开医店。可耻之极，遑问其他！且即以市道论，杀人以求利，有愧商贾远甚”（《医医病书·时医俗医病论》）。为病人解除痛苦是吴鞠通行医的根本准则，只要是他能治的病，从不瞻前顾后，而是不忌物议，勇敢以赴。在面对病家询问病情时，审人度势力求回答有益于患者康复，对当时某些医家为留住患者，而妄言以答之京都风气深恶痛绝，言“只为自己打算，不为病人打算，恶在其为医也”。（《医医病书·答病家怕不怕论》）吴瑭所著之书，非为获利，只为济病者之苦，医医士之病，有能翻版传播者听之，惟望其校对真切。可见其为医学事业的发展可谓尽心尽力尽责矣。

二、治学严谨，审慎思辨

1. 格致诚正，明理为要

所谓格致者，即推究事物，通晓其理。所谓诚正者，即端其好恶，纠其倚偏，达于中正。《温病条辨·自序》中记述，吴鞠通十九岁开始学医，四年后其侄子病温，以致发黄而死“瑭以初学，未敢妄赞一词”。以后游于京师，检校《四库全书》“瑭进与病谋，退与心谋，十阅春秋，然后有得，然未敢轻治一人。”可见其治学之严谨，诚非俗人可比。

尊崇经典，师古而不拘泥于古，终成救人济世之温病大家。吴鞠通对《内经》《伤寒论》等经典著作都曾深入钻研，并有很多独到的精辟见解和领悟，对历代诸多名家的著作也涉猎颇广。他既能吸取前人长处加以发挥，又不盲从，对前人错误观点的批评，有很多地方是恰中要害的。在当时社会历史条件下，吴瑭敢于冲破习惯思维，尊重科学，尊重实际，尤其难能可贵。他一生严谨治学，勤于思考，细心研究。读书时必辨别书中精华和疏漏之处，认出其中错谬的地方，不被偏激的学说所迷惑；在临证施治之时，不管用补法还是用攻法，他都力求恰到好处；他著书立说，能博采众家之长，避免诸家之短，达到中正的境界。反对读书易于满足，好博而不务精详；反对门户之见，强调医必备四时五行六气之知，用古方必求其立方之故，诊病以现证为主不必拘泥古方，见理见事真切不恤人言。他强调医以明理为要，“不明理者，虽饮食亦不能调，饮食亦能杀人”。

2. 果达艺备，谦虚求实

鞠通之“果”，在其毅然弃儒从医；鞠通之“达”，在其医病医心，活人济世；鞠通之“艺”，在其阐发经旨，弥补完善仲景之论，“促进了中医温病学说的发展和临床辨证论治水平的提高”。从逻辑思维角度分析《温病条辨》，“并非温病理论与吴鞠通之临床经验的简单叠加，而是吴鞠通天才逻辑思维综合应用的结果”。

凡大医、大有成就之人，必谦虚求实，吴鞠通之谦虚，后世医家难能望其项背。在《温病条辨》与《医医病书》凡例中，他反复述及“无论先达后学，有能择其弊窦，补其未备，瑭将感之如师资之恩”。对于自身学术成就，瑭谓“诸贤如木工钻眼，已至九分，瑭特透此一分，作圆满会耳，非敢谓高过前贤也。至于驳证处，不得不下直言，恐误来学”，“是所望于后之达士贤人，补其不逮，诚不敢自谓尽善又尽美也”。

吴鞠通穷毕生精力于医学，勤于读书，勇于探索，学问深纯，品性高尚，医术高超，活人济世。他不仅在中医学学术方面作出了巨大贡献，在品德和治学方面也为后人树立了楷模，值得我们永远敬仰学习。

［《医界春秋》，2008；（2）］

叶霖对《温病条辨》褒贬评价刍议

金淑琴

《温病条辨》为不朽之作，但是清代医家叶霖（简称叶氏）却对其极力批驳。在《增补温病条辨》一书中“孟浪”“蛇足”“误人非浅”等语时常出现，甚至还有“杜撰”“捏造”“剽窃”等攻击之词。笔者纵览全篇，却感叶氏评注多有中肯的评判与补充，颂扬之处亦比比皆是。略归纳如下。

一、补充有理　批评中肯

叶氏补充之处甚多，内容丰富，且分析精辟，批评之处亦多恳切求实。如斑疹、神昏谵语用化斑汤、银翘散去豆豉加生地、丹皮、大青叶、玄参方及清宫汤、牛黄丸、紫雪丹等方药治疗，临床有重要指导价值，叶氏对此不仅毫无诋毁，反而给予善意的补充，又设“热毒甚而内结，斑紫烦躁，神昏谵语，便燥鼻煤”以釜底抽薪之法，在“犀地膏连”等药中加大黄，可使里气得通，表气疏畅，化炎熇为清凉。当前临床所见斑疹又兼里实壅滞，用通下腑实法，正遵此意；又如栀子豉汤治热郁上焦，加竹茹、枇杷叶以降逆止呕；阳明腑实证后补充临床确见的“腹满耕痛”一症；在说明温病“忌五苓八正辈”之小便不利为阴竭证之后，又强调热结自当清利淡渗，使吴氏之言不失全面。尤其是对伏暑临床证候的描述，更是《温病条辨》所未逮，如“脉色必滞，口舌必腻，或有微寒或单发热，热时脘痞气窒，渴闷烦冤，每午后热则甚，入暮更剧，天明得汗稍缓，至午后又甚，似疟无定时，此邪从内发，非由皮毛口鼻吸受之外感”。此证在温病学教科书中列为伏暑主证，并作为诊断要点。

叶氏对《温病条辨》一书批评甚多，然其并不是全无道理，其中许多正是临床运用中当引以为戒的。如叶氏对自利不爽，欲作滞下之证，以四苓合芩芍汤大有异议，批评“分阑门、通膀胱、开支河”的错误立法。指出“痢为湿热交织之邪，最伤津液，分利其水则津液愈伤，而病在肠胃，强泻膀胱，是谓诛伐无过”。叶氏补正了但见“小便短”就用通利之误，为医不可不知。他又以“误下则成虚损，然亦不定期以三月也”反驳了“百日死”。而且否定伏暑以“子午丑未年为多”的机械观点。

二、确认功绩 褒处多见

《温病条辨》的注家皆奉以颂扬之语，唯叶氏曾以严词批驳。然凡遇精华之处亦赞不绝口，例如称温病脉浮洪、舌黄渴甚、大汗面赤、恶热者以白虎汤为实证；脉浮大而芤，汗大出微喘，甚至鼻孔煽者用白虎加人参汤为虚证；又列脉浮弦而细等四证为白虎之禁忌等，“是深达长沙奥旨，是白虎之用无余蕴矣”。玉女煎生地易熟地去牛膝加玄参方治疗气血两燔证，确属古方为之今用，经加减衍变更切合温病临床实际，叶氏也誉之“层次井然”，“尤得叶氏（叶天士）未言之旨”。综其对《温病条辨》所赞如下：

1. 肯定正确 略有补充 叶氏认定《温病条辨》对邪入心包、舌謇、肢厥者用牛黄丸、紫雪丹“知热厥者从手厥阴治极是”；他还认为“治大头天行，用普济消毒饮甚是”；同时也重申伏气温病观点，认为方中柴胡、黄芩以少阳为出路，转枢伏邪。

2. 确认治法 强调病机 《温病条辨》以小半夏加茯苓汤再加厚朴、杏仁治暑温咳嗽，叶氏恐其失于笼统，进而强调“因于脾湿酿痰而咳者，此方可服”；又如《温病条辨》分析加减复脉汤治疗肾阴耗竭之证，为“手足心主里，其热必甚于手足背之主表也。若再下其热，是竭其阴而速之死也”，叶氏也认为此言“辨表里亦颇精细”。

3. 药对其证 赞之不赘 如叶氏言清络饮“治暑病余邪，此方轻清可服”；又称清营汤加钩藤、丹皮、羚羊角治暑痫“治法尚平妥”；誉增液汤、调胃承气汤治素体阴亏便秘“此方颇精当”；益胃汤“病退胃阴未复，此方亦精当”；又赞五汁饮、玉竹麦门冬汤治燥伤胃阴“润燥数方平正”。诸如此类，不一一以列举。

以上可见叶氏并非一意诋毁《温病条辨》，也不似朱彬等注家一味称褒，而是实事求是，着眼临床。赞之言不过其实，誉之亦不掩其过。

三、考证严肃 校对认真

《温病条辨》一书整理《临证指南医案》，并结合临床经验而写成，其中必有许多重复与转抄。叶氏严格审核，校订原文，指出《温病条辨》原文在《临证指南医案》所载之处，对考证研究温病学文献资料亦有一定的价值。叶氏指出《温病条辨》中有三十余条取材于《临证指南医案》。如中焦篇45条，用四苓加厚朴秦皮汤或五苓散为“叶氏（天士）周姓医案”；48条用椒附白通汤为“叶香岩治方姓案”等等。

此外叶氏考证《温病条辨》中部分条文取材于《伤寒论》、《金匮要略》、《肘后方》、《温疫论》等著作。如少阴下利咽痛之猪肤汤为《伤寒论》所载；温疟以白虎加桂枝汤是《金匮要略》所属之方证；温病下后热不退之护胃承气汤为“又可温疫法”等等。

上述所举，多为叶氏所贬之由。笔者认为叶氏考证出处，查之有据，因流达源，有益无害。融各家之长为一书，意在汇编整理，希图著作系统全面。但“穿凿”“欺世”等评判亦有些严词过激。

四、驳之无理　批之欠圆

叶氏自恃博览群书，褒奖之余，亦贬之甚多，然其于理欠圆之处颇有之。

《温病条辨》以银翘散开卷，改治外感之辛温为辛凉，此为温病学理论体系的形成首创一功。然叶氏谓“其意桂枝与温病非宜，温病非银翘散不可，盖深着仲景之错，而显己之才识有过乎仲景也。”若此等评语，泥古而非今，是不足取的；又如桃仁承气汤治疗热与血结，瘀热在里之热入血室，是对《伤寒论》的发展，嘱学者不可“拘与柴胡一法”，叶氏却误认为“竟畏柴胡而不用”，认为当从《温热论》陶氏小柴胡汤，此注过于执古，有智者欠虑之虞，亦不足为取。

诸如此类，尚且有之，但不能以此取代叶氏对《温病条辨》功过是非的评价，当不以一眚掩大德。

综上所述，叶氏对《温病条辨》一书所用清热养阴之立法，多支持与肯定，亦多予赞誉之词。对书中论述不详的温疫、伏暑等病，多有补充与纠正，并略示不满之意。对汇综先贤及叶天氏所著，多予考证、审定，确多攻击之语。

[《陕西中医》，2003；(2)]

外感热病的“从化”问题

印会河

一、什么叫“从化”

“从化”是病人感受外邪以后，病邪随着体质的不同而发生之变化。这是使很多疾病产生始同终异，或病的开始不同，但到最后或在病的过程中，就可以出现相类似的症状，并可以通过类似的方药来治愈的根本原因。

“从化”问题，在外感热病中最为多见，但内伤杂病中，亦同样有此类问题，如由寒转热，由热化寒，病燥转湿，病湿化燥等等，也都属于“从化”范畴。

二、发生“从化”的原因

外邪有风、热、暑、湿、燥、寒的不同，人的体质也有阴阳、虚实、燥湿、寒热之异，阳虚外寒，阴虚内热，阳盛则热，阴盛则寒，这不但是病理现象的反应，即在正常的生理范围内，有时也会显现出来，例如：冬天有人穿戴很多，但有人便不需穿很多衣服，夏天有人怕热，又有人就不是怕热。这虽然都不是病理现象，但已能说明人的体质是有阴阳的差异的。由于人的体质不同，因此，当外邪侵入，矛盾激化以后，这个体质起的作用就更容易显现出来。在很多疾病的发展变化中，是由它来支配着的。

三、产生“从化”的条件

“从化”是矛盾和斗争的产物，由于矛盾和斗争才出现“从化”的问题。一般在阳盛之体，感受了阴寒之邪，或阴盛之体，感受阳热邪气，在体质和病邪之间，发生了根本矛盾的情况下，“从化”的现象才更为突出，假使离开了这个条件，就不会出现明显的“从化”问题。例如：伤寒化热，是在病人体质阳热的基础上发生的；湿热化燥，是在病人体质阴虚血热的基础上产生的；湿热化寒，就是在病人体质阴寒的基础上产生的；温热夹湿的从燥化与从湿化等，也都与病人体质的燥湿有关。

四、为什么产生“直中”

伤寒和温热病中，都有“直中”的问题，伤湿、伤燥，也有直入于里的胃肠道病。病邪可以不经表证阶段而直入于里。这是为什么？在这里面就是因为病邪和体质之间，在阴阳、寒热、燥湿等的问题上基本上是一致的，在疾病中所出现的矛盾，不是在这个方面，而是其它的矛盾问题。例如：邪正之争，同样是疾病中存在的矛盾，而且是很普遍的矛盾。由于病邪和体质在阴阳、寒热、燥湿诸问题上，可以出现一致性，这也为病邪入侵创造了条件，如温热病可以直入气营；伤寒之邪，可以直中三阴而为里寒证；感湿也会直入于里而成伤湿吐泻；感燥也可直入于里而产生咳嗽无痰，大便干结等。在这类“直中”病中，大致都可以说明体质和病邪之间在阴阳等属性方面的一致性。因此，就看不到明显的“从化”问题。

五、非“从化”的次第相传

在温热病中，有按卫、气、营、血，次第相传的，这主要因为温热伤人的特点，先伤津而后入血，病邪由浅及深，故而“卫之后，方言气”，津伤及血，故而病邪乃由气入血而为营血之热。在湿热病中，也有一部分是沿上、中、下三焦相传的，自始至终，都还是湿热，这说明在病人体质的阴阳、寒热上没有过大的偏差。因此，矛盾和斗争的形势，就不是在这方面突出，而是表现在其他方面的矛盾。故而在病邪传变时，也就基本上不是受体质的左右，更不能显现出明显的“从化”问题。

古人对“从化”问题，早有相当的认识，例如：《医宗金鉴·伤寒心法要诀》中，开宗明义就提出了这个问题。它把“从化”叫做“从类化”，把病邪叫做“气”，把体系称为“形藏”，讲的比较精辟，原句是：“六经为病尽伤寒（广义），气同病异岂期然？推其形藏原非一，因从类化更多端。明储水火相胜义，化寒变热理何难？漫言变化千般状，不外阴阳表里间！”

[《中医内科新论》，1983；(5)]

谈《温病条辨》对《伤寒论》的继承与发展

刘建军

吴瑭在《温病条辨》自序中言其读《伤寒论》序，“因慨然弃举子业，专事方术”，“十阅春秋，然后有得”。称其所著《温病条辨》一书是“……采辑历代名贤著述，取其精微，间附己意，以及经验，合成一书”，并称其书可以“羽翼伤寒”。由此可见，吴氏在著述《温病条辨》时，受到了《伤寒论》的巨大影响。但这种影响不是吴氏对《伤寒论》的简单模仿，而是系统的继承，并在继承中加以发展。

一、三焦辨证是对六经辨证的继承和发展

《温病条辨》的核心是三焦辨证，即以上、中、下三焦部位来阐述温热之邪在病变过程中由上及下、由浅入深、由轻到重所引起的各种病变的发展规律，并以之说明病邪所犯脏腑的病理变化及其症候特点，作为指导温病临床辨证论治的依据。三焦辨证虽然是吴氏所创，但其理论却是来源于《伤寒论》的六经辨证。正如吴氏在《温病条辨》凡例第八条所言："六经由表入里，由浅入深，须横看；本论三焦辨证由上及下，亦由浅入深，须竖看。"可见吴氏在继承六经辨证的基础上，又对六经辨证加以发展，把六经辨证融入三焦辨证之中，形成了以"三焦辨证定部位、六经辨证定脏腑、卫气营血辨证定表里"的立体辨证体系，简化了辨证论治的方法，形成了一种简便的辨证论治体系。如从三焦辨证的内容来看，其上焦卫分证类似于六经中的太阳经证，气分证类似于六经中的阳明经热证，其中焦诸证多与六经中的阳明、太阴、少阳诸证相类似，而下焦诸证又与少阴、厥阴热化证有类似之处。这里只言"类似"，是因为二者病因不同，病机各异，因此吴氏在借鉴六经辨证的过程中，又参照"近师"叶桂的卫气营血辨证的理念，结合自己的临证经验，对二者加以总结、发展，才形成了这一完备的辨证论治体系，为后世医家温病临证提供了指导。

二、"救津液"思想是对《伤寒论》"存津液"思想的继承和发展

吴瑭在《温病条辨》中多次提到了温病治疗的一个重要原则，即"救津液"。这一观点也是对《伤寒论》"存津液"思想的继承和发展。伤寒病因为误汗、误吐、误下、误利小便，往往导致津液大伤，变证迭起。所以仲景在《伤寒论》中反复告诫，并立法处方，以救其逆。但由于时代所限，仲景未能论述伤津液的全部治法和方药。而温病病因在于温热之邪，更易伤人津液，虽未经误治，亦可导致因津液大伤而致变证、坏证甚至死证。故吴氏在《温病条辨》中，除系统的继承《伤寒论》的理论之外，又加以发展，形成了完整的"救津液"的理论与治法。对于温病，吴氏提出了"存得一分津液，便有一分生机"的理论。针对温病的治疗，吴氏明确提出了"温病忌汗"的原则，指出"汗之不惟不解，反生他患"。对于气分证的治疗，吴氏在继承《伤寒论》阳明热证的白虎汤、白虎加人参汤的基础上，提出"救阴不在血，而在津与汗"的理论，创立了雪梨饮、五汁饮等甘寒补津之方，弥补了《伤寒论》的不足。对于伤寒阳明、少阴证中津液大伤的急下存阴之法，吴氏更用增水行舟之法，用增液承气汤、新加黄龙汤，寓攻于补，尤胜《伤寒论》原法。对于热病后期化热伤阴证，仲景立黄连阿胶汤、猪肤汤以治之。吴氏承袭其意，并增血肉有情之品，以补真阴，化裁仲景的炙甘草汤为复脉汤辈、大定风珠，实为《伤寒论》补缺之作。由此可见，伤寒、温病虽不同，但均有伤津液的共通之处，故吴氏在继承了"存津液"之思想外，更加以发展，为后世治疗此证立以法度。

三、遣方用药是对《伤寒论》经方的继承和发展

《温病条辨》共265条，204方。其中直接引用的经方有37首，由经方化裁变化而来的有54首，师仲景意而自立的方有16首，合计107首之多，占全书总方的半数有余。吴氏对经方的运用途径有四：其一为证同方同，遵经守旨，直接引用者。如《温病条辨》第一方即用桂枝汤表散风寒。上焦气分热证类同于阳明经证，即径取白虎汤、白虎加人参汤以治之。下焦寒湿诸证与小青龙汤证、葶苈大枣泻肺汤证相合者，则守经方而用之。其二为证变方改，师法活用，随证化裁者。吴氏用此法时，尤重主证，以主证为立法依据，主证同则主方同，并随兼证不同而加减变化。如半夏泻心汤，仲景以之治疗寒热虚实错杂之痞证，故寒热并投，攻补兼施。吴氏取其方中黄芩、半夏、干姜、黄连四药，立辛开苦降之法，随证加减治疗痞、呕、下痢、疟疾诸证，疗效颇佳。又如小柴胡汤，吴氏谨守“伤寒中风，有柴胡证，但见一证便是，不必悉具”之旨，随证加减而用，效亦良佳。其三为无方师法，方随法出，别出心裁。由于时代所限，《伤寒论》不可能尽该热病诸法诸方，故仲景多出大法，以供后人临证指导。吴氏则取其法，并结合自己的临证经验，创立诸方以供临证所用。如炙甘草汤有养阴与补阳之效，于伤寒用之则可，于温病则不合。吴氏依其立方本意，取其阴柔而弃其刚燥，更作化裁，或为甘润，或为镇摄，或为咸寒甘润，或为咸寒而涩，一方化裁而成复脉汤辈。又如阳明腑证之重者，仲景但言“脉涩者死”而未出法、方。吴氏治疗此证，于大承气汤中合入增液汤，增水行舟，复救其阴，均是师法而立方之意。其四为无法反取，方随法出，用心良苦。《伤寒论》总以外感风寒为主，于温病只是略述，故有方、法皆无之处。但伤寒与温病又有其相反一面，故吴氏又从反面着眼，另立法、方，以治温病。如温病初起，与伤寒虽同为表证，但寒热迥异。仲景立辛温之法以治伤寒，或以桂枝汤解肌祛风，或以麻黄汤以发汗解表。吴氏反其道而用之，于温病初起，立辛凉解表法，取叶桂所用之方为辛凉轻剂桑菊饮、辛凉平剂银翘散以治之，于无法处反向取之，于无方处反向求之，彰显其良苦用心。由此可见，吴氏对经方的继承、运用，不仅仅是简单的生搬硬套，而是熟于心而变于证，在继承中又有发展，不仅拓展了经方的临证范围，更为后世学习《伤寒论》提供了重要的方法。

中医学是在不断发展的一门学科，每一个进步，都是在继承前人的基础之上所得来的，外感热病亦不例外。吴氏著《温病条辨》，正是在继承前人的基础上而成的。诚如吴氏所言，其学医“近师承于叶氏，而远追踪于仲景”，“其处方也，一遵《内经》，效法仲祖”。但如是简单的模仿，则杏林又只添一医匠而已。然其能于继承中更有发展，于发展之中继承，才使其成为一代大家，医中翘楚。这种在继承中发展，在发展中继承的方法，尤当为我辈效仿，以便为中医事业的发展作出新的贡献。

［《河南中医》，2007；(4)］

吴鞠通著《温病条辨》之逻辑思维探讨

罗　任　指导：邵　瑛

《温病条辨》系清代吴鞠通所著，是吴氏汇集历代医家精华，结合自身临床经验于1798年著成的。是书创立了温病三焦辨证纲领，将三焦辨证和卫气营血辨证一炉而冶，相辅而行，完善了温病的辨证论治体系，丰富了温病的证治内容，完善了温病病证的理、法、方、药，具有很高的理论水平的和实用价值，因此，自成书之后，研究《温病条辨》的医学理论和学术价值的人成千上万，但涉足《温病条辨》逻辑思维方法的文献却只有寥寥数篇。恩格斯说：“一个民族要想站在科学的最高峰，就一刻也不能没有理论思维。”笔者以为《温病条辨》的成书正是吴鞠通在逻辑思维上取得突破的完美体现，天才的逻辑思维是他站在温病学最高峰的基础。因此，笔者拟从逻辑思维角度探讨吴氏学说之规律，揭示吴鞠通著此书之天才思维逻辑，为多角度、多方位研究《温病条辨》提供基础资料。

一、“三焦辨证模型”的创立过程思维的应用

吴鞠通经长期临床实践，创立了“三焦辨证”之温病辨证纲领。“三焦辨证”以三焦脏腑辨证为经，卫气营血辨证为纬，构建了一个纵横交错的立体辨证模型，“凡例”第8条云：“《伤寒论》六经由表入里，由浅及深，须横看，本论论三焦由上及下，亦由浅入深，须竖看，与《伤寒论》为对待，有一纵一横之妙。”由此可见“三焦辨证”乃是一个复杂的立体网络系统，它的创立也如伤寒之六经模型创立经历了逻辑思维的八大转化：摄取现象，占用大量临床资料，却难以融入固有的理论体系；设想求异，建立新体系；排除放弃，搁置特殊材料；构建成型，新知融入；修改适应，调整各种框架，镶嵌内容；储备积累，不断的临床充实；运用验证，指导临床。它辨证的纵横交错也正体现了吴鞠通辨证思维的严密和全面。

二、《温病条辨》行书中应用的逻辑思维

《温病条辨》在写作体裁上采取了“自条自辨”的写作方法，通俗易懂。而在通俗的条文中却蕴含了各式各样的逻辑方法，笔者将以条文本身为出发点，聊借数笔对条文中运用的逻辑思维方法进行分析。

1. 概念　概念是反映事物本质属性和特征的思维方式。它代表人们对事物的理解从感性认识上升到理性认识，是人们认识、区别事物，做出相关判断推理进行思维活动的基础。吴氏应用这种思维方式，阐述了各种温病本质特性，为其辨证论治打下坚实的基础。卷首指出“诸家论温有顾此失彼之病”，故“编首揭诸温之大纲”，上焦篇条文1即指出：温病者：有风温、有温热、有温疫、有温毒、有暑毒、有湿温、有秋燥、有冬温、有温疟。如此分类，即让我们对温病的范围有了比较具体的了解。接着，为了更深入探讨各类温病，吴氏逐一对各温病进行定义，如：“风温者：初春阳气始开，厥阴行令，风夹温也”，“温热者：春末夏初，阳气弛张，温盛为热也”等，从季节、主气病邪等特性对各温病进行概念，让我们能够根据各温病的本质特性进行区分。

再如“温疫者：厉气流行，多兼秽浊，家家如是，若役使然也”，明确指出温疫的特点就在于其流行性。

2. 命题　命题指每一个具有真假意义的语句。命题是人们在认识过程中，对思维对象属性进行肯定或否定判断的思维形式。《温病条辨》中运用了多种的命题方法：①性质命题：性质命题是人们对思维对象的性质直接作出肯定或否定判断的命题。如上焦篇条文15“太阴温病，寸脉大，舌绛而干，法当渴，今反不渴者，热在营中也，清营汤去黄连主之。”太阴温病，一片热象而不渴的直接判断是：热在营中。②关系命题：关系命题就是断定对象之间关系的命题。如：上焦篇条文7：“太阴温病，脉浮洪，舌黄，渴甚，大汗，面赤，恶热者，辛凉重剂白虎汤主之。”太阴温病出现的脉浮洪，舌黄，渴甚等症状以及白虎汤与白虎汤证是部分与整体的关系。③联言命题：联言命题就是断定多种事物情况同时存在的复合命题。如中焦篇条文41：“暑温蔓延三焦，……神识不清，热闭内窍者，先与紫雪丹，再与清宫汤。”治疗暑温蔓延三焦，出现的神识不清，需先与紫雪丹，再与清宫汤，两方前后搭配尚能行之有效。④选言命题：选言命题就是断定事物若干种可能情况中至少有一种存在的复合命题。如上焦篇条文4：“太阴风温，温热，温疫，冬温，初起恶风寒者，桂枝汤主之；但热不恶寒而渴者，辛凉平剂银翘散主之。”可见太阴温热病初起，可能出现两种情况：恶

寒与不恶寒。⑤假言命题：假言命题就是断定某一事物情况的存在是另一事物存在的条件的复合命题。如：上焦篇条文16："太阴温病，不可发汗，发汗而不汗者，必发斑疹……发斑者，发斑汤主之；发疹者，银翘散去豆豉，加细生地、丹皮、大青叶、倍元参主之……"，太阴温病发汗后发斑是用发斑汤的前提，发疹是用银翘散加减的条件。

3. 演绎推理　演绎推理是把一般性的知识应用到特殊场合的一种逻辑思维方式。书中应用的逻辑推理有：①三段论：三段论是演绎推理的经典。其是从两个性质判断的前提，借助其中所包含的一个共同项（即"中项"），推出一个新的性质判断为结论的推理形式。如上焦篇条文3："太阴之为病，脉不缓不紧而动数，或两寸独大，尺肤热，头痛微恶风寒，身热自汗，口渴或不渴，而咳、午后热甚者，名曰温病。"上焦条文4："太阴风温，温热，温疫，冬温，初起恶风者，桂枝汤主之；但热不恶寒而渴者，辛凉平剂银翘散主之。温毒，暑温，湿温，温疟，不在此例。"上焦条文5："太阴温病，恶风寒者，服桂枝汤已，恶寒解，余病不解者，银翘散主之……"因此推理出：太阴温病，总上条所举而言，即是说太阴温病包括了上条所说的风温、温热、温疫、冬温等几种温病。明显看出，《温病条辨》中运用的推出太阴温病包含了风温、温热、温疫、冬温的思维完全符合"三段论"思维结构，以此观察，书中用来推导某某证的方法当属"三段论"。②选言推理：选言推理是前提或结论为选言判断的推理。它是根据选言判断的逻辑性质进行推演的推理。如上焦篇条文16："太阴温病，不可发汗，发汗而汗不出者，必发斑疹，汗出过多者，必神昏谵语。"他首先指出太阴温病不可发汗，而误汗后，太阴温病转归必为以下两种情况中的一种：汗不出或汗出过多，即太阴温病误汗，不是出现汗不出就是汗出过多的情况。这种对误汗后转归必为几种情况中的一种的逻辑方法是典型的选言推理方法。③假言推理：假言推理是前提中有一个是假言判断，并且根据假言判断前后之间的关系进行推演得出结论的推理。如上焦篇43："……汗之则神昏耳聋，甚则目瞑欲言，下之则洞泄，润之则病深不解。"此句针对上焦湿温、寒温假设了三类误治"汗之、下之、润之"，随后推理出此三种误治会产生的相应转归：神昏耳聋甚则目瞑欲言；洞泄和病深不解，如此假设，再推理，我们对上焦湿温、寒温的禁忌治法也就有了深刻的了解。

4. 类比法　也称为类比推理，就是根据所观察的两个或两类事物有若干相同属性，推理出它们还可能有其他属性相同的一种逻辑方法。类比推理具有启发认识和指导创造发明的作用，科学上的许多理论最初都是通过类推启发提出的，许多重大的发现也是通过类推取得成果的。中医探索和论证人体的生理活动、病理变化规律也广泛地运用了这一方法，称之为取象比类。如清宫汤方论中以宫城类比膻中，以药心类比人体的心。"此咸寒甘苦法，清膻中之方也。谓之清宫者，以膻中为心之宫城也……犀角灵异味咸，辟秽解毒，所谓灵犀一点通，……莲心甘苦咸，倒生根，由心走肾，连翘像心；心能退心热……"都是把不同方面具有相同特点跟相同特性的东西联系起来的理论方法。

5. 分析与综合　分析是思维过程中把对象的整体分解为各个部分，各个方面，各个环节，各种因素来加以考察的逻辑方法。如《温病条辨》温病大纲第一条："温病者，有风温、有温热、有温疫、有温毒、又暑温、有湿温、有秋燥、有冬温、有温疟。"从纵的方面把温病分成9种，从而把温病这个复杂的，相互联系的统一体，抽象出来，分割开来，揭示出其本质。

综合就是在思维过程中把对象的各个部分，各个方面，各个环节，各种因素联结起来进行考察的一种逻辑方法。综合体现了事物在单一、分割状态下所不能反映的本质，如手太阴温病，手厥阴温病组成上焦温病，阳明温病为中焦病篇，足少阴及足厥阴又构成了下焦温病。上、中、下三焦温病统称为温病。通过这种分析与综合，《温病条辨》以三焦为纲，九种温病为目的理论体系便形成了。

6. 比较法　比较是分析和确定对象之间的共同点和异同点的逻辑方法，是人们认识事物的最基本的思维方法。《温病条辨》运用这一方法阐述温病与伤寒的异同。如《温病条辨》上焦篇第二自注中说："伤寒由毛窍而入，自上而下，始足太阳。……温病由口鼻而入，自上而下，鼻通于肺，始手太阴。"此两句就发病部位对温病与伤寒进行了比较。再如"……伤寒为阴邪，虽伤寒论中亦言中风，此风从西北方来，乃残发之寒风也，最善收引，阴盛必伤阳。故首郁遏太阳经中之阳气。而为头痛身热等证。……温为阳邪，此论中亦言中风，此风从东方来，乃解冻之温风，最善发泄，阳盛必伤阴，故首郁遏太阴经中之阴气，而为咳嗽自汗、口渴、头痛、身热、尺热等证。"此句则以病性及病候对温病与伤寒进行了比较。如此比较一番，伤寒与温病的区别也就一目了然了。

此外，《温病条辨》还包含了比较法的两个分支：同中求异和异中求同，这种对比较法则的进一步应用，使被比较事物的区别显示得更加清晰，给人以更深刻的认识。

①同中求异：比较法认为有些事物虽然具有相同的本质，但在数量还是程度上存在着差异，也需要将它们区分开来，于是就需要运用同中求异的方法。温病各阶段的不同证侯的区别，就属于这种情况。如阳明发黄证型的区分，"阳明温病，不甚渴，腹不满，无汗，小便不利，心中懊恼，必发黄，黄者栀子柏皮汤主之。"与"阳明温病，无汗，或但头汗出，身无汗，渴欲饮水，腹满舌燥黄，小便不利者，必发黄，茵陈蒿汤主之。"可见栀子柏皮汤与茵陈蒿汤证之本质都属阳明温病，二者之异处在于栀子柏皮汤证"不甚渴，腹不满"而茵陈蒿汤证则"渴欲饮水，腹满"，吴鞠通对二者区别缘由之解释以及二证治则也以比较法进行，他指出栀子柏皮汤证乃"胃不甚实"，故"不可下"，而茵陈蒿汤证则"胃家已实而黄不得退，热不得越"，故"从事于下趋大小便也"。

吴鞠通这种对一类证的不同分证进行的比较论述的方法，让我们对病证的更加深入，对临床类似证之鉴别有着重要的指导意义。

②异中求同：很多现象，表面看起来完全不同，但实际上它们存在着共同的本质、原因或本源，此时，就必须运用异中求同的方法进行分析，揭示他们的共同属性。如：上焦篇对暑温、伏暑、湿温的论述。从证候上看：暑温"形似伤寒，但右脉洪大而数，左脉反小于右，口渴甚，面赤，汗大出"；伏暑"头痛微恶寒，面赤烦渴，舌白脉濡数"；湿温"头痛恶寒，身重疼痛，舌白不渴，脉弦细而濡，面色淡黄胸闷不饥，午后身热，状若阴虚，病难速已"。从发病季节上看：暑温发于夏季，湿温多在长夏，伏暑则在秋冬。由此可见暑温、伏暑、湿温无论从证候还是发病季节都存在差异，然追究三者的病机，却都是湿热郁阻，因此吴氏于上焦篇特别以条文42重点指出三者病机："伏暑、暑温、湿温，证本一源，前后互参，不可偏执。"而治法上指出："按暑温伏暑，名虽异而病实同，治法须前后互参，故中下焦篇不另立一门。"

张氏此种异中求同的方法为治疗三种温病的异病同治提供了理论依据，也避免了论述文字上不必要的重复。

7. 模拟法　模拟法是指为了研究某事物或现象（原型）的性质特征，先建立一个模拟原型的模型，通过对模型的研究试验来推断发现的原型规律性知识。通常是以较简单的过程来模拟较复杂的过程，以较小规模的实验来模拟较大的现象，可以简化事物发展的复杂过程，从中发现研究对象的规律，《温病条辨》治法论中“治外感如将（兵贵神速，机圆法活，去邪务尽，善后务细，盖早平一日则人少受一日之害）。治内伤如相（坐镇从容，神机默运，无功可言，无德可见而人登寿域）。治上焦如羽（非轻不举）；治中焦如衡（非平不安）；治下焦如权（非重不沉）。”其中，用“将”、“相”分别模拟了外感及内伤的治法，用“羽”、“衡”及“权”模拟了三焦的治法，反映出其组方及用药特点。

吴鞠通在《温病条辨》中的逻辑方法应用可谓经典。他对温病的论述的那种清晰的思路足以让现代诸位大医汗颜。笔者以上已经对吴氏运用之逻辑思维进行了一番论述，但是在此还必须指出，《温病条辨》诸多条文并非只对单一的逻辑方式进行讨论，而通常是多种逻辑方式的互相穿插运用，如上1性质命题的论述“太阴温病，寸脉大，舌绛而干，法当渴，今反不渴者，热在营中也，清营汤去黄连主之。”实际上是命题逻辑的大类属中性质命题与关系命题的综合，此句不仅表示太阴温病出现一片热象，但不渴的性质判断是热在营中，而且还表示出现热在营中的寸脉大，舌绛而干，但不渴的症状与清营汤去黄连证是部分与整体的关系。其次，如1.2.5假言命题的描述“太阴温病，不可发汗，发汗而不汗者，必发斑疹……发斑者，发斑汤主之；发疹者，银翘散去豆豉，加细生地、丹皮、大青叶、倍元参主之……”实际上涉及到两大类逻辑思维：命题和演绎推理的综合应用。文中有很多这种不同逻辑思维方法综合应用的例子，在此也就不一一列举。而为了明了起见，于是笔者在上文就选用典型的例子分别对单一的各种逻辑思维进行分析，其中不免有失偏颇之处，望同道赐教。

三、结语

《温病条辨》显示了吴鞠通天才的逻辑思维，《温病条辨》三焦体系的辨证分析逻辑、条文的形式逻辑以及论治的朴素模拟逻辑的相结合早已突破了中医传统形象类比思维的局限，体现了现代先进的思维逻辑特色。显然，吴鞠通在温病学上的成就与这种严密、清晰的天才逻辑思维是分不开的，可以说，吴鞠通天才的逻辑思维是对温病探索取得成功的基础。

吴鞠通研究温病的逻辑思维，应该对我们新一代中医研究者有所启发：或许，从逻辑思维角度出发，解读我们的中医经典，发扬中医经典要旨，实现中医的现代化是一条很有前瞻性的途径。而对于我们这些中医学生，更应该细心领悟吴氏天才的逻辑思维，学习他的思维方式，而去培养自身严密、系统的临床辨证思维，为成为一代名医打下坚实的基础，为将来实现中医的现代化复兴尽一份微薄之力打下伏笔。

［《中华中医药学刊》，2007；（4）］

浅谈吴鞠通对中医儿科的贡献

夏小军　指导：张士卿

清代名医吴鞠通是温病四大家之一，著理法方药俱备的《温病条辨》六卷，创立三焦辨证理论，制定三焦的治疗大法，对温病的发生、发展、传变进行归纳，组创不少温病方剂。他在儿科方面也卓有成就，有关儿科的论述集中在《温病条辨·解儿难》一卷中。该篇虽篇幅不长，却要言不烦，内容丰富，见解深刻，至今仍能有效地指导中医儿科的临床实践。兹结合学习，就其对中医儿科的贡献浅淡如下。

一、论生理　稚阳未充　稚阴未长

关于小儿生理特点的描述，最早见于春秋战国时期的《黄帝内经》。《灵枢·逆顺肥瘦》说："婴儿者，其肉脆、血少、气弱。"后世医家多有论述，如我国现存最早的儿科专著《颅囟经·脉法》说："孩子三岁以下，呼为纯阳，元气未散。"北宋钱乙《小儿药证直诀》说："五脏六腑，成而未全。……全而未壮。""小儿纯阳，无须益火。"南宋陈文中《小儿病源方论·养子十法》说："小儿一周之内，皮毛、肌肉、筋骨、脑髓、五脏六腑、营卫、气血，皆未坚固。"明代万密斋《育婴家秘·鞠养以慎其疾四》说："小儿纯阳之气，嫌于无阴。"清代叶天士《临证指南医案·幼科要略》也说："按襁褓小儿，体属纯阳，所患热病最多。"由此可见，"纯阳"指小儿在生长发育过程中，表现出生机蓬勃、发育迅速的生理现象。吴鞠通在上述理论的基础上认为："古称小儿纯阳，此丹灶家言，谓其未曾破身耳，非盛阳之谓。小儿稚阳未充，稚阴未长者也。"指出男子16~24岁、女子14~21岁，才能"阴气长而阳亦充"，在此之前，阴、阳都处于稚嫩不足状态，即小儿物质基础均未健全，功能活动均未成熟，是小儿最基本的生理特点。因而力辟"纯阳"之说，建立了"稚阴稚阳"学说。但"稚阴稚阳"和"纯阳"理论，概括了小儿生理特点的各个方面，两者相互补充，相得益彰，不可偏废，并经千百年来学术界的研讨，已经成为共识，对于掌握小儿生长发育规律、健康保育和疾病诊治等，都具有指导意义。

二、阐病理　易于感触　易于传变

关于小儿病理特点，早在隋代巢元方《诸病源候论·养小儿候》中就有"小儿腑脏之气软弱，易虚易实，下则下焦必益虚"的记载。《小儿药证直诀·闫季忠序》中也明确指出了小儿疾病"易虚易实，易寒易热"的特点。吴鞠通在此基础上认为："其脏腑薄，藩篱疏，易于传变；肌肤嫩，神气怯，易于感触。"指出小儿脏腑功能和卫外功能均差，不仅容易罹患疾病，而且在病程中最易传变。对此又举例说明，如"暑痉，按俗名小儿急惊风者，惟暑月最多，而兼证最杂，非心如澄潭，目如智珠，笔如分水犀者，未易辨此。盖小儿肤薄神怯，经络脏腑嫩小，不奈三气发泄。邪之来也，势如奔马，其传变也，急如掣电，岂粗疏者所能当此任哉！"皆说明小儿疾病善变的病理特点。同时，他认为小儿病因单纯，"惟较之成人，无七情六欲之伤，外不过六淫，内不过饮食胎毒而已"。加之生机蓬勃，发育迅速，故患病以后只要熟谙疾病发病特点、转化规律，掌握其表里寒热虚实和整体观念的辨证论治，就能随拨随应。

三、谈诊断　四诊合参　望诊为要

由于小儿生理特点与成人有所不同，生长发育有其一定规律，故一旦患病，其病理变化亦不同于成人。四诊合参是中医传统的诊断方法。根据小儿特点，历代医家强调诊断小儿疾病宜四诊合参，并常常把望诊列为四诊之首位。如《灵枢·本藏》说："视其外应，以知其内脏，则知所病矣。"北宋钱乙也特别注重望诊，创立用以审病机、定病位的"面上证"，并辅之以"目内证"。亦如闫季忠所言："脉既难凭，必资外证。"清代夏鼎《幼科铁镜·望形色审苗窍从外知内》也说："望、闻、问、切，医家之不可少一者也，在大方脉则然，而小儿科，则惟一望为主。"吴鞠通深谙此理，认为"古称难治者，莫如小儿，名之曰哑科。以其疾痛烦苦，不能自达"。且将"毫无知识，囿于见闻，并不知察色之谓何，闻声之谓何，朝微夕甚之谓何，或轻或重之谓何”的“庸陋之医”列为儿科之二难之一。其在论述痘证“行浆务令满足论”时也说：“近时之弊，大约有三……二由于不识浆色，此目力之不精也。”可见，吴鞠通诊断小儿疾病，也强调四诊合参，尤重望诊。

四、明辨证　六气为病　三焦分证

六气是六种正常气候变化的表现，六淫是风、寒、暑、湿、燥、火六种病邪的合称，六淫源于六气。小儿稚阴稚阳之体，脏腑娇嫩，形气未充，抗病能力差，不耐病邪侵袭而易于发病，且以外感热病居多，有些病邪如时行疫气的“麻毒”、“痘证”、“疫咳”等，在成人不易感的而小儿最易感受，感邪之后易于热化，易于传变。吴鞠通潜心研究温病之学，对六气有较深刻的认识，认为“天以六气生万物，其错综变化无形之妙用，而人之患病，即从此而来。夫六气伤人，先界限清楚毫无兼气也哉”。故其论小儿外感病因，重视六气为病，认为痉病、痘证、疹等小儿疾病，多因六气所致。如“然则小儿痉病，多半为医者所造，皆不识六气之故”；“尝谓六气明而痉必少”。治疗痘证，“古人治法良多，而议病究未透彻来路，皆由不明六气为病，与温病之源”。并有“若明六气为病，疹不难治”等论述。三焦辨证系吴鞠通辨治温病的一大创举，他根据《黄帝内经》划分三焦的精神，以叶天士卫气营血辨证理论为基础，指出：“温病由口鼻而入，鼻气通于肺，口气通于胃，肺病逆传，则为心包；上焦病不治，则传中焦，胃与脾也；中焦病不治，即传下焦，肝与肾也。始上焦，终下焦。”并将三焦分证灵活应用于小儿温病的治疗。如治暑痉，“学者当与前三焦篇暑门中细心求之”；治疗湿痉，“学者当于前中焦下焦篇中求之”；治疗燥痉，“学者当于本论前三焦篇秋燥门中求之”等。三焦分证的理论，至今仍有效地指导着中医儿科的临床实践。

五、言疾病　痉疳痘疹　各有心悟

《温病条辨·解儿难》选择儿科常见的痉疳痘疹四证，分别对其病因与治法进行了论述，可取之处颇多。对于痉病，吴鞠通反对“惊风”一词，认为“惊”即“痉”也，慢惊风即是虚寒痉；急惊风则是暑痉；惊吓乃作客忤痉。列举小儿痉病九大纲，除有外感所致的寒痉、风温痉、温热痉、暑痉、湿痉、燥痉之外，又有内伤所致的内伤饮食痉、客忤痉及本脏自病痉，并对痉与瘛、厥、痫证进行了鉴别。在“痉因质疑”中对《素问·至真要大论》中“诸湿肿满，皆属于湿”的“湿”字提出了质疑，认为乃“风”字之误，确立了“风”在痉病中的致病作用。提出的多种治法要言不烦，见解深刻。对于疳疾，认为“疳者，干也，人所共知。不知干生于湿，湿生于土虚，土虚生于饮食不节”。提出疏补中焦、升降胃气、升陷下之脾阳、甘淡养胃、调和营卫、食后击鼓以鼓动脾阳、调其饮食、杀虫驱虫、丸药缓运脾阳缓宣胃气等九妙法，既概括了调理脾胃的各种治法，又包括音乐疗法、饮食疗法等多种疗法，内容丰富，行之有效。对于痘证治法，不执一家之偏，认为“痘科首推钱仲阳、陈文中二家。钱主寒凉，陈主温热，在二家不无偏胜，在后学实不可偏废。盖二家犹水火也，似乎极不同性，宗此则害彼，宗彼则害此”。且“若始终实热者，则始终用钱；始终虚寒者，则始终用陈；痘科无一定之证，故无一定之方也”。可谓博采众长，不可拘泥。对于疹的治疗，认为“大约先用辛凉清解，后用甘凉收功”，“如俗所用防风、广皮、升麻、柴胡之类，皆在所禁”。言简意赅，一语中的。

六、话治则　三因制宜　治病求本

三因制宜源于《黄帝内经》，指因时、因地、因人制宜。吴鞠通认为："医也者，顺天之时，测气之偏，适人之情，体物之理，名也，物也，象也，数也，无所不通，而受之以谦，而后可以言医，尤必上与天地呼吸相通，下与小儿呼吸相通，而守之以诚，而后可以为医。奈何挟生人之名，为利己之术，不求岁气，不畏天和，统举四时，率投三法……天下之儿之难，宁有终穷乎？"强调作为医者，首先必须上知天文，下知地理，中晓人事，并在诊治疾病时应三因制宜。如在"痘证初起用药论"中说："尤必审定儿之壮弱肥瘦，黑白青黄，所偏者何在？所不足者何在？审视体质明白，再看已未出点，所出何苗？参之春夏秋冬，天气寒热燥湿，所病何时？而后定方。"实为后世所效法。《素问·阴阳应象大论》说："治病必求于本。"吴鞠通悉遵是说，认为"盖不知标本，举手便误，后虽有锦绣心思，皆鞭长莫及矣"。如治疗小儿暑痉，指出"痉因于暑，只治致痉之因，而痉自止，不必沾沾于痉中求之。若执痉以求痉，吾不知痉为何物"。同时列举 13 种不同原因所致的头痛，"若不问其致病之因，如时人但见头痛，一以羌活、藁本从事，何头痛之能愈哉！况痉病之难治者乎"！由此可见，吴氏将治病求本的原则贯穿于小儿多种疾病治疗的始末。

七、述用药　稍呆则滞　稍重则伤

结合小儿生理病理特点，吴鞠通提出了小儿用药原则，认为"其用药也，稍呆则滞，稍重则伤，稍不对证，则莫知其乡，捉风捕影，转救转剧，转去转远"。同时力陈小儿轻易使用苦寒之弊，指出"世人以小儿为纯阳也，故重用苦寒。夫苦寒药，儿科之大禁也。……不知儿科用苦寒，最伐生生之气也。……故调小儿之味，宜甘多酸少，如钱仲阳之六味丸是也。……存阴退热为第一妙法"。并言小儿"禁用风药"。针对小儿四时外感热病居多的特点，在治疗上多推崇叶天士，主张存阴退热，酸甘化阴时宜甘多酸少，确是善法，但不可一概而论，创立不少行之有效的方药，沿用至今。其对痉疳痘疹四证用药，也皆有独到之处，如治痉病，"风温之病痉者轻而少，温热之致痉者多而重也。药之轻重浅深，视病之轻重浅深而已"。强调儿科用药"分量或用四分之一，或用四分之二，量儿之壮弱大小加减之"。痘证初起，"大约辛凉解肌、芳香透络、化浊解毒者，十之七、八；本身气血虚寒，用温煦保元者，十之二、三"，且"痘证禁表药"。此外，还对发汗解表药麻黄、羌活，疳疾用全蝎，痘证、疹用大黄以及钱仲阳泻白散等方药的利弊逐一进行了论述，皆颇具心得，可择善而从。

八、说抚育　调摄鞠养　防重于治

吴鞠通在"解儿难题词"中，首先解说做父母的对小儿护养调理之难。指出"天下之儿皆天下父母所生，天下父母有不欲其儿之生者乎？曷为乎难于父母耶？曰：'即难于父母欲其儿之生也。'父母曰：'人生于温，死于寒。'故父母惟恐其儿之寒也。父母曰：'人以食为天，饥则死。'故父母惟恐其儿之饥也。天下之儿，得全其生者此也；天下之儿，或受其难者，亦此也"。认为"小儿神气怯弱，或见非常之物，听非常之响，或失足落空，跌扑之类"，可致客忤痉。本脏自病痉"由于平日儿之父母，恐儿之受寒，复被过多，著衣过厚，或冬日房屋热炕过暖，以致小儿每日出汗，汗多亡血，亦如产妇亡血致痉一理"。疳疾多因"饮食不节，生于儿之父母之爱其子，惟恐其儿之饥渴也"。防护"全在提携之者，有以谨之于先”。此外，还对医者提出无病先防、既病防变的治未病要求，指出：“细观叶案治法之妙，全在见吐泻时，先防其痉，非于既痉而后设法也。故余前治六淫之痉，亦同此法，所谓上工不治已病治未病，圣人不治已乱治未乱也。”由此可见，吴鞠通对于小儿的父母家人及医者都提出了具体要求，反复强调慎调摄、重鞠养的重要性，体现了无病先防、既病防变、防重于治的预防医学思想，值得我们继承学习和借鉴。

[《中医儿科杂志》，2007；(3)]

《温病条辨》中杏仁之运用

王洪海

吴鞠通《温病条辨》中杏仁之运用十分广泛，且具独到之处。全书附方二百零八首，用杏仁者计二十四方，其中将杏仁用作主药者有七首；如三仁汤、桑杏汤、杏仁石膏汤等。兹就其运用规律简述如下：

一、宣气化湿

吴氏治湿温诸病非常重视气机的通畅，提出“气化则湿亦化”而肺居上焦，主一身之气，故肺气的宣通对全身气机的调畅具有重要影响，杏仁归经入肺，善“宣肺气”。方如三仁汤以杏仁辛开肺气，佐白蔻、厚朴、半夏行气消痞，健脾除湿，滑石、通草、苡仁渗利湿热、使肺气宣通，脾运得健，湿浊得化，诸症自解。他如三加减正气散，清络饮加杏仁苡仁滑石汤等，均仿此意组方。

二、开郁通痹

对于湿热郁结在经络的痹证，吴氏常用杏仁配伍防己、薏苡、桂枝等开肺气之郁，宣通经络间的湿热为主治。“痹证总以宣气为主，郁则痹，宣则通也”，如宣痹汤方“以防己急走经络之湿，杏仁开肺气之先，连翘清气分之湿热，赤豆清血分之湿热，滑石利窍而清热中之湿……”；杏仁薏苡汤以杏仁辛开肺气，桂枝、生姜辛温通阳，苡仁、防己合桂、姜走经络，宣络祛湿，以治疗“风寒暑湿，杂感，混淆，气不主宣，咳嗽头胀”等症。

三、宣上达下

杏仁的功效主要是宣上焦肺气，又可疏通下焦，开大肠与膀胱之气痹。“再肺经通调水道，下达膀胱，肺痹开则膀胱亦开……”故湿热弥漫三焦，“以手太阴一经为要领”，治肺则“胃与膀胱皆在治中，而三焦俱备矣。”方如杏仁滑石汤以杏仁、滑石、通草先宣肺气，由肺直达膀胱以利湿，配合苦温燥湿之半夏、厚朴，苦寒清热之黄芩、黄连，俾三焦混处之邪，各得分解。再如治疗暑湿弥漫三焦，邪在气分之三石汤，方中“杏仁、通草为宣气分之用，且通草直达膀胱，杏仁直达大肠”，协助石膏、寒水石等清热退暑利湿，均取杏仁宣上达下之功。

四、化滞开痞

温热病中，由于湿热秽浊之邪阻滞气机，常出现胸脘痞满胀闷不舒之证，如三仁汤证中的“胸闷不饥”，三加减正气散证中的“舌黄脘闷”，杏仁滑石汤证中的“胸痞满”，杏仁石膏汤证中的“中痞恶心”等，其总的病机为胸脘气机痹阻，吴氏常用杏仁、半夏、厚朴、陈皮之属治之，这与叶天士所说“宜从开泄，宣通气滞，以达归于肺”的观点一致。

五、降逆平喘

杏仁苦泄降气、化痰平喘，吴氏通过配伍将其用于多种咳嗽痰喘证。如桑菊饮以之配桑叶、桔梗、连翘等疏散风热，宣降肺气，用治风温初起，邪偏于肺，身不甚热者；麻杏石甘汤以杏仁配石膏、麻黄共奏清热宣肺、化痰平喘之功，若兼有腑实证，“则以杏仁、石膏宣肺气之痹，以大黄逐肠胃之结”即宣白承气汤证。若太阴湿温喘促，则杏仁配苇茎、滑石清热化湿，宣肺平喘，如千金苇茎汤加杏仁滑石方；若暑温兼有水饮，痰多咳嗽较重者，则杏仁与燥湿化痰之半夏、茯苓、厚朴共施，方如小半夏加茯苓汤再加厚朴杏仁方。

六、清肺润燥

燥邪致病常以肺经为病变中心，杏仁质润入肺，故吴氏将杏仁用作主药治疗各种燥病。方如杏苏散以之合苏叶、前胡、豆豉等辛温透表之品，用治外感凉燥证，桑杏汤则以杏仁配伍桑叶、沙参、梨皮等辛凉甘润之品，主治外感温燥证。若燥热伤肺，气阴两伤，则配合益气养阴清热之药麦冬、人参、阿胶、石膏等，方如清燥救肺汤。

总之，《温病条辨》中用杏仁主要是取其轻宣上焦，开达肺气，多用于湿热病证的治疗。其次，也用其止咳平喘、宣肺润燥之功，治疗多种咳嗽喘促和秋燥病。

[《江苏中医》，1991；(2)]

温病传及下焦的治法

黄道存

要讲温病，不得不提到伤寒。伤寒和温病所感受的病邪不同。伤寒是感受寒邪，寒邪侵袭伤人之阳，故伤寒末期，即伤寒的厥阴病，必以救阳为主，如用四逆汤之类。温病是感受阳邪，阳邪侵袭伤人之阴，故温病末期，即少阴或厥阴温病（下焦），必以救阴为主。

总的来说，治疗温病最主要的就是“存津液”三字。尤其是温病传及下焦的时候，“存津液”更为重要。因此可以说，懂得“存津液”的意义，就抓着了治温病的要领。

温病在下焦的治法可分为四种：护（护阴清热）；救（救阴退热）；保（保阴搜邪）；填（填阴护阴）。现分述如下。

一、护阴清热法

《温病条辨》下焦篇第十一条说：“少阴温病，真阴欲竭，壮火复炽，心中烦，不得卧者，黄连阿胶汤主之。”此条系指真阴既亏而实邪旺盛，阴阳各自为道，不相交互，因而心中烦躁不安，不得暂卧。所以用护阴清热法的黄连阿胶汤，内护真阴而外捍亢阳，使内坚真阴，外泻壮火而救危亡。

二、救阴退热法

《温病条辨》下焦篇第一条说：“风温，温热，温疫，温毒，冬温，邪在阳明主羁，或已下，或未下，身热面赤，口干舌燥，甚则齿黑唇裂，脉沉实者，仍可下之，脉大，手足心热甚于手足背者，加减复脉汤主之。”其自注中谓：“若实证居多，正气至溃败，脉来沉实有力，尚可假手于一下，即《伤寒论》中急下以存津液之谓。若中结粪，邪热少而虚热多，其人脉必虚；若再下其热，是竭其津而速之死也。故以复脉汤复其津液，阴复则阳留，庶可不至于死也。”此法又称留人治病法。这里所指的复脉汤，是加减复脉汤，亦吴鞠通《温病条辨》下焦篇的主要药方之一。吴鞠通集温病之大成，继承叶天士的学术思想，对于阴分的护、救、保、填诸法，甚为精通，这条加减复脉汤是他将《伤寒论》中的炙甘草汤去参、桂、姜、枣等补阳药，加入白芍以收三阴之阴而成的，是用古法而不拘泥于古方的一个范例。这条加减复脉汤在救阴方面用途甚为广泛，凡是由感染温病之后，因误用辛温表散之品，或乱投温补燥热之药，或泻下攻伐汗下诸法，引热邪内陷，传及下焦及足厥阴肝，或足少阴肾，而成邪少虚诸证者，均可应用本方治疗。下焦的足厥阴肝或足少阴肾都可以用加减复脉汤者，是因为肝肾同源的缘故。

三、保阴搜邪法

本法主要是应用青蒿鳖甲汤，这是药方中常用的退热方之一，凡是温病传至及营分，症见夜热早凉，无论发热七、八天到四十余天不退的，服之甚效，青蒿鳖甲是中焦篇第八十三条所载者，其原文是：“脉左弦，暮热一早凉，汗解渴饮，少阳疟偏于热重者，青蒿鳖甲汤主之。”这条药方是叶天士从少阳病寒热往来的小柴胡汤变化出来的，小柴胡汤原为伤寒病的寒邪伤阳立方的；以柴胡领邪，以人参、大枣、炙草、生姜护阳。本条的青蒿鳖甲汤，缘暑热伤阴，以鳖甲护阴（护阴即保阴）且能入络搜邪，以青蒿搜邪，这是叶氏宗古法而创新者。另外有一条青蒿鳖甲汤是《温病条辨》下焦篇第十二条所载，原文是：“夜热早凉，热退无汗，热自阴来者，青蒿鳖甲汤主之。”即用以治疗缠绵数月，其热不甚高（38 度左右），自能行动，日渐消瘦之症者。

四、填阴护阳法

《温病条辨》下焦篇第十六条说：“热邪久羁，吸烁真阴，或因误表，或因妄攻，脉气虚弱，舌绛苔少，时时欲脱者，大定风珠主之。”大定风珠即三甲复脉是治手足痉挛，时时欲脱的危重证候的药方。这比加减复脉汤证危重得多，是邪气已去八九，真阴仅存一二的治法，故以大队浓浊填阴塞隙，介属潜阳镇定，以鸡子黄一味，从足太阴下安足三阴，上济手三阴，使上下交合，阴得安其位，阳可立其根，俾阴阳结合，庶不致绝脱。

总的来说，护阴、救阴、保阴、填阴都是以存阴为主，这是温病后期“存津液”的具体运用。这四类治法都各有辨证重点和治疗范畴：

1. 壮火尚盛者，应该用黄连阿胶汤以护阴清热，不得用大定风珠、加减复脉汤。
2. 邪少虚多者，应该用加减复脉汤以救阴退热，不得用黄连阿胶汤。
3. 夜热早凉者，应该用青蒿鳖甲汤以保阴搜邪，不得用大定风珠、加减复脉汤。
4. 阴虚欲痉者，应该用大定风珠以填阴护阳，不得用青蒿鳖甲汤。

上述辨证重点及治疗范畴，医者必须牢牢掌握，不可混淆。

［《广西中医药》，1979；（2）］

《温病条辨》的温热病即新感春温病推论

翁宜峰

反复研读清・吴鞠通撰著的《温病条辨》(以下简称《条辨》),对书中论述的温热病的名、实颇难理解。翻阅该书的目录无春温病名;该书论及春温病的条文只有卷二・中焦篇・湿温(疟、痢、疸)附第97条:“春温内陷下痢,最易厥脱,加减黄连阿胶汤主之。”再查阅《吴鞠通医案》(四卷本),该书目录中无温热、春温病名。鉴于历代医家对新感春温、伏气春温孰存孰废争议很大,反映在全国中医学院试用教材2版《温病学讲义》,尽去伏气春温的内容;而全国统编教材4版《温病学》以后,以及最新教学参考丛书《温病学》,则采取兼容并存的编写方法,且都以春温作为病名。由此产生如下疑问:《条辨》的温热病是否即新感春温病?吴氏立温热病名而废春温病名的隐义是什么?谨作如下理论探讨及推论。

一、部分温病名家对新感春温病的肯定

1. 宋・郭雍　认为春温包括春季的多种温热病。其中也有“冬不伤寒,而春自感风寒温气而病者”;以及“春有非节之气中人为疫者”。

2. 明・汪机　认为又有不因冬月伤寒,至春而病温者,此特春温之气,可名春温,如冬之伤寒,秋之伤湿,夏之中暑相同,此新感之温病也。由此观之,是春之病温,有三种不同:“……有不因冬伤于寒,不因更感温气,只于春时感春温之气而病者。”

3. 清・叶天士　认为春温有新感春温和伏气春温二大方面。如《临证指南医案・卷五》的目录列有温热病名,其内容包括新感春温和伏气春温医案,而该书《卷十・幼科要略》则专门论述伏气春温病。叶氏还强调:“春温皆冬季伏邪,……然暴感为多。”

4. 清・邵仙根　认为春温病有两种,一种是伏气春温;另一种“若春令太热,外受时邪而病者,此感而即发之春温也”。

5. 清・何廉臣　认为新感温热,邪从上受,必先由气分陷入血分,里证皆表证侵入于内也。伏气温热,邪从里发,必先由血分转入气分,表证皆里证浮越于外也。新感轻而易治,伏气重而难疗。

6. 孟澍江等　认为吴氏所说的温热,是指春末夏初之时,因温热之气亢盛而病者,初起热势较甚,其实质属于春温的范畴。并认为在宋代郭雍《伤寒补亡论》之前,许多文献中所说的“温病”“温热”“病温”等往往是指春温病。

7. 赵绍琴等认为温热分为广义和狭义两个概念。广义的温热病泛指风温、春温、暑温、秋燥、冬温等各种温热类疾病;狭义的温热病,即指春温病而言。

二、《条辨》的温热病即新感春温病的依据

1. 发病季节及病因　吴氏认为温热病发生于春末夏初,阳气弛张,温甚为热,新感阳热之邪为病。与叶天士论述的春温病发生于春分之后,夏至之前,暴感时令温热之邪而发病十分相似。

2. 传变规律　吴氏指出“温热之邪从口鼻而入,鼻气通于肺,口气通于胃,肺病逆传则为心包。上焦病不治,则传中焦,胃与脾也;中焦病不治,即传下焦,肾与肝也。始上

焦，终下焦。”整个传变过程，与叶天士论述的新感春温病从口鼻均入之邪气，则先上继中，过募原直走中道的传变规律吻合。

3. 吴氏贬废春温病名的欠妥之处前已述及吴氏把唯一一条论述春温病的条文：“春温内陷下痢，最易厥脱，加减黄连阿胶汤主之”，归在《中焦篇·湿温病》名下，令人费解。如按《吴鞠通医案·湿温》张氏案有伏邪内陷的夹议，对此条可以理解为春温伏邪内陷，这种编写方法初看是混合了两种不同性质（温热、湿热）、不同发病类型（伏邪、新感）的温病。深思只好附会雷少逸《时病论·治时病常变须会通论》的说法：“然而亦非一定之变，须知春温亦有湿温之变证，湿温亦有春温之变证，论中不能印定，须活法而通治之，此又不特春温、湿温可以会通，而暑温、冬温，以及诸病皆有等证之变，悉可以通治之……”雷氏之说是教人遇温病变证，可以舍病执法而治，虽可部分解释得通吴氏的编写方法，但仍然不能解释吴氏力避春温病名，废弃春温病常证辨治的本意。

再细读《条辨·中焦篇》第19条：“阳明温病，干呕口苦而渴，尚未可下者，黄连黄芩汤主之。……”吴氏自注：“温热，燥病也，其呕由于邪热夹秽，扰乱中宫使然，故以黄连黄芩彻其热，以芳香蒸变化其浊也。”此条自注回避了口苦的注释。正如赵绍琴等指出的：此条之证不属“阳明温病”，应以伏温外发，热郁少阳胆经之证为是。赵氏等主张废其论，取其方，疗效较《伤寒论》黄芩汤更佳。

以上说明吴氏贬废春温病名之难且不妥。

三、《条辨》立温热病名而贬废春温病名的隐义，是废弃伏气春温之说，而褒扬新感春温之说

1.《条辨》论述伏暑病，明言是长夏受暑，气虚之人暑湿之邪内伏，内舍于骨髓，外舍于分肉之间，过夏而发。因与历代医家的说法吻合，故不另立病名。此点或者可以旁证吴氏立温热病名，而贬废春温病名是另有所指的。

2. 遵循《内经》“冬伤于寒，春必病温”“冬不藏精，春必病温”的大旨。历代医家绝大多数认定春温是伏气春温，是伏气温病的代表病种。对于春温病新感、伏气孰重的纷争，取兼容并存的医家亦不少；惟独吴氏力主春温属于新感温病，废弃伏气春温学说，又不欲卷入纷争遭受指斥，因而另辟蹊径，借用宋代以前文献，以及《临证指南医案》温热病名，但内容尽去伏温内发之说，此当为其主要隐衷。可以说吴氏创造性地把新感春温学说理论化，把它推上了一个高峰；至于是否以偏概全，目前尚难定论。

总之，从历代温病名家的论述，可以认为春温病包含新感、伏气二大学术内容。从吴氏论述温热病的发病季节、病因、传变规律、证治内容，可以推论出《条辨》的温热病即新感春温病。

长期以来，春温病一病多名，病名概念模糊不规范。王琦指出：主要因为医生对疾病认识的着眼点不同，以致同一病证得出不同的结论，中医学常常一事多指，阻碍了对疾病本质的进一步揭示。春温病新感与伏气学说本质的揭示尚待时日，目前只好兼容并存，正如恩格斯指出的：“我们只能在我们时代的条件下进行认识，而且这些条件达到什么程度，我们便认识到什么程度。”

本人以上的推论只是初浅的理论探讨，提供习研者参考，俾有益于中医病名规范化。然而以隙视纹，管窥之见难免偏与错，恳请精深者不吝指正。

［《时珍国医国药》，2001；（11）］

《温病条辨》对痹证的认识指要

沈　鹏

《温病条辨》中焦篇从第65至68条专论痹证。其中对热痹的证治进行了较为系统的论述。热痹之说始于《内经》,《内经·痹论》谓:“痹或痛或不痛,或不仁,或寒或热,或燥或湿……其热者,阳气多,阴气少,病气胜阳遭阴,故为热痹。”但痹证从暑湿热立论,把痹证归入温病范围,并使之证治系统化,实乃《温病条辨》一大创新。如书首凡例曰:“是书原为温病而设,如疟、痢、疸、痹,多因暑温,湿温而成,不得不附见数条,以粗立规模,其详不及备载……是书所详论者,论前人之未备者也。”

痹为经络气血不通,产生骨关节疼痛为特点。清代以前,多宗《内经·痹论篇》以风寒湿三气杂至合而为痹。其风气胜者为行痹,寒气甚者为痛痹,湿气胜者为着痹。以后历代医家在实践的基础上,逐步认识到痹证似乎与温热病有联系。如叶天士在《临证指南医案》中指出:“从来痹证,每以风寒湿三气杂感主治,召急之不同,由于暑外加之湿热,水谷内蕴之湿热,外来之邪,著于经络,热痛不减,余以急清阳明而致小愈。”吴氏在前人的经验基础上,重视寒热虚实,发展和充实了对热痹的论治理论。如吴氏自论曰:“本论因载湿温而类及热痹,……当于《内经》、《金匮》,喻氏、叶氏以及宗元诸名家,合而参之自得。大抵不越寒热二条,虚实异治……。”

《温病条辨》中焦篇第65条论述了对湿温之热痹的诊治。“湿聚热蒸,蕴于经络,寒战热炽,骨骱烦疼,舌色灰滞,面目萎黄,病名湿痹,宣痹汤主之。”本条概括了湿温热痹的病机、病证、病变过程及论治。其湿聚热蒸,蕴于经络,一方面指明机理,另一方面也指出了其病在经络,尚无脏腑兼病。其治疗用宣痹汤。防己急走经络,直达病所,祛湿止痛;杏仁开利肺气;连翘清热解毒,以祛湿热;薏苡淡渗而主挛痹;半夏辛平通降行水湿,主寒热;蚕砂清热化浊。

《温病条辨》中焦篇第68条曰:“暑湿痹者,加减木防己汤主之。”木防己汤出自《金匮要略》,为治疗支饮重症心下痞坚方。药用防己、石膏、桂枝、人参,有补虚散结、清热行水作用,主治水饮有郁而化热之象。方中防己、桂枝,一苦一辛,行水饮散结气,而本方去人参加杏仁、薏苡、滑石、通草,重点在于宣畅气机,清热利湿,通经除痹。体现了宣通清解的治热痹原则,故而吴氏在自注中,称“此治痹之祖方也”。并提出了以该方加减的基本方法。“因不能备载全文,故以祖方加减如此,聊示门径而已。”

为了与湿热痹对照,《温病条辨》中焦篇第67条专则寒湿痹论治,“风暑寒湿,杂感混淆,气不主宣,咳嗽头胀,不饥舌白,肢体若废,杏仁薏苡汤主之。”其主药用杏仁、薏苡、桂枝、生姜、厚朴、半夏、防己、白蒺藜。综观用药,自当与湿热痹形成对比,正如吴氏自注:“既兼雨湿中寒邪,自当变辛凉为辛温。此条应入寒湿类中,列于此者,以其为上条之对待也。”

综上所述,《温病条辨》不但提出了湿热痹的病机、病证和病变过程,还提出了宣通气机,清利湿热的治疗原则,并制订以宣痹汤为主的代表方剂,对后世临床起到了指导作用。联系临床,也更易于领会吴氏条文的含义。如急性风湿热、化脓性关节炎等,往往出现寒战热炽,骨骱烦疼,局部红肿热痛之症状。治疗上应用宣通气机,清热利湿方药如宣痹汤类较易取得满意效果。

对于寒痹与热痹，吴氏提出“寒痹势重而治反易，热痹势缓而治反难，实者单病躯壳易治，虚者兼病脏腑挟痰饮腹满等证，则难治矣，犹之伤寒两感也。”这一点应该说是相对寒痹而言，它包括二层意思，所谓热痹难治，多指兼病脏腑者，从宣痹汤证来分析，它还是属于单病经络者，如其病机：“湿聚热蒸，蕴于经络。”其二，热痹兼病脏腑相对重而多见，故治疗相对复杂。吴氏对有脏腑兼病者有一条加以说明，如薏苡竹叶散证：“温郁经脉，身热身重，汗多自利，胸腹白疹，内外合邪，纯辛走表，纯苦清热，皆在所忌，辛凉淡法，薏苡竹叶散主之。”吴氏自注曰：“上条但痹在经脉，此则脏腑亦有邪矣，故又立一法。……脾表邪从气化而散，里邪从小便而驱，双解表里之妙法也。”以上病证，出现“自利”说明湿热不但伤及在表之经络肌腠，而且损伤在里之脾阳。在治疗上以脾胃为本，不可“纯苦清热”而重伤脾胃。此可窥见吴氏用意之一斑。

在临床上，如单纯病在经络往往易治，但一经兼病脏腑，治疗则较为复杂。如风湿热、风湿病，当病及心、肾等脏，出现心瓣膜病变时，治疗较难取得效果。如风心病，往往出现热痹症状，但已病及脏腑，笔者结合《温病条辨》有关湿热痹的论治方法加以辨治，以清热宣痹为主，可取良效。《素问·痹论篇》曰：“脉痹不已，复感于邪，内舍于心。”可见痹证伤及于心已早被重视。南方属火生热、湿热之邪偏多，因此现代医学所指之多种关节病变、风湿病等也往往易出现热痹证。吴氏以暑湿热立论，系统提出了热痹的诊治理论，无疑提供了有效方法。

在具体临床实践上，当根据热痹病人风寒湿邪化热程度的不同和病邪的偏胜及症状表现分为热偏重、湿偏重和寒热错杂三型，灵活运用不同的治法和方药。对于热偏重者，可出现全身关节或肌肉游走性疼痛，局部灼热红肿，遇热痛甚，得冷则痛减，甚则筋脉拘挛，关节屈伸不得，或兼发热、口渴、心烦、舌红、苔黄燥、脉滑数等症。治当清热通络，祛风利湿。方用《温病条辨》加减木防己汤合《金匮》白虎加桂枝汤加减。湿偏重者，可见关节肿胀疼痛，病程缠绵，畏寒发热，午后加重，胸闷纳差，身重、腹胀、苔白腻或黄腻，脉濡缓。治当祛湿清热，疏风通络。方用宣痹汤加减。寒热错杂者，可见关节疼痛，酸胀，筋脉拘急；局部关节灼热红肿，但怕冷，得温则舒；晨起关节僵硬；或兼口干，但不欲饮或喜热饮，舌红苔黄等。治宜散寒祛湿，疏风清热。方用《温病条辨》杏仁薏苡汤合《金匮》桂枝芍药知母汤加减。

[《中医药学刊》，2001；（6）]

吴鞠通《温病条辨》关于神昏的理论建树

谢红梅

神昏是临床常见的危急证之一，早在《内经》、《伤寒论》中已论及热病神识障碍，金·成无己《伤寒明理论》首用神昏一词，其涵义是“神识不清”、“识昏不知所以然”。神昏指昏迷、谵妄、昏蒙等神志异常的表现，是温病常见的急危重症之一。清代温病学家吴鞠通的《温病条辨》（以下简称《条辨》）中，关于神昏的论述甚详，至今不失为辨治的规范，对指导临床有一定的价值，兹略探讨如下。

一、条分缕析，主次分明

神昏是如何产生的?《条辨》上焦篇第16条清宫汤方论中说：“火能令人昏，水能令人清，神昏谵语，水不足而火有余，又有秽浊也。”上焦篇第53条又说：“热多神狂，谵语烦渴。”明确指出温病神昏的成因主要是火，也与秽浊和水不足有关。

火即火邪，亦称温邪。温病任何时候出现神昏都离不开温邪，正如叶天士所说：“吸入温邪，鼻通肺络，逆传心包络中，震动君主，神明欲迷。”温邪具升散之性，易内陷而犯营血，或与痰浊内阻心窍，扰乱心神，导致神昏。

“秽浊”在《条辨》中有两种含义，上焦篇第18条自注中说：“温毒者，秽浊也。”此处秽浊实指热毒，与火邪相似。另外，在紫雪丹方论中说：“诸香化秽浊”，此处秽浊则是指湿浊。湿浊与热相合致神昏，书中有多处论述。如“湿温邪入心包，神昏肢逆”，“湿温邪入未清，里虚内陷，神识如蒙”，“吸收秽浊，三焦分布，……神识昏迷”，“湿温久羁，三焦弥漫，神昏窍阻”等，即是。

“水不足”即指阴虚，主要是心、肝、肾之阴虚。上焦篇第17条自注说：“日久邪杀阴亏而厥者，从育阴潜阳法”，又说：“温热之厥，手厥阴也”，这里的昏厥是由邪热伤阴所致。神昏不仅由阴虚引起，《条辨》亦介绍了心气或元气虚致神昏的情况。如下焦篇第2条谈到温病误表，使心气、心液伤而神昏；下焦篇第39条论及元气伤也可致神昏等。此外，下焦篇第21条、第30条所言蓄血证，也有神志忽乱，为瘀热互结所致。

二、阐发病机，扼要简明

心藏神，主神明思维，而心包为心之宫城，能代心受邪。吴氏介绍神昏，全书有30多处，病位无一例外地涉及到手厥阴心包。由于病邪的性质不同，侵犯的途径有异。邪犯心包有邪热直接传入（内陷），有阳明腑实，有湿热郁蒸，有瘀热互结，有浊热间接影响心包等。吴氏论述直接侵犯心包者，多用“热邪内陷”、“内闭”（包括逆传）。如上焦篇第16条自注说：“手经逆传，世罕知之，手太阳病不解，本有必传手厥心包”，上焦篇第21条：“温毒内陷心包”，上焦篇第31条：手厥阴暑温，“清神不了了”、“时时谵语”，要“谨防内闭”，中焦篇第41条：暑温邪气久留“神识不清”，是“热闭内窍”。直接侵犯心包者，主要是邪热或痰热阻塞心窍，神志失常，往往神昏重，预后较差。间接侵袭心包，吴氏常用“上冲”、“上逆”、“内蒙”、“上扰”等字眼。如上焦篇第17条自注说：“邪搏质与部位，阳明，阳明太实，上冲心包，神迷肢厥”，上焦篇第43条自注说：“湿随辛温发表之药，蒸腾上逆，内蒙心窍则神昏”，下焦篇第7条自注说：“少阴之液无以上供”，故“神昏欲眠”。少阴之液不足，则心火亢，亦会扰乱心神。另外，蓄血证出现神昏，吴氏虽未言明其理，依证方测之，属瘀热循冲任上扰心包所致。间接侵犯心包实为燥结、湿热、瘀热、虚损影响或干扰了心包主神明的功能，一般神昏的时间短暂，或较轻，预后较好。

三、辨证施治，先标后本

吴氏治疗温病神昏，首先是开窍，以治其标，多用安宫牛黄丸、紫雪丹、至宝丹，三者常称“三宝”。它们都有清心凉营、化浊解毒、透络开窍的作用。无论何种成因所致的神昏，都可选择使用。其中使用频率最高的是牛黄丸，其次是紫雪丹。牛黄丸总共用了11次（一般方剂才用1~2次），紫雪丹也用了9次，大概是治温病，“安宫牛黄丸最凉，紫雪次之，至宝又次之”的缘故。

开窍以后吴氏多根据具体成因，对证治本。如有心包热盛用清宫汤，“清膻中之热”；如营血分有热用清营汤“清营分之热而保津液”；如谵语因结粪而然，用小承气或调胃承气，轻泄阳明之实，使腑气通，津液存，浊热下泄，神明自然清宁；神昏“不大便七、八日以外”，又有“胸腹满坚，甚则拒按”，阳明腑实明显，用大承气汤泄热通腑，热泄则闭开；邪热内陷心包，又有腑实上扰，则用牛黄承气汤清心开窍，攻下腑实；如神昏由湿热所致，吴氏依病势采用辛通苦降，或淡渗利尿，或清化湿浊。里虚湿热内陷，用人参泻心汤加白芍，以辛通之干姜、枳实化湿，以苦降之黄连泄热；下焦湿热，上蒙心包，先用牛黄丸宣窍清热而护神明，再服茯苓皮汤淡渗分消湿浊；湿郁肠道，传导失常，用宣清导浊汤，使郁结之湿邪从大便而去。如瘀热互结，吴氏认为应以“逐血分瘀热为急务”，视其闭结的程度和瘀热之轻重，或用桃仁承气汤，或用抵当汤，或用加减桃仁承气汤。如阴津被劫，心失所养的神昏，往往补益肝肾，用复脉汤加减。兼心火偏旺者，用连梅汤；兼元气受伤，用三才汤，以补阴津为主，佐补元气。

综上所述，《温病条辨》中关于神昏的论述，条分缕析，系统全面，是一本不可多得的论述神昏的杰作。

[《河北北方学院学报》，2005；（4）]

《温病条辨》中的死证刍议

李伟林

《温病条辨》记载：“仲子曰：‘敢问死？’孔子曰：‘未知生，焉知死？’瑭以为医者不知死，焉能救生。细按温病死状百端，大纲不越五条：在上焦有二：一曰肺之化源绝者死。二曰心神内闭，内闭、外脱者死。中焦亦有二：一曰阳明大实，土克水者死。二曰脾郁发黄，黄极则诸窍为闭，秽浊塞窍者死。在下焦：则无非热邪深入，销铄精液，涸尽而死也。”吴鞠通特提出了温病的几个主要危症以引起后人的重视，以上这些即便在科学发展的今天仍使我们感到十分棘手。今列举如下。

一、肺之化源绝者死

从目前临床来看，肺之化源绝者可表现为成人呼吸窘迫综合征（ARDS）和急性肺水肿等。急性肺水肿表现：如吴鞠通所述：如若吐粉红血水者死不治。至粉红水，非血非液，实血与液交迫而出，有燎原之势，化源连绝。血从上溢，脉七八至以上，面反黑者死不治。血从上溢，而脉七八至，面反黑，火极而似水，反兼胜已之化也，亦燎原之势莫制。下焦津液亏极，不能上济君火，君火反与温热之邪合德，肺金其何以堪？故皆主死。化源绝，乃‘温病第一死法’也。”

吴鞠通所论：“若汗多脉散大，喘喝欲脱者，生脉散主之。”喘喝欲脱既是肺之化源绝之明证，亦是成人呼吸窘迫综合征的主要表现。

二、心神内闭　内闭　外脱者死

心神内闭即为中枢神经表现，或为中枢神经系统感染，或为继发代谢性中枢神经系统表现；外脱即为虚脱或休克之表现。

内闭则神昏，神昏何以生？《温病条辨》上焦篇清宫汤方论中说："火能令人昏，水能令人清，神昏谵语，水不足而火有余，又有秽浊也。"明确指出温病神昏的成因主要是火，也与秽浊和水不足有关。叶天士曰："吸入温邪，鼻通肺络，逆传心包络中，震动君主，神明欲迷。"温邪具升散之性，易内陷而犯营血，或与痰浊内阻心窍，扰乱心神，导致神昏。

心藏神，主神明思维，而心包为心之宫城，能代心受邪。吴鞠通介绍神昏，全书有30多处，病位均涉及到手厥阴心包经。如上焦篇："手经逆传，世罕知之，手太阴病不解，本有必传手厥阴心包"，"温毒内陷心包"；中焦篇：暑温邪气久留"神识不清"，是'热闭内窍"。

吴鞠通曰："邪入心包，舌謇肢厥，牛黄丸主之，紫雪丹亦主之。""神昏谵语者，清宫汤主之。牛黄丸、紫雪丹、局方至宝丹亦主之。"

吴鞠通治疗温病神昏，首先是开窍以治其标，多用安宫牛黄丸、紫雪丹、至宝丹，三者常称"三宝"。它们都有清心凉营、化浊解毒、透络开窍的作用。无论何种成因所致的神昏，都可选择使用。其中使用频率最高的是牛黄丸。

外脱：吴鞠通论"汗多脉散大，喘喝欲脱者，生脉散主之。"汗多而脉散大，其为阳气发泄太甚，内虚不相留恋可知。生脉散酸甘化阴，守阴所以留阳，阳留汗自止也。以人参为君，所以补肺中元气也。

三、阳明大实　土克水者死

阳明大实即高热不退、或见脓毒血症、败血症表现。《温病条辨》曰："阳明温病，下之不通，其证有五。"经谓"下不通者，死"，盖下而至于不通，其为危险可知。

不忍因其危险难治，而遂弃之。

吴鞠通论："阳明者两阳合明也。温邪之热与阳明之热相搏，故但恶热也。或用白虎，或用承气者。"阳明温病五不下证为：①应下失下，正虚不能运药，不运药者死，新加黄龙汤主之。②喘促不宁，痰涎壅滞，右寸实大，肺气不降者，宣白承气汤主之。③左尺牢坚，小便赤痛，时烦渴甚，导赤承气汤主之。④邪闭心包，神昏舌短，内窍不通，饮不解渴者，牛黄承气汤主之。⑤津液不足，无水舟停者，间服增液，再不下者，增液承气汤主之。

但吴鞠通一再告诫：下法并不能通治温病。指出用之不当，其弊有三："一则邪在心包、阳明两处，不先开心包，徒攻阳明，下后仍然昏惑谵语，亦将如之何哉？吾知其必不救矣。二则体亏液涸之人，下后作战汗，或随战汗而脱，或不蒸汗，徒战而脱。三者下后虽能战汗，以阴气大伤，转成上嗽下泄、夜热早凉之怯证，补阳不可，救阴不可，有延至数月而死者，有延至岁余而死者，其死均也。"

四、脾郁发黄　黄极则诸窍为闭　秽浊塞窍者死

脾郁发黄而黄极即今之急性、亚急性肝功能衰竭；秽浊塞窍除了见之于急性、亚急性、慢性肝功能衰竭外还可见于肾功能衰竭。

《温病条辨》记载："湿热不解，久酿成疸，古有成法，不及备载，聊列数则，以备规矩。以黄疸一证而言，《金匮》有辨证三十五条，出治一十二方。先审黄之必发不发，在于小便之利与不利。疸之易治难治，在于口之渴与不渴。再察瘀热入胃之因，或因外并，或因内发，或因食谷，或因酣酒，或因劳色。有随经蓄血，入水黄汗，上盛者一身尽热，下郁者

小便为难。又有表虚里虚，热除作哕，火劫致黄。知病有不一之因，故治有不紊之法。”但对脾郁发黄，黄极则诸窍为闭，秽浊塞窍的死证吴鞠通也甚感棘手未能选出专方以对。

五、热邪深入　销铄精液　涸尽而死

长久持续发热可造成 DIC 或多脏器功能衰竭而销铄精液，涸尽而死。

《温病条辨》曰：“阳明温病下后脉静身不热，舌上津回，十数日不大便，可与益胃增液辈，断不可再与承气也。下后舌苔未尽退，口微渴，面微赤，脉微数，身微热，日浅者亦与增液辈，日深舌微干者，属下焦复脉法也。勿轻与承气，轻与者肺燥而咳，脾滑而泄，热反不除，渴反甚也，百日死。大毒治病，十衰其六，但与存阴退热，断不误事。”

《温病条辨》曰：“风温、温热、温疫、温毒、冬温、邪在阳明久羁，或已下，或未下，身热面赤，口干舌燥，甚则齿黑唇裂。脉沉实者，仍可下之。脉虚大，手足心热，甚于手足背者，加减复脉汤主之。”

吴鞠通论：“温邪久羁中焦，阳明阳土，未有不克少阴癸水者。或已下而阴伤，或未下而阴竭。若实证居多，正气未至溃败，脉来沉实有力，尚可假手于一下。即《伤寒论》中急下以存津液之谓。若中无结粪，邪热少而虚热多，其人脉必虚。手足心主里，其热必甚于手足背之主表也。若再下其热，是竭其津而速之死也。故以复脉汤复其津液，阴复则阳留，庶可不至于死也。”

吴鞠通提出温病的几个死证一是要世人重视，认为医者不知死，焉能救生；二是要告诫人们一定要尽早防范、积极救治，切莫误衫戮吴治，如温病耳聋，病系少阴，与柴胡汤者必死；三是有些虽说是死证，但还是有一些方有一些药是有效的，尤其是一些古方往往可见奇效，若初未见效，则要深究探索，随证化裁。通过围绕温病死证展开对《温病条辨》的学习，进一步加深了对温病学的理解，以更好地运用温病学的知识为临床服务。

[《辽宁中医杂志》，2005；(11)]

温病概论

降疡伟

温病，是热性病的一大类别，这一类热性病在发展过程中，具有它们一般共有的特性，因之，治疗这一类热性病，便需要有切合它们发展规律的方法，更需要有适合这种治法的理论来指导运用，这种理论，我们称它为温病学说。

温病学说的形成，以清代学者的贡献最大，尤其是薛生白、叶天士、吴鞠通、王孟英等更是其中的代表人物，他们的著述，便成为后世研究温病学的主要文献，也是本篇中心内容取材的主要来源。

一、温病学说的长成

1. 起源

《内经》是祖国医学最早的泉源，温病学说的源头也发生在这里。《素问·生气通天论》：“冬伤于寒，春必病温。”《热论篇》：“凡病伤寒而成温者，先夏至日为病温，后夏至日为病暑。”说明了温病的原因是由冬天伤寒所致，由于发病的季节不同，病名也有了温和暑的分别，此外，在症状方面也略有记述，如评《热病论》：“有病温者，汗出辄复热，而脉躁疾，不为汗衰，狂言热不食……”这些，是温病学说最早的文献根据。

2. 发展

为着便于说明问题，把它分为两个阶段：

（1）自后汉至唐

《难经》把各种热性病做了分类工作，因为《内经·热论》“今夫热病者，皆伤寒之类也”的说法，所以，把一切热性病统称为伤寒，它说：“伤寒有五，有中风、有伤寒、有湿温、有热病、有温病。”所以后世有广义伤寒与狭义伤寒之分，温病则属于广义伤寒的一种。

后汉张仲景在《伤寒论》中所叙述的温病症状，与《内经》的精神大致相似，并在太阳篇中以不恶寒而渴与恶寒而不渴作为鉴别温病与伤寒的主要关键。这是祖国医学治疗热性病的第一部专书，理、法、方、药，是后世治疗热性病的规矩准绳，但是，温病在整个《伤寒论》中，除了与伤寒起了鉴别作用之外，却没有一条明文直接提到温病的治法。

晋代王叔和在《伤寒论》中，根据《内经》加以阐发，他说：春天的温病，夏天的暑病，都是冬天受了寒邪，没有立即发病，寒毒藏于身体里面，过时而发的缘故，这便是后世所谓伏气温病，又提出：冬令有非时之暖，人感之成为冬温，这便是后世所谓新感温病。

隋代巢元方著《诸病源候论》，分温病为二十二候；唐代孙思邈《千金方》有治肝病阴阳毒等方十首；王焘《外台秘要·温病门》已详述温热、温毒、冬温等症状，并已提及温病发斑的现象。

在这一阶段里，主要是张仲景在《内经》、《难经》的理论指导下，把温病收入了临床著述——《伤寒论》之中，自后汉以迄隋唐，诊疗温病，都以《伤寒论》为准则，在理论方面，除孕育了新感伏气的胚芽之外，仅在原有的基础上对症状、分类、方剂等方面，作了些补充。

（2）自宋到明

宋代朱肱《活人书》首先提出：风温治在少阴、厥阴，湿温治在足太阴，都不可发汗。金朝刘守真认为热病初起，单用辛温解表，足以误人，并自制凉膈散、天水散诸方，以矫救时弊。到了明代王安道，更直接指出：“温病不得混称伤寒。”“治当刁清里热为主，而解表兼之，亦有治里而表自解者，此足以明其热之自内达外。”他们的言论，对温病治法上都有贡献，尤其是王安道对温病之热自内达外，治当以清里热为主的说法，对后世温病学说的影响最大。

汪石山对温病的成因方面也正式提出了伏气和新感两种，他说：“……冬伤于寒……至春而发……此伏气温病也，又有不因冬伤于寒而病温者，此特春温之气，可名曰春温，如冬之伤寒，秋之伤湿，夏之中暑相同，此外感之温病也。”前面王安道所说的温病之热“自内达外”。这是指的伏气温病，于是在汪石山提出新感与伏气的两大成因以后，后人在他俩的启发下，又提出了新感温病“自表入里”的说法，于是在治法上前者则以清里热为主，后者则以解表为先。

在这一阶段里，温病学说最大的成就是：温病初起，不可辛温发汗，伏气温病自内达外，治以清里热为主，以及在成因方面，新感与伏气的提出，都是很有价值的新发现。

2. 成就

清代叶天士吸取了前人理论的精华，结合了自己的实践，提出了不少的新见解，他在

《外感温热篇》中开始便以“温邪上受，首先犯肺、逆传心包”作为新感温病的纲领，王孟英在按语中更根据该篇：“不从外解、必从里结”两句话，说明温邪袭肺以后：“由上焦气分以及上下二焦者为顺传”。更指出了新感温病的受病起点以及发展趋向。

此外，叶天士更认为对温病的诊疗，好些地方和伤寒不同，在《临证指南》中也曾提及治疗温病须以三焦立法，在《外感温热篇》中更提出：“辨营卫气血虽与伤寒同，若论治法则与伤寒异。”并继续介绍了自己的理论：“大凡看法：卫之后方言气，营之后方言血，在卫汗之可也，到气才可清气，入营犹可透热转气……入血就恐耗血动血，直须凉血散血……”

吴鞠通师承了叶天士的学说，和古人的学说贯串了起来，并加上了自己的心得，著成《温病条辨》一书，以三焦学说为经，以卫气营血学说为纬，构成了《温病辨证论》治的纲领。

自清代以迄现代，又经过了许多学者的努力，温病学说的内容，更趋于完善、充实。解放以来，在党和政府的领导下，温病的疗法，在继承和发扬祖国医学遗产的方针政策下，得到了发扬，运用温病学说治疗乙型脑炎的伟大收获，便是一个实际例子，同时也说明了祖国医学在现代医坛上的价值的一斑。

二、一般常见的温病

现在我们已经知道温病是热性病的一大类别，它是包括各种热病的一个总名，同时在成因方面，又有新感与伏气的分别，叶天士在《临证指南》中已提出伏气温病有两种，一种长夏受暑深秋发病的伏暑，一种即冬伤于寒的温病，也就是后世所说的春温，新感方面，根据吴鞠通《温病条辨》有风温、温热、温疫、温毒、暑温、湿温、秋燥、冬温、温疟九种，这些都是感受四时流行的温热之邪而立即发病的，现在选择临床常见的几种，分别介绍如下：

（1）风温　发于春季，主要症状为身热、口渴、自汗、恶风、头痛、咳嗽等，严重的容易“逆传心包”出现谵语神昏的症状。

（2）春温　也发于春季，多半由新感引动而发，症状与风温相似而较重，初起发热恶寒无汗比较显著，除兼新感侵入肺络者外，一般均不咳嗽，病程也比风温长，后期每多出现阴伤液涸的证象。

（3）暑温　是夏月新感暑邪的疾病，主要症状为发热、身困多汗、口渴、头晕而痛、面垢、齿燥、烦则喘喝，静则多言。

（4）湿温　多见于夏末秋初，发病缓慢、恶寒身重、头目昏重胀痛、胸闷不饥、午后身热，热势不扬、舌苔白滑而腻、脉濡而缓。病程较长，是本病的特点。

（5）温疫　必先热后寒，热多寒少，定时发作，为主要特征。

（6）湿热痢　是夏秋间感受湿热或过食生冷而成，其主要症状是痢下赤多白少、里急后重、腹痛如刮、肛门如灼、身热胸闷、苔黄中腻、渴不多饮等。

（7）秋燥　为秋令因新感而引起的疾病，有凉燥与温燥之别，惟在初起时有所区分：凉燥头痛身热、恶寒无汗、鼻鸣而塞，状类风寒、但有唇燥嗌干、干咳胸满、两肋窜痛、皮肤干燥、舌苔薄而干等乏津的现象与之有别。温燥头痛身热，干咳无痰或痰稀而黏，气逆而喘，咽喉干痛、鼻干唇燥，胸满胁疼、心烦口渴、舌苔白薄而燥，边尖俱红。肺燥津伤的现象，尤较凉燥为甚。

（8）伏暑　长夏受暑，至秋冬因新感而触发、新邪欲入、伏气欲出、脘痞恶心、口渴心烦，午后则甚，入暮更剧，天明得汗，则诸恙稍缓，如果暑邪深伏于营分，更容易传入厥阴出现昏厥现象。

（9）冬温　是感受冬令非时之暖而发的新感温病，症状和春温相似，但较悍烈，起初即口渴鼻干和脉数，与伤寒更不相同。

以上所举的温病，在发展过程中，由于天时地区和体质的不同，临床症状，当然错综复杂得很，这里仅是介绍它们主要的特征而已。关于病名方面，在各家著述中，有的是根据病因定名的，有的是根据时令的，有的是根据症状的，因此，名目繁琐而不统一，此外在成因方面，有几种疾病，在某些著述里，认为属新感，在另一种著述里，便认成是伏气，关于这些，他们都是在自己所亲历的经验中体会出来的，各有各的理由，这里只凭笔者主观意见选择了一两家的学说作为取材的来源。

三、温病的辨证纲领——三焦和卫气营血

三焦和卫气营血学说，都起源于《内经》，但是，在《内经》里所指的三焦和卫气营血，是指人体的部位、器官、或是体内的正常物质和功能……

三焦和卫气营血，在温病学说的领域里，也和伤寒六经一样，同样是辨证施治的纲领，前面已经提到，这是叶天士的创获，他在《内经》的理论基础上，并吸收了清初名贤对三焦的见解，通过了伤寒论六经的启发，体会了他们的精神，从而发表了温病必须辨营卫气血、分三焦论治的卓见，经过了吴鞠通的阐发和充实，才形成这一套完整的工具。

1. 三焦　吴鞠通曾将三焦学说有关温病方面的精神实质作了一个概括性的介绍，他说："温病由口鼻而入，鼻气通乎肺，口气通于胃，肺病逆传，则为心包，上焦病不治，则传中焦，脾与胃也，中焦病不治，即传下焦，肝与肾也。"根据他这样的意见，可见三焦在温病学说上，具有两方面的意义：

（1）代表温病发展的三个阶段：上焦指温病的初期，中焦指温病的极期，下焦指温病的末期。

（2）指出病变的所在：上焦的病变在肺和心包，中焦的病在脾和胃，下焦的病变在肝和肾。

2. 卫、气、营、血　按照前面所引叶天士"卫之后方言气，营之后方言血，在卫汗之可也，到气才可清气，入营犹可透热转气，……入血……直须凉血散血"这一段文字，可知卫气营血在温病学说上，也具有下列两方面的意义：

（1）指出病邪的所在：邪在卫分为在表，最浅，到气分已传入于里，较深一层，传入营分更深一层，侵入血分，是最深的境界，同时这也表示了病势轻重不等的四个层次，邪愈浅病愈轻，邪愈深入，病势愈重。

（2）表示病势发展的趋向：初起必从卫分开始，继之便是气分，营分以及血分，这是一般的规律，王孟英更从成因方面补充了他的意见，他说："凡外感温病如此看法……若伏气温病，自里达表，乃先从血分而后达于气分……"其实新感温病深入以后，在好转的机转中，也和这种趋向一样。

病变发生在什么地方，病势发展就到什么程度，它们都各自具有一系列的症状，留在后面诊断项内再谈。

四、温病的诊断方法

诊断温病，虽然也是利用的四诊、八纲等方法，但是由于温病在发展过程中的某些特点以及温病学说中有一套自成体系的辨证纲领，所以除了诊断一般热性病应用的常规之外，更须要注意到这几方面：

温病的辨证纲领，便是上节所谈的卫气营血和三焦，温病的特点，在成因方面，有新感与伏邪的不同，在后果方面，最主要的是容易伤阴，前者可以综合全身的见证，确定病变所在，后者则以观察舌苔的润燥，消息津液的存亡，同时舌质的深浅荣枯，舌苔厚薄松紧等方面的表现，更有助于判定邪正胜衰，预后的良恶。本节所述的内容，也就只关于分三焦，辨营卫气血，辨新感与伏邪以及察舌、察斑疹白痦等这几方面：

1. 分三焦　在三节所引吴鞠通的原文里，可见三焦在辨证施治上，还是比较概括的名词，因为它们都包括两个部分的病变，每一个部分所表现的征象，才是具体掌握的对象，现在从各家著述中采撷综合贯串介绍如下：

（1）上焦　包括手太阴肺、手厥阴心包两个部分的病变，前者的表现是：头痛微恶风寒，身热自汗，口渴或不渴而咳，脉浮而动数，两寸独大。后者的表现是：舌色绛赤，夜寐不安，甚则神昏谵语，舌謇肢厥等。

（2）中焦　包括足阳明胃，足太阴脾两个部分的病变，足阳明病的特征是：发热不恶寒、反恶热，日晡益甚，面目均赤，语声重浊，呼吸气粗，大便秘、小便涩，苔黄甚则焦黑起刺。足太阴病的特征是：身热不扬，午后较甚，体痛且重，胸闷不饥，泛恶欲呕，大便溏薄，苔滑腻脉缓等。

（3）下焦　包括足厥阴肝、足少阴肾两个部分的病变，病在前者便要发生厥热交替，热深厥深，心中憺憺，手指蠕动，甚则神倦瘛疭，舌卷囊缩等现象，病在后者便要发生身热面赤，手足心热甚于手足背、口干舌燥，甚则齿黑唇裂，心中烦不得卧，溲短赤涩等现象。

2. 辨卫气营血　叶天士在外感温热篇里原则性的提出看病邪在卫、到气、入营、入血的诊断方法。，章虚谷在这段文学下面，替他作了具体性的注脚，他说："凡温病初感，发热而微恶寒者，初在卫分，不恶寒而恶热，小便色黄，已入气分矣，若脉数舌绛，邪入营分，若舌深绛，烦扰不寐，或夜有谵语，已入血分矣。"于此可知，邪在卫分的特征是发热恶寒，在气分的特征是但发热不恶寒，反恶热。营分的特征是舌色赤绛，血分的特征是舌色深绛或紫，发斑动血。

病邪在三焦和卫气营血的那一部分，便要出现那一部分的症状，所以三焦和卫气营血学说，在温病临床上实则各自代表了一个或包括了两个证候群，同时，也从每个证候群的特点上分别出这些证候群的各个类型。

各个证候群的分别叙述，只是为着说明每一个类型的特点，其实临床所见的，很少如此的单纯，往往是两种或三种合并的混合类型，临床时只要抓住几个特点，便可认清这个混合类型的组成单位。

3. 辨新感与伏邪　新感温病，随感随发，伏气温病，伏邪自行外达的很少，一般的常为新感所激发，因此在临床上就可见到三种类型，一是单纯的新感，一是单纯的伏气，一是伏气兼新感。

新感由表入里，始于手太阴卫分，所以发热恶寒无汗或少汗，苔白脉浮等是起病必见的症状，从另一方面说，如果起病迳发热而不恶寒，同时更兼有口渴溺赤，苔滑腻或舌赤无苔，脉细数或沉数而躁等里热壅盛的现象，便是伏邪外发的现象，再进一步说，如果一个初病即有里热的病人，同时更伴有恶寒现象，这就表示新感引动伏邪，这里更可以看出：所谓新感与伏邪，仍然脱离不了临床症状的基础。

4. 察舌　分辨温病在卫、气、营、血的哪一阶段，除依据一般症状外，必须结合舌和苔的变化来下诊断，这个舌是指舌的本质，苔是指舌面所生出的苔，一般说来，卫分与气分的病变多反映在苔上，营分与血分病变多反映在舌上，根据苔的干燥湿润，可以测知患者的津液是否受伤，从舌质的坚敛与胖嫩中又可以推测到患者体质的虚实。此外，苔的厚薄，可以候邪气的深浅，舌的荣枯，能够决阴分的盈亏，其他如舌斜属风，舌短属火，舌胀属湿等都具有一定的诊断价值。现在将温病中常见的舌苔扼要的介绍如下：

（1）白苔　白苔主表，温邪在卫分时，必见薄白苔，（白苔有寒证、有热证，属热的边尖带红）如逐渐传入气分，苔才逐渐由白转黄，苔白薄而干，是表邪未解，津液已伤或为感受燥气的现象；苔白厚腻，是挟有湿浊，苔白舌绛，是湿遏热伏之征。

（2）黄苔　邪入气分，苔便由白转黄，但黄苔中挟有一分白色，就还带有一分表证，苔若黄厚而糙，有口渴便秘腹满拒按等症，便是热邪结于阳明，劫灼津液，若苔虽黄而不焦老燥裂，是里热而不是里实；若苔色黄腻或浊，又是湿中生热的见证了。

（3）黑苔　黑苔有寒热的不同，黑而燥裂，表示是热极阴伤的现象，病已进入危险阶段，若苔色虽黑，但舌质滑润而不紫赤的，便是虚寒的表现，与上面所说的黑苔恰恰相反。另外，刚吃过酸味的食物（如橄榄）舌苔上也常常染成黑色（白苔吃枇杷也能变黄色），谓之染苔，最易混淆，必须进行详细的问诊，不可疏忽。

（4）红舌与绛舌　一般地讲，邪入营分则舌色绛，入血分则舌色深绛，甚则绛而紫晦。若舌尖独绛而干，乃心火上炎之象。如果满舌鲜红起刺，又是营热燔炽的象征。红而干燥，是胃津已伤；红而无苔，是阴虚火炎。反之，若舌见淡红，光而无苔，便是气阴两伤的虚证了。

（5）紫舌　紫舌在温病中大多由于热毒深入厥阴（肝）少阴（肾）阴精劫灼而成。若素有瘀伤宿血，热与瘀结，其舌紫暗、扪之潮湿；若紫而干晦如猪肝色的多属不治，然而，寒证亦可见到紫舌，但必淡紫而带青滑，不可混淆。

附：验齿

验齿对于观察患者津液的枯竭和润泽有很大的意义，叶天士说："齿为肾之余，龈为胃之络，热邪不燥胃津，必耗肾液……"事实，验齿对温病的诊断确有相当的作用，其内容大约可分三个方面：

（1）牙齿的本质，光燥如石是胃热甚，若伴有无汗恶寒的现象，是卫分感邪偏胜；若色白如枯骨的，是肾液枯竭，病多难治；若上半截润，下半截不润，为心火上炎，津液尚未枯竭，急投以清心救水之剂，枯处即可转润。

（2）齿面的积垢，齿垢如灰糕色的，是胃津亡而又有湿浊留恋，预后不良；如有结瓣色紫如干漆，是热灼胃津；黄如酱瓣，是热伤肾阴。

（3）齿龈的情况，齿龈出血而痛的，是胃火冲激，虽出血而无痛感的是肾火内播。

察舌验齿，是望诊中的一部分，在温病诊断上占着很重要的地位。必须与其他的诊断方法（包括闻问切和望诊中的其他部分）密切地配合起来，决不可能单从这一方面作出片面的诊断。这是应该注意的。

5. 诊察斑疹白痦　温病热毒过甚窜入营血，多出斑疹，点大成片平摊于皮肤之上的，叫做斑；如云头隐隐，或见琐碎小粒高出于皮肤之上的叫做疹。温热病见到发斑疹，本是邪从外达的标志。

但亦不宜多见，多见了就是热毒深重的现象，同时，无论斑或疹，颜色以红活鲜润为佳，不宜见紫色、黑色、见黑色者多死。前贤有云："斑色红者属胃热，紫者热极，黑者胃烂。"但黑色也有可以治活的，叶天士说："黑斑而光亮者，热胜毒盛，虽属不治，若其人气血充者，或依法治之尚可救，若黑而晦者必死，若黑而隐隐四旁赤色，火郁内伏，大用清凉透发，间有转红或可救者。"总之，斑疹以分布稀疏均匀，出齐后逐渐消退为顺，若斑出不全，出后疏密不匀，或根脚不清，颜色紫晦，或甫出即隐，都非佳象。特别在出斑疹时要神情清爽，方为邪已外达外解里和的现象，如斑疹出而神志昏糊，乃正不胜邪，温毒内陷或胃津内涸之征。

白痦　是突出于皮面之上的一种水晶色小粒，在温热病中常常见到，它的发生多由湿热之邪久郁气分，失于透达酝酿而成。白痦色泽的荣枯，对温病的预后有很大的参考价值，一般说，白如水晶色的预后多佳；若色白如枯骨的属气阴内竭，预后不良。

五、温病的治疗

由于温病有新感和伏邪的分别，和容易伤津劫液的特性，因此在治法上，势必采取不同的措施并时时刻刻顾护病人的阴液，这是治疗温病的重要关键。

1. 新感温病和伏气温病的治疗原则

（1）新感温病的治法：

新感温病，可以拿风温作为代表，柳宝诒在《温热逢源》中曾说过："风温之邪，当春夏间感受温风，风邪郁于肺，咳嗽发热，甚则发为痧疹，《内经》所谓风淫于内，治以辛凉，叶氏所谓温邪上受，首先犯肺，皆指此一种暴感风温而言也。"从这里可以知道风温之邪，从上焦手太阴侵入，邪渐由表而渐入于里，因之在治法上宜乎轻清宣透，逐邪外出，杜绝它内入的路径，这是唯一的治疗原则，所以，新感温病以辛凉解表为入手第一法。

（2）伏气温病的治法：

伏气温病的治法与新感温病不同，这是由于发病机转上的差异，叶天士说："冬寒内伏，藏于少阴，入春发于少阳，以春木内应肝胆也，寒邪深伏，已经化热，昔贤以黄芩汤为主方，苦寒直清里热，热伏于阴，苦寒坚阴，乃正治也，温邪忌散，不与暴感门同法"，因为伏气由内而发，渐渐外达，所以初起即可从清泄里热入手，柳宝诒说过："……即初起有表证者，亦以清泄里热导邪外出为主。"

（3）伏气新感兼病的治法：

叶香岩说："若因外感先受，引动在里伏热，必先以辛凉以解新邪，继进苦寒以清里热。"这样的治法，与仲景《伤寒论》中所提出的先表后里的治疗原则是同一意义，不过兼感的温病，也不一定单由外邪引动伏热，同样也有伏温已发而继感新邪的，在治疗中采用方法，亦当视表邪的轻重为决，表邪重者，首当解表兼以清里，表邪轻者，当以清里热为主，王安道说过："亦有里热清而表邪自解者。"

这种说法，确实是经验之谈。

2. 常用的几个温病治法

（1）疏表法　新感初起，邪在卫分，没有入里之前，必须疏散发表，使邪随汗出，凡风温、秋燥、冬温等证初起，见有发热恶寒、头痛体痛、口渴舌红、脉浮数等证象时，都可采用本法。但是温为阳邪，只宜辛凉，切忌辛温，误用辛温，劫灼阴液，变证丛生，一般常用辛凉疏表的方剂，如葱豉桔梗汤、桑菊饮、银翘散等。

（2）清气法　这是采取寒凉性质的药物，直接挫折热势的方法，是治疗温病最主要的一个方法。适用于表证已罢，热邪入里，蒸腾于气分，出现身热自汗、不恶寒反恶热、口渴、脉洪大等症状的时候，代表方剂如白虎汤、竹叶石膏汤。

（3）通下法　温病不从表解，邪热入里，内结阳明之腑，劫夺津液，产生腹坚满、大便闭、口燥渴、脉沉实等证象，必须采用本法，使热从下泄，津液方能保存，还有一种腹痛坚满，利下稀水，肛门灼热的叫热枯旁流，也宜清泄，此外郁热在里，大便稀溏如酱，滞涩难下，臭秽难闻，肛门灼痛，虽无燥结，也可应用本法，一般常用的通下方剂有大小承气和调胃承气汤。

（4）清营（凉血）法　温邪由气入营，舌绛而干，反不甚渴，宜用本法清谅透泄，使邪转出气分而解，若传入血分，舌色深绛甚则紫晦，谵语发斑，吐衄便血者，比营分更深一层，势已不能转出气分，只有直接凉血了。其实清营和凉血，在处方的原则上和治疗方向上完全是一致的，所不同的，只是程度上的极重而已，它们的代表方剂，前者有清营汤，后者有犀角地黄汤。

（5）透窍法　温邪逆传心包，闭塞灵窍，致令神明瞀乱，意识昏蒙，谵语痉厥，撮空理线，甚别尸厥不语，急宜清宫开窍，如牛黄丸、紫雪丹、至宝丹、清宫汤等。

（6）熄风法　邪入下焦，干扰厥阴，发生痉厥抽搐等证，或者蒸涸肾阴，产生昏厥瘈疭之象。前者是火旺生风、属实，宜清肝熄风，如羚羊钩藤之属，后者是水不涵木，属虚，宜滋阴潜阳，如大小定风珠，三甲复脉等。

（7）滋阴法　这也是温病治法中的一个主要方法，在热邪久羁，屡清不退，阴液业已损耗的时候，适合使用本法，以沃焦救焚。不过，本法的内容，又包括好几种，必须针对病情，灵活运用，方能合拍，一般的可分两方面来谈，热在气分，肺胃之津液受伤，以致舌燥唇干、烦渴引饮者，宜清热生津，如五汁饮、雪梨浆、麦门冬汤之属。若邪入营血，肝肾之真阴欲竭，以致齿燥唇裂，五心热甚者，宜养血滋阴，如增液汤，加减复脉汤之类。

（8）化湿法　温病往往兼感湿邪，湿热一相结合，湿为热蒸，热为湿罨，更加缠绵不解，必须清化湿邪，使湿去而热无依附，才能逐渐痊愈，但感湿有表里之分，必须随证施治：一般的湿邪在表，蒙蔽清阳，必有头目昏重如裹如蒙等感觉，湿邪在里，困于太阴，必有胸闷脘阻泛恶欲呕等感觉，在表，热势还没有鸱张，可以芳香宣透之剂，予以开逐之，如霍香正气汤、不换金正气散等。在里，便要看热势的轻重，分别论治，热势轻者，可以辛温燥湿为主，如藿朴夏苓汤，热势重者，以辛开苦降为良，如王氏连朴饮，湿热并重的，则以清热化湿并用，如甘露消毒丹。

以上八种常用的温病治法，从化湿法中就可以看出并不是孤立的运用，而是根据病情相互配合的，如阳明发斑气血两燔的时候所用的化斑汤，清瘟败毒饮等方，便是清气和凉血并用的复合疗法，又如阴虚燥结，大便不行，用增液承气汤，便是通下和滋阴并用的复合方剂，这些方法的运用，也有它的一定原则，都是根据复杂的症状和特殊的情形而取决的。

结语

温病学说，自《内经》开始记载有关的部分理论以后，在伤寒的治疗体系中，逐渐发展起来，通过了历代名贤们的努力，到清代而趋于成熟，歧出伤寒的体系之外，居然自成体系，尤其是从许多温病发展过程中，在错综复杂变化万端的症状上找出了它们一般的规律，用三焦和卫气营血来执简驭繁地分划了它们的类型，给诊疗工作带来了莫大的便利。此外，如治疗方面清营凉血，开窍熄风等法，以及方剂方面的牛黄、至宝、黄龙、增液等方，都是温病学说上的伟大成就，在热性病的辨证施治上，给《伤寒论》补充了不少的内容。

温病是热性病中最多的一些疾病，因此温病学说，是临床习用的一门学问，它的实用价值，通过了治疗乙型脑炎的考验，已被客观事实所证明，在党和政府发扬和继承祖国医学遗产的号召之下，我们愿意和全国的同道们携起手来，对这份宝贵的文化遗产共同负起继承和发扬的责任。

温病学说在发展过程中，曾通过许多学者的相互辨难，众说纷纭，各是其是，某些地方只就笔者主观上的意见裁采的，而且温病学说又多是星散在各家著述之中，因此研究温病学说，不像专门研究一种著述，铁纲珊湖，很不容易蒐集，加之我们的水平和时间的限制，在本文的内容上，不免存在着许多错误的地方，希望同道们加以指正。

[《江苏中医》，1957；(5)]

吴鞠通《温病条辨》对《伤寒论》的继承与发展

黄　海

从学术的渊源来看，温病学说是对仲景学说的继承和发展，是与其一脉相承的。在这方面，体现最为鲜明的当是吴鞠通及其《温病条辨》。

《温病条辨·朱彬序》道："余来京师，获交吴子鞠通，见其治疾，一以仲景为依归，而变化因心，不拘常格，往往神明于法之外，而究不离乎法之中，非有得于仲景之深者不能。"吴鞠通著作《温病条辨》，在"凡例"篇中写道："是书仿仲景《伤寒论》作法，文尚简要，便于记诵"，"是书虽为温病而设，实可羽翼伤寒"，"《伤寒论》六经由表入里，由浅及深，须横看；本论论三焦由上及下，亦由浅入深，须竖看，与《伤寒论》为对待文字，有一纵一横之妙。学者诚能合二书而细心体察，自无难识之证，虽不及内伤，而万病诊法，实不出一纵一横之外。"吴鞠通对仲景学说的继承与发展，主要体现在以下几方面。

一、擅用经方，融会深刻的体会与见解

吴鞠通擅长应用经方。《温病条辨》一书共附208首方，其中经方原方应用有30首，吴氏对经方的见解，有许多独到之处。举白虎汤为例。《伤寒论》第176条"伤寒，脉浮滑，此以表有热，里有寒，白虎汤主之。"第219条"三阳合病，腹满身重，难以转侧，口不仁，面垢，谵语遗尿。发汗则谵语，下之则额上生汗，手足逆冷。若自汗出者，白虎汤主之。"第350条"伤寒脉滑而厥者，里有热，白虎汤主之。"从仲景原文来看，难以把握白虎汤的运用指征，或者说这些原文很难指导学者有效地应用白虎汤。《温病条辨》上焦篇第7条"太阴温病，脉浮洪，舌黄，渴甚，大汗，面赤，恶热者，辛凉重剂白虎汤主之。"第22条"形似伤寒，但右脉洪大而数，左脉反小于右，口渴甚，面赤，汗大出者，名曰暑温，在手太阴，白虎汤主之；脉芤甚者，白虎加人参汤主之。"吴氏很具体地描述了白虎汤的适应症是恶热、面赤、渴甚、大汗、苔黄、脉洪大数等，很符合临床实际。上焦篇第9条"白虎本为达热出表，若其人脉浮弦而细者，不可与也；脉沉者，不可与也；不渴者，不可与

也；汗不出者，不可与也；常须识此，勿令误也。”还具体地补充了白虎汤的禁忌症。上焦篇第40条“太阴伏暑，舌白口渴，有汗，或大汗不止者，银翘散去牛蒡子、元参、芥穗、加杏仁、石膏、黄芩主之；脉洪大，渴甚汗多者，仍用白虎法；脉虚大而芤者，仍用人参白虎法。”这条条文，点明了鉴别白虎汤证与白虎加人参汤证的要点是脉虚大而芤。这样就使白虎汤证更通俗易懂，更便于掌握。又如《伤寒论》第303条“少阴病，得之二三日以上，心中烦，不得卧，黄连阿胶汤主之。”仲景对该证论述甚简。《温病条辨》下焦第11条“少阴温病，真阴欲竭，壮火复炽，心中烦，不得卧者，黄连阿胶汤主之。”则不仅列举病证的临床特征是“心中烦不得卧”，而且点明了“真阴欲竭，壮火复炽”的病机及其治疗。更可贵的是吴氏对黄连阿胶汤的药物组成有其独到的见解，吴鞠通在按语中写道：“以黄芩从黄连、外泻壮火而内坚真阴；以芍药从阿胶，内护真阴而外捍元阳。名黄连阿胶者，取一刚以御外侮，一柔以护内主之义也。”

二、化裁经方，拓展临床应用的新领域

《温病条辨》中208首方，由经方化裁而成的方有40余首。经过化裁，拓展了经方应用的新领域。如《伤寒论》中阳明腑实证用大承气汤来治疗，而对阳明腑实的兼证，仲景却没给答案。《温病条辨》中焦第17条“阳明温病，下之不通，其证有五：应下失下，正虚不能运药，不运药者死，新加黄龙汤主之。喘促不宁，痰涎壅滞，右寸实大，肺气不降者，宣白承气汤主之。左尺牢坚，小便赤痛，时烦渴甚，导赤承气汤主之。邪闭心包，神昏舌短，内窍不通，饮不解渴者，牛黄承气汤主之。津液不足，无水舟停者，间服增液，再不下者，增液承气汤主之。”亦即阳明腑实兼气阴两虚者，用新加黄龙汤；兼痰热壅肺者，用宣白承气汤；兼热甚小肠，用导赤承气汤；兼热闭心包者，用牛黄承气汤；兼肠燥津亏，用增液承气汤。吴鞠通通过对大承气汤加减化裁，大大地扩大了承气汤的临床应用范围。又如桃核承气汤在《伤寒论》中，用治蓄水轻证。《温病条辨》下焦篇第21条“少腹坚满，小便自利，夜热昼凉，大便闭，脉沉实者，蓄血也，桃仁承气汤主之，甚则抵当汤。”桃仁承气汤是桃核承气汤去温热之桂枝，加凉血活血之当归、赤芍、丹皮而成。应该说这样化裁对瘀血与邪热互结于下焦而邪热较甚的蓄血证更为合适。

三、善用温药，传承仲景回阳救逆法则

常人都认为“伤寒为法，法在救阳；温热为法，法在救阴”。其实不尽然。纵观《温病条辨》，吴氏不仅承接仲景温法救阳之衣钵，更有所发挥。《温病条辨》中以干姜、附子为君药组成的方剂近30首之多。仲景温阳法，主要集中在《伤寒论》的太阴病篇和少阴病篇中。吴鞠通应用温阳药，在某种程度上比仲景有过之而无不及。《温病条辨》中焦篇中有9条条文论及太阴病脾阳虚寒湿证。如中焦篇第48条“足太阴寒湿，舌白滑，甚则灰，脉迟，不食，不寐，大便窒塞，浊阴凝聚，阳伤腹痛，痛甚则肢逆，椒附白通汤主之。”第49条“阳明寒湿，舌白腐，肛坠痛，便不爽，不喜食，附子理中汤去甘草加广皮厚朴汤主之。”第94条“自利腹满，小便清长，脉濡而小，病在太阴，法在温脏，勿事通腑，加减附子理中汤主之。”第95条“自利不渴者属太阴，甚则哕，冲气逆，急救土败，附子粳米汤主之。”等涉及10余首以干姜、附子为君药组成的方剂，对仲景的“四逆辈”发挥得淋漓尽致。

下焦篇中涉及温阳内容的条文达17条，温阳方剂达18首之多，病种主要涉及湿邪损伤下焦肾阳的证治；寒疝证治；疟病证治；脾肾阳虚，久痢不愈的证治等。如下焦篇第 43 条“湿久不治，伏足少阴，舌白身痛，足跗浮肿，鹿附汤主之。”第 44 条“湿久、脾阳消乏，肾阳亦惫者，安肾汤主之。”第 71 条“痢久阴阳两伤，少腹肛坠，腰胯脊髀酸痛，由脏腑伤及奇经，参茸汤主之。”第 77 条“噤口痢，胃关不开，由于肾关不开者，肉苁蓉汤主之。”等。从这些方证可以看出，吴氏治疗下焦肾阳虚证，是以温补法为主，且善于应用血肉有情之鹿茸，配伍附子组成方剂，这与《伤寒论》少阴病中以附子为君的回阳救逆汤方有所不同。

以上例证足以说明，《温病条辨》中的温阳法与温阳方并不逊于《伤寒论》中温法的内容。

四、创立新论，弥补仲景《伤寒论》之未备

1. 详述热厥　《伤寒论》论热厥，主要是第 335 条“厥深者热亦深，厥微者热亦微，厥应下之……”，和第 350 条“伤寒，脉滑而厥者，里有热，白虎汤主之。”《温病条辨》上焦篇第 17 条条文下注解中，明确指出：“再热厥之中亦有三等：有邪在络者居多，而阳明证少者，则从芳香，本条所云是也；有邪搏阳明，阳明太实，上冲心包，神迷肢厥，甚则通体皆厥，当从下法，本论载入中焦篇；有日久邪杀阴亏而厥者，则从育阴潜阳法，本论载入下焦篇。”上焦篇第 17 条“邪入心包，舌謇肢厥，牛黄丸主之，紫雪丹亦主之。”中焦篇第 6 条“阳明温病，面目俱赤，肢厥，甚则通体皆厥，不瘛，但神昏，不大便七八日以外，小便赤，脉沉伏，或并脉亦厥，胸腹满坚，甚则拒按，喜凉饮者，大承气汤主之。”下焦篇第 14 条“下焦温病，热深厥甚，脉细促，心中大动，甚则心中痛，三甲复脉汤主之。”吴鞠通执简驭繁地将热厥以三焦分类，上焦热闭心包之厥，中焦阳明热甚之厥，和下焦肝肾阴亏之厥及其具体的治法。

2. 补论阴黄　《伤寒论》对阴黄论述，只有第 187 条“伤寒脉浮而缓，手足自温者，是为系在太阴。太阴者，身当发黄；若小便自利者，不能发黄。”和第 259 条“伤寒发汗已，身目为黄。所以然者，以寒湿在里不解故也。以为不可下也，于寒湿中求之”。仲景对阴黄的论述比较简单，而且没有具体的治疗方药。《温病条辨》中焦篇 46 条“足太阴寒湿，四肢乍冷，自利，目黄，舌白滑，甚则灰，神倦不语，邪阻脾窍，舌謇语重，四苓加木瓜草果厚朴汤主之”。第 47 条“足太阴寒湿，舌灰湿，中焦滞痞，草果茵陈汤主之；面目俱黄，四肢厥者，茵陈四逆汤主之”。吴鞠通对仲景“于寒湿中求之”作了具体的诠释。

3. 完备清法　《伤寒论》中汗、吐、下、和、清、温、补、消八法具备。但对清法主要集中在清气分邪热，诸如白虎汤，白虎加人参汤，黄芩汤，麻杏甘石汤，栀子豉汤，葛根黄芩黄连汤等。应该说仲景清气法还是比较完备的。张仲景对营血分证亦有所认识，如《伤寒论》第 202 条“阳明病，口燥，但欲漱水不欲咽者，此必衄”，第 227 条“脉浮发热，口干鼻燥，能食者则衄”都认识到阳明气分邪热深入营血分的证候，但未提出具体的治疗方法。而吴鞠通在《温病条辨》中系统地论述了邪热深入营血分的证治，如上焦篇第 10 条“太阴温病，气血两燔者，玉女煎去牛膝加元参主之”，第 11 条“太阴温病，血从上溢者，犀角地黄汤合银翘散主之”，第 15 条“太阴温病，寸脉大，舌绛而干，法当渴，今反不渴者，热在营中，清营汤去黄连主之”，第 16 条“太阴温病，不可发汗，发汗而汗不出者，必发斑疹，汗出过多者，必神昏谵语。发斑者，化斑汤主之；发疹者，银翘散去豆豉、加细生地、丹皮、大青叶，倍元参主之。”等等。

当然，《温病条辨》中还有许多张仲景所未涉及的内容，诸如辛温解表、化湿解表、润燥解表、滋养肺胃之阴，填补肝肾真阴等。也正因为如此，更说明了吴鞠通不仅继承了仲景学说，并有所充实和发展，使《温病条辨》与《伤寒论》互补。诚如朱彬在《温病条辨》序中所言："昔人谓仲景为轩岐之功臣，鞠通亦仲景之功臣"。

［《中华医史杂志》，2002；（1）］

《温病条辨·解儿难》学术思想探析

周亚兵　吴　敏

清代名医吴瑭（鞠通）在吴又可、叶天士温病学说影响下，博采诸贤，著《温病条辨》，创立三焦辨证论治体系。作为一代温病大家，吴氏在儿科领域亦有深入研究，在该书《解儿难》卷中系统阐述了他对小儿生理病理特点、外感内伤疾病的病因证治、养育保健等的认识，对后世中医儿科学产生了深远的影响。其学术思想可归纳为以下几点。

一、小儿生理特点为稚阴稚阳，并非一派纯阳

自《颅囟经·脉法》载"凡孩子三岁以下，呼为纯阳，元气未散"，提出"纯阳"学说后，后代医家多宗此论。鉴于许多医家不能深入理解小儿生理本质，对此望文生义产生错误认识，吴氏经过长期临床观察，提出"小儿纯阳，此丹灶家言，谓其未曾破身耳，非盛阳之谓，小儿稚阳未充，稚阴未长者也"，认为"纯"指小儿先天禀赋之元阴元阳未曾耗散，"阳"指小儿生命活力如旭日初生，蒸蒸日上、生长旺盛的生理现象，不能错误理解成小儿一派纯阳，或有阳无阴，或阳盛阴虚的体质特点。继而吴氏提出了小儿"稚阴稚阳"体质学说，认为小儿体内精、血、津液以及脏腑、四肢、百骸等有形物质尚未发育成熟（稚阴），脏腑的各项生理功能尚未完善（稚阳），仍处于生长发育的动态过程中，只有待真牙长出后，方达到"阴足而阳充"的状态。该学说深刻阐明了小儿最基本的生理本质，对中医小儿体质学说产生了深远的影响，已经成为临床共识。

二、小儿病理特性是易于感触，易于传变

吴鞠通认为小儿的致病因素相对单纯，多因外感风、寒、暑、湿、燥、火等六邪之气由外而入；或因饮食不节，积滞内生；或因先天不足，孕受胎毒由母下传而致，一般很少受情志因素影响。由于"其脏腑薄，藩篱疏，易于传变；肌肤嫩，神气怯，易于感触"，脏腑成而未全，全而未壮，免疫和神经调节功能尚未发育完善，容易受外界因素的影响而发病。同时，小儿稚阴稚阳之体，寒热虚实易于转化，邪气易实，正气易虚，且传变迅速，容易出现错综复杂的证候。

三、儿科用药须慎用苦寒、大辛、大热、有毒之品，并中病即止

鉴于小儿特殊的生理和病理特点，儿科医生必须结合患儿体质特点，细心辨析，洞悉病情发展变化规律，谨慎用药，使祛邪而不伤正，扶正而不滋腻碍胃，顾护胃气，维护生机。吴氏针对当时因误解"纯阳"学说而致滥用苦寒药物的流弊，明确提出"儿科用苦寒，最伐生生之气"，"惟壮火可减，若少火则赖以生者，何可恣用苦寒以清之哉？"如有发热，宜

首先选用存阴退热法。同时告诫医者慎用大辛、大热及有毒药物，即使使用也当中病即止，否则就会出现“稍呆则滞，稍重则伤，稍不对证，则莫知其乡”的情况。吴氏根据张仲景“风家禁汗，亡血家禁汗，湿家禁汗，疮家禁汗”之明训，反对临床不认真分析四时所感为何气，一概选用羌活、防风、柴胡、葛根等祛风解表药的做法，结果导致小儿伤津亡血，血虚而致抽痉发作，实为医者的误诊误治，需要引起临床注意。另外，因小儿之躯在五行属春之当令，东方肝木，其味酸甘，且木离胃气则死，所以吴氏建议平时调养小儿，用药宜甘多而酸少。

又如吴氏在对泻白散（治肺热咳喘名方）的临证运用上，他根据小儿体质特点和药物寒热属性，认为该方对肺有伏火之皮肤蒸热、日晡尤甚、面肿，热郁肺逆，热病，痘证后外感已尽、真气不得归原之喘咳气急及身体虚弱者疗效显著；若兼一丝外感，即不可用。因桑白皮虽色白入肾，实为肝经之药，桑根下达而坚结，适用于内伤咳喘者；地骨皮为枸杞之根，入地最深，故得地骨之名，其禀少阴水寒之气，主治骨蒸劳热，力能至骨。若风寒表邪在经络，用之能引邪入肝肾之阴，伏陷外邪，无法使之上出，可致小儿久咳不愈，因此对兼有表证之咳喘应慎用或禁用桑白皮、地骨皮。该分析确凿有据，令人信服。

四、痉病须从四纲九类立论，随证定法，灵活变通

痉病是小儿常见病和疑难杂证。吴鞠通鉴于当时“讹传妄治已久”的现状，宗张仲景、叶天士理论及临床精髓，认为小儿痉病的发生，一则因小儿肌肤薄弱、脏腑娇嫩、正气未充，一旦感受外邪，传变迅速，易动肝风。二则因医者不能深入探究外感六邪致病之理，一见外感，无论何邪，即与发表，导致汗多劫伤津液；或抽痉发作后，仍重用苦寒，苦能渗湿伤阴，寒能伤少火之气，使筋脉失养而发病。吴氏认为六气皆能致痉，根据小儿禀赋差异和感邪不同，列寒、热、虚、实四纲，分列寒痉、风温痉、温热痉、暑痉、湿痉、燥痉、内伤饮食痉、客忤痉、本脏自病痉 9 个证型，兹分述如下。

1. 寒痉　系外感寒邪所致，表现为周身强直，筋脉拘急。吴氏宗张仲景分类，项背强直，汗出恶风者为柔痉，系风多寒少，宜用桂枝汤调和营卫而祛风邪；无汗为刚痉（寒痉），脉沉，宜葛根汤祛风散寒生津。

2. 风温痉　多发于风之当令，阳气发泄之时，临床较为少见，以发热微恶风寒，四肢抽搐，脉象浮数为其特点，宜用辛凉法。轻证用辛凉轻剂银翘散、白虎汤等以透表清热；伤津液者加用甘凉之物，如生地、麦冬；神昏谵语，则需加用清宫汤、安宫牛黄丸、紫雪丹等芳香开窍；待抽痉好转后需以六味地黄汤、三才封髓丹、复脉汤等养阴生津。

3. 温热痉　该型系外感温热病邪销铄真阴所致，临床较为常见且病情较危重，表现为高热面赤，口干而渴，手足抽搐，两目上视，舌红苔黄干，脉弦数等一派热邪亢盛，扰动心神之象。治疗原则与风温痉相似，临床再结合证候轻重浅深而调整用药。

4. 暑痉　系暑天感受暑邪发病，或兼风寒、风热，由于“小儿肤薄神怯，经络脏腑嫩小，不奈三气发泄，邪之来也，势如奔马，其传变也，急如掣电”。临床表现为发热，四肢、颈项抽搐，兼证复杂。项强无汗为兼风寒，宜新加香薷饮以清热祛暑解表；有汗者宜用银翘散以疏散风热，重加桑叶以止汗；咳嗽者用桑菊饮以疏风清热、宣肺止咳；汗多者用白虎汤清气分之热；脉芤而喘，则用人参白虎汤清热益气生津；身重汗少，则用苍术白虎汤清热利湿；脉芤，面赤，多言，喘咳欲脱者，用生脉散益气生津敛阴；神识不清者用清营汤加钩藤、丹皮、羚羊角清营透热，熄风止痉。神昏则加用紫雪丹、安宫牛黄丸以醒神开窍。吴氏特别指出医者诊治时需心如澄潭，目如智珠，方能切中要害，辨识清楚抽痉之因，否则就会出现“执痉以求痉，吾不知痉为何物”的窘境。

5. 湿痉　《素问》载“诸痉项强，皆属于湿”，吴氏认为应为“风”之误，因痉病皆风木刚强屈拗之象，风为百病之长，六淫之邪皆因风而入，而湿性柔不能致强。即使因湿起痉，多因湿浊之邪久居未愈，弥漫三焦，上闭清窍，内蒙膻中，内伤脾阳，肝木鸱张动风或兼感外风致痉者居多。临床可见筋脉拘急，舌白不渴，基本治则为祛湿疏风。因湿而挟风者，宜用五苓散渗湿祛风；有湿温之象者，宜三仁汤清利湿热，宣畅气机；因寒湿所致，舌白不渴，经脉拘急者，宜用桂枝姜附汤散寒祛湿。

6. 燥痉　小儿感受燥邪，燥气化火，销铄津液而致抽搐，多发于秋季当令，亦兼伏暑内发，致新凉外加之证。临床出现咽干口燥，筋脉拘急，或抽搐，舌干苔少。治宜辛凉甘润生津之品，如桑叶、沙参、梨皮、麦冬等；内有伏暑挟湿者，轻者宜用苦辛淡之品，重者可用苦辛寒之品；如有燥气化寒之象，出现胁痛呕吐，可用苦温甘辛法论治。

7. 内伤饮食痉（慢脾风）　吴氏认为本证系由吐泻所致，细察之，可分为伤脾阳、伤胃阳、脾胃两伤、伤肾阳等四型。临床可见面色白或发青，手足不温，吐泻不止，手足搐搦或震颤等。宜用健脾温阳祛寒为基本治则，根据伤及脏腑不同，可选用参苓白术散、四君子汤、六君子汤、异功散、补中益气汤、理中汤等。虚寒甚者，可重用温阳健脾之药，如丁香、肉桂、肉果、诃子等，使阳复寒去，温养筋脉而痉止。

8. 客忤痉（惊吓）　小儿神气怯弱，心气素虚，易受外界惊扰，如受到异常之物（声）或失足落空等刺激。临床可见肢体抽搐，发热，有汗或无汗，面色时青时红，梦中呓语，手足蠕动。宜复脉汤去人参、桂枝、生姜、大枣，加丹参、丹皮、犀角等补心之体，配心之用。大便干结者，加玄参；便溏者加牡蛎收涩止泻；汗多心神不宁者，加龙骨、琥珀、朱砂重镇安神。该型临床较为少见，须确系惊吓所致方可用该法论治。若见小儿唇舌干燥，双目充血有赤络者，系阴阳逆乱，心包热炽，宜用牛黄清心丸、安宫牛黄丸、紫雪丹等清热开窍、镇心安神。

9. 本脏自病痉　“由于平日儿之父母，恐儿之受寒，复被过多，着衣过厚，或冬日房屋热炕过暖，以致小儿每日出汗，汗多亡血”。肝主藏血，体阴而用阳，在体为筋，血足则柔，血虚则痉。吴氏认为本脏自病痉与外感六邪痉关系密切，机体感受外邪，致汗多亡血，肝血亏虚而痉；同时，汗多亡阳，卫表不固，又易感邪加重病情。宜育阴柔肝，血足则风自灭，可选用六味地黄丸，复脉汤，三甲复脉汤，大、小定风汤等方剂。

综上所述，吴氏强调“六气明而痉必少”，医者必须明晰六气致病的特点，随证定法，用药灵活变通方有卓效；重视治病求本，提倡“只治致痉之因，而痉自止”；推崇治未病思想，如若见小儿吐泻，就应预防抽痉发作，达到“于其未痉之先，知系感受何邪，以法治之，而痉病之源绝矣”，所谓“上工不治已病治未病，不治已乱治未乱”。以上思想充分体现了吴鞠通学验俱丰，注重预防和辨证论治，这对现代临床有深远的指导价值。

五、疳证生于湿，治疳宜用九法调脾胃

吴氏对小儿疳证的治疗进行全面总结并加以发展。疳者干也，提出“干（疳）生于湿”的著名论断。由于小儿饮食不择精粗，不知满足，加之父母溺爱，惟恐饥渴而强与之，薄弱之脏腑无力受纳运化，而致脾气郁结不舒，不能为胃行其津液而生湿阻；中焦受气取汁变化而赤是谓血，脾胃湿阻，不能受五谷之气，则气血生化无源而血干；而且卫气为水谷精气所化生，可肥腠理，司开合，捍卫外侮之邪，卫气虚馁则汗多，致营血亏虚；气血亏虚久则肢体日渐消瘦，中焦湿聚不化而腹满，腹日满而肢愈瘦，则渐生疳证，疳者，干也，故曰“干生于湿”。

在钱乙、李东垣、叶天士等学术思想的影响下，吴氏总结了以调理脾胃为中心的治疳九妙法，分别为：(1) 疏补中焦。小儿疳积多脾虚湿盛，内阻中焦，治宜健脾益气，疏解脾气之郁，化湿和中，湿祛则腹满消，则中气畅达，受纳和运化功能健旺；用枳术丸加减。该方补中寓消，消中寓补，乃治疳第一妙法。(2) 升降胃气。小儿脾胃运化失常，升降失司是疳证的基本病理基础，胃主通降，以降为顺，是受纳的前提，治宜顺乎病势，和胃降逆，则纳谷自香，可选半夏泻心汤。(3) 升提中气。脾主升清，水谷精微的运化、输布全赖脾阳充足；小儿疳证乃土虚湿盛，郁遏脾阳，久则虚而下陷，故宜振奋脾阳，升提中气，则脾升胃降，脏腑相因，阴阳相合，共同完成饮食的消化吸收，可用补中益气汤。(4) 甘淡养胃。胃喜甘润而恶燥，甘者能补能缓，胃气的有无皆依赖胃中津液的滋养，胃阴充足则食物自化；淡则渗利湿邪，化湿和胃，故甘淡之药正合小儿疳积的体质特点。(5) 调和营卫。营行脉中，卫行脉外，皆水谷精微所化，吴氏认为“卫气馁故多汗，汗多而营血愈虚，血虚故肢体日瘦”，宜桂枝汤加减，以调和营卫，内外和谐，则鼓动中焦之气，运化畅达，以荣脏腑而化气血。(6) 食后击鼓。相当于现代的音乐疗法，美妙的旋律有助于心情愉悦，气机畅达，脾胃升降和谐，则饮食自化。(7) 调整饮食。进食宜清淡，少食油腻、甘甜、辛辣、生冷之品，以防滋腻碍胃，痰湿内生，伤及脾阳，加重病情。(8) 杀疳虫。若疳证因嗜食异物致脾失运化，内生疳虫者，需佐少量苦寒酸辛药燥湿杀虫，宜中病即止，以防败胃伤阴，重泄脾气。(9) 丸药缓图。疳证为渐积之候，非一时所能奏效，宜用丸药缓运脾阳，逐渐振奋脾胃之气。以上治疳的各种治法，临证时应用心体会，方可大有裨益。

六、儿科医生须懂得小儿养育知识

吴氏在养育小儿方面有丰富的经验，认为“小儿无冻饿之患，有饱暖之灾”。父母惟恐小儿受寒，复被著衣过厚，冬日房屋热炕过暖，以致小儿出汗过多，汗多亡血，使肝失所养，不能养肝柔筋而致痉；或汗多腠理疏松，卫气外泄亡阳，易感六淫之邪。因此积极主张对父母进行养育知识的普及教育，大力提倡科学喂养哺育小儿。由于小儿稚阴稚阳，病理传变迅速，且不能明确表述症状，因此吴鞠通对儿科医生提出了更高要求，认为医者必须重视自身的修养，“顺天之时，测气之偏，适人之情，体物之理”，“上与天地呼吸相通，下与小儿呼吸相通，而守之以诚”，“精于方脉妇科，透彻生化之源者”，辨证精当，纤毫入细，方能为儿科医生；坚决反对“不求岁气，不畏天和，统举四时，率投三法，毫无知识，囿于见闻”的做法。

[《广州中医药大学学报》，2006；(4)]

浅谈《温病条辨·疳疾论》

刘　艳　郑志勇

疳证是由于喂养不当，或其他疾病的影响，致使脾胃功能受损，气血耗伤而逐渐形成的慢性病证，以形体消瘦，面黄发枯，精神委靡或烦躁，饮食异常为特征。小儿疳证又称疳疾，疳积，五疳，诸疳等，也是儿科常见病症。清·吴鞠通在《温病条辨·疳疾论》篇中首次将本病治法作了总结。

一、病机方面

吴鞠通指出：父母唯恐小儿饥渴，常给予过量饮食，小儿自己不知饥饱，每遇美食多吃不厌，加之小儿脾胃消化功能尚不健全，导致食滞胃停，脾气因而郁滞，脾不能运化水谷精微，胃不能输布津液，困聚于内，生为水湿，湿聚中焦气机不利，出现腹部胀满；气血受阻，不能输布四末，日久可致肢体瘦弱。

二、治疳九法

1. 疏补中焦　小儿脾常不足，运化乏力，加之喂养不当，积滞湿阻，更伤脾胃。此时若纯补益，恐运化弱，补而不受，甚至碍滞；若过用消导又恐克伐正气，而犯“虚虚实实”之戒，即吴氏所言“稍呆则滞，稍重则伤”，故“疏补中焦，第一妙法”。补中寓消，消中有补，消不峻利，消补兼施，从而使中气旺盛，气机畅达，能纳而运化，则营养充裕，发育渐趋正常，即所谓“脾胃壮实，四肢安宁”。

2. 升降胃气　小儿疳证，虽有诸多病因，但其发病机理，无外乎脾胃运化失常，升降失司，所以治当“顺乎病之势”，“因势利导”以恢复脾胃运化功能为重点“升降胃气”，此乃吴氏治疳之第二妙法也。

3. 升脾阳　脾之所以主运化，主升，全赖脾中之阳气，阳气充则津得以运，气得以升。小儿本是稚阳之体，而疳证乃小儿土虚湿盛，湿困脾阳，遏而不化，久则虚而下陷，致运化更弱，升提无力，因此“升下陷之脾阳”为治疳第三妙法。

4. 甘淡养胃　疳证总源于脾胃受损，所以健脾补中，增补化源乃为治疗大法。然而倘以味甘质腻峻补，势必壅滞中焦气机，欲速则不达。胃喜甘润，甘者能补能缓，淡者渗利湿邪，所以甘淡之品正合“胃以甘为补”之古训，且甘淡和缓之法又避免了药物对正气的损伤，符合“不欲药过病所”的原则。所以“甘淡养胃”乃第四大法。

5. 调和营卫　吴鞠通指出，疳证“中焦受伤……无以行悍气，而卫气亦馁，卫气馁故多汗，汗多而营血愈虚，血虚故肢体日瘦”。营卫同源于水谷，是维持人体生理活动的重要物质之一，“汗发于阴而始于阳，此其根本则由阴中之营气，而其启闭则由阳中之卫气”（《景岳全书·汗证》）。故疳病的发生常影响营卫生理功能，其主要表现即为汗液的异常。吴氏云：“调和营卫，第五妙法也”，其意有顾护津液，建立中宫之气，激发营卫生化之源等，从而达到内调营阴，外和卫阳。营卫充旺，运化畅达，以荣脏腑而化气血，皮肤柔润，肌肉壮实，腠理致密，则外邪不能侵入机体。

吴氏还建议采用“食手击鼓，以鼓动脾阳”的音乐疗法（治疳第六法），补充疾病治疗的非药物疗法，具有一定先进性与新颖性。吴氏极力反对单纯或大量使用苦寒性质的药物治疗疳证。因为苦寒伤阳，在脾胃阳气不足的情况下，滥用苦寒会重伤胃气，重泄脾气，津液更伤，提出调饮食（治疳第七法），即使是有虫积的患儿，也禁用苦寒，宜采用苦寒酸辛的乌梅、芦荟、使君子等药物安蛔驱虫（治疳第八法）。此外从小儿服药特点以及疾病的缓急出发，改良药物剂型，效仿东垣方，将药物制成丸剂（治疳第九法）缓慢而持久地发挥药效。

三、结论

综上，吴鞠通在《温病条辨·疳疾论》篇中立足于脾胃，从小儿“脾常不足”之体质特点和疳疾本虚标实的病理特点出发，提出了以“中焦湿聚不化”，“干生于湿”为本病的基本病机，并提出治疳九法，其中很多观点都值得我们学习，但也有一定局限性。如病因病机，仅提到饮食喂养不当所致疳疾，但疳疾的形成不限于喂养，也可因疾病所致，如小儿长期腹泻，《小儿药证直诀·脉证治法》提到“疳皆脾胃病，亡津液之所作也。因大病或吐泻后，以药吐下，致脾胃虚弱亡津液”。也可由于小儿先天禀赋不足，肾为先天之本，肾气不足，则诸脏俱虚，脾胃亦虚，水谷精微摄取不足，形成疳疾。

［《中医杂志》，2006；（7）］

浅述吴瑭对小儿疳证的认识

刘　强　于绣红　田湘平

吴瑭在《温病条辨·解儿难》中有“疳疾论”一文，专门阐述其对疳证的看法。下面对其作一评价。

一、病因病机

父母唯恐小儿饥渴，常给予过量饮食，小儿自己不知饥饱，每遇美食多吃不厌，加之小儿脾胃消化功能尚不健全，导致食带胃脘，脾气受因而郁滞，脾不能运化水谷精微，胃不能输布津液，困聚于内，生为水湿，湿聚中焦，气机不利，出现腹部胀满。脾胃是气血生化之源，中焦不能受纳运化水谷，血液生成不足，四末失于濡养，则见四肢瘦弱。“卫气”源于水谷之精气，“精气”不足则卫外功能减弱，腠理疏松，固摄无力，身体多汗，更加重了津液阴血的亏虚，肌肉失养，则肢体消瘦现象更明显。疾病日久，水谷之精气不能由肺布散脏腑，脏腑失于濡润，发生肝疳、心疳、肾疳等证。有的小儿喜食生米、黄土等异物，导致脾失运化，脾气困郁，积久生虫，嗜食异物症状进一步加重，形成恶性循环。

二、治则治法

吴瑭认为固护脾胃为治疗疳证的第一要旨，并推崇张仲景调理脾胃的治疗方法，以温中健脾为核心，提出治疳九法，包括药物疗法，物理疗法与食物疗法三大方面。将疏理调补中焦、升提下陷脾阳、升降胃气、甘淡养胃阴作为治本之法，配合调和营卫、驱虫等针对兼证的治法共同治疗疾病。也建议采用“食手击鼓，以鼓动脾阳”的音乐疗法，补充疾病治疗的非药物疗法，具有一定先进性与可取性。

三、治疗禁忌

极力反对单纯或大量使用苦寒性质的药物治疗疳证。因为苦寒伤阳，在脾胃阳气不足的情况下，滥用苦寒会重伤胃气，重泄脾气，津液更伤，即使是有虫积的患儿，也禁用苦寒，宜采用苦寒酸辛的乌梅、芦荟，使君子等药物安蛔驱虫。提倡效仿李杲，将药物制成丸剂，缓慢而持久地发挥药效，使脾阳得运，胃气得宣。

四、评价

吴氏提出小儿疳证病位在脾胃，病机为“土虚”和固护脾胃的治则具有临床指导意义，值得学习，但也有认识的局限性。

首先，对病因的认识不够全面。认识到伤食因素和正虚因素的脾胃失调可致疳证，没有考虑到长期呕吐泻痢直接损伤脾胃，生成疳证的现象，正如《幼科铁镜·辨疳疾》所述“疳者……或因吐久、泻久、痢久、疟久、汗久、热久、咳久、疮久，以致脾胃亏损，亡津液而成也。”也忽略了患儿因病后过用苦寒攻伐，峻下之品，损伤脾胃而成疳证的原因。

其次，对症状的认识尚不完全。吴氏以“腹部胀满，四肢消瘦”作为疳证的主症（若以《医宗金鉴·幼科心法》之五脏疳定名，上述症状相当于脾疳轻证，即现代中医儿科疳证分型之疳积证型。），兼自汗或虫积，仅仅这样的论述不足以说明疳证的全貌，忽略了疳证有一个渐次演化的过程，由身体略消瘦，发展到腹大肢细，再发展到身体的恶液质状态：呈现老人貌，出血、浮肿等。吴氏指出在疾病过程中有出现五脏疳的可能，但未对此类兼证详加论述，故使其对疳证的认识显得单薄。

再次，治则以固护脾胃为本，无可非议，但强调以补为主的方法过于片面，而应根据疾病虚实，灵活运用攻补之法。例如，疳证由积滞转化过来，多为实证，以消为主，再补脾胃；又如，江育仁根据疳证的发展演变过程提出“疳气以和为主，疳积以消为主，干疳为补为主”的治疗总则，体现了伴随疾病演变而制定具体法则的中医“辨证施治”思想。

最后，吴氏对疳证出现虫疾现象的认识是不正确的。儿童因饮食不洁而感染虫疾，出现嗜食异物的症状，虫体聚于肠腑，影响脾胃运化发为疳证，不似吴氏所述“脾不能运，久而生虫，愈爱食之矣（“之”指异物）”故治疗应以驱虫为主，兼以健运脾胃。吴氏虽将“虫积”与“疳证”的关系本末倒置，但他注意到虫积与卫生的关系，强调在抚养照顾小儿时，应注意儿童卫生，禁止其食异物，阻止恶性循环的产生，这种预防学的思想是可取的。

总这，上述观点是个人对《疳疾论》的粗浅认识，不足之处请同行与专家指正。

[《中医杂志》，2006；(7)]

《温病条辨》一书中几个问题的探究

刘景源

清代吴瑭（字配珩，号鞠通）所著的《温病条辨》一书，是一部理法方药系统完整的温病学重要文献。这部著作成书于1798年，刊刻于1813年。它是吴鞠通继承了前人特别是清代初期著名温病学家叶天士的理论和经验，经过自己数十年的研究和实践写成的。也可以说，它是温病学的集大成之作。它丰富了中医学宝库的内容，推动了温病学说的发展，给后人留下了宝贵的财富。由于它对温病的辨证论治在理论上和实践上都具有重大指导意义，所以被历代医学家所推崇，至今，更被视为学习和研究温病学的重要参考书籍。但是，它毕竟成书于十八世纪末，由于历史的局限性，受当时学术发展水平和作者学识所限，书中难免存在一些缺点、错误。能够对书中存在的问题进行客观的分析，对深入研究此书，或有所裨益。笔者谨据个人管见，对书中存在的几个问题进行探究。诚以抛砖引玉之心，恳祈同道指正。

一、三焦辨证、病名分类、六经辨证、卫气营血辨证四者交错运用的得失

《温病条辨》一书的重点内容在三焦篇。其以三焦为纲，病名为目，把六经辨证和卫气营血辨证穿插于三焦各病之中。三焦辨证的作用在于划分病变部位，即上焦——心、肺病变；中焦——脾、胃、大肠病变；下焦——肝、肾病变。用三焦部位，把温病分为三类不同的证候群，并标示出其由上焦传中焦，最终传下焦的内在传变规律。

病名分类的作用在于依据各种温病的病因有别、治法不同，把它们按照病变的性质，分别归纳为温热病和湿热病两大类。凡因温热邪气而致病者，皆属温热病范畴，如风温、温热（春温）、温疫、温毒、冬温、秋燥，以及暑温、伏暑之不夹湿者（暑热病）。另外，温疟也可归入温热病范畴。凡因湿热邪气而致病者，皆属湿热病范畴，如湿温，以及暑温、伏暑之夹湿者（暑湿病）。这样把多种温病分为两类的方法，是一种由杂返约，执简驭繁的作法，有利于指导辨证论治。

六经辨证的作用在于以六经统括其所属的脏腑，作为六经所系脏腑的定位诊断。如太阴温病指病变在上焦手太阴肺或中焦足太阴脾；少阴温病指病变在上焦手少阴心或下焦足少阴肾；厥阴温病指病变在上焦手厥阴心包或下焦足厥阴肝；阳明温病指病变在中焦足阳明胃与手阳明大肠。可以说，三焦辨证是粗线条、大范围的定位诊断；而六经辨证，则是细线条、具体脏腑的定位诊断。

卫气营血辨证的作用在于标明邪气由表入里、由浅入深、由轻转重、因实致虚、由功能失常到实质损伤的传变层次，以之划分病变浅深轻重的四个不同阶段。卫分证标志邪气在表，邪浅病轻；气分证标志邪气入里，正邪相争激烈，多呈里热炽盛；营分证、血分证标志邪气深入，消耗血中津液，或耗血动血，病势深重。卫分证和气分证属功能活动失常的阶段；营分证和血分证属营养物质损伤的阶段。

三焦辨证、病名分类、六经辨证、卫气营血辨证四者相互结合，交错运用，构成了一个独特、完整的分类辨证体系，这是《温病条辨》一书在结构编排上的主要特点。但是，吴鞠通对这四者交错运用的各自作用和内在联系却未做明确交待。另外，书中虽有以卫气营血辨证辨温热病、以三焦辨证辨湿热病的倾向，也惜乎没有明确提出，这些都不能不说是该书的缺点。对这样纵横交错的分类辨证体系和纷繁庞杂的内容，如不反复研讨，深入探究，是很难掌握其学术特点的。所以，不少初学者往往致力于背诵条文，其结果多是虽能全篇背诵，但所获知识凌乱纷杂，仅局限于一证一方之得，而对其学术体系，却未必能够得出完整的概念。因而，不少人对之做出编排混乱的评论，这种说法虽有失公正，但却不无道理。

二、“凡病温者，始于上焦，在手太阴”的偏差

《温病条辨·上焦篇》第二条云：“凡病温者，始于上焦，在手太阴。”吴氏在此条分注中说：“温病由口、鼻而入，自上而下，鼻通于肺，始手太阴。”这种说法，不能说全无道理，但却失于片面。吴氏此句乃从叶天士《外感温热篇》中“温邪上受，首先犯肺”之论脱化而来。叶氏原意谓温热邪气侵袭人体，自口、鼻而入，由于肺为五脏六腑之华盖，上通于口、鼻，故温热邪气由口、鼻内侵脏腑，必然首先犯肺。这句话的关键在于“上受”二字，明确指出了是新感温热邪气致病，这种说法是完全正确的。而吴氏之语，从字面上看似与叶氏相仿，但却出现了偏差。此句之所以不确切，就在于“凡病温者”之“凡”字。因为温病从发病类型上看，分新感温病与伏气温病两类。新感温病的特点是感而即发，这种类

型者虽多始于上焦，在手太阴，但不如此者亦有之，如暑温则可不始于手太阴肺而直接侵入足阳明胃。伏气温病的特点是伏而后发，即邪气侵袭人体之当时并不发病，而是潜伏于体内，遇适当时机自内而发，这种类型者更未必始于上焦手太阴肺。正如王孟英对此句之按语所说："伏气自内而发，则病起于下者有之。胃为藏垢纳污之所，湿温、疫毒，病起于中者有之。暑邪夹湿者，亦犯中焦。又，暑属火而心为火脏，同气相求，邪极易犯，虽始上焦，亦不能必其在手太阴一经也。"

三、以桂枝汤为全书一方的问题

《温病条辨·上焦篇》第四条云："太阴风温、温热、温疫、温毒、冬温，初起恶风寒者，桂枝汤主之；但热不恶寒而渴者，辛凉平剂银翘散主之……"温病是温热之邪为患，若治以辛温之品，势若抱薪投火，必助热而劫阴，反致病情加剧。古人有云："桂枝下咽，阳盛则毙"，可见，桂枝剂尤其不能用于温病。吴鞠通之所以把桂枝汤做为全书第一方，其理由为《温病条辨·卷四·杂说·本论起银翘论》中所说："本论第一方用桂枝汤者，以初春余寒之气未消，虽曰风温（系少阳之气），少阳紧承厥阴，厥阴根乎寒水，初起恶寒之证尚多，故仍以桂枝为首，犹时文之领上文来脉也。"这种说法实质上是自相矛盾的，既然是"初春余寒之气未消"、"初起恶寒之证尚多"，则属伤寒范畴，不是温病。若曰风温，乃感受风热邪气致病，则当用辛凉轻解，而桂枝汤断不可用。吴鞠通把桂枝汤列为《温病条辨》第一方，并加这段说明，并非他不懂伤寒与温病的区别，也并非他真的主张以桂枝汤治疗温病，而是违心之说，其中有难言之隐。在当时的历史条件下，医家多推崇《伤寒论》，治疗温病也多用伤寒之法，温病学派做为不同于伤寒学派的一个新体系出现，在当时还没有被广泛接受。所以，吴鞠通迫于医界偏见的压力，在倡导温病学说时，亦不得不假推尊伤寒学派之名，行标新立异之实。究其本心，吴氏对太阴温病初起的治疗，是力斥辛温发汗而主张用辛凉之剂的。他在"银翘散方论"中明确指出："温病忌汗，汗之不惟不解，反生他患，盖病在手经，徒伤足太阳无益，病自口、鼻吸受而生，徒发其表亦无益也。"而且他在《本论起银翘散论》中也明确指出："本论方法之始，实始于银翘散。"可见，《温病条辨》第一方用桂枝汤是假，而用辛凉平剂银翘散是真。综观全书，前后对照，反复推敲，即可知其本意。

虽然如此，但对初学者来说，对吴氏的用心是很难一目了然的，往往容易为其所惑，因而误人非浅。对此，叶霖评曰："售奸欺世，莫此为极"。这种评价虽未免过于苛刻，但确实指出了问题的实质。

四、个别条文中治疗方药与证情不符的错误

《温病条辨》一书中所列诸条，其为证为方绝大多数在临床皆有效验，对临床有重大指导意义。但在个别条文中，亦存在治疗方药与证情不相符的错误。如：《温病条辨·中焦篇》第五十六条云："吸受秽湿，三焦分布，热蒸头胀，身痛，呕逆，小便不通，神识昏迷，舌白，渴不多饮，先宜芳香通神利窍，安宫牛黄丸，继用淡渗分消浊湿，茯苓皮汤。"从本条证情来看，'吸受秽湿，三焦分布，热蒸头胀，身痛，呕逆，小便不通，神识昏迷，舌白，渴不多饮"，是属湿重于热，湿邪为主。其神识昏迷，乃湿浊蒙蔽心包所致，治当辛宣芳化，祛湿开窍，用温开的苏合香丸为宜。而吴氏却提出用凉开的"安宫牛黄丸"，实属大谬不然。"舌白"而用大寒之剂，必导致湿邪冰伏而变证丛生。推究产生这种错误的原因在于吴鞠通对此证并无治愈经验可谈。因为作者受条件所限，不可能面面俱到，对于温病纷

繁复杂的各类证候，他未必都有亲身治疗经验。在著述过程中，为了求得系统、全面，在某些方面必然要参照、引用前人经验。由于没有经过亲身实践，又没有进行深入分析，盲目照搬，就难免出现疵漏。叶霖在《温病条辨·中焦篇》第五十四条后，对其湿温诸条加评曰：“此篇湿温，全抄叶氏湿门医案十余条，并未剪裁，惟捏撰方名而已。……《临证指南》一书，本非香岩先生手笔，乃门诊底薄，为诸门人分类刊刻，其获效偾事，不得而知，安能便为不磨之矜式哉?”这段评论，虽然对吴鞠通有否定过分之偏，方存在着某些唯心主义的成份。如《温病条辨·下焦篇》第十一条分注中说：“前人训鸡子黄，金谓鸡为巽木，得心之母气，色赤入心，虚则补母而已，理虽至当，殆未尽其妙。盖鸡子黄有地球之象，为血肉有情，生生不已，乃奠安中焦之圣品，有甘草之功能，而灵于甘草。其正中有孔，故能上通心气，下达肾气，居中以达两头，……”在这段话中，所引述前人对鸡子黄药理作用牵强附附的解释已属唯心。吴氏又进一步称其“有地球之象”、“其正中有孔，故能上通心气，下达肾气，居中以达两头”，则更属不经之谈。类似这样唯心主义的内容，书中虽然并不多见，但也有必要指出来，通过分析，加以扬弃，剔除其中的糟粕，会使这部著作的科学性更为严密。

总之，《温病条辨》是成书于200多年前的著作，由于历史的局限性，它不可避免地存在着一些问题。无庸讳言，这是我们今天对它进行研究时应当分析、批判的。但是，在当时的历史条件下，能产生这样一部对温病学的发展具有重大贡献的著作，是难能可贵的。我们不能由于一些问题的存在，而否定它在温病学发展史上的重要地位。去其微瑕，将使美玉更加晶莹光洁，这是笔者撰述本文的目的之所在。

[《中国中医药》，2005；（5）]

析《温病条辨》中的“气化则湿亦化”

荆　鲁　王　停

“气化则湿亦化”是吴鞠通在其《温病条辨》上焦篇中提出的治疗温病湿热证中的一个重要理论。为了深入理解并掌握吴鞠通这一学术思想，笔者试就此谈一点个人认识和看法。

吴鞠通在《温病条辨》中云：“盖肺主一身之气，气化则湿亦化”，是针对上焦湿热而言，此理论广泛应用于温病挟湿证中。气化是针对三焦而言，三焦为阳气和水液之通道，水性属阴，得阳则化气，气行则水行，水液之所以化气化津液，敷布周身，沿三焦水道出入升降而环流不息，皆赖三焦运行阳气的作用。三焦为布散阳气的脏器，是元气、水谷之气和五脏之气出入的通道。元气乃肾间之动气，十二经脉之根，五脏六腑之本，呼吸之门，为生命动力的源泉，有激发推动各脏腑组织功能的作用，可外养肌腠，内煦脏腑，通行周身，故此水液才能化气化津液，以养生身。三焦具有以通为用的特点，因其通畅布达，散布津液运行不息，陈者泻而新者入，清者升而浊者降，出入升降不止，奉生养命，维持各脏腑正常的生理功能，维持水液代谢的动态平衡。故疏通“三焦”之道路，使气水运行通畅，是湿温病和温病挟湿证中重要的一环。

上焦者，《灵枢·营卫生会篇》云：“上焦出于胃上口，并咽以上，贯膈布胸中”，“上焦如雾”说明上焦与心肺相通，且多以肺为病变中心，肺为华盖，其位最高，主一身之气，司治节，朝百脉，为水之上源，有宣发肃降，通调水道的作用。湿热之邪上受，肺必先伤，肺受邪则郁闭，其气化不利，湿邪留滞，治宜先宣气。其着眼点于①宣降肺气，助一身之气机运行，畅水之上源；②开腠理，使邪从微汗出；③芳化湿浊，开清窍郁闭。开上之品多选用杏仁、藿香、菖蒲、桔梗、豆豉等，性味多辛温芳香。吴氏多以辛宣芳化之品，以轻宣肺气。所谓："盖肺主一身之气，气化则湿亦化矣。"如湿温之用三仁汤开上、畅中、渗下，以轻清宣透为主，兼以开郁燥湿，淡渗利湿清热；手太阴暑温之用新加香薷饮开宣肺气，化湿解表。温病本忌辛温，吴氏在此大胆创新，用厚朴等辛温之品，以暑必兼湿，湿为阴邪，非温不解，微温则阳气通，阳通则湿行。其他如暑瘵之用清络饮加杏仁、薏苡仁、滑石汤以使湿有去路，而湿热得解，吐血可止；太阴伏暑之用银翘散去牛蒡、玄参加杏仁、滑石，俾暑湿随肺气而下达；太阴温病挟有湿邪，用银翘散加藿香、郁金以化湿宣邪。

中焦者，《灵枢·营卫生会篇》曰："中焦亦并胃中，出上焦之后，此所受之气者，泌糟粕，蒸津液，化其精微，上注于肺脉，乃化而为血。""中焦如沤"是指中焦与脾胃相通，脾主运化，胃主纳谷，脾升则健，胃降则和。脾胃为出入升降之枢纽，上焦必赖脾阳之健运，水谷精微以充养，方能资生不息，运则致用，若脾运失司，则内湿停留。湿邪最易损伤脾阳，脾为湿困，脾气不升，则胃气不降，水湿内聚，气机不畅。其着眼点在于化中焦痰湿，复脾运化，助气机升降，畅中之品多选用半夏、厚朴、陈皮、枳壳、白蔻仁等，性味多芳香走窜，辛苦且温。吴氏治疗着重于辛开苦降，燥化湿邪，调理脾胃，使三焦气机升降平衡。如暑湿之热重于湿者，吴鞠通提出"气化则暑湿俱化"，用三仁汤泄热利湿，宣畅气机。其湿热并重者，用杏仁滑石汤苦以燥湿，寒以清热，亦以开肺气而清肃上焦为治，所谓"启上闸，开支流，导湿下行以为出路"（石芾南《医原》）。又如湿温，其湿生于热者，兼挟食滞，以一加减正气散主之；湿郁经络，以二加减正气散主之；湿郁化热，以三加减正气散主之，取气化则湿亦化之意。其湿热胶着者，以黄芩滑石汤畅气机，通三焦，使湿热胶着之邪，从小便而去。正如吴鞠通所说："共成宣气利小便之功，气化则湿化，小便利则火府通而热自清"（《中焦·63条分注》）。其热重于湿者，白虎加苍术汤主之，以清泄胃热，兼祛脾湿，以得中焦升降之机。至于吴鞠通用治湿热之宣痹汤、薏苡竹叶散，皆以"辛凉解肌表之热，辛淡渗在里之湿，俾表邪从气化而散，里邪从小便而驱"，用治湿热黄疸之二金汤苦辛淡渗，杏仁石膏汤辛开苦降，使气机宣扬，湿化热清而黄疸自退。下焦者，《灵枢·营卫生会篇》云："下焦者，别回肠，注入膀胱而渗入焉；故水谷者，常并居于胃中，成糟粕而俱下于大肠而成下焦，渗而俱下，济泌别汁，循下焦而渗入膀胱焉。""下焦如渎"说明下焦具有排泄水液的作用，必须与肝、肾、大小肠、膀胱共同合作。此外，三焦属少阳，胆亦属少阳，肝胆互为表里，肝主疏泄，胆主升发，调畅一身之气机，气行则水行，气滞则水停。湿热之邪流注下焦，肾之气化失职，以膀胱及小、大肠为病变主要部位，吴鞠通以淡渗利为先，所谓"治湿不利小便，非其治也。"如湿温病重于热，其湿阻膀胱者，用茯苓皮汤以淡渗利湿，使湿浊下渗，则热亦随之而祛；其湿滞大肠者，以宣清导浊汤化湿行气，利湿导浊，使湿浊化，清气宣，气机畅，则腑气通，大便畅而浊气自下。若下焦湿热弥漫于中、上焦者，配伍燥湿、健脾和芳化之品，以消除三焦弥漫之邪。

总之，湿热病的治疗，应以化湿、祛湿、渗湿为主，切忌早投寒凉之品。否则若误治，湿未去而热反恋。治湿必先化气，"气化湿亦化"。湿在上焦，则宣肺气；在中焦，则运脾气；在下焦，则化膀胱之气。因此开上、畅中、导下三者相合，达到气化则湿化，湿化则气通的目的，方能使湿热之邪逐出体外。

[《河南中医》，1999；(2)]

吴瑭及其《温病条辨》的学术思想研究

张志斌

《温病条辨》由清代著名医家吴瑭著于嘉庆三年（1798）。该书创立三焦辨证纲领，由上及下、由浅入深，旨在“认证无差”。后世认为，此书创立的三焦辨证体系与张仲景伤寒六经辨证理论、叶桂温热病卫气营血辨证理论互为羽翼，成为温病创新理论之一。

一、吴瑭其人其书

吴瑭（1755～1536），字配珩，号鞠通，江苏淮阴人，清代著名医家，其学术思想对后世温病学理论的发展有很大的影响。吴瑭少时习儒，19岁时其父亲病重年余，终至不起。吴瑭悲痛欲绝，心中愧恨难言。觉得身为人子，却因不懂医学，而在父病之时无能为力。于是，他在习儒之余，兼以自学医理。后来，看到了张仲景《伤寒论》中“竞逐荣势，企踵权豪，孜孜汲汲，惟名利是务，崇饰其末，忽弃其本……忘躯徇物，危若冰谷”。慨然决定，放弃举子业，专心攻读医书。至学医4年，其侄巧官患温病喉痹。先请外科医师，用冰硼散吹喉，病情加重。此后，又延请了多位医生，所用之药大多是双解散、人参败毒散之类，依然无效，其侄发黄而死。当时，吴瑭医学造诣还不高，不仅未能对此进行评价，还不知道应当选用何方。这更坚定了吴氏研究医学、专攻温病的决心。又3年之后，吴瑭去京师参加检校《四库全书》，得到了接触大量医学著作的好机会。他广泛阅读，用心体会，逐渐有了较深刻的感悟，学识大有长进。但是，吴氏生性谨慎，未敢轻易为人治病。一直到了乾隆五十八年（1794），吴瑭已经36岁，北京温疫大流行，在朋友们大力劝说下，吴瑭才一展身手，救治了重病患者十数人。在医疗实践中，吴瑭深切地体会到当时的医生治病缺少正确的理论和治法，十分感慨“晋唐以来，诸贤议论，非不珠璧琳琅，求一美备者，盖不可得，其何以传信于来兹?”长期的阅读积累，又经过成功的临床实践，吴瑭开始著书立说，希望能完成一部真正切合温病临床实用的医学著作。他广泛采辑自《内经》以降历代名贤著作，去其驳杂，取其精华，并附以本人的学术见解与临床经验，合成一书，名曰《温病条辨》。嘉庆三年（1798），其书初步完成。书成之后，吴瑭担心以“救人之心，获欺人之罪”，直到嘉庆甲子（1804），吴氏才将此书展示给友人征保。又经过10年，该书最终告成，初刊于嘉庆十八年（1813）。

《温病条辨》6卷，并卷首一卷。书仿《伤寒论》体例，分条列论，以求简要易诵，又于各条之下详加辨析议论，故以“条辨”名书。吴氏认为前贤之中，元·王安道虽能辨证温病，但论之未详；明·吴又可（有性）区分伤寒、温病，但立论立法欠精纯；清·叶天士立法精细，但立论甚简，处方又散在于医案之中。于是取诸贤精妙，考之《内经》，参以个人心得，统论温病。卷首设“原病篇”，引《内经》条文以求温病之原始。卷1～3分上、中、下三焦设立篇目，分别论述三焦温病，并出治法。卷4为“杂说”，论救逆及病后调治法。此后附“解产难”（论产后调治与产后惊风诸症）、“解儿难”（论小儿急慢惊风痘证等）为卷5与卷6。作者以温邪易耗阴液，故倡导养阴保液之法。并据临床实践，提炼叶天士医案温病治法，化裁处方，以切实用。如分出清络、清营、育阴多种治法；又以银翘散为辛凉平剂，桑菊饮作辛凉轻剂，白虎汤为辛凉重剂，使温病治法用方层次清晰。该书内容全面系统，理法方药齐备，切合临床实用，故成为清代温病学说标志性专著，对后世温病学的发展起着非常重要的作用。

吴瑭还著有《医医病书》，成书于1831年。又有后人辑录吴氏自1794年至1833年间的医案，编成《吴鞠通医案》，与《温病条辨》相得益彰。

二、论温病之病因病机

吴瑭在伤寒与温病的区别方面，深受吴又可的影响，认为："吴又可谓温病非伤寒，温病多而伤寒少，甚通"（《温病条辨》原病篇第一条，以下仅出条目）。

1. 病因有三　吴瑭认为温病之病因有三：其一，"伏气为病，如春温、冬咳、温疟，《内经》已明言之矣。"其二，"亦有不因伏气，乃司天时令现行之气，如前列《六元正纪》所云是也。"其三，"更有非其时而有其气，如又可所云决气，间亦有之，乃其变也。"从中可以看出，吴瑭所论温病之病因，比吴又可所论温疫之病因要广泛得多。而对于戾气认识，也不像吴又可那样强调，只将其与"非其时而有其气"归为一类，认为此"间亦有之"，只是引起温病的病因之一。

2. 病类为九　吴氏《温病条辨》上焦篇第一条，就明确指出："温病者，有风温，有温热，有温疫，有温毒，有暑温，有湿温，有秋燥，有冬温，有温疟。"明确了什么是温病，以及其所涵盖之范畴与病种分类，这一点确实胜过以往的同类著作。吴瑭十分重视对温病所定的这个限定，称之为"诸温之大纲"。他对温病所属各个病种作进一步解释："风温者，初春阳气始开，厥阴行令，风夹温也。温热者，春末夏初，阳气弛张，温盛为热也。温疫者，厉气流行，多兼秽浊，家家如是，若役使然也。温毒者，诸温夹毒，秽浊太甚也。暑温者，正夏之时，暑病之偏于热者也。湿温者，长夏初秋，湿中生热，即暑病之偏于湿者也。秋燥者，秋金燥烈之气也。冬温者，冬应寒而反温，阳不潜藏，民病温也。温疟者，阴气先伤，又因于暑，阳气独发也。"详见表1。

从表1中可以看出，《温病条辨》所论之温病是一类病因为温热的各种发热性疾病的总称，总的来说，与时气关系密切，涉及春温、夏暑（暑湿）、秋燥及非时之冬温，而具有传染性之病气所致的温疫，只是其中的一种，这显然与吴又可所论之温疫在范畴上有着明显的不同。弄清楚这一点是很重要的，这是历代温病学家们对于温病范围认定之所以有不同的关键所在。

表1　《温病条辨》温病分类表

病名	发病季节	病因	特点
风温	初春阳气始开	厥阴行令，风夹温	
温热	春末夏初	阳气弛张，温盛为热	
温疫		疠气流行，多兼秽浊	家家如是，若役使然
温毒		诸温夹毒，秽浊太甚	
暑温（兼伏暑）	正夏之时	暑病之偏于热	
湿温（兼寒湿）	长夏初秋	湿中生热，暑病之偏于湿	
秋燥	秋	秋金燥烈之气	
冬温		冬应寒而反温，阳不潜藏	
温疟		阴气先伤，又因于暑，阳气独发	

3. 感邪途径——自口鼻而入：吴瑭同意吴又可温邪自口鼻而人的观点，但温邪侵入后

的始病部位却不相同。他指出："凡病温者，始于上焦，在手太阴。"这是因为"温病由口鼻而人，自上而下。鼻通于肺，始手太阴。"他还用五行生克的理论来解释温病始于肺的道理："太阴金也，温者火之气，风者火之母，火未有不克金者，故病始于此"（上焦篇第二条）。故温病初起，可以见到咳嗽自汗，口渴头痛，身热尺肤热等症状。

三、温病三焦辨证法

吴瑭对温病理论最大的贡献是在继承前人的基础上，结合自己的临床经验，创立了温病三焦辨证体系。他将温病的传变过程由浅入深，分成3个层次：上焦——心肺；中焦——脾胃；下焦——肝肾。特点是病机紧扣相关脏腑。吴氏提出："温病由口鼻而入，鼻气通于肺，口气通于胃。肺病逆传则为心包；上焦病不治，则传中焦，胃与脾也；中焦病不治，即传下焦，肝与肾也。始上焦，终下焦，温病以手经为主，未始不关足经也。"（中焦篇第一条）在传变过程中，强调个体正气的抗邪能力，不一定三焦传遍，如不伤阴，可中道而愈。详见表2。

表2 《温病条辨》三焦辨证表

传变规律 部位 规律	临床表现	病因病机	治法方药
上焦（心肺）	尺肤热，头痛，但热不恶寒而渴，自汗而咳，午后热甚，脉不缓不紧而动数，或两寸独大	温邪犯肺，肺气郁闭	辛凉平剂，清热宣肺（银翘散）
	但咳，身不甚热，微渴	太阴风温，热伤肺络	辛凉轻剂，散热润肺（桑菊饮）
	热盛，渴甚，大汗，面赤，恶热，舌黄，脉浮洪数	太阴温病，邪在肺经气分	辛凉重剂，退热保津（白虎汤）
	头痛恶寒，身重疼痛，舌白不渴，面色淡黄，胸闷不饥，午后身热，脉弦细而濡	太阴湿温，阻闭清阳	清开上焦肺气（三仁汤）
	神昏谵语，舌謇肢厥	邪人心包，心窍蔽而神明乱	除热解毒，清心开窍（安宫牛黄丸等）
中焦（脾胃）	面目俱赤，语音重浊，呼吸俱粗，但恶热，不恶寒，舌苔老黄，脉浮洪躁甚	阳明温病，邪气近表	辛凉重剂，退热除烦（白虎汤）
	面目俱赤，语音重浊，呼吸俱粗，大便闭，小便涩，但恶热，不恶寒，日晡益甚，潮热，舌苔老黄，甚则黑有芒刺，脉沉数有力，甚则脉体反小而实	阳明温病，病位在里	苦辛通降，咸以入阴，通胃结，救胃阴（承气汤）
	身痛，渴不多饮，或竟不渴，汗出热解，继而复热，舌淡黄而滑，脉缓	湿热两伤，脾胃、经络困于湿	清热化湿，宣气利小便（黄芩滑石汤）
下焦（肝肾）	身热面赤，手足心热甚于手足背，口干舌燥，甚则齿黑唇裂，耳聋，神倦欲寐，舌赤苔老，脉虚大	热邪深入，或在少阴，或在厥阴，阳亢阴竭，邪少虚多	甘润扶正，复其津液（加减复脉汤）
	舌干齿黑，手指但觉蠕动，脉沉数；或心中憺憺大动，甚则心中痛，脉细促；或神倦瘛疭，时时欲脱，舌绛苔少，脉气虚弱	邪热久羁，消铄真阴，水不济木，肝风内动	咸寒甘润，育阴复脉，潜阳熄风（一、二、三甲复脉汤及大定风珠）

入清以来，叶桂创建了温热病卫气营血的辨证体系，薛雪创建了湿热病的三焦辨证体系。在他们各自所创建的辨证体系中，都不可避免地提到相关脏腑，但是缺乏明确而相对固

定的对应关系，因此很难全面而较为确切地反映温病各阶段病变所在的脏腑部位。然而，这种脏腑部位的判断不是没有意义的，一个具有良好中医理论基础的中医师，可以由病变部位的确定，再根据脏腑理论，做出诊断、治法及用药的系统思维。因此，吴瑭将温病动态的发展过程与脏腑相联系，这对于提高临床诊断的准确率及治疗的有效率是很有帮助的。将薛雪的三焦辨证体系与吴瑭的三焦辨证体系相比较，就会发现后者对三焦辨证的层次概括得更为清晰、更为明确，而且能够更加广泛地应用于温病临床。不仅适用于湿热病，也适用于风温、温热、温疫、温毒、冬温、暑温及秋燥等各种温热性疾病。而且，在吴瑭的三焦辨证系统中将三焦明确落实到相应的脏腑及其相关功能方面，辨证更简洁，说理更清楚，使用更方便，因此流传也更为广泛。

四、诊断治疗特色

1. 温病初起，治以辛凉　吴瑭指出，伤寒初起，多用辛温发汗。而“温病忌汗，汗之不惟不解，反生他患”，因为“温病最善伤阴，用药又复伤阴，岂非为贼立帜乎？此古来用伤寒法治温病之大错也”（上焦篇第四条）。治温病初起，应遵《内经》“风淫于内，治以辛凉，佐以苦”、“热淫于内，治以咸寒，佐以甘苦”的原则，用辛凉之剂，清肃上焦，不犯中下，轻以去实。在其上焦篇中，首出三个辛凉之剂：辛凉平剂银翘散、辛凉轻剂桑菊饮、辛凉重剂白虎汤，以供温病初起的不同情况者选用，对于上焦温病确有很好的疗效，至今仍有很高的临床使用率。虽然，吴瑭在《温病条辨》中将典型的辛温发汗方桂枝汤列为首方，常成为反对者攻击的口实。但其在卷四“杂说”中专门列有“本论起银翘散论”，说明了之所以将桂枝汤列为第一方的原因，是为“初春余寒之气未消”设，而“本论方法之始，实始于银翘散”。

2. 下焦温病，必以救阴为急务　吴瑭认为：“夫春温、夏热、秋燥，所伤皆阴液也”（下焦篇第四十二条）。“温病最善伤精，三阴实当其冲”（下焦篇第三条）。因此，他多次强调：“温病深入下焦劫阴，必以救阴为急务”（下焦篇第十条）。“凡热病久入下焦，消铄真阴，必以复阴为主”（下焦篇第三十九条）。他在下焦篇提出了多个具有清热养阴、益津熄风的方剂，如复脉汤类（加减复脉汤、一甲复脉汤、二甲复脉汤、三甲复脉汤、救逆汤）、定风珠类（大定风珠、小定风珠）等。这些方剂其实都是从张仲景《伤寒论》的炙甘草汤、黄连阿胶汤化裁而来。炙甘草汤也称复脉汤，具有甘温通阳、补益气血之功。吴瑭在下焦篇第一条解释了化裁此方的用意：“温邪久羁中焦，阳明阳土，未有不克少阴癸水者，或已下而阴伤，或未下而阴竭。……若再下其热，是竭其津而速之死也。故以复脉汤复其津液，阴复则阳留，庶可不至于死也。去参、桂、姜、枣之补阳，加白芍收三阴之阴，故云加减复脉汤。在仲景当日，治伤于寒者之结代，自有取参、桂、姜、枣，复脉中之阳；今治伤于温者之阳亢阴竭，不得再补其阳也。用古法而不拘用古方，医者之化裁也。”吴氏将此方化裁形成甘润养阴的加减复脉汤，作为治疗肝肾阴伤的基本方剂，用于治疗下焦温病。这为温病，甚至是其他疾病的治疗提供了很好的古方新用的范例。

3. 温病治疗的同中有异　吴瑭在《温病条辨》对温病的理解是具有温热性质的一类疾病，虽然“热者寒之”是总的原则，但具体的治法则非常丰富多彩。首先是温病所属各病的病因不同，治疗也各有不同，尤其是温毒、暑温、湿温、秋燥与温疟，更是各具特点。吴瑭在书中明确提出各病不能同等治疗，如“上焦篇第四条”云：“太阴风温、温热、温疫、冬温，初起恶风寒者，桂枝汤主之；但热不恶寒而渴者，辛凉平剂银翘散主之。温毒、暑温、湿温、温疟，不在此例。”“中焦篇第三十七条”曰：“风温、温热、温疫、温毒、冬温之在中焦，阳明病居多；湿温之在中焦，太阴病居多；暑温则各半也。”所以，在清热这一共同治则下，温毒要兼以解毒逐秽，暑温兼以化湿益气，湿温兼以芳香化湿，秋燥兼以生津润燥。其次，同类温病的同类表现，由于病位、病程的不同，治疗也不同。如“下焦篇第十八条”提出：“痉厥神昏，舌謇烦躁，统而言之为厥阴证。然有手经足经之分：在上焦以清邪为主，清邪之后，必继以存阴；在下焦以存阴为主，存阴之先，若邪尚有余，必先以搜邪”。还有，如同为下焦温病，邪实正虚的情况不同，治疗也不同。如“下焦篇第十七条”说：“壮火尚盛者，不得用定风珠、复脉。邪少虚多者，不得用黄连阿胶汤。阴虚欲痉者，不得用青蒿鳖甲汤。”吴氏自己解释说：“前数方虽皆为存阴退热而设”，但作用各有侧重，定风珠、复脉之类以养阴为主，如果壮火尚盛者，不能以此补阴之品为退热之用；黄连阿胶汤补阴搜邪并重，对于邪少虚多者显然不合适；青蒿鳖甲汤则“一面填阴，一面护阳”，如为阳亢阴竭，虚风欲动者，不得用青蒿之芳香升透。

4. 明确温病治疗禁忌　吴瑭在《温病条辨》中提出了许多温病治疗的禁忌，据有的学者总结有“十大禁忌”。概括起来，大致可以分为两大类。一类与温病病性为阳、易于伤阴有关，必须禁忌一切可能损伤津液、阴精的治法。比如禁辛温发汗，以免助热耗阴；禁淡渗利小便，免伤阴液；禁纯用苦寒，需配合甘凉生津，以免化燥伤阴；禁数下伤津等等。另一类与防止各种病证的误治及相关方剂的误用有关。比如湿温治禁、痘证治禁、少阴耳聋治禁以及白虎汤之不可与等等。这些治疗禁忌的问题，应该根据具体情况具体分析，不可拘泥。

五、《温病条辨》的版本及学术传承情况

《温病条辨》一经问世，受到极大的关注。据《全国中医图书联合目录》所载，古今版本达 70 多种。其中最有影响、最可信的应该首推清·嘉庆十八年癸酉（1813）问心堂首刻本（简称“问心堂本”）。虽然有学者提出，此本可能是后世的重刻本，然而，考证中国中医科学院图书馆所藏嘉庆十八年癸酉（1813）问心堂本，此本扉页堂号俱全，并无作伪的痕迹及可能，而且书中内容不避道光讳，可以肯定是嘉庆之本，并非道光之后的重刻本。现代点校本中，比较有影响的是人民卫生出版社于 1963 年 10 月出版的《温病条辨》（简称“六三本”），曾经多次重印。此本的“出版说明”中说：“本书系据问心堂本排印的，并据别本增补了朱武曹氏评及秋燥胜气论（附法八条，方六首）。”不知此语何出。核实中国中医科学院图书馆所藏嘉庆十八年癸酉（1813）问心堂本，其所言“据别本增补”的两项内容均无缺漏。此本卷一上焦篇“秋燥”一节中，有“补秋燥胜气论”，包括其后的 8 个条文，6 首方剂及方论。而且自卷首开始，每卷首页均写有参与《温病条辨》一书工作的全体人员名单：“汪瑟庵先生参订，征以园先生同参，朱武曹先生点评，吴瑭鞠通氏著，受业侄嘉会校字，男廷莲同校。”从内容来看，问心堂本正文之间有按语，据卷首署名，其中“汪按”乃汪廷珍（瑟庵）按，“征按”乃征保（以园）之按语。另有眉批，据卷首署名，即朱彬（武曹）之点评（其中只有 4 条另外署名，3 条为征以园的按语，1 条为汪瑟庵的按语）。各按语及眉批，反映了各家对温病的认识，有较高的参考价值。惟逐条核实朱氏之点评，略有出入。六三本之卷一第三条下、第八条下、第二十二条下、卷二第十五条下、第四十二条下及此条汪按条下、卷六“治痘明家论”条下等 7 处“朱评”文字为问心堂本所无；而问心堂本之卷一第十六条第 2 个、卷二第八十八条、卷四伪病名论、卷六痘证禁表药论等 4 处“朱评”文字为六三本所无。由于六三本没有说明其据补之“别本”为何本，故无法

核实。然根据古籍整理的原则，既然最早之清嘉庆十八年问心堂本已有完备的内容，可能无须再以别的本子来对其进行修正。

［《浙江中医杂志》，2008；（1）］

吴鞠通论治湿温的特色

张宏勇　张　勤　孙守才

吴鞠通在继承先贤学术思想的基础上，对湿温病的诊断和治疗提出许多独到见解，即在湿温的临床辨证中应正确辨别湿温，分清邪在三焦所属部位分而治之，治疗上不拘一格运用温热药，并重视宣发肺气和调畅三焦气机。

一、正确辨别湿温病

吴鞠通在《温病条辨》中提出湿温“头痛恶寒，身重疼痛，有似伤寒……面色淡黄，胸闷不饥，午后身热，状若阴虚……”，世医不知其为湿温，“汗之，则神昏耳聋，甚则目瞑不欲言；下之，则洞泄；润之，则病深不解”。温病大都起病急骤，来势迅猛，变化较快，而湿温与一般温病不同，由于湿温中湿邪与热邪相互搏结，胶着难解，不易迅速祛除，故传变较慢，病程较长。且在其传变过程中，常出现一些矛盾表现，易使人判断失误，如见到头痛恶寒，身重疼痛，则误以为伤寒；中满不饥则误以为宿食停滞；午后身热误以为阴虚内热。以致于妄汗、妄下、滥用滋润而造成湿浊上蒙机窍而致神昏耳聋，损伤中阳、脾气下陷而现洞泄等变证的发生。湿温与暑湿、疟疾、内伤发热等都有一定的相似之处，临床上常易混淆。湿温初起有表证，并有身重、胸脘痞闷、苔腻脉濡等湿热郁遏证候；而内伤发热，其热虽发于午后，但多间断发生，并有咽干、口燥、五心烦热、盗汗、舌红少苔等阴虚之症。杨超平等报道：“湿温误诊多发生在病变前期的卫、气分阶段”，并且列举了初发热轻，错当伤寒；午后微热，谬断阴虚；病属有余，误认不足；湿滞痞满，误当食积；邪阻膜原，误诊为疟疾；神识昏蒙，错判热闭；腑气闭塞，误诊便结；身常汗出，误认表虚；湿阻口渴，错谓津伤9种误治及其原因。总之，临证之时应仔细分析，正确辨别湿温，以免误治。

二、辨三焦部位，分而治之

吴鞠通根据三焦辨证，认为湿温病应首先辨别病变的部位及所属脏腑。湿温虽以脾胃为病变中心，但湿邪有蒙上流下的特点，故临床上应辨别偏于三焦何部。《温病条辨》曰：“湿温较诸温，病势虽缓而实重，上焦最少，病势不甚显张，中焦病最多……以湿为阴邪故也……”及“温病由口鼻而入，鼻气通于肺，口气通于胃……上焦不治则传中焦，胃与脾也，中焦不治则传下焦，肝与肾也，始上焦，终下焦。”病位不同，则临床表现各异。偏于上焦者，多见恶寒发热，头胀痛，胸痞闷，或因湿热酿痰而蒙蔽心包，轻者神志淡漠，甚者时有昏蒙谵语；偏于中焦者，多见脘腹胀满，恶心呕吐，便溏不爽，饥不欲食，四肢倦怠；偏于下焦者，多见小便不利，或小便不通而见热蒸头胀，或大便不通，腹满或下利黏垢。治疗应根据不同病位分而治之，吴鞠通在治病法论中言“治上焦如羽，非轻不举，治中焦如衡，非平不安，治下焦如权，非重不沉”，具体说来，肺属上焦，非轻清不能达上；脾胃属中焦，非辛凉甘寒，苦辛通降，不能治中；肝肾属下焦，非咸寒甘润，重镇填阴，不能治下。这是吴鞠通对温病三焦分证提出的治疗法则，同样适用于湿温。三焦分证治法井然，吴鞠通对此非常强调，且有“治上不犯中，治中不犯下”之戒。宋咏梅等从“以三焦定病位、以三焦辨病传、以三焦定治法”等方面论述了辨三焦部位的重要意义。在临床中辨别病邪所在部位，即可分清主次，有针对性地治疗，以更好地达到治疗目的。

三、顾护阳气，适时地运用温热药

吴鞠通言：“湿在上焦，若中阳不虚者，必始终在上焦，断不内陷；或中阳本虚，或因误伤于药，其势必致内陷”，并指出：“里虚故用人参以护里阳”。其在中焦篇69条注中言：“酒客多蕴热，先用清中，加之分利，后必顾其脾阳。”湿为阴邪，重浊趋下，凝滞缠绵，易困阻阳气；而阳气不足，不能抗邪于外，必致邪气内陷。故顾护中阳，对控制疾病的发展有重要意义。邱颂平认为人参甘微温，善能补气，五脏皆补，重在脾肺。吴鞠通于四时温病，善用人参补阳明益后天，扶正祛邪。温病本忌辛温，吴鞠通在湿温的治疗中大胆创新，方中常伍以辛温之品，微温则阳气通，阳通则湿行。吴鞠通言“湿温病中，不惟不忌辛温，且用辛热也”及“湿阻无形之气，气既伤而且阻，非温补真阳不可”。如在四加减正气散方中配以辛温的草果温运脾阳；在下焦篇57条方中，吴鞠通又重用辛热的附子合人参峻补肾中元阳之气，以苦温的生姜、白术补脾气，以达到祛邪扶正的目的。

四、宣发肺气，畅通三焦气机

吴鞠通在湿热证的治疗中，十分强调宣畅肺气以化湿这一治则的应用。《温病条辨》指出：“肺主一身之气，气化则湿化。”不但湿阻上焦重在宣肺，且湿在中、下二焦，也十分重视宣肺化湿。例如在中焦湿温病的治疗中，吴鞠通常配伍杏仁、桔梗、郁金等，尤其善用杏仁宣畅肺气，方如杏仁滑石汤、杏仁薏苡汤、杏仁石膏汤等。李华锋言：“湿热之邪，黏腻难解，最易阻滞气机，而肺主一身之气，气化则湿化。湿热治肺所指有三：一是开肺达邪出表，二是宣肺化湿透热，三是肃肺通调水道。吴鞠通湿热治肺最为精妙，他所创的三仁汤为后世医家推崇，惟以三仁汤轻开上焦肺气。”三焦者，决渎之府，是气血津液运行、代谢的通路。上焦宣发卫气，中焦转运输布，下焦蒸腾气化，只有三焦气化功能正常，水液才能得以运化，病邪才有出路。柳宝诒曰：“治湿热两感之病，必先通利气机，俾气水两畅，则湿从水化，庶几湿热无所凝结。”已故著名医家赵绍琴教授也指出：“湿属阴邪，得阳则化，气化则水行。”北京中医药大学刘渡舟教授亦谓：“三焦通畅，大气一转，则湿热浊秽尽化，而氤氲之气乃行。”吴鞠通在中焦41条注中言“然所云三焦，以手太阴一经为要领”，认为即使是三焦湿热弥漫之证，佐入宣肺之品，临床治疗中仍能起到事半功倍之效。

五、结语

吴鞠通在继承先贤学术思想的基础上，对湿温病的诊断和治疗提出许多独到见解，为我们的临床治疗提供了新的借鉴。以上是笔者读《温病条辨》湿温篇的一点体会，可能未反映吴鞠通治疗湿温的全貌。今后尚需深入学习领会有关湿温的理论，并在临床上灵活正确地运用。

[《山西中医学院学报》，2009；(1)]

略论吴瑭《温病条辨》对温病学的继承和发展

周朝进

吴瑭（1736～1820年），字鞠通，江苏淮阴人，是清代温热学派的代表人物之一，著有《温病条辨》、《吴鞠通医案》、《医医病书》等书。本文试就《温病条辨》对温病学的继承与发展，做一粗略的探讨。

一、辨寒温，揭温病有九

1. 辨寒温　吴瑭认为，自唐宋以来，诸家皆未能脱却《伤寒论》窠臼，以伤寒一法，遂治六气之病，不明仲景伤寒一书，专为伤寒而设，不辨伤寒温病之异。迨至王安道始能脱却伤寒，辨证温病，惜其论简而法未备；至张景岳、吴又可、喻嘉言时，其论温病虽详，但张氏立论出方，悉与伤寒混，遂将温病认作伤寒；喻氏其言春温，见初春多有寒证，遂将伤寒认作温病；吴又可虽识寒温，见温疫流行，遂直辟伏气为病。故此，他明确指出，温病与伤寒两者，虽属外感疾病，但其病邪性质、感邪途径，病变证候等则截然不同。伤寒由毛窍而入，自下而上，始足太阳。太阳阳腑，伤寒阴邪也，阴盛伤人之阳；温病由口鼻而入，自上而下，鼻通于肺，始于手太阴。太阴阴脏，温热阳邪也，阳盛伤人之阴。“因辨寒病之原于水，温病之原于火”，其治法“伤寒伤人身之阳，故喜辛温甘温苦温，以救其阳；温病伤人身之阴，故喜辛凉甘寒甘咸，以救其阴”。提出了寒温水火阴阳之辨，对温病与伤寒的区别作了明了深刻的剖析。

2. 阐发病　温病的发病因素，《内经》有“春伤于风，夏必飧泄；夏伤于暑，秋必病疟；秋伤于湿，冬必咳嗽；冬伤于寒，春必病温”这一论述，为后世伏邪病因学说张本。迨明·汪石山始提出了温病发病，既有“伏气”，又有“新感”。吴又可值崇祯凶荒兵火之际，满眼温疫，遂提出“戾气”致病说。叶天士则称“暴感”、“伏气”。吴瑭归纳诸家之说，提出了温病发病之因有三：其一，“伏气为病，如春温、冬咳、温疟、其二，“亦有不因伏气，乃司天时令现行之气”，其三，“更有非其时而有其气，如又可所云戾气”。既从六淫致病立论，又从杂气疫毒立论，脾温病发病学更臻全面。

3. 揭病种　《内经》说：“今夫热病者，皆伤寒之类也。”温病的病种范围，诸家在《内经》论述的基础上，代有发明，众说纷纭，如吴又可则分为温病、热病、疫病三种，叶天士在《幼科要略》中列有风温、春温、温热、暑热、秋燥、冬寒、痧疹等。吴瑭认为：“诸家论温，有顾此失彼之病，故是编首揭诸温之大纲”，概括温病有九：“有风温、有温热、有温疫、有温毒、有暑温、有湿温、有秋燥、有冬温、有温疟。”并在湿温条下附以疟、痢、疸、痹等。实质上包括了各种传染性和非传染性的外感疾病，较全面地反映了温病的病种范围，至今仍为我们所遵依。

二、审病机，辨析倡三焦

对温病的病机传变规律，叶天士指出：“温邪上受，首先犯肺，逆传心包。”并说：“卫之后，方言气，营之后，方言血。”立卫气营血辨证。此外，叶氏还很注重三焦分证，提出“口鼻均入之邪，先上继中”，“后贤河间创议迥出诸家，谓温热时邪，当分三焦投药”。吴瑭则兼采河间、天士之说，加以畅发，提出了温病“必从河间三焦定论”，温病“始上焦，终下焦”。

吴瑭指出：“凡病温者，始上焦，在手太阴”，症见微恶风寒，发热，头痛，口渴，咳嗽，脉浮数，倘若“肺病逆传，则为心包”，则见舌红绛，神昏谵语，舌謇肢厥等证。说明了温病初起病变在上焦肺、心两脏。“上焦病不治，则传中焦脾与胃也”，或见但恶热不恶寒，日晡益甚，面目俱赤，语声重浊，呼吸俱粗，大便秘结，小便涩，舌苔老黄，甚则黑有芒刺，脉洪等阳明无形热盛或有形热结之证；抑或表现为身热不扬，汗出不解，身重肢倦，胸闷脘痞，泛恶欲呕，便溏，苔白腻，脉濡等太阴寒湿内阻，病势不甚显张之证。若“中焦病不治，即传下焦肝与肾也”。由于邪热久羁，耗损肾水，故见身热面赤，口燥咽干，甚则齿黑唇裂，脉虚大，手足心热甚于手足背，神倦耳聋，心烦不寐等症；温邪久踞而吸铄真阴，水不涵木，则见痉厥神昏，舌謇，瘛疭，心中惦惦动，舌绛苔少，脉气虚弱等虚风内动危证。为此，吴瑭倡立了三焦辨证，以三焦所属的脏腑在温病过程中引起的病理变化，作为辨证依据，俾医者“心目了然，胸有成局，不致临证混淆，有治上犯中，治中犯下之弊”。

三焦辨证和卫气营血辨证，虽同是用来划分温病传变发展中浅深不同的阶段和病位，然一者侧重于脏腑方面辨证，一者侧重于气血方面辨证。三焦辨证之确立，实可补卫气营血辨证之不逮，有相得益彰之妙，从而丰富了温病学之辨证方法。

三、论证治，取法羽、衡、权

吴瑭遵《内经》“风淫于内，治以辛凉，佐以苦甘；热淫于内，治以咸寒，佐以甘苦”之训，从三焦学说的角度提出温病的证治大法。认为上焦温病在肺，“肺位最高，药过重，则过病所”，他宗叶天士“温邪在表初用辛凉轻剂”，和喻嘉言芳香逐秽之说，选用东垣清心凉膈散，去黄芩等苦寒之里药，加银花、荆芥等芳香之品，创制银翘散，以治风热在上焦。因温邪犯上焦有风、暑、湿、燥之别，他又创拟新加香薷饮治暑温兼湿；以三仁汤治湿温初起；选桑杏汤以治秋燥伤肺。均采用轻清宣透之品。妙在轻透上焦，不犯中下，有轻可去实之能，体现了“上焦如羽，非轻不举”的治则。另外，他特别指出温病虽喜汗解，但“最忌发汗，只许辛凉解肌，辛温又不可用，妙在导邪外出，俾营卫气血调和，自然得汗，不必强责其汗”，若误汗未有不偾事，一则“发汗而汗不出者，必发斑疹”，以化斑汤主之；一则“汗出过多者，必神昏谵语”，投以清宫汤、三宝等救治，纯属经验之谈。

吴瑭提出：“中焦如衡，非平不安。”即调整平衡脾胃升清降浊之功能。阳明气分热盛用白虎汤清热保津。对阳明热结，峙立三法：热结液干用大承气；热结旁流用调胃承气；津伤液少而热结轻则用增液汤。并告诫医者不可妄用下法，必须注意：一是邪入心包、胃，当先开心包，然后可下；二是体亏液涸之人不可下，下之易脱；三是下法不可药过病所，以致变生怯证。他创立了增液、增液承气，新加黄龙、宣白承气、导赤承气、牛黄承气、护胃承气等，分别治津伤液干和下之不通诸重证，从而大大发展了温病的下法和治疗范围。对中焦湿证，认为有伤脾阳、脾阴、胃阳、胃阴、两伤脾胃之分，而伤脾胃之阳多见，伤脾胃之阴少见。其证治，必须“审在何经何脏，兼寒兼热，气分血分，而出辛凉、辛温、甘温、苦温、淡渗、苦渗之治”。若“彼此混淆，治不中款，遗患无穷”。如湿温，邪由上焦来，用轻透之三香汤，宣邪出上焦；邪已陷里，用通降之人参泻心汤加白芍，通邪出下焦，秽湿郁布三焦，因其证见有别，以五个加减正气散，分利湿邪。其治法，条分缕析，阵法井然。

若热邪深入下焦，吴瑭认为“或在少阴，或在厥阴，均宜复脉”，以乙癸同源是也。并据热邪劫阴之轻重各异，列以三甲加减复脉汤治热深痉厥诸证；以大小定风珠治虚风内动。以上诸方采用大队浓浊填阴塞隙，介属潜阳定镇，使阴阳交纽，庶不致绝脱。治法依守“下焦如权，非重不沉”之治则。

四、立方法，博采诸家长

《温病条辨》一书，诚如吴瑭所说：“本论详加考核，准古致今，细立治法，除伤寒宗仲景法外，稗四时杂感，朗若列眉，未始非叔和有以肇其端，东垣、河间、安道、又可、嘉言、天士宏其议，而瑭得以善其后。”兼收诸家研究温病学的成果，结合自己的实践，编著而具规模。笔者曾对该书作了粗略的勘索，全书238法，198方，其中录用仲景法或加以化裁的有18条、收仲景方37首；选用吴又可法或加以化裁的有11条、方7首；全录用《临证指南医案》100条、以叶案化裁的24条，引录叶案方92首，以叶案方化裁的12首，引喻氏法的1条、方2首；引唐宋等古方15首，吴瑭自拟的法84条、方33首。可以明显地看出，吴瑭的学术思想主要是禀承叶氏，并完善、发展了叶天士温病学说。他认为温病惟叶氏“持论平和，立法精细”，故之精心研索，细绎叶案，钦佩“叶氏心灵手巧，精细过人，案中治法，丝系入扣，可谓汇众善以为长者”，惜其法散见于案中，未能引起人们注意。于是，他以《临证指南医案》为依据，“披拾其大概，粗定规模，俾学者有路可寻”，畅发了叶氏学说，可谓天士之功臣。例如《温病条辨》书中，有全录叶案和处方的，如青蒿鳖甲汤（见《临证指南医案》温热门王十八案，P. 326）、如五个加减正气散（分别见湿门某五十案，P. 358；某十四案，P. 359；汪三三案，P. 355；张案，P. 355，某二二案，P. 355），有从叶案中化出的，如桑菊饮（见风温门秦六三案，P. 318）、三仁汤（见湿门冯三一案，P. 350）；有以两案组合的，如清营汤（见温热门马案和陈妪案，P. 322），有用叶案方自制条文的，如小定风珠（见痉厥门顾案，P. 552）；有选用叶案门人按语制成的，如肉苁蓉汤（见痢门邵新甫按，P. 502）。由此可见，经过吴瑭的匠心独运，无论在温热病的病机、辨证、论治、方药各方面，把叶天士原有的内容，都有了很大程度的提高。

吴瑭受吴又可的学术思想影响亦较大，认为吴又可的《温疫论》，“观其议论宏阔，实有发前人所未发”。但是“惜其立论不精，立法不纯”，“亦不免支离驳杂，大抵功过两不相掩”。他吸收了吴又可攻邪通下，养阴清燥、补泻兼施等之长，如上焦篇14条收录了吴氏瓜蒂散，12条吸取吴氏用梨汁、藕汁等治胃热津伤渴饮的经验，拟立雪梨浆、五汁饮法。中焦篇11条以吴氏承气养营汤为法创制了增液汤，13条从吴氏“下后脉浮篇”衍化而来；14条自制清燥汤以代吴氏柴胡清燥汤，15条从吴氏“邪气复聚篇”化出，17条在吴氏“补泻兼施篇”用陶氏黄龙汤的启迪下，专立正邪合治法，创制了五个承气扬。下焦篇在吴氏三甲散之启示下，制订了三甲复脉汤等，不胜枚举。

如上所举，吴瑭兼收诸家之长，博采众方，并融汇贯通，使温病学的理论和治疗方法更趋系统了。

［《上海中医药杂志》，1996；(2)］

经方与时方原来不相悖

——重读吴瑭《温病条辨》

张再良

医学是在不断发展着的，即便是在古代，随着经验的不断积累，认识的不断深入，临床治法方药也会越加丰富，中医对外感热病证治的历史，便具有十分的说服力。所以从《素问·热论》到《伤寒论》、《医经溯洄集》、《温疫论》、《温热论》、再到《温病条辨》，认识是在不断深入，治法方药也是在不断完善，最终提供给我们的是以六经为基础，以卫气营血、三焦为补充的这样一个辨治外感热病的证治体系。不可否认，给这样一个体系最后添上浓墨重彩的当推《温病条辨》。从张仲景到吴瑭，从伤寒到温病，从经方到时方，跨度一千五百多年，其间中医学的临床证治有了长足的进步，可以说基础奠定在前，发展补充在后，也可以说后来者居上，《温病条辨》在一定的程度上代表了中医临床证治的进步。伤寒与温病，经方与时方，珠联而璧合，交相辉映出中医临床的灿烂光辉。

一

《温病条辨》的作者吴瑭，早年的弃儒从医有其深刻的个人背景，19 岁时，父病年余，竟至于不起。23 岁时，子病温，终发黄而死，于是有志于医。26 岁时游京师，得《温疫论》，遂专心学步。又遍考晋唐以来诸贤议论，“进与病谋，退与心谋，十阅春秋，然后有得。”35 岁时，遇温疫大行，吴瑭起而治之，于是又积累了相当的经验，著成《温病条辨》。历数年，又值瘟疫流行，在同乡的一再催促下，该书终于面世。

《温病条辨》全书计 265 条，出方 208 首，以三焦为纲，病名为目（或曰以六淫为目），将三焦与卫气营血融为一炉，完善了温病证治体系。吴瑭指出：《温病条辨》虽为温病设，实可羽翼伤寒。所谓伤寒由表入里，由浅及深，须横看；而三焦由上及下，也是由浅入深，但须竖看，与《伤寒论》有一纵一横之妙。读者如能“细心体察，自无难识之证。虽不及内伤，而万病诊法，皆在其中矣。”《温病条辨》较为巧妙地将《内经》所讲的治法与《伤寒论》的方法，结合当时临床实践，形成一个较为简便易行的框架，其除去繁琐的理论推衍，直接将证方相对，凡用方皆以性味点出方向，便于一般人掌握。《温病条辨》所集方剂，大体来自 3 个方面：一是运用仲景原方加减而成者，占 44 首；二是出自《临证指南医案》，冠以相应方名者，占 98 首；三是采用其他医家的经验方或自创方，占 66 首。由此观之，吴瑭也确实在“勤求古训，博采众方”上下了一番功夫，《温病条辨》之所以能够胜出其他医书一筹而风行大江南北，原因也许就在于此。

吴瑭十分清楚医学的继承和发展，所谓“医方之祖，必推仲景，而仲景之方，首重伤寒。”“不知仲景，宁识伤寒；不识伤寒，宁识温病。”吴瑭“近师承于叶氏，而远追踪于仲景。”“其处方也，一遵《内经》，效法仲祖。”吴瑭师仲景法而不泥于仲景方，所谓羽翼伤寒，即是对仲景方的变化、发展和补充。吴瑭曾批评晋唐以来诸贤皆不能超脱《伤寒论》蓝本，其自以为推戴仲景，不知反晦仲景之法。历史上不少有作为的医家，如王安道能脱却伤寒，辨证温病，但其立论不精，立法未备。吴又可也竭力想卸却伤寒，单论温病，但也是由于立论不精，立法不纯，又不可从。惟叶天士持论平和，立法精细。但叶氏为吴人，所治多南方证，又立论甚简，仅有医案散见于杂证之中，故人多忽之而不深究。吴瑭著《温病条辨》，如他自己所说，前贤好比“木工钻眼，已至九分，瑭特透此一分，作圆满会耳”。这就充分体现了学术的传承，历史的前进。即便如此，吴瑭也深知自己只是示人规矩而已。“使学者有阶可升，至神明变化出乎规矩之外，而仍不离乎规矩之中，所谓从心所欲不逾矩，是所望于后之达士贤人，补其不逮，诚不敢自谓尽善又尽美也。”

从著书年代来看，王安道的《医经溯洄集》成于1368年，吴又可的《温疫论》成于1640年，叶天士的《温热论》成于1740年，吴瑭的《温病条辨》成于1798年。与《温病条辨》的年代相近，1784年有杨栗山的《伤寒温疫条辨》问世，杨氏此书“务辨出温病与伤寒另为一门，其根源、脉证、治法、方论，灿然昌明于世，不复搀入《伤寒论》中，以误后学”。说明当时不仅吴氏，而是有更多的医家已经意识到墨守伤寒方的弊端，意识到温疫、温热病的治法另有规律，必须另辟蹊径。可以说从历史上看，经验积累到一定程度，认识一旦趋于成熟，必然出现飞跃。但杨氏的书不如吴氏那样影响广泛，也有一定的原因，即作为临证的指导，要有一定的体系，总结出相当的规律，体现出历史的传承，以便掌握，而不能限于一己之见。

二

吴瑭指出：前人尊信前辈（仲景）太过，遂将一切外感混入伤寒中，以《伤寒论》为方法之祖，遂于伤寒法中求温热。吴瑭在此批评的是对经方的保守，其实《伤寒论》从具体治则治法讲，它所立的规矩为后世临床辨证所遵循，其中不少方法也可用于温病证治，但讲到具体方药则有所欠缺，应该加以补充，这是对《伤寒论》一分为二的客观的态度，正是在这样的态度指导下才会有学术的发展。经方作为方剂的始祖，历来受到医家重视，且在临床上一直被广泛应用。经方浓缩了前人的经验，但经方本身也在随着历史的发展而变化，后人对经方的补充，除了药物的加减之外，更多的是对方证的认识。这些，在《温病条辨》中都有充分的体现，以下不妨择其要者略加介绍：

吴瑭将白虎汤归入辛凉重剂，叙其证为：脉浮洪，舌黄，渴甚，大汗，面赤恶热。白虎加人参汤则见：脉浮大而芤，汗大出，微喘，甚至鼻孔扇。脉若散大者，急用之，倍人参。对人参的运用，吴瑭认为：阴虚而阳不固，补阴药有鞭长莫及之虞，人参固正阳，使阳能生阴，乃救化源欲绝之妙法也。汗涌、鼻扇、脉散、皆化源欲绝之征兆。同时，对白虎之禁，吴瑭提出看法，认为白虎剽悍，本为达热出表，若见脉浮弦而细，脉沉，不渴，汗不出者，则方证不合。仲景治中暍用白虎加人参汤，吴瑭移用于暑温，见汗不止，烦渴而喘，脉洪大有力者，用白虎汤；洪大而芤者用白虎加人参汤；身重着者，湿也，用白虎加苍术汤；汗多脉散大，喘喝欲脱者，则又当用生脉散。

吴瑭对承气汤证的描述，也比仲景更为具体，凡见面目俱赤，语声重浊，呼吸俱粗，大便闭，小便涩，舌苔老黄，甚则里有芒刺，但恶热，不恶寒，日晡益甚者，即为病传中焦，为阳明温病也。（脉浮洪燥甚者，白虎汤主之。）脉沉数有力甚，则脉体反小而实者，大承气汤主之。吴瑭认为，承气通胃结，救胃阴，其中大黄荡涤热结，芒硝入阴软坚，枳实开幽门之不通，厚朴泻中宫之实满，故能承胃腑本来下降之气。

《温病条辨》中对下法的应用，也十分精彩。如增液汤仿效吴又可承气养荣汤法，妙在寓泻于补，以补药之体，作泻药之用，既可攻实，又可防虚。吴瑭认为，阳明温病下之不通，其证有五，进而分别推出新加黄龙汤、宣白承气汤、导赤承气汤、牛黄承气汤、增液承气汤等。吴瑭指出：阳明燥证，里实而坚，未从热化，下之以苦温；已从热化，下之以苦寒。燥证阳明里实而坚满，经统言以苦下之，以苦泄之，今人用下法，多以苦寒，不知此证当别已化未化，用温下寒下两法，随证施治方为的确，未从热化之脉，必仍短涩，涩即兼紧，面必青黄，苦温下法，如《金匮》大黄附子汤、新方天台乌药散加巴豆霜之类。已从热化之脉，必数而坚，面必赤，舌必黄，再以他证参之。苦寒下法，如三承气汤之类。

对于饮病用大小青龙汤，吴瑭也有自己的见解，如小青龙汤用于秋湿内伏，冬寒外加，而见脉紧无汗，恶寒身痛，喘咳稀痰，胸满，舌白滑，恶水不欲饮，甚则倚息不得卧，腹中微胀等。若见脉数有汗，则小青龙汤去麻、辛主之，大汗出者倍桂枝、减干姜，加麻黄根。饮属阴邪，非温不化，故饮病当温者十有八九，然当清者亦有一二，麻杏石甘汤即大青龙汤去桂、姜、枣者。大青龙汤有石膏、杏仁、生姜、大枣，而无干姜、细辛、五味、半夏、白芍，盖大青龙汤主脉数、面赤、喉哑之热饮，小青龙汤则主脉弦紧不渴之寒饮也。由此类推，苓桂术甘汤为外饮治脾而立，肾气丸为内饮治肾所创。胸痹又何尚不是一通一补。学者能从此类推，方不死于句下，方可与言读书也。吴瑭还提出：饮家反渴，必重用辛。上焦加干姜、桂枝；中焦加枳实、橘皮；下焦加附子、生姜。若知其为饮而渴，用辛何妨，《内经》所谓辛能润是也。大抵饮食当恶水，不渴者其病犹轻，渴者其病必重，如温热应渴，渴者犹轻，不渴者甚重，反象也。

吴瑭将桂枝汤用于温病解后，脉迟身浮如水，冷汗自出者（此亦阳气素虚之体质，热邪甫退，即露阳虚，以桂枝汤复其阳）。将小建中汤用于温病愈后，面色萎黄，舌淡，不欲饮水，脉迟而弦，不食者（此亦阳虚之质，故以小建中小小建其中焦之阳气，中阳复则能食，能食则诸阳皆可复也）。吴瑭指出：仲景小建中汤治诸虚不足，为一切虚劳之祖方，李东垣又从此化出补中益气、升阳益气、清暑益气等汤，皆甘温除大热法，但终究不如建中之纯，盖建中以德胜，而补中以才胜者也。调以甘药者，由于十二经皆秉气于胃，胃复，则十二经之诸虚不足皆可复也。

关于复脉汤的应用，若邪在阳明久羁，或已下，或未下，身热面赤，口干舌燥，甚则齿黑唇裂，脉沉实者，仍可下之。若脉虚大，手足心热甚于手足背者，则当投加减复脉汤。吴瑭认为，以复脉汤复其津液，阴复则阳留，庶可不至于死也。在仲景当日，治伤于寒者之结代，自有取于参、桂、姜、枣，复脉中之阳，今治伤于温者之阳亢阴竭，不得再补其阳也。温病耳聋，病系少阴，宜复脉辈复其精，吴瑭又指出，所谓宜复脉辈者，不过立法如此，临时对证，加减尽善，是所望于当其任者。热邪深入，或在少阴，或在厥阴，均宜复脉。吴瑭把黄连阿胶汤用于少阴温病见真阴欲竭，壮火复炽，心中烦不得卧者，认为芩连外泻壮火而内坚真阴，芍胶内护真阴而外捍亢阳。而邪少虚多者，则不得用黄连阿胶汤。

对于热入血室，吴瑭认为今人不辨热入之轻重，血室之盈亏，一概用小柴胡汤，则贻害必多。他指出，临证凡见热甚而血瘀者，与桃仁承气及山甲、归尾之属；血舍空而热者，用犀角地黄汤加丹参、木通之属；表邪未尽而表证仍兼者，不妨借温通为使；血结胸，有桂枝红花汤，参入海蛤、桃仁之治；昏狂睡，进牛黄膏，调入清气化结之煎。吴瑭认为叶案中还有玉女煎法、复脉法、护阴热缓攻法等，先圣后贤，其治条分缕析，学者审证定方，俱毋拘乎柴胡一法也。另外，吴瑭还有从《金匮》鳖甲丸与回生丹衍化而出的化癥回生丹等。

《温病条辨》中采摘其他医家的方剂也不少，如从《千金要方》过来的犀角地黄汤；从《伤寒六书》过来的青蒿鳖甲汤、黄龙汤；从《局方》藿香正气散过来的五加减正气散，以及《局方》中的“三宝”；从李东垣过来普济消毒饮去升柴芩连陈皮加银花、荆芥、芦根，以及清暑益气汤、生脉散、补中益气汤等；从张景岳的玉女煎过来的玉女煎去牛地加玄参（化斑汤、白虎加犀角玄参），以及加减理阴煎方（吴瑭所谓：辛淡为阳、酸甘化阴复法，凡复法，皆久病未可以一法了事者）；从喻昌过来的清燥救肺汤等等，这些都说明了吴瑭对历代医家的经验并未等闲视之，而是兼收并蓄，作为临证的巧思佳构，编织入书，以广其传。

叶天士的《温热论》和《幼科要略》均载于华岫云等编纂的《临证指南医案》中，王孟英整理后，将《幼科要略》命名为《叶香岩三时伏气外感篇》，将《温热论》命名为《叶香岩外感温热论》，收入其《温热经纬》中，加以揄扬，引起医界高度重视。特别是《温热论》、《吴医汇讲》刻之，《医门棒喝》刻之，多次翻刻，流传渐广，影响日隆。《温病条辨》中以叶天士的临证经验为基础加减变化而出的方剂，如桑菊饮、桑杏汤、清络饮、安肾汤、参茸汤、清营汤、清宫汤、宣痹汤等，均可从《临证指南医案》中找到出处。叶天士为当时的临床大家，用药集诸家之长，轻灵善变，吴瑭以他的临证经验为素材，并加工提炼，定格为具体的治法方药，垂范后世，此当视为明智有功之举。《温病条辨》中的方剂，有将近一半出自叶氏的《临证指南医案》，可见吴瑭对叶氏推崇有加，钻研亦深。

三

历史上自《难经》提出“伤寒有五”后，遂将伤寒作广义解者多。如俞根初《通俗伤寒论》：“伤寒，外感百病之总名也。”何廉臣谓《伤寒论》之寒字，只当邪字看。陆九芝更有一比喻，谓：“以五金言，一曰金，二曰银，三曰钢，四曰铁，五曰锡。五金之中，其一曰金，《伤寒论》非五金之统称耶。”陆九芝进而提出：“《伤寒论》中方，大半皆治温治热方”“凡温热之治，即当求诸伤寒之论者无疑矣。”雷少逸也认为：“伤寒书统治六气论”“此显明六气统治之书，而今以为专治寒邪，则误甚矣。”王孟英指出：“五气感人，古人皆谓之伤寒，故仲圣著论亦以伤寒统之，而条分中风、伤寒、温病、湿、暍五者之证治，与《内经》渊源一辙，法虽未尽，名已备焉。”（《温热经纬·自序》）其实，细考《伤寒论》，除了太阳中风、太阳伤寒以外，其实还有太阳温病、太阳痉病、太阳湿病、太阳中暍等，怎么能限定《伤寒论》只及于寒呢！

但是，自王安道脱却伤寒，辨证温病以后，伤寒含义趋窄而温病含义渐广，甚或二者开始对立，如王氏所说：“夫惟世以温病热病混称伤寒，故每执寒字以求浮紧之脉，以用温热之药，若此者，因名乱实而戕人之生，名其可不正乎？又方书多言四时伤寒，故以春夏之热病与秋冬之伤寒一类视之无所别。夫秋冬之伤寒，真伤寒也，春夏之伤寒，寒疫也，与温病热病自是两涂，岂可同治。”其后，唱和的医家不少，如程国彭：“仲景论伤寒而温热瘟疫之旨未畅。”柳宝诒论及温病与伤寒病情不同、治法各异时指出：“冬月伤寒，邪由皮毛而入，从表入里，初见三阳经……三阳不能渐次传入三阴……初起悉系寒邪见象，迨发作之后，渐次化热内传，始有热象，故初起治法必以通阳祛寒为主，及化热之后始有泄热之法，此伤寒病之大较也。若夫温病乃冬时寒邪，伏于少阴，待春夏阳气内动，伏邪化而为热，由少阴外出……初起治法，则以清泄里热，导邪外达为主，与伤寒用药，一温一凉……此伤寒温病分证用药之大关键。”（《温热逢源》）

四

后世医家有对《温病条辨》质疑（甚或对温病学说质疑）者，如王孟英：“鞠通凡引古方，辄乱定其分量，而轻重殊失当也。”甚至认为吴瑭“捏造圣训，诬圣误世（指用桂枝汤治温病是伤寒原文)、排定路经，必欲温热病遵其道而行，岂非梦呓。”而“下焦篇之定风珠，一派腥浊浓溺，无病人胃弱者亦难下咽，如果厥哕欲脱而进此药，是速其危也。”陆九芝也认为：“伤寒论中方，大半皆治温热方”“凡温热之治，即当求诸伤寒之论者无疑矣。”恽铁樵指出：“温病亦当以《伤寒论》为准，凡《伤寒论》中祖方，用辛凉不参以温药者，皆是治温病之方。”其实就连对叶天士《温热论》也曾有过指责，如祝味菊：“此篇风行一时，深入人心，以盲引盲，贻误滋多。”并指出温邪上受，并非都是首先犯肺，早用血药也并非动手就错等等。时逸人：“《温热论》经章虚谷、王孟英捧场，俨然成为谈温病者特出的宗派，吴鞠通编《温病条辨》时，更奉他的理论为最高指导原则。我们应该承继和发扬他的优点，同时也不能忽略他的缺点。”

对此，我们是否可以这样认识，即真理都是相对的，我们只能接近它，但不能穷尽它。也就是说哪怕是温病学说对伤寒作了相当多的补充，但热病的证治并非就此全部完结，况且《温病条辨》是吴瑭的早期作品，类似读书笔记心得。从辩彰学术，考镜源流，有利于学术发展的角度作些批评与争论是有益的，但也不应过于苛求古人。医学是发展的，前人的不足，后人补之。仲景补《素问·热论》之欠缺，叶、吴补仲景之未逮，而叶、吴又有不足矣。“后之视今亦犹今之视昔”，是之谓历史发展。

经方也用寒凉药，时方也用温热药。前人对经方、时方的寒温强调过头，造成偏见，人为地将其对立，今人则应取正确的一分为二的态度。就中医而言，也是在流派争鸣中、在继承中发展的，大可不必以此非彼或厚此薄彼，只要是临床有效的方治都应该重视。《温病条辨》在中医临床证治上所起的指导作用不可低估，特别是对《内经》、《伤寒论》以及叶天士等的补充和总结，今人亦当取其法而不受其限。从张仲景到吴瑭，中医在实践中走过了一条探索、发展的艰难道路，历代医家的经验，哪怕是点点滴滴的，都弥足珍贵，《温病条辨》的历史功绩不容否定，《温病条辨》所立的理法方药值得重视。

[《中医药学刊》2005；(3)]

伏气温病质疑

周少伯

温热病是祖国医学对多种传染性热性病的总称。前人根据《内经》“冬伤于寒，春必温病”、“冬不藏精，春必病温”等论述，按照热性病临床证候的差异，把温病的发病机理，分为新感温病和伏气温病二类。其实，《内经》四气所伤的论述，并不是指伏气为病；温病临床证候的差异，乃是不同的热性病各有不同的特有表现，亦非伏气化热为患。人体感受寒邪，伏于体内，逾越季节而化热外达，实无如此发病机理。兹略呈管见，以就正于同道。

一

伏气温病，历代医家都是根据《素问·阴阳应象大论》的“冬伤于寒，春必温病，春伤于风，夏生飧泄；夏伤于暑，秋必痎疟，秋伤于湿，冬生咳嗽”的经文，引申而来，如王叔和《伤寒例》，以即病者为伤寒，不即病者为温病。后世温病学家则更具体地阐明了“伏气”的观点，如柳宝诒说：“肾气先虚，故邪乃凑之，而伏于少阴，待春阳气内动，则寒邪化热而出。”雷少逸说：“经谓冬伤于寒，春必温病，是训人有伏气之为病也。夫冬伤于寒，甚者即病，则为伤寒；微者不即病，其气伏藏于肌肤或伏藏于少阴，至春阳气开泄，忽因外邪乘之，触动伏气乃发；又不因外邪触发者，偶亦有之。其藏于肌肤者，都是冬令劳苦，动作汗出之人，共藏于少阴者，都是冬不藏精，肾脏内亏之辈。”雷氏的观点：（1）肯定《内经》的冬伤于寒，春必温病，是训人有伏气。（2）指出伏邪部位，有少阴和肌肤之别。（3）指出发病机理，有因外邪触发和不因外邪触发二种。个人认为，这种理解是不符合经文的原意的。试言之：冬伤于寒，春必温病者，主要是说正气不足的人，在冬令收藏季节，尚不能抵御寒邪而伤于寒，至春令天气温暖，阳气发泄，像这样腠理不密的体质，更不能适应气候的变化，容易感受温邪而患温病。春伤于风，夏生飧泄者，是指脾气虚弱的人，气血生化不足，则卫气不密，春令气候多变，故春令常感风邪而为病；这样的体质，到夏季气候炎热，天暑地湿，势必更伤脾气，况土虚则木侮，而清气更不得升，脾虚气陷，则飧泄作矣。夏伤于暑，秋必痎疟者，是说夏季天暑地湿，气候酷热，将息失宜，易患暑病；暑为阳邪，耗气伤阴，气阴既伤，抗力下降，秋季多疟，故易患疟疾。与秋伤于湿，冬生咳嗽者，殆湿为阴邪，脾为阴土，同气相感，同类相召，故脾气虚者，在湿土主气之令，易患湿病，而脾气更虚；脾主运化，脾虚则水谷不能尽化精微，水湿酿成痰饮，上渍于肺，则咳嗽作矣。而经文谓冬生咳嗽者，因冬季气候寒冷，降低了呼吸道防御能力，故风寒易袭，内外合病，所以咳嗽以冬季为多，所谓“肺恶寒”是也。

从上可知，《内经·阴阳应象大论》四气所伤的论述，是阐明人的体质因素与气候变化及时令病三者之间的关系，训人治疗时病，不能只看邪的一面，更要注意本的一面，还要重视季节气候，从这三方面综合分析来防治时令病。这与“邪之所凑，其气必虚”的理论是一致的。

再以四时主气而言，春温夏热，秋凉冬寒，为四时之常气，故春之温病，夏之暑病，长夏之湿病，秋之燥病，冬之伤寒，都是感受时邪的时令病，若硬行将某病纳入“伏寒化热”的窠臼，则于理欠通。雷少逸又说：“昔贤谓冬应寒而反温，非其时而有其气，人感之而即病者，名曰冬温是也。”盖冬晴气暖，终不若春夏之有百花吐艳，阳气弛张；而春气温暖，虽阴雨春寒，终不若冬令严寒杀厉之气为重。既然冬令可因非时之暖而患冬温，而春令发生的风温、春温、温热等均为感受时令之温邪，不亦理所当然乎！

综上所述，《内经》四气所伤的论述，不应作为伏气的理论根据；温病乃是季节性的热性病，不能认作伏气化热而发。

二

前人把热性病发病急、病情重、变化快、里热甚，尤以一病而表里俱热或一病即有津伤表现者，称为伏气温病。如叶香岩《三时伏气外感篇》：“春温一证，由冬令收藏未固，昔人以冬寒内伏，藏于少阴；入春发于少阳，以春木内应肝胆也。寒邪深伏，已经化热，昔贤以黄芩汤为主方，苦寒直清里热；热伏于阴，苦味坚阴，乃正治也。”《温热逢源》引沈宗淦之说：“伏气为病，皆自内而至外，不必春温一证也。”《时病论》温病条：“推温病之源，……伏气自内而动，一达于外，表里皆热也。其证口渴引饮，不恶寒而恶热，脉形愈按愈盛者是也。”又风温条云：“因寒触动伏气为春温，初起恶寒无汗；因风触动为风温，初起恶风有汗，……新感之邪虽殊，伏藏之气则一，是故种种变症，可同一治法，必须辨其孰为劳苦之辈，孰为冬不藏精之人，最为切要。试观病势由渐而加，其因于劳苦者可知；一病津液即伤，变证叠出，其因于冬不藏精者又可知。”鉴于这些记载，前人对伏气温病的论述，按其发病季节及临床表现，涉及现代医学的肺炎、重型流感、流行性脑脊髓膜炎、出血热、流行性乙型脑炎等急性传染病；因为这些疾病的共同特点为发病急、病情重、变化多、里热甚，卫气症状短暂，营血症状及两厥阴症状比较突出，津伤液耗的表现亦甚明显，故属于祖国医学伏气温热病的范畴。如以流脑为例，虽发生于春季为多，而冬季发病者亦复不少；一经发病，卫气症状短暂，很快出现营血证的表现，尤以暴发型流脑，在短时间中，邪人营血而出现全身瘀斑、邪陷两厥阴而昏迷抽搐；按温病学来说，发于春令的属春温范畴，为伏气化热而成；发于冬季的属冬温范畴，属感染冬令非时之温为病，不属伏气，而属新感。一病之发于两个季节，其发病机理，一为伏邪，一为新感，有是理乎？又如流行性出血热，早期仅有短暂的卫气症状，很快即现气营及营血证型，亦与温病学伏气温病相符，然则本病在江苏南部地区，发于冬季为多，又是所伏何气？因此个人认为，一病即现表里俱热，或一病津液即伤，变证叠出，是属于不同的热性病，各有不同的发病规律和特有症状，与“伏气”二字并无关系。质言之，伤寒有寒邪直中三阴，为什么温热病不能有温邪直入营血呢？再从临床实践来说，热性病的发生和流行，是四时气候失常，将息失宜，降低了人体的抗病能力，加上环境卫生不良，给病邪以可乘之机；既病之后，又根据体质的强弱不同，表现症状轻重不一，变化不一，与伏气亦无联系之处。

三

现代医学传染病学认为，病原体进入人体后，需经过一段与人体相互作用的时期，再出现临床症状，这称为潜伏期。但潜伏期与温病学的伏气学说，两者概念不同：（1）温病学的伏气，是以症状表现而分的，如一病之表里俱热的，便是伏气温病。（2）是以发病季节划分的，如春温与冬温证候类同，由于发病时间不同，冬温属新感，春温是伏邪内发，或新感触动伏邪。（3）现代医学认为所有传染病，都有潜伏期，而温病“伏气”仅指一病而表里俱热，或一病即出现里热症的春夏季热性病。（4）遍考各种传染病，潜伏期为时短暂，不像雷少逸所说冬令受寒，伏而化热，至春季发为风温、春温、温病，夏至之前发为晚发的。事实上，这样邪伏人体、毫无感觉而过月逾年发病者，并不存在。因此，温病学的伏气，与现代医学的潜伏期全然不同，不能混为一谈。

总括以上论述，笔者认为：

1. 前贤引用《阴阳应象大论》四气所伤的论述作为伏气温病的理论根据，是不能成立的。

2. 以春温夏热、秋凉冬寒四时主气立论，温病热病，均属季节性时病，不能称为伏气。

3. 所谓伏气温病和新感温病的症状差异，实是不同热性病各有不同的发病规律和特有症状，与伏气并无关系。

4. 伤寒可以有寒邪直中三阴，温病当也可有温邪直犯气营或营血，没有分伏气和新感的必要。

5. 体质因素、气候变异与时令病三者的关系，可以阐明温病的发病机理。

6. 现代医学的潜伏期，与祖国医学的伏气概念不同，不能混为一谈。

［《江苏中医杂志》，1981；（6）］

《温病条辨》湿病治法述要

李改琴　李守朝　郑贵选

清代名医吴瑭（鞠通）是温病学说的集大成者，其所著《温病条辨》首倡三焦辨证，除了系统整理前人湿病治疗精华之外，对湿温病的生理病理，临床表现及治疗方法论述颇详，拜读之余，感触甚多，其温病理论不仅包括湿温证而且也包含许多内伤杂病的理论与实践在内。今不揣浅陋，择其要而略述于后。

1. 湿邪特性与生理病理　湿邪致病有内外两途，在外者与水同类，吴氏谓："在天之阳时为雨露，阴时为霜雪，在山为泉，在川为水，包含土中者为湿。"（《条辨·下焦》），感受雾露或淋雨，久处湿地，水湿作业，皆可得之；在内者多责之脾，恣食生冷肥甘，久坐少动，水谷不在精微反停成湿。湿邪侵犯人体，在上焦与肺合，肺属太阴，亦主湿土之气，犹如天之雾露氤氲不散，弥漫上焦清旷之区；在中焦与脾合，脾为湿土之脏又为运湿之枢，故"湿土之气同类相似，湿热之邪，始虽外受，终归脾胃。"（《医门棒喝》）。在下焦与肾合，湿为水之质，肾为水之脏，水善下流，湿性重浊，终必及胃。外湿发病，长夏为多，长夏暑湿当令，犹如雨后之酷阳，地湿上蒸，天暑下迫，发为熏蒸弥漫之势。内湿发病，多见于形胖，阳衰之人，概因中阳衰微，唯水不化气，聚而成湿故也。

湿邪致病的病理演变，一则取决于感邪轻重，受邪部位及发病季节，二则取决于脏腑强弱，气血盛衰。由于脾主运化水湿，其性喜燥恶湿，故湿邪抑遏脾阳的倾向最为明显，脾阳一伤，水反无制，更易迁延不愈或泛滥成灾。水性下流，湿邪伤下的倾向也相当明显，吴氏谓："下焦乃少阴癸水，湿之质即水也，焉得不与肾水相合……湿流下焦，邪水旺一分，正水反亏一分，正愈亏而邪愈旺，不可为矣。"（《条辨·下焦》）。湿邪伤下，可以由中及下，吴氏所谓"湿邪久羁，脾阳消乏，肾阳亦惫者"即指此而言；亦可直中下焦，如"暴感寒湿成疝，寒热往来"，此为猝感寒湿邪客肝经；"湿久不治"，伏足少阴，舌白身痛，足跗浮肿"，此为邪客胃经。水湿为病，与自然界息息相关，大地之湿，阴郁既久则发霉长苔，腐气四散；人体之湿，郁遏阳气，在上犹如大雾蔽日，昏蒙不清，在中犹如水渍沃土，禾苗不长，在下犹如阴沟之秽浊污垢。

吴氏同时认识到湿邪兼挟致病的特点，湿与寒合，但为阴邪，最易伤阳；湿与风合，变化多端，最易流串四肢经络；湿与热合，缠绵氤氲，胶痛难解；湿与暑合，独见于夏令，又有寒化热化之分。

2. 湿邪致病的证候特点　湿邪致病，以脾胃为中心，弥上转下，所以其证候可归纳为三组：

（1）脾胃证候，湿邪侵犯中焦，"有伤脾阳，有伤脾阴，有伤胃阳，有伤胃阴，有两伤脾胃，伤脾胃之阳者十常八九，伤脾胃之阴者十居一二"（《条辨·中焦》），损伤脾阳，则中满腹胀饥不欲食或口腻不饥，洞泄腹痛，脾主四肢故见四肢乍冷；损伤胃阳，则呕逆不食，胸膈胀痛；伤脾阴则大便坚结，伤胃阴则口渴不饥；两伤脾胃，升降失常，则头重如裹，耳聋目瞑不欲言。如身体中阳亏虚，夏日贪凉饮冷，寒湿直走中道表现"眩晕欲绝，腹中绞痛，脉沉紧而迟，甚则伏，欲吐不得吐，欲利不得利，甚则转筋，四肢欲厥"等危重证候。湿阻脾阳，化源不足，可见头晕，少气，倦怠，纳呆，面萎黄，眼花，心悸。湿热侵淫筋脉气血运行受阻，可见筋脉痿弱不用，肢体困重，麻木肿胀，甚则肌肉消瘦，麻痹不举，萎废不用。湿热蕴结，肝胆疏泄不利，可见黄疸，泛恶欲呕，心烦；湿热夹杂食滞，发为痢疾，症见腹中拘急胀痛，自利不爽，滞下红赤，小便短赤。

（2）心肺证候：湿邪犯表，遏阳阻气，症见头痛头重，身重头痛，恶寒酸楚，昏蒙不清，或身热不扬，或午后身热。湿郁胸中气机不畅，可见胸闷气憋；湿阻经络毛窍，可以酿成白；湿阻阳气，酿成饮证，可见咳嗽喘息胸胁支满，口唾清涎，不欲饮，甚则咳逆倚息不得卧。湿热之邪，酿成痰浊，蒙蔽心包，可见神识时清时寐，意识朦胧，甚则神昏谵语，昏愦不语。心主言，湿热内郁则阳光不治，故见神倦不语，甚则言謇语重。

（3）肝肾证候：寒湿客于肝经，发为寒疝，症见寒热往来，胁下偏痛发热，胁肋少腹或脐旁掣痛，下引睾丸，重则痛不可忍，吴氏谓：“此邪居厥阴，表里俱急。”湿邪留滞筋脉，或兼风并寒为病，可见关节疼痛，沉重不举，步履唯艰。湿热并风侵淫筋脉或湿热内蕴，引动肝风，可见四肢牵引拘急，项背强急，甚则角弓反张。湿热侵入下焦血分，热盛动血，阳络伤则血上溢，发为吐血，阴络伤则血下溢，发为便血，溺血。湿伤阳气，督脉失温，可见背部发凉，腰背酸痛。湿注下焦，可见小腹胀痛，小便不利，尿频尿急，滴沥刺痛，湿热伤络，可见小便带血，疼痛难忍。湿热下注大肠可见便溏不爽，泻下污浊，肛灼气秽。

（4）脉舌特点：湿邪遏阳阻气，故多见濡脉，缓脉，如挟热可见濡数。湿久成痰或邪盛不衰时可见滑脉；湿滞肝经可见弦细，肾阳疲惫可见沉弱，正气衰微时可见散微，故薛氏有言：“湿热之症，脉无空体，或洪或缓，或伏或细，各随症见，不拘一格。”舌苔是观察湿邪的重要指标，典型舌苔为白腻，根据舌苔厚薄，测知邪势深浅与轻重，在病程中根据舌苔变化判断邪势消长。如湿之化热多见黄腻，舌苔灰滑多为寒湿，舌苔白厚腐浊多示阳明寒湿，舌苔白厚而干燥少津多为化燥伤阴；湿温后期，亦可见花剥苔，或光亮如镜之无舌苔，多示胃阴耗竭。

3. 湿病治疗

（1）上焦湿病治法：吴氏谓：“治上焦如羽，非轻不举”，如湿犯肌表者宜轻宜散，使湿化腠开，代表方为三仁汤。如上焦阳气郁而见哕者，治宜清宣肺痹，方用宣痹汤（枇杷叶、郁金、射干、白通草、香豆豉）；如湿聚为饮，治宜轻宣肺气的千金苇茎汤加杏仁、滑石；如系寒湿犯表，治宜温经通阳化湿，方用桂枝姜附汤；如湿阻肺窍，咽喉疼痛者，用辛凉微苦的银翘马勃散（银花、连翘、牛蒡子、射干、马勃）。湿温邪陷心包，可用清宫汤（犀角尖、玄参心、莲子心、竹叶卷心、连翘心、莲心、麦冬）去莲心、麦冬、加银花，赤小豆皮，煎送至宝丹或紫雪丹，药在解毒化浊，清心开窍。

（2）中焦湿病治法：寒湿困脾，治以苦燥温通之半苓汤（半夏、茯苓、厚朴、通草、川连），寒湿内阻，膀胱气化不利，治以苦温燥湿合淡渗利湿的四苓加厚朴秦皮汤；如脾阳郁而不达见四肢乍冷，自利目黄，甚则神倦不语，舌强言謇者，用四苓加木瓜厚朴草果汤；如寒湿困脾，湿滞痞结，则应温通开痞为主，方用草果茵陈汤（草果、茵陈、茯苓皮、厚朴、广皮、猪苓、大腹皮、泽泻）；如面目俱黄，四肢常厥者，则应温经回阳化湿，方用茵陈四逆汤。吴氏所谓：“茵陈生新，生发阳气之机最速”（《条辨·中焦》）。如太阴寒湿，浊阴凝聚，兼及少阴厥阴，出现不食不寐，大便窒塞，腹痛肢冷者，治以寒热并用通阳驱阴的椒附白通汤（生附子、川椒、干姜、葱白、猪胆汁）。如寒湿在胃，用附子理中汤去甘草加厚朴、广皮，寒湿伤及脾胃两阳，治以温通阳气，兼运脾胃，方用苓姜术桂汤；如风暑寒湿杂感，治宜宣气化湿，疏风祛寒，方用杏仁薏仁汤（杏仁、薏米、桂枝、生姜、厚朴、半夏、防己、白蒺藜）；如寒湿两伤脾胃，倾刻之间发为霍乱，此时应辨寒湿之多寡，湿多者给五苓散，寒多者给理中汤，寒甚厥逆者给四逆汤，兼转筋者用五苓散加防己桂枝薏仁主之，扶土抑木，利肝舒筋；如系感受秽浊之气发为干霍乱者，用蜀椒救中汤（蜀椒、干姜、厚朴、槟榔、广陈皮），急驱浊阴，拯救中阳。

湿热侵犯中焦临证最为多见，如湿热直走中道，不饥不食，机窍不灵，用辛开苦降芳化的三香汤（栝蒌皮、桔梗、黑山栀、枳壳、郁金、香豉、降香），此方出自叶案，组方清空灵活，很为吴氏推崇。如湿热弥漫三焦，小便不通，神识昏蒙，宜先用安宫牛黄丸开窍醒神，再用茯苓皮汤分消湿浊。湿热气壅为哕，治以苦辛通降的新制橘皮竹茹汤。如由于中阳之虚，湿热由上焦内陷中焦，以人参泻心汤（人参、白芍、干姜、黄连、黄芩、枳实）护阳敛阴，苦辛降泄。湿热内外合邪，治疗最为棘手，吴氏谓："脉缓身痛，舌淡黄而滑，渴不多饮或竟不渴，汗出热解，继而复热，内不能用水谷之湿，外复感时令不湿，发表攻里，两不可施，误认伤寒，必转坏证，徒清热则湿不退，徒祛湿则热愈炽，黄芩滑石汤主之。"（《条辨中焦》）。黄芩滑石汤用黄芩苦寒泄热于中，滑石甘寒导热于下，蔻仁化湿，茯苓皮、猪苓、大腹皮、通草利湿，如此严谨配方，可谓吴氏一绝。湿郁经脉，发为白者，吴氏认为属"内外合邪，纯辛去表，纯苦清热，皆在所忌"，而应投以辛凉淡泄的薏苡竹叶散（薏苡、竹叶、滑石、白蔻仁、连翘、茯苓、白通草）。湿热留滞经脉的痹证，宜用宣痹汤（防己、杏仁、滑石、连翘、山栀、薏苡仁、半夏、晚蚕砂、赤小豆皮）。此与上焦宣痹汤名同而实异，彼则轻宣肺痹以治哕，此则辛通经络以治痹；暑湿痹证，用加减木防己汤。湿热阻于三焦，升降失司者，吴氏创五加减正气散，五方均有藿香，厚朴、茯苓、陈皮，芳香化湿、疏利中焦，但加减正气散兼有肺气不利，食滞胃脘，故加大腹皮、杏仁、茵陈，六曲麦芽以宣肺化滞，二方加减正气散为兼有湿郁经络，故加防己、薏苡仁、豆卷、通草宣通经络，三加减正气散为肺气不宣，湿郁化热；四加减正气散为邪阻气分，脾湿为主；五加减正气散为脾胃俱伤，吴氏均有精辟论述及方药变通。

（3）下焦湿病治法：吴氏谓："湿久不治，伏足少阴，舌白身痛，足跗浮肿，鹿附汤主之"（《条辨·下焦》）鹿附汤（鹿茸、附子、草果、菟丝子、茯苓）为温肾壮阳，治疗寒湿伤肾的基本方；如寒湿内侵，脾肾俱伤，可用安肾汤（鹿茸、葫芦巴、补骨脂、韭子、大茴香、附子、茅术、茯苓、菟丝子）脾肾双补，釜底增薪。湿伤小肠血络，先便后血者，可用黄土汤温中止血。寒湿客于肝经，气血运行不畅，如寒湿较甚者治以椒桂汤（川椒、桂枝、高良姜、柴胡、小茴香、广陈皮、吴茱萸、青皮），气滞较重者，用天台乌药散（台乌、木香、茴香、高良姜、青皮、川楝子、巴豆、槟榔）；如邪居厥阴，表里俱急之寒疝，可用大黄附子细辛汤。中焦湿热不解，弥漫三焦，神昏窍阻，小腹硬满，大便不下者，三承气汤非所宜，吴氏自制宣清导浊汤（寒水石、皂荚子、晚蚕砂、猪苓、茯苓）尤其是晚蚕砂一味，吴氏谓其"得蚕之纯清，虽走浊道而清气独全，即能下走小腹之浊部，又能化浊湿使之归清，用晚者，取其生化最速也。"（《条辨·下焦》）。湿热下流，湿凝气阻，二便不通者，用半硫丸（半夏、硫黄）温阳通便。如湿浊留之肠胃，脾肾之阳俱衰，气闭肛门坠痛，宜用术附汤（生茅术、人参、厚朴、生附子、炮姜、广陈皮）温阳润燥，阳通湿去则痛止矣。

总览《条辨》一书，共有条文246条，而论述湿病的条文达100条之多，其中不少方剂至今久用不衰，但也有一些内容被埋藏，其中鲜为人知，笔者于学习之余，摘其要而归纳成文，旨在对同道有所裨益。

[《陕西中医》，2003；(9)]

吴鞠通论治湿温之研讨

沈仲圭

淮阴吴鞠通先生所著《温病条辨》，论湿温之辨治计十九条，列方二十三首，法宗叶氏而有阐发。笔者温习吴氏之论，并参叶案，共以研讨。

一、病因病机

1. 外感时令湿　吴鞠通认为，湿温与时令关系密切。盖长夏、初秋之际，乃湿土司令，每多淫雨连绵、秽浊熏蒸，人于气交之中，感之而为病。其谓："湿温者，长夏初秋，湿中生热，即暑病之偏于湿者也。"意即在此。

2. 内外合邪　湿温者，湿与温（热）结也。吴氏认为"内不能运化水谷之湿，外复感时令之湿"，使郁极而"一阴一阳之火俱结"，膹郁上焦清阳，致病湿（热）温。此即内外相引，因而发病。

3. 中阳不足之传变　湿本阴邪，易损阳气。吴氏从临床实践中观察到湿温可由"募原直走中道"，"甚至弥布三焦"等"内陷"趋化，并认为与"中阳本虚"，"或因误伤于药"有关。从而认识到"湿温"之"病虽缓而实重"，诚为心得之谈。

二、辨证论治

吴氏论治湿温，《上焦篇》五条、《中焦篇》十一条、《下焦篇》三条，皆辑录于叶氏《临证指南》，并标出方名，兹将辨治法则归列如下。

1. 上焦　湿阻上焦，肺失肃化，症见"头痛恶寒，身重疼痛，舌白不渴，脉弦细而濡，面色淡黄，胸闷不饥，午后身热，状若阴虚"，立"三仁汤"、"宣痹汤"等方，取开气分以除湿为治。若邪闭气分，见喉阻咽痛者，立"银翘马勃汤"之辛凉微苦法；湿温不解，"湿中热气，横冲心包络"，而见昏痉肢逆诸变，当"祛秽浊复神明，清包中之热邪"，先紫雪、至宝之属；肺气郁痹，而致"面冷频呃"者，当开上焦之痹；太阴湿蒸为痰而喘促者，亦宜轻宣肺气，利窍逐热为治，吴氏仿"苇茎汤"加滑石、杏仁，或主"宣痹汤"出入。

2. 中焦　吴氏认为"湿在上焦，若中阳不虚者，必始终在上焦"。其里虚内陷之变证与温病邪入心包有别，当注重脉、舌的辨析。他在《中焦篇》首列"上焦未清，里虚内陷，神识如蒙，舌滑，脉缓"，宜护里阳、顾真阴，合辛苦通降为法，并视病之深浅、出入而选方。倘上焦传来，仅见"不饥不渴，机窍不灵"者，用微苦微辛开上治之，阳明气壅而"哕"者，按《金匮》"橘皮竹茹汤"化裁；若三焦受邪（主在中焦），症见"头胀，身痛呕逆，小便不通，神识昏迷，舌白，渴不多饮"者，宜芳香通神利窍为先，继从分消浊湿淡渗为治；见"脘连腹胀，大便不爽"者，以升降中焦为法；倘"脘闷，便溏，身痛，舌白，脉象模糊"者，急宜宣经隧，利小便，实大便；"舌黄脘闷"，因气机不宣久而酿热，当以苦辛寒法，若"舌白滑，脉右缓"者，又宜苦辛温法；秽湿致脘闷，脾胃俱伤而便泄，当先治湿而后治脾胃。此五者，皆主升降气机为要，吴氏自注曰："以同为加减正气散法，欲观者知化裁古方之妙”。至于“脉缓身痛，舌淡黄而滑，渴不多饮，或竟不渴，汗出热解，继而复热”者，此水谷之气不运，湿复阻气，郁而成病也，发表、攻里两不可施，且“徒清热则湿不祛，祛湿则热更甚”，鞠通主“利气化以除湿，通火腑而祛热”，订“黄芩滑石汤”主之，邪在中焦，见“呃而不渴”，此饮多热少，宜“小半夏加茯苓汤”以逐饮通阳；“呕甚而痞”者，热与饮搏结中焦，又当主辛宣苦降之“半夏泻心汤”，降逆开结。

3. 下焦　湿邪困遏下焦，真阳无以输转而见“二便不通者”，宜补肾而燥湿；倘寒湿闭阻，见“肛门坠痛，胃不喜食，舌苔腐白”者，以“术附汤”“劫肠胃之湿”；倘“神昏窍阻，少腹硬满，大便不下”者，乃湿郁气结，弥漫三焦也，当用苦辛淡法，调升降而泄浊开结。此皆湿阻气闭，下焦真阳被困，鞠通虽宗法叶氏，而又有发明之处。

二、用药特点

吴氏尝谓：“治上焦如羽，治中焦如衡，治下焦如权。”湿温用药不越此规矩。

1. 轻开上焦，宣肺透邪　他在辨析湿温与伤寒、温热之异后，提出“忌汗、下和阴柔之剂”，尝谓：“湿温者，非若寒邪之一汗而解，温热之一凉而退”，对“阴柔之荆”尤当慎之，创宣化肺气以透邪，用药轻灵活泼。观《上焦篇》所列七方，或用杏、夏、朴、蔻利太阴之气运；或用银、翘、牛蒡之辛宣以开肺；或用郁金、豆豉、枇杷叶宣畅肺痹；或用杏、滑、芦根利窍透泄，即使“热冲心包”投紫雪、至宝等醒神除浊之剂为主时，亦佐银、翘等辛凉透热。

2. 升降中焦，分消浊湿　邪陷中焦，吴氏竭力使其转出上焦，所立“三香汤”（蒌皮、桔梗、山栀、枳壳、郁金、香豉、降香）化上中之秽浊而开郁，俾邪还出上焦而解。若湿壅气机，当视其证候之变化，采用正气散加减，升降中焦，芳香化浊治之，或以分消通窍为急务，或从利肺淡渗助气化，或以利小便实大便，或稍佐温开以通阳运脾，或稍佐和中扶脾以助运化（此即五首“加减正气散”方之治则）。中焦者，太阴、阳明也。夫阳明之气以降为顺，太阴之气宜升则健，故凡湿壅气闭，或呕，或痞，以半夏合生姜，取升降相合；秽（或呃）者，用橘皮、姜汁合竹茹、柿蒂，亦开合相伍为用。

3. 湿热之偏，辛苦随变　湿之内陷，因中阳素虚（或误于药伤），此吴氏《中焦篇》列人参泻心汤，用姜、枳之辛通，芩、连之苦降，人参护阳，白芍顾阴之所以然也。虽云斯症“势不能还表，法用通降，从里治也”，其实阴阳平调，正气来复，邪仍有透转之机括。至于秽浊弥布三焦，鞠通从辛开苦降立法，但又分湿、热之所偏，或以分消合淡渗（如“茯苓皮汤”）；或以苦降合微辛（如“黄芩滑石汤”）。其意在清气冉升、浊湿下行，即叶氏“通阳不在温，而在利小便”之意。

4. 下焦湿阻，导浊宣清　邪郁而阳气闭阻，或便闭（或肛坠痛），或二便俱闭，吴氏以通阳益肾、宣郁导浊为治。倘见少腹硬满者，用“宣清导浊汤”（猪苓、茯苓、寒水石、皂荚子、蚕砂），分消宣导之；命火为湿邪困遏之二便俱闭，先以半硫丸（半夏、硫黄）温阳化湿；浊留下焦，肛坠痛，胃不喜食者，有术附扬（茅术、人参、附子、厚朴、炮姜、陈皮），温脾肾以化湿。凡此种种随证施治之法，说明病及下焦，尚有阴阳之辨，故吴氏明确指出“治法当宜辨其体质阴阳，斯可知寒热虚实”，则效可显见。

三、叶案印证

1. 三仁汤之来源

冯　舌白头胀，身痛肢疼，胸闷不食，溺阻，当开气分除湿。

飞滑石　杏仁　白蔻仁　大竹叶　炒半夏　白通草(《指南·湿门》)

按：叶氏认为湿阻上焦莫如治肺，“以肺主一身之气化”，鞠通宗之，加朴、薏而成“三仁汤”。

2. 加减正气散的变化

某　秽湿之邪吸受，由募原分布三焦，升降失司，脘腹胀闷，大便不爽，当用正气散法。

藿香梗　厚朴　杏仁　陈皮　茯苓皮　神曲　麦芽　茵陈

某　脘闷，便溏，身痛，脉象模糊，此属湿蕴三焦。

藿香梗　广皮　厚朴　茯苓皮　大豆黄卷　木防己　川通草　苡仁

汪　舌黄脘闷，秽湿内著，气机不宣，如久酿蒸，必化热气，即有身热之累。

藿香　杏仁　广皮　茯苓皮　滑石　厚朴

张　脉右缓，湿着阻气。

藿香梗　广皮　草果　查肉　神曲　厚朴

某　不耐烦劳是本虚，脘闷便泄属湿邪，先治湿，后治本。

藿香梗　广皮　茯苓　大腹皮　厚朴　谷芽(《指南·湿门》)

按：此五则治验，即《温病条辨·中焦篇》第58～62条所列“正气散”五加减方，皆以升降中焦为定法。

3. 茯苓皮汤和三香汤由来

某　吸受秽邪，募原先病，呕逆，邪气分布，营卫皆受，遂热蒸头胀，身痛经旬，神识昏迷，小水不通，上、中、下三焦交病，舌白，渴不多饮，是气分窒塞，当以芳香通神，淡渗宣窍，俾秽湿浊气，由此可以分消。

苡仁　茯苓皮　猪苓　大腹皮　通草　淡竹叶　牛黄丸(《指南·湿门》)

按：此即《温病条辨·中焦篇》56条之依据。吴氏谓：“此证表里经络脏腑三焦，俱为湿热所困，最畏内闭外脱。故急以牛黄丸宣窍清热而护神明，但牛黄丸不能利湿分消，故继以茯苓皮汤”治之。

李　时令湿热之气，触自口鼻，由募原以走中道，遂致清肃不行，不饥不食。但温乃化热之渐，致机窍不为灵动，与形质滞浊有别，此清热开郁，必佐芳香以逐秽为法。

栝蒌皮　桔梗　黑山栀　香豉　枳壳　降香末　郁金(《指南·湿门》)

按：吴氏析此证“由上焦而来，其机尚浅，故用蒌皮、桔梗、枳壳微苦微辛开上，山栀轻浮微苦清热，香豉、郁金、降香化中上之秽浊而开郁”。

四、结语

湿温为湿与温合之病，故其治法与伤寒、温热均有不同，应详析现证，分清虚实，审别湿、热之偏，随症治之。

吴氏认为湿温病有下血、谵妄、痉厥、神蒙等变证，可籍脉、舌而鉴别于温热之“逆传心包”。初起之治慎汗、下及柔润阴药，即热重亦勿浪投苦泄，这是湿温的治疗特点之一。

基于湿为阴邪，氤氲黏滞，故吴氏辨治本病，师承叶氏而加发明，分列上、中、下三焦辨证。治法始终以利气化为要着，在上焦以开肺气除湿为主，中焦用分消通阳为宜，下焦用温阳宣导为法，这又是治本病之着眼点。

笔者将《温病条辨》与《指南》结合对照，其间论、方悉有互通之处，故节录叶氏验案数则以示一斑，并从中体会吴氏研究叶案之精深。

[《江苏中医杂志》，1980；（4）]

温病学的发展及展望

孟澍江

温病学渊源于《伤寒论》，底定于明、清，直到今天，它的理论仍有效地指导着临床实践。回溯一下它的形成发展，展望一下它的未来前景，对今后开展研究工作似乎是有益的。

一、温病学的形成发展

温病学说是长期临床实践的产物。在它系统形成之前，对于热性病的治疗，一般是以《伤寒论》的理论作指导。后来随着实践认识的发展，逐步感到有许多热病的发展变化大大超出“伤寒”的范围，如果完全株守《伤寒论》的一套理论和方法，已越来越不切合实际。于是逐步总结出了温病的系统经验，形成了防治温病的理论体系。

关于温病的概念，早期涵义很狭，如《内经》、《难经》中提到的温病，《伤寒论》中的“太阳病发热而渴不恶寒者为温病”，只是指一个独立的热性病证。以后更有伤寒“过经不解者为温病”、“阳明为成温之薮”之说，将温病与阳明病混同为一。直至真正确立了温病系统，温病的概念才从狭小或混淆的圈子解脱出来，而成为多种急性热病如春温、风温、暑温、湿温、秋燥等的总称。

关于温病的病因，有一个从简单到复杂的认识过程，在内、难经时代，认为凡是外感热病都是由寒邪引起，所谓“今夫热病者，皆伤寒之类也”。《内经》并提出了“凡病伤寒而成温者，先夏至日为病温，后夏至日为病热”的理论，认为温热病的病因都是感受寒邪伏而后发。可见当时的认识，新感病只有伤寒，温热病只有伏气。此后历代医家经过长期实践，对外感病的病因有了新的发现，认为除了寒邪，其它如风、暑、湿、燥等，都能引起外感病。如明·汪石山说：“有不因冬月伤寒而病温者，此特春温之气，可名曰春温（实指风温），如冬之伤寒，秋之伤湿，夏之中暑相同，此新感之温病也。”自新感之名、特别厉气、杂气的病因提出以后，便给新感与伏邪赋予了新的内容，大大扩大了温病的范围，而温病的治法、方剂、药物等也相应地丰富起来，这是温病学的重大发展。

关于温病的辨证，逐步认识到以六经为辨证纲领，不完全符合温病证候发展的规律，因为有很大一部分新感热病是从肺卫或上焦开始的。所以叶天士说：“温邪上受，首先犯肺，逆传心包。”吴鞠通说：“凡病温者，始于上焦，在手太阴。”因之，温病学家在《内经》有关理论的指导下，在《伤寒论》六经辨证方法的启示下，对不同病证进行反复观察和研究，找到了温病病证内在的本质上的联系，创立了“卫气营血”和“三焦”的辨证理论体系。这对于温病学的形成发展起了很大的推动作用，对于温病的病理推断、证候分型、治疗原则等具有规律性的指导意义，为温病学奠定了理论基础。

关于热性病的诊断，温病学家在《伤寒论》六经辨证、八纲运用的基础上，又充实了不少新的内容，如叶天士《外感温热篇》对舌苔、验齿、斑疹、白痦等的论述均是。这也是温病学成就中极为可贵的部分。

关于热性病的治疗，《伤寒论》里虽有不少理论可用来指导，并有不少方剂如栀子豉汤、白虎汤、承气汤、竹叶石膏汤等均可直接用来治疗温热病。然而事物是发展的，如《伤寒论》解表只有麻桂辛温法，后世却补充了辛凉解表，进而有疏风解表、化湿解表、清暑解表、润燥解表等法的创立，使解表一法更有其针对性。再如论中言温热者多，清、下二法齐备，论湿热者少，因而缺少化湿法。论中虽述及半表半里而有和解少阳一法，却未设分消走泄及宣透募原两法。论中认为病人神昏，是因于“胃家实”而采用通下，却不知邪入心包亦令人神昏而需用开窍，更来谈及窍闭又有热闭与痰蒙之分，而有清心开窍与豁痰开窍之别。又如论中多注意伤阳而用温法如理中、四逆，却少注意热病易于损津伤阴，因而缺少滋填养阴（如复脉汤、定风珠）等法。凡此种种未备和不足的一面，温病学家都对它作了补充和发展，这正是温病学在热性病治疗学方面的巨大成就所在，也是历史发展的必然结果。

总之温病学发展至明清时期，无论在理论上或具体治疗措施上，都有了飞跃的发展，完全脱离了伤寒学说的范围，而形成了具有丰富内容和自成体系的一门独立学科。在这一阶段，温病学家人才辈出，温病专著不断涌现，如明·吴又可著《温疫论》创戾气之说，清·叶天士著《外感温热篇》，首创卫气营血辨证，薛生白著《温热病篇》，对湿热证的证治开创了新的途径；吴鞠通著《温病条辨》创立三焦辨证，与叶天士的卫气营血辨证相互补充，使温病证治系统化；王孟英编纂《温热经纬》，对温病学做了整理工作等，均对温病学说作出了贡献。新中国成立后，在党的中医政策的光辉照耀下，温病学出现了崭新的面貌，在防治传染病中得到了较广泛的推广应用，获得了可喜的成绩，充分显示了祖国医学在治疗急性热病方面的重要作用。

二、温病学的未来展望

温病学不仅在历史上起过不可磨灭的作用，而且在目前仍有指导临床的重要意义，这是无可怀疑的。但按照时代的要求，它迫切需要发展和突破。这主要因为它在发展过程中受历史条件限制，还存在着一定的缺陷，如（1）理论方法上比较朴素，（2）对各种热性病的特殊本质认识不够，（3）治疗上某些方面缺乏针对性的特效疗法，（4）给药方法原始，急救方法较少，诸如此类，便决定了它需要在变革中前进。如何变革？从手段上说，需要借助现代科学方法是无疑的，但在内容上如何“变”，是值得探索的问题。下面提几点不成熟的看法。

1. 在温病病因的认识上，传统称为六淫、厉气为患。因为那时不可能知道有病原微生物，只能从临床证象出发，“辨证求因”，然后根据所推断的病因进行治疗，即所谓“审因论治”。这种六淫病因学说，在很大程度上是一种病机概念。它与现代医学早已弄清楚的生物性致病因素存在着显著的差别。目前之所以还要沿用六淫病因说，是因为温病学和其他学科一样，因证脉治自成体系，如祛风、化温、清暑、润燥等治法，都是针对六淫病因而来，临床仍有其指导意义。但是不能一长此以往，必须进行改革才能适应时代发展的需要。因此，如何找出六淫病因学说的客观规律，使它得到较合理的解释，并与现代医学的病原微生物说获得合理的统一，这实是今后研究温病学的一大任务。

2. 在温病的发病机制上，目前仍以源起于《内经》的新感伏邪学说作解释。如果确认冬天伤于寒邪，伏藏于人体，至春随着阳气升发而发病，并由此引出邪伏少阴、邪伏肌骨、邪伏募原等等说法，这显然是违背科学常识的。但究其实质，新感伏邪可以用来阐明热性病表里两种不同证候的发病机制，为指导临床遣方用药具有一定的意义。伏邪的理论实际是从临床症状推断而来，它的推理逻辑是，从里热伤津推想到阴液亏，从肾主阴液联想到阴液亏缘于肾虚，又推测到冬月所受寒邪至春为热证必然是寒邪化热，这就是“伏寒化温”的理论由来。这一推理假释，虽然是一种辅助性的说理工具，但没有揭示热性病的本质机制，因此它也是需要改革的一个方面。

3. 在温病辨证方面，运用卫气营血和三焦作为纲领，而伤寒则运用六经辨证，各是一套，易致混乱，且不易掌握。其实三者都是用来分析病因病机、归纳证候、确立治法、阐明疾病传变的工具，它们在很多方面有着内在的联系，它们的共同基础是脏腑功能失常。因之，现在有人提出了执简驭繁的辨证方法的设想，即以“脏腑为纲”、“气血为辨”、“八纲为用”，试图各取其长而使三者融合为一。如何进一步将热病辨证方法推向一个新的途径，这的确也是今后的一个新课题。

4. 在温病的诊断方面，无论内容、理论或方法，均在《伤寒论》的基础上有了发展。然而究其实质，仅仅停留在外在现象的辨察，难以准确揭示疾病的内在变化，如舌苔色白为寒主表，色黄为热主里，舌润为津未伤，舌燥为津已伤，这仅是凭现象作出的判断，远远不能阐明疾病的生理病理实质。要解决这个问题，固然需要借助现代科学手段，加强理化检查和利用各种仪器。同时在中医理论上应进一步深化，以使对疾病本质的认识更有科学性，使中医诊断在病机概念上来一个飞跃，这也需要一个大的变革才能解决。

5. 在温病的治法方面，主要有解表、清气、和解、化湿、通下、清营、凉血、开窍、熄风滋阴、回阳等法，它们是在“八法”基础上的发展，比之八法更为具体，更有针对性。随着温病治法的发展，方剂药物也日益增多，解放以来，发现了很多抗菌、抗病毒、抗螺旋体、抗原虫等方面的有效中草药，大大丰富了温病治疗学的内容。但是它们的药理作用如何，方剂的组合怎样最合理，如何改革剂型，改善给药途径等等问题，都需要有一个大的突破，才能适应客观的需要。

综上所说，温病学是在前进中发展起来的，在历史上曾起过重要的作用，今后必须随着历史的前进而发展。远在一千几百年前有了一部治疗外感病的专书——《伤寒论》，当时是医学上的重大突破。随着时代的发展，迄至明清，又在《伤寒论》的基础上创新，形成温病学说，这是热性病学上的又一次突破。科学的逻辑，就是前进、发展。展望温病学的未来，必将有一个灿烂的发展前景。

[《江苏中医杂志》，1981；(5)]

湿温三禁考

严　忠

湿温汗下润三禁，始见于吴鞠通氏《温病条辨》上焦篇第四十三条，对后世影响较大。验诸临床有当禁与不当禁之别，今略作小考，恭请同道教正。

一、汗之即时　邪从外解

湿温一证，多发生于夏秋雨湿较盛季节，属新感范畴。一切新感温病，临床均可出现不同程度的发热恶寒，无汗或少汗，头痛、肢体酸痛，脉浮苔白，而湿温则多兼面垢苔腻，口黏，脘痞。其治疗总宜疏表逐邪，佐以清泄。由于湿温证的初起阶段多湿重于热，所见头痛、恶寒、身重疼痛是阳为湿遏、清阳不展所致，与一般外感表实证大异；故吴鞠通氏告诫后人湿温初起不可用汗法，“汗之则神昏耳聋，甚则目瞑不欲言”。后世某些医家以此为临证准绳，甚至概言湿温禁汗，殊不知此处吴氏只言其常而未言其变。考前贤用汗法治湿温初起者不乏其例。叶天士有“在卫汗之可也”，朱翊周《医学琐言》有“辨治须防表邪”，均是明训。湿温初起只要见到邪郁肌表、发热形寒、无汗头痛等卫分症状，就没有不用芳香透表以取微汗的道理。古今医家此类治验甚多：如薛生白用六一散加薄荷三四分泡汤调下以取汗解；吴鞠通用豆豉、薄荷、霍香叶、荆芥穗、牛蒡子为陈某治湿温；清·雷丰提出：湿温“倘头痛无汗，恶寒身重，有邪在表，宜宣疏表湿法加葛根、羌活、神曲治之”。又治疗湿温证常用的三仁汤，对初起表湿偏重挟有秽浊者，可加入苏叶、佩兰、豆卷等芳香化浊轻宣解表之药；凡治湿温初起所用轻宣之品皆寓解表之意。王少华老师亦认为湿温证并不绝对禁用汗法，问题是仅能微发其汗，药物如霍香、佩兰、防风、羌活均可随证选用。由此可知，湿温初起并不禁用汗法。当汗不汗，坐失良机；汗之不当，变证丛生。如何运用汗法，关键在于不可按风寒取辛温大发其汗，而只宜芳香宣发、微微取汗，是为至要。

二、下之得当　化险为夷

前贤对温热病如何运用下法，积累了大量的宝贵经验。如柳宝诒说：“温热病结热胃腑，得攻下而解者十居其六七。”吴又可《温疫论》倡导“温病下不厌早”，指出：“温疫可下者，约三十余证，不必悉具，但见舌黄、心腹痞满，便予达原饮加大黄下之。”湿温一证固亦为热性病，然而吴鞠通氏却提出“下之则洞泄”之说，并把它作为治湿温一禁，这又当如何理解？笔者体会，吴氏此说是针对湿温湿邪氤氲中焦，胸脘胀闷，下之不当易损脾阳而产生变证，在临证时，须因证而宜，不可拘执而死于句下。兹举数例，可资说明：吴鞠通医案卷一湿温篇治疗王某一案，案曰：“面赤，舌黄，大渴，脉沉肢厥，十日不大便、转矢气，谵语，下症也，议小承气汤。”翌日，案曰：“陷下之余邪不清，仍思凉饮，舌微黄，以调胃承气汤小和之。”第三日，案曰：“昨日虽大解而不爽，脉犹沉而有力，身热不退而微厥……但恐犯数下之戒，议增液承气汤合玉女煎法。”吴氏在同一个湿温患者身上连续三次用下法，并在医嘱中有“不便再服第二碗”的记载。雷丰《时病论》在湿温篇提出：“如撮空理线，苔黄起刺或转黑色，大便不通，此湿热化燥，闭结胃腑，宜用润下救津法，以生军易熟军，更加枳壳，庶几攻下有力耳。”《丁甘仁医案》治“周左，湿温月余……十余日未更衣”的“阴结”之症，用大麻仁、郁李仁、半硫丸，外用蜜煎导法，使腑气通畅，病势好转。薛生白对湿热蕴蒸日久，化热化燥，大便不通，舌苔干黄，用承气汤急下存阴。王少华老师提出，湿温用下法在体征上可掌握“苔黄中心干厚”六字，症状宜具备“频转矢气”四字，颇为简要明了。从上述引证可知，温温并非禁下，要在用之合宜。所谓湿温初起禁下，亦须斟酌而定。因为湿温一证“上焦最少，病势不甚显张，中焦病最多，以湿为阴邪故也，当于中焦求之”。前举吴鞠通治王某湿温一案，亦不过在患者就诊第四天即开始用下法，且例为湿温篇第一病案。吴氏之所以将此案编列篇首，殆为提示后人当下则须下之，切不可囿于湿温初起忌下之说而因循失下，贻误病机。

三、润之有理　恙入坦途

吴鞠通对治疗湿温，提出“润之则病深不解”，原意是其午后身热乃是湿邪胶滞，并非阴虚，若误用柔润阴药，与湿邪（阴）同气相求，遂有锢结而不可解之势。因此告诫后人，滋阴法在某种情况下是湿温一禁。可是吴氏而下，因循者多，变革者少。多将禁润同禁汗禁下列为治疗湿温的戒律，实在有乖原旨。下面略举数例，即可见其一斑。雷丰《时病论》湿温篇裁："如或失治，变为神昏谵语，或笑或痉，是为邪逼心包，营分被扰，宜用祛热宣窍法加羚羊、钩藤、玄参、生地治之。"《丁甘仁医案》治退热化燥入营郑左案，用大剂请营泄热、生津救液之品而获效，药如西洋参、天花粉、白薇、鲜生地、甘草、石解、芦根等。吴物通在湿温医案中，用大剂玄参、生地、麦冬、天花粉（在一两以上）以及犀角者，亦屡见不鲜。薛生白认为，湿温后期湿已化澡，渐入营血，大便下血，灼热烦躁，舌绛少津者，则犀角、生地、白芍等凉血滋阴之品不可不用。王少华老师治湿温运用润法亦颇有心得，其经验是："用于邪入营血以后，而不能用于入营之前，舌不绛不滋阴。"说明湿温初起湿重于热，阴液未伤，切不可早投滋阴柔润之品，否则会病深不解。但湿温毕竟是属温病范畴，临床时既要正视湿邪阻滞黏腻的一面，又要注意其化燥伤津的征兆；一旦出现热甚津伤，入营动血之证（后期较为多见），必须果断应用大剂凉润之品，方能挽回生机。

四、结语

湿温三禁是吴氏治疗湿温的宝贵遗产，后学不可不知；然而其证有常有变，错综复杂，临床应抓住证候的主要特征，灵活酌处。只要有汗、下、润三法的适应症出现，即应相机或用汗法，或用下法，或用润法，切不可胶柱鼓瑟，囿于"三禁"之说而贻误病机。

［《江苏中医杂志》，1982；（2）］

浅析温病气分证治

申春悌　倪爱德

温病发展过程中的病理变化主要表现为人体"卫气营血"与"三焦脏腑"在温热病邪作用下的功能失调和实质损害，故清代温热大家叶天士提出"卫气营血"的辨证方法，吴鞠通又根据叶氏学说，结合自己的临床体会，创立以三焦脏腑学说为经、卫气营血为纬的辨证论治纲要。温热病多发病急，传变快，变化多，大多数病例病情在卫分逗留时间短，很快由表入里进入气分，亦有不少病例不经过卫分，一开始就出现气分证候。气分证是温热病的一个重要阶段，辨证准确，治疗及时，可减少疾病的传变，阻止病情发展，因此，充分认识气分证很有必要。

气分证以但发热、不恶寒、口渴、苔黄、脉数等为最基本特征，正如章虚谷所说："不恶寒而恶热，小便色黄，已入气分矣。"由于病邪的轻重及机体的反应状态不同，可使多个脏腑受到影响，从而出现不同的证候变化。现根据气分证和三焦所属脏腑的病理表现及本证治疗法则试作浅析。

一、热郁于胸

《温病条辨》："太阴病，得之二、三日，舌微黄，寸脉盛，心烦懊侬，起卧不安，欲呕不得呕，无中焦证，栀子豉汤主之。"此为表邪已解，初入气分，气失宣畅之证。症见身热微渴，心烦懊侬，坐卧不安，舌苔黄腻，脉数。因邪热入于胸隔气分，郁而不宣，气机失畅，故见上述诸症。心烦懊侬，热象轻微，为本证的辨证要点，宜用轻清泄热，宣郁透邪，舒畅气机的方法。栀子豉汤中豆豉辛开，栀子苦降，共起宣透胸隔热邪的作用。从吴鞠通用本方意图可知，对这种无形之热郁于胸隔证，泻热宜轻清，用药不宜过分寒滞，否则会影响邪热向外透达。笔者体会，此时应根据不同临床表现随症加味，热重加银花、连翘；胸闷者加瓜蒌皮、郁金；咳嗽者加桑白皮、黄芩；呕逆者加姜半夏、竹茹。

二、热灼胸隔

本证为上焦热邪炽盛而遍及中焦的心胸肺胃受灼之证。临床以身热不已，烦躁不安，胸膈灼热，唇焦咽燥，口渴或便秘，舌红苔黄或黄白欠润，脉滑数为主症。并可伴见咽喉肿痛，口舌生疮，便秘可有可无。法当清泄膈热，取清上泄下之品，凉膈泄热，泻火通便，方用《局方》凉膈散。本方具有消散胸膈之热和通腑导火下行的双重作用；其通腑不在于大便秘结，而在于给邪以出路。笔者体会，本证尚包含其他感染性疾病，如用凉膈散加杏仁、川贝、瓜蒌、甘草治疗大叶性肺炎，合四逆散加金钱草、茵陈治疗急性黄疸型肝炎及急性胆道感染，加用丹皮、桃仁、红藤治疗阑尾炎（轻型）之类。

三、痰热结胸

《温病条辨》云："脉洪滑，面赤身热，头晕，不恶寒，但恶热，舌上黄，滑苔，渴欲饮凉，饮不解渴，得水则呕，按之胸下痛，小便短，大便闭者，阳明暑温，水结在胸也，小陷胸汤加枳实主之。"此系中焦阳明暑温与痰结于胸脘之候。本证以胸脘痞闷疼痛为主症，以苔黄浊腻有根为辨证关键，可伴有呕逆、便秘等胃失和降的见症。法当清热化痰开结，即于消化痰热中合行气开结之品，方用小陷胸加枳实汤。此方系《伤寒论》小陷胸汤，其用黄连、瓜蒌清除痰热，半夏除湿痰和胃降逆。鞠通加枳实者，以其苦辛通降，行气开结，引水下行，以加强清化痰热之功。临床如渗出性胸膜炎出现胸胁痞满，疼痛，咳嗽痰黏，舌苔黄腻者，用本方治疗有效。若兼恶心呕吐，加生姜汁少许，以止呕和中。

四、邪热壅肺

《温病条辨》云："喘咳息促，吐稀涎，脉洪数，右大于左，喉哑，是为热饮，麻杏石甘汤主之。"本证为邪热入里，壅阻肺气之候。临床着眼于咳嗽、气喘为主症，可伴有身热汗出，烦渴引饮，胸闷、胸痛等症。法当清热宣肺，取清气泄热合宣肺降气之品，方用麻杏石甘汤。本方为《伤寒论》中辛凉解表重剂，鞠通则用来治疗病在上焦而肺气不能下降的邪热壅肺证。笔者体会，本方应根据不同的临床见症加味，方能发挥更大的疗效。如用于肺炎，单石膏清热不够，宜加银花、连翘、鱼腥草清热解毒，加桃仁、赤芍活血化瘀；胸闷胸痛者，加瓜蒌、郁金；咳嗽不得卧者，加葶苈子、苏子、前胡；痰涎较盛、腑实便秘者，加生大黄、瓜蒌，取"宣白承气汤"之意。

五、阳明热证

《温病条辨》云："太阴温病，脉浮洪，舌黄，渴甚，大汗，面赤，恶热者，辛凉重剂白虎汤主之。"本证多由卫顺传入气分，亦有直接发于气分而为阳明热证者。临床以身大热，口大渴，汗大出，脉洪大为主症。此乃邪盛正旺，邪正交争，里热蒸腾，热盛阳明胃经所致。治用辛寒清气法，方用白虎汤。方中石膏辛寒清热降火，辛能发汗解肌，甘能缓脾止渴，为太阴温病邪多进入气分之要药；知母辛苦寒，滋水降火；粳米、甘草补土生金，共奏退热保津之功。临床运用本方不能孟浪从事，用之不当，祸不旋踵，吴鞠通对本方提出四不可与，即“脉浮弦而细，不可与也；脉沉者，不可与也；不渴者，不可与也；汗不出者，不可与也”，诚为临床的宝贵经验。运用白虎汤虽以“四大”为标准，但亦要看具体情况，如无大热者，因热甚伤津，汗大泄，往往热势不大，但口渴存在，可用之；如无汗者，因里热蒸腾，邪热有透达之势，用后可使热邪随汗出而解。临床加减运用时应忌与沉降滋腻及分利之品配伍，如芩、连之性沉降，早用有碍邪热外达，而且伤津；冬、地之性滋腻，早用则邪遏不得外达；茯苓、泽泻之性淡渗分利，早用则出现伤阴。

六、热郁气分

此证多见热郁于里，化火生毒，充斥三焦气分，即前人所谓“伏邪自发”。症见壮热烦躁，头痛如裂，口渴且苦，溲短而赤，舌红苔黄，脉弦数，有时可出现呕逆、下利等郁热内迫胃腑之症。法当清火解毒，即以大苦大寒之品，直折里热，泻火解毒，方用黄连解毒汤，以黄连泻心火，兼泻中焦之火，黄芩为辅药，以泻上焦之火，黄柏泻下焦之火，栀子为使药、通泻三焦之火，导以下行。临床可加减使用于春温伏邪，如流行性脑脊髓膜炎，若便秘合承气汤，狂乱谵语加紫雪丹或牛黄丸，四肢抽搐加全蝎、僵蚕、钩藤、杭芍。

七、有形热结

《温病条辨》云：“阳明温病，纯利稀水无粪者，谓之热结旁流，调胃承气汤主之。”此属肺胃二经邪热不解，顺行胃肠而成阳明腑证。症见日晡潮热，时有谵语，大便秘结或纯利稀水，腹满硬痛，舌苔黄燥或焦黑起刺，脉沉实。临床应抓住潮热、便秘、腹胀、苔黄燥的证候特点，法用通腑泄热，即以苦寒攻下之品泻下肠腑燥屎实热之邪，方用调胃承气汤。本方作用温和，有软坚攻下泄热的作用，比较切合临床。因温邪易化燥伤阴，大承气汤有枳朴温燥之品，易伤阴液，故用的机会较少。本法是温病气分证治之大法，运用机会较多。柳宝诒说：“温热病，热结胃肠得攻下而解者，十居六七。”温病用下的目的在于逐邪泄热，不在于专去燥屎。柳宝诒强调说：“温病早投攻下，不为大害。”可见当时医家对温病多么重视下法。当然使用下法亦需随证施治，伤津严重加滋阴泄热之品，如增液承气汤；气虚者加扶正药，如新加黄龙汤。

八、肠热不利

此为肺胃邪热下移大肠所致，症见身热下利，肛门灼热，苔黄脉数。邪热在里故身热未退，肺与大肠相表里，肺胃邪热迫注大肠故下利，肛门灼热，所下多黄色溏粪，臭秽较甚，苔脉为里热之征。临床以下利为主症，大便色黄，肛门灼热，口渴苔黄为辨证关键，多见于肺经症状之后，亦可与肺热相兼为患。法用清热止利，方用葛根黄芩黄连汤。本方原为治疗伤寒表证未解，误用下法，邪热内陷而成热利之剂，温病用于热迫大肠，传导失常亦效。临床应根据不同见症加减使用，如呕恶者加藿香、姜竹茹，腹痛加白芍，热甚加银花，咳甚加桑白皮，其效始著。

九、邪结肠腑

此为湿热积滞交结胃肠之候，症见院腹痞满，恶心呕吐，便溏不爽，色褐如酱，舌苔黄腻，脉濡数。湿阻气机，胃失和降，故脘腹痞满，恶心呕逆。湿热积滞阻于肠道故便溏不爽，色褐如酱。此型病变重心在肠，不在胆，便溏不同于热结旁流，临证时不可混淆。法宜清热泻火，即以苦寒之品直清里热，清泄邪火，方用黄芩汤。本方多苦燥之品，易化燥伤阴，如伤津严重者，适当加入甘寒之品，因甘苦合用化阴也。

十、邪在少阳

此为邪热郁于少阳气分证候，症见寒热往来，口苦胁痛，烦渴溲赤，脘痞泛恶，苔黄腻、舌红，脉弦数。少阳枢机不利，故寒热往来，口苦胁痛，脉弦数；湿热内蒸，则烦渴溲赤；湿邪内阻，胃失和降，则脘痞泛恶，苔黄腻。临床应与伤寒少阳证区别，伤寒少阳证无痰湿，无脘痞，苔黄腻。而本证则兼有痰湿。法当清泄少阳，以苦寒合温化之品，清泄少阳邪热，化痰和胃，代表方为蒿芩清胆汤。本证不用小柴胡汤，是因为小柴胡汤虽然也治少阳证，但其功效是和解达邪兼扶正之品，不能兼治本证出现的胃中痰热证候。

十一、肺胃阴伤

《温病条辨》云："燥伤肺胃阴分，或热或咳者，沙参麦冬汤主之。"本证多见于温病气分证的后期，症见身热不甚，干咳少痰，口舌干燥而渴。气分之邪热退而未尽，故身热不甚，肺津伤则干咳少痰，胃津伤则口舌干燥而渴。临床多见于温病的恢复阶段，以口、舌、唇、咽干燥，干咳低热为主要表现。法用甘寒生津，即以甘寒濡润之品滋养肺胃津液，方用沙参麦冬汤。温为阳邪，无不灼伤阴液。生津液即是保肺胃阴液，取沃焦救焚之义。本方适宜温病气分生津保津之需，临床多加减使用，如肺胃有热加芦根、知母清热生津，胃阴虚而食欲呆滞可配石斛、谷芽润燥醒胃。

以上所述，系笔者学习叶天士及吴鞠通治疗温病心法，结合自己临床体会而作。殊不成熟，仅供参考。

[《江苏中医》1988；(11)]

吴鞠通杂病心法初探

陆寿康

清代名医吴鞠通对温病学说贡献较大，对此已有不少文章作出正确评价，但对吴氏在杂病证治方面的心法经验，却较少为人论述，故本文以《吴鞠通医案》、《温病条辨》（以下简称《医案》、《条辨》）为本，就吴氏有关杂病心法，做一初步探讨。

一、黄疸识阴阳转化　痹证明寒热轻重

黄疸病，吴氏曾将其附列于《条辨》"中焦篇·湿温"，析其本义，显然不属湿温之病，而是因黄疸多属湿热性质而类及之。究其性质，实属杂病。关于湿热为黄的证治，吴氏除承袭《临证指南》黄疸门案语及部分方药外，对阴黄的论述尤有新义。吴氏认为阴黄一证，乃寒湿相搏，其治疗原则是："譬如卑监之土，须暴风日之阳，纯阴之病，疗以辛热无疑。"因此，常宗罗谦甫茵陈四逆汤之治，化裁运用，无不应手取效，并就黄疸的阴阳转化，做了颇有实践心得的阐述。

关于黄疸的阴阳转化，前人较多地论述阳黄转为阴黄，如韩祇和《伤寒微旨》云：“病人三、五日服下药太过，虚其脾胃……脾土为阴湿所加”，可发为阴黄。罗谦甫《卫生宝鉴》“医验纪述”指出，阴黄“得之，因时热而多饮冷，加以寒凉药过度”，因之“变阳为阴”，是属“寒湿相合”而致。均未提及阴黄转化为阳黄。对此，吴氏则作了专门论述，吴氏认为黄疸“间有始即寒湿，从太阳寒水之化”发为阴黄者；若“其人阳气尚未十分衰败，得燥热药数帖，阳明转燥金之化而为阳证者，即从阳黄例治之”。根据吴氏所述，可知阴黄转阳黄，一与病人体质因素有关——阳气尚未十分衰败，一与治疗用药有关——燥热药。章虚谷指出：“六气之邪，有阴阳不同，其伤人也，又随人身之阴阳强弱变化而为病。”亦说明病邪从化与患者体质阴阳盛衰有关。吴氏从临证实践出发，指出黄疸患者在阳气未衰的前提下，通过温阳燥湿，寒湿阴黄可转化为湿热阳黄，并从阳黄例治之。吴氏这一论述，虽主要是针对黄疸而言的，但其病因病机可以转化的观点，对正确认识杂病的阴阳、虚实、寒热变化，并示人以“病随人异，药随证转”，则是有普遍指导意义的。另外，黄疸病湿邪之寒热、阴阳从化，本人认为亦与患者的精神状态、起居劳逸、饮食嗜好和发病季节等有关。笔者曾治部分毛细胆管性肝炎患者，初起表现为阳黄，其中有素体尚实者，后往往因劳倦过度，或误诊手术等因素，而迅即转为阴黄。治以茵陈术附汤加味温化燥湿，亦有逐渐转为阳证者，后改用清热利湿从阳黄例治之而愈。一般阴黄转阳较阳黄转阴为缓慢，治疗至少一月以上。特述之，以候高明指正。

痹证，《内经》有“风、寒、湿三气杂至，合而为痹”之论。因此，后之医者，论寒痹者多，论热痹者少。而吴氏认为：“痹之因于寒者固多，痹之兼乎热者，亦复不少”，并认为痹证“大抵不越寒热两条，虚实异治，寒痹势重而治反易，热痹势缓而治反准；实者单病躯壳易治，虚者兼病脏腑夹痰饮腹满等证则难治矣，犹之伤寒两感也”。结合临床来看，寒痹肢体疼痛虽剧，但多系筋骨间病，较少损伤内脏；而热痹则疼痛虽较寒痹为缓，但易影响内脏，且湿与热合，胶着不易骤化；故寒痹虽势重而治反易，热痹则虽势缓而治反难。吴氏将痹证分虚实论述，深合《素问·痹论》精神，其大旨：以痹证初起，传于皮、肉、筋、脉、骨，此即吴氏所谓“单病躯壳”，病以实证表现居多，故易治。若病程日久，病邪久恋而正气受伤，则必兼病脏腑，由实证转变为虚证或虚实夹杂者，即《内经》所说“病久而不去者，则内舍于其合也”，形成肺、脾、肝、心、肾等脏腑痹证者，治疗颇多棘手，故吴氏喻为“伤寒两感”。对痹证夹痰饮腹满，《医案》“痹门”论述较详，笔者已有专文述之，兹不赘。对痹证的治疗，吴氏《医案》常用宣痹汤、加减木防己汤等治热痹，又以麻黄加术汤及桂枝、乌头、川椒等治寒痹，而尤着重宣气化湿，故不论寒痹、热痹，俱用杏仁、苡仁、通草、滑石、茯苓等，以气化则湿亦易化，湿去则气机易于调畅。汪廷珍谓：痹证“寒湿固有，热湿尤多”，如治热痹而“误用辛温，其害立见”，并指出：痹证“外感初伤气分，惟贵宣通，误认虚证，投柔腻补药，其祸尤酷”。这对吴氏所述，亦有一定阐发。凡此有关热痹之论，对目前痹证临床仍颇有指导意义。

二、治肿胀病匠心独运　去古方药妙出心裁

肿胀病证，乃肺、脾、肾三脏为病，缘水为至阴，其本在肾；水化于气，其标在肺；水惟畏土，其制在脾。其证以阳虚为多，正如景岳所谓：“阴中无阳，则气不能化，所以水道不通，溢而为肿。”《内经》有开鬼门、洁净府、去菀陈莝的治则，仲景则概括为“腰以下肿当利小便、腰以上肿当发汗乃愈”。

《医案》“肿胀门”所治陈姓案，法虽师承经旨，而运方颇具匠心，有别出心裁之妙。该患者先自头面肿起，而后全身浮肿，腹部胀大，满腹青筋暴起，六脉沉弦而急，久治无效。继则耳目失于聪明，口中血块累累续出。吴氏先从鲤鱼汤治，俾症状减轻。后宗《内经》“病始于上而盛于下，先治其上后治其下”，以开鬼门之剂，用麻黄60克、熟附子48克、炙甘草36克。嘱其“得汗止后服，不汗再服，以得汗为度”。该方取麻黄开表发汗治肺，附子温肾壮阳治肾，甘草补益中州治脾。因患者阳衰阴盛，气化无力而汗不得出，乃复师仲景桂枝汤用粥发胃家汗法之意，用鲤鱼汤与上方交替服用，鼓舞胃气而始次第汗出，腰以上肿得退。然腰以肿未得尽消，故吴氏又宗洁净府之旨，取五苓散温阳化气利小便，并加人参、上肉桂，方用五苓散60克、桂12克、辽参10克，助阳益气，俾阳气布而阴邪除，元气复而水道得通。终使肿势尽消，继以调理脾胃全功。综观全案，初用温经发汗，以治肺为主，兼顾少阴；继用温阳化气以治膀胱，而亦顾及元气、肾阳；终以调补脾胃收功。初、中、末三法，层次井然，刻刻注重肾气、胃气。其方药味少、药量重、药力峻，单刀直入。在用开鬼门法而汗不出时，吴氏亦不为所惑，仍坚持守方，且化裁变通，运用得体，既有一定法度可循，复有移步换形之妙，值得后学者借鉴。

三、辨痰饮三焦论治　用辛药重剂温化

吴氏所创三焦辨证，不仅用于温病，且亦适用于杂病辨治，如痰饮病，吴氏即以三焦分证，并主张用辛味药重投温化。吴氏谓：“饮属阴邪，非温不化。”并着重提出：“大抵饮家当恶水，不渴者其病犹轻，渴者其病必重。”若：“饮家反渴，必重用辛，上焦加干姜、桂枝，中焦加枳实、橘皮，下焦加附子、生姜。”吴氏认为饮邪甚则郁遏三焦气化，津不上承而口渴者，必以辛药温化。分析《医案》所载，吴氏治痰饮经验：上焦饮病见咳喘、吐涎沫，重用桂枝、生姜，取自小青龙汤意；中焦饮病见心下痞、呕吐、吞酸，重用枳实、橘皮，取自橘枳姜汤意；下焦饮病见小便不利、肢肿、形寒等，重用附子、生姜，取自真武汤意。《医案》痰饮门中诸案，俱宗此法。如金案风寒夹痰饮，自汗恶风，喘满短气，渴不多饮，饮则呕，倚息不得卧，为饮邪踞上焦而及中焦，予小青龙汤去麻黄、细辛，加橘皮、枳实各6克。方中用桂枝18克、干姜10克，俱重剂，以温上焦之阳。邵案为“水脏盛而土气衰”、“少阴独盛”之饮癖，又见吞酸、饭后吐痰不止等，断为饮邪踞于下焦而及中焦，肾、胃两关为病，予真武汤温阳制水化饮，方以熟附子15克、生姜5片、茯苓4.5克、苡仁18克、细辛4.5克、吴萸10克、黄连（同吴萸浸炒）4.5克。该方重用附子、生姜，以温下焦之阳。效后又以橘枳姜汤、二陈汤加苡仁、白蔻仁温胃化饮全功。

吴氏用辛药重剂温化是治痰饮之偏于寒者，如偏于热者，则亦主清肃，故《条辨》指出：“饮病当温者十有八、九，然当清者亦有一、二。”以喘咳息促、吐稀涎、喉哑、脉洪数，右大于左，为上焦热饮，病在肺，予麻杏石甘汤治之。《医案》失音门以此方治金实无声、酒客失音，且加半夏化痰饮等，即属此例。

另，吴氏在《条辨·杂说》中指出：“上焦之血，责之肺气或心气；中焦之血，责之胃气或脾气；下焦之血，责之肝气、肾气、八脉之气。”这对血证辨治也有指导作用。可见吴氏三焦辨证，并非仅用于温病，亦多用于杂病辨证施治。

四、加减复脉治肝肾病　建中化裁疗虚损证

《条辨》加减复脉汤，以仲景炙甘草汤去参、姜、桂、枣辛甘之品，加芍药酸寒敛阴，

变温阳益气养心复脉之方为滋阴养血之剂，治下焦温病肝肾阴涸、邪少虚多之证。且在此方基础上加牡蛎、鳖甲、龟板、鸡子黄、五味子等为一甲、二甲、三甲复脉及大定风珠等，以滋阴熄风。又在大定风珠基础上，加鲍鱼、海参、猪脊髓、乌骨鸡等血肉有情之品，为专翕大生膏，填补奇经八脉，可谓化裁方剂之高手。

上述方剂，吴氏亦常用于杂病，见载于《医案》中风、肝风、肝厥、肝痈、癫狂、虚劳、衄血、噎食、胎前、产后、瘈疭诸门，约二十案。归综之，多为水不涵木、肝肾阴虚、肝风内动者。症见头晕、眩冒、虚烦、不眠、心悸、衄血、微热、面赤、瘈疭、肢麻、形瘦、舌绛，脉弦细数，时亦有浮芤之象。也有部分病人有神昏、不语、昏厥、口歪等。如兼痰火加郁金、丹皮；兼心气不足加茯苓、枣仁，兼肝火加桑叶、菊花、羚羊角。《医案》瘈疭门陈案、癫狂门陀案，见瘈疭、神昏、肢厥、癫狂，则合紫雪丹、牛黄清心丸芳香开窍，泻有余之客热，并以大定风珠、二甲、三甲复脉汤等济不足之真阴，而熄内风之震动。肝痈门谢案，痰夹瘀黑色，脉浮弦而芤数，为肝经络瘀夹痰饮；又见自汗、溺变、痿弱、身热，为下焦阴阳两伤之极。此时通络则虚急，补虚又络滞，两难措手。吴氏以新绛旋覆花汤加减（新绛、旋覆花、桃仁、降香、归须、郁金、苏子、半夏、陈皮等）疏肝通络、化瘀祛痰；又以大定风珠去鳖甲、地黄、麻仁、阿胶等阴柔恋痰之品，加茯神、辽参、海参、杞子、莲子、枣仁等益气安神，合为收摄下焦阴阳之剂。一通一补，叠相互用而渐愈。肝厥门额案，系产后痹痛过用温燥而肾阴被劫，水不涵木，厥阴风动，见头痛、畏明、昏厥、脉弦细数按之无力，予大定风珠育阴潜阳息风。治疗中又见“腰以上发热，腰以下冰凉”、“身左半有汗，身右半无汗”之奇症，照前方剂量减半，令其复厥后，再用大剂定风珠治之而愈，益见其临证巧思之处。

此外，吴氏对妇儿科杂病，如论产后郁冒、痉厥、大便难，为阴血虚亏、肝风内动者，亦主以三甲复脉、大小定风、专翕大生膏诸方，并认为此皆润筋、守神、增液之剂，可为产后阴血虚亏证设，并用于产后发热阴虚及产后惊悸脉芤者等。还用专翕大生膏治噎食(《医案》噎食门王案)、滑精(《医案》虚劳门罗案）及妇女殒胎(《医案》胎前门范案）等，亦均有卓效。吴氏认为“暴虚易复”者可用复脉、定风，“从急治”；“久虚难复”者，则用专翕大生膏从缓调。从此由浅入深，由草木无情而至血肉有情，乃叶天士滋阴柔养、填补奇经法的发展。对小儿因惊吓而发热、面时青时赤、呓语、手指蠕动，称为客忤痉者，主以加减复脉汤加丹参、丹皮、犀角；小儿汗多血虚而发瘈，亦以复脉、定风诸方育阴熄风，认为与产妇亡血致痉同理。

吴氏治虚劳证，一承叶天士余绪，上中之损主以建中，俾复阳而生阴；中下之损主以复脉，令益阴而和阳。并指出，复脉法两补阴阳，包括建中法在内，亦可补土生金益气。《医案》头痛门赵案，用黄芪建中汤加当归、川芎治肝阳虚头痛，巅顶痛引及太阳，脉弦迟之证，认为此方辛甘为阳、辛甘化风、补肝经之正，正可谓一举一得。笔者曾用此方治肝阳虚之头痛、失眠、眩晕诸疾，伴有形寒、胆怯、面皖白、舌淡暗，每因情志因素诱发者，常取得较好疗效。

三甲复脉汤与归芪建中虽均为补虚之剂，但归芪建中汤益气助阳、和血缓急，以辛甘温为主，治肝阳虚寒，是从中阳治；三甲复脉汤育阴潜阳、养血息风，以甘咸寒为主，治肝阴虚热风动，是从肾阴治。肝为养血之脏，体阴而用阳，肝阳、肝阳不足俱须养血和血，肝阳不足则以归、芎温养，肝阴虚亏则用地、芍阴柔，虽同为养血而刚柔动静不同，益见制方论治之巧妙。

上述，仅是据吴氏《条辨》、《医案》中有关杂病证治心法作一初步探讨，尚不足以概其全，谬讹处，希同道指正。

[《江苏中医杂志》，1983；(4)]

吴鞠通论下焦温病阴伤证治浅析

王爱民

温邪久羁，消灼肝肾之阴，出现下焦温病阴伤证。近代由于大多能及时补液，典型的阴伤证似属少见。但补液和滋阴，各有千秋，不能等同。笔者重温《温病条辨》下焦篇，吴鞠通对其论述精辟，理论宏富，立法用药条分缕析，堪为后世治温病所借鉴。现按邪少虚多、阴虚火炽、邪留阴分、阴虚欲痉4种证型，略作讨论。

一、邪少虚多 救阴复脉

《温病条辨》下焦篇第一条说："风温、温热、温疫、温毒、冬温，邪在阳明久羁，或已下，或未下，身热面赤，口干舌燥，甚则齿黑唇裂，脉沉实者，仍可下之。脉虚大，手足心热甚于手足背者，加减复脉汤主之。"第二条说："温病误表，津液被劫，心中震震，舌强神昏，宜复脉法，复其津液。"这两条，吴氏阐明了下焦温病的来路为温邪久羁阳明，或误下，或误表，三者皆可伤及阴液，劫铄肝肾之阴，罹致邪热虽减、阴虚益甚的"邪少虚多"之候。斯时如实证居多，正气未败，阳明实热依然存在。脉沉实者，可借乎于《伤寒论》急下存阴之法。若其人脉虚大，手足心热甚于手足背，身热面赤，口干舌燥，甚则齿黑唇裂，或心中震震，就不能再下，下之更竭其津液，阴不恋阳，易生内闭外脱之危候。亟宜救阴复脉，加减复脉汤主之。本方由《伤寒论》炙甘草汤去参、桂、姜、枣诸补阳药加白芍所组成，列为温热病邪深入下焦、肝肾阴伤之主方。

吴氏尝谓："热邪深入，或在少阴，或在厥阴，均宜复脉。"盖肾藏精，肝藏血，精血互生，乙癸同源，若肾水亏虚，可引及肝阴，肝阴不足又可下劫肾阴之故也。方中地黄、阿胶、麦冬、白芍滋阴补血；炙甘草、麻仁扶正润燥，救阴复脉。吴氏尝称："在仲景当曰，治伤于寒者之阳；今伤于温者之阳亢阴竭，不得再补其阴也。用古法而不拘用古方，医者之化裁也。"在吴氏之前，叶天士早有明训："顾阴液，须投复脉。"观叶案，很少搬用复脉汤原方，每于原方中减去姜桂之辛热，以防燥血劫阴，恒加白芍敛肝养阴。说明叶氏倡言于前，吴氏发挥在后，制方效法仲景，用之娴熟，畅之以义，迄今脍炙人口。

二、阴虚火炽 育阴泻火

《温病条辨》下焦篇第十一条说："少阴温病，真阴欲竭，壮火复炽，心中烦，不得卧者，黄连阿胶汤主之。"此为温热之邪，灼伤肾阴，心火亢旺之候。如若素体阴虚之人，恙情尤重。阴愈虚则邪火更炽，心受亢阳干扰，则不得下交于肾，而肾又因阴虚不得摄纳亢阳，上济于心，形成水火不济、心肾不交的局面，从而出现心中烦、不得卧诸症。法当育阴泻火，黄连阿胶汤主之。本方出自《伤寒论》，吴氏仅在用量上作了缩减。方取黄连、黄芩之刚，泻火坚阴；阿胶、芍药、鸡子黄之柔，滋阴潜阳。刚柔有济，育阴泻火，交通心肾，曲尽其妙。这揭示了吴氏对《伤寒论》尤有钻研，造诣极深。观其方用，能恪守古法又机动善变，是不同凡辈的。

三、邪留阴分　保阴搜邪

《温病条辨》下焦篇第十二条说："夜热早凉，热退无汗，热自阴来者，青蒿鳖甲汤主之。"此乃温病后期，余邪深伏营阴，缠绵难解之候。吴氏尝云："夜行阴分而热，日行阳分而凉，邪气深伏阴分可知；热退无汗，邪不出表，而乃归阴分更可知矣。"入夜，营气抗邪达于阳分则发热，清晨，邪复归阴分而不外解，故热退无汗。治宜保阴搜邪，青蒿鳖甲汤主之。此方是叶氏受少阳病寒热往来的小柴胡汤启示所得。小柴胡汤原为治伤寒寒邪伤阳立方的。用柴胡领邪，以人参、大枣、炙甘草、生姜护阳。叶氏治暑热伤阴，以鳖甲护阴，且鳖甲为蠕动之物又能入阴搜邪；以青蒿搜邪。这是叶氏宗仲师加以化裁而成的。吴氏师承叶氏，卓有发挥，自成一法，命名为青蒿鳖甲汤。方取鳖甲滋阴入络搜邪，青蒿芳香透络，导邪外出。丹皮、细生地凉血养阴，知母清热生津。吴氏盛赞："此方有先入后出之妙，青蒿不能直入阴分，有鳖甲领之入也；鳖甲不能独出阳分，有青蒿领之出也。"由此可见青蒿鳖甲同用意义深远，犹舟之有楫，车之有轴，匠心别具，启人茅塞。

四、阴虚欲痉　填阴恋阳

《温病条辨》下焦篇第十六条说："热邪久羁，吸铄真阴，或因误表，或因妄攻，神倦瘛疭，脉气虚弱，舌绛苔少，时时欲脱者，大定风珠主之。"此为热铄肝肾之阴、虚风内动之候。在治疗过程中如误用表散或妄用攻下，以致真阴更伤，则可出现上述诸症。这是邪气已去八九、真阴仅存一二、阴阳即将离决之险证，恒以填阴恋阳，力挽沉舟，大定风珠主之。本方由加减复脉汤配合三甲，再加鸡子黄、五味子所组成。方用阿胶、鸡子黄血肉有情之品，补阴敛阳；更以龟板镇摄肝肾，通补奇经；鳖甲、牡蛎入肝搜邪，潜阳熄风；麦冬、地黄滋阴润燥。吴氏尝云本方"大阴浓浊，填阴塞隙，介类潜阳填定"。符合《阴阳应象大论》"精不足者，补之以味"之旨。这充分表明吴氏学有渊源，组方周密，遣药精湛，每味药之增添，深意存焉，颇有经方法度。

[《江苏中医》，1999；(12)]

吴鞠通学术成就述评

崔儒涯　谢建群

吴瑭，字配珩，号鞠通，清代著名医家，著有《温病条辨》(以下简称，《条辨》)、《医医病书》等书。其所著《条辨》，立论新颖，条理分明，理法方药自成系统，理论密切联系实际，继承和发扬了外感热病的学术成果，促进了中医温病学说的发展和临床辨证论治水平的提高。笔者不揣浅陋，试对吴氏学术成就摘录述评。

一、源出《内经》　效法仲景　师承叶氏

吴氏治学，溯源于《内经》。如《原病篇》中引《内经》原文共19条，并详加注释发挥，客观地阐明"叙运气，原温病之始"，全面地论述"不藏精"的意义，说明温病形成的内、外两方面因素，对后人较有影响。如《温热经纬》基本采用了吴氏注释。吴氏述温病，

总以“三焦”立论，而三焦之理，也源于《内经》。在治则方，论中提出“治上焦如羽，治中焦如衡，治下焦如权”，实由“上焦如雾，中焦如沤，下焦如渎”引申而来。在方药组成方面也以《内经》处方原则为依据，在《凡例》中指出：“本论各方条下，必注明采用《内经》何法”，如银翘散方论中云：“本方谨遵《内经》‘风淫于内，治以辛凉，佐以苦甘；热淫于内，治以咸寒，佐以甘苦’之训。”同时，吴氏特别提倡《内经》的“大毒治病，十去其六；常毒治病，十去其七；小毒治病，十去其八；无毒治病，十去其九。谷肉果菜，食养尽之，勿使过之，伤其正也”的用药原则。在《杂说》中，吴氏倡言“医书”亦有经史子集的论点，并将《素问》、《灵枢》列于经之前项，表现出对《内经》的尊重。

吴氏在《伤寒论》对外感病认识的基础上，继承发展、丰富和完善了温病学说的理论和实践。如在方剂方面，《条辨》198首方中，用仲景原方或仲景法加减的达70余首，约占三分之一多。非但如此，吴氏运用仲景方药在继承的基础上并有发展，正如吴氏本人所说：“用古法而不拘用古方，医者之化裁也。”如白虎汤在《伤寒论》中是治疗阳明经证以及热厥的主要方剂，若在此基础上又有气津两伤者则用白虎加人参汤。吴氏则用白虎汤治疗太阴温病，如上焦篇第七条指出：“太阴温病，脉浮洪，舌黄，渴甚，大汗，面赤，恶热者，辛凉重剂白虎汤主之”。吴氏认为，白虎汤与银翘、桑菊一样，也是辛凉之剂，具有外透“达热出表”的作用。另外，吴氏认为，只要是温邪传入气分的实热证，不论在肺在胃，都可以用白虎汤治疗，在上述基础上又出现脉浮大而芤，汗大出，微喘，甚者鼻翼煽动的，这是气阴俱虚，化源欲绝之证，须用白虎加人参汤方能有效。吴氏指出，脉浮大而芤是阴虚而阳不固，补阴药有鞭长莫及之虞，故用白虎退阳邪，人参固正阳，使阳能生阴，是救化源欲绝的最佳方法。吴氏还提出了“白虎四禁”，为白虎汤的临床应用进一步提出了规矩准绳。吴氏还在白虎汤中加玄参、犀角两味凉血之品，名化斑汤，治疗温病发斑，扩展了白虎汤的临床应用。诸如此类，不胜枚举。

吴氏对《伤寒论》的继承是在辨别伤寒与温病异同的基础上的继承。《凡例》中指出：“是书虽为温病而设，实可羽翼伤寒。若真能识得伤寒，断不致疑麻桂之法不可用；若真能识得温病，断不致以辛温治伤寒之法治温病。”他在上焦篇中较为详细地论述了伤寒与温病的不同。他说：“伤寒由毛窍而入，自下而上，始足太阳。足太阳膀胱属水，寒即水之气，同类相从，故病始于此……治法必以仲景六经次传为祖法。温病由口鼻而入，自上而下，鼻通于肺，始手太阴。太阴金也，温者火之气，风者水之母，火未有不克金者，故病始于此，必从河间三焦定论.”可见吴氏看来，伤寒与温病在病因、受邪途径、病变性质、部位及治疗上均不一致。反对寒温不分，主张寒温有别。

吴氏与叶氏《临证指南医案》有密切的继承发扬关系。有关《条辨》与叶案的关系，吴氏在自序、凡例、条文自注中均有交代。如《条辨·上焦篇》35条自注说：“惟叶氏心灵手巧，精思过人，案中治法，丝丝入扣，可谓记众善以望洋之叹！而怪乎后人之无阶而升也。故本论摭拾其大概，粗定规模，俾学者有路可寻。”可见，《条辨》与叶案之间有密切的继承发展关系。在《条辨》具体内容中，对叶氏的继承表现的更为突出。如《条辨》所用方剂，约一半来自叶氏《临证指南医案》。

二、畅三焦辨证　明三焦治则

吴鞠通完成了三焦辨证体系，使三焦辨证与卫气营血辨证恰当地联系起来，以三焦为经，卫气营血为体贯穿各种温病，并以三焦病势确立治则。

认为上焦温病是指肺与心包络病变而言，中焦病是指脾胃病变而言，下焦病是指肝肾病变而言，始上焦、终下焦是其传变规律。不仅倡导三焦辨证，而且将三焦辨证与卫气营血辨证紧密结合起来。在《条辨》各篇中，吴氏以三焦为大纲，融入卫气营血辨证的内容，形成了两种辨证方法经纬交错，互相补充的特点。

关于温病总的治则，《条辨·治病法论》曰："治上焦如羽，非轻不举；治中焦如衡，非平不安；治下焦如权，非重不沉。"针对温病初起，病在上焦，病势如羽的特点，以"轻"、"举"为治则，用药宜轻，多用花叶之类，药量亦轻，煎时较短，以透散外邪于上，符合"其在上者轻而扬之"的原则；病至中焦，邪在阳明，病势如衡，以"平"、"安"为治则，用药旨在调整斡旋，使失衡的气机、阴阳恢复平衡，或清或下或辛苦开泄，使气机畅达，阴阳调和，脾胃健运，燥湿不偏；病至下焦，病势如权，以"重"、"沉"为治则，宜用血肉有情，质量浓浊走下之品，如甲壳、胶质等滋腻之物，其量较大，煎时较长，以填补欲竭之真阴或潜镇虚风。这些原则充分发扬了"攸其所利"的思想，提纲挈领地揭示了温病的辨证论治规律，对指导临床具有重大意义。

三、治疗温病　重视养阴　参合诸法

吴氏根据温为阳邪，最能耗阴竭液的特点，重视温病以救阴为主的治疗原则。吴氏谓："留得一分正气，便有一分生理""其有阳气有余，阴精不足，又为温热生发之气所铄，而汗自出，或不出者，必用辛凉……用甘凉甘润培养其阴精。"吴氏对上焦温病的治疗，不取辛温、苦寒之品，而用辛凉之剂，轻清透邪，意在"撤热保津"、"顾护其阴"，病入气、营、血分或气血两燔时，加重甘寒救津之品，并立雪梨浆、五汁饮等甘寒救液方剂。对中焦温病之热盛治以甘寒清热，如白虎汤之类，对阴虚证治以甘寒养阴、咸寒增液，如益胃、玉竹麦门冬、增液等汤，并辅以益气，慎用苦寒消化药物，禁用淡渗利尿，避免耗伤津液。对下焦温病，由于温病后期邪少虚多，热邪侵入耗竭阴液，肝肾阴虚为必有之证，其治疗应以复肝肾之阴为主，扶正以敌邪。

吴氏对湿温病治则及攻下、开窍、熄风等治法亦有很好的发挥。以湿热类温病提出"重调气而利三焦"的重要治则，吴氏以理气与化湿药配合，用轻开肺气、芳香宣气、通腑下气、清透下气、通利膀胱、清宣三焦、宣通经络等治疗湿热阻遏气机所致各种病变。对攻下法，提出热结液干用大承气汤；液干热少用增液汤；热结旁流用调胃承气汤；热结较轻用小承气汤；腑实兼三焦俱急，痰涎壅盛用承气合小陷胸汤；肺气不降、喘促痰涎用宣白承气汤，此为脏腑合治法；兼神昏用牛黄承气汤，为两少阴合治法；液干热结用增液承气汤，为气血合治法；正气既虚，邪气复实用新加黄龙汤，为邪正合治法……可谓周详细密之甚。

四、"温病察舌"　多有创见

《条辨》共有255条，涉及舌诊内容的有66条，用以分析温病属性，辨别三焦病位，指导治疗用药，观测预后转归等。吴氏在《条辨》中首先易"胎"为"苔"，形象地道出了苔生原理、形态特征。在《原病篇》第13条中曰："苔字方书悉作胎，……盖湿热而生苔，或白或青或黑，皆因病之深浅，或寒或热或燥或湿而然，如春夏间石上上坂之阴面生苔者然。然本论苔字，悉从草不从肉。"

吴氏三焦分病，重视舌象变化。病在上焦、中焦，多邪盛正实，易聚而成苔，多苔色的变化；病在下焦，多邪少正虚，易致舌质变化。三焦病变中，病性温热、湿热者又分别有不

同的舌象表现。温为阳邪，易耗津液，故热在上焦，多苔黄口渴；在中焦，苔多老黄、金黄，或干黑起刺；在下焦，舌多见干绛而少苔，舌体可出现强、短、痿等。

舌象的变化，多为疾病本质的表现，吴氏论治温病，多“方因舌移”，治病求本，绝不见症治症。如“夜寐不安，烦渴，舌质……清营汤主之。舌白滑者，不可与也”（《上焦篇》第30条）。暑邪深入心营，舌赤是其主症，理当以清营汤清营中之热，以“先其所因而伏其所主”，苔白滑，则不惟热重，湿浊亦重，不可用柔润之药。

当然，受时代所限，吴氏学术上尚有不足之处．主要表现在：（1）以三焦划分病程，对各种外感热病的传变规律缺乏客观细致的描述，把始上焦、终下焦绝对化，不能把各个温病的全过程紧密衔接。（2）某些论点尚有牵强，如犀角以“灵犀一点通”释之，莲心以“倒生根”，鸡子黄以“有地球之象”注解之。（3）《条辨》尚有疏漏之处。如《原病篇》第1条叙运气，是原文摘录，但未予说明等等。但就总体而论，这些不足是瑕不掩玉的。

［《浙江中医学院学报》，1999；（2）］

吴鞠通小儿痉病证治理论浅探

刘少芸

清代温病学家吴鞠通在《温病条辨·解儿难》中，对小儿痉病的病因、辨证、治疗等方面的论述颇为详尽，有助后学，本文拟从下列3方面加以探讨。

一、探病因结合小儿生理、病理特点

百病皆有因，治病必求因，吴鞠通辨治小儿痉病，首先结合小儿生理、病理特点探求病因，笔者将其概括为两点。

1. 主要病因为“六气皆能致痉”　痉病的病因，在《素问》里有“诸痉项强，皆属于湿”的记载。对于痉病多由“湿”而致，吴氏似觉不妥，他认为此系“风”字之误。其理由有二：一曰：“所有痉病现证，皆风木刚强屈拗之象，湿性下行而柔，木性上行而刚，单一湿字，似难包得诸痉，且湿字与项强字即不对。”二曰：“中行《痉书》一十八条，除引《素问》、《千金》二条，余十六条内，脉二条，证十四条，俱无湿字证据。”痉病的原因究竟是什么？吴氏在长期的治病过程中，每遇痉证，必细心观察其原因，观察既久，感到六气皆能致痉，又因风为百病之长，所以六气都是随着风的媒介而侵袭于人体。因此，他明确提出痉病的主要病因是“六气皆能致痉”。并且认为，如果医者能够明确六气致痉的真相，痉证的发生就必然会减少。

2. 小儿易发痉病是由于体质薄弱或误汗伤津　小儿痉病的发病率远高于成年人，吴鞠通认为其原因主要有两点：“由于肌肤薄弱，脏腑嫩小，传变最速；由近世不明六气感人之理，一见外感，无论何邪，即与发表。”明确指出了小儿易发痉病的原因是由于体质薄弱，脏腑娇嫩，正气未充，一旦感受外邪，传变极为迅速，易动肝风；其次由于医者对六气伤人的真相不够明确，往往一见小儿外感，对病邪不加辨审，即盲目地使用发表药，致使汗出过多，劫伤津液，筋脉失养而发生痉证。

二、辨证注重临床特征

吴氏在长期临床实践中，通过对小儿痉病病情反复的分析研究，发现小儿痉病由于感邪之不同，禀赋之差异，其临床特征同中有异，据此将小儿痉病分为寒、暑、湿、燥、风温、温热、客忤、本脏自病、内伤饮食九大证型。兹分述如下。

1. 寒痉　由于感受寒邪所致，主要见证为周身强直不柔，筋脉拘急，无汗，脉反沉。

2. 暑痉　系暑天感受暑邪或兼风寒，风热所致，其临床特征为：夏季发热头痛，颈项强直无汗。

3. 湿痉　吴氏认为感受湿邪后即刻发生痉证的比较少见，主要见于挟风致痉的病例。但湿病久而未愈，因而致痉的为多。临床特征是：经脉拘急，舌白不渴。

4. 燥痉　主要由于秋季感受燥邪，也有伏暑内发而致。其特征为：咽干口燥，筋脉拘急，或抽搐，舌干苔少。

5. 风温痉　多发于风气当令，阳气发泄，君火主气的时候。此类痉证发病少，且见证亦轻。临床以发热微恶风寒，四肢抽搐，脉象浮数为其特点。

6. 温热痉　此由外感温热病邪而致，是痉病中最常见的一种类型，吴氏谓此“温热之致痉者多而重也”。临证以高热面赤，口干而渴，手足抽搐，两目上视，舌红苔黄干，脉弦数等证为辨。

7. 客忤痉　本证系由于小儿神气怯弱，突然看到异常之物，或听到异常之声，以及失足倾跌等而引起。其发生率不高，仅占痉证中1% ~2%，临床特征是：在肢体抽搐的同时伴有发热、或有汗或无汗，面色时青时红，梦中说胡话，或手足时时蠕动。

8. 本脏自病痉　本证的发生，是“由于平日儿之父母，恐儿之受寒，覆被过多，着衣过厚，或冬日房屋热炕过暖，以致小儿每日出汗，汗多亡血，亦如产妇亡血致痉一理”。其临床特征为：患儿多消瘦，手足蠕动。

9. 内伤饮食痉　吴氏认为本证“必先由于吐泻，有脾胃两伤者，有专伤脾阳者，有专伤胃阳者，有伤及肾阳者”。在临床特征上，可见面色白或发青，手足不温，吐泻不止，手足搐搦或震颤等。

至此，吴氏辨证之精当，察病之细微，足可见之一斑。

三、治疗随证定法，以法制方用药

吴鞠通在治疗小儿痉病中，从不以一法而括之，而是随证定法，以法制方，用药灵活变通，其内容如下。

1. 祛风散寒生津法　用治“寒痉”。有汗者用桂枝汤加栝蒌根，以桂枝汤调和营卫而祛风邪，栝蒌根生津液而滋润筋脉；无汗者用葛根汤，散寒邪兼生津液。

2. 涤暑散邪除湿法　用治“暑痉”。兼挟风寒者，用新加香薷饮疏解风寒以宣透暑湿；因于风热所致者，用银翘散疏散风热，重加桑叶而平肝风；暑热兼湿者，用苍术白虎汤清暑燥湿。

3. 祛湿疏风散寒法　用治“湿痉”。因湿而挟风者，以五苓散渗湿祛风；因寒湿所致者，用桂枝姜附汤散寒祛湿。

4. 凉润生津（兼）祛湿法　用治“燥痉”。无伏暑见证者，纯用辛凉甘润之品，如桑叶、沙参、梨皮、麦冬等以滋养津液；内有伏暑，则必兼挟湿邪，治宜采用苦辛淡法，较重者用苦辛寒法。

5. 透表清热生津法　用治“风温痉”与“温热痉”。轻证用辛凉轻剂银翘散等以透表清热，重证用辛凉重剂白虎汤等以清热生津，恢复期用六味地黄汤等以复其津液。

6. 补阴和阳凉血法　用治“客忤痉”。患儿伴有发热、面色时青时红者，用复脉汤去参、桂、姜、枣，加丹参、丹皮、犀角凉血并补心体之阴，以配心用之阳。

7. 育阴柔肝熄风法　用治“本脏自病痉”。可随机选用六味丸、复脉汤、三甲复脉汤3方，大、小定风珠2方等方剂，以育阴柔肝熄风。

8. 健脾温阳祛寒法　用治“内伤饮食痉”。根据伤脾阳、胃阳、肾阳的不同，“参苓白术散、四君、六君、异功、补中益气、理中等汤，皆可选用。虚寒甚者，理中加丁香、肉桂、肉果、诃子之类”，使脾气健旺，阳复寒去，筋脉得温而痉止。

上述治痉方法体现了吴鞠通对小儿痉病的治疗注重辨证特色，不是限于见痉治痉，“只治致痉之因，而痉自止”的治病求本思想。

四、结语

小儿痉病系儿科常见病之一，对小儿健康危害甚大，吴鞠通对该病辨治的阐述，特别是其同病异治诸法，至今仍具有指导临床实践的意义。随着时代的发展，将吴氏的证治理论同现代医学有关治法相结合，小儿痉病的治疗定能取得满意疗效。

［《湖南中医药导报》，2003；（7）］

《温病条辨》中的若干思维方法

彭　坚

一、区分概念

外感病，其中包括各种急性传染病，是中国古代发病率最高，流传最广，危害最大的疾病，历代医家无不予以高度关注。《内经》中将之分为伤寒与温病两大类，但二者的概念没有严格的区分。《伤寒论》论述了伤寒、中风、温病，如第6条云：“太阳病，发热而渴不恶寒者，为温病”，简要归纳出温病初起的辨证要点，但没有像伤寒、中风那样，明确出示其治疗的方剂。自王叔和以后，直到明清以前，许多医家将温病的概念混淆到伤寒之中，以治伤寒之法主治温病，出现不少失误。因而，概念的区分，对于中医外感病这个学科的发展而言，已到了迫在眉睫的关头。《温病条辨》（以下简称《条辨》）的作者吴瑭充分意识到这点，在原书第1卷第1条，首先将温病分为9类：“温病者，有风温，有温热，有温疫，有温毒，有暑温，有湿温，有秋燥，有冬温。”在条文后的注释中，又对每一类温病，都明确指出了其内涵：“风温者，初春阳气始生，厥阴行令，风夹温也”；“温疫者，疠气流行，多兼秽浊，家家如是，若疫使然”等等。从季节、运气、气候特征、病邪性质、流行特点诸方面揭示了各类温病的本质特征。第3条云：“太阴之为病，脉不缓不紧而动数，或两寸独大，尺肤热，头痛，微恶风寒，身热自汗，口渴或不渴而咳，午后热盛者，名曰温病。”这一条以列举典型证候的方式，对5类温病初起的共同特点加以概括，成为温病初起辨证提纲之一。这样，《条辨》通过列举条文和自注的方式，一开始就对温病这一概念的内涵和外延加以明确的规定，为使温病最终从伤寒的概念中脱颖而出，成为一门独立的学科，起到了重要作用。正如吴瑭所云："诸家论温，有顾此失彼之病，故是编首揭诸温之大纲，而名其书曰《温病条辨》。"

二、建立模型

张仲景最早建立了六经辨证的模型，客观地反映了伤寒病由表入里、由盛至衰的整个发展过程。叶天士针对温病的不同特点提出了另外一种辨证方法："辨营卫气血与伤寒同，若论治法，则与伤寒大异。"以"卫气营血"辨治温病确实是一种新的理想模型，但在模型的构建上，仍然是依照由表入里、由浅入深的横向方式，不免与六经辨证模型有部分雷同，引起当时不少伤寒派医家的非议。《条辨》在叶天士温病学说的基础上进一步设想了一个纵向的"三焦辨证"理想模型："温病由口鼻而入，鼻气通于肺，口气通于胃，肺病逆传则为心包。上焦病不治，则传中焦，胃与脾也。中焦病不治，则传下焦，肝与肾也。始上焦，终下焦。"这个理想模型的重要价值在于将脏腑辨证引进温病辨证领域，将卫气营血辨证定位在脏腑辨证基础上。《条辨》"凡例"第 8 条云："《伤寒论》六经由表入里，由浅及深，须横看，本论论三焦由上及下，亦由浅入深，须竖看，与《伤寒论》为对待，有一纵一横之妙。"实际上，《条辨》以三焦脏腑辨证为经，以卫气营血辨证为纬，构建了一个纵横交错的立体辨证模型。

三、注重分析

三焦辨证模型，是高度综合的结果，而在阐述这个统一体的理法方药四个主要环节时，《条辨》处处运用了分析的方法。如分析前文所举第 3 条温病初起的证候表现："不缓，则非太阳中风矣；不紧，则非太阳伤寒矣；动数者，风火相煽之象，《经》谓之燥。两寸独大，火克金也。尺肤热，尺部肌肤热盛，火反克水也。头痛，恶风寒，身热，自汗，与太阳中风无异，此处最足以相混，于何辨之？于脉动数不缓不紧，证有或渴或咳，尺肤热，午后热甚者辨之。"这条注文紧扣温病初起的典型证候进行分析，有比较，有鉴别，将温病与伤寒、中风的本质区别分析得比较清楚。又如对银翘散的分析："本方谨遵《内经》'风淫于内，治以辛凉，佐以苦甘；热淫于内，治以咸寒，佐以甘苦'之训，又宗喻嘉言'芳香逐秽'之说，用东垣清心凉膈散，辛凉苦甘。病初起，且去入里之黄芩，勿犯中焦；加银花辛凉，芥穗芳香，清热解毒；牛蒡子辛平润肺，解热散结，除风利咽，皆手太阴药也。""此方之妙，预护其虚，纯然清肃上焦，不犯中下，无开门揖盗之弊，有轻以去实之能，用之得法，自然奏效。"这一注解，深入分析了银翘散的渊源出处，组方原则，加减理由，药物作用，整体功效，与一般分析方剂组成的文字迥然不同，使运用者除了能掌握这个方剂的精华之外，对作者提出的"治上焦如羽"有了更深刻的认识。

四、善于归纳

归纳法在《条辨》中得到广泛运用。上、中、下三焦各篇，分别设有提纲证，每一提纲证都是从大量温病患者的不同证候表现中归纳出来的。如上焦篇第 43 条："头痛，恶寒，身重，疼痛，舌白，不渴，脉弦细而濡，面色淡黄，胸闷不饥，午后身热，状若阴虚，病难速已，名曰湿温。汗之则神昏耳聋，甚则目瞑不欲言；下之则洞泄；润之则病深不解。长夏、深秋、冬日同法，三仁汤主之。"这一湿温病初起的提纲证及治疗方药，最早是得自叶天士《临证指南医案·湿》中的两个病案的启发。然而，叶氏所治的毕竟是个案，证候概括不全，原方没有方名、剂量，缺少苡仁这味药。经过吴瑭的临床全面考察和精心取舍之后，归纳出湿温初起的十大证候，完善并确立了治疗主方三仁汤，使之具有了更典型的意义和全面的临床指导价值。特别是对误治所致证候的描述和湿温病季节性特点的记载，显然出自吴瑭本人长期的临床观察和大量正反两方经验的总结。善于归纳还表现在《条辨》对《伤寒论》的继承与发展上。如下法是伤寒与温病中均经常使用的一种重要手段，吴瑭之前的医家遇温病下证多采用张仲景的三个承气汤。而三承气汤的临床使用，又着眼在痞满燥实坚的证候区别上。《条辨》则认为："本论于阳明下证，时立三法：热结液干之大实证，则用大承气；偏于热结而液不干者，旁流是也，则用调胃承气；偏于液干多而热结少者，则用增液，所以回护其虚，务存津液之心法也。"这种从病机入手进行归纳的方法，不仅使人们对三承气汤证的不同作用有了新的认识，而且揭示了温病须"回护其虚，务存津液"的特殊性。吴瑭由此而创设的增液汤，以及由温病下法实践中归纳总结出来的五个承气汤，都在继承张仲景下法的基础上，针对温病的特点，有了很大的发展和突破，成为新的脍炙人口的著名方剂。

[《医学与哲学》，2000；(5)]

《温病条辨》对外感温热病的贡献

叶一萍

吴鞠通是继叶天士之后又一温病大师，在继承叶天士学术成就的基础上，结合自己丰富的临床经验，编著了系统论述四时温病的专书。《温病条辨》被誉为"温病之津梁"，"温病传世之作"。其主要贡献可归纳为以下几个方面。

一、倡导三焦辨证纲领

倡导三焦辨证纲领，论述了九种温病的证治。

吴鞠通以三焦为纲，病名为目，将叶天士卫气营血辨证贯穿其中，使温病的辨证理论纵横交错，更具体地落实到经络脏腑之上，显得更为系统完备。《温病条辨》上焦篇第2条"风温病者，始于上焦，在手太阴"指出温邪的侵入途径及发病部位与叶天士"温邪上受，首先犯肺"的精神一致。中焦篇第2条指出："温病由口鼻而入，鼻气通于肺，口气通于胃，肺病逆传则为心包，上焦病不治，则传中焦，脾与胃也；中焦病不治，即传下焦，肝与肾也；始上焦，终下焦。"以上论述，说明温病发病的部位始于肺卫，病邪由口鼻而入，上焦病逆传则为心包，顺传为中焦脾胃，下焦肝肾。吴鞠通所述9种温病是：①风温，初春阳气升发，厥阴行令，风夹温也。②温热，春末夏初，阳气弛张，温盛为热也。③温疫，疠气流行，多兼秽浊，家家如是，若役使然也。④温毒，诸温夹毒，秽浊太甚也。⑤暑温，正夏之时，暑病之偏于热者也。⑥湿温，湿中生热，即暑病偏于湿者也。⑦秋燥，秋金燥烈之气也。⑧冬温，冬应寒而反温，阳不潜藏，民病温也。⑨温疟，阴气先伤，又因于暑，阳气独发也。

二、制定三焦温病治疗原则

制定三焦温病的治疗原则，为临床处方用药提供理论依据和规范。《温病条辨·治病论治》提出："治上焦如羽"、"治中焦如衡"、"治下焦如权"作为温病上、中、下焦不同阶段的治则。治上焦如羽，非轻不举，上焦包括心肺两脏，单纯的上焦温病多指手太阴肺经的病变。部位最高病偏于表，治宜轻清升浮之品，否则药重则过病所。"如羽"有以下几个方面的含义：①指药物的质地疏松轻浮者，如蝉蜕、桔梗之类。②指药物的部位为花叶之类，金银花、菊花、桑叶、薄荷等。③指药物味辛，气薄而入肺经者，如淡豆豉、牛蒡子。④指用药剂量宜轻，且煎药时间宜短。代表方如银翘散、桑菊饮。

治中焦如衡，非平不安。中焦指脾胃而言，是气机升降出入之枢纽。包括足太阴脾经，足阳明胃经，手阳明大肠经等气分证。"如衡"指中焦用药既不能失之太薄，亦不可过于厚重。中焦的疾病，邪热较盛，治疗以祛其邪，平衡升降出入之枢纽。温热类用白虎汤，承气汤之类，湿热用王氏连朴饮之类。

治下焦如权，非重不沉。邪在下焦，以肝肾真阴大伤为主。"如权"是指下焦病用药须重浊味厚如秤锤那样沉重之品，才能直达病所。"如权"的含义有如下几个方面：①指味厚滋腻之品，如熟地、阿胶之类。②指介石类及血肉有情之品，鳖甲、龟板、龙骨、牡蛎等。③指药物的剂量重，煎药时间长。代表方剂如大定风珠汤、复脉汤。

三、创立疗效卓著的代表方剂

创立了桑菊饮、清营汤、大定风珠汤等疗效卓著的代表方剂。吴鞠通将叶天士《临床指南医案》所用之法，所遣之药，总结成一整套温病治疗大法和方剂，使温病学辨证论治的理法方药更趋完整。桑菊饮，来源于《临证指南医案·咳嗽》18案。用连翘、薄荷、杏仁、桔梗、生甘草、象贝。在本方的基本上去象贝，加桑叶、菊花、苇根组成。吴鞠通称"风气通于肝，故桑叶善平肝风；春乃肝令而主风，木旺金之候，故抑其有余。桑叶芳香有细毛，横纹最多，故亦走肺络而宣肺气。菊花晚成，芳香味甘，能补金水二脏，故用之以补其不足。"本方一改以往以杏苏散通治四时咳嗽的弊病，是对风温病治疗上的一大贡献。正如吴鞠通言："风温之病，虽系小病，常见误用辛温重剂，消灼肺液，致久咳成痨者，不一而足。"清营汤为热入营分的代表方剂，吴鞠通根据《素问·至真要大论》"热淫于内，治以咸寒，佐以甘苦"，《外感温热病篇》"入营犹可透热转气"，选用咸寒犀角、甘寒生地、玄参、麦冬、竹叶、金银花和苦寒的黄连、连翘组成方剂。"营分受热，则血液受劫"，法当清营解毒，兼养营阴以防邪热进一步内传，而耗血动血。然而，邪入营分，特别是邪气初入营分，终非疾病发展的最后阶段，内陷之邪，仍有几分外透之机，此时在清营解毒，养阴的基础上配合透热转气的金银花、竹叶、连翘，使外入营分之邪热仍透出气分而解。大定风珠汤为春温病后期虚风内动而设。温热病后期，下及肝肾，热邪久羁，真阴被耗，水不涵木，筋脉失养，手足蠕动、抽搐。阴虚阳无所附，而见脉气虚弱时时欲脱。此时邪去八九，真阴只存一二。吴鞠通创制了三甲复脉汤，大定风珠汤等育阴潜阳咸寒填精之重剂，救亡阴于一线希望之中。大定风珠汤方用以鸡子黄、阿胶、龟板、鳖甲、牡蛎咸寒存阴，并且血肉有情之品能填补欲竭之真阴。生地、麦冬、白芍、甘寒养阴。"存得一分阴液，便有一分生机"，全方以保阴精为主，寓潜阳熄风于填补真阴之中。

此外，吴鞠通还把温病执简驭繁地分为温热类和湿热类，以定用药之刚柔，使后学者容易掌握温病的证治规律。用药禁忌提出“温病忌汗”，治疗湿温病提出“三禁”，都是对温病学的重大贡献。

[《辽宁中医学院学报》，2005；（5）]

评吴鞠通之凉燥学说

何德昭

吴鞠通在《温病条辨》中系统提出了秋燥的原因、症状、病机及治法方药。200 年来，吴氏之说似已成定论，并已被多种书籍采纳。虽然吴鞠通对温病学的发展作出了重要贡献，但他有关凉燥的主张确实把后学引入了歧途。笔者根据多年的临床观察，结合查阅文献，深感吴氏立论之非，特撰此文，希望能澄清对凉燥的认识。

一、吴鞠通把凉燥混同于风寒之剖析

吴鞠通之说肇端于沈目南。沈氏从“燥令必有凉气感人”出发，认为“燥病属凉，谓之次寒，病与感寒同类”。吴鞠通据此加以发挥，谓“秋燥之气，轻则为燥，重则为寒”，并依据五行学说解释以胜复之理，主张燥分胜气、复气；胜气为寒，复气为火，燥气偏凉者应归属于寒。因此，他对凉燥证治作了如下的表述：“燥伤本脏，头微痛、恶寒、咳嗽稀痰、鼻塞、嗌塞、脉弦、无汗，杏苏散主之。”在分析凉燥病机时，他也一概以寒来解释，如“咳嗽稀痰者，肺恶寒，古人谓燥为小寒也。肺为燥气所搏，不能通调水道，故寒饮停而咳也”。他在《温病条辨》中有“杏苏散辛温，只宜风寒，不宜风温，且有不分表里之弊”、“按杏苏散减小青龙一等”、“风寒咳嗽致痉者，用杏苏散辛温例，自当附入寒门”等论述。从杏苏散的组方看，此方以苏叶、前胡苦辛解表；杏仁、枳壳、桔梗宣降肺气止咳；生姜、大枣调和营卫；用半夏、陈皮、茯苓、甘草以燥湿化痰，此方确系治疗风寒痰湿咳嗽的方剂，岂能治疗伤燥之咳嗽哉！吴氏著书立说以《内经》为依据，然而对于凉燥，他即忽视了《内经》所论的燥气致病的主要特征——“燥胜则干”。显而易见，吴鞠通确实把凉燥与风寒混同起来了。吴氏失误的原因除了自身经验的局限外，还在于他机械地搬用了《内经》五运六气的理论。五运六气作为中医讨论自然界的天时气候与疾病关系的说理工具，确实有实践依据。但吴氏胶执于运气之说，把六气之中燥金主令时节所患的疾病多命名为燥证。在《吴鞠通医案》中，他用于“燥证”之方多选用辛温苦燥之药，在《温病条辨》中，他写道：“按燥金遗病，如疟疾之类，亦见下焦篇寒湿，湿温门之中”，即是明证。既然拘泥于运气之说，而没有根据中医审证求因的原则，从证候表现来推求病因，吴鞠通把风寒当成凉燥也就不足为怪了。

二、叶天士、俞根初凉燥学说之评述

早于吴鞠通近百年的叶天士对凉燥已有正确的认识。叶氏在《三时伏气外感篇》中有大意如下的论述：秋燥似春月风温证，是肺气受病，当用辛凉甘润之方，燥气自平而愈。误认为暴感风寒，混投三阳发散，就会津动燥甚，喘急告危。如果属暴凉外束，身热痰嗽，也只宜葱豉汤，或苏梗、前胡、杏仁、枳壳、桔梗之属，用一、二剂即可。显而易见。叶氏所指的前者就是温燥，后者当属凉燥。他还说：“春月为病，犹是冬藏固密之余；秋令感伤，

恰值夏月发泄之后”，可见，叶天士已探讨了秋燥的病因、病位和证治，说明秋燥与风温和风寒的重要区别在于秋燥的发病内因系体内津气不足。他主张用于治疗凉燥的方药，揭示了凉燥的治疗原则，即不与一般的外感风寒同法，不可滥施辛温发汗，只宜选择辛平或微温而不燥烈之品。

俞根初在《通俗伤寒论》中对凉燥证候作了具体概括：“凉燥犯肺者，初起头痛、身热、恶寒无汗、鼻鸣而塞、状类风寒、惟唇燥嗌干、干咳连声、胸满气逆、两胁串疼、皮肤干痛、舌苔白薄而干、扪之戟手”，点明了凉燥与风寒之鉴别在于凉燥有津气干燥的表现。在治疗上，俞氏主张“辛开温润”，用香苏葱豉汤减香附，加杏仁、百部、白前、紫菀之类。不难理解，叶氏和俞氏立方之义都是：因凉燥初起，病在肺卫，故用微辛、微温之轻灵药以透解外束之表寒，不用重剂过发其汗免伤津液，用平和温润之品以宣泄肺气止咳，使上焦肺卫得以开通，凉燥自解。

叶氏和俞氏之说确系经验之谈，临床确有许多现代医学称为上呼吸道感染或急性支气管炎的病人，初起时兼有风寒束表和津气干燥的证候表现。如审证用药恰当，不难二、三剂而愈。误用辛温燥烈，则化燥化火；投以辛凉甘润，则邪气腻伏。其治疗必须有别于风寒，亦当有别于温燥。叶氏和俞氏所谈的治疗原则和方药至今对指导临床仍有重要价值。

叶天士之语欠明，俞根初及其《通俗伤寒论》的影响远不及吴鞠通及其《温病条辨》，后人多遵从吴氏之说，叶氏和俞氏的正确见解反而不彰，以致本来不难明晰的凉燥证治眉目不清了。

三、凉燥是否存在解疑

由于吴鞠通所论的凉燥实质上是风寒，杏苏散只能是治疗风寒痰湿咳嗽的方剂，因此有人力主凉燥是深秋初冬感受寒凉之气形成的寒凉病证，凉燥证实际上是不存在的。认为凉燥所表现的津液干枯的种种症状，均系寒邪收敛，阴津不能外布所致。持这种观点的人与吴鞠通一样完全忽视了《内经》“燥以干之”，“燥胜则干” 的原则论述。寒邪性主收引凝滞，是会导致水液代谢的失常，但决不会导致干枯皱揭。证诸临床，这种解释也极为片面，试问如津液干枯系寒凉收敛所引起，那么感受风寒出现鼻流清涕又如何解释？六淫邪气往往不单独致病，多系相合而伤人，既然热能夹燥，凉又何尝不能夹燥，一旦燥邪与寒邪同时侵犯人体，岂能无凉燥之病？

有云：叶天士关于秋燥的论述仅限于温燥，这实是未对原文细作推敲之故。又有人把俞根初“燥凉较严冬风寒为轻，燥热较暮春风温为重”这句话作为凉燥即是风寒的依据，这也是一种明显的误解。综观俞氏对凉燥的全部论述不难明白，俞氏之说是分别比较凉燥与风寒，温燥与风温这两组相似证候之间病情轻重而言，若据此将凉燥与风寒等同，则温燥亦与风温同义，岂不谬矣。更有人以燥字从火来论证秋燥只能为温而不能为凉，从而否定凉燥的存在。这种说法如同以湿字从水，而言湿邪属寒一样，显然也是错误的。

治疗凉燥虽不离辛温宣散，但也不能据此而否定凉燥的存在。凉燥的治疗虽应以解散风寒为首，但应当时时顾护津液，毋过辛温，毋犯燥烈之品，选药和配伍与风寒相较确有特殊之处。正如暑天感受风寒，因暑多夹湿，凡夹湿者，即予香薷饮之类解表化湿和中，其用药与冬日感受风寒用羌、防、麻、桂相去甚远。吴鞠通用桑菊饮于风温初起咳嗽，由于此方的组成也体现了辛凉甘润的原则，所以也将它用于温燥初起，我们岂能据此将风温与温燥合为一个病种？凉燥因津液已伤，易于化热，一旦化热，治疗就与温燥等同，主以辛凉甘润，与风寒化热可用苦寒大有区别。

正因为凉燥在病因、病机、症状、转归、治疗宜忌上均有别于风寒，因此，它理当是一个客观存在的独立病种。

笔者认为，凉燥的治疗当以俞根初之“辛开温润”为大法，稍佐甘凉润滑之品润燥生津，使肺津敷布有源，且能防止燥邪化火。笔者常用苏叶、荆芥穗、杏仁、前胡、桔梗、瓜蒌壳、百部、芦根、甘草为方，略事加减，治疗凉燥往往一、二剂便愈。

［《中医药学报》，2006；（2）］

吴鞠通儿科学术观点浅探

沈开金

吴鞠通为清代温病学创始人之一，但在他的温病学专著《温病条辨》中有不少关于对小儿病的独到见解，笔者仅就该书《解儿难》中的学术观点作一些肤浅的探析，以求启迪于今天的儿科临床。

一、宁饥勿饱，宁寒勿暖

有关小儿喂养，吴氏提出：“小儿无冻饿之患，有饱暖之灾。”是说小儿稍微饿一点，衣服稍微单薄一点，不会出现多大的疾患，而温饱过度，反而会使疾病丛生。俗话说：“若要小儿安，常带三分饥和寒”，讲的也是这个道理。对于衣着温暖过度之害，吴氏说：“全赖明医参透此理，于平日预先告谕儿之父母，勿令过暖汗多亡血，暗中少却无穷之病矣。”对于饮食过饱致病，吴氏说：“盖小儿之脏腑薄弱，能化一合者，与一合半，即不能化，而脾气郁矣。再小儿初能饮食，见食即爱，不择粗细，不知满足，及脾气已郁而不舍，有拘急之象，儿之父母犹认为饥渴而强与之食，日复一日，脾因郁而水谷之气不化，水谷之气不化脾愈郁，不为胃行津液，湿斯停矣。”吴氏这种养育小儿“宁饥勿饱，宁寒勿暖”的观点，在今天更具有现实的指导意义。临床所见有些患儿，虽厚衣着身，但外感不断，动辄发热咳嗽；虽饮食精美，但面黄肌瘦，腹胀纳呆，疳积屡治屡发不能断根。故吴氏指责有些父母是“只知以慈为慈，不知以不慈为慈”的道理。其根源在于溺爱优宠，饱暖过度生灾。

二、外感六淫，内伤饮食胎毒

小儿发病原因，吴氏说：“较之成人，无七情六欲之伤。外不过六淫，内不过饮食胎毒而已”。吴氏此说甚合临床小儿发病实际。小儿生病或因感受外感致发热咳嗽，出现呼吸道症状，或因以饮食不节致吐泻、腹胀纳呆、疳积等消化道证候。或是与胎毒有关的麻疹，水痘以及感染时令不正之气所致的传染病。吴氏还以疳积成因为例，说明饮食不节对小儿的危害。他说：“不知疳生于湿，湿生于土虚，土虚生于饮食不节。”其治疗疳积的 9 种方法，皆以健脾和胃，消积导滞，杀虫治疳为主要治则。观其用鸡内金散治疗疳积，固然消积导滞之意显然，而其用大枣，大黄末治疗疳积腹胀，更有寓通于补之深意。笔者临床用之治疗疳积腹胀亦每每取效甚捷。

三、脏薄肌嫩，易感亦易传变

吴氏认为小儿“稚阴未充，稚阳未长”，“且其脏腑薄，藩蓠疏，易于传变；肌肤嫩，神气怯，易于感触”。说明小儿阴阳稚嫩，尚未发育成熟，抵抗力低，易于感邪生病。又因脏薄肤嫩，不耐邪之侵袭，传变亦较速。吴氏曾举小儿暑风为例说明之：“盖小儿肤薄神怯，经络脏腑嫩小，不奈三气之发泄，邪之来也，势如奔马，其传变也，急如掣电。”所用之新加香薷饮，银翘散，白虎汤，清营汤，紫雪丹，牛黄丸等方，皆是根据小儿暑风病情变化，设法防御，因变示方。笔者临床用这些方剂治疗小儿乙型脑炎，大多能取效。足见吴氏所论诚经验所得，有很高的临床价值。

四、药贵轻灵，切戒伐生生之气

吴氏主张小儿用药，贵在轻灵。“其用药也，稍呆则滞，稍重则伤。稍不对症，则莫知其乡。”是说小儿用药宜清轻灵动，中病即效，过则有伤正之虑。同时小儿生机蓬勃，不可过用苦寒之品，以防伐生生之气。“世人以小儿为纯阳也，故重用苦寒，夫苦寒药，儿科之大禁也，不知儿科用苦寒药，最伐生生之气也。”笔者临床遵此，对小儿用药能单方治好病的不用复方，能用小方治好病的不用大方。如用单味苏叶煎水治小儿受凉咳嗽，用玉屏风散治体弱经常感冒小儿，均收到较好的效果。

五、儿科医生应博学谦逊，精于辨证

因儿科古称“哑科”，给医者诊病带来诸多困难，故吴氏对儿科医生提出较高的要求：“不精于方脉妇科，透彻生化之源者，断不能作儿科也。”要做好儿科医生，必须医学基本功扎实，谦逊好学。又必须精通内、妇诸科方可，他痛斥那些“不求岁气，不畏天和，统举四时，率投三法，毫无知识，囿于见闻，并不知察色之谓何，声之谓何”不学无术的儿科医生，对那些不求精细辨证，“头痛医头”，“执痉以求痉”的儿科医生也予批驳，他要求儿科医生必须是：“心如澄潭，目如智珠，笔如分水犀者”方能担当起儿科之重任。

[《吉林中医药》，2003；(2)]

吴鞠通温病学术观念的由来与特色

杨奕望　指导：吴鸿洲

吴瑭（1758～1836），字鞠通，被誉为清代温病四大家之一。其代表作《温病条辨》（以下简称《条辨》）乃吴瑭痛感当时治疗温病毫无尺度，致使患者“不死于病而死于医”，愤然而作。1831年，著成《医医病书》，针砭时弊，补《条辨》“未及内伤及杂证”之缺。《吴鞠通医案》一部，收录病案300余例，对危证、重证的治疗屡见奇效。本文以吴氏上述著作为据，探讨其学术观念的由来及其特色。

一、内经、伤寒、指南，作一圆满会耳

吴鞠通的学术观念，主要来源于《内经》、《伤寒论》和《临证指南医案》，而他能在温病学理论与实践上卓有建树，则与其“抗老以希古人，虚心而师百氏”的治学态度密不可分。对经典医著，吴氏强调“学者不可不遵经，不遵经则学无根底，或流于异端”的同时，更反对一味地盲目从古，主张中医学术必须以临床体验为准，而“信经太过，则凿之病也”。正因为他具有这一正确的治学态度，才能做到“历取诸贤精妙，考之《内经》，参以心得，为是编之作”，更能将自己摆在“诸贤如木工钻眼，已至九分，瑭特透以一分，作圆满会耳”的地位，而成为一代温病大师。

吴瑭十分推崇《内经》，其养阴清热理论、三焦辨证纲领皆出自《内经》。如《条辨》将《内经》中有关温、热、暑病的论述集成《原病篇》，作为温病辨证的理论依据，以“原温病之始”，世称“引经十九条”；又引《素问·六元正纪大论》等论，强调自然气候的异常变化是温病流行的重要原因。

吴氏尊崇仲景，奉《伤寒论》为“后世医学之祖”。《条辨》在撰文方式上模仿《伤寒论》体例，且于条文之下自撰注疏，予以阐释，以为“羽翼伤寒”之作。全书198方中，引用仲景原方31首，足见其对《伤寒论》之推崇。吴氏继承仲景“急下存阴”法，结合温病活用三承气方，发展并丰富了通下法。他指出：“阳明温病，下之不通，其证有五：应下失下，正虚不能运药，不运药者死，新加黄龙汤主之。喘促不宁，痰涎壅盛，右寸实大，肺气不降者，宣白承气汤主之。左尺牢坚，小便赤痛，时烦渴甚，导赤承气汤主之。邪闭心包，神昏舌短，内窍不通，饮不解渴者，牛黄承气汤主之。津液不足，无水舟停者，间服增液，再不下者，增液承气汤主之。”他创增液汤一法，取麦冬、玄参、生地之咸寒甘苦，以补药之体，作泻药之用，寓泻于补，增液行舟，沿用至今。

吴氏尊叶桂为师，《条辨》198方有92方参照叶案。他认为叶天士“持论平和，立法精细”，“案中治法，丝丝入扣”，“然其法散见于案中，章程未定，浅学者读之，有望洋之叹，无怪乎后人之无阶而升也。故本论摭拾其大概，粗定规模，俾学者有路可寻。”可见《条辨》与《临证指南医案》间继承与发展的关系。

此外，吴氏还淹贯刘河间、王安道、吴又可、喻嘉言诸家，故可将其治学方法概括为近取叶氏，远追《伤寒》，溯源《内经》，博采众家。

二、精研脏腑辨证，确立三焦为纲

吴氏在《内经》、河间三焦辨证的基础上，提出温病必以三焦为纲，晚年在《医医病书》中又将三焦辨证扩大到内伤杂病的证治范畴。

三焦辨证纲领主要包括五种含义：1. 辨病变的部位与脏腑。膈以上为上焦，属心肺；膈以下至脐为中焦，属脾胃；脐以下为下焦，属肝肾。2. 辨证候性质。在上焦多为表热证，在中焦多为里热证，在下焦多为里虚证。3. 辨病程与传变。上焦温病为温病初期，病势轻浅，不治可传中焦，逆传可入心包；中焦温病为温病中期，是邪正相争的极期，不治可传下焦；下焦温病为温病后期，正虚邪留，多系误治、变证。吴氏指出“凡温病者，始于上焦，在手太阴”，“始上焦，终下焦”。又说：“《伤寒论》六经由表入里，由浅及深，须横看；本论论三焦由上及下，亦由浅入深，须竖看，与《伤寒论》为对待文字，有一纵一横之妙。”显然，这是六经辨证与三焦辨证之间互相依存关系的体现。4. 在治疗上，吴氏提出“治上焦如羽（非轻不举）；治中焦如衡（非平不安）；治下焦如权（非重不沉）。”《医医病书·治内伤须辨明阴阳三焦论》则更加具体，认为“必究上、中、下三焦所损何处。补上焦以清华空灵为要；补中焦以脾胃之体用各适其性，使阴阳两不相奸为要。补下焦之阴，以收藏纳缩为要；补下焦之阳，以流动充满为要。补上焦如鉴之空，补中焦如衡之平，补下焦如水之注”。具体说来，肺属上焦，非轻清不能达上；脾胃属中焦，非辛凉甘寒，苦辛通降，不能治中；肝肾属下焦，非咸寒甘润，重镇填阴，不能治下。5. 三焦死证各有不同。吴氏对温病死证亦从三焦分述：‘在上焦有二：一曰肺之化源绝者死；二曰心神内闭，内闭外脱者死。在中焦亦有二：一曰阳明太实，土克水者死；二曰脾郁发黄，黄极则诸窍为闭，秽浊塞窍者死。在下焦则无非热邪深入，消铄津液，涸尽而死也。”

吴鞠通对于温病学的贡献还在于他将温病分成9种，归为两类。其中，风温、温热、温疫、温毒、冬温、秋燥属于“纯热不兼湿”的温热类；湿温、暑温、伏暑属于“温病之挟湿”的湿热类。当湿温病势不甚显张，中焦病最多，当以中焦求之，在湿热类的治法上，提出“忌柔喜刚”的原则，主张“湿为阴邪，非温不化”，“气化湿亦化”；在宣气化湿中，吴氏尤重上焦，如三仁汤之启上闸开水源，源清则流自洁，使湿热之气得开，郁遏之气随汗而解。

三、疗温病护阴津，清热慎用苦寒

养阴清热是吴瑭治疗温病的特色之一，因为他将津液的存亡看成温病或死或愈的关键。大抵上焦主以辛凉，中焦主以甘寒，下焦主以咸寒，历取生津、增液、填精之法。其中，亦特别注重复中焦胃阴，擅取甘寒益胃方法，如雪梨浆、五汁饮、益胃汤、玉竹麦门冬汤等。吴氏认为“温热本伤阴之病，下后邪解汗出，汗亦津液之化，阴液受伤，不待言矣，故云当复其阴。此阴指胃阴而言。盖十二经皆禀气于胃，胃阴复而气降得食，则十二经之阴皆可复矣。欲复其阴，非甘凉不可”。下焦温病，“热邪深入，或在少阴，或在厥阴，均以宜复脉”。故吴氏再三强调“本论始终以救阴精为主”。

同时，吴瑭对清热滥用苦寒药提出了尖锐的批评：“举世皆以苦能降火，寒能泻热，坦然用之而无疑，不知苦先入心，其化以燥，服之不应，愈化愈燥。……吾见温病而恣用苦寒，津液干涸不救者甚多，盖化气比本气更烈。”为此吴氏以甘苦合化阴气法，创立冬地三黄汤，以垂示后人。

[《上海中医药杂志》，1999；（5）]

《温病条辨》与《临证指南医案》方证源流探讨

何　斌

吴鞠通在《温病条辨·凡例》中谈到：“温病一证……惟叶天士持论平和，立法精细，然叶氏吴人，所治多南方证，又立论甚简，但有医案散见于杂证之中，人多忽之而不深究。”有鉴于此，吴鞠通仔细研读了叶天士的《临证指南医案》，大量录用叶天士治疗温病的理法方药，结合三焦辨证，创立了较为完整的温病三焦辨证学说。诚如吴氏所说：“惟叶氏心灵手巧，精思过人，案中治法，丝丝入扣，……然其法散在于案中，章程未定，浅学者读之，有望洋之叹，无怪乎后人之无阶而升也。故本论摭拾其大概，粗定规模，俾学者有路可寻，精妙甚多，不及备录，学者仍当参考名家，细绎叶案，而后可以深造。”认真研究《温病条辨》与《临证指南医案》的关系，对于我们习读前人医案，发展传统中医药理论大有裨益。

《温病条辨》卷一至卷三系统地把温病分为上、中、下三焦进行讨论，这三篇共有条文

246 条（包括补秋燥胜气论 8 条），其中有证有方的条文 219 条，除去重复的方剂，共有药方 210 个。这些条文和方剂，直接录自《临证指南医案》的条文有 97 条，方剂 101 个（详见附表），分别占有证有方条文总数的 44.3% 和方剂总数的 48%。在一本自成学术体系的书中，如此众多地录用前人的医案医方，在历代医书中实为少见，可以说，没有《临证指南医案》就没有《温病条辨》。

1. 采录一个医案，列为一条一方。在《温病条辨》中（以下简称《条辨》），吴鞠通采录《临证指南医案》（以下简称《医案》），最常见的是将一个医案叙述的症状作为《条辨》的一段条文，将所用药方自取一方名，录于条文之后，大多数条文和方药是照录不误，少数条文和方剂是以原医案为主，或增减一二症状或增减一二味药物。《条辨》上焦篇秋燥一节共 5 条 5 方，其中有 3 条 3 方采自《医案》；中焦篇湿温一节共 46 方，采录自《医案》的达 38 方。

2. 如果一个医案有几次复诊，吴氏或将各次复诊分别列作一条一方，或将几次复诊合为一条一方。

《医案・热入血室》第一案沈某，共有 3 次复诊，3 个方剂，吴氏将其分别列为下焦篇第 27 条、28 条和 29 条；《医案・暑》第 49 案杨某共 6 次复诊，吴氏将一诊的症状和方药列为中焦篇第 41 条第一方，取方名“三石汤”，将其余 5 次复诊的症状和方药综合，列为本条第二方，取方名“加减清宫汤”，又将二诊中提到的“紫雪丹”列为本条第三方。

3. 将两个医案合为一条一方，或将一个医案一分为二，列为两条两方。后人熟知的清营汤，首见于《条辨》上焦篇第 30 条。该条文和方剂是综合了《医案・暑》第 23 案的二诊和第 33 案，将两案的症状和方药合并而成。中焦篇第 70 条是将《医案・疸》第 7 案和第 8 案的症状综合为条文，而方取自第 7 案，取方名“二金汤”。对《医案・湿》第 37 案所记录的症状，吴氏将其一分为二，分别列为中焦篇第 49 条和下焦篇第 57 条，列入中焦篇的取方名“附子理中汤去甘草加厚朴广皮汤”，列入下焦篇的取方名“术附汤”。两方药物与原医案完全相同，只是剂量略有差异而已。

4. 取其症不用其方。对《医案》只取其所述之症状，而不用其方药，在《温病条辨》中少见，据笔者所查，只有一条。《温病条辨》上焦篇第 52 条之症状取自叶氏《医案・疟》第 55 案，而方剂则舍去原案桂枝白虎汤加杏仁，自用杏仁汤治之。

5. 在《温病条辨》中有两个同名的方剂，一个是宣痹汤，另一个是青蒿鳖甲汤。宣痹汤分别见于上焦篇第 46 条和中焦篇第 65 条，后世俗称上焦宣痹汤和中焦宣痹汤。此两方主治和方药组成完全不同，上焦宣痹汤录自《医案・呃》第一案，中焦宣痹汤录自《医案・温》第 50 案。青蒿鳖甲汤分别见于《条辨》中焦篇第 83 条和下焦篇第 12 条，两条所述之症状不完全相同，但病机基本相同，药物组成小有差异，中焦青蒿鳖甲汤录自《医案・疟》第 45 条，所录之症状和药物与原医案完全相同。下焦青蒿鳖甲汤录自《医案・温热》第 29 案，所录之症状与原医案相同，药物比原医案少淡竹叶。

吴鞠通熟读《医案》，从纷繁众多的医案中，收集整理出治疗温病的案例，条分缕析，再融入前人诊治温病的理论和方药，并结合自己的临床实践，著成《条辨》一书，在温病学中自成一体，丰富了温病学的内容，吴氏的这一方法，对于发展传统中医理论，颇值得深入研究。

为便于同道研讨，笔者将查阅的《温病条辨》与《医案》中相关联的内容附录于后，挂一漏万，望同道们补正。

（说明：1. 为便于检索，对出自《医案》的病案，只注明页码和某案；2. 有的方剂，并不首见于《医案》，但由于叶氏在医案中引用，而吴氏不仅录其方，也录其症，故应作为吴氏采录《医案》对待。）

［《中国中医基础医学杂志》，2001；（11）］

浅谈《温病条辨》辨治神昏的特色

李爱民

神昏是温病过程中的常见症状之一。根据感邪性质不同和病情的轻重，可有神昏谵语、神志昏蒙、昏愦不语、神志如狂等不同表现。关于神昏的病机及其治疗，历史上经历了一个很漫长的发展过程。吴鞠通的《温病条辨》从上、中、下三焦对神昏进行了详细的论述，使其理论更加系统和完善，并在此基础上开发创新，提出了很多独到、新颖的见解。笔者就从病机、治疗两个方面分别加以阐述。

一、关于神昏的病机

汉代张仲景认为神昏的病机是阳明腑实热结，主张用苦寒攻下的承气汤治疗。这之后很多年，这种观点一直占着主导地位。至清代叶天士首先提出“温邪上受，首先犯肺，逆传心包”，“至热邪逆传膻中，神昏目瞑，……其势危急”。从而突破了以往神昏病机的局限。吴鞠通在继承叶氏理论的基础上，将热病神昏的病机归纳为三个方面：分别列入上、中、下三焦，从而使其更加系统、完整。即“再热厥之中亦有三等：有邪在络居多，而阳明证少者，则从芳香……；有邪搏阳明，阳明太实，上冲心包，神迷肢厥，甚至通体皆厥，当从下法……；有日久邪杀阴亏而厥者，则从育阴潜阳法……”另外，吴氏还提出热入心包的体质因素。即心气、心血素虚之人感受温邪，易致内陷心包。如“汗出过多者，必神昏谵语”，“心液伤而心血虚……手太阴病不解，本有必传手厥阴心包之理，况又伤其气血乎！”

二、关于神昏的治疗

温病神昏的常用治法有清心开窍和豁痰开窍两种、临床可辨证应用三宝、菖蒲郁金汤等方剂。《温病条辨》关于神昏治疗方面的论述颇详，笔者仅就其较突出的三个方面略陈管见。

1. 辨证细致，燥屎熟闭需分清

吴氏认为温病实证，神昏有燥屎和内陷心包两个方面，治疗上分别应用承气汤和三宝，临证时必须辨别清楚，这与伤寒神昏仅限于燥屎内结不同。他提出两者的鉴别，一方面可通过脉诊，如“阳明温病，下利谵语，阳明腑实，或脉滑疾者，小承气汤主之；脉不实者，牛黄丸主之，紫雪丹亦主之”；另一方面，在神昏病机尚未明确的情况下，先用芳香化浊之品开其窍，然后再根据服药后的症状辨证求之。如“阳明温病，无汗，小便不利，谵语者，先与牛黄丸；不大便再与调胃承气汤。”吴氏指出：“邪在心包、阳明两处，不先开心包，徒攻阳明，下后仍然昏惑谵语，亦将如之何哉？吾知其必不救矣。”由此可见，对于神昏，吴氏仍偏重于先从清热芳香利窍论治。

2. 下之不通，正邪少阴各两治

吴鞠通在仲景原有承气汤的基础上，又创立了五种承气汤，用于“下之不通”的五种证候。其中新加黄龙汤用于“正虚不能运药”之“下之不通”。患者燥结腑实，应下失下，而致气液两虚，临床上可见撮空摸床、肢体震颤等神志障碍，治疗上以攻下腑实、补益气阴为原则，正邪兼顾，以使气血调畅，胃气宣通，则药得以运化，攻下邪实之品方可奏效。牛黄承气汤则用于有下证，却下而不通，舌短神昏，闭之甚者，为防止“闭脱之虞”，“以牛黄丸开手少阴之闭，以承气急泻阳明，救足少阴之消”，两少阴合治而达到开窍防脱之目的。对于危重复杂的病情，吴氏多依据脏腑、表里、正邪关系，采用双管齐下的治法，这也是他治疗上的一大特色。

3. 辨治神昏，顾护阴津不可少

吴氏治疗温病主张始终以顾护阴津为主，“存得一分阴液，便有一分生机”。在辨治神昏方面，他认为，心阴虚的患者易发生热闭心包；在温病后期，虚多邪少，阴液耗伤严重，也易出现神志障碍，甚则闭脱之危象；另外，对于热闭心包之神昏，经过芳香化浊利窍之后，一来热病易伤阴，二来芳香之品多温燥走窜亦易伤阴，用药后阴液亏耗较重，此时又须顾护其阴，即“在上焦以清邪为主，清邪之后，必继以存阴”。所以，在温病治疗过程中，一方面不可发汗，也不可妄攻，以免重伤津液；另一方面，在阴液将耗或已伤的情况下，急急救阴或补阴。他所创制的加减复脉汤，三甲复脉汤，大、小定风珠至今仍广泛应用于临床。

[《中医函授通讯》，1998；(6)]

《温病条辨》下焦真阴欲竭证探析

王勇飞

清代温病学家吴鞠通在《温病条辨》下焦篇中较为详细地论述了下焦温病的证候及治疗。真阴欲竭证即是对下焦肝肾真阴耗竭为主要病机的一系列证候的概念与总结，今就其机理及证治探析如下。

一、温病顺传下焦，并非真阴欲竭证的唯一成因

吴鞠通在辨治温病中立三焦辨证，以上中下三焦来反映温病的病理发展过程。真阴欲竭证作为其下焦篇之主证，从中焦病变发展而来实为常见。吴氏在《温病条辨》中焦篇第一条自注指出：“温病由口鼻而入，鼻气通于肺，口气通于胃。肺病逆传则为心包，上焦病不治，则传中焦，胃与脾也，中焦病不治，即传下焦，肝与肾也。始上焦，终下焦。”明确了温病一般传变为上中下焦依次顺传。其在下焦篇第一条自注又指出：“温邪久羁中焦，阳明阳土，未有不克少阴癸水者，或已下而阴伤，或未下而阴竭。”指出了真阴欲竭证常见的成因。然其证并非都来于中焦。肾阴为人体阴液之根本，失治、误治、汗吐下过度，皆可伤津助热，耗损肾阴，使病情急变，而直入下焦，吴氏在下焦篇第二条指出：“温病误表，津液被劫，心中震震，舌强神昏，宜复脉法复其津液。”第五条指出：“温病已汗而不得汗，已下而热不退，六七日以外，脉尚躁者，重与复脉汤。”第六条指出：“温病误用升散，脉结代，甚则脉两至者，重与复脉……”可见，失治误治而使病变直入下焦者临床并非少见。

另外，素体阴虚、他脏病久及肾、劳累过度等皆可致肾阴先伤，如复感温邪，则易致肾阴耗竭而病入下焦。叶天士在《温热论》中指出：“或其人肾水素亏，虽未及下焦，先自彷徨矣。”吴氏在下焦篇第四条指出：“劳倦内伤，复感温病，六七日以外不解者，宜复脉法。”故在真阴欲竭证的成因中失治误治，先天禀赋、体质因素等亦不能忽视。

二、以阴伤为主，阴伤、邪热、血瘀为真阴欲竭证之基本病理

近来，许多实验表明：阴伤、邪热、血瘀贯穿于温病卫气营血发展的全过程。温病进入下焦，其阴伤、邪热、血瘀的基本病理仍然存在，只是随着病情的发展，三者的各自内容、地位、及相互关系发生了变化。下焦温病其病位主要在肝肾，真阴欲竭证亦不例外。所指阴伤，主要为肝肾真阴的耗竭。但是，同时亦不能忽视邪热、血瘀这两个病理因素。邪热作为病理因素，在温病初中期表现明显，病入下焦，邪热虽退，但仍需警惕余邪的留伏，不能认为下焦纯为阴伤。吴氏在下焦篇中谈到了“邪热少而虚热多”，但他亦处处注意余邪，如第五条自注：“脉尚躁盛，邪固不为药衰，正气亦尚能与邪气分争，故须重与复脉，扶正以敌邪……”；十一条自注：“阴既亏而实邪正盛”；十二条自注：“邪气深伏阴分”。另外，下焦肝肾真阴耗伤，阴伤而阳浮，阴不敛阳，则虚热内生，故还需注意邪热与虚热的区别。因温病邪热炽盛，炼熬血液，血凝为瘀；营血分时多有渗血、脉道出血，离经之血难以速去；温病后期，脏腑功能低下，行血不利等，都可致瘀血的形成。故真阴欲竭证中仍存在着一定程度的血瘀。阴伤、邪热、血瘀在真阴欲竭证中又密切相关。阴伤而脉道受损，血液凝滞，血行不利，易致血瘀；瘀血内留，阻碍阴液的生成；阴伤而助热；热可伤阴，又可与瘀血互结。

三、以肝肾真阴不足见证为主，虚中夹实，虚多实少为真阴欲竭证特有的临床表现

由于真阴欲竭证是以全身阴液的不足，尤其肝肾真阴的耗竭为其主要病理，故临床除阴液耗损可见到阴虚阴不制阳的虚热见证，身热面赤、手足心热甚于手足背热、脉虚大；阴伤脏器失却濡养的干燥见证：口干舌燥、齿黑唇裂（下焦篇第一条）、肌肤甲错（十九条）；真阴竭真阳外脱见证：脉气虚弱、舌绛苔少、时时欲脱（十六条）；真阴竭脏气大衰见证：脉结代、甚则脉两至等症外，又可见足少阴肾阴竭证——肾阴伤少阴之液不能上承之见证：耳聋（下焦篇第三条）、口燥咽干、神倦欲眠、舌赤苔老（下焦篇第七条）；肾阴不能上济于心，心阴虚心体大伤见证：脉细促、心中憺憺大动、心中痛（十四条）；心肾阴伤心阳亢盛见证：心中震震、舌强神昏；心肾阴伤阳无依附：汗自出、中无所主（第二条）。足厥阴肝阴竭证——肝阴竭，筋失所养及肝风内动见证：手指但觉蠕动、痉、厥（十三条）、瘛疭（十六条）、哕、脉细而劲（十五条）等。这些症状当然都为虚证，然由于邪热的留伏，故证候中亦会夹有一些实证的表现如：心中烦、不得卧（十一条）、夜热早凉、热退无汗（十二条）等。亦会有上中二焦实邪未退的情况存在，如吴氏谈到“痉厥神昏、舌短、烦躁”（十八条）有手厥阴与足厥阴之分。这些也不能忽视。

四、滋肾养阴治其本，随证施治治其变为真阴欲竭证的基本治法

吴鞠通曰：“本论始终以救阴津为主。”下焦真阴欲竭，当以填补肝肾之阴为要。吴氏以甘润存津为法，用复脉汤及复脉类方用来治疗真阴欲竭证亦体现了这一目的。同时，从吴氏加减复脉汤药物的选择来看，方中甘草性味甘平，《本经·别录》云：“通经脉，利血气”；地黄性味甘苦凉，《本经》云：“逐血痹”，《药性论》云：“补虚损……通血脉”；白芍性味苦酸凉，《本经》云：“除血痹，破坚积”；火麻仁性味甘平，《别录》云：“破积血，复血脉”；麦冬性味甘微苦寒。其选用药物既能滋阴又具一定程度的清热、化瘀作用。吴氏亦说地黄“去积聚而补阴”，白芍“去恶血生新血”，可见吴氏在滋阴同时虽未谈及清热、化瘀，然其拟方用药中已寓有此意。同时现代研究也表明了养阴之品可增液滋阴，消除病损，保护组织，补充血液，消除黏滞，有些药物并有活血化瘀作用，另外养阴药能减轻发热程度，缩短发热时间，如吴氏所云“养阴之品为退热之用”。

然此方用于邪少虚多之证，余邪明显或有欲脱之象者，就非其所宜，需加减化裁或易其方。吴氏治“真阴欲竭，壮火复炽”所致“心中烦，不得卧”之证，另立黄连阿胶汤，以阿胶、白芍、鸡子黄壮阴，交通心肾，以黄连、黄芩苦寒加强清邪热之力。若邪伏阴分而有“夜热早凉、热退无汗”见证，吴氏曰“不能纯用养阴，又非壮火，更不得任用苦燥”（十二条自注），另立青蒿鳖甲汤，生地益阴血之本，合知母、丹皮清阴分之热，鳖甲滋阴潜阳、入络搜邪，青蒿领邪外出，共奏养阴透热之功。如心肾阴血不足，心阳欲脱“汗自出，中无所主”，另立救逆汤，以复脉汤去麻仁之润滑，加龙牡之收摄。如下后亡阴见“大便溏”，宜先用一甲煎咸寒收涩，后用一甲复脉汤（复脉汤减麻仁之滑肠，加牡蛎以涩制）存阴。如肝肾阴竭，肝阳上亢，出现“手指但觉蠕动”之证，吴氏另立二甲复脉汤，以复脉汤加牡蛎、鳖甲加强育阴潜阳之力以防肝风内动出现“痉、厥”，加累及阴维见“心中痛”之症可再加龟版（三甲复脉汤）以镇肾气补任通阴维而止心痛。如出现动风先兆“哕、脉细而劲”，另立小定风珠方补肝阴，镇摄冲脉。如真阴耗竭欲脱见“神倦瘛疭，脉气虚弱，舌绛苔少，时时欲脱”，又立大定风珠方，大队浓浊填阴塞隙，介类潜阳镇定。总之真阴欲竭证的治疗，临床必须认识诸证偏胜禁忌，随证而变法，如吴氏所说：“壮火尚盛者，不得用定风珠、复脉。邪少虚多者，不得用黄连阿胶汤。阴虚欲痉者，不得用青蒿鳖甲汤。”（十七条）

[《浙江中医杂志》，1998；（3）]

《温病条辨》“温病死证五大纲”探析

王　英　盛增秀

温病和瘟疫往往发病急骤，发展迅速，变证百出，险象丛生，因此及时明确诊断，特别是对凶险证候及其病机有清醒的认识，把握和判断其转归和预后，临床至关重要。清代医家吴鞠通在所著的《温病条辨》中，明确提出了“温病死证五大纲”，重温这段文献，对今天诊治感染性疾病，特别是包括传染性非典型肺炎、人禽流感等急性传染病，仍有着重要的借鉴作用，兹探析如下。

《温病条辨·上焦篇》第11条吴氏自注曰：“按温病死状百端，大纲不越五条，在上焦有二：一曰肺之化源绝者死；二曰心神内闭，内闭外脱者死。在中焦亦有二：一曰阳明太实，土克水者死；二曰脾郁发黄，黄极则诸窍为闭，秽浊塞窍者死。在下焦，则无非热邪深入，消铄津液，涸尽而死也。”此“温病死证五大纲”，是吴氏得自临床的卓越见解，是对温病危重病证预后的高度概括，在温病诊断和急救上均有重要意义。

盖上焦为心肺所居。肺主气，司呼吸，主肃降，为水之上源，治节一身。一般说来，温邪犯肺，出现肺卫症状，多在温病的早期阶段，病情较为轻浅，但肺脏病变，亦有极危重者，如风温病证，若痰热壅盛上焦，肺窍阻塞，以致宣发和肃降功能俱衰，可出现呼吸窘迫，鼻翼扇动，口唇青紫等危候，如不及时救治，预后相当恶劣；又如暑热上受，肺金受灼，甚者津气俱耗，水之上源枯竭，可出现口干舌燥，汗出不止，少气不足以息，或呼吸节律不规则，甚则呼吸暂停，面色灰白，精神萎靡，神识昏迷，脉象散大等濒危之证，此等即吴氏所说的“肺之化源绝”，“乃温病第一死法也”。联系现代临床，诸如大叶性肺炎、流行性乙型脑炎以及前几年暴发和流行的传染性非典型肺炎等，病情危重者，均可出现呼吸衰竭，这与上述“肺之化源绝”，颇相吻合。再者，上焦温病，有邪陷心包，心神内闭者，其证神昏谵语，或昏愦不语，已属极重极险之候，若病势继续发展，出现四肢厥逆，冷汗淋漓，脉微欲绝，乃阳气散亡，即吴氏所说的“内闭外脱”之死证，近似现代医学所称的“心功能衰竭”或“循环衰竭”。

中焦为脾胃所居。温病传变至中焦阶段，常见胃腑实热或湿热困脾等证。若阳明燥热太盛，既耗胃津，又夺肾液，甚则导致胃津肾液消亡殆尽，出现身热面赤，腹满便秘，咽燥唇裂，神昏肢厥，舌苔焦黑，舌质干瘪，脉象沉实或沉涩等险恶症状，若处理不当，可危及生命，故吴氏称“阳明太实，土克水者死”。此等证，按现代医学分析，多为严重水盐代谢和电解质紊乱，病情多属危重。至于“脾郁发黄，黄极则诸窍内闭，秽浊塞窍”，乃黄疸病中的极重之证。《巢氏病源》尝云：“脾胃有热，谷气郁蒸，因为热毒所加，故卒然发黄，心满气急，命在顷刻”，即是此类病证，古谓之“急黄”是也。患者大多发病急骤，变化迅速，症见高热烦躁，全身深黄，二便俱闭，腹满气急，恶心呕吐，甚则昏迷谵妄，或吐衄便血，预后十分恶劣，现代医学重症肝炎中的急性肝坏死或亚急性肝坏死，每见这些证候；又重度黄疸型肝炎，若误治失治，亦可发展为“黄极则诸窍内闭，秽浊塞窍”的病理变化，值得高度重视。

下焦系肝、肾之领地。温邪深入下焦，肾液被灼，甚则真阴枯涸，元气衰败，症见精神萎靡，或神识迷糊，循衣摸床，撮空理线，肌肤干燥，身形羸瘦，咽干口燥，舌质干枯而绛，脉象沉细而数，多为温病之晚期阶段，呈现全身衰竭状态，此即吴氏所称：“在下焦，则无非热邪深入，消铄津液，涸尽而死”的证候。联系现代临床，如流行性出血热少尿期肾功能衰竭和艾滋病晚期等，可出现上述病理征象。

成书于二百多年前的《温病条辨》，能归纳和总结出如此精辟的“温病死证五大纲”的确难能可贵，令人叹为观止。当然，从今天的医疗条件来看，吴氏所说的“五大死证”，未必皆属不治，经过积极抢救，大多患者是可以化险为夷、转危为安的。即就中医本身来说，现代对外感热病急症和危重症的诊治，已积累了不少新成果、新经验，如救治呼吸和循环衰竭，参麦注射液、参附注射液等新产品、新剂型的应用，确能明显提高临床疗效。本院已故全国著名中医学家潘澄濂研究员在治疗乙型脑炎呼吸衰竭时，曾倡用六神丸之宣闭，辅以生脉散之益气敛阴，确能使一些垂危患者转危为安。对“心神内闭”之危重病证，近年采用醒脑静、清开灵注射液，较传统的“三宝”（安宫牛黄丸、至宝丹、紫雪丹）有使用方便，见效快，疗效高等优点。对“脾郁发黄，黄极则诸窍为闭，秽浊塞窍”的危重病证，近年在治疗重症肝炎特别是重度黄疸肝炎中，根据关幼波教授“治黄需活血，血行黄易却”的经验，重用活血化瘀药物如大黄、赤芍等，疗效有明显改观。如简光富介绍用赤黄汤剂（赤芍60g，大黄、金钱草各30g，茵陈15g，川朴、枳壳各12g，当归、甘草各9g）治疗重度黄疸型肝炎 61 例，结果治愈 58 例，占 95.1%；显效 2 例，占 3.3%；无效 1 例，占

1.6%，总有效率为98.4%。又有报道用赤栀黄煎剂（赤芍90g，栀子30g，大黄9g）、化瘀解毒汤（赤芍30～60g，泽兰15g，大黄10～30g，郁金12g，板蓝根30g，车前子15g）等方治疗重度黄疸型肝炎，均收到满意效果。至于吴氏所说的“在下焦，则无非热邪深入，消耗津液，涸尽而死”，联系现代临床，如流行性出血热少尿期肾功能衰竭，中医认为多系热毒深入下焦，消铄肾液，真阴枯涸，肾元无以化气生津，尿源竭绝使然，故不少医家主张早用、重用益气养阴滋肾法，挽救了不少危重病人。如宋鸿元以生地、鲜芦根各30g，知母、黄柏、麦冬各10g，丹参、丹皮各12g，玄参15g为基本方，配服清热解毒散，治疗流行性出血热少尿期104例，结果治愈99例，死亡5例，死亡率为4.2%，较以前单用西药治疗死亡率（20%）有明显下降。更值得指出的是，现代采用中西医结合的方法治疗急症和危重病症，取中西医两者之长，优势互补，疗效相得益彰，使不少本属吴氏所说的“温病死证五大纲”范围的病人，得以挽狂澜于既倒，获得新生。由此可见，随着现代医疗条件的改善和技术水平的提高，吴氏当时认为的“死证”，有的也就理所当然地变为“活证”了。因此，对于吴氏上述观点，既要充分肯定其重要学术价值和实践意义，又要联系现代临床实际，辨证地、灵活地去看待，这才是正确的解读。

最后需要说明的是，吴氏提出的“温病死证五大纲”，即使在今天，仍是属于危重病症的范畴，临床治疗颇为棘手，预后不容乐观，因此如何进一步提高临床疗效，降低病死率，这是摆在广大中西医务人员面前的迫切任务，吴氏上述论点的现实意义即在于此，未可低估。

［《中医药学刊》，2006；（5）］

《温病条辨》神昏的探讨

伍定邦

神昏指昏迷、谵妄、昏蒙等神志异常的表现，是温病常见的急危重症之一。清代温病学家吴鞠通的《温病条辨》（以下简称《条辨》）中，关于神昏的论述甚详，至今不失为辨治的规范，对指导临床有一定的价值，兹略要探讨如下。

一、论述成因，主次分明

神昏是如何产生的?《条辨》上焦篇第16条清宫汤方论中说：“火能令人昏，水能令人清，神昏谵语，水不足而火有余，又有秽浊也。”上焦篇第53条又说：“热多神狂，谵语烦渴。”明确指出温病神昏的成因主要是火，也与秽浊和水不足有关。

火即火邪，亦称温邪。温病任何时候出现神昏都离不开温邪，正如叶天士所说：“吸入温邪，鼻通肺络，逆传心包络中，震动君主，神明欲迷。”温邪具升散之性，易内陷而犯营血，或与痰浊内阻心窍，扰乱心神，导致神昏。

“秽浊”在《条辨》中有两种含义，上焦篇第18条自注中说：“温毒者，秽浊也。”此处秽浊实指热毒，与火邪相似。另外，在紫雪丹方论中说：“诸香化秽浊”，此处秽浊则是指湿浊。湿浊与热相合致神昏，书中有多处论述。如“湿温邪入心包，神昏肢逆”，“湿温邪入未清，里虚内陷，神识如蒙”，“吸收秽浊，三焦分布，……神识昏迷”，“湿温久羁，三焦弥漫，神昏窍阻”等，即是。

“水不足”即指阴虚，主要是心、肝、肾之阴虚。上焦篇第17条自注说：‘旧久邪杀阴亏而厥者，从育阴潜阳法”，又说：“温热之厥，手厥阴也”，这里的昏厥是由邪热伤阴所致。神昏不仅由阴虚引起，《条辨》亦介绍了心气或元气虚致神昏的情况。如下焦篇第2条谈到温病误表，使心气、心液伤而神昏；下焦篇第39条论及元气伤也可致神昏等。此外，下焦篇第21条、第30条所言蓄血证，也有神志忽乱，为瘀热互结所致。

二、阐发病机，扼要简明

心藏神，主神明思维，而心包为心之宫城，能代心受邪。吴氏介绍神昏，全书有30多处，病位无一例外地涉及到手厥阴心包。由于病邪的性质不同，侵犯的途径有异。邪犯心包有邪热直接传入（内陷），有阳明腑实，有湿热郁蒸，有瘀热互结，有浊热间接影响心包等。吴氏论述直接侵犯心包者，多用“热邪内陷”、“内闭”（包括逆传）。如上焦篇第16条自注说：“手经逆传，世罕知之，手太阳病不解，本有必传手厥心包”，上焦篇第21条：“温毒内陷心包”，上焦篇第31条：手厥阴暑温，“清神不了了”、“时时谵语”，要“谨防内闭”，中焦篇第41条：暑温邪气久留“神识不清”，是“热闭内窍”。直接侵犯心包者，主要是邪热或痰热阻塞心窍，神志失常，往往神昏重，预后较差。间接侵袭心包，吴氏常用“上冲”、“上逆”、“内蒙”、“上扰”等字眼。如上焦篇第17条自注说：“邪搏阳明，阳明太实，上冲心包，神迷肢厥”，上焦篇第43条自注说：“湿随辛温发表之药，蒸腾上逆，内蒙心窍则神昏”，下焦篇第7条自注说：“少阴之液无以上供”，故“神昏欲眠”。少阴之液不足，则心火亢，亦会扰乱心神。另外，蓄血证出现神昏，吴氏虽未言明其理，依证方测之，属瘀热循冲任上扰心包所致。间接侵犯心包实为燥结、湿热、瘀热、虚损影响或干扰了心包主神明的功能，一般神昏的时间短暂，或较轻，预后较好。

三、辨证施治，先标后本

吴氏治疗温病神昏，首先是开窍，以治其标，多用安宫牛黄丸、紫雪丹、至宝丹，三者常称“三宝”。它们都有清心凉营、化浊解毒、透络开窍的作用。无论何种成因所致的神昏，都可选择使用。其中使用频率最高的是牛黄丸，其次是紫雪丹。牛黄丸总共用了11次（一般方剂才用1~2次），紫雪丹也用了9次，大概是治温病，“安宫牛黄丸最凉，紫雪次之，至宝又次之”的缘故。

开窍以后吴氏多根据具体成因，对证治本。如有心包热盛用清宫汤，“清膻中之热”；如营血分有热用清营汤“清营分之热而保津液”；如谵语因结粪而然，用小承气或调胃承气，轻泄阳明之实，使腑气通，津液存，浊热下泄，神明自然清宁；神昏“不大便七、八日以外”，又有“胸腹满坚，甚则拒按”，阳明腑实明显，用大承气汤泄热通腑，热泄则闭开；邪热内陷心包，又有腑实上扰，则用牛黄承气汤清心开窍，攻下腑实；如神昏由湿热所致，吴氏依病势采用辛通苦降，或淡渗利尿，或清化湿浊。里虚湿热内陷，用人参泻心汤加白芍，以辛通之干姜、枳实化湿，以苦降之黄连泄热；下焦湿热，上蒙心包，先用牛黄丸宣窍清热而护神明，再服茯苓皮汤淡渗分消湿浊；湿郁肠道，传导失常，用宣清导浊汤，使郁结之湿邪从大便而去。如瘀热互结，吴氏认为应以“逐血分瘀热为急务”，视其闭结的程度和瘀热之轻重，或用桃仁承气汤，或用抵当汤，或用加减桃仁承气汤。如阴津被劫，心失所养的神昏，往往补益肝肾，用复脉汤加减。兼心火偏旺者，用连梅汤；兼元气受伤，用三才汤，以补阴津为主，佐补元气。

综上所述，《温病条辨》中关于神昏的论述，条分缕析，系统全面，如能掌握，自可事半功倍。

［《湖北中医学院学报》，1999；（1）］

《温病条辨》对神志异常证治纂要

马晓北

吴瑭在《温病条辨》一书中丰富和发展了《伤寒论》有关神昏证治的理论，并创立了许多传世名方。系统地整理吴瑭关于神志异常的辨证论治，将为在临床中正确地处理许多感染性疾病过程中出现的危重证候以及鉴别病势之轻重及预后转归都有所裨益。笔者对《温病条辨》中神志异常的辨证施治整理介绍如下：

一、《温病条辨》中烦躁的证治

1. 热扰胸膈，当辨轻重　温病无形之热留扰胸膈，治以栀子豉汤快膈中之热（上焦篇13条），下后虚烦不眠之证亦用之（中焦篇18条）。若见心烦不安更甚，并见痰涎壅盛之象者，则用瓜蒂散急涌吐之，恐邪入心包宫而成痰厥也。两方均源于《伤寒论》，吴氏之瓜蒂散较仲景多一味山栀子。

2. 邪热扰心，当辨兼夹　邪热入于气分，里热炽盛，又因胃络通于心，故出现烦躁之症。治以辛凉重剂白虎汤，辛寒以清肺气，甘寒以滋水源（中焦篇20条），仲景用治阳明经热之烦。若是大便不通，而又小便赤痛之气分热盛兼以燥结于中，邪无出路者，可用导赤承气汤大小肠同治（中焦篇17条）；发黄而见心烦懊侬，并见无汗、小便不利者，可用栀子柏皮汤清解里热，使郁从小便去。若妇女正值经来，而里热炽盛者，则热入血室，邪热扰心而见烦躁，用竹叶玉女煎之辛凉合甘寒微苦法（下焦篇27条）。仲景则是先以小柴胡汤和解表里以治热入血室之烦躁症。

3. 湿热合邪，治以宣化　湿与热合，湿聚热蒸，上扰心神，而见烦躁之症，杏仁滑石汤治之（中焦篇42条），因“湿热交加，非偏寒偏热可治，故以杏仁、滑石、通草先宣肺气，由肺而达膀胱以利湿”，即气化湿亦化之意。

4. 热伤阴分，治以苦甘咸寒法　下焦温病阴虚邪盛，而烦杂无奈不得卧者，治以黄连阿胶汤攻邪为主，养阴为辅（下焦11条）。仲景用此方治疗少阴热化证。吴注谓：“外泻壮火而内坚真阴…内护真阴而外捍亢阳。”若是疟伤胃阴而烦躁者，则用麦冬麻仁汤，酸甘合化阴气，以复胃阴，胃阴复则烦热自除。

二、《温病条辨》中神昏谵语的证治

《温病条辨》不但继承了《伤寒论》相关理论及证治。而且创立了适合温病病因病机与传变规律的一系列治法。

1. 邪伏于肺逆犯心包，治宜辛凉兼芳香法　肺中伏热不解，逆犯心包，心主神明，神明被扰，症见高热，神志昏迷，谵语，烦渴，舌赤苔黄，脉弱而数。如上焦篇53条见昏狂谵语者用加减银翘散主之，此条昭示凡温病辨证属肺热不解，初犯心包者，都可用加减银翘散清肺之热，领邪出卫。不必拘于条文，即“谨守病机，各司其属”（《素问·至真要大论》

之意也。正如《蒲辅周医案》中所云："表邪郁闭，卫气不通，肺气不张，以致神昏，并非病邪已犯心营"，近人吴氏等用辛凉解表、通络宣窍法治愈一例高热神昏的患者。

2. 邪闭心包，应分轻重辨兼夹　《温病条辨》认为，"火能令人昏，水能令人清，神昏谵语，水不足而火有余，又有秽浊也。"对于此类神昏治宜清宫汤之咸寒甘苦法（上焦篇16条）。然而病势有轻重缓急之分，若神昏谵语较重者可直接予安宫牛黄丸、紫雪丹、至宝丹。三者均芳香醒神开窍，其中安宫最为寒凉，紫雪尤可通利二便，至宝苦寒清热力最弱，然其逐秽化痰之力雄。不论上焦温病中出现神昏，还是在中焦阳明温病、斑疹温痘、温疮、温毒、发黄之见神昏谵语者都可用之（上焦篇31条、53条；中焦篇36条）。若是温毒之邪入心包之危重症候，先予安宫牛黄丸、紫雪丹醒神开窍，继以清宫汤清心包之邪热（上焦篇21条）；暑温蔓延三焦见神识不清，先用紫雪再与清宫，取紫雪之通利二便导热与湿下行之功。邪热内闭心包，最易兼夹他邪，故吴瑭在上焦篇16条清宫汤方后注中明示热痰盛加竹沥、梨汁各5匙；咯痰不清，加栝蒌皮1钱5分热毒盛加金汁、人中黄；渐欲神昏，加银花3钱，荷叶2钱，石菖蒲1钱。

3. 邪入营血，治以清营凉血开窍　由于温病气分证不解，内传入营，营分与心相通，热入心营，心神被扰而致神昏。此时之神昏谵语与逆传心包之神昏谵语有别。后者为时时谵语，且与精神不了了、舌謇肢厥互见。而前者则为时清时昧，时有谵语，并见"脉虚夜寐不安，烦渴舌赤，目常开不闭，或喜闭不开"（上焦篇30条）等证。方选清营汤。近人刘氏等用清营汤化裁治一神昏患者，疗效显著。

4. 热结胃肠，宜辨兼夹　《温病条辨》中论及热结胃肠所致神昏共有7条。因热传胃腑，胃脉通心，最易引起谵语神昏。张仲景以三承气汤治阳明腑实之谵语，吴瑭更扩其治，立有多种加减承气法，用治热结胃肠之昏谵。并在具体治疗中，详分轻重，步步为营，形成了完整的证治体系。

其一，单纯热结，治以通腑泻热　燥屎阻滞肠腑，腑热扰心而致神昏。中焦篇第4条、第6条之用小承气汤、大承气汤荡涤腑结，行气宽肠。腑通热泻，昏迷自愈。另外，小承气汤亦可用治阳明无形热结所致之下利谵语者（中焦篇9条），并因热邪易化燥伤阴，减轻枳、朴的用量，体现了温病时时顾护阴液的思想。近人阎氏用此法治愈一例神昏患者。

其二，热与痰结，治以苦辛寒法　中焦篇第十条为邪入中焦，上及心肺，下及肝肾，三焦并病的情况，虽未明言可见神昏，但据其病机转化可以推断会出现此证。即所谓"无者求之"（《素问·至真要大论》）。此时，可用小承气合小陷胸汤清肃上焦之痰与热，清泻中焦之邪热，以保全身之津液。

其三，热结窍闭，间者并行，甚者独行　阳明热结，耗伤心阴，夹秽阻塞心窍，可先与安宫牛黄丸，再与调胃承气汤（中焦篇5条）。若邪闭心包与阳明腑实兼作并重者则用牛黄承气汤，即安宫牛黄丸2丸化开调生大黄末3钱。

5. 蓄血下焦，治以苦辛攻逐法　热入血室，而见心烦热、神气忽清忽乱者，加减桃仁承气汤治之（下焦篇30条。）热邪内陷血室，方用犀角地黄汤加丹参、木通等清热凉血散血；血结于胸，方用桃仁红花汤加海蛤等活血通瘀；气血两燔者，方用玉女煎清气凉营。

6. 湿热蒙蔽，治宜苦辛清化　湿与热合，亦令神昏，仲景对此未及论之。吴瑭据湿浊轻重、湿邪停留部位、寒热性质之异提出了一系列行之有效的治疗方药。这是吴鞠通在《伤寒论》神昏证治上最为突出的贡献。

其一，湿温之在上焦，当分气与营分　上焦为心肺所居，湿热壅塞于胸脘，亦可蒙蔽心包，出现神昏谵语等证。此与热入心营邪热扰心或热闭心包之证，虽俱是神志异常之象，其病位有气分营分之别，病机有湿热郁滞与火热内盛之异，二者之治不容混淆。若湿温初起误以辛温发汗，使“湿随辛温发表之药蒸腾上逆，内蒙心窍则神昏，上蒙清窍则耳聋目瞑不言”（上焦篇43条）。此病在气分，故施以宣气化湿之三仁汤。若湿温初起，误用辛温发汗使得“湿热相搏，循经入络”而“湿温邪入心包，神昏肢逆”，此乃病在营分，治以清宫汤去苦寒伤脾之莲心、甘柔助湿之麦冬，加金银花、赤小豆皮加强清热透邪之功，煎服至宝丹或紫雪丹（上焦篇43条）。三宝中不用安宫，是因其太过寒凉，郁遏脾阳，不利于化湿，非湿温证治所宜。

其二，湿在中焦，当辨寒与热　“湿之入中焦，有寒湿，有热湿”（中焦篇43条）。其足太阴寒湿所致之神昏不语，是因“湿困中焦，则中气虚寒，中焦虚寒，则阳光不治，主正阳者心也，心藏神，故神昏”（中焦篇46条）。其症状还伴见舌体转动不灵，语声迟重，舌苔白滑。治疗时宗“开沟渠，运中阳，崇刚土，作堤防之治”之大法，用四苓加木瓜厚朴草果汤治之（中焦篇46条）。另有卒中寒湿，内夹秽浊而致之干霍乱，出现严重的眩晕和昏昧不清，治以蜀椒救中汤及九痛丸，若再进一步出现胡言乱语、神志障碍者，先用至宝丹芳香开窍为急，再服汤剂（中焦篇53条）。其因上焦湿热不治而陷入中焦脾胃，湿热郁蒸，蒙蔽心包而见神识如蒙者，治以人参泻心汤开痞结，清湿热，健脾胃（中焦篇90条）。若属湿热弥漫三焦，蒙蔽心包，临床表现为神识呆钝，时昏时昧，舌或白或黄而滑腻，脉濡缓或濡数，在治疗上，除用安宫开窍，茯苓皮汤利湿以外，紫雪、至宝都可用之（中焦篇56条）。

其三，湿郁下焦，治以宣清导浊　湿温后期，湿邪无出路，以致影响全身而出现神志昏迷，大便不通的下焦湿温急重危证，故当清热利湿，使热与湿分，热不附湿则势孤易清，湿无热助则难蒙心包，方用宣清导浊汤（下焦篇55条）。

7. 肝肾阴伤，当求病因　下焦暑温，治以养阴祛邪　暑为火邪，心属火脏，同气相求，故暑邪深入少阴，心热烦躁神迷甚者，先与紫雪，再与连梅汤补阴扶正以祛邪（下焦篇36条）。若暑邪耗气而见脉虚大而芤者，加人参益气。若临床表现以气阴两伤为主而见“寝不安，食不甘，神识不清”，方用三才汤两复阴阳。近人王氏用连梅汤加减治愈一神昏因暑邪犯心者。

《温病条辨》时时告诫要“谨防内闭”，而以“芳香开窍，苦寒清热为急。”善治者见微知著，制病于先，若必待其深度昏迷而后施治，则失之晚矣。《温病条辨》大大丰富和发展了神昏证治理论，创清心开窍、清营透热、除湿通窍、养阴复脉等法。皆依据温病之病因、病机、传变途径而设。但在具体运用时又有清心开窍与辛凉解表配合使用，或先用清心开窍，继用淡渗利湿，或清心开窍与通腑泻热并用等灵活应用之法，其用意在于因势利导，消除邪气之干扰，则神明自清矣。

吴瑭遵《内经》，宗仲景，师叶桂而汇众长，创《温病条辨》中对神志异常的系列证治，有法有方，行之有效，实乃留给后人之珍贵遗产。因此，探求其辨治规律，运用于临床辨治，有着重要的理论与实践意义。

［《中医药学刊》，2001；（4）］

《伤寒论》与《温病条辨》神昏治法探讨

张国霞

神昏是以不省人事，神志昏迷为特征的常见内科急症，中医历代所述之“昏迷”、“昏蒙”、“昏厥”、“谵昏”等，均属神昏范畴。无论外感病或内伤疾病，皆可致清窍闭塞，神明失守，发为神昏。而外感热病之神昏尤为常见。张仲景的《伤寒论》创立了神昏证治理论，吴鞠通之《温病条辨》在继承《伤寒论》神昏证治理论基础上，又从温病学角度赋予新义，并使之更加完善。本文试探讨《伤寒论》与《温病条辨》神昏之治法，不当之处，敬请指正。

一、仲景之治，重在泻热回阳

《伤寒论》作为第一部理法方药比较完备的临床著作，开创了外感热病辨证论治的先河，其中有关神昏治法亦足资后世绳墨，如清泻阳明等法，至今仍广泛应用于临床。综观《伤寒论》神昏证治条文，归纳起来，治法有三：

1. 清泻阳明　本法用于阳明腑实与阳明经证。阳明腑实多由太阳病失治、误治，寒邪化热，内传阳明，与胃肠糟粕搏结而成。腑气不通，浊热上扰神明，故令神昏。《伤寒论》中没有明确提出神昏一词，只言谵语。而谵语为神志不清状态下的胡言乱语，故也应理解此时已有神昏出现。正如成无己所说：“心藏神而主火，病则热气归焉。伤寒胃中热盛，上乘于心，心为热冒，则神昏乱，而谵语多出。”（《伤寒明理论》）如《伤寒论》217 条云：“伤寒，若吐下后，不解，不大便五六日，上至十余日，日晡所发潮热，不恶寒，谵语如见鬼状。若剧者，发则不识人，循衣摸床，惕而不安，微喘直视，脉弦者生，涩者死；微者，但发谵语，大承气汤主之。”腑实之神昏，同时当见有腹满硬痛拒按，便秘，潮热汗出，脉沉实有力，舌苔黄燥等。因阳明腑实，燥结不通，故以承气类通腑泻热，釜底抽薪，俾腑气通，燥热由下而出，神昏自可解除。《伤寒论》224 条云：“三阳合病，腹满身重，难于转侧，口不仁面垢，谵语遗尿，……若自汗出者，白虎汤主之。”此条虽云“三阳合病”而以阳明热盛为主。阳明经热盛，上扰心神，故神昏，谵语遗尿。虽腹满身重，难于自转侧，但无疼痛拒按，亦非腑实，故以白虎汤清解阳明之热，而奏热退神清之效。

2. 和解泻热　本法适用于少阳谵语与热入血室谵语。

少阳病为邪正相争于半表半里，本无昏谵，若太少并病误以发汗，徒伤津液，致少阳之火炽盛，上扰心神，遂致神昏谵语。因太阳病未解，少阳之火亦炽，故尚可见到头项强痛之太阳证，及眩晕、时如结胸，心下痞硬、脉弦之少阳证。因肝胆相表里，故仲景告诫人们刺期门以泻少阳之热。如 147 条所云：“太阳与少阳并病，……发汗则谵语脉弦，五日谵语不止，当刺期门。”

妇人适值经期，邪热乘虚入于血室，与血相结扰乱神明，故致谵语，血室隶属于肝脉，刺期门以泻血分之实热，则神自清明。

3. 回阳固脱　仲景在 216 条中说：“发汗后，若重发汗，亡其阳，谵语。脉短者死，脉自和者不死。”阐明了误汗亡阳谵语及预后的判断。因为汗之复汗，不但津液受损，而且阳气亦随之外泄，以致心阳外亡。此时津伤固甚，而阳伤尤重，故致心神浮越，而发昏谵。若脉自和者，为病重阴阳之气未竭，尚有生机，故仲景云“不死”。若脉短者，为气血虚，阴液竭，阳气欲脱，谓之“死”。仲景虽未直言治法方药，结合其他误汗亡阳条文互参，可知亡阳之昏谵与四肢厥冷、大汗出、下利清谷等并见。此时事关生死危亡，须当机立断，以回阳固脱为先，宜用四逆汤类。

如上所述，《伤寒论》中有关神昏治法主要有清泻阳明、和解泻热以及回阳固脱等，其治疗效果已被千百年医疗实践所证实。但《伤寒论》强调寒邪入里化热，扰及神明，而对温热邪气及湿邪所致神昏治法尚未论及。诸如原文第6条提出温病误用辛温发汗所引起的风温，有“直视失溲”的表现，亦可归属神昏范畴，但未提出具体治法。对热病后期重视伤阳、亡阳之神昏，故有待于进一步发展完善。

二、吴瑭之意，法在祛邪养阴

吴瑭《温病条辨》的问世，标志着温病学说已经发展到比较成熟的时期，其中神昏治法在继承《伤寒论》有关理论基础上，确立了适合温病病因性质与传变规律的一系列治疗方法。如阳明腑实之神昏，治疗虽用通腑泻热之承气汤，但由于热邪有易化燥伤阴的特点，而减轻了枳、朴用量，充分体现了温病时时顾护阴液的指导思想。概括《温病条辨》所论神昏治法主要有：

1. 清心开窍　本法适用于温病邪闭心包之神昏。太阴温病本不可发汗，误以发汗，邪不外解，反逆传心包，故致神昏。如吴瑭在《上焦篇》16条中说：“太阴温病，不可发汗，……汗出过多者，必神昏谵语。”此神昏为“水不足而火有余，又有秽浊也。”所谓秽浊指痰湿之类。热陷心包，炼液为痰，痰热相搏，郁闭心窍，神明内乱。故立清心开窍之法，方选清宫汤或牛黄丸、紫雪丹、局方至宝丹等，临床对证斟酌，可收拨乱反正之功。

2. 清营透热　用于温病气分证不解，内传入营之证。营气与心相通，热入心营，心神被扰，而致神昏。此时神昏、谵语与逆传心包有别。逆传心包为时时谵语，且与精神不了了、舌謇肢厥互见。而营分证则时清时昧，时有谵语，并见“脉虚夜寐不安，烦渴舌赤，目常闭不开”（《上焦篇》30条）等证。方选清营汤，既可清营热养营阴，又可透热外出。

3. 除湿通窍　本法适用于湿浊蒙蔽清窍之神昏。吴瑭除强调热邪闭阻心窍或内传入营扰乱神明外，特别提出温病与伤寒的区别之一，就是“温多兼秽”。秽即痰湿之类。若温重于秽者可用清心开窍法，若以秽为主者宜用本法治之。从《温病条辨》有关条文中可以看出，据其湿浊轻重，停留部位，寒热性质之异，具体运用又可分为宣气化湿、淡渗利湿、宣清导浊等法。

（1）宣气化湿：用于湿温初起，蕴结上焦，内闭心窍之神昏。若湿温初起误以辛温发汗，使“湿随辛温发表之药蒸腾上逆，内蒙心窍则神昏，上蒙清窍则耳聋目瞑不言。”（《上焦篇》43条）故施之以宣气化湿之三仁汤。吴瑭选用此方重在“轻开上焦肺气，盖肺主一身之气，气化则湿亦化也。”

若“湿热上焦未清，里虚内陷，神识如蒙，舌滑脉缓，人参泻心汤主之。”（《中焦篇》54条）上焦湿热，或因中阳本虚，或因误治，以致内陷中焦，发为本证。此时若施以三仁汤，恐更伤脾阳，故以人参泻心汤治之。方中人参、干姜以护里阳，干姜、枳实之辛以通之，黄芬、黄连之苦寒以降之。合而用之，辛开苦降，上下宣通，气机畅达，则此证可除。

（2）淡渗利湿：用于足太阴寒湿之神昏不语。吴瑭认为“湿困中焦，则中气虚寒，中气虚寒，则阳光不治，主正阳者心也，心藏神，故神昏。”（《中焦篇》四六条）同时还可见到“四肢乍冷，自利，目黄，苔白滑，甚则灰，神倦不语，邪阻脾窍，舌謇肢重”等症。故以淡渗利湿之四等散驱湿下行，更加厚朴、草果、木瓜温脾化湿行滞，且有芳香达窍之功。

（3）宣清导浊：此法适用于湿温久羁，气机不利，传导失司之神昏窍阻，少腹硬满，大便不下者。湿阻清阳不升，则神识如蒙；湿郁下焦，气机不利，则少腹硬满，大便不下。此时少腹硬满但疼痛不明显，与阳明腑实有别。故以宣清导浊汤治之，方中二苓、寒水石化无形之气，蚕砂、皂刺逐有形之邪，“俾郁结之湿邪，由大小便一齐解散”，（《下焦篇》55条）清气上达，诸窍通利。

4. 养阴复脉　本法用于温病后期，热入下焦，肝肾阴伤之神昏。肝肾阴伤，不能上济于心，则心肾不交，心失所养，故令神昏。且与脉虚，舌干少津，手足心热甚于手足背，耳聋，心中震震等症并见。正如吴瑭所说：“若口燥咽干，乃少阴之液无以上供，神昏欲眠，有少阴但欲寐之象，故与复脉。”加减复脉汤为仲景炙甘草汤去参、桂、姜、枣，加白芍，变通阳复脉之方而为养阴复脉之剂，足见吴瑭之精思妙用。

三、结语

仲景在《伤寒论》中创神昏治法，其实质在于泻热以醒神，其中清泻阳明法运用得最为出色，他如和解泻热法可据证而施。又因寒易伤阳，故在心肾阳衰之时，亦应考虑回阳固脱法之运用。吴瑭之《温病条辨》丰富和发展了《伤寒论》神昏证治理论，如清心开窍、清营透热、除湿通窍、养阴复脉等法，皆依据温病之病因性质、传变途径而设。但在具体运用时又有清心开窍与辛凉解表配合使用，或先用清心开窍继用淡渗利湿，或清心开窍与通腑泻热并用等灵活运用之例，其用意在于因势利导，消除邪气之干扰，则神明自清。总之，《伤寒论》与《温病条辨》有关神昏治法理论，千百年来一直有效地指导临床救治，对于神昏这种危急重症，只要辨证准确，运用得当，实可转危为安。

［《天津中医》，1996；（4）］

《温病条辨》药物性味配伍规律浅探

赵聚山

清代医家吴鞠通所著《温病条辨》共载方剂198首，其中153首方剂都分别注明性味。临证中注重药物性味的配伍，掌握配伍后的性味转化规律，对指导治疗，特别是对提高临床治疗效果具有一定的实践意义，现就该书中药物性味配伍规律及分类方法做一浅探。

一、按邪在三焦的部位选用药物性味

温病上焦病证包括手太阴肺与手厥阴心包的病变。邪在上焦，多先为手太阴肺经受邪，若为变局则为邪热内陷心包。温病初起，邪袭肺卫，药以辛凉之品为主，辛可散邪，凉（寒）能清热，方如桑菊饮、银翘散、桑杏汤、翘荷汤之类。此类方剂的药物组成多为轻清宣透之品，有宣散肺气、透泄邪热作用。若肺的津液受伤，而邪热未尽则以甘寒养阴为主，参以辛凉之品清泄余热，方如沙参麦冬汤、清燥汤。邪陷心营，病势深重，非辛凉之剂所能奏效，而投以咸寒甘苦之品，即《素问·至真要大论》说：“热淫于内，治以咸寒，佐以甘

苦。”用咸寒清心泄热，甘寒清热滋阴，苦寒清心解毒。方如清营汤、清宫汤之类。

邪在中焦，病位主要在阳明胃肠，药以苦寒为主，并据病邪在胃或肠选用性味不同的药物。邪在阳明，里热亢盛于外，用辛寒清气之品可达热于外，方如白虎汤。津伤甚者则合以甘平之人参同用。邪入肠腑，内结成实，药以苦辛合以咸寒，苦辛能通降泄热，咸寒可软坚润燥，方如大、小、调胃承气汤。如属热结液亏燥屎不得下行，药用甘凉濡润，咸寒润下之品，甘凉濡润可育阴除热，咸苦能软坚降泄，方如增液承气汤。如属津枯肠燥而结粪不下者，则用咸寒苦甘之增液汤。阳明热结，气阴两虚则用苦甘咸之新加黄龙汤。若下后津液受伤，邪未尽解而还表则用辛凉合以甘寒，用辛凉之品透散余邪，甘寒之剂养阴生津，方如银翘汤。若气分邪热未解，血分受邪而呈气血两燔者，则甘寒合以苦寒，方如玉女煎汤去牛膝、熟地，加细生地、玄参方。上焦之邪未清而入中焦阳明，煎熬肾水而成“三焦俱急”之证，用苦辛寒法，以承气合小陷胸汤涤除三焦之邪。

邪在下焦多为温病的后期阶段，病位常责之于肝肾，以肝肾阴精耗伤为主要病理变化，吴氏确立了治“下焦如权，非重不沉”的原则，以甘润（甘酸）咸寒之品滋填阴精，敛液固脱。如治疗热邪深入厥、少二阴的的脉虚大或结代，手足心热甚于手足背，用甘润存津之加减复脉汤；治既厥且哕，脉细而劲，虚风内动，用甘寒咸之小定风珠；治疗神倦瘛疭，脉气虚弱，舌绛苔少，时时欲脱，用酸甘咸之大定风珠；治疗脉沉数，舌干齿黑，手指但觉蠕动，用咸寒甘润之二甲复脉汤防痉厥；治热深厥甚，脉细促，心中憺憺大动，甚则心中痛，用咸寒甘润之三甲复脉汤；治燥久伤及肝肾真阴，上盛下虚，昼凉夜热或干咳，以酸甘咸之专翕大生膏等。而对邪热尚盛者则少佐苦寒之品，如治少阴温病，真阴欲竭，壮火复炽，心中烦，不得卧，以苦甘咸寒之黄连阿胶汤滋阴泻火；暑邪入于少阴而致消渴，麻痹者，吴氏则以酸甘化阴滋肾水，酸苦泄热清心火，方如连梅汤。

二、根据温病证候性质选用药物性味

温病按其病证性质是否兼湿可分为温热与湿热两大类别。对温热类温病，吴氏常据邪在三焦的不同部位，结合病程阶段而施以药性。对湿热性温病则主要针对湿热在三焦的部位而择用药性。湿邪初犯，邪在上焦常用芳香甘淡之品，用芳香苦辛可轻开肺气，宣畅气机，甘淡之品则可渗利湿热之邪，气机宣通则热去湿除，方如三仁汤；湿邪阻遏上焦，肺气失宣而喘促者，则以辛淡之千金苇茎汤加滑石、杏仁宣肺化湿。

湿阻中焦致脾胃气机升降失职，吴氏每投以苦辛寒或苦辛淡之品，用苦温燥化湿浊，辛寒透泄热邪，辛淡宣通气机。热邪偏重，每以苦辛寒之品为主，辅以苦温燥化之剂，方如杏仁滑石汤、黄芩滑石汤、三加减正气散等。若湿邪偏盛则以苦辛淡为主，方如半苓汤、二金汤。湿热之邪弥漫三焦，致三焦气化功能失司，则以苦辛淡合芳香之品，方如一加减正气散、二加减正气散、滑石藿香汤、三石汤等。湿邪流注下焦，致膀胱泌别失职或肠道气机痹阻，则以苦辛淡之品来宣通气机，渗利湿浊。方如茯苓皮汤、宣清导浊汤。

此外，吴氏对湿热为病的其它一些病证治疗用药也很注重药物的性味。如治湿聚热蒸，蕴于经络的湿热痹证，每以苦辛为主，辅以淡渗，方如宣痹汤；治湿郁经脉，身发白痦施用辛凉淡渗之薏苡竹叶散等。

三、根据证候的虚实应用药物的性味

温病初起正气尚盛，邪正交争，证候多以邪实为主，治疗当立足于祛除病邪，每以辛苦之味的药物为主。如用于治疗上焦病证的银翘散、麻杏石甘汤，治疗中焦病证的黄连黄芩汤、大、小承气汤，治疗下焦病证的宣清导浊汤等。而对邪热未解，津气受伤的病证，治疗常祛邪扶正并施，用药每以辛凉合甘润之品，方如治秋燥燥热化火伤肺，耗伤阴液之清燥救肺汤；治阳明温病，脉浮而促之减味竹叶石膏汤；下后无汗脉浮之银翘汤；下后无汗，脉不浮而数之清燥汤；治邪气深伏阴分而夜热早凉，热退无汗之青蒿鳖甲汤等均属此法。而对阴津耗伤较甚，邪热未得尽解之证，用药则以甘寒为主，稍佐辛凉透泄之品，如治疗温病后期肺胃阴伤余邪未净之沙参麦冬汤。若病证为阴液耗伤之虚证，则尽投甘寒养阴之品，如治气阴大伤之生脉散，胃津耗伤之雪梨浆方、五汁饮、益胃汤、玉竹麦门冬汤、牛乳饮。治邪热深入下焦消铄真阴之三才汤，邪热深入厥少二阴之复脉汤等。而对邪热深入手足二阴的阴虚火炽证，吴氏则投以酸甘合酸苦之品，用酸甘化阴以滋肾水，酸苦泄热以清心火，方如连梅汤、黄连阿胶汤。邪在下焦，热未尽解，阴液受伤而致小便不利或下痢，吴氏则立甘苦合化之法，以苦寒泄热，甘寒养阴，方如冬地三黄汤，加减黄连阿胶汤。对于阴虚动风则用酸甘咸法，以酸甘化阴，咸以滋肾阴，方如大、小定风珠。

综上所述，可见《温病条辨》是一部既有理论又极有实践价值的著作，它在辨证上始终以三焦分证为主线，不仅明确病位，而且分清病势的浅深轻重，在疾病性质上，分清温热及湿热两大纲，并主张温热者宜清化，湿热者宜燥化，还明确两者可以互相转化。在病程中注重邪正消长阴液存亡，强调邪盛者以祛邪为主，邪实正虚者予扶正祛邪之品，邪少虚多者重在扶正，这就完全符合吴氏自己提出的“治上焦如羽，治中焦如衡，如下焦如权”的治疗法则，使后学者有法可依，有章可循。

[《南京中医药大学学报》，1996；(5)]

仲景方在《温病条辨》中的运用规律探析

李庆升　徐树楠　李忠林　薛敬东

清·吴瑭（鞠通）《温病条辨》以仲景方为依据，遵古法而不泥古方，富于创新精神。书中所载方剂204首，其中引用经方约37首，经方化裁变方约54首，师经方立法而创制新方约16首，计107首，占书中方剂半数以上，可见吴氏深得仲景学说秘奥。诚如其友苏完征保序中所言：“近师承于叶氏而远追踪乎仲景，其临证也，虽遇危疾不避嫌怨。其处方也，一遵《内经》，效法仲祖。”本文仅就吴氏书中（以下简称“吴氏书”）运用仲景方的规律作一初步探讨。

一、遵循经旨　引用经方　法同方同

制方原为却疾而设，必先识证立法，而后始可制方。吴氏对经方探索精深，凡温热病所现证候与《伤寒论》某证病机症状类同者，则师法仲景，迳用原方。如卷一第7条：“太阴温病，脉浮洪，舌黄，渴甚，大汗，面赤，恶热者，辛凉重剂白虎汤主之。”卷一第54条：“骨节痛烦，时呕，其脉如平，但热不寒，名曰温疟，白虎加桂枝汤主之。”卷二第25条：“温病少阴咽痛者可与甘草汤，不瘥者与桔梗汤。”均与仲景同法。以三焦辨治为例，病在上焦，温邪上受，病邪尚浅，某些证候多与太阳经证近似，吴氏则于太阳篇求法。如太阴风温初起，外寒搏内热，症见恶风寒者，采取少投辛温法，用桂枝汤表散风寒；太阴温病得之

二三日，热扰胸膈，症见舌微黄，寸脉盛，心中懊侬，起卧不安，欲呕不得呕，则用栀子豉汤清宣郁热。温邪传入中焦，多见阳明证，吴氏则取法阳明篇。凡邪入气分，热铄肺胃，呈现阳明经证者，以白虎汤为主治之方，热结肠胃，呈现阳明腑实证者，以承气汤为主治之方，随证化裁以应中焦无穷之变。热邪深入下焦，耗铄真阴，病机近同少阴热化证，吴氏取法少阴篇。如少阴温病，真阴欲绝，壮火复炽，症见心中烦，不得卧，则用黄连阿胶汤泻壮火而坚真阴；温病热入少阴，逼液下走，虚火上炎，出现“下利咽痛，胸满心烦”，则用猪肤汤滋阴润燥。

暑温、湿温（寒湿）与《金匮》湿、暍、黄疸、痰饮、水气病，均与水湿为患有关，吴氏则从《金匮》法中汲取教益。如治上焦湿温，热少湿多，阳郁致病，采用太阳中暍一物瓜蒂汤方，借吐法得汗以祛除皮肤之水湿，中焦湿温，饮多热少，“呕而不渴”，用小半夏加茯苓汤蠲饮止呕。治疗“诸黄疸小便不利者”，遵仲景“诸病黄家，但利其小便”之旨，用茵陈五苓散清热利湿。再有下焦寒湿中之用小青龙汤、葶苈大枣泻肺汤、大黄附子汤等，均从《金匮》立法。循法守方，左右逢源，曲尽随机应变之妙。如此，古为今用地恪守经方，既丰富了温热病的治疗方法，同时也开阔了经方的应用范围，对发展中医治疗学，显然有着积极意义。

二、古法活用　运化经方　方随证变

吴氏书中运用仲景方，灵活多变，引而申之，化裁又不硬套成方。例如，半夏泻心汤，为寒温互用、阴阳并调、辛开苦降、补泻兼施法，原系小柴胡证误下，邪乘虚陷，结于心下，形成阴阳失调、寒热虚实错杂、上下格拒的痞证。吴氏化裁凡五法，用治痞、呕痢、疟等证，如阳明湿温，脉滑数，不食，不饥，不便，痰浊凝聚心下痞者，以半夏枳实开气分之湿热；连芩开气分之热结；杏仁开肺与大肠之气痹，中暑热甚，故去干姜，非误下伤正之虚痞，故去参、草、枣之温补，将辛温寒苦复甘法一变而为苦辛寒法。湿热上焦未清，里虚内陷，神识如蒙，舌滑脉缓证，用苦辛寒兼甘法，以人参护里阳，加白芍护真阴；湿陷于里，用干姜、枳实辛通；湿中兼热，用芩连之苦降。治疗疟伤胃阳，热劫胃液，出现气机不降，不饥不饱，少食不便，渴不欲饮，味变酸浊之证，改用苦辛温复咸寒法，以人参、干姜、生姜、枳实四药救阳以养胃，黄连、牡蛎泻热而存阴液。治偏于湿热太盛的噤口痢实证，干呕，腹痛，里急后重，积下不爽，左脉细数，右手脉弦，以泻心法去守中之品，用干姜辛以开之，芩连苦以降之，加金银花解热毒，山楂炭祛血积，木香通气滞，白芍敛阴气，组成苦辛寒法。

观吴氏化裁经方，主要从两点着眼，一是重在因证立法，作为择方选药的遵循，证有主证兼证，法有正法变法，法既立，而后选药组方，才能更大范围地适应证情的复杂变化。如治疗温病发斑，以白虎汤清泄阳明郁热，加玄参以启肾经之气；取犀角咸寒救肾水以济心火，托斑外出，败毒辟温，发斑证虽亦为阳明经病，但与白虎汤有别，病至发斑不独热郁阳明，且兼热邪内迫营血，故加入二味凉血之品，谓化斑汤，由辛凉重剂易为咸寒苦甘法。再如随症变方，根据症状的不同表现而增减药味。如治疗里虚下陷，热利下重，腹痛，脉左小右大之痢，用白头翁汤内加入黄芩以清肠胃之热；增芍药祛瘀生新，调血中之气而止腹痛。再如治少阳疟如伤寒证者，用小柴胡原方，症同少阳证，故仍用小柴胡法；渴甚因内燥，故减半夏，加瓜蒌根生津止渴；脉弦迟者，内寒重，故加干姜、陈皮以温中，药随症状而增损，主证不变，主方不变，加一药必有一药的症状，减一药以去一药的弊端，味味着实，精切不浮，处处恪守“观其脉证，知犯何逆，随证治之”的辨证论治原则。

三、师法仲景　别出心裁　创制新方

单靠经方不能完全适应温热病的全过程，吴氏荟萃众长，在前人经验的基础上，大胆创新，变革经方，创立时方，扩大了治疗范围，其创新的途径主要有三个方面。

1. 以方测法　吴氏擅长研究经方的组织结构，注重药物气味的组合，探求仲景立法之意，从而随证情需要而取舍，灵巧地组织新方。例如，炙甘草汤原为伤寒脉结代、心动悸而设，方中柔润养阴之味与刚燥补阳之品并用，意在补气血调阴阳。吴氏根据温邪伤阴的特点，减桂枝、人参、生姜、大枣等甘温护阳之品，存阿胶、生地黄、麦冬、麻仁等凉润救阴之味，加白芍敛阴气，组成甘润存津法；减麻仁加龙骨、牡蛎镇纳浮阳，组成镇摄之法；加入一味牡蛎养阴固涩，组成咸寒兼涩法；加入鳖甲、龟板育阴潜阳，组成咸寒甘润法；加入五味子、鸡子黄组成酸甘咸法。一方化裁，创出复脉辈、定风珠数方，用于温病后期热邪劫津、阴虚液涸、热深厥甚、肝风内动等证，为救阴防脱之总司。一方之变，其不同效用若此，非学养与经验并富者实不足以窥其堂奥。

2. 循证求法　分析经文证候的病理机制，找出仲景立法原则。在条文精神启发下，创制立方。如五汁饮治疗疸疟，仲景于疸疟条下未备治方，仅以“饮食消息之”以示后人。吴氏认为：“调加是重病而不用药，特出饮食二字，重胃气可知，阳明于脏象为阳土，于气运为燥金，病系阴伤阳独，法当救阴何疑。重胃气，法当救胃阴何疑。制阳土燥金之偏胜，配孤阳之独亢，非甘寒柔润而何！”故五汁饮补仲景之未备，若此，既能遵循古法又有创造精神，将治疗的原则性与灵活性有机地结合起来。

3. 隅反取法　吴氏精思妙悟，匠心巧运，在古法意图启示下，隅反推理，创制新法。如卷三第51条所说：“饮家阴吹，脉弦而迟，不得固执《金匮》法，当反用之。”阴吹一证系“谷气实”，胃中津液不足，大肠枯槁，气不后行，逼走前阴，故仲景重用润燥导下之猪膏发煎。饮家阴吹，缘由痰饮蟠踞中焦，津液积聚胃中，令九窍失和，吴氏用苦辛淡法，峻通胃液下行，使大肠得津液滋润而病如失。用橘、桂、苓、枳、姜辛温燥烈之品，是有意反用仲景法。

吴氏认为伤寒与温热两病，实有水火的区别。寒病之原，原于水；温病之原，原于火。伤寒病的寒邪是水之气，膀胱者，水之府。寒邪先伤是足太阳膀胱经，是以水病水。温热病的温邪是火之气，肺者金之脏，温热先伤于手太阴肺经，是以火乘金。这是伤寒温热两病病机最根本的区别所在。因此，根据寒温二气伤阴伤阳的特点，在治法上提出了原则区别，他说：“伤寒伤人身之阳，故喜辛温、甘温、苦热以救阳，温病伤人身之阴，故喜辛凉、甘寒、甘咸以救其阴，彼此对勘，自可了然于心目中矣。”凉、寒、咸均属水之气味，辛凉解表，用于风温初起；甘寒清热养阴，施于温病全过程；甘咸育阴救液，用于后期邪少虚多，最是吴氏临床运用的活法，颇能尽其“一隅三反”的妙用。

[《山东中医杂志》，2003；（5）]

吴鞠通对奇经与脏腑相关运用法度探析

解浚沅

清代著名医家吴鞠通，辨治内伤外感及妇科疾病，颇为重视脏腑与奇经为病的相关之治。在其著述中，不难看到生理方面注重脏脉的互相联系，谓“八脉隶于肝肾，如树木之有本也”，“督脉根于少阴”。病理方面尤强调二者的相互影响，指出“八脉隶于肝肾，肝病久，未有不累及奇经者”，“八脉隶于肝肾，少阴虚则八脉亦虚”。这种认识为吴氏临证运用奇经脏腑相关互补法度提供了理论依据，不失为独具特色的具体经验，如进一步归纳剖析，将会有助于奇经施治的拓展。为此，本文仅就《温病条辨》及《吴鞠通医案》有关内容作如下探析，以供参考。

一、脏脉症转，力主方随症移

吴氏认为，脏病既久，亦可相移转化，导致奇脉损伤。条辨下焦篇曾谓“痢久，阴阳两伤，少腹肛坠，腰胯脊髀酸痛，由脏腑伤及奇经，参茸汤主之。”此皆痢久，不仅伤阴，亦可伤阳。初始脾阳衰微，久则必损肾气，命火不足，而失封藏，进一步可导致全身精气亏损，下焦不固，病必延及奇经，造成病位转移，督阳失煦而不升，固摄失司，出现腰胯脊髀酸痛，泻痢肛坠不愈。此时吴氏不再拘守治脏，而转向奇经，取法温督升固。故方以鹿茸补督升阳，人参补阳明以助其升，归茴补冲，菟丝、附子升少阴，杜仲补肝肾主腰痛。谓之“俾八脉有权，肝肾有养而痛可止，坠可升提也”。同理，“久疟阳微”，亦可有损奇经。如“孙，四十岁，少阴三疟，二年不愈，寒多热少，脉弦细，阳微损及八脉，与通补奇经丸（鹿茸、紫石英、龟板、枸杞子、当归、肉苁蓉、小茴香、鹿角胶、沙苑蒺藜、补骨脂、人参、杜仲）四两，服完痊愈。此脾肾阳虚而病势演进，遂致督阳亏虚，阳维失护。《难经》二十九难说“阳维为病苦寒热”，盖虚损日久，必呈现奇脉阳虚的寒热主证，尤其与阳维脉病更为密切相关，故吴氏宗通补奇经入手，而达补督护维之功。再如，吴氏以三甲复脉汤治“下焦温病，热深厥甚”乃至“心中憺憺大动，甚则心中痛者”，吴氏则认为“痉而水难猝补，心之本体欲失，故憺憺大动也，甚则痛者，阴维为病主心痛，此证热久伤阴，八脉隶于肝肾，肝肾虚而累及阴维，故心痛”，“故以镇肾气、补任脉、通阴维之龟板止心痛，合入肝搜邪之二甲，相济成功也”，此即与《难经》二十九难“阴维为病苦心痛”为之契合。肝肾与八脉相隶，心之气血与八脉亦相通，热病久阴伤，阴维受累而现心痛，心病久同样可致奇经受损，故龟板入阴摄阳，引入阴维而能奏效。

二、脏脉俱病，宜从相兼并调

奇经既病，亦可影响脏腑，病位伸延，吴氏基于证象相兼之孰主孰从，立足其治以奇经为主，辅以脏腑的调节方式。强调指出“证兼而有之”“当兼治之”，法宜相兼，方宜增制，即与“兼者并行”的经旨相符。临证运用当中既侧重主证，又不忘兼证，二者予以兼顾，均离不开脏脉相关至理。例如治余氏案“病起产后，漏经半年，胞宫之损可知。体厚湿重易肿，纳食不旺，阳明之虚又可知矣”。故吴氏采用“每日空心服奇经丸”补胞宫，益奇脉之源，“午晚各服汤药以理阳明为主”，两者均得以兼顾协调。又如治阮氏案，患崩证兼有带证，谓“下焦虚寒，八脉不固，阳气不摄之病”，但亦可累及阳明为病。首从脉而治，崩虽止而带未止，则又现自汗，肢寒，纳食不旺见症，断为“卫阳虚故也”，拟补奇经兼与建中，用鹿角霜、桂枝、黑杞子、焦芍、全归、阿胶、艾炭、炙草、小茴、川萆，意在温下兼调中焦。再如治尹氏案，因“误服大辛大热，致伤心阳，使下焦浊阴来攻，过提致少阳无忌，有升无降，上愈盛而下愈虚”。吴氏虑及“且与镇固法，非治病也，单治冲脉即不相宜，故采用镇冲脉合泄胆阳法，双管齐下，方为贴切。以新绛纱、姜半夏、焦白芍、旋覆花、炙龟板、黑栀子、代赭石、降香末、古勇连、紫石英为治。从治法及组方结构均体现出吴氏脏腑与奇经不可分割的相关治疗机制。

三、证寓缓急，酌其先后互治

吴氏临证中依其证势，权衡急缓且顾其奇经病机的存在决定治疗阶段。盖此类以病发肝络如瘕聚肝着奔豚为主兼及奇经为代表，吴鞠通视其有余不足，分别而施。脏病势急宜先其所因，治其标借以扭转病势。此从其脏治其络亦因“肝藏血，络主血故也”。而后计其所归，末从本治以填平不足，从奇脉调节，缓治以善其后，亦反映出吴鞠通的整体治疗思想，此为注重二者相关之治的又一类型。例如苏氏案，患肝着症，“瘕居右胁，发则攻心，痛厥不止”，故拟从“先宜宣络，后补八脉”。治胡氏一案，诊为“皆肝肾累及冲脉为病”，既有阳虚体质，又病发“奔豚从少腹上攻心胸，发作欲死，气回则已”。此与五志过极，肝郁化火有关，故气随冲脉上冲而致。症伴有“呕酸瘰疬，大便结燥，头晕心悸”。吴氏先治以调肝降逆以通络，待病缓后，拟通补八脉。用生鹿角、肉桂、降香末、紫石英、杞子、炒全归、桂枝尖、生香附、炒小茴。吴氏治章氏案，既有“老年瘕泄”，又有“带下瘕聚”，诊其为“皆冲任脉为病”，但有“小腹坚痛，上连季胁，小便短赤之极，六脉洪数。”此既有冲任失固，又有肝经湿热。故法宜急开阴络，以求其通，再结合苦寒直折，使火有出路，遂渐减其制。最后，针对“老年久病，诸症悉减。未便纯任攻伐，宜通补兼施，能入奇经者宜之。炙龟板、全归、小茴香、鹿角霜、艾炭、生香附、枸杞子、砂仁”。此着眼于病久，而八脉无不受累，从最终病位加以调节，通则八脉，补而填隙，符合奇经病变的治疗规律，从根本上复其奇经八脉摄纳束固之职，即可使老年久病奇脉失养之损怯漏卮得愈。

四、至阴丧耗，创制大方聚填

吴鞠通基于阴虚之证久则必病穷及肾，乃至会损及奇经的病理特征，故独创大方以治，专翕大生膏即是其代表方。综观理法方药即可显示出吴氏从脏脉结合为基点而渗透融合相关思想。其制方宗旨则重点强调“下焦丧失，皆腥臭脂膏，即以腥臭脂膏补之”之论。此即所谓的“专翕之妙”，吴氏立法名之曰“酸甘成腥臭直达下焦法”。反复阐明“盖下焦深远，草木无情，故用有情缓治”，“取乾坤之静，多用血肉之品……从缓治”。“药用有情者半，以补下焦精血之损”，“荟萃三阴柔药，半用血肉有情而不呆板之物，养阴最速，接其生气”。说明吴氏对药物选择颇具针对性，所谓有是证而用是药。病变所及不止于至阴之五液之病，尚包含奇脉之损才符合以药测证的规律。作为人体重要脏位之下焦所辖，既为肝肾所域，又乃奇经八脉汇聚之源。尤其此邃幽深远的病位，非腥臭之味不足以达其下，非有情聚秀之品亦不足以填其精血，吴氏适时恰当地选择了此血肉脂膏之品，能从其类而却有同气相需，相通互补之妙。

本方一名而出处有三，组成药味不尽相同，总的看，方集血肉之品与平补脏器之阴药于一体，其中多采用猪脊髓、乌骨鸡、海参、鲍鱼、鳖甲、龟板、牡蛎、阿胶、龟板胶、鸡子黄、羊腰子等腥臭血肉之品，质重性平味厚而善亲下，虽泛指治阴虚阳不损症，实寓兼滋补奇经之功。与经旨“精不足者补之以味”及吴鞠通所创下焦治则“下焦如权，非重不沉”之旨至为契合。

进一步从成方制法看，其入药程序强调以有情归有情者二，无情归无情者二，文火细炼，“熬膏为丸，从缓治”，适“久虚难复者”，确有“专翕纯静，翕摄阳动之太过”之功。结合所主病证，燥久伤及肝肾之阴，上盛下虚……甚则厥逆者及阴裹而躁，阳极而亢，产后血虚郁冒。与下焦真阴先损，任脉阴海少液，失其担任，冲脉上逆而失固纳所致阴虚阳浮风动之躁烦、冲逆、昏冒诸证不谋而合。故从拟方案宗旨，入药成分，制药程序特点，适应范围均囊括了至阴与奇经的相关机制和病证特点，其寓意足可补前人之未善而发前人未发之旨。

[《甘肃中医学院学报》，1997；(2)]

吴鞠通学术思想浅析

贾树杰

吴鞠通生于清代乾隆嘉庆年间，一生经历了多次温疫流行时期，很多亲人死于温病，因而致力于温热病的研究，潜心钻研叶天士的学术思想，结合自己的临床实践，考之《内经》、《伤寒论》诸书，纵观历代医家对温病的认识，著成《温病条辨》一书，在温热病的治疗方面有所创造、有所发明，对祖国医学的发展做出了卓越的贡献。现就其学术思想浅谈如次。

一、三焦为纲辨证的实践性

三焦一词最早见于《内经》，《内经》将人的躯干所辖的脏腑划分为上焦、中焦、下焦。上焦指咽喉至胸膈部位，包括心肺在内；中焦是指膈下、脐部以上的脘腹部位，包括脾胃等脏腑；下焦是指脐以下部位，包括肾、膀胱等脏腑。如《灵枢·营卫生会篇》指出：“上焦出于胃上口，并咽以上贯膈而布胸中”；“中焦亦并胃中，出上焦之后，此所受气者，泌糟粕，蒸津液，化其精微，上注于肺脉乃化为血，以奉生身，莫贵于此”；“下焦者，别回肠注于膀胱而渗入焉。故水谷者，常并居于胃中，成糟粕，而俱下于大肠，而成下焦，渗而俱下，济泌别汁，循下焦而渗入膀胱焉”。同时指出：“上焦如雾”（指肺的输布作用），“中焦如沤”（指脾胃的消化转运作用），“下焦如渎”（指肾与膀胱的排尿作用），都是在讲三焦的生理功能。

吴鞠通根据《内经》提出的三焦理论，结合自己长期的临床实践系统阐述了三焦所属脏腑在温病过程中引出的病理变化，并以三焦作为温热病辨证的总纲，以此来概括证候的轻重、病情的深浅以及所病的部位，然后对症施治，这同张仲景《伤寒论》以六经为纲，叶天士以卫气营血为纲一样，对指导临床实践，都有十分重要的意义。吴鞠通在《温病条辨》一书中，对怎样运用三焦学说来进行辨证施治，分别做了详尽的论述。

1. 关于上焦的证候　吴鞠通说：“凡病温者，始于上焦，在手太阴，太阴之为病，脉不缓不紧而动数，或两寸独大，尺肤热，头痛微恶风寒，身热自汗，口渴或不渴而咳，午后热甚。”这一系列的症状多出现在温病的初期，若继见神昏谵语，舌绛等症，则为热陷心包。由此可见，上焦的证候，主要包括手太阴和手厥阴心包二经的病变。

2. 关于中焦的证候　吴鞠通说：“面目俱赤，语声重浊，呼吸俱粗，大便闭，小便涩，舌苔老黄，甚则黑有芒刺，但恶热不恶寒，日晡益甚者，传至中焦，阳明温病也。”吴氏认为这些症状是阳明温病的典型症状，临床如见头重身痛，胸闷不饥，午后身热，舌苔白腻，脉濡等，属湿温病，是足太阴的病变特征，所以中焦的证候，主要是指足太阴脾、足阳明胃和手阳明大肠三经的病变。

3. 关于下焦的证候　吴鞠通说：“凡汗下后，或热久不退，脉尚躁甚；或汗后脉虚大，手足心热；或汗后舌强，神昏耳聋；或阴液将涸而形成的厥、哕、痉等，以及脉结代，心烦不得卧。”这些症状多在温热病的后期出现，由于肝肾阴虚所致，所以都归于下焦。下焦的证候主要是指足少阴肾和足厥阴肝二经的病变。

叶天士的卫气营血辨证，是从横的方面划分了病邪所在位置的深浅，而吴鞠通则从上到下纵向论述了温邪的传变及病情的轻重。故后世对叶、吴两家有“一横一纵”之称。所以三焦辨证同六经、卫气营血辨证一样，都是中医治疗温热病的辨证方法。三者之间存在很多共性：①在病情性质方面，这三种辨证所提示的病情性质，大体上是吻合的。比如伤寒化热，阳明燥热盛于内或外蒸肌肉而见壮热、汗大出、大烦大渴、脉洪大等症，同卫分温病不解，热邪传入气分证是一致的。②在受邪深浅方面，这三种辨证方法都能预示病邪的深浅，如邪在太阳、卫气、上焦，病变在表，受邪较轻；如邪在厥阴、血分、下焦，病变在里，受邪较重。③六经、卫气营血和三焦辨证都说明了疾病的传变过程。如六经辨证认为病的传变顺序是由太阳、阳明、少阳、太阴、少阴、厥阴；卫气营血辨证认为病的传变过程为“卫之后方言气，营之后方言血”；三焦辨证认为病变的传变过程是从上至中及下，由浅入深，由表及里的传变过程。④在病变部位方面，“凡病温者，始于上焦，在手太阴”，则同“温邪上受，首先犯肺”的说法是一致的。由此可见，三焦辨证确实是临床治疗温病的一种辨证纲领，对温病的防治具有重要的实践意义。

二、三大治疗原则的科学性

“治上焦如羽，非轻不举；治中焦如衡，非平不安；治下焦如权，非重不沉”治疗温热病的这三大原则，是吴鞠通按照自己所创三焦辨证论治，结合长期实践经验，根据病情轻重、受邪深浅、所病部位、脏腑性质及药物性味功能等各方面因素，进行综合观察分析后提出的，这是吴鞠通遗留下的宝贵财富，具有高度的科学性。

“凡病温者，始于上焦，在手太阴”是继承了叶天士的“温邪上受，首先犯肺”的学说而来的。说明了温邪上受至口鼻，病位在肺。肺为清虚之脏，邪犯于肺，便可发生一系列肺卫症状，如咳嗽，发热，微恶风寒，鼻塞，口渴，舌苔白而干，脉浮等症。由于病邪在表，内应于肺，病属轻浅，所以只要用些轻散药物就可收效。因此，吴鞠通以“上焦如羽”来比喻温病初起，病位在肺，邪位表浅像羽毛一样轻浮，故只要用辛散轻清的方药，祛邪外出，可以达到祛邪而不伤正，这就是“治上焦如羽，非轻不举”的意义。

“治中焦如衡，非平不安”，衡是平衡的意思，病在中焦，说明邪已入里。中焦脾胃，具有升降、运纳、燥湿等不同的生理特点。一旦升降、运纳、燥湿的功能失常，有所偏胜，就会产生种种病理变化。所以治疗中焦的病证，首先要观察病位所在，即病在脾还是在胃。其次要分析伤阴还是伤阳，湿重还是热重，然后对症施治，对其调整，使其平衡。例如病在胃，热重伤阴，则以清热生津为主；如病腑气不通，则以增液通下为主；若病在脾，湿阻中焦，当以芳香燥湿为主。如此热清湿化，脾胃升降、运纳、燥湿功能正常，病情很快得以减除。因此吴鞠通把这种治疗过程概括为“治中焦如衡，非平不安”，只有脾胃的升降、运纳、燥湿等功能保持相对平衡，方能使人体健康。相反，如果违背了这个治疗原则，对中焦脾胃功能的失常现象不去调整平衡，病情也就不容易减除。

“治下焦如权，非重不沉”，权即称铊，称铊是铁质物品，非常沉重。其意是指下焦的病变，一般较重，多出现在温病的后期，此时往往阴精内劫，虚多实少，所以重用滋阴养血重镇的药物，在厥脱时重用温肾救逆的药物，这就是吴氏主张的“非重不沉”的意思。

这三个治疗原则，都是从脏腑病变与脏腑性质总结出来的。因此，不仅是治疗热病必须遵循的原则，同时对其它疾病的治疗同样具有重要的指导意义。

三、自制方剂的科学性

吴鞠通在遣药制方上可谓立法严谨，用药轻灵，随机应变，事半功倍。现就其代表方略述如下。

1. 桑菊饮　治疗风温身热不甚、微咳的主方。方中以桑叶、菊花为主，都具有轻清泻热的作用，加薄荷以助解表祛风之力，桔梗、甘草、杏仁能宣肺利气、止咳化痰，连翘清热解毒，芦根生津止渴。诸药合用，具有祛风清热，宣肺止咳的作用。吴鞠通称其为辛甘化风，辛凉微苦之方。根据“上焦如羽，非轻不举”的原则，定为辛凉轻剂。此方用药平淡，但具有轻可去实的良好作用。风温春天为多，春为风木当令，桑叶、菊花还具有清肝泻热的作用，用于春季最为适宜。其灵活之性反应在加减之中，如气促似喘加石膏、知母；舌绛、暮热、躁烦较甚，热邪入营者加玄参、犀角；病在血分者去薄荷、芦根，加麦门冬、生地黄、玉竹、牡丹皮；肺热甚者加黄芩；渴者加天花粉。此方稍经加减，其治疗作用就有所不同，这充分反应出轻巧灵活的特点。

2. 银翘散　其为治疗上焦证的主方，作用却不同于桑菊饮，以治热重咳轻为主。因其清热作用较好，故称为辛凉平剂，方以金银花、连翘为主药，配伍牛蒡子、薄荷清透表热更为有力。以甘草、桔梗利咽止咳；芦根、竹叶清膈上之热，并可生津止渴。豆豉、荆芥二味辛温配合于辛凉之中，透表清热的作用更为明显。此方在微恶风寒而热盛少汗时，疗效更佳。吴鞠通制定此方是根据《内经》“风淫于内，治以辛凉，佐以甘苦”的理论而来的。银翘散四季皆可应用，但常用于春季。吴氏对其煎服方法更为严格。在煎法上要用鲜芦根汤，不能久煎，勿过煮，香气大出即取服。因为肺药取清轻，过煎味厚而入中焦。在服法上要求，重者二时一服，日三服，夜一服；轻者三时一服，日二服，夜一服，病不减者作再服。盖肺位较高，药过重则过病所，药过少则有病重药轻之患，不能克敌制胜。所有这些都是吴鞠通从实践中总结出来的宝贵经验。吴鞠通还批评某些人，一不见效，就改经易辙，药石乱投，结果事与愿违，病情由轻转重。对于银翘散的临床运用，吴鞠通提出了许多加减法。如胸闷加藿香、郁金疏利气机；渴甚加天花粉生津清热；咽痛加马勃、玄参解毒消肿；咳甚加杏仁宣肺；热甚而衄者去荆芥、豆豉，加白茅根、侧柏叶、栀子炭以凉营止血；热渐入里伤及营分的加细生地黄、麦门冬清热滋阴；热伤津液，小便短少加知母、黄柏、栀子之苦寒与麦门冬之甘寒以清热化阴。充分体现了吴鞠通制方用药立法严谨，处方灵活的特点。

3. 三仁汤　本方治疗温热病初起，或暑温夹湿，湿热互结，湿重热轻，邪在气分，燥湿则助热，清热则留湿。所以吴鞠通用杏仁之苦温，宣肺利气以化湿；用白豆蔻、厚朴、半夏芳化理气以燥湿；用通草、薏苡仁、滑石淡渗以利湿；用竹叶透热于外。诸药配合，具有升上、宣中、渗下之作用，使表里之湿由上、中、下分消，湿去则热无所依据，而病易转愈。吴氏设立本方，化湿而不助热，清热而不留湿，是根据“中焦如衡，非平不安”的原则而定的。通过宣气化湿，中焦畅通，脾胃相和，升降平衡，自然收到药到病除，事半功倍的效果。

4. 加减正气散　藿香正气散本是宋代《太平惠民和剂局方》收集的治疗寒湿郁阻的主方。吴鞠通继承了该方并加以精心化裁，设置了5个加减正气散，用来治疗湿郁三焦，而病变重心在中焦的各种病证。如若脘腹胀满，大便不爽的，用一加正气散主之，以宣化中焦湿浊而利气机。故药用藿梗芳香化浊，疏化中焦；用厚朴、陈皮、大腹皮理气化湿；用杏仁利肺及大肠之气，以利湿阻；用神曲、麦芽以苏醒脾胃之气；用茵陈、茯苓皮渗利湿邪。这里用藿梗而不用藿叶，是取其走中而不走表，以疏化中焦而不使其宣透于外。取茯苓皮而不用茯苓是取诸皮皆凉，泻湿热之功更尤。若脘闷、便溏、身痛、苔白、脉象模糊的用二加正气散主之，以化湿理气，宣通经络。故用藿梗、厚朴、陈皮以化中焦之湿；湿走经络而身痛，脉象模糊，故以防己、薏苡仁宣通经络之湿；用豆卷、通草渗利湿邪，通利小便乃是为了实其大便。若苔黄、脘闷久蕴成热的，宜用三加正气散主之，以理气化湿泻热。故药用藿梗、厚朴、陈皮疏理中焦；茯苓皮渗利湿热；因湿渐化热而见苔黄，故用藿叶以透热于外；滑石以利湿中之热；再加杏仁宣肺利气，气化则湿热俱化。若见苔白滑而脉缓的，用四加正气散主之，以温中化湿。药用藿梗、厚朴、茯苓理气化湿；草果温运脾阳；加山楂肉、神曲以健中运之力。若脘闷便溏的，宜用五加正气散主之，以运脾燥湿。故用藿梗、陈皮、厚朴、大腹皮等理气化湿，以苍术燥湿，谷芽醒脾，茯苓淡渗利湿，使湿邪不偏渗于肠，则便溏自可转愈。以上5个加减正气散均为治疗湿温证之方。但由于症状、舌苔和病机不同，就有不同的治法和用药，这说明吴鞠通临床辨证极为精确，立法严谨，用药灵活。

5. 加减复脉汤　本方是由《伤寒论》炙甘草汤去人参、桂枝、生姜、大枣加白芍药而成的，为湿热病深入下焦，肝肾阴伤时治疗的主方。在湿热病后期，肝肾两虚而出现脉虚大、手足心热、心中憺憺、舌强神昏等症，以及热邪深入，或在少阴，或在厥阴时，均宜复脉汤主之。吴鞠通说：“在仲景当日，治伤于寒者之脉结代，自有取于参、桂、姜、枣以复脉之汤，今伤于温者之阳亢阴竭，不得再补其阳也，用古法而不拘用古方，医者之化裁也。”加减复脉汤用生地黄、阿胶、麦门冬、白芍药滋阴补血；炙甘草、麻仁扶正润燥，以奏滋阴退热、养液润燥之效。若肝肾阴虚兼见大便溏泄，则宜滋阴固摄，以一甲复脉汤主之，即于加减复脉汤中去麻仁，加牡蛎1两。若真阴欲竭，内风将起而仅见于手足蠕动尚未痉厥的，治宜滋阴潜阳，用二甲复脉汤主之，以防发痉，即在加减复脉汤中加生牡蛎5钱，生鳖甲8钱。若兼心中憺憺而动，脉象细促的，此乃阴亏较甚肝风已动，治宜滋阴潜阳，用三甲复脉汤主之，即在加减复脉汤中加生龟版1两以助滋阴潜阳之力。若已见瘛疭，神倦，脉虚，舌绛少苔，时时厥脱，则为阴精大亏，虚风内扰，急宜滋阴固脱，潜阳息风，用大定风珠主之。大定风珠是三甲复脉汤加味组成，方用阿胶、鸡子黄补阴液而息内风；用白芍药、五味子、甘草甘酸化阴，补阴敛阳；用麦门冬、生地黄滋阴润燥；取龟板、鳖甲滋阴潜阳。诸药相合为治疗虚风内动的主方。

6. 加减承气汤　张仲景在《伤寒论》中为阳明腑实的不同见证，设置了调胃承气汤、大承气汤、小承气汤等方。吴鞠通仿张仲景的原意，根据温病伤阴的特点，对温热证在气分时出现大便闭塞症状，分别不同的病因，创设了新加黄龙汤、宣白承气汤、牛黄承气汤、导赤承气汤和增液承气汤等方。如导赤承气汤是由导赤散和调胃承气汤相合加减而成的，主治温热病在气分阶段，症见身热、烦渴、腹满痛拒按、小便短赤而痛，苔黄燥的阳明腑实、小肠热结患者，药用黄连、黄柏、生地黄、赤芍药泻小肠热结，同时滋养津液；用大黄、芒硝攻阳明腑实。二肠之邪既出，则诸证均可随之而愈。又如增液承气汤，由吴鞠通自制增液汤合张仲景的调胃承气汤去甘草组成的。主治高热伤阴，热结便燥，用寒下法仍然不解，伴见舌红苔黄而干，脉细数。吴鞠通认为这种热结便燥，主要是由于肠热伤阴，津液不足，好比无水舟停。治宜增液滋阴，通便泄热，好比增水行舟。本方重用玄参、麦门冬、生地黄增液滋阴，配合大黄、芒硝泄热通便，达到润下燥结的目的。

吴鞠通是一位既有高超理论，又有丰富临床实践经验的杰出的中医学家。由于历史的局限性，在吴鞠通著作中，也存在一些封建的糟粕。但是，我们应该分清主流，不能求全于前人，前人创造的科学与精华，需要我们去继承与发扬，只有这样才能光大祖国中医药事业，为人类健康做出应有的贡献。

[《河北中医》，2001；(4)]

从邪正盛衰探析《温病条辨》祛邪与补阴的时机

操儒森

吴鞠通是清代的温热大师，其代表作《温病条辨》堪称治温之经典，其中指出“温病最善伤阴，故立法以救阴为主”，把救阴作为温病的重要治则。然而温病的发生发展贯穿着正邪相争，邪可伤正，正盛可祛邪，正虚则病进，妄补又可恋邪，用药不当又可伤正，如何顾护阴液以扶养正气，关系到疾病的转归与预后。吴氏云：“在上焦以清邪为主，清邪之后，必继以存阴，在下焦以存阴为主，存阴之先，若邪尚有余，必先以搜邪。”其对于温病顾护阴液能详查邪正盛衰，制定先后缓急之法，把握好祛邪与补阴的时机，堪为后世典范。本文就此作一粗浅的探讨，以求正于同道。

一、邪轻正未伤者以祛邪为主，兼以顾津

热病初起，多先犯肺卫，邪热轻浅，津液未大伤，治以祛邪为主，主以辛凉，祛邪而不伤津。如代表方银翘散、桑菊饮，方中药物大部分为疏散外邪之品，祛邪之余又顾其津液，邪入上焦易伤肺津，故只加入少许清热生津之品如芦根以保肺津。至于燥伤肺卫，则以桑杏汤辛凉甘润透解燥邪，方内多数为发散力缓之品使邪去而不致伤及肺津，其中的沙参、梨皮乃针对燥邪易致津液干燥的特点而设，有预护其虚之义。以上3方体现了吴氏在病邪轻浅阶段祛邪与顾阴的基本原则。

二、邪盛正虚者祛邪与养阴同用，养阴居次

温病邪热亢盛，而阴液已明显耗伤者，吴氏同时施以祛邪和滋阴两法，而以祛邪为主，养阴居次。如邪热亢盛于肺经、胃经气分及暑犯阳明，气分热盛，出现“脉浮洪、舌黄、渴甚、大汗、面赤、恶热”等表现时，不仅热势已盛，而且津液已有明显耗伤，此时应于祛邪同时予以滋阴，方用白虎汤，其中重用石膏辛寒解肌，既随病势透邪外出又清里热，配以知母清热滋阴。该方虽治热盛津伤实则以泄热为主，故吴氏称之为“辛凉重剂”，热邪去

阴津即不再耗伤，所以有“保津液”的作用。再如阳明腑实证，邪热与燥屎结于肠腑，伤及胃津，正邪剧争，时日愈久则阴津愈伤，此阶段是关系到是否传入下焦的关键时期，吴氏以承气汤通胃结、救胃阴，所用承气类方均以祛邪通腑为主，即所谓祛邪以补阴，方中并未加用滋阴之品，虽创制新加黄龙汤和增液承气汤等内有滋阴药，但终以通下存阴为最终目的。还有下焦篇第11条“少阴温病，真阴欲竭，壮火复炽，心中烦，不得卧者，黄连阿胶汤主之”，吴氏自注为“其有阴既亏而实邪正盛”，所以黄连阿胶汤中清热药与滋阴药相当，考其证乃因阴虚虚火与实火共同造成。据吴氏习惯，他治温病力辟苦寒，而此方用黄连四钱，黄芩一钱，虽有清心除烦之用，亦未免有重祛邪而轻补虚之嫌。可见即使阴液重伤，实邪仍盛者仍以祛邪为先，辅以滋阴。

三、正虚邪微者，或滋阴以祛邪，或搜邪兼滋阴

温病后期，阴液已大伤，邪热不甚，为虚多邪少之候，吴氏统治以加减复脉汤。如下焦篇第3条自注“温病六、七日以外，壮火少减，阴火内炽，耳聋者，悉以复阴得救”；4条“劳倦内伤，复感温病，六、七日以外不解者，宜复脉法”；5条“温病已汗而不得汗，已下而热不退，六、七日以外脉尚燥盛者，重与复脉汤”。上3条均为正气大虚而邪尚未全去，但邪热不甚，治以复脉汤扶正以敌邪，即滋阴以祛邪，以滋阴为主。另外，邪热留伏阴分，而阴液已大伤，吴氏谓“邪气深伏阴分”，此时需一面搜邪，一面滋阴，两法合用，他创辛凉合甘寒法，辛凉可透邪外出，甘寒可滋补阴精，方用青蒿鳖甲汤，其中鳖甲既养阴又搜邪，青蒿芳香透邪外出，丹皮清血中伏火，细生地、知母滋阴清热，诸药合用则余邪可祛，阴伤可复。

四、邪去正伤者，专主滋阴

温热病热邪已去，阴液受伤，吴氏于此阶段治疗专主滋阴。温热伤阴者，或伤肺胃之阴，或伤肝肾之阴，宜随其所伤而补之。如中焦篇第12条“阳明温病，下后汗出，当复其阴，益胃汤主之”；100条“燥伤胃阴，五汁饮主之，玉竹麦冬汤亦主之”。以上两条均为邪热已解胃阴受伤之证，吴氏治以甘寒濡润之纯补之剂。至于温病深入下焦，肝肾阴精大亏，邪热已去，虚风内动，吴氏则以大、小定风珠及三甲复脉汤填补真阴，潜阳熄风，他在下焦篇第17条谓大定风珠“一面填阴，一面护阳”，其专为补剂可知。

总之，吴鞠通既重视养阴，又注重祛邪，且滋阴与祛邪有条不紊，先后主次不失法度。勿庸置疑，探究其对于温病祛邪与养阴的时机对于后学者继承和发扬他的学术思想，提高温病的诊治水平均有重要的意义。

[《国医论坛》，2004；（2）]

吴鞠通《温病条辨》读后

邓铁涛

吴鞠通《温病条辨》成书于十八世纪末，表现了我国在那时对传染病已有充分的认识和完整的疗效。这是值得自豪的。

《温病条》分是总结前人治疗传染病及感染性发热性疾病理论和经验，在叶天士温病学说的基础上，写成的一部较系统的专著。

吴氏的温病学说，是以三焦为经，以九种温病为纬。一经一纬，一纵一横，把各种传染病和感染性发热性疾病概括起来，掌握其病变与疗法的规律。所以他自称“虽为温病而设，实可羽翼伤寒”。

吴鞠通在三焦说的基础上，创立温病的三焦论，虽然他在上焦篇说温病始于上焦之论，说是根据刘河间。但陆九芝却说：“《临证指南》杨姓案：‘河间温热须究三焦’，三焦二字，不见《六书》，久之台悟叶氏于西昌之论温，认作河间之论温。”可知三焦辨证论治的理论体系，概非河间所创，叶氏亦未有详细论述，此辨证理论实为吴氏所创立。

吴氏所说的“上焦”病，多指呼吸系统疾患及其他系统传染病初起时期；所谓“中焦”病，是指传染病中期，或消化系经传染病，高热，有毒血症表现时期；所谓“下焦”病，属末期，心脏衰弱，身体虚弱，及热久不退，久疟，久痢等。

吴氏又根据王叔和的《伤寒序例》，把温病分为九种，作为“三焦”之纬。

吴氏说：“叔和又牵引《难经》之文，以神其说，按时推病，实有是证，……方有执、喻嘉言诸公……虽驳叔和，亦未曾另立方法，喻氏虽立治法，仍不能脱动伤寒圈子。……未始非叔和有以肇其端，东垣、河间、安道、又可、嘉言、天士宏其议。而瑭得以善其后也。”九种温病中，风温、温热、暑温、湿温、秋燥、冬温等为时令不同的温病，也就是说包括了流行性感冒、伤寒、斑疹伤寒、麻疹、痢疾等多种传染病。至于温毒是什么？他说：“温毒咽痛、喉肿，耳前耳后肿、颊肿，面正赤，或喉不痛，但外肿，甚则耳聋，俗名大头温、虾蟆温者。”就是说温毒乃发于头面的各种急性炎症，如急性腮腺炎，急性喉头炎，中耳炎，蜂窝组织炎等。温疫可看作是急性流行性传染病，而温疟则近于疟疾。

吴氏对上、中、下焦证的治疗

一、上焦证的治疗

1. 上焦温病初起，除首列桂枝汤外，立主方三。他认为，可凭恶风寒，不恶风寒来决定是否用桂枝汤，而不言其他症状及诊断，有恶寒者为表有风寒，其实一般传染病多有恶风寒，发热的症状，如伤风感冒亦有恶风现象，则适用桂枝汤者甚多。但他又说：“桂枝辛温，以之治温，是以治温，是以火济火也。”难怪后人多有批评。如广州中医学院刘赤选教授在《温病讲义》中说：“按鞠通囿于《伤寒论》有‘太阳发热而渴不恶寒者为温病’之文，以桂枝治恶寒之温病，制银翘散治不恶寒，此未合仲景之意，强为牵合，徒增医界非议……卫盛风温初起必有恶寒，口尚未渴，桂枝汤周为禁剂，而银翘中荆芥、薄荷、牛蒡、豆豉正因恶寒而神其用。”虽然吴氏化有矛盾之处，但其所采方颇佳。风温初感，身热无汗?恶风寒，而脉浮数者，宜银翘散；初感身不甚热而咳嗽渴，宜桑菊饮；若热度较高，脉洪浮，舌黄渴甚，大汗面赤，宜白虎汤。此三法为后世温病家所同认。此外，随症状变化而辨证治疗或涉及中下焦的治法，均列入上焦篇中。

2. 病发于暑天，吴氏除如上条白虎汤证外；还主张以香薷、扁豆花、莲叶、西瓜皮之类解暑药治疗，这是中医的经验。又因为暑必兼湿，且兼肠胃病，所以香薷饮退热兼理肠胃，这是根据气候不同，身体内外环境有别而确立的不同治法，也是中医的治病活法。至于所谓伏暑，吴氏虽把它与暑温区别，但病实同。且据证候定治法，如“太阴伏暑，舌白口渴，无汗者，银翘散去牛蒡、元参、加杏仁、滑石主之。”“太阴伏暑，舌赤白渴，无汗者银翘散加生地、丹皮、赤芍、麦冬主之。”而这些治法主要是从舌色的赤或白来决定的。

1955年石家庄在总结中医疗流行性乙型脑炎时，正是运用吴氏治疗“暑温、伏暑、暑风、暑厥”的方法来进行的。所用的方有：（1）桑菊饮加减；（2）白虎汤加减；（3）竹叶石膏汤加减；（4）升降散加减；（5）清瘟败毒饮加减；（6）牛黄丸；（7）至宝丹；（8）紫雪丹；（9）止痉散；（10）五汁饮等。在临证化裁上，多以《温病条辨》或《温热经纬》的理论为依据，所以说不少急性传染病在温病学中有治法，而且疗效也相当好，像乙型脑炎的治愈率达95%至100%，这在当时是世界最高水平了。因此，掌握了温病的治疗规律便可以治疗其他传染病，这就是一个明证。

3. 湿温病多为消化系统的传染病，近人认为湿温病与西医的肠伤寒相似，用治湿温法来治疗肠伤寒，有一定效果。湿温的证候是：“头痛恶寒，身重疼痛，舌白不渴，脉弦细而濡，面色淡黄，胸闷不饥，午后身热，状若阴虚，病难速已，名曰湿温。”

吴氏说“病难速已”，可见他对肠伤寒有深刻的体会，认为这与一般肠胃型感冒病较易愈者不同，本病阳明证显著，故详于中焦篇。吴氏说：“再按湿温较诸温，病势虽缓而实重，上焦最少，病势不甚显张，中焦病最多，……以湿为阴邪故也。”

疟疾也详叙于中焦篇，上焦篇中的温疟近于恶性疟疾，如：“骨节疼烦时呕，其脉如干，但热不寒，名曰温疟，白虎加桂枝汤主之。”“热多昏狂，谵语烦渴，舌赤中黄，脉弱而数，名曰心疟，加减银翘散主之；兼秽，舌浊口气重者，安宫牛黄丸主之。”其加减银翘散为：连翘、银花、元参、麦冬、犀角、竹叶等味。

4. 对于发病于秋季的秋燥，吴氏主张以桑菊饮之类加沙参、梨皮、象贝等。至于清燥救肺汤的治疗问题，此方出于喻喜言，适应症为咳嗽喘促，甚则呕逆足痿，口干而渴，脉涩数有力等。据喻氏自言，《内经》六气脱误秋伤于燥一气，故补此方。（按：此证类似脊髓灰质炎<俗称小儿麻痹症>），本病最常见的病发季节为夏末秋初，前驱期症状为发热38～40℃，上呼吸道炎症，腹痛泻呕；中期症状出现于热退1～4日后，见热又起，伴有肢痛，感觉过敏，颈部强直酸痛，痉挛；后期症状见于发热晚期或热退时，出现肢体瘫痪，以下肢为多。

5. “太阴温病……发汗而汗不出者，必发斑疹。”这里所说的症状虽认为是发汗而汗不出之故，但与斑疹伤寒极相似。斑疹伤寒是具有特有的斑疹和热型，并有重笃脑症状的急性传染病。这种斑疹和脑症状，与吴氏所言相似，而详细症状也与清代余师愚氏所言相近，因此，可以说吴氏与余氏在治法上是大致相同的。此外，余氏的清瘟败毒散（饮），对于重症乙型脑炎，也有较好的疗效。

二、中焦证的治疗

中焦篇除疟疾之外，差不多所论的都是消化系统的病。吴氏认为此篇包括阳明与太阴。其中应用仲景的理论和方法最多，占全书的比重也最大，难怪有人说：“温病者即仲景之阳明篇耳。”

湿温近似肠伤寒（包括副伤寒），而中焦篇不但湿温条下有治肠伤寒的方法，而且在阳明温病疗法中，亦有用以治疗肠伤寒的。吴氏在上焦中附有温毒，甚有意义。因腮腺炎和中耳炎，均为肠伤寒常见的并发症。

吴氏有按语云：“吴又可《温疫论》中云：‘舌苔边白，但觉中微黄者，即加大黄’，甚不可从，虽云伤寒重在误下，温病重在误汗，即误下不似伤寒之逆之甚，究竟承气非可轻尝之品，故云舌苔老黄，甚则黑有芒刺，脉体沉实，的系燥结痞满方可用之。”吴氏治疗本病非常重视误下之弊，与西医关于肠伤寒忌用泻剂，否则有并发肠穿孔之危险的观点相一致。(但日本人大冢敬节则认为“《伤寒论》之下剂用之相当则自觉之痛苦可以减轻，并可预防危险之并发症，同时对于疾病之预后亦能使之好转。”)

吴氏总结下证共有三法：“本论于阳明下证，峙立三法，热结液于之大实证，则用大承气；偏于热结而液不干者，旁流是也，则用调胃承气，偏于液干多而热结少者，则用增液，所以回护其虚务存津液之心法也。”

至于湿温、暑温项下，适宜于治肠伤寒之法亦不少。此外，中焦篇还有属于消化系统的黄疸病和霍乱病，其方与法多采仲景，不必再论，中焦篇之末，着重叙述疟疾与痢疾的治疗。至于斑疹痘和秋燥，虽有提及，但所论不多。

三、下焦证的治疗

疾病后期，病势见退，身体受疾病的影响，往往呈衰弱征象，而且一般热带病的热度高，脉数、心脏尤需注意。温病下焦篇首列营养强壮剂疗法，这就是所谓下焦以存阴为主。其法分为三种：

1. 复脉法　吴氏指出病至后期，汗下之后或原来已体虚的病者，必须及早注意其津液，营养心脏，心防心脏衰竭，未至脉结代，心悸动，则心脏衰竭仍不显著，而病邪又未退，故不用桂枝生姜等刺激兴奋药，和不用参枣“滞邪”之品以增加体温消耗水分，但若至脉结代，心悸动“而重与复脉”，则以仲景之炙甘草汤为佳。

2. 三甲复脉法　一甲复脉汤主要是在便溏甚之后不宜用麻仁，故去麻仁加牡蛎。二甲、三甲复脉汤则主要以防痉厥，故采用中医所谓潜阳之品，如龟板、鳖甲之类药，以镇静安神。

3. 大小定风珠法　据其解释是：“此邪气已去八九，真阴仅存一二之治也，观脉虚苔少可知，故以大队浓浊填阴塞隙，介属潜阳镇定……庶可不致绝脱欤。”

吴氏这样分三层，运用营养强壮药，原则上是对的。其第十七、十八条鉴别用药，实为经验之言。“壮火尚盛者，不得用定风珠、复脉。邪少虚多者，不得用黄连阿胶汤。阴虚欲痉者，不得用青蒿鳖甲汤。”下焦篇除上述主治及病愈后的善后补养之外，还甚多及之病，亦大多应用仲景法，如热入血室，少阴咽痛桃花汤证，椒梅汤（乌梅丸变方）证等。至于麻杏石甘汤证，则不应列入下焦篇中。

[《学术探讨与临证》，1981，12]

《温病条辨》滋养肾阴十法及其临床运用

王建康

肾之阴液耗伤是温病过程中的常见病机。温病大家叶天士曾谓“热邪不燥胃津，必耗肾液”。滋养肾阴则是温病治法中的常用方法。吴鞠通在《温病条辨》中对滋养肾阴有比较全面的阐述，笔者将其整理归纳为以下十法，以资临床参考。

一、滋养肾阴十法

1. 酸甘化阴法　主治以口渴为主症的肾阴亏损轻证。症见身热不甚，口渴喜冷饮，五心烦热，舌质红绛而干、舌苔薄黄且少，脉细数。方如连梅汤等。药用乌梅之酸，麦冬、生地之甘，合用则酸甘化阴，较单纯甘寒养阴之力为强。若不效，可增人参、炙甘草、怀山药之甘，木瓜、白芍之酸，则酸甘化阴之效倍增，如人参乌梅汤。

2. 甘寒合阴法　主治心律失常为主症的肾阴亏损证。症见温病后期，身热已退，五心烦热，神倦耳鸣，牙齿干枯，苔光、舌红绛，脉细促或细数。方如加减复脉汤。方中重用炙甘草与地黄、麦冬、白芍、麻仁等甘寒之味相配，有增强滋阴养液之功能；用阿胶之甘味填补，更有助于养阴之效。

3. 血肉填精法　主治温病恢复期以咽痛为主症的肾阴亏损证。症见身热退净，形体瘦削，咽痛心烦，口干不欲饮，舌红绛，脉细数。吴鞠通用猪肤汤甘味润之。猪肤乃血肉有情之品，能填肾精、滋肾阴，配用白蜜及白米粉以滋肺脾，意在肺脾肾三焦同治，使虚火敛而咽痛除。此类药物尚有鸡子黄、阿胶等。本法实乃渊源于张仲景。

4. 咸寒固摄法　主治温病以腹泻伤阴为主症的肾阴亏损证。因温病误下，腹泻不止，病入下焦使肾亏，阴液受损。方如一甲煎。吴鞠通认为："牡蛎一味，单用则力大，既能存阴，又涩大便，且清在里余热，一物而三用之。"牡蛎性味咸寒，用之最为对症。若舌质由红绛进展到紫绛，口齿干燥明显，则宜用一甲复脉汤，以固摄与滋阴同进。

5. 扶阳和阴法　主治气阴双亏型温病恢复期。症见高热日久之后，虽热退，但神疲明显，表情淡漠，夜寐不安，饮食不进，或妇女适逢经期发病。舌质绛而干、舌面光，脉细弱。此为下焦肾阴亏损，而中焦脾气未复。吴鞠通用三才汤、护阳和阴汤等治之，以人参、甘草等健脾益气，用天冬、地黄、麦冬等滋养肾阴。本法药味虽与甘寒合阴法、酸甘化阴法相类似，但因病机不同，则用药似相近，而药理作用有异。前二者无气虚症状，炙甘草、人参等并非功在补气；本法中脾气虚象已露，用人参、甘草补脾气以化生肾阴。

6. 凉血祛瘀法　主治瘀热耗伤肾阴之肾阴亏损证。症见温病热甚，经水适至，神识昏蒙，少腹坚满，齿龈干而衄血，舌紫绛，脉涩。此为热入血分，瘀热相结而灼伤下焦肾阴。吴鞠通用加减桃仁承气汤治之。内用大黄、丹皮、泽兰凉血祛瘀，桃仁活血祛瘀，生地凉血滋阴，人中白养阴清热。诸药同用，具有凉血祛瘀、滋养肾阴之功。

7. 咸寒生新法　主治温病热退后以衄血或紫癜为主症的肾阴亏损患者。症见身热已退，大便色黑而易解，齿衄时作，小便短赤，或身有紫癜，口干不欲饮，舌质紫绛、舌苔灰黑，脉细数。此为邪伤下焦阴血，阴亏瘀阻。吴氏用犀角地黄汤治之。方中犀角咸寒祛瘀凉血，生地、白芍凉血滋阴，丹皮凉血化瘀。诸药合用，功在祛瘀生新、凉血滋阴。

8. 甘填苦降法　主治温病恢复期以心肾失交为主要表现的肾阴亏损证。症见身热轻微，心烦不得卧，舌质红绛、舌苔薄黄，脉细数。此为热伤肾阴，心火亢盛。肾阴愈虚则心火愈亢，吴鞠通谓其"阳亢不入于阴，阴虚不受阳纳"。方如黄连阿胶汤，以阿胶、白芍、鸡子黄之甘味以填补肾之真阴，黄连、黄芩苦寒降火，使之肾阴得滋、心肾相交而愈。

9. 甘温涩阴法　主治以腹泻伤阴为主要病机的肾阴亏损证。《温病条辨·下焦篇》曰："温病七八日以后，脉虚数，舌绛苔少，下利日数十行，完谷不化，身虽热者，桃花粥主之。"此为温病既耗肾阴，又伤中焦脾胃。且中虚利下不止而复伤肾阴。急则甘温健脾涩阴为先。桃花粥用人参、甘草、白粳米健脾益气，赤石脂固涩下焦。冀其脾旺利止而肾阴得复，此不养阴而救阴之变法。

10. 通补奇经法　主治肾之阴阳俱损证。《温病条辨·下焦篇》曰："痢久阴阳两伤，少腹肛坠，腰胯脊髀酸痛，由脏腑伤及奇经，参茸汤主之。"奇经八脉与下焦肾脏关系甚为密切。温病下利日久，肾之阴阳亏虚，进而奇经八脉亦损，故治疗以通补奇经为法。参茸汤中鹿茸、附子、杜仲通补督脉，当归、茴香、菟丝子补冲脉，人参补任脉。诸药合用，使其奇经得补，阴阳得复，则下利自止，诸症获愈。此肾阴虚之治疗另一法也。

二、临床运用

以上所述十法，临床常因病机的复杂性和病情的阶段性而数法兼夹使用。笔者临床运用上述十法治疗多种病症，或单用或兼而用之，只要把握病机，常收佳效。如治毛某某，男，72 岁。1992 年 12 月 3 日会诊。患者因发热头痛 3 天而拟诊为流行性出血热，入住某医院经西医药对症治疗 20 余天，病情已顺利度过发热期、低血压休克期、少尿期及多尿期，但因出血未止，肾功能未恢复，全身情况差而邀中医会诊。诊见身现微热，形体瘦削，肢体有紫癜，大便溏而色黑，小便黄赤，腰部酸痛，精神萎软不能起床，齿龈干枯有血迹，舌质紫绛干燥，舌苔根灰黑、中光剥，脉细数。常规理化检查：血红蛋白及血小板减低；尿蛋白 + +，尿中红细胞 + + + +；大便 OB + + + +；血清肌酐、尿素氮增高。辨证为温病肾阴亏损，血热瘀阻。治拟滋阴凉血、祛瘀生新。方用咸寒生新之犀角地黄汤加减：水牛角（先煎）、白茅根、芦根、银花各 30g，生地、白芍、茜草、连翘各 15g，丹皮、淡竹叶各 10g。2 剂，每日 1 剂，水煎分上、下午各服 1 次。同时继续西药对症治疗。12 月 6 日复诊：药后黑色溏便已止，紫癜减轻，微热消退，余症依然，并增见心烦失眠，躁动时作。此瘀热减退，阴虚仍甚，心肾失于交济。治拟滋养肾阴、交通心肾法。方用甘填苦降之黄连阿胶汤加减：阿胶（烊冲）、黄芩、麦冬各 12g，白芍、竹茹、生地各 15g，川连 5g，白茅根、芦根各 30g，鸡子黄（冲）1 枚。2 剂。12 月 9 日再诊：药后症状大减，精神转佳，夜寐安静，紫癜基本退净，齿衄消失，舌苔光剥、舌质红绛干燥，脉细数。理化检查报告已较前好转。此心肾已交，但肾阴亏损严重，拟用甘寒合阴法滋养肾阴：炙甘草 10g，生地、白芍、阿胶（烊冲）、女贞子、旱莲草各 15g，麦冬 16g，太子参、白茅根各 30g。3 剂。12 月 13 日再诊：理化检查复查血常规已正常，尿蛋白阴性，尿红细胞，大便 OB –，血清肌酐、尿素氮较前大幅回落而略高于正常。自觉腰胯酸痛，眩晕耳鸣，神疲乏力，胃纳较旺，口干仍作，舌苔光剥、舌质淡红，脉细弱。此阴损及阳，督脉亦亏。拟通补奇经法。处方：大熟地、杜仲、怀牛膝、鹿角胶（烊冲）、杞子各 15g，怀山药 20g，萸肉 12g，当归 10g，生黄芪、太子参各 30g。3 剂。药后复查各项理化指标全部正常，自觉症状基本消失而获痊愈。

三、体会

《温病条辨》不仅是中医学中一部温病学专著，其中许多论述、治法、方剂对中医内、儿、妇等科也有很好的指导作用。上述《温病条辨》滋养肾阴十法，推而广之，也可应用于除温病以外其他疾病的治疗，只要抓住病机及治法的内含，也是能取得佳效的。

[《浙江中医杂志》，2004；(10)]

《温病条辨》的学术成就与创新

许家松

1783年，26岁的吴瑭从江苏淮阴来到北京，参加“检校《四库全书》”的工作。10年之后，即1793年（癸丑），北京瘟疫暴发。吴瑭起治，活人甚众，从此医名大振。在经历了这次大疫之后，吴氏痛感当时对温病的治疗毫无规矩，患者“不死于病而死于医”，遂发愤著书立说，历时6年，于1798年写成《温病条辨》一书（以下简称《条辨》。1813年首刻问世之后，很快风行大江南北。1978年起《条辨》与《内经》、《伤寒论》、《金匮要略》一起，被作为中医代表性医著，列入研究生的专业必修课，要求系统学习，全面掌握。2003年（癸未），发生非典型肺炎，中医工作者重读《条辨》，温故知新，从中认识自然气候变化与传染病发生流行的相关性，并从具体证治中得到了启发。追溯历史，审视现实，《条辨》的理论与方药之所以能够历经200年仍被如此重视、经久不衰是由其学术价值和创新实用性决定的。本文试就《条辨》的学术成就与学术创新作一探讨。

一、为温病学奠定坚实的理论基础——《温病条辨·卷首·原病篇》

温病学是明清以来发展和形成的一门新的学科。《素问·热论》中提出：“今夫热病者，皆伤寒之类也。……人之伤于寒也，则为病热。”以“伤寒”来概括所有热病及其病因。《难经·五十八难》进一步把“伤寒”概括的热性病作了分类：“伤寒有五，有中风，有伤寒，有湿温，有热病，有温病。”后世称为“广义伤寒”。由此可以看出，温病只是隶属于“广义伤寒”中的一个小分支，被统领于“广义伤寒”门下。在长达1600年左右的时间里，伤寒一直是中医诊治热性病的圭臬，居于正统和主流地位，温病居从属地位。随着自然气候、疾病谱的改变，医药的进步，特别是明清以来大疫流行频发，要求中医药有新的发展、突破与创新。早在元·王履《医经溯洄集》中就明确反对“以温病热病混称伤寒”，“决不可以伤寒六经病诸方通治也。”明·吴又可《温疫论》突破六淫病因说，为温病病因提出新说。清·叶天士《温热论》为温病证治初创了卫气营血证治体系。至此，新的温病学说逐渐从“广义伤寒”中挣脱出来另立门户。这就引起了居于正统和主流地位的伤寒学派的激烈反对，斥责其“离经叛道”，引发了一场“寒温之争”。温病学派要在这场论争中站住脚跟，就必须把温病理论奠基在《内经》的基础之上。《条辨》的《卷首·原病篇》完成了这一工作。

《原病篇》又称“引经十九条”。吴瑭从《内经》中选择了有关论述温病、热病、暑病的十九条经文，加以集中，逐字逐句加以注释，置于全书之首。其主要内容有：（1）温病的病名源于《内经》；（2）温病的病因与运气有关，与气候反常的温热有关，并非寒邪；（3）温病的发病季节多发于春而不限于春，包括各个季节；（4）温病的病机为正邪交争，关键在于留正气，存津液；（5）温热病的主症与辨证，是以发热为主症，以五脏分症论治；（6）温热病的治则为“泻其热”、“实其阴”，即清热养阴；（7）温病的诊断与鉴别诊断；（8）温热病的预防与善后调理，强调了治未病、养阴保精等。通过引经及其阐释，说明了温病学的理论正是建立在《内经》的基础之上。同时，十九条经文加以集中之后，可以看出，在《内经》中已初步具备了一个温热病的辨证论治大纲。

二、把温病的范畴扩展为“广义温病”

在《素问·热论》中，是以伤寒来统领所有热病的。其中所说的“温病”，一般是指发病在春季、临床表现为“发热而渴、不恶寒者为温病”。范围相对狭窄。《条辨》开篇第一条就提出“九种温病”：“温病者：有风温、有温热、有温疫、有温毒、有暑温、有湿温、有秋燥、有冬温、有温疟。”这九种温病，从发病季节来看，涵盖了春、夏、长夏、秋、冬一年中各个季节的热性病。把具有传染流行特点的“温疫”、“温毒”列入了温病范畴。新增加了“秋燥”。至于疟疾，从《素问·疟论》开始，就已经作为独立病名专篇论列。《条辨》则把其中临床表现为热多寒少、具有阴伤特点的“温疟”划归到温病范畴。“温病有几”，不但把温病从“广义之伤寒”门下挣脱出来另立门户，而且大大扩充了温病的范畴，发展成为“广义温病”。

值得一提的是在《条辨》中还附列了“寒湿”。在全书238条条文中竟有25条之多。内容丰富，且深意存焉。吴氏自释，列“寒湿”目的，是与“湿温”作为对照文字。他以寒热为纲，详论了热湿（湿温）、寒湿的证治。在“寒湿”中，还大量引用了《伤寒论》三阴经的证治，可谓寒温兼收并蓄。在暑湿、湿温中论述其寒化、热化；在黄疸中论述阴黄、阳黄的互化。这些论述非常符合临床实际，具有很强的实用性。

三、创建和完善了温病的证治体系

历阅中医临床医学史，不难看出，它是一部以辨证论治为主线的发展史。其中最全面、系统、构思严密精巧者，则非仲景六经体系莫属。温病学说兴起后，1642年，吴又可《温疫论》问世，曾提出“表里九传”辨证，但未被公认和运用。1792年，叶天士《温热论》问世，提出了新的卫气营血辨证论治体系。精研叶学的吴瑭在这一基础上，创造性地发展、完善了这一体系。在《条辨》中，他提出了一个以三焦为纲、病名为目、温热和湿热分类、结合卫气营血辨证的温病辨证论治体系。其内容与创新之处在于：

1. 以三焦为纲，把脏腑辨证引进了温病主治体系　关于“三焦”的概念，吴氏取《内经》中的五脏所居部位说，即上焦为心肺所居，中焦为脾胃所居，下焦为肝肾所居，以三焦来概括五脏。他认为治温必究脏腑，要深究“所损何处”，主张把“病所”落实到脏腑。他继承《素问·刺热》以五脏辨治热病的学术观点，以三焦概五脏作为证治体系和主线，来辨析温病的病位、病性、病势，确立治则治法和相应方药。《条辨·中焦篇》谓：“温病自口鼻而入，鼻气通于肺，口气通于胃。肺病逆传则为心包。上焦病不治，则传中焦，胃与脾也，中焦病不治，即传下焦，肝与肾也。始上焦，终下焦。”《条辨·中焦篇》全书以上焦篇、中焦篇、下焦篇为纲为序，论述温病证治。其上焦温病的含义，包括：病位在肺，病性为表热证或表湿热证，属温病初期，不治则传中焦，逆传则为心包。在治法上，“治上焦如羽（非轻不举）”（《条辨·杂说》）。中焦温病的含义，属温热者，病位在胃；属湿热者，病位在脾，病性分别为里热证、里实证或里湿热证。病势属温病极期，邪气盛实，不治则传下焦。在治法上，“治中焦如衡（非平不安）”，以祛邪为主。下焦温病的含义，病位为肝与肾，病性为里热里虚为主的虚实夹杂证，属温病后期。治法上，“治下焦如权（非重不沉）”。总之，以三焦为纲，强调了温病辨证中的脏腑定位，是脏腑辨证在温病辨证中的运用与发展。吴氏对脏腑辨证之精细，还表现在脏腑之中再分阴阳。如中焦篇，脾胃两伤者，还要进一步细辨“伤胃阳”、“伤胃阴”、“伤脾阳”、“伤脾阴”。难怪清代医家曹炳章在

《医医病书·序》中，称赞吴著“堪作诊断术之专著”了。

2. 以九种病名为目，把辨证与辨病结合起来　前文述及，《条辨》首列“九种温病”，大大扩展了温病的范畴。其病名本身，就提示了发病季节与证候特点。如均具发热主症，凡发病在春季，临床表现为与春季气候的温暖多风相一致者，就命名为“风温”；凡发病在夏季，其临床表现为热盛兼湿者，就命名为“暑温”；凡发病在夏秋两湿季节，临床表现为湿热感者，就命名为“湿温”；凡发病在秋季，临床表现为燥热伤津液者，就命名为“秋燥”；凡发病在冬季，气候应寒反暖，临床表现为温热特点的，就命名为“冬温”；凡具上述特点而具有传染流行者，就命名为“温疫”。如具有局部红肿热痛甚则溃烂者，就命名为“温毒”。以病名为目，是在辨证的基础上，根据发病季节、气候特点、证候特点，给予了不同的病名，这样把辨证与辨病结合起来了。

3. 以是否挟湿把温病从性质上分为温热、湿热两大类　《条辨》从性质上以是否挟湿分为不挟湿的温热类和挟湿的湿热类两大门类。不挟湿的温热类，包括风温、温热、温疫、温毒、冬温放在一起论述（秋燥亦属此类）。挟湿的湿热类包括暑温（含伏暑）、湿温以及疟疾。如此分类，是因为二者在病因、病机、治则、治法方面有很大差别。温热类病因属单一的温邪、热邪、阳邪，病理改变以热盛伤阴为主。治疗上以清热养阴为主，证治相对简单。湿热类病因属热与湿相合的复合病因，热为阳邪，湿为阴邪。热邪伤阴，湿邪则以阻塞气机、伤气或甚则伤阳为其主要病理变化，这就造成了证候上的矛盾性和治疗上的复杂性。正如《条辨》所言：“热湿者，在六时长夏之际，盛热蒸动湿气流行也。在人身，湿郁本身阳气，久而生热也，兼损人之阴液。”治疗上“发表攻里，两不可施……徒清热则湿不去，徒祛湿则热愈炽。”再因湿热两邪多少不同，互有转化进退，变化多端。因此吴瑭指出：“瑭再三致意者，乃在湿温一证……较之风火燥寒四门之中，倍而又倍，苟分条分缕析，体贴入微，未有不张冠李戴者。”在治则治法上二者亦判然有别，明确提出：“温病之不兼湿者，忌刚喜柔，……温病之兼湿者，忌柔喜刚。”“湿为阴邪，非温不化。”对某些湿温的治疗，不但不忌温燥，姜、桂、附、参、术、芪亦时有出现，吸取了《伤寒论》三阴经病中的不少方药。《条辨》这种以是否挟湿类分温病的方法及湿温的证治，是全书的重点、难点和精华所在，有很高的临床实用价值，不但体现了中医对温病的证治优势，而且面对越来越多的复杂性、难治性疾病，亦颇有启发意义。

4. 与卫气营血辨证结合，有一纵一横之妙　吴瑭的三焦证治体系，与叶氏的卫气营血证治体系并不相悖，而是分别或从脏腑的角度，或从气血的角度来认识在温邪作用下产生的病理变化而已。上焦篇中，在论列银翘散、桑菊饮之后，就是以气、营、血之序进行论列的。明确提出“在气分”，“初入营”，“过卫入营”，“在血分”，“气血两燔”的具体证治，只不过是在三焦为纲，病名为目的纲目下，再结合卫气营血辨证。可以看出，在叶氏卫气营血辨证体系之后，吴氏另创三焦体系，并非如有的学者所说，是因为吴氏未能看到，不了解叶氏的卫气营血辨证才另立三焦体系。

综上所述，吴瑭创建的三焦为纲、病名为目、温热湿热分类的温病证治体系，是一个全面、系统、集大成、有创新意义的温病辨证论治体系。温病的证治体系，通过吴瑭的创新与完善，已逐渐完善。

四、久用不衰的传世名方

《条辨》制列了众多名方，如：银翘散、桑菊饮、安宫牛黄丸、诸承气汤、清营汤、益胃汤、复脉汤、三仁汤、宣痹汤、茯苓皮汤等。这些方剂均被选入了《温病学》、《方剂学》中医教材之中，作为代表性方剂，成为中医工作者必须掌握的看家本领。这些方剂，在半个多世纪以来在传染病、感染性疾病的防治中久用不衰，屡屡建功。《条辨》方在立法制方方面，也具有其特点和创新之处。

1. 系列方的组合与创制　例如，(1) 辛凉系列方：由“轻剂”桑菊饮、“辛剂”银翘散、“重剂”白虎汤组成为辛凉系列方。(2) 清心开窍系列方：把创新方安宫牛黄丸与古方紫雪丹(《千金翼方》、《外台秘要》、《局方》均载，吴氏谓引许叔微《本事方》)、局方至宝丹组合成为“主治略同而各有特长”的清心开窍系列方，被称为“温病三宝”。(3) 承气系列方：在《伤寒论》三承气汤的基础之上，针对“阳明腑实”兼见多种合并证、虚证，创制了宣白承气汤、导赤承气汤、牛黄承气汤、增液承气汤、新加黄龙汤、护胃承气汤、承气合陷胸汤等7个承气汤，加上三承气汤，形成了包括10个承气汤的承气系列方。此外，《条辨》还取吴又可的桃仁承气汤和自制加减桃仁承气汤又组成了逐瘀承气系列方。(4) 养阴系列方：《条辨》论列了温病不同阶段、急缓不同的生津养阴系列方。上焦篇列五汁饮、雪梨浆；中焦篇列益胃汤、增液汤、玉竹麦门冬汤、牛乳饮；下焦篇列加减复脉汤、专翕大生膏、小定风珠等。其中加减复脉汤、救逆汤、一至三甲复脉汤、大定风珠又形成一个复脉汤系列，用于下焦温病熄风、潜阳、养肝、填精。(5) 化湿系列方：湿热类温病的方证远较温热类复杂。《条辨》论列了以芳香宣化、辛苦通降、淡渗利湿、益气化湿、疏风胜湿、温阳利湿等法组成的化湿系列方。如上焦篇列三仁汤；中焦篇列加减半夏泻心汤、一至五加减正气散、杏仁滑石汤、黄芩滑石汤、三石汤、薏苡竹叶散、宣痹汤等；下焦篇列宣清导浊汤、连梅汤、椒梅汤、加味异功汤、术附汤等。其中五个加减正气散又形成一个正气散系列，以苦辛通降法治疗中焦湿温表现为脾胃升降失常的诸证。

2. 遵《内经》以药物性味立法组方　吴瑭反对“有方无法”。《条辨》方均遵《内经》以药物性味立法组方的制方原则。每首方名之下，一一列出药物性味立法。如对上焦风温，即“从内经‘风淫于内，治以辛凉，佐以苦甘’法”。对湿温类，遵《内经》“湿淫于内，治以苦热，佐以酸淡，以苦燥之，以淡泄之”的法则，以苦辛通法组方。这对当前一些不问性味、凑药处方、无法无方的现象，颇有切中时弊之意。

3. 在继承中创新方　上述名方、系列方，绝大多数方出有源，多在继承经方、古方、时方的基础之上，化裁创新而成，《条辨》共198方。其中引用仲景原方有30余首，加减者20余首，二者约合总方数的三分之一。如承气系列方源于《伤寒论》的三承气汤；复脉系列方源于炙甘草汤；安宫牛黄丸源于万氏牛黄清心丸；正气散系列源于《局方》霍香正气散等等。但是均加以精心化裁，推陈出新，更加符合临床实际，扩大了适应证，久用而不衰。

五、《温病条辨》是学术继承与学术创新的一个范例

关于中医发展中的继承与创新问题，已经争论和困惑了半个世纪之久了。强调创新者，反对“继承遥遥无期”，强调继承者，认为“没有继承哪有创新”。回顾中医学的发展历程，从来都是继承与创新并举。吴瑭的《条辨》应该是一个继承与创新的范例。在1989年的“中医科研传统方法研讨会”上，一位著名的老中医专家以“从《温病条辨》谈临床经验的继承”为题作了专题发言，认为《条辨》是继承与创新的典范，得到与会中医专家的一致赞同。

吴氏深遵《内经》，把全书的理论基础奠基在《内经》的基础上。但是他也指出："《灵枢》、《素问》二书，非神圣不能道，然多述于战国汉人之笔，可信者十之八九，其不可信者一二。""择其可信者而从之，不可信者而考之。"在《原病篇》中，对《内经》原文所列的许多"死证"，吴瑭就指出，由于方药的进步，有些"死证"亦可生可活。吴氏学承叶天士，他崇尚叶氏"精思过人"，"持论平和立法精细"，"迥出诸家之上"。但是他也指出：其"立论甚简，且散见于医案之中"。他就是要把这些散金碎玉发掘出来，做一番引线串珠的工作，从中总结规律，目的就是"俾学者有路可寻"。据笔者统计，《条辨》238条条文，来自叶案者，达80余条之多。这种发掘、整理、提高工作，正是继承基础上的发展创新。至于书中方药对仲景方的继承与创新，前文之列，兹不赘述。可以看出，吴氏遵《内经》、宗仲景、师叶桂、汇众善，十分重视和善于继承。但是这一切都不能代替临床实践。在吴氏长达50年的从医生涯中，他十分注重临床经验的积累和总结。《条辨》就是在经历癸丑京都大疫后写成的。从《吴鞠通医案》所收300余首医案来看，时间跨度达48年之久，有的案例长达70余诊次。这些医案理法方药俱全，文字朴实，可以作为《条辨》方证的临床运用举例。吴氏的创新成就不但源于认真继承和勤于实践，更与他严肃认真的治学态度分不开。他说自己有三个"不敢"：一"未敢轻治一人"，二"未敢轻易落笔"，三书成之后"犹未敢自信"。可见一斑。

综上所述，《温病条辨》一书，是在继承《内经》、《伤寒论》和叶天士学说的基础之上，一部全面、系统、集大成、切实用、有创新的温病学专著。其学术意义在于它标志着以河间为先导，由吴又可奠基，叶天士初创的温病辨证论治体系，经过吴瑭的整理、提高与创新而宣告完成，成为温病学史上一部承前启后的里程碑之作。

[《世界中医药》，2007；(4)]

吴鞠通温病辨证特点探析

王秀莲

清代名医吴鞠通以其在温病学方面的贡献而闻名于世。他创立的三焦辨证纲领与卫气营血辨证融为一炉，完善了温病的辨证论治体系，丰富了温病学的证治内容，为中医学的创新发展作出了重大贡献。他的学术思想是宗《内经》、《伤寒》之旨，发扬吴氏（吴又可）之说，师承叶氏（叶天士）之论，博采众家之长，结合自己的临床实践，特别是多次大疫的辨治经验而形成的，具有很高的理论和实用价值。深入挖掘研究吴鞠通学术思想，特别是其辨治温病的思路和防治经验，对当前传染病和感染性疾病的防治具有重要意义。

一、详辨病因病性

1. 重视气运　吴鞠通在《温病条辨原病篇》开篇就引用了《内经》运气七篇大论原文："《六元正纪大论》曰：辰戌之岁，初之气，民厉温病；卯酉之岁，二之气，厉大至，民善暴死；终之气，其病温。"指出："叙运气，原温病之始也。每岁之温，有早暮微盛不等，司天在泉，主气客气，相加临而然也。"说明每年发生的温病有早晚轻重的不同，是由于每年的司天、在泉、主气、客气的循环和它们之间的相互加临有所不同的缘故。在《医医病书》中吴鞠通还专门撰写了《气运论》、《医不明六气论》、《医必备四时五行六气论》、

《三元气候不同论》等文，强调精通气运在外感疾病临证中的重要意义。认为“精通运气之理，有先知之妙。时时体验其气之已至未至，太过不及，何者为胜气，何者为中气，何者为复气，何者为化气，再用有者求之，无者求之，微者责之，盛者责之之功，临证自有准的”。由此可知，气运的变化可能是某些温病发生的重要原因之一，运气变化对疾病的影响是中医值得发掘和研究的领域。温病发生、流行的因素是多方面的，但自然因素包括时间、空间、气象等影响是不容忽视的。“运气学说不是一个孤立的学科，而是建立在和多种学科相联系基础上的开放学科”，在一定条件下可为当今某些传染病的发生提供预警，同时为某些新发传染病的辨治提供参考。

2. 强调内因　吴鞠通在《内经》“冬不藏精，春必病温”的基础上，进一步强调“盖谓冬伤寒则春病温，惟藏精者足以避之”，明确温病的发生是外因作用于内因的结果，强调“藏精”的重要性。并对“不藏精”进行发挥，提出“不藏精三字需活看，不专主房劳说，一切人事之能动摇其精者皆是”。深化了不藏精的含义。可以认为，凡是影响人体正气的原因如喜怒不节，过度劳作，思虑多欲，汗出过多，大病之后，禀赋不足等，均可造成少阴水脏先亏，阳气外泄，精气失于固藏。提示顾护正气是预防温病的关键。

3. 详辨“两纲”“三因”“胜气复气”　在外感热病中，就病证性质而言，有伤寒、温病之分；就温病病证性质而言，又有温热、湿热之分。如用湿热之法治温病，必不全面。如汪讱庵评论《温病条辨》时指出：“温热、湿热为本书两大纲”。反映了吴鞠通辨治温病的一大特色。对于温病病因，诸贤历有争论，吴鞠通兼收并蓄，融会贯通，提出温病“三因”说，《温病条辨原病篇》中“伏气温病，如春温、冬咳、温疟”，亦有“乃司天时令现行之气”，“更有非其时而有其气，如又可所云戾气”。伏气、新感、戾气“三因说”使温病病因说臻于完善。

不仅如此，吴氏对病因病性还进一步辨胜气、复气。他认为“秋燥之气，轻则为燥，重则为寒，化气为湿，复气为火。所以治疗燥气为病，既有化气火证，亦有胜气寒证”。据记载，道光元年（辛巳年，公元1821年）吴鞠通64岁，遇京师燥疫流行，民多吐利，腹痛而死，正是由于他细审病证详辨病性，认为系凉燥为患，才特制苦温芳香、扶阳逐秽之剂——霹雳散以救之，大获奇效。当年顺天（北京）乡试，主考官购其所制霹雳散百余剂，令考生服用，果然考场无患疫而死者。吴鞠通在霹雳散方论中指出：“虽疠气之至，多见火证，而燥金、寒湿之疫，亦复时有。风、火、暑三者为阳邪，与秽浊异气相参，为温疠。湿、燥、寒与秽浊异气相参，为寒疠。”反映了他对疫病病性全面客观的认识。又如：癸丑年（公元1793年）吴鞠通36岁，京师发生瘟疫大流行，经误治而死者不可胜数。正如纪晓岚在《阅微草堂笔记》中所述：“乾隆癸丑春夏间，京中多疫，以张仲景法治之，十死八九，以吴又可法治之，亦不甚验。”“虽然求治者太多已成坏病，但经其（吴鞠通）救治，幸存者达数十之多。”说明面对新的疫病，吴鞠通不拘常法，大胆创新，灵活辨治。

二、完整独特的辨证体系

1. 辨病与辨证结合　《温病条辨》开卷首列九种温病，“温病者，有风温，有温热，有温疫，有温毒，有暑温，有湿温，有秋燥，有冬温，有温疟”。分辨诸温病发病之因与临床特征，明确不同温病的概念，足见吴氏对辨病的重视。吴鞠通创立的三焦辨证体系即是以三焦为“纲”辨证，九种病名为“目”辨病，树立了辨证与辨病紧密结合的典范。在病名之后，又按疾病的症状、性质分型论治，病证结合。辨病有利于把握疾病本质、传变趋势和变化规律。只有先明确病的诊断，才能把握证的特征。足见，古人也已意识到辨病与辨证相结合的优势所在。

2. 分期与定位结合　外感病具有由轻到重、由浅至深的基本发展规律，卫气营血辨证体现了病期和病变层次的不同。吴鞠通继承叶天士卫气营血理论，在辨病的前提下进行卫气营血辨证，有利于揭示不同温病的特征，使卫气营血辨证更具体化。吴鞠通创立三焦辨证的重要意义就在于将脏腑辨证引入温病辨证领域，以补卫气营血辨证的不足。《温病条辨》将卫气营血分期辨证与脏腑定位相结合，如“太阴温病，气血两燔者，玉女煎去牛膝加元参主之”，使辨证向更深层次发展，证型具体化，治疗更有针对性。又如吴鞠通在上焦篇“秋燥”名下论述：“秋感燥气，右脉数大，伤于太阴气分”。体现了吴氏三焦辨证、病名分类、卫气营血、六经辨证相结合的完整独特的辨证体系。

3. 主证和兼证结合　在辨证过程中力抓主证、结合兼证也是吴鞠通温病辨治的一大特色。如著名的五承气汤的产生，就是他在辨识“大便闭结”为主证的前提下，根据兼证阴液亏虚、肺热、热闭心包、小肠热盛、气液两虚分别与滋阴、宣肺、开窍、清火府、补益气液合用而产生的，被认为是对下法的贡献。再如五加减正气散主证是“脘闷”，病机关键是湿滞中焦、升降失司。由于湿浊弥漫，在上可出现头痛或胀或重；在下可出现大便不爽或胀或泄；在中可出现脘腹腹胀，呕恶苔白；在肌表可有寒热、身痛、身重等症。苔白是辨湿邪的要点，白滑为湿重，白而黄是湿蕴化热之象，素体湿盛或脾阳不足之体又可转化为寒湿之证，按不同兼证分别加入不同的药物，使治疗更有针对性。临证抓主证固然重要，主证抓对了可击中要害，但是能否正确识别兼证，也是提高临床疗效的关键。主证和兼证结合的辨治思路是值得借鉴的。

吴鞠通完整独特的辨证体系，是对外感病辨治理论的巨大贡献，充分体现了中医辨证的多层面性和灵活性。当前传染性疾病总的发展态势是“经典传染病没有被完全控制，新的传染病已出现，世界各国都面临着新老传染病的双重威胁”。面对传染病新的发病特点，寻找新的思路、方法和新的药物，有效地对付传染病的威胁，成为当前医学界面临的一大课题。所以，深入研究古人防治疫病的理论与经验，总结前人的思路和方法，对于防治新发传染病具有重大意义。

[《山东中医药大学学报》，2008；(5)]

《温病条辨》汗下禁忌溯源与评价

顾　漫

《温病条辨》一书，是温病学派著作中最系统、最完整、集大成的一部代表著作。其书以三焦为纲、病名为目，比较系统、全面地论述了温病的辨证论治，涉及了多种温病从病因病机、证候表现到治则、治法、方药、禁忌、病后调理等各方面的内容，为后来中医的外感病治疗提供了可资遵循的轨范，至今仍在中医学领域中具有很大影响。惟其对中医学影响很大，才值得我们今天依旧去学习和研讨它，从而把握中医学发展的脉络，为中医学未来的前进寻找航向。

《温病条辨》作为温病学派一部集大成的著作，其在系统性、完整性上确实胜过前代诸家。以温病的治疗禁忌为例，《灵枢·热病》虽然提出所谓的“热病不可刺者有九”，但其所谓的“不可刺者”实则是指“不可治者”，即原文提到过的“有死证也”，实际上属于预后判断的范畴，并非针刺治疗禁忌证的概念；《伤寒论》则被认为是“详于寒而略于温”，其“温病”的概念亦与后世不尽相同，对“温病”的治疗禁忌更是没有专门述及；吴有可、叶天士在其著作中虽也提到一些治疗禁忌，但都比较零碎，而吴鞠通则将前人提到过的这些治禁总结、继承了下来，并结合自己的认识加以整理，形成了一套理论化的定则和成规，并随《温病条辨》一书的流传产生了很大影响（如“治上勿犯中下”之戒、升提之禁、“白虎四禁”、“湿温三禁”等颇为近代医家引用和关注）。本文试从《温病条辨》中涉及条文较多且较有理论基础的汗下禁忌切入，通过对其寻根溯源的挖掘及结合现实的评价，力图将其中蕴藏的一条中医理论构建的思路梳理出来。

中医学中对汗、下诸法的使用禁忌早有论述，《难经·五十八难》提出：“阳虚阴盛，汗出而愈，下之而死；阳盛阴虚，汗出而死，下之而愈。”指出证属寒邪在外、表阳被遏者，宜用汗法，禁用下法；证属邪热内炽、阴液被灼者，宜用下法，禁用汗法。《伤寒例》中引此条作“阳盛阴虚，汗之则死，下之则愈；阳虚阴盛，汗之则愈，下之则死”，并加以“桂枝下咽，阳盛即毙，承气入胃，阴盛以亡”的具体说明。此论在历代医家中广为传诵，始终被推崇为汗下施用的纲领。而到了《伤寒论》的“诸可与不可”诸篇中，则更是详列汗、吐、下法的各种适应证及禁忌证，可以看作是对于作为中医主要治疗手段的“汗、吐、下”三法的一次系统总结。《温病条辨》则在此基础上结合温病特异的病因病机，提出了适应于温病的汗下禁忌，从而为指导温病的临床服务。

现将《温病条辨》一书中所记载的汗下禁忌作一归纳：

提出汗法禁忌的条文计有：上焦篇第4条银翘散方“方论”（“温病忌汗，汗之不唯不解，反生他患。”）；上焦篇第6条桑菊饮方“方论”（“风温咳嗽，虽系小病，常见误用辛温重剂销铄肺液，致久嗽成痨者不一而定。圣人不忽于细，必谨于微。”）；上焦篇第16条（“太阴温病，不可发汗，发汗而汗不出者，必发斑疹，汗出过多者，必神昏谵语。”）。上焦篇第43条中所谓之“湿温三禁”亦提到“汗之则神昏耳聋，甚则目瞑不欲言”的汗法禁忌。下焦篇第2条（“温病误表，津液被劫，心中震震，舌强神昏。”）与第3条（“温病耳聋，病系少阴，与柴胡汤者必死。”），亦与汗法禁忌有关。

和下法禁忌有关的条文计有：上焦篇第43条“湿温三禁”中的“下之则洞泄”；中焦篇第33条“数下亡阴之大戒”（“阳明温病，下后脉静，身不热，舌上津回，十数日不大便，只可与益胃汤、增液汤等，不可再与承气也。”）；中焦篇第32条“下后暴食之禁”（“阳明温病，下后热退，不可即食，食者必复。”）。

下面试分别加以讨论：

一、汗法禁忌源流述评

在《内经》时代，就已经对“汗”的机理及“汗法”的运用有了相当精深的认识：《素问·阴阳别论》论汗曰：“阳加于阴谓之汗。”《素问·阴阳应象大论》论治则：“因其轻而扬之，因其重而减之，因其衰而彰之……其高者，因而越之；其下者，引而竭之；中满者，泻之于内；其有邪者，渍形以为汗；其在皮者，汗而发之”，体现了“因势利导”的治疗思路。对于各种治法的具体运用，《内经》则强调要根据证情适当选择。

《素问·至真要大论》：“上之下之，摩之浴之，薄之劫之，开之发之，适事为故。”而针对热病治疗，《灵枢·热病》提出了“以泻其热而出其汗，实其阴以补其不足者”的法则，为后世温病学家所取法，并发展为温热病“清热养阴”的治疗大法。

《伤寒论》对汗法的使用法则也有极为精辟的论述：《伤寒论·辨可发汗病脉证并治第十六》：“大法，春夏宜发汗。”“凡发汗，欲令手足俱周，时出似漐漐然，一时间许，益佳。不可令如水流离。若病不解，当重发汗。汗多者，必亡阳，阳虚，不得重发汗也。”“凡服汤发汗，中病便止，不必尽剂也。”《金匮要略·痉湿暍病脉证治第二》：“风湿相搏，一身尽痛，法当汗出而解。值天阴雨不止，医云此可发汗，汗之病不愈者，何也？盖发其汗，汗大出者，但风气去，湿气在，是故不愈也。若治风湿者，发其汗，但使微微似欲出汗者，风湿俱去也。”由上可见，张仲景运用汗法特别注重适度的原则，发汗以微微汗出、阳气畅达为度，不可过度。

《伤寒论》对“病由汗解”的把握是颇为精到的。例如《辨脉法第一》中对战而汗解、不战而汗解、不战不汗出而解三种不同情况，从脉象上的辨别与病理机转的分析，以及对病解时不同证象的辨析，无不显示出张仲景精细的临床观察和缜密的分析思路。从中透射出的张仲景对“阴阳自和”的体悟是他之所以能灵活、准确地把握汗法的枢机之要，《伤寒论》中的一切治疗调节都正是基于此，故以恢复病人阴阳平衡而促进其主动向愈为出发点和归宿。这是对《素问·至真要大论》“谨察阴阳所在而调之，以平为期”治则的发展，而《难经·五十八难》的论述亦反映出这一理念。实际上，所谓“汗解”与“凉透”两种解表法也完全能以“阴阳和”的理论为纽带统一起来，两者一则以热药投寒病，一则以寒药投热病，皆是促其“阴阳和”而病解，其蒸腾汗出者，亦合于《内经》“阳加于阴谓之汗”之旨（《素问·阴阳别论》）。

《伤寒论》中虽未提出“辛凉解表”之法，但《伤寒论·辨太阳病脉证并治上》对“表郁轻证”者用“桂枝麻黄各半汤”、“桂枝二麻黄一汤”之后世所谓“小汗法”治疗，充分体现出张仲景运用汗法的灵活性。特别是本篇第23条：“太阳病，发热无汗，热多寒少，脉微弱者，此无阳也，不可发汗，宜桂枝二越婢一汤。”提出太阳表郁兼里热轻证之证治，其所拟之桂枝二越婢一汤可谓开后世“辛温复辛凉”之“清解法”先河。

《伤寒论》对汗法把握之严格也体现在其对汗法禁忌颇为系统的总结中。《伤寒论》于各篇行文中穿插提到许多汗法禁忌，虽属散在却不失系统，因其有如下特点：一是提出了不少一般性的原则，如“亡血不可发汗”、“汗家不可发汗”、“淋家不可发汗”等；二是紧扣误汗伤阴、伤阳的转化机制；三是以六经病为纲，结合病变特点提出治疗禁忌。可见，《伤寒论》中的汗法禁忌并非临床经验的简单辑录，而是贯穿着理论思维的系统总结。其书中的《辨不可发汗病脉证并治第十五》更是对诸条发汗禁忌进行了全面搜罗和详尽列举，其完备竟使后世医著罕有能及。

通过对比可见，《温病条辨》对汗法禁忌的论述是对《伤寒论》的继承和发挥。吴鞠通在“温病忌汗”（上焦篇第4条银翘散方“方论”）的论述中引《伤寒论》“尺脉微者为里虚，禁汗”（见于《伤寒论》第49条，原文作“尺中脉微，此里虚，须表里实，津液自和，便自汗出愈。”），便暗示出其治法禁忌源自张仲景，而《温病条辨》所述误汗后之坏证、变证（如神明内乱、谵语癫狂、内闭外脱；神昏耳聋，甚则目瞑不欲言；心中震震，舌强神昏等等），亦大致未出《伤寒论》的范畴。但其创新之处则在于结合了温病特点重点强调了发汗伤阴的一面，指出“误汗虽曰伤阳，汗为五液之一，未始不伤阴也……温病最善伤阴，用药又复伤阴，岂非为贼立帜乎？此古来用伤寒法治温病之大错也”（上焦篇第4条银翘散方“方论”），其所立汗禁可以看成是上承《难经·五十八难》“阳盛阴虚，汗出而死”。不可否认，《伤寒论》中虽然也有关于阴虚禁汗的条文，如《伤寒论·辨不可发汗病脉证并治第十五》中“脉浮紧者，法当身疼痛，宜以汗解之。假令尺中迟者，不可发汗，何以知然？以荣气不足，血少故也”、“诸脉得数动微弱者，不可发汗。发汗则大便难，腹中干。胃燥而烦，其形相像，根本异源”等，可以看作“温病忌汗”的理论源头，但其更多注重的确实还是误汗或过汗对阳气的损伤，这反映出《伤寒论》与《温病条辨》因其治疗对象证治特点的差异而对汗法禁忌的认识各有侧重。

《温病条辨》中所谓的“禁汗”实际上还反映出“汗法”这一概念从内涵到外延的演变。从张仲景开始“可发汗”就往往和“麻黄汤”联系在一起，言“不可汗”者亦一般是指禁麻黄类方，桂枝汤尚不在禁例。这时“汗法”的概念实际上便与《内经》中的有所不同：《内经》中的治疗手段以针刺为主，其治则也常常是根据针刺特点提出的。如《灵枢·热病》中的“泻其热而出其汗”，是指通过针刺调节使热随汗泄，虽也可视为“汗法”，但其“汗出”是治疗的自然结果，显然与以促其汗出为目的之方药治疗有所不同，故其适用范围较为广泛，而其治疗效果则更多依赖医生的技术及患者的体质等因素，往往会较药物治疗为弱，但这样一来发生“伤阴”、“伤阳”等副反应的机会也会相对较少。因此，《内经》中“汗法”的概念较后世更为宽泛。而到了《温病条辨》中，其所谓“禁汗”多数是指“禁辛温发汗”，其“汗法”概念与《内经》、《伤寒论》又有所不同，实则是狭义的“汗法”概念。理清这一点，许多关于《温病条辨》中的汗法禁忌是否合理、适用的争论便可以休矣了！

当然，《温病条辨》中对于误汗后果的一些记述在今天看来是缺乏科学性的，如认为“风温咳嗽”误用辛温重剂销铄肺液，可致久嗽成痨（上焦篇第6条）；“太阴温病”发汗而汗不出者，必发斑疹（上焦篇第16条）。现在我们知道肺痨（肺结核）、斑疹等疾病的发生与误用辛温发汗并无直接和必然的关系，但是这些失误是时代的局限性使然，我们不能因此而苛责古人。况医者既已皆能明辨其非，也就没有特别提出关注的必要了。

二、下法禁忌源流述评（兼论“治上勿犯中下”之戒）

《温病条辨》一书对中医“下法”的发展做了很大贡献，其所创“增水行舟”一法尤为后世所推崇并效法，其对承气汤的发展则大大拓展了下法的适应范围。分析这些成就取得的原因，不能不归功于吴鞠通对于温病“阴伤”病机的深刻领会，而《温病条辨》中所述的下法禁忌也是紧扣住这一核心病机的，如中焦篇第33条“数下亡阴之大戒”就反映出这点。《伤寒论》对阳明病下后又不大便、脉微涩证属里虚者，虽也提出不可更与承气汤，但却未针对阳明病“亡津液”的病机给出治疗方药（214条），而《温病条辨》提出用益胃汤、增液汤可谓补《伤寒论》之未备。上焦篇第43条提出湿温禁下，考虑的是“误下伤阴，而重抑脾阳之升，脾气转陷，湿邪乘势内溃，故洞泄”，依旧基于阴阳机转。中焦篇第32条“下后暴食之禁”，则上承《素问·热论》“病热少愈，食肉则复，多食则遗，此其禁也”的宗旨，并在调理法度上有所发展。

还有一点值得注意的是，《温病条辨》提出的“治上勿犯中下”之戒，实则也包含着一部分下法禁忌的内容，且在理论上较有渊源，所涉及问题也很有理论和临床意义，故下面重点加以讨论。

吴鞠通在《温病条辨》卷四中《治病法论》里提出“治上焦如羽，非轻不举”的法则，并在《上焦》中反复申说“治上勿犯中下”之戒：“岂有上焦温病，首用中下焦苦温雄烈劫夺之品，先劫少阴津液之理！……况邪有在卫者，在胸中者，在营者，入血者，妄用下法，其害可胜言邪”（上焦篇第4条）？“病初起未至中焦，不得先用里药，故犯中焦也。”（上焦篇第18条）“若黄连、甘草，纯然里药，暑病初起，且不必用，恐引邪深入……（上焦篇第24条）”其论银翘散方，特别叮咛“勿过煎”，因为“肺药取轻清，过煎则味厚而入中焦矣”（上焦篇第4条）；并认为银翘散方之妙在于“预护其虚，纯然清肃上焦，不犯中下，无开门揖盗之弊，有轻以去实之能”（上焦篇第4条）。

“治上勿犯中下”的提法中体现的注重表里先后次序的思想，其渊薮可上溯至《内》、《难》、《伤寒》。《素问·至真要大论》提出：“病之中外何如……从内之外者，调其内；从外之内者，治其外；从内之外而盛于外者，先调其内而后治其外；从外之内而盛于内者，先治其外而后调其内；中外不相及，则治主病。”以“治病求本”的思想为指导，率先确立了关于表里同病时治疗先后次序的原则。《伤寒论》发展了《难经·五十八难》：“阳虚阴盛，汗出而愈，下之而死”的认识，明确指出：“诸外实者，不可下。下之则发微热，亡脉厥者，当齐握热。”“太阳病，有外证未解，不可下，下之为逆。”“病发于阳，而反下之，热入因作结胸；病发于阴，而反下之，因作痞（以上条文并见于《伤寒论·辨不可下病脉证并治第二十》）。”不仅如此，张仲景还反对“下之过早”，《伤寒论·辨阳明病脉证并治》：“汗出谵语者，以有燥屎在胃中，此为风也。须下者，过经乃可下之。下之若早，语言必乱，以表虚里实故也。”（217条）“须小便利，屎定硬，乃可攻之（252条）。”《金匮要略·痉湿暍病脉证治》中也提到：“湿家，其人但头汗出，背强，欲得被覆向火，若下之早则哕，或胸满，小便不利，舌上如胎者，以丹田有热，胸中有寒，渴欲得饮而不能饮，则口燥烦也。”

到了叶天士那里，这一思路继续得到贯彻，形成了与“卫－气－营－血”的传变层次相关联的更为严格的治疗次第。叶天士《温热论》中说：“大凡看法，卫之后方言气，营之后方言血。在卫汗之可也；到气才可清气；入营犹可透热转气……入血就恐耗血动血，直须凉血散血……否则前后不循缓急之法，虑其动手便错，反至慌张矣。”认为治疗需顺循疾病传变的先后次序，不可超越病程发展阶段用药（“到气才可清气”）。吴鞠通的“治上勿犯中下”即直接渊源于此，并进一步认为治疗用药如果不循次第，超越病程进展阶段给药，如上焦证用中焦药，表证用里药，则会造成“引邪深入”、“开门揖盗”的不良后果，并据此提出邪在卫者、在胸中者、在营者、入血者，皆不可妄用下法（上焦篇第4条）。

关于下法的运用问题，温病学派内部即有与吴鞠通不同的意见，许多医家主张温病治疗“下不厌早”，且不拘有无表邪、邪留何处。在吴鞠通之前的吴又可就提出：“勿拘于下不厌迟之说……殊不知承气本为逐邪而设，非专为结粪而设也。必俟其粪结，血液为热所抟，变证迭起，是犹养虎遗患，医之咎也。”杨栗山也辨析道：“伤寒里实方下，温病热盛即下，其治法亦无大异。但伤寒其邪在表，自气分传入血分，下不厌迟。温病其邪在里，自血分传入气分，下不厌早。”戴天章更有明确论述：“时疫下法，与伤寒不同，伤寒下不厌迟，时疫下不厌早。伤寒在下其燥结，时疫在下其郁热。伤寒里证当下，必待表证全罢；时疫不论表证罢与不罢，但兼里证即下。伤寒上焦有邪不可下，必待结之中下二焦方可下；时疫上焦有邪亦可下，若必待结之中下二焦始下，则有下之不通而死者。伤寒一下即已，张仲景承气诸方，多不过三剂；时疫用下药，至少三剂，多则一二十剂者。”

到了近现代，“下不厌早”的原则得到了更多温病学家的接受和认可，部分医家又从中概括出了“治在机先，先发制病”的治则，并开始与叶吴一派出现了分歧。上海中医内科名家严苍山先生认为，治温病应有“三护”，即护脑、护津、护肠，并指出“治‘温病’以‘三护’为主，当如兵家之先发制人为法，不使病邪有内传之机，若邪势深入，愈病斯难矣。”江苏的朱良春先生倡导“通利疗法”在温热病中的应用，提出“通利疗法是在与迅速排泄邪热毒素，促使机体早日康复，可以缩短疗程，提高疗效，是清热祛邪的一个重要途径。无论邪之在气、在营，或表里之间，只要体气壮实，或无脾虚溏泄之象，或有可下之证，或热极生风，躁狂痉厥者，均可通下逐秽，泄热解毒……这就不是扬汤止沸，而是釜底抽薪，既能泄无形之邪热，又能除有形之秽滞，一举数得，诚治本之道。”并认为“温热病是急性热性传染病，其来势既猛，传变也速，必须根据疾病的发展规律，要有预见性，要防微杜渐，采取果断、有力、相应的措施，不可因循等待。因此，就必须‘先发制病’。”著名中医学家姜春华先生则更进一步提出“截断扭转”理论，主张“采取果断措施和特殊方药，直捣病巢，祛除病邪，快速控制病情，截断疾病的发展蔓延，以求提高疗效，缩短病程”，强调截病于初，采用“迎而击之”而非因循之法；对于包括温病在内的急症，更是需要“快速截断”，主要采取清热解毒、通腑泻下、凉血化瘀、降逆平抑等手段。姜老这一学说，将前人的相关经验上升到理论高度，突破了一直在中医急性外感热病治疗中居主导地位的叶吴证治体系的某些框框，堪称具有重大创新意义的理论建树。

既然存在以上这些分歧，那么我们应当如何认识和评价叶、吴提出的原则呢？浅见以为，要想解决这个问题，对于《内经》、《伤寒》所提出的治法原则有必要深入理解、重新诠释。将《伤寒论》中“表证禁下”的原则理解成“不可超越病程阶段用药”，我认为其实是一种误读。之所以产生这样的理解是基于如下的推理：太阳病以发表为正治，阳明病以攻下为正治，而一般认为阳明病是太阳病发展的下一个阶段（这种认识以《伤寒论》中“太阳转属阳明”的论述为依据），则表证禁下即是“太阳不得用阳明法”；且认为伤寒表证误下发生“结胸”、“痞证”等，即是超阶段用下法导致“引邪入里”的结果。这种推理是违背《伤寒论》原著精神的，因为《伤寒论》中有“先证而治，治在机先”之例：“太阳病，头痛至七日以上自愈者，以行其经尽故也。若欲作再经者，针足阳明，使经不传则愈（8条）。”《金匮要略·脏腑经络先后病脉证》中“见肝之病，知肝传脾，当先实脾”的“治未病”思想，也可佐证张仲景是提倡先证而治，从而截断、扭转疾病传变进程的。所以，“表证禁下”不能理解为基于治疗次第的考虑，其与“不可超越病程阶段用药”是不同的概念。

对“表证禁下”原则更为合理的解释是：伤寒表证未解阶段，正邪交争，正气抗邪呈现向上、向外的态势，正确的治疗当根据“因势利导”的原则，采用汗法，扶助机体正气祛邪外出；这时若是运用下法，则恰与机体抗邪的趋向相反，使病情自然向愈的进程受遏，机体正气也易在对抗中受损，从而导致疾病不愈甚或加重、恶化。同样，“里证禁汗”理由也可如是推导。张仲景原文“下之为逆”（44条）、“此为逆也，治不为逆”（90条）中所谓的“逆”，其意恐怕亦在于此。依据以上推理，“伤寒下不厌迟”与“温病下不厌早”的分歧也可恰当解释：伤寒、温病之所以有寒热多少之不同，与其表遏程度息息相关，温病的表遏程度逊于伤寒；而表遏愈重者，其正气与邪气的对抗愈激烈，向上、向外的抗争态势也就愈显著，病情传变的速度相应地也愈慢，下法用之过早则易折伤正气，使疾病恶化，故当禁；相反，温病邪强正弱，传变迅速，病势很快转为向下、向内，“因势利导”则要尽早下之使解。

因此，可以将下法禁忌成立的理由概括为两点：其一是逆病势，与机体抗邪、病情向愈的趋势相逆，使病势不得疏导，邪留不解，此项可以“闭门留寇”为喻；再一是伤正气，正气虚而邪气因入，此项能用“开门揖盗”为喻。而“引邪入里”这一同样基于类比的判断，临床实践上没有根据，理论上亦难以自圆其说。凡是用“引邪入里”能够解释的临床现象，上述两点理由皆能圆满解释，而治在机先、截断扭转的成功，则可否证“引邪入里”的切实性。严苍山先生据本人经验指出温病邪热亢盛者早用紫雪丹、牛黄清心丸之类药物，用后即获热退神清之效，绝无有些医家所说的“引邪入脑”之事。

实际上，无论是“太阳、阳明”，还是“卫、气、营、血”，其层次浅深不同是一定的，而其传变的先后实则并无固定不变的次序。《伤寒论·辨太阳病脉证并治》“本发汗而复下之，此为逆也；若先发汗，治不为逆。本先下之而反汗之，此为逆也；若先下之，治不为逆”（90 条）、《金匮要略·脏腑经络先后病脉证》“病有急当救里救表者”等论断即提示汗下、表里皆可有先有后，依情况而定。这其实也是“新感”、“伏邪”之区分的产生背景，其分别完全是基于发病表现、病变速度及指导治疗的需要，绝非是真正的现代病因学意义上的。许家松老师在《伏邪学说及其评价》一文中指出：“中医是从证候来推求病因、探讨病机，从而认识致病因素对机体损伤的。”确实是揭示出中医认识论本质特征的真知灼见！

三、结语

勿庸讳言，中医学在其上千年的漫长发展历程中，难免会由于个人眼界、历史条件等主客观局限产生一些不合实际甚至荒谬错误的认识。而其中一部分又由于种种原因，不但未能在实践检验中被扬弃，反而被沿袭下来成为“金科玉律”，尽管引出许多争议与质疑，却至今仍是中医学中谁也碰不得的“雷区”，这种情况的存在对中医学术的却步不前负有不容推卸的责任。比如大家耳熟能详的“十八反，十九畏”，“细辛不过钱”，“柴胡劫肝阴，葛根竭胃汁”，以及种种妊娠禁忌等，其合理性及实用价值都值得认真研讨和重新评估。如果在科学昌明的今天对这些不尽合理的条条框框依旧不加分析、验证地接受、传习，必然是自缚手脚、裹足不前。而如果加之以临床实践和科学实验的全面验证，并且实事求是地剖析、判断验证结果的话（不为其曲加辩护），我相信应不难发现其中不恰当的甚至错误的成分。况如上文所示，有些问题的出现甚至可归因于传承过程中概念理解的偏差及逻辑推理的不严谨，通过对文献的梳理研究，正本清源，就可轻易消除，尚难解决的也可提示进一步研究的线索，这就节省了大量的科研经费及科研人员的宝贵精力。故而，我们不能对中医学中那些缺乏根据、不负责任的提法继续熟视无睹下去，以致重蹈前人“以讹传讹，流毒无穷”的覆辙，而要利用各种手段努力进行研究、评判，以去粗取精、去伪存真，使中医学术不断得到提高和进步！

[《中国中医基础医学杂志》，2007；（4）]

吴鞠通温病三焦辨证的特点和意义

李刘坤

三焦辨证是吴鞠通温病学说的核心，对温病临床辨证论治有重要指导意义。然而，长期以来，却遭到医界非难，不仅伤寒学派攻击其为标新立异、异端邪说，就连许多温病学者也认为，既然已有叶天士的卫气营血辨证，何必再创三焦辨证，屋上架屋，多此一举呢？而其之所以遭到如此攻击，除少数学者由于门户之见外，多数还是因为对其特点和意义认识不足所致。那么，究竟吴氏三焦辨证体系有何特点和意义呢？现简要谈谈个人的如下看法，以就正于同道。

一、使病位划分更加精细

中医创立各种辨证纲领的重要目的之一就在于划分病变部位，以确定治疗大法，指导合理用药。如仲景六经辨证，主要根据病变所在的脏腑经络不同，将外感疾病分为太阳病、阳明病、少阳病、太阴病、少阴病和厥阴病六大类。叶氏卫气营血辨证，主要按病位的表里浅深不同，将温病分为卫分证、气分证、营分证和血分证四大类。而吴氏的三焦辨证，则并非简单地将病位分为上、中、下三焦，而是巧妙地将六经辨证和卫气营血辨证的内容融于其中，即先以三焦为纲，分上下之浅深，继以六经分脏腑经络之不同，再以卫气营血分表里之次第，形成纵横交错的立体辨证体系，使温病病位的划分更加精细入微。如一切温病之属手太阴肺、手厥阴心包（包括手少阴心）等上焦脏腑经络者，则为上焦温病；属足阳明胃和足太阴脾等中焦脏腑经络者，则为中焦温病；属足少阴肾、足厥阴肝、足太阳膀胱、妇人血室等下焦脏腑经络者，则为下焦温病。

对于上焦温病，吴氏首先根据邪气侵袭的脏腑经络不同，而有病在手太阴肺与手厥阴心包之分。如《温病条辨》上焦篇暑温门所述，证见“形似伤寒，但右脉洪大而数，左脉反小于右，口渴甚，面赤，汗大出者”，为暑“在手太阴”；而见“脉虚，夜寐不安，烦渴，舌赤，时有谵语，目常开不闭，或喜闭不开”者，则为“暑入手厥阴”。为突出病变所在的脏腑经络，吴氏还往往将相应的六经名称冠于病名之前，如太阴温病、太阴风温、手太阴暑温、太阴伏暑、太阴湿温、手厥阴暑温、两太阴暑温等。进而又根据病位的表里浅深不同，细分卫分、气分、营分、血分之证。如手太阴温病，初起见“脉不缓不紧而动数，或两寸独大，尺肤热，头痛，微恶风寒，身热，自汗，口渴或不渴而咳，午后热甚者”，则为邪在卫分；继而见“脉浮洪，舌黄，渴甚，大汗，面赤，恶热者”，则为邪在气分；若见“寸脉大，舌绛而干，法当渴，今反不渴者”，则为热在营分；见“血从上溢者”，为热迫血分等。手太阴暑温则主在气分，故以白虎汤、新加香薷饮等方治之；手厥阴暑温，则病在营分，故治以清营汤、安宫牛黄丸等。对于中焦温病，则首先根据邪在足阳明胃与足太阴脾之不同，而有阳明温病、阳明温毒、阳明暑温、阳明湿温、太阴脾疟等病证之分。进而又有邪在气分和邪入营血之辨。如见“面目俱赤，语声重浊，呼吸俱粗，大便闭，小便涩，舌苔老黄，甚则黑有芒刺，但恶热，不恶寒，日晡益甚”，且舌红而不绛，口渴甚者，为热在阳明气分；若见苔黄燥而舌色绛，不渴者，则为阳明之热入于营血。对于下焦温病，则先有病在足少阴肾、足厥阴肝、足太阳膀胱、手阳明大肠、妇人血室等脏腑经络之分，继有邪在气分、血分之辨。如湿阻大肠，“少腹硬满，大便不下”，则为邪在气分；热入血室，“神气忽清忽乱，脉右长左沉”，则为邪入血分。

可见吴氏三焦辨证对病位的划分，既吸取了六经辨证和卫气营血辨证之长，又弥补了各自的不足，是外感病辨证纲领的巨大发展。

二、阐述温邪传变规律更加全面

关于外感热病的传变规律，《素问·热论》首先提出由表及里的横向传变理论，认为“伤寒一日巨阳受之……二日阳明受之……三日少阳受之……四日太阴受之……五日少阴受之……六日厥阴受之”。其后，仲景创伤寒六经辨证体系，则继承了《素问》这一观点。创温病卫气营血辨证体系的温病学家叶天士，虽然认为温邪的传变不同于寒邪，提出“温邪上受，首先犯肺，逆传心包”和“卫之后，方言气；营之后，方言血”之说，但仍未脱离由表及里的横向传变方式。

而吴鞠通创三焦辨证，则不仅详细论述了温邪的横向传变方式，而且明确提出了温邪具有纵向传变的特点。如他所述“温病由口鼻而入，鼻气通于肺，口气通于胃，肺病逆传，则为心包”，即为温邪横向传变方式之一。心包为心之外围，代心受邪，故凡言邪入心包者，实为邪气入心。肺主气属卫，心主血属营，二者虽同居上焦，却有表里浅深之别，故邪气由肺逆传心包，则为横向传变。又如他在治疗邪犯肺卫的桑菊饮后所述“二三日不解，气粗似喘，燥在气分者，加石膏、知母；舌绛，暮热，甚燥，邪初入营，加元参二钱、犀角一钱；在血分者，去薄荷、芦根，加麦冬、细生地、玉竹、丹皮各二钱”，则提示即使温邪局限于某一脏腑，也可见由表及里、由气及血、由浅入深的横向传变过程。而他所述“上焦病不治，则传中焦，胃与脾也；中焦病不治，即传下焦，肝与肾也。始上焦，终下焦”，则是指温邪的纵向传变规律。从临床实践来看，温病的传变确实存在着纵横两大规律，故以三焦辨证来认识和阐述温病的传变规律，较卫气营血辨证更加全面。

三、指导治疗用药意义重大

确立治疗原则，指导选方用药，也是祖国医学创立外感病辨证纲领的重要目的之一。叶天士创卫气营血辨证，即提出了表里浅深不同阶段的治疗大法和注意事项。他说：“在卫汗之可也，到气才可清气，入营犹可透热转气……入血就恐耗血动血，直须凉血散血……否则，前后不循缓急之法，虑其动手便错，反致慌张矣。”这无疑对温病卫气营血不同阶段的正确立法、防止误治有重要指导作用。而吴鞠通创三焦辨证，则进一步提出了上、中、下三焦不同部位病变的组方用药原则和注意事项。他说：“治上焦如羽，非轻不举；治中焦如衡，非平不安；治下焦如权，非重不沉。”并告诫人们不可“治上犯中，治中犯下”。

我们知道，三焦部位有上、中、下之分，所属脏腑功能各异，故其用药也各有所宜。也就是说，因药物质地有轻重之殊，气味有厚薄之分，煎服方法又千差万别，故其作用趋向有升降浮沉之异，临床上选药组方，煎服方法，只有各适其性，才能使其达于三焦不同病位而充分发挥治疗作用。在这方面，吴鞠通为我们树立了典范。

心肺居于上焦，其位最高，故吴氏治疗心肺病证所用之药，力求其如羽毛般轻轻升浮，上举而达于心肺。如治疗上焦肺卫之证的银翘散，在选药方面，多用质地极轻且具芳香之气的花、叶、壳之品，如银花、连翘、竹叶、薄荷等；在煎药方面，强调时间不可过长，以取其清轻芳香上浮之气，避免过煮味厚气失而入中焦；在服药方面，则采取时时轻扬之法，根据病情随时调整服药次数及间隔时间，既可防止病轻药重而过病所之弊，又可避免病重药轻之患。此皆符合轻轻上举之性，故吴氏谓其“纯然清肃上焦，不犯中下，无开门揖盗之弊，有轻以去实之能”。其它如桑菊饮、桑杏汤、翘荷汤、新加香薷饮、普济消毒饮去升麻柴胡黄芩黄连方、清络饮等上焦肺卫及气分病证常用方剂，也多用质地极轻之品。即使邪热灼伤肺络而血从上溢者，吴氏仍用犀角地黄汤合轻轻上浮达肺的银翘散治之。而治疗热入心包之证所用安宫牛黄丸、紫雪丹、至宝丹等药，则内含麝香、冰片、郁金、雄黄、木香、沉香、丁香、安息香等气味芳香之品，故可上达心包，发挥其开窍醒神之功。

脾胃居于中焦，脾气主升，胃气主降，二者升降相因，互相协调，既不逆上，也不下陷，如衡器之平，才能保持其受纳、运化等功能正常。而邪入中焦，必然导致脾胃气机升降失常，受纳、运化功能障碍，故吴氏治疗中焦病证，极为注重调理脾胃气机，用药力求适其所宜，使升者自升，降者自降，达于平衡。如见热结阳明，大便不通，胃气不降者，则以承气之剂，咸苦攻下热结，通降胃气；湿热中阻，脾胃升降失司，见腹胀便溏等症者，则以藿香正气散等方加减，苦辛相配，化湿清热，升降中焦气机。

肝肾位于下焦，肝主藏血，肾主藏精，且二者同源，相互化生，一荣俱荣，一损俱损，故热入下焦，势必导致肝肾精血阴液耗损和虚风内动之证。而治疗非质轻味薄上浮之品所能胜任，常须重用浓浊厚味，或加贝介重镇之品，使其如秤锤般重坠沉下，达于肝肾，以填补精血，潜阳熄风。吴氏制一甲、二甲、三甲复脉汤、大定风珠、专翕大生膏等方，用牡蛎、鳖甲、龟板、阿胶、鸡子黄、海参、鲍鱼、猪脊髓、乌骨鸡、羊腰子等甘咸浊腻之药，且久煎以取厚味，可谓“治下焦如权，非重不沉”之范例。

当然，在温病临床上，三焦病理传变错综复杂，病变既可局限于某一部位，也可二焦或三焦同病，而二焦或三焦同病时，又须辨清其轻重主次，合理配合上述之法，才能收到良好效果。

总之，吴氏所创的温病三焦辨证，在划分温病病位、阐述温邪传变规律和指导温病临床用药等方面都别具特色，与叶天士的卫气营血辨证相结合，对于提高温病临床辨治水平和防止误治具有非常重要的意义，是其它辨证纲领所无法替代的，故需要我们很好地加以继承和发扬。

［《浙江中医杂志》，1999；（10）］

《温病条辨》保胃气学术思想探索

司新会

胃气，即脾胃之气。因脾胃二者的生理关系非常密切，所以医家常将二者既相分工又相合作的生理功能合称为胃气。如《内经》说：“脾胃者，仓廪之官，五味出焉。”胃气和充沛与否，与维持机体的正常功能和防病却疾有着十分密切的关系，故历代医家无不重视保护人体的胃气。吴瑭《温病条辨》在论治温热病的过程中，切实地体现了这一思想，值得认真学习、探索。

一、养胃阴，甘凉复津液

东垣之学，以《脾胃论》见称。但详于治脾，略于治胃。若脾阳不亏，胃有燥气，症现舌红、咽干、口燥、肌热、不饥不纳、大便不爽，就不能以治脾之药笼统治胃，必须养其胃阴，降其胃气，以通为补，宜麦冬、麻仁、扁豆、玉竹甘草、沙参、石斛、梗米、蔗浆等药甘凉濡润复其津液，胃气自然下行。温病津伤而燥，或燥铄胃阴劫耗者，吴氏宗叶天士治燥之经验常以甘润之品，滋养肺胃津液。如《温病条辨》（以下简称《条辨》）卷二100条、101条载：“燥伤胃阴，五汁饮主之；玉竹麦门冬汤亦主之。”“胃液干燥，外感已净者，牛乳饮主之。”盖取玉竹、麦冬、芦根、沙参、藕汁、荸荠汁、梨汁及牛乳等品之甘润，益胃生津，保肺澄源。

又有病后调理之法，吴氏也本着温病愈后多阴虚的指导思想，念念不忘救胃阴，以恢复胃功能。如《条辨》卷三35条载："温病愈后，或一月，至一年，面微赤，脉数，暮热，常思饮不欲食者，五汁饮主之，牛乳饮亦主之。病后肌肤枯燥，小便溺管痛，或微燥咳，或不思食，皆胃阴虚也，与益胃五汁辈。"温热病阳明大实，必议急下。下后假若阴津骤伤，又应该急复胃阴，防止液亏燥起，变证发生。

临床脾胃阴虚之证，治疗颇为棘手，务须细酌，温补则有助火劫津之弊，脾阴更亏；滋阴又有助湿碍脾之虚，运化反滞。唯甘淡清润之品，补而不燥，滋而不腻，方中可的。

养胃阴的思想，对东垣之学，是一个重要的补充和发展。养胃阴，使其功能恢复正常，即是保胃气。这一思想，较圆满地体现在《条辨》中。从病机病理的阐述，治则大法制定，方剂药味的配伍，以及辅助治疗手段的配备，都达到了令人满意的水平。《条辨》卷一12条所用的雪梨浆解温病口渴，时时频服的方法，既实用又经济，作为温病阴伤的辅助治疗，确实是耐人寻味。滋养胃阴以保胃气，补东垣温补升提脾阳以保"胃气"思想之未备，相辅相成。但应指出的是，这种思想是继承了温病学派先师叶天士的经验，经过吴氏多年的临床实践，发扬光大，条分缕析而来。

二、承胃气，急下以存阴

"承气者，承胃气也。……承气汤通胃结，救胃阴，仍系承胃腑本来下降之气。"温热病，易耗胃阴。胃阴一亏，肠燥旋至，脾阴升降失常。胃不降浊，脾难升清，燥结停滞中焦。温病学派，深碍仲景《伤寒论》之要旨，融会接纳了通降胃腑一法。且有所发展。

胃气实一证，何时已实，何时不实，何时可下，何时不可下《条辨》都一一示人规矩。如卷二1条指出："面目俱赤，语声重浊、呼吸俱粗、大便闭、小便少，舌苔老黄，甚则黑有芒刺，但恶热，不恶寒，日晡益甚者，传至中焦，阳明温病也。"此处明确指出了但热不寒方为邪传中焦，"中焦，胃与脾也。"但是邪至中焦并非已属可下，还需详细审查。所以上条紧接着就又指出："脉浮洪躁甚者，白虎汤主之；脉沉数有力，甚则脉体反小而实者，大承气汤主之。"这是以脉象的浮沉、洪小来辨可下与不可下证。但也并非所有温病都如此规律，"暑温、湿温、温疟，不在此例。"

《条辨》卷二4条载："用明温病，汗多谵语，舌苔老黄而干者，宜小承气汤。"这是以谵语汗多等辨胃家已实。

《条辨》卷二8条载："阳明温病，实热壅塞为哕者下之。连声哕音，中焦；声继续，时微时甚者，属下焦。"这是以哕之连声辨胃家已实。

《条辨》卷二11条载；"阳明温病，无上焦证，数日不大便，当下之……"无上焦证，是指无发热、恶寒等证。但无上焦证，也不可匆匆投下药。数日不大便才示人可下。

胃实已成，影响脾胃升降之功。诚然可下之，但下证又要仔细分类。症状有异，下法随之不同。《条辨》卷二11条下指出："本论与阳明下证，峙立三法：热结液于之大实证，则用大承气；偏于热结而液不干者，旁流是也，则用调胃承气；偏于液干多而热结少者，则用增液，所以迴护其虚，务存津液之心法也。"用心良苦，昭然于笔下。增液汤及增液承气汤的创用，对通腑泄热一法，是个了不起的贡献。温病阳邪炽盛，加之壮实之人，胃气不通是由于热结成实，加之阴亏液涸之人，多半成为半虚半实。半虚半实，元气不支，用大承气汤则元气败，危象立至。

东垣先生最重视元气，说："真气又名元气，乃先身生之精气也，非胃气不能滋之。"又说："脾胃之气既伤，而元气亦不能充，而诸病之所由生也。"治疗中很重视调理脾胃以助元气。温热病遇到脾胃虚弱之人，胃家已实，若用克伐之承气，也恐伤人体元气。而吴氏增液一法，却为此而来。他在《条辨》卷二 11 条下自注说，“寓泻于补，以补药之体，作泻药之用，既可攻实，又可防虚。”

《条辨》卷二 15 条用护胃承气汤，17 条用增液承气汤，都重视滋阴增液法的应用。15 条护胃承气汤，意在护养胃阴，保胃气以养元气，用于下后“邪气复聚于胃……正气日虚一日，阴津日耗一日”者。增液承气汤用于胃腑燥结太甚，单用增液而热结不下者，前方用元参、生地、丹皮、知母、麦冬之清润，略佐一味生大黄涤邪，偏于护胃；后方则在增液汤中加入大黄泄热、芒硝润下，滋阴攻下二重之。法不同，用则同。都为驱逐胃肠热结，护养真阴，生保胃气而来。

三、护胃气、用药当审慎

吴氏用药灵活有法，护胃气的思想随处可见。在《条辨》中，用药依病邪在上焦、中焦、下焦的不同，各有所循。

《条辨》卷一 18 条云：“温毒咽痛喉肿，耳前耳后肿，颊肿，面正赤，或喉不痛，但外肿，甚则耳聋，俗名大头温、虾蟆温者，普济消毒饮去柴胡、升麻主之，初起一、二日，再去芩、连，三四日加之佳。”温病初起，阳热亢盛，理应清热解毒、祛风散邪，何不内外夹攻，却去掉黄芩、黄连？吴氏在条下解释说：“芩连里药也，病初起未至中焦，不得先用里药，故犯中焦也。”可见犯中焦是因苦寒之品伐胃气，去芩连就是保胃气。这种思想文中处处告诫。《条辨》卷一 24 条新加香薷饮证注释说：“若黄连甘草，纯然里药，暑病初起，且不必用，恐引邪深入，故易以连翘、银花取其辛凉达肺经之表，纯从外走，不必走中也。”

诚然，邪在上焦，勿犯中焦胃气，若邪气内陷入里，药随证转，又当从论治。如《条辨》卷二 54 条人参泻心汤加白芍证下注释：“……邪已内陷，其热不能还表，法用通降，从里治也。”

《条辨》卷二 64 条下注文说：“呕而兼痞，热邪内陷，与饮相搏，有固结不通之患，故以半夏泻心，去参、姜、甘、枣之补中，加枳实、生姜之宣胃也。”此条中焦不通，胃气不行，去补土之品以护胃气。

又有湿温误用发表药而成黄疸一证，吴氏用和中助阳法祛湿。如《条辨》卷二 73 条记述：“素积劳倦，再感湿温，误用发表，身面俱黄，不饥溺赤，连翘赤豆饮煎送保和丸。”此条保和丸运脾阳行在里之湿，辅助连翘赤豆饮解其外，黄疸自消。

中焦用药，吴氏处处小心谨慎，一味味地筛选。除了用玉竹、麦门冬、沙参、石斛等益胃养阴之品外，护胃药常用的还有：人参、茯苓、白术、甘草、粳米、山药、薏仁、扁豆、莲子、厚朴、陈皮、枳实、干姜、附子、半夏等。《条辨》虽然主要是阐述温热病，但对出现的虚寒证候，也重视温补脾胃药物的应用，而且非常讲究药物的配伍。如说：“人参甘草守中阳，干姜附子通中阳，人参附子护外阳，干姜甘草护中阳……”又说：“干姜、陈皮温中，且能由中达外，使中得得伸，逐邪外出也助脾胃。”阳气之药，守、伸、护、通面面俱到。此外，更有脾胃之分。大意为：“人参甘草，胃之守药；白术甘草，脾之守药；干姜能通能守，上下两泄者，故脾胃两守之。”

四、重胃气，饮食宜慎用

吴氏对于患温病之人，除了注重药物治疗之外，又刻意于预防病变的复发，上循《内经》，强调节制饮食与病后调理。《素问·热论篇》记载："帝曰：'热病已愈，时有所遗者，何也？'岐伯曰：'诸遗者，热甚而强食之，故有所遗也。。若此者，甚病已衰而热有所藏，因其谷气相薄，两热相合，故有所遗也……'帝曰：'病热当何禁之？'岐伯曰：'病热少愈，食肉则复，多食则遗，此其禁也。'"吴氏根据自己的临床经验，遵《内经》之训；诫人说："阳明温病，下后热退，不可即食，食者必复；周十二时后，缓缓与食，先取清者，勿食饱，饱则必复，复必重也。"温热病人，胃阴耗竭，脾胃枢转失职，勉强进食难以消化之物；或平素喜嗜美食，病稍愈即饱餐无度。胃气累伤，纳化能力失常，后天不保，病情必然反复或加重，"盖十二皆秉气于胃"。笔者忆及平时所见，发热病人退后多是给予甜面汤及鲜桔汁等清淡食品，慢慢调理脾胃功能。

[《辽宁中医杂志》，1988；(7)]

吴鞠通先生论治"秋燥"之研讨

沈仲圭　陆文彬

秋燥，是感受秋令"燥气"的时病。它导源于《内经》，发挥自刘完素，底定于喻嘉言，叶、薛诸家亦有阐发。吴鞠通氏承前贤之说，参临床心得，更有发明。查《温病条辨》所列专论两篇，条文十七节，方十八首（包括《补秋燥胜气论》所述八条、六方），确多精湛，有启后学。现就有关内容作如下研讨，俾"古为今用"，亦为抛砖而已。

一、承先以启后，师古勿泥

考《内经》似少"伤燥"之论，但《素问》尝列："阳明司天之政……燥热交合，燥极而泽，民病寒热"之说。吴氏据之，因谓："前人有云，六气之中，惟燥不为病，似不尽然……阳明司天之年，岂无燥金之病乎？"金刘完素提出"诸涩枯涸，干劲皴揭，皆属于燥"，其理明矣！喻嘉言立《秋燥论》，其辨析尤精，始初具规模。吴氏更明显指出："合六气而观之，余俱主生，独燥主杀，岂不为病乎！"为"秋燥"之说伸张正义。

然喻氏主张"火就燥"，并用比象手法阐明"燥气先伤上焦"之理。叶氏《临证指南》也有"燥火上郁"、"始必伤人上焦"诸说，宗法喻氏之见。鞠通虽亦采纳其说，归纳于上、中、下三焦各篇，自觉尚欠完善，故细究《内经》及先贤之论，参合经验所得，乃采沈目南《医征》论"燥"之议，著《补秋燥胜气论》一篇，提出了"胜复"、"正对"和"本标"学说，使"燥病"的辨证臻于完备，用启后学，为进一步研究燥病，开创了先例。

二、论燥气转化主次分明

《补秋燥胜气论》谓："胜复之理与正化对化，从本从标之道，近代以来，多不深求，注释之家，亦不甚考。如仲景《伤寒论》中之麻桂、姜附，治寒之胜气也，治寒之正化也，治寒之本病也。白虎、承气，治寒之复气也，治寒之对化也，治寒之标病也。余气俱可从此类推。"所以，吴氏从燥气起于秋分之后、小雪之前，阳明燥金凉气司令，提出"燥统于寒，而近于寒"，"燥气寒化，乃燥气之正"，是"燥之胜气"、"本气为病"。这是他进一步阐明"燥为次寒"（沈氏《医征》）的道理。简言之，吴氏认为燥的时气亦偏属凉，是因凉风飒爽，风燥之气太过而转成邪气，乃名燥淫所胜，本气为病。

其次，吴氏又根据“亢害承制”之理，参考刘河间“六淫皆从火化”的转化学说，从“火气来复”角度，看到“燥气化火”的另一方面，认为燥热相结是有可能的，提出燥的“复气”（即标阳）从寒之“对化”而为热（火），从而为后来分列“凉燥”“温燥”打下了基础。

吴氏对汲取前人经验明分析的，他认为沈目南“论燥”是有理的。其谓：“先生（指沈氏）此论，可谓独具只眼，不为流俗所汩没者；其责喻氏秋燥论用甘寒滋阴之品，殊失燥淫所胜，平以苦温之法，亦甚有理。”同时他认为沈氏“诸气膹郁，诸痿喘呕，咳不止出白血，尽属内伤”之说不够全面，从其实践角度提出“因内伤致此证者固多，由外感余邪在络，转化转热而致此证者，亦复不少”。补正了《医征》之论，并指出“清燥救肺汤治燥之复气，断非治燥之胜气”。从而可见，吴氏论燥气转化之理，主次分明，切实可行。

三、析燥证辨治　法度井然

1. 上焦燥证治分温凉　叶氏谓：“始必伤人上焦气分。”吴氏列上焦燥气之胜、复现证颇详。秋燥胜气初伤，则见“头微痛，恶寒咳嗽稀痰，鼻塞、嗌塞，脉弦，无汗”或“如伤寒太阳证，有汗，不咳，不呕，不痛”之症，治宗《内经》“燥淫所胜，平以苦温，佐以酸辛”，立杏苏散（苏叶、杏仁、半夏、茯苓、前胡、桔梗、枳壳、甘草、生姜、大枣、橘皮）加减，或少以桂枝汤和之。他自注曰：“有汗不得再发汗，亦如伤寒例，但燥较寒为轻，故少与桂枝汤小和之也”。至于杏苏散乃“苦温甘辛苦法也。外感燥凉，故以苏叶、前胡辛温之轻者达表……甘、桔从上开，枳、杏……从下降……橘、半、苓逐饮而补肺胃之阳”。病由“燥凉”，治主“苦温”，此燥之胜气伤上焦气分的治法。

倘秋燥之复气、标气、对化，初起亦伤肺卫，其证“右脉数大”而“咳”，或热而咳者，即后之所谓“温燥”初起之证，法宜辛凉甘苦以治，取“辛甘化风，辛凉微苦以治风燥”。轻则桑菊饮（杏仁、连翘、薄荷、双叶、菊花、桔梗、甘草、苇根）；兼肺津受伤者，宜桑杏汤（桑叶、杏仁、沙参、象贝、香豉、栀皮、梨皮）清气分之燥；伤肺胃阴分者，宜沙参麦冬汤（沙参、玉竹、甘草、桑叶、麦冬、花粉、生扁豆）甘寒润燥以治。燥火上郁，清窍不利，见耳鸣目赤，龈胀咽痛者，宜翘荷汤（薄荷、连翘、栀皮、桔梗、甘草、绿豆皮）诸加减法随证清宣之。燥之复气伤肺，而见膹郁痿喘呕者，清燥救肺汤（石膏、甘草、人参、杏仁、桑叶、麻仁、阿胶、麦冬、枇杷叶）增损。

2. 中焦证慎用汗、下　燥胜则干，或阳明燥金太多，或其人素禀阴虚津血不充，使燥淫之邪及乎中焦，斯时已无表证，不得误汗；未见里实者，亦不得误下。临床见“脉短涩，胸痛，腹胀胀痛，或呕；或泄”，胃阴伤而“渴”者，皆未曾里实也，宜以苦温甘辛和之。倘“阳明燥证，里实而坚”，其“未之热化”者脉“必仍短涩”，面呈青黄之色，宜苦温下之。吴氏录《金匮》大黄附子细辛汤、新方天台乌药散加巴豆霜为例；“已从热化者，脉必数而坚，面必赤，舌必黄”，可下之以苦寒，伤承气法。但丹燥之复气，灼铄胃阴，阴伤液涸者，亟当甘寒救津为要，五汁饮（梨汁、荸荠汁、苇根汁、麦冬汁、藕汁）或牛乳饮润养之；转化转热，燔灼于气血（营）之间，又宜两清法，玉女煎去牛膝熟地加生地玄参为治，确系吴氏经验之谈。

3. 下焦证分气血燥治　燥病久而伤及下焦，肝肾、奇经受伤，亦有浅深，当分气血以辨治。吴氏对“金木同病。见“身寒热，胸胁痛，甚则疝瘕痛”，此虽入经络，但病机尚浅，可用柴桂各半加吴萸楝子茴香木香汤疏和为治；老年奇经亏虚，发时痛胀有形，痛止无形者，吴氏用复亨丹（硫黄、鹿茸、杞子、人参、云苓、苁蓉、肉桂、当归、茴香、川椒、萆薢、龟板、益母膏和丸）温养通络为治。此以治气为主者，所谓“瘕为气病”也。

若搏于血分，而成证者，吴氏宗《金匮》鳖甲煎丸苦温甘辛通络行滞法，立化癥回生丹（方略，可参见《条辨·补秋燥胜气论》）；肝肾精血亏损，“上盛下虚，昼凉夜热，或干咳……甚则痉厥”者，宜酸甘化阴、咸寒填下，或三甲复脉、定风珠随选，或以吴氏创制之专翕大生膏以滋养之。

综上所述，吴氏于燥病诸证辨析，层次分明，治法井然有条，确实阐发先人所未逮，可以作为临床之圭臬。

四、治验选析

1. 秋燥伤阳　燥金感后，所伤者阳气，何得以大剂熟地补阴。久久补之，胃阳困顿，无怪乎不能食而呕矣。六脉弦紧，岂不知脉双弦者寒乎。

半夏　茯苓　陈皮　苡仁　川椒　生姜　干姜　公丁香

按：此燥之本气、胜气为病，初必形寒头痛、鼻塞，宜苦温平燥即解。奈误以燥必伤阴而久投滋补，胃阳困顿，腑宜通为顺，胃失和降故“不能食而呕”。方用干姜、川椒温中阳，丁香降逆和中，苡仁渗利除浊，合二陈以醒胃扶阳，此即“燥淫中焦，未曾里实”，治以苦温甘辛苦之法也。

2. 燥伤肝络　本有肝郁胁痛症。又受秋凉燥金之气，不唯腹痛大发，且有表证，午后见热，虽见血，仍燥气非湿温也。治在肝经与络也。

桂枝尖　柴胡　吴萸　归须　苏子霜　降香末　广皮　川椒炭　姜半夏

按：此“金木同病”之例，吴氏谓：“金性沉著，久而不散，自非温通络脉不可。”况肝郁胁痛无非气滞失于条达，故以柴胡，归须疏肝郁，吴萸、川椒、降香温燥通络，桂枝辛润气化，陈皮、半夏、苏子和降肺胃之气机，虽见血证，而仍用温通，非高手所不逮也。

3. 燥结肠痹　乙丑年，治通廷尉，久疝不愈。时年六十八岁。先是通廷尉外任时，每发疝，医者必用人参，故留邪在络，久不得愈。至乙丑季夏，受凉复发，坚结肛门。坐卧不得，胀痛不可忍，汗如雨下，七日不大便。余曰：疝本寒邪，凡坚结牢固，凝属金象，况现在势甚危急，非温下不可。用天台乌药散一钱，巴豆霜分许，下至三次始通，通后痛渐定。调以倭硫黄丸，兼用《金匮》蜘蛛散，渐次化净。

按：此吴氏所谓：“阳明燥证，里实而坚，未从热化，下之以苦温。”由燥结肠痹，气化乏权所致，凡痛者不通也，通则方可渐而不痛，而通之法，有虚、实、寒、热，《医学薪传》谓“虚者助之使通，寒者温之使通……”皆属通法，以乌药散加巴豆霜温下也，用硫黄丸壮命火温补也，皆不失通法范畴，是变化不越规矩之外耳。

五、结语

吴氏辨析“秋燥”，阐发《内经》，折衷喻氏（《秋燥论》）、沈氏（《医征》），但主次明确，客观允正。并从而创订“胜复”、“本标”、“正对”之道理，分三焦以辨治，承先启后，颇堪师法。

对“秋燥”复气的治法，大多采纳叶氏治验为主，如牛乳饮、五汁饮、沙参麦冬汤、桑杏汤诸方，皆源于《临证指南》；其对胜气之治，发抒临床心得，立法严谨，方药丝丝入扣，如杏苏散、化癥回生丹、复亨丹等。

凉燥之说实由吴氏发挥《医征》。“燥属次寒”而沿袭《内经》之训，为后世提供了先例，使“秋燥”辨析更臻全面切实，鞠通之贡献亦其一也；但也不否定“对化”为“热”的病机，其说理有灼见也。

［《辽宁中医杂志》，1979；（3）］

试论吴鞠通治疗温病急症的学术思想

聂天义

一、审慎识病机　知常又达变

吴氏对温病急症之病机，能穷源竟委，既识得全局之常，又晓其中之变，故治中肯綮。如对厥证，认为伤寒之厥，足厥阴病也；而温热之厥，手厥阴病也，强调断不可以阴阳二厥混而为一。并进一步指出，热厥之中，亦有三等。有邪在络居多，而阳明证少者；有邪搏阳明，阳明大实，上冲心包，神迷肢厥，甚则通体皆厥；有日久邪杀阴亏而厥者，不可不辨。对燥气之病，指出“秋燥之气，轻则为燥，重则为寒，化气为湿，复气为火”。故其论燥气为病，既有化气之火证，亦有胜气之寒证，治迥不同。对于温病之预后，吴鞠通有“存得一分津液，便有一分生机”之说。其对温病急症抢救常以苦寒泄热和甘寒、咸寒柔剂养阴生津，强调“始终以救阴津为主”，认为温病最忌辛温。但是，吴氏又指出，暑病急症不忌者以“暑必兼湿，湿为阴邪，非温不解”。并强调在“湿温论中，不惟不忌辛温，且用辛热也”。温热病急症，如“前医过用苦寒，致伤胃阳，亦间有少用刚者”。

二、急症堪足虑　预防要果断

温病具有发病急骤，传变迅速的特点。当其邪毒鸱张，可出现高热、谵语、昏迷、痉厥、虚脱等症而危及生命。对此，吴鞠通对温病急症着眼于未急先防，已危救死的一系列抢救措施。首先，积极截除肺卫蠢蠢欲逆传之邪。如太阴温病痰涎壅盛，心烦不安，胸中痞塞欲吐，“恐芽入包宫而成痉厥也”。率先用瓜蒂散涌吐痰涎，以防逆传之变。其次，对已有传变之兆者，急欲安其将受邪之地，以截阻其传变之路。如“热邪深入下焦，脉沉数，舌干齿黑，手指但觉蠕动，急防痉厥，二甲复脉汤主之”。第三，力挽狂澜抢救死证。吴氏认为：医者不知死，焉能救人。因此，对危笃险症，亦当“不避嫌怨”，积极抢救，以冀转危为安。如用“白虎加人参汤”、“生脉散”以抢救太阴“化源欲绝”之死证；用“犀角地黄汤合银翘散”、“中焦法”、“清络育阴法”等挽治五死证。第四，防止误治引起病情危变，指出“斑疹，用升提，则衄、或厥……或昏痉，用壅补则瞀乱”等。

三、妙法用“三宝”补泻挽狂澜

安宫牛黄丸、紫雪丹、至宝丹被誉为“温病三宝”，在温病邪入心包而神昏痉厥之危急重症的抢救中有重要作用。吴氏指出：“三宝”虽主治略同，但又各有所长，临床应用对证斟酌可也。吴氏对“三宝”的应用，可谓泛应曲当，功效卓著。其法有预防性治疗用者，如太阴脾疟，若“烦躁甚者，可另服牛黄丸”以预防神昏。有诊断性治疗用者，如阳明温病，无汗，小便不利，谵语者，疑为邪热传入心包，先与牛黄清心丸，若不效，大便亦不解，则当为阳明邪热胶着，遂以调胃承气汤。有急则先用者，如温毒神昏谵语，先与安宫牛黄丸、紫雪丹之属，继以清宫汤。有煎汤或调散服者，如太阴温病神昏谵语者，用牛黄丸主之，“脉虚者人参汤下，脉实者银花薄荷汤下”。又牛黄承气汤，即以安宫牛黄丸化开调生大黄末服用。有异病同用者，如“斑疹、温痘、温毒、发黄，神昏谵语者，安宫牛黄丸主之”。有联用看，如“太阴温病，神昏谵语者，牛黄丸、紫雪丹、局方至宝丹亦主之”。笔者认为，此“亦主之”含有联用之义。临床以“三宝”联用治疗乙脑重症，疗效堪称满意。

温为阳邪，最易耗伤阴津。故温病虚证多为阴津不足，及由此导致阳气欲脱。因此，吴氏对温病危症的抢救，亦反应在补其耗竭的阴津和救其欲脱之阳气。如暑邪久热，神识不清，阴液元气两伤者，三才汤主之。并指出，如欲复阴者，加麦冬、五味；如复阳者，加茯苓、炙甘草。

柳宝诒云；“胃为五脏六腑之海，位居中土，最善容纳，邪热入里则不复他传。故温热病热结胃腑，得攻下而解者，十居其六七。”《素问·六微旨大论》云：“出入废，则神机化灭；升降息，则气立孤危。”吴氏对温病热结胃腑，不得大便所致之危急重症，十分重视泻下法在抢救中的应用。指出其因，不出热结、液干二者之外。根据其“阳阴温病，下之不通”的实践，总结了使用下法的经验：腑实而正不虚者，单以承气汤攻下；腑实而兼它邪者，则不可单行承气，当据其不同兼证以承气汤加味攻下。如加减桃仁承气汤、承气合小陷胸汤、宣白承气汤、导赤承气汤等；腑实而兼正虚者，则补泻合用，如新加黄龙汤，护胃承气汤、增液承气汤等。

吴氏在温病危急重症的抢救中，还善于将补泻两法结合起来，对正虚邪实而危殆者，投之每奏殊功。降上述下法中补泻合用外，如暑邪深入厥阴，下利血水，声音不出而上下格拒者，此土败木乘，正虚邪炽，最危之候。吴氏以酸苦泄热，辅正祛邪之法，与椒梅汤治之，可冀其转关耳。

四、症急宜运筹　施治勿倒乱

“病之变化，不可胜数”。急症来势急，变化快，病变多不单一，因果关系复杂。吴鞠通有感于此，强调要“善察病情、毫无差忒”，做到“临证细参”，“心目了然”，使其抢救措施“勿致倒乱”。否则，不循先后缓急之法，“病东药西”、“治上犯中、治中犯下”，彼此混淆，治不中遗患无穷”。

首先，在急症多层次的病理关系及变化中，要把握其症结所在，以确定针对性抢救措施。如太阴温病气血两燔者，吴氏选用张景岳玉女煎。但其病位在太阴，故去牛膝之趋下，改熟地为细生地者，取其轻而不重，凉而不温之义。且细生地能发血中之表，深符“入营犹可透热转气”之旨。对痉厥神昏，舌短烦躁，须明辨手足阴厥之分。如“手少阴证未罢”者，须先与牛黄、紫雪辈开窍搜邪，再与复脉汤存阴，三甲潜阳。若邪闭心包，内窍不通，而又阳明大实不通，有消亡肾液之虞者，其治不可少缓须臾，故以牛黄承气汤“两少阴合治法”。而当温病误用升散，脉结代，其脉两至者，重与复脉，虽有他证，后治之。

吴氏对温病急症的抢救，常巧妙地采用综合性的治疗措施。反应在剂型上有汤、丸、丹、散等不同，而它们的相须为用又各有法度。如牛黄丸有用人参汤、银花薄荷汤送服和生大黄末调服的不同。吴氏对燥久伤肝肾之阴，上盛下虚，甚则痉厥的治疗三方，有由浅入深的不同。其定风浓于复脉，皆用汤，从急治，专翕多用血肉有情之品，熬膏为丸，以缓治。暴虚易复者，则用二汤；久虚难复者，则用翕。吴氏认为，治病用药“必中病而后可，病重药轻，久治不愈，反生疑惑，若病轻药重，伤及无辜，又系医者之大戒”，对急症的抢救亦不例外。故其对抢救急症之方剂的药物加减和剂量大小亦当“临证细推，不可泛议”。如抢救太阴温病之化源欲绝；根据其脉象浮大而散和散大的不同，前者用白虎加人参汤，后者则倍用人参。

五、临证多观察　护理以应变

由于急症变化迅速，生死攸关，故吴氏重视对温病急症的护理。首先，吴氏强调仔细的观察病情变化，为辨证治疗提供可靠的依据。如阳明温病之通体皆厥，神昏，不大便七八日以外，通过临床观察当发现其目赤，小便赤，腹满坚，喜凉饮，则为火极似水，热极而厥之证，治当以大承气汤。吴氏还特别重视对脉象的监护。如太阴温病，脉象洪大、浮大而芤、散大等，往往反映了病情危重的程度。同时，通过对病情的观察，对急症预后的判断亦有重要意义。吴氏指出，如服复脉汤后，“舌上津回则生”；而太阴温病，“若吐粉红血水者死不治，血从上溢，脉七、八至以上，面反黑者死不治”。其次，吴氏还重视药物的正确服法，尤其强调通过对服药后的病情变化的观察，以决定其抢救治疗措施的继续和中止，更有重要意义。如对应下失下，正虚不能运药者，治以新加黄龙汤。当以水八杯，煮取三杯，先用一杯，冲参汁五分，姜汁二匙，顿服之。如腹中有响声，或转矢气者，为欲便也。候一、二时不便，再如前法一杯；候二十四刻不便，再眼第三杯，如服一杯即得便，止后服，酌服益胃汤1剂，余参或可加入。

六、急症始化夷　余邪要防范

叶天士云：“炉烟虽熄，灰中有火。”说明温病危笃症抢救好转之后，常有余邪未尽。如不注意防范，还会复作。《吴鞠通医案·卷一·中燥》篇中张女案，因燥金之气直入里致厥逆，经通脉四逆汤加味治之本愈。但因次日食粥太早，“复中宛如前症”，即是其例。对此，《吴鞠通医案·卷一·冬温》张案指出，对其抢救成功后，“仍须清淡数日，无使邪复”。其清淡之法，首先在药物治疗方面，当以甘寒苦寒合法，以一面养阴，一面清邪。吴氏认为，此以“甘润益下以治虚热，少复苦味以治不尽之实邪”。盖“甘得苦则不呆滞，苦得甘则不刚燥。合而成功也”；其次，要注意合理饮食。如阳阴温病，下后热退，不可即食。待“周十二时后，缓缓与食，先取清者，勿令饱，饱则必复，复必重也。”

［《四川中医》，1990；（12）］

《温病条辨》口渴辨

赵　峪　指导：韦玉英

口渴是温病发展过程中常见的症状之一。《素问·刺热篇》曰：“肾热病者，先腰痛骺酸，苦渴数饮身热。”说明热邪耗阴，阴津不足则苦渴数饮以自救，张仲景《伤寒沦》较全面地论述了口渴。如热邪伤津的白虎加人参汤证，大承气汤证；膀胱气化不行，气不化津的五苓散证；外寒内饮的小青龙汤证均可出现口渴。吴鞠通《温病条辨》，关于口渴的论述五十余条，散见于原病篇，上焦篇，中焦篇和下焦篇。本文试就吴鞠通关于口渴的论述进行归纳。

一、以渴辨病邪的性质

温病从性质上以挟湿与否分为温热类和湿热类。温热类口渴多是感受温热火邪，热伤津液，消灼肝肾之阴所致。湿热类口渴多是湿阻气机，气不化津，津液不能畅行，加之热又伤津伤阴而致。因湿为阴邪，故口渴的程度不如温热类重而渴不欲饮。

1. 温热类口渴　热为火之渐，火为热之极。火热之邪伤人津液即可出现口渴。如邪在上焦，太阴温病，口渴伴微恶风寒是火邪克金、伤及肺津，疾病的初起阶段，“太阴温病，口渴甚”，是阴分素亏，不能耐受热邪煎熬，虽病在上焦但津伤较重，宜用甘凉濡润的雪梨浆灌之，滋其津液。若治疗不当或失治、误治，病变传至中焦气分。正邪剧烈交争，阳热亢盛，火灼津液就可导致阳明温病“但恶热、不恶寒，口燥渴”。喜凉饮、大热大渴、烦渴甚等等。病变深入下焦肝肾“口干舌燥”，脉沉实，可用下法治疗。但若误治后少阴津液耗损，不能上承，“口燥咽干”，神倦欲眠则用复脉汤甘润存津。热深不解、口中津液干涸、手指掣动、用二甲复脉汤育阳潜阳，使阴阳得交，制止痉厥的发生。温病治愈以后“不欲饮水”面色萎黄，乃中阳不足，用小建中汤温补阳气。但若“思饮不欲食”为热邪耗津，胃阴不足，胃阳偏亢，用五汁饮、牛乳饮治疗。

2. 湿热类口渴　暑湿热邪，多口渴欲饮。暑湿是感受暑热之气而发病。暑为阳邪，初伤人体，但“口渴甚”形似伤寒，汗大出，为气分热盛，用辛凉重剂白虎加人参汤清热保津，汗不出，用新加香薷饮解表清暑。暑入手厥阴，“烦渴”伴夜寐不安，用清营汤治疗。暑入中焦阳明，可出现渴喜凉饮，口燥咽干，渴欲饮水。暑温、伏暑、三焦俱受，湿热两停则“烦渴自利，暑邪深入下焦、肾阴消灼，不能上济心火可出现消渴”，用连梅汤治疗。“燥乱口渴”、气塞填胸，乃暑邪固结中焦，脾胃升降紊乱，宜用来复丹以升清降浊。痰饮、寒邪、湿浊内阻，多为渴不多饮、渴不欲饮、不渴。为痰饮、水湿阻于体内，气机不畅，津不上达所致。湿痰阻肺，“不甚渴、渴不多饮”咳声重浊，用小半夏加茯苓汤，和中化饮，燥湿除痰。“不渴”伴头痛、恶寒，状若阴虚的湿温，宜用三仁汤清热利湿，湿热停于中焦，“渴不多饮”伴神昏、小便不通，先宜芳香通神利窍，用安宫牛黄丸，继之淡渗分消浊湿，用茯苓皮汤。“渴不多饮或觉不渴”身痛脉缓，为湿邪偏盛，用黄芩滑石汤。湿阻气机，气不化津，“欲饮水”，用五苓散通阳化气。病在下焦，水郁膀胱，肾脉不得通调，真水不得上济，出现“饮家反渴”，为病势沉重，用附子、生姜治疗。寒为阴邪，易伤阳气。阴寒内盛则“不渴”，伴形寒脉缓，邪在阳明“呕而不渴”，为水多热少，用小半夏加茯苓汤，外寒内饮“恶水不欲饮”喘咳痰稀，用小青龙汤。

二、以渴辨疾病的位置阶段

温病可分为上、中、下三焦，每一病位又可分为卫、气、营、血四个阶段，但侧重不同。上焦以卫分证候为主，中焦以气分证候为主，下焦以营血证候为主。

感邪较轻，病位较浅，津伤不甚，热在上焦肺卫则口渴较轻，“微渴”身不甚热，“但恶热，不恶寒而渴”。感邪较重，病位较深，邪在中焦阳明气分，热邪炽盛，津伤较甚则口渴较重“渴甚”伴面赤，恶热，大汗，“烦渴而喘”，“口燥渴”，可用辛凉重剂白虎汤治疗。热邪深入下焦营血，“反不渴”，为邪入营血，营腾营阴，使血中津液上潮于口所致。太阴温病“今反不渴者”为热在营中。阳明温病“不渴者”，为邪在血分，用清营汤治疗。

三、以渴辨太阴伏暑

太阴伏暑有在气、在血、虚实之别。四者皆可出现口渴，有似于阳明的口渴，可用脉濡鉴别。口渴、舌白，无汗，为太阴气分表实证口渴，舌白有汗，为邪在气分表虚证口渴，舌赤、无汗、为邪在血分表实证口渴，舌赤有汗，为邪在血分表虚证。

四、以渴辨疾病

疟疾邪在上焦，舌干口渴，但热不寒或微寒多热，为阴气不足、阳气独旺，胃津耗伤的瘅疟；舌白渴饮、咳嗽、背部发冷，为暑伏于肺，暑湿相搏的肺疟“烦渴”、谵语、神昏、为肺中伏邪不解、逆传心包、神明被扰的心疟。邪入中焦、汗解渴饮、暮热早凉为热邪伤阴，热偏少阳的疟疾。渴不欲饮呕吐、吞酸，为疟邪及胃中阴阳，不渴多呕，四肢寒冷，热聚心胸，为脾湿不化、肝木乘脾的太阴脾疟。渴喜热饮、脘闷肢冷，为湿郁脾阳的湿疟。疟在下焦少阴，“发时不渴”，形寒嗜卧，为气血两虚，阳气衰败，宜用扶阳汤治疗。痢疾渴不多饮、痢下赤白，小便不利，为暑湿内伏，三焦气机阻滞，津不上承所致，自利不渴、呃逆，为寒湿伤脾，浊阴上逆，久则伤阴，口渴舌干，微热，咳嗽，为湿热邪气已尽，宜用人参乌梅汤急救阴液。舌白不渴，内无里热，乃正气损伤，运化无权、胃气上逆的噤口痢，宜用加味参苓白术散补益脾胃。

五、以渴辨疾病的预后

疾病的过程是正邪相争的过程，正胜邪退则预后较好，正不胜邪则预后较差。

久病、重病，邪入下焦，肾阴枯涸不能制火，阴液不能上润则口中伴尿血。邪热炽盛，灼铄阴分，水涸火炎则口干、耳聋、不知所痛，为热在骨髓的危候，预后不良。湿热久留不解，郁而为黄疸，热盛伤津则口渴，若饮水则益增其湿，使邪无出路，故疸之易治难治，在于口渴与不渴。阳明温病使用下法，脾阳受损，津液耗伤，口微渴、面微红、身微热，此时宜用益胃，增液等方剂以充实阴液。但若连续攻下，脾阳衰败、阴液涸竭，热反不除，渴反甚，预后不好。

六、以渴辨治疗禁忌

白虎汤是治疗温病邪入中焦气分的代表方剂，用之得当，有立竿见影之效，用之不当，祸不旋踵。其“不渴者，不可与也……常须识此，勿令误也”。不渴为里热不盛，临床上只要是气分热盛的中焦阳明证即可应用，不必死于句下。

综上所述，口渴可发生于温病的不同时期、不同阶段，通过辨口渴可以测知病邪的性质，疾病的位置，热邪的轻重，津伤的多少。一般来说，微渴、烦渴、渴甚只是程度不同，性质则一，多为火热伤津所致。热邪较轻，津伤较少则口渴较轻，反之口渴较重、同时还应注意兼夹邪气、寒、湿、痰饮、瘀血的不同，把局部辨证与整体辨证结合起来，有利病情的恢复。

[《辽宁中医杂志》，1991；(6)]

吴瑭温病五大死证的临床意义

谢志敏

温病是指由温邪所致的一类外感热病，这类疾病，临床上传变迅速，其证多有急、危、险等特点，稍有不慎，便难以救治。故清代名医吴瑭在《温病条辨》一书中言："医者不知死，焉能救生，细按温病死状百端，大纲不越五条。在上焦有二：一曰肺之化源绝者死；二曰心神内闭，内闭外脱者死。在中焦亦有二：一曰阳明太实，土克水者死；二曰脾郁发黄，黄极则诸窍为闭，秽浊塞窍者死。在下焦则无非热邪深入，消铄津液，涸尽而死也。"吴氏的这一理伦，是否仍然符合我们现在临床实际，对我们有无指导意义呢，下面我想就目前的临床实况，浅述温病五大死证的现实意义。

一、肺之化源绝者死

肺之化源绝是指肺不主气，生气功能濒于竭绝的病理变化。其临床特点，吴氏认为有"汗涌、鼻煽、脉散"，"咳唾粉红色血水"等。而这些表现在诸如乙脑合并呼衰，流行性出血热合并肺水肿，麻疹合并肺炎、中毒性休克等一些急性传染病的危险期都是常见的。例如，重庆市中医研究所对89例温病死亡病人进行分析发现：温病逆传出现危证时常有大汗淋漓，面色苍白，呼吸喘监，唇面发绀，脉微欲绝等类似吴氏"化源绝"表现为先兆。由此可见，吴氏的"肺之化源绝者死"仍符合现在的临床实际，对我们抢救感染性疾病合并呼吸衰竭、休克、肺水肿等危急症以及早期发现危证，防止险证的出现有现实意义。

二、心神闭，内闭外脱者死

"心神内闭，内闭外脱"是指温邪（包括温病过程中的病理产物）犯心，导致包络机窍内阻，神明失主，神形相离的病理变化，临床可见：神昏，谵语，或昏愦不语，或精神狂妄，目光无神，血压下降，心律紊乱等证候，多见中枢感染性疾病的极期，和其他感染性疾病的败血症期、休克期，以及重要器官衰竭时。如解放军302医院统计分析173例重型肝炎死亡病人中，就有76.9%的病人具有心神内闭的精神症状，而重型肝炎合并肝昏迷者死亡率为94.2%。重庆市中医研究所分析的89例温病死亡病人中均有心神内闭的营血分症状。由此可见，温病中出现心神内闭，内闭外脱证候，在临床上确为不祥之兆。正如《灵枢》所说："心者……邪弗能容也，容则心伤，心伤则神去，神去则死矣。"因此，吴氏"心神内闭，内闭外脱者死"的观点对我们现在诊断和抢救心脑功能衰竭，推测病人预后有重要的参考价值。

三、阳明太实者死

阳明太实是指热伏阳明，燥热糟粕搏结肠内，津液消灼，不得生化濡养脏腑而致的燥结津枯，腑气不通的病理变化。由于燥结津枯，腑气不通，则上焦可见肺失濡养，化源速绝之候及邪毒上攻心神内闭之证；下可竭其真阴出现阴竭阳脱之象，如此皆为危证，故吴氏言其死，此证主要表现为：壮热，日晡热甚，大汗口渴，腹胀满实，便秘数日不解，或下利纯黑清水，腹胀满实，便秘数日不解，或下利纯黑清水，秽臭扑鼻，舌红干，苔焦燥，齿光燥。

可伴见神昏，厥逆，目睛不了了，狂妄等。初见此证时，按吴氏之意，可用急下存阴，增液润下等方法。否则，险证峰起，难以救之，现在人们已把此法广泛地用于临床多种急症的抢救，如兴化县中医院王少华老中医用大承气汤加减，救治了一位高热昏迷五天，以安宫牛黄丸、紫雪丹治疗无效的重型乙脑患儿，使其痊愈出院而未留任何后遗症。又如，河北宿清和等用通腑固脱法治疗感染性休克与西医治疗对比，结果发现，用通腑法的死亡仅8.3%，而西医组则为20%，大大地降低了病死率，由此可见，吴氏阳明太实，土克水者死的理论对我们现在的抢救各种急危症，有极重大的指导意义。

四、脾郁发黄，黄极秽浊塞窍者死

脾郁发黄是指湿热疫毒郁困于脾。肝胆之气不得疏泄，胆汁不行常道而外溢的病理变化，由于脾被邪困不司升降，湿热秽浊愈加阻滞，肝胆之气愈加失疏，形成恶性循环，使黄疸日渐加深，终至秽浊壅塞清窍，其表现有：1. 邪毒秽浊不得外出而内攻于心，出现心神内闭之证；2. 气血不得生化，精气不得上升于肺，出现肺不主气，化源速绝之证；3. 水湿不运，浊气下降，湿浊邪毒结于肠中，出现类似阳明太实之证。这就是吴氏言其为死证的道理所在。临床主要特点：黄疸急剧加深，面目全身如金，腹胀便秘，小便不利，或上下窍出血，神昏，谵妄，躁狂等，此证中医称为急黄，与西医的重症肝细胞性黄疸，重型肝炎等相似，从现代医学的观点来看，重症肝细胞性黄疸的黄疸指数高低，直接反映了肝细胞的损害程度，其治愈率与黄疸指数成反比，死亡率则与黄疸指数成正比。有人在重型肝炎预后分析中发现，总胆红素越高，其病死率也越高，并且发现重症肝炎死亡病人中，大多数都有秽浊塞窍的症状。据统计，伴腹胀便秘者占83.5%，呕吐占56.1%，94.2%有神昏，95.5%有呕便血。显然，这与吴氏所说的黄极则诸窍为闭，秽浊塞窍者的观点是基本相符的，根据吴氏的这一观点用诸如醒脑开窍、通腑泄浊、清利解毒退黄等方法有效地救治了不少濒临死亡的急黄病人，降低了重症肝炎的病死率。例如上海梅山冶金医院用大黄通腑泄浊，清洁肠道，使重症肝炎病死率由77.3%降低至36.3%。

五、邪入下焦，津涸者死

在下焦有肝肾二脏。肾者，封藏之本，人生之元阴元阳皆藏于肾，五脏之阴气非此不能滋，而温邪最易伤津耗液。正如叶天士所言，“热邪不燥胃津，必耗肾液”。因此，邪热久羁，深入下焦，便易消铄肾阴，出现脏腑形体筋脉皆无与滋养的病理变化，肾阴枯尽。肾阳无以依附，阴竭则阳脱矣。主症为身热夜甚，心烦口干，苔少无津，舌绛不鲜，齿如枯骨，瞳神无光，肌肤枯萎，神气衰惫，少尿无尿，目涩无泪，瘛疭等，甚或汗出如油，面色苍白，肢厥，生命即危在旦夕。如有一病人王某，盛夏患温病，高热，大汗而渴。此本暑犯阳明之证，但由于误治病势转深，出现发热昼轻夜重，咽干口燥，耳聋，少气，腰膝无力，难以转侧，齿长枯如垩，眼凹少神，脉躁疾无伦，苔黑而干等肾阴枯竭之象，此时才服填精滋液之剂，为时已晚，终致气阴枯竭而死。从这个病例我们可以看出，如果温病邪入下焦，津液涸尽，在临床上是难以救治的，这就是吴氏所言“涸尽而死”的一个极好的例证。又如，李夏亭等在治疗流行性出血热的过程中发现，如果在流行性出血热的发热期就试投养阴生津之品，病员在经过低血压期和少尿期时，危重时间缩短，变证险证减少。如果到阴液损伤，再予甘寒、咸寒之药，则有杯水车薪之果。由此可见，邪入下焦“消铄津液，涸尽者死”确有实际意义，启迪我们在治疗温病的全过程，都必须注意保存津液、阴精。

综上所述，吴氏所言的温病五大死证，基本上概括了温病发展过程中常见的各种危象病理。诚然，我们的医学条件与吴氏所处的时代条件有了较大的改善，吴氏所言的死证，现在已有许多成为了可治之证，但吴氏之理论对我们正确认识、早期预测诊断温病的危证险证，仍有重大的现实意义。因此，我们应继承前人的经验，不断总结提高，使中医在外感热病危急症的抢救中，发挥更大的作用。

[《江西中医药》，1988；(6)]

从秋燥演变看吴鞠通的护阴保津学术思想

原金隆

秋燥是在秋季特定气候条件里的干燥性感染性疾病。它与单纯的热性感染性疾病不同，辨证中除了温热的一面，还有干燥的一面，施治时又当润燥泄热与养阴生津并投，始能奏效。因此，在温病中有它的独特性。

温病本身系温热之邪致病，易伤津耗液，其中。秋燥伤津尤为显见。清代吴鞠通所著《温病条辨》一书，将秋燥分为上、中、下焦三篇，计十七条，列十七方。在辨证中处处考虑一个“燥”字。遣方用药时时注意一个“润”字判断病情紧紧抓住一个“津”字，这充分体现了他护阴保津的学术思想，为后世防治秋燥确立护阴保津学术理论奠定了基础。

一、秋燥演变与伤津耗液的内在联系

（一）从演变的临床表现看伤津耗液：秋气肃杀，自然界中空气湿度偏低，素体虚弱、气阴不足之人，每易感受燥气为病。秋燥虽有温、凉之别，但燥邪伤津却是一致的。秋燥演变过程中所表现的临床症状，自始至终为干燥证，病始燥邪由口鼻而入，“鼻为肺窍、喉为肺系”，故疾病从上焦肺经开始。《素问·阴阳应象大论》曰：“燥胜则干。”秋燥证病始即有津气干燥征象，这是燥邪致病耗伤津液的特点所决定的。临床上可见：皮肤干燥、唇鼻干燥，咽喉干燥，口舌干燥，干咳无痰等症。随着燥邪耗津液的加重，进而发生咳嗽胸痛，甚则痰中带血、喘息，心烦口渴，大便干结，小便短少等。

（二）从演变的规律看伤津耗液：燥病的演变，一般按自上而下、由气及血、从实转虚、先肺后肾、由单脏器病变，波及到多脏器病变的规律进行。《温病条辨》上焦篇指出：“秋感燥气”、“伤乎太阴气分”、“燥伤肺胃阴分”、“燥气化火，清窍不利”、“燥伤本脏”等。从中不难看出，秋燥病始，首先犯肺，继则损伤肺胃阴分，亦能燥气化火，上犯清窍。

燥病的发生，之所以从上焦肺经开始，这是由肺之生理特点所决定的。肺为五脏之华盖，职司呼吸，是人体唯一与外界空气相通的脏腑。燥气乘肺虚气阴不足之时，通过鼻腔、咽喉、气管，在呼吸吐纳空气时带入肺内。燥气伤肺，肺失肃降，表现自身的功能低下紊乱，而出现一系列津液不能输布的干燥证候。

秋燥由上焦肺卫之表开始，经过中焦脾胃，最后发展到下焦肝肾之里证，这一演变过程，实质上是燥邪伤津继而病情向纵深发展，从津液受伤到肝肾精血耗损，由实转虚的病理演变过程。

（三）从演变的阶段看伤津耗液：人体各脏腑组织均离不开津液的滋养，尤以肺、胃、肾三脏更为突出。燥邪侵袭人体，它的发生、发展的演变阶段，从脏腑辨证观点来看，亦往往离不开肺胃肾。一般说：轻者伤肺，为肺津不足；重者伤胃，为胃液不足；甚者伤及肝

肾，为肝肾之阴不足。根据燥气对脏腑影响之轻重，临床上可将燥证的演变为初、中、后三期。

1. 初期是燥证的发生阶段，症状表现以表证为主，兼有燥象。其中，温燥常见于咳无痰或痰少质黏，咽喉干痛，鼻干唇燥，甚则气逆作喘，心烦口渴，舌边尖红等症；凉燥则见干咳无痰，唇燥嗌干，或两肋窜痛，皮肤干痛，舌干少津等症。

2. 中期是燥证的发展阶段，也是由呼吸道之燥证，逐步演变为消化道燥证的时期。由于脏腑的表里关系和三焦传变规律，肺燥不愈当下传中焦胃肠，在此阶段，可出现燥伤胃阴与大肠津液不足的燥证。如干咳不已，口干口渴，舌干不津，大便秘结或腹部坚满。

3. 后期是燥证发展的最终阶段，也是由中焦燥证向下焦燥证演化的末期，此时，部分燥证可传入营血。

燥气久羁，必劫夺肝肾之阴，水不涵木，筋失濡养，可见肢拘急痉挛，肝风内动抽搐，四肢厥逆等症；若延绵日久，病入营血，亦可出现高热汗多烦渴，舌绛而干的气血两燔证。总之，燥病的演变阶段之分期，取决于伤津的程度、病情的缓急及所累脏腑。

二、护阴保津学术思想的具体体现

（一）在辨证施治上的体现　秋燥出现的临床症状均以干燥为特点，故在辨证中吴鞠通围绕着一个“燥”来识别伤津耗液的见证，然而，再将一系列干燥性证候群来分属三焦、脏腑，进行分析、归纳病机，采取润燥生津，养阴增液的方法施治。但在临床具体运用时，还需根据秋燥各期的特点，使用不同的润法。初期，燥邪侵袭上焦犯肺，则肺燥，当辛凉清润、清燥救肺以治燥，方选桑杏汤、喻氏清燥救肺汤；中期邪燥顺传中焦，病当在胃则胃燥，应甘寒救津、扶养胃液以治燥，方选五汁饮、玉竹麦门冬汤；后期燥邪内陷下焦，肝肾真阴被劫，宜填补真阴、滋水养血以治燥，方选三甲复脉汤、定风珠。由此可见，秋燥的治疗过程，就是祛除燥邪与恢复津液的过程，这同《内经·至真要大论》“燥者润之”的明训颇为合拍。吴氏的护阴保津学术思想也正贯串在秋燥的辨治之中。

（二）在演变各阶段分期上的体现　吴鞠通在《温病条辨》中，是按三焦学说，上焦——中焦——下焦的规律，来概括温病的演变阶段，但三焦的本身及各个阶段，并非是机械的公式概念，也不是孤立存在的，而是与脏腑经络，卫气营血息息相关的。从生理来说：上焦肺气的正常输布，如雾露一样将津液灌溉于人体脏腑组织，滋养皮毛肌腠。如《灵枢·决气篇》所说“上焦开发，宣五谷味，熏肤、充身、泽毛，若雾露之溉，是谓气。”从病理来说，秋燥在上焦肺虚、气阴不足的基础上发病，如胃中津液素虚者，病当传至中焦或肺胃同时受燥伤津，若肝肾阴血素亏者，病可深陷下焦。故秋燥的发生、发展过程中的演变或向愈过程之转化，皆取决于人体对津液的代谢功能之盛衰。吴氏创用玉竹麦门冬汤、五汁饮、牛乳饮，均为甘寒救津之法，起滋养胃液之效。此外，对阻止燥病由中焦传入下焦、促使燥病从中焦逐渐转入上焦也创造了有利条件，这些以护阴保津学术思想指导下，按阶段的治疗方法，对控制疾病的发展，定有积极作用。

（三）在防治疾病上的体现　秋季燥气当令，内应于肺，燥邪往往通过鼻、咽而入肺，故加强体育运动，提高机体抗病能力，特别是肺、上呼吸道的抵抗力，可有效地预防燥邪的侵袭，所谓：“正气存内，邪不可干。”

秋季空气干燥，人体的水分较易散失，一般可有口干、咽干、唇干、鼻腔及皮肤干燥感觉，故在饮食调养方面，尚需增加营养及水分的摄入量，如多食新鲜蔬菜、水果、牛乳、多种维生素和饮水。这样，不但使人体获得必要的营养物质，还可增强肺的气化作用，使肺脏充分发挥它输布津液、灌溉五脏六腑的“水之上源”职能，起到正常的调节体液作用。在未病之时，注意养生调理，患病之后，当辨别病位之上、中、下焦，病变之脏腑肺、胃、肝、肾，围绕滋润治法，以达除燥复津目的。

综上所述，秋燥之发生、发展，离不开燥邪犯肺伤津；演化转变，离不开脏腑津液耗损；预防治疗，离不开护阴保津、润燥增液。

吴鞠通的护阴保津学术思想，不但对秋燥的演变发展有着实际指导作用，而且在临床上对多种秋季感染性疾病，运用润肺除燥、生津增液治法，确能增强机体对津液的调节功能，并对促进干燥性感染性疾病的治愈有明显疗效。

[《云南中医》，1983；(3)]

温病脉象探讨

阎宝珠

辨脉在温病诊断中具有一定意义，凡治温病学者对此多较重视。我国著名温病大师叶桂在诊治温病时虽以辨舌为主，但也不忽视诊脉，在他所著的《临证指南医案》中就有很多以脉辨病，据脉立方的范例，如：卷二，在诊吐血一证时，明确指出：“凡咳血之脉右坚者治在气分……宜薄味调养胃阴，左脉坚者，乃肝肾阴伤……宜地黄、阿胶、枸杞、五味等类……”，在《外感温热论》论战汗预后时，又曰：“但诊其脉若虚软和缓，虽倦卧不语，汗出肤冷，却非脱症，若脉急疾躁扰不卧，肤冷汗出，便为气脱之症矣。”继叶氏之后，清代著名医家吴鞠通对温病脉诊更为重视，在他所著《温病条辨》中，凭脉议病、用药、立方的就占全文总数三分之一。可见清代温病学家在诊舌同时也相当重视温病脉诊。鉴于温病在致病因素、病理演变和临床证候等方面与内科杂病不同，有其一定的特殊性，因此温病的脉象也就具有一定的特点和规律，为了临床上更好掌握温病脉象特点和规律，本文就温病脉象的特点和规律及古人对温病脉象的认识做一初步探讨，以为诊治温病提供参考依据。

一、古代对温病脉象的认识

温病究竟以何脉象为特点，古代医家对此早有论述和研究，如《素问·平人气象论》曰：“人一呼脉三动，一吸脉三动而躁，尺热曰病温”，《灵枢·论疾诊尺篇》曰：“尺肤热甚，脉盛躁者，病温也”；《素问·评热病论》又进一步指出：“有病温者，汗出辄复热，而脉躁疾，不为汗衰，狂言不能食。”东汉著名医家张仲景在他编著的《伤寒论》中也有一定认识，如“风温为病，脉阴阳俱浮……”总之，汉代以前已充分认识到温病的脉象，应以数、疾、阳脉为主。

随着医疗实践的不断深入，到晋、隋、唐时代不但对温病脉象有了进一步认识，还对温病某些具体病种脉象特征也有了认识，如《脉经》记有：“夫疟脉自弦也。弦数者多热”，“疟但见热者，温疟也，其脉平……”等等。此外隋·巢元方的《诸病源候论》，唐·孙思邈的《千金方》等还记载了温病脉象及生死脉的特征。如《诸病源候论》曰：“凡皮肤热甚，脉盛躁者，病温也，其脉盛滑，汗且出也。凡温病人，二三日身躯热，脉疾头痛，食饮如故，脉直疾，八日死……”等，这些都补充和发展了温病的脉诊。

明、清时代，随着温病学术理论体系的形成，对温病脉象的认识更加深化，日益完善，并将诊脉作为审辨温病病因、病机、指导立法遣方、判断预后的一种重要诊断方法之一。例如明代医家李梴在他所著的医书《医学入门》中，认识到暑病脉象是“脉虚，弦洪芤迟体状无余”。同时他还根据脉搏的有力无力，幅度大小，作为判断暑热病预后的标准，如“暑热病剧，阴阳盛极，浮之而滑，沉之散涩，汗后躁大死期可刻”。

温病学发展到清代已盛行大江南北，涌现了以叶天士、薛生白、吴鞠通、王孟英为代表的温病学家，他们不但对温病学自成理论体系作出了巨大贡献，而且对温病脉象认识也更加全面。特别是吴鞠通不仅认识到温病脉象应是“不缓不紧而动数，或两寸独大”，还指出四时不同种类温病脉象皆不相同，如署温脉象“右脉洪大而数，左脉反小于右”，伏署脉象为“濡而数”，湿温脉“弦细而濡”等等，吴氏还将脉象作为指导立法遣方的重要依据。

综上所述，可见古代医家已认识到温病脉象应以阳脉为主。

二、温病脉象特点和规律

根据古代温病学家论述和临床观察，笔者认为温病脉象具有以下特点和规律。

（一）以数脉为基础

鉴于温病致病因素为阳热之邪，证候表现以发热为主症，且热象偏盛，病程中易化燥伤阴、动风、动血、闭窍等特点。故温病脉象以数脉为基本特征，但有虚实之分，一般若脉象表现数而有力为实热证，常在温病初起或中期邪浅正盛阶段出现，若脉数而无力，则为虚热之象，多见于温病后期，正损邪盛阶段。

（二）病程不同，脉象有别

温病虽以数脉为基础，但由于温病各阶段病机变化不同，所以不同病程阶段所出现的数脉表现也不尽一致。如温病初起，因邪在卫表，卫阳奋起抗邪，脉遂鼓动于外，热度升高，病位较浅，因而脉多为浮数，但当温热之邪，由表传里，进入气分阶段，此时由于邪正剧烈相争，气分里热炽盛，充斥内外，气血沸腾，脉道扩大，血行有力，故这阶段脉象又表现洪大而数，若温热之邪进一步深入营分，内陷血分，耗伤营血分之阴，血运缓慢，这时脉象则表现为细弱而数之象。因此，根据数脉之浮、洪、细弱之象，可区别温病卫气营血四个不同病程阶段。

（三）湿热为病脉象濡缓

一般讲温病总以数脉为特征，但当温热之邪兼挟湿邪为患，脉象却又表现濡缓，所以濡缓脉是湿热性质温病的典型脉象。但在辨别濡缓脉象时，需注意辨清湿热之邪孰轻孰重。若脉象濡缓而小，多为湿邪偏盛，阻滞气机所致，主要在湿温病初起湿重于热阶段出现，如果脉象濡而兼数，则为湿热并重，湿热交蒸所致，多在湿温病中期湿热并重阶段出现；若脉象濡细无力，又为病久正虚胃气未复，常在湿温恢复期出现，一旦湿温病脉由濡数转为数疾，提示湿热之邪化燥有深入营血可能。

（四）动风挟痰，肝胆热炽脉见弦数

温病病程中，若出现弦脉，多因体内邪热炽盛，熏灼肝胆或风火相煽，肝风内动或痰热交结，气血壅迫所致。所以温病脉象弦数是动风挟痰，肝胆热炽的标志，临床中须注意审辨。如果脉弦劲而数，多为热极生风，风火相煽之象，此种脉常在高热痉厥前出现，若脉弦而数，则为热郁少阳，胆热炽盛，可在春温初发证中出现，若脉弦而滑，又为痰热内结之征，此外湿温初起，湿阻气机时也可见弦脉，但多弦而细小缓慢，应注意区别。

（五）有形病邪内结脉见沉实

温病中见沉脉，一般为实邪内结，气血内聚所致，如有形燥矢内结或下焦蓄血均可见沉脉，但这种沉脉为沉实有力。如果温病脉沉而弱无力或沉细而涩，常为实邪未除，真阴耗损所致。如腑实兼有津液亏损之证，脉多为沉弱或沉而无力；若温病日久，热灼真阴，脉又为沉细而涩。若温病真阴亏耗，阳气欲脱，四肢厥冷，脉又为沉涩小急，临床中见到此脉，多属病势凶险，急需益气回阳救逆。

（六）病情凶险脉显虚、芤、结、代

温病过程中除了可出现以上几种脉象外，由于温热之邪易伤津耗气，入营入血，深入下焦肝肾，伤阴动血，因此，病程中往往还会见到虚脉、芤脉、结、代脉等危重脉象。所以当温病高热持续不退，大汗，特别是入营入血，深入下焦肝肾时，应密切观察有无上述四种脉象出现。若出现虚脉，多为温热之邪久羁不解，耗伤真阴或津液，以致阳失所依，不能充盈血管所致，常见于温病后期气液两虚阶段；如果暑热伤气，亦可见虚脉，故《四言举要》曰："暑伤于气，脉虚身热"，所以暑温病程中常见此脉；若温病脉芤，常因大汗伤阴或大失血之后，以致气阴两虚，阳气外浮所致。故本脉见于暑温伤气或其他温病热盛动血（如湿温病湿热化燥，以致大便下血）过程中。一般脉芤而洪大，为芤热伤气，若脉芤而虚弱，则为亡阴失血。

温病脉象结、代，为温热病邪深入下焦肝肾，灼伤真阴，脏气衰败或气血凝滞，瘀血内阻之象，是温病后期出现的一种凶险脉象，常见于春温后期热灼真阴阶段。因此温病脉见结、代提示肝肾阴竭，脏气衰竭。现代各种急性传染病，若感染严重，合并急性心功能衰竭或调节失常时，往往可见本脉。

综上所述，可见温病是以数脉为基本特点，随着卫气营血病程演变可兼见浮、洪、细弱之象。兼浮为邪在卫分，兼洪为邪传气分，兼细则为邪深入营分内陷血分。若温邪挟湿脉为濡缓或濡数，动风挟痰，肝胆热炽每每见到弦脉；若有形实邪内结，如阳明腑实或下焦瘀热搏结，脉又可表现沉象，当温病伤气耗津，亡阴失血时，则又见虚、芤；温病过程中若脉出现结、代，则为真阴耗竭，脏气衰竭之象。总之温病脉数、浮、洪、濡、缓、弦、沉为实证脉象；而脉虚、芤、结、代、细则为虚证脉象。临床中若能掌握温病脉象特点和规律，对于审辨病因、病机，判断预后及指导立法遣方都具有一定指导意义。

［《江苏中医》，1991；（1）］

吴鞠通防治杂病学术思想浅探

左兴中

清代名医吴鞠通不仅对温病学说的发展做出了重大的贡献，而且在防治杂病方面也有着丰富的经验和独到的见解。吴氏非常重视阳气在人体的重要作用，治疗杂病善用辛温药以除阴邪，扶阳气。这些宝贵的防治杂病的学术思想和医疗经验，主要体现在他晚年著作《医医病书》及《吴鞠通医案》之中，而前人很少对此加以注意，故本文拟就此做一浅探。

一、防治杂病　阳气为重

吴氏谓"历代圣人，未有不贵阳贱阴者，亦未有不扶阳抑阴者"。纵观几千年的中医史，确实如此。《素问·生气通天论》曰："阳气者，若天与日，失其所则折寿而不彰。"《内经》这一思想深为后世医家所遵崇。张仲景重视阳气的思想贯穿于整个《伤寒杂病论》中；张景岳更是直言道："万物之生由乎阳，万物之死亦由乎阳"，"阳来则生，阳去则死"；李中梓则曰："阴阳并需，而养阳在滋阴之上……"

在前贤的启发下，吴氏对阳气在防治杂病中的重要性进行了深入细致的探讨和论述。在《医医病书》中，他先引古肾"阳不尽不死"，"人非阳气不生活"之论，再举"卒中暴死之人，肌肉一毫不减，阴虽充满，无补于生。群殴重伤之人，肌肉浑身受损，苟非制命，无害于身"之例，继列张仲景治疗失精、亡血、半产、漏下等阴伤特甚之病证，不用冬、地、丹、萸，而用温中补虚的建中汤的事实，指出；"盖阳能统阴，阴不能统阳也"。吴氏认为："外感燥、湿、寒三者阴邪，皆伤人之阳气者也"，"凡动作行为皆伤中阳与卫阳也"，"内伤饮食生冷或过用寒凉之剂，则损伤脾胃中阳"。"今人恣用补阴。爱用寒凉。伤阳者，更多而又多矣"。恶当时之医人治内伤用六味、八味者遍天下，于人生至贵之阳气于不顾。并针对丹溪"阳常有余，阴常不足"论，而创"阴常有余，阳常不足"之说，指出："恣用补阴，滥用寒凉之弊"，实"为害无穷，杀人无算"，"世人爱用阴药，一则易于藏拙，不必费心；二则久于信任，兼图名利。不知阳药之错，即时可救；阴药错之既久。则不可为矣。"并作《虚劳论》、《吐血论》、《误用苦寒反似火证论》、《外感身热或咳合用泻白散论》、《眼科恣用发表苦寒论》，《外科恣用苦寒论》、《痘科恣用苦寒论》诸篇，以批驳恣用寒凉，戕伐阳气之恶习。总之，吴氏防治杂病，一直强调应以胃气为重。

二、重视阳气，尤护胃气

吴鞠通谓："补虚重阳者，为护胃气而然也。"在《三因皆以胃气为要论》中，吴氏引《内经》"胃为十二经之海"，"十二经皆禀气于胃"，《难经》"以胃气为主"之论，强调"盖有胃气者生，无胃气者死，予之所以恶人之一以六味补虚，恶丹溪说'阳常有余，阴常不足'之论，立数地黄丸，如麦味地黄丸，知柏地黄丸之类者，用黄柏燥湿而泻相火，知母泻阳明独胜之热，可暂用而不可久服。及服胃气必伤，必致不食也。"指出："胃为阳明，《内经》谓：阳明如市，诸阳之会也，能生诸阳者也。补虚重阳者，为护胃气而然也，即一切外感之邪，与不内外因之饮食伤，必须调和胃气，不致有失。"足见吴氏防治杂病重视阳气，又尤以顾护胃气为要。

三、遵崇仲景　温阳护胃

吴鞠通治疗杂病护阳，有温中复劳，温化痰饮，温经止血诸法，多推崇仲景建中汤类方，多用桂枝、附子、干姜等辛温之品，尤善温阳护胃以疗虚劳、吐血、痰饮、水气及肝络瘀阻等病证。

（一）温中补虚

虚劳乃内伤杂病之常见病。吴氏认为："虚劳一症，阳虚者多，阴虚者少。"在《医医病书》中，他针对"今人概用补阴"，"惑于'阳常有余，阴常不足'之论"之时弊，力倡治疗虚劳应遵"劳者温之"之经旨，是因"温者长养和煦之气，故能复其劳也"。

吴氏治虚劳，常从温中健脾入手。如《吴鞠通医案》载："乙酉五月初二日，姚，三十岁，六脉弦细而紧，劳伤吐血，诸虚不足，小建中汤主之。白芍六钱，炙甘草三钱，生姜五钱，桂枝四钱，胶饴（化入）一两、大枣（去核）三枚，茯神四钱，煮三杯，分三次服，共服二十一帖愈矣。”劳伤吐血，诸虚不足，吴氏不用补阴，而以温中取效，乃善学仲景之功也。

（二）温化寒饮

痰饮为内伤杂病之多发病。吴氏认为：“饮属阴邪，非温不化”，故治疗痰饮，当以温化为本。如《吴鞠通医案》载：“己丑二月初九日，王，四十五岁，咳嗽胸满，短气自汗，夜甚，大便燥，六脉俱弦而微紧，虽嗽甚见血，的系痰饮，而非虚劳。法宜湿通阳气，和胃逐饮。忌生冷猪肉介属咸味。云苓块六钱，桂枝四钱，焦白芍三钱，姜半夏六钱，杏仁五钱，五味子四钱，小枳实五钱，广皮五钱，干姜炭四钱，麻黄根（去芦）三钱，甘草（炙）三钱。……服此方四帖，吐血喘满全愈，咳嗽亦愈六七。”通过临床实践，吴氏还对温化痰饮，尤其是治疗痰饮重症的辨证用药作了深刻的阐述，如“大抵饮家当恶水，不渴者其病尤轻，渴者其病必重”，“若饮家反渴，必重用辛，上焦加干姜、桂枝，中焦加枳实、橘皮，下焦加附子、生姜”等等，均值得后学者借鉴。

（三）温经止血

血证为内伤杂病的一大类别。《济生方·吐衄》谓：“夫血之妄行也，未有不因热之所发，盖血得热则淖溢，血气俱热，血随气上，乃吐衄也。”吴鞠通认为此论并不尽然，并针对一些医者见血则投寒凉的陋习，指出：“大凡吐血，左脉坚搏，治在下焦血分；右脉坚搏，治在上焦气分。又有心血、肝血、大肠血、小肠血、胃血、冲脉血各种不同，岂一概见血投凉所可治哉！无怪室女童男劳瘵干血之多，皆世无明眼医士识病故也”，“粪后便血，责之小肠寒湿，不与粪前为大肠热湿同科”。

吴氏治疗血证，每每详察精审，细心辨治，并根据“吐血久而不止，久病当于络中求之”，“肝郁吐血，先理肝络”等理论，提出治疗劳阳吐血，肝郁吐血诸证，应以温经止血为治，并以建中汤为主方，随证加减，收到了满意的疗效。《吴鞠通医案》“吐血”、“衄血”、“便血”共载22案，其中使用桂枝或附片治疗者达13案。吴氏温经止血法是对缪仲淳“宜行血不宜止血，……行血则血循经络，不止自止”的理论的实施和发展，为后世治疗血证提供了又一行之有效的具体方法。

此外，吴氏运用温脾止痉法治疗小儿脾虚惊风；以温经发汗、温阳化气、温补脾胃诸法治疗肿胀病证等等，也是其防治杂病重视阳气，尤护胃气的经验体现。

《医医病书》校注者沈凤阁教授谓：“本书(《医医病书》）所论述的内容实与《温病条辨》、《吴鞠通医案》共同组成了吴氏完整的学术思想体系。”吴氏防治杂病的学术经验是其学术思想体系不可分割的部分，特别是吴氏作为著名温病学家，防治杂病力倡重视阳气，顾护胃气，更是值得我们深入探讨。

［《湖南中医学院学报》，1988；（1）］

吴鞠通内伤杂病辨治特色

李刘坤

清代著名医家吴鞠通，中年著成《温病条辨》，创温病三焦辨证之法，被后世称为温病四大家之一。其实，吴鞠通不仅精通温病，而且博通诸科，对内伤杂病的辨治也独具慧眼，颇有特色。笔者每览其晚年所著《医医病书》及《吴鞠通医案》，莫不为之而感叹。故不揣固陋，勉探其辨治内伤杂病的特色，俾后学得窥遗泽。

一、治内伤注重心理疗法

吴氏认为，内伤杂病多因情志不调、酒色过度、饮食不节、起居失常所致或加重，在诊治过程中，若不先告以病由，晓以利害，畅其情志，戒其酒色，调其饮食起居，则药物很难收功。因此，他治疗内伤杂病，极为注重心理疗法。

首先，他强调在诊疗过程中要巧妙回答病家所问。他说："凡诊，病之家多有以怕不怕问医家者，答之不易，非可以迳情答之也。盖胆大者答以不怕，则小病必大，大病必危。虽不怕亦必答以怕也，再三警戒，以收其放恣之念，而后可成功。胆小者答以怕甚，则病家毫无主见，甚至一日延十数医，师巫杂进，必不可救矣，必医者有识见，有担当，答以有可救之理，但不可乱，而后可成功。"

其次，他非常注重向患者解释疾病成因，认为"凡治内伤者，必先祝由。详告以病之所由来，使病人知之，而不敢再犯"。这样，就为药物治疗扫除了障碍。有些患者戒除患病之由，竟可不药而愈。

再次，他十分注意精神情志对疾病和疗效的影响，认为"无情草木，不能治有情之病"，故凡遇情志所伤而致泄泻、不食、胁痛、癫狂、虚损、滑精、单腹胀、久痢、胃痛、噎食、呕吐、癥瘕、干血痨等病证，往往再三叮嘱患者要调适性情，开朗心地，痛戒恼怒，时刻以恕字待人，甚至要求患者"不能宽怀消怒，不必服药"。

在调节患者情志方面，吴氏主要运用言语开导说服之法。他深有体会地指出："俗云有四等难治之人，老僧、寡妇、室女、童男是也；有四等难治之病，酒、色、财、气是也。难治之人，难治之病，须凭三寸不烂之舌以治之。"也就是说，要"曲察劳人思妇之隐情，婉言以开导之，庄言以振惊之，危言以悚惧之，必使之心悦情服，而后可以奏效如神。"此外，他还善于运用责打之法，治疗癫狂而不知羞耻者；将贪色而滑精者，移至清静之处治疗；让因怒而致噎食者，急急离家，玩游山水，以开怀畅遂。

由于吴氏善于心疗药疗相配，故其一生治病，尤其是治疗所谓的难治之人，难治之病，每见奇效。其医案中所载这方面的案例不胜枚举。

二、治虚损详究阴虚阳虚及三焦病位

吴氏认为，内伤虚损之证，既有阳虚，也有阴虚，临证必须详加辨察，合理施治，不可"不察伤阴伤阳，惟自己好尚传派是从"。他见当时治疗虚损盛行补阴之风，便著论多篇，力驳"阳常有余，阴常不足"之说，痛斥世医概以地黄丸之类补虚之误。

他还强调，治内伤虚损之证，也"必究上、中、下三焦，所损何处"，从而确定相应的补益用药大法。至于三焦不同的补益用药大法，他在《医医病书》中精辟地指出："补上焦以清华空灵为要；补中焦以脾胃之体用，各适其性，使阴阳两不相奸为要；补下焦之阴，以收藏纳缩为要，补下焦之阳，以流动充满为要。"又说："补上焦如鉴之空，补中焦如衡之平，补下焦如水之注。"这可以说是其三焦辨证思想在内伤杂病中的运用。

如吴氏制专翕大生膏，以大队浓浊厚味归下焦之品，补下焦之阴，治肝肾阴虚、精亏血枯等证；制通补奇经丸，补下焦之阳，治肾阳不足、八脉虚寒等证；制天根月窟膏阴阳双补，治下焦阴阳两伤之证。可谓补下焦之范例，后学若能隅反，必将受益匪浅。

三、脏腑体用有别，须分通补守补

吴氏认为，脏腑功能有藏泻之殊，补法应有通守之异，不可悉以黄芪、地黄等呆笨之药为补，一涉流动之品，即谓消导。他概括指出："补五脏补以守，补六腑补以通；补经络、筋经亦补以通也；补九窍亦补以通，《周礼》谓滑以养窍是也；补肌肉则有守有通。"吴氏还根据脏腑体用不同，提出了补脏腑体用的用药规律。他认为五脏之体为阴，其用皆阳。补五脏之阴者，即补其体；补五脏之阳者，即补其用。六腑之体为阳，其用皆阴。补六腑之阳者，即补其体；补六腑之阴者，即补其用。补心阴用龟板、柏子仁、丹参、朱砂之类；补心阳用桂枝、人参、茯神之类。补肝阴用阿胶、山萸肉、鳖甲、牡蛎之类；补肝阳用当归、郁金、降香之类。补肺阴用麦冬、沙参、五味子、百合之类；补肺阳用茯苓、人参、白术、白蔻之类。补脾阴用桂圆、大枣、甘草、白术之类；补脾阳用广皮、益智仁、白蔻仁、神曲之类。补肾阴用鲍鱼、海参、地黄、元参之类；补肾阳用肉桂、附子、硫磺、菟丝子之类。补胆之阳，用川椒、吴萸、当归等；补胆之阴，用青黛、龙胆草、胡黄连、芦荟等。补胃阳用人参、茯苓、半夏、薏苡仁等；补胃阴用生地、玉竹、梨汁、藕汁等。补大肠之阳，用薤白、杏仁、木香、诃子等；补大肠之阴，用芒硝、旋覆花、知母、猪膏等。补小肠之阳，用附子、灶心土、丁香、荜茇等；补小肠之阴，用芦荟、黄连、黄芩、龙胆草等。补三焦之阳，用川椒、吴萸、丁香、肉桂等；补三焦之阴，用滑石、木通、灯心草、寒水石等。补膀胱之阳，用肉桂、附子、猪苓、茯苓等；补膀胱之阴，用黄柏、川楝子、晚蚕砂、滑石等。此实发前人所未发，可为后人法。

四、无论补虚攻实，总以调护胃气为要

吴氏认为，胃为水谷之海，气血生化之源，五脏六腑、四肢百骸，皆禀气于胃。有胃气则生，无胃气则死。故在治疗过程中，无论补泻，均须顾护胃气，不可令伤。

首先，他强调补虚须以建中汤之类开胃健食为主，以达饮食补虚之目的。不可恣用地黄丸之类阴柔滋腻之品，尤其不可久服知柏地黄丸，以免损伤胃气，反补为泻。他郑重指出："黄柏渗湿而泻相火，知母泻阳明独胜之热，使阳明即有独胜之热，可暂泻而不可久服，久服胃气必伤，必致不食。"人若不食，生命尚且难保，何言补虚！

其次，他用攻邪泻实之药，极为注意分寸，力避病轻药重之误，病减则减其制，刻刻照顾胃气。一有胃气受伤之征，及时停用攻伐，转而调养胃气。待胃气恢复，再酌情攻泻。

他还认为俗传虚不受补者，也多由于湿热盘踞中焦，阻滞脾胃气机，或肝木横穿土位，脾胃受克，或前医误用呆腻，闭塞胃气所致，故治疗时宜先宣畅中焦，清化湿热，疏肝解郁，调和脾胃，使胃气健旺，脾运复常，即可受补。

由此可见，吴氏也是辨治内伤杂病的大家。我们不仅要继续研究其辨治温病的学术思想，同时也应深入探讨其辨治内伤杂病的学术成就。

（三）对《温病条辨》理法方药的研究

《温病条辨》代表性方剂的分析

时振声

《温病条辨》是清吴鞠通氏在继承《伤寒论》的基础上，师承叶天士治疗温热病的经验，以三焦辨证结合卫气营血辨证，条分缕析，使之规范而具体，成为清代温病学派中较为完整的代表著作。《温病条辨》中的方剂，在今天防治急性传染病方面起着重要的作用。如《温病条辨》根据《内经》“风淫于内，治以辛凉，佐以苦甘”的理论，和在辛凉的麻杏石甘汤及东垣清心凉膈散的基础上，创立了著名的银翘散，对许多急性传染病的早期治疗，甚至于对某些传染病的中断病程起到了一定的作用；吴鞠通仿叶天士《临证指南医案》中，清营中热及热入心包方，组成了清营汤及清宫汤，并扩大了安宫牛黄丸、紫雪丹、至宝丹的运用，大大地丰富了急性传染病高烧昏迷阶段的治疗方法，对降低病死率起到了一定的作用。对《温病条辨》一些代表性方剂的研究，探讨其配伍规律，有助于中医防治急性传染病工作的深入开展并提高疗效。

《温病条辨》的方剂共 206 首，可分为三部分，一是运用仲景原方或加减，占 44 首（21.4%），一是抄录于《临证指南医案》方并冠以方名，占 98 首（47.6%），另一部分是运用后世方，如生脉散、清暑益气汤等，以及自创方，共 64 首（31.0%）。由此可见《温病条辨》中运用叶天士方几乎近半数之多。

《温病条辨》方剂的组成是注重药物性味的。所谓性味是指四气五味而言，四气是寒热温凉，五味是辛酸甘苦咸。《素问·至真要大论》有：“辛甘发散为阳，酸苦涌泄为阴，咸味涌泄为阴，淡味渗泄为阳，六者或收，或散，或缓，或急，或燥，或润，或软，或坚，以所利而行之，调其气，使其平也。”所谓调其气使其平也，就是以药物的性味来治疗六气的胜复。一般味之辛者，能散能行；味之苦者，能燥能泄；味之咸者，能润下软坚；味之淡者能宣通渗利；味之酸者，能收能涩；味之甘者，能缓能守。辛味合甘能发能散，辛味合酸则散中有收，辛味合淡能宣通渗利，辛味合咸则散结软坚，辛味合苦能通能降，辛合芳香则行而舒达等等配伍规律，都是在长期的临床实践中所积累的宝贵经验。再参以性之温凉寒热，更可组成针对性较强的方剂，以调节人体气血阴阳、表里上下的偏胜，而达到治疗的目的。

按照性味分析《温病条辨》中方剂的组成，可有辛凉、辛温、苦温、甘温、苦寒、咸寒、甘寒、苦辛、酸苦、酸甘等十类方剂，现择其要者，分析如下：

一、辛凉法

《素问·至真要大论》说：“诸气在泉，风淫于内，治以辛凉，佐以苦，以甘缓之，以辛散之。”“司天之气，风淫所胜，平以辛凉，佐以苦甘，以甘缓之，以酸泻之。”说明了由司天之气或在泉之气致病者，如果是风气胜或太过时，应当用辛味的和凉性的药物来治疗，并且要佐以苦味和甘味的药物，或者再辅以酸味的药物，用辛味药是散其风邪，用凉性药是清其热邪，苦以清热，甘以缓急，酸以泻热。另外《素问·至真要大论》还提到：“燥化于天，热反胜之，治以辛寒，佐以苦甘。”意思是指燥气司天而热气反胜者，也应当用辛味和凉性的药物来治疗，也用苦味和甘味的药物来辅佐之。又有“少阴之胜，治以辛寒，佐以苦咸，以甘泻之。”“少阳之胜，治以辛寒，佐以甘咸，以甘泻之。”说明了六气相胜的情况，如果是少阴热气或少阳火气所胜，都要以辛凉为主的药物来治疗，并佐以苦寒、咸寒、甘寒的药物，共同达到清热泻火的作用。由此也可以看出，所谓辛凉法，主要是用于风热、温燥、火热，藉以达到辛凉解肌散热的目的。今分析《温病条辨》中辛凉法的运用情况如下：

1. 辛凉苦甘

在《温病条辨》中有辛凉平剂银翘散、辛凉轻剂桑菊饮、辛凉重剂白虎汤等方。银翘散，吴氏称：“用东垣清心凉膈散，辛凉苦甘。病初起，且去入里之黄芩，勿犯中焦，加银花辛凉、芥穗芳香，散热解毒；牛蒡子辛平润肺，解热散结，除风利咽；皆手太阴药也。……此方之妙，预护其虚，纯然清肃上焦，不犯中下，无开门揖盗之弊，有轻以去实之能，用之得法，自然奏效。”指出了本方来源并加减变化而成，以银花、竹叶、薄荷之辛凉，合连翘、桔梗之苦，甘草之甘，组成辛凉苦甘之剂。桑菊饮，来源于《临证指南医案·咳嗽》18案。用连翘、薄荷、杏仁、桔梗、生甘草、象贝。在本方的基础上去象贝，加桑叶、菊花、苇根组成。吴氏称：“风气通于肝，故桑叶善平肝风；春乃肝令而主风，木旺金衰之候，故抑其有余。桑叶芳香有细毛，横纹最多，故亦走肺络而宣肺气。菊花晚成，芳香味甘，能补金水二脏，故用之以补其不足。”全方以桑叶、菊花、薄荷之辛凉，合连翘、桔梗之苦，甘草之甘，组成辛凉苦甘之剂。白虎汤，来源于《伤寒论》，以辛寒之生石膏，合知母之苦，甘草之甘，也是辛寒苦甘之剂。

《伤寒论》方麻杏石甘汤，在《温病条辨》中用以治疗喘咳息促，吐稀涎，脉洪数，右大于左，喉哑，是为热饮。《临证指南医案·咳嗽》9案某，用于风邪阻于肺卫，咳嗽面浮，当辛散之。方中以麻黄配生石膏，因石膏量大，故亦属辛凉，与杏仁之苦，甘草之甘，合而为辛凉苦甘之剂。

辛凉苦甘之方剂，还有用于温燥的桑杏汤、翘荷汤。其中桑杏汤源于《临证指南医案·燥》1案某，脉右数大，议清气分中燥热，用桑叶、杏仁、大沙参、象贝母、香豉、黑栀皮。以本方再加梨皮组成。其中桑叶之辛凉，配栀子之苦、梨皮之甘，合成辛凉苦甘之剂。翘荷汤来自《临证指南医案·燥》3案某，燥火上郁，龈胀咽疼，当辛凉清上，用薄荷梗、连翘壳、生甘草、黑栀皮、桔梗、绿豆皮。以薄荷辛凉，配连翘、栀子之苦，甘草之甘，合成辛凉苦甘之剂。

由于温热初起，多因感受风邪而发，风与温均为阳邪，故在治疗上宜辛凉为主，辛以散风，凉以清热，佐以苦甘者，以苦泄热，甘以缓急，故可用于温热初起，不恶寒但发热而渴，及太阴风温，但咳，身不甚热，微渴，或是温热而见脉浮洪，舌黄，渴甚，大汗，面赤，恶热者。各以辛凉平剂、轻剂、重剂治之。

温燥伤肺，或燥气化火，所以也用辛凉苦甘者，吴氏称：“乃《素问》所谓燥化于天，热反胜之，治以辛凉，佐以苦甘法也。”其临床表现可见右脉数大，干咳无痰，咽干唇燥，甚刚清窍不利，而见耳鸣目赤，龈胀咽痛等症。

2. 辛凉甘寒

辛凉甘寒是在方剂中以辛凉药与甘寒药为主，所构成的方剂，在《温病条辨》中有玉女煎去牛膝熟地加细生地元参方、减味竹叶石膏汤、银翘汤、青蒿鳖甲汤、竹叶玉女煎，今分析之。

玉女煎去牛膝熟地加细生地元参方，是从《景岳全书》的玉女煎加减而来。玉女煎有知母、生石膏、熟地、麦冬、牛膝，是清胃滋阴的方剂，能引胃火下行，治疗头痛牙痛，吐血衄血，烦热口渴，脉浮洪大等症，吴氏加减其方，用于太阴温病的气血两燔。吴氏说："气血两燔，不可专治一边，故选用张景岳气血两治之玉女煎。去牛膝者，牛膝趋下，不合太阴证之用。改熟地为细生地者，亦取其轻而不重，凉而不温之义，且细生地能发血中之表也。加元参者，取其壮水制火，预防咽痛、失血等症也。"以生石膏之辛凉，合生地、麦冬之甘寒为主构成。

减味竹叶石膏汤是《伤寒论》竹叶石膏汤去半夏、人参、粳米而来，用于阳明温病脉浮而促者，吴氏谓："脉促，谓数而时止，如趋者遇急，忽一蹶然，其势甚急，故以辛凉透表重剂，逐邪外出则愈。"脉浮而促，示温热仍有外解之势，故因势利导，以竹叶、生石膏之辛凉透邪，甘寒之麦冬养阴，构成辛凉甘寒之剂。

银翘汤，《温病条辨》用于阳明温病下后，邪气还表，无汗脉浮之症。吴氏谓："温病之邪，上行极而下，下行极而上，下后里气得通，欲作汗而未能，以脉浮验之，知不在里而在表，逐邪者随其性而宣泄之，就其近而引导之，故主以银翘汤。"以银花、竹叶之辛凉宣泄，合麦冬、生地之甘寒养阴而构成。

青蒿鳖甲汤，来自《临证指南医案·温热》33案王某，夜热早凉，热退无汗，其热从阴而来，故能食，形瘦，脉数左盛，两月不解，治在血分。生鳖甲、青蒿、细生地、知母、丹皮、淡竹叶，以此方去淡竹叶即青蒿鳖甲汤。吴氏解释说："夜行阴分而热，日行阳分而凉，邪气深伏阴分可知；热退无汗，邪不出表而仍归阴分，更可知矣，故曰热自阴分而来，非上中焦之阳热也，邪气深伏阴分，混处气血之中，不能纯用养阴，又非壮火，更不能任用苦燥，故以鳖甲蠕动之物，入肝经至阴之分，既能养阴，又能入络搜邪；以青蒿芳香透络，从少阳领邪外出；细生地清阴络之热；丹皮泻血中之伏火；知母者，知病之母也，佐鳖甲、青蒿而成搜剔之功焉。再此方有先入后出之妙，青蒿不能直入阴分，有鳖甲领之入也，鳖甲不能独出阳分，有青蒿领之出也。"《温病条辨》称之为辛凉合甘寒法，以青蒿之辛香寒凉透邪，合生地之甘寒以清血热。构成辛凉甘寒之方剂。实际上从全方看，鳖甲咸寒，合知母、丹皮之苦寒，青蒿之辛香应是咸寒苦辛之剂。

竹叶玉女煎，来自《临证指南医案·热入血室》1案沈氏，温邪初发，经水即至，寒热耳聋，干呕，烦渴饮……热深十三日不解，不独气分受病，况体质素虚，面色黯惨，恐其邪陷痉厥。三日前已经发痉，五液暗耗。内分掀旋，岂得视为渺小之恙，议用玉女煎两清气血邪热，仍有救阴之能。玉女煎加竹叶芯，武火煎五分。《温病条辨》以玉女煎中的熟地改为干地黄，加竹叶，用于妇女温病，经水适来，脉数耳聋，干呕烦渴，甚至十数日不解，邪陷发痉者。此热入血室，既有外邪，又有血热。故需辛凉解肌，兼清血分。吴氏谓："甚至十数日不解，邪陷发痉，外热未除，里热又急，故以玉女煎加竹叶，两清表里之热。"方中以干地黄（生地）代替熟地者，兼清血热也；加竹叶者，以辛凉解肌也。全方以竹叶、生石膏之辛凉，合生地、麦冬之甘寒为主所构成。

凡温邪在表，或表里俱热，而又因热伤耗津液，均可用辛凉合甘寒之剂治之。对于阴分伏热者，亦可通过辛凉甘寒，既透邪外出，又兼清血热。

温燥亦可用辛凉甘寒之剂治之。如喻嘉言的清燥救肺汤，以桑叶、生石膏之辛凉，合阿胶、胡麻仁、麦冬之甘润微寒为主所构成。《温病条辨》引喻氏谓"今拟此方，命名清燥救肺汤，大约以胃气为主，胃土为肺金之母也。其天门冬虽能保肺，然味苦而气滞，恐反伤胃阻痰，故不用也；其知母能滋肾水清肺金，亦以苦而不用；至于苦寒降火正治之药，尤在所忌，盖肺金自至于燥，所存阴气不过一线耳，倘更以苦寒下其气，伤其胃，其人尚有生理乎？”喻氏强调治燥不宜用苦，恐伤胃气，故以辛凉甘润微寒之清燥救肺汤治之，临床上用于燥热刑金者效果较好，凉燥则不宜用之。

3. 辛凉芳香

辛凉芳香是用辛凉之剂与芳香之剂合用，《温病条辨》中属于辛凉芳香者有清络饮、加减银翘散。

清络饮，是清肺络中无形之热。清络饮的来源，可能来自《临证指南医案·暑》63 案王，暑邪寒热，舌白不渴，吐血，此名暑瘵重证，西瓜翠衣、竹叶芯、青荷叶汁、杏仁、飞滑石、苡仁。《温病条辨》中有暑温寒热、舌白不渴、吐血者，名曰暑瘵，为难治。清络饮加杏仁、薏仁、滑石汤主之。除去杏仁、薏仁、滑石，清络饮方即是在西瓜翠衣、竹叶芯、青荷叶中，加鲜扁豆花、丝瓜皮、鲜银花三味，并将青荷叶汁改为鲜荷叶边。用以治疗手太阴暑温，发汗后，暑证悉减，但头微胀，目不了了，余邪不解者。吴氏称：“既曰余邪，不可用重剂明矣。只以芳香轻药清肺络中余邪足矣。”以银花、竹叶之辛凉，合诸鲜芳香所构成。

加减银翘散，用于心疟，证见热多昏狂，谵语烦渴，舌赤中黄，脉弱而数。由于温热之邪逆传，但受邪尚浅，可用加减银翘散清肺与膈中之热，领邪出卫。本方出自《临证指南医案·疟》86 案乐，热多昏谵，舌边赤，舌心黄，烦渴，脉弱，是心经热疟。医投发散消导，津劫液涸，痉厥至矣。方用犀角、竹叶、连翘、玄参、麦冬、银花。加减银翘散方药味与之完全相同，但改作粗末煎服，另入荷叶汁。全方以银花、竹叶之辛凉为主，合荷叶之芳香构成。其中犀角可升可降，性善走散，故能清热透邪，合荷叶之芳香，以领邪出卫。

总之，辛凉芳香主要有清热透邪的作用，可以清透肺络中的余邪，如清络饮；也可清透肺膈中之热，如加减银翘散，使邪热外透于表，可以从辛凉而解。

4. 辛凉淡渗

辛凉淡渗是辛凉之剂与淡渗之剂合用，《温病条辨》中有茯苓皮汤与薏苡竹叶散。

茯苓皮汤用于湿温证，表里经络脏腑三焦俱为湿热所困，以安宫牛黄丸芳香通神利窍之后，继则用本方分消湿浊。茯苓皮汤来自《临证指南医案·湿》8 案某，吸受秽邪，募原先病，呕逆，邪气分布，营卫皆受，遂热蒸头胀，身痛经旬，神识昏迷，小水不通，上中下三焦交病，舌白，渴不多饮，是气分窒塞，当以芳香通神，淡渗宣窍，俾秽湿浊气，由此可以分消。用薏仁、茯苓皮、猪苓、大腹皮、通草、淡竹叶、牛黄丸二丸。茯苓皮汤与之药味完全相同，因是湿热为患，湿重故用淡渗利湿，有热则以辛凉散热，方以淡竹叶之辛凉，合茯苓皮、薏仁、猪苓、通草等淡渗之品所组成。

薏苡竹叶散用于湿郁经脉，胸腹白疹。薏苡竹叶散亦来自《临证指南医案·湿》58 案某，汗多身痛，自利，小溲全无，胸腹白疹，此因湿伤于气分，医用血分凉药，希冀热缓，殊不知湿郁在脉为痛，湿家本有汗不解，用薏仁、竹叶、白蔻仁、滑石、茯苓、川通草。薏仁竹叶散则于此方再加连翘一味，吴氏谓“汗多则表阳开，身痛则表邪郁，表阳开而不解表邪，其为风湿无疑，盖汗之解者寒邪也，风为阳邪，尚不能以汗解，况湿为重浊之阴邪，故虽有汗不解也。……自利者小便必短，白疹者，风湿郁于孙络毛窍。此湿停热郁之证，故主以辛凉解肌表之热，辛淡渗在里之湿，俾表邪从气化而散，里邪从小便而驱，双解表里之妙法也。”全方以竹叶之辛凉，合薏仁、滑石、茯苓、通草之淡渗所组成。

总之，辛凉淡渗是用于湿温之证，内外皆为湿热所困，用辛凉解肌表之热，淡渗利在里之湿，以双解表里，使湿热得除。

5. 辛凉辛温

辛凉辛温是辛凉之剂与辛温之剂合用，《温病条辨》中辛凉辛温法有新加香薷饮，加减木防己汤。

新加香薷饮用于手太阴暑温，但汗不出者。新加香薷饮是根据《局方》香薷饮加银花、连翘组成，香薷饮用于夏月伤暑，或外感于寒，内伤于湿，症见身热恶寒，头重头疼，无汗胸闷，或腹痛吐泻等。原为辛温发汗之剂，暑病不忌辛温者，因暑必挟湿，湿为阴邪，非温不解故也。新加香薷饮用于手太阴暑温，形似伤寒，右脉洪大，左手反小，面赤口渴，但汗不能自出，以香薷饮发暑邪之表，并用银花、连翘，取其辛凉达肺经之表，故为辛凉与辛温合法。

加减木防己汤用于暑湿痹证。虽为仲景方加减，但亦来源于《临证指南医案·痹》4案杜，温暖开泄，骤冷外加，风寒湿三气交伤为痹，游走上下为楚，邪入经隧，虽汗不解，贵乎宣通，用桂枝、杏仁、滑石、石膏、萆薢、防己、苡仁、通草。以此方去萆薢，即为加减木防己汤。吴氏谓：“此治痹之祖方也。风胜则引，引者加桂枝、桑叶。湿胜则肿，肿者加滑石、萆薢、苍术。寒胜则痛，痛者加防己、桂枝、姜黄、海桐皮。面赤口涎自出者，重加石膏、知母。绝无汗者，加羌活、苍术，汗多者加黄芪、炙甘草。兼痰饮者，加半夏、厚朴、广皮。”全方以生石膏之辛凉，合桂枝之辛温为主而构成。

总之，辛凉辛温合法，用于暑温、暑湿等证，因有表热必用辛凉解肌，暑又挟湿，非辛温不能散湿。故取辛凉辛温同治。

以上是有关《温病条辨》中辛凉法的运用情况，了解了这些情况，有助于利用药物性味的组方原则，在临床上加以灵活应用。

二、辛温法

《素问·至真要大论》说：“司天之气……寒淫所胜，平以辛热，佐以甘苦，以咸泻之。”说明了寒气太盛，可用辛热甘苦之剂治之。《温病条辨》中辛温法有辛温甘苦、辛温苦淡、辛温甘温等不同，今分述之。

1. 辛温甘苦

辛温甘苦是《内经》治疗寒气的方法，外感风寒，多用辛温宣散之剂，《温病条辨》有“太阴风温、温热、瘟疫、冬温，初起恶风寒者，桂枝汤主之”的记载，吴鞠通认为名曰温病，既恶风寒，明是温自内发，风寒从外搏，成内热外寒之证，故仍旧用桂枝辛温解肌法，俾得微汗，而寒热之邪皆解矣。但后世对于《温病条辨》开首第一方之用桂枝汤，殊多争议，兹不赘述。桂枝汤还可用于温病解后，脉迟，身冷如水，冷汗自出者，此为阳气素虚之体质，热邪甫退，即露阳虚，故以桂枝汤复其阳也，方以桂枝、生姜之辛温，合芍药之酸苦、甘枣之甘合成辛温甘苦之剂，以去外感风寒，或阳虚内寒。亦辛甘合用之法也。

附子理中汤去甘草加厚朴广皮汤，用于阳明寒湿，舌白腐，肛坠痛，便不爽，不喜食。术附汤，用于浊湿久留，下注于肛，气闭肛门坠痛，胃不喜食，舌苔腐白。两方药味完全相同，前方在中焦篇，后方在下焦篇；前方称辛甘兼苦法，后方称苦辛温法。两方皆出自《临证指南医案·湿》42案王，病人述病中厚味无忌，肠胃滞，虽下，而留湿未解，湿重浊，令气下坠于肛，肛坠痛不已，胃不喜食，阳明失阖，舌上有白腐形色，议劫肠胃之湿。方用生茅术、人参、厚朴、广皮、炮姜炭、生炒黑附子。附子理中汤去甘草加厚朴广皮汤与术附汤的药味与之相同。以理中之人参补阳明之正，苍术补太阴而渗湿，姜、附运坤阳以劫寒，盖脾阳转而后湿行，湿行而后胃阳复。去甘草畏其中满也，加厚朴、广皮，取其行气。合而言之，辛甘为阳，辛苦能通之义也。吴鞠通认为："肛门之脉曰尻，肾虚则痛，气结亦痛。但气结之痛有二：寒湿、热湿也。热湿气实之坠痛，如滞下门中用黄连、槟榔之证是也。此则气虚而为寒湿所闭，故以参、附峻补肾中元阳之气，姜、术补脾中健运之气，朴、桔行浊湿之滞气，俾虚者充，闭者通，浊者行，而坠痛自止，胃开进食矣。"两方均以附、姜、厚朴之辛温，合茅术、广皮之苦温，人参之甘温所构成，似以辛温甘苦为妥。

加味异功汤用于疟邪久羁，因疟成劳，胁有疟母，出自《临证指南医案·疟》154 案陈，络虚则痛，阳微则胀，左胁有疟母，邪留正伤，此劳疟。方用人参、当归、肉桂、焦术、炙草、茯苓、广皮、生姜、南枣。加味异功汤方药与之完全相同，以异功温补中焦之气，归、桂合异功温养下焦之血，以姜、枣调和营卫，使气血相生而劳疟自愈，方以姜、桂之辛温，合于术、广皮之苦温，人参，当归、甘草、大枣之甘，共同组成辛温苦甘之剂。

扶阳汤用于少阴三疟，久而不愈，形寒嗜卧，舌淡脉微，出自《临证指南医案·疟》168 案某，少阴三疟已久，当升阳温经。方用鹿茸、熟附子、人参、粗桂枝、当归、炒黑蜀漆。扶阳汤药味与之完全相同。方以鹿茸为君，峻补督脉，人参、附子、桂枝随鹿茸峻补太阳，以实卫气，当归随鹿茸以补血中之气，通阴中之阳，单以蜀漆一味，急提难出之疟邪，由卫而出。以鹿茸、桂枝之辛温，人参、当归之甘温，蜀漆之苦温，合而构成辛温甘苦之剂。

肉苁蓉汤用于噤口痢，胃关不开，由于肾关不开者，出自《临证指南医案·痢》。邵新甫于痢证后附识噤口痢之治，谓："吾乡姚颐真先生，化出捷径良法，以大剂苁蓉，配入参、归、姜、附、桂制白芍之类治之，靡不应手而愈。想苁蓉之性，温能达下，咸可利胃，质之柔润，以补阳中之阴，较地黄、阿胶尤胜，与之肠膏竭尽，络脉结涩而痛者，堪称神品。"肉苁蓉汤与姚颐真方的内容，完全相同，噤口痢阴阳俱损，水土两分，而又滞下之积聚未清，苁蓉禀少阴水火之气而归于太阴坤土之药，补下焦阳中之阴，佐以附子补阴中之阳，人参、干姜补土，当归、白芍补肝肾，芍用桂制，恐其呆滞，且束入少阴血分也。方以姜、附之辛温，合苁蓉、参、归之甘，白芍之酸苦，合而为辛温甘苦之剂。

2. 辛温苦淡

辛温苦淡，即辛温苦温合淡渗法，用于寒湿，方如安肾汤、鹿附汤、五苓散、滑石藿香汤、术附姜苓汤。

安肾汤用于湿久，脾阳消乏，肾阳亦惫者，出自《临证指南医案·湿》51 案庞，湿久脾阳消乏，中年未育子，肾真亦惫，仿安肾丸法，用鹿茸、葫芦巴、附子、韭子、赤石脂、补骨脂、真茅术、茯苓、菟丝子、大茴香。安肾汤药味与之完全相同，以鹿茸为君，附子、韭子等补肾中真阳，但以苓、术二味，渗湿而补脾阳，釜底增薪法也。以鹿茸、附子之辛温，合茅术之苦温，茯苓之淡渗构成。

鹿附汤用于湿久不治，伏足少阴，出自《临证指南医案·湿》53 案某，舌白身痛，足跗浮肿，从太溪穴水流如注，此湿邪伏于足少阴，当用温蒸阳气为主。方用鹿茸、淡附子、草果、菟丝子、茯苓。鹿附汤方药与之完全相同，方以鹿茸、附子之辛温，合草果之苦温、茯苓之淡渗所构成。

五苓散用于足太阴寒湿，大便溏而不爽，小便不利。出自《临证指南医案·湿》14案周，湿伤脾阳，腹膨，小溲不利，又用五苓散。方以桂枝辛温通阳，茅术苦温，合猪苓、茯苓之淡渗所组成。按《温病条辨》对五苓散有时称甘温淡法，有时称苦辛温法，仍以辛温苦淡为是。

五苓散加寒水石方用于湿温下利，脱肛。出自《临证指南医案·痢》12案某，湿温下利，脱肛，用五苓散加寒水石。药味完全一致，虽然加入寒水石，但仍属辛温苦淡或辛温淡法之范畴。

术附姜苓汤用于湿久伤阳，痿弱不振，肢体麻痹，痔疮下血。出自《临证指南医案·湿》52案张，阳伤痿弱，有湿麻痹，痔血。方用生白术、附子、干姜、茯苓，术附姜苓汤药味与之完全相同。方以姜、附辛温，合白术苦温、茯苓淡渗，构成辛温苦淡之剂。

加味参苓白术散用于噤口痢，呕恶不饥，积少痛缓，形衰脉弦，舌白不渴，胃关欲闭。本方通宣三焦，提上焦，涩下焦，而以醒中焦为要。人参益肺胃之气，为通中之守；白术苦能渗湿，为守中之通；茯苓淡渗，下达膀胱，为通中之通；甘草纯甘，又为守中之守；合四君为脾胃两补之方。加扁豆、薏苡补肺胃之体；炮姜补脾肾之用；桔梗从上焦开提清气；砂仁、肉蔻从下焦固涩浊气，二物皆芳香能涩滑脱，而又能通下焦之郁滞，兼醒脾阳也。为末，取其留中；引以香粳米，亦以其芳香悦土，以胃所喜为补也。上下斡旋，无非冀胃气渐醒，可以转危为安。本方出自《临证指南医案·痢》108案娇，初起无寒热即泻痢，呕恶不食，乃噤口痢重病……议在上脘宣通其清阳，下焦当固涩其滑脱，仿古方中参苓白术散末，当以米饮日服二次，间以不腻滑之物，食些少勿多，以示胃之所喜为补，必得胃气渐醒，方有转危为安。方用人参、焦术、茯苓、炙草、炒扁豆、苡仁、桔梗、砂仁、炮姜炭、肉豆蔻。加味参苓白术散的药味与之完全相同，以炮姜、砂仁、肉蔻之辛温，合人参甘温，焦术苦温，茯苓、扁豆、苡仁等淡渗，合而为辛温苦淡之剂。

滑石藿香汤用于滞下红白，出自《临证指南医案·痢》5案某女，舌白灰黄，渴不多饮，不饥恶心，下痢红白积滞，小便不利，此暑湿内伏，三焦气机不主宣达，宜用分理气血，不必见积，以攻涤下药。方用飞滑石、川通草、猪苓、茯苓皮、藿香梗、厚朴、白蔻仁、新会皮。滑石藿香汤药味与之完全相同，此乃湿重之证，故以辛温苦淡渗湿宣气，并芳香利窍，治所以致积之因。以藿香、厚朴、白蔻仁之辛温，广皮之苦温，合滑石、通草、猪苓。茯苓皮之淡渗所组成，《温病条辨》称之为辛淡合芳香法。

3. 辛温甘温

辛温甘温，即辛温甘温合用，亦即辛甘法，方如人参石脂汤、参茸汤、露姜饮等。

人参石脂汤用于久痢，阳明不合，出自《临证指南医案·痢》65案沈，议诸截阳明一法，方用人参、炒白粳米、炮姜、赤石脂。人参石脂汤药味与之完全相同，此乃桃花汤之变法。方以炮姜辛温，合人参、石脂甘温组成。

参茸汤用于痢久阴阳两伤，出自《临证指南医案·痢》88案某，痢久阴阳两伤，少腹肛坠，连两腰胯脊髀酸痛，由脏腑络伤，已及奇经。前议轻剂升阳颇投，仍从下治。方用人参、鹿茸、附子、炒当归、茴香、菟丝子、杜仲。参茸汤药味与之完全相同。以参补阳明，鹿补督脉，归、茴补冲脉，菟丝、附子升少阴，杜仲主腰痛，俾八脉有权，肝肾有养，而痛可止，坠可升提也，方以鹿茸、附子、茴香之辛温，合人参、当归、杜仲等甘温所组成。吴鞠通谓："此方虽曰阴阳两补，而偏于阳。若其人但坠而不腰脊痛，偏于阴伤多者，可于本方去附子加补骨脂，又一法也。"

露姜饮用于太阴脾疟，脉濡寒热，疟来日迟。因偏于太阴虚寒，故以人参甘温补正，合生姜辛温散寒。本方出自《临证指南医案·疟》101案沈，脉濡，寒热，疟日迟，腹微满，四肢不暖，是太阴脾疟。用露姜饮以升阳。此方药与之完全一致，为辛温甘温之剂。

三、苦温法

《素问·至真要大论》说："诸气在泉……湿淫于内，治以苦热，佐以酸淡，以苦燥之，以淡泄之。……燥淫于内，治以苦温，佐以甘辛，以苦下之。""司天之气……湿淫所胜，平以苦热，佐以酸辛，以苦燥之，以淡泄之；湿上甚而热，治以苦温，佐以甘辛，以汗为故而止。……燥淫所胜，平以苦温，佐以酸辛，以苦下之。"以上说明了由司天之气或在泉之气致病者，如果是湿气太盛，则应当用苦温酸淡，或苦温酸辛，或苦温甘辛。如果是燥气太盛，则应当用苦温甘辛，或苦温酸辛，这些治法，在《温病条辨》中也有所体现，今将《温病条辨》中苦温各法的临床运用情况，分析如下：

1. 苦温甘辛

苦温甘辛，即燥淫于内，治以苦温、佐以甘辛之法，方如杏苏散，适用于凉燥犯肺，肺气被束，不能通调水道，故寒饮停而咳，以杏仁、橘皮之苦温，合苏叶、半夏、生姜之辛温，与甘草、大枣之甘为主构成。苏叶可以达表，甘、橘从上开、枳、杏、前胡从下降，则嗌塞鼻塞宣通而咳可止，橘、半、茯苓逐饮而补肺胃之阳，则寒饮可去，姜、枣调和营卫，故方从阳化而胜阴寒。

2. 苦温辛凉

苦温辛凉即是苦温与辛凉药同用，适用于暑温、湿热或伏暑之证湿热并重者，《温病条辨》以白虎加苍术汤用于手太阴暑温身重者，为辛凉重剂之白虎汤加苦温之苍术，合为苦温辛凉之剂，方以苦温燥在里之湿，辛凉去在表之热，又有苍术白虎汤加草果用于疮家湿疟，疮家忌发汗，发汗则病痉，故以白虎辛凉重剂以清阳明之热，加苍术、草果温散脾中寒湿，阳明阳土清以石膏、知母之辛凉，太阴阴土温以苍术、草果之苦温，共同构成苦温辛凉之剂。本方亦取之《临证指南医案·疟》40案张，疮家湿疟，忌用表散，苍术白虎汤加草果。

3. 苦温酸淡

苦温酸淡是苦温与酸味药及淡渗药合用，但是常同时佐辛温以化气利湿，故苦温酸淡，亦是苦温酸辛法，亦即《内经》所指出的："湿淫于内，治以苦热，佐以酸淡，以苦燥之，以淡泄之"，"湿淫所胜，平以苦热，佐以酸辛，以苦燥之，以淡泄之"之法，方如四苓合芩芍汤、四苓加木瓜厚朴草果汤。用酸味者，酸以泄木，不致侮土也。

四苓合芩芍汤，适用于湿热在内，自利不爽，欲作滞下，腹中拘急，小便短少，以四苓通膀胱、开支河，使邪不直注大肠，合芩芍汤法，以宣畅气机，内清积滞，予夺其滞下之路，为痢证初起之方。方以苍术、广皮之苦温，合白芍之酸，木香、厚朴之辛，再辅芩、连之苦，猪苓、茯苓之淡，构成苦温酸淡之剂。

四苓加木瓜厚朴草果汤治太阴寒湿，出自《临证指南医案·湿》16案范，四肢乍冷，自利未已，目黄稍退，而神倦不语，湿邪内伏，足太阴之气不运，经言脾窍在舌，邪滞窍必少灵，以致语言欲謇，必当分利，佐辛香以默运坤阳，是太阴里证之法。方用生於术、厚朴、茯苓、草果仁、木瓜、泽泻。四苓加木瓜厚朴草果汤较本方多猪苓、半夏二味，湿以下行为顺，故以四苓散驱湿下行，加木瓜以平木，治其所不胜也，厚朴温中行滞，草果温太阴独胜之寒，芳香而达窍，补火以生土，驱浊以生清也。方以白术、草果之苦温，合木瓜之酸，厚朴、半夏之辛，猪苓、茯苓之淡所组成。

4. 苦温辛淡

苦温辛淡即苦温药与辛温合淡渗药同用，亦属苦辛淡法之范围，方如四苓加厚朴秦皮汤。

四苓加厚朴秦皮汤用于足太阴寒湿，出自《临证指南医案·湿》13 案周，湿伤脾阳，腹膨，小便不利。方用茅术、厚朴、茯苓、泽泻、猪苓、秦皮。四苓加厚朴秦皮汤的药味与之完全相同，以四苓辛淡渗湿，使膀胱开而出邪，以厚朴泄胀，秦皮清肝，如无肝热则可不用秦皮。方以茅木的苦温，厚朴的辛温，合茯苓、猪苓以淡渗利湿，构成苦温辛淡之法。

5. 苦温辛温

苦温辛温即苦温药与辛温药同用，即苦辛温法。

四、甘温法

《素问·至真要大论》云："寒淫于内，治以甘热，佐以苦辛，以咸泻之，以辛润之，以苦坚之。""寒淫所胜，平以辛热，佐以甘苦，以咸泻之。"此二者的意义相似，仅前者以甘温药为主治疗，后者以辛热药为主治疗，今分述之。

1. 甘温苦辛

甘温苦辛，即是以甘温为主以扶阳气，佐以苦辛即以苦温、辛温药佐之，方如补中益气汤，以参、芪、归之甘温为主，佐以白术、广皮之苦温，升麻、柴胡之辛散所构成。《温病条辨》有加减补中益气汤，用于气虚下陷，出自《临证指南医案·痢》92 案某，气虚下陷，门户不藏，方用人参、黄芪、广皮、炙草、归身、炒白芍、防风、升麻。加减补中益气汤的药味与之完全相同，方以参、芪、归之甘温为主，佐以广皮、白芍之苦，防风、升麻之辛，构成甘温苦辛之剂。又如《温病条辨》有补中益气汤，用于中焦疟，寒热久不止，气虚留邪。亦出自《临证指南医案·疟》49 案程，寒热经月不止，属气虚留邪，以益气升阳，用补中益气汤。亦是甘温苦辛之剂。又如加味露姜饮，以人参之甘温，合青陈皮之苦温，半夏之辛温为主构成，但因苦温与辛温之力较强，故亦属于苦辛温法之范围。

2. 甘温辛热

甘温辛热，即是在甘温药的基础上，加用辛热祛寒之药，用于寒邪伤及脾肾之阳者，如理中汤以人参甘温，合白术苦温、干姜辛温，构成甘温苦辛之剂，在此基础上，再加附子之辛热，即是甘温辛热之剂，《温病条辨》的附子理中汤去甘草加厚朴广皮汤方，以人参甘温，茅术、广皮苦温，干姜、厚朴辛温，构成甘温苦辛之剂，再加附子辛热，为甘温辛热之剂。因辛温药为主，也是辛温甘苦法。

四逆汤加人参，《温病条辨》用于霍乱，吐利汗出，发热恶寒，四肢拘急，手足厥逆，吴鞠通认为诸阳欲脱，中虚更急不用人参，何以内固，并引柯韵伯《伤寒注》云："此脉迟而利清谷，且不烦不咳，中气大虚，元气已脱，但温不补，何以救逆，亦认为当有人参。"方以人参甘温，合姜、附辛热，构成甘温辛热之剂。

桃花汤用于下痢无度，脉微细，肢厥，或便脓血。因下焦虚寒，自当温补，以仲景方桃花汤温涩之。出自《临证指南医案·痢》57 案某，脉微细，肢厥，下利无度，仍不进食，此阳败阴浊，腑气欲绝，用桃花汤。方用赤石脂、干姜、白粳米。以赤石脂甘温固涩，合干姜辛热为主构成。

五、苦寒法

苦寒之用于温热之病，是属正治。《素问·至真要大论》中提到“热者寒之”，即是指此而言。然而温热之邪久羁，必然伤阴，以苦寒撤热当注意苦寒化燥也能伤阴，故治疗时要掌握分寸，不可滥用。《温病条辨》中避免苦寒化燥伤阴，有用苦寒酸甘或苦寒甘寒者，藉酸甘化阴或甘寒养阴，以监制苦寒化燥。《素问·至真要大论》尚有：“司天之气……火淫所胜，平以酸冷，佐以苦甘，以酸收之，以苦发之，以酸复之。”指火气太盛时可用酸寒苦甘之剂，亦即苦寒酸甘法。

湿热之证，有时也可用苦寒辛香之剂，因为苦寒可以化燥既清热又祛湿，再加以辛香则其效更著。其他还有苦寒药与辛味药同用的苦寒辛通及苦寒酸辛，亦可列入苦辛法的范围。

1. 苦寒清热

苦寒清热即是以苦寒药为主的方剂，具有清热作用，一般温热病多不单纯用苦寒，而以甘寒与苦寒同用，所谓甘苦合化，以免苦寒化燥，但是湿热则不忌苦寒，如茵陈蒿汤、栀子柏皮汤、加味白头翁汤等即是。

茵陈蒿汤用于阳明温病，无汗，或但头汗出，身无汗，渴欲饮水，腹满舌燥黄，小便不利而发黄者。吴鞠通谓：“此纯苦急趋之方也，发黄外闭也，腹满内闭也，内外皆闭，其势不可缓，苦性最急，故以纯苦急趋下焦也……茵陈……主治热结黄疸，故以之为君，栀子通水源而利三焦，大黄除实热而减腹满，故以之为佐也。”全方三味皆属苦寒组成。

栀子柏皮汤用于阳明温病，不甚渴，腹不满，无汗，小便不利，心中懊侬，发黄者，以湿热在内，不得发越，亦不得下渗，故郁而发黄，用栀子柏皮汤者，吴鞠通称为：“此湿淫于内，以苦燥之，热淫于内，佐以甘苦法也。”以栀子清肌表，黄柏泻膀胱，甘草协利内外，而清热退黄，全方以栀子、黄柏之苦寒为主所构成。

白头翁汤用于噤口痢，热气上冲，肠中逆阻似闭，腹痛在下尤甚者。出自《临证指南医案·痢》105 案包，又噤口痢，乃热气自下上冲而犯胃口，肠中传导皆逆阻似闭，腹痛在下尤甚……若不急清，阴液同归于尽。白头翁汤，方用白头翁、秦皮、黄连、黄柏，以苦寒清肠为治。

加味白头翁汤用于内虚湿热下陷，热痢下重，出自《临证指南医案·痢》31 案蔡，内虚邪陷，协热自利，脉左小右大，病九日不减，是为重证，议用白头翁汤方加黄芩、白芍。又《临证指南医案·痢》27 案陈氏，温邪经旬日不解，发热自利，神识有时不清，此邪伏厥阴，恐致变痉，方用白头翁、川连、黄芩、北秦皮、黄柏、生白芍。加味白头翁汤的药味亦与之完全相同，仲景白头翁汤本为苦寒清肠之剂，今又加入黄芩苦寒以清热。白芍苦酸通调血中之气，亦酸苦泄热之法，以增强治痢效果，但全方则是以苦寒为主而构成。

2. 苦寒辛香

苦寒辛香是苦寒药配合辛味芳香之剂，一般用于湿温，以苦寒清热兼能化燥去湿，且辛味芳香蒸变又化其湿浊，如黄连黄芩汤之用于阳明温病，干呕，口苦而渴，尚未可下者；或不渴而舌滑属湿温，其中干呕为邪热夹秽浊，扰乱中宫而然。以芩、连之苦寒清热，合郁金之辛寒芳香，香豉之微酸芳香，构成苦寒辛香之剂。

3. 苦寒辛通

苦寒辛通是苦寒药配合辛味药组成，而有通下之作用，亦即苦辛通法，如大、小承气汤即是。又如宣白承气汤用于阳明温病，下之不通，喘促不宁，痰涎壅滞，右寸实大，肺气不降者，亦是苦寒辛通法，方以大黄、蒌皮之苦寒，合石膏之辛为主所构成。

4. 苦寒酸甘

苦寒酸甘，是苦寒药合酸味药及甘味药所组成，酸甘可以化阴，苦寒以清热，酸甘也可监制苦寒伤阴，苦寒酸甘亦即酸寒苦甘之剂，方如导赤承气汤、栀子豉加甘草汤。

导赤承气汤用于阳明温病，下之不通，而有左尺牢坚，小便赤痛，时烦渴甚。方以赤芍之酸寒，合大黄、黄连、黄柏之苦寒，生地之甘寒，共同构成苦寒酸甘之剂。

栀子豉加甘草汤，用于阳明温病，下后虚烦不眠，心中懊侬，反复颠倒，少气者。以栀子豉汤之酸苦寒。合甘草之甘，构成苦寒酸甘之剂。

5. 苦寒酸辛

苦寒酸辛，是苦寒药合酸味药及辛味药所组成，酸苦以泄热，佐以辛味，因肝欲散，急食辛以散之。苦寒酸辛，亦可属苦辛寒法之范围。方如栀子豉加姜汁汤，用于阳明温病，下后心中懊侬，并有呕吐者，吴鞠通说："胃中未至甚热燥结，误下伤胃中阳气，木来乘之，故呕，加姜汁，和肝而降胃气也，胃气降则不呕矣。"方以栀子苦寒，合香豉微酸，佐以姜汁之辛构成苦寒酸辛之法。

6. 苦寒甘寒

苦寒甘寒法，即苦甘法，或甘苦法，《温病条辨》称为甘苦合化阴气之法，方如护胃承气汤、新加黄龙汤、冬地三黄汤、加减黄连阿胶汤。

护胃承气汤用于阳明温病，下后数日，热不退，或退不尽，口燥咽干，舌苔干黑，或金黄色，脉沉而有力者，下后热不退，为邪气复聚于胃，须再通其里，但正气日虚，阴津日耗，须加意防护其阴。故护胃承气汤虽有大黄之苦寒通下，仍有冬、地之甘寒，合知母、丹皮之苦寒，甘苦合化阴气以护其阴。

新加黄龙汤用于阳明温病，下之不通，或应下失下，正虚不能运药者，吴鞠通说："正气既虚，邪气复实，勉拟黄龙法，以人参补正，以大黄逐邪，以冬、地增液，邪退正存一线，即可以大队补阴而生，此邪正合治法也……旧方用大承气加参、地、当归，须知正气久耗，而大便不下者，阴阳俱惫，尤其阴液消亡，不得再用枳、朴伤气而耗液，故改用调胃承气，取甘草之缓急，合人参补正，微点姜汁，宣通胃气，代枳、朴之用，合人参最益胃气，加麦、地、元参保津液之难保，而又去血结之积聚，姜汁为宣气分之用，当归为宣血中气分之用，再加海参者，海参咸能化坚，甘能补正……能走络中血分，病久者必入络，故以之为使也。"方以大黄苦寒通下，合生地、甘草、人参、麦冬之甘以生液养津，芒硝咸寒软坚润燥，元参、海参咸寒生津，又有归之滑润，姜之开结，俾少火实结之邪，一鼓宣通滑泄而尽去，全方为苦甘咸法，而以苦甘为主。

冬地三黄汤用于阳明温病，无汗，实证未剧，小便不利者。温热之小便不利，无膀胱不开证，皆上游热结，肺气不化所致。以三黄清热、热结则液干，故以甘寒润之，金受火刑，化气艰难，故倍用麦冬以化之，方以三黄之苦寒，合冬、地之甘寒为主所组成。

加减黄连阿胶汤用于春温内陷下痢，出自《临证指南医案·痢》34 案某，春温内陷下痢，最易厥脱，方用川连、阿胶、淡黄芩、炒生地、生白芍、炙草。加减黄连阿胶汤药味与之完全相同。因热必伤阴，故以救阴为主，以芩、连苦寒坚阴，以阿胶、生地之甘寒，合白芍、甘草之酸甘化阴，构成以苦甘为主的方剂。

六、咸寒法

《素问·至真要大论》有："诸气在泉……热淫于内，治以咸寒，佐以甘苦，以酸收之，以苦发之……火淫于内，治以咸冷，佐以苦辛，以酸收之，以苦发之。""司天之气……热淫所胜，平以咸寒，佐以苦甘，以酸收之。"说明了由司天之气或在泉之气致病者，如果是热气或火气太盛时，应当用咸寒甘苦之剂，或咸寒苦辛之剂，今将有关治疗热证的咸寒各法，分析如下：

1. 咸寒存阴

咸寒存阴是用咸寒药物具有固涩作用者，在固涩大便的同时，又能存阴，如温热下后，反大便溏甚，脉仍数者，可用一甲煎，以生牡蛎一味，咸寒兼涩，既能存阴，又能固涩，且清在里之余热，一物而三用之。

2. 咸寒甘润

热邪深入下焦，阴液亏损，宜加减复脉汤甘润存津，但又见痉厥，心中憺憺大动，甚则心中痛，脉细促，宜用三甲复脉汤，吴鞠通说："心中动者，火以水为体，肝风鸱张，立刻有吸尽西江之势，肾水本虚，不能济肝而后发痉，既痉而水难猝补，心之本体欲失，故憺憺然而大动也。"方用三甲咸寒以镇痉潜阳，合复脉之甘润存津而组成。又救逆汤用于温病津液被劫，汗自出，中无所主者，救逆汤是加减复脉汤内去麻仁，加龙骨、牡蛎，可能出自《临证指南医案·温热》46 案黄，体虚，温邪内伏，头汗淋漓，心腹窒塞，上热下冷，舌白燥渴，春阳升举为病，犹是冬令少藏所致，色脉参观，极当谨慎。方用阿胶、生地、麦冬、生牡蛎、生白芍、茯苓。救逆汤方较本方少茯苓，多生龙骨、炙甘草二味，以牡蛎咸寒，合麦冬、生地、阿胶、甘草等甘润，构成咸寒甘润之剂。

3. 咸寒苦辛

咸寒苦辛是以咸寒药物，与苦寒清热，再配辛香清透之剂，共同组成的方剂，有清热解毒、芳香透邪的作用。如安宫牛黄丸、至宝丹、紫雪丹等是。用于邪热内陷，里络壅闭，神识昏迷，谵妄痉厥，口渴身热，目赤唇焦等症。安宫牛黄丸为咸寒保肾水而安心体，苦寒通火腑而泻心用，芳香化浊辟秽而利窍之方，以犀角咸寒，牛黄、芩、连、栀子之苦寒，合郁金、梅片、麝香之芳香为主构成。至宝丹能补心体、通心用、除邪秽、解热结，以犀角之咸寒，牛黄之苦寒，麝香之辛香为主构成。紫雪丹亦为泻热解毒，化浊开窍之剂，以犀角、羚羊角之咸苦寒，合诸香之辛香、三石之辛凉为主而构成。又辛凉甘寒中的青蒿鳖甲汤之用于暮热早凉，亦是以鳖甲之咸寒，入络搜邪，配知母、丹皮之苦寒清热，再加青蒿芳香清透合成，故应为咸寒苦辛之剂，以清透阴分伏邪。

4. 咸寒苦甘

咸寒苦甘是咸寒合苦寒及甘味药物构成，既有清热作用，又能甘苦化阴，其代表方剂如清宫汤、加减清宫汤、化斑汤、清营汤、调胃承气汤、增液汤、增液承气汤、新加黄龙汤、犀角地黄汤等方，今分析如下：

清宫汤用于太阴温病，汗出过多，神昏谵语。可能来自《临证指南医案·温热》20 案陆，高年热病，八九日，舌燥烦渴，谵语，邪入心包络中，深怕液涸神昏，当滋清去邪，兼进牛黄丸，驱热利窍。方用竹叶芯、鲜生地、连翘芯、元参、犀角、石菖蒲。清宫汤方中去石菖蒲、生地，加莲子芯、麦冬。吴鞠通云："此咸寒甘苦法，清膻中之方也，谓之清宫者，以膻中为心之宫城也。"认为元参味苦属水，犀角灵异味咸，二物为君。莲芯甘苦咸，使心火下通于肾，又回环上升，使肾水上潮于心，故以为使；连翘像心，竹叶通窍清心，故以为佐；麦冬独取其芯，以散心中秽浊结气，故以之为臣。本方以犀角、元参之咸寒，合连翘、莲芯之苦，麦冬之甘为主，构成咸寒苦甘之剂。

加减清宫汤用于湿温邪入心包，神昏肢逆，以清宫汤去莲芯、麦冬加银花、赤小豆皮，煎送至宝丹或紫雪丹亦可。出自《临证指南医案・湿》10 案张妪，体壮有湿，近长夏阴雨潮湿，著于经络，身痛自利，发热。仲景云：湿家大忌发散，汗之则变痉厥，脉来小弱而缓，湿邪凝遏阳气，病名湿温。湿中热气，横冲心包络，以致神昏，四肢不暖，亦手厥阴见证。方用犀角、连翘芯、元参、石菖蒲、金银花、野赤豆皮，煎送至宝丹。加减清宫汤的方中则去石菖蒲，加竹叶芯。方以犀角、元参之咸寒，合连翘之苦寒、银花之甘寒为主所构成。

化斑汤用于太阴温病，不可发汗，发汗而汗不出，发斑者。古人用白虎汤治疗发斑者，以其为阳明证也，阳明主肌肉，斑家遍体皆赤，自内而外，故从阳明而治，病至发斑，已不独主气分，故加犀角、元参以凉血清热。方以犀角，元参之咸寒，合白虎汤之苦甘而构成。

清营汤用于手厥阴暑温，营气有热，时有谵语，烦渴舌赤，目常开而不闭，或喜闭不开，夜寐不安，脉虚，出自《临证指南医案・暑》40 案程，暑久入营，夜寐不安，不饥微痞，阴虚体质，议理心营。方用鲜生地、元参、川连、银花、连翘、丹参。又 30 案程，脉虚，舌赤消渴，伏暑热气，过卫入营，治在手厥阴，方用竹叶、犀角、生地、麦冬、元参。此二方相合，即清营汤全方。《温病条辨》有“太阴温病，寸脉大，舌绛而干，法当渴，今反不渴者，热在营中也，清营汤去黄连主之。”邪热入营，蒸腾营气上升，故不渴，但是根据临床实践也可以有渴。因此口渴与否，并非热入营分的确征，仍以舌质红绛者为准，方以犀角、玄参之咸寒，合黄连、连翘之苦寒，及生地、麦冬、银花之甘寒为主，构成咸寒苦甘之剂。

调胃承气汤，《温病条辨》用于阳明温病，无汗、小便不利、谵语、大便不通者。无汗则外不通，大小便俱闭则内不通，邪之深结于阴可知，故以芒硝之咸寒，大黄、甘草之甘苦治之，为咸寒苦甘之剂。

增液汤用于阳明温病，无上焦证，数日不大便，若其人阴虚而又当下者。吴鞠通说：“此方所以代吴又可承气养荣汤法也，妙在寓泻于补，以补药之体，作泻之用，既可攻实，又可防虚。余治体虚之温病，与前医误伤津液、不大便、半虚半实证，专以此法救之，无不应手而效。”方以玄参咸寒而苦，合冬、地之甘寒，构成咸寒苦甘之剂。

新加黄龙汤虽以苦寒为主，但方中有芒硝、元参、海参之咸寒亦属咸寒苦甘之剂。

增液承气汤用于服增液汤不下者，用增液汤加大黄、芒硝，以芒硝、玄参之咸寒，合大黄苦寒，冬地甘寒，亦是咸寒苦甘之剂。

犀角地黄汤用于少阴温病，时欲漱口而不欲咽，便黑而易者，因邪入血分，内有瘀血，故欲漱而不欲咽，瘀血溢于肠间，血色久瘀则黑，血性柔润，故大便黑而易也。以犀角咸寒，入下焦血分以凉血清热，合丹皮苦寒泻血中伏火、生地甘寒以清热养阴，共同构成咸寒苦甘之剂。

七、甘寒法

甘寒法为滋养津液而设，凡欲生津者，宜甘寒而清滋之品，凡欲养阴者，宜甘寒而浊腻之品。一般热伤津者，宜用清滋；热耗液者，宜用浊腻。今将甘寒各法分析如下：

1. 甘寒生津

温病口渴津少，可用甘寒滋润以生津液，常用如雪梨浆及五汁饮，皆甘寒清滋之品，雪梨浆则是清滋中之清滋，五汁饮则又是清滋中之浊腻也。

2. 甘寒养阴

津伤进一步加重，则需养阴方能救其津液，因此要用甘寒养阴法治之，如益胃汤、玉竹麦门冬汤、沙参麦冬汤、三才汤、加减复脉汤、清燥汤、护阳和阴汤等皆是。

益胃汤用于阳明温病，下后汗出，胃阴耗损，叶天士用甘药养胃，多用麦冬、玉竹、沙参、生甘草、白芍等，益胃汤用沙参、麦冬、细生地、玉竹、冰糖。是以甘寒为主滋养胃阴，较甘寒生津为浊腻。

玉竹麦门冬汤用于秋燥，燥伤胃阴，出自《临证指南医案·燥》5 案陈，秋燥复伤，宿恙再发，未可补涩，故予甘药养胃。方用麦冬、玉竹、北沙参、生甘草、茯神、糯稻根须。玉竹麦门冬汤则去茯神、糯稻根须二味，亦是以甘寒为主滋养胃阴。

沙参麦冬汤用于燥伤肺胃阴分，出自《临证指南医案·燥》2 案卞，夏热秋燥致伤，都因阴分不足，方用冬桑叶、玉竹、生甘草、白沙参、生扁豆、地骨皮、麦冬、花粉。沙参麦冬汤则去地骨皮，但其加减法中则提到久热、久咳者，加地骨皮，全方亦是以沙参、玉竹、麦冬、花粉等甘寒组成。

三才汤用于暑邪久热，阴液元气两伤，出自《临证指南医案·暑》45 案金，热久胃汁被劫不饥不便……难寐，神识未清，为病伤元气，而热病必消铄真阴，议用三才汤意，方用人参、天冬、生地、麦冬、五味子。三才汤仅人参、天冬、生地三味，但加减法中有复阴者加麦冬、五味子；复阳者加茯苓、炙甘草。全方以冬、地甘寒为主组成。

清燥汤用于阳明温病，下后无汗，脉不浮而数。下后无汗脉数，邪之未解可知，用清燥汤增水敌火，吴鞠通说："即是又可下后间服缓剂之法也。但又可清燥汤中用陈皮之燥、柴胡之升、当归之辛窜，津液何堪！以燥清燥，有是理乎？此条乃用其法而不用其方。"全方以麦冬、生地之甘寒为主，配知母苦寒、元参咸寒，《温病条辨》列为甘凉法，实际上可属于咸寒苦甘，或苦甘咸法。

加减复脉汤用于温病误表，津液被劫，心中震震，舌强神昏；或温病耳聋，病系少阴；或温病已汗而不得汗，已下而热不退，或温病误用升散，脉结代，甚至脉两至者；或汗下后，口燥咽干，神倦欲眠，舌赤苔老者；或劳倦内伤，复感温病，六七日以外不解者。出自《临证指南医案·温热》19 案张，营络热，心震动。复脉汤去姜、桂、参，加白芍。47 案张，劳倦内伤，温邪外受，两月不愈，心中温温液液，津液无以上供，夜卧喉干燥，与复脉汤去姜、桂、参，三服后可加参。48 案汪，劳倦更感温邪……神倦欲眠，舌赤黄苔，口不知味，当以育阴除热为主，辛散苦降非宜，复脉汤去参，姜、桂、麻加青甘蔗浆。《临证指南医案·燥》7 案张，脉数虚，舌红口渴……此津液被劫，阴不上承，心下温温液液，用炙甘草汤。炙甘草、阿胶、生地、麦冬、人参、麻仁等。《温病条辨》的加减复脉汤为炙甘草、干地黄、生白芍、麦冬、阿胶、麻仁，皆与之相差无几。以冬、地、阿胶、麻仁等甘寒、甘润之品构成。

护阳和阴汤用于热入血室与两清气血后，邪去其半，余邪未解。出自《临证指南医案·热入血室》2 案沈氏，温邪初发，经水即至……前主两清气血，伏邪已得效验，大凡体质素虚，驱邪及半，必兼护养元气，仍佐清邪，腹痛便溏，和阴是急。方用白芍、炙草、人参、炒麦冬、炒生地。扩阳和阴汤方药与之完全相同，以参、甘护元阳，而以白芍、麦冬、生地和阴清邪。《温病条辨》称之为甘凉甘温复法。偏于甘凉，即复脉汤法也。

3. 甘寒咸寒

甘寒咸寒是以甘寒药与咸寒药同用，以达到育阴潜阳的目的。加小定风珠用于温邪久踞下焦，铄肝液为厥，扰冲脉为哕，脉阴阳俱减而细，肝木横强则劲。故以鸡子黄实土而定内风，龟板补任而镇冲脉，阿胶沉降补液而熄肝风，淡菜能补阴中之真阳，并能潜真阳之上动，童便以浊液仍归浊道，用以为使也。本方来自《临证指南医案·痉厥》35 案顾，平昔肠红，阴络久伤，左胁下癥瘕，肝家风气易结，形瘦面青，阴虚，阳气易冒，血络不得凝静，诸阳一并遂为厥，冲气自下犯胃为呃，证似蓄血为狂，奈脉细劲，咽喉皆痛，真阴枯槁之象，水液无有，风木大震，此刚剂强镇，不能熄其厥冒耳。方用生鸡子黄一枚、真阿胶 6 克、淡菜泡洗 15 克、龟板 15 克，冲入热童便一杯。小定风珠的药味则与之完全相同。全方以鸡子黄、阿胶之甘润，合龟板、淡菜之咸寒为主构成，也是咸寒甘润法。

4. 甘寒辛苦

如苦辛寒法中的三石汤，亦是甘寒辛苦法，以银花、三石之甘寒，合石膏之辛凉，及杏仁之苦温所构成。不用苦寒者，因邪尚在肺，过苦反过病所，故宜甘寒合辛凉苦温之剂。

5. 甘寒苦寒

即甘苦化阴或苦寒甘寒。

八、苦辛法

苦辛法是指苦味药与辛味药同用，是《温病条辨》中最常用的治法，《温病条辨》共有 206 方，其中苦辛法有 66 方，约占 1/3，可见应用比较广泛。《素问·藏气法时论》有：“……气味合而服之，以补益精气，此五者，有辛、酸、甘、苦、咸，各有所利，或散、或收、或缓、或急、或坚、或软。四时五脏，病随五味所宜也。”说明了辛味药有宣散的作用，苦味药有坚燥的作用，因此苦辛能散能燥，多用于治疗湿证。《温病条辨》中的苦辛法，基本上可分为四类，即苦辛通法、苦辛淡法、苦辛温法、苦辛寒法。今分述之：

（一）苦辛通法

苦辛通法是苦味药与辛味药同用，具有开闭通降的作用，适用于热结、湿滞、气郁、血阻等证，一般也有温通或清泄之分，严格地说，可以归入苦辛温法或苦辛寒法之中，因其具有通闭的特点，故《温病条辨》单独列出，苦辛通法有下列一些方剂：

宣痹汤，《温病条辨》有两个宣痹汤，此是用于太阴湿温，气分痹郁而哕者。其来源于《临证指南医案·呃》1 案某，面冷频呃，总在咽中不爽，此属肺气膹郁，当开上焦之痹。盖心胸背部，须藉在上清阳舒展，乃能旷达耳。方用枇杷叶、炒川贝、郁金、射干、白通草、香豉。以此方去川贝组成宣痹汤。因属湿温初起，仍在上焦，湿热郁阻气分而致呃逆，故以轻宣肺痹为主。方以枇杷叶之苦，合郁金之辛，构成苦辛通痹之剂。

宣痹汤，用于湿热蕴于经络，来源于《临证指南医案·湿》56 案徐，温疟初愈，骤进浊腻食物，湿聚热蒸，蕴于经络，寒战热炽，骨骱烦疼，舌起灰滞之形，面目萎黄色，显然湿热为痹。仲景谓湿家忌投发汗者，恐阳伤变病，盖湿邪重著，汗之不却，是苦味辛通为要耳。方用防己、杏仁，滑石、醋炒半夏、连翘、山栀、苡仁、野赤豆皮。以此方加晚蚕砂即是宣痹汤。舌灰目黄，知其为湿中生热；寒战热炽，知其在经络；骨骱疼痛，知其为痹证。以防己急走经络之湿，杏仁开肺气之先，连翘清气分之湿热，赤豆清血分之湿热，滑石利窍而清热中之湿，山栀肃肺而泻湿中之热，薏苡淡渗而主挛痹，半夏辛平而主寒热，蚕砂化浊道中清气。痛甚加片子姜黄、海桐皮者，所以宣络而止痛也，全方以防己、半夏、蚕砂之辛，合杏仁、连翘、山栀之苦，组成苦辛通痹之剂。

小承气汤，《温病条辨》用于阳明温病，下利谵语，阳明脉实或滑疾者，或汗多谵语，舌苔老黄而干者，均示阳明胃实。苔见干黄，谵语，因结粪而热，下利亦属内有积滞，故均应通下，方以大黄、枳实之苦，合厚朴之辛所构成，《温病条辨》称为苦辛通法重剂。

大承气汤，《温病条辨》用于阳明温病，面目俱赤，语声重浊，呼吸俱粗，大便闭，小便涩，舌苔老黄，甚则黑有芒刺，但恶热，不恶寒，日晡益甚，脉沉数有力，甚则脉体反小而实者。或阳明温病，面目俱赤，肢厥，甚则通体皆厥，不瘛疭，但神昏，不大便，小便赤，脉沉伏或并脉亦厥，胸腹满坚，甚则拒按，喜凉饮者。大黄荡涤热结，芒硝入阴软坚，枳实开幽门之不通，厚朴泻中宫之实满，曰大承气者，合四药而观之，可谓无坚不破，无微不入，故曰大也。为苦辛通降，咸以入阴法，以大黄、枳实之苦，合厚朴之辛，佐芒硝之咸而构成。

新制橘皮竹茹汤用于阳明湿温，气壅为哕者，方来自《金匮要略》橘皮竹茹汤加减，吴鞠通说："按金匮橘皮竹茹汤，乃胃虚受邪之治，今治湿热遏胃气致哕，不宜用参、甘峻补，故改用柿蒂。"《温病条辨》称为苦辛通降法，以橘皮、柿蒂之苦，合姜汁之辛为主所构成。

桃仁承气汤来自《伤寒论》方，用以治疗少腹坚满，小便自利，夜热昼凉，大便闭，脉沉实者。少腹坚满，法当小便不利，今反自利，则非膀胱气闭，夜热为阴分有热，昼凉为邪伏阴分；大便闭为血分结闭，故以桃仁承气通血分之闭结，方以大黄之苦，合丹皮之辛，再以芒硝之咸寒为主构成，故《温病条辨》称之为苦辛咸寒法。但《温病条辨》的桃仁承气汤、较《伤寒论》的桃核承气汤去桂枝、甘草，又加入当归、芍药、丹皮而组成。

加减桃仁承气汤用于热入血室。其来源于《临证指南医案·热入血室》4 案吴氏，热病十七日，脉右长左沉，舌萎饮冷，心烦热，神气忽清忽乱，经来三日患病，血舍内之热气，乘空内陷，当以瘀热在里论病，但病以至危，从蓄血如狂例。方用细生地、丹皮、制大黄、炒桃仁、泽兰、人中白。《温病条辨》的加减桃仁承气汤方药味与之完全相同，全方以大黄之苦、丹皮为辛为主构成，《温病条辨》称为苦辛走络法。

救中汤用于卒中寒湿，内挟秽浊，眩冒欲绝，腹中绞痛，脉沉紧而迟，甚则伏，欲吐不得吐，欲利不得利，甚则转筋，四肢欲厥，俗名发痧，又名干霍乱，转筋者，俗名转筋火。吴鞠通认为"以常发于夏月，夏月火令，又病迅速如火也，其实乃伏阴与湿相搏之故。以大建中之蜀椒，急驱阴浊下行，干姜温中，去人参、胶饴者，畏其满而守也，加厚朴以泻湿中浊气，槟榔以散结气，直达下焦，广皮通行十二经之气，改名救中汤，急驱浊阴，所以救中焦之真阳也。"说明了本方来自《金匮要略》的大建中汤，以蜀椒、干姜、厚朴之辛，合槟榔、陈皮之苦，构成苦辛温通之剂，惟用于真正属于寒证者比较合适。

椒桂汤用于暴感寒湿成疝，寒热往来，脉弦反数，舌白滑，或无苔不渴，当脐痛或胁下痛。吴鞠通说："此肝脏本虚，或素有肝郁，或因暴怒，又猝感寒湿，秋月多得之。既有寒热之表证，又有脐痛之里证，表里俱急，不得不用两解。方以川椒、吴萸、小茴香直入肝脏之里，又芳香化浊流气；以柴胡从少阳领邪出表，病在肝治胆也；又以桂枝济柴胡者，病在少阴，治在太阳也。经所谓病在脏治其腑之义也，况又有寒热之表证乎？佐以青皮、广皮，从中达外，峻发肝邪，使以良姜温下焦之里也；水用急流，驱浊阴使无留滞也。"方以川椒、桂枝、良姜、吴萸、小茴之辛，合广皮、青皮之苦为主而构成苦辛温通之剂。

大黄附子汤用于寒疝，脉弦紧，胁下偏痛发热，为邪居厥阴，表里俱急，故用温下法以两解。以附子温里通阳，细辛散寒湿之邪，用大黄以借胃腑而出。出自《金匮要略》的大黄附子汤，其条文亦与之相同。以附子、细辛之辛温，合大黄之苦，构成苦辛温下法。

天台乌药散用于寒疝，少腹或脐旁，下引睾丸，或掣胁，下掣腰，痛不可忍者。吴鞠通说："此寒湿客于肝肾小肠而为病，故方用温通足厥阴、手太阳之药也。乌药袪膀胱冷气，能消肿止痛；木香透络定痛；青皮行气伐肝；良姜温脏劫寒；茴香温关元，暖腰肾，又能透络定痛；槟榔至坚，直达肛门散结气，使坚者溃，聚者散，引诸药逐浊气，由肛门而出；川楝导小肠湿热，由小便下行；妙以斩关夺门之巴豆，用气味而不用形质，使巴豆帅气药散无形之寒，随槟榔下出肛门；川楝得巴豆迅烈之气，逐有形之湿，从小便而去。俾有形无形之结邪，一齐解散而病根拔矣。"以乌药、木香、小茴、良姜、巴豆之辛温，合青皮、槟榔苦温构成。

（二）苦辛温法

苦辛温法是用辛温或辛热之品，大多数与苦温之品合用，对寒湿之证有较好的效果，苦辛温法有下列一些代表方剂。

桂枝姜附汤用于寒湿伤阳，以姜附温中，白术燥湿，桂枝通行表阳而去经络寒湿。本方来自《临证指南医案·湿》35 案王，冷湿损阳，经络拘束，形寒，酒客少谷，劳力所致。方用桂枝、淡干姜、熟附子、生白术。以桂枝辛温，合姜、附辛热，白术苦温，组成苦辛热之剂。

草果茵陈汤用于足太阳寒湿，舌灰滑，中焦滞痞。以草果为君，茵陈因陈生新，生发阳气之机最速，故以之为佐。广皮、大腹皮、厚朴共成泻痞之功，猪苓、泽泻以导湿外出。出自《临证指南医案·湿》28 案陆，湿滞如痞，方用山茵陈、草果仁、茯苓皮、大腹皮绒、厚朴、广皮、猪苓、泽泻。草果茵陈汤与之药味完全相同。以草果、厚朴之辛温，合广皮之苦温为主构成苦辛温之剂。

椒附白通汤用于足太阴寒湿，舌白滑，甚则灰，脉迟，浊阳凝聚，阳伤腹痛，痛甚则肢逆。出自《临证指南医案·湿》33 案方，形质颓然，脉迟小涩，不食不寐，腹痛，大便窒痹。平昔嗜酒，少谷中虚，湿结阳伤，寒湿浊阴鸠聚为痛。方用炒黑生附子、炒黑川椒、生淡干姜、葱白，调入猪胆汁一枚。椒附白通汤与之药味完全相同，以诸辛温、辛热之品，合猪胆汁之苦寒反佐，构成苦辛热之剂。

苓姜术桂汤用于寒湿伤脾胃两阳，或脘中痞闷，或酒客湿聚。出自《临证指南医案·湿》36 案莫，夏四月，寒热不饥，是时令潮诊气蒸，内应脾胃。夫湿属阴晦，必伤阳气，吞酸形寒，乏阳运行，议鼓运转旋脾胃一法，苓姜术桂汤。以桂枝、生姜之辛温，合白术苦温为主构成。

四加减正气散用于湿阻气分，舌白滑，脉右缓。吴鞠通说："以右脉见缓之故，知气分之湿阻，故加草果、楂肉、神曲，急运坤阳，使足太阴之地气不上蒸手太阴之天气也。"吴氏加减正气散，以藿香、厚朴、茯苓、陈皮为基本方，四加减则加草果、楂肉、神曲。出自《临证指南医案·湿》26 案张，脉右缓，湿着阻气。方用厚朴、广皮、煨草果、炒楂肉、藿香梗、炒神曲。四加减正气散则于此方加茯苓一味，以藿香、厚朴、草果之辛温，合广皮苦温为主而构成。

五加减正气散用于秽湿着里，脘闷便泄。吴鞠通说："秽湿而致脘闷，故用正气散之香升；便泄而知脾胃俱伤，故加大腹运脾气，谷芽升胃气也。"出自《临证指南医案·湿》27

案某，不耐烦劳是本虚，脘闷便泄属湿邪，先治湿，后治本，方用藿香梗、广皮、茯苓、大腹皮、厚朴、谷芽。五加减正气散则于此方加苍术一味，以藿香、厚朴、大腹皮之辛温，合广皮、苍术之苦温为主而构成。

杏仁薏苡汤用于风暑寒湿杂感，气不主宣。出自《临证指南医案·湿》57案某，风暑湿混杂，气不主宣，咳嗽头胀，不饥，右肢若废，法当通阳驱邪，方用杏仁、苡仁、桂枝、生姜、厚朴、半夏、汉防己、白蒺藜。杏仁薏苡汤与之药味完全相同，以桂枝、生姜、厚朴、半夏之辛温，合杏仁苦温为主构成。

加味露姜饮用于太阴脾疟，露姜饮为人参、生姜二味，吴鞠通谓："邪气更甚，脉兼弦则土中有木矣，故加温燥泄木退邪。"出自《临证指南医案·疟》55案袁妪，脉弦缓，寒战，甚则呕吐噫气，腹鸣溏泄，是足太阴脾寒也。方用人参、半夏、草果仁、生姜、新会皮、醋炒青皮。加味露姜饮与之药味完全相同，以半夏、草果、生姜的辛温，合陈皮、青皮的苦温为主构成。

厚朴草果汤用于湿疟，为热少湿多之证。吴鞠通谓："湿为阴邪，弥漫于中，喜热以开之也。故方法以苦辛通降，纯用温开，而不必苦寒也。"出自《临证指南医案·疟》27案某，舌白脘闷，寒起四末，渴喜热饮，此湿邪内蕴，脾阳不主宣达，而成湿疟。方用厚朴、杏仁、草果仁、半夏、茯苓、广皮白。厚朴草果汤的药味与之完全相同，以厚朴、草果、半夏之辛温，合杏仁、陈皮之苦温为主构成。

加减附子理中汤用于太阴自利，夏日伤冷水瓜果者多见。吴鞠通说："此偏见于湿，合脏阴无热之证，故以附子理中汤去甘守之人参、甘草，加通运之茯苓、厚朴。"出自《临证指南医案·痢》54案陆，腹满自利，脉来濡小，病在太阴，况小便清长，非腑病湿热之比，法当温之。方用生於术、附子、茯苓、厚朴、干姜。加减附子理中汤的药味与之完全相同，以附子、干姜、厚朴的辛温，合白术苦温而构成。

加减小柴胡汤用于疟邪内陷变痢，而脾胃气衰，吴鞠通云："内陷云者，由浅入深也。治之之法，不出喻氏逆流挽舟之议，盖陷而入者，仍提而使之出也。故以柴胡由下而上，入深出浅，合黄芩两和阴阳之邪，以人参合谷芽宣补胃阳，丹皮、归、芍内护三阴，谷芽推气分之滞，山楂推血分之滞。"出自《临证指南医案·痢》94案石，疟邪热气，内陷变痢，延已三月，脾胃气衰，面浮肚膨，仍有里急欲坠之象，中虚伏邪，进以和解。方用黄芩、柴胡、人参、丹皮、炒当归、白芍、谷芽、炒山楂。加减小柴胡汤与之药味完全相同，全方以柴胡苦平合当归辛甘温，及人参、谷芽甘温为主而构成。

附子粳米汤用于自利且哕，为阴湿与脏阴相合，脏阳将败，宜纯用守补。出自《临证指南医案·痢》59案某，自利不渴者属太阴，呃忒之来，由乎胃少纳谷，冲气上逆，有土败之象，势已险笃，议金匮附子粳米汤，方用人参、附子、干姜、炙草、粳米。以附子、干姜之辛热，合人参甘温微苦而构成苦辛热法。按《金匮要略》附子粳米汤无人参、干姜，另有半夏、大枣，有散寒止呕作用。

温脾汤用于太阴三疟，以草果温太阴独胜之寒，辅厚朴消胀；以生姜降逆，辅以茯苓渗湿；蜀漆乃常山幼苗，其性急走疟邪，导以桂枝，外达太阳。出自《临证指南医案·疟》178案沈，三疟，腹胀，不渴呕水，邪在脾胃之络，温疏里邪，勿用表散。方用草果、桂枝、生姜、厚朴、炒蜀漆、茯苓。温脾汤药味与之完全相同，以草果、桂枝、生姜、厚朴之辛温，合蜀漆之苦温构成。

（三）苦辛寒法

苦辛寒法多是苦寒药与辛温药合用，一般用于湿热之证，因湿为阴邪，非辛温不能宣通其湿，热为阳邪，非苦寒不能清解其热，苦辛寒法有下列一些代表方剂。

杏仁汤用于舌白渴饮，咳嗽频仍，寒从背起，伏暑所致，名曰肺疟，肺疟是疟之至浅者，以杏仁汤轻宣肺气，无使邪聚则愈。方以黄芩、连翘之苦寒，合白蔻皮之辛温为主而组成。

承气合小陷胸汤，用于温病三焦俱急，大热大渴，舌燥，脉不浮而躁甚，舌色金黄，痰涎壅甚。吴鞠通谓“上焦未清，已入中焦阳明，大热大渴，脉躁苔焦，阳土燥烈，煎熬肾水，不下则阴液立见消亡，下则引上焦余邪陷入，恐成结胸之证，故以小陷胸合承气汤，涤三焦之邪，一齐俱出，此因病急，故方亦急也。”方以大黄、黄连之苦寒，合半夏、厚朴之辛温为主组成。

小陷胸加枳实汤用于脉洪滑，面赤身热头晕，不恶寒，但恶热，舌上黄滑苔，渴欲凉饮，饮不解渴，得水则呕，按之胸下痛，小便短，大便闭者，阳明暑温，水结在胸之证。暑兼湿热，热甚则渴，湿郁中焦，水不下行则呕，胃气不降则大便闭。以黄连之苦寒，合半夏之辛温为主所组成，黄连、瓜蒌以清在里之痰热，半夏除水强胃，加枳实，取其苦辛通降，开幽门而引水下行。

半夏泻心汤去人参干姜大枣甘草加枳实杏仁方，用于阳明暑温，脉滑数，不食不饥不便，浊痰凝聚，心下痞者。因湿热互结而阻中焦气分所致。暑中热甚，故去干姜；非伤寒误下之虚痞，故去人参、甘草、大枣，且畏其助湿作满。方以黄连、黄芩之苦寒，合半夏之辛温为主所组成。

半夏泻心汤去人参干姜甘草大枣加枳实生姜方，用于阳明湿温，呕甚而痞者，因热邪内陷，与饮相搏，故以半夏泻心去参、姜、甘、枣之补中，加枳实、生姜宣胃。方以黄芩、黄连之苦寒，合半夏、生姜之辛温为主构成。

人参泻心汤加白芍，用于中阳本虚，湿热内陷，用人参以护里阳，白芍以护真阴。湿陷于里，故用干姜、枳实之辛通，湿中兼热，故用黄芩、黄连之苦降。出自《临证指南医案·湿》11案蔡，阳虚挟湿，邪热内陷，所以神识如蒙，议用泻心法，方用人参、生干姜、黄芩、川连、枳实、生白芍。人参泻心汤加白芍方药味与之完全相同。

加减人参泻心汤用于疟伤胃阳，热劫胃液。吴鞠通谓：“此虽胃阳气受伤，阴汁被劫，恰偏于阳伤为多，故救阳立胃基之药四，存阴泻邪热之药二，喻氏所谓变胃而不受胃变之法也。”出自《临证指南医案·疟》107案杨，高年疟，热劫胃汁，遂不饥不饱，不食不便，渴不嗜饮，味变酸浊，药能变胃方苏。方用人参、川连、枳实、牡蛎、淡干姜、生姜。加减人参泻心汤药味与之完全相同，方以黄连之苦寒，合干姜、生姜之辛温为主构成。

加减泻心汤用于噤口痢，吴鞠通说：“此噤口痢之实证，而偏于湿热太重者也。……故以泻心去守中之品，而补以运之，辛以开之，苦以降之。加银花之败热毒，楂炭之克血积，木香之通气积，白芍以收阴气，更能于土中拔木也。”出自《临证指南医案·痢》106案包，脉左细数，右弦，干呕不能纳谷，腹痛里急后重，痢积不爽，此暑湿深入著腑，势属噤口痢疾，症非轻渺，议用苦寒清热解毒，必痛缓胃开，方免昏厥之变。方用川连、干姜、黄芩、银花、炒山楂、白芍、木香汁。加减泻心汤的药味与之完全相同，方以黄连、黄芩之苦寒，合干姜、木香之辛温为主构成。

三石汤用于暑湿蔓延三焦，舌滑微黄，邪在气分者。吴鞠通说：“虽云三焦，以手太阴一经为要领，盖肺主一身之气，气化则暑湿俱化，此微苦辛寒兼芳香之法也……按三石，紫雪丹中之君药，取其庚金之气，清热退暑利窍，兼走肺胃者也；杏仁、通草为宣气分之用，且通草直达膀胱，杏仁直达大肠，竹茹以竹之脉络，而通人之脉络，金汁、银花败暑中之热毒。”出自《临证指南医案·暑》55 案杨，暑热必挟湿，吸气而受，先伤于上……面赤足冷，上脘痞塞，其为上焦受病显著，爰平素善饮，胃中湿热久伏，辛温燥烈，不但肺病不合，而胃中湿热得燥热锢闭，下痢稀水，即协热下痢……气分窒塞日久，热侵入血中，咯痰带血，舌红赤，不甚渴饮，上焦不解，蔓延中下，此皆急清三焦是第一章旨……议三焦分清治，从河间法。方用飞滑石、生石膏、寒水石、大杏仁、炒黄竹茹、川通草、莹白金汁、金银花露。三石汤的药味与之完全相同。方以杏仁之苦温，合银花、三石之辛凉为主构成。

杏仁滑石汤用于暑温伏暑，三焦均受。以杏仁、滑石、通草先宣肺气，由肺气而达膀胱以利湿，厚朴苦温而泻湿满，芩、连清里而止湿热之利，郁金芳香走窍而开闭结，橘、半强胃而宣湿化痰以止呕恶，俾三焦混处之邪，各得分解矣。出自《临证指南医案·暑》48 案张，舌白罩灰黑，胸脘痞闷，潮热呕恶，烦渴汗出，自利，伏暑内发，三焦均受，然清理上中为要。方用杏仁、滑石、黄芩、半夏、厚朴、橘红、黄连、郁金、通草。杏仁滑石汤的药味与之完全相同，以黄连、黄芩之苦寒，合半夏、厚朴之辛温为主所构成。

三香汤用于湿热内阻，机窍不灵。以蒌皮、桔梗、枳壳微苦微辛开上，山栀轻浮微苦清热，香豉、郁金、降香化中上之秽浊而开郁。出自《临证指南医案·湿》7 案李，时令湿热之气，触自口鼻，由募原以走中道，遂致清肃不行，不饥不食，但温乃化热之渐，致机窍不为灵动，与形质滞浊有别，此清热开郁，必佐芳香以逐秽为法。方用瓜蒌皮、桔梗、黑山栀、香豉、枳壳、郁金、降香末。三香汤药味与之完全相同，方以山栀、枳壳之苦寒，合桔梗之苦辛，再佐三香之芳香，构成苦辛寒兼芳香之法。

一加减正气散用于三焦湿郁，升降失司。吴鞠通谓：“正气散本苦辛温兼甘法，今加减之，乃苦辛微寒法也。去原方之紫苏、白芷，无须发表也。去甘、桔，此证明以中焦为扼要，不必提上焦也。只以藿香化浊，厚朴、广皮、茯苓、大腹泻湿满，加杏仁利肺与大肠之气，神曲、麦芽升降脾胃之气，茵陈宣湿郁而动生发之气，藿香但用梗，取其走中不走外也。茯苓但用皮，以诸皮皆凉，泻湿热独胜也。”出自《临证指南医案·湿》45 案某，秽湿邪吸受，由募原分布三焦，升降失司，脘腹胀闷，大便不爽，当用正气散法。方用藿香梗、厚朴、杏仁、广皮白、茯苓皮、神曲、麦芽、绵茵陈。一加减正气散较此方加大腹皮一味，全方以藿香、厚朴、广皮之辛温广合茵陈之苦寒为主构成。

三加减正气散用于秽湿着里，气机不宣，久则酿热。三加减正气散以藿香、陈皮、茯苓皮、厚朴为基本方，加杏仁利肺气，气化则湿热俱化；滑石辛淡而凉，以清湿中之热。出自《临证指南医案·湿》29 案汪，舌黄脘闷，秽湿内著，气机不宣，如久酿蒸，必化热气，即有身热之累，方用杏仁、藿香、茯苓皮、滑石、厚朴、广皮白。三加减正气散药味与之完全相同，以藿香、厚朴、广皮之辛温，合滑石之甘淡寒，杏仁之苦，构成苦辛寒法。

黄芩滑石汤用于湿温，以黄芩、滑石、茯苓皮清湿中之热。蔻仁、猪苓宣湿邪之正，再以腹皮、通草，共成宣气利小便之功，气化则湿化，小便利则火腑通而热自清。出自《临证指南医案·湿》33 案某，脉缓身痛，汗出热解，继而复热，此水谷之气不运，湿复阻气，郁而成病，仍议宣通气分，热自湿中而来，徒进清热不应。方用黄芩、滑石、茯苓皮、大腹皮、白蔻仁、通草、猪苓。黄芩滑石汤的药味与之完全相同，以黄芩苦寒，合白蔻仁、大腹皮辛温为主所构成。

杏仁石膏汤用于湿热黄疸，以杏仁、石膏开上焦，姜、半开中焦，枳实则由中驱下矣，山栀通行三焦，黄柏直清下焦。虽统宣三焦，但扼重上焦，为气化之先。出自《临证指南医案·疸》5案张，脉沉，湿热在里，郁蒸发黄，中痞恶心，便结溺赤，三焦病也，苦辛寒主之。方用杏仁、石膏、半夏、姜汁、山栀、黄柏、枳实汁。杏仁石膏汤的药味与之完全相同。以山栀、黄柏之苦寒，合半夏、姜汁之辛温为主所构成。

草果知母汤用于疟来日晏，邪渐入阴。吴鞠通谓："以草果温太阴独胜之寒；知母泻阳明独胜之热；厚朴佐草果泻中焦之湿蕴，合姜、半而开痞结；花粉佐知母而生津退热；脾胃兼病，最畏土克，乌梅、黄芩清热而和肝；疟来日晏，邪欲入阴，其所以升之使出者，全赖草果。此即吴又可之达原饮去槟榔，加半夏、乌梅、姜汁，治中焦热结阴陷之证，最为合拍。"出自《临证指南医案·疟》128案吴，背寒，疟来渐晏，邪有入阴之意，此伏邪不肯解散，都因久积烦劳，未病先虚也。饮水少腹如坠，脘中痞结不舒，中焦屡受邪迫，阳气先以馁弱，议两和太阳阳明法，方用草果、知母、半夏、厚朴、乌梅、黄芩、花粉。草果知母汤之药味与之完全相同，以知母、黄芩之苦寒，合草果、半夏、厚朴、姜汁之辛温，再佐以乌梅之酸平，构成苦辛寒兼酸法。

黄连白芍汤用于太阴脾疟，中土病而肝木来乘，故方以两和肝胃为主，此偏于热盛，故清热之品重，而以芍药收脾阴也。出自《临证指南医案·疟》94案柳，暑湿都伤气分，不渴多呕，寒起四肢，热聚心胸，乃太阴疟也。仍宜苦辛，或佐宣解里热之郁。方用川连、黄芩、炒半夏、枳实、白芍、姜汁。黄连白芍汤的药味与之完全相同，以黄连、黄芩之苦寒，合半夏、姜汁之辛温为主而组成。

青蒿鳖甲汤用于少阳疟偏于热重者。以青蒿领邪且芳香逐秽开络；鳖甲护阴入络搜邪；以知母、花粉清热止渴；丹皮清少阳血分；桑叶清少阳络中气分。出自《临证指南医案·疟》74案翁，脉左弦，暮热早凉，汗解，渴饮，治在少阳。方用青蒿、桑叶、丹皮、花粉、鳖甲、知母。青蒿鳖甲汤的药味与之完全相同，以知母、丹皮苦寒，合青蒿、桑叶之辛，鳖甲之咸为主，构成苦辛咸寒法。《温病条辨》青蒿鳖甲汤有两方，一方用于少阳疟的暮热早凉，一方用于下焦温病的夜热早凉。前方较后方少生地，多桑叶、花粉。前方加桑叶是清少阳，入花粉则能生津；后方是热在阴分，加生地以清阴络之热。

加减芩芍汤用于滞下初成之实证，以疏利肠间湿热为主，黄芩汤为仲景方，《活法机要》以黄芩汤去大枣，名黄芩芍药汤，即黄芩、白芍、甘草三味。加减黄芩汤，去甘草，加黄连、木香、厚朴、陈皮。以黄芩、黄连之苦寒合木香、厚朴之辛温为主而组成，本方可能出自《临证指南医案·痢》11案倪，面垢舌白，心下脘中凄凄痛窒，至圊复便不爽，此水谷之湿，内蒸为热，气道阻闭……方用淡黄芩、川连、淡竹叶、槟榔汁、白芍、厚朴、广皮白。加减芩芍汤较本方少淡竹叶、槟榔汁，多木香。

（四）苦辛淡法

苦辛淡法是苦味药（苦温或苦寒）大多与辛温药同用，再佐以淡渗利湿之品，用于湿热之证或湿重于热者，今列举代表性方剂如下：

三仁汤用于湿温初起，轻开上焦肺气，气化则湿亦化。来自《临证指南医案·湿》1案冯，舌白头胀，身痛肢疼，胸闷不食，溺阻，当开气分陈湿。方用飞滑石、杏仁、白蔻仁、大竹叶、炒半夏、白通草。三仁汤较此方加生薏仁、厚朴。以杏仁苦温，合蔻仁、半夏辛温，再加滑石、薏仁、通草淡渗为主构成。

半苓汤用于足太阴寒湿，以致痞结于中，以半夏、茯苓培阳土以吸阴土之湿，厚朴苦温以泻湿满，黄连苦以渗湿，重用通草以利水道，使邪有出路。出自《临证指南医案·湿》12案张，此湿蕴气中；足太阴之气不为鼓动运行，是以痞结胸满，仲景列于太阴篇中，概可推求其理矣。方用半夏、茯苓、川连、厚朴、通草。半苓汤与之药味完全相同，以黄连苦寒，合半夏、厚朴辛温，再佐茯苓、通草淡渗而构成。

二加减正气散用于湿郁三焦，脉象模糊。以藿香梗、广皮、厚朴、茯苓皮为基本方，加防己急走经络中湿邪；因便溏故加通草、薏仁；大豆黄卷从湿热蒸变而成，能化蕴酿之湿热，而在蒸变脾胃之气也。出自《临证指南医案·湿》47案某，脘闷便溏，身痛，脉象模糊，此属湿蕴三焦。方用厚朴、广皮、藿香梗、茯苓皮、大豆黄卷、木防己、川通草、苡仁。二加减正气散药味与之完全相同，以藿香梗、厚朴、广皮之辛温，合防己之苦寒，茯苓、苡仁、通草之淡渗组成。

二金汤用于黄疸肿胀。出自《临证指南医案·疸》8案蒋，由黄疸变为肿胀，湿热何疑……仍议苦辛渗利。方用鸡肫皮、海金砂、厚朴、大腹皮、猪苓、通草。二金汤药味与之完全相同，以厚朴苦辛温，大腹皮辛温，合海金砂、猪苓、通草等淡渗组成。

香附旋覆花汤用于伏暑，湿温胁痛，或咳，或不咳，无寒，但潮热，或竞寒热如疟状。因伏暑、湿温积留支饮，悬于胁下。以香附、旋覆花通肝络而逐饮，苏子、杏仁降肺气而化饮，广皮、半夏消痰饮之正，茯苓、苡仁开太阳而合阳明，所谓治水者必实土，中流涨者开支河之法。本方以香附、旋覆花之苦辛，合苏子、广皮、半夏之辛温，茯苓、苡仁之淡渗所构成。

茵陈白芷汤用于酒客久痢，因酒客湿热下注，故以风药之辛，佐以苦味入肠，芳香凉淡。盖辛能胜湿而升脾阳，苦能渗湿清热，芳香悦脾而燥湿。出自《临证指南医案·痢》20案祝，十年久痢，须推饮食避忌，酒客湿滞肠中，非风药之辛，佐苦味入肠，何以胜湿逐热，久病饮食不减，肠中病也。方用绵茵陈、香白芷、北秦皮、茯苓皮、黄柏、藿香。茵陈白芷汤的药味与之完全相同。以藿香、白芷之辛温，合茵陈、秦皮、黄柏之苦寒，茯苓皮之淡渗组成。

断下渗湿汤用于久痢带瘀血，为清血分之法。气分湿热久而入于血分，重用樗根皮之苦燥湿、寒胜热、涩以断下，专入血分而涩血为君；地榆得先春之气，木火之精，去瘀生新；茅术、黄柏、赤苓、猪苓开膀胱，使气分之湿热渗利，不致遗留血分；楂肉亦为化瘀而设；银花为败毒而然。出自《临证指南医案·痢》41案朱，下痢带瘀血，肛中气坠，腹不痛。方用炒黑樗根皮、生茅术、生黄柏、炒楂肉、炒黑地榆、炒焦银花、赤苓、猪苓。断下渗湿汤药味与之完全相同。以樗根皮、黄柏、地榆之苦寒，茅术之苦温，银花之辛凉，赤苓、猪苓之淡渗而构成。

宣清导浊汤用于湿温久羁，三焦弥漫，神昏窍阻，少腹硬满，大便不下，为湿久郁结下焦气分，闭塞不通，故用猪苓、茯苓以渗湿利气，寒水石由肺直达大肠，晚蚕砂化浊中清气，皂荚辛咸性燥，辛能通窍，子更直达下焦，通大便之虚闭，合前药使郁结之湿邪，由大便而一齐解散矣。二苓、寒水石化无形之气；蚕砂、皂子逐有形之湿也。本方出自《临证指南医案·湿》46案蔡，暑湿气蒸，三焦弥漫，以致神昏，乃诸窍阻塞之兆，至小腹硬满，大便不下，全是湿郁气结，议用甘露饮法。方用猪苓、浙茯苓、寒水石、晚蚕砂、皂荚子。宣清导浊汤的药味与之完全相同。方以皂荚、蚕砂之辛苦温，合寒水石之寒凉，猪苓、茯苓之淡渗而构成。

总之，《温病条辨》中的苦辛法及其代表方剂的临床应用，大致如上所述，苦辛法一般用于湿证，其中苦辛温法用于寒湿，苦辛寒法用于湿热，苦辛通法则用于闭结，苦辛淡法则用于湿胜，根据上述治疗原则，临床上可以灵活运用，对湿证的治疗方法大致可以完备矣。

九、酸苦法

酸苦法是指酸味药与苦味药合用的方法，根据临床实践，酸苦合用，有泄热、涌吐的作用，酸苦之剂从阴，亦即《素问·至真要大论》中所称："酸苦涌泄为阴"之意，如果配合辛甘散寒之剂，则寒热合用，刚柔并治。如果配合甘寒养阴之剂，则既能泄热，又能养阴，今将酸苦法分析如下：

1. 酸苦涌吐

《温病条辨》中属于酸苦涌吐者，如瓜蒂散，运用于温热初起，心烦不安，痰涎壅盛，胸中痞塞欲呕者，以瓜蒂之苦寒，香豉微酸，合赤小豆之甘酸所构成。所谓酸苦涌泄为阴，善吐热痰，亦在上因而越之方也。虚者可加人参芦。

2. 酸苦泄热

栀子豉汤用于太阴温病二、三日，舌微黄，寸脉盛，心烦懊侬，起卧不安，欲呕不得呕，邪在上焦膈中，以栀子苦寒，香豉微酸，酸苦合用，可以泄上焦胸膈之热。

连翘赤豆饮用于素积劳倦，再感湿温，误用发表，身面俱黄。以连翘赤豆饮送服保和丸。连翘赤豆饮以解外，保和丸以和其中，俾湿温、劳倦、治逆，一齐解散矣。本方出自《临证指南医案·疸》6案黄，一身面目发黄，不饥溺赤，积素劳倦，再感温湿之气，误以风寒发散、消导，湿甚生热，所以致黄。方用连翘、山栀、通草、赤小豆、花粉、香豉，煎送保和丸。连翘赤小豆饮的药味与之完全相同，全方以连翘、栀子之苦寒，合赤小豆、花粉、香豉之微酸构成。《温病条辨》以本方为苦辛微寒法，实际上仍属酸苦泄热之剂。

3. 酸苦辛甘

酸苦辛甘即酸苦泄热合辛甘散寒之剂，亦即酸苦为阴，辛甘为阳法，《温病条辨》中有乌梅丸、减味乌梅丸、椒梅汤。

乌梅丸用于久痢伤及厥阴，上犯阳明，气上撞心，饥不欲食，干呕腹痛等症，仲景《伤寒论》厥阴篇，列乌梅丸治疗厥阴上犯阳明而肢厥吐蛔，寒热刚柔并用，寒则连、柏，热则桂、附，柔则乌梅、当归，刚则干姜、蜀椒，人参扶其中气，细辛通其阳气，既能清火，又能散寒，乌梅与连、柏为酸苦泄热，姜、附、椒、辛之辛热，与参、归之甘温为辛甘散寒，合而为酸苦辛甘之剂，乌梅丸还能调气敛阴及辛通散结，亦即酸甘化阴，辛苦通降法，方以乌梅合人参酸甘化阴，姜、附、椒、辛与连、柏辛苦通降。乌梅丸证为厥阴上犯阳明，以连、柏泻热，姜、附、椒、辛散寒，而使厥阴之气平复。《素问·藏气法时论》说："肝欲散，急食辛以散之，用辛补之，酸泻之。"肝欲散，辛散即是补肝，以姜、附、椒、辛之辛，合乌梅之酸，亦属此意。又蛔得酸则伏，故用乌梅；得苦则安，故用连、柏；蛔因寒而动，故用姜、附、椒、辛，程郊清曰："名曰安蛔，实是安胃，故仲景云，并主下利。"

减味乌梅丸用于厥阴三疟，来源于《临证指南医案·疟》173案蔡氏，三日疟，一年有余，劳则欲发内热，素有结痞，今长大攻走不定，气逆欲呕酸，经闭四载，当厥阴阳明同治。方用半夏、川连、干姜、吴萸、茯苓、桂枝、白芍、川椒、乌梅。减味乌梅丸与之药味完全相同。邪不深则不成三疟，三疟本即难已，既久不已，阴阳两伤，故劳则发热；厥阴上犯阳明，故气逆欲呕。叶天士于厥阴上犯阳明之疟痢，多用乌梅丸法化裁之，大抵柔则加白芍、木瓜之类，刚则加吴萸、香附之类，多不用细辛、黄柏、当归。减味乌梅丸即是乌梅丸去细辛、黄柏、当归、附子、人参，加半夏、吴萸、茯苓、白芍。方以乌梅、白芍、黄连之酸苦，合桂枝、吴萸、半夏、干姜、川椒之辛温，茯苓之甘淡，共同构成酸苦辛甘之剂即酸苦为阴、辛甘为阳复法，或是乌梅、白芍的酸微寒，茯苓的甘淡，桂枝、吴萸、半夏、川椒、干姜之辛温与黄连之苦寒，合而为酸甘化阴，苦辛通降复法。

椒梅汤用于暑邪深入厥阴，出自《临证指南医案·暑》二则医案的合方，一是64案方，暑邪不解，陷入厥阴，舌灰消渴，心下板实，呕恶吐蛔，寒热，下利血水，最危之证。方用川连、黄芩、干姜、生白芍、川椒、乌梅、人参、枳实。一是65案江，暑邪深入厥阴，舌缩，少腹坚满，声音不出，自利，上下格拒，危期至速，勉拟暑门酸苦泄热，扶正袪邪一法。方用黄连、淡干姜、乌梅、生白芍、半夏、人参、枳实。二方相合，椒梅汤与之药味完全相同。椒梅汤亦是乌梅丸方加减，乌梅丸去附子、桂枝、细辛、当归，黄柏改为黄芩，再加白芍、枳实、半夏而成。因系暑邪深入，故不用附子、肉桂、细辛之大辛大热；因心下板实，上下格拒不通，故以黄芩、黄连、枳实之苦寒，合半夏、干姜、川椒之辛温，以辛开苦降，通其格拒；因正虚邪实，气阴两亏，故用乌梅、白芍之酸，合人参之甘，以酸甘化阴，益气养阴。全方亦是以芩、连之苦，合乌梅、白芍之酸，姜、夏、川椒之辛，合人参之甘，共为酸苦甘辛之剂，即酸苦为阴，辛甘为阳复法。

4. 酸苦甘寒

酸苦甘寒为酸苦泄热合甘寒养阴之剂，方如连梅汤。连梅汤用于暑邪深入少阴消渴，深入厥阴麻痹者。出自《临证指南医案·暑》46案顾，右脉空大，左脉小芤，寒热麻痹，腰痛冷汗。平素积劳内虚，秋暑客邪，遂干脏阴，致神迷心热烦躁，刮痧似乎略爽，病不肯解，此非经络间病，颇虑热深劫阴而为痉厥。张司农集诸贤论暑病，谓入肝则麻痹，入肾为消渴，此其明征，议清阴分之邪，仍以养正辅之。方用阿胶、小生地、麦冬、人参、小川连、乌梅肉。连梅汤的方药无人参，余均相同。唯注云：脉虚大而芤者加人参。暑先入心，助心火独亢于上，肾液不供，故为消渴。以黄连泄壮火，使不铄津，以乌梅之酸以生津，合黄连酸苦为阴；以色黑沉降之阿胶救肾水，麦冬、生地合乌梅又为酸甘化阴，则消渴可止。肝主筋而受液于肾，热邪伤阴，筋经无所束受，故见麻痹。以黄连泻克水之火，以乌梅得木气之先，补肝之正，阿胶增液而熄肝风，冬、地补水以柔木，庶麻痹可止。方以乌梅，黄连之酸苦，合冬、地之甘寒为主，而构成酸苦甘寒之剂。亦是酸苦、酸甘合法，以连、梅之酸苦，合乌梅、冬、地之酸甘，构成酸苦泄热、酸甘化阴复法。

十、酸甘法

酸甘法是指酸味药与甘味药合用的治法，根据临床实践，酸甘合用有化液、生津的作用。酸甘化阴如果与辛温或辛甘补阳合用，则有阴阳两补作用；酸甘与辛苦合用，则为寒热并用之剂，如果酸甘与咸寒同用则能育阴潜阳。今分述如下：

1. 酸甘化阴

酸甘化阴即是用酸味药，合甘味药（包括甘平、甘寒，甘温），有酸甘合化，增益阴气的作用。《温病条辨》常用的酸甘化阴的方剂有生脉散、麦冬麻仁汤、人参乌梅汤、地黄余粮汤等方，今分述之：

生脉散，用于手太阴暑温，或已发汗，或未发汗，而汗多脉散大，喘喝欲脱者，以酸主敛阴，甘以补气，阴液得气而生，故可汗止而脉不散大。以五味子酸收敛阴，人参甘温补气，麦冬甘寒养阴而组成酸甘之剂。

麦冬麻仁汤用于疟伤胃阴，出自《临证指南医案·疟》103 案王，暑湿伤气，疟久伤阴，食谷烦热愈加，邪来尽也。病已一月，不饥不饱，大便秘阻，仍有潮热，全是津液暗伤，胃口不得苏醒，甘寒清热，佐以酸味，胃气稍振，清补可投。方用麦冬、火麻仁、干首乌、乌梅肉、知母、生白芍。麦冬麻仁汤与之药味完全相同，以白芍、乌梅之酸，合麦冬、麻仁、首乌之甘，合而为酸甘化阴之剂。

人参乌梅汤，用于久痢伤阴，出自《临证指南医案·痢》73 案孙，又泻痢久必阴损液耗，此口渴微咳，非实火客邪，予甘酸化阴，方用人参、山药、炙草、炒乌梅、木瓜、炒湖莲肉。人参乌梅汤方药味与之完全相同，方以人参、莲子肉、甘草、山药之甘，合乌梅、木瓜之酸，构成酸甘化阴之剂。

地黄余粮汤，用于久痢阴伤气陷，出自《临证指南医案·痢》67 案王，久痢久泻为肾病，下泻久而阴伤气坠，四神丸治脾肾晨泄，辛温香燥皆刚，佐入五味酸柔，不过稍制其雄烈，此肛坠尻酸，乃肾液内少而气陷矣，腥油肉食须忌。方用熟地，禹余粮石、五味子。地黄余粮汤的药味与之完全相同，以熟地、五味补肾而酸甘化阴，禹余粮固涩下焦，则酸可除，坠可止，痢可愈。

2. 酸甘咸寒

酸甘咸寒，为酸甘化阴，再加咸寒潜阳之剂，方如大定风珠。大定风珠用于热邪久羁，吸铄真阴，或因误表，或因妄攻，神倦瘛疭，脉气虚弱，舌绛苔少，时时欲脱者。《临证指南医案·温热》37 案张，因热病误投表散，消导，正气变伤，神昏舌强，……又进甘药颇安，奈阴液已涸，舌强音缩，抚之干板，较诸已前龈肉映血有间，小便欲解掣痛，犹是阴气欲绝，欲寐昏沉，午间烦躁，热深入阴之征，未能稳许愈期也。用生白芍、炙甘草、阿胶、鸡子黄、人参、生地、麦冬、炒麻仁，可能与大定风珠有关，此方去人参，再加三甲、五味子即大定风珠。方以冬、地、阿胶、麻仁、甘草之甘，合白芍、五味之酸，以酸甘化阴；再加三甲咸寒潜阳，构成酸甘咸寒之剂。专翕大生膏的组成亦是如此。

3. 酸甘辛温

酸甘辛温，为酸甘化阴合辛温补阳之剂，方如三神丸。三神丸用于久痢伤肾，下焦不固。出自《临证指南医案·痢》87 案周，痢久必伤肾阴，八脉不固，肠腻自滑而下，但执健脾无用，病不在中，纳谷运迟，下焦坎阳亦衰，用三神丸。五味子、补骨脂，肉果，以五味之酸，合补骨脂、肉豆蔻之辛甘温，构成酸甘辛温之剂。以酸能敛阴，辛甘温可温阳，有阴阳两补，补肾固脱的作用。

4. 酸甘辛甘

酸甘辛甘，为酸甘化阴，辛甘为阳复法，有清暑益气汤、双补汤、加减理阴煎、参芍汤，皆有阴阳两补的作用。

清暑益气汤用于太阳中暍，发热恶寒，身重而疼痛，其脉弦细芤迟，小便已，洒然毛耸，手足逆冷，小有劳，身即热，口开，前板齿燥，若发其汗，则恶寒甚，加温针则发热甚，数下则淋甚。《临证指南医案·暑》36 案任，40 案徐，长夏湿热交迫，斯气泄烦倦，……长夏湿热令行……烦倦不嗜食，此体质本怯，而湿与热邪，皆伤气分，当以疰夏同参，用清暑益气法。皆以东垣清暑益气汤为治。因暑热伤气耗阴，暑必挟湿，故清暑益气汤中以补中益气汤加姜、枣之辛甘温，合生脉散之酸甘化阴，构成酸甘辛甘之剂。既能益气，又能养阴，且能祛湿。

双补汤用于老年久痢，来自《临证指南医案·痢》68 案蒋，久痢用辛甘温而效，是脾阳久伤，治由东垣法极是。述食血腥，滑必便溏，四肢忽有肉疹，营卫内应脾胃，气血未得充复，五旬外，下亦怯，用脾肾两补，方用人参、山药、茯苓、湖莲、芡实、补骨脂、苁蓉、萸肉、五味、巴戟、菟丝、覆盆子，《温病条辨》中的双补汤与之药味完全相同。方以人参、萸肉、五味之酸甘，合巴戟、苁蓉、菟丝子之辛甘温，组成酸甘辛甘之剂。

加减理阴煎用于久痢阴阳两伤，出自《临证指南医案·痢》78 案某，阴液涸则小水不通，胃气逆则厌食欲呕，此皆痢之款证也，治以中下二焦为主，议理阴煎。方用熟地、白芍、附子、五味、炮姜、茯苓。《温病条辨》的加减理阴煎，药味与之完全相同。小便不通，阴液涸矣；厌食欲呕，脾胃之阳败矣。以熟地、白芍、五味收三阴之阴，附子通肾阳，炮姜理脾阳，茯苓理胃阳，共为阴阳双补之剂。全方又以白芍、五味合熟地之酸甘化阴，以姜、附合茯苓之辛甘为阳，共同构成酸甘辛甘之剂。

参芍汤用于休息痢，出自《临证指南医案·痢》91 案某氏，休息痢经二年，明是下焦阴阳皆虚，不能收摄，经期不来，小腹抚摩有形上行，似乎癥瘕，其实气结，若不急进温补，恐滋扰肿胀之累也。方用人参、附子、茯苓、炙草、五味、白芍。参芍汤药味与之完全相同。以痢久滑泄太过，下焦阴阳两伤，故以参、苓、炙草守补中焦，参、附固下焦之阳，白芍、五味收三阴之阴，以阴阳兼固。全方又是以人参合白芍、五味之酸甘化阴，再配附子、甘草之辛甘为阳所构成。

5. 酸甘辛苦

酸甘辛苦，即酸甘化阴，辛苦通降复法，也是酸苦为阴，辛甘为阳复法，参见酸苦法的酸苦辛甘。

[《温病汇讲》，人民出版社，1986；(2)]

试析辛凉三剂

严 冰

清·吴瑭所撰《温病条辨》一书，提出三焦温病的治疗原则是“治上焦如羽，(非轻不举)，治中焦如衡，(非平不安)，治下焦如权，(非重不沉)。”今就辛凉轻剂桑菊饮（简称轻剂)，辛凉平剂银翘散（简称平剂)，辛凉重剂白虎汤（简称重剂)，在其方剂组成、煎服法、临床运用三个方面试加剖析，从而探讨吴氏“治上焦如羽，(非轻不举)”的含义。

一、方剂组成，轻清突出

“辛凉三剂”皆治上焦温病。上焦温病主要表现为肺、心二经的病变。邪在肺卫可见头痛，发热恶寒，有汗或无汗，口渴或不渴而咳，脉浮数，两寸独大等。上焦多为温病的初期阶段，系手太阴肺经的病变，治疗宜采用轻清宣透之法祛邪外出，故吴氏谓“治上焦如羽，(非轻不举)”，也即《内经》“因其轻者而扬之”，“其在皮者，汗而发之”之意也，与叶天士所谓“在卫汗之可也”意相雷同。温为阳邪，从口鼻而入，首先犯肺。肺合皮毛而主卫。病邪袭肺侵卫，卫气与邪抗争，则治当解表。表解热退则病已，亦可杜其传变。据邪之性属，故解表取辛凉三剂。吴氏所用三方皆对其上焦温病，病在肺卫而言。至于邪入心包，症见舌绛、神昏谵语者，病虽属上焦，但非辛凉透表所能奏功，故不在此论。为此，吴氏在三方组成上很为考究。轻剂以桑叶、菊花为主药，用量较轻。此方用药大多质地轻清，味辛易散，乃“辛甘化风，辛凉微苦之方”。“桑叶芳香有细毛横纹最多，走肺络而宜肺气，清肺热而止咳”，合菊花甘凉轻清，以疏散上焦风热。如此，则肺气得宣，邪退而咳止；平剂用银花、连翘、荆芥、竹叶、薄荷等，质轻味辛，诸药相伍，洁宣透表，尤其是荆芥配以薄荷，并以鲜苇根汤煎，共济疏散风热，清热生津之功，用之可使热退渴解；重剂主用石膏，用量倍于它药，石膏虽大寒之品，然其味辛甘，质重气轻，清宣泄热以除烦，其为主药，知母其性凉润，以滋其燥，用为辅药，且石膏、知母相伍，能增强清热除烦之力，甘草、粳米益胃护津，使大寒之剂而无损伤脾胃之虑，诸药相合，共奏清热生津之功。综上所述，“辛凉三剂”轻以宣肺为主，平以泄卫为主，重以清热生津为主，三方组合虽各有侧重，然皆轻清突出。临床孰去孰从，权在灵活。

二、煎勿过煮，服药有时

历代医家对煎药颇为重视。《医学源流论》云：“煎药之法，最宜深讲，药之效不效，全在乎此。”考上焦卫表之药，一般具有轻扬辛散之特点，为了达到轻清宣透以祛邪达表之目的，吴氏对“辛凉三剂”的煎法非常重视，各有所嘱。在讲到煎平剂时，他指出：“香气大出，即取服，勿过煮，肺药取其轻清，过煮则味厚而入中焦矣。”此段虽指平剂的煎服法，但它列在轻剂、重剂之前，实指“辛凉三剂”的煎法要旨。在辛凉轻剂、重剂的煎药时间上，辛凉轻剂是“水二杯，煮取一杯”，辛凉重剂是“水八杯，煮取三杯”的记述则是非常明确的。此外，服药是否如法，对疗效亦有一定影响。在讲到辛凉平剂银翘散的服法时，吴氏指出：“上杵为散，每服六钱，鲜苇根汤煎，香气大出，即取服，勿过煎。”“病重者约二时一服，日三服，夜一服；轻者三时一服，日二服，夜一服；病不解者作再服。”如此服之，昼夜不停，药力持续，利于顿挫病势，对急性发热性疾病，尤为恰当。关于轻剂的服法，他指出：“日二服。”关于重剂的服法，他指出，“……分温三服。病退减后服，不知，再作服。”临床上病情有轻重，体质有差异，表药轻清，一般以得汗病去为度，用药应达可而止，不必尽剂，以免损伤正气。吴氏提出的“即取服”，“分温服”，“不知，再作服”，以及其他按时间给药法等等，都是视病情需要，灵活运用的。

三、三剂运用，贵在灵活

吴鞠通云：“治上焦如羽，（非轻不举）。”叶天士亦云：“在表初用辛凉轻剂。”此皆指邪在卫分，病在上焦，非是指病轻。轻清之剂，运用恰当，同样可以治疗重病。其具体运用时，吴氏又十分强调各自所主。他说：“太阴风温，但咳，身不甚热，微咳者，辛凉轻剂桑菊饮主之”；“但热不恶寒而渴者，辛凉平剂银翘散主之”，“太阴温病，脉浮洪，苔黄渴甚，大汗，面赤恶热者，辛凉重剂白虎汤主之”。

此外，温邪致病的特点是：“温邪上受，首先犯肺”和“热变最速”。故临床上见到咳而渴，发热不恶寒者，常常是轻剂、平剂结合运用，一则宣肺，二则泄卫。若邪在卫分，病在上焦，未得表解，必化热而内传气分。这时，一方面由于热邪燔灼，另一方面由于正邪交争，则临床见症转为发热不恶寒，但恶热，大汗出，脉浮洪，渴甚者，此时吴氏则因其症变而变，指出：“辛凉平剂焉能胜任，非虎啸风生，金飚退热，而又能保津液不可”，随投重剂白虎汤。总之，在用“辛凉三剂”时，应时时注意“治上焦如羽，（非轻不举）”之旨但若用之不当，则祸不旋踵，故吴氏在《温病条辨》中对轻剂桑菊饮指出：“微苦则降，辛凉则平，立此方所以避辛温也”，明确了温病的治疗大法。温为阳邪，故解表应取辛凉而避辛温。对平剂的运用，他指出两点：一是肺家用药取其轻清，药勿过病所；二是温热病最易伤阴，用药勿为贼树帜。对重剂白虎汤的运用则明确指出："白虎本为达热出表，若其人脉浮弦而细者，不可与也；脉沉者，不可与也；不渴者，不可与也；汗不出者，不可与也。常需识此，勿令误也。"凡此等等，皆说明吴氏在选方遣药过程中，处处注意，贵在变通。

综上所述，吴氏所用"辛凉三剂"，选药轻清，煎煮适宜，服药有时，为后来者治上焦卫分病变提供了代表方剂。

[《广西中医药》，1985；(8)]

《温病条辨》的清、滋法配合

杨 进 指导：孟澎江

吴瑭所著《温病条辨》对温病清热、滋阴两法的运用颇多发挥，尤其是擅长于清、滋法的配合。本文拟从清、滋法配合的角度总结一下《温病条辨》的有关理论和临床运用。

一、清、滋法配合的根据——温邪与阴伤的内在联系

吴氏阐发《内经》"藏于精者，春不病温"之旨，提出阴精为人身抵御温邪入侵的重要基础，说"能藏精者，一切病患皆可却"，并进而指出："冬伤寒则春病温，惟藏精者足以避之。"因此，感受温邪的体内因素是阴精不足，如吴氏说："病温者，精气先虚。"这样就说明了阴精不足与温病发生的关系，阐发了湿病发病中"正气存内，邪不可干"的思想。

同时，吴氏又提出温病过程中，温邪的特征是易耗伤阴液："温热阳邪也，阳盛伤人之阴也。"而其它病邪也可化热伤阴，如"湿久生热，热必伤阴"。温邪与阴伤有因果关系：温邪为阴伤之因，阴伤为温热之果。同时由于阴伤后体内阴阳平衡失调，阳热易亢，更可助邪热之势，故温热与阴伤又可互相影响，形成恶性循环。

此外，在温病的治疗中，为了祛除热邪而常误用汗、下、苦燥等法而耗伤阴液，如吴氏说："温病最善伤阴，用药又复伤阴。"

因而，当温病邪热炽盛而阴分已伤时，既不能专事清热，又不可纯用养阴，必须两者配合。滋法不仅可补充体内已耗之阴；而且可预防清热苦燥药更伤阴液；还可通过滋阴来恢复体内阴阳平衡，以助退热；又可维护正气，增强抵御温邪的能力，有利于驱除病邪。而清法可消除引起阴伤的主要原因，是保存阴液最有效、最根本的措施。可见清、滋法的配合有相辅相成、相得益彰之功。

二、清、滋法配合的原则——分三焦以定清，滋之主次

对清、滋法配合的原则，吴氏提出应根据温病三焦不同阶段而决定清、滋的主次："在上焦以清邪为主，清邪之后，必继以存阴；在下焦以存阴为主，存阴之先，若邪尚有余，必先以搜邪。"

在温病初期，即上焦卫气分阶段，多为邪气实而阴液耗损不甚，故以清邪为主，有阴伤者佐以生津养阴；在病之极期，即中焦气分和营血分阶段，热邪炽盛而阴伤已著，故多清热与滋阴兼施；到温病后期下焦阶段，热势虽衰而阴已大伤，多以滋阴为主，若邪热未净则应清其余邪。正如书中汪氏按语所说："总要看其邪正虚实，以定清热养阴之进退。"

另外，三焦阶段的用药性味也有所不同，病在上中焦时，邪热多伤肺胃之阴，用药以甘寒、辛寒为主，热毒炽盛者亦有用苦寒者；病入下焦及心包，邪热深及营血分，心肾之阴灼伤，用药除甘寒、苦寒外，还用咸寒、酸寒药。

三、清、滋法配合的运用

（一）清表生津法

本法以辛凉清宣表邪药适当配合甘寒生津之品，适用于风热袭于肺卫，津液有所受伤而发热微恶寒、口渴者。如银翘散、桑菊饮中以银花、连翘、桑叶、菊花、竹叶、淡豆豉、薄荷、牛子等清宣表热药，加用甘寒生津的芦根，即属此法。吴氏还提出，津伤较甚而口渴者，可加花粉；热渐入里，津伤较著者，可加入细生地、麦冬、玉竹等滋养阴液药。此外，对温邪自里还表而无汗、脉浮者，吴氏作银翘汤，其中以银花、连翘、竹叶清热解毒、轻宣表气，配合生地、麦冬甘寒生津以增液，为“作汗之具”。

（二）清宣润燥法

本法为清宣肺卫之同时配合润燥滋养肺胃药，适用于温燥之邪犯于肺卫，肺气失宣、肺阴耗伤而身热、干咳无痰、口渴者。如桑杏汤中以桑叶、淡豆豉、杏仁、栀子等清宣肺卫之品，配合沙参、梨皮等甘寒生津药。此外，如燥伤肺卫阴分，发热而咳，日久不愈者，吴氏以沙参麦冬汤甘寒润肺，并加地骨皮以清肺经之热。

（三）清暑保肺法

本法以清热祛暑药与甘寒生津养液、保肺阴之品配合，适用于肺络中暑热盛，肺阴伤而身热、但咳无痰、咳声清高者。如清络饮加甘草、桔梗、甜杏仁、麦冬、知母。方以鲜荷叶、鲜银花、西瓜翠衣、鲜扁豆花、丝瓜皮、鲜竹叶心等辛凉芳香之品清暑祛肺络之热，并配合麦冬，知母滋养肺阴以制肺经之火。其中鲜扁豆花吴氏称其有“芳香而散，且保肺液”之功。

（四）清气生津法

本法以辛寒、苦寒清泄肺胃邪热药与甘寒生津养阴之品配合，适用于肺胃气分热盛，津液耗伤而壮热、脉浮洪、舌黄、渴甚、大汗、面赤、恶热者。如白虎汤中以石膏、知母清泄肺胃之热，知母质润可滋阴润燥，并佐甘草、粳米以养胃生津。如津伤较甚而见脉浮大而芤，汗大出微喘，甚至鼻孔煽者，以白虎加人参汤治之，其所加人参不仅能固培元气，且可生津。

（五）泄热养阴法

本法为辛寒泄阳明经热之品配合甘寒生津药，适用于温病热邪未尽而津气大伤，或感受暑热与邪而津气耗损明显，热盛、脉浮数而促者。如减味竹叶石膏汤中，以竹叶、石膏清泄阳明邪热，配合麦冬养阴生津，甘草和胃。

（六）清燥救肺法

本法以清泄肺经燥热之品与润肺滋液药配合，适用于燥热伤肺，气阴两伤而身热、干咳、喘息者。如清燥救肺汤中以石膏、桑叶清肺经燥热，配合阿胶、麦冬、胡麻仁润养肺液，并佐人参、甘草益气生津。吴氏指出燥热伤肺，“所存阴气不过一线”。不能予苦寒降火，即使味苦之滋阴药如天冬、知母亦不用，以防伤胃。

（七）清营益阴法

本法以咸寒、甘苦寒药清热凉营解毒，并配合甘寒生津益阴之品。适用于邪热入营，营阴已伤而身热、夜寐不安、烦渴、舌赤、时有谵语、脉虚细数者。如清营汤中以犀角、玄参、黄连、竹叶心、银花、连翘等清营解毒药配合麦冬、生地等甘寒滋阴药。

（八）清心养阴法

本法以咸寒、苦寒入心清热之品与甘寒滋养心阴药配合，适用于邪热已入心营，心阴灼伤，神明失常而神昏、谵语、肢厥、舌謇者。如清宫汤中以玄参心、莲子心、连翘心、犀角尖清心，配合麦冬以及玄参心滋养心阴。吴氏称犀角“色黑补水”，莲心能“使肾水上潮于于心，亦可有助于滋阴。热盛者还可加入知母、银花、竹沥等。

（九）凉血养阴法

本法以咸寒、苦寒清热凉血药配合甘寒生津养阴之品，适用于热入血分，阴血耗伤而身热、吐衄、尿血、便血、发斑者。如犀角地黄汤中以犀角、白芍、丹皮、生地清热凉血解毒，而生地、白芍又可滋养阴血。热毒重者尚可加入大青叶、银花、连翘等。

阴伤重者则可加玄参、天花粉等，若兼有瘀血较甚者还可加丹参、桃仁、琥珀之属。对热入血分而血从上溢者，吴氏以本方合银翘散，一方面清血热而救阴，另一方面清解在上之温毒。

（十）清气凉血养阴法

本法为辛寒清气及咸甘苦寒凉血药配合甘寒生津养阴之品，适用于热燔气营（血），耗伤阴液者。如化斑汤用清气生津的白虎汤加玄参、犀角清热凉血而救肾水，用于热燔气血而身热、发斑、神昏谵语者；另有白虎加地黄汤（即玉女煎去牛膝，熟地加细生地、玄参方，方中以白虎汤去粳米、甘草加玄参、细生地、麦冬，治疗热在肺胃，气血两燔者；竹叶玉女煎中以生石膏、知母、竹叶清气分热邪，用生地、麦冬凉血而兼养阴液，加牛膝以引药下行，治疗妇女温病，经水适来而热入血室，脉数、耳聋、干呕、烦渴，甚则邪陷发痉者。

（十一）育阴泻热法

本法以育阴滋肾之品与泻热药配合，适用于邪热炽盛，肾阴涸竭而小便不利，或溺时尿道疼痛者。如冬地三黄汤中以黄连、黄柏、黄芩、银花露清解邪热，配合玄参、生地、芦根汁、麦冬等甘寒药育阴滋液。上法使邪热得去，不再竭阴，阴液得充，小便自可通利。

（十二）滋阴透热法

本法以咸苦甘寒滋养阴液药与辛香清热透络之品相配，适用于温病后期阴液虚耗，邪热仍留于阴分，见夜热早凉、热退无汗、能食形瘦者。如青蒿鳖甲汤中以咸寒之鳖甲佐生地、知母等甘苦寒药滋阴退热，并用青蒿辛苦芳香药清热透络，以逐阴分之邪外出，并佐丹皮以清血分之热。

（十三）滋阴泻火法

木法以滋养肾液之品充亏损之肾水，配合苦寒清泻心火药以制上亢之心火，适用于温病后期，肾阴虚不能上济心火，而心火元盛则更竭肾阴，心烦不眠者。如黄连阿胶汤中以阿胶、芍药、鸡子黄滋肾养阴，配合黄连、黄芩苦寒清心，使真水得充，心火能降，水火既济。

（十四）救胃清热法

本法以大剂甘寒滋养胃液之品配合清热药，适用于阳热亢盛而胃液大伤者。其救胃阴多用五汁饮，并视其热邪所在部位不同而配合清热药，如清表热加竹叶、连翘，泻阳明热则加知母等。

（十五）补水柔木清火法

本法以滋补肾阴及酸甘化阴之品增肾液，柔木熄风，同时用苦寒药泻上亢之火，适用于温病后期，肾阴亏耗，水不涵木而筋络麻痹者；或肾水不能上达，心火上亢而心热烦躁、神迷者。加连梅汤中以阿胶、麦冬、生地滋补肾水，位以酸味二乌梅不仅可酸甘化阴，且可入肝柔木，配合黄连则可泻上亢之火。

（十六）滋阴温阳清热法

本法用酸甘化阴药以滋涸竭之阴，用辛甘助阳药以增耗损之阳，并配合苦寒药以清残余之热邪。适用于温病、久疟、久痢后期，邪热未净而阴阳俱伤，劳则发热、痞结、气逆上冲、欲呕、腹痛等症。如减味乌梅圆法及乌梅圆中以乌梅、白芍、黄连、黄柏等酸苦化阴，其中黄连、黄柏又可清肃余邪；另用干姜、吴萸、桂枝、附子、蜀椒、细辛、人参等辛甘温热之品以救阳气，吴氏称之为“刚柔并用，柔以救阴，而顺厥阴刚脏之体；刚以救阳，而充阳明阳腑之体也。”以上十六法大体上总结了《温病条辨》中清、滋法配合的运用。其法虽多，但可归纳为几种类型：邪在卫气分而肺胃阴伤为主者，多用辛凉（寒）、甘寒之法，如银翘散、桑菊饮、银翘汤、桑杏汤、白虎汤、白虎加人参汤、减味竹叶石膏汤、清燥救肺汤；暑邪犯肺，阴分受伤则用辛凉芳香法治之，如清络饮加味；热毒炽盛而阴液涸竭则用甘苦化阴法，如冬地三黄汤；邪入营血分，兼以耗伤肺胃，心肾阴伤者，多用咸苦甘寒法，如清营汤、清宫汤、犀角地黄汤、化斑汤、白虎加地黄汤等；肾阴耗竭而心火上亢者，亦予咸寒甘寒法，如黄连阿胶汤；阴伤而热伏阴分，则用苦辛咸寒法，如青蒿鳖甲汤；肾阴耗竭而肝不濡筋，心火上亢者，可用酸甘苦寒法，如连梅汤；阴阳两虚而余热未净行，可用酸苦辛甘法，如减味乌梅圆及乌梅圆。

［《陕西中医》，1982；（1）］

《温病条辨》中酸苦、酸甘法的运用

时振声

酸苦法与酸甘法都是治疗温病过程中常用的治疗方法，所谓酸苦法是指酸味药与苦味药合用的治法，酸甘法是指酸味药与甘味药合用的治法。实践证明，酸苦同用有泄热、涌吐的作用；酸甘同用有化液、生津的作用。但是酸苦或酸甘法中，再配以其他性味的药物，则其作用又有不同。今将《温病条辨》中有关酸苦、酸甘法的运用，分述如下：

一、酸苦法

1. 酸苦涌吐　《温病条辨》中属于酸苦涌吐者，如瓜蒂散，适用于温热初起，心烦不安，痰涎塞盛，胸中痞塞欲呕者。本方以瓜蒂、山栀子之苦寒，合赤小豆之甘酸组成，即酸苦涌泄为阴，善吐热痰，亦“在上者因而越之”方也。虚者可加参芦。

2. 酸苦泄热　栀子豉汤用于太阴温病二、三日，舌微黄，寸脉盛，心烦懊侬，起卧不安，欲呕不得呕，邪在上焦膈中。本方以栀子苦寒，香豉微酸，酸苦合用，可以泄上焦胸膈之热。

3. 酸苦辛甘　酸苦辛甘即酸苦泄热合辛甘发散之剂，亦即酸苦为阴，辛甘为阳法，《温病条辨》中有乌梅丸、减味乌梅丸、椒梅汤等。

乌梅丸用于久痢伤及厥阴，上犯阳明，气上撞心，饥不欲食，干呕腹痛等症。仲景《伤寒论》厥阴篇，列乌梅丸治疗厥明上犯阳明而肢厥吐蛔，寒热刚柔并用，寒则连柏，热则桂附，柔则乌梅、当归，刚则干姜、蜀椒，人参扶其中气，细辛通其阳气，既能清火，又能散寒。乌梅与连柏为酸苦泄热，姜附椒辛之辛与参归之甘温为辛甘散寒，合而为酸苦辛甘之剂。乌梅丸还能调气敛阴及辛通散结，亦即酸甘化阴、辛苦通降法。乌梅丸证之上热下寒，我认为是指胃热肝寒，故属厥阴上犯阳明，以连柏泻胃，姜附椒辛温肝，而使厥阴之气平复。《素问·藏气法时论》说："肝欲故，急食辛以散之，用辛补之，酸泻之。"肝欲散，辛散即是补肝，以姜附椒辛之辛，合乌梅之酸，亦属此意。又蛔得酸则伏，故用乌梅；得苦则安，故用连柏；蛔因寒而动，故用姜附椒辛。程郊倩曰："名曰安蛔，实是安胃，故并主久利。"

减味乌梅丸用于厥阴三疟，来源于《临证指南医案》蔡氏案："三日疟，一年有余，劳则欲发内热，素有结痞，今长大攻走不定，气逆欲呕酸，经闭四载，当厥阴阳明同治。"方用："半夏、川连、干姜、吴萸、茯苓、桂枝、白芍、川椒、乌梅。"减味乌梅丸与之药味完全相同。邪不深则不成三疟，三疟本即难已，既久不愈，阴阳两伤，故劳则发热；厥阴上犯阳明，故气逆欲呕。叶天士于厥阴上犯阳明之疟痢，用乌梅丸法化裁之，大抵柔则加白芍、木瓜之类，刚则加吴萸、香附之类。多不用细辛、黄柏、当归、减味乌梅丸即乌梅丸去细辛、黄柏、当归、附子、人参，加半夏、吴萸、茯苓、白芍。方以乌梅、白芍、黄连之酸苦，合桂枝、吴萸、半夏、干姜、川椒之辛温，茯苓甘淡，共为酸苦辛甘之剂，即酸苦为阴、辛甘为阳复法。或是以乌梅、白芍的酸微寒，茯苓的甘淡，桂枝、吴萸、半夏、川椒、干姜之辛温与黄连之苦寒，合而为酸甘化阴，苦辛通降复法。

椒梅汤用于暑邪深入厥阴，出自《临证指南医案》二则医案的合方。一是万案："暑邪不解，邪入厥阴，舌灰消渴，心下板实，呕恶吐蛔，寒热，下利血水，最危之症。"方用："川连、黄芩、干姜、生白芍、川椒、乌梅、人参、枳实。"一是江案："暑邪深入厥阴，舌缩，少腹坚满，声音不出，自利，上下格拒，危期至速，勉拟暑门酸苦泄热，扶正祛邪一法。"方用："黄连、淡干姜、乌梅、生白芍、半夏、人参、枳实。"二方相合，椒梅汤与之药味完全相同，椒梅汤亦是乌梅丸方加减；乌梅丸去附子、桂枝、细辛、当归，黄柏改为黄芩，再加白芍、枳实、半夏而成。因系暑邪深入，故不用附子、肉桂、细辛之大辛大热；因心下板实，上下格拒不通，故以黄芩、黄连、枳实之苦寒，合半夏、干姜、川椒之辛温，以辛开苦降，通其格拒；因正虚邪实，气阴两亏，故用乌梅、白芍之酸，合人参之甘，以酸甘化阴、益气养阴，为酸甘苦辛之剂。然全方亦是以芩连之苦，合乌梅、白芍之酸，姜夏、川椒之辛，合人参之甘，共为酸苦辛甘之剂，故本方是酸苦为阴，辛甘为阳复法。

4. 酸苦甘寒　酸苦甘寒为酸苦泄热合甘寒养阴之剂，方如连梅汤。连梅汤，用于暑邪深入少阴消渴，深入厥阴麻痹者，出自《临证指南医案》顾案："右脉空大，左脉小芤，寒热麻痹，腰痛冷汗。平素积劳内虚，秋暑客邪，遂干脏阴，致神迷心热烦躁。刮痧似乎略爽，病不肯解，此非经络间病，颇虑热深劫阴而为痉厥。张司农集诸贤论暑病，谓入肝则麻痹，入肾为消渴，此其明征，议清阴分之邪，仍以养正辅之。"方用："阿胶、小生地、麦冬、人参、小川连、乌梅肉"。暑先入心，助心火独亢于上，肾液不供，故为消渴。以黄连泻壮火，使不铄津；以乌梅之酸以生津，合黄连酸苦为阴；以色黑沉降之阿胶救肾水；麦冬、生地合乌梅酸甘化阴，则消渴可止。肝主筋而受液于肾，热邪伤阴，筋脉失养，故见麻痹。以黄连泻火，乌梅补肝，阿胶增液而熄肝风，冬地补水以柔木，庶麻痹可止。方以乌梅、黄连之酸苦，合冬地之甘寒为主而构成酸苦甘寒之剂。本方亦是酸苦、酸甘合法，以连梅之酸苦，合乌梅、冬地之酸甘，合之为酸苦泄热，酸甘化阴复法。

二、酸甘法

1. 酸甘化阴　酸甘化阴即是用酸味药，合甘味药（包括甘平、甘寒、甘温），有酸甘合化，增益阴气的作用。《温病条辨》常用的酸甘化阴的方剂有生脉散、麦冬麻仁汤、人参乌梅汤、地黄余粮汤等方。

生脉散，用于手太阴暑温，或已发汗，或未发汗，而汗多脉散大，喘喝欲脱者。本方以五味子酸收敛阴，人参甘温补气，麦冬甘寒养阴而组成酸甘之剂。阴液得气而生，故汗可止而脉不散大。

麦冬麻仁汤用于疟伤胃阴，出自《临证指南医案》王案："暑湿伤气，疟久伤阴，食谷烦热愈加，邪未尽也。病已一月，不饥不饱，大便秘阻，仍有潮热，全是津液暗伤，胃口不得苏醒，甘寒清热，佐以酸味，胃气稍振，清补可投。"方用："麦冬、火麻仁、干首乌、乌梅肉、知母、生白芍。"麦冬麻仁汤与之药味完全相同。以白芍、乌梅之酸，合麦冬、麻仁、首乌之甘，合而为酸甘化阴之剂。

人参乌梅汤用于久痢伤阴，出自《临证指南医案》孙案："泻痢久必阴损液耗，此口渴微咳，非实火客邪，与甘酸化阴。"方用："人参、山药、炙草、炒乌梅、木瓜、炒湖莲肉。"人参乌梅汤方药味与之完全相同，方以人参、莲子肉、甘草、山药之甘，合乌梅、木瓜之酸，构成酸甘化阴之剂。

地黄余粮汤，用于久痢阴伤气陷，出自《临证指南医案》王案："久痢久泻为肾病，下泻久而阴伤气坠。四神丸治脾肾晨泄，辛温香燥皆刚，佐入五味酸柔，不过稍制其雄烈。此肛坠尻酸，乃肾液内少而气陷矣。腥油肉食须忌。"方用："熟地、禹余粮石、五味子。"地黄余粮汤的药味与之完全相同。以熟地、五味补肾而酸甘化阴，余粮固涩下焦，则酸可除，坠可止，痢可愈。

2. 酸甘咸寒　酸甘咸寒，为酸甘化阴，再加咸寒潜阳之剂，方如大定风珠。大定风珠用于热邪久羁，吸铄真阴，或因误表，或因妄攻，神倦瘈疭，脉气虚弱，舌绛苔少，时时欲脱者。《临证指南医案》张案，因热病误投表散、消导，正气受伤，神昏舌强，热深入阴，用生白芍、炙甘草、阿胶、鸡子黄、人参、生地、麦冬、炒麻仁方。此方去人参，再加三甲、五味子即大定风珠。方以冬地、阿胶、麻仁、甘草之甘，合白芍、五味之酸，以酸甘化阴，再加三甲咸寒潜阳，构成酸甘咸寒之剂。专翕大生膏的组成亦是如此。

3. 酸甘辛温　酸甘辛温，为酸甘化阴合辛温补阳之剂，方如三神丸。三神丸用于久痢伤肾，出自《临证指南医案》周案："痢久必伤肾阴，八脉不固，肠腻自滑而下，但执健脾无用，病不在中，纳谷运迟，下焦坎阳亦衰，用三神丸。五味子、补骨脂、肉果。"以五味之酸，合补骨脂、肉豆寇之辛甘温，构成酸甘辛温之剂。以酸能敛阴，辛甘温可温阳，有阴阳两补，补肾固脱的作用。

4. 酸甘辛甘　酸甘辛甘，为酸甘化阴，辛甘化阳复法，有清暑益气汤、加减理阴煎、参芍场、双补汤皆有阴阳两补的作用。

清暑益气汤适用于《金匮要略》的太阳中暍，发热恶寒，身重而疼痛，其脉弦细芤迟，小便已，洒洒然毛耸，手足逆冷，小有劳，即身热。口弄，前板齿燥。若发其汗，则恶寒甚；加温针则发热甚；数下则淋甚。《临证指南医案》任案、徐案，有长夏湿热令行，气泄烦倦，皆以东垣清暑益气汤为治。因暑热伤气耗阴，暑必挟湿，故清暑益气汤中以补中益气汤加姜枣之辛甘温，合生脉散之酸甘化阴，构成酸甘辛甘之剂，既能益气，又能养阴，且能祛湿。

加减理阴煎用于久痢阴阳两伤，出自《临证指南医案》某案："阴液涸，则小水不通，胃气逆，则厌食欲呕，此皆痢之款症也。治以中下二焦为主，议理阴煎。"方用："熟地、白芍、附子、五味、炮姜、茯苓。"《温病条辨》的加减理阴煎药味与之完全相同。小便不通，阴液涸矣；厌食欲呕，脾胃之阳败矣，以熟地、白芍、五味收三阴之阴，附子通肾阳，炮姜理脾阳，茯苓理胃阳，共为阴阳双补之剂。全方又以白芍、五味合熟地之酸甘化阴，以姜附合茯苓之辛甘为阳，共同构成酸甘辛甘之剂。

参芍汤用于休息痢，出自《临证指南医案》某氏案。休息痢经二年，明是下焦阴阳皆虚，不能收摄，经期不来，小腹抚摩有形上行，似乎癥瘕，其实气结，若不急进温补，恐滋扰肿胀之累也。方用：人参、附子、茯苓、炙草、五味、白芍。参芍汤药味与之完全相同。以痢久滑泄太过，下焦阴阳两伤，故以参苓、炙草补益中焦，附子固下焦之阳，白芍、五味收三阴之阴，而阴阳兼固。全方又是以人参合白芍、五味之酸甘化阴，再配附子、甘草之辛甘为阳复法。

双补汤用于老年久痢，来自《临证指南医案》蒋案："久痢用辛甘温而效，是脾阳久伤，治由东垣法极是。述食血腥，滑必便溏，四肢忽有肉疹，营卫内应脾胃，气血未得充复，五旬补，下亦怯，用脾肾两补。"方用："人参、山药、茯苓、湖莲、芡实、补骨脂、苁蓉、萸肉、五味、巴戟、菟丝、覆盆子。"《温病条辨》中的双补汤与之药味完全相同。方以人参、萸肉、五味之酸甘，合巴戟、苁蓉、菟丝子之辛甘温组成。

5. 酸甘辛苦　酸甘辛苦，即酸甘化阴、辛苦通降复法，也是酸苦为阴，辛甘为阳复法，参见酸苦法的酸苦辛甘。

以上是酸苦、酸甘法的临床运用的梗概。酸苦可以泄热，在酸苦的基础上配辛甘尚有发散作用；配甘寒尚有养阴作用。酸甘可以化阴，配咸寒以潜阳；配辛温以温阳；配辛甘以扶阳；配辛苦以通降。按药物性味进行配伍，对热病的治疗有一定指导意义。

［《辽宁中医杂志》，1986；(6)］

吴鞠通"逐邪就近说"浅探

黄建军

"逐邪就近说"是温病学家吴鞠通提出的治热逐邪的重要法则，它贯穿于《温病条辨》之始终，对指导温病的处方用药具有十分重要的意义。

"逐邪就近说"认为，攻逐病邪必须根据邪气羁留的部位和病邪的特性及病理演变趋势，选择一种最有利于祛除病邪的途径和方法以逐邪外出。该说导源于《素问·阴阳应象大论》，是"其高者，因而越之；其下者，引而竭之；中满者，泻之于内；其有邪者，渍形以为汗；其在皮者，汗而发之。"治疗法则在温病治疗学中的具体体现。本文拟就"逐邪就近说"的基本内容探讨如下。

一、凡逐邪者，随其所在，就近而逐之

温邪为病，或为新感，或为伏邪，其中于人，必然侵犯人体的一定部位，产生相应的症状，并有一定的传变规律。“逐邪就近说”就是根据疾病的症状表现，判断病邪所在部位，从而决定治法，通过最简捷的途径、最有效的方法以逐邪外出。

1. 邪在肺卫宜透散　叶天士说：“温邪上受，首先犯肺。”外邪初犯人体，病位尚浅，吴氏根据逐邪就近的原则，主以辛凉平剂银翘散祛风透热。吴氏指出，温邪在表，宜辛凉透解，不可滥用辛温，关键在于导邪外出，俾营卫气血调和，自然得汗，不必强责其汗。吴氏以银翘散辛凉轻清之品，使在表之邪，复从肌表透散而愈，甚合逐邪就近之义。

2. 邪在上焦膈中宜涌吐　《温病条辨》上焦篇第13条自注说：“温病二三日，或已汗，或未汗，舌微黄，邪已不全在肺中矣。寸脉盛，心烦懊侬，起卧不安，欲呕不得，邪在上焦膈中也。在上者，因而越之，故涌之以栀子，开之以香豉。”吴氏根据舌脉和临床症状，确定病邪在上焦膈中。在表者透散最捷，在下者攻下最速，在上焦膈中非汗下所宜，故取涌吐一法，快涌膈中之热。若痰热壅盛，为防邪入心包而成痉厥，吴氏则主以瓜蒂散，以急吐痰热。痰热壅滞之证，若投以清热化痰之剂亦无不可，然莫若涌吐之法一吐为快，吴氏“逐邪就近”之义，可见一斑。

3. 症同而邪处部位不同宜分治之　在温病传变过程中，温邪处于不同部位可以引起一些共同的症状。在这种情况下，吴氏十分重视辨别邪处的部位，从而采用不同的治疗方法。如上焦篇第11条，“太阴温病，血从上溢者，犀角地黄汤合银翘散主之，其中焦病者，以中焦法治之。”血从上涌，多见吐血和衄血，多因热入血分、热邪逼血妄行所致，虽然同属热入血分，但有邪在上、中、下三焦之别，在上焦者，以向外透散为近，故以银翘散透热散邪，加用犀角地黄汤清血分之热以凉血止血。若吐衄而见中焦实热症状，邪已入里，宜用清下法，选用白虎承气等方。若热入下焦，伤及肾阴，则用宁血安络、甘寒育阴之法。

二、逐邪者，随其性而宣泄之，就其近而引导之

攻逐病邪，宜根据病邪的性质和病变发展趋势，因势利导，这是吴氏“逐邪就近说”内涵的第二个方面。阳明温病，使用下法以后可出现种种情况。吴氏根据脉象判断邪热所在部位和演变趋势，制订出相应的治法。如中焦篇第13条：“下后无汗脉浮者，银翘汤主之；脉浮洪者，白虎汤主之；脉洪而芤者，白虎加人参汤主之。”吴氏在自注中认为“此下后邪气还表之证也。温病之邪，上行极而下，下行极而上，下后里气得通，欲作汗而未能，以脉浮验之，知不在里而在表，逐邪者随其性而宣泄之，就其近而引导之。”银翘汤能轻宣透表，使还表之邪，表散而解。白虎汤达热出表，宜于脉洪、热气炽盛之证，若邪虽还表但元气不支、脉洪而芤者则宜于透热之剂中加入人参以大补元气。

三、治上不犯中，治中不犯下

吴氏“逐邪就近说”是以三焦辨证为基础，因此，吴氏特别重视疾病的三焦传变规律。他在中焦篇第1条自注中说：“温病由口鼻而入。鼻气通于肺，口气通于胃，肺病逆传则为心包，上焦病不治则传中焦，胃与脾也，中焦病不治，即传下焦，肝与肾也。始上焦，终下焦。”这是温病传变的一般规律，吴氏据此制订三焦分证的治则，提出“治上焦如羽”、“治中焦如衡”、“治下焦如权”的治疗法则，主张邪在上焦者，法取轻清，如桑菊、银翘、栀

豉之类；邪在中焦者，邪热较盛，则以祛邪为主，以削平其邪，如白虎、承气之类；邪在下焦者，多伤肝肾之阴，宜厚味滋填或介石重镇，如诸甲复脉、大小定风珠之类。以上三焦分证治疗法则是吴氏“逐邪就近说”在遣方用药中的具体体现。他十分强调上、中、下三焦分证各自的治疗特点，主张“治上不犯中，治中不犯下”。邪在上焦，宜轻清宣透，使外邪从肌表而透散；若用苦寒之品，易引邪入里；若用滋腻重镇之品，易留邪为患。邪在中焦若用上焦轻清之剂，则病重药轻，无济于事；若用下焦滋潜之剂则邪热留滞，病深不解。吴氏在上焦篇第4条银翘散方论中说，银翘散“宗喻嘉言芳香逐秽之说，用东垣清心凉隔散，辛凉苦甘，病初起，且去入里之黄芩，勿犯中焦……纯然清肃上焦，不犯中下，无开门揖盗之弊，有轻以去实之能。”可见吴氏主张病在上焦者，只可就近逐邪外出不可误用里药，以免引邪深入。在上焦篇24条自注中谈到新加香薷饮时吴氏也说：“用香薷饮发暑邪之表也……若黄连甘草纯然里药，暑病初起，且不必用，恐引邪深入，故易以连翘、银花，取其辛凉达肺经之表，纯从外走，不必走中也。”吴氏三焦分证治法井然，类似的论述《温病条辨》各篇都可见到。

总之，“逐邪就近说”是祖国医学治热逐邪的要旨，是指导温病临证立法、处方、用药的一条简捷有效的重要法则，研究“逐邪就近说”的实质，对促进温病治疗学的发展具有十分深远的意义。

［《山东中医杂志》，1995；（4）］

《温病条辨》宣肺十二法

陈　荣

“温邪上受，首先犯肺。”肺在胸中，居位最高，开窍于鼻，以通外气。外邪著人，肺先受之。肺主宣发肃降，司人体治节，温邪犯表可引起种种肺气不宣之证：或腠理失司而痛痹寒热，或气道不利而鼻塞咳喘，或上源受遏而水道失调，或腑气不降而大便秘结。宣肺气即为宣通肺气而设。吴鞠通在《温病条辨》（以下简称《条辨》）一书中对此法进行了充分、灵活的运用。上焦、中焦乃至下焦各篇均涉及宣肺，风温、暑温、湿温、寒湿、秋燥各病亦均有宣肺之证治内容。兹将书中宣肺内容，归纳为十二法讨论于下。

一、宣肺解表法

天气通于肺，肺主气属卫。《条辨》开宗明义：“凡病温者，始于上焦，在手太阴。”故而温病多自肺始。温病初起，卫气郁阻，肺气失宣，皮毛开阖不利，可发热、微寒、头痛、咳嗽、鼻塞、口微渴。吴鞠通宗《内经》“风淫于内，治以辛凉，佐以苦甘”之旨，立辛凉宣解一法。《条辨》说：“太阴风温、温热、温疫、冬温……但热不恶寒而渴者，辛凉平剂银翘散主之。”（上焦·四）银翘散以银花、连翘、竹叶、薄荷轻清透表，牛蒡子、桔梗宣通肺气，荆芥穗、淡豆豉辛散，甘草调和诸药，为辛凉解表、宣肺泄热之剂，是清宣肺卫的第一方。

二、轻宣止咳法

肺为娇脏，不耐邪侵，清虚之所，针邪不容。肺司呼吸，如热伤肺络，刺激气道，咳嗽必作。《条辨》云："太阴风温，但咳，身不甚热，微渴者，辛凉轻剂桑菊饮主之。"（上焦·六）此条重点在气道而不在表，因立轻宣一法，体现"治上焦如羽，非轻不举"原则。桑菊饮以桑叶、菊花、连翘、薄荷轻透泄热，桔梗、杏仁宣肺止咳，苇根、甘草甘凉生津。此外，由于本方甘润轻清，又用于秋燥卫分轻证。《条辨》说："感燥而咳者，桑菊饮主之。"（上焦·五五）亦取其清宣理肺之性。

三、宣肺清暑法

暑性火热，其必伤气，不兼湿而偏于火者，初起主犯肺络。凡暑伤肺经气分轻证可用宣肺清暑一法。《条辨》谓："手太阴暑温，但咳无痰，咳声清高者，清络饮加甘草、桔梗、甜杏仁、麦冬、知母主之。"（上焦·二八）清络饮以鲜荷叶边、鲜银花、西瓜翠衣、鲜扁豆花、丝瓜皮、鲜竹叶心解暑以清肺络之热，加味以桔梗、甜杏仁、甘草宣肺止咳，麦冬、知母制火清肺，使暑解肺宣，络清咳平。

四、宣肺化湿法

肺合皮毛司其开阖，肺主气化以行水湿。宣肺以展气机，使气化湿亦化，是湿温、寒湿初起的主要治法。《条辨》曰："头痛恶寒，身重疼痛，舌白不渴，脉弦细而濡，面色淡黄，胸闷不饥，午后身热，状若阴虚，病难速已，名曰湿温……长夏深秋冬日同法，三仁汤主之。"（上焦·四三）三仁汤重用杏仁轻开上焦肺气，配厚朴、白蔻仁、半夏苦温燥湿，飞滑石、白通草、竹叶、生薏仁渗热利湿。本方以宣肺为主导，气机宣通，湿散热清，表里之邪内外分解。

肺气失于宣化，寒湿也可阻滞肌肤经络，治宜辛温宣化。《条辨》言："风暑寒湿，杂感混淆，气不主宣，咳嗽头胀，不饥舌白，肢体若废，杏仁薏苡汤主之。"（中焦·六七）尽管杂感混淆，而以宣气之法为主，治"气不主宣"。杏仁薏苡汤以杏仁宣肺开上焦，桂枝、防己、白蒺藜、生姜辛散驱湿，厚朴、半夏燥湿，薏苡渗湿，共使寒除湿散。

五、宣肺利咽法

肺系通于喉，咽喉称肺之关口。肺气不利，湿热郁遏，或肺火炽盛，均可累及咽喉。《条辨》指出："湿温喉阻咽痛，银翘马勃散主之。"（上焦·四五）本条为轻清开宣之法。银翘马勃散以银花、连翘清解表邪，牛蒡子宣肺散结、射干、马勃清火利咽；阻甚者加桔梗开肺利咽，苇根清宣，滑石渗湿热。咽喉疼痛不仅见于上焦，下焦少阴温病亦见，治疗有时也配合运用宣开之法。《条辨》论及："温病少阴咽痛者，可与甘草汤；不瘥者，与桔梗汤。"（下焦·二五）少阴阴火上冲咽痛，用甘草甘凉缓热，不瘥时，即用甘草加桔梗宣肺提邪，豁痰利咽，肺气通利则咽痛自止。

六、宣肺清窍法

肺开窍于鼻以通天气，燥热侵犯上焦气分，致清窍不利，症见耳鸣、目赤、鼻干、咽痛、龈胀等，治宜清宣利窍。《条辨》说："燥气化火，清窍不利者，翘荷汤主之。"（上焦·五七）翘荷汤以薄荷、连翘疏解清利，桔梗宣达肺气，黑栀皮、绿豆衣、甘草制火凉润；根据具体病情，可随症加味，如耳鸣加羚羊角、苦丁茶，目赤加鲜菊叶、苦丁茶、夏枯草，咽痛加牛蒡子、黄芩等，使火清窍利。

七、宣肺润燥法

肺体属金，喜润恶燥，秋燥感人，心戕肺金。燥气侵袭有偏热、偏寒的属性，分为温燥、凉燥两类，均可出现燥气伤肺治宜宣开兼润。《条辨》谓：“秋感燥气，右脉数大，伤手太阴气分者，桑杏汤主之。”（上焦·五四）桑杏汤辛凉甘润轻宣。药以桑叶、杏仁轻宣肺气，香豉透表，沙参、梨皮润肺生津，象贝化痰，栀皮清热。诸药配合，燥气自平。

《条辨·补秋燥胜气论》提及：“燥伤本脏，头微痛，恶寒，咳嗽稀痰，鼻塞，嗌塞，脉弦，无汗，杏苏散主之。”此为外感凉燥治法，用辛开宣肺温润。杏苏散以苏叶、杏仁、桔梗宣肺达表，前胡、枳壳、橘皮、半夏理气化痰，茯苓、大枣、生姜协调脾胃，共使肺宣气畅，痰消燥除。

八、宣肺蠲痹法

外湿客于肌表经络，可与风热暑合而成痹。宜宣肺气，疏通经络，升清降浊，清热中之湿，泄湿中之热，使湿热外泄下渗则湿热痹痛自解。《条辨》云：“湿聚热蒸，蕴于经络，寒战热炽，骨骱烦疼，舌色灰滞，面目萎黄，病名湿痹，宣痹汤主之。”（中焦·六五）本条湿痹乃以湿热为因，故用宣痹汤宣通经络肌腠之湿热，药以杏仁开肺气于先，防己、薏苡通痹、连翘、滑石山栀清湿热，半夏、晚蚕砂、赤小豆皮化湿，疼甚者加姜黄、海桐皮祛风湿，共使气宣络通痹蠲。

另有感受暑湿而成痹者，治法总以宣气为主，所谓“郁则痹，宣则通”之意。《条辨》谓：“暑湿痹者，加减木防己汤主之。”（中焦·六八）加减木防己汤以杏仁宣肺，石膏清暑，桂枝、防己通络，滑石、白通草、薏仁渗湿热，俾湿除暑解，经络宣通则痹痛去。

九、宣肺退黄法

湿热熏蒸，久酿成疸，肺为气化之枢，必以宣通气分为要。凡通宣三焦，以上焦为先，失治则不解。《条辨》曰：“黄疸脉沉，中痞恶心，便结溺赤，病理三焦里证，杏仁石膏汤主之。”（中焦·七二）此为湿热充斥三焦之里证，但以杏仁石膏汤开上焦以统三焦，为宣气退黄之法。方用杏仁、石膏清宣上焦，姜汁、半夏开中焦，枳实、黄柏泄下焦，山栀通行三焦；本方似非直接治疸之剂，但气宣而三焦通利，湿热除而黄疸自退。

十、宣肺利尿法

肺气通调水道，下输膀胱，上源疏通，则下焦如渎。湿热留连三焦，自利、汗出、溺短者宣气以达膀胱，兼化痰湿，使湿热分治而解。《条辨》说：“暑温伏暑，三焦均受，舌灰白，胸痞闷，潮热呕恶，烦渴自利，汗出溺短者，杏仁滑石汤主之。”（中焦·四二）杏仁滑石汤以杏仁、滑石、通草宣肺以通调水道利小便，厚朴、半夏、橘红、郁金理气化湿，黄连、黄芩苦寒清热。本方总不离宣通三焦清暑化湿之法。

十一、宣肺涤饮法

肺为贮痰之器。水液代谢调节和肺、脾、肾三脏有密切关系。“外饮治脾，内饮治肾”已为成法。然肺气失宣，水液凝滞，不能输布，清浊相干，湿留胸中，聚为痰饮者，肺又为病之源矣。病痰饮者，“当以温药和之”，又不尽以温药治之，也有特殊情况当用清法。《条辨》言及：“喘咳息促，吐稀涎，脉洪数，右大于左，喉哑，是为热饮，麻杏石甘汤主之。”（下焦·四八）是开达肺气、宣肃热饮之治。麻杏石甘汤与《伤寒论》名同而用异，即是药味相同而剂量及主治不同。《伤寒论》方以石膏为主，麻黄杏仁用量也较重，以清泄肺热，本方麻黄、杏仁、石膏并重，以清宣涤饮。此为大青龙汤去桂枝、生姜、大枣；以麻黄、杏仁宣肺去壅，石膏清热，甘草缓急调中，以去郁热而清痰饮。

十二、宣肺通便法

大肠者肺之合，肺气不宣，则腑气不降，以致大便失畅或秘结。此为标在大肠本在肺者，当脏腑合治，下病上取。吴鞠通特立宣肺通便法，发前人所未发。《条辨》云：“阳明温病，下之不通，其证有五……喘促不宁，痰涎塞滞，右寸实大，肺气不降者，宣白承气汤主之。”（中焦·十七）宣白即是宣肺，治肺气不降肠腑实结者。方中以生石膏、杏仁清宣肺气，栝蒌皮宽胸祛痰，大黄荡逐结滞，宣上而通下，治肺并治肠。

结语

上述十二法，为《温病条辨》之主要宣肺法。热温、湿温（寒湿）秋燥等病均有运用。肺为十二经之始，五脏之华盖，内外交通之脏，宣肃肺气，在温病学辨治中，具有重要的地位。吴鞠通在《温病条辨》中对宣肺疗法，经过长期的实践总结，已取得丰富的经验和卓越的疗效，这是值得我们进一步探索研究和发扬光大。

[《福建中医药》，1986；（1）]

略述《温病条辨》治湿温七法

王贵淼

《温病条辨》有关湿温论述，辨证细致入微，用药丝丝入扣，有法可循，有方可依。现归纳为七法。

一、轻宣上焦法

湿温初起，表证叠见，里湿亦重。证见“头痛恶寒，身重疼痛，舌白不渴，脉弦细而濡，面色淡黄，胸闷不饥，午后热甚，状若阴虚者”，为肺气被遏，上焦不通，湿出高原。吴氏治以“三仁汤轻开肺气”肺气一宣，气机畅达，“气化则湿亦化也”。方用杏仁开肺气为主，蔻仁、半夏、厚朴芳香疏导，苡仁、滑石、通草淡渗利湿，竹叶透热于外，聚辛开苦降、芳化淡渗于一方。后世皆视三仁汤为三焦分利。然观吴氏自注，乃轻宣上焦之法，故应遵吴氏本意行之。

二、升降中焦法

若“三焦湿邪，升降失调”，症见“脘连腹胀，大便不爽”或“脘胀便溏，身痛舌白”，或“舌黄脘闷”者，吴氏立五加减正气散方。五个方证都有“脘闷”其因皆离不开秽湿阻遏在里，都以藿、朴、苓、陈为基本通用药。藿香芳香化浊，厚朴苦辛开气，陈皮、茯苓燥湿安中，使湿邪得气化之开，达到外泄内利。并按不同兼证，或加杏仁利肺降气，或加苡仁、通草渗湿利尿，或加滑石，防己清利湿热，或加楂肉、草果消食和中。

三、轻清宣化法

若“湿聚热蒸，蕴于经络”，证见“寒战热炽，骨骱烦疼，舌色灰滞，面目萎黄”者，治以宣痹汤。用防己走经络之湿，杏仁开肺，连翘、赤豆两清气血湿热，滑石、山栀、苡仁、蚕砂共清湿热以治挛痹。

治痹之法，历代多遵《内经·痹论》“风寒湿三气杂至”之旨，惯用祛风、散寒、燥湿之剂，吴氏在《金匮要略》麻黄杏仁薏苡甘草汤及叶案启示下，认为“痹之因于寒者固多，痹之兼于热者亦复不少”，故立轻清宣化，以宣痹汤或加减木防己汤治之。

四、清化湿热法

若湿热胶结不解，症见“脉缓身痛，舌淡黄而滑，渴不多饮，或竟不渴，汗出热解，继而复热”者，黄芩滑石汤主之。脉缓身痛和太阳中风之脉浮身痛不同。加之汗出热解、继而复热，乃湿阻气郁、湿热俱盛，两相互蒸。吴氏认为“湿热两盛，不可偏治”，惟有清化湿热，才能湿去热除。黄芩滑石汤用黄芩、滑石、茯苓皮清湿中之热，蔻仁、腹皮理气运中，使气化湿亦化；猪苓、通草淡渗湿邪，小便利则火腑通而热自清。

五、泄湿透热法

若湿郁经脉，内外合邪，症见“身热身痛，汗多自利，胸腹白痦”者，由湿热失于清化，或误用滋阴药，致湿热郁蒸，随汗泄于肌肤而发痦。吴氏所创薏苡竹叶散，即是以辛凉解肌表之热，辛淡渗在里之湿，俾表邪从气化而散，里邪从小便而出，使湿随气行，则汗痦均畅，符合前人“痦宜清气，勿宜疏散”之说。但此方宜于正痦，若枯痦则宜增液汤加沙参、石斛、芦根、白芍之类。

六、宣化湿浊法

若湿阻肠道，传导失司，致“三焦弥漫，神昏窍阻，少腹硬满，大便不下”，为湿温久羁，肠道气机痹阻所致。此少腹硬满，和燥屎内结肠胃的腑实证不同。彼有潮热神昏，腹部按痛，苔多黄厚焦黑；此则神识如蒙，腹虽硬满而很少疼痛，苔多垢腻。故不用苦寒攻下，而投以宣通气机、清化湿热的宣清导浊汤。用猪苓、茯苓、寒水石利湿清热，皂荚子、蚕砂化湿除秽，一逐有形之湿，一化无形之气，使气化则湿化，湿化则气畅，气畅则便自通，诸证自愈。

七、泻心通降法

若上焦湿热未清，里虚内陷，证见“神识如蒙，舌滑脉缓”者，叶天士认为由“阳虚挟湿，邪热内陷”，吴氏阐明其病因为“中阳素虚，或因误伤于药”，其病机为“邪已内陷，其势不能还表”，不仅补出本证辨证关键是“舌滑脉缓”，而且本叶氏“辛以宣通，苦以清降”之旨，采用泻心通降法，用人参补里气之虚，姜、枳辛通开窍以治陷里之湿，芩、连清泄湿热，加白芍之酸敛以护真阴。这些辨治法则，非才高识妙者不可为！

［《四川中医》，1983；（6）］

略述《温病条辨》治伏暑五法

王贵森

伏暑是发于秋冬而临床有暑湿见证的一种急性热病，因夏令感受暑湿之邪，藏伏于体内，深秋冬令复感寒冷之气而诱发，属伏气温病范畴。现代医学中的流行性感冒、钩端螺旋体病、流行性出血热等病，可参考本病施治。《温病条辨》对伏暑的讨论，虽述焉不详，但已揭示治法，今归纳于五法，分述于下：

一、解衰清暑利湿法

伏暑发于气分，里蕴湿热，湿遏热伏，症见头痛微恶寒，面赤烦渴，舌白无汗，脉濡而数者，治宜透风渗湿，用银翘散去牛蒡、玄参加杏仁、滑石主之。

头痛恶寒，是外有寒凉，束缚卫气；面赤烦渴，苔白脉濡，是里有暑湿，逾时发作；发热烦渴，乃病在气分；结合头痛微恶寒，无汗，其病机为发于气分兼表实证。解表利湿，旨在流畅气机，故选辛凉解表的银翘散为主，去牛蒡之滑泄，玄参之滋腻，加杏仁、滑石之甘淡，以清利暑湿，气化则湿化。还可随症加减：如胸闷加郁金、豆豉；呕恶痰多，加半夏、茯苓，尿短涩，加薏仁、通草；若舌白口渴而有汗，或大汗不止，为热盛而兼湿邪，则用银翘散去牛蒡、玄参、芥穗，加杏仁、石膏、黄芩等清热、化湿、肃肺之品。

二、清营透邪法

伏暑里热在营，外有表邪，症见身热舌赤，口渴，脉数，无汗者，治以清营透热，银翘散加生地、丹皮、赤芍、麦冬主之。

伏暑发于营分，其病机、证治及演变，与春温邪在营分者相似，治疗总以清泄营热为主。外有表邪，而又舌赤无汗，说明暑湿化燥伏于营分，为病发于血分兼表实证。不可发汗，若强令汗出，犹如“竭泽而渔”，更损阴液。但兼表证，又须佐以解表，故用银、翘、竹叶，既清气分之热，又能透热转气，使营分之热得以开达，转出气分而解；生地、丹皮、麦冬养阴增液，共奏清营热，养营阴之效。若热入心营而兼小肠热盛者，当选用《通俗伤寒论》的导赤清心汤，该方亦用冬、地、丹皮清营增液，茯神、莲子芯、灯芯宁心安神，木通、竹叶、益元散清导小肠之热，使心营清，火府利，则诸证自愈。

三、清利湿热法

暑热弥漫三焦，症见舌灰白，胸痞闷，潮热呕恶，烦渴自利，汗出溺短者，杏仁滑石汤主之。

伏暑之热，传变至速，每见三焦弥漫，很少在一焦一经者。暑湿阻滞三焦气机，湿阻于上则胸痞，湿阻于中则呕恶，湿渗大肠则下利，潮热汗出，烦渴溺短，乃热郁于里，湿热相混。治偏温燥则碍于热而易化燥，药偏凉润，又碍湿之缠绵不解。于此尴尬为难之际，唯有清热利湿并施，使三焦混处之邪各得分解。

杏仁滑石汤以杏仁宣肺气，滑石、通草淡渗利水，朴、夏、橘红理气宣燥化痰，且除湿满、止呕恶，芩、连清热燥湿治利，郁金芳香走窍，通畅气机以开胸痞，为治伏暑湿热互结而湿胜之要方。

四、滋阴养液法

伏暑发于血分，津气外泄，症见舌赤、口渴、汗多者，用加减生脉散滋阴养液，守阴留阳。

吴氏认为夏感暑湿邪气而未即发病，是“气虚不能传送暑邪外出”。气虚的内因已具，发病过程又表现出舌赤、汗多、口渴一派津气外泄，引水自救的现象，治疗更当滋阴养阴。生脉散一补一清一敛，守阴留阳，更加生地、丹皮清血中之热，使元气得固，则汗不外泄，养液内守，则阳不外脱。但如仅见气阴耗损，则不能过早应用生地、丹皮，以免引邪入血。

五、通络化饮法

暑湿时令之邪，与水饮搏结，悬于胁下，阻于肝络，症见咳嗽、胁痛、或咳、或不咳，无寒，但潮热，或竟寒热如疟状者，用香附旋覆花汤。久不解者，间用控涎丹。

服上之病多气、痰为患，气郁多湿，痰饮由生。前人有“善治痰者，不治痰而先治气，气顺则一身之津液亦随气而顺”的说法，本方殆得其旨。方用香附旋覆花疏肝理气、通络逐饮；苏子、杏仁降肺气而化饮；半夏、陈皮和胃气而化痰；茯苓、苡仁健脾气而化湿，使气机调畅，则津液流通，痰饮自除，饮去则热邪亦随之而泄。《吴鞠通医案》肿胀、积聚、痰饮、胁痛、伏暑等门中，曾多次使用本方，并加当归须、降香等加强活血止痛通络之功，这也说明吴氏对“凝痰聚瘀”，“痰瘀相关”，早有认识。但香附旋覆花汤只宜于病证初起，饮邪搏结之未深者。当饮邪久居胁下，转为悬饮内痛之证，当用控涎丹缓攻痰饮以拔除病根。“间用”者，旨在提示医者慎重、间歇地使用，以免攻伐太过，伤人之气，亦以天士所谓“新邪宜急散，宿邪宜缓攻”之义。

[《陕西中医》，1984；(4)]

湿温“三禁”与白虎汤“四禁”

郭选贤　王新志

湿温“三禁”与白虎汤“四禁”均源于吴鞠通《温病条辨》。全国高等医药院校《温病学》五版教材（以下简称教材）予以引用。然其释述过简，在教学中初学者屡屡就此质疑提问，故就此问题浅谈如下：

一、湿温“三禁”

湿温“三禁”是指湿温病初起禁用辛温发汗、苦寒攻下、滋养阴液之法。吴鞠通云：“汗之则神昏耳聋，甚则目瞑不欲言，下之则洞泄，润之则病深不解。”后人称之为湿温“三禁”。

湿温是由湿热病邪引起的湿热性质的新感温病。由于湿为阴邪，其性重浊黏腻，与热相合，蕴蒸不化，胶着难解，故湿温初起多表现为湿重于热，而呈卫气同病之候。症见：恶寒少汗、头重如裹、身重肢倦、胸闷不饥、面色淡黄，身热不扬、午后热象较显，苔白不渴，脉濡缓等。如是既有湿郁卫分之表，又有湿遏气机之里之表里同病之候，倘若辨证不清，势必贻误病机，而致“三误”。其中恶寒少汗，头重如裹为湿郁卫表，清阳不展之故，颇似太阳伤寒，若误投辛温发汗之剂，则温以助热，汗伤心阳。湿热之邪蒸腾上逆，内蒙心窍而神昏，上蔽清阳而耳聋，甚呈目瞑不欲言之状。此乃一误。胸闷不饥乃是湿遏气机，脾运失司所致，有类胃肠积滞。若妄投攻下，必损伤脾阳，洞泄不止。此乃二误。其见身热不扬，午后热象较显著，乃湿热交蒸之故。与阴虚之午后发热者，虽同为午后发热而病因大异，切不可误投滋腻阴柔之品，用之则犹如胶中加鳔，湿邪锢结，病必难除。此乃三误。吴氏鉴于上述“三误”而告诫后人铭记“三禁”，实乃用心良苦，医者不可不查。

然吴氏“三禁”虽为湿温初起临证治疗之常，而治疗之变亦不可不知。如薛生白云：“湿热证，恶寒无汗，身重头痛，湿在表分。宜藿香、香薷……薄荷……等味。”即为可汗之例。薛氏又云：“湿热证，胸闷发热，肌肉微痛，始终微汗者，……宜六一散一两，薄荷叶三、四分，泡汤调下即汗解。”亦为可汗之例，故湿温初起邪郁肌表，发热无汗者，可予芳香透表以微汗之法进行治疗，唯宜辨证准确，掌握好时机与分寸。至于下润之法，湿温初起确少应用，在湿温病过程中若果有腑实，则当及时攻下，确有津伤，则宜相机滋阴，不可囿于“三禁”之说而坐失良机。

二、关于白虎汤“四禁”

吴鞠通明确地提出用白虎汤有“四禁”即：“脉浮弦弦而细者，不可与也；脉沉者，不可与也；不渴者不可与也；汗不出者，不可与也。”（教材 46 页）简称白虎汤“四禁”。

白虎汤为辛寒清气，达热出表之名方，适用于邪入气分，里热蒸腾，正邪剧争，热炽津伤之候。症见壮热恶热，汗大出，渴喜冷饮，苔黄燥，脉浮洪或滑数等。故有人称之为“四大”（即身大热，汗大出，口大渴，脉洪大）。若出现脉浮弦而细，乃为寒邪在表，正气不充之象。正如仲景所言：“伤寒脉浮，发热无汗，其表不解，不可与白虎汤。”此当扶正解表，误用白虎，则更伤其正，引邪入里，病势缠绵，此为一误。若脉沉而其证疑似白虎者，可有沉而有力和沉而无力之别。沉而有力者，多见阳明腑实，治当攻下，白虎无济于事；沉而无力者，可为肾阳衰微，浮阳外越，此乃真寒假热之象。法当急温，冒然投以白虎，则有应手而毙之虞，此为二误。不渴之因亦有二端，一者见于湿温。湿多热少，尚未化燥，未伤津液，治当化湿清热，用白虎大寒滋润之剂必致凉遏冰伏，湿必难除；不渴见于温热性疾病，乃为热入营血，蒸腾营阴上泛于口，治当透热转气，清热凉血，用白虎必致营热内闭，不能外达，故白虎用于不渴者当为三误。若汗不出者，亦当详察其因。津液大亏，无源作汗者，当养阴生津，以作汗源；表有寒邪，阻遏卫气者，治以辛温，解表散寒；此二者均非白虎证，用之当为四误。究其上述“四误”之因，皆医者只见发热一证，谓白虎为退热之方也，而疏忽于四诊合参，故吴氏提出“四禁”力诫后人。

然吴氏“四禁”之说，临证时亦需活看。张仲景运用白虎汤，只有“三大证”，并无“口不渴者，不可与也”之禁。临证时若见表邪已解，里热已盛，而津液未至大伤，表现为口不渴或不大渴之时，即可应用白虎汤。至津液大伤，口渴已甚之时，则白虎加人参汤至为适用。此即为“不渴者”亦可与也之例。另有“热深厥深”之厥证，临床上并无大汗可见，而仲景则因其“里有热”而毅然遣“白虎汤主之”，又为“汗不出者”亦可与也之例。故笔者以为，临证时切不可仅从“汗不出”“不渴”等字面上着眼，而应灵活领会吴氏“四禁”之精神实质，只有四诊合参，全面诊察才能辨证确切，不致有误；只有具体情况，具体分析，才能“知犯何逆，随证治之。”

［《光明中医》，1989；（1）］

《温病条辨》宣肺化湿法浅析

彭 锦

清代名医吴瑭（号鞠通）是温病学说的集大成者，他在继承《内经》、《伤寒论》理论的基础上，系统整理了以叶天士为代表的温病学家的学术思想和临床经验，著《温病条辨》，首创三焦辨证理论，对温病夹湿、湿温的证治尤有独到见解，提出“盖肺主一身之气，气化则湿亦化也”的观点，强调宣畅肺气在治疗湿邪为患疾病中的重要作用，对于临床湿病论治颇具启迪意义。

一、湿热之邪易首犯肺卫

湿热之证是邪气相兼为患，肺位最高，吸入温邪，肺必先受，正如叶天士所言：“温邪上受首先犯肺”，温邪夹湿也易首犯于肺。另一方面，湿邪侵入人体易阻碍气机，损伤阳气，而肺主一身之气，故六淫之湿邪侵袭人体必先伤及肺卫。不仅外湿为病首先犯肺，同时，肺不能化气也是内湿产生的重要原因。《素问·经脉别论》云：“饮入于胃，游溢精气，上输于脾。脾气散精，上归于肺，通调水通，下输膀胱。水精四布，五经并行。”基于此，吴鞠通指出：“凡宣通三焦之方，皆扼重上焦，以上焦为病之始入，且为气化之先”，“水谷内蕴，肺不能化气，……内外相合，客邪既能从表入，而伏邪有从内发也”。在《温病条辨》中焦篇 41 条注中进一步强调：“虽云三焦，以手太阴一经为要领”，提出宣畅肺气为湿热证的重要治则。

二、宣肺畅三焦气机以化湿

三焦为阳气和水液之通道，湿为阴邪，得阳则化气，气行则水行，化气化津液，敷布周身，皆赖三焦运行阳气的作用。湿热氤氲，其性黏滞，其为患者，易致人体气机郁滞不通，而气滞又使湿邪愈加停滞，二者互为因果，以致湿邪留恋，弥漫三焦窒塞气机，而三焦气机不畅，更促其湿热缠绵难解。若祛其湿热，必以化通三焦气机为先，气机流畅，则湿不易聚，吴氏认为，畅通三焦气机又当以宣通肺气为主，盖因肺主一身之气，肺的宣降功能正常则一身之气机调畅，气行则水行，气推动湿行，则水湿易化。因此，他提出：“通宣三焦法，仍以肺气为主，盖肺主气化，气化则湿热俱化。”《温病条辨》中十分强调宣降肺气对于三焦气机调畅的重要性，认为即使是三焦湿热弥漫之证，佐入宣肺之品，临床治疗中仍能起到事半功倍之效。例如在中焦湿温病的治疗中，吴鞠通常配伍杏仁、桔梗、郁金等宣畅肺气之品，方如杏仁滑石汤、杏仁薏苡汤、杏仁石膏汤等。正如叶天士所言：“虽有脘中痞痛，宜从开泄，宣通气滞，以达归于肺，如近俗之杏、蔻、橘、桔等，是轻苦微辛，具流动之品可耳。”在《温病条辨》中，吴鞠通尤善应用杏仁以宣降肺气，常用其配伍厚朴、滑石、通草、薏苡仁等，验之临床其祛湿效果更佳。

三、宣肺通利膀胱以化湿

湿为阴邪，热为阳邪，湿得尿而利，热得利则清，即李东垣所云：“治湿之法，不利小便，非其治也”，因此，通利小便以导邪外出乃治湿之大法。然肺为水之上源，主通调水道，下输膀胱，正如《灵枢·本输》篇所言："少阴属肾，肾上连肺，故将两脏。"《血证论》也谓："小便虽出于膀胱，而实则肺为水之上源，上源清，则下源自清。"因此，利小便之法，亦可取治于肺，肺宣降功能正常则三焦水道通畅，水之上源得开，使膀胱气化得行，湿邪可随小便而去，宣肺即有"提壶揭盖"，启上开下之功。

在湿热证的临床治疗中，吴氏常用辛苦开宣法以宣畅肺气，在对湿温的治疗中，其湿生于热者，兼夹食滞，以一加减正气散主之；湿郁经络，以二加减正气散主之；湿郁化热，以三加减正气散主之，取气化则湿化之意；其湿热胶着者，以黄芩滑石汤宣畅气机，通三焦，使湿热胶着之邪从小便而去。在《温病条辨》中焦篇第63条自注中，认为只有这样才能"共成宣气利小便之功，气化则湿化，小便利则火腑通而热自清矣。"常用药物有桔梗、白豆蔻、藿香、郁金等，桔梗是"提壶揭盖"法的常用之品，除宣肺之外，还具有化痰、引药上行的作用。此类药物多具有芳香开窍作用，能够化上焦胸膈之湿，而开上焦以畅肺气。例如藿香微温，其气芳香，能够化湿而开宣上焦，恢复肺之宣降功能，对于湿热证而致三焦上壅下闭者，利小便不在渗下，可选用藿香芳香开窍，开上焦化湿浊，宣畅肺气以通水道。郁金辛苦而凉，"能开肺金之郁"，湿热证用之可达开宣水之上源，使膀胱气化得行，湿邪随小便而出的作用。

四、宣肺开腠理以化湿

对于湿证的治疗，《内经》提出"开鬼门，洁净府"的治则，即通过发汗而使皮毛腠理开张祛湿以出表，《素问·至真要大论》曰："湿上甚而热，治以苦温，佐以甘辛，以汗为故而止。"吴鞠通认为，湿证发汗最忌大汗，若暑温、湿温初起，阻遏卫表之气，吴氏在治疗时不求发汗而解，惟取宣通肺气，因肺主一身之气，肺气的宣降功能正常，则水液布散体表，通过肺的气化而使腠理得开，使湿邪随微汗而解。如治手太阴暑温，"形似伤寒，右脉洪大，左手反小，面赤口渴"，"但汗不出者"，以新加香薷饮宣化在表之暑湿，指出此法"妙在导邪外出"。温病本忌辛温，吴氏大胆创新，用厚朴等辛温之品，微温则阳气通，阳通则湿行。又如对于太阴温病夹有湿邪者，吴鞠通用银翘散加藿香、郁金以化湿宣邪。至于吴鞠通用治湿热之宣痹汤、薏苡竹叶散，皆以"辛凉解肌表之热，辛淡渗在里之湿，俾表邪从气化而散，里邪从小便而驱"。

吴鞠通在继承先贤学术思想的基础上，对湿热证的治疗独具匠心地提出"扼重上焦"，十分强调宣畅肺气以化湿这一治则在湿热证治中的应用，《温病条辨》指出："肺主一身之气，气化则湿化"，不但湿阻上焦重在宣肺，且湿在中、下二焦，也十分重视宣肺化湿法则的应用，《温病条辨》中焦篇第41条注中指出："肺脏受生于阳明，肺之脏象属金、色白，阳明之气亦属金、色白，故肺经之药多兼走阳明，阳明之药多兼走肺也。再肺经通调水道，下达膀胱，肺痹开则膀胱亦开，是虽以肺为要领，而胃与膀胱皆在治中。"对于湿热证的治疗，可通过宣畅肺气，开通津液运行的源头，使三焦气机和水液运行保持通畅，且能外达肌表，正如《医原·湿气论》所言：宣畅肺气能够"启上闸，开支河，导湿下行，以为出路，湿去气通，布津于外，自然汗解。"

［《中医杂志》，2007；（3）］

浅谈《温病条辨》中辛温药物的运用

张 斌 张思超

《温病条辨》中有“温病最忌辛温”的告诫，又在温病治疗中常常运用到辛温药物，甚至将辛温解肌的桂枝汤放在首位，提示辛温药物并非是温病的绝对禁忌。现就其运用辛温药的规律探讨如下。

一、风寒外搏，内热外寒，辛温解肌

“太阴风温、温热、温疫、冬温，初起恶风寒者，桂枝汤主之。”桂枝汤乃辛温解肌的代表方剂，本为伤寒而设。一般情况下，温病不可用辛温之剂发汗，以免助热伤阴。故吴鞠通在此条小注中言：“虽曰温病，既恶风寒，明是温自内发，风寒从外搏，成内热外寒之证。”此证为客寒包火，若以辛凉之剂散温热之邪，不仅温邪不得散，在表之客寒反固，故须使用辛温之桂枝汤微汗解肌，寒邪一解，腠理得开，温邪即得外出之路，随汗而解，正如吴氏所言：“用桂枝辛温解肌法，俾得微汗，而寒热之邪皆解矣。”但外寒已解，徒留内热，不可再予桂枝汤，须改用辛凉之法，即“恶寒已解，是全无风寒，止余温病，即禁辛温法，改从辛凉。”

二、温病初起，不恶风寒，稍佐辛温

风温、温热、温疫、冬温初起，“但热不恶寒而渴者，辛凉平剂银翘散主之”。“太阴温病，恶风寒，服桂枝汤已，恶寒解，余病不解者，银翘散主之。”“桂枝辛温，以之治温，是以火济火也。”辛温燥热之品能够助邪热灼伤阴津，温病纯用辛温，不仅病不得解，反生变证，即“温病最忌辛温”，故用辛凉平剂银翘散宣透。然纯用辛凉则开表之力稍弱，故稍佐荆芥穗、淡豆豉两味辛温之药，用其味辛气香，善于透发之性，开通腠理，透邪外出。与大队辛凉药物相佐，制约了其燥热之性，而无助热伤津之弊，故与“温病最忌辛温”并不相违背。

三、暑温兼湿，湿为阴邪，不忌辛温

夏季炎热，天暑下迫，地湿蒸腾，故暑易与湿邪相合，侵犯人体为病，加之夏日人们喜食生冷，贪凉过度，致暑湿为寒邪所遏，卫表被郁。症见恶寒发热，头痛无汗，肢体疼痛等。吴鞠通用新加香薷饮，以内清暑湿，外透寒邪。方中主药香薷性味辛温，既可开表散寒，又可化湿。正所谓“温病最忌辛温，暑证不忌者，以暑必兼湿，湿为阴邪，非温不解”，又如太阳中暍暑湿伤气用李东垣清暑益气汤。方中用辛温的青皮、陈皮、苍术、生姜，配伍黄芪、白术等甘温药，共奏辛甘化阳，化湿益气之功。

四、湿温之病，病势缠绵，辛温化浊

湿温病由湿热病邪引起，湿性黏腻，湿与热合，病势徐缓，缠绵难愈，治疗湿温既要清热，又要化湿，湿不化则热不除。而湿为阴邪，非温热之药不能除。故“湿温论中，不惟不忌辛温，且用辛热也”。所以在湿热病的治疗中，辛温药物贯穿始终，如邪在上焦，气机被阻，方用三仁汤以轻开上焦肺气。方中用辛温的厚朴、半夏、白豆蔻开肺气，化湿浊，又恐辛温之药助长热势，伍滑石、竹叶、薏苡仁等清热利湿。上焦湿热未清，里虚内陷，神识如蒙，方用人参泻心汤加白芍。方中干姜、枳实为辛温辛热之品，能行气去湿。另如三香汤，新制橘皮竹茹汤，小半夏加茯苓汤，半夏泻心汤去人参、干姜、大枣、甘草，加枳实、生姜方，均用了不同的辛温药以宣化湿浊。又如湿郁三焦，升降失司证，用五个加减正气散治疗，其中藿香、厚朴、陈皮、草果、苍术为辛温甚至辛热之品，既可化湿，又可宣畅气机。湿邪久羁，深入下焦，三焦弥漫，二便不通，在治疗中也加入了辛温之药以通上下之官窍。

五、凉燥为病，恶寒咳嗽，辛温达表

“秋燥之气，轻则为燥，重则为寒”，沈目南谓“燥病属凉，谓之次寒，病与感寒同类”。深秋燥令气行，伤于本脏，症见头微痛，恶寒，咳嗽稀痰，鼻塞等，吴鞠通以杏苏散治疗。方中以紫苏叶辛温之轻者达表，桔梗、杏仁、枳壳等宣降肺气，肺气得通则鼻塞咳嗽自止，又用辛温之橘皮、半夏，逐饮而补肺胃之阳。

综上所述，《温病条辨》中辛温药物运用范围甚广，尽管有“温病最忌辛温”之说，但其并非温病治疗之禁，临床当根据所感温邪之性质及兼挟、温病过程中病机转变及患病体质的不同，合理地应用辛温药物。另外，在应用辛温药物时，根据患者的体质及病邪性质合理地配伍寒凉药物，以解其助热伤阴之弊。

［《中医杂志》；2008；(3)］

清代名医吴鞠通“温病治禁”浅释

周惠芳

清代名医吴鞠通所著《温病条辨》，是以三焦为经，卫气营血为纬，形成了比较系统、完整的温病辨证体系，并使温病的证治内容更加充实，使后学者有规矩可循，为一部具有较高理论水平和实用价值的温病专著。吴氏在书中有“温病忌汗、斑疹治禁、淡渗之禁、苦寒之禁、数下亡阴之戒”等告诫，笔者今浅析如下：

一、温病禁汗

吴鞠通指出“太阴温病，不可发汗”即温病禁汗，其理有三：其一，温为阳邪，极易化热劫液，用汗法，反是以张其焰而劫其液；其二，温邪自口鼻而入，首先犯肺，肺与心同居上焦，用辛温发表将使其邪势更张，极易逆传心包，内迫营血；其三，汗为五液之一（汗为心液），属津液的一部分，误汗可伤阳，也可伤阴。

吴氏所指的禁汗主要是指麻、桂类辛温发汗力强的药，因其可助热（逆传心包，内迫营血）、伤阴（汗为心液），但不是说温病初期辛温药绝对不能用，应据辨证灵活用药。若表郁较甚时，辛温药可以用。选药时应用些发汗力较弱的辛温药（如新加香薷饮）。温病过程中确实有寒邪束表者，辛温发汗药如香薷还是可以用的。

二、斑疹治禁

吴鞠通治温病斑疹禁用“升提”和“壅补”之品，认为升提（主要指辛温发表升提之品如升、麻、羌、葛、防等）可助热动血，发生血衄、厥、呛咳、昏痉等。壅补可恋邪难解，致斑疹不得透发，邪热易内迫陷入心包，发为神昏。此禁对温热入营血之斑疹确实有价值。

中医认为斑疹为邪入营血，另一方面为邪气外达的表现，如不出斑疹反而病重。作为邪热入营血，治疗时辛温发散升提药如麻、升、防、羌、葛等当然不宜用。斑疹作为邪气外达来说，如疹出不畅，壅补之品应禁忌。一般治温病斑疹以辛凉轻宣透发之品。但不是温病范围的斑疹，应不在此治禁之列，如治疗气虚不摄之斑疹应补气摄血，不可拘于此禁。

三、淡渗之禁

吴鞠通指出“温病小便不利者，淡渗不可与也，忌五苓、八正辈”。因为温病过程中出现小便不利多系热盛耗阴而致，治疗当滋阴泻火而益其源除其热，若投以淡渗，强利其尿则更耗其阴，故禁用。但也不是绝对的，如为湿热下结膀胱之小便不利，可用木通、车前、滑石之品，即治湿热不利小便非其治也，配清热化湿之药。

四、苦寒之禁

吴鞠通原义指温病而燥热炽烈，有阴液耗伤者，不可纯用甘寒之品，若滥用苦寒，反能化燥伤阴，应以甘苦合化之法用苦寒滋润为主，配合苦寒泻火。临床上一般在温病过程中苦寒之禁有二：其一，指燥热炽烈，阴液耗伤者，不能但用苦寒药，应用滋阴加清热之品；其二，阴虚内热者，先滋其子（据肺胃肝肾之阴虚不同而分别治之），禁用苦寒，但也不能绝对化。如湿热内阻，津不上承者则不为此禁。

五、数下亡阴之戒

原义指温病攻下后，邪热已衰而见脉静，身不热，多日不大便者，此为肠道津液干涸所致，不能再用攻下，宜益胃汤或增液汤，滋养肺胃或润肠增液，即使仍有余热，也应养阴为主，以滋阴退热。若余热较著者，可少佐清退余热之法，不能妄用苦寒攻下，若误用攻下，必伤肺胃之阴而致燥咳，或伤脾气而致滑泻。吴鞠通此条主要指温病下后津伤不大便，禁用苦寒攻下之法，作为临证指导，有一定意义。但临床上一定要辨证准确，出现大便不通，当辨清属热结还是津伤，若为热结，即使在下后，也可再用下法，反之若为津伤便秘，即使未用下法，也当禁用下法。另外，临床上不是数下后都伤阴，也有伤阳者，应辨证论治，不可绝对化。

[《中医药学刊》；2002；(1)]

关于温病条辨第一方用桂枝汤的一些意见

黄耀人

《温病条辨》一书，是吴鞠通总结清代以前的温热学说，尤以发挥叶香岩学说作为本书内容的重要部分。他根据叶氏营卫气血的症候，再参考刘完素的三焦学说，作为病程的分期。以上焦为病之初期，中焦为病之中期或极期，下焦为病之末期，正如强仲景的《伤寒论》，以六经作为六个症候群一样。并仿《伤寒论》397 法、113 方的原则，立下 238 条的辨证法，与 198 方的方剂。他于三焦各篇中阐述各种温热、湿温等病变外，还附带记载有寒温、秋燥、疟疾、黄疸、痢、痹等病变。内容丰富，实为清代温病学派中最完善、有系统、较科学的著作。

笔者认为本书内容除有许多优点以外，还有某些不能令人满意的部分，最突出的是上焦篇第四条："太阴风温、温热、温疫、冬温，初起恶风寒者桂枝汤主之。"吴氏于自注中说："温病忌汗，最喜解肌，桂枝本为解肌且桂枝芳香化浊，芍药收敛阴液，姜枣调和营卫，温病初起原可用之。"又引仲景《伤寒论》原文说："太阳病但恶热不恶寒而渴者名曰温病，桂枝汤主之。"自注："温病既恶寒，明是温自内发，风寒自外搏，成内热外寒之证，仍旧用桂枝汤辛温解表法，俾得微汗，而寒热之邪皆解矣"。兹特引征《伤寒论》原文，以及仲景论伤寒、中风、温病的区别，与桂枝汤的禁忌证，来说明吴氏原书的错误：

1. 吴氏著《温病条辨》的目的，原以纠正前贤刘完素、张景岳辈，对伤寒温病治法混淆不清，论说颠倒，而独心裁，发挥叶氏的温热学说著成本书，辨明伤寒与温病治法用药之界限与脉证之区分。他在上焦篇第三条，首先指出温病脉证的特征："太阴之为病，脉不缓不紧而动数，或两寸独大，尺肤热，微恶风寒，身热自汗，口渴，午后热甚者名曰温病。"但伤寒中风初期的脉象是浮紧和浮缓，或已发热或未发热必恶寒，而不是尺肤热、午后热甚、口渴等症。温病虽有头痛微恶风寒，身热自汗，到底不是伤寒中风初期的啬啬恶寒，淅淅恶风，翕翕发热的现象；而且伤寒中风初期绝没有口渴脉动数。吴氏于第三条明显的指出温病脉证，无疑是说明治伤寒中风的辛温解表法，不能硬搬硬套用以治疗温病，而且还于本书凡例中第二例说明："若真能识得温病，断不致以辛温治伤寒之法治温病"，不意作者于第四条第一方，竟用桂枝汤以治太阴温病之属的风温、温热、温疫、冬温等初起之恶风寒者，岂非自相矛盾。近贤陆士谔，对本条提出极严正的批评："书名《温病条辨》，而开宗明义第一方即用桂枝汤，自命为跳出伤寒圈子，殊不知尚落在伤寒圈套之中。"我于此评，甚表同意。

2. 吴氏于第四条自注中解释："温病忌汗，最喜解肌，桂枝本为解肌，且芳香化浊，芍药收敛阴液，姜枣调和营卫，温病初起原可用之"等语，自己既违反温病治疗原则，又曲解药性作用，以自圆其说。按桂枝虽属芳香，究不是如银花、连翘、豆豉等的败毒化浊，它的芳香是含挥发性桂皮油，属兴奋强心之品，温病属稽留热的热型，机能亢奋，血液奔腾，循环加速，按治疗法则，辛凉解表，断不能用辛温强汗解热法。仲景于《伤寒论》中禁汗的病例颇多，如衄家、淋家、疮家等，大都是体液不足，发汗则重耗体液，酿成他变。太阳篇第 26 条，对于非桂枝汤的适应证，服后大汗出，大烦渴不解，脉洪大者治以白虎加人参汤以解热救津，吴氏竟于脉动数、尺肤热、口渴的温病前驱症微恶风寒时的时期，主以桂枝汤，无论其怎样曲解，总说不通。吴氏创立治温法则，邪在上焦，不得用中焦药，治上焦药要轻清，重则过病所，邪在卫分不得用营分药，即黄芩清气热之药亦在所禁，可以说非常严格了，但是于温病初起微恶风寒之症，竟用桂枝汤内的芍药大枣的里药，他认为芍药能收敛阴液，大枣入营以养营血，竟忘了自己所定的治疗规律，其矛后与曲解已昭然若揭。

3. 吴氏于治疗温病第一方以桂枝汤主之之后，又考虑到时贤与后人的批评，竟把祖国尊为医圣的强仲景抬出来作挡箭牌，他引了《伤寒论》太阳篇第 6 条原文，把经文改了一些："太阳病但恶热不恶寒而渴者名曰温病"，下添"桂枝汤主之"。读过《伤寒论》的人，都知道《伤寒论》本条之下仲景没有出方，更没有用"桂枝汤主之"的原文，仲景于《伤寒论》提出伤寒中风证的提纲外，更提出温病的症状以资鉴别，显示伤寒中风证所主的麻桂方治，不得妄施于温病，故有'发汗已身灼热者名曰风温"以及"一逆""再逆""促命期"的告诫，吴氏独不考虑到服桂枝汤发汗后所发生身灼热、自汗出、身重多眠睡、鼻息必鼾、语言难出的重笃地步？此外尚有可议者，他除于自注中一再解释："温病既恶风寒，明是温自内发，风寒从外搏，成内热外寒之汤，仍旧用桂枝汤辛温解肌法，俾得微汗而寒热之邪告解矣"，诚如吴氏所谓太阴温病、风温、冬温、温疫等，都是属于伏气而兼外感风寒的，一桂枝汤身便可以使微汗而内热外寒顿解，我恐怕桂枝汤没有这样万能。如果真的是内有伏热外有风寒，按仲景治疗法则，表解乃可攻里，吴氏所采用的辛凉平剂银翘散自可适应；表解后再议清里或攻里，白虎承气辈，尽可权衡选用。一桂枝汤可以解决表寒里热的病变，我是绝不敢信任的。相反地桂枝下咽后如火上添油，烦躁狂越，至于难以抑制，也是必然的趋势。至于初起恶风寒者，各种急性热性传染病的开始均有此等现象，参考叶香岩医案指南温热门很明显的叙明："温邪上受，内入手肺，肺主周身之气，气窒不化，外寒似战慄，其温邪内郁必从热化。"风温门叙明："风温入肺，气不生降，形寒内热，乃膹郁之象。"用药皆是辛凉，绝无用辛温之理。吴氏是发挥叶氏学说，纠正前人的缺点，竟于此等大关键处铸成大错，千虑一失，诚为美中不足，为之一叹！我仍学习前人著作，要脚踏实地，从平日临床实践来批判吸收，以丰富我们学术，思想上不要被其俘虏而盲从。我们的神圣任务，是为整理发扬祖国医学遗产，为广大人民谋幸福，为早日实现社会主义社会而奋斗。对于前人立论正确与否，有批判、整理的责任。《温病条辨》是我们目前研究处理急性热性或烈性传染病的主要参考材料，首篇中就发现了这些问题，我们不能像信古派那样的盲从附和，硬搬硬套食古不化的应用，应大胆地加以批判整理，要有革命的精神，存精去芜，才能使祖国医学发扬光大。

[《福建中医药》，1958，（4）]

《温病条辨·上焦篇》用桂枝汤之平议

九华山人

《温病条辨》一书，系前清乾嘉年间，淮阴吴鞠通所著，意在步武仲景，仿《伤寒论》体例而作，自加诠注于每条之下，细绎此书内容，从叶香岩《温热论》脱化，乃制银翘散、桑菊饮等辛凉轻剂，随证加减，界划綦严，不为无见。惟条辨之名，未能建当，盖称条辨者，始于方中行前条辨，程郊倩后条辨，乃是条列仲景原文于前，作者辨明于后也。鞠通是自条自辨，著书素无此例，而上焦篇首列桂枝汤，尤与治温病未能相符也！

上熊篇第四条原文云："太阴风温，温热，温疫，冬温，初起恶风寒者，桂枝汤主之。"夫温者，据沈尧封谓"火之微者曰温，火之甚者曰热。"则温为微热之谓，病原既是微热，而犹以仲景治太阳经之桂枝汤辛温解肌，不啻抱薪救火，病既确系为温，初起或兼恶风寒，不久即化为热，不必以桂枝汤之解肌。叶香岩曰："温邪干变最速，未传心包，邪尚在肺，肺主气，其合皮毛，故主在表。在表则入薄荷牛旁之属。"然则香岩治温病初起，未尝主以桂枝汤也。

间其本条自注云："虽曰温病，既恶风寒，明自温自内发热，风寒从外搏，成内热外寒之证，故仍旧用桂枝辛温解肌，传得微汗，而寒热之邪从此解矣。"夫既曰"温病自内发，风寒从外发"，是属冬伤寒，春必病温，及冬不藏精，春必温病之伏气温病矣！叶香岩曰："若因外邪先受，引动在里伏热，必先辛凉以解新邪。"然则温病内发，风寒外搏，只宜辛凉平剂，不必用桂枝汤之解肌也明矣。

又本条自注，引仲景原文云："太阳病，但恶热不恶寒而渴者，名曰温病，桂枝汤主之。"按《伤寒论》原文，名曰温病之下，并无"桂枝汤主之"之句。王孟英曰："因喻氏尝云，仲景治温证，凡用表药，皆以桂枝汤以示微发于不发之意。"尤在泾读书记云："此喻氏之臆说，非仲景之旧章。"然则鞠通之著《温病条辨》，自谓脱却伤寒蓝本，却又误信喻氏之言而入于伤寒之圈套矣，而尤氏斥其"诬圣畏民之罪"为不诬焉！

又桂枝汤方下注云："煎法，服法，必如《伤寒论》原文而后可，不然，不惟桂枝汤之妙，反生他变，病必不除。"按《伤寒论》之煎法与服法，"以水七升，微火煮，取三升，去滓，适寒温，服一升，服已，须臾，啜热稀粥一升，以助药力。"夫啜热稀粥者，冀其谷气内充，则外邪不复入，余邪不复留，因汁液由汗腺管涌出表皮，化水蒸气而成，故发汗之作用，在调节其体温之平均，若温度高时，外皮之血管膨胀，而现赤色，柔软，温润，即因之发汗，以放散体温。若啜热稀粥以助汗者，由胃中自饮食摄取后，无养气化合，故起燃烧作用而发汗，此系饮食饱甚之汗，实因胃而出，若治温病初起，则不必用桂枝汤而变热稀粥也。

且桂枝汤之作用，依据新学解释：因桂枝含有挥发油，有发散作用，有兴奋作用，能亢进血压，兴奋神经。芍药含有安息香酸，有收敛作用，有缓和作用，能沉静血压，安静神经。《伤寒论》之用桂枝汤治中风，取桂枝能使皮下血管扩大，引血趋于里，芍药能使内脏血管扩大，出血趋于表，二药之作用，实居相反，势必互相牵制，伴周身之血汗，乃和匀而无偏颇，神经初因桂枝之煦燠而兴奋，则肌表风寒之刺激得以解除，后因芍药之镇静而舒畅缓和，神安热退；至于甘草，取其协桂枝之强心，助芍药以养血，生姜协桂枝以解表温胃，大枣助芍药以缓中养血，为治太阳经感受风寒之良药；若治温病初早，势必因发汗而身灼热也。

更问其医药病书，桂枝论内说及李东垣补中益气汤不用桂枝之理云："或者当日以桂枝医温热必不合拍，以温病最忌辛温补中益气也。则鞠通亦觉桂枝之辛温，不可以治温病矣。"

《温病条辨》中以桂枝汤为全书第一方问题的探究

刘春霞　张阳英

清代吴瑭（鞠通）所著的《温病条辨》一书，是一部温病学的重要文献。它是吴鞠通继承了前人，特别是清代初期的温病学家叶天士治疗温热病的理论和经验，经过自己数十年的研究和实践，使之规范而具体，成为清代温病学派中较为完整的代表著作。它丰富了祖国医学宝库的内容，推动了温病学说的发展，给后人留下了宝贵的财富。由于它对温病的辨证施治在理论上和实践上都具有重大指导意义，所以被历代医家所推崇。对《温病条辨》一些代表性方剂的研究，探讨其配伍规律，有助于中医防治疾病工作的深入开展并提高疗效。

但是，它毕竟成书于十八世纪末，由于历史的局限性，受当时学术发展水平和作者学识所限，书中难免存在一些不足之处，如温病起于手太阴问题，温病病名问题、首用桂枝汤问题等。笔者仅对书中桂枝汤为第一方的问题进行粗浅的探究。

桂枝汤为全书第一方，《温病条辨·上焦篇第四条》云："太阴风温、温热、瘟疫、温毒、冬温，初起恶风寒者，桂枝汤主之。""但热不恶寒而渴者，辛凉平剂银翘散主之。"温病是温热之邪为患，若治以辛温之品，势若抱薪投火，必助热而劫阴，反致病情加剧。古人有云："桂枝下咽，阳盛则毙"，可见，桂枝剂尤其不能用于温病。至于把桂枝汤做为全书第一方的理由，吴鞠通自己在《温病条辨·卷四杂说·本论起银尧散论》中说："本论第一方用桂枝汤者，以初春余寒之气未消，虽曰风温（系少阳之气），少阳紧承厥阴，厥阴根乎寒水，初起恶寒之证尚多，故仍以桂枝为首。"这种说法实质上是自相矛盾的。既然是"初春余寒之气未消"、"初起恶寒之证尚多"，则应属伤寒范畴，不是温病；若曰风温，乃感受温热邪气致病，则当用辛凉轻解，而桂枝汤断不可用。吴鞠通把桂枝汤列为《温病条辨》第一方，并加这段说明，并非他不懂伤寒与温病的区别，也并非他真的主张以桂枝汤治疗温病。在当时的历史条件下，医家多推崇《伤寒论》，治疗温病也多用伤寒之法。温病学派作为不同于伤寒学派的一个新体系而出现，在当时还没有被广泛接受。所以，吴鞠通迫于医界风气的压力，在倡导温病学说时，亦不得不借推尊伤寒学派之名，行标新立异之实。究其本心，吴氏对太阴温病初起的治疗，是力斥辛温发汗而主张用辛凉之剂的。他在银翘散方论中明确指出："按温病忌汗，汗之不惟不解，反生他患，盖病在手经，徒伤足太阳无益；病自口鼻吸受而生，徒发其表亦无益也。"而且他在《本论起银翘散论》中也明确指出："本论方法之始，实始于银翘散。"可见，《温病条辨》第一方用桂枝汤是假，而用辛凉之剂银翘散是真。桂枝汤可用于温病解后，脉迟，身冷如水，冷汗自出者，此为阳气素虚之体质，热邪甫退，即露阳虚，故以桂枝汤复其阳也，方以桂枝、生姜之辛温，合芍药之酸苦、甘枣之甘合成辛温甘苦之剂，以去外感风寒，或阳虚内寒亦辛甘合用之法也。综观全书，前后对照，反复推敲，即可知其本意。

总之，《温病条辨》是成书于约二百年前的著作，由于历史的局限性，它不可避免地存在着一些问题，但是，在当时的历史条件下，能产生这样一部对温病学说的发展具有重大贡献的著作，是难能可贵的。他所创立的三焦辨证纲领，正确地反映了多种热性病的传变规律，强调了按脏腑进行定位诊断和治疗。在治疗方法上，他提出养阴、清热两大法则，正确地总结出了温病的治疗规律，他创制的许多名方，经过近二百年的考验，至今仍广泛应用，疗效可靠。

[《吉林中医药》，2007；(4)]

试析《温病条辨》以桂枝汤开篇的意义

陈津生

温病学说是继伤寒学说之后，论治外感热病的重要理论。作为温病学说的经典，吴鞠通的《温病条辨》对后世辨治外感热病有深远的影响，吴氏创制的银翘散至今仍是治疗外感热病的常用方药之一。然而，是书却以辛温解表的桂枝汤作为开篇的第一方。《温病条辨》第四条曰："太阳风温、温热、温疫、冬温，初起恶风寒者，桂枝汤主之，但热不恶寒而渴者，辛凉平剂银翘散主之。”这一论说，遭至后世众多评述与非议，如叶霖就曾认为此乃“医道罪人”。笔者在临床实践中逐渐认识到，吴氏以桂枝汤开篇有着极其深刻的理论内涵及临床意义。现试析如下：

一、时邪、伏气与正气

从病因学分析，外感热病的发生不外乎“内”、“外”两个方面的因素。用“神机气立学说”来阐析：由“气立”扰动而形成的外邪（包括六淫、疫疠等），因其具有较强的季节及气候特征，可统称之为“时邪”；“神机”扰乱而产生的各种内在失调，无论其危害程度之轻重、属阴属阳，均可视为“正虚”，而正虚又常常与内生之邪共存，因而又可称之为“伏气”。一般来讲，临床所见到的外感热病多是“时邪”与“伏气”相互作用的结果。即所谓：“卒然逢疾风暴雨而不病者，盖无虚，故邪不能独伤人。此必因虚邪之风，与其身形，两虚相得，乃客其形。”而其区别只是在于“内”、“外”两个方面孰多孰少罢了。当时邪为主时，临床表现以表寒证为重；伏气为主时，则以里热证较重。在六淫中，阳邪（风、暑、火）停留在表的时间较短，易于化热，表寒之证较轻；阴邪（寒、湿、燥）稽留在表的时间较长，化热较慢，表寒之证较重。但是，无论其停留在表时间的长短，化热时间的快慢，初起之时，都兼有不同程度的表寒证。由于天时与气候的变化，“时邪”也会随之不断变化。加之患者禀赋、饮食、居处各异，内在的正气平衡也存在一定的差异。因此外感热病在初发时的症状，常常处于不断变化的状态中，但是，无论怎样变化都有一个表寒证存在的阶段。笔者认为，在外感热病的初发阶段，辨证施治只要把握邪、正总纲领，就不至于因寒、温难以辨别，或症状复杂多变而迷惑。在临床诊治外感热病的实践中，常常可以发现，凡发病第一天来就诊的患者，几乎都有“时邪”在表的症状，即有不同程度的恶寒、身痛、头痛、无汗或汗出不畅，脉浮，有的还见舌红或微红，大便或正常、或数日便秘、或大便干结等。倘若在六气中少阳、少阴司天，在泉之年，五运中太徵、少羽当政之年的冬春之季，温热之气易于流行，外感热病初起的症状则往往与常年不同，多见但热不寒、头昏、面赤等温热之症，有的甚至表现为阳明病身大汗、口大渴、体大热，脉浮大的四大症。尽管如此，也不可就此而认为没有表寒证阶段。只要仔细诊查，几乎都可发现无汗，肌肉酸痛，脉浮洪、浮数、浮大，舌质正常或略红，舌苔薄白、或少津等症象。表明其邪仍在表，只是症状表现较轻而已。正如吴鞠通在自注中所说：“仲景所云不恶风寒者，非全不恶风寒也，其先亦恶风寒，迨既热之后，乃不恶风寒耳。”

但是，首日就诊的患者相对较少，大多均已自行服用了感冒药（大多为辛凉、苦寒之剂），在症状没有明显改善的情况下才会前来就诊。此时症状表现较为复杂，可见身热、有汗、咽痛、头昏、乏力、不思饮食，或咳嗽，或胸痛，或腹痛，大便干结或溏泄等。但有相当一部分患者，仍有时邪在表的症状表现，脉可见浮，多兼见数、缓、细、弦等，舌多见略红，亦有淡胖者，苔以白为主，亦有见黄者。还有一部分患者是在感冒十数日以后来就诊，由于经过中、西药治疗后，病情仍未明显改善，症状表现则更为复杂，大体上与《伤寒论》所谓的坏、逆之证相似。尽管如此，也可以常常见到身热形寒，头昏乏力，精神萎靡，或每日定时寒热等时邪在表不解之症。甚至可以见到感受时邪持续数月，乃至数年不解的患者。对此等症候的治疗，辛温解表药显示出较佳功效。笔者曾治疗一例青年患者，时逢盛夏酷热，连续高烧 12 天，叠用中、西药而不效，改用葛根汤，每 4 小时服 1 次药，3 服后汗出、热退、身凉。可见虽为暑夏之季，仍有感受风寒之邪者。虽屡经误治，风寒之邪仍在表而不解。

二、发表不远热，攻里不远寒

对于外感热病的治疗，当《内经》的“发表不远热，攻里不远寒”为主要原则，中医认为正气属阳，邪气属阴。当外感热病初期，正气尚未受损，仍属于“少火”；外邪虽乘“少火”之疲弱而侵袭，但也只是停留于表。治疗以损阴益阳为本。损阴，即祛除邪气；益阳，即扶助少火。祛除邪气，宜用辛散，扶助少火，亦要温通。因此，临床遇感冒初起之症当主以辛温。亦即“发表不远热”之意。若感冒需用寒凉者已非属表证。此时正气进一步受损，“少火”转为“壮火”，表邪化热入里，邪正斗争激烈，邪热鸱张，焚津耗液。此投药之法，虽亦可用辛散以达邪，但以苦泄热、以寒胜热已成为治法之本，即所谓“攻里不远寒”。此外，内热又有夹湿、夹风之异；患者体质禀赋不同，表邪入里之后更是变症百端。后世温病学说的形成、确立和发展，正是基于这种辨证理念和治病思路。

笔者多年临床实践的经验，亦印证了吴鞠通所说的：“伤寒之恶寒，太阳属寒水而主表，故恶风寒。温病之恶寒，肺合皮毛而亦主表，故亦恶风寒也。”事实表明，无论是感受时邪中的哪一种邪气，其初期的表现几乎都相似，即都有恶风寒之症，理应以辛温之法治之。遗憾的是，后人不识此中奥秘，反将辛温解表与辛凉解表相对立。时下辛凉解表法运用较广，尤其是治疗感冒的中成药，大多是以银翘、桑叶、菊花、大青叶、板蓝根、贯众等为主的复方。由于对感冒辨证的忽视，加之这些成药是家庭的必备药品，对感冒的治疗成为一种习惯的、不假思索的用药，结果可能是疗效不佳，甚或耽误病情。之所以如此，其中的一个重要原因，是忽视了吴鞠通的这些论述。

总之，将辛温解表的桂枝汤作为《温病条辨》开篇的第一方，看似与温病学说旨意极不合拍，但实际上，吴鞠通是以其严谨的学风、实事求是的精神，客观、完整地记录了临床见证，并使其与《伤寒论》珠联璧合、相互补充，确实具有十分重要的理论价值及临床意义。

[《上海中医药杂志》，2001；(4)]

论《温病条辨》中地黄之运用

马　红　龚婕宁

清代著名温病学家吴鞠通在所著《温病条辨》中使用地黄十分广泛，其遵循古训，但遵古而不泥古，临证用药具独到之处，且有理论阐发。地黄，因炮制方法不同有鲜地黄、干地黄和熟地黄3种，前二者又合称为生地黄。各种地黄的性效有所不同，吴鞠通鉴于温病热象偏重，易化燥伤阴病理特点，尤多使用生地黄。本文兹就《温病条辨》中地黄之运用规律作一探讨。

一、一药多用，清滋补泻兼俱

1. 清热凉血　生地黄甘苦寒，《珍珠囊》谓其“凉血”，《药性切用》谓其“泻血中之热”，凡营血分有热者均宜使用。吴氏对温病“血从上溢者”，认为属“温邪逼迫血液上走清道，循清窍而出，故以地黄清血分伏热”；对“太阴温病发疹者”，于银翘散中加鲜地黄，并注此“系血络中病，故主以芳香透络，辛凉解肌，甘寒凉血”；对“热在营中”及“邪在血分”，“反不渴者”，以重用鲜地黄之清营汤清营凉血。吴氏对于卫气营血同时受累，表里内外兼并发病者，多采取将生地黄加入主治方剂的加减方治疗法，如治太阴伏暑“邪在血分而表实之证”，用银翘散加鲜地黄等主之；治太阴伏暑“邪在血分而表虚者”，用加入鲜地黄的加减生脉散主之；治“温病气血两燔者”，用玉女煎去牛膝、熟地加细生地元参方主之。若为妇女温病，经水适来，热入血室者，吴氏在竹叶石膏汤及护阳和阴汤中用干地黄“清血分”、“和阴清邪也”。

2. 凉血止血　生地黄用于出血，自《名医别录》即有记载，《本草新编》更是明确指出“血热妄行，或吐血，或衄血，或下血，宜用之为主，以凉血而止血”。温病热毒最盛，入血尤易动血而致出血。《温病条辨》治热入血分，迫血妄行，“血从上溢者，犀角地黄汤合银翘散主之”，此用干地黄者，清而能止，既取其凉血泄热之功，又得之火降血凝之效。温病中，实火固能迫血妄行，虚火亦能灼络动血，《温病条辨》治热邪伤阴，“内陷下痢”者，用加减黄连阿胶汤，方中地黄炒后入药，即意在加强其收涩之性而止血治痢。

3. 养阴生津　《温病条辨》用地黄滋补养阴，尤多治疗中、下焦病证。吴氏十分重视胃阴的存耗在整个机体中的地位，其治阳明温病，下后汗出，阴液受伤，认为“当复其阴”，并强调“此阴指胃阴而言，盖十二经皆禀气于胃，胃阴复而气降得食，则十二经之阴皆可复”，而“欲复其阴，非甘凉不可”，即于益胃汤中重用鲜地黄；治小肠火腑，热结液干，“小便不利者”，在冬地三黄汤中以鲜地黄“甘寒润之”，阴液得充，邪热清泄，小便自可通利；治温邪久羁，癸水被克，“脉虚大”者，以加减复脉汤复其津液，方中用干地黄滋补肝肾，育阴养液；治暑伤心肾，水不济火消渴者，于连梅汤中用“生地合乌梅酸甘化阴，庶消渴可止也”；治肝肾阴伤，筋脉失养，“厥阴麻痹者”，亦用连梅汤，取鲜地黄“补水以柔木，庶麻痹可止也”；治“久痢，阴伤气陷，肛坠”，用地黄余粮汤，取熟地质重下沉，守补肾阴也。

4. 增液资汗　汗为津液所化，而温热之邪最易耗津劫液。《温病条辨》对邪气在表而津液不足，无汗可发者，每于辛凉宣表药中配入生地增液助汗。如治外邪在表，里热在营，“口渴无汗者”，以银翘散加鲜地黄。此用鲜地黄者，除取其凉营泄热之功，更得其养阴生津资汗源、助汗出之效，籍此汗而驱除表邪。若为温病“下后里气得通，欲作汗而未能”，“邪气还表之证”，里邪虽有外出之势，但因汗源不足而无以托邪，吴氏治从因势利导，“逐邪者，随其性而宣泄之”，用银翘汤，方中以鲜地黄“增液为作汗之具”，养阴发汗，透邪外出。

5. 补水制火　“以养阴之品作退热之用”是《温病条辨》中生地黄使用的特色之一。生地黄味甘性寒，滋而能清，《药性论》云：“病人虚而多热，加而用之”，其极宜于阴亏津伤余热不尽者。吴氏以青蒿鳖甲汤治温病后期“夜热早凉，热自阴来者”，方中用鲜地黄“清阴络之热”，即以甘寒养阴之品，补水以制火，既无苦燥伤津之弊，又无滋腻留邪之虞。吴氏对下后津伤，邪热又未解者，为防再伤津液，强调“无再下之理，致使火无节制，故以清燥法”，用清燥汤，方中以鲜地黄“增水敌火，使不致为灾”，正“沃焦救焚”之效也。

6. 滋养生血　叶天士在论述温病营血分证时指出“入血就恐耗血”，“营分受热，则血液受劫”，阐明了阴血耗损为营血分证的病机之一。《本草经疏》曰干地黄为“补肾家之要药，益阴血之上品”。吴氏在清营汤、犀角地黄汤中用生地黄虽主要取其清营凉血、养阴生津，却不可否认其同样也起到滋补阴血的作用。吴氏治下焦肝肾亏虚，脉来或虚大，或沉数，或燥盛，用复脉汤辈复脉时，诸方中重用干地黄者，亦是肝肾阴血兼补，使津复血旺，脉来宁和。吴氏在辨治“诸痿喘呕之因于燥者”时，不仅辨其燥伤津液，亦注意辨明燥伤阴血，若兼见“血枯”，即于清燥救肺汤中“加生地黄”，养阴生血润燥并举，救津血之枯涸。

7. 滋阴润肠　吴氏认为，“温病之不大便，不出热结、液干二者之外”，其在《温病条辨》中对“津液枯燥，水不足以行舟而结粪不下者”，“作增水行舟之计”，制增液汤。方中纯用鲜地黄等滋阴润燥之品，吴氏自注此“妙在寓泻于补，以补药之体，作泻药之用”。该增液润肠以通下之法，实为扶正逐邪之典范。进一步，观《温病条辨》中泻下方剂，尚有增液承气汤、新加黄龙汤、导赤承气汤、护胃承气汤使用生地黄。吴氏为何于诸泻剂中入鲜地黄？主要用其滋阴增液自不必说，还需指出生地黄，《神农本草经》即曰能“除寒热积聚”，《名医别录》则明确指出能“利大小肠”，其本身即具能润能通之性，故于温病阳明热结与阴液亏损兼见之证最相适宜，此乃吴氏所谓“既可攻实，又可防虚”之说的本意。

8. 活血散血　《名医别录》在论及生地黄“补五脏内伤不足”的同时，亦记载其有“破恶血，通血脉”功效。凉而能散且滋而能散，是生地黄药性的又一特点。《温病条辨》善用地黄治疗瘀热互结证。盖温病中，或因“毒火盛蔽其气瘀其血”，乃热壅血滞，因热而致瘀；或因“津液被火灼竭，则血行愈滞”，乃津枯血凝，阴虚而致瘀；还可因“吐衄便漏，其血无不离经，虽是清血、鲜血，也是瘀血”，乃热伤血络，血溢而致瘀。对此，《温病条辨》中治妇人“温病经水适至”，热与血结，“瘀热在里”者，吴氏力主“以逐血分瘀热为急务”，用加减桃仁承气汤　重用鲜地黄清热凉血，消散瘀滞；治“燥气延入下焦，搏于血分，而成者”，吴氏于化癥回春丹中入熟地黄“守补阴液”，濡润脉道，增水行血；对血溢于肠间，“大便黑而易者”，吴氏认为此“有瘀血也，犀角地黄汤主之”，方中以干“地黄去积聚而补阴”，使“畜血自得下行”。

二、配伍运用，擅长性味组合

《温病条辨》中吴氏组方用药在性味组合上积累了丰富的经验。其对地黄之配伍善于根据病位在上中下焦的不同，利用药物性味的有机组合以增强疗效或化生新的功用。其常用配伍有如下形式。

1. 治上焦辛凉合甘寒　辛凉合甘寒法，用于温邪在表及表里同病。该法以辛凉之品散卫分之邪，甘寒之品“发血中之表”，共奏清透肺卫邪热之功。如“温邪郁于肌表血分”银花、连翘与鲜地黄同用；卫营同病桑叶、菊花与鲜地黄同用；“太阴温病，气血两燔”石膏与鲜地黄同用。

2. 治中焦甘寒合苦寒　甘苦合化阴气法：用于火结阴伤，小便不利。如冬地三黄汤中鲜地黄与黄连之配伍。鲜地黄甘寒，养阴生津以资水之源泉，黄连苦寒，清热泻火以通小肠火腑，二者甘苦合化，热去津复，则小便自利。咸寒苦甘法：用于不大便“偏于阴亏液涸者”。如增液汤之组合，元参苦寒壮水制火，鲜地黄、麦冬甘寒滋阴润燥，三药共奏增水行舟之功。苦甘法：用于便结实多虚少者。如增液承气汤、护胃承气汤、导赤承气汤、新加黄龙汤中大黄与鲜地黄合用。此类配伍，以大黄之苦寒泻下攻积逐邪，鲜地黄之甘寒养阴增液护津，二药相合，攻补兼施，邪去正安。

3. 治下焦咸寒甘润、酸甘化阴　甘润存津法：用于温病热邪深入下焦，肝肾阴伤，虚热不退。如加减复脉汤中干地黄与炙甘草之配伍，前者甘而滋养阴血，后者甘而润燥复津，二药合用，阴血生，津液复，则虚热自退。咸寒甘润法：用于真阴亏损，虚风内动，手足蠕动或瘛。如一甲复脉汤、二甲复脉汤、三甲复脉汤及大定风珠等方中干地黄与牡蛎、鳖甲、龟板类的配伍，以干地黄甘寒浓浊填补真阴，以牡蛎、鳖甲、龟板咸寒“介属潜阳镇定”，诸药合用，共奏滋水涵木，潜阳息风之效。酸甘化阴法：主要是地黄与乌梅或五味子的配伍合用，治疗阴虚津亏证。如少阴消渴，“以乌梅之酸以生津，麦冬、生地合乌梅酸甘化阴，庶消渴可止也”。又如治阴伤久痢，加减理阴煎及地黄余粮汤，二方均“以熟地、五味补肾而酸甘化阴”，津复阴收，脏腑濡润，则痢可愈也。

三、炮制相异，主治病证不同

地黄一物，因加工方法不同有诸多炮制品。《温病条辨》中吴氏特别注明当辨不同炮制品间药性之差异，其云：“生地者，鲜地黄未晒干者也，其性甘凉，上中焦用以退热存津；干地黄者，乃生地晒干，去其寒凉之性，本草称其甘平；熟地制以酒与砂仁，九蒸九晒而成，故其性甘温。”

针对温病热邪炽盛，阴液易伤的特点，吴氏临证尤多使用鲜地黄与干地黄，即使在沿用古方治温病时，也喜将前人方中之熟地黄易为鲜地黄或干地黄，如治温病气血两燔的玉女煎去牛膝熟地加细生地元参方及治妇女温病的竹叶玉女煎，均取生地黄性寒，清热生津俱佳之功。

《温病条辨》中，吴氏治温病遇邪在上、中焦者，基本都使用鲜地黄，重在用其大寒之性清营凉血生津液；治温病邪在下焦者，则大多使用干地黄，重在取其甘凉之性，养阴清热救阴津；而用熟地黄者，主要取其浓浊凝滞之性能“守补阴血”，从而获得较强且持久的滋养作用；至于炒地黄，因炒制后收敛止血之功用得到增强，吴氏用其止血治久痢。

四、地黄之忌，温病湿热内蕴

《温病条辨》共载208方，用地黄者35首，另有随证加味运用地黄者6处，可见使用之频。但温病之用地黄亦有所忌。吴氏曰：“舌黄燥，肉色绛，不渴者，邪在血分，清营汤主之。若滑者，不可与也。”即是指出清营汤中鲜地黄味甘柔润质腻，有助湿胶凝之弊，而“绛而有滑苔者，则为湿热熏蒸，误用血药滋腻，邪必难解”。

此外，吴氏应用地黄，即使未见湿热内蕴，亦十分注意根据其药性特点，积极避免发生副作用。如在药材的选择上，喜用细生地，曰“用细者，取其补而不腻”，既能养阴增液补正气，又不致滋腻生湿留邪气。

[《中国中药杂志》，2001；（5）]

吴鞠通在温病治法方面的创新和贡献

李刘坤

清代温病学家吴鞠通，在《温病条辨》中不仅以三焦辨证为纲阐明了温病的发生发展规律和用药原则，而且还在汲取前人经验的基础上，结合自己的亲身实践体会，提出了许多治温新法，创制了一系列有效新方。研究其治温新法和新方，具有十分重要的意义。故笔者不揣固陋，略陈管见如下。

一、辛凉清宣，开温病治疗新局

自《伤寒论》问世以后，历代医家往往以伤寒辛温发汗之法治疗温病初起邪在肺卫之证，滥用麻、桂、羌、防等药，致使温病不惟不解，反生他患，如发斑发疹、神明内乱，甚至造成内闭外脱等严重恶果。吴又可著《温疫论》，力矫世医以治伤寒法治温病之弊，然其首立达原饮一方，重用槟榔、草果、厚朴等苦辛温燥而沉降之品，用于透达募原湿热郁伏之邪固然有效，而用于上焦风热、燥热之证，则有害无益。有鉴于此，吴氏在《温病条辨》中历数温病初起用“辛温发汗”和“治上而犯中下”之害，而谨遵《内经》“风淫于内，治以辛凉，佐以苦甘”之训，又宗喻嘉言芳香辟秽等说，在“治上焦如羽，非轻不举”的用药原则指导下，制银翘散、桑菊饮、桑杏汤、翘荷汤等辛凉清宣之剂，纯然清肃上焦，宣透肺卫风热、燥热之邪，且预护阴液，不犯中下二焦，疗效卓著，开创了治疗新感温病的崭新局面，成为今日治疗风温、温燥初起的主要方法。

吴氏还以本法配合清气、凉血、养阴、化湿、散寒等法，治疗多种病证。如温病误汗而发疹，用银翘散去豆豉加细生地丹皮大青叶倍元参方；温邪迫血上溢，用犀角地黄汤合银翘散；大头瘟初起用普济消毒饮去升麻柴胡黄芩黄连方；暑为寒遏，用新加香薷饮；手太阴暑温，用清络饮及其加减诸方；太阴伏暑，用银翘散加减诸方；湿温喉阻咽痛，用银翘马勃散；心疟，用加减银翘散；下后无汗脉浮，用银翘汤等，皆为其例。

二、甘苦化阴，治热盛津伤之证

众所周知，事物往往具有两重性，有一利则有一弊，有一长则有一短。如治疗热盛津伤之证，生地、麦冬等甘寒之品，虽有生津养液之长，却难免阴柔呆滞恋邪之短；黄芩、黄连等苦寒之药，虽有清热解毒祛邪之利，却难免化燥伤阴之弊。可见在热盛津伤之时，单独应用某类药物，不仅不易取得最佳效果，而且还易导致不良后果。然而，若将二者相互配合，则可取长补短，提高疗效，故吴氏每每用之。如他在论温病首方银翘散加减应用时即指出：“二三日病犹在肺，热渐入里，加细生地、麦冬，保津液。再不解，或小便短者，加知母、黄芩、栀子之苦寒，与麦、地之甘寒，合化阴气，而治热淫所胜。”在治疗阳明温病、津液受伤而小便不利时，用冬地三黄汤，即以麦冬、生地、芦根汁等甘寒之品，配黄连、黄芩、黄柏等苦寒之味。并在其医案中指出：“甘苦合化阴气利小便法，举世不知，在温热门中，诚为利小便之上上妙法。盖热伤阴液，小便无由而生，故以甘润益水之源；小肠火腑，非苦不通，为邪热所阻，故以苦药泻小肠而退邪热。甘得苦则不呆滞，苦得甘则不刚燥，合而成功也。”在治疗春温内陷下痢而伤阴时，用加减黄连阿胶汤，以黄芩、黄连之苦寒，清热止痢而坚阴；以生地之甘寒，助阿胶、白芍之育阴。此外，治疗暑伤少阴的连梅汤、热伤营阴的清营汤等，则为甘苦合酸寒、咸寒之剂。

三、增水行舟，寓泻于补

热入阳明，灼热胃肠津液，致大便不通之证，古法概以承气攻下通便。而吴鞠通于阳明下证，则根据热结与液干的轻重，施以不同之法。如偏于阳邪炽甚，热结便秘之实证，则以承气剂攻下热结以存阴。若偏于阴亏液涸、无水舟停之半虚半实证，如素体阴虚，复感温邪，或经前医误汗伤阴，致肠失濡润，虽数日不便，但邪热不甚者；下后数日，热不退，或退不尽，津液大伤，邪气复聚，大便不通，口燥咽干，舌苔干黑，或金黄色，而脉沉无力者；下后脉静身凉，舌上津回，而十数日不大便者等，则强调不可混施承气，以免重伤津气，而应以增液汤增水行舟，即生津养液，润肠通便，回护其虚。

增液汤由元参、生地、麦冬三药组成。此三味药，为咸苦甘寒、生津养液之品，显然属于滋补养阴之药，故广泛用于温热伤津之证，以补充体内已伤之津液。如《温病条辨》清营汤、玉女煎去牛膝熟地加细生地元参方、冬地三黄汤等方剂之中，配伍此三药，以滋养营血之阴或增液利尿，皆取其滋补之用。但是，增液汤用此三药，则并非取其滋补之用，而是“以补药之体，作泻药之用”，即作通便攻实之用。故吴鞠通谓“此方所以代吴又可承气养荣汤法也”。

那么，为何元参、生地、麦冬等生津养液之药，在清营汤、冬地三黄汤等方剂中为补药，而在增液汤中却变为泻药呢？其关键在于用量的大小不同。清营汤、冬地三黄汤等方剂中，其用量较轻，一般为三至五钱，故只起滋补作用，而不至于引起滑肠通便。而在增液汤中，其用量独重，少则八钱、一两，重则超过二两（吴氏临床常用），故其作用性质发生变化，由补药变为泻药，起到增水行舟之用。可见欲使增液汤增水行舟，关键是用量要重，正如吴氏所说：“非重用不为功。”

此法实为润下之法，其妙在“寓泻于补”，既可攻实，又可防虚，诚可补承气攻下之不足，无论外感还是内伤之津亏便秘证，用之得当，皆可应手而效。故吴氏创立此法，不能不说是对医学的一大贡献。

四、新制诸承气，完善下法之用

承气剂为下法的代表方剂。仲景制大承气汤、小承气汤、调胃承气汤、桃核承气汤等，开承气攻下之先。而吴鞠通治疗温病，不仅善于灵活运用仲景之大、小及调胃承气汤，而且还针对温病临床错综复杂的特殊情况，将益气、滋阴、宣肺、清热、开窍、化痰、养血等法与下法有机结合，创制新加黄龙汤、宣白承气汤、导赤承气汤、牛黄承气汤、增液承气汤、护胃承气汤、承气合小陷胸汤、桃仁承气汤、加减桃仁承气汤等一系列承气方剂，使下法的运用趋于完善。

如他认为阳明腑实，单用仲景承气汤而下之不通者，有五种情况，须根据其不同病机，配合其它相应的方法加以处理。其一为应下失下，腑实兼有气阴大伤，正虚不能运药，故下之不应，甚至原药吐出，须“邪正合治”，以益气、滋阴与攻下合法的新加黄龙汤主之。其二为阳明腑实有兼有痰热阻肺，肺气不降，故临床兼见喘促不宁，痰涎壅滞，右寸实大等症，须“脏腑合治”，以清热宣肺与攻下合法的宣白承气汤主之。其三为阳明腑实兼有小肠热甚，火腑不通，故临床兼见左尺牢坚、小便赤痛及烦渴等症，须“二肠同治”，以甘苦化阴与攻下合法的导赤承气汤主之。其四为腑实兼有热闭心包，故临床兼见神昏舌短、饮不解渴等症，须“两少阴合治”，以清心开窍与攻下合法的牛黄承气汤主之，即以安宫牛黄丸开手少阴之闭，以大黄泻阳明之实而救足少阴之消。其五为腑实兼有津液不足，无水舟停，可先服增液汤两剂，以增水行舟，若再不下者，则须“一腑中气血合治”，以增液润肠与攻下合法的增液承气汤主之。

又如下后数日，热不退，或退不尽，津液大伤，邪气复聚于胃，大便不通而兼见口燥咽干，舌苔干黑，或金黄色，脉沉而有力，须再次攻下者，吴鞠通反对吴又可用小承气之法，以免枳、朴伤气耗阴，而改用护胃承气汤，滋阴清热，兼以轻下。

对于温病三焦俱急，大便不通而兼见大热大渴，舌燥，脉不浮而躁甚，舌色金黄，痰涎壅甚者，认为非下不可，不下则阴液立见消亡；但又不可单以承气攻下，恐引上焦余邪陷入而成结胸之证，故以小陷胸合承气汤，涤三焦之邪，一齐俱出。

可见吴氏治疗温病，既善用承气，又慎用承气，加减变化，极具斟酌，进退取舍，惟当是求，堪称运用下法之楷模。

五、化裁复脉诸方，以复肝肾之阴

复脉汤又名炙甘草汤，具有益气养血、温阳通脉等功效，重在复脉中之阳，为仲景治疗“伤寒脉结代，心动悸”之主方。吴鞠通根据温邪深入下焦，重在伤肝肾之阴的特点，将其方加以化裁，制加减复脉汤、救逆汤、一甲复脉汤、二甲复脉汤、三甲复脉汤、大定风珠等方，以应下焦温病、邪少虚多之需。

加减复脉汤为吴氏治疗下焦温病、肝肾阴伤的基本方，由仲景复脉汤去人参、桂枝、生姜、大枣等益气温阳之药，加酸寒补阴之白芍而成，重在甘润存津，滋补肝肾，复脉中之阴，与仲景原方之用显然有别。正如吴氏所说：“在仲景当日，治伤于寒者之结、代，自有取于参、桂、姜、枣，复脉中之阳；今治伤于温者之阳亢阴竭，不得再补其阳也。”凡肝肾阴伤，邪热少而虚热多，症见低热不退，两颧潮红，口干咽燥，甚则齿黑唇裂，肌肤甲错，脉虚大或沉细数而无力，手足心热甚于手足背，或耳鸣耳聋，神倦欲眠，脉结代，甚则脉两至者，皆可用之。若温病误表，津液被劫，心气受伤，兼见心中震震，舌强神昏，汗自出，有阴阳离脱之象者，则以救逆汤救逆固脱。救逆汤即由加减复脉汤去麻仁，加生龙骨、生牡蛎而成。若元气大伤，见脉虚大欲散者，则再加人参益气固脱。若误用下法，而兼大便微溏者，则于加减复脉汤内去滑润之麻仁，加滋阴清热且具涩便之功的牡蛎，成一甲复脉汤，使其复阴之中，预防泄阴之弊。若水不涵木，虚风欲动，兼见手指微微蠕动者，急于加减复脉汤内加生牡蛎、生鳖甲，成二甲复脉汤，一面育阴，一面潜阳，谨防痉厥。当然，若痉厥虽作，但未累及心者，亦可用之。若虚风大动，累及于心，兼见脉细促，心中憺憺大动，甚则心中痛者，则于二甲复脉汤内，再加生龟板，成三甲复脉汤，以增强滋阴潜阳之力，且可收通阴维、止心痛之效。若邪气已去八九，真阴仅存一二，见神倦瘛疭，脉气虚弱，舌绛苔少，时时欲脱者，则于三甲腹脉汤内加五味子、鸡子黄，并变化其量，成大定风珠，既可填阴塞隙，潜阳熄风，又可敛阴固脱。可见其用方，师古不泥，善于化裁。

六、宣肺化气，以祛湿热

湿为阴邪，重浊黏腻，诸病易阻气机。若湿蕴生热或湿热相合，则相互裹结，即热处湿中，如油入面，难分难解，非若寒邪之一汗即解、温热之一凉即退。故湿热之证，往往缠绵难愈，较之温热，病势虽缓而病情实重，治疗极为棘手。

吴氏治疗湿热之证，注重先去其湿，往往以宣上、畅中和渗下之法相互配合，分消湿邪，使湿去而热不独存。尤其注重宣肺化气，使气行则水行，气化则湿热俱化。如他在论述治疗湿温初起之证的三仁汤时所说：“湿为胶滞阴邪……惟以三仁汤轻开上焦肺气，盖肺主一身之气，气化则湿亦化也。”又在论述治疗暑湿蔓延三焦之证的三石汤时指出：“蔓延三焦，则邪不在一经一脏矣，故急以清三焦为主。然虽云三焦，以手太阴一经为要领。盖肺主一身之气，气化则暑湿俱化。且肺脏受生于阳明，肺之脏象属金色白，阳明之气运亦属金色白，故肺经之药多兼走阳明，阳明之药多兼走肺也。再肺经通调水道，下达膀胱，肺痹开则膀胱亦开，是虽以肺为要领，而胃与膀胱皆在治中，则三焦俱备矣。”

吴氏宣肺化气最常用之药即为杏仁。如治疗湿温初起的三仁汤、肺疟的杏仁汤、湿热黄疸的杏仁石膏汤等方，皆以杏仁为君。治疗湿温喘促的千金苇茎汤加滑石杏仁汤；阳明暑温的半夏泻心汤去人参干姜大枣甘草加枳实杏仁方；暑湿蔓延三焦的三石汤、杏仁滑石汤；三焦湿热的三加减正气散；湿热蕴于经络的宣痹汤、加减木防己汤等，也皆配以杏仁。此外，治疗湿温喉阻咽痛的银翘马勃散，所用银花、连翘、马勃、牛蒡子、射干等药，均可清轻达上，宣开肺痹；治疗太阴湿温，气分痹郁而哕的宣痹汤，则用枇杷叶、射干、香豆豉等轻宣肺痹；治疗湿热由募原直走中道的三香汤，则以枯蒌皮、桔梗、香豉等宣肺开上，使从上焦侵入之邪，还从上焦而去。当然，若热邪较盛而肺气痹阻者，则配石膏等清热以宣肺。由此可见，治疗湿热诸疾，开宣肺气是一大重要法门，吴氏给我们指明了方向。肺主一身之气，而湿赖气以化。推而广之，其它湿症的施治，也应本着开宣肺气这一法门。

[《浙江中医杂志》，1999；(3)]

《温病条辨》和《伤寒杂病论》化瘀法比较研究

黄燃浩　常淑枫　肖照岑

血瘀是温热病的重要病理变化之一，在温热病的演变过程中，邪热炽盛、耗伤阴津贯穿于病程始终，血瘀的形成与热盛、阴伤密切相关。现代研究也表明，外感热病过程中在卫气营血各个阶段，均有微循环障碍的发生，所以化瘀之治在温热病治疗过程中尤为重要。

本文拟通过清·吴瑭《温病条辨》和汉·张仲景《伤寒杂病论》化瘀法的比较研究，进一步探讨化瘀法在外感热病中的发展和应用，不仅体现了《温病条辨》“实可羽翼伤寒”，并可对临床广泛运用化瘀法具有指导意义。

一、《伤寒杂病论》化瘀法的运用

1. 清热祛湿，活血解毒　湿热蕴久可致瘀。如治疗湿热黄疸之茵陈蒿汤，仲景在《伤寒论》中提出：“……此为瘀热在里，身必发黄。”（第236条）此法在《金匮要略·黄疸病脉证并治》中亦多有论述，如“……脾色必黄，瘀热以行”，若湿热内陷血分，湿热郁阻，营血停滞成瘀，日久可成黑疸。在《金匮要略·百合狐惑阴阳毒病证治》及《金匮要略·惊悸吐衄下血胸满瘀血病脉证治》中赤小豆当归散，皆是由于湿热邪毒不得化解，致血分热毒壅遏，血瘀肉腐成脓，以赤小豆清热渗湿，当归活血，共达清热祛湿、活血解毒之效。

2. 泄热通下，活血逐瘀　《伤寒论》中对太阳病邪热与瘀血结于下焦的蓄血证，治以桃核承气汤泄热逐瘀，其中调胃承气泄下瘀热，桃仁活血逐瘀，桂枝温通血脉；若热瘀互结较重者以抵当丸、抵当汤破血逐瘀。此是仲景因势利导而下其瘀热之法。其他如《金匮要略·疮痈肠痈浸淫病脉证并治》中，由于热毒内聚，营血瘀结，经脉不通而致的肠痈，治以大黄牡丹汤，方中大黄、芒硝荡实热通壅滞；牡丹皮、桃仁凉血逐瘀；瓜子排脓散痈。全方共奏清热消痈、活血通瘀之效。

3. 清热解毒，活血散瘀　用于阳毒的治疗，见于《金匮要略·百合狐惑阴阳毒病证治》篇中。由于疫毒邪热内侵，气血受热，血分热盛，致“面赤斑斑如锦纹，咽喉痛，唾脓血”，此为阳毒证。血热壅于上则面赤红斑如锦纹，毒热结于咽喉，气血腐败成脓，故咽喉痛、唾脓血。治以升麻鳖甲汤，方中升麻、甘草清热解毒，并可散咽喉之邪毒；当归、鳖甲养阴活血行瘀；雄黄解毒；蜀椒导火归源，以降上壅之热。诸药共奏清热解毒、活血散瘀之效。

二、《温病条辨》化瘀法的运用

《温病条辨》中化瘀之法贯穿于上中下三焦的卫气营血各个时期。

1. 清肺化瘀　适用于邪在上焦手太阴肺，邪热炽盛深入营血者。邪在上焦手太阴肺，若治不及时或邪盛表实，郁热不得宣泄，深入营血，致肺络与营血相搏可成瘀。

若温邪逼迫血液上走清道，循清窍而出者，以银翘散败温毒，合犀角地黄汤清血分之伏热，凉血化瘀以止血，此救水即所以救金也。如上焦篇第 11 条：“太阴温病，血从上溢者，犀角地黄汤合银翘散主之。”

若太阴温病误用辛温发汗之法，发汗而汗不出者，可致温邪郁于肺卫不解，波及营分，外窜血络，留瘀于肌肤，从而外发红疹。如上焦篇第 16 条：“太阴温病，不可发汗。发汗而汗不出者，必发斑疹……发疹者，银翘散去豆豉，加细生地、丹皮、大青叶，倍元参主之。”其意在辛凉透卫，解毒化瘀。

若“太阴伏暑，舌赤口渴，无汗者，银翘散加生地、丹皮、赤芍、麦冬主之。”（上焦篇第 39 条）此属邪在营（血）分，而兼表实之证，亦用清肺解表、凉血化瘀法。

2. 通瘀泄热　此法源于《伤寒论》，针对温病下焦蓄血证。以桃仁承气汤清热通下，活血逐瘀。用大黄、桃仁、赤芍、丹皮清热凉血，攻瘀泄热；当归养血和血，并行血中之气。若热入血室的“瘀热在里”证，又立加减桃仁承气汤治之，更加生地、泽兰、人中白，加强清热化瘀之力。

3. 清营化瘀　热邪内陷营分，热邪耗伤营阴，营阴瘀滞，出现身热夜甚，舌绛而干，口干不甚渴饮，治以清营汤，清营泄热之中，用丹参以逐瘀，防止热邪进一步深入血分致热瘀互结。

4. 凉血散瘀　热邪深入血分，热盛迫血妄行，离经之血可成瘀；热邪深入血脉亦可煎熬血液致瘀。如下焦篇第 20 条：“时欲漱口不欲咽，大便黑而易者，有瘀血也，犀角地黄汤主之。”由于瘀血溢于肠间，血色久瘀则黑，血性柔润，故“大便黑而易”也。方中丹皮既凉血，又能活血散瘀。

5. 养阴化瘀　若温病后期邪入阴分致“夜热早凉，热退无汗”者，以青蒿鳖甲汤在养阴透热的同时，配以生地、丹皮，寓活血化瘀于清热养阴方中。其他如加减生脉散方，以生脉散加丹皮、生地，亦属滋阴化瘀之意。细究其理，通过养阴生津濡润脉道，利于消散瘀结，促进血行。尤其是对于热入营血阶段，营阴耗损，脉道枯涸，滋阴即可减缓瘀结的形成。

三、两书的比较分析

活血化瘀法是应用通畅血行、祛除瘀滞的药物，以解除血行郁阻或瘀滞、瘀结的方法。早在《内经》中就认识到气血运行障碍会导致疾病的产生，“血气不和，百病乃变化而生”（《素问·调经论》），治疗“疏其血气，令其调达，而致和平”（《素问·至真要大论》）。《金匮要略·惊悸吐衄下血胸满瘀血病脉证治》中首先提出瘀血之词，在《伤寒论》太阳和阳明病篇中，对蓄血证作了比较详细地阐述。仲景关于瘀血、蓄血的论说可谓开拓了杂病、伤寒及妇科瘀血证治的新领域。在外感热病理论方面主要倡导因热致瘀，热瘀互结之说，

"热之所过，血为之凝滞"（《金匮要略·肺痿肺痈咳嗽上气病脉证治》）。仲景治疗瘀热或瘀毒证时，活血化瘀与清热解毒并举，再根据热、瘀轻重不同，治有所重，主次分明。在此基础上，或使瘀热下行，或使瘀热透发于外，或据邪正盛衰，伍以扶正之品，使瘀热除而正气不伤，或据病之轻重缓急，分别以汤药荡涤及峻药缓用。同时仲景也认识到湿热之邪可致瘀，创茵陈蒿汤，清热除湿、化瘀退黄。仲景的化瘀理论为外感热病血瘀证开创了先河，对后世温病学理论发展具有深远影响。

清·叶天士指出"入血就恐耗血动血，直须凉血散血"，"夏月热久入血，最多蓄血一证"，并在《临证指南医案》中提出"久病入络"学说，对一些慢性疾病，往往从"久病入络"角度去辨证，得出了"初为气结在经，久则血伤入络"，"初病湿热在经，久则瘀热入络"的见解。叶氏化瘀理论亦为吴鞠通所汲取，《温病条辨》中活血化瘀的思想，贯穿于温病卫气营血治疗的始终，与清热、清营、凉血、通络、生津、育阴等诸法配合运用。尤其是热病后期营血分阶段，热瘀严重，阴伤亦重，阴液与血液同源，阴虚致血液黏稠，运行失畅，停而为瘀，故增液以行血是解决营血之瘀的一个重要手段。《温病条辨》活血祛瘀法的运用，一方面通过活血药物以直接消散，另一方面通过清热祛邪以绝生瘀之源，同时滋阴生津以助散瘀。可见对于外感热病的祛瘀之法随着对热病理论认识的深入，其应用更加广泛与灵活。

通过以上比较分析，反映出吴鞠通深谙仲景伤寒理论，对伤寒方或遵循经旨，沿用经方；或加减化裁，另赋新义。可以说《温病条辨》中方药，实是《伤寒杂病论》中温热部分的创新发展。

[《江苏中医药》，2009；(2)]

《温病条辨》湿热类温病治法研究

刘宏艳　韩　娟　肖照岑

《温病条辨》是清·吴瑭历取诸贤精妙，考之《内经》，参之心得著成。是书分为七卷，三焦篇论三焦由上及下，辨证方法与《伤寒论》形成一纵一横之妙。不仅如此，《温病条辨》中载有很多有效的方剂，一直指导着温病的临床实践。本文以湿温病为例，通过对其证治中应用的方剂进行分析，以探讨《温病条辨》湿热类温病治疗的特色。

一、一般资料

1. 病种的选择　《温病条辨》论及湿热类温病包括暑温、伏暑及湿温。依据证候表现，暑温当归属于温热类温病。但据《温病条辨》上焦篇被标为暑温之大纲的第 22 条自注所云："……热极湿动，火生土也。上热下湿，人居其中而暑成矣。若纯热不兼湿者，仍归前条温热例，不得混入暑也……"可知吴氏所列暑温乃指暑挟湿而言。然所论暑温之证候及治疗方剂又有暑温及暑湿之别。因本研究只涉及湿热类温病治法，故只将其中用治暑湿之方纳入研究范畴。

2. 方剂的选择　为研究病证治法的需要，采用如下方法对方剂进行统计：如某方用于治疗不同病证，则该方须累计入统计范围；如在某种病证治疗中，一首方剂用于该病证不同病位的治疗，则该方须累计；而在某病证相同病位的治疗中重复记载的方剂，则该方仅记录一次。据统计，暑温、伏暑中及湿温中载治湿热方分别为18首及79首，方剂分布如表1。

表1　湿热类温病用方统计

病　名	上焦篇	中焦篇	下焦篇	共计
暑温、伏暑	11	4	3	18
湿温	8	48	23	79

3. 方剂的用药种类　97首湿热类方剂中含清热药的方剂56首，含利水药的方剂47首，含益气药的方剂45首，含解表药的方剂40首，含理气药的方剂35首，含化湿药及含化痰药的方剂各34首。可见，在《温病条辨》中，湿热类温病的治疗以祛湿清热为主，其次还配伍辛散药以调理气机。湿热类方剂用药种类统计见表2。

二、湿温病治法分析

表2　湿热类方剂用药种类统计

病　名	方剂总数	含清热药方剂	含利水药方剂	含益气药方剂	含解表药方剂	含理气药方剂	含化湿药方剂	含化痰药方剂	含补血药方剂	含温里药方剂	含止咳药方剂	含收涩药方剂	含活血药方剂	含养阴药方剂	含消食药方剂
暑温、伏暑	18	14	8	15	6	7	8	11	1	0	9	3	4	6	1
湿温	79	42	39	30	34	28	26	23	21	21	11	14	7	3	8
总计	97	56	47	45	40	35	34	34	22	21	20	17	11	9	9

吴鞠通云："湿温者，长夏初秋，湿中生热，即暑病之偏于湿者也。"因湿温最具特色，故本文将其作为湿热类病证的代表进行研究。此类温病属上焦者用方8首，其中应用清热药的方剂7首，以下依次为含祛湿药、解表药、止咳药的方剂各为5首、3首及3首；病属中焦者用方48首，其中含祛湿药、清热药的方剂最多，各为27首，其次为含解表药、理气药及补气药的方剂；病属下焦者用方23首，其中祛湿药、温里药、益气药、补血药及收涩药在方中的应用较为广泛。相关情况具体列表见表3。

表3　湿温病三焦用药统计

方中配伍某类药物前10位方剂（药物种类/方剂数目）										
上焦8方	清热药/7	祛湿药/5	解表药/3	止咳药/3	安神药/2	开窍药/2	活血药/2	熄风药/2	温里药/2	补血药/2
中焦48方	祛湿药/27	清热药/27	解表药/24	理气药/24	补气药/17	化痰药/17	补血药/10	温里药/7	止咳药/7	消食药/6
下焦23方	祛湿药/13	温里药/13	益气药/12	补血药/11	收涩药/11	清热药/8	解表药/7	补阳药/5	化痰药/5	理气药/3

从表3可以看出，湿温病属上焦之方剂中，多以清热药配伍祛湿药（本文中祛湿药包括利水渗湿药、芳香化湿药及祛风湿药，下同）；中焦证以祛湿药配伍清热药为主，辅以解表药及理气药；湿温病属下焦，方剂以祛湿药配伍温里药为主，辅以补益药及收涩药。

1. 湿温病上焦证治法分析　鞠通指出："湿温较诸温，病势虽缓而实重，上焦最少……"由于湿温病上焦见证较少，故《温病条辨》中仅载8方。对于湿温治法，吴氏概括为"徒清热则湿不退，徒祛湿则热愈炽"。认为清热与祛湿必须两相兼顾，纯与清热则热去湿存，常致湿邪冰伏难化；反之，仅以祛湿则湿虽去而热愈炽，亦于病无益。

从上焦方剂用药分析，多以清热与祛湿相配伍，符合吴氏治湿热之原则。而上焦治湿的主要方法为轻宣芳化，轻开上焦肺气。从药物归经来分析，上焦肺经用药较多，如用于治疗湿温病初起的三仁汤、银翘马勃散及千金苇茎汤加滑石杏仁汤，均配伍杏仁或桔梗，取其轻开上焦肺气之效，以开肺化湿。再从药物性味来看，银翘马勃散、宣痹汤及千金苇茎汤加滑石杏仁汤或辛凉微苦或苦辛通或辛淡，均以辛开为主。辛可轻开肺气，淡可渗利水湿，气机宣通则热去湿除。正如鞠通所云："盖肺主一身之气，气化则湿亦化矣。"

另外，鞠通对湿温上焦证治提出三点告诫，即慎用汗法、下法及补阴之法，否则易致神昏、洞泄及病深不解。清宫汤去莲心麦冬加银花赤小豆皮方就是很好的范例，以其治疗湿温邪入心包所致神昏肢逆时，去莲心是为防止其苦寒伤及心气从而令湿邪蒙蔽心包加重神昏，而去麦冬是考虑养阴药助湿易形成锢结不解之势。可见，鞠通用药可谓丝丝入扣，细致入微。

2. 湿温病中焦证治法分析　因脾为湿土之脏，胃为水谷之海，故湿热致病多以脾胃为病变中心，中焦临证亦最为多见。与之相应，《温病条辨》湿温中焦篇出方最多，计48首。遵循治疗湿温须清热与祛湿两相兼顾之原则，中焦方剂仍以祛湿药与清热药配伍为主体。

中焦祛湿以苦辛通降为主。在中焦篇明确注明性味的方剂共42首，其中以苦辛为法的方剂计29首。辛以宣散，苦以降浊，有升有降。苦辛法可通降气机，可使中焦气机归于常态。苦辛法中苦辛寒法应用最多，如三加减正气散、三香汤、人参泻心汤及草果知母汤等12方均采用苦辛寒法。其中，苦寒配辛温燥湿泻热，或配芳香之品醒脾除湿，或配甘味组成苦辛寒兼甘法以治湿热直入心包所致神识如蒙，或兼酸敛泻肝以治疗疟邪入里，热结阳陷证。对于湿重热轻，又以苦辛温燥湿温运脾阳，除浊化痰，或复以咸寒清热潜阳，四加减正气散、加减人参泻心汤等11方均属此类。此外，苦辛咸寒法、苦辛淡法、苦辛通及苦辛甘热等苦辛性味配伍法在中焦方中亦有应用。总之，中焦证治中广泛使用苦辛通降法之目的是为了祛除湿邪，通降气机。中焦是气机升降的枢纽，脾升胃降，才能使中焦的气机升降有序。湿热入侵中焦，致中焦气机升降失常。此时借其苦寒沉降之性，与辛温配合，苦辛通降，使脾胃气机归于正常。

从用药分析，芳香化湿药及利水渗湿药是中焦证治湿之常用药。于中焦48方中23首配伍利水渗湿药，19方配伍芳香化湿药，其中15方为两法结合治湿。利水药多用茯苓，茯苓既可利水，又可健脾，尤适宜湿阻中焦，运化失常之证。其次，通草、猪苓、薏苡仁及滑石也多有配伍。在应用芳香化湿药的19方中，13方均选择厚朴，因其药性苦辛温，其作用正如一加减正气散和草果知母汤方下所言，该药既可"泻湿"，又可"除胀满"，故对于湿阻中焦，脾胃气机受阻之脘腹胀满尤为适宜。其次，苍术、藿香、草果亦为常用化湿之品。此外，对于湿聚热蒸，蕴于经络而致痹证，祛风湿药木防己或晚蚕砂亦配入方中以祛湿除痹。

除祛湿药外，清热药及解表药亦广泛应用于中焦证的治疗中。中焦方中27首均配伍清热药，其中15首方剂中单用或合用黄芩、黄连，5方配伍栀子，4方配伍连翘。而在配伍解表药的24方中，生姜以其辛温宣通之性应用于15首方剂。由此可见，苦寒清热与辛温之品相配合确为湿温病中焦证治的主要策略。虽然上焦证亦有很多方剂配伍清热药，但很少涉及苦寒清热。原因在于，上焦证邪势尚浅，治疗"宜从开泄，宣通气滞，以达归于肺"，而苦寒沉降下趋，影响轻宣透泄。于中焦证，苦寒则不受此限。湿在中焦，鞠通还多用理气药，中焦方中用理气药的方剂占50%。理气药可使中焦气机宣畅，郁开湿去，气行则一身津液顺矣，湿去热散。

3. 湿温病下焦证治法分析　湿温病下焦证用方23首。下焦方中，祛湿药仍为方剂的主体结构，这是湿温病三焦用药相同之处。不同的是，清热药在下焦方中的应用明显减少。相反，温热药已被大量地用于湿温病的治疗中。

湿热阻于下焦，脾肾之阳被湿浊困结而现脾肾阳虚，故鞠通在下焦证治中广泛采用温补法。另外，与湿温病上中二焦不同，下焦证治较多使用涩法，如在治疗下焦痢证的 15 方中 11 方均配伍收涩药。虽古人有“痢无止法”之说，但指的是痢疾初期，余邪未尽，为防闭门留寇，忌早投收涩。但当下痢日久，脂膏尽失，脾肾阳衰，下焦不能固摄之时，非涩法未可奏功。药物多用赤石脂、禹余粮、肉豆蔻、补骨脂等，因其既收涩，又具温热之性，对于阳虚失摄之证尤为适宜。此外，由于下焦证湿热化燥易耗伤阴血，在方中亦配伍养血药。如参芍汤、人参乌梅汤等。

综上所述，鞠通治疗以湿温病为代表的湿热类温病，三焦证治均以祛湿清热两相兼顾。不同的是，上焦治以宣肺，中焦则苦辛通降，宣畅气机，多用芳香化湿及利水渗湿以祛湿，下焦则以温补固涩为主。

[《吉林中医药》，2008；（2）]

《温病条辨》银翘散及类方辨析

周　江

一、银翘散及类方条文

《温病条辨》一书是清代吴瑭所著。吴瑭“抗志以希古人，虚心而师百氏”，“采辑历代名贤著述，去其驳杂，取其精微，间附己意，以及考验，合成一书”。在叶天士卫气营血辨证的基础上，提出了三焦辨证，丰富了温病辨证论治纲领，使温病学从理论到临床更臻于完善，自成系统，较叶、薛之说又进一步。诚治温病不可无之书也。深入学习《温病条辨》理法方药，将会进一步提高临床诊治外感热病水平。鉴于银翘散是内儿科治疗外感热病的常用处方，本文拟就银翘散及其类方的组方特点和临床应用作一分析，以就正于同道。

《温病条辨·上焦篇》第 4 条云：“太阴风温、温热、瘟疫、冬温初起……但恶热，不恶寒而渴者，辛凉平剂银翘散主之。”此外在《上焦篇》中尚有六条银翘散加减方，分别为：第 7 条“太阴温病，恶风寒，服桂枝汤已，恶寒解，余病不解者，银翘散主之；余证悉减者，减其制”；第 16 条“太阴温病，不可发汗。发汗而汗不出者，必发斑疹；汗出过多者，必神昏谵语。发斑者，化斑汤主之；发疹者银翘散去豆豉加细生地、丹皮、大青叶、倍元参主之”；第 38 条“太阴伏暑，舌赤口渴，无汗者，银翘散去牛蒡、元参加杏仁、滑石主之”；第 39 条“太阴伏暑，舌赤口渴，无汗者，银翘散加生地、丹皮、赤芍、麦冬主之”；第 40 条“太阴伏暑，舌白，口渴，有汗，或大汗不止者，银翘散去牛蒡子、元参、芥穗，加杏仁、石膏、黄芩主之”；第 53 条“热多昏狂，谵语烦渴，舌赤中黄，脉弱而数，名曰心疟，加减银翘散主之”。《中焦篇》一条，即第 22 条“阳明温病，下后疹续出者，银翘散去豆豉加细生地、大青叶、元参、丹皮汤主之”。上述七条涉及太阴温病、阳明温病汗下后出疹、太阴伏暑、心疟等银翘散加减方和《上焦篇》第 18 条治疗“大头瘟”之普济消毒饮去柴胡、升麻、黄芩、黄连方以及第 45 条治疗“湿温喉阻咽痛”之银翘马勃散，均以辛凉解表为法，以银翘散命名或重用金银花、连翘者，概称为“银翘散类方”。

二、银翘散组成方义

银翘散原方由金银花30g，连翘30g，荆芥穗12g，淡豆豉15g，桔梗18g，牛蒡子18g，淡竹叶12g，生甘草15g，薄荷18g组成，杵为散，鲜苇根汤煎，香气大出，即取服。勿过煮，因“肺药取轻清，过煮则味厚而入中焦矣”。每服18g，病重者约2小时1服，日3服，夜1服；轻者3小时1服，日1服，夜1服；病不解者，作再服。

本方重用金银花、连翘为君，既有辛凉解表、清热解毒的作用，又有芳香辟秽的功效，在透解卫分表邪的同时，兼顾温热病邪多夹秽浊之气的特点；薄荷、牛蒡子味辛而性凉，疏散风热，清利头目，且可解毒利咽；荆芥穗、淡豆豉辛而微温，助君药发散表邪，透热外出，此两者虽属辛温，但辛而不烈，温而不燥，与大队辛凉药配伍，可增辛散透表之力，均为臣药；苇根、淡竹叶清热生津，桔梗宣肺化痰止咳，甘草既可调和诸药，护胃安中，又可合桔梗清利咽喉，同为佐药。本方配伍特点一是辛凉之中配伍少量辛温之品，既有利于透邪，又不悖辛凉之旨；二是疏散风邪与清热解毒、芳香辟秽之品相配，具有外散风热、透邪解表，兼清热毒、芳香辟秽之功，而组成清疏兼顾之剂。吴鞠通认为此方之妙在于“纯然清肃上焦，不犯中下，无开门揖盗之弊，有轻以去实之能”，诚为经验之谈。

三、银翘散主治与化裁

纵观银翘散原方与7个加减方，由于省文笔法，其症状描述均简略，根据该方药物组成与临床观察，本方主治温病初起发热，微恶风寒，无汗或少汗，头痛咳嗽，咽痛口渴，舌边尖红，苔薄白或微黄，脉浮数之症。银翘散现多改汤剂煎服，使用本方除了不要久煎过煮，影响轻清宣透外，还应根据病情轻重适当增减服药次数和服药量，同时临床上应随证加减。

笔者父亲应用本方常减去淡豆豉，通常高热加青蒿、黄芩；夹惊者酌加蝉蜕、钩藤、地龙；口渴甚者加天花粉；烦渴汗出者加石膏、知母；咽喉肿痛者酌加马勃、射干、玄参、板蓝根；颌下、耳后及枕部臖核（淋巴结）肿大者加僵蚕、浙贝母、夏枯草；咳甚者去牛蒡子、竹叶加杏仁、黄芩、瓜蒌壳、前胡、射干、枇杷叶；唇红、出疹者加生地黄、丹皮、大青叶、玄参；鼻衄者去荆芥穗、桔梗加栀子炭、白茅根、侧柏炭；苔白厚夹湿者加滑石；呕恶胸闷者加藿香、郁金；伴下肢关节疼痛者加姜黄、海桐皮；兼夹食滞者加山楂、神曲；大便秘结、腑气不通者加大黄通腑泄热。

四、银翘散类方应用

至于太阴伏暑，初起多为表里同病，故总的治疗原则为解表清里。然里证有在气在营之分，若是气分兼表，卫气同病“舌白口渴，无汗者”则宜解表清暑化湿，用银翘散加杏仁、滑石、薏苡仁、通草；若是营分兼表，卫营同病“舌赤口渴，无汗者”则宜解表、清营，方用银翘散加生地黄、丹皮、赤芍、麦冬。至若“舌白口渴，有汗或大汗不止者”，此为“邪在气分，而表虚之证”则非银翘散所宜。

第18条“温毒咽痛喉肿，耳前耳后肿，颊肿，面正赤，或喉不痛，但外肿，甚则耳聋，俗名大头瘟、虾蟆瘟者，普济消毒饮去柴胡、升麻主之，初起一二日，再去黄连，三四日加之佳”；第45条“湿温喉阻咽痛，银翘马勃散主之”。两条与原方银翘散所附加减法宜合参。大凡外感风热温毒之邪而致“大头瘟”或喉阻咽痛者，并宜银翘散加减。普济消毒饮去升柴、芩连后，实际上就是一银翘散加减方，包含了银翘马勃散。临床上可以银翘马勃散为基本方，加黄芩、玄参、桔梗、蚤休用治急性扁桃体炎；若苔白细腻兼夹湿邪者，去玄参加滑石、郁金。或加黄芩、瓜蒌壳、前胡、枇杷叶治疗喉源性咳嗽；喉痒痰滞不爽者，加薄荷、蝉蜕、僵蚕。或加柴胡、黄芩、板蓝根、僵蚕、夏枯草、玄参、浙贝母治疗流行性腮腺炎，如配合蜜水调金黄散外敷患处，则其效更捷。

五、银翘散及类方治疗病证举例

鉴于银翘散具有辛凉透表，清热解毒之功效，经现代药理研究证实本方具有较强的解热、抗炎和抗过敏作用，故治疗范围较广，运用本方随证加减通常可以治疗以下病证：流行性感冒之外感风热证、肺炎喘嗽之风热闭肺证、口疮之风热乘脾证、病毒性心肌炎之风热犯心证、急惊风之风热动风证、肾病综合征标证之外感风热证、麻疹之初热与出疹期、幼儿急疹之邪郁肌表、毒透肌肤证、风疹之邪犯肺卫证、猩红热之邪侵肺卫证、水痘之邪伤肺卫证、手足口病邪犯肺脾证、流行性腮腺炎之邪犯少阳、热毒壅盛证、流行性乙型脑炎之卫气同病证、皮肤黏膜淋巴结综合征（川崎病）之卫气同病证等内儿科病证。

综上所述，凡是外感风热邪毒，邪在卫分，或卫气同病，均可用之。除了把握相同病因病机外，尚需结合不同的兼证灵活加减，才能收到预期效果。诚如吴鞠通所说只要“用之得法，自然奏效”，充分体现了中医辨证论治和异病同治之优势与特色。

[《中国中医急症》，2008；(1)]

《温病条辨》方剂加减变化探讨

刘宏艳　韩　娟　指导：肖照岑

《温病条辨》（下文简称为《条辨》）为清代温病学家吴鞠通总结丰富临床经验，历经10载而著之作。全书共6卷，其中卷一至卷三系统地将温病分为上、中、下三焦进行讨论，全篇共有条文246条，记载方剂208首。其中，在原方的基础上加减变化的方剂有40首。为了研究其变化规律，现将相关内容作一探讨。

一、《条辨》方剂加减变化统计

《条辨》中加减变化涉及药物共95味，其中清热药24味，补益药14味，解表药13味，理血药7味，利水渗湿及祛痰止咳平喘药各6味，余下为收涩药、温里药、芳香化湿药、平肝熄风药、理气药、祛风湿药、开窍药、消食药、泻下药及驱虫药。95味药中有9味（地骨皮、小麦、麻黄根、白茅根、侧柏炭、钩藤、海桐皮、苦丁茶、夏枯草）在208首原方中未涉及。加药累计90味，减药共计11味，而豆豉、羌活、芦根、干姜、白术、半夏等6味药在变化中有加有减。

二、加减变化以明医理

1. 以加减变化示温邪致病特点　吴鞠通指出，应用银翘散时若伴胸膈闷、项痛咽肿、渴甚及咳应相应加减。桑菊饮的加减变化中亦以渴为津液耗伤之症而相应用药。这些症状的出现是因热邪致病有蕴结成毒及伤津液且易兼夹秽浊之气的特点，故在治疗时应注意解毒及保津。在应用清宫汤时，吴鞠通提示，可据痰的出现加用清热化痰之品，如热痰盛时加竹沥、梨汁；咯痰不清加瓜蒌皮，均说明热邪可能会炼液成痰。借此类加减变化我们可以了解温热邪气的致病特点。

新制橘皮竹茹汤主治湿热壅遏，胃气不降所致之哕，如湿热蕴结成痰时可加入竹沥、瓜蒌霜，当湿热壅遏气血而致血瘀时可在原方基础上加桃仁以活血。吴鞠通在五苓散条下强调，腹满须加厚朴及陈皮以行气除胀满，由此不难看出湿易困阻中焦脾胃气机。此外，宣痹汤、加减木防己汤、加减苓芍汤均在变化中加入理气或活血药，均说明吴鞠通非常重视湿邪致病易壅遏气血。

2. 以加减变化示病理机转　银翘散证病位在肺卫，如热渐入里，吴鞠通认为须加细生地、麦冬以保津液；如衄，须去芥穗及豆豉等辛温药，加入白茅根、侧柏叶、栀子炭以凉血止血。这些变化说明温病初起虽病位表浅，但热邪亦有深入血分而致迫血妄行之可能。与此相同，桑菊饮的加减变化也明确指出温病有从卫分深入气分、营分甚至血分之趋势，用药须相应有所变化。

上焦篇 34 条于清营汤中加入清热解毒、熄风止痉的钩藤、丹皮、羚羊角也提示，暑温热入营血可致热极生风。

可见，《条辨》虽以三焦辨证为辨温病之总纲，但仍不离叶天士卫气营血辨证思路，从而形成其经纬相依，相辅而行的温病辨证体系。

3. 以加减变化示温病治法　吴鞠通治温病喜用透法。如上焦篇 16 条提到渐欲神昏时，应用清宫汤要加用银花、荷叶及石菖蒲等轻清芳香流动之品以清透温热病邪，开透心包。在安宫牛黄丸的用法中亦指出用银花、薄荷汤下，这些都是吴鞠通对“透邪”思想的发挥。从《条辨》全书分析，虽文中未特别明言“透”，但在治疗中始终贯彻“透邪”思想，此与叶天士“透风于热外”、“透热转气”、“养正透邪”的思想如出一辙。

再者，吴鞠通本着同病异治的原则，对小便短采取不同的治疗方法。首先，在温病初起见小便短时，可在银翘散中加用知母、黄芩、栀子之苦寒，与麦冬、地黄之甘寒，合化阴气，此为甘苦合化，清热养阴以治热淫所胜。在中焦篇 30 条中亦提出“温病小便不利，淡渗不可与也”之淡渗之禁，由此确立了清热养阴以治小便短的方法。而吴鞠通在治疗伏暑邪在气分伴有小便短时，除应用银翘散去牛蒡子、元参，加杏仁、滑石外，亦加入薏苡仁及白通草以清热利湿。表面上看，上面两种治法似乎前后矛盾，但这也正是吴鞠通圆机活法，善于察微识变之处。前淡渗之禁是针对温热类病证，因热邪伤阴而致小便短，故以清热养阴为法；而治疗因湿热累及膀胱，气化功能失常导致小便短的湿热类温病，则不再拘于淡渗之禁，反取清热利湿之法。从以上加减变化中不难看出，吴鞠通治法灵活多变，能见微知著，明确病因，细推病机。

三、为准确治疗而加减变化

1. 为治疗伴随症状而加药　以银翘马勃散治疗湿温喉阻咽痛症时，吴鞠通提示须注意咽之痛与阻，如不痛但阻，须加滑石以利湿，加桔梗以宣肺，加芦根以清热利湿。

五汁饮的加减变化使瘅疟的治疗更加全面。强调用竹叶、连翘轻清解毒；用知母降火润燥滋阴，如此肺胃可清，胃肾之阴可滋，并可保肺之化源；用生地凉血，元参滋阴壮水；用杏仁宣肺降浊，以畅肺之气机；用滑石利湿清热，如此不仅补充了孤绝之阴气，也清泻了独盛之热。

因上焦气分燥热伤阴易伴清窍干燥诸症，故吴鞠通提示应在翘荷汤轻宣上焦气分燥热的同时随症加药。如耳鸣可加羚羊角、苦丁茶；目赤可加鲜菊叶、苦丁茶及夏枯草；咽痛加牛蒡子及黄芩。

清燥汤条下指出咳嗽胶痰应加沙参、桑叶、梨汁、牡蛎及牛蒡子，且明言“病因于燥，不能按吴又可咳嗽胶痰而用苏子、橘红及当归等燥药”，可见胶痰乃热伤津液所致，故清热养阴润燥为治胶痰之正法。

对于大定风珠的加减，“喘加人参；自汗加龙骨、人参、小麦；悸者加茯神、人参、小麦”，如此，在原方滋阴摄阴的基础上，兼顾了阳气，从而使阳潜阴固，不致有偏盛之患。此外，复脉汤、救逆汤、桃花汤及连梅汤等加用人参亦同此理。针对可能出现的兼证，吴鞠通在方剂后言药味变化，不仅扩大了方剂的适用范围，也使后学者对病证有更全面的把握。

2. 为吻合当前病机而减药　《条辨》中很多方剂来自于前人，但在运用时吴鞠通又非常注重加减化裁，使其更能吻合当前病机。在以犀角地黄汤合银翘散治疗热邪迫血妄行致“血从上溢”时，吴鞠通提出“如已用过表药，去豆豉、芥穗、薄荷”，以防止辛散药特别是辛温药加重出血。在上焦篇18条所载治疗大头瘟的普济消毒饮中，吴鞠通认为应去升麻、柴胡，以升腾飞越太过之病，不当再用升也，而方中皆系轻药，谓其引经更无此必要；而原方中黄芩、黄连也不宜在病初起未至中焦时使用，以黄芩、黄连为里药，犯中焦也。

如此有针对性地减药，使成方更能切合当前病机，方证相对。

3. 为兼顾素体因素而加减变化　吴鞠通注重体质在疾病整个过程中的影响。他认为体质因素决定着发病与否，决定疾病传变与否及传变的方向与途径，决定着治法的选择，故在方剂的加减变化中亦不忘兼顾体质因素。

瓜蒂散及一物瓜蒂汤条下均有虚者加参芦之说，参芦者，为人参颈上部分。其味苦甘微温，与栀子合用可去参之温性，以突出治疗温热病的特点。半夏泻心汤去人参、干姜、大枣、甘草，加枳实、杏仁及半夏泻心汤去人参、干姜、大枣、甘草，加枳实、生姜两方后均指出，“虚者复纳人参、大枣”。仲景半夏泻心汤原治误下所致心下痞，由半夏、黄芩、黄连、人参、干姜、大枣、甘草组成，具有寒热平调、辛开苦降及补泻兼施之特点。吴鞠通应用本方治疗阳明暑温及湿温，因无误下伤中之由，故弃人参干姜大枣甘草不用。但同时指出，如素体气虚，人参大枣须加入，不必虑其补气滞中而加重痞证或虑其甘温助热。人参、大枣等补气药的加入，正是吴鞠通“大凡体质素虚之人，祛邪与辛，必兼护养元气”之说的具体体现。

吴鞠通也曾有言“酒客多蕴热，先用清中，加之分利，分必顾其脾阳”，故温补脾阳之品在《条辨》中屡屡出现。四苓加木瓜草果厚朴汤条下即明言，“阳素虚者，加附子”，从而在原方祛湿行气的基础上增强了温阳之用，通过建立中焦阳气以加强祛湿之能。

吴鞠通的体质思想是继《伤寒论》之后在温病的发生、发展、治疗及预后调理方面的一大进步，这一思想在方剂加减变化中仍然得到贯彻。

四、结语

吴鞠通遥承《内经》、《伤寒》，近遵叶氏，虽遵古但不泥于古，师法而匠心巧创。治疗中能洞察机变，用方能随症变而灵活加减，从而使后学者能目识全牛，胸有定见，有阶可升。《温病条辨》方剂加减变化，充分体现了吴鞠通“神明变化出乎规矩之外，而仍不离乎规矩之中，从心所欲不逾矩”的学术思想，值得后学者深入研究。

[《山西中医》，2007；(6)]

《温病条辨》对方剂学的贡献

华浩明　杨　进　指导：王灿晖

清代吴鞠通著《温病条辨》不仅对温病学作出了伟大的贡献，而且对方剂学也有巨大贡献。兹以人民卫生出版社 1978 年 3 月排印本《温病条辨》为据，对书中所涉及的方剂学内容，作一归纳和分析。

一、广用仲景方

自清代叶、薛、吴、王四大家创立并完善温病学说之后，后人每将温病学说与仲景学说割裂对立看待。此实属误解。纵观《温病条辨》，吴鞠通广泛采用仲景方治疗温病，即可知温病学说是对仲景学说的继承和发展。

笔者统计，《温病条辨》共使用仲景方剂 39 首，占全书方剂总数的 18.4%。吴鞠通用仲景方每寓新意，决非照抄原文。如白虎汤是清热剂的代表方，《伤寒论》第 176 条云："伤寒，脉浮滑，此以表有热，里有热（原作'寒'，后世医家一般均认为当作'热'），白虎汤主之"；第 219 条云："三阳合病，腹满，身重，难以转侧，口不仁，面垢，谵语，遗尿……若自汗出者，白虎汤主之"。两条原文，前者仅言脉而未言症状，后者虽言症状，却属于变证，故临床据此还较难使用白虎汤。《温病条辨》卷一第 7 条云："太阴温病，脉浮洪，舌黄，渴甚，大汗，面赤，恶热者，辛凉重剂白虎汤主之"；第 9 条又云："白虎本为达热出表，若其人脉浮弦而细者，不可与也；脉沉者，不可与也；不渴者，不可与也；汗不出者，不可与也。常须识此，勿令误也"。这就对白虎汤的适应证与禁忌证作了明确说明，十分方便临床使用。再如麻杏石甘汤，《伤寒论》第 63 条云："发汗后，不可更行桂枝汤，汗出而喘，无大热者，可与麻黄杏仁甘草石膏汤"；第 162 条则云："下后，不可更行桂枝汤，若汗出而喘，无大热者，可与麻黄杏仁甘草石膏汤"。乃用于汗下后邪热壅肺证。《温病条辨》卷三第 48 条曰："喘咳息促，吐稀涎，脉洪数，右大于左，喉哑，是为热饮，麻杏石甘汤主之"，提出用麻杏石甘汤治疗痰饮化热证（所谓"热饮"）。从现代临床运用来看，麻杏石甘汤既可治疗伤寒温病初起，不为汗下而解的邪热壅肺证，如各种肺炎、急性支气管炎等；又可治疗痰饮化热，肺失肃降证，如慢性支气管炎和支气管哮喘急性发作而伴的感染。

二、命名叶氏名方

叶天士诊务繁忙，故临床常信手遣药，而不名方。吴鞠通对叶氏十分推崇，如《温病条辨》卷一第 35 条自注云"又以历代名家，悉有蒙混之弊……唯叶氏心灵手巧，精思过人，案中治法，丝丝入扣，可谓汇众善以为长者。惜时人不能知其一、二。然其法散见于案中，章程未定，浅学者读之，有望洋之叹，无怪乎后人之无阶而升也。"因此精研叶天士《临证指南医案》，将医案中的处方，一一命名使之成为传世名方。

吴鞠通命名叶氏方的方法有二：一是照录叶案处方，二是对叶案处方稍作加减。对叶案处方原封不动照录的方剂，如有沙参麦冬汤、黄芩滑石汤等。沙参麦冬汤，出《温病条辨》卷一第 56 条，由沙参、玉竹、生甘草、桑叶、麦冬、生白扁豆和天花粉组成（久热久咳者，加地骨皮），主治燥伤肺胃阴分，或热或咳者；此方实来自《临证指南医案》卷五治燥病的卞案，“夏热秋燥致伤，都因阴分不足。冬桑叶、玉竹、生甘草、白沙参、生扁豆、地骨皮、麦冬、花粉”。黄芩滑石汤，出《温病条辨》卷二第63条，由黄芩、滑石、茯苓皮、大腹皮、白蔻仁、通草、猪苓组成，治疗“脉缓身痛，舌淡黄而滑，渴不多饮，或竟不渴，汗出热解，继而复热”；此与《临证指南医案》卷五治湿病的某案，“脉缓身痛，汗出热解，继而复热……黄芩、滑石、茯苓皮、大腹皮、白豆蔻、通草、猪苓”相比，只是症状描述更详细一点而已。

将叶氏医案处方稍作加减而成的方剂，如有加减复脉汤、青蒿鳖甲汤等。《临证指南医案》卷五治温热病张案，“劳倦内伤，温邪外受，两月不愈。心中温温液液，津液无以上供，夜卧喉干燥。与复脉汤去姜、桂、参”。复脉汤即炙甘草汤，乃气血阴阳兼补之方，去温阳补气之姜、桂、参，使专于养阴复液；吴鞠通受此启发，于《温病条辨》卷三第2~8条较广泛地讨论了加减复脉汤的证治，其处方即上述张案方去大枣、再加白芍而增养阴柔肝之效。《临证指南医案》卷五治温热病王案，“夜热早凉，热退无汗，其热从阴而来，故能食形瘦，脉数左盛，两月不解。治在血分。生鳖甲、青蒿、细生地、知母、丹皮、淡竹叶”。《温病条辨》卷三第12条“夜热早凉，热退无汗，热自阴来者，青蒿鳖甲汤主之”，此方即上述王案处方去清气分之淡竹叶，以纯粹清透来自阴分之热。

已故著名中医学家任应秋先生指出：《温病条辨》的许多方剂源自《临证指南医案》。任氏云“经过吴瑭的匠心巧运，却一一组成了若干效用卓著的名方，如桑菊饮，化裁于叶桂治秦某风温的处方，清宫汤化裁于叶桂治马某温热的处方，连梅汤化裁于叶桂治顾某暑病的处方”。

三、博采历代方

吴鞠通著《温病条辨》，对于历代名方，亦多有选用。使用的最早的方剂，当推卷三第31条的半夏汤，此方即《灵枢·邪客》篇中的半夏秫米汤。使用最为晚近的方剂，系卷一第58条的清燥救肺汤，此方出自清初喻昌的《医门法律》。然而，《温病条辨》引用最多的却是唐、宋、金、元时期的方剂。唐代的方剂，如卷一第16条的紫雪丹，出自王焘《外台秘要》引《苏恭方》；卷三第20条的犀角地黄汤，乃孙思邈《备急千金要方》之方。宋代的方剂主要引自《太平惠民和剂局方》，如卷一第16条的至宝丹、卷三第38条的来复丹和和卷三第56条的半硫丸等均是。金、元时期的方剂，如有卷一第26条的生脉散，出自李东垣《内外伤辨惑论》；卷二第73条的保和丸，出自朱丹溪门人所编《丹溪心法》；卷三第39条的三才汤，乃张子和《儒门事亲》三才丸改汤剂再用生地黄易熟地黄而来，等等。这样，《温病条辨》就做到了博采群方，而兼众长。

四、巧思立新方

吴鞠通绝不是述而不作、泥古不化者，而是一位颇具创新思想的医家。《温病条辨》的方剂，不仅有述自历代先贤者，更有吴鞠通独运匠心而作的新方。如金银花、连翘清热解毒，一般只用于治疗外科疮疡肿毒，但前者芳香外透，后者苦寒质轻，吴鞠通创造性的用金银花、连翘与辛凉解表的薄荷、牛蒡子等配伍，组成了银翘散（卷一第4条），用于治疗温病初起。此方面世后，即获盛誉。如清代张秉成选“世所常用，同道所习尚”的方剂，编著《成方便读》，即选录了银翘散，并谓“此淮阴吴氏特开客气温邪之一端，实前人所未发耳！”

《温病条辨》的新方常形成系列方。如前述加减复脉汤乃受叶案的启发而制，吴氏在此方基础上，又加减化裁出救逆汤、一甲复脉汤、二甲复脉汤、三甲复脉汤和大定风珠等5首方剂。加减复脉汤为治疗温病邪热久羁，或因误用汗、下，热灼阴伤之证而设；若阴伤太甚，阴阳有脱离之象，用加减复脉汤去麻仁，加生龙骨、生牡蛎以重镇固涩，即为救逆汤（卷三第2条）；若误下伤阴，大便溏甚，先用一甲煎（即一味生牡蛎）以涩肠育阴，待便溏好转后，再用加减复脉汤去麻仁之滑肠，加牡蛎重镇育阴，即为一甲复脉汤（卷三第9条）；若热邪深入下焦，阴伤而风渐生，手指蠕动，要防止痉厥，用加减复脉汤加生牡蛎、生鳖甲以育阴重镇，即为二甲复脉汤（卷三第13条）；若痉厥已作，热深厥甚，心中悸动，甚或心痛者，为阴伤风动而心失所养，用二甲复脉汤再加龟甲，以增强养阴熄风之功，兼济心阴而止心痛，即为三甲复脉汤（卷三第14条）；若病久而阴液大伤，邪气亦衰，神倦瘛疭，脉虚弱，舌绛苔少，时时欲脱者，用三甲复脉汤再加鸡子黄、五味子以填补真阴，兼以酸收，共奏滋阴熄风之功，即为大定风珠（卷三第16条）。《温病条辨》的这几首新方之间，加减进退，有间不容发之势，非学验俱丰之者，岂能曲尽其妙？

五、倡性味治法

治法是方剂的灵魂，故论方剂者必言治法。性味治法，发端于《素问·至真要大论》，如云：“风淫于内，治以辛凉，佐以苦，以甘缓之，以辛散之。热淫于内，治以咸寒，佐以甘苦……”等。叶天士临床诊病议法，时言性味，如治燥病某案“议甘寒清补胃阴”，治疫病金氏神昏案，曰“以芳香宣窍逐秽”，但亦仅仅十之一、二耳。

吴鞠通在《温病条辨》中广泛运用性味治法，以此统摄方剂，使得群方形神俱备。如卷一治温病初起的桑菊饮（第5条）、银翘散（第4条）和白虎汤（第7条），吴鞠通分别称之为辛凉轻剂、辛凉平剂和辛凉重剂，以示三方的联系与区别，方便临床运用掌握其间的分寸。再如出自《伤寒论》的五苓散，有利水渗湿，温阳化气之功，主治太阳蓄水证，吴氏称之“甘温淡法”（卷二第45条），五苓散的组成药物，不是甘淡就是甘温，甘淡能利水渗湿，甘温可温阳化气，故称之“甘温淡法”，可谓要言不烦。又如喻昌的清燥救肺汤，是治疗温燥伤肺的常用方，吴氏称之“辛凉甘润法”（卷一第58条），辛凉是指方中桑叶、石膏以清宣犯肺之温燥，甘润则指方中有麦冬、黑芝麻和阿胶等养阴生津以润其燥，也是非常恰当的。

《温病条辨》全书212方，言性味治法共173方，占81.6%。如此广泛地讨论方剂的性味治法，古今独此一家，从而成为此书的一个鲜明特色。

六、也有可商处

在肯定《温病条辨》对方剂学作出了巨大贡献的同时，亦要看到其一些值得商榷或不足处。如上述的性味治法，有时用得太广便失之笼统。如云小承气汤是“苦辛通法重剂”（卷二第9条），宣痹汤是“苦辛通法”（卷二第65条），似乎两方治法相近，但实则前者为轻下热结之剂，后者则是祛风除湿、清热通络之方。

《温病条辨》还有个别地方不够严谨，以致相互矛盾。如卷一第16条、第38条和第40条，分别使用了银翘散去豆豉加细生地丹皮大青叶倍元参方、银翘散去牛蒡子元参加杏仁滑石方和银翘散去牛蒡子元参芥穗加杏仁石膏黄芩方等3首方剂，据此分析，银翘散组成中应有玄参。但同卷第4条所载银翘散的组成中并无玄参，只是在方后的加减法中提到“项肿咽痛者，加马勃、元参”。且银翘散若有玄参，也与吴氏自谓“此方之妙，预护其虚，纯然清肃上焦，不犯中下”相左。

［《中医杂志》，2003；（2）］

银翘散中当有元参

张保伟　导师：周文川　王启政

银翘散为清代吴鞠通所创，用治“太阴风温、温热、温疫、冬温初起……但热不恶寒而渴者”。为临床治疗外感的极常用方。但对银翘散之药物组成，高校四、五版《方剂学》教材均未载元参，《温病条辨白话解》在银翘散去豆豉加丹皮细生地大青叶倍元参方后注中也说道：“本方倍元参的倍字或系传写之误，查银翘散是辛凉清解风热的方剂，药物组成只有连翘、二花、桔便、薄荷、竹叶、甘草、芥穗、豆豉、牛蒡子等九味药，并没有元参这一味药，元参是滋阴降火的药，在加减法里面有项肿咽痛者加元参、马勃的记载，可见元参是银翘散在运用时临时加入的，不是银翘散本方药物组成之一。”本人细考吴氏组方原意，详勘所治诸温的病情，结合古人组方加减旁证，认为银翘散内当有元参。试述如下：

1. 银翘散去豆豉加丹皮细生地大青叶倍元参方后曰“元参加至一两”，银翘散去牛蒡子元参加杏仁滑石方后有“即于银翘散内去元参牛蒡子”语，银翘散去牛蒡子元参芥穗加杏仁石膏黄芩方后亦说“即于银翘散内去牛蒡子、元参、芥穗”，三处均证银翘散药物组成中当有元参，没有理由说三处均系传抄之误。

2. 太阴风温、温热、温疫、冬温初起，为银翘散之主治证。其邪均属阳邪，易伤津液，加入元参顾护其虚，以保津液，合情合理，所谓“存得一分津液，便有一分生机”。吴鞠通在银翘散方论中亦说：“病温者，精气先虚，此方之妙，顾护其虚，纯然清肃上焦，无开门揖盗之弊，有轻以去实之能。用之得法，自然奏效。”说明银翘散内当有护虚之药。况元参之功，本具清热解毒与滋阴两途，既能辅连翘、银花清热解毒以祛邪，又能滋阴而护虚，且归肺经，颇合吴氏“皆手太阴药也”之语。可见本方之妙，全在元参一药。

3、至于加减法中有“加元参”之语，亦不足说明方中无元参，这点古人用药可证。如仲景桂枝加佳汤、桂枝加芍药汤、桂枝加芍药生姜各一两人参三两新加汤等方，桂枝汤中本有桂枝、芍药、生姜三药，而于加减法中又加此药，可见古人在要求加重某药用量时每云“加某药”。又如余霖在清瘟败毒饮方后加减法中，加石膏者40条，加川连者15条，加元参者9条，方中本有此三药，而余氏仍列入加减法中。依此，可以说没有理由因银翘散加减法中有“加元参”语就作出方中无元参之论断。

基于以上三点，本人认为银翘散中当有元参一药。这样，银翘散的组成当为连翘、银花、桔梗、竹叶、元参、薄荷、甘草、芥穗、豆豉、牛蒡子十味药（不含药引苇根），功能既可辛凉解表、宣肺泄热，又能顾护其虚、养阴存液，使邪不得乘虚而入阻于卫分而逐除之。

［《国医论坛》，1991；（2）］

《温病条辨》中有关治疗湿热的几个代表性方剂的临床运用体会

时振声

《温病条辨》（以下简称《条辨》）是在《伤寒论》的基础上发展起来的，它对急性热病的治疗，从另外一个侧面，补充了《伤寒论》的不足，特别是对湿热的治疗，《伤寒论》中仅有苦寒燥湿及苦辛通泄二个治法，前者如湿热阳黄之用茵陈蒿汤、栀子柏皮汤，湿热下利之用葛根芩连汤、黄芩汤、白头翁汤；后者如痰热互结的小陷胸汤，心下痞满的三泻心汤等。而《条辨》则进一步丰富了治疗湿热的方法，除了上面二法外，还有苦辛淡渗、苦温辛淡、辛凉淡渗等法，以供临床辨证治疗之用。

湿与热均是中医的病因之一，但在机体中所反映的湿热现象，一般认为是在正虚的情况下所产生的病理产物，中医认为脾虚可以生湿，湿郁可以化热；或者是气阴两虚下阴虚生内热，此内热与脾虚所生之湿结合，造成湿热现象。因此认为湿热是标，正虚为本，只要扶正治本，则湿热自消。但在临床上并不如此简单，湿为阴邪，其性氤氲黏腻，湿与热相合，则更胶结难解，且湿热久羁，可影响中焦脾胃失其升降之常，呕恶、纳少，更导致脾胃虚损，形成恶性循环，成正虚邪实的局面，故难速已。怎样对待这个标与本的关系，一般说来本是主要矛盾，标是次要矛盾，是从属于主要矛盾的，但是矛盾的主要和非主要的方面可以互相转化，如上所述，如果湿热留恋影响脾胃功能，应当说湿热留恋是主要矛盾，这时应当以祛邪为主，祛邪即可扶正，如果这时扶正，不但不能祛邪，反而使湿热更不易去，因此这时应该说湿热是本，因为湿热已转变为主要矛盾。如果不清除湿热，则培本扶正是无法进行的，甚至还加重湿热，而使病情恶化。临床上这类情况不少，如慢性肝炎常有湿热留恋，如果湿热余邪来尽给予扶正，则能使病情恢复不顺利，甚至造成迁延不愈；慢性支气管炎常有痰热壅滞现象，如果痰热不清而扶正，可使病情经常反复；贵阳医学院也曾观察到急性肾炎恢复期主要是湿热未尽，如误用补气、补阳之剂，可以助长热邪，引起水肿，尿少，高血压，尿改变加重，非蛋白氮增高，不仅使病情迁延不愈，甚至可以造成严重肾功能损害以致死亡。因此对疾病过程中存在的湿热因素，不能不给予重视，当湿热因素在整个疾病过程中起主导作用时，应当认为湿热即是本，清除湿热即是治本，湿热除尽，正气始复，祛邪即是扶正，道理是很清楚的，但是往往人们容易接受扶正以祛邪，不容易接受祛邪而扶正，因此在探讨湿热的治疗中，个人认为有必要加以强调，重视清除湿热的问题。

兹就《条辨》中有关治疗湿热的方法，列举几个代表性方剂，结合个人经验体会与临床运用，分述如下：

一、苦寒清热

湿热之证，如果湿热俱盛或热重于湿者，可用苦寒清热为主治疗，且苦寒尚可化燥以祛湿。常见湿热下痢，腹痛后重，滞下不爽，《条辨》用加味白头翁汤；湿热发黄，黄色鲜明，小便不利，《条辨》也用茵陈蒿汤及栀子柏皮汤，均是以苦寒清热为主的方剂。我们曾观察过急性黄疸型肝炎用茵陈蒿汤治疗，直至黄疸完全消失的情况，结果平均退黄天数，总胆红质在4.0毫克%以下者11例为14.5天，在4.1~8.0毫克%者例为27.7天，在8.1毫克%以上者5例为49.9天。这说明黄疸愈深，湿热胶结愈重，因此恢复时间也慢。

例（急性细菌性痢疾）：温××，女，日3岁，病历号8379。因发烧一天并脓血便三次入院。患者发病前一天曾吃桃子二个，次日下午即发冷发热，体温达39度，今晨开始腹痛、里急后重伴脓血便三次。体检：轻度脱水状，体温38.4度，血压100/70毫米汞柱，心律不齐，偶有期前收缩，两肺呼吸音未见异常，腹部稍有凹陷、柔软，左下腹部有压痛，肠鸣音亢进。大便镜检为黄色黏液便，白细胞满布，红细胞6～10，舌苔腻、根较黄，脉象滑数、偶见促象。证属湿热不痢，治以苦寒清热：白头翁、马齿苋各30克，黄连、葛根各15克，黄芩、黄柏、秦皮谷9克，白芍12克，广木香6克，水煎服；并同时输入5%葡萄糖盐水1000毫升，以纠正其轻度脱水，次日大便一次，腹痛减轻，体温正常，第三天未解大便，第四天大便无脓血、无腹痛及腹部压痛，大便培养入院时为宋内氏痢疾杆菌，一周后大便培养（－），出院。

本例用《条辨》加味白头翁汤加葛根、马齿苋、广木香，有葛根芩连汤及香连丸方意在内，因初起尚有发烧，故合葛根芩连汤意以表里双解，增入广木香以治后重，即所谓“调气则后重自除”之意，加马齿苋以增强治痢之效。

二、苦辛通泄

苦辛通泄法即辛开苦降法，是指辛温药与苦寒药配合使用，辛温能开能通，苦寒能泄能降，两者相合，泄中有开，降中有通。具疏畅气机、清化湿热的功效，对中焦痞满、结痛者，用以恢复脾胃升降功能，多有卓效。故凡中焦痞塞，恶心呕吐，饱满胀闷，纳食不香，吞酸嗳腐，腹中雷鸣或有下痢等（这些症状多见于急性胃肠炎、胃及十二指肠溃疡、肝炎、胆囊炎、痢疾等），皆可用之。但在辨证上些须有中焦湿热壅滞的表观，如舌苔黄腻，口黏不渴，大便黏滞不爽，小便黄赤，脉象滑数或濡数等，方可应用。至于某些急性传染病如有消化道症状，辨证为湿热蕴结中焦者，亦均可用本法治疗。《条辨》中苦辛通泄的代表方，有小陷胸加枳实汤、半夏泻心汤去干姜甘草加枳实杏仁方，前方用于阳明暑温，水结在胸，后方旧于阳明暑温，心下痞满。

我们曾用小陷胸加枳实汤原方治疗急性黄疸型肝炎，一直至黄疸完全消失，观察其退黄情况，结果：平均退黄天数，总胆红质在4.0毫克%以下者9例为17天，4.1～8.0毫克%者9例为23.9天，8.1毫克%以上者11例为31.7天。较同期用茵陈蒿汤治疗组对比，似可看出在总胆红质4.1毫克%以上者，小陷胸加枳实汤退黄效果较茵陈蒿汤为快。

《条辨》尚有用于黄疸的杏仁石膏汤，用于湿热下痢的加减芩芍汤，亦是属于苦辛通泄之剂。

例（慢性胆囊炎）：王××，女，40岁，教师。因上腹部阵发性疼痛一月余来诊，曾在某医院胆囊造影示胆囊收缩功能不佳，诊断为慢性胆囊炎。来诊时上腹部疼痛、痞满，恶心呕吐，纳差厌油，疼痛剧烈时出汗，但身无寒热，口苦口黏，口干而不欲饮水，舌有瘀点苔黄腻，脉象弦细，证属脾胃湿热，肝郁血阻，拟辛开苦降合舒肝活血，并佐清肝。方用：黄连、夏枯草各12克，全瓜蒌、金钱草各30克，半夏、枳实、川楝子、生蒲黄、五灵脂、制香附、焦楂肉、六曲各9克，蒲公英15克，元胡索3克（研冲）。六剂后，上腹部仅略感隐痛，痞满大减，精神好转，食量增加，舌苔黄腻消退，亦无恶心呕吐，仍予上方继续加减调理，病情稳定，未再急性发作。

《伤寒论》以小陷胸汤治疗小结胸证，温病学派于方中加枳实，名小陷胸加枳实汤，治疗暑温结胸，其苦辛通降之力更强。本例患者除有湿热壅结中焦外，尚见肝郁气滞，气滞而血瘀，故用小陷胸加枳实汤，配合金铃子散、失笑散加香附，以舒肝活血。肝喜润恶燥，胆则内寄相火，最忌热邪燔灼，故佐以清肝利胆之夏枯草、金钱草、蒲公英。

三、苦辛淡渗

湿热留恋，三焦气化失司，与湿热阻滞中焦之单纯用苦辛通泄不同，除苦寒药与辛温药同用外，仍需合用宣畅气机、淡渗利湿之品，故为苦辛淡渗之剂。《条辨》中治疗暑温、伏暑，三焦均受的杏仁滑石汤，治疗湿温，表里湿热两伤的黄芩滑石汤，都是以芩、连之苦寒，合朴、夏、杏、蔻之辛温，再以杏仁、郁金、陈皮、大腹皮宣畅气机，合茯苓、滑石、通草等淡渗之品组成，使三焦表里内外之湿热，各得分解。

例（肺心病合并感染）：杜×，女，58岁，干部，病历号15169。肺源性心脏病病程中，因感冒而出现咳嗽痰多，痰色白黏长丝不断，满口发黏，咯痰不畅，口苦口干不欲饮水，胸闷痞满，腹胀下坠，大便黏滞不爽，汗出，溺短，脉象弦数，舌苔黄褐黏腻，虽有气阴两虚，但目前痰湿壅滞化热，充斥三焦，故予苦辛淡渗以清利湿热：滑石15克，杏仁、黄芩、橘红、郁金、厚朴、半夏、大腹皮各9克，黄连6克。服四剂，黏痰减少，舌苔见退，又服四剂，黄褐黏腻之苔消失，腹胀下坠及胸闷痞满也见好转，大便较畅，汗出减轻，小便增加，病情稍见稳定，但仍口黏，自觉咽部黏痰仍有，因考虑原有气阴两虚，恐徒清利湿热治标，不去培本，痰湿仍能继续产生，乃予玉屏风散、生脉散加味。不料二剂后，舌苔又现黄腻，上述症状又再度出现，扶正反而恋邪不解，故仍以清利湿热治疗，药后病情又趋稳定，以后因故出院。

本例以苦辛通泄合宣畅气机，淡渗利湿之杏仁滑石汤加减治疗，使之三焦湿热得去，祛邪则其正自复。

由本例可看出，湿热未清，不可早用扶正之剂，否则反致恋邪。标本缓急应根据具体情况而定，湿热未清之时，应以治湿热为主，只要湿热得清，则其正自复。因湿热在当时已变为主要矛盾。

四、苦温辛淡

湿热之证，湿重于热，湿郁三焦，气机不宣，小便不利，脘闷痞满，舌白不渴，宜苦温、辛温再合淡渗之剂，方如三仁汤、三加减正气散。个人常将此二方合用，以宣畅三焦，芳化湿郁，用于湿热之湿重于热者，可使湿化热清。《条辨》有五加减正气散，均是用于湿在气分，三焦升降失司，以中焦气机不畅为主，故用藿香梗、厚朴、陈皮、茯苓之苦辛温合淡渗之剂为主要组成部分，其中一、二、三加减方皆是用于湿热之湿重于热者，四、五加减方则是用于寒湿证。

《条辨》凡以苦味药与辛味药同用者，统称苦辛法，其中苦寒药与辛温药同用称苦辛寒法，苦温药与辛温药同用则称苦辛温法，但后世运用苦辛法多指苦寒药与辛温药同用而言。

例（慢性肝炎）：边××，男，15岁，学生。患急性无黄疸型肝炎，恢复不顺利，迁延20月余，肝功能仍不正常，谷丙酶波动在200～300单位之间，肝区胀痛，腹胀脘闷，纳减乏力，口黏略苦，不渴，脉象弦缓，舌质略红、苔黏腻。证属肝郁脾湿，湿郁化热，但湿重于热。拟苦辛以宣畅三焦，芳化湿郁为主，兼以淡渗利湿，并略佐苦寒以清热。方用：杏仁、藿香、厚朴、淡竹叶、半夏各9克，蔻仁、陈皮各6克，薏苡仁、茯苓、夏枯草各12克，滑石24克，通草3克，败酱草15克。连服一月，谷丙酶降至130单位，肝区不痛，纳食增加；又服一月，肝功正常，但有渴喜饮，舌苔虽仍薄腻，但质较红，为恐苦辛温药耗伤肝阴，乃改用一贯煎治疗，服十天后，饮食又见减少，口黏不渴，肝区疼痛，谷丙酶又增至256单位，是湿热未尽，服滋阴药，邪恋不解之征，于是又用原法治疗，仍予三仁汤合三加减正气散加味治之，又经一月，症状完全消失，复查谷丙酶降至正常。本例所用方药为三仁汤合三加减正气散加味，以杏、蔻、朴、夏苦温辛温之品，合苡、苓、滑、通淡渗利湿，佐藿香、竹叶辛芳化湿，二革苦寒燥湿，使湿热除而正气复。从本例治疗过程中亦可看到湿热未尽之时，不能应用滋养之剂，以免恋邪不解，而使病程延长。

五、辛凉淡渗

湿热留恋气分，郁蒸肌表，汗出而身热不退，胸腹白痦，状如水晶，是湿热病邪有向外透泄而未得宣畅之故，宣辛凉解肌表之热，辛淡渗在里之湿，使表邪从气化而散，里邪从小便而驱，表里双解，可用薏苡竹叶散，以竹叶、连翘辛凉散热，蔻仁宣畅气机，合苡仁、茯苓、滑石、通草以淡渗利湿。如暑湿蔓延三焦，邪在气分，舌滑微黄，宜急清三焦，《条辨》用辛凉台甘寒淡渗之三石汤，以银花、生石膏、寒水石之辛凉甘寒清热，杏仁之宣通气分，滑石、通草之淡渗利湿，使气分之暑热得辛凉而清解，湿邪得以气化而渗利。

例（急性无黄疸型肝炎）：孙××，男，45岁，干部，患急性无黄疸型肝炎已4月，经用苦寒渗湿剂治疗，谷丙酶由原来500单位下降为260单位，麝浊由20单位下降至12单位，麝絮由+++转++，乙型肝炎抗原阳性，因听说养血药对麝浊不正常有效，乃自服乌鸡白凤丸、当归丸，一月后麝浊降为10单位，麝絮+，但谷丙酶反上升至500单位以上，同时自觉乏力，肝区胀痛，腹胀脘闷，口苦口干喜饮，舌质稍红、有瘀斑及齿痕，苔薄黄而腻，脉象弦细。此湿热未尽，服补养药后，病邪留恋不解，现舌质稍红，口干口苦，喜饮，为略有阴虚之象，如用滋养肝阴则恋邪，若用苦寒清热又恐化燥伤阴，故予辛凉甘淡之剂，既可避免损耗肝阴，又能使湿热余邪得以消除；因有挟瘀，略佐活血通络。方用：寒水石、生石膏、滑石各30克，杏仁，金银花、香附、焦楂肉、焦六曲各9克，淡竹茹6克，通草3克，茜草、云苓、旋覆花各12克。服药半月，谷丙酶降至210单位，麝浊8单位，诸症均减，继服。一月，肝功能全部正常，乙型肝炎抗原亦转为阴性。

本例患者以银花、生石膏、寒水石之辛凉甘寒清热，杏仁宣通气分，滑石、茯苓、通草以淡渗利湿，佐草、香附、旋覆花活血通络以疏通瘀滞，而使湿热去，正气复。

以上仅就《条辨》中有关治疗湿热方面的几个代表性方剂，结合个人临床体会，试作如上的分析。并强调在湿热存在下，袪邪即是扶正。不要认定湿热是标，非扶正治本不能去标，应根据标本缓急具体情况来定，免使临床上许多湿热之证长久不愈，延缓恢复。所论不一定正确，望批评指正。

［《浙江中医药》，1978；（3）］

略谈《温病条辨》中药物配伍性味组合

林绍日

中药配伍和性味组合，前人已积累了丰富经验。读《浙江中医药》1977年第4期林乾良同志《中药配伍的理论研究——性味组合》一文，对我启发很大。由是联想起《温病条辨》。书中所载辛甘化阳、酸甘化阴、苦辛通降、酸苦为阴、辛淡为阳等等，皆足说明性味组合的转化关系。兹就《温病条辨》书中有关性味组合，联系林氏论述，略谈个人体会：

一、辛苦法（辛开苦降）

林氏说："《伤寒论》诸泻心汤用生姜、半夏之辛以佐黄芩、黄连之苦；治疗胃肠升降失调之痞满呕逆，由于辛开苦降而使清浊各循其道，历来认为效如桴鼓之应。后世方如左金丸、香连丸等，均合辛开苦降之奥秘。至于温病学派对湿温的治法中，辛开苦降更列于重要地位，著名方剂有连朴饮、甘露消毒丹等。"可谓要言不烦。《温病条辨》运用辛开苦降，相当灵活细腻。

1. 辛苦寒法　如小陷胸加枳实汤（黄连、栝蒌、枳实、半夏），用以治疗阳明暑温，水结在胸。

2. 苦辛温法　如温脾汤（草果、桂枝、生姜、茯苓、蜀漆、厚朴），用以治疗太阴三证，腹胀不渴，呕水。

3. 辛苦热法　如椒附白通汤（附子、川椒、干姜、葱白、猪胆汁），用以治疗足太阴寒湿，舌白滑，甚则灰，脉迟，不食不寐，大便窒塞，腹痛，痛甚则肢厥者。

4. 辛苦通法　如新制桔皮竹茹汤（桔皮、竹茹、柿蒂、姜汁），用以治疗湿热里遏胃气致哕。

5. 苦辛芳香法　如五加减正气散（藿香、厚朴、杏仁、茯苓、广皮、神曲、谷芽、茵陈等），用以治疗三焦湿郁，升降失司，脘逆腹胀，大便不爽等症。

二、辛甘法（辛甘发散）

1. 林氏说："《内经》有'辛甘发散为阳'的记载。群众习知的治轻证外感风寒用生姜冲红糖热服，即是典型的单方，至于桂枝汤中用桂、姜与草、枣，则是经方中的重要方剂。"吴氏宗《内经》"风淫于内，治以辛凉，佐以苦甘"之义，合辛复苦甘二法，立银翘散、桑菊饮等方，用以清解温热之邪而补《伤寒论》治疗外感病之不足。

2. 林氏说："甘能补而辛能散，辛甘合用则补中有散而不致于呆滞。故补益方剂以甘为主而常配伍辛味，如四物汤用川芎、补中益气汤用陈皮、温脾汤用木香等。"吴氏更有四逆加人参汤（炙甘草、干姜、附子、人参）之辛甘热法，治疗湿伤脾胃两阳，手足逆冷，用以温补脾胃之阳。

3. 林氏说："辛甘配合又兼调和之功，如半夏、秫米之和胃；生姜、大枣之和荣卫等。"吴氏选用活人败毒散之辛甘温法（羌活、独活、茯苓、川芎、枳壳、柴胡、人参、前胡、桔梗），治疗暑湿风寒杂感，寒热迭作，表证正盛，里证复急，腹不和而滞者，用以调和表里。以上足以说明，辛甘组合得法，确具发表解肌温补调和作用。

三、辛酸法（辛宣酸敛）

林氏说："辛酸合用则宣中有敛、散中有收。一开一阖，虽似相反，应用得宜，适足相辅、相成。例如：五味子与细辛古方每配伍同用，可以敛肺镇咳而不碍邪，又可防止散寒解表之太过，如小青龙汤、射干麻黄汤等。"吴氏治疗湿凝气阻，暑邪深入厥阴，上下格拒，用椒梅丸，苦酸复辛甘法，寒热刚柔并用，足显匠心。

四、辛咸法（辛散咸软）

林氏说："对于顽痰一类疾患，可用辛散咸软以化痰散结。古方如礞石滚痰丸与《古今医鉴》竹沥达痰丸等用礞石与沉香，《圣惠方》钓痰膏用皂荚与半夏等。至于临床上广泛应用的海藻玉壶汤，也是以辛咸组方的典范。"吴氏治疗太阴温病，发汗而汗不出，发为斑疹者，用辛咸复甘苦法，组成著名方剂化斑汤（石膏、知母、甘草、粳米、犀角、元参），以石膏之辛寒配元参、犀角之咸寒，救肾水而济心火，用以清化斑疹。

五、辛淡法（辛行淡渗）

林氏说："辛可行气化湿，淡可渗湿利水。辛淡配伍，治湿浊最宜。例如：《温病条辨》三仁汤，用竹叶、苡仁之淡，伍以蔻仁，半夏之辛，治湿温初起或湿浊内盛最效，即是明显的例子。"吴氏治疗湿温，更在辛行淡渗的基础上，灵活化裁。例如：滑石藿香汤（滑石、通草、猪苓、茯苓、藿香、厚朴、蔻仁、陈皮），以辛淡合芳香法，治疗暑湿内伏，三焦气机阻塞，滞下红白，舌色灰黄，渴不多饮，小便不利者，用以化湿利水。

六、苦甘法

林氏列表指出：苦甘化合，能清脏腑热，如龙胆泻肝汤之龙胆与甘草。吴氏治疗阳明温病，下后数日热不退或退不尽，口燥咽干，舌苔干黑或金黄色，脉沉有力者，用护胃承气汤（大黄、元参、生地、丹皮、知母、麦冬），以大黄、知母之苦寒配生地，麦冬之甘寒，用以养胃阴清内热。

总之，吴氏对中药配伍性味组合，是独具慧眼，能灵活化裁，熨贴病情。他对李东垣的清暑益气汤，认为是辛甘化阳、酸甘化阴复法（以苍术、陈皮等之辛配人参，黄芪等之甘以化阳；以五味子之酸配麦冬等之甘以化阴）。又如白虎加桂枝汤，认为是辛凉甘苦复辛温法，以石膏之辛凉，知母之苦，甘草、粳米之甘，复以桂枝之辛温，用以治疗温疟，骨节疼烦，时呕，其脉如平者。又如新加香薷饮（香薷、银花、鲜扁豆花、厚朴、连翘），认为是辛温辛凉复法，以香薷之辛温，配银花、连翘之辛凉，治暑温但汗不出者。其他不胜枚举。总之，《温病条辨》一书，对中药配伍和性味组合，非常重视。以上所举，略见一斑耳。

[《浙江中医药》，1978；(5)]

《温病条辨》对《伤寒论》承气汤的继承和发展

张晗睿　谢　婷　王庆国　崔　健

作为温病学派的代表人物之一，吴鞠通在《温病条辨》中对承气汤的应用颇具特色，在理法方药上对《伤寒论》承气汤的运用均有所补充和发展。特别是在方药运用方面，由《伤寒论》承气汤加减化裁而来的诸承气汤方，大大扩展了承气汤的临床应用范围。因此可以说，《温病条辨》继承了《伤寒论》承气汤的内容，并在此基础上有所发挥，进一步丰富了承气下法的理论基础和临床应用。

一、《温病条辨》对《伤寒论》承气汤应用的继承

《伤寒论》中承气汤共有四方，即大承气汤、小承气汤、调胃承气汤和桃核承气汤。其中，大承气汤、小承气汤和调胃承气汤均见于阳明病篇，用于阳明腑实证。大承气汤用于燥热内盛、腑实壅滞，泻热通便两者并重；小承气汤以通便为主，治疗以腹部实证表现为主而热不盛的情况；调胃承气汤用于燥热内盛、腑实初成，以泻下燥热、调畅胃气为主。桃核承气汤见于太阳病篇，用于太阳膀胱蓄血之证，病机乃血热互结，且热重而势急、瘀血初成，功在泻热逐瘀，故其方乃由调胃承气汤加味而来。除四承气汤外，《伤寒论》中具通下作用的又有由小承气汤加味而来治疗脾约证的麻子仁丸，以及用于治疗津枯便秘的外导法，即蜜煎导方和猪胆汁方。从中可见，《伤寒论》对承气汤的运用，一方面已明确了大、小、调胃三承气在泻热和通便方面的侧重和区别，另一方面，麻子仁丸之润下法以及蜜煎导方和猪胆汁方的外导法，在一定程度上也体现了《伤寒论》"存津液"的治疗精神。

在这两点上，《温病条辨》继承了《伤寒论》的学术思想。在《温病条辨》中，吴鞠通对《伤寒论》承气四方均有化裁应用。在阳明通下三法的论述中，吴鞠通明确指出热结液干之大实证用大承气，偏于热结而见旁流用调胃承气，偏于液干而热结不明显的用增液承气，与《伤寒论》对三承气汤的论述基本一致。而温热病用调胃承气加减较多，而用大、小承气汤化裁较少的特点也从一个侧面体现了温病下法对固护津液的重视。因此可见，《温病条辨》很好的继承了《伤寒论》承气下法的内容。

二、《温病条辨》对《伤寒论》承气汤应用的发展

《温病条辨》对《伤寒论》承气下法的发展体现在对理论的深入阐述和方药的化裁应用上，其对"下后立法"的论述也颇具特色。

1.《温病条辨》对承气汤运用机理的阐述和发展　《温病条辨》对承气汤的应用体现了攻邪与扶正并重的指导思想，具体表现在对承气汤逐热祛邪功效的灵活运用，和对固护津液原则的重视。

（1）承气汤方功在逐热祛邪，非专为攻下腑实：吴鞠通在仲景《伤寒论》运用承气汤的基础上，又综合了吴又可《温疫论》中有关下法的见解，申明承气汤不仅用于攻下腑实，更主要的是用于逐热及祛除邪气，这一观点给在热病中运用承气汤的加减变化提供了极为宝贵的经验。对于大、小、调胃三承气的运用，吴鞠通充分认识到伤寒与温病病因病机不同，以及温热之邪易化燥伤阴的特点，故用伤寒之方而减枳实、厚朴之量，以防其燥热之弊。而吴鞠通所创的承气合方更鲜明地体现了温病承气下法逐热祛邪与攻下腑实兼顾的特点。可以说承气功在逐热祛邪，非专为攻下腑实的治疗宗旨是贯穿《温病条辨》承气汤运用的始终的。

（2）温病下法重在扶正祛邪，最紧要是固护津液：《温病条辨》对承气汤的运用无处不体现着固护津液的原则。其中最具特色的是增液汤及其类方的应用。增液汤为吴鞠通在《温病条辨》中首创，是寓泻于补之法的体现，其特色在于以补药之体作泻药之用，适用于体虚温病，因劫液而致不大便，形成半虚半实之证者。《温病条辨》中焦篇第一、三条都强调先用增液汤，如不下者，再加大黄、芒硝。第二条也论述了阳明温病，用攻下法攻下燥结之后，二三日内大便秘结不通，并见脉不甚沉或沉而无力，此乃燥热不甚而正气已虚，液燥津亏，无水舟停之候，只可用增液汤润下，而不可用承气攻伐之剂。以上诸条均体现了吴鞠

通在下法运用中对固护津液的重视。更为重要的是，吴鞠通以增液汤加味化裁，又创增液承气汤、新加黄龙汤、护胃承气汤等，这些方药均建立在固护津液的基础上，通过攻补兼施而起到扶正祛邪的作用。

2.《温病条辨》对承气汤方药运用的补充和发展　《温病条辨》中除包括《伤寒论》之大承气汤、小承气汤、调胃承气汤外，中焦篇还有增液承气汤、护胃承气汤、宣白承气汤、牛黄承气汤、导赤承气汤，以及承气合小陷胸汤和由增液承气汤化裁而来的新加黄龙汤，下焦篇又有桃仁承气汤和加减桃仁承气汤，合计 12 方。其新加之 8 方对《伤寒论》承气汤的运用进行了有益的补充，主要可以概括为以下几方面。

（1）攻邪与扶正的相互结合：《温病条辨》对承气汤的运用注重攻邪与扶正相结合，代表方有以下 3 个。

①增液承气汤用于热结便秘，阴液素亏：增液承气汤在《温病条辨》中用于阳明温病，下后不通，津液枯涸，且燥热又甚，服增液汤不得通者。此方既能养阴，又下热结，吴鞠通称之为“气血合治”之法。在临床中，此方可用于素体阴亏，又感温病，肠燥便秘，且以阴伤为主者。

②新加黄龙汤用于热结便秘，气阴两虚：《温病条辨》中以此方治疗正虚不能运药之下后大便不通。其病机为阳明温病应下失下，热结耗伤气阴，乃邪实而正虚，腑实未去，气阴两伤之证。此方乃调胃承气汤合增液汤又加海参、当归、人参、佐以姜汁组成，实即增液承气汤加味而来。

③护胃承气汤用于热结便秘，兼有阴伤：护胃承气汤在《温病条辨》中用于温病下后，热结未去或去而复聚，阴津受伤之后，以护胃承气汤攻下热结、养阴清热。此方在攻下之中佐以甘寒生津、养阴清热之品，因此攻下而不伤津，养阴而不敛邪。

以上三方各有侧重。增液承气汤滋阴攻下，治热结便秘而兼阴液亏损之证，以阴伤为主；新加黄龙汤则于增液承气汤中加入补气滋阴之品，其滋阴攻下之力强于增液承气汤，并更具补气扶正之功；护胃承气汤主治以热结为主兼有阴津受伤。三方均体现了温病中承气汤攻邪与扶正并重之意。

（1）主证与兼证的统一处理：《温病条辨》合治之法指阳明温病出现应下之证时，若伴有其他脏腑病证，如肺经、小肠经、心包经病证等，应该在攻下腑实、保持腑气畅通的同时兼顾其他脏腑所出现的病证。

①宣白承气汤用于热结便秘兼痰热壅肺：宣白承气汤用于阳明温病运用下法之后，大便仍不通，且见呼吸喘促，坐卧不宁，痰涎壅盛，右寸脉实大者。其病机为肺气不降而致大肠腑气不通，腑实热结上迫于肺，更加重其肺气不降之证，故治以宣白承气汤宣上通下，为“脏腑同治”之法。

②承气汤合小陷胸汤用于热结便秘兼痰热结胸：承气合小陷胸汤用于治疗温病三焦俱急，上焦未清，已入中焦阳明，并有陷入下焦，损及真阴的趋势。

病机为痰热结于胸脘，燥屎结于大肠，上下俱急，故以小陷胸和承气汤宽胸通肠，为“上下同治”之法。

③导赤承气汤用于热结便秘兼小肠热盛：导赤承气汤用于下后不通，同时出现小便色赤、刺痛，烦热口渴，左尺脉牢坚的实象，病机为大肠热结，小肠热盛，下注膀胱，水热互结之候。导赤承气汤六药共用，即能通泻大便，又能通利小便，两解大肠与膀胱之邪，为“二肠同治”之法。

④牛黄承气汤用于热结便秘兼邪陷心包：牛黄承气汤用于下后不通又见神昏舌烂，饮不解渴，此乃邪闭心包，又兼腑实之象，此时徒攻阳明无益，必须同时开其窍闭，方用牛黄承气汤。以牛黄丸开手少阴之闭，以承气汤急下阳明，为“两少阴合治”之法。

3.《温病条辨》对“下后立法”的贡献　温病“下后立法”的阐述是《温病条辨》对以承气汤为代表的伤寒下法的一大发展和对承气汤临床应用的重要补充，具体体现在以下两个方面。

（1）详论下后诸证，以示圆机活法之要：吴鞠通在《温病条辨》中对下后变见之证的治疗进行了详细论述，凡见五方。益胃汤用于下后阴伤，症见汗出，为下后复阴之法；银翘汤用于下后里气得通而余邪留于肌表，欲作汗而不得者，乃表里之热同治；清燥汤用于下后里热未清，阴分已伤，又不可再下，功用增水清火；栀子豉汤用于下后邪气半在阳明、半犹在膈，而见心中懊恼者，要在清热除烦；若下后，红疹继续发出，乃邪热充斥表里、营分伏热未清，则可用银翘散去豆豉加细生地、大青叶、玄参、丹皮汤清解心胃热毒、透发斑疹。

从以上可见，吴鞠通借下后诸证的论述，一方面重申温热病治疗中复阴与保津的重要性，一方面又通过例证表明治疗下后诸证中辨证论治的重要意义。

（2）重申下后之禁，以明固护正气之本：《温病条辨》对“下后之禁”的论述共见两条。第十六条言阳明病运用下法后二三天，如果下证复现，乃为邪热复聚于里兼阴液亏损，只可予增液，不可予承气，以免犯数下之禁。第三十三条言阳明温病运用下法以后，已脉静身凉，舌上津回，即使有数十日不大便，乃因胃肠津液受伤之故，不可再与承气汤类强行攻下，只可与益胃、增液等方，若下后舌苔未尽退，且有口微渴、面微赤、脉微数、身微热等证的，如属余热未清，当以增液辈清其余邪，如属日久病深者，用加减复脉，按下焦虚损论治。总之不可轻予承气，以防耗伤肺胃之津。

此下后诸禁两条又再次强调下后正气虚衰，不可妄行攻伐，仍将固护正气放在治疗的第一位。

由以上论述可见，《温病条辨》在继承《伤寒论》承气下法内容的基础上，又在运用机理上深入阐述、在方药运用及下后立法上进行了有益的补充，可谓既有继承，又有发展，大大丰富了温病下法的内容。探讨《温病条辨》对《伤寒论》承气汤运用的继承和发展不仅有助于深入理解以承气汤为代表的下法的理论基础和临床应用，同时对于进一步把握伤寒与温病学说的区别和联系，对临床上系统辨证地运用伤寒及温病理论，提高临床疗效具有重要的意义。

［《中医药学报》，2007；（6）］

《温病条辨》对《伤寒论》承气汤的运用和发展

邹　雯

三承气汤皆出自张仲景《伤寒论》。吴瑭云：“承气者，承顺胃气也。”即承顺其失降的胃气，以恢复其主降的功能。“故承气汤通胃结、救胃阴乃系承胃腑本来下降之气。因其能攻下腑实、泄热救阴、承顺胃气，使塞者通、闭者畅而得名。”

承气三方在《伤寒论》中的原意为治阳明腑实证见痞、满、燥、实者，药少而力专，可谓经方中之典范。吴鞠通参仲景立法之机，结合自己的临床实践，立足继承，重在发扬，根据温病伤阴的病理特点，运用承气三方攻下中焦胃腑实热燥结，泄热存阴，挽救阴液，并举一反三，对其发挥变通，结合温邪所袭脏腑部位的差异经过加减化裁，使其适应证扩大，“分工”更为明确，更因腑实兼证之不同，加以发展变化，创立了宣白承气汤、导赤承气汤、牛黄承气汤、增液承气汤、护胃承气汤等承气汤，大大扩大了承气法的治疗范围，同时极大地丰富了下法的治疗内容，使之更适应于温热病的治疗。

一、《伤寒论》中三承气汤的应用

《伤寒论》承气三方通腑泻热，急下存阴，为治阳明腑实证而设，主治阳明病痞、满、燥、实之证。主要症状为潮热、腹满拒按、便秘、昏谵、苔黄燥、脉沉实等。然而三方各有特点：大承气汤主治阳明腑实重证，为三承气汤中峻下之剂，即痞、满、燥、实证悉具。吴氏云：“曰大承气者，合四药而观之，可谓无坚不破，无微不入，故曰大也。非真正实热蔽痼，气血俱结者，不可用也。”大黄通利实秘，芒硝化燥软坚，枳实行气消痞，厚朴宽中除满，可见方中的四味药即针对四大主症而设。小承气汤主治阳明腑实轻证，为三承气汤中的轻下之剂，即痞、满、实症具备。调胃承气汤主治燥、实较甚，痞、满不显之阳明腑实证，为三承气中缓下之剂。

二、《温病条辨》对三承气汤的应用

《温病条辨》对三承气汤的应用较为合理。《温病条辨·中焦篇》第 1 条用大承气汤，从所列症状看，并非四症俱全。吴瑭主要以证之轻重区别大、小承气汤，指出“阳明温病，诸证悉有而微，脉不浮者，小承气汤微和之”。而当出现严重腑实症状，就用大承气汤，当然还要根据正气强弱而定。调胃承气汤的主证是热结旁流，中焦篇第七条说：“阳明温病，纯利稀水之粪者，谓之热结旁流，调胃承气汤主之。”热结旁流何以不用大承气而用调胃承气呢？吴氏自注指出：“热结旁流，非气之不通，不用枳、朴，独取芒硝入阴以解热结，反以甘草缓芒硝急趋之性，使之留中解结，不然，结不下而水独行，徒使药性伤人也。”其中提到甘草有使攻下药留中解结，即延续药物在肠中保留时间的作用，是有道理的。

吴鞠通还指出，脉体反小而实者，可用大承气，而脉浮洪躁者，只可用白虎汤。“脉体反小而实”是对《伤寒论》阳明腑实证“脉沉迟”的很好说明，提示病纯在里，已成热结，治疗应下夺为主，用大承气汤苦寒泄热，这点与《伤寒论》的精神是一脉相承的。《伤寒论》很少论及舌苔，只在原文六条提到四种舌象。《金匮·腹满篇》虽有“舌黄未下者，下之黄自去”的记载，但其亦不详。《温病条辨》中焦篇对舌苔辨析甚详。温病用下，则必验之于舌，舌苔黄燥或焦黑是腑实的共同征象，也是辨证选方用药的特有标志。虽然吴氏告诫我们“承气非可轻尝之品”，“舌苔老黄，甚则黑有芒刺，脉体沉实的系燥结痞满，方可用之。”但又不可拘泥，临证当舌脉合参。

吴氏用承气，不强调痞满，而强调燥实，在病人痞满时很少用承气。另如中焦篇第 10、第 16 都提到不可再用承气。可见吴氏用承气汤方也很小心。再如第 38 条“见面赤，身热，渴欲凉快，大便闭”等，似有可下之证，但又见“苔黄滑，胸下痛”，故断为“水结在胸”，既有无形邪热，又有有形痰湿，故不用承气，而用小陷胸加枳实汤。第 39 条见“阳明暑湿，脉滑数，不食不饥不便，浊痰凝聚，心下痞者。”因其浊痰凝聚，湿热互结而阻中焦气分，故亦不用承气，而用半夏泻心汤去人参、干姜、大枣、甘草加枳实、杏仁。可见虽有便结可下之证，而见上焦证未罢，或夹痰、夹湿或兼见阴伤者，吴氏不单用承气，或不用承气。其治痰浊夹湿者，多用辛开苦降的配伍原则，这点与《伤寒论》是一脉相承的，如泻心汤、小陷胸汤等均出于《伤寒论》，但又对方剂作了很好的补充和发展。“一以仲景为依归，而变化于心，不拘常格，往往神明于法之外，而究不离乎法之中。”

可见对于三承气汤的运用，应当详辨病机及症状，同时重视病人正气的强弱，不可随意套用。总之，在临床运用中要深刻理解三承气汤的方义，其中要特别领会鞠通所言“承气者，承胃气也……今为邪气蟠踞于中，阻其下降之气，胃虽欲降而不能，非药力助之不可，故承气汤通胃结，救胃阴，乃秉承胃腑本来下降之气，非有一毫私智穿凿于其间也”的意义所在。

三、《温病条辨》对三承气汤的发展

吴氏以承气三方为基础，加以发展变化，灵活化裁，在《温病条辨》中加减变化出来的类方有宣白承气汤、导赤承气汤、牛黄承气汤、增液承气汤、护胃承气汤、新加黄龙汤、承气合小陷胸汤、加减桃仁承气汤等。其中正虚不运药者，新加黄龙汤“邪正合治”；肺气不降者，宜宣白承气汤“脏腑合治”；大小肠腑热结实者，导赤承气汤“少阴合治”；津液不足无水停舟者，增液汤或增液承气汤“增水行舟”；邪闭心包，内窍不通者，牛黄承气汤“两少阴合治”；痰热互结心下，兼阳明腑实者，承气合小陷胸汤“上下二焦合治”；下后伤阴，余邪未尽，复聚阳明者，护胃承气汤“攻下护胃”；热入血室，神识忽清忽乱者，加减桃仁承气汤攻下泻热，活血逐瘀。上述八承气汤方。唯其大黄不变，他药则依据病情均可变换，因热结阳明，惟大黄能直捣中宫，倾其腑实，且大黄均生用，意在急下存阴，故不取熟者。

温热病最易耗伤阴液，阴伤则肠燥便秘。反之便结又可助热势增高，发展下去可以形成恶性循环。故在临床实践中要正确处理清热、滋阴、攻下三者的关系。详审病情，以法治之。清热即所以养阴，滋阴有助于通便，泻下有利于清热，三者相辅相成。古人有“急下存阴”及“存得一分阴液，便有一分生机”之说，故下法在温病治疗上占有很重要的位置。但应用下法要时时注意维护阴液，切记“下而勿损”。吴氏在三承气发展用药变化中，针对温病耗气伤津的特点，在《温病条辨》中承气汤的变方多加入滋阴生津之品，而不用枳实、厚朴以免破气耗阴，此为八个承气汤变方的共同点。

综上所述，吴鞠通在运用、化裁承气汤时，主要从两点着眼：一是重在因证立法，依法遣方，证有主证兼证，法有正法变法，而后选药组方，才能更大范围地适应病情的复杂变化；二是随症变方，根据不同症状的不同表现而增减药味，主证不变，主方不变，而药味随症状而增损，遵守“观其脉证，知犯何逆，随证治之”的辨证施治原则。《温病条辨》比较广泛地引用了《伤寒论》的方剂，或循方书而有所发挥，或遵其经旨而有所变通，或补经旨之未备，彰经旨之未发，堪称善用《伤寒沦》方剂的典范，也丰富了温热病的治疗学内涵。

[《江西中医药》，2006；(1)]

吴鞠通温病治疗禁忌思想探讨

马卫国　指导老师：杨进

吴鞠通在《温病条辨》一书中列举了九种温病，又根据这九种温病受邪性质之不同，将其分为温热病和湿热病两大类，其治疗禁忌有很多不同，本文将分别给予论述。

一、忌辛温发汗

温病是外感温热邪气，与伤寒外感寒邪截然不同，因此绝不可用辛温发汗药，如麻黄、桂枝、羌活之类，以防助热耗津，引邪深入。吴鞠通在书中曾多处提到温病禁汗，且指出误用汗法后的种种坏证，以示告诫。如“汗之不惟不解，反生他患。盖病在手经，徒伤足太阳无益，病自口鼻吸受而生，徒发其表亦无益也。且汗为心液，心阳受伤，必有神明内乱、谵语癫狂、内闭外脱之变。再，误汗虽曰伤阳，汗乃五液之一，未始不伤阴也。……温病最善伤阴，用药又复伤阴，岂非为贼立帜乎”（《温病条辨·上焦篇4》，以下原文均引自人民卫生出版社1963年版《温病条辨》），“太阴温病，不可发汗，发汗而汗不出者，必发斑疹，汗出过多者，必神昏谵语”（上焦篇16）。当然，这种规定并非绝对，温病邪在卫分，表邪郁闭较重者，亦可适当辅以辛温解表，以助散邪。

湿热病，因其为感受湿热之邪所致，湿热之邪的性质与温热之邪不同，故湿热病在忌汗方面与温热病有所不同。湿热病之禁汗，仅指禁辛温大汗，如麻黄汤、桂枝汤之类。因湿为阴邪，黏滞难以速除，必取微汗，方能缓缓祛之。而麻黄、桂枝之类药物，大辛大温，温窜太过，用之不惟湿不能祛，反易助热动湿，使湿热上蒙清窍，内闭心包，而导致神昏、耳聋之重证。正如吴鞠通所说：“汗之则神昏耳聋，甚则目瞑不欲言。”（上焦篇43）治之只宜辛温芳香之品，轻宣芳化，使腠理通畅，微有汗出，邪从汗解。“湿为阴邪，非温不解”，辛微温芳香宣化之法，仍是微汗祛邪之法，其可连续使用，直至湿化热清，舌苔不腻为止。

二、忌淡渗利尿

温热病最易伤阴，常可见到尿少或无尿，这是因为津伤化源不足所致，非淡渗利尿所宜。应以清热生津法治疗，热去则津复，津复则小便自然而下。因此，治温热病切忌利尿药（如猪苓、泽泻、车前子、滑石之类），以防其再度伤阴。吴鞠通指出：“温病小便不利者，淡渗不可与也，忌五苓、八正辈。”并在自注中说“此用淡渗之禁也。热病有余于火，不足于水，惟以滋水泻火为急务，岂可再以淡渗动阳而燥津乎？”（中焦篇30）尤其是“温热大伤阴气之后……阴尚亏欠之至，岂可……利小便哉”，并自立甘苦合化阴气法，创冬地三黄汤。而湿热病中，利小便为常用之法，“治湿不利小便，非其治也”，湿邪困阻三焦，均可配合此法，使湿邪从小便而去。

三、忌滋补

温热病最易耗损津液，在疾病的早期即可因津液耗损而出现阴虚见证，但此时邪热尚盛，治疗应以清热为主，配以甘寒生津的药物，热退则津还。切不可因其津液亏乏而妄用滋补（如熟地、龟板、鳖甲之类），以防滋腻壅滞，使邪热内郁而致“闭门留寇”。湿热病中可见午后发热，易误认为阴虚潮热，而用甘寒滋腻之品，或酸寒、咸寒之类，如山萸、麦冬、龟板、阿胶等，则致低热不退或逼邪深入。湿阻气机，本宜宣畅，滋腻之品易助湿，又阻滞气机，热邪因之不得透，日久必内逼深入，成胶结难解之势，故曰“润之则病深不解”（上焦篇 43）。

四、忌温补

温热病忌温补，贯穿始终，尤其是在后期，热退身凉，阴伤较重，虚象明显，若是以为阳气虚寒而误用温补，则使未尽之热复起，前功尽弃。叶天士在《外感温热篇》中早有名训：“清凉到十分之六七，往往热减身寒者，不可就云虚寒，而投补剂，恐炉烟虽熄，灰中有火也……慎不可直率而往也。”吴氏继承叶氏这一思想，明确“复阴之法，乃热病调理之常理”，创三才汤等方，使温热病后期调理有法可依，不使温补致害。

湿热病之忌温补，是指在湿热病中，由于湿阻气机，阳气不通，不能顺利抵达体表和四末，呈面色苍白、肢凉、倦怠乏力，颇似阳虚，此乃湿邪为患，并非虚寒之证，若误诊为阳气虚而投以党参、黄芪等甘温补气药，则壅滞助热，且有碍湿邪之运化，反使湿郁热蒸，病势加重。但对素体阳虚患者，或湿热病后期湿邪已化，阳虚明显，或湿邪少而以正虚为主者，又当用温补，兼以化湿。

五、忌攻下

温热病之忌攻下，是指数下亡阴之忌。吴氏指出：“阳明温病，下后脉静，身不热，舌上津回，十数日不大便，可与益胃、增液辈，断不可再与承气也。”（中焦篇 33）指出阳明温病数下后，津伤严重，即使又出现大便不通，也不可再用峻下之法，而应增液通便。

湿热病之忌攻下，是指忌纯用苦寒攻下。湿温病中，虽可见到大便数日不下，但并非燥结，而是湿热邪气与胃肠积滞相结，阻滞气机，腑气不通，其便下溏滞不爽，亦无腑实见证，无须用苦寒攻下之法。且湿邪黏滞，非一攻可下，若单纯应用大黄、芒硝之类攻下药，不惟湿不能祛，且易损伤脾阳，导致脾气下陷而成洞泄不止之证。正如吴氏所说：“下之则洞泄。”（上焦篇 43）

六、忌苦寒

温热病之忌用苦寒，主要体现在某些方面忌用苦寒药，防其化燥伤阴。如：（1）邪伏阴分，苦寒伤阴。吴氏指出：“太阴温病，寸脉大，舌绛而干，法当渴，今反不渴者，热在营中，清营汤去黄连主之”，“邪气深伏阴分，混处气血之中……不得任用苦燥”（上焦篇 15）。（2）燥邪为患，最忌苦寒。燥虽近于火，而又不同于火，治火可以用苦寒，治燥则最忌苦寒，“燥者濡之”方为治燥大法。吴氏曰：“温病燥热，欲解燥者，先滋其干，不可纯用苦寒也，服之反燥者……此用苦寒之禁也”（中焦篇 31）。（3）苦寒之品，儿科大忌。吴鞠通在《儿科用药论》中曾批评“世人以小儿为纯阳也”的错误认识，明确指出“夫苦寒药，儿科之大禁也”，认为“儿科用苦寒，最伐生生之气”，“小儿之火，惟壮火可减；若少火则赖以生者，何可恣用苦寒以清之哉？”这也是针对时医治小儿病滥用苦寒之弊端而言，并非绝对。

七、引邪内传之忌

防止因误治而引邪深入，亦是吴氏的一个重要思想。吴氏在多处论述到这个问题，如强调三焦用药，各有所宜，“治上不犯中，治中不犯下”。又如在银翘散方论中说本方“宗喻嘉言芳香逐秽之说，用东垣清新凉膈散，辛凉苦甘，病初起，且去入里之黄芩，勿犯中焦……纯然清肃上焦，不犯中下，无开门揖盗之弊，有轻以去实之能”（上焦篇4）。在谈到新加香薷饮时说“用香薷饮发暑邪之表也……若黄连、甘草，纯然里药，暑病初起，且不必用，恐引邪深入，故易以连翘、银花，取其辛凉达肺经之表，纯从外走，不必走中也”（上焦篇24）。

在温毒证治中以普济消毒饮去柴胡、升麻，并说：“初期一二日，再去芩、连，三四日加之佳。”其在自注中说“去黄芩、黄连者，芩、连，清里药也，病初起未至中焦，不得先用里药，故犯中焦也”（上焦篇18）。

八、方剂应用禁忌

吴氏对一些方剂提出使用禁忌，如论白虎汤时指出：“白虎本为达热出表，若其人脉浮弦而细者，不可与也；脉沉者，不可与也；不渴者，不可与也；汗不出者，不可与也，常须识此，勿令误也。”（上焦篇9）论清营汤时指出：“若舌苔白滑，灰滑，淡黄而滑，不渴者，乃湿气蒸腾之象，不得用清营汤柔以济柔也。”（中焦篇20）“壮火尚盛者，不得用定风珠、复脉。邪少虚多者，不得用黄连阿胶汤。阴虚欲痉者，不得用青蒿鳖甲汤。”（下焦篇17）吴氏提出这些禁忌，旨在告诫我们使用这些方剂时，要注意其适用范围，临床可加减使用。关键在于辨证准确，灵活应用，使其切合病情。

九、病症治疗禁忌

吴氏在斑疹一病的治疗中指出“斑疹，用升提则衄，或厥，或呛咳，或昏痉，用壅补则瞀乱”，“此治斑疹之禁也”（中焦篇23）。斑属阳明邪热迫于血分，疹属太阴风热内窜血络。治斑宜清胃泄热，凉血化斑；治疹宜宣肺透邪，清营透疹。不可妄用升提，误用必致邪热壅盛，出现吐血、衄血、痉厥、神昏等症。但若是正虚邪陷之阴斑，则补气升陷之品又不可不用。“斑疹阳明证悉具……不可令大泄，大泄则内陷”，“斑疹虽宜宣泄，但不可太过，令其内陷。斑疹虽忌升提，亦畏内陷”（中焦篇24）。指出斑疹亦不可大下，以防其内陷。

十、饮食禁忌

在温病的治疗过程中，饮食的宜忌与疗效息息相关，故吴氏对这个问题亦非常重视，在书中多次提到这个问题，如“阳明温病，下后热退，不可即食，食者必复，周十二时后，缓缓与食，先取轻者，勿令饱，饱则必复，复必重也”，“此下后暴食之禁也”（中焦篇32），“大抵邪之着人也，每借有质以为依附，热时断不可服食，热退必须少食”，都指出疾病经过治疗好转后，一定要注意饮食调养，勿令食复。“至调理大要，温病后一以养阴为主。饮食之坚硬浓厚者，不可骤进。间有阳气素虚之体质，热病一退，即露旧亏，又不可固执养阴之说，而灭其阳火”（下焦篇35自注），强调养阴为温病愈后的调理大法，但若是素体阳亏者，又当兼顾其阳，不可一味养阴，而更伤其阳。

在湿热病的治疗中，饮食禁忌尤为重要，这是因为湿热病病程长，且以中焦脾胃为病变中心，脾胃又主运化水谷饮食，若是不注意饮食禁忌，使脾胃运化功能受损，营养物质得不到吸收，药物也难以发挥其作用，将给治疗带来很大困难。

因此，生冷、甜滞、油腻、辛辣、坚硬有渣等均为所忌。湿热病愈后，宜少食静养，以防食复、劳复，万勿感冒，以防外感引动余邪而复发。

[《四川中医》，2003；(9)]

论《温病条辨》中人参之应用

邱颂平

人参为“补气之第一要药”，《神农本草经》列为上品，认为人参“主补五脏、安精神、定魂魄、止惊悸、除邪气、明目、开心益智、久服轻身延年”。清代著名温病学家吴鞠通以用寒凉药而著称，但在所著《温病条辨》中，使用甘温之人参则十分广泛，在其201个方中，含有人参者，则有32方，约占15.9%，其用参之道，遵循古训，但遵古而不泥古，临证用药独到之处，令人叹止，且有理论阐发。笔者兹就《温病条辨》中人参之运用规律作一探讨。

一、甘味守中，参补阳明

人参甘微温，善能补气，五脏皆补，重在脾肺。吴鞠通于四时温病，善用人参补阳明益后天，扶正祛邪。如：春温之加减补中益气汤证，吴鞠通认为，春温气虚下陷，门户不藏，乃邪少虚多，偏于气分之证，故以人参配补中益气汤加减而升补为主。暑温之椒梅汤证，乃暑邪深入厥阴，土败木乘，正虚邪炽，最危之候，故以酸苦泄热，扶正祛邪立法，方中用人参补阳明，救胃气。治疗湿温病，吴鞠通以人参泻心汤加白芍汤治之，认为湿在上焦，若中阳不虚者，必始终在上焦，断不内传中焦，今里虚内陷，其势不能还表，故用泻心通降。通降之法，易引邪入里，使虚者更虚，人参甘温以护里阳，祛邪外出，扶正祛邪从里治也；若湿温疟伤胃阳，气逆不降，热劫胃液，治宜救阳立胃为基，胃为中土，伤阳则胃监，伤阴则为燥亢，吴鞠通乃以人参泻心汤主之，方中人参益气生津，刚柔相济，其妙无穷。对于霍乱一证的治疗，汪绮石谓其乃“阳虚寒湿凝聚”所致，吴鞠通在寒湿霍乱之汤证中认为，四肢拘急，乃脾阳不荣四末，手足厥冷，中土湿而厥阴肝木来乘病者，四逆汤主之；而胃阳不伤不吐，脾阳不伤不泻，以不欲饮水，知其寒多，主以理中汤，温中散寒。两汤皆用人参配合干姜守中阳，补阳明，则吐止利停厥回。特别一提的是，原方四逆汤无人参，但吴鞠通见解独特，认为后方较厥逆尚轻。张仲景已用人参，前条中虚更急，不用人参，何以固内，故独加人参者。治疗阳明腑实气阴两虚之新加黄龙汤证，吴鞠通认为，温病中下之不通者，其因之一为正虚不运药者，正气既虚，邪气复实，勉拟黄龙法，以人参补阳明宣胃气，配合麦门冬、生地益气增液，以大黄逐邪，则邪退正存。

二、益气固阴，治痢有功

痢疾之证，或湿热或热毒，疾病初期宜用通法泻其邪而忌用补法滞其气，疾病后期虚实夹杂则攻补兼施。吴鞠通用人参治疗痢疾，无论初期、后期虚实之证均用之，充分体现其用药特色。如暑湿风寒杂感致痢疾之活人败毒散汤证，此证乃内伤水谷之酿湿，外受时令之风湿，中气本自不足之人，又气为湿伤，内外俱急。吴鞠通立方之法，以人参为君，坐镇中州，为督战之帅，配合羌活、独活、前胡、柴胡、川芎，从半表半里之际，领邪出外，所谓“逆流挽舟”也。而此法亦用于内陷变痢之加减柴胡汤证，吴鞠通认为，痢则深于疟，内陷者，病由浅入深，表现为“脾胃气衰，面浮腹膨，里急肛坠”，故以柴胡合黄芩两和阴阳，更合人参宣补胃阳，助柴胡领邪外出。治疗太阴自痢之加减附子理中汤证，吴鞠通认为此证为偏于湿，合脏阴无热之证。常人多以附子理中汤去甘守之人参、甘草，但吴鞠通独持一见，认为其有误用克伐者，人参不但不可去，反又当倍用矣。治疗下利清水，脉虚数之桃花粥证，吴鞠通认为，此乃虚寒完谷不化，脾阳下陷，脉虚数，纯系关闸不藏见证，补之稍缓则脱，故治以温涩，人参益气温中，赤石脂涩肠止脱。治疗久痢之人参乌梅汤证，吴鞠通认为，久痢伤阴，热病液涸，急以救阴为务，乌梅酸收敛阴，但加人参益气生津固阴养液。治疗休息痢下焦篇之参芍汤证，吴鞠通认为，休息痢皆以正虚之故，或纯虚或正虚邪留，故以人参等守补中焦，补而兼固也。治疗噤口痢之加味参苓白术散及肉苁蓉汤证，噤口痢属邪少虚多，胃关欲闭也。张仲景意在实本而作建中汤，李东垣从此而作补中益气、升阳益气、清暑益气等汤。吴鞠通又从张仲景、李东垣两法化出，而以急复胃气为要者也，故取前方，以人参甘苦，益肺脾之气，寓通中之守，为治中焦之法；噤口痢亦有由肾关不开，水土两伤，故以后方主之，方中苁蓉补下焦肾阳，人参补土虚，治之肾胃双开，乃吴鞠通治下焦之法也。

三、大补元气，复脉加参

人参善补，其“补”非一般之补，而是峻补；其所补之“气”非一般之气，而是元气，故其能大补元气，复脉救脱。如温邪久羁中焦，阳明阳土，未有不克少阴癸水者，或已下而阴伤，或未下而阴竭，故以复脉汤复其津液，阴复则阳留，吴鞠通用药之法加甘寒之白芍收三阴之阴，去温燥之生姜、桂枝而独留甘温之人参以补气复脉。在下焦篇之复脉汤及救逆汤方证中，吴鞠通认为，劳倦内伤复感温病，属两感法也，甘能益气，凡甘皆补，故宜复脉汤复脉。若服2~3剂后，“身不热而倦甚，仍加人参”。救逆汤复脉为热邪劫阴之总司也，或少阴或厥阴，主用炙甘草、干地黄，但“脉虚欲散者，加人参二钱”。而在下焦病之大定风珠证中，吴鞠通认为，热邪吸铄真阴，脉虚苔少，真阴仅存一二也。故以大队浓浊填阴塞源，配以参类潜阳镇定，并强调喘者加人参，自汗者加人参，悸者加人参。对于下焦病之十九条证，吴鞠通认为，正虚邪重或邪入下焦，服存阴药，液增作汗，此条肌肤甲错，其津液之枯燥，固不可言，故以复脉加人参，送汗出表。至于热入血室之二十八、二十九条证，吴鞠通认为，热入血室之邪少虚多，亦以复脉为主法，故于复脉汤内加入人参，而取护养元气之意。

四、补气生津，滋阴有参

气津互根，临床常气津同病，法宜气津双调，且于气中补血滋阴较纯补阴血效佳。人参能益气生血，益气生津养阴，吴鞠通用之游刃有余。在秋燥之三甲复脉汤、定风珠及专翕大生膏证中，吴鞠通认为，肾阴恶燥，不论秋燥，外邪伤肾或内伤致燥，均以培养津液为要。3方由浅入深，定风浓于复脉，皆用汤，从急治；专翕取乾坤之静，熬膏为丸，从缓治。然三者皆用人参，益气生津，于气中生阴，以增强治燥之效。在暑邪久热之三才汤证中，吴鞠通认为，凡热病久入下焦，消铄真阴，必以复阴为主，又必兼护其阳。三才汤中欲复其阴用天门冬、干地黄，扶阳用人参，气阴双调。对于疟久不解之加味异功散及鳖甲煎丸证，由于疟邪久羁，成劳疟或疟母，气阴两虚气血不足皆为其本。吴鞠通于两方中用人参，既补易见之气又促阴津之化生，其妙无穷。

五、补肺益气，资汗充脉

汗为津液所化，而温热之邪最易耗气伤津劫液。《温病条辨》对津液不足，无汗可发者，或热逼津出，气随津泄者，每于方中配入人参以益气增液，助汗充脉。在太阴暑病、太阴暑温、阳明温病下后之白虎加人参汤证中，吴鞠通认为："太阴温病，大汗、渴甚、脉浮洪、面赤、恶热者，用辛凉重剂白虎汤主之。"但若"脉浮大而芤、汗涌、鼻扇、脉散大者"，阴虚而阳不固也。补阴药有鞭长莫及之虞，惟白虎汤退邪阳，人参固正阳，救化源欲绝之妙法也。在太阴暑温之生脉散证中，吴鞠通认为，"脉多而散大"，其为阳气发泄太甚，内虚不司留恋可知。生脉散酸甘化阴，守阴所以留阳，阳留，汗自止也；以人参为君，所以补肺中元气也。

吴鞠通在《温病条辨》中收载的人参之汤证，涉及面广，或气津、或阴阳、或实、或虚，其应用详熟自如，出神入化，对后世医家产生了相当大的影响，探究吴鞠通用人参的汤证规律，传承其用药结晶，对于深入理解人参之功用和指导现代临床应用颇有意义。

[《天津中医药大学学报》，2007；(3)]

浅析吴鞠通对玄参、生地、麦冬的配伍应用

汪　平　刘　琼

玄参、生地、麦冬是临床上常用的养阴保津药物，吴鞠通用这些药物组成许多方剂，治疗温热疾病，堪称后世楷模。为了探索其应用规律，仅将《温病条辨》中有关内容作一粗浅分析。

一、玄参、生地、麦冬的配伍应用

玄参甘苦、咸寒，生地甘苦寒，麦冬甘、微苦、微寒，三物相合均能增水行舟，如增液汤中独取玄参为君药，壮水制火、通二便；麦冬能补能润能通，故为之佐；再配生地补而不腻，兼能走络，用于体虚之温病及误伤津液大便不下者。

若在上方加生大黄、牡丹皮、知母，则组成滋阴涤邪、增液益胃之护胃承气汤，适用于邪盛阴虚之便秘。若加知母、人中黄，则成清燥汤，用于泻后无汗，脉不浮而数者，以清燥增水。如属正气虚而邪气实者，则用新加黄龙汤，方中取甘草之缓急和人参之补正，略加姜汁，宣通胃气，以硝黄逐邪攻下，以玄参、生地、麦冬增液行舟，而又去血结之积聚，当归活血润肠，海参咸以化坚，甘可补正，走络中血分，因病久者必入络，故以之为使也（但临床应用一般减去海参）。

再有清营汤，由犀角、玄参、生地、麦冬、竹叶心、丹参、黄连、金银花、连翘组成。吴鞠通用于：(1) 温病热入营分，夜寝不安，心神虚，阳不得入阴而烦渴，舌赤者。(2) 阳明温病，邪在血分，苔黄燥，舌质绛，不渴者，用清营汤以清血分之热，方中犀角清营凉血，合黄连泻热解毒，玄参、生地、麦冬、丹参养阴增液，使热去津液得以补充，金银花、

连翘、竹叶心透热转气。经合用，清营中之热，而保离中之虚也。

吴鞠通冬地三黄汤，用于阳明温病，小便不利者。取其生地、麦冬、玄参伍三黄合用，甘苦合化，以三黄苦寒通之，热结则津干，再以生地、玄参、麦冬甘寒润之，使热去而小便自利。

玉女煎去牛膝、熟地，加生地玄参方，由生石膏、知母、玄参、细生地、麦冬组成，吴鞠通用治气血两燔，此乃邪入气分未解而传入血分，故用生石膏、知母清气分之热，取其细生地轻而不重，凉而不温之意，玄参壮水制火，麦冬养阴清热。

二、麦冬、生地的配伍应用

银翘散加麦冬、生地、牡丹皮、赤芍，用于太阴伏暑，舌赤、口渴、无汗。此为邪在血分而表实之证，有解毒清营之效。若配沙参、牡丹皮、五味子，则组成加减生脉散，用于太阴伏暑，舌赤、口渴、汗多，邪在血分而表虚之证。方中麦冬、生地清营增液，沙参、五味子益气敛汗，牡丹皮凉营泄热。如果桑菊饮去薄荷、苇根，加玉竹、牡丹皮，可用于热入血分，营阴耗损之证。

阳明温病，下后汗出，当复其阴，益胃汤主之。下后无汗，脉浮者，银翘散主之。前者吴鞠通以麦冬、生地配玉竹、沙参、冰糖，益胃养阴，后者则配金银花、连翘、竹叶、生甘草，用于下后邪在表之证，方中金银花、连翘轻宣解表，麦冬、生地养阴增液，竹叶、生甘草甘寒清热。

加减复脉汤由炙甘草、麦冬、生地、生白芍、阿胶、火麻仁组成，主要用于温病后期，热邪久羁，劫铄肝肾之阴，而成邪少虚多之候，证见“身热面赤，口干舌燥，甚则齿黑唇裂，脉虚大，手足心热甚于手足背”，或“温热病六、七日以外，脉尚躁盛者”，或“温病误用升散，脉结代甚则脉两至者”。方中生地、麦冬、白芍、阿胶滋肝肾之阴，炙甘草扶正，火麻仁润燥，共奏滋阴退热，养阴润燥之效。吴鞠通在使用本方时妙在随证变化：（1）一甲复脉汤，去麻仁，加牡蛎，治下焦温病，但大便溏者，以一甲复脉滋养而涩之。（2）二甲复脉汤，加牡蛎、生鳖甲，治热邪深入下焦，脉沉数，舌干齿黑，手指但觉蠕动，以二甲养而镇之。（3）三甲复脉汤，加生牡蛎、生鳖甲、生龟板，治下焦温病，热深厥甚，脉细促，心中大动，甚则心中痛者，用三甲养而济之。三方养阴虽一，但有涩、镇、济之不同，仅在牡蛎、鳖甲、龟板三种同类药物之间作出调整，其不同效用若此，确实启发后学。如温热之邪久羁，阴液大亏，肝风内动，症见手足痉挛，身倦脉弱，舌绛少苔等症，吴鞠通则用大定风珠。方以阿胶、鸡子黄滋阴熄风，生地、白芍、甘草、五味子滋阴柔肝，麦冬、麻仁养血润燥，龟板、鳖甲、牡蛎育阴潜阳，共奏滋阴熄风之效。

若暑邪深入少阴，水火不济，证见口渴、心热烦躁、心神不宁等症，以连梅汤清心泻火，滋肾养阴。方中黄连清心泻火，乌梅酸以生津，合黄连苦以泻热，与生地、麦冬酸甘化阴，以色黑沉降之阿胶救肾水，心火清肾液复则心烦消渴等证即可除。温热入厥阴，而见麻痹者，吴鞠通则以黄连泻克木之火，以乌梅补肝之正，阿胶增液熄肝风，生地、麦冬补水以柔木，麻痹即可止。

三、生地、玄参的配伍

生地伍玄参，清热养阴，解毒散结，吴鞠通以银翘散去豆豉，加生地、玄参、大青叶、牡丹皮，用于风温身热，咳嗽、胸闷、肌肤红疹之证。取生地、玄参配大青叶、牡丹皮凉营解毒，银翘散去辛温发散之豆豉以宣肺泄热，诸药合用则热邪得解，红疹得消，其症自除。

四、玄参、麦冬的配伍

玄参配麦冬，其方有二：（1）清宫汤，本方为咸寒甘苦法，用玄参心、连心麦冬清心增液，加犀角尖辟秽解毒，莲子心交通心肾，连翘心、竹叶卷心通窍清火。此方奥妙之处全是一心之用，以心清心，用于身体灼热，神昏谵语，或昏聩不语、舌謇、脉厥者。（2）加减银翘散，本方用于风温犯肺，逆传心包之轻证，清肺与膈中之热，故用金银花、连翘、竹叶清肺泄热，犀角清心开窍，玄参、麦冬养阴清热，诸药合用，使心包邪热向外透达而解。鞠通玄参配麦冬二方，一是用于逆传心包的重证，一是用于逆传心包的轻证。

综上所述，吴鞠通认为温病最善伤阴，故温病以救阴津为要，《温病条辨》常将玄参、生地、麦冬与清热解毒、活血化瘀、通腑泻下、清营凉血等药物组成系列方剂，不但可以用于气分、营分、血分，也可用于卫分。既用于中上焦，也可用于下焦。因此，养阴保津是温病一大治疗法则，为临床医生所习用。

［《吉林中医药》，2006；（2）］

从《温病条辨》看温病特殊证治中的先后缓急策略

李刘坤　凌泽奎

温病临床治疗不仅要遵循卫气营血和三焦不同阶段的治疗大法，而且须讲究先后缓急策略，尤其是遇到多脏同病、虚实夹杂等复杂而特殊的证候时，更需如此。否则，若前后颠倒，缓急失当，则动手便错，后果堪忧。那么，究竟如何在温病特殊证治中把握好先后缓急策略呢？吴鞠通《温病条辨》在这方面论述颇多，现总结整理如下，供同道参考。

一、心包阳明同病，先开窍而后攻下

温热之邪内陷心包，下灼阳明，形成心包、阳明同病，出现身热谵语、大便秘结、舌绛而苔黄燥等症，一般认为宜心包、阳明同治，用牛黄承气汤，上开心窍，下攻腑实；甚至有人认为宜先用承气汤通腑泄热，再用安宫牛黄丸等清心开窍。但吴鞠通却认为先用安宫牛黄丸清心开窍，以期心窍开而大便得通，因安宫牛黄丸不仅可清心开窍，而且也有一定的通便之功；若大便秘结甚而不能通者，再用承气汤攻下，决不可先后倒错。正如他在《温病条辨》中焦篇第十一条方论中所说：“邪在心包、阳明两处，不先开心包，徒攻阳明，下后仍然昏惑谵语，亦将如之何哉？吾知其必不救矣。”此言绝非危言耸听，临床确有所见，故宜谨遵勿违。

二、心包膀胱同病，先开窍而后利尿

中焦湿热之邪内蕴日久，上蒙心包，下阻膀胱，出现身热头胀，神识昏迷，身痛呕逆，小便不通，渴不多饮等症，一般认为神昏与小便不通均为急症，宜心包与膀胱同治，开窍与利尿并施。但吴鞠通却认为此证“最畏内闭外脱”，故急宜宣窍清热而护神明，“继用淡渗分消浊湿”。临床实践表明，若芳香开窍药与大量利尿药同用，往往使药力趋下，影响芳香药的达上开窍效果。可见吴氏先开窍、后利尿之法确有见地。

三、阴虚兼腑实，先养阴而后攻下

吴鞠通认为：温热病之不大便，不出热结、液干二者之外。若阳邪炽甚致热结实证，则以承气攻下；若阴虚感温，或前医误伤津液而致不大便之半虚半实证，则不可混施承气，以免更伤阴液，加重阴虚，而应先以增液汤代之；若服增液汤后大便仍不下者，方可合调胃承气汤微下之。吴氏增液汤中重用元参、生地、麦冬，甘咸而寒，滋阴增液，能润能通，用于阴虚而腑实之证，能收增水行舟之效，既可攻实，又可防虚，确为妙法。

四、邪盛而阴伤者，先祛邪而后补阴

温热邪气最易伤阴，故诸多医家治疗温热病均强调时时顾护阴液，尤其是温热久羁，伤及下焦肝肾之阴时，更多用浓浊厚味滋补真阴。然而浓浊厚味之剂如三甲复脉汤、大小定风珠等，往往有滋腻恋邪之弊，故吴鞠通特别强调，邪气尚盛之时，应以祛邪为先，邪去方可主以养阴。如《温病条辨》下焦篇第十七条所说："壮火尚盛者，不得用定风珠、复脉。"第十八条更明确指出："痉厥神昏，舌短，烦躁，手少阴证未罢者，先与牛黄、紫雪辈，开窍搜邪，再与复脉汤存阴，三甲潜阳。临证细参，勿致倒乱。"并进一步解释说："痉厥神昏，舌謇烦躁，统而言之为厥阴证，然有手经足经之分。在上焦以清邪为主，清邪之后，必继以存阴；在下焦以存阴为主，存阴之先，若邪尚有余，必先以搜邪。"如此谆谆之训，不可不晓。

五、病证轻重难测，先轻剂而后重剂

从理论而言，诊疾疗病，贵在药证相投，即证轻则药轻，证重则药重。否则，若证重药轻，则难收其效，易使病情增重；证轻药重，又易伤及无辜，同样导致不良后果。然而，在实际诊疗中，许多情况下对病证的轻重程度又难以准确把握，致使用药难以确当。此时，如何才能最大限度地降低用药不当所致的危害呢？吴氏先轻剂而后重剂的用药策略确可效法。如《温病条辨》下焦篇第二十一条所述下焦蓄血证，吴氏即先用逐瘀轻剂桃仁承气汤治之；若蓄血闭结太甚，用桃仁承气汤不能奏效者，才不得不用逐瘀重剂抵当汤。

六、阴虚而便溏，先涩便而后滋阴

温病深入下焦，肝肾阴液大伤，见低热形瘦，口干舌燥，齿黑唇裂，大便燥结等症，理应浓浊厚味填补真阴。但不少患者往往由于素体脾肾阳虚，或病中使用阴柔之药太过，或攻下不当，致使脾阳受伤，大便不燥反溏，一日数行。此时，吴氏强调宜先涩便而后滋阴。正如《温病条辨》下焦篇第九条所述："下后大便溏甚，周十二时三四行，脉仍数者，未可与复脉汤，一甲煎主之；服一二日，大便不溏者，可与一甲复脉汤。"一甲煎即重用牡蛎一味，咸寒而涩，既能存阴，又涩大便，且清在里之余热，一物三用，可谓妙用。否则，若不顾大便稀溏，一味使用阴柔滑润之药，则"是以存阴之药，反为泻阴之用"。

七、病势危急，先成药而后汤药

在温病临床上，因患者病势有缓急之别，故治疗剂型的选择宜适应病势缓急的需要。从药剂的制备来说，汤药煎服比较费时，适用于病势相对缓者；备用救急成药，可即取即用，适用于病势急者。故吴鞠通每遇温病神昏等危急之证时，往往先用成药而后用汤药。如

《温病条辨》上焦篇第二十一条指出："温毒神昏谵语者，先与安宫牛黄丸、紫雪丹之属，继以清宫汤。"中焦篇第四十一条指出：暑温"神识不清，热闭内窍者，先与紫雪丹，再与清宫汤。"而目前临床上一些医生在治疗神昏时，却强调用汤药送服开窍成药，这样势必耽误抢救时间，实不可取。

八、后期治疗，先汤药而后丸药

温病后期，病入下焦，肝肾阴液受伤，治疗以填补真阴为主。然患者病程有长短，伤阴有轻重，恢复有难易，故吴鞠通强调在治疗时须视其不同情况而选择不同的剂型。一般来说，汤药虽发挥作用较快，但往往煎服麻烦，患者很难长期坚持使用，故适用于暴虚而易复者；丸药虽发挥作用较缓，但服用比较方便，患者可长期坚持使用，故适用于久虚而难复者。如吴鞠通《温病条辨》下焦篇第七十八条所述燥伤肝肾之阴而致上盛下虚，见昼凉夜热，或干咳，或不咳，甚则痉厥者，并列三甲复脉汤、定风珠、专翕大生膏主之。而在注释中则特别说明："三方由浅入深，定风浓于复脉，皆用汤，从急治。专翕取乾坤之静，多用血肉之品，熬膏为丸，从缓治。盖下焦深远，草木无情，故用有情缓治。再暴虚易复者，则用二汤；久虚难复者，则用专翕。"其选方择剂之法，可见一斑。

总之，吴鞠通在《温病条辨》中所述诸多温病特殊证候治疗的先后缓急策略，具有极高的实用价值，有必要进行深入研究，以便更好地继承和发扬。

[《新疆中医药》，2002；(6)]

青蒿鳖甲汤证方的"深伏阴分"及"先入后出"

崔河泉

青蒿鳖甲汤载于吴鞠通《温病条辨·卷三·下焦篇》，全方由青蒿、鳖甲、细生地、知母、丹皮五味药物组成，主治温病后期余邪深伏阴分，症见夜热早凉、热退无汗等。吴氏自释该方的药物配伍时说："此方有先入后出之妙，青蒿不能直入阴分，有鳖甲领之入也；鳖甲不能独出阳分，有青蒿领之出也"本方证历来较难理解之处有两点：一是何谓阴分；二为先入后出。余从事方剂教学多年，今与同道共切磋之。

一、何谓阴分

温热病的辨证纲领，历来推崇叶天士所倡之"卫之后，方言气。营之后，方言血"，而于卫、气、营、血之外，又有此方治温病后期余邪深伏阴分。那么何谓阴分呢？笔者认为，温热病邪就部位而言，在外在表者属阳，在内在里者属阴；在卫在气者属阳，入营入血者属阴。所谓深伏阴分，实仍为病在血分。若谓深伏，再进一步论之，深伏于藏血之脏，还能深到哪里去呢？因此暂先理解为深伏于肝罢。再者，温热之病初起即见伤阴，故桑菊饮卫分轻证即见口渴，因病在上焦、证情轻缓，取花叶轻清如羽辛散血透之法，辅以鲜苇根甘凉养阴、止渴生津而不滋腻；迫到温病后期，病传下焦，肝肾真阴受损，虽用过清营、凉血、三宝、复脉之类，然间有阴液恢复八九，余邪尚存一二，症见夜热早凉，迁延时日不愈者，即属青蒿鳖甲汤治证。涉及脏腑，肝肾而已。虽仍属血分，已非温邪入血耗血动血病至高峰之时，而是病及血分或气血两燔经过治疗之后，病体恢复阶段。实际是热性病迁延日久，肾阴肝血受损，一时阴血不能复原，处于亢奋状态的脏腑功能尚不能完全复常，水不涵木，肝阴虚郁遏不达，稍有虚热而已。叶天士说“炉烟虽熄，灰中有火”，虽非指此证而言，亦可借以说明这个道理。

二、先入后出

有关这个问题，在教学中每为学生所难。在1984年南京全国方剂师资班上许济群教授曾透露，在五版全国通用方剂教材审稿会议上，有不少代表提议青蒿鳖甲汤条下有关吴氏“先入后出”之说是否考虑删去，以免教学中招致麻烦而教师又说不出所以然。最后为慎重起见，还是保留了下来。但许教授坦率的说：“我也不知道是怎么领的（指青蒿和鳖甲）。”许老生平博学，作为五版《方剂学》教材的主编提议保留，但又不妄加议论，尊重前贤又不搞盲目崇拜，足见其治学之严谨。当然今天对这个问题的评析，无疑也是抱着同样态度而希望能作出一个持平之论。

近年来教学相长，似渐有悟彻。青蒿鳖甲汤治证由温病后期真阴亏损，肝阴虚郁而不达，化生虚热所致。方中鳖甲、生地直走肝肾、育阴潜阳，以补真阴之不足、生地用细者，取兼走血络之意；知母苦寒，壮水制火；丹皮辛凉，归经入肝，活血行瘀，即叶天士所谓“热病用凉药，须佐以活血之品，始不致于有冰伏之虞”；青蒿味辛苦性寒，其气芳香，归肝胆等经。现代药理研究，含有多种挥发油，寒能清热，辛香挥发则能散能透、疏肝达郁，透解郁热。《本草新编》说“青蒿，专解骨蒸劳热，泄火热而不耗气血……又青蒿之退阴火，退骨中之火也，然不独退骨中之火，即肌肤之火，未尝不共泄之也……青蒿能引骨中之火，行于肌表。”总观本方以青蒿鳖甲命名，鳖甲配生地滋肝肾之阴，青蒿配丹皮辛散疏达、挥发透解、清泄肝经之郁热。阴液充、郁热解，自然病愈。青蒿归经入肝，无须鳖甲来领，自能入于阴分（厥阴肝经，主藏血，又主疏泄，凡脏腑经络内外之血，皆肝木之所流注也，行于脏腑者叫血，行于经络者叫营。卫气为阳、营血为阴。腑为阳，脏为阴。《四圣心源·卷一》）；鳖甲滋补肝肾真阴，更无须青蒿领之出于阳分。古人云：阴阳有纪，五行有序，非博辨横议所能推移其则也；一药之入，顺逆俄倾，非百年必世可虚遁其说也。”（《四圣心源后序》）药物本自归经肝肾，无须谁来领谁，皆通过调整脏腑功能，使其阴平阳秘而病解。考本方原出于《叶氏温热病案选·十二》，原案为“夜热早凉，热退无汗，其热从阴而来，故能食形瘦，脉数左盛，两月不解，治在血分。生鳖甲、青蒿、细生地、知母、丹皮、淡竹叶”，《温病条辨》青蒿鳖甲汤实渊源于此。因病在血分、阴分，故吴氏去轻清走上之淡竹叶立名青蒿鳖甲汤，并又发“先入后出”之论，实画蛇添足，玄人耳目，无须深辨耳。

[《中华中医药学刊》，1992；(3)]

《温病条辨》加减正气散五方论

宋乃光

《温病条辨》加减正气散是在宋代《太平惠民和剂局方》藿香正气散基础上化裁而来的，共有一加减正气散、二加减正气散、三加减正气散、四加减正气散、五加减正气散五方，合称加减正气散。五方分别见于中焦篇第58、59、60、61、62条，组成上皆保留藿香正气散中的藿香（梗）、厚朴、陈皮、茯苓（皮），芳香化浊，健脾运湿；去紫苏、白芷发表药以及甘草、桔梗上焦药，然后每方再各自加入他药。在方剂研究和临床应用上，加减正气散虽不及治湿热证的三仁汤、王氏连朴饮等广为所知，但因其组方用药的合理性和临床的实用性，仍不失为治中焦湿热证之优秀方剂。研究五方所治湿热证候的特点，分析药物间配伍规律，不仅能提供治疗湿热病选方用药的指导，也为临床直接提供了治湿热病和与之相关疾病的方剂。

一、加减正气散五方方药分析及临床应用

1. 一加减正气散　由藿梗、厚朴、茯苓皮、陈皮、杏仁、大腹皮、茵陈、麦芽、神曲组成，苦辛微寒，治中焦湿阻，脾失健运，见脘连腹胀，大便不爽。此方以恢复脾胃升降为主旨，藿、厚、陈、腹皮理气化湿而除胀满；杏仁开肺气，与朴、苓配伍，正合《温热论》"分消上下之势"用杏、朴、苓意；茵陈、麦芽、神曲的应用尤为精当，升发中气，疏肝和脾，开胃促食。在暑湿、湿热当令之季，对于生活无规律，饮食不节，或工作压力大而导致的胃肠功能紊乱者，用之能较快恢复胃肠功能，消除胀满，通利大便，并起到助眠的作用。茵陈、麦芽同用，又能化酒脂之积，对于消化系统、新陈代谢与内分泌系统中的一些疾病，如慢性胃炎、消化性溃疡、肥胖症、高脂血症、脂肪肝等，出现脘、胁、腹饱胀感，大便溏滞不爽等，能消酒食、除胀满、化油脂。由此亦联系到《医学衷中参西录》治内中风证的镇肝熄风汤，治上盛下虚，头目眩晕，或脑中作热心中烦热，甚则颠扑等，现代用之治疗肝阳上亢型的高血压症疗效很好，即有茵陈、麦芽（生）之用。笔者常将二药用于嗜酒的患者，或加石斛、猪苓、泽泻等，能帮助缓解脘胁腹胀满，减轻口渴，通利二便。高血压症与新陈代谢及内分泌系统疾病高度相关，张锡纯把现代认为无直接降压作用的茵陈、麦芽加入大队有镇潜降压作用的药中，现在看来确实有科学性，值得我们深思。

2. 二加减正气散　由藿梗、厚朴、茯苓皮、陈皮、大豆黄卷、木防己、通草、薏仁组成，其所治如吴鞠通所说："湿郁三焦，脘闷便溏，身痛，舌白，脉象模糊。"其中除舌（苔）白是因内湿困阻，在五个加减正气散证中应是同一道理外，其余三症便溏、身痛、脉象模糊当为二加减正气散应用的着眼点。便溏属于大便异常症，大便异常又是中焦湿热证最常见的症状，本证便溏不能单纯理解为脾虚水谷不化，在此是脾气为湿所困，湿邪流入大肠所致。临床每见一些患者，经年累月便溏，但每日便次并不多，甚至隔二三日才一便，但仍不成形，或便后仍觉有便，故而常感到脘腹胀满不舒。用补脾益气药效果不明显，或前几日效显，以后则无效，或腹满更甚，则说明了这一点。身痛涉及现代所说的肌肉关节病变，主要是关节病变。古代把关节的肿痛统称为痹，金元以前论寒性痹多，金元以后逐渐认识到热性痹的多发性和危害性，确立了热痹、湿热痹、暑湿痹之名和治法。《温病条辨·中焦篇·湿温》明确提出有身痛症的条文是56、59、63、65、66、67、68条，涉及方剂有茯苓皮汤、二加减正气散、黄芩滑石汤、宣痹汤、薏苡竹叶散、杏仁薏苡汤、加减木防己汤七方。前三方非专治身痛，如茯苓皮汤用于表里、经络、脏腑、三焦俱为湿热所困，见神识昏迷，小便不通；二加减正气散治湿郁三焦，脾胃升降失常，见脘闷便溏；黄芩滑石汤治内有脾胃困于湿，外复感时令之湿的汗出热减，继而复热证。后四方则主治身痛，其证以湿滞经络的"骨骱烦疼"、"身痛"、"肢体若废"等为主要表现。统计七首方剂用药共24味，其中薏仁、通草、茯苓、防己、滑石五味药出现频率最高，有超过半数的方剂使用，二加减正气散中就有薏仁、通草、茯苓、防己四味，所以说二加减正气散也是治疗湿热痹之主方。本方利小便而实大便，又祛经络之湿，重心仍在中焦，鞠通称为苦辛淡法。至于条文中说的“脉象模糊”，鞠通注中说亦是经络证，似有牵强。“脉象模糊”当理解为濡脉至数不分明、脉跳缓和之象，是湿热证以湿邪为主，热尚未显露的脉象。著名温病学家赵绍琴善治湿热病证，尤其诊湿热病的脉象有独到之处，笔者当年随师门诊时，常体味老师所说的“片脉”的脉形，当是那种边缘不甚清晰、至数不甚分明、脉搏和软之象。赵老形象地对濡脉进行了解读，至今不忘，可作为对本条脉象模糊的一种说明。

3. 三加减正气散　由藿梗叶、厚朴、茯苓皮、陈皮、杏仁、滑石组成。第60条说：“秽湿着里，舌黄脘闷，气机不宣，久则酿热，三加减正气散主之。”相对于前二方，鞠通说：“一以升降为主，一以急宣经隧为主。此则舌黄之故，预知其内已伏热。”湿中已酿热，即湿已经化热，是本条与上两条最明显的区别，故加滑石“辛淡而凉，清湿中之热”，本方称为苦辛寒法。热邪有伤阴和扰神的两大特性，判断湿中是否有热或湿是否已化热，要从这两方面来衡量，热越盛，伤阴和扰神就越明显，主要表现为口渴、尿黄短、心烦、苔黄脉数等，以此来决定是否使用寒凉药和如何选择寒凉药。本方组成以芳化、苦燥药为主，滑石虽性寒凉，但清热渗湿两兼之，可知本法仍偏重于祛湿化浊之治。在选用药物上，中焦湿热证用清热药选用苦寒的，如甘露消毒丹中黄芩之用，王氏连朴饮中黄连、栀子之用等，即苦辛开降之意，它们针对的多为湿热并重证或热重于湿证。而三加减正气散中寒凉药少，甚至没有用苦寒药，可见其针对的湿热证，属于热处湿中，湿去则热孤类。这个问题在临床上是很现实的，把握不好就会出变证。祛湿所以清热的还如《时病论》雷氏芳香化浊法（藿香叶、佩兰叶、陈皮、半夏、大腹皮、厚朴、荷叶），也算得上是温燥药治发热病的代表方。三加减正气散的又一着眼之处是杏仁、滑石同用，这种用法在《温病条辨》中出现很多，主要分布在暑湿、湿温、伏暑病中。如上焦篇第32条暑瘵舌白用清络饮加杏、滑、薏；38条太阴伏暑舌白用银翘散减牛蒡加杏滑；43条治湿温病所用三仁汤中杏滑同用；47条太阴湿温喘促用苇茎汤加杏滑等。尚有中焦篇第41条三石汤、42条杏仁滑石汤、65条宣痹汤、68条加减木防己汤等。在以上方剂和吴氏其他一些治湿热证的方药中，还常见杏滑通组，杏滑薏组，杏薏组等，都是上下同治的药组。考这些方剂的来源，大多出自叶天士《临证指南医案》有关医案的处方，属“开肺气、佐淡渗、通膀胱”之治（华岫云语）。肺与膀胱的上下同治法，非一般肺与大肠、心与肾等的上下同治法，彼多针对二者的同病证，此则针对二者在水湿运化过程中气化功能上的必要配合，正如吴鞠通说：“肺主一身之气，气化则湿亦化”，“杏仁、滑石、通草，先宣肺气，由肺而达膀胱以利湿”。杏滑、杏滑通、杏滑薏、杏薏之配不仅用于湿热病中，且对夏秋暑湿之季感受时邪而发寒热头痛、咳嗽，或腹泻、呕恶胃肠不适证，皆可加入主治方中，以助祛除湿热秽浊之气；并提示对于一些慢性内伤疾病，日久脾肺气机不畅，痰湿滞留，致清阳不展，水湿不化（包括呼吸系统、心血管系统、代谢系统疾病等，以及它们的合并感染症）者的治疗，在祛邪、扶正治疗的同时，还当重视肺与膀胱在人体水液代谢、上下气机调畅方面的协同作用。

4. 四加减正气散、五加减正气散　所主属于中焦湿热证湿从寒化的证候。温病学主要讨论热病（温热病、湿热病）的证治，往往容易忽略寒化证，或认为寒化证不属于温病范围而不去重视。寒化主要出现在湿热证中焦阳气不足，或湿邪太甚脾阳被遏伤的情况下。湿热证一旦出现寒化，其属阳的一面消失，属阴的一面暴露无遗，甚至有一些湿热证候后期变化成脾肾阳虚的真武汤证。从四加减正气散（藿梗、厚朴、茯苓、陈皮、草果、楂肉、神曲）、五加减正气散（藿梗、厚朴、茯苓皮、陈皮、大腹皮、谷芽、苍术）组成上看，它们所治证候尚不到脾肾阳虚的程度，但已是脾胃俱伤了，如四加减正气散证的“舌白滑，脉右缓”，五加减正气散证的“脘闷便泄”等。吴鞠通注中就说：“以上二条，应入前寒湿类中”，只不过“同为加减正气散法”，所以才和其他三方共列在此。考四加减正气散出自《临证指南医案·湿》26案张，方用厚朴、陈皮、煨草果、炒楂肉、藿梗、炒神曲六味，吴氏加入茯苓则成此方。其中草果、厚朴、藿香辛温，合陈皮苦温，共成苦辛温法。五加减正气散出自《临证指南医案·湿》27案某，方用藿梗、陈皮、茯苓、大腹皮、厚朴、谷芽六味，吴氏加入苍术则成此方。其中藿香、厚朴、大腹皮、苍术辛温，合陈皮苦温，亦成苦辛温法。五加减正气散的“脘闷便泄”不同于一加减、二加减的脘胀、便溏泄，叶案载：“不耐烦劳是本虚，脘闷便泄属湿邪。先治湿，后治本”；华岫云也说：“脾主肌肉四肢，则外感肌躯之湿，亦渐次入于脏腑矣”，都说明已是脾胃内伤病证了。以上表明，温病湿热证与内伤脾胃证是没有严格区别的，它们尤其在湿邪困阻中焦，脾胃升降失司方面更是一致。

二、结语

吴氏五个加减正气散是针对中焦湿热证湿重热轻证而设的。一加减正气散苦辛微寒法，用于三焦湿郁，升降失常；二加减正气散苦辛淡法，用于湿郁三焦，脘闷便溏，身痛舌白；三加减正气散苦辛寒，用于秽湿着里，气机不宣，久则酿热，舌黄脘闷；四、五加减正气散苦辛温，用于湿困日久，脾胃本虚显现，舌白滑，脉缓，脘闷便泄。五方都有藿香、厚朴、茯苓、陈皮，说明四药是治疗中焦脾胃病变的重要药味，也是治疗中焦湿热证湿邪偏重的基本用药。吴氏五个加减正气散的用药和所治证候还说明，温病中焦湿热证、内伤病脾胃湿困证有着湿困中焦气机、脾胃升降失司的共同病理基础，二者临床表现和治法没有严格区别，如果区别，则主要在于对标和本、湿和脾的先后缓急关系的处理上。

[《北京中医药》，2008；(8)]

试析《温病条辨》的制方用药特点

何其林

清·吴鞠通所著《温病条辨》，内容丰富，切于实用，继承和发展了温病学说理论，尤其在制方用药方面，发前人所未发，诲人规矩准绳，堪为后世效法。本文试将其制方用药特点，归纳于后，以备参考。

一、方从法立　以法统方

法是制方的理论依据，方是治法的具体表现。吴氏制方用药，立法精细，用药周详，此其重要特点之一。《温病条辨·凡例》说：“古人有方即有法，故取携自如，无投不利，后世之失，一失可测证无方，识证不真，再失于有方无法。本论于各方条下，必注明系用《内经》何法……”由此说明，吴氏制方首先考虑治法，然后依法处方。这种强调以法统方的学术思想，实为前人所少有。因此，《温病条辨》所列诸方，有一方便备一法。全书共198方，238法，方法了然，俾学者规行矩步，无有一失。以银翘散、桑菊饮二方为例，鞠通辨证不忽于细，而谨于微，对太阴风温证的治疗，立法严谨，组方精炼，颇具匠心，《温病条辨·上焦篇》说：“太阴风温……但恶热不恶寒而渴者，辛凉平剂银翘散主之。”病证偏于表，以“但热不恶寒而渴”为特点，吴氏即遵“风淫于内，治以辛凉，佐以苦甘；热淫于内，治以咸寒，佐以甘苦”之法，于银翘散方内重用银花、连翘各一两为主，并配伍轻宣透泄之薄荷、牛子、荆芥、竹叶等，着眼于“清肃上焦”表邪。而对“太阴风温，但咳，身不甚热，微渴者”，吴氏又“恐病轻药重（指银翘散方），故另立轻剂方”。如“辛凉轻剂桑菊饮”，则法属“辛甘化风，辛凉微苦”。该方所以为辛凉轻剂，是因为主中桑叶、菊花之辛凉透热不若银翘散之银花、连翘，且更无薄荷、牛子、荆芥、竹叶之助。上述二方，皆属辛凉法，同治太阴风温证；但由于病之所偏有表里之分，故其治法亦有别。此鞠通因病立法，依法组方的特点之一。

二、辨证用药　审别柔刚

辨证用药，审别柔刚，是鞠通制方用药又一特点。如对太阴温病发疹的治疗，吴氏阐明“痘宜温、疹宜凉”之原则，禁用升麻、紫胡、当归、防风、羌活、白芷、葛根、三春柳（即西河柳）等刚燥之品，真可谓一反流俗。吴氏说：“夫善治温病者，原可不必出疹……若一派辛温刚燥，气受其灾而移于血，岂非自造斑疹乎？”可见温病治疹，非辛温升提所宜，非刚燥之剂可治。反之，血为燥药所伤，易“犯中下二焦”。因此，鞠通治温病发疹，“善察病情”而用药，自创银翘散去豆豉加细生地丹皮大青叶倍元参方，辛凉透邪，清热凉血。温病初起，邪在上焦，用药宜轻清达，不得过早使用治里之药。如太阴暑温初起，黄连苦寒而燥，甘草甘温壅中，即不宜运用。正如吴氏所说：“若黄连甘草，纯然里药，暑病初起，且不必用，恐引邪深入。”

吴氏用药别柔刚，还在审别温病是否兼湿上体现出来。他认为，温病若不兼湿，用药则忌刚而喜柔；温病之兼湿者，用药则忌柔喜刚；对湿尽热存者，用药务必柔也。盖湿为阴邪，其性黏绵；柔药濡润，易于恋邪；刚药性刚，则可去病。所以，鞠通制三仁汤治太阴湿温时强调，不得以“午后身热”而误“以为阴虚而用柔药润之”，否则“遂有锢结而不可解之势”。故三仁汤用药芳香苦辛，轻宣淡渗。

对下痢日久，由阳而伤及阴者，吴氏认为用药可以去刚增柔，而用熟地、白芍、五味等，如加减理阴煎方、地黄余粮汤等。

它如连梅汤方、椒梅汤方、减味乌梅丸法，均是以刚柔配伍的基本形式制方的。如减味乌梅丸法，吴氏师仲景乌梅丸之刚柔并用，“柔以救阴，而顺厥阴刚脏之体，刚以救阳，而充阳明阳腑之体也”。吴氏治病用药别柔刚的精纯手法，于此可见一斑。

三、重视养阴　不拘一格

《温病条辨·汗论》说：“其有阳气有余，阴精不足，又为温热升发之气所铄而汗自出或不出者，必用辛凉以止其自出之汗，用甘凉甘润培其阴精。”《温病条辨·下焦篇》说：“温病深入下焦劫阴，必以救阴为急务。”又说：“必以复阴为主。”说明吴氏治温病，制方用药特别注重养阴护津。其养阴手法，制方结构，用药方式，均有其独到之处。

温病初起，邪气尚在浅表，吴氏着眼于辛凉甘润，如银翘散、以银花、连翘与苇根相伍，疏表撤热，养阴生津，且嘱将苇根另煎，以防“香气大出”而损其养阴之力。倘若津伤较重，则用银翘汤辛凉合甘寒法，银花、连翘伍以麦冬、生地，养阴之力又进一层。此外，书中雪梨浆方，以甜水梨大者一枚薄切，新汲凉水内浸半日，时时频饮。用药简，服法便，是温病养阴的有效单方。

温病由表及里，邪在气分者，鞠通尝用石膏清气泄热存阴。如白虎汤法，石膏与知母、甘草、粳米合用，退热保津；设若太阴温病脉浮大而芤，汗大出，微喘等，用白虎时石膏当配人参，“使阳能生阴，乃救化源欲绝”，如白虎加人参汤。其它如石膏配生地、元参、麦冬壮水制火，石膏配元参、犀角咸寒苦甘退热，石膏配麻仁、阿胶等，不一而足，若邪热传于阳明，胃阴受损，出现热结阴亏之大便秘结时，《温病条辨·中焦篇》说：“津液不足，无水舟停者，间服增液，再不下者，增液承气汤主之。”诚如昔贤所云：“若欲通之，必先充之。”故鞠通治此，每用滋阴生津之润品，以补药之体，作泻药之用。

治小便不利，淡渗为其常法。唯温病之小便不利，则非淡渗法所宜。《温病条辨·中焦篇》说：“热病有余于火，不足于水，惟以滋水火为急务，岂可再以淡渗动阳而燥津乎?”吴氏特制冬地三黄汤，用药图“甘苦合化阴气”。方中重用麦冬八钱、元参四钱、细生地四钱、苇根汁半酒杯、银花露半酒杯、生甘草三钱，而黄连、黄柏、黄芩各一钱。尤其是方中苇根汁、银花露之冲服，足可体现养阴为主、泻火为辅之精神，堪供后世效法。

吴氏重视养阴法，用药灵活，尽人皆知，诸如甘寒养阴之沙参麦冬汤甘凉养阴之益胃汤、酸甘化阴之加减生脉散、甘润养阴之猪肤汤、咸寒养阴之小定风珠等，均法精方良。足为楷模。

四、运用古方　知常达变

鞠通运用古贤成方辨证用药，既讲究原则性，又有其灵活性，知常达变。《温病条辨·凡例》说：“是书虽为温病而设，实可羽翼伤寒，若真能识得伤寒，断不致疑麻桂之法不可用。”湿病本忌发汗，若病初起见恶风寒者，鞠通用药之法，“有是证则用是药”，如《温病条辨·上焦篇》：“太阴风温、温热、温疫、冬温，初起恶风寒者，桂枝汤主之。”吴氏认为，此属“温自内发，风寒从外搏”所致，故仍用桂枝汤辛温解肌，调和营卫，“俾得微汗，而寒热之邪皆解矣”，尤其是对桂枝汤的煎法、一定要按仲景原文所嘱，“不然，不惟失桂枝汤之妙，反生他变，病必不除”。但是，吴氏在下焦篇用桂枝汤治“温病解后，脉迟，身凉如水，冷汗自出”时，因其目的在温运阳气而不是取汗退寒热，故桂枝用量与芍药对等，且亦不必啜热粥再令汗出，可见吴氏深得仲景制方用药之妙，并有所创新。

鞠通运用古方知常达变，还体现在对一些成方的服法上，中病即止，勿使过剂。如苦辛通方之小承气汤服法，方后云：“煮取三杯，先服一杯，得宿粪，止后服。”酸苦涌泄之瓜蒂散服法，嘱“煮取一杯，先服半杯，得吐止后服”；苦辛甘法之葶苈大枣泻肺汤，强调“水五杯，煮成二杯，分二次服，得效，减其制，不效，再作服，衰其大半而止”。皆不同于仲景之服法。

鞠通治学“师古而有创新，其处方遵《内经》，法仲景，而其用药又随证变化，故《温病条辨·下焦篇》说：“用古法而不拘用古方，医者之化裁也。”说明吴氏制方用药，并非因循守旧，生搬硬套，不敢越雷池一步，而是根据温病的病理特点，化裁古方，其中变化独出心裁。众所周知，《温病条辨》之加减复脉汤、救逆汤，一、二甲复脉汤，三甲复脉汤、大定风珠等数方，实效法于仲师炙甘草汤制方之意而有所变化。炙甘草汤为“伤寒、心动悸，脉结代”而设，但鞠通虑温病后血虚津亏，用药“必以救阴为急务”，故于炙甘草汤中去人参、桂枝、生姜、大枣等辛温复阳之品，仅取麦冬、生地、麻仁、阿胶等，以养阴补血复津，同时根据临床的需要，另加白芍、龟板、鳖甲、五味、鸡子黄等滋阴潜阳之辈，使温病后期的治法更趋完善，正如吴氏所说：“在仲景之日，治伤于寒者之结代，自有取参、桂、姜、枣，复脉中之阳；今治伤于温者阳亢阴竭，不得再补其阳也。”又如吴氏对承气汤的化裁，斟酌尽善，于承气方内去枳实、厚朴等伤气劫阴之品，一举变化出护胃承气汤、宣白承气汤、导赤承气汤、牛黄承气汤、增液承气汤等五方。从《温病条辨》中五个加减正气散的制方用药，亦可见其药随证变，活泼灵通之特色。限于篇幅，毋需赘述。

以上归纳了《温病条辨》）制方用药的主要特点。这些宝贵经验，足资后人学习与研究。

[《河南中医》，1985；(3)]

吴鞠通在方剂治法上对叶天士的继承和发展

陶晓华

吴鞠通《温病条辨》（以下简称《条辨》）一书，载方198，立法238，它是作者在研究前人学术成就基础上写成的，其中尤受叶天士的影响为大。吴对叶极为推崇，他认为王安道“始能脱却伤寒，辨证温病，惜其论之未详，立法未备”，而吴又可又“立论不精，立法不纯”，“惟叶天士持论平和，立法精细，然叶氏吴人，所治多南方证，又立论甚简，但有医案散见于杂证之中，人多忽之而不深究”。针对这种情况，吴氏认真研究了叶氏医案和其它著作，结合自己几十年的实践经验，总结出一整套温病治疗方剂，从而构成了温病辨证施治的完整体系，将清代温病学说推向了一个新的高度。这主要反映在以下三个方面：

一

叶氏生平忙于诊务，积累了丰富的治疗经验，这从《临证指南医案》（以下简称《指南》）中可以窥见一斑。叶氏医案辨证精当，立法用药井然有序，但其信手遣药而不名方，使后世不易效法，难于流传。针对这一特点，吴氏在《条辨》中不仅继承了叶氏辨证用药的经验，而且标出方名和用法用量，使后世有法可师。如：

《指南·暑》张案：“舌白罩灰黑，胸脘痞闷，潮热呕恶，烦渴汗出，自利，伏暑内发，三焦均受，然清理上中为要。

杏仁　滑石　黄芩　半夏　厚朴　橘红　黄连　郁金　通草”

《条辨》中焦篇第四十二条：“暑温伏暑，三焦均受，舌灰白，胸痞闷，潮热呕恶，烦渴自利，汗出溺短者，杏仁滑石汤主之。

杏仁滑石汤方（苦辛寒法）杏仁三钱　滑石三钱　黄芩二钱　橘红一钱五分　黄连一钱　郁金二钱　通草一钱　厚朴二钱　半夏三钱”

上述两方，用药完全相同。叶氏所治，乃湿热交蒸之证，“舌白罩灰黑，胸脘痞闷”是湿阻于上的表现；“呕恶”是湿阻于中，胃气上逆的反映；“自利”是湿渗大肠，泌清别浊功能失调的结果；“潮热”、“烦渴”、“汗出”都是热郁于里之证，治疗非偏寒偏热可治，故叶氏取苦辛开泄，“清理上中二焦为要”。吴氏用本方治疗暑湿弥漫三焦之证，名之为杏仁滑石汤。针对“热处湿中，湿蕴生热，湿热交混”之病机，用此方清热利湿并施，使三焦弥漫之邪分而解之。杏仁、黄芩、郁金开宣肺气于上，厚朴、黄连、半夏、橘红疏泄湿热于中，滑石、通草渗湿通利于下。全方集开上、宣中、渗下功效于一体，于暑湿蔓延三焦之证，十分对证。

又如：

《指南·暑》杨案："暑热必挟湿，吸气而受，先伤于上。……大凡暑热伤气，湿着阻气。肺主一身周行之气，位高，为手太阴经……上焦不解，漫延中下，此皆急清三焦，是第一章旨……议三焦分清，治从河间法。

飞滑石　生石膏　寒水石　大杏仁　炒黄竹茹　川通草　莹白金汁　金银花露"

《条辨》中焦篇第四十一条："暑温蔓延三焦，舌滑微黄，邪在气分者，三石汤主之。

飞滑石　生石膏　寒水石　杏仁　竹茹　银花　金汁　白通草"

上述两方，叶、吴均用于暑湿蔓延三焦之证。三石（飞滑石、寒水石、生石膏）清肺胃之热，兼能退暑利窍；杏仁宣肺止咳，宣上焦而利下焦；通草通阳利小便，更能促进膀胱气化；金汁、银花败暑中热毒。合而用之，不仅使气分暑热得以清解，而且使湿邪渗利而下达，外解内通，诸症自痊。

再如：《条辨》中焦篇六十三条黄芩滑石汤与《指南·湿》某案用药完全一致，只不过吴氏在叶氏"脉缓身痛"一症基础上，补充了"舌淡黄而滑，渴不多饮，或竟不渴"等症，使湿热胶结之证更为明显，在这种湿热俱盛的情况下，"徒清热则湿不退，徒祛湿则热愈炽。"湿热两伤，不可偏治，当清热利湿并施，黄芩滑石汤正为合拍。又如《条辨》上焦篇五十七条治"清窍不利"之翘荷汤也是源于《指南·燥》某案。

二

方剂的特点之一是加减运用的灵活性，只有掌握了这一点，才能在临床上左右逢源，应付裕如。吴鞠通继承叶氏临床经验，并非生搬硬套，而是随症应变，灵活化裁。

《指南·温热》王案："夜热早凉，热退无汗，其热从阴而来，故能食形瘦，脉数左盛，两月不解，治在血分。

生鳖甲　青蒿　细生地　知母　丹皮　淡竹叶"

《条辨》下焦篇十二条："夜热早凉，热退无汗，热自阴来者，青蒿鳖甲汤主之。

青蒿　鳖甲　细生地　知母　丹皮"

以上两方均是针对温病后期余邪留伏阴分之证而设，治当滋阴透邪。吴在叶用药基础上去竹叶，使本方配伍更为严谨，具滋中有清，清而能透，养阴不留邪，祛邪不伤正的特点。

又如：

《指南·暑》王案："暑邪寒热，舌白不渴，吐血，此名暑瘵重症。

西瓜翠衣　竹叶心　青荷叶汁　杏仁　飞滑石　苡仁"

《条辨》上焦篇三十二条："暑温寒热，舌白不渴，吐血者，名曰暑瘵，为难治，清络饮加杏仁苡仁滑石汤主之。"两方均用于暑湿蕴阻肺络而引起的咳血。一曰"重症"，一曰"难治"，名异实同。叶氏用西瓜翠衣、竹叶心、青荷叶汁清暑保肺，吴氏用清络饮（鲜荷叶边、鲜银花、竹叶心、西瓜翠衣、鲜扁豆花、丝瓜皮）清血络中之热，清热之力优于叶氏所用之药。均用杏仁利气，滑石、苡仁利在里之湿，暑湿去，肺气复，则吐衄、咳喘得解。

吴鞠通受叶氏《指南·湿》某案正气散法的启发，化裁出五个加减正气散（见中焦篇五十八条至六十二条）。五方均以藿香、厚朴、茯苓、广皮为基本药，随症加减用于湿邪郁滞上中下三焦之证，可谓得心应手。非学验俱富者，恐难及此。又如《条辨》治疗秋燥之桑杏汤源于《指南·燥》某案，吴氏加梨皮一味，生津之力尤胜。它如桑菊饮、连梅汤、清宫汤都是受叶氏医案影响，加减化裁而成。

三

叶氏不仅长于临床，而且在温病理论上作出了巨大贡献，给后人以很大的启发。《温热论》等书虽然制定了温病不同阶段的治疗大法，但条文言简意赅，缺少具体证治，对此吴氏给予补充。

叶氏曰："温邪上受，首先犯肺，逆传心包。""在表初用辛凉轻剂。"吴氏则指出："凡病温者，始于上焦，在手太阴。"分别选用辛凉平剂银翘散、辛凉轻剂桑菊饮和辛凉重剂白虎汤。并补充出逆传心包的证治，曰："邪入心包，舌謇肢厥，牛黄丸主之，紫雪丹亦主之。""神昏谵语者，清宫汤主之，牛黄丸、紫雪丹、局方至宝丹亦主之。"吴氏根据叶氏"入营犹可透热转气"的理论，创立清营汤一方，在清营同时，佐以黄连、竹叶心、连翘、银花清心解毒，并透热于外，使热邪转出气分而解，体现了气营两清之法，成为一代名方。叶氏云："或其人肾水素亏，务在先安未受邪之地。"吴氏则具体地分析为邪入下焦肝肾，出现邪少虚多，以加减复脉汤为治。

叶氏《幼科要略·痘疹》云："上焦药用辛凉，中焦药用苦辛寒，下焦药用咸寒。"这对吴氏组方用药很有启发。上焦篇"辛凉三剂"即遵"上焦药用辛凉"之旨。中焦篇之大承气汤，药用大黄之苦寒，芒硝之咸寒，枳实、厚朴之苦辛，合而为苦辛寒之剂。正如吴氏自注云："此苦辛通降咸以入阴法。"又如黄芩黄连汤，治以黄连、黄芩之苦寒，佐以郁金、豆豉之辛合为"苦寒微辛法"。它如杏仁石膏汤、黄芩石膏汤、五加减正气散也体现了这一治法。至于下焦篇的加减复脉汤、二甲、三甲复脉汤、大小定风珠汤，均符合叶氏"下焦药用咸寒"之旨。

《条辨》一书，自始至终注重救阴液，存津液，这也是受叶氏学说之影响。如《幼科要略·痘疹》云："劫津甘寒宜用。"《温热论》云："若斑出热不解者，胃津亡也，主以甘寒。"据此，吴氏用白虎汤救肺阴受灼、津伤液耗之势。如津伤更甚或兼气虚者，又加人参益气生津，以救化源欲绝之危。其它如雪梨浆、五汁饮、沙参麦冬汤亦无不是滋阴救液之佳品。热入中焦，则又立减味竹叶石膏汤、益胃汤、玉竹麦门冬汤、牛乳饮、清燥汤等随症选用。热邪未至下焦，尚需"先安未受邪之地"，一旦热邪深入下焦劫灼真阴，其滋阴救液，则更不可待，复脉、定风珠诸方，尤为常用。《条辨》此类证治，不仅极大地丰富了叶氏的温病学术内容，还使后世得以更好地领会叶氏立方大法的真谛。

吴鞠通在温病学上的贡献是多方面的，本文仅就其在方剂学上对叶天士学说的继承和发展从三方面作了初步分析。不难看出，吴氏之所以能在温病学上取得较大成就，与他善于吸取前人的经验是分不开的。

[《江苏中医》，1989；(5)]

《温病条辨》治痢法探讨

时振声

为了抑制耐药菌株，更有成效地治疗细菌性痢疾（包括急性与慢性）及其它肠道感染疾病，探讨一下中医学的治痢方药，是有其重要临床意义的。兹就《温病条辨》治痢法，作如下探讨：

《温病条辨》是对多种急性热病进行辨证论治的专著，其中有关痢疾的条文，在中、下焦二篇中，共有29条，绝大多数出自叶天士《临证指南医案》。因此，学习《温病条辨》的治痢法，实际上也是学习叶天士的治痢法。今之细菌性痢疾多属这个范围。其有关之辨证及治法是：

一、初痢

（一）辛温解表法

辛温解表法适用于暑湿风寒杂感，寒热迭作，表证正盛，里证复急，滞下不爽者。凡暑湿挟有风寒，初起憎寒壮热而腹中不和者可用之，若湿而兼热甚而发热者，则不宜用。主要方剂为活人败毒散，药用人参、炙甘草健脾扶正；二活、二胡、川芎辛散以祛邪；茯苓渗中焦之湿；桔梗开肺与大肠之痹，枳壳宣中焦之气。本方祛邪而不伤正；补气而不滞邪，为临床常用之虚人外感剂。如气虚不明显者，可以荆防代替人参，增强辛温解表作用。

（二）清化湿热法

表证已去，滞下已成，湿热较盛，痢下赤白，里急后重，腹部疼痛、皆可用清化湿热法。方如加减芩芍汤。药用芩、连清经肠间湿热；木香、厚朴、陈皮以疏利肠间气滞；芍药以和营止痛。湿热盛者，可用加味白头翁汤，即以《伤寒论》的白头翁汤加黄芩之苦寒清热，加白芍之酸苦调血所组成。上述二方均有酸苦泄热之力。

（三）宣气利湿法

自利不爽，腹中拘急，小便短少者，则当宣气利湿。方用四苓合芩芍汤。四苓散通膀胱利小便，使邪不直注大肠，合芩、芍清热和血；木香、厚朴、陈皮疏利气滞，预夺其滞下之路。故适用于湿热下痢初起，而有前述诸证者。

如暑湿内伏，三焦气机阻滞，滞下红白，小溲不利，则宜辛淡渗湿，芳香利窍。方用滑石藿香汤。药用滑石、猪苓、茯苓皮、通草以淡渗利湿；合厚朴、蔻仁、广皮以辛温宣气；再伍藿香以芳香利窍，共奏通畅气机，渗泄暑湿之效。

上二方均可用于阴液未伤，小溲不利之湿热下利。四苓合芩芍汤当用于自利不爽，欲作滞下者，滑石藿香汤用于已有下痢红白积滞，湿象偏重者。

（四）辛通苦降法

滞下湿热内蕴，中焦痞结，神识昏蒙者系上焦未清里虚内陷所致，宜辛通苦降同用为治，方用人参泻心汤，方中人参以护里阳，白芍以护真阴；干姜、枳实辛通以燥湿泻湿，黄芩、黄连苦降以清湿中之热，因邪已内陷，其势不能还表，法用通降，从里治也。苦辛通泻，湿热得去，神识自可恢复。

（五）清热护阴法

春温，热从内陷，入于下焦而成下痢，热多湿少，热邪伤阴，故必清热而兼护阴。方用加减黄连阿胶汤。即《伤寒论》黄连阿胶汤去鸡子黄，加生地、炙甘草。方中芩、连清热坚阴；生地、白芍、阿胶育护其阴，炙甘草则统甘苦而和之，亦甘苦合化阴气之法。

二、久痢

（一）逆流挽舟法

疟邪热气，内陷变痢，久延时日，脾胃气衰，里急肛坠，治用加减小柴胡汤。其陷而入之者，挽而使之出也。方中柴胡能引邪外出，黄芩清热燥湿；人参合谷芽宣补胃阳；丹皮、归芍内护三阴，谷芽推气分之滞，山楂推血分之滞，共起透邪消滞，助阳和阴之功。对痢之久延时日者，亦可用之使邪从表解，故曰逆流挽舟。

（二）清化湿热法

酒客久痢，湿热未清故也，治用茵陈白芷汤，以清化湿热。因酒客湿热下注于肠，非借风药之辛并佐苦味以入肠，何能胜湿而逐热？故以白芷之辛温，佐茵陈、秦皮、黄柏之苦寒，合藿香之芳化、苓皮之淡渗，共成清化湿热之剂，使湿热消除，脾阳上升，下利得愈。

（三）渗湿涩血法

久痢带瘀血，肛中气坠，腹中不痛，内无积滞，乃气分之湿热已入于血分，治以渗湿涩血法，方用断下渗湿汤。重用樗根皮之苦以燥湿，寒以胜热，专入血分而为君药；地榆去瘀生新，茅术、黄柏、赤苓猪苓开膀胱之气化，使气分湿热得以渗利，不致遗留血分；楂肉化瘀，银花清热。以上共为涩血化瘀，清利渗湿。

（四）堵截阳明法

久痢胃虚，胃气下陷，或湿病清热后，热撤里虚，下利稀水或便脓血，或下痢无度，脉微细，肢厥。此皆少阴肾阳虚衰，关闸不藏故也，法当堵截阳明以为治。方用桃花汤，人参石脂汤。

桃花扬中以粳米、石脂堵截阳明，干姜或炮姜温里，如再加人参扶助胃气，则名人参石脂汤，统成甘温固涩，以止下痢。

（五）温摄下焦法

久痢伤及脾肾之阳以致下焦不固，肠腻滑下，纳谷运迟。治当温摄下焦，方用三神丸。方中补骨脂温补肾阳，五味兼收其阴，肉果涩其滑脱，故能取效。

（六）养阴固涩法

久痢阴伤气陷，肛坠尻酸。治用地黄余粮汤。方中熟地、五味补肾而酸甘化阴，余粮固涩下焦，故痰可除，坠可止，痢可愈也。久得滑脱不禁，责在脾胃阳虚不固，宜用堵截阳明法；如脾胃阳虚进而伤及肾阳者，则宜温摄下焦法，药及肾阴者，则又宜养阴固涩法。

（七）升提气陷法

久痢气虚下陷，门户不藏，以致便泻或滞下不止，并见舌苔淡白而脉象濡弱。此皆邪少虚多之证，当以升补为主以为治，方用加减补中益气汤。方中以补中益气汤，升补中气，加升麻、防风以升阳胜湿，加白芍以酸敛和阴。

（八）温补奇经法

痢久阴阳两伤，少腹肛坠，腰胯脊髀酸痛者，可用温补奇经法为治，因少腹坠为冲脉虚，腰为肾之腑，胯为太阳、少阴之络所会，脊为太阳夹督脉之部，髀为阳明部，俱酸痛者由阴络而伤及奇经故也，方用参茸汤。方中参补阳明，茸补督脉，归茴补冲脉，菟丝、附子、杜仲补少阴。俾八脉有权，肝肾有养，而痛可止，坠可升提也。

（九）阴阳两补法

久痢小便不通，厌食欲呕者当阴阳双补。盖久痢阳损及阴，气化功能不足，阴液耗损，故小便不通，且脾胃阳气受损，故厌食欲呕。治用加减理阴煎，方为理阴煎去甘草、当归，加白芍、五味、附子、茯苓所组成。原方通守兼施，刚柔互用，名理阴煎者，意在偏护阴也。加减理阴煎则以熟地、白芍、五味收三阴之阴；附子通肾阳，炮姜理脾阳，茯苓理胃阳，故为阴阳两补之剂。

（十）救阴护胃法

久痢伤阴，口渴舌干，微热微咳，宜救阴护胃。方用人参乌梅汤。因口渴于久痢之后，已无湿热客邪，故知其阴液大伤。方以乌梅、木瓜之酸，合人参、莲子、山药、甘草之甘，为酸甘化阴之法，以救阴津而护脾胃。

（十一）酸甘辛苦法

久痢伤及厥阴，上犯阳明，气上撞心，饥不欲食，干呕腹痛者，治用乌梅丸。方以乌梅之酸，人参、当归之甘，细辛、干姜、附子、椒桂之辛，黄连、黄柏之苦所构成，为酸甘化阴，辛苦通降之剂，或是辛甘为阳，酸苦为阴之剂，寒热互用，刚柔并济。

三、休息痢

阴阳两补法

休息痢，时作时止，止而复作，古称难治。大抵是由正虚所致，乃下焦阴阳皆虚，不能收涩，少腹气急而然，可用参芍汤双补阴阳。方以参苓、炙草守补中焦；参、附固下焦之阳，白芍、五味收三阴之阴，而以少阴为主。汤名参芍者，取阴阳兼固之义。

四、噤口痢

（一）清化湿热法

痢之初起，热气上冲，肠中逆阻似闭，腹痛下坠，不能进食，食则呕吐。此湿热之证偏于热重者，可以清化湿热，用白头翁汤煎取少量，频频服之。方以白头翁、秦皮、黄连、黄柏等苦寒药构成，共奏苦寒燥湿清热之效。

（二）辛通苦降法

噤口痢，干呕腹痛，里急后重，积下不爽，左脉细数，右脉弦数，木入土中之象。可用加减泻心汤之辛通苦降法以为治。方以干姜之辛以开通，芩连之苦以降逆，加银花之败热毒，楂炭之克血积，木香之通气积，白芍以收阴气，所以能于土中拔木。且宜少量频服，以免服药呕吐。

（三）通宣三焦法

噤口痢，呕恶不饥，积少痛缓，形衰脉弦，舌白不渴，统为邪少虚多之证。乃阴精阳气俱不足故也。叶氏之治虚多脉弦之噤口痢，仿古之参苓白术散而加味，取诸虚不足调以甘药之义。加味参苓白术散可通宣上焦，提上焦，涩下焦，而以醒中焦为要。人参、白术、炙甘草、茯苓为四君子汤以补脾胃，加扁豆、薏仁以补肺胃之体，炮姜以补脾肾之用，桔梗开上焦清气，砂仁、肉蔻通下焦郁滞。共为末，多次少服取其留中也，引以香粳米，用其芳香悦土，上下斡旋，以冀苏醒胃气而转危为安。

（四）阴阳两补法

噤口痢，多肾胃关门不开，邪少虚多，下焦阴阳俱虚。治当阴阳双补，方用肉苁蓉汤。方中肉苁蓉补下焦阳中之阴，佐以附子补下焦阴中之阳；人参、干姜补土，当归、白芍补肝肾；芍用桂制防呆滞，且使其入少阴血分，共而两补阴阳。亦宜少量频服，使胃关渐开。

以上为《温病条辨》治痢十六法，按初痢、久痢、休息痢、噤口痢归类，藉以探讨叶天士、吴鞠通治疗痢疾的方法，以备临床运用。一般初痢邪多忌涩，宜解表、宜清化、宜分利、宜辛苦、宜甘苦，可根据具体情况分别施用；久痢虚多邪少，祛邪有逆流挽舟，清化湿热，通涩并用（渗湿涩血），寒热并用（酸甘辛苦）诸法；扶正有救阴护胃，升提气陷，温补脾肾，温补奇经，阴阳两补诸法；固涩有堵截阳明，温摄下焦，养阴固涩诸法；皆可根据情况于临床上分别运用。休息痢虽仅有阴阳两补一法，但急性发作时亦可参照初痢治法；如果休息痢日久迁延，正虚邪少，亦可按久痢各法治之。噤口痢多见于初痢，清化、辛苦之剂可用于初起之际；因呕恶频作，不饥不食，数日后即胃气大损，故用通宣三焦之法，以救其急，重点在于扶胃醒脾，再久则阴阳俱虚，自可用阴阳两补之法。噤口痢证，总以少量频服，既免呕吐，且使胃气得降，胃关得开，病情可解。

[《吉林中医药》，1982；(3)]

《温病条辨》宣痹汤重名订正之磋商

邓可则

夫方之制名尚矣。麻黄桂枝，以君药名；白虎青龙，以神妙名；陷胸理中，则以功效而为名；四逆之名从其证；桃花之名依其色。名以君者重其体，名以神者重其用，名以功效者求之形，名以证者求之迹，若以色为名者，则又为方今科化家，颜料治病发明之祖也。体用周于一身，形迹拘于上下。颜料之治，蕞尔小矣，要之总以病情为定法耳。然病情或有同中稍异，异中偶同，则其方名不将因而重乎。此大小之有分，丸散之有别也，甚至因病情之不同，变其立方之法。遂使药品虽同，而名亦异焉。呜乎！仲圣为立方之祖，其注重方名也，固如此其详。然医学日骎乎下边，迨及有清，方名之多。难更仆数其杂而不纯。盖可想见其为世传诵者亦少。独吴氏鞠通拾叶氏余论著《温病条辨》。而世之咿唔终日者，不乏其人。其瑕瑜姑勿论，其方名之重而药异者，则不可不先为订正。孔子云：“名不正则言不顺，言不顺则事不成。”医事亦何独不然。今也以一药品不同之两宣痹汤，分列于上中焦两篇，果何故欤？此无他，良由定名时，未经注重耳。夫上焦篇之痹，痹郁于气分为病因。中焦篇之痹，湿痹于经络为病证。其病情自不同，故用药亦各殊。虽法皆取乎苦辛通，究竟方名难以雷同。若以法同而名亦可重，则全部《温病条辨》，可以数方了之矣。或曰鞠通之方，固无足轻重，子之欲为订正也何故？且订正之法亦若何？予曰：“唯唯否否。”予之欲为订正方名，非为吴氏也，为医界之同胞也。盖此书不存在吾医界则已，若果存在者，则非订正无以统一学系，而示人以标准。至于订正之法，亦属易事，不究乎上焦篇之宣痹汤，其以功效为名也。中焦篇之宣痹汤，其以证为名也夫，以功效名者仍之。以证为名者，则斯证名曰湿痹，就制名之义，当曰清湿宣痹汤，且与原义有切而无碍。或吴氏原文，尚有别字，为手民所遗，亦未可知。然余订正之法，是否有合于方名之制，尚希吾医界同胞明达者政之。

[《中医杂志》(上海)，1927；(23)]

探讨《温条病辨》攻下后的调治法则

吴　成　导师：孟澍江

下法在温病治疗中占据重要地位。在温病学家中善用下法取效者，莫过于吴鞠通。如《温病条辨》论攻下者就有五十多条。近年来医界探讨吴氏下法颇多，但对其下后调理论述甚少。而吴氏治温病用攻下适时得法，调治亦颇有可循之规律，藉此探讨如后。

一、防食复　饮食调理

阳明温病经用攻下方药后，热退身凉，脉证俱平而病趋痊愈。此时，热病初瘥，胃气未复，纳化功能尚差，若饮食不当，极易导致宿食与邪热交结为患，病生“食复”。吴氏指出预防食复的方法，曰：“周十二时后，缓缓与食，先取清者，勿令饱，饱则必复，复必重也。”告诫热病初愈的患者，应先食清淡易消化的食物，逐渐加量。勿令过饱，以防食复。

二、邪去而阴液受损，治宜养阴扶正

温热阳邪，蒸迫津液外泄，或有形实邪结于阳明，耗伤阴液，或苦寒攻下，伤耗阴液，故一般腑实证攻下后，每多伴有阴液损伤，治疗当根据阴液受损程度与所在脏腑的不同，选用适当的方药。

1. 甘凉益胃法　用攻下法后而见汗出，此时应复其阴津，以免汗多伤阴，选益胃汤。用沙参、麦冬、冰糖、细生地、玉竹以甘凉生津。胃阴复则全身阴津皆复。

2. 甘寒增液法　适用于下后阴液损伤，而病程较短者，症见“舌苔未尽退，口微渴，面微赤，脉微数，身微热”，治宜滋养阴液、扶正祛邪，方选增液汤。用麦冬、生地甘寒，滋阴润燥；玄参咸寒，滋阴降火。三药相合，共奏滋阴生津退热之效。

3. 咸寒滋肾法　若上述症状不解，病程较长，日久损伤下焦肝肾阴液，症见舌面干燥，治以滋阴退热、养阴润燥。代表方为加减复脉汤。本方为温热病邪深入下焦，耗伤肝肾之阴的主方。炙甘草为主药，以补益中气，达到津充阴复之目的。生地、阿胶、麦冬、白芍益阴生津、滋养肝肾，麻仁润燥。

又“阳明温病，下后二三日，下证复现，热不退，或退不尽，口燥咽干，舌苔干黑或金黄”、“脉不甚沉，或沉而无力”者，说明阳明已无结热，仅阴液损伤。治宜滋养涤邪，“只可与增液，不可与承气”。今病初愈，如果仍用承气攻下，势必损伤胃阴，导致津干肺燥而产生咳呛；苦寒攻下又可损伤脾气，导致脾虚泄泻，发热、口渴加甚，迁延日久必致阴液枯竭而亡。

三、无形邪热尚存者治当清泄邪热

温病使用通下法后，腑实虽除，但邪热又转甚于其它部位，或下前已伴有其他脏腑郁热。经下后，有形实积虽去而无形邪热尚存，治用清泄邪热法。

1. 清轻透邪法　下后轻微发热而无其它证候，仅见舌上苔垢未去，说明病势轻浅，无须内服药物。单用冷开水沾薄荷末轻轻擦拭舌上，一日三至五次即可是取其性凉味辛，轻清走上以疏解热邪。

2. 养阴透邪法　下后“无汗脉浮”，是肠胃实邪虽去而余邪郁于肌表。立法遵“逐邪者，随其性而宣泄之，就其近而引导之”之训。下后无汗，说明阴津已伤。在清热透邪方中，佐以养阴生津之品，选银翘汤，用银花、连翘轻宣表邪，竹叶凉解郁热，麦冬、生地、甘草滋阴生津，以复汗源。诸药合用，使邪解津充，汗出热退而病除。

3. 轻宣膈热法　下后无形余热留扰胸膈，治用栀子豉汤加减，以宣泄上焦余邪；中气不足，呼吸少气者，加甘草以和中益气；如胃气上逆而呕吐者，宜和胃止呕，上方加姜汁五匙。

4. 清气泄热生津法　下后阳明气热炽盛，脉浮洪等，治宜清热保津，方用白虎汤；若下后阳明热气炽盛，津气耗伤，脉浮洪而芤者，加人参益气生津。

5. 清热凉血解毒法　温者攻下后，邪热充斥表里，波及营血而从肌表透发红疹，当用银翘散去辛温之豆豉，加细生地、大青叶、元参、丹皮之类清营凉血，泄热解毒。

6. 养阴清热法　下后无汗，脉不浮而数，说明里热未清，阴分已伤，法宜祛邪退热，增液养阴，选清燥汤。本方用增液汤滋阴生津，加知母润燥，人中黄清热。组方宗咸寒甘苦的配伍法，能奏滋阴润燥，清退余热之效。若咳嗽胶痰加沙参、桑叶、梨汁、牡蛎、牛蒡子以肃肺生津，清热化痰。

四、实未去而正已伤治当扶正攻下

阳明腑实之证运用攻下，若病重药轻，腑实仅得部分解除，而阴津正气已伤，必现虚实夹杂证候，治当扶正攻下，方可收效。

1. 护胃攻下法　温病下后数日，发热仍不退，或热未尽退，伴有口燥咽干，舌苔干燥而色黑，或呈老黄色，脉沉有力。其病机为下后阴液损伤，余邪未尽，复聚阳明，治当苦寒轻下余邪，甘寒急救胃阴。方用护胃承气汤（生大黄、知母、细生地、玄参、麦冬、丹皮）。若得结粪则应停服，服后仍不下者，须连续使用，便通为止。

2. 增液攻下法　阳明腑实运用攻下法后，大便反而不通，身热、腹满、口干唇裂，舌苔焦燥，脉沉细，这是由于素体阴亏，肠失濡润，结粪难移所致。其因阳明太热，津液枯燥，水不足以行舟，宜选增液汤。脏燥太甚，服增液汤不下者，则合调胃承气汤，缓缓与服。增液承气汤除用芒硝、大黄通结攻下外，重在增液之品以滋阴润燥，可谓“寓泻于补，以补药之体，作泻药之用，既可攻实，又可防虚”。

3. 益气增液攻下法　阳明温病，应下失下，贻误病机，导致腑实未去，又兼气液两亏，症见身热、腹痛便秘，口干咽燥，倦怠神疲，或见撮空理线、目中不了了、肢体震颤、苔干黄或焦黑、脉沉弱或沉细。纵观本证，邪热炽盛气液欲脱，“补之则邪毒愈甚，攻之则几微之气不胜，攻之不可，补之不可，补泻不能，两无生理，不得已勉用陶氏汤”。黄龙汤由承气汤加人参、地黄、当归而成，虽为补泻兼施之剂，但内有枳朴，辛燥耗气伤阴，故吴氏化裁成新加黄龙汤。本方用大黄、芒硝泻热通结，生地、玄参、麦冬、当归、海参滋阴润燥，人参、甘草补益正气，姜汁代枳朴，以宣通气分结滞。

4. 益胃缓调法　阳明温病经攻下后，脉转平静，热退而舌上津回。只因前期与攻下而伤耗阴液，致十多天不大便，治疗可予益胃汤、增液汤之类充养阴液，增水行舟，“断不可与承气也”，以防数下亡阴伤脾。

五、腑实未去治当祛邪攻下

《温病条辨·中焦篇》第十七条指出：“阳明温病，下之不通，其证有五……”，除前所述的增液承气汤证和新加黄龙汤证外，尚有兼夹其它脏腑病变者，皆非徒恃攻下所能取效的，又须根据病变所在的脏腑不同，随证恰当配伍方药，主证兼证同治。

1. 宣肺攻下法　阳明腑实兼痰热阻肺，攻下不通，症见身热便秘，喘促不宁，痰涎壅盛，黄稠而黏，口渴欲饮，舌苔黄腻，脉象滑数，或右寸实大，治宜攻下泄热，宣肺化痰，用宣白承气汤（大黄、石膏、杏仁、瓜蒌）。去燥实，通腑气，使肺热清，痰热化，肺气降。

2. 开窍攻下法　温热病邪蒙扰心包兼夹腑实，下而不通，神昏谵语，舌短难伸，内闭不通，饮不解渴，治当攻下腑实，清心开窍，用生大黄末调服安宫牛黄丸。本证为阳明大实不通，有消亡肾液之虞，其势不可稍缓须臾，急以牛黄丸开手少阴之闭；以承气泻阳明，救足少阴之液。

3. 通利二便法　阳明腑实阻滞，内热炽盛，灼伤阴津，导致大小二肠俱热，下之不通，症见身热不解，大便秘结，小便赤涩而短，时烦渴甚，苔黄焦燥，脉数，治用导赤承气汤。方中黄连、黄柏苦寒清热，生地、芍药酸甘养阴，大黄、芒硝通泄大便秘结。诸药相合泄热攻下，滋阴生津，使肠腑热结得去，膀胱、小肠之热能解，小便自可通利。

本文从五个方面对《温病条辨》下行调治规律作了初步探讨。从中不难看出，吴氏于下后调治颇有研究，证治方药每有法度。既讲数下亡阴之戒，又明祛邪务尽之训。临证遵此辨治，调理得法，则使病易愈；若妄用攻补，“虚虚实实”，则致病变难痊。因此下后调治至关重要，不可不知。

[《湖北中医杂志》，1989；(4)]

《温病学·风温》析疑三则

郭选贤　陈　明

风温的病变中心何在？银翘散中荆芥的作用如何？治疗肺热发疹为何在银翘散的基础上去豆豉而存荆芥？这些问题至今尚未定论，本方就此试申鄙见，敬望指正。

一、病在肺胃有所侧重

关于风温的病变中心，概有“肺”及“肺胃”二说。当今持前说者为多。如全国高等中医院校函授教材《温病学》（以下简称《函授教材》）云：“本病以邪在肺经为病变中心。”（48 页）高等医药院校《温病学》五版教材（以下简称《教材》云：“本病初起以邪在上焦手太阴肺经为病变中心。”（42 页）

风温初起病变中心在肺，当无疑义。若云本病全过程“以邪在肺经为病变中心”，则有以偏概全之嫌。陈平伯在其风温专著《外感温病篇》中云：“肺主卫，又胃为卫之本，是以风温外搏，肺胃内应，风温内袭，肺胃受病……其温邪之内外有异形，而肺胃之专司无二致……故肺胃为必犯之地。”王孟英亦持此说。由此可知，风温是以肺胃为病变中心的。但在风温病程中的不同阶段，其病变中心有所侧重。证之临床，初起中心固然在肺，但亦有涉及于胃者，某些患者纳差呕吐，口渴唇干，即是例证。进而表现，“阳明热盛”“阳明热结”，则其病变中心侧重在胃，而肺已居其次矣。至病程后期，虽表现为肺胃阴伤，但亦有偏肺偏胃之不同。总之，病在肺胃，而有侧重。

诚然，风温过程中亦可出现肺胃痰热走窜包络的病变，但不过属于病情之突发剧变而已，其本在于肺胃痰热，而且并未贯穿该病始终。

二、荆芥开郁而绝非“祛邪”

荆芥在银翘散中的作用如何？现行有关教材认为是：祛（驱）邪。《教材》云：“方中芥穗，豆豉，薄荷解表发汗，祛邪外出。”（43 页）《函授教材》云：“方中荆芥穗，豆豉，薄荷解表发汗以驱邪外出。”（49 页）

众所周知，荆芥性味辛温而归属于“发散风寒药”，亦有认为其属于辛而微温者，用其治疗风寒为病时以之“祛（驱）邪外出”自合法度。若治风热内袭时用其“祛（驱）外出”则使人骤生疑惑，难以苟同。

关于荆芥在方中的作用，近贤诸多高论，各有理致，此不赘述。笔者认为，以辛温之荆芥伍以大队辛凉或寒凉的药物，乃是取其辛而制其温，使整个方子既具辛散开郁之力，又不致于凉遏气机，碍邪外出。叶天士云：“温邪上受，首先犯肺。”银翘散证是风热侵袭肺系，郁于肺卫的“肺胃郁热证”，其治主在辛凉清解，开郁透热。辛可入肺开郁，凉可清热祛邪，郁开邪祛则诸证悉除，两全其美。可见全方其用在辛凉，其主在辛凉，而绝非以辛温之荆芥“祛（驱）邪外出”也。

三、肺热发疹应酌处荆豉

肺热发疹为肺热波及营络而有外泄之机，治疗大法宜因势利导，助其透泄，故吴鞠通采用“银翘散去豆豉加细生地、丹皮、大青叶、倍元参方”治疗。

为何去豆豉呢？吴氏自注“畏其温”。《温病条辨白话解》：“去豆豉的辛温。”《温病纵横》：“豆豉性温。”可见其均恐豆豉性温助热耗津伤液故而去之。教材云：“本证邪不在表，所以去豆豉之解表”。（45 页）“银翘散中有荆芥，豆豉辛散透表。”（44 页）参照吴氏等语，则知其均误认为豆豉为辛温解表之品，而本证“邪不在表”，用之徒有耗津之弊，故去之。

其实，豆豉因其炮制时所加药物的不同，而有淡、香之分，药性有偏凉偏温之异。若是淡豆豉，去之大可不必，若是香豆豉，则自当去之。故郭谦亨教授告诫后学者曰：“去否应根据其附加的药性而定。”姑且以辛温论豆豉，则荆芥辛温之力胜于豆豉，为何不去？有云不去荆芥乃鞠通笔下之误者，此言差矣！吴氏组方用药，向来精细，加减进退，焉能有误？《函授教材》对此解释甚好，其云：“本证邪不在表，不去荆芥者，以荆芥有助于透疹外达。”（51 页）荆芥虽属辛温之品，但具开郁透疹之能，与方中其他药物相配，正可因势利导，透疹外达，用之利大于弊。查考诸种药物，多云荆芥有透疹之功，而未云豆豉有透疹之效。若是香豆豉，用之岂不是独伤津液，有弊无利乎？此乃去豆豉而留荆芥之理也。然荆芥毕竟属于辛温之品，故《函授教材》告诫曰：“若红疹显露而无表郁见证，荆芥亦可去之，以免助热伤津。”此乃据证施药，灵活变通之举也。

[《河南中医》，1991；(3)]

《温病条辨》透邪 16 法

陆为民

透邪是温病治疗中常用治法之一，早在《内经》即有“火郁发之”、“其在皮者，汗而发之”等论，可谓透邪法之萌芽，至叶天士《温热论》提出“透风于热外”、“透热转气”、“泄卫透营”等，透邪法的内容益趋丰富和完善，吴鞠通师承叶天士，著《温病条辨》（以下简称《条辨》）一书，对透邪法的运用更有发挥，本文就此探析如下。

一、辛凉透表

《条辨》云："凡病温者，始于上焦，在手太阴"，肺主皮毛而属卫，温邪犯肺卫，则"卫阳阻遏，肺气郁闭"、"故有寒热之表征"，因"病在手经，徒伤足太阳无益，病自口鼻吸受而生，徒发其表亦无益也"，吴鞠通遵《内经》"风淫于内，治以辛凉，佐以苦甘；热淫于内，治以咸寒，佐以甘苦"之旨，立辛凉透表法，盖辛宣郁结，凉可清热，启玄府而畅三焦，透邪达表，外出而解，所创制的银翘散、桑菊饮为其代表方，沿用至今，也是对叶天士"解表初用辛凉"、"透风于热外"的继承和发扬。

二、透表清暑

"手太阴暑温，如上条证（即形似伤寒，右脉洪大，左手反小，面赤口渴），但汗不出者"，吴鞠通治以新加香薷饮。《条辨》云："香薷饮发暑邪之表"、"以连翘、银花取其辛凉达肺经之表，纯从外走"，论述精当，而且，在煎服方法中又强调："不汗再服；服尽不汗，再作服"，上焦篇第25条也说："服香薷饮，微得汗"，均是吴鞠通给邪以出路，冀暑温之邪透表而解，因势利导，引邪外出。

三、润燥透表

若治温燥，吴鞠通用桑杏汤、翘荷汤主以辛凉轻清，宣透在表温燥之邪，配伍甘润生津，润燥而不伤阴。《条辨》云："其由于本气自病之燥证，初起必在肺卫，故以桑杏汤清气分之燥，亦救肺卫之轻剂也"、"翘荷汤者，也清上焦气分之燥热也"。若为凉燥致病，吴鞠通则用杏苏散"加羌活微透汗，以苏叶、前胡辛温之轻者达表"，前者乃辛凉甘润透表之法，后者当为辛甘温润透表之法，温凉之异又当细辨之。

四、轻透气热

《条辨》云："太阳病得之二、三日，舌微黄，寸脉盛，心烦懊侬，起卧不安"，此为温病热邪初入气分之热郁胸膈证，因热势尚不太盛，犹有外透之势，故吴鞠通"开之以香豉"，用栀子豉汤轻宣上焦郁热，透泄热邪。

五、清气透热

邪在肺经气分见"脉浮洪，舌黄，渴甚，大汗，面赤恶热者"，主以白虎汤"达热出表"。若为"阳明温病，脉浮而促者"则以减味竹叶石膏汤"辛凉透表重剂"、"逐邪外出"，他如白虎加人参汤、白虎加桂枝汤、白虎加苍术汤、清燥救肺汤等方皆用石膏之辛寒，旨在清透气分热邪，如张锡纯所说："盖排挤内蕴之热，息息自毛孔达出也。"

六、化湿透热

《条辨》云："湿为阴邪……，其性氤氲黏腻"，湿热致病，最易阻滞气机，而气机失于流畅，湿热之邪更是胶着难解，吴鞠通治疗总以化湿透热为法，视湿热偏重分而治之。湿重于热，如湿温初起，邪遏卫气则用三仁汤以宣气化湿透热，若病变中心在足太阴脾，则用一、二、三加减正气散等芳香透化，祛湿清热。热重于湿，病变以足阳明胃为主者，当清透胃热而化湿，白虎加苍术汤、三石汤等为其代表。湿热弥漫，三焦均受，则以杏仁滑石汤化湿透热并施。

七、化湿透表

吴鞠通用于“胸腹白痦，内外合邪”之湿停热郁证，盖“纯辛走散，纯苦清热，皆在所忌”，薏苡竹叶散“辛凉解肌表之热，辛淡渗在里之湿，俾表邪从气化而散，里邪从小便而驱，双解表里之妙法也”，乘其湿热之邪有外泄之机而助化湿透表，则白痦自愈。

八、宣透少阳

气分热邪郁于少阳，见“阳明温病，干呕干苦而渴”，吴鞠通除用芩、连苦寒清热外，配以郁金疏通少阳，宣展气机，豆豉宣发郁热，透邪达表，“以芳香蒸变化其浊也”，此即黄芩黄连汤之苦寒微辛法也。

九、芳香透邪

吴鞠通治“手太阴暑温，发汗后，暑证悉减，但头微胀，目不了了，余邪不解”之清络饮，以银花、竹叶之辛凉，合诸鲜芳香而成，《条辨》云：“既曰余邪，不可重剂明矣，只以芳香轻药清肺络中余邪足矣”。而温热之邪逆传心包，见“热多昏狂，谵语烦渴，舌赤中黄，脉弱而数”心疟证，则用加减银翘散共为粗末，点荷叶汁2~3匙治之，全方以银花、竹叶等为主，合荷叶之芳香使邪热外透于表，从辛凉而解，如《条辨》所云：“其受之浅者，以加减银翘散清肺与膈中之热，领邪外出。”

十、辛温透热

“温毒敷水仙膏后，皮间有小黄疮如黍米者”，为防辛温耗伤阴津，吴鞠通变法治之，以辛温散剂三黄二香散外敷透达余热，如《条辨》云：“二香（乳香、没药）透络中余热而定痛。”而白虎加桂枝汤用桂枝“领邪外出，作向导之官”，则又是辛寒清气配伍辛温以助透热之法。

十一、透热转气

吴鞠通承叶天士“乍入营分，犹可透热，仍转气而解”之论，制清营汤、清宫汤等，在清营凉血同时伍以轻清透气之银花、连翘、竹叶等，使营分之热转从气分而解，他如玉女煎去牛膝加玄参治“太阴温病，气血两燔”及犀角地黄汤合银翘散治“太阴温病，血从上溢”等皆有此意。

十二、透泄斑疹

《条辨》云“温邪郁于肌表血分，故必发斑疹也”，而斑疹的出现，又表明邪有外达之势，故总宜清泄透化，因势利导，袪邪外出。然斑、疹有别，治各有异。斑乃营血热毒遏伏于内，病情较重，故用化斑汤大剂清泄气营，救水济焚，清凉透发，《条辨》云：“斑家遍体皆赤，自内而外”、“故以石膏清肺胃之热……犀角咸寒……托斑外出”；而“疹系红点高起……系血络中病”，此乃热郁营分，又兼表实，欲透不能，邪无出路，病情较轻，“故主以芳香透络，辛凉解肌，甘寒清血也”，用银翘散去豆豉加细生地、丹皮、大青叶倍元参方清营宣肺透疹，使其邪随微汗而外达。

十三、开透心包

本法用于温邪内闭心包而见神昏谵语，痉厥，口渴身热，目赤唇焦，脉不实等，制安宫牛黄丸治之，该方以咸寒之品，配与芳香清透，苦寒清热，具清热解毒，开透心包之功，正如《条辨》所论："合四香以为用，使固闭之邪热温毒深在厥阴之分者，一齐从内透出，而邪秽自清，神明可复也。"

十四、补气透邪

活人败毒散治"暑温风寒杂感，寒热迭作，表证正盛，里证复急，腹不和而滞下者"，乃"中气本自不足之人，又气为湿伤，内外俱急"，故"立方之法，以人参为君，坐镇中州，为督战之师；以二活、二胡合芎从半表半里之际，领邪外出"。加减小柴胡汤治"疟邪热气，内陷变痢，久延时日，脾胃气衰……中虚邪伏"，故用本方"提而使之出也"、"柴胡由下而上，入深出浅，合黄芩两和阴阳之邪，以人参合谷芽宣补胃阳……"，领内陷之邪外出。

十五、滋阴透邪

温病后期见"夜热早凉，热退无汗，热自阴来者"，此乃邪气深伏阴分，不能出表，混处气血之中所致，吴鞠通用青蒿鳖甲汤"以鳖甲蠕动之物，入肝经至阴之分，既能养阴，又能入络搜邪，以青蒿芳香透络，从少阳领邪外出"，达"先入后出"之功，本方滋阴清热，内清外透，乃吴鞠通对透邪法的又一贡献。

十六、扶阳透邪

《条辨》云："夫少阴疟，邪入至深……三疟又系积重难反，与卫气相失之证，久不愈，既已久不愈矣，气也血也，有不随时日耗散也哉！"其制扶阳汤，以"鹿茸为君，峻补督脉……督脉总督诸阳，为卫气之根本，人参、附子、桂枝随鹿茸而峻补太阳，以实卫气；当归随鹿茸以补血中之气，通阴中之阳；单以蜀漆一味，急提难出之疟邪，随诸阳药努力奋争，由卫而出"，此当为扶阳透邪之法也。

综上所述，《条辨》对透邪法运用灵活，独具匠心，促进了温病治疗学的发展，值得后世进一步研究和探讨。

[《辽宁中医杂志》，1998；(2)]

吴鞠通治温病发黄九法

陈志源

吴鞠通继承和总结前人经验，加以验证，结合自己临床心得，著《温病条辨》，为使温病原独立于伤寒之外作出了贡献。本文根据《温病条辨》归纳出黄疸论治九法，就正于同道，缪误之处敬希指正。

一、清热泄湿

用于阳明温病，湿热郁于中焦，身目发黄，口渴不甚，无汗，小便不利，心中懊侬者。方用栀子柏皮汤（若燥合清苦法）。

因感邪太重，传入阳明与胃阳相搏，湿热郁阻中焦，不得发越，症见无汗发黄，其色鲜明如橘色。热居湿中故口渴不甚。湿小郁阻故心中懊侬，小便不利。脉象当为滑数或弦数。苔黄或腻。方中栀子清湿热利小便，治黄除烦；黄柏清下焦湿火，疗肌肤间热；甘草调和表里。三药组合成方，符合“湿淫于内，以苦燥之；热淫于内，佐以甘苦”之经旨。对于湿热发黄，热重于湿者，疗效确切。

二、泻下热结

用于阳明温病发黄，见身目俱黄，色鲜明如橘色，无汗或但头汗出，发热口渴欲饮，腹部胀满，大便秘结，小便不利、黄赤，舌苔黄燥。方用茵陈蒿汤（纯苦急趋法）。

湿热不解，郁结阳明，里实已成，腑气不通。故吴鞠通谓：“此则胃家已实……热不得越。”出现发黄发热口渴等湿热郁结于里与腹胀满或大便秘结等腑实证候。选用仲景茵陈蒿汤。方中茵陈为君，清热散结除湿；栀子通水源，利三焦；大黄通泻瘀热，除里实。组合三药成方，清利湿热而泄里实。目的在于“从事于下趋大小便也”。

三、清心开窍

用于阳明温病，身目俱黄，发热等，同时出现神志昏迷、谵语者。方用安宫牛黄丸（芳化清解开窍法）。

病位虽在中焦阳明胃，与心有一膈之距，胃居下，心居上。由于秽毒内盛，浊气蒸腾，干及上焦包络。因此阳明温病发黄时，“浊气太甚”可出现神志证候。此时必须速以芳香化浊，清心开窍的安宫牛黄丸控制病情。

四、运脾驱湿

用于太阴温病，寒湿渍于中焦，四肢时有冷感，大便溏利，眼白发黄，神疲倦怠，默默不语或语声迟重，舌苔白滑或灰者。方用四苓加木瓜厚朴草果汤（苦热兼酸淡法）。

脾主四肢肌肉，湿困中焦，脾阳被郁，所以四肢发冷；脾气下陷则溏利。脾湿上蒸于肺，肺气不化则眼白发黄。湿阻脾窍故语声迟重。证属寒湿困脾，脾气下陷。方中四苓驱湿下行；加木瓜平肝木；厚朴温中行滞；草果温脾寒以补火，芳香通窍；半夏化痰湿，斯方温运脾阳同时驱湿。如素体阳气虚者加用附子。

五、温阳宣湿

用于太阴温病，寒湿内滞，阳气不振，出现身目俱黄，其色晦暗，脘腹胀满不适，四肢时时厥冷，舌苔灰滑者。方用茵陈四逆汤（苦辛甘热复微寒法）。

湿遏脾阳，脾失健运，升降失司，中焦痞滞，用草果茵陈汤。目的在于泄痞导湿温寒，截断病机的进一步演变，阻止黄疸的发生。若在此基础上发生了黄疸伴肢厥者，用茵陈四逆汤温阳回厥，宜湿退黄。须注意服药后厥仍未回者需再服，至厥回为止。

（草果茵陈汤：草果、茵陈、苓皮、广皮、厚朴、猪苓、大腹皮、泽泻）。

六、利湿消肿

用于夏秋两季黄疸，治疗失误发生肿胀者。方用二金汤（苦辛淡法）。

外感时令湿热，在内水谷不化，内外湿相搏，湿热郁滞于中焦，影响肝胆疏泄而发生黄疸。进而气机被遏，脾不运转，水道不通，继黄疸而发生肿胀。故《临证指南医案》云："肿胀同时并至者，病形变幻不一，其病机之参伍错综……有湿热气郁积者，用鸡金散加减，消利并行。"二金汤即是吴氏在鸡金散基础上化裁而成，对湿热黄疸继而发生肿胀者非常切合病机。

（二金汤：鸡内金、海金砂、厚朴、大腹皮、猪苓、白通草）。

七、宣通表里

用于阳黄因外风内湿相蒸而成者。方用茵陈五苓散（苦辛微寒法）。

风入胃家气分，与里湿相蒸，发为阳黄。湿热入于膀胱，气郁不化，故小便不利是其辨证眼目。方中茵陈开郁而清湿热；五苓散宣通表里之邪，表里双解，小便通利黄疸自愈。吴氏谓："此黄疸气分实证通治之方也。"对于湿热发黄，湿重于热者，有肯定疗效。

八、通宣三焦

用于湿热充斥三焦，症见身目俱黄如橘色，胸腹满闷，恶心欲吐，大便秘结，小便黄赤，脉沉者。方用杏仁石膏汤（苦辛寒法）。

此为湿热充斥三焦之里证，故用此方统宣三焦。方中姜、夏开中焦；枳实从中走下焦；黄柏直清下焦；山栀通行三焦。上焦为病邪始入之处，且主气化，故以杏仁、石膏开上焦为先，并以此名方。虽称统宣三焦，实则扼重在上焦。三焦通利，湿热清除，疸病自愈。

九、解外和中

用于体虚感湿温病邪，误用汗法致身目俱黄，无饥饿感，小便黄赤者。方用连翘赤饮煎送保和丸（苦辛微寒法合苦辛温平法）。

湿温本禁汗、下、滋。劳倦体虚之人患湿温，误汗更伤中阳，脾失健运，水谷之湿与外来湿热郁蒸，配成虚中夹实之特殊类型黄疸。吴氏遵循"甚者独行，兼者并行"经旨，用连翘赤豆饮解其外，保和丸和其中。二方号非治黄专方专药，却能收到退黄之目的。

［《黑龙江中医药》，1983；(3)］

吴鞠通治燥特色探讨

——西北燥证治法相关文献研究

王　燕　指导：周铭心

我们在进行西北燥证课题研究中，发现对燥邪及燥证研究的文献较少，且很多医家将燥邪致病等同于一般温病，多以温邪立论，侧重于伤阴的病机研究，没有涉及到燥邪的论治。清代医家吴鞠通所著《温病条辨》对燥邪致病、燥证治疗论述颇详，而在专门研究吴鞠通的文献中，尚未发现有对吴氏论燥的系统阐发。本文的目的是探讨吴鞠通对燥邪致病和燥证治疗的理论和经验，从一般燥证的治法推衍出在西北地区特殊自然环境、社会环境下所致西北燥证的治法。西北燥证的概念系 1991 年周铭心教授提出，并将“西北燥证”概念定义为：是发生于以新疆为代表的西北地区，以感受燥邪为主要病因，以口鼻、咽喉、肌肤干燥和干咳、烦躁等各种不适症状为特征的一组中医证候。研究西北燥证及治疗的意义在于有俾于从异病同治出发防治新疆特高发疾病，改善新疆人群亚健康状态，提高新疆各族民众的健康水平和生活质量。吴鞠通论燥上遵《内经》，下及各家，而又有其独到特点。本文拟从以下三方面加以阐述。

一、从燥邪的病因特点论燥证治疗

1. 燥邪是一独立致病因素，属秋金燥烈之气　吴氏禀承《内经》经旨，将燥邪作为与风、寒、湿等邪并列的病因，并强调燥邪的致病性。如在《温病条辨·秋燥》中有“阳明司天之年，岂无燥金之病乎”，“金为杀厉之气，主义主收，主刑主杀，其伤人也，最速而暴，竟有不终日而死者，何尝燥不为病哉”。吴氏在治燥的用药性味上体现了他对燥邪致病独立性这一问题的认识。《素问·脏气法时论》云：“肾苦燥，急食辛以润之，开腠理，致津液，通气也。”明确提出辛散辛通之品，可以宣通阳气，开达腠理，布散津液，改善燥邪所致津液耗伤。吴氏对燥邪抑遏肺气所致凉燥用杏苏散，温燥用桑杏汤。前方是以苦温甘辛法，用苏叶、前胡、生姜、宣肺开腠以致液；后方用一味豆豉，宣燥开肺达邪。从以上选方用药性味分析可见，吴氏治燥紧扣燥邪可单独伤人这一特点，在继承《内经》治燥宗旨的基础上，又有所变通，有所发挥。燥邪属性问题也是西北燥证研究的重要内容。周铭心教授认为燥邪是与风、热、火、湿、寒并列的独立病因，并将燥邪的气化属性概括为：一为干燥，二为清冷，三为收敛，四为滞涩，五为外坚，六为急切，七为肃杀，八为皴揭。了解燥邪气化属性，可推论燥邪有无，强弱与传变，从化与兼化。西北燥证的证候学研究表明，西北之燥为正燥，寒凉为其用，感人致病便以寒燥凉燥为主。常见外感咳嗽，有口干咽燥，取桑杏汤治之反甚，加重辛润之品则瘥。

2. 燥邪与寒、湿邪气鉴别　《素问·六元正纪大论》曰：“阳明司天之政……阳专其令，炎暑大行”，“燥极而泽”。从达段经文来看，燥不仅可兼热象，在燥到极点时，还可见到湿象。《素问·六微旨大论》曰：“本标不同，气应异象。”吴氏分析燥的标本之化是医家易把燥混入湿门的原因。他在《温病条辨·补秋燥胜气论》中说：“阳明之上，燥气治之，中见太阴；而阳明从中，以中气为化，故又易混入湿门也。”在《温病条辨·燥气论》中有“秋日暑湿踞于内，新凉燥气加于外，燥湿兼至，最难界限清楚”，这又是从燥节气主令方面来分析燥邪与湿邪易混的原因。《素问·六元正纪大论》曰：“丑未之纪……燥令已行，寒露下，霜乃早降，草木黄落，寒气及体。”《素问·五常政大论》曰：“发生之纪……不务其德，则收气复，秋气劲切，甚则肃杀，清气大至，草木凋零。”王冰注：“清，大凉也。切，急也，风声也。”此为秋金清凉气化之性，故后世医家又有将燥混入寒门的。吴氏认为此是因“燥统于寒，而近于寒，凡见燥病，只以为寒，而不知其为燥也”。有医家拘泥于仲景所立伤寒、温病二大纲，以暑统风火，寒统燥湿，以为一切外感皆包于内。在治法上，要么辛温发表，要么恣用苦寒，以致愈服愈燥。吴氏批评此立论为“盖遵信仲景太过则失之矣”。提出“欲解燥者，先滋其干”，反对纯用苦寒，因苦先入心，其化以燥，致津液干涸。

故在吴氏治燥方中，甘寒十之八九，苦寒仅十之一二。意在令甘寒以清热化阴，不令化燥。即使用纯苦，如茵陈蒿汤，也在方后名言，只有一用，或者再用，断无屡用之理。此治燥禁忌在今天看来仍不失为大中至正之规。

二、从燥邪的胜复之变论燥证的治疗

1. 燥气胜复之变是燥气之大纲　燥气胜复之理，历代医家多不深求，或单论胜气，或单论复气。如清·沈目南所论燥病属凉，谓之次寒，乃论燥之胜气；清·喻嘉言论燥，引大易水流湿，火就燥，各从其类，乃论燥之复气；至吴鞠通论燥则集大成，有胜气复气，与正化对化，从本从标之说。吴氏燥气胜复之变的理论渊源于《素问·五运行大论》“气有余，则制己所胜而侮所不胜；其不及，则己所不胜侮而乘之，己所胜轻而侮之”，并举例说：“金受病，则坚刚牢固，滞塞不通，复气为土，土性壅塞，反来克本身之真水……由是推之，六气皆然。”吴氏认为燥令凉气感人，肝木受邪而为燥，至深秋燥令气行，人体肺金应之，肌肤亦燥，乃火令无权，此为燥之胜气。胜已而复，“盖燥属金而克木，木之子，少阳相火也，火气来复，故现燥热干燥之证……阳明本燥，标阳也”。“乃如仲景用麻桂姜附，治寒之胜气也，治寒之正化也，治寒之本病也，白虎承气，治寒之复气也，治寒之对化也，治寒之标病也。”程曦推崇吴鞠通的论述，曾说道：能于此理悟通，则燥气之胜复正对本标，亦皆了然于胸中矣（清·雷丰《时病论》）。

2. 根据燥之胜气、复气确定治疗法则　《素问·六元正纪大论》中提出“无失天信，无逆气宜，无翼其胜，无赞其复，是谓至治”。吴氏以为，若治燥，辨其寒热温凉属性为第一要务。反之，若以凉投凉，以热投热，反增病剧。此与《内经》所指含义实相同。对于燥之胜气，谨守《内经》“阳明之胜，治以酸温，佐以辛甘，以苦泄之”，以辛苦甘温为法。盖苦温从火化以克金，甘辛从阳化以胜阴也，方如杏苏散。以辛温之轻者达表，以辛温之重者微发其汗。若金性坚刚，介然成块，病深坚结，则以苦下之。未从热化者，下之以苦温；已从热化，下之以苦寒。对于燥之复气的治疗，则以辛凉甘寒、甘润为法。初起在肺卫的，用桑杏汤清气分之燥证，以桑叶与杏仁为君，配伍清热润燥、止咳生津之品，意在轻宣温燥，凉润肺金，必使燥热清而津液复。燥已伤肺胃之阴分的，用沙参麦冬汤甘寒救其津液。此方以甘味药为主，全“甘守津还”之意。有医家临证用此方治疗胃阴伤为主的噎膈、胁痛等病证，根据病情缓急，配伍其它药物灵活运用，取得较好疗效。如冯莉提出遇胃阴亏耗，在本方中加白芍、五味、木瓜类酸味药物，取“酸甘化阴”之意；温邪化燥伤阴时，可重用甘寒之品养阴，加生地、玄参等。

三、从三焦分治论燥证的治疗

吴氏在继承前人理论和证治经验的基础上，通过自己丰富的临床实践，创立了三焦辨证理论，并融入卫气营血辨证的内容，形成了两种辨证方法经纬交错、互相补充的特点，继而提出三焦治疗原则，即“治上焦如羽，治中焦如衡，治下焦如权”。

1. 三焦分证治燥　三焦皆以燥之复气为例。燥犯上焦，用辛凉清润之品疏解肺卫之燥热。因为病情轻浅，病位在上焦，且属燥邪为患，故不可辛温升阳而助其燥气，又不可过用寒凉遏其肺气，因而吴氏治疗大都选用质地轻浮，具有发散作用，且无伤津耗液、清凉润燥的药物，如桑叶、杏仁、薄荷、芦根等品。药量轻，煎时亦较短，以透散外邪于上。方如桑杏汤，符合“其在上者轻而扬之”的原则；燥入中焦，临床有肺胃之阴不足或燥热虽解而肺胃之阴未复的表现，则用味甘性寒的药物生津养液。吴氏治疗常用汁液丰富之品，如沙参、梨汁、牛乳等。他指出：“此皆甘寒救阴法也”，但中焦燥证宜慎用苦寒，或苦温。正如吴氏所言：“不可纯用苦寒，服之反燥甚。”总以“平”、“安”为治则，使气机畅达，燥湿不偏；燥伤下焦，外感燥邪久羁而伤及肝肾之阴，上盛下虚，邪少虚多，用甘咸法。因咸性类水，其性下坠，吴氏治下焦燥病所选用咸性药物大都为爬行蠕动之物，如龟板、鳖甲、龙牡等，能入下焦搜风逐邪。且此类方剂中以“酸甘咸”药物居多。酸甘化阴，可补肾阴之亏损。肾主五液而恶燥。历经了上、中二焦的病变过程和治疗方面的诸种因素，秋燥病邪深入下焦必然穷及肾脏，劫铄肾中阴液，临床以肝肾阴亏，水不涵木，肝风内动的干咳或久咳不愈、痉厥、昼凉夜热等症为主。故吴氏说：“在下焦无非热邪深入，消灼津液，涸尽而死。”其药物的剂量也较上、中二焦为重，体现了“治下焦如权，非重不沉”的原则。

2. 燥在上焦又细分卫气营血

吴氏在上焦篇54条后的注解中说：“由于本气自病之燥证，初起必在肺卫。”以桑杏汤治之。方中既有清热散邪利气之药，更有滋阴润肺止咳之品。55条又云：“感燥而咳者，桑菊饮主之。”并在方后述“二三日不解，气粗似喘，燥在气分者，加石膏、知母；舌绛暮热，甚燥，邪初入营，加元参二钱、犀角一钱；在血分者，去薄荷、芦根，加麦冬、细生地、玉竹、丹皮各二钱。”所以，即使燥邪局限于某一脏腑，也可见由表及里、由气及血、由浅入深的横向传变过程。周铭心教授在西北燥证的证候学研究中发现，在上焦之燥久必伤津，灾必及血，液亏日深，害常至精。症见咳喘肋痛，痰少而黏，痰中夹血，颧红颊赤，舌红苔少；或肤燥瘙痒，血痂累累；在深入沙漠腹地，对酷热、干燥环境下作业的石油工人的燥证流行病学调查则显示，上焦见证除轻浅肺卫见证外，迁延日久，可有口渴多饮、精神迟滞、少寐多梦、心烦不宁等营血暗耗表现；肺主气属卫，心主血属营，二者虽同居上焦，却有表里深浅之别。

综上所述，吴鞠通在燥证的辨证治疗方面均有独到的见解，其所论燥气之复杂的病机变化中所体现的治疗思想，完全可用于今之西北燥证的治疗。无论燥在肌肤、卫分、三焦都可以从吴氏治燥思想中获取有利的借鉴，甚至外燥日久，伤及下焦；或内燥从生，致脏腑津亏液耗等燥证的变证，也可从吴氏的治法中求得参考。周铭心教授根据多年临床所见和流行病学调查总结出西北燥证之特点，即凉燥多于温燥；外燥多于内燥；外燥寒内燥热。并在此基础上总结出适宜于西北燥证特性的治法与方药，尤其在治疗银屑病方面已取得显著临床效果。古代医家的治燥思想和学术经验将成为西北燥证研究深入进行的基础，为当今西北燥证的治疗提供借鉴和依据。

［《新疆中医药》，2006；（4）］

吴鞠通《温病条辨》方药特点分析（一）

张思超　宋咏梅

吴鞠通创立三焦辨证，对三焦疾病的治疗，在组方、用药方面有其独特见解，总结分析如下。

一、治疗上焦病组方用药，遵“治上焦如羽”法则

语出吴鞠通《温病条辨·杂说·治病法论》，概括了上焦心肺病证治疗时所遵循的原则。因上焦其位居高，用药多取轻清上浮，如羽毛之轻扬，才能上达上焦，且病属初起，药不宜苦重，只宜用轻清发散之品即可。此法实为遵《内经》“因其轻而扬之”及叶天士“在卫汗之可也”精神而发挥。“如羽”之义为：一是选药质轻灵动之品，多为药物的叶、花、草、梗、皮部分。肺为娇脏，不耐寒热，位置最高，质轻灵动之药方可达于上而发挥疗效。即使用根，也需其性走上者，若用金石、苦寒、滋腻之品，病必不除。吴氏认为，病在上焦，不宜用治中焦之药，更不能投治下焦的药物，“岂有上焦温病，首用中下焦苦温雄烈劫夺之品，先劫少阴津液之理！知母、黄芩，亦皆中焦苦燥里药，岂可用乎？”二是用量宜小而轻灵、药味要少。药量一般在3～10g左右，他说：“轻药不得重用，重用必过病所。”主张治肺卫证处方剂量宜小。吴鞠通《温病条辨》中药味数，少则1、2味，多则达12味，个别的达17味，大多在3～9味。三是药物煎煮时间切勿太长。肺药取轻清，轻药走上，煎煮过长则气散味浓，不利于上焦病。煎前先用凉水浸泡30min左右，煎煮时，宜武火急煎，不要频繁揭盖搅动。煮沸后头煎不超过10min，二煎7～8min即可，两次合煎400ml，儿童酌减。正如吴鞠通在银翘散方论中所说：“香气大出，即取服，勿过煎，肺药取轻清，过煎则味厚而入中焦矣。”这对于治疗上焦肺病具有广泛的指导意义。四是服药时少量多次。外感病服药时不必拘泥于一日早晚两次。外感病来势急，病情重，早晚分服法不利于药力的发挥，尤其是儿童，量大易导致呕吐。如银翘散类方、普济消毒饮加减方等，采取杵之为散，每次服用五六钱的方法。故服用外感病方药时，宜每次间隔3～5h。吴鞠通说：“病重者，约二时一服，日三服，夜一服。轻者三时一服，日二服，夜一服。病不解者，作再服。”说明了根据病情服药的原则。

1. 银翘散　本方以质轻味辛之辛散药与质轻性寒之清热药配伍，辛凉清解在表之邪热。方中运用荆芥穗、淡豆豉辛温之品与辛凉轻清的薄荷相配，寒温并用，开通腠理，邪从外透。两者配用，既可增强疏散清热之力，又无凉遏伏邪之弊，寒而不凝，透而不汗，开郁清热力著。以金银花、连翘、竹叶清解热邪，三药同用，热邪自内、外、上、下而解，体现了治热寻找热邪外出道路的思想。桔梗轻清开上，气化而热散，肺气宣而达到利咽、止咳、退热之效。本方妙在不仅选用质轻味薄之品，且采用轻煎频服法维持药力，对温病初期表邪郁闭较甚、发热较重者最宜。吴氏赞之曰：“此方之妙，预护其虚，纯然清肃上焦，不犯中下，无开门揖盗之弊，有轻以去实之能。”

2. 桑菊饮　本法以味薄质轻性凉之品轻宣肺气。微苦与辛凉相配，起到微苦则降，辛凉则平之用，符合肺为清肃之脏立法之旨，吴鞠通称其为辛凉轻剂。全方八味药，重者不过二钱，轻者仅只八分。方中桑叶芳香有细毛，横纹最多，走肺络而宣肺气。菊花芳香味甘，轻清疏散风热。与银翘散相比，无荆芥穗、豆豉、金银花，故清热开郁力逊，多杏仁则宣肺止咳力强。对于温病初期表邪较轻而肺气郁闭较甚，以咳嗽为主症者最宜。

3. 新加香薷饮　适用于暑湿兼寒证。本证寒暑错杂，纯用辛温药则与暑热不合，尽取辛凉药又与寒湿相悖。辛凉辛温合用，既散表寒，又清暑热。香薷辛温芳香，能由肺之经而达其络，既有辛温开腠发汗之功，又有芳香化湿之效。鲜扁豆花，凡花皆散，取其芳香而散。厚朴皮，虽能走中焦，究竟肺主皮毛，以皮从皮，不为治上犯中。吴氏认为，黄连等为

治里药，暑病初起，且不必用，恐邪深入，故以金银花、连翘取其辛凉达肺经之表，能从外走，不必走中也。

4. 三仁汤　本法取质轻芳香之品宣化上焦之湿浊，适用于湿邪郁阻卫气，气化不能宣展，气机不得宣畅者。杏仁轻宣肺气，开上宣湿；白豆蔻、厚朴、半夏芳香化浊燥湿；薏苡仁、通草、滑石淡渗利湿，合竹叶轻清宣透郁热，共成轻可祛实之剂，达到“轻开上焦肺气，盖肺主一身之气，气化则湿亦化也”的目的。

5. 普济消毒饮　本方取轻透清热之品，适用于风热时毒所引起的大头瘟病。温毒外袭，毒壅头面，病位在上，亦须用轻清如羽之法，方用普济消毒饮去升麻、柴胡、黄芩、黄连。方中马勃、僵蚕、金银花清气，得轻可祛实之妙；人参、牛蒡子、板蓝根败毒而利肺气。吴氏说：“此方皆系轻药，总走上焦，开天气，肃肺气。”病初起未至中焦，不得先用治里药，故去黄芩、黄连里药，不合“如羽”之法。

6. 桑杏汤　取质轻性凉清润之品，清透凉润肺中燥热。方中桑叶、豆豉辛散透邪，杏仁、浙贝母宣肺止咳，沙参、梨皮养阴润燥，栀子轻清燥热，疏邪而不伤津，润燥而不碍表。全方剂量极轻，七味药共重八钱五分，栀子、梨俱用皮，取其轻清，以皮走皮之意。正如《温病条辨》原方后曰：“轻药不得重用，重用必过病所。”适宜于外感温燥之证。

7. 翘荷汤　本方用于燥气化火、清窍不利证，症见耳鸣、目赤、龈肿、咽痛等，此火非内伤之火上炎，苦寒直折之法非所宜，当用轻清灵动之品，如薄荷、连翘、栀子、桔梗、绿豆皮等以清上焦气分之燥热，使火热之邪通过上焦而宣散。

8. 宣痹汤　《温病条辨》中有两个宣痹汤，上焦宣痹汤所治病证为气分痹郁而出现的呃逆病。呃逆虽为中焦病，一般多为为胃气上逆动膈所致。吴氏治疗没有采取和胃降逆止呃之法，而运用轻宣上焦肺气，药用枇杷叶和降肺胃之气，郁金辛香、香豆豉辛凉而畅达气机，与射干、通草相配，起到宣降肺气，调畅气机之效，不治胃而治肺，肺气宣降正常则呃自则止。

9. 银翘马勃散　本方主治湿温喉阻咽痛。肺主气，湿温为病，肺气不化，郁极而火结形成，故有咽痛阻塞等症。病变在上，当以轻药开之，方中连翘、金银花、牛蒡子辛凉疏散热邪，射干、马勃利咽止痛。

10. 清络饮　辛凉与芳香合用，可清肺络中无形之热。余邪不可用重剂，只以芳香轻药清肺余邪。

由西瓜翠衣、竹叶、鲜荷叶、鲜扁豆花、丝瓜皮、鲜金银花组成。本方特点是以金银花、竹叶之辛凉，合鲜荷叶、鲜扁豆花芳香化浊，并配合西瓜翠衣、丝瓜皮清热解暑，用以治疗手太阴暑温，发汗后，暑证悉减，但头微胀，目不了了，余邪不解者。

“如羽”思想充分体现了治上焦肺病的原则，因肺为娇脏，不耐寒热，轻清之品方能达于上，起到肺气开，则人体气机通畅的治病思路，值得目前许多开大方、药量重、对煎服法不深究的医生借鉴。但是吴鞠通“治上焦如羽”说，是指轻清疏散解表的治法，在此治法思想下组方用药多适用于风热、燥热、湿热等邪袭肺卫表证，而对邪入气分的邪热壅肺、燥热伤肺、肺热发疹等证，以及邪入心包之证，“如羽”法的祛热邪、养阴液力量完全不够，即便是邪在卫表，“如羽”立法的方药也应辨证加减运用。

［《山东中医杂志》，2007；(7)］

吴鞠通《温病条辨》方药特点分析（二）

张思超　宋咏梅

二、治疗中焦病，遵“治中焦如衡”法则

“治中焦如衡”，概括了中焦脾胃肠病证治疗时所遵循的原则。脾胃居中，纳运协调，升降相因，燥湿相济，因而治疗中焦病证要做到“如衡”，其“衡”之意：第一，湿热病邪易侵犯中焦，故选方用药当权衡湿热的多少，分别予以祛湿和清热；第二，与“治上焦如羽”相对，选药质地不轻不重，药味不多不少，煎煮时间不长不短等；第三，要做到中焦脾胃气机升降平衡，中焦为气机升降的枢纽，用药符合升降平衡特点。

1. 湿热性疾病，多采用苦辛淡配伍　从《温病条辨》所用苦味、辛味药物的归经来看，以肺、脾、胃、大肠最多。《温病条辨》中主要有苦辛寒、苦辛温、苦辛通、苦辛淡四法。苦辛寒法是由苦寒药和辛温药组合，多用于湿热证，如三石汤、三香汤之类。苦辛温法是由苦温药和辛温药组合，多用于寒湿证，如椒附白通汤、桂枝姜附汤之类。苦辛通法是由苦味与辛味药组合，适用于各种郁结之证，如宣痹汤、橘皮竹茹汤之类。

五加减正气散：藿香正气散本是宋代《局方》治寒湿郁阻的处方，吴瑭继承并加以精心化裁，制定了五个加减正气散方，治疗湿郁三焦的各种病变，虽为三焦受邪，但治疗以中焦为定法。五方均用藿香、厚朴、茯苓、陈皮四药以化湿、燥湿、利湿等，视其湿热轻重及兼证的不同，随证加味成一至五加减正气散，以此作为治疗湿温病宣降中焦的系列方剂。在4味基本药物中，除茯苓皮甘淡渗湿外，余3味均以辛香芳化擅长，意在取其辛香宣通之性，以芳化湿浊、畅达气机，使气畅湿化、中焦自开。如脘腹胀满，大便不爽，用一加减正气散治之。加大腹皮泻湿满，加杏仁利肺与大肠之气，神曲、麦芽升降脾胃之气，茵陈宣湿郁而动生发之气；藿香但用梗，取其走中不走外也；茯苓但用皮，以诸皮皆凉，泻湿热独胜。若脘闷、便溏、身痛、舌白，用二加减正气散治之。身痛乃湿走经络，故以防己、薏苡仁通经络之邪；大豆黄卷从湿热蒸变而成，能化蕴酿之湿热，而蒸变脾胃之气也。若舌黄脘闷，气机不宣，久则酿热，用三加减正气散理气化湿，因湿化热而苔黄，用藿香叶透热于外，滑石辛淡而凉以利湿中之热，再以杏仁宣利肺气，气化则湿热俱化。若苔白而脉缓，用四加减正气散治之，草果温运脾阳，山楂、神曲健中运之力。若脘闷、便溏用五加减正气散治之，加大腹皮运脾气，谷芽升胃气也。

黄芩滑石汤：主治湿热蕴阻中焦气分证。发表攻里，两不可施，误认伤寒，必转坏证，徒清热则湿不退，祛祛湿则热愈炽，因而用苦辛寒法，不可偏治，故以黄芩、滑石、茯苓皮清湿中之热，白豆蔻、猪苓芳化利湿，再加大腹皮、通草，共成宣气利小便之功。气化则湿化，小便利则火腑通而热自清矣。

宣痹汤：主治湿热痹证，表现为湿聚热蒸，蕴于经络，寒战热炽，骨骱烦痛，舌色灰滞，面目萎黄。治以苦辛通法，方中以防己急走经络之湿，杏仁开肺气之先，连翘清气分之湿热，赤小豆清血分之湿热，滑石利窍而清热中之湿，栀子肃肺而泻湿中之热，薏苡仁淡渗而主挛痹，半夏辛平而主寒热，蚕砂化浊道中清气。

新制橘皮竹茹汤：用于湿热壅遏中焦，胃气不得通降而上逆为哕者。方中苦温之柿蒂与

辛温之橘皮、生姜同用，以行气降逆止呃，正合苦降辛通之意。再加竹茹清泻胃热、化湿浊以止呃逆。热清湿化、胃气得降，则呕哕当平。

2. 温热性疾病，多采用辛苦甘咸配伍　根据病情不同，采用辛苦甘咸配伍，能达到既清热达邪又养阴扶正的目的。邪在中焦，病位主要在阳明胃肠，药以苦寒为主。然苦寒药易苦燥伤阴，吴氏也有“先滋其干，不可纯用苦寒”之说。邪在阳明，里热亢盛于外，方如白虎汤。用石膏辛寒清气，知母苦甘寒清热养阴；津伤甚者则合以甘平之人参同用。邪入肠腑，内结成实，腑气不畅者，药以苦辛合以咸寒，苦辛能通降泄热，咸寒可软坚润燥，方如大、小、调胃承气汤。如属热结液亏燥屎不得下行，药用甘凉濡润、咸寒润下之品，甘凉濡润可育阴除热，咸苦能软坚降泄，方如增液承气汤。若阳明腑实兼小肠热盛，则用甘寒的生地黄，配伍苦寒的大黄、黄连、黄柏、赤芍，再加咸寒的芒硝，如导赤承气汤，起到二肠同治的目的。如属津枯肠燥而结粪不下者，则用咸寒苦甘之增液汤。阳明热结、气阴两虚则用苦甘咸之新加黄龙汤。上焦之邪未清而入中焦阳明，煎熬肾水而成三焦俱急之证，用苦辛寒法，以承气合小陷胸汤涤除三焦之邪。

三、治疗下焦病，遵“治下焦如权”法则

治下焦如权，概括了下焦肝肾病证治疗时所遵循的原则。“治下焦如权，非重不沉”，是指下焦肝肾的病变较重，必须重用滋阴养血重镇的药物，在厥脱时重用温肾救逆之品，药多取质重味厚、大剂浓浊之品以补其虚。下焦温病病机在于肾阴耗损，并由此而导致其他脏腑病变，此时邪热不甚，属邪少虚多之候。因此无论病位在肝或在肾，治疗均以扶正为主，药物性味宜甘寒咸法以滋填真阴，加减复脉汤为肝肾阴伤之基本方，为临床所常用。“权”的含义有三：指味厚滋腻之品，如熟地黄、阿胶之类；指介类、重坠等潜镇之品，如鳖甲、龟板、牡蛎等；指使用的药物剂量较重、煎药时间宜长，用之以达滋填真阴、潜镇浮阳之效。病在下焦又当视证情之轻重应用滋补肝肾之剂，稍轻者用三甲复脉汤，重者用大定风珠。因病势较急，故皆用汤，而对培补肝肾真阴、病情较缓者，多用血肉有情之品熬膏为丸，如专翕大生膏等。

复脉汤类方：若肝肾阴虚见大便溏泄，宜滋阴固摄，用一甲复脉汤，即加减复脉汤去麻仁加牡蛎以固摄。若真阴欲竭，内风将起而手足蠕动尚未痉厥，宜滋阴潜阳，以防发痉，用二甲复脉汤，即加减复脉汤加生牡蛎、生鳖甲。若兼心中憺憺而动，脉细促，此乃阴亏较甚，肝风已动，宜潜阳滋阴，用三甲复脉汤，即二甲复脉汤加生龟板，助滋阴潜阳之力。若见神倦、脉虚、舌绛少苔、时时欲脱，此为阴精大亏、虚风内动之证，急宜滋阴固脱、潜阳熄风，用大定风珠，系三甲复脉汤加五味子、鸡子黄而成。用阿胶、鸡子黄补阴液而熄内风。用白芍、五味子、甘草酸甘化阴，补阴敛阳。用麦冬、生地黄滋阴润燥，取龟板、鳖甲滋阴潜阳，达到非重不沉之效。

综上所述，吴鞠通宗叶天士学术思想，结合自己临床实际，根据三焦不同病情而用药，或轻或重，泻中有补，清中有泻，宣通结合，上中下三焦用药井然有序。

［《山东中医杂志》，2007；（8）］

吴鞠通《温病条辨》湿邪治法特点管窥

胡　浩　周铭心　吕光耀

吴鞠通"历取诸贤精妙，考之《内经》，参以心得"所著《温病条辨》，是一部理、法、方、药俱全的温病专著。该书以三焦辨证为纲，各类温病为目，对温热、湿热两大类温病进行了系统而全面的论述，具有极高的理论价值和临床应用价值，故被认为是"治温病所必读之书"、"治温病之津梁也"。其中对湿邪治法着墨颇多，其所论湿邪治法注重药物性味配伍，具有极其鲜明的中医特色。

一、审因论治，紧扣病机

准确的诊断是确立治法的前提和基础。吴鞠通从病因分析，湿邪虽有外感而得，但因饮食不节、情志劳逸内伤而作者亦复不少，故病发时往往内外合邪，纠杂难解。

1. 湿为阴邪，阴阳并损，且多虚实夹杂

吴鞠通认为，湿为阴邪，多阻遏气机，不仅可损伤阳气，又可耗人阴血，"其伤人之阳也，得理之正，故多而常见；其伤人之阴也，乃势之变，故罕而少见"（《温病条辨·中焦篇寒湿》），病久则多虚实夹杂，阴阳气血并损。

此外，正因为"湿性氤氲黏腻"，故治法上"非若寒邪之一汗即解，温热之一凉即退，故难速已"（《温病条辨·上焦篇湿温》）。

湿邪致病临床表现变化多端，且多缠绵难愈，也可夹杂他邪，如挟外感之邪，如挟风、挟热、挟寒、挟暑；挟内生之邪，如挟食、挟积、挟气、挟瘀等等不一而足。病程日久，往往外伤其筋骨，内损及脏腑，失治误治预后大多不良。认为湿邪"藏垢纳污，无所不受，其间错综变化，不可枚举"，故有"盖土为杂气，兼证甚多，最难分析"之叹(《温病条辨·中焦篇寒湿》)。

2. 湿分寒温，治法有别

吴鞠通治疗湿邪抓住其致病特点，认为"湿之为物，在天之阳时为雨露，阴时为霜雾；在地为泉，在川为水，包含于五中者为湿，其在人也，上焦与肺合，中焦与脾合，其流于下焦也，与少阴癸水合"（《温病条辨·中焦篇寒湿》）。

吴氏首先辨湿病，"暑温、伏暑、湿温，证本一源，前后互参，不可偏执……暑必夹湿，暑之偏于热者，多手太阴证而宜清；偏于湿者，多足太阴证而宜温"（《温病条辨·上焦篇伏暑》），故治疗暑温初起多用辛凉法。

其次把湿按照寒热属性的不同分成寒湿与湿温两大类。并进一步分析，"寒湿者，湿与寒水之气相搏也。盖湿水同类：其在天之阳时为雨露，阴时为霜雪。在江河为水，在土中为湿。体本一源，易于相合，最损人之阳气。热湿者，在天时长夏之际，盛热蒸动，湿气流行也，在人身，湿郁本身阳气，久而生热也。兼损人之阴液，然罕而少见"（《温病条辨·中焦篇寒湿》）。可见，无论是寒湿还是热湿，均以伤人之阳气为主，但也要顾护阴液。

3. 湿犯三焦，须仔细辨

湿温较诸病势虽缓而实重，上焦最少，病势不甚显张，而湿为阴邪，极易趋从肺传之胃脾，特别是脾胃阳虚者，传变尤速。吴鞠通认为"湿在上焦，若中阳不虚者，必始终在上焦，断不内陷”（《温病条辨·中焦篇湿温》）。故治中焦之湿，亦以温热药居多。

吴鞠通认为，“湿入中焦，有寒湿、有湿热，有自表传来，有水谷内蕴，有内外相合，其中伤也，有伤脾阳，有伤脾阴，有伤胃阳，有伤胃阴，有两伤脾胃，伤脾胃之阳者十常八九，伤脾胃之阴者十居一二。彼此混淆，治不中，遗患无穷，临证细推，不可泛论”（《温病条辨·中焦篇寒湿》）。伤脾阳表现为脘腹痞满、腹痛、洞泄；伤胃阳则呕逆、纳呆腹胀、胸痛；两伤脾胃则两证并见，正所谓“胃阳不伤不吐，脾阳不伤不泻”（《温病条辨·中焦篇寒湿》）。伤脾阴则大便坚结，舌苔灰滑，后反黄燥；伤胃阴则口渴不饥。

4. 治湿法随证变

因湿邪为患，变化多端，难以用《内经》“治以苦热，佐以酸淡”一法概括，故临证也多灵活采用多种治法综合运用。诚如鞠通所言：“治湿者必须审在何经何脏，兼寒兼热，气分血分。而出辛凉、辛温、甘温、苦温、淡渗、苦渗之治，庶所投必效。若脾病治胃，胃病治脾；兼下焦者，单治中焦；或笼统混治，脾胃不分，阴阳寒热不辨，将见肿胀、黄疸、洞泄、衄血、便血，诸证蜂起矣。惟在临证者细心推求，下手有准的耳”（《温病条辨·中焦篇寒湿》）。然每用一法，必合经旨。

二、三焦论治，层次分明

吴鞠通紧扣湿邪病机，遵循《内经》药物性味配伍理论，按照三焦辨证及卫气营血辨证规律，参考历代前贤用药经验，进一步确定了湿邪治法大要：

1. 上焦以开肺气，救心阳为主

上焦用药以辛开为主，上焦者，心与肺也，湿邪蔭翳于上，即以“拨云见日”法，开宣肺气，温通心阳。又因温邪上受，首先犯肺，故治疗也以治肺为主，以开宣肺气为主要治法，俾气化湿亦化。湿挟热邪在气分者，当辨湿热之轻重，湿重者多用辛温淡法；热重者多用辛凉法。而湿热挟暑之热入营分与热陷心包者，急分别用清营汤之咸寒苦甘、安宫牛黄丸之苦寒清热、芳香开窍，以速救心阳。

2. 中焦治脾胃

湿在中焦气分之偏于寒者，治疗多用苦辛热法、苦热酸淡法、辛甘热法等；湿之偏于热者，治疗多用苦辛寒淡法，用苦辛者，辛开苦降以通中焦，且苦可燥湿也。寒以清热、淡以渗泄水湿，又用芳香法以化湿等。然湿为土气，脾胃亦同属土，同气相求，最难分别。故需结合脾胃各自特点，灵活选用治法。

（1）脾脏以守为补：脾喜燥而恶湿，以运化水谷、制水为事，湿胜则反伤脾土，故宜食苦以燥之；脾喜香而恶秽，故药气宜辛香；脾贵冲和温厚，其性欲缓，故宜食甘以缓之；湿伤脾阳，故治以温热；脾宜守不宜通，故不忌涩。气味总以辛香温燥而苦甘涩为主。

（2）胃腑以通为补：胃喜润而恶燥，故可用辛；胃为阳土，故亦喜甘；湿伤胃阳，故亦治以温热；为受盛之官，以通为补，故不忌通降。总以辛甘温润，活泼流动为要。

3. 下焦顾护肝肾

湿邪深入下焦，无论挟寒挟热，均以损伤本不足之阳气为主，兼耗阴血。故治疗多采用辛甘温热法以护阳，苦辛甘淡法以渗泄水湿，酸甘化阴法、甘苦合化阴气法等以存阴，酸苦泄热法以清余热，又因久病入络，故亦用芳香开络。

（1）护肾阳，补火生土：《内经》云：肾苦燥，急食辛以润之。湿邪从上传之中焦，自中焦传于下焦，则知下焦阳虚以极。故用药以大辛、大热为主，辛以润燥，热以散寒也。另可温肾阳而暖脾阳，补火暖土法也。

（2）泻膀胱之积水（邪水）：邪水旺一分，正水则亏一分，阳虚为本，邪水为标，正水亏为果。故下焦之病，甘淡渗泄法亦在所必用，俾邪水去而正水生。

（3）达肝之用：湿邪困于厥阴风木，致其疏泄失常。故选味辛性温之品以条达肝气，使不闭塞为上策。初病在经，治在气分；久病入络，治在血分。观下焦寒湿（寒疝）多用苦辛温通，即为此也。

三、虚实夹杂，标本兼治

湿邪既是由阳气不足导致的病理产物，又可作为发病因素重伤阳气以致阴血，故其结果多虚实夹杂，吴鞠通往往标本兼治。

1. 治湿之标

吴鞠通采用多种治法以祛标湿分述如下。

（1）渗湿法：渗为微汗，使得湿邪从毛窍缓缓渗出而解。多用于湿在皮毛腠理或处上焦气分之轻浅者。

（2）汗湿法：即发汗祛湿法，乃法《金匮要略》所云“腰以上肿，当发其汗”，此法较上法为重，意在使湿邪急从汗解。此法多用于湿在肌肉皮毛或处上焦气分之急重者。

（3）泄湿法：泄为利小便，即令湿邪从小便排出体外。乃法《金匮要略》所论之“腰以下肿，当利小便乃愈”，常用于湿在中下焦气分者。

（4）燥湿法：即选用味苦质刚燥之品，将湿邪直接就地吸收。可分为苦温燥湿和苦寒燥湿两类，前法多用于寒湿而后法多用于湿热。燥湿法多用于湿在体内脏腑者，尤有多用于脾湿证。

（5）化湿法：化湿法有三重含义：一者治肺，二者治脾，三者治络。

治肺：令肺气宣发肃降，使得气化湿亦化。此法多用于湿处上焦气分证或湿邪弥漫三焦证。如吴鞠通在论述治疗湿温初起之证的三仁汤时所说：“湿为胶滞阴邪……惟以三仁汤轻开上焦肺气，盖肺主一身之气，气化则湿亦化也。”且往往以宣上、畅中和渗下之法相互配合，分消湿邪，使湿去而热不独存，即所谓“孤湿法”。

而所以可治湿邪弥漫三焦者，吴鞠通解释：“然虽云三焦，以手太阴一经为要领。盖肺主一身之气，气化则暑湿俱化。且肺脏受生于阳明，肺之脏象属金色白，阳明之气运亦属金色白，故肺经之药多兼走阳明，阳明之药多兼走肺也。再肺经通调水道，下达膀胱，肺痹开则膀胱亦开，是虽以肺为要领，而胃与膀胱皆在治中，则三焦俱备矣。此即湿邪在气分而主以三石汤之奥义也。”可见湿邪弥漫三焦者，治疗时只需扼重上焦肺脏，令其气机宣发肃降即可，自然能够兼治中、下焦。

治脾：脾喜香而恶秽，故用辛香之品投其所好而有芳香化湿醒脾之功，脾气健运则湿邪自除。此法多用于湿困中焦证。另外，“芳香逐秽”法实脱胎于此，用于治疗湿浊上蒙心窍者。

治络：选用辛香入络之药缓攻其湿浊。此法多用于久患湿病而入络者，多治在下焦血分。

（6）驱湿法：针对湿邪走窜经脉或关节、肌肉者，多用走窜之药将其驱赶而出。此法多治疗痹证。风、寒、湿三气杂至，合而为痹也。

（7）逐湿法：对于水湿内停之急重证，用峻猛之药通降大肠，俾水饮从大肠泻下而出。

此法吴鞠通罕用。

（8）吐湿法：即涌痰法，吴鞠通说，“吐法通阳最速”，常用此法使上焦之痰湿涌吐而出。

以上诸法吴鞠通临证时又多根据实际情况，单用或复合多法使用。

2. 治湿之本

湿之本实乃阳气之虚也，肾阳为一身之元阳，督脉总督一身阳脉，系于肝肾，故补阳气以温补肾阳，兼通督脉为首选。又补肾火以暖脾土，兼及脾阳；肝肾同源，顾及肝阳；心肾相交，通及心阳。

吴鞠通重视保护阳气，对当时治疗虚损盛行补阴之风，吴鞠通著述多篇，力驳丹溪“阳常有余，阴常不足”之偏，痛斥世医概以地黄丸之类补虚而致湿病之误。

3. 治湿之标本

对湿邪并阳虚之虚实夹杂证，吴鞠通常采用标本同治法，温阳与祛湿同时使用，或各有所偏重，终令阳气得申而湿邪得除。

总之，吴鞠通之《温病条辨》在广泛深入地学习了历代各家治疗湿邪的理论和用药经验的基础上，将其融会贯通，大胆创新，所用湿邪的治法灵活多变，独具特色，且深合经旨，很值得进一步深入研究。

［《中国中医基础医学杂志》，2006；（12）］

刍议吴鞠通用桂枝汤治温病初起

卢红蓉　导师：宋乃光

清代吴鞠通（瑭）所著的《温病条辨》是一部温病学的重要文献，他在继承了前人特别是清代初期的温病学家叶天士的理论和经验上，再根据自己数十年的研究和实践而写成。此书丰富了祖国医学的内容，推动了温病学说的发展，对温病的辨证施治在理论和实践上都有重大指导意义，因此被历代医家所推崇，至今仍被视为学习和研究温病学的重要参考书籍。但是，它毕竟成书年代久远，后世医家对书中的一些疑点根据自己的理解作出不同的解释，众说纷纭，仅就上焦篇桂枝汤的应用一例，争执甚多，莫衷一是。后世医家对其用桂枝汤的争议主要持以下两种不同的观点：一种认为吴氏用桂枝汤是对的，温病初起可以配合辛温解表之法，另一种认为不应当用桂枝汤治温病，有悖常理。笔者赞同第二种说法。

一、温病初起不可用桂枝汤

吴氏《温病条辨》上焦篇第4条原文云：“太阴风温、温热、温疫、温毒、冬温，初起恶风寒者，桂枝汤主之。但热不恶寒而渴者，辛凉平剂银翘散主之……”并自注：“按仲景《伤寒论》原文，太阳病，但恶热不恶寒而渴者，名曰温病，桂枝汤主之……此处却变易前法，恶风寒主以桂枝，不恶风寒者主以辛凉者，非敢违古训也……虽曰温病，既恶风寒，明是温自内发，风寒从外搏，成内热外寒之证，故仍用桂枝汤辛温解肌法……”吴氏的自注中主要解释为什么用桂枝汤的原因：①推崇仲景“非敢违古训也”，但细考仲景原文，《伤寒论》中并无这样的原文，也没有仲景治温病用桂枝汤的证据。后世医家对这种引用失实的现象大加批驳，“此处却变易前法……非敢违古训也”，似乎可以说明吴氏把桂枝汤作为第一方，并冠以按仲景《伤寒论》原文的原委。在当时的历史条件下，温病学派作为不同于伤寒学派的新派别出现，在当时还没有被广泛接受，吴氏倡导温病学说时，不得不假推崇伤寒学派之名，用桂枝汤非其本意。②吴氏用桂枝汤治温病中系“温自内发，风寒从外抟，成内热外寒”的新感引动伏温之证，以期表寒里热两解。而温自内发的伏邪温病，往往以灼热烦躁、口渴、尿赤、舌红等里热表现为主，即使是新感诱发，恶寒发热亦是短暂的，里热仍盛而桂枝汤属辛温之剂，若用之治疗温热之邪为患之证，犹如抱薪救火，“以火救火”。正如叶子雨所说：“仲景伤寒原文，桂枝之禁谨严，而叔和有桂枝下咽，阳盛则毙”之戒，但温病内藏伏热，由里达外，故发热不恶寒。若因外邪抑遏，用麻黄以石膏监制尚可；若误与桂枝，未有不死者。盖麻黄发表，桂枝温里，达表则散去外寒，温里则里热加剧……桂枝汤是不能用于温病，即使是新感引动伏邪的伏气温病。从另外的角度看，有的学者认为吴氏用桂枝汤治疗温病，是师承于叶天士的，而且在其医案中亦有大量的用桂枝汤治疗的病例。叶氏虽主张“在卫汗之可也”，但其汗法并不是辛温发汗，他认为“辛胜便是汗药”，在《温热论》第2条亦明确指出“在表初用辛凉轻剂”。另外我们仔细看吴氏桂枝汤的药物组成，与仲景的桂枝汤药物组成有较大的区别，系桂枝汤原方加大桂枝的用量而成，桂枝汤加桂枝乃桂枝加桂汤，它作用和桂枝汤均相差甚远，更增加了其辛温之性。若寒从外袭，热自内发，手太阴温病之属外寒内热者，用麻杏石甘汤则可，用桂枝汤则不可，加大桂枝用量而用更不可。再者，“太阴风温、温热、温疫、冬温”，不全是伏温而发的伏邪温病，不能单凭有“恶风寒者”便单用桂枝汤。从桂枝汤的功效看，桂枝汤解肌祛风，调和营卫，而温病初起的微恶风寒系温邪袭表，腠理开泄，风热邪气从表入里，而人体阳气欲从腠理外出抗邪，阳气外出不畅，卫外不够而微恶风寒，与“太阳中风”之“汗出恶风”机理不同，故非“桂枝汤”所能为。

二、吴氏本意始于银翘散

吴氏精专医术，著书传世，何以不区别温病和伤寒，而以辛温之品妄投温热之病？我们细读其《温病条辨》，吴氏在该卷四《杂说·本论起银翘散论》中说“本论方法之始，实始于银翘散”。其在银翘散方论中明确指出：“按温病忌汗，汗之不惟不解，反生他患，盖病手经，徒伤足太阳无益，病自口鼻吸受而生，徒发其表亦无益也。”从以上的话中我们可以看出吴氏对温病初起的治疗，是力斥辛温发汗而主张用辛凉之剂的。温病初起用辛凉是其本意。

总之，不论是伏邪温病或新感温病，病在卫表虽有风寒，但其邪气主要是温热邪气，均有里热或表热的“热”性病变，不能单用辛温之剂治疗。但在温病初起阶段，主以辛凉解表之时，亦可在其中酌加如荆芥、桂枝、紫苏、防风之类的辛温解表药，以助辛凉解表发汗之力，以防寒凉冰伏邪气。

［《陕西中医》，2004；(12)］

吴鞠通对仲景养阴法的运用与发展

赖明生　杨禅中　陈润东　指导：杨　进

仲景养阴法不仅是《伤寒论》的重要组成部分，而且对后世温病学的发展有着深刻的影响。吴鞠通认为“温病者，津气先虚”，其治疗当着眼于保津养阴，认为“若留得一分正气，便有一分生理”，“泻阳之有余，即所以补阴之不足”。他充分运用了仲景养阴法的理论和经验，创造性地发展了养阴法的运用范围，并创制了许多新方，使温病的治疗大法日趋完善。

一、清热育阴

仲景是以清热为主，育阴为辅，吴鞠通则是清热与育阴并举。凡外感热病后期，邪热入里化燥，势必伤阴，治疗当与清热育阴。仲景《伤寒论》第350条：“伤寒脉滑而厥者，里有热，白虎汤主之。”脉滑是里有热的见证，里有热而外见四肢厥逆，是热盛于里，阳郁不达所致，即“热深厥深”，此病机属阳明无形邪热亢盛，充斥全身，治法是大清阳明气分邪热。又《伤寒论》第26条：“服桂枝汤，大汗出后，大烦渴不解，脉洪大者，白虎加人参汤主之。”太阳中风证，服桂枝汤微汗出者为佳，若服之不得法则大汗出而病不去，致使津液大量亡失，胃中阴液大伤，故大烦渴不解。此两条文热邪虽内外有别，而热盛化燥伤阴、劫灼津液则是共同的病机，故以白虎汤辛凉重剂以清泄阳明大热，护卫津液。26条重用白虎加人参乃因热邪充斥，伤津耗液，恐白虎汤之达热可以，救阴不足，故加人参旨在于益气护津救阴。仲景治阳明无形邪热亢盛，充斥全身，用白虎汤类方旨在于清泄邪热，其实质则是伤寒病，经误治后而出现的变证，与后世的温病，其性质是相异的。吴鞠通在治疗此类温病时，深知温热病能化燥耗气伤阴，故“非虎啸风生金飚，退热而又能保津液不可”。当病在上焦，太阴温病，气血两燔，用玉女煎去牛膝、熟地加细生地、元参方（生石膏、知母、元参、细生地、麦冬）；太阴温病，发疹者，用银翘散去豆豉加细生地、丹皮、大青叶，倍元参。前者以辛凉清气热，甘寒养阴；后者法用辛凉以解肌，甘寒清血热，以求清热育阴。同样病在上焦，诸气膹郁、诸痿喘呕之因于燥者，用喻氏清燥救肺汤（石膏、甘草、霜桑叶、人参、杏仁、胡麻仁、阿胶、麦冬、枇杷叶），属肺胃同病，辛凉清气，甘寒养胃立法。阳明温病，脉浮而促者，减味竹叶石膏汤（竹叶、石膏、麦冬、甘草）主之。若邪热入于气分，里热炽盛，热势浮盛于外，迫津外泄，耗伤津液而见“脉浮洪、舌黄、渴甚、大汗、面赤恶热”及“阳明温病，脉洪浮躁者”，治以白虎汤辛凉清泄、达邪外出为第一要务，兼以滋阴养液。若热盛津伤，阳气不固，肺气欲绝而见“脉洪大而芤，汗大出微喘，甚则鼻孔扇者”，另增人参以益气生津。由此可见，吴鞠通在治疗外感热病伤及阴液之时，善于化裁古方，根据病情的变化，创立新方，清热与育阴并重，并发展了滋阴方法和方药。

二、泄热存阴

吴鞠通参合了仲景承气大法，发展而成润下、急下、导下存阴等法，创制了一系列以承气类方为代表的泄热存阴的新方。伤寒邪热入传阳明，逼津外泄，胃中燥热，大便必硬，此乃阳明化热成实，内聚胃肠，气机阻滞，致里热实证。《伤寒论》第208条：“……腹满而喘，有潮热者，此外欲解，可攻里也。手足濈然汗出者，此大便已硬也，大承气汤主之。”该条文的主证是潮热，心烦，谵语，手足濈然汗出，腹满痞胀，大便难，治疗应峻下实热以护胃阴。仲景见微知著，用大承气汤釜底抽薪，急下存阴，防患于未然。论中攻下逐热大法无疑是对胃肠实热结聚之腑实证，可取得急下存阴之功，但此法只撤胃中之热，尚不足以滋胃中之阴，吴鞠通遵仲景之法而不拘泥，赋予承气新义，指出承气以攻逐中焦胃腑郁热燥结、挽救阴液为目的，从而创牛黄、增液、护胃、桃仁诸承气汤及由承气汤演变而成的新加黄龙汤，泄热存阴，补仲景之未备。增液承气汤参合了仲景急下存阴、润下、导下等法，治疗阳明热结津伤之证，滋阴通下。正如吴氏所说："其因阳明太热，津液枯燥，水不足以行舟，而结粪不下者，非增液不可。"此法"寓泻于补，以补药之体，作泻药之用，既可攻实，又可防虚，乃存津液之心法也"。新加黄龙汤证乃阳明腑实证之危重证，"盖下之不通，其危险可知"。本证因正虚而不能运药而致邪气复实，"拟黄龙法，以人参补正，以大黄逐邪，以冬地增液，邪退正存一线，即可以大队补阴而生，此邪正合治法也"，并指出"须知正气久耗，而大便不下者，阴阳俱惫，尤重阴液消亡，不得再用枳朴，伤气而耗液"。因此，在治疗此证时，泄热存阴乃一大法则也。在温热病发展过程中，阳盛则阴衰，泻阳之有余，即补阴之不足，对缩短病程，恢复生机均有裨益。尤其是吴氏将清热泻下与养阴生津药合用，实为《伤寒论》的一大发展。从五承气汤的运用可以看出，吴氏对泄热存阴的思想与仲景《伤寒论》承气汤的创制思想，有异曲同工之妙，同时又是仲景承气的变法，进一步发展了仲景泄热存阴的思想。

三、泻火滋阴

吴鞠通以仲景黄连阿胶汤为基础方，治阴虚热盛之证，但在药物的用量上做了相应的变化。《伤寒论》第303条："少阴病，得之二三日以上，心中烦，不得卧，黄连阿胶汤主之。"本条为肾阴亏虚、心火上炎、心肾不交的黄连阿胶汤证，属少阴热化证，本证关系到手、足少阴的心与肾。肾属水，心属火，水不升，火不降，心肾不交所以不能安寐，故心中烦，不得卧。心烦与不得卧互呈因果，因心烦影响睡眠而不能卧，不能卧使心烦益甚，故欲安寐必先除烦，除烦又务在滋肾阴泻心火。黄连阿胶汤泻火与滋阴并行，交通心肾，使烦热可去，夜寐能安。温病中，温邪久羁，屡清不退，热邪深入少阴，阴虚阳亢，致心中烦、不得卧者，用黄连阿胶汤泻南补北。吴鞠通在自注说："外泻壮火而内坚真阴，……内护真阴而外捍亢阳。"五脏以肾为本，肾为水脏，统管五液，温病津枯液竭，多由邪热伤肾，若用甘寒生津之品，每无济于事，故吴鞠通特设黄连阿胶汤泻火滋阴、育阴坚阴。仲景用黄连阿胶汤治疗少阴心肾虚热内烦证，泻火滋阴，吴鞠通用黄连阿胶汤育肾阴，清心火，泻火除烦，仅在药物用量上进行了缩减。在阳明温病，出现"无汗，实证未剧，小便不利者，甘苦合化，冬地三黄汤主之（麦冬、黄连、苇根汁、元参、黄柏、银花露、细生地、黄芩、生甘草）"。本方吴鞠通针对温病热炽阴伤而设，因火热炽盛，阴津大伤，无以作汗故无汗；津伤化源不足，无以为溺，则小便不利，故治宜清热泄火，甘苦合化以滋阴液。方中三黄清热泻火；生地、麦冬、元参甘寒养阴，滋阴生津；花露、苇汁甘凉滋润清泄肺热；甘草合生地等养阴药以化阴生津，共成甘苦合化阴气法。吴氏指出："温病小便不利者，淡渗不可与也，忌五苓、八正辈。"此时"热病有余于火，不足于水，惟以滋水泻火急务"，从而避免了化燥伤阴的不良后果。

四、酸甘化阴

吴鞠通师承仲景之法，以芍药甘草汤的立方原则为基础，酸甘合化，敛阴救液。甘寒药物常与酸味药配合使用，称为酸甘化阴法。《伤寒论》中治伤寒脉浮，自汗出，小便数，心烦，微恶寒，脚挛急，兼有腹中不和而痛等症，以芍药甘草汤治之，以酸甘达到化阴的目的，芍药酸苦，甘草甘平，酸甘既能化阴又能养血，仲景取酸甘合化以滋阴养血，和营缓急止痛。吴鞠通用此法，而变此方为多方，如治暑邪深入少阴、厥阴，心火亢盛，肾水亏乏，筋脉失养，邪热扰神之“消渴”、“麻痹”、“心热烦躁，神迷甚者”，方用连梅汤。如手太阴暑温，汗多脉散大，喘喝欲脱，用生脉散酸甘化阴。守阴所以留阳，阳留则汗自止。以人参为君，所以补肺中元气，又是阳中求阴法，常用于津气暴脱之证。温疟伤胃阴，用麦冬麻仁汤（麦冬、火麻仁、生白芍、何首乌、乌梅肉、知母）；若久痢阴液大伤，已无湿热邪气，而见“口渴舌干、微热微咳”之人，与人参乌梅汤（人参、莲子、炙甘草、乌梅、木瓜、山药）急急救阴，酸甘化阴。此一系列方剂的配伍运用，皆从酸甘化阴立法，是对仲景芍药甘草汤治法的进一步运用与发展。

五、和阳益阴

吴鞠通以仲景炙甘草汤为基础，随证立法，新创复脉汤类方及大、小定风珠。仲景和阳益阴，即复脉法，见于炙甘草汤证。《伤寒论》第177条：“伤寒，脉结代，心动悸，炙甘草汤主之。”结代脉、心动悸并见，乃因气血虚弱，阴阳不足，故应和阳益阴。以炙甘草汤滋阴补血，和阳复脉。本方养阴复脉，贵在滋阴补血之中寓有宣通阳气。吴鞠通根据阴阳互根的原理，补阴可以敛阳，阴伤甚必致阳气外脱，此时补阴可以起到敛阳救脱之功，《素问·阴阳应象大论》云：“阴在内，阳之守也，阳在外，阴之使也”，“孤阴不生，独阳不长”。他在治疗湿温所致的下痢，日久不愈，致休息痢，终致正虚邪留，补虚则易致留邪，祛邪则容易伤正，故治宜阴阳双补而以护阴为主，方选参芍汤治疗，药用人参、茯苓、炙甘草守补中焦，参附固下焦之阳，白芍、五味子收三阴之用。吴鞠通曾谓本方“汤名参芍者，取阴阳兼固之义也”。在温病邪热亢盛，发展至肝肾阴液过度耗伤而致“身热面赤”，“舌干燥，甚至齿黑唇裂，脉虚大、手足心热甚于手足背”，“心中震颤、舌强神昏”，“温病耳聋”，“口燥咽干、神倦欲眠、舌赤苔老者”，方用复脉汤，以复其阴液。他如一、二、三甲复脉汤，均系此方随证加减而得。若温热之邪伤及下焦，肝肾之阴液受其劫铄而耗伤，致阳浮于上，出现厥脱等，用小定风珠滋阴潜阳，熄风止痉。热邪日久，复加汗出，真阴更伤，邪少虚多，出现神倦瘛疭，脉气虚弱，用大定风珠滋阴固脱，方中阿胶、干地黄、鸡子黄填补真阴，生龟板、生牡蛎、鳖甲潜阳镇定，使阳潜阴固，厥脱可防。大、小定风珠，是在复脉汤滋阴的基础上，加入三甲，寓阳潜阴固、补偏救弊、和协阴阳的意旨，是益阴大法的又一发展。

六、小结

养阴法是仲景常用的治法之一，吴鞠通师承了仲景之法，又发展了仲景之法。其治法系在酸苦辛甘咸淡中审度，在寒热虚实中辨证立法，或祛邪救阴，或偏于祛邪，或偏于养阴，或两者并重，有法同而方异者，有方似而法异者，于法外求法，方不离法；有师承，有继承，又有发扬；有理论，更有实践，确使养阴法发展至一个新的高度。

[《北京中医》2007；(12)]

试述吴鞠通应用海洋药物之经验

周俊兵

古代医学家在运用海洋药物治疗疾病的过程中积累了丰富的经验。清代温病学家吴鞠通在汲取前人经验基础上，对海洋药物的应用有着独到的见解。海洋药物除单味应用外，多数以复方用于临床。现就吴鞠通应用海洋药物的经验总结如下。

一、温病

吴鞠通的《温病条辨》在汲取前人经验基础上，对海洋药物的应用有了新的发展，认为温病邪由口鼻而入，伏于膜原，邪不在太阳之表，故太阴温病，不可发汗。发汗过多者，必神昏谵语。汗为心液，误汗亡阳，心阳伤而神明乱，中无所主，故神昏。心液伤而心血虚，心以阴为体，心阴不能济阳，则心阳独亢。心主言，故心失其主，谵语不休。用安宫牛黄丸配以珍珠芳香化秽浊而利诸窍，咸寒保肾水而安心体，苦寒通火腑而泻心用。局方至宝丹也能治之，此方配伍玳瑁，荟萃各种灵异，皆能补心体，通心用，除邪秽，解热结，共成拨乱反正之功。大抵安宫牛黄丸较局方至宝丹为凉。而阳明温病，应下失下，正虚邪实，新加黄龙汤主之。方以人参补正，以大黄逐邪，以麦门冬、生地黄增液，再加海参咸能化坚，甘能补正。观海参之液，数倍于其身，其能补液可知，且蠕动之物，能走络中血分，病久者必入络，故以之为使也。诸药合用，使邪退正存，此邪正合治之法也。

肝肾位于下焦，肝主藏血，肾主藏精，且二者同源，相互化生，一荣俱荣，一损俱损，故热入下焦，势必导致肝肾精血阴液耗损和虚风内动之证。而治疗非质轻味薄上浮之品所能胜任，常须重用浓浊厚味，或加贝介重镇之品，使其如秤锤般重坠沉下，达于肝肾，以填补精血，潜阳熄风。吴鞠通根据温邪深入下焦，重在伤肝肾之阴的特点，将张仲景治“伤寒脉结代，心动悸”之主方炙甘草汤加以化裁，制成救逆汤、一甲复脉汤、二甲复脉汤、三甲复脉汤、大定风珠等甘润存津以应下焦温病肝肾之阴不足、虚中夹实、虚多实少之需。方中用牡蛎、海参、鲍鱼、龟板、鳖甲等甘咸浊腻之药，且久煎以取厚味，可谓“治下焦如权，非重不沉”之范例。

炙甘草汤又名复脉汤，具有益气养血、温阳通脉等功效，重在复脉之阳。由复脉汤去人参、桂枝、生姜、大枣等益气温阳之药，加酸寒补阴之白芍药而成的加减复脉汤，重在甘润存津，滋补肝肾，复脉中之阴，凡肝肾阴伤，邪热少而虚热多者皆可用之。若温病误表，津液被劫，心肾阴血不足，心阳欲脱，出现“汗自出，中无所主”，则以救逆汤救逆固脱，以加减复脉汤去麻仁之润滑，加生龙骨、生牡蛎之收摄。如下后亡阴见“大便溏”，宜先用一甲煎咸寒收涩，以牡蛎一味，单用则力大，既能存阴，又涩大便，且清在里之余热，一物而三用；后用一甲复脉汤存阴，于加减复脉汤内去滑润之麻仁，加滋阴清热且具涩便之功的牡蛎成一甲复脉汤，使其复阴之中，预防泄阴之弊。若水不涵木，虚风欲动，出现“手指但觉蠕动”之症，急于加减复脉汤内加生牡蛎、生鳖甲成二甲复脉汤，加强育阴潜阳之力以防肝风内动出现痉厥。若虚风大动，累及阴维见脉细促，心中憺憺大动甚则心中痛者，则于二甲复脉汤内再加龟板成三甲复脉汤，以增强滋阴潜阳之力，且可收通阴维、止心痛之效。如出现动风先兆“既厥且哕，脉细而劲”，另立小定风珠补肝阴，镇摄冲脉，以鸡子黄实土而定内风，龟板补任而镇冲脉，阿胶补液而熄肝风，淡菜生于咸水之中而能淡，外偶内奇，有坎卦之象，能补阴中之真阳，其形翕阖，故又能潜真阳之上动。若邪气已去八九，真阴仅存一二，见神倦瘛疭，脉象虚弱，舌绛苔少，时时欲脱者，则于三甲复脉汤内加五味子、鸡子黄并变化其量，成大定风珠，以大队浓浊填阴塞隙，介属潜阳镇定。

二、虚劳

虚劳之证，既有阳虚，也有阴虚，吴鞠通认为临证必须详加辨察，合理施治。强调治内伤虚劳之证，“必究上、中、下三焦，所损何处”，从而确定相应的补益用药大法。如吴鞠通制专翕大生膏补下焦之阴，治肝肾阴虚、精亏血枯等证。专翕取乾坤之静，多用牡蛎、鲍鱼、海参、龟板、鳖甲等血肉有情之品，熬膏为丸，从缓治，盖下焦深远，草木无情，故用有情缓治，久虚难复者，则用专翕。专翕之妙，以下焦丧失皆腥臭脂膏，即以牡蛎、海参、鲍鱼等腥臭脂膏补之。并有方论云：“荟萃三阴柔药，并用血肉有情、蠕动而不呆板之物，养阴最速，接其生气，而以收藏纳缩之少阴为主。”又制天根月窟膏阴阳双补，通守兼施，治下焦阴阳两伤之证，八脉告损，急不能复，胃气尚健，无湿热证者。药用鲍鱼、牡蛎、海参、海螵蛸、龟板等大队浓浊厚味归下焦之品，阴阳双补。吴鞠通还根据脏腑体用不同，提出了补脏腑体用的用药规律。认为五脏之体为阴，其用为阳。补五脏之阴者，即补其体，补五脏之阳者，即补其用。如补肝阴用牡蛎、鳖甲、阿胶之类，补肾阴用海洋药物鲍鱼、海参之类。

以上列举的仅是吴鞠通应用海洋药物的两个主要方面，当然还不能概括其运用海洋药物的全部内涵，然从中可看出，寻找治疗常见病、多发病的药物时，海洋药物提供了可贵的来源。虽然海洋药物在我国应用已很久，但大量应用方散传民间。我国是海洋资源丰富的国家，经过努力发掘，将会为我国的医药事业提供更多更好的药物资源。

［《河北中医》，2003；(5)］

吴鞠通“甘苦合化利小便”法探析

彭文博　指导：何新慧

小便不利之症病机复杂，吴鞠通治疗温热病邪热亢盛、阴液受损之小便不利注重用“甘苦合化”法，并将其称“作温热门中利小便之上等法”。本文“对甘苦合化利小便”法浅述如下。

一、理论探讨

吴鞠通在《温病条辨》中说：“大凡小便不通，有责之膀胱不开者，有责之上游结热者，有责之肺气不化者。温热之小便不通，无膀胱不开证，皆上游（指小肠而言）热结，与肺气不化而然也。”吴氏明确提出此处的“上游”指小肠，小肠热盛，下注膀胱，小便必然涓滴赤痛；“肺气不化”缘于肺热内盛，水之上源亏虚，小便必然短少不利。“膀胱不开证”指水饮内停，膀胱气化失司的证候，在温热病急性发展过程中较少出现，临床当审因论治，不可泥于吴氏所论。

温热病留得一分阴液便有一分生机，治疗小便不利时若仅用甘寒药则不足以清热；而仅用苦寒药又有伤阴之弊；若用淡渗法利水，更会耗伤阴液，致生他变。吴鞠通将坚阴之苦寒药与养阴之甘寒药合用，是谓“甘苦合化利小便”法。该法为《伤寒论》224 条猪苓汤禁忌证的有力补充。“阳明病，汗出多而渴者，不可与猪苓汤，以汗多胃中燥，猪苓汤复利其小便故也。”猪苓汤虽能滋阴清热利小便，但只适于津伤有热、水气不利证，汗多胃燥、化源不足者不可用，用之必亡津液。由于张仲景针对这种情况并未出方，所以吴鞠通甘苦合化法的提出无疑有重要的临床价值。

在《温病条辨》中有两处明确提出该法之运用，其一是上焦篇银翘散兼夹证：外感风热，伴肺热不解而小便短。此处属于“肺气不化证”。表邪未解，邪已入里，选银翘散辛凉解表，知母、黄芩、栀子苦寒清热保肺。肺热伤阴，无源做尿，选麦门冬、生地黄甘寒滋水之上源。谨遵《内经》“风淫于内，治以辛凉，佐以苦甘；热淫于内，治以咸寒，佐以甘苦”理论。其二是中焦“篇阳明温病，无汗，实证未剧，不可下，小便不利者，甘苦合化，冬地三黄汤主之”。金受火刑，肺金化气维艰而无源作汗。“实证未剧”则不可单用苦寒攻下清热。此处属于“上焦病不治则传中焦”，“小肠热结证”“与肺气不化证”同时存在。小肠火腑，非苦药不通，选黄芩、黄连、黄柏苦通热结；银花露、苇汁甘寒轻清，入肺导热；生地黄、玄参、麦门冬滋阴生津，并监制苦寒药化燥的偏性，诸药共奏甘苦合化之功而利小便。

“举世皆以苦能降火，寒能泻热，坦然用之而无疑，不知苦先入心，其化以燥，服之不应，愈化愈燥，盖化气比本气更烈。”故甘苦合化利小便法与一般清热养阴利小便法的不同之处不仅仅在于用药中无一味淡渗利水药，更重要的是甘润药数量多且用量大，甘苦比例十分悬殊。如冬地三黄汤中麦门冬用至八钱，生地黄四钱，玄参四钱，而黄芩、黄连、黄柏仅各为一钱。

综上所述，根据三焦辨证理论，参考《温病条辨》其他条文所述，吴鞠通对温热病之小便不利，认为在上焦属于肺气不化证，宜润肺药与清热药甘苦合化阴气；在中焦属于小肠热结证，如阴液未伤之导赤承气汤的证治，单纯应用苦寒药黄连、黄柏泻小肠火以治疗小便不利。但当同时兼夹肺气不化证时，则宜大量甘寒药滋水源，配伍少量苦寒药泻内火甘苦合化；在下焦属于膀胱不开证，宜以淡渗药为主化气利水。所以，清内热与滋水源并用“是甘苦合化利小便”法的实质所在。

二、医案探析

1. 外感病篇　《吴鞠通医案》卷一外感篇中共有 24 例治疗小便不利的医案，其中 13 例应用了“甘苦合化利小便”之法，可见吴氏对此法的运用非常注重。在 13 例医案中相关症状、病机、方药频次如下：

（1）症状：发热 13 次，尿少 9 次，无汗 6 次，尿赤 4 次，口干喜饮 4 次，泄泻 3 次，咳 1 次。除去发热为温热病必见症状外，内热阴虚，故小便不利表现为尿短赤，和无汗兼见则与《温病条辨》冬地三黄汤条文所述相合；热盛津液亏损则口渴喜饮；热盛影响肺金则咳嗽；热盛影响胃肠则热泄，可见临床多见肺气不化兼小肠热结证。

（2）病机：内热 9 次，阴虚 6 次，虚热 4 次，津液虚 4 次。故热盛阴伤是小便不利的基本病机，而且提示由阴虚导致的虚热也可应用该法，强调了甘寒养阴以清热的重要性。

（3）方剂：使用二甲复脉汤 5 次，一甲复脉汤 2 次，冬地三黄汤 3 次，清营汤 1 次，增液承气汤 1 次，玉女煎银翘散合方 1 次。加减复脉汤为《温病条辨》下焦阴虚证的基础方，未有论述用于小便不利的证治。“肺为水之上源，肾为水之下源”，可见温热病小便不利症阴液亏虚严重、伤及下焦真阴者较多，《吴鞠通医案》补充这种内热伤及“水之下源”的证治，与《温病条辨》“伤及水之上源”者相得益彰，完善了“甘苦合化利小便”法的临床应用。而且其用药十分灵活：邪少虚多者以加减复脉汤为主方养阴以泄热；热邪与阴虚均较重者以冬地三黄汤、银翘散加减、增液承气汤等为主方清热养阴并重。其中，冬地三黄汤滋阴，清中焦邪热；清营汤滋阴，清营分邪热兼顾活血；增液承气汤滋阴，泻中焦腑实；玉女煎养阴，清阳明邪热。诸方定位各有不同，不可混用。

（4）药物：使用频次超过7次者由高到低依次为：麦门冬13次，生地黄12次，黄芩9次，牡丹皮9次，鳖甲8次，黄连7次，玄参7次，甘草7次。甘寒药的代表药为麦门冬、生地黄、玄参，取“增液汤”之意；苦寒药的代表药为黄芩、牡丹皮、黄连，其中牡丹皮与鳖甲合用取“青蒿鳖甲汤”之意。足见滋阴清热并用为温热病小便不利的基本治法。值得注意的是吴鞠通在临床频繁应用牡丹皮于加减复脉汤中的原因，《本草求真》记载：“丹皮能泻阴中之火，使火退而阴生，所以入肾经而佐滋补之用。”此段论述可作佐证。

2. 内伤病篇　《吴鞠通医案》卷二、卷三、卷四均为内伤病篇，对于小便不利的证治与外感病篇大相径庭，可概括为以下几类证型。

（1）肝气郁结、瘀血阻络型：共7例医案，小便不利表现为尿短赤或癃闭，宜舒肝理气、活血通络。用药以降香、当归须、两头尖、琥珀、炒茴香、桃仁配伍为主。当肝郁化火时，宜苦寒泻小肠火，以芦荟、黄芩、黄连等配伍为主；兼夹痰饮内停，表现为脉大而小便不利时，宜重用石膏以清肺热。

（2）寒湿伤阳、水饮内停型：共12例医案，小便不利表现为尿少或癃闭，宜温阳利水，五苓散加减主之；当外感风寒夹痰饮为病时，则宜小青龙汤。

（3）湿热内阻型：共10例医案，小便不利表现为尿少或尿淋浊，宜清热利水，猪苓汤去阿胶主之。

（4）痰饮内停型：共4例医案，小便不利表现为尿白浊或尿少、尿淋沥。当痰饮伤阳时，宜温胃阳开膀胱，半夏汤合五苓散主之；当痰饮兼内热时，宜清肺热开膀胱，二金汤（鸡内金，海金沙，厚朴，大腹皮，猪苓，通草）合三仁汤主之。

三、结论

“甘苦合化”法完全针对热盛阴伤的病机而设，滋阴之中，略佐清热，既用甘寒药补其阴伤，又用苦寒药泻热保阴。吴鞠通提出“甘苦合化利小便”法主要是针对但见小便不利就用淡渗药物治疗的时弊，强调温病患者的小便不利主要由于热邪伤阴，切忌五苓散、八正散等淡渗伤阴的方剂。但临床小便不利若系湿热阻于膀胱或水湿内停或三焦气化失司而致，则并非不能用淡渗利水之法。

吴鞠通重视“甘苦合化”，强调清内热与滋水源并用是治疗温热病小便不利的基本大法，临床上属于热盛阴伤证治的泌尿系统疾病应用本法皆合于法度。研究吴氏如何把握祛邪与补阴的时机以及选方用药的立足点，对于后学继承和发挥其学术思想，提高临床热病的治疗水平有重要意义。

[《上海中医药杂志》，2007；(2)]

吴鞠通温病坚阴与育阴探要

操儒森　曹　征

温为阳邪，善伤阴液，已成共识。《素问·阴阳应象大论》：“阳盛则阴病”，乃阳盛伤阴之义。仲景在《伤寒论》中亦论及寒邪化热可伤及阴液，后期伤及肾阴。况且叶天士曰

“温病则热变最速”，温病更易致阴液耗伤，温病学家对此无不重视：如柳宝诒“须步步顾其津液”，叶子雨“温热存阴最为紧要”。清代医家吴鞠通宗《内经》，法仲景，作《温病条辨》（以下简称《条辨》），发展和创新了救阴法，曰：“热必伤阴，故立法以救阴为主”，并在《条辨》中焦篇97条曰：“救阴之法，岂能出育阴、坚阴两法外哉。”现代诸多文献中对此多统称为“顾护津液”，坚阴与养阴不分，其实许多医家认为坚阴与养阴不同。观《条辨》一书，其救阴莫不以坚阴和育阴为总纲，本文就此两方面探讨吴氏救阴之要领。

一、坚阴

“坚阴”提法最早出自张洁古《珍珠囊》“苦能燥湿，坚阴”，是从《素问·脏气法时论》“肾欲坚，急食苦以坚之”发展而来。后世发挥其含义：（1）指平相火固肾阴的方法，如大补阴丸；（2）指泻火清热存阴的方法，吴氏虽未明确阐述其具体含义，但从《条辨》中可知其为温病治疗的原则之一，是通过各种方法避免阴伤而间接护阴，并非直接补阴，采用方法和表现形式多样。现分述如下：

1. 祛邪以坚阴　《条辨》下焦篇42条：“夫春温、夏热、秋燥所伤者皆阴液也”，指出温邪是伤阴的根源，如戴春福：“有一分热邪存在，便有一分阴津受损”，且温邪侵入愈深愈久，则阴伤愈甚，故祛邪以绝伤阴之源为坚阴之首要方法。按温病病程阶段可分为解表、清热和通下三法：温邪初入上焦，病势轻浅，宜辛凉透邪以坚阴，银翘散、桑菊饮二方，疏表而不燥，保津而不腻，为辛凉透邪的代表方，吴氏谓银翘散；“此方之妙，预护其虚”；邪渐入里，邪热旺盛，宜清热泄邪以坚阴，如热入阳明气分用白虎汤，泄热保津，吴氏谓之“退热而保津液”；热入营分，方用清营汤去黄连以清营分血热，因虑黄连苦燥伤阴，故去之；热结胃肠，阳明腑实，则宗仲景法，急下以存阴，方用三承气汤，以防邪在阳明久羁耗及肾液。以上是祛除热邪以间接护阴的重要措施。

2. 益气固脱以坚阴　温邪于短期内重伤阴液，元气欲脱，则阴津不固，以致气不敛阴则阴虚将更甚，补阴药已显鞭长莫及，当急益气固脱敛阴，方可使阴液不致消亡。如《条辨》上焦篇8条：“太阴温病，脉浮大而芤，汗大出，……白虎加人参汤主之；脉若散大者，急用之，倍人参。”另有下焦篇36条：“暑邪入少阴消渴，脉虚大而芤者，用连梅汤加人参。”吴氏益气固脱常用人参大补元气以固脱敛阴，寓有坚阴之义。

3. 治禁以坚阴　吴氏见温病失治误治以致阴液耗伤者不可胜数，特于治疗用药立诸禁以护阴，寓坚阴之义。（1）发汗之禁。吴氏强调温病治疗禁用辛温发汗法，谓“温病忌汗，汗之不惟不解，反生他患”，认为温病自口鼻而入，徒发表无益，且汗乃五液之一，发汗可伤阴，故病初忌辛温，倡辛凉，谓辛凉法“预护其虚”。不过，对此当灵活看待，其在上焦篇25条曰：“温病亦喜汗解，最忌发汗，只许辛凉解肌，辛温又不可用”，可知吴氏所强调的是不可用治伤寒之法治温病，而非不主张辛凉解表透邪，华岫云评：“辛凉开肺便是汗剂”，且马扬等亦指出透邪汗出即是汗法的目的，不必强责其汗。（2）苦寒之禁。吴氏以为苦寒之品如黄芩、黄连等固能清热，亦能化燥伤阴，故力避之而立苦寒之禁，强调慎用苦寒以免伤阴，如中焦篇31条：“温病燥热，欲解燥者，先滋其干，不可纯用苦寒也，服之反燥甚。”此条热邪化燥伤阴，治宜甘寒柔润为主，不可纯用苦寒泻火，其自注：“吾见温病恣用苦寒，津液干涸不救者甚多。”多代之以甘寒，即使非用苦寒药不可，亦不可纯用或屡用，必配以甘寒。对此多数医家持肯定态度，如李时珍认为苦寒伤阴，但也有些现代医家持异议，如戴春福认为苦寒伤阴难以置信，并曾用动物实验加以验证。（3）淡渗之禁，吴氏于温病小便不利立淡渗之禁，强调热盛阴伤不可用淡渗剂更伤其津，应滋水泻火。如中焦篇30条："温病小便不利者，淡渗不可与也。"当然，此禁只对温热类温病而言，对于湿热者又另当别论。(4) 数下亡阴之禁，吴氏于下后阴液损伤而虚热内炽，十数日不大便者，禁施攻下法，如中焦篇33条强调下后肠胃津液受伤，不可强责其便，"断不可再与承气也"，"但与复阴，自能便也"，否则频伤胃阴或致滑泻则阴伤更甚。

二、育阴

《条辨》中多次提及"育阴"，叶子雨评："夫温病育阴，是属正治。"吴氏未指出育阴的确切含义，从文中可知，除坚阴外的救阴法均为育阴。据吴氏所论育阴法，是以滋阴之品培育补充阴液，戴春福谓之"直接地补阴"，特别是对于热入下焦填补肝肾之阴是他治疗温病阴伤的特色之一，其育阴法依所伤脏腑之阴的不同，可分为以下几类：

1. 滋养肺胃法　吴氏于温病伤及肺胃之阴者，多用甘凉或甘寒滋润之品以滋养肺胃，药用沙参、麦冬、玉竹、花粉等，方选益胃汤、沙参麦冬汤、玉竹麦冬汤等。如中焦篇12条："欲复其阴，非甘凉不可。"56条："燥伤肺胃阴分，或热或咳者，沙参麦冬汤主之。""故以甘寒救其津液"，再如下焦篇100条："燥伤胃阴，五汁饮主之，玉竹麦门冬汤亦主之。"以上3方对于热邪已解而肺胃阴伤者正为合拍。

2. 增液润肠法　热入胃肠不大便者，不出热结、液干，偏于热结实证，同前所述用承气法，以绝伤阴之源，偏于阴亏液涸之半虚半实证，吴氏多治以甘寒、咸寒之品如生地、麦冬、玄参，方用增液汤，君药元参味苦、咸、微寒，壮水制火，滋润大肠，辅以甘寒之麦冬、生地，谓："麦冬能补能润能通"，"生地用细者取其补而不腻"。三者量大合用，以增水行舟，共奏增液润肠之功，津液来复则大便自通，可见增液汤乃是直接补阴为主，故吴氏谓之："寓泻于补，以补药之体，作泻药之用。"再如治正虚不运药之不大便，吴氏治以新加黄龙汤，并驳斥旧法黄龙汤中以大承气汤加参、地、归之弊端，指出该证乃"阴阳俱惫"，以阴液消亡为主，故去伤气耗液之枳、朴，改用调胃承气加麦、地、元参，用量均较大，以保津液之难保，加海参以补液，由此可见其增液润肠之大法。

3. 填补真阴法　温病日久失治或误治，传入下焦，劫灼肝肾真阴，吴氏治以滋补肝肾阴精，轻者用加减复脉汤以救阴，重者肝阴亦大亏，在上方基础上加用厚味滋腻之品浓浊填精。如下焦篇1条："温邪久羁中焦阳明阳土，未有不克少阴癸水者。"8条："热邪深入，或在少阴，或在厥阴，均宜复脉。"加减复脉汤乃吴氏据叶天士《临证指南医案》中用炙甘草汤加减治疗肾阴虚证，遂将炙甘草汤去参、桂、姜、枣等补阳药，加白芍而成，该方治肾阴虚较轻者。乙癸同源，肝阴赖肾阴滋养，肾阴亏虚终必伤及肝阴，故须用填精之品鳖甲、龟板，如二甲复脉汤、三甲复脉汤、大定风珠等，且用量较重，其中三甲复脉汤中龟板用至一两，以期肝肾阴精得复。吴氏之热入下焦育阴潜阳法虽受叶天士所启发，但如此系统地论述总结实属难能可贵。

三、坚阴与育阴的协调统一

观吴氏之坚阴与育阴法，虽然方法各异，但决非彼此孤立，而是相互联系的，在实际运用中二者穿插渗透，相互配合达到协调统一。

坚阴作为间接地护阴，在温病初起或极期实邪正盛之时，祛邪以绝伤阴之源，故以坚阴为主，温邪伤阴的特点又决定了坚阴为最基本治疗对策贯穿于温病治疗的始终，正如吴氏所说“苟能时时预护、处处提防，岂复有精竭人亡之虑”；育阴作为直接地补阴，在温病后期邪少虚多之时显得更为迫切，且吴氏曰：“凡热病久入下焦，消铄真阴，必以复阴为主”。然有一分热邪便有一分阴伤，随着病邪的深入，阴伤渐明显，更何况又有失治、误治，病程中常虚实夹杂，故只要有阴伤即可育阴，不必拘于温病的后期，如银翘散方中有芦根清热生津，杨进等称该方：“解表之中寓有清热，清热之中寓有护阴。”如吴氏在银翘散加减法中“二、三日病犹在肺，热渐入里，加细生地、麦冬保津液，再不解，或小便短者，加知母、黄芩、栀子之苦寒，与麦、地之甘寒”。再有吴氏以冬地三黄汤治热盛阴伤小便不利，曰“其中甘寒十之八九，苦寒仅十之一二”；中焦篇 97 条中，治春温内陷以加减黄连阿胶汤，吴氏论“此黄连之坚阴，阿胶之育阴”，上二例为坚阴与育阴相配合使用的极好例证。现代某些医家也认为临床运用时坚阴药应与滋阴药相伍以增强疗效。

以上是笔者从坚阴与育阴对吴鞠通救阴法所作的全面分析，亦参有部分现代学者的研究评述内容，笔者不揣浅陋，聊拼此文，以求同道斧正。然而，如何更全面认识把握并灵活运用好吴氏温病救阴法，尚待后学者进一步探索。

[《江西中医药》，2005；(4)]

对《温病条辨》中禁用升麻、柴胡的看法

陈秦英

《温病条辨》(以下简称《条辨》)一书中禁用升麻、柴胡的条文计有五处，后世医家受《条辨》中禁用升麻、柴胡条文思想的束缚，在临床上治温病多不敢大胆使用。为此，笔者提出自己的一些看法。

一、《条辨》中禁用升麻、柴胡的来源

吴鞠通论治温病，主要是继承叶天士的经验，如其友征保所写的序中说：“吴子鞠通……近师承于叶氏，而远追踪乎仲景。”吴氏在《条辨》中所用方药有相当大的部分，采自叶氏《临证指南医案》。叶氏在《临证指南医案·幼科要略》的疟门案里引用了林北海重刊张司农《伤暑全书》的序文中“柴胡劫肝阴，葛根竭胃汁”之说。因而他在医案中畏用柴胡，吴氏承袭叶氏之论竟明文禁用。自张元素《医学启源·用药备旨》谓升麻，性温，味辛微苦，气味俱薄，浮而升，阳也。后世多视为“升提药”。吴氏也持类似的观点，故在《条辨》中亦禁用升麻、柴胡。并将升麻、柴胡同羌活、防风等辛温解表药同例看待，列为温病禁药。

二、关于升麻、柴胡性味的商榷

吴氏在《条辨》上焦篇 16 条指出：“太阴温病，不可发汗，发汗而汗不出者，必发斑疹，汗出过多者，必神昏谵语。……禁升麻、柴胡……”吴氏认为，“太阴温病，不可发汗，……升柴属辛温刚燥之品，……故禁用升、柴以防发汗助热伤阴。”如在此条按语中谓：“若一派辛温刚燥，气受其灾而移于血，岂非自造斑疹乎?”故认为升、柴属辛温之品。

升麻的性味，《本经》谓：“味甘辛。”张元素则谓：“性温，味辛微苦。”王好古谓：“微苦，微寒。”李时珍谓：“气味甘、苦、平、微寒。”《别录》云：“甘苦、平、微寒。”

可见，惟张元素的观点稍有不同外，诸论均持类似的观点，认为升麻属辛凉的性味。查阅几乎所有的《中药学》教材都将升麻列为辛凉解表药类，均记载为“辛甘、微苦、微寒”。据《全国中草药汇编》的现代药理研究，“升麻有解热、镇静作用”。因此，实践证明升麻属凉性而不属温性。由此看来，认为属于辛温者是一种误解。

柴胡的性味，《本经》谓：“味苦，平。”张元素谓：“味微苦，性平微寒。”李时珍说：“气味苦，平。”《别录》云：“微寒。”《日华子本草》云：“味甘。”可见诸论均持类似的观点，认为柴胡属凉性而不属温性。查阅几乎所有的《中药学》教材都将柴胡列为辛凉解表药类，均记载为“微苦、微寒”。据《全国中草药汇编》的现代药理研究，“柴胡煎剂对实验性发热的家兔有解热作用”。因此，实践证明柴胡的性味属苦凉而不属辛温。由此看来，认为属于辛温者也是一种误解。

综上所述，升麻、柴胡并非属辛温之品，温病并非禁用升麻、柴胡。可见，吴氏的观点并非正确。吴氏的不同观点，在于“是书虽为温病而设，实可羽翼伤寒”。如朱武曹氏在评注吴氏在此条禁升麻、柴胡时说：“此等处皆深得仲景意，而人不解此久矣。”故将升麻、柴胡同羌活、防风等辛温药同例看待。后世受此影响，在临床上多自束手脚。故讨论升麻、柴胡的属性，对于临床发挥其作用无疑是有积极意义的。

三、关于升麻、柴胡升提作用的商榷

升麻、柴胡升提之说，始于张元素《医学启源·用药备旨》谓升麻：“气味俱薄，浮而升，阳也”；谓柴胡：“气味俱轻，阳也，升也”。因而后世多视升、柴为“升提药”，如明代医家张景岳及近世医家张山雷等，均持类似的观点。吴氏也将升麻、柴胡视为升提药，如在《条辨》中焦篇23条指出：“斑疹，用升提，则衄，或厥，或呛咳，或昏痉，……”其实，升麻、柴胡究竟有无升提作用，抑或以升提为主？这是值得商榷的。

吴氏认为，斑疹之邪在血络，只喜轻宣凉解，若用升麻、柴胡辛温之品，直升少阳，有升提而无凉透，就会出现鼻衄、昏厥、咳呛、神昏抽搐等症。故治斑疹时应禁用升、柴。对吴氏的这种观点，实际应用时并不尽相符合。如《清·王九峰医案》：斑疹隐隐，发而未透乃肺胃多病之案；《清·秦笛桥医案》：两目眩晕，项强似痉，乃肝虚风动，营虚火炎之项强案；以及《清·金子久医案》：夙有哮喘，遍体发瘰发斑，乃风湿流入血络之斑疹案；《阎氏小儿方论》升麻葛根汤治伤寒、温疫、风热，壮热、头痛、肢体痛、疮疹已发未发。均用升麻治疗。此外，《金匮》升麻鳖甲汤治吐脓血，朱肱用升麻代犀角入犀角地黄汤中治吐血、衄血。倘若以升麻升提，那岂有不吐血衄血如涌泉乎！《证治准绳》升麻汤，用升麻配小蓟根、茜草、生地汁等，治上脏有热，舌上出血如涌泉。《千金要方》百部丸，用升麻配百部、五味子、紫菀等，治咳嗽不已气急，唾脓血。从上可见，斑疹、项强头痛、吐血、衄血、咳嗽等症，均应用了升麻，说明升麻在所不禁。实际上，升麻具有良好的解毒透疹作用。如《本经》谓：“主解百毒，辟温疾、障邪。”《本草纲目》谓：“消斑疹，解痘毒。”《别录》云：“主中恶腹痛，时气毒疗。”临床上，如《金匮》升麻鳖甲汤治阴阳毒；《滇南本草》升麻汤治小儿痘、痧疹不明、痄腮。可见，吴氏所谓斑疹忌用升提之说，主要是他过分强调了升麻的升提作用，而忽视了升麻的解毒作用。实际上，升麻并无升提作用。日本《和汉药考》认为：“前人以升麻之升，推想为升降之升，其论功用往往牵强附会。”张公让《中西药典》亦谓：“中医谓本品主升提非是。”据临床报道，有人“于无病之时，用升麻125g煎服亦未见有升得头昏脑胀、气涌的感觉”。实践证明斑疹用升麻，当在所不禁。

柴胡的使用禁忌，实际应用时也不尽相符合。如清·余霖《疫疹一得》疫疹诸方：“败毒散（活人）治时行疫疠头痛，憎寒壮热，热毒流注，脚肿腮肿，诸疮斑疹……”以及蒲辅周治斑疹案（荨麻疹）：肖某某，遇风或热时尚有成片皮疹出现而发痒，脉浮数，舌正无苔，乃血热兼风。均用柴胡治疗而获良效。《清·金子久医案》：夙有哮喘，遍体发瘰发斑，乃风湿流入血络之斑疹案也用柴胡。可见，斑疹用柴胡，说明柴胡在所不禁。实际上，柴胡是一味具有多种作用的药物，其性凉，实具有良好的散邪解表、舒肝清热的作用。如《药性论》谓：“主时疾内外热不解。”《本草纲目》谓：“治小儿痘疹余热，五疳羸热。”《本经逢原》谓：“柴胡，小儿五疳羸热，诸疟寒热，咸宜用之。痘疹见点后有寒热，或胁下疼热，于透表药内用之，不使热留少阳经中，则将来无咬牙之患。”柴胡气味俱轻，能透表泄热，有抗流感病毒作用，已为现代药理研究所证实。明乎此，即使应用柴胡以治斑疹，亦无悖于吴氏的“斑疹之邪在血络，只喜轻宣凉解”的说法。吴氏所谓斑疹忌用升提而禁用柴胡之说，主要是他过分强调了柴胡的升提作用，而忽视了柴胡的轻宣凉解、清热的作用。可见，柴胡并非以升提为主，斑疹在所不禁。

吴氏在《条辨》上焦篇18条指出：“温毒咽痛喉肿，耳前耳后肿，颊肿，面正赤，或喉不痛，但外肿，甚则耳聋，俗名大头瘟、虾膜温者，普济消毒饮去柴胡、升麻主之……”吴氏认为大头瘟一证，乃为风热上扰，升腾飞越太过之病。故用本方治疗时应去升麻、柴胡，以防其升阳助热。对吴氏的这种观点，前人早已提出不同的看法。如清代叶霖在《增补评注温病条辨》中指出：“治大头天行，用普济消毒饮甚是……”并不主张去升麻、柴胡。近世医家陆士谔更明确指出：“鞠通畏升、柴之升腾飞越，一并除去。虽加牛蒡、马勃，而上焦之温毒，何从宣泄？此方之升麻、柴胡犹之画龙点睛，精神全在于此一点。……盖天地造化之机，全在升降出入。病在头面，不升何能宣泄？”陈渔州说：“我用本方，辄遵陆氏说，用本方不去升麻、柴胡，每收意外之效。”据临床报道，普济消毒饮不去升麻、柴胡治疗流行性腮腺炎57例观察，经服3～9剂后均获痊愈。因本病病位在上焦，上焦宜开，故遵吴氏“治上焦如羽，非轻不举”的治则而治之。药物多选质地、气味轻清之品。据《普济消毒饮治疗435例发热期流行性出血热临床观察》报道，治疗结果，“退热情况，治疗组在服药后一般徐徐退热，稳固下降，不再反复发热。其治疗法则，当按‘火郁发之’的原则选方用药，故用普济消毒饮全方投之。方中用升麻取其清热解毒，用柴胡以疏散卫表之郁火。”实验证明：“本方煎剂对甲型、乙型链球菌、肺炎双球菌、金黄色葡萄球菌、白色葡萄球菌有较好的抑菌作用。”所以，足证普济消毒饮不去升麻、柴胡可用于治温毒，也并不在禁之例。

［《浙江中医杂志》，2008；（4）］

《温病条辨》对《伤寒论》下法的发展

程海英

一、伤寒与温病的异同

伤寒与温病均起源于《内经》，而后历代医家在《内经》基础上，对病因学、证候学、治疗学等认识皆有较大进展。其中张仲景《伤寒论》系统地总结了一套理、法、方、药规律，从而奠定了祖国医学治疗热性病的基础。而温病学说肇始于《内经》、《难经》和《伤寒论》，到了清代，叶、吴、薛、王等集其大成，使祖国医学对外感病的认识治疗有了长足发展。伤寒与温病二者病因不同，但病理变化及治法方面却异中有同，伤寒按六经辨证，温病按卫、气、营、血及三焦辨证，虽然名义不同，但都是针对临床证候体征，从不同角度概括一个“证”来认识的，并以此说明病邪传变规律，提示病变部位性质，提出治疗原则，其逻辑方法均一致。

伤寒是温病的基础，最早见于《内经》：“今夫热病者，皆伤寒之类也。”《难经》也将温病包括在伤寒之中。从辨证体系来看，伤寒以六经辨证为核心，六经学说在理论上又为温病的卫气营血和三焦辨证奠定了基础；若从方剂上看《伤寒论》中治疗温病者也不乏其例，如承气类、白虎辈、白头翁汤、黄连阿胶汤等等，根据这个学术渊源来推断，伤寒实为温病的基础。但是《伤寒论》论温不足，治方也少，后世温病学家在治疗方面则大为发展。如对太阳温病仲景没有设方，温病则补充辛凉解表之剂。阳明腑实仲景仅有三承气，对于邪实正虚者则曰“难治”、“死”，而温病却予以增补。此外凉开三宝、复脉辈、大小定风珠、治疗湿温的三仁汤、甘露消毒丹，邪伏膜原的达原饮等等方剂均弥补了治疗上的不足，所以温病学实为《伤寒论》的延续和发展，二者相互补充，相得益彰。

二、《伤寒论》中的下法

下法是八法中重要的组成部分，在《伤寒论》中阳明病的治疗是以下法和清法为代表的，在其他篇中也有散在的属于下法的治疗方剂，总结起来主要有三承气、桃核承气汤、抵当汤（丸）、大陷胸汤、大陷胸丸、麻子仁丸等，它们的方剂组成详见表1：

表1　《伤寒论》下法方剂组成

	大承气汤	小承气汤	调胃承气汤	桃核承气汤	抵当汤(丸)	大陷胸汤	大陷胸丸	麻子仁丸
大黄	√	√	√	√	√	√	√	√
芒硝	√	√	√	√		√	√	
枳实	√	√						√
厚朴	√							√
甘草		√	√					
桃仁			√	√				
桂枝			√					
水蛭				√				
虻虫				√				
甘遂					√			
葶苈子						√		
杏仁						√	√	
芍药								√
麻子仁								√

从表1中可以看到，在八个方剂中大黄的使用率最高为8次，芒硝次之为6次，枳实为3次，厚朴、甘草、桃仁各为2次，其余为1次。在临证中的具体区别为：大承气汤峻下实热，治疗痞、满、燥、实、坚俱甚者。小承气汤轻下实热，治疗虽有痞满而燥热实邪结聚较

轻者。调胃承气汤泻热通便，治疗燥热明显而痞满不甚者。桃核承气汤用调胃承气之剂泻下除热，桂枝宣通阳气温通经脉，桃仁破血化瘀生新，治疗太阳病蓄血轻证。抵当汤用于太阳、阳明蓄血证，方中虫类走窜，善于逐瘀血、破恶血、消坚积，全方是逐瘀峻下之剂。大陷胸汤中大黄和芒硝的用量是仲景汤方中的最大剂量，加上甘遂具有峻下逐水，泻热破结的作用，用于治疗热实结胸。大陷胸丸则以甘遂为主药，有泻热逐水散结的作用，但较之汤剂缓和，用于痰热结胸。麻子仁丸中虽配有大黄等泻下药，但因本方治疗脾约证，故属于润下剂。总之从以上的方剂中我们不难看出仲景在《伤寒论》中运用下法主要是以泻热祛实为主，其中不乏攻下、泻热、逐水、破血、消积之品，因此尽管它们各有轻下、峻下、缓下、急下的不同，但下法运用中攻逐为主是显而易见的，这与本书成书年代较早且所用药物有限无关联。

三、《温病条辨》对下法的发展

《温病条辨》成书于清代，作者吴鞠通钻研历代医籍，“历取诸贤精妙，考之《内经》，参以心得”，采用《伤寒论》条文形式，著成该书，确立了三焦辨证，发展了仲景学说。在使温病理论日趋完善的同时，对《伤寒论》有了全新的发展。以下法为例，《温病条辨》中焦温病证治（17）条说：“阳明温病，下之不通，其证有五，应下失下，正虚不能运药，不运药者死，新加黄龙汤主之。喘促不宁，痰涎壅滞，右寸实大，肺气不降者，宣白承气汤主之。左尺牢坚，小便赤痛，时烦渴甚，导赤承气汤主之。邪闭心包，神昏舌短，内窍不通，饮不解渴者，牛黄承气汤主之。津液不足，无水舟停者，间服增液，再不下者，增液承气汤主之。”从《温病条辨》中我们清楚地看到了下法应用的多样化，从而更深刻体会到温病对伤寒的发展。以下我们通过对不同方剂进行剖析来了解温病治疗中下法的运用。

新加黄龙汤：病机为阳明腑实，气阴两虚，正虚不能运药，灼热上扰心神，为虚实均重，正气大衰，阴液阳气两伤之证。胃不蠕动，肠也不蠕动，气阴大伤，胃气衰竭，药不吸收，不能运化，实际上是化源枯绝，虽用下法但下之不通，乃正虚不能运药。为此吴鞠通运用新加黄龙汤治之，但是认为“此处方于无可处之地”，实盛不能攻，攻则正气脱，虚则不能补，因有实邪。而本方为攻补兼施，滋阴、补气、攻下、健胃。其中增液汤加味咸之海参软坚补阴；另炖人参补元气；调胃承气攻下；当归养血行血，行血中气分之用，为血中气药，使其流动；姜汁宣通胃气、醒胃，行胃中之气。

宣白承气汤：本证为肺经痰热壅阻，肠腑热结不通之肺肠并病。痰热阻肺喘促，痰涎，肺气不降，腑气不通则潮热、便秘，用提壶揭盖法，以宣白承气汤宣肺化痰，泄热攻下。其中石膏清肺胃之热；杏仁、瓜蒌皮宣降肺气化痰定喘；大黄攻下腑实。腑实得下则肺热易清；肺气清肃则腑气易通。吴鞠通“以杏仁、石膏宣肺气之痹，以大黄逐肠胃之结，此脏腑合治之法也”。本方取白虎、承气二方而成，由于有宣肺通腑之功效，所以称宣白（肺五行为白色）承气汤。

牛黄承气汤：病机为热入心包兼阳明腑实。出现神昏谵语、身体灼热、便秘、腹部拒按等症，病机为气营两燔，痰热蒙蔽心包。治以开心包之闭，通大肠之实，清心开窍兼通大便。

导赤承气汤：小肠热结、膀胱水热互结。出现小便短赤而痛、烦热口渴，治宜二肠同治，用导赤承气汤即攻下，又清利火腑。大黄、芒硝攻下大肠热结，生地、赤芍凉血滋阴清心，黄连、黄柏清泄小肠火热。

增液承气汤：病机为热邪消耗阴液，腑实阴伤。

治应滋阴攻下，增水行舟，方用增液承气汤。大黄、芒硝泻热软坚，攻下腑实，玄参滋水降火，生地、麦冬滋阴润燥。

桃仁承气汤：本证为热与血结，蓄于下焦而上扰。既见少腹坚满疼痛，大便结，又见神志如狂之症。治宜泄热通结，活血逐瘀。大黄、芒硝泄热、攻逐瘀结，丹皮、赤芍、桃仁清热凉血消瘀，当归养血和血。本方从《伤寒论》中桃核承气汤化裁而来，因本证热盛故去辛热之桂枝、甘缓之甘草，加丹皮、芍药、当归以增强凉血散血之功。

护胃承气汤：温病用下法后如果邪气已退，必然脉象平和而无身热。若邪气不净，经过几天后病邪会逐渐又盛于阳明，故须再次攻下。但随着病变的发展和攻下的使用，正气会一天一天虚衰，阴液也会一天一天耗伤，此时须顾护人体的阴液，斟酌运用下法，用护胃承气汤。本方为增液汤配大黄、知母、丹皮，全方滋阴清热，苦甘攻下，适用于邪气复聚阴液已伤之证。

在以上方剂中大黄仍然是必备药物，芒硝使用率次之为 4 次，所不同的是生地用了 4 次，玄参、麦冬用了 3 次，当归、赤芍用了 2 次，而且人参也用在其中，可见即便是下法也可以运用益气、滋阴、养血、增液的药物来治疗。

四、结语

《温病条辨》继承了刘河间、喻嘉言等学术思想，贯穿了滋阴保津的思想。古代医家曾说“伤寒法在救阳”，“温病法在救阴”。因为外感热病不出伤寒、温病两类，寒为阴邪易伤阳气，温为阳邪易伤阴血。温热为病极易出现津枯液涸之变，正如叶天士所谓：“热邪不燥胃津，必耗肾液”，所以贯穿于温热病整个发展过程中的具体治法无不以救阴为关键。阴液不伤或虽伤不甚便可抗御热邪不致深入；若阴液大伤无以制阳则阳热更亢，其病难疗。所谓“留得一分津液，便有一分生机”就是其中的内涵。综观以上几个下法方剂，在运用苦寒攻下的同时，又运用了很多增液滋阴之品，而且还加入了益气、养血的药物，体现了祛邪不忘扶正的治本思想，大大拓宽了外感病的治疗空间，充实了下法的临床应用，为后世医家提供了详实而珍贵的资料。

[《中医药管理杂志》，2006；(7)]

《温病条辨》咳嗽证治方论辨析

桑培初

咳嗽是临床常见病，历代医家多有阐述。如《内经》有专篇论述。《金匮要略》有专篇辨证论治，朱丹溪总结临床经验有 70 余法，张景岳提纲领地把咳嗽分成外感、内伤辨治等。然而，真正把咳嗽一症条分缕析清楚，并切合临床实用的古医书。当推温热学派代表人物吴瑭（鞠通）所著的《温病条辨》。笔者不揣浅陋，结合本人临床运用体会等。试将《温病条辨》中论治咳嗽的方论罗列如下，以供同道临床参考。

一、风温袭肺络咳嗽，桑菊饮主之

风温袭肺络，病轻浅，其见症为：咳而无痰或少量黏液痰，身微热不恶寒，口微渴。用辛凉轻剂桑菊饮主之。方中桑叶、菊花、薄荷疏风解表，宣透风热；桔梗、甘草、杏仁，清咽利隔，止咳化痰；连翘清热解毒；苇根清热生津而止渴。如果风温袭肺二、三日，咳嗽气粗似喘，此乃风温之邪由卫入气。当于桑菊饮中加石膏、知母以清气；如果咳嗽于傍晚时分加剧，伴见发热，舌质红绛，此乃风温之邪将入营分，再加玄参、水牛角以气营两清；如果咳剧而黏痰中带血丝或少量鲜红血，此乃热入血分而伤肺，当于桑菊饮中去薄荷、苇根，加麦冬、生地、玉竹、丹皮以清营凉血；如果咳嗽较频，发热汗出，肌肤如燎，此乃肺热甚，当于桑菊饮中加清肺热之圣品黄芩。不论风温之邪在卫在气，还是在营在血，凡伴见口渴甚者，均可加花粉以生津止渴，并清肺润燥止咳。

二、温热邪毒袭肺咳嗽，银翘散加味主之

温热邪毒较风温之邪为重，侵袭肺卫而咳，其见症为：咳嗽，发热不恶寒而渴，咽痛，用辛凉平剂银翘散加杏仁主之。方中银花、连翘清热解毒；伍竹叶以加强清热之功；薄荷、豆豉、荆芥辛凉轻散解表；桔梗、甘草、牛蒡子宣肺利咽喉；苇根清热生津；加杏仁利肺气而止咳。此方与桑菊饮的临床运用区别在于咽痛和发热症状较桑菊饮证为重。

如果温热邪毒鸱张，迅速深入血分，症见咳嗽、咯血、舌绛、脉散、发热，当用银翘散（已用过表药者，去豆豉、芥穗、薄荷）合犀角地黄汤主之。该法用银翘散败温毒，用犀角地黄汤清血分伏热，合用之清热败毒、凉血止咳。

三、暑温伤肺咳嗽，清络饮加味主之

暑温伤肺咳嗽，必见于暑天。吴鞠通之温盛为热，热极湿动，上热下湿，人居其中而暑成，若纯热不兼湿，仍归温热论。可见暑温本兼湿，只是热多于湿而已。暑温伤肺咳嗽，其见症为：咳而无痰，咳声清高，汗出口渴，脉大而数，头微胀，目不了了，用清络饮加甘草、桔梗、甜杏仁、麦冬、知母主之。清络饮本治暑肺经气分，药用鲜荷叶边、鲜银花、西瓜翠衣、鲜扁豆花、丝瓜皮、鲜竹叶心等芳香清热，透暑化湿，再加甘草、桔梗、甜杏仁利肺而不伤气，加麦冬、知母保肺阴而制火。

若素有肺痨之人，肺脏本虚，内有伏火。暑天再感受暑温，出现咳嗽吐血，恶寒发热，舌白不渴的“暑瘵”之症，当用清络饮加杏仁、薏苡仁、滑石汤治之。该法用清络饮清血络中之暑热，加杏仁降肺气，气降则血不上溢，加薏仁、滑石利暑湿。冀邪退气宁血止后，再议治肺痨。

四、暑温伤肺脾兼水饮咳嗽，小半夏加茯苓汤再加厚朴、杏仁主之

暑本兼湿，暑伤肺，湿困脾、肺脾两伤，水饮内停而咳嗽，此证湿多于热。其见症为：咳嗽，咳声重浊，痰多色白，口不甚渴，渴不多饮，用小半夏加茯苓汤再加厚扑、杏仁主之。该法引用《金匮要略》小半夏加茯苓汤，用药仅三味：半夏、生姜、茯苓蠲饮和中，再仿《伤寒论》法，加厚朴、杏仁利肺泻湿。

五、风暑寒湿杂感伤肺咳嗽，杏仁薏苡汤主之

风暑寒湿杂感伤肺，多见于暑天露雨纷纷，人中雨湿寒邪而得之。其见症为：咳嗽，头胀，舌白、不饥、身重、肢体若废，杏仁薏苡汤主之。该方用杏仁、薏苡宣肺渗湿，桂枝、白蒺藜解肌祛风散寒，半夏、生姜、厚朴温中下气化湿，防己与薏苡、桂枝相伍能解肌肉经络之风湿。

六、湿温外感痰瘀恋肺咳嗽，千金苇茎汤加杏仁、滑石主之

湿温之证多见于夏秋之季。湿温外感，肺先受之，湿温不解，痰瘀恋肺，其见症为：咳嗽有痰，甚则喘促，身有微热，胸闷胸痛，千金苇茎汤加杏仁、滑石主之。苇茎汤药用苇茎清肺泄热，薏苡清利湿热，桃仁逐瘀行滞，冬瓜仁清肺化痰，加杏仁、滑石宣肺利窍而逐湿热。

七、湿温伤肺成“肺疟”咳嗽，杏仁汤主之

湿温伤肺成“肺疟”咳嗽，其见症为：咳嗽频作，舌白渴饮。寒从背起，发热汗出而解，次日前症又现，故云“疟”。此证湿与热邪两平，杏仁汤主之。药用杏仁、桑叶、白蔻皮、梨皮轻宣肺气，黄芩、连翘清热，茯苓、滑石利湿。肺气宣、湿热清，邪无所附而病自愈。

八、湿温伤肺及肝将成悬饮咳嗽，香附旋覆花汤主之

湿温之邪，氤氲黏腻，若失治误治．湿温入里，与水相搏，伤肺及肝，将成悬饮。其见症为：咳嗽，胁痛或胸胁痛，伴潮热或往来寒热，香附旋覆花汤主之。该方用香附、旋覆花通肝络而逐胁下之饮，苏子、杏仁降肺气而化饮，广皮、半夏消痰饮，茯苓、薏苡健脾渗湿利小便。若兼腹胀满者加厚扑，胁痛甚者加降香末。若悬饮已成，胁痛甚，用香附旋覆花汤二、三剂效不显，可改用控涎丹（甘遂、大戟、白芥子），亦可用《金匮》十枣汤攻之。

九、热盛肺痹兼阳明里实咳嗽，宣白承气汤主之

热盛化燥，阳明里实，传导失职，肺气不降而成肺痹。其见症为：咳嗽喘促，痰涎壅滞，腹胀潮热，大便燥结，舌苔金黄，右寸脉实大，宣白承气汤主之。该方用杏仁、石膏宣肺气之痹．以大黄逐肠胃之结。用瓜蒌皮一则助杏仁、石膏清肺化痰，二则助大黄汤肠通便。以笔者临床体会，此证用小承气汤与小陷胸汤合方治之每获良效。

十、燥热伤肺卫咳嗽，桑杏汤主之，桑菊饮亦主之

秋感燥热伤肺卫咳嗽，其见症为：干咳无痰，鼻咽干燥，心烦微渴，右脉数大，桑杏汤主之。方中桑叶、豆豉轻宣燥热，杏仁、象贝止咳化痰，栀皮清泄上焦肺热，沙参、梨皮润肺生津。桑菊饮亦主之，因其具有轻宣燥热，凉润肺金之功能，故对燥热伤肺卫之证用之亦合拍。

十一、燥热伤肺胃兼气阴两虚咳嗽，清燥救肺汤主之

燥热伤肺胃兼气阴两虚，其见症为：干咳无痰，口燥咽干、头痛身热、气短乏力、舌干无苔，甚则气逆而喘，清燥救肺汤主之。药用桑叶、石膏轻宣肺中燥热，杏仁、枇杷叶降泄肺气，人参、甘草益气生津，阿胶、麦冬、麻仁滋养肺胃之阴。若痰多色黄者，加贝母、瓜蒌清化热痰。

十二、燥热伤肺胃阴津咳嗽，沙参麦冬汤主之，五汁饮亦主之

燥热伤及肺胃阴津，其见症为：干咳少痰，口渴咽干，患者自觉胸中有热，沙参麦冬汤主之。药用沙参、麦冬清养肺胃，玉竹、花粉生津解渴，生扁豆、生甘草益气培中。甘缓和胃，配以桑叶轻宣燥热。若久热久咳者加地骨皮清泄肺热。若症见咳唾白沫，黏滞不爽，口中燥渴，此为热盛灼伤肺胃阴津，五汁饮主之，药用梨汁、荸荠汁、鲜苇根汁、麦冬汁、藕汁（或蔗浆）甘寒养阴救肺胃津液。

十三、凉燥（风寒）外感伤肺咳嗽，杏苏散主之

秋凉之气，轻则为燥，重则为寒。凉燥（风寒）外感伤肺，其见症为：咳嗽稀痰，头微痛，恶寒，鼻塞嗌塞，脉弦无汗，杏苏散主之。药用苏叶，前胡辛温达表，杏仁、枳壳、桔梗宣降肺气，半夏、陈皮、茯苓化痰理气，甘草调和诸药，姜、枣以和营卫，共收辛温发表宣化之功。若脉浮紧，外寒较重，可加羌活，若有寒邪入里化热之象，呈现舌略红，咽痛口渴，于杏苏散中加黄芩。笔者临床常用此法，疗效颇佳。

十四、冬寒外感兼寒饮咳嗽，小青龙汤主之

素有寒饮之人，冬寒外加而咳嗽，其见症为：咳嗽稀痰，恶寒身痛，胸满舌白滑，脉紧无汗，恶水不欲饮，甚则倚息不得卧，腹中胀满者，小青龙汤主之。药用麻黄、桂枝发汗解表，宣肺平喘，芍药与桂枝相伍调和营卫，干姜、细辛、半夏温中蠲饮，五味子酸收以防肺气耗散太过，甘草调和诸药又祛痰止咳。若患者脉数自汗，此乃饮邪上冲，不可再用发汗药，当于小青龙汤中去麻黄、细辛。若患者大汗出，于小青龙汤中去麻黄、细辛，倍加桂枝减干姜，再加麻黄根安表止汗。当代名医蒲辅周指出，咳喘症“年老体弱而有汗或汗多者，我用麻黄根代麻黄，通过实践，数十年用之多效。”

十五、风寒外感化热壅肺咳嗽，麻杏石甘汤主之

风寒外感在热壅肺，其见症为：咳逆气急，喉中痰鸣，咳吐不爽，口渴，甚则鼻煽，喉哑，脉洪数右大于左，麻杏石甘汤主之。药用麻黄宣肺闭平喘咳，石膏清泄肺热，杏仁佐麻黄平喘止咳，甘草调和诸药且祛痰止咳。此汤证外寒内热而寒热两平，杏苏散加黄芩证为外寒内热而寒多热少，这是两方临证运用的区别。

十六、热病久痢伤肺脾之阴咳嗽，人参乌梅汤主之

热病久痢伤肺脾之阴，其见症为：有热病久痢现病史，现口渴舌干，微热微咳，人参乌梅汤主之。药用人参、莲子、山药、甘草补肺脾之气，乌梅、木瓜酸敛耗散的肺脾之津，诸药合用，共奏酸甘化阴以滋补肺脾气阴。

十七、燥热久伤肝肾之阴累及肺阴虚咳嗽，三甲复脉汤主之，定风珠亦主之，专翕大生膏亦主之

燥热久伤肝肾之阴累及肺阴虚，其见症为：久咳不止，痰少而黏，形体消瘦，口燥咽干，潮热盗汗，五心烦热，舌红少苔，脉细数。三甲复脉汤药用：炙甘草、干地黄、生白芍、麦冬、阿胶、麻仁、龟板、鳖甲、牡蛎。大定风珠方即于三甲复脉汤中再加五味子、鸡子黄。专翕大生膏方药用：人参、茯苓、龟板、乌骨鸡、鳖甲、牡蛎、鲍鱼、海参、白芍、五味子、麦冬、羊腰子、猪脊髓，鸡子黄、阿胶、莲子、芡实、熟地、沙苑子、白蜜、枸杞子。三方皆酸甘咸法滋水养阴，由浅入深，定风珠浓于三甲复脉，皆用汤剂法，从急治；专翕膏方又浓于定风珠，且多用血肉之品，熬膏为丸，从缓治。

《温病条辨》一书被后世公认为温热学派集大成之作。吴鞠通上研《内》、《难》、《伤寒》、《金匮》，又遍考晋唐以来诸贤议论，特别是批判地吸收了刘河间、吴又可、喻嘉言、叶天士、薛生白等医家的学术成就，创制了三焦辨证论治体系等，至今仍为中医临床广泛应用，故近世有人誉此书为中医经典之作。仅以咳嗽一症的论治来看，条分缕析如此精详，实乃前人所未逮。

咳嗽一症临床见症多端，《温病条辨》虽有上述十七法，也只是立出大概规模。要想提高咳嗽证治的疗效，关键在于临床时认证无差，知常达变。

[《海南医学》，1997；(14)]

《温病条辨》治痢方与法解析

景月华

《温病条辨》系清代吴瑭（鞠通）所著。吴瑭师承叶桂，继承历代各家学术，结合个人经验，著成此书。

《温病条辨》中焦篇与下焦篇共有治痢方 29 首，其所用之法，从大的方面讲，可分为祛邪与补益固涩两大类，正如叶天士所言："治痢之法，不过通塞二义。"若再进一步分析，这 29 首方除治疗八法中吐法未涉及外，其余诸法均有涉及。现分别详论之。

一、诸法解析

1. 汗法

活人败毒散。中焦篇 88 条："暑湿风寒杂感，寒热迭作，表证正盛，里证复急，腹不和而滞下者，活人败毒散主之。"（羌活、独活、茯苓、川芎、枳壳、柴胡、人参、前胡、桔梗以上各一两，甘草五钱）此方用于内伤水谷之酿湿，外受时令之风湿，内外俱急。"痢之初起，憎寒壮热者，非此不可也。"此方于风湿门中，用处甚多。虽说是解表之汗法，但用量甚微"共为细末，每服二钱，水一杯，生姜三片，煎至七分，顿服之。"正如朱彬评曰："每服二钱，是每味仅二分耳，陷者举之即止，并非犯下利不可发汗之大戒也。"

2. 下法

治痢有禁大下之说，但并非不可下。下焦篇 73 条中论及休息痢时指出"正虚留邪在络，至其年月日时复发，而见积滞腹痛之实证者，可遵仲景凡病至其年月日时复发者当下之例，而用少少温下法，兼通络脉，以去其隐伏之邪；或丸药缓攻，俟积尽而即补之；或攻补兼施，中下并治，此虚中之实证也。"

在中焦篇 89 条加减芩芍汤〔白芍三钱，黄芩二钱，黄连一钱五分，厚朴二钱，木香（煨）一钱，广皮二钱〕的加减法中，吴氏写道："腹痛甚欲便，便后痛减，再痛再便者，白滞加附子一钱五分，酒炒大黄三钱；红滞加肉桂一钱五分，酒炒大黄三钱，通爽后即止，不可频下。"此非下法又为何？由此可见，吴氏认为可根据病情的不同选择下法，重在切中病机。

3. 和法

泻心汤。中焦篇90条："滞下湿热内蕴，中焦痞结，神识昏乱，泻心汤主之。"（人参二钱，干姜二钱，黄连一钱五分，黄芩一钱五分，枳实一钱，生白芍二钱）此方辛通与苦降同用，和解阳明。

加减小柴胡汤。中焦篇96条："疟邪热气，内陷变痢，久延时日，脾胃气衰，面浮腹膨，里急肛坠，中虚伏邪，加减小柴胡汤主之。"〔柴胡三钱，黄芩二钱，人参一钱，丹皮一钱，白芍（炒）二钱，当归（土炒）一钱五分，谷芽一钱五分，山楂（炒）一钱五分〕此方升降气机，和解少阳。

乌梅丸。下焦篇72条："久痢伤及厥阴，上犯阳明，气上撞心，饥不欲食，干呕腹痛，乌梅丸主之。"〔乌梅、细辛、干姜、黄连、当归、附子、蜀椒（炒焦去汗）、桂枝、人参、黄柏〕吴氏论及此方与泻心汤之区别，曰："泻心寒热并用，而乌梅丸则又寒热刚柔并用矣。盖泻心治胸隔间病，犹非纯在厥阴也，不过肝脉络胸耳。若乌梅丸则治厥阴，防少阳，护阳明之全剂。"

加减泻心汤。下焦篇75条："噤口痢，左脉细数，右手脉弦，干呕腹痛，里急后重，积下不爽，加减泻心汤主之。"（川连、黄芩、干姜、银花、楂炭、白芍、木香汁）与前中焦篇90条之泻心汤相比，此方清热毒的力量更大，彼方更重于补中与调畅中焦气机。

4. 温法

这29方中所用之温法多与补法合用，故此法将在补法中一并论述。

5. 清法

加减芩芍汤。中焦篇89条："滞下已成，腹胀痛，加减芩芍汤主之。"〔白芍三钱，黄芩二钱，黄连一钱五分，厚朴二钱，木香（煨）一钱，广皮二钱〕此方用于滞下已成之实证，疏利肠间湿热。

加味白头翁汤。中焦篇99条："内虚下陷，热利下重，腹痛，脉左小右大，加味白头翁汤主之。"（白头翁三钱，秦皮二钱，黄连二钱，黄柏二钱，白芍二钱，黄芩三钱）此内虚湿热下陷，热利下重，较之上方，气滞轻而湿热重。

茵陈白芷汤。下焦篇63条："酒客久痢，饮食不减，茵陈白芷汤主之。"（绵茵陈、白芷、北秦皮、茯苓皮、黄柏、藿香）此方虽为久痢，但饮食如故，知其病之未伤脏真胃土，而在肠中。故用辛胜湿而升脾阳，苦清热利湿，淡以渗湿，芳香悦脾而燥湿，待湿热去脾阳升而久痢自止。

白头翁汤。下焦篇74条："噤口痢，热气上冲，肠中逆阻似闭，腹痛在下尤甚者，白头翁汤主之。"此噤口痢之实证，而偏于热重，与中焦篇99条所用方药相同。

6. 消法

四苓合芩芍汤。中焦篇87条："自利不爽，欲作滞下，腹中拘急，小便短者，四苓合芩芍汤主之。"（苍术二钱，猪苓二钱，茯苓二钱，泽泻二钱，白芍二钱，黄芩二钱，广皮一钱五分，厚朴二钱，木香一钱）此方以四苓散通膀胱，开支河，使邪不直注大肠；合芩芍法宣气分，清积滞，欲夺其滞下之路。

五苓散加寒水石方。中焦篇92条："湿温下利，脱肛，五苓散加寒水石主之。"此方直接用辛温利水的五苓散加上寒水石，变辛温淡法为辛温淡复寒法。

滑石藿香汤。中焦篇91条："滞下红白，舌色灰黄，渴不多饮，小溲不利，滑石藿香汤主之。”（飞滑石三钱，白通草一钱，猪苓二钱，茯苓皮三钱，藿香梗二钱，厚朴二钱，白蔻仁一钱，广皮一钱）此方用于暑湿内伏，三焦气机阻滞，以辛芳香利窍，淡渗湿宣气，使热随水走，湿随气化。这就是吴氏再三强调的“气化则湿化”。

痢证湿热阻滞，气机不畅，易有积滞，常会用一些消导药配合理气药消积导滞。如中焦篇 96 条加减小柴胡汤中谷芽、山楂；中焦篇 89 条加减芩芍汤加减法中神曲、楂肉等。理气兼消导的药物如木香、枳壳等更是俯拾皆是。正如著名中医家蒲辅周说：“痢病多兼饮食停滞，宜加莱菔子、神曲、山楂、枳壳、槟榔、木香之类消导药物。”

7. 补法

（1）温补：加减附子理中汤。中焦篇 94 条：“自利腹满，小便清长，脉濡而小，病在太阴，法当温脏，勿事通腑，加减附子理中汤主之。”（白术三钱，附子两钱，干姜两钱，茯苓三钱，厚朴两钱）此方用于痢证偏湿而少热证，用附子理中汤去甘守之人参、甘草，加通运之茯苓、厚朴，以温运中焦。

附子粳米汤。中焦篇 95 条：“自利不渴者属太阴，甚则哕（俗名呃忒），冲气逆，急救土败，附子粳米汤主之。”（人参三钱，附子二钱，炙甘草二钱，粳米一合，干姜二钱）此条脾阳欲败，较之上条通补之法，本条则纯用守补。

补中益气汤。中焦篇 98 条：“气虚下陷，门户不藏，加减补中益气汤主之。”（人参二钱，黄芪二钱，广皮一钱，炙甘草一钱，归身二钱，炒白芍三钱，防风五分，升麻三分）。此方用于邪少虚多，偏于气分之证，以补中益气升补中气。

双补汤。下焦篇 64 条：“老年久痢，脾阳受伤，食滑便溏，肾阳亦衰，双补汤主之。”（人参、山药、茯苓、莲子、芡实、补骨脂、苁蓉、萸肉、五味子、巴戟天、菟丝子、覆盆子）。此方双补脾肾，用治老年久痢，虽滞下未净，但湿热无多而脏真已歉，故固本以抗邪。

加味参苓白术散。下焦篇 76 条：“噤口痢，呕恶不饥，积少痛缓，形衰脉弦，舌白不渴，加味参苓白术散主之。”〔人参二钱，白术（炒焦）一钱五分，茯苓一钱五分，扁豆（炒）二钱，苡仁一钱五分，桔梗一钱，砂仁（炒）七分，炮姜一钱，肉豆蔻一钱〕。此噤口痢邪少虚多，胃关欲闭，故吴氏遵仲景之法，阴阳形气俱不足，调以甘药，以急复胃气。

参茸汤。下焦篇 71 条：“痢久阴阳两伤，少腹肛坠，腰胯脊髀酸痛，由脏腑伤及奇经，参茸汤主之。”〔人参、鹿茸、附子、当归（炒）、茴香（炒）、菟丝子、杜仲〕。此方虽阴阳两伤，但重在补阳。

（2）救阴：加减黄连阿胶汤。中焦篇 97 条：“春温内陷下痢，最易厥脱，加减黄连阿胶汤主之。”（黄连三钱，生白芍三钱，黄芩二钱，阿胶三钱，炒生地四钱，炙甘草一钱五分）。对于热多湿少，热已伤阴之证，以此方育阴坚阴，以防厥脱。

人参乌梅汤。下焦篇 70 条：“久痢伤阴，口渴舌干，微热微咳，人参乌梅汤主之。”〔人参、莲子（炒）、炙甘草、乌梅、木瓜、山药〕。本条阴伤气虚，故滋阴中兼护脾胃。

（3）阴阳双补：加减理阴煎。下焦篇 65 条：“久痢小便不通，厌食欲呕，加减理阴煎主之。”（熟地、白芍、附子、五味子、炮姜、茯苓）。此方虽名为理阴但实为阴阳双补以救阴液和脾胃之阳。

参芍汤。下焦篇 73 条：“休息痢经年不愈，下焦阴阳皆短，不能收摄，少腹气结，有似癥瘕，参芍汤主之。”（人参、白芍、附子、茯苓、炙甘草、五味子）。此条下焦阴阳皆短，阴阳两伤，故阴阳双补。

肉苁蓉汤。下焦篇77条："噤口痢，胃关不开，由于肾关不开者，肉苁蓉汤主之。"〔肉苁蓉（炒淡）一两，附子二钱，人参二钱，干姜炭二钱，当归二钱，白芍（肉桂汤浸炒）三钱〕。此噤口痢阴阳俱损，水土两伤，以肉苁蓉为君，补下焦阳中之阴，水火既济，阴阳兼顾。

（4）固涩：人参石脂汤方。中焦篇93条："久痢阳明不阖，人参石脂汤主之。"〔人参三钱，赤石脂（细末）三钱，炮姜二钱，白粳米（炒）一合〕。久痢胃虚，虚则寒，胃气下溜，故用此方辛甘温合涩发以堵截阳明。

断下渗湿汤。下焦篇66条："久痢带淤血，肛中气坠，腹中不痛，断下渗湿汤主之。"〔樗根皮（炒黑）一两，生茅术一钱，生黄柏一钱，地榆（炒黑）一钱五分，楂肉（炒黑）三钱，银花（炒黑）一钱五分，赤苓三钱，猪苓一钱五分〕。腹中不痛，无积滞可知，故用此方涩血分，去湿热。

桃花汤。下焦篇67条："下痢无度，脉微细，肢厥，不进食，桃花汤主之。"〔赤石脂一两（半整用煎，半为细末调），炮姜五钱，白粳米三合〕。下痢无度，关闸不藏，脉微细肢厥，阳欲脱，故以甘温兼涩法堵截阳明。

地黄余粮汤方。下焦篇68调："久痢，阴伤气陷，肛坠尻酸，地黄余粮汤方主之。"（熟地黄、禹余粮、五味子）。此涩少阴阴分法也，以酸甘化阴，余粮甘平而涩，共成酸甘兼涩法。

三神丸。下焦篇69条："久痢伤肾，下焦不固，肠腻滑下，纳谷运迟，三神丸主之。"（五味子、补骨脂、肉果）。此条脾肾阳虚，下焦不固滑脱，故用三神丸温补肾阳，肉果涩自滑之脱也。

二、方剂渊源

分析《温病条辨》治痢29方，可以看出，这些方剂绝大多数都有其渊源。有从仲景方来，也有从历代尤其是宋金元明时期著名方剂而来。为此我们试从《伤寒论》中找到渊源的方剂比较。见表1。

表1　方剂比较

《温病条辨》中方剂	《伤寒杂病论》中方剂
加减芩芍汤：白芍、黄芩、黄连、厚朴、木香（煨）、广皮	黄芩汤：黄芩、芍药、炙甘草、大枣
加味白头翁汤：白头翁、秦皮、黄连、黄柏、白芍、黄芩、白头翁汤	白头翁汤：白头翁、黄柏、黄连、秦皮
四苓合芩芍汤：苍术、猪苓、茯苓、泽泻、白芍、黄芩、广皮、厚朴、木香、五苓散加寒水石方	五苓散：猪苓、泽泻、白术、茯苓、桂枝
加减附子理中汤：白术、附子、干姜、茯苓、厚朴 附子粳米汤：人参、附子、炙甘草、粳米、干姜	理中汤：白术、人参、干姜、炙甘草
加减黄连阿胶汤：黄连、生白芍、黄芩、阿胶、炒生地、炙甘草	黄连阿胶汤：黄连、黄芩、芍药、阿胶、鸡子黄
人参石脂汤方：人参、赤石脂、炮姜、白粳米（炒） 地黄余粮汤方：熟地黄、禹余粮、五味子	赤石脂禹余粮汤：赤石脂、禹余粮
桃花汤：赤石脂、炮姜、白粳米	桃花汤：赤石脂、干姜、粳米
泻心汤：人参、干姜、黄连、黄芩、枳实、生白芍 加减泻心汤：川连、黄芩、干姜、银花、楂炭、白芍、木香汁	干姜黄芩黄连人参汤：干姜、黄芩、黄连、人参
乌梅丸：乌梅、细辛、干姜、黄连、当归、附子、蜀椒（炒焦去汗）、桂枝、人参、黄柏	乌梅丸：乌梅、细辛、干姜、黄连、当归、附子（炮）、蜀椒、桂枝、人参、黄柏

从上表的对比中，不难发现：吴鞠通在加减运用仲景方时有一个显著的特点———重视理气药物的运用。经常加用一些理气药，如厚朴、广皮、木香等帮助中焦气机运化和转输，鲜明地体现了吴氏倡导的“气化则湿化”的理念。另外，从吴氏在加减运用经方的变化对比中，何时该通，何时该守，何时该清，何时该敛都值得细细玩味。

其他，吴氏用了钱乙的败毒散，李东垣的补中益气汤，《局方》中参苓白术散，加减理阴煎是在张景岳的理阴煎（熟地当归炮姜炙甘草）的基础上去当归、炙甘草加白芍附子五味子茯苓而成，三神丸是薛己四神丸（五味子、补骨脂、肉果、吴茱萸）去吴茱萸得来，双补汤是缪希雍脾肾双补丸去车前子、肉豆蔻、橘红、砂仁加茯苓、芡实、肉苁蓉、覆盆子而成等。

三、讨论

1. 虽然痢疾在中医应属脾胃病，但病因有表证内传有外邪直中，病情有实有虚有虚实夹杂，病位有浅有深，不能用一法一方一药施治，更不能头痛医头脚痛医脚，应该坚持中医辨证论治的精神，确立病势病位，因势利导，力图准确精当从中斡旋，才能应手起效，效如桴鼓。

2. 从吴氏所用方剂的渊源，可以看到，一个优秀中医的成长，中医的发展必须从历代的医家、医方、医案等文献中汲取营养，加以学习、整理、吸收、利用，使几千年来中医前辈的经验为后世所用。

［《河南中医》2007；(3)］

《温病条辨》泻阳明救少阴方治浅析

曹永康

温病邪热炽张，以阳明为最烈；阴液消铄，以少阴为尤甚。故温病治疗关键在泻阳明救少阴。吴鞠通继仲景之学，立五承气法泻实顾虚，邪正合法，对阳明温病“正气既虚，邪气复实”之证，在治疗上开拓一大法门。其所立诸复脉汤，壮水之主，以制阳光，对少阴病救阴之法，补仲景所未备，为后人所师法。今就吴氏泻阳救阴方治，试作浅析。请同道教正。

一、泻阳存阴　五承气各尽妙用

“阳明温病，下之不通，正气既虚，邪气复实”，吴氏宗仲景急下存阴之旨，创立五承气汤，加减进退，各尽妙用。①其因肺气不降，里证又实，而见“喘促不宁，痰涎壅滞，右寸实大者，主以宣白承气汤，以石膏辛凉清肺胃之热，杏仁、瓜蒌宣肺降气，俾肺降金清，上开下达；用大黄因势利导，荡涤腑热，肺气降则肠腑之气自通。此方虽曰“脏腑合治”，而重在肃肺清金，以制阳明之燥热，《条辨》特揭“右寸实大”，盖燥金本于肺胃，方名“宣白”，其意深矣。②若见“左尺牢坚，小便赤痛，时烦渴甚，导赤承气汤主之。”左尺牢坚，昭其为下焦湿热相火壅盛；小便赤痛，是心经浊热下注，火腑郁滞不通。故用黄连清心火，黄柏泻下焦湿热相火，配以大黄、芒硝通腑泄热，生地、赤芍凉血散血，此方苦以坚阴，咸以润下，重用生地以济肾水，具泻南补北之功。③若“邪闭心包，神昏舌短，内窍不通，饮不解渴者”，则主以牛黄承气。此证腑实不通，呈邪热闭锢之危，舌短神昏，有震撼灵台之变，病势急而又急；但“饮不解渴”，其为“阳明实热”可知，方用大黄末调服，似嫌缓不济急；愚意取生大黄沸水泡透捣烂绞汁，化入元明粉，送服牛黄丸，泻实开闭，急下存阴，药力似较原方为胜。④其“津液不足，无水舟停者，间服承气，再不下者，增液承气汤主之”。此承上条“阳明温病，下后二三日，下证复现，而脉不甚沉或沉而无力”，是燥屎虽由热蒸而复聚，亦缘阴亏无水以行舟，故用增液承气，取麦冬润肺以沃上源，生地凉血以养营液，取元参咸寒壮水制火，“启肾水以上潮于天”，则源头活水，顺流而下，即以硝、黄为舟楫，克奏增水行舟之效。⑤“阳明温病，应下失下，正虚不能运药。”温病伤人之阴，阴伤由燥实而来，更将因燥实而消亡，正虚邪实，奈何治疗？吴氏立新加黄龙汤，用麦冬、元参养津液，当归散瘀结，复入调胃承气，甘缓轻下，取人参扶胃气以推动之，借海参之黏液以滑利之，反佐姜汁辛宣散结以通降之，此静中有动，寓攻于补，制方之妙，良工心苦。

二、济阴恋阳　五复脉步步为营

1. “温邪久羁中焦，阳明阳土，未有不克少阴肾水者。”此际“邪热少而虚热多”，从汗之而不得汗，下之而热不退，而脉尚躁疾者，可知此热乃由阴不潜阳，亢阳浮越而来，与邪热之属实者，不可同日而语。阳火不戢，消耗阴液，其人“脉必虚大，手足心热必甚于手足背”，势将诸证蜂起，心中震荡，舌强神昏，耳聋不寐，口干咽燥，神倦欲寐，舌赤苔老，皆阴津耗伤，水亏木旺，累及厥、少之证。吴氏立加减复脉汤，用白芍收三阴之阴，合甘草酸甘化阴，而柔肝木之逆，阿胶以济肾水，生地以增营液，麦冬清心养肺，麻仁润燥泽枯，法主甘润存津，柔以制刚，使水升火降，“阴复则阳留”，此所谓“留人治病”也。

2. 吴氏对“下后大便溏甚，周十二时三四行，脉仍数者”，辨证甚细。自注说：“下后法当数日不大便，今反溏而频数，非其人真阳素虚……”，此乃热迫下注，阴津走泄之候。用一甲煎取生牡蛎咸寒兼涩，“单用力大，既能存阴，又涩大便，且清在里之余热，一物而三用之。”并说：在“温病深入下焦劫阴，但见大便溏者，如明眼识其先机，不必待日三四行，即以一甲复脉法治之”，则“复阴之中，可预防泄阴之弊”。吴氏对下焦温病的大便溏泄极为重视，反复详论，指出“此非真阳素虚，而有亡阴之虑”。辨证施治，独具慧眼，允称精当。

3. “温邪深入下焦，热深不解，消铄真阴”，乙癸同源，水不涵木则肝风欲动，症见脉来沉数，舌干齿黑，阴液难继；手指但觉蠕动，痉厥之渐。此证“即当防其痉厥”，但“不必俟其已厥而后治”，急用二甲复脉，咸寒甘润，育阴以救焚如，潜阳以制虚风，使“阴阳交纽，庶厥可不作也”。

4. 若“肾水伤残，无以上济于心，心之本体欲失”，心阴受劫则脉来细促，心神无倚则心中憺憺大动，肝肾虚而累及阴维则心中痛作此证上不安者由于下，心气虚者因于肾，故于二甲中加龟板阴中至阴之物，滋肾水，降阴火，镇潜虚阳，补任通维，坎离既济，心体自安，此喻氏“蓄鱼置介”之法，三甲命方，说有所本。

5. “热邪久羁，吸铄真阴”，阴气孤绝，阳气独发，脏阴之火，陡升无制，而见“既厥且哕，脉细而劲”或“神倦瘛疭，脉气虚弱，舌绛苔少，时时欲脱”诸证，当此之时，真阴几涸，龙火自至。吴氏于“正气大虚，头绪纷纭”之际，掌握“五脏久伤，穷必及肾”之关键，重用介类咸寒潜降，复入甘寒滋阴养液，使阴液来复，上涵阳光，坎中水满，龙返窟宅，“上下交合，则阴得安其位，斯阳可立根基”。其所订大小定风珠等方，一本此义，立法层层深入，步步为营，诚不愧温病大家也。

［《南京中医学院学报》，1989；（3）］

试析《温病条辨》白虎诸法

李世禄

白虎汤是《伤寒论》名方，治疗邪热炽盛的阳明经证。吴鞠通《温病条辨》（以下简称《条辨》）收集前贤用白虎之经验，一隅三反，加以发挥，扩大了白虎汤的治疗范围。笔者对《条辨》白虎诸法，浅析如下。

一、白虎法

《条辨·上焦篇》第 40 条云：“太阴伏暑，……脉洪大，渴甚汗多者，仍用白虎法。”可见，白虎法一词含二义：既指辛凉清热之法，又指白虎汤方。《中焦篇》第 1 条：“面目俱赤，语声重浊，呼吸俱粗，大便闭，小便涩，舌苔老黄，甚则黑有芒刺，但恶热，不恶寒，日晡益甚者，传至中焦，阳明温病也。脉浮洪躁甚者，白虎汤主之。”不论风温、温热、温疫、温毒、冬温，虽感邪不一，然一当进入阳明，则化热化燥相同，均可用白虎汤。用白虎法治疗同一阶段的多种温热病，是对白虎法的一大发挥。

治上焦如羽，非轻不举。一般而言，邪在上焦手太阴，忌用辛寒，当以辛凉平剂为宜。但当热邪炽盛时，病情已有转入中焦阳明趋势，此时银翘散、桑菊饮已不能胜任。故《上焦篇》第 7 条：“太阴温病，脉浮洪，舌黄，渴甚，大汗，面赤恶热者，辛凉重剂白虎汤主之。”由于肺胃在生理、病理上的密切关系，故异位同治完全可行，其理诚如赵绍琴教授所言有五：一是肺胃经脉相通，故温邪上受，先犯肺，顺传胃，可致肺胃同病；二是肺开窍于鼻，胃开窍于口，温邪出口鼻而入，可进而犯肺，亦可犯胃；三是肺朝百脉，主气司宣发，胃为十二经气血之源，十二经皆禀气于胃而宣发于肺，故肺胃热盛时均可导致身热蒸腾；四是肺主皮毛，胃主肌肉，肺胃经脉相通，皮毛与肌肉紧密相连，故肺胃热盛，均可导致皮毛肌肉皆热而见高热恶热；五是石膏、知母均可入肺胃。故白虎汤既可清手太阴气分大热，又可清足阳明气分大热（赵绍琴：《温病纵横》53 页，北京中医学院编印）。”

二、人参白虎法

《上焦篇》第 40 条云：“太阴伏暑，……脉虚大面芤者，仍用人参白虎汤。”本法即辛寒清热，益气生津法，方乃白虎加人参汤。本法原系仲景所创，为白虎证津伤较甚者设，其在《条辨》中亦得到扩大作用，不唯中焦白虎津伤证，而且亦同样适用于上焦手太阴白虎津伤证，其理亦如白虎汤，无需泥于中、上焦之分。《上焦篇》第 8 要：“太阴温病，脉浮大而芤，汗大出微喘，甚至鼻孔扇者，白虎加人参汤主之。脉若散大者，急用之，倍人参。”本条是热邪耗伤气阴，阳气不固，肺之化源欲绝的现象，方中人参助正气而益真阴，白虎汤化燥热而止渴生津，合收挟正清邪之功。

三、白虎加地黄法

白虎加地黄法以辛凉甘寒为法，治上焦气血两燔。《上焦篇》第10条：“太阴温病，气血两燔者，玉女煎去牛膝，加元参主之。”方中石膏、知母退热清气；元参壮水制火；再入生地、麦冬凉血养阴。其方改熟地为细生地。因细生地轻而不重，凉而不温，且又可发血中之表。叶霖说：“此节气血两燔，必兼脉数舌绛，烦扰不寐，邪热伤及营血形证，故变白虎加人参法，而为白虎加地黄法也，层次井然。方中以生地易熟地，去牛膝加元参，尤得叶氏未言之旨。”治中焦气血两燔证如《中焦篇》102条：“燥证气血两燔者，玉女煎主之。”秋燥出现高热汗多，烦渴舌绛而干的气血两燔证，虽与上焦气血两燔证部位不同，感邪发病各异，然由于病机相同，故可异病同治。《下焦篇》第27条：“妇女温病，经水适来，脉数耳聋，干呕烦渴，辛凉退热，兼清血分，甚至十数日不解，邪陷发痉者，竹叶玉女煎主之。”妇人感受温邪，若又逢月经来潮，气分邪热便乘机侵扰血室，因而出现气血两燔之证，然又因本证外热尚未清除，故在玉女煎中又加竹叶，以两清表里。

四、白虎加犀角元参法

本法为清气凉血化斑之法，方即化斑汤。《上焦篇》第16条：“太阴温病，不可发汗。发汗而汗不出者，必发斑疹；……发斑者，化斑汤主之。”此系温病误汗或病势深入，邪热鸱张，郁于肺胃，内迫营血，动血而发，故加元参、犀角凉血之品，壮水制火，凉血解毒。《中焦篇》第21条，阳明斑证因阳明热毒迫灼营血而起，仍施化斑汤。

五、白虎加桂枝法

本法为辛凉苦甘复辛温法，方即白虎加桂枝汤，白虎加桂枝汤出自仲景，在《上焦篇》第50条中用以治温疟，用白虎汤清内伏之热，以桂枝引领石膏、知母上行至肺，从卫分泄热，使邪之郁于表者顷刻致和而温疟可已。

六、白虎加苍术法

此为清气化湿法，主方白虎加苍术汤。凡白虎兼有湿邪夹滞，热甚于湿者，宜用本法。如《上焦篇》第26条：“手太阴暑温，或已经发汗，或未发汗，而汗不止，烦渴而喘，……身重者，湿也，白虎加苍术汤主之。”《中焦篇》第75条：“疮家温疟，忌用发散，苍术白虎汤加草果主之。”阳明热盛当治以辛寒而投白虎，太阴脾湿当治以苦辛，故予苍术、草果，合而治之，太阴阳明可兼顾，湿疟之证可清矣。

综上可见，吴氏用白虎法，是法古宜今，灵活通变的，凡诸般温病白虎证具备者，不论卫气营血，上下三焦，尽可变化施用之。

[《浙江中医杂志》，1986；(7)]

试论“治上焦如羽，非轻不举”对小儿外感热病的意义

孙　钢

清代温病学家吴鞠通在《温病条辨》中倡立三焦辨证法，并提出相应的治疗原则：“治

上焦如羽，非轻不举；治中焦如衡，非平不安；治下焦如权，非重不沉。”吴氏之论不仅对温病学的发展起了推动作用，而且对儿科外感病的治疗也作出了贡献。笔者试就“治上焦如羽，非轻不举”在小儿外感热病中的意义探讨如下。

一

上焦包括心肺两脏。心为阳中之阳，五脏六腑之大主，精神之所舍，主血脉，司神明，为“君主”之官；肺为阳中之阴，清虚之脏，主气，司气化，为“相傅”之官。心肺相互沟通，相互作用，统领全身气血的运行。血脉的运行不仅要靠心气的推动，还要依赖“相傅”之官的“治节”，气行则血行而津液布化，气滞则血凝而津液枯竭。《灵枢·决气篇》说：“上焦开发，宣五谷味，熏肤，充身，泽毛，若雾露之溉，是谓气。”阐述了心肺“如雾”的气化功能在人体生命活动中的重要地位。

小儿脏腑娇嫩，形气未充，“五脏六腑，成而未全，全而未壮”，心肺功能处于不完善状态，因此，在外感热病中最易出现邪热伤肺及心神被扰，而使上焦气化功能失职。俾使心肺得安，务须疏畅气机，“治上焦如羽，非轻不举”意即轻清透达，宣展气化，冀能恢复其“上焦如雾”的生理功能。

1. 小儿寒暖不能自调，肌肤疏薄，卫外不固，易于感受外邪。吴氏认为“凡病温者，始于上焦，在手太阴”。儿肺娇嫩，喜清肃，主一身之表，外合皮毛，开窍于鼻，外邪自皮毛口鼻侵入，客于肺卫，导致卫表失司，腠理开合失常，卫阳被遏，肺气失宣，而见发热、恶寒、鼻塞流涕、咳嗽痰多等手太阴肺经之症。《幼科释迷》指出：“浅在肌肤，表之刚散，发之则祛，病斯痊矣。”病在其表，仍使邪从表而解，惟以轻清宣透，方可驱邪外出。

2. 支气管肺炎并发心力衰竭是儿科肺系疾患中的常见病，其病理为风邪痰热闭肺，肺失宣肃和降。由于肺气闭阻则心血运行不畅，肝失疏泄条达，表现为面青唇紫，肝脏肿大；如正不敌邪，心血瘀阻加重，心失所养，造成心气不足，则生心阳虚脱之变。肺主气而朝百脉，心主血而运营阴，气为血帅，血为气母，欲使心气转复，心血运行，务必肺气宣畅，肺畅气顺，方能主气灌营血而运行百脉。治病求本，开宣肺气为首选之法，惟以轻清宣透，使肺气郁闭得开，肺金自不反侮于心，则心衰可望纠正。

3. 小儿神气祛弱，邪易深入，“温邪上受，首先犯肺，逆传心包”现象在小儿“乙脑”、“流脑”病变过程中最为突出。疾病初起，病在肺卫，然“小儿肤薄神怯，经络脏腑嫩小，不奈三气发泄，邪之来也，势如奔马，其传变也，急如掣电”。往往卫表之证不解，即气营两燔或热陷心包而现身热烦渴、神昏谵语、舌謇肢厥等症。欲使温邪不致逆，惟以轻清宣透，使在表之邪“汗而发之”，此乃己病防变突。纵然邪已深入，仍可清营之中配之宣透气机之品，使营热外达，透热转气。对于热闭心包者，吴氏仍循循告诫在清心开窍之时不要忘记辛凉轻透（见《温病条辨》上焦篇第4条）。

二

以药物而论，“治上焦如羽，非轻不举”，旨在药取辛凉，辛味以宣郁散邪，凉性以清解表热。辛凉之品，质地轻扬，药力达上，符合“上焦之治，药重则过病所及”，“其用药有极轻清、极平淡者，取效更捷”之意。吴氏创辛凉轻透的代表方——银翘散，即以银、翘、竹叶辛凉轻清透热、疏调上焦气机，配荆、豉、薄、蒡等疏泄腠理、达邪出表。辛散凉清，使卫分邪热得泄，肺气得宣，气机条畅，腠理通达，营卫和调，津液四布，自然汗出而病解。用意虽非发汗，而得汗出之效。正如华岫云所说：“辛凉开肺便是汗剂。”仍以银、翘、竹叶为主，加犀角、玄参、麦冬则为加减银翘散方，以治心包受邪浅证，取其“清肺与膈中之热，领邪出卫”；再于加减银翘散方中加生地、丹参、黄连则成“透热转气”之清营汤，寓清营养阴于宣畅气机、清泄气热之中，使营分邪热透出气分而解。可见，吴氏匠心独具地运用银、翘、竹叶等药物，既轻宣肺气，又入心经清热透邪。《中国医药汇海》称银翘散“配合之妙义，只在凉血散风热而已”。说明其对上焦心肺有共同作用。吴氏理论用于儿科临床，可引申为如下三法。

1. 疏邪清化：外感风温初起，卫阳被遏，表气郁闭，症见发热、微恶风寒、汗泄不彻、咳嗽作呛、鼻塞流涕、口渴咽红、舌红尖红、苔薄白、脉浮数等症。以银翘散化裁辛凉疏表，清宣肺气，习用淡豆豉、银花、连翘、杏仁、薄荷、荆芥、竹叶等。发热甚者加生石膏或玉泉散、一枝黄花；热重而惊惕不安者加钩藤、蝉蜕；咽红肿痛者加射干、僵蚕；咳重痰多者加前胡、鱼腥草。多用于小儿上呼吸道感染、支气管炎、支气管肺炎初起及四时风热感冒等症。

2. 宣肃清化：风热不散，郁闭气，肺失宣肃，津聚成痰，而致痰热闭肺，症见发热烦躁、咳嗽作呛、痰鸣而吼、面赤口渴、舌红、苔薄黄腻或黄厚腻、脉滑数等症。以麻杏石甘汤宣闭窒，肃肺气，清邪热，化痰浊。习用炙麻黄、杏仁、炙桑皮、玉泉散、薄荷、银花、连翘、竹茹、竹叶、鱼腥草等。咳吼喘甚者加葶苈子、干地龙；痰鸣漉漉者加射干、天竺黄、青礞石；大便秘结者加生大黄、全栝蒌；气急鼻扇明显者加钩藤、蝉蜕；唇周紫绀者加丹参、红花。多用于支气管炎、支气管肺炎、大叶性肺炎及某些肺炎并发心衰之症。

3. 清泄开达：温邪深入，热伤营阴，症见身热夜甚、口不甚渴、烦哭躁扰、舌绛无苔、脉细数等症。或有肺病逆传，热陷心包而发壮热灼手、痰壅气粗、四肢厥逆、神昏谵语、舌红苔黄腻、脉滑数等症。宜清凉养阴泄热，开窍启闭达邪，取黑膏汤加味，配合“三宝”速救其急。习用鲜生地、淡豆豉、银花、连翘、玉泉散、蝉蜕、钩藤、玄参、芦苇根、竹茹、竹叶等。热甚动风者加服紫雪散熄风止痉；神识昏蒙而有谵语者合用安宫牛黄丸、至宝丹清心开窍；痰鸣漉漉、气粗如吼者加用猴枣散化壅阻之痰浊；大便闭结腹胀拒按者加大黄泻下。多用于“乙脑”、“流脑”及高热惊厥等急重之症。

三

由于温热病有“上焦病不治，则传中焦胃与脾也”的规律，因此吴氏告诫：“外感自上焦而来”，要“识证真，对病确，一击而罢，治上不犯中”。笔者认为，小儿外感热病的治疗更应如此，怎样做到这一点呢？“治上焦如羽，非轻不举”即其良策也。

1. 竭避苦寒里药。吴氏对小儿用药曾说：“世人以小儿为纯阳也，故重用苦寒，夫苦寒药儿科之大禁也……不知儿科用苦寒最伐生生之气也……苦寒之所以不可轻用者何？炎上作苦……苦能渗湿……在用药者以为泻火，不知愈泻愈瘦，愈化愈燥……苦先入心，其化以燥也，而重伐胃汁，何可恣用苦寒清之哉？”曹炳章在《温病条辨》评注中也说：“首用苦寒里药，必致病深入难解。”如果一遇小儿高热，即用白虎之类，或于解表药中参入大剂石膏、芩连等清热解毒之品以清肺经气分之热，往往适得其反。郑雪堂提出：“白虎只能退热，未能疏表，若非先疏其表，使阳得伸，恐用寒凉，愈遏其热不出耳。”由此可见，小儿外感发热，邪在卫分，惟以轻清疏表为先，苦寒慎用，不可清热太过，更不可妄以“炎症”而概之。若苦寒杂投，冰伏其邪，损伤脾胃，必然导致治上犯中。小儿“脾常不足”邪犯中焦则变证叠起，往往顾此而失彼。但观银翘散立方之意，纯然清肃上焦，不犯中下，无开门揖盗之弊，有轻可去实之能。在煎服上吴氏也嘱“香气大出即取服，勿过煎，”“过煎则味厚而入中焦矣”，处处体现了“非轻不举”之喻。

2. 力戒厚味沉降。肺卫之邪逆传心包，治当清心开窍，非牛黄丸、紫雪丹、至宝丹、不能开其闭。然“三宝”质重气味俱厚，多服易损脾胃之气，小儿之病，易虚易实，变化多端，如只顾清热解毒，凉血镇痉，豁痰开窍，以冀速效，径投沉寒厚味之品，则后患无穷。盖小儿脏腑娇嫩，既病之后，胃气更弱，若再投重镇祛邪之品，终将邪去正伤，病难痊愈。正因如此，吴氏治疗热闭心包之神昏谵语多用清宫汤送服“三宝”，或“先与安宫牛黄丸、紫雪丹，继以清宫汤”，其义即在于治上不犯中。柳宝诒治热入心包时说：“凡遇此等重症，第一先为热邪寻出路”。清宫汤取犀角尖以清心热，玄参心、莲子心、连心麦冬清心滋阴，竹叶卷心、连翘心泄热，合用使心包之邪热向外透达而解。笔者体会：小儿心包证治中，把握高热关至关重要，往往发热一退，神昏痉厥可望控制。而透邪外达仍不失为重要治则，取清宫汤、清营汤、黑膏汤给邪以外出之径，配合“三宝”开窍，可避单用“三宝”而致治上犯中之弊。

结语

1. 上焦心肺正常与否，影响着小儿外感热病的发生、发展及转归，因此“治上焦如羽，非轻不举”旨在调整心肺之偏，恢复“上焦如雾”的生理功能。

2. 小儿外感热病的治疗须体现“透邪”思想，然非“轻剂”则不透。故风温初起，宜疏邪清化，透邪外出；邪热闭肺需宣肃清化，达热出表；热伤营阴，邪陷心包，又当清泄开达，透热转气。

3. 苦寒里药，厚味沉降，治上犯中，为拟方择药之忌，惟取轻清平淡之品，才合“治上焦如羽”之本意。

[《国医论坛》，1992；(2)]

试述《温病条辨》对脾胃病的治疗

邓大勇

《温病条辨》全书约有41个方涉及脾胃，现归纳于下：

一、益胃生津法

吴氏认为：“十二经皆禀气于胃，胃阴复而气降得食，则十二经之阴皆可复矣。”故在治疗温病伤阴证时，常以益胃生津之方以复胃阴，如“阳明温病，下后汗出，当复其阴，益胃汤主之”和“但热不寒，或微寒多热，舌干口渴，此乃阴气先伤，阳气独发，名曰瘅证，五汁饮主之”，就是以甘凉之品以救胃阴。

二、增液润下法

阳明温病，素体阴虚，肠燥津亏，无水舟停之证，非生津增液则肠中燥结壅阻不下。故吴氏明确提出：“热不退，或退不尽，口燥咽干，舌苔干黑，或金黄色，脉沉而有力者，护胃承气汤微和之；脉沉而弱者，增液汤主之。”就是用生津多液之品以润滑涩滞之燥屎得以下泄。

三、温运除湿法

适用于足太阴寒湿，用于胃之阳郁结，现“痞结胸满，不饥不食”或“舌灰滑，中焦滞痞”等症，法宜温运健脾以除湿，代表方如半苓汤、草果茵陈汤。

四、急下救危法

阳明温病，腑实不通，或中州燎原壅塞之火，转而上炎；或灼涸上源，或扰动君火；或壮火食气，致成天气不降，地道不通。此时，若非双管齐下，恐无济于事，故吴氏根据病情及兼证不同，分别处以新加黄龙汤，宣白承气汤，导赤承气汤，增液承气汤及牛黄承气汤五方，药后则正可复，肺气降，便赤愈，阴津回，窍自通，其危即除。

五、危救中阳法

中阳素虚，卒中寒湿，内挟秽浊致中阳暴脱之候，症见“眩冒欲脱，腹中绞痛……欲吐不吐，欲利不利，甚则转筋”。法当急驱浊阴，以救中汤救中焦之真阳，或用九痛丸一扶正，二驱邪，亦能挽回中焦暴脱之阳。

六、逆流挽舟法

适用于外受时令之风湿，中气本自不足之人，出现“寒热迭作，表证正盛，里证复急，腹不和而滞下者”，当以活人败毒散治之。

方中以人参为君而坐镇中州，鼓舞胃气，其余诸药疏表除湿，寓散于通，使表解而里滞亦除，此即所谓“逆流挽舟”之意。

七、清热化斑法

脾主四肢肌肉，当阳明、太阴温病发斑时，以能清其气分、营血分邪热的化斑汤、玉女煎为代表方。

八、健脾止痢法

对于中阳下陷，久痢不止，症见“脉虚数，舌绛苔少，下利日数十行，完谷不化”或“酒客久痢，饮食不减”者，唯用桃花粥升举脾阳，再用茵陈白芷汤使湿热去而脾阳升，则痢自止。

九、升降中焦法

适用于湿郁三焦，秽浊着里，气机壅滞，现脘腹胀闷，便溏身痛诸症。吴氏指出当以升降中焦开通气机为主，化裁出五个加减正气散，分别治其挟食、挟寒、挟热等各种证候。

十、健脾治胃法

适用于寒湿伤中，阳明失阖，肛门坠痛，大便不爽，九窍不和之症，宜用附子理中汤去甘草加广皮厚朴汤温中阳散寒湿。

十一、开窍醒神法

适用于胃气浊气上扰心包，症见神昏谵语，斑疹，温毒，发黄等，以开窍醒神，芳香逐秽之安宫牛黄丸为其代表方。

十二、清热利湿法

适用于中焦湿热胶着难解，或湿热弥漫三焦之候，症见“汗出难解，继而复热”或“潮热呕恶，烦渴自利，汗出溺短”等症。代表方如杏仁滑石汤，黄芩滑石汤类。

十三、温肾健脾法

适用于寒湿伏于足少阴，脾阳亦衰之候。表现为“舌白、身痛，足跗浮肿”和“痿弱不振，肤体麻痹，痔疮下血”者，以鹿附汤或术附姜苓汤温肾健脾。

吴氏认为脾胃的健运与否对疾病的转归关系非常密切。主要有以下几个方面：

1. 治上焦病，不可轻用中焦药，例如《上焦篇》18 条云：“大头温，虾蟆温者，普济消毒饮去柴胡，升麻主之。”若“初起一、二日”，是病未至中焦，宜“去芩连”，若用之，则伤败中气。又如《上焦篇》14 条是太阴病，痰浊壅盛，胸痞欲呕，审其确无中焦见症，才能用瓜蒂散以涌痰散邪。

2. 温病后期，勿用辛燥。温病发展到后期，多阴津不足，法当养阴生津。故吴氏提醒后世在这个时期宜用甘寒之品以养胃阴，而不宜用辛燥之类。

3. 湿热困阻中焦，忌发表攻里。《中焦篇》63 条云：“汗出热解，继而复热，内不能运水谷之湿，外复感时令之湿，发表攻里，两不可施。”此为湿热郁滞中焦，吴氏言不可发表攻里，是因为“发表则诛伐无过之表，阳伤而成痉；攻里则脾胃之阳伤，而成洞泄寒中”。足见预护脾胃在阻止疾病的传变过程中的重要性。

4. 脾脏有疾，慎用呆滞。《中焦篇》49 条云：“阳明寒湿……附子理中汤去甘草加广皮厚朴汤主之。”其去甘草，意在畏其满中，易白术为苍术，亦在于白术有呆滞气机之弊。

综上所述，吴氏对脾胃的生理、病理作了发挥性论述，尤其在脾胃病的诊断用药处方上造诣较深，很值得我们深入地探讨。

[《四川中医》，1985；(12)]

试论《温病条辨》湿热治法

吴毅彪

临床上湿热病，因其湿性氤氲淹滞，与热相合则如油入面，故病势常缠绵难愈，治病也深感棘手。笔者重温吴鞠通《温病条辨》，觉吴氏于湿热合邪证治，别具心得，颇给人以启发。本文试就其中有关论述作一初步探讨。

一、湿热基本治法分类

《温病条辨》中有关湿热治法的论述颇多。为了方便于临床掌握，将其归纳如下：

1. 开肺化湿法　适用于湿热病初起，症见“头痛恶寒，身重疼痛，苦白不渴，脉弦细而濡，面色淡黄，胸闷不饥，午后身热，状若阴虚”（上焦篇第43条）。因其湿邪漫布三焦，气机郁闭，吴氏方出三仁汤，用杏仁轻开肺气，白蔻仁芳香苦辛行气以化中焦之湿，薏仁淡渗利下焦之湿。此三仁统辖三焦，各有所司，又辅以他药，则本方具有开上、畅中、渗下之效。开肺利气以化湿邪，乃吴氏治湿所最擅。除本方之外，他如杏仁滑石汤、加减正气散等方中，亦均以杏仁宣开肺气。

2. 芳香化湿法　适用于湿热秽浊之邪侵犯人体，症见胸脘胀闷，不饥不食，渴不欲饮，大便不爽或溏，舌苔白腻，脉象模糊等。因湿热秽浊之邪多胶滞难化，故非芳香辛开之品不能开逐。若其邪初至，病机尚浅者，可以三香汤治之。如中焦篇第55条云：“湿热受自口鼻，由募原直走中道，不饥不食，机窍不灵，三香汤主之。”方中以香豉、郁金、降香此三香以芳化中焦之浊。若秽浊之邪阻滞在里，可随证情之不同而有正气散五个不同加减变化之格局。因其均见有脘腹胀闷等湿邪郁阻、中焦气机不畅之象，故五方之中都以藿香梗、广皮、茯苓、厚朴四味为基本药，所谓“加减”者，乃随证情而加减变化之意。如湿热郁阻、气机不宣、久则酿热者，加滑石以清泄湿中之热（中焦篇第60条）：如大便不爽或便溏或便泄者，加神曲、谷芽、麦芽以健脾和中，或加薏仁、通草利小便以实大便（中焦篇第58、59、60条）；如身体疼痛、脉象模糊者，则为湿阻经脉，可加防己以疾走经脉中湿邪（中焦篇第59条）。他如茵陈、大豆黄卷、大腹皮、苍术、杏仁等药，或以清利湿热，或以宣开肺气，也均在加减选用之列。

3. 淡渗分消法　本法虽在湿热病各个阶段均可配合他法运用，但主要适用于湿蕴下焦，小便不利者，症见小便不利或短，甚或热蒸头胀，舌白，渴不多饮。法以淡渗之品分消湿浊，使湿热之邪从小便而解，代表方如茯苓皮汤。药用茯苓皮、生薏仁、猪苓、大腹皮、白通草、淡竹叶。本法常须与清热法合用，如上方之用竹叶；再如薏苡竹叶散、茵陈五苓散等方，均属于此。另外必须注意的是，由于淡渗法用之不当常有耗伤阴液之弊，故对小便不通一证，也须细审其原因。如果小便涩少是由于阴液不中，而不属于湿邪内阻，则断不可与淡渗之品。吴氏尚谓：“温病小便不利者，淡渗不可与也，忌五苓、八正辈。”临证时不可不慎。

4. 苦寒清化法　适用于湿中蕴热，湿热俱盛者。常见有汗出热解，继而复热，身痛，渴不多饮，舌淡黄而滑，脉缓；或见有腹胀痛，热利下重，潮热胸闷等症。如黄芩滑石汤、杏仁滑石汤、四苓合芩芍汤、加味白头翁汤、加减芩芍汤、泻心汤等，均属本法范围。常用主药有黄连、黄柏、山栀、茵陈之类苦寒之品，或合以芳化，或合以淡渗，亦须临床变通使用。

二、湿热具体病证处理

除上述基本治法外，由于湿热之邪蕴阻经络可致痹证，郁于肌肤则外发白痦，内蕴肝胆而成黄疸，下滞胃肠发为滞下等，其出现虽亦始于湿热，但各有特点，非一般治湿之法所能收效。正如吴氏在论治湿热痹证时所说：“若泛用治湿之药，而不知循经入络则罔效矣。”这些特殊证候的处理，归纳之有如下几种：

1. 湿热痹证　“湿聚热蒸，蕴于经络，寒战热炽，骨骱烦疼，舌色灰滞，面目萎黄，病名湿痹，宣痹汤主之”（中焦篇第65条）。“暑湿痹者，加减木防己汤主之”（中焦篇第68条）。此两条均为湿热之邪蕴阻经络而成痹证。吴氏云：“痹之因于寒者固多，痹之兼于热者亦复不少。”故当以清热利湿、行气通痹为治。二方均以防己直走经络以祛络中湿邪，杏仁，开肺气以利气化，他如滑石、薏仁、通草清热祛湿。第68条加减木防己汤之用石膏、桂枝，意取《金匮》白虎加桂枝法，加强清热通痹之力。以药测证，其热痛症状当甚于第65条。

2. 白瘖　白瘖，又称白疹，为湿热病过程中所常见。白瘖的发生是由于湿热之邪留恋气分，汗出不透，邪无出路，郁蒸肌肤而成。吴氏云："湿郁经脉，身热身痛，汗多自利，胸腹白疹，内外合邪。纯辛走表，纯苦清热，皆在所忌。辛凉淡法，薏苡竹叶散主之。"本方既用竹叶、连翘透热于外，又以薏仁、滑石、茯苓、通草渗湿于内，使湿热之邪表里分消。即吴氏所谓："以辛凉解肌表，辛淡渗在里之湿，俾表邪从气化而散，里邪从小便而驱，双解表里之妙法也。"若纯以辛散则有汗多伤阳或上蒙清窍之弊，纯用苦寒清热则愈伤胃气，故"皆在所忌"。近人秦伯未先生师鞠通之意而变其制，创氤氲汤一方，药用大豆卷、藿香、佩兰芳香化湿助其透泄（秦氏认为白瘖既是病邪之出路，虽不可发汗，也应趁势透达病邪），又用青蒿、焦栀皮、连翘、滑石清表里之热，菖蒲、郁金调畅气机而散内湿，通草淡渗湿热。此方具有上下内外分消之功（见《谦斋医学讲稿》），用以分解湿热，透邪外出，甚为合拍。

3. 湿热黄疸　本证形成之原因，是湿热气蒸，外干时令，内蕴水谷，湿热不解，酝酿而成。故治之当以苦寒清气分之热，合淡渗以利气分之湿为主，即吴氏所谓"必以宣通气分为要"。采用茵陈五苓散、茵陈蒿汤、栀子柏皮汤。三方均以清热利湿退黄为治。其中茵陈五苓散则重在通利小便，其临床见症当以小便不利或短赤较为突出，故云"诸黄疸小便短者，茵陈五苓散主之"（中焦篇第71条）。可见吴氏重在疏通小便，并以此作为邪之出路。

4. 湿热滞下　本证因湿热内蕴，夹杂饮食停滞胃肠，气血运行受阻而成。吴氏于本证治疗，重在清热、化湿、导滞。如欲作滞下，症见自利不爽、腹中拘急、小便短者，四苓合芩芍汤主之；滞下已成，临床以腹部胀痛症状突出者，可以疏利肠间湿热为主，加减芩芍汤主之；若滞下由于湿热内蕴，中焦气机失畅，见有脘腹痞结、神识昏乱者，泻心汤主之；暑湿内扰，三焦受阻，见有滞下红白、舌色灰黄、渴不多饮、小便不利者，滑石藿香汤主之；热利下重、腹痛者，加味白头翁汤主之。吴氏治利，除以苦寒药外，其特点是：①注重气机宣化。他认为"脏腑之中，全赖此一气之转输，气既滞矣，焉有不欲作滞下之理"，故常于方中投以广皮、厚朴、木香之类。②喜用开支河法。他指出："小便短者，湿注大肠，阑门不分水，膀胱不渗湿也。故以四苓散分阑门、通膀胱、开支河，使邪不直注大肠。"但须注意"久痢阴伤，不可分利"。③善用白芍。以其能调血中之气，故在方中每以白芍配伍黄芩使用。④注重临床辨证。认为"可汗则汗，可下则下，可清则清，可补则补，一视其证之所见，而不可先有成见也"。

三、湿热治法"三忌"

1. 忌汗　"汗之则神昏耳聋，甚则目瞑不欲言。"在湿热病初起之时，即使见有头疼身痛、恶寒等形似伤寒表证的情况，但忌用辛温发散，否则"湿随辛温发表之药，蒸腾上逆"，蒙蔽机窍，会发为神昏耳聋、目瞑不言。

2. 忌下　"下之则洞泄。"湿热蕴结中焦脾胃，常见有胸腹满闷等症，断不可误认为阳明腑实之痞满而予以攻下，否则"误下伤阴，而重抑脾阳之升，脾气转陷，湿邪乘势内溃故洞泄"。

3. 忌润　“润之则病深不解。”其机理诚如吴氏所云：“湿为胶滞阴邪，再加柔润阴药，二阴相合，同气相求，遂有锢结而不解之势。”临床常有为“午后身热”一证所惑者，误投阴药，以致湿邪冰伏，病势愈趋缠绵。所谓“午后身热，状若阴虚”，示人湿热不得误认“阴虚”，不可不辨。

吴氏治湿之“三忌”，乃言其常，并非绝对。如薛生白有六一散加薄荷叶法，以芳化透表，清热利湿。薛氏认为：“此不微汗之，病必不除，盖既有不可汗之大戒，复有得汗始解之治法，临证者知所变通矣。”又如王孟英说：“湿热病原有可下之证，惟湿未化燥、腑实未结者，不可下耳，下之则利不止。如已燥结，亟宜下夺，否则垢浊熏蒸，神明蔽塞，腐肠铄液，莫可挽回。”可见湿热化燥亦可以下法。再如化燥伤阴，津液干燥，则又可酌用阴柔之品，即吴氏亦有“湿久生热，热必伤阴”之说。法有常有变，学者当知常达变，灵活掌握。

四、湿热治法规律

1. 湿热两治原则　吴氏指出：“徒清热则湿不退，徒祛湿则热愈炽。”认为清热与祛湿必须两相兼顾，纯予清热则热去湿存，常致湿邪冰伏难化；反之，仅以祛湿则湿虽去而热愈炽，亦于病无益。故湿热病治疗原则在于两治湿热，不得偏废。然由于湿热偏胜情况不同，临床根据湿与热两者所占比例多少，可分为湿重于热、湿热并重、热重于湿三型，治疗时就必须有所侧重。如湿重于热之三仁汤、加减正气散、茯苓皮汤等，湿热并重之黄芩滑石汤、杏仁石膏汤等，热重于湿之三石汤、加味白头翁汤等。

2. 治湿须分部位　吴氏云：“治湿者，必须审在何经何脏。”湿随气流，无处不至。湿热病虽于人体各部均可侵犯，然亦有所偏着。如痹证之因湿热留于经络，白瘖乃由湿热郁于气分、发于肌肤，下利之由湿热滞于胃肠等。故临床上治湿必须辨部位，庶所投必效。如防己之用于痹证，芩连之用于滞下，茵陈之用于黄疸，都是在辨清部位的基础上投入的针对性较强的药物。此外，吴氏尚以病势之趋向作为决定治疗方案的依据。如湿郁中上二焦，则多偏重于开肺宣气或芳化和中以祛湿；若湿蕴下焦，则偏重于淡渗利尿，使湿从下而解，此亦因势利导治法的体现。

［《安徽中医学院学报》，1983；(2)］

《温病条辨》对黄连的取舍

杨　宇

黄连具有清热燥湿、泻火解毒等功效，在温病的治疗中应用广泛。然临证之际，倘但见火热之证即直率投之，则难免犯诛伐无过之误，或引邪深入，或关门留寇，以致病反不解，故明辨其取舍，十分必要，吴瑭《温病条辨》（以下简称《条辨》）不仅撰文专论黄连之性，更于书中历举黄连之用，条分缕析，有理可据，有法可循。本文对此试作和下探讨，以俾于明确温病中黄连应用之宜忌，并藉此为线索，浅析吴瑭论治温病的一些学术见解。

一

吴瑭云：“治上焦如羽，非轻不举。”上焦温病当选用辛凉开达，轻清恋上之品为佳。

黄连苦寒沉降，其性下趋，故治疗上焦温病，多舍弃黄连。如《条辨》上焦篇第15条，太阴温病，邪热入营，用清营汤去黄连治之。何以去黄连？自注云："去黄连者，不欲其深入也。"其证为上焦营分证，故除凉营生津之外，尚用银花、连翘、竹叶等品，以其轻清之性，灵其上焦气机，促进"上焦如雾"生理状态的恢复，以利于营热外透，而不欲黄连苦寒沉降以致凉遏冰伏。再如治手太阴暑湿内蕴又兼寒邪外束之证，吴瑭自订新加香薷饮，"以连翘银花，取其辛凉达肺经之表，纯从外走，不必走中也。""若黄连石草，纯然里药，暑病初起，且不必用，恐引邪深入。"可见，黄连虽为清解暑热之佳品，然此际只有解除外束寒邪抑遏，内蕴之暑热方能外透，故选用银、翘而舍弃黄连，使方药配伍浑然一体，以"发暑邪之表"。又如温毒初起，主以普济消毒饮。吴瑭提出："初起一、二日，再去芩、连，三、四日加之佳。"认为"芩、连里药也。病初起未至中焦，不得先用里药，故犯中焦也。"此亦因黄连具沉降下趋之性，恐牵制轻宣透泄之力，故告诫缓用之。

治疗中焦温病，应用黄连则不受此限。吴瑭云："治中焦如衡，非平不安。"温邪入侵中焦，主要表现为邪热亢盛和脾胃功能失调。尤其湿热合邪，常致气机升降紊乱。所谓："湿郁中焦，水不下行，反来上逆则呕；胃气不降，则大便闭。"此正可借黄连苦寒沉降下趋之性，与辛温之品配合，苦辛通降，使脾胃气机升降复归于"衡"。如《条辨》小陷胸加枳实汤、半夏泻心汤、杏仁滑石汤等方配伍黄连，俱为此意。不仅如此，其苦降辛通尚可调理肝胆疏泄功能，可用于温病中肝胃、胆胃不和之证。如吴瑭说："其呕吐哕痞，有时上逆，升者胃气。所以使胃气上升者，非胃气也，肝与胆也。"订加减人参泻心汤，用大苦大寒之黄连与大辛大温之品协力斡旋之。《条辨》中焦篇第79条之黄连白芍汤，亦因"热聚心胸而多呕，中土病而肝木来乘，故方两和肝胃为主"。

倘若湿热病邪初犯中焦，其邪尚浅者，则不可伍以黄连。如《条辨》中焦篇第55条，湿热侵犯中焦，然邪势尚浅，当用微苦微辛微寒之三香汤轻清宣达，"以上焦为邪之出路"。此与叶天士"宜从开泄，宣通气滞，以达归于肺"之理一脉相承。除非"邪已内陷，其势不能还表"，才应投黄连等苦寒之辈，"法用通降，从里治也"。吴瑭对此在《条辨》中焦篇第54条与第55条中作了对比论述，示人苦泄与开泄之别。

二

温热病邪化火蕴毒，充斥肆逆，消铄津液，可借黄连清热解毒之力，直折泻火，撤热护阴。如温病小便不通，吴瑭责其两端：一为肺气不化；一为小肠热盛，下注膀胱。其小肠丙火热结，小便涓滴赤痛，主以黄连等苦寒药通之。如谓："小肠热盛，下注膀胱，……加连、柏之苦通火腑。"《条辨》中焦篇第25条自注亦云："小便短加芩、连之类。"热病有余于火而不足于水，故于小肠热盛而致小便不通之证，不可妄投淡渗之品再耗津液。用黄连等苦寒泻火，邪热去而阴津免遭其劫，火腑通而小便自利。再如热邪深入少阴，心火上亢，肾阴下虚，形成"真阴欲竭，壮火复炽"的复杂局面。邪热不撤，真阴难保，吴瑭用黄连阿胶汤，除用阿胶、鸡子黄、白芍等滋水救阴外，更以黄连为君，辅以黄芩，直泻上亢之邪热而坚真阴。《条辨》下焦篇第36条连梅汤证，"暑邪入心，助心火独亢于上"，亦选黄连为君，祛暑邪，泻心火，回护其阴。

可见，黄连苦寒泻火之用，里热化火者方宜，故气分热盛但尚未化火之证，吴瑭主以辛凉重剂白虎汤清热透邪，"达热出表"，使里热仍有从表外泄的出路，而不取黄连直折泻火，避免凉遏冰伏。蒲辅周也曾强调："亦不可在白虎汤中加上三黄解毒泻火，这样方的性质，由辛凉变为苦寒，就成了死白虎，反不能清透其热。”（《蒲辅周医疗经验》27页，人民卫生出版社，1976）又如秦伯未说：“一般温邪化热，初期病在气分，治疗原则为清气，清气不等于泻火，忌用黄连等苦寒之味。”（《谦斋医学讲稿》64页，上海科技出版社，1964年）

三

黄连苦寒尚能化燥伤阴，吴瑭对此非常重视，在《条辨》中不仅专设禁条，且撰专文大声疾呼：“唐宋以来，治温热病者……恣用苦寒，大队芩、连、知、柏，愈服愈燥，河间且犯此弊。”故应用黄连，每每恐其化燥伤阴。临证之际，吴瑭留意两点：其一，以大队甘寒、咸寒之品合用监制之，“但令其清热化阴，不令化燥”。这种通过配伍避短扬长地发挥黄连的功用，其例在《条辨》中不胜枚举。如清营汤、冬地三黄汤、黄连阿胶汤、连梅汤等均具此意。其二，倘须径投黄连纯苦之剂，吴瑭告诫曰：“只有一用，或者再用，亦无屡用之理。”此乃火热炽盛，自当急急直折其势，待势稍缓，理应注意防其化燥而易其制。善用黄连等苦寒药治温病的陆九芝亦云：“《内经》所言：‘久而增气’，乃指久服黄连反兼火化者，非指一、二剂治病之黄连也。”（《世补斋医书·文十二·论假石膏》，上海江东书局，1911）既指出须用黄连直折火势者，刻不容缓，亦赞同黄连有化燥之弊而不可过剂的观点。

正因为黄连具化燥之性，故吴瑭指出：“湿温门则不惟不忌芩、连，仍重赖之，盖欲其化燥也。”尤其湿热蕴阻中焦，气机升降紊乱之证，《条辨》多取黄连组方。

综上可见，温病证治中运用黄连，不仅要识清热泻火，燥湿解毒之效，亦须注意其沉降下趋，化燥伤阴之性。临证应充分辨析病因、病位、病势等因素的差异，正确地取舍或通过配伍来用其长而避其短。

［《山东中医杂志》，1985；（6）］

《温病条辨》应用玄参面面观

杜恩伟

玄参，苦咸微寒，功擅清热，又善养阴，与温热病邪易伤阴耗液颇为合拍，故吴鞠通在温病治疗中，特别是对中、上焦病，尤喜用之。纵观《温病条辨》（以下简称《条辨》）对玄参的应用，大致可概括为以下几方面。

一、清气凉血，主治气血两燔

玄参即能入气分散火，又能入阴分凉血。《本草述钩元》中说：“玄参治上焦空中氤氲之气，无根之火为圣药。又补肾中氤氲之气，降阴火奔腾。”因此吴氏对上焦温病之气血两燔证，每用此品。如《条辨》上焦篇第10条：“太阴温病，气血两燔者，玉女煎去牛膝加玄参主之。”方中以玄参配石膏、知母，入气分清气散火；配生地，入阴分壮水凉血。在按语中，吴氏说：“加入玄参者，壮水治火，预防咽痛、失血等证也。”方中用玄参入气清热，入阴凉血，壮水又可预防邪陷伤阴治血，一举三得，足见吴氏组方用药功底之深。

二、清营醒神，主治营热神昏

叶天士《本草经解》中说：“玄参，气微寒，禀天冬寒之水气，入足少阴肾经。味苦无毒，得地南方之火味，入手少阴心经、手厥阴心包经。”其“气寒益肾，味苦清心”，功能“补水救火，两清营血”。因此吴氏多用以治疗温病热入营血，或热陷心包之高热、神昏、谵语等症。如《条辨》上焦篇第16条治汗多神昏的清宫汤、第36条治手厥阴暑温的清营汤、第53条治心疟的加减银翘散等，都用玄参配合犀角为君。正如吴氏在清宫汤方论中所说：“火能令人昏，水能令人清，神昏谵语，水不足而火有余，又有秽浊。且离以坎为体，玄参味苦属水，补离中之虚，犀角灵犀一点通，善通心气，色黑补水，亦能补离中之虚，故以二物为君。”以玄参配犀角清营凉血、开窍醒神，堪称吴氏用药的一大特色。

三、凉血化斑，主治温热斑疹

《条辨》上焦篇第16条：“太阴温病，不可发汗，发汗汗不出者，必发斑疹……发斑者，化斑汤主之。”中焦篇第21条也说：“阳明斑者，化斑汤主之。”化斑汤即白虎汤加玄参、犀角。吴氏认为温病误汗，其人热甚血燥，不能蒸汗，温邪郁于肌表血分，必发斑疹。故其对斑之治疗，恒用化斑汤。吴氏指出：“斑色正赤，木火太过，其变最速，但用白虎燥金之品清肃上焦，恐不胜任，故加入玄参，启肾经之所，上交于肺，庶水天一气，上下循环，不致泉源暴绝也。”并加入犀角，“救肾水清心火，托斑外出”其应用之妙，可法可师。对于疹的治疗，《条辨》上焦篇第11条、中焦篇第22条，都用银翘散去豆豉加细生地大青叶玄参丹皮方。用玄参配细生地等品，吴氏说：“加入四物者，取其清血热也。”可见吴氏对玄参的清热凉血作用，颇为倚重。

四、败毒利咽，主治项肿咽疼

吴氏认为，玄参为功能养阴清热败毒，利肺气，清咽喉，故对于温病之项肿咽疼，吴氏每喜用之，而且多与清热解毒利咽之品配伍。如《条辨》上焦篇第4条按语说：“项肿咽痛者，加马勃、玄参。”上焦篇第18条说：“温毒咽痛喉肿……俗名大头温、虾蟆温者，普济消毒饮去柴胡升麻主之。”普济消毒饮本用玄参，吴氏主张加大剂量，并辅以牛蒡、板蓝根，“败毒而利肺气，补肾水以上济邪火”。玄参何以能利咽止痛？《本草备要》上说：“本肾药而治上焦火证，壮水制火也。肾脉贯肝膈，入肺中，循喉咙，系舌本，肾虚相火上炎，此喉痹、咽肿、咳嗽、吐血之所由来。”其理甚明。

五、增液通便，主治阴伤燥结

《本草述钩元》说：“玄参，味苦咸寒，苦下气，寒除热，咸润下而软坚。”以玄参除热增液润下为君，创增液类方，以治温病阴亏热结，大便不下，这又是吴氏活用玄参的一个例子。对于阳明热结，《条辨》中焦篇第11条指出“若其人阴虚，不可与承气，增液汤主之”。方中以玄参为君，吴氏说：“独取玄参为君者，玄参味苦咸微寒，壮水制火，通二便。启肾水上朝于天，其能治液干固不待言。《本经》称其主治腹中寒热积聚，并能解热可知。”再配以麦、地，“三者合用，作增水行舟之计”。正如吴氏所言，此方“妙在寓泻于补，以补药之体，作泻药之用，既可攻实，又可防虚”。堪称应用玄参的经验之谈。《条辨》中的增液承气汤、护胃承气汤、新加黄龙汤及甘苦合化阴气而通小便的冬地三黄汤，其用玄参之义，基本上都是取其可补可泻，两者兼擅之特点。

我们读古人之书，主要并不在于学习一方一药，而是要学习他们的辨证论治的思想方法。吴氏临证，注重详查病情，正确识证，明辨药性，然后对证发药，有方有法，这种严谨的治学态度和灵活的用药方法，才是我们取法的榜样。

[《浙江中医杂志》，1989；(7)]

论宣降肺气法在温病治疗中的应用

原国才　宋吉仲

吴鞠通是清代著名温病学家，治病注重气机的通调，尤其重视上焦肺在温病各阶段的重要作用，其著作《温病条辨》、《吴鞠通医案》中对邪袭肺卫，邪结肠腑，邪滞中焦，邪气弥漫三焦，湿热痹证等证的治疗，都巧妙地运用了宣降肺气法，形成了吴氏温病学理论和临床实践的一大特色。笔者现根据吴氏有关著作的论述和自身的体会，整理归纳如下：

一、宣开肺气　散邪于表

温病三焦辨证的理论认为，温病初起，病变中心在于肺，即吴氏云："凡温病者，始于上焦，在手太阴。"虽然温邪初犯人体，有伤卫表和伤肺之不同形式，但吴氏认为病变的基础仍在于肺。如对于邪在卫表时出现的发热、头痛，他认"太阴之头痛，肺主天气，天气郁，则头亦痛也"，"肺主化气，肺病不能化气，气郁则身亦热也"。故在温病初起的治疗上，无论邪在卫表或内舍于肺，都以宣开肺气为基本立法。辛凉平剂银翘散是温邪初犯卫表的代表方剂，方中银花、连翘功在清热解毒，薄荷、荆芥、豆豉清上散表，竹叶、芦根清热生津利尿，桔梗、牛蒡子清热利咽，且宣降肺气，既助荆、薄、豉达表之力，又开水之上源，增竹叶芦根清热利尿之功，"皆手太阴药"。吴氏对本方的煎服，也以能使药力入肺，发挥应有作用为旨，"杵为散"，"勿过煎"，"肺药取清轻，过煎则味厚而入中焦"。可见宣开肺气不仅能使肺经之邪通过肺气的宣发从皮毛而透，且一些具有宣肺作用的药本身就有开表之郁闭的作用，就更利于邪气从表而解。正如吴氏所言，"纯然清肃上焦，不犯中下，无开门揖盗之弊，有轻以去实之能。"

二、宣降肺气　通腑驱邪

在吴氏的著述中，宣降肺气、通腑驱邪的证治约有三端：一是肺气不降，大便不行且又下之不通的宣白承气汤证；二是湿热弥漫，气机阻痹，少腹硬，大便不下之宣清导浊汤证；三是痢疾初起，表邪内陷肠道的活人败毒饮证。在这些证治中，吴氏根据肺与大肠生理和病理上相互影响的关系，或肺与大肠同治，以治肺为主；或治肠腑之湿浊又兼以降肺；或逆流挽舟，宣肺降肺使邪仍从表出。如宣白承气汤，大黄、石膏同用，尚有杏仁、蒌皮清肃肺气；宣清导浊汤，云苓、猪苓淡渗利湿，晚蚕砂化浊中清气，又专意取寒水石"性寒，由肺直达肛门，宣湿清热"、皂荚子"辛咸性燥，入肺与大肠……通大便之虚闭"；活人败毒散，人参扶正升陷，羌活、独活、川芎驱邪外出，茯苓、枳壳理中焦之气，更有桔梗、前胡"开肺与大肠之痹"。从上述诸方证可见，吴氏重视宣降肺气在通腑逐邪中的地位是显而易见的。

三、宣降肺气　调理中焦

吴氏认为，温病的一般传变规律为上焦不解，下传中焦，中焦不解乃传下焦。由于中焦是全身气机升降的中枢，故邪入中焦可以表现出较为复杂的证候。吴鞠通认为“肺主一身之气化”，因而很重视肺气的宣降对中焦脾胃的影响。反之，中焦脾胃的病变也能影响肺气宣降的功能，这种结果又进一步加深了中焦气机的失调。如阳明实证出现的舌苔老黄，吴氏认为是“肺受胃浊，气不化津”，“胃中浊气熏蒸肺脏，肺气不化而然”。阳明温病而哕者，乃“胃气大实，逼迫肺气不得下降”。在治疗上对于邪入中焦之证，他承仲景诸泻心汤辛开苦降之旨，融叶天士苦泄、开泄二法，创制了一系列著名方剂。如《温病条辨·中焦篇》之三香汤，治“湿热受自口鼻，由募原直趋中道，不饥不食，机窍不灵”。重用蒌皮、桔梗、枳壳，“微苦微辛开上”，宣降肺气，以助脾胃升降之机的恢复。又如半夏泻心汤去姜甘加枳实杏仁方，是为“阳明暑温，脉滑数，不食不饥不便，痰浊凝聚，心下痞者”而设，吴氏活用仲景之法，在辛开苦降的基础上，加杏仁“开肺与大肠之痹”，使腑气得降，可谓点睛之笔。像这样，中焦病加杏仁等宣降肺气之品尚有多处，如一、三加减正气散、宣痹汤等。这些都是吴氏运用宣肺活气法的独特之处。

四、宣肺启上　通利三焦

温病中湿热之邪引起的病变最为复杂。由于湿热的性质氤氲缠绵，胶着难解，常会导致全身气化失司，湿热弥漫三焦。对此类病证，吴氏在重视三焦气化的同时，特别重视肺气的宣化。他认为“肺主一身之气化”，“虽云三焦，以手太阴一经为要领，盖肺主一身之气，气化则暑湿俱化”。在治疗上，“凡通宣三焦之方，皆扼重上焦，以上焦为病之始入，且为气化之先”。在叶氏思想的影响下，他根据湿热偏重的不同，创立一系列著名方剂，如三仁汤、三石汤、杏仁石膏汤、杏仁滑石汤等。这些方剂，除了根据热邪的轻重程度而使相应的清热解毒利湿类药物外，对于杏仁一味，则方方必备，这是宣降肺气法在治疗湿热弥漫三焦证中的具体应用。其意在于使三焦混处之邪，各得分解，这不仅对于治疗外感湿热病证，而且对于其他各类疾病有湿邪为患的治疗，亦不无较深刻的启迪。

五、宣肺利湿　通络蠲痹

痹证，是邪气滞留于肌肉筋骨，使气血运行阻痹引起的疾病。对其病因，历代多遵《内经》“风寒湿三气杂至合而为痹”之训。而吴氏《温病条辨》、《吴鞠通医案》都以加减木防己汤为治痹之祖方。他认为痹证“寒湿固有，热湿尤多”，故将痹附于湿温病条下，可谓是对痹证病因病机认识的深化。在诸多治痹方中，吴氏都以杏仁开肺气之先，甚至提出了“治痹独取太阴”的学术思想。如治湿痹的宣痹汤，以杏仁开肺气之先，防已去经络之湿，连翘清气分之湿热，共为君。治暑湿痹之加减木防己汤，其中的很多药物如桂枝、石膏、滑石等都可以加减使用，而杏仁则为必要之品。另有杏仁薏苡汤，与上二方比较，所主之证虽偏于寒湿，但众多的散寒祛湿通络药中，仍加宣气之杏仁。以上吴氏将宣肺之法贯穿于治痹的始终，意在宣畅气机，利湿通络，使湿走热泄，痹病自已，这又是其治痹，尤其是治疗湿邪留滞关节经络为湿热困阻之痹的一大特点。

［《北京中医学院学报》，1989；(4)］

《从温病条辨》看吴鞠通以温方治温方法

黄礼明　彭雪红

温病由温邪引起，以发热为主症，具有热象偏重、易化燥伤阴等特点，治疗上喜寒凉而恶温热。然而由于温病病因有兼寒挟湿、患病体质和病理变化具有特殊性，治疗中寒凉过度，以致温病治疗有运用温热药物的可能性。兹就吴鞠通《温病条辨》以温治温方法试作探讨。

一、辛温解肌，微汗祛邪

辛温解肌之法本为伤寒而设，吴氏却用辛温解肌之桂枝汤治疗温病初起，“太阴风温、温热、温疫、冬温，初起恶风寒者，桂枝汤主之。”按常理，温病不可用纯辛温之剂发汗，以免助热伤津。但温病初起外有客寒，成客寒包火之势，欲以辛凉之剂祛温热之邪，不但温邪不得外解，在外客寒反而愈固，须使用辛温之桂枝汤微汗解肌，寒邪一解，腠理得开，温邪即得外出之路，随汗而解。正如吴氏所言：“盖寒水之病，冬气也，非辛温春夏之气不足以解之，虽曰温病，既恶风寒，明是温自内发，风寒从外搏，成因热外寒之证，故仍旧用桂枝辛温解肌法，俾得微汗，而寒热之邪皆解矣。”但如外寒已解，温邪尚存者，不可再用桂枝，须按温病法论治，吴氏所言“太阴温病，恶风寒，服桂枝汤已，恶寒解，余病不解者，银翘散主之，余证悉减者，减其制”，即是此意。

另外，吴氏尚用桂枝汤作温病解后素体阳气不足之调理用方，即所谓“桂枝汤外证得之能解肌去邪气，内证和之能补虚调阴阳”。

二、温病初起，微佐辛温解表

“温病最忌辛温”，辛温燥热之品既助温热复燥阴津，温病用辛温，犹火上浇油，不唯病不解，反生变证，故纯辛温之剂为温病所忌。然温病初起，温邪既能郁表，致腠理郁闭，温邪致病常有兼挟病邪，如挟寒兼湿，临证时适当佐以辛温之剂于辛凉之中，可加强其疏表祛邪之力。温邪客表，肺卫被郁，治当疏泄腠理，祛邪外出，风温初起吴氏拟方辛凉平剂银翘散，方中银花、连翘、竹叶、薄荷、牛蒡、桔梗等一派辛凉宣透，尤恐疏表之力欠弱而加入辛温之荆芥穗、豆豉以助解表疏表，发汗透邪；桑杏汤治疗秋燥初起邪在肺卫，起辛凉甘润，轻透肺卫之功，方中辛散疏透与甘润养阴合用，共奏疏表润燥之效，祛邪而不伤津，润燥而不碍表，辛散之品共两味，桑叶与豆豉，豆豉辛温，辛散透表作用优于桑叶，二味合而疏表透邪。可见，温邪客表，虽以辛凉之剂为主，不可忽视微辛温药物的作用，原则上以辛凉为主，佐以微辛温，辛凉之品能宣散温邪，但疏泄腠理之力稍弱，如微佐辛温之品，借其疏泄腠理之力祛邪外出。因其佐于辛凉剂中，并无辛温助热伤津之虞。荆芥、豆豉的用量可根据表闭程度适当加减。

暑热病邪致病多有兼挟，“暑多挟湿”，盛暑之季，人们每喜恣食生凉，贪凉露宿，以致暑邪常兼寒挟湿为患。此时辛温之品非用不可，吴氏以辛温复辛凉法之新加香薷饮透表清暑，方中香薷、厚朴乃辛温之品，以解表散寒，涤暑化湿。湿温病初起湿热为患，湿乃阴邪，非温不化，治疗自不避辛温，如三仁汤之用杏仁、厚朴、半夏等。

三、湿热类温病，不忌温热

湿为阴邪，其性黏腻淹滞，湿与热合，如油入面。相互裹结，难分难解。湿热为患，治疗既要考虑热邪，也要顾及湿邪，治热应用寒凉，治湿当用温化，治湿之品大多偏于温热。吴氏非常重视辛温、辛热药的运用。他说："湿温论中，不唯不忌辛温，且用辛热也。"湿邪的性质决定了温热药的运用，《温病条辨》中用温热药治湿热的方剂颇多，如上焦湿温之用三仁汤，暑温下心痞用小陷胸加枳实汤，暑温挟湿漫延三焦用三石汤，暑温伏暑三焦均受用杏仁滑石汤、阳明湿温、呕而不渴，用小半夏加茯苓汤，阳明湿温，气壅为哕用新制橘皮竹茹汤，湿热困郁三焦之五个加减正气散等，常用药物有半夏、厚朴、橘皮、杏仁、蔻仁、生姜、藿香、防己、橘红、枳实等。由湿热病邪而致的疟疾、痢疾、黄疸、痹证等也多使用温热之品，如温疟之用白虎加桂枝汤，热少湿多之湿疟用厚朴草果汤，暑湿风寒杂感致痢用活人败毒散，夏秋疸病之用二金汤，暑湿痹之用加减木防己汤，草果、厚朴、杏仁、姜汁、陈皮、半夏、生姜、枳实、桂枝、防己等为常用药物。

四、瘥后阳虚，宜进温补

温为阳邪，致病易伤人阴津，故温病瘥后大多津伤未复，需以滋养法复其阴津，这是温病瘥后调理的重要方法。然而温病有素体阳气虚弱之患者，有湿热寒化伤阳者，更有寒凉攻伐太过而伤阳者，如此种种，其瘥后调理则又不能拘泥于养阴一法，而应以温补为重，诚如吴氏所言："至调理大要，温病后一以养阴为主……，间有阳气素虚之体质，热病一退，即露旧亏，又不可固执养阴之说，而灭其阳火。故本论中焦篇列益胃、增液、清燥等汤，下焦篇列复脉、三甲、五汁等复阴之法，乃热病调理之常理也；下焦篇又列建中、半夏、桂枝数法，以为阳气素虚，或误伤凉药之用，乃其变也。"素体中阳不足之体，偶感温病，以辛凉甘寒，或苦寒清温热，不以十分之七八为度，用药过剂，反致中焦内停寒饮，调理只能用半夏（半夏、秫米）温中化饮，或用半夏桂枝汤（半夏汤与桂枝汤合方）调营卫、和中阳、化寒饮；素体阳虚患温，热邪甫退，即露阳虚，脉迟，身凉如水，冷汗自出者，以桂枝汤复其阳；平素阳虚患温，愈后面色萎黄，舌淡，不欲饮水，脉迟而弦，不能食，以小建中汤小小建其中阳之气，等等。均是吴氏温病瘥后调理用温补之变法典范，临证不可拘于常理，需细察详辨，寻找病机关键，既所谓"有者求之，无者求之，微者责之，盛者责之"。

五、疟痢迁延，不忌温补

同属于温病范畴的疟疾、痢疾等传染病，有的病势缠绵，迁延不愈，易伤人正气，正伤则邪难去，必用温补之法匡复正气，以御邪外出。如疟邪久羁，因疟成劳，气血两伤，正伤邪不去，吴氏遵《内经》"劳者温之"原则，以加味异功散温补中焦阳气，温补下焦气血。调和营卫，使气血相生而劳疟自愈；太阴三疟少阴三疟病久不愈，伤人阳气，或致气血两虚，需温阳复气血，如温脾汤、扶阳汤、久痢不止，或下痢无度，致人脾肾阳虚或阳气欲脱，需温补脾肾，固欲脱之阳气，如双补汤、三神丸、桃花汤等。

可见，从《温病条辨》看，以温治温并非温病治疗的绝对禁忌，根据所感温邪之性质及兼挟、温病过程中病机转变、治疗失当以及患病体质的不同，温热药物的运用实属合理之用。使用范围主要是：温病初起客寒包火；温邪郁表，表闭不开；温热类温病（含疟痢疸痹等）；病久迁延，阳气受伤；治疗失当，寒凉攻伐太过，素体阳虚患温之瘥后调理等。用药上有辛温、苦温、辛热、甘温、酸温，有单纯使用者，也有数法同用者，在与辛凉、寒凉、淡渗等法合用者。温热药在温病治疗中运用范围较广，用法多样，实值探讨。

［《四川中医》，1996；（2）］

评吴鞠通用桂枝汤治温病

柴中元

吴鞠通的《温病条辨》，目前影响极大，近有人甚至推其为中医之经典。对他的用桂枝汤治温病，医界看法也不尽一致。故对这一问题，有必要做一实事求是的分析，才能利于辨清禾稗、去芜指迷。基此认识，现略述己见如次。

一、鞠通用桂枝汤治温病的理论

1. 温病初起用桂枝汤　吴氏认为："温病忌汗，最喜解肌，桂枝本为解肌，且桂枝芳香化浊，芍药收敛阴液，甘草败毒和中，姜、枣调和营卫，温病初起，原可用之。"故《温病条辨》上焦篇第四条说："太阴风温、温热、温疫、冬温，初起恶风寒者，桂枝汤主之。"

2. 温病后期用桂枝汤　吴氏经验：温病后期，若在"阳气素虚之体质，热邪甫退，即露阳虚"者亦有之，而桂枝汤有和阴复阳作用，故《温病条辨》下焦篇三十三条说："温病解后，身凉如水，冷汗自出者，桂枝汤主之。"

关于桂枝汤中药物的用量比例，吴氏主张：温病解后用桂枝汤，"桂枝分量与芍药等，不必多于芍药"，而温病初起用桂枝汤，桂枝分量应倍于芍药，故上焦篇第四条下之桂枝汤，桂枝用六钱，芍药用三钱。这似是基于：白芍倍于桂枝即偏于治里，桂枝多于白芍则偏于治表的认识而来。

二、鞠通用桂枝汤治温病的实践

1. 暑温门有桂枝汤治案　《吴鞠通医案》暑温门有用桂枝汤的治案，如"丁丑六月十三日，吴，四十岁，先暑后风，大汗如雨，恶寒不可解，先服桂枝汤一帖，为君之桂枝用二两，尽剂，毫无效验，次日用桂枝八两，服半帖而愈。"此案后还有"鞠通自医"的细注，说明患者是鞠通自己。治暑风如此大用桂枝，可谓奇绝。从序文来看，此书付梓时曾有人主张将用量过重处予以删去，似亦即为此。

2. 伏暑门有桂枝汤治案　同书伏暑门虽乏单独用桂枝汤治疗的医案，但将桂枝汤与其他方剂相合化裁为治的却不少。如癸亥十二月十一日案，即用青蒿鳖甲汤合桂枝汤化裁加减治之。此案三诊时用药则已是以桂枝汤作为基本方了。又如丙寅六月初六日某案，前后数诊，基本上都是小柴胡汤与桂枝汤合法。辛卯七月廿八日张姓案，在八月廿一日一诊，也是用桂枝汤加味治疗。

3. 湿温门有桂枝汤治案　同书湿温门丙寅四月初八日张姓案，鞠通据证分析，说是"湿中兼风，病名湿温"（此说亦奇绝），其初十一诊之用药，内中亦含桂枝汤。

由此来看，鞠通在温病的治疗中，桂枝汤一方的运用是较为广泛的。

三、医界对桂枝汤治温病的看法

1. 为之曲释　朱氏曾为《温病条辨》上焦篇第四条作了这样的注释："全书力辟以温治温之非，而以桂枝发端，明乎外寒搏内热，或非寒时而感寒气，本可用之。而纯乎温病者不可用，明矣。又按：外寒搏内热，及非时伤风，春秋皆有之，即暑中亦有之，皆可少投辛温，但须辨之清切耳。"笔者认为："非寒时而感寒气"者，如果证不从热化，根本就无涉于温病；如果已从热化，出现了"脉动数，尺肤热"等脉证，这时，即使尚兼有恶寒的症状，亦不得再恣投辛温。至若寒从外搏，热自内发，手太阴温病之属外寒内热者，用麻杏石甘汤则可；用桂枝汤则不可，倍桂枝用则更不可，此在有实践经验者均知之。故朱氏之曲释，是很不妥当的。

2. 为之辩解　有人感到"（桂枝）辛温，功在温通而不凉散，且能劫阴，温病岂能用之?"但出于对鞠通的崇拜，为之辩解，认为这不是他的过错，故不能责怪他，并认为：如果"谓此是叶、吴之学的矛盾，其谈更谬"，因"吴氏独此一处应用桂枝汤，且冠以全书之首，只能说明他在当时因循守旧的压力下，不敢离经叛道，擅离伤寒之窠臼，仅以此方略作掩饰而已。"这种说法，直属笑谈。因为鞠通的用桂枝汤治温病，不单是一个理论问题，而且是一个实践问题，他的自医和医人，不归因于其理性认识，竟说是"当时因循守旧的压力"所造成，这种毫无求实精神的辩解，实在太没意思了。须知用桂枝汤治温病，鞠通是秉之于叶氏，这我们只要看一下"阴虚风温，气从左升，桂枝汤加花粉、杏仁"、"温邪拂郁，咳嗽形凛发热。瓜篓桂枝汤去芍加杏仁。"等叶案，是不难明了的。所不同的只是吴氏不但扩大了桂枝汤对温病的治疗，而且加重了桂枝的剂量。

3. 加以批评　尽管有许多医家，在温病方面，学术观点基本与鞠通相同，或者很崇拜他，但在这一问题上，一般大都能实事求是的指出这是《温病条辨》中之缺点，如《温病条辨白话解》说："温病初起，恶风寒者用桂枝汤，温病学家王孟英等已加批评，此段亦和吴氏全书原旨相背。根据前人经验及临床实践，温病初起恶风寒者只宜辛凉解表，不适宜用桂枝汤之辛温解肌，因辛温劫液，为温病所忌也。"

对以上三种态度，笔者认为：为之曲释，是误人的；为之辩解，是无聊的；给予批评，是实事求是的。

四、笔者对桂枝汤治温病的驳评

1. 捏造圣训，诬圣误世　鞠通说："按仲景《伤寒论》原文，'太阳病，但恶热不恶寒而渴者，名曰温病，桂枝汤主之。'"因《伤寒论》并无这样的原文，也找不出仲景用桂枝汤治温病的证据，所以汪谢诚、王孟英、柳宝诒等医家都对这种做法予以抨击，批评他"自谓跳出伤寒圈子，而不知已入嘉言套中，又不甘为人下，遂肆改原文，捏为圣训，而不自觉其诬圣误世也。"从《温病条辨》来看，吴氏引用文献确是不大严肃认真的，如中焦篇五十一条下，两次说到"悉照《金匮》原文"，"备录于此"，但实际上所录之文出自《伤寒论》，而并不见于《金匮》，又如原病篇第三条之下批喻氏"勉强割裂《伤寒论》原文以实之"，实际上《伤寒论》也应作《内经》。总之，就凭藉记忆，引用失实，割裂经文，曲从己意的情况来说，前人时有之，本不足深责。但吴氏深研感证，著书传世，桂枝汤又是《伤寒论》之第一方，竟发生这种"假仲景之名以售欺"的情况，是大不应该的。

2. 擅改经方，淆乱名实　桂枝汤原方桂枝、芍药为各三两；若倍芍药便为桂枝加芍药汤；若加桂枝满五两便为桂枝加桂汤。此三方药味虽同，但因药量不同，作用有异，故方名与主治也不同。今桂枝倍芍药而用，不称为桂枝加桂汤，仍袭用桂枝汤之名，就混淆了二方之名实。桂枝加桂汤仲景原用以治疗奔豚气，鞠通若实践有得，欲扩大其治疗，以之治外感，自无不可，但不应冒桂枝汤之名。今擅改剂量，仍冒其名，名实淆乱若斯，仲景之法盪然！

3. 说理矛盾，不能自圆　鞠通批评柯琴说“柯注谓风有阴阳，汗出脉缓之桂枝证，是中鼓动之阳风；汗不出脉紧烦燥之大青龙证，是中凛冽之阴风。”试问中鼓动之阳风，而主以桂枝辛甘温法，置《内经》风淫内，治以辛凉，佐以苦甘之正法于何地？仲景自序云：“撰用《素问》、《九卷》”，反背《素问》而立法耶？且以中鼓动之阳风者，主以甘温之桂枝，中凛冽之阴风者，反主以寒凉之石膏，有是理乎？其注烦躁，又曰热淫于内，则心神烦扰，风淫于内，故手足躁乱，既曰凛冽阴风，又曰热淫于内，有是理乎？种种矛盾，不可枚举。这说明鞠通主张：中阴风可用桂枝汤，中阳风则否。然上焦篇第二条下又说：“《伤寒论》中亦言中风，此风从西北方来，乃觱发之寒风”，“此论中亦言伤风，此风从东方来，乃解冻之温风”，既然如此，何以又说：“盖温病忌汗，最喜解肌，桂枝本为解肌……温病初起，原可用之。”既然“（寒风）最善收引”，“（温风）最善发泄”，则“先暑后风，大汗如雨”之自医案，当非中最善收引之寒风矣！又何以反大用桂枝？准斯以谈，纵然鞠通可以说他用桂枝汤治暑风等温病实效如何之好，但在理论上矛盾殊多，难以自圆，这是不言而喻的。

结语：吴鞠通在外感热病学方面，力图自成一个体系，这一尝试是十分大胆的，他这种勇于开拓的精神应予肯定。但他所创建的三焦辨证体系，矛盾之多，不胜枚举，与仲景的六经辨证体系比较，有上下床之判。其用桂枝汤治温病，仅仅是众多谬误中之一点。当然，我们如评他的整个学说，应当一分为二，不能全部抹杀。但如就事论事，仅就用桂枝汤治温病等这一类的瑕疵言，则无疑应予批判，应予扬弃，大可不必为之曲释和辩护。

［《山西中医》，1986；（2）］

杏苏散是治凉燥证初起之方，是辛润剂

宋晓鸿

徐传富先生写的“杏苏散非治燥之方，亦非润剂”一文（以下简称徐文），其见解新颖，读后颇受启发，但对文中的有些观点，笔者不敢苟同，兹商榷如下。

一、凉燥证之发病因素

徐文认为：“燥凉之因，实为外感风寒袭肺”，笔者认为此观点欠妥。凉燥证是深秋季节的一种常见病，自清代喻嘉言氏重视论燥之后，叶天士、沈目南、吴瑭等诸氏在实践中逐步丰富了对秋燥证的认识。吴瑭是先论温燥，后叙凉燥，先后取喻、沈二氏之论，以运气七篇胜复理论将二者统一起来，全面论述了秋燥证治。燥邪为六淫之一，由于深秋近冬之寒气，西风肃杀，万类渐枯，天气降，地气收，外感秋燥胜气，则多病凉燥证，正如俞根初《通俗伤寒论》所言：“深秋初凉，西风肃杀，感之者多病风燥，此属燥凉，较严冬风寒为轻。”沈目南《燥病论》则认为外感燥病主要是“外感清凉时气之燥”，“燥病属凉，谓之次

寒，病与感寒同类”。但“次寒”是为“感寒同类”，而非等于风寒；“较严冬风寒为轻”。也非等于风寒。凉燥与风寒性质是不同的，清凉干燥是秋之本气，若秋季过于凉燥，即秋之胜气，此时病原体的孳生传播及自然界深秋环境对机体调节适应能力的影响而致病者为凉燥证，发病因素即为外感秋燥胜气。在临床中，凉燥与风寒颇为相似，往往难以明辨。但笔者体会如将症状与舌象、脉象结合来细心辨证，可与鉴别。其辨别要点为凉燥证舌苔薄白不润，风寒舌苔白薄而润，凉燥脉细而弦，风寒脉浮而紧。

二、凉燥证初起临床特征

徐文认为：“凉燥之为病，当有咽干唇燥等燥伤津气之特征”，对此观点笔者认为认识欠足。笔者认为，若出现咽干唇燥等津伤之证则多已由卫分证转化为气分证，凉燥证初起病程较短暂，一般 3、4 天或更短时间就易化热而转为气分证，症见痰黏稠黄，口凉干咽燥等伤津症状，如此阶段兼有表证，则宜银翘汤加减而效。“肺为娇脏”，“天气通于肺”，外感秋燥胜气，多从口鼻而入，最易伤肺。从临床实践中来看，凉燥证初起并未表现出口干唇燥等津液耗伤之征象，而多为津液敷布障碍症状之特征，如无汗、鼻塞嗌塞、咳痰但不易咳出、舌苔薄白不润等。盖因外感秋燥胜气，初犯肺卫，肺失布津之功，津凝不化，阻遏肺气，肺失肃降，则鼻塞嗌塞，咳嗽痰稀但不易咳出并见舌苔薄白不润等；玄府闭塞，津不外达则见无汗。正如吴瑭《温病条辨·补秋燥胜气论》所说：“肺为燥气所搏，不能通调水道，故寒饮停而咳也”，“无汗者，凉搏皮毛也”，所以，凉燥证初起多表现为津液敷布障碍之证候群。

三、凉燥证初起之治则

徐文认为：“燥者润之”，“以辛凉甘润肺胃为先”是治燥法则，“非此即非治燥病也，”对此观点笔者认为有所不足。对于燥证，传统习惯认识多是因津液不足所致，因此临床上亦大都依《素问·阴阳应象大论》“燥胜则干”理论来认识其机制，遵《素问·至真要大论》“燥者润之”大法治之。立足一个“润”字，以生津养液为目的，并且又受喻嘉言所立清燥救肺汤之法影响，多用甘寒凉润之品。诚然，燥证多由津液不足所致，但临床上因津液敷布障碍所致者并不鲜见，对此类燥证，如仍用生津养液的方法治疗，不但药不对症，其则可助邪为患，正如喻嘉言《医门法律·伤燥门》所言：“若但以润治燥，不求病情，不适病所，犹未免涉于粗疏耳。”吴瑭《温病条辨·补秋燥胜气论》第二条“燥伤本脏，头微痛，恶寒，咳嗽痰稀，鼻塞嗌塞，脉弦，无汗，杏苏散主之。”实际上就是论述了外感秋燥胜气，初犯肺卫，阻遏肺气，不得布津所致之凉燥证证治；《素问·至真要大论》“燥淫于内，治以苦温，佐以甘辛”之法为其正法，即吴瑭所谓：“苦温辛法。”

四、杏苏散组方之意

徐文认为：“杏苏散绝非轻宣润燥之方，而属于温剂的范畴。”对此观点笔者认为偏执一隅。从组方药味分析来看，杏苏散治凉燥证初起重点体现在“辛以润之”，此方药物共八味，其中辛味药 6 味（占全方 55%），入肺经药 8 味（占全方 73%）。辛味润燥，出自《素问·藏气法时论》“肾苦燥，急食辛以润”，并阐明其之所以“辛以润之”，是因为其备”开腠理，致津液，通气”之功，正如《儒门事亲·七方十剂绳墨订》所云：“《内经》云辛以润之，盖辛能走气，能化液故。”张景岳《类经》所云：“盖其能开腠理致津液者，以辛能通气也。”亦明其理。辛味药“润”之机理是通过其发散及开闭通气作用，而非辛味药本身质润所为。另外，辛味药作用的发挥，与其“入肺经”是密切相关的，《素问·宣明五气篇》谓：“辛入肺”；《灵枢·五味论》云：“辛入于胃，其气走于上焦”，故对于肺卫诸病颇为合宜。方中苏叶辛温，入肺经，微发其汗，使燥凉之邪从表而解；杏仁苦温，入肺经，能宣肺止咳除痰，二药同为君药。因为外感燥凉之邪，阻滞气机，多有津液郁遏不通的病理，通过发汗可使腠理开，营卫和，津液畅通，外达于肌表，从而托邪外出，吴瑭《温病条辨·补秋燥胜气论》在此方的加减方论中所云：“无汗，脉弦甚或紧，加羌活辛温之重者，微发其汗”，也正是体现了“开腠理，致津液，通气”之理。方中桔梗、枳壳一升一降，助杏仁宣肺止咳；前胡疏风降气，助苏叶、杏仁轻宣达表除痰，同为臣药。半夏、陈皮、茯苓理气健脾化痰，共为佐药生姜、大枣辛甘配伍善于发散，并专于行脾之津液而调和营卫，协调诸药，共为使药。方中辛味药有苏叶、前胡、桔梗、陈皮、生姜，均入肺经，共奏发散及开闭通气之功；半夏味辛，入胃经，其气走于上焦，亦助通气化痰之功。诸药配合使表解、气畅、痰消，更取其宣通肺气而布津液，则凉燥自解，故杏苏散是治凉燥证初起之正方，是辛润剂。

［《四川中医》，1994；（1）］

杏苏散的研究——杏苏散非治燥之方　亦非润剂

徐传富

吴鞠通《温病条辨》载云：“燥伤本脏，头微痛，恶寒，咳嗽痰稀，鼻塞，嗌塞，脉弦，无汗，杏苏散主之。”“燥伤皮毛，故头微痛恶寒也……咳嗽稀痰者，肺恶寒，古人谓燥为小寒也；肺为燥气所搏，不能通调水道，故寒饮停而咳也……若伤燥凉之咳，治以苦温，佐以甘辛，正为合拍。”吴氏本意，“燥为小寒”，燥凉之因，实为外感风寒袭肺，当以温散之品治之。而现行《方剂学》讲义沿袭旧说，将杏苏散仍列入轻宣润燥剂，作为治疗“凉燥”（即吴氏所指“燥凉”）之正方。笔者认为，这样分是不正确的，杏苏散非治燥之方，亦非润剂。其理由如下：

一、从杏苏散组方用药上看

该方大体由二方面药物组成。一是用杏仁、苏叶、生姜、大枣，散风寒而和营卫；二是用法夏、陈皮、茯苓、前胡、桔梗、枳壳、甘草，除湿痰而止咳满。诸药合用，共奏温散风寒，燥湿化痰之功。对外感风寒，内有痰湿，症见恶寒发热、头痛鼻塞、咳嗽痰稀、胸隔满闷等症，颇为合拍。《用药心得十讲》亦在杏仁条下说杏苏散宜用治外感风寒咳嗽。故目前临床上无论发病于何时，只要系风寒束肺而致咳嗽，每常用之，并非专治“伤燥凉之咳”。诚如《温病条辨》载云：“今世佥用杏苏散通治四时咳嗽，不知杏苏散辛温，只宜风寒，不宜风温。”由此说明，杏苏散绝非轻宣润燥之方，而属于温剂的范畴。

二、从吴鞠通立法本意看

《温病条辨》载云：“秋燥之气，轻则为燥，重则为寒。”“按杏苏散，减小青龙一等……若受重寒夹欲之咳，则有青龙。”如果着眼点从风寒客表，水饮内停加以比较、分析尚有道理。愚意，杏苏散用杏仁、苏叶等辛温缓剂，以治外感风寒轻证；小青龙汤用麻黄、桂枝等辛温峻剂，以治外感风寒之重证。杏苏散用陈皮、生姜等温药之缓以化痰，小青龙汤用干姜、细辛等温药之峻以化饮。可见，杏苏散制方乃从小青龙汤演变而来，而外散风寒，内化痰饮之力较小青龙汤为次。从二方辨析可以看出，吴氏把治寒与治燥，治湿（痰饮）与治燥混淆不清，从而误认为“燥小寒”，当用温剂治之。这种错误观点，对后世影响甚大。《方剂学》讲义亦认为：“凉燥一病，实乃秋之‘小寒’犯肺，故治从风寒袭肺入手。所不同者，但易伤津化热耳。”明知这样，又用辛温之杏苏散岂不是更“易伤津化热”。如此自相矛盾，学者甚难明了。必须指出，寒邪当是寒邪，湿邪当是湿邪，燥邪当是燥邪，三者致病各有特点，绝不能混同。

三、从燥病治疗法则看

“燥为阳邪”，“燥性干涩，易伤津液”，“燥易伤肺”。故“燥者润之”，这是治疗燥病的基本法则。临证常“以辛凉甘润肺胃为先”。玉竹、沙参、麦冬、天花粉、浙贝、梨皮等，皆可随证选用。非此即非治燥病也。吴氏用杏苏散治疗“燥凉”显然未紧扣治燥之原则。医者皆知，燥邪与风邪一样，很少单独侵犯人体，每与风、寒、热相兼而使人患病。如温燥，乃为燥与风热之邪相合，温燥之“温”字，应理解为风热之邪；同理，凉燥，乃为燥与风寒之邪相合，凉燥之“凉”字，应理解为风寒之邪。凉燥之为病，除症见恶寒发热，咳嗽痰稀等外感风寒之候外，当有咽干唇燥等燥伤津气之特征。此点与外感风寒当然有别。也就是说，“燥凉”不等于风寒，亦不等于“小寒”。治疗凉燥，可取《通俗伤寒论》加减葳蕤汤（玉竹、葱白、桔梗、白薇、豆豉、薄荷、炙甘草、大枣）之意，宣散表邪与润燥生津结合。宣散可用杏仁、苏叶、葱白、前胡、桔梗等，润燥可用玉竹、沙参、炙甘草、大枣等。这样可以发汗不伤津，润燥不留邪，则“燥凉”可解。

[《四川中医》，1993；（5）]

试论《温病条辨》的若干辨治法则

王贵森

《温病条辨》是温病学的总结性文献，为研究温病的必读书籍。试就本书中的若干辨治法则进行初步探索，以就正于同道。

一、根据病变发展的不同阶段辨证施治

吴氏根据《内经》三焦的概念，将温病发展过程中的病势浅深轻重，归纳为上焦、中焦、下焦等三个不同阶段。上焦包括心、肺及心包络三经的症状，为温病初起发展到高热神昏的阶段；中焦包括脾、胃二经的症状，为高热持续阶段；下焦包括肝、肾二经的症状，为病势益进，邪留正衰阶段。

本书运用三焦分类，指导治疗的概念是：“治上焦如羽，非轻不举；治中焦如衡，非平不安；治下焦如权，非重不沉”（治病法论）。说明上焦宜开，用药宜取气味轻清之品（如银翘散、桑菊饮之类）；中焦宜运，用药宜取轻重适中之品（如陷胸、承气之类）；下焦宜补，用药宜取气味重浊之品（如黄连阿胶汤、大、小定风珠、专翕大生膏之类）。吴氏又谓："在上焦以清邪为主，清邪之后，必继以存阴；在下焦以存阴为主，存阴之先，若邪有余，必继以搜邪"（下焦篇18条注文），更明确的阐述了上、下焦的分别施治方法。

由于病变在不断的变化发展着，辨证也就必须从病变发展的具体过程去进行辨识。例如"热厥"一证，出现于上焦温病，治从芳香；用牛黄丸、紫雪丹之类（上焦篇17条）；见于中焦，则从攻下，用大承气汤（中焦篇6条）；或病入下焦，因日久邪杀，阴亏而厥，则又当从育阴潜阳法，用三甲复脉汤之类（下焦篇14条）。

三焦在临床上的辨证运用，虽然不如六经、卫气营血来得具体；在病情的传变上也并不拘泥于吴氏所言由上焦、而中焦、而下焦那么一成不变，但用它来归类证候、划分病期、指示病所、决定治则等方面，仍然有它的现实意义。

二、辨证与辨病相结合

各种疾病，固然会产生与此相适应的证，但不同的病，有时也可能出现相同的症状。辨病就是要按辨证所得，与各种相类似的病进行比较。吴氏根据时令、气候、结合比较突出的症状，把温病分为九种。如风温、温热、秋燥、冬温，是以发病时间而定名；暑温、湿温是以症状之偏热偏湿而定名；秋燥、温疟、温毒则又是以其特殊症状而作为辨病依据。在确定病名后，再按疾病之症状、性质分型论治。他把风温、温热、温疫、冬温归作一类，湿温、暑温（附伏暑）归作另一类；温毒、温疟、秋燥则又各具专门治法。"辨病"，对指导临床治疗有着重要的意义。因为各种温病的治疗方法各有不同，如湿温之热，在温热氤氲时期，就不能和其他温病一样以凉解了事；即使是在湿热化火，热重于湿之际，和一般温病治法亦同中有异。相同的都可用苦寒药；不同的是湿温究以湿为主体，不能过投凉剂。故吴氏谓："暑兼湿热，偏于暑之热者为暑温，多手太阴证而宜清；偏于暑之湿者为湿温，多足太阴证而宜温"（上焦篇35条），指出在暑令发生的温病，必须先辨其属于暑温或或湿温，再考虑宜清、宜温的治疗方法。在辨证方面，如同一阳明可下之证，热结液干之大实证，用大承气汤；热结旁流者，用调胃承气汤；液干热少者，用增液汤，在治疗上丝毫不得有所混淆。

从另一方面看，同一症状，只要是病机相同，虽然病名不同，仍可应是同样的治疗方法。如风温之咳与秋燥之咳，均治以桑菊饮（上焦篇6、55条）；五汁饮既用治疗瘅疟之"舌干口渴"，亦治温病愈后之"思饮而不欲食者"（下焦篇35条）。这种异病同治和上述的同病异治的实例，显示了祖国医学审因论治的特点。

三、围绕主证进行辨证

在辨证施治过程中，既要全力抓住主证，并针对着主证进行治疗，又要以主证为中心，再结合其他脉证的辨识，才能准确的鉴别病因，正确的进行立法处方。以五承气汤证为例（中焦篇17条）：五承气汤证都以大便闭结不通为主证，但都伴见其他兼证；治疗时，虽都以大黄、芒硝等泻下药为基本药，但分别佐以扶正气、宣肺气、清小肠、开心窍、增阴液等药物。又如五加减正气散证（中焦篇58～62条）、加减正气散五方证，都以"脘闷"为主证，其主因都离不开秽湿阻遏在里，故均以藿香、厚朴、茯苓、广皮等芳香燥湿之品，作为基本通用药，按不同兼证分别加入利肺降气、渗湿利尿、清利湿热、消食和中等品。与五承气汤一样，既抓住疾病的主要矛盾（主证），又兼顾其次要矛盾（兼证）。在治疗领域中，能否抓出主证，并针对主证，打中要害，固然是辨证中的主流；但能否善于分析主症以外的其他症状，进行必要的辅佐或缓解，则又是能否治愈的决定因素。在某些情况下，个别的症状，往往是辨证的关键所在。吴氏这种主证与兼证相结合的辨治思想，和《伤寒论》中五泻心汤的施治则一脉相承，可谓不谋而合。

四、重视舌、脉的辨证

吴氏针对温病舌、脉多变的特点，在辨证时，特别注意舌脉的变化，并以此作为治疗用药的重要依据。如上焦篇38、39条，同为口渴无汗的表实证；38条舌白，39条舌赤，治法各异；前者治气，后者治血。40条、41条同为口渴汗多之表虚证，40条舌白，41条舌赤；前者病之气分，治以清气，后者病主血气，治从敛阴。余如上焦篇30条："……手厥阴暑温，清营汤主之，舌白滑者，不可与也。"中焦篇20条："阳明温病，舌黄燥，肉色绛，不渴者，邪在血分，清营汤主之；若滑者，不可与也。"因为舌红赤是邪入营分必具之证，也是使用清营汤的主证；若舌白或白滑而腻，乃热邪为湿郁滞之象，当从湿温论治。再如中焦篇4、19、20、33、35、40条等，其辨证用药之关键，均凭舌诊为依据。

本书亦甚注意凭脉辨治，很多条文都以脉象来决定治法。如"下利谵语"一症，若脉实（或滑疾）用小承气汤，脉不实即投牛黄丸、紫雪丹之类（中焦篇9条）；"下后无汗"一症，则根据浮、浮洪、浮洪而芤、不浮而数等不同脉形，分别选用银翘汤、白虎汤、白虎加人参汤、清燥汤等（中焦篇13、14条）。余如中焦篇1、3、9、10、15、16、33、40条等，莫不依脉象来诊断病情和决定治法。

五、扶正祛邪的治疗观点

吴氏的诊疗主导思想，是从整体出发，重视扶正。温为阳邪，易伤阴液，故它所揭示的扶正措施，又以存津液为前提；特别在患者正气不足、津液受灼时，尤处处从维护津液着眼。如热传阳明，虽见口渴、自汗不止，若出现脉洪大而芤者，则在白虎汤中加入人参以益气阴；若见"汗多脉散大、喘喝欲脱者"，则用生脉散以扶元敛液；凡体亏液涸患者，即使在邪结胃腑，大便闭结、非下不可之候，亦只以新加黄龙汤、增液承气汤之类攻补兼施。得下之后，即投益胃汤之类急复其阴，以免单纯从治病驱邪着眼而蹈虚虚之戒。若汗下之后，病仍不解，治疗时则"扶正以敌邪"，使"正胜则生"（下焦篇5条注文）；若因"误用升散而见脉结代"者，则又用复脉辈先治其虚，"虽有他证，后治之（下焦篇6条），吴氏称此为"留人治病法"对峻烈的方药，更是反复叮咛，要视患者体质强弱来决定服药剂量的大小。如九痛丸方后曰："强人初服三丸，日三服，弱者二丸"（中焦篇53条）可见吴氏在辨证施治上，是多么重视患者正气的盛衰，谆谆示意，以免蹈误。

[《浙江中医杂志》，1965；(8)]

从加减正气散观"湿温"证治

李世君

"藿香正气散"（以下简称"正气散"）出自宋代《和剂局方》。原方由大腹皮、白芷、紫苏、茯苓各一两，法夏曲、白术、陈皮、厚朴、桔梗各二钱，藿香三钱，甘草二两五钱组成。每服三钱，加生姜三片，大枣一枚，水煎分服。功能解表和中，理气化湿。主治外感风寒，内伤湿滞等证。后世多用治四时感冒，并化裁，常用于呕吐、泄泻、中恶等证。

清代医家吴瑭，在治疗湿温证中，针对“秽湿着里”在临床上分轻重缓急不同症情的表现，对“正气散”进行了灵活多样的加减，独创了五个加减正气散，为后世在治疗湿郁三焦而致的“湿温”证，提供了可靠的临床依据，也为后世创立了“湿温”证治五法。笔者不揣浅漏，现将《温病条辨》卷二（中焦篇）中五十八条至六十二条作一简要论述，并从中对“湿温”病的证治略陈管见。

五十八条云：“三焦湿郁，升降失司，脘连腹胀，大便不爽，一加减正气散主之。”

本条主症为升降失司，脘连腹胀。三焦湿郁，而病在中焦，无须发表及升提上焦。故将“正气散”进行加减化裁而命之曰“一加减正气散”。变“正气散”之苦辛温兼甘法为苦辛微寒法，以适应中焦湿郁为甚之证。于原方中减去紫苏、白芷、甘草、桔梗之发表升提；留藿香之辛开以芳香化浊，且但用其梗，使之走中而不行外；方中厚朴、陈皮、茯苓、大腹皮以泻湿满；加神曲、麦芽以升降脾胃之气；大便不爽，乃肺与大肠之气不利所致，故加杏仁之苦降以利肺与大肠；病由湿郁三焦，尤以中焦为甚，郁久势必酿热成温，故加茵陈合茯苓皮，既可宣湿郁而动生发之气，更可泻湿清热以防湿热独胜。诸药合用，共奏芳香行气，清热利湿之功。

五十九条云：“湿郁三焦，脘闷、便溏，身痛，舌白，脉象模糊，二加减正气散主之。”

“证变治亦变”，故“二加减正气散”变“正气散”之苦辛兼甘法为苦辛淡渗法。方中以藿香、陈皮、厚朴、茯苓升降脾胃之气，加入大豆、黄卷化蕴蒸之湿热以助脾胃之气，脾胃得调，则脘闷可解；身痛、舌白、脉象模糊乃湿郁经络之证，故加防己以解经络中之郁湿；便溏乃湿胜所致，故加苡仁、通草化湿利水，所谓利小例而实大便也。全方之功，重在芳香化湿，通经止痛。

六十条云：“秽湿着里，舌黄，脘闷，气机不宣，久则酿热，三加减正气散主之。”

本条脘闷乃因湿阻中焦，气机不畅；舌黄者为内有伏热；久之，则伏热势必化热外熏，可现身热、肤黄、溺赤等症。故“三加减正气散”变“正气散”之苦辛温兼甘法为苦辛寒凉法。方中重用杏仁之苦降以利肺气之清肃，俾气化湿行，则湿热俱化；更加辛淡寒凉之滑石，以清湿中之热，得藿香为伍以宣畅气机；用茯苓、厚朴、陈皮行气以化湿，则脘闷之症可解。诸药相伍，共收清热化湿，行气消痞之效。

六十一条云：“秽湿着里，邪阻气分，舌白滑，脉右缓，四加减正气散主之。”

该条虽未明言脘闷不舒，然秽湿着里，可知邪湿必郁太阴脾土，郁则必见脘闷不舒之症。以右脉见缓，乃知湿阻气分，而气为肺所主，故知肺气宣肃失常。舌白而滑，乃里湿正胜之征。综上所言，“四加减正气散”变“正气散”之苦辛温兼甘法为苦辛温宣法。方中用藿香、厚朴、茯苓、陈皮以化湿醒脾，行气消胀；更加草果、楂肉、神曲以急运坤阳，使足太阴之地气不上蒸于手太阴之天气。诸药合用，共收温脾化湿，行气消满之功。

六十二条云：“秽湿着里，脘闷，便泄，五加减正气散主之。”

本条脘闷，仍为湿着中焦，气机升降失司所致。证变之异乃大便之泄，故“五加减正气散”变“正气散”之苦辛温兼甘法为苦辛温运法。方中仍以藿香、陈皮、厚朴、茯苓之香开以宣畅气机，而解脘闷不舒之症。此处便泄更非前二条（58、59 条）之大便不爽及便溏可比，此乃脾胃之气俱伤，故急用大腹皮以运脾气，生谷芽以升胃气。脾胃之气得调，则气机升降自如，而便泄可止。

纵观五个“加减正气散”，皆以《和剂局方》“正气散”为基础，针对“湿温病”的临床变化，进行了适当的精心化裁而成。药味的增减出入虽然有所不同，而五方之中均保留了原方的藿香、陈皮、厚朴、茯苓四药。盖藿香、陈皮芳香化浊，茯苓健脾利湿，厚朴行气消胀，四药合用，则具化湿醒脾，行气畅中之功。由此可见，“湿温”之治，首治其湿。治湿必以醒脾化湿为先，脾湿得解，则湿不蕴温，而“湿温”无由酿成。“湿温”既成，又必以调畅气机为重。中州畅通，升降无阻，则脘闷、腹胀、便泄诸症自除。然流滞中焦，脾胃之气受阻，上下升降失司，有碍气机宣畅，久则湿郁酿热而成“湿温”。湿着人体有轻重不同，则临床表现的证情有缓急之异。人体正气有强弱之分，故在治疗方法上当有标本之别。

《温病条辨》的作者吴瑭，针对“湿温”证情，对“正气散”进行了灵活适当的精心化裁，给后世治疗“湿温”证留下了宝贵的临床经验，为后世研究“湿温”病的证治提供了可靠的法则——治“湿温”五法，即苦辛微寒法（一加减正气散），以升降脾胃之气为主；苦辛淡渗法（二加减正气散），以宣通经络为重；苦辛寒凉法（三加减正气散），以化湿清热并举；苦辛温宣法（四加减正气散），则以急运坤阳为先；苦辛温运法（五加减正气散）则又运脾阳，升胃气并驾齐驱。一言以蔽之，五法之旨，宗在升降脾胃之气，宣畅气机。临床用治“湿温”之证，倘能用之得宜，化裁得当，何愁治湿不化，疗温不解哉。

[《四川中医》，1985；(4)]

吴鞠通治痰饮浅探

马继松　朱　华

吴鞠通氏，不仅为温病学之大家，且对内伤杂证颇多创见。兹不揣浅陋，仅就《温病条辨》（简称《条辨》）和《吴鞠通医案》（简称《医案》）中有关痰饮的论治，试作蠡测之析。

一、治内饮，宗“饮属阴邪，非温不化”

1. 辛散逐饮　吴氏认为：“饮家反渴，必重用辛，上焦加干姜、桂枝，中焦加枳实、橘皮，下焦加附子、生姜。”其中精神虽仍为“病痰饮者，当以温药和之”，然却更为具体化了。其对半夏、桂枝、干姜、附子、细辛、麻黄等不仅用之极频（如在痰饮门38案346诊次中，用半夏219次，桂枝135次，干姜73次），且用量之巨亦罕见。《医案》痰饮门第10李案：“脉弦细而沉，咳嗽倚息不得卧，胸满口渴。用小青龙去麻、辛法：桂枝六钱，小枳实七钱，白芍四钱，干姜五钱，半夏一两五钱，五味子二钱，茯苓一两，广皮三钱，炙草三钱。”所用方药和他强调指出的“饮属阴邪，非温不化”的理论十分吻合。其对外寒内饮者，总投以小青龙汤为治，但又云：“脉微有汗，小青龙汤去麻、辛主之；大汗出者，倍桂枝减干姜加麻黄根”，“恐成漏汗，则阳愈虚，饮更难愈”。较仲师对小青龙汤的运用，更为细致入微。近贤蒲辅周治冬令外感寒邪，失于及时辛散，使寒郁表闭，表郁化热，咳呛汗多者，在运用麻杏石甘汤时，亦常配麻黄根，取其和卫止汗，能通能涩。认为麻黄根味辛涩，有宣通肺气、固正达邪之功。此种用法，颇为精巧，然考其源，殆出自吴氏。

2. 温中蠲饮　《条辨》中焦篇50条所列“寒湿伤脾胃两阳，寒热不饥，吞酸形寒，或脘中痞闷”的痰饮症状，吴氏倡用苓姜术桂汤。此方乃系苓桂术甘汤化裁，考原方为仲师治中脘痰饮的代表名方。但甘草未免有“甘满壅中”之嫌，后学因过遵仲师，无人敢越雷池一步，独吴氏却以生姜之辛温易甘草之甘壅，虽一味之异，既避免了“中满忌甘”之弊，又与“饮当和以温”之旨甚合，非学验俱丰者难如此贴切。再以其创制的蠲饮丸，药用桂枝半斤，小枳实四两，干姜六两，苍术炭六两，茯苓半斤，半夏半斤，益智仁四两，广皮十二两，炙草四两，共末以神曲糊丸。药虽十味，却融《金匮》干姜半夏散、橘枳生姜汤、苓桂术甘汤（以苍术易白术）、局方二陈汤为一炉，加益智仁温肾水而暖中土，方以大剂桂枝为君，取其温肾通阳、利水下气之功（邹澍《本经疏证》云桂枝“温通经脉此其本也”。其用有六：和营，通阳，利水，下气，行淤，补中）。亦中下焦同治之法。北宋名医许叔微曾以一味苍术治愈膈中停饮之宿疾（许称之为“瘀囊”），李时珍谓苍术能燥“湿痰留饮”。《玉楸药解》更云：“白术守而不走，苍术走而不守，故白术善补，苍术善行。”吴氏以苍术易白术，盖得之三家之说，并予以发挥，可谓善学者也。且对此方的运用，亦灵变巧思，曲尽其妙。如《医案》便血门陈案中，他将蠲饮丸中的干姜炮制成炭，加苡仁，用治“阳虚脉弦，素有寒湿痰饮”，收“通阳渗湿而补脾胃”之效。叶桂在《临证指南医案》中，对“脾胃俱伤，食物少运，怯冷畏寒”者，指出“中焦阳气已虚，虽有痰饮留伏，不宜过于克削”，药用人参、白术、甘草、益智仁温补脾阳，半夏、陈皮、茯苓、木香和胃蠲饮，以求补中有泻，标本兼顾。吴氏蠲饮丸和叶桂上方虽有一脉相承处，但因重用了桂枝、干姜、苍术，故温阳化饮，健脾燥湿之功明显提高。可见吴氏不仅在治时令病时取法叶桂，对杂病的施治受其影响亦颇多。

3. 壮肾化饮　对肾寒特甚者，他又常用真武汤化裁，温肾以助脾。如《医案》痰饮门颜某二诊：“呕凉水，于前方（真武汤）内加干姜二钱（合前为五钱）、广皮三钱以消痰气”，并谓：“兹证不惟不渴，反呕凉水不止，其为寒饮无疑。既真知其为饮，虽重用姜桂何惧乎？”又如治邵案：“其少阴独盛，水脏盛而土气衰也。”明确指出“治在胃肾两关”，用“真武汤法”而变其方，将熟附用至五钱，细辛用至一钱半。其治痰饮，用药虽偏善温散，但却极有分寸，从不浪投。如邵某复诊案云：“内饮用温水脏法，已见大效。但药太阳刚，不可再用。所谓一张一弛，文武之道。”在疾病缓解以本虚为甚时，又常以培补脾肾为主，参以温阳化饮，取金匮肾气丸、苓桂术甘汤、外台茯苓饮以缓收良效。足见其不但行方智圆，且更胆大心细。

二、治外饮，持“甘寒肃降，宣肺利导”

1. 外饮肺热宜清宜宣　吴氏治饮，从不拘于一法，对热饮则投以寒凉。自云：“饮病当温者十有八九，然当清者亦有一二。”在《条辨》下焦篇48条曰：“喘咳息促，吐稀涎，脉洪数，右大于左，喉哑，是为热饮，麻杏石甘汤主之。”又如《医案》痰饮门第十九吴案：“六脉洪数，右寸独大，酒客痰多”，断为“肺热之至”，投生石膏一两，半夏五钱，苡仁五钱，杏仁五钱，茯苓五钱，防己三钱，前后十余剂，用石膏三百数十两。对用小青龙治饮获效，但“喉哑知渴，脉现微数，为饮欲去”的患者，他常转用麻杏石甘汤，宗辛凉开提肺气而涤余饮。吴氏还喜将大青龙汤与木防己汤相合去麻黄治“风寒解而饮未除，脉复洪大”者，并参入淡渗之滑石、木通、茯苓皮，理气化饮之陈皮、半夏、枳实而获效更捷。

其治外饮极喜用石膏，取甘寒肃降，宣肺利导(《本草再新》云“石膏可利小便”）之功。但用量均据症而定，如第五十二诊中云：“脉之洪大者，得石膏一斤病大减，病减者减其制，俟脉复洪大有力再酌加其制。另外他还宗丹溪“大凡治痰，用利药过多，致脾气虚，则痰易生而多”之理，强调“痰饮误用苦寒，以致胸闷短气，便闭不食”，故其虽重用生石膏，却极少同时配知母，恐成白虎汤，于饮不合（他曾立白虎汤四禁：即脉浮弦细；脉沉；不渴；汗不出不可用）。真乃善用石膏者也！

痰饮兼挟风温证者，吴氏每先投疏解卫分邪热之辛凉表药。如痰饮门最后某案，因“其人本有痰饮喘咳，又感风温”，便“暂与辛凉清上”，投银翘散。此虽系“急则治其标”法，然内里之饮，常可随汗出而缓解，即前贤所谓“表解里自和”之意也。若以治饮为急，反有引邪内陷之虞，学者亦须重视。

2. 外饮内结需下导　吴氏对“三焦俱急，大热大渴，舌燥，脉不浮而躁甚，舌色金黄，痰涎壅盛”者，又不过囿于甘寒，或用承气合小陷胸汤，荡涤三焦，或用葶苈大枣泻肺汤，甚至控涎丹（又名“妙应丸”、“子龙丸”）。如第27“酒客痰饮哮喘”觉罗案中，因“脉弦紧数，急予小青龙去麻、辛加枳实、橘皮汤，不应，右胁痛甚”，故断为悬饮，而用“甘遂、大戟、白芥子各五钱共末，神曲糊丸如梧子大，先服十三丸，不知，渐加至二十一丸，以快便下绿黑水为度”，终于“三服而水下喘止，继以和胃收功”。该案对控涎丹的运用极具匠心，此乃“必伏其所主，而先其所因”耳。可见吴氏仍时时以辨证为主的。

三、涤悬饮，主“攻下逐饮，疏肝通络”

1. 逐饮亦需理气血　肝主疏泄，体阴用阳，疏泄太过与不及均可影响水液的输布与运化。正如李时珍所云：“风木太过，来制脾土，气不运化，积滞生痰。”朱丹溪更指明：“善治痰者，不治痰而先治气。”可见前贤对痰饮求治于肝早有认识，并为气郁生痰立下规范性治则。吴氏探究其理，认为“有肝郁者必克脾，脾受克者必停饮”。并提出“病悬饮者，治在肝也”，将悬饮的病位更加明确在胁肋的范围，这为临床施治提供了极大的方便。在用药上，他不仅宗蒋宝素“六淫外入之痰，可攻可伐”之理，对体壮饮盛者，时用十枣汤荡涤攻饮，逐水化瘀(《药性论》大戟“善治瘀血”;《本经》甘遂“破癥坚积聚”;《药性论》芫花“主通利血脉”)，而且还自创香附旋覆花汤，取二药理气血，逐胁下之饮；辅以杏仁、苏子降气化饮，建金平木；佐陈皮、半夏、茯苓、苡仁健中化浊以杜生痰之源。腹满者加厚朴以行气，痛甚者加降香末以降逆。本方宣肝络以开郁，和胃气以化饮，有“两和肝胃”之妙，加减可治伏暑，湿温，积留支饮悬于胁下而成的胁痛之证，还可治肿胀，积聚、痰饮、胁痛等杂病，验案累累，得心应手。该方比仲师旋覆花汤既药众力逮，照顾全面；又较十枣汤持之以平，有执中之美。更须提出的是，其对该方的化裁亦颇精究，常进一步配理气降逆、活血化瘀之青皮、枳实、郁金、当归、白芍、新绛、桃仁、桂枝等，使收效尤捷。如第22舒氏案：“痰饮喘咳夜甚，胁痛少腹亦痛，溺浊，水在肝也，经谓之悬饮。悬饮者，十枣汤主之。恐其太峻，宗其法而不用其方”，以香附旋覆花汤去杏仁加枳实、降香。这种遵先圣之理而广先圣之用的精神，值得吾侪学习。

2. 搜络逐瘀以祛痰　对诊为“肝经络瘀挟痰饮”者，又创新绛旋覆花汤。因此证多系肝气滞，久病入络，导致津液不布反化痰，血行不畅凝成瘀，引起患者常咳嗽呕吐。故吴氏本仲师肝着之意，悬饮之论，参照叶桂辛润通络法的用药经验（轻者旋覆、新绛、归尾、葱管；重者桃仁、红花、柏子仁；有热加丹皮、焦栀、川楝子、青蒿根、夏枯草），在“饮当温药和之”前提下，取新绛、桃仁、归须、旋覆花、活血化瘀专治标；陈皮、半夏燥湿健脾兼顾本；独取辛酸寒之丹皮。既可反佐以防它药辛温燥散，又能疏肝和血而通经络。若与香附旋覆花汤配用，更有珠联璧合之妙。

四、防留饮，需“攻补适中，圆机活变”

1. 避甘壅之碍脾运　周学海曰：“饮者水也”，故知饮皆由湿化生。湿性黏滞重着，最难速去。化生饮后，又能变生百疾。使饮之为病，既复杂多变，又难短期痊愈。然前人习遵仲师之法，治饮时喜投参、草，为使脾健而饮消，然有效、有不效。吴氏有鉴于斯，通过长期实践，认为饮证不宜早补，中肯指出："古人云劳者温之，是甘温调营卫而复胃气，胃旺进食，久久自愈。"故不仅大胆地以生姜易苓桂术甘汤中的甘草，蠲饮丸立方时取苍术弃白术，且在用仲师木防己汤时，均去人参，皆唯恐壅遏中土，使饮留不去。对虚实夹杂、虚多实少之证，多宗景岳"两虚一实，先治其实，网开一面"之言立法，先实后虚，井然有序。如在"饮愈八九，服参加剧"的第29钱氏案中，认为前医"所用之药，大抵不出乎补中焦之外，愈治愈胀，愈治愈痛，以致胸高不可以俯，夜坐不可以卧"，大声疾呼"势急矣，断非缓药所能救"，而用巴豆霜三分，下黑水近一桶，俟势稍平，方以和脾胃调之，给治饮蛮用温补者以极好借鉴。在第30赵案44诊中说，"服石膏至五十斤之多，而脉犹浮洪，千古来未有如是之顽病，皆误下伤正于前，误补留邪于后之累"，进一步针砭了误补使留饮不去之弊。在《医案》痰饮门246诊次中，从未用人参，仅有两案三诊在逐去饮邪改用外台茯苓饮调理时才参入洋参二钱，略予补益，恐饮去过多而阴伤躁烦也。

2. 戒阴柔防助生饮　至于滋腻柔润之补阴药，除益脾而能于土中泻木，又能敛肺止嗽的焦白芍外（王好古云：白芍"治肺急胀逆喘咳"），麦冬在饮去调理方中仅用数诊，余几乎未见其用。在第24董案中云："脉沉细弦弱，咳嗽夜甚，久而不愈，饮也"，强调"最忌补阴，补阴必死，以饮为阴邪，脉为阴脉也"。在痰饮咳嗽又吐血三年不愈的第20严案中说："经谓阳络伤则血上溢，要知络之所以伤者，有寒有热，并非人之络只许阳火伤之，不准阴火伤之也。"痛切地指出："今人见血投凉，为医士一大痼疾。医士之疾不愈，安望病家之疾愈哉!"而用炮姜三钱，桂枝三钱，姜夏六钱，陈皮三钱，焦白芍三钱，茯苓五钱，五味子二钱，枳实二钱取效。在第21壮年阳痿陈案中，通过"眩冒昏迷，胸中如伤油腻状，饮水多则胃不快"，断为"伏饮眩冒证"，痛斥前医："岂有六脉俱弦细，而恣用熟地久服六味之理哉"，并根据弦为饮脉，先予白芍泽泻汤逐其饮，再议缓治湿热愈阳痿。上数案的辨证立方，均卓尔不凡，给人良多启迪。

[《安徽中医学院学报》，1985；(4)]

吴鞠通对炙甘草汤的发展

江克明

炙甘草汤出自《伤寒论》，因它能治疗脉结代，故《千金翼方》易名为复脉汤。

吴鞠通在此方基础上加以化裁，创制了六个新方。不但在处方用药上有所变化，而且适应范围也不断扩充。今以炙甘草汤为主，将吴氏所订的六个方剂以类相聚，合并讨论。

一、炙甘草汤的应用

炙甘草汤是以炙甘草甘温益气、养心复脉为主药，配以人参、大枣益气补脾以充血脉，地黄、麦冬、阿胶、火麻仁滋阴补血以养心体，桂枝、生姜、酒温通心阳而和营卫。综合全方，具有益气、补血、滋阴、温阳、复脉的功用，为养心复脉的代表方剂。

《伤寒论》原意是用治伤寒病后，心动悸、脉结代证候。唐·孙思邈的《千金翼方》用以治疗虚劳；王焘的《外台秘要》用以治疗肺痿，二者均取其补养心肺之功。又有用以治疗呃逆者，是取其养胃阴、降气逆的作用。从养心复脉到滋养肺胃，渐有扩充，侧重点各有不同。

二、炙甘草汤的类方变化

以炙甘草汤为基础，从而加减变化出来的类方有加减复脉汤、一甲复脉汤、二甲复脉汤、三甲复脉汤、大定风珠、救逆汤等。今就各方的药物组成、功用和主治，列成简表(见附表)。

炙甘草汤是在桂枝去芍药汤的基础上加人参、麦冬、地黄、阿胶、火麻仁、酒而成，是温补气血阴阳，而以温阳益气养心复脉为主；适用于气血阴阳虚的心动悸、脉结代证候。

加减复脉汤从炙甘草汤中减去人参、桂枝、姜、枣、酒五味温壮之品，加上一味白芍，是以滋阴补血养心复脉为重，适用于阴血虚的心悸、脉促，舌光红者。

一甲复脉汤用治温病后，阴血虚的心悸、脉促、舌光红，而大便溏薄者，故不用火麻仁，而加上生牡蛎。

附表　炙甘草汤的类方

炙甘草汤	炙甘草、人参、麦冬、地黄、阿胶、火麻仁、桂枝、生姜、大枣酒	益气、补血、滋阴、温阳	伤寒病后，或杂病中的心动悸、脉结代证候
加减复脉汤	炙甘草、白芍、麦冬、地黄、阿胶、火麻仁	滋阴、养血	温病后，阴血虚，心悸、脉促、舌光红者
一甲复脉汤	炙甘草、白芍、麦冬、地黄、阿胶、生牡蛎	养阴血、清余热	上方证兼大便溏薄者
二甲复脉汤	一甲复脉汤加火麻仁、鳖甲	育阴、潜阳、大息风	温病后，阴血虚。舌光红，手足蠕动者
三甲复脉汤	二甲复脉汤加龟板	育阴、潜阳、熄风	(1)同上方证；(2)阴血虚，心悸、脉促；(3)杂病阴虚阳亢，心悸、眩晕者
大定风珠	三甲复脉汤加五味子、鸡子黄	育阴、潜阳、熄风、固脱	同三甲复脉汤证，瘛疭、脉虚、时时欲脱者
救逆汤	一甲复脉汤加龙骨	养阴、敛汗	同一甲腹脉汤证，汗出过多者

二甲复脉汤用治温病后，阴血虚，舌光红，手足蠕动者，于一甲复脉汤中又加鳖甲，转而成为育阴潜阳熄风之剂，再加上龟板，就成为三甲复脉汤，不但可治阴血虚的心悸、脉促与手足蠕动之症，而且对杂病中阴虚阳亢的心悸、眩晕等症，亦多应用。

大定风珠是在三甲复脉汤的基础上加五味子、鸡子黄而成，于育阴潜阳熄风的同时，有收敛固脱之功，适用于三甲复脉汤症见瘛疭、脉虚、时时欲脱者。

救逆汤于一甲复脉汤中加上龙骨，功能滋阴养血而敛汗，适用于一甲复脉汤证而汗出过多者。

三、讨论

1. 炙甘草汤是养心复脉的基础方，它的处方用药体现了益心气、补心血、滋心阴、温心阳四大方法。这四种方法的运用，可随病变的证候表现，而作相应的抉择和调整。

《千金翼方》、《外台秘要》用以治疗虚劳和肺痿。验之临床，两者多见阴虚或有出血之证，方中桂枝、生姜二药性偏温热，应减去勿用，以免伤阴、动血之虞。如果用治胃虚呃逆，还可加半夏、柿蒂等和胃降逆止呃之品。

2. 传统认为，伤寒派重在温阳，温病派重在养阴。吴鞠通是温病学家的代表，他从炙甘草汤中减去温壮之品，加减变化出六个复脉汤类方，都以滋阴养血为主，就是典型例子。温病热盛易于伤阴，后期每多阴血虚证候，滋阴养血是必要的。

查《温病条拼》下焦篇有十几条详列各个复脉汤证的原文，观其内容，除了养心复脉以外，还有潜阳熄风（治阴血虚动风）、生津润燥（治病后咽干口燥）、补肾聪耳（治病后耳聋）、补心养神（治病后神倦欲眠）、养血调经（治热入血室，邪去八九，脉虚数，夜热者）等方法，多作为善后处理之剂。近年临床引申应用于杂病中阴血虚的心悸、脉促，阴虚阳亢的眩晕、中风，以及血钙缺少所致的搐搦等症，取其滋阴养血之功，亦能获得良好效果。

3. 吴氏将炙甘草汤的温阳复脉法改变为养阴复脉法，这是一变。又于加减复脉汤变为滋阴养血、潜阳熄风法，这是二变。其适应范围也相应扩大，这样的应用经验，若没有长期临床实践体验，是提不出来的，确是难能可贵。

后人对三甲复脉汤和大定风珠的应用，又从原治温病后期的阴血虚动风证候，进而应用到杂病中来，以治疗高血压、中风等证，同样有效。辨证选方的关键，还是在于阴亏血虚，阳不潜藏。

4. 复脉汤类方中，以三甲复脉汤最为典型。它所主治的证候，按照中医理法分析：由于阴血虚不能养心，故心悸、脉促；阴血虚不能濡养筋脉，故手足搐搦；阴血虚而阳亢于上，故眩晕、中风。通过滋阴养血、潜阳熄风，可以三者并治。

5. 复脉汤类方所治之证，除炙甘草汤证有阳虚的见证以外，其余各方证，不论在温热病后，或者是在杂病中，都有舌红光滑、少苔这一共同征象。这是阴血虚的主要表现，是辨证选方的特有标志。临证之际，必须掌握住这一舌诊特点，才能运用恰当。

［《中医杂志》，1982；(2)］

温病三焦治法与药物的升降浮沉说

樊　镒

温病在发生发展过程中，温热之邪初起多由口鼻而入，首先犯于上焦。即叶氏所谓“温邪上受，首先犯肺，逆传心包”。上焦不治，邪即可依次下传中焦、下焦，故叶氏有“河间温热，须究三焦”之说。吴鞠通则更进一步地指出：“上焦病不治，则传中焦……中焦病不治，即传下焦。”在温病的某个阶段中，其病变往往侧重于某个层次和部位，所以在治疗上就必须结合病变浅深的层次和病变部位的高低而进行针对性的治疗。在方药的选择上，亦应有升浮、沉降之别，以使药力直趋病所，而不致诛伐无过。所以药物的升降浮沉学说，在温病针对三焦辨证的治疗中，具有重要意义。现仅略举数例说明：

一、邪犯肺卫，药用辛凉轻清

人体中肺位最高，为五脏六腑之华盖。温病初起，邪由口鼻而入，邪客于肺，势必肺卫先伤，治疗则当用辛凉轻清之品以去上焦肺卫之邪。所以叶氏提出：“肺主气其合皮毛，故云在表，在表初用辛凉轻剂。”吴鞠通在论述上焦肺卫主方银翘散时说：“此方之妙……纯然清肃上焦，不犯中下，无开门揖盗之弊，有轻以去实之能。”就是利用某些辛凉清解药物升、浮、轻的特性，使其直达上焦肺卫，以宣透上焦肺卫之邪，所以不用沉降之品，是以免药过病所，攻伐无过。即使在煎服法上，也主张“勿过煮，肺药取轻清，过煮则味厚入中焦矣”，“盖肺位最高，药过重则过病所，少用又有病重药轻之患，故从普济消毒饮时时轻扬法”，以使药物的轻清升浮之性能够尽情发挥。

二、湿阻气机，以轻开肺痹为主

肺主通调水道，为水之上源，主一身之气，当湿温初起，湿邪郁阻，使三焦气机阻滞，气化失常。因三焦为决渎之官，主水液代谢输布，以及水谷传化，湿热郁蒸，必定影响到整个三焦水液气化等功能。尤其是肺主气，通调水道，下输膀胱，如湿热蕴蒸，使肺气郁痹、气机失于宣展之时，吴鞠通的治疗方法是“惟以三仁汤，轻开上焦肺气，盖肺主一身之气，气化则湿亦化也”，就是利用三仁汤中某些药物轻清开上之功，以宣展气机，再配以芳化淡渗利湿之品，以使三焦气机通畅，气化功能正常，则湿浊可去。总之全方以轻清流动而不重浊之品组成，因为“湿气弥漫，本无形质，以重浊滋味之药治之，愈治愈坏”。虽然三仁汤全方以调理三焦气机，化浊利湿为用，但轻清流动以宣肺痹，以使肺气宣降归于正常，水道得以通调，是其主要方面。

三、上焦肺津亏，主以甘寒清润

温乃阳邪，最易损耗人体阴液，故叶氏有“热邪不燥胃津，必耗肾液”之说。但在温病初中期，以肺胃津液耗伤更为常见，因肺为娇脏，喜润恶燥，全赖阴津之濡养，而胃为水谷之海，津液化生之源，肺胃炽热，津液必定耗伤，所以保存阴津，在温病治疗中有着重要的意义，故叶氏指出：“救阴不在血，而在津与汗”，即强调救治阴津的重要性。然肺位最高，所以滋养肺津，多用轻清甘寒濡润之品。如叶氏在论舌苔时说：“若白干薄者，肺津伤也，加麦冬、花露、芦根汁等轻清之品，为上者上之也”，这是因为肺位最高，而用药亦应上浮直达病所之故。如用浊腻沉降之品，虽能滋养阴液，但直达下焦肝肾，与肺无关，反而无益。

四、邪在中焦，以逐邪安中为主

所谓“治中焦如衡，非平不安”，并非说治中焦病变，概用药性和平之品，因为温病发展至中焦，无论是热是湿，多以邪气亢盛为主，治以清热或祛湿，均须采用强有力的方法，以使邪气去，中州得以平和。但在选方用药上，与轻清开上之治上焦和重沉之治下焦不同，其性质介乎二者之间，其方无论是攻是清，是温是化，均以治脾胃大肠为主。如治热在中焦，偏于无形气分邪热，治用白虎之清泄气分；阳明有形邪热结实于里，治以承气攻下逐实；胃热发斑偏于血分，则用清胃凉血而化斑，而其中石膏、知母、大黄等药，其清热攻邪之性虽猛，但就其药性而言，均以入中焦肠胃为主。

五、湿阻中焦，以化湿畅中为法

如湿热困阻于中焦，虽有湿与热的偏盛，但总以脾胃为病变中心。因脾胃属土，洼则存湿，湿存则气机受阻，中焦痞塞，升降失常，故治疗当崇土以祛湿，畅气以化湿，疏导以利湿。故选用辛香调气之品以畅达气机，开气分之湿结；苦寒之品清热燥湿；再佐以通利水道渗泄之品以利湿，以使湿化热清，脾胃升降功能则可趋于正常。

中焦乃气机升降枢纽，脾升胃降，脾喜燥而恶湿，胃喜润而恶燥，若邪气存留，影响到脾胃的升降功能，治疗就应祛除邪气，并利用药物升降浮沉之性能以恢复脾胃的升降功能、使中焦气机升降趋于平衡。所以在选用药物上，或是以下夺沉降之品为主，以承顺胃气下降之势；或是以芳化开达为主，以恢复脾胃的运化升清功能，总之以平衡中焦脾胃升降气机为目的。

六、肝肾阴伤，用滋潜重镇

肝肾同处下焦，为三焦之最下部，温病后期，邪传下焦，耗伤肝肾之阴，最虚多邪少之症。然肾主五液，真阴所藏，且乙癸同源，故温病后期，邪传下焦，多见肝肾阴液耗伤之证。肝肾阴液耗伤，因其部位在下，津虽清稀，而液实浓稠重浊，所以滋养下焦肝肾阴液，非重浊沉降之味而莫属。因真阴欲竭，厚味浓浊填阴之品能直达下焦，滋填真阴；阴虚则肝风内动，重镇咸寒介属之品，能潜阳镇摄。如用甘寒清润之品，则药力轻浮在上，不能下达病所，必定贻误病机。

从以上论述中我们可以看出，药物的升降浮沉学说，对温病的治法、用方、遣药具有重要的指导意义。尤其是吴鞠通“三焦辨证”的创立，在治法上更是强调了药物升降浮沉学说在温病中的重要作用。如他在《温病条辨·凡例》中说：“是书……卷一为上焦篇，凡一切温病之属上焦者系之，卷二为中焦篇，凡温病之属中焦者系之，卷三为下焦篇，凡温病之属下焦者系之……俾阅者心目瞭然，胸有成竹，不致临证混淆，有治上犯中，治中犯下之弊。”并在《温病条辨·治病法论》中更进一步地说：“治上焦如羽，非轻不举，治中焦如衡，非平不安，治下焦如权，非重不沉。”使升降浮沉学说在温病的治疗用药上，更加详细具体，使后世在温病的治疗用药上，更有法度可循。所以说药物的升降浮沉学说，在温病的治疗中，具有重要的指导意义。

[《北京中医杂志》，1989；(6)]

浅析吴鞠通的湿温治疗三禁

范新民　柴树鹰

清代温病学家吴鞠通在《温病条辨》上集篇第四十三条写到：“头痛恶寒，身重疼痛，舌白不渴，脉弦细而濡，面色淡黄，胸闷不饥，午后热甚，状若阴虚，病难速已，名曰湿温。汗之则神昏耳聋，甚则目瞑不欲言；下之则洞泄；润之则病深不解。”叙述这湿温病的主要脉证和治疗禁忌。经过十余年的温病教学和临床，认为吴氏提出的湿温病的治疗禁忌不是绝对的，而是要辨证运用。

湿温是由湿热病邪所致。吴氏说“内不能运水谷之湿，外复感时令之湿”是湿温病形成原因。薛生白在《湿热病篇》中更具体的阐述了湿温病的形成“太阴内伤，湿饮停聚，客邪再至，内外相引，故病湿热”。所以，湿温是内外因合而为病。从病邪性质上，湿与热是两种属性不同的邪气，这就决定了湿温病的特殊性：病程长、缠绵难愈；病变以脾胃为中心，弥漫全身；多见矛盾性症状。从病机转化着，由于人体中气盛衰的不同，有两种不同转归：“中气实则病在阳明，中气虚则病在太阴。”概括了湿温病机转变的关键。湿邪在气分不解，可以从燥化伤律而成腑实，也可以陷入营血而出现神昏瘛疭，斑疹及出血。所以，湿温是较为复杂的一种温病，初起和伤寒及温热性疾病的病因病机截然不同，而疾病发展又可出现与伤寒和温病相同的病程阶段。吴氏提出治疗湿温病的禁汗、禁下、禁润的理论，笔者认为是不全面的，而是要根据湿温的病程阶段，病理机制，合理的使用汗法、下法和滋阴法。

一、关于禁汗和可以发汗

湿温初起，出现头疼恶寒，身重疼痛，舌白不渴等症状，与伤寒太阳表证相似。但伤寒脉浮紧。本条脉弦细而濡，从脉象上和伤寒截然不同。本条所述头痛恶寒，身重疼痛，是由于湿邪阻遏清阳、气不得宣展而致，完全不同于寒邪郁闭太阳之表所引起的头痛恶寒，身疼痛的机理。同时，本条有身重，舌白不渴，面色淡黄，胸闷不饥的症状，是清阳被阻，脾湿不化而致，这是伤寒表实证所不具备的。所以，湿温病初起禁用辛温发汗，不可妄投麻、桂之类。如果误用，汗出过多，耗伤心阳，湿热邪气随辛温发散蒸腾上蒙，清窍被阻而出现神识昏糊，听觉失灵，甚至两眼闭合，不欲讲话等现象，即所谓“汗之则神昏耳聋，甚则目瞑不欲言”。这是三禁中的禁汗。

薛生白在《湿热病篇》第二条指出：“湿热证，恶寒无汗，身重头痛，湿在表分，宜藿香、香薷、羌活、苍术皮、薄荷、牛蒡子等味。”论述了湿邪伤表而尚未化热的证治。由于湿邪伤表，卫阳被郁而见恶寒无汗，湿阻气机而身重头痛。所以，治疗以芳香辛散为主，用藿香、香薷辛温芳香、疏散寒湿。用苍术、羌活辛燥祛风寒，除湿止痛。在《湿热病痛》第二十一条又指出：“湿热证，胸痞发热，肌肉微痛，始终无汗者，腠理暑邪内闭，宜六一药一钱，薄荷叶三、四分泡汤调下即汗解。”在自注中写到：“湿温发汗，昔贤有禁，此不微汗之，病必不除，盖即有不可汗之戒，复有及汗始解之治法，临证者，知所变通矣。”章虚谷亦云“寒湿在表，法当汗解”。综上所述，湿温的禁汗是指：1. 湿温表证不可用麻，桂辛温强行发汗；2. 湿温初起虽有表证，但毕竟以脾湿不化为主，属卫气同病，故不可漫用汗法解表。对湿温湿郁肌表，卫阳阻遏的证候，可以用汗法而解。如临床上所见的感冒，表现恶寒发热，头身困重酸楚，或有咳嗽喘息，甚至肌肉痉挛，运动不利，舌苔白滑润，脉濡缓的风湿型感冒；或突发寒热，胸痞，恶心呕吐，或泻泄的胃肠型感冒，都属湿温范畴，均为“湿在表分”、“湿在肌肉”，所以，治疗都必须辛温化表里之湿，临床上常用三仁汤、藿朴夏苓汤、藿香正气散等方剂加减选用，微汗而解。

二、关于禁下和可以攻下

湿温病以脾胃为病变中心，弥漫全身。由于湿热蕴阻脾胃以致气机不畅，传导功能失常，临床见胸脘痞闷、腹胀、纳少、大便不爽，常被误认为肠胃积滞而用下法。用下法，一则损伤阴液，一则损伤脾胃阳气，抑制脾阳的升发而致脾气下陷，造成大便泄泻不止。即所谓“下之则洞泄”。这就是三禁中的禁下。

湿温病后期，湿从燥化，也可出现腑实结滞的证候而用下法。薛生白在《湿热病篇》第三十六条中写到：“湿热证，发痉撮空，神昏笑妄，舌苔干黄起刺或转黑色，大便不通者，热邪闭结胃腑，宜用承气汤下之。”论述了湿热病阳明腑实伤律而肝风内动的证治。湿火转成燥火，必用承气攻下存阴液。清代温病学家王孟英曰：“湿来化燥，腑实未结者，不可下耳，下之则利不上。如已燥结，极宜下夺，否则垢浊熏蒸，神明蔽塞，腐肠铄液，莫可挽回。”叶天士在《温热论》中对湿温用下法做了更明确的论述：“再论三焦不及从外解，必致里结。里结于何？在阳明胃与肠也，亦须用下法。但伤寒邪热在里，劫铄津液，下之宜猛；此多湿邪内转，下之宜轻。”湿邪羁留三焦应分消走泄，病邪外透而解，否则必里结于阳明成里实，亦当用下法。但湿温之里结阳明，多属湿热郁滞而非燥屎，所以下之宜轻。如果湿邪化燥与肠中积滞相结形成燥屎，也必须峻剂攻下，以免贻误病机。湿热病的病位在阳明和太阴，病变性质是热与湿交相为患，但湿热病的演变不管偏湿偏热均可热化而形成热重于湿的证候。这种热重于湿的证候容易形成阳明里结，伤律劫液，甚至发生痉厥，此时必须用承气类及时荡涤邪热，即可急下救阴，又可防止出血症的发生，收到事半功倍的效果。临证要注意与肝经热盛和邪入手厥阴心包致的痉厥进行鉴别。综上所述，对湿温病禁下的认识应该是：早期下法当禁，后期湿从燥化，腑有结滞的应该攻下。

三、关于禁润和可以滋润

湿为阴邪，浊法黏滞，湿热内蕴，阻滞气机，津液不能敷于上而见口渴；水道不利又可小便短少；湿遏热伏，热蕴湿中则身热不扬，阴邪旺于阴分而午后热甚。如不综合辨证，口渴、小便不利会被认为是热邪灼津，误投甘寒生津药，午后热甚又会被认为是阴虚证，误投滋阴药。病本属阴，甘寒滋润药亦属阴，阴邪阴药，两阴相合，必致锢结不解。即所谓“润之则病深不解”。这就是三禁中的禁润。

湿温后期，湿从燥化，热入营血，临床会出现出血见证，此时如一味禁润，过服辛燥、淡渗，会导致津枯液涸之弊。所以，必须及时给予养阴、清营、凉血之品。《湿热病篇》第七条写到：“湿热证，壮热口渴，舌焦红或缩，斑疹、胸痞，自利，神昏痉厥，热邪充斥表里三焦，宜大剂犀角、羚羊角、生地、元参、银花霜、紫草、方诸水、金汁、鲜菖蒲等味。”第三十三条又写到：“湿热证，上下失血或汗血，毒邪深入营分，走窜欲泄。宜大剂犀角、生地、赤芍、丹皮、连翘、紫草、茜根、银花等味。”以上两条为湿邪化热、化燥，进入气分，陷入营血的证治。湿温病热化伤津耗液的营血证，是病情趋向严重的表现，除有发热，舌质红绛少津，烦躁谵妄等症状外，多发生出血现象，此时必须用大剂量凉血解毒，清热生津的药物治疗，以达清热救阴的目的，存一分阴液，便有一分生机。如果出血严重的，尚须兼益气养阴，以防气随血脱。这就是湿温病热入营血也必须用养阴、清营、凉血的治疗方法。所以，湿温禁润不是绝对的。

从以上中医原著的分析和个人见解，湿温病禁汗、禁下、禁润只是常法而言，如果湿温挟寒，亦可酌用汗法；肠胃积滞，亦可酌用下法；湿邪化燥伤阴耗液，亦可用滋阴法，是常法中的变法，临证必须综合分析，观其变化，辨证论治，灵活运用。

[《长汉医学院学报》，1997；(4)]

《温病条辨》中吴氏独创方研究

刘宏艳　肖照岑　年　莉

《温病条辨》全书共载方剂208首。除师承前贤外，吴氏另自创方剂64首。其中化裁经方15首；变通叶方11首；仿诸家名方制新方7首；另匠心巧运，补纠前贤、独创新方31首。本文仅就其独创方创制思路进行研究。

一、一般情况

吴氏除据前贤之方创立新方外，尚结合自己临证所得独创方剂。包括银翘散、银翘散去豆豉加细辛生地丹皮大青叶倍元参方、银翘散去牛蒡子元参加杏仁滑石方、银翘散加生地丹皮赤芍麦冬方、银翘散去牛蒡子元参芥穗加杏仁石膏黄芩方、银翘汤、桑菊饮、黄连黄芩汤、雪梨浆、五汁饮、增液汤、益胃汤、清燥汤、冬地三黄汤、安宫牛黄丸、水仙膏、三黄二香散、四苓合芩芍汤、杏苏散、香附旋覆花汤、橘半桂苓枳姜汤、椒桂汤、救中汤、霹雳散、复亨丹、专翕大生膏、化癥回生丹、一甲煎、二甲复脉汤、三甲复脉汤、大定风珠等方。从吴氏自创方分布来看，用治温热类病证之方共 18 首，用治湿热类温病方剂为 6 首，寒湿及凉燥用方分别为 3 首及 4 首，可见其独创方中以温热类方剂为最多。

二、创治温方　为后学典范

在温热类方剂中，银翘散、桑菊饮是辛凉解表法的代表。吴氏强调“古来用伤寒法治温病之大错也”，认为太阴温病“非辛凉秋金之气，不足以解之”。故创辛凉平剂银翘散及辛凉轻剂桑菊饮以应温热类温病初起的治疗。银翘汤以辛凉解表配养阴生津组成，用于下后邪气还表之证，吴氏认为“逐邪者随其性而宣泄之，就其近而引导之，故主以银翘汤，增液为作汗之具”。上述三方主证，以邪气在表为共同点。温病表证的治疗，是伤寒研究之所不及，故经方中无一涉及。而温病大家叶桂虽然提出过相关治法，但又无现成方剂以借鉴，银翘散类方剂的创制可弥补该领域研究之不足。

黄连黄芩汤以其清宣郁热之功用治中焦气分证。仲景治疗阳明热证以辛寒法及酸苦法为主，叶桂在温热病的治疗中也沿用此法，而吴氏黄连黄芩汤之苦寒微辛法的出现使阳明热证的治法得以丰富。所创安宫牛黄丸较原有凉开之紫雪丹、至宝丹之清热解毒之力更胜一筹，从而使后学者可据证灵活选用“凉开三宝”。另外，吴氏于治温毒外肿一证治中，尚创制水仙膏、三黄二香散二方以外用。该外敷法可补东垣温毒之治。

雪梨浆、五汁饮、益胃汤、增液汤、清燥汤、冬地三黄汤、一甲煎、二甲复脉汤、三甲复脉汤、大定风珠、专翕大生膏等为吴氏所创养阴之方。《伤寒论》中单纯养阴之方仅以甘润平补之猪肤汤为代表，而养阴与温法相配则更为多见，如扶阳益阴之芍药甘草附子汤及通阳复脉、滋阴补血之炙甘草汤。叶氏之养阴法较仲景更加丰富，他曾提出过养阴益胃法，如他在《温热论》中云：“胃津亡也……轻则如梨皮、蔗浆之类。”在临证中，叶氏也遵循这一原则，常在养阴方中配伍梨汁、蔗浆。吴氏则贯彻其益胃生津之法，而且将该法具体化为“沃”法，并完全采瓜果鲜汁以为治。如雪梨浆、五汁饮可养肺胃之阴。吴氏所创益胃汤、增液汤仍为养阴之法，清燥汤亦以养阴为主，另具清余热之功。上三方之法于叶氏医案中多用于阴虚治疗，而吴氏创造性地将该法用于阳明温病下后阴虚及阴虚便秘证的治疗中，不仅可弥补仲景之下法，而且较吴又可之下法又进一步。又可尚以泻下与养阴相结合以治热邪内结兼阴液干枯证，而吴瑭则完全“以补药之体，作泻药之用”，即增水行舟法，从而使温病之下法更加丰富。吴瑭还创甘苦合化阴气法之冬地三黄汤治阴伤而邪热尚存之证，此法既以苦寒泻火，又以甘寒养阴，苦寒甘寒合用不必虑其苦寒化燥伤阴。一甲煎仅单用牡蛎一味，此与仲景及叶桂均有不同。仲景用牡蛎在于镇惊，叶氏用牡蛎还在于熄风，而吴氏用牡蛎则有其独到之处，他认为救阴之药多滑润，“若以复脉滑润，是以存阴之品，反为泻阴之用。”而牡蛎一药兼存阴、涩大便、清在里之余热等三用，正宜于阴虚伴便溏的治疗。二甲复脉汤、三甲复脉汤、大定风珠等方均以滋补真阴见长。三方均以加减复脉汤为基础，二甲复脉汤于加减复脉汤加牡蛎、鳖甲潜阳，可防阴虚痉厥。三甲复脉汤则再增龟板以应肾阴虚不能上济心阴之候，此二方在养肾阴同时，兼具潜肝阳及滋心阴之功。大定风珠更以大队浓浊填阴塞隙，介属潜阳镇定，以鸡子黄交合上下。吴氏在自注中指出，只有阴得安其位，阳才可立根基，从而使阴阳不致绝脱。如真阴虚久难复，吴氏又创专翕大生膏补之。吴氏所制养阴诸方，既有创造性地以瓜果鲜汁为养阴之法，也有以补为泻，而其复脉系列方滋阴潜阳更是步步为营。吴氏之用养阴不仅可补仲景之未备，而且对叶氏、又可等医家亦做到举一反三。

上述18首独创方均为吴氏温热类用方，占其独创方的一半以上，可见其认为单凭前贤之方不足以治疗所有温热类温病。如前所论，吴氏治温源自仲景、叶桂等医家，但吴氏认为仲景“论温、论暑、论湿，偶一及之也”，而“叶氏吴人，所治多南方证”，故此，吴氏独创诸方用治温热类温病。其辛凉解表方、清宣郁热方、凉开方、养阴益胃方、增液润肠方及滋阴潜阳诸方的创制，可谓后学之典范。

三、创治湿方　以补弥前贤

吴氏除为温热类温病创方外，尚独创6首方剂，以应湿热类温病的治疗。即银翘散去豆豉加细辛生地丹皮大青叶倍元参方、银翘散去牛蒡子元参加杏仁滑石方、银翘散加生地丹皮赤芍麦冬方、银翘散去牛蒡子元参芥穗加杏仁石膏黄芩方、四苓合芩芍汤及香附旋覆花汤等。

前四方为吴氏在银翘散基础上进退而得，用治太阴伏暑。伏暑之发病系新感引动伏邪所致，故应表里同治。吴氏治表仍以银翘散为主方，治里再辨病位及虚实。如湿重则邪在气分，宜佐宣肺利湿；热重则邪在血分，宜配清热凉血；表虚则弃银翘散方中解表药特别是辛温解表药，以防其表散太过而“无犯虚虚”之戒。四苓合芩芍汤为治疗痢疾之方，该方以四苓散利水，使邪不直注大肠，利小便以实大便。分利本为治痢所禁忌，但吴氏冲破戒律，认为应视其证之所见，而不应先有成见。观吴氏治痢，乃以阴未伤或小便短作为应用分利法之现证。此方之创可正分利治痢之名。而香附旋覆花汤之创实为补悬饮之治。原仲景之十枣汤适宜非峻攻不可之里水久积，陈无择之控涎丹则适宜需缓攻之久居邪下之水，而时令之邪，与里水相搏，其根不固，不必用十枣之太峻，亦不宜控涎丹之缓攻，只以宣肝降肺，行气消饮即可，故有香附旋覆花汤之制。上述诸方的创制使治湿之法得以丰富。

四、独创寒湿　凉燥治方

《温病条辨》中除涉及温热类、湿热类温病的证治外，尚列寒湿及凉燥以与温病相对应。吴氏为两证创方剂7首，其中救中汤、橘半桂苓枳姜汤及椒桂汤用治寒湿，而杏苏散、霹雳散、化癥回生丹、复亨丹等4方用治凉燥。于卒中寒湿一证，吴氏立救中汤急驱浊阴以救真阳。于饮家阴吹之证，吴氏又总结其各种治疗，并反用《金匮》之法，制橘半桂苓枳姜汤。此外，他还在原有大黄附子汤、天台乌药散等治疝方剂基础上，创椒桂汤以治暴感寒湿所致之疝，从而使寒疝之证治更加全面。

凉燥证治中，燥邪袭表治以杏苏散；燥传中焦未成腑实用霹雳散；燥延下焦如与血搏而成癥瘕用化癥回生丹，如不与血搏则治以复亨丹。前人较少论及凉燥，仅沈目南在《医征》中有相关论述，其议论虽通达正大，但间存偏胜不圆之处，且有论无方。有鉴于此，吴氏为补前人之不足而创以上四方。

综上所述，吴氏“历取诸贤精妙”，“远追踪乎仲景”、近学本于叶桂，博采各家之名方为己所用。但由于历史条件所限，先贤识证不可能作到面面俱到。因此吴氏识新证，创新方。吴氏独创上述方剂，不仅可补前人方剂之欠缺，也可济前人治法之不足。对先贤立方不当之处，吴氏又创制新方予以纠正。

[《长春中医药大学学报》，2008；(5)]

吴鞠通温病治疗禁忌学说初探

李刘坤

吴鞠通所撰《温病条辨》一书，不仅创立了温病三焦辨证的理论体系，详论了温病的病因病机、证治方药，而且通篇渗透着大量的温病治疗禁忌内容。这些内容对防止和纠正临证误治，丰富和完善温病学说有着极为重要的意义。然因其分散零乱，人多不深究，以致失其应有作用。故略加归纳整理，奉于同道。

一、吴氏温病治疗禁忌学说的产生

温病治疗禁忌的内容作为吴氏温病学说的重要组成部分，同样是人们长期同外感热病做斗争的产物。早在《内经》中就已有热病治疗禁忌方面的记载。《伤寒论》更广泛地论及外感病的治疗禁忌。其后，历代医家均有发挥。然所憾的是这些记载很不完善，未能从根本上制止和纠正温病误治。晋唐以后的一些医家，尚不深究仲景辨证论治之理，每遇外感，不分寒温，概以伤寒之法治之；或虽识温病，但学术不精，临证不究治疗宜忌，投剂不循缓急之法，均致动手便错，使患者无辜受害。吴氏正是对误治给温病患者造成的严重危害和惨痛恶果深有感慨，以为“生民何辜，不死于病而死于医，是有医不若无医也，学医不精，不若不学医也”。故一生立志专攻方术，不仅搜集了古今治温的有效经验，而且深刻总结了温病误治的惨痛教训，提出了大量的温病治疗禁忌内容，用以“济病者之苦，医医士之病”。因此，吴氏温病治疗禁忌学说并非凭空臆造而来，亦非可有可无之笔，而是直接针对严重的温病误治之风而设，以期力矫前非，拨乱反正，造福苍生。

二、吴氏温病治疗禁忌学说主要内容

吴氏温病治疗禁忌的内容十分广泛，涉及治法、方剂、药物、药量、煎法、服法、饮食等各个方面。现分述如下：

1. 治法应用方面　论治之道，贵在立法精当，若法不应证，则为医者所大戒。吴氏论治温病，尤为注重杜绝误治，反复强调诸法之禁。

（1）忌发温热之汗：自古温病混称伤寒，初起无不辛温发汗以解表，受害非浅。为彻底防止和纠正千古之弊，吴氏首先明确提出“温病忌汗”，即忌用辛温发温热之汗。他认为伤寒初起乃寒邪袭于足太阳之表，“非汗不解，最喜发汗”。而温病初起则为温邪上犯手太阴肺经，“最忌发汗”。正如他说：“汗之不惟不解，反生他患。盖病在手经，徒伤足太阳无益；病自口鼻吸受而生，徒发其表亦无益也。且汗为心液，心阳受伤，必有神明内乱、谵语癫狂、内闭外脱之变。再，误汗虽曰伤阳，汗乃五液之一，未始不伤阴也……温病最善伤阴，用药又复伤阴，岂非为贼立帜乎？”故于温热病初起，立辛凉清透之法，妙在宣透肺

卫，异邪外出，俾营卫气血调和，自然得汗而愈，与辛温发汗截然不同。

(2) 湿温初起“三禁” 湿温虽属温病范畴，但其证治却与温热有别，且湿温初起，可见头痛、恶寒、身重疼痛，易误认为伤寒而施以辛温发汗；见中满不饥，大便不畅，易误认为积滞内停而苦寒攻下；见午后身热，易误认为阴虚而柔药润之，导致严重不良后果。故吴氏于湿温初起，又特设“汗、下、润”三禁，以警同道。他强调指出：“汗之则神昏耳聋，甚则目瞑不欲言，下之则洞泄，润之则病深不解。”进一步为防止和纠正湿热病的误治奠定了基础。

(3) 诸证治疗禁忌 为层层把关，杜绝误治，吴氏进而对一些容易误治的证候提出了相应的禁忌内容。如温热斑疹，忌用升提、壅补之法。津伤而“小便不利者，淡渗不可与也”。“阳明温病，无汗，实证未剧，不可下”。湿热发痞，内外合邪，“纯辛走表，纯苦清热，皆在所忌”。阴伤耳聋，忌投升散。阴损正伤，不可数下。燥热伤津，慎用苦寒。如此设禁，可谓苦口婆心。

2. 方剂应用方面

方剂应用是否得当，亦直接关系到疗效的优劣成败。故吴氏除详论方剂的适应证外，对许多方剂还提出了一定的应用禁忌。如论白虎汤时指出：“白虎本为达热出表，若其人脉浮弦而细者，不可与也；脉沉者，不可与也；不渴者，不可与也；汗不出者，不可与也；常须识此，勿令误也。”论清营汤时指出：“若舌苔白滑，灰滑，淡黄而滑，不渴者，乃湿气蒸腾之象，不得用清营汤柔以济柔也。”论下焦温病所用诸方时指出：“壮火尚盛者，不得用定风珠、复脉。邪少虚多者，不得用黄连阿胶汤。阴虚欲痉者，不得用青蒿鳖甲汤。”其它如诸承气汤，抵当汤，新加香薷饮，清暑益气汤，泻白散，五苓散，八正散，柴胡汤等，都提出了应用禁忌的内容，为方剂的正确使用提供了重要依据。

3. 药物应用方面

药物的选择是方剂配伍和随证应变的关键。吴氏认为，用药治病者，皆以偏矫偏。因药之偏胜太过，故有宜用之，有宜避之。他强调“合病情用之，不合者避之”。如三焦用药，各有所宜，忌“治上犯中，治中犯下”，“又不可以浅药治深病”。又如温热与湿热，用药各异，“温病之不兼湿者，忌刚喜柔……温病之兼湿者，忌柔喜刚。”这些原则对于温病临床的选药组方均具有重要指导意义。此外，吴氏还提出温热斑疹忌用升麻、柴胡、当归、防风、羌活、白芷、葛根、三春柳、陈皮；燥热咳嗽，胶痰难咯者，禁用苏子、橘红、当归等。这些具体的用药禁忌亦有一定的临床参考价值。

4. 药量、煎法、服法方面

药物用量、煎法、服法是否得当，亦是影响疗效的重要因素。吴氏十分强调用药剂量要随其证而轻重之，不可照搬书原定分量，切忌病重药轻、病轻药重之弊。煎药方法亦宜根据药物升降浮沉、气味厚薄的不同功用，合理掌握。如轻清达肺之剂银翘散宜用散剂速煎，待“香气大出，即取服，勿过煎”，以防过煎味厚而入中焦。在服药方法上，要根据病位、病情及药后反应来决定和调整服药次数、间隔时间，进退将息。服药太多过不及，皆在所忌。故吴氏每用时时清扬或多备少服之法，以绝太过不及之弊。

5. 饮食调养方面

饮食不当可给温病的治疗带来极为不利的影响早被医家所重视，吴氏承前贤之论，进一步阐明：“太抵邪之着人也，每借有质以为依附，热时断不可食，热退必须少食。”热病初愈，“坚硬浓浊者，不可骤进”。尤其是“阳明温病，下后热退，不可即食，食者必复，周十二时后，缓缓与食，先取清者，勿令饱，饱则必复，复必重也。”此暴食之禁，切勿忽视。

总之，吴氏温病治疗禁忌学说是长期临床实践的产物。其内容丰富，论述精详，具有重要的理论和实用价值。故进一步深入开展这方面的研究是十分必要的。

[《北京中医学院学报》，1984；(4)]

吴鞠通“辛凉止汗”说初探

顿宝生

医多言辛凉发汗，鲜言辛凉止汗。笔者反复阅读《温病条辨》，始知辛凉止汗，颇具深义。对辛凉止汗的研究，不仅有助于对辛凉剂治病机制的认识，解决诸如银翘散是否发汗剂等悬而未决的问题，而且对《温病条辨》“始终以救阴精为主”（《杂说·汗论》）的认识，也有所裨益。现陈管窥之见，以供参考。

一、辛凉止汗的根据

吴鞠通在《条辨·杂说·汗论》中曰：“其有阳气有余，阴精不足，又为温热升发之气所铄，而汗自出，或不出者，必用辛凉以止其自出之汗，用甘凉甘润培养其阴精为材料，以为正汗之地，本论之治温热是也。”辛凉止汗之法，究其理论根据，主要有下述四点：(1)“病温者，精气先虚”（“上焦篇”第4条）；(2)温病自汗多由“阳气有余，阴精不足，又为温热升发之气所铄”（“汗论”）而致；(3)温病之人，阴精原本不足，复为温邪灼伤，汗出之后亦可伤阳，形成恶性循环；(4)温病“最忌发汗”（“上焦篇”第25条），若强发其汗，“汗之不惟不解，反生他患，……且汗为心液，心阳受伤，必有神明内乱，谵语癫狂，内闭外脱之变”（“上焦篇”4条）。这是汗出过多必伤阴液的危害。

因此，吴氏明确指出“必以辛凉止其自出之汗”（“汗论”），以防再度伤阴。此与治温热“始终以救阴精为主”之旨一脉相承，对“预护其虚”（“上焦篇”第4条），防止传变，有重要意义。

二、辛凉止汗的运用

辛凉为攻邪而设，故适应于温热实证。辛凉止汗只宜于风温、温热、冬温、温疫，不适用于暑温（指阴暑）、湿温。因“暑非汗不解”（“上焦”篇第25条），湿非温不化。

辛凉止汗法的代表方剂是桑菊饮、银翘散，白虎汤。吴氏分别称之为辛凉轻剂、辛凉平剂、辛凉重剂。辛凉三剂均治太阴温病。太阴温病有自汗或汗大出症，即为止汗之凭据。这并不意味着无自汗症就不能用辛凉剂。相反、无汗时用辛凉剂，可使之自然得汗。吴氏特别强调有汗时用辛凉剂的问题，可资佐证。如“有汗则仍用银翘散，……汗多则用白虎”（“解儿难·小儿痉病瘛病共有九大纲论”）；“太阴伏暑，舌白口渴，有汗或大汗不止者，银翘散去牛蒡子、元参、芥穗，加杏仁、石膏、黄芩主之；脉洪大，渴甚汗多者，仍用白虎法”（“上焦篇”第4条）。

三、辛凉止汗的机理

辛凉剂无一止汗之品，何以收止汗之功？笔者认为，其止汗之理不在于收，而在于祛除致病之因，治病求本。

银翘散、桑菊饮证，系温邪犯肺，肺经郁热，肺气郁滞之证。肺气郁滞则津液、卫气皆郁，郁甚则无汗；郁滞稍轻，或邪热重而迫津外出，则可见少量之汗。有郁当开之，有热当清之。开郁宜用辛，清热宜用凉。辛开凉清，郁开热透，其汗自止。

白虎汤证，已由卫分传至气分，其热已深，热逼津液外泄故大汗出。此际较银翘散证已深重一层，故用辛凉重剂以止其汗、复其津。热退津还，津液不再为邪热蒸迫，其汗尚有不止之理乎？

吴氏既言“必用辛凉以止其自出之汗”，又言“温病亦喜汗解”，似乎自相矛盾。笔者细心揣摩，始知辛凉止汗之“汗”乃邪汗，即温热之邪致之汗，温热既得清透，邪去正必安，故其汗可止；而温病亦喜汗解之。“汗”，为正汗，此汗之出实因辛开凉清，汗止津还，加之“用甘凉甘润培养其阴精为材料，以为正汗之地”（“汗论”），表清里和，营卫通畅，津液得以敷布之故。此不用发汗之药而达汗出邪解之法也。吴氏说：“温病亦喜汗解，最忌发汗，只许辛凉解肌，辛温不可用，妙在导邪外出；俾营卫气血调和，自然得汗，不必强责其汗也”（“上焦篇”第25条）。可见，辛凉止汗与服辛凉剂后自然得汗虽表现形式不同，然其理则一也。且辛凉止汗又为正汗之出创造了有利条件，二者并不矛盾，实为一理相贯。

[《浙江中医》，1985；(7)]

吴鞠通治寒湿七法

徐宗熹

吴鞠通之《温病条辨》虽为温病专著，但对四时杂感亦详加考核，准古酌今，细立治法，诚足补前人之未备。书中关于寒湿之辨治计有二十五条，列方二十九首。其学本于叶天士《临证指南医案》，敷陈发挥，并参己意；复遵《内经·至真要大论》：“寒淫所胜，平以辛热，佐以甘苦，以咸泻之；湿淫所胜，佐以苦热，佐以酸辛，以苦燥之，以淡泄之”之旨，立方遣药。内容丰富，理法详明，值得我们学习研究并借鉴。笔者不揣固陋，试将其归纳为七法，胪陈如下。

一、通阳

苦辛热法——桂枝姜附汤。主治：寒伤表阳，湿滞经络，形寒脉缓，舌淡或白滑不渴，经络拘束者。

二、利湿

1. 苦辛淡渗法——半苓汤。主治：寒湿留滞足太阴，脾阳郁遏，胃不受纳，痞结胸满，不饥不食者。

2. 苦温淡法——四苓加厚朴秦皮汤。主治：肝寒挟脾湿不运，膀胱气化失司，腹胀，小便不利，大便溏而不爽者。如肝气不热，无便溏不爽，可用甘温淡法五苓散。

3. 苦热兼酸淡法——四苓加木瓜草果厚朴汤。主治：两太阴湿困阳郁，心气不足，湿阻脾窍，四肢乍冷，自利目黄，舌白滑甚则灰，神倦不语，舌謇而语声迟重者。

4. 苦辛温法——草果茵陈汤。主治：湿遏脾阳，须防发黄，舌灰滑，中焦滞痞者。

5. 苦辛甘热复微寒法——茵陈四逆汤。主治：寒湿内滞，阳气不振，面目俱黄，四肢常厥者。

三、回阳

1. 苦辛热复法——椒附白通汤。主治：足太阴寒湿，浊阴凝聚，阳气困伤，舌白滑甚则灰，脉迟，不食，不寐，大便窒塞，腹痛肢逆者。

2. 辛甘兼苦法——附子理中丸加广皮厚朴汤。主治：胃受寒湿所伤，舌自腐，肛坠痛，便不爽，不喜食者。

3. 苦辛温法——苓姜术桂汤。主治：寒湿伤脾胃阳气或酒客湿聚，寒热不饥，吞酸形寒，脘中痞闷者。

4. 甘热微苦法——理中汤。主治：寒湿霍乱，既吐且利，寒热身痛或不寒热，但腹中痛，寒多不欲饮水者。如吐利汗出，发热恶寒，四肢拘急，手足厥冷，可用辛甘热四逆汤。兼转筋者，宜苦甘温淡法五苓散加防己桂枝苡仁。寒甚脉紧加附子。

5. 苦辛通法——蜀椒救中汤。主治：长夏感受寒湿挟秽浊邪气，眩晕昏冒，腹中绞痛，脉沉紧而迟甚则伏，欲吐不得吐，欲利不得利，甚则转筋，四肢欲厥，俗名发痧，又名干霍乱。

四、温下

1. 苦辛通法——椒桂汤。主治：肝虚或肝郁寒湿乘虚袭入足厥阴成疝，寒热往来，脉弦数，舌白滑或无苔不渴，当脐痛或胁下痛者。

2. 苦辛温下法——大黄附子汤。主治：寒湿侵入肝胆经络与血搏结成寒疝，脉弦紧，胁下偏痛发热者。

3. 苦辛热急通法——天台乌药散。主治；寒湿侵犯肝、肾、小肠而成寒疝，少腹或脐旁下引睾丸或掣胁下，掣腰痛不可忍者。

五、化饮

1. 辛甘复酸法——小青龙汤。主治：外寒与内饮相互搏结，肺失肃降，脉紧无汗，恶寒身痛，咳喘稀痰，胸满，舌白滑，恶水不欲饮，甚则倚息不得卧，腹中微胀者。

2. 辛凉甘淡法——麻杏甘石汤。主治：饮邪隔拒心火，肺气不降，喘咳息促，吐稀涎，脉洪数右大于左，喉哑属金实不鸣之热饮。

六、温摄

1. 辛温苦淡法——术附汤。主治：寒湿伤阳，痿弱不振，肢体麻痹，痔疮下血者。

2. 甘苦合用刚柔互济法——黄土汤。主治：寒湿留积小肠，阳气虚不能摄血，而先便后血者。

七、通补

1. 苦辛咸法——鹿附汤。主治：寒湿伏于下焦，肾阳伤火不能生土，舌白身痛，足胕浮肿者。

2. 辛甘温法——安肾丸。主治：寒湿困中，脾阳消乏，肾阳亦惫者。

上述七法，在吴氏医案中均可找到例证，兹举数例，藉窥其略。

1. 通阳发表（苦辛热法）

唐，五十八岁。太阳中风，尚未十分清解，兼之湿痹髀痛：茯苓皮、桂枝、姜黄、杏仁、防己、厚朴、陈橘皮、晚蚕砂、炙草。行经络而和营卫，则风痹自止：桂枝、白芍、生姜、防己、生于术、大枣、半夏、炙草。左脉沉紧。即于前方内加熟附子。

太阳中风则表阳伤，湿痹髀痛则湿滞经，用桂枝，防己、蚕砂、姜黄等，祛风燥湿之效虽胜，而温中通阳之力不足。其左脉沉紧，知内寒犹甚，故以桂枝汤加附子、白术、防己之辛甘苦热，温中燥湿，通行表阳。

2. 温脾利湿（苦温淡法）

徐，三十岁。腹胀且痛，脉弦细，大便泄，小便短，身不热，此属寒湿伤足太阴：桂枝、生苡仁、厚朴、猪苓、黄芩炭、干姜、泽泻、白通草、广皮。

寒湿伤中，最损脾阳，脾弱则肝木来乘，且膀胱气化不行。方中桂枝、苡仁、猪苓、泽泻、通草辛淡渗湿，佐以干姜、广皮、厚朴之苦辛燥湿温中，健脾理气，黄芩炒附炭则寒性减而苦味增，善能燥湿坚阻止泻。

3. 回阳救逆（苦辛苦热通法）

颐，五十岁。直中燥气，呕少泻多，四肢厥逆无脉，目开无语，睛不转，与通脉四逆汤加人参、川椒、吴萸、丁香，一剂而效，三剂脉渐复，重与补阳而愈。

此乃燥金寒湿挟秽浊之气直入中道，脾胃阳伤，阴阳逆乱之危象，故以仲景通脉四逆汤加味回阳救逆，温中辟秽。

4. 温通厥阴（苦辛热急通法）

治通廷尉久疝，时年六十八岁，先是通廷尉外任时每发疝，医者必用人参，故留邪在络不得愈。至乙丑夏季受凉复发，坚结肛门，坐卧不得，胀痛不可忍，汗如雨下，七日不大便。余曰：疝本寒邪，凡坚结牢固，皆属金象，况现在势甚危急，非温下不可，于是用天台乌药散加巴豆霜分许，下至三次始通，通后痛渐定。调以倭硫黄丸兼金匮蜘蛛散，渐次化净。

邹滋九曰：“疝病之本，不离乎肝，又不越乎寒。”故仲景独以寒疝为名，所出三方，亦以温散祛寒，调营补虚为主；至张子和则以辛香流气泄肝为主；天士补出升阳一法，通补奇经，治督任之阳虚；鞠通更以温下法治寒疝之暴发，确补前人之所未备。

5. 温脾摄血（甘苦合用刚柔互济法）

毛，十二岁。粪后便血，责之小肠寒湿。不与粪前为大肠热湿同科，举世业医者不知有此，无怪乎数年不愈也，用古法黄土汤。

本方为甘苦合用、刚柔互济之温阳止血剂，临床运用除有先便后血之主证外，必须伴有血色黯淡，肢冷便溏，面色苍白，脉沉迟等虚寒现象者方为合拍，否则不宜轻投。

[《浙江中医杂志》，1982；(6)]

吴鞠通治疳方法浅析

闵长州

疳证是脾胃运化失常而形成机体失养的一个综合征，昔为中医儿科四大症之一。近年来由于部分家长对独生子女的溺爱，恣投甘腻、饮食无度，严重伤害了脾胃的运化功能，因而本证仍为儿科临床所常见。

现代医学虽无“疳证”病名，但对疳证的理解与“营养不良症”基本类似，对病因的认识和祖国医学也是基本一致的，然而在治疗上尚缺乏特效方法。从祖国医学发掘对本病的治疗当有裨益。

历代医家对疳证论治颇多研究，均各有独到之处。唯清·吴鞠通在《温病条辨·解儿难》中提出以调理脾胃为重点的九大妙法，可谓集众家之长，堪为后世效仿。笔者试就吴氏治疳九法作一浅略探讨。

一、疏补中焦

吴氏指出：“疳者，干也，人所共知，不知干生于湿，湿生于土虚，土虚生于饮食不节，饮食不节，生于儿之父母爱其子，惟恐其儿之饥渴也。盖小儿脏腑薄弱，能化一合者，与一合有半，即不能化，而脾气郁矣。再小儿初能饮食，见食即爱，不择精粗，不知满足，及脾气已郁而不舒，有拘急之象，儿之父母犹认为饥渴而强与之。日复一日，脾因郁而水谷之气不化，水谷之气不化而脾愈郁，不为胃行津液，湿斯停矣。土恶湿，湿停而脾胃俱病矣。”此番论述与目前临床所见疳证发病原由极为吻合。由于小儿一方面“脾常不足”，运化乏力，另一方面喂养不当，积滞湿阻，伤害了脾胃运化。此时若单纯补益，恐运弱补而不受，或嫌碍滞；若过用消削又恐克伐正气，而犯“虚虚实实”之戒，即吴氏所言“稍呆则滞，稍重则伤”，故将疏补中焦为首要治法。

疏补中焦并非是一种独立的治法，而是和、消、补三法的有机结合，含有补中寓消，消中有补，补不腻浊，消不峻利，消补兼施之意。从而使中气旺盛，气机畅达，能纳而运化，则营养充裕，发育渐趋正常，即所谓“脾胃壮实，四肢安宁”。至于遣方用药，清·石寿棠言“用资生、枳术等丸疏补中焦，颇为合拍”。笔者体会，于疳证初期及恢复期，此方均宜。

二、升降胃气

这里所谓“胃气”是脾胃对饮食水谷消化功能的概括。脾胃居于中焦，是升降运动之枢纽。东垣著作中曾畅阐其理：“升则上输于心肺，降则下归于脾胃。”只有脾胃健运，才能维持“清阳出上窍，浊阴出下窍；清阳发腠理，浊阴走五脏，清阳实四肢，浊阴归六腑”的正常升降运动。脾宜升则健，胃宜降则和，这是脾胃的正常生理特点。小儿疳证，虽有诸多病因，但其病变机理，无外乎脾胃运化失常，升降失司，所以治当“顺乎病之势”，因势利导，以恢复脾胃正常运化功能为重点。健脾宜升运，和胃宜通降，此乃吴氏治疗疳证第二妙法要义所在，实在耐人寻味。笔者体会，仲景枳术汤、半夏泻心汤当为升降胃气首推之方。另外，笔者尤赏用集升清降浊之性于一身之荷叶，加入处方中，有独到之功。

三、升陷下之脾阳

脾之所以能主运化、统血，全赖脾中之阳气。阳气充则津得以运，血得以统。小儿本是稚阳之体，而疳证小儿乃土虚湿盛。湿困脾阳，遏而不化，久则虚而下陷，致运化更弱，且统摄无权，于是前症未减，又可见面皖神萎，肢冷自汗，便频溏泄以及便血等症蜂起。此时升陷下之脾阳，既为治标之法，又为求本之举。东垣补中益气汤升阳举陷，其功独擅，可使阳生阴长，脾运复常。

四、甘淡养胃

疳证本缘于脾胃受损，所以健脾补中、增补化源乃为治疗大法。然而倘以味一甘质腻峻补，势必壅碍气机，欲速而不达。胃喜甘润，甘者能补能缓，淡者渗利湿邪，所以甘淡之品正合“胃以喜为补”之古训，且甘淡和缓之治又体现了避免药物对正气的损伤，符合“不欲药过病所”的原则。虽有“疳者甘也”之说，然以甘淡养胃护运绝无“实实”之误。

五、调和营卫

营卫同源于水谷，是维持人体生理功能之主要物质之一，故疾病发生常影响营卫之生理功能，其主要表现即为汗液的异常。调和营卫理论为张仲景首先创立，而张氏调和营卫法主要是通过调节汗液（包括发汗、敛汗、忌汗等）来实现的，其意义在于调节津液。吴鞠通将调和营卫法用于疳证的治疗上，既承仲景之说又独具匠心。吴氏指出：疳证“中焦受伤，……无以行悍气，而卫气亦馁，卫气馁故多汗，汗多而营血愈虚，血虚故肢体日瘦”。吴氏调和营卫法无疑有保津液之意，但决不仅此而已，更含有建立中宫之气，激发营卫生化之源，从而达到内调阴阳，外和营卫，营卫充旺，运化畅达，以荣脏腑而化气血，肥腠理司开阖。以安内攘外见长之桂枝汤，是为本法之代表，据临床体会，凡疳证易感时邪，或低热起伏，多汗，苔薄润者，辄以本法取效。

六、以乐侑食，以意治病

吴氏将“食后击鼓，以鼓动脾阳”为治疗疳证第六妙法。清·石寿棠云：“仿古人以乐侑食之义，食后击鼓，鼓动脾阳，使之运化，又以意治病之法。”因疳证小儿多性急易怒、厌食、拒食，而以悦耳动听之鼓乐吸引小儿注意力，稳定、调节其情志，使之气机畅达、脾郁得开。其次“食后击鼓”、活动肢体，亦有益运化。此法虽为直观想象，却含有现代音乐疗法、体育疗法之意。吴氏打破了以往儿病无七情干扰之说，主张以乐侑食，以意治病，为治疗疳证又一独到之处。

七、伤其脾胃者，调其饮食

“饮食自倍，肠胃乃伤。”乳食积滞乃疳证之母，故在药物治疗的过程中，配合饮食调养，具有重要意义。

调其饮食，意在合理喂养，纠正偏食、挑食等不良饮食习惯，小儿智力未开，犹不可纵其口腹，乱投杂食。强调“乳贵有时，食贵有节”。甘乃脾之味，食甜多为儿所喜，然甘能令人中满，多食则令人不饥，故凡糖类食品尤应少食，古人有“疳者甘也”之论。再则香物气燥而灼津，生冷食品易损伤阳气，亦应暂避其弊。其次不能因儿消瘦而片面强调高营养的供给，应当遵循“胃以喜为补”的原则，先以小儿喜爱的食物来诱导，可暂不考虑其营养价值，待其食欲改进之后，再按需要逐步补充，这样注意饮食调理将有利于肠胃消化功能的恢复。

八、苦寒故辛、燥湿驱虫

吴氏指出：“小儿疳疾，有爱食生米、黄土、石灰、纸、布之类者，皆因小儿无知，初饮食时，不拘何物即食之，脾不能运，久而生虫，愈爱食之矣。”虫证日久不愈，繁殖过多，严重损害了肠胃，扰乱了受纳运化之机，并消耗体内营养物质，加之虫体排出毒素，影响脏腑气血，使疳证进一步发展。此时“若见疳即与苦寒杀虫便误矣”，因其势必重伤脾胃，而应“少用苦寒酸辛，如芦荟、胡黄连、乌梅、使君、川椒之类”，燥脾胃之湿与安蛔驱虫兼顾。吴氏强调少用，意即苦寒酸辛药量应小，且不可多次反复妄投，中病即止，以防败胃伤阴，即吴氏言疳证“且扶土之不暇，犹敢恣用苦寒，峻伤其胃气，重泄其脾气者”，谆谆告诫，不可疏忽。

九、丸药缓图

疳证得之于渐，一两剂之间难求速愈。故除有吐泻等标急情况时用汤药外，对于一般疳证患儿运用丸剂及其他疗法以求缓功而不伤止气，吴氏言：“考洁古、东垣，每用丸药缓运脾阳，缓宣胃气，盖有取乎渣质有形，与汤药异歧”，此为吴氏治疳第九妙法。且有避免小小服用汤药诸多不便之长处。

除上述九法之外，吴氏还力荐：（一）“以全蝎三钱，烘干为末，每用精牛肉四两，做肉团数枚，加蝎末少许，蒸熟令儿逐日食之，以全蝎末完为度，治疳疾有殊功”；（二）用“大枣百十枚，去核，象核之大小，实以生军，外裹以面，煨透熟捣为丸，如小枣核大，每服七丸，日再服，神效。”此二法前者温润补脾，辛润通络，后者润而不燥，皆一补一通，“奇偶偏方，每多奏效，其力专也。”（三）以一味鸡金散，不拘何食物皆加之，性能杀虫磨积，复脾之本性。

上述吴氏治疳之法，从小儿“脾常不足”之体质特点和疳证本虚标实的病理特点出发，把握病变实质，立足脾胃，重点突出，综合施治。内容丰富、法精而活，常中有变，独出心裁，师古而有创新。九条妙法，周详完善，虽提纲挈领，却言有尽而意无穷，诲人以规矩准绳，足资临床参考和借鉴。

［《新中医》，1986；（11）］

吴鞠通治血四要

赵业勤　杨爱华

血证为临床常见病。清代名医吴鞠通禀承《内经》、《金匮》之旨，在《温病条辨》卷四之《杂说·治血论》篇加以讨论及阐发。其文理法简明，准古酌今；其论在吴氏医案中亦有例证。笔者将其归纳为治血四要，愿与同道探讨之。

一、血病治气

吴氏不是见血治血，而是采用“阴病治阳”的法则，重视血病治气，气平则血和。汪廷珍深得吴氏之旨，引血病治气之要曰：“血虚者，补其气而血自生；血滞者，调其气而血自通；血外溢者，降其气而血自下；血内溢者，固其气而血自止。”现举《吴鞠通医案》四例以说明之。

1. 赵，劳伤吐血，脉双弦，《金匮》谓大则为虚，弦则为减，虚弦相搏，其名曰革，男子失精亡血，诸虚不足，小建中汤主之。白芍六钱　炙甘草三钱　生姜五片　桂枝四钱　胶饴一两（去渣后化入，上二三沸）　大枣两枚（去核）　水五碗煎取两碗，渣再煮一碗，分三次服，轻者日一帖，重者日再服。

吴氏以小建中汤复阳生阴，实为阳生阴长之意。《吴鞠通医案》中治劳伤吐血案，以建中收功案较多，药后多能达到诸症痊愈，胃口大开。方中饴糖、桂枝、甘草甘温相得，温中补虚，建复中气；姜枣辛甘，健脾胃、和营血；芍药、甘草和营缓急，再以饮食中调摄，共奏血虚者，补其气而血自生之功。

2. 伊，二十四岁，六脉弦数，两关独浮，左更甚。右胁痛，胸中痞塞，肝郁吐血，先理肝络。新绛纱三钱　降香二钱　炒丹皮三钱　旋覆花二钱（包）　归须二钱　苏子霜三钱　广郁金二钱　煮三杯分三次服。

肝郁吐血，右胁痛，胸中痞塞，血滞气逆，以降香、旋覆花、苏子、广郁金降气解郁，气和则血滞通。吴氏在沈案中治劳伤吐血，肝郁胁痛（肝着）时，除运用上药外，还加用青皮、广皮炭、半夏、吴萸等，调胃中气血以通血滞。

3. 史，50岁，酒客大吐狂血成盆，六脉洪数，面赤，三阳实火为病。大黄六钱、黄连五钱、黄芩五钱。泻心汤一帖而止，二帖脉平，后七日又发，脉如故，又二剂。

吐血之症，张锡纯氏认为，多由胃气挟冲气上逆，“胃中之血亦恒随之上逆，其上逆之极，可将胃壁之膜排挤破裂，而成呕血之证。”此例病源在于酒客，气火炽盛，阳络受损。唐容川谓：“火热相搏则气实，气实则迫血妄行。”三阳实火熏灼，以致络伤血外溢，故以泻心汤直降阳明气火。血外溢，降胃气引血下行，不治血而血自止。验之临床，每取良效。

4. 毛，十二岁，粪后便血，责之小肠寒湿，不与粪前为大肠湿热同科。举世业医者，不知有此，无怪乎数年不愈也，用古法黄土汤。灶中黄土二两、熟附子三钱　生地三钱　黄芩炒三钱　制苍术三钱　阿胶三钱　炙甘草三钱　白芍酒炒三钱　全当归一钱半　水八碗，煮成三碗，分三次服。

先便后血，《金匮》称之为远血，其血来自胃及小肠，血内溢而渗于下。其因责之脾虚阳陷而生湿，血随湿性而下行。方中术、草、附子扶阳补脾以固气治本；灶心土温燥而去寒湿，佐以生地、阿胶、黄芩入肝以治血热。又如伊氏案，劳伤急怒吐血，医者不识，见血投凉，以致胃口为苦寒所戕，脾阳肾阳亦因苦寒润滑，伐其生发健运之常，以人参、茯苓块、白扁豆、芡实、莲子等健补中焦，实为固其气，而血自止之意。

二、三焦分治

吴氏治血分心血、肝血、大肠血、胃血、冲脉血等各种不同出血，言不能一概见血投凉以治之，这是吴氏治血又一特点。吴氏曰：“至于治之之法，上焦之血，责之肺气、或心气；中焦之血，责之胃气，或脾气；下焦之血，责之肝气、肾气、八脉之气。”上焦之血，右脉坚搏，咳痰吐血，唇绛等，以沙参、杏仁、桑叶以清降肺气；连翘、山栀、白茅根等以清心（如罗案、唐案）；中焦之血，治胃扶脾，当辨其虚实。若六脉弦细而紧，吐血为阳气不摄、胃口不开者，法当与建中复其阳，若酒客，中焦湿热壅聚，不可与甘（傅案·虚劳门）；若脉洪面赤，狂吐不止，急泻三阳（阳明为主）实火，而血自止，采用《金匮》大黄黄连泻心汤；下焦之血，左脉坚搏，体厚色白，少腹痛，小便短赤，咳血瘀紫，继见鲜红，喉中咸，多属冲脉袭受寒邪，致经不得行，倒逆而吐耳。大忌柔润寒凉，议温镇冲脉，行至阴之瘀浊，使经得行而血症愈矣。药如紫石英、琥珀屑、小茴香、韭白汁、归须、降香、川楝子等（普案）。有以沙参、生地、阿胶、天冬、麦冬、元参、洋参等清热滋阴，以治下焦血分之吐血（陈案）。若脉弦如刃，吐出血后，左胁胀痛，喉中如有物阻，治在肝络，使血不瘀，则吐血可止，止后当与补阴。治肝络以新绛、旋覆花、郁金、降香末、归须、丹皮、桃仁（王案）。若上焦咳嗽，中焦不食，左脉搏大，下焦肝肾吐血，谓三焦俱损，例在不治（陈案·虚劳门）。

三、权衡通塞

血证用通法、塞法，本自不同。通者，通其阻隔也；塞者，益气止血也。吴氏认为："治水与血之法，间亦有用通者，开支河也；有用塞者，崇隄防也。"吴氏在王案中言道："先吐红血，后吐黑紫，络中显有瘀滞。《金匮》谓：凡病至其年月日时复发者，当下之。此下字须活看，谓拔去病根，则不再发矣。《金匮》又谓：'脉双弦者寒也。'此证断不可用阴柔呆腻之品，致永无愈期，议先与温通络脉，拔去病根，继以建中吸功。"因邪气滞塞，血有所逆，非行活血温通之味，不能开其阻隔，或疏理气机，或温通活络，此即开支河之法也。因中阳虚之，冲脉亏败，源断流失也。应培其源流，扶中阳，温镇八脉，此所以崇隄防也。如史案每日饱食就床，伤食吐血，脉弦，为脾阳致困，因失其统血之职。与灶中黄土每日一斤煎服以温脾摄血。血证运用通塞之法，关键在于权衡虚实，师其心，活其法，精选药，反复推敲，仔细斟酌。

四、治病求本

吴氏在总结前人理论的基础上，结合自己的临床经验，提出："然皆已病之后，不得不与治其末；而非未毒之先，专治其本之道也。"血证以脾胃为本，脾胃损伤，则气血生化之源不足，吴氏重视治病求本，表现在处处顾及保胃津、养胃阳。在吴氏的医案，列举了很多病例，无不说明吴氏治血保胃顾本的思想。如吴氏治咳痰吐血，血后咳不止，进食不香，右脉不浮而仍洪，兼与养阳明之阴（罗案）。血后咳嗽黄痰，气短懒食，脉弦细数，乃肺有痰热，而胃津不布也。宜清凉降热而护胃阴，令能食（伊案）。怒伤吐血愈后，以建中复阳生阴。由此可见，吴氏之所以如此重视护胃阴，建中复阳生阴，再三叮咛，谆谆垂教，就是治中有防，免使阴竭液涸。血病止后，应及时去除余邪，防止血潮再起，故吴氏反对呆补、误补的做法。如王案："肝为刚脏，劲气初平，未便腻补"；"昨日乃疾血吐出，今尚未可呆补"。伊案"但肆中阿胶不佳，又兼滑腻，且大便溏，以牡蛎易之"。邪不尽未可用补。如岳案"怒伤吐血，两胁俱痛，六脉弦紧，误补难愈。……以活络为主，俟瘀血去净，而后可以补虚。"此皆吴氏护胃治本，倡治未病的治血要点。

[《河北中医》，1986；(3)]

《温病条辨》水血相关证治探讨

聂天义

《温病条辨》是阐述温病辨证论治的专著。温病是感受温热病毒所致，其病变过程是以伤阴为主。该书虽附有《杂说》、《解产难》、《解儿难》等篇，亦多涉及阴血不足。故其论治之要"始终以救阴精为主"。《意园谈医书笔记》亦认为此书的治疗"重在清润以救阴液"。水和血均属人体阴液的主要内容，本书对水血相关的问题论述颇详，深具精义。今笔者不揣浅陋，就本书有关水血相关的证治思想探讨于后，冀同道指正。

一、水血相关病理论

《温病条辨·杂说篇》“汗论”中说：“汗也者，合阳气阴精蒸化而出者也……以阳气为运用，以阴精为材料。”因此，汗为人体阳气蒸化津液，出于体表而成。《温病条辨·解儿难篇》“小儿痉病瘛病共有九大纲论”中指出：“汗多亡血”；《解儿难篇》“痱疾论”中亦曰：“汗多而营血愈虚”。由于水血相生，因此，汗出过多势必耗血。反之，亡血亦可导致津液不足。故《温病条辨·解产难篇》“产后三大症论三”中指出，产后血虚虽出现筋脉、神志、津液三方面的不同病变，但其“亡血伤津则一”。《温病条辨》治血热的方药中，均伍以生津壮水之品，给我们提示了气分之邪热是通过伤津而渐入于血分的；而邪热入血之后，又进一步导致伤津。亦提示了水血相关的病理链关系。水与血在病理上的密切相关，决定了其治法的相通。《温病条辨·杂说篇》“活血论”指出，“治水与血之法，间亦有用通者，开支河也。有用塞者，崇堤防也。”强调了在治水与治血的方法中，也有采用疏通瘀滞的方法，好比江河的上流壅塞，水位突然高涨，以致洪水泛滥成灾，应急于开支流分洪，以平其汹涌之势，水患才可以避免。也有用堵塞方法的，这又有如巩同堤防，以免水的漏泄。因此，《温病条辨》在治水与血的方剂中，有利尿以止血，逐瘀以消水，补气以生津，补气以摄血等法。正因为水与血治法相关，故《温病条辨·下焦篇》二十二条用桃花汤既可治里虚之“下利稀水”，又治其“便脓血”。在温病病理发展变化的过程中，当机体水和血耗散过甚，自可危及生命。《温病条辨·下焦篇》三十七条指出，暑邪深入厥阴，“下利血水，是脾土衰败，肝木乘克，正气虚弱，邪气炽盛的“上下格拒”的危险证象。《上焦篇》十一条还进一步指出，“太阴温病……若吐粉红血水者死不治”。并自注云：“至粉红血水非血非液，实血与液交迫而出，有燎原之势，化源速绝。”其血为粉红，说明血虚已极，而水亦耗竭，故为“死不治”，并称此“乃温病第一死法”。

二、水血相关证治法

《温病条辨》还论述了水血相关的九种治法：

1. 血亏忌汗法　《温病条辨·中焦篇》七十五条曰：“疮家湿疟，忌用发散。”疮系血脉间病。血脉必虚而热，然后生疮。既成疮之后，疮疡流出的脓液又系血液所化。因此，疮家血液本虚，患温疟后若再发汗必更耗血液，筋脉失去血的濡养势必发痉。从而，提示了血亏兼表证，不可径以发汗，以免汗多更耗其血。

2. 存津济血法　《温病条辨·上焦篇》六条云：“太阴风温，但咳，身不甚热，微渴者，辛凉轻剂桑菊饮主之。”该方后云：当其邪“在血分者，去薄荷、苇根”。又该篇四条云：“太阴风温、温热、温疫、冬温……但恶热、不恶寒而渴者，辛凉平剂银翘散主之。”方后云：“衄者，去芥穗、豆豉。”盖温邪袭于血分，或血热，或出血时，即当保存津液以济血。考荆芥，《本草经疏》曰：“发汗”；豆豉，《本草拾遗》曰：“发汗”；薄荷，《唐本草》曰：“发汗”；苇根。《医林纂》曰：“渗湿利水”。可见，去诸药者，乃为忌汗、忌尿以免伤津，正所以保津以济血也。《温病条辨·上焦篇》十六条强调温病发斑者，“禁升麻、柴胡……防风、羌活、白芷、葛根、三春柳”。此乃温邪郁于肌表血分而发斑疹，禁用诸药，亦避汗以伤津燥血矣。

3. 生津凉血法　《温病条辨·上焦篇》十条曰：“太阴温病，气血两燔者，玉女煎去牛膝、加元参主之。”盖温热邪气炽于气分，伤津而致血热，“气血两燔”，生津壮水可挫血分之热。方中麦冬、元参生津，皆偕石膏、知母以清热生津凉血。《上焦篇》四十一条曰："太阴伏暑，舌赤，口渴，汗多，加减生脉散主之。"此邪热入血而津液已伤，方中沙参、麦冬、五味亦在生津滋水以凉血。《上焦篇》十六条曰："太阴温病……发斑者，化斑汤主之。"温邪热毒蕴于肺胃，发于阳明肌肉而为斑。化斑汤系白虎汤加元参、犀角，白虎汤、元参皆清热生津以凉血。

4. 养血生津法　《温病条辨·上焦篇》五十八条曰："诸气膹，诸痞喘呕之因于燥者，喻氏清燥救肺汤主之。"燥邪伤耗肺胃津液，致肺气不肃降而气逆上冲，胸中膹满，气喘，治以辛凉甘润之清燥救肺汤。方中在清肺热、养肺胃津液的同时，加入阿胶旨在补血以生津。当然，津亏之甚亦致血枯，故方后云："血枯加生地。"加生地以补血，血充则津沛也。

5. 活血滋汗法　《温病条辨·上焦篇》三十九条云："太阴伏暑，舌赤口渴，无汗者，银翘散加生地、丹皮、赤芍、麦冬主之。"此暑邪深伏，至秋冬感邪而发的太阴伏暑，乃邪在血分的表实证。邪遏血瘀，阻津外滞而为汗。方中生地："逐血痹"（《神农本草经》），偕丹皮、赤芍以活血凉血，血行津畅，更以银翘散透泄而汗解矣。

6. 活血利水法　《温病条辨·解产难》"产后瘀血论"曰："……呕逆腹胀，血化为水者，金匮下瘀血汤。"产后败血上冲，出现呕吐气逆、腹部胀满，是血化为水之证。方中均系活血化瘀之药，其中，䗪虫："消水肿"（《本草再新》）；大黄："利水肿"（《药性论》），皆活血化瘀以利水之法。

7. 利湿止血法　《温病条辨·上焦篇》三十二条曰："暑温寒热，舌白不渴，吐血者，名曰暑瘵，为难治，清络饮加杏仁苡仁滑石汤主之。"此为湿热伤于肺络，血出之后，阴分已伤而湿热之邪仍在，故以清络饮清肺络之热，加杏仁、苡仁、滑石利湿，湿去络宁，血归其道而吐血止。《下焦篇》六十六条曰："久痢带瘀血，肛中气坠，腹中不痛，断下渗湿汤主之。"即乃气分湿热袭于血分，血受湿热壅遏，被逼妄行，以致久痢"带瘀血"，治以渗湿止血法，方中樗根皮："治湿热为病"（《本草备要》）；赤苓行水而利湿热；猪苓燥土利水，诊药渗利湿邪，湿去热泄，血亦安其道而使血可止。《中焦篇》九十一条曰："滞下红白，舌色灰黄，渴不多饮，小溲不利，滑石藿香汤主之。"此暑湿内伏，三焦气机阻滞，致"小溲不利"，"滞下红白"。方中滑石、通草、猪苓、茯苓皮亦淡渗利湿，湿邪得祛，滞下红白亦止。

8. 利尿活血法　《温病条辨·下焦篇》二十一条曰："少腹坚满，小便自利，夜热，昼凉，大便闭，脉沉实者，蓄血也。桃仁承气汤主之。"此邪气隐伏阴分，与血瘀结的蓄血证，治当破血下瘀。方中大黄："利大小便"（《日华子本草》）；芍药："利小便"（《神农本草经》）；二味之利小便，更助诸药活血之功，水行瘀通，蓄血消遁。

9. 利尿逐瘀消癥法　《温病条辨·下焦篇》五十九条曰："疟久不解，胁下成块，谓之疟母，鳖甲煎丸主之。"此疟疾久发不止，正气渐虚，气机闭塞不行，气滞湿阻血瘀，结于左胁而为癥块。鳖甲煎丸主以鳖甲、桃仁、丹皮、紫威等活血化瘀，配以葶苈、石苇和瞿麦则有"通利水道"、"利小便水道"、"主……小便不通(《神农本草经》)，乃利尿以逐瘀消癥。《上焦篇》"补秋燥胜气论"七条曰："燥气延入下焦，搏于血分而成癥者，无论男妇。化癥回生丹主之。"此感受燥气经久不解，传入下焦，与血相搏，坚结不散，血不利则为水，水血搏结，形成癥瘕，治以化癥回生丹。方中在姜黄、三棱、苏木、桃仁、当归、干膝、没药、乳香、川芎等大队活血化瘀药中配益母草"消水"（《中药大辞典》）；伍大黄"利大小便"（《日华子本草》），故亦有利尿消癥之功。

［《四川中医》，1993；（9）］

吴鞠通治温病神志变化的特点

龚婕宁　吴　容

清代温病学家吴鞠通，以创立三焦辨证而著称，其于温病神志变化的治疗，亦有诸多独到之处。吴氏择药组方，常寓创新于继承之中，寄深意于平淡之内，给人不少启迪，且尤善据邪之部位分三焦论治。现将其特点浅析于下，以冀同道指正。

一、邪扰于上　清宣开窍以醒神

吴氏认为：五脏六腑的病理损害，皆可直接或间接地引起神志症状。而温热之邪，则是产生多种病变的根本，“一日热邪不解，则真阴正气日亏一日矣。”因而提出治疗神志症状当首重清热。温邪侵袭上焦肺者，若热郁不解，亦可扰乱心神。吴氏主张：应“随其性而宣泄之，就其近而引导之”，通过轻清宣上，以祛邪宁神。其在《温病条辨》心疟条中说，心疟邪在肺气者，虽可见昏狂，谵语，但始受邪势尚轻，其位趋上，故以“加减银翘散清肺与膈中之热，领邪出卫”可也。银翘散辛凉宣散，清热而不滞邪，是轻宣上焦的主方。此方虽药味不多，分量较轻，但用之得法，却常可引邪外达获取佳效。如《吴鞠通医案》卷一中的暑温误表案，患者高热谵语，来势急重，然辨其病位在上焦，故加减投用此方即随手而蠲。

心包为心神出入之所，生理上与心的功能相一致。叶天士在《温热论》中首先创立了“逆传心包”的理论，为温病神昏提出了新的病机。热邪内陷心包，必然出现神昏窍闭之象。吴氏鉴于前人醒神多用通下剂之不足，在总结叶氏经验的基础上，补前人之未备，独创“清宫汤”名方。该方以犀角为君，重用清心凉血，并用玄参、莲芯、连心麦冬清热滋阴，连翘心清热解毒，竹叶心通窍清心，莲子芯交通心肾。吴氏认为清宫汤是“咸寒甘苦法，清膻中之方也”。其中“俱用心者，凡心有生生不已之意，心能入心，即以清秽浊之品，便补心中生生不已之生气，救性命于微芒也……”热入心包之神昏，清心是关键所在，但同时施以开窍之剂，亦具重要意义。吴氏常用安宫牛黄丸、紫雪丹、至宝丹等。紫雪丹、至宝丹出自《局方》，而安宫牛黄丸则为吴氏所创，据万氏牛黄清心丸加味而成，载于《温病条辨》。方中除含犀、羚、脑、麝等灵异之品外，尚伍有山栀、黄芩、黄连、郁金等寒凉药物，清热解毒力特强。吴氏组方之宗旨，即在清开机窍，安定神志，所谓“清宫城而安君主也”。上述三方被后世医家称为清心开窍之“三宝”。吴氏善用清心，不仅体现在清心开窍，对营分热盛而心烦躁扰者，其主以“清营汤急清宫中之热”。正如叶天士所说：“肺主气属卫，心主血属营。”从此意而论，清营即清心也，故凉营亦可安神。

二、热结于中　攻下泄邪以宁神

温病邪在中焦，其位多在脾胃。若热传胃腑，因胃脉通于心，则最易引起烦躁谵语乃至神昏，故攻下泻热是吴氏宁神的常用大法。吴氏论下，不仅条目分明，而且极尽详备。《温病条辨》中焦篇第6条云：“阳明温病，面目俱赤，肢厥，甚则通体皆厥，不瘛疭，但神昏，不大便，七八日以外，小便赤，脉沉伏，或并脉亦厥，胸腹满坚，甚则拒按，喜凉饮者，大承气汤主之。”强调在热结阳明，腑实壅滞极甚之时，必须及时用下，通过峻下热结来宁心安神。并且，吴氏在该篇中还分别指出：在腑实悉具而燥结未甚之际，只宜用小承气汤；如热陷心包，服安宫牛黄丸后大便仍不下者，则当予调胃承气汤。吴氏不仅善用经方，并创导赤承气和牛黄承气二方。导赤承气由大黄、芒硝、生地、黄连、黄柏、赤芍组成，具清导小肠、通导大肠之功；牛黄承气汤仅一味大黄配安宫牛黄丸，组方简捷，配伍精当，颇有新意。若腑实兼有小肠热盛，因火腑不利，热邪扰心而烦躁不宁者，需“二肠合治”，通下合以清利，使热邪自二便而去，导赤承气汤即为此而设；如腑实兼有热陷心包，清窍堵闭而见神昏舌短者，则又宜牛黄承气汤，既可通腑泄热，又可清心开窍，从而丰富了攻下宁神的内容。

脾为湿土之脏，湿热外袭有直趋中道的特点。若其人中阳本虚，或误伤于药，则湿热更易内陷困脾。吴氏说：“湿热上焦未清，里虚内陷”，亦可令人神识如蒙。并特别强调“此与热邪直入包络谵语神昏有间”，乃由湿热蒙蔽心神所致。因此，在治疗上吴氏主以苦辛通降，化浊泄邪，以祛除神蒙之因。还谆谆告诫切不可妄投清心开窍之剂，以免变证蜂起。吴氏多以干姜、枳实之辛通；黄芩、黄连之苦降为主药，俾气行浊化而神自可清，如泻心汤之属。

三、病及下焦　逐邪复阴以安神

湿热之邪有蒙上流下的特性，如其邪久郁下焦气分，可致昏蒙之变。吴氏认为：此等神昏，绝非阳明太实上冲心包，湿热酿痰上蒙清窍可比，因浊邪无路可去，故必治以逐邪分利方可奏效。若其人伴“少腹硬满，大便不下”，是湿阻肠道，浊气上攻之故，因而只宜用宣清导浊汤化浊通利，祛除湿邪。方中晚蚕砂化肠道湿浊，皂荚子宣通气机，猪苓、茯苓、寒水石利湿清热。既能清肠道无形之热，又能逐肠道有形之湿，构思巧妙，发前人所未发。如伴见“呕逆，小便不通”，而热不甚者，则咎之湿热阻于膀胱；小肠泌别失职，来势较急，故吴氏主张急投开窍之剂，以防内闭外脱，其后再予茯苓皮汤淡渗分利。此二法虽同为湿阻下焦之治，但吴氏于同中求异，据病之缓急分立治法，确为经验之谈。不仅如此，温邪亢炽，热与瘀并，最易蓄血于下，正如吴又可所言：“胃实失下，邪热久羁，无由以泄，血与热搏而为蓄血。”叶天士进一步指出：“瘀血与热为伍，阻遏正气，遂变如狂发狂之证。”吴氏认为此证皆因下焦蓄血，瘀热搏结无由以泄，上扰心神而致，故以桃仁承气汤通闭破结，凉血活血，攻逐瘀热下行，邪有出路则心神遂安。本方源于《伤寒论》桃核承气汤，去其桂枝、甘草之辛温甘补，加入凉血活血之赤芍、当归、丹皮，所以化瘀清热之力更强。

温热之邪最易伤阴，而阴液亏耗亦可出现神志症状。或健忘怔忡，或烦躁失眠等等。最常见者，乃“真阴欲竭，壮火复炽”之心烦，不得卧。吴氏常以黄连阿胶汤泻南补北，交通心肾而宁心，并分析说：“本方以黄芩从黄连，外泻壮火而内坚真阴；以芍药从阿胶，内护真阴而外捍亢阳。……取一刚以御外侮，一柔以护内主之义。”深得仲景之精髓。

［《江苏中医》，1991；（3）］

吴鞠通利小便开拓性三法

杨世权

清代著名温病学家吴鞠通先生主张继承与创新并重，尤其善于在前人心法基础上大胆开拓新路，有所创造。吴氏利小便三法有于继承中创新的典型意义，特采撷如下。

一、化肺气　启上闸　宣上即是利下

前贤有“治湿不利小便，非其治也”一说，后学中不少人不求甚解，概以淡渗为法利之。吴氏认为，开支河予湿邪以出路自无可非议，然如何使小便通，是否仅淡渗一法，却大可商榷。他认为，肺脏是人体水液代谢的主要器官，具有主持诸气，通调水道，下输膀胱的功能。凡人体水湿阻滞停留，小便短少不利，无不与此脏密切相关。基于此理，他明确指出：“膀胱主气化，肺开气化之源。”（《温病条辨·下焦篇55条注》）他认为治湿不得徒利膀胱，必须宣化肺气，悬壶揭盖。气化湿亦化，不用通利而小便自畅。他说：“肺主太阴湿土之气，肺病湿则气不得化，有霾雾之象……故上焦一以开肺气救心阳为治。”（《温病条辨·下焦篇42条注》）“以手太阴一经为要领，盖肺主一身之气，气化则暑湿亦化……再肺经通调水道，下达膀胱，肺痹开则膀胱亦开。”（《温病条辨·中焦篇41条注》）对湿温病的治疗，他主张宣通三焦，却“仍以胱气为主，盖肺主气化，气化则湿热俱化”（《吴鞠通医案，暑温门吴案》）“凡通宣三焦之方，皆扼重上焦，以上焦为病之始入，且为气化之先……”（《温病条辨·中焦篇72条注》）他创制的三仁汤一方，即是轻开肺气，促使气化湿亦化的著名方剂。吴氏注重开肺痹以通膀胱，并非主张一概不用淡渗。相反，他常在宣化肺气的同时，以淡渗之品佐之，使肺气通达，再得淡渗直利膀胱助之，则疗效彰著。这类方中的三仁汤、三石汤、杏仁滑石汤皆把杏仁、滑石做为对药而同用，其意即在“先宣肺气，同肺而达膀胱以利湿。”（《温病条辨·中焦篇42条注》）吴氏这种宣上以通下，注重由肺而达膀胱的见解，不但理论新颖，而且用药独特。

吴氏以为，肺气被郁而宣降失职，仅是肺气不化的一个方面，而在温热病中尚有热邪烧灼肺津，肺津枯涸，致肺气不化，小便不利者。因此，他对“金受火刑，化气维艰”的小便不利，一反宣肺开肺之常套，重用倍用润金之品，补津以化肺气，润上以通膀胱，从而开温热门润肺化气利尿之先河，实乃吴氏治小便不利重视治肺和善于创立新治法的又一体现。

二、疏肝郁　开阴络　活血即是利水

小便不利是水液代谢紊乱性疾病中的一种，故历代不少医家论治此证，多基于传统理论从肺、脾、肾三脏立论。吴氏治本证，不受传统概念的束缚，敢于创新。他认为，肺脾肾三脏固然是水液代谢的重要器官，但肝脏在维持人体小便正常通利中亦有重要作用。因肝主疏泄，水道的通调与肝气的疏泄功能密切相关，故小便不利亦有责之于肝者。这一认识，扩大了小便不利的脏腑定位范围，开拓了新的治疗方法。《内经》曰：“肝热病者，小便无黄……”，“肝壅两胠满……不得小便，”首次揭示出了肝与小便异常的关系。吴氏在认真研习《内经》理论的基础上，指出：“肝主疏泄，肝病则不能疏泄，故二便亦不能宣通。”（《吴鞠通医案·滞下门丁案》）“肝郁则小便亦不能通，此徒用四苓不效。”“少腹胀痛，不小便，仍系肝郁不主疏泄之故。”（《吴鞠通医案·带下门丁案》）他于长期的临床中发现，有一种小便不利常常与少腹拘急疼痛并见。觅察病机，不外肝之经脉循少腹。今因肝之疏泄失职，气血阻滞，不通则痛。气滞引起水滞，血瘀导致水瘀，则见水道不通而小便不利。这种小便不利的病位主要在肝，与其它小便不利的区别，在于小便不利与少腹拘急疼痛同时出现。其治疗不应囿于宣肺、运脾、补肾，而应疏肝解郁，活血通络，使疏泄正常，小便自利。从而创“开阴络”通小便一法。何谓“开阴络”？吴氏说：“肝主血络，亦主血，故治肝者，必治络。”（《吴鞠通医案·单腹胀毛案》可见“开阴络”实指疏肝活络。

综观吴氏运用此法的治案，多以《金匮》肝着主方旋覆花汤加桃仁、归须、小茴、降香、麝香、两头尖、琥珀等。其痛甚者，常加玄胡、郁金；偏寒者，加桂尖；偏热者加黄芩；气滞者，加青皮、楝子；一般不用猪苓、茯苓之属。由此看来，吴氏的“开阴络”利小便法，是以疏肝通络之品活血以利水，促使疏泄恢复正常，从而达到通利不便目的的一种治法。

三、滋津液　益尿源　增水即是通渠

吴氏认为，温病小便不利有其特殊性，在治疗上与杂病小便不利大相径庭。后者多有湿郁湿阻，尿因湿停而少，治疗可用淡渗；前者为热结液干，尿因无汗而竭，治疗禁用淡渗。他说：“大凡小便不通，有责之膀胱不开者，有责之上游结热者，有责之肺气不化者。湿热之小便不通，无膀胱不开证，皆上游（指小肠而言）热结，与肺气不化而然也。”“湿病小便不利者，淡渗不可与也，忌五苓、八正辈。”（《温病条辨·中焦篇30条》）为什么禁用淡渗？盖“热病有余于火，不足于水，惟以滋火泻火为急务，岂可再以淡渗动阳而燥津乎？”（《温病条辨·中焦篇30条注》）针对温病小便不利的热结液干病机，吴氏创“甘苦合化”一法，立冬地三黄汤一方。所谓“甘苦合化”，是指以甘润生津之品为益尿之源，苦寒清热之品为退邪之治，甘苦合化阴气，以生津退热，培源为尿的一种治法。以其热结，则纯甘不可；以其阴伤，则纯苦不能。诚如吴氏自谓：“甘苦合化阴气利小便法，举世不知。在温热门中诚为利小便之上上妙法。盖热伤阴液，小便无由而生，故以甘润益水之源；小肠火腑，非苦不通，为邪热所阻，故以苦药泻小肠而退邪热。甘得苦则不呆滞，苦得甘则不刚燥，合而成功也。”（《吴鞠通医案·暑温门周案》）甘苦药的搭配比例是“甘寒十之八、九，苦寒仅十之一、二。”观冬地三黄汤苦药味少量小，芩、连、柏三药均只用一钱；甘润药味多量重，麦冬达八钱以上。体现了用苦而慎苦，众润以制苦，预防化燥伤阴的配伍原则。可见吴氏之甘苦合化法不论从立法构思，还是在具体药味、剂量的搭配上，都具有卓越的创见，不能不说是吴氏在温病治法上的又一突破和建树。

四、讨论

吴氏化肺气、通膀胱法的学术渊源，既导源于《内经》肺为水之上源的基本理论，又受到叶天土治湿证“启上闸，开支河”法的启示。吴氏在此基础上，结合实践深入研讨，明确地提出“气化湿亦化”，肺痹开则膀胱亦开”的重要见解，并根据自己的临床经验配制了方药，使这一学说从理、法、方、药几方面均更趋完善，这是吴氏对前辈学术思想的发展。

“开阴络”利小便法，导源于津血同源、水血相关的基本理论，又受到仲景肝着治法和吴天士通络法的影响。吴氏把中医基本理论和前人经验结合起来，借古方治今病，创新法，

为肝郁小便不利开拓出了一条切合病机的治疗之路。

细寻吴氏创立“甘苦合化”法的思路，可觅察到吴氏于仲景学说中曲悟旁通的痕迹。《伤寒论》桂枝汤取法汗必啜稀粥以滋汗源，49条伤阴后小便不利言“勿治之”，言外已悬淡渗之禁。故吴氏申淡渗之忌和创立培源益尿法的构思，不能说丝毫没有在仲景学说中汲取营养。然吴氏不局限于师法前人，而是在师法中着意创新，在仲景培源为汗法的基础上旁悟出增液为尿一法。综上所述，吴氏利小便三法的创立，均是在汲取和融合了前人学术思想的基础上所取得的创新和发展。吴氏这种在继承中创新，法古中超古的革新精神，是值得提倡和称道的。

［《河南中医》，1987；（1）］

阴虚体质在《温病条辨》治疗中的体现探讨

郭文岗　指导：吴志刚

体质是指人体禀赋于先天，受后天各种因素影响，表现出来的形态、生理机能相对稳定的固有个体特性，并表现为与心理性格的相关性。体质在疾病过程中起着主导、决定性的地位，不同的体质则对疾病的易感性不一样，体质决定发病倾向，如《素问·评热病论》有：“邪之所凑，其气必虚。阴虚者阳必凑之。”而温病的发生是由于温邪引起，以发热为主症，具有热象偏重，易化燥伤阴等特点，但吴鞠通在《内经》基础上也认识到温病发生的关键因素在于素体阴虚，也就是说他本身就是阴虚体质，易感受自然界的阳热之邪，阴精本是构成人体的物质基础，如果阴精亏乏属于阴虚体质，因此在治疗温病中处处体现这一思想。

一、养阴法在温病治疗中的应用

《内经》虽然提出了阴虚体质这一思想，但对于治疗则是提出“诸寒之而热者取之阴”的治则，而吴鞠通则将其具体应用到温病治疗中，认识到温病发生的关键是阴虚，重在养阴生津，在《温病条辨》中处处体现这一思想。

1. 甘寒养阴　“温邪上受，首先犯肺”，温邪最善伤津，上犯于肺使肺阴受伤，顺传于阳明胃土，胃属燥土，本喜湿而恶燥，阳邪更使胃阴受伤，从而出现口渴等津液缺乏之症，给以甘寒养阴，甘能滋补，寒能清热，给予雪梨浆甘寒生津。燥邪最易伤肺胃之阴，从而出现或热或渴，其治疗选用沙参麦冬汤、五汁饮、玉竹麦冬汤、牛乳饮等甘寒以生津。阳明温病，阴液已伤，下后阴液更伤，急当益阴，治以甘凉生津，给以益胃汤、清燥汤，其认为胃可生一身之阴液，益胃即养阴，其在中焦篇12条中说：“阳明温病，下后汗出，当复其阴，益胃汤主之。”暑邪更易耗气伤津，阴伤更重，必以复阴为主，给予甘凉之三才汤，用药甘寒、甘凉，而不用苦寒，就是预防化燥伤阴，犯虚虚实实之误。

2. 酸甘化阴　暑为火邪，深入少阴，肾主五液而恶燥，心肾均为少阴，同气相求，水亏火旺，故见消渴，肝与心包同属厥阴，肝主筋，热灼津伤，水不涵木，故致麻痹，用连梅汤酸甘化阴，增水熄风，方中黄连泻克水之火，乌梅酸以生津，阿胶增液熄风，麦冬、生地补水以柔木。吴氏对汗多伤阴，用生脉散，方中人参补肺气，麦冬、五味子酸甘化阴，此外对温疟伤胃阴，痢久伤阴，亦用酸甘化阴之麦冬麻仁汤，人参乌梅汤，乌梅丸等。

3. 咸寒苦甘　温邪结于中焦阳明，热结胃肠导致大便秘结，本当急用下法，但其人素体阴虚，下之伤津，属半虚半实之证，中焦篇11条：“阳明温病，无上焦证，数日不大便，当下之。若其人素阴虚，不可行承气汤，增液汤主之。”增液汤中元参为君，苦咸微寒，壮水制火，增液通便，防伤肾水，麦冬甘寒质润，苦能清热，能补能润能通，细生地甘寒清热生津，共奏增液行舟。下焦篇11条中说：“少阴温病，真阴欲竭，壮火复炽，心中烦，不得卧者，黄连阿胶汤主之。”本属阴亏火旺，用黄连阿胶汤苦甘咸寒增阴以泻火，黄芩配黄连，外泻壮火而内坚真阴，芍药配阿胶，内护真阴，外捍亢阳，鸡子黄为血肉有情之品，其味甘咸，为补心肾之佳品，与阿胶合用能预防熄内风之震动。

4. 甘苦合用　阳明温病，燥屎内结，数下之后，正气日虚，阴津日耗，则需在通下的同时给以养阴，防护其阴，如在中焦篇15条中用护胃承气汤甘苦合用养阴，方中生大黄苦寒通下，元参、细生地、知母、麦冬甘寒以养阴，津生便通。阳明温病，膀胱气化不利，小便不通，中焦篇29条用冬地三黄汤治疗，方中黄连、黄芩、黄柏苦药通之，热结液干，用元参、生地、苇根汁、银花露甘寒润之，金受火刑，化气维艰，故倍用麦冬以化之。

5. 辛凉甘润　燥金伤肺，使人出现诸痿喘呕，实则是伤胃气，胃土为肺金之母，药用苦寒则使气滞，反伤胃阻痰，故用辛凉以清气，甘润以生津，方用清燥救肺汤，方中霜桑叶清肺气，石膏、麦冬清肺润肺，阿胶、麻仁润肺养阴，人参、甘草益气养阴，杏仁、枇杷叶利肺气。

6. 甘润存津　温热之邪久居中焦，伤阴传于下焦，必伤少阴厥阴，肝肾同源也，少阴藏精，厥阴亦待少阴之精足而后生，治以甘润存津，方用加减复脉汤，药用地黄、白芍、麦冬等甘润存津，炙草益气，阿胶增阴，麻仁甘以益气、润以去燥。

7. 阴阳合化　湿温所致的下痢，日久不愈，致休息痢，日久则导致正虚邪留，补虚则易致留邪，祛邪则容易伤正，故治疗阴阳双补而以护阴为主，在下焦篇73条吴鞠通用参芍汤治疗，药用人参、茯苓、炙草守补中焦，参附固下焦之阳，白芍、五味子收三阴之用。

8. 滋阴潜阳　温热之邪久居下焦，肝肾之阴液受其劫铄，阴液耗伤，而致阳浮于上，出现厥脱等，用小定风珠滋阴潜阳，熄风止痉。热邪日久，复加汗出，真阴更伤，邪少虚多，出现神倦瘛疭，脉气虚弱，用大定风珠滋阴固脱，方中阿胶、干地黄、鸡子黄浓浊之品填阴增隙，生龟板、生牡蛎、鳖甲潜阳镇定，使阴阳相交不致厥脱。

二、祛邪

温病的主要病机为阴虚，阴虚又易导致温邪外袭，只有祛除外邪，才能避免继续伤阴，祛邪即救阴，吴鞠通采用多种祛邪方法。首先是清热，清实热，对于邪在肺经出现的壮热口渴，用辛凉重剂白虎汤清热以保津，药用辛凉，正是基于阴虚体质考虑的；退虚热，对温邪深入下焦伏于阴分，采用青蒿鳖甲汤清退虚热。其次是通便，对邪犯中焦燥屎内结，热炽阴伤的当急下以存阴，药用大承气汤。再次对于湿邪侵犯阴虚主体，胶滞难去，日久伤阴，唯有用宣畅气机，气化则湿亦化，用三仁汤，使湿去热退，以防伤津。

三、养阴法在温病治疗禁忌中的应用

1. 忌汗　温病最善伤阴，所以其治疗始终以救护阴津为主，汗之不惟不解，反生他患，汗之伤阳，未始不伤阴也，发汗也容易导致各种变证，轻则出现斑疹，重则神昏谵语，即使初起有恶寒表证，断不可用辛温发汗之剂，可与解肌之桂枝汤，中病即止，不可过用，正是基于阴虚这一病理基础考虑的。温邪犯上焦，初起但热而渴者，用东垣之清心凉膈散去黄芩

加银花、牛蒡子清热养阴，而不用发汗之法，因病温者精气先虚，此方之妙，预护其虚。

2. 慎用苦寒之药　温热本燥，再加阴虚体质，若用苦寒清热之药，则使阴伤更重，津液干涸不救，故当慎之。其在中焦29条对于小便不利的不用利尿，而采用甘苦合化之冬地三黄汤，甘寒十之八九，苦寒仅十之一二，阴精足小便自出。

3. 忌利　温病小便不利的，忌淡渗利尿，温热本火有余，不足于水，只有滋水泻火，不可再淡渗动阳灼津，以防阴伤更重。

4. 忌升阳　温病最善伤阴，三阴首当其冲，温病耳聋，病在足少阴，非为少阳，故断不可用升阳发散之柴胡汤，否则更易伤精脱液而致病重。病在肾，肾主藏精供一身之需，故用复脉辈复阴开窍，阴精生而耳窍自开。

从以上可以看出，吴鞠通正是基于《内经》中关于病温的深入研究，认识发生温病的关键乃是由于阴虚体质，正是基于这一理论，所以其在治疗过程中时刻注意保护阴津，祛邪也是为了保津，治疗上的禁忌更是为了防止伤阴液，深化了《内经》关于这一问题治疗不足的方面，深化了阴虚体质的认识，使这一学说对后世产生了深远的影响。

[《贵阳中医学院学报》，2006；(1)]

论透邪法在《温病条辨》中的运用

汪　红　张耀奇

“透邪”顾名思义，即透发毒邪，一般认为多用于外感表证，属解表范畴。但在温病学中，透邪的含意已不仅仅局限于透发郁于卫表的温热病邪，而是一种因势利导使内郁之温热病邪由深出浅，由里向外透达的治疗方法。它贯穿于卫气营血辨治的各个阶段。尽管前人有吴又可、叶天士等人的“战汗透邪”、“透风于热外”、“入营犹可透热转气”等论述，但吴鞠通在总结前人经验的基础上，根据自己大量临证实践著成的《温病条辨》，其中的透邪思想及其具体运用治法则更为完善，给后人治疗温热病以启迪。

一、解表透邪

温热病邪在表，郁于肺卫，症见身热、微恶风寒、头痛、自汗、咳嗽或渴等，治以辛凉解表、宣开肺气以祛邪外出，故称之为解表透邪法。因为“温病忌汗，汗之不惟不解，反生他患”，但“温病亦喜汗解，最忌发汗，只许辛凉解肌，辛温又不可用。妙在导邪外出，俾营卫气血调和，自然得汗，不必强责其汗也”。吴氏的这两段话很好地体现了解表透邪之意。他创制的银翘散，用银花、连翘、竹叶清宣疏散，用豆豉、荆芥、薄荷、牛蒡子辛散透泄，既清上受之温邪，又使肺卫之气机通畅，自然营卫调和，津液得布，起到了不发汗而汗出，邪随汗解的作用。吴氏认为此方“纯然清肃上焦，不犯中下，无开门揖盗之弊，有轻以去实之能”。同时还强调，该方不可过煎，因“肺药取轻清，过煎则味厚而入中焦矣”。

二、清热透邪

温热病邪入里，郁于气分，邪正相争，里热蒸腾，症见脉浮洪、舌黄、渴甚、大汗、面赤、恶热等，治以清气泄热、透邪外达，故称之为清热透邪法。正如《温病条辨》所言：“恶热，邪欲出而未遂也。”温热之邪初入气分，犹有外透之势，热未伤津，黄苔不甚厚而滑，犹可清热透表，此时切忌使用苦寒之剂，否则药过病所，必然造成邪伏不解。即使邪全入气分，若无结实，仍可清透，使温热病邪从表而解。方用辛凉之重剂白虎汤，吴鞠通认为“白虎本为达热出表”，可清泄气分郁热，透邪外达。方中重用石膏辛甘大寒，既可解肌热透邪外出，又可生津止渴，以制阳明之热，而重在清泄肺胃、除烦，可谓一举三得；辅以知母性味苦寒，但质润，清热养阴，与石膏主辅相伍；还有粳米、甘草和胃护津，以缓石膏、知母苦寒重降之性，防寒凉伤中之弊。

三、清营透邪

温热病邪在气分不得透解，则向血分进一步发展。邪在营分，症见舌质红绛而干、脉细数或寸脉大、渴不甚，邪扰心营则心烦躁扰、时有谵语，治以清热凉营、透热转气，故称之为清营透邪法。此时邪虽入营，但尚未完全脱离气分，吴氏深得叶天士“入营犹可透热转气”之旨，在清热凉营的同时，注意结合使用轻透泄热之品，冀热邪透出气分而解。吴鞠通在叶天士提出用犀角、玄参、羚羊角等药的基础上创立了清营汤。方中用犀角、黄连清心凉营解毒，生地、玄参、麦冬、丹皮凉血养营，银花、连翘、竹叶心清热透营，因黄连苦燥伤阴，且药性沉降，不利透热转气，故常去之。正如吴氏所言：“去黄连者，不欲其深入也。”但若心营热盛者，黄连仍可用之。邪入营分要消耗血中津液，但比血分证尚属轻浅，还有透解出气分的可能。故一方面清营养阴，一方面加入辛凉宣透之品，使邪热从营分透出气分而解，在清营热方中加入一些畅调气机的透达之品，给邪以出路。

四、凉血透邪

温毒极盛，深入血分，迫血妄行，症见发热，头痛，或吐血、衄血、咳血，或便血、尿血，或肌肤斑疹，治以清热解毒、凉血止血，故称之为凉血透邪法。《温病条辨》中用犀角地黄汤合银翘散加减，意在以犀角地黄汤凉血止血，“清血分伏热而救水”，以银翘散去豆豉、荆芥穗、薄荷（即用银花、连翘、竹叶等）宣肺透邪，“败温毒”。斑疹是邪气外露之象，热邪虽然深入营血，但总以泄热外达为急，只有营血热毒得解，斑疹才易透出，只有斑疹外透，邪热才有外泄之机。吴鞠通创制的化斑汤，不但含清气泄热、辛凉透邪的白虎汤，而且加元参、犀角以清营血，“犀角……取其咸寒，救肾水以济心火，托斑外出而又败毒辟瘟也。”吴鞠通所制银翘散去豆豉加细生地、丹皮、大青叶倍元参方用于“……凉血络中病，故主以芳香透络，辛凉解肌，甘寒清热也”，也体现了透邪这一思想。

五、其他

对温病初起邪郁表里，湿阻气机，而邪热不甚，症见头痛恶寒、身重疼痛、苔白不渴、脉弦细而濡、面色淡黄、胸闷不饥、午后身热。《温病条辨》认为此忌汗、下、润（滋阴）三法，指出：“汗之则神昏耳聋，甚则目瞑不欲言，下之则洞泄，润之则病深不解。”故创三仁汤。方中以杏仁宣肺利气，气化则湿亦化；以蔻仁、厚朴、半夏芳香行气化湿；以苡仁、通草、滑石淡渗利湿；以气清质轻之竹叶透热于外。三仁汤用药芳香清轻，此可称之为芳化透邪法。

对燥热上扰，清窍不利，引起耳鸣目赤、龈肿咽痛等症，吴氏主张以轻清宣透上焦气分之燥热为法，立翘荷汤，方中用薄荷、连翘轻清宣透，黑栀皮、绿豆皮清热泻火，生甘草、桔梗宣肺清解，载药上行。故可称之为清燥透邪法。

对温病热伤阴液，余邪留伏阴分，症见夜热早凉、热退无汗者，吴氏创青蒿鳖甲汤，养阴与凉营透邪并举，以避养阴则恋邪，壮火则助热，苦燥更伤阴之弊。吴氏释曰："鳖甲既能养阴，又能入络搜邪；以青蒿芳香透络从少阳领邪外出；细生地清阴络之热；丹皮泻血中伏火；知母……佐鳖甲、青蒿而成搜剔之功焉。再此方有先入后出之妙，青蒿不能直人阴分，有鳖甲领之入也；鳖甲不能独出阳分，有青蒿领之出也。"故此可称之为养阴清透法。

综上所述，《温病条辨》中的透邪思想贯穿于温病卫、气、营、血辨治的整个过程，"透邪"总的原则是辛凉宣透，故用药多为质轻性散、味辛芳香之品，如银花、连翘、竹叶、青蒿、扁豆花、栀子（皮）、细生地等，忌过于苦寒、滋腻之品，以免性重下趋，遏伏病邪。在具体运用上又有宣透、清透、凉透等不同用法，它不仅适用于邪浅病轻的卫表证和余邪未清的温病后期诸证，亦适用于温邪内郁炽盛的温病发病过程中诸证。

总之，透邪是一种因势利导、引邪外出之法，透邪的目的是使邪热向上向外透达而不至于内陷，透邪是防其内陷的手段。当然，在透的同时要注意顾护人体的正气，养阴护液。如里结阳明，亦须用下法，对湿邪为患者，当淡渗分利。祛邪外出，不但要给邪以出路，而且方法要正确。吴鞠通《温病条辨》中的透邪思想，在温病学治疗上具有重要意义，值得进一步研究。

[《国医论坛》；2001；(1)]

辛甘化阳法在《温病条辨》中的应用

张　越　陈杨荣

一提到辛甘化阳法，我们首先想到的常是四逆汤之类回阳救逆之剂或是参苓白术散等温补之品，可见"辛甘化阳"四字常指辛温、辛热之品与甘温甘平之剂合用以扶助阳气。其实不然，寒凉之品中辛甘合用亦可有扶阳之能，又可制其温燥之性，从而化生无穷妙用。现以《温病条辨》上焦篇为例做一粗浅归纳。

上焦篇中辛甘化阳剂的经典应用方当数二十三条，《金匮要略》谓"太阳中暍"，发热恶寒，身重而疼痛，其脉弦细芤迟，为暑温气津两伤之证，给予李东垣清暑益气汤以清暑化湿，益气养津。方中以升麻、生姜、青皮、陈皮、神曲辛味之剂，与人参、黄芪、当归、甘草、大枣甘品相合，化阳益气，阳气得补，则既可益气生津，又可气化除湿，暑邪易清矣。

辛甘相合，其应用广泛，化阳之功用可简概为以下 7 种。

一、扶正阻邪深入

上焦开篇四条、六条治疗温病初起，温邪郁于肺卫，偏于卫表，发热口渴，给予辛凉平剂银翘散；偏于肺但咳，身不甚热，微渴者，给予辛凉轻剂桑菊饮。此两方中皆有辛甘法之身影。银翘散中桔梗、薄荷、芥穗、淡豆豉、牛蒡辛苦凉之剂以除温，合竹叶、银花、芦根、生甘草甘寒、甘平之品，化阳转气，以驱邪外达，防病深入。桑菊饮中桔梗、薄荷辛凉解表之时，配伍芦根、桑叶、菊花、甘草甘苦寒、甘平之品，化阳驱邪之时，以苦降和调肺之气机而止咳。因邪偏于肺，故其中辛散之品减少，而甘苦调肺之药多，可见药味辛甘侧重不同，化阳之功用亦不同。

十条太阴温病，气血两燔给予辛凉合甘寒之玉女煎去牛膝、熟地加细生地、元参方，以气血两清。当然此方偏重于气分，凉血之力尚轻。然辛甘合用以壮清阳之气，既可防温邪入血分深部，又可驱邪外达以利清透。

十八条温毒肿疡给予清热解毒之普济消毒饮，方中薄荷、马勃、牛蒡子、芥穗、僵蚕、桔梗辛苦咸凉之品，配合元参、银花、甘草之甘剂，化阳护正，防温毒之邪深入于里。可见，于寒凉之中助以辛甘化阳之剂，不仅不增其温燥之性，反可调补清气以助邪之解。

二、护阳守津液

二十二条暑温右脉洪大而数，左脉反小于右，口渴甚，面赤，汗大出者，给予辛凉之白虎汤以清解暑温，脉芤甚者，予白虎加人参汤，以加强益气生津之功。然暑热炽盛于肺胃阳明气分，迫津外泄而为汗，耗损阳气而倦怠。且气亦可随汗液而泄，则气愈伤；气愈伤，更易失外守之职，则汗泄愈重，津液愈伤，恶性因循不休。故于方中石膏、知母甘寒清暑热之时，取石膏之辛寒，合知母、甘草、粳米之甘寒、甘平，化阳益气而守津液，以杜恶源。其加人参法亦加强化阳之力耳。

三、扶正清余邪

二十七条暑温汗后余邪未清，头微胀，目不了了，给予清络饮辛凉芳香之法，轻药以祛余邪。同样以竹叶心轻辛之剂，配银花、西瓜翠衣、鲜扁豆花、丝瓜皮甘寒、甘平之剂，轻转阳气，使正气得复，余邪更易得清，故可事半功倍也。

二十八条手太阴暑温，咳声清高无痰予清络饮加甘草、桔梗、甜杏仁、麦冬、知母亦为此理。加入的是辛苦甘润之品，化阳以增扶正清邪之势，又可加强生津润肺之能，一味辛苦之桔梗用以苦降，利转气调肺之功，诸药配合，症状可解。

四、扶阳化浊

二十四条暑温初起夹湿邪，寒热身重，不汗出，予辛凉复辛温之剂新加香薷饮，以清解暑湿，期辛凉清暑，辛温化湿。方中同时以厚朴、香薷之辛温，合银花、鲜扁豆花之甘味以扶阳转清气，使气化湿祛，暑热得解。

二十九条暑温痰饮，咳重痰多，不甚渴或渴不多饮，给予小半夏加茯苓汤再加厚朴、杏仁之辛甘淡法，以蠲饮和中，利肺化痰。方中半夏、生姜、厚朴辛温蠲饮，配一甘味茯苓，淡渗利痰饮之际，又可辛甘化阳扶脾助运化，以消痰饮之壅滞。

四十三条湿温初起温渐化热，以三仁汤芳香化湿。其半夏、白蔻仁、厚朴辛温化湿之剂中，加入滑石、通草、竹叶、生薏仁甘寒、甘淡之品，既可清利湿热，又可辛甘化阳转气，使气化湿运，温邪无以依附，而更易清矣。

五、通阳调气

四十六条湿温气分痹郁而哕，以苦辛通调之宣痹汤，以开上焦清阳之郁。方中以郁金、射干、豆豉辛凉、辛平开宣，合枇杷、通草之甘味，化阳调气，清气得顺，痹郁得开，哕自除。

四十五条湿温喉阻咽痛，概因肺气不化，木夹心火反刑肺金，闭在气分即阻，闭在血即痛。给予辛凉微苦之银翘马勃散，清解利咽。方中牛蒡、射干、马勃辛苦寒凉之剂，合银花1味甘品，化阳行气活血，以开痹阻，止喉痛。

六、生津润燥

五十四条温燥气分受之，给予辛凉之桑杏汤，清温润燥。其以豆豉辛凉清解，合桑叶、沙参、梨皮甘寒、甘平之剂，宣肺润肺之际，辛甘化阳，转气生津以止燥。

五十七条燥气化火，清窍不利，耳鸣目赤，龈胀咽痛，给予辛凉之翘荷汤，以清燥热。同样其以薄荷、桔梗辛凉、辛苦之剂，清燥火，配合生甘草、绿豆甘寒之品，辛甘化阳，化气生津以润之。

五十八条肺燥及燥致痿、喘、呕者，诸可以辛凉甘润之清燥救肺汤，以清肺润燥。方中石膏辛甘大寒，甘草、阿胶、麦冬、胡麻仁、霜桑叶、人参则为甘平、甘寒、甘微苦剂，1味辛剂与大量甘剂相合，辛甘而化阳，气得化，津得生，燥得润。与五十四条桑杏汤相比，辛甘味药皆重，生津力更强，润燥之功善。

七、护心通窍

十五条太阴温病寸脉大，舌降而干，不渴，热在营中，予咸寒苦甘之清营汤去黄连以清营透热。其以生地、元参、麦冬、银花甘寒之品养阴清热之时，配合竹叶心辛甘之剂，化阳护心营，养心体，通心络以免其邪扰神明。

十六条太阴温病，汗出过多，神昏谵语者，予清宫汤或牛黄丸、紫雪丹、局方至宝丹，以清包络，开窍醒神。其中咸寒甘苦之清宫汤，以竹叶卷心辛甘之剂，合元参、莲子、麦冬甘寒、甘平之品，清包络之邪热，并辛甘化阳，顾护心之清阳之气，以阻神明被扰。再者安宫牛黄丸中，牛黄、朱砂甘凉、甘寒，合麝香、冰片、郁金、雄黄辛味四香之品；紫雪丹中，升麻、寒水石、沉香、麝香辛寒、辛温之品，合元参、炙甘草、滑石、石膏、辰砂甘寒之品；至宝丹中，麝香、安息香辛温、辛平之品，合牛黄、朱砂、琥珀、玳瑁甘寒之剂，辛甘合用，化阳转气，顾护心体，通心窍，安心神。温病“开窍三宝”中，以牛黄丸中辛香之剂多，故其开窍之力著，紫雪丹中大剂甘寒以清热缓肝急，故其止痉之功善，而至宝丹中药味较少，寒凉之性不及前两方，然其辛甘之剂合阳化气，气化以助安息香祛痰化浊，故其化浊开窍之功卓越。三方功效相似，又各有所长。

辛甘合用，以化阳气，其应用不当局限于温热之方中，应于配伍之中灵活运用，以助药剂之长，化药剂之弊，更利于临证之用。以四两拨千斤之态，化除病邪于无形，达事半功倍之效。

［《中国中医基础医学杂志》，2007；（11）］

《温病条辨》辛凉法应用浅析

宋恩峰　韦桂莲　涂自斌

清代温病大家吴瑭著《温病条辨》，该书遥秉《内经》，发岐黄之术；承于《伤寒论》，扬仲景之学；导于叶桂，兴温病学说。用药之精，配伍之妙，堪为一代宗师。他非常注重性味结合，尤其是辛凉法的应用，更可效法。

辛凉法是使用性味辛凉的药物以治疗疾病的一种方法，临床上可根据不同疾病而适当配伍。《素问·至真要大论》云：“风淫于内，治以辛凉，佐以苦，以甘缓之，以辛散之”，

“风淫所胜，平以辛凉，佐以苦甘，以甘缓之，以酸泻之”，“燥化于天，热反胜之，治以辛寒，佐以苦甘”。由此看出，辛凉法主要用于风热、温燥、火热等。《温病条辨》辛凉法的应用，可分为辛凉苦甘、辛凉甘寒、辛凉芳香、辛凉淡渗、辛凉辛温，兹浅析之。

一、辛凉苦甘

由于温热初起，多因感受风邪而发，风与温均为阳邪，故在治疗上以辛凉为主，辛以散风，凉以清热，佐以苦甘者，以苦泄热，以甘缓急。如辛凉平剂银翘散，以金银花、竹叶、薄荷之辛凉，合连翘、桔梗之苦，与甘草之甘，共成辛凉苦甘之剂，用于温热病初起，不恶寒但发热而渴。桑菊饮，乃辛凉轻剂，以桑叶、菊花、薄荷之辛凉，合连翘、桔梗之苦，甘草之甘，用于太阴风温，但咳，身不甚热，微渴。白虎汤属辛凉重剂，以辛寒之生石膏，合知母之苦，甘草之甘，用于温热而见脉浮洪、苔黄、渴甚、大汗、面赤、恶热者。麻杏石甘汤，方中麻黄配生石膏，因石膏量大，故亦属辛凉，与杏仁之苦、甘草之甘合成辛凉苦甘之剂，《温病条辨》中用以治疗喘咳息促、吐稀涎、脉洪大（右大于左）、喉哑，是为热饮。

二、辛凉甘寒

以辛凉与甘寒合而成之。《温病条辨》中有玉女煎去牛膝熟地加细生地玄参方、减味竹叶石膏汤、银翘汤、青蒿鳖甲汤、竹叶玉女煎。

玉女煎去牛膝熟地加细生地元参方，是从《景岳全书》之玉女煎化裁而成。方以生石膏之辛凉，合生地黄、麦冬之甘寒为主构成，用于温病气血两燔者。减味竹叶石膏汤，是《伤寒论》之竹叶石膏汤去半夏、人参、粳米而成。方中竹叶、生石膏辛凉透邪，麦冬甘寒养阴，用于阳明温病脉浮而促者。银翘汤，以金银花、竹叶之辛凉宣泄，合麦冬、生地黄之甘寒养阴，用于阳明温病下后，邪气还表，无汗脉浮之证。青蒿鳖甲汤，由青蒿、鳖甲、知母、生地黄、丹皮组成。《温病条辨》称之为辛凉合甘寒法，以青蒿之辛凉透邪，合生地黄之甘寒以清血热，构成辛凉甘寒之剂，用于温病后期夜热早凉，热退无汗。实际上从全方组成看，鳖甲咸寒，合知母、丹皮之苦寒，青蒿之辛香，应是咸寒苦辛之剂。竹叶玉女煎以竹叶、石膏之辛凉，合生地黄、麦冬之甘寒为主，用于妇女温病，经水适来，脉数耳聋，干呕烦渴，邪陷发痉者。

从上看出，凡温邪在表或表里俱热而又耗伤津液者，均可用辛凉合甘寒之剂治之，对于阴分伏热者，亦可用此法，既透邪外出，又兼清血热。温燥亦可仿效此法，如喻嘉言之清燥救肺汤，以桑叶、生石膏之辛凉，合阿胶、胡麻仁、麦冬之甘润微寒为主构成，系治疗温燥名方。

三、辛凉芳香

辛凉与芳香合用，《温病条辨》中清络饮、加减银翘散即是此义。

清络饮，可清肺络中无形之热，由西瓜翠衣、竹叶、鲜荷叶、鲜扁豆花、丝瓜皮、鲜金银花组成。本方特点是以金银花、竹叶之辛凉，合鲜荷叶、鲜扁豆花芳香化浊，并配合西瓜翠衣、丝瓜皮清热解暑，用以治疗手太阴暑温，发汗后，暑证悉减，但头微胀，目不了了，余邪不解者。

加减银翘散，方以金银花、竹叶之辛凉，合荷叶之芳香为主，用于心疟，症见热多昏狂，谵语烦渴，舌赤中黄，脉弱而数者。

总之，辛凉芳香法主要有清热透邪辟秽之作用，可以清透肺络中的余邪，如清络饮；亦可清透肺膈之热，如加减银翘散，使邪热外透于表，可从辛凉而解。

四、辛凉淡渗

辛凉合淡渗而成，如茯苓皮汤与薏苡竹叶散。

茯苓皮汤用于湿温证，表里经络脏腑三焦俱为湿热所困，以安宫牛黄丸开窍醒神之后，继用本方分消湿浊。方中以淡竹叶之辛凉，合茯苓皮、薏苡仁、猪苓、通草之淡渗，使湿邪从小便而出，湿去热孤，湿热皆除。

薏苡竹叶散，以竹叶之辛凉，合薏苡仁、滑石、茯苓、通草之淡渗，用于湿郁经脉、胸腹白疹。吴瑭曰："此湿停热郁之证，故主以辛凉解肌表之热，辛淡渗在里之湿，俾表邪从气化而散，里邪从小便而驱，双解表里之妙法也。"总之，辛凉淡渗用于湿温之证，内外皆为湿热所困。

五、辛凉辛温

辛凉与辛温合用，《温病条辨》中新加香薷饮、加减木防己汤，即是此义。

新加香薷饮用于太阴暑温，但汗不出者，乃据《太平惠民和剂局方》香薷饮加金银花、连翘而成。香薷饮本为辛温发汗之剂，用于夏月伤暑，或外感于寒，内伤于湿。暑病不忌辛温者，因暑必夹湿，湿为阴邪，非温不解故也。新加香薷饮用于手太阴暑温，形似伤寒，右脉洪大，左手反小，面赤口渴，但汗不能自出，以香薷饮发暑湿之表，用银、翘辛凉达肺经之表，故为辛凉辛温合法。

加减木防己汤用于暑湿痹证，以辛凉之石膏，合辛温之桂枝为主构成。吴瑭称"此治痹之祖方也"。

总之，辛凉辛温合法，乃寒热熔于一炉，用于暑温、暑湿、湿热等证。因有表热必用辛凉，又因夹湿，非辛温不能散之，故寒温并用。综上所述，吴瑭应用辛凉法，经验丰富，若能掌握其用药规律，必将有益于临床。

[《安徽中医学院学报》，2002；(5)]

《温病条辨》"透邪"特点浅析

陆为民

"透邪"是温病治疗中常用治则之一，其萌芽实可追溯到《内经》时代，如《素问·热论》"其未满三日者，可汗而已。"《素问·阴阳应象大论》"其在皮者，汗而发之"等均寓"透邪"思想，只是认识尚局限。随着温病学的不断发展，"透邪"思想在温病治疗中的内容日趋丰富和完善，叶天士在《温热论》中有十余处论及"透邪"，并提出了具体的方法，如"透风于热外"、"透热转气"、"养正透邪"等。吴鞠通师承叶氏，对"透邪"思想更有发挥，其《温病条辨》（以下简称《条辨》）一书虽未特地言"透"，但"透邪"思想始终贯彻在温病治疗中，且方法多样、灵活多变，根据温病的不同阶段、特征等立法处方，如辛凉透表之银翘散、桑菊饮，透表清暑之香蒸饮，润燥透表之桑杏汤、杏苏散，芳香透邪之清络饮，化湿透热之三仁汤，透热转气之清营汤，透泄斑疹之化斑汤，开透心包之安宫牛黄丸。补气透邪之活人败毒散，滋阴透邪之青蒿鳖甲汤，扶阳透邪之扶阳汤等，各种方法又互相联系。本文试就《条辨》中“透邪”特点作一浅析。

一、《条辨》透邪，非只解表

透，通也；通，达也。《易·系辞》曰：“往来不穷，谓之通。”由此可见，“透”即“通”之意，乃排除中之阻碍也。而《简明中医辞典》谓：“透邪，也称达邪，即透达表邪的治法，外感表证，须透邪外出，故称。”《中医名词术语选释》也认为透邪是：“热性病初起，出现风热表证，采用辛凉解表一类治法，使病邪往外透达。”但综观《条辨》透邪，非只限于透邪解表这一认识，而是吴氏以温热病邪张扬开泄，向上向外的特性为依据，根据温邪为患病情病势之不同，针对温邪内郁，使温热病邪由深出浅，以致外达而解的一种含义广泛的祛邪治疗原则。吴氏在《条辨》中应用广泛，配伍多变，从而使病情由重转轻，有扭转病势、改善病情的积极意义，各种温病的各个阶段均可根据病情随证选用，如温病后期，吴氏创青蒿鳖甲汤以滋阴透邪，成为后世之典范。

二、《条辨》透邪，善用轻剂

《条辨·治病法论》云：“治上焦如羽，非轻不举”，故吴氏在使用透邪法治疗上焦温病时，用药非常注意选择轻清芳香流动之品，如银花、连翘、桑叶、菊花、竹叶、薄荷、豆豉、荷叶、香薷等，以轻透上焦之邪。此外，在药量、煎煮等方面也处处体现具“轻透”思想，如桑菊饮取味薄质轻之品、盖“肺位最高，药过重则过病所”，“恐病轻药重，故另立轻剂方”；银翘散“勿过煎，肺药取轻清，过煎则味厚而入中焦矣”；玉女煎“去牛膝者，牛膝趋下，不合太阴证之用”；清营汤“去黄连者不欲其深入也”等等，其他许多方剂也都有类似论述，皆取上焦用轻之意。然而，综观《条辨》透邪，用“轻”可谓贯串始终，如中焦篇减味竹叶石膏汤之用竹叶，黄芩黄连汤之用香豆豉，三香汤之用桔梗、栝蒌皮、香豉，三仁汤之用杏仁，活人败毒散之用桔梗、柴胡，加减小柴胡汤之用柴胡，下后邪气还表证之用银翘汤等；下焦篇青蒿鳖甲汤之用青蒿，竹叶玉女煎之用竹叶等，均取“轻清透邪”之意，因此，或许可以不很恰切地说：“《条辨》透邪，非轻不透。”

三、《条辨》透邪，尤重宣肺

《条辨》有云：“凡病温者，始于上焦，在手太阴。”基于此，吴氏在治疗上焦温病时，尤重宣肺透邪，如其常使用的辛凉轻清之品，即可起宣透肺卫郁热之功，对此自不必多述。值得指出的是，吴氏在治疗暑温、湿温等中焦温病时，也重宣肺透邪，可谓其独到经验，如三仁汤“轻开上焦肺气，盖肺主一身之气，气化则湿化也”；三香汤“用蒌皮、桔梗、枳壳微苦微辛开上……”，乃“邪从上焦来，还使上焦去法也”；三石汤“此微苦辛寒兼芳法也”，“虽云三焦，以手太阴一经为要领，气化则暑湿俱化”；杏仁滑石汤“以杏仁、滑石、通草先宣肺气，由肺而达膀胱以利湿……”；杏仁石膏汤以“杏仁、石膏开上焦……，凡通宣三焦之方，皆扼重上焦，以上焦为病之始入，且为气化之先”。

四、《条辨》透邪，不避辛温

辛温之品易耗伤阴津，故吴氏强调治疗温病最忌辛温。但病有不同，证各有异，因而吴氏并不拘泥于此，而是在“认证无差”的基础上灵活应用，或伍苦寒、甘寒、辛凉等属，或以外用等，不仅无伤阴之弊，反有热因热用之妙，可助温热之邪向外透达。如白虎加桂枝汤用桂枝“领邪外出，作向导之官”，“太阴风温……初起恶寒者”用桂枝汤，特别是在暑温湿温等病中运用更为广泛，如新加香薷饮、加减正气散等，盖“湿为阴邪，非温不解”，故湿温有时“不惟不忌辛温且用辛热也”；又如外敷的三黄二香散用乳香没药，因“二香透络中余热而定痛”，可见吴氏处方立法之圆活。

五、《条辨》透邪，亦喜汗解

《条辨》虽有“温病忌汗”之戒，但此乃大概而言，揭示温病治疗的一般原则，盖温为阳邪，热变最速，辛温发汗，最易伤津耗液。然吴氏根据不同病情又提出“温病亦喜汗解”之论，似乎自相矛盾，其实不然，正如《条辨》所云：“妙在导邪外出，俾营卫气血调和，自然得汗，不必强责其汗也”，旨在假道腠理，使邪热外达，汗出而解。如“服香薷饮，微得汗”，“不汗再服”；白虎加桂枝汤“先服一碗，得汗为知”，“勿止暑之汗，即治暑之法也”，“服存阴药，液增欲汗，邪正努力纷争，则作战汗，战之得汗则生，汗不得出则死”等等，可见，汗出不仅是温病透邪的一个途径，也是判断疾病预后及治疗温病的一个方法。温病汗解方式甚多。但贵在自然得汗，所当警惕勿使汗出过多而伤津。

六、《条辨》透邪，处处存阴

吴氏提出“在上焦以清邪为主，清邪之后，中继以存阴；在下焦以存阴为主，存阴之先，若邪尚有余，必先以搜邪”，可见“清”与“存阴”是《条辨》治疗温病的二个大法，互相联系，不可分割，“清邪”可以“存阴”，“存阴”有助“清邪”，所谓“泻阳之有余，即所以补阴之不足”，而吴氏所说的“清邪”，乃针对温热之邪而言，也属广义的祛邪方法，当该包括“透邪”之法，清中有透，透而存阴，诚如《条辨》所说：“若留得一分津液，便有一分生机”，“本论始终以救阴津为主”，体现了《条辨》透邪、不忘存阴的思想，书中论述颇多，如“银翘汤，增液为作汗之具”，桑菊饮之用芦根、甘草，青蒿鳖甲汤滋阴透邪等不一一枚举。

［《四川中医》，1996；（11）］

评吴瑭制方用药的轻重取舍

欧林德

清·温病大家吴瑭，著《温病条辨》一书，是其毕生学术理论与临床实践之结晶。该书凡列六卷，立238法，载204方，用药237种，形成了诊治外感热病的独特体系，起到了承前启后的积极作用，其学术上的特点，以创立三焦辨证，善治温、湿两因而见长。近二百年来，凡研习者，不乏其人。但从宏观探讨颇多，向微观挖掘甚少。使人知其大略而难得真谛。笔者于学习中，认为吴氏治疗温热病，强调“忌刚喜柔”，以救护阴液为主旨，治疗湿热病，主张“忌柔喜刚”，以通阳理气为先导；制方遣药以轻重量君臣，以性味谋组合，是其主要学术特点，若深得其秘要，即所谓谋略精华也。对此，本文试作浅析，以示管见。

一、温热救阴　最为关键

“温热，阳邪也。阳盛则伤人之阴也。”故吴氏治疗温热之病“始终以救阴液为主”，并拟订“在上焦以清邪为主，清邪之后必继以存阴。在下焦以存阴为主。存阴之先，若邪当有余，先以搜邪”的具体治则。故吴氏有“存得一分津液，便有一分生机”之说。吴氏把救护阴液贯穿到温热病制方用药的全过程，对麦冬、生地、北沙参等养阴药使用频率最高，分别为31、30、28次。剖其救阴要旨，法于三要。

（一）透热养阴，善用辛凉

温热病早期，病位重心在上焦肺卫。肺主人身之表，温邪首犯，临床以一派温热表证为突出表现。吴氏制方以透热护阴为目的，用药主用辛凉，慎避辛温。盖温药催汗，汗为阴液，若以温治温，犹如火上加油，易致药源性伤阴。故吴氏深发“温病最易伤阴，用药又复伤阴，岂非为贼立帜乎”之感。惟辛凉之品，辛通透表，凉可泄热，药证相吻，切中病机。如主治风温的银翘散、桑菊饮，主治秋燥的翘荷汤、桑杏汤诸方均分别选用薄荷、竹叶、桑叶、菊花、牛蒡子、淡豆豉，以及银花、连翘等辛凉轻清之品，其中银翘散最具代表性。该方重用银花、连翘各一两，主以薄荷、竹叶、淡豆豉、牛蒡子等大队辛凉之味，以图辛凉解肌。方中荆芥性味虽辛微温，但入辛凉之中，恰有疏散透表之力，而无过温劫汗之弊。本方并用甘凉之鲜芦根煎汤，旨在透热同时寓以护阴，获热除解阴保全之功。

（二）泄热存阴，喜用甘寒

温热病发展到中期，病位“传至中焦，阳明温病也”。此时之治，吴氏为达到泄热存阴的治疗目的，用药除效法仲景“白虎”、“承气”之外，喜用甘寒。如治疗“阳明温病，脉浮而促者”，其病理为热盛阳明，阴津受伤，纯用辛凉重剂白虎汤，热可解而阴亦伤。吴氏以仲景竹叶石膏汤减去辛燥的半夏和甘温的人参与粳米，命名减味竹叶汤主之。其方竹叶、石膏辛凉，清热除烦，贵在麦冬甘寒，养阴生津，甘草和胃气。全方辛凉与甘寒共伍，泄热与养阴并效。再是有形热结于腑，吴氏效法仲景三承气“急下存阴”，以图“釜底抽薪”；又用甘寒生津之味，功取“增水行舟”。其所制方有护胃承气汤、增液承气汤和新加黄龙汤。诸方共用大黄、芒硝通泄热结之实邪，生地、玄参、麦冬充养亏耗之阴液。泄热与养阴同施，“抽薪”与“增液”并效。

（三）生津养阴，主用甘咸

津液亏损是温热病后期的主要病理表现。盖温燥不伤肺胃之津，必伤肝肾之阴，故生津养阴为之重点。吴氏针对肺胃与肝肾的各自病理特征，分别制方用药。凡肺胃阴伤主用甘寒生津法，如益胃汤、五汁饮、雪梨浆、沙参麦冬饮、牛乳饮等。诸方选用两类药物：一是养阴以生津的沙参、麦冬、生地、玉竹之类；一是生津以增液的白梨、荸荠、鲜苇根及藕之生汁。对肝肾阴伤者，主用咸寒生津法。其方有一、二、三甲复脉汤及大、小定风珠、专翕大生膏等。咸寒之牡蛎、龟板、鳖甲是诸方之首选药物。其中大、小定风珠主治“邪气已去八九，真阴仅存一二”之虚风的内动证，药用咸寒之三甲滋阴津、潜浮阳。至于“阴既亏而实邪正盛者”，祛邪与补阴并重。如青蒿鳖甲汤，药用咸寒鳖甲为君，搜余邪退虚热。配以知母、丹皮、青蒿、生地、清实热，滋阴液。

二、湿温通阳　重在气化

湿为阴邪，其性黏滞。湿之伤人，首损阳气。吴氏深悟其机，对湿温病的制方用药，以

"忌柔喜刚"为原则，重在运通阳气，宣利气机，图其"向化则湿化"。具体用药大多具有理气祛湿的双向作用。如理气燥湿的广陈皮、厚朴、苍术；行气化湿的藿香、佩兰、蔻仁，温气胜湿的鹿茸、附子、草果等。均为吴氏制方常用之品，取其在清利湿邪的先导作用。

（一）早期三禁，巧取芳化

湿温病的早期治疗，吴氏提出"三禁"。他认为"汗之则神昏耳聋，甚则目瞑不欲言，下之则洞泄；润之则病深不解"。凡此发汗、攻下、滋阴三禁，是针对湿温初起，交蒸不解，湿遏热伏的症状所提出来的。同时强调以"舌白不渴"为湿重于热的辨证要点。此时若误用辛温发汗，可致湿热上蒙清窍；过早攻下，倍伤脾胃之阳；投以滋腻，更使湿邪胶结。惟有芳香宣化之品，最为合拍。吴氏所创三仁汤，乃其典例。该方以"三仁"，为主药，从局部看，杏仁轻开上焦而宣畅肺气；蔻仁宽理中焦而醒脾胃；薏仁疏导下焦而渗利小便。再配厚朴、半夏燥湿化浊；滑石、通草渗湿利尿；竹叶略事清热。从整体看，全方芳化辛开，行气祛湿。用药体现了以理气为先导的组方格局。若湿挟寒邪或郁久化热，吴氏则不拘于三禁，他认为"温病之兼湿者，忌柔喜刚，湿退热存之际，乌不得柔哉?"由此可见，凡湿之挟寒者，亦可酌用汗法；肠胃滞者，并非全禁下法；化燥伤阴者，应予滋阴法。

（二）调畅升降，注重理气

吴氏治湿之病证的主要特点调理脾胃气机，注重理气药的使用。脾恶湿，湿困脾。湿邪伤人的病理机制主要为脾气不升，胃气不降，升降失调、气机阻滞。吴氏所制五个加减正气散，主治"秽湿阻滞在里"，临床以"脘腹胀满"为共同见证。其制方在不同方剂中分别选用清利湿邪的药物外，都使用了理气宽中，协调升降的广陈皮、厚朴以及杏仁、大腹皮、麦芽等行气导滞药。共中主治"三焦湿郁，升降失司，脘连腹胀，大便不爽"的一加减正气散，虽谓湿郁三焦，但病理中心仍在脾胃。故本方之制重在调畅脾胃升降功能，主用理气药。如厚朴、广陈皮、大腹皮理气宽中，杏仁为宣畅肺与大肠之气而设，神曲、麦芽具有升降脾胃气机之功，配以茵陈、藿香、茯苓意在利湿中兼以清热。综观全方用药之法度，焉有离于气乎。

（三）温运衰阳，独施温热

吴氏运用"气化则湿化"的理论，治疗湿热类温病，每用理气药而见功。但对湿久失治，伏于下焦，脾肾之阳受损，气化无权者已非单纯理气所能奏效。对此，吴氏别有见地，即温运衰阳，独施温热。如主治湿邪挟寒的鹿附汤，药用鹿茸、附子、草果、菟丝子、茯苓。盖鹿茸温补督脉，督脉主温一身之阳，附子温补肾中之阳，得菟丝其阳愈壮；草果独胜太阴之寒而醒发脾阳。渚阳得振，膀胱气化即强，而茯苓渗利作用尤显。再有安肾汤、术附姜苓汤，均有主治湿困阳衰之证，观此三方用药均以附子配苓，其寓意甚深。盖附子无茯苓，阳得振而邪无出路；茯苓无附子，阳不宣而渗利无权，惟二者相伍，互为利用，方得全功。此吴氏制方配伍又一匠心。

三、制方化裁　善于应变

吴氏为医，名垂千古。若言独创三焦辨证，更有新制诸多名方。君臣佐使，法度严谨；自我发挥，立足变度。此即吴氏自谓："大海匠人，必有规矩，……至神明变化出乎规矩之外，而仍不离规矩之中。"掘其秘要，不越三条。

（一）君臣佐使，权衡药量

以君臣佐使制方，乃医家之圣度。吴氏认为，"盖药必中病而后可，病重药轻，见病不愈，反生疑惑，若病轻药重，伤及无辜，又系医者之大戒。”故以药量论君臣，是吴氏制方法度之一秘。吴氏以善治温、湿两因之病而出奇，在运用辛温与辛凉，苦寒与甘寒之药中，充分体现了这一谋略。如主治温病初期诸方，以近辛凉而远辛温为原则；二者在味之多寡与量之轻重上权衡取舍。其银翘散与桑菊饮之制，君以大队辛凉，银花、连翘重用一两，仅佐一味辛温之荆芥，用量四钱，如此组合，主以辛凉解表不致大汗伤阴；稍佐辛温，透热不致纯凉无力，双管齐下，相得益彰。银花连翘是吴氏用于清解温热之上品，但用量不同，作用则异。在轻透温热的银翘散及其类方中，处以君位，用量均重至一两，而在清解暑热的新加香薷饮中，处以臣位，用量仅取二至三钱。至于苦寒与甘寒之用，吴氏亦有选择。因苦寒之味易损脾胃之阳，不以恣用，但苦寒清泄温热之力甚强，故又必用。在处理这一矛盾中，吴氏一是斟酌用量；二是刚中寓柔。如冬地三黄汤，就是针对“温病燥热，欲解燥者，先滋其干，不可纯用苦寒也，服之反燥甚”的病证而制。本方立法以“不可纯用苦寒”为关键，故以甘寒的麦冬、生地、玄参为君臣，用量为八至四钱，佐以芩、连、柏三黄苦寒泄热，用量仅各取一钱，并使以苇根汁、银花露甘润之味，组成“甘苦合化”之方。盖苦寒入甘寒之中，既存泻火解毒之性，又无过寒阴伤阴之弊，如此得法，可谓精良。

（二）运用四气五味，丝丝入扣

辛凉透达温热，甘寒滋养阴液，温阳气通利湿邪，如吴氏运用四气五味制方的常法。而选用药物的特殊部分，如心之与汁进行特殊谋合，乃是常法中的之变法。一是以药心通人心。温热之毒壅闭膻中，其人“神昏谵语者”，心包受病，吴氏创制清宫汤，药用玄参心滋水以济心火；犀角尖入心以解秽毒；连心麦冬通心气，生津液；莲子心交通心肾；连翘心透达心热；竹叶心通心窍，清心火。六药之心，直达病所。二是以药汁养人汁。如主治温热伤津，其人口渴的五汁饮，皆以多种果汁为药，盖鲜果之汁，气味最醇，生津滋液，乃为佳品。同时，吴氏对姜汁的运用，别具一番心意。如新加黄龙汤用姜汁，目的在于“宣通胃气，代枳朴之用”，栀子豉加姜汁汤，取姜汁调和肝脾，使“胃气降则不呕”；杏仁石膏汤用姜汁，其证湿热弥漫三焦，姜汁可通上下之结。此特殊用药规律，确有超越常法之奇。

（三）加减损益　恰到好处

吴氏制方用药的又一特色；沿用古方，守而不泥；创新新方，活而不乱。全在加减损益，恰到好处。他对古方“用古法而不拘用古方，医者之化裁也”。继承中寓以发挥，常规中藏有特异。如诸承气汤、诸正气散、诸复脉汤均从古方化裁而得。其中之承气汤乃效仲景“急下存阴”之法，再据温热耗阴的特点，又添“增水行舟”之品，祛邪与扶正，互为促进。滋养阴液的诸复脉汤，系《伤寒汤》炙甘草汤加减而成。在阐述加减机理时，吴氏谓：“在仲景当日，治于寒者之脉结代，自取参、桂、姜、枣以复其阳；今伤于阴者而阳亢阴竭，不得再补其阳也。”此乃阴阳配伍之法度。再有吴氏自制新方，如减亦灵。他根据“法有定而病无定”的特点，一方多变，针对性强，适应性广。银翘散与桑菊饮即是。其桑菊饮是一首主治“太阴风温，但咳，身热不扬，微渴者”之辛凉轻剂。鉴于温热之邪，对人体卫气营血伤及的深浅先后有别，故主方之下，稍作损益，作用尤大。如该方条下载：“气粗似喘，燥在气分者，加石膏、知母；舌绛暮热甚燥，邪初入营，加玄参二钱，犀角一钱；在血分者，去薄荷、苇根，加麦冬、细生地、玉竹、丹皮各二钱；肺热甚者加黄芩；渴者加花粉。”仅此一方，足见吴氏化裁之神妙。

吴氏是我国清代一位医林名家。其学术成就主要体现在对温热病辨证与制方的研究上。他所创制诸多方剂，至今为广大医者所喜用，且临床效价甚高，故进一步深入研究其制方用药的内在规律，对继承发扬学术经验，用以临床，意义深广。

[《新中医》，1988；(11)]

对吴瑭《温病条辨》中“治上焦如羽”治法的探讨

周瑞华

“治上焦如羽”出自《温病条辨·卷四·治病法论》，是吴瑭对上焦温病治疗原则的高度概括与生动比喻。吴瑭在《温病条辨》中不仅强调了这一治则，而且在温病各种不同证型中均加以灵活运用，这些内容对指导今天的临床遣方用药仍有很高的价值，现对其治法作一探讨。

一、“治上焦如羽”在《温病条辨》中的运用

1. 辛凉清解法　本法以质轻味辛之辛散药与质轻性寒之清热药配伍，辛凉清解在表之邪热。代表方如银翘散。方中运用荆芥穗、豆豉辛温之品旨在增强开闭力量，畅郁热外达之路；以银花、连翘、竹叶清热解毒而宣透。两者配用，既可增强疏散清热之力，又无凉遏伏邪之弊。寒而不凝，透而不汗，开郁清热力著。妙在不仅选用质轻味薄之品，且采用轻煎频服法维持药力，对温病初期表邪郁闭较甚，发热较甚者最宜。吴氏赞之曰：“纯然清肃上焦……有轻可去实之能。”

2. 辛凉轻宣法　本法以味薄质轻性凉之品轻宣肺气。如桑菊饮，全方八味药，重者不过二钱，轻者仅只八分。与银翘散相比，无芥穗、豆豉、银花，故清热开郁力逊，多杏仁则宣肺止咳力强。对于温病初期表邪较轻而肺气郁闭较甚，以咳嗽为主症者最宜。

3. 辛凉辛温法　本法适用于暑湿兼寒证。本论寒暑错杂，纯用辛温药则与暑热不合，尽取辛凉药又与寒湿相悖。辛凉辛温合用，既散表寒，又清暑热。如新加香薷饮，“香薷辛温芳香能由肺之经而达其络，鲜扁豆花凡花皆散，取其芳香而散……厚朴皮，虽能走中焦，究竟肺主皮毛，以皮从皮，不为治上犯中……以银花连翘取其辛凉达肺经之表，能从外走，不必走中也”。

4. 轻宣芳化法　本法取质轻芳香之品宣化上焦之湿浊，适用于湿邪郁阻清阳，气化不能宣展，气机不得宣畅者。代表方如三仁汤。杏仁轻宣肺气；白蔻、厚朴、半夏芳香化浊；苡仁、通草、滑石淡渗利湿，合竹叶轻清宣透郁热，共成轻可去实之剂。《温病条辨》曰：“唯以三仁汤轻开上焦肺气，盖肺主一身之气，气化则湿亦化也。”

5. 轻解热毒法　本法取轻透解毒之品，适用于温毒初起见表证者。温毒外袭，咽喉肿痛，此火毒郁闭清窍，病位在上，亦须用轻清之法。如普济消毒饮去升麻、柴胡、黄芩、黄连方，此方皆系轻药，总走上焦开天气肃肺气。去芩连者，以芩连里药不合“如羽”之法故也。

6. 辛凉清润法　本法取质轻性凉清润之品，清透凉润肺中燥热。如桑杏汤，方中桑叶、豆豉辛散透邪，杏仁、象贝宣肺止咳，沙参、梨皮养阴润燥，栀皮轻清燥热。疏邪而不伤津，润燥而不碍表。全方剂量极轻，七味药共重八钱半，栀子、梨俱用皮。正如《温病条辨》原方后曰：“轻药不得重用，重用必过病所。”适宜于初感温燥之证。

二、临证注意事项

1. 辛散药与寒凉药配伍要得当　治疗温病肺卫证的方剂中常以辛散药与寒凉药配伍运用，配伍得当与否是能否取效的关键之一。辛散药可散邪，且有辛凉、辛温之别，辛凉者疏散力弱但兼清热，辛温药疏散力强却易伤阴，寒凉药清热但易凝气机。因此，临证须根据表邪的甚微与温热之程度权衡利弊适当配伍。表郁甚者多用辛散，邪热者加重寒凉。如桑菊饮邪微表郁不重，以辛凉药轻清宣透。银翘散证表郁较甚热象偏重，用开闭作用较强的辛温药芥穗、豆豉，配以清热解毒之银花、连翘。辛散药既散表邪又可疏寒凉药物之凝滞，寒凉药既清邪热又可防辛温药物之燥散。

2. 加减通变兼治挟邪　卫分证多有兼挟其他病邪者，如风、痰、食、气、瘀等。挟邪与热相搏，或阻滞气机，或互相胶结，致使外邪不易透发而表证难以消除。因此，治疗时必须在轻清宣透邪热的基础上加减通变兼治挟邪，使挟邪与热分离，其病则易愈。如《吴鞠通医案》冬温张案："六十二岁，舌黄口渴，头不痛而恶寒，面赤目赤，脉洪热甚，形似伤寒，实乃冬温挟痰饮，与伏暑一类。用连翘六钱，苦桔梗八钱，芥穗五钱，银花六钱，广郁金三钱，陈皮三钱，半夏八钱，藿香梗三钱，甘草三钱，杏仁六钱，白通草三钱，共为粗末，分为十包，一时许服一包，芦根汤煎。"吴氏取银花、连翘、通草、藿香、杏仁轻清之品，并用芦根汤煎，少量频服，仿银翘散法，乃"治上焦如羽"之意。佐以郁金、陈皮、半夏兼治痰饮，故效佳。

3. 入方剂量宜小　吴氏曰："肺位最高，药过重则过病所。"主张治肺卫证处方剂量宜小。其法有二：一是多备少服，如银翘散类方、普济消毒饮加减方等，采取杵之为散，每次服用五六钱的方法。二是味少量小，如桑杏汤全方仅七味药共重八钱半，桑菊饮共重十二钱六分。

4. 注意轻煎频服　在煎法上，吴氏指出："肺药取轻清，过煮则味厚入中焦矣。"如银翘散用鲜芦根汤煎，令香气大出即取服，不可过煮。不过三、五沸而已。

在服法上，吴氏认为"少用又有病重药轻之患"，恐难速效，须以频服之法维持药力。如银翘散采取重者1h一服，轻者6h一服，不解者作再服的频服法；普济消毒饮原方规定4h一服，重者2h一服；桑杏汤要求顿服，重者再作服。笔者在临床亦注意到银翘散以原煎服法效果最好，蜜丸效果较差。

[《山西中医学院学报》，2003；(1)]

谢昌仁论述吴鞠通运用下法的经验

谢英彪

业师谢昌仁主任医师，为全国500位老中医药专家之一，在60多年临床实践中擅用通下法治疗多种急、重病症。清·吴鞠通对下法的理论发展与创制的五承气汤颇受吾师推崇，现将谢老有关吴鞠通对下法的发展与贡献的论述介绍如下。

下法又称"通下法"、"通腑法"，是一种泻下邪热，攻逐实积的方法。为急性温热病热毒炽盛，实邪内结，病在中焦阶段的重要治则，可达到存阴保津泄热防陷，扭转病机之目的。据现代研究资料，下法可能包括增加胃肠蠕动、改善肠管血液循环、降低毛细血管通透性、抑菌消炎、排除毒素等多种作用。所以下法在温病治疗学上占有重要地位，为许多医家所重视。温病大家吴鞠通对下法的运用，广集前贤之精妙，不但辑采《伤寒论》、《温疫论》、《温热论》之说，又能结合已见，在《温病条辨》中加以发展，对温病运用下法，尤其是承气汤的运用颇有创新，对后世临床贡献很大。

一、遵古而不泥方

承气汤乃仲景所创，为苦寒攻下法的代表方剂，吴鞠通亦喜用承气汤治疗温病中焦胃腑实热燥结之证。《温病条辨》中焦篇指出："今为邪气蟠踞于中，阻其下降之气，胃虽自欲下降而不能，非药力助之不可，故承气汤通胃结，救胃阴，仍系承胃腑本来下降之气……"吴鞠通对承气汤的运用是遵古法而不拘经方，对于阳明下证，自立3法："热结液干之大实证，则用大承气；偏于热结而液不干者，旁流是也，则用调胃承气；偏于液干多而热结少者，则用增液。所以迴护其虚，务存津液之心法也。"并在增液汤方论中指出："温病之除大便、不出热结液干二者之外，其偏于阳邪炽甚，热结之实证，则从承气法矣；其偏于阴亏液涸之半虚半实证，则不可混施承气，故以此法代之。"

二、用方但不拘量

吴鞠通对下法和承气汤的灵活应用，还表现在用承气汤方药但不拘于承气汤剂量方面。《伤寒论》大承气汤中，大黄四两，厚朴半斤，其厚朴两倍于大黄。仲景制方意在重用行气药消痞除满，合用硝黄以峻下泄热通里。而吴鞠通在《温病条辨》中运用大承气汤则根据温热病热毒亢盛，易于伤阴耗液，不同于伤寒的特点，用厚朴三钱，大黄六钱，使大黄倍于厚朴。吴鞠通在大承气汤方论中注解曰："厚朴分量不似《伤寒论》中重用者，治温与治寒不同，畏其燥也。"此外，对小承气汤和调胃承气汤中的硝黄剂量的比例也略有调整，不同于仲景原方。吴鞠通不仅用承气汤不拘于仲景量，对三承气的主药大黄的炮制方法亦有所改革，《伤寒论》三承气汤中的大黄均用酒洗，吴鞠通在《温病条辨》中则一律改为生用。其用意是加强苦寒泻下实热，存津保液之力，以更加适应温热病的治疗需要。《温病条辨》将《伤寒论》调胃承气汤原方中的炙甘草改为生甘草，目的是既能缓和硝黄之性，又能增强本方泄热之力。以上足见吴鞠通用心之良苦，运用古方之灵活。

三、扩展且有创新

吴鞠通对承气汤的运用，不仅扩展变化颇多，而且有所创新。他提出的五承气汤便是其突出的代表，对后世下法的发展有很大贡献，一直被有效地运用于临床。

宣白承气汤：《温病条辨》曰："喘促不宁，痰涎壅滞，右寸实大，肺气不降者，宣白承气汤主之。"肺与大肠相表里，温热病邪易于炼液为痰，痰热互结则气机阻塞，导致肺失肃降，而腑气不通。此时一味清肺或使用攻下均非良策。故吴鞠通用"脏腑合治法"的宣白承气汤治疗。本方取白虎、承气两方之意，以生石膏清解肺胃之热；杏仁、瓜蒌皮肃降肺气，清化痰热；用生大黄荡涤肠腑积热，使腑气通畅，肺胃同治，上下通彻，则邪热得除。谢老在临床常用此方治疗急性肺炎、急性支气管炎、慢性支气管炎急性发作、支气管扩张、支气管哮喘、肺心病、中风病继发感染等病出现痰热蕴肺，腑气不通的病人以及水肿、癃闭、便秘等病属三焦气滞不通的患者，均收到较好疗效。

导赤承气汤：《温病条辨》云："左尺牢坚，小便赤痛，时烦渴甚，导赤承气汤主之。"

心与小肠相表里，心火可下移小肠，阳明燥结实火内郁也可导致小便赤痛、烦渴等症。故吴鞠通用“二肠同治法”的导赤承气汤治疗。方中以黄连、黄柏苦通六腑，清泻心热；用大黄、芒硝承胃气而通大便；配生地、赤芍清热生津。全方既可清泄小肠火热而“导赤”，又能通泻阳明燥结而“承气”。临床上尿路感染及慢性病兼见阳明腑实，小肠湿热病人，谢老运用此方常可奏效。

牛黄承气汤：《温病条辨》曰：“邪闭心包，神昏舌短，内窍不通，饮不解渴者，牛黄承气汤主之。”温热邪盛，可致阳明胃经实热，每每引起神明受扰，邪闭心包，并耗肾液。吴鞠通急以“两少阴合治法”的牛黄承气汤治疗，可谓是恰到好处。牛黄丸清热解毒，辟秽开窍，大黄通腑泻浊，釜底抽薪。谢老在临床中喜仿本方方意治疗中风、尿毒症、肺炎及多种急性温热病见有脑症状兼便秘的病人。

护胃承气汤：《温病条辨》曰：“下后数日，热不退，或退不尽，口燥咽干，舌苔干黑，或金黄色，脉沉而有力者，护胃承气汤微和之。”对于服用攻下克伐之方药而胃阴受伤，余热未清而复聚阳明胃腑的病人。吴鞠通在护胃承气汤中用生地、玄参、麦冬、知母滋养胃阴，用大黄、丹皮清泻余热，共奏扶正祛邪，养阴轻下之功。临床上对于温热病后期及某些内科慢性病恢复期，出现阳明余热未尽，胃阴已伤的病人，常有较好效验。

增液承气汤：《温病条辨》曰：“津液不足，无水舟停者，间服增液，再不下者，增液承气汤主之。”对于既有燥屎实热结于肠中，又有阴津亏虚的水乏舟停，阴虚邪实证，间服增液汤，燥屎仍不下，此时邪实非泻下不能除，阴虚非滋补不能复。但徒用攻下则易伤正，纯用补虚又会碍邪。吴鞠通所创增液承气汤，以生地、玄参、麦冬养阴增液，用大黄、芒硝泻热通下，共奏攻补兼施，增水行舟之功，则解决了这一矛盾。谢老常用此方治疗温热病后期热实津亏，肠燥便秘及中风病运用硝黄通腑后，余邪未清，燥屎未尽之症。

此外，吴鞠通对于“应下失下，正虚不能运药，不运药者死”症，以邪正合治法的新加黄龙汤治疗；对于“三焦俱急，大热大渴，舌燥，脉不浮，而燥甚，舌色金黄，痰涎壅甚”症，以上中二焦兼治法的承气合小陷胸汤治疗；对于“少腹坚满，小便自利，夜热昼凉，大便闭，脉沉实”症，以活血散结，通腑泻热的桃仁承气汤治疗；对于湿温病腑实“按之胸下痛，小便短，大便闭”症，以开胸下气通腑的小陷胸加枳实汤治疗……很有独特见解，对后世运用承气汤均有其辨证意义和治疗意义，值得我们学习和借鉴。

[《辽宁中医学院学报》，2000；(1)]

《温病条辨》阳明温病下之不通五方之论

宋乃光

阳明温病“下之不通”五方，是指《温病条辨·中焦篇》第 17 条所说“阳明温病，下之不通，其证有五”的五张治疗方，包括新加黄龙汤、宣白承气汤、导赤承气汤、牛黄承气汤、增液承气汤。下法创始于《内经》，下法方承气汤创始于《伤寒论》。仲景三承气为热结肠腑而设，开苦寒攻下法之先河。《温病条辨》针对温病更易化燥伤阴的特点，同时又兼顾腑实证中往往兼夹他病，创立了多首加减承气汤，以满足临床之用。《温病条辨·中焦篇》所出承气汤有大、小、调胃三承气汤，护胃承气汤，新加黄龙汤，宣白承气汤，导赤承气汤，牛黄承气汤，增液承气汤，承气合小陷胸汤，小承气等分方共 11 方，所见条文为第 1、3、4、5、6、9、10、11、15、17、40 条；功效可概括为泄热通腑（大、小、调胃、小承气等分），扶正通腑（新加黄龙、增液承气、护胃承气），化痰通腑（宣白承气、承气合小陷胸），开窍通腑（牛黄承气），导赤通腑（导赤承气）等，而五方之效皆在其中，故它们具有温病各类攻下方的代表性，研究其证治，对研究温病攻下法及方的应用有重要意义。

一、新加黄龙汤

《温病条辨·中焦篇》第 17 条中第一个“下之不通”证和治疗方是“应下失下，正虚不能运药，不运药者死，新加黄龙汤主之。”黄龙汤是《伤寒六书》方，内含攻邪的大承气汤和扶正的人参、当归、甘草，另加桔梗、生姜、大枣，治热邪传里，心下硬痛，便秘谵语，身热口渴等；《温疫论·上卷》“补泻兼施”节也用到黄龙汤，但在陶氏方基础上去桔梗、生姜、甘草、大枣，加生地，治“精神殆尽，邪火独存，以致循衣摸床，撮空理线，筋惕肉瞤，肢体振战，目中不了了”；至吴鞠通，从“阴阳俱惫，尤重阴液消亡”的角度，把黄龙汤改为新加黄龙汤，即把攻邪药由大承气改为调胃承气，扶正药除人参、当归外，还加用了细生地、麦冬、元参、海参，另加了姜汁。从仲景承气汤，到陶氏黄龙汤，再到吴又可黄龙汤，再到吴鞠通新加黄龙汤可以看出，中医学对下法和下法方的应用是在发展的，尤其新加黄龙汤的使用更符合温病学存津液以护正气的思想。新加黄龙汤在现代临床也多用于老年人或正气虚弱人肠梗阻、肠麻痹等的大便不通，成为扶正通便的代表方。但条文中吴鞠通说“不运药者死”，就不是一般的正虚邪实证了，特别是到了吴又可说的“循衣摸床、撮空理线、目中不了了”的程度，则已是亡阴失水、精脱神散证了，中西医都视为危重证，本方治疗恐亦有困难。所以吴又可说：“不得已勉用陶氏黄龙汤。此证下亦死，不下亦死，与其坐以待毙，莫如含药而亡”；而吴鞠通用新加黄龙汤也是“不忍因其危险难治而遂弃之”。二吴用黄龙汤、新加黄龙汤治疗的都是危重证，尽管治愈希望不大，但黄龙汤、新加黄龙汤作为一张危急时刻挽救生命的方剂，其历史的、现实的意义都值得肯定，我们仍有必要学习和研究。

二、宣白承气汤

第二个“下之不通”证和治疗方是“喘促不宁，痰涎壅滞，右寸实大，肺气不降者，宣白承气汤主之。”这是个肺与大肠的同病证，在“喘促不宁，痰涎壅滞”之外，还当有大便不通，故用宣白承气汤治之。本证是热、痰、食互结证，小儿肺热证和素来肺与胃肠不和之人易成此证，见发热，咳嗽多痰，脘腹按痛，或有呕恶，大便干或数日不下，苔厚浊等，其肺热和肠热已难辨因果。宣白承气汤由生石膏、生大黄、杏仁、瓜蒌皮组成，其中生石膏、生大黄体现麻杏石甘汤和承气汤合用之意；杏仁、瓜蒌皮同走肺肠，降肺通腑。本方对于肺热痰壅又兼胃肠之实的证候，不失为一张有参考意义的示范方，同时提示临床治疗热证，要重视分离无形之热与有形之痰、食、瘀等。宣白承气汤在实际应用中，化痰和清热力量皆嫌不够，可视需要加入瓜蒌、贝母、芦根、冬瓜仁、莱菔子，或再加金银花、连翘、鱼腥草等。

三、导赤承气汤

第三个“下之不通”证和治疗方是“左尺牢坚，小便赤痛，时烦渴甚，导赤承气汤主之。”这是大小肠的同病证，即小肠火腑热盛，腑气又实。临床表现在热结证之外，还见烦渴，小便赤痛、涩滞。导赤承气汤由大黄、芒硝、赤芍、生地、黄连、黄柏组成，取导赤散与承气汤合用之义，对于急性泌尿系统感染，小腹拘急，又有腹满便结者很适合。笔者治多发性脑梗或其他中风病人并发麻痹性肠梗阻和尿路感染，即仿此方之义用药，效果显然。方中大黄，既入胃肠气分通便，又入血分去除心与小肠之热，故还具有清热通淋之功。

四、牛黄承气汤

第四个“下之不通”证和治疗方是“邪闭心包，神昏舌短，内窍不通，饮不解渴者，牛黄承气汤主之。”神昏舌短，腑实又急，是心包证与腑实证的合见证。此较单纯的热入心包神昏谵语，有即刻消亡肾液之虞，所以不可少缓须臾。牛黄承气汤是安宫牛黄丸和生大黄粉的合方，可同时开手少阴之闭和泄阳明之急，泄阳明之急又可救足少阴之消，所以称为两少阴合治法。热病神昏谵妄，多见于中枢神经系统感染性疾病，以各种脑炎、脑膜炎为多，起病不久就可出现高热、寒战、头痛、斑疹，以及嗜睡、昏谵精神神经症状。由于高热，病程中可出现消化系统症状，主要是胃肠动力下降，甚至肠麻痹而致腹胀、大便闭结，导致肠源性内毒素血症，内毒素血症又加重了精神神经症状，出现谵妄、惊厥等症。早用下法，可以减轻内毒素血症，客观上起到了开窍的作用。而在紧急情况下，通下法和开窍法同用，能及早解除危急状况，保护中枢神经。可见牛黄承气汤的使用，集清热、开窍、通下于一体，比较单用牛黄丸、承气汤，发挥药效更为迅速。温病心包证，除包括中枢神经系统感染性疾病精神障碍外，还包括非中枢神经系统感染性疾病引起的精神神经症状，如肺性脑病、肝性脑病等。这些疾病日久可合并感染，引起高热，加重精神神经症状，同时使胃肠动力下降，故开窍治疗中还要特别注意使大便通畅，吴鞠通牛黄承气法就非常适用。推而广之，热病出现精神神经症状，而又大便不通者皆可考虑使用本方。

五、增液承气汤

第五个“下之不通”证和治疗方是“津液不足，无水舟停者，间服增液，再不下者，增液承气汤主之。”无水舟停，服增液汤本当得下，但竟未下，则改用增液承气汤。吴鞠通说：“温病不大便，不出热结、液干二者之外。”但临床对热结、液干的偏重不好把握，因但凡热结，未有不伤阴，而伤阴又使热结加重。增液汤以补药之体作泻药之用，即热结、液干皆能兼顾，但对津液枯燥，水不足以行舟的结粪不下者，用增液汤仍不得下，则要合以调胃承气汤，即成为增液承气汤了。这些患者就是吴鞠通所说的“脏燥太甚”之人。分析“脏燥太甚”，不等于结粪太甚，却要加承气，而不是加重增液生津药，温病学派用攻下法和攻下方不为去燥屎而为保津液的目的岂不鲜明？当下不下或犹豫不决才是最有害的。笔者常用增液承气汤治习惯性便秘，不论年长年少，皆可获效。一旦病情稳定，则去硝黄，加重养阴药之量，并渐加入参、芪等补气药，终可获愈。还见一些长期患有一种或多种慢性疾病（糖尿病、甲亢、高血压、冠心病、中风后遗证等）的人，往往有长期的便秘或便难史，以增液承气汤加入治疗方中，较之始终不敢用硝黄者，其气虚津枯血滞的体质会有较快的改善，亦有利于其他疾病的稳定，所以本方是安全有效的。当然硝黄必竟是攻伐力强的药，还当谨慎使用才好。

六、结语

下法是中医学重要的攻邪法，尤其对急性热病的治疗能起到迅速祛除邪毒、分离无形之热和有形之痰食瘀等，保护人体正气或在瞬间挽救将要散失之气阴的作用。阳明温病下之不通五方是《温病条辨》活用仲景通下法和通下方的典范，为现代临床治疗腑实证和与之有关的疾病，提供了可供直接利用和辨证思路上的宝贵借鉴。从五方所治可看出，腑实与一些急性热证之间，病因病机相互影响或互为因果，形成了一些合证，但在治疗上通腑泄热却显得更为迫切和紧要。因为腑气通，则有利于肺气降、火腑清、神志醒、气阴复。这正是下法在热病临床上广泛应用和得以发展的原因。

［《中华中医药学刊》，2008；（4）］

试论《温病条辨》承气诸法

张亮亮

承气汤是医圣张仲景所创，为阳明腑实实证而设，载于《伤寒论》中。吴鞠通在《温病条辨》中，悟仲景立法之意，合自己临床实践，立足继承，重在发扬，对其发挥变通，以应付各种复杂的病变。这就大大扩展了承气法的治疗范围，确立了下法在温病治疗中的地位。现就《温病条辨》中承气诸法，试论如下：

一、苦寒攻下法

吴鞠通云："温病之不大便，不出热结、液干二者之外。其偏阳刚邪炽甚，热结之实证，则从承气法矣；其偏于阴亏液涸之半虚半实证，则不可混施承气……"可见，承气法的含义：既指苦寒攻下之法，又指承气辈，即大、小、调胃承气汤是矣。吴氏仿照用于治疗温病，并对承气的命名、作用，又做了明确的解说。如云："承气者，承胃气也……，今为邪气蟠踞于中，阻其下降之气，胃虽欲降而不能，非药力助之不可，故承气汤通胃结，救胃阴，乃秉承胃腑本来下降之气，非有一毫私智穿凿于其间也，故汤名承气。"根据热结阴伤的轻重缓急，区别而运用之。症见"面目俱赤，语声重浊，呼吸俱粗，大便闭，小便涩，舌苔老黄，甚则黑有芒刺，但恶热，日晡益甚"，"肢厥、甚则通体皆厥，不瘛疭，但神昏"等急实之候，以大承气汤下之。方中大黄通利实秘，芒硝软坚化燥，枳实行气消痞，厚朴宽中除满，"合四药观之，可谓无坚不破，无微不入，故曰大也。"症见"汗多谵语，舌苔老黄而干"，"下利谵语，阳明脉实，或滑疾者"，用小承气汤微和之。即上方"去入阴之芒硝，则云小矣"。症见"热结旁流"，或"无汗，小便不利，谵语，先与牛黄丸"，仍不大便者，以调胃承气汤调之，即上方"去枳、朴之攻气结，加甘草以和中，则云调胃矣"。

二、邪正合治法

此法为正虚邪实之病家而设，适用于阳明温病，应下失下以致结热未去，正气先伤，遂酿成正气不能运化药力的危证。如《温病条辨·中焦篇》17 条："阳明温病，下之不通，……应下失下，正虚不能运药，不运药者死，新加黄龙汤主之。"黄龙汤原为明朝陶华氏所创，是以大承气汤加参、归、桔、草等，意在扶正攻下。而吴鞠通以"大便不下者，阳明俱备，尤重阴液消亡，不得再用枳、朴伤气而耗液”为据，将黄龙汤中之大承气汤改用调胃承气汤并名之为新加黄龙汤。方中人参、甘草扶补正气，大黄、芒硝泄热软坚，麦冬、生地、玄参滋阴润燥，更用咸寒之海参滋补阴液，化坚补正，姜汁宣胃肠气机，当归和血分之滞，使气血和畅，胃气宣通，则药力得之以运化。既能清涤胃肠之实积，又能扶助正气之不足，攻补兼施，立法可谓周密。以“正邪合治”，使邪退而正气渐复。

三、脏腑合治法

此法为里实气壅，肺气不降的患者而设，适用于既有痰热壅结上焦，肺气不降，并有阳明热结，腑气不通之证。如《温病条辨·中焦篇》17条“阳明温病，下之不通，……喘促不宁，痰涎壅滞，右寸实大，肺气不降者，宣白承气汤主之”。盖肺主肃降，肺气降则六腑之气流通。六腑以通为用，肺气以降为和。今温热之邪每炼液成痰，痰热搏结，阻塞气机，则肺失肃降，而腑气不通。肠腑热结不通，则肺中之邪热亦少外泄之机。方取白虎、承气二方之意而变其制。方中以石膏两清肺胃之热，杏仁、瓜蒌皮宣降肺气，化痰定喘，大黄攻下腑实。腑实得下，肺热易清；肺气清肃，腑气易通，乃相得益彰之妙，为宣肺攻下、脏腑合治之法也。

四、二肠同治法

此法为热壅于心，下注膀胱之病家而设，适用于阳明腑实，小肠热盛之候。如《温病条辨·中焦篇》17条“阳明温病，下之不通，……左尺牢坚，小便赤痛，时烦渴甚，导赤承气汤主之。”时烦渴甚，为热结阳明；小便色赤刺痛，乃心火移于小肠，下注膀胱。治宜通大肠之秘、泄小肠之热，用双管齐下、通泄并行的导赤承气汤。方中大黄、芒硝以通大肠，生地、赤芍、黄连、黄柏，滋阴清热，以泄小肠，共奏“二肠同治”之效，为清腑攻下之剂。

五、两少阴合治法

此法为邪闭心包，内窍不通之病家而设。适用于温热病邪内闭心包，舌短神昏，又见阳明热盛，饮不解渴，大便不通等症。如《温病条辨·中焦篇》17条“阳明温病，下之不通，……邪闭心包，神昏舌短，内窍不通，饮不解渴者，牛黄承气汤主之”。此属阳明邪热既燔灼心经，又耗劫肾水之闭厥危候。故急宜开窍攻下的牛黄承气汤。方中牛黄丸开手少阴之热闭，以承气急下阳明邪热而救足少阴之肾水，以达“两少阴合治”之妙。大黄在此不用水煎，而用牛黄丸化开，调生大黄末服，意在求其急救。

六、上下二焦合治法

此法适用于痰热互结心下，兼阳明腑实之证。

如《温病条辨·中焦篇》10条：“温病，三焦俱急，大热大渴，舌燥，脉不浮而躁甚，舌色金黄，痰涎壅盛，不可单行承气者，承气合小陷胸汤主之。”“三焦俱急”，在上则痰涎壅盛，在中则大热大渴、舌燥，脉不浮而躁甚，在下当有劫烁阴津之虞。以方测症，当有大便不通一症。本证不仅有燥热郁结在胃腑，而且又有痰涎壅阻在胸膈。对于这种热邪与痰浊互结的局面，显然仅用承气是不能胜任的，但用陷胸之类又鞭长莫及。因此，只能把清泄热结的承气汤和开胸凉膈的小陷胸汤合而用之，方为上策。正如吴鞠通自注云：“三焦俱急，谓上焦未清，已入中焦阳明，大渴大热，脉躁，苔焦，阳土燥烈，煎熬肾水，不下则阴液立见消亡，下则引上焦余邪陷入，恐成结胸之证，故以小陷胸合承气汤，涤三焦之邪。”方中小承气汤通降腑气，使邪热下达；小陷胸汤清热化痰以开结，使肺气得降，以利化源。合而用之，能太阴、阳明兼顾，上下二焦合治，辛开苦降，化痰导下，使邪热不致延及下焦，损伤真阴。

七、腑中气血合治法

吴氏在《温病条辨·中焦篇》17 条云：“阳明温病，下之不通，……津液不足，无水舟停者，兼服增液，再不下者，增液承气汤主之。”一语道出本法适应证的证结所在：无水舟停。说明热积阴亏、大肠失润，则燥屎不利，欲行其舟，必增其水；欲通其便，必滋其阴，用增液承气汤。方中生地、玄参、麦冬，即增液承气汤，能滋阴增液，润肠通便，系补药之体作泻药之用，以“增水行舟”；配以芒硝、大黄，软坚润燥，泄热通下，合为滋阴攻下，以“一腑中气血合治”矣！

八、攻下护胃法

适用于下后伤阴，余邪未尽，复聚阳明之证。如《温病条辨·中焦篇》15 条“下后数日，热不退，或退不尽，口燥咽干，舌苔干黑，或金黄色，脉沉而有力者，护胃承气汤微和之；脉沉而弱者，增液汤主之”。清代医家柳宝诒云：“胃为五脏六腑之海，位居中土，最善容纳，邪热入胃则不复他传，故温热病热积胃腑，得攻下而解者，十居六七。”然攻下之剂，苦寒性急，有荡涤之势，往往克伐正气。故仲景有调胃承气汤，用甘草制其性烈，和其胃气，使下不伤正，开扶正攻下之先河。吴氏效法仲景而立新意，创护胃承气汤。既下余邪，又护胃阴。方中生地、玄参、麦冬、知母，以护胃阴；大黄、丹皮，清阳明而下复聚之余热。于是，发热退，余邪清，胃阴复，口燥舌干诸症悉除。

这里需要指出的是，脉象，是吴氏制定治法的一个重要依据。就本条来说，“口燥咽干”、“舌苔干黑”，仅是津液已伤的反映，一般很难判断胃肠的虚实，但“脉沉有力”，就把问题点清楚了。原来是邪热复聚于腑，因此用护胃承气汤，即增液汤中加大黄、丹皮、知母治疗。若“脉沉而弱”，这说明腑未成实，不可用承气，也不需要护胃承气，只要但用增液承气汤润肠即可。

在《温病条辨》中的许多章节中，都可以看出吴氏善于抓住脉象的变化规律，出色地进行依脉论治的特点。又如“下利谵语”一症，若脉实或疾滑用小承气汤，脉不实即投牛黄丸、紫雪丹之类。余如《温病条辨·中焦篇》1、3、10、16、33、40 条等，莫不如此。

九、清热祛瘀法

此法适用于温病热毒内陷血分，热搏血瘀，蓄于下焦之证。如《温病条辨·下焦篇》21 条论曰：“少腹坚满，法当小便不利，今反自利，则非膀胱气闭可知。夜热者，阴热也；昼凉者，邪气隐伏阴分也；大便闭者，血分结也。”热瘀相结，若独清热则瘀不去；独祛瘀则热不除。故清热祛瘀并用，治宜桃仁承气汤。虽沿用《伤寒论》方名，但师古不泥，其用药有异。《伤寒论》方有桂枝、甘草，而本方却去桂枝之温、甘草之缓，加用活血行瘀的药物而成。方中丹皮、赤芍、桃仁，清热凉血祛瘀，大黄、芒硝泄热软坚，攻逐瘀结，当归养血和血，并行血中之气，使气帅血行，以期瘀血热邪从下而解。

综上可见，吴氏用承气法，宗仲师之旨，发承气之微。由于其兼症不同，在泻下法中，分别佐以扶正气（新加黄龙汤）、宣肺气（宣白承气汤）、清小肠（导赤承气汤）、开心窍（牛黄承气汤）、增阴液（增液承气汤）、化痰结（承气合小陷胸汤）、泄余邪（护胃承气汤）、清瘀热（桃仁承气汤），灵活变通。凡诸般温病，承气证具备者，不论上中下三焦，尽可变化施用之。吴氏这种着眼于整体，抓疾病的主要矛盾，根据具体情况，兼顾其次要矛盾的治疗思想，值得借鉴。

[《中医研究》，2004；(2)]

从承气汤类看吴鞠通使用下法的丰富内涵

王彦如

下法具有通腑泻热，荡涤积滞，通瘀破结等作用。适用于温病热结肠腑或湿热积滞交结胃肠，以及血蓄下焦等证候。常用的具体治法有，通腑泻热法，导滞通便法，增液通下法，通瘀破结法等等。温热之邪伤阴是温病的基本矛盾，故温病之治重在救液。然救液之法，不外祛邪与扶正。其祛邪之中的下法尤为历代温病学家所重视，因此有“伤寒下不厌迟，温病下不厌早”之论。清·柳宝诒指出：“胃为五脏六腑之海，位居中土，最善容纳……温热病热结胃腑，得攻下而解者，十居六七。”可见下法在温病治疗中占有很重要的位置。吴鞠通作为温病大家尤善使用下法。从吴氏所选用的承气类方中不难看出其选方用药之妙，组方以承气贯之，用药灵活化裁，紧扣病机脉证，其下法使用之精当，内涵之丰富，为后世医家所推崇。

一、大承气汤

用大承气汤治疗温病邪在气分的阳明腑实证，但不包括暑温、湿温和温疟。《温病条辨·中焦篇》说：“面目俱赤，语声重浊，呼吸俱粗，大便闭，舌苔老黄，甚则黑有芒刺，但恶热，不恶寒，日晡益甚者，传之中焦，阳明温病也……脉沉数有力，甚则脉体反小而实者，大承气汤主之。”大承气汤乃苦辛通降，咸寒泻热之剂。以大黄荡涤热结，芒硝软坚润燥，枳实、厚朴去胃肠的留滞以消痞泻满。本方以承气命名，取其有泻热结，承顺胃气之下行，可使塞者通，闭者畅之意。《增补评注温病条辨》指出：“承气者，胃气也。盖胃之为腑，体阳而用阴，若在无病时，本系自然下降，今为邪气蟠踞于中，阻其下降之气，胃虽自欲下降而不能，非药力助之不可。故承气汤通胃结，救胃阴，仍系承胃腑本来下降之气……故汤名承气。”

二、小承气汤

小承气汤亦可治疗温病邪在气分的阳明腑实证，但较大承气汤证为轻。《温病条辨·中焦篇》指出：“阳明温病诸证悉有而微，脉不浮者，小承气汤微和之。”又说“阳明温病，汗多谵语，舌苔老黄而干者，宜小承气汤。”小承气汤取大黄荡涤热结，枳实、厚朴以消痞散满。阳明温病出现腑实证，但症状较大承气汤证轻微，脉象不浮而沉数，这是热邪结于阳明，腑气失于通畅的缘故、应该采用小承气汤微和胃气的方法，以轻清阳明，略通腑气，不要用大泻大下的方法。阳明温病，如若邪热蒸发而多汗，汗多则津液消耗，以致大便秘结，邪热不得下泄而上扰，导致神识不清楚，时有谵语，舌苔老黄而干燥少津者，用小承气汤轻泻阳明腑实，里热一清，谵语自然消失，其阳明温病症状也可逐渐解除。

三、调胃承气汤

调胃承气汤也可治疗温病邪在气分的阳明腑实证，但泻下之功较缓，适用于阳明病胃肠燥热。《温病条辨·中焦篇》说："阳明温病，无汗，小便不利，谵语者，先与牛黄丸。不大便，再与调胃承气汤。"阳明温病，一般是高热多汗。由于高热多汗，津液耗伤，所以小便多是不利。本条论述无汗而小便不利，说明热虽高而津液尚未受到严重耗伤，也可推测大便不一定硬实。谵语的出现，很可能是邪热转入心包所致，所以先用牛黄丸以清心开窍。如果服牛黄丸后，谵语仍然不除，大便也不下，据此分析是属阳明邪热胶着所致。无汗则体表之气不得疏散，大小便俱闭，则腑气失于疏通，所以必须用调胃承气汤。取芒硝咸寒，大黄、甘草的甘苦寒，以泻热而调和胃腑之气。

四、宣白承气汤

宣白承气汤用于治疗阳明腑实兼有痰热壅肺证。《温病条辨·中焦篇》说："阳明温病，下之不通……喘促不宁，痰涎壅滞，右寸实大，肺气不降者，宣白承气汤主之。"阳明温病用攻下法而大便依然不通，症状表现为呼吸喘息，坐卧不安，痰涎壅滞胸中，右寸脉象实大。其病机有两个方面，一是痰热壅结上焦，肺气不降；一是阳明胃肠里实，腑气不通。因肺与大肠相表里，肺气既失肃降，则大肠的传导功能自然受到影响，反之，若腑气不通，肺气势必壅滞。治用宣白承气汤，以石膏两清肺胃之热，杏仁、栝蒌皮宣降肺气，化痰定喘，大黄逐肠胃之结滞。此系宣上通下之法，即"脏腑合治"。

五、导赤承气汤

导赤承气汤用于治疗阳明腑实，小肠热盛。《温病条辨·中焦篇》指出："阳明温病，下之不通，左尺牢坚，小便赤痛，时烦渴甚，导赤承气汤主之。"由于小肠腑气不通，左尺脉搏出现牢坚的现象，小便热赤而有刺痛感，时觉烦热口渴，此是心火移于小肠的缘故。因心与小肠为表里，心火既下移于小肠，而阳明的实热仍然结滞不去，所以用导赤散去木通、竹叶之淡渗，加连、柏以苦泄小肠之热，大黄、芒硝以通大肠之腑实。此即"二肠同治"之法。

六、牛黄承气汤

牛黄承气汤用于治疗阳明腑实，热入心包。《温病条辨·中焦篇》指出："邪闭心包，神昏舌短，内窍不通，饮不解渴者，牛黄承气汤主之。"由于邪热内闭心包，而出现神志昏糊，语言謇涩，口渴而引饮不止，这是阳明邪热既灼心经又耗肾液，症情有闭厥的危险，所以用牛黄丸开手少阴之闭，以承气急泻阳明之结，而救足少阴肾液的消亡。此即"两少阴合治"之法。

七、增液承气汤

增液承气汤用于治疗阳明腑实兼阴液亏损。《温病条辨·中焦篇》指出："津液不足，无水舟停者，间服增液，再不下者，增液承气汤主之。"阳明气热铄津，津液枯耗，以致大便秘结不通，此乃无水舟停。其治疗用增液承气汤，既养阴又荡结。该方以玄参咸寒，滋阴降火，麦冬、生地甘寒，滋阴润燥，三药相合有养阴生津润燥通便之效。大黄、芒硝泻热软坚散结。此属“气血合治”之法。

八、新加黄龙汤

新加黄龙汤用于治疗阳明热结兼气液两虚。《温病条辨·中焦篇》：“阳明温病，下之不通……，应下失下，正虚不能运药，不运药者死，新加黄龙汤主之。”本应用下法治疗的温病，由于没有及时使用下法，以致正气被邪热所铄，形成正虚不能运药的局面。用新加黄龙汤以人参补正，大黄、芒硝逐邪，麦冬、生地、玄参滋阴润燥，海参滋补阴液咸寒软坚，姜汁宣胃肠气机，当归和血分之滞，以使气血和畅，胃气宣通，则药得以运化，而能施展其祛邪扶正之作用。此即“邪正合治”之法。

九、桃仁承气汤

桃仁承气汤及抵挡汤用于治疗血蓄下焦证。

《温病条辨·下焦篇》：“少腹坚满，小便自利，夜热昼凉，大便闭，脉沉实者，桃仁承气汤主之，甚则抵挡汤。”血虚下焦证，乃血热阴伤，血凝成瘀，瘀热互结，蓄于少腹之候。热不解则瘀不祛，瘀不祛则热不除。故当凉血与攻瘀同时并举。桃仁承气汤中大黄苦寒，凉血活瘀，攻下热结。芒硝咸寒，润燥软坚攻下，二药相配，攻逐瘀结，荡涤邪热，导瘀热下行。桃仁、丹皮活血逐瘀；当归养血，又有活血之功，且其味辛，兼行血中之气，使气帅血行。当归配芍药养血和营，以制约大黄、芒硝、桃仁、丹皮诸药，使之祛瘀而不伤血。本方诸药配伍，共奏凉血清热，攻逐瘀结之功。

抵挡汤中虻虫、水蛭药性峻猛，有破坚结、逐瘀血之功，配桃仁则更增逐瘀之力，加大黄凉血活血，荡涤邪热，导瘀热下行。此乃“釜底抽薪”之法。

[《辽宁中医学院学报》，2003；(4)]

吴鞠通复脉法试析

潘远根

吴鞠通为温病学派一代宗师，对温病学他既接受了叶天士的薪传，又有着自己的创见，特别是温热病清热养阴法的确立，吴氏尤有殊功。其育阴清热之复脉法，对温热病伤阴阶段的论治，即见其养阴之特点，试就《温病条辨》所论析之。

一、师仲景法　圆珠在手

吴氏复脉法主方为加减复脉汤。是从仲景《伤寒论》复脉汤化裁而来。

复脉汤（炙甘草汤）是仲景治伤寒脉结代，心动悸复脉之法，药用炙甘草、桂枝、生姜、麦冬、麻仁、大枣、人参、阿胶、生地、清酒，是伤寒里虚之补法。论证，钱天来说：“伤寒而见结代之脉，则知真气已虚，经血枯涩矣，气虚则流行失度，血涩则脉道不利，故脉见结代也。心为藏神主血之脏，因气血虚衰，心神摇动，气馁而惕惕然动悸也，此为阴阳并虚，法当气血兼补。”论文，吕搽村云，是方君从炙甘草坐镇中州，而生地、麦冬、麻仁、大枣、人参、阿胶之属，一派甘寒之药滋阴复液，但阴无阳则不能化气，故复以桂枝、生姜宣阳化阴，更以清酒通径隧，则脉复而悸自安矣。”由是观之，则伤寒之复脉证乃气血不足，阴阳两虚之证。其复脉方乃滋阴通阳，复脉宁心之方。吴氏复脉法用于温病阴液耗伤期。温为阳热之邪，极易耗伤人体津液，特别是温热病后期，病入下焦，伤津尤甚，津液之存亡为性命攸关，值此，滋阴即成为挽救危殆之关键。怎样滋阴？吴氏认为此时滋阴之法，唯在着力顾及阴精，不必像伤寒之阴阳两虚，必须阴阳兼顾，因而他效仲景复脉之法，但以其育阴之品为伍，尽去其通阳之味，谓“以复脉汤复其津液，阴复则阳留，庶不可至死也”。当然，勿论伤寒、湿病，汗下失当，或邪热耗伤，均有阴液亏负之证。阴液枯涸，气血不能充盈于脉，伤寒以滋阴复脉，因兼阳虚，故复以通；吴氏师仲景之法，取其滋阴复脉，顾及温病特点，则不用通阳之品，说：“在仲景当日，治伤于寒者之脉结代，自有取于参桂姜枣，复脉中之阳，今治伤于温者之阳亢阴竭，不得再补其阳也。”因而一变仲景温阳复脉法为温病之养阴复脉法。不拘泥于仲景复脉之方，刻刻顾及温病特性，非深窥仲景复脉之堂奥，则难活化仲景之法如是。且在运用复脉法时，能抓住阴液亏损之病机，脉不限于结代，凡细促、虚大、沉数或躁盛，审属阴液亏损者，均以复脉；证不泥于心动悸，但阴液枯竭之候，咸予以滋阴。脱仲景脉结代、心动悸之复脉法“为邪热劫阴之总司”。提出了温病邪热伤阴期的滋阴纲领。吴氏这种善师古法，而不泥于古方，诚可谓“用古法而不拘用古方”的典范。

二、复温病脉　步步滋阴

伤寒复脉，兼以通阳，温病复脉，唯宜滋阴。故吴氏于复脉汤中，“去参、桂、姜、枣之补阳，加芍药收三阴之阴”，易名加减复脉汤，以为邪热劫阴之总司。因而，可从其滋阴复脉中，窥见于津液耗伤后清热育阴的治疗特点。

1. 邪热久羁中焦，克伤少阴癸水者宜复脉。邪在阳明中焦，施治大法本宜清热或攻下热结，方有白虎、承气、增液之属，是为有可清之热、可攻之邪者设，言其常也。吴氏认识到：“温邪久羁中焦，未有不克伤少阴癸水者，”指出温邪在阳阴中焦久羁不解之变局。虽邪尚未及下焦，但津伤太甚，耗及下焦之阴，脉虚大，已成为阴伤之候，而非阳明实证的可清之热，更不任攻下，“若再下其热，是竭其津而速之死也”。故吴氏“以复脉汤复其津液，阴复则阳留，庶不可致于死也”。吴氏此时用复脉汤去其温阳之品而着力于滋阴，用加减复脉汤力挽危殆，说明温病当以阴液的存亡为疾病进退的关键。但他也认识到救危殆于阴伤之际，不唯注意阴液，亦须顾及阳气，不用温阳之品，则是认识到阳随阴脱，液存则阳固的特点，寓固阳于滋阴中，期其阴复则阳留。邪在中焦，因能克伤少阴癸水，又说明邪在中焦，亦不可固执于清热攻下，尚有不可清、不可攻，专主滋阴之证。

2. 邪热深入下焦，阴伤液竭者宜复脉。邪在中焦不解，耗伤津液。势必更加深入，转为阴伤液竭之下焦证。邪入下焦，其热势虽不如中焦亢盛，但由于液涸正衰，总属于邪少虚多，以正虚为主的证候，专主复阴为下焦之正法。故说“邪热深入，或在少阴，或在厥阴，均宜复脉。”下焦为肝肾所主，虽总宜复脉，但又有肝肾的不同特点。以耗伤少阴肾精为主者，可纯以加减复脉汤滋阴，如说：“温病耳聋，病系少阴……宜复脉辈复其精。”以厥阴月于之阴液枯涸为主者，因肝为风木之脏，阴液枯涸，极易出现痉厥瘛疭等风候。治疗则不唯滋阴，尚宜熄风，故又化裁出一甲、二甲、三甲复脉汤、定风珠之类。虽肝肾在证候上有别，因乙癸同源，阴伤是一致的，故治疗便不离加减复脉汤刻刻育阴为务。

3. 误用发散攻下，伤阴损液者宜复脉。温属阳邪，极易伤阴，本无发汗之治，误汗即易劫津；虽有可下之法，但必须审证确切，方可假手于下，下不得法，阴液势必大耗。因而误汗误下，常是温病误治损伤阴液的主要途径。勿论汗、下，既系误治，则必然阴液伤而邪不去。虽有未解之邪，但由于阴伤为急，吴氏亦置未解之邪于不顾，而以复脉法专主滋阴，谓此为“留人治病法也”，则是邪势未杀亦有滋阴之治。吴氏又指出，只要是汗、下所误治，不一定是邪在下焦方用复脉法，而总以阴伤液竭为指征。如下焦篇第二、五、六、七条，皆系误表、误下、误升散之误治证，误表误散，多在温病初起，误治之后，病邪亦未遽至深入下焦，但见脉结代，心中震震，舌强神昏，便宜复脉法复其津液，“虽有他证，后治之”。故吴氏既不拘泥于邪在下焦方可滋阴，也不囿于邪未尽不可补之说，对温病滋阴提了新见解。

4. 温邪久留气分，欲作战汗者可复脉。叶天士《外感温热篇》指出，温邪“始终在气分流连者，可冀其战汗透邪，法宜益胃”，但未出方。吴氏则谓津枯液涸，欲作战汗者可用复脉法，说“邪气久羁，肌肤甲错，或因下后欲溃，或因存阴得液蒸汗，正气已虚，不能即出，阴阳互争而战者，欲作战汗者，复脉汤热饮之”。则又说明复脉法不仅可以育阴以除虚热，尚可以扶正达邪出表。

三、用复脉法　匠心巧运

复脉法要旨不离育阴清热，吴氏在运用中既握定原则，又极尽变化。

仲景复脉法用于脉结代、心动悸之阴阳两虚证，吴氏则以阴虚血少为纲，巧用于热病伤阴的各种证候。以脉言，邪羁阳明脉虚大，为虚热燔灼，癸水受伤，有别于阳明白虎证之脉浮而洪者，宜复脉；汗下后脉躁盛，为邪盛阴伤，用复脉法扶正敌邪；下后脉数，为下伤阴液，与热盛之脉数不同，非复脉法不能育其阴；脉见沉数或细促，则是邪入下焦阴伤之证，更宜育阴复脉。以证言，邪在阳明，则把着眼点放在久羁不解和脉大而虚之上辨其阴伤；温病后期耳聋辨其为肾水耗竭；口燥咽干，神倦欲眠，辨为少阴阴亏；舌干齿黑，手指蠕动，神倦瘛疭，目为厥阴液涸风动。因此，不仅阴虚心血衰少之脉结代、心动悸宜复脉法，心气衰惫之神倦眠亦用以补心养神，热入血虚，余邪未，脉虚数，夜热者用以养血清热；阴虚血少动风者用以养阴熄风；热伤津液，咽干口燥，用以滋阴润燥；耗及肾精，少阴耳聋者，用以益精补肾等。以是论之，则吴氏之滋阴复脉法，确然不愧为邪热劫阴之总司。

吴氏复脉法所用之加减复脉汤，救逆汤，一甲、二甲、三甲复脉汤，大定风珠六方，皆宗复脉汤化裁而来，其药物取舍得宜，配伍严谨有制，大有间不容发之感。如同系温病误表，劫伤心阴，无自汗见证者，用加减复脉汤即可；若有自汗者，则须去麻仁之滑窍，加龙牡固涩收敛，防阴竭阳脱，即变为滋阴救逆之法，故谓之救逆汤。又以所制三甲复脉汤言，下后阴虚便溏，为防滑脱，则用一甲养而涩之，阴虚而阳不潜者，则用二甲养而镇之，阴虚不能上济心者，用三甲养而济之，养阴则一，而又有涩、镇、济之不同，于用药之间，同一复脉法，仅在牡蛎、鳖甲、龟板三种同类药物中作些须调整，其不同效应即能如斯！非医理通达，经验繁富者，实不足以达到如此精深之造诣。

四、结语

自明末清初以来，对温病的认识已日趋成熟，从病因病机到辨证都形成了体系。治法方面皆知温为阳邪，宜清不宜温，必须时时顾及津液。但温病清热养阴的主法尚未臻完善，吴氏则崇遵先贤，巧运匠心，提出清络、清营、育阴等治法，为热病养阴确立了原则。复脉法即是育阴法则的具体体现。

吴氏复脉法的运用，体现了他遵古而不泥古，善于汲取先贤经验，而又不拘于成法，敢于创新，自成一家之言。如其复脉法即确立了邪热劫阴的治疗原则，且又对热病伤阴阶段的脉证详加辨识，复脉类方的运用条分缕析，为热病滋阴树立了规范。综观其复脉法，则辨证、立法、组方均堪称后世热病养阴的楷模。汪延珍誉其“嗜学不厌，研理务精，抗志以希古人，虚心而师百氏”，诚非溢美之词。

[《湖南中医学院学报》，1983；（2）]

吴鞠通救阴精十法析略

萧曙明

清·吴瑭（鞠通）所撰《温病条辨》，脍炙人口，是明清医学中“温热学派”的名著之一。是书凡238法，而以清温救阴为治者，近乎一半，系统全面地总结了前贤和他自己救治温病伤阴的经验，且辨证井然，立法周全，遣药精巧，理足方效，可谓集温病学说之大成。因而近贤任应秋氏赞曰：“温热病之应养阴，亦夫人得而知之，但究应如何育养，亦惟吴瑭最有成熟的经验。”笔者不揣浅陋，僭行学舌，将读书随笔，勉成一文，冀希垂教于明哲。

吴瑭救阴，自成家法。观《条辨》云：“本论始终以救阴精为主”，“温热伤人身之阴，故喜辛凉甘咸，以救其阴”。并予书中强调：保津、滋液、育阴、复脉，填精等法。可见吴氏把“救阴精”贯彻于温病治疗之始终，法全而精。兹据其所治的不同，归纳为如下10法。

一、清温护津

温邪伤人，多从口鼻而入，郁遏手太阴（肺）之经气，病始上焦，症见身热尺热，咳嗽自汗，口渴头痛，脉浮数等。此时邪热初张，津伤程度虽不甚重，但吴瑭认为：“温为阳邪，阳盛必伤阴”，且病温者，皆因“精气先虚”，故治宜辛凉透邪，以除伤阴之原始动因，“预护其虚”。故吴氏针对风热、暑热、燥热等邪气不同的致病特点，设“辛凉清解”诸方，透邪护津，其治有三：

1. 风温吸入，首犯太阴，肺卫被郁，症见身热自汗，微恶风寒，“或但热不恶寒而渴者”，方用辛凉平剂银翘散，清肃上焦，卫护津液，即《内经》“风淫于内，治以辛凉，佐以苦甘”之法。若“但咳，身不甚热，微渴者”，方用辛凉轻剂桑菊饮，轻宣肺热，力避辛温消铄津液。

2. 暑热感冒，邪伤肺络，头胀目眩，“但咳无痰，咳声清高者”，方用清络饮加甘草，桔梗、甜杏仁、麦冬汤，辛凉芳香，解暑热，宣肺气而保肺阴。

3. 温燥外袭，肺阴受灼，身热头痛，口渴，干咳无痰，舌红而干，方用桑杏汤，清宣燥热，凉润肺金，使燥热除而肺津复，则诸症自除。若燥热而阴伤已甚者，方用清燥救肺汤，辛凉甘润，清燥养阴，以“沃焦救焚”。此法药用辛凉，既清温透邪，又能保护津液，故又称“辛凉护津”。

二、撤热保津

表热不解，若不逆传心包，肺热势必自上而下，逆传于胃。“温邪之热，与阳明之热相搏”，外而肌腠，内而脏腑，无不受其熏灼，热灼津液，则身热烦渴等症，更见增剧。“欲撤其热，必祛其邪”，治当寒凉，以清温撤热，生津保液，吴氏识证运法，方药自如，治有四：

1. 热传阳明，表犹未解，或经下后，“邪气还表”，症见身热无汗，脉浮者，方用银翘汤。辛凉甘寒合用，解毒而轻宣表气，增液为作汗之具。若脉浮而促者，其热甚急，则以辛凉甘寒重剂，方用减味竹叶石膏汤，逐邪外则愈。

2. 热炽肺胃。无形之气热充斥全身，津液立见消亡，症见身大热，大汗，大烦渴，脉洪大者，方用“辛凉重剂”白虎汤，达热出表，清热生津，若气津两伤，脉浮大而芤，大汗，鼻煽。惟用白虎加入参汤，退邪热，固正阳，以“救化源之欲绝。”

3. 阳明蕴热，热扰中宫。症见干呕口苦而渴者，方用黄连黄芩汤。苦寒直折，泻火坚阴。若属脾疟，寒起四末，不渴多呕，热聚心胸者，方用黄连白芍汤，清热收阴。

4. 阳明热盛，火腑不通。症见高热无汗，小便不利而实证未剧者，方用冬地三黄汤，苦寒通之，甘苦合化阴气，滋水泻火，切忌淡渗动阳而燥津。

此法着眼点在于清热祛邪，以免邪热再耗阴津，重点虽在撤热但实为保津。

三、泻下存津

气热久延，每致里结阳明，形成阳明腑实之证。则潮热谵语，大便秘结，或纯利稀水，腹胀满硬痛等。围“邪气蟠踞于中，阻其下降之气”，治非下夺不可。吴瑭于阳明“可下之”证，总以苦寒攻下，“务存津液”为治则，并视其“热结”与“液干”二者程度轻重，在《伤寒论》承气汤基础上，加减进退，圆机活法。其治则有三：

1. 阳明腑实。“热结液干”，症见壮热面赤，胸腹坚满拒按，大便闭，小便涩，舌苔老黄，甚则黑有芒刺，脉沉数有力，甚是脉体反小而实者，方用大承气汤，通胃结，救胃阴，“釜底抽薪”；如“诸证悉有而微”，治用小承气汤和下之。

2. 阳明温病。“热结旁流”，症见纯利稀水无粪者，方用调胃承气汤，攻下泻热，软坚润燥，使燥结郁热从下而解。

3. 阳明燥热太甚，以致“无水舟停”，数日不大便，则用增液汤。“以补药之体，作泻药之用，既可攻实，又可防虚”；再不下者，方用增液承气汤，益阴荡结。“增水行舟”以图阴液来复，结屎得下，邪去正安。他若新加黄龙汤、护胃承气以及宣白承气、导赤承气、牛黄承气、小承气合小陷胸汤等，虽根据不同兼证而制定，然皆围绕泻下存津而施。

四、抑火救逆

肺热失治，以致邪热内陷，灼液为痰，痰热闭阻包络，症见身热如焚，神昏谵语，舌謇肢厥，是为逆传。斯时用药，最须空灵。吴瑭于此，煞费苦心，治用清宫汤。清宫中之热，补离中之阴，“救性命于微茫”，并配合“三宝”（安宫牛黄丸、紫雪丹、至宝丹）开闭利窍，以成“拨乱反正”之功。但又须查神昏窍闭的原因，对证斟酌使用，其治有四：

1. 太阴温病，误发其汗，耗伤心液，症见神昏谵语者，方用清宫汤送服安宫牛黄丸或紫雪丹。

2. 暑温蔓延三焦，热闭内窍、神志不清，或温毒神昏谵语者，方用牛黄丸，或紫雪丹，再与清宫汤。

3. 湿温邪入心包。神昏肢厥，方用清宫汤去莲心麦冬加银花赤小豆皮方，煎送至宝丹或紫雪丹。

4. 风温暑热，邪热太过，内陷心包。舌謇肢厥，清神欲昏，时时谵语者。方用安宫牛黄丸或紫雪丹，寒清热，谨防内闭。治法虽殊，但总以“开窍醒神，清心保阴”为务。

五、清营益阴

邪热内传，由气渐入营分，证情便替变更危，热灼营阴。多见暮热，舌绛而赤，脉数；若热扰神明，则夜寐不安，甚神种昏谵语；如波及血分，则发为斑疹；若引动肝风，则发痉昏谵。邪既入营，固非清气药所能治疗，但热乍入营，往往气热未罢，犹可开达透热，使邪复出气分而解；若热渐传血，病机向里势难透达，宜清营剂中加凉血之品。其间深浅程度的掌握，至关重要。吴氏匠心巧运，制清营汤一方，清营中之热而保阴液，并随轻重情况灵活运用。其治有四：

1. 热初入营。营气蒸腾，两寸脉大，舌绛而干，口渴不甚者，方用清营汤去黄连治之，不欲其深入也。

2. 邪热入营。症见夜寐不安，烦渴舌赤，时有谵语者，方用清营汤。“急清营中之热，而保离中之虚”。

3. 热入营分，肝风内动，手足瘛疭者，方用清营汤加钩藤、丹皮、羚羊角清热熄风。

4. 暑热甚极，过卫入营，内干厥阴。症见身热，卒然痉厥者。名为暑痫。方用清营汤加紫雪丹治之，清营分之热而保津液，清包络之热而开内窍，使液充阳和，自然汗出而解，断不可发汗。

分治如此，但总不失于“清营泻热，保津养阴”之义。

六、凉血滋阴

热陷血分，证候虽与营分相近，但邪热愈渐深入，为害愈重，变证愈多，大凡吐衄、便血、昏狂、斑疹，及妇女经水妄行等。多为热甚动血，耗血之见证，病证至此，热已危笃。吴氏对温病动血耗血证的处理，心细胆大，其治有五：

1. 肺热及营，内窜血络，肌肤发疹者，治用银翘散去豆豉加细生地丹皮大青叶玄参方，清热解毒，凉血透疹。

2. 胃热尚盛，营热已炽，肌肤发斑者。治用化斑汤，清热败毒，凉血托斑；如斑出热不退，烦躁不宁，舌绛齿燥。“气血两燔”者，治用玉女煎去牛膝熟地加细生地玄参方。两清气血，壮水制火。

3. 热盛动血，或上溢吐衄，或下泄便血，脉七、八至以上，燎原之热莫制，化源速绝，急用犀角地黄汤，凉血解毒，清络育阴，使热清阴滋，火熄血宁，瘀去新生。

4. 热与血结，邪伏阴分。少腹坚满，小便自利，夜热昼凉，大便闭，脉沉实，甚则神志如狂者。方用桃仁承气汤攻逐瘀血。

5. 妇人病温，经水适至，脉数耳鸣，干呕烦渴，发痉者，方用竹叶玉女煎，两清表里之热、如神志忽清忽乱，方用加减桃仁承气汤。

以上诸法，重点虽在“凉血散血”，实则滋阴救焚，仍未脱离救阴之法。

七、复阴固脱

热邪内扰、伤津耗气，导致阴竭气脱之证，虽与亡阳虚脱有所不同，但病热亦极险急，法当益气复阴以固脱，吴氏对本法的运用，要上下而施，其治有二：

1. 风温暑热，邪热蒸迫，津气欲脱，喘喝气短，汗多脉散大者，方用生脉散，酸甘化阴，守阴留阳，益气生脉。

2. 热邪劫阴。深入少厥，脉虚大，手足心热甚于手足背，心中震震，舌强神昏，耳聋或脉结代者，方用加减复脉汤，复阴留阳；若汗自出，中无所主，方用救逆汤，镇摄救逆。如口燥咽干，大便不溏，方用一甲复脉汤。

前法病变重心在心肺，后法病变重点在肝肾。病位不同，故治有异，然复阴固脱则一。

八、育阴熄风

温邪久羁，消铄真阴，以致水不涵木，虚风内动，乃见低热不退，手足蠕动，甚则瘛疭，神倦，舌绛少苔，脉细虚数大等症，治非大剂壮水之主，以制阳光，很难挽回其濒危之势，吴氏于本法的运用，亦相当细腻，其治有三：

1. 内风将起，手指但觉蠕动，脉沉数，舌干齿燥者，当防其痉厥，方用二甲脉汤，养阴潜阳，使“阴阳交纽”，痉厥不作。

2. 虚风内动，痉厥已作，心中憺憺大动，甚则心中痛。脉细促者，方用三甲复脉汤。盖肝风鸱张，有“吸尽西江”之势，阴液尤虚，故于二甲复脉中加龟板，相济以成其功。

3. 虚风旋扰，体无壮热，厥哕并见，时时瘛疭，脉细而劲者，方用小定风珠，补阴液而定肝风；若神倦瘛疭，脉气虚弱，时时欲脱，舌绛少苔者，此邪气已去八、九，真阴仅存一、二，非小定风珠所能胜任，方用大定风珠，养血柔肝，潜阳熄风。

以上方治，虽无一味风药，但能取得液回风熄之效，非学养经验俱富者，很难达到如此境界。

九、存阴退热

温病后期，余邪留伏而不外解，治疗上稍有药不对症，往往功亏一篑，前功尽弃，酿生他变。吴氏用药十分熨贴。他认为：“邪气留伏，不能纯用养阴；又非壮火，更不宜任用苦燥。治须一而填阴，一面清邪，其治有五：

1. 温邪久羁，邪气深伏，夜热早凉，热退无汗，方用青蒿鳖甲汤，入络搜邪，养阴透热。

2. 少阴温病，阴亏热炽，心中烦，不得卧，舌绛而干，脉数者，方用黄连阿胶汤，清邪热而坚真阴，救真阴而抑亢阳。

3. 厥阴温病，痉厥神昏，舌短烦躁，手少阴证未罢，如寸脉大，口气重，颧赤等。先与牛黄紫雪辈，开窍搜邪，再与复脉存阴，三甲潜阳。

4. 暑热深入少阴厥阴，消渴、麻痹者，方用连梅汤，增液补水，泻火清邪；如心经热甚，烦躁神迷者，先与紫雪丹，开暑邪之出路，再与连梅汤。

5. 妇人病温，热入血室。清邪去半，脉仍数。余邪不解，微寒热者，治用加减复脉汤加人参方，要之，立法虽多，总以存阴退热为主。

十、生津补液

温病后期，高热之后，每多有津伤液亏之证，如不及时纠正，外邪虽去，内伤已成。“救阴须用充液之药”，吴氏对温病后调理，方法丰富多采。略举大要，其治有十：

1. 风温暑热，无论病在太阴阳明，舌干口渴甚者，均以雪梨浆，五汁饮沃之，甘寒以生津救液。

2. 温病愈后，一月或至一年。暑热、面微赤、脉数、常思饮不欲食者，方用五汁饮或牛乳饮，生津液阴血，兼以养胃。

3. 燥伤肺胃阴分，偏于肺阴耗伤者，方用沙参麦冬汤，偏于胃液干燥者，方用玉竹麦门冬汤，滋养阴液，清泄燥热。

4. 温病下后，脉静身凉，肌肤枯燥，小便溺管痛，或燥咳，或不思食者，方用益胃汤，或合五汁饮治之，以滋其干；如下后无汗，脉浮而数者，方用清燥汤以增水制火。

5. 温病下后，热退不净，口燥咽干，数日不大便，津液枯燥或因其人素体阴虚所致者，方用增液汤，生津养液。

6. 暑温伤气，疟邪伤阴，症见不饥不饱，不便、潮热，得食则烦热愈加，津液不复者，方用麦冬麻仁汤，甘酸化阴。

7. 暑邪久热，邪退八、九之际，寝不安，食不甘，神识不清，阴液元气两伤者，方用三才汤，两复阴阳；如欲复阴者，加麦冬、五味子；欲夏阳者，加茯苓、甘草。

8. 温病入少阴，自利咽痛，胸满心烦者，方用猪肤汤，泻心润肺而和脾、使水升火降，上热自除而下利自止；如呕而咽中伤，生疮不能语，声不出者，方用苦酒汤，甘润降火，利窍通声，动涎敛疮。

9. 温病久痢，阴伤气陷，肛坠尻酸，方用地黄余粮汤，补肾固涩；如久痢伤阴，口渴舌干，微热微咳者，方用人参乌梅汤，于救阴中兼护脾胃；久痢伤阴，小便不能，厌食欲呕者，方用加减理阴煎，通守兼施，刚柔互用。

10. 燥久伤及肝肾之阴，昼凉夜热，干咳甚则痉厥者，证属上盛下虚，方用专翕大生膏，以腥臭脂膏之品，填肝肾之阴，安雷龙之火，从缓而治。

总之，温病后期调理“一以养阴为主”，而育养之要，不越甘寒生津，咸寒养液两端。叶桂云：“邪热不燥胃津，必耗肾液”，故又需抓胃腑肾脏，分而用之。胃阴伤者，主用甘寒；肾精伤者，主用甘咸。

“温热为法，法在救阴”，众口皆同，然在临床上要把救阴之法运用得法，亦非易事。吴瑭远绍仲景，近师叶桂，于《温病条辨》中“准古酌今，细立治法”，完善和丰富了温病学说的内容。从上述十法不难看出，吴氏将保津养阴论贯穿始终，理法方药，丝丝入扣，“活泼流动”，足以启迪后学，值得我们临床医生在诊治温热急症中借鉴和效法。

［《中医杂志》，1995；（6）］

浅析吴瑭运用调畅气机治疗湿热诸法

沈庆法

吴瑭，字鞠通，江苏淮阴人，生于公元 1736 ~ 1820 年间。一生专志于温热病的研究。

“历承诸贤之妙，考之《内经》，参以心得”，著成《温病条辨》一书。吴氏认为，湿热为患，阻滞气机。在表经络之气不通，在内三焦气机阻滞。其中于上焦为肺气不通，中焦为中脾胃之气升降失常，下焦为膀胱气化失司。因而在化湿清热的治疗中，把调畅气机当作十分重要时一环。吴瑭指出：“盖肺主一身之气，气化则湿亦化也”。朱武曹评：“解此二语，则于湿热病思过半矣。”吴瑭突出运用调畅气机治疗湿热病是“多前人所未及，较之温热，尤为枕中鸿宝也”。兹将《温病条辨》中运用调畅气机治疗湿热诸法浅析如下：

一、轻开肺气

湿热初起，阻遏肺卫，当以轻清之品宣通气滞。肺痹之气得开，腠理疏通，郁遏之湿热也随汗而解。宣肺气，启上闸，开水源，源清流自洁。治用三仁汤、宣痹汤，均属走气道化湿之治。

二、芳化宣气

三焦湿郁，升降失司。症见周身重痛，脘腹胀闷，便溏苔白等。藿香正气散之五个化裁方，可随证以为治。五方中有用藿香梗者，“取其走中不走外”；有用茵陈者，取其“宣湿郁而动生发之气”；有用神曲、麦芽者，取其“升降脾胃之气”。近人治肝病之湿热蕴结，谓茵陈可以退黄，麦、曲可以消食，殊不知尚有芳化宣气以复升降之能。

三、通腑下气

湿热久羁，郁结中焦，肠道气机痹阻，失其传导之常，少腹硬满，大便不通，或见大便溏臭不爽，色如果酱，身热郁不解，舌苔黄腻，脉象濡数；如湿浊蒙于上，则窍阻神昏。治宜宣清导浊、通腑下气，方用宣清导浊汤。“俾郁结之湿邪，由大便一齐解散”。此处通腑乃轻法频下，轻法者，不用承气汤散，因其行速而气徒伤。频下者，因湿邪非一次能去，频除积滞，气机得通，湿热之邪自去。

四、清透化气

内外合邪，湿郁经脉，有汗而身痛不解，胸腹郁发白痦，且见胸脘痞闷欲呕，大便自利。治当调畅气机，清透湿热，方用薏苡竹叶散。方中连翘、竹叶辛凉透表，苡仁除湿宣痹，三药宣通经络之湿热；白蔻化中焦湿浊；滑石、茯苓、通草淡渗分利，使湿邪从小便而去，则大便自调。故吴氏认为此乃：“俾表邪从气化而散，里邪从小便而驱，双解表里之妙法也。”

五、通利膀胱

湿热阻滞三焦，膀胱气化失常，小便短少，甚或不通，热为湿遏，困阻清阳，则热蒸头胀，呕逆神迷，渴不多饮，苔白腻。此时尤宜“开沟渠以泄之”。方用茯苓皮汤宣通膀胱气化，分利湿邪。方中茯苓皮、猪苓、竹叶、苡仁、通草，淡渗分利，须仗大腹皮理其气机，气机一通，在里壅塞之湿热，随诸药异之而去。

六、清宣三焦

暑热夹湿，弥漫三焦气分，暑热蒸腾于外，则见身热不退，上蒸头面清窍，则面赤耳聋；阻于中焦，则脘腹痞闷而不甚渴饮；湿热蕴结下焦，泌别失职，则小便短赤且见下利稀水。此时已“邪不在一经一脏矣，故以急清三焦为主。然虽云三焦，以手太阴一经为要领。盖肺主一身之气”。治宜清热除湿，清宣三焦。方用三石汤、杏仁滑石汤等。三石汤方中杏仁宣开上焦肺气，气化则暑湿易化；石膏、竹叶清泄中焦邪热；滑石、寒水石、通草清利下焦湿热：银花、金汁涤暑解渴。

七、宣通经络

湿热蕴阻，以致经络之气痹塞不通，寒战热炽，骨节烦疼，面色萎黄，舌色灰滞。治当宣痹止痛。方用宣痹汤。方中杏仁宣肺气，山栀、连翘清气热，防己通络，合赤小豆、滑石、苡仁、蚕砂利湿化浊。所谓湿热之邪可清可利，经络之痹可宣可通。两者密切配合，湿热之邪自无容留之所。

吴氏运用调畅气机治疗湿热病，于上述诸法中常以苦辛寒为主，兼以芳香化浊。宣中焦湿热之邪常用苦辛寒或苦辛温或苦辛淡法；清宣三焦常用苦辛寒法，湿热蒸郁，上下气机痹塞，蒙敝心包，吴氏用芳香宣通。由此可见吴氏之用药，除用寒以清热外，还主张辛散，苦泄。目的在开气痹，宣气滞，分消湿热，醒脾和胃。

[《吉林中医药》，1983；(2)]

试述吴鞠通治疗湿温十法

贾　敏

湿温是由湿热之邪气引起的一种外感热病。吴鞠通所著《温病条辨》，对湿温的病因病机及其证治进行了系统论述。本文试将吴氏关于湿温的治法归纳为以下十法。

一、宣肺法

为湿温初起，邪遏卫气，肺失宣散而设。因邪部位不同，气滞轻重各异，故其治有四：

1. 宣肺化湿法　用于湿温初起，卫气同病，《中焦篇》43 条：“头痛恶寒，身重疼痛舌白不渴，脉弦细而濡，面色淡黄，胸闷不饥，午后身热，状若阴虚……三仁汤主之。”本方功用如何廉臣所说：“启上闸，开支河，导湿理行，以为出路，湿去气通，布津于外，自然汗解。”（何廉臣《重订通俗伤寒论》第 253 页，上海卫生出版社，1956 年）

2. 宣肺利咽法　用于湿阻肺郁，咽喉不利证。

《上焦篇》45 条：“湿温喉阻咽痛，银翘马勃散主之。”湿热阻遏上焦，肺气闭塞，郁热上扰肺系，则见喉间不利，吞咽困难，咽痛、咳嗽，舌苔薄黄腻脉浮滑等症。吴氏主张“以轻药开之”，即用本方轻清开宣上焦湿热，以收清热宣肺化湿利咽之效。

3. 宣肺解郁法　用于湿热困阻，肺气郁滞致哕之证。《上焦篇》46 条：“太阴湿温，气分痹阻而哕者（俗名为呃），宣痹汤主之。”湿困上焦，清阳被阻，肺气不宣亦能致哕。故宣本方宣肺化湿解郁，则呃逆诸症不治自平。

4. 宣肺利窍法　用于湿热酿痰壅肺证。《上焦篇》第 47 条：“太阴湿温喘促者，千金苇茎汤加杏仁、滑石主之。”以方测证，尚有咳嗽痰黄、口渴、身热不扬、脉滑数等症。故宜本方宣肺清热，利窍平喘。

二、调中法

为湿温湿重于热而设。因有化热及兼挟食滞之分，故其治有四：

1. 芳化和中法　用于三焦湿阻证。如《中焦篇》58 条：“三焦湿郁，升降失司，脘连腹胀，大便不爽，一加减正气散主之。”本证尚可见恶心呕吐，口不渴，苔白脉濡等。虽谓三焦湿郁，却以中焦为甚，故治“以升降中焦为要”，方用一加减正气散芳香化湿，理气和中。

2. 芳化淡渗法　用于湿郁三焦，阻滞经络证。《中焦篇》59 条：“湿郁三焦，脘闷，便溏，身痛、舌白，脉象模糊，二加减正气散主之。”本证身痛、脉象浮沉迟数难以辨认，此为湿滞经络之象。故宜本方芳香化浊，走经络除湿热，使邪从小便而去。

3. 芳化开郁法　用于湿滞气分，欲从热证。《中焦篇》60 条：“秽湿在里，舌黄脘闷，气机不宣，久则酿热，三加减正气散主之。”吴氏认证无差，察舌黄而知里有伏热，且有化热之势。故予三加减正气散芳香化浊，解郁除热，以防微杜渐。

4. 芳化运脾法　用于湿阻气分。“舌白滑，脉右缓，四加减正气散主之。”本证尚有身重、脘胀胀闷、便溏等。治宜芳香化浊，温运脾阳，待湿化郁解滞消，则诸症自解。

三、表里双解法

为表里俱湿证而设。因证有湿郁经脉及兼虚挟滞之异，故其治有二：

1. 辛凉淡渗法　用于湿温白痦的治疗。《中焦篇》66 条，“湿郁经脉，身热身痛，汗多自利，胸腹白疹……薏苡竹叶散主之。”本证治宜透热化湿，宣畅气机。“以辛凉解肌表之热，辛淡渗在里之湿，俾表邪从气化而散，里邪从小便而驱。”吴氏誉之为“双解表里之妙法”。

2. 化湿消导法　用于体虚感湿误汗发黄之证。《中焦篇》73 条：“素积劳倦，再感湿温，误用发表，身面俱黄，不饥溺赤，连翘赤豆煎送保和丸。”如吴氏自注：“证系两感，故方用连翘赤豆饮以解其外，保和丸以和其中。”内外之湿去，则病退趋愈。

四、湿热两治法

为湿温湿热并重而设。《中焦篇》42 条，“舌灰白，胸痞闷，潮热呕恶，烦渴自利，汗出溺短者，杏仁滑石汤主之。”吴氏指出：“本证热处湿中，温蕴生热，湿热交混，非偏寒偏热可治。”故宜本方分解湿热，使混处三焦之湿热得以解除。

五、降逆法

为湿势阻滞中焦，胃失和降而设。因有哕、呕之分，故其治有二：

1. 苦辛通降法　用于温热致哕证。如《中焦篇》57 条说：“阳明湿温，胃气不降不逆为哕，宜本方轻清降逆。待湿化热清，气机通畅，胃气得降则呃逆诸症自消。”

2. 清热降逆法　用于湿温呕痞证，如《中焦篇》64 条：“阳明湿温，呕甚而痞者，半夏泻心汤去人参、干姜、大枣、甘草加枳实、生姜主之。”本证非中虚所致，乃源于湿热壅遏胃气与水饮相合。治宜清热降逆，散结消痞。

六、开窍法

为湿热秽浊闭阻机窍而设。因窍闭部位不同，且有病情轻重之分，故其治有二：

1. 轻清芳化法　用于湿邪乍入中焦，机窍闭阻之证。《中焦篇》55 条：“湿热受自口鼻，由募原直走中道，不饥不食，机窍不灵，三香汤主之。”本条辨证要点为四肢关节屈伸不利，不言不语状如痴呆。病热轻浅，宜三香汤芳香化浊，解郁开窍，使湿热秽浊仍从上焦宣散，则机窍复灵，知饥能食。

2. 辟浊开窍法　用于湿温痰蒙心包证。《上焦篇》44 条：“湿温邪入心包，神昏肢逆，清宫汤去莲心、麦冬加银花、赤小豆皮煎送至宝丹。”本证多由湿温误汗、湿热酿痰蒙蔽心包所致。证情急重，速予本方煎送至宝丹清心避浊开窍，清利湿热。

七、益气祛湿法

用于中虚湿热内扰证。《中焦篇》54 条：“温热，上焦未清，里虚内陷，神识如蒙，舌滑脉缓，人参泻心汤加白芍主之。”本证病机为上焦湿热未清，因中阳素虚或过用寒凉攻下，遂致温热内陷，症见神识如蒙等。此与邪热内陷心包的昏谵不同，故宜本方益气养阴，祛湿清热。

八、宣化湿浊法

用于湿浊上蒸闭窍证。《下焦篇》52 条，“湿温久羁，三焦弥漫，神昏窍阻，小腹硬满，大便不下，宣清导浊汤主之。”本证由湿浊弥漫三焦，闭阻气机，传导失司所致。治宜宣清导浊，化气逐湿。

九、淡渗利湿法

用于湿浊困扰表里经络上、中、下三焦之证。《中焦篇》56 条：“吸受秽湿，三焦分布，热蒸头胀，身痛呕逆，小便不通，神识昏迷，舌白，渴不多饮。先宜芳香通神利窍——安宫牛黄丸；继用淡渗分消湿浊——茯苓皮汤。”本证急危，以神识昏迷为主，最怕内闭外脱。吴氏遵“急则治其标，缓则治其本”之旨，用安宫牛黄丸开闭为先；闭开神清之后，再以茯苓皮汤淡渗分消湿浊，澄本清源。

十、涌吐祛湿法

《上焦篇》48 条：“《金匮》谓太阳中暍，身热疼痛而脉微弱，此外夏月冷水，水行皮中所致也，一物瓜蒂汤主之。”吴氏解释说：“此热少湿多，阳郁致病之方法也，瓜蒂涌吐其邪，暑湿俱解而清阳复辟矣。”又于方后指出：“先服一杯，不吐再服，吐停后服。”可见吴氏治疗湿温除邪务尽之一斑。

[《吉林中医药》，1991；(4)]

“温病条辨”保津滋阴疗法的探索

孙宝楚

一、保津滋阴疗法的基本规律

吴鞠通运用《内经》三焦名目，并吸取叶天士学说，将温病分列上、中、下三焦；“俾阅者心目瞭然，胸有成局，不致临证混淆，有治上犯中，治中犯下之弊”。

《条辨》三焦为温病辨证论治的纲领。其基本涵义有下述三个方面：1. 在病程上：上焦代表初期，中焦代表极期，下焦代表末期。2. 在病位上：上焦指肺和心包，中焦指胃和脾，下焦指肝和肾。3. 在病理上：上焦多属表热，中焦多属实热，下焦多属虚热。

化燥伤阴为温病病能的根本特征，贯串整个病程。因此，探索《条辨》保津滋阴疗法的基本规律，必须根据三焦分证论治的原则。由于上焦病邪在浅表，其病能特征为阴津未伤，所以治疗以祛邪为主；中焦病表邪传里，邪盛而正气渐衰，其病能特征为阴津渐伤，所以治疗以祛邪与扶正并重；下焦病邪机深入肝肾，邪衰，正衰，其病能特征为阴伤津乏，所以治疗以扶正为主。鞠通说："在上焦以清邪为主，存阴之后，必继以存阴；在下焦以存阴为主，存阴之先，若邪尚有余，必先以搜邪。"概括地指出了保津滋阴疗法的基本规律（附表）。

附表　保津滋阴疗法的基本规律

	病程	病位	病理	病能特征	治疗规律	治疗法则
上焦	初期	肺、心包	表热	阴津未伤	祛邪为主	辛凉解表、清心开窍。
中焦	极期	胃、脾	实热	阴津渐伤	祛邪与扶正并重	清热保津、急下存津、甘凉（寒）生津。
下焦	末期	肝、肾	虚热	阴伤津乏	扶正为主	咸（甘）寒滋阴、育阴潜阳

二、保津保阴与生津滋阴

保津滋阴疗法的基本规律，已作探索如上。然概括保津滋阴疗法的性质，实不出保津保阴与生津滋阴二类。前者防阴津于未伤，归纳了四个法则；后者救阴津于已耗，归纳了三个法则。

（一）保津保阴

1. 辛凉解表

代表性方剂：桑菊饮、银翘散。

适应证：温病初起，头痛，身疼，发热，不恶寒，或微恶风寒，无汗或自汗，口渴，舌红，或微渴而咳，脉浮数，午后身热。

温病初起，邪在手太阴肺经，只宜辛凉解表，禁用辛温发汗，防其耗铄阴津，鞠通说："温病忌汗，汗之不惟不解，反生他病。"鞠通所谓忌汗，是忌辛温发汗，以及过汗、妄汗，非指禁用一切汗祛。辛凉解表的作用，着重于解肌、宣肺、保津，与用于感受寒邪的辛温发汗恰恰相对。温病误用辛温发汗，必致劫铄阴津，变证丛生。

2. 清心开窍

代表性方剂：牛黄丸、紫雪丹、至宝丹。

适应证：温邪由肺逆传心包，闭塞灵窍，致令神昏谵语，痉厥瞀乱，甚则舌謇，肢厥。

清心开窍法则，具有芳香化浊，清热解毒，开窍搜邪，生津增液等特点，为上焦温邪逆传心包之治。鞠通认为："牛黄丸最凉、紫雪次之、至宝又次之，主治略同，而各有所长。"逆传的证候，大多由于热邪过盛，或温邪在肺，过汗伤津所致。鞠通说："太阴温病，不可发汗，汗出过多者，必神昏谵语。""汗为心液，心阳受伤，必有神明内乱，谵语、癫狂，内闭外脱之变。"所以，邪在手太阴肺经，不可过汗。同时，逆传的证候在顺传里也有出现，不是限于上焦一局。

3. 清热保津

代表性方剂：白虎汤、减味竹叶石膏汤。

适应证：身热、自汗、不恶寒、反恶热、舌黄、烦渴、脉浮洪躁甚或浮促等。

温邪从上焦传入中焦，中焦属胃，胃为阳明，此时邪盛而阴津渐伤，白虎汤为辛凉重剂，解渴除烦，清胃热而保胃津。如肺热重者，可用减味竹叶石膏汤。脉浮洪躁甚或浮促者，邪气近表。二方皆于清热透邪之中寓保津之义，勿使津受热灼。其中知母、麦冬、粳米等品，功能益胃、润肺、生津。

4. 急下存津

代表性方剂：三承气汤。

适应证：壮热，口燥渴，腹满痛、拒按，大便闭，舌苔老黄，脉沉实，甚则神昏谵语。

温邪内结阳明之腑，劫夺津液，三承气汤通使泄热，急下存津。鞠通将温病便闭分为热结、液干二类，对阳明下证，立有三法：1. 热结液干之大实证，用大承气；2. 热结而液不干者，用调胃承气；3. 液干多而热结少者，用增液汤。由此可见，鞠通用承气汤攻下，主要目的在于撤热、存津，而不是为了攻实。

《条辨》下法，基本是采取滋阴润燥、增水行舟的，其义妙在寓泻于补。鞠通在中焦篇（17）载有下之不通证五条，随着不同证候，配合补养、宣肺气、清小肠、开心窍、增液等法则，使大便得下。

过下、妄下会耗损阴津，所以鞠通谆谆嘱咐，不可犯数下亡阴之禁。他列举了一些条文（如中焦篇16，33等条），在可下与不可下，攻下与滋阴之间，均有具体指示。诚如汪瑟庵所说：“大抵滋阴不厌频烦，攻下切须慎重。”

（二）生津滋阴

1. 甘凉（寒）生津

代表性方剂：益胃汤、五汁饮。

适应证：舌燥、唇干、津伤、液耗。温为阳邪，无不吸铄阴津。阴与津同类而异名。叶天士说：“救阴不在血，而在津与汗。”所以，生津液也就是保胃阴。甘凉（寒）生津取沃焦救焚之义。生胃津、保胃阴（益胃汤又能润肺）。记得昔年从业师裴雁宾先生学医，尝见先生治夏月暑证，病在中焦气分，津伤液耗，嘱啖西瓜一枚，往往得汗，疹足，神清，脉和而愈。

甘凉（寒）生津法则，用于邪少津伤之候，在上、中、下三焦都有适应证。其中上、中二焦着重于增水敌火，下焦则适用于病后调理。

2. 咸（甘）寒滋阴

代表性方剂：加减复脉汤。

适应证：身热，面赤，舌干，口燥，甚则齿黑唇裂，脉虚大或结代，手足心热，舌强，神昏，或神倦欲眠。

温邪深入下焦，肝肾阴血大伤。阴伤则火炽，温邪更易燎原。所以应用咸（甘）寒之品，以滋养阴津为急务。所谓留得一分阴津，便多一分生机。甘寒养胃阴，咸寒救肾阴，前人早有明训。叶天士说：“舌绛而光亮，胃阴亡也，急用甘凉濡润之品；其有虽绛而不鲜，干枯而痿者，肾切涸也，急以阿胶、鸡子黄、地黄、天冬等救之。”又是叶氏的心得。但在临床上，甘寒、咸寒每多结合使用。病在中焦，甘寒之中，加入咸寒之品，可以先安未受邪之地。病在下焦，咸寒之中，佐入甘寒之品，救肾阴而又可复胃阴。

生津与滋阴皆适用于邪衰正衰之候，如邪机尚盛，用之便有留邪之弊。鞠通说：“壮火尚盛者，不得用定风珠、复脉；邪少虚多者，不得用黄连阿胶汤；阴虚欲痉者，不得用青蒿鳖甲汤。”先后缓急，有着一定的法变，是我们应该熟记的辨治规律。

3. 育阴潜阳

代表性方剂：大定风珠。

适应证：神倦、瘈疭，脉气虚弱，舌绛、苔少，时时欲脱。

温邪久羁，肝肾真阴由伤而竭，阴竭于下，阳浮于上，阴阳有离决之险。鞠通说：“热病未有不耗阴者，其耗之未尽则生，尽则阳无留恋，必脱而死亡也。”此时急以大剂滋阴之品，填补肝肾，阴复则阳留。辅以介属镇定，摄纳浮阳，则病犹可愈。鞠通所谓：“此邪气已去八、九，真阴仅存一二之治也。”

鞠通又说：“治伤于温者之阳亢阴竭，不得再补其阳也。”笔者体会：大抵阳亡救阳，可于阳药中略掺阴药，以增阳之留恋；阴亡救阴，只须滋阴以潜阳，不可佐杂阳药以扰阴津。这也是前人的经验总桔。

三、结语

吴鞠通根据伤寒（狭义的）与温病感邪的不同，指出寒温必须异治：“伤寒伤人身之阳，故喜辛温、甘温、苦热以救其阳；温病伤人身之阴，故喜辛凉、甘寒、咸寒以救其阴。”鞠通辛凉、甘寒、咸寒以救其阴的疗法，完全符合于《内经》“风淫于内，治以辛凉，佐以苦甘；热淫于内，治以咸寒，佐以甘苦”的治疗规律；从防到治，有其一整套的见解。鞠通自己也说：“本论始终以救阴津为主。”

本文对“条辨”保津滋阴疗法作了初步探索。认为化燥伤阴是温病病能的根本特征；保津滋阴疗法的运用，有其一定的基本规律。就是必须按照三焦分证论治的原则，方无治上犯中、治中犯下之弊。同时指出，根据保津滋阴疗法的性质，可以分成保津保阴与生津滋阴二类，亦即防与治二个方面（包括七个法则）；并简述了个人对于这些法则的认识和体会。但是，还有几个问题必须明确：1. 温热和湿温为《条辨》的二大纲要。温病病能化燥伤阴的特征在温热系统（风温、温热、温疫、温毒、冬温）中最为突出。本文探讨，亦以温热系统为依据。2.《条辨》三焦同《伤寒论》六经一样，既要分看，又要合看。也就是说，每一个证候类型和治疗法则既有其独特性，但又不是孤立的。例如：清心开窍虽然为上焦法则，甘凉（寒）生津虽然为中焦法则，但二者在上、中、下三焦都有其适应证。3. 在《条辨》保津保阴方面，另外还有一些法则是与“三焦证治“没有显著的关联。例如：中焦篇30条说：“温病小便不利者，淡渗不可与也，忌五苓、八正辈。”指出利尿是会损伤阴津的。4. 极据中医“扶正祛邪”整体疗法的特点，保津滋阴疗法必须在“辨证论治”的原则下，善于与其他疗法相结合，任何片面突出、孤立对待的做法，都是错误的。

总之，笔者认为：《条辨》在保津滋阴疗法方面的阐述是系统的、精辟的，大大地发展和补充了《伤寒论》对热性病在治疗方面的救阴保津部分，是值得我们重视的。

[《江苏中医》，1959；(10)]

《温病条辨》对温热药的运用述略

伍定邦

《内经》曰：“寒者温之”、“热者寒之”示温热药为伤寒而设，而温热病应用寒凉药。

然温病学家吴鞠通不拘“治温必用寒凉”之说，主张“一视其证之所现，而不可先有成见”。悉以辨证为依据，在《温病条辨》（下简称《条辨》）中，大胆运用温热药治温病，现将其运用特点述要如下：

一、温病初起，表证较重，酌佐辛温疏表邪

吴氏在《条辨》中曰：“温病忌汗”即忌用辛温发汗，只宜辛凉解肌。然当温邪郁闭肌表较甚，恶寒发热，无汗头痛明显时，纯用辛凉药物不效，则用银翘散。该方在大量辛凉药之中，增加了味辛微温的荆芥、豆豉，借其辛散温通的作用，增强疏表透邪之力，与“温病忌汗”并不相违。

二、风寒外束，内热郁遏，运用辛温以解肌

《条辨》曰：“太阴风温、温热、温疫、冬温，初起恶风寒者，桂枝汤主之。”桂枝汤治疗温病初起实属不宜，但吴氏在此条小注中曰：“虽曰温病，既恶风寒，明是温自内发，风寒从外搏，成内热外寒之证。”此证即后人所称“客寒包火”。外寒明显，自可用辛温解肌的桂枝汤，这是温病在特定情况下使用的一种变法。后代医家对此条多有非议，然究其非时之寒，不用温药则邪不去，后人往往以葱豉汤代之。

三、暑湿兼寒，肌表郁闭，非用温药邪不解

暑本为炎热酷烈之气，然易与湿邪和寒邪相合，暑湿被寒邪所遏，肌表郁闭，症见恶寒发热，头痛无汗，肢体疼痛，吴氏用新加香薷饮，内清暑湿，外透寒邪。方中香薷有“夏日麻黄”之称，可祛在表之寒，厚朴亦苦温之品，二者既可散寒，又可化湿。又曰：“温病最忌辛温，暑病不忌者，以暑必兼湿，湿为阴邪，非温不解。”如暑湿伤气，吴氏说可用东垣清暑益气汤。方中有甘温的黄芪、当归、白术、炙甘草，还有辛温的青皮、陈皮、苍术、生姜，化湿益气和中。

四、湿热相合，三焦弥漫，不避辛温化湿浊

湿热相合，以湿为主者即是湿热病邪，常致湿温，治疗湿温既要清热，又要化湿，初起以化湿为主，湿不化则热不除。《条辨》曰：“湿温论中，不惟不忌辛温，且用辛热也”。例如：邪在上焦，气机被阻，吴氏采用辛温芳香质轻达肺的三仁汤，该方用辛温的厚朴、半夏、蔻仁宣化上中焦的湿浊。如属三焦湿郁，升降失司，或秽浊着里，气机不宣，《条辨》用五个加减正气散治疗，其中藿香、厚朴、陈皮、草果仁、苍术为辛温或辛热之品，既可化湿，又可宣畅气机。又如：湿热阻遏，机窍不灵，则用三香汤治疗，方中有辛温的枳壳、郁金、香豆豉，能宣化中上二焦的秽浊以开窍。如上焦湿热未清，里虚内陷，神识如蒙，又用人参泻心汤加白芍治疗。方中干姜、枳实辛温或辛热，能行气去湿，又佐甘温的人参以护里阳。

五、金秋胜气，性属次寒，治以苦温解燥凉

吴氏在《条辨》中引沈目南的《燥病论》曰：“燥病属凉，谓之次寒，病与感寒同类。”这里的燥病，即吴氏所谓秋之胜气所致的病证，实为深秋之凉燥。深秋燥令气行，治以苦温，方用杏苏散。方中苏叶、前胡、生姜辛温达表祛邪；半夏、枳壳、橘皮温化寒饮。如表邪较重还可加辛烈的羌活，使邪从汗解，或加白芷温通肌肉。

六、阳明腑实，气机郁滞，稍加辛温助气行

温邪与肠中糟粕互结，便为阳明腑实证，不仅有便秘，而且还有气滞，吴氏多以承气汤治疗。大小承气汤中均有温燥的枳实、厚朴，能行气破结除满，助芒硝、大黄攻逐燥屎，如正虚不能承受药物的攻下，他又创新加黄龙汤，以人参温补正气，辛温的姜汁和胃。如热与痰水互结于阳阴之表胸膈，亦见大便秘结，《条辨》用小陷胸加枳实汤治疗。方中枳实、半夏温化痰水，通降腑气。

七、热撤里虚，寒从内生，常用温药以助阳

温病易化燥伤阴，但如素体阳虚，或过用苦寒，亦可出现虚寒证。吴氏根据所伤脏腑及兼证而分别施治。阳气素虚，热退以后，身凉如水，冷汗出，吴氏用桂枝汤复其阳，或用小建中汤建中阳；如内寒而生饮，则用半夏汤，用半夏之温燥驱逐痰饮；如饮退而营卫不和，用半夏汤合桂枝汤，既调营卫又和中阳；如热撤里虚，致下利稀水，或便脓血，用桃花汤。方中以性温的赤石脂、干姜温中涩肠；如属脾阳下陷，火衰而致完谷不化，则用桃花粥。方中有甘温的人参，炙甘草及赤石脂益脾固涩止痢；如出现脾土衰败，肝木乘克，正气弱而邪气盛，吴氏用椒梅汤。一方面以苦寒的药物驱热邪；另一方面用干姜、川椒等辛热药物辅助正气。

八、寒凝气结，三焦俱闭，使用苦温逐寒积

肾主二便，肾中阳气为寒湿所困，三焦气机受阻，则二便不通，《条辨》中用半硫丸治疗。方中硫黄酸温而不燥，既可益火助阳，又可通利大便；半夏温燥辛通，下气散结，使寒散湿去，凝结顿失，三焦畅通，二便通利，如寒湿成疝。引起胁下偏痛，吴氏用大黄附子汤。方中既有辛热的附子、细辛通阳气，暖水脏，逐寒湿，又借苦寒的大黄通腑气，使阴寒冷结从下出。

九、湿久不治，少阴受邪，治主温肾壮元阳

湿邪在体内日久不解，不仅会影响太阴脾，而且还会波及到少阴肾。如见足附浮肿，《条辨》用鹿附汤治疗。方中鹿茸大补督脉壮元阳；附子辛热峻补真阳；草果仁胜太阴之寒，菟丝子升发肾阳，脾肾阳壮，能化气行水则肿消；也可用安肾汤，该方除有鹿茸、附子、菟丝子外，还配以辛热的葫芦巴、补骨脂、韭菜子、大茴香，使温补脾肾的作用更强。如寒湿太甚，导致痔疮下血，则用术附姜苓汤，方中附子、干姜、白术均补脾肾。

综上所述，《条辨》中不仅用了温热药，而且运用范围甚广，全书虽不以此为治疗常法，但亦为不可缺少的部分。并示后人温病的病变千变万化，治疗时应随之而变，不能拘泥一端，而应知常达变，灵活运用。

［《中医函授通讯》，1999；（3）］

论《温病条辨》中汤方的用药规律

张玉芳

《温病条辨》（以下简称《条辨》）为清代温病学家吴瑭总结丰富温病临床经验，历经十载而著之书。该书具有较高的临床应用价值，尤其所载汤方，以其具有吸收快，疗效高等特点而为吴氏所善用。考全书206首方中，取汤剂剂型的即有162首，占79.41%，本文将就《条辨》中汤方的药味数及用量等规律作一探讨。

一、《温病条辨》汤方的药味数构成

该书162首汤方中，用药较为灵活，其药味数少则1味、2味、多则达12味，个别的达17味，然大多数方由3～9味组成。如果进一步分成一定的药味数段，则其规律更为明显，如表1所示：

表1

组方药味	方数	分段方数	占激发方百分比%
1	3		
2	3		
3	13	9	11.73
4	18		
5	27		
6	40	85	52.47
7	13		
8	17		
9	14	44	27.16
10	2		
11	2		
12	1		
17	1	6	3.70
不详药味	8	8	4.94

由表1可以看出吴氏组方药味数多为3～9，尤其以4～6味者更为常用，可谓用药精当不繁，显示出其理法方药丝丝如扣，遣方用药恰如其分的特点。

二、《条辨》汤方剂里的构成

《条辨》汤方每剂总量（以下简写“量剂”）经分析亦有明显的规律性，其量/剂大多为31～60g，但有些量/剂较大，可达91g以上，如表2所示：

表2

量/剂（g）	方数	占汤方百分比%
4.5～30	26	16.04
31～60	90	55.56
61～90	29	17.90
>91	9	5.56
不详	8	4.94

分析汤方量/剂在91g以上者有以下几个规律：①以药味数言，9方中由5味、6味、7味和9味药组成的各2方，由11味药组成的1方。故量/剂虽大，然味数并不众，其量重的原因在于方中药物质地较重，如二甲复脉汤等；或是突出君药分量，以治疗急症、重症、或久病、痼疾，如救逆汤等。因以功效言，大部分属滋阴清热熄风类方剂，滋阴药性滋腻而质地较重，故其量/剂偏大，如大定风珠、玉女煎去牛膝熟地加细生地元参方等。③以每日服药次数言，9方中日服3次者5方，日服4次者4方。以上规律启发后人对温病热用药忌繁杂，因证而需要君药用量加大，量/剂随之增大，在服法上宜频服，不应拘于一日二次。

三、《条辨》汤方次服盘构成

经统计，汤方次服量（以下简写成“量/次”）大部分在13～30g之间，如表3所示：

表3

量/剂（g）	方数	占汤方百分比%
4.5～12	17	10.49
13～30	127	78.40
>31	10	6.17
量不明	8	4.94

分析《条辨》量/次在12g以下用法者，有以下几个原因：①病情较轻，较量/次小，如栀子豉汤、栀子豉加姜汁汤等。②方内有贵重药物，为节约药材配伍十分精当，较量小，如生脉散、人参泻心汤等。③方中含药性峻猛之品，量大则伤正，故量/次宜小，如小承气汤、抵当汤等。以功效言，量/次小者多属于和解之类方，如小柴胡汤及其化裁方等。

从以上对《条辨》汤方用药规律的分析，可见吴鞠通在治疗温热病选用汤方过程中，很重视药味的斟酌，唯恐多而杂，少而不效，故以3～9味为常用数。在剂量方面亦较考究，使量/次多恒定在13～30g/次，量/剂多恒定在31～61g/剂之间。至于少数量/次或量/剂超过前数者，正如《素问·至真要大论》所云：“远而奇偶，制大其极也，大则数少。”意为治疗病所深而远的危急重证，宜用大方，而所谓大方，即药味组成少而用量大的方剂，故对温病起病急、病情重之证，用大方使其功专力宏，直达病所，确实符合温热病的治疗规律，当为后世所效法。更应当注意的是吴鞠通大方，量/剂量大者亦只有174g/剂，即橘半桂苓姜枳汤，且煎煮后分4次服，而次量为43g/次（生药）。这是以提醒临床医生，“大方”非是无限制的大。

［《黑龙江中医药》，1996；（2）］

《温病条辨》药物特殊煎服法探析

鲁玉辉

《温病条辨》被誉为“温病之津梁”，是清代温病大家吴鞠通在继承叶天士学术成就的基础上参古博今，结合临证经验所著。全书共收录208方，皆药味精炼，配伍严谨，至今仍为临床广泛应用。药量、煎服法是否得当，是影响疗效的重要因素，吴氏亦非常重视药物煎煮及服用方法，每首方后均对药物的煎煮、服法等都作了较为详细的论述，其中蕴含的科学性和实用性，对临床都有很大的指导意义。综述吴氏所注，《温病条辨》中对药物的煎煮及服用有特殊要求的主要体现在以下几方面。

一、煎药方法

1. 特殊的溶媒　一般煎服药均以普通洁净水为溶媒，《温病条辨》大部分方亦是如此，但亦有例外。一为甘澜水，“饮家阴吹，脉弦而迟，不得固执《金匮》法，当反用之，橘半桂苓枳姜汤主之”（下焦篇51）。并注“以甘澜水十碗，煮成四碗，分四次，日三夜一服，以愈为度”。吴氏遣方用药深受仲景影响，其煎服药法亦是如此，张仲景在“茯苓桂枝甘草大枣汤”中也以甘澜水来煎药。并注甘澜水法：取水二升，置大盆内，以勺扬之，水上有珠子五六千颗相逐，取用之。李时珍认为：“甘澜水即流水，甘，平，无毒。其外动而性静，其质柔而气刚，与湖泽陂塘之止水不同。主治病后虚弱，扬之万遍，煮药最验。”此处用甘澜水取其性行不滞，不助水邪，以助利水之功。在三仁汤方中针对湿性氤氲黏腻难解之性，亦以甘澜水煎药，取其走而不守，达到宣中通下的治疗目的。

二为急流水，虞抟认为“急流水者，湍上峻急之流水也，以其性速急而达下”。吴氏在椒桂汤方中用急流水煎药，自注为“水用急流，驱浊阴使无留滞也。”寒湿在表，浊阴与肝气郁结于里，表里俱急，故以急流水煮以增强驱除浊阴的功效。对于阳明暑温水结在胸之小陷胸加枳实汤证亦用急流水煎服，正是取其下行之性。

三为百沸汤，百沸汤又称麻沸汤，即滚开的沸水。《伤寒论》大黄黄连泻心汤、附子泻心汤俱以麻沸汤二升渍之，须臾，绞去滓作其煎药法。李时珍曰：“张仲景治心下痞，按之濡，关上脉浮，大黄黄连泻心汤，用麻沸汤煎之，取其气薄而泻虚热也。”尤在泾对附子泻心汤煎以麻沸汤分析道：“其渍寒药，别煮附子取汁合和与服，则寒热异其气，生熟异其性，药虽同行，而功则各奏，乃先圣之妙用也。”吴氏在五苓散方煎服法中，指出“共为细末，以百沸汤和，每服五钱，日三服。”五苓散加防己桂枝薏仁方也以百沸汤和服，不用煎煮而取滚开的沸水和之，正如陈修园在评析五苓散用百沸汤时所说“最妙在不用煮而用渍，仅得其无行之气，不重其有形之味，使气味俱薄”，以利于其发挥通利三焦而行膀胱之气。

四为苦酒，苦酒即米醋，“温病入少阴，呕而咽中伤，生疮不能语，声不出者，苦酒汤主之”（下焦篇26）。吴氏在温病少阴病咽中生疮中的方药和煎服法来源于《伤寒论》原方，苦酒可敛疮消肿，正如吴氏自注云：“然半夏之功能，全赖苦酒，摄入阴分，劫敛疮，即阴火沸腾，亦可因苦酒而降矣，故以为名。”

五为蜂蜜，蜜剂具有解毒、缓和药性的作用，对于一些毒性较大、峻猛之品，吴氏通常以蜜为丸，如在九痛丸方中为缓生狼牙、巴豆毒烈之性，选择以蜜为丸。

六为米汤，亦称白饮，米汤和粥本为同源，皆具益胃之性，张仲景在《伤寒论》和《金匮要略》中均有以米汤或稀粥和服药物。刘渡舟在《伤寒挈要》中对半夏散中白饮注为“白饮即米汤，性甘温，和药内服，可健脾胃，益津气，扶正以袪邪，且可制半夏、桂枝之辛燥，以防劫阴。”吴氏分别在桃花粥方（下焦篇24）和加味参苓白尤散方（下焦篇76）予粥和米汤服之，亦取益胃之意，如吴氏所说：“引以香粳米，亦以其芳香悦土，以胃所喜为补也。上下斡旋，无非冀胃气渐醒，可以转危为安也。”

七为酒剂，酒不仅是良好的溶剂，可使药物有效成分更易溶解，而且本身就具有温经通络、调和气血之药效。吴氏在天台乌药散方中取黄酒和服，可增强其暖肝散寒，行气止痛之效。鳖甲煎丸方源于《金匮要略》（下焦篇59），吴鞠通采用原方，以清酒浸之取其活血通经之意。

八为姜汤，姜汤具发散风寒、温中止呕之效，吴氏在天台乌药散方指出“不能饮者，姜汤代之”，姜汤在此既有散寒之效，又有缓和巴豆烈性之功。在椒桂汤方提到“不汗服第二碗，接饮生姜汤促之”则是发汗之意。

2. 特殊的煎药方法　徐大椿云：“煎药之法，最宜深讲，药之效不效，全在乎此”，并言“须将古人所定煎法，细细推究，而各当其宜，则取效尤捷。”吴鞠通对煎药方法亦十分讲究，其煎药法主要有以下几种。

一为煎煮时间，吴氏对解表药物均强调不宜久煎，因此类药物含挥发油成分，久煎必疗效降低。活人败毒散方“煎至七分，顿服之”。银翘散煎服“待香气大出，即取服，勿过煎”。并指出“肺气取轻清，过煎则味厚而入中焦矣”。“香气大出，即取服，勿过煮”，已成为为解表剂煎煮火候的通则。

二为煎药顺序，当涉及到某些特殊药物或需要增强、减弱某种药物的功效时，吴氏对于药物煎煮的先后顺序很讲究。小定风珠“先煮龟板、淡菜得二杯，去滓，入阿胶，上火烊化，纳鸡子黄，搅令相得，再冲童便，顿服之”。竹叶玉女煎“先煮石膏、地黄得五杯，再入余四味”。龟板、淡菜、石膏、地黄都属质重难煎之品，宜当先煎。阿胶若与药同煎会增加汤剂的黏稠度而容易导致药与锅黏在一起或糊锅而影响药效，因此应“上火烊化”。茵陈蒿汤“先煎茵陈减水之半，再入二味”，以增强茵陈清热、利湿退黄作用。此法当仿仲景，其在茵陈蒿汤煎服法中亦强调先煮茵陈，并在后注云“小便当利，尿如皂角汁状，色正赤，一宿腹减，病从小便去也”。徐大椿说“先煮茵陈，则大黄从小便出，此秘法也”，此言甚是。麻杏石膏汤、小青龙汤煎服时均“先煮麻黄，去上沫，内诸药”，此主药先煎之法。亦有认为麻黄先煎可减少其副作用，现代研究亦证实，麻黄煎煮时所溶出的蛋白类凝析成的泡沫中所含植物蛋白有引起心烦呕吐的副作用。

三为煎汤代水，吴氏对于一些清轻而用量大、体积大、吸水量大之品常常以其煎汤代水，再去煎其它药物。如银翘散、普济消毒饮去升麻柴胡黄芩黄连方均先煎鲜苇根，再以苇根汤煎其他药物，此两方均为轻清之剂，不宜久煎，然煎煮时间过短，苇根药性未尽出，故宜先煎苇根。

二、服药方法

服药之法亦与疗效关系密切，徐大椿认为“病之愈不愈，不但方必中病，方虽中病，而服之不得其法，则非特无功，而反有害，此不可不知也”。吴氏对于药物服法的列举也是非常详尽，强调服法应依病情临证灵活应用。其特殊服法主要体现在以下几方面。

一是因人因体质而异。年龄不同，服药剂量不同，安宫牛黄丸方“大人病重体实者，日再服，甚者日三服，小儿服半丸，不知，再服半丸”。即使成人，因体质强弱不同，体质强壮者用量可重，体质虚弱者用量宜轻，控涎丹“壮者加之，羸者减之，以知为度”。九痛丸“强人初服三丸，日三服，弱者二丸”，莫不如此。

二是攻伐或峻猛之剂得效减后服或中病即止，即所谓多备少服之法。如五承气汤“先服一杯，不知再服”，桃仁承气汤、抵当汤等“得下利，止后服”，茵陈蒿汤、冬地三黄汤“以小便得利为度”。白虎汤“病退，减后服”，白虎加桂枝汤方“中病即已”等均是为防耗伤正气，中病即止之意。

三是顿服。顿服之法本为急证、重证而设，张仲景在治疗危急病证的，多采用大剂顿服以抑制病势，如干姜附子汤、瓜蒂散等。正如李东垣所谓“病在上不厌频而少，在下不厌顿而多，少服则滋荣于上，多服则峻补于下”。而吴鞠通对顿服之法却有新解，如桑杏汤“顿服之，重者再作服”。为何要用顿服，正如吴氏自注所言：“轻药不得重用，重用必过病所，再一次煮成三杯，其二三次之气味必变，药之气味俱轻故也。”此外在牛乳饮、桃花粥方中也用顿服之法，盖有急而用之之意，而在小定风珠中以“水五杯，先煮龟板、淡菜得二杯，去滓，入阿胶，上火烊化，纳鸡子黄，搅令相得，再冲童便，顿服之”。可能考虑到药物让人有不适感，患者不如一次服用。

四为服用次数增加或频服。《温病条辨》中药物服用大多为日二服或三服，然而亦有例外，对于病情较急、病势较重或病在卫分可望速解者均增加服用次数，即为急追多服之法。如银翘散“病重者，约二时一服，日三服，夜一服；轻者三时一服，日二服，夜一服”。普济消毒饮去升麻柴胡黄芩黄连方“约二时一服，重者一时许一服”。减味竹叶石膏汤方“一时服一杯，约三时令尽”，因其势甚急，故以辛凉透表重剂，逐邪外出则愈。临床实践证明急追多服之法在外感急症的治疗中是能明显增加疗效的。

五为凉服。一般中药均用温服之法，在《温病条辨》中有两方吴氏注明凉服，分别是五汁饮和椒附白通汤。五汁饮为甘寒养阴之剂，其凉服取其甘寒救液之意。椒附白通汤为寒湿困遏脾阳，浊阴凝聚之证而设，因其方中却有大辛大热之品，故凉服可减附子、川椒、干姜之热。

六为露服。汪昂谓“露能解暑，故白露降则处暑矣。疟必由于暑，故治疟药，露一宿服”。露姜饮为太阴脾疟虚寒轻证之方，其露一宿服作用正如吴氏所言：“其退邪之妙，全在用露，清肃能清邪热，甘润不伤正阴，又得气化之妙谛。”

［《福建中医学院学报》，2008；（4）］

吴鞠通用姜五药初探

刘清华　杨素芳

生姜为姜科植物姜的根茎，王安石《字说》云：“姜能疆御百邪，故谓之姜。初生嫩者其尖微紫，或作子姜；宿根谓之母姜也。”民间常用有生姜、干姜、煨姜、炮姜、姜汁、姜皮，习称为“姜六药”。吴瑭谙其性宗其法，但又有所发挥，临证时善用“姜五药”，具独到之处，值得探析。

一、生姜

1. 调和营卫　生姜辛散温通，大枣甘温鼓舞胃气。两者合用，具调和营卫、防补成壅之功。吴氏据此用之，临证有所发挥。如上焦篇之桂枝汤证，按仲景《伤寒论》原文，“太阳病，但恶热不恶寒而渴者，名曰温病，桂枝汤主之”，而吴氏认为仲景所云不恶风寒者，非全不恶风寒也，其先亦恶风寒，追既热之后，乃不恶风寒耳，古文简、质，故不暇详耳，主张仍用桂枝汤。又有，中篇治霍乱之桂枝汤证，吴氏认为霍乱一证，本于阳虚寒湿凝聚。若吐利止而身痛不休者，中阳复而表阳不和也，宜用桂枝汤。下篇治劳疟之加味异功汤证，吴氏认为劳疟证属气血两伤，“络虚而痛，阳虚而胀”。据经云：“劳者温之。”故以加味异功汤温补气血。中篇之小柴胡汤证，吴氏认为少阳如伤寒少阳证，乃偏于寒重而热轻，故仍小柴胡法。下篇之半夏合桂枝汤证，吴氏认为“饮退则寐，舌滑，食不进”，此以胃脏虽和，营卫不和，阳未卒复，故以半夏汤合桂枝汤，调其营卫、和其中阳，自能食也。五证同用生姜合大枣调和营卫、温经助阳，使气阴相生而表证自解、诸疟自愈。中篇之杏仁薏苡汤证，吴氏认为杂感混淆，病非一端，既兼雨中寒邪，自当变辛凉为辛温，故用生姜辛温发表。

2. 温运脾阳　生姜性温，入脾胃经，能温脾助阳，促脾运化，太阴诸证治矣，故《医学启源》：“温中去湿。”吴瑭用之恰如其分。如中篇之苓姜术桂汤证，吴氏认为此证属寒湿伤脾胃两阳。方中生姜助桂枝温运脾胃，为宣通阳气之轻剂也。下篇治饮家反渴证，《金匮要略》谓干姜、桂枝为热药也，服之当遂渴。吴氏认为今反不渴者，饮也。其在下焦也，水郁膀胱，格拒真水不得外滋上潮，又肾脉从肺系上循喉咙，平人之不渴者，全赖此脉之通调，开窍于玉英廉泉，今下焦水积而肾脉不得通调，故亦渴也。主张以生姜合附子为真武法，补北方司水之神，而真水滋生矣。下篇之桔半桂苓枳姜汤证，证属饮家之阴吹，吴氏认为盖痰饮蟠踞中焦，必有不食、不饥、不便、恶水等证，故用九窍不和，皆属胃病便例，峻通胃液下行，使大肠得胃中津液滋润而病如失矣。方中用生姜温中利水，使饮不聚为要。此见独具慧眼，不拘泥于《金匮》之谓“阴吹正喧，盖以胃中津液不足，大肠津液枯槁所致”。上篇之东垣清暑益气汤证，此证属太阳中暍，吴氏认为盖身重疼痛，证兼寒湿也，即沈目南自注，谓发热恶寒身重疼痛，其脉弦细芤迟，内暑而兼阴湿之变也。恰可与清暑益气汤，方中用生姜合人参、黄芪、炙草、白术，倡辛甘化阳复法。

3. 降逆止呕　生姜能温中降逆，止呕功良，素有“呕家圣药”之称。《药性论》：“疗时疾，止呕逆不下食。”吴氏据之临证，如下篇之温脾汤证，吴氏认为三疟本系深入脏真之痼痢疾，往往经年不愈，呕水者，胃寒也，故以生姜降逆，辅以茯苓渗湿而养正。

二、干姜

1. 温运中阳　本品辛热燥烈，主入脾胃而长于温中散寒、健运脾阳，为温暖中焦之主药，正如《本草纲目》：“生姜，生用发散，熟用和中。”吴氏得其妙法，应用娴熟。如中篇治霍乱证，吴氏认为霍乱一证，证属湿伤脾胃两阳，以不饮水之故，知其为寒多，主以理中汤。方中用干姜能通能守，上下两泄者，故脾胃两守之。吐利则脾胃之阳虚；汗出则太阳之阳亦虚；发热者，浮阳在外也；恶寒者，实寒在中也；四肢拘急，脾阳不荣四末；手足厥冷，中土湿而厥阴肝木来乘病者，故四逆汤救逆。方中干姜附子通中阳，干姜甘草护中阳，阳复则群阴退避，而厥回矣。中篇治发痧证，此证夏日湿蒸之时最多，中阳本虚，内停寒湿，又为蒸腾秽浊之气所干，以致腹中阳气受逼，所以相争而为绞痛；胃阳不转，欲吐不得；脾阳受困，欲利不能；经络受寒湿则筋如转索；中阳虚而肝木来乘则厥。故蜀椒救中汤或九痛丸方治之，方中皆用干姜救中焦之真阳也。中篇之人参泻心汤加白芍汤证，证属中阳本虚，湿陷于里，其势不能还表，故用干姜、枳实之辛通，法用通降，从里治也。同法亦用于疟邪结心下气分之泻心汤证、疟伤胃阳之加减人参泻心汤证及下篇治噤口痢之加减泻心汤证。中篇之少阳疟证，吴氏认为少阳疟证偏于寒重而热轻，当温之，加干姜、陈皮温中，且能由中达外，使中阳得伸，逐邪外出也。中篇治自利证，吴氏认为湿困太阴湿，自利、小便清长、甚则哕，冲气逆，故而加减附子理中汤及附子粳米汤主之，两方皆用附子合干姜纯补中阳、立扶阳抑阴之大法也。下篇之术附姜苓汤证，吴氏认为痔疮有寒湿、湿热之分，世医但知有热湿痔下血，并不知有寒湿之因，畏姜、附如虎，特立本方，方中用附姜两补脾肾两阳也，见解独特。

2. 温肺化饮　本品入肺经，善能温肺散寒化饮。《药性论》言：“生与干并治嗽”，《神农本草经》亦载：“主胸满咳逆上气。”吴瑭所见略同，并有己见。如下篇之小青龙汤证，此证因秋湿内伏，冬寒外加。吴氏认为，以经有“秋伤于湿，冬生咳嗽”，故而用仲景辛温甘酸之小青龙，方中用干姜温肺化饮，温运脾阳，祛痰化饮，对于伏湿痰饮进行标本兼治。下篇治饮家反渴证，吴氏认为“水在肺，其人渴”，是饮家亦有渴证，用辛何妨，《内经》所谓辛能润是也。

三、姜汁

姜汁功同生姜，但偏于开痰止呕，便于临床应急服用，恰如《本草从新》所载：“姜汁，开痰，治噎膈反胃，救暴卒，疗狐臭，搽冻耳。”吴氏依法用之，灵活有加。

1. 宣胃为使　上篇之新加黄龙汤证，经谓下之不通者死。吴氏认为温病中下之不通者共有五因，其一因正虚不运药者，正气既虚，邪气复实，勉拟黄龙法。改用调胃承气，取甘草之缓急，不得再用枳、朴伤气而耗液，合人参补正宣胃。中篇治黄疸之杏仁石膏汤证。吴氏认为，此条统治三焦，有纵横之义，方中以姜汁合半夏开中焦气化。二方皆以姜汁为最宣胃气之用，又以之为使也。

2. 降胃止呕　中篇之下后虚烦证，吴氏认为误下而伤胃中阳气，木来乘之，故呕，加姜汁，和肝而降胃气也，胃气降则不呕矣。中篇之新制橘皮竹茹汤证。吴氏认为，按《金匮要略》橘皮竹茹汤，属胃虚受邪之治，今治湿热壅遏胃气致哕，不宜用参甘峻补，故改用柿蒂，方中合姜汁、竹茹、橘皮，倡苦辛通降之大法。中篇之黄连白芍汤证，证属太阴脾疟，热聚心胸而多呕，中土病而肝木来乘，故方中以姜汁合白芍两和肝胃为主。

四、炮姜

又名黑姜，性温，主入脾经，暖脾胃，能温经止血，温中止泻止痛，善治虚寒性腹痛、腹泻、脾不统血之出血证。吴氏宗其性而用，游刃有余。如中篇之治阳明寒湿证，吴氏认为九窍不和，皆属胃病。胃受寒湿所伤，故肛门坠痛；阳明失调，故不喜食，用附子理中汤加减。方中炮干姜合附子运坤阳以劫寒，盖脾阳转而后湿行，湿行而后胃阳复。下篇之桃花汤证，症见里虚下利稀水或便脓血者，法当温补。故吴氏用炮姜温运脾阳，倡少阴自利，关闸不藏，堵截阳明法。下篇之术附汤证，此证属气虚而为寒湿所闭，浊湿久留肠胃。方中能炮姜合茅术温脾运湿，使浊者行，闭者通。下篇之加味参苓白术散证，此为吴氏治疗噤口痢从中焦之法也，方意在于通宣三焦，提上焦，清下焦，而以醒中焦为要，上下斡旋，无非冀胃气渐醒，可以转危为安也，故方中炮姜补脾运阳，堪得妙用。

五、干姜炭

干姜炒炭后，涩性更足，补土益火，止泻止血。吴氏独创其用，用之有法。如下篇之肉苁蓉汤证，吴氏认为盖噤口日久，有责在胃者，亦由于肾关不开，而胃关愈闭者，则当以下焦为主。噤口痢阴阳俱损，水土两伤，而又滞下之积聚未清，苁蓉确当之品也，佐以干姜以补脾肾之用，同时炒炭入少阴血分也。

不同于常见的民间“姜六药”，吴鞠通在《温病条辨》中善用“姜五药”，在其201个方中，含有“姜五药”者共有36方之多，约占17.9%，其用姜之道，遵循古训，但遵古而不泥古，独具匠心，且有理论阐述，令人叹止，甚值推广。

[《福建中医学院学报》，2008；(6)]

论吴鞠通临床用药策略

李刘坤　凌泽奎

临床辨证论治是一个非常复杂的过程，包含着极为丰富的内容。要想真正取得满意的疗效，防止误治、失治，不仅要做到辨证准确，立法组方得当，而且还须掌握必要的用药策略。那么，临床上究竟有哪些用药策略呢？吴鞠通在这方面积累了大量宝贵经验，值得借鉴。现简要介绍如下。

一、时时轻扬，防邪深入

吴氏认为，温邪由口鼻而入，初起多犯上焦手太阴肺卫；肺病逆传，则入心包；上焦病不治，则传中焦；中焦病不治，则入下焦。故及时有效地驱除手太阴肺卫之邪，是防止其逆传心包和深入中下焦的关键。而欲达此目的，不仅需要使用恰当的辛凉清解之剂，而且还要用适当的煎药和服药方法。因肺位最高，用药宜取其轻清之气，煎煮时间不可过长，若过煮则气散失而味反浓厚，易入中焦，难达肺卫。在用量方面，既不宜过多过重，亦不可过少过轻，正如吴氏所说：“药过重，则过病所，少用又有病重药轻之患。”为妥善解决此类问题，提高辛凉之剂治疗肺卫证的疗效，吴氏在临床上多巧妙地采用“时时轻扬”之法。

本法不同于一般汤剂的煎服法。在剂型上，多采用煮散，如治疗风温初起的银翘散，治疗上焦温毒的普济消毒饮、代赈普济散等皆属此剂型。也就是将所用药剂杵为粗末，按患者病情轻重分为若干小包，以备随时煎服。在煎法上，采用武火速煎。即每次用一小包，以鲜芦根汤煎，待香气大出，即去渣取服。在服用方法上，则采用昼夜时时服用的方法。如病轻者，可三个时辰一服，日二服，夜一服；病重者，约二个时辰一服，日三服，夜一服；至重者，可一个时辰一服，昼夜达十二服之多。如此剂型和煎服之法，则可确保药力轻轻达上，扬而向外，不犯中下。其驱肺卫之邪的功效，实优于汤剂。吴氏临床使用此法，每获良效。如某患者温毒喉痛发疹之重症，用代赈普济散加减，每包七钱，一时服一包，周十二时服十二包。服二帖，病即痊愈。

二、多备少服，中病即止

临床治疗所用方药，其功效有攻补之异，其毒性有大小之差，其药力有峻缓之殊，其用法自当有别。一般来说，治疗慢性病证的调补之剂，如四物汤、四君子汤等，毒性较小，药力和缓，且不求速效，故使用较易，只要方药对证，即使剂量稍小或略大，服用时间长些或短些，都不至于有多大的损失和危害。但治疗急性病证的汗、吐、下等攻伐逐邪之剂则不同，其毒性较大，药力峻猛，且力求速效，故使用较难。若剂量偏小，则恐病重药轻，邪气不能被及时祛除，迁延病程，贻害无穷；若剂量过大，又虑伤及无辜，变生不测，酿成恶果。故医生在临床治疗用药过程中，特别是在使用攻伐之剂时，一定要善测病情之轻重，斟酌药量之多少，既要避免病重药轻之弊，又要防止病轻药重之害，绝不可轻易照搬一般方书中所定的分量。正如吴氏在《温病条辨》凡例中所说："方中所定分量，宜多宜少，不过大概而已，尚须临证者自行斟酌。盖药必中病而后可。病重药轻，见病不愈，反生疑惑；若病轻药重，伤及无辜，又系医者之大戒。"为防止此弊，吴氏每用"多备少服"之法。

所谓"多备少服"之法，就是所备方药的量可以稍微大些、多些，以达力大效宏，药力相续，速战速决的目的。但使用的时候，应严格掌握分寸，并不一定将所备之药全部服完。一般宜分次服用，随时观察药后反应，以决进退。若服一次即达治疗目的者，就应立即停止再服。哪怕只服了半剂，后半剂也应弃而不用，以免过用伤正。在这方面，医圣仲景早有明训。吴氏谨遵前贤之训，在临床上善用此法。如用桂枝汤、麻黄汤、新加香薷饮等方剂发汗解表时，每剂药煎好后，分 2 ~ 3 次服用。服用间隔时间为 2 ~ 4 小时。每次服药后，观察汗出的情况，以遍身微汗为佳。若服后汗不出者，可以再服，甚至缩短间隔时间。但是，若服一次而汗出者，则停止后服。即使汗后邪热未除，亦当随证更方治之，不可继服汗剂，以防过汗伤阴亡阳。正如吴氏所说："手太阴暑温，服香薷饮，微得汗，不可再服香薷饮重伤其表，暑必伤气，最令表虚，虽有余证，知在何经，以法治之。"

又如用承气类方剂时，将每剂药煎好后，分 2 ~ 3 次服，服药间隔时间为 3 ~ 6 小时，每次服药后，观察大便情况，以大便通利为度。大便不通者，可以再服。但是，若服一次而大便得通者，则余药勿服。即使下后邪热未除，亦须随证变法，不可纯恃承气以为攻病之具，以防正虚邪陷，无法挽回。

三、斟酌剂量，以求万全

在临床诊疗过程中，有时虽然方证相投，但却因体质强弱、病情轻重等差异，剂量难以把握。特别是某些攻伐峻剂，更是如此。为避免孟浪行事，过量伤正，吴氏多采用"逐渐增量，以知为度"的给药方法。这种方法就是让患者服药时，先从小剂量开始，若不见效，则逐渐增加剂量，直至出现应有的效果为佳。如用控涎丹治疗某患得悬饮胁痛之证，先让其服十三丸，不知，渐加至二十一丸，以得快便、下黑绿水为度。用天台乌药散治疗某患者寒疝腹痛之证，让其先服一钱，不知，再服二钱。

有时，为了找到最佳用量，吴氏还反复斟酌揣摩。如用半夏汤治疗秀氏产后痰饮不寐之证，先用半夏一两，不应；次用二两，得熟寐；以减至一两，仍不寐；又加至二两，又得寐。如此反复多次，才找到最佳剂量。又如治鲍某癫狂实证，初用极苦之药以泻心胆二经之火，服两帖而大效，于是减少苦药，加补阴之甘润药，结果导致病势大增。由此吴氏始知进退，复重用苦药而收功。

四、见可而进，知难而退

“见可而进，知难而退”，既是兵家常用的战略，也是医家不可缺少的治略。自古以来，许多名医遇复杂疑难之证时，均善用此法。如遇阳明病人大便七八日，不知可否用大承气汤攻下时，仲景先用小承气汤试之，察其反应，以作定夺。若服后转矢气者，说明燥屎已成，则进而用大承气汤攻之；若服后不转矢气者，说明燥屎未成，则告诫：“此但初头硬，后必溏，不可攻之，攻之则腹胀不能食也。”吴鞠通深悟仲景之意，临床多灵活运用此法。如治疗腑实阴亏之证，为防止承气汤攻下重伤其阴，则先用增液汤增水行舟。观察一昼夜，若大便得下者，则不用承气汤；若大便仍不下，知其不能胜任，则合调胃承气汤微予通下。又如治朱某肺脏本热，为外风所搏，金实无声，本系麻杏石甘汤证，但恐药力峻而伤正，则先用清音汤加减，然药后不效，知其难以胜任，立即改用麻杏石甘汤加半夏，服一帖，而病减其半，音亦渐开。这种试药测证，以作进退的方法，真可谓投石问路，步步谨慎，对保证辨证准确和用药安全具有十分重要的意义。

五、针药配合，难病易治

在临床上，常见某些疑难病证，单用药物治疗，往往难以取效，而针药配合，则可明显提高疗效。故古今许多名医在临床治疗中都善于针药并用。如仲景所说：“太阳病，初服桂枝汤，反烦不解者，先刺风池、风府，却与桂枝汤则愈。”吴氏虽不善针法，但遇疑难之证，每求善针者配合治疗。如治陶氏中风夹痰之证，先与汤药二十帖，而无大效。吴氏认为系络中有块痰堵塞，非针不可。于是延善针之郊芷谷医师针之。针后再以前药治之，则日日见效。服至七十余帖而能策杖行矣；服九十帖，能自行出堂上轿，诸症悉除。又治汪某伏暑夹痰饮之证，先与三仁汤加减，屡效而热不退，痰不除。又延郊芷谷针中泉穴，紫血出后，继咳老痰二口。以后用药无不见效，半月后伏暑痰饮皆愈。

六、内外并举，取效甚捷

吴氏对于温毒之证，每用内外合治之法，取效甚捷。如治疗大头瘟，则让患者内服代赈普济散或普济消毒饮，外先敷水仙膏拔毒外出，继敷三黄二香散，消肿止痛。治疗温毒喉痹之证，则漱口与服药并重。特别是咽喉肿痛而滴水不下者，则先以代赈普济散煎汤漱口，待喉痹开，药液得以下咽，再用半漱半服之法。如治王某温毒，身热，喉痹，滴水不能下咽。与代赈普济散二十包。先煎一包，含入口内，仰而浸渍喉疮，少时，有稀涎满口，即控出吐之；再嚼再浸如上法，浸至半日，喉即开，得小咽。于是每一包药煎一碗，咽下一半，浸吐一半，服至三日，喉全消，身热亦退。

七、巧用剂型，各取其长

药物有汤剂、散剂、丸剂等多种剂型，而不同剂型又各有所长。如何合理运用不同的剂型，也直接影响着治疗的效果。吴氏在这方面，可谓匠心独具。他不仅善用散剂驱上焦肺卫之邪，而且善用汤药丸药配合，治疗各种危重疑难之证。因汤剂可随证加减变化，切中病情，丸药服用方便，可以应急，可以持久，故吴氏遇热闭心包、高热神昏之证，往往先以安宫牛黄丸、牛黄清心丸、紫雪丹、至宝丹等成药清心开窍以应急，继以汤药随证治之。若汤药已煎好，亦可以汤药送服丸药。若遇癥瘕痼疾、难取速效之证，则以化癥回生丹等丸药缓而图之。正如他在《医医病书》癥瘕论中所说："汤者，荡也，其力甚猛，宜新病，不宜久病，宜上中焦，不宜下焦。……丸者，缓也，既不伤正，渐磨锢疾，假以时日，三月不化至五月，五月不化至年余。余治癥瘕，有三五月即化者，有三年而后化者。若用汤药，何能候至三年哉!"如遇新病兼有痼疾，则多以汤药丸药相配，使各司其职；或先以汤药祛其新病，再以丸药缓攻痼疾。又如遇暴虚易复之证，则用三甲复脉汤、大定风珠等汤剂，从急治之；久虚难复之证，则用专翕大生膏、通补奇经丸、天窟月根膏等成药，从缓治之，使各剂型之长得以充分发挥。

八、乳儿之疾，母子同治

乳儿之体，靠母乳之养，故乳儿之疾，与乳母密切相关。治疗时，若母子同治，往往可收事半功倍之效。如吴氏治其长女出痘之案，便是有力的证明。其长女两岁时，因体质虚弱，出痘半月，且经当地谢宝灵医师调治，服补气血之剂一周有余，仍然难以上浆。吴氏适由京回家，见此情景，便照原方制二十帖，重加燕窝，并用大公鸡一只，紫河车一具，自早至暮，浓煎得二碗许。令母饮半茶杯，女饮半酒杯。二鼓时，母则乳胀，急令小儿吮之。漏下三鼓，痘之清浆如露。未至四鼓，又令母女服药如前。四鼓未罢，浆如蜡色。五鼓以后，又如茶色浓厚，如及时之浆。第二天，谢医师见状，着实称奇，自愧不能。可见，其女之痘之所以上浆如此迅速，全赖乳母服药，乳汁充足之功。

九、姜汤引药，止呕有方

服药治病是临床最常用的治疗措施，但是，若患者呕吐不止时，则药物治疗难以实施。吴氏遇此病证，则用姜汤引药之法，往往使难题得以解决。如赵某中有蓄水，误食水果，致腹痛难忍，大呕不止，不能服药。吴氏先处以温中散寒、理气止痛之汤药，另以生姜一两，煮汤一碗，候药汤凉，先服姜汤一口，接服汤药一口，稍停半刻，俟不吐，再服第二口如上法。如此妙法，终于收功。

总之，吴氏在临床治疗中之所以每获奇效，不仅因为他辨证精确、立法组方合理，而且与其注重用药策略密切相关。以上所述内容仅是举例而已，若欲得其详，还须细阅其著作，尤其应深研其医案。

［《新疆中医药》，1998；(4)］

浅谈吴鞠通对动物药的独特认识

赖鹏华　黄　海

动物药是动物的器官、组织或代谢产物，是我国医药宝库中的重要组成部分，用之得当，往往可收奇效。我国远在4000年前甲骨文就记载了蛇、麝、犀牛等40余种动物药，随着与疾病斗争的过程，对动物药应用和认识也日益丰富，温病四大家之吴鞠通在《温病条辨》中也应用了不少动物药。吴氏出生于书香门第，幼年习文，攻读儒学，后又到北京参与校对撰抄《四库全书》，得以博览群书，是个典型的儒医，其对动物药有着独到的认识，且充满着典型的儒医特点，本文试以几味药物为例做初步探讨：

一、对药性阐述具有很浓厚的文学色彩

古代人类无力抗御大自然，因此，心中向往的便是超乎自然力的禽或兽，如同中国传说中有至尊神圣的龙、降临祥瑞的麒麟一般，许多生物被他们赋予神奇的色彩。因此，文学史上便出现许多有关动物的美丽传说和描述，人们对这些传说是耳熟能详，借用他们来解释药性，不仅充满文学的美感，而且通俗易懂，这就是取类比象。吴鞠通在书中可谓把它发挥得淋漓尽致。

1. 犀角　古代把犀牛角视为灵异之物，犀角中心的髓质象一条白线贯通首尾，所以唐朝李商隐解释犀角为什么能达清心凉血功效："犀角咸寒，禀水木火相生之气，为灵异之兽，……所谓灵犀一点通，善通心气，色黑补水，亦能补离中之虚"（《温病条辨·中焦篇》第16条）。

2. 鳖甲　《温病条辨·下焦篇》第14条云"鳖甲蠕动之物，入肝经至阴之分，既能养阴，又能入络搜邪……此方有先入后出之妙，青蒿不能直入阴分，有鳖甲领之入也；鳖甲不能独出阳分，有青蒿领之出也。"一个"领"字把鳖甲在此方中"入络搜邪"的作用诠释得淋漓尽致。

3. 蟾蜍　蟾蜍多隐蔽在阴暗的地方，如土洞内，《淮南子·览冥训》中记录了嫦娥奔月的神话："羿请不死之药于西王母，羿妻姮娥窃之奔月，托身于月，是为蟾蜍，而为月精。"因此蟾蜍变成为传说中的月中精灵，是非常灵性之物。故而吴鞠通在立生丹中在大队刚燥性烈药物中加入一味蟾蜍芳香透络，屡获画龙点睛之效："蟾乃土之精，上应月魄，物之浊而灵者，其酥入络，以毒攻毒，而方又有所监制，故应手取效耳。"（《温病条辨·中焦篇》第53条）

4. 五灵脂、两头尖　同是鼠粪，鞠通则因飞鼠和老鼠一个在天上飞，一个在地上走的不同习性，应用于不同部位病变："以食血之虫，飞者走络中气分，走者走络中血分，可谓无坚不破。"（《温病条辨·补燥胜气论》第7条）

5. 蚕砂　君子"以己之正，正人之不正"出自《四书训义·卷六》，即以自己的表率行动去带动、感化被统治者。吴鞠通阐述："晚蚕砂化浊中清气，大凡肉体未有死而不腐者，蚕则僵而不腐，得清气之纯粹者也，故其粪不臭不变色，得蚕之纯清，虽走浊道而清气独全，既能下走少腹之浊部，又能化浊湿而使之归清，以己之正，正人之不正也。用晚者，本年再生之蚕，取其生化最速也。"（《温病条辨·下焦篇》第55条）用之解释为何蚕砂走浊道却能驱浊气，虽别出心裁，于理却也通之。

二、以《周易》论药性

易学在中国文学史上有着重要的作用，对中医的发展有着深远的影响。唐朝孙思邈就曾说："不知易，不足以言太医。"《周易·说卦》不仅论述了八卦对应的人体部位和动物："乾为马，坤为牛，震为龙，巽为鸡，坎为豕，离为雉，艮为狗，兑为泽……乾为首，坤为腹，震为足，巽为股，坎为耳，离为目，艮为手，兑为口。"还具体阐述了它们的特性："雷以动之，风以散之，雨以润之，日以烜之，艮以止之，兑以说之，乾以君之，坤以藏之。"吴鞠通精医悉易，他以八卦论动物的属性，或同气相求，以脏补脏，或根据五行相生相克，甚至以药物外形，论其归属，推论动物药的性味归经功效，从而指导临床治疗。

1. 鸡子黄　在八卦万物属性中，巽为鸡，巽为木，吴鞠通在小定风珠中，以属木之鸡

子黄补养肝木之阴，以达到治疗肝阴虚引起之虚风内动的目的，即“以鸡子黄宛如珠形，得巽木之精，而能熄肝风，肝为巽木，巽为风也。”而在黄连阿胶汤中又因五行相生之理，子虚补母，以属木之鸡子黄生心火，即“前人训鸡子黄，谓鸡为巽木，得心之母气，色赤入心，虚则补母而已，理随至当，殆未尽其妙。盖鸡子黄有地球之象，为血肉有情，生生不已，乃奠安中焦之圣品，有甘草之功能，而灵于甘草。”（《温病条辨·下焦篇》第11条）

2. 猪胆汁　《周易·说卦》云：“坎者，水也。”又云：“坎为家”、“坎为豕”，《周易正义》注云：“坎主水渎，家处污湿，故如家也。”古人之所以说猪为水畜，主要是因其“处污湿”。而“肾主水”，因此吴鞠通说：“猪水畜，属肾，以阴求阴也。”以猪胆汁治疗寒湿为病。（《温病条辨·中焦篇》第48条）

3. 淡菜　坎卦正西，取东之黑中白点，为二偶含一奇，坎卦代表月亮，亦代表水，吴鞠通根据淡菜“外偶内奇，有坎卦之象”，认为其属水，而外偶内奇，外阴内阳，能“补阴中之真阳，其形翕阖，故又能潜真阳之上动”。（《温病条辨·下焦篇》第15条）

4. 龟板　震，动也，为雷，为龙，为肝。古人认为宇宙间有这种能量，电震动了就是雷，一震动以后，对面变成气流了，就是风，自然界打雷没有不起风的。吴鞠通引申认为下焦温病肝风的生成乃因为“震为雷，在人为胆，雷动未有无风者，雷静而风亦静矣。亢阳直上颠顶，龙上于天也”。在古代神话中，真武是镇守北方的神，乃龟蛇合体，所以“龟亦有珠，具真武之德而则镇木”。而道教有真武祖师降龙的传说，所以“制龙者，龟也。古者豢龙御龙之法，失传已久，其大要不出乎此”。（《温病条辨·下焦篇》第15条）

作为一个“弃举子业，专事方术”的医家，吴鞠通的著作中处处流露着儒学对他医学思维的影响，也是检校《四库全书》的经历使他能学习前人并超越前人，创立三焦辨证和一系列治温名方，从而成为一代温病大师。

[《福建中医药》，2007；(3)]

《温病条辨》治法特色探讨

刁人政

吴鞠通《温病条辨》论治温病，上据岐黄、仲景之旨，下承河间、天士诸家之说。准古酌今，详加考核，集其大成，独有发挥。根据温病从三焦由上而下，由浅入深的传变规律，在强调先识证的同时，注重法在方先，方随法立。结合药物性味配伍，细立治法，灵活应用于温病的治疗中，颇具特色，试探讨如下。

一、逐邪为先以辛苦，在因势利导

温病以救阴为关键，初起尤重祛邪。吴氏认为：“在上焦以清邪为主，清邪之后，必继以存阴；在下焦以存阴为主，存阴之先，若邪尚有余，必先以搜邪。”因为清得一分邪热，即保得一分津液。至于逐邪的基本方法，吴氏主张“逐邪者随其性而宣泄之，就其近而引导之”，以恢复脏腑正常的功能状态。

风温、温热、温疫、冬温初起，首先犯肺，而为咳嗽、自汗、口渴、头痛等症，皆以辛凉平剂银翘散主之。“盖肺为清虚之脏，微苦则降，辛凉则平。”取其辛凉达肺经之表，领邪出卫。其他如温毒初起用普济消毒饮去升、柴、芩、连，暑温初起用新加香薷饮，秋燥初起用桑杏汤，湿温初起用三仁汤，或兼解毒，或重芳香，或偏凉润，或加淡渗，但都从辛凉立法。

温病邪入肺经气分，症见脉浮洪，舌黄，渴甚，大汗，面赤，恶热；甚或阳明温病，面目俱赤，语言重浊，呼吸俱粗，大便闭，小便涩，舌苔老黄，甚则黑有芒刺，但恶热，不恶寒，日晡益甚，若脉浮洪躁甚，以邪气近表，故用辛凉重剂白虎汤，亦从辛凉立法，仍冀邪从外解。

证如阳明温病，但脉沉数有力，甚则脉体反小而实者，病纯在里，热结腑实，则非下夺不可，主以苦辛通降之承气汤。吴氏认为："承气汤通胃结、救胃阴，仍系承胃腑本来下降之气。"亦应脏腑自然之治也。

太阴病得之二、三日，舌微黄，寸脉盛，心烦懊侬，起卧不安，欲呕不得呕，无中焦证，邪在上焦膈中。在上者因而越之，故涌之以栀子，开之以豆豉。若痰涎壅盛，胸中痞塞欲呕者，必用瓜蒂散急吐之，瓜蒂、栀子之苦寒，合赤小豆之甘酸，所谓酸苦涌泄为阴，善吐热痰，亦在上者因而越之。

若邪闭心包之窍，神昏谵语者，无论病在上、中、下焦，吴氏皆先用安宫牛黄丸、紫雪丹或至宝丹，取其辛香通神利窍，取得"使闭固之邪热温毒深在厥阴之分者，一齐从内透出，而邪秽自消，神明可复也"之效，继则随其证而治之。

至于湿温，尤重辛开苦泄。湿温初起，头痛恶寒，身重疼痛，舌白不渴，脉细而濡，面色淡黄，胸闷不饥，午后身热，状若阴虚，病在表，故以上焦为邪之出路，吴氏立辛凉淡渗之三仁汤清开上焦肺气，因"盖肺主一身之气，气化则湿亦化也"。湿温传之中焦，因土为杂气，兼证甚多，如疟、痢、疸、痹，皆以苦辛寒、苦辛淡立法，因"辛能胜湿而升脾阳，苦能燥湿清热，寒能清热，淡能渗湿也"。此邪已内陷，其势不能还表，法用苦辛通降，从里治也，如治湿温之人参泻心汤加白芍等。若湿温弥漫，三焦均受，则用分消，如茯苓皮汤（茯苓皮、生薏仁、猪苓、大腹皮、白通草、淡竹叶）、杏仁石膏汤（杏仁、石膏、半夏、山栀、黄柏、枳实、姜汁），前方重在渗湿于下，后方则重上焦气化。

故温病逐邪之法，在治热以凉的同时，多结合使用辛宣、苦泄、淡渗，"盖治外邪，宜通不宜守也"。

二、养阴为本用甘寒，分轻重缓急

温病有"存得一分津液，便有一分生机"之说，养阴实是温病治疗的根本。吴氏认为："病系阴伤阳独，法当救阴何疑。重胃气，法当救胃阴何疑。制阳土燥金之偏胜，配孤阳之独亢，非甘寒柔润而何。此喻氏甘寒之论，其超卓无比伦也，叶氏宗之，后世学者，咸当宗之矣。"其之所以对甘凉养胃之说推崇备至，是因为"盖十二经皆禀气于胃，胃阴复而气降得食，则十二经之阴皆可复矣"，故甘凉养胃又是温病养阴最基本的方法。

病在中焦，如"阳明温病，下后汗出"，及"下后脉静，身不热，舌上津回，十数日不大便"，用益胃汤（沙参、麦冬、冰糖、细生地、玉竹）；阳明病，渴甚者，用雪梨浆；秋燥燥伤胃阴，用五汁饮（梨汁、荸荠汁、鲜苇根汁、麦冬汁、藕汁或蔗浆）、玉竹麦门冬汤（玉竹、麦冬、沙参、生甘草）、牛乳饮，皆是胃阴虚证，阴伤尚轻，都从甘寒立法。

其太阴温病，口渴甚者，亦用雪梨浆，吐口沫黏滞不快者，亦用五汁饮，亦从甘寒立法。吴氏认为："肺经之药多兼走阳明，阳明之药多兼走肺也。"故肺胃阴伤，治法相同。

甘寒法常与酸味药结合使用，所谓酸甘化阴。如手太阴暑温，汗多脉散大，喘喝欲脱，用生脉散酸甘化阴，守阴所以留阳，阳留汗自止也。以人参为君，所以补肺中元气，又是阳中求阴法，常用于津气暴脱之证。另中焦篇之疟伤胃阴，用麦冬麻仁汤（麦冬、火麻仁、生白芍、何首乌、乌梅肉、知母）、人参乌梅汤（人参、莲子、炙甘草、乌梅、木瓜、山药），皆从酸甘化阴立法。

若邪在阳明久羁，或已下，或未下，身热面赤，口干舌燥，甚则齿黑唇裂，脉虚大，手足心热甚于手足背，或神倦欲眠，或心中憺憺大动，甚则心中痛，或神倦瘛疭，脉气虚弱，舌绛苔少，时时欲脱，则为下焦肝肾受劫，乃伤阴之重证，则甘寒之中须加入咸寒，或咸寒之中更益以酸味，为甘寒咸法、或酸甘咸法，如用三甲复脉汤（炙甘草、干地黄、生白芍、麦冬、阿胶、麻仁、生牡蛎、生鳖甲、生龟板）、大定风珠（生白芍、阿胶、生龟板、干地黄、麻仁、五味子、生牡蛎、麦冬、炙甘草、鸡子黄、生鳖甲）、专翕大生膏（人参、茯苓、龟板、乌骨鸡、鳖甲、牡蛎、鲍鱼、海参、白芍、五味子、麦冬、羊腰子、猪脊髓、鸡子黄、阿胶、莲子、芡实、熟地黄、沙苑蒺藜、白蜜、枸杞子）。吴氏认为："三方由浅入深，定风浓于复脉，皆用汤，从急治。专翕取乾坤之静，多用血肉之品熬膏为丸，从缓治。盖下焦深远，草木无情，故用有情缓治。"

吴氏在使用甘寒、咸寒补阴的同时，注重与酸敛、酸涩药相配，防止阴随汗、利而泄，所谓"复阴之中，预防泄阴之弊"，深得叶天士救阴法之要领。

三、泻南补北常兼顾，察邪正盛衰

前述在上焦以清邪为主，在下焦以存阴为主。

若邪虚两俱，则又须滋阴之中，略佐涤邪，或涤邪之中，参以养阴。吴氏常以辛凉、苦寒配合甘寒、咸寒、甘酸，组成诸复法使用。

病在上焦，太阴温病，气血两燔，用玉女煎去牛膝熟地加细生地元参方（生石膏、知母、元参、细生地、麦冬）；太阴温病，发疹者，用银翘散去豆豉加细生地、丹皮、大青叶，倍元参。前用辛凉清气，甘寒养阴；后用辛凉解肌，甘寒清血。因邪尚在表，阴分已伤，表里同病，故以辛凉合甘寒立法。同样病在上焦，诸气膹郁，诸痿喘呕之因于燥者，用喻氏清燥救肺汤（石膏、甘草、霜桑叶、人参、杏仁、胡麻仁、阿胶、麦冬、枇杷叶），属肺胃同病，辛凉清气，甘寒养胃立法。

阳明温病，脉浮而促者，减味竹叶石膏汤（竹叶、石膏、麦冬、甘草）主之。下后无汗脉浮者，用银翘汤（银花、连翘、竹叶、生甘草、麦冬、细生地）。虽病情传至中焦，且阴液已伤，但邪仍有出表之势，故用辛凉透表，甘寒增液为作汗之工具，亦从辛凉甘寒立法。

温病邪入下焦，亦有用辛凉合甘寒法。如夜热早凉，热退无汗，热自阴来，用青蒿鳖甲汤（青蒿、鳖甲、细生地、知母、丹皮）。因邪气深伏阴分，混处气血之中，不能纯用养阴，又非壮火，更不得任用苦燥，故加辛凉芳香透络，从少阳领邪外出。

若太阴温病，或阳明温病，寸脉大，舌绛而干，法当渴，今反不渴，或发斑，或神昏谵语，为温邪深入营血，内陷心包。此际热毒炽盛，而阴液已伤，清肃上焦，恐不胜任，故分别用清营汤（犀角、生地、元参、竹叶心、麦冬、丹参、黄连、银花、连翘）、化斑汤（石膏、知母、生甘草、元参、犀角、白粳米）、清宫汤（元参心、莲子心、竹叶卷心、连翘心、犀角尖、连心麦冬），方异而法同，皆以咸寒合苦寒立法，取其咸寒救肾水，以济心火，苦寒清热解毒而保津液。

咸寒苦寒法亦用于中焦腑实之热结液干证。偏于热结而液不干者，用调胃承气汤（大黄、芒硝、生甘草）；偏于液干多而热结少者，则用增液汤（元参、麦冬、细生地）；热结液干两存者，又用护胃承气汤（生大黄、元参、细生地、丹皮、知母、麦冬）、新加黄龙汤（细生地、生甘草、人参、生大黄、芒硝、元参、麦冬、当归、海参、姜汁）、增液承气汤（元参、麦冬、细生地、生大黄、芒硝），都从咸寒苦寒立法。

除咸寒外，吴氏亦常以甘寒、甘酸与苦寒合用，取甘寒养阴、甘寒坚阴，酸甘化阴、苦寒泻火。前者如冬地三黄汤（麦冬、黄连、苇根汁、元参、黄柏、银花露、细生地、黄芩、生甘草）治阳明温病无汗小便不利，加减黄连阿胶汤（黄连、阿胶、黄芩、炒生地、生白芍、炙甘草）治春温内陷下痢。后者如连梅汤（黄连、乌梅、麦冬、生地、阿胶）治暑邪深入少阴消渴，入厥阴麻痹。

可见，《温病条辨》攻补兼施之法，或偏于清邪，或偏于养阴，或两者并重，有法同而方异者，有方似同而法异者，亦是其立法特色。

[《四川中医》，2003；(7)]

论吴鞠通“治上焦如羽”的机理和方法

王兴华

清代名医吴鞠通，哀父病不起，痌子疾夭亡，感生民为温疫所苦，遂怀救世之心，溯源《灵》、《素》，问道长沙，采辑历代名贤著述，去其驳杂，取其精微，间附己意，并亲自考验，集生平之心得，穷源竟委，撰成《温病条辨》一书，创立三焦辨证学说，倡言“治上焦如羽，非轻不举……”，为湿热病的辨证治疗开辟了一条新途径。

上焦位居胸中，上起咽喉，下至横膈，统括心肺，为清虚之所。其生理功能主要指的是心肺宣发、输布气津的作用。《灵枢・营卫生会篇》谓“上焦如雾”，形容心、肺的作用犹如雾露的弥散以滋润万物一般。《灵枢・决气篇》又云：“上焦开发，宣五谷味，熏肤，充身。泽毛，若雾露之溉，是谓气。”可见上焦的气化功能在人体生命的活动中具有相当重要的作用。叶天士尝谓：“肺主气，属卫，心主血，属营。”营卫协调，腠理致密，则六淫之邪弗能为害。若肺气虚弱，卫外功能不固，或时令温热之邪毒力过强，人体不能抵御，则病邪乘袭人体，由表及里，卒发温病。吴鞠通谓：“肺者，皮毛之合也”；“温病由口鼻而入，自上而下，鼻通于肺，始手太阴。太阴金也，温者火之气，风者火之母，火未有不克金者，故病始于此。”叶氏亦谓：“温邪上受，首先犯肺，逆传心包。”温为阳邪，与风邪相夹为患，最善发泄，且阳盛必伤阴，故首遏太阴经中之阴气，而为咳嗽、身热、自汗、口渴、身痛、尺肤热等症。如肺经之邪不解，内陷心包，机窍闭塞，则见舌质红绛、神昏谵语或昏愦不语、舌謇肢厥等症。吴鞠通根据温病初起，邪犯肺卫，肺是初期阶段的病变重心，以及温邪最易逆传心包的病理特点，确立了病位在上焦心肺，当用轻清之品，以宣肺达邪、透热外出的治疗措施，并将其概括为“治上焦如羽，非轻不举”。一破千年旧俗，创立新说，颇有见地，是为治疗温热病邪犯上焦心肺的得道之法。这与叶天士“在卫汗之可也，到气才可清气，入营犹可透热转气……”的论述并行不悖，对温病的认识和推动温病学的发展做出了重大贡献。

吴鞠通在《温病条辨》中将三焦病症的辨证治疗，采取条分缕析的方法，逐一论述，并详细注释，阐发得颇为详明。余通过学习该书上焦篇（并结合中、下焦篇）的内容，探讨吴氏“治上焦如羽，非轻不举”的机理和方法，初步理解；可将其概括为以下几个方面。

一、宣肺止咳

吴氏谓：“太阴风温，但咳，身热不甚，微渴者，辛凉轻剂，桑菊饮主之。”风温之邪，入侵肺卫，感邪较为轻浅。由于风邪初入，故一般症状较轻，重点是风温犯肺，导致肺气不宣。该方用桑叶、菊花，甘凉轻清，疏散上焦风热，且桑叶善走肺络，清疏肺热：用薄荷助桑叶、菊花增强疏散作用；杏仁、桔梗宣肺止咳；连翘苦寒清热解毒；芦根甘寒清气，生津止渴；甘草为使，与桔梗相配，并利咽喉，共具疏风清热、宣肺止咳作用。

二、疏风散热

风温初起，邪袭肺卫，症见发热，微恶风寒，无汗或少汗，口微渴，咳嗽，苔薄白，舌边尖红，脉浮数等。凡邪在肌表之治，总宜辛散之剂，以驱邪外出。《素问·至真要大论》云“风淫于内，治以辛凉，佐以苦甘，以甘缓之”，即是此意。吴氏云：“太阴风温、温热、温疫、冬温，初起……但热不恶寒而渴者、辛凉平剂，银翘散主之”；“太阴温病，恶风寒，服桂枝汤已，恶寒解，余病不解者，银翘散主之；余症悉减者，减其制。”该方宗喻嘉言芳香逐秽之说，用东垣清心凉膈散之辛凉苦甘，因病为初起，且去其入里之黄芩，勿犯中焦，而以薄荷、芥穗、豆豉解表发汗，祛邪外出；牛蒡子、桔梗、甘草宣肺止咳：银花、连翘、竹叶清热宣透；芦根生津止渴。用药以辛凉为主而微兼辛温。在煎服法上吴氏也独具匠心，嘱将上药杵为散，每服六钱，鲜芦根汤煎，香气大出，即取服，勿过煎。肺病取轻清，过煎则味厚而入中焦。病重者，约二时一服，日三服，夜一服；轻者三时一服，日二服，夜一服；病不解者，作再服。盖肺位最高，药过重则过病所，少用又有病重药轻之患，故以时时轻扬法，处处体现了“非轻不举”之喻。

三、透表清暑

本法作用在于透散表寒，化湿清暑，主治夏日外感暑湿，复受寒邪，郁闭肌表之暑湿兼寒证。症见头痛恶寒，身形拘急，发热无汗，口渴心烦，舌苔薄腻等。吴氏谓：“手太阴暑温，如上条证（即形似伤寒，右脉洪大，左手反小，面赤口渴等），但汗出者，新加香薷饮主之。”香薷辛温芳透，能由肺经而达其络，疏表散寒而兼以祛暑化湿，有“夏月麻黄”之称；鲜扁豆花芳香而散，且保肺液，以花易豆者，恶其呆滞也，夏日所生之物，多能解暑，唯扁豆花为最；厚朴苦温燥湿，吴氏认为“究竟肺主皮毛”，用厚朴皮为“以皮从皮，不为治上犯中”，又云：“若黄连、甘草，纯在里药，暑病初起，且不必用，恐引邪深入，故易以连翘、银花，取其辛凉达肺经之表，纯从外走，不必走中也。”

四、宣表化湿

本法以芳香宣透之品疏化肌表之湿，适用于湿温初起，湿邪困遏肌表，症见恶寒身重，微热少汗，苔白腻，脉濡缓等。吴氏谓：“头痛恶寒，身重疼痛，舌白不渴，脉弦细而濡，面色淡黄，胸闷不饥，午后身热，状若阴虚，病难速已，名曰湿温。汗之则神昏耳聋，甚则目瞑不欲言；下之则洞泄；润之则病深不解。长夏、深秋、冬日同法，三仁汤主之。”较为详细地描述了湿温初起的临床表现，并首次提出了湿温初起治疗的“三大禁忌”，对临床确有指导意义，为后世医家所推崇。所立三仁汤一方，用杏仁开肺利气以化湿邪，蔻仁、厚朴、半夏理气燥湿，通草，苡仁、滑石淡渗利湿兼以泄热，合竹叶以助透热之效，而具开上、畅中、渗下之功，为治疗湿温初起的主要方剂之一。并告诫世医，若不知其病为湿温，见其头痛、恶寒、身重、疼痛，不以为是伤寒，而用汗法，则伤心阳；湿随辛温发表药蒸腾上逆，内蒙心窍则神昏，上蒙清窍则耳聋目瞑不言。若见其中满不饥，以为停滞而用攻下法，则误下伤阴，而重抑脾阳之升，脾气转为内陷，湿邪乘势内渍，发为洞泄。若见其午后身热，就误认为阴虚而用柔药润之，则反助湿邪，因湿为胶滞之物，其性黏腻，不易速化，再加阴柔滋润之药，二阴相合，同气相求，遂有锢结而不可解之势。惟以三仁汤轻开上焦肺气，盖肺主一身之气，气化则湿亦化也。湿温初起，湿气弥漫，本无形质。若以重浊滋腻药物治之，则愈治愈坏，为医者不可不识。

五、疏表润燥

此法以辛凉清润之品疏解肺卫燥热之邪，主治燥热伤肺，而见头痛身热，微恶风寒，咳嗽少痰，咽干喉痛，鼻干唇燥，苔薄白，舌边尖红而欠润等症。吴氏谓：“秋感燥气，右脉数大，伤手太阴气分者，桑杏汤主之。”治之以辛凉甘润法，并在润燥的同时，辅以解表之品，以透邪外出，用桑叶、杏仁、豆豉宣肺透达外邪，贝母化痰、栀皮清热、沙参、梨皮养阴润燥，以使邪去而不伤津，其具疏表润燥之功。

六、轻宣燥热

因燥热之邪上干，清窍为之不利，而见耳鸣、目赤、龈肿、咽痛等症。病位在上，病势较轻，当以轻清宣透上焦气分燥热之法为治。吴氏谓：“燥气化火，清窍不利者，翘荷汤主之。”方中用薄荷以清头目，连翘、栀皮、绿豆衣清燥泻火，桔梗、甘草利咽止痛，为辛凉清火之轻剂。

七、清燥救肺

肺经燥热化火，耗伤阴液。肺为热灼，清肃之令不行，见有身热，干咳无痰、气粗而喘；热壅于肺，气机不畅，兼有胸闷胁痛；虽有肺热伤阴，但病邪尚在气分，病人还表现有舌苔薄白而燥，舌边尖红赤等症，治疗上应取清肺润燥养阴法。吴氏谓：“诸气膹郁，诸痿喘呕之困于燥者，喻氏清燥救肺汤主之。”该方中以桑叶、杏仁、枇杷叶宣肺止咳，与清热生津（石膏、麦冬）、滋阴润燥（阿胶、麻仁）和补益气阴（人参、甘草）之品合用，疏肺清热不伤阴，养阴润燥不碍邪，相反相成。如肌表尚有邪热，还可稍参轻宣之品以透邪外泄。

八、轻清肺络

吴氏谓：“手太阴暑温，发汗后，暑证悉减，但头微胀，目不了了，余邪不清者，清络饮主之。”本方是为暑温汗后之证而设，既为余邪，不可过用重剂，只以芳香轻药清肺络之余邪足矣。本方所用之药均为鲜晶（鲜荷叶边、鲜银花、西瓜翠衣、鲜扁豆花、丝瓜皮、鲜竹叶心）以水两杯，煮取一杯，日二服。轻清甘凉，气味芬芳，暑伤肺经气分轻证用之甚宜。

九、轻清宣气

温热病邪、初传气分，热势不甚，以气失宣畅为主，症见身热微渴，心中懊侬不舒舌苔薄黄等，当用轻清之品。以宣泄郁热，透邪外出，畅达气机。吴氏谓："太阴病，得之二三日，舌微黄，寸脉盛，心烦懊侬，起卧不安，欲呕不得呕，无中焦证，栀子豉汤主之。"此时邪已不完全在肺，而在上焦膈中。《经》云"其高者，因而越之"，故涌之以栀子，开之以香豉。因无中焦证，故不用连、朴，勿犯中焦。

十、清心开窍

肺卫之邪传入心包，邪热内陷，灼液成痰，痰热阻闭包络，神志被蒙，症见神昏谵语或昏愦不语，舌謇肢厥等，治当清心开窍。吴氏谓："太阴温病……神昏谵语者，清宫汤主之。"该方专清包络邪热，包络为心之宫城，故清心包之热谓之清宫。方中取犀角尖以清心热，玄参心、莲子心、连心麦冬清心滋阴，竹叶卷心，连翘心泄热，合用以使心包之邪热向外透达而解。本方诸药俱用心，吴氏谓："心有生生不已之意，心能入心，即以清秽浊之品，便补心中生生不已之生气，救性命于微茫也。"又云："此方独取其心，以散心中秽浊之结气。

十一、结语

"治上焦如羽，非轻不举"的理论始终贯串于《温病条辨·上焦篇》，是该篇的主要指导思想之一。治疗上焦病变，选方用药务求轻灵宣透，最忌厚味沉降，凡滋腻重浊之物皆不利于邪热外达。在浅表的邪气要及时通过疏表宣肺的方法，透邪外出，以杜其内传之机，已经入里的邪热也要给予外退之路，此即叶氏"入营犹可透热转气"之意，使其外出而解。吴氏在治疗暑温，症见"脉虚夜寐不安，烦渴舌赤，时有谵语"时，仍注重透邪外出，用清营汤"清营中之热"，取银花、连翘、竹叶心等气分药，使入营之邪热转出气分而解。在湿温病的治疗中，吴氏强调"湿温邪入心包，神昏肢厥，清宫汤去莲心、麦冬，加银花、赤小豆皮，煎送至宝丹或紫雪丹"，也是为内陷心包之邪热留有外达之机，虽用"三宝"开窍，终不忘辛凉轻透。"治上焦如羽，非轻不举"的理论，确是吴氏治疗温热病临床实践经验的总结，对后世治疗温热病具有重要的指导意义。

［《安徽中医学院学院》，1984；（2）］

谈叶、吴二氏的退热祛邪与养阴扶正

薛铁如

温热病在祖国医学中，包括了一年四季的外感病，同时，也包括了现代医学中的多种传染病。对温热病的论述，起源于《内》、《难》，立论于仲景，发展于叶、吴。前圣后贤，积累了极为丰富的经验，创制了许多临床有效的方药。现就叶、吴二氏在对温热病证治过程中的处理及用药方法，探讨如下。

一、退热以祛邪

温热病邪在“卫气营血”或“上焦、中焦、下焦”各个阶段中，虽出现浅深层次不同的证候类型，但总以发热为主症。发热是各种病邪侵入人体后出现的主要特征。发热轻，病邪浅；发热盛，病邪深；后热久，病势重。这是邪正消长斗争的表现。又因温为阳邪，易伤阴液。身热不退，阴液耗伤，常易导致其它传变。叶、吴二氏在处理温热病的各个阶段中，总以退热、保阴为主。退热意在祛邪，保阴旨在扶正。二氏既严格遵守《内经》论治邪热之旨，又灵活运用退热、养阴两大方法，创立了对湿热病辨证用药的规律。其退热祛邪之法概括有二：

1. 用辛凉、苦甘退肺卫之热

《素问·至真要大论》说：“风淫于内，治以辛凉，佐以苦甘……”叶、吴二氏皆宗之。叶天士说：“肺主气属卫”；又说：“夹风则加入薄荷、牛蒡之属。”吴氏在叶氏立言的基础上，根据邪在上焦卫气的不同阶段，分别轻重具体地拟创了辛凉轻剂、平剂和重剂三方。辛凉轻剂的桑菊饮，治以薄荷之辛凉，佐以桑叶、菊花之苦甘；辛凉平剂的银翘散，治以薄荷之辛凉，佐以银花、连翘之苦甘；辛凉重剂的白虎汤，治以石膏之辛凉，佐以知母、甘草之苦甘。三方药力虽有轻重之分，但制方原则一致。叶氏提出：“在卫汗之可也，到气才可清气。”明确指出邪在卫、气的不同治法。桑菊、银翘二方，均属轻清之品，主要清透卫分、上焦风热之邪，取其透表退热。然轻、平之剂用治温邪在表，似乎药轻力微，难以获效，此乃在表温邪，忌用重剂，以防药过病所。亦即所谓“上焦如羽，非轻不举”，轻可收祛实之义。所以二方药力虽轻，实际病轻，恰到好处，俾表透邪解，身热自退。这实属处理温病初期的首要关键。白虎汤为辛凉质重之剂。当邪热传入气分，症见壮热烦渴，伴有面赤恶热，脉浮洪而有力者，则非轻平之剂所能胜任，便需辛凉重剂之白虎，以清解气分热邪而收退热之功。

2. 用咸寒、苦甘退心营之热

《素问·至真要大论》说：“热淫于内，治以咸寒，佐以苦甘……”叶、吴二氏深悟此理，对施治热入营血之证，亦是二贤用药立方遵守的原则。

叶氏说：“心主血属营。”邪热入营转血，表现症状虽然有别，但营血受热病机则同。故常一见营分受热，即易出现血分症状。因此，叶、吴二氏主张要在邪初入营“舌绛而干，口反不渴”之际，随时“透热转气”，以冀邪热不致深入血分而“耗血动血”。叶氏“透热”二字，至关重要。因邪热入营，非比温邪在表可用辛凉透表以退热，而当以咸寒清解营血之热为主，佐以清气透邪。叶氏说：“如犀角、玄参、羚羊角等物。”诸药性味咸寒，可以直入营血清热祛邪，为营血退热常用要品。他更明确指出：“如从风热陷入者，加犀角、竹叶之属。”犀角、竹叶是咸寒合苦甘法。吴氏根据叶氏的立法，进一步创造了咸寒合苦甘的方剂。如化斑汤，治以犀角之咸寒，佐以知母甘草之苦甘；清营汤治以犀角玄参之咸寒，佐以连翘麦冬之苦甘；紫雪丹治以犀角玄参之咸寒，佐以朴硝甘草之苦甘；安宫牛黄丸治以犀角珍珠之咸寒，佐以牛黄梅片之苦甘；至宝丹治以犀角之咸寒，佐以牛黄玳瑁之苦甘。综上六方效用虽有不同，但皆为热入营血而设，皆能感寒入阴以清营血之热而祛邪解毒，苦甘合化以复损耗之阴而退身热。六方中皆有犀角，四方中皆有玄参，说明二者乃为“热淫于内，治以咸寒”的主药。于此足见叶、吴二氏凡遇热入营血之证. 主选二药用意之精、组方之妙。当前，犀角药源紧缺，不能满足临床需要，据笔者体会，可用大剂玄参之咸寒、合生地之苦甘以代之，能用鲜者取汁更效。吴氏说：“保肺之化源则加知母，欲救阴血则加生地玄参。”这是来自实践的体会，绝非浮泛之言。

药用咸寒组方，除用治营血热证外，对热传胃腑，症见身大热、舌苔老黄、大便秘结，甚至神昏谵语、脉沉实者，叶氏认为“邪热在里，劫灼津液，下之宜猛”。所谓下之宜猛，即宜大承气汤急下之。该方用大黄、朴硝之咸寒苦降，通胃结而退里热，此亦“热淫于内，治以咸寒”之意。

二、保阴以扶正

阴血津液，亦是濡养和维持人体生命活动的重要物质之一。温热属于阳邪，最易伤人阴液。故治疗温热病证，保阴护津即是扶正。尤其热病导致神志昏迷的主要病机，多由热盛伤津，阴血亏耗至极，邪气内隐所致。故治热病“存得一分阴液，便有一分生机”。所以，保阴液乃是扶正匡邪的重要措施。不仅在整个病程中的各个阶段，均当密切注意，以防病邪深入，甚至热盛液涸陷入昏迷。并应根据阴伤的不同部位和程度，选方遣药，才能药证相当，有的放矢。因“卫之后方言气，营之后方言血”。上焦有心肺之阴，中焦有胃阴，下焦有肝肾之阴。热邪偏盛某经，某经阴液被灼，便会出现某一阶段的证候类型。例如，温热病中，患者出现“心烦不安，夜甚无寐”，伴见舌红而干，即可知其心营受热，此时即宜清心营而护心阴。叶、吴二氏对温热病各个阶段的保阴方法，也都有一定尺度。

温热病的传变，一般是“由卫及气，自营而血”，或由上焦而中而下。凡见肺气受热后出现呼吸粗促、口干、咽燥、干咳等症，此属肺阴轻度受伤，只宜微甘微寒，轻清宣润。如桑叶、菊花、梨皮、沙参之类，以清宣肺热，轻润肺阴。吴氏桑菊饮、桑杏汤皆是此意。热邪炽盛，肺气受热严重，热追津液外泄，表现大热、大汗、气喘，甚至鼻翼煽动，此乃肺热炽盛，大有肺阴受灼、津伤液耗之势，当以大剂甘寒合辛苦甘法，透泄肺热救肺保津。用药如石膏、知母、竹叶、芦根之类。如津伤更甚或兼气虚者，可加人参益气生津；吴氏用白虎加人参汤以救化源欲绝乏危，意即如此。气分热邪渐解，胃阴受伤，出现口干咽燥、舌苔干燥者，可用沙参、麦冬、生地、玉竹之类以甘寒生津。吴氏沙参麦冬汤、益胃汤等皆可酌情施治。他如梨汁、蔗浆之属，对肺、胃阴伤，亦可随证选用。此类药物，“味甘寒而性濡润，能使肌热除而风自熄”，且甘而不腻，寒而水滞，不仅适用于热在气分津液受灼，亦可配用于其他各阶段中的津液受伤。唯生地、麦冬、天冬等甘寒之品，因其腻滞易于恋邪，对邪在卫气阶段，则宜慎用，以防邪不外达而有内闭之虞。但对“邪热深伏，一病津液即伤，变证叠出者”，则又当以冬、地、玄参等直救阴血以防昏迷，不在此例。

热入营血，证候转变极为复杂，其症虽多，总以舌绛神昏为主证。此时治法，据叶、吴用药之义，总不外咸寒滋水以救阴，甘寒润燥以熄风，佐以芳香开窍以救昏迷为原则。

热邪深入下焦，肝肾之阴受劫，肾阴亏耗，多见身热面赤，手足心热甚于手足背，口燥咽干，脉虚神倦，或心烦不眠等症。肝为风木之脏，肝阴亏损，复因肾阴受劫不能涵肝，便为虚风内动，出现手足蠕动，甚或瘛疭，肢厥，心中憺动等症。故肝肾之阴耗伤者，乃以咸寒甘寒以养阴，甘润养血以复脉，甲介之类育阴潜阳以熄风。以防肝风鸱张，痉厥猖逆，甚或延成欲脱之证。原本温热之邪易伤阴液，一旦深入下焦劫灼真阴，其滋阴救液，则更急不可待。吴氏加减、三甲复脉诸方，以及大、小定风珠之类，均以咸寒、甘润或酸甘咸寒立法，重点均在救阴。其救阴之要，实即扶正匡邪，俾阴液复而正气充，则有挽救垂危之机和康复沉疴之望。故凡邪入下焦，肝肾阴伤液涸之证，吴氏上述诸剂，乃为临床灵活选用的常用名方。

总之，温热为病，证候较多，除湿温等某些病证因湿邪特性宜用辛开苦降，轻宣淡渗，忌用滋阴之品以防恋滞病邪、胶着难解外，综观叶、吴二氏在治温热病的整个过程中，都严遵经旨，并总以退热保阴为主。以辛凉、咸寒退热而“祛邪”，以咸寒甘润、苦甘化液保阴而“扶正”。至于祛邪与扶正的孰轻孰重，应以邪正的偏盛偏衰为准。既不是孤立地退热祛邪，也不宜单纯地养阴扶正，而是或主在“祛邪”，或偏于“扶正”，或用退热祛邪药在养阴扶正之中，或用养阴扶正药于退热祛邪之内。临床必须相机使用，方得其宜。

［《山东中医杂志》，1983；(6)］

《温病条辨》三焦分治考释

王剑发

吴鞠通，名瑭，江苏淮阴人，清代著名医家，撰写《温病条辨》一书，书中创立了温病治疗的三焦辨证系统，并提出温病三焦分治大法，对温病的治疗有着重大的指导意义。

一、三热辨证思想的内涵

温病三焦辨证和《黄帝内经》所说的三焦并非一个概念。《内经》中所言三焦系指上、中、下三个部位而言，是将人体躯干所属脏器分为上、中、下三部分：即横膈以上的胸部为上焦，包括心、肺两脏；横膈以下、脐以上的脘腹部为中焦，内居脾胃；脐以下为下焦，包括小肠、大肠、肝肾和膀胱等。可见这是一个生理名词。而吴鞠通借用《内经》三焦部位说，根据温病过程中的病理变化，结合三焦所属脏腑各自的生理、病理特性，把风温、湿温、温疫、暑温、秋燥等诸多不同性质的温病概括为不同的上、中、下三焦病候，说明吴鞠通所创立的上、中、下三焦病候是一个病理名词。

吴鞠通受《灵枢·营卫生会》“上焦如雾，中焦如沤，下焦如渎”，“上焦出于胃上口，中焦亦出胃中，出于上焦之后”，“下焦者，别回肠，注于膀胱而渗入焉”等有关三焦部位、生理功能理论的启迪；亦受张仲景“上焦得通，津液得下，胃气因和”，“毋犯胃气及上二焦，必自愈”等理论的影响；同时又对吴又可“邪从口鼻而入”以及叶天士“温邪上受，首先犯肺，逆传心包”等理论加以吸收，逐步形成了三焦辨证治疗思想。所以吴鞠通总结归纳指出“凡病温者，始于上焦，在手太阴”，“上焦病不治，则传中焦脾与胃也”，“中焦不治，则传下焦肝与肾也”。而上焦温病主要是手太阴肺和手厥阴心包经的病变。温热邪气经口鼻及皮毛侵犯人体，而口鼻皮毛皆通于肺，又有“温邪上受，首先犯肺，逆传心包”之说，故上焦病证多以肺、心病为多见，是温病的初期阶段，病变较轻浅。中焦温病主要指足太阴脾、足阳明胃、手阳明大肠三经的病变。当温病上焦病变不解，即可由上及下、由表及里、由轻及重渐次侵入中焦，脾胃升降出入平衡受损，其人益深，其热益重，属于温病的极期阶段。下焦温病主要为足少阴肾和足厥阴肝的病变。温病为火热之邪，侵入人体多伤及津液，温热病重久延不解，或失治误治，由上中焦传到下焦，可导致肝肾阴液耗损欲竭，壮火复炽，这种肝肾阴液耗伤的病证即为下焦温病，是温病发展过程中的重笃阶段。

二、三焦病证的分治大法

1. 治上焦如羽，非轻不举　羽者，羽毛也，漂浮也。这就是说，治疗上焦病要像羽毛那样轻清，如不采用这种轻清上浮的方法，就不能宣散透邪。这是因为太阴肺位居于上焦，为宣发肃降诸气之主，外感邪气致肺气闭塞，宣发失常，肃降无力，常导致咳喘、头痛、微恶风寒、水肿、脉浮等症。故治疗极需轻清漂浮之品，以宣散邪气外达。观清代以来，温病学家治疗上焦太阴证，选药不外叶、花、梗之类以其质轻性薄，轻清透泄，可直达病所。治疗时不外辛温、辛凉法和苦辛法。

（1）辛温辛凉法：辛者能散，可以促邪由肺经而达其络，如吴鞠通设辛温剂之桂枝汤治疗风温、冬温初期恶风寒重证；设辛凉轻剂、平剂之桑菊饮、银翘散治疗风温、温热、温毒、冬温等上焦太阴证；设辛凉重剂白虎汤治疗邪热壅肺，欲入阳明中焦者；另有辛温复辛凉法之新加香薷饮治疗太阴暑温证以宣透暑热。

（2）苦辛法：含苦辛寒、苦辛热、苦辛淡法。“轻苦微辛流动之品，以达邪于肺”，药宜杏、蔻、橘、桔诸品。所设宣痹汤，即是以轻宣之方宣化湿热，不治呃逆，只宜宣肺化湿则呃逆自止。寒湿伤及表阳证，宜苦辛温法，设桂枝姜附汤宣达阳气，立苦辛淡之三仁汤宣达上焦肺气，上焦气化则湿自分化。如吴鞠通医案：“乙丑闰六月初三日，王，廿八岁，暑伤两太阴，手太阴之证为多，一以化肺气为主。飞滑石24g，连翘、杏仁泥、金银花、厚朴各9g，生苡仁15g，白扁豆花一枝，鲜荷叶（去蒂）一张，白通草、藿香叶各3g，白蔻仁（连皮）6g。”

（3）轻清宣散的认识：“治上焦如羽”的轻清宣散，除应掌握不同的治疗方法，在选用剂型、煎药及服药方法诸方面亦要遵循“轻清”的原则，方能起到事半功倍之效。

立法用药要轻清：治疗温病上焦证，以轻宣透散外邪为要，处方多选“散”、“饮”之剂。散者散也，有疏散郁热，达邪外出之意。“饮”者清水也，煎出汁清不浊谓饮，俾清走阳分以散风，而不致重浊走阴分以降浊。后世见温病上焦证多用银翘散、桑菊饮或香薷饮等加减化裁，总不越轻清举上之品，如银翘散，吴鞠通说：“其方之妙，预护其阴，纯然清肃上焦，不犯中下，无开门揖盗之弊，有轻则去实之能。”

药物煎煮要轻清：煎煮药物要轻，不宜久煎，武火轻煎取其“纯然清肃上焦”的作用。俾药轻味薄，透达上焦而勿犯中下。如银翘散煎法中，吴鞠通说：“肺病取轻清，过煮则味厚而入中焦矣。”

服药方法宜轻清：即是服药量轻，量少质轻则宣达，量多质重则药过病所。如服用银翘散时，吴鞠通说：“病重者，约二时一服，日三服，夜一服；轻者三时一服，日二服，夜一服。”

2. 治中焦如衡，非平不安　衡者，秤也，平也。中焦脾胃为气机升降、水液代谢之枢纽。温病伤及中焦，邪热蕴于阳明胃，湿热蕴结于太阴脾，或胃阴大伤，致脾与胃的润燥、升降等不协调而共同发病，欲协调中焦，必以调理，也即平衡脾胃功能，这种调理脾胃升降、润胃燥脾的方法，用药不能太升，也不能太降，不能太补，也不能太泻，不能太润，也不能太燥，要不偏不倚，中正平和，像“衡”器一样平衡。俾脾胃平和、调和，则收纳健运正常。治之如衡，可宜以下诸法。

（1）辛开苦降调和脾胃法：即以苦、辛味药调和脾胃。胃热，非苦降不得清，脾湿，非辛开不能化，故辛开理脾，苦降平胃，遂其升降之常。吴鞠通多用半夏泻心汤加减，以枳实、半夏辛开湿结；黄芩、黄连苦降热结，使湿热祛除，脾胃“如衡”。观吴鞠通的小陷胸汤加枳实汤、杏仁滑石汤、半苓汤、椒附白通汤等，也是宗其意而设。

（2）苦辛温调和脾胃法：利用味苦辛、性温之品协调阴阳，治疗中焦脾胃阳虚阴盛证。如设苓姜术桂汤或桂枝汤复其脾胃之阳，调顺脾气升胃气降之能，以治疗脾胃之阳被伤证。再如四加减、五加减正气散，皆为苦辛祛秽浊、性温化湿气而立。其中，五加减正气散的厚朴、苍术健运脾气，谷芽升提胃气，俾中焦平和。

（3）苦辛寒调和脾胃法：利用味苦辛、性寒药物治疗湿热蕴结中焦脾胃。味苦性寒可清中焦湿热，味辛合苦又能化湿气，俾湿化热清中焦以平。苦寒相合里热清，湿浊化，如热重于湿的太阴脾证，即是以苦辛寒法，用黄连白芍汤清化湿热以平和胃腑。

（4）酸甘化阴和胃法：应用味酸甘之品求阴液得以生化，多治疗温病后期胃阴大伤。

（5）苦辛通法：利用味苦辛药物以通泄腑实燥结。吴鞠通治阳明胃病的腑实，用小承气汤轻泄，略通胃气，使热结祛脾胃和。再有治疗脾胃阳气受困而不得伸的吐不能、泻不得症，以蜀椒救中汤治疗干霍乱。

（6）苦辛咸寒下法：利用味苦辛咸、性寒药物，通泄腑实阳明证。吴鞠通用大承气汤清泻胃肠实热积滞，用调胃承气汤治疗邪热内结的旁流证，俾邪热去，胃肠通利平和。

（7）辛凉甘寒法：利用味辛甘、性寒凉药物治疗热邪传入中焦之阳明温病尚未成腑实热结者。如用白虎汤治疗阳明热盛津伤证，以求胃热消、中焦和。

3. 治下焦如权，非重不沉　权者，秤锤也。温病所见下焦病变，一则为肝肾亏虚，或阴精虚而风火动；二则为湿浊阻滞膀胱，气不化浊而水道阻滞；三则湿热下注大肠，传导失司；四则邪热痰浊凝聚血络而致瘀血疟母等。这些病证的治疗，多宜取质重气厚潜坠之品，故而说治下焦病如秤锤一般沉重，非重坠法不能沉降以直达病所。治病如权，又不外如下四法。

（1）咸寒重坠法：以咸味寒性药物治疗下焦肝肾亏虚的痉厥证。常用二甲、三甲复脉汤，大小定风珠，黄连阿胶汤等。取生牡蛎、生鳖甲、蛤壳类、化石类等重坠镇潜之品，合生熟地黄、白芍、麦冬、阿胶诸质重味厚之品滋补阴液。引吴鞠通医案：“马，三十八岁，暑热本易伤阴，误用消导攻伐，重伤阴气，致令头中耳中鸣无止时，此系肝风内动，若不急救肝肾之阴，瘛疭热厥立至矣。生地黄、生牡蛎、炒白芍各18g，麦冬、生鳖甲各15g，牡丹皮、炙甘草各9g，火麻仁、菊花炭各6g，桑叶4.5g。”

（2）辛温通降法：用味辛性温药物治疗湿浊内阻膀胱，气化不行之水肿。多取鹿附汤、安肾汤、术附等姜汤等，用质重味厚的附子温阳助气以通行水液。

（3）苦寒降泻法：配味苦性寒药物治疗湿热下注大肠所致的痢疾、黄疸等。用白头翁汤治疗湿热痢疾，方中黄连、黄柏、黄芩、秦皮皆苦寒气厚。加减泻心汤治疗湿热蕴结胃肠的噤口痢，方中芩连也质重气厚以降之为治。

（4）甘温兼湿法：取味甘性温之品温补下焦少阴肾。如温病后期，热邪虽清，但下焦少阴亦随之虚寒而关门不合所致的泄泻等，取桃花汤、桃花粥，以甘温下达涩肠止泻，方中赤石脂质重、炮姜气厚温补下元以辅其阳虚。

吴鞠通的三焦分治是“由上及下”从纵的方面总结出来的温病治疗大法，亦是从理论到实践的原则性总结。王季儒引孔伯华语：“吴氏的三焦辨证，也是说明温病的轻重浅深，并非病邪果真居于上焦、中焦、下焦。观其《温病条辨》上焦所选之证，中焦亦有之，中焦所用之药，下焦亦有之，界限不清，此等处慎勿拘执。”对于温病病理变化的认识，三焦辨证还有一定的局限性。故学习《温病条辨》要密切结合临床，紧扣病机，灵活运用三焦辨证和三焦分治的法则，才能更加全面地进行临床施治。

[《新中医》，2009；(4)]

浅析吴鞠通论治邪入心包证

赵世芬

邪入心包证，是温病发展过程中，由于邪热炽盛，热毒深陷，灼津为痰，内闭心包，心窍被阻而导致的证候。临床常见身热灼手，神昏谵语或昏馈不语，舌謇肢厥，舌质纯绛，鲜泽无苔，脉沉细数，或见滑数等症。对于本证，吴鞠通有较详细的论述，在《吴鞠通医案》[下称《医案》]中，有十余处论及邪入心包证。其理法方药，对临床有重要的指导意义。故此，本文仅就《医案》中有关邪入心包证的论治加以剖析。

一、清营泄热　清心开窍

《医案》暑温条载："甘，二十四岁，暑温邪传心包，谵语神昏，右脉洪大数实而模糊，热甚危险。连翘六钱，生石膏一两，麦冬六钱，银花八钱，细生地六钱，知母五钱，玄参六钱，生甘草三钱，竹叶三钱。煮成三碗，分三次服。牛黄丸二丸、紫雪丹三钱，另服。"

按　本案乃暑温气分热炽未罢，猝中心营而内闭心包之证。邪热内闭，清窍被蒙则见神昏谵语，气分邪热炽盛则右脉洪大数实，其脉模糊乃邪热伤正之象，恐有动风之势。吴氏治用清营汤、白虎汤加减，仿叶天士"入营犹可透热转气"之法，以清营汤中银花、连翘、竹叶宣畅气机，使营分邪热转出气分；用麦冬、生地、玄参清热滋阴；以白虎汤之石膏、知母、甘草泄热生津，达热出表。吴氏又投牛黄丸开窍，速解高热神昏之症，取紫雪丹清热凉肝熄风以防动风之势。诸药共奏清营泄热，清心开窍之效。

笔者曾治：徐某，男，21岁。1977年3月21日初诊。高热，头痛半天，即而恶心呕吐，项强，烦躁神昏。体温39.8℃，舌绛，苔黄，脉滑数。血常规：白细胞26.3×10^{8}/L（26300/rnm^{3}），分叶0.85（85%），淋巴0.11（11%），杆状0.04（4%）。脑脊液：外观稍混浊、细胞数550×10^{6}/L（550/mms），中性96%，淋巴4%，糖5.21mmol/L（93mg/dl），蛋白质30mg%，氯化物119mmol/L（700mg/dl）。此为流行性脑脊髓膜炎，属中医春温范畴。邪热炽盛，热毒深陷，闭阻心窍所致。拟清营泄热，清心开窍之法：石膏50克，金银花25克，连翘、知母、竹茹、淡竹叶各15克，甘草、菖蒲、葛根各10克。另冲服安宫牛黄丸1粒。2剂后热势稍减，烦躁得平，神清，仍觉恶心项强，舌苔略黄，脉滑稍数。继以清热化痰和胃之法调治。1周后病愈出院。

二、凉肝熄风　清心开窍

《医案》暑温条载："乙丑十月二十二日，广，二十四岁，六脉洪大之极，左手更甚，目斜视，怒气可畏，两臂两手卷曲而瘛疭，舌斜向不语三四日，面赤身热，舌苔中黄边白，暑入心包胆络，以清心胆之邪为要，先与紫雪丹。连翘（连心）五钱，羚羊角三钱，竹茹三钱，金银花五钱，暹罗犀角三钱，丹皮三钱，麦冬五钱，细生地五钱，桑叶三钱，天冬三钱，鲜荷叶（去蒂）一张。煮四杯，分四次服。又碧雪丹一两，每服三钱，凉开水调服。

以神清热退为度，现在热厥。二十三日，肝热之极，加天冬凉肝于前方内。加天冬三钱，其碧雪丹仍照前常服。二十四日，暑入心胆两经，与清心络之伏热，已见小效，仍用前法而进之。”

按　本案暑温，乃气营分邪热炽盛，引动肝风，并有真阴被灼，水亏木旺，筋脉失养之势，故见身热面赤，苔黄脉洪，同时又见目斜视，怒气可畏，瘈疭之证。吴氏取“急则治其标”之法，先与紫雪丹清心开窍，凉肝熄风，继用羚羊钩藤汤合清营汤加减，方以连翘、金银花、竹茹、桑叶等药透热外出，用羚羊角、犀角、丹皮清热凉肝，熄风止痉，用生地、二冬等，滋养阴液。诸药共奏除营热，消肝热之功。

三、清热化湿　清心开窍

《医案》暑温条载：“丁亥闰五月廿二日，某，暑温误表，致有谵语，邪侵心包，热重面赤，脉洪数，手太阴证为多。宜辛凉芳香，以清肺热，开心包。阳有汗，阴无汗，及颈而还，极大症也。生石膏一两，连翘（连心）三钱，丹皮三钱，飞滑石六钱，金银花三钱，桑叶三钱，细生地三钱，知母（炒）三钱，甘草二钱，苦桔梗三钱。煮三大杯，分三次服，外服紫雪丹五分。”

《医案》伏暑条载：“十七日，张，伏暑酒毒，遇寒凉而发，九日不愈，脉缓而软，滞下身热谵语，湿热发黄，先清湿热，开心包络。飞滑石五钱，茵陈五钱，黄柏炭三钱，茯苓皮五钱，黄芩三钱，真山连二钱，生苡仁三钱，通草一钱，栀子炭二钱。煮三杯，分三次服。先服牛黄清心丸一丸，戌时再服一丸。”

《医案》滞下条载：“孙，四十余岁……神昏烦躁，邪入心包，而又发黄，势甚重大，勉与开心包一法，与紫雪丹二三钱，以神清为度，汤药清湿热之黄。飞滑石六钱，猪苓三钱，麦冬（不去心）四钱，云苓（块连皮）五钱，泽泻三钱，茵陈三钱。煮三杯，分三次服。”

按　上三案，分别见于暑温，伏暑，滞下条中。例1为暑温误表，邪不外解，内陷厥阴，阻闭包络。热重面赤，脉洪数为阳明经邪热炽盛之证，谵语乃热陷包络所致。吴氏以白虎汤之石膏、知母、甘草泄热，配金银花、连翘、桑叶等透热外出，又投紫雪丹清热开窍闭。治疗中，吴氏尤注意暑必兼湿的特点，加入飞滑石两清湿热，使湿去热无所附。后两例无论从证候、治疗方面都突出了窍闭兼湿热为患的特点。吴氏以飞滑石、茵陈、茯苓、生薏苡仁、通草等淡渗利湿之品，祛湿热，使邪从小便而出。此法正合王纶所说：“治暑之法，清心利小便最好”的治疗宗旨，且加服牛黄清心丸、紫雪丹清心化痰开窍，疗效尤佳。对于此证，单开窍闭，湿热不祛，反致热为湿固，黏腻固着，病必缠绵加深；若纯清湿热，窍闭不开，病势危矣。只有开窍与清热化湿并施，方为正治。

此类证治，现临床多有报道。如赵绍琴教授治疗暑温挟湿内闭心包之证，即用芳香化湿，凉营开窍泄热之法。吴某，男，15岁。1953年9月6日初诊。发热4～5日，2天来加重，体温39.7℃。恶心呕吐甚重，头晕，项强，神昏谵语，大便2日未解，小溲短少，舌绛苔黄厚，脉沉滑濡数。经某医院确诊为乙型脑炎。证属暑温挟湿内闭心包。拟用芳香化湿，凉营开窍泄热：藿香、连翘、佩兰、郁金、菖蒲、半夏各10克，银花15克，生石膏24克，黄连、紫雪丹（分2次冲服）、竹茹各6克。下午连服2剂，夜间1点，病人腹泻甚多，恶臭难闻，身热仍甚。9月7日晨3点又腹泻甚多，气仍恶臭。4点钟热退汗出，神清安睡。舌绛转红，舌苔已化，浮略黄，脉濡滑。仍予养阴清，以善其后。［《浙江中医杂志》1986

(7) 291] 赵老治疗温病窍闭神昏之证，正是吴氏清热化湿开窍法的运用和发挥。

四、通腑泄热　清心开开窍

《医案》卷一，冬温条载："丙寅十下月初一日，某，冬温，脉沉细之极，舌赤面赤，谵语，大便闭。细生地六钱，玄参六钱，粉丹皮三钱，生大黄五钱，麦冬（不去心）六钱，生甘草二钱，元明粉一钱。煮三杯，先服一杯，得快便，止后服。外服牛黄清心丸二丸。因润下未通，与广东牛黄九二、三丸，以开膻中；继以大承气汤攻阳明之实。生大黄八钱，玄参八钱，老厚朴二钱，元明粉三钱，丹皮五钱，小枳实四钱。煮二杯，先服一杯，得便即止，不便再服。

按　本案冬温神昏谵语，为误表所致。综合其证，当为手阳明大肠与手厥明心包俱病。吴氏依大便闭之证，与润下法未下，虑其邪闭心包，当速开窍闭，否则易内闭外脱，故急与广东牛黄丸清心开窍，又与大承气汤攻阳明腑实，泄热下行。此证若腑气不通，邪无去路，上窍愈蒙，心神不清，脏腑失主，下窍愈闭。只有开窍通腑，邪热下泄，证有转机，此乃"釜底抽薪"之法。又如《蒲辅周医案》治"热结旁流"证：梁某，男，28 岁，住某医院。诊断为流行性乙型脑炎。体温高 40.3℃，脉象沉数有力，腹满微硬，哕声连续，目赤不闭，无汗，手足妄动，烦躁不宁，有欲狂之势，神昏谵语，四肢微厥，昨日不利纯青黑水，此虽病邪羁踞阳明、热结旁流之象，但未至大实满，而且舌苔秽腻，色不老黄，未可与大承气汤，乃用小承气汤法微和之。服药后，哕止便通，汗出厥回，神清热退，诸症豁然，再以养阴和胃之剂调理而愈。可见在热性病的治疗过程中，不可拘于一法，见窍闭则徒开窍，不明辨证论治的实质，以致贻误病机。

五、滋阴复脉　清心开窍

《医案》卷四，产后条载："普氏，二十七岁，产前暑伤肺卫，身大热，三日而生产，后十五日热不解，并前三日，已十八日矣。逆传心包，神呆瘈疭，全入心营，大便结，六脉芤，虚证已深矣。勉与邪少虚多之复脉法，兼以清上。细生地五钱，玄参四钱，茶菊花三钱，焦白芍三钱，麦冬（不去心）四钱，冬桑叶三钱，火麻仁四钱，丹皮三钱，炙甘草三钱，生鳖甲五钱，阿胶三钱。煮三杯，分三次服。外服牛黄清心丸一丸。"

卷四，瘈疭条载："乙丑闰六月二十五日，陈，十五岁，病久阴伤已极，骨瘦如柴，又加卒然中暑中热气，舌绛芒刺，唇干液涸，无怪乎痉厥神昏，十指蠕动，危险之至！以脉尚浮弦而芤，勉于一面香开心包，一面大队填阴，兼咸以止厥法。先与紫雪丹二钱，凉开水和服。(共服六钱）犀角五钱，羚羊角三钱，白芍五钱，鳖甲五钱，细生地二钱，阿胶三钱，牡蛎五钱，炙甘草二钱，麻仁二钱。浓煎，缓缓服。二十八日，神识未清，间有谵语。犀角五钱，直生地八钱，麦冬（不去心）八钱，鳖甲五钱，生白芍五钱，麻仁三钱，阿胶三钱，炙甘草六钱。七月初一日，邪少虚多，用复脉已当；但舌上黑苔未化，宿粪未见。兼加润法。"

按　上二例均为暑热闭窍兼邪少虚多之候。例 1 为产前暑伤肺卫未解，产后虚极，暑热逆传心包。吴氏以加减复脉汤滋阴清热复脉，加入玄参、菊花、冬桑叶、丹皮、生鳖甲，增强养阴清热透邪外出之功。例 2 为病久阴伤，加之卒中暑热，邪闭心包，更耗伤阴津，致肝肾阴津耗损，筋脉失养，故以加减复脉汤加入犀角、羚羊角、鳖甲、牡蛎，重在滋阴养血，潜阳熄风。二证逆传为标，虚极为本，若单予开窍，不顾虚极之体，病难救治；若纯予复脉，不开窍闭，邪恋不祛，病亦危重。故治用牛黄清心丸、紫雪丹开窍闭通包络，用加减复脉汤滋阴清热，熄风复脉。用加减复脉汤尚须注意，其剂属清凉，攻专救阴，又清虚热；药属滋腻，真阴耗损，热由虚生方可用之。

结语：邪入心包证，是温病发展过程中的危重证。通常认为："温邪上受，首先犯肺，逆传心包"，是指邪在肺卫内陷厥阴的一种特殊传变规律，而吴氏此处所论邪入心包证，非单指逆传心包证。温病的气分或营分证，皆可因失治误治，热毒深陷，导致邪热内闭心包的危重证。邪入心包是指一个含义广泛的概念，包括了逆传心包这一特殊的传变形式。总结吴氏所论邪入心包证之成因：一是由于感受温邪太过，邪热炽盛，热毒深陷，直中心包；一是邪热盛，灼液为痰，阻塞心窍，蒙蔽心包；或由于平素阴伤虚极，邪热闭阻包络；或由于失治误治导致邪闭心包。吴氏据自己长期的临床实践，针对邪入心包证的病因，分别用紫雪丹、牛黄清心丸等开窍闭，并针对兼证不同，分别配合清营泄热、凉肝熄风，清热化湿，通腑泄热，滋阴复脉等治法。可见吴氏在论治疾病过程中，随证施治，不拘一法，不失为论治温热病的著名医家。

[《辽宁中医杂志》，1989；(6)]

《温病条辨》运用仲景方规律探要

陈保红

《温病条辨》是清·吴瑭（鞠通）所著。书中所载方剂 204 首，其中引用经方 37 首，经方化裁变方 54 首，通过经方创制新方 16 首，计 107 首，占书中方剂半数以上。可见吴氏深得仲景学说之秘奥。笔者仅就《温病条辨》运用仲景方的规律探讨如下：

一、遵循经旨　引用经方　去同方同

制方原为治疗疾病而设，但必先识证立法，而后始可制方。吴瑭对经方探索精深，凡温热病所现证候与《伤寒论》某证病机症状类同者，则师法仲景，径用原方。如卷一第七条："太阴温病，脉浮洪，舌黄，渴甚，大汗，而赤，恶热者，辛凉重剂白虎汤主之。"卷一第五十四条："骨节痛烦，则呕；其脉如平，但热不寒，名曰温疟，白虎加桂枝汤主之。"卷二第二十五条："温病少阴咽痛者可与甘草汤，不瘥者与桔梗汤。"均与仲景同法。以三焦辨治为例，病在上焦，温邪上受，病邪尚浅。某些证候多与太阳经证近似，吴氏则于太阳篇求法。如太阳风温初起，外寒挟内热，症见恶风寒者，采取少投辛温法，用桂枝汤表散风寒；太阳温病得之二三日，热扰胸膈，症见舌微黄，寸脉盛，心烦懊侬，起卧不安，欲呕不得呕，则用栀子豉汤清解郁热。温邪传入中焦，多见阳明证，吴瑭则取法阳明篇，凡邪入气分，热铄肺胃，呈现阳明经证者以白虎为主治之方；热结肠胃，呈现阳明腑实证者，以承气为主治之方，随证化裁以应中焦无穷之变。热邪深入下焦，耗铄真阴，病机近同少阴热化证，吴氏则取法少阴篇，如少阴温病，真阴欲竭，壮火复炽，症见心中烦，不得卧，则用黄连阿胶汤泻壮火而坚真阴，温病热入少阴，逼液下走，虚火上炎，出现"下利咽痛，胸满心烦"，则用猪肤汤滋阴润燥。

二、古法活用　运化经方　方随证变

吴氏书中运用仲景方，灵活多变，引而伸之，化裁又不硬套成方。例如：治小柴胡证误下，上下格拒痞证，证属邪乘虚陷，结于心下，形成阴阳失调，寒热虚实错杂，用半夏泻心汤，寒温互用，阴阳并调，辛开苦降，补泻兼施。

观吴氏化裁经方，主要从两点入手：一是重在因证立法，作为择方选药的依据，法即立：二是选药组方，才能更大范围地适应症情的复杂变化。如治疗温病发斑，以白虎汤清泄阳明郁热，加元参以启肾经之气；取犀角咸寒救肾水以济心火，托斑外出，败毒辟温。发斑证虽亦为阳明经病，但与白虎证有别，病至发斑，不独热郁阳明，且兼热邪内迫营血；故加入二味凉血之品，谓化斑汤，由辛凉重剂易为咸寒苦甘法。再如随症变方，根据症状的不同表现而增减药味。如治疗里虚下陷，热利下重，腹痛，于白头翁汤内加入黄芩以清肠胃之热；增白芍祛瘀生新，调血中之气而止腹痛。再如：治少阳疟如伤寒证者，用小柴胡原方，症同少阳证，故仍用小柴胡法；渴甚因内燥，故减半夏，加栝蒌根生津止渴，脉弦迟者，内寒重，故加干姜、陈皮以温中。药随症状而增减，主证不变，主方不变，加一药必有一药的症状，减一药，以去一药的弊端，味味着实，精切不浮，处处恪守“观其脉证，知犯何逆，随证治之”的辨证施治原则。

三、师法仲景　大胆创新　变革新方

吴瑭博采众长，在前人经验基础上，大胆创新，变革经方，创立时方，扩大了治疗的范围。其创新的途径主要有三个方面：

以方剂确定治疗法则　吴氏擅长研究经方的组织结构、注重药物气味的组合，探求仲景立法之意，从而随证情需要而取舍，灵巧地组织新方。例如：炙甘草汤原为治疗伤寒脉结代，心动悸而设，方中柔润养阴之味与刚燥补阳之品并用，意在补气血，调阴阳。吴瑭根据温邪伤阴的特点，减桂枝、人参、生姜、大枣等甘温护阳之味，存阿胶、生地、麦冬，麻仁等凉润救阴之味，加白芍敛阴气，组成甘润存津法；减麻仁，加龙骨牡蛎镇纳浮阳，组成镇摄法；加入一味牡蛎养阴固涩，组成咸寒兼涩法；加入鳖甲、龟板育阴潜阳，组成咸寒甘润法；加入五味子、鸡子黄组成酸甘咸法。一方化裁，创出复脉辈，定风珠数方，用于温病后期热邪劫津，阴虚液涸，热深厥甚，肝风内动等证，为救阴防脱之总司。一方之变，其不同效用若此，非学养与经验并富者实不足以窥其堂奥。

根据病症而求治疗法则　分析经方证候的病理机制，找出仲景立法原则，在条文精神启发下，创制新方。如用五汁饮治疗瘅疟，仲景于瘅疟条下未备治方，仅以“饮食消息之”以示后人。吴瑭认为：“调如是重病而不用药，特出饮食二字，重胃气可知。阳明于脏象为阳土，于气运为燥金，病系阴伤阳独，法当救阴何疑。重胃气、法当救胃阴何疑。制阳土燥金之偏胜，配孤阳之独亢，非甘寒柔润而何！”故立五汁饮补仲景之未备。若此，既能遵循古法；又有创造精神，将治疗的原则性与灵活性有机地结合起来。

根据证候　偶反取法　吴瑭精思妙悟，匠心巧运，在古法意图启示下隅反推理，创制新法，如卷三第五十一条所说：“饮家阴吹，脉弦而迟，不得固执《金匮》法，当反用之。”阴吹一证，系叫“谷气实”，胃中津液不足，大肠枯槁，气不詹行，逼走前阴，故仲景重用润燥导下之猪膏发煎。饮家阴吹，缘由痰饮蟠踞中焦，津液积聚胃中，令九窍失和，吴瑭用苦辛淡法，峻通胃液下行，使大肠得津液滋润而病如失，用橘、桂、苓、枳、姜辛温燥烈之品，是有意反用仲景法。

总之，吴瑭认为，伤寒与温热两病，实有水火的区别。寒病之原，原于水；温病之原，原于火。伤寒病的寒邪，是水之气；膀胱者，水之府。寒邪先伤足太阳膀胱经，是以水病水。温热病的温邪，是火之气，肺者金之脏，温热先伤手太阳肺经，以火乘金。这是伤寒温热两病病机最根本的区别所在。因此，根据寒温二气伤阴伤阳的特点，在治疗上提出了原则上的区别。凉、寒、咸均属水之气味，辛凉解表，用于风温初起，甘寒清热养阴，施于温病全过程；甘咸育阴救液，用于后期邪少虚多，最是吴氏临床运用的活法，颇能尽其“一隅三反”的妙用。

［《实用中医内科杂志》，2008；（4）］

吴鞠通论治湿热病特点探析

耿学英　宋乃光

清代著名医家吴鞠通在其代表作《温病条辨》中，创立了以三焦辨证为核心的温病学理论体系，使三焦辨证和卫气营血辨证有机地联系起来。书中对温热、湿热两大类温病进行了系统而全面地论述，使温病学成为一门完整的学科，对中医温病学的发展起到了巨大推动作用，影响极为深远。本文试对吴鞠通论治湿热病的学术思想特点进行探究分析。

一、明辨温热湿热

《温病条辨》一书的主要内容在三焦篇，在三焦篇中，吴鞠通将各种温病按病变性质分为温热、湿热两大类，分别论述其辨证论治。吴氏将温病分成9种，其中，风温、温热、温疫、温毒、冬温、秋燥属于“纯热不兼湿”的温热类；而湿温、暑温、伏暑属于“温病之挟湿”的湿热类，其中暑温、伏暑中感受暑湿邪气而发病者属湿热类，感受暑热邪气而发病者属温热类。“暑温、伏暑、湿温，证本一源，前后互参，不可偏执。”并提出相应的治疗用药原则。在《温病条辨》中，吴氏不仅反复强调温病与伤寒证治不同，而且十分强调温热与湿热病证治有别。指出若不辨温热、湿热，滥以治温热之法治湿热之证，则会导致种种不良后果。

吴鞠通指出，湿热之邪既有外感，又可内生而得，故发病时往往内外合邪，纠合难解。“热湿者，在天时长夏之际，盛热，湿气流行也，在人身，湿郁本身阳气，久而生热。”外感之湿，或从上，或从下，或遍体皆受；内生之湿，或因膏粱酒醴过度，或食生冷瓜果及甜腻之物。湿为阴邪，重浊黏腻，易阻滞三焦气机。湿热之成因，常因湿邪逢阳盛之体酝酿而成，或湿热二气杂至，合而伤人。湿为热之窠臼，热处湿中，如油入面，常难分难解。故湿热之证，往往缠绵难愈，较之温热，病势虽缓而病情实重，治疗颇为棘手。

二、重视运用舌诊

吴氏在辨治温热、湿热证时，常以脉、舌、色、症互参，其中尤其重视察舌。他以舌苔之燥滑为鉴别温热、湿热的关键，多次强调舌滑者当属湿温之证，用药应有区别。上焦篇第三十条在辨清营汤的适应症时即指出：“脉虚，夜寐不安，烦渴，舌赤，时有谵语，目常开不闭，或喜闭不开，暑入手厥阴也。手厥阴暑温，清营汤主之；舌白滑者，不可与也”。进一步强调："若舌白滑，不惟热重，湿亦重矣。湿重忌柔润药，当于湿温例中求之，故曰不可与清营汤也。"并注释说："舌苔白滑、灰滑、淡黄而滑，不渴者，乃湿气蒸腾之象，不得用清营柔以济柔也。"在辨黄连黄芩汤的适应症时言"阳明温病，干呕口苦而渴，尚未可下者，黄连黄芩汤主之。不渴而舌滑者属湿温。"又如辨三石汤证："暑温蔓延三焦，舌滑微黄，邪在气分者，三石汤主之。"中焦篇论湿温时第54条指出："湿热上焦未清，里虚内陷，神识如蒙，舌滑脉缓，人参泻心汤加白芍主之。"又在第63条指出："脉缓身痛，舌淡黄而滑，渴不多饮，或竟不渴，汗出热解，继而复热，内不能运水谷之湿，外复感时令之湿，发表攻里，两不可施，误认伤寒，必转坏证，徒清热则湿不退，徒祛湿则热愈炽，黄芩滑石汤主之。脉缓身痛，有似中风，但不浮，舌滑不渴饮，则非中风矣。"可见吴氏在辨治湿热病时十分重视舌诊的运用。

三、用药忌柔喜刚

在湿热证的用药方面，吴氏提出"忌柔喜刚"的原则。吴氏指出温热、湿热证的不同："温病之不兼湿者，忌刚喜柔……温病之兼湿者，忌柔喜刚。"所谓刚者，即刚燥伤津之品，如黄芩、黄连、枳实、厚朴、木通、滑石等苦寒、苦温、淡渗之药；所谓柔者，即柔润滋阴之品，如麦冬、生地、元参、牡蛎、鳖甲、龟板、白芍等甘寒、咸寒、酸寒之药。湿热之证，尤其在湿重之时，应当以去除湿邪为先，湿去则热孤。湿为阴邪，易伤阳气，宜用刚燥之品以化湿、燥湿或利湿，不可再用柔润滋阴之品，以免助湿恋邪，致湿热难除。正如吴氏所言："湿为胶滞阴邪，再加柔润阴药，二阴相合，同气相求，遂有锢结而不可解之势。"故吴氏在湿热并重之时，常用芩、连等苦寒之品，以达化燥祛湿之功。

四、三焦论治特点

1. 重调气而利三焦　吴氏在论述湿热病时是以三焦辨证为纲领。湿热乃重浊之邪，有蒙上流下之特性，三焦辨证能清楚地标示湿热病的自上至下的传变途径及传变发展规律。综观《温病条辨》三焦篇中湿热病的内容，始终突出湿邪弥漫，阻滞气机这一特点。吴氏针对湿热病提出"重调气而利三焦"，以祛除湿浊，宣畅气机为原则，认为"湿祛则热不独存"。三焦湿热病的治疗以理气与化湿药配合，用轻开肺气、芳香宣气、通腑下气、通利膀胱、清宣三焦、宣通经络等法治疗湿热阻遏气机所致多种病变。据统计，《温病条辨》中治疗湿热病时理气药的应用是温热病的6倍。吴氏对上、中、下三焦湿热病的治法可以用开上、畅中、渗下六个字来概括，这也可以说是吴鞠通湿热病辨证论治学术思想的核心。上焦以轻宣肺气，化湿泄浊为法，中焦以辛开苦降，宣畅气机，健脾开胃为法，下焦则以淡渗利湿为法。因湿热邪气有弥漫三焦的特点，故治疗时应既有侧重，也应兼顾其他二焦。书中治疗湿热病诸方的配伍用药，处处体现其处处兼顾三焦的特点。

2. 注重宣肺化气　吴氏治疗湿热注重宣肺化气，认为气行则水行，气化则湿热俱化。《温病条辨·上焦篇湿温》指出湿邪困阻上焦，肺气失宣，表气不畅；且湿阻脾胃可致升降失司。诸症皆因湿邪困阻，肺气失宣所致。故治以轻宣肺气，化湿泄浊之法，主张轻开上焦肺气。吴氏在论述三仁汤时言："湿为胶滞阴邪……惟以三仁汤轻开上焦肺气，盖肺主一身之气，气化则湿亦化也。"以三仁汤启上闸、开水源，化湿而不助热，清热而不留湿。吴氏擅以杏仁、滑石、通草三药相配，通利三焦水道为其用药特长。又在论述三石汤时指出："蔓延三焦，则邪不在一经一脏矣，故急以清三焦为主。然虽云三焦，以手太阴一经为要领。盖肺主一身之气，气化则暑湿俱化。且肺脏受生于阳明，肺之脏象属金色白，阳明之气运亦属金色白，故肺经之药多兼走阳明，阳明之药多兼走肺也。再肺经通调水道，下达膀胱，肺痹开则膀胱亦开，是虽以肺为要领，而胃与膀胱皆在治中，则三焦俱备矣。”吴氏宣肺化气喜用杏仁，创制了三仁汤、杏仁汤、杏仁石膏汤等方，以杏仁为君，宣肺化气以除湿热。治疗湿温喘促的千金苇茎汤加滑石杏仁汤；三焦湿热的三加减正气散；阳明暑温的半夏泻心汤去人参干姜大枣甘草加枳实杏仁方；暑湿蔓延三焦的三石汤、杏仁滑石汤；湿热蕴于经络的宣痹汤、加减木防己汤等，也都用到杏仁，对湿热病证的治疗具有重要作用。吴氏以开宣肺气为要法，对治疗湿热颇具指导意义。

3. 注重调脾胃祛湿邪　湿热邪气易流注中、下焦，其特点是湿困脾胃，升降失司，三焦气滞，小便不利。中焦湿热证最为多见。吴氏明确指出：“湿温较诸温，病势虽缓而实重，上焦最少，病势不甚显张，中焦病最多，详见中焦篇，以湿为阴邪故也，当于中焦求之。”湿为阴邪，极易从肺传之脾胃，特别是脾阳虚者，传变尤速。吴鞠通认为“湿在上焦，若中不虚者，必始终在上焦，断不内陷”。脾胃居于中焦，脾气主升，胃气主降，二者互相协调，既不逆上，也不下陷，如衡器之平，才能保持其受纳、运化等正常功能。湿热之邪入中焦，会导致脾胃气机升降失常，受纳、运化功能障碍，故吴氏治疗湿热中阻病证，极为注重调理脾胃气机，用药力求适其所宜，使升者自升，降者自降，以达平衡之效。湿热之邪郁结于下焦，膀胱气化失常，会出现闭塞不通之象。其主要特点是升降失司、三焦气滞、小便不利。吴氏以宣畅气机、淡渗利湿为组方遣药之原则。即吴氏治疗中下焦湿热以辛开苦降、宣畅气机、健脾开胃、淡渗利湿为则。中焦湿热者，治疗多用苦辛寒淡法，用苦辛者，辛开苦降以通中焦，且苦可燥湿；寒以清热，淡以渗泄水湿，又可用芳香法以化湿等。湿性重浊黏腻，阻塞气机，最易郁遏脾气，影响脾胃气机的升降。需结合脾胃各自特点，灵活选用治法。脾喜燥而恶湿，以运化水谷、制水为事，湿胜易反伤脾土，“以升降中枢为要”。湿热病有湿重于热，湿热并重，热重于湿之分。湿重于热者，以辛温、苦温、淡渗三类药物相配，以祛湿为主，从湿中泄热。方如茯苓皮汤、三加减正气散、薏苡竹叶散、茵陈五苓散、宣清导浊汤等。湿热并重者，以辛温、苦温、辛寒、苦寒、淡渗之品相配，祛湿与清热并重。方如半夏泻心汤去干姜甘草加枳实杏仁方、杏仁滑石汤、黄芩滑石汤、加减木防己汤、宣痹汤等。热重于湿者，以清热为主，佐以祛湿。方如白虎加苍术汤、三石汤、杏仁石膏汤等。

总之，吴鞠通是一位既有高超理论，又有丰富临床实践经验的杰出中医大家，《温病条辨》是一部理、法、方、药俱全的温病专著，师承前贤而又超越前贤。吴氏在诊治湿热病方面辨证论治条理分明，用药思路独到，创设多个实效专方。应当深入研究吴氏学术思想，以更好指导于临床。

[《中华中医药学刊》，2009；(2)]

论吴鞠通厥脱辨治特色

龚婕宁

清代医家吴鞠通，以善治温病诸证闻名，尤对温病危重症辨治，颇多建树。厥脱，系温病极、后期危候之一，病因复杂，证情多变，施治稍有迟缓，往往导致不救。吴氏在总结前人经验的基础上，不仅从理论上对其因机详加阐发，且在立法组方上颇具巧思，丰富、发展了温病治疗学，现就其辨治特色探讨如次。

一、推陈出新　阐发机理

厥与脱为两种不同的病证，厥指神志不清，四肢逆冷，脱系阴阳离绝，二者病理上联系密切。一般而言，厥系脱之前期，脱多由厥发展而来，故常厥脱并称。自《内经》、《伤寒论》以降，医界已对其有所认识，然惜乎较为简略，尤对温病之厥脱，论述殊少。吴氏鉴于热病易致厥脱之特点，从临床实际出发，对其机理作了较为详尽的阐述，概言之，有以下几端。

1. 热入心包，机窍闭阻　吴氏认为，“阴阳极造其偏，皆能致厥”，温热病中，尤以邪热炽盛为著。而“舌为心窍，包络代心用事”，与心主休戚相关，病理情况下必代心受邪，故邪热亢极，往往内陷心包，引发厥脱。故而，吴氏承叶天士“逆传心包”之说，进而指出：“温热之厥，手厥阴病也”，认为热入心包是厥脱发生的主要原因。并强调，邪热既可由气分、营血分内陷心包，又可因肺卫热势亢炽而直入心包，从而使心神出入之所闭阻，机窍不通，血脉运行不利，肢末失养，神昏谵语，语言謇涩，舌绛少泽，四肢厥冷诸症叠见。火热亢极，耗津伤阳，阴阳竭尽，可生脱变。

2. 阳明实极，热冲心包　“胃之别络通于心”，因此，“人之心包络与胃口相应”，阳明燥结，每每出现厥证，对此，仲景已有所述，吴氏秉其旨而发其意，指出“心居膈上，胃居膈下，虽有膈膜，其浊气太甚，则亦可上干包络”。因阳明燥热炽盛，与胃肠糟粕互结，腑气不通，浊气逆攻心包，致心窍闭塞，又可逼阴外越，从而出现“神迷肢厥，甚至通体皆厥”，“脉沉伏，或并脉亦厥”等火极似水之象。

3. 湿热上蒙，清窍失旷　湿热为氤氲难解之邪，湿蒸热动，极易壅塞蒙蔽清窍。清窍为空灵之所，重浊黏腻之湿热壅阻包络，脉络阻滞，阳气不布，而致厥脱。吴氏曰：“吸受秽湿，三焦分布，热蒸头胀，身痛呕逆，小便不通，神志昏迷，舌白，渴不多饮”，并指出，该证以“神志如蒙”、“肢微厥”为特征。

4. 肾阴耗损，脏腑失养　肾乃水火之脏，内寓真阴真阳，为一身之根本，诸脏皆赖之以养。如“热邪久羁，烁铄真阴”，虚阳外浮内扰，脏腑失养而机能紊乱，阴阳失于维系则厥脱即发。吴氏称其为“日久邪杀阴亏而厥”，指出此类厥脱，具有“热深厥深”，阴虚阳失潜藏之病机特点，临床可见神昏，舌短，烦躁，瘛疭或痉厥，心中憺憺大动，汗自出，脉虚弱，时时欲脱等。

5. 暑热伤正，津气欲脱　暑为火邪，其性炽热酷烈，最易导致灼津耗液之变。“壮火食气”，暑热交蒸，损伤元气，热迫津泄，伤阴最速，津气同源，两败俱伤，故暑热过盛，正气大亏，每可导致厥脱之变，从而出现身热骤退，汗出不止，喘喝欲脱，脉散大诸症。吴氏释曰：“汗多而脉散大，其为阳气发泄太甚，内虚不司留恋可知”，喘喝欲脱，为津液耗伤太过，肺之化源欲竭之故。

6. 寒湿困中，阳光不治　寒湿之邪感人，每易困阻中焦，吴氏曰：“脾主四肢，脾阳郁故四肢乍冷”，“湿困中焦，则中气虚寒，中气虚寒，则阳光不治，主正阳者心也，心藏神，故神昏，心主言，心阳虚故不语”。该证除神昏、肢厥、不语外，每每伴见身黄、下利等太阴脾湿之征，是其特点。

7. 阴阳相离，阳气暴脱　温病过程中，热邪蒸腾迫津外泄，伤络致瘀迫血妄行，或湿热之邪损及中阳而下泄不止等，皆可造成阴液严重耗伤。当阴损及阳，阴阳相离，则必然出现“诸阳欲脱”的凶险之证。临床可见面色苍白，冷汗淋漓，四肢逆冷，神疲或迷，脉微细欲绝。

二、寻本溯源 原立治法

厥脱来势急骤，病情凶险，治疗尤须果断及时。其中，确立正确的治法是获取佳效的首要环节。吴氏遵“治病必求于本”之旨，针对厥脱复杂因机，详察细辨起始动因，据病机实质确立相应治疗大法。

1. 清泄邪热，清心开窍　针对温病中热入心包，清窍闭阻所致厥脱热盛，窍闭之病机关键，吴氏提出，应以“芳香开窍，苦寒清热为急”的治疗大法，并补前人之未备，组创安宫牛黄丸、清宫汤等各方，以安宫牛黄丸清热解毒、清开机窍，清宫汤“清膻中之方也”，“以膻中为心之宫城也”，故“清宫城而安君主”，热祛火消，宫清神安，则厥脱之危自解。

2. 攻下热结，釜底抽薪　燥热之邪结聚阳明，浊气攻心，阳气郁闭之厥脱，病机关键在于腑气不通，燥热炽盛，单用清热，如扬汤止沸，故须攻下腑实，釜底抽薪，热归于地，因而，吴氏指出：“邪搏阳明，阳明太实，上冲心包，神迷肢厥，甚至通体皆厥，当从下法”，可用“大承气汤主之”，以承气辈急攻热结，畅通腑气，邪热归地，自无伤正之忧，神安本位，阴阳和合，诸症可解。然承气类毕竟峻猛，用之不当，极易伤正，况此类厥脱具火极似水之特征，与寒厥疑似，尤须仔细，吴氏强调：“目赤、腹坚满、喜冷饮”为识证要点，具此者方可用攻，确为经验之谈。此外，对“邪在心包阳明两处”之厥脱，吴氏指出，不可偏治一方，以免贻误病机，并独创牛黄承气汤，是方集清心开窍，急泻阳明于一身，甚为新颖，切合实用。

3. 清化湿热，分利祛邪　吴氏对湿热所致厥脱，虽均以清化湿热为总则，然据湿、热轻重，病位差异而各各不同，充分体现了审因论治之精神，如属“湿温邪入心包”者，因其为“湿热相搏，循经入络”，病性偏热，“故以清宫汤清包中之热邪，加银花、赤豆以清湿中之热”；湿热上焦未清，复因中阳虚弱内陷者，治当扶正祛邪、辛通苦降，“人参泻心汤加白芍主之”；“表里经络脏腑三焦，俱为湿热所困”，小便不通，湿无外排之路者，则应“急以牛黄丸宣窍清热而护神明”，配合茯苓皮汤以利湿分消，各个击破；“湿温久羁，三焦弥漫，神昏窍阻，少腹硬满，大便不下”者，又宜在渗湿清热、利气化浊之中合以通下，俾使“郁结之湿邪，由大便一齐解散”等等，吴氏详辨如斯，对后人启发颇多。

4. 滋补肝肾，育阴潜阳　对温邪久居下焦，阴虚阳浮之厥脱，吴氏指出“必以复阴为主”，从“育阴潜阳法”。阴津恢复，阳有所归，阴阳协调，诸症自解。吴氏特设加减复脉汤、救逆汤等方，以甘苦咸寒滋阴清热，潜镇浮阳。若真阴耗损已极，脉象虚大欲散，阴阳有即刻离绝之势者，方以人参救逆汤，或酸甘咸伍之大定风珠加人参、龙骨，补阴敛阳，以救其脱。

5. 生津养液，益气固脱　《内经》云：“阳在外，阴之使也；阴在内，阳之守也。”当温热之邪耗竭阴液使之不能内守时，则阳气随之伤而外泄，形成气阴两伤、正气欲脱之危候。吴氏一改脱证重在阳虚，治疗主以温阳固脱之习，独具慧眼，指认该类脱证的病理重心在津伤，力主以“生脉散酸甘化阴”，守阴以留阳，方中仅用一味人参益气生津，加强固脱作用。阴复阳回，诸症自解。是类脱证，切不可投以附、姜辛热之品，若不辨原由，冀回阳以救逆，往往阴竭阳脱，死不旋踵矣。

6. 驱浊生清、补火生土　对湿困中焦，阳光不治之厥证，吴氏力倡驱浊生清、补火生土之法，投四苓加木瓜厚朴草果汤，苦辛酸淡相伍，驱湿下行，湿去脾转，中阳通达，则清阳自生；温中散寒，芳香达窍，火充土生，相辅相成。

7. 回阳益气，救逆固脱　温病之中，亦有阳气暴脱者，是候甚急，须臾之间即有生命之忧，故应急以温补阳气，救逆固脱。吴氏以四逆汤中加入人参，暗寓独参、参附之意，从阴引阳，疗效更佳。

三、精心构思　巧施方药

吴氏对厥脱之证，不仅阐发机理条分缕析，辨证方法层次井然，法度严明，且在组方用药方面，还以构思巧妙，立意新颖见长。

1. 倡导就近逐邪祛邪　系治疗温病厥脱的重要原则，却常法众难适。吴氏认为当“随其所在，就近而逐之”。认为“温病由口鼻而入，鼻气通于肺，口气通于胃，肺病逆传则为心包，上焦病不治则传中焦，脾与胃也，中焦病不治，即传下焦，肝与肾也。始上焦，终下焦”。据此，提出“治上焦如羽”，“治中焦如衡”，“治下焦如权”的治疗法则，主张邪在上焦者，轻清宣透，如热邪内陷心包之厥脱，因病位在上，故应注意透散，其清宫汤中之竹叶心、连翘心即是，配合犀、羚、脑、麝等芳香走窜，通灵剔透，意在力透重围，达邪于外。邪在中焦者，以削平其邪，如承气、白虎之类。邪在下焦，或有下趋之势者，当厚味滋填或介石重镇，如诸甲复脉、定风珠之类。如湿热上蒙之厥脱，虽病位在上，但因湿邪有下趋之性，又宜因势利导，从下逐邪，故择淡渗辛苦之茯苓、猪苓、通草、寒水石等导湿下行，湿去则热难留，病势自解。即吴氏所谓“使闭困之邪热湿毒深在厥阴之分者，一齐从内透出，而邪秽自消，神明可复也”。

2. 着重清滋并用　《内经》有“诸寒之而热者取之于阴”，王冰注曰：“壮水之主，以制阳光”，吴氏深谙其理。温病厥脱中，固因火势高亢，阴津消灼，而阴津亏竭，又能助长火邪，二者互为因果，恶性循环。故吴氏疗此，多清滋并用，以达火消阴存、阴复火灭之效。温热疾病，邪热亢盛为主因，清泄邪热乃治疗的主要方面，然吴氏认为“火能令人昏，水能令人清，神昏谵语，水不足而火有余”，故力主清滋。如清宫汤中不仅有清心泄热的犀角心、连翘心、竹叶心，且有滋阴养液的玄参心、麦冬心等等，处处体现出这一思想。

3. 强调用药次序　温病厥脱，势急病重，因机复杂，治疗用药必须针对不同环节，分清先后次序。一般而言，热盛神昏者，急当先开窍，后议治本，如湿热阻遏三焦之闭，“先宜芳香通神利窍，安宫牛黄丸；继用淡渗分消浊湿，茯苓皮汤”，其自注曰：“此证表里经络脏腑三焦，俱为湿热所困，最畏内闭外脱，故急以牛黄丸宣窍清热而护神明；但牛黄丸不能利湿分消，故继以茯苓皮汤。”观吴氏用药，法度森严，丝丝入扣，如“痉厥神昏，舌短烦躁，手少阴证未罢者，先与牛黄、紫雪辈，开窍搜邪；再与复脉汤存阴，三甲潜阳，临证细参，勿致倒乱。”针对厥脱的动态变化，及时更换方药，使药证之间一一对应，不仅对厥脱证之治，且对一切疾病之治，均有指导意义。

4. 巧妙化裁经方　经方经数千年的临床实践，以其效宏著称，然疾病随人、时、地、邪之不同，病机上亦有偏差，若照搬投用，疗效较逊。吴氏深识此理，妙化经方，使疾病与方药一一对应，为古方新用树立了典范。如牛黄承气汤寓通泄腑实与清心开窍为一体，增液承气汤熔滋阴通下为一炉，茵陈四逆汤集宣湿退黄与回阳救逆于一身等等，实为对仲景学说的继承和发展，使人读之，颇受启发。

5. 提倡杂合以治　厥脱之证病情危急，故用药刻不容缓，药物剂型亦应多样。汤剂虽疗效确切，但煎煮费时，紧急情况下难应其急，故吴氏疗此，多常备开窍成药，如安宫牛黄丸等，一遇窍闭，立即用药，大大缩短了用药时间，给正确施治创造了条件。但限于当时的条件，药物剂型变化不大，唯其如此，其思路足资效法。

6. 主张量随病变　传统、常规用药方法，每日1剂。然厥脱证病重势急，若按常规用量，则难遏病势，预后不良。故吴氏用药，悉依病情变化，如其治暑温一案，因“温邪入心包络，神昏痉厥，极重之症”，故处方“今晚二帖，明早一帖，再服紫雪丹四钱”，药量之重显而易见。再如茵陈四逆汤之“温服一杯，厥回止后服；仍厥，再服，尽剂；厥不回，再作服”。安宫牛黄丸“每服一丸”，“大人病重体实者，日再服，甚至日三服”等等，均是量随病变，顿挫病势之意。

综上所述，吴鞠通对温病厥脱证之辨治创新颇多，至今仍有重要意义。

［《中国中医急症》，1996；(4)］

《温病条辨》中三焦分阶段滋阴法的运用

黑　丹　李海波

《温病条辨》由清代温病四大家之一吴鞠通所著，该书创立了温病三焦辨证纲领。吴鞠通认为，温病与伤寒的致病因素、邪袭部位、传变途径、病理机制和治疗原则均不相同，需要区别对待。《伤寒》一书，强调以救阳气为主，而《温病条辨》救阴思想则贯穿始终。

一、开创温病不同阶段养阴之先河

吴鞠通将温病的病机演变规律按上中下三焦不同阶段进行辨证治疗。阴液的盈亏存亡与温病病情的预后轻重有直接关系，因此，吴鞠通强调在治疗温病时应时时顾护阴液。邪在上焦肺卫阶段或热盛肺经之时，可分别投以辛凉解表之剂，如桑菊饮、银翘散等。邪在肺卫，温邪初犯，邪热尚未炽盛，体内阴伤不甚，所以治疗以祛邪为主，清热即是养阴，邪去就可以起到保护津液的作用，即吴鞠通所说的“预护其虚”。若肺热已盛，则应投用辛凉重剂白虎汤以清热保津。如果邪热进一步炽盛，则可传入中焦，导致胃热亢盛，势必耗伤胃阴，所以用辛寒或苦寒清胃泄热之剂，或用通腑攻下之剂的同时，加用甘寒滋养胃津之品，达到泄热存阴或釜底抽薪的目的。若病邪深入下焦，必劫伤真阴，故以甘咸之品养阴。凡宜用甘寒者，忌用苦寒，以防其苦燥伤阴。《温病条辨》中焦篇第31条“温病燥热，欲解燥者，先滋其干，可纯用苦寒也。服之反燥甚”，即是此意。但在阴伤而邪热又亢盛的情况下，又须甘寒与苦寒并用，即所谓甘苦合化，如冬地三黄汤等。另在临床上，间或见有舌灰燥而干，用滋阴之品，愈清愈燥，愈滋愈干，这多为气不化液，津不上承之故，可于滋阴方中少加砂仁，以振气机，则津液自复，这就是“无阳则阴无以化”的道理。吴鞠通提出：“在上焦以清邪为主，清邪之后，必继以存阴；在下焦以存阴为主，存阴之先，若邪尚有余，必先以搜邪。”

二、创制上焦肺阴伤治疗方剂沙参麦冬汤

温病上焦病变以手太阴肺经为中心，病变过程中多损伤肺阴，针对此特点吴鞠通创制了沙参麦冬汤。方中以甘寒养阴药为主，配合辛凉清润和甘平培土药品，全方药性平和，清不过寒，润不呆滞，清养肺胃之功甚宏，实乃王道之制。方中北沙参味甘微苦而性寒，有养阴清肺之功，麦冬系甘寒之品，入肺胃经，可滋养肺胃津液，合北沙参则生津液而清燥热之功益彰。然燥热为病，终属外邪，故又用桑叶专清燥热，并辛凉宣散以祛之。玉竹甘平，养阴润燥，滋而不腻，天花粉清热生津，两药相配可加强北沙参、麦冬与桑叶养阴生津、清热润燥之功。但养阴清热药物亦有滋腻损伤脾胃之弊，故又用生扁豆健脾胃而助运化，同时又寓培土生金之义，再用甘草清热和中，调和诸药，共奏清养肺胃、育阴生津之效。

三、以增液汤为中焦养阴生津的基础方加减运用

吴鞠通的《温病条辨》中滋阴方剂甚多，其中尤多用生地黄、玄参、麦冬 3 味，即增液汤。增液汤是养阴之方，特点是寓泻法于补法之中，用具滋补作用的药物，来达到祛邪的目的，既能攻逐实邪，又可预防阴液耗损。方中以玄参为君，苦咸而性微寒，具有滋阴制火、通调大小便的作用，可使肾中之水上输而濡养全身，因此它能治疗阴液干枯的病证，《神农本草经》记载玄参主治腹中寒热积聚，说明它还可以解散肠中热结；麦冬主治心腹郁结之气，是一味能补正、能润津、能通气的药物，在方中作为佐药；生地黄可治疗寒热结聚，能攻逐血脉的痹阻，吴鞠通还强调“用细者，取其补而不腻，兼能走络也”。三药合用，有增水行舟之功效。但是需特别注意，本方在使用时药物的分量宜重用，否则效果会不明显。此外，增液汤还广泛地用于其它阴伤之证。如热结阴亏者，以增液汤合大黄、芒硝而成的增液承气汤；热入营分、热灼营阴者，所用清营汤中亦有增液汤以滋养营阴；热盛气血者，所用加减玉女煎，即为石膏、知母配合增液汤以滋阴清热。其它如清宫汤、银翘汤、益胃汤、竹叶玉女煎、护阳和阴汤、连梅汤等，均含有增液汤的主要成分。由此可见，吴鞠通将增液汤作为滋养阴液的基本方，并擅长将其灵活运用于临床。

四、创制加减复脉汤等下焦经典滋阴方剂

叶天士在《临证指南医案》中对温病后期肝肾真阴大伤的治疗，用复脉汤加减之法。吴鞠通以此为基础，创制了经典方剂加减复脉汤，即以《伤寒论》中炙甘草汤“去参、桂、姜、枣之补阳，加白芍收三阴之阴”，主治温病邪热久羁，或因误用汗、下之法导致热灼阴伤之证。此外，又加减化裁出救逆汤、一甲复脉汤、二甲复脉汤、三甲复脉汤和大定风珠等 5 首方剂。若温病后期阴伤太甚，阴阳有脱离之象，用加减复脉汤去麻仁，加生龙骨、生牡蛎以重镇固涩，即为救逆汤；若误下伤阴，大便溏甚，先用一甲煎（即一味生牡蛎）以涩肠育阴，待便溏好转后，再用加减复脉汤去麻仁以滑肠，加牡蛎重镇育阴，即为一甲复脉汤；若热邪深入下焦，阴伤而风渐生，手指蠕动，要防止痉厥，用加减复脉汤加生牡蛎、生鳖甲以育阴重镇，即为二甲复脉汤；若痉厥已作，热深厥甚，心中悸动，甚或心痛者，为阴伤风动而心失所养，用二甲复脉汤再加龟甲，以增强养阴熄风之功，兼济心阴而止心痛，即为三甲复脉汤；若病久而阴液大伤，邪气亦衰，神倦瘛疭，脉虚弱，舌绛苔少，时时欲脱者，用三甲复脉汤再加鸡子黄、五味子以填补真阴，兼以酸收，共奏滋阴熄风之功，即为大定风珠。这几首育阴潜阳咸寒填精之重剂，可救亡阴于一线希望之中。

五、小结

《温病条辨》继承了刘河间、喻嘉言等各家学术思想，滋阴保津的治法倍受重视。温热为病极易出现津枯液涸之变，所以贯穿于温热病整个发展过程中的具体治法无不以救阴为关键。阴液不伤或虽伤不甚便可抗御热邪不致深入；若阴液大伤无以制阳则阳热更亢，其病难疗。吴鞠通运用了很多增液滋阴之品，而且还加入了益气、养血的药物，气能生津，采用补气的方法能起到化生津液的作用，也可通过控制津液的过多外泄起到摄津的作用，“津血同源”，血液渗出脉外便化为有滋润作用的津液，用养血之法以生津液。

［《吉林中医药》，2007；（11）］

（四）对《吴鞠通医案》的研究

《吴鞠通医案》胃痛呕吐篇初析

徐景藩

清代名医吴鞠通不仅擅治温病，亦精于内伤杂病，从《吴鞠通医案》（1960 年人民卫生出版社版）胃痛、呕吐篇所载，他在胃病调治方面是有独到之处的。

一、胃痛重视治肝，用药寓疏温通三法

吴氏于胃痛一证，病因多责之寒邪郁怒，病位则多责之肝。认为由于“肝厥犯胃”、“厥阴克阳明”，故见胃痛、胁胀、攻心痛、痛极欲呕等症。案中诊脉多弦，如双弦而细，沉弦而紧等，肝病多见弦脉，脉症相应，故重视治肝。

肝主疏泄，疏泄不及，常犯中土，胃府易受其病。肝既失疏，气机窒滞，滞而不畅，犯胃则为胀为痛；上逆则为隐为呕；旁窜于络，肝寒而厥，则为肢逆且麻。胃主纳，腐熟水谷，且能磨谷，得温则胃气行，受寒则碍腐熟，胃气郁滞，故临床以胃寒而发者占多。肝气犯胃，胃中有寒则疼痛尤甚，治法宜疏宜温。胃为腑，腑宜通，以降则和，故吴氏所诊诸案，用药均寓疏、温、通三法。

吴案处方六首，用药总计二十四味。凡用达三方以上者，有乌药、半夏、青皮、川椒、吴萸、厚朴、枳实等七味。综其功用，主要是疏肝、理气、祛寒、宣通。乌药与半夏，每方必用。琉肝理气配用香附、广郁金、青皮、小茴香等；温肝祛寒配用吴萸、川椒、降香末；由于“浊阴上攻”者，配用川椒、吴萸、两头尖等以通阳泄浊，胃寒甚者加良姜（或干姜）、荜茇。

按乌药顺气开郁、散寒止痛，《本草求真》谓其“逆邪横胸，无处不达，故用以为胸腹逆邪要药”。张山雷《脏腑药式补正》“肝部·行气”药中亦推崇乌药，认为：“二气皆薄，质亦不重，是为行导气机轻灵之品，不刚不燥，是肝脾气分之最驯良者”。吴氏诸方均用之，且常列为首味，亦可知有相似见识。实践证明，乌药不仅能治气滞之腹痛，亦善疗气滞之胃痛。肝气横逆窜络之胸背肢体疼痛，痛无定所者，用之亦良。

关于用药剂量，必须根据病情。王姓案中，吴氏分析病情后认为："前三方之所以不大效者，病重药轻故也，兹重用之。"于是用吴萸、良姜、姜半夏、川椒炭等均达五钱（约合今15克）。二日后复诊，"业已见效，当小其制。"若此之例，足见吴氏辨证既定，据证用药，药量轻重恰当，有胆有识，宜其获效之速。

吴氏在四方中均用川椒，三方用炭，一方炒黑，用量为三至五钱。川椒入肝、胃、脾经，一般汤剂用量为1.5～3克。吴氏用炭或炒黑，减其温热而存其性，用量达9～15克，温中祛寒之效显著，此亦吴氏用药心得。

除药治之外，尹姓案中提出："以开朗心地为要紧，无使久而成患"，可见吴氏对精神因素与胃痛之关系是重视的。

二、治呕师法仲景，又有灵活新意

《吴鞠通医案》呕吐篇所列八方，治痰饮呕吐用小半夏汤、小半夏加茯苓汤、茯苓泽泻汤、旋复代赭汤等等。用药配伍规律亦大致以半夏、生姜为主，按寒、热、虚证及气逆、水饮配治。八首处方均用半夏、生姜。半夏为君，用量以八钱、六钱居多；生姜用汁三匙者四方，用片三至五钱者三方，五片者一方。寒证配吴萸、川椒，热证配芩、连；虚证配人参；气逆配广皮、香附、旋覆花；水饮配干姜、茯苓、猪苓、泽泻、桂枝。可见是师法《金匮要略》治呕大法的。

书中记载吴氏治恒姓呕吐重症，"粒米不下，体羸如柴，奄奄一息，仍不时干呕，四肢如冰，后事俱备"。根据其"初因大惊，肝气厥逆"，"脉弦如丝且劲"，而"与乌梅丸法"。方用辽参、川椒炭、吴萸、半夏、姜汁、川连、云苓块、乌梅（去核）、黄芩炭。"服二帖而进米饮，服四帖而食粥，七帖后痊愈。"乌梅丸为厥阴主方，非比只与蛔厥之剂"（《伤寒来苏集·卷四》）。吴氏取乌梅丸方意，重用川椒、吴萸温中祛寒；加半夏、姜汁、茯苓以降逆化饮止吐，用黄芩炭而不用黄柏；病在肝胃，中阳不足，饮停寒伏，因呕而虚，故未用细辛、附桂。由于辨证确切，立方构思精巧，宜其效如桴鼓。个人在临床上对此类胃寒饮停、寒热错杂之证，亦常仿用而取效。方中乌梅敛肝，若胸脘微痛而舌苔不甚腻者，尚可加白芍以增酸柔之功。还值得重视的是该案的煎服药法，案载："甘澜水八茶杯，煮成三杯，分三次服"。一示甘澜水有益脾胃之功，二示煎煮时间必须较长，药液较浓，值得借鉴。

仲景曾谓："食已即吐者，大黄甘草汤主之"，示后人以规范。凡食已即吐由胃热上冲所致者，固宜清之。然亦有由于饮邪停蓄胃中，潴液量多，食已即吐而病机属寒之证。吴案金姓之例，"旧有痰饮"而见呕吐，认为"食入则吐是无火"，治以温胃化饮止呕，方用吴萸、半夏、淡干姜、生薏仁、广皮、生姜汁。服药第三日再诊，"业已见效"。该方既以小半夏汤为基础，宗《金匮》"诸呕吐，谷不得下者，小半夏汤主之"原意。干姜与生姜汁同用，以增温中止呕之效，加吴萸、广皮化饮下气，复加薏仁和脾胃而祛湿。不泥于仲景"食已即吐"即是胃热之论，据症辨证，灵活变通，重温其案，受益尤深。

《吴鞠通医案》"转相传抄"，恐有佚失。胃痛、呕吐均为常见疾患，病因不一，治亦有异，因案例不多，未能反映吴氏经验全貌。虽如此，仍不失其可贵之处，爰初析如此，供医家参考。

［《南京中医学院学报》，1986；（4）］

《吴鞠通医案》对温热病治法的创新

彭文博　何新慧

吴瑭，字配珩，号鞠通，江苏淮阴人。在中医学术界，《温病条辨》被视为温病学的重要典籍，并作为教材来应用，但对《吴鞠通医案》的研究相对较少。殊不知，《温病条辨》问世于清朝嘉庆18年（1813），《吴鞠通医案》则是先生于1793至1833年间临床医案的记录和总结。《吴鞠通医案》不仅示范了吴鞠通治疗外感病的具体案例，更对温热病的治疗作了许多有益的补充。本文从治法方面论述《吴鞠通医案》对温热病的贡献。

一、辛甘熄风清热法

《吴鞠通医案》暑温门里详细记载了少阳内风掀动、暑热扰及心包证的临床表现和治法方药。吴氏认为症见头痛、左关脉洪大甚、瘛疭者，则辨为胆风内扰，热入心包证，多伴有两目干涩、目赤肿痛等眼部疾患。常用药物为羚羊角、犀角、紫雪丹以泻心胆火；用甘草、牡丹皮、菊花、桑叶、生地黄、连翘和金银花等辛甘熄风，提示暑热入心包胆经应治以辛甘熄风清热法。

众所周知，叶天士首创“阳化内风”理论，认为肝风内动缘于肝肾阴亏、精血虚衰，治疗应重在填补肝肾，用补养肝肾药配伍甘味补中药以熄风。但是，吴鞠通则常用甘草、牡丹皮、菊花、桑叶、生地黄、连翘和金银花等辛甘熄风。他认为牡丹皮清胆经血热；生地黄清阴络之热；甘草、菊花、桑叶、连翘、金银花是桑菊饮之主药，而桑菊饮为辛甘熄风的代表方。“桑得箕星之精，箕好风，风气通于肝，故桑叶善平肝风；菊花晚成，芳香味甘，能补金水二脏，故用之以补其不足。”少阳胆经乃“初生之阳”，正气不足，实热之肝风多由胆经郁热引发，故吴鞠通在辛凉清热的同时配以甘补之法，来治疗暑热入心包胆经的病证，临床用药时吴氏还会稍佐活血通络之品。现代程门雪也认为暑湿之中风须用芳香轻清的药物：“肝阳上升扰于上者，投石类、介类以重镇，不能完全使之下降，常须加入辛凉清泄之品如薄荷、桑叶、菊花之类，使之从上而散。”

吴鞠通深入研究叶天士的学说，提出了热入胆经理论，认为肝风内动的病因病机是胆经热盛、肝火上炎导致肝阳上亢而形成。而且，吴氏的三焦理论指出上焦主要包括心、肺二脏，少阳胆腑易化火，而火性炎上，触动心神。“君火以明，相火以位”，导致包络相火亦动。所以临床诊疗胆热证时应心包、胆经并治。医案中但凡治疗热郁胆经之瘛疭、肝风头痛、温毒等证，吴鞠通总是“清胆络兼清心包”，凡言及胆络必言心包。

医案举例：

辛甘熄风清热法：乙丑七月廿二日，广，廿四岁，六脉洪大之极，左手更甚，目斜视，怒气可畏，两臂两手卷曲而瘛疭，舌斜而不语三、四日，面赤身热，舌苔中黄边白，暑入心包胆络，以清心胆之邪为要，先与紫雪丹。连翘（连心，五钱）、羚羊角（三钱）、金银花（五钱）、暹罗犀角（三钱）、丹皮（三钱）、麦冬（五钱）、细生地（五钱）、桑叶（三钱）、天冬（三钱）、鲜荷叶（去蒂，一张）、竹茹（三钱）煮四杯，分四次服。又碧雪丹一两，每服三钱，凉开水调服。以神清热退为度，现在热厥。廿三日，肝热之极，加天冬凉肝于前方内，加天冬三钱。其碧雪丹仍照前常服。

二、甘苦合化利水法

吴鞠通将坚阴之苦寒药与补阴之甘寒药合用来治疗温热病后期出现的小便不利症，是为“甘苦合化利小便”法。凡治疗温热病邪热亢盛，阴液受损之小便不利均应重视甘苦合化法，《吴鞠通医案》暑温门周案中论述最详：“甘苦合化降气利小便法，举世不知，在温热门中诚为利小便之上等法。盖热伤阴液，小便无由而生，故以甘润益水之源；小肠火腑，非苦不通，为邪热所助，故以苦药泻小肠而退邪热。甘得苦则不呆腻，苦得甘则不刚燥，合而成功也。”

甘苦合化利小便法与一般清热补阴利小便法不尽相同，不仅用药中无一味淡渗利水药，更重要的是甘润药数量多且用量大，甘苦比例十分悬殊。而且，在医案中吴鞠通是以加减复脉汤作为甘苦合化的主方，该方在《温病条辨》中主要治疗下焦阴虚证，未有论述用于小便不利的证治。温热病小便不利证乃阴液亏虚严重，伤及下焦真阴者较多，吴氏于《吴鞠通医案》补充这种内热伤及“水之下源”的证治，与《温病条辨》伤及“水之上源”之冬地三黄汤相得益彰，完善了甘苦合化利小便法的临床应用。

该法为《伤寒论·辨阳明病脉证并治》第224条猪苓汤禁忌证的有力补充”，阳明病，汗出多而渴者，不可与猪苓汤，以汗多胃中燥，猪苓汤复利其小便故也”。猪苓汤虽能滋阴清热利小便，但只适于津伤有热、水气不利证。汗多胃燥、化源不足者不可用，用之必亡津液。由于张仲景针对这种情况并未出方，所以吴鞠通甘苦合化利水法的提出无疑有重要的临床价值。

医案举例：

甘苦合化利水法：乙丑八月廿二，靳，十九岁，不兼湿之伏暑误治，津液消亡，以致热不肯退，唇裂舌燥，四十余日不解，咳嗽胶痰，谵语口渴。可先服牛黄清心丸，清包络而搜伏邪；汤药与存阴退热法。细生地（三钱）、麦冬（不去心，五钱）、生扁豆（三钱）、生鳖甲（五钱）、沙参（三钱）、生甘草（一钱）、生牡蛎（五钱）、炒白芍（三钱）煮三杯，分三次服。廿四日暑之偏于热者，误以伤寒足经药治之，以致津液消亡。昨用存阴法兼芳香开络中闭伏之邪，已见大效。兹因小便赤甚而短，热虽减而未除，议甘苦合化阴气法。二甲复脉汤加黄芩三钱，如有谵语，牛黄丸仍服。廿六日，昨用甘苦合化阴气法，服后大见凉汗，兹热已除，脉减，舌苔尽退；但六脉重按全无，舌仍干燥。议热之所过，其阴必伤例，用二甲复脉汤重加鳖甲、甘草。八帖。

三、急下存阴承气法

《吴鞠通医案》温疫门记载了增液承气汤治疗温热发疹误用辛温升提而导致的气血两燔重证的病案。症见壮热，夜间谵语，烦躁面赤，口干唇燥，喜冷饮，舌绛苔老黄，脉沉，吴氏遵仲景法急下存阴。但是不同于《伤寒论》所用之大承气汤，不仅减少大承气汤中枳实、厚朴的用量，还将增液汤与大承气汤合用，成增液承气汤养阴泻热。《温病条辨》并无增液承气汤可急下存阴的论述。

急下存阴法系张仲景专为阳明三急下证和少阴三急下证而设，用大承气汤釜底抽薪，以救将竭之真阴。但此方仅通过峻下热实、荡涤燥结以救肾水，无直接养阴滋水之效，吴氏在此基础上加用增液汤无疑更适用于急下证的临床治疗。张喜奎等已成功研制出土燥水竭证（阳明、少阴三急下证）动物模型，他们发现增液承气法对土燥水竭证动物模型有良好的纠治作用，且效果优于大承气法。

《吴鞠通医案》中使用大承气汤的医案有三例，一为冬温谵语神昏，大便闭，面正赤，先用润下法未通，继以大承气汤攻实；一为“食膈”，胃中痛处高起如桃大，拒按。用大承气汤加牵牛子；一为津液消亡，尿血每至半盆，苔老黄，面正赤，大便七日不下，势如燎原，急下存津用大承气汤减枳实、厚朴的用量，加牡丹皮、犀角，但只要溺血停止，吴氏便用增液承气汤加犀角治疗。可见，吴鞠通急下存阴多用增液承气汤，强调治温热病应时刻以顾护阴液为先。

医案举例：

急下存阴承气法：壬戌五月初四日，长氏，二十二岁，温热发疹，系木火有余之证，焉有可用足三阳经之羌防柴葛，诛伐无过之理，举世不知，其如人命何？议辛凉达表，非直攻里也：芳香透络，非香燥也。初四日，连翘（六钱）、银花（八钱）、薄荷（三钱）、桔梗（五钱）、元参（六钱）、生草（二钱）、牛蒡子（五钱）、黄芩（三钱）、桑叶（三钱）共为粗末，分六包，约一时许服一包，鲜芦根汤煎服。初五日……初六日，舌苔老黄，舌肉甚绛，脉沉壮热，夜间谵语，烦躁面赤，口干唇燥，喜凉饮。议急下以存津液法，用大承气减枳、朴辛药，加增液润法。生大黄（八钱）、元明粉（四钱）、厚朴（三钱）、枳实（三钱）、元参（三钱）、麦冬（五钱）、细生地（五钱）煮成三茶杯，先服一杯，得快便止后服，不便或不快，进第二杯，约三时不便，进第三杯。

四、燥气直中四逆法

燥气直中的证治在《温病条辨》中未有论述，吴鞠通在医案中指出其主症为无脉、肢厥如死，可伴见腿痛转筋。治疗宜大剂辛温散寒药，以《伤寒论》通脉四逆汤为主方进行加减。

诸多医家将燥邪简单等同于温燥，从温邪立论，侧重于阴伤的病机研究。吴氏不仅重视温燥，更对“凉燥”提出了自己的见解。《温病条辨》有“补秋燥胜气论”专篇，指出“秋燥之气，轻则为燥，重则为寒，化气为湿，复气为火”的论断，可惜并未列出主症以及遣方用药。

笔者根据吴鞠通在京都行医的情况，认为他主要根据季节来定义凉燥证，将凉燥与寒湿等同，如“咳嗽稀痰者，肺恶寒，古人谓燥为小寒也。肺为燥气所搏，不能通调水道，故寒饮停而咳也……脉弦者，寒兼饮也”。因为京都属于中原地区，地处黄河流域，经历长夏以后秋高气爽，干燥气候非常典型。吴氏治“凉燥”之方多为辛温苦燥之品，其实这与温燥重用甘寒养阴润燥之品的机制相同。《素问·脏气法时论》曰：“肾苦燥，急食辛以润之”，肾藏精而主水，阳虚寒盛则阴精凝结而不能上达，实质是一派燥象。只有以辛热之品才能温之化之，使阴凝融化，重新恢复润泽之功。在《吴鞠通医案》中吴氏多次提及并使用该法。

医案举例：

燥气直中四逆法：张女，十五岁，燥金之气，直中入里，六脉全无，僵卧如死，四肢逆冷，已过肘膝，腿痛转筋，与通脉四逆汤加川椒、吴萸、公丁香一大剂。厥回脉出一昼夜，次日以食粥太早，复中如前症，脉复厥，体厥又死去矣。仍用前方，重加温药，一剂厥回其半，又二帖而复活，后以补阳收功。

［《上海中医药杂志》，2008；（8）］

从《吴鞠通医案》探温病误治变证

黄　琴

《吴鞠通医案》《以下简称《医案》)，记载了不少疾病误治后的表现（即误治变证)，笔者在学习《医案》中，对案中温病部分的误治进行了搜集整理，试图从中探讨温病误治变证的规律，以冀对防止温病误治以及防变救逆有所裨益。

一、助热势

温病是感受温邪所引起，以发热为主症，具有热象偏重，易化燥伤阴等特点的一类急性外感热病，故温病初起，邪在卫表，治宜辛凉之品轻解肌表，使营卫气血调和，自然微汗出而解，不可辛温解表，吴氏曰："按温病忌汗，汗之不惟不解，反生他患。盖病在手经，徒伤足太阳无益；病自口鼻吸受而生，徒发其表亦无益也"。道出了温病初起不可取辛温之品发汗，否则不仅病不能除，反容易产生其他病变（即变证)。吴鞠通曰："太阴温病不可发汗，发汗而汗不出者，必发斑疹；汗出过多者，必神昏谵语。"但临证由于对温病病因的认识局限或辨证错误，以致温病误施辛温发表时有发生。温病初起误投辛温或温燥之品，则会更助热势，如《医案》："风温而误以治风寒之辛温法治之，助热伤阴，热伤血络致吐血丝、血沫"。又《医案》："风温误汗，谵语兼哕，勉与玉女煎加柿蒂、云苓，急降肺气以止哕，谵语可与紫雪丹，用后哕止而热未退，右脉洪大微芤，项下有疹"本案由于风温误汗，助热伤阴，以致"谵语兼哕"虽经治疗，但"哕止而热未退"，肺热波及营络，遂项下有疹。可见，温病初起误投辛温，更助热势：若邪热风陷心包则谵语；热伤血络遂吐血丝、血沫；肺热波及营络则发疹。

二、伤阴液

温病是感受温邪所致的急性外感热病，温邪属阳邪，易灼伤阴液，吴氏曰："温热，阳邪也，阳盛伤人之阴也"又曰："温病最善伤阴，用药又复伤阴，岂非为贼立帜乎?"由于伤阴是温病的主要病机特点，若温病再误施辛温，误以淡渗以及误用攻下等则更易耗伤阴精。心以阴为体，心阴亏损，不能制阳，心阳独亢则神明内乱而出现神昏、谵语等证，吴鞠通说："汗为心液，误汗亡阳，心阳伤而神明乱，中无所主，故神昏。心液伤而心血虚，心以阴为体，心阴不能济阳，则心阳独亢，心主言，故谵语不休也"。《医案》："风温误认伤寒发表，致令神昏谵语"，就是由于风温误汗，汗出过多，心阳暴脱所致，正如吴氏所说："汗出过多者，必神昏谵语"。又《医案》："暑温误表，汗出暴雨直流，有不可猝遏之势"，暑温感盈暑热邪气致病，暑热内蒸，本易迫津外泄而汗多，再误以发表，则更使汗泄无度，汗多必伤阴液，正如吴氏所云："汗乃五液之一，未始不伤阴也。"

三、碍气机

温病常常可因治疗失误而阻碍气机，气机受阻则可致病势缠绵难愈，胸隔痞闷，高热或低热久留不退，神识昏蒙，时清时昧，耳目不清，噎食反胃，舌苔腻等症。如《医案》"暑兼湿热，暑温不比春温之热但无湿，可用酸甘化阴，咸以补肾等法，且无形无质之邪热，每借有形有质之湿邪以为依附。此症一月有余，佥用大剂纯柔补阴退热法，热总未减，而中宫痞塞，得食则痛胀，非抹不可，显系暑中之湿邪蟠踞不解，再得柔腻胶固之阴药与邪相搏，业已喘满，势甚重大”。本案“一月有余”，显系暑温夹湿之证，然医者不辨，暑湿误用阴柔药，以致气机凝滞，湿浊难化，故月余热不退，胸隔痞闷。又如《医案》：“温病狂热，大渴引饮，周十二时饮凉水担余，颠狂谵语，大汗不止”，本案属温病气分里热之证，治宜辛凉清热达热出表，然过饮凉水，使热被寒遏，热郁于内，气机不通，热邪不得泄越则上扰心神，遂生颠狂谵语，内热迫津外泄，故致汗出不止。

从上两案不难看出，不仅湿热或温热兼湿误治极易阻碍气机，温热性温病若误治也常常使气机受阻，以致多种变证。

四、邪深陷

温病作为一类急性热病，其病情复杂，病变多端，发展变化极快，若误治则更易引邪深入，使病情从轻转重，从重致危。如卫分证误治，病邪可深入气分，甚至营血分，对于素体心阴亏损，痰热内盛者，误用辛温每易引邪入络，邪气内陷心包。吴鞠通说：“邪陷心包，舌蹇肢厥”。温病初起误用辛温，不仅助热伤阴，邪热乘虚内陷心包，且对肝肾阴亏之患者，再劫其液则极易引邪深入下焦，使肝肾之阴更加受损，肝主筋，为风木之脏，赖肾水以涵养，若肾水枯竭，不能涵木则可出现虚风内动等证，如《医案》：“温病误表，面赤，神昏谵语，肢掣肉瞤”即指此类。气分证误治则邪气可内陷营血以致昏谵、斑疹、出血、痉厥、阴液枯竭等危重证，若得不到及时恰当的治疗，阴亏血涩，阴不能济阳则可致厥脱。吴氏曰：“热邪久羁，吸灼真阴，或因误表，或因妄攻，神倦瘛疭，脉气虚弱，舌绛苔少，时时欲脱”，揭示了温病误治是导致邪气向纵深发展的重要因素之一。

五、促逆变

温病常常可因误治出现多种变证，其中以痉、厥、闭、脱、出血为误治变证的逆证。湿热性温病误用辛温或过投苦寒，养阴不当等，致湿热久留不解，湿热化燥化火，深逼营血，可出现便血等症，若湿热郁蒸酿成痰浊，堵闭灵窍，事滞气机，阻闭包络，则可致闭证。温热性温病，误用辛温或过用苦寒或妄用攻下等，更易助热伤阴，邪热炽盛，阴液枯竭，津伤气耗，甚至邪陷正脱，以致痉、厥、闭、脱、出血等逆证，如不采取及时恰当的救逆措施，则可危及生命。如《医案》：“暑热本易伤阴，误用消导攻伐，重伤阴气，致令头中、耳中鸣无止时，此系肝风内动……，若不急救肝肾之阴，瘈疭热厥立至矣”，本案暑热本易伤阴，若误用消导攻伐，重伤阴气以致肝风内动，治疗当急救肝肾之阴，否则阴不能济阳，阴阳气不相顺接，阳气不达于四末则致厥，所谓“瘛疭热厥立至矣”，若病情进一步发展，阴损及阳，则最终可致亡阳厥脱之候。

综上可见，温病治疗过程中常见各种各样的误治，诸如误用辛温、误用养阴、误用寒凉、误用消导攻伐、误用温补等，不同的误治所致的变症各异，其中以痉、厥、闭、脱、出血为误治变证的逆证，充分认识导致各种误治变证，尤其是逆证的病机，采取有效的防治措施，实在是减少温病危重证的重要环节。

[《贵阳中医学院学报》，1997；（2）]

从《吴鞠通医案》看温病初起恶寒的实际治疗

李刘坤　凌泽奎

众所周知，清代医家吴鞠通是迄今为止最具影响的四大温病学家之一，其传世名著《温病条辨》可谓集温病学之大成，是我们学习和研究温病学的必读之书。然而，非常遗憾的是，如此温病名家，却在《温病条辨》中，以张仲景《伤寒论》辛温解肌的桂枝汤发端，治疗风温、温热、温疫、冬温等温热病初起恶风寒之证，以致引发中医界极大争议。有赞成或同情者，极力为其辩解，甚至加以曲释，效而行之。有反对者，则对其严加批驳，认为他一生虽力辟以伤寒法治温病之非，却仍未跳出以伤寒法治温病的圈子；甚至攻击他根本辨不清温病与伤寒，误将伤寒桂枝汤证当作温病。那么，事实究竟如何呢？吴氏真的辨不清温病与伤寒吗？以辛温解肌的桂枝汤治疗温病是其本意吗？笔者认为，对于这些问题，仅凭《温病条辨》之论是很难说明的，而最真实可靠的答案应该从其临床医案中寻找。近年来，笔者通过反复学习和研究《吴鞠通医案》，终于发现其临床实际治疗风温等温热病初起恶风寒者，既与《温病条辨》所论截然不同，也与我们目前一般使用银翘散有别，故特公之于众，以还其治温的本来面目，解温病初起辨治之惑，助目前温病临床治疗之效，并期能平息对这一问题久而未决的争议。

一、吴氏治风温、温热、温疫、冬温初起恶风寒者，并未用过桂枝汤

风温、温热、温疫、冬温，这四种温病，是被吴鞠通看作有着共同临床特点和治疗规律的一类温热类温病，故在《温病条辨》中合而论之。对于这类温热病初起证候的辨治，他在《温病条辨》上焦篇第四条中明确指出："太阴风温、温热、温疫、冬温，初起恶风寒者，桂枝汤主之；但热不恶寒而渴者，辛凉平剂银翘散主之。"并在文后进一步解释说："温病忌汗，最喜解肌，桂枝本为解肌，且桂枝芳香化浊，芍药收阴敛液，甘草败毒和中，姜、枣调和营卫，温病初起，原可用之……盖寒水之病，冬气也，非辛温春夏之气不足以解之。虽曰温病，既恶风寒，明是温自内发，风寒从外搏，成内热外寒之证，故仍用桂枝辛温解肌法，俾得微汗，而寒热之邪皆解矣。"由此看来，似乎吴氏见风温、温热、温疫、冬温等温热病初起恶风寒者，即认为是内热外寒之证，必用辛温解肌的桂枝汤治之，故遭到后人攻击也并不冤枉。然而，客观事实却并非如此。笔者遍查《吴鞠通医案》风温、温热、温疫、冬温初起有恶风寒之证的医案，并未发现使用桂枝汤治疗的踪影。如甲子年十一月廿五日，治疗张某冬温初起见热甚而恶寒之证；乙酉年十一月初四日，治疗赵某风温初起见头痛、身痛、咽痛而恶寒之证，均未使用辛温解肌的桂枝汤。可见对于风温等温热病初起恶风寒者的治疗，吴氏仅有使用桂枝汤之空论，并无临床运用之实。

二、温热病初起恶风寒不甚者，吴氏以银翘散加减治之

在温病临床上，吴氏见风温、温热、温疫、冬温初起恶风寒者，不仅不用辛温解肌的桂枝汤治疗，还一反《温病条辨》上焦篇第四条之论，以用于"但热不恶寒而渴者"的辛凉平剂银翘散加减或变通治之。而且，在具体运用银翘散方面，吴氏很有讲究，即根据恶风寒的轻重不同，而采取不同的用法。对于初起恶风寒不甚者，一般以银翘散原方药物配伍比例

而加减治疗。也就是说，方中以清热解毒的银花、连翘为主，配以荆芥等疏风解表药物，而成辛凉清热解表之剂，再结合兼症进行加减，以达卫气宣通，邪退热清，外解里和之效。服药后无须象服桂枝汤那样啜粥覆被而助汗外出，以免汗多伤阴。下面所举《吴鞠通医案》冬温门案例可资印证。

甲子（1804 年）十一月廿五日，张，六十八岁。舌黄口渴，头不痛而恶寒，面赤目赤，脉洪，热甚，形似伤寒，实乃冬温挟痰饮，与伏暑一类。连翘六钱，苦桔梗八钱，荆芥穗五钱，金银花六钱，广郁金三钱，广皮三钱，半夏八钱，藿香梗五钱，甘草三钱，杏仁六钱，白通草三钱。共为粗末，分七包，一时许服一包。芦根汤煎。

按：本例冬温挟痰饮患者，里热已甚而表邪未解，确如吴氏《温病条辨》所论用桂枝汤治疗的"内热外寒之证"，但这里所用方药，却并无桂枝汤的影子，而是银翘散加减。可见《温病条辨》之论，严重背离事实。时至今日，我们绝不可仍将其空论奉为圭臬而盲目效法，以免继续贻误患者。

三、温热病初起恶风寒甚者，吴氏以银翘散变通治之

对于风温、温热、温疫、冬温初起恶风寒甚者的治疗，吴氏更是独出心裁。他既强调不可误用辛温之法，也不照搬《温病条辨》银翘散的常规用法，而是将银翘散加以变通使用。即适当减少银翘散中银花、连翘等清热解毒药的比例，加大薄荷、荆芥等疏风解表药的用量，并借鉴《伤寒论》物理助汗之法，服药之后，饮以暖水，覆被助汗。这样，既不失辛凉治温之法，又可增强宣卫解表力量，可谓随心所欲而不越规矩。以下所举风温案例则可佐证。

乙酉年（1825 年）十一月初四日，赵，二十六岁。六脉浮弦而数，弦则为风，浮为在表，数则为热，证现喉痛。卯酉终气，本有温病之明文。虽头痛、身痛、恶寒甚，不得误用辛温，宜辛凉芳香清上。盖上焦主表，表即上焦也。桔梗五钱，豆豉三钱，银花三钱，人中黄二钱，牛蒡子四钱，连翘三钱，荆芥穗五钱，郁金二钱，芦根三钱，薄荷五钱。煮三饭碗，先服一碗，即饮白开水，热啜一碗，覆被令微汗佳。得汗后，第二三碗不必饮热水。服一帖而表解，又服一帖而身热尽退。初七日身热虽退，喉痛未止，与代赈普济散，日三四服，三日后痊愈。

按：本例患者于冬季发病，又见头痛、身痛、恶寒甚等症，酷似伤寒，但吴氏据咽痛及六脉浮弦而数之候，加以鉴别，辨为温病风热表证，治以辛凉而不用辛温。可见吴氏临证，伤寒、温病，辨之精确；辛温、辛凉，用之不爽。

四、如何对待《温病条辨》之论与《吴鞠通医案》之实的矛盾

综上所述，我们可以清楚地看出，对于风温、温热、温疫、冬温初起恶风寒者的治疗，《温病条辨》与《吴鞠通医案》之间存在着明显的矛盾。那么，二者究竟孰是孰非呢？在目前温病临床上，我们当如何取舍呢？笔者认为，任何一种有实用价值的理论，都应当建立在经得起实践检验的基础之上。理论如果脱离实践，背离事实，就会成为无源之水，无本之木，失去其对实践的指导意义。然而，古往今来，在现实生活中，一些学者有时会因为种种原因，迫于无奈而言不由衷，导致某些言论不能真实地反映其学术思想。因此，要想准确把握一个学者的学术思想，就不能仅仅看他发表的某些言论，而更重要的是仔细考察他解决实际问题的客观情况。若遇到其言论与客观事实不相符合时，我们宁愿相信客观事实的真实

性，而不应将某些脱离实际的言论信以为真。具体到吴鞠通来说，也当对他如此看待。《温病条辨》只是他中年之作，迫于当时伤寒学派的巨大压力，或临床经验不足等原因，其中出现一些失误或违心之论也在所难免。如用桂枝汤治疗风温、温热、温疫、冬温初起恶风寒者，就是严重背离临床实际之论。而《吴鞠通医案》则是其晚年（七十岁以后）精心整理而成。此时，吴氏不仅临床经验丰富，而且学术思想也更加成熟。故《吴鞠通医案》一书，不仅具有客观真实性，而且更能反映吴氏学术思想的成熟性，若能与《温病条辨》互参，则可弥补《温病条辨》的不足，并纠正其中的失误。

总之，《吴鞠通医案》充分证明，吴氏临床见风温、温热、温疫、冬温等温热病初起恶风寒者，并非如《温病条辨》所论而用辛温解肌的桂枝汤治疗，而是以其所创真正的治温第一方，辛凉清解的银翘散加减或变通治之。因此，在今日温病临床上，我们应本着实事求是的精神，弃《温病条辨》中背离实际之空论，取《吴鞠通医案》中确实有效之法而行之。特别是医案中以银翘散变通之法，治疗温热病初起恶寒甚而身痛无汗者，极富创意，更值得我们很好地继承和发扬。

[《新疆中医药》，2005；(5)]

《吴鞠通医案》运用经方的若干特点

序云龙

吴鞠通是清代著名的温病学家，但他在学术上并不故步自封、偏执己见，尝谓："学者能兼众人之长，以《内经》、《难经》、仲景为主，知用法而不仅于用方，参考百家，出于至诚之心，如天道浑似太和之气，庶不背于道矣。"吴氏临床经验丰富，《吴鞠通医案》是他一生临证的记录，兹择数端，以窥其效法仲景、博采众长之一斑。

一、辨证确凿　立用经方

吴氏认为，古方用意微奥，用古方必求立方之故。使用经方必须审证明理，以求方与证符，切忌不辨六经，盲目用药，曾曰："若真能识得伤寒，断不致疑麻桂之法不可用，若真能识得温病，断不致以辛温治伤寒之法治温病矣。"

如案中用桂枝汤治太阳中风，麻黄汤治伤寒脉浮紧、无汗，小柴胡汤治妊娠疟疾，一剂寒热减，两剂减大半，第三日只用前方三分之一，病即痊愈。又如用大青龙汤治风水肿胀、无汗，一剂而汗解，头面肿消；用调胃承气汤治温病误用温补，热毒内遏，烦躁不寐，神昏谵语者，服一剂，得大便少许，随出赤红疹数十枚，前后共下 13 次，出疹 13 次，而后脉静身凉。所治均能切中病机，方证合拍，故效如桴鼓。

吴氏对燥气为病，颇多阐发，他认为燥与寒、湿同属阴邪。寒邪直中三阴，治当急温；燥邪直中三阴，亦当"急温脏真，保住阳气"。如治张某，女，15 岁，燥金之气，直中入里，六脉全无，僵卧如死，四肢逆冷，已过肘膝，腿痛筋转，与通脉四逆汤加川椒、吴萸、公丁香一大剂，厥回脉出一昼夜，次日以食粥太早，又厥死如前。吴氏临危证而不乱方寸，仍用原方，重加温热，一剂厥回其平，又两剂而复活后以补阳收功。以大剂经方起沉疴，案中不乏其例。又如治顾某，50 岁，直中燥气，呕少泻多，四肢厥逆无脉，目开无语，睛不转，与通脉四逆汤加人参、川椒、吴萸、丁香，一剂而效，三剂脉渐复，重与补阳而愈。

二、随证化裁活用经方

吴鞠通曰：“古方不可不信，不可信之太过，亦不能全信，须对症细参，斟酌尽善。”他反对生吞活剥，墨守成规，主张师古人之法而不泥其方，要根据病证的具体情况灵活变通，创立新法，这样在临床上才能立于不败之地。

如吴氏宗《伤寒论》方而变通的，案中有桂枝汤法（桂枝汤去炙甘草、姜、枣，加陈皮、半夏、茯苓、杏仁）治太阳中风，其人素有湿热，又兼微咳者；小柴胡汤法（小柴胡汤去人参，加枳实、陈皮）治邪入少阳，寒热往来，口苦脉弦，其人向有痰饮喘症，大青龙汤法（大青龙汤去桂枝，加陈皮、枳实、半夏、桔梗）治内寒外热，兼有痰饮者；白头翁汤法（白头翁汤去黄柏，加白芍、黄芩）治温病协热下利不止等等。都是针对病邪的属性、体质的差异、证情的兼挟，种种不同情况，师仲景法而不泥仲景方，灵活运用，推陈出新，堪为后学楷模。

又如小青龙汤，是《伤寒论》表寒里饮证的主方，多适用于表实而兼痰饮喘咳之证。吴氏以此方去麻、辛，加杏仁、薏仁治风水喘咳。其人自汗者，或去麻、辛，加枳实、陈皮治表寒里饮，自汗恶风者；若咳呕甚者，加杏仁、生姜，腰胁痛者，加旋覆花，喘急者，加厚朴、杏仁，重用半夏，眩冒者，加白术。案中应用可谓屡试屡验。

三、斟酌剂量　巧用经方

吴氏用经方，非常注意药物剂量及其比例，认为“病轻药重为不中，病重药轻亦为不中；病浅药深为不中，病深药浅亦为不中；味厚气盛之药，多用为不中，味淡气薄之药，少用亦为不中”，“盖药之多寡，视病之轻重也”。

如治陈某蛊胀案，前医陈某已用《金匮》麻黄附子汤发其汗，但未获效。吴曰：“陈先生性情忠厚，其胆最小，伊恐麻黄发阳，必用八分，附子护阳，用至一钱，以监麻黄，又恐麻黄、附子皆慓悍药也，甘草平缓，遂用一钱二分，又监制麻黄、附子。”于是，仍旧原方麻黄附子汤，而将剂量予以调整：麻黄去净节用二两，附子大者一枚，得一两六钱，少麻黄四钱，让麻黄出头；甘草一两二钱，又少附子四钱，让麻黄、附子出头，甘草但坐镇中州而已。如此布局，方合仲景立方原旨，安能不效乎？然吴氏亦有破仲景规矩者，如大承气汤，《伤寒论》原方重用枳、朴行气导滞，吴氏则往往要减枳、朴之剂量（一般只用三钱左右）而重用生大黄（八钱）、元明粉（四钱）以泻热润燥软坚。他认为这样更能切中温热之——邪伤津化燥、内结成实的病理，如一妇女妊娠七个月，患温热误汗于前，又误用龙胆草、芦荟等极苦化燥于后，渐致两便秘结，胎动不安，一派燥热亡津之象，非急下存阴不可。吴氏投大承气汤：生大黄六钱，元明粉四钱，川朴一钱，枳实一钱。下后病人脉静身凉，胎气竟全然无伤。

四、讲究服法　合用经方

吴氏用经方的另一特点是，重视与时方配合，并讲究服药方法，以提高疗效。如治王某温病狂热，大渴引饮，周时饮凉水担余，癫狂谵语，大汗不止。吴氏拟白虎汤合犀角地黄汤，石膏用半斤，日服两帖；另用紫雪丹、牛黄清心丸交替服。如是者七八日，热始退，药渐减，后以复脉汤收功。又治王某暑温误表，汗流如雨，有不可猝遏之势，脉洪大而芤，气短。与白虎加人参汤，煮四碗，一时许服尽一碗，以汗止为度。不止，再作服。次日，汗势减，仍照前方服半剂。三日，脉静身凉汗止，与三才汤三帖，其病痊愈。此证为暑温误治后，里热炽盛，逼迫津气外脱，治疗既不宜猝用寒遏，亦不可妄加温补，须清热益气生津，徐徐釜底抽薪，待里热已清，再图固本。吴氏选方精当，配合得体，尤其在服药方法上高出一筹，令人叹服。

[《江西中医药》，1991；(5)]

吴鞠通治血特点探微

陈果然

近来温习了吴鞠通的《温病条辨》、《吴鞠通医案》、《医医病书》三部著作。现就其有关血证的论述与医案，初步分析吴鞠通的治血思想。

一、重肝郁，活络降气

吴鞠通在《医医病书》中谈到："肝郁则血瘀，血滞则失其常行之路，非吐血、咳血，即溺血矣。如不吐、不溺，其胁必痛，皆宜活肝络为要"。指出了肝气郁结引起的血行瘀滞，从而造成吐血、咳血或溺血的病理机制。因此在治疗中十分重视活肝络这一治疗大法。在血证的24个案例中，就有6个案例是用活肝络这一法则的。常用药物有：新绛纱、郁金、降香、桃仁、归须、丹皮。同时吴氏亦十分重视气分药的使用。如他在《温病条辨·治血论》中指出："故善治血者，不求之有形之血，而求之无形之气"。并且认为"血滞者调其气而血自通，血外溢者，降其气而血自下"。他在《医案》中有关血证的案例，多处使用降气之味，并且多是与活肝络药合并使用。如《医案·吐血》岳案：乙酉十一月十二日，岳，二十岁，怒伤吐血，两胁俱痛，六脉弦紧，误补难愈，凡怒伤肝郁，必有瘀血，故证见胁痛。一以活络为主俟，瘀血去净，而后可以补虚。新绛纱三钱，桃仁三钱，苏子霜二钱，旋覆花（包）三钱，归须三钱，丹皮炭五钱，广郁金二钱，降香三钱，煮三杯，分三次服，四帖后，未再诉有吐血，唯胁痛大减而未除，故于原方出入而瘥。方中即是以活络药与降气药为主配合使用而取效的。有的病案还可加用紫石英重镇降逆，以加强降气的作用。

二、重三焦，分部用药

《温病条辨·治血论》中指出："治之大法，上焦之血责之肺气或心气；中焦之血，责之胃气或脾气；下焦之血，责之肝气、肾气、八脉之气"。提出根据出血部位之不同，分部位用药的原则，在临床实践中有一定的指导意义。如咳血、呕血、吐血多从上中焦治疗，而便血多以下焦治疗。并且先生对"阳络伤则血上溢"有深刻的认识，如他说："其伤络者岂尽阴哉，君、相二火司令，与风温、湿热、三阳实火吐血固属阳邪，自宜凉润，宜用苦寒，若怒郁胁痛吐血，则属阴邪，非温经不可。痰饮震动肺经咳血，脉洪大者，宜用石膏、茯苓皮之类，脉弦细者，则用干姜炭、橘皮炭矣……"。指出了同是上焦出血，还应针对不同病因用药。从《医案》中也可发现，先生的治法用药比较灵活，不拘泥于一方一法。又如他在便血的论述中分近血、远血，认为近血以湿热为主，远血以虚寒为主，从而驳斥了"今人舍槐花、地榆、丹皮别无他法"的单纯以凉血止血的思想。从其用药来看，上焦药亦以轻清为主，下焦药则偏重于阴柔黏滞。笔者曾应用先生的治血思想，治一严姓男性患者，自

1984年1月18日酒后鼻中衄血不止，日达200ml左右，经天天鼻腔堵塞压迫止血无效，并经多种抗生素、止血剂等治疗仍不能止血，直至2月13日，停所有西药，改投中医中药治疗，观察面色皖白，舌质淡，但口渴引饮，大便干，3日未解，口中秽气浓，此乃肺热内蕴，逼血妄行，正气已衰，但邪热不去，正气难复，故仍以急以去实，以桑白皮、地骨皮、沙参、百合、生地、人中白、桑叶清肺气，以生大黄通大便，肺与大肠相表里，1剂后出血明显减少，再剂得大便3次，鼻血停止。说明吴鞠通先生的分三焦、辨证用药的思想在临床上是效果卓著的。

三、重辨证，泻火止血

先生在他的三部著作中，强调辨证，“何者当温经，何者当补阴，何者当通络，何者当补络(《医医病书·吐血论》)，强调根据病情的不同需要“分别治之”、“各有条理”。在《医案》中有数例关于用泻火、宁血的记载。如史案，五十四岁，酒客，脉洪面赤，吐狂血不止，仍然饮食如常，议《金匮》大黄黄连泻心汤急泻三阳实火，而血自止，复诊改用甘凉法，三诊血复来，议再用泻心法，减其制，四诊虽见效而血未尽，今日仍照原方服两日大效，永不再发。例中说明了大黄黄连泻心汤是泻三阳实火的有效方剂，不用不行，减少剂量也不行，热迫血妄行，非得直折其火势不可，热去则血自静，而达到止血的目的，从现在临床来看，大黄黄连泻心汤亦是清热泻火的代表方剂，是倍受推崇的。而且还有单用大黄治疗消化道出血的临床报道，经过数百例临床观察，取得了良好的效果。所以说用活了古方可以起到事半功倍的效果。

四、重阳气，健中温脾

气为血帅，血随气行，气虚失却统摄的功用，则可发生血液不循常道的出血证。因此说，补气摄血法是治疗阳气虚弱而不能统血导致出血的首要大法，在《医案·吐血》的18个病例中，有4个病例使用小建中汤或小建中汤加味，建复中阳而达止血，取得了很好的效果。如《医案·吐血》胡案，乙酉四月廿八日，三十一岁，吐血，汗多足麻，六脉弦细不数，小建中汤主之，白芍六钱，甘草（炙）三钱，生姜五钱，桂枝四钱，胶饴（后下）一两，大枣（去核）三枚，煮三杯，去渣后将胶饴化入，上火二、三沸，搅合匀，分三次服。服14帖诸证皆愈。值得一提的是桂枝辛温，在诸多方药书籍及讲义中，均有各种出血患者及孕妇忌服的记载，以免“愈致伤阴动血”。而先生则认为桂枝是“补中益气之要药，用处最多”（《医医病书·桂枝论》)。在吐血的几个案例中，均用桂枝达三钱，取得的效果都很满意，可见先生有十分丰富的临床经验。笔者在气虚崩漏中亦常用桂枝至10克，使崩漏向愈。

吴鞠通在便血的几个病例中，记载的均是远血，均是用黄土汤加减，考黄土汤亦是出自仲景，为温脾止血之剂，治疗因脾气虚寒之便血、吐血、姻血、妇人血崩，见血色暗淡，四末不温、脉沉细无力者，虚寒远较建中汤证为重，方中主要以灶心土、白术、附子温阳健脾以止血，地黄、阿胶滋阴养血而止血，佐以黄芩苦以坚阴，方中刚柔相济，相得益彰。吴鞠通在使用中还往往去柔药加刚药，如川椒、苍术、桂枝等，有时附子加重至一两而取效。可见他是十分重视温脾阳建中气以摄血止血这一重要法则的。

总之，吴氏在血证的治疗中重视辨证，恪守治则，用古方而不泥于古方，所著之书均不是血证专著，但据所记载的记述及病案来看，吴鞠通先生的治血思想是很丰富的，有其独到的临床经验，很值得我们学习。

［《南京中医药大学学报》，1996；（3）］

《吴鞠通医案》小儿咳嗽案赏析

杨崇华

《吴鞠通医案》是学习和研究吴氏学术思想的重要文献，其中收载的小儿咳嗽案虽仅六则，却反映了吴氏临床辨证的独特见解和宝贵的经验。现抄其尤者四则，试赏析之。

案一：癸亥七月十一日，郭×，男，八岁。咳而呕，胃咳也；痰涎壅塞，喘满气短。半夏三钱、茯苓块三钱、薏仁三钱、杏仁三钱、小枳实一钱、陈皮一钱、苏梗二钱、藿香梗一钱、生姜二钱。十八日，即于前方去藿梗、苏梗、加半夏二钱、苦葶苈一钱五分、苏子二钱，再服一帖。二十日，小儿脾虚，湿重胃咳。茯苓块三钱、半夏六钱、焦神曲二钱、生薏仁五钱、杏仁三钱、苏子霜一钱五分、旋覆花（包）三钱、扁豆三钱、生姜汁每次冲三小匙，小枳实一钱五分。二十二日，即于前方内去神曲、加杏仁二钱，苏子霜一钱五分，广皮三钱，服十帖。

咳，有声无痰，呕，有声无物。“咳而呕”者，即干咳而哕，欲作吐状，乃痰涎上逆。刺激咽部而发生的反射，并未吐出何物，为一临床常见症状。此案是由“痰涎壅塞”，闭阻气道，下行则喘满而气短，上逆则欲出而不能，刺激咽部，故见咳呕痰喘（而无嗽）。用小半夏加茯苓汤降逆止咳，贯彻始终。二诊时半夏用至五钱，更加葶苈子以增加祛痰降逆，化饮平喘之力，痰喘自当减轻。三诊为此案精华，“脾虚湿重胃咳”，乃从脾治。胃咳何以治脾，盖《咳论》有“脾咳不止，则胃受之”及“脾咳之状，咳则右胁下痛，阴阴引肩臂”之语，吴氏略去了脾咳的症状，而以原方合香附旋覆花汤化裁。倘观本书《痰饮·金氏案》及《温病条辨·下焦篇》第41条，便可知其病机及主症为：脾虚水滞，痰饮初结，胁下隐痛，干咳欲呕。方中枳实旋覆花逐饮通络，苏子、杏仁降气肃肺；陈皮、半夏理气化湿；茯苓、薏仁、扁豆利水道以开支流，兼补中土，亦补土必先疏水之理，《本草衍义》谓半夏能“祛痰、益脾、分水”，用量竟至六钱。综观全方，实能通理三焦，消水逐饮，涉及肺、脾、肝、胃、膀胱、小肠等脏腑，宣中有降，寓补于通，不寒不热，临床应用十分广泛。笔者对小儿外源性支气管哮喘，症见痰盛胸满或胁腹疼痛，小便不畅，时愈时发，辨证属脾虚水停咳喘者，常予此方，每有奇效。

案二：吴，三岁、五岁、八岁三幼孩，连咳数十声不止，八岁者且衄。与千金苇茎汤加苦葶苈子三钱。有二帖愈者，有三、四帖愈者；第三、四帖减葶苈子之半，甚衄者加白茅根五钱。

案三：又，四岁。幼孩呛咳，数十日不止，百药不效，用千金苇茎汤加苦葶苈子二帖而愈。

案二有错简：“甚”应作“其”，末两句错被倒置，当转为“其衄者加白茅根五钱，第三、四帖减葶苈子之半。”方符文理，此为群案，三个病儿，同病同治，不赘繁文。历代医家治疗咳嗽，总不外温清宣肃、润燥散敛诸法，然对“百药不效”的咳嗽。吴氏亦只好别谋妙策：以痰浊瘀脓蓄积肺脏立论，选用千金苇茎汤加葶苈子，凝成一方，频频而投，皆愈。充分显示了吴氏大巧若拙和因势利导的治病思想。此方清热散结，逐瘀排脓，尤妙桃仁一味，行血活血，改善肺内循环，去菀陈莝，《别录》谓能“止咳逆上气”，而葶苈泻肺行水，平喘下气，东垣谓能“泄阳分肺中之闭”，与苇茎配伍，一清一泄，相得益彰，参阅本书《卷三·肺痈·朱永斋案》，便可归纳出吴氏使用本方的指征为：痰湿邪热蓄闭于肺，连咳数十声或壅滞成脓，数十日不止者。笔者临床使用多年，多所效验。如患儿郭女，三岁，呛咳不止，已历四月，中西药物不停，皆无显效，查双肺呼吸音粗，左下肺有中细湿鸣及少许干鸣，白血球 13.6 ×10^9/L，多核 75%，X 线胸片示左肺下部炎变，脉滑数，舌红苔黄腻，即以此方，服四剂，呛咳顿减，再四剂而愈。

案四：已丑二月初十日，李女，四岁，风湿挟痰饮，喘咳，壮热太甚，势甚危急，勉与宣肺络清肺热法。生石膏末二两、杏仁五钱、芦根五钱、苦葶苈子三钱，黄芩（炒）三钱，煮三杯，分三次服。十二日，温热挟痰饮，喘咳。生石膏二钱，杏仁四钱，茯苓皮三钱，苦葶苈子（炒研）一钱五分，芦根五钱，冬瓜仁三钱。煮三小杯，分三次服，服此方二帖而烧退。

风湿是新感，痰饮是宿疾，咳喘是现症，壮热太甚，是气分热炽，言标之急也。当此之时，非重剂石膏莫属，余药四味，泄热涤饮，宣肺生津，味少量大，力专效宏。案末“服此方二帖而烧退”句应置于二诊“十二日”后方妥。因二诊未言热势，石膏用量仅为初诊时的十分之一，此处显系错置。设二诊时热势渐退。尚余咳喘，那么再去黄芩，并减葶苈之半，石膏只用二钱，加茯苓皮、冬瓜仁泻肺中之痰浊饮邪，方合逻辑，亦可见病情向愈的层次。此法临床上对肺炎喘嗽之壮热者，颇为得体。余常宗之，每能应手。

现今人治咳，每以款菀百部为必备之品，益以银翘公英等抗菌之物，似已结合了现代药理，而疗效却常不如意。吴氏学验俱丰，不落窠臼，取得疗效。其所以能如此，在于他首先是实践，善解经而不泥古，如对郭案立论，皆本经旨，而立方遣药，则又另有新意，尝谓《内经》“可信者十之八、九，其不可信者一、二”（《解儿难》），可见一斑。其次是临证时能知常达变，古方新用，如案二、案三，实际是对千金苇茎汤的发展，能令人在“百药不效”时有柳暗花明感，这些，正是吴氏给后学以宝贵的启迪。

[《四川中医》，1994；(12)]

吴鞠通杂病治验说约

姜少灏　卢岳华

清代著名医家吴鞠通，不仅在温病学上贡献卓著，而且在杂病治疗方面也颇具特色。笔者为了探讨他在杂病方面的独特治疗经验，为当今临床提供参考，特以《吴鞠通医案》为本，试作浅析如次。

一、论治肝病　首要通络

吴鞠通认为，肝之为病，虽有诸如肝郁、肝着、肝厥、肝风、肝痈之异，但它们都具有络脉瘀滞这个广泛的病理基础。例如老年下虚上实者，肝阳化风，牵动少阳风动，上扰清空，则络脉被阻，以致“目系引急，最有坏眼之虑。”再如“瘕居右胁，发则攻心，痛厥不止”的肝着，也为肝气久郁，脉络不通而作；肝痈是临床上的危证重证，其病机变化，也由于肝络瘀滞，气血壅郁化热，方才酿变成痈等等。正因为肝病多络瘀，所以吴鞠通说：

“治肝者必治络”，且认为后人治肝“多不见效”的原因，是“多用逍遥散，竖走经”之故，因而倡用“横走络”之法。在此思想的指导下，他在治肝阳引起少阳风动所致的偏头痛，出现目系引急时，即在和肝的同时，加用刺蒺藜、郁金“兼与宣行经络”；肝郁胁痛明显者，选用新绛、当归须、桃仁、降香等药，“一以活络为主”；肝痈，因瘀积久，久病入络，又久必致虚，此时“通络则虚急，补虚又络滞”，吴氏用“新络一方，缓通其络”，且认为阴阳两补并施，方或聊尽人力。再说治肝厥，鞠通认为，厥不仅有在经在络之分，且有或寒或热之别。若厥“脉沉而弦细”者，是为肝寒之厥，治当“温通络脉”。治肝用药，多遣新绛、降香、郁金等行气活络之品。可见其治肝十分重视以“通络”为法，且常常结合病程新久、病势缓急，分别施用丸、汤不同剂型，令肝络瘀滞得散，其疏泄之性得复，则气机可调，肝血可布。这对临床治肝一味议补而不注重顺畅其性者，良为借鉴反思之处。

二、三焦虚损　先健中焦

虚劳之证，理当扶正补虚为治。但临证所见，常见气血并伤、阴阳两亏、三焦俱损为多。纯补血则有壅气之虑，单助阳也存耗阴之忧，仅治下又疑碍中之变，若阴阳气血，上下三焦同补，则必致方大药杂，药药相制，难以收功。故扶济虚劳，实是中医史上内科论治之一大难点。清代医家姜礼将其与中风、臌胀、噎膈作为四大难证撰列专著(《四大证全书》)进行讨论，即资说明。

对此，吴鞠通认为，虽然气血阴阳俱损，但辨治应抓主要矛盾，即“三焦俱损，先建中焦，补土可以生金，肾关之虚，亦可仰赖于胃关”。因为，脾胃为气血生化之源，位居中焦，上能升清阳于心肺，下能输精气于肝肾。若气血俱虚，诸脏皆损，然胃气尚在，则不足之气血有其化源供给，虚损之脏腑有其后天补养。如此，则气血可充，脏腑可健，人体自安。若中焦虚损，胃气殆亡，则气血生化无源；先天之精失去充养，则病无愈日，体难安康。因此鞠通治疗虚损，先建中焦，以复胃气，令“胃旺得食，而后诸虚可复也。”如在《医案·虚劳》门中记载14案，其中即有10案以建中焦、补脾胃为法。其治虚损重中焦的指导思想即可略窥一斑，从而使张仲景治虚劳的学术思想在临床上得到了充分发挥和运用。

不过，值得重视的是，吴氏建中焦并非一味壅补脾胃，而是根据脾胃的阴阳通守不同特性进行施治。形体羸瘦，脾胃阳气弱者。宗《内经》“形不足者，温之以气”之旨，可用温补之剂以“守补”；但阳虚较甚，不能通达四末而厥，或中虚不运而塞，均不当“守补”，只宜“通补”。通中兼补，补而不滞，“冀开胃健食”，以复中焦运化之机，从而达到“谷气生宗气”，或开胃关以济肾关的目的。这些思想，至今仍不失其临床指导意义。

三、调治血证　当分上下

血液之于人体，在正常情况下，当行又当守。行则能布达全身而不瘀，守则于脏腑经络之内而不外溢。但在诸多因素的影响下，气血逆乱，不循常道，溢于脉外则成血证，同时也可瘀于体内不同部位，形成“瘀血”。鉴此，吴氏治疗血证，也是具有他自己特色的。

首先，他认为无论吐血、衄血、咳血，虽然其溢出方向均为向上，但其原因则或是上焦邪热灼伤脉络；或是下焦肝逆之气，郁而化火，迫血上乘。因此，吐血、衄血“左脉坚搏”者，则“治在下焦血分”。因肝脉所候部位在左，肝气横逆而暴冲，迫血逆上而不循常道，选用阴柔甘寒之品以治之，肝居下焦而藏血，故曰“治在下焦血分”。倘若“右脉坚搏”，则“治在上焦气分”。这是因为肺胃脉候于右，肺胃之热上灼，阳络受损，血溢于口为吐血，出于鼻则为衄血，并痰而出，又为咯血，应选轻清甘寒之品以治之。因肺位上焦而主气，故曰“治在上焦气分”。

但是，根据吴氏许多血证案例分析，其所谓治在“气分”、“血分”当活看，并非治在气分，便纯投气分之剂，治在血分，即不可兼施行气祛瘀之品；而只是说由于引起血证的脏腑不同，其治法也应有所区别。病在上者，因“上焦如羽”，治不可过于寒凉重滞，“当以清轻之品，清清道之热”。病源在下者，因“下焦如权”，治不宜于辛凉轻清，而当以达肝入血之剂，理肝澄源。两者又当以拔除病根为要，均不可“一概见血投凉”。因为血证不仅热伤脉络可致，也可因阳虚失统而成。因此，他在治疗吐血和便血的时候，一旦辨为脾阳虚损，则选小建中或黄土汤温运脾阳，以复统摄之权，令血归脉道而不致外溢。由此可见，鞠通治疗血证，不是见血即专施止血，而是根据出血的不同部位，审慎内在症结所在，然后结合脏腑所处位置的不同情况进行论治，可谓清代早期集治疗血证之大成者。

四、启闭通淋　另辟蹊径

二便闭塞或小便淋漓不畅，乃属急症范畴，闭者“开之”，是为常法。攻下通便、利水通淋，均为“开”的具体实施。而鞠通调治闭、淋，多旁开法门，另辟蹊径。

开阴络启闭法：《卷二·淋浊》中的龚案，先是大小便俱闭，患者自用大黄八钱，大便虽通，可是小便涓滴全无，续用五苓散仍不通。吴氏根据其病史和脉象，诊为“肝郁”而致，拟“开阴络法”。再如“保女案”，小便已三日不利，急不可忍，少腹胀大如斗，也以“开阴络法”为治。吴鞠通的所谓“开阴络”，即是选用一些活血通络之品，诸如降香末、当归须、丹皮、琥珀、韭白汁等，令络通血通气通，则小便自通。若因“怒郁而起”者，适当添加疏肝活络之品，加强活络通淋之功。这些实为今人运用活血祛瘀法攻治泌尿系结石和前列腺肥大之先声。借小肠通胆腑法：胆与肝互为表里，共主疏泄，调畅气机。若因暴怒，严重导致气机紊乱，引起二便闭塞不下者，吴氏运用通胆腑法，使“中正之官”气机得畅，则闭自开。小肠分清别浊，分施二便，因“胆无出路”，需借小肠以为出路，故投龙胆草、芦荟、胡黄连、桃仁泥、当归须等“极苦以通小肠，借通胆腑”，则二便皆通。开肺通胃法：肺主肃降，为水之上源，肺气不降，也可引起水道不调而致小便不利。又，“九窍不和皆属胃病”，胃关不开则九窍不通。故胃关不利，不仅可以导致大便秘结，也可酿为小便癃闭。所以，在治疗淋闭案中，他鉴于病人兼有肺系症状（如喉痛）者，即选一些开提肺气，清其上焦之品，如桔梗、杏仁、桑皮之属，以“开肺窍，启上闸”，实寓“提壶揭盖”之妙；如兼有食少而阳气不振者，则以半夏、茯苓、桂枝、陈皮诸物通补胃气，令胃健则诸窍启。这些经验，迄今在临床上仍有较大参考价值。

总之，吴瑭在治疗杂病时，着眼不落窠臼，用药堪称精当，并不时使用经方。如《内经》之铁落饮、半夏秫米汤，仲景之桂枝汤、大小青龙汤、五苓散、苓桂术甘汤、小建中汤等等，皆用来得心应手，随证化裁，遵古不泥，可见在临床上，他不仅是一位温病学大师，而且是杂病治疗学中的巨匠。

[《北京中医学院学报》，1988；（3）]

吴鞠通辛开苦降法在内科临床上的运用

李良松

运用辛开苦降法治疗疾病是吴鞠通的主要临床经验之一。吴氏在《温病条辨》一书中，以辛开苦降为主的方剂有78首，占全书方剂总数的23.5%，其治法有苦辛温法、苦辛寒法、苦辛淡法、苦辛甘法、苦辛通降法等37种。纵览《吴鞠通医案》。其运用辛开苦降法治疗内科疾病达32种之多，所治疾病遍及上、中、下、三焦及五脏六腑。辛开苦降法的运用范围是如此广泛，笔者在此试作粗略的概括。

一、辛开苦降法在温病临床上的运用

辛开苦降法是治疗温病的一大法则，辛散可祛邪，苦降可燥湿，病在上焦者以苦辛宣发之，病在中焦者取苦辛调达之，病在下焦者用苦辛通降之，吴鞠通谓："苦与辛合能降能通。"其治法重在宣化三焦以调旋气机、开达募原以鼓邪外出。经谓："冬伤于寒，春必病温。"故寒邪内伏而郁热是温病的内因，时令之气（风、暑、湿、燥）是诱发的外因，用药宜宣外而攘内，辛散而苦收，使阴阳始能平衡，气机得以升降。

1. 辛开苦降以疏风热

风热病邪其侵袭人体多先犯上焦肺系和肌表皮毛，发病多在上焦肺卫，吴鞠通云："凡病温者，始于上焦，在手太阴。"取辛以疏风解表，苦以清泄郁热。

[案例] 张，舌黄口渴，头不痛而恶寒，面赤目赤，脉洪热甚，形似伤寒，实乃冬温挟痰饮，与伏暑一类。

连翘、苦桔梗、荆芥穗、金银花、广皮、半夏、广郁金、藿香梗、杏仁、白通草、甘草。

2. 辛开苦降以降暑热

暑热病邪炎热酷烈，故其侵犯人体，多发病急骤，传变迅速，易耗气伤津。初起即见气分证候，吴鞠通云："形似伤寒，但右脉洪大而数，左脉反小于右，口渴甚，面赤、汗大出者，名曰暑温。"取辛开苦降以清解暑热，调和气机。

[案例] 陶，伏暑遇新凉而发，舌苔晄白，上加灰黑，六脉不浮不沉而数，误与发表，胸痞不食，此危症也。何以云危？盖四气杂感，又加一层肾虚，又加一层肝郁，又加一层误治，又加一层酒客中虚，何以克当！勉与河间之苦辛寒法，一以通宣三焦，而以肺气为主，望其气化而湿热俱化也。

飞滑石、杏仁、藿香叶、姜半夏、苡仁、广郁金、黄芩、云苓皮、真雅连、广皮、白蔻仁、白通草。

3. 辛开苦降以化湿热

湿为阴邪，其性黏腻重浊，故化热较缓，侵犯人体后多留滞难化，易于困阻清阳、郁遏气机，以致病程迁延，缠绵不愈，症见身热不扬，苔白腻，口不渴等。吴鞠通云："湿热受自口鼻，"可由"气分痹郁受病，"可由"募原其走中道"，亦可直接"弥漫三焦"。用辛以散邪外达，苦以清热燥湿。

[案例] 王，证似湿热，但心下两胁俱胀，舌白，渴不多饮，呕恶嗳气，则非温热而从

湿温例矣。用生姜泻心汤之苦辛通降法。

茯苓块、生姜、古勇连、生苡仁、半夏、炒黄芩、干姜、生香附。

4. 辛开苦降以清燥热

燥乃阳热之邪，常在“秋阳以曝”、气候温燥的条件下侵袭人体，吴鞠通谓：“秋燥之气，轻则为燥，重则为寒，化气为湿，复气为火。”其特性是易于耗伤气血、消烁津液，症见咽干唇燥，咳嗽无痰，心烦口渴，舌红少津等。临床上以秋燥绝多。用辛以润燥，苦以清热。

［案例］瑞，感受燥金之气，表里兼受，与各半汤加苦温甘热法。

桂枝、姜半夏、广皮、柴胡、川椒炭、生姜、吴萸、炙甘草、大枣、黄芩。

二、辛开苦降法在内伤杂病治疗上的运用

辛开苦降法具有宣肺、疏肝、醒脾、开心、调血、化痰等功效，临床上用于邪阻气机所致的心火不降，肾气不升，肺气不宣，肝失疏泄，脾气不升，胃气不降，三焦不畅，气道不通等升降失常、阴阳失调的脏腑病变。其主要机理是：宣畅气机以调和脏腑，驱邪外达以平衡阴阳。辛能斡旋清气上升，苦能责使浊阴下降，从而达到“通其道而去其邪”的目的，吴鞠通云：“非苦无能胜湿，非辛无能通利邪气，”凡属正气未虚，人体气机升降出入失常者，均可用本法以调畅之。

1. 辛开苦降以宣肺

肺为五脏六腑之华盖，法当肃降，以其为阳中之阴脏，又具宣化之力，故宣降当协同而行。吴鞠通云：“盖肺主化气，气化则湿热俱化。”若肺失宣降，邪阻气机，则可导致咳嗽、衄血、失音、水肿、痰饮等病证。病因有外邪束表，亦有因痰热、寒饮、瘀血及胃肠积滞阻碍肺气下降之路，又肺为水之上源，与大肠相表里，上窍闭则下窍不通而见二便不利。治宜轻清辛散以宣肺，苦甘下行以肃肺。

［案例］朱，右脉洪数有力，金实无声，麻杏石甘汤证也。奈已为前医发汗，麻黄未便再用，议清音汤加石、杏。

半夏、苦桔梗、石膏、杏仁粉、苇根、生甘草。

2. 辛开苦降以醒脾

脾病与湿的关系至为密切，无论寒热虚实诸证，均可出现湿之兼证。若脾气不升或为湿邪所困，则可出现呕吐、腹胀、湿阻、泄泻等病证。其主要机理是：由于火热、气滞、痰饮、寒湿、湿热、淤血、食积等原因导致气血郁阻，脾气升降功能障碍。治宜辛开苦降以斡旋中气，用辛药以通利气机，苦药以燥湿醒脾，湿去则脾运自复。

［案例］某，脉沉紧为里寒，木旺土衰，浊阴上攻，腹拘急时痛，胁胀腰痛。议苦辛通法兼醒脾阳。

藿香梗、厚朴、生香附、生薏仁、官桂、姜半夏、广木香、白蔻仁、广郁金、荜拔、台乌、广皮

3. 辛开苦降以疏肝

肝为刚脏，主疏泄，喜条达而恶抑郁，若因风、寒、湿、火、血瘀等郁阻肝络，则可引起肝气膹郁，气机升降不畅，导致胁痛、肝风、肝厥、疝瘕等病证。治宜用辛开苦降法以疏解肝郁。吴鞠通谓：“肝病不能疏泄，用驱浊阴通阴络法，又苦辛通法，兼以浊攻浊法。

［案例］喻，肝郁停痰呕吐百余日，治不如法，肝未愈而胃大伤。议与苦辛以伐肝，甘

淡以养胃阳。

姜半夏、人参、淡吴萸、云苓、川椒炭、炒川连、生姜汁。

4. 辛开苦降以开心

心为神明之脏，主血脉，与小肠互为表里，其气当降，下交于肾。若因痰火扰心或瘀血阻滞心络，就可引起气机受阻、心气升降出入和血液运行障碍，从而导致癫狂、心悸、淋浊等病证。吴氏谓："浊阴蟠踞中焦，格拒心火不得下达，则心热如火，议苦辛通法。"

［案例］某，左脉弦劲，经谓单弦饮癖。五日前因观剧后做恶梦，遂病狂肢厥。经谓阳并于上则狂，两阴交尽则厥。灵枢有淫邪发梦一卷，大意以五脏偏胜，非因梦后而病也。前人有诸般怪病皆属于痰之论，虽不尽然，然此症现在咳嗽块痰，左脉单弦，应作痰治。

石菖蒲、半夏、茯苓块、天竺黄、丹皮、白附子煮三杯，分三次服。先服陈李济牛黄清心丸一、二丸，温水开调服。

此外，肾气上逆、阴虚火旺、心肾不交、肝胃不和、肝脾不调、肝火犯肺、三焦气机运行不畅等病证也均可运用辛开苦降法治疗。

三、几点体会

1. 辛开苦降是治疗内科疾病的大法之一。凡属气滞、血瘀、痰饮、寒湿、湿热及风、寒、暑、湿、燥、火等原因引起的气机升降失常、阴阳平衡失调的脏腑病变，都可应用本法辨证治疗。经云："气有高下者，病有远近者，证有中外者，治有轻重者，适其至所为故也。"对于疾病的证型不同，辛开苦降药物的寒、热、温、凉也不尽相同。如同样属于痰饮病，湿热引起者用苦辛淡法治疗，而寒湿引起者则用苦辛温法治疗。

2. 吴鞠通应用辛开苦降的药物独具一格，不但立意新颖，用法融恰，而且选药简洁，疗效显著，深为后世医家所遵崇。吴氏运用半夏、陈皮、生姜、川椒、石菖蒲等辛散药物以调畅气机、宣利三焦，用黄芩、黄连、栀子、泽泻、苦梗、茅术等苦降药物以燥湿化浊，平衡阴阳。苦辛并用，突出了辛开苦降以调和气机升降，驱逐病邪外达的特点。辛开苦降法的临床上可分为轻、中、重剂使用，轻剂选薄荷、苏梗、苍术、苦梗，中剂选半夏、陈皮、茅术、泽泻，重剂选川椒、干姜、黄芩、黄连、栀子等。

3. 辛开苦降法多宜用于实证，对虚证则需慎重运用。吴氏主张治病要讲求辨证论治，反对执法弗变，用法套病。他应用辛开苦降及其兼法治疗多种疾病，运用自如。对后世学者的立法用药具有很大的启迪。

［《福建中医药》，1986；(1)］

吴鞠通杂病证治选议

陆寿康

有清一代，名医辈出，在温病学方面尤多建树。如吴鞠通著《温病条辨》，倡立三焦辨证体系，近年不少文章对此诸多评析。唯吴氏对杂病证治也不乏心法，尚较少为人充分重视，故本文亟就此以《吴鞠通医案》、《温病条辨》有关内容（以下简称《医案》、《条辨》），对肝郁而痰瘀阻络和痰饮夹痹两个杂病证候选议于次，不当之处祈求同道匡正。

一、肝气久郁　痰瘀阻络

肝在五行属木，性喜条达，主疏泄，为藏血之脏。凡精微物质之敷布，气血津液之运行。与肝气疏泄正常无不相关。肝以血为体，以气为用，故有“体阴而用阳”、“体柔而用刚”之谓。肝气因情志郁结而失去疏泄，久则或津液不布变为痰饮，或血行不畅留而为瘀。无论痰饮，抑或瘀血，皆阻滞络脉，即所谓“初病在经、久病入络”者。吴氏对这种情况，常以疏肝通络为法，视痰饮、瘀血的不同情况，进行辨证治疗。

香附旋覆花汤是吴氏治疗肝郁克伐脾胃，脾胃不和，津液不布，留而变生痰饮的方剂。《条辨》用治“伏暑、湿温，积留支饮，悬于胁下，而成胁痛之证”。《医案》肿胀、积聚、痰饮、胁痛、伏暑等门屡见此方案例，可见此方不仅能治伏暑、湿温之饮积胁下为悬饮，更主要的是治疗杂病。方中以香附、旋覆花疏肝理气通络祛饮，苏子、杏仁降气肃肺止咳化痰，陈皮、半夏和胃化痰并止呕，茯苓、苡仁健脾利湿助中焦，俾气机调畅而津液流通，痰饮得以祛除。吴氏以为本方能“宣肝络以开郁，和胃以化饮”，有“两和肝胃”之功。检视《医案》诸例，可见本方证为胁痛、眩冒、口渴、欲呕、喘咳，脉弦滑，舌苔白滑等；时尚有潮热或寒热如疟状，少腹痛之症。对老人、体弱之悬饮患者，不任十枣汤峻下逐饮者；和风温、温热病后有痰饮病，不任大温化饮者，也可以本方平剂缓图。在原方基础上，吴氏每随证加减，如营卫不和加桂枝、白芍；湿邪偏盛加滑石、通草、白蔻仁、藿香梗；痰饮甚则加枳实、生姜，寓仲景橘枳姜汤义；腹痛加厚朴，呕吐加代赭石，合原方又分别含有仲景半夏厚朴汤和旋覆代赭石汤的意思。如胁痛甚，又常加当归须、降香，以加强活血通络止痛作用。如痰饮久踞不去，间用控涎丹缓攻。

对肝郁夹痰饮的病理机制，吴氏认为：“肝郁者必克脾，脾受克者必停饮”，着眼肝和脾胃气机的不和。前贤亦曾有论之者，如张子和《儒门事亲》云：“夫膹郁而不得伸，则肝气乘脾，脾气不化，故为留饮。肝主虑，久虑而不决，则饮气不行；脾主思，久思而不已则脾结，故亦为留饮。”可见情志失调是肝脾、肝胃不和，津液输布失常，造成痰饮停滞的重要因素。本方主以疏肝，兼以健脾、和胃等，理气而化痰，所谓“善治痰者，不治痰而先治气，气顺则一身之津液亦随气而顺”，则无痰饮之患矣。

对肝气郁结、痰饮阻络之证，笔者常用本方有效。其辨证眼目除上述外，尚须掌握以下几点：（1）久病长期治疗无效，用补剂症状反剧者；（2）阴雨季节、潮湿环境下，及情志抑郁时发作更频；（3）疼痛除胁部外，还可见于胸、脘部，或以胀闷、痞塞为主，范围并不局限。临床上可用于梅核气、胃痛、胁痛、呕吐、乳癖、咳喘等见上症者。一般应用，以苏叶、苏梗代苏子；梅核气则加厚朴、枇杷叶；乳癖则加夏枯草、牡蛎、象贝；胃痛加降香、当归；呕吐加黄连、吴萸、代赭石；咳喘时可加细辛、干姜、五味子。

对肝气郁结久而成瘀之证，吴氏主用新绛旋覆花汤。此方以《金匮》旋覆花汤（旋覆花、新绛、葱）为主加减，《条辨》未载，然《医案》吐血、胁痛、肝痛、肝厥、疝瘕、单腹胀、积聚、淋浊、头痛门中屡见其案。方名可见《医案》肝痈门谢案，其组成各案互有参差，汇集分析其主要药物有新绛、旋覆花、桃仁、郁金、降香、当归、苏子，并常用香附、青皮等。作用显以疏肝理气、活血祛瘀为主，即所渭“宣通肝之阴络”者。吴氏根据不同病情加减，如偏寒加桂枝、吴萸，偏热加丹皮、生地、黄连，脘腹痛加乌药，少腹痛加茴香、川椒等。检视诸案，可见本方适用于胁痛，时引及胸、背部；尿血、淋浊；吐血后痰带瘀黑；绕脐痛、腹中拘急，或少腹痛；妇女经闭或痛经，经色紫黑；或由情志郁怒而痉厥、抽搐；以及眩晕、失眠、心悸、烦躁；脉常呈弦、沉、细等。笔者也常用本方治非化脓性肋软骨炎、肋间神经痛、慢性肝病之肝区痛等见上症者。吴氏案中舌诊不详，结合临床当以舌质暗紫为主。方中新绛可以茜草代之；若兼湿热，可加茵陈、通草、苡仁、六一散；若湿热瘀血并重，又可用木贼草、五灵脂相配加入原方中，这个配伍是程门雪先生的心得。

吴氏用疏肝通络活血祛瘀的新绛旋覆花汤中，还经常配半夏、陈皮等和胃化痰药物。在《医案》有关本方的36诊次中，约有25次用了半夏、陈皮。同样，在上述香附旋覆汤中，也有不少配用降香、当归须等活血药的。这就使我们联想到“痰瘀相关”的问题。诚如朱丹溪云：“肺胀嗽，或左或右不得眠，此痰挟瘀血碍气而病，宜养血以流动，平气降火疏肝”；“痰挟瘀血，遂成窠囊”。叶天士云：“外邪留著，气血皆伤，其化为败瘀凝痰，混处经络”；“经几年宿病，病必在络……痰因所滞，气阻血瘀，诸脉逆乱”；“胃痛久而屡发，必有凝痰聚瘀。”诸此等等，都说明久病入络，须考虑痰瘀互阻之证。再参《医案》用新绛旋覆花汤者，亦大多为“肝经络瘀夹痰饮”之证，除肝郁络瘀胁痛及相关瘀血症状外，还常有咳嗽、呕吐等痰饮病的症状。可见肝郁气滞久病入络之际，津液不布为痰饮和血行不畅为瘀血有一定的相关性。此时治疗如从肝着手，以疏肝通络、祛瘀化痰兼顾，有一定效果。诚然，在《医案》中也有不少单纯肝郁夹瘀血或肝郁夹痰饮者，则可分别以上述二方分治。前者如有疼痛，则以刺痛、搏动性疼痛为特点，或常发于血证后，舌质暗紫。脉弦细紧涩；而后者疼痛常不固定，以痞闷胀痛为主，舌苔白滑，舌质胖润，脉弦滑。再结合其他兼症，自不难识别。

二、痰饮久踞　肢节痹痛

痹证为风、寒、湿等邪气侵袭人体，流注经络，气血不和所致，为肢体、关节等处疼痛、酸楚、重着、麻木等一类疾患。所谓痹者，闭而不通之谓。吴氏认为痹之寒、热、虚、实证预后和治疗难易程序不同，他说：“寒痹势重而治反易，热痹势缓而治反难；实者单病躯壳易治，虚者兼病脏腑夹痰饮腹满等证，则难治矣。”对目前临床辨证仍有一定指导意义。尤其突出的是，吴氏对“痰饮夹痹”之证颇多研究，《医案》痰饮、痹、寒湿门较典型的约七例，反映于此证的症状表现和临床治疗情况。对此，前贤亦有所议。如张仲景《金匮要略·痰饮咳嗽病脉证治第十二》云：“胸中有痰饮，其人短气而渴，四肢历节痛，脉沉者，为留饮。”饮水流行，归于四肢，当汗出而不汗出，身体疼重，谓之溢饮。”说明痰饮留著、泛溢四肢，可引起身体、肢节疼痛和沉重的症状，与一般的风寒湿痹、热痹不尽相同。陈无择《三因极一病证方论》在“叙痹论”中指出痹证“有支饮作痹”的类型。在“痰饮证论”中指出痰饮病“其间或随气上厥，伏留阳经……或一臂不遂，有类风状。”并在“痰饮治法”控涎丹条下罗列了相关症状。

《医案》中痰饮夹痹之证可见：患病日久，肢节腰背痛，心悸，短气，咳喘，腹胀，呕吐恶心，心下或左胁漉漉有声，胁腹痛，渴欲饮水，小便短少，下肢肿，脉洪大或弦短等。吴氏认为本证乃痰饮踞于中焦，痹痛结于太阳”所致，为“内而脏腑，外而肌肉，无不痹者”。实际上，即《条辨》所云之痹证“兼病脏腑夹痰饮腹满”，属本虚标实者。对此吴氏以加减木防己汤为主治疗。是方见于《条辨·中焦篇》第68条，为“暑湿痹者”而设，并自注云：“此治痹之祖方也。”方中以木防己祛风化湿止痛，桂枝温经通脉，石膏清热宣散，滑石、通草、苡仁渗湿利水，杏仁有宣气作用。朱氏评曰：“痹证总以宣气为主，郁则痹，宣则通也。”一言道破了本方的用意。本方实源于《临证指南·痹》诸案用方。适于“初受风寒，已从热化”；“风湿化热，蒸于经络”；“周行之气血为邪阻蔽”的周身关节痹痛。《医案》中，吴氏亦曾用之加减，治疗湿热之手足拘挛、痿痹及“中风湿口歪臂不举、腿肿、脉洪数”等证，系叶案心法的应用。然以加减木防己汤治痰饮夹痹，叶案则未见明示，确为吴氏的个人临床经验。再以上溯，加减木防己汤乃仲景木防己汤加滑石、通草、苡仁等，利水渗湿作用更强。而仲景木防己汤乃为“膈间支饮，其人喘满，心下痞坚，面色黧黑，其脉沉紧”之痰饮重证而设的方剂，方中用木防己、石膏、桂枝、人参，行水饮而散结气、清郁热且扶正气。湿与饮一气所化，同为阴邪而仅为无形、有形之别，故用木防己汤加减统治，乃叶、吴二氏对仲景方的发展。加减木防己汤既能通阳化饮，又能祛风化湿、清热宣散，一举二得，此吴氏用于“痰饮夹痹”之义。

《医案》中吴氏还以大、小青龙汤去麻黄、细辛，和香附旋覆花汤等，配合此方交替应用。痰饮久踞不去时，则间用陈无择控涎丹（又名妙应丸）缓攻祛饮，所谓“缓缓下之”。对此，吴氏引证《金匮要略》“咳家之（其）脉弦尚（为）有水，十枣汤主之”等语，认为痰饮久踞、肢节痹痛，宿邪未予根除者可以攻下逐饮。并认为对攻下之法“当活看，乃拔去病根，使久病不再复发之义”。在具体治疗中，用控涎丹代十枣汤，一则以久病不任十枣汤竣下；二则顾病家“胆怯未敢骤用”；三则控涎丹为陈无择治“支饮作痹”之方，更加贴切；更重要的是痰饮久踞之宿邪病证，非纯用汤剂一时荡涤可速效，而宜用丸剂“缓攻其饮”，亦叶天士“新邪宜急散，宿邪宜缓攻”之义。吴氏用控涎丹缓攻痰饮，益见其独具只眼处。并反复叮嘱患者用此方时，“得下痰水即止，停数日水不尽，再服，以尽为度。”服时以大枣煎汤送下，与加减木防己汤等交替服用。《医案》“痰饮夹痹”诸案，大多反映了疾病发作期，所谓标实的证治情况。在疾病缓解期，以本虚为主时，可用外台茯苓饮、金匮肾气丸、苓桂术甘汤等加减培补脾肾、温阳化饮。

临床上“痰饮夹痹”病证并不罕见，一般多见于慢性风湿性关节炎，同时伴有慢性支气管炎、肺气肿等疾患。常呈咳喘、痰清稀泡沫状等痰饮证，与四肢疼痛麻木等痹证，间歇交替反复发作，有此起彼伏之象。在发病过程中，或先有痹证后有痰饮，或先有痰饮后有痹证，值得临床重视。

以上仅举吴氏杂病证治中的两个专题，加以分析。除此外，吴氏对其他杂病也有不少证治精义，限于篇幅，恕不缕述，仅以此为引玉之砖耳。

[《中医杂志》，1983；(1)]

吴鞠通论治虚劳经验探析

胡向阳　张荣华

虚劳是由多种病因所致，以脏腑亏损、气血阴阳不足为主要病机的慢性虚损性疾病的总称。在内伤杂病中，虚劳为“风、劳、臌、膈”四大疑难杂病之一。历代医家对虚劳的治疗见解各异。仲景喜用小建中汤及黄芪建中汤治疗虚劳诸证，甘温补虚，调和营卫；孙思邈把虚劳分述于脏腑证治之中，治疗上重视益胃填精；朱丹溪治疗虚劳从肝肾论治，重视滋阴降火、护精养阴；李东垣认为“劳伤脾气，清气下陷”，倡导甘温补中；沈金鳌治疗虚劳主张调和气血阴阳。清代名医吴鞠通不仅是温病学大家，对内伤杂病的治疗也很有造诣，其论及虚劳证治，观点新鲜，颇有特色，现试析之。

一、论虚劳病机 阳虚为本

针对虚劳病机，历代医家见解不一。《内经》对虚劳的认识如“精气夺则虚”，“久视伤血，久卧伤气，久坐伤肉，久立伤骨，久行伤筋。”指出五劳所伤。隋·巢元方用五劳、六极、七伤来概括虚劳的病因，强调大病之后，气血减耗，脏腑失和，复感外邪，引起虚劳病候。明·张景岳认为“凡虚损之由，无非酒色劳倦，七情饮食所致，故或先伤其气，气伤必及于精；或先伤于精，精伤必及于气”。明·绮石在所著《理虚元鉴》中指出虚劳病因是：“有先天之因，有后天之因，有痘疹及病后之因，有外感之因，有境遇之因，有医药之因。”

吴氏认为，虚劳的病机当以阳虚为本。在其所著《医医病书·虚劳论》中指出：“虚劳一症，今人概用补阴，惑于‘阳常有余，阴常不足’之论。……愚按虚劳一症，阳虚者多，阴虚者少。”吴氏从人体生理角度分析了虚劳多为阳虚的原因：“一则人本附地而生，阴自有余；二则人为倮虫（身上无羽毛、鳞甲的动物），属土，赖火而生，阴多阳少。凡动作行为，皆伤中阳与卫阳也。”（《医医病书·虚劳论》）还观察当时治疗虚劳盛行补阴之风，“今人恣用补阴，爰用寒凉，伤阳者益甚矣。”（《医医病书·虚劳论》）从而导致阳虚病情进一步加剧。可见吴氏不仅温病学创建三焦辨证，在对虚劳病机的认识方面，也能突破常规，创立新见。

二、治疗师法仲景 重用建中汤

吴氏治疗虚劳师法张仲景，认为：“从来最善补虚者，莫如仲景。”（《医医病书·虚劳论》）提倡治疗虚劳当先调理脾胃，甘温补中，重视调养胃气。《金匮要略·血痹虚劳病脉证并治》曰：“脉弦而大，弦则为减，大则为芤，减则为寒，芤则为虚，虚寒相搏，此名为革，妇人则半产漏下，男子则亡血失精。诸虚不足，小建中汤主之。”又曰：“虚劳里急，诸不足，黄芪建中汤主之。”虚劳证因失精亡血，多以虚寒为主，而虚寒者又以阳虚者居多。阳虚则影响气血运行失于推动，阴津化生失于温煦，久则脏腑亏损、气血阴阳不足，出现体弱、失眠、遗精滑精、腰酸膝软、目眩发落等诸多虚损症候。吴氏分析仲景用小建中汤治疗虚劳的原因为：“夫失精、亡血，半产、漏下，阴伤甚矣。仲景何不用冬、地、丹、萸而用建中乎？盖建中以调和营卫为扼要，全以补土为主。药止六味，而甘药居其四。待病者开胃健食，欲其土旺生金，金复生水以生木，木生火，而火又生土，循环无已。其意盖不欲以药补虚，而使之脾胃健旺，以饮食补虚。此君子以人治人之道也。”（《医医病书·虚劳论》）吴氏又指出：“补虚重阳者，为护胃气而然也，即一切外感之邪，与不内外因之饮食伤，必须调和胃气，不致有失。”（《医医病书·三因皆以胃气为要论》）表明了他治疗虚劳尤为注意顾护胃气的学术观点。

吴氏还分析了建中汤与李东垣补中益气汤的区别：“补中益气用处虽多，其中焦虚而下焦实者，犹不害事。若下焦亦虚，祸殊不小。前人畏其有盗肾气之虑。建中妙在虽然补气，而营药实多，桂枝虽走卫，营中之卫药也。不似补中益气之升柴，纯然走卫矣。……故建中可久服，补中益气断不可多服也。”（《医医病书·虚劳论》）指出了补中益气汤的缺陷和建中汤的优点，条分缕析，可谓经验之谈也。

三、补虚细分三焦

吴氏创建的三焦辨证理论不仅指导温病治疗，也应用于对虚劳等内伤杂病的治疗，很有新意。《医医病书·治内伤须辨明阴阳三焦论》指出："又必究上、中、下三焦所损何处？补上焦以清华空灵为要；补中焦以脾胃之体用，各适其性，使阴阳两不相犯为要；补下焦之阴，以收藏纳缩为要，补下焦之阳，以流动充满为要。……补上焦如鉴之空，补中焦如衡之平，补下焦如水之注。"言简意赅地道明了三焦补益的治疗原则和用药的特点。虚劳辨证常分脏腑、气血阴阳辨证，如《难经·第十四难》："损其肺者，益其气；损其心者，调其营卫；损其脾者，调其饮食，适其寒温；损其肝者，缓其中；损其肾者，益其精。"沈金鳌《杂病源流犀烛·虚损痨瘵源流》指出："其所以致虚有四，曰气虚，曰血虚，曰阳虚，曰阴虚。阳气精血，精又为血之本。不离气血，不外水火，水火得其正则为精为气，水火失其和则为寒为热，此虚损之大概。"吴氏用三焦辨证理论指导内伤杂病的治疗，有别于其他医家，很有创新，既丰富了内伤杂病的辨证体系，也为后学者如何治学临证及继承创新带来一些启发。

四、治内伤强调要祝由

吴氏认为虚劳等内伤杂病多因情志不调、酒色失节、饮食起居失常所致，提出在治疗开始就应当先告诉病人患病的原因，让其配合医生的治疗，戒酒色，畅情志，调其饮食起居。《医医病书·治内伤须祝由论》曰："吾谓凡治内伤者，必先祝由。盖详告以病所由来，使病人知之而勿敢犯。""祝由"二字，首见于《素问·移精变气论》："黄帝曰：余闻古之治病，惟移精变气，可祝由而已。"吴氏对其解释为："祝，合也；由，病之所以出也。"为了掌握病情，吴氏又强调医生要细致、深入地去了解病人，指出："又必细体变风变雅，曲察劳人思妇之隐情，婉言以开导之，庄言以惊觉之，危言以悚惧之，使之心悦诚服，而后可以奏效。"就是要观察病人的思想、行为变化（变风变雅），不便告人的隐情。并针对不同情况，用合适的语言进行开导，从而配合药物治疗，提高疗效。吴氏还指出："叶氏案中谓：无情之草木，不能治有情之病，亦此义也。俗语云：有四等难治之人，老僧、寡妇、室女、童男是也；有四等难治之病，酒、色、财、气是也。难治之人，难治之病，须凭三寸不烂之舌以治之。"（《医医病书·治内伤须祝由论》）由上可以看出，吴氏治疗内伤杂病尤其注重心理治疗，这种观点很符合今天的社会、生理和心理结合的医学模式。

五、医案选析

案1　甲子（1804年）四月初五日，陈，二十三岁，左脉搏大，下焦肝肾吐血，上焦咳嗽，中焦不食，谓之三焦俱损，例在不治。勉议三焦俱损先建中焦法。

茯苓块二钱，沙参三钱，莲子二钱，焦白芍一钱五分，桂枝二钱，芡实三钱，白扁豆三钱，桑叶二钱，冰糖三钱，胡桃肉三钱。煮三杯，分三次服。服此方四帖后能食。（《吴鞠通医案·虚劳》）

按语：本案吴氏运用三焦理论辨证治疗虚劳。患者三焦俱损，病情较危重，"例在不治"。吴氏依据其治虚劳之"三焦俱损先建中焦"立法，用茯苓、莲子、芡实、白扁豆补益中焦，开胃健食，使脏腑得补有源；桂枝、白芍调和营卫；沙参、桑叶、冰糖滋补上焦肺阴，清润敛咳；胡桃滋补下焦肝肾。服四剂药后能进食，胃气得振，病情得到缓解。其辨证立法很有特色，用药精当，可窥见吴氏之精湛医术。

案2　乙酉（1825年）八月廿三日，谭，四十七岁，病后六脉弦细而紧，绝少阳和之气，形体羸瘦。幸喜胃旺，可以守补，与形不足者补之以味法。

白芍六钱，云茯块四钱，炙甘草三钱，桂枝四钱，炙黄芪四钱，生姜三片，人参二钱，桂圆肉三钱，大枣去核二枚，胶饴去渣后化入一两。煮三杯，分三次服。（《吴鞠通医案·虚劳》）

按语：本案患者病后虚损，形体羸瘦，六脉弦细而紧可知阴血亏耗，阳气不充，吴氏本诸《内经》"形不足者补之以味"大法，处方用药则师法仲景黄芪建中汤，温中补气，和里缓急，加人参、云茯苓益气健脾，桂圆温阳化气。吴氏得仲景治虚劳之精髓也。

六、结语

虚劳病因复杂，病症多端，病情迁延多变，且多为久病痼疾，气血阴阳互损，五脏之间转化，是较为难治的内伤杂病。吴氏对虚劳证治，病机以阳虚为本，治疗先振中焦阳气，补益脾胃，使气血生化有本，虚损得助有源，调补脏腑又细分三焦，提出三焦补益用药大法，重视心理治疗，并验证于医案。吴氏之见识立论、证治经验，显示出其善于创新、精于临证的学术特点，对当今虚劳类病证的临床治疗，有很好的指导和借鉴意义。

[《江苏中医药》，2008；（5）]

吴鞠通暑温医案初探

史竞懿

温病学说源于《内经》，发展于明末，至清代已经形成体系。清代温病大家吴鞠通在叶桂和薛雪等医家的学术思想影响下，潜心于温热病的研究，著成了以三焦学说为经、卫气营血学说为纬的《温病条辨》，以及记载其临证经验的《吴鞠通医案》，使温病学从理论到临床更臻于完善。

然而《温病条辨》乃提纲要领，概述大法，对于临床多变之症，吴氏则在其《医案》中充分显示出随症应变的特点，不但符合《温病条辨》中的治疗原则，而且补充了不足之处，创立了更新的治则治法。

在《吴鞠通医案》中，对于暑温病医案记载较多，且内容丰富，对照《温病条辨》所列温病中暑温条文，将医案特色论析如下。

一、救暑温病误治之变

叶桂治疗暑病，曾反复强调不得误用发散、消导及腻补之剂。其《幼科要略·暑热》指出，暑病的用药"时下不外发散消导，加香薷一味或六一散一服。"在《临症指南医案·暑》中又说："暑湿热气始由肺受，漫布三焦，群医消导苦药，但攻肠胃"（姚案），或"但以发散消食，寒凉清火为事"（张案），并认为"暑热客邪，莫因久恙而腻补"（王案），提出了暑病的治疗禁忌。暑病初起，若误用羌防柴葛等辛温发汗之药，必然使热邪更炽，津液更伤；如滥投消导攻伐之品，则不仅耗伤阳明津液，甚则进一步影响肝肾之阴；若妄用阴柔之药，非惟妨胃助浊，且致邪恋不解。此外，如滥用寒凉攻下，则势必伤人阳气。吴鞠通深研叶氏之学，在暑温病的临床治疗中救治了不少因俗医误表、误攻、误用阴柔寒凉而导致种种变症的患者。其纠偏补弊之功对后人很有教益。

（一）辛温误表之变

患者周某，52岁，暑温症。时医误用羌防柴葛等辛温发汗药，以致暑邪不解，深入血分，痉厥并衄血不止，夜间烦躁，病势胶固难解。从医案来看，暑温病误表伤津，辛温之剂使在表暑邪更为鸱张，因而入里，深入血分出现厥衄变证。吴氏在治疗上采用清营凉血生津之法，兼以宣散在表暑热，方拟犀角地黄汤加减。方中加入羚羊角粉增强清热解痉之功，再加杏仁宣通肺气，芦根、滑石生津清热，桑叶、荷叶清散表邪。药后厥热均减。后以此法加减，渐趋轻愈。这是挽救暑温误表而致厥衄的例子。

误用辛温发散也可使暑温病患者伤津耗气，甚至进一步导致亡阴亡阳。王某，38岁。暑温误表，汗如暴雨直流，脉洪芤，气短，成气津两伤之势。《温病条辨》中焦篇云："暑温，脉芤甚者，白虎加人参汤主之。"意在清热生津，益气养阴。本案患者误用表散，津液之伤更甚，故吴氏将原方中的人参改为洋参，取其补气养阴清虚火生津液的特点，使之更加适合于病情。体现了吴氏在临床上灵活用药而不拘泥于条文。

暑温之邪犯肺，若误用辛散发表，也可引起逆传心包。某，暑温误表，邪侵心包，出现谵语然仍热重面赤，脉洪数，手太阴症居多。医案所述与叶天士提出的"温邪上受，首先犯肺，逆传心包"的病机相符。吴鞠通据其脉症分析，虽有谵语但仍以手太阴症为重，所以在急用紫雪丹等芳香开窍的同时，还以银翘散合白虎汤加减，这种配合吴氏称之为辛凉芳香法，以清肺热开心包，是暑温逆传心包症的重要治疗方法。

暑温误表，除了导致厥衄、伤津耗气和逆传心包之外，还可出现另一些情况。如吴氏医案记载：荣女，患暑温夹痰饮怒郁，其证脉芤，身热而胁痛，因误用辛温发表，致烦躁不宁，六日不解，病势至危。患者怒郁，气机不畅，与饮邪相结留于胁下，复感暑邪，误表后暑邪入里，内外之邪相搏，以致烦躁不安。《温病条辨》下焦篇云："伏暑湿温胁痛，无恶寒，但潮热，香附旋覆花汤主之。"吴氏治疗此病，也采用香附、旋覆花疏通肝络，驱逐痰饮，加广郁金疏肝解郁，杏仁宣通肺气，藿香梗芳香解暑化湿，生石膏、连翘清暑除烦，对症下药，以纠偏弊，获得大效。

（二）消导攻伐之变

暑邪病不能妄投消导攻伐，这是叶天士谆谆告诫的，然而这种药误在临床上时有发生。吴鞠通医案记载一例：马某，38岁。暑温本易伤阴，误用消导攻伐之法，重伤阴气，以致出现耳鸣无止时。吴鞠通认为此属肝风内动之候。急救肝肾之阴，以防热厥。方药用二甲复脉汤加桑、菊、丹皮以育阴潜阳熄风，使外邪清退阴阳得交，以制止痉厥的发生。方中的桑叶、丹皮，叶天士常配合使用，以熄肝胆之火。吴氏用之，深得其旨。

（三）误用阴柔之变

暑邪每多夹湿，暑湿留恋日久，往往热势不扬，缠绵难解，若医者失察，误作阴虚，为害匪浅。吴氏医案记载一例：吴某，20岁。暑兼湿热，误用阴柔药，使暑中之邪蟠踞不解，柔腻胶固之阴药与邪相搏，出现喘满，中宫痞塞，得食胀痛等湿热壅阻三焦之症。吴氏治予宣通三焦法，仍以肺气为主，俾肺气化则湿热俱化。由于患者湿热并重，故在三仁汤中加入芳香化浊之品，并加入生石膏、青蒿以奏清热之功。二诊热退而痞满如故，在前方的基础上加入枳实破气散结，厚朴燥湿除满。后根据暑湿的轻重情况，出入用药，最后以调理饮食而收功。由此可见，暑温热伤津液不能不顾湿邪之有无而一味养阴，更不可误作阴虚而妄投阴柔腻补。凡暑中夹湿者须防阴药与湿邪相结。正如叶天士所告诫的“阴柔之药妨胃助浊”，甚则停留于三焦而出现其他变证。

（四）过用寒攻之变

治疗热病，投寒凉药也应适当，尤其对暑热夹湿者，或体弱脾胃阳虚者，更不可妄施寒凉攻下。吴氏记载：田某，14 岁。暑温误下，寒凉太多，洞泄后关闸不藏，完谷不化，脉弦。这是由于误下之后邪热虽去但脾阳下陷，因而出现泄泻完谷不化之症。吴氏采仲景桃花粥甘温固涩，培补脾胃之阳气。虽桃花粥方在《温病条辨》仅见于下焦篇的风湿，湿热、温疫、温毒、冬温条文中，但据临床所见，完谷不化脾阳下陷之症在暑温症中亦可出现，故当灵活运用，不为条文所囿。

二、补暑温的治疗方法

《温病条辨》列举了暑温病的各种症状和治疗方药，在《吴鞠通医案》中，我们又可以发现不少活法和新法，这是对《条辨》内容的重要补充，也是研究吴氏温病学说所必须深加研究的。

（一）银翘散加味清手太阴气分

吴鞠通在《温病条辨》中对于太阳暑温使用白虎汤、白虎加人参汤、白虎加苍术汤、新加香薷饮、东垣清暑益气汤、清络饮等方，而不用银翘散。据《温病条辨》上焦篇说：“太阴风温、温热、温疫、冬温初起，但恶热，不恶寒而渴者，辛凉平剂银翘散主之。温毒、暑温、湿温、温症不在此例。”从条文看出，暑温不属银翘散的适应范围。然而，吴氏医案记载了对此方的灵活加减运用法。在其医案中，除运用以上诸方治疗外，又增补了银翘散加减，以清手太阴气分。医案记载，梁某，62 岁。脉数急，身热头痛思凉饮，暑伤手太阴。吴氏在治疗中采用了银翘散加减方，其中去豆豉、荆芥表散，而用石膏清气，说明制方之意属于“辛凉平剂”向“辛凉重剂”的过渡，实质上补充了手太阴暑温初起可用银翘散加减以辛凉清气的治疗大法。

（二）逆传心包治疗仍重清气

手厥阴暑温，即暑邪逆传心包之证，《温病条辨》治疗仅用牛黄丸、紫雪丹芳香开窍，又治暑温痉厥（即暑痫）用清营汤加钩藤羚羊主之。然而由于临证治疗中病情复杂，故吴氏在医案中的治法也很灵活，多变。医案记载。甘某，24 岁。暑温邪传心包，谵语神昏，右脉洪大数实而模糊。患者暑邪逆传心包，是由于气分热邪炽盛所致，且加以津液耗伤，故其治疗并不单纯地使用牛黄丸，而仍重视气分邪热。以竹叶、石膏、银翘加增液汤为主剂清气生津，使邪外达。二诊患者出现痉厥，吴氏并未用清营汤加犀角及羚羊角之类，而仍在竹叶石膏、银翘方的基础上加入丹皮以清血分邪热，兼用紫雪丹以清热解痉，体现了吴氏临证掌握病机关键用药应变的特点。这种用药方法实补《温病条辨》所未备。

（三）两太阴暑温创“冷香合辛凉法”

对于两太阴暑温，《温病条辨》载有：“两太阴暑温，咳而且嗽，咳声重浊痰多，不甚渴，渴不多饮者，小半夏加茯苓汤再加厚朴杏仁主之。”指出暑兼痰饮内停，用和中化饮，燥湿祛痰法。但从吴氏临床所见，两太阴暑温的证治还有其他情况，有别于条文所述。

王某，28 岁。暑伤两太阴，手太阴之症为多。医案虽未提及症状，但指出两太阴以手太阴为主的暑温治疗“一以化肺气为主”，方用三仁汤宣通三焦，加入辛凉芳化的银花、连翘、藿香、荷叶等药，吴氏称之为：“冷香合辛凉法”，补充了两太阴暑温偏于手太阴属暑邪夹湿的治疗大法。可与《条辨》中两太阴暑温挟痰饮的治法并列。

（四）暑邪入于心胆，补《条辨》所未具

暑邪入心包、胆经，在《温病条辨》中无此论述，而《吴鞠通医案》中则详细记载了其临床症状及治法用药。

广某，六脉洪大之极；左手更甚，目斜视，怒气可畏，而两臂两手卷曲而瘈疭，舌斜而不语，面赤身热，舌苔中黄边白，为暑入心包、胆经。从临床症状来看为热甚生风，吴氏指出清心胆之邪为其治法，用犀角地黄汤加减以清心凉血，并用羚羊角粉、紫雪丹、碧雪丹熄风解痉，兼以桑叶、丹皮清胆火，平肝风。暑邪入心包、胆经的论治内容，补充了《温病条辨》的不足。

（五）甘苦合化阴气利小便法

热病伤阴，往往有大小便不通利的情况，吴鞠通治疗此症，颇有心得。他认为：热病本属伤阴，一日热邪不解，则真阴正气日伤一日，如阴虚而腑实，先用调胃承气汤小和之，患者解黑便后改用增液汤甘寒咸寒以“启肾液”，又称为“甘润益下”法。增液润下的方法人们了解较多，然而对于阴亏小便不利的治法，吴氏也很有创见，而后人了解较少。这种治法，吴氏称之为“甘苦合化利小便法”。其医案指出：“热伤阴液，小便无由而生，故以甘润益水之源，小肠火腑，非苦不通，为邪热所阻，故以苦药泻小便而退邪热，甘得苦则不呆滞，苦得甘则不刚燥，合而成功也。”甘苦合化阴气利小便法，方用加减复脉汤去甘温之桂姜枣，加苦寒的川连，吴氏又称这种具体用药法为“复脉复苦法”，用之得心应手，自誉为“温热门中诚为利小便之上上妙法”。这种妙法，也是《温病条辨》所未载的。

综上所述，可见吴鞠通在治疗暑温病方面积有丰富的经验，其《吴鞠通医案》充实了《温病条辨》的内容，反映了他更为成熟和完善的学术思想。说明我们在研究医家的学科成就时，必须尽可能地将其论著和医案有机地结合起来，以能全面地掌握其学术思想，使之更有效地指导临床实践。

［《上海中医药杂志》，1994；（12）］

吴鞠通治疗血证验案浅析

贾美华

清代名医吴鞠通，学宗于叶天士，追迹乎张仲景，非特对温热病学有杰出的贡献，而且论治杂病亦有独到见解。笔者学习了《吴鞠通医案》血症治案，深感吴氏治疗血证，自成格局，不同凡响。研读之后，薄有体会，兹揭其大旨，教正于同道。

一、把握病机　详察虚实逆淤

血不循经，或阳络伤血从上溢，或阴络伤血从下出，出现吐、衄、便、崩等血证。病因病理比较复杂，吴氏善于把握虚则补之，实则泻之，逆者镇之，淤者行之的原则，投以不同方药。从吐血门18个案例中，就可看其大端。

赵某案，劳伤吐血，脉双弦；胡某案，劳伤吐血，汗多足麻，六脉弦细不数。吴氏确认二案均为中虚里急，血液外溢。取《多匮》“诸虚不足，小建中汤主之”之意，投以小建中汤建复中气，和里缓急，使血循常道，不妄渗溢。考仲景小建中汤，能缓中补虚，温阳益气，调和营卫。治疗虚劳腹痛、虚劳发热、心悸虚烦，但未使用于血证。而吴氏将本方用于吐血，取得诸症皆愈的效果，扩大了小建中汤的应用范围。

史某案，酒客，脉洪面赤，吐狂血不止；吴某案，周身痒不可当，脉洪，吐狂血；又史某案，酒客，大吐狂血成盆，六脉洪数，面赤。吴氏认为均属三阳实火为病，急与大黄黄连泻心汤，泻心即泻火，泻火即止血，而收一帖血自止，二帖脉转平之功。

普女案，左脉沉大有力，类紧不甚数，体厚色白，少腹痛，小便短赤，咳吐淤紫，继见鲜色，喉中咸。吴氏断为冲脉袭受寒邪，致经不得行，倒逆而吐。治取降香、琥珀、紫石英镇安冲脉；两头尖、桃仁、归须行至阴之淤浊，使经得行而血证愈矣。章某案，右脉空大，左脉弦细，血后咳吐浊痰腥臭。吴氏认为此属真液不守，阴火上冲克金。治取牡蛎镇摄阴火，沙参、麦冬、天冬、石斛、百合镇补真液，五味子敛液，阿胶润肺。服药一旬，脉大敛戢。血止咳停。

吴氏根据脉弦如刃，六脉弦细而沉，胁痛，先吐红血、后吐黑紫等，诊断为络中显有淤滞。指出："吐血久而不止，久病当于络中求之"。"久病必治络"。"血不淤，则吐血可止"。"淤血去净，而后可以补虚"。处方常选桃仁、玄胡索、归须、丹皮、广郁金等药。

二、重视脉诊　谨订治疗法度

吴氏重视脉诊，指下体会尤深。在吐血 18 案、衄血 1 案、便血 5 案中，除 3 案未见脉诊记载外，其余案例均有脉诊记载。根据脉力的强弱，脉率之迟数，脉律之齐缺，而详细分析议定血证之因机与治疗，在气、在血、在肺、在肝，病机细审；清上、填下、温肺、理肝，法度严谨。吴氏明言："大凡吐血，左脉坚搏，治在下焦血分；右脉坚搏，治在上焦气分"。吐血案第六例唐某，咳血，右脉坚搏，治取茅根、苡仁、桃仁、扁豆皮、炒黑栀皮、桑叶、侧柏叶炭。咳血病在上焦，故皆取清化之品，肺居上焦，为多气少血之脏，故谓治在上焦气分。吐血案第 7 例陈某，吐血，左脉坚搏，治取沙参，生地、麻仁、阿胶、丹皮、白芍、黄芩炭、天冬、麦冬、三七、云连、甘草。前贤云：血动之由，惟火与气。本例肝肾虚亏，相火妄动，阳络伤血从上溢。重用滋益肝肾、补血复脉、苦寒凉折等药，故称治在下焦血分。失血家脉坚搏，当为浮而搏指，中空外坚，如按鼓皮之象，此为外强中空之候。右手候肺、胃，左手候心、肝、肾，故而吴氏能以左、右脉之坚搏，而分上焦气分与下焦血分。

王某案，六弦俱弦而微紧，咳嗽喘满，短气自汗，夜甚，大便燥，嗽甚见血，吴氏认为本例纯然痰饮见症。遵仲景"病痰饮者，当以温药和之"之旨，将干姜、麻黄、桂枝用于此症，意在温通阳气、和胃逐饮。痰饮去则肺痹开，阳络和而吐血停。

血证见脉来弦数、弦紧，脉弦如刃，吴氏考虑为肝郁失血、肝络淤血失血。弦脉为风木之应，主肝病。弦数脉见于肝郁吐血，弦紧脉见于怒伤肝郁吐血，脉弦如刃见于肝络血淤吐血。吴氏治疗这类血证，多取叶天士：凡遇营气痹窒、络脉淤阻之证，以旋覆花汤为主，加以归须、桃仁、郁金之类的经验。郁开痛定，淤去血宁，疗效历历可稽。

三、症情丛杂　治能步步为营

陈某案，粪后便血，气从溺管而出，若女阴吹之状，左胁肝部卧不着席，得油腻则寒战。可谓症情丛杂无伦，治疗几于无处下手。前后经吴氏治疗 9 个多月，共诊治 17 余次，既遵循"治病必求其本"，紧紧抓住"粪后便血乃小肠寒湿"这一病机，定黄土汤为主方；而又灵活机动，随证变换方药。粪后便血，显属远血，当与粪前便血为魄门湿热之近血有别。治取黄土汤，以苍术易白术，去阿胶、黄芩、生地、甘草等柔药，加入川椒炭，云苓、香附、益智仁、广皮、生姜，并增加附子等刚药之用量。六诊后，便红止，六脉弦细无阳，究为胃阳不振，改与通补胃阳。药用姜半夏、益智仁、川椒炭、云苓、蔻仁、广皮、苡仁、桂枝。药后饮食大进，诸症渐安，惟六脉弦细，右手有胃气，左手弦紧，痰多畏寒，断为胁下有伏饮，原方增入温逐痰饮之肉桂，仿仲景桂枝加桂汤治冲气上动之意。患者翌年孟春，又见粪后便红，心中热，背心如水浇。吴氏以黄土汤去柔药。加渗湿通阳之品。二诊后，便红停止，但脉紧尚见，寒湿未尽也。以黄土汤退刚药，兼与调和营卫而善后。

从本例可见，吴氏学仲景法而不泥于仲景方。黄土汤本为温阳健脾，坚阴止血之剂，方中既有辛温之品，又有苦寒之味，刚柔相济，尤在泾称为“有制之师”。而吴氏治本例便血，抓住“小肠寒湿”这一病理，以黄土汤去柔药，加刚药，摒除辛温动血之虑，抛弃香燥耗津之念，治病必求其本。再如桂枝加桂汤峻补冲阳，而是加肉桂，不拘于加重桂枝用量，师古而不泥古。

本例患者，便血止而又作，气从溺管而出又转为上冲之象？畏寒减而又见背心如水浇，六脉弦细又转为六脉弦紧，吴氏治疗比例，六次更方，方更疗效不减，十一次换药，药换恙情不增。症情丛杂，仔细推敲，步步为营，稳操胜券。

四、辨证组方　用药匠心独具

吴氏治疗血证，由于擅抓病机，详辨病性，谨订病位，严密组方，所以如钥投锁，疗效卓著。细琢病案，用药亦具慧心，有其独到之处。

一、善用鲜汁药

从吴氏血证案，可以看到各例的处方中，随节令的变化，常选用韭白汁三匙、荸荠汁一杯、藕汁一杯、生姜汁二小匙、梨汁一杯、鲜芦根汁五杯，或鲜茅根一两，可谓善用鲜汁药矣。考韭白辛甘，清热解毒，消淤止痛；荸荠甘寒，清热生津，且能化痰；鲜藕甘平，益脾摄血，凉血止血；鲜姜辛温，温和血行，驱散寒邪；鲜梨甘寒，润肺清心，止血止咳；芦根甘寒，清肺化痰，清胃生津；茅根甘寒，清熟生津，凉血止血。吴氏运用这些既可食用，又可药用之品，选鲜取汁，气味浓郁，效价较高。同时，病位在肺，多选荸荠汁、梨汁；病位在胃，常选韭白汁、藕汁、鲜芦根汁；病位在肺、肠，选生姜汁，故而如槌应鼓，收效迅捷。

二、慎用炭类药

药物烧炭存性，用于血证，向为历代医家所喜用。阅览吴氏血证案，用炭类药无几，侧柏炭、黄芩炭、川椒炭、干姜炭，使用例数并不多，药量亦不重。吴氏治血证，重在审证求因，追根图本，认为炭类药用于血证，毕竟属治标之举、权宜之计。细审吴氏所用炭类药，寒热二途分明，侧柏炭、黄芩炭为寒性炭类药；川椒炭、干姜炭为热性炭类药；血证属热用前药，血证为寒用后药。可见其泾渭分明，谨慎之至。

三、巧用温热药

吴氏为温病学家，以擅用辛凉、甘寒等方药著称，但在血证案中，可见其亦为使用温热方药的巧手。便血用附子，“血多则多服，血少则少服，血来涌者，附子加至七八钱，且以血止为度”。“伤食吐血，独与灶中黄土每日一斤，分二次煎服，将尽半月而愈，戒其夜食，永远不发”。如若不洞悉病机，深究药理，是断不能、且不敢将若大剂量的温热药用于血证。便血用大剂量附子案，乃患者素有寒湿痰饮，粪后便红，又为小肠寒湿，患者面色滞暗，脉来弦紧，身恶寒，背心如水浇，一派阳虚寒踞之象，故而取附子上助心阳以通脉，中温脾阳以摄血，下引浮火以归肾，与益阳扶脾、坚阴止血等药合用，获效满意。伤食吐血案，为脾阳致困，失其统血之职，取大剂量灶心土，借温中收敛之力，收脾运血止之功。

[《福建中医药》，1985；(3)]

《吴鞠通医案》温病误治变症病机证治探讨

黄　琴

温病误治变症，病机复杂，病情危急，病势深重，为了对温病误治变症进行及时恰当的治疗，本文对《吴鞠通医案》（以下简称《医案》）温病误治变症病机及证治进行探讨。

一、误用辛温发表致变的病机及证治

温病误表，热陷心包，宜清心开窍：《医案》：“温病发表，面赤，神昏谵语，肢掣肉瞤。先用牛黄丸清包络之邪”。温病初起，邪在肺卫，治宜辛凉透邪。若误为伤寒发表，助热伤阴，邪热乘虚内陷心包，则神昏谵语，阴虚不能养心济肝，心肝失济故肢掣肉瞤。治当先用牛黄丸清心开窍以救急。

误表邪陷，阳明热结，当急救阳明：《医案》：“温病误表，津液消亡，本系酒客，热由小肠下注，溺血每至半盆，已三、四矣。又亡津液，面大赤，舌苔老黄而中黑，唇黑裂，大便七日不下，势如燎原”。患者系酒客，素体热盛可知，热盛伤络故溺血，可见伤阴亦重。本热盛伤阴，又误表亡津液，邪热内陷阳明。阳明腑实，阴液亏损，故大便七日不下，舌苔老黄中黑唇裂。治当急下存阴以救阳明。

暑温误表，津气俱伤，宜清暑泄热，益气生津：《医案》：“暑温误表，汗如暴雨直流，有不可猝遏之势，脉洪芤气短”。暑为火邪，本易伤津耗气，误用发表，汗更泄无度，津气俱伤，故汗如暴雨直流，脉洪芤气短。急当清暑泄热，益气生津，否则汗泄不止必致津气俱脱。

气营两燔，肺气不降，当清气凉营，急降肺气：《医案》：“风温误汗，谵语兼哕，勉与玉女煎加柿蒂、云苓，急降肺气以止哕”。患者本系风温，误为伤寒发汗，以致助热伤阴，邪热内陷气营。气营两燔故谵语，肺气不降则哕。治用“玉女煎加柿蒂、云苓”清气凉营，急降肺气。

风温误汗，助热伤阴，热伤血络，宜辛凉甘润：《医案》：“风温而误以治风寒之辛温法治之，助热伤阴，热伤血络致吐血丝、血沫，当用辛凉甘润治之”。风温误汗，助热伤阴，热伤血络致吐血丝、血沫，由于病属上焦，故治宜辛凉，达热出表，热去宁络则血止；由于误治伤阴，吐血丝、血沫，亦必伤阴，故以甘润生津治之。

斑误汗下，右脉洪芤，治宜清胃凉血：《医案》：“温毒发斑，时在初秋，盛夏未消，何妄用大汗大下之伤寒六经法，悖谬已极。右脉洪大芤甚，汗太甚，急急重用化斑汤”。患者本系温毒发斑，风热时毒偏盛，又时值初秋，盛夏未消，气候尚热，再误用大汗大下，无疑

更助热伤阴，热盛迫津外泄，故汗太甚，右脉洪大而芤。治当“急急重用化斑汤”，清胃凉血。若不救其急，汗出不止可致厥脱。

老年病温，误汗伤津，治邪固正并用：《医案》：“老年温病日久，误用风药过多，汗出伤津，以致大便坚结不下，口干舌黄，系阳明症，当下之。但气血久虚，恐不任承气。议增液汤，一面增液而补正，一面去积聚以驱邪，增水行舟计也”。本案由于患者年老，加之病温多日，阴液损伤可知，再误用风药，更使汗出伤津，故大便坚结不下。证虽系阳明，但考虑气血久虚，恐不任承气，故治邪与固正并用。

误治日久，上热下虚，当清上实下：《医案》：“温病误治日久，上焦之热未净，下焦之液已亏，用清上实下法”。温病本易伤阴，误治日久更伤阴液。阴液大伤以至下焦已亏，由于上焦之热尚未净，故治当“清上实下法”以达上下同治。

二、误用养阴致变的病机及证治

误用养阴，壅滞气机，宜通宣三焦：湿温病或温热夹湿，常常易阻滞气机，若误治则气机更加受阻，如《医案》：患者本系暑温夹湿，一月有余，但医者误为暑温而投以大剂纯柔补阴退热之品，以致“暑中之湿邪蟠踞不解，再得柔腻胶固之阴药与邪相搏”，故“月余热不退，胸膈痞闷”，“得食则痛胀”。治当“通宣三焦法”，以宣展气机，泄化湿热，用药重在宣肺，所谓“以肺气为主，气化则湿热俱化”。

湿邪阻胃，胃气失和，当两和肝胃：《医案》：“乙酉九月廿四者，薛氏，四十岁，初因肝郁，继而内招外风为病。现在寒热如疟状，又有伏暑内发、新凉外加之象。六脉弦细而紧，两关独大而浮，厥阴克阳明，医者全然不知病从何来，亦不究脉象之是阴是阳，一概以地黄等阴柔补阴，以阴药助阴病，人命其何堪哉！势已沉重，欲成噎食反胃，勉与两和肝胃”。本案患者初因肝郁招外风，后又有伏暑内发、新凉外加的表现。伏暑系暑湿内伏在里，被秋冬时令之邪所诱发，暑湿在里，治当清暑化湿，然医者误用地黄等阴柔补阴，以致气机凝滞，湿浊难化。湿阻于胃，胃气失和，欲成“噎食反胃”。治当两和肝胃，以清热理气化湿，和胃降逆止噎。

三、误用寒凉致变的病机及证治

热被寒遏，气机不通，宜清气泄热：《医案》：“温病狂热，大渴引饮，周十二时饮凉水担余，癫狂谵语，大汗不止”。本案属温病气分里热证，治宜辛寒清热达热出表，此过饮凉水，寒凉过度，冰伏邪气，热被寒遏，气机不通，热邪不得泄越则上扰心神，故癫狂谵语，里热迫津外泄，故大汗不止，由于尚属气分里热证，治当清气泄热。

热邪深入，气血两燔，当气血两清：《医案》：“史氏，27 岁，温热误汗于前，又误用龙胆草、芦荟等苦寒化燥于后，致成气血两燔证”。温病误汗伤阴于前，又误用苦寒化燥于后，以致邪热内陷，形成气血两燔证，治当气血两清。

燥误寒凉，伤中损脾，治以苦温甘热：温病中燥邪为病当慎用苦寒，吴氏曰：“温病燥热，欲解燥者，先滋其干，不可纯用苦寒也”。若燥证误用苦寒则可损伤脾胃阳气，如《医案》：“感受燥金之气，表里兼受，与各半汤加苦温甘热法”。“燥症本属阴邪，误用大苦大寒，致伤胃阳，昼夜无眠，与胃不和则卧不安例之半夏汤”。燥为次寒，属阴邪，误用苦寒，胃阳受伤，故不食不饥，不便不寐，治当苦温甘热以和胃。

误用苦寒，化燥伤阴，当甘寒监制：苦寒之品虽能清热，然亦有化燥伤阴之弊，对于已有阴伤者，运用苦寒当注意监制，正如吴氏所云："每大队甘寒以监之，但令清热化阴，不令化燥"。若不知监制，苦寒化燥则可致阴伤，如"患者误汗于前"，可知已有阴伤，然医者"又误用龙胆草、芦荟等苦寒化燥于后"，就是使用苦寒不知监制之例。

温病治疗过程中可见各种各样的误治，本文主要讨论了误用辛温、误用养阴以及误用寒凉等几种常见误治致变的病机及证治。

温病误治变症，病机复杂，变症多样，但概括起来不外：助热势、伤阴液、碍气机、损脾胃、邪深陷、促逆变等。其中热邪为本，阴伤为标，变由热致——热蒸汗泄、热盛阴伤、热极痉生、热厥并存、热迫血溢、热闭包络、厥先脱后、闭重脱危等。故治疗变症当首辨热之所在，以祛邪撤热为要，热除则变止；阴伤虽乃热邪所致，为变症之标，但标急时又当以治标为急或标本同治；温病误治极易导致气机阻滞，故宣畅气机亦为治变常法；由于温病病势急、病情重、变化快，若误治则更易邪深陷、促逆变，故治变当注意救逆。

［《四川中医》，2001；（6）］

吴鞠通温病咳嗽辨治经纬观探析

刘学俭

《素问·咳论》说："五藏六腑皆令人咳，非独肺也。"历代医家多崇之，然诸家立论太繁，难得其要领。自明代张景岳以外感、内伤立论起，则纲目分明。然而，诸家率以辛温治外感咳嗽，误人多矣。唯清代温病学家吴鞠通对温病咳嗽的辨治独出心裁，纵辨三焦，横辨燥湿，确能补前人之未逮，启后人之思路。

笔者兹以《温病条辨》（简称《条辨》）、《吴鞠通医案》（简称《医案》）医论医案为依据，对其温病咳嗽辨治经纬观探析如下。

一、辨治经纬观内涵

1. 纵辨三焦　《条辨》上焦篇论及咳嗽计 9 条（第 3、4、6、28、29、52、55、56 条及"补秋燥论"之第 2 条）；中焦篇论及咳嗽计 3 条（第 17、23、67 条）；下焦篇论及咳嗽计 7 条（第 31、35、41、47、48、70、78 条），可见在温病的上、中、下三焦三个不同病理阶段皆可出现咳嗽。咳嗽是温病的症状之一，而处于不同病理阶段的咳嗽必然带有其所处阶段的病理特点，因此纵辨三焦是温病咳嗽辨治的关键。

（1）上焦咳嗽，其治在肺：吴氏认为："太阴风温、温热、温疫、冬温……但热不恶寒而渴者，辛凉平剂银翘散主之。"当然，此等温病未必皆咳，而"咳者，加杏仁利肺气"则已。可见吴氏治上焦咳嗽，力主辛凉，确补前人之未备。向来诸家以辛温统治伤寒温病咳嗽，不知寒为阴邪，太阳为腑属阳，阴邪伤人之阳，自当辛温；而温为阳邪，太阴为脏属阴，阳邪伤人之阴，则当辛凉，诚有以也。

虽然辛凉宣上之法已定，但病有轻重，咳有微甚，不可不辨。如"太阴风温，但咳，身不甚热，微渴者，辛凉轻剂桑菊饮主之"。此较银翘散病轻而咳重。

由于《内经》失去秋伤于燥，以致燥证湮没。迨喻嘉言立燥论，则以清燥救肺汤统治燥证，"殊失燥淫所胜，平以苦温之法"。唯吴氏"补秋燥论"，发明温燥、凉燥之说，燥证始明。燥为秋令，属金，肺亦属金，燥邪伤肺，有温、凉之殊，亦当详辨。秋分以前，炎暑未尽，燥令又行，燥多兼温，“初起必在肺卫，故以桑杏汤清气分之燥”；秋分以后，燥凉司令，故“燥伤本脏，头微痛，恶寒，咳嗽稀痰，鼻塞，脉弦，无汗，杏苏散主之”。

由此可见，吴氏对上焦咳嗽，力主辛凉宣肺，然对凉燥却不废辛温。无论辛温、辛凉，治肺则一。

（2）中焦咳嗽，治在脾胃：温病邪传中焦，谓之“阳明温病”。“阳明温病，下之不通”，有因于肺气不降者。虽肺气不降，痰涎壅滞，咳嗽喘促，不得以上焦法治之，故以“宣白承气汤主之”。虽名“宣白”，但治疗的重点依然在胃。阳明温病出现斑疹，为邪入血络，有误用辛散以致肺受热毒熏蒸而咳嗽者。虽然吴氏对此未出治法，但吴氏说：“斑疹阳明证悉具，外出不快，内壅特甚者，调胃承气汤主之，得通则已，不可令大泄，大泄则内陷”。可见误用辛散升提致咳，不当再用辛散宣肺；阳明温病虽宜通下，但不可大下，令其内陷。唯宜调胃承气汤微和之，燥屎得下，热势得降，肺自清肃，不治咳，咳自已。

《条辨》说：“风暑寒湿，杂感混淆，气不主宣，咳嗽头胀，不饥舌白，肌体若废，杏仁薏苡汤主之”。此证虽有咳嗽之肺系证，但头胀，不饥，倦怠，则与上焦咳嗽大异。此为寒湿困脾，气不宣通，故宜杏仁薏苡汤化湿醒脾，宣通气机。

（3）下焦咳嗽，治在肝肾：温病传入下焦，或深入厥阴，瘀滞肝络，或病及少阴，耗伤肾液，或水在肝，而成悬饮，皆令人咳，故下焦咳嗽，治在肝肾。《条辨》下焦篇（第41条）说：“伏暑、湿温胁痛，或咳，或不咳，无寒，但潮热，或竟寒热如疟状，不可误认柴胡证，香附旋覆花汤主之；久不解者，宜用控涎丹。”此咳因肝郁夹饮，虽潮热，或寒热证似少阳，但少阳口苦咽干，与伏暑、湿温午后潮热身热不扬迥别，且柴胡入经而不走络，而香附旋覆花汤辛香流窜善通肝络而化饮。若久不解，因病重药轻，水在肝，故间用陈无择之控涎丹蠲饮逐水，饮去则水道通调，肺系利而咳嗽止。《条辨》下焦篇（第78条）说：“燥久伤及肝肾之阴，上盛下虚，昼凉夜热，或干咳，或不咳，甚则痉厥者，三甲复脉汤主之，定风珠亦主之，专翕大生膏亦主之。”盖肝肾阴虚之燥咳，有缓急不同，急则用汤，缓则用膏。肺为华盖，不能独滋，必赖肾水滋助，肝肾阴液得复，肺亦不燥，不治咳，咳自止。

2. 横辨燥湿　温病在其发展变化过程中，或因热盛伤阴而化燥，或因素体阳虚，感受寒湿，过用寒凉，损伤阳气而聚湿，故咳嗽一症有燥咳、湿咳之殊，不能不辨。

（1）燥咳辨治：上焦燥咳，除银翘散、桑菊饮外，尚有清暑润燥一法，如：“手太阴暑温，但咳无痰，咳声清高者，清络饮加甘草、桔梗、甜杏仁、麦冬、知母主之”。若“燥伤肺胃阴分，或热或咳者，沙参麦冬汤主之”。中焦燥咳，除宣白承气汤、调胃承气汤急下存阴外，尚有甘寒益胃一法，如：“病后肌肤枯燥，小便溺管痛，或微燥咳，或不思食，皆胃阴虚也，与益胃五汁辈”。若热伤脾阴，则不当甘寒滋胃，需用酸甘化阴法，如“久痢伤阴，口渴舌干，微热微咳，人参乌梅汤主之。”下焦燥咳，除干咳外，尚见痉厥、昼凉夜热，治当滋补肝肾，用三甲复脉汤、定风珠或专翕大生膏。

（2）湿咳辨治：上焦湿咳，其治有四：一是清金化湿法，如“舌白渴饮，咳嗽频仍，寒从背起，伏暑所致，名曰肺疟，杏仁汤主之”；二是苦温甘辛法，用杏苏散；三是辛温淡渗法，如“两太阴暑温，咳而且嗽，咳声重浊，痰多不甚渴，渴不多饮者，小半夏加茯苓汤再加厚朴、杏仁主之”；四是辛凉化饮法，如“喘咳息促，吐稀涎，脉洪数，右大于左，喉哑，是为热饮，麻杏石甘汤主之”，仲景以此方治“汗出而喘，无大热者”，是邪居于肺，吴氏以此方治热饮，为饮聚于肺，虽饮为阴邪，但属热者亦有之，故师仲景而具新义。中焦湿咳，其治有二：一是苦温燥湿法，用杏仁薏苡汤；二是辛甘化饮法，如“温病愈后，嗽稀痰而不咳，彻夜不寐者，半夏汤主之”。下焦湿咳，其治有三：一是开络化饮法，如香附旋覆花汤；二是苦寒蠲饮法，如控涎丹；三是散寒蠲饮法，如“秋湿内伏，冬寒外加，脉紧无汗，恶寒身痛，喘咳稀痰，胸满舌苔白滑，恶水不欲饮，甚则倚息不得卧，腹中微胀，小青龙汤主之；脉数有汗，小青龙去麻辛主之；大汗出者，倍桂枝，减干姜，加麻黄根”。

二、辨治经纬观意义

吴氏对温病咳嗽，纵辨三焦，横辨燥湿，确实具有临床实用价值。

1. 纵横分明，辨证准确　温病病种繁杂，诸家论述不一，虽有明显的季节性，但感受非时之气者亦不少，即使感受同一病邪，亦可随体质、地域、气候环境而病证不一，故给临床辨证带来一定难度。无论是六经辨证，还是卫气营血辨证，都是据病邪由表入里进行横向辨证。唯吴氏纵辨三焦、横辨燥湿，能纵横分明，辨证准确，因而显示了这种辨证方法的优越性。以现代数学的观点分析，只有横向数轴与纵向数轴的交叉才能建构座标系，于是才能对座标中任一位置进行明确定位。吴氏能在200年前运用先进的数学科学方法进行中医辨证是难能可贵的。温病咳嗽，不可只辨三焦，不辨燥湿，如《医案》靳案：“不兼湿之伏暑误治，津液消亡，以致热不肯退，唇裂舌燥，四十余日不解，咳嗽胶痰，谵语口渴。可先服牛黄清心丸，清包络而搜伏邪；汤药与存阴退热法”，用三甲复脉汤加减治愈。本案初起必“但咳无痰，咳声清高”，宜用清络饮加甘草、桔梗、杏仁、麦冬、知母治疗，而误用辛温发散，致津液消亡，其教训是深刻的。

2. 补偏救弊，启迪后学　向来人们宗仲景治外感咳嗽，误用辛温者甚众，虽然叶天士创卫气营血辨证，首开温病咳嗽辨治之先河，但其用药缺少方名，难得其要领，故吴氏在此基础上，创三焦辨证，集叶氏用药并参以个人经验，汇编成方，对补充前贤，纠正时弊，启迪后学，确实起到至关重要的作用。如银翘散、桑菊饮等方剂中的药物大都是叶氏所常用的，但无方名，便难以广为传播，而时医依然沿用辛温发表治风温咳嗽，或误用柴胡治疗暑温咳嗽，或误用升提治疗阳明温病斑疹而致咳，或误用补药封固，令邪无出路，以致久咳不止。因此，吴氏为补偏救弊，力倡新说，研制出许多著名的方剂，颇切实用，为发展祖国医学理论，指导临床用药，提高辨证论治水平，作出了卓越贡献。

［《安徽中医学院学报》，2001；（2）］

吴瑭治疗痰饮经验浅析

吴　德

吴瑭，字鞠通，江苏淮阴人。所著《温病条辨》奠定了其为清代温病四大家之一的地位，备受后世推崇。而吴氏对于内伤杂病的治疗，也同样学有渊源，经验丰富，这从其《吴鞠通医案》、《医医病书》等著作中可以得到充分的反映，现就其对痰饮的治疗经验作一浅析。

一、通达阳气，尤重脾胃

吴氏治疗痰饮，首重通达三焦阳气，在上焦开肺气扶心阳，在中焦助脾气通胃阳，在下焦护肾气开膀胱。其中又特别重视中焦阳气之通达，时时不忘和胃补中阳。此因痰饮为水湿停蓄不化而成，“（水湿）中焦与脾合者，脾主湿土之质，为受湿之区，故中焦湿证最多；脾与胃为夫妻，脾病而胃不能独治。再胃之藏象为土，土恶湿也，故开沟渠，运中阳，崇刚土，作堤防之治，悉载中焦”（《温病条辨·下焦篇》）。此处虽指水湿而言，其实水湿痰饮，同源异流，病不同而治有相类，水湿得治，痰饮自化。治中焦，实乃治水谷湿气之本。在用药方面，吴氏重流通而忌凝滞，重辛温通达，忌苦寒滋腻，补中寓通意，清凉佐宣通，尤擅用仲景诸方，如心下水饮用小半夏加茯苓汤，热饮用大青龙汤，寒饮用小青龙汤，脾虚挟饮用苓桂术甘汤，胸痹痰饮用枳实薤白汤，或宣或利，均是上述原则运用的典范。对于辛温之品，吴氏运用尤为精当，如辨明确是痰饮留中为患，虽外症口渴较甚，亦大胆用之。《温病条辨·下焦篇》云：“饮家反渴，必重用辛，上焦加干姜、桂枝，中焦加枳实、橘皮，下焦加附子、干姜”。此渴乃痰饮阻遏气机，津液不能布散所致，唯辛温才能化散饮邪，使水液得以正常布散，如误用润剂，将愈滋愈渴；辛温通达，渴反自止，此即《内经》“辛以润之”之法也。

二、三焦分消，饮有出路

吴氏以三焦分消方法，巧妙地运用于痰饮的治疗中。上焦流气化饮，开宣肺气，常用杏仁、白蔻仁、桔梗等，或合瓜蒌薤白剂以开胸中之痹；中焦燥湿和中，理气化痰，常用半夏、茯苓、橘皮、厚朴、枳实等；下焦则开太阳膀胱而利小便，常用猪苓、茯苓、泽泻、滑石、薏苡仁等。根据病情，相机而用，或宣上焦、通中焦同治，或“开太阳，合阳明”，中下二焦同治，或齐通三焦。这种因势利导，随宜而治，为水饮之邪寻其出路的方法，可以大大提高痰饮治疗的效果。如三焦气化畅通，水湿得其正化，痰饮自不易生，所以三焦分消法在提高痰饮治疗的远期疗效方面，也同样有重要意义。

三、通络搜剔，两和肝胃

痰饮在于人体，其轻浅者易治。唯留饮、伏饮、悬饮之类，停蓄部位幽隐，或在胸膈，或在胁下，或在肩背，治之难达难化，去除较难。对此吴氏擅用通络搜剔之法。一般而言，痰饮、瘀血为久病必兼之候，病在气分久，则气滞于络而生痰；病在血分久，则血滞于络而成瘀，所以通络搜剔，不但逐瘀恃为良法，于痰饮之治，亦不可缺少。在治疗上，吴氏明确提出了痰饮在络的证治，并制定了香附旋覆花汤为主治方剂。香附、旋覆花善通肝络而逐胁下之饮，苏子、杏仁降肺气而化饮，橘皮、半夏消痰饮，茯苓、薏苡仁利水而且健脾。如兼胸胁痛甚，是痰饮挟瘀滞也，加降香末、当归须等。其痰饮在胸膈胁下者，得此通络化饮之治，自可“趋胃趋肠而下”（《医门法律·痰饮论》）。此方临床运用甚广，如咳、喘、胸痹、胁痛、胁胀、胃脘痛等，用之得当，诚有如吴氏所言“不过三五日自愈”的效果。本人在临床上，亦累试取效，确实为一治痰饮良法。

四、善用攻逐，蠲除病根

痰饮失于治疗，留伏日久，或治不得法，饮无出路，则邪停于胸膈而渍于肺，成为支饮，或结于胁下而成悬饮，皆有形之邪也，轻者可用三焦分消，或通络搜剔法治之，其重者，则难以奏效。吴氏于此，必用攻逐。对支饮上壅胸膈，喘不得息者，选用葶苈大枣汤，急泻肺中痰饮，量体质虚实，或用原方，或与他方合用。得效，减其量，不效，再作服，必衰其大半而止。对于悬饮胁痛，及痰饮留伏胸膈之顽重者，则用控涎丹，采用重药缓攻法，小量起服，缓缓加之，必取利下痰水。如病不尽，停数日再服，以尽为度，后仍以通阳和胃等法收功。如《吴鞠通医案》治赵姓患者之痰饮重证，每次从初起二分五厘，渐加至每服一钱，前后共十三服，总量达六七钱，最后得以治愈。此类有形实邪壅塞阻滞者，如用轻浅之剂，犹隔靴搔痒，势难取效，但攻逐过于峻烈，又可能伤及正气，使邪未去而体已不支，唯用峻药缓攻之法，配以汤药调理，使痰饮顽根得以渐次拔去，而病人体质亦能耐受。此虽非吴氏独创，但其纯熟的运用经验，足可为后人效法。

五、半夏石膏，热饮药对

痰饮如从火化，或邪热酿液成痰，则为热饮。吴氏治此，常主以半夏、石膏，这在《吴鞠通医案》中经常作为一个药对来使用，治疗多种热饮为患的病证。若寻其渊源，实出于《金匮要略·肺痿肺痈咳嗽上气病脉证治》，其治“咳而上气”之越婢加半夏汤与小青龙加石膏汤两方，皆有半夏、石膏合用之例。治痰饮最忌凝滞而宜宣通，虽热饮亦不例外。此类热饮证候，如用苦寒清热化痰之法者，如黄芩、贝母、瓜蒌实、银花、连翘之类，热虽可清，但痰饮亦常随之凝滞而难化，所以始治效果颇佳，继则收效迟缓，更有少数转为慢性，成为缠绵难愈之证。此药对石膏辛淡性寒，质重而气轻，擅清肺胃郁热，半夏辛能开通，燥湿化痰，一寒一温，相反相成，热重则石膏量增，热轻则石膏量减，或合三焦分消，或合通络，或合攻逐，使热清痰消，病自向愈。案中记载多例，均取良效。清·赵晴初《存存斋医话稿》曾有这样的记载：“族兄云涛病痰饮气喘，身躯肥胖，行不数武辄喘甚，聘吴鞠通来绍，以大剂石膏、半夏等治之数月，喘渐平，痰亦少，身躯顿瘦，愈后即登高亦不作喘”。从中可见此治法之精妙，非学有所本者何能臻此？

[《浙江中医杂志》，1999；(12)]

吴鞠通心理疗法举隅

李振彬

清代著名温病学家吴鞠通所著《吴鞠通医案》(以下简称“《医案》”)一书，不仅记载有温病的治疗验案，大量地收录了吴氏内科杂病及妇科、儿科、伤寒等疾病的治验，而且，还具有着丰富的心理治疗内容。本文仅举吴氏心理治疗的医案进行分析，以窥其心理治疗思想之一斑。

一、精神支持疗法——言语开导法

郭氏案：先是郭氏丧夫于二百里外其祖墓之侧，郭氏携子奔丧，饥不欲食，寒不欲衣，悲痛太过，……回家后席地而卧，哭泣不休，食少衣薄，致成单腹胀。六脉弦，无胃气，气喘不能食，唇口刮白，面色淡黄，身体羸瘦。余思无情草木，不能治有形之病，必得开其愚蒙，使情志畅遂，方可冀见效于万一。因问曰：“汝之痛心疾首，十倍于常人者何故？”伊答曰：“夫死不可复生，所遗二子，恐难成立。”余曰：“汝何不明之甚也！……汝子之父已死，汝子已失其荫，汝再死，汝子岂不更无赖乎？汝之死，汝之病，不惟无益于夫，而反重害其子。害其子，不惟无益子，而且大失夫心。汝此刻欲尽妇人之道，必体亡夫之心，尽教子之职，汝必不可死也。不可死，且不可病，必得开怀畅遂而后可愈。……”伊闻余言，大笑。余曰："笑则生矣。"伊云："自此以后，吾不惟不哭，并不敢忧思，一味以喜乐从事，但求其得生以育吾儿而已。"余曰："汝自欲生则生矣。"于是为之立开郁方，十数剂而收全功。

按：患者缘由悲痛太过，加之饥寒交迫而致单腹胀。吴氏分析其病情系以情绪障碍为主，在治疗上认为"无情草木，不能治有形之病，必得开其愚蒙，使情志畅遂，方可冀见效于万一。"于是采用言语开导方法，抓住患者最痛苦、最关心的事情，进行劝导、启发，从精神上给予支持，解除病人的思想束缚，增强其抗病的信心。在有效的言语开导给予精神支持的基础上，配合理气开郁方药治疗，取得了显著疗效。精神支持疗法，现在已经成为临床常用的心理治疗方法之一。它几乎适用于临床治疗的各个环节，主要用于以情绪障碍为主的心因性疾病、心身疾病、重精神病的恢复期。但对此疗法亦有人持怀疑态度，以为只不过做病人的"思想工作"，解决不了根本问题。我们认为，在医生治疗过程中，患者的心理配合是至关重要的。任何疾病，尤其是与精神情志有关的疾病，在治疗上必须调动患者的主观积极性，即《内经》所谓"立其神"，否则，"神不使"必致"功不立"，吴氏此治疗验案也提示了这一点。

二、行为疗法——惩罚法

章氏案：先是二月间病神识恍惚，误服肉桂、熟地等补药，因而大狂。余于三月间用极苦以折其上盛之威，间服芳香开心包，医治三十日而愈，但脉仍洪数，余嘱其戒酒肉，服专翕大生膏补阴配阳。彼不唯不服丸药，至午节大开酒肉，于是狂不可当，足臭远闻至邻，不时脱净衣裤，上大街，一、二男子不能搏之使回。五月十四日，又延余诊视，余再用前法随效，二、三日仍然如故。盖少阳相火旺极，挟制君主行令，药虽暂开其闭，暂折其威，相火一动，而仍然如故。……此症非打之使极痛，令其自着裤也不可。盖羞恶之心，亦统于仁，能仁则不忍，忍则不仁，不仁之至，羞恶全丧，打之极痛，则不能忍，不忍而仁心复，而羞恶之心亦复矣。……于是以小竹板责其腿，令着裤，彼知痛后自着衣，着后稍明。次月十七日立秋，余与大剂苦药一帖痊愈。盖打之功，与天时秋金之气、药之力，相须而成功也。后以专翕大生膏而收全功。

按：此案吴氏成功地使用了行为疗法中的惩罚法。患者病狂，药治不能巩固，其原因主要在于心主不明，神不明则羞恶全丧，弃衣而走。故必须先治其心，使其"仁心复，而羞恶之心亦复矣"。吴氏采用竹板打之使极痛，患者知痛后自着衣，神志渐明；又配合大苦之剂泄其相火而收功。现在。这类行为疗法逐渐被国内外医学心理学者所重视，大有取代精神分析疗法之势。现代研究认为，错误与病态的行为，究其原因是在生活经历中特别是在心理创伤的体验中，通过学习并经条件反射固定下来的，而行为治疗则是根据学习的理论，对个体进行再学习的反复训练，以矫正适应不良性行为（病态行为、功能障碍等），建立起健康的行为。当个体由于某种行为获得奖酬时，该行为频频出现；若该行为遭致惩罚时，则该行为出现频度减少。吴鞠通自发地从中国传统的伦理观和朴素辩证法思想出发，成功地设计并运用了这种心理疗法。这一生动的实例提示我们，现代医学心理学的研究必须注意不同的民族传统，注意由于地域、文化背景、生活习惯、伦理道德观等不同而形成的各异的心理特点。另一方面，也提示我们，要做一个良医，必须象《内经》所要求的那样，不仅要掌握医学知识和技术，还要"上知天文，下知地理，中知人事"。

三、暗示疗法——环境暗示法

陈案：酒客不戒于怒，致成噎食，其势已成，非急急离家，玩游山水，开怀畅遂，断不为功；盖无情草木，不能治有情之病。与进退黄连汤法。

按：噎食，为古代中医“风、劳、鼓、膈”四大证之一，多因长期忧思郁怒，或嗜食酒辣油煎硬物，致气郁血滞或脾伤气结或痰瘀互结而成。在本病的形成过程中，情志因素起着极为重要的作用。因此，对这种心身疾病的治疗，吴鞠通认为：“无情草木。不能治有情之病”，必须采取综合疗法。其中，心理治疗是具有决定意义的环节。吴鞠通对陈氏的处理方案是——“急急离家，玩游山水，开怀畅遂”，并结合黄连汤等药物治疗。这种通过游山玩水来达到舒情畅志、却疾祛病目的的方法，现在被归为“暗示疗法”的一种。暗示，有消极暗示和积极暗示。暗示疗法则是运用暗示作用的积极方面以治疗疾病的一种方法。而暗示疗法又分两大类，即自我暗示（包括不自觉的自我暗示和自觉积极暗示）和他暗示（包括医生暗示与环境暗示）。吴氏所运用的上述“玩游山水”的方法，属于他暗示中的环境暗示。祖国医学对这种暗示疗法的朴素认识，可以追溯到《黄帝内经》。如《素问·四气调神大论》关于因四时环境而调情志的论述，即寓有环境暗示的思想。吴鞠通进一步发挥之，把这种朴素的心理疗法大胆地运用于内科疑难病证的治疗之中。关于这种环境暗示疗法的功用，吴师机在《理瀹骈文》中有很好的说明：“七情之病也，看花解闷，听曲消愁，有胜于服药者也。人无不在外治调摄中，持习焉不察耳。”指出外环境暗示是普遍存在的，只要善于利用，便能收到舒畅情怀的效果，进而达到治病的目的。因此，吴氏这种“玩游山水”的环境暗示疗法，在旅游事业逐渐发达的今天，对于进一步发展心身疾病的新的治疗方法也不无启发意义。

另外，值得指出的是，吴鞠通在心理疗法的具体运用中，常与药物疗法结合进行，现代临床实践也证明，心药合治常能收到良好的疗效。分析《医案》中所载有关心身病治疗的案例，吴氏或以心理治疗为主，配合药物治疗；或以药物治疗为主，辅以心理治疗，而后者更为常用。如其治鲍氏因功名不遂而病狂一案，一方面用极苦以泻心胆二经之火，另一方面又配合说服开导的心理疗法，半月而告愈。吴氏不仅对有明显精神症状的患者配合应用心理治疗，而且对于在发病上与肝郁、情志不畅有关的杂病患者，都十分注意精神调理，在辨证用药治疗的同时，常嘱患者“调情志，切戒怒恼”、“情志之病，匈中须海阔天空，以迓天和”、“开朗心地为要紧，无使久成患也”等。可见，吴氏之所以临证疗效卓著，与其重视心理调治，采用综合的整体疗法有着密切关系。今天，在“生物——社会——心理”这一新的医学模式下，进一步整理和深入探讨吴鞠通这种整体思想，对于丰富中医治疗方法，提高临床治疗效果，将有重要的实际意义。

[《山西中医》，1989；(6)]

吴瑭论治血证经验

王　蕾　指导：秦玉龙

吴瑭辨治杂病之理法方药自成体系，且于临证颇多发挥，从辨治内伤的角度丰富了他的三焦辨治体系。笔者在系统研读吴瑭著作的过程中诚为先生起疴拯危之神所折服，特举

《吴鞠通医案》中血证论治以飨读者。

一、血证责气　标本兼顾

1. 善治血者，以气为先　吴瑭认为："善治血者，不求之有形之血，而求之无形之气。盖阳能统阴，阴不能统阳；气能生血，血不能生气。"即言治血者，不唯治有形之血，而应以无形之气为治。因血为阴，气为阳，气能统血，血不能行气，气至血亦至，气滞则血不行，故治血必先治气。无形之气损伤可用大剂补气药见功，而有形阴血的亏虚却难以大剂补血求立效，故临证见阴血不足常以补气为先。

吴瑭更将治血先治气的原则具体化为三焦分治，即："上焦之血，责之肺气或心气；中焦之血，责之胃气或脾气；下焦之血，责之肝气、肾气、八脉之气。"且方药完备，将其创立的三焦辨证体系扩展到杂病辨治中。

2. 治血权变，亦通亦塞　吴瑭云："人之血，即天地之水也……治水与血之法，间亦有用通者，开支河也；有用塞者，崇堤防也。然皆已病之后，不得不与治其末，而非未病之先专治其本之道也。"意在表明治血的方法中，除治气外，亦可采用疏通瘀滞和固涩的方法。如同江河水道壅塞，上游水位高涨，以致洪水奔泻而出，此时可急开支流以分洪，平其汹涌之势，以避免水患；或采用固涩之法，加固河道堤防，以免洪水漏泄。上述两种治法，仅为已病之后不得已而为之，为治标的权宜之计，非治其本也。

二、脉别三焦　因证施治

吴瑭辨治血证尤重脉诊，他说："大凡吐血，左脉坚搏，治在下焦血分；右脉坚搏，治在上焦气分"，中焦血证则以虚实论证。血证之因种种不同，"岂一概见血投凉所可治哉"。

1. 上焦血证，宜清清道　罗某，32 岁，壬戌八月廿八日初诊。其右脉浮洪，咳痰吐血，唇绛。吴氏以茯苓 15g，沙参 9g，白扁豆 15g，薏苡仁 15g，连翘 24g，冬桑叶 6g，杏仁 9g，上药煮 3 杯，分 3 次服，3 剂血止。九月初二日，再诊，惟咳不止，进食不香，右脉不浮而仍洪。前方去连翘，减茯苓、白扁豆、薏苡仁、冬桑叶、杏仁用量，加麦冬 9g，百合 6g，玉竹 6g，兼以养阳明之阴。九月初五日，诸证俱退，惟进食不旺，右脉大垂尺泽。方药：麦冬 18g，沙参 9g，白扁豆 9g，生地 9g，玉竹 9g，梨汁 1 杯，杏仁 9g，桑叶 3g，甘寒以养胃阴。九月初九日，再诊时复加火麻仁 6g，柏子仁 6g，白芍 9g，冰糖 9g，取甘润养阴之意。

此案中"右脉浮洪"知其为上焦之血，"唇绛"明其热甚，吴瑭治以寒凉清气分之热，甘苦合化，既使上焦气分热邪随苦而降，更佐甘淡防苦味化燥伤阴。方中杏仁、桑叶、沙参之苦可泻肺中气分热盛；佐以茯苓、薏苡仁、白扁豆之甘，防过苦伤脾肺之阴；兼取茯苓、薏苡仁淡渗之力助气分热邪随小便而出；连翘入心、肝、胆经，性味苦、凉，《药性论》载："主通利五淋，小便不通，除心家客热。"故可助上焦气分热邪随小便而去。全方清热而不伤阴，祛邪而不伤正。药后血止但纳差而咳者宜用甘寒养胃阴法，以薏苡仁、桑叶、沙参、白扁豆、麦冬、梨汁等复肺胃阴伤，并配合百合、玉竹、柏子仁之甘平以助其复阴之功，于阴气大复时并随证加减生地等以顾护肝肾阴伤。可见，吴瑭临证时时不忘固护阴津，足见其保阴护津法并不局限于温病的治疗，而是贯穿于临证辨治疾病的始终。

2. 中焦血证，当分虚实

（1）脾失统血，复虚醒脾：胡某，31 岁，劳伤吐血，汗多足麻，六脉弦细不数。吴氏以白芍 18g，炙甘草 9g，生姜 15g，桂枝 12g，胶饴 30g，大枣去核 3 枚，煮 3 杯，去渣后，将胶饴化入，上火二三沸，搅合匀，分 3 次服，6 剂后，血止，汗减，足麻愈，惟食少，原方续服。又 8 剂后，诸症皆愈，惟咳嗽未止，于前方加茯苓、半夏而安。此为劳伤而致脾胃气虚，失其统摄血液之职而见吐血。吴瑭论此证现“脉弦”则引《金匮要略》之说：“大则为虚，弦则为减，虚弦相搏，其名曰革。男子失精亡血，诸虚不足，小建中汤主之”，取其“复其阳，和营卫，令能食，从食中复其虚”之意。因甘能益气，“寓土旺，无不生金之理，如果饮食加，无不可复之虚劳。”故以小建中汤原方复其中焦不足之气，而诸症皆愈。血后若因肺胃不和，而见咳不止者，可酌加茯苓、半夏温肺胃，化痰饮而收功；若见气阴两虚，可取建中与复脉合法，于小建中汤酌加麦冬、沙参、生地、麻仁等复其阴，以求阴阳双补；若前证兼见便溏，则复脉汤中阿胶之滑腻不宜，应以牡蛎易之。

吴某，25 岁，伤食吐血，脉弦。吴氏以灶中黄土每日 1 斤，分 2 次煎服，将近半月而愈。此证因“每日饱食就床，脾阳致困，因失其统血之职”而致血证。以灶中黄土之辛温醒脾阳，戒其夜食，永不复发。《本草便读》曰：“灶心土，须对釜脐下经火久炼而成形者，具土之质，得火之性，化柔为刚，味兼辛苦。其功专入脾胃，有扶阳退阴、散结除邪之意。凡诸血病，由脾胃阳虚而不能统摄者，皆可用之”。

（2）嗽甚见血，通阳逐饮　王某，45 岁，咳嗽胸满，短气自汗，夜甚，大便燥，六脉俱弦而微紧，咳甚见血。诊以痰饮所致，拟温通阳气，和胃逐饮，嘱其忌生冷猪肉咸味。方药：茯苓 18g，桂枝 12g，焦白芍 9g，姜半夏 18g，杏仁 15g，五味子 12g，枳实 15g，陈皮 15g，干姜炭 12g，麻黄根去芦 9g，炙甘草 9g。以甘澜水 6 大茶杯，煮成 2 茶杯，渣再以 6 杯水煮 2 杯，日 3 夜 1，分 4 次服。服方 4 剂，吐血喘满痊愈，咳嗽亦愈六七。方中重用杏仁，因“痰饮十数日，大便燥结，乃肺气不降。肺与大肠相表里，肺痹则大肠亦痹，开肺痹即所以开大肠之痹也。”又因“津液屯聚胃中，不得下行，以致大肠干燥，故用枳实、橘皮直通幽门，俾津液下行，又辛能润也。”吴瑭谓：“枳实坚实下沉，专走幽门。幽门者，胃之下口，小肠之上口也。逐渣滓痰饮，使由胃而入小肠，由小肠而入大肠。”是方亦重用半夏，合橘皮共奏和胃之功，病由痰饮，逐痰即所以和胃也。古人谓血家禁半夏，而其又功专祛痰，本案由痰饮所致，“有故无殒，亦无殒也”，此证而用此药，何忌之有。

3. 下焦血证，宜疏肝络　王某，30 岁，六脉弦细而沉，吐血久而不止，且先吐红血，后吐黑紫。吴氏认为“络中显有瘀滞”，治以温通络脉，拔去病根。药用新绛纱 9g，桂枝 9g，姜半夏 9g，旋覆花 9g，归须 6g，橘皮炭 6g，茯苓 9g，干姜（炒半黑）45g，煮 3 杯，分 3 次服。继以建中收功。下焦血证多与胁痛并见，证属血瘀肝络，当以宣通肝络为要。若血出日久，“久病当于络中求之”，更应疏其肝络瘀滞。

吴氏据《金匮要略》谓“凡病至其年月日时复发者，当下之。”论此“下”字曰：“此下字须活看，谓拔去病根，则不再发矣……此证断不可用阴柔呆腻之品，致永无愈期。”所拟新绛旋覆花汤化裁于《温病条辨·下焦篇》香附旋覆花汤。原方证因“时令之邪，与里水新搏，其根不固”，以香附、旋覆花善通肝络而逐胁下之饮；紫苏子、杏仁降肺气而化饮，所谓建金以平木；橘皮、半夏消痰饮；茯苓、薏苡仁开太阴而阖阳明，所谓治水者必实土也，并于痛甚者酌加降香末。吴氏治下焦血证在此方基础上化裁，取其宣通肝络之用，而减其消痰饮之力。待肝络疏通，则以建中收功，系“治肝实脾”之活用矣。

根据吴瑭治疗血证经验，于血后肝气初平时，“未便腻补，取松灵之能入肝络者宜之”，药用沙参、麦冬、白蒺藜、生地、牡丹皮、郁金、石斛、桑叶之属；若血后胁痛止，而见咳嗽、黄痰、气短、少食者，仍取甘能益气，培土生金法，清凉降热，而护胃阴；若见中焦阳气不足者，可以建中复阳生阴，使胃中津液分布于十二经，脏之虚则可从饮食中复矣。

4. 热迫血行，急泻三阳　史某，50 岁，酒客大吐狂血成盆，六脉洪数，面赤。此乃三阳实火为病，宜急泻之。药用大黄 18g，黄连 15g，黄芩 15g。1 帖而血止，2 帖脉平。后 7 日又复发，脉如故，又 2 帖而安。

张仲景谓："酒客咳者，必致吐血，此因极饮过度所致也。"患者饮酒无度，而致湿热蕴于三阳，盛极则迫血妄行。凡因阳气独盛而致吐血、衄血者，仲景皆以泻心汤治之。陈修园云："此为吐血、衄血之神方也。妙在连芩之苦寒泄心之泻热，即所以补心之不足。尤妙在大黄之通，止其血而不使其稍停余瘀，致血愈后酿成咳嗽虚劳之根；且釜下抽薪，而釜中之水自无沸腾之患。"吴瑭以《金匮要略》之方泻三阳盛极之火，火退则血自止。

三、经行倒逆　苦辛温镇

普女，22 岁，左脉沉大有力，类紧不甚数，体厚色白，少腹痛，小便短赤，咳吐瘀紫，继见鲜色，喉中咸。吴氏诊为冲脉感受寒邪，导致月经不下，倒逆而吐血，治以温镇冲脉。药用川楝子 9g，降香 9g，两头尖 6g，小茴香 6g，桃仁 9g，琥珀屑 9g，紫石英 9g，归须 6g，韭白汁 3 匙，煮 3 杯，分 3 次服。

一般认为经行吐衄是由肝经郁火或肺肾阴虚所致。吴瑭所见则为冲脉感寒，凝滞为瘀，使血不循其经，随冲脉上逆咳吐而出。故拟苦辛通降法，"行至阴瘀浊，使经得行而血证愈矣"，并特别指出此证"大忌柔润寒凉"。吴氏所论为丰富倒经的辨治提供了有益的借鉴。

四、血后咳痰　清补兼顾

章某，血后咳吐浊痰腥臭，右脉空大，左脉弦细。吴氏认为此证虽现"咳吐浊痰腥臭"，但与脉之空大弦细并见，故非湿滞之痰，而为炎上之火所化，即"真液不守，阴火上冲克金"之证。阴火上冲为其标，真阴不守为其本，此证治疗"非纯补纯清"，应补其不足，泻其有余。药用沙参 9g，麦冬 9g，白扁豆 9g，天门冬 9g，五味子 4.5g，百合 6g，阿胶 9g，石斛 15g，杏仁 6g，枇杷叶（蜜炙）4.5g，桑叶 9g。浓煎 2 杯，分 2 次服。方中白扁豆，《药品化义》论："气味清和，用清肺气。故云清以养肺，肺清则气顺。"《本草纲目》评："入太阴气分，通利三焦，能化清降浊。"阿胶，《本草经疏》载其具"入肺、入肾，益阴滋水、补血清热之功。"《本草纲目》更明确指出："凡治喘嗽，不论肺虚、肺实，可下可温，须用阿胶以安肺润肺，其性和平，为肺经要药。"杏仁应为甜杏仁，取其润肺平喘，多用于虚劳咳喘。五味子，性酸喜收涩，常为咳嗽有痰者所禁，今吴瑭用此实为辨证之选，正如《本草正义》所云："阴火上冲激肺之嗽……宜以收摄肺肾为治。然惟脉虚、舌红、无痰者乃合，若舌腻有痰，亦当知所顾忌。"此方服 4 剂，脉少敛，痰咳亦减，前方去杏仁、枇杷叶、石斛，酌加五味子、百合用量，复入洋参 4.5g，生牡蛎 9g，兼以补肝肾阴伤。于服后脉大敛而舌苔未退尽时，减补肝肾阴津之品，如阿胶、生牡蛎、百合类，加入薏苡仁 15g，梨汁杯，芦根汁 5 杯，煮 3 杯，分 3 次服，4 剂而愈。

综上所述，吴瑭先生辨治血证从理论到临床，总结颇具系统，确有独到之处。其中虽涉及三焦分治的原则，但并无胶柱鼓瑟之嫌。观其辨治过程无不因证而治，且处方用药灵活多变，至今仍有临床实用价值。

[《吉林中医药》，2006；(7)]

吴鞠通治疗痹证特色

王彦晖

《吴鞠通医案》（下称《医案》）内容丰富，不但收集了大量温病医案，而且杂病医案也占很大篇幅，其中痹证病例记载了18例，共近百诊次，笔者不揣浅陋，将参照《温病条辨》学习《医案·痹证》的体会，就教于同道。

一、认为“诸痹独取太阴”

《医案》曾4次议论“诸痹独取太阴”，考其原意，太阴指手太阴肺经，吴氏谓：“痹证虽重，治在肺经，经有诸痹独取太阴之明训”（《医案》第134页）。独取太阴的原因有二：首先，“痹者，气闭塞不通流也”（《医部全录》）。气血运行不畅，经络闭阻是痹证的根本病机，风寒湿热等外邪是致病之外因。人体如果正气强盛，营卫气血运行通畅，尽管周围环境存在风寒湿气，亦不一定会致病，故《素问·痹论》曰：“营卫之气亦令人痹乎？……逆其气则病，从其气则愈，不与风寒湿气合，故不为痹。”治疗上祛除邪气固然重要，而宣通气机，促进气血运行和经络通畅更是治本之道，朱武曹在评注《温病条辨》时曰：“痹证总以宣气为主，郁则痹，宣则通也。”由于肺主气，朝百脉，对气机的升降和气血的运行有重要影响，故欲使气机宣通、气血畅行应从宣肺通气入手。其次，“无湿不成痹”，祛除湿邪是痹证的重要治法。肺为水之上源，欲除湿邪必须先从调理肺气的宣发和肃降开始。如赵绍琴所说：“盖肺主一身之气，肺气宣则一身之气机通达，三焦通畅，营卫皆和，津液敷布，气化得行，而湿邪自去矣。”由于宣通气机和祛除湿邪都应从调治肺气的宣发和肃降入手，因而，吴鞠通主张“诸痹独取太阴”，他在《温病条辨》中提出的宣痹汤（防己、杏仁、滑石、连翘、栀子、薏苡仁、半夏、蚕沙、赤小豆皮），杏仁薏苡汤（杏仁、薏苡仁、桂枝、生姜、厚朴、半夏、防己、白蒺藜），加减木防己汤（防己、桂枝、石膏、杏仁、滑石、白通草、薏苡仁）和《医案》中的大多数治痹方剂均含有杏仁、苏子、桔梗等宣降肺气的药物。

从《医案》和《温病条辨》的治痹方药中可知，“诸痹独取太阴”的“独”字当理解为‘重视”，则要重视宣通肺气对痹证治疗的重要性，将宣通肺气和祛风散寒、除湿清热、活血通络等其它痹证治疗方法结合起来，藉以提高疗效。

结合笔者临床验证，欲宣通肺气无非以宣发和肃降入手。宣发肺气的药物可用杏仁、桔梗、麻黄。杏仁兼具宣肃肺气之功，用之最多，麻黄性温，适于寒湿痹；桔梗味苦性平，适于湿热痹。通降肺气，药物可用厚朴、苏子、细辛。厚朴善调肺胃之气，苏子专降肺气，细辛既能降肺气又能祛风除湿通络。上述药物可在临证处方时据证选用。

二、注重调理脾胃

痹证邪困经络，气血运行不畅，可能影响脾胃气机的运化；痹证日久，患者久服祛邪药物容易伤及胃气，更匡论误下、误用滋腻之品损伤脾胃。脾主四肢肌肉，又是气血生化之源，脾胃损伤，运化无权，不但影响药物的吸收，而且气血生化不足，容易使痹证向疾证转化。《医案》非常重视调理脾胃和其它治痹方法的配合运用，其方法大致可分以下三种：1.

脾胃损伤严重者，先调理脾胃，然后祛邪治痹。如：宋女，十六岁，六脉弦紧，面色青白，寒痹攻胃，呕吐不能食，足酸痛不能行。误与阴虚门中之阴柔以助其阴，又大用苦寒坚阴，重伤胃阳，无怪日重一日也。先与和胃令能食，再商治痹”（《医案》第136页）。他认为这种脾胃损伤严重的病例“精神血气，无一不伤，从兹以往，尚有生理乎？……又云得谷者昌，又云有胃气者生，无胃气者死。治此症第一义，急救胃气为要，胃气和而得食得寐，再商治痹。如居家者然，万事从缓，先安炉灶也。”（《医案》第137页）。②调理脾胃和祛邪治痹交替使用。痹证患者兼有脾胃失调时，根据二者孰轻孰重，调理脾胃和祛邪治痹交替使用。如《医案》第129页之赵案：五月初六，先以清热利湿，宣肺行气，祛邪治痹；十六日，痹证稍缓，但“水停心下，漉漉有声，暂以（健脾）逐水，无暇治痹”；十九日，脾运稍健后，又用初六方祛邪治痹；“二十三日，痹少减，胃闷不开，其人本有肥气，肥气成于肝郁，暂与两和肝胃”；最后“诸症向安，脉亦调适，胃口亦开。”乃以调养脾胃收功。③邪去痹愈时，以健脾理气巩固疗效。这种方法《医案》用之最多。痹证虽愈，但邪去正伤，通过调理脾胃，促进气血生成，使经脉气血充盈，正气强盛，可以防止病复。

由此可见，吴鞠通虽以温病大家著称于世，但在痹证治疗上也颇有造诣，其‘诸痹独取太阴”，注重调理脾胃的思想独具一格，值得研究。

[《浙江中医杂志》，1996；（4）]

温病误治与救误

杜献琛

急性热病是临床上的常见疾病。由于起病急，传变快，如果辨证不确，用药不当，常使病情迅速恶化。清代的温病大家吴鞠通，非常注意温热病的治疗。《吴鞠通医案》中介绍了很多急性热病的误治及救误验案，学习后，受益颇深，今将个人心得，讨论如下：

一、误汗逆传

叶桂指出：“在卫汗之可也。”温热邪在卫分宜辛凉轻剂或辛凉平剂，轻清以透散，使邪从汗解，但不宜辛温重剂。吴鞠通说：“温热最忌通阳发汗，误汗则邪入心包。”吴氏医案中这样的病例很多，如《吴鞠通医案》（以下简称《医案》）44页“继，40岁”，由误汗“现在病已九日，谵语颠狂”。30页，“陈氏，温病误汗七次，以致心阳受伤，邪入心包，神昏不语。”32页“扬，温病自汗，脉浮芤，神气昏，时有谵语。”上述皆由误用辛温劫汗，损其阴液，迅速化热化燥，使邪气逆传，直犯心包扰乱神明，形成神昏谵语，痉厥颠狂之重证。正因此，他不厌其烦地警告，温热病“法宜辛凉解肌”，“切忌辛温发表，甘热温里。”

温热误汗致逆传心包的救治，应根据其神志症状的轻重、津液伤耗的程度、体力年龄状况而定。如前述患者继某“见六脉沉弦”，“大渴思凉。”为气营两燔，与白虎汤加生地、犀角、麦冬、甘草送服紫雪丹以气营两清。陈某，误汗邪入心包“膈上之邪仍然不解。非芳香化浊，能入心包者，不足以救之。”故用牛黄丸“芳香开膻中”。再如《医案》24页苗某，误汗后痉厥神昏，热伤营血，但气分未罢，故用清营汤、玉女煎、犀角地黄汤复合应用。由此可知误汗致逆传心包者，依其具体情况，或清气凉营；或清心开窍；或通腑泻热；或养阴生津。或一方单用，或多方复用。这样因症而变。审慎用药，方能转逆为顺，化险为夷。

二、误升动血

《医案》27页载一周姓，63岁患者，病温热后误用柴胡“十数日之多”，而出现“呕血、便血”。温热病卫分宜汗，气分宜清，今不辨共证，贸然用柴胡十数日，以致直升少阳，大耗胃津，使阳浮而津伤，邪气直入血分，耗血动血。此种症最为凶险，“所谓不治之症”，临床上不得不倍加注意。此例救误用犀角地黄汤以凉血止血，合黄连、麦冬以苦甘合化。再如《医案》41页刘某，“本系酒客，”为湿热之体，感受温热之邪后，应芳化反误汗，应利下反上散，致使大亡津液，邪热内迫，而“尿血每至半盆，已三、四日矣”。此两例虽都是误升动血，但前者是气营两燔，故宜苦甘合化。后者“舌苔老黄而中焦，大便七日不下，势如燎原。”为阳明有形之实与血分合病，故用大承气汤合丹皮、犀角通腑凉血，急救其津。由于救误得法，前例“服药三日后，诸症稍减”，已转危为安，后一例服药后“溺血顿止”。

三、误补成实

实则泻之，虚则补之是人人皆知之常法。急性热病为实邪，宜清、宜透、宜润、宜下，无论体质之强弱，概以祛邪为先，不然则导致闭门留寇，迅速化燥转实。《医案》43页载赵案：“55岁，体瘦无子，过服桂、附，津液枯燥。”患热病后，未辛凉透解，“自服补中益气汤三帖”由于甘温壅补，“致邪无出路”，遂迅速化燥化热，虽服辛凉轻剂及竹叶石膏汤．均无效，致“烦燥”，“赤身，满地混抓，谵语，干热无汗”，此时已化燥成实，热结阳明。过服桂附，本能助阳生火，今感温邪，又闭门留寇，致外热引动内热，一触即发，并很快灼其津，结其肠垢，成阳明腑实。此皆误补之过。吴鞠通先生细审其症后，急予调胃承气汤加元参下之。下后，身出红疹，说明困遏之邪，得以宣泄。再下，又出疹。但“热总不退，脉总不静”。于是前后共下13次，出疹13次，方“脉静身凉”。再与甘凉滋阴痊愈。此案误补成实，实热困遏之重。吴氏用药之胆量，可见一斑。

四、误苦化燥

《医案》42页记载“史氏，27岁，温热误汗于前，又误用龙胆草、芦荟等极苦化燥于后，致七月胎动不安，舌苔正黄，目睛突出眼眶之外，如蚕豆大。”此例温热误汗，劫灼津液，阴分大伤，此时用甘凉之品清热养阴，方为合拍。但又再误用极苦之品伤其阴津，欲折其热，反燎其势。苦寒药损阴伤阳，何况在误汗伤津之后，使阴液更耗，津液不能复生，于是火上加油，迅速化燥生热。舌烂、眼突、苔黄、脉数，正是热炽津伤，无液以滋之象。故急用玉女煎加犀角清热生津，气营两清。由于津伤过重，热化成实，上方服6帖无改善，反见“大便不通”，小便淋漓涩痛，舌黑唇裂，此为化燥成实，无水舟停，急用大承气汤急下后，方津液渐复“脉静身凉”，“目睛渐收”。误苦化燥，临床上常常见到，医者见其热势急，而用苦寒折之，谁知热病耗津者，若误用苦寒，能迅速化燥成实，势转危重，上案即是，可以警戒我辈。

在临床实践中，接触的急性热病，如流脑、乙脑、出血热、钩端螺旋体病、肺炎、流感等，无不是热势特高，症候凶险。上举吴鞠通先生医案数则，对于如何准确辨证，抓住时机，合理选方，避免误治均可受到启发。特别是吴氏辨证的救误方法，更启人思路。

［《江西中医药》，1988；（1）］

认证无差　用药精当

——读《吴鞠通医案》

俞中元

吴鞠通《温病条辨》，完整、系统地论述了温病治疗的理、法、方、药，成为后世学习温病证治之津筏。此外，吴氏尚有《医案》传世（本文所据者为曹炳章编纂之《中国医学大成》中之《吴鞠通医案》）。《条辨》以理论指导实践，《医案》以实践印证理论。理论和实践能如此紧密结合而互证其学者，实在难能可贵。今读《医案》，既可加深对《条辨》内容之理解。并且可观吴氏治疗温病以外的医学成就。

一、三焦辨证　护阴清热治温病

吴氏强调："温病始终以护津液为主，不比伤寒以通阳气为主"（《温疫·谢案》）。这一精神贯串于吴氏治外感的所有实践之中。视病之能否向愈，亦以阴液之存亡为准，他提出："温病大例，四损、重逆难治"，四损是："一曰老年真阳已衰，下虚阴竭。一曰婴儿稚阴稚阳未充；一曰产妇大行血后血舍空虚，邪易乘虚而入，一曰病久阴阳两伤。"重逆是指《伤寒论》中"一逆尚引日，再逆促命期"，即多次误治后气阴损伤者(《温疫·王案》)。

热淫于内，其阴必伤，具体治法上应以撤热为主，还是育阴为主，吴氏据自创之三焦辨证而有区分。《风温·赵案》中提及："不得误用辛温，宜辛凉芳香清上。盖上焦主表，表即上焦也"。综观《医案》，银翘散是这一治则的代表方剂，除伏暑、湿温门病邪夹湿，暑温门初起邪热盛嫌其力薄，其余各门温病案屡屡用及此方。风温门九案，有六案以此加减。温邪伤及肺所主之卫气者，如汤案出汗去荆芥加杏仁，赵案表证为甚，头痛自汗者加人中黄、郁金；另一赵案项强，颈微肿，舌伸者，加僵蚕、人中黄。温邪进而伤及心所主之营血者，如首列案、姚案均误作伤寒治后谵语，或烦躁，或神呆者加牛黄清心丸。王案发疹，肢厥者，加霍梗，郁金，桑叶，老参。不仅如风温门邪逆心包用此方；其他如《温疫·赵案》："老年下虚，邪居血分，不肯外出……用辛凉合芳香法"，以此方去荆芥、竹叶、甘草、桔梗，合入增液汤，加桑叶、丹皮。吴氏重用此方。归纳其因有二，一是病之来路在上焦，《条辨·上焦篇》第二条："凡病温者，始于上焦，在手太阴"。不仅邪入卫气，即使已入营血，亦如叶天士《温热论》云："犹可透热转气"。因此，银、翘、薄、甘等药亦常用于中下二焦病证。二是肺主一身之气的缘故，如《伏暑·陶案》：伏暑遇新凉而发，且四气杂感（肾虚、肝郁、曾误治、酒客中虚）之危证，"一以宣通三焦，而以肺气为主，望其气化而湿热俱化"。

若病入中焦，吴氏以无形之邪热，则常用玉女煎。清热与养阴合用。如《温疫·苗案》："邪气在血分虽多，尚能渴思凉饮，故加石膏合冬地，为玉女煎法，以清气血两燔之伏热。如邪热实结，《温疫·长案》舌苔老黄，脉沉壮热，夜间谵语，烦躁面赤，喜凉饮，急下以存津液，用大承气汤；因兼见舌肉甚绛，口干唇燥，减枳朴辛药，入增液汤。亦有老年气血久虚，大便坚结不下之阳明证，如《温疫·陈案》单用增液汤下大便。湿热二邪相兼，如湿温、伏暑、暑温等病，常见胸闷、腹胀、不渴，舌苔白，吴氏喜用藿香梗、郁金、广皮、厚朴、蔻仁、杏仁、苡仁、滑石、白通草，即《暑温·荣案》中称："病在中焦居多，以香开六腑浊气为主”。《暑温·王案》：“温病下后宜养阴，暑温下后宜兼和胃。盖暑必夹湿，而舌苔白滑故也”，养阴常用益胃汤，和胃即用上列藿梗、郁金、三仁等。

下焦病、吴氏常据《内经》：“热淫于内，治以甘苦；佐以咸寒”之训。用复脉汤为主，合黄连阿胶汤加黄柏、知母、丹皮。如《风温·姚案》，随着“大热已减，余焰尚存”，“温病已解，邪少虚多”；最后病除。为“杜病后起燥之路”，其间一依前法，逐步减苦寒之品，增甘寒咸寒之品。此法在《暑温·周案》中称为“甘苦合化降气利小便法，因其时常小便短而小涩“盖热伤阴液小便无由而生，故以甘润益水之源。小肠火府，非苦不通，为邪所阻，故以苦药泻小肠而退邪热。甘得苦则不呆腻，苦得甘则不刚燥，合而成功也。”

今从《医案》看，吴氏治温热较集中使用银翘散、玉女煎、复脉汤等方药。据三焦辨证而作不同的选用。其余许多方亦都由此衍化而来。学习这一点，对我们治湿病如何执简驭繁会有所裨益。

二、善用经方　掌握剂量为关键

吴氏自拟许多治温热方，但不狃于偏用寒凉，同时又善用古方，尤其是经方。翻阅《医案》，不仅可发现其治伤寒如此，治杂病亦如此。如治虚劳用小建中汤，吐血用黄土汤，肿胀用五苓散、麻黄附子细辛汤，呕吐用吴茱萸、乌梅丸，反胃用瓜蒌薤白桂枝汤，水气用大青龙汤，痰饮用小青龙汤等等。便血门共五案，均用黄土汤，无论孙案病在暑月，陈案自觉胸中热、背心如热水浇，总以症见粪后便红，颜以暗滞，虽热但兼见恶寒，脉弦细或紧，认定系寒湿作祟，用附子三钱以上，桂枝六钱、直至八两！正如其自道“认证无差”，否则孰敢如此。

吴氏用经方，掌握剂量实为一大关键。经方中的某些主药性刚猛，祛邪除病有以赖之，误用偾事亦由于此，结果又造成某些医者虽用之而量不及彀。最典型者如《肿胀·陈案》，吴氏用麻黄附子甘草汤：麻黄二两，熟附子一两六钱，炙甘草一两二钱。有一老医前曾用过无效，以为吴氏用后亦无效。吴氏认为该老医胆小，“伊恐麻黄发阳，必用八分；附子护阳，用至一钱以监制；又恐麻黄、附子皆慓悍药也。甘草干缓，遂用一钱二分，又监制麻黄、附子，服一帖无汗，改用八味丸矣。八味阴柔药多，乃敢大用，如何能效?”其后果如所料。其实吴氏用药十分审慎，如当归非刚猛之药，该老医治产后郁冒用二钱，亦遭吴氏痛责，认为“当归血中气药，最能窜阳，产后阴虚阳越，例在禁条”，可见吴氏是深知药性而据证施用，恰如其分，且调服法吴氏亦颇讲究。治温病多用轻清之品，故少煎多服，以增药力，如《条辨》银翘散所注。《医案》治温病常可见日夜二剂，频频饮服。至于经方重剂，主张煎多分投，见效辄止，不必尽剂，以免矫枉过正。如前述麻黄附子甘草汤，“汤虽多，但服一杯或半怀，得汗即止，不汗再服，不可使汗淋漓，何畏其亡阳哉！”裘吉生《医药丛书》亦收吴氏《医案》，高德僧序中称，有人刊行该书时畏用药量重，欲删除剂量，这实在是未识得吴氏治病经验之可贵处！

三、重视肝郁　理气化瘀除痰湿

读吴氏《医案》，尚不难发现其重视肝郁之治。无论是外感、内伤，各门病症中均有提及肝郁为患者。用药常选芳香逐秽、理气通络之品：藿梗、郁金、香附、降香、陈皮、苏子霜、旋覆花、新绛纱、当归须、桃仁等。

肝主疏泄，肝气郁结必致血瘀痰滞。《单腹胀·毛案》：“病起肝郁，木郁则克土，克阳土则不寐，克阴土则䐜胀，自郁则胁痛，肝主疏泄，肝病则不能疏泄，故二便亦不宜通，肝主血，络亦主血，故治肝者必活络”。肝厥、胁痛、肝痛等证多有由肝郁所致者，其病机即通于此案所云“自郁则胁痛”；肿胀、积聚等证多有由肝郁所致者，其病机即通于此案所云“克阴土则䐜胀……肝病则不能疏泄，故二便亦不宜通”。总之，因肝主疏泄，与血络有关，故由肝郁致病者范围甚广。肝郁之主要见症，如《伏暑·巴案》：“面目青黄，其为湿热无疑，右脉单弦，其为伏饮无疑，脘痞胸痛，合之脉弦，其为肝郁无疑。”《吐血》门十三案，有六案左脉弦或坚搏，喻胁痛，“一以活肝络为主”，即作肝郁以血络伤为主论治。肝郁的治法，《温疫·岳案》有说明：该案“痰饮是本病，温热是客气”，当遵“《金匮》所谓：先治新病，旧病当后治也”，“客气易退、本病难除，现在客气已减六七，胁下常引痛，系痰饮为患，大温大凉皆在难施之际，仍议以辛而微凉者清不尽之邪，复以芳香降气开痰止痛”。此处即阐明外感夹杂肝郁，当以除外感为主，而治肝郁忌大温大凉，宜芳香降气开痰止痛，前列藿梗、郁金等品即属于此，随着气郁、瘀滞、痰阻有不同侧重，而选用不同的相应药物。吴氏对痰湿的认证治疗，尚有许多独到处，如促脉之因，有由“肺之细管中块痰堵截隧道而然，故以杏仁利肺气而消块痰之阴，无不如意”。又如《中风·陶案》：左肢拘挛，语言不清，脉兼结，吴氏称：“此络中痰堵塞，皆误补致壅之故，非针不可”，针舌上中泉穴，出紫黑血半茶碗，接着拉出胶痰一条，如匀粉七八寸长。又针左手支沟穴，透左关手背三阳络，由后用药，其效大增。《医案》中这些内容，均可作后人师法。

[《浙江中医杂志》，1985；(7)]

《吴鞠通医案·陶案》剖析兼议

沈庆法

乙酉九月十八日，陶，五十八岁，伏暑遇新凉而发，舌苔皖白，上加灰黑，六脉不浮不沉而数，误与发表，胸痞不食，此危症也。何以云危？盖四气杂感，又加一层肾虚，又加一层肝郁，又加一层误治，又加一层酒客中虚，何以克当！勉与河间苦辛寒法，一以通宣三焦，而以肺气为主，望其气化而湿热俱化也。

飞滑石五钱，杏仁四钱，藿香叶三钱，姜半夏五钱，苡仁五钱，广郁金三钱，云苓皮五钱，黄芩三钱，真雅连一钱，白蔻仁三钱，广皮三钱，白通草一钱五分，煮三碗，分三次服。

廿一日，舌之灰苔化黄，滑而不燥，唇赤颧赤，脉之弦者化为滑数，是湿与热俱重也。

滑石一两，云苓皮五钱，杏仁五钱，苡仁六钱，黄柏炭四钱，雅连二钱，半夏五钱，白蔻仁三钱，本通三钱，茵陈五钱，煮三碗，分三次服。

廿三日，伏暑舌之灰者化黄，兹黄虽退，而白滑未除，当退苦药，加辛药，脉滑甚，重加化痰，小心复感为要。

滑石一两，云苓皮五钱，郁金三钱，杏仁五钱，小枳实三钱，蔻仁三钱，半夏一两，黄柏炭三钱，广皮三钱，苡仁五钱，藿香梗三钱，煮三碗。分三次服。

十月初二日，伏暑虽退，舌之白滑未化，是暑中之伏湿尚存也，小心饮食要紧。脉之滑大者已减，是暑中之热去也。无奈太小而不甚流利，是阳气未充，不能化湿，重与辛温，助阳气，化湿气，以舌苔黄为度。

半夏六钱，白蔻仁（研冲）三钱，木通二钱，杏仁五钱，益智仁三钱，广皮五钱，苡仁五钱，川椒炭三钱，干姜三钱，煮三碗，分三次服。

初六日，伏暑之外感者，因大汗而退。舌白滑苔究未化黄，前方大用刚燥，苔未尽除，务要小心饮食，毋使脾困。

杏仁泥四钱，煨草果八分，川椒炭三钱，姜半夏五钱，苍术炭三钱，益智仁三钱，茯苓皮五钱，老厚朴二钱，白蔻仁三钱，生苡仁五钱，广皮炭五钱，神曲炭三钱，煮三碗，分三次服（见《吴鞠通医案·伏暑门》）。

吴鞠通认为："长夏受暑，过夏而发者，名曰伏暑。"顾名思义，伏暑是暑邪伏藏于体内，发病缓慢，症情复杂，病势缠绵，加上正气亏损，易生变症，每多坠入危境。吴氏自注说："长夏盛暑，气壮者也不受也；稍弱者但头晕片刻，或半日而已；次则即病；其不即病而内舍于骨髓，外舍于分肉之间者，气虚者也。盖气虚不能传送暑邪外出，必待秋凉金气相搏而后出也，金气本所以退烦暑，金欲退之，而暑无所藏，故伏暑病发也。"此案开首即言危症，一是因"杂感"；二是因误治；三是因本虚。肾虚之体，易于留邪为患；肝郁侮脾，每致脾虚生湿；酒客蕴湿，中气不足可知。复夹外来"四气"。此时内外合邪，本虚标实，湿浊阻滞气机。气机窒塞，三焦不通。湿邪郁伏于内，蒸蒙于上则神昏目瞑；蕴结于中则胸腹胀满；积聚于下则水道不通。"湿气弥漫，本无形质，以重浊滋味之药味治之，愈治愈坏。"故取益肾、疏肝、补中等法更使伏邪锢结不解。邪不在表，误以发表之品，以致湿邪随辛温发表之药蒸腾上逆，症势益甚。

纵观此案治疗之全过程，吴氏先拟通宣三焦，"望其气化而湿热俱化"；待湿渐化热后，湿与热俱重时，即以苦泄宣郁之品加入；又见热退而湿未尽，再入辛温，重加化痰；直至后期阳气未充，重与辛温，以竟全功。须知以舌苔黄为度，而于饮食尤须小心。

从辨证看，吴氏抓住主证，以舌苔为重点。先见舌苔皖白，上加灰黑，断言危症，确似山重水复疑无路；于通宣三焦之后，舌之灰苔化黄，滑而不燥，湿化热也。再以苦泄之品治疗，舌苔黄虽退，而白滑未除，治当助阳气，化湿气，小心饮食。进一境，即转一象，看似道尽实有路，不取原方加他药。至于论脉，恰到好处。如脉之弦者化为滑数，弦者湿重而未化热，滑数者，湿已化热也，精细至极，颇多启迪。

从用药看，吴氏以三仁汤为基础方。第一方用三仁汤去川朴、竹叶，加味苦之真雅连、黄芩；芳透之藿香叶、郁金；淡渗之茯苓皮，已含黄芩滑石汤苦辛寒法之意。第二方因湿与热俱重，故去藿香叶，以黄柏易黄芩，加茵陈，意在加强苦泄之力。第三方，见苔黄已退，去雅连、茵陈，重用半夏至一两，加郁金、枳实、广皮，以合杏仁、藿香梗理其升降之气机。第四、五方之显眼处是加入益智仁、川椒、干姜，俾"离照当空，阴霾自散"，谆谆告诫"小心饮食要紧"。

此案之全过程，始终贯串调畅气机为主的治疗思想。由于湿为阴邪，自长夏以来，其来有渐，且其性氤氲黏腻，非若寒邪之一汗而解，温热之一凉则退，故难速已。湿邪郁伏，使三焦之气机升降悖逆；外邪入里，使水谷之精微输布碍滞。故苦味之泄热，辛味之散邪，寒凉之清热，不予调畅气机，则难以祛三焦之湿，清内外之热。清阳不升，浊阴不降，终至六腑无以通，五脏无以滋。

此案前后五诊用杏仁、蔻仁、苡仁。杏仁开上焦肺气，蔻仁理中焦之气，苡仁导下焦之气。但吴氏运用调畅气机，首重轻开上焦肺气。此处用杏仁不是着眼于止咳化痰，意在开其肺气。肺主一身之气，气化则湿亦化也。朱武曹氏认为："解此二语，则于湿温病思过半矣。”联系到吴氏在《温病条辨》中对于湿热性质的温病，如湿温、伏暑、暑温的治疗也是这样。他运用调畅气机，有这样几个方法：①轻开肺气，用三仁汤启上闸，开水源，源清流自洁。②芳化宣气，用加减正气散以复升降之能。③通腑下气，用宣清导浊汤轻法频下以去下焦之湿。④清透化气，用薏苡竹叶散双解表里以宣经络之湿。⑤通利膀胱，用茯苓皮汤淡渗分利，宜“开沟渠以泄之。”⑥清宣三焦，用三石汤清热除湿，以涤暑湿而解渴。⑦宣通经络，用宣痹汤宣通止痛，以利湿化浊。总的来说，用药以苦辛寒为主，此案则为例子。《温病条辨》中指明用苦辛寒的方剂很多，如：杏仁汤、小陷胸加枳实汤、半夏泻心汤去干姜甘草加枳实杏仁方、三石汤、竹叶石膏汤、三香汤、三加减正气散、黄芩滑石汤、杏仁石膏汤、连翘赤豆饮、草果知母汤、黄连白芍汤、四苓合芩芍汤、加减芩芍汤、加减泻心汤等等。可见其运用此法之深和广，值得我们进一步研究。

实践证明，吴氏的这些宝贵经验具有很高的临床价值。朱武曹的评价很高，说：“多前人所未及，较之温热，尤为枕中鸿宝也”。

笔者于临床上运用吴氏这方面的经验，有一定的体会。如有一患者因慢性肝炎、肝硬化腹水、脾亢入院治疗。住院期间，出现肺部急性感染，发热、咳嗽痰多、胸痛胸闷，体温波动在38.5℃～39.5℃，两肺有明显的湿啰音。先后用了卡那霉素、先锋霉素、庆大霉素等抗菌素对症处理，配合鱼腥草片、竹沥等药。热势依然不退，正气日渐亏损。余初诊之，认为症见身热不扬，时发时退，已延两月，头重如裹，胸闷心烦，口苦口干欲饮，纳食不馨，小溲短赤，舌质黯，苔黄腻，脉左弦滑数，右弦细滑数。此乃湿与热合，蕴蒸不解，由表及里，邪热弥漫，伤及正气，正虚不能透邪外解，复合湿热缠绵难解，须防胸中清旷之地，转成云雾之乡，扰乱神明而致昏痉。薛雪论湿热病致痉多为陷入营血分之重症，古训昭然，急宜清透湿热，调畅气机，以苦辛寒为法，且参扶正之意。处方：杏仁9克、蔻仁3克（后下）、苡仁12克、黄芩12克、佩兰6克、益元散（包）12克、桑叶6克、薄荷叶3克（后下）、清水豆卷12克、太子参12克、茯苓12克、郁金9克、泽泻12克。服药5剂，热势未见反复，黄腻苔已化而未尽，脉濡滑。湿热之邪一时难清，原方稍加增损，服后尚可。但于一周以后，转入低热，舌苔已光，质红，脉细滑带数，显系阴分已亏。药随证变，当予清解之法，兼以养阴。饮食切忌油腻之品。再拟下列处方：杏仁9克，蔻仁3克（后下），苡仁1克，茯苓12克，石斛12克，花粉9克，藿香叶3克，郁金9克，太子参12克，六一散（包）12克，芦根30克。药后三日，低热告退。稍劳力，复见低热又起，时而轻度怕冷，口淡乏味，舌红苔薄腻，脉濡滑带数。湿热余邪未见清澈，当追穷寇，以竟全功。投以轻清之品，复合益气养阴，扶正达邪，终告痊愈。回顾全案的辨证施治，可见患者本虚之体，复感外邪。内外合邪，病势缠绵难解是本案之特点。此患者经现代医学诊断为病毒感染。始则因发热呈规律性发作，逢二三日即寒战高热一次，怀疑为肠伤寒所致。由于长期肝病，防其药物反应，即改由中医药治疗。宗吴氏《温病条辨》中用苦辛寒法的经验，湿热得透，间有伤阴、纳呆之症，即以调理而愈。从治疗用药看：一是注意运用调畅气机以分利湿热，二是注意扶正达邪，轻清芳透，外则祛邪，内则助运，药合病机，故投之即奏效。

必须指出，患者素体阴虚火旺，夹有湿热，在治疗时用苦辛寒一法则须慎重。苦以化燥，辛以助火，耗伤阴液，每易产生变证。如何与养阴清热之品结合起来运用，具体立法处方时应斟酌选药。

［《上海中医药杂志》，1985；（1）］

吴鞠通妇科治验探析

王凯平

吴鞠通以撰著《温病条辨》著称于世。而《吴鞠通医案》(简称医案)尤为吴氏毕生精力所荟萃。笔者研阅吴氏调治经、带、胎、产诸案，探讨其论病用药方法，认为有和胃通阳，驱阴化湿；温经补固，通补奇经；翕阴补阳，流动变化等特点，值得临证者借鉴。

一、和胃通阳　驱阴化湿

吴氏运用和胃通阳法于妇科诸病，意在藉其“健食生血”，且能驱阴化湿。他在调经、治带及产后案中均曾用此法。

《内经》谓：“营出于中焦”，又说：“中焦受气取汁，变化而赤，是为血。”吴鞠通认为，所谓“受气”者谓“谷气”，“取汁”者乃“胃汁”，其所化之血，心主之，脾统之，肝藏之，由肝下注于冲脉，在女子则下泄而为经水。基于这种认识，吴氏调经十分重视“健食生血”，其治疗方法，尤重于和胃通阳，俾纳食旺而自然生血。如医案所载：“池氏，前因中下焦有寒，服霹雳散已效，惟月事总不应期……故常吐白沫，胃虚而肝乘之，故发呕逆”。吴鞠通以为此病符合《素问》所说的“二阳之病发心脾……女子不月”。“二阳”即阳明，阳明阳气受伤，胃虚而肝木乘之，于是并见吐沫呕逆之证。处方用半夏、陈皮、茯苓、生姜、苡仁、香附、降香末等。服药以不呕不吐白沫，纳食旺为度。方中除降香有降气行血作用外，其余不用一味血药，而总以和胃为主，使胃和则肝不来克，纳旺则自然生血；阳明阳气充满，则血无阻滞而经行。

如果肝气郁结，浊阴阻滞，胃阳不通，食少而不能生血，也可致经闭不通。《医案》载“杨女，经停一年，腹有症瘕，食少而寒热往来”。吴氏断为“肝阳郁勃下陷，木来克土”。其治疗先投半夏、桂枝、当归、白芍、青蒿、蔻仁、苡仁、广皮、黄芩炭等，用以“提少阳生发之气”，待三、四帖寒热退尽后，再用天台乌药散早、晚各服一钱，二十余日后症瘕散而经通。吴氏告诉我们，用此药“驱脏中之浊阴，即所以通下焦之阳气，不惟通下焦之阳，亦是大通胃阳，胃阳得开而健食，健食而生血”。尤其值得注意的是，在天台乌药散中，有微量巴豆，意在“取其气而不用其质”。用以驱下焦之浊阴，又能通胃中之真阳。所谓“驱阴正所以护阳，通阳即所以驱阴”，所以能见效若神。此外，天氏治症瘕气绕脐痛，兼少腹疼痛，也用天台乌药散获效，等痛减后，再用宣肝络法，兼以和胃。具体用药如新绛、归须、郁金、旋覆、降香、半夏、广皮、茯苓、益智仁、苡仁等药使肝胃两和而愈。(新绛即茜草所染成者，今可用茜草根代之)。

带下之病，有因内伤生冷，感受寒湿所致者，医案中所用的“补土行湿”法，其目的实也在于和胃通阳。如达女，内伤生冷，又中湿熟，冬令寒热之后，经闭淋带，兼见腹痛，食少，便溏。吴氏亦以为应从“二阳之病”入手，先予和胃，并指出：“补土者必先行湿”。方投姜半夏、广皮、苡仁、蔻仁、川椒炭、云茯苓、萆薢、益智仁等而获效。至于产后奇经虽虚，但若中有寒湿，吴氏亦善用此法治之。笔者在临床上，常用吴氏之法，体会到以此法治疗脾胃阳虚，湿浊中阻、月经不调的患者，疗效甚理想，但服药时间需较长，以有形之阴血不能速生故也。然若用此法于寒湿带下；或产后胃阳不运，湿浊内滞的患者，则获效甚捷。

二、温经补固　通补奇经

《金匮》云："妇人有漏下者，有半产后因续下血都不绝者，有妊娠下血者，假令妊娠腹中痛，为胞阻，胶艾汤主之"。按妇人经水淋漓，及胎产前后下血不止，往往由于冲任脉虚，阴不能守。仲景用胶艾汤温经而补固之。

吴鞠通治崩漏、半产，多宗仲景方法。他在《医案》中指出："无论半产与暴崩，六脉沉软而细如伏，阳虚体质，产后漏经……忽来如崩，又疑半产，一以温经为要"。这是他的经验之谈，值得我们重视参考。由此可见，六脉沉细，或兼弦紧，阳虚见证，实是用温经法的指征。对于这种虚寒崩漏的治疗，事实上根据临床所见绝非纯阴之剂所能静守；虽然，用固涩之法可以暂时获得效验，但往往不旋踵而复发，所以治疗当用阿胶、小茴香，干姜炭、艾炭、当归、炙甘草等。吴氏还认为，如果虚寒崩漏而兼以带症，则可"且用温经，将来非峻补八脉不可"。实则，据医案所见，他有用胶艾汤法温经的同时，早已加入鹿角霜（五钱）以兼补奇经。

有一些崩带患者，由于医者误用寒凉阴药，损伤中焦阳气，可能出现纳食不旺，四肢畏寒，或自汗、脉弦紧等证。吴氏指出对于这些病人，当在温补下焦之阳的同时，兼用建中法调治中焦。他在胶艾汤中加鹿角霜，并采用了桂枝、焦白芍、炙甘草等，显然也师承了仲景之法。

通补奇经法，为叶桂《临证指南医案》所创用。叶氏说："女科病多倍于男子，而胎产调经为主要，淋带瘕泄，奇脉虚空……刚如桂附，柔如地味，皆非奇经治法"；又说："余以柔剂阳药通奇脉之滞，且血肉有情，栽培身内之精血"。说明叶桂治疗妇科病往往注意到奇经八脉。他治奇经空虚。主张用"柔剂阳药"，还用血肉有情之品，达到补而有通。其用药显然比六味、八味等更进一筹。吴氏继承此法，治虚寒带下，多予通补八脉，药如鹿角霜、炙龟板、小茴香、紫石英、杞子、桑螵蛸、鲍鱼、人参、茯苓、当归、姜炭等。或用通补奇经丸治之。吴氏曾说："带下本系八脉虚寒之病，久带则下虚愈甚，古人所以有漏卮之喻也，一以通补八脉为要。"通补奇经丸为吴鞠通所创制，该方以鹿角胶、鹿茸、沙蒺藜、苁蓉、小茴香、人参、补骨脂、川萆薢、当归、炙龟板、乌贼骨、桑螵蛸、生牡蛎、杜仲炭、紫石英、枸杞子为末，炼蜜为丸，其作用入奇经，补胞宫，补而且通，而无滋腻之弊。在《医案》中，吴氏对于产后受伤，虚不肯复，月经不调，带下日久，六脉微细的患者，指出必须"治在八脉，非通补奇经丸不可"。病人若兼有寒湿，则用汤剂，行湿而温经。

笔者在临床上曾治一妇，因暑月产后，汗多，贪卧凉席至秋后，得腰痛甚剧，痛处畏寒重着，延至次年春暮未愈。见舌苔白滑，脉象濡细而缓，思其证合符吴氏所说的八脉虚而受寒湿，处方予鹿角霜、桂枝、杜仲、苍术、川断、当归、小茴香、牛膝、杞子、白术、茯苓、干姜等味，用通补奇经法，并参以仲景肾着汤温化寒湿，如是出入加减二十剂而愈。

三、翕阴补阳　流动变化

吴鞠通善用"翕阴补阳"之法，调治胎前、产后诸病。所常用的药物是其所自制的专翕大生膏和天根月窟膏，有时也用定风珠等方药。

孕妇流产，每殒胎必三月，前人多称是"肝虚而热"，主用桑寄生汤治疗。然而吴氏以为，桑寄生真者难得，且殒胎而用此方，未免鞭长莫及，故主张宗《内经》"上工治未病"

之法，在孕之先用药。他所制的专翕大生膏由熟地、山萸、洋参、麦冬、白芍、茯苓、莲子、沙蒺藜、芡实、桂圆肉，以及海参、鳖甲、鲍鱼、牡蛎、龟板胶、猪脊髓、乌骨鸡、羊肾、阿胶、白蜜、鸡子黄等制成。此方荟萃“三阴柔药”，半用血肉有情、蠕动而不呆板之物，直达下焦，其养阴之功甚速，实亦为“乙癸同源”之治。《医案》载范氏，三月殒胎，业已三次，经用专翕大生膏而效。然治疗于氏，面色青黄，脉弦细，不但无热，且虚寒之甚，故改用天根月窟膏，两补下焦阴阳，兼益八脉。

吴氏还以天根月窟膏治下焦阴阳、八脉皆虚的久带。有李氏妇，带下日久，甚至流入跗踵，其势甚剧。吴氏称其为“狂带”，诊其脉象不沉细，而反见“弦数”。予天根月窟膏，每日一两，分三次服，至百日外而愈。按此证脉见弦数，但不可误作内热治。又专翕大生、天根月窟膏等药，须久服方效，所谓“王道无近功”也。

治难产及死胎不下，吴氏不仅善用古法，且也颇有创新。如吴氏年长，难产不下已三日，鞠通断为“气阴不足，并骨不开”，用生龟板八两，尽剂而生。又治死胎不下三日，六脉芤大，心悸甚，汗出而喘，阳虚欲脱。吴氏指出：如俗方平胃散加朴硝，下咽即死。应与救逆法护阳敛汗，阴阳和则胎自下，方用辽参三钱，牡蛎五钱，莲子五钱，云苓四钱，龙骨五钱，炙草三钱，麦冬三钱，服一杯而喘定，二杯而胎下，三杯而神定，再两补下焦阴阳而安。对于鞠通此案，陆以湉著《冷庐医话》评价甚高，以为“可为治死胎者开一法门也。”

吴氏医案记载有王妇产后郁冒、自汗出，大便难三证俱备，所下之血少而且淡，因血虚极而身热发厥，六脉散大。吴鞠通指出：“断断不可误认外感症，药用生地、麦冬、玄参、白芍、龟板、阿胶、五味、牡蛎、鲍鱼、炙草、鸡子黄、海参、麻仁、白蜜、洋参等翕摄真阴，汗多加龙骨。”又治百氏，“产后郁冒，一日厥去四、五次。先先定风珠、后服专翕大生膏而痉愈，”同样运用了补阴之法。如上所举，产后阴血大虚，吴氏多用补阴方药，但必须脾胃强盛，无邪无积者方才可用，否则吴氏也反对滥投补剂。如文氏产后，医者误用“横补中焦，守补脏真”之剂，吴氏诊其人颜面青黄，脉沉细缓，舌苔满布白滑，便溏，得饮则胸满，显系寒湿所伤，脾胃阳败，故不予补阴，而用苦辛刚燥，使寒湿得行而愈。此案说明：虽然产后阴伤，但若兼感寒湿者当“忌柔用刚”，须待湿证全消，阴虚之象显现，然后“退刚用柔”，予滋养阴血之品。总之，产后用药应当因时制宜，如吴氏所说：“医贵乎活泼流动，神明变化，以求合乎道”。

［《上海中医药杂志》，1992；（11）］

吴鞠通运用通阳泄浊法调经简析

刘学俭

吴鞠通是清代著名温病学家。他不仅对温病学的发展作过重大贡献，而且对月经病的治疗也有独到之处。历来妇科临床治月经病，不越疏肝、养血、活血、益肾诸法，惟吴氏独辟蹊径，以通阳泄浊法治之，确能启发人们的思路。笔者试以《吴鞠通医案》为依据，对吴氏这一调经特点略作探讨。

一、立论依据

《素问·阴阳别论篇》曰：“二阳之病发心脾，有不得隐曲，女子不月。”这高度概括了月经病的病理特点，其病理核心在胃。因为胃与大肠皆属二阳，大肠又属于胃；胃为阳土，与脾相表里，与心以母子相关，心火伤必及其子，以致胃病；胃既病，则不能消磨水谷，化生营血，经血无源，故而“不月”。世人皆知补益气血，然补气养血之药，多致碍胃，徒益气血，则愈补愈塞，又《灵枢·营卫生会》曰：“营出于中焦，卫出于下焦”。故此，吴氏认为胃旺自然生血，“阳气充满，则血无阻滞。此等调经法，世人绝不知之。”又“以胃虽受浊而最恶浊，驱阴正所以护阳，通阳正所以驱浊。”然通阳不惟通胃中之阳，亦通下焦之阳。以营行脉中，卫行脉外，营卫相伴，气血相贯，则浊阴不得结聚，月事以时下。叶桂曰：“通阳不在温，而在利小便”（《外感温热篇》），故知利小便不仅能通阳，而且亦能泄浊。然虚则补其母，土弱火亦衰，火既衰，岂能不用温药？温以通肝络，因胃（土）病，肝（木）即来克。无论阳明累及厥阴，还是厥阴累及阳明，温通肝络不可缺，且不惟通肝络，亦通胃阳。温之刚燥劫阴，正可以攻浊。由此可见，吴氏以通阳泄浊法调经是有其理论依据的。

二、常用方药

《吴鞠通医案》载月经病12案：调经门4案，痹门2案，肝厥、积聚、胁痛、胃痛、喉痹、带下诸门各1案，计46诊次，本文就此进行统计分析。所用药物达70味之多（丸、散除外），其中使用12次以上者，有半夏、姜（包括生姜、干姜、炮姜、生姜汁）、当归、陈皮、茯苓、生薏仁、小茴香、萆薢等8味，占所用药物总次数的59%；使用6~11次者，有桂枝、艾炭、降香末、川椒炭、香附、益智仁等6味，占所用药物总次数的17%；新绛纱、旋覆花、青皮、淡吴萸、茯苓皮、鹿角霜、炒杞子各用5次；郁金、苏子霜、白通草、紫石英各用4次；白芍、炙甘草、良姜、阿胶、白蔻仁、炙龟板各用3次；枳实、桃仁、川楝子、人参、肉桂、黄芩炭、乌药、车前子、大腹皮、益母膏各用2次；大枣、胶饴、丁香、青蒿、鸡内金、蚕沙、防己、杏仁、海桐皮、生石膏、黑栀子、杜仲炭、五灵脂、血余炭、厚朴、猪苓、泽泻、苍术炭、木通、莲子、芡实、桑螵蛸、海螵蛸、鲍鱼各用1次。结果表明：（1）上述各组药物多以和胃通络及燥湿渗湿药为主。这两类药物，既能通阳，又能泄浊，说明吴氏调经是以通阳泄浊为基本治法的。这一结果与吴氏调经诸案之用药特点是相吻合的；（2）虽然吴氏用药多无固定成方，但是上述使用次数较多的头两类药物，都是通阳泄浊法调经的常用药物。

此外，通补奇经丸用于3案，化症回生丹、天台乌药散各用于2案，此三方亦具通阳泄浊之功。如吴氏在用天台乌药散时说：“驱脏中之浊阴，即所以通下焦之阳气，不惟通下焦之阳，亦且大通胃阳，胃阳得开而健食，健食而生血。”所以，通阳泄浊即所以护胃，胃旺，月经病焉有不愈之理？

三、运用指征

《吴鞠通医案》所载12案月经病，其中闭经5案，痛经、月经不定期、月经过多各2案，崩证1案。兼纳差者6案；呕吐、症瘕、腹痛者各5案；脉细及弦紧者各4案；痹证3案；胁痛、面色青黄、白带多、舌苔白者各2案；咳嗽、痉证、胁胀、喉痛、肝厥、不孕、痿证、面肿、胸痛、便溏、小便少、体倦、脉弦数者各1案。统计结果表明：无论何种月经病，多兼有胃病或阳气不通，浊阴结聚的临床表现，说明吴氏以通阳泄浊法调经抓住了主要病机。若将纳差、呕吐、症瘕、腹痛、脉细或弦紧作为主要运用指征，而将上述其他诸症作为次要运用指征，那么，无论何种月经病，凡具主要运用指征中二项及次要运用指征中一项者，即可运用通阳泄浊法。这与吴氏所治月经病诸案诊断特点颇相一致。以此指导临床；确能起到提纲挈领的作用。

四、验案举例

笔者受吴氏之启发．以通阳泄浊法调治多种月经病，亦收良效。如患者马×，女，30岁。经来不仅腹痛，腰亦酸痛，历时5年之久，屡用中西药（西药不详）医治无效。1988年1月10日就诊于余。视其前医所投方药，不外四物、归脾、六味地黄、逍遥及活血化瘀诸方。其经色黯红，有小瘀块，每次淋漓半月不止，月经周期尚且正常，白带量多，质稀、腥臭、腹痛下坠，腰膝酸软无力；延至右腿无力上抬，纳差、嗳气，胃脘食冷即痛。舌淡红、苔白腻，脉沉缓。药用：制半夏15克，小茴香10克，炒艾叶、当归各10克，萆薢、薏仁、茯苓各15克，乌药、良姜、陈皮各10克。此方连服五剂，诸症消失；续服五剂，随访至今，未见复发。

此案所用药物不出吴氏通阳泄浊之规范，方中当归引诸药入血分，既能通血中之阳气，又能泄血中之浊阴。因知吴氏非欺人之谈。

尾语：值得提出的是，以通阳泄浊法调治月经病，仅对阴湿之体为宜，若为阳燥之躯，断无用之道理。因此，通阳泄浊法及其他诸调经法一样，只有切中病机，方能奏效，不得偏执一端而盲试。至于吴氏所列诸案概用通阳泄浊法，不过是吴氏举目极视，避其重复，强调一点而已。

［《江苏中医》，1989；(7)］

试论“甘苦合化法”

——《吴鞠通医案·暑温门》周案赏析

杨世权

“甘苦合化法”是吴鞠通创制的治疗热病后小便不利的一种治法，在他的医案中专有论述。他说：“甘苦合化阴气利小便法，举世不知，在温热门中诚为利小便之上上妙法。盖热伤阴液，小便无由而生，故以甘润益水之源；小肠火腑，非苦不通，为邪热所阻，故以苦药泻小肠而退邪热。甘得苦则不呆滞，苦得甘则不刚燥，合而成功也”。短短数语，将热病后小便不利之一种前贤未备的开拓性治法完整地呈现在读者面前。

吴氏所创“甘苦合化法”是受仲景学术思想的影响而来的。《伤寒论》说：“大下之后，复发汗，小便不利者，亡津液故也；勿治之，得小便利，必自愈”。下后复汗而小便竭，伤阴无汁可知。“勿治之”的言外之旨，已悬淡渗之禁。故后世注家善悟者指出：“夫膀胱为津液之府，府已告匮，只宜添入，岂容减出？虽具五苓散证，勿以五苓散治之。”（《伤寒论译释·太阳中篇》）温病小便不利与伤寒误治夺汗无尿有其相同之处，皆因津伤而然。故吴氏说：“热病有余于火，不足于水，惟以滋水泻火为急务。”“温病小便不利者，淡渗不可与也，忌五苓、八正辈。”（《温病条辨》中焦篇30条）阐明了热病后小便不利的特殊性，重申淡渗之禁，主张培源取汁，滋水泻火。他的这个主张，也是受仲景桂枝汤法取汗必啜稀粥，益源发汗的启迪，别开生面的一个创造。

吴鞠通所以创“甘苦合化法”，是由热病的病机和临床特点所决定的。温病热灼肺津，肺汁枯涸，金无化气之液，肺气亦不化。上源断流下河干，无汁下流溲尿竭。故此等小便不利，只能培源取汁，甘润益下，使泉源充盛，则水到渠通。不仅治本证如此，对温病后期阳复后阴尚亏欠之浮肿短尿证，吴氏亦基此理而不为治肿常法所囿，另辟养阴除肿，益水利尿之蹊径。匠心之运，不能不使人折服。

余热尚存则纯甘不可；以其阴伤则纯苦不能。非合不为“化”，非并行不告功，这是吴氏“甘苦合化法”的主要内容。他说：“温热之小便不通，无膀胱不开证。皆上游（指小肠而言）热结，与肺气不化而然也。”（《温病条辨》中焦篇29条注）所以用苦，因其“热结”而然。盖阴液之枯，责之于邪火。温病后期热势虽缓，但邪热一息尚存，皆为耗津之源。枯涸之体，滴汁如金，岂可再任邪灼而耗其津乎？故非苦寒不足以清其余热，非邪除不足以存阴。更因其热结邪阻于小肠非苦不通，故少复苦味泻小肠而退邪热也。

考案中（见后）甘苦药物的搭配，不难发现甘润药味多且重用，而体现“苦”者仅一钱勇连。为何甘苦配伍如此悬殊，用苦谨小慎微？吴氏有曰：“温病燥热，欲解燥者，先滋其干，不可纯用苦寒也，服之反燥甚。”并释之曰：“此用苦寒之禁也。……举世皆以苦能降火，寒能泻热，坦然用之而无疑，不知苦先入心，其化以燥，服之不应，愈化愈燥。宋人以目为火户，设立三黄汤，久服竟至于瞎，非化燥之明征乎？吾见温病而恣用苦寒，津液干涸不救者甚多，盖化气比本气更烈。”（《温病条辨》中焦篇31条）理论上的正确认识，指导吴鞠通对燥热伤阴证总结出了“先滋其干，既使用苦亦必润以制苦”的治疗原则，故大凡“应用芩连方内，必大队甘寒以监之，但令清热化阴，不令化燥。”（《温病条辨·吴又可温病禁黄连论》）由是观之，吴氏不仅在理论上较前人有发展，而且在立法制方以及选药上均有独到之处。兹录吴氏治热病后小便不利一例，说明“甘苦合化法”的运用：

壬戌七月，周×，五十二岁。

前六诊摘要：病暑温，深入营血，出现高热烦躁，衄血痉厥，便秘不通等症。经用清营凉血，平肝养阴，攻下通便等治疗后，危势已转。厥逆回，热势缓，大便通，衄血止，烦躁除。七诊时症见：

小便短而赤甚，微咳，面微赤，尺脉仍有动数之象，议甘润益下，以治虚热，少复苦味，以治不尽之实邪。且甘合苦，化阴气而利小便也。

生鳖甲八钱、元参五钱、麦冬（连心）六钱、白芍六钱、麻仁三钱、古勇连一钱、阿胶三钱、炙甘草四钱、沙参三钱。日二贴。

本案所用之方，即《温病条辨》冬地三黄汤化裁，因其热势微而去芩、柏，加沙参、白芍、阿胶、鳖甲等味使益阴之力更宏，群润一苦，自无化燥之弊。由此可见，吴氏是何等殚精熟虑，曲尽会心。时贤朱彬曾这样评吴瑭：“变化因心，不拘常格，往往神明于法之外，而究不离乎法之中。”此时回首细咀，更觉豁然如悟。

[《四川中医》，1985；(7)]

（五）对《医医病书》的研究

吴鞠通《医医病书》探析

沈凤阁

吴鞠通所著《温病条辨》、《吴鞠通医案》，久行于世，为医家所共知，而其另一著作《医医病书》，因刊印不多，流传不广，医家见者较少。

该书系医论医话性质，共有72篇，其主要内容可分为四大类：一为论医德、医术及医者之病，二为内科杂病论述，三为治疗原则、方法，四为论药物性能及用药之道。该书亦为吴鞠通学术思想的重要组成部分。

一、论医

吴氏十分重视医者的品德修养与基本条件。他认为，天下万事，莫不成于才，莫不统于德。无才固不足以成德，无德以统才，则才为跛扈之才。有德者必有不忍之心，不忍之心油然而出，必力学诚求其所谓才者。所以他指出："医也，儒也，德为尚矣。"当然，吴氏所说的"德"，与我们新社会的德，是绝不能相提并论的。但其所说"有德者，必有不忍之心"，对新社会医者来说，也是必须具备的最基本的品德修养。

吴氏认为，为医者必须有广博的知识和熟练的医术。他指出："医虽小道，非真能格致诚正者不能。"他极力反对那种偏好偏恶，狃于一家之言，爱读简便之书，畏历艰辛之境的不良习气。他强调读书必须深明医理、药理。不明理者，虽饮食亦不能调，饮食亦能杀人；明理者，虽毒药亦应手而效。误用之而杀人，善用之即能救人，"故医者必以明理为要"。

吴氏还特别提出，为医者必须果、达、艺三者俱备，缺一不可。所谓"果"，即果敢、果断之意；达者，通晓、明白之义；艺者，才能、技艺之谓。就是要有胆、有识、有巧。他指出："要知果者，不可不达、不艺，达者不可不果、不艺，艺者不可不果、不达。设使果者不达、不艺，岂非一鲁莽之夫，何事不坏？设使达者不艺，虽知其事，而无以处其事，亦未见其能了事也；达者不果，徒达而已矣。艺者不果，亦犹达之不果也；艺者不达，艺于何加？"所以吴氏认为非果、达、艺三者兼全，不能为医。吴氏于《温病条辨》中提到"治外感如将，兵贵神速，机圆法活，去邪务尽，善后务细，盖早平一日，则人少受一日之害；治内伤如相，坐镇从容，神机默运，无功可言，无德可见，而入登寿域"，就是果、达、艺的综合体现。这就要求医者要有不易之定理，交易之变通，变易之化工。归结到一点："医非上智不能"。

吴氏为医医者之病，曾择其尤切时弊者，历陈其害。

1. 不读古书　吴氏指出："今人不读古书，安于小就，得少便足，囿于见闻，爱简便，畏繁重，喜浅近，惧深奥，乃医者之大病。"因此他提出《神农本经》、《灵枢》、《素问》、《难经》、《伤寒论》、《金匮要略》等皆不可不读。并对当时医者读《陶氏六书》、《寿世保元》、《李士材三书》、汪讱庵《本草备要》、《医方集解》，甚至读《药性赋》、《汤头歌诀》便欲行医者，提出了批评。并认为叶天士《临证指南医案》精详者多，粗疏者少。然不读古书，不能得其要领，但袭皮毛。以叶氏之书，其用古最多，不读古书，则不知其来路，不能领会其用意。可见吴氏强调读古书主要是为了学有根基，古为今用，不是为读古书而读古书。所以他又指出：“诊病以现病为主，不必拘执古方”，认为有现症虽同，而所以致病之由不同者，“断不可执定古方如是用”。事实正是如此，他治阴吹三例，均未用《金匮》方，而且治各不同，无不神效。若不读古书，不以明理为要，就不能知常达变。

2. 博而不精　吴氏指出：“满眼书籍，各家议论，万有不齐，胸中毫无要领，务博而性不专，学人大病。”为此，吴氏将医书分为三类，并认为：一要紧之书，不可不读，如《内经》、《难经》、《伤寒论》、《金匮要略》等等；二博而能精之书，可阅而不可读，如《临证指南》、《东垣十书》、《丹溪心法》、《河间三书》等等；三坏道之书，直不必读，如《陶氏六书》等。当然，这是举例而言，我们领会其精神可也。要之，读书贵在博而能约。

3. 片面强调临证　吴氏指出，俗所云“熟读王叔和，不如临证多”，或曰“古今元气不同，古方不可以治今病”，此二说误尽后学不少，似业医者，可不必深究古法，惟求临证多耳。他说，必先读书，而后响有成见，临证始知用方之变化。若不读书，而徒临证，虽多亦奚为哉？况病有虚实，变化万端，治有补泻，方不执一。学者务须深究古法，循其规矩，而后见病知源，得心应手。古人立方之意，即是规矩所在，由规矩而生巧，方为真巧；若眩奇以弄巧，则巧反成拙。要之，读书、临证，两不可废，亦两不可偏。

4. 名医时医俗医之病　吴氏指出：名医之病，首在门户之学，其次则以道自任之心太过，未免奴视庸欲，为众所不容。时医之病，又骄又吝，妄抬身分，重索谢资，亦有工于应酬，而不求实学者。俗医之病，病态百出，即以一端而论，有谓之“做卖买”者，有谓之“开医店”者，可耻之极，遑问其他。总之，名医、时医、俗医之病，表现虽有不同，其实质都是“只为自己打算，不为病人打算”。

综上吴氏所论，医者必须德才兼备，尤须以德统才，这对今天说来，仍不失其现实意义。

二、论病

吴氏于该书所论述的多种病证，不仅在病因病机上有很多阐发，而且在辨治上也颇多独到处。如：

午后发热，世人皆以为阴虚，用大剂补阴，甚有愈补愈剧至死而不悟者。吴氏认为，阴虚身热，固在午后，但伏暑、湿中生热、淤血作烧等，亦呈午后热甚，此乃阴邪自旺于阴分。此等病变，最忌阴柔滋腻。两者之辨：阴邪之午后、暮夜发热，于五更时必有微汗而解；而虚劳之午后、暮夜发热，必无汗而自解。这不仅指明了阴邪午后发热的特点，而且阐明了其病变机理，提出了新的论点。

虚劳一证，世人宗丹溪“阳常有余，阴常不足”之说，多主补阴。而吴氏认为，该病阳虚者多，阴虚者少。以人动作行为，皆伤中阳与卫阳也。唯热病之后、妇人产后，伤阴者十居八、九。房劳则有伤阴、有伤阳、有伤八脉。八脉受伤，亦以督脉之阳为主，盖阳能统阴，而阴不统阳。其他则伤阳居多。恣用补阴，爰用寒凉，则伤阳益甚。在治疗上，宗仲景“诸虚不足，小建中汤主之”。盖建中以调和营卫为扼要，以补土为主。药止六味，甘药居其四。俾病者开胃健食，欲其土旺生金。其意在不以药补虚，而以饮食补虚。这在一定程度上有纠正时弊的作用，如虚劳而确呈阴虚见症者，则亦非建中所宜，自当以滋阴为治。

该书所论述的病证，尚有溺血、中风、头痛、痿痹等二十多种，颇多经验体会之谈，在此不一一列举。

三、论治

人以胃气为本，故吴氏治病，十分重视胃气，提出“无论三因，皆以胃气为要论”。他认为，人之十二经，皆取决于胆，皆听命于心，皆受养于胃，可见胃气之重要。补虚重阳，固宜顾护胃气，即一切外感之邪与不内外因之饮食伤，亦必须调护胃气，方不致有失，并历叙外科、眼科恣用苦寒之害。如外症轻用苦寒，则易伤腑阳，使邪入于脏，而病情加重。眼科恣用苦寒，易致损目而瞎。如确系实火而须用苦寒，亦必宜甘寒以监之。以苦寒之药，“苦先人心，其化以燥”，故苦寒药用于风火门中，苦用之不当，反有化燥伤阴之弊，且有苦寒败胃之害。今以观之，胃为后天之本，无论外感内伤，皆以有胃气则生，无胃气则死，故病变过程中，首重顾护胃气，一切败胃攻削之剂，切不可久服，以免伤其阳气；但胃为阳土，得阴始实，一切辛温燥烈易伤胃液之品，亦当慎用，此叶天士所以有“养胃阴”之说。因此，甘温以助胃阳，甘寒以养胃阴以及甘平以缓胃气，皆属顾护胃气之道。

病有虚实，治有补泻。虚则补之，理固然矣。但论补亦颇有讲究。吴氏认为，首先，补虚应去实。如虚损应补，而有实症碍手，必当先除其实，不然，虚未能补，而实症滋长，如痰饮而用二冬、六味等，必将为贼立帜，更增其害。其次，宜辨三焦而进补。补上焦以清华空灵为要；补中焦以脾胃之体用各适其性，使阴阳两不相许为要；补下焦之阴，以收藏纳缩为要，补下焦之阳，以流动充满为要。并进而概括为：补上焦如鉴之空，补中焦如衡之平，补下焦如水之注。再次，分守补、通补。补五脏，补以守，补六腑，补以通；守补处所宜者少，通补处所宜者多。更次，分辨脏腑体用而补。五脏六腑各有补法，即一脏一腑之中，又有体用相反之殊。五脏六腑，体阴者用必阳，体阳者用必阴。凡补五脏之体者皆守药，补六腑之体者皆通药，确属要领之谈。他如“看病须察兼证”、“用古方必求其立方之故”、“产后恣用芎归”、“四君子汤”、“肾气丸”等论述，对辨治立法，均颇有指导意义。文繁，不予尽述。

四、论药

药以治病，药贵对症。吴氏认为：天下无不偏之药，亦无不偏之病，医者原以药之偏，矫病之偏。如对症，毒药亦仙丹；不对症，谷食皆毒药。无论病家、医士，只当讲求病系何病？法当用何法？方当用何方？药当用何药？对准病情，寒热温凉，皆在所用，无好无恶，妙手空空，无不见效。若不论病之是非，而议药之可否，寒者畏其泄，热者畏其燥，是舍其本而逐其末。此亦喻嘉言“先议病，后议药”之意。吴氏指出，医者之于药，不可有丝毫成见，不可有好用之药，有好用之药，必有不当用而用者；亦不可有畏用之药，有畏用之药，必有当用而不用者。

药以祖方，药量多寡，对方药疗效亦至关重要。吴氏指出：用药分量，有宜多者，少则不效。如温暑、痹症、痰饮脉洪者，其用石膏，每剂必以半斤、一斤之多。有宜少者，万不可多用，如寒燥门中之用蟾酥、淤血门中之用皂矾。蟾酥犹可入丸药，皂矾只入丹药，丸药中亦少用，汤剂中用新绛纱，用染匠之巧法，皂矾只在几微之间。并批评某些地区医者，药量太轻，用甘草三、五分，余药皆五、七分，至一即为重用，此何病可治？此故用少之过。某些地区医者，药量大重，用大刚大燥，皆系八两、十两一剂。用大黄、石膏三斤之多，致生他变，此误用多之过。按药物用量宜多宜少，应根据病情轻重，体气强弱、药物性能、配伍关系等而定。当重则重，当轻则轻。病重药轻，则不见功效，病轻药重，则易生他变，量之多与少，总以中病为宜。

方药煎煮服法，对药效也有一定影响。吴氏指出：煎药之法，最宜深究，药之效不效，全在乎此。如麻黄汤先煮麻黄去沫，然后加余药同煎，此主药当先煎之法也。而桂枝汤又不必先煎桂枝，服药后须啜热粥，以助药力，又一法也。如苓桂甘枣汤，则以甘澜水先煎茯苓。如五苓散则以白饮和服，之后又当多饮暖水。小建中汤则先煎五味去滓，而后纳饴糖。大柴胡汤则煎减半，去滓再煎。柴胡龙骨牡蛎汤则煎药成，而后纳大黄。煎药之法，不可胜数，皆各有意义。并进而认为，大多发散之药及芳香之药，不宜多煎，取其生而疏荡；补益滋腻之药，宜多煎，取其熟而焦蓄，此其总诀。故方药虽中病，而煎法失度，其药必无效，按中药之煎法、`服法，古人十分重视，阅《伤寒论》、《金匮要略》方后所载煎、服法即可知晓。吴氏所述，仅属举例而言，欲求详备。可细参仲景方，并探其究意，则自可得其旨趣。

医者必熟谙药物性能，才能知药善任。吴氏对此十分重视的。如论甘草，纯甘，其性守而不走。唯其守也，故中满腹胀者忌之，宣通脉络者避之，今人则一概用之，不问何方，必加甘草，以为能和百药。此必用甘草之病也。至于当用甘草之方，如炙甘草汤之类，以此为君，治伤寒脉结代，防其脱也，全赖其坐镇不移之力，而用一钱或八分、五分，不尽其力，乌得有功？此不敢用甘草之病也，由此可见，甘草虽甘平无毒，但亦不可不当用而滥用，亦不应当用而不敢重用。

同一药物，每因各家所述性味不同，而功效主治亦异，就中必有孰是孰非的问题。吴氏指出：《本经》称白芍气味苦平无毒，主治邪气腹痛，除血痹，破坚积寒热、疝瘕、上痛、利小便、益气。并无酸味之明文。试将芍药咀嚼，酸味何在？何丹溪谓产后忌服，伐生生之气？考白芍味酸之说，源出《别录》，后人以讹传讹，沿袭至今。《金匮要略》有“产后腹痛，烦满不得卧，枳实芍药散主之”之训，可见产后病固未尝忌用。仲景小建中药、黄芪建中汤，皆重用芍药，若其伐生生之气，岂能治“虚劳，里急，诸不足”！

该书对“炮炙”、“引经”、“伪药”以及很多方药的论述，均有一定阐发。

《医医病书》文字虽不多，而论述比较广泛，内容十分丰富，反映了吴氏的医学修养，以德为尚；其学术渊源，宗仲景、天士而有所发挥；其治学态度是，法古而不泥于古，一以明理为要；其学术观点是，重视阳气，并以颐护胃气为重。

[《河南中医》，1984；(6)]

吴鞠通《医医病书》面面观

顾泳源

吴鞠通（1758—1836），名瑭，字配珩，江苏淮安府山阳县（今江苏淮安市）人。为有清一代“温病四大家”之一。其著《温病条辨》（1798）创造性地提出以三焦辨治温热病的理论，在温病学派的发展史上留下了光辉的篇章，备受当时及后世医家所推崇。《医医病书》是吴氏晚年所写的医学杂文集，成书于1831年。全书以医论、医话形式谋篇，计70余则，约3万余字。内容涵盖医德修养、学医门径、医者弊病、读书心得、诊病技巧、学术观点、治则探讨、方剂研究、用药经验等等，说理明白晓畅，又不乏精警之句。值此吴氏诞生

240 周年之际，研究这部医学杂文集，特别是其中每篇文章引发的深刻含义，仍有其一定的现实意义。

一、著书动机　补偏救弊

吴鞠通在《医医病书·题词》中写道："病人之病，赖医人之医；医人之病，层出不穷。将何以补偏救弊，捍卫民生哉？孔子谓：'工欲善其事，必先利其器。'孟子谓：'不以规矩，不能成方圆。'医人者，规矩也；病人者，所制之器也。今将修规矩以制器，作《医医病书》。"据此可知，吴氏撰写此书的目的在于披露当时医界客观存在的种种弊端，同时针对性地提出了如何改变这种现状的理性看法。

当吴鞠通提笔写下这帧题词时，已是 73 岁高龄了。促使他在暮年仍孜孜不倦地作《医医病书》，除了接受友人蒋沄的殷殷嘱咐外，更主要的是出于一名优秀医生对待病人的高度的责任感。他要通过每一篇文章鞭笞庸医，制止病人冤死的惨剧轮番上演。

吴鞠通早年习儒，至 19 岁时其父病故，他为自己不知医而愧恨难名，哀痛欲绝。不料 4 年后其侄巧官又因病温而亡，原因在于当时的医生还未听说过温病的治疗方法。由是激发了吴鞠通"慨然弃举子业，专事方术"，立志当一名良医。乾隆五十八年（1793）京师温疫大流行，时医墨守伤寒成法治之，死者不可胜数。吴氏首用温病治法，存活数十人，声名鹊起。道光之初，民多病吐、利死者，皆为医者不识燥气所干，造成了人间悲剧。吴氏拟霹雳散方应用于顺天（今北京城）乡试士子患此病者，无一死亡。患者不死于病而死于医的例子不胜枚举，为了"捍卫民生"，必先医"医人之病"，这就是吴鞠通撰写此书的思维定式。

时隔 160 多年的今天，中医书籍的出版与日俱增，但撰著者的动机或有所偏，没有立说的书籍比比皆是。中国中医研究院基础研究所佟彤一针见血地指出：学术思想的匮乏是影响中医书籍质量的致命问题，也是当前中医书籍的通病，旧有传统理论和学说正一次次的被著书者拿来重复使用，中医书籍的一大部分正在以编代撰，以摘代写，以稀释代浓缩，以搜集资料代替自主思想的操作下频频问世，对一直呼唤客观化、科学化、现代化的中医学毫无积极性的建设意义，中医学科本身也正面临被掏空的危机。（见《医学与哲学》1997 年第 5 期）回过头来说，具有创造性思维的吴鞠通氏所留传给我们的《医医病书》越发显得珍贵。无怪乎蒋沄称道此书"当与君《温病条辨》及未刻之医案，并传不朽。"如何使自己的著作真正获得社会效益？值得当代著书者深思。

二、为医之道　德居于先

吴鞠通是生活于清代乾道年间的医学家，自幼受到儒家学说的熏陶。他选择"上以疗君亲之疾，下以救贫贱之厄"的医业，即是儒家"仁爱"思想的具体表现。在漫长的行医生涯中，他始终不忘父侄"伤横夭之莫救"的隐痛，为挽救病人的垂危生命而尽心尽力，用他自己的话来说，"予断不能掌医学之选，惟救世之苦心"；"生民何辜，不死于病而死于医，是有医不若无医也。学医不精，不若不学医也。"救世之心与学医务精是医生应有的德操，具有这种高尚德操的医生，洒向人间都是爱，永远为世人所景仰。

吴鞠通《医医病书》批判的矛头不仅指向庸劣的时医俗医，还指向那些自负的名医，目的是维护医学伦理道德的基点——人道主义。他揭露"时医多骄且吝，妄抬身份，重索谢资，竟有非三百金一日请不至者。……细按其学，甚属平平，……己以是谋生，人竟由是致死，清夜自思，于心安乎？"而俗医的市侩作风更令吴氏痛恨，他气愤地说："俗医之病百出，予不忍言。即以一端而论，或谓之买卖，或谓之开医店，可耻之极，遑问其他。且即以市道论，杀人以求利，有愧商贾远甚。”如此非人道的做法，戕害了多少病人的生命，破坏了多少美好的家庭？思之，真令人毛骨悚然。对于缺乏创造性思维的名医，吴鞠通亦毫不留情地予以抨击，“名医之病，首在门户之学，其次则以道自任之心太过”。这类名医，自视甚高，“各承家技，始终顺旧”，其后果“做成庸医杀人”。时医、俗医、自负名医所存在的问题焦点，归结成一句话，即是：缺少医德。

曹炳章说：“按医以活人为心，视人之病犹己之病。凡有能治之病，当不啻如救焚拯溺，不如是，安得以仁术称。”借用现代的一句话来说，医务人员应该“对待病人似亲人”，“千方百计为人民解除病痛”。遗憾的是，先贤早已重视的医德修养在当今医务界尚未蔚然成风，重索谢资、收受回扣、盲目检验、小病大处方、吹嘘哄抬……等等不正医风时或见诸报端。其次，据有关方面在患者中做过一项调查，即去医院就诊时有哪些需要？结果75%的病人把获得医生的尊重作为第一需要。这说明病人就诊时不能得到医生尊重的现象较为普遍。(《服务导报》1997. 10. 5. 8 版）也从另一个侧面反映了医务人员忽视医德修养，有负病者的信任。

李鹏总理曾经指出：“卫生战线要进一步深化改革，加强医风医德建设。”国家卫生部曾发布过《医务人员医德规范》，这是时代的要求，如果认真执行，将有助于提高医者的道德修养和医疗水平。对于病人来说，功莫大焉！

吴鞠通治医重德是其成才的基本因素，也是值得后人学习的重要方面。他在《医德论》中说出了“以德统才”的时代强音：天下万事，莫不成于才，莫不统于德。无才固不足以成德，无德以统才，则才为跋扈之才，实足以败，断无可成。

短短数语，震聋发聩。医为仁术，司人性命。为医者如果不重医德，恃术傲物，将会导致怎样的后果？不言而喻。

三、力陈伪药　痛加针砭

吴鞠通在《医医病书》中写有一篇“伪药论”，真实暴露了清代医药行业的欺诈行为。文章开首说：“古时医者，自己采药，详辨其形色气味，屡试确当者，方敢为人治病。”高度评价了前贤用药极端负责的风范。紧接着审视“近日药肆，买之药行，药行买之客人，客人买之大码头之坐客（有固定居处的客商），坐客买之各省山农。”层层倒卖，唯利是图，“其中诈伪，不可更数矣！”他举例说：“石莲子，系莲子之光而坚者，落水入污泥中，经年不坏，其功能涩下焦滑脱，……（味）咸多甘少。近日药肆中所卖之石莲子，系野树之子，黑壳黄肉无心，其味极苦，苦能泄人。李时珍著《本草纲目》时，已谓其断庄二百余年矣。滑脱之病，反用极苦泄之，不死不止。”不法药商给医生增添了莫名的烦恼，吴鞠通在文章最后愤恨地说：“如四君子汤，人参既难得真，茯苓系安苓，白术系种术，只余甘草一味，又不敢重用，将挟何术以取效乎？”伪药的泛滥，必然影响临床疗效，而最终的受害者当为病人，这是吴氏不愿见到的事实。

令人不安的是，制售假劣药品的行为至今仍不断发生。某些不法单位和个人无视国家《药品管理法》，采用“回扣”这枚糖衣炮弹腐蚀医药卫生行业的干部、职工和医务人员。据有关资料报道，仅贵州省独山县查获各种假冒伪劣药品已达1295种，价值8. 2万余元。(《中医药信息报》1997. 9. 20）近年来的全国药品回扣专项检查工作通报，共立案查处药品回扣违法案件2732件，截至1997年6月底，已结案2019件，罚没金额3541万元，已追究刑事责任220人，给予政纪处分99人，党纪处分59人。并对查处的4起制售假药案予以曝光。(《上海中医情报》285期）党和政府有关部门决心加大整治制售假劣药品和药品回扣的力度，无疑给广大人民群众带来了福音。

社会上还有一类游医药贩，利用病者求愈心切的欲望，到处招摇撞骗，频频兜售假药，这是一种十足的犯罪行为。吴鞠通毫不留情地痛斥："不知医便于行而用假药，是欺病人也。病人赖医者救命，可欺之哉！"对医道茫然的游医药贩，不惜病者的生命，串行于阴暗的街头巷道，高价抛售假药，诈取昧心钱财，其危害社会的程度何等酷烈！这点，也正是吴鞠通当年所深恶痛绝的。

《医医病书》所涉及的内容不尽于此，吴鞠通当年所见到的"医人之病"还有多种表现，这些方方面面的存在问题，对于今日的业医者来说，值得引为鉴戒。限于篇幅，不再细谈。但愿我们的医务人员进一步加强医德修养，不断提高业务水平，为广大病员同志献上一片爱心。

[《江苏中医》，1998；(1)]

吴鞠通《医医病书》学术思想探析

吴厚庭

清代著名医家吴鞠通，名瑭，字配珩，号鞠通，江苏淮阴人，生于公元1758年，卒于1836年。其于医学，不仅注重钻研《内经》、《伤寒论》等经典著作，博采历代医家之长，而且勤于实践，勇于创新，故医名大震，成就卓著。尤其对温病研究深刻，创温病三焦辨证理论体系，被后世誉为清代温病四大家之一。其生平主要著作有《温病条辨》、《医医病书》和《吴鞠通医案》。其中《温病条辨》为吴氏温病学代表著作，主要取法于叶天士，兼而融汇诸家，提出"三焦辨证"理论，为温病学派之圭臬。《医医病书》著成于清道光辛卯(1831）年，全书2卷，吴氏自称为医医者之病，及补《温病条辨》只论外感不及内伤不足而作。1915年四明曹炳章增订此书时将其内容分为4篇，即学医总论、病理总论、证治要论和用药统论。该书虽不像《温病条辨》那样被后世列为中医学经典之一，但其内容丰富，论述精辟，涉及治学方法、医德修养、内伤杂病的病因病机及辨治要点、药物特性及运用规律等多个方面，实与《温病条辨》、《吴鞠通医案》共同组成了吴氏完整的学术思想体系。正如胡沄在序中称本书"当与君《温病条辨》及未刻之《医案》，并传不朽"。现就本书主要学术观点，试作探讨。

一、论医德及学医，强调学医者须德才兼备且须明理在先

吴鞠通由儒而医，行医40多年，遍览众多经典医籍，阅历丰富。因此，对于一个医生的资质禀赋、医德修养有着深切的体会。他在《医医病书》开端第一篇第一章即提出"医非上智不能论"，在序言中亦提出"医非美才不能学也"。驳斥了把医学与农圃、占卜等一并视为小道的世俗见解。他强调"医虽小道，非真能格致诚正者不能。上而天时、五运六气之错综，三元更递之变幻；中而人事，得失好恶之难齐；下而万物，百谷草木金石鸟兽水火之异宜。非真用格致之功者，能知其性味之真耶？"(《医医病书·医非上智不能论》)。可见，医家要上知天文，中谙人事，下识万物。医道之难，非"上智不能"，非"美才不能"。

他认为，学医的人应当“博学而通古今，审问而广见识，慎思而晓道理，明辨而致不惑，如此方能见多识广，辨证准确，治病救人”。除对学医者才智的强调，吴氏认为医者还应具备高尚的医德，并指出了二者的关系：“天下万事，莫不成于才，莫不统于德，无才固不足以成德，无德以统才，则才为跋扈之才，实足以败，断无可成。有德者必有不忍之心，不忍之心油然而生，必力学诚求其所谓才者”（《医医病书·医德论》）。在德与才中，吴氏尤其对前者倍加重视，在该书后篇比较小建中汤与补中益气汤时，吴氏力推小建中汤，而且做了一个形象的比喻“建中以德胜，补中以才胜”。

吴氏还强调学医必须先明医理药理，“不明理者，虽饮食不能调，饮食亦能杀人；明理者，虽毒药应手而效”（《医医病书·医以明理为要论》）。并强调读书一定要把其中的理总结而为我所用，批驳了片面强调临证的观点。如“学者务须深究古法，循其规矩，而后见病知源，得心应手，古人立方之意，即是规矩所在，由规矩而生巧，方为真巧；若眩奇以弄巧，则巧反成拙。要之，读书、临证，两不可废，亦两不可偏”（《医医病书·临症必先读书论》）。吴氏还指出“《内经》、《难经》以明理为要”（《医医病书·医以明理为要论》）。清代曹炳章读此书后作评：“医者读书，必须明其一定之理，然后参阅百家，由博返约，自然不为骗说所诱，否则虽读尽天下书，亦无用也。”

二、阐述脏腑体用学说、药物体用论，充实了中医体用学说的内容

体用是中国传统哲学中的一个重要范畴，一般“体”指客观存在的实体，“用”指体的作用和机能。中医在其奠基之作《黄帝内经》中就开始引用这一概念来阐述脏腑的本体和功能。明清医家对体用学说进行了发挥，一是以体用说明脏腑，如《景岳全书》：“心肺……阴体而阳用也；大肠小肠……阳体而阴用也。”一是在遣药立方中讲求体用，如李时珍《本草纲目·序》强调指出，用药宜以“气味、主治、附方，著其体用也”。

吴氏对体用学说，也有独特的见解。他认为：“体用互根之理，医者不可不知。如肝与脾，阴脏也，而用则阳；胃与膀胱，阳腑也，而用则阴”（《医医病书·体用论》）。论及五脏六腑体用关系则“五脏六腑亦各有补法。即一脏一腑之中，又有体用相反之殊。脏属阴，其数五者，阴反用奇也；腑属阳，其数六，阳反用偶也”，“故五脏六腑，体阴者用必阳，体阳者用必阴”（《医医病书·五脏六腑体用治法论》）。因而在治疗上，不仅五脏与六腑体用相反而用药不同，而且各脏腑补体补用之药也有区别。如“心为少阴之体，心之体主静，本阴也；其用主动，则阳也。补阴者，补其体也，如龟板、柏子仁、丹参、丹砂之类；补阳者，补其用也，如人参、桂枝、茯神之类”。同样，他还认为药物也存在体用互根之理。如白芍、乌梅生于阳而用则阴，半夏生于阴而用则阳等。他还据此提出“补五脏，补以守；补六腑，补以通；补经络、经筋，亦补以通也；补九窍，亦补以通；补肌肉，则有守有通。”吴氏这些学术见解，不仅充实了中医体用说的内容，可作为研究脏腑学说的参考，而且对指导当今临床用药也有积极的指导意义。

三、治疗上重视阳气、顾护胃气，反对恣用苦寒

重视阳气，顾护胃气，反对恣用苦寒，是吴鞠通的主要学术观点，贯穿于《医医病书》全书中。他根据自己的读书体会及临床观察，针对朱丹溪“阳常有余，阴常不足”的论点，提出“阴常有余，阳常不足”之论，并从生理、病理、治法3个方面来论述重视阳气的必要性。从生理方面来说，“人身一小天地，内景五脏为地，此外则天也。外形腹为阴，余皆

阳也。……是阳气本该大也，阴质本该小也”（《医医病书·阳大阴小论》）。“人本附地而生，阴自有余，且人为倮虫属土，赖火而生，阴多阳少”，“古人云：‘阳不尽不死’。又云：‘人非阳气不生活’”（《医医病书·虚劳论》）。触类旁通，人体生理上阴阳孰轻孰重岂不显然。从病理方面来说，“凡动作行为，皆伤中阳与卫阳也。惟热病之后，妇人产后，伤阴者多……其他则伤阳居多”（《医医病书·虚劳论》）。“外感燥、湿、寒三者阴邪，皆伤人之阳气者也”（《医医病书·治内伤必须辨明阴阳三焦论》）。从治法方面来说，“《经》谓‘劳者温之’。盖温者长养和煦之气，故能复其劳也”（《医医病书·阳大阴小论》）。“八脉受伤，补之犹以督脉之阳为主。盖阳能统阴，阴不统阳也”，“即遇应当补阴之症，须知仍为恋阳起见”（《医医病书·虚劳论》）。

治疗内伤杂病，吴氏极其注意顾护胃气，反对滥用苦寒，主张以温养为主。他指出《内经》、《难经》等经典都十分重视胃气，“盖有胃气者生，无胃气者死”，“补虚重阳者，为护胃气而然也，即一切外感之邪，与不内外因之饮食伤，必须调和胃气，不致有失”（《医医病书·三因皆以胃气为要论》）。对于俗传虚不受补，吴氏亦有独到的见解。如“俗云：虚不受补，便束手无策，以为可告无愧。盖曰：非我之不会补，彼不受也。不知虚不受补之症有三：一者湿热盘居中焦，二者肝木横穿土位，三者前医误用呆腻闭塞胃气、苦寒伤残胃阳等弊。……盖和胃有阴阳之别、寒热之分，胃阳受伤和以橘、半之类，胃阴受伤和以鲜果汁甘凉药品之类。随症类推，惟胃气绝者不受补，则不可救矣”（《医医病书·俗传虚不受补论》）。不仅对虚不受补的类型进行了剖析，而且指明了和胃的具体办法。此外，吴氏还强调通过饮食调理来顾护胃气。“俾病者开胃健食，欲其土旺生金，金复生水以生木，木生火，而火又生土，循环不已。其意盖不欲以药补虚，使脾胃健旺，以饮食补虚”（《医医病书·虚劳论》）。在随后几篇中，吴鞠通又用“误用苦寒反似火症论”、“眼科恣用发表苦寒论”、“外科恣用苦寒论”、“痘科恣用苦寒论”等来说明滥用苦寒的危害。如论脾虚饮泛“再投凉药或柔润药，岂非为贼立帜乎”（《医医病书·痰饮用二冬二母六味论》）。

需要指出的是，吴氏提出“阴常有余，阳常不足”的学术观点，力主温补，是为了矫正时医机械遵循朱丹溪“阳常有余，阴常不足”之说，患用苦寒，对阴阳轻重不作细辨，对伤阴伤阳不予细察，以门户之见代替辨证论治的恶习。这与《医医病书》的著作动机“一医流俗之病；一以补前刻（指《温病条辨》）所不及”是一致的。实际上，吴鞠通《温病条辨》全书是非常重视阴津的。所以，《医医病书》只反映了吴鞠通学术的一个侧面，而非整体，这是我们学习中值得注意的。

四、临证处方强调辨证论治，反对拘执古方

吴氏认为“诊病者，全在确识病情之寒热、虚实、燥润，再能精考药性，有是病，即用是药；无是病，即不用是药。有是病，虽险绝之药亦敢用；无是病，虽平淡之品，亦不敢妄加。如是则用药断无不效之理。有现症虽同，而所以致病之由不同者，断不可执定古方如是用，后学敢移易哉！”（《医医病书·诊病以现症为主不可拘执古方论》）。并举阴吹一症为例，此症仲景《金匮要略》用猪膏发煎，取其气血俱润，病机在于肠胃俱槁。而吴瑭治疗阴吹三法，一是辨证为肠虽槁而胃不槁，故重用半夏、桂枝、陈皮、枳实，使胃中之积饮下行大肠而愈；一是辨证为寒湿，大用分利温腑阳而愈；一是辨证为男子小肠气（寒凝气滞），大用温通下焦而愈。三法处方用药皆与原方相反，但因能准确地辨证施治，善于变通，也都取得了满意的疗效。再如，治疗儿科痘症，时医皆与表药，而吴鞠通认为痘症从内发，瘾疹系温邪，皆忌发表。“治痘症必备四时之气，且前清后温，先泻后补”，“亦有纯系虚寒，始终用保元、异功者；亦有枭毒大热，始终用石膏、大黄者，断不可拘于一格”（《医医病书·幼科论》）。此外，吴氏还强调“用古方必求其立方之故”，“古方不可不信，不可信之太过，亦不能全信，须对症细参，斟酌尽善”（《医医病书·用古方必求立方之故论》）。这些观点对我们今天如何整理、继承古方仍有重要意义。

五、小结

《医医病书》成书于1831年，作者吴瑭已73岁，故此书代表了其晚年的学术观点。吴氏一生严谨治学，勤于思考，细心研究。在读书时，他极力推崇经典，长于思辨，其立论平实却多切中时弊，以明理为首要，不被偏激的学说所迷惑；在临证施治之时，不管用补法还是用攻法，他都力求恰到好处。此书还有许多论点如“三元气候随年代变更而不同论”、中风病因“中风不惟风，六气皆可也”等都极富创见。但一因该书刊行较少，再者《温病条辨》讲用而贴近临床易于接受，《医医病书》讲理而较难理解，故后人宗其学，奉《温病条辨》为经典而忽视了对《医医病书》的学习。实际上，《医医病书》对于全面了解吴鞠通的学术思想，对于如何学习传统医学及指导临床都有很高的参考价值，值得我们深入研究。

[《福建中医药》，2006；(4)]

吴瑭《医医病书》探析

刘　晨

吴瑭（1758～1836），字鞠通，江苏淮阴人，清代著名医家。吴氏一生致力于医，勤奋研学，颇有心得。晚年，他目睹当时俗医不明医理，轻视古典医籍，贪求简便，治病不辨证，拘执成方，医德败坏，草菅人命之现状，甚为痛虑。为了“一医流俗之病，一以补前刻（指《温病条辨》）所不及。”笃志著述，将平生几十年诊治内伤杂证的经验进行总结，于1831年写成《医医病书》。是书内容丰富，论述精湛，观点明朗，颇能告诫后学，启迪思维，时至现今仍不失为一部理论联系实际的有较高临床价值的参考书。兹不揣浅陋，对书中的精髓略呈管见。

一、识时重变　熟谙气运

吴氏十分重视四时五行气运的变化，对此有诸多独到见解。认为“医不备四时五行六气之学，万不能医四时五行六气之病。……但执一气即能概知六气之全乎？”（《医必备四时五行六气论》）因此他十分注重因时而治。这是因为人和自然界是个有机的整体，四时五行六气的变化，人体势必随之而变，疾病也因此而异，医者就需随时而变。正由于此，他强调指出：“名医之法，可采择而不可宗，因各有所偏也。”并举例说明名医之法之偏，应因时而择取。这样才能“如天道浑似太和之气，庶不背于道矣。”从而形成了他对历代名贤医术兼取并存，没有门户之见的治学态度。吴瑭重视时运的学术思想，并不局限于每年一周的四时之变，还突出地体现在对三元气候的不同的诸多阐述。如在《三元气候不同医要随时变化论》一节中说：“三元气候不同，亦犹四时之气候不同也。”认为上元中元下元之名医，其用药必合当时之气，以调偏矫弊。“三元一百八十年，人不能偏历，而四时则每年一周，医可借四时以测三元也。”对不问何气为病，偏执于一法，治四时之病的弊端进行剖析，指出症结之所在一不能因时而变。

同时，吴氏对气运颇为重视和精通。如在《气运论》中深有体验地说“精通气运之理，有先知之妙，时时体验其气之已至、未至、太过、不及。何者为胜气？何者为中气？何者为化气？何者为复气？再用有者求之，无者求之，微者责之，盛者责之之功，临证自有准的。”

所有这些都大大丰富和发展了中医的气运学说，现今新兴的时间医学在某些方面无不与此暗合。

二、重视阳气　顾护胃气

重阳气，护胃气，是吴瑭的主要学术观点，贯串于《医医病书》全书中。通过对流弊诸方面的抨击，唤醒人们对阳气胃气的重视。他针对前人提出的“阳常有余，阴常不足”的观点，从天时、人与自然、人品、历史等五方面进行辩驳，明确提出了“阴常有余，阳常不足”的论点。在具体内伤杂病的诊治中，也时刻不忘阳气的作用，将其放在重要地位。如《虚劳论》指出：“愚按虚劳一症，阳虚者多，阴虚者少。”就可窥见他重视阳气之一斑。

胃气对人体的重要性，已受到普遍承认，古有“有胃气者生，无胃气者死”等著名论断。吴氏继承传统，究心钻研，指导运用于临床，颇有所得。如在《三因皆以胃气为要论》中指出：“《内经》谓胃为十二经之海。又谓十二经皆禀气于胃。……试问人之后天，岂不食而仅服六味丸可活乎？……补虚重阳者，为护胃气而然也，即一切外感之邪，与不内外因之饮食伤，必须调和胃气，不致有失。”反映出他对顾护胃气的重视。在《俗传虚不受补论》中则更是明确说：“俗云：虚不受补，便束手无策，以为可告无愧。盖曰：非我之不会补，彼不受也。不知虚不受补之症有三：一者湿热盘居中焦，二者肝木横穿土位，三者前医误用呆腻闭塞胃气、苦寒伤残胃阳等弊。……盖和胃有阴阳之别，寒热之分，胃阳受伤和以橘、半之类，胃阴受伤和以鲜果甘凉药品之类。随症类推，惟胃气绝者不受补，则不可救矣。”不仅剖析了虚不受补之类型，而且指明了和胃的具体方法。在《虚劳论》中还指出：“俾病者开胃健食，欲其土旺生金，金复生水以生木，木生火，而火又生土，循环无已。其意盖不欲以药补虚，而使之脾胃健旺，以饮食补虚。”这些顾护胃气的学术思想，对目前的临床来说，仍很有指导意义。

三、诊察细致　辨析详尽

临床对疾病诊察是否细致，辨析是否详尽，是决定论治是否取效的关键。故吴氏用了较多的篇幅对具体的病证进行阐述。如午后发热云：“午后身热，原在午后。要知阴邪自旺于阴分，亦午后身热也。如伏暑、燥症、温症、湿中生热、瘀血作烧、幼孩食积夜热之类，皆阴邪自旺于阴分，皆忌阴柔滋腻。”《续痰饮用二冬二母六味论》说：“盖因痰饮咳者，半日无痰绝不咳嗽，且痰饮夜咳必甚，亥、子、丑水旺也，其声重浊属土，饮本两太阴病也。若因咳致痰者，必无甚多痰，或黏沫，或竟无痰，唇口舌面多赤色，或舌有黄苔，脉多数，或寅卯时咳甚胁痛，为木扣金鸣之咳。若痰饮则面色不改，舌多白，或无苔，脉必弦，或双弦，或单弦，病至及时亦有洪大滑数之脉，乃反象也，为难治。阴阳现症，不可不辨。”这些都说明吴氏分析病情精细，切中病机。然而，要做到这样，没有扎实的基础理论和丰富的临床经验是不可能的。吴氏正是因为寻求古训，博学精细，勤于实践，具备了这两个条件，故能切中时弊，临诊治病每能左右逢源。

四、法随病立　药随证变

内伤杂病，证情复杂，变化多端，给诊治带来一定困难。这就需要医者临诊随之而变。《医医病书》剖析当时这方面俗医之流弊，充分显现出他视野宽广，善用古方，法随病立，论病施药先后有序，毫无成见的特色。

他认为“诊病者，全在确识病情之寒热、虚实、燥润，再能精考药性，有是病，即用是药，无是病，即不用是药。有是病，虽险绝之药亦敢用；无是病，虽平淡之品，亦不敢妄加。如是则用药断无不效之理。”并在此节《诊病以现症为主不可拘执古方论》中举阴吹一症为例，说明临证处方需法随病立，药随证变。在《用古方必求立方之故论》中更是明确指出：“古方不可不信，不可信之太过，亦不能全信，须对症细参，斟酌尽善。”另外，他认为医者处方，需先论病而后论药。切不可不论病之是非，而议药之可否。他在《论药不论病论》中说：“无论病家医士，只当讲求病系何症，治当用何法，方当用何方，药当用何药，对准病情，寒热温凉，皆在所用，无好无恶，无不见效。若不论病之是非，而议药之可否，寒者畏其泄，热者畏其燥，医者纸上谈兵，胶柱鼓瑟，病者以耳为目，恶直好谀，吾不知其可也。”

其次他还指出，医者用药，不可有丝毫成见，好畏之分，否则就会出现不当用而用者，当用而不用者，病人均受其苦的现象。

吴氏不仅医名昭著，且医德高尚。对那些“只为自己打算，不为人命打算”之流，严加斥责；对“多骄且吝，妄抬身分，重索谢资”者，更是深恶痛极。时至今天，对我们仍有教育意义。

［《江苏中医》，1989；(3)］

从《医医病书》看吴瑭晚年的学术思想

柴中元

《温病条辨》是吴瑭40岁时（1798年）的著作，此书可代表他早年的学术观点；《医医病书》则“写成于清道光辛卯（1831）年”，作者已73岁，故此书可代表他晚年的学术观点。吴瑭早年的学术观点和晚年的学术观点，有所不同。张锡纯说他能“学问与年俱进，故不失其为名医。”近人宗其学，奉《温病条辨》为经典，对《医医病书》则不大注重。笔者有鉴于此，拟将《医医病书》中一些异于早年学术观点的内容，略作评议，借以窥其晚年学术思想之一斑。

一、三元气候不同，医要随时变化

吴瑭晚年，对三元甲子的气候变化，十分重视。他认为：“医不备四时五行六气之学，万不能医四时五行六气之病。”六十年为一甲子，第一甲子为上元，第二甲子为中元，第三甲子为下元，合称“三元”，三元计一百八十年，此一百八十年间的气候，更递变幻，“亦犹四时之气候不同也”。人虽不能遍历三元，亲验其变化，但也不能如夏虫语冰，而“可借四时以测三元也”。基此认识，他说：“名医之法，可采择而不可宗，因各有所偏也。如李东垣偏于温和，有似乎春；窦真定偏于火功，有似乎夏；刘河间偏于寒凉，有似乎秋；朱丹溪偏于补水，有似乎冬。学者能兼众人之长则可；若执一家之书以医病，则不可。”诚如陆九芝所说：“古人之用寒用温即各随其所值之大司天以为治，而在其人道与时合，往往有不自知者。其人而当湿土寒水、寒水湿土之运，则以温散温补为治者，非偏矣；其人而当风火、火风，燥火、火燥之运，则以凉泻清滋为治者，非偏矣。”吴瑭《三元气候不同医要随时变化论》，对此加以强调。他的亲身体验是：“予生于中元，戊寅、癸丑年，都中温疫大行，予著《温病条辨》，以正用伤寒法治温病之失。及至下元甲子以后，寒病颇多。辛巳年，燥疫大行，死者无算，予作霹雳散救之……是予一人之身，历中元则多火症，至下元则多寒症、燥症。”这一认识，是他早年所不曾具有的。准此，可知宗《温病条辨》而不察气运之变更，胶柱鼓瑟，不合吴瑭晚年学术思想。

二、斥用药轻描淡写，倡治温重用石膏

苏派医生用药量很轻，有人说轻灵是叶派药法的特色，有人说越轻灵越神奇。但从《医医病书》来看，吴瑭晚年，对此并不赞同。他说：“用药以三分、五分、八分、一钱为率。候其真气复而病自退，攘为己功；稍重之症，即不能了。为自己打算则利，其如人命何？又说：“近代叶天士医案……南方人多喜读之，无奈不得要领，但袭皮毛，名为叶派”。但吴瑭早年，也有识药不真，好用轻药之失。如麻杏甘石汤之石膏原方为半斤，麻黄为四两，《温病条辨》均改用三钱；白虎汤之石膏原方为一斤，《温病条辨》改为一两，且“煮取三杯，分温三服”，又立白虎四禁，说口不渴、汗不出皆不可与，所以张锡纯说他在著《温病条辨》时，尚未“知石膏之性，故其用白虎汤慎重若此”。但晚年，吴瑭倡导石膏治病当用大剂量。他说：“如暑温、痹证、痰饮脉洪者，用石膏每至数斤，数十斤之多，是其常也。”如在绍兴时治一友人，“每剂用石膏，必半斤、一斤之多”，于一年之间，石膏竟用至一百七、八十斤之多。当然，这种情况“是其变也”。但一剂用八两、一斤，一案用数斤数十斤之多，则“是其常”“何足奇”哉！他列举仲景用方为证：“《伤寒论》中之白虎汤用石膏本系半斤，别本有一斤者”；“《金匮要略》中木防己汤用鸡子大十二枚。或云汉朝戥量本小，照今时不过六二扣。汉时戥星即小，岂汉时鸡子亦小于今乎？他晚年认识到“石膏质坚汁少，气薄味淡者也，古皆重用”，并对缪仲淳重用石膏治温病法，肯定之、推崇之。他认为用药当重则重，否则如“近时苏州医用甘草必三、五分，余药皆五、七分，至一钱为重用，何病可治?”宗吴瑭之学而不注意他的这种重大转变，竟拘守《温病条辨》的药法，便是人误鞠通，实非鞠通误人。

三、从扶正祛邪到先祛邪气

在《温病条辨》中，吴瑭以“复脉为热邪劫阴之总司”。其治“温病误表，津液被劫，心中震震，舌强神昏者”，主张复脉，治“劳倦内伤，复感温病，六七日以外不解者”，亦主复脉，甚至连“脉尚躁盛，邪固不为药衰，正气亦尚能与邪气分争”者，亦重与复脉。复脉属阴柔滋腻之纯补法，这种纯补法在阴竭阳脱、元气将离散的危急情况下，先留人后治病，是不可厚非的。但在一般正邪分争，正未大虚的情况下也重予复脉，认为只要扶正，正胜邪自却，这种观点未免迂腐。吴瑭晚年，已纠正了早年的这种观点，《补虚先祛实论》说：“古谓：症有三虚一实者，先治其实，后治其虚，盖谓虚多实少，犹当先治其实症也。如浇灌嘉禾，必先薅除稂莠；抚恤灾民，必先屏除盗贼。”从“正气亦尚能与邪气分争”时

“重与复脉”，到主张“虚多实少，犹当先治其实症”，这是吴鞠通学术思想的重大变化。

四、补脾阳胃阳，药法由粗渐细

《温病条辨》指出脾阳、胃阳证治不同。如中焦篇43条说：“其中伤也，有伤脾阳，有伤脾阴，有伤胃阳，有伤胃阴”，“彼此混淆，治不中窾，遗患无穷”。又说：“伤脾阳，在中则不运痞满，传下则洞泄腹痛；伤胃阳，则呕逆不食，膈胀胸痛。”然观《温病条辨》的药法，非仅粗疏，实亦悉混而不分，如治“阳明寒湿，舌白腐，肛坠痛，便不爽，不喜食，附子理中汤去甘草加广皮厚朴汤主之。”（中焦篇49条）此方之附子、苍术、炮姜、厚朴、广皮，都是温燥药。结合中焦篇44至48这几条治太阴寒湿的条文来看，吴瑭治伤脾阳、伤胃阳都用这类药，哪里有什么区别！故其早期实是述说了了而药法模糊。到晚年则“老来渐于医律细”，他按“补五脏补以守，补六腑补以通”的总原则，分析了四君子汤，认为白术、炙甘草是脾经之守药，而人参、茯苓为胃中之通药。此四味虽均曰补中，而细分实有偏于补脾、补胃之不同。在《五脏六腑体用治法论》中指出：“如茯苓、人参、半夏、苡仁之类”是补胃体的，因六腑以阳为体、以阴为用，故这些药是补胃阳药；“如陈皮、益智仁、白蔻仁、神曲之类”是补脾用的，因五脏以体为阴，以阳为用，故这些药是补脾阳药。这种体用论虽系一家言，但其于补脾、补胃阳药物之分别，绝不似早先那样含混不清。

五、对祝由之认识前后不同

《温病条辨》在《原病篇》引论了《刺法论》中的一段话：“帝曰：余闻五疫之至，皆相染易，无问大小，病状相似，不施救疗，如何可得不相移易者？岐伯曰：不相染者，正气存内，邪不可干。”吴瑭按：“此下尚有避其毒气若干言，以其想青气想白气等，近于祝由家言，恐后人附会之词，故节之。”“想青气想白气”等这一段文字其实是在讲做气功（柴中元：从苏东坡练气功谈起，《气功与科学》第10期，1985年），吴瑭对此缺乏认识，故节而不录。但晚年则否，《医医病书》有专文论述祝由，吴氏说：“按‘祝由’两字，出自《素问》。祝，告也；由，病之所以出也。后世以巫家为祝由科，并列于十三科之中，《内经》谓：‘信巫不信医不治，岂可列之医科者？吾谓凡治内伤者，必先祝由，盖详告以病所由来，使病人知之而勿敢犯，又必细体变风变雅，曲察劳人思妇之隐情，婉言以开导之，庄言以警觉之，危言以悚惧之，使之心悦诚服，而后可以奏效，予一身治病得力于此不少。”祝由到底是巫家之巫术还是指医家之祝说病由，尚有争论。但吴氏对此认识实有转变。

六、早年重阴晚年重阳

戊寅、癸丑年，时值中元而多火症，故吴瑭著《温病条辨》时颇为重阴而屡以保津液为言，及至下元甲子以后，多寒症、燥症，吴瑭认为湿、燥、寒俱为阴邪、最易伤阳，而天地之道，本阴常有余、阳常不足，然医者惑于“阳常有余，阴常不足”之论，“恣用补阴，爱用寒凉，伤阳者更多而又多矣。”甚此认识，他特作《阴常有余阳常不足论》、《阳大阴小论》等专文，反复贬斥丹溪之学，谓“阳常有余，阴常不足之论，自丹溪作俑，牢不可破，为害无穷，杀人无算，可胜慨哉！”这与景岳之评丹溪，完全同调。景岳只反对丹溪之阳常有余说，而吴氏则并阴常不足说亦反对之。秉着“阴苦有余，阳苦不足”之认识，吴瑭认为：“虚劳一症，阳虚者多，阴虚者少”；吐血一症，今人“非投凉，即滋阴，相习成风，南北一辙”。诸此之类以及眼科、外科、痘科的恣用苦寒，都是不明“阴常有余，阳常不足”之理所造成。其论痰饮，切戒“不可用一毫苦寒凉药”。然《温病条辨》治寒湿方中曾用黄连，此亦说明其晚年之学术思想较之早年有不同。又《午后发热论》说：“午后发热，今人都以为阴虚，以大剂补阴，愈补愈剧，至死不悟。盖阴虚身热，原在午后。要知阴邪自旺于阴分，亦午后身热也。”重阳轻阴这一吴瑭的晚年学术观点，亦因《医医病书》远不及《温病条辨》之为所重而少为人知。

［《上海中医药杂志》，1988；（8）］

读《医医病书》略论学医

李以松

清代名医吴瑭于道光辛卯年（1831）作《医医病书》，其命名取意“医医者之病”。笔者管窥中医，始自阅吴氏中年所作《温病条辨》，深感其对中医学之真知灼见，启迪后学，发人深省，不愧为后人列入中医学经典之一。继而有幸于中国中医研究院图书馆阅其晚年所作《医医病书》，更叹其才秀，尤其此书对学医的阐述，十分值得借鉴，文辞虽短而意却悠长，笔者虽资质愚钝，仍欲采摘几点，聊作此论以飨读者。

一、学医基础论——先儒后医

吴氏倡导先儒后医的思想，并认为“儒家之书虽多，而要紧只有经书，经书之中，要紧而又要紧者，莫过于《易经》、《四书》”。中医学是在中华几千年传统文化的大背景下发展起来的，其有别于世界其他医学的根本之处在于指导它的哲学思想、文化内涵（任何一门学科都是在一定的哲学思想指导下进行的）。而儒家思想正是其重要组成部分，掌握了这一思想内涵也就是掌握了学习中医的一把钥匙，也许这正是辨证施治的思想基础。相反脱离了这一思想基础而谈论中医，只能是似牛非马了，所谓中医学也就成了无源之水，临床上也不会有太好的疗效，更无优势可言，而只能是一些简单的经验积累，缺乏理论思想的指导。所以老百姓也有句俗语叫“秀才学医如笼中抓鸡”，说的也是先儒后医这个道理。

二、学医明理论—明理在先

《医医病书》中专列一篇“医学明理为要论”。吴氏强调学医必须先明医理药理，“不明理者，虽饮食不能调，饮食亦能杀人；明理者，虽毒药应手而效。”并强调读书一定把其中的理总结而为我所用，批驳了片面强调临证的观点：“学者务须深究古法，循其规矩，而后见病知源，得心应手，古人立方之意，即是规矩所在，由规矩而生巧，方为真巧；若眩奇以弄巧，则巧反成拙。要之，读书、临证，两不可废，亦两不可偏。”吴氏在“明理篇”中又指出“《内经》、《难经》以明理为要”。一语道破了《内》、《难》之所以被奉为经典之作，流传千载而不衰的原因所在。清代曹炳章读此书后作评：“医者读书，必须明其一定之理，然后参阅百家，由博返约，自然不为骗说所诱，否则虽读尽天下书，亦无用也。”吴氏早年著《温病条辨》，重在讲法、讲方、讲药，更贴近临床之用，故广为重视，流传甚广。而随其对中医理解的加深，晚年所著《医医病书》重在讲理，中医学之理、法、方、药，一体一用，理在于前，体为之先，凝聚了吴氏一生的感悟。中华武术渊源流长，自古与中医学被称为“一功两用，一源两歧”，至今仍流传：“武要文练，文通则理，理至功成。”尤其在内家拳更被奉为金科玉律。其说正为古语所云："圣者学道，智者学理，愚者学术。"

三、学医择人论—德才兼备

《医医病书》开端第一编第一章即"医非上智不能论"，在序言中亦提出"医非美才不能学也"。除对学医者才智的强调，吴氏也十分重视对道德品质的修养，并指出了二者的关系："天下万事，莫不成于才，莫不统于德，无才固不足以成德，无德以统才，则才为跋扈之才，有德者必有不忍之心，不忍之心油然而生，必力学诚求其所谓才者。"在德与才中，吴氏尤其对前者倍加重视，在该书后编比较小建中汤与补中益气汤时，吴氏力推小建中汤，而且做了一个形象的比喻"建中以德胜，补中以才胜"。

四、学医择书论—崇尚经典

在《医医病书》序中，吴氏坦言："本论悉遵《神农本经》、《内经》、《难经》、《玉函经》、《临证指南》以及一生体验为准，诸家可参考而不可恃也，近时则方有执、马元台、吴鹤皋、沈目南、徐灵胎、张隐庵、叶天士，识卓学宏，不可不读。"在"医以明理为要论"中提出"《内经》、《难经》以明理为要。"进一步突出了《内》、《难》的经典性。在"好博而不务精论"谈到："医家之书亦不少，而要紧之书，亦只有《内经》、《难经》、《玉函经》、《临证指南》。如东垣十书、丹溪心法、河间三书，可阅而不可读，以皆有倚于一偏之弊。"在"不读古书论"一章又再三叮咛："《神农本经》、《灵枢》、《素问》、《难经》、《伤寒》、《玉函经》、《易经》、《诗经》、《周礼》、《礼记》皆不可不读也。"总而言之，吴氏列举了许多经典著作：哲学著作力推儒家的《易经》、《四书》、《诗经》、《周礼》、《礼记》；医学理论著作首推《内经》、《难经》、《神农本草》；临床著作非仲景《伤寒杂病论》、叶桂《临证指南医案》莫属。由以上诸书而明一定之理，而后参阅百家，由博返约。吴氏身为一代名家，在荐书的同时，已将自身的成才之路和盘托出。吴氏青年时期来到京城，当时尚初涉医学，有机会阅览《四库全书》，一阅即十余载，而未敢轻治一人，将其中之医学著作尽览无余。经广泛涉猎向后人推荐的书目可谓不可不读，我辈后学也只有站在巨人的肩膀上才能看得更远。

五、学医创新论——不执门户

吴氏不仅主张重视经典，更强调在继承的基础上创新，反对一味墨守成规。在序言中即提出："诸家可参考而不可恃"，反对盲目继承。吴氏在《医医病书》中的许多观点来自实践而善于创新，如其创立脏腑体用学说，药物体用论，而充实了《内经》体用说的内容；倡阴常有余阳常不足论；倡三元气候随年代变更而不同论；论中风病因"中风不惟风，六气皆可也"；据临床经验而改仲景治阴吹之法，论曰："诊病以现症为主，不必拘泥古方。"关于不泥古一说，清代名医曹炳章读此书后对司天运气的评析也足见一斑："司天运气之说，黄帝不过言人天相应之理，后人以为是年何气司天，民生何病，拘定何药，千万人之病一一与之书合，不许生他病乎，此皆因执不通之言误人不少。"吴氏在"名医病论"中还指出："名医之病，首在门户之学。"叮嘱后人勿偏执己见。从吴氏治学观点可以看出，学医须遵"继往开来，海纳百川，有容乃大"的原则，才能有所造诣，所谓"壁立千仞，无欲则刚"，也只有心底无私欲、我见，天地才能广阔，才能体悟到中医学天人合一的思想境界。

六、小结

《医医病书》重在讲理，成书于1831年，作者吴瑭已73岁，故此书代表了其晚年的学术观点。张锡纯说他能“学问与年俱进，故不失其为名医”。可见吴氏晚年的学术水平已远超其著《温病条辨》的中年时期。但一因该书刊行较少，再者《温病条辨》讲用而贴近临床易于接受，《医医病书》明体而讲理难于理解，所谓曲高而和寡，属阳春白雪一类，故后人宗其学，奉《温病条辨》为经典而忽视了对《医医病书》的学习。笔者有鉴于此，遂将书中有关学医论述结合个人体悟略作表述，虽重在“学医”二字，但对此书其他方面亦有所论及，所谓抛砖引玉，望能对读者有所裨益，也希望更多的人加深对中医古籍的研究以促进中医学的发展。

[《江苏中医》，2000；（5）]

吴瑭《医医病书》浅析

王志斌　陈成东

清·吴瑭《医医病书》成书于清道光辛卯年（1831年），全书七十二篇，当时未曾刊行，只有手抄本，但流传甚少，作者因叹时医之谬妄而作。书中“言外感甚少，以前有《温病条辨》之刻已详言之。此书一以医流俗之病，一以补前刻所不及，盖前未及内伤及杂证也。”笔者不识浅陋，执管见以窥其鳞爪，乞同道指正。

一、溯源探幽　师古不泥

吴氏涉猎广博，勤求古训，尤重视《内经》、《难经》、《玉函经》（即张仲景书）、《本草经》等，融会贯通，发其精微。如《内经》论气诸篇与《易》、《月令》参看，认为五运六气之理为天地运行自然之道，在天原未伤人，在人之体气有偏，触其相克之气而病，明确地指出了六气致病即六淫之理。治疗上膺服《伤寒》，如便血湿热伤络用当归散，小肠寒湿用黄土汤，肝郁血瘀用旋覆花汤；认为最善补虚者莫如仲景，中虚不运者善用建中汤等。然师古不泥，不拘古方，善于灵活变化，如阴吹症，仲景因肠胃俱槁，选纯润之猪膏发煎，吴氏以病同而致病之由不同，同病异治，若肠虽槁而胃不槁重用半夏、桂枝、陈皮、枳实，使胃中之积饮下行大肠而愈；若寒湿为病，大用分利温腑通阳而愈；再有少腹久痛而致阴吹，大用温通下焦而愈。

二、针砭时弊　重视阳气

自丹溪“阳常有余，阴常不足”之论出，倡补阴者日众，医者竞相从之，凡补虚即立数地黄丸，如麦味地黄丸、知柏地黄丸之类，致损伤阳气。吴氏针对时医恣用滋阴指出，补阴“一则易于藏拙，不必费心，二则久于信任，兼图名利”，提出了“阴常有余，阳常不足”论。认为自然界中地球阴也，其外皆阳也，地球不及外之万分之一；在人体内景五脏、腹部为阴，余皆阳，阳大而能包阴，“阳气本该大而阴质本该小”，是故“阴苦有余，阳苦不足”。因而，重视温养和煦之阳，反对滥用滋阴，“阳药之错即日可求，阴药错之既久，则不可为矣。”形成了外感倡清热养阴，内伤崇温阳益气的指导思想。

三、辨症灵活　议病创新

1. 辨证必分阴阳三焦　凡治内伤首先必分辨阴阳，不可固执己见，如辨产后，老年人大多阴不足，间亦有阳不足者则应补阳，不可一概补阴。其次，应究其三焦，病损何处而施治：补上焦以清华空灵为要，如鉴之空；补中焦以脾胃之体，用各适其性，两不相忤为要，如衡之平；补下焦如水之注，补下焦之阴以收藏纳缩为要（如专翕膏），补下焦之阳以流动充满为要（如奇经丸）；而阴阳双补，使之交纽则用天根月窟膏。这种三焦分治的辨证思想与其所创温病“三焦辨证”如出一辙。

2. 论病精详，富有新意　该书对虚劳、吐血、便血、头晕头痛、中风、痿症等皆列专篇论述，兼及妇儿，经验独到。如论血症，认为“肝郁最多”，盖肝藏血，肝郁则血瘀滞，血失其常而为吐血、咳血，由肝下冲脉注前阴则为溺血，治当活肝络。又如论肝郁，提出肝病治疗“宜横不宜纵”，肝之怒气直冲上行，岂用直性上行助其势，当走络而横。

四、论治特点

1. 治内伤，必先祝由　治病必求其本，究其病因而施治。祝，告也；由，病之所出也。必详告病所由来，使病人知而勿敢犯。曲察病人之隐情，婉言开导，或庄言惊觉，或危言悚惧，使心悦诚服而后奏效，正如叶桂所谓“无情草木，不能治有情之病”，故难治之人（老僧、妇、女、男）、难治之病（酒、色、财、气）“须凭三寸不烂之舌以治之”，并称：“余一身治病得力于此不少”，体现了吴氏对身心疾病治疗的高深造诣。

2. 和胃气，健运补虚　胃属阳明，主受纳水谷，为十二经之海，诸阳之会，所谓“阳明如市”。吴氏认为胃气健则能生诸阳，有胃气者生，无胃气者死；一切外感之邪，不内外因之饮食伤及内伤，必顺调胃气，不致有失，治当处处顾及胃气，不可过用阴柔滋腻之品补虚，否则碍胃。如善用小建中汤健运脾胃，以调养补虚，使气血调和，令本脏之病自除，这较用药直接却病尚隔一层。

3. 调脏腑，创体用说　吴氏认为阴阳互根之理，万事万物无不皆然，如肝、脾阴脏也，而用则阳；胃、膀胱阳腑也，而用则阴；乌梅得初春之气，三阳开泰而开花（生于阳），而收敛为用（用则阴）。故五脏六腑各有补法，体阴者必用阳，体阳者必用阴。如肝为厥阴，肝体主入（本阴），其用主出（则阳也），补阴者补其体，用阿胶、萸肉、鳖甲、牡砺之类；补阳者补其用，以当归、郁金、降香、香附治之。又如胃为阳明，主诸阳之气（体本阳也），其用主纳，主下降（则阴也），补阳者补其体，用茯苓、人参、半夏、苡仁之类；补阴者补其用，生地、玉竹、梨汁之属。如是，五脏六腑之体用补法悉备。这种脏腑体用补法充实了《内经》体用说的内容。

五、结语

《医医病书》作为吴瑭完整医学理论体系的重要组成部分，是作者对内伤杂病治疗的经验总结。以重视阳气，处处顾护胃气为要旨，反对恣用滋阴补虚，对后世有着深远的影响，正如蒋沄序中所说“当与君《温病条辨》及未刻之《医案》，并传不朽”。当然，书中难免有偏激之处，但对纠正时医滥用滋阴之弊，无疑发挥过积极的影响。

［《江苏中医》，1995；（6）］

议具古今妙识　论摒世俗陋见

——吴鞠通《医医病书》学术探析

郝印卿

《医医病书》是清代著名医家吴鞠通晚年写的一本医论、医话集。全书72篇，文字总共不足三万。文章精炼至极，短的只百十个字，长的也不过千余言。然观其议论则具古今之妙识，摒世俗之陋见，耐人寻味不已。笔者今对该书内容略作探析介绍，以与有同心者共赏。

一、著作动机与版本流传

《医医病书》著成于清道光辛卯（1831）年。吴氏尝自道其著作动机有二："一医流俗之病；一以补前刻（指《温病条辨》）所不及"（《凡例》）。因为目的是为提高医者本身修养，故命其书日《医医病书》。稿峻后又五年吴氏就辞离了人世。由是《医医病书》即成为吴氏继《温病条辨》而后又一次、也是最后一次从多个层面阐述自己的医学论理和学术思想的著作。胡沄在序中称是书"当与君刻《温病条辨》及末刻《医案》并传不朽"，并非没有道理的溢美之辞。

令人惋惜的是《医医病书》未能及时刊行，仅在少数医家中手抄辗转。1915年四明曹炳章先生从绍兴名医何廉臣处过录一册，整理后收入《曹氏医学丛书》，交付绍兴育新书局石印发行。但该印本流传有限，一般人难得一觏。1985年沈凤阁氏以手抄本为底本，育新书局石印本为校勘本（石印本比手抄本多出10篇，而又缺少其中的1篇，共81篇）校注《医医病书》，由江苏科技出版社印行。此书方在沉湮了近130年后得以与广大读者见面，实在是吴氏之幸，亦是广大中医之幸。笔者本文所使用的即是沈氏校注本。

二、论为医　力摒世俗之陋见

吴鞠通一生由儒而医，行道四十多年，足迹大江南北，阅历丰富。对于作一个医生的资质禀赋，职业道德等均有深切体会，如鱼入水，冷暖自知。因与世俗见解不相容，"难与不知者言"（书中朱士彦《吴鞠通传》）。于是陆续写出"医非上智不能论"、"果达艺三者缺一不可论"等，直抒胸臆，以警世俗。撮其大要，一是提出医非美材不能学，反对轻视中医。长期以来中国封建社会的读书者，受宋·朱熹注释《论语·子张》中"虽小道，必有可观者焉"说的"小道，如农圃、医、卜之属"影响，轻视中医为近乎占卜一流的小道，聊资糊口而已，不是聪明智慧者的用武之地。不言而喻，此种思想风气障碍着优异人才向医学事业流动，极不利于中医队伍素质的提高和学术发展，成为庸医产生的主要根源之一。吴氏对此极为不满，因在书的"凡例"中鲜明提出"医非美材不能学"，并在首篇即撰"医非上智不能论"，现身说法言明自己"历四十余年，时时体验，事事追思，愈知医之难且深也"的体会，阐述医是任死生之重托的高尚事业。接着他又进一步详论说，一个医师需要上知天文，中谙人事，下识万物。医而不知四时五行阴阳的错综变化，就不会治疗五运六气导致的疾病；不熟悉人情的得失好恶，即不能和患者感情交融，使他们心悦诚服地与治疗配合，以取得疗效；不知百谷草木金石鱼虫水火等物的性味功能，也就不善于用药物具有的偏性，调整人体气血阴阳的偏颇变化。医之难且深既然是通天人之理，神变化之用，所以“医非上智不能”、“医非神圣不能”、“医非真能格物致知、正心诚意者不能”。为使自己观点更有说服力，其又在《果达艺三者缺一不可论》中，借孔子称赞子路果断，子贡通达，冉求才艺的故事，申言“非果、达、艺三者兼全，不可以从政，医者亦然”。直把治病、治世需要的人才同科而语。

二是提倡医学全主仁，反对用医沽名求利。吴鞠通认为“医学之全主仁”（《凡例》），一个做医师的应怀“悍卫民生”（《题词》）之志，以治病救人为己任，不可以计较名利为目的。如果“只为自己打算，不为人命打算，恶（耻之义）其为医者也”（《答病家怕不怕论》）。围绕这一医学伦理思想，吴氏没有更多的空洞说教，而是结合实际，对名医、时医、俗医提出许多一针见血的批评。他指责名医的弊病在过于世故，遇上庸医开出的“不对症之方”，“不肯力争，宛转隐忍”曲顺人情，充当好人，其结果只能是延误病机，“做成庸医杀人”。其论中不无幽默地感慨道“安得许多圣贤来学医哉?”（《名医病论》）至于时医则学问平平，“用药以三分、五分、八分、一钱为率。候其真气复而病自退，攘为己功；稍重之症，即不能了”，可是他们却“多骄且吝，妄抬身分，重索谢资，竟有非三百金一日请不至者”。如果真得是有起死回生之术，这种行为也觉太过分了，何况自己还只是一个时医呢！进而言之，医是仁术，“病者不尽财翁”啊。俗医之病更是百出，首先是缺乏职业道德，把行医“谓之买卖，谓之开医店”，“杀人以求利，有愧商贾远甚”，即此一端就可耻之极，遑问其它。吴氏感慨万端地发问“己以是谋生，人竟由是而致死，清夜自思，于心安乎?”（《时医俗医病论》）意图唤醒时、俗医尚未泯灭殆尽的一点良知。其苦口婆心溢于言表之外。

此外，吴氏还用一定的篇幅阐述了医当读书，讪笑那些“仅读《药性赋》、《汤头歌》便欲行医”的无知妄识。还又指出应当讲究读书方法，“好博性不专”（《好博不务精论》）、“狃于一家，入者主之，出者奴之”都不对等等。学者可自行检阅，不再一一赘述。

三、论医术　具古今之妙识

《医医病书》约有半数的篇幅是针对当时世俗医普遍存在的学术偏见而作的，故其内容、观点大多是发他人所未能发，而具有独识之妙。自然，认真学习这些篇章，对于提高今天医家的辨证思维水平也是颇多裨益。

首先，吴氏治疗内伤杂证反对滥用苦寒，主张以温养为主。他在《治内伤必须辨明阴阳三焦论》中阐明自己的观点云：“今人治内伤用六味、八味遍天下，皆误听丹溪‘阳常有余，阴常不足’之谬论”，对阴阳谁轻谁重不作细辨，对伤阴伤阳不予细察，只一味尊从师传学术，以门户之见代替了辨证论治。继而吴氏从三个方面论述了重视阳气的必要性。人身是一小天地。内景五脏为地，此外都是天；外形腹为阴，其余均属阳。可见“阳气本该（同赅）大也，阴质本该小也”（《阳大阴小论》）。再则“古人云：‘阳不尽不死，又云：‘人非阳气不能生活”（《虚劳论》）。触类旁通，人体生理上阴阳孰轻孰重岂不显然。此其一。由病理分析，“凡动作行为皆伤中阳与卫阳也”（《虚劳论》），“外感燥、湿、寒三者阴邪、皆伤人之阳气者也”（《治内伤必须辨明阴阳三焦论》）。除去热病之后，妇人产后伤阴者多外，一言以蔽之，“其他伤阳居多”（《虚劳论》）。此其二。从治法探究，《内经》早已提出“劳者温之”“盖温者长养和煦之气，故能复其劳也”（《阳大阴小论》）；有胃气者生，无胃气者死。《内经》、《难经》俱已论明。三因证治都是以胃气为要，正是以上述经义为依据的。而“补虚重阳者，为护胃气而然也”（《三因皆以胃气为要论》）；即便奇经“八脉受伤，补之犹以督脉之阳为主。盖阳能统阴，阴不能统阳也”就是遇上“应补阴之症，须知仍为恋阳起见。析薪为生火也，添油为明灯也”（《虚劳论》）。此其三。据此三端、故而吴氏结论云“窃思阴苦有余，阳苦不足也”（《阴常有余阳常不足论》）以与丹溪的观点相抗。紧接着吴氏又用“误用苦寒反似火症论”、“眼科恣用发表苦寒论”、“外科恣用苦寒论”、“痘科恣用苦寒论”等篇与之先后呼应，历数滥用苦寒的危害。例如谓眼科“今人不问外感、内伤，概先用发表，继以苦寒，不瞎何待?”论外科“营卫不和，气血不得周流无间，遂成痈疽。若再用苦寒以凝滞阳气，使毒气壅塞，愈不通调，溃烂无已，内传里膜，则毒侵入脏而死矣。”言脾虚饮泛“再投凉药或柔润药，岂非为贼立帜乎?”等等。

特别需要指出的是，吴氏一反《温病条辨》的重视阴津，大张阳气温补之说，似乎自相悖谬，让人难于理解。细加玩味应知上述的论说是为矫偏，反对滥用苦寒而作。是他学术的一个侧面，而非整体。否则，就是不善读《医医病书》，不能真知前贤了。

其次，吴氏对时医有喜用药，畏用药；药量不是过重就是太轻，提出了自己的看法，其云：“天下无不偏之药，亦无不偏之病。医者原以药之偏，矫病之偏”（《论药不论病论》），正为此，故医师对待药物思想上不可存有成见，用药的思路也不能撇开病的是非，而去议药的可否。应该先议病，再议药。如果是对证的，即使有毒的药也会成为仙丹；与证不符的，平淡如谷食，也会成为毒药。由此而知，专以个人喜畏选择药物“有好用之药，必有不当用而用者，病人死于是矣；有畏用之药，必有当用而不用者，病人又死于是矣”（《医者有好用之药有畏用之药论》）。以上二者致误原因虽不同，但厥罪惟均。至于药量问题，吴氏以为“药之多寡，视病之轻重也”，“有宜多者，少则不效”；“有宜少用者，万不可多用”。但是“近时苏州医用甘草必三、五分，余药皆五、七分，至一钱为重用，何病可治?”此种医以轻药求稳当，其过在少；另外“本京有某砂锅之名，用大刚大燥，皆系八两、十两，一剂有用至数十两者，……死而后已”（《用药分两论》）。此种医以重药夸胆识，其过在多。不烦备引，即此以见吴氏所说的不失为精辟、持平之论。

再而，重视精神疗法，妙解“祝由”。吴氏论道，“祝由”原本出自《素问》。“祝，告也；由，病之所以出也。”和后世巫家的祝由科一不应同日而语。《素问》中所提出的祝由，作为精神疗法，在内伤杂证，尤其是关系到情志变化引起的疾病，实是不可缺少的一环。其论中云：“吾谓治内伤者，必先祝由。盖详告以病所由来，使病人知之而勿敢犯，又必细体变风变雅，曲察劳人思妇之隐情，婉言以开导之，庄言以惊觉之，危言以悚惧之，使之心悦诚服，而后可以奏效。予一身治病得力于此不少。”（《治内伤须祝由论》）吴氏还指出，叶天士医案中经常说无情草本不能治有情之病，也正是体现这一学术精神。对于病人经常向医师提出：我的病怕不怕？这个问题，吴氏也从精神疗法的高度阐明了自己的意见，其谓：“胆大者，答以不怕。然小病必大，大病必危。虽不怕，亦答以可怕，再三警戒，收其怠纵之念，而后可成功。胆小者，答以怕甚。则病家毫无主见，甚至一日延十数医，师巫杂进，不可救矣。有识见，有担当，答以可救之理，但不可乱，而后可成功。”（《答病家怕不怕论》）吴氏最后总结起来说：“难治之人，难治之病，须凭三寸不烂之舌以治之”（《治内伤须祝由论》）。于妙语解颐之中喻明了一个很深刻的道理。

此外，吴氏还在其它篇中论明：脏腑“体用互根之理，医者不可不知”（《体用论》），“刑名家定案，只举其罪名之至重者定之，故曰除轻罪不议。为医者异是，一有遗漏，必有后患”（《看病须察兼症论》），“既能学问思辨，而恤人言，不能笃行者，乃见义不为，无勇也。儒与医皆然”（《见理真切不恤人言论》）等等。诸如此类直如金玉在前，俯拾皆是。学者果能从中细心寻绎，自然受益良多而信笔者言之不谬也。

四、论病证　摅一己之心法

吴氏鞠通著《医医病书》虽然有“补前刻(《温病条辨》）所不及，盖前刻未及内伤与杂证也”之意。但却没有去抄纂、重复前修已有的，凑做一部洋洋内伤杂证大著，而是只摅一己之心法，或话某病证辨证要领；或论某病证治法独见；或发明某病证病机真诠。清·顾亭林曾说：“凡著书立说，必为前人所未有，而为后人之所必需”。以此移评《医医病书》实不为过。

《柴胡医劳病论》篇吴氏侧重阐论阴虚劳损和阴邪、下陷之邪午后身热的辨证要点说：“其几微之辨，只在退热之际，劳病之热，多无汗而热自退；阴邪陷证，退热时必微微汗出也。”《午后发热论》吴氏又进而引申云“若虚劳午后，暮夜发热，瘀血作烧，食积发烧，非由外感而来，必无汗而自解。”而它们之间“再合之色脉、他症、舌苔、饮食、嗜好等处，自无难辨者矣。”

《吐血论》篇吴氏系统阐明各类证型的治法要领：“君相二火司令，与风温、温热二阳实火吐血，固属阳邪，自宜凉润，且用苦寒。若郁怒胁痛吐血，则属阴邪，非温络不可。痰饮震动肺络咳血，脉洪大者，宜用石膏、茯苓皮之类；脉弦细者，则用干姜炭、橘皮炭矣。若气不摄血，脉芤者，急急峻补阳气，如独参汤之类犹恐不及，岂可用寒凉与补阴哉?”寥寥百十多字，其义蕴则极为繁富。能够领会而贯通之，临床自能左宜右有，应用不穷。至如《溺血论》吴氏对“今人概用导赤散，不知此症肝郁最多，当活肝络”深加惋惜，因而介绍“予素治溺血，用新绛旋覆花汤合缪氏法，苏子降气汤、虎杖散法，应手而效不一矣。敢以质之同志。”则又是把个人临证独得之秘垂示给来学。

其它如“小便论”、“大便论”、“头痛头晕论”、“中风论”、“收汗法论”等篇，体例大都如上述各例，内容又各个不同。通体读上一遍，由不得使人生出一种以少少许胜多多许的感受来。

[《山西中医》，1994；(12)]

（六）对吴鞠通学说的临床应用和有关的实验研究

银翘散治疗艾滋病

郭选贤　彭青鹤　刘爱华

银翘散源于吴鞠通的《温病条辨》，该书是一部理法方药俱全，具有很高的临床实用性的温病学巨著。《温病条辨》的方剂不但对吴鞠通时代以来的温病效果彰著，而且对当今新发的艾滋病亦有确切疗效。笔者在参与针对艾滋病研究的国家自然科学基金、十五科技攻关、973计划等重大科研项目以及河南省对艾滋病病人的关怀救助工作中，运用鞠通方取得了一些成效。今仅将银翘散治疗艾滋病的点滴体会抛砖引玉，以期同道指正。

一、银翘散为治疗艾滋病外感的主方

银翘散是治疗温病初起风热在卫的主方，主治发热、恶寒、咳嗽、头痛、口微渴、舌苔薄白、舌边尖红等肺卫表热证。艾滋病的3期病程中均可表现有此种证候。

艾滋病的急性期，该方是对症主方。由于确定感染艾滋病病毒的时间难度很大，故难以认定急性期的感染者。但从一些潜伏期和艾滋病人的回顾口述中，可以了解到他们曾有急性期的症状并且用银翘散中的药物进行了治疗，且都获得了良好的治疗效果。临床常可见到，曾用银翘散治愈过的某些当时并不知道究竟系何病的风热卫分证患者，后来被确诊为艾滋病。根据临床经验估计，艾滋病急性期表现为风寒者较少，风热者居多。对于风热者，银翘散有很好的疗效。

艾滋病的无症状感染期（又称潜伏期）并非没有症状，正像常人亦会“感冒”一样，此期“感冒”多于常人，且频次有逐年增多之现象。此期“感冒”之特点，亦以风热卫分证为多，但患者常见舌苔白腻、口黏等症，表现为风热夹湿，银翘散中可加重竹叶、芦根之用量，并酌情加杏仁、薏苡仁等宣湿、渗湿之品，其效颇佳。

艾滋病期，银翘散的运用机率更大。此期病情特点：元气亏乏，肺脾虚极，动辄外感，风热为多，且常兼瘙痒及皮损感染等。此期仍可以银翘散为主方，据症常加黄芪、人参等补脾益肺之品，或加蝉蜕、丹皮等祛风止痒，或加龙胆草、蒲公英等以清热解毒，随症用药，灵活加减，改善症状，其效尚佳。

二、银翘散治疗艾滋病外感的剂型和煎服方法

笔者治疗艾滋病外感风热所致的肺卫表热证多用汤剂和散剂。银翘散原本是散剂，笔者体会，汤、散二剂，效果均好。

银翘散的剂型改革最多，有丸剂、片剂、针剂、颗粒剂、口服液、滴鼻剂等诸多剂型。丸剂有三钱的大丸、一钱的小丸、蜜丸、水丸等不同，片剂最常用的是维C银翘片，其他剂型规格繁多，层出不穷。

笔者体会，上述诸多剂型的优点是服用方便，但其疗效，丸、片之剂似不如汤剂、散剂。原因可能是某些剂型的改革不符合中医理论。散者，“散”也，有发散之意，适合于新感急病；丸者，“缓”也，有缓图之意，适合于慢性病。银翘散的适应证是肺卫表热证，属于前者。艾滋病急性期属新感无疑，其潜伏、艾滋病期亦属慢性病之复感外邪，感而即发，故散剂疗效较丸剂为好。至于汤剂，临证时可紧密结合患者特殊性而随证组方，其效更佳。

散剂的使用按鞠通所云：“每服六钱……病重者约二时一服，日三服，夜一服……病不解者，作再服。”其服法是“鲜芦根汤煎”至“香气大出”时，冲服散剂；或将芦根煮沸几分钟后，兑以散剂，续煎至香气大出，连渣带汤服下（或仅喝药汤），其效亦佳。

笔者体会，艾滋病人兼夹湿邪者为多，其外感时，芦根为必用之药。若改为汤剂，其临床可按叶天士所云，加“芦根、滑石之流”。由于临床条件及病情的需要，笔者临床上多用汤剂，其效果远较丸剂和片剂为好。

三、银翘散和桂枝汤治疗艾滋病外感时可配合使用

《温病条辨》上焦篇第四条云：“太阴风温、温热、温疫、冬温，初起恶风寒者，桂枝汤主之；但热不恶寒而渴者，辛凉平剂银翘散主之。”

对于本条，非议者甚多。有人云既是手太阴温病，又不是伤寒，寒温有别，为什么还用桂枝汤。既是风温，就不能用桂枝汤。又有云既然但热不恶寒而渴，可知内热已甚，且无表证存在，为什么还用银翘散？

笔者以为，“实践是检验真理的唯一标准”，一切理论的正确与否，均需要实践的检验。鞠通先生此条所言，是他丰富的临床经验的总结，是符合临床实际的。笔者验之于艾滋病（亦包括诸多其他温病）之卫表证，初起恶风寒者，有之；不恶风寒者，亦有之。恶风寒者，先用桂枝汤以辛温散寒（或者用银翘散加重荆芥用量，并加用桂枝、芍药等），则恶寒先除；后继用银翘散以辛凉疏卫，则风热可解，直至痊愈。不恶寒者，可直接用银翘散治疗。

笔者临床所见，直接用银翘散者，或先用桂枝汤后用银翘散者居多，而外感期间自始至终都用桂枝汤者较少。

关于卫分证的辨证要点，多种版本的《温病学》教材均认为：“发热，微恶风寒，口微渴。”其中的“微恶风寒”“口微渴”之“微”，微到何种程度？持续多长时间？缺乏客观指标，无论在临床上还是实验室都难以操作。故此“辨证要点”缺乏实际意义。而温病大家鞠通先生，给我们提供了简明而便于应用的方法，既符合临床实际，也符合科学用方规范的要求。

[《江苏中医药》，2008；(3)]

承气汤类方的临床应用

郭永洁　胡　静

吴鞠通是清代著名的温病学家，是温病学派的主要代表人物之一。《温病条辨》是其所著的一部论述温热病辨证论治的里程碑式专著。吴鞠通在《温病条辨》中对《伤寒论》中三承气汤进行发挥，创立了宣白承气汤、导赤承气汤、护胃承气汤、承气合小陷胸汤、加减桃仁承气汤、牛黄承气汤、增液承气汤、新加黄龙汤等，在临床中灵活运用。笔者结合自己的临床体会，对承气汤类方的运用提出了一些看法。

一、吴鞠通对三承气汤作用的认识

吴鞠通在《温病条辨》中对《伤寒论》的三承气汤首先进行了提炼。他根据温病的发病特点，在三方的选用上，以调胃承气汤为主。大承气汤治疗腹满、硬痛的腑实证，其方中枳实治硬痛，厚朴治腹满，二药燥热，易伤阴液，故吴鞠通在运用中避其用之，恐在治温病过程中伤其已亏之阴液。这对后世影响很大，如今治疗热结便秘很少运用大小承气，一般仅用调胃承气或单用大黄通便泄热，说明近代医家已对承气汤中起主要通便作用的药物有所了解，认为运用大黄就可起到通便泄热的作用。这种对方剂中主要药物功效的逐渐深入了解，也是中医学发展的重要方面，有助于在此基础上运用现代科学手段对方剂中的主要药物、主要成分加以提取。

二、承气汤类方的灵活配伍

吴鞠通在《温病条辨》中不但对三承气汤进行了提炼，而且在此基础上进行了演化。

吴鞠通对温病学以及对中医治法较大的贡献之一是发展了通下法，在《温病条辨》中提出了五种腑实兼证的临床治法和五张著名的腑实兼证治疗方。其中，腑实兼有气血阴伤，邪正合治者用新加黄龙汤；腑实兼有阴虚，增水行舟者用增液承气汤；腑实兼有肺失宣降，脏腑合治者用宣白承气汤；腑实兼有小便淋漓而痛，二腑合治者用导赤承气汤；腑实兼有热闭心包，开窍通腑合用者用牛黄承气汤。这说明吴鞠通已在腑实兼证方面作了大量探索，认为承气汤不仅可单用于腑实便秘症，而且可根据临床兼证灵活运用，可与扶正药、清热药（清肺热、清小肠热、清膀胱热）、开窍药同用。笔者受其启发，在自己的临床实践中又有新的发展，因为当今临床腑实兼证不仅限于吴鞠通《温病条辨》提及的5种情况，所以笔者大胆尝试承气汤的加减变化，发现通腑法还可与温阳法同用，与活血法同用，与理气法同用，与消导法同用，与逐水法同用等等，只要患者有腑实便秘，那么承气汤类方都可以合理配伍、灵活运用。

三、宣白承气汤用于肺系常见病、多发病

宣白承气汤是《温病条辨》中“脏腑合治”代表方，笔者在临床运用中发现其对多种肺系常见病、多发病都有良效。比如，急性气管－支气管炎、慢性支气管炎急性发作、喘息性支气管炎、支气管哮喘、急性肺炎、急性上呼吸道感染等肺系常见病、多发病，凡出现高热喘嗽、大便秘结，证属痰热蕴肺、腑气不通者，均可用宣白承气汤原方或加减化裁治疗。

四、承气汤类方不可用于湿温早期

湿温早期邪在卫气，吴鞠通在《温病条辨》中提出了“禁汗、禁润、禁下”的三禁忌。其中禁汗是指湿温早期不用辛温发汗的方法，防其辛温药物过早引起湿温化燥；禁润是指湿温初期禁用养阴药，养阴药多为甘寒、咸寒之品，易恋湿邪而致湿阻更甚；禁下，就是指湿温初起禁用下法，原因是通下药物多属苦寒，苦寒伤阳，阳气不通则湿阻更甚。笔者在临床辨证治疗中时时注意这些，对湿热证舌苔白腻者，不用承气汤辈，牢记吴氏之训，在湿温病的治疗中取得了一定疗效。

总之，承气汤类方是吴鞠通《温病条辨》中重要的组成部分，我们不但要继承，而且要创新，将古方新用，灵活变通，以适应当今临床疾病治疗的需要。

［《江苏中医药》，2008；（3）］

沙参麦冬汤治疗燥咳154例临床小结

赵棣华　赵希庆

临床所见的外感咳嗽，一般有风寒、风热、夹湿之类，惟另有一类伤阴燥咳，非是辛散、辛温、辛凉所能奏效，必须给予甘寒之法，始能收到良效。近十几年来，我们于外感咳嗽辨治中，曾收集到伤阴燥咳154例，都以《温病条辨》所载之沙参麦冬汤为基础方化裁主治，疗效满意，兹报道以供参考。

一、一般资料

性别：男103人，女51人；男多于女，似与男性多嗜烟酒有一定的关系。年龄：最小者15岁，最大者62岁，以15～45岁中青年较多，与年龄似无一定的关系。惟生活习惯、工作环境似有一定的影响，如嗜辛辣、高温车间工作者发病较多。

季节气候：春季23人，夏季31人，秋季76人，冬季24人。四季之比，以秋季最多，几乎等于其他三季之和。看来，与秋燥之气有一定的关联。

二、临床分析

（一）症候分析表（表中数字代表病例数）

发热	恶寒	头昏痛	身酸痛	鼻塞	流涕	干咳	口咽燥干	黏痰	黄痰
132	56	56	56	52	52	154	132	58	96
脉象			舌质				舌苔		
浮数	略数	略弦数	红	略红	舌尖红	暗红	薄黄	白黄	苔少
56	54	44	22	56	62	14	94	42	18

表中所示，恶寒、头身痛、鼻塞、流涕、脉浮数等，为一般感冒之常见症状。燥咳于感冒之初期虽可同步出现，但大多出现于感冒之中、末期，故仍有表证伴随。有些病例表证已近除，或只现低热、干咳。其它症状有口燥咽干，痰黏或黄，咳不易出或无痰，舌略红或尖红，苔薄黄、白黄或苔少，脉略数或略弦数。特别是干咳无痰或咳不易出，为本病之主要特征，再结合低热以及脉舌等表现，故诊断不难。

（二）组方原理与运用

沙参麦冬汤由沙参、麦冬、玉竹、花粉、生甘草、冬桑叶、生扁豆等七味组成。方中沙参、麦冬清养肺胃之阴，玉竹、花粉生津解渴，生扁豆、生甘草益气培中，化湿健脾，甘缓和胃，配以冬桑叶轻宣燥热。七药配合，具有清养肺胃、生津润燥之功。吴鞠通在原方之末注明，若“久热久咳者，加地骨皮”。盖地骨皮亦为甘寒之品，归经入肺、肾二经，有清热凉血之功。久热久咳，不但伤肺，而且亦伤肾，恰好地骨皮能泻肺中伏火，降肾中虚火，“肾为胃之关”，故对肺热燥咳、胃之阴伤，妙在恰得其所。

随症加减：1. 如伴有外感表证显著者，不论风寒、风热或夹湿，可选加葛根、白芷、连翘、柴胡、板蓝根等；2. 如咳重甚，可选加杏仁、浙贝母、川贝母、鱼腥草等。

（三）疗效评价（以服3～5剂为准）

痊愈：干咳、低热等症状全部消失，本组有76例。显效：上述症状基本消失，本组有54例。有效：上述症状大部分消失，本组有18例。无效：三剂药后，上述症状依然存在者，本组有6例。总有效率为96%。

（四）典型病案举例

鲁××，男，28岁。干咳痰少月余，伴口燥咽干、口渴欲饮。月前曾患过感冒。近月虽经青、链霉素及庆大霉素注射，口服咳必清、中药等，效果都不满意。脉细略数，舌质红，苔薄黄欠润。心肺无异常。白细胞正常。辨证：肺胃阴虚燥咳。施治：给予沙参麦冬汤加鱼腥草、浙贝母、白花蛇舌草。

三剂后，干咳、口燥咽干等症状大减，只晚上还微咳，又守方二剂而愈。

三、讨论与体会

（一）外感咳嗽，凡风寒感冒轻证（伤风），宜辛散解表，可用加减杏苏饮；重证（伤寒)，宜用辛温解表，可用荆防败毒散；风热轻证，宜辛凉解表，可用桑菊饮；重证，可用麻杏石甘汤加味。此是前人至今之辨证施治法则，必须遵循。惟上述诸方对伤及肺胃阴津之燥咳则无效，若选用甘寒法之沙参麦冬汤化裁主治，则疗效显然。通过本文154例之验证，又可进一步证明吴鞠通辨证选方之科学性。

（二）沙参麦冬汤证，为燥伤肺胃阴津所致，肺津伤则干咳不已，胃津伤则口燥咽干。本组病例100%都有干咳不已，85.7%有不同程度之口燥咽干，通过清养肺胃、轻宣燥热，则干咳、口燥等症得以迅速缓解。又本方与喻嘉言《医门法律》清燥救肺汤之功用颇类似，惟本证较轻，只是以肺胃阴津受损为主，不像清燥救肺汤证温燥伤肺之重，还伴有头痛身热、气逆而喘、胸满胁痛、心烦口渴等症。

（三）吴鞠通治疗燥咳，尚有杏苏散、桑杏汤二方。惟杏苏散是治外感凉燥兼有表证者，肺为凉燥所束，故有头微痛而恶寒、无汗、鼻塞等症，故治宜温散凉燥、宣肺化痰之杏苏散。桑杏汤是治外感温燥，由于温燥外袭，灼伤肺阴，耗津灼液，故有身热口渴，干咳无痰，舌红等症，故治宜清解燥热、凉润肺金之桑杏汤。本方虽亦属治疗外感温燥，但因其证非局限于上焦之肺，而深入中焦之胃，肺胃之阴津灼伤，故治宜甘寒生津、清养肺胃之沙参麦冬汤。同为燥咳，但有凉燥、温燥之别，同为温燥，但又有肺阴伤和肺胃阴均伤之异，故治则上就有苦温辛甘法、辛凉法、甘寒法之不同，方剂也就有杏苏散、桑杏汤、沙参麦冬汤之组合。可见吴鞠通辨证之精，施治之细，至今仍可借鉴。

［《江苏中医杂志》，1987；（8）］

加减香薷饮治疗96例夏季“流感”

毛文彬　吴宜澂　董松林　李　嘉

1981年七月下旬至八月中旬苏州地区“流感”流行，我们用中药加减香薷饮治疗，取得一定疗效，现小结如下。

一、临床资料

96例中男性46例，女性50例；年龄最小8岁，最大81岁，以中青年居多。

病程：就诊前发病1～3天者80人，占83.3%；3天以上者16人，占16.7%；平均为2.3天。

二、治疗方法

（一）辨证

偏寒型：恶寒重，发热轻，无汗恶风，鼻塞身楚，脉紧苔白；偏热型：发热重，恶寒轻，有汗热不解，心烦口干，脉数苔黄；湿重型：身热不扬，头重身困，胸闷泛恶，脉濡苔腻。

（二）基本方

香薷、银花、连翘、青蒿、板蓝根。随症加减：偏寒加淡豆豉，偏热加薄荷、野菊花，汗多去香薷，热盛加鸭跖草，咳重加杏仁、佛耳草，暑湿明显加鲜藿香、鲜佩兰、厚朴、六一散，恶心呕吐加姜半夏、竹茹。

三、治疗结果

本组均未用其它治疗措施，单独服用本方（全部病例皆随访至病愈）；2. 本组病人均有发热，其中37.3～38℃者34人，38.1～39℃者55人，39℃以上者7人。服药后均在1.77天热退。自觉症状消失，平均为2.1天。消失最快的是恶寒症状，延时最长的为纳呆症状（见附表）。

四、病例介绍

杜××，男，59岁，工人。1981年7月31日诊：诉昨夜冒风，今晨起恶寒发热，头痛鼻塞，流清涕，无汗，恶风，咽痛，咳嗽无痰，纳呆，身困、乏力，诊见舌边尖红，苔淡黄薄腻，咽峡充血，扁桃体不肿大，脉浮数，体温38.6℃，脉搏84次/分。白细胞计数分类：白细胞6300/mm^3，中性60%，淋巴34%，嗜酸性4%，单核2%。证属风热挟湿犯表，肺卫失宣。治以疏风清热，化湿解表：陈香薷10克，青蒿12克，银花15克，连翘15克，野菊花15克，杏仁10克，薄荷6克（后下），板蓝根30克，鲜藿香15克，鲜佩兰15克。当天下午服1剂，晚上汗出，翌晨热退痛减，诸症悉除，恢复正常工作。

五、体会

1. 本方系从《温病条辨》新加香薷饮化裁而来，原方用治暑兼清湿热。盖夏令受暑，必挟湿邪，郁于肌表，湿热内蒸，故解暑清热化湿并重。此次流感，多热重于湿，且发热朝轻暮重，故本方不用厚朴、扁豆花而用青蒿，因青蒿“专解骨蒸劳热，尤能泄暑热之火，泄火热而不耗气血”（《本草新编》）。板蓝根清热解毒，现代药理研究有抑制流感病毒和广谱抗菌作用，协同银花、连翘，起防治并发症的作用，故本组无一例并发细菌性肺炎。

2. 香薷芳香辛温，能解表散寒，祛暑利湿，是本方主药。开始时我们怕发汗太过，对无汗者用6克，汗出不畅者用4克，但效果不太理想。古人曰：发表不远热，必透发其汗，使邪出有路。后加大用时（6～10克），效果骤增。但汗出较多之表虚证者不宜用。《本草纲目》云：“香薷乃夏日解表之药，如冬月之麻黄，气虚者尤不可多服。”

3. 本方芳香发表不宜久煎，曾有因煎不如法而失效，后改用武火煎沸即可，温服取汗而收功。

症状 / 例数 / 项目		发热	恶寒	畏风	无汗或汗出不畅	头痛	身困	鼻塞	咳嗽	咽痛	纳呆
初诊症状		96	83	57	80	84	71	71	77	55	71
消失时间	一天以上	50	51	31	45	31	24	24	20	21	15
	2天	27	18	16	21	28	21	23	20	14	13
	3天	13	11	8	12	15	14	13	20	11	18
	4天	3	3	2	1	9	6	7	12	7	15
	4天以上	3	0	0	1	1	6	4	5	2	10
平均（天）		1.77	1.59	1.67	1.65	2.06	2.28	2.21	2.51	2.18	2.75

［《上海中医杂志》，1982；(8)］

三香汤加减治疗癫狂证100例临床观察

陶　平

笔者在临诊中用三香汤加减治疗癫狂证多获良效，兹介绍如下。

一、临床资料

100例癫狂病人都由精神病院或专科确诊，男38例，女62例，农民43例，工人21例，待业青年16例，学生12例，教师3例，干部5例；年龄15～60岁，其中40岁以下者84例，病程半月至半年者52例，半年至一年者30例，一年以上至五年者10例，五年以上至10年者7例，10年以上者1例；其中24%有家族精神病史，有明显精神受刺激者占80%；均不同程度的表现出性情急躁、头痛失眠、两目怒视、奔走叫号、面红目赤、打人骂人、不避亲疏、表情淡漠、神志痴呆、精神抑郁、神思恍惚、语无伦次、哭笑无时、多疑易惊、不知秽洁、不思饮食等症状；其中属癫证者76例，属狂证者34例；西医确诊为精神分裂症者68例，其余为其它类型的精神病；全部患者以往都服过有关西药，部分用过针灸，服过中草药。

二、治疗方法

癫证用三香汤(《温病条辨》方)：瓜蒌壳、枳壳、桔梗、栀子、香鼓、郁金、降香，加菖蒲、远志、枣仁、淮小麦、红枣、胆南星为基础方加减治疗。狂证用三香汤加黄芩、生大黄、龙胆草、芦荟、胆南星、生铁落、生石膏、水牛角、菖蒲为基础方加减，同时另服安宫牛黄丸治疗。癫属阴证，狂属阳证，阴阳是对立统一而又互相转化的，这两类不同症候通过一定的条件也可以互相转化，或交替出现，当这种症情出现时将以上两方交换或交替使用治疗，巩固疗效用天王补心丹和香砂六君丸（早晚服天王补心丹、午服香砂六君丸并停其他药)，直至饮食香，睡眠好，体力完全恢复才可暂停。忌食辣椒、烟、酒等辛燥之品，并做好病人思想工作。

三、治疗结果

100例患者中临床治愈（精神症完全消失、对事物认识、判断、理解和分析能力达到健康时的水平，能坚持部分学习和工作）62例，占62%。好转（症状基本消失、能坚持部分学习和工作、但与健康时还有差距、需经常服药维持和巩固）29例，占29%。无效（症状无改善、给药困难、或家人无信心等原因而中断治疗）9例，占9%。总有效率91%。疗程最短者20天，最长者300天，平均82.1天，9例无效病例中，有6例病程在四年以上，病程越长，疗效越差。

四、病案举例

刘××，男，25岁，1976年6月10初诊。患者体魄健壮，性情急躁，气量狭窄，任性，经常失眠头痛，喜抽烟喝酒，家族有精神分裂症史。一月前因与同事闹纠纷后回家大量喝酒抽烟，叫骂不休，继则出现拳打家人，撕书摔碗，捣毁家具，沿街乱窜，经送重庆某精神病院诊为精神分裂症。服西药效果不显。症状如前，两目怒视，面红目赤，大便五天未解，小便黄，苔黄腻，脉弦滑数。证属湿热痰火郁结，上扰神明，蒙闭清窍，治拟解郁泻火、涤痰、镇心、开窍。药用瓜蒌65克、枳壳6克，桔梗10克、栀子45克、香鼓10克、郁金35克、降香6克、黄芩25克、生大黄35克、龙胆草20克、芦荟12克、胆南星25克、生铁落100克、生石膏250克、水牛角150克、菖蒲30克。药后第一天腹泻六次，三剂诸症大减。原方继进六剂，并另服安宫牛黄丸，服药后能安静睡觉，食量增加，神志基本清醒，以后在此方基础上加减调治两月余症状全部消失，令较长时期内服天王补心丹巩固。当今欲不好时同时另服香砂六君丸，随访三年，戒了烟酒，未再复发。

[《江西中医药》，1986；(3)]

从实际病例认识《温病条辨》“识证施治”的重要性

陈　斌　郭　海　龚婕宁

一、病例介绍

患者徐某，女，25岁，因“发热6天”于2008年7月11日入院。患者2008年7月5日无明显诱因出现发热畏寒，发热前有寒颤，最高体温为40.5℃，伴乏力明显，食纳欠佳，时有恶心呕吐，于外院就诊，查血常规示WBC3.6 $\times 10^9$/L，RBC3.85 $\times 10^{12}$/L，Hb 120g/L，PLT 173 $\times 10^9$/L，N 0.65，L 0.24。先后予头孢类抗生素及赖氨匹林治疗，效果不佳，仍有发热。近3日出现咳嗽，无痰，并有尿频尿急尿痛，胸腹部出现红色斑丘疹，无瘙痒，诉昨日起出现腹泻，黄色稀水样便，无明显腹痛，为进一步诊治收住我院。刻下：仍有畏寒发热，乏力明显，食纳欠佳，进食后有恶心呕吐，有尿频尿急尿痛，有咳嗽，无痰，无咽痛流涕，发热时有头痛不适及肌肉关节酸痛，大便稀溏，胸腹部有红色斑丘疹，无瘙痒，无体重明显改变。既往否认“结核”、“伤寒”等传染病史，2004年有“阑尾炎”切除术病史，有“青霉素”过敏史。体格检查：T 39.5℃，P 119次/min，R 18次/min，Bp 104/69mmHg。神志清楚，精神较萎，发育正常，形体消瘦，表情自如，面色苍白，自主体位，正常步态。胸腹部脐周见红色粟粒斑丘疹，压之退色，无瘙痒，未见其它异常体征。舌质红，舌苔厚白腻，脉象滑数。入院后查血常规示WBC 9.54 $\times 10^9$/L，RBC 3.95 $\times 10^{12}$/L，Hb 118g/L，PLT 138 $\times 10^9$/L，N 0.73，L 0.20。中医诊断：外感发热。西医诊断：发热待查，怀疑肺部感染、尿路感染、败血症。入院后给予加替沙星、头孢匹胺抗感染治疗，双黄连清热解毒，氢化可的松琥珀酸钠50mg对症处理。同时给予清营透热、凉血解毒兼化湿的中药：金银花18g，连翘18g，杏仁15g，竹叶18g，甘草5g，生地黄15g，丹皮18g，元参18g，黄芩15g，石膏30g，水牛角30g，知母15g，石菖蒲30g，薏苡仁15g。每日1剂，水煎分服。一直服至出院。7月12日查房，经上述处理后体温逐渐下降至正常，最高体温38.3℃，精神状态有所恢复。查体：神清，精神萎，浅表淋巴结未扪及肿大。胸腹部皮疹较前明显消退，双肺呼吸音稍粗，未闻及干湿性音。7月13日患者早晨体温37.4℃，患者自觉症状较前好转，食纳有所恢复，咳嗽不显，尿急尿痛亦有所好转，脐周皮疹已经消退。辅助检查：血常规示WBC 14 $\times 10^9$/L，RBC 4.24 $\times 10^{12}$/L，Hb 122g/L，PLT 229 $\times 10^9$/L，N 0.76，L 0.16；ESR 53mm/h。肝功能、电解质、大便常规正常。CRP 142mg/L。患者7月14日、15日未再发热，体温在37℃以下，精神状态明显改善，尿急尿痛亦减轻，食纳渐进，咳嗽不显，脐周皮疹不显。辅助检查：B超示阑尾区探查未见明显异常，胆壁毛糙；尿培养加药敏、肥达氏试验未见异常。患者PPD结果为阴性。7月16日未再发热，精神可，无尿急尿痛，食纳可，咳嗽不显，脐周皮疹已消退。晨起体温36.4℃，检查血沉85mm/h；WBC 8.16×10^9/L，RBC 3.52×10^{12}/L，Hb 100g/L，PLT 166×10^9/L，N 0.58。予以出院。随访1月未再复发。

二、讨论

1. 外感热病的治疗需正确识证　《伤寒论》和《温病条辨》系中医治疗外感热病的两部经典专著，“识证施治”思想源于张仲景《伤寒论》，吴鞠通《温病条辨》发扬了仲景“识证施治”思想。《温病条辨》中的“证”具有“证候”、“病”“、症状”和“证据”等多种含义，识证也称为认证，就是准确地认识证。吴鞠通认为中医治疗外感热病主要通过辨证—识证（病）—施治等三个步骤完成，辨证就是仔细辨别分析“病”、“症状”和“证据”等各种客观存在的症状体征，识证就是在此基础上再结合患者的具体患病、体质等情况共同研究，准确的认识患者客观存在的是那个证候或那几个证候，然后根据方证相应的原则给出正确处方施治。如吴氏在《温病条辨·凡例》中谓“是书着眼处，全在认证无差”，“细心体察，自无难识之证”。并且明确指出，“不求识证之真，而妄议药之可否，不可与言医也”，我们可以理解为“只有识证之真，才可议药”的“识证施治”宝贵思想是中医治疗外感热病的精髓所在。吴鞠通“识证施治”思想受到了现代著名中医学者黄煌教授的高度评价，黄煌教授认为“临证须辨疑似，治病首重识证”，黄煌教授在《经方杂谈》讲大青龙汤应用时强调“识证要准”。从该患者的具体病程看，发病初有“发热畏寒，发热前有寒颤，最高体温为40.5℃，伴乏力明显，食纳欠佳，时有恶心呕吐”，非常符合《伤寒论》“太阳病，或已发热，或未发热，必恶寒，体痛，呕逆，脉阴阳俱紧者，名为伤寒”的论述，应当是外感热病太阳病伤寒。外院就诊查血常规示WBC 3.6×10^9/L，RBC 3.85×10^{12}/L，Hb 120g/L，PLT 173×10^9/L，N 0.65，L 0.24。西医学应诊断为病毒感染发热。先后予头孢类抗生素及赖氨匹林等对症处理后，效果不佳，仍有发热，并出现咳嗽，无痰，并有尿频尿急尿痛，胸腹部出现红色斑丘疹，无瘙痒，后出现腹泻，黄色稀水样便，无明显腹痛，显然符合“伤寒一日，太阳受之，……颇欲吐，若躁烦，脉数急者，为传也”之条文。入院时畏寒发热，乏力明显，食纳欠佳，进食后有恶心呕吐，有尿频尿急尿痛，有咳嗽，无咳痰，无咽痛流涕，发热时有头痛不适及肌肉关节酸痛，大便稀溏，胸腹部出现红色斑丘疹，无瘙痒。体格检查示T 39.5℃，P 119次/min，胸腹部脐周见红色粟粒斑丘疹，压之退色，无瘙痒。未见其它异常体征，舌质红，舌苔厚白腻，脉象滑数。亦符合“太阴温病，不可发汗，发汗而汗不出者，必发斑疹，发斑者，化斑汤主之”。应当是邪热入里，阳明气分热盛，波及营分，气营（血）两燔的证候，治则应气营（血）两清。血常规检查示WBC 9.54×10^9/L，RBC 3.95×10^{12}/L，Hb 118g/L，PLT 138×10^9/L，N 0.73。L 0.20。最有可能是病毒感染并发细菌感染。由于患者具有肌肉关节酸痛，大便稀溏，尿频尿急尿痛，有咳嗽，舌苔厚白腻是兼夹湿邪。故治疗宜气营两清，清营透热，凉血解毒兼以化湿，从而取得良好效果，即使在7月13日血常规检查示WBC 14×10^9/L，N 0.76，CRP 142mg/L的情况下，病情未见反复，血象很快恢复正常，顺利出院。该患者从西医学看，发热至今已1周，伴随有咳嗽，尿频尿急，大便稀溏，并有乏力，畏寒寒颤等毒血症状。首先考虑为感染性疾病，尤其是细菌性感染，感染的部位首先考虑常见的呼吸道及泌尿道，且患者有相应的症状。但对于中医治疗则仍应遵循外感热病卫气营血整体治疗，需要准确认识患者所表现出的证，然后据证施方，灵活加减，而不应该仅仅认为是肺部感染或泌尿系统感染。

2. 识证是提高临床疗效的必然途径和选择

“识证施治”的思想认为传统中医治病过程是分为“辨证—认证（病）—施治”三个步骤完成的，“辨证”与“识证”是临床准确治疗疾病前的两个必不可少的步骤，他们所要解决的问题是完全不同的，辨证主要在宏观上解决治疗的方向、治疗原则，而识证主要是在上述辨证基础上解决微观的针对具体疾病和体质等因素处方用药的具体问题，是解决治疗准确性的重要环节，对于正确施治并且取得最佳疗效是至关重要的一个环节，只有准确的认识证，才能够进行治疗，才能够处方给药，强调医者的能力更为重要。“识证施治”是从具体到抽象再回到具体的思维过程，在这个过程中，则主要体现了治疗的“准确性”。而通常所讲的“辨证论治”强调的重心在辨和论，所以对于临床中出现的的各种症状都可以进行辨证，绝对不会或很少出现不能辨证的时候，强调为我所用，强调以既有的证采用辨证的思维去认识临床，对于临床出现的症状，要进行适当的取舍，为了符合自己需要的病史，症状和体征“去对号”，易出现片面、主观的弊病，尤其是初学者，经验较少，更易导致偏差。常见同一病证，不同医生可得出不同的结论。因此有人认为，辨证论治的偏执，多有臆测推量，不确定的片面因素。南京中医药大学黄煌教授认为“识证，识者，认也，没有客观的形象，希望通过推理去辨证，是不符合中医学科特点的”。“识证施治”以临床出现的客观的证（包括病等）为中心，强调客观存在，无论医者是否能够认识，它都是客观存在的，不因为医者的主观认识而改变。医生诊断疾病就是认识这些证，只有准确的认识了证，才能够处方用药，也就是“只有识证之真，才可议药”。如《温病条辨·下焦篇湿温》云：“治病之必先识证也”，并告诫后学“后世之失，一失于测证无方，认证不真，再失于有方无法”。识证不仅仅是在外感热病的治疗中，对于内伤杂病也同样强调识证，如《临证指南医案·凡例》所谓：“医道在乎识证”，清代名医喻昌在《寓意草》中谓“治病必先识病，识病然后议药，药者所以胜病者也”，吴鞠通《温病条辨·凡例》云：“俾学者知先识证而后有治病之法，先知有治病之法而后择用何方。……稍有不慎，即不见效，不可不详察也。”这些名家的论述都明确地表明能否确切地识证，直接关系到治疗的效果。诸位名家皆强调医生认识疾病的能力是非常重要的，是诊断治疗疾病的最核心因素，要注重提高医生的临床诊断技能水平。吴鞠通“认证施治”的思想不仅对外感热病治疗有着广泛的指导意义，而且对整个中医学都有着重要的指导意义，一定程度上可以说是对中医诊治疾病“追求准确性和最佳临床疗效”特点的高度概括，是提高临床疗效的必然途径和选择。

3. “识证施治”是提高中医教育质量的必然途径和选择

吴鞠通“识证施治”的思想对中医高等教育具有重要意义，认为医生认识疾病的能力是非常重要的，是诊断治疗疾病的最核心因素，注重提高医生的临床诊断技能水平。这对中医高等教育转变重点、提高中医高等教育的质量也具有重要意义。目前的中医高等教育，过分强调中医理论体系的学习，强调辨证“一定要辨为某一证型”，没有注重学生对于病和证认识的准确性，培养出来的学生往往理论上讲的很多，但面对具体的患者和病症时，往往给药达不到预想的疗效，这主要是精确性不够。有学者认为，辨证论治强调的“证”是阴阳表里脏腑寒热虚实，结果是教学上注重思辨性的东西，导致学生临床解决问题能力大大降低，从而严重影响了中医药的疗效……如果按照吴鞠通“识证施治”思想，加强学生临床认证的准确性，教师在教学活动中，要以教授疾病的诊断治疗技能为主，医学生在学习期间要努力提高自己诊断治疗水平，把全部中医高等教育的重点从理论学习转向学习精确的诊断治疗技能，就可以显著提高中医高等教育的质量。

综上所述，我们认为吴鞠通“识证施治”的思想可能就是中医学几千年相传的临床疾病诊治方法，“识证施治”强调证的客观性，以证为中心，充分发挥医者的积极性去认识证，在准确认识证的基础上，按照方证相应的原则施以相应的方药治疗，达到效如桴鼓的治疗效果。继承和发扬吴鞠通“识证施治”的思想，有利于中医理论的深化和临床疗效的提高，是培养中医高级人才和提高临床疗效的必然途径和选择。

［《中国中医急症》，2009；（4）］

清利法治湿证（节选）

时振声

清透表湿：湿热痹于肌表，关节红肿热痛，宜用此法。方如麻杏苡甘汤、宣痹汤。

病例：奚×，女性，17岁，学生，病历号14366。因发烧10天住院，体温38.4～38.6℃，脉细数，苔黄不厚，左手指关节红肿热痛，证属湿热痹证，曾服大秦艽汤四剂，体温不降，后改为麻杏苡甘汤合宣痹汤加减，药用：麻黄10克，杏仁10克，苡仁30克，甘草10克，防己18克，滑石12克，蚕砂18克，海桐皮12克，姜黄30克，知母12克，地龙12克，秦艽12克。服药二剂，体温正常，左手指关节红肿明显好转，一周后红肿全消，但心率仍快100次/分，血沉60毫米/小时，抗“O”1∶800，后将麻黄改为3克，加生地30克（后改用60克），十天后血沉降为30毫米/小时。

清热利湿：湿热证可按湿与热之孰多孰少，而以清热为主或是利湿主。如湿偏重者可用三仁汤之苦温淡渗之剂；如热偏重者可用黄芩滑石汤之苦寒淡渗之剂。

病例：马××，男性，29岁，工人，病历号197603。患者为血吸虫病，经西药治疗后发生肝区痛，最近查肝功能，谷丙转氨酶234单位，全身乏力，口黏口苦，口干不欲饮，纳食尚可，大便不成形，尿黄赤，并有齿龈出血，脉弦滑数，舌苔黄腻质暗红，证属肝热脾湿，拟清利肝脾湿热，方用黄芩滑石汤加减。黄芩12克，滑石24克，茯苓12克，蔻仁6克，茵陈30克，夏枯草12克，猪苓12克，通草6克，川楝子10克，元胡粉（冲）3克，生侧柏30克，炮姜炭2克。服药十二剂后，谷丙转氨酶正常，苔腻已退，口黏口苦消失，齿龈出血减轻，湿热基本消除。

［《温热病专辑》，1981；（11）］

湿热诸毒黄疸

刘渡舟

热重于湿型：

症状：一身面目悉黄，黄色鲜明如橘子色，身热心烦，脘痞泛恶，便结溺赤，舌红苔根黄腻，脉沉而数。

证候分析：本证发黄而色鲜明，伴有身热心烦，便结溺赤，属湿热郁蒸而热重于湿之候。因中焦湿热阻遏故脘痞泛恶；舌红苔根黄腻，乃热重之象。脉沉主里，数为容热。

治法：宣通三焦湿热，佐以甘辛寒清热。

方药：加味杏仁石膏汤。

杏仁10克，生石膏30克，半夏10克，栀子10克，黄柏10克，枳实6克，生姜汁10毫克（另兑），茵陈蒿30克。

方义：本方苦降辛开，佐以甘辛寒，为苦辛寒合法。方中以杏仁宣开肺气，使气化则湿化，生石膏辛寒以清热而养津，以栀子清三焦之火，黄柏清下焦湿热，以半夏、生姜汁辛开湿结，佐以茵陈退黄。

凡急慢性肝炎，出现黄疸而热重于湿者，可用此方治疗，用于昏迷前期，见湿热伤阴之象明显，亦可用本方略加甘寒养阴之品，以防止病情进一步恶化。

[案例] 刘君之子，年12岁。缘于暑天浴水捕鱼、上蒸下褥，即感寒热，继而身黄目黄溲黄俱现，黄而鲜明，如橘子，色陶腹热满，按之灼手，神烦口渴，渴不欲饮，恶心脘痞，便秘，舌边尖红欠津，苔黄腻，脉沉弦而数。经查：黄疸指数52单位，转氨酶350单位，辨证为阳黄。因上蒸下褥，热结于里，病发于阳明胃肠，气分邪热，郁遏灼津，尚未郁结血分。立苦辛寒法以清利湿热，重在清热，仿《温病条辨》杏仁石膏汤加味：茵陈蒿30克，杏仁12克（后下），生石膏30克，炒栀子12克，黄柏10克，半夏5克，生姜汁10毫升（另兑），连翘12克，赤小豆15克，药服十剂后，黄疸明显消退，寒热诸证均罢，后佐以和胃之品，共服三十余剂，诸症悉愈，肝功亦恢复正常。

[按语]《温病条辨》杏仁石膏汤，用治“黄疸脉沉中痞恶心，便结溺赤”的热重于湿之证。方中以清热为主，佐以燥湿宣通，本案即属热重于湿的黄疸证，故投入有效。何廉臣《重订广温热论》与《感证宝筏》言之甚详，值得师法。

[《肝病证治概要》，1985；(8)]

吴鞠通温病养阴思想探析及临床应用心得

范文杰

清代著名温病学家吴鞠通所著《温病条辨》溯源《内经》，效法仲景，师承叶桂，学验俱丰。书中倡导温病“始终以救阴精为主”，所论温病养阴法精辟完备，对后世温热病中养阴药的运用启迪颇多。本人不揣疏陋，试析其温病养阴学术思想，并总结临床应用心得。

一、辛凉保津养阴法

吴鞠通十分强调“预护其虚”，“防伤阴于前，治伤阴于后”，未见“津伤”、“阴亏”证，也要重视预防。针对温病初期，创立了辛凉保津护阴的治疗方法。温邪初入上焦，病势表浅，吴氏认为：“温病忌汗，汗之不惟不解，反生他患……自口鼻吸受而生，徒发其表亦无益也。”强调忌汗保津，宜采用辛凉平剂银翘散、辛凉轻剂桑菊饮轻煎频服，调和营卫，津液得布，自然透邪而不伤阴，称银翘散是“预护其虚”的妙方，两方中之芦根清热生津，最防邪入上焦损伤肺津；燥伤肺卫则以桑杏汤辛凉甘润透解燥邪，方中发散之品力缓而不伤正，沙参、梨皮生津而不恋邪，皆有预护其阴之妙。

邪渐入里，邪热旺盛，吴氏强调“退热而保津液”，称“非虎啸风生，金飓退热而不能保津也”，主张采用辛凉重剂，保津养阴。如邪热亢盛于肺经、胃经气分及暑犯阳明，气分热盛，出现“脉浮洪、舌黄、渴甚、大汗、面赤、恶热”等表现时，不仅热势已盛，而且津液已有明显耗伤，此时吴氏采用辛凉重剂之白虎汤，重用石膏辛寒解肌，配知母清热滋阴以保津液。若温邪热势虽退而肺胃津液已伤，症见口干舌燥，脉大出微喘，甚至鼻翼煽者，用白虎加人参汤；气血两燔，出现身热、心烦、口渴、不得卧、脉数舌绛者，用玉女煎去牛膝加玄参主之。此处白虎加人参汤偏重阳中求阴，吴氏谓：“浮大而芤，几于散矣，阴虚而阳不固也，补阴有鞭长莫及之虞，惟白虎退邪阳，人参固正阳，使阳能生阴，乃救化源欲绝之妙法也。”玉女煎去牛膝加玄参汤是变白虎加人参法为白虎加地黄，以生地黄易熟地黄，去牛膝加玄参，偏重壮水以制火，其要旨皆为白虎汤辛凉退热、保津护阴之义。

病例1　陈某，男，29岁。高热伴腮腺肿痛15天。患者15天前因感受春温致高热，最高体温达40.1℃，伴腮腺肿痛、口渴、身热、心烦、面赤、溲黄、便秘、食欲不振。曾就诊当地职工医院，诊断为“急性腮腺炎”，给予先锋Ⅵ、清开灵静脉滴注15天，仍高热，腮腺肿痛明显。求诊于余，查舌红绛，苔薄而黄腻，脉洪长。中医诊断：春温；辨证：热毒入营。治以护营养阴消肿。方用犀角地黄汤合玉女煎加减。处方：石膏120g，羚羊角丝2g，生地黄15g，知母12g，熟地黄15g，麦冬15g，牡丹皮12g，赤芍药15g，怀牛膝30g，砂仁6g。患者服药5剂，热尽退，便畅溲清，诸症皆轻。效不更方，加减用药月余，腮肿消而痊愈。

按　方中重用石膏辛凉保津为君药；易犀牛角为羚羊角丝，加强清营退热，为臣药；配合知母、熟地黄、麦冬滋阴补液；配合生地黄、牡丹皮、赤芍药清营凉血，活血消肿共为佐药；怀牛膝引热下行，反佐组方之寒凉而为使药；少佐砂仁健脾护胃，使药凉而不伤胃，寒而不碍行。本病案成功的关键在于围绕传统中医辨证思维，强调保津养阴，重用石膏，且突破了简单借鉴西医学病毒感染致病的影响，不拘泥清热解毒的用药思维。

二、甘寒增液养阴法

邪入中焦，耗伤脾胃之津较剧，吴氏多用甘寒增液、生津养阴的方法，所创制增液汤最能体现这种方法。增液汤出自《温病条辨》中焦篇第11条：“阳明温病，无上焦证，数日不大便，当下之，若其人阴素虚，不可行承气汤者，增液汤主之。”从原文看，增液汤只适用于素体阴虚，复患温病，肠道失润，燥屎内结的患者。并将此类便结形象地比喻为“无水舟停”，也将这一治法归纳为“增水行舟”法。使用增液汤“增水行舟”仅见于中焦篇，似为温病津亏，燥屎内结之中焦证专设，其实《温病条辨》通篇都取增液汤甘寒增液养阴之义，灵活化裁变为他方广泛应用。如在中焦，阳明温病，但发热、口渴、无汗出，里无热结，证属气分。其中无汗的形成，考虑或由于误用汗下伤津，或热邪内炽耗阴，以致汗源不足。此时治疗既要清热泻火，又要补津液之不足。吴氏在苦寒泻火药中加入增液汤，既能甘寒增液养阴，又能防苦寒伤阴。如中焦第14条之清燥汤，中焦第29条冬地三黄汤，都体现这一组方原理。温病在营分、血分，未有不伤阴液者，故养阴在这一阶段的治疗中尤为重要，这时吴氏也不忘采用甘寒增液养阴法。如中焦第20条：“阳明温病，舌黄燥，肉色绛，不渴者，邪在血分，清营汤主之。”清营汤中采用增液汤甘寒增液养阴，与方中辛凉、咸寒之品合力清营凉血，壮水制火，使热清阴复。此外，在上焦病和下焦病的治疗中多取其甘寒增液养阴之义，据药性加减使用增液汤。因病在上焦，而生地黄为中下焦之药，用之有引邪深入之嫌，故常去生地黄。如上焦篇第16条：“太阴温病，不可发汗，发汗而汗不出者，必发斑疹，汗出过多者，必神昏谵语……清营汤主之。”上焦篇第53条论述由肺疟逆传心包络形成的心疟，其受邪浅者，治疗亦用辛凉透邪之品，加上养阴之玄参、麦冬而成。在下焦篇中，配伍运用增液汤方药的条文多达20余条，有6首方剂，也是存义减药使用，均去掉了玄参，仅以生地黄、麦冬入药者。去玄参的原因恐与其味苦、燥伤阴液之嫌有关。

病例2　王某，女，24岁，大学生。大便秘结3年余，5日至7日1行，且大便干结如粟状，现已十余日未行；伴烦闷、头晕、口苦、腹胀、纳呆。就诊于当地某医院，检查示结肠传输试验异常，排粪造影正常。考虑为：结肠慢传输型便秘。拟予手术治疗，患者拒绝。就诊时查舌苔黄燥，脉弦细。中医诊断：便秘；辨证：阴虚津枯；治法：甘寒增液、养阴润肠。处方：生地黄60g，麦冬60g，火麻仁（打碎）、郁李仁（打碎）各30g，玄参15g，肉苁蓉、枳实、厚朴各10g。6剂，每日1剂，水煎灌肠，另1剂水煎内服。3日后大便通畅，诸症随之减轻。用原方制成丸药，治疗2个月，并嘱配合饮食及调适学习压力，注意体育锻炼。治疗期间，大便均正常，无不适症状。停药1年后随访，已无便秘之苦。

按　本方未简单采用大黄、番泻叶等刺激性泻药，而是用甘寒养阴、增液行舟之法，重用生地黄、麦冬甘寒增液，火麻仁、郁李仁润肠通便，肉苁蓉阳中求阴，使生地黄、麦冬等寒而不凝，润而不腻，通而不泄。诸药配合从根本上改善了肠道“传导之官”的功能。

三、咸寒复脉养阴法

若温邪传至下焦，灼伤肝肾之阴，致肝肾阴虚。吴氏主张采用咸寒复脉养阴之法，以复脉汤为代表方剂。如下焦篇第4条云：“劳倦内伤，复感温病，六、七日以外不解者，宜复脉法。”并指出：“温病已汗而不得汗，已下而热不退，六、七日以外脉尚燥盛者，重与复脉汤。”如见身热面赤、口干舌燥、脉虚大、手足心热等一派阴精亏损、虚热内扰之象，用加减复脉汤；热邪深入少阴，阴虚阳亢，致心中烦、不得卧者，用黄连阿胶汤泻南补北；若见夜热早凉，热退无汗，伴舌红少苔、口干舌燥者，用青蒿鳖甲汤以清络搜邪；阴虚动风，兼见瘛疭痉厥者，用三甲复脉汤、大定风珠以滋阴熄风。五脏以肾为本，肾为水脏，统管五液，温病津枯液竭，多由邪热伤肾，采用甘寒生津之品，药轻力弱，多难奏效。咸寒药尤其血肉有情之鳖甲、龟板、阿胶等，质重入肾，滋阴柔肝，补髓填精，潜阳熄风，又无碍祛邪，最能使下焦脉复阴生。

病例3　吴某，女，56岁。咳嗽喘促年余，加重伴汗出异常、低热月余。患者于就诊前年余，出现咳嗽喘促，伴胸闷咯痰，呼吸艰涩，痰黏色白，就诊于当地医院，经CT诊断为“间质性肺炎”，先后给予强的松、环磷酰胺、硫唑嘌呤等口服，咳嗽气喘症状有所改善。但近1个月来，因外感风热出现盗汗、自汗、低热，体温波动在37.3℃～38.5℃之间，伴乏力、胸闷气短、烦躁，间断咳嗽，咯痰不畅，无明显恶寒，无头痛，无鼻塞流涕。为求中西医结合治疗来诊。查舌质红绛，地图舌，脉沉细而躁。中医诊断：虚劳复感温邪；辨证：肝肾阴亏，痰热阻络；治法：咸寒复脉、化痰通络。方用青蒿鳖甲汤加减：青蒿15g，鳖甲15g，生地黄30g，知母12g，牡丹皮12g，百合30g，山慈菇12g，紫菀15g，芦根30g，桔梗6g，浙贝母12g，桃仁12g，红花12g，瘪桃干15g，麻黄根12g，浮小麦30g，甘草6g。7剂，水煎内服，每日1剂。药用1周，低热、盗汗明显好转，在原方基础上，加以大补宗气之品，佐以健脾化痰之药，患者余症渐平。原方改为丸药缓图，并嘱畅情志，调饮食，适运动。丸药服用半年后随访，诸症平稳，少有加重，守方巩固疗效。

按　本患者肺脏损伤既久，肺阴不足，复感温邪，蕴热炼津成痰，肺金损伤，金不生水，肾水渐衰。加之长期服用西药，药毒伤阴，阴损明显。本方采用吴氏咸寒复脉的养阴思想，不仅有效改善了盗汗、乏力等证候，而且培水生金，有效改善间质性肺炎的临床症状。法取“劳倦内伤，复感温病，六、七日以外不解者，宜复脉法”获效。

当然，上述总结的辛凉保津养阴法、甘寒增液养阴法、咸寒复脉养阴法仅是吴鞠通常用养阴大法，并不能涵盖其全面的温病养阴学术思想。深入探究其温病养阴学术思想，不仅对于后学者全面继承和发扬其学术思想，提高温病的诊治水平有重要的意义，也对中医临床治疗热证、阴虚证、血虚证等灵活运用养阴药提供很多启发，值得进一步研究。

[《上海中医药杂志》，2009；(6)]

温病夹证辨治经验

黄星楼　于　格

清戴麟郊《广温热论》〔注〕是一部伏气温病专著。该论首辨温热本证，次及兼证、夹证（有五兼、十夹之说），逐类详审，足以羽翼叶氏《温热论》。根据笔者多年临床实践，认为在治疗温热病时，如能掌握戴氏之说，则临症自能应付裕如而不乱。现就笔者的临床实践体会重点讨论温热病夹证的辨治经验。

一、玉兼、十夹的内容与夹证的证治要点

五兼：有兼风、兼寒、兼暑、兼疟、兼痢五种（至晚清何廉臣氏《重订广温热论》则增加兼湿、兼燥、兼毒三种，扩而为八兼）。所谓兼者，是指感受时令、时行之气而同时发病的新感之邪。温热伏邪为本，而他邪则大多为其诱发因素，其治疗以温热伏邪为主，而略治他邪。

十夹：如夹痰水、夹食滞、夹气滞、夹蓄血、夹脾虚、夹肾虚、夹诸亡血、夹哮喘、夹胃病、夹疝气。它是温热伏邪与内科杂症交错发病的复杂证候，故其辨治较之一般温热本证为难。夹证有虚有实，如夹痰饮、食滞、气郁、蓄血等属实；夹脾虚、肾虚及诸失血等属虚。对于夹实者，宜先清理夹邪而后郁热伏邪始能透发；夹虚者则以治温热为主，养正为辅，“切不可养正而遗邪”。其它如夹有哮喘、胃痛等旧病者则应先治温热，热退则旧病自已。以上是治疗温热夹症的一般原则。

二、常见夹证的辨治

夹食滞：温热病夹食滞者临床最为多见。往往由于发病初期胃纳尚好，不注意节食，或在病前有暴饮暴食。至病程中期肠胃积热，气机郁闭而出现烦躁懊侬、呕逆吞酸嗳腐气、腹满痞闷之症，如不及时给予宣达消导，则郁热积滞无所疏泄，二邪相互为虐，进而“阳明燥结”，内闭而为神昏谵语发狂。其辨证必须与“热入心包”相鉴别。凡夹食滞者，必兼有胸脘痞满，按之坚痛。治疗一般掌握“在胃宜消，在肠宜下”的原则，于清解温热中参用辛开消导之品。轻则桔、蔻、楂、曲、莱菔子，重则枳、朴、青皮，使膈间阳气宣达，则热症自解。如宿食积滞由胃而肠，症见“阳明燥结”，具有“当下”、“急下”之指征者，必须及时下之，随证选用枳实导滞、调胃承气之类荡涤肠胃。若此时急于清火而忽于里滞，则阳明之燥热反而冰伏不得透发，里实壅结越重。

案病举例：缪某，男，32岁。

初诊：温邪宿食互结阳明，故蒸热汗出；胃热上熏心脑，则神志半明半昧。满腹胀痛，呼吸喘粗，胸前红疹隐现，舌质红而苔板厚，脉象洪大，体温39℃。拟方清营透气，佐以消导。

银花12克、连翘12克、淡竹茹9克、青子芩9克、青蒿梗9克、赤芍9克、生枳实5克、莱菔子6克、薄荷叶5克、生石膏24克、桑叶4克，一剂。

二、三诊：温邪大症，今经十天，体温稽留在39～39.5℃之间。神志明少昧多，时作太息，舌苔燥黄中灰，脉象沉实而数，腹胀不喜手按，或谓用承气下之，似可考虑，但尚未达急下之际耳。姑拟白虎、清营、小陷胸合法。

薄荷叶3克、生石膏30克、肥知母9克、川连2克、生蒌仁12克、生枳实6克、连翘12克、丹皮6克、鲜生地18克、石菖蒲3克、朱灯芯2克、鲜芦根60克、竹叶卷心30支，一剂。

四诊：面目俱赤，舌短神糊，撮空捻衣，小便自遗，腹胀拒按，苔灰糙，脉洪大，阳明腑实证具。病入危笃之境，与其坐观败变，莫如破釜沉舟。

鲜生地24克、连心麦冬9克、元参心9克、天花粉9克、带心连翘12克、生石膏30克、生军（后下）9克、元明粉（后下）12克、广郁金9克、鲜芦根60克（去节）、竹叶卷心30支，一剂。

五诊：昨进增液承气合竹叶石膏，得大便两次，黄黑如栗，外裹黏液。舌能伸出，可以应答，脉象较昨平和，苔微黑欠润，小便黄赤而浑，体温37.7℃，阳明腑气已通，温热之气稍煞。

前方去生军、元明粉加开泄痰浊之品，再服两剂体温正常而告愈。

夹痰饮：温热病夹痰夹饮者，往往内外合邪，最多经络脏腑纠结之症。饮入于胃，经肺胃之火蒸变而稠浊者为痰，未经蒸变而清稀者为饮。痰与饮名虽异而实为一物，所不同者，痰从火化，饮为寒凝。证治各异其途，不可不辨。根据笔者体会，一般温热病初起，可以无痰，至中后期则往往因热邪炼液而成痰，故温热病夹痰者，可因热益盛而痰益壅，痰益壅则热复增。轻者神烦不寐，重者痰厥昏迷。张山雷谓："热在阳明，而为神昏，或为痰气郁结，或为燥矢之未行，确是闭证。"对于此证，必须早用苦辛通阳、开窍泄痰之药以豁痰清心，切忌甘润滋腻及香窜诸药。

病案举例：刘某某，男，33岁。

初诊：暑邪内伏，蕴郁阳明，阳明为成温之薮，每多化热化火，火炼液而为痰，热得痰而愈炽，蒸脑逼神，神失主宰，致身热烦躁，捻衣摸床，时有错语，口干思饮，昼夜少寐，小便短赤，舌质红，苔布薄黄，脉象滑数有力。上午腋下检温38.7℃。脉证合参，此乃伏暑夹痰火之重候，亟以白虎合玳瑁郁金汤加减，冀勿歧变。

生石膏30克、川连3克、带心连翘12克、肥知母10克、生山栀10克、生蒌皮10克、粉丹皮12克、淡竹茹12克、鲜竹叶50片。

二、三诊：上方加大荸荠、海蜇（雪羹汤）。

四诊后痰火得退，病情好转。

至于夹饮者，往往多为素有伏饮之人，又感温邪而发病。因饮为寒凝，水气较重，水气郁遏热邪，阳气受困，故往往其热不壮而病情沉困。治法总宜于解表清里药中参用辛燥宣阳利水之品，迨水饮去，而郁遏之邪热得到透发，然后才能议攻议凉。否则纯用辛凉发散，表不能解而转见沉困；早用苦寒清里，热越伏而转为昏愦。至于甘润滋阴，更为不宜，要知饮为阴盛之病，与阴虚有别。

病案举例：钱某，男，52岁。

初诊：温邪夹痰饮，延今一月之多。体温时升时降，咳唾痰水，黏韧如胶，心中懊侬，大便溏泄，舌苔腻白兼淡黄，脉来沉小，体温39℃，水气郁遏热邪，阳气被困，治宜芳香淡渗，清宣利气，追水气去，郁遏发，而热自解。

杏苡仁（各）9克、嫩射干5克、象贝母9克、薄桔红5克、白蔻仁（后下）3克、冬瓜仁12克、法半夏5克、石菖蒲5克、西茵陈6克、玉枢丹1粒（研吞服）。

二、三诊（略）

四诊：舌苔渐疏，胸前白瘖时隐时现，仍咳痰盈盂，胁痛，腹痛得矢气则松，体温38.4℃。都由饮浊胶结太重，延非所宜。

杏茵仁（各）9克、白蔻仁（后下）3克、法半夏5克、陈胆星5克、厚朴2.5克、冬瓜仁9克、陈香梅皮5克、路路通9克、嫩射干5克、涤饮散9克（两次吞服）。

三剂后体温下降，调理而愈。

按：案中涤饮散系兴化赵双湖（海仙）方，以大戟、甘遂、芫花煎液，泡制于术，研末备用。涤饮而不伤正，反应较十枣汤为小。

夹湿：温热病夹湿者，辨治与湿温相同，从略。

夹脾虚：素体脾胃虚弱而感温邪者，在治疗上较为棘手。盖夹脾虚者，中气内虚，热盛灼津。在表不能作汗，汗之而气随汗脱；在里不任攻下，下之则气随下陷。故治此病要权衡标本，用药中病即止。一般应掌握，汗不强汗，解表必兼养正；下勿轻下，攻里必兼顾本；凉不纯凉，清凉中要注意益气养胃的原则。切忌香燥耗气及苦寒伤胃之药。

病案举例：余某，男，45岁。

初诊：宿有久泻脾虚，近加时邪外束，恶寒发热而热多寒少，头疼身重，大便溏薄日三、四行，舌苔白，尖红边有齿痕，脉弦缓，方用轻清宣透之法。

藿香10克、苦桔梗5克、大豆卷10克、杏苡仁（各）10克、赤苓10克、采云曲10克、薄荷5克、新会皮5克、炒于术10克，二剂。

二诊：寒罢而热未解，四肢困倦，胸闷泛恶，渴不喜饮，腹中漉漉，大便仍溏，舌质红而苔白腻，体温38.8℃。脾虚而湿热郁伏，清阳不振所致。

大豆卷12克、炒山栀5克、赤苓10克、杏苡仁（各）10克、白蔻仁（后下）2.5克、茅术6克、大腹皮10克、晚蚕砂（包）10克、佩藿梗（各）10克，二剂。

三诊后湿邪渐透，热势增高，改方用大剂辛凉复苦寒而愈。

夹失血：指温病中出现吐血、咯血、便血、溺血等症。缘于温热伤络，络伤则血溢所致。宜用清热凉血以清营宁络，直至苦寒泻火而“釜底抽薪”。在大失血后，要随时注意“气随血脱”，可速用铱阴煎（方见《景岳全书》）以益气固脱、滋阴纳阳以救之，随后治温病本证。诸失血症，血止之后，还要适当选用祛瘀通络之药防止留痕为患。温病夹失血的治疗与一般失血不同之处，在于必须掌握温热病的特点，不可一味固涩止血而留恋热邪。

病案举例：朱某，女，32岁。

身热而形寒三日，衄血如涌，口鼻俱出，入夜烦躁不安，口干不欲多饮，脉濡而数，舌尖边俱红，苔薄黄微腻，伏暑之邪在营，逼血妄行。温邪夹血，大忌骤进滋阴止涩，恐热邪不得从气分发越也。

炒荆芥10克、桑叶10克、银花10克、连翘10克、侧柏炭10克、粉丹皮10克、炒山桅10克、豆豉10克、薄荷叶10克、白茅根30克。

二剂而寒罢、血止，体温增至39.3℃，口渴欲饮。改方去荆芥、薄荷、侧柏叶、豆豉，加生石膏、知母、生甘草，二剂热退而安。

徐某，女，31岁。

患湿温病至第十六天，出现大便下血，给予大剂凉血止血，救阴泄邪而脱险。

五诊（前数诊从略）：表热不扬，下午体温38.4℃，今晨粪便混有少量黯血，可知热邪深入，化燥伤营，阴络损伤而血下溢，有大出血之虞。拟方苦寒清肠，以防血继续涌出。

黄连3克、黄芩10克、炒白芍10克、炒银花15克、炒侧柏叶10克、生地榆12克、炒白薇10克、肥知母10克、白茅根30克、炒丹皮6克、藕节炭15克，一剂。

六诊：体温38.6℃，便血越来越多，其色颇鲜，所幸脉象平和，精神尚好。血得热则妄行，以犀角地黄汤损益，希血先止。

鲜生地30克、炒丹皮10克、炒白芍12克、仙鹤草15克、炒银花15克、炒侧柏叶10克、炒蒲黄10克、清阿胶（另溶冲服）12克，二剂。

七、八诊：便血止，下午体温37.3℃，脉来柔和，苔微腻，知饥思餐。热势纠缠有日，复加大便下血，大险虽过，宜虑亡阴，幸而体素不弱，将息得宜，不难康复。

肥知母10克、天花粉10克、炒黄豆卷10克、川贝母10克、冬瓜仁10克、粉丹皮9克、石斛12克、生白扁豆10克、天竺黄10克、东白薇10克、生谷芽10克、地粟（拍）5枚，三剂。

夹肾虚：温病夹肾虚者，须分“肾阳虚”、“肾阴虚”，一般以“肾阴虚”为多见。其特点是发病之后，很快表现阴亏津耗，热势燎原。故夹肾阴虚者，即使出现卫分证，用药亦宜顾及肾阴，可在清解表邪方中加入生地、知母、玉竹等清养阴液之药。俞根初加减葳蕤汤即为此等证立法。如若肾阴素虚之人，病温而又夹有湿邪者，用药亦应慎重，既忌苦寒辛燥，又忌阴柔滋腻，可用六味地黄丸以知母易生地。至于“久病阴亏，穷必及肾”者，则按吴鞠通《温病条辨》下焦病辨治。

病案举例：叶某，男，36岁。

素患消渴，肾阴大伤，近感暑温，阳热之邪独亢，发热五天不退，口干齿燥，虽引饮而不解渴，小溲色黄微混，午后时有凛寒，夜间烦躁不寐，脉象细数而虚，舌质干绛少津，拟玉女煎加味，清滋胃阴，生津液以济肾精之源。

生石膏30克、知母10克、生地15克、玉竹15克、天花粉15克、石斛15克、大连翘15克、银花20克、鸡苏散（包）12克、青蒿梗12克、鲜竹叶20片、芦根尺许。

二剂后热退渴减，再以原方损易，两诊而暑温痊愈。

一般而论，温热病必待汗、清、下而后解，然肾阳虚者中阳亦多不足，叶天士谓：“强汗劫津而伤阳，妄下劫液更亡阴”，不能“必以攻下，希图泄热”了事，故温热病夹肾阳虚之用汗、清、下法，必须照顾脾肾之阳，以“轻可去实”，轻清宣达为主。《丁甘仁医案》中载一风温病因叠投辛凉清解，使“其邪不得从阳明而解，反而内陷少阴”而致“嗜寐神迷，汗多肢凉，脉象沉细”之少阴证(《清代名医医案精华·丁甘仁医案》)，读之可资借鉴。

上述温病夹证的辨治，是笔者学习前辈经验结合临床实践的体会，错误之处，请予批评指正。

［《江苏中医杂志》，1981；(2)］

毛德西治疗暑病经验举隅

毛开颜

毛德西教授系全国第三批名中医专家学术经验继承工作指导老师，笔者作为学术继承人，在跟师期间领悟颇多。特别是毛师仿温病治法治疗暑病，或兼祛湿、或兼健脾、或兼解毒、或兼养阴，效如桴鼓。今就毛师经验，加以收集整理及分析，介绍如下。

夏季，火气当令，气候炎热，雨水较多；加之贪饮纳凉，蚊虫叮咬，所以暑病多有夹湿、夹食、夹毒及耗伤气阴的特点。

一、暑湿表证

柴某，男，17岁。于麦收后返校途中，突受雨淋。遂感发热恶冷，头痛，身困，不思食，咽痛。查：体温38.6℃，白细胞$8.4\times10^9/L$，中性58%，淋巴42%。舌苔黄腻，脉浮细数。此为暑湿表证。拟祛暑解表，芳香化湿法。取《温病条辨》新加香薷饮加味治之，药用：香薷10g，厚朴花10g，白扁豆花10g，金银花30g，净连翘15g。加青蒿30g，荆芥10g。服1剂后，肌表续续汗出，体温降至37.5℃。上方去荆芥，继服2剂。体温36.8℃，头痛止，喜饮食，余症悉除。

按　本例感受暑湿，邪郁肌表。非辛凉无以解暑，非辛温无以除湿。吴鞠通用“辛温复辛凉法”，立新加香薷饮治之。方中香薷有“夏月麻黄”之称，芳香辛温，祛暑化湿力胜，列为主药。合厚朴（毛师喜用厚朴花，减其温燥伤阴之弊）燥湿理气，再以金银花、净连翘、白扁豆花清热涤暑。药仅5味，辛温与辛凉合于一方，看似矛盾，但在辛散流动中，温可疏散肌表之湿，凉可透解腠理之热，相反相成，共奏清暑化湿之功。老师指出加青蒿，意在加重辛凉透表，加荆芥，力求快速透肌退热。若暑湿汗出不止者，不可用之。

二、暑温伤肺

张某，女，36岁。自述患病已10余天。初起身热恶风，咳嗽咽痛，自服解热镇痛药，身热咽痛好转，因忙于夏种，未再治疗。刻诊：咳声频频，咯黄白色黏痰，伴有喘促，口渴多汗，尿赤便秘。舌苔干腻少津，六脉浮大而数。此为暑温伤肺证。拟宣肺通腑法，取《温病条辨》宣白承气汤加味治之。药用：炒杏仁10g，瓜蒌皮10g，生石膏30g，生大黄（后下）6g。加芦根30g，鱼腥草30g。水煎服。连服3剂，咳痰减轻，大便通顺。但仍口渴，继用上方加北沙参30g，黄芩6g，服5剂而愈。

按　本例初感暑温，经用解热药，表证虽减，但暑温之邪未除，渐次入里，出现肺热咳喘，并见尿赤便秘腑气不通之征，故用攻下合宣肺的脏腑合治法，选《温病条辨》宣白承气汤治之。以杏仁、石膏宣解肺气之热，瓜蒌皮宣散肺络之痰；大黄逐肠道之热结。加用芦根意在生津清肺，通利小便；鱼腥草清肺解毒，老师说民间用此药治疗痔疮，可知此物又解大肠之热毒。如此上清肺热，下通腑气，更有利于肺脏的清肃与开合。后加北沙参增液，以免暑温伤阴之弊；黄芩直入肺经清余热，以断复发之虞。

三、暑湿伤脾

陈某，男，8岁。暑期与小朋友在烈日下玩耍，口渴时恣饮冷水，晚食瓜果。至夜出现烦热吐泻，且有乱语。其父从电话中告知患儿病情。嘱其：测体温为37.8℃，观其舌苔白而滑。即拟方如下：干姜10g，肉桂5g，炒杏仁5g，生甘草5g（以上4味为大顺散方药），加藿香10g，鲜马齿苋30g，砂仁5g。水煎3次，每次煎沸20min，头煎取300mL饮服，2煎、3煎各取200mL饮服。3h服用1次。至翌日9时，电话中得知，患儿服头煎后，吐泻已止，精神转安。服2煎后，体温37.2℃。3煎服后，患儿安稳，已无痛苦。

按 毛师对于夏季贪食生冷而引起的急性吐泻，每用大顺散取效。大顺散出自《太平惠民和剂局方》，“为治暑天内伤冷饮之方”。清·雷丰引申为“治冒暑伏热，引饮过多，脾胃受湿，霍乱吐泻。”（《时病论》）。方中干姜、肉桂散寒燥湿，杏仁、甘草利气调脾。加入藿香解暑和中，砂仁理脾化湿，取马齿苋“清暑热，消积滞”（《滇南本草》），且此物对大肠杆菌，痢疾杆菌等有着显著抗菌作用，作为蔬菜药用，也较安全。本例外受暑热，内伤生冷，致脾阳下陷，胃浊上逆，遂生吐泻。正合大顺散药物所治，故投之立愈。

四、暑伤气阴

云某，女，68岁。端午节走亲访友，汗泄过多，返家后，气喘不宁，四肢不温，目不欲睁，神识迷糊，示意口渴。舌质红绛而苔白薄干，六脉细数，按之似无。查体温36.8℃，血压90/55mmHg，心率96次/min，心电图正常。此暑伤气阴证。急拟益气养阴法治之。予生脉散加味。药用：西洋参（另煎兑服）15g，麦冬30g，五味子10g，加山茱萸30g。水煎取液，续续饮之。1剂后，神识转清，四肢暖和，脉变细缓。血压105/60mmHg。但舌干口渴未解。继用上方，唯用粳米50g煮汤取液，代水煎药，以复肺胃之阴。服2剂，口渴解，苔有津液，诸症皆失。

按 本例所发，正值芒种之后，气温偏高，汗出较多，加之年高操劳，所发近乎脱证。故急用生脉散救之。方用西洋参大补元气，又能生津；麦冬养阴；五味子敛津。药入心肺，可以“贯心脉而行呼吸焉”。另加山茱萸涩精气固虚脱，毛师指出：“山茱萸救脱之力，较参术芪更胜。”配入生脉散中，使益气生津固脱之力更捷。若大汗淋漓，四肢厥逆，病至阳脱，则当取《伤寒论》四逆汤加人参救之，非生脉散所能及也。

五、暑季皮炎

蔡某，女，15岁。就诊时自述5天前，两下肢被蚊子叮咬，遂出现红色丘疹，瘙痒难忍，用手抓挠后呈片状红肿，个别丘疹有黄色分泌物。其脉浮滑，舌质红赤。证属暑季蚊虫叮咬后虫毒生风，侵淫营分。治宜清热解毒，凉血祛风。用消毒化毒汤加味治之。药用：荆芥10g，防风10g，黄芩10g，牛蒡子10g，知母10g，生石膏30g，生大黄6g，生甘草10g，生姜5g，葱白5g。服3剂后，丘疹退去大半，但热感明显，上方加入苦参10g，徐长卿10g。服5剂，丘疹消退，瘙痒已除。

按 消毒化毒汤出自民国田净意《瘟疫安怀集》，原方所治为“瘟疫微毒，表传皮肤，形如疥癣，痒不可当，破出黄水”，病由“疫邪羁留皮肤间”所引起。对于蚊虫叮咬后引起的继发性感染或局部淋巴结肿大，疗效良好。方中荆芥、防风祛卫分之风毒，黄芩、牛蒡子祛气分之温毒，知母、石膏祛营分之热毒，大黄有凉血排毒之功，甘草、生姜、葱白则有调和营卫，解毒透表之力。全方共奏祛风解毒、清热（暑）凉血的功效。老师加入苦参、徐长卿二味，意在增强方药解毒之力。若湿毒明显，还可加入赤小豆、薏苡仁等。

［《辽宁中医杂志》，2007；（8）］

略论温病昏迷的证治

王　琦

温病昏迷的出现，标志着疾病进入垂危阶段。祖国医学在长期的医疗实践中，对温病昏迷的认识和治疗积累了丰富的理论知识和经验。近年来，各地在治疗乙型脑炎、肺炎、急性菌痢等许多急性热病昏迷的过程中，运用中医理、法、方、药，对提高治愈率，降低死亡率，有着重要的意义。

本文仅就学习温病学及临床实践体会，将温病昏迷，分为热邪内陷、腑热上冲、瘀热阻窍、湿热蒙蔽、阴竭阳脱五种证型。对其证候表现、病机、治法、主要方药等作一论述，并附以验案，参以心得，及有关名老中医的经验供同道参考。

一、热邪内陷型

此型多见高热神昏，谵语烦躁，（或昏睡不语）痰壅气粗，唇干舌謇，肢厥，便结溲赤，舌质红绛，苔黄燥，脉细滑数，或斑疹衄血。此症起病急骤，来势凶险，多由温热之邪炽盛，燔灼营血，内陷心包所致。治当清热凉血，开窍醒神。用清宫汤送服安宫牛黄丸或至宝丹、紫雪丹等。若热邪引动肝风，筋脉瘛疭，则以羚羊钩藤汤送服紫雪丹凉肝熄风，清热开窍。若温疫、温毒、热毒壅盛，充斥气血三焦，症见壮热烦渴，口秽喷人，头痛如劈，谵狂不安，斑疹紫黑，吐血衄血，舌黄焦躁，舌质紫绛等。则以大剂清热解毒之品，以清解气血热毒，用犀角地黄汤或喻氏清瘟败毒饮并选用“三宝”。

［例1］流行性脑脊髓膜炎脑膜炎期：吴××，女，29岁，初诊1964年3月3日。产后五日。新产当日发生“流脑”，经附近诊所用SD及氢化可的松治疗，症情未控制。入院时T38.9℃，神识朦胧，全身僵直，颈项强直，头痛剧烈，口唇及舌尖满布疱疹及溃疡，克匿氏征（+），听诊：心跳规则，有Ⅱ级收缩期吹风样杂音，肺（-），腹（-），实验室检查：白细胞总数31400/mm^3，脑脊液：压力增高，呈射出状，外观毛玻璃状，蛋白（++），细胞数21100/mm^3，糖未测出，小便：呈血尿，镜检有多量红血球及磺胺结晶体，遂停西药用中药治疗。

新产病温，疫毒扰于神明，邪热耗液动血，神昏谵语，周身瘀斑多处，唇干舌燥，口渴，小溲热痛，夹血，舌质红绛，两脉细数，拟方清热败毒，兼以滑利止血。龙胆清脑汤加飞滑石9克，小蓟9克，白茅根30克（代水煎药），两剂，12小时服完。药后18小时，体温降至37.8℃，神志渐清，头痛亦减，舌苔稍有润意，小便频频，颜色逐次转淡。惟口渴不解，大便不行，两脉滑数，改用龙胆清脑汤加天花粉15克，全瓜蒌1枚，大贝母9克，苦丁茶4.5克，两帖，分四次服。三诊时体温降至37.3℃，神识全清，夜间解黏黑臭粪，舌前有新苔萌生，两脉虚软，改拟养阴善后而愈。出院时脑脊髓液检查：透明无色、弱碱性，潘氏试验（-），蛋白（-），白血球计数20/mm^3，糖定量30/200毫升。

按：龙胆清脑汤系笔者自拟方。方由龙胆草、大青叶、连翘、山栀、黄芩、黄连、石膏、生地、丹皮、玄参、天麻、石决明、杭菊花等14药配伍组成，实从龙胆泻肝汤合清瘟败毒饮化裁而来。喻氏清瘟败毒饮原书指征为：身壮热，头痛如劈，烦躁若狂，神昏谵语，大渴引饮，甚则发斑吐衄，舌红唇焦，六脉沉细而数，或沉而数，或浮大而疾数。上述叙证中已有许多符合本例“流脑”的症状，故合清热解毒、凉血救阴、平肝熄风为一方，投治本病。

附论：热陷心包，其先兆症状每多见高热，烦躁不宁，舌尖红绛，此时即当注意热逼营分，内闭之变。再当究其病机，不惟热盛，且有痰浊。叶天士所谓“平素心虚有痰，外热一陷，里络就闭”（《外感温热篇》），故又有“痰热蒙蔽心包”之称。临床则当以清营凉血，豁痰开窍并用。

开窍法是治疗热陷心包的常用法则。号称“三宝”的安宫牛黄丸、至宝丹、紫雪丹是常用之方。然其配伍有异，功各有擅，用之宜别。潘澄廉教授指出：三方均能解毒开窍，主要药物都用犀角、麝香，而犀黄、朱砂、腰黄、冰片四药惟至宝、安宫用之，羚羊角则仅紫雪独用。从配伍来着，因紫雪配四石（石膏、寒水石、滑石、磁石）、三香（沉香、丁香、木香）及升麻、玄参、朴硝，故长于镇痉泻下，而清阳明之热；至宝则伍玳瑁、琥珀，故搜于宁心安神，开窍之力最胜；安宫则用栀、芩、黄连、郁金，主泻肝胆之火，清热解毒最强。明此，则可更好地随证选用。必须指出的是开窍法竟为一种紧急措施，属于治标的方法，因而对于此类昏迷的病人必须弄清疾病的性质而采取根本的治疗，根据不同情况分别与清热解毒、清营凉血、豁痰化湿等方药同时应用，方能发挥最大作用。

二、腑热上冲型

此型证见高热或日晡潮热，面目俱赤，声重气粗，神昏谵语，惕而不安或扬手掷足，四肢厥冷，腹满硬，按之灼手，不大便或转矢极臭，泻利不爽或下腐臭，舌短或舌卷、舌硬，舌质多红，苔黄燥或焦黄，甚则起芒刺、脉多滑数或沉伏有力。盖胃络通心，此为热结阳明，腑实壅滞，上扰心神所致，治当苦寒下夺，通下阳明，“釜底抽薪”，可分别情况选用大、小、调胃承气或通下开窍并进，用牛黄承气法等。

［例2］乙脑　陈×，男，8岁，患乙脑入院已旬日，高热昏迷，项强痉厥，谵妄搐弱，近四日来加剧，腑垢一周未行，腹硬满，但头汗出，苔微黄厚腻，脉沉实而数，暑邪夹湿与食滞互结，蕴结阳明胃腑，熏灼心包而神昏窍闭。急当泻阳明有形之滞，佐以清热化湿，平肝熄风，以冀腑通滞泄，热挫窍开。生大黄9克（后下），芒硝6克（冲），炙全蝎0.9克，钩藤（后下）青蒿各15克，甘草3克，两帖，一日服完。

翌晨腑通，排臭秽焦黄宿垢四次，神志渐清，诸证悉减，原方减硝黄续进，以清余氛，三日后症情稳定，自动出院。（朱良春老中医治验）

按：

朱老指出：药后腑通神清，三日渐复，此通剂排毒，使邪有出路故效也。

附论：阳明温病，神昏谵语，吴瑭论下，条目甚明。《温病条辨·中焦篇第6条》指出：“阳明温病，面目俱赤，肢厥，甚则通体皆厥，不瘛疭，但神昏，不大便，七、八日以外，小便赤，脉沉伏，或并脉亦厥，胸腹满坚，甚则拒按，喜凉饮者，大承气汤主之。”此为里实坚结极甚之证，故用大承气汤峻下热结；同篇第4、5条还分别指出：若虽有热结，尚未燥坚则宜小承气汤，若热陷心包，服安宫牛黄丸后，大便不解，则当予调胃承气汤。吴氏还进一步论述了攻下开窍同用的法则，《温病条辨·中焦篇第17条》说：“阳明温病，下之不通，……邪闭心包，神昏舌短，内窍不通，饮不解渴者，牛黄承气汤主之。”即指出用安宫牛黄丸清心豁痰开窍，生大黄泻热通肠，上下同治，两两解之。《重订通俗伤寒论》喻氏经验方，用白虎承气汤清下胃腑热结法亦值得重视，何秀山按云：“胃之支脉，上络心脑，一有邪火壅闭，即堵塞其神明出入之窍，故昏不识人，谵语发狂、大热大烦、大渴、大汗，大便燥结，小便赤涩等证俱见，是方白虎合调胃承气，一清胃经之燥热，一清胃腑之实火，此为胃火炽盛，液燥便闭之良方。”

笔者认为，乙脑证见高热昏迷，而有苔黄、大便秘结，或腹部胀满，按之灼手者，即应辨为阳明热结，予清热解毒的基础上加凉膈散或加大黄、玄明粉，不失时机的通里攻下，上述症状，多随大便通顺，迅速得以解除。还需值得指出的是，中医研究院已故著名老中医蒲辅周治疗热病，十分推崇杨栗山《伤寒温疫条辨》以升降散为主加减化裁的15个方剂，其中治疗温病神昏惊厥的加味六一顺气汤、解毒承气汤、增损三黄石膏汤等均十分注重下法的应用。无怪陆九芝说“人之病热，惟胃为甚，从来神昏之病，皆属胃家”，这样重视下法了。

三、瘀热阻窍型

此型多见身灼热，神昏谵语，或其人如狂，漱水不欲咽，少腹硬满急痛，大便秘结，或自利酱粪，口唇、爪甲青紫，舌謇短缩，舌质深绛或紫暗，脉沉涩等。良由营分受热，瘀血阻塞血络，闭塞心窍所致。治当清热通瘀开窍并进。可用清瘟败毒饮合血府逐瘀汤，亦可选用犀地清络饮或犀珀至宝丹等。

［例3］急性弥漫性血管内凝血　傅××，男，17岁。天津市第一中心医院病历，住院号93573，1976年1月14日夜，患者二天来寒战高烧41℃上下，咳嗽胸痛，腹泻黄色水样便，每日7～8次，一天来烦躁不安，体温不升，血压50/40mmHg。住院时查体：体温35.7℃，呼吸24次/分，脉搏110次/分，血压50/30mmHg，神志恍惚，不能应答问题，口唇指甲绀色，脉微欲绝，皮肤黏膜无出血瘀斑，右肺中下叶湿性罗音，心界不大，心律规正，腹软有微弱肠鸣，四肢远端尚暖。白血球33300/mm^3，胸片右肺下部大片状阴影。临床诊断：胃肠型肺炎，感染性休克。

住院后立即抗休克及抗菌素联合治疗，住院后12小时病情无好转，血压50/30mmHg，神志不清，呼吸急促困难，口唇指甲紫绀加重，下胃管时吐呕陈旧血性胃内容物，注射部位皮下出血青紫，指压前胸胸骨皮肤，苍白压痕约6秒消失，舌尖紫暗发青，脉微细欲绝。化验检查：白血球40600/mm^3，血小板11.9万/mm^3，凝血酶原时间明显延长32（对照18），凝血酶凝固时间延长18（对照12），稀释3P试验+（对照-），优球蛋白溶解时间正常，据此Dic的诊断可以确立。

中医辨证属热深厥深，热郁肺气，阳气欲脱，兼有瘀血之证，法以清热宣肺益气化瘀法，方以清肺汤，升压汤及血府逐瘀汤加减，即刻服一剂，以后每2小时1剂，连续服用。治疗后48小时神志清楚，血压正常，第五天凝血象已恢复正常，急性Dic治愈，后4日肺部阴影消失痊愈出院。

按：天津市市第一中心医院王今达医师谈到对急性Dic的治疗，热盛瘀血型，治用清热化瘀，予清瘟败毒饮和血府逐瘀汤加减；血虚瘀血型治则补血化瘀，予当归补血汤和血府逐瘀汤加减；气虚瘀血型，治则益气化瘀，予独参汤或升压汤（党参30克、黄精30克、甘草15克）和血府逐瘀汤加减。以上三种类型，常二或三种并存，或诸型参差出现，故治则可交叉，处方可联用。

附论：温病昏迷因瘀热阻滞扰及神明者，采用清热解毒，活血化瘀法的联合治疗是温病治疗学上的一大发展。此类昏迷诚非“三宝”所能开。何秀山谓：“热陷包络神昏，非痰迷心窍，即瘀阻心孔，必用轻清灵通之品，始能开窍而透络，故以千金犀角地黄汤凉通络瘀为君，臣以带心连翘，透包络以清心，桃仁行心血而化瘀……此为轻清透络，通瘀泄热之良方。”（《重订通俗伤寒论·犀地清络饮何秀山按》）叶天士对邪入心包的挟瘀证亦颇重视，他说：“再有热传营血，其人素有瘀伤宿血在胸膈中，挟热而搏，其舌色必紫而暗，扪之湿，当加入散血之品，如琥珀、丹参、桃仁、丹皮等。不尔，瘀血与热为伍，阻遏正气，遂变如狂发狂之症。”（《外感温热篇》）提示了瘀热阻遏清窍，扰乱神明而现如狂发狂之证，当先加入散血之品。

四、湿热象蒙型

此型多见神识昏蒙，时明时昧，或深度昏迷，痰声漉漉，身热体痛，胸腹痞闷，呕恶不舒，或见面目发黄，小便短赤，舌质虽红但苔黄厚而腻，脉象濡数或滑数，证由湿热之邪薰蒸弥漫，酿成痰浊，蒙蔽心窍所致，治宜清热化湿，宣窍醒神方。如菖蒲郁金汤，热重者可选用局方至宝丹，湿痰重者可选用玉枢丹，苏合香丸。

［例4］乙型脑炎　李××，女，3岁，神志出现昏迷，不能吞咽，汗出不彻，两目上吊，双臂抖动，腹微满，大便日二次，足微凉，脉右浮数，左弦数，舌质淡红，苔白腻微黄，属暑湿内闭，营卫失和，清窍蒙蔽，治宜通阳开闭。处方：

薏苡仁12克、杏仁6克、白蔻仁3克、法半夏6克、厚朴7.5克、滑石12克（布包煎）、白通草4.5克、淡竹叶4.5克、鲜藿香3克、香木瓜3克、局方至宝丹半丸（分冲），水煎取250毫升，每次服50毫升，三小时服一次。

第二日复诊：药后汗出较彻，次日体温下降至37.6℃，目珠转动灵活，上吊消失，吞咽动作恢复，神志渐清，可自呼小便等，原方去藿香、竹叶，加酒芩2.5克、茵陈9克、陈皮4.5克、生谷芽12克。药后三天，全身潮汗未断，头身布满痱疹，双睑微肿，神志完全清醒，但仍嗜睡，舌苔渐化，二便正常，体温正常，神经反射亦正常，继以清热和胃，调理善后，痊愈出院。

按：本例昏迷由湿热内闭，湿重于热，治用三仁汤芳香化湿为主，兼用至宝清热开窍，辨证既明，用药亦精，故获效甚捷。是案摘自《蒲辅周医案》。

附论：治疗湿热酿痰，蒙蔽心包之证，辨别湿与热的偏重，当为问题的关键。若湿痰偏盛，当用辛温芳香化其痰浊，开其心窍，防早用寒凉冰伏之弊；若热邪偏重，则宜清热化痰开窍醒神，忌过用辛温反助邪热。吴鞠通对湿热互蕴昏迷，常以三焦辨证区别论之。如云“湿热上焦未清，里虚内陷，神识如蒙，舌滑脉缓，人参泻心汤加白芍主之。”（《温病条辨·中焦篇》第54条）“滞下湿热内蕴，中焦痞结，神识昏乱、泻心汤主之。”（《温病条辨·中焦篇》第90条）对湿滞大肠的昏迷，吴氏指出：“湿温久羁，三焦弥漫，神昏窍阻，少腹硬满，大便不下，宣清导浊汤主之。”（《温病条辨·下焦篇》第55条）本条“少腹硬满，大便不下”是辨证眼目，提示湿浊内蕴，阻滞气机，故以宣清导浊汤行滞通腑，使浊滞下行而上窍自开。

五、阴竭阳脱（内闭外脱）型

此型多见神愦不语，呼吸短促微弱，血压下降，有严重的中毒症状及呼吸衰竭或循环衰竭现象，类似现代所谓中毒性休克。此由温热伤阴或因体质素虚及汗、下太过而致阳虚欲脱。亡阳虚脱则伴见四肢厥冷，额有冷汗，舌淡苔白，脉沉微等，治当回阳救逆，以四逆汤加减，或以参附汤加龙骨、牡蛎、菖蒲、郁金调服苏合香丸，津气两伤则伴见汗多体倦，舌绛而润，脉细促而数或脉微欲绝等。治以益气固脱用生脉散加龙、牡，调服至宝丹。

［例5］重症肝炎肝昏迷　刘××，女，27岁。肝胆湿热蕴结于内，弥漫三焦，蒙蔽心包，以致高烧，神昏，身黄，苔腻；邪热入血则迫血妄行，故见全身紫斑，阴道下血，症因邪热鸱张，血去太多，故见脉微欲绝之症，已露元气欲脱之象。处方：

西洋参9克，寸麦冬15克，大生地9克，杭白芍、金银花各30克，当归12克，肉桂1.5克，侧柏炭、地榆炭、阿胶珠、胆草炭、节菖蒲、远志各9克，茵陈、茯苓各15克，川连、甘草各4.5克，藿香叶3克，羚羊粉0.6克，童便兑服。药后神志渐清，出血渐止，身黄见褪，但仍口部唇裂，舌绛无苔，脉沉细，病虽有转机，但仍未脱险境，前方加党参9克，另用优龙肝60克，以此水煎液煎上药。药后神志已清，身黄亦退，出血已止。唯语言不利，反应迟顿，邪热渐退，正气仍虚，故仍扶正祛邪并重。西洋参4.6克，天麦冬、苍白术、杏仁、橘红、菖蒲、丹皮、天花粉各9克，茵陈、白芍、银花各30克，石斛、地丁、茯苓各15克，钩藤6克、僵蚕3克，川贝母17克，藿香叶4.5克，羚羊粉0.6克，共服五剂，病情已基本恢复，后调理痊愈出院。

按：此例为关幼波教授治验，在制国中医研究班介绍。关老指出，本例邪热鸱张，病情缠绵，正气不支，又因血去过多，以致津气两伤，脉微欲绝，顷刻有亡脱之变、处方仿生脉散之意，以西洋参、麦冬滋阴复脉，扶正固脱，合以补血、止血、清热、开窍而使病愈。

附论：治疗温病昏迷，要时刻注意内闭外脱，由于闭脱并见，危在顷刻，此时必须分析闭多脱少或闭少脱多，或闭脱并重。若闭证为多，则开闭为先，里闭一开，神志即苏，若脱证为重，则急当救脱为要，不可稍事因循，以免内闭未开而正气先脱，不可救治，救脱之时，则又当根据偏于阳虚或阴虚的不同证候而有回阳救阴之别，然回阳之中，当佐滋阴，救阴之中，宜合扶阳，务使阳回阴固，方不致有离决之势，然病见脱证昏迷，终属正气衰竭，死亡率较高，临床尤当注意观察内闭外脱的先兆症状，以及早防范。

结束语

1. 本文根据温病昏迷的不同临床表现，结合中医理论，试分为上述五个类型，旨在有助于临床工作者易于掌握一般辨证施治规律，更好地为医疗实践服务。

2. 对五个类型昏迷的治疗，包括清热解毒、芳香开窍，通里攻下，清热豁痰、芳香化浊、镇痉熄风，救阴固脱等多种治法，临床上可根据患者的具体情况，灵活应用，有时须多种方法联合应用。

3. 由于昏迷是多种热病发展至严重阶段的一种表现，故必须及早确立昏迷的性质，积极治疗昏迷的基本疾病。

4. 鉴于温病昏迷是最危重的症象，开展中西医结合是降低病死率的有力措施，有关西医一些急救措施和护理工作，实不可少，因不属本文讨论重点，故不赘述。

［《江苏中医》，1980；(1)］

伏暑验案

时振声

患者鄂××，女性，19岁，工人。1976年10月23日初诊。

患者7天前曾微有畏寒发烧，疲乏无力。3天前去游行回来，觉口干苦，饮冷水后，当晚有寒战高烧，体温39.6℃不降，以“高烧待查”收入住院。检查：体温39.8℃，神清，皮肤及巩膜无黄染，全身皮肤未见皮疹及出血点，颈软，心界不大，心率120次/分，律齐，未闻及病理性杂音，两肺呼吸音正常，腹部平软，右上腹有压痛，肝在右肋下可及，莫菲氏征可疑，脾在左肋下可及，神经反射正常，苔白厚腻，脉象弦数，化验血象：白细胞总数7600/mm^3，中性68%，淋巴32%。

住院一周内，体温呈弛张型，最高为39～40.4℃，服退烧药后，体温降至正常，但2～3小时后又上升至39℃以上。查疟原虫（－），肝功能谷丙转氨酶165－284单位，肥达氏试验，入院后第五天查“H”1：80，“O”、“甲”、“乙”阴性；再隔4天查“H”1：320，“O”1：80，“甲”1：80，“乙”阴性，再隔4天又复查，未见继续增高；血嗜伊红细胞直接计数2次均为320个/立方毫米；胸片（－），心电图示窦性心动过速；血培养，有金黄色葡萄球菌。尿及大便培养3次均为（－）。

在治疗上，一周内增用过青霉素、四环素、链霉素，症状未见减轻，体温仍在39.5℃而转我病区，乃停用抗菌素，亦未输液，单纯中医中药治疗。

辨证：初起有寒热，舌苔白腻，脉象弦数，有湿热见证。继则寒战高热汗出，形如疟状，目前但热不寒，口干唇燥，大渴喜冷饮，而赤，口苦黏腻，胸腹扪之灼手，大便日行一次，黏滞不爽，溲黄而热，脉象滑数有力，苔褐根部黄腻，舌质红绛，证属伏暑，系夏令感暑湿之气，至秋复加新凉而发。观其病程变化，苔由白腻转为黄褐，乃暑湿化燥之象。身热面赤，口干唇燥，渴喜冷饮，乃暑热在气分之证。舌质红绛则又为暑热伏于营分之征，乃是气营两燔，治当气营两清，方从《温病条辨》玉女煎去熟地牛膝加细生地玄参方加味治之，少佐苦寒以燥湿。

方药：生石膏（先煎）60克，知母12克，玄参12克，细生地24克，麦冬18克，淡竹叶9克，金银花30克，连翘12克，黄芩12克，黄连面（冲）3克。水煎服。

服药两剂后，体温退至38℃，汗出，口苦，饮冷等症好转。小溲转清，大便通畅，精神转佳，苔由黄褐转为薄黄，舌质由红绛变为淡红，脉来细数，此属营热转气，病有缓解之势，乃投白虎汤加减，增入解肌之柴葛及辛凉之品，以图清泄气分之邪热。

处方：生石膏（先煎）60克，知母12克，葛根12克，柴胡9克，薄荷（后下）6克，淡竹叶12克，金银花30克，连翘30克。水煎服。

服三剂后，体温降至37℃，又投三剂，体温为36℃，病向告愈，惟伏暑之邪伤及胃阴，治当益胃养阴，虑及余邪未尽，尚有复发之变，辛凉之品应当酌情增入。

处方：金银花15克，连翘15克，淡竹叶9克，麦冬9克，沙参9克，细生地24克，苡仁30克，山药15克，白扁豆12克。

服上方五剂后，热未再发，纳谷大增，二便通畅，夜寐亦酣，精神舒畅。血培养（－），共住院19天，痊愈出院。门诊复查肝功能正常。

讨论分析：关于本病例的中医诊断，根据临床表现及季节，当属伏暑，中医以暑温发于夏至以后，湿温发于夏秋之交，伏暑则发于处暑以后。何廉臣云："病发于处暑以后者，名曰伏暑证尚浅而易治。发于霜降后冬至前者，名曰伏暑晚发，病最深而难治。"本例发于霜降前七天，与伏暑晚发相近。由于暑必夹湿，暑温、湿温、伏暑，均呈湿热见症，故《温病条辨》云："伏暑、暑温、湿温，证本一源，前后互参，不可偏执。"既然都有湿热见症，为何病名不同，可能古人是受时令季节的影响而定名的缘故，如春病风温，夏季则病暑，长夏病湿温，秋季病秋燥，冬则为冬温，但秋冬发病如见湿热之证，则无以名之，认为是夏伤于暑，暑被湿遏而蕴伏，乃至秋冬发病，故名伏暑。《温病条辨》指出伏暑的原因"虚不能传送暑邪外出"，说明了正气虚损是伏暑的病因。

关于伏暑的辨证，何廉臣云："春夏间伏气温热，秋冬间伏暑晚发，其因虽有伤寒伤暑之不同，而其蒸变为伏火则一，故其证候疗法大致相同，要诀在先辨湿燥，次辨虚实，辨得真方可下手。"俞根初认为，伏暑邪气伏藏有在气在营之别。在气与在营，与病人的体质有关，如邵新甫说："凡六气伤人，因人而化，阴虚者火旺，邪归营分为多；阳虚者湿胜，邪伤气分为多。一则耐清，一则耐温，脏性之阴阳，从此可知也。"《温病条辨》对伏暑的辨证是以有汗、无汗辨虚实，舌白、舌赤辨邪在气分或营血。一般伏暑由于新感诱发，故发病初起有卫分表证。但里有湿热见证，有邪在气分及邪在营分之别。邪在气分为伏暑夹湿，邪在营血为伏暑化燥。在卫分表证解除后，邪在气分每多出现暑湿郁蒸少阳胆经的见症，寒热如疟，脘痞苔腻，午后身热，暮夜尤剧，暑热欲蒸迫外泄，又为湿邪所阻，故天明得汗，诸症稍减轻，但晌腹灼热不除，暑湿积滞阻于肠道，则大便黏滞不爽，或腹满痛拒按。在舌诊上初起舌苔白腻而厚或满布如积粉，继则由白转黄，甚或转灰转黑，暑湿化燥则舌苔干燥。邪在营血则一开始即见营分症状，寒少热多，日轻夜重，目赤唇红，面垢齿燥，心烦恶热，躁扰不宁，口干不喜饮，胸腹亦是灼热如焚，剧则谵妄瘈疭，舌色鲜红起刺，甚则红绛起裂。邪由营分转出气分，苔始渐布薄黄或上罩薄腻苔，如红中夹黑苔或红中夹黄黑起刺，则病情较重。

[《中医疑难病例分析》，1987；(5)]

肝硬变合并上呼吸道感染

关幼波

赵××，男，27岁，外院会诊病例，会诊日期：1965年8月25日。

主诉：发烧5天。

现病史：1965年8月20日下午，突然恶寒发热（体温39℃），头痛咽痛，鼻塞声重，流涕，经治疗后，第二天上午体温正常，下午复感寒战发热，即服解热剂，汗出而热仍未解。继而出现恶心呕吐，在两小时内吐出暗红色液体及血块约400毫升，急诊住院。

既往史：患者于1958年发现脾脏肿大，无黄疸，黑便史，平素偶有鼻衄及牙龈溢血，无疟疾或黑热病史。

检查：体温39.2℃，血压110/60毫米汞柱，面色苍白，精神萎靡，皮肤无黄染、蜘蛛痣及出血点。咽不红，心肺未见异常。腹平软，右侧腹壁可见静脉曲张，肝在剑突下触及2厘米，中等硬度，有结节感。脾大平脐，中等硬度，无压痛，腹水征不明显，下肢不肿。胸透（-），查血红蛋白 11.4 克%，红细胞 340 万/立方毫米，白细胞 4000/立方毫米，中性粒细胞 71%，血小板 40000/立方毫米。肝功能检查：麝浊 3 单位，黄疸指数 3 单位，谷丙转氨酶正常，血培养阴性，骨髓穿刺未检出黑热病小体及疟原虫。

入院后经用止血剂、输血、输液等治疗，出血停止，血色素与红细胞有所上升，但发烧不退，体温在 38～39℃之间，经用青、链、四环、土霉素等多种抗菌素，以及银翘散、安宫牛黄散等中药辛凉解表、清热解毒、开窍醒神之剂，并服小柴胡汤和解之剂均未见效，住院期间曾一度出现腹水。8 月 25 日请中医会诊，当时证见：体瘦面黄，精神不支，发烧 38.9℃，心烦不宁，夜间盗汗，胸腹胀闷不舒，纳呆，便稍干，小溲色黄。

舌象：苔黄、质红。脉象：脉弦滑沉取无力。

西医诊断：肝硬变、脾功能亢进门脉高压症，食道静脉曲张出血，合并上呼吸道感染。

中医辨证：肝郁血滞，湿热不清，兼受外感，又因失血，以致阴血大伤，郁热燔灼，正气不支。

治法：清热解肌，养阴凉血。

方药：

秦艽 10 克，鳖甲 10 克，青蒿 10 克，地骨皮 10 克，银柴胡 3.5 克，生地 24 克，常山 3 克，丹皮 12 克，银花 30 克，赤白芍各 15 克，寻骨风 12 克，天花粉 15 克，黄芩 15 克，灯芯 1.5 克，鲜茅根 15 克，浮小麦 15 克。

治疗经过：8 月 29 日，服上方三剂后，体温开始下降，但仍有波动。五剂后体温正常，精神转佳，食纳增进，盗汗已止，夜卧安和。继服上方七剂，近一周内体温一直正常，能下地活动，二便调，舌无苔，脉象沉细。证属热病后正虚体弱，肝郁血滞。再以补气养血，化瘀软坚为法，以治其本病。方药如下：

生芪 24 克，当归 10 克，赤白芍各 12 克，香附 10 克，生地 12 在，生牡蛎 15 克，丹皮 12 克，茵陈 15 克，泽兰 12 克，阿胶珠 10 克。

［按语］本例原有肝硬变、脾功能亢进，时而衄血，平素即有肝郁血滞，湿热不清，血热伤阴。初秋感邪，恶寒发热，值此暑气未消，秋燥又起，况且又过用表散之剂，以致营阴亏耗，血热益炽，因而发生呕血，其症至危，所幸抢救及时，出血停止，但发热不退。用银翘散辛凉解表不应，用安宫牛黄清心开窍无济，又用小柴胡解其半表半里之邪也无效。究其病机，主要是没有抓住血热耗阴之本，复因失血后阴血大伤。由于阴血内虚，邪羁气营，必须养阴清营，解肌透邪方可奏效。故关老医生重用生地、天花粉养阴生津，并配合丹皮、茅根、灯芯降心火利小便，青蒿、鳖甲、秦艽、地骨皮、银柴胡、银花、黄芩透阴分伏热以解肌。赤白芍、浮小麦养阴凉血、活血敛阴。其中青蒿芳香且能化暑湿，鳖甲滋阴潜阳，善搜阴分热邪，秦艽善治湿热深蕴而致潮热，苦辛平微寒，辛散苦泄，性质平和，能利二便。导湿热外出，以和血解热，地骨皮合银花清热解毒凉血，善清气分邪热，黄芩清热利湿，酒炙后上引，而凉心泻肺火，常山与寻骨风能除无名之热，天花粉、白芍生津补血、益肝脾之阳，收散乱之脾气，赤芍活血行血以助鳖甲解郁软坚化滞，浮小麦敛汗，全方养阴解肌而除热。热退后，又用补气养血、化瘀软坚之法治其本。

［《关幼波临床经验选》，1979；（1）］

无名高热案

刘渡舟

杨某，男性，18岁，学生，住院号60917，患者发热50余天，1月前以“发热待查”住院治疗3周，疑为伤寒，病毒感染。行后用过青、红霉素及氨基卞青霉素等治疗20余天，罔效，体温波动在38.2～40.2℃之间，后用氢化考的松发热骤退，体温正常1周而出院。出院后10天又发高热，其特点是每至午后则甚，入暮更剧，至天明则热势稍微，但仍不低于39℃，日日如此。于1982年12月16日以发热原因待查收入我院中医治疗。

查体：精神极差，表情痛苦，贫血貌，咽充血（卌），扁桃体Ⅱ°肿大，右颊黏膜处有1cm×1.5cm溃疡一处，左颌部、右腋下及腹股沟分别触及到蚕豆大小淋巴结各一个，质中无压痛，胸腹有散在丘疹。

两次住院，为求确诊，曾作两次血培养，多次查尿、大便常规及痰、尿、便培养，腮溃疡处分泌物培养涂片，血沉、结核菌素试验，痰、尿找结核菌，找狼疮细胞，嗜异性凝集试验，淋巴穿刺瑞氏染色找郎罕氏细胞，免疫球蛋白，总补体C_3、E玫瑰花试验，胸透、胸片、心电图，肝功、肾功均未发现异常。唯血色素（12.8～9.8克%）、白细胞（4,100～1,600/立方毫米）偏低，多次找到异形淋巴细胞（3%～4%）及骨髓培养网状细胞较多（4%）。印象：发热原因待查。多次请会诊，始终未能确诊，并表示西药无良法。建议中医辨证治疗。

辨证：发热（39.5℃）恶风，热甚则前额头痛，微汗出，咽喉肿痛糜烂，唇干口燥，喜热饮，饮量不多，干咳无痰，心悸息短，心烦不宁，小便短赤，大便3日未解，胸见斑疹，神疲体惫，面色苍白，舌绛，舌前无苔、中根黄厚而燥，有纵行纹裂，脉浮细数，沉取无力。综观脉证，诊为“风温”。素属风温内陷，气营两燔，温邪久羁，耗液伤津，邪盛正虚，当以扶正祛邪。治宜滋阴凉血，清热解毒，透邪外达。伤周慕新退热良方：水牛角粉（冲）、薄荷（后下）各3克，生地、丹皮、银花、连翘各15克，鳖甲（先煎）20克，青蒿18克，生石膏（先煎）40克，知母12克，山栀子、酒黄芩各10克，芦根30克。日服2剂，分温4服。为了加强口腔护理，另以野菊花、贯众、蒲公英各15克，水煎过滤雾化吸入，每次4毫升，每日3次。又以野菊花、贯众各15克，黄连6克，泡水频频漱口。经上法治疗两日，发热如故，呈稽留热，体温与脉搏呈分离状态，但咽喉肿痛、唇干口燥有减，较前有津。药既有效，仍宗前方加酒大黄6克，又进4剂。诸症递减。隔日大便一次颇畅，喔臭难闻。虽仍持续高热，体温高达39.4℃，但持续时间短，一般多波动在38～38.7℃之间，胸部斑疹隐退，象征内陷之温邪有启发外达之势。即日请喉科会诊，印象：急性扁桃体炎。启发笔者细审其证，咽喉肿痛，口舌糜烂等症均在上焦，更法泻火解毒，清利咽喉，投普济消毒饮加人参、麦冬。处方：僵蚕粉（冲）、黄连各3克，生石膏（先煎）100克，马勃（包煎）、牛蒡子、连翘各10克，升麻5克，玄参20克，麦冬15克，白人参（另煎先服）6克，日服2剂。3天后咽喉肿痛明显减轻，口腔糜烂瘥，舌尖红、苔黄有津。唯神疲体惫恶风加重，自以衣服裹头，汗出蒸蒸，面色苍白，烦躁不安，神志似明似昧，厌服中药。3天来血色素、白细胞速跌，分别为11.7～9.5克%，2,300～1,600/立方毫米，是属邪盛正衰，热入险途。姑予大补气津，固表清热；若能使血色素、白细胞迅速回升，热势渐退，方能转机。拟生脉散、玉屏风散、竹叶石膏汤合剂化裁。白人参（另煎先服）6克，麦冬18克，黄芪、半夏各15克，烟术、五味子、竹叶各10克，生石膏30克，防风3克，水煎日1剂。进上药3剂后，精神好转，咽前平，汗出减少，恶风瘥，舌红较前变谈、苔黄厚较前有津，余症脉浮数，前额头痛，仍发热，体温38～38.5℃。查血色素12.2～12.8克%，白细胞2,200～4,100/立方毫米。综观脉证及血象变化，是气阴有来复之渐，此为佳兆，但病势仍属危重，尚未脱离险途。嗣后，再进2剂，以冀再有进益。药未全尽，突然又发高热，体温达40℃，恶寒无汗，头痛咽痛，咽喉左侧可见脓栓，口干欲饮，小便短赤涩痛，舌尖红、苔白黄以白为主，滑而有津，脉浮数，揆诸病情，说明邪已浅出气卫，又夹有新感，邪正交于卫气之间，因势利导，宜寒凉清解，拟三石汤加银翘桑菊之属，以求一战成功。处方：生石膏（先煎）80克，寒水石（先煎）、芦根各30克，飞滑石（冲）、桔梗各10克，桑叶、菊花、连翘各12克，薄荷（后下）、白人参（另煎兑服）各6克。急煎1剂，4小时内分2次温服。进上药2小时后，汗出甚多，体温速降。6小时后脉静身凉。翌日清晨，体温36.5℃，精神好转，始有食欲，尚余咽痛，头痛未瘥。查血色素12克%，白细胞4,800/立方毫米。即日下午低热，体温最高37.3℃，继投前方，递减石膏、寒水石之量，3剂药后，发热全退，体温正常。至此患者已脱险履夷，甚为庆幸。余热未清，尚有口渴，下午心烦，右颌部、腋下、腹股沟可触及蚕豆大小的淋巴结。舌尖红少苔，脉细数。为避免炎症复燃，拟生脉散、消瘰丸、清络饮合方以善理其后，再进30余剂。观察月余，淋巴肿大消失，体温正常，多次查血色素13.5～14克%，白细胞5,100～8,300/立方毫米。于1982年2月9日康复出院。追访4个月，全如常人。

按：本病原为风温外袭，失于清解，温邪内陷，气营两燔，温邪久恋伤阴。治疗遵叶天上“入营犹可透营泄热”的宗旨，更加扶正之品，首选周慕新的退热良方（功似清营汤），于滋养营阴、清解营热药物中，佐以轻清透泄之品，以使营分邪热转出气分而解，结果效与愿同。虽持续发热4天，无继续伤正之象，反有逐日正复之征。后审具证，咽痛糜烂等均在上焦咽喉，故用普济消毒饮，药后虽证轻热减，但因扶正不足而出现邪盛正脱，病入险途之象，急以扶正固脱，药后果然正气恢复，出险履夷。后又发热，体温高达40℃，按之烙手，但多见恶寒头痛等卫分症状，苔由黄转薄白，说明邪热已浅出气卫，并夹新感，战投三石汤加清凉解表之品，药后汗出，证瘥热平。尾留阴虚内热余邪未净之证，为正本治源，杜其复发，投滋阴清热之品40余剂，善理其后。本病治疗特点，扶正祛邪贯于始终，所以臻效。

［《名医奇方秘术》，1993；（5）］

青蒿鳖甲汤治疗激素依赖性特发性血小板减少性紫癜

朱淑琴　李玉英

特发性血小板减少性紫癜，病因和发病机理尚未完全阐明，目前认为是一种自身免疫性疾病，现代医学主要以肾上腺皮质激素治疗。笔者曾遇到6例激素依赖性特发性血小板减少性紫癜患者，用吴鞠通创制的青蒿鳖甲汤加味治疗，同时停服一切其它药物，结果全部治愈。兹举例介绍如下。

一、病例

例一　迟×，男，5岁。因双下肢皮肤反复出现红色瘀点6个月，于1989年9月10日来诊。患儿半年前感冒经治而愈，10天后皮肤出现红色的瘀点，四肢较多，无痛痒，夜间烦躁。曾在外院检查血小板为$6.8\times10^9/L$，诊为原发性血小板减少性紫癜。给予强的松口服治疗，症状减轻，但每当强的松减量至每日5毫克时，皮肤即出现新的瘀点，反复发作。查体：全身皮肤可见散在的、针尖大小的红色和紫色瘀点，双下肢较多，并有数处瘀斑，压之不褪色，面颊潮红。舌质红有裂纹、舌尖红赤，脉细数。听诊心肺正常，触诊肝脾不大。血液检查：血常规正常，血小板$7.0\times10^9/L$，出血时间延长，凝血时间正常。辨证为阴虚火旺，灼伤脉络，治宜滋阴降火、清热凉血。方用青蒿鳖甲汤加味：鳖甲、青蒿各10克，生地12克，知母、茜草、小蓟各9克，丹皮8克，当归5克，阿胶（烊化）、柴胡、栀子、甘草各6克。4剂，水煎服，2日1剂。药后皮肤出血点减少，未见新的出血点。续服上方4剂，皮肤出血点消失，查血小板$12\times10^9/L$，出血时间正常，患儿一般情况可，舌质稍红，脉细稍数。上方去柴胡，加首乌12克，以滋阴养血，巩固疗效，服4剂而获痊。随访一年，未再复发。

例二　刘×，女，8岁。反复鼻衄伴双下肢皮肤瘀点，五心烦热，夜间盗汗4个月。当地医院诊为血小板减少性紫癜，服强的松2个月，鼻衄及皮肤瘀点消失。将强的松减至每日5毫克时，皮肤又出现新的瘀点，故来诊治。查体：一般情况好，皮肤可见散在的针尖大小的瘀点，以双下肢为重，压之不褪色，呈红色和黯红色，右侧鼻腔可见血性结痂。心肺正常，肝脾不大。实验室检查：血常规正常，血小板$7.2\times10^9/L$，出血时间延长，凝血时间正常。舌质红有裂纹、苔薄黄，脉数。辨证为阴虚内热，灼伤脉络，治宜养阴清热、凉血止血。方用青蒿鳖甲汤加味：青蒿、地骨皮、生地、白薇各10克，鳖甲、知母各9克，紫草、茜草各12克，丹皮6克，阿胶（烊化）8克。6剂，每日1剂。药后皮肤未见新的出血点，鼻衄消失，手足心热明显减轻。效不更方，原方续服6剂，查血小板计数$14\times10^9/L$，出血时间正常，手足心热消失，唯睡中盗汗。上方加浮小麦15克，女贞子、旱莲草各12克，以滋阴清热敛汗。服4剂后余症全除，查血小板为$15\times10^9/L$，续服上方8剂以巩固疗效。随访半年，无复发。

二、体会

由于小儿形体不足，气血未充，卫外功能不固，易受外邪入侵，邪郁化热，热伏血分，内搏营血；热邪伤阴，灼伤络脉，迫血妄行；血不循经，溢于脉外，留于肌肤，积于皮下而成紫癜。本病以儿童为多见，属中医的肌衄范围。肌衄临床上可分血热妄行、阴虚火旺、气不摄血三种类型，本文6例病机均为阴虚血热，脉络灼伤所致。青蒿鳖甲汤功能滋阴清热，退虚劳骨蒸，与病机吻合，故服后紫癜随之消失，余证旋除。根据现代医学推想，此方可能通过调节机体的免疫功能，抑制血小板抗体生成，从而减少血小板的破坏，获得满意的疗效。从临床上来看，此方还能消除激素所留下的大部分副作用。此外，运用中医中药辨证治疗本病，可避免激素所产生的副作用，对正在生长发育的患儿更为适宜。

［《浙江中医杂志》，1994；（1）］

440例伤阴病例的治疗观察

田令群　黄德芬　指导：黄星垣

伤阴，是高热、吐泻、大汗、失血等急症中最觉见的证候。我们从1980年以来，运用我所针剂室自制的中药大型输液剂“增液针”和“养阴针”，对440例具有典型伤阴证候的病例，进行了输液前后的治疗观察，收效较显。现将观察结果作如下讨论分析。

一、临床资料

病例选择：全系我所1980～1983年6月内科急症病房和门诊急诊观察室收治的具有典型伤阴证候的住院病例：

①温病发热，体温在38℃以上，具有口渴喜饮，舌干少津而质红，尿少而黄，肌肤失润等伤津劫液者。

②吐、泻、失血，有津液亏耗的“四诊”表现者。

③因其它疾病导致摄入不足，津液亏损，具有上述口渴、舌干少津、尿少、肌肤不润者。

一般资料：男217例，女223例。年龄最小17岁，最大90岁，20～59岁者占77.27%。

病种：呼吸系统疾病201例，消化系统疾病114例，泌尿系统疾病47例，其它疾病78例。

伤阴表现：口渴者240例，便结50例，尿少38例，皮肤不润36例，舌燥少津56例，舌红292例。

血化学检查：共273例，其中血钾小于4毫当量/升者94例，血钠小于135毫当量/升者136例，二氧化碳结合力小于40容积者139例。

治疗方法：

养阴针：玄参、麦冬各100克，生地50克，制成10%的供静脉输液用的等渗注射液2,500毫升，以500毫升瓶装备用。

增液针：玄参、麦冬、生地各100克，制成10%的供静脉输液用的等渗注射液3000毫升，以500毫升瓶装备用。

治疗分组：本组440例中，单用养阴针者186例，单用增液针者94例，养阴针与增液针合用者160例。对原发疾病，根据不同病种和病期，辨证施治。

治疗用药：分两种情况，其一是以大输液作治疗用药，如发热组、吐泻组的病例，除针对原发病辨证用药外，大输液也是主要的治疗用药。其二是以大输液作配合用药，如杂病组病例，以辨证用药为主，大输液作辅助用药。

输液量：治疗用药组292例，每日量500毫升者57例，500毫升以上至1000毫升者143例，1000毫升以上者92例。辅助用药组148例，每日量500毫升者61例，500毫升以上至1000毫升者77例，1000毫升以上者10例。

输液天数：治疗用药组292例中，输液1～3天者124例，4～6天者89例，6天以上者79例。6天以内者213例，占72.9%。辅助用药组输液1～3天者42例，4～6天者47例，

6天以上者59例。6天以内者89例，占60%。输液时间最长者46天，输液总量最多者32,000毫升。

治疗结果：

疗效标准：用药后在3天内伤阴症状基本消失者属“优”，在6天内达到上述标准者属“良”，在6天以上达到或未达到标准者属“差”。

疗效分析：440例中，优者85例，占19.3%；良者156例，占35.5%；差者199例，占45.2%。其中治疗用药组292例，属优者82例，属良者115例，优良者占67.5%。辅助用药组148例，属优者3例，属良者41例，优良者占29.7%。两组比较有明显差异（$P<0.01$）。

伤阴症状恢复情况：本组病例经用药后，口渴、尿少、便结、皮肤不润、舌燥少津及舌红等症状，均有显著改善（$P<0.01$），见表1。

表1　用药前后症状变化

	口渴	尿少	便结	皮肤不润	舌燥少津	舌红
用药前	240/440	38/440	50/440	36/440	14/440	292/440
用药后	93/440	14/440	14/440	2/440	5/440	186/440

治疗用药组中，口渴者172例，药后113例消失；尿少者28例，药后20例正常；便结者34例，药后24例正常；皮肤不润27例，药后25例恢复正常；舌红者211例，药后转正常者71例。以上各项均较用药前有明显改善。

辅助用药组中，口渴者68例，用药后正常34例；尿少者10例，用药后4例正常；便结者16例，12例转正常；皮肤不润者9例，药后均正常；舌燥少津者14例，9例转正常；舌红者81例，35例转正常。

血化学恢复情况：本组病例有186例作了血化学复查，其血钾低于4毫当量/升、血钠低于135毫当量/升、二氧化碳结合力低于40容积%的人数，用药后均显著减少（$P<0.01$），见表2。

表2　用药前后血化学变化

	血钾 <4meq/L	血钠 <135meq/L	二氧化碳结合力 <40VOI%
用药前	48/186	103/186	85/186
用药后	25/186	54/186	36/186

治疗用药组中，有99例作了血化学复查，用药前血钾低于正常者37例，用药后有20例复常；血钠低于正常者60例，用药后有25例正常；二氧化碳结合力低于正常者57例，用药后复常者34例。

辅助用药组中，有87例作了血化复查，用药前血钾低于正常者11例，用药后有3例恢复正常；血钠低于正常者43例，用药后有24例恢复正常；二氧化碳结合力低于正常者28例，用药后有15例恢复正常。

输液量、输液天数与疗效关系：本组440例中，每日输液量在1,000毫升以内者338例，获优良效果者170例；日输液量在1,000毫升以上者102例，获优良效果者71例（69.60%）。两组比较，以每日输入1,000毫升以上者为好（$P<0.01$）。

本组440例中，输液1～3天者166例，获优良者108例；输液4～6天者136例，获优良者89例；输液在6天以上者138例，获优良者44例。输液6天以上与6天以内两组比较，有显著差异（$P<0.01$）。

讨论

从对上述伤阴病例的观察分析，伤阴的临床特点可以归纳为：①凡以发热、吐泻、大汗、失血等主证的急症，均具有不同程度的伤阴证候，因此对这类急症的治疗，应考虑及时纠正和消除其伤阴的证候及继续演变。②中医古籍所列的口渴引饮、尿少、舌干燥少津质红、肌肤不润等证候，确能反映出各种伤阴病例的共性征象。③在本组伤阴的病例中，部分还可能表现则低血钾、低血钠和低二氧化碳结合力等血中电解质和酸碱平衡失常的情况。

本组资料表明，无论热病、杂病、吐泻、失血等所致的耗津伤阴，均可采用本品直接从静脉滴入以补充已亏耗的阴液，纠正其伤阴证候。用药后伤阴所导致的口渴、尿少便结、皮肤不润、舌燥少津及舌红等征象，均有明显改善。同时血中钾、钠、二氧化碳结合力低于正常者，用药后也有明显提高。对高热、吐泻等患者，在伤阴前应用，能起到较好的保津作用，可避免伤阴的发生。对禁食或摄入不足者，可滴入本晶以维护阴液的平衡。此外，本晶可与多种急救治疗的中西药物配伍，广泛用于内科急重病症。

静脉大输液的优点，①效速：本组440例，快则3天其伤阴之候即可全部纠正，一般6天之内多见显效。②无碍脾胃：静滴中药大输液，既可充分发挥药效，又有助于脾胃健运，促使阴液得复，而免于口服养阴护津之剂之滋腻碍胃。③安全简单方便：根据本组病例3年多来的系统观察，静脉滴入上述中药大输液“增液针”和“养阴针”，未发现有毒副反应，而且使用方便，疗效较好。

[《上海中医药杂志》，1985；（9）]

三仁汤新用

张聚府　王月芬　刘秀省

三仁汤出自《温病条辨》，由苦杏仁、通草、白豆蔻、竹叶、厚朴、生薏苡仁、法半夏、滑石组成。具有芳香宣化、泄热利湿的功效。主治湿温初起，邪在气分，头痛身重，午后身热，胸闷，面黄，苔白等症。临床多用于治疗夏季流行性感冒、伤寒、钩端螺旋体病、流行性乙型脑炎等。笔者用于治疗其他疾病，每获佳效，兹举验案如下。

一、尪痹

郭某，男，38岁，1998年4月2日初诊。1997年10月患者在河中捕鱼，当晚即出现全身疼痛，恶寒，以感冒治疗不效。1周后渐出现发热，T37.6℃～38.9℃。四肢关节肿大酸痛，服用芬必得胶囊及中药等治疗无效。诊见：发热，T38.6℃，双膝、双手指关节肿大疼痛，晨僵明显，伴全身酸困，脱腹满闷，纳差，小便黄浊，舌尖红、苔白厚腻，脉滑数。查ESR 98mm/h，RF（+）。西医诊断：类风湿性关节炎。中医诊断为尪痹。证属湿热阻络，气滞血疲。治以芳香化湿，清热解毒，活血通络，方以三仁汤加减。处方：生薏苡仁50g，白豆蔻、炒苦杏仁、厚朴、忍冬藤、羌活、秦艽各10g，滑石15g，法半夏12g，通草、竹叶各6g，豨莶草、金银花、赤芍各30g，连翘20g。每天1剂，水煎服。服4剂，热退，脘腹满闷减轻。再服4剂，关节肿大、疼痛减轻。方已对症，续服30剂，关节肿大、疼痛等症状均消失，复查ESR 10mm/h，RF（-）。随访1年无复发。

按：本例外感湿邪，郁而化热，侵入经络关节，湿阻血瘀。方中重用生薏苡仁利水渗湿除痹；苦杏仁、白豆蔻、法半夏、厚朴行气化湿；滑石、竹叶、通草淡渗利湿清热；金银花、连翘清热解毒；忍冬藤、羌活、豨莶草、秦艽祛风除湿通络；赤芍活血化瘀。诸药合用，化湿清热，祛风活血通络。药切病机．邪去病愈。

二、胸痹

李某，男，62岁，1998年8月9日初诊。患者有冠心病史10余年，1周前感冒，经治疗发热、咳嗽消失，但出现心胸窒闷，气短喘促，肢体沉重，肮痞痰多，舌苔浊腻，脉滑。心电图示：下壁、侧壁心肌供血不足。西医诊断：心绞痛。中医诊断为胸痹。证属痰湿内阻，心脉不畅。治以芳香化湿，活血通脉，方以三仁汤合丹参饮加减。处方：炒苦杏仁、白豆蔻、厚朴、砂仁、檀香、川芎各10g，生薏苡仁20g，法半夏12g，滑石15g，通草6g，丹参、鸡血藤各30g。4剂，每天1剂，水煎服。药后胸闷气短、喘促明显减轻。守上方加炒白术15g，茯苓30g，续服10剂，症状消失，复查心电图正常。

按：盛夏季节，外感暑湿，三焦壅滞，肺气失宣，气机不利，致气滞血瘀，心脉不畅而发病。三仁汤芳香宣化，使肺气得以宣降，丹参饮化湿和中通脉，使心脉通畅；川芎、鸡血藤活血化瘀。诸药合用使肺气宣降，气血流畅，诸症悉除。

三、盗汗

王某，男，42岁，2000年7月29日初诊。睡眠中大汗出，醒后汗止已3年余。每至夏季即加重，伴头昏沉、胸闷。诊见：形体肥胖，舌淡红、苔白腻，脉滑。诊断为盗汗，证属湿热内蕴，治以宣畅气机，化湿清热，养心止汗。方以三仁汤加减。处方：炒苦杏仁、白豆蔻、竹叶、厚朴、法半夏、藿香各10g，滑石15g，黄连69，生薏苡仁、地骨皮、炒酸枣仁、浮小麦各30g。服5剂，汗出明显减少。守方加黄芪30g，白术20g，续服10剂，症状消失。随访1年无复发。

按：盗汗多为阴血亏虚所致。本例患者形体肥胖，乃痰湿之体，痰湿为阴邪，夜间阴气盛，致痰湿阻滞，三焦壅滞，津液不能气化、输布而为盗汗；盛夏季节，署湿偏盛，内外合邪，则盗汗加重。故治以芳香化湿，宣畅气机，佐以养心清热。三仁汤芳香化湿，宣畅气机；酸冬仁、浮小麦酸甘养心止汗；黄连、地骨皮清泄心肺。诸药共奏化湿清热、养心止汗之效。

[《新中医》，2002；(6)]

孙玉信运用三仁汤经验

刘建平　李媛娥

孙玉信主任医师是全国第二批名老中医张磊主任医师的高徒，熟读《温病条辨》，深领三仁汤方义，临证善于把握三焦辨证论治要领，灵活运用三仁汤治疗内科杂证取得良好疗效，现介绍如下。

一、汗证

汗证是由于阴阳失调，腠理不固，而致汗液外泄失常的病证，分自汗、盗汗两类，临床多见气虚自汗、阴虚盗汗，但也有湿热内蒸，津液外泄之汗证，此类患者多见口苦、舌苔黄腻，孙师常用三仁汤加减治疗。

案例1：患者，男，30岁，2006年8月30日初诊。患者平素嗜酒，1年来自汗出，稍动则大汗淋漓，心烦、口苦，腰背酸麻，二便正常，舌质黯红，苔黄腻，脉沉弦。证属湿热内蕴脾胃，外郁肌肤，迫津外泄。治以宣上畅中利下、分利湿热。方用三仁汤加减。药用：杏仁10g，生薏苡仁30g，白豆蔻（后下）10g，厚朴10g，通草6g，半夏10g，滑石30g，冬瓜仁30g，桃仁10g，桑叶15g，革薢15g，芦根30g。3剂，水煎服，每日1剂，早晚分服。药后汗出大减，继以上方加减，连服20剂，汗止病愈。

按：本例患者长期饮酒，内生湿热，蕴于脾胃，郁滞于里，上扰于心，出现口苦心烦；湿热弥漫，阻滞气机，郁于肌肤，腠理开合失度，则自汗；舌质红、苔黄腻乃湿热之象。以三仁汤宣上畅中利下，加桑叶、芦根宣肺清肺，使肌肤郁热消散，腠理开合有度；革薢分清泌浊，利下焦膀胱，引湿邪外出；冬瓜仁涤浊化痰，推陈致新。全方宣通上下、化湿清热之功，不止汗而汗自止。

二、黄疸

黄疸以身黄、目黄、小便黄为主症，其病机关键是湿，《金匮要略·黄疸病》指出："黄家所得，从湿得之。"湿阻中焦，依病体阴阳偏盛之不同，寒化者发为阴黄，热化者发为阳黄，夹毒者发为急黄。对临床湿郁化热、蕴结肝胆、弥漫三焦之证，孙师多用三仁汤宣畅气机、分利湿热。

案例2：患者，男，44岁，2006年9月30日初诊。患慢性乙型病毒性肝炎3年。症见目黄，小便黄，口干口苦，右胁痛胀，昼重夜轻，乏力，纳差，食后腹胀欲呕，大便溏，每日2～3次，舌质红，苔腻，脉细。肝功能：谷丙转氨酶（ALT）210U/L，谷草转氨酶（AST）186U/L，总胆红素（T－BIL）67.5μmol/L，直接胆红素（D－BIL）39.6μmol/L，总蛋白（TP）75g/L，白蛋白（ALB）40g/L。诊断为黄疸，证属湿热蕴结肝胆脾胃，弥漫三焦。治以清热利湿、通利三焦。方用三仁汤加减。药用：杏仁10g，生薏苡仁30g，白豆蔻（后下）10g，厚朴10g，通草6g，半夏10g，苍术10g，茵陈30g，茯苓30g，猪苓15g，陈皮15g，甘草6g。水煎服，每日1剂。5剂后，呕恶、纳差好转，上方加减，再进30剂，黄疸渐退。肝功能复查示：ALT 62U/L，AST 47U/L，T－BIL19.4μmol/L，D－BIL 9.6μmol/L，TP 69g/L，ALB 42g/L。

按：本案患者感受湿热疫毒之邪，由表入里，内阻中焦，脾胃运化失常，湿热交蒸于肝胆，不得通利而弥漫三焦，出现目黄、小便黄、口干口苦、右胁痛胀。若以苦寒清利湿热之法，易伤脾败胃，致纳差、腹胀、便溏加重；以苦温燥湿，则助热伤肝。故以三仁汤化湿清热、通利三焦为主，加苍术、陈皮、甘草以燥湿和中；加茵陈、猪苓、茯苓以利湿退黄。诸药配合，可使三焦宣畅、湿热得泄、黄疸得除，诸症获愈。

三、眩晕

眩晕的发病原因及其治疗历代医籍论述颇多。《丹溪心法·头眩》有"无痰不作眩"的主张，指出“治痰为先”；《景岳全书·眩晕》强调“无虚不能作眩”，在治疗上认为“当以治虚”为主。尽管本病临床常见肝阳上亢、气血亏虚、肾精不足、痰浊中阻4类证型，但在物质生活比较丰富的当今社会，湿浊郁阻型眩晕则更多见。

案例3：患者，女，36岁，2006年6月12日以反复眩晕1年余初诊。症见头重如蒙，颈项部疲困，手足心汗出，不思饮食，心烦，身躁热，舌质淡黯，苔黄腻，脉滑。中医辨证：湿浊郁阻，上蒙清窍。治以化湿涤浊。方用三仁汤加味。药用：杏仁10g，生薏苡仁30g，白豆蔻（后下）10g，厚朴10g，半夏10g，通草6g，滑石30g，竹叶6g，郁金10g，桃仁10g，冬瓜仁30g，甘草6g。水煎服，每日1剂，分早晚服。3剂后复诊，眩晕明显好转，上方加荷叶30g，再服5剂，眩晕愈。

按：本例属湿浊郁阻，遏而化热，上蒙清窍则头晕，中阻脾胃则不思饮食，热扰心神则心烦、手足心汗出。湿浊与痰浊相似，但其病性不尽相同，治疗方法也有区别。针对湿浊郁阻之眩晕，应以三仁汤加桃仁、冬瓜仁等，芳香苦辛，轻宣淡渗，化湿涤浊，清气得升，浊邪得除，则眩晕可愈。

四、咳嗽

咳嗽是临床常见病、多发病，分外感和内伤两类，二者均可见湿浊壅肺证。前者多因外邪干肺，肺失宣降，通调失职，津液失布，聚湿生痰生浊，阻塞气道出现咳嗽，吐痰黏稠不爽；后者多因肺脾虚弱，久咳不愈，或饮食不节，损伤脾胃，脾失健运，酿湿生痰生浊，壅遏肺气，肺气不利而咳嗽。

案例4：患者，女，57岁，2006年6月15日初诊。1个月前因天气变化，患者出现咳嗽、咳痰，屡用中西药物未效。症见：咳声重浊，痰多色白兼黄，胸闷脘痞，口干，纳少，大便溏，每日2~3次，舌淡红，苔白腻微黄，脉滑。中医辨证：湿浊蕴肺，郁而化热。治以宣肺止咳、涤浊化痰。用三仁汤加减。药用：杏仁10g，生薏苡仁30g，白豆蔻（后下）10g，半夏10g，厚朴10g，通草6g，桑白皮10g，桔梗15g，冬瓜仁30g，麻黄6g，甘草6g。水煎，每日1剂，分早晚服。6剂后即愈。

按：该例为感受外邪，肺病及脾，水津失布失运，生湿生痰生浊，痰湿浊邪蕴于肺脾，郁而化热，出现咳嗽，吐痰黏稠不爽，胸闷脘痞，苔白腻微黄。治以三仁汤涤浊化痰、宣肺醒脾。方中加麻黄、桔梗宣肺化痰；桑白皮清泻肺热。诸药配合，使痰湿浊热上清、下泻、中化，则咳嗽可愈。临证湿浊咳嗽，若兼见中焦和（或）下焦湿热之证者，选用三仁汤更为适宜。

五、遗精

遗精总由肾气不能固摄，而导致肾气不固的原因颇多，其中由于醇酒厚味，湿浊内生，蕴而生热，扰动精室者甚为多见。明代龚信《古今医鉴·遗精》说：“夫梦遗滑精者，世人多作肾虚治……殊不知，此证多属脾胃，饮食厚味，痰火湿热之人多有之。”孙师认为，湿热下注之遗精，病位虽在下焦，但病之根本在中焦脾胃，故多用三仁汤加减。

案例5：患者，男，29岁，2006年8月25日初诊。患者平素嗜酒，3年来遗精频作，每2~3日即遗精1次，咽干，脘痞，口中多涎，小便频，大便干，2日一行，舌质红，苔白腻，脉弦细。证属湿热下注，扰动精室。治以化湿清热、涩精止遗。方用三仁汤加减。药用：杏仁10g，生薏苡仁20g，白豆蔻（后下）10g，半夏12g，通草6g，竹叶6g，滑石15g，厚朴花10g，金樱子10g，芡实15g，白果6g，生龙牡各18g，甘草6g。水煎，每日1剂，分早晚服。6剂后，尿频、遗精减轻。上方加葛根15g、枳椇子15g，连服20余剂，诸症悉除。

按：本例遗精由于长期饮酒，损伤脾胃，湿浊内生，蕴而生热，流注于下，扰动精室而致。久遗损伤肾气，湿热浊邪在中下二焦，故用三仁汤清热利湿，加金樱子、芡实、白果、生龙牡固护肾气、涩精止遗。全方合用，使湿浊得化、热邪得清、肾气得固，病情痊愈。

六、便秘

便秘为消化系统常见症状之一。多由素体阳盛，肠胃积热；或情志失和，气机郁滞；或气血不足，下元亏损；或阳虚体弱，阴寒内生等引起。随着社会的发展，人们多以冷饮解渴或常以水果代餐，或长期在低温空调下工作，易致湿邪伤阳，损害脾胃，使脾胃运化升降失常，大肠传导阻滞而便秘，此类便秘之病机关键是湿滞。

案例6：患者，女，31岁，2006年3月15日初诊。患者近半年来排便困难，常觉腹胀隐痛，频有便意，便时努挣，大便溏垢，每日2～3次，曾服中西药物，但疗效欠佳。症见口干口苦，纳差，舌淡红，舌体胖大，苔白厚腻、根部稍黄，脉缓。证属脾虚湿滞。治以健脾化湿、行气通便。药用杏仁10g，生薏苡仁30g，白豆蔻（后下）10g，半夏10g，厚朴10g，芦根30g，桔梗10g，生山药30g，太子参15g。水煎，每日1剂，分早晚服。上方加减连服15剂，大便通畅，诸症愈。

按：本例为脾虚生湿，湿滞肠腑，大肠传导阻滞而便秘，其病机为脾虚湿滞，故治以健脾化湿、宣畅气机通便为法。用三仁汤化湿并宣畅三焦气机。方中芦根易滑石、通草、竹叶，以防利水过甚，使便干难下，并增强生津润肠之功；加桔梗配杏仁增强轻展上焦气机，润肠通便之力；山药助生薏苡仁健脾渗湿；太子参补脾肺之气，以增健运水湿、传导之功。诸药配合，使脾气健运、肺气宣展、清肃下降，大肠传导得以恢复，则大便畅通。

七、结语

三仁汤方载于《温病条辨》，为清代医家吴瑭治疗湿温初起，邪在气分，湿重于热的常用方剂。症见头痛恶寒，身重疼痛，面色淡黄，胸闷不饥，午后身热，舌白不渴，脉弦细而濡等。孙师遵其法，总结临证应用三仁汤关键把握3点：①病邪为湿浊。随着社会的发展，人们生活水平不断提高，恣食肥甘厚味、辛辣之品越来越多，体内容易生湿生浊，进一步影响脏腑功能，使脏腑功能失调，诸病丛生，属湿浊之证者居多。②病位较弥散，两焦同病，或上中下三焦俱病，或表里内外俱病。因湿浊为患，内可损害五脏六腑，外可浸淫四肢百骸，均能阻滞气机，瘀阻经络，故非化湿涤浊不能使气机调达、经脉通畅。三仁汤乃宣上畅中利下、化湿涤浊之良方，若能灵活加减，取效桴鼓。③舌质淡红或红，苔白腻或黄腻。舌苔腻是湿浊证的重要指征，偏寒偏热，兼虚夹实，应注意兼证。临床凡具备上述特点者，以三仁汤加减治疗，多获良效。

［《中国中医药信息》，2007；（10）］

三仁汤的临床运用

丁忠信　周莉莉

三仁汤，方出《温病条辨》，为治夏秋湿重于热的湿温证的常用方。湿为阴邪，其来以渐，留恋难散，故汗解不能，攻下无济，既不可辛散燥夺，又不可苦寒直折，本方用杏仁苦温以开上焦，蔻仁芳香以宣中焦，苡仁淡渗以利下焦，稍佐辛燥之半夏、厚朴，清疏之滑石、通草、竹叶等，利湿不伤阴，清热不损阳。使清升浊降，邪从三焦而解。临床实践，本方不仅治疗湿温初起，凡病因病机之属于湿者，皆可考虑随症加减。如肺炎、支气管炎、胆囊炎、肠炎、上呼吸道病毒性感染、伤寒、肾炎、肾盂肾炎、盆腔炎、小儿湿疹等，适应于一般症见微恶寒或不恶寒，身热不扬，午后较甚，头昏痛，肢体困重，口干不欲饮，胸闷不思食，舌淡苔白厚腻，脉濡细或小滑，以及兼见咳嗽、肝区痛、浮肿、腰痛、小便不利、湿疹等。现就笔者临床应用本方的一些肤浅经验介绍如下：

一、病毒感染

夏令炎热之气，侵犯人体致病，即属暑邪。暑必挟湿，症状多为恶寒，发热，有汗不解，肢倦身困，头昏，胸闷，泛恶，口苦，纳呆，或腹中不适，或咳，或泻，舌苔薄腻或厚腻，脉浮滑或濡小。辨证属于暑湿之湿重于热者，三仁汤去滑石，加鲜藿香、豆卷、鸡苏散。热盛，加鲜车前草、鲜荷叶；汗少，加鲜紫苏；咳甚，加桔梗、牛蒡子；呕吐，加橘皮、竹茹；腹泻，加黄芩、山楂、神曲。

二、伤寒

本病多因体虚脾弱，内有伏湿，复由温热或暑邪耗气，挟湿外乘，引动内湿，两邪相搏，表里同病，如症见头痛，恶寒，四肢酸重，身热不扬，午后则热象较显，自汗而热势弛张无定，胸脘痞闷不饥，口不渴，泛恶，便结或溏泻，舌苔白腻，脉濡缓。辨证属湿温初期之湿重于热者，可用三仁汤加鲜藿香、豆卷宣化里湿。热盛者，加鲜荷叶、鲜车前草；若邪恋气分，舌苔由白转黄而滑腻，将发白痦，亦可用本方少佐苦寒清热，甘寒养胃，则邪外达而热除。

三、肺炎

风邪或暑温所致，症见恶寒发热，身热不扬，骨节酸楚，咳嗽声重而浊，痰多黏稠或稀薄易咯，胸闷脘痞，泛恶，纳呆，肢体倦怠，舌白腻，脉濡细。本方去滑石、通草、竹叶，加冬瓜仁、橘皮、茯苓。咳甚，加前胡、百部；骨节烦疼较剧，加虎杖、苍术；小便不利，加滑石、梗通；小便黄热，加竹叶、生甘草。

四、肾炎

属于湿热困郁表里三焦，症见浮肿，微热，腰腿酸重乏力，口干不饮，面色浮黄，胸闷嘈杂，不欲食，甚则恶心，大便干，小便不利或色黄，脉沉细而濡缓或细滑，舌淡、苔薄白腻。本方去滑石、通草、竹叶，加茯苓皮、泽泻、猪苓、赤豆、橘皮等。腰以上肿者，加桑皮、防风；伴有表邪寒热者，加浮萍、豆卷；腰以下肿者，加车前子、防已；热盛者，加黄柏、连翘。

五、肠炎

由于湿热困遏中焦，脾虚气滞，清浊不分，乃至脘痞，呕恶，腹部灼热或隐痛，胀不甚，便溏不爽或利反快，一日数行，舌质淡、苔白腻，脉濡细。用三仁汤去滑石，加苍术、白术、黄芩、黄连治湿兼佐健脾。

六、肝炎

脾虚湿滞，症见四肢困倦，面黄，胸痞，右胁胀痛，食欲不振，腹胀，便溏，舌淡、苔白腻或黄厚腻。本方去通草、竹叶，加冬瓜仁、茯苓、郁金、姜黄、梗通。痛剧，加瓦楞子；胀甚，加鸡内金、望江南等。

七、小儿湿疹

风邪与湿热搏结肌肤，发为皮疹。三仁汤加豆卷、丹皮、薄荷、蝉衣、地肤子、车前子等，清利淡渗，祛风凉血。

八、肾盂肾炎

属脾肾气虚，湿热蕴结膀胱，与热毒相搏，气机不畅，症见微恶寒，发热，腰膂酸痛，或有小腹疼痛，尿频而短，小溲灼痛，周身重着，胸闷不饥，口干不饮，舌苔厚腻或白或黄，脉濡细。用本方加车前子、凤尾草、马鞭草、生甘草梢等。

九、盆腔炎

脾虚湿盛，症见肢体疲惫，时觉寒热，脘部不适，头昏，不饥不渴，少腹胀痛：腰酸，带下绵绵如注，舌淡、苔腻，脉小弦而滑。三仁汤去苡仁、滑石、通草、竹叶，加蒲公英、车前子、泽泻、茯苓、椿根白皮、杞子、乌药、青皮之类，先予行气祛湿以治其标。

［《浙江中医药》，1979；(8)］

三仁汤加味治疗急性肾炎68例

陈维初

近几年来，笔者采用三仁汤加味治疗急性肾炎68例，疗效满意，现报道如下。

一、临床资料

本组68例（住院30例，门诊38例），其中男49例，女19例；年龄最大者28岁，最小者3岁；病程最长者29天，最短者2天。大多发病在夏秋季节。全部病例除有全身不同程度浮肿外，常见有头痛身重，咳嗽咯痰，胸腹胀闷，纳呆乏力，渴不欲饮，小便浑浊，舌质红，苔黄腻或白腻，脉濡缓等症。有前驱病史者27例。其中上呼吸道感染12例，皮肤感染11例，扁桃体炎4例。尿常规检查：尿蛋白（+）者25例、（++）者28例、（++

+）以上者15例，红细胞（+）者24例、（++）者11例、（+++）以上者5例，白细胞（+）者8例，管型（+）者14例。其中血压升高者11例。

二、治疗方法

三仁汤加味：杏仁、滑石、丹参各12g，苡仁、益母草各15g，通草6g。若浮肿甚者加车前子、大腹皮；血尿或尿中红细胞多者加白茅根、小蓟；尿蛋白多者加芡实、淮山、蝉衣；皮肤感染者加金银花、蒲公英、连翘；血压升高者加夏枯草、钩藤；发热咳嗽者加麻黄。每日1剂，水煎2次内服。此为成人1日量，小儿剂量酌减。7日1疗程，1疗程后复查尿常规。服药期间少食生冷油腻，忌食蛋类，低盐饮食，卧床休息。

二、疗效标准

痊愈：症状和体征消失，多次尿检正常，1年内无复发者；好转：症状和体征消失，尿蛋白微量，镜检红细胞或管型少许；无效：症状和体征及尿检均无改善或加重者。

三、治疗结果

本组68例，痊愈52例，好转11例，无效5例。总有效率为92.6%。治疗时间最长66天，最短12天，平均18天。

四、典型病例

熊某，男，19岁。患者5天前因游水受凉，当晚发热恶寒，头痛流清涕，翌日咳嗽咽喉痛，胸闷食少，当地按“上感”治疗2天，症状稍缓解，但面部及周身浮肿，咳嗽加重，于1993年8月2日就诊。症见：面目及双下肢浮肿，按之凹陷不起，咳吐白痰，头身困重，胸闷纳呆，口中黏滞，渴不欲饮，小便微浊而少。舌质红、苔腻、黄白相间，脉浮缓。T37.5℃，Bp 18/10kpa，血常规：WBC $7.2\times10^{9}/L$，N0.68，L0.32。尿常规：蛋白（+++），红细胞（++），白细胞（3~5），管型（+）。诊为急性肾炎。证属风邪挟湿，水湿内停，溢于肌肤。治宜祛风除湿，宣肺利水，通利三焦。原方加麻黄10g（先煎），大腹皮12g，茅根30g，5剂。药尽，咳嗽已止，胸闷消除，尿量增多，浮肿大消，诸症改善。尿常规：蛋白（++），红细胞（+），白细胞（0~1），管型（0~1）。上方去麻黄、半夏、滑石，加黄芪、淮山、芡实继服10剂，症状消失，尿检正常。3月后相继复查尿常规5次均正常。随访1年未复发。

五、讨论

本病属中医“水肿”等范畴，多因感受湿热疮毒之邪所致。笔者认为，湿为阴凝之邪，具有易阻滞气机，损伤阳气，郁久化热的病理特点。根据本组急性肾炎的临床症状，其病机多为湿热蕴滞，气机不畅，水道不利，水液不得“正化”，停蓄而溢于肌肤所致。其治疗以宣畅三焦气机，清热化湿为主，使三焦宣畅，气机升降出入有序，湿热分消，水湿得以正常运行，不致停蓄为患。三仁汤具有“辛开肺气宣达于上，芳化燥湿和降于中，甘淡渗湿利窍于下”，有三焦同治之妙。然本方重点在中焦。临床体会，调畅三焦气机，应以枢转脾气为关键。诚如章虚谷说：“三焦升降之气，由脾鼓动，中焦和则上下气顺。”故采用三仁汤为主，随症加减治疗。方中杏仁善开上焦，宣通肺气，蔻仁能宣中焦，和畅脾胃，苡仁益脾渗湿，疏导下焦。配以半夏、厚朴除湿；通草、滑石、淡竹叶清热利湿，共成宣化畅中，清热利湿之功。对本病因湿热为患，邪郁肺胃，留恋气分，清阳不宣，气化失司所致较为合拍。因气阻易致血瘀，“血不利而为水”，方中酌加益母草、丹参等活血利水之品，可加速水肿消退及肾功能的恢复提高疗效。

[《四川中医》，1996；(2)]

三仁汤临床验案举隅

李长文

三仁汤出自《温病条辨》为“湿温”而设，由杏仁、滑石、通草、白蔻仁、竹叶、厚朴、苡仁、半夏组成，具有疏理气机，宣通三焦，清热利湿的功效，临证吾用三仁汤加味治疗急性乳腺炎、流感、腮腺炎合并睾丸炎，取得良效，现报道如下。

一、腮腺炎合并睾丸炎

某男，30岁，发热12天，两耳下先后肿胀发颐6天，发现睾丸肿胀4天，高热头痛烦躁2天，曾服药：板蓝根冲剂、阿斯匹林、安乃近，静脉用头孢三嗪、阿西洛韦、地塞米松、甘露醇等，现仍高热不退，体温38℃～40℃，面红身赤，皮下有瘀斑，口腻，大便3日未解，舌质稍红，苔厚腻，脉滑数。此乃湿热互结，邪毒炽盛，扰乱神明所致。给予三仁汤加减：陈皮20g，半夏15g，茯苓30g，白蔻仁12g，砂仁10g，苡米仁30g，厚朴18g，苍术20g，川牛膝20g，赤芍20g，二花20g，生地15g，丹皮20g，丹参30g，竹叶10g，甘草6g，滑石30g。每日2剂，4h煎服1次，3天后体温降至正常，睾丸已不疼，觉气短乏力心悸，此邪祛正伤，正气未复，再给予柴胡12g，郁金10g，白术30g，白蔻仁12g，半夏10g，川贝母10g，黄芪30g，当归20g，丹参30g，赤芍20g，丹皮20g。善后。

按：本证虽为腮腺炎病毒感染所致，但在疾病发展过程中有湿热互结、热毒炽盛的征候，可以用三仁汤加味治疗，并取得了良好的疗效。

二、急性乳腺炎

张某，女，25岁。产后8天，发热3天，神昏抽搐1天，曾按上感给于退热、抗菌消炎治疗，诊时体温39.5℃，药用先锋霉素，物理降温，面色暗红，目赤，呼吸急促，皮肤灼热，无汗，肢体抽搐阵作，神志恍惚，舌质暗红，苔厚腻，脉弦数有力，血象WBC $18\times10^9/L$，妇科检查（—），乳房胀满，有硬结，溢白色乳汁，伴有脓液，此为乳痈，湿热蕴结，热毒炽盛，扰乱神明所致，在原治疗方案上加用三仁汤加减：薏米40g，杏仁10g，白蔻仁0g，竹叶10g，厚朴20g，陈皮15g，通草10g，滑石30g，半夏10g，当归20g，川芎30g，藿香20g，荆芥12g，土元20g，丹参30g，赤芍20g，二花20g，连翘15g。每日1剂，煎3次服3次，第2天体温38℃，3剂药后体温已降至正常，乳房硬结消失，舌苔消退，脉缓和，继以益气和胃善后。

按：急性乳腺炎，多由外感邪毒所致，失治、误治易致邪毒入里生湿化热，湿毒蕴结，大量输液，反复物理降温，寒凉凝滞，气机郁闭，邪无出路，湿热熏蒸蒙蔽清窍，故见高热，神昏抽搐，乳房胀满，苔厚腻，脉弦数有力，要祛热毒首先要祛湿，湿祛不扼热，热毒方能外泄，故用三仁汤清利湿热，分别三焦，使湿化毒去而热退。

三、流感

胡某，女，8岁，上感。午后发热1周，每日静脉滴先锋5号3.0，丁胺卡那0.2，口服红霉素、APC等药，现仍每日下午或晚间恶寒发热，体温最高39℃～40℃，用解热针后汗出热退，来日又发，渴不欲饮，时呕，舌苔厚腻，脉弦数有力，血象不高，证属湿温，湿重于热，在原治疗基础上加服柴胡桂枝汤合三仁汤：柴胡12g，黄芩9g，半夏10g，党参12g，桂枝10g，白芍20g，杏仁6g，苡仁20g，蔻仁9g，厚朴15g，通草6g，滑石20g，竹叶10g。每日1剂，每4h煎服1次，服药后体温稍升，但较前为低，最高38℃，持续时间较短，未加用退热药物自退，第2天体温37.3℃，未再升高，已索食，玩耍，第3日体温、饮食，二便正常。

按：流行性感冒多由流感病毒感染所致，多缠绵难愈，本证发热恶寒汗出是表证未解，胸闷不饥，渴不欲饮，时呕，舌苔厚腻，属化生湿热，故用三仁汤合柴胡桂枝汤调和营卫，清热化湿解毒。

总之，吾用三仁汤是以热和湿为辨证要点，以舌苔厚腻为体征，以胸闷不饥，午后发热，恶心呕吐为主要症状，并根据病史、疾病特点，结合它方应用，如配辛开苦降泻火解毒的黄连、黄芩、二花、连翘、公英；消食去积的陈皮、枳实、焦三仙；调和营卫的柴胡、桂枝、白芍；凉血透营的丹皮、赤芍、生地。此外在辨证用药准确的前提下，还应强调煎服方法，证情较重热毒炽盛，湿重热高者每日可进2剂，每4h～5h必煎服1次，使药力持续。对于无明显缺水症状和体征者特别是中医辨证有湿者，最好不要多输液治疗，以免湿扼热伏，阻滞气机，湿热难退难清。

[《河南中医学刊》，2002；(5)]

安宫牛黄丸治疗门脉高压症术后脑病49例临床观察

谢锐光　郑维榕

门脉高压症术后肝性脑病是指门脉断流或分流术后一种危重临床综合征，其发病机理尚未完全明了，治疗困难，预后不良。我们自1982～1986年运用中西医结合的方法（观察组）治疗49例患者，并与1976～1981年采用单纯西医（对照组）治疗的29例作对照，现报告如下。

一、一般资料

观察组：男40例，女9例，年龄17～54岁，平均40.7岁；对照组：男24例，女5例，年龄20～57岁，平均38.6岁。因大出血急症门静脉断流手术：观察组40例，甚中失血性休克8例，轻度黄疸11例，肝功能损害7例；对照组25例，黄疸7例，肝功能轻度异常5例。经治疗血止施行择期手术：观察组9例，对照组4例。术后出现肝性脑病时间：观察组最短8小时，最长54天，平均16.4天；对照组最短19小时，最长36天，平均11.5天。术后发热：观察组27例，高热6例，超高热4例；对照组发热16例，高热5例。诊断标准：按邝贺龄（新医学，1984；4：212）修正Sherlock分级分成五级：一级：观察组和对照组分别为9和6例，二级：分别为12和7例。三级：分别为14和7例，四级，分别为9和5例，五级：分别为5和4例。

二、治疗方法

两组患者术前常规留置鼻胃管，术后鼻饲肠道杀菌剂、泻药钾盐，应用谷氨酸、精氨酸、左旋多巴、护肝药物，能量合剂及输液。观察组在使用以上西药的同时加用安宫牛黄丸，视病情轻重，应用2～3次/日，每次一丸（每丸净重3g），捣烂用开水稀释至50ml，从胃管鼻饲。对照组单纯使用上述西药治疗。

三、结果

治愈标准：神志完全清醒，定向、对答及行为正常。观察组治愈37例，占75.51%；对照组治愈15例，占51.7%。按肝性脑病分级的治愈例数比较：一级观察组和对照组分别治愈9和6例，二级为11和4例，三级为10例和4例，四级为5和1例，五级只有观察组2例治愈。肝性脑病清醒平均时间观察组为2.05天，对照组为3.27天，经统计学处理，二者差异有非常显著性意义（$t=3.24$，$P<0.01$）。平均住院时间观察组为22.5天，对照组为24天。死亡分析：观察组死亡12例，其中死于肝衰竭10例，肾功能衰竭2例；对照组14例，死于肝衰竭7例，肝肾综合征6例，肝衰竭并呼吸衰竭1例。两组病死率分别为24.49%和48.28%，经统计学处理，二者差异有显著性意义（$X^2=4.64$，$P<0.05$）。

四、体会

我们认为门脉高压症术后肝性脑病的神昏谵妄，狂躁壮热是出血后津伤火生，热入营血，邪侵心包，阻遏中阳，上扰神明所致。在应用西药的同时使用安宫牛黄丸，能开窍清营，泄热解毒，使用时宜早不宜迟，在昏迷前期即可使用，如患者已进入昏迷应连续使用至苏醒，本组患者昏迷的清醒时间和病死率，观察组均明显优于对照组。

［《中西医结合杂志》，1988；(6)］

浅谈《温病条辨》治疗痹证的经验

陈　迎

《温病条辨》是一部全面系统论述外感热病的专著，其中论述痹证的仅有4条，但内涵广阔，有待进一步研究与探讨。

《温病条辨·中焦篇》65条："湿聚热蒸，蕴于经络，寒战热炽，骨骱烦疼，舌色灰滞，面目痿黄，病名湿痹，宣痹汤主之。"吴氏自注中云："痹之因于寒者固多，痹之兼乎热者，亦复不少，合参二经原文，细验于临证之时，自有权衡。"吴鞠通从经验言："寒痹势重而治反易，热痹热缓而治反难，实者单病躯壳易治，虚者兼病脏腑夹痰饮腹满等证，则难治矣。"细心玩味，验于临床，现代医学中风湿性疾病（Rheumatic diseases）则指一大类病因不同，但共同点为累及关节及周围软组织，包括肌肉、韧带、滑囊、筋膜的疾病，关节病变除有疼痛外尚伴有肿胀和活动障碍，呈发作与缓解的慢性病程，部分患者且可出现关节致残和内脏功能衰竭。风湿性疾病中医辨证多归于"痹证"范畴，其中影响肝肾等脏器，切然已成虚证矣，病人多因此而卒，英年早逝，幸者亦带病终生，痛苦不堪。吴氏早在《温病条辨》就区分轻重而定预后，真灼见也！主方宣痹汤（防己五钱、杏仁五钱、滑石五钱、连翘三钱、栀子三钱、薏苡仁五钱、醋炒半夏三钱、晚蚕沙三钱、赤小豆皮三钱），来源于《临证指南医案·湿》徐案：温疟初愈，骤进浊腻食物，湿聚热蒸，蕴于经络，寒战热炽，骨骱烦疼，舌起灰滞之形，面目痿黄色，显然湿热之痹。《温病条辨》在叶氏原用药上加一味晚蚕沙而成一名方。方中防己急走经络之湿，杏仁开肺气之先，连翘清气分之湿热，赤小豆清血分之湿热，滑石利窍而清热中之湿，栀子肃肺而泻湿中之热，薏苡仁淡渗而主挛痹，半夏辛平而主寒热，晚蚕沙化浊道之湿气。方后注谓痛甚加片子姜黄二钱、海桐皮三钱，取其宣络止痛也。全方以防己、半夏、晚蚕沙之辛合杏仁、连翘、栀子之苦，成苦辛通痹之剂，为人所习用。

《温病条辨·中焦篇》66条："湿郁经脉，身热身痛，汗多自利，胸腹白疹，内外合邪，纯辛走表，纯苦清热，皆在所忌，辛凉淡法，薏苡竹叶散主之。"自注言"白疹者，风湿郁于孙络毛窍。"吴氏云此为风湿在表，里湿停聚。笔者则认为此乃湿热郁遏卫气，白疹（白痦）就是明征。薏苡竹叶散（薏苡仁五钱、淡竹叶三钱、飞滑石五钱、白蔻仁一钱五分、连翘三钱、茯苓块五钱、白通草一钱五分）较之《临证指南医案·湿》某案多用一味连翘，为辛凉淡渗之法，与宣气化湿之名方三仁汤大同小异，后世一般用治白痦。

《温病条辨·中焦篇》67条："风暑寒湿，杂感混淆，气不主宣，咳嗽头胀，不饥舌白，肢体若废，杏仁薏苡汤主之。"自注言"此条应入寒湿类中，列于此者，以其为上条之对待也。"这是宗《素问·痹论》"风寒湿三气杂至，合而为痹"之说，用方杏仁薏苡汤（杏仁三钱、薏苡仁三钱、桂枝五分、生姜七分、厚朴一钱、半夏一钱五分、防己一钱五分、白蒺藜二钱），亦是缘于《临证指南医案·湿》，乃辛温苦温并进之法。

《温病条辨·中焦篇》68条："暑湿痹者，加减木防己汤主之。"自注中言"此治痹之祖方也"，加减木防己汤（防己六钱、桂枝三钱、石膏六钱、杏仁四钱、滑石四钱、白通草二钱、薏苡仁三钱）。风盛者重用桂枝，加桑叶；湿盛者重用滑石，加萆薢、苍术；寒盛者重用防己、桂枝、姜黄、海桐皮；热盛者重用石膏，加知母。此方远可溯及仲景治膈间支饮的木防己汤，近可联系《临证指南医案·痹》杜案。本条言简，其意却非同小可，从加减木防己汤来看，辛温桂枝、辛凉石膏共投，此种用法，《吴鞠通医案·痹》中屡见不鲜，如第一案：昆氏，二十六岁，风湿相搏，一身尽痛，既以误汗伤表，又以误下伤里，渴思凉饮，面赤舌绛，得饮反停，胁胀胸痛，皆不知病因而妄治之累也，议木防己汤两开表里之痹。此案乃典型的误治而成寒热错杂之证。

吴瑭治痹条文虽少，其意却赅热痹、寒痹。治法并非吴鞠通首创，实为总结《内经》、《伤寒论》之精妙，尤其得叶氏之真。《临证指南医案》："从来痹证，每以风寒湿三气杂感主治，招恙之不同，由于暑暍外加之湿热，水谷内蕴之湿热，外来之邪，著于经络，内受之邪，著于脏腑，故辛解汗出，热痹不减，全以急清阳明，而致小愈。"吴氏言痹，继承前人又能有所发展而创立各方。汪瑟庵在《温病条辨》痹证节后评论，痹证"寒湿固有，热湿尤多，误用辛温，其害立见。"言吴氏治痹，确有卓见，"学者细考文本，可得治热痹之梗概矣。"

笔者体会之一：吴氏在治疗痹证非常重视辛味药的运用，温病学之所以跳出伤寒圈子，首先在于确定了明确的病因——温邪，治疗上强调驱邪，正所谓吴瑭认为"议论宏阔，实有发前人所未发"的《温疫论》云："大凡客邪，贵乎早逐，乘人气血未乱，肌肉未消，津液未耗，病人不至危殆，投剂不至掣肘，愈后亦易平复。欲为万全之策者，不过邪之所在，早拔病根为要耳。”《温病条辨》方共206首；用辛味药居多。考其义无非开泄气机，疏通经络，透邪外出。痹者，闭阻不通也。痹证，风寒湿痹或热痹，均是邪气闭阻气血或煎液成痰，或炼血为瘀，郁而不通。治疗首先宣痹祛邪，故推重辛味药的应用。

笔者体会之二：为什么加减木防己汤为治痹的祖方？痹证病势缓慢，如抽丝剥茧，缠绵难愈。如果风寒湿三气杂至为痹，“若邪郁病久，风变为火，寒变为热，湿变为痰。”此过程非一朝一夕而成，故常见寒未退，热已生，总成寒热错杂证。特别是当代妄用辛温或糖皮质激素（根据沈自尹院士《肾的研究》中医的肾的实质归结于下丘脑—垂体—肾上腺轴，故可认为使用皮质激素有类补命门之火的功效。）更易热化。至于热痹，一则长期带病生活，势必影响各个方面，患者可能吃不好，睡不安，后天无以充养，正气渐衰，另外火为元气之贼，一胜则一负，热痹必然耗伤正气，气虚失于温煦，无以温分肉，肥腠理，故出现畏风畏寒，成寒热错杂证。这两种情况因不同，但均是寒热错杂，都宜寒热并调，辛温扶阳气，通痹结；辛凉清热解毒。此为加减木防己汤的特点。笔者引用北京董建华之言：温病用苦寒，宜少佐温通，以振奋阳气，鼓舞气机，令寒药不至呆钝而效捷；即使纯为阴虚，宜当少用阳动之品，以促生化之力，津生气动，而复阴液。可谓得热病之精华也！

［《天津中医》，2002；（1）］

椒梅汤治疗腹型过敏性紫癜68例临床观察

潘焕鹤

腹型过敏性紫癜，为过敏性紫癜的一种类型，属毛细血管变态反应性疾病，一般以青少年为多见。其典型症状为急性腹痛突发起病，则恶心呕吐、腹泻或血水样便，四肢臀部突发皮疹和出血点，尿血、鼻血亦往往同时存在。单纯腹型者称亨诺氏型，伴有关节症状者称许兰——亨诺氏综合症。西医激素等对症药物一般能控制症状，但往往易于反复发作。本人从1980～1984年五年间门诊遇到68例，均以椒梅汤作为基本方治疗而中止复发，通过2～5年的随访，疗效尚好。现归结如下：

一、一般资料

68例中，单纯肠型（亨诺氏型）61例，伴有关节症状（许兰——亨诺氏综合症）7例。男性52例，女性16例；年龄最小12岁，最大25岁。既往病史：2例患急性肾炎，3例患过风湿性关节炎，但在发病前均已治愈。发病原因：大多未能找出发病原因，仅3例有溶血性链球菌感染史，2例食物过敏。病程最短半小时，最长八个月。发病即来中医门诊者24例，经过西医治疗多次反复发作者44例。

二、治疗方法

椒梅汤（剂量酌情加减）：川雅连6克，炒枯芩10克，淡干姜6克，潞党参10克，大白芍30克，川椒10克，乌梅30克，姜半夏、炒枳实各10克。

加减：如血热较甚，去党参，加炒生地、粉丹皮各10克，牛角鰓30克。皮疹瘙痒较甚，加青防风、紫草各10克。鼻衄不止或血尿者，加焦山栀10克，大小蓟各15克。纯利血水，以炮姜易干姜，加炒地榆30克。兼有关节症状者，加木防己20克，川桂枝6克，西秦艽10克。

通过治疗停止发作后，继续服原方七天，以资巩固。如反复多次发作，在发作过后按原方为丸，每服10克，一日三次，连服三周。

三、治疗结果

68例中，1例因并发肠套叠转外科治疗，34例经用椒梅汤一剂即停止发作，连续用药七天后停药，未再复作。32例多次反复发作，每次用椒梅汤后均能控制症状，后以丸易汤，调治三周后停药，未再复作。1例病程已长，多次发作后转为慢性肾炎，作无效计。如剔除1例肠套叠外，总有效率为98.5%。

四、典型病例

杜××，男，18岁，就诊日期：1982年1月28日。

患者无明显诱发因素，于元旦夜晚突然剧烈腹痛，继则恶心呕吐，大便呈血水样，皮疹出血点泛发遍体，发面亦有。抬来医院急诊。血检：白总5600，嗜酸粒细胞9，淋巴13，中性78，血小板16万。束臂试验阳性。外科排除急腹症，经西医内科诊断为腹型过敏性紫癜，对症处理很快缓解。隔日又作，因找人抬担架耽误了时间，抵达医院时，腹痛已消失，未作任何处理（因前天配药尚未服完）。自此后又有数次类似发作，故改求中医诊治。

患者于半小时前腹痛突作，家属来院要求出诊治疗。诊见患者腹痛剧烈，辗转不安，疼痛以脐周及下腹为甚，四肢及臀臀部满布皮疹出血点，躯干及头面部亦有，分布较疏，瘙痒，时有恶心、呕吐食物及黄绿水，鼻中流血，大便血水，头汗淋漓，面色苍白，两颧潮红，口干不欲多饮，饮不解渴，苔薄白、舌质胖嫩、舌边满布齿印，脉细弦数。脉证分析，病在太阴、厥阴二脏，系脾虚肝旺、寒热错杂之证。良由患者素禀不足，脾气素虚，脾虚则运化失职，湿热内生，湿热久蕴，必耗营血，脾统血而藏营，肝体阴而藏血，故久则脾气更虚，而肝亦渐失其柔润之性。肝气失其敛藏之职，乘虚而克脾土。脾受木贼，则呕吐泄泻；营阴受损，湿热逼迫血分，阳络伤则血从上溢为鼻血，阴络受损则血从下渗而大便鲜血，湿热内生，脾风逆于腠理，每因肝气触发而致遍体风疹瘙痒。治之之法，当以扶脾敛肝，寒热并调，酸苦辛合法，兼以宁络止血。处方：大乌梅30克，川雅连5克，炒枯芩、潞党参各10克，炮姜5克，川椒10克，大白芍30克，炒枳实、青防风各10克，炙地榆30克，焦山栀10克。立即煎服。

因平时发作不治疗，约2~3小时亦能自行缓解，故投药后中止发作，不能确定其为药效或自然缓解，嘱原方每天服一剂，连服三剂。

一周后复诊，云服药后未再复作，因外出而停药数天才复诊，此为近一月来发病间断最长时间。患者面色㿠白，舌质胖嫩、舌边齿印，脉濡滑，乃肝气敛而脾虚未复。患者担心再发，要求“除根”治疗，拟丸方缓图，嘱如在服丸期间再发，可以前次煎方配服。处方：

潞党参60克，淡干姜30克，焦白术60克，大乌梅、大白芍各120克，姜半夏、炒枳实各60克，川雅连40克，川椒、炒枯芩各60克。

上药共研细末，水泛为丸，如梧桐子大，每服10克，一日二次，开水下。一月后随访，患者康复正常，参加重体力劳动。1986年12月20日追访，历时数年未复发。

五、小结

椒梅汤出自吴鞠通《温病条辨》下焦第三十七条，原文为：“暑邪深入厥阴，舌灰，消渴，心下板实，呕恶吐虫蚘，寒热，下利血水，甚至声音不出，上下格拒者，椒梅汤主之。”肠源性过敏紫癜，虽非吴氏所述之暑邪深入厥阴病证，但其突然剧烈腹痛，呕恶，下利血水等上下格拒证侯，确属土虚木乘、正虚邪炽之候，故椒梅汤之酸甘化阴、酸苦泄热、苦辛通降治法，正合病机。

椒梅汤原方为：黄连、黄芩、干姜各二钱，白芍（生）、川椒（炒黑）、乌梅（去核）各三钱，人参二钱，枳实一钱五分，半夏二钱。水八杯，煮取三杯，分三次服。

方中乌梅、白芍配黄连、黄芩酸苦泄热，收敛肝气；人参、干姜、半夏健脾治中，扶助脾气；配枳实、川椒苦辛通降。实为刚柔相济、寒热并调、扶脾敛肝之良剂。考虑此证肝气肆虐为甚，故更动原方剂量，加强白芍、乌梅等敛肝药物剂量。其次，由于各患者之临床表现不尽相同，故在运用原方的大原则下，根据其出现的兼证而相应加减。方证相符，故临床效果比较显著。

[《江苏中医》，1983；(3)]

安宫牛黄丸并中医辨证治疗中晚期原发性肝癌20例临床疗效观察

张所乐　程剑华　赵德慧　龙　浩　王　晓　竺家利　朱力平　黎治平　刘伟新

原发性肝癌恶性程度高，病情进展快，生存质量差。上海资料表明，未予治疗的中位生存期只有1.5个月［《实用癌症杂志》1990；(2)：81］，经过治疗的Ⅲ期肝癌的平均生存期二个月（潘明继编著《癌的扶正培本治疗》）。如何治疗和如何延长晚期病人的生存期，我们运用安宫牛黄丸并中医辨证治疗中晚期原发性肝癌，取得了效果。现将我科1988年7月～1990年7月期间治疗的原发性肝癌20例，前瞻性地进行观察并分析临床疗效，予以报道。

一、临床资料

所有病例均住院观察。男16例，女4例，30岁以下2例，30～39岁3例，40～49岁7例，50～59岁5例，60～69岁3例；年龄最大者69岁，最小者27岁，平均年龄47.2岁；根据1977年12月全国肝癌协作会议通过的诊断和分期标准，即Ⅲ期15例，Ⅱ期5例（经细胞学证实为肝细胞性肝癌2例）。其中9例行过姑息放疗，放疗剂量1000～3000cGy不等，3例曾经化疗，2例曾行过肝动脉插管化疗，均因治疗无效或加重而转我科。

二、治疗方法

以安宫牛黄丸配以中医辨证用药，服安宫牛黄丸5丸并中药1月以上参加观察。

安宫牛黄丸（为江西樟树制药厂产品）用法，日1丸，吞服或温开水化服，显示疗效后改2日或3日1丸。20例共用安宫牛黄丸532丸，平均每例用药27.6丸，最多服药52丸，最少6丸。肝郁气滞（6例）选柴胡疏肝散为主；气滞血瘀（10例）选桂枝茯苓汤、膈下逐瘀汤；肝阴亏损（1例）选一贯煎；肝胆湿热（3例）选茵陈蒿汤、龙胆泻肝汤等。

每例平均服中药60剂。

三、治疗结果

显效（症状基本消失，一般情况明显改善；肝脏明显缩小，可触及的肿块缩小一半以上；同位素扫描，超声波与生化检查明显好转；出现疗效维持1月以上）2例；有效（症状好转，一般状况有所改善；肝脏可触及肿块有缩小或稳定；同位素扫描、超声波与生化检查有所改善或稳定；出现疗效起，维持1月以上）13例；无效（症状加重；肝脏及肿块无缩小或增大；同位素扫描，超声波与生化检查无改善或恶化；暂时改善，维持不足1月者）5例。1988～1990年1月治疗的15例病例中，1年生存率26.7%，半年生存率为53.4%。

本组治疗中，对控制发热，黄疸，肝痛，消化道出血，食欲不振等症状的改善，疗效比较显著。

治疗前后主要症状控制

例	发热		黄疸		肝痛		上消化道出血		食欲不振		腹水	
	前	后	前	后	前	后	前	后	前	后	前	后
20	12	3	8	5	14	6	7	2	18	8	11	10

本组治疗后AFP定量下降有6例，平均下降557.8毫微克/毫升；r－GT下降4例，平均下降68单位；AKP下降3例；LDH下降4例。

临床查体：肝脏明显缩小（＞5cm）3例，（＜5cm）8例，稳定8例，增大1例。

B超或CT检查：肿块明显缩小（＞50%）3例，缩小（≤50%）4例，稳定11例，增大2例。

本组病例已经死亡6例。从进入本院用安宫牛黄丸治疗开始至死亡时间为130天（5.3月），平均生存期249天（8.3月）。

（典型病例从略）原发性肝癌Ⅲ期炎症型（剖腹探查确诊），高热39℃以上持续半月，巩膜及全身黄、染，肝区剧痛，肝大平脐，腹水（＋），大便潜血（＋＋），AFP663毫微克/毫升。服用安宫牛黄丸5丸体温开始下降，服至10丸降至正常，黄疸基本消退，黄疸指数从18单位降至10单位，肝脏从平脐缩小至肋下3cm、剑下5cm，剧痛明显缓解，腹水消失，大便潜血转阴，AFP降至400毫微克/毫升，服安宫牛黄丸40丸，服药后生存6个月。

按：从上述疗效看，安宫牛黄丸配以中医辨证用药可以控制中晚期肝癌病人的不少主要症状，从而缓解晚期病人由此带来的极大痛苦；对以上客观指标的改善，值得重视；延长中晚期原发性肝癌患者的生存期，近期疗效肯定。我们认为，该法治疗中晚期肝癌可以作为临床上一种新的方法，继续观察。从安宫牛黄丸的组成和本文疗效来看，可见该药不仅有清热解毒、镇惊开窍的作用，和辨证用药一起还能共同起到镇痛、止血、活血化瘀、防止肝昏迷等作用，从而用于治疗原发性肝癌，常常会出现意想不到的效果，值得进一步临床探讨。该药无明显副作用，但较昂贵，必须掌握指征选用。

［《江西中医药》，1991；(2)］

犀角地黄汤治疗蛛网膜下腔出血20例

陈楚玺

蛛网膜下腔出血是脑血管意外急症，发病原因多为先天性脑血管畸形或动脉瘤破裂所致，表现为发病突然，头痛项强，呕吐，腰穿脑脊液呈均匀一致血性。近五年来，笔者采用《温病条辨》的犀角地黄汤加黑大黄治疗该病20例，效果满意，现报告如下。

一、临床资料

20例中，男17例，女3例；年龄20～30岁者7例，31～40岁者8例，41～60岁者5例。全部病例均有头痛、呕吐、项强症状，脑脊液呈均匀一致血性。有短暂意识丧失者3例，合并动脉神经麻痹者2例，再次发作者2例，伴有一侧肢体瘫痪者3例，经西药治疗不效转中药治疗者15例，发病后即用中药者5例。

二、治疗方法

全部病例均用犀角地黄汤加黑大黄治疗，方中犀角可用水牛角代替，每日1剂，水煎服。发热者加二花、连翘，肢体瘫痪者加桃仁、红花、鸡血藤、伸筋草，短暂意识丧失者加羚羊角。

三、疗效观察

痊愈（头痛、呕吐、颈强均消失，脑脊液中无红细胞，可进行日常活动）15例，好转（头痛、项强减轻，脑脊液中无红细胞，瘫痪的肢体恢复到Ⅳ－Ⅴ级）3例；无效（头痛、呕吐症状未减轻，动眼神经麻痹，三个月后未恢复）2例。总有效率为90%。疗程最长40天，最短15天，平均30天。

四、典型病例

张某，男，50岁，1985年3月7日就诊。一天前患者在劳动时突然头痛，伴有呕吐，小便失禁，呼之不应，约30分钟后好转，急来门诊部。查T：37.3℃，P：90次/分，R：20次/分，BP：18.7/12kPa；发育正常，营养一般，急性痛苦面容，心肺（－），肝脾未触及，瞳孔等大等圆，眼底视神经乳头边缘清楚，无出血及渗出，项强，克氏征、布氏征（＋）；WBC：$13.0\times10^9/L$，分叶70%，淋巴24%；脑脊液呈均匀一致血性。诊断为蛛网膜下腔出血。经西药降颅压、止痛、止血三个月效果不佳，邀余会诊。刻诊：面色紫黯，头痛剧烈，呕吐，项强，三日未解大便，舌质红绛，脉细数。证属热毒内盛，络破血溢，瘀血内阻。遂用清热解毒、凉血化瘀的犀角地黄汤加黑大黄治疗。处方：水牛角100g，丹皮、赤芍各15g，生地20g，黑大黄30g，日1剂，水煎服。3天后头痛、呕吐减轻，10日后项稍强，再进10剂，患者一切症状消失，痊愈出院。

五、讨论

蛛网膜下腔出血是脑血管意外的重症之一，属祖国医学瘀证之范畴，多由内热过盛，迫血妄行，离经之血瘀阻于经络而致。先父陈昌明医师选用犀角地黄汤加黑大黄治疗该病，屡用屡验，余反复验证，效如桴鼓。方中犀角清热凉血，配生地既可解血中热毒而止血，又可养阴生津；芍药和营泄热，丹皮凉血散血，同助犀地以奏凉血止血、清热解毒之功效；方中加黑大黄，遵“凡血妄行瘀蓄必用桃仁大黄行血破淤之剂”之意，既可协助上方凉血止血，又可导滞通腑，使浊气下行，淤去血止，气血畅通而病愈。

［《国医论坛》，1992；（1）］

安宫牛黄丸配合西药治疗肝癌并发肝昏迷

陈家俊　金　源　吴丹红

安宫牛黄丸是清代名医吴鞠通在万氏牛黄清心丸的基础上加减变化而成，具有清热解毒、豁痰开窍之功效。临床主要用于温热毒邪炽盛和内陷营血所致之高热、惊厥、神昏、谵语、躁狂等症。我们近年来配合西药治疗肝癌并发肝昏迷，取得良效，特举二案报道如下。

案一：林××，男，52岁。肝癌治疗3个月，伴黄疸低烧20多天入院。入院后予以中药辨证施治及西药利尿等对症处理。入院第6天并发肝昏迷，证见神识不清，时或昏睡不醒，时或躁狂不安，喃喃自语，答非所问，双手见扑翼样震颤，舌红绛，苔黄厚。乃热毒内陷，热痰壅闭清窍。即予安宫牛黄丸半颗，溶解后喂服，日2次，配合抗肝昏迷、平衡电解质等治疗，病情未见好转，且出现呕吐鲜红血液及排大量柏油样稀便，病者呈半昏迷状态，遂加大安宫牛黄丸用量至1颗，每日3次，冷开水溶解后灌服，并施以止血补液等，2天后病情便见起色，3天后神识渐清醒，对答切题，且能起坐，未再呕血及排黑便，双手扑翼样震颤消失，继以中药调理。20多天后又因消化道出血再度诱发肝昏迷，仍宗上法救治，复获良效。两次先后共用安宫牛黄丸20余颗，配合西药治疗，功效显著，出人意外。

案二：郑××，男，58岁。进行性腹胀1月余，伴双下肢浮肿10多天入院。查体：巩膜黄染；肝剑下7厘米质硬，腹水（+++），双下肢凹陷性浮肿。B超示：右肝多发性实性占位，脾肿大，腹水。甲胎蛋白500毫微克/毫升以上。诊断：原发性肝癌硬化型Ⅲ期。经中药健脾理气利尿消胀等调治后，腹水明显消退，下肢浮肿减轻。后因低血钾诱发肝昏迷，症见表情淡漠，答不切题，躁动不安，手常置于阴部，令其平伸双手则震颤不已，舌红苔黄厚根腻、脉弦数。证属热毒内陷，蒙敝清窍。急投安宫牛黄丸1颗日2次，配合西药抗肝昏迷之精氨酸等应用，次日神识逐渐清醒，对答能切题，精神状态转佳。共服安宫牛黄丸14颗，继以中药辨证施治善后。

一般认为“半昏迷者不宜用安宫牛黄丸”，但我们在临床中逐渐体会到安宫牛黄丸不仅对有神昏者可用，而且对有神昏先兆者更应早用，只要病情需要豁痰清热开窍即可投之。本文2案均为半昏迷，用之均获良效。在治疗用量上应灵活变通，大量应用一般无中毒之虞。当然对脾虚患者以及肝昏迷表现为脱症，如面白息微，肢厥汗出，脉细手撒者需慎用，最好不用。安宫牛黄丸中有些药物对中枢神经系统有双向调节作用，小剂量时兴奋，大剂量时呈抑制。本文案一，初起仅用半颗，病情无起色，后改为1颗，每日3次，始见功效。说明对治疗有躁动不安，神昏谵语表现者，一定要足量顿服，才能收效。

［《浙江中医》，1990；（1）］

增液承气汤应用举隅

李俊荣

增液承气汤出自《温病条辨》，由生地黄、生大黄、麦冬、玄参、芒硝等组成。具有养阴清热、通便之功，传统上多用于阳明温病后期，热结阴亏之证。现在临床上以其为主对一些疑难杂症进行治疗，效果颇佳，现举例如下。

一、瘀血性剧烈头痛（脑震荡）

翟某，男，33岁。于1998年3月22日就诊。10天前，因纠纷致左颞部被铁锹击伤，当时昏迷0.5h余，急到当地医院诊治。症见：神志恍惚，呕吐，头痛，左颞部青紫肿胀，无裂伤，左耳及口鼻流血。查CT未见颅骨骨折及颅内出血，经检查尚发现左耳鼓膜穿孔。诊为：①脑震荡；②左耳鼓膜穿孔。经止血、脱颅压等对症治疗，其出血停止，但见左颞部持续性疼痛，痛如针刺，阵发性加剧，其疼痛加剧时，伴血压升高，周身汗出，同时见情感淡漠，左耳听力减退。经查脑电图，未见异常；经用卡马西平、心痛定、西比灵等药，效果不佳，遂到我处诊治。诊时症状同前，伴便秘、口干、舌质暗红，舌苔黄腻略燥，脉弦数。此症乃系外伤后瘀血性头痛，兼有气郁化热之表现。遂给增液承气汤加味：生大黄（后下）15g，生地黄20g，麦冬20g，玄参15g，芒硝（冲服）10g，三棱10g，莪术10g。服药2剂，大便畅下，头痛减轻，发作次数减少；后以上方加当归15g，龙胆草10g，去芒硝，继服10剂，头痛消失，精神恢复正常。

按：该方生大黄通腑泻浊，疏畅气机，“主下瘀血”，改善微循环，提高血浆渗透压，减轻脑水肿；生地黄、玄参、麦冬清热养阴血；三棱、莪术、当归行气活血。诸药合用，共凑行气化瘀，养阴清热之功，药证相合，故病可愈。

二、咳喘（肺心病）

赵某，男，72岁，于1998年11月20日来诊。患慢性支气管炎10余年，合并肺心病4年，每年入冬均因病情加重而住院治疗。来诊前3天因天气变冷而致咳嗽、喘闷加重，到我院诊治。症见：发热，咳嗽，吐黄痰，喘闷不能平卧，纳少，便秘，舌质暗，苔薄腻略黄，脉滑数，沉取无力。诊断：咳喘，本虚标实。遂给予：生地黄20g，生大黄8g（后下），麦冬10g，玄参10g，金银花10g，公英20g，麻黄2g，芒硝3g（冲服），杏仁6g，石膏10g。服1剂后，便下、热退、喘减，将上方大黄用量减至4g，去芒硝、石膏，加丹参20g，白术20g，3剂后，喘咳大减；后再以上方加党参15g，服药10剂，喘咳基本控制，精神、饮食明显好转。为巩固疗效，让其以生大黄30g，生地黄200g，党参200g，白术200g，麻黄20g，川贝100g，丹参100g，当归200g，陈皮200g，半夏100g，共为末装胶囊服用。每次5g，每日3次，连服3个月。随访2年，其冬季未再复发，日常精神、体力均可。

按：此患者高龄，咳喘日久，其本为痰伏于内，肺肾两虚，气滞血瘀。此次急性发作，却有标实之表现，如：发热，咳嗽，吐黄痰，喘闷不能平卧，便秘，苔黄，脉滑之症。肺与大肠相表里，肺气失宣，大肠传导受累，大肠传导失司其又可影响肺气之宣降。故以增液承气汤加味，方中大黄泄腑，清热，以利肺之肃降；生地黄、麦冬、玄参、石膏清热养阴，祛邪而顾正；麻黄、杏仁平喘止咳而兼化痰；金银花、公英更具清热之效；少量芒硝相加，意在求其效速。诸药合用，一剂而祛邪大半，之后削减清热及泻下之类，加顾护胃气之品，对于高龄久病，意在扶正。后以宣肺、健脾、益肾之麻黄、党参、生地黄及理气活血、化痰通腑之陈皮、当归、丹参、半夏、川贝、大黄，合用而起到对抗咳喘病机的作用。临床体会到：①对于高龄咳喘患者，只要有标实存在，准确运用祛邪之剂，效果甚好。②增液承气汤当中，大黄与生地黄相伍，是一极好对药，二者可在清热方面相互加强作用。同时，运用少量大黄有健胃制生地黄之腻之功效。

[《河南中医学刊》，2002；(3)]

清营汤加味治疗癌性疼痛68例观察

王国平

清营汤具有清营透热、解毒、养阴等作用。自1980年起我院试用本方加味治疗癌性疼痛68例，取得一定的止痛疗效，现报告如下。

一、一般资料

本组病例均为晚期恶性肿瘤已接受过化疗或放疗的患者。其中肝癌4例，胃癌26例，食道癌20例，胰腺癌6例，结肠癌6例，何杰金氏病型恶性淋巴瘤6例。68例中男40例，女28例。年龄最小45岁，最大79岁，平均58.8岁。局部疼痛一周以上20例，2周以上40例，3周以上8例。全部病例均使用强痛定、杜冷丁等镇痛药物。

二、治疗方法

药物组成：生地、玄参、天冬、银花、连翘各18克，赤芍、丹皮、板蓝根、生石膏各30克；蜈蚣4条、犀角3分（均研末）。用法：以前9味水煎后送服后2味，每日1剂，2次分服。服用本方以2天为期，有效者可连续使用，疗程不限。

三、疗效制定标准及治疗结果

本组疗效判定根据患者对镇痛药物停减情况而定。显效：服药后停用一切镇痛药物而患者无明显疼痛。有效：服汤药后镇痛药物可减半而患者无明显疼痛。无效：服汤药后4天疼痛不减，仍需用原量镇痛剂。本组显效19例，有效36例，无效13例，总有效率为81.4%。用药后见效时间：1天8例，2天20例，3天12例。

镇痛药物停减情况：治疗前使用过杜冷丁者34例，强痛定及杜冷丁交替使用者20例，单用强痛定者14例。治疗后停用杜冷丁者24例，减量杜冷丁者22例，停用强痛定者10例，减量强痛定者19例。

四、典型病例

李某，男，47岁，住院号：24175。初在太行和平医院以淋巴结核行手术治疗，一月后伤口不能愈合，在省肿瘤医院诊为恶性淋巴瘤。烤电治疗半月，未见好转，局部溃烂，疼痛难忍，便肌注杜冷丁等药，且用量逐渐加大，仍疼痛难熬，后转来我院。根据病情恐其杜冷丁成瘾，便给予汤药口服，疼痛大减。来日停用杜冷丁，改用强痛定100毫克肌注。2日后停用强痛定，单服汤剂，患者也未诉疼痛。持续约半月后痛又发作。

五、体会

癌性疼痛患者绝大多数有气血失调，热毒炽盛，气阴两衰之症，加之接受定期的化疗或放疗，且化疗相当于“大毒治病”必伤其血分，耗气伤阴。故采用犀角清营解毒，化斑，开窍，蜈蚣镇痉，解毒，二药合用行血分之热，起到通络止痛之功能，为其主药，有报道用蜈蚣治疗慢性疼痛者。生地、玄参、丹皮、赤芍清热凉血，活血养阴，消痈散肿为辅药，天冬、银花、连翘、板蓝根、生石膏清热解毒同为佐药。

本方经临床观察确能减轻癌症患者的疼痛，并能减少对镇痛药的依赖性及成瘾性，但由于病例尚少，有待进一步观察。

[《山西中医》，1992；(1)]

大定风珠冲剂治疗小儿难治性锌缺乏症47例

唐堪春

从1990年以来，我院药剂科运用《温病条辨》中大定风珠原方制成大定风珠冲剂用于治疗小儿难治性锌缺乏症共47例，均在短期内收到满意效果，并设对照组作了对比，现介绍如下。

一、临床资料

1. 一般资料　47例患儿中，男29例，女18例；小于4个月者4例，4个月~2岁者28例。3~7岁者10例，8~13岁者5例；病程短者5个月，长者1年。

2. 病例选择　锌缺乏症目前还没有统一的诊断标准，根据临床症状及血清锌检查，以患儿智力迟缓，毛发长势缓慢，长期食欲不振，腹泻、夜汗多，皮肤粗糙有局部湿疹样皮炎（湿疹好发于口角、肛门等处），舌体胖大质淡，血清锌 < 80μmol/L者为诊断依据。所有病例均为在我院或外院作过血清锌检查、补过锌剂20日~2个月不等而无明显效果者。并随机将43例临床症状与血清锌检查基本情况与治疗组相同的患儿作为对照组。

二、治疗方法

治疗组口服大定风珠冲剂（本院自制）：白芍18g，阿胶9g，生龟版12g，生地黄18g，麻仁6g，五味子6g，麦冬18g，炙甘草18g，生牡蛎12g，鳖甲12g，鸡子黄2枚。制成冲剂，每袋12g。1岁以下每次1/4袋，1~2岁每次1/3~1/2袋，3~7岁每次1/2袋，8岁以上每次1袋，1日3次，温开水冲服。对照组常规剂量服葡萄糖酸锌粉。两组均为10日1疗程，连服3个疗程即可停药，必要时也可延长。

三、治疗效果

1. 疗效标准　主要症状及体征消失，血清锌检查 > 120/μmol/L为显，效主要症状和体征明显好转，血清锌 > 100μmol/L为有效；用药后症状、体征无明显好转，血清锌 <

90μmol/L 为无效。

2. 结果　治疗组显效35 例，占74.50%；有效10 例，占21.3%；无效2 例，占4.2%。有效率为 95.80%。对照组显效 5 例，占 12%；有效 7 例，占 16.30%；无效 31 例，占 72%。总有效率为 38%。对照组 43 例治疗均延长 2～4 个疗程。经统计学处理 $P<0.01$，治疗组疗效明显高于对照组。

四、讨论

锌是人体生命活动不可缺少的微量元素之一，它与体内多种酶、核酸蛋白及其他微量元素一起参与代谢，共同维持人的生长发育，起着增强免疫、抵抗氧化等作用。中医认为人体阴阳平衡失调与西医所说的微量元素变化有关。早在 80 年代初就有学者通过实验研究，证明虚证患儿血清锌含量低下，锌铜比值明显低于正常，尤其是阴虚患儿较为显著。从 1988 年以来，我院药剂科对有滋阴潜阳功能的方药进行微量元素测试，测试表明滋阴药中如生地、龟板、阿胶、鳖甲等近 20 味药锌含量相当高，锌铜比值明显高于正常范围。根据这一发现，我们临床中运用具有滋阴熄风之品的大定风珠冲剂治疗小儿难治性锌缺乏症则收良效，在临床使用中也未发现不良反应。

[《国医论坛》，1995；(2)]

桑菊饮新用

夏　斌

桑菊饮为吴瑭《温病条辨》方，是辛甘化风、辛凉微苦之剂，主治“太阳风温，但咳，身不甚热，微渴。”因其组方精当，疗效确切，应用比较广泛。笔者临床用于治疗多种疾病，疗效颇佳。报道如下：

一、习惯性便秘

成因颇多，有由肺气不降，气机郁滞而发者，因肺主气，以降为顺，与大肠相表里。大肠盛糟粕，为传导之官，以通为用，肺气不降，大肠气机郁滞，通降失常，糟粕内停，便秘因成。《证治要诀·大便秘》说：“风秘之病，由风搏肺脏，传入大肠，故传化难。或其人素有风病者，亦多有秘。……气秘由于气不升降，谷气不行，其人多噫。”肺气不降的便秘，实际上既有风秘，又有气秘。此种便秘，常见便秘多噫，欲便不能，咳嗽上气，胸腹胀满，舌淡红、苔薄黄，脉浮滑等症。伤于风者，上先受之，肺位最高，首当其冲，宜轻散风邪。肺气不降，气机郁滞，肺病及肠，肠失传导，宜宣肺降气。《谢映庐医案·便秘门》说：“治便秘不通，仅用大黄、巴霜之药，奚难之有，……有流行肺气之法”。故此证之治，当予桑菊饮加枳实、火麻仁疏风宣肺，降气通便。2 日 1 剂，水煎温服，连服 1～2 月，多可治愈。

二、颜面湿疹

有由风邪湿邪，渐次化热，郁阻颜面肌肤而发者。此种湿疹，常见疹发颜面，密集成片，皮肤潮红糜烂流水，或结黄痂，瘙痒不堪，舌质红、苔薄黄，脉浮数等症。《灵枢·邪气脏腑病形》说："十二经脉，三百六十五络，其气血皆上于面而走空窍。"足见面部与脏腑经络气血关系密切，其中又以肺与面部的关系最为突出。因肺主皮毛，开窍于鼻，其余孔窍及颜面，尚另有肺的分部。肺为五脏华盖，颜面亦是人身高处，湿疹犯上，宜在上治上。湿疹由风湿热邪而发，病变在表，宜轻疏表卫。肺为娇脏，主一身之气，气行则湿行，气滞则湿阻，宜宣肺利气。故此证之治，当以桑菊饮加全蝎、蛇蜕疏风清热止痒，宣肺利气除湿。2 日 1 剂，水煎温服。连服半月或月余，多能获愈。

三、急性鼻窦炎

属鼻渊范畴，有由风热外袭，或风寒化热，上扰清空鼻窍而发者。此种鼻窦炎，常见畏寒发热，头痛喷嚏，鼻塞涕稠，微汗咳嗽，舌红苔黄，脉浮而数等症。鼻为肺脏外窍，呼吸之门户，居颜面中部。《温热论》说："温邪上受，首先犯肺。"所以外感风热之邪，多从口鼻而入，上扰清阳，阻塞鼻道，引发上述诸症。急性鼻窦炎既由风热之邪而起，病在肺卫，即宜清肺卫。《温病条辨》论桑菊饮说："盖肺为清虚之脏，微苦则降，辛凉则平，立此方所以避辛温也。"故此证之治，当以桑菊饮加僵蚕、苍耳疏风清热，宣肺利窍。1 日 1 剂，水煎温服，连服 5 ~ 10 剂，即能痊愈。

[《中医杂志》，1989；(6)]

银翘散研究概况

刘菊妍　蔡建伟

银翘散出自清代吴瑭《温病条辨·上焦篇》，由银花、连翘、荆芥、薄荷、牛蒡子、淡豆豉、桔梗、甘草、芦根、竹叶等组成，原书用治"但热不恶寒而渴"之风热表证。近年来不少作者著文对其有异义的组成、功用、方剂构成进行了探讨，但仍未取得统一的认识，李氏对这方面的内容作了总结。剂型改革、药理作用、临床运用等亦不乏报道，现综述如下。

一、药理研究与剂型改革

1. 药理作用　据王氏等报道，银翘散合剂在体外 1∶100 ~ 1∶1000 浓度下，对 10^{-4}PRg 株流感病毒有灭活作用，但在鸡胚体内 1∶10 浓度下，对 10^{-2} 及 10^{-4} PRg 株流感病毒感染均未呈现任何作用，对病毒繁殖亦无影响。邓氏等对银翘散不同剂型——袋泡剂、煎剂、片剂的药理作用进行了多方面的实验研究，结果表明三种剂型匀有不同程度的解热、抗炎和抗过敏作用。三种剂型中以银翘散的袋泡剂型作用最强。在实验过程中发现本方能明显对抗蛋清所致的小鼠脚肿，但对二甲苯所致的毛细血管扩张及通透性增高却毫无影响；银翘散袋泡剂有很强的抗组织胺作用，而对 5 - 羟色胺、前列腺素作用较弱；对天花粉所致的大鼠及小鼠皮肤被动过敏反应均有明显的抑制作用，对天花粉引起小鼠过敏性休克也有明显抑制效果，能增强炎灶巨噬细胞对异物的吞噬能力。邓氏的实验为银翘散的临床治疗提供了药理学基础。梁氏对两种不同工艺制备的银翘散丸剂及煎剂进行了解热作用的实验研究，以阿斯匹林及淀粉糊作对照。结果表明，阿斯匹林有明显的退热作用，而两种不同工艺制备银翘散丸剂、银翘散煎剂与淀粉糊一样均无退热作用。作者据此推测，银翘散的临床显效可能与其解毒作用有关。

2. 剂型改革　任氏将本方改制成合剂，每毫升含原方全生药2g，原方1剂等于新合剂103毫升，临床实践初步表明，本方用于发热、恶寒、头痛、无汗、口渴等症有良效。谷氏根据治疗风热感冒的经验，运用现代中药制剂技术，设计了银翘饮口服液的生产工艺。经过临床279例风热感冒的疗效观察，表明总有效率达84.32%，普遍反映口服液的疗效好，服用方便，药液清，见效快，是一次较成功的剂型改革尝试。李氏等认为银翘散片，丸剂的服用量仅为原方散剂用量的1/3～1/6。用量过轻可能是引起丸、片剂临床疗效不佳的重要原因。作者还大概比较了银翘散的丸、片、汤、冲等剂型，指出冲剂是其较为合适的剂型。罗氏撰文就银翘散改为蜜丸剂，提出商榷意见，认为将银翘散从速效剂型（汤散剂）改为缓效（丸剂）之剂型，颇有延误战机之虞，并指出银翘散除用散剂外，如果改成芳香水剂、冲泡剂、速效胶丸等剂型也可收到良好的疗效。江氏认为剂型的改革必须处理好与临床病证的关系。从疗效出发，可以将银翘散改为合剂和焗服两种剂型。李氏在简述了我国目前银翘散成药的生产概况后指出，银翘散成药生产中，无论是品名、配方组成、功能还是主治，均存在严重的问题，希望医药界高度重视这些问题并早日加以解决。徐氏收集了《中国药典》和部分省市的十种银翘散改制的成药，从处方组成、制法、用法、用量及规格等方面进行差异性分析，并加以讨论，提出进行中成药品种整顿的重要性和改变中成药品种异物同名的建议。陈氏简述了目前银翘散使用的多种剂型后，从生物利用度的高低，对银翘散各种剂型的合理性作了推断，指出从药物保留程度、每次服用量、吸收时间等方面来看，以散、汤剂为优，但两者应用不便，服用困难，在其余几种剂型中，合剂、冲剂的含药量大，使用方便，作用接近散剂与汤剂，是较为理想的剂改剂型。刘氏通过临床观察得出使用银翘散袋泡剂有四大优点：有效、方便、节约、无副作用。由四川中医药研究所研制的既符合银翘散证候特点，又与银翘散方药特性相吻合，较为合乎理想的新剂型——袋泡剂不久将问世。

二、临床应用

吴瑭制银翘散以治太阴风温、温热、温疫、冬温初起，见有“但热不恶寒而渴”之证，后世扩大其应用范围。临床广泛用于温病初起，热郁肺卫诸疾，如上呼吸道感染，流行性感冒，急性支气管炎、肺炎、扁桃体炎、麻疹初起发热等证。由于本方有清热解毒之功，故一切流行性热病如流行性乙型脑炎、流行性腮腺炎等初起阶段出现热郁肺卫诸症状者，亦可考虑应用，此外也用于眼科、外科、皮肤科疾病。

（一）内科

1. 感冒等　银翘散加减用于感冒、上呼吸道感染、流行性感冒等属于风热表证者屡见报道。如刘氏、龚氏、彭氏等介绍了临床运用银翘散加减治疗上述疾病的案例和心得体会，指出银翘散用治风热表证确系方证合拍，疗效显著。陈氏报告黄冈地区第一人民医院对急性病515例中属于风热袭表型的240例患者，选用银翘散加减治疗，全部获愈。

2. 肺部疾患　刘祥泉等报道改银翘散为袋泡剂，对50例病人的几种呼吸道急性感染进行治疗，其中44例患者在药后3天内退热，随之局部体征改善、消除；6例药后3天以上热不退或加重，局部体征亦无好转，总体效果尚令人满意。胡氏报道新余县中医院用银翘散加减治疗小儿肺炎25例，均于3～5天内痊愈。痊愈标准中包括听诊肺部湿啰音消失，胸透复查肺部病灶消失。张氏等以加减银翘散治疗11例小儿肺部湿啰音患者，取得良效。其以咳嗽、咯痰、肺部湿啰音消失、哮鸣音消失、白细胞恢复正常为治愈标准。治愈时间多在

7～11天内。周氏介绍在15例大叶性肺炎中，用银翘散加减治疗其邪尚在卫分者，获显效。

3. 流行性腮腺炎　李程之报道以银翘散治疗流行性腮腺炎130例，取得显著疗效。作者指出，用银翘散治疗不仅可以缩短疗程，还可减少并发症。并认为银翘散用治黏膜炎型流感、急性咽炎、喉头炎及腮腺炎初起身热口渴，不恶寒或微恶寒的表证，均可收到较好的疗效。吴氏报道以银翘散治疗小儿流行性腮腺炎50例的初步观察，其中除个别服药3剂外，余均服药1～2剂即痊愈。张氏报道北京西苑医院以银翘散为主佐入消肿散结之品，治疗小儿流行性腮腺炎900例，全部治愈，其疗程亦比较短。贾氏以银翘散加乳香、没药、僵蚕为主方，采用内服与外敷相并用的方法治愈50例流行性腮腺炎患者，平均治愈天数3.74天。作者指出，使用本方时，头煎内服以奏清热解毒之功，二煎湿敷患处，借毛窍直达病所，起行气活血之功，内外并施，使肿消，热退，病愈。

4. 乙型脑炎　蒲辅周用银翘散治时病初起，多在方中加入葱白，以增透邪外出之力。若见心烦不用葱白，加栀子以宣解郁热，其效更捷，并常以之治乙脑初起邪在卫分证，每获良效。吴氏认为对乙脑初起轻型病证，见发热恶寒或不恶寒，有汗或无汗，头痛，呕吐，瞌睡，或半昏迷，脉浮数，邪尚在表者。可用大剂银翘散加减治疗。刘志明等报告用银翘散加减治疗乙脑邪在卫或气的轻型病证，在治疗过程中发现，脑炎高热期用辛凉透表的方药常能透出一种粘汗或臭汗，汗后体温下降，病情随之好转。韦氏等指出，乙脑邪在卫分无汗者，可用辛凉透邪佐以芳化之法治疗，方选辛凉平剂银翘散去豆豉、芥穗加藿香叶、佩兰叶、大青叶，取汗透邪。

5. 其他　陈耕华在临床实践中发现银翘解毒丸对湿热型胃炎有良好的药效。施治于上腹部胀满，食欲减退，舌苔黄腻或黄，除肝胆疾病外的急慢性湿热型胃炎患者43例，结果42例有效，无效1例，并附案例3则以为佐证。胡氏介绍1例胃病综合征合并外感风热患者，以银翘散加减治疗后，症状明显好转，作者在体会中指出，本例患者久治无效，水肿为标，与肺失肃降，水毒不能排泄有关，故以银翘散化裁开宣肺气，清解毒邪，通利水道而收效。金氏等介绍银翘散治疗5例肠伤寒的经验，全部病例在入院后除1例脱水而配输液外，余均采用银翘散为主加减治疗，平均退热时间为11天，其余症状一般在热退后1周内逐渐消除。梁氏介绍银翘散合增液汤加减治疗温热病的体会，指出临床常见的反复感冒，口苦咽干，咽喉疼痛，低热，便秘等习称“风火”者，当属温病范畴，用银翘散合增液汤加减治疗每获良效，并举验案数则。

（二）外科、妇科

李超荆等报道临床中运用银翘散治疗溶血性链球菌所致的产后子宫肌内膜炎6例，取得较好的效果。指出该方的疗效与其强有力的抑菌作用和调节整个机体的作用有关。据吴氏报道，用银翘散治疗2例用抗菌素无效的产褥感染患者，服4～5剂而愈。覃氏报道了1例因痔环切除，术后感染发热，屡用多种抗菌素无效的病案，服用银翘散加味2剂后，病即大减。

（三）皮肤科

据报道，银翘散加减亦可用治药物性皮炎、湿疹、红疹等皮肤病。北京朝阳医院皮肤科介绍用银翘散治疗药物性皮炎22例，全部获愈，用药最多者6剂，最少者2剂。申氏报道以银翘散加减治疗湿热郁蒸肌肤之湿疹60例。主要症状见有湿性小丘疹遍布全身，搔破后糜烂流水，影响饮食和睡眠，采用加减银翘散治疗，全部获愈。北京部队总医院使用加减银翘散1号、2号仅治疗小儿麻疹55例，结果表明银翘散不仅退热快，且疹透顺利，其它症状恢复亦比较快。马氏认为在麻疹初期，咳嗽流涕偏于风盛者，宜用银翘散去豆豉加蝉蜕、防风、赤芍治疗。陈兆漳采用银翘散原方加工成散，治疗夏日温病红疹患者18例，见背部及胸前满布红疹，触之痛甚，不能安卧等症，取得满意的疗效。其原理是取叶天士“入营犹可透热转气，引营分之热邪假道气分而出”之旨意。汪氏介绍用银翘散加味治疗暴发性剧烈红疹400例，其中多数病例在1剂药后临床症状明显减轻，2剂药后大部分症状消失，疗效令人满意。

（四）五官科

吴锦明报告在60例咽峡疱疹中，试用银翘散治疗43例，平均1.6天退热，3.6天疱疹及溃疡完全消失，比采用西药对症治疗的17例患者的病程缩短二分之一。王氏认为银翘散的组方特色与眼科用药相近，在眼科临床中可用银翘散加减治疗各种眼疾，辨证系风热侵袭者，如麦粒肿、眼睑丹毒、眼睑炎性水肿、眼部带状疱疹等。曹氏以银翘散化裁治疗小儿口疮，见口腔溃疡伴低热、烦躁等症。治疗的48例中服药2剂而愈者18例，3剂愈者15例，5剂愈者14例。

（五）其它

刘氏在谈到银翘散的临床运用时指出银翘散是治外感风热的常用方，原方化裁可用治多种外感疾病初期见风热表证者，如麻疹初期、水肿、风疹、湿痹、肺炎、急性咽炎、急性扁桃体炎等，并各自附有验案。陈氏著文介绍儿科临床加减化裁银翘散的治验，其中有外感风热案、风热咳嗽案，烂喉痧案。王氏根据吴瑭立方原意，扩大其应用范围，用治外科多种疾患，只要辨证准确，灵活化裁，每可收到良效。

综上所述，银翘散作为临床各科运用的方剂，使用何种剂型更利于其发挥临床效用，有待于进一步的临床和经验研究。

［《云南中医杂志》，1960；（1）］

银翘散的药理作用研究

邓文龙　王文烈　刘家玉　叶尚钧　徐嘉红　邓治文

银翘散是中医治疗表热证的代表方剂，现代临床观察表明该方对多种病毒性、细菌性呼吸道感染以及其他许多急性感染性疾病的早期均有较好疗效。我所制剂室遵循中医理论，采用现代先进制剂技术，制成了银翘散袋泡剂，这是一种能保持并发展中医方剂特色而又服用方便的新剂型，临床治疗风热感冒有效率达92%，以能迅速退热为特点，服药后48小时内退热者占77%，平均退热时间为32.2小时。我们对银翘散袋泡剂的药理作用进行了研究，以期阐明该方的治疗原理，并比较了银翘散袋泡剂、煎剂、片剂三种剂型作用之优劣。

一、实验材料

（一）银翘散制剂

本文所用银翘散均按药典处方，原生药均经过品种鉴定。（1）银翘散袋泡剂：开水冲浸10分钟后弃药袋，浸液蒸馏收取挥发性部分，余液浓缩，再加入蒸馏液。（2）银翘散煎剂：常法用蒸馏水煎煮三次，滤液浓缩。（3）银翘散片剂：市售品研细混悬于蒸馏水中。上述制剂均由我所制剂室提供，浓度均为1∶1。

（二）实验动物

小鼠用昆明种非纯系。C_{57}BL 及 LACA 纯系，体重 18～22 克。大鼠用 SD 纯系雄性鼠，体重 100～120 克或 120～150 克。

二、实验方法与结果

（一）解热作用

大鼠 18 只，间隔 30 分钟测正常肛温一次，共二次，然后均分成三组，分别灌服袋泡剂或片剂，对照组给同体积生理盐水（下同）。立即腹腔注射 2、4－二硝基苯酚 15 毫克/公斤致热，以后 30 分钟测肛温一次。由图 1 可见，袋泡剂有明显解热作用，10 克/公斤可完全抑制动物体温的上升，片剂作用较弱。

（二）抗炎作用

1. 对大鼠蛋清性脚肿的影响：大鼠 20 只均分四组，每组分别灌药后立即用鸡蛋清致炎，排水法测鼠爪体积。由图 2 可见银翘散有显著的抗炎作用，尤以袋泡剂作用为强。

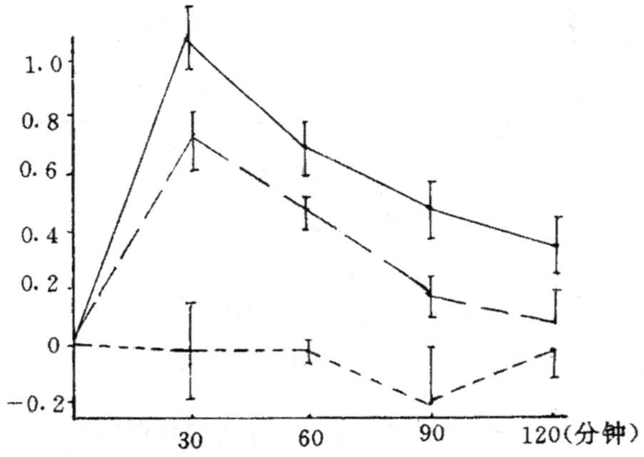

图 1　银翘散制剂对 2、4－二硝基苯酚所致大鼠发热的影响

2. 对巴豆油所致小鼠耳肿胀的影响：小鼠 49 只分为 5 组，分别灌服袋泡剂及片剂 25 克/公斤，煎剂 50 克/公斤，并以水杨酸钠 0.25 克/公斤为阳性对照，生理盐水为阴性对照。30 分钟后于右鼠耳涂巴豆油合剂 0.02 毫升/只，以整个右耳与左耳重量之差表示鼠耳肿胀程度。结果水杨酸钠抑制率为 59.5%（$P<0.01$），袋泡剂虽有一定抑制作用（抑制率 18%），但不显著，片剂及煎剂无效。

3. 对二甲苯及不同炎症介质所致小鼠腹部皮肤毛细血管通透性增高的影响：小鼠分组后分别灌服银翘散各制剂 10 克/公斤，于给药后 20 分钟或 60 分钟在小鼠腹部皮肤滴二甲苯 0.02 毫升/只，或皮内注射组织胺 20 微克/0.02 毫升，或 5－羟色胺 20 微克/0.02 毫升，或前列腺素 2 微克/0.02 毫升。同时静注 0.5% 依文思蓝生理盐水溶液 10 毫升/公斤，20 分钟后将鼠断颈处死，剥取腹部皮肤，按分级法评定蓝斑深浅级别，并用硫酸钠——丙酮液提取各鼠蓝斑内染料，于590微米比色，直接以光密度进行比较。结果，银翘散各种制剂对二甲苯和5-羟色胺引起小鼠毛细血管扩张和血管通透性增强均无抑制作用，但对组织胺所致者则有明显抑制作用，给药后20分钟作用即很明显，至60分钟仍有强的抑制效果。通过对5、10、20克/公斤不同剂量袋泡剂的观察证明袋泡剂剂量与对组织胺引起通透性增高的抑制作用间有量效关系。对前列腺素所致者，仅袋泡剂有效。

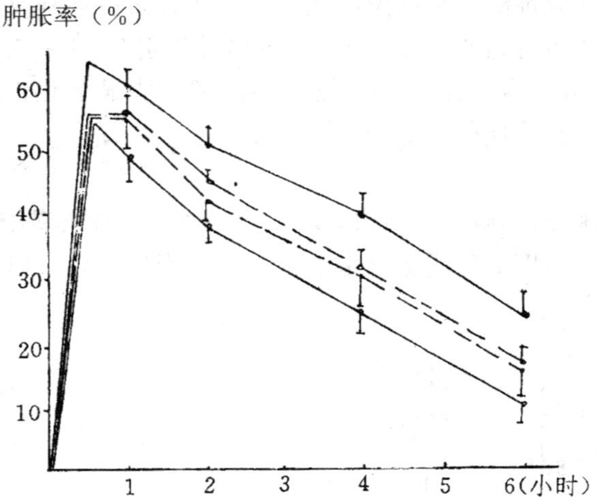

图2 银翘散制剂对大鼠蛋清性脚肿的影响

（三）抗过敏作用

1. 对天花粉所致小鼠被动皮肤过敏反应的影响：LACA小鼠64只分6组，腹部皮内注射1∶10天花粉小鼠抗血清0.05毫升/只，35小时后各组分别灌服袋泡剂5、10、20克/公斤，煎剂10克/公斤，片剂10克/公斤及生理盐水。1小时后再静脉注射含5毫克/毫升天花粉的0.5%依文思蓝生理盐水10毫升/公斤，20分钟后处死动物，剪取蓝染皮肤，用硫酸钠——丙酮法提取染料进行比色。结果，仅袋泡剂20克/公斤组的10只鼠，被动皮肤过敏反应强度为0.0267±0.0027光密度（均值±标准误，下同），与生理盐水组比较有明显抑制作用。其他各组则无明显抑制作用。

2. 对天花粉所致大鼠被动皮肤过敏反应的影响：大鼠26只分为4组，背部去毛后分成对称4点，每处皮内分别注入1∶10或1∶50之大鼠抗天花粉血清0.05毫升，各2点。48小时后静注含天花粉1毫克/毫升的0.5%依文思蓝生理盐水10毫升/公斤，30分钟后将动物放血致死，测定皮肤蓝斑的大小。第1、2、4组动物于天花粉攻击前1小时分别灌服生理盐水、袋泡剂或片剂10克/公斤，第3组于天花粉攻击前2天开始每天灌服袋泡剂10克/公斤一次，攻击前1小时再灌一次，共3次。结果灌服袋泡剂1天的6只大鼠，在1∶10血清条件下，被动皮肤过敏反应直径为9.9±1.0毫米，在1∶50血清条件下为2.7±1.1毫米，与生理盐水组均有显著性差异。片剂组无明显抑制作用。

3. 对天花粉所致小鼠速发型超敏反应的影响：用天花粉氢氧化铝在小鼠背部致敏，两周后分为两组各25只，分别灌服袋泡剂10克/公斤或生理盐水，1小时后每鼠用1毫克天花粉静脉注射攻击，观察小鼠速发型超敏反应出现的情况：趴伏不动，呼吸困难为Ⅰ级；跌倒为Ⅱ级；死亡为Ⅲ级。结果袋泡剂组Ⅰ级13只，Ⅱ级6只，Ⅲ级3只，而生理盐水组分别为4、10、10只，经卡方检验，二组间有显著差异。表明银翘散袋泡剂能明显减轻速发型超敏反应的强度，降低过敏性休克的死亡数。

4. 对二硝基氟苯所致小鼠耳部皮肤迟发型超敏反应的影响：按我组常法进行试验。小鼠共分6组，每组10只，分别于致敏当天开始灌服生理盐水，袋泡剂及煎剂、片剂各10克/公斤。醋酸可的松0.05克/公斤，腹腔注射环磷酰胺0.025克/公斤，每天一次共5天。于致敏第9天攻击，14小时后以耳重增加之毫克数代表迟发型超敏反应强度。结果各组耳重增加毫克数分别为：生理盐水组11.83±2.23，袋泡剂组6.11±1.55，煎剂组4.56±1.01，片剂组4.93±1.15，醋酸可的松组2.86+0.60，环磷酰胺组6.72±1.70，各给药组与生理盐水组比较差异均非常显著。说明银翘散各剂型对二硝基氟苯所致小鼠迟发型超敏反应均有明显抑制作用。

（四）对单核巨噬细胞系统吞噬活性的影响

1. 对小鼠网状内皮系统吞噬功能的影响：LACA雄性小鼠24只均分4组，分别灌服生理盐水、袋泡剂、煎剂、片剂各10克/公斤，每日一次共5次。末次给药后1小时用印度墨汁法测定各组小鼠网状内皮系统吞噬活性，并称取陶腺、肝、脾等器官重量。结果三种制剂对吞噬指数及晌腺、肝、脾均无明显影响（仅煎剂组胸腺萎缩，可能与该组动物腹泻导致应激反应有关）。

2. 对小鼠腹腔巨噬细胞吞噬功能的影响：C_{57}BL纯系小鼠52只分成5组，每日二次分别灌服生理盐水，袋泡剂5、10克/公斤，煎剂、片剂各正。克/公斤，连续5次。按常规法观察银翘散对肝糖原激活的小鼠腹腔巨噬细胞吞噬鸡红细胞能力的影响。结果袋泡剂不同剂量对小鼠腹腔巨噬细胞吞噬异物能力有明显促进作用，其10克/公斤组的吞噬百分数和吞噬指数分别为78.1±1.6、2.59±0.21，5克/公斤组分别为74.6±1.6、1.85±0.06，与生理盐水比较均有显著差异。镜检可见该组动物的巨噬细胞对已噬之鸡红细胞的消化也更完全。

（五）对内毒素所致小鼠腹腔毛细血管通透性增高、腹泻及扭体反应的影响

小鼠32只分为4组，分别灌服生理盐水，袋泡剂12.5克/公斤，片剂、煎剂各25克/公斤，10分钟后腹腔内注射精制大肠杆菌内毒素2毫克/公斤，然后静脉注射0.5%依文思蓝生理盐水10毫升/公斤，观察扭体反应出现的时间，20分钟内扭体次数及60分钟内出现腹泻的动物数。于60分钟时将动物处死，剪开腹壁，用10毫升生理盐水洗净腹腔内渗出之染料，于590微米比色。结果银翘散三种制剂对内毒素所致小鼠腹腔毛细血管通透性增高、扭体反应出现时间、出现百分率及频度以及腹泻百分率均无明显影响。

（六）对醋酸所致小鼠扭体反应的影响

小鼠40分均分4组，分别灌服生理盐水、银翘散三种剂型各10克/公斤，灌药后1小时于腹腔注入0.7%醋酸溶液，观察各鼠20分钟内扭体反应次数，结果袋泡剂对扭体反应的抑制率为18.1%，煎剂为13.6%，片剂为21.8%。与生理盐水组比较，三种制剂均无显著性差异。

（七）急性毒性试验

小鼠分组后分别灌服不同剂量、不同剂型之银翘散，观察动物表现并统计死亡数。结果，半数致死量（LD_{50}）袋泡剂为 30 克/公斤，煎剂为 100 克/公斤，片剂为 75 克/公斤。袋泡剂组小鼠于数分钟内出现呼吸抑制，多数在半小时内死亡。

三、讨论

（一）在银翘散三种制剂中，以袋泡剂最符合吴鞠通创制本方原旨，故我们以袋泡剂为主，研究银翘散的药理作用，并比较了银翘散袋泡剂、煎剂和片剂作用的差异。结果表明，银翘散具有较强的解热、抗炎和抗过敏作用。由于在急性上呼吸道感染等病中，发热、炎症是主要症状，故银翘散的解热抗炎作用无疑是其临床疗效的重要药理学基础之一。近代病理学研究发现，许多传染性疾病都有免疫因素、特别是过敏因素参予。如就普通感冒而言，一般认为本病为一种非反应素型抗体所致过敏机制，机体被感冒病毒感染后产生以 IgG 为主之抗体，18G 激活补体系统第二途径，产生过敏毒素 C_{3a}及 C_{5a}，作用于肥大细胞，释放组织胺等生物活性物质、引起鼻腔黏膜之毛细血管扩张，通透性增高，渗出、分泌增多等过敏症状，故抗过敏药如扑尔敏、色甘酸二钠等用治本病疗效较好，能控制鼻腔黏膜病变，从而避免了病毒的进一步侵入或继发性细菌感染。

本文发现银翘散虽可明显对抗蛋清所致脚肿，而对二甲苯所致毛细血管扩张及通透性增高却毫无作用。已知蛋清所致肿胀是由于组织胺和 5 – 羟色胺释放所致，而二甲苯性炎症则与神经反射机制等有关，我们进一步分析了银翘散对主要炎症介质的影响，结果发现它有很强的抗组胺作用，而对 5 – 羟色胺无明显抑制，对前列腺素作用也较弱。显然，银翘散对组织胺所致毛细血管通透性增高的抑制作用在临床治疗上有重要意义。

众所周知，组织胺是 IgE 介导的过敏反应的主要介质，银翘散有比较专一的抗组织胺效果，提示它对 I 型变态反应可能有一定的影响，故我们进一步研究了银翘散对 IgE 介导的 I 型过敏反应的影响。结果表明，银翘散对天花粉所致大鼠和小鼠皮肤被动过敏反应均有明显抑制作用，而且对天花粉所致小鼠过敏性休克也有明显的抑制效果。另外，对二硝基氟苯所致小鼠皮肤过敏反应也有明显的抑制作用，已知二硝基氟所致此反应为Ⅳ型变态反应。

综上可见，银翘散对多型变态反应均有明显的抗过敏作用，银翘散的上述作用不仅有利于感染过敏性疾病，如感冒等的治疗，起到改善过敏症状的良好效果，还为银翘散用于多种皮肤过敏性疾病的治疗提供了药理学基础。

（二）机体免疫功能状况与感染的发生、发展和结局关系甚为密切。本文实验证明，银翘散不能增强网状内皮系统对血流中惰性炭粒的吞噬廓清，但却能增强炎灶巨噬细胞对异物的吞噬能力，这显然有利于对感染性局部炎症的治疗。银翘散同时具有抗过敏和抗炎作用，然而却又能增强炎性细胞对异物的吞噬，提示银翘散对免疫系统功能的影响异于常用的甾体及非甾体抗炎药和抗过敏药（它们均于明显抗炎抗过敏的同时，抑制机体的抗感染免疫），这可认为是银翘散免疫药理作用的一个特点。

（三）内毒素是感染性疾病临床上发热、白细胞改变等以至休克、DIC 和死亡的主要致病因素。作为以急性热性感染为主要治疗用药之银翘散，对内毒素的上述致病作用的影响亦应予以研讨。本文用内毒素腹腔注射于小鼠，以腹腔通透性增高、扭体反应及腹泻等为指标来观察银翘散的作用，看来，其解热可能不是通过对内毒素的灭活解毒所致。

（四）由本文对银翘散袋泡剂、片剂、煎剂的作用比较可以看出，以袋泡剂作用为强，特别是表现在解热、抗过敏及促进巨噬细胞吞噬方面。由化学研究得知，同量袋泡剂的挥发油成分较煎剂、片剂高2.1倍，非挥发性成分也高得多，为煎剂的1.4倍。可见，袋泡剂是一种能体现方剂的全部特色的一种服用方便、疗效显著的新剂型。吴瑭在《温病条辨》中述及本方时明确指出："上药杵为散……鲜苇根汤煎，香气大出即取服，勿过煮。"此实为本方剂取得良好临床疗效的关键。本文袋泡剂所含成分及药理活性均高于煎剂、片剂，对中医上述经验是一个充分的证明。

[《中医杂志》，1986；(3)]

安宫牛黄丸研究概况

任日君

安宫牛黄丸出自清代吴鞠通的《温病条辨》，有清热解毒、开窍安神之功，系中医治疗高热症的"温病三宝"之一。现代医学用于治疗流脑、乙脑、病毒性肝炎、中毒性痢疾、肺炎、肝昏迷、中毒性肝炎、脑血管意外等疾病。近几年人们在剂型改革、质量标准、药理作用及临床应用等方面作了大量研究，取得了可喜的成就，笔者就其主要者综述如下。

一、剂型改革

早在70年代，北京中医学院中药系在分析了原方安宫牛黄丸的基础上，设计研制了清开灵注射液。清开灵Ⅰ号注射液的处方组成为：牛胆酸、猪胆酸、水牛角、珍珠母、黄芩素、金银花提取物、栀子、板蓝根等；Ⅱ号注射液的组成为：麝香、冰片、薄荷等。经临床观察对神经系统感染引起的高热、抽搐、昏迷及中毒性脑病都有较好的疗效，特别是对肝性昏迷的效果尤为显著。之后，在原方基础上研制了新安宫牛黄丸（黄芩、黄连、朱砂、雄黄、郁金、栀子、石决明、牛角、冰片、苏合香、猪胆汁）和新安宫牛黄针（水牛角、黄芩、钩藤、大青叶、苏合香、石决明、栀子、胆汁、冰片）。王本祥对原方安宫牛黄丸、新安宫牛黄丸和新安宫牛黄针进行了比较性药理研究，结果表明：新安宫牛黄丸、新安宫牛黄针和原方安宫牛黄丸均有镇静和抗惊厥作用，新安宫牛黄丸和原方安宫牛黄丸的作用强度相近，而新安宫牛黄针的作用非常明显；新安宫牛黄针还有非常明显的镇痛和解热作用，而新安宫牛黄丸和原方安宫牛黄丸则无镇痛和解热作用。

1979年，第三军医大学附属医院中医科将原方删减后，选用牛黄、黄连、黄芩、栀子、郁金、麝香、冰片等制成醒脑静脉注射液。用本品治疗急性高热25例，用药后体温降至正常者21例，占84%（见效最快者3小时，最慢者92小时），总有效率为96%。说明改革后的剂型也具有清热解毒、镇惊开窍之功，可用于温病高热、昏迷、惊厥等症。

丰文哲等在上述基础上，改革原方制成牛黄醒脑注射液。Ⅰ号方的组成为：牛胆酸、猪去氧胆酸、水牛角、珍珠母、黄芩素、金银花提取物、栀子、板蓝根；Ⅱ号方的组成为：麝香皮、郁金、藿香、石菖蒲、冰片、薄荷脑等。将Ⅰ号和Ⅱ号等量混合液做药理实验证明，本品能明显延长小白鼠在常压缺氧状态下的存活时间，有解热作用，对离体兔心的心率和心肌收缩力有抑制作用，对冠脉流量无明显影响；使麻醉狗在位心脏的心率减慢，血压持续明显下降，而冠脉流量增加。

改革的剂型尚有用广角代替方中的犀角制成的安宫牛黄丸Ⅱ号，及将原方制成安宫牛黄片等。

二、质量标准

制定统一可行的质量标准，控制中成药的质量是目前中成药研究的发展方向。赵永德等采用薄层扫描法对安宫牛黄丸中黄连的主要成分之一小檗碱进行了定量测定。李荣士等介绍了用薄层扫措法鉴别安宫牛黄丸中的牛黄、黄连、黄芩、栀子、麝香及冰片；又用二阶导数光谱法测定了安宫牛黄丸中胆红素的含量；并首次将电子计算机应用于中成药薄层扫描实验条件的优化中"。作者采用逐步组合法从五个溶剂系统中选出了分离安宫牛黄丸的最佳溶剂系统为乙酸乙酯—丙酮—醋酸（15：10：5）和石油醚—二氯甲烷（12：18），从2415个可能波长中选出最佳扫描波长：栀子 $\lambda_1=225nm$，$\lambda_2=265nm$；黄芩 $\lambda_1=295nm$，$\lambda_2=360nm$。可消除相互干扰，结果令人满意。李荣士等还利用聚类判别分析的多元统计方法，对12个厂家生产的安宫牛黄丸进行了综合质量评价。通过气相色谱法、紫外一可见二阶导数光谱法、薄层扫描法、显微镜检等方法获得判别指标，以Bayes准则的逐步判别分析方法将诸厂家生产的安宫牛黄丸分为优、中、劣三级，判别结果较为切合实际。实践证明，在多指标的情况下。利用此方法，可以克服经验鉴别中的主观性和片面性，比较客观地反映了中成药的内在质量。

臧风和等根据安宫牛黄丸Ⅰ号的处方组成和所含化学成分的特性，应用理化鉴别和薄层鉴别方法，分别对Ⅰ号牛黄的主要成分胆红素、胆固醇、胆酸和去氧胆酸，黄连主要成分小檗碱，黄芩主要成分黄芩甙，冰片主要成分龙脑和异龙脑，栀子主要成分栀子甙，珍珠和犀角（广角）或水牛角浓缩粉中碳酸钙，雄黄中砷和朱砂中汞等化学成分进行鉴别。并应用薄层——紫外分光光度法测定Ⅰ号中盐酸小檗碱的含量，根据实验结果，制定了相应的含量限度和鉴别方法，从而提示了较完整的质量标准。

三、药理作用

1. 镇静作用　刘启泰等研究表明，原方安宫牛黄丸与安宫牛黄丸Ⅱ号均能减少小鼠活动次数，增强硫喷妥的催眠作用；用原方安宫牛黄丸制成混悬液给小鼠灌胃或腹腔注射，均引起小白鼠自主活动减少，出现安静现象，又有增加戊巴比妥纳对小白鼠的中枢抑制作用。牛黄醒脑注射液对小鼠自主活动及对戊巴比妥纳睡眠时间与对照组比较有明显影响（$P<0.05$）；王本祥对原方安宫牛黄丸、新安宫牛黄丸和新安宫牛黄针进行比较性药理研究表明，新安宫牛黄丸和原方安宫牛黄丸均有镇静作用。

2. 抗惊厥作用　原方安宫牛黄丸与安宫牛黄丸Ⅱ号均可抗苯丙胺对小鼠的兴奋作用，并能明显地延缓小鼠戊四氮性阵挛发作，降低小鼠的惊厥和死亡率，说明对小鼠大脑皮层的抑制作用是非常显著的，对生命中枢有一定的保护作用。原方安宫牛黄丸和新安宫牛黄丸均有对抗士的宁惊厥作用。而丰文哲等对牛黄醒脑注射液的药理研究初步表明，采用10ml/kg的剂量（已达LD50的1/5）未见有对抗士的宁惊厥作用，推测可能与给药剂量及处方变动有关。

3. 解热作用　原方安宫牛黄丸和安宫牛黄Ⅱ号，对由细菌毒素引起的家兔发热均有明显的解热作用，给药后1小时与对照组相比有显著性差异（$P<0.001$）；一次给药后可维持5～6小时以上。而王本祥发现原方安宫牛黄丸和新方安宫牛黄丸均无解热作用，新安宫牛黄针、牛黄醒脑注射液均有解热作用，且前者非常明显。

4. 消炎作用　原方安宫牛黄丸和安宫牛黄丸Ⅱ号均能增加小鼠腹腔巨噬细胞吞噬百分率和吞噬指数，同时发现实验组的巨噬细胞的胞体显著扩大，细胞质空泡增加，被吞噬的鸡红细胞数量较多，且呈各级不同的消化状态。对大鼠蛋清性关节肿胀均有显著的抑制作用，一般在给药后1~4.5小时（致炎后0.5~4小时）作用最显著。对二甲苯所致小鼠耳部炎症均有显著抑制作用，证明对血管通透性增加期的炎症亦有显著的抑制作用。

5. 对心脏、血压、冠脉流量的影响　牛黄醒脑注射液对离体兔心的心率和心肌收缩力有抑制作用，对冠脉流量则无明显影响。使麻醉狗在位心脏的心率减慢，血压持续下降，而冠脉流量增加。

安宫牛黄丸灌胃或腹腔注射也表现为明显的降压作用，下降幅度1.33~5.32Kpa。

6. 复苏作用　朱培纯等发现清开灵Ⅰ、Ⅱ号注射液能使大鼠脑内兰斑乙酰胆碱脂酶（ACHE）活性显著增强，说明兰斑内神经元ACHE的合成及输送活动加强，提示乙酰胆碱的活性可能激发了兰斑神经元，调整了儿茶酚胺的活性，恢复了脑干网状结构上行激动系统，从而达到复苏作用。但对兰斑内MAO未见到规律性改变。

刘涛等就安宫牛黄丸对兔脑脊液乳酸脱氢酶和脑组织化学乳酸脱氢酶的研究表明，安宫牛黄丸混悬液10ml/kg（0.4g/kg）口服，能够明显降低百日咳杆菌和美国大肠汁菌内毒素；1/μg/kg混合液兔耳缘静脉注射所致的脑脊液LDH活性的升高，提示安宫牛黄丸对细菌、内毒素性脑损伤脑细胞有一定的保护作用。进一步研究表明，染毒16小时后，兔脑脊液LDH的变化与脑组织化学LDH活性的改变基本一致。对照组兔脑脊液LDH值在染毒后明显升高，同时脑组织化学LDH的酶学反应也增强，而用药组脑脊液LDH的值在染毒后没有升高，同时脑组织化学LDH的酶学反应也没有对照组明显。说明脑脊液中LDH活性的增高，主要来源于脑组织细胞的损害，从而进一步证实安宫牛黄丸对脑组织细胞的保护作用，这种保护作用可能是其开窍醒神作用的原理之一。

7. 保肝作用　叶百宽等用动物实验证明，清开灵Ⅰ号对实验性四氯化碳肝损伤有保护作用，主要表现为促进肝细胞的恢复和再生，加强三羧酸循环，提高组织对胺处理的能力，阻止脑内形成假性神经传递等。

四、临床应用

1. 副鼻窦炎　张良光用安宫牛黄丸治疗24例，每次半丸（随病情、年龄不同酌情加减），4~6小时一次，症状明显减轻后改为每天二次；同时用丸少许，取纱布或药棉薄薄外裹塞入患侧鼻孔，5~7天为一疗程。经1~2个疗程后，18例症状消失，随访半年以上未复发；6例症状明显减轻或消失，但半年内又有轻度复发。

2. 幼畜惊风　赵廷杰用安宫牛黄丸治疗幼畜惊风14例，大多在3~5天内痊愈。

3. 农药中毒　黄金平用于治疗农药中毒引起的高热，收到很好的效果。

[《山东中医学院学报》，1988；(4)]

安宫牛黄丸对兔脑脊液乳酸脱氢酶、脑组织化学乳酸脱氢酶的影响

刘　涛　沈凤阁　王灿晖　郑樨年

安宫牛黄丸来源于《温病条辨》，具有清心开窍，苏醒神志的作用，主治温病邪闭心包

神昏证，是开窍法的代表方剂。为了深入研究开窍法的作用机理，本实验观察了安宫牛黄丸对兔脑脊液乳酸脱氢酶的兔脑组织化学乳酸脱氢酶（LDH）的影响。

一、材料和方法

实验采用健康大耳白兔 16 只，体重为 1.6～3.0 公斤，其中雄兔 8 只，非孕雌兔 8 只，随机分为用药组和对照组，每组用免 8 只，雌雄各半。

实验动物均由耳缘静脉注射百日咳杆菌菌液 0.5ml/kg 和美国大肠杆菌内毒素 1ug/kg 混合液（百日咳杆菌菌液由北京生物制品研究所提供，为 58001，P_{5S}、CS 三种批号混合液，每毫升菌液含死菌 15 亿个。美国大肠杆菌内毒素 E，Coli O_{127}：B_6）。注射前 5 分钟将细菌液和内毒素液混合。

实验用药采用天津达仁堂制药厂生产的安宫牛黄丸，批号为 2 津 ZhyB67－78。实验前将丸药溶于 37℃温水，制成安宫牛黄丸混悬液，每毫升含丸药 0.04 克。用药组动物于注射百日咳杆菌液和大肠杆菌内毒素混合液前 15 分钟，灌胃安宫牛黄丸混悬液 10ml/kg。对照组动物灌胃等量温开水。

所有实验动物分别于实验前一天和注射细菌、内毒素混合液后 16 小时，处死动物以前，各抽取脑脊液一次，采集时动物保持清醒状态，固定四肢，经枕骨与第一颈椎之间穿刺小脑延髓池，抽取脑脊液后，迅速注入清洁、干燥的试管，即刻置于离心机中按 2500 转/分，离心 10 分钟，加塞置于 4℃冰箱中贮存待测。

脑脊液标本按照乳酸比色法，采用 721 分光光度计测定脑脊液 LDH 值。所有标本在 4℃冰箱保存 1 小时后即进行测定。

注射细菌、内毒素后 16 小时，采用耳缘静脉空气注入法处死动物，死后立即破颅取脑，迅速取大脑、小脑、桥脑新鲜组织冷冻连续切成 10um 厚的冰冻切片，采用 Preston 法显示脑组织细胞 LDH 的活性。

二、实验结果

脑脊液乳酸脱氢酶的测定结果见下表：

安宫牛黄丸对免脑脊液 LDH 的影响

	实验前 X ± SE	实验后 X ± SE	实验前后的差值 X ± SE
对照组（n = 8）	39.08 ± 7.61	59.21 ± 13.44**	19.41 ± 14.12
用药组（n = 8）	42.18 ± 3.58	42.01 ± 9.65△	−0.16 ± 0.34**

注：△用药组实验前后比较 $P>0.05$

＊＊对照组实验前后比较 $P<0.01$

＊＊＊用药组实验前后与对照组实验前后

差值的比例 $P<0.01$

实验前两组动物脑脊液 LDH 活性的变化经 t 检验分析，没有显著意义（$P>0.05$），实验前两组动物脑脊液 LDH 的活性基本一致；染毒后 16 小时，两组动物腑脊液 LDH 值与实验前腑脊液 LDH 值的差有非常显著的意义（$P<0.01$），对照组动物脑脊液 LDH 值明显高于用药组；对照组动物实验前和染毒后 16 小时脑脊液 LDH 活性的差别有非常显著的意义（P

<0.01），染毒后16小时兔脑脊液LDH活性明显升高；用药组动物染毒前和染毒后16小时脑脊液LDH活性的差别没有显著意义（P>0.05），染毒前后兔脑脊液LDH的活性没有明显变化。

脑组织化学乳酸脱氢酶的变化如下：两组动物脑组织切片内均见酶反应呈不均匀状分布，染色深浅不一，但两组切片对比观察时，发现对照组神经细胞内着色的甲腊颗粒致密粗大，使细胞多呈深蓝染色，而用药组神经细胞内的甲脯颗粒细小，分布散在，染色浅。

三、讨论

近年来，随着中医危急重症的研究的开展，对开窍法的研究也不断深入，提示开窍方药对中枢神经系统既有兴奋作用又有抑制作用。组化实验表明，开窍方药（清开灵）能调节中枢神经介质乙酰胆碱和儿茶酚胺的活性，从而恢复脑干网状结构上行激活功能而达到醒神复苏的作用。

中枢神经系统功能复杂，代谢迅速。研究工作在技术上难度较大，迄今临床尚缺乏客观定量评价脑部损害的方法，给中枢神经系统生理、病理的研究带来了一定的困难。近年来有人应用脑脊液酶学检查来诊断中枢神经系统的病变，认为脑脊液乳酸脱氢酶和肌酸磷酸激酶是比较敏感的指标，它与脑细胞损害的严重性密切相关，在评价各种中枢神经系统综合征的脑细胞损害方面有重要意义，可以作为脑细胞损害程度的标志。

乳酸脱氢酶是一种细胞内酶，较为广泛存在于脑细胞中，一般情况下血脑屏障使脑脊液中酶的活性相对地不受血液中变化的影响，保持比较稳定的状态。而当脑细胞受损时，细胞内线粒体、溶酶体破坏，细胞膜通透性增强，即可使细胞内酶释入脑脊液而导致脑脊液酶的活性增高。已有资料报导，在脑膜炎（尤其为细菌性），脑脊液LDH活性均见增高，在化脓性脑膜炎和病毒性脑炎时，脑脊液LDH同功酶Ⅰ和Ⅱ活性明显升高，表明中枢神经系统有弥漫性损害。本实验结果表明，对照组动物在注射细菌、内毒素后16小时，脑脊液LDH活性显著高于染毒前，而用药组动物染毒后16小时脑脊液LDH的活性显著低于对照组，且染毒前后脑脊液LDH活性没有明显变化，说明安宫牛黄丸混悬液10ml/kg（0.4g/kg）口服，能够明显降低百日咳杆菌0.5ml/kg和美国大肠杆菌内毒素1ug/kg混合液兔耳缘静脉注射所导致的脑脊液LDH活性的升高，提示安宫牛黄丸对细菌、内毒素性损害脑细胞有一定的保护作用。

一般认为，脑脊液中酶的活性异常增高时，其来源于以下几个方面：1. 组织，脑组织细胞的损害。2. 细胞，脑膜和脑脊液中的血细胞和炎症细胞。3. 血液，某些中枢神经系统病变导致血脑屏障通透性增强，使酶从血液中进入脑脊液中增多。4. 肿瘤，脑脊液附近的肿瘤组织。本实验的结果表明，染毒16小时后两组动物脑脊液LDH活性的变化与脑组织化学LDH活性的改变基本一致，对照组兔脑脊液LDH值在染毒后明显升高，同时脑组织化学LDH的酶学反应也增强。用药组兔脑脊液LDH值在染毒后没有升高，同时脑组织化学LDH的酶学反应没有对照组明显。说明脑脊液中LDH活性的增高主要来源于脑组织细胞的损害，从而进一步证实安宫牛黄丸对脑组织细胞的保护作用。

本实验的结果提示，安宫牛黄丸对脑组织细胞的保护作用可能是其开窍醒神作用的原理之一。

新加沙参麦冬汤对化疗增效减毒作用的实验研究

舒琦瑾

新加沙参麦冬汤（简称ATU）是吴良村主任医师根据其数十年肿瘤防治的临床经验及现代中药药理学的有关理论，以沙参麦冬汤为基础，配伍清热解毒等药物组合而成，临床辨证应用，常有效验。由于单味抗癌中药应用方式的局限性及临床应用效果的不相一致性，近年来中药复方抗癌机理的研究在国内外日益受到重视。本研究采用荷瘤小鼠瘤重、抑瘤率、白细胞数、升白率等指标检测新加沙参麦冬汤对荷瘤小鼠化疗的增效减毒作用，以此对其抗癌机理作初步探讨。

一、实验材料和方法

（一）材料

1. 制剂　新加沙参麦冬汤，由北沙参、麦冬、石斛、天花粉、杞子、白英、山豆根、三叶青、白花蛇舌草、杏仁、仙鹤草等组成。生药饮片从浙江中医学院附属医院中药房购得，并经附院中药制剂室制成浓度为1∶1的流浸膏，除菌分装，pH值为6.4，4℃冷藏备用。

2. 动物　NIH雄性小鼠，体重19~21g，购自浙江中医学院动物实验中心。

3. 瘤株　S_{180}肉瘤，购自浙江省医学科学院。

4. 药物　环磷酰胺（CTX），上海第十二制药厂生产（批号：940607）。

（二）方法

1. 对荷瘤小鼠抑瘤率的影响　按无菌操作程序，从接种后7~10天肿瘤生长及动物健康程度较好的瘤源动物中取出瘤块，剔除骨骼及坏死部分，并剪成碎块，置于无菌匀浆器中，以1∶3无菌生理盐水（NS）稀释后匀浆制成瘤细胞悬液，经0.2%台盼兰染色后计算活细胞数>95%，调整瘤细胞悬液浓度为1×10^7/ml个瘤细胞。选健康、雄性、体重为19~21g的NIH小鼠40只，分别于小鼠右侧腑窝皮下接种瘤细胞悬液各0.2ml，24小时后随机分成NS组、ATU组、CTX组、CTX+ATU组，每组各10只（NS组后因灌胃不慎致死一只）。NS组及ATU组小鼠每天予0.2ml NS或ATU灌胃，连续10天；CTX组小鼠于第1及第3天各腹腔注射一次CTX，标准为20mg/kg/只；CTX+ATU组除按CTX组标准腹腔注射CTX外，连续10天每天予ATU 0.2ml。第11天所有小鼠脱颈处死即取瘤标重，予抑瘤率计算，行统计学处理。公式如下：

$$抑瘤率（\%）=\frac{\frac{对照组}{平均瘤重}-\frac{实验组}{平均瘤重}}{对照组平均瘤重}$$

2. 对荷瘤小鼠升白细胞率的影响　操作同前，第11天在处死小鼠前，先从尾静脉采血进行白细胞计数，行统计学处理。

二、实验结果

1. 新加沙参麦冬汤升高环磷酰胺对荷瘤小鼠抑瘤率的效应　ATU组与NS组相比，抑瘤率达45.99%，具显著性意义（P<0.05）。CTX+ATU组与单纯CTX组比较，抑瘤率提高了9.42%，具有显著性意义（P<0.05）。见表1。

表1　ATU升高CTX抑瘤率的效应

组　别	鼠数 (n)	瘤　重 (x±SD) g	抑瘤率 (%)
NS组	9	1.87±0.34	
ATU组	10	1.01±0.26	45.99
CTX组	10	0.44±0.19	76.68
CTX+ATU组	10	0.26±0.18	86.10

2. 新加沙参麦冬汤抑制环磷酰胺降低荷瘤小鼠白细胞数的效应　CTX组与NS组比较，升白细胞率为-20.14%（P<0.05），CTX+ATU组与CTX组比较，升白细胞率为29.12%（P<0.05），均有显著性差异。见表2。

表2　ATU抑制CTX降低白细胞数的效应

组　别	鼠数 (n)	白细胞数 (x±SD) $\times 10^3$/ml	升白率 (%)
NS组	9	7.74±1.97	
CTX组	10	6.18±2.33	-20.14
CTX+ATU组	10	8.44±2.49	29.113

三、讨论

化疗的主要不足在于其不可避免的毒副反应，其中尤以骨髓抑制表现更为普遍，从而导致白细胞数大幅度下降，这往往是药物被迫减量或停药的最常见原因。许多中药不仅本身具有一定的抗癌作用，能提高化学药物抗癌效果，而且能减少化疗的毒副反应，升高白细胞数，提高机体对治疗的耐受力，保证疗程的顺利实施。本课题作了这方面的研究，发现ATU联合CTX较之单纯CTX组不仅抑瘤率提高了9.42%（P<0.05），而且升白率增加了29.13%（P<0.05），差异具有显著性意义，说明新加沙参冬麦汤对荷瘤小鼠的化学治疗具有一定的增效减毒作用。

[《浙江中医杂志》，1996；(3)]

沙参麦冬汤对大鼠胃黏膜损伤的保护作用

曹西华　侯家玉

沙参麦冬汤出自《温病条辨》，是滋养肺胃的代表方剂，对胃阴不足所引起的胃脘隐隐作痛，口干咽燥，疗效颇佳。临床上常用于治疗胃阴不足型萎缩性胃炎、胃溃疡，而该方的实验研究尚未见报道。本文拟观察其对乙醇、消炎痛引起胃黏膜损伤的保护作用，探讨其可能的作用机理，为沙参麦冬汤滋养胃阴功效提供药理学依据。

一、材料

1. 动物　Wister大鼠180~250g，雌雄不拘，中国中医研究院动物室提供。

2. 药物　中药方剂组成及用量参照《古今名方》，常规煎煮2次，合并煎液浓缩成每100ml溶液含200g生药（PH为5.4），冰箱保存。所有的中药均购自北京中医药大学中医门诊部，经我校中药鉴定室鉴定为正品。乙醇（北京化工厂产品），消炎痛（石家庄强力制药厂），阿利新兰（Chroma进口分装，上海化学试剂采购供应站试剂厂）。

二、方法

1. 乙醇引起的胃黏膜损伤模型　大鼠禁食不禁水20h，以10g/kg或20g/ks沙参麦冬汤灌胃，给药1h或2h后，以50%乙醇－0.15mol/L盐酸，10ml/kg灌胃（对照组不给沙参麦冬汤）。再经1h后拉断颈椎处死，摘取全胃，注入10%福尔马林液10ml，然后放入10%福尔马林溶液中浸泡5min，取出后沿胃大弯剪开胃，在解剖镜（×10）下计量损伤面积（mm^2），作为损伤指数。

2. 消炎痛引起的胃黏膜损伤模型　大鼠禁食24h，给沙参麦冬汤0.5h后（方法同上，对照组不给沙参麦冬汤），肌肉注射消炎痛40mg/kg（混悬于0.25%的羧甲基纤维素液中），7h后拉断颈椎处死，剖腹后将胃的贲门及幽门结扎，取出胃并向胃腔注入10%福尔马林液8ml。再将整个胃置于10%福尔马林液中固定5min，然后沿胃大弯剪开。损伤程度用损伤指数表示，方法参照Kitagawa法，按黏膜损伤的长度积分计算，损伤每1mm的长度为1分，如果损伤宽度大于1.0mm，则积分加倍。

3. 胃黏膜电位差测定　大鼠禁食不禁水20h，在乌拉坦（1g/kg）麻醉下，打开腹腔，结扎贲门，将一条聚乙烯管及1根饱和KCL－琼脂电极（探测电极），经十二指肠近幽门处插入胃内，再在腹腔内插入另1根KCL－琼脂电极（参比电极）。此两极分别通过两甘汞电极接在PH－mv计上（上海第二仪器分析厂，ZD－2型），并将PH－mv计输出端接到两道电生理记录仪（成都仪器厂，LMS－2B）上，进行连续记录，然后在胃底部接1条三通管。手术完毕后，用37℃生理盐水2ml经三通管冲洗胃腔3次，然后注入2ml生理盐水，待PD值稳定30min，抽出胃液，从聚乙烯管给被试药液（10ml/kg）1h后抽出药液，注入30%乙醇2ml，观察PD值变化，15min或PD值不再下降后冲洗胃腔。

4. 胃壁结合黏液测定　按Corne法，略加改动，大鼠以沙参麦冬汤10g/kg及20g/kg灌胃，4h后处死动物，取出胃，沿胃小弯剪开，将黏膜翻出，用PH 5.8的柠檬酸—磷酸缓冲液冲洗，置入1%阿利新兰2ml溶液（柠檬酸－磷酸缓冲液配制）中，恒浴1h在721分光光度计615nm处比色，根据阿利新兰标准曲线，计算出未被结合的阿利新兰含量，然后从总量中减去，即为与黏液结合的阿利新兰量，胃壁结合黏液含量以阿利新兰结合量（mg）表示。

5. 胃液分析　大鼠在乙醚麻醉下结扎幽门，以沙参麦冬汤10g/kg或20g/kg同时十二指肠给药，对照组给生理盐水。4.5h后处死大鼠，结扎贲门，摘取全胃，取胃液离心（3000r、p、m，10min）记录胃液量，用0.01NNaO滴定胃液H^+浓度（mol/L），记算总酸排出量（meq/h），按Anson法测定胃蛋白酶活性（mg/h）。

三、结果

1. 沙参麦冬汤对乙醇引起的胃黏膜损伤的保护作用　以50%乙醇－0.15mol/L盐酸给大鼠灌胃后，胃体部产生条索状出血性溃疡，损伤指数为33.9±29.6，（以0.15mol/L盐酸灌胃对胃黏膜无明显损伤）；预先1小时灌入10g/kg或20g/kg的沙参麦冬汤组，乙醇引起的胃黏膜损伤指数分别为 2.2 ±1.8 及 0.2 ±0.3，与对照组相比具有显著性差异（P < 0.01），损伤抑制率分别为93.5%及99.4%，与剂量呈相关性。预先 2h 以沙参麦冬汤 20g/kg 灌胃组，胃黏膜损伤指数为 4.3 ±3.2，与模型组相比亦呈显著性差异（P < 0.01），损伤抑制率为 87.3%。

2. 沙参麦冬汤对消炎痛引起的胃黏膜损伤的保护作用　肌肉注射消炎痛引起的大鼠胃黏膜损伤呈线状损伤，对照组损伤指数为 15.3 ±12.9，高剂量（20g/kg）及低剂量（10g/kg）沙参麦冬汤灌胃组，大鼠胃黏膜损伤指数分别为 1.32 ±3.57、14.32 ±13.30，与对照组相比，高剂量组具有极显著的保护作用（P < 0.01），损伤抑制率 91.4%，低剂量组无显著差异。

3. 沙参麦冬汤水煎液对乙醇引起的 PD 值下降的拮抗作用　胃内给沙参麦冬汤后，PD 值轻度上升，与生理盐水组相比无显著差异；给体积密度为 30% 乙醇后，PD 值均下降，尤以生理盐水组更为明显（见附图）。10g/kg 及 20g/kg 沙参麦冬汤组，给乙醇 15min 后，乙醇对 PD 值抑制率分别为 0.309 ±0.131 和 0.211 ±0.145，与生理盐水组（乙醇对 PD 抑制率为 0.479 ±0.141）相比，具显著性差异，分别为 P < 0.05、P < 0.01。表明不同剂量的沙参麦冬汤均能拮抗 PD 值下降，且呈一定的量效关系。

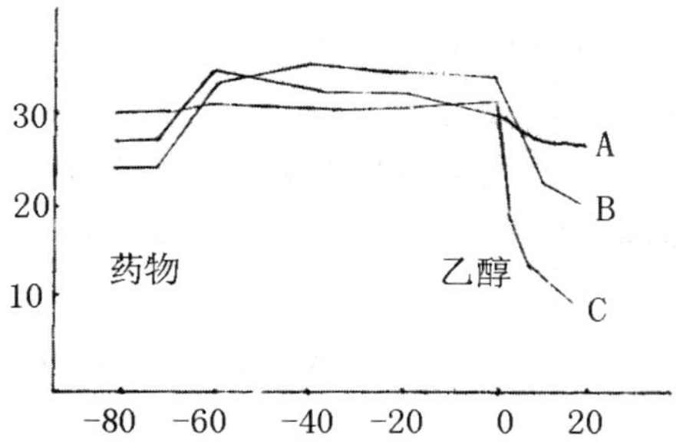

附图　沙参麦冬汤对乙醇引起的胃黏膜 PD 值下降的影响

A. 沙参麦冬汤 20g/kg　B. 沙参麦冬汤 10g/kg　C. 生理盐水

4. 沙参麦冬汤对大鼠肋壁结合黏液的影响　大鼠以沙参麦冬汤 10g/kg 及 20g/kg 灌胃 4h 后，均有显著增加胃壁结合黏液的作用（见表 1）。

表 1　沙参麦冬汤对大鼠胃壁结合黏液的影响

组别	阿利新兰结合量/mg
生理盐水组	0.1418 ±0.00757
沙参麦冬汤 10g/kg 组	0.1490 ±0.00760*
沙参麦冬汤 20g/kg 组	0.1512 ±0.00680**

注：与生理盐水组比较 * P < 0.05，* * P < 0.01，n = 11

5. 沙参麦冬汤对幽门结扎大鼠胃分泌的影响　结果表明以 20g/kg 沙参麦冬汤十二指肠给药，能显著抑制大鼠幽门结扎 4.5h 后的胃液量、胃酸分泌和胃蛋白酶的活性（见表 2）。

表 2　沙参麦冬汤对大鼠胃酸分泌、胃蛋白酶活性的影响

组别	动物数	胃液量/ml	胃酸度/mol/L	总酸排出量/mg/h	胃蛋白酶量/mg/h
生理盐水组	12	4.975 ±0.974	96.58 ±16.06	0.1073 ±0.29	8.301 ±2.097
沙参麦冬汤 20g/kg 组	12	2.947 ±1.182**	81.25 ±32.61	0.0625 ±0.0348**	5.606 ±1.924**
沙参麦冬汤 10g/kg 组	9	4.178 ±1.062	108.56 ±11.05	0.1015 ±0.0307	6.349 ±2.047*

注：与对照比较：* $P<0.05$，** $P<0.01$

6. 讨论　胃黏膜屏障能使胃黏膜免受损伤因子攻击，其功能受许多因素影响，如细胞分泌状态、黏膜血流量等。胃黏膜电位差（PD）是胃黏膜屏障完整性指标之一，其下降程度与胃黏膜损伤指数呈正相关，沙参麦冬汤能对抗乙醇所引起的 PD 值下降，对胃黏膜屏障功能具有显著的增强作用。

胃黏膜上皮表面覆盖一层“黏液—碳酸氢盐”屏障。由表面上皮分泌 HCO_3^- 以中和胃酸，而分泌的黏液可使 H^+ 在其中的扩散速度明显减慢，有助于保护上皮细胞的完整性。沙参麦冬汤能明显促进胃黏膜分泌，使胃壁结合黏液量增加，从而增强了“胃黏膜－碳酸氢盐”屏障。

胃酸及胃蛋白酶是胃黏膜攻击因子之一，他们不仅可以消化胃黏膜，而且可以增加其它因子对胃黏膜的损伤，沙参麦冬汤能够抑制胃酸、胃蛋白酶活性，减弱攻击因子对胃黏膜损伤，这可能是其保护胃黏膜的作用机制之一。

胃黏膜上皮细胞能不断合成、释放内源性前列腺素，从而发挥强烈的细胞保护作用，而消炎痛能抑制 PG 的合成。高剂量沙参麦冬汤具有拮抗消炎痛引起的胃黏膜损伤的作用，这是否与增加 PG 合成有关，值得进一步研究。

[《北京中医药大学学报》，1994；(4)]

增液射液的制备及临床试用

林毅宏　范德安　朱正琛　周　薇　黄仕开

为开展中医内科的急症工作，提供高效、速效、疗效稳定、安全可靠和提高生物利用度的中药制剂，我们引进重庆市中医研究所制备中药大输液的经验，将该所生产的增液针，略加改进后，于今年三月八日和四月廿七日制备出两批增液注射液。经建阳地区药检所检查结果，符合中国药典附录注射剂项下有关规定。pH 值 5.5，热原、溶血、无菌、鞣质、蛋白、草酸盐等检查阴性，重金属含量在百万分之二十以下，钾离子每毫升含量在 10 微克以下，均符合规定。通过 30 多例、160 多瓶的临床试用，没有发生不良反应，且初步收到了一定的临床效果。

一、药物制剂

处方：玄参、麦冬、生地各 1000 克，葡萄糖 1050 克，注射用水 3000 毫升。

制法：

1. 提取与精制　粗选玄参、麦冬、生地饮片各 1100g，用蒸馏水快速洗净，加蒸馏水适量（浸过药面），煎煮三次（60，40，40 分钟），合并煎液，滤过，浓缩至 1∶1。加 95% 乙

醇至含醇量达65%，充分搅拌，冷藏过夜，滤过，滤液加0.1%活性炭助滤至澄明，回收乙醇，药液浓缩至2∶1。加95%乙醇至含醇量达75%，用40%氢氧化钠调pH7.0，冷藏过夜，滤过，滤液加0.07%活性炭助滤至澄明，回收乙醇，浓缩至3∶1。加95%乙醇至含醇量达85%，冷藏过夜，滤过，滤液加0.05%活性炭助滤至澄明，回收乙醇，水浴上驱尽醇味，加注射用水至3000ml，调pH7.5，加活性炭适量（0.05%），水浴加热15分钟，冷却，反复滤过至澄明，调pH7.5，用0.8微米的微孔滤膜精滤，灌装于500ml瓶中，100℃蒸汽灭菌1小时，冷藏备用。

2. 浓配液制备　取备用液滤过，加葡萄糖1050g，注射用水加至5000ml，调pH7.5，加活性炭适量（0.1%），水浴加热15分钟，脱炭，调pH7.5，用0.8微米的微孔滤膜精滤，分装于500ml瓶中，100℃灭菌1小时，备用。

3. 注射液制备　取浓配液加新鲜注射用水稀释至30，000ml，用40%氢氧化钠溶液调pH7.5，经0.8微米的微孔滤膜精滤，灌装于500ml瓶中，用0.7kg/cm^2，115℃灭菌30分钟，即得。

性状：本品为茶黄色的澄明液体。

鉴别：

1. α－萘酚－浓硫酸反应，两液界面呈现明显的紫红色环。

2. 碱性酒石酸铜试验，产生棕红色深液。

3. 醋酐－浓硫酸反应，两液界面呈现棕色环；摇匀后，颜色由浅黄→棕黄。若加入少量该残渣，继续变深，由棕红→棕黑色。

4. 碱性醋酸铅试验，产生淡乳黄色沉淀。

5. 萤光反应：在波长254nm的紫外光下显浅蓝灰色萤光。

6. 光谱测定：本品含有钾、钠、钙、镁、铝、银、铜、铁、铅、硅等10种元素。

检查：

1. pH值：应为5～6。参照中国药典二部（七七年版）附录37页测定。

2. 热原、无菌试验、安全试验，皆按中国药典二部（七七年版）附录53、55、60页操作法检查。

3. 溶血试验：取药液0.5ml，加生理盐水2ml，2%兔红血球2.5ml，置37±1℃水浴中，1小时内不得产生溶血及凝血。

4. 钾离子浓度：用原子吸收光谱测定，每毫升含钾离子量不得大于40微克。

5. 蛋白检查：取药液1ml，加新配制的30%磺基水杨酸试液1ml，摇匀后不得发生浑浊。

6. 鞣质检查：取药液1ml，加稀醋酸1滴，氯化钠明胶试液4～5滴，不得发生浑浊。

7. 草酸盐检查：取药液2ml，蒸溜水稀释至5ml，加醋酸0.2ml，氯化钙试液0.5ml，1分钟内不得浑浊。

8. 重金属检查：本品含重金属不得超过百万分之二十。

9. 其他：应符合注射剂项下有关规定。按中国药典二部（七七年版）附录3页检查。

二、作用与用途

本注射液系按中医理论，将传统治疗温热病伤阴保津的名方增液汤改制而成的中药大输液。据重庆市中医研究所报道：增液针输入后能明显延长甲皱微循环的管攀长度，有显著的改善微循环作用。本品含有葡萄糖，多糖（果、蔗、半乳糖等），甾体皂甙等有机物；以及钾、钠、钙、镁、铝、银、铜、铁、铅、硅等元素，这些都是机体组织和生理代谢所需要的物质。具有较生理盐水非常显著的对大鼠蛋清样关节炎和小鼠巴豆样耳肿的抗炎作用；还具有较生理盐水非常显著的改善毛细血管通透性的作用，有助于炎性分泌的较快吸收，减少炎性毒性反应。并有调整体液免疫 IgA 的作用。中医研究院中药研究所报道，玄参、生地能提高动物或人体的外周白细胞，对化疗或放疗所致的白细胞下降有防治作用。

增液注射液能够直接静脉给药，如同生理盐水、葡萄糖水一样大量补液。对温热病所致之伤阴伤津，温病高热，阴液耗伤，津液不足，口干，口渴，吐泻，多汗，舌燥、质红无苔，午后低热，手脚心发热，内伤虚热等伤阴症状有治疗作用。尤其重要的是能够广泛用于中医内科危急重症和感染高热伴失水患者的抢救治疗。

三、病例介绍

1. 许×× 女，47 岁，干部。1984 年 4 月 6 日，住南平市立医院，住院号：75462。

患者自述两个月前因感冒畏寒，发热，咳嗽，使用中药和注射青、链霉素后，症状时轻时重；于二日前畏冷、发烧、咳嗽加剧，要求住院。入院时体温 38.5℃，口干、唇裂、舌红少苔，脉细数，咳嗽，痰灰浓难咯，小便短赤。诊为燥热伤肺，津液损耗。即单独使用增液注射液 1000ml，连续二日。患者体温降至 36～37℃，口干、唇裂好转，咳嗽减轻，且少痰，尿转清长，尿量增多。病情好转后改服清肺润燥汤药，于 4 月 18 日出院。

2. 唐×× 男，60 岁，干部。1984 年 5 月 24 日住南平市中医院。住院号：16199。

患者有慢支病史。一周来身热畏寒，头痛。入院时舌质红、苔黄，脉浮弦数，体温 38.5℃，汗出，溲赤，痰黏稠，白细胞总数 9300/mm^3（中性 81%，淋巴细胞 19%）。即单独静滴增液注射液 1000ml，连续二日，体温降至 36～37℃，精神好转；又继续静滴二日，每日 500ml，黄苔退净，舌质淡红，小便清长，痰转稀白、量少，体温正常，脉弦缓，白细胞总数 6300/mm^3。后改服治疗慢支中药。

四、讨论

1. 本注射液系复方中药制剂，成份复杂，对其有效成份尚不完全清楚，为了保持其固有临床疗效，采用了中药传统用药剂型（汤剂和酒剂）的特点，拟定了以“水醇法”为基础兼用其他方法的工艺路线。处方中加入 3.5% 葡萄糖作等张调节剂，防止溶血。为了提高制剂的澄明度和稳定性，采用了分步乙醇沉淀，滤除杂质的方法，在每次醇沉后的滤液中以适当的活性炭助滤，除去醇液中呈胶体的水溶性杂质微粒，防止带入下一工序中去。药物转入水溶液后，分别采取调 pH 值，活性炭吸附，热处理，冷藏，以及浓配脱炭和微孔滤膜精滤等综合措施，不仅提高了制剂的纯度，改善药液的澄明度和稳定性，而且对防止溶血、热原和输液异物微粒对临床的危害方面，且初收到较满意的效果。

2. 增液注射液系静脉给药，质量要求十分严格。而本品的生产周期又长，中间环节多，必须尽量防止药液污染，所用的容器设备，都应严格处理。为了弥补工艺操作的损失，增加 10% 投料量。生药的原料产地、品质力求做到标准化。在操作中对提取溶剂的用量，煎煮时间，浓缩方式，以及收醇后浓缩液的体积，都应严格控制，保证每批制剂的色泽、质量和临床疗效基本一致。

3. 重庆市中医研究所制备的增液针、养阴针，经临床 324 例观察结果，输液前后病人的体温、呼吸、脉搏、血压、血象、尿常规、肝功、肾功、血糖、电解质、二氧化碳结合力、心电图等与对照组（5%葡萄糖生理盐水，5%～10%葡萄糖水或林格氏液的静脉点滴）一样无影响。对心、肝、肾、造血器官无损害。没有发生皮疹、静脉炎、过敏性休克、血尿等不良反应。我们制备的两批增液注射液，经临床试用，也未出现上述不良反应。

4. 本品属于中药制剂，我们拟在重庆市中医研究所提供的资料基础上，增加药检项目。接受中医理论的指导，进行临床研究，阐明增液注射液在中医临床的适应症及应用范围，并比较本注射液与原方增液汤的疗效差别，进而推广临床应用。

[《福建中医药》，1984；(6)]

论“非典型肺炎”即《温病条辨》中之太阴温病

张志义　张建国　张建民　王振爽

“非典型病炎”目前认为是冠状病毒的变异病毒感染，其症状是：头痛、发热、畏寒、干咳少痰、全身酸痛、腹泻、呼吸困难。上述症状正符合吴鞠通之《温病条辨》太阴温病。第二条，凡温病者始于上焦，上焦者心肺也，说明太阴温病是呼吸道感染。第三条，太阴之为病，脉不缓不紧而动数（“非典”因高热脉必数）或两寸独大，肌肤热，头痛，微恶风寒，身热自汗出，口渴或不渴而咳，午后热甚名曰温病。第四条，太阴之为病，但咳（有声无痰曰咳），身不甚热，微渴者，辛凉平剂，桑菊饮主之。

以上描述，太阴温病和“非典”之症状颇为吻合。太阴者肺也，温病者，热性传染病也，太阴温病和“非典”非常类似。因此，推测“非典”并非现代病，古代即有流行。因温病者即热性传染病也，温病学也即传染病学。太阴温病即肺之温热传染病也，现代语即“传染性非典型肺炎”。古时因条件所限，不知细菌病毒，只知“邪毒”，但知道此病互相传染。基于以上推测，“非典”即可以按照太阴温病三焦辨证和卫、气、营、血之辨证，以西医为主，中医为辅，中西医结合辨证论治，对消灭“非典”当有裨益。

一、邪毒初侵肺卫

证见：发热，头痛，微恶寒（因是温病，不若伤寒之恶寒甚也），全身酸痛，干咳，咽干，微渴，舌苔薄白，舌尖红。可用辛凉轻剂桑菊饮加减。基本方：霜桑叶10g，菊花10g，甘草10g，杏仁10g，连翘10g，薄荷6g，芦根20g，桔梗10g。加减：两三日不解，气粗似喘者（肺炎症状明显），燥在气分也，加入生石膏、知母（白虎汤）；舌绛，暮热口燥，邪初入营也，加玄参、犀牛角（水牛角可代）；在血分者，去薄荷，加生地黄、麦门冬、玉竹、牡丹皮；肺热甚者，加黄芩；渴者，加天花粉。

如热不退者，可用辛凉平剂银翘散加减。处方：金银花30g，连翘20g，甘草10g，桔梗10g，薄荷6g，竹叶10g，牛蒡子10g，荆芥穗6g，淡豆豉10g。日1剂，水煎3次，分3次服。加减：胸膈闷者，加藿香、郁金；渴甚者，加天花粉；项肿咽痛，加马勃、玄参；衄血者，去荆芥穗、淡豆豉，加白茅根、侧柏叶、栀子；咳者，加杏仁以利肺气；3日病犹在肺，热渐入里，加生地黄、麦门冬以保津液；如不解者，小便短赤，加知母、黄芩。勿过煮，轻煎即可入肺。药取轻清，过煮则味厚，而入中焦。

二、邪毒入气分

这是邪毒在卫分，治疗失当，或延误时机，传入气分者。证见：太阴病，渴甚，大汗，面赤恶热，脉浮洪，舌苔黄。宜辛凉重剂白虎汤。处方：生石膏（先煎）30～60g，知母15～20g，生甘草10g，粳米15g。加减：大汗后体虚，有热津伤者，加西洋参；肺热甚者，加黄芩、栀子；汗后阴虚津亏者，加麦门冬、玄参、太子参、沙参；服白虎汤，如热喘不退，或气血两燔，高热谵妄发斑，吐衄血者，可用清瘟败毒饮［生石膏、知母、甘草、犀牛角（水牛角数倍可代）、生地黄、牡丹皮、黄连、黄芩、连翘、栀子、桔梗］。日1剂，水煎3次，分3次服。加减：或发斑、吐衄、神昏、谵妄，加白僵蚕、蝉蜕、石菖蒲，以芳香开窍。此热毒炽盛、气血两燔之方也。此方为白虎汤、犀角地黄汤、黄连解毒汤加减而成，为治温病力量最大之方也。

三、病邪入营分

病在气分，如治疗失当，或延误治疗时机，病邪入营分，此时发热日久，营阴已亏，口干而不渴，舌绛而干，脉细数，朝凉暮热，此病邪入营也。治以清营汤：水牛角10g，生地黄15g，玄参9g，连翘6g，黄连10g，竹叶3g，麦门冬9g，金银花9g，丹参9g。随症灵活加减。运用此方辨证要点是：舌绛，脉细数，如有黏腻苔，乃夹湿也，不可用。如神昏谵语，邪陷心包也，可用清宫汤：水牛角10g，连翘6g，玄参9g，竹叶6g，麦门冬9g，莲子心2g。可随症加减，剂量灵活。日1剂，水煎分3次服。亦可用治温病之三宝中成药：安宫牛黄丸、至宝丹、紫雪丹。

四、邪毒入血

证见：吐血衄血，身发斑疹。可用犀角地黄汤：水牛角10g，生地黄30g，牡丹皮9g，赤芍药12g。日1剂，水煎3次，分3次服。

五、恢复期

此时患者因发热日久，阴虚津亏，气阴两伤，以致心悸气短，全身乏力，六脉虚数，舌红无苔，一派气阴两伤之景象，可用生脉饮（西洋参10g，麦门冬15g，五味子6g），但不可用人参，可用西洋参或太子参，以清热补气生津。

我们从学习《温病条辨》中认为，太阴温病即类似“传染性非典型肺炎”，因其描述的症状与“非典”非常吻合，乃肺之热性传染病也，“非典”者故亦肺部之传染病也。我们治疗时以现代医学为主，辅以中药辨证论治，治疗“非典”收效颇佳。

［《河北中医》，2003；（8）］

以《温病条辨》太阴温病理论解读非典

梁　建

传染性非典型肺炎（简称“非典”），是自2002年11月在广东省首次发现的具有广泛流行的以肺部损害为主要表现的、新的急性呼吸道传染性疾病。我国卫生部确定为法定传染病。世界卫生组织于2003年2月16日确定为严重急性呼吸道症候群，简称“SARS”。4月16日正式宣布“SARS”的病原体为一种新的冠状病毒，并命名为“SARS”病毒。正当世界多个国家的科学家对“SARS”从流行病学、病原学，诊断和治疗方法等进行深入细致的研究同时，中医药工作者也对“SARS”从中医学角度进行着探索，取得了可喜的成果。国家中医药管理局制定了《传染性非典型肺炎中医药防治技术方案》。然而中医理论如何认识非典、如何运用中医理论进行指导防治非典等问题值得深入探索。笔者带着这些问题重温有关中医著作，略有收获。本文谨就吴鞠通《温病条辨·上焦篇》太阴温病理论诠释非典，并望从中获得启迪，以利于抗击非典。

一、太阴温病的病因、病位、传播途径与非典

吴氏确定太阴温病首先将其界定为温病范畴。《温病条辨·上焦篇》第三条：“太阴之为病，脉不缓不紧而动数或两寸独大，尺肤热、头痛、微恶风寒、身热自汗、口渴或不渴而咳，午后热甚者名曰温病。”第二条：“凡病温者，始于上焦，在手太阴。”随之阐述了太阴温病的病因为“疠气”所致。《温病条辨·上焦篇》第一条：“……瘟疫者，厉气流行，多兼秽浊，家家如是，若役使然也”，病变部位在肺脏。《温病条辨·上焦篇》第二条：“……温病由口鼻而入，自上而下，鼻通于肺，始于手太阴。”

从吴氏对太阴温病的病因、病位，传播途径，这三方面看，与非典的病原体为冠状病毒，以肺部损害为主，以呼吸道飞沫和密切接触近距离传播为主要传播方式极为一致。

二、太阴温病初期与非典早期临床表现相一致

吴氏在论述太阴温病时根据其具有身热、口渴、咳嗽等临床表现分而治之。《温病条辨·上焦篇》第六条：“太阴风温，但咳，身不甚热，微渴，辛凉轻剂桑菊饮主之。”辛凉轻剂桑菊饮方：杏仁6g，连翘4.5g，薄荷2.4g，桑叶7.5g，菊花3g，苦梗6g，甘草2.4g，苇根6g。《温病条辨·上焦篇》第四条：“太阴风温、温热、瘟疫、冬温初起……但热不恶寒而渴者，辛凉平剂银翘散主之。”辛凉平剂银翘散方：连翘30g，银花30g，苦桔梗18g，薄荷18g，竹叶12g，生甘草15g，荆芥穗12g，淡豆豉15g，牛蒡子18g，鲜苇根汤煎。《温病条辨·上焦篇》第五条：“太阴温病，恶风寒服桂枝汤已，恶寒解，余病不解者，银翘散主之；余证悉减者，减其制。”

从吴氏所论太阴温病初期的临床表现与非典早期的发热，体温一般>38度，偶有畏寒，可伴有头痛，关节酸痛，肌肉酸痛，乏力，腹泻，可有咳嗽，多为干咳、少痰，偶有血丝痰等临床表现极为一致。

三、太阴温病气分证与非典中期的临床表现相一致

吴氏在论述太阴温病进入气分阶段时根据其临床表现特点：高热、口渴、大汗、微喘、鼻翼煽动、心烦不安、痰涎壅盛、胸中痞塞、欲呕等症，将太阴温病分为：白虎汤证、气血两燔证、栀子豉汤、瓜蒂散证。白虎汤证：《温病条辨·上焦篇》第七条：“太阴温病，脉浮洪，舌黄，渴甚，大汗，面赤，恶热者，辛凉重剂白虎汤主之。”辛凉重剂白虎汤方：生石膏30g，知母15g，生甘草9g，白粳米一合。《温病条辨·上焦篇》第八条：“太阴温病，脉浮大而芤，汗大出，微喘，甚至鼻孔扇者，白虎加人参汤主之。（白虎汤加人参9g）。脉若散大者，急用之，倍人参。气血两燔证：《温病条辨·上焦篇》第十条：“太阴温病，气

血两燔者，玉女煎去牛膝加元参主之。”玉女煎去牛膝、熟地，加细生地、元参方：生石膏30g，知母12g，元参12g，细生地18g，麦冬18g。栀子豉汤证：《温病条辨·上焦篇》第十三条：“太阴温病，得之二三日，舌微黄，寸脉盛，心烦懊侬，起卧不安，欲呕不得呕，无中焦证，栀子豉汤主之。”栀子豉汤方：栀子5枚、香豆豉18g。瓜蒂散证：《温病条辨·上焦篇》第十四条：“太阴温病，得之二、三日，心烦不安、痰涎壅盛、胸中痞塞、欲呕者、无中焦证，瓜蒂散主之，虚者加参芦。”瓜蒂散方：甜瓜蒂3g，赤小豆6g，山栀子6g。虚者加人参芦4.5g。

从吴氏论述太阴温病气分阶段的临床表现来看，与非典中期以肺部受损为主要临床表现相一致。

四、太阴温病营血分阶段与非典极期相一致

吴氏在论述太阴温病进入营血分阶段时所出现的复杂的危重病情，分为：化源欲绝证、营热证、斑疹证、神昏谵语证、邪入心包证。化源欲绝证：《温病条辨·上焦篇》第十一条：“太阴温病，血从上溢者，犀角地黄汤合银翘散主之。……若吐粉红血水者，死不治；血从上溢，脉七八至以上，面反黑者，死不治；可用清络育阴法。”“血从上溢，温邪逼迫血液上走清道，循清窍而出，故以银翘散败温毒，以犀角地黄汤清血分之伏热，而救水即所以救金也。至粉红水非血非液，实血与液交迫而出，有燎原之势，化源速绝。”“血从上溢，而脉至七八至，面反黑，火极而似水，反兼胜已之化也，亦燎原之势莫制，下焦津液亏极，不能上济君火，君火反与温热之邪合德，肺金其何以堪，故皆主死。”犀角地黄汤方：干地黄30g，生白芍9g，丹皮9g，犀角9g。

营热症：《温病条辨·上焦篇》第十五条：“太阴温病，寸脉大，舌绛而干，法当渴，今反不渴者，热在营中也，清营汤去黄连主之。”清营汤方：犀角9g，生地15g，元参9g，竹叶心3g，麦冬9g，丹参6g，黄连4.5g，银花9g，连翘6g。

斑疹证：《温病条辨·上焦篇》第十六条：“太阴温病，不可发汗，发汗而汗不出者必发斑疹……发斑疹者，化斑汤主之；发疹者，银翘散去豆豉加细生地、丹皮、大青叶、倍元参主之。”化斑汤方：石膏30g，知母12g，生甘草9g，元参9g，犀角6g，白粳米一合。

神昏谵语证：《温病条辨·上焦篇》第十六条：“太阴温病……汗出过多，必神昏谵语。……神昏谵语者，清宫汤主之，牛黄丸、紫雪丹、局方至宝丹亦主之。”清宫汤方：元参心9g，莲子心1.5g，竹叶卷心6g，连翘心6g，犀角尖（磨冲）6g，连心麦冬9g。

安宫牛黄丸方：牛黄30g，郁金30g，犀角30g，黄连30g，朱砂30g，梅片7.5g，麝香7.5g，珍珠15g，山栀30g，雄黄30g，金箔衣、黄芩30g。

紫雪丹方：滑石500g，石膏500g，寒水石500g，磁石水煮1000g，羚羊角150g，木香150g，犀角150g，沉香150g，丁香30g，升麻500g，元参500g，炙甘草250g，辰砂（研细）90g，麝香（研细）36g。

局方至宝丹方：犀角（镑）30g，朱砂（飞）30g，琥珀（研）30g，玳瑁（镑）30g，牛黄15g，麝香15g。

邪入心包证：《温病条辨·上焦篇》第十七条：“邪入心包，舌謇肢厥，牛黄丸主之，紫雪丹亦主之。”

从吴氏论述太阴温病的营血分阶段来看，太阴温病的化源欲绝证与非典极期的并发急性呼吸窘迫综合证（ARDS）相一致；太阴温病的营热证与非典极期的并发DIC（播散性血管内凝血）相一致；太阴温病的神昏谵语证，邪入心包证与非典极期的并发多器官功能障碍（MODS）相一致。

五、太阴温病阴津耗伤证与非典恢复期相一致

吴氏在论述太阴温病阴津耗伤时提出甘寒救液法以维持体液平衡。《温病条辨·上焦篇》第十二条："太阴温病，口渴甚者，雪梨浆沃之；吐白沫黏滞不快者，五汁饮沃之。"雪梨浆方：以甜水梨大者一枚薄切，新汲凉水内浸半日，时时频饮。五汁饮方：梨汁、荠汁、鲜苇汁、麦冬汁、藕汁、（或用蔗浆）临时斟酌多少，和匀凉服，不甚喜凉者，重汤炖温服。

从吴氏对太阴温病阴津耗伤之证来看与非典恢复期相一致。

综上所述，可见吴氏提出太阴温病理论是从当时亲身经历了传染病的流行并经大批量的病员临床细致观察的结论，当时的历史条件下实属不易。历代温病学专著，象太阴温病理论从病因、传播途径、主要损害的脏器以及临床演变方面详细提出一整套完整的治疗抢救方案，实属罕见。在当今抗击非典的战斗中以吴氏太阴温病理论来认识非典，指导抗击非典具有较高的理论价值和现实的临床实用价值，值得认真学习和借鉴。

［《四川卫生管理干部学院学报》，2005；（3）］

浅析吴鞠通祛湿法在香港地区的应用

温桂荣

祛湿法是中医的主要治法之一。香港地区地处亚热带海洋性气候，长年受偏东或偏南温暖而潮湿的气流影响，空气暖中带有湿，故"天暑下迫，地湿上蒸，人处气交当中，易感湿热之邪"（《临证指南医案》）。且"东南卑下，山泽蒸气，湿从外入，自下而上……"（《证治汇补·湿证》），证候表现独特。现结合临床浅淡吴鞠通祛湿法在香港地区的运用。

一、湿邪的致病特点

1. 外湿

香港地区空气温暖而潮湿，湿气太过，身体强壮者影响不大，身体虚弱者则易诱导疾病发生，故香港地区的致病特点以湿邪为常见。湿邪不但会单独致病，而且经常和其他五淫合而为病，正如《温病条辨·下焦篇·寒湿》第四十二条所云："湿之为物也，在天之阳时为雨露，阴时为霜雪，在山为泉，在川为水，包含于土中者为湿。其在人身也，上焦与肺合，中焦与脾合，其流于下焦也，与少阴癸水合"。所以香港地区常见风湿、湿热、暑湿、寒湿等证候。"湿在冬为寒湿，在春为风湿，在夏为热湿，在秋为燥湿"。湿邪致病因季节时令不同而有别。

在春季，草木萌芽生长，百花齐放，欣欣向荣。但是由于香港地处沿海地带，受太平洋上空热带气流影响，春季温暖而潮湿多雨，雨量虽不大，但连绵不断，湿气弥漫，感受者则为病。诚如《温病条辨·中焦篇·湿温》第五十五条所曰："湿热受自口鼻，由募原直走中道，不饮不食，机窍不灵，三香汤主之"。湿邪侵于上则经脉受阻不利而见头痛如裹，周身酸楚，胸闷等症；侵于下则双膝疼痛重着，酸困沉重；若湿夹寒侵入腰部，则腰部冷痛重

着。由此可见，湿为阴邪，湿气弥漫，从上至下，从内到外，无处不到。

在夏季，香港地区天气炎热，气候闷热难受，加之强烈热带风暴肆虐，所以整个夏季天气大多数是高温、潮湿、多雨，人们极易感受湿气之邪。若湿与热合，暑湿齐侵，“湿温内蕴，夹杂饮食停滞，气不得运，血不得行，遂成滞下，俗名痢疾”（《温病条辨·中焦篇·湿温》第八十六条）。若“内湿素盛者，暑邪入之，易于留着，而成湿温病”（《温热经纬》），如症见始恶寒，随着病情发展，只热不寒，胸闷，四肢倦怠，口渴不欲饮，舌苔白腻，脉濡缓。

在秋季，香港受热带气候的影响，依然是热气迫人，没有一丝凉意。即使是渐进转凉，也是日间炎热，夜间却时时阴雨绵绵，故民间流传“秋临夜雨”之说，不用说湿度也比较大。“秋湿内扰，冬寒外加，脉紧无汗，严寒身痛，咳喘稀痰，胸满，舌白滑，恶水不欲饮，甚则倚息不得卧，腹中微胀，小青龙汤主之”（《温病条辨·下焦篇·寒湿》第四十七条）。这是秋伤于湿，肺卫首当其冲，肺卫证候展现眼前。

在冬季，香港依然会见到“十月小阳春”，天气照样闷热，或闷热与稍凉交替出现，变化反复无常。身体壮实者不以为然，若腠理不密、卫外不固者，则易为外邪所伤，故见感冒咳喘证候。除了一部分是痰饮内伏、脾肾阳虚引发的以外，大多系夹湿夹热所致，表现为痰多质黏而黄，胸闷，苔黄腻，脉滑数等。

2. 内湿

一方面是由于脾阳素虚，运化不力，水湿不化，湿从中生；另一方面是由于恣啖生冷，或过食美点佳肴，脾胃运化失职，以致湿邪在不知不觉中扎根生长。此为香港地区湿证患者的特点。湿为阴邪，其性重浊黏腻，易伤阳气和阻碍气机，而气机失畅，反过来又使湿邪积滞难化，这是湿邪缠绵不清的原因。

脾胃湿。《素问·宣明五气篇》曰：“脾恶湿。”《素问·脏气法时论》云：“脾苦湿。”《素问》一再告诫“脾恶湿”，旨在提醒人们饮食要有节制，勿伤脾胃，勿损脾阳。由于香港气候较炎热，汗出沾衣，口干口渴时常见到，有些人贪凉饮冷，只图清凉解渴。日积月累，致脾胃阳气渐渐损伤，脾不健运，湿邪乘虚而生，湿气内阻，则食欲不振，胸闷痞满之症渐渐出现。正如《湿热经纬》所说：“太阴内伤，湿饮停聚，客邪再至，内外相引，故病湿热。此皆先有内伤，再感客邪，非由腑及脏之谓”。

大肠湿。《素问·金匮真言论》曰：“长夏善病洞泄寒中。”长夏雨水较多，湿气偏重，再加上香港居民生活安逸，嗜食膏粱厚味之品，肥者令人热中，甘者令人中满，热蓄体内，多伤脾胃。脾胃受伤则升降失职，气滞阻塞于中；或湿蕴结日久化热，寒热错杂于中，流注于下，证见恶心欲呕，肠鸣腹泻等。随着病情的发展变化，湿渐化热而热象也渐渐上升。

二、祛湿法的临床应用

1. 芳香宣化　淡渗祛湿

《温病条辨·上焦篇·湿温寒湿》第四十条云：“头痛恶寒，身重疼痛，舌白不渴，脉弦细而濡，面色淡黄，胸闷不饥，午后身热，状若阴虚，病难速已，名曰湿温。汗之则神昏耳聋，甚则目瞑不欲言，下之则洞泄，润之则病深不解。长夏，深秋、冬日同法，三仁汤主之。”病机主要是湿邪袭表，湿热相搏，湿阻气机，卫气同病。正如薛生白所指出的：“太阴内伤，湿饮停聚，客邪再至，内外相引，故病湿热”。辨证要点是头重如裹，身重肢倦，身热不扬，午后热甚，胸闷，纳呆，口不渴，苔白腻，脉濡缓。治用宣畅气机、清利湿热的三仁汤。三仁汤是治湿温初起，湿重热轻的有效方，方中白蔻仁、半夏、厚朴同用，既能芳香化湿、行气宽中，又能消食导滞、醒脾开胃；北杏仁配伍半夏，能燥湿化痰，润燥相济，消痞散结，燥湿而不伤阴；薏苡仁和滑石配伍，能清热利湿，引导湿邪从下而出；竹叶与通草合用，竹叶清热除烦，通草淡渗通降，为滑利通导之品。二药合用，清热利湿，可引湿从下焦排出。头重较甚，肢体酸楚者，加羌活、白芷以祛风胜湿止痛；午后热甚而久不退者，加知母、白薇以养阴清热；胸闷较重且有叹息者，加郁金、佛手以疏肝解郁、理气和中、燥湿化痰。

曾治李某，男，26 岁，2004 年 7 月 13 日初诊。主诉头痛咳嗽已 2 天。自服止咳水未能缓解，前来求诊。刻诊：头痛，咳嗽，周身酸楚，午后热增，身热不扬，恶心欲呕，舌淡红，苔白腻，脉浮濡而数。证属外感风热、肺气失宣、湿邪内阻。治以疏风宣肺、清热利湿的三仁汤化裁：杏仁、竹叶、冬桑叶、竹茹、厚朴、川贝母、柴胡各 10g，葛根、滑石各 15g，薏苡仁 20g，白蔻仁 6g。水煎服。2 剂后诸症减轻，续服 2 剂而愈。

2. 清热祛湿　表里两解

《温病条辨·中焦篇·温湿》第六十三条曰："脉缓身痛，舌淡黄而滑，渴不多饮，或不渴，汗出热不解，继而复热，内不能运水谷之湿，外复感时令之湿，发表攻里，两不可施。误认伤寒，必转坏证。徒清热则湿不退，徒祛湿则热愈炽，黄芩滑石汤主之。"病机主要是湿热两伤，湿热蒸腾，困阻中焦，脾胃气机升降失调。辨证要点是身痛，汗出热不解，身热不扬，胸闷，舌淡黄而滑，脉缓。症状虽不多，但字字珠玑，临症时要触类旁通。对于湿邪的证治，雷少逸指出："伤于表者，因于居湿涉水，雨露沾衣，其湿从表而受，束于躯壳，症见头胀而痛，胸前作闷，舌苔白滑，口不作渴，身重而痛，发热体瘦，小便清长，脉浮而缓，或濡而小，此言湿邪伤于表也"。由此可知，湿热不但侵犯体表，且会滞塞气机。若单纯清热则湿不去，仅祛湿则热愈盛，吴鞠通不愧为医中高手，果断采用清热祛湿、表里两解的黄芩滑石汤。方中以黄芩清中上焦湿热；滑石性甘寒，能解暑热；通草淡渗清降，清热祛湿。三药合用，既能清暑泄热祛湿，治疗湿热两伤的身热汗出热不解者，又能使热退津回，生津止渴。茯苓皮与猪苓合用，茯苓皮功专行皮肤水湿，猪苓能"利水湿"（《本经》）。再配以滑石，则善治水热互结的肢体疼痛而沉重等。大腹皮和白蔻仁配伍，大腹皮能行气导滞，利水消肿，而白蔻仁能行气化湿。尤其适用于湿温初起的气机郁滞。诸药合用，特为湿热两伤而设，故有良效。在本方的基础上，如加薏苡仁、泽泻，则功效更加显著。

如治张某，女，30 岁，2004 年 8 月初诊。主诉发热恶寒伴脘腹胀满已 1 天。刻诊：发热恶寒，汗出而热不解，头痛，周身酸楚，胸闷，脘腹胀满，心烦口渴。舌质淡红，苔薄黄腻，脉滑数。证属暑湿感冒。治宜清热祛湿，表里两解。方用黄芩滑石汤加减：黄芩、大腹皮、猪苓、防风、连翘、知母、枳壳各 10g，滑石、茯苓皮、葛根各 15g，白蔻仁、通草各 6g。水煎服。3 剂病愈。

3. 开宣肺气　驱风祛湿

《温病条辨·中焦篇·湿温》第六十七条曰："风暑寒湿，杂感湿淆，气不主宣，咳，头胀，不饥，舌白，肢体若废，杏仁薏苡汤主之。"伤于风者，上先受之；寒滞经脉，致气血运行凝阻；湿阻经络，重滞不移。病机主要由风暑寒湿引发，四气交杂，纠缠不清，气机失畅。风寒湿邪伤人，首犯肺卫，肺气失宣，致邪留滞为患。辨证要点是：咳嗽，头胀，脘痞胸闷，纳呆，肢体酸楚等症。治用开宣肺气、驱风祛湿的杏仁薏苡汤。吴鞠通在《温病条辨》中特别重视宣畅肺气以治风寒湿邪。宣畅肺气其中一法是解表，解表可疏风，又可清暑，还可化湿，一举三得。正如朱丹溪所云：“外湿宜表散，内湿宜淡渗”。方中桂枝与生姜配伍，桂枝能温通经脉，助阳化气，“主伤风头痛，开腠理，解表发汗，去皮肤风湿”（《珍珠囊》）；生姜“主伤寒头痛鼻塞，咳逆上气”（《别录》）。二药合用外散风寒，宣肺止咳。北杏仁、半夏与厚朴合用，杏仁有疏利开通之性，《本草逢原》载：“定喘泄滞，散结润燥，除肺中风热，咳嗽”；而半夏辛温而燥，《珍珠囊》曰：“消胸中痞，膈上痰，除胸寒，和胃气，燥脾湿，治痰厥头痛，消肿散结”；还有厚朴宽中下气，燥湿导滞。三药合用能宣肺止咳，燥湿导滞。薏苡仁和防己相伍，薏苡仁既能渗湿，又能舒筋脉，《本经》曰：“主筋急拘挛不可屈伸，风湿痹…”；防己有木防己和汉防己之分，《本草拾遗》载：“治风用木防己，治水用汉防己”。此处应用木防己才对。两者合用，善治湿滞肌肤经络，风湿痹痛。白蒺藜舒肝解郁，平肝治头胀有奇效。

4. 温运脾阳　燥湿化浊

《温病条辨·中焦篇·湿温》第六十二条曰：“和湿着里，脘闷便泄，五加减正气散主之。”病机不论是脾阳为湿邪所乘，或是脾胃阳气素虚，饮食生冷油腻等而诱发，均可导致脾气不能正常运化而升降失职。以湿内盛而泻，故谓之濡泻。

辨证要点是脘腹胀满，大便溏泄，苔白腻而滑，脉缓。治用温运脾阳、燥湿化浊的五加减正气散。五加减正气散是治脘腹胀满、大便稀溏的常用方和有效方。方中藿香性微温，为芳香化浊的主要药，《本草正义》曰：“芳香而不嫌其猛烈，温煦而偏于燥烈，能祛除阴霾湿邪，而助脾正气”。苍术性苦温，善燥脾湿。二药配伍，对湿阻中焦的腹胀溏泄，当为首选药。

陈皮与厚朴合用，陈皮是理气健脾燥湿的主要药；厚朴苦燥辛散，能燥湿散满以运脾，行气导滞以除痞闷。二药合用，能行气消滞、健脾燥湿。大腹皮、茯苓、谷芽三药同用，作用异中有同。大腹皮既能行气疏滞，又能渗湿利水；茯苓为健脾渗湿的常用药；谷芽能“启脾进食，宽中消谷，又能补中”，能治脾虚腹胀满。三药配伍，不但能健脾渗湿以止泻，而且宽中消胀满。诸药合用，温运脾阳，燥湿化浊而止泻。胃气上逆，恶心欲呕者加左金丸；食滞内停，嗳腐吞酸，大便臭如败卵者加鸡内金、半夏、炒麦芽、莱菔子、连翘；疲倦乏力、气短者加党参、白术等。

如治郑某，男，66 岁，2003 年 8 月 27 日初诊。主诉泄泻伴脘腹胀满已 1 天。因饮食生冷致腹泻，自服中成药未能缓解。刻诊：胸闷，脘腹胀满，喜温喜按，大便溏泄，完谷不化，3 次/日，便而不爽。舌质淡，苔薄白，脉缓。证属脾阳不振，湿浊内盛。治宜温运脾阳、燥湿化浊，方用五加减正气散化裁：藿香梗、厚朴、大腹皮、干姜、木香（后下）各 10g，茯苓、炒谷芽、白术各 15g，苍术 12g，陈皮、肉桂（焗冲）各 5g。水煎服。

3 剂后诸症悉除而愈。

［《湖北中医杂志》，2006；（6）］

从银翘散袋泡剂谈保持传统剂型的意义

汪新象

银翘散是《温病条辨》治疗太阴风温初起的首方，验之临床效果令人满意。原方剂型为散剂。散者，散也，即用散剂微煮取其轻扬之气以散上焦卫分风热病邪之意。原书称之为辛凉平剂。

1948 年春初，四川古蔺县龙山镇，适逢风温流行，多数患者因贫病交加，无钱医治，为了解除病员的疾苦，减轻费用，我乃仿银翘散的制法和服法，加入藿香以芳化表湿，滑石而淡渗里湿每用 30 克，以苇根汤煮服，治疗甚众、效果良好，费用低廉，远近传扬。解放后五十年代初，温病沉行，山区西药少而价高。无论门诊或下乡巡回医疗，投此散而获痊愈者十之六七。

将银翘散变成汤剂，效果也好。可是七十年代以来，银翘散的剂量无限增大，不仅将原书 3～4 天的量，作为一日量，而且把银花、连翘各 30 克倍加为各 60 克，自谓加强清热解毒功效，殊不知汤剂久煎，药效挥发，疗效并不比散剂每用 30 克理想，同时浪费药品增加病人的负担。

目前中成药厂已将本方制成片、丸剂、服用方便、但生效不如汤剂快。有人用苏叶、葱白等煎汤吞服，确可加快生效速度。但汤、丸合用也较麻烦。

甲子仲冬我出差昆明，途中感染风热。喜友人送我重庆中医研究所精心研制的银翘散袋泡剂，每包不足 5 克重，开水泡服，其药液橙黄色而透明，清香可口，且效果良好。我认为这对中药剂型改革是一个突破，既保持了散剂的传统，服用方便且效果良好，又省药料和费用，具有经济效益和社会效益。如果能将古代许多用于临床效果肯定的煮散剂（如四逆散，五苓散，藿香正气散，逍遥散，天水散，人参败毒散，五味异功散等），仿照银翘散袋泡剂的方法进行剂型改革，对于保持和发扬中医特色，发展中医学术，振兴中医事业，一定会作出贡献。

［《长江医话·詹文清主编》北京科学技术出版社，1989；(10)］

漫谈钩体病与温病的关系

李明富

钩端螺旋体病简称钩体病，是由致病性钩端螺旋体引起的一种自然疫源性急性传染病。通过水源传染给人。中医书籍虽无钩体病的直接记载，但从其临床表观、流行特点等情况综而观之，当属中医温病学的范畴。首先，钩体病的流行有明显的季节性，主要流行于 7～10 月，与暑温、湿温的发病时间相符。夏秋时节的雨量是影响其流行的一个重要因素，此时气温本高，若雨量较多，水湿较甚，热蒸湿溽则易起流行。再有，钩体病发病后，表现出一派外感温热病的症状及体征。如急起发病，恶寒发热、头身疼痛、面红目赤、小腿疼痛及压痛，腹股沟淋巴结肿大及压痛，舌质红、苔黄、脉数等。

《温病条辨》这部温病学的名著谓："暑温者，正夏之时，暑病之偏于热者也。湿温者，长夏初秋，湿中生热，即暑病之偏于湿者也。"又谓"暑兼湿热，偏二：暑之热者为暑温，多手太阴证而宜清；偏于暑之湿者为湿温，多足太阴证而宜温；湿热平等者，两解之。"因此，就中医理论来看，钩体病的基本致病因素是"热"（"病暑即病热也""暑病者，热极重于温，是暑病者其实热病也"）和"湿"。从临床征候来说，若热邪偏盛，表现为发病急骤、高热身痛，烦渴汗出、面红目赤、尿少色黄、舌红苔黄、脉滑数或洪数者，即成为"暑温"，为钩体病之最多见者。湿邪偏盛，表现为较缓起病、恶寒发热、面黄神疲，头重身痛、汗出胸痞、脘闷不饥、甚或恶心呕吐、腹痛腹泻、舌苔厚腻、脉象濡数者，则成为

"湿温"。若湿热之邪化燥化火，内燔营血、灼伤肺络，迫血妄行而咳血者，则成"暑瘵"；若湿热毒邪炽盛，损伤肝胆脾胃，伤津耗液，燔灼营血，引起黄疸、胁痛、腹胀、甚至衄血、吐血、便血或发斑疹等症，则成"瘟黄"；若暑热之邪亢盛，深入营分，伤及手厥阴心包和足厥阴肝经，热极风动，引起神昏痉厥、颈项强硬等症，则成为"暑痉（亦称"暑痫"、"暑风"）；由于暑热毒邪易于伤津耗气，耗血动血，若津气大伤，化源欲绝或出血过多，气随血脱，则会出现正虚不固的脱症，此证可见于以上各证之重证者。上述六种临床证候中以暑温、湿温为两个基本证候，其中尤以暑温占多数，其他几种类证，多在此基础上演变而成。另外，若发生钩体病大流行，则可称之为"瘟疫"。如清周扬俊说："一人受之谓之瘟，一方受之谓之疫。"亦即散在发病时称为温病，广泛流行则称为瘟疫。

由于钩体病是感受暑湿之邪，暑混合化，湿热蕴蒸所致的一种急性外感热病。病邪易于化火成毒、伤津耗气、耗血动血又为本病的特点，所以清热、解毒、除湿、扶正为治疗本病的主要治则，应结合损伤脏腑的主次、轻重以及卫、气、营、血的不同阶段而仔细辨证，选方用药。

［《长江医语·詹文涛主编》北京科学技术出版社，1989；(10)］

治外感如将　治内伤如相

俞长荣

"治外感如将，治内伤如相"，吴鞠通的这句名言，对临床具有一定的指导意义。

所谓"治外感如将"，是指外感病大多邪盛，应当用峻药驱邪，务必速去，去之不速，留则生变。正如大将用兵，兵贵神速，克敌制胜。观张仲景治疗伤寒病，或以麻黄汤峻发其汗，或以承气汤峻下其实，即是其例。我临证也有类似体会。李某，外感三天。鼻塞、流涕、喷嚏、头痛、咳嗽，痰白而稠难咯，便结溲赤，舌润苔薄白，脉沉弦。初诊为风寒外袭肺卫，郁而化热。以《温病条辨》上焦宣痹汤加味，服两剂无效。复诊时，诸症仍在，但痰白而稀，时唾清涎，小便转清。本例显系风寒外袭，因其痰稠便干溲赤，初诊偏重于邪郁化热，而忽略风寒外束，故收效甚微。殊不知风寒袭肺，邪阻肺络，故痰稠难咯，肺失清肃，治节失司，故便干溲赤。察共痰尚白，舌质润苔白，遂改用散寒肃肺法，拟小青龙汤化裁，服两剂，诸恙显减，上方增减续进两剂而安。又治江某，素体壮实，因淋雨而发热恶寒，头痛身疼，鼻孔烘热，微咳胸痛，烦躁无汗，口不渴，舌质红苔白润，脉浮紧。诊为风寒外束，里有郁热。病始一日，邪气正实，当大剂峻解。拟大青龙汤双解表里，合葛根汤截邪入阳明之路。服一剂，头痛恶寒胸痛解除。继以苦辛宣泄法，续服两剂痊安。

所谓"治内伤如相"是指，内伤病多属七情所伤，气血乖违，阴阳失调，往往寒热虚实错杂，用药必须宽猛相济，刚柔相顾，补泻有度。正如宰相划谋，主次得当，详略合宜，知常达变，从容不迫。如张景岳治疗内伤，主张"气虚者宜补其上……精虚者宜补其下……阳虚者宜补而兼暖，阴虚者宜补而兼清……无虚者急在邪气……多虚者急在正气……微实微虚者但治其实……甚实甚虚者所畏在虚……。"对我们临证治疗内伤病很有启发作用。曾治张妪，胃中苦冷，时唾清涎，头晕心悸，口干，虚烦难眠，自汗，二便少通。初拟苦辛甘化合法治疗无效。一周后再诊，诸症如故，大便八日未解。细辨之，脉虽小数，然重按无根。舌虽绛无苔，但滑润不干。口虽燥，但漱水而不欲下咽。因悟此证乃真火衰微虚阳浮越，脾胃失职所致。治应首重培土，尤须益火。无如病将一月，纳少，汗多，不仅阳微，而且液亏，若进辛温则伤阴，若与滋润则碍阳。拟取和胃理脾之品，另加炮制，意在“以火益气”。又使诸药存共性而变其气，庶几温而不劫阴液，柔而不遏中阳。处方：白术（土炒），淮山（炒令黄）、扁豆（炒黑）、半夏、姜炭，山楂炭、左金丸。二日后复诊，诸症均减，唯大便不通，再步前法。去温涩之药加温润之品，服四剂而安。又治李某，因跌伤后治疗失当，而致下肢瘫痪，时作痉挛。曾经某医院治疗无效，而主动要求出院请中医治疗。诊时有不能随意排大便之症，并伴有小便短少，面部微浮，下肢浮肿且知觉消失等症。舌质暗苔白较厚，脉弦略数。拟诊肝肾阴亏，湿热阻络。治疗分三个阶段（均以滋肾益阴为主）：第一阶段辅以利尿消肿，通畅血行以缓其急；第二阶段大小便通畅，则佐以活络通瘀，第三阶段标症已缓，故应大剂滋养肝肾。服药50剂，步履基本如常，随访十年尚好。

当然，治疗外感也并非皆用辛温峻剂，根据病情，有时也取轻以去实，或扶正解表；治疗内伤也必须做到当补则补，当攻则攻，或竟以攻为补。正如有勇有智始可称名将，能谋能斯始可称良相一样。

（俞宜年　整理）

儿科寒温学派源流论

俞景茂

儿科中的寒温两派，大致自南宋陈文中渐趋明显。当时由于痘麻等急性热病严重影响小儿生命，成为临床上的重大课题。陈氏对钱乙用抱龙丸、百祥丸、生犀散等寒凉之剂治疗痘疹，提出异议，认为若妄投寒凉，恐冷气内攻，湿损脾胃，以致腹胀喘闷寒战啮牙而难治，故创桂附、丁香等燥热温补之剂，以治痘疹因阴盛阳虚而出迟倒塌者，成为痘疹用温补学派的创始人。后世评论钱陈两家得失的很多。大概宗河间者主寒凉，与钱乙相近；宗东垣者主温补，与陈氏为伍。其实治痘用寒凉峻下之法，是有感于当时流行用温燥之药而发；而陈氏治痘用燥热之剂，则秉承《局方》之学，以致逐渐形成了宋金以来治痘之寒温二派，并影响到儿科领域的各个方面。就拿清代温病学家吴鞠通来说，吴氏虽将《阎氏小儿方论》中的紫雪丹、至宝丹运用于温热神昏惊厥的救治，但又认为苦寒药不宜在儿科中随便运用。提出“儿科用苦寒，最伐生生之气”之论，主张以“存阴退热为第一妙法”。

由于钱乙强调了小儿易虚易实，易寒易热之病理特点，认为脾虚不受寒温，服寒则生冷，服温则生热。故儿科领域中的寒温学派，似不如他科之偏执，而往往出现折衷或兼捉并论之说。但其影响还是十分深远的。

就当前儿科临床来看，习用寒凉者多，温热者少。然而药不论寒温，贵在审证明确，用之得当。由于小儿稚阴未充，稚阳未长，而阳气在生理状况下是全身的动力，在病理情况下又是抗病的主力，因此必须时时注意固护。只有阳气充沛，才能在脏腑娇嫩，形气未充之年，生气蓬勃，发育迅速。一旦阳气受损，百病由生，变证蜂起。加上当今儿科医疗中，抗生素、液体疗法的广泛运用，经西医治疗无效而转入中医治疗者屡见不鲜，这是古人所不曾遇到的新情况。也就是说，经西医药治疗后的病例，阳损者多，阴乏者少。因而治疗用药不但要注意易实易热的一面，也不能忽视易虚易寒的一面。特别是因感寒邪、素禀阳馁，或久病不愈、或辗转失治的重危病，要善于在明辨阴阳的基础上识别其真寒假热，不失时机地运用温热药，确能起到迅速痊愈或挽回沉疴的效果。故切不可固执一家之言。

湿温用下一得

陈幼清

湿温不可过早用下，古有明训。仲景有“湿家下之，额上汗出，微喘，小便不利者死”的论断。吴鞠通更强调“湿温下之则洞泄”，明确指出“误下伤阴而重抑脾阳之升，脾气转陷，湿邪内溃”，乃湿温误下后果。又说：“湿气弥漫，本无形质，以重浊药治之，愈治愈坏”，告戒后学，湿温初期，不能轻率用下。但证之临床，在湿温病整个演变过程中，见有可下之证，亦需使用下法，以免因循贻误病机，不少病例，还须用轻剂频下之法。我滥竽医林数十年，治疗湿温者众，逐步摸索到，湿温用下一般可掌握两点具体指征：(1)“邪归胃腑，湿气已化，热结独存，口燥咽干，渴欲饮水，面目俱赤，苔黄燥，脉沉实者，小承气汤等分下之”(《温病条辨》)，亦即湿温用下标准之一。(2) 湿温中期，湿热夹滞，胶结胃肠之证甚多。其证病程在两周左右，证见身热自汗，胸痞腹满，按之灼热，大便胶结，矢气极臭，或下黄黑稠黏，少而不爽，小溲黄赤短涩，舌苔黄腻而糙等证，即宜使用下法，可用小陷胸汤加朴黄丸改丸为汤，随证加减，收效颇捷。

此外，湿温为病，最易挟痰水而成结胸，或邪热久羁，下焦蓄血，瘀热上攻。此等证候，临床并非罕见，亦当视其具体病情，相机用下。如痰水互结，口干不渴，从心下至少腹硬满痛不可按，揉之漉漉有声者，可用导痰逐饮之法下之；瘀热蓄血，口干舌燥，但欲漱水而不欲咽，少腹硬满，烦躁如狂者，可用泄热通瘀之法下之，但中病即止，不可过剂。

余治一湿温用下验案，以资佐证。工人葛某，病起旬日，初似感冒，未经治疗，病势日进，刻诊壮热汗出，红疹白痦，隐约不透，面有垢光，胸脘痞闷，腹满按之微痛，便溏如酱，日三、四行，圊时后重不爽，肛门灼热，入夜神识迷蒙，谵语，脉滑而数，舌苔黄浊稍腻。证属湿热夹滞，留恋气分，蕴结不解，内阻肠胃，治宜清热导滞，化湿泄浊。药用川黄连 3 克，广藿梗 6 克，法半夏 6 克，炒黄芩 9 克，炒枳实 6 克，川厚朴 6 克，熟军 6 克，青皮 5 克，石菖蒲 5 克，飞滑石 15 克（包）。药服两剂，患者腑行较畅，便色深黄夹有粪块，次数减少，已无后重之感，身热略减，神识清爽，自诉胸部窒闷异常，口苦干，不思多饮，苔仍黄腻，脉濡滑数。湿热积滞，胶结未除，原法加炒香豉 9 克，焦山栀 9 克，续进两剂。服药后患者腑行四次，量多质溏，疹痦均达，体温乃降，胸部已觉宽舒，舌苔浊腻亦化，病入佳境，再予清宣芳淡剂善后。

三仁汤治湿热眼病

寇崇琇

眼部疾患由湿热而致的较为常见，其特点为病情缠绵难愈，临床治疗颇感棘手。本人多年来应用吴鞠通《温病条辨》中之三仁汤加减，治疗这类目病，均取得满意的效果。

如患者吴某，男，21 岁，右眼患病毒性角膜炎已 6 年，反复发作 5 次。此次在发热、腹泻后又觉右眼发红、疼痛，怕光、流泪，视力下降。检查：白睛抱轮红，黑睛中央有灰白色片状混浊表面不平，荧光素染色阳性。因患者病情缠绵，反复发作达6年之久，且形体消瘦，面色晄白，纳差，头闷，便溏，日三四次，舌胖，苔厚腻微黄，脉滑数。此为聚星障，证属素体脾胃虚弱，运化功能失常，痰湿内阻，又复感风热之邪，致痰湿与风热之邪相搏，上攻黑睛。治宜清肝利湿，宣肺畅中。方用三仁汤加清肝退翳之品，标本同治。

处方；生苡仁30克，白蔻仁10克，杏仁10克，厚朴10克，制半夏10克，滑石10克，赤芍10克，丹皮10克，草决明10克，木贼草10克，青葙子10克，淡竹叶6克，生甘草3克，水煎服。

上方连服5剂而愈，至今未见复发。

辛凉煎剂经验琐谈

左公任

余治外感风热乘肺诸证，贯遵吴塘氏“治上焦如羽，非轻不举”之理论，曾仿银翘散之法，自拟经验方，取名“清肺饮”，以银花、黄芩、前胡、桔梗、陈皮、枳壳、薄荷（后下）、芥穗（后下）、茅根、甘草为基本方，剂量多寡根据病人体质和病情轻重制拟，随证另有加减。煎剂法效吴氏又有新意。吴氏煎煮法云“香气大出，即取服”，一般医家认为药味煎熬最浓郁之时即为“香气大出”，那么究竟需时若干方为恰到好处呢？后世医家各抒己见，各有千秋。有些医家认为煎熬20分钟为宜，还有些认为15分钟为好，另有些医家认为10分钟为最佳。余通过临床反复试验，更有新的体会。取剂清肺饮，温水浸泡群药30分钟，煎群药15～20分钟后再下芥穗、薄荷，要严封其盖，勿使漏气，煎煮1分钟后，即取下，待揭其盖方闻得辛香之气大出，遂取而饮之。服法：一般按重者每4小时1次，日3次，夜1次；轻者3小时1次，日2次，夜1次。此法用于临床，屡试屡验。轻者，1剂病祛；重者，2～3剂即愈。

按：清肺饮能发表清热，佐以疏利气机，此方用治风温、春温诚为妙方。

据现代药理研究，辛凉剂中芥穗、薄荷等含有大量挥发油，疗效卓著与否，大多取决于药液中所含挥发油的多少。按一般煎法，或敞其盖，或不严其盖，待煎15～20分钟时虽“香气大出”，但药中挥发油已损失大半，故而药效受到很大影响。若按余之煎法，因密封其盖，使挥发油充分溶于药液之中，不致挥发丢失，因而临证效如桴鼓，屡屡获验。临床案例颇多，俯拾皆是，不必赘举。愿同道们于临床验证，仅供借鉴。

“伤寒由毛窍而入，温病由口鼻而入”之我见

王为兰

叶天士在《外感温热篇》中提出：“温邪上受，首先犯肺，逆传心包。”又说：“肺主气属卫，心主血属营，辨卫气营血，虽与伤寒同，若论治法，则与伤寒大异。”虽然短短数语，已明确指出温病的机制及温病的发展规律、病情变化和治法不同于伤寒，补充了前贤的不足。所以后人赞扬他创立了温病特有的体系，对温病的发展有极大的贡献，是承先启后中最有创造性的人物。吴鞠通师承叶天士理论，深研经典书籍，再结合自己临床经验著《温

病条辨》，立法精细。他以三焦为经，作为温病发展过程中上中下三个轻重不同病情的阶段，以卫气营血为纬，作为温病病邪四个浅深不同病势的层次，并将四季温病分别叙述，很为完整而系统，成为大纲大法，补充了治温方剂，羽翼伤寒。这些丰功伟绩是任何人不能殒灭的。惟在《温病条辨》上焦篇第二条中说：“伤寒由毛窍面入，自下而上，始是太阳……温病由口鼻而入，自上而下，鼻通于肺，始手太阴。”从表面看来，似乎言之有理，若细思之则有探讨的必要。从表而入之伤寒，固可辛温解表法，使其邪复出于表；而温病从口鼻而入，与表无关，而用辛凉解表，如何解释？既言由口鼻而入，口通于胃应见呕吐哕，鼻通子肺应见咳喘哮，外感时令无论寒温，初起都以恶寒、发热、头痛等表证，为主要症状，很少见到肺胃症状，就是见到肺胃症状也是由表入里逐渐形成。所以我认为温邪不是从口鼻而入，也是由毛窍而入。叶天士说得很清楚：“肺主气，其合皮毛，故云在表。”因此说，叶氏所说“温邪上受首先犯肺”，这个肺字，率多指的是肺系之部（包括喉、鼻道、气管等呼吸道的统称），并非指的肺脏。至于瘟疫之邪，那就另当别论了。

吴鞠通《温病条辨》对厥证的认识及辨治创新

金楠楠　马　堃

厥证是温病四大重证之一。吴鞠通在继承《黄帝内经》、《伤寒论》等经典医著基础之上发展了厥证的辨证论治，创立了热厥的三焦辨证体系。《温病条辨》中有关厥证的条文有15条，方9首。本文试从《温病条辨》相关条文，探讨吴鞠通对厥证的认识和热厥证的三焦辨证论治。

一、吴鞠通对厥证的认识

1.《温病条辨》中厥的范畴　吴鞠通在“上焦篇”第十七条首论及厥证曰：“厥者，尽也。阴阳极造其偏，皆能致厥。”“解儿难篇”曰：“四肢冷如冰者，厥也；四肢热如火者，亦厥也。”故《温病条辨》厥证可归属到《黄帝内经》记载的“阴阳极至”之“寒厥”、“热厥”及仲景的“阴阳气不相顺接”之“寒厥”、“热厥”的范畴。此外《温病条辨》中的厥证还应包括《黄帝内经》中的“晕厥”、“煎厥”（暑厥）等厥证。

2.《温病条辨》与《黄帝内经》、《伤寒论》所论热厥的异同　《黄帝内经》中热厥有手足发热之证与手足厥冷之证。手足发热之热厥，如《素问·厥论》中的肾阴不足、相火独亢、热郁于内的手足发热之“热厥”，和《灵枢·经脉》中的胆火亢盛之足热证的“热厥”等。手足厥冷的热厥，为热邪内炽，阻遏阳气，不达四末的热极反寒之证。如《素问·厥论》曰：“两感于寒……三日则少阳与厥阴俱病，则耳聋囊缩而厥。”《伤寒论》中热厥为手足厥冷之证。《伤寒论》335条曰：“伤寒一二日至四五日，厥者必发热，前热者必后厥，厥深者热亦深，厥微者热亦微。”故以实热之象兼四肢厥冷为诊断要点。邪热内闭使阳气内郁而不能外达，治用白虎汤清热或用下法。《黄帝内经》热厥证，因酒色劳倦所伤，由“肾气有衰，阳气独胜”而致，以手足热为主证，属虚证范围，治以滋阴降火。而《伤寒论》热厥证，因外感所致，由邪热内伏，阳气郁遏，“阴阳气不相顺接”所致，以身热肢厥为主证，属实证范围，治以清里攻下。《温病条辨》“上焦篇”第十七条曰：“厥者，尽也。阴阳极造其偏，皆能致厥。”《温病条辨》热厥证的病因病机以“营卫气血运行失其常度”

为主，仍不离“阴阳极至”、“阴阳气不相顺接”的总病机。但热厥证的发生，除与正虚等因素相关外，主要与感受温热病邪的种类、微甚、毒力等有关，如春温、暑温、瘟疫、霍乱、毒痢等病证。由于其邪暴戾，热重毒烈，病程中最易发生厥变。十七条又曰：“再热厥之中亦有三等”，指出上中下三焦皆可致厥，故除了有手足厥冷、厥热之外，亦有邪入心包的舌謇、神昏、晕厥、痉、痫、目闭等证候。治疗上，热厥在上焦多为邪入心包，治宜芳香开窍；病在中焦多为归明腑实，治宜通里攻下；病在下焦多属阴液耗竭，治宜滋阴潜阳。

二、吴鞠通对厥证辨证论治的创新

1. 完善了暑厥及晕厥的论治　对于暑厥，“上焦篇”第三十三条指出：“小儿暑温，身热，卒然痉厥，名曰暑痫，清营汤主之，亦可少与紫雪丹。”《素问·生气通天论》曰：“阳气者，烦劳则张，精绝，辟积于夏，使人煎厥。”暑为阳邪，小儿阴为稚阴，易受火热之邪灼津，血络受火邪逼迫，火急而内风生，惟以清营分之热而保津液，使液充阳和，可少与紫雪者，清包络之热而开内窍也。

对于晕厥，吴鞠通在继承前人晕厥证治理论基础之上，从温病学角度赋予新义，如温热、湿热邪气致晕厥，使之更加完善。如“下焦篇”第十八条曰：“痉厥神昏，舌短，烦躁，手少阴证罢者，先与牛黄、紫雪辈，开窍搜邪；再与复脉汤存阴，三甲潜阳。”吴鞠通认为痉厥神昏，舌謇烦躁，统而言之为厥阴证。然有手、足经之分：手厥阴热证是邪热极盛，内闭心包，扰乱神明所致，故以“神昏”为特征；足厥阴热厥证乃有邪热亢盛，引动肝风，或邪热灼阴，虚风内动，虚实两种病机，分别以“痉厥”和“手指蠕动”为特征。在上焦以清邪为主，清邪后，必继以存阴；在下焦以存阴为主，存阴之先，若邪尚有余，必先以搜邪。

2. 热厥的三焦辨证论治　《温病条辨》“上焦篇”十七条提出了上中下三焦皆能致厥，且热厥有三，以三焦辨证论治：“有邪在络居多，而阳明证少者，则从芳香，本条所云是也；有邪搏阳明，归明太实，上冲心包，神迷体厥，甚至通体皆厥，当从下法，本论载入中焦篇；有日久邪杀阴亏而厥者，则从育阴潜阳法，本论载入下焦篇。”

（1）上焦热厥，邪入心包，芳香化浊　《温病条辨》“上焦篇”十七条曰：“邪入心包，舌謇肢厥，牛黄丸主之，紫雪丹亦主之。”“伤寒之厥，足厥阴病也。温热之厥，手厥阴病也。舌卷囊缩，虽同系厥阴现证，要之舌属手，囊属足也。盖舌为心窍，包络代心用事”，邪热内陷，心包代心受邪，邪热闭塞心窍，或邪热蕴酿痰浊，蒙蔽心包，导致心血阻滞，机窍闭阻，阳气阴血不达四末而致厥。证候表现以舌謇肢厥为主，常伴身热、神昏、舌謇、舌红绛、便秘及抽搐动风等症状。“邪在络居多，而阳明证少者，则从芳香”，说明病在上焦为主，治疗以凉开三宝之牛黄丸、紫雪丹等主之。吴鞠通在牛黄丸方论曰：“芳香化秽浊而利诸窍，咸寒保肾水而安心体，苦寒通火腑而泻心用之方也。”紫雪丹方论：“诸石利水火而通下窍。……诸香化秽浊，或开上窍，或开下窍，使神明不致坐困于浊邪而终不克复其明也。”故此二方能清泄心包邪热、芳香透络、利窍化浊而治疗邪入心包之上焦热厥证。

（2）中焦热厥，阳明腑实，攻下泄浊　《温病条辨》“中焦篇”第六条曰：“阳明温病面目俱赤，肢厥，甚则通体皆厥，不瘛疭，但神昏，不大便七八日以外，小便赤，脉沉伏，或并脉亦厥，胸腹满坚，甚则拒按，喜凉饮者，大承气汤主之。”此条是火极似水、热极而厥之证，因热入阳明，邪热与燥屎相结，阻塞气机，致腑气不通，邪热内闭使阳气内郁而不能外达，故出现肢厥，甚则通体皆厥。急以攻下泄热通腑为治则，方用大承气汤，通腑泄热、荡涤积滞、宣畅气机，使阳气布散而治疗厥证。

（3）下焦热厥，阴损风动，育阴潜阳　《温病条辨》“下焦篇”十三条曰：“热邪深入下焦，脉沉数，舌干齿黑，手指但觉蠕动，急防痉厥，二甲复脉汤主之。”吴鞠通以此示人痉厥之渐也。“温病七、八日以后，热深不解，口中津液干涸，但觉手指掣动，即当防其痉厥”，使阴阳交纽，则厥可不作。故以复脉育阴，加入介类潜阳，方用二甲复脉汤，育阴潜阳熄风。

若痉厥已作，可以二甲复脉止厥，伴有心中憺憺大动者，“下焦篇”十四条曰：“下焦温病，热深厥甚，脉细促，心中憺憺大动，甚则心中痛者，三甲复脉汤主之。”“心中动者，火以水为体……肾水本虚，不能济肝而后发痉，既痉而水难猝补，心之本体欲失，故憺憺然而大动”，“故以镇肾气、补任脉、通阴维之龟版止心痛，合入肝搜邪之二甲，相济成功也”。

若热病久不愈，热病最易伤阴，则至肝肾阴虚，而上盛下虚，甚者至厥。“下焦篇”第七十八条：“燥久伤及肝肾之阴，上盛下虚，昼凉夜热，或干咳或不咳，甚则痉厥者，三甲复脉汤主之，定风珠亦主之，专翕大生膏亦主之。”吴鞠通认为“肾主五液而恶燥，或由外感邪气久羁而伤及肾阴，或不由外感而内伤致燥，均以培养津液为主。”“三方由浅入深，定风浓于复脉，皆用汤，从急治。专翕取乾坤之静，多用血肉之品，熬膏为丸，从缓治。盖下焦深远，草木无情，故用有情缓治。再暴虚易复者，则用二汤；久虚难复者，则用专翕。专翕之妙，以下焦丧失，皆腥臭脂膏，即以腥臭脂膏补之。”肾水滋生，乙癸同源，肝木得肾水滋养，精填阳潜，阳气得以收敛，痉厥则得以平复。

三、结语

综上所述，吴鞠通在继承与发展前人治厥理论的基础上创立了以三焦辨证为纲的热厥辨证论治体系，完善了如暑厥和晕厥等治法，为解决温病四大重证之一的厥证开辟了新途径，亦为后世医家对热厥辨证论治的发展完善及临床应用确立了准绳。

［《江苏中医药》，2008；（12）］

浅谈温病的透法

沈庆法

温病在治疗上十分注重透法。透法不仅能迅速祛邪以使病愈，而且在某些病证中，及时、恰当地使用透法，可以阻止病情发展，挽回危局。

温病运用透法，首见于清代叶天士《温热论》。叶氏认为温邪在卫，“若无汗恶寒，卫偏胜也，辛凉泄卫，透汗为要”；挟风，“宜透风于热外”；入于气分，“热未伤津，犹可清热透表”，“可冀其战汗透邪”；“若白苔绛底者，湿遏热伏也，当先泄湿透热”；陷入营血，则应“急急透斑为要”，“入营犹可透热仍转气分而解”；“初传，（舌）绛色中兼黄白色，此气分之邪未尽也，泄卫透营两和可也”；如遇正虚，“初病舌就干，神不昏者，急加养正透邪之药”；并提出温疫病为险恶之症，应该“急急透解，莫待传陷而入”。

叶氏这些论述，为温病的透法奠定了临床和理论基础。此后，吴鞠通、王孟英、王旭高、吴锡璜等，对此均有所发挥。近代则以上海张骧云氏运用最广。张氏认为："新感务求表透，易由内传；伏气务求透表，促其外达。"提出无论新感、伏气，均须运用透法，并且擅长使用豆豉一药。如邪在卫分，取葱豉汤变化为主；邪留气分，用栀豉汤变化为主；邪人营血，以黑膏方变化为主。按其药理分析，葱豉汤乃透中有散，以葱豉辛散卫表之邪；栀豉汤乃透中有清，以山栀"展气化以轻清"；黑膏方乃透中有凉，以生地凉血生津泄热。此外，丁甘仁、夏应堂氏于温病运用透法亦均积累了宝贵的经验。他们治疗暑温更善用透法轻灵取胜，药喜取用清水豆卷、黑山栀、水炙桑叶、花粉、银花、赤苓、通草、荷梗、竹茹等。实践证明，此类药不仅对暑温有很高的疗效，即对湿热夹杂而留恋不解之症，亦可收到较好的效果。可见在研究卫气营血辨证时，进一步认识温病的透法，是具有重要临床意义的。

温邪上受，首先犯肺，由卫人气，陷营至血，或逆传心包。叶天士主张治疗上宜"从里透于外"，使人里之邪有外出之机。他所讲的"在卫汗之可也"，实为辛凉"透风""透汗"之法；"到气才可清气"，实为清热透表之法；"人营犹可透热转气"，"人血就恐耗血动血，直须凉血散血"，实为透热清营、凉血透斑之法。根据病变性质和病变不同阶段，其具体运用实有辛透、芳透、清透、凉透、提透等区别。现归纳为八法，分述如下：

1. 泄卫透风　主要运用于风温病初起，临床表现以发热、咳嗽、喉痒、舌红、苔薄白，脉浮数或浮滑数为主。病机为风热之邪郁于卫表，入于肺经，卫气受阻，肺气失宣。处方如桑叶、薄荷、牛蒡子、前胡、鱼腥草、芦根等。大凡现代医学中的上感、急性支气管炎、肺炎以及其他内科实质性病变并发感染等属于邪热在卫分阶段的病变，均可施用。

2. 芳化宣透　三要运用于温邪为患初起，临床表现为身热不扬，汗出不畅，头胀头痛，胸脘痞闷，舌苔腻，脉濡缓。病机为湿邪郁于卫表，清阳受蒙，浊阴不降，气机失于条畅。处方如藿香、豆豉、蔻仁、苡仁、杏仁、六一散等。如现代医学中的肠伤寒、沙门氏菌感染、肠胃型流感、病毒感染等属于湿邪尚在卫气阶段，可以应用。

3. 辛透气热　三要运用于邪热入里，气分热盛阶段，临床表现为发热较高、烦渴、舌苔黄而干，脉滑数或洪滑数。病机为邪热在卫不解，入于气分，邪正相争较为剧烈，热盛津伤，扰乱心神。处方如山栀、连翘、黄芩、瓜蒌皮、豆豉、银花、芦根或加石膏等。如现代医学中的急性肺部感染、慢支继发感染、布鲁氏杆菌引起的发热以及部分内科实质性病变的感染，只要属于邪热入里，见上述证状者，均可施用。

4. 清透湿热　主要运用于湿热留恋气分阶段，临床表现以发热起伏，汗出不解，胸痞腹满，时有呕恶，纳呆，小便浑浊或短赤，大便溏薄或不爽，舌苔黄厚腻，脉滑数或濡滑数。病机为湿热缠绵，阻滞气机，气机失于条畅，清浊不分，纳运失司。处方如清水豆卷、薄荷叶、桑叶、杏仁、佩兰、茯苓等，或加甘露消毒丹。如现代医学中的暑季流感、部分内科病毒感染、肠伤寒、沙门氏菌感染等，表现为湿热阻于三焦，而见上述症状者，均可以施治。

5. 泄卫透营　主要运用于卫营同病时，临床表现可见发热、微恶寒、心烦，甚则神昏舌绛，舌苔黄白相兼，脉数。病机为卫分之邪未尽，邪热已陷营分，营热内盛。处方如银花、连翘、生地、丹皮、赤芍、广犀角等。

6. 透热转气　主要运用于邪热由气分陷人营分之时，临床表现为身热夜甚，斑疹隐隐，烦渴、舌绛、苔黄、脉数为主。病机为气分之邪热不解，内陷营分，致使营阴被伤，脉络受损，心神被扰。处方如生地、豆豉、银花、犀角、元参、连翘、竹叶等。

上述两法，均可用于现代医学中的流脑、流行性出血热、败血症及胶原组织疾病或血液病并发感染等出现卫营同病或气营同病之症。

7. 凉血透斑　主要运用于邪陷血分，血热妄行之时，临床表现以灼热、斑疹显露、口干少尿、舌深绛、脉细数为主。病机为血分热盛，迫血妄行，伤及脉络，耗损阴液。处方如生地、丹皮、赤芍、犀角、人中黄、神犀丹等。

如现代医学中的流脑、流行性出血热、重症肝炎、败血症出现弥漫性血管内凝血，为血热妄行阶段，可以此法配合西药一起抢救。

8. 养正透邪　主要运用于正虚邪陷之时，临床表现为两方面情况：

（1）以发热起伏，口干，心烦不寐，甚则神识昏糊，咳痰，苔腻，脉滑为主。病机为湿热弥漫，扰乱心神，正气虚弱，酿聚成痰，痰蒙心窍。处方如清水豆卷、葛根、桑叶、郁金、石菖蒲、太子参、茯苓、石斛、山药等。

（2）以灼热神昏、尿少尿闭、动风抽搐、舌深绛、脉沉细为主。病机为血热沸腾，阴液欲竭。处方如犀角、元参、生地、赤芍、羚羊角、神犀丹、紫雪丹、皮尾参（代茶）等。

从上述八法可见，透法是针对温病的不同阶段，采取不同方药，突出以祛邪为主的方法。概括其用药情况，一是轻清透解，药物如桑叶、薄荷、清水豆卷、银花、连翘、石膏、竹叶等为主，用以治疗卫气阶段的病变。二是清营透热凉血，药物如犀角、生地、豆豉、银花、元参、麦冬、神犀丹为主，用以治疗营血分阶段的病变。吴坤安说："邪入营中，宜泄营透热，故用犀角以透营分之热邪，翘、丹、鲜地以清营分之热邪。"至于神犀丹中除了清营凉血解毒之品外，尚有豆豉一味，更助犀角、银花等透发营分邪热之力。

温病的透法实是立足在祛邪基础上的综合疗法，当温邪人侵未深而留于卫气阶段时，则取辛散、疏解、轻清之品，透其邪出则正自安。但如温邪已入陷营血，则除以犀角、翘、丹等咸辛寒凉之品泄营透热之外，常合生地、元参、麦冬等以救其不足之阴，更助其外透之力。所以在运用透法时，要注意温病不同阶段的症候特点，严格掌握好配伍方法，才能收到预期的效果。

［《江苏中医》，1981；（5）］

第三篇　有关吴鞠通研究的重要学术会议、论文总目录和论文选辑

一、学术会议简介

（一）纪念温病学家吴鞠通逝世150周年学术研讨会

由中华全国中医学会、中华全国中医学会江苏省分会联合召开，江苏省中医学会淮阴市分会承办的纪念温病学家吴鞠通逝世150周年学术研讨会于1984年11月23日至25日在淮阴市驻军部队十五分部招待所召开。中华全国中医学会副秘书长陆长宏同志，学术部主任韩梅同志，中国中医研究院研究员、医史研究室主任耿鉴庭教授，中华全国中医学会江苏省分会会长李国光同志，副会长朱良春教授，南京中医学院温病教研室孟澍江教授到淮参加了会议。淮阴市委、市人大、市政府、市政协的领导李寿章书记、徐燕（女）市长、高景堂主任、陈耀主席以及市科协王良俊主席、市卫生局唐维新局长等于11月23日晚看望了代表，并参加了次日的大会开幕式。

23日晚在李国光会长的主持下，召开了预备会，对会议的日程及相关工作做了安排。为使会议顺利召开，还成立了大会秘书处。大会秘书长由严冰（江苏省中医学会理事、淮阴市中医学会秘书长）担任，下设秘书组和会务组，负责大会的安排、宣传报道和会务工作。

开幕式由朱良春主持，李国光会长致开幕词。陆长宏副秘书长讲了话，他说："我代表中华全国中医学会向大会的胜利召开表示热烈地祝贺，向来自全国各地的代表、专家、教授和学者们表示亲切的问候和热烈的欢迎。先贤吴鞠通先生是清代著名的温病学家，他创立的温病三焦辨证学说，为中医治疗温热性疾病（包括传染病）开辟了新章，是为空前仅有。今天同志们欢聚一堂，研究他的学术思想，很有意义。会议的胜利召开必将对中医治疗热性病、传染性疾病和中医学术活动产生积极的影响和推动作用。希望同志们集中精力，百花齐放，百家争鸣，各抒己见，求同存异，互相学习，共同研讨，把会议开活开好。预祝大会圆满成功，并借此机会祝家乡人民生活幸福，身体健康。"

淮阴市徐燕市长对大会召开表示热烈祝贺，对代表们的到来表示热烈欢迎和亲切的问候，并对吴鞠通家乡的代表提出了要求。她说："家乡的代表们既要当好学生，认真地向外地代表学习，又要当好服务员，认真做好服务，让全国的代表在淮阴与会期间生活愉快，宾至如归，尽我们的一切力量满足代表们的要求，把会开好，预祝会议圆满成功。"

参会代表来自北京、天津、成都、安徽、陕西、江苏等 17 个省市和地区共 129 人。代表中最大年龄 82 岁，最小年龄只有 24 岁。大会共收到论文 148 篇，经过审阅，选录 98 篇参加了大会和分组交流。代表中间有从事科研教育的，有从事临床工作的，还有部分是厂矿和农村基层单位的代表，大家济济一堂，百家争鸣，百花齐放，进行学术研讨，各抒己见，求同存异，会议开得轰轰烈烈。

会议期间，来自全国各地的中医专家、教授和学者们，还运用祖国传统文化的文房四宝，泼墨撰写诗、词、对联、字、画、篆刻计 53 幅。在诸多著作中，最多的一首词字达 119 个字，最少的只有一个字"龙"或"策"。很显然，凡与会皆龙的传人。"策"个字很显然，代表党的中医政策，说出了广大中医工作者的心声，给中医药工作者带来了希望和极大的鼓舞。许多与会代表围绕篆刻的"策"字拍照留念，其策深入人心，影响之大，不言可知。

会议期间，代表们集体合影，还参观了周恩来总理故居、吴承恩故居、淮阴韩侯故里等淮阴景点。会上根据代表的建议，还成立了江苏省吴鞠通学术研究组，组长孟澍江、秦正生、何焕荣，秘书杨进、严冰、马健。成员：江苏每地市暂定一名。后为了组织全省有志于温病学术研究的队伍，推动省温病学术的发展，会议进一步健全了组织，订下还将成立江苏省温病学术研究会。并初步商定下一次温病学术会议在苏州召开。

大会于 1984 年 11 月 25 日下午结束。在闭幕式上，总会陆长宏副秘书长，江苏分会李国光会长分别讲了话，朱良春副会长作了总结。他们对吴鞠通学术组的成立和全国各地的代表对研究吴鞠通学术寄予厚望，提出要求，希望大家在不同的岗位上携手共研，发挥各自的优势，深入探讨，早出成果，为人类健康多作贡献（热烈鼓掌）。

大会秘书长淮阴市中医药学会严冰秘书长对全国代表来淮参会表示由衷地高兴，对代表们留下的宝贵财富深表感谢，并说："我们淮阴人向来热情好客，这是我们淮阴人的传统，各位代表如不嫌弃，望再来淮阴作客，吴鞠通家乡人欢迎你们！"（热烈鼓掌）。

会议在热烈的掌声中于下午 5 点 46 分谢下帷幕。

大会秘书组　原金隆执笔

1984 年 11 月 25 日

（二）2007 年淮阴《纪念吴鞠通诞辰 250 周年高层学术论坛》

2007 年 12 月 8 日 ~11 日由中华中医药学会主办，中华中医药学会感染病分会、江苏省中医药学会、淮安市中医药学会、淮阴区中医药学会、淮阴区人民政府承办的纪念温病学家吴鞠通诞辰 250 周年高层学术论坛，在中国历史文化名城淮安市（原淮阴市）举行。大会共收到论文 197 篇，其中 148 篇已编入纪念吴鞠通诞辰 250 周年、淮阴中医学术团体成立 87 周年《淮阴中医 · 吴瑭研究》篇中，后送来的 49 篇已编入《2007 · 纪念温病学家吴鞠通诞辰资料汇编》。来自北京、天津、内蒙、河南、江苏、上海、湖北、福建、四川、浙江、湖南、台湾等 12 个省、市、自治区，以及马来西亚、韩国的中医师和鞠通故里的代表共计 187 人；参加会议代表中年龄最大的 80 岁，最小的 23 岁；其中博士生导师、教授、研究员、主任医师、副主任医师等高级以上职称89人，其他98人。

大会收到了中国工程院院士、中国中医科学院教授、博士生导师、著名内儿针灸专家程莘农教授；南京中医药大学原校长、江苏省中医药学会名誉会长、中华中医药学会终身理事周仲瑛教授；中国中医科学院学术委员、中华中医药学会终身理事、南通市中医院首任院长朱良春教授等发来的贺电、贺信和题词。程莘农教授还为正在筹建的“吴鞠通纪念馆”题写了馆名。大会同时还收到了书法家和与会代表撰写的诗词联楹近30幅，画家崔成雨教授为吴鞠通创作了画像，作曲家还专门为学术论坛创作了主题歌，为大会的召开增添了新的内容。

12月9号上午大会在淮阴区政府报告厅隆重开幕，江苏省卫生厅副厅长、中医药管理局局长、江苏省中医药学会会长吴坤平教授；淮安市人民政府副市长陆长苏同志；江苏省中医药学会秘书长、四会一刊书记、《江苏中医药》编辑部常务副主编黄亚博研究员；中华中医药学会感染病分会主任委员、南京中医药大学博士生导师杨进教授；淮安市中医药学会会长、江苏省名中医、主任中医师、淮阴吴瑭医派学术研究会顾问严冰教授；淮安市卫生局局长王振彦同志；淮阴卫生高等职业技术学校校长陆志群同志；淮阴区人民政府区长葛莱同志；淮阴区政协主席王祥生同志；淮阴区人大党组书记葛志胜同志在主席台就座。淮安市科协副主席张苏成同志；中共淮阴区委宣传部部长杨恒忠同志；淮阴区政府副区长邱华康同志出席了开幕式；淮安市医学会陆庆秘书长等到会祝贺。

开幕式由黄亚博同志主持，淮安市中医药学会会长严冰教授首先致欢迎词。礼仪小姐分别宣读并向代表们展示了中国工程院院士程莘农教授的贺电、南京中医药大学周仲瑛教授的题词、中国中医科学院学术委员朱良春教授、中华中医药学会以及其他单位的贺信。开幕式上吴坤平副厅长对大会的胜利召开表示热烈的祝贺，并就中医药的传承发展提出要求，他说党的十七大通过的胡锦涛总书记的报告中，把坚持“中西医并重”和“扶持中医药和民族医药事业发展”写入党与政府宣言和行动纲领，充分肯定了中医药和民族医药在我国全面建设小康社会、维护广大人民群众健康中的重要作用和地位。中医药发展必将迎来一个崭新的阶段，今年六、七月份启动的由政府参与的中医中药中国行活动，更是从形式上和行动上为推进中医药的发展创造了良好的社会氛围，而中医中药中国行江苏省的活动也将于明年全面展开。因此，我们中医药行业要紧紧抓住这个千载难逢的发展机遇，把思想认识统一到党的十七大精神上来，解放思想，与时俱进，一心一意地把中医药事业发展好，为全面建设小康社会作出新的更大的贡献。本次论坛将是一次挖掘整理中医经典、传承发展温病学说的重要里程碑。在中医药学的传承发展过程中，要正确处理好继承与发展的辩证关系。我们要在挖掘中医典籍的基础上，继承中医药的传统，领悟中医药学的精神实质，把握中医药学的灵魂。其次要在尊重中医传统的前提下加快发展，寻求突破，寻求超越，从而形成一种具有时代特色的中医新理论、新体系。预祝大会圆满成功！

副市长陆长苏同志代表市委、市政府向大会的召开表示热烈的祝贺，对出席纪念吴鞠通诞辰250周年高层学术论坛的全国专家，海内外、国内外的学者们表示热烈的欢迎和亲切的问候。她说，我们淮安是历史文化名城，历史悠久，人文荟萃，除医学大师吴鞠通外，还有军事家韩信、四大名著之一《西游记》作者吴承恩、开国总理周恩来等一大批伟人。淮安是运河之都，又是美食之乡，还是生态家园。这次我们借高层论坛的召开，有幸迎来了全国各地的和海内外、国内外专家、学者们来到淮安，希望大家在淮安多走一走，看一看，加深对淮安的了解，增进我们的友谊，预祝纪念温病学家吴鞠通诞辰250周年高层学术论坛圆满成功，祝各位代表们身体健康，万事如意！

承办单位鞠通故里淮阴区政府区长葛莱同志作了热情洋溢的讲话，他代表吴鞠通家乡89万淮阴人民及中共淮阴区委、区人大、区政府、区政协对参加本次论坛的各位专家、学者、各位领导、各位代表、各位新闻界的朋友表示热烈的欢迎和衷心的感谢！

他说，吴鞠通先生是我国古代著名的医学家，具有精深的医学理论修养，他的著作《温病条辨》被奉为祖国医学的四大经典著作之一；他具有高超的医术，著手成春，为众多的病人带来了健康和幸福；他具有高尚的医德，关注民生疾苦，倡导仁心仁术，被历代医家奉为楷模。在祖国医学史上，吴鞠通先生和张仲景先生是比肩而立的医学巨匠。淮阴是吴鞠通先生的家乡，吴鞠通先生在他的《温病条辨》自序中特别署名“淮阴吴瑭”。两百年来，家乡人民一直深切缅怀吴鞠通先生，学习和传承他的学术思想、高超医术和高尚品德。为了隆重纪念吴鞠通先生诞辰250周年，近两年来，我们在中华中医药学会、省中医药学会、淮安市中医药学会等单位的大力支持指导下，成立了淮阴区纪念吴鞠通诞辰250周年系列活动组委会，积极开展各项纪念活动的筹备工作。区委区政府多次召开专题会议研究相关工作。我们组织专家编辑出版了《吴鞠通医书合编》、《温病条辨析评》、《淮阴中医》、《医医病书点注》、《温病赋与方歌》等五本著作。投资100万元在淮阴医院门前兴建了鞠通园，邀请当代著名雕塑家吴为山教授创作了吴鞠通铜像；我们积极开展吴鞠通生平事迹寻访考证工作，建立了吴鞠通祖茔地遗址碑林和吴氏老宅遗址，筹备建设吴鞠通纪念馆；我们投资2500万元在城区修建了长1.3公里的鞠通路，投资1500万元修建了吴鞠通大桥。为了加快我区中医事业发展，我们成立了吴鞠通中医研究院，成立了淮阴吴瑭医派学术研究会，加强了淮阴中医队伍和中医医疗、研究机构建设；为了搞好本次高层学术论坛，我区的有关部门和有关同志做了大量细致的准备工作。特别需要提出的是，在纪念活动的筹备过程中，我们得到了中华中医药学会、江苏省卫生厅、中医药管理局、江苏省中医药学会、中共淮安市委、淮安市政府的大力支持，得到了程莘农院士、周仲瑛教授、朱良春教授、严冰教授等专家学者的大力支持，得到了淮阴医院等医疗机构和社会各界朋友的大力支持。在此，我代表淮阴区人民政府对大家的支持帮助表示由衷的感谢。

淮阴因地处古淮河之南而得名，有2000多年的建县历史，是大军事家韩信、东方三母（岳母、孟母、漂母）漂母的家乡，历史悠久，名人辈出，明清时期与扬州、苏州、杭州并称为运河沿线的“四大都市”。淮阴2001年撤县建区，成为周总理家乡淮安市的主城区，辖区面积1264平方公里，人口89万。淮阴地处中国南北交汇中心，具有温润的气候，丰富的资源和便利的交通条件，这里的老百姓热情好客，勤劳善良。撤县建区以来特别最近三年来，在中共淮阴区委、区政府的正确领导下，淮阴人民积极贯彻落实科学发展观，争先崛起，按照市委要求，勇当全市跨越发展、科学发展、和谐发展的排头兵，三个文明建设取得了丰硕的成果，经济快速发展，城乡焕然一新，文化逐步繁荣，社会安定和谐，人民安居乐业，综合实力居淮安市8个县区之首，一个富有实力、充满活力、文明和谐的新淮阴矗立在辽阔的苏北大地……

今天我们纪念吴鞠通先生，更重要的是，我们要在十七大精神指引下，强化政府的责任，坚持中西医并重，积极扶持中医事业发展，坚持以人为本，加快中医人才队伍培养，加强中医医疗机构建设，做好中医文化的宣传普及，不断提高中医医疗机构建设，做好中医文化的宣传普及，不断提高中医药服务百姓健康的能力，努力开创淮阴中医药事业发展的新局面，为老百姓的健康与幸福，为和谐社会的构建再作新的贡献。

会上还举行了《吴鞠通医书合编》、《温病条辨析评》、《淮阴中医》等五大著作的首发式，会后代表们集体合影留念。与会期间，代表们还参加了“吴鞠通纪念馆”、“淮阴吴鞠通中医研究院”、“吴鞠通大桥”和“鞠通路”揭牌、剪彩和命名仪式。游观了鞠通园，瞻仰了吴鞠通塑像，参观了吴氏老宅遗址和吴鞠通祖茔遗址“鞠通碑林”。在青松环抱的碑林里，代表们争先恐后在碑前抄录碑文或合影留念，以示对这位伟大的医学家仁医仁术的崇拜和纪念。

下午杨进教授、肖照岑教授、严冰教授分别主持了学术专题讲坛和学术交流。代表们一致反映这次大会论文质量高，形式新颖，内容精僻，大家济济一堂，会上聆听讲解，会后互相磋商，求同存异，百家争鸣，百花齐放，各抒已见，会议紧张有序。为挖掘中医经典，为传承发展中医事业，代表们表示要联手共进，排除干扰，加快发展，开拓进取，作出贡献。

淮阴区政府特制的纪念“吴鞠通诞辰250周年”明信片、淮阴区文化局创作的《鞠通方歌》主题歌、《鞠通故里访谈》专题片和画家崔成雨教授创作的吴鞠通画像等皆受到与会代表的充分肯定和赞赏。会间还组织代表们参观了周总理纪念馆、韩信故里、淮安博物馆，并游览了大运河文化广场、文庙、大闸口、运河风光带等有代表性的淮安淮阴市容。代表们一致反应淮安（淮阴）古迹众多，一市五河，贯穿其间，实属少见，文化底蕴很深，给我们留下了深刻的印象，美的享受。外地代表们说：建议淮阴以“淮阴吴瑭”这张名片，做经济蛋糕，定期举行全国性或国际性“吴鞠通中医药文化节”活动，为更多的国内外从事中医药和热爱中医中药的院校、医院和药厂的专家、学者们提供来淮观光和学习交流的机会。

会议于2007年12月11日在一片热烈的掌声中圆满结束。

王兆军执笔

2007.12.11

（三）淮安（原淮阴）市中医药学会历次关于召开吴鞠通学术会议概况简介

1984年3月27日在原清江市招待所召开了部分理事会议，会议主要内容为迎接“纪念吴鞠通逝世150周年学术研讨会”在淮召开，做好准备工作。会议决定在全市中医界征集关于研究吴鞠通的有关学术论文、论著、临床报道和老中医经验。

自此至2006年，先后在市第三招待所（原清江市招待所）、淮阴科技楼、市第二招待所、山鹰大厦、市吉祥大酒店、市中医院、淮阴医院等分别召开了市吴鞠通学术研讨会或学术交流会，累计收到论文97篇，相关工作会议多次，并于1984年成立了淮阴市中医药学会吴鞠通研究组，后又更名为淮阴吴鞠通学术研究会、吴瑭医派学术研究会，即今淮阴吴门医派学术研究会。先后编著出版有《吴鞠通学说思想研究专辑》、《清江科技·医学专辑（吴瑭）》、《吴鞠通学说资料选编》（纪念医学家吴鞠通逝世150周年）、《温病赋与方歌》、《温病条辨剖析》、《温病条辨方歌括》、《温病条辨三焦证方歌诀》、《纪念温病学家吴鞠通诞辰250周年资料汇编》等。

严晓枫执笔

2010年8月18日

二、论文总目录

纪念温病学家吴鞠通逝世150周年学术研讨会论文目录

（一）对吴鞠通生平事迹考证和研究

吴鞠通之生平及其成就．秦正生，淮阴市第二人民医院

吴瑭学说对淮温病学发展的影响．章湘侯，淮安县中医院

温病学家吴鞠通．眭法长，淮阴市人大文史委

吴公琐谈．胡长庚

（二）吴鞠通学术理论研究

吴鞠通在温病学上的学术思想和贡献．赵棣华，成都市中医医院

吴鞠通与《伤寒论》．陈亦人，南京中医学院

简评《温病条辨·解儿难》．黄毓庆，淮阴市第二人民医院中医科

浅析《温病条辨》之医易结合．张文华，淮阴市沭阳县中医院

读《温病条辨·原病篇》．王亚男，淮阴市中医院

论吴鞠通对温病学的贡献．孟澍江，南京中医学院

论吴鞠通的三焦辨证．沈凤阁，南京中医学院

吴鞠通《医医病书》探析．沈凤阁，南京中医学院

《温病条辨》"辨汗"初探．研究生：马建、张国庆，指导：孟澍江、沈凤阁，南京中医学院

吴鞠通《温病条辨》舌诊浅谈．褚玄仁，王天如常熟中医院

《温病条辨》治禁浅析．杨进，南京中医学院

《温病条辨》与《伤寒论》．王天如，常熟中医院

略述吴氏的三焦辨证与《伤寒论》的关系．李继英，太仓县浏河医院

温病卫气营血学说若干理论问题的探讨．孟澍江，南京中医学院

论温病的病因学．沈凤阁，南京中医学院

温病"卫气营血"辨证的临床意义及其运用要点的探讨——兼论"卫气营血"在运用上与"三焦"、"六经"以及"八纲"的关系．王灿晖，南京中医学院

《温病条辨》脉诊初探．闫宝珠，南京中医学院

《温病条辨》论肾剖析．杨进，南京中医学院

《温病条辨》辨病分期定位论治体系初探．张文选，南京中医学院医温病学博士

吴鞠通学术思想的探讨．吴良士，无锡市郊区河埒医院中医科

重温吴鞠通《解儿难》的点滴体会．王益谦，海安县中医院

三焦辨证体系的系统观．奚嘉，徐州市中医院

吴鞠通对儿科学的贡献．李乃庚，盐城市中医院

《温病条辨》内容简述——兼论吴鞠通的医学思想．王乐匋，安徽中医学院
谈吴鞠通之尊古与创新．朱良春，沙一鸥，南通市中医院
论三焦辨证．沈凤阁，南京中医学院
吴瑭胃气论初探．李湘云
吴瑭先生学术思想探讨．路志正
《温病条辨》中“饮食”“保津”问题．陈之初
吴鞠通的三焦理论剖析——重读《温病条辨》书后．肖谷泉，丹阳县中医院
清代的瘟疫流行与吴鞠通的《温病条辨》．郭寿龄
试探吴氏下法治杂病的特点．杨振明

（三）对吴鞠通方药的研究和应用

学习吴鞠通治疗温病三法的点滴体会．周玲，淮阴市涟水县中医院
试析吴鞠通三焦治则．殷怀玉，淮阴卫校
“治上焦如羽，非轻不举”浅析．卜开初，淮阴市洪泽县人民医院
试析鞠通治血证．陈果然，涟水县人民医院
应用吴鞠通沙参麦冬汤治疗燥咳154例．赵棣华，成都市中医医院
应用鞠通用方辨治流行性乙型脑炎38例临床观察．吴洪龄淮阴市清河区钵池医院
重温“五方加减正气散”．宋少僧，淮阴市第一人民医院中医科
漫话银翘散．金兆刚，淮阴市淮安县人民医院中医科
温病条辨方歌括．张开昌撰，男永蛟校，泗阳县中医院
从《温病条辨》来谈滋阴法．张谷才，南京中医学院
《温病条辨》透邪十一．车卫东，南京中医学院温病学研究生
《温病条辨》207方煎服法研讨．陆文彬，浙江省嘉兴市中医院
从吴鞠通用桂枝汤治温谈起．陈淑范，南通市传染病防治院
《温病条辨》“保津存阴”的临床意义．任方雄，南京市栖霞区运输公司车辆修造厂医务室
试论吴瑭的学术成就．林世炘，徐州市中医院
吴鞠通治痢手法初探．周祯祥，泰兴县黄桥医院
《温病条辨》上焦篇使用桂枝汤当否？．刘一弘，江苏省靖江县中医院
读《温病条辨》有感．陈伯涛，陈克敏，江苏省南通市第二人民医院
《温病条辨》的清滋法配合．杨进，南京中医学院
清营汤浅探．左言富，李飞，南京中医学院
吴鞠通巧用桂枝和桂枝汤．潘雪飞，淮阴市第一人民医院

（四）对吴鞠通学说的临床应用和有关实验的研究

《吴鞠通医案》胃痛、呕吐篇初析．徐景藩，江苏省中医院
运用吴鞠通解毒法治疗病毒性感染疾病及机理初探．原金隆，淮阴市第二人民医院中医科

略论吴鞠通对治络法的运用．李正明，淮阴市第二人民医院中医科

从“三仁汤”的临床应用，试探吴鞠通的学术思想．刘淮英，张正凡淮阴市灌南县中医院

宣痹汤在骨科杂症中的应用．赵希森，成都市第六人民医院

三仁汤治案．王家宝，淮海印刷厂保健站

略论吴鞠通《温病条辨·解产难》的学术思想．夏桂成，南京中医学院妇科

《温病条辨》论痢疾．张名伟，南京中医学院

三甲复脉汤在妇科临床运用述略．谈勇，南京中医学院研究生班

吴氏银翘散在温热病初期的应用．谢兆丰，泰县中医院

简介先君对吴氏方的临床应用．高鸣珂，徐州市鼓楼医院

运用温病理论治疗变应性亚败血症．郁觉初，南京中医学院

醒神志之昏乱，挽狂澜于既倒—吴鞠通救治温病神昏的学术经验探要．蔡定芳，马健，孟澍江，指导：南京中医学院

不落窠臼，别开生面——吴鞠通治温病运用宣肺法经验．马健，南京中医学院

吴鞠通诊便血认定寒湿，分刚柔崇苍术重用附子．吴成，南中医温病学研究生班

三焦辨治点滴．袁沛生，丹阳县吕城中心卫生院

《温病条辨》论呕浅识．费国斌，镇江市中医院

应用吴鞠通“承气辈”治疗流行性出血热的体会．符惠民南京中医学院附属医院

临床运用银翘散的体会．缪宝迎，如东县苴镇区医院

运用吴氏辛凉法治温病的点滴体会．周少逸，南通县中医院

吴鞠通杂病诊治经验浅述．丁忠信如皋县中医院，缪宝迎如东县中医院

论吴鞠通对急性咳嗽的三焦辨治．奚肇庆，江苏省中医院

吴鞠通《五脏六腑治法体用论》初探．顾文璧

（五）对吴鞠通倡导的医德医风、学风文风的研究

试论吴鞠通的学风与文风．陈亦人，南京中医学院

缅怀吴瑭大师．严冰、王亚南，淮阴市中医院

浅论吴鞠通的为医之道．卜开初，洪泽县人民医院中医科

从《医医病书》看吴鞠通的治学思想．秦云峰，徐州市中医院

2007·中国淮阴纪念温病学家吴鞠通诞辰250周年高层学术论坛论文目录

（一）对吴鞠通生平事迹考证和研究

纪念吴公鞠通先生．王兆军，李荣朝，丁正亚，郑亚力，王兆凯，邹波，淮安市淮阴区中医药学会

吴鞠通生平趣闻．王兆军，李荣朝，丁正亚，郑亚力，王兆凯，邹波，淮安市淮阴区中医药学会

吴鞠通故里考察纪实．吴如忠，陆永生，淮安市淮阴区志办

吴瑭家世小考．毛立发，淮安市淮阴区志办，王修锋，裘玉鹏，淮安市淮阴医院

中医学家吴鞠通．周锦铭，淮安市淮阴区志办

吴鞠通与温病学说．王兆军，王殿虎，淮阴吴鞠通中医研究院，指导：王兆凯，淮阴吴瑭医派学术研究会

再谈吴鞠通的文化历史地位．朱爱民，淮安市淮阴区文化局

吴瑭祖茔遗址考证记．朱爱民，淮安市淮阴区文化局

吴鞠通轶事几则．毛立发，王兆军，淮阴吴瑭医派学术研究会

大兴庄惊现巨大型石鼓门枕——推测为吴鞠通故宅遗物．朱彩虹，淮安市淮阴区文化局

吴鞠通医籍考．箓清，淮安市历史文化研究会

吴瑭故里考辨．毛立发，淮安市历史文化研究会，王兆军，淮阴吴鞠通中医研究院

吴（鞠通）氏祖茔遗址碑文．淮安市中共淮阴区委员会，淮安市淮阴区人民政府

（二）吴鞠通学术理论研究

吴鞠通的治学思想和《温病条辨》．杨进，南京中医药大学

《温病条辨》概述．严冰，淮安市中医药学会

吴鞠通学术思想简介．杨进，南京中医药大学

《温病条辨》中温病重症的治法浅析及运用．屠燕捷，郭永洁，上海中医药大学

对吴鞠通温病辨治体系的新思考．王秀莲，天津中医药大学

吴鞠通说疫病．王爽，指导老师：郭永洁，上海中医药大学

吴鞠通的“矛盾论”．彭青鹤，河南中医学院

外感热病昏谵病机证治探析．李群林，湖南桃源县人民医院

吴鞠通诊治虚劳证的脾胃观．刘逴慜，浙江省嘉善县魏塘镇卫生院

（三）对吴鞠通方药的研究和应用

吴鞠通对《伤寒论》的继承与发展．顾武军，南京中医药大学

《温病条辨》方剂加减变化研究．刘宏艳，肖照岑，天津中医药大学医疗系

吴鞠通六合治法解析．韩雪梅，内蒙古医学院中医学院

重读《吴鞠通医案》．严晓枫，淮安市中医院

《吴鞠通医案浅点评》摘选．王兆凯，淮阴吴鞠通中医研究院

浅谈《温病条辨》用药之道．丁勇，淮阴高等卫生职业技术学校

吴鞠通吐血八法初探．刘逴慜，浙江省嘉善县魏塘镇卫生院

鞠通方验案录选按．戈其德，严雪峰，淮安市三指堂中医门诊部

浅述《温病条辨》中保津救阴法．常立顺，涟水县中医院

叶氏高弟，仲圣功臣——《吴鞠通医案》吐血案小析．傅启武，洪泽人民医院

论吴瑭对三承气汤之发展．李群林，湖南桃源县人民医院．向中一，湖南桃源县中医院

重温湿温之辩治．王兆军，王殿虎，指导：王兆凯，淮阴吴鞠通中医研究院

“温病忌汗”论探讨．王修锋，淮阴医院，淮阴吴鞠通中医研究院

（四）对吴鞠通学说的临床应用和有关实验的研究

急性肺损伤的中医诊治探讨及思考．汪东颖，杨爱东郭永洁，屠燕捷，上海中医药大学

《温病条辨》应用辛凉法探讨．刁人政，江苏省中医院

从承气类方看吴鞠通的学术贡献．郭选贤，殷光辉，郝秀梅，河南中医学院

清热化湿法临床与实验研究进展．吕文亮，周燕萍，湖北中医学院

之文教授运用“开上运中奠下法”治疗COPD经验．郑秀丽，成都中医药大学温病教研室

宣白承气汤在肺系病急性期治疗中的运用．胡静，郭永洁，上海中医药大学基础医学院温病教研室

吴鞠通新绛旋覆花汤应用探析．刘逴慜，曹凡华，浙江省嘉善县魏塘镇卫生院

增液承气汤加味治疗糖尿病性便秘．殷学超，郭佳堂，淮安市淮阴区中医院

从吴鞠通的辨证施治观看现代中医之弊．宋崇友，涟水县中医院

青蒿鳖甲汤临床治验一则．郭佳堂，淮阴区中医院

中药“止咳茶”治疗小儿病毒性肺炎的临证心得．唐寿延，涟水县中医院

银翘散加减临床运用举隅．邹波，淮阴吴瑭医派学术研究会

浅谈学习《温病学》的体会．周立生，淮阴区中医院

（五）对吴鞠通倡导的医德医风、学风文风的研究

吴鞠通与《温病条辨》．卜开初，洪泽县人民医院

吴鞠通与《医医病书》．卜开初，洪泽县人民医院

《医医病书》值得弘扬．严晓枫，淮安市中医院

浅述吴鞠通“医非上智不能论”．卜开初，洪泽县人民医院

淮安（原淮阴）市内历次有关吴鞠通学术研讨会论文目录

（一）对吴鞠通生平事迹考证和研究

浅谈温病的沿革．泰正生，清江市人民医院

吴瑭大师轶事记．严冰，淮阴市中医院

吴鞠通轶事记述．丁勇，淮阴卫校

（二）吴鞠通学术理论研究

吴鞠通《温病条辨》脉证浅谈．孙竹山，清江市运输公司医务室

浅谈吴鞠通对秋燥温病之阐发．原金隆，淮阴市第二人民医院中医科

浅析吴鞠通三焦辨证的临床价值．严冰，淮阴市中医院

吴鞠通提出小儿稚阴稚阳是儿科学术理论的重大突破．刘云，泗洪县中医院

吴鞠通论心理治疗．刘红云，淮阴市第一人民医院

谈《温病条辨》羽翼《伤寒》．叶世明，吴引九，淮阴县三树卫生院

论吴鞠通对温病病因的认识．卜开初，洪泽县人民医院
吴鞠通与叶天士在温病学上的贡献．张竹山，灌南县中医院
论吴鞠通的《温病条辨》与张仲景的《伤寒论》．孟凡功，清江市人民医院
吴鞠通以叶天士为师初析．孙士龙，清江市电厂医院
初探吴鞠通在方剂学上对叶天士的继承和发展．章壮龙，泗阳县中医院
吴鞠通学术思想初探．赵启香，泗阳县中医院
试析《温病条辨·解儿难》．黄毓庆，清江市人民医院
《温病条辨》羽翼《伤寒论》试析．章壮龙，泗阳县中医院
吴鞠通治血特点初探．程道波，淮安市三指堂中医门诊部
三焦辨证浅析．顾克明，盱眙县中医院
论《温病条辨》诸湿治法．吴洪龄，清江市钵池医院
《温病赋》选按．谢德明，灌南县中西医结合门诊部
三焦证治浅析举隅．吴晗春，淮阴市中医院
浅谈三焦治禁．徐立明，清江市城中医院
仲景六经、天士卫气营血、鞠通三焦辨证一线论．孙士龙，清江电厂医院
吴鞠通三焦辨证纲领形成初探．吴晗春，淮阴市中医院
《温病条辨》对温病学的贡献浅谈．顾克明，盱眙县中医院

（三）对吴鞠通方药的研究和应用

银翘散之我用．李鹤友，清江市齿轮厂医务所
从秋燥演变看吴鞠通的护阴保津学术思想．原金隆，清江市人民医院中医科
浅谈温病祛邪．郑汇川，清江砖瓦厂医务所
谈“三宝”．孙竹山，清江市运输公司医务室
请读《温病赋》．秦正生，清江市人民医院
重读《温病条辨》之后．章壮龙，泗阳县中医院
试谈吴鞠通对温病辨治的贡献．殷怀玉，淮阴卫校
论吴鞠通对温病病因的认识．卜开初，洪泽县人民医院中医科
浅述《温病条辨》“解儿难”．黄毓庆，淮阴市第二人民医院中医科
吴鞠通学说及其思想初探．张文华，沭阳县沭城镇卫生院
读《温病条辨》“上焦篇”浅谈温病的纵横．程绍祖淮阴市城北医院中医科
学习《温病条辨》浅析辛凉三剂．严冰，淮阴市中医院
学习《温病条辨》，概述“湿证”治法．张传儒，淮阴市二院中医科
温病赋．涟水秦正生父校
银翘散治疗急性咽炎探析．唐寿延，涟水县中医院
浅谈吴鞠通对下法的应用．原金隆，清江市人民医院
桑菊饮与银翘散应用辨微．戈其德，淮阴县杨庄卫生院
黄芩滑石汤的临床应用．严冰，清江市公费医疗门诊部
椒梅汤验案析．孟凡功，清江市人民医院

杏苏散治疗燥咳案析．杨彭龄，泗洪县中医院
上焦宣痹汤应用体会．朱晋龙，淮阴市中医院
《吴鞠通医案》救误浅谈．吴德钊，淮阴市第一人民医院
鞠通方选议．谢德明，灌南县中西医结合门诊部
初论三焦温病治疗的方药体系．指导严冰，执笔吴晗春，淮阴市中医院

（四）对吴鞠通学说的临床应用和有关实验的研究

读吴氏《温病条辨》略议清热养阴．蒋玉銮，清江市清江医院
读《温病条辨》略谈保津养阴法．杨筱华，清江市人民医院中医科
小议吴氏对三焦湿温的治疗．李廷璋，清江市无线电原件四厂医务所
条文习解．庄茂雷，城南卫生院
试析《伤寒论》与《温病条辨》对诸承气汤的运用．孟凡功，淮阴市妇幼保健院中医科
吴鞠通对承气汤及其类方的应用和发展．原金隆，江苏省淮阴市第二人民医院
论述承气汤法在《温病条辨》中的运用．徐立明，淮阴市清浦区公费医疗门诊部中医科
上焦宣痹汤的临床运用体会．章湘侯，淮安县中医院
我对椒梅汤的临床运用．汪再舫，淮阴市中医院
辨谈《吴鞠通医案》对桂枝的运用．陈果然，涟水县人民医院
学习吴鞠通关于秋燥论述的体会．李正明，淮阴市二院中医科
《温病条辨》方用治肝炎病的体会．杨飞，清河医院
从《温病条辨》探讨“胃食管返流病”治疗．张晓勇，洪泽县中医院
三仁汤治疗小儿暑泻的体会．张竹山，灌南中医院
三仁汤治小儿厌食症．王家宝，清江市工农印刷厂医务所
银翘散治疗小儿发热之见．于家年，清江市肉联厂医务所
银翘散治案初析．李鹤友，清江市轴承厂医务所
银翘散应用体会．沈业刚，淮阴县袁集医院
银翘散方临床应用浅谈．高业勤，宿迁县丁咀医院
银翘散之我用．王家宝，清江市工农印刷厂医务所
银翘散的临床应用．高平，清江市砂厂医院
银翘散治疗小儿发热案举．戚玉华，淮安市妇幼保健院
暑温治案三则．戈其德，淮安市三指堂中医门诊部
银翘散治疗小儿肺炎的临床应用．孟凡功，清江市妇幼保健院
藿香正气散的临床运用．赵启香，泗阳县中医院
清宫汤治案按．张竹山，灌南县中医院
谈吴鞠通儿科开方每一剂小议．秦正生，清江市人民医院
三才汤临床应用．唐寿延，涟水县中医院
清宫汤之我用．韩如章，涟水县中医院

银翘散的临床应用．裘玉鹏，淮阴县杨庄医院
沙参麦冬汤治案六则．孙士龙，清江电厂医院
增液承气汤临床应用举隅．戈其德，淮阴县杨庄医院
三仁汤治验．宋少僧，淮阴市第一人民医院中医科
三仁汤临床应用举隅．薛玉书，涟水县人民医院
增液承气汤治疗顽固性便秘．韩如章，涟水县中医院
桑菊饮临床运用案举．严冰指导，戈其德，张建彬整理
银翘散的临床应用．程道波，淮安市三指堂中医门诊部
沙参麦冬汤治疗咽炎23例．邹波，淮阴县凌桥医院
沙参麦冬汤治疗小儿咳嗽15例．韦美翔，清江市公费医疗门诊部
宣痹汤治疗肺炎治案按．徐立明，清江市城中医院
新加香薷饮治疗夏日感冒11例．孙士龙，清江电厂医院
浅析“治上焦如羽”的临床意义．邹波，淮阴区码头医院
谈吴鞠通治湿诸法的临床运用．章壮龙，泗阳县中医院
化斑汤的临床应用举隅．严冰，指导，戈其德，整理
三焦常见临床症状辨析．严晓枫，淮阴市中医院
吴鞠通养阴护津思想在三焦温病中的应用．严晓枫，淮安市中医院

（五）对吴鞠通倡导的医德医风、学风文风的研究

吴鞠通的医德医风值得继承发扬．程道波，淮安市三指堂中医门诊部
吴鞠通医德医风探析．李树年，刘志，丁建华，淮阴市第一人民医院

三、论文选辑

（一）吴鞠通学术理论研究

谈吴鞠通之遵古与创新

朱良春　沙一鸥

吴鞠通是对祖国医学作出卓越贡献的温病学家，重温了吴氏《温病条辨》，对其学术思想作进一步探索，认识到吴氏温病学术实来源于《内经》《伤寒论》，并在叶薛温病学说的基础上，结合自己实践所得，总结和发展了前人的理论，从而确立了温病学术的完整体系。兹仅就其在遵古与创新两方面，浅谈吴氏学术思想及其成就。

一、遵经溯源　师古不泥

吴氏的学说主张："学者必不可不遵经，不遵经则学无根柢，或流于异端。"《温病条辨》着卷即援引了有关温热病记载的经文共十九条，以示温病学术的起源。他又提到："是书虽为温病而设，实为羽翼伤寒，论前人之未备。"《温病条辨》中第一方剂即为桂枝汤，而全书用桂枝处，上焦篇凡七，中焦篇有八，下焦篇则十。见至于用白虎、承气、栀豉、泻心以及《伤寒论》其它汤方化裁的方剂，更不可胜数。或曰：伤寒用桂枝汤，何以温病第一方也用桂枝汤？鄙意温病第一方应为辛凉平剂银翘散，而所以列桂枝为第一者，外感初起，伤寒温病尚未分明，原著有："太阴风温、温热、温疫、冬温，初起恶风寒者，桂枝汤主之"。关键在有"初起恶风寒"症状，吴氏认为："虽曰温病，既恶风寒，明是温自内发，风寒从外搏，成内热外寒之证，故仍旧用桂枝辛温解肌法，俾得微汗，而寒热之邪皆解矣。"吴氏有"治法必以仲景六经次传祖法"的主导思想，因而温病初起恶风寒，并不排斥桂枝汤。这足以说明吴氏的学术思想源于《灵》《素》，师法仲景。在理论上与《伤寒论》既有融会贯通之处，又多自己独创的见解。如对伤寒起足太阳，温病起手太阴，症状相似，何以提法有异？吴氏有这样一段解释："《伤寒论》中分营分卫，言阴言阳，以外感初起，必由卫而营，由阳而阴，足太阳如人家大门，由外以统内，主营卫阴阳，手太阴为华盖，之才之天，由上以统下，亦由外以包内，亦主营卫阴阳，故大略相同也。"阐明了足太阳与手太阴可以相通之理。白虎汤本为伤寒阳明证而设。《温病条辨》以治手太阴暑温，一则热自内生，用辛凉以涤其在经之热，一则温从外受，用辛凉以解其肌表之邪，同源异流，融为一体，且自然熨贴。又如谵语一证，吴氏云："伤寒之谵语，舍燥屎无它证，……温病谵语，有因燥屎，有因邪陷心包，一则温多兼秽，二则自上焦心肺而来。"这一经过反复实践验证的真理，不但补《伤寒论》所未发，且具有指导临床的实际意义。以上举例，都充分体现了吴氏《温病条辨》之作，一方面"羽翼伤寒"，毫无"与人争名，求胜前贤之私心"；另一方面，贵在师古而泥古，尊重实践，发抒独创见解，因而成为温病学中的一篇巨著。

从来论清代温疾学派，习称叶薛吴王，叶氏生于1667年，薛氏生于1681年，吴氏则生于1758年，叶氏首创《外感温热论》、《三时伏气外感篇》、《温热论治》。薛氏相继作《温热病论》，开辟了温病学说的先河。但二氏仅开其端，未竟其绪。吴氏《温病条辨》则有系统、有条理、有辨证、有方法，条分缕析，纲举目张，注释详明，观点明确。因此这一著作的问世，标志着温病学说进入了一个新的成熟时期；而该书也就成为后世学者除四大经典著作以外的必读之书了。

二、自出机杼　独具绳墨

《温病条辨》“羽翼伤寒”，前已论及，全书的理论核心是伤寒伤人之阳，是以得在护阳，温病伤人之阴，是以重在护阴。而其更大的贡献则在于凡四时杂感，《伤寒论》未备之证，皆可于温病求之。该书不但包括了温病证治全过程，还旁及疟痢胎产妇幼等内容。兹就吴氏在创新方面，为后世所推崇之外，各举数例如下：

1. 确立了三焦分治的理论体系

当温病学术未成熟之前，多遵循《伤寒论》用六经递传、六经分证的方法治四时杂感。至金元四大家的刘河间氏虽已提出了“三焦论治”的观点，但仍不敢越出《伤寒论》范围；叶天士氏创卫气营血的理论，对三焦学说也只散见于叶氏医案中，均未系统化。至吴氏受叶氏“温病上受，首先犯肺”的影响，认为伤寒由表及里，由浅入深，应从六经论治，而温病虽也由表及里，但从口鼻吸入，是由上及下，由浅入深，于是将三焦分治的学说，集中提炼，系统整理，有纲有目，立法立方，从而确立了三焦分治的理论体系，与叶氏的卫气营血的论点，后先辉映，相得益彰。吴氏还认为伤寒由表入里，是从“横”的方向进入，而温病由上及下，病邪是从“纵”的方向入侵，这样一纵一横，自可包罗全体，治疗上取法于“上焦如羽，非轻不举；中焦如衡，非平不安；下焦如权，非重不沉”。又提出了治上不犯中，治中不犯下的训诫，这就要更加充实和丰富了临床辨证论治的内容。因此吴氏三焦分治理论的确立，一是突破了六经证治的藩篱；二是可较全面地处理四时杂感；三是明确了温病与伤寒是对立统一的关系，要全面理解，概之则两全，失之则偏废。

2. 正确解决了寒与温、湿与热的矛盾

温热病虽在《内经》上多次提到，由于后世医家多不敢背离《伤寒论》观点，因此伤寒温病之争，自宋元即已开始，明代张景岳、吴又可、喻嘉言等虽对温病有了进一步阐述。然而各执己见，囿于一隅，直到清代叶、薛，对温病的纷争，才渐趋统一。到吴鞠通氏对温病作了系统化、具体化的论述以后，伤寒温病之争得到了基本解决。值得指出的是：吴氏对湿温证在理法方药方面的一整套证治规范，为临床上常见多见的湿温证提供了证治准绳。他反复阐明温为阳邪，湿温为阴邪纠缠难解和“徒清热则湿不退，徒祛湿则热愈炽”，“纯辛走表，纯苦清热”以及“汗、下、润”，皆在叶例等机理，并提出了轻开肺气，清透化气，芳香化浊，宣清导浊，苦辛通泄，淡渗利湿等一系列治疗方法，恰到好处地解决了湿和温纠结在一起的矛盾，做到了示人以规矩，为后世治疗暑温、湿温开辟了新的治疗途径。

三、辨析疑似　道人所未道

吴氏对可汗与不可汗的原理，有极精辟的辨析，他认为汗之资源在阴，而汗之蒸发则在阳，伤寒伤人之阳，故须辛温以助其发汗。伤寒一书，始终以救阳为主；温病则伤人之阴，汗之资源已不足，再发汗则热甚血燥，可以致痉，故一经确认温病，初起只宜辛凉清解，继用甘凉甘润等清热护阴。吴氏在立法用方上，极其严谨，多数方剂，俱附《方论》。“药”和“证”要求丝丝入扣，并喜用“复”“合”等法，如“辛凉复苦温法”，“甘凉甘温复法”，“辛甘化阳，酸甘化阴复法”，“辛凉复甘寒法”，“辛淡合芳香法”等，对于阳明温病，里有实热而下之不通，从五个侧面辨证施治。伤寒阳明病用承气，目的在于燥屎，温病用攻下，旨在涤热存阴，具温病多兼证。他提出五条辨析方法：一是正虚不能运药，用新加黄龙汤，以人参扶正，大黄逐邪；二是痰涎壅滞，肺气不降，用宣白承气汤以宣肺导浊；三是热结二肠，六腑不通，用导赤承气汤，既通六腑，又通大肠；四是邪闭心包，兼有里实，用牛黄承气汤，既开少阴之闭，又泻阳明之实；五是津液枯竭，水浅舟停，用增液承气汤，以润燥泻热。这是吴氏在《伤寒论》三承气之辨证与补充。对温热久羁，劫灼真阴，用三甲复脉、大小定风珠，则又是在《伤寒论》少阴热化证用黄连阿胶汤基础上的发展。至于其它独具卓识之处甚多，如辨析“渴”证，认为“饮家反渴，必重用辛”。饮家一般不渴，今反渴，乃饮邪郁遏肺气，水津不得敷布，液不上承。不能因其渴而投凉，必须重用辛润辛开。又如对一种气复而阴未复的虚肿，虽见浮肿，不能淡渗利小便，以亡其津液，当补阴以配阳，其肿自消。吴氏疑《内经》“诸痉项强，皆属于湿”有错简，认为痉有寒热虚实四大纲，而强直瘈疭之病，大多皆肝风内动，皆属“筋病”，“痉者筋病也”，疑“湿”字为“风”字之误，这些真知灼见，辨析入微，都是符合临床实际而又为前人所未道者。

综观《温病条辨》一书，除遵古崇经，“守先圣之成法”披沙填金，汇众善为己长外，其主要贡献和成就，还在于创新卓识，自出机杼，匠心独运，条分类别，终于使该书成为温病学上的一部不朽之作，而朱彬氏赞誉吴氏为仲景之功臣，也是当之无愧的。

（选自中华中医学会“纪念吴鞠通逝世150周年学术研讨会”资料）

吴鞠通在温病学上的学术思想和贡献

赵棣华

吴瑭，字鞠通，江苏淮阴人，生于清代乾隆嘉庆年间，享年84岁。由于吴氏历经多次温热病的流行，故对温热病深有研究。在叶天士温病学说基础上，著有《温病条辨》等书，创立三焦病机辨证。他主要的学术思想有三个方面。

一、伤寒、温热辨

吴氏认为伤寒与温热有水火阴阳之异。寒病之源来于水，温病之源来于火。伤寒是寒邪，是水之气，膀胱者水之府，寒邪先伤是太阳膀胱经，是以水犯水。温病是温热，是火之气，肺者金之脏，温热先伤手太阴肺经，是以火克金。这是伤寒、温热病机上最根本的区别。所以吴氏强调说：“伤寒由毛窍而入，自下而上，始足太阳，足太阳膀胱属水，寒即水之气，同类相从，故病始于此。古来但言膀胱主表，殆未尽其义，肺者皮毛之合也，独不主表乎？治法必以仲景六经次传为祖法。温病由口鼻而入，自上而下，鼻通于肺，始手太阴，太阴金也。温者火之气，风者火之母，火未有不克金者，故病始于此，必从河间三焦定论。”他说明了伤寒与温病之异同，同时参考了刘完素（河间）的“三焦分治”学说，从而给三焦病机辨证打下了基础。

二、三焦病机辨

吴氏对温热病的病机，认为是由三焦的传化而形成的，故把风温、温热、温疫等温病，都化分上、中、下三焦传变来论述。吴氏所应用的三焦，非指《素问》中六腑之一的三焦，而是取《灵枢》三焦分部的含义，借以来区分温病发展过程中的三个传变阶段。所以，他明确地指出："温病由口鼻而入，鼻气通于肺，口气通于胃，肺病逆传，则为心包，上焦病不治，则传中焦，胃与脾也；中焦病不治，即传下焦，肝与肾也。始上焦，终下焦。"并强调"温病以手经为主"（"伤寒以足经为主"），并有《温病起手太阴论》专著。其说明了上焦病主要是肺与心包络受累，中焦病主要是脾胃受累，下焦病主要是肝肾受累。由此可见，吴氏创立三焦病机辨证，应用于温病中，确具有别具一格的独到之处。

三、清热养阴辨

吴氏认为温、热、暑湿之邪，均为浊邪。浊邪性沉易着，滞而易留。温热、暑、湿之盛，必先伤灼津液。故治则上辛温等法不宜用，即辛凉、甘寒诸法，其轻重浅深的准则，亦不能无的放矢。夫药之性味转化，辛则散，过甚则泻而不收，凉则苦，过甚则燥而津涸，甘之过甚，则壅遏而着邪，寒之过甚，则抑降而不达。吴氏在长期治疗实践中，终于摸索出一套清络、清营、育阴的法则。例如他用清络饮（鲜荷叶边、鲜银花、西瓜翠衣、鲜扁豆花、丝瓜皮、鲜竹叶心）治暑温余热，因是余邪，不宜重剂，但余邪又深留于络，若不用深透浅出之品，又不能胜其任，故选用辛凉芳香之品而组成，恰得锁匙之合，复用咸寒苦甘诸品以组成清营汤（犀角、生地、玄参、竹叶心、麦冬、丹参、黄连、银花、连翘）。前者以芳香清轻之品而化湿浊，后者以甘润寒冷之品而清热养阴。又如同一清营汤证，因患不烦渴，知热入不深，故就有去黄连法。若验证肤浅，胸无成竹，则焉能掌握病势之浅深；其配伍之严密，真有丝丝入扣之感。盖温热病应养阴一法，医皆知之，究应如何养育？亦惟吴氏较有高见。举以下焦篇所制的一甲、二甲、三甲复脉汤而论，当下后阴虚而防滑脱者，则用一甲复脉汤养而涩；当阴虚而不潜阳者，则用二甲复脉汤养而镇之；当阴虚而不能上济于心者，则用三甲复脉汤养而济之。在加减复脉汤的基础上，随证化裁；同一养阴，而有以涩、以镇、以济之不同；同一复脉，而妙在牡蛎、鳖甲、龟板三种甲壳药作了变换。若非学术渊博，安得其当欤！所以，吴氏大力倡导养阴保液方法，以资拮抗阳盛伤阴，温热耗液之弊；同时亦有别于伤寒之重在扶阳保阳之异，这亦是吴氏学术思想突出的特点。

四、讨论与评语

以上所说吴氏三个方面的成就，对温病学发展史上确有卓越的贡献。自从火神派刘完素"六气皆从火化"学说后，温病学之理论即孕育于宋、元时代，明末吴又可著《温疫论》奠定了温病学之基础，清初叶天士又继承发展，著《温热论》，把温病学又进一步推向高潮。再经吴鞠通的继承发展，著《温病条辨》，"条分理析"，从而形成了比较完整的温病学术体系。特别是吴鞠通在叶天士卫气营血辨证基础上，创立了三焦病机辨证，把温病学又进一步的发挥，也成为独具一格的学术思想。

1. 选择性的吸收消化而创新　吴鞠通正是这种人物。吴氏对研究有关温热病的前人，从王履（安道）到其本人，约四个世纪中，各温病学派，吴氏都曾钻研其文而作评价。他认为"王安道始能脱却伤寒辨证温病，惜其论之未详，立法未备。吴又可力为卸却伤寒单论温病，惜其立论不精，立法不纯，又不可从。惟叶天士持论平和，立法精细，……又立论甚简，但有医案散见于杂证之中。”又吴又可《温疫论》，虽然“议论宏阔”，但“不免支离驳杂”。又说，论温病之较详者，莫过于张景岳、吴又可、喻嘉言；但张晶孚误将温病作伤寒，喻嘉言误将伤寒作温病，吴又可虽然识得寒温二字，但满眼温疫，否认伤寒。他推崇备至的只有叶天士一人，他把《叶案》中有关温热病治验，分别整理成条文化。他又说：“夏日三气杀感，本难条分缕析，唯叶氏心灵手巧，精思过人，案中治法，丝丝入扣，……其法散见于案中。”他又把《叶案》中暑温、湿温以及疸、疟、痢、痹和寒湿门中的绝大部分实例都逐条定法。所著《温病条辨》的中焦篇共102条，引证《叶案》的就有49条，几近半数。又，叶天士的“温邪在肺，其合皮毛，用辛凉轻剂”之治法，吴氏结合实践经验，而发挥出银翘散之辛凉平剂，桑菊饮之辛凉轻剂，白虎汤之辛凉重剂。虽然同在气分之邪，银翘法在化气分之秽，桑菊法在降气分之逆，白虎汤在化气分之燥。又，叶天士临床，常信手写药而不书方名，但经过吴氏“画龙点晴”，都逐一成为有效的名方。如桑菊饮是化裁于《叶案》治秦某风温的处方，清宫饮是化裁于《叶案》治马某温热的处方，连梅汤是化裁于《叶案》治顾某暑病的处方，等等。又，下焦篇中有些条文，如加减复脉汤证，椒梅汤证、连梅汤证以 及宣清导浊汤证等，都是依据《叶案》的立法思想，即温邪入少阴、陷厥阴、延及中下，均宜复脉的理论而撰入。惟叶天士的不足之处，亦给予科学的分析而指出，如“温邪上受，首先犯肺，逆传心包”的论点，吴氏认为这主要是指风温而言。盖温病由口鼻入，鼻通于肺，未有不首先犯手太阴者，至于逆传心包之变，由于津液亏损，不能上济君火，君火反与温热之邪合，故心包亦病。所以《清史稿》称吴鞠通谓“学本于桂……著《温病条辨》，以畅其义”看来，吴氏是叶天士的后生可畏的继承人；真可谓“青出于蓝，胜于蓝”。

2. 三焦病机辨证的优越性　吴氏的《温病条辨》共分为七卷，首卷是原病篇，历引《内经》有关温热病之经文，并以经文为纲，分注为目。卷一为温病之上焦篇，卷二为中焦篇，卷三为下焦篇，卷四为附录，是专论有关温热病之专题杂说。卷五、卷六亦可说是附录，论述妇产、儿科之疑难病，都是结合温热病的理论概念和治疗方法来讨论的。该书主要为温病之三焦病机辨治。

三焦病机辨证之优越性：叶天士之卫气营血辨证是吴又可气血辨证的进一步划分，提示温病传变阶段证型的归纳。三焦辨证是病机病位辨证，直接说明与五脏之关系，与温病传邪途径的理论是音调合拍。吴氏为探索温病传变之规律，亦顺研究伤寒之传变规律，他认为“伤寒论六经，由表入里，由浅入深，须横看，本论论三焦，由上及下，亦由浅入深，须竖看”。虽说：“凡温病者始于上焦”，此是一般温病而言，而温毒、暑温、湿温，不在此例(上焦篇第四条)。湿温之邪从口入，就不一定有上焦肺卫见证，可直犯膜原或肠胃，出现中焦脾胃见证。所以说，湿入中焦，见证诸多，“有伤脾阳，有伤脾阴，有伤胃阳、有伤胃阴，有两伤脾胃。”当然，此说亦非吴氏一人之见。“暑兼湿热，偏于暑之热者为暑温，多手太阴证而宜清；偏于暑之湿者为湿温，多足太阴证而宜温。”这就指明同为暑邪，偏热治在上焦；偏湿治在中焦。病位有上中之别，病因有偏热偏湿之原，病机有肺脾之异，治则有宜清宜温之差。如用卫气营血辨证，则可能都有气营之证，就比较笼统，若三焦病机辨证，就比较明确，而且针对性亦强。

吴氏对温病三焦病机的传变，曾一再告诫：“温邪久羁中焦，阳明阳土，未有不克少阴癸水者。”说明中焦不解，灼伤津液而延及下焦。且有时可“三焦俱急，谓上焦未清，已入中焦阳明，大热大渴，脉躁苔焦，阳土燥烈，煎熬肾水”。并又进一步阐明：“上焦病不治则传中焦，胃与脾也，中焦病不治即传下焦，肝与肾也。”如下焦篇之鹿附汤、安肾汤等，乃是为伤及肾阳而设施。在三焦病机辨证的基础上，提出了“治上焦如羽，非轻不举；治中焦如衡，非平不安；治下焦如权，非重不沉”等总则。给我们指明了三焦病机辨治的理论基础。

吴氏除对三焦病机辨证深有造诣外，对温病脉象也较深入，他从脉象来探讨与三焦病机辨证的关系。历代医家有些认为“温病察舌，伤寒辨脉”。但吴氏不然，他诊脉之细，特别重视相兼脉。归纳其三个三焦篇有脉象之条文共60条，除单一脉象26条外，其兼二脉者29条，兼三脉者4条，兼四脉者只1条，共34条。其中脉象有动数、浮洪、浮促、洪大、细促等20种；浮大芤、浮弦细、洪大数等5种；兼四脉弦细芤迟者只1种。说明温病中兼脉多于单象脉。他借以诊断温病之属性，从中辨别三焦病位，预测病情之预后，故其脉诊之独到之处，是在于加强三焦病机辨证之准确性。

3. 我的短评结语　吴鞠通对温病学的专门，亦是突出而卓越的，特别是突破前人“雷池”之规，而创立三焦病机辨证于温病中，提出了三焦病机传变，深研清热养阴法则，贯穿着整个《温病条辨》中。还有独具一格的自注条文，“免后人妄注，致失本文奥义”。与叶天士的卫气营血辨证一样的珍贵，都是宝贵的遗产，比皇冠上的明珠更珍贵而实用，至今仍沿用于临床，似无法越出其门户。但亦必须指出：吴氏对前人批评过火，如对吴又可的《温疫论》，认为：“惜其立论不精，立法不纯，又不可从。”又说：吴又可虽然识得寒温二字，但满眼温疫，否认伤寒，其“恃承气为攻病之具”，“断不可施之于今日”。张景岳误将温病作伤寒，喻嘉言误将伤寒作温病等等。而上述之前辈，皆为一代名医，若无独到之处，焉能自封？关于学术上的争论，是所必要，只有百家争鸣，才能推动历史科技之前进。对前人之评论，必须实事求是，要考虑到当代的历史背景和科学的水平，更不能以今代超微观（电镜、计算机）之科学水平来批判古人。吴氏的《温病条辨》亦非完整无缺，如其三焦篇中，亦非尽是论述温病者，特别中、下焦篇中，尤不少见，虽属原则问题，但也是属难免。一般认为吴又可的《温疫论》对温病学的贡献也是卓越的。该时创立“温疫病因，非风，非寒、非暑、非湿”，“乃天地间别有一种异气所感”，便是“杀气”。在细菌微生物还无显微镜发现以前，认为是《内经》所言六气致病因素以外的“杀气”（疫气），创立这种破天荒地的学说，实非易事。不过吴氏有时对吴又可也客观而中肯的分析：“初创温病治法，自有矫枉过正，不暇详审之处。”又，吴氏对吴又可温病攻下的评批，非是空谈，自己却认真地吸取攻下的经验，在仲景承气汤的基础上，增设了新加黄龙汤、增液承气汤、护胃承气汤、导赤承气汤等多种保阴攻下方法，给临床增加了对温病治疗的手段。

总的说来，吴鞠通是一位划时代的当代名医，其《温病条辨》的三焦病机辨证及其理法方药，影响深远，直到今日仍供温病学参考沿用。我对他的评价，是紫出于红，胜于红；为温病学发展史上写下光辉的一页。早年吾曾专门研究温病两余年，所见病例大都是气、营、血分者，于60多例中选择血培养阳性者30例，于治疗中发现温病发展之快，不能尾追其证，必须迎头痛击，阻截其前进，把好气分关，一开始即选用犀角地黄、白虎汤化裁阻击，从疗效观察，认为有一定的方向性。惟今后之展望，必须来个飞跃性的突破，是时代之所需求。自王孟英著《温热经纬》后，温病学的发展显得格外缓慢。看来，中医现代化的革新是所必需。希望今后在中医现代化的浪潮中，把温病学推向更高的水平。

吴鞠通与《伤寒论》

陈亦人

纵观我国历史上许多卓有成就的医学家，他们有一十共同特点，就是对《伤寒论》都有深入研究。正如明·王肯堂所说："然二千年以来，其间以医名世，为后学所师承者，焉有不从仲景之出悟入，而能径窥黄歧之壶奥者也。"吴鞠通对于《伤寒论》相当推崇，喻为"金科玉律"，不但认真研习原文，而且博览名家注释，本着仲师"求经旨以演其所知"的教导，充分发挥独立思考，"择其可信者而从之，不可信者而考之"，既不为表面文学所拘，也不囿子一家之言，力求深入理解其精神实质，并密切联系实际，把《伤寒论》的理论运用到临床医疗中去。因此，他当时就以擅用经方治疗疑难危重病证，屡起沉疴，为同辈医家所赞佩！故鉴于"世之医温病者，毫无尺度，人之死于温病者，不可胜记"，发愤著《温病条辨》，"详立规矩"，以"补前人之未备"，从而使温病学的理论达到进一步完善。后人公认他为温病四大家之一，自是当之无愧！今天把温病学作为研究吴鞠通学说的重点，也自是顺理成章。然而，吴氏在医学上具有多方面成就，如果仅着眼于温病学，似未免局限。理应上溯《内经》、《伤寒论》等经典下及临床各科如内、妇、儿等各个领域，从源到流，进行全面研究，庶使其学说能够对临床医疗发挥更广泛的指导作用。

任何学科的形成和发展都有一定的继承性，正确的继承必然导致新的进展，中医学也是如此。《伤寒论》垂范后世，其辨证论治的思想、方法，对中医学的发展产生了极大的推动作用。吴鞠通正确继承了《伤寒论》的思想、方法，因而在医学理论上有所创新和突破。本文即就这一问题试作探讨，未必允当，敬希教正。

一、辨证理论的继承和发展

应当肯定，三焦辨证是对六经辨证体系的突破。然而吴鞠通并没有否定六经辨证，而是从纵横不同角度说明两种辨证的特点与不可分割的相互关系。如"《伤寒论》六经，由表入里，由浅入深，须横看；《本论》论三焦，由上及下，亦由浅入深，须竖看，与《伤寒论》为对待文字，有一纵一横之妙，学者诚能合二书而细心体察，自无难识之证，虽不及内伤，而实不出此一纵一横之外。"既从横看，又从竖看，则辨证更为完备、准确，所以说"有一纵一横之妙"。病人是有机整体，纵横交叉，怎么能截然分开？至于"伤寒先分六经，温热须究三焦"，不过从病因、病机、感邪途径等相较而言，事实上三焦的具体内容离不开六经，《温病条辨》中除太阳经外，其余五经均常提及，例如中焦病与阳明胃肠、足太阴脾完全一致，下焦病与足厥阴肝、足少阴肾也完成一致；上焦病指手太阴肺与手少阴心，仅补充了手厥阴心包证。《伤寒论》虽然没有提到手太阴肺，实际已包含在太阳病中。由此可见把六经与三焦截然分开的说法是不符实际的，应加以修正，不应在沿袭下去。事实上，不管六经还是三焦，都是揭示"病所"与辨证方法，故而对临床辨证有普遍性的指导意义，吴氏强调指出"诚能合二书而细心体察，自无难识之证，虽不及内伤，而实不出此一纵一横之外"。最有见地，深得仲景辨证理论的精髓，所以，研究三焦辨证与六经辨证同样不应局限于外感病范围。

吴氏重视辨证的思想，是与《伤寒论》一脉相承的，如多次着重提出："全在临床善察病情，毫无差感也。”“是书着眼处，全在认证无差，用药缓急的宜。不求识证之真，而妄议药之可否，不可以言医也。”又如《温病条辨》中有讨论“寒湿证治”的专篇，秋燥病篇不仅有温燥证治，而且有凉燥证治，不仅如此，在叙述执证的条文中间，往往夹叙寒证，如温病下焦篇论述阴枯液涸诸条之后，接着是列举阳虚诸条，并出半夏汤、桂枝汤和小建中汤等方，旨在说明温病后期不单是阴虚，也有阳虚，示人辨证决不可只执一端。又如湿温中焦篇五加减正气散，前三条论湿热证，后二条谈寒湿证，吴氏恐他人误解，既然是讨论湿温病，为什么又并叙寒湿？特加以说明：“以上二条，应入前寒湿类中，以同为加减正气散法，欲观者知化裁古方之妙，故列于此。”又如湿温下焦篇收入温阳燥湿的术附汤，他也有说明，“再此条应入寒湿门，以与上三条有互相发明之妙，故列于此，以便学者能悟也。”又如寒湿病篇，小青龙汤条之后紧接麻杏石甘汤等，似乎杂乱无章，条理欠清，其实也是为了鉴别比较，以利于辨证。这种以辨证角度编排条文内容，其他医籍很少见到，惟《伤寒论》早有先例，如桂枝汤后紧接白虎加人参汤条，阳明热实证条文中编入阳明虚寒证等。于此可证，《温病条辨》编排条文的方式，正是继承了《伤寒论》辨证的思想、方法。

再如将白虎汤证分别归入上焦肺经气分与中焦阳明温病，而且扬弃了“经证”名称，提出“面目俱赤，语声重浊，呼吸俱粗，大便闭，小便清，口燥渴，舌苔老黄，甚则黑，有芒刺但恶热，不恶寒，日晡益甚”，作为阳明温病的审证依据，只从脉象上区分白虎证与承气证，脉凉洪燥甚者，用白虎汤；脉沉数有力，甚则脉体反小而实者，用大承气汤。从而突出了脉证合参的辨证方法。再如“随方立禁”，提出白虎四禁、承气三禁，以及“壮火尚盛者，不得用定风珠、复脉；邪少虚多者，不得用青蒿鳖甲汤”等，也是以辨证为前提，继承自《伤寒论》，又有所补充、发展。

二、制方规则的继承和发展

《温病条辨》共载方205张，其中有28方直接引自《伤寒论》，有52方是《伤寒论》方加减化裁而成，还有个别方剂引自《金匮》，约占40%左右，可见用《伤寒论》方的比例是很大的。由于这些化裁方剂产生于临床实践（主要系自叶天士医案与本人经验），辨证选用疗效可靠，因此经得起临床的检验。这表明吴氏不仅继承了《伤寒论》的制方规则，而且有所突破和发展。

1. 突破了《伤寒论》方的使用标准。例如，炙甘叶汤原是治“伤寒，脉结代，心动悸”的主方，大多法家解释本方的配伍意义，皆环绕着心病，“补心气，养心血，滋心阴，通心阳”。临床用于各种心病皆有一定的疗效。《千金翼方》载本方主治“虚劳不足，汗出而闷，脉结悸”，又名复脉汤，也未出心病范围。《外台》引用本方，治“肺痿，涎唾多，心中温温液液者”，略有些进展。吴氏根据叶氏及自己使用该方的实践经验，创制加减复脉汤，作为下焦温病的基本方。提出“热邪深入，或在少阴，或在厥阴，均宜复脉”，并且作了简要说明：“此言复脉为热邪劫阴之总司也。盖少阴藏精，厥阴必待少阴精足而后能生，二经均可主以复脉者，乙癸同源也。”由此化裁出一甲复脉汤、二甲复脉汤、三甲复脉汤、救逆汤、大定风珠护阳和阴汤诸方，以适应临床病情变化的需要，从而使炙甘草汤的运用标准有了新的突破。

2. 扩大了《伤寒论》方的使用范围，例如栀子豉汤是主治热扰胸膈而致虚烦不得眠的方剂，吴氏除了选载《伤寒论》的原文以外，还根据该方的功用特点增加药味，分别用于不同的病症。一加蒌皮、桔梗、枳壳、郁金、降香末，命名三香汤，主治“湿热由募原直走中道，不饥不食，机窍不灵”的湿温病证；一加桑叶、杏仁、沙参、象贝、梨皮，令名桑杏汤，主治“秋感燥气，右脉数大，伤手太阴气分”的温燥病证。湿与燥截然相反，却均以栀子豉汤为基本方，足见化裁巧思，为扩大经方使用范围作出了光辉范例。

3. 师《伤寒沦》组方原则创制新方。例如，乌梅丸方出于蛔厥条下，大多注家皆视为制蛔专方，环绕制蛔解释方义。吴氏却独具卓识，从药物的性味功用分析该方的配伍意义，提出乌梅丸为酸甘辛苦复方，酸甘化阴，辛苦通降，辛甘为阳，酸苦为阴，它与寒热并用的泻心汤不同，而是寒热刚柔并用，“治厥阴，防少阳，护阳明之金剂”。正由于对乌梅丸的组方意义有着确切的认识，因而能够随证化裁以至创制新方。如针对“久痢伤阴，口渴舌干，微热微咳”，创制人参乌梅汤，只保留乌梅丸中的人参、乌梅两味，增入木瓜、莲子、山药、炙甘草，意取“酸甘救阴之中，仍然兼顾脾胃”。又如针对“暑邪深入少阴消渴者，……入厥阴麻痹者”，创制连梅汤，也只取乌梅丸中的黄连、乌梅两味，意在侧重于柔，故更增入麦冬、生地、阿胶等滋阴药。通过这样化裁，既以黄连泻壮火，使不灼津，又以乌梅之酸以生津，合黄连酸苦为阴而泄热；更以色黑沉降之阿胶救肾水，配麦冬、生地合乌梅酸甘化阴，庶消渴可止。另外，黄连泻克水之火，乌梅得本气之克，补肝之正，阿胶增液而熄肝风，冬地补水以柔木，庶麻痹可止。至若暑邪深入厥阴，出现舌灰消渴，心下板实，呕恶吐蛔、寒热，下利血水，甚至声音不出，上下格拒等“土败木乘，正虚邪炽”的危候时，立法又以刚为主，创制椒梅汤。于乌梅丸中保留乌梅、川椒、黄连、干姜、人参，减去桂枝、附子、细辛、当归、黄柏，增入黄芩、白芍、半麦、枳实。两方一刚一柔，充分体现了吴氏“师古法而不泥古法”的创新精神。

4. 弥补了《伤寒论》方的数量不足。例如《伤寒论》下法的方剂有大、小、调胃三承气汤、麻子仁丸与桃核承气汤、大柴胡汤、柴胡加芒硝汤等，虽然已经粗具规模，但是仍难满足临床的需要，吴氏鉴此，创宣白、导赤、牛黄、增液、护胃等承气汤，并在陶氏黄龙汤的基础上创制新加黄龙汤，这就大大弥补了攻下方数量的不足。关于桃仁承气汤，前后出方二张，一是治下焦蓄血，方中去桂枝、甘草，加当归、芍药、丹皮虽然既同原名，实际已非原方，而是选自《温疫论》方。一是治热入血室，方中更去芒硝，仅保留桃仁、大黄两味，加生地、丹皮、泽兰、人中白，名加减桃仁承气汤，两方药虽略异，而增强凉血祛淤作用是一致的。再如化斑汤是白虎汤加犀角、玄参；减味竹叶石膏汤是《伤寒论》原方减去半夏、人参、甘草；以及半夏泻心汤化裁诸方，都是随证加减以适应临床的需要，活法示人，极有参考价值。

三、《伤寒论》方的临床运用

吴鞠通临床治病，能博采众长，尤其擅用《伤寒论》方，朱彬曾给予很高的评价，“见其治咳，一以仲景为依归，而变化因人，不拘常格，往往神明于法之外，而究不离乎法之中，非有得于仲景之深者不能”。言颇中肯，绝非过誉。兹略举其经验数则，以资佐证。

1. 用大剂桂枝汤验案　吴氏本人于夏令六月患病，“先暑后风，大汗如雨，恶寒不解”，先服桂枝汤一帖，桂枝用二两（当是二钱），毫无效验，次日用至八两（当是八钱），服半帖而愈。这一验案虽然叙证太简，但这是自己服药的体会，应该是可信的。起码有两点具有参考意义：一是治病处方应据证而不必拘时，二是用药也须注意用量，用量不够，即使方与证符，也不会生效。

2. 用麻黄汤治伤寒验案　某，40 岁，头项强痛而恶寒，脉浮而紧，无汗，的系伤寒，法当发汗。何得妄为冬温而恣用凉药，处方为麻黄六钱，杏仁四钱，甘草四钱，桂枝五钱，嘱先服一盅，复被令微汗，尽剂而汗始至足。此案在分析病情时，为什么提出“何得妄为冬温而恣用凉药”？当是针对一些庸医而发。在方后又为什么记载“尽剂而汗始至足”？则是以事实批驳麻黄汤是发汗峻剂之说。可见两句都不是闲笔，而是具有一定意义。

3. 用大承气汤治妇女热病胎动验案　黄氏患温热，妊娠七月，胎已欲动，症见大实大热，目突舌烂，知为前医过于瞻顾所致，因与大承气汤，一服而热退而安。吴氏自注“今所生子二十一岁矣”，以证明这一验案的真实性。如果没有及时用下，热心不退而胎亦不得保，于此益信“有故无胎”理论之可贵。

4. 用大青龙汤治风水肿胀验案　范，18 岁，患风水肿胀，方用生石膏四两、麻黄六钱、桂枝三钱、杏仁五钱、炙甘草三钱、生姜三钱、大枣二枚，煎服，一帖而汗解，头面肿消，次日与实脾利水，五日痊愈。所开处方为大青龙汤原方，该方本用于“不汗出而烦躁”的表寒里热证，《金匮》用于肢体疼重的溢饮证，鞠通却移用于头面肿为特点的风水，竟收竿影之效，真是“药用当而通神”。

5. 用小柴胡汤治少阳病兼痰喘济案　钱，34 岁，患太阳中风，汗多，误与收涩，引人少阳，寒热往来，口苦脉弦，与小柴胡汤和法。其人向有痰饮喘症，加枳实、橘皮，去人参。煮三盅，先服一盅，寒热止，止后服，尽剂不止，再作服，二帖。

复诊：风入少阳，与小柴胡汤，已解其半，仍需用和法。寒多热少而口渴，较前方退柴胡，进黄芩，加花粉。此案不仅辨证准确，而且用药极有层次，既针对主证拟方，又兼顾宿疾加药。次诊在病解其半的情况下，证半复而法亦不变，因而仍进原方，根据当时的临床表现，仅加花粉一味，方中柴胡、黄芩用量数作进退，也极有分寸，对于如何化裁运用经方尤有借鉴意义。

6. 用麻黄附子甘草汤治肿胀验案　患者陈性，32 岁，从头面肿起，腹固胀大，满腹青筋暴起如虫纹。因医者误用八味丸，反摄少阴之阴，又重加牡蛎涩阴恋阴，使阳不得行，而阴凝日甚，六脉沉弦而细，耳无所闻，目无所见，口中血块累累而出，即《经》所谓血脉凝注之候。以病势迫于危急，不敢骤然用药，于是暂用活鲤鱼一尾，重六斤，不去鳞甲，不破肚，加葱、姜各一斤，水煮熟透，再加醋一斤，任服之。服鱼汤一昼夜，耳闻如旧，目视如旧，口中血块全无，惟肿胀未除。根据“病始于上而盛于下者，先治其上，后治其下的治则，拟用麻黄附子甘草汤（麻黄二两、附子一两六钱，甘草一两二钱）尽剂仍无汗，此因闭痼已久，阴霾太甚之故，因仍用原方，化裁服粥助汗法之意，加服鲤鱼汤。服汤药一饭碗，即接服鲤鱼汤一碗，汗至眉上；又一次，汗至上眼皮，又一次，汗至下眼皮；又一次，汗至鼻；又一次，汗至上唇。大约每一次汗出寸许，经一昼夜，二帖药服完，鲤鱼汤一锅亦服尽，汗至伏兔而已，未过膝也。脐以上肿消，腹仍大，腰以下肿如故。又据“腰以下肿，当利小便”的治则，改用五苓散，但连服 15 天未效，病亦不增不减，盖药不精良之故，且因久虚不化，于是仍用五苓散二两，加柴油安边青花桂四钱，顶高丽参三钱，嘱服之尽剂。其溺（同属）于子正始通，至卯正方无，共得溺三大盆有半，视其身如空布袋，又如腐皮。续用调理脾胃，百日痊愈（案文太长，略有删节）。这样的治案，确实可法可传，不断析理精微，识见超卓，而且用药精炼，尤其对药量的掌握，服药护理的改进，更是发前人所未发。至于对五苓散不效的分析，得出药品质量不好的主要因素，同时也认识到久虚不化与小便的关系，因此仍用原方，改用优质肉桂及加益气的人参，终于得到预期效果而转危为安，吴氏真不愧为一代医学名师，岂是只长于温病。

今天，在纪念医学家吴鞠通逝世一百五十周年的时候，更应该以之为榜样，发奋图强，刻苦钻研，为攻克难治、不治的病证作出贡献。

论吴鞠通对温病学说的贡献

孟澍江

淮阴吴鞠通是清代著名的温病学家。他慨父病不知医，悲忧子病温而死，又叹时医不知治温病之法，生民不死于病而死于医，遂立志济病者之苦，医医士之病，遂潜心述先贤之格言，摅生平之心得，穷源竟委，而著《温病条辨》。温病学说虽有刘河间、王安道创论于先，但其论欠详，立法未备；虽有叶天士奠基于前，但其所论过简，缺乏系统。而《温病条辨》则为当时温病学的集大成之作，不仅收取了前贤在温病学方面的成就，尤其是“学宗于叶氏”，使叶天士温病学说思想系统化，从而便于学习、推广、运用，而且在温病的理论、立法，处方、用药各方面都有所发展、提高。因而该书一出即风行全国，不但是学医者学习温病学说的重要参考书，也成为临床者在诊疗温病时的主要凭依。下面就《温病条辨》一书，简单分析一下吴鞠通对温病学说的贡献。

一、发展了温病学理论

温病学发展到叶天士时代，已初步奠定了基础，然而叶氏对温病的病因、发病病理、分类等基本理论的论述较为简单。吴氏在此基础上则作了进一步的阐发，使温病学理论不仅更为系统、条理化，而且在深、广度方面大大地发展了。

1. 强调伤寒、温病有别　关于伤寒与温病系两类不同性质的外感热病，王安道、吴又可、叶天士等均已论及，至吴氏则论述尤为精详。吴氏指出“伤寒由毛窍而入，自下而上，始足太阳……治法必以仲景六经次传为祖法；温病由口鼻而入，自上而下……必从河间三焦定论，……伤寒，阴邪也，阴盛伤人之阳气，……温热，阳邪也，阳盛伤人之阴也”（上焦篇2）。因而伤寒与温病某些见症虽相似，但其发生机理却有所不同，如伤寒之恶寒系犯于足太阳，“属寒水而主表”，温病之恶寒系犯于手太阴，“肺合皮毛而亦主表”（上焦篇3）。对于伤寒，温病初起之治法，吴氏又提出了“伤寒所以不可不发汗，温热病断不可发汗”的原则区别（卷四杂说）。同时，吴氏认为《伤寒论》一书“始终以救阳气为主”，而《温病条辨》之治温热“始终以救阴精为主”（同上），这是由于二书所论之病不同。

2. 阐述温病的病因与发病　对于温病的病因，吴氏综合了前人的各种论述，认为既有伏气为病者，也有感受时令现行之气而病者，亦有由戾气而致者，实际上把伏气学说、新感学说和温疫学说的病因说融会贯通起来。由于温病包括的范围甚广，病情轻重，临床表现各不相同，从其感受病因的不同而予以区别是有一定意义的；同时，吴氏肯定了前人所说皆属温病，则其理论与治法自可相通，而不必各执己见，争论不休。

在温病的发生方面，吴氏强调与“气运”有关，即认识到自然界的因素与温病发生、流行有密切关系，同时也指出了人体能否“藏精”是温病发生的内在条件，认为“能藏精者，一切病患皆可却，岂独温病为然哉”？同时又认为“不藏精三字须活看，不专立房劳说，一切人事之能摇动其精者皆是”。（卷首）这样就从外因和内因两个方面较为完整地分析了温病发生的原因。

3. 建立温病的病种分类，关于温病的病种分类早在王叔和《伤寒例》中已有，至叶天士立有春温、风温、暑病、秋燥等名，但分类不细，概念不够明确。吴氏则提出温病有九种，即风温、温热、温疫、温毒、暑温、湿温、秋燥、冬温、温疟，不仅明确了温病的范围，而且对每一种温病明确了其概念，提出："风温者，初春阳气始开，厥阴行令，风夹温也；温热者，春末夏初，阳气弛张，温盛为热也；温疫者，疠气流行，多兼秽浊，家家如是，若役使然也；温毒者，诸温夹毒，秽浊大甚也；暑温者，正夏之时，暑病之偏于热者也；湿温者，长夏初秋，湿中生热，即暑病之偏于湿者也；秋燥者，秋金燥烈之气也；冬温者，冬应寒而反温，阳不潜藏，民病温也；温疟者，阴气先伤，又因于暑，阳气独发也。"（上焦篇1）。其中虽然有的定义下得尚不够妥切，但已基本上对各种温病作了区分。这些病名概念的确立，基本上一直为后世所沿用。

二、完善了温病辨治纲领

叶天士创卫气营血辨治纲领，对于明确温病不同阶段和层次的辨证治疗作出了巨大贡献。然而，卫气营血尚不能确切地反映出与病变脏腑的关系，因而仅有卫气营血辨证还不能满足温病临床的实际需要。叶天士也曾说："河间温热须究三焦"，但究竟如何进行三焦分治，叶氏并无深论（当然，温热究三论是否由刘河间创论，又当作别论）。吴鞠通则以三焦来归纳温病错综复杂的病证表现，凡心肺之病属上焦，脾胃之病属中焦，肝肾之病属下焦，即吴氏所说："本论论三焦，由上及下，亦由浅入深。"（凡例）

三焦辨治与卫气营血辨治互为经纬，共同构成了温病的辨治纲领，二者不仅不矛盾，而且是互为补充，相辅相成的。三焦辨证的基础是脏腑辨证，但三焦辨证与脏腑辨证又不尽相同，其主要区别在于三焦辨证有其内在的联系，反映了许多温病在发生、发展、临床表现、治疗方法等方面的内部规律，而脏腑辨证一般并不反映温病的这些内在联系和规律。例如吴鞠通提出的温病"始上焦，终下焦"、"上焦病不治，则传中焦，胃与脾也，中焦病不治，即传下焦，肝与肾也。"（中焦篇1）即总结了多种温病的病理发展规律。吴氏所说的："治上焦如羽（非轻不举），治中焦如衡（非平不安），治下焦如权（非重不沉）"（杂说），则为温病治疗大法的一种总结。由此可见，三焦辨证与脏腑辨证并不相同。

应该强调指出，吴氏所创的三焦辨证是把各种温病的病证按其部位之上，中、下三焦而作为归类，因而，既有温邪在上、中、下三焦者，亦有湿邪在上、中、下三焦者。吴氏指出，湿邪为患，"上焦与肺合……，中焦与脾合……，下焦焉得不与肾水相合?"（下焦篇42）此处所说之三焦与六腑之一，司通行水道、主气机升降出入的三焦并非相同，所以三焦辨证所包括的内容并不仅限于六腑气化三焦的病变，而是适用于各类温病病证。

三、丰富了温病的治法

自温病学说产生之后，对温病的治法逐步充实、丰富，特别是叶天士《临证指南医案》中对温病的治法已有大量记载。吴氏在此基础上，加以整理、补充，使温病的治法更臻完善。下面择几个主要治法来分析吴氏的论述。

1. 解表法　温病初起当用辛凉，先贤早有论及。但辛凉之法的具体运用却有不同。刘河间、王安道等主温病当用辛凉而不当用辛温，但其辛凉多系麻黄、桂枝等辛温与石膏、黄芩等寒凉药配合之谓，张凤逵亦有"暑病首用辛凉"之说，其辛凉主要指白虎汤。吴鞠通所立的辛凉解表之法则有所不同。其有辛凉平剂银翘散，辛凉轻剂桑菊饮、辛凉重剂白虎汤之分，不再使用麻、桂等品，而以银花、桑、菊、薄荷、牛子等辛凉之品为主，其配合之寒凉药物不取芩、连之苦寒沉降，而用连翘、竹叶、石膏等轻清或透达之品。

但是吴氏对温病初起主用辛凉之法尚有灵活变通。如温病初起仍兼有寒邪束表者，亦可暂投辛温解表之法，表寒一去，转手寒凉之剂，吴氏所谓“太阴风温、温热、温疫、冬温，初起恶风寒者，桂枝汤主之”（上焦篇3），即为此意。此实治温病之复法，而非常法。故吴氏列于《温病条辨》第一方招致后世非议。同时，在辛凉之剂中亦可少佐辛温之品，如银翘散中用荆芥、豆豉，吴氏之意取其“芳香散热解毒”，实可增加该方辛散之性，以助解表之力，但所择之辛温之品应以辛温而不峻猛燥烈者为宜。此外，凡属湿热性病邪引起的温病，如暑温（指挟湿者）、湿温之初起，若见表证不可贸投辛凉，而当用辛温，对此吴氏论述较详，“温病最忌辛温，暑证不忌者，以暑必兼湿，湿为阴邪，非温不解”（上焦篇24）。可见其用辛温之意乃为治其湿邪，故所用辛温系指辛温芳化而言。

综上所述，温病之解表以辛凉为大法，但亦不可一概而论，其中有兼表寒而暂用辛温者，有表郁甚而稍佐辛温者，有因挟湿而当用辛温者。

2. 通下法　通下一法，《伤寒论》中论之较详，后世于此多有发挥。至温病学家出，对通下一法亦极重视，并有伤寒、温病用通下不同之说，如“伤寒下不厌迟，温病下不厌早”、“伤寒一下即已、温病多须再下”、“伤寒下剂多猛、温病下剂多轻”等。观吴氏所说，却不把伤寒、温病之下法截然区别，吴氏认为若温病“病纯在里，则非下夺不可矣，故主以大承气”（中焦篇1）。则温病并非不可投猛下之剂；吴氏又认为“承气非可轻尝之品”，则温病亦并非下不厌早，吴氏又提出了“故下之禁”，则温病也并非必须再下。吴氏以上关于温病用通下之法的论述，当有助于纠正世人偏颇之见。其实，温病中除了属湿热积滞胶结胃肠者应强调“轻法频下”外，并无硬性区别伤寒、温病用通下法不同的必要。

在通下法的具体运用方面，吴氏在前人的基础上大大地充实了内容。如对阳明温病“应下失下，正虚不能运药”者，主以新加黄龙汤；“端促不宁，痰涎壅滞，右寸实大，肺气不降者，”主以宣白承气汤；“左尺牢坚，小便赤瘤，时烦渴甚”者，主以导赤承气汤；“邪闭心包，神昏舌短，内窍不通，饮不解渴者”，主以牛黄承气汤；“津液不足，无水舟停者”，间服增液（汤），“再不下”者，主以增液承气汤；（中焦篇17）下后邪气复聚，见“热不退或退不尽，口燥咽干，舌苔干黑，或金黄色”，若脉沉而有力者，予护胃承气汤，脉沉而弱者，予增液汤（中焦篇16）；上焦之邪未清而已入中焦阳明，并煎熬肾水的“三焦俱急”之证，症见“大热大渴，舌燥脉不浮面躁甚，舌色金黄，疲涎壅甚”，当用承气合小陷胸汤（中焦篇10），湿温久羁，致至三焦气分闭塞不通，出现“神昏窍阻，少腹硬满，大便不下”者，则又予宣清导浊汤等等（下焦篇55）。此皆为吴氏对通下一法的灵活变通，与补气、养阴、化痰、宣肺、淡渗、开窍、理气、清热等其它治法分别配合，以适应于温病临床千变万化的病证。

3. 滋阴法　吴鞠通反复强调温病顾护阴液之重要，他认为“温病伤人身之阴，故喜辛凉、甘寒、甘咸以救其阴”（中焦篇1），明确提出“本论始终以救阴精为主”（杂说）。吴氏在论述滋阴法时，大量继承了前人的特别是叶天士的经验，在具体运用上又有其自己的特点。主要表现在以下几方面：

主张“预护其虚”：当温邪在表时，阴津损伤较轻，其治虽以祛邪为先，但吴氏提出，“病温者，精气先虚”，故当“预护其虚”（上焦篇4）。故其所立桑菊饮、银翘散均佐用甘寒生津之芦根、甘草。

以三焦分论滋阴：由于吴氏以三焦辨证作温病辨证之纲，所以对于阴液所伤亦以三焦归类，即上焦为肺阴伤，中焦为胃阴伤，下焦为肾阴伤。在治疗方法用上，肺阴伤主沙参麦冬汤、胃阴伤主用益胃汤、五汁饮，肾阴伤主用加减复脉汤。其治上、中焦之阴伤用药相似，诚如曹炳章所说："救胃即所以救肺也。盖肺属金，阳明亦为燥金，故用药无甚大异，不过治肺则引以清轻药，治胃则引以稍重药耳。"（中焦篇100评）。

善用增液之法：吴氏所用滋阴方药甚多，惟对增液汤一方独擅运用。吴氏认为方中"元参味苦咸微寒，壮水制火，通二便，启肾水上潮于天……，并能解热结"，麦冬"亦系能补能润能通之品"，细生地"补而不腻，兼能走络"，三味配合不仅可以补养阴液，滋肾润胃，还可清热散结，通利二便，补中有通，滋中有清。故增液汤不仅用作增水行舟或合硝黄成增液承气汤，还广泛用于温病的其它阴液不足之证。如热入营分、热灼营阴之证所用清营汤一方，其中即有增液汤以滋养营阴，又如热盛气血之证所用加减玉女煎，即为石膏、知母配合增液汤以滋阴清热。其它尚有许多方剂或元参、麦冬并用如清宫汤，或元参、生地并用，如银翘散去豉加地、丹、大青倍元参方，或麦冬、生地并用，如银翘汤、益胃汤、竹叶玉女煎、护阳和阴汤、连梅汤等，均属增液汤变法。可见温病中增液汤一法适应范围较广，奏效较明显。

于滋肾尤多心得：吴氏在《温病条辨·下焦篇》中对于滋肾一法的运用虽多取材于叶氏《临证指南医案》，但其中也多有个人之心得，经吴氏整理、发挥，温病下焦肝肾证治得以完备。吴氏以加减复脉汤为下焦肝肾阴伤之基本方，兼心气欲脱者用救逆汤（即加减复脉汤去麻仁加生龙、牡）；兼阴虚液耗，便溏者用一甲复脉汤（即加减复脉汤去麻仁加牡蛎）；兼欲动风而舌干齿黑、手足蠕动者用二甲复脉汤（即加减复脉汤加生牡蛎、生鳖甲）；兼阴虚风动而心中憺憺大动者用三甲复脉汤（即二甲复脉汤内加生龟板）；如阴精欲竭、时时欲脱者用大定风珠（即三甲复脉汤加鸡子黄、五味子）。同时，对于病在下焦真阴灼伤而邪热仍在者，吴氏亦强调搜剔余邪。他说："在下焦，以存阴为主，存阴之先，若邪尚有余，必先以搜邪。"（下焦篇18）在具体运用上又立有黄连阿胶汤、青蒿鳖甲汤等方，并指出："壮火尚盛者，不得用定风珠、复脉，邪少虚多者，不得用黄连阿胶汤，阴虚欲痉者，不得用青蒿鳖甲汤。"（下焦篇17）

四、确立了温病辨治体系

吴鞠通在创立三焦辨治纲领和丰富治法的基础上，论述了各种温病病证的证治方法，从而确立了温病的辨治体系。由于其内容十分丰富，不可能一一分析，现选取几种病证为例：

1. 温病神昏谵语辨治　温病发生神昏谵语虽总与心神失常有关，但其原因不尽相同，所用治法亦各异。如其中有手太阴肺经之邪不解而传入心包者，即吴氏所说："手太阴病不解，本有必传手厥阴心包之理"（上焦篇16），其治主以芳香开窍，用牛黄丸、紫雪丹、至宝丹之类。亦有邪入营分而扰于心神者，则表现为"时有谵语，神明欲乱"，昏谵程度较轻，故只用清营汤清泄营热即可（上焦篇30）。还有系阳明热结胃腑而上扰心神致谵语者，其舌苔见老黄而干，吴氏治以通下泄热，用小承气汤（中焦篇4）。若阳明腑实而又兼热闭心包者，症见神昏谵语而大便秘结，则投以牛黄承气汤（中焦篇17）。此外，还有因湿热内蕴，湿热之气上蒙心包而见神识如蒙或神识昏乱，当予辛开苦降以清化湿热，方用人参泻心汤、泻心汤之类（中焦篇54、90）。若为瘀热在里面致发热，舌痿饮凉，心烦热，神气忽清忽乱，主以桃仁承气汤通瘀破积泄热以安心神（下焦篇30）。尚有湿热弥漫三焦而致神昏窍阻，少腹硬满，大便不下者，则用宣清导浊汤以渗湿化浊清热（下焦篇55）。以上均属实证中所见的神昏谵语，治疗主以祛邪。此外，有因防液元气亏虚致心神失养而致神识失常者，则主以补养。如真阴欲竭，不能上滋心神而见神昏舌短烦躁者，当以牛黄丸、紫雪丹开窍搜邪与复脉汤存阴潜阳法结合运用（下焦篇18）；又如暑热久延，阴液元气两伤而致寝不安，食不甘、神识不清者，当予三才汤补养气液（下焦篇39）。

2. 温病发哕辨治　发哕在温病中每为一险候，吴氏对其分为上、中、下三焦进行辨治。病在上焦者属气分痹郁，病机重点在肺，治用宣痹汤以轻宣肺痹（上焦篇46）。病在中焦者有属于气壅为哕者，系湿热之邪壅遏胃气，气机不畅而致，治用新制橘皮竹茹汤（中焦篇9）。有属于实热壅塞阳明为哕者，其治则当通下之，里气得逋则哕可止（中焦篇8）；有属脾土衰败而冲气上逆为哕者，当用附子粳米汤急救土败（中焦篇95）。病在下焦者系肝肾阴竭而致，可见目光无神，脉细或并见厥逆，可用小定风珠（下焦篇15）。对于发哕的上、中、下辨证除了全身表现外，吴氏注重从哕声来予以鉴别，“连声哕者，中焦；声断续，时微时甚者属下焦”（中焦篇8）。

3. 湿温病的治疗大法　吴氏将湿温分三焦论述，实际代表了湿温三个阶段。对湿温的治疗首先应掌握湿邪的特点，如吴氏说：“湿为阴邪，自长夏而来，其来也渐，且其性氤氲黏腻，非若寒邪之一汗即介，温热之一凉即退，故难速已。”（上焦篇43）湿温初起，吴氏虽将其列于上焦篇，但强调指出本病“上焦最少，势不甚显张，中焦病最多”（上焦篇43）。对于湿温初起者，吴氏主张“轻开上焦肺气，盖肺主一身之气，气化则湿亦化也”，主以三仁汤。如病变以中焦为主，吴氏强调投用芳香化浊、升降脾胃之气，宣通气机，故设五加减正气散。如病在中焦而湿热互蒸，吴氏指出：“徒清热则湿不退，徒祛湿则热愈炽”，治当清热化湿并施，如黄芩滑石汤即是（中焦篇63）。若湿温病久羁，邪留下焦则可致二便不通，吴氏设有宣清导浊汤、半硫丸等法。可见治湿之法与治温之法不尽相同。

以上，从《温病条辨》讨论了吴鞠通在温病学说方面的重要贡献。吴氏在温病学说上的贡献甚多，以上所论仅是举其要，遗漏及不确之处甚多，冀与同道共同研讨。

论温病的病因学

沈凤阁

温病的病因学，是关系到温病的病原学防治和这一学科发展方向的问题。因此，展开关于温病病因学的讨论，无论对中医的温病学教学和指导临床实践，都是十分必要的。

一、对温病病因认识演变的历史回顾

前代医家对温病病因为认识，是迭有变化的，归纳之，大体有如下诸多的演变和发展。

1. “六气”过则为灾说　这是最早的“六气”致病说，春秋时期，医和给晋侯诊病。就是用此说来解释各种疾病的原因。《左传》谓：“六气曰，阴阳风雨晦明也。分为四时，序为五节。过则为灾。阴淫寒疾，阳淫热疾，风淫末疾，雨淫腹疾，晦淫惑疾，明淫心疾。”意即自然界的风雨阴晴变化，都不能太过，太过则会引起疾病，此即“淫生六疾”、“过则为灾”之意。后来的实践所知，自然界气候变化太过，固然能致人于病，但气候不及或即使在正常气候条件下，也会发生外感疾病。因此，这种“过则为灾”说，在当时虽有

一定的理论意义，但实际是片面的。

2. 伤寒说　《素问·热论篇》：“今夫热病者，皆伤寒之类也。”《素问·阴阳应象大论》：“冬伤于寒，春必病温。”可见在古代不仅认为一切外感疾病，都是伤于寒邪所致，而且直接指明温病的致病原因，是“冬伤于寒”。《难经》“伤寒有五”之说。更进而将湿温、热病、温病，都属于伤寒范围。晋代王叔和根据《内经》“冬伤于寒，春必病温”的旨意，进而演绎为“不即病者，寒毒藏于肌肤，至春变为温病，至夏变为暑病。”“这是继《内经》之后，最早阐述温病伏邪说的先驱者。叔和于《伤寒例》中，虽论及温疟、风温、温毒、冬温等多种温病，但均属“更感异气变为他病者”。推其原先致病之因，仍属外受寒邪。不言而喻，将一切外感热病的原因都归之于冬受寒邪，这就从根本上混淆了各种外感疾病致病原因的性质特点。同源异病，于理欠通。

3. “伏阳”致温说　北宋医家韩祗和认为，导致伏气温病的原因并不是寒邪，而是披寒邪郁折于内的“伏阳”。韩氏指出：“其内伏之阳。”被寒毒所折，深浃于骨髓之间，应时不得宣畅。所感寒气浅者，至春之时，伏阳早得发泄，则其病轻，名曰温病。感寒重者，至夏至之后，其阳渐发。其伏阳不得停留、或遇风寒，或因饮食沐浴所伤。其骨髓间郁结之阳气为外邪所引，方得发泄。伏阳既出肌肤，而遇天气炎热，两热相干，即病证多变，名曰热病。韩氏的伏阳致温说，从病因学的角度，突出伏气温病的温热特性，使病因与辨证特点相互统一。这较之伏寒化温说有了较大进步。但揆其阳气之所以内伏，仍是由于寒邪的郁折。故韩氏意欲摆脱寒邪，而实际仍没跳出伤寒学说。

4. 非时之气说　王叔和将温疫之所以传染流行，“长幼之病多相似者”，归咎于四时之气候反常。如春时应暖而反大寒，夏时应热反而反大凉，秋时应凉而反太热，冬时应寒而反大温。即“非其时而有其气”。此种因气候反常而致疫的论点。早在《礼记》中曾有记载。如“孟春行秋令，则民大疫；季奉行夏令，则民多疾疫”。不过，王叔和阐述得更为具体罢了。按王氏此说，虽有一定意义，但实际表明，在四时正常气常气候条件下而疫病流行者，亦往往有之。因此，将疫病完全归因于“非其时而有其气”，显与实际不符。

5. 戾气说　戾气即乖戾之气。戾气致病说，巢元方首先提出。《诸病源候论》认为：时气、温病，都是“人感乖戾之气而生病”。至明代吴又可始将戾气作为温疫病的直接致病原因。戾气亦称异气、杂气、疠气。吴氏认为：“温疫之为病，非风非寒，非暑非湿，乃天地间别有一种异气所感。”这种戾气致病说的主要精神是：①戾气是一种致病物质，即所谓“气即是物，物即是气”。②邪自口鼻而入。③戾气致病有种族特异性。因此，有鸡病而鸭不病，有牛病而羊不病，有人病而禽兽不病等。④一气自成一病，为病种种，是知气之不一，⑤有病位选择性，有某气专入脏腑经络，专发为某病者。吴氏这些观点，得到尔后中医界的一致肯定，并给予高度评价。

6. 外感六淫与六淫化热说　《素问·至真要大论》：“夫百病之生也，皆生于风寒暑湿燥火，以之化之变也。”故后世有“外感不外六淫，民病当分四气”之说，温病为外感疾病，其致病原因，自当由于外感六淫。但外感病有外感风寒和外感温热两大类，疾病类别不同，其致病原因亦当有别，因此，温病致病原因，仅提外感六淫，亦未免失之笼统，所以后来有六淫化热说。主此说者，认为温病这一大类外感疾病之所以具有温热特性，主要是六淫之邪从热而化所致，叶天士称之为“温邪”。六淫之邪，除了暑为阳热之邪，寒邪为外感风寒致病原因外，其余风、湿、燥诸邪，皆有寒化、热化之别。如章虚谷曾有风从寒化、热化之论，俞根初有凉燥、温燥之分，薛生白有阴湿、阳湿之论。这种六淫化热说，虽从致病原因上阐明了温热病的特性，但即此四种温热病邪。很难自圆其说临床上有诸多的温热疾病，一因何以能致多病?

7. 温热病毒说　这是全国统编教材第二版《温病学》所提出的温病病因学的新观点。这种观点，为使温病病因不违背科学常识，是有其一定意义的。但“病毒”这一名称，与西医学所谈的病毒，在概念上易于相混。且在温热病毒的总概念下，设立风热病毒，暑热病毒、湿热病毒、燥邪病毒等。乍看起来，似乎是已将病原微生物与六淫之邪相结合，但实际上两者间并没什么内在联系，究其实质，仍不脱六淫的范围，只是将“阴邪”改作“病毒”而已。

8. 邪毒说　这是近年来有些同志因对耀来的温病病因说感到不能满意所提出的新观点。这种观点，为运用清热解毒药治疗温病绝大多数是传染病和感染性疾病，提供了理论依据。也阐明了构成温病的主要原因，并不是四时的气候变化。其用心和出发点都十分可贵。但这种温病致病原因的邪毒，与传统认为的邪甚为毒和温病过程中的热盛为毒、热聚成毒以及温毒为患等，在“毒”的概念上未能明确区分。且将所有温热疾病的原因，都归之于“邪毒”，这也难从根本上阐述清楚各种温病因说的各具特性和其致病特点。

基于上述对于温病病因说的历史回顾。可论温病病因说的众多，这也反映了医家们对温病病因急需探索清楚的渴望心情，因此，对温病病因说确有认真、广泛、深入研讨的必要。

二、温病六淫致病说的历史先进性与观实局限性

温病的六淫致病说在一定的历史阶段有其先进性。如战国至唐代，对温病病因的认识，都是根据《内经》“冬伤于寒，春必病温”立论，即伏寒化温伏邪说，宋代郭白云在《伤寒补亡论》中指出，发于春天的温病，除了冬寒内伏者外，尚有感受春令之气而病者。这较之把春温的病因仅看作是“冬伤于寒”，显然有了很大进步。明代汪石山在此基础上，并创立了温病新感说，这种因感受当令之邪而发的新感说，为尔后医家认识到一年四季皆可感受当令之邪而病温者给予了很大启迪。四时主气不同，一年四季各有其感受当令之邪而病温者，因而扩大了对温病病种的认识，如吴鞠通《温病条辨》所论述的十种温病，其中除少数属伏邪为病者外，绝大多数均为新感温病，皆属感受四时六淫之邪所致。这在辨证求因、审因论治方面，都有其一定的理论价值。如属风热致病，治以疏风泄热；暑热致病，治以清暑泄热；湿热致病，治以化湿泄热；燥热致病，治以润燥泄热等。这较之优寒化温治疗单纯以清里热为主有了很大进步。这就是温病六淫致病说的历史先进性。

温病六淫病因说的观实局限性，主要表现在：六淫为病的概念比较笼统和六淫病因说对温病病原学的防治缺少有效的指导意义。

如前所述，六淫中的寒邪不能成为温病的致病原因。古代认为：“冬伤于寒。”感而即病者为伤寒，不即病而发于春夏者，谓之温与暑。这种把伤寒与温暑的致病原因都看成是外受寒邪，这就从根本上混淆了伤寒与温暑的概念。因此，近代医家都认为寒邪是伤寒的病因，而不能成为温病的病因。六淫中的“火”，实际是指感受外邪后的病理变化，即所谓“五气皆从火化”。何秀山亦指出：“四对之序，春为风，夏为暑，长夏为湿，秋为燥，冬为寒，皆有外因。”火则本无外因。因此，六淫中能引起温热病变的，只有风、暑、湿、燥四种病邪。但临床所见的温热病种，却有数十种之多。病种的不同，必然根源子病因的有别。病因仅此四种，缘何有此数十病种？即使结合患者体质因素说，也尚不能解释清楚诸多的温热病种，何况把不同病种的区别，都归因于体质因素，也是不合实际的。一病必有一因。一因而致多病，无论在逻辑上和事实上都不能成立。

发于春季的常见温病有风温、春温，这确是两种不同的疾病。春季风气当令，故可谓风温是感受风热病邪，然而同是在风气当令的气候条件下，缘何春温为病，不是因于风热病邪？过去认为是冬寒内伏化温，因属有违科学常识，现在认为是感受春令温热病邪，亦总觉概念模糊，与其他四时温热之邪相比未能反映出该种病邪的特性。

夏季暑气当令，按照六淫致病说，由此所形成的病邪为暑热病邪，而其为病，有“夏暑发自阳明”者。有暑邪直犯肝经成心包，而发为“暑风”、“暑厥”的。有发为“暑瘵”的，有发为“暑秽”的。同是感受暑邪，何以病变不一？从现在的观点分析，这些病证虽均是发生于暑季，但其致病原因实际并不相同，因而其临床表现与传变规律等皆知攒点，治疗方法亦各有所异。今混而称之为感受暑热病邪，实掩盖了暑月多种疾病的各具特点，由此足见，六淫为病的概念是比较笼统的，它对病因的阐述，不可能反映各个疾病的本质特性。六年主病，四对分证之说。不可避免地会对温病病种的认识受到局限。

温病包括了相当一部分的传染性疾病。根据六淫病因说，在其中发生症状时，是不可能知其是感受风热病邪、抑或是暑热、暑热、燥热病邪的，因而也就不可能进行病因学预防。即使已经发生症状而表观为风热或暑热、湿热、燥热病变，根据六淫病因说，来取相应的防范措施，亦未必能杜绝其传播流行。因此，六淫病因说，对温病病因学预防是缺少积极的现实意义的，而杜绝温病的传染流行，又恰恰是十分重要的。

三、从唯物辩证观探求温病的病因学

温病包括了很多传染病和感染性疾病，其致病原因，究竟是气候因素还是别的原因？明代吴又可早就指出，是气候因素之外的另一种致病物质——戾气。亦称异气、杂气、疠气。吴又可当时出于历史条件的限制，不可能认识清楚这种致病物质究竟是什么样的物质，那是完全可以理解的，但其“异气”说的先进性、科学性，则得到中外医学界的一致称誉。对这样一个众所肯定的观点，为什么不予继承？吴又可当时限于条件，因此只能提出“异气”的抽象概念，而现在有先进的技术、设备，并有其它学科的成就，不仅可借鉴，而且可以彼之长为我所用，为什么不能加以具体论述？唯物论者，不应回避事实，应尊重客观事实。早在300多年以前，吴又可尚认识到温疫病的致病原因是气候因素之外的一种物质，而我们今天对照热性传染病和感染性疾病的致病原因早已认识清楚是病原微生物，但偏偏仍以吴又可之前的六淫致病说来解释，岂非属于历史的倒退？既然一致公认吴又可“异气”说的先进性、科学性，而在实际上却又不敢大胆地、理直气壮地加以继承发展，难道是怕承认温病的致病原因是病原微生物，就会丢了温病学的中医特色吗？如果能从瘟病发病学的角度来认识“六淫”的真实意义。那就可以无须为此担心。

从温病致病原因上承认病原微生物，当然不应全盘否定气候因素对温病发病的影响。毫无疑问，四气气候变化，无论对病原微生物的滋生、繁殖，还是对人体的受邪、发病，都有不容置疑的影响，但这毕竟是诱因和条件，其致病的主要原因，还是在于病原微生物的侵袭。病因和发病，两者虽关系密切，但并不相同。人体受病因的侵犯，不一定都会发生疾病，而疾病的发生，除了致病原因外，它如社会因素、精神因素、气候因素等等都是发病的条件。其中气候因素，对温病发病的关系尤为密切。需要指出的是，从温病病因上强调病原微生物，不等于在治疗上就应完全着眼于病原微生物。如所周知，中医对受邪发病的认识，历来是注重邪正关系的，即人体感邪后是否发病以及病情轻重、传变、预后等，都与人体正

气的强弱有关，治疗时必须权衡邪正关系的相互消长。因此，对温病病因的探求，必须唯物地去认识而对其受邪发病，又应辩证地去看待。

不同的疾病必由不同的原因所引起，这是为人们的常识所熟知。如前所述，六淫致病说，不易从根本上解释清各种疾病的特性，而病原微生物的各具特性，决定了各种传染病、感染性疾病的各有其致病特点，这对掌握疾病的发生发展规律和未有相应的预防性措施，都是十分有意义的。

四、重新认识“六淫”说在温病发病学上的真实意义

如前所述，将风、暑、湿、燥、寒、火作为温病的致病原因，有其现实的局限性，但是在温病的发病学上，却有很高的科学价值。实践表明，从感受病因到发生病变是有一过程的。但在其已经受邪而尚未发生症状时，如按照六淫病因说，是不可能认识外邪已侵及人体的，只有在人体发病后，才能据其症状而推断其为六淫中的何种病邪致病，而从病原生物学的观点出发。通过现代检测手段，可以得到证实。由此可见，病原生物学与六淫说所认识的病因学内容并不相同，前者重在客观实体，后者重在临床表现。如大叶性肺炎，其初起临床表现，有呈风寒表证的，有呈风热表证的。如从六淫致病说分析，是两种完全不同的疾病。前者属伤寒，后者属风温。病证性质不同，其治疗方法有原则区别。前者主用辛温发汗，后者主用辛凉解表。

据上所述，充分证明，虽同一致病原因侵犯于人，但发病与否，与人体正气的强弱有关，而其发病后的病证表现，则是病邪作用于人体后正邪相争的具体表现，由此亦足以证明温病学中的风、暑、湿、燥、寒，实际是属于发病学的概念，是据证候表现而确定其属性和病变机理的，因此，它在辨证治疗中具有普遍性的指导意义。如前所述属风热者，治以疏风泄热，属暑热者，治以清暑泄热等等。从而可知，六淫说的真实意义主要是立足于温病的临床表现，然后据此而辨证施治。

辨证施治是中医学的最大特色，如果认为温病很多疾病的原因，即是病原微生物。因而只需进行病原学治疗而不需辨证施治，这显然是错误的。且莫说目前还不具备每一疾病都有针对病原微生物的特效方药，而尚需辨证施治，即使是每一种疾病，都有针对病原微生物的特效方药，也不能不需辨证施治，因病原学治疗只是针刺病邪的一方面，所以它有不可避免的片面性。而辨证施治则是根据邪正斗争反应以及其它各种因素综合考虑的，因此它比较全面而合理。但也必须懂得，在辨证施治同时对病原学治疗也不能完全忽视。事实证明，某些病原学治疗可以高效、速效，对控制疾病的发展、蔓延都是十分有利的，如青蒿素，不仅适用于各型疟疾，而且疗效迅速、可靠。由此可证，只寻求病因学治疗而忽视辨证施治，故属片面，而只强调辨证施治，由此而轻视病原学治疗，亦并不全面。

承认风、暑、湿、燥、寒、火属于温病发病学概念，不等于否认整个中医学的六淫病因说，也不等于说温病全是病原微生物所致，也全非气候因素所引起。临床证明，很多内科杂病虽亦根据临床表现而推求其病因，但确与气候因素密切相关。六淫病因说是中医学的基本内容之一，这是无容置疑的。另温病学中的某些病证，亦并非病原微生物所引起，如中暑、暑秽等，亦确系气候因素所致。对此，通过学科范围与内容的调整，是不难解决的，如中暑、暑秽等属物理性因素的疾病，可归属于内科，而原来内科学中的如疟疾、痢疾等属于生物性因素的疾病，则可归属温病学范围。当然，是否用温病学这一名称，可另行考虑。

病原微生物与温病发病学中的风、寒、暑、湿、燥、火的关系怎样？什么样的气候条件

有利于哪一些病原微生物的滋生、繁殖，并有利于侵及人体而发病？什么样的微生物，侵及人体后可呈现风、暑、湿、燥、寒、火的发病学变化？有无规律可寻？这些都是今后值得实验研究和逐步加以临床总结的。

小结

温病的病因与发病，是两种不同的概念，不能混一谈。病因并不依赖于发病而独立存在，而发病则以致病原因为前提条件，以临床表观为主要依据。

温病的病因学应在继承吴又可“戾气”说的基础上而有所发展，应尊重病原微生物的客观实际，只有在一病一因的思想指导下，才能不为“六气主病、四时分证”所拘，才能扩大对温病病种的认识，才能掌握每一疾病的发生发展规律，才能有效地进行病原学防治。

温病中的“六淫”说，虽有病因学的含义，但真正富有意义的是属于发病学概念，它是病邪作用于人体后正邪斗争反映的理论概括，因此，它在温病辨证施治上具有共同性的指导意义。

温病“卫气营血”辨证的临床意义及其运用要点的探讨

——兼论“卫气营血”在运用上与“三焦”、“六经”以及“八纲”的关系

王灿晖

“卫气营血”辨证的临床意义，虽已为绝大多数医家所肯定，但其具体评价则不尽一致，在运用上有关“卫气营血”的证候、病机等辨证的基本内容，文献中虽有详尽阐述，但有关运用方面的一些要点和环节缺少深入探讨和系统总结；在辨证内容上，“卫气营血”与“三焦”、“六经”以及“八纲”之间，医家们虽然认为关系密切，相互关联，但缺少比较全面的论述。笔者在温习叶、吴论著的基础上，结合个人体会，就上述三个方面的问题作一初步探讨，籍以抛砖引玉！

一、关于“卫气营血”临床意义的评价

全面而准确地评价“卫气营血”的临床意义，对于正确认识它在温病学中的理论和实践价值，十分重要，在近代温病学文献中，对此虽有不少论述，但评价大多侧重于临床辨证区分证候类型方面，内容似见完整，有些提法亦不够确切。综观古今文献所述，结合现代实践运用进展，笔者认为评价“卫气营血”的临床意义，比较完整的表述应包括如下四个方面，即“卫气营血”在温病辨证上的意义是：

1. 分析病机的理论基础　病机是产生证候的基础，证候是病机变化的具体反映。临床辨证从一定意义上讲，就是要正确揭示外在证候与内在病机之间的关系，从而达到认清病证本质的目的。这在诊断上就不仅要熟练掌握诊断方法的运用，而且还该掌握一定的辨证理论，以作为临床辨证分析的指导原则。实践证明，温病学家叶天士所创立的“卫气营血”辨证体系，是在揭示温病内在病机本质的基础上而总结出来的，它反映了温病证候产生及其演变的一般规律。临床运用它指导辨证分析，就能比较正确地揭示温病过程各个阶段证候产生的病理基础，从而为辨别证候类型，制定正确的治疗方法奠定基础。

2. 区分证候类型的大纲要领　如果说分析病机是揭示证候内在变化的本质，那么区分

证候类型则是对客观现象的分类与概括。鉴于证候是内在病机变化的反映，所以在温病发展过程中随着病机的转化，其证候也相应地发生变化而表现出不同类型。临床运用“卫气营血”对各种不同证候进行区分、概括，正是以温病内在病机变化为基础，而对证候类型的规律性揭示，因之对于临床辨证分型具有纲领性的指导意义，而绝不是一个简单的人为的证候分类方法成证候群的代表符号。

3. 识别传变的重要准则　温病的过程是一个不断发展不断演变的过程。这种演变不仅表现为临床证候的变化，而且反映了内在病机的转化。临床辨证在动态观察过程中，以“卫气营血”作为识别传变的准则，对不断变化着的证候进行辨别分析，就可以本质上揭示它的演变趋向，从而为判断发展预后，采取有效的治疗措施，截断其传变提供依据。

4. 确定治疗的主要依据　辨证的目的不仅是为了认识病机性质区分证候类型、判断轻重浅深和发展转归，而更重要的是为正确治疗提供理论依据。也就是说，温病治法的确立，在理论上是以“卫气营血”的辨证体系为主要依据，在实践上就是要针对“卫气营血”的不同证候类型进行立法制方。这就是辨证施治原则在温病治疗上的具体体现。叶天士提出的“在卫汗之可也，到气才可清气，入营犹可透热转气……，入血就恐耗血动血，直须凉血散血”的治疗原则，就是针对“卫气营血”证候的不同病机而确立的。

二、关于“卫气营血”辨证运用要点的探讨

以“卫气营血”为准则，在分析病机性质的基础上区分证候类型，是整个辨证的核心。临床运用除了掌握“卫气营血”证候的不同表现，以作为辨别证候的客观依据外，在具体辨析过程中还须根据“卫气营血”的不同证候性质和辨证施治要求，掌握一些辨析的要点和注意环节。这些思路方法方面的问题，对提高辨证的准确性、完整性和整个诊断水平，有着很重要的意义。兹根据个人的一些体会，初步探讨如下：

（一）卫分证

卫分证是温病初起常见的一个证候类型。它虽然证候表现比较典型，病情大多单纯。临床一般不难辨识，但在具体辨析过程中，注意下列一些环节还是十分必要的。

1. 辨证求因，除外风寒外感　温病卫分证是因温邪侵袭肺卫而致的表热证候。它与风寒外感初起的表寒证候虽均属表证范围而见症有些类同，但其性质则有寒热之别，治疗上亦相应的有辛凉解表和辛温解表之异。临床为了能准确辨识卫分证的表热性质，从而为正确治疗提供依据。在辨证分析时，首先必须运用“辨证求因”的方法，通过对共同证候的分析比较，从病因上分清表证的寒热属性。只有排除了表证的风寒外感性质，才能准确地确立卫分表热证候的辨证结论。经验证明，辨别卫表证候的属寒属热。临床除了根据证候的热象轻重、恶寒微甚、口渴与否以及舌苔、脉象等变化外，结合证候传变的动态观察是一个重要方面。热为阳邪，传变迅速，一般邪在卫分阶段为时短暂，很快即内传入里；寒为阴邪，留恋在表过程较长，必俟寒邪化热后始传入里。叶天士说：“温邪热变最速”，“伤寒之邪留恋在表然后化热入里”，即指此而言。

2. 审察有无湿邪兼夹　温热虽属阳邪，但在致病过程中，每常因气候变化和体质因素而夹湿邪为患。温热兼湿，较之单纯卫分湿热证病情复杂，邪乃留恋，因之在治疗上必须给予应有的考虑。叶天士在治疗温邪在表时有“夹湿加入芦根、滑石之流”的提示，即针对这种情况而言。否则光着眼表热见症纯予辛凉解表，而不考虑兼湿之治，势必导致病程迁延。为了提高卫分证施治的准确性，在辨证分析时不仅要除外风寒外感，而且要审察有无湿

邪兼夹，温邪在表兼夹湿邪的卫分证，在证候上仍以卫分表热证为主，兼夹湿邪为次，这与外感湿热病邪初起湿郁，蒸蕴而生热的卫分表证有所不同。其辨证依据是：在卫分表热见症的基础上而见有舌苔微腻、渴不欲多饮、胸闷脘痞、溲短浑浊等症，即为兼夹湿邪之象。

3. 注意诊查特异性的症征　卫分证是多种温病初起所共有的一个证候类型。凡温病初起邪从外受病发于表的，临床均以卫分证为主要表现。所以温病初起见有卫分证，在证候上虽具有表热的特异性质，但从辨病角度说，一般则缺少特异性，在诊断上不具有典型意义。为了适应客观实际需要，在诊断上实行辨证与辨病相结合，临床辨别卫分证，在识得表热性质的基础上，还有必要注意诊查在辨病上具有特异诊断价值的一些症征。如特殊的皮疹、剧烈的头痛呕吐、频繁的咳嗽咯血、明显的咽痛红肿等。这些征象如在卫分阶段即被查察，则对早期明确辨病诊断，认识病变重心，掌握发展趋向以及探索特异性的治疗，截断病机传变，都具有十分重要的意义。显然，这些特异征象也不是所有温病在卫分价段即可查到，而往往需要经过一个发展过程才能逐渐显露出来，有时要到邪入气分阶段才能出现。因之临床辨证必须确立动态观察的观点，在全面诊察的基础上，有目的有重点地注意诊察可能出现的特异症征。这对提高整个诊断水平是非常重要的。

（二）气分证

气分证是温病过程中一个重要的证候类型和发展阶段。它不仅持续时间较长，而且病情复杂多变。实践证明，临床“把好气分关”是治疗温病的一个重要环节。而“把好气分关”的前提，在于正确地进行辨证。初步体会，“把好气分关”在临床辨证分析过程中必须注意如下几点：

1. 分清气分里热外蒸内郁的不同态势　气分里热证从其邪热所表现的态势看，一般可分为里热蒸腾于外和里热郁蒸于内两类。两者虽同属热在气分，但因邪势不同，所以具体治法有异。一般说，里热蒸腾于外的治宜辛寒清气以透热外，而忌用苦寒沉降之品以免遏伏邪热；反之，里热郁蒸于内的则治须苦寒清热之剂以直折里热郁火，而辛寒清气之品则力难胜任。由此可见，分清气分里热的不同态势，是治疗上决定使用不同清气法的前提和依据，同时对掌握证候的传变趋向也有着重要的意义。临床辨析气分里热的不同态势亦以证候表现为据。一般说，里热蒸腾于外的多见体表壮热、面红目赤、大汗大渴、脉象洪大等症，而里热郁蒸于内的则见发热、口苦、心烦、溲赤等症，两者相较，前者体表热势壮盛，并见面赤大汗、脉象洪大等邪热蒸腾之象；后者体表热势及蒸腾之象虽不及前者为甚，但里热内郁之象则较显著，故见心烦不宁、口苦溲赤等郁火症象。

2. 明确病位重心，区分具体证型　如所周知，气分病变范围甚广，它可涉及人体内脏各个部分。温病邪热入里后，每因病邪的轻重性质不同和机体反应性的差异而作用的部位有所区别，从而在病位重心及其证候上表现出不同类型，常见的如热壅肺气、热郁胸膈、热郁少阳、邪留三焦，热盛阳瞬、热移大肠、热结膀胱以及湿困太阴等。这些不同的证候类型虽同属气分范围，但因病位不同，病机有异，故具体治法各不一临床辨析，除了要掌握它们的共同见症即发热、口渴、苔黄、脉数等气分证的基本特点外，还必须掌握能反映多种不同证候类型病位重心的特有征象，如热整肺气所见的咳嗽、气喘等肺经见症，热结肠腑所见的腹满、便秘等腑实见症。临床只要掌握了它们的各自特点，就能正确分析证候的异同。

3. 掌握传变趋向，注意动态观察　气分证是温病过程中邪正处于剧烈交争状态的一个阶段，是病情发展的重要转折点。热盛气分，邪正交争，如正能胜邪，热达腠开，邪以外解，则病情即可中止发展而趋向缓解，反之，如正不胜邪，邪不外解，则势必内陷而深入营分血分，导致病情恶化。基于这一特点，临床辨析气分证候不仅要明确其证候性质。而且要密切注意证候的动态变化，特别要审察有无邪热内传的征象出现，如热邪传营的斑疹隐隐、心烦不宁、舌转红绛，热盛动风的手足震颤、两目直视等。同时还要注意有无正气外脱征象可察，如汗多肢冷、神倦息促、面白脉微等。通过动态观察，掌握了证候的传变趋向，就可为及早采取有效的治疗措施，截断其传变发展提供依据。

4. 辨察有无痰湿兼夹　气分证虽以热盛津伤为基本特点，但在病程中亦可产生兼痰扶湿的情况，特别是在邪热流连气分不解的情况下尤易见到。这是因为邪留不解，气机郁滞，气不布津，则津液势必停聚而为痰湿。温为阳邪，痰湿属阴，温热兼夹痰湿病情复杂，治疗上必须给予特殊考虑，清泄邪热、化痰祛湿、宣展气机，临床根据具体证情参合使用。否则，光着眼于气分里热，用药一味寒凉反易使邪热恋滞难解，以致病程迁延。由此可见，临床辨析气分证候，特别是病邪流连气分较久时，注意审察有无痰湿兼夹征象，如寒热起伏缠绵、胸闷咯痰、脘痞呕逆、舌苔黏腻等，实是临床正确施治的一个重要环节。

（三）营分证

温病过程中出现营分证，大多由气分证传变而来，是病情甄别的标志。邪入营分，不但营阴受损而且扰乱心神、伤及血络，故病情多较深重。但较之血分证，病机相近而病势尚浅一层。此际为能辨证正确，施治有力，犹可转危为安，趋向好转；否则，邪热深陷，势必导致病情进一步恶化，造成严重后果。可见营分证的正确辨治，实关系到温病的预后转归。实践证明，在辨析营分证过程中掌握下列几个环节对于正确辨证具有十分重要的意义。

1. 掌握特点，及早发现　温病过程中的营分证，在辨证上如能及早发现。治疗上及时有力，其预后情况是可以大大改观的。营分证早期发现的关键，在于正确掌握能反映营分证内在病机变化的临床症征。一般说，温病在由气入营的过程中，其早期的营分见症，多以神志和舌象变化为主，如烦躁不宁，间有谵语，日轻夜重，舌转红绛等，这是早期辨识营分证的根据所在。临床如在辨治气分证过程中，发现上述症象，则提示气分邪热已渐入营，治疗上当乘其邪热乍入营分或初入营分尚未深入之际，及早采取有效治疗措施，以截断其传变。

2. 重视神志异常变化的辨察　热邪扰乱心神是营分证的病机特点之一，故神志异常变化亦相应地是营分证的临床主要表现之一，但其轻重程度则有很大差异，这主要与邪热的轻重浅深有关。一般说，邪初入营，邪势尚不太甚，多表观为心烦不宁，夜甚无寐，一旦营热炽盛，心神被扰程度加剧，则神志见症亦相应增重，而出现躁扰不安时有谵语之象；若在此基础上而有昏迷倾向，则提示营分之热有内闭心窍之势，为邪热较重，病势深入的表现。临床重视神志变化具体表现的辨证，对于截断营分证的轻重转归意义十分重大。其中特别是对于轻证和重证的辨察尤为关键。早期出观的神志变化虽然程度较轻，但及早辨识可以为及时治疗提供依据。营热炽盛有内闭心窍之势者，则神志变化较一般营分证为重，多出现为昏迷倾向，意识逐渐丧失。临床及早辨识这种热闭心窍的征象是治疗上采取有效措施，防止邪热进一步内陷闭窍的重要前提，较之前者更为重要。

3. 察审证候兼夹，注意个体差异　温病过程中每常见到营分证与气分证或卫分证相兼为病的情况。因营分证多由气分证传变而来，故在其形成过程中，每可出现营分证已见而气分证未解的情况。即通常所说的“气营同病”。“不可专治一边”而有其特定治法。为了正确辨治，临床辨证不仅要有营分证候，而且还须注意它是否兼有气分证候。其辨别要点除了热象、出汗表现、口渴情况等外，舌苔变化是一个重要方面。凡邪热入营舌呈绛色而黄苔来退者即为气分热邪未解之证。邪入营分除可兼气分证候外，还可兼夹表证而为“卫营同病”。其治疗，原则上虽解表清里同时并进，但具体制方用药又根据表里先后缓急而有所侧重。所以临床辨证在识得营分兼表的基础上，还须进一步分清表里先后缓急和邪势的孰轻孰重，这样才能为正确治疗提供可靠依据。

此外，在辨析营分证的过程中，还要注意患者的个体差异特别是体质情况，并分析其对营分证发展变化的影响。如小儿患者脏腑娇嫩气血未充，邪入营分后极易闭窍动风，年老体弱患者，邪热入营后不仅易于深陷，而且极易导致内闭外脱之变；产妇血室空虚，一旦邪热入营便会乘虚内陷而形成热入血室之证；平素“心虚有痰”的患者，邪热入营后尤易蒙闭包络，所谓“外热一陷，里络就闭”。凡此种种皆因个体差异而变化不一。临床只要详加辨察，便可掌握其特异变化从而采取相应的治疗措施以断其传变防其发展。

4. 血分证　血分证是在营分证基础上而形成的以血热炽盛、迫血妄行、心神错乱为基本特点的一个证候类型。它是卫气营血传变过程中最为深重的一个阶段。此际辨证施治及时正确与否，直接关系到疾病的预后转归。因之从一定意义上讲，提高血分证的辨证施治水平就是提高温病的诊治水平。根据血分证的临床特点，在辨析过程中注意如下几点是极为重要的。

（1）分清出血部位，明确病证类型：“热盛动血”是血分证的基本病理变化，出血见症是血分证的主要特点。邪入血分后虽必有出血见症，但其具体表现则不尽相同。它除可表现为全身性的广泛出血外还往往因病种不同病位重心有异，其邪入血分后的伤络动血部位有别，从而出现不同部位的出血见症。其中如见咯血、衄血。因热伤肺络所致，常见于风温、暑温以及秋燥等病；如见大便下血，则属热伤肠络，主要见于湿温化燥之后；若见小便出血，则为热结肠腑，膀胱血络受损之征，伏暑病热结下焦者每可见到。辨析出血部位，不仅有助于明确病位所在，分清病证类型，而且对于临床治疗采取针对性的清热凉血止血措施以提高疗效，有着非常重要的意义。

（2）审察神志异常变化的轻重表现：“心主血脉”，血热炽盛，心神必受其扰，故临床必有神志异常见症。但其轻重程度及具体表现则因邪势的轻重及具体病机的差异而有所不同。一般说，血分证由于热毒炽盛、心神错乱、神志异常见症多较严重，常表现为躁扰不安、神昏谵妄、甚或狂乱；若血热夹瘀，瘀热相搏，扰乱心神，则见如狂发狂之象；若血热内闭心窍，则又表现为神昏谵语或昏愦不语，而躁狂之象则不及前者为甚。分清这些不同表现，对于临床辨析病机，判断轻重，以及正确地有针对性地进行治疗，都具有十分重要的意义。

（3）辨析血脉瘀滞程度：实践证明，热入血分在形成热盛动血的病机变化过程中，都伴确不同程度的血脉瘀滞变化。这主要与下列因素有关：①血热沸腾，血液运行增速而致脉络瘀热；②热耗阴血，阴枯血滞；③血液妄行，离经瘀滞。血脉瘀滞虽非血分证的主要病机，但在辨治过程中必须加以重视，及时消除这一病理因素。否则便会加重动血变化而致出血难止。因为瘀滞之血阻络，新血便难以归经，以致外溢不止。所以临床辨证不仅要着眼于血热动血症状的辨察，而且还要有意识地诊查血脉瘀滞状况及其程度。其中舌象表现，斑疹色泽、血液颜色等是辨察的主要着眼点。此外，对于反复出血而治以凉血止血之剂仍然不止的血分证，尤须考虑到血脉瘀滞的因素。

（4）注意正气盛衰状况：气为血之师，血为气之母，两者相互资生，相互作用，维持人体的生命活动。热盛动血在一般情况下是以血热炽盛的实证为主，但在病程发展过程中亦可因出血太多，气失依附产生气随血脱的严重变化。所以在辨析血分证时，不但要看到热盛动血的变化，而且还要密切注视正气的盛衰状况，特别是要注意诊察有无正气欲脱的征兆。其中发热、出汗、面色、神情、气息、脉象等的动态变化，是辨察气脱的主要着眼点，如在血分证过程中，骤然出现身热下降、汗出淋漓、面色苍白、神情萎靡、气息急促、脉象微细急疾等变化时，即为正气外脱的表观。在其早期阶段多先表现为面色苍白、神情萎靡、四肢不温、脉象急促。此际如能及时识得正气有欲脱之势，从而采取有效治疗措施，则有可能阻断脱证的进一步发展。

以上就“卫气营血”辨证体系在温病辨证运用过程中的一些思维特点和注意环节作了初步探讨。实践证明，临床运用“卫气营血”辨证，除了要掌握其证候特点以作为辨别的客观依据外，在具体辨析过程中根据各个证候的性质和特点，在思路上明确一些分析要点和注意环节还是十分重要的。只有这样，才能比较全面地、深入地认清其证的性质，准确地反握其变化特点和发展转归，更有针对性的进行治疗。

三、关于“卫气营血”与“三焦”、“六经”、“八纲”

在辨证运用上的关系的分析

温病学中的“卫气营血”与“三焦”以及《伤寒论》中的”六经，同是外感病辨证施治的理论基础和指导原则。它们分别从不同的角度揭示了外感病发生发展过程的变化规律。由于三者论述病的对象都是外感病证，因此在具体内容上存在着交叉重叠的情况，并且还与中医辨证体系中的“八纲”有着不可分别的关系。认清它们之间的联系和区别，对于正确而全面地掌握外感病的辨证施治体系，有着十分重要的意义。兹简析如下：

（一）“卫气营血”与“三焦”在辨证上的关系：“卫气营血”与“三焦”同是温病辨证施治的理论原则，两者在内容上是互相渗透，互相补充，密切相关，不可分割的一个整体。“卫气营血”辨证是以人体气血的生理病理变化为基础，阐述温病的演变规律，而“三焦”体证则从脏腑的生理病理出发分析温病发展过程的病机和证候。由于人体是一个统一的整体，在生理上气血脏腑之间是相互为用不可分割的，因之温病过程中卫气营血的病机化必然会影响脏腑的功能活动，而脏腑的病变也必然会导致卫气营血的功能失常。在理论上它们分别作为独立辨证体系，立论的基点虽有所不同。但在内容上实是互相渗透、互相补充而又交叉重叠的。“卫气营血”辨证中包含有脏腑的内容。而“三焦”的脏腑辨证中亦有“卫气营血”可辨。例如卫分证即主要包括了邪在上焦手太阴的肺经表证；气分证则除了包括中焦阳明胃肠、足太阴脾的病证外，还包括了上焦手太阴肺的肺热证；营血分证由于在病机上与手厥阴心包和足厥阴肝经关系密切，因此在证候归类上有将心包证归于营分、肝经证候归于血分的。就“三焦”而言，上焦手太阴肺经证候就有卫分气分可分，即它除了包括肺卫表证外，还包括了肺热里证；中焦阳明证虽属气分为病，但有时亦可深入血分；心包证、肝经证一般虽多归于营分、血分范围，但临床亦有因气分热邪盛极而产生的。总的来说，“卫气营血”和“三焦”在辨证内容上，有的是完全相同，有的是同中有异，也有的是既有联系又有区别。临床辨证，根据病证的具体情况而选用。

（二）“卫气营血”、“三焦”与“六经”辨证的关系

温病学中“卫气营血”、“三焦”的辨证体系，与《伤寒论》的“六经”辨证在学求渊源上有者一脉相承的关系，在内容上也有着共同之处和互相联系、互相补充的地方。正确认识它们之间的联系和区别，明确它们在内容上的异同之处，对于全面掌握中医外感病的辨证体系有着十分重要的意义。《伤寒论》的“六经辨证，是汉代医家张仲景在继承前人学术理

论的基础上，结合自己的实践体会而总结出来的。它不仅为外感病的辨证施治奠定了基础，而且对后世临床医学的发展有着深远影响。温病学中的“卫气营血”与“三焦”，是清代温病学家根据温病发生发展的演变特点，在汲取“六经”辨证有关内容的基础上，结合自己的实践体会而总结出来的。由于它比较全面和深入地揭示了温病的发展规律，因之对于温病临床较之“六经”辨证针对性更强。由此可见，温病学中的“卫气营血”和“三焦”与《伤寒论》的“六经”同属外感病的辨证体系，但其内容则各有重点。《伤寒论》的“六经”辨证虽然不独为伤寒而设，亦可运用于温病，但究其内容而言，毕竟是“详于寒而略于温”，并不能全面、确切地反映温病独特的发展过程；而“卫气营血”和“三焦”在辨证上虽不能概括一切外感疾病，但对温病的独特规律则做了深入揭示和全面反映，比较准确地体现了温病的发展过程。因此可以这样认为：《伤寒论》即“六经”辨证为温病学中“卫气营血”和“三焦”辨证的创立提供了基础，而“卫气营血”和“三焦”辨证的创立，正是补充了“六经”辨证的不足，从而丰富了中医辨证理论的内容。

“六经”辨证和“卫气营血”、“三焦”辨证，在内容上既有相同之处，但也各有特点。从体系结构看，“六经”是以经络、脏腑及其气化功能的生理病理为立论基础，而温病学中的“卫气营血”和“三焦”，则着重反映了温病过程中脏腑气血的病机变化，经络病变涉及较少。在辨证的具体内容上，三者相同的地方如“六经”的太阳经证与“三焦”的上焦手太阴证和“卫气营血”的卫分证，证候性质就基本相同，均属外感病的表证类型，又如“六经”的阳明证与“三焦”的中焦阳明病和“卫气营血”中气分证的主要类型，证候性质亦完全相同，均属里热实证。它们的不同之处主要是：“六经”辨证较多地反映了“寒化”的证候类型，而“卫气营血”与“三焦”，则充分体现了温热化燥伤阴，入营入血、动风闭窍的病变特点。它们在内容上既相互联系而又互相补充，临床辨证应从疾病的实际出发而灵活运用。

（三）“卫气营血”、“三焦”、“六经”与“八纲”的关系

“卫气营血”、“三焦”、“六经”与中医辨证体系中的“八纲”辨证，在运用上也是密切相关不可分割的。它们在临床上作为分析病机辨别证候的指导原则虽均具有纲领性的意义，但其立论基础、体系结构和应用范围则有所不同。

“卫气营血”、“三焦”与“六经”辨证，是以脏腑、经络及气血的生理病理为理论基础的。它们都是根据外感病发展过程中的证候演变，在分析病机的基础上，进而作为指导辨证的理论原则。因此其临床意义并不仅是从现象上区分外感病不同阶段的证候类型，而更重要的是从理论上揭示其内在本质，即脏腑经络气血的病变规律。

“八纲”辨证是中医辨证体系中的核心内容，它是根据疾病发生发展的普通规律而对疾病的病位所在、病变性质、邪正消长等作出的理论概括。因此在运用上具有普遍的指导意义，无论内伤、外感，临床辨证皆可应用。正由于“八纲”辨证运用普遍，适应面广，故其内容则比较原则和概括，用于临床辨证只能从普遍意义上明确证候类型的一般概念，而不能深入具体地揭示每一证候的病变机理，更不能针对某一类疾病的独特病变而提示其内在规律。所以临床在运用“八纲”辨析外感病时，还必须根据病症的具体实际选用“卫气营血”、“三焦”或“六经”等外感病的辨证体系进行深入分析，最后才能得出一个比较全面的辨证结论。

综上可见，“卫气营血”、“三焦”、“六经”与“八纲”，均属中医辨证体系范围，临床运用紧密相关而又各具特点。“八纲”辨证是一切病证的辨证总纲，它反映了疾病的一般规

律，具有普遍性的指导意义。因其内容比较原则和概括，故临床辨证还须根据疾病的不同类型，选用其特有的辨证体系以深入分析病变机理。“卫气营血”、三焦”、“六经”则是根据外感病的发展变化规律，在分析脏腑、经络、气血病机变化的基础上而总结出来的。它们的运用范围虽以外感病为主，但对病机的揭示则比较深入和具体，因之在外感病的辨证上具有独特的指导意义。

《温病条辨》辨病分期定位论治体系初探

张文选　温病学博士　指导老师：孟澍江

《温病条辨》（下称《条辨》）潜在着一种与三焦辨证截然不同的辨病分期定位论治体系（下称辨病体系）。这一体系，强调辨病的重要性。以病为纲，纵向研究不同温病卫气营血变化的规律及其特殊性；注重脏腑病机，在卫气营血分期中，同时进行具体的脏腑定位辨证，从而使卫气营血理论发展深入到研究温病个性特征；探求脏腑机能状态的层次，具有重要的理论价值和前景广阔的临床意义。但是由于吴鞠通在《条辨》中极力倡导三焦辨证。以求与《伤寒论》六经成“一纵一横”之妙，因而使他的辨病理论隐没于全书之中未能得以阐扬。有鉴于此，本文试就辨病体系的主要内容及学术价值作一粗略的探讨。

一、辨病体系的基本内容

（一）首先辨病

《条辨》开卷第一条并不是用以阐明三焦的证候病机，而是首列临床常见的九种温病，一一辨其发病与临床的特征，明确其各自的概念，用意十分深刻。“诸家论温有顾此失彼之病，故是编首揭诸温之大纲，而名其书曰《温病条辨》。”足见吴氏著书宗旨重在辨病。各论中每种温病病名下的第一条，仍然为辨病而设。如湿温第一条：“头痛恶寒，身重疼痛，舌白不渴，脉弦细而濡，面色淡黄，胸闷不饥，午后身热，状若阴虚，病难速已，名曰湿温。”由于“世医不知其为湿温”，往往误诊为寒等。因此，吴氏在自注中又进行了详细的鉴别诊断，在分条论述中吴氏用具体的病名概念，严格地限定了该条证候所属病的范畴。如“太阴风温，但咳，身不甚热。微渴者。辛凉轻剂桑菊饮主之”；“手太阴暑温，但咳无痰，咳清高者，清络饮加甘草、桔梗、甜杏仁、麦冬、知母主之”。同样是以咳嗽为主的手太阴肺卫病交，病不同则证治不同，只有先作出病的诊断。才有可能更好地把握证的特征，这正是为什么要首先辨病的原因所在。

（二）分期辨证

病的概念明确之后，吴鞠通师承叶天士的卫气营血理论，对不同温病进行卫气营血辨证。以风温为例。初起邪在卫分，拟银翘散、桑菊饮治之；继之邪入气分，用栀子豉汤、白虎、承气诸方治之；进而深入营分、血分，用清营汤、清宫汤或犀角地黄汤治之。虽为同一温病，病期不同，病机证治则异。因此，必须根据病交的浅深层次，揭示各病卫气营血变化的基本规律。

（三）脏腑定位

在卫气营血分期辨证的同时，吴鞠通根据脏腑病机理论，于卫气营血各期中进行具体的脏腑定位辨证。如风温气分证：“邪在上焦膈中”，“舌微黄、寸脉盛，心烦懊侬”者用栀子豉汤治之；“邪在肺经气分”，“脉浮洪，舌黄渴甚，大汗，面赤，恶热者，辛凉重剂白虎汤主之”。邪在阳明胃腑，面目俱赤，舌苔老黄，脉浮洪躁甚者白虎汤主之；热结大肠，大便闭，小便涩，脉沉数有力者，大承气汤主之；邪热郁胆，干呕口苦而渴者，黄芩黄连汤主之；邪在小肠，小便不利，冬地三黄汤主之等等，同样是发热为重心的气分期，病变脏腑不同则病机证治各异。

二、辨病体系的理论价值

（一）首先辨病，有利于把握疾病的本质

具体的病名概念一旦确定，该病自身所具有的本质属性就相应地确定了下来。因此，先辨病前明确病的诊断，将会给临床诊治带来不尽之惠，其主要表现在：1. 可避免综合辨证的某些局限，提高辨证论治的精确度。因为，仅仅对临床表观的综合概括，往往难以揭示病交的本质，甚至会掩盖本质，上呼吸道感染和流行性出血热都会出观发热、微恶寒、头身痛的卫分证，而两病的本质却决不相同，前者用辛凉表散可获速效后者则不能，单纯辛凉疏透不但无助于发热、出血的控制，甚至可能加重病情，延误病机，这并不是辨证是否有误，而是辨证方法本身的局限，若能首先辨病，作出鉴别诊断，找到两病卫分证的个性差异。这一难题就可迎刃而解。2. 有利于把握病概念的完整性，系统认识某病自身固有的发生发展和变化规律，提高临床诊治的预见性和主动性。例如麻疹，自明代龚信著《古今医鉴》确定麻疹病名并与其他痘疹作出鉴别之后，中医对该病的发生、发展、预后等问题，逐渐有了系统的、规律性的认识，以致暗合了现代医学麻疹的概念。因此，中医对该病的诊断就达到了现代医学的同等水平。在治疗方面，中医具有得天独厚的特色，能够分顺证逆证、寒热虚实进行辨证施治，疗效之优，不容置疑。

当然，由于历史的局限，吴鞠通对 9 种温病的认识还是十分粗糙的，这些温病与现今临床上实际见到的传染病不尽相符。但是，他主张辨病的思想却是极其宝贵的，术起一代之衰，闪耀着时代的革新精神，可以设想，当代温病学家如果能够借鉴吴氏的辨病方法，认真研究目前温病临床上存在的实际问题，努力制定能够反映 80 年代中医对传染病认识水平的新的辨病体系，温病学理论就会取得突破性发展。

（二）于辨病中分期，能够揭示不同温病卫气营血变化的特征

众所周知，卫气营血辨证是用综合归纳的方法，从横断面来概括各种温病的共性的，在认识不同温病特征性表现方面，有着难以克服的缺陷。然而，这一辨证纲领经吴鞠通《条辨》的发挥，却展现出新的境地，由于吴氏是在辨病的前提下进行卫气营血分期辨证的。因此，在很大程度上克服了卫气营血本身的缺陷，具体地揭示了不同温病的表现特征。例如：风温卫分证治用辛凉平剂银翘散，而“温毒、暑温、湿温、温疟不在此例”。暑温兼湿，邪郁卫表，以新加香薷饮治之；湿温邪在卫分，多兼气分脾湿，用三仁汤宣化；秋燥在卫，肺阴已伤治以桑杏汤；温毒初起一二日，虽有卫分表现但热毒已盛，故用普济消毒饮去升麻柴胡黄芩黄连方。同样是初起的卫分证，病不同则证治各异，显然，这是由病的特殊性所决定的。由此看来，现今温病临床研究，应重点探讨不同温病卫气营血表现的特殊性，努力确定能揭示个别温病特异性表观的卫分、气分、营分、血分证的概念。如果温病学说理论与临床研究者能够共同努力，从目前的临床实际出发，实事求是的研究临床常见传染病的特征性表现，这一问题不难解决。若能这样，传统的卫气营血辨证就会具体化、特异性化，在把握不同温病发展规律，寻求特异性治疗，截断病势方面发挥出新的作用来。

（三）分期结合定位，使卫气营血辨证深入到脏腑病机层次

卫气营血辨证重在揭示温病由轻到重，由浅入深的发展规律，在反映病交过程脏腑的机能状态方面显得很不具体。因此，用卫气营血辨证分析温病的临床表现时，最多只能将症状产生的机理归结到卫气营血某个大的范围，这远远不能满足立法施治的需要。作为临床医生，必须把症状产生的根源追究到比卫气营血更深的层次即必须知道是哪个脏腑的病变，是脏腑的什么机能发生了病变，才能作出比较确切的诊断。确定出具体的证型，以指导立法用药。由此可见，温病临床上更加重视的是在卫气营血辨证的同时进行脏腑定位辨证，在这方面，吴鞠通已作出了卓越的贡献，他创造性地应用部位三焦的概念，对不同温病在卫气营血分期辨证的同时，进一步施行脏腑定位辨证。以脏腑病机为依据，在卫气营血的概念下，确立了许多具体的能直接指导施治的证型，大大丰富了卫气营血辨证的内容，使之发展深入到脏腑层次而显示出新的生命力。

三、辨病体系与三焦辨证

以往的文献多数认为，吴鞠通《条辨》的主要贡献之一是创立了三焦辨证，并认为三焦中包含有卫气营血辨证（三焦为主线），这是无可非议的，但从辨病体系的角度来看，三焦辨证的真正价值在于应用部位三焦的概念，在卫气营血分期辨证的基础上进行脏腑定位辨证（卫气营血为主线）。因为，作为外感病的辨证纲领，它必须具备一个最基本的条件，即能够说明疾病由早期到晚期、由轻到重、由浅入深的变化规律。卫气营血辨证具备了这一条件，能够从整体上把握温病由轻到重、由浅入深的基本规律，三焦辨证由于本身的逻辑矛盾（每一焦含有两个以上脏腑），在说明温病由轻到重、由浅入深方面有一定的局限性。但是，卫气营血辨证无法具体地揭示病变过程脏腑的病理特征，而三焦辨证却能作出明确的脏腑定位诊断，阐发温病发展变化中脏腑的机能状态，由于辨病体系的原则是先辨病，在病中分卫气营血，在卫气营血中行脏腑定位。因此，它巧妙的结合了两辨证之长，以卫气营血说明疾病发展变化的深浅层次规律，以三焦揭示脏腑的病机。由此我们认为，将三焦辨证的作用范围限定在脏腑定位方面，纳入卫气营血辨证即辨病体系之中，将更有助于指导临床的诊治。

综上所述吴鞠通首辨 9 种温病，于各病中行卫气营血分期辨证，又将三焦脏腑辨证纳入卫气营血辨证的系列，从而开创了辨病分期定立论治的思路。在温病辨治方法研究上，起到了承前启后、继往开来的作用。当然，限于当时的认识水平，《条辨》蕴藏的辨病体系理论还很不完善，用以指导目前的临床床仍有许多不适当之地处，尚待同道们共同探索，完善提高。

《温病条辨》内容简述

——兼论吴鞠通的医学思想

王乐匋

《温病条辨》六卷，作者吴鞠通（名瑭，宇配珩，鞠通是其号）清之淮阴人（约生于 1736～1821）。

吴氏以家人病温，而共时所迁诸医，未能深究感证治法，对于如何处理温病这一问题。认识更是模糊，致使患者病势日重，卒致莫可挽救，吴氏乃弃举子业，发愤攻医。《温病条

辨》便是作者经多年的努力，采辑历代医家著述，选其精要，附以一己之经验识见而写成的，本书共计立法265条，附方208首，以三焦为纲，病名为目，而其中又贯穿着卫气营血的病机证候；在体裁上，仿《伤寒论》逐条叙证，文尚简要，而在每一条下加以注释，以阐明其未尽之义。

在吴氏认为，温病一名，似可包括多种热病。故其书于上焦篇开始，即指出温病有风温、温热、温疫、温毒、暑温、湿温以及秋燥、冬温等多种。如果再加上附带论及的寒湿、疟、痢、黄疸等，所包就更广。我们可以这样认为，温病学说发展至吴鞠通的著作，在概念上含义至广。可说是外感病中一个大类了。

虽然温病包括有好多种。但就其性质来说，有些病是比较接近的，为了便于执简驭繁、吴氏在其书中，又分别将风温、温热、温疫、温毒、冬温等归为一类；暑温，温湿等归为一类；秋燥归为一类，各指出其辨证施治的特点。

三焦分证，病邪从上焦手太阴肺开始，如此时没有相应的治疗，病势发展便可能传至中焦，而出现脾或胃的证候；如再失治或治不如法，则邪气久羁，便可以进而发展，传至下焦而出现肝与肾的证候。“始上焦，终下焦”，这是温病的一般传变规律。也有的是病发急骤，肺病逆传，在上焦便出现手厥阴心包的变局的。

鉴于疾病的发展有一个过程，而邪正相持出现于各个阶段又各有特点，吴氏结合这一实际，总结出一套治疗法则，即“治上焦如羽，（非轻不举）；治中焦如衡，（非平不安）；治下焦如权，（非重不沉）”。这在一般情况下最好不违背，不然，逆其所治，则邪气嚣张，阴津阳气受耗，后果将是不堪设想的。

一、风温、温热、温疫、温毒、冬温

这一类温病总的又可以归为温热一类，其初起证候特点是：脉不缓不紧而动数，或两寸独大，尺肤热、头痛、微恶风寒、身热自汗、口渴、或不渴而咳、午后身热较甚等。

吴氏根据其发病特点，复按其轻重，创制了辛凉透邪三方，这便是：

辛凉轻剂——桑菊饮

辛凉平剂——银翘散

辛凉重剂——白虎汤

三方中，银翘散为处理温病初起第一方，吴氏有《本论起银翘散论》一文，专门提到了本方用于温病初起的代表性。

银翘为散运用指征是“但热不恶寒而口渴，”并可以随证加减，论中有好多个银翘散的变方。就都是以银翘散为基本方，加以化裁加减而成。

病在上焦手太阴，但症状较轻，例如只有咳嗽，轻微的口渴，而身热不甚。那就不必用银翘散，只用辛凉轻剂的桑菊饮就可以了。

如病在上焦手太阴，但其邪已入肺经气分，表现为脉浮洪，舌（苔）黄，渴甚，大汗出，面赤恶热等气分热甚之时，则上述两方均不适应，而必须予以辛凉重剂的白虎汤。倘脉浮大而芤，汗大出，则用白虎加人参汤。

手太阴温病，邪在气分未得外解，或病初处理不当（如误予辛温等），均可以劫其津液，而使邪热内陷营血。此时前数法均不足以适应，就得适予透营泄热、凉血散血、清络育阴诸法了。

所以说，吴氏系以卫气营血证候贯穿于三焦分证候中的，我们从其对上焦温病的处理来看，便是如此。

上述温病，惟温毒治法稍有不同，温毒除病人有寒热等全身症状外，尚有某一局部的红肿焮痛症状，而俗称“大头瘟”、“瞋蟆瘟”（痄腮）均属于温毒一类，处理是以普济消毒饮为基本方，随证加减，并在局部外敷水仙膏，但此药有刺激，外敷以皮肤出现小水泡为度，过敷则皮肤溃烂，可用三黄二香散在局部调涂。

病在上焦失治，又幸而没有逆传心包，则往往可以发展而传至中焦，中焦温病相当于《伤寒论》所说的“胃家实”，所以作把其称之为“阳明温病”。

阳明温病的证候表现为：面目俱赤，语声重浊，呼吸俱粗，大便秘，小便涩，舌苔老黄，甚至黑有芒刺，以及但恶热，不恶寒，日晡益甚等。

治法：当审其在经在腑，在经者大清气热，仍可予白虎汤之透泄（白虎本为阳明经药，但亦清肺热、具透泄之功。所以鞠通于上焦篇即已论及）；在腑者予通腑逐热，可参考《伤寒论》三承气之用方，但吴氏对此，有如下论点：

1. 温病之不大便，不出热结、液干二者之外。如证属热结在里，自可假手于承气一下；假如阴亏液涸，而成半虚半实之证，用承气等一味攻下便不行，他曾创增液汤一法，寓泻于补，既可攻实，又可防虚，一方而两擅其用；又假如其人一方面液涸，另一方面胃中尚有实热，徒恃增液又不行，则以增液合调胃承气法，即增液承气汤。其法与《伤寒论》为救阴而用大承气并不完全相同，而考虑得似更为周全了。

2. 《伤寒论》上焦有邪不可下，温病却不乏三焦俱急之证。如证见阳土燥烈，煎熬肾水，虽有痰涎壅结于上，亦须酌用下法，可用承气合小陷胸汤以荡涤三焦之邪。

3. 下后邪气复聚，有可能还需再度用下，但吴氏认为，下后虚邪，与未下实邪毕竟不同，必须刻刻顾及津液，必不得已，可用增液，而不可轻易投以承气。

4. 温病热结旁流，自仲景至又可，均有用大承气一法，吴氏在其书中也有用大承气之文，但他却比较倾向于调胃承气，意思是热结旁流，原因在于热结，而非气之邪滞，所以但取硝、黄之通腑泄热，而不同枳、朴。不然，结不下，而水独行，徒伤津液，反不利于病人。

5. 病至阳明而至神志昏瞀，倘为阳明心包俱病，就不得徒恃攻下一法，而必须同时开其窍闭，即阳明心包合治，他所创的牛黄承气汤法便属于这一例子。

6. 已下而病退，下一步当考虑如何复其阴。吴氏着重于益胃阴，他曾创益胃，意在胃阴复则气降得食。

吴氏除对里实有如上看法外，还提到了因液干溺少不得妄利其小便。以及慎用苦寒，防其苦能生燥等论点。

以上是属于阳明胃家实之处理，至于阳明之邪一入营血，又须同时清其营血之热，不得徒恃上述方法来取效了，该书所说温病气血两燔而致发斑等的处理，便属于这方面的内容了。

上述温病，如邪在阳明久羁，进一步必然由上及下、由阳及阴而伤及下焦肝肾之阴。其邪机，是土实则木旺。此时，倘若其人正气未溃，尚可背城借一，假手于一下以排除邪热，诚如《伤寒论》少阴篇“三急下”那样。假如不是那种情况，而是邪少虚多，中无结粪，那就必须急救真阴，而断不可任意攻下了。

复下焦之阴以加减复脉汤为主方，吴氏把这方视为邪热劫阴之总方，在这个基础上化裁，以适应于各种变证。该书下焦篇如一甲、二甲、三甲复脉以及大定风珠等都是从本方化裁而出。

邪在下焦如果虚而未甚，则又不必执定复脉一法，例如壮火尚炽者，可宗仲景黄连阿胶汤；邪留阴分，一时未得清彻者，可用青蒿鳖甲煎等即是。

二、暑温附：伏暑

暑温如果夹湿，可归属于湿热范围，否则，当按照暑病的特点来处理。伏暑，则是发于秋后而又具有暑湿特点的一类温病。

暑温发于手太阴，证见形似伤寒，但右脉洪大而数，左脉反小于右，口渴甚，面赤，汗大出等。

治法，用白虎汤以辛凉透邪，如其人气阴伤而脉芤甚，即于前方中加入人参。

症如前述，但外加表寒，致热为寒遏而汗不出者，吴氏就不主张运用白虎，而用新加香薷饮以清暑透邪，汗后症状悉减，尚有余邪未尽，头微胀，目不了了者，可用清络饮。轻药芳香，以清络热。

暑性酷烈，暑病极易导致气阴耗伤，如前说之白虎加人参法，便是一面清暑而同时兼顾气阴的。如气阴耗伤过甚，吴氏认为东垣的清暑益气汤倒不妨一用，如气阴耗伤而至亡津液，症见脉散大，喘喝欲脱者，即当予以生脉散以固气敛阴了。

暑性酷烈的另一危害是内犯心营，而出现手厥阴心包证候，治法可与清营汤合安宫牛黄丸或紫雪丹。

吴氏在论述暑温中附带提到了暑痫与暑瘵。这都可以说是暑温的变证，前者可于清营汤中加紫雪，再加羚羊角、钩藤；后者用清络饮加杏仁、薏仁、滑石以清络热。

伏暑发于手太阴，治法原则上同暑温。但伏暑常为秋凉引发，吴氏概据这一特点，举出以银翘散为基本方，随证化裁。

暑温与伏暑邪在气分留恋，每多湿热交混，漫布三焦，用药必须分解三焦之湿热，可与杏仁滑石汤，如三焦之邪渐从热化，则当以泄热为主，参以化湿之法，如三石汤，邪气久留，而入血分，则用加味清营汤，神昏者再加紫雪丹，三焦之邪不从外解，还须防其里结，而成阳明里实之候，法当通下，可知小承气汤。

暑温、伏暑久羁，到了末期，湿从燥化，伤及真阴，此时治法与前说温病邪入下焦相同，复脉、诸甲、黄连阿胶等只要脉证相当，同样适用。但吴氏结合一己经验，还创制了三才汤、连梅汤、椒梅汤等，以适应某些特殊证候。

三、湿温附：寒湿

湿温是湿热合邪之证，发于长夏，也可以发于深秋后。其初起上焦证候，是头痛恶寒，身重疼痛，舌白不渴，脉弦细而濡，面色淡黄，胸闷不饥，午后身热较甚等。其发病，较诸温病势虽缓而实重。

此时治法，多以三仁汤为主方，以轻开上焦之肺气，肺主一身之气，气化则湿亦化。而不可固其某些疑似证，不加分析，而用发汗、攻下或清滋。那样子必然造成各种变证。这便是所谓湿温初起治法的“三禁”。

温湿病的证候：表现于上焦的比较短暂，而主要是在中焦，故湿温病的各种治法，当于中焦求之。

湿入中焦。有因湿热蒸郁，而为热湿；也有因湿邪过盛。戕害阴气，而为寒湿的，故其书虽论湿温，却也附带论及寒湿，而与之并列了。

上焦之邪传入中焦，如果邪机尚浅，可用芳香而兼微辛微寒之三香汤；如邪势留恋，湿着气阻，可用藿香正气散化裁，该书有加减正气散五个方证，用药不容一毫含糊，便说明此际用药的特点。

湿温邪在中焦，尚可能有各种变局，如秽浊蒙蔽灵窍，湿阻气瓮为哕，以及湿热蒸郁，而为疹痦等，都必须根据具体情况给予处理。

至于寒湿之在上、中焦，治之之法，要在祛其寒湿，而时时护其阳气，该书于寒湿一门列了好多种治法，而前说正气散五方，其中第四、第五两方，按其方证，实亦具有顾护阳气的内容。

湿温邪入下焦，如已出现燥化伤阴之局。则前说复脉诸方，仍可作为参考，但吴氏于下焦篇，特地论述了“水流湿”，“湿伤于下”这一方面，而创制了宣清导浊汤。半硫丸、术附汤等方剂，以适应其证候变化。

总之，吴氏认为湿温一证，半阴半阳，变化较多，书中所述，只能是举其一隅而已。

四、秋燥

秋燥初起病在肺上焦，法当用桑杏汤；感燥而咳者，用桑菊饮；肺胃阴伤，用沙参麦冬汤；燥气化火，用翘荷汤。他如喻氏清燥救肺汤，用以治本证，亦具有一定代表性。

燥气传到中焦，每多伤及胃阴，法当甘寒益胃。可用五汁饮，玉竹麦门冬汤等，倘见气血两燔，法当气血双清，可以玉女煎为主方。

燥至下焦，肝肾阴大伤，内风时动，法当峻补肝肾之阴，而熄内动之风阳，暴虚者可与三甲复脉，大小定风珠，六虚难复，则用血肉有情的专翕大生膏，缓图奏效。

三焦分证起于银翘散之清分，终于大生膏之浊臭，书名《条辨》，其主要内容即在此。末附杂说一篇，以补充三焦分证中未书之义，而其中有些内容，已不完全属于温病范围了。

观吴氏治温，于护液与化湿这两个截然相反的治法甚具心得，且多所发挥，可说是全书的精华所在。例如作者在上焦篇开始，便提到“温邪忌汗”的意义，但温邪虽然忌汗，却又必须以汗为出路，故取银翘散之辛凉透邪，而无碍于津液之伤耗，是则此方不仅是清肃上焦，实寓有“预护其虚”的作用；至于中、下焦的各种证候处理，那就更可以看出作者治温的注意刻刻之护液，只是方法上有直接与间接的不同而已。再就湿热合邪诸病的处理，作者特别注意分析了湿与热的孰为偏重。强调清其热尤其化其湿，从而提出三焦分证中各种不同的分解湿热措施，并附上寒与之并列，说明这类病如处理不善，可以从阳化热，也可以从阴化寒。

作者很注意疾病发展的阶段性，主张“治上不犯中，治中不犯下”，这不仅示人以治病贵在善于因势利导，而不要逆其所治；也舍有尽可能去邪安正于早期，实为《内经》“善治者治皮毛”等医学思想的具体发挥。

吴氏著述本书，“自条自辨”，颇遭到某些医家非议。其实作者自己说得很清楚，他所以这样做，是避免后之来者对其书妄注，致失本文奥义。故读吴氏书，除研究其条文外，还须注意其注释，因为注释亦反映其医学思想。

对于前辈医家，作者于叶天士特多推崇，其所用方，大多采自叶氏临证治案，叶氏之学，得吴氏整理发挥，使之更臻完善，而成一体系，给后来治温研究以很大影响。

自吴氏之说行，伤寒学派从根本上持相反意见者自不待言，即如后来治温热诸家，亦对其某些论点颇多异议，在此，我想就如下几点谈一谈个人的肤浅看法：

1. 近人程门雪先生，在其所写关于《未刻本叶氏医案》校读记中曾提到："天士用方，遍采诸家之长，不偏不倚，而于仲师圣法，用之尤熟。"我想鞠通私叔天士，对仲景之学，同样极有根底，且亦未尝不用仲景方，从其临证治案，用仲景方的例子随处可以见到，唯其善学仲景，所以才能在仲景之书之外另辟蹊径，而补仲景之书未尽之义。鞠通自谓其书足以"羽翼仲景"，应说是不夸张的。

2. 叶氏"逆传心包"之论，是对热性病认识上一大创见，鞠通宗其说，而立处理"逆传"之法，并谓阳明心包俱病，徒攻阳明无益，而必须一面开其窍闭，这对热性病高热昏谵等关键时刻的处理，是重要的一着，是不容废弃的，应该看作是处理热性病的一大进步。

3. 温病学派所倡之轻清灵活一法，在某种情况下确有其治疗意义，但未流所及，有的医生专选清淡和平之药，以治某些危重之证，而自诩为法取轻灵，这样，自然就不足以愈病。其实天士用方，既善用轻可去实之轻灵，也善用血肉有情腻重，观《温病条辨》所列诸方，同样如此，何尝只适用于轻浅小恙！至于鞠通自己的临证治案，论病既精切不肤，而用方又甚切实，那就更不用说了。

4. 鞠通既主温病始于手太阴之说，而言膀胱主表，殆未尽其义，肺者，皮毛之合也，独不主表乎？但另一方面又为六经传变，回护其词，认为伤寒由毛窍而入，自下而上，始足太阳；温病自口鼻而入，自上而下，始手太阴，这样来解释六经，说理既未透，且贻人以攻击口实，究其原因，人们囿于积习，崇古之风影响，即如鞠通虽力主新说，然亦不敢力破"医圣"仲景之论。而为之回护，所以动辄矛盾了。至于书末立《医书亦有经史子集论》，其遵经崇古思想，更是显然的。

5. 叶氏于治络特多心得，特别是对于某些虫类药的使用，于温病后期之不语，瘫痪，用以搜其幽隐，颇能给人以启发，鞠通在这方面论述较少，不能不说是一缺陷，至于后来治温诸家的不断补充，那是另一回事了。

吴鞠通的治学思想和《温病条辨》

杨　进

《温病条辨》的作者吴鞠通，名瑭，字佩珩，号鞠通。吴氏广泛采辑自《内经》以下历代名医的有关外感热病的论述，去其驳杂不清不确之处，吸取其精华，并附以本人的见解和经验，于 1798 年著成《温病条辨》。全书共六卷，卷首一卷，于 1813 年刊行。由于这一本非常切合临床实际，理法方药俱全的温病学专著，所以在问世以后，深受当时及后世医家重视。朱武曹称誉道："昔人谓仲景为轩岐之功臣，鞠通亦仲景之功臣也"；释清华于《珍藏医书类目》中称该书为"治温之津梁"。吴氏又鉴于当时医生在医理、病理、证治、用药等方面流弊甚多，认为"医人之病，层出不穷，将何以恤灾救患、捍卫生民哉"，故决意修规矩以成器，而作《医医病书》，成书于 1831 年。在其去世后，由金月筌据其手稿编成《吴鞠通医案》一书，辑录了吴氏自 1794 到 1833 年间的医案。

这本医案不仅为《温病条辨》理论的具体运用提供了实例，而且还补充了许多在《温病条辨》中没有的温病证治方法，因而与《温病条辨》可以相得益彰。

一、治学思想

吴氏在立志学医后，即在医学道路开始了艰苦的探索，终于取得了重大的成就，深入研究吴氏的治学思想不仅有助于进一步理解吴氏的学术，而且对启发后人如何学习也甚有裨益。

（一）有坚定的学医信念

吴氏在医学上取得的成就，与他对医学的热爱，具备了治病救人的思想，抱有坚定的学医决心是分不开的。

（二）善于继承广采众长

吴氏在治学上善于继承前人的学术经验，上自《内经》，下至叶天士等，无不悉心研究。吴氏对前人经验的实事求是态度值得我们借鉴。

吴氏在《温病条辨·自序》中提到撰写该书的指导思想："盖张长沙悲宗族之死，作《玉函经》，为后世医学之祖。……检校《四库全书》，得明季吴又可《温疫论》，观其议论宏阔，实有发前人所未发，遂专心学步焉。细察其法，亦不免支离驳杂，大抵功过两不相掩。盖用心良苦，而学术未精也。又遍考晋唐以来诸贤议论，非不珠璧琳琅，求一美备者……因有志采辑历代名贤著述，去其驳杂，取其精微，间附己意，以及考验，合成一书。"同时在该书"凡例"中也提出："故历取诸贤精妙，考之《内经》，参以心得。"可见吴氏对继承前人的重视。首先是把《内经》的学术思想作为该书的立论基础。故在书前专列"原病篇"，引用《内经》19 条文，分别论述温病的病因、发病、病机、临床表现、诊断、预后和治法。在论述温病的病因时，从内因和外因两个方面进行阐发，特别提出了《内经》中所说的，"冬伤于寒"与"不藏精"的含义，所以后来王孟英在编写《温热经纬》时，对《内经》原文的阐述基本上都采用了吴氏的内容。同时在《温病条辨》中所提出的三焦辨证和三焦治则理论也都源自《内经》。

吴氏对《伤寒论》有很深的研究，其强调之所以编著《温病条辨》是为了"羽翼伤寒"，即认为该书是对《伤寒论》的补充和发展，所以书中大量采用了《伤寒论》的内容，包括对其理论、方剂和药的运用。而且在本书《杂说·伤寒论注》一篇不到 1000 字文章里，就引用《伤寒论》注家 12 位，涉及医书不下 10 种。所以征保在本书的序中指出：本书的编写"远追踪乎仲景"。

吴氏对刘河间、王安道、吴又可等人在温病学术方面的贡献也给予了充分的肯定，在《原病篇》的注释中，引用了包括庞安常、朱肱、韩祇和、王实、刘守真、张子和、王安道、张景岳、喻嘉言等许多医家在内的论述。而且在书中还继承了王叔和、李东垣、陶节庵等 10 余位医家的观点，涉及的医籍或其它著作有 20 余种。特别是对叶天士学术思想和临床诊治温病的经验方面的继承，不仅在书中大量引用了《临证指南医案》的内容，而且其立论多以叶天士《温热论》为依据，这通过《温病条辨》一书的编写充分地体现出来。可见，吴氏能勤求古训、博览群书、广采众长，所以能编著出《温病条辨》这样有重要学术价值的医学著作。

（三）认真总结去杂取精

吴氏对前人的东西不是盲目收罗，而是有一个"采辑历代名贤著述，去其驳杂，取其精微，间附己意，以及考验"的过程。也就是注意一方面要有独立思考的精神，不可人云亦云，另千方面要重视联系临床实际，以临床考验为判断是非的标准。也就是吴氏在《温病条辨·自序》所说的："进与病谋，退与心谋，十阅春秋，然后有得。"如无"心谋"，则无正确的理论作为指导，不仅临床水平不可能提高，而且也没有对前人的学术和经验有一个正确的判断和吸取能力。但如无"病谋"，则失去了临床实践的基础，理论也会成为脱离实际的空头理论，也不可能提高诊疗疾病的能力。其中更重要的是以实践作为检验真理的标准，以临床辨证作为辨证论治的基础。正如吴氏所说："是书着眼处全在认证无差，用药先后缓急得宜，不求认证之真，而妄议药之可否，不可与言医也。"朱彬在该书评语中指出："认证无差四字为通部提纲"，正是强调了临床辨证识病的重要性。在这一基础上，对前人有关温病的病因、病机、诊断、治疗的各种论述，都是以临床实际作为衡量是非和取舍的依据。对于他认为前人所论不确之处，亦直言不讳地指出。正如吴氏所说："至于驳证处，不得不下直言，恐误来学"。例如吴氏对王安道提出的温病不得混伤寒之说甚为称赞，认为王氏始能脱却伤寒，但由于王氏所论之温病局限于伏气温病，特别是以"冬伤于寒"立论，所以不能全面反映温病的特点和证治规律，故称其"立论不精，立法不纯，又不可从"。又如吴氏早期对吴又可《温疫论》十分崇拜，称其"议论宏阔，实有发前人所未发"，因而"专心学步"，但由于吴又可所论之温病主要是指感受湿热秽浊之邪所引的温疫病，其辨证治法内容并不适用于所有的温病，所以吴氏又指出其论"不免支离驳杂"。即使对《内经》所论也不是全盘接受，如对温病的发生，虽然吴氏按照《内经》所论，提出"叙运气，原温病之始也"，但在注释中又补充了"凶荒兵火之后，虽应微之岁亦盛"等社会因素对温病发生的影响。同时对后世一些医家盲目运用治伤寒之法治疗温病提出了尖锐的批评，认为"千余年来，贻害无穷"。

当然，要真正做到对前人之论去杂取精是非常不容易的，吴氏尽管作了很大的努力，但也不是完美无缺的。由于吴氏所经历的疾病及其个人学术的局限，对某些学术观点的取舍有一些值得商榷之处。如他对吴又可治疗邪伏膜原的达原饮和反每攻下的方法并不认同，在《温病条辨》中没有很好地继承，才能把这些都归之于"支离驳杂"之例。另外，对吴又可之后众多温疫学派医家所提出的理论和治法也缺乏总结，如对稍早于吴氏《温病条辨》的杨栗山《寒温条辨》中的升降散、余师愚《疫疹一得》中的清瘟败毒饮等名方都没有包括进去，这不能不说是《温病条辨》的一个缺憾，使该书论述温病理论证治的内容不够完整。同时，由于历史条件的原因，吴氏对湿热性温病的理论和治法基本上都是继承叶天士《温热论》和《临证指南医案》中的内容，而对薛生白《湿热病篇》的有关内容没有融合到《温病条辨》中，很可能当时吴氏并未看到《湿热病篇》这一书。所以，尽管《温病条辨》对湿热性温病的论述内容非常丰富，临床指导意义也很大，但还是不够全面。所以其后王孟英在编撰《温热经纬》时把《湿热病篇》收入其中，也弥补了这一不足。

《温病条辨》问世后，有一些注家对书中的论点作了评注，既有阐发其意、补充论述者，也有对其中某些内容提出异议者，对于全面理解该书的内容有一定益处。其主要注家有王孟英《归砚录》、叶霖在1898年著的《评注温病条辨》、曹炳章在1918年著的《增补评注温病条辨》、及陆士谔著《增评温病条辨》等，而朱武曹、汪廷珍、郑雪堂、苏完愚等人也对《温病条辨》的部分条文进行了评注。

"文革"后，陆续出现了一些有关《温病条辨》的注释、白话文或其它的诠释本。其中较早的有浙江中医研究所编写的《温病条辨白话解》，可惜该书把原文中的自注内容都删去了，使其失去了完整性。其后1988年孟澍江主编了《温病条辨》白话文本，由春秋出版社出版；1995年王振坤编著了《温病条辨新解》，由学苑出版社出版；1998年杨进主编了

《温病条辨》文白对照本，由中国医药科技出版社出版；2002年杨进主编了《温病条辨临床学习参考》，由人民卫生出版社出版。其它还有一批注释或发挥《温病条辨》的专著，如王振坤编写的《温病条辨新解》等，对阐发《温病条辨》的学术思想起到了十定的作用。

二、《温病条辨》学术渊源

吴氏以其在温病学方面的重要贡献而闻名于世，被称是清代温病学四大家之一。其学术思想早年受吴又可《温疫论》影响较深，认为其“议论宏阔，实有发前人所未发”，但在进一步研究之后，又感到“其法亦不免支离驳杂”。在吴氏之前的叶天士在温病学方面有极深的造诣，对当时医学界的影响也很大。吴鞠通的学术思想主要宗叶天士，但叶氏有关温病学的理论和治疗经验多散见于医案之中，所以人们学习掌握较为困难。吴氏认为有必要把叶氏有关温病学的理论和医案进行系统的整理，进行较为全面的论述。《温病条辨》有半数以上的方剂是直接或间接引用叶氏《临证指南医案》的医案而制方的。叶氏医案中的内容经吴氏整理后，使多种温热病的证治内容较为系统，并把叶氏医案中的处方定为较为固定的方剂，冠以方名，便于学习和掌握。与此同时，吴氏也继承了《内经》、《伤寒论》有关外感热病的理论和证治内容，强调“考之《内经》”，并称著《温病条辨》的目的是为了“羽翼伤寒”，还在每方条下，注明了是采用《内经》何法，在《温病条辨》中引用《伤寒论》原方或以原方变化成新方者甚多。可见吴氏能广泛地继承前人成就，加以整理、加工、提高，从而在医学方面，特别在温病学方面作出了重大贡献。另外，吴氏也把本人长期从事温热病治疗的经验融入本书之中，并博采诸医家之长，使得本书的内容甚切实用。该书一出即普及大江南北，被视为学习温病学的必读之书，甚受后世医家的推崇，被誉为“治温之津梁”。就是在近代，也与《内经》、《伤寒论》、《金匮要略》一起被称为中医“四大经典”，为学习中医者必读之作。

吴鞠通的学术思想上承《内经》、《伤寒论》，下继吴又可、叶天士等明清大家。故吴氏在上焦篇第1条中即表明自己在学术上对前人的继承：“本论详加考核，准古酌今，细立治法，除伤寒宗仲景法外，俾四时杂感，郎若列眉。未始非叔和有以肇其端，东垣、河间、安道、又可、嘉言、天士宏其议；而瑭得以善其后也。”

在《温病条辨》“原病篇”中，吴氏列出《内经》条文19条，并逐条联系前人论述进行注释，体现了他“考之《内经》，参以心得”的用意。特别是其中有关针刺治疗热病的原文就有七条，尽管在《温病条辨》中没有提及用针刺来治疗温病，但这些原文对吴氏的学术思想却有重要的影响。如《灵枢·热病》中提到的“热病不可刺者有九：一曰，汗不出，大颧发赤哕者死；二曰，泄而腹满甚者死；三曰，目不明，热不已者死：四曰，老人婴儿，热而腹满者死；五曰，汗不出，呕下血者死；六曰，舌本烂，热不已者死；七曰，咳而衄，汗不出，出不至足者死；八曰，髓热者死；九曰，热而痉者死，腰折，瘛疭，齿噤齘也。凡此九者，不可刺也。”对于吴氏论述温病的预后及其判断依据极有启发。《内经》该篇又提到针刺中的“泻其热而出其汗，实其阴以补其不足者”，对于温病的治疗也具有重要的指导意义，在这一论述的基础上，吴氏提出了许多泻热和养阴治疗温病的治法。

同时，在全书中经常引用《内经》原文，作为自己立论和理法方药的依据。是吴氏提出的三焦辨证论治理论即源于《内经》中对三焦的论述，如三焦治则的“治上焦如羽，治中焦如衡，治下焦如权”，就是从《内经》“上焦如雾，中焦如沤，下焦如渎”进一步衍化而来。在本书的“杂说”部分，“汗论”、“方中行先生或问六气论”、“风论”、“医书亦有经子史集论”、“温病起手太阴论”、“燥气论”等都是先举《内经》之论，再结合后世诸家之说论述自己的观点。而对方药作用及其配伍的论述更是多据《内经》之论，如在银翘散的方论中提出：“本方谨遵《内经》风淫于内，治以辛凉，佐以苦甘；热淫于内，治以咸寒，佐以甘苦之训”。在许多方剂的立法、配伍方面，吴氏往往都以《内经》之论为依据，还在每方条下，注明了是采用《内经》何法。

吴氏虽力倡温病之说，但对《伤寒论》也甚为推崇，不仅在“凡例”中指出，编写体例是“仿《伤寒论》作法”，而且究其对外感热病的辨证仍与张仲景一脉相承。其提出温病起于手太阴，上焦传中焦，再传下焦之论，与张仲景的六经辨证精神是一致的，体现了外邪从表入里，病证以里实热为极期，证候性质由实转虚，最后可伤及肾阴或肾阳的普遍规律。因而，虽然伤寒与温病泾渭分明，但从吴氏编写《温病条辨》的原意来说，只是为了补充《伤寒论》对温病证治论述之不足，而非与《伤寒论》分庭抗礼。正如他在本书“凡例”中所说：“是书虽为温病而设，实可羽翼伤寒”，且强调本书“与《伤寒论》为对待文字，有一纵一横之妙”。另外，在本书中还直接采用了一些《伤寒论》的条文和方剂。如桂枝汤、栀豉汤、一物瓜蒂汤、竹叶石膏汤、白虎汤、白虎加人参汤、大承气汤、小承气汤、调胃承气汤、小柴胡汤、小建中汤、五苓散、乌梅圆、白头翁汤、茵陈蒿汤、黄连阿胶汤等。还有许多是从《伤寒论》方化裁而来，如对《伤寒论》中三承气汤的运用，有著名的“五承气汤（宣白承气汤、牛黄承气汤、导赤承气汤、新加黄龙汤、增液承气汤）”，是对《伤寒论》攻下法的重要发展；而小半夏汤、半夏泻心汤等加减方以及从《伤寒论》桃核承气汤变化而来的桃仁承气汤、从《伤寒论》炙甘草汤变化而来的加减复脉汤等，都是体现了吴氏对《伤寒论》方剂既重视继承，又重视发扬。据统计，《温病条辨》中转引《伤寒论》的条文就有 31 条，所用的《伤寒论》方也有 38 方，其中 4 处提及桂枝汤、9 处提及白虎汤及其加减、10 处提及承气汤及其加减、5 处提及五苓散、6 处提及加减复脉汤等。可以充分反映出《温病条辨》与《伤寒论》内容的内在联系。

在《温病条辨》中还有一些内容与《伤寒论》以后的一些医家的论述有密切关系。如对温病范围的论述，就与王叔和《伤寒例》中所提出的温、暑、湿、时疫、温疟、风温、温毒、温疫等病名和外感热病的分类方法有关。唐代《千金要方》和《外台秘要》中的犀角地黄汤、紫雪丹等都是《温病条辨》中治疗温病的重要方剂。而金元时代的著名医家刘河间提出了“六经传受皆是热证”的理论，强调用寒凉药治疗外感热病，吴氏对此甚为赞赏，故力主温病初起当用辛凉之法。特别是张子和在《儒门事亲》中，明确提出了汗法不仅有辛温解表一法：“世俗止知惟温热者为汗药，岂知寒凉亦能汗也”。明确指出解表有辛凉和辛温两法：“南陲之地多热，宜辛凉之剂解之；朔方之地多寒，宜辛温之剂解之；午未之月多暑，宜辛凉解之。子丑之月多冻，宜辛温解之。少壮气实之人宜辛凉解之，老耆气衰之人宜辛温解之……”。这为《温病条辨》把解表法分为辛温、辛凉二大类打下了基础。其后，王安道在《医经溯洄集》中又提出了温病不得混称伤寒，并指出了温病与伤寒在临床表现和治法等方面的不同，吴氏认为其“始能脱却伤寒，辨证温病”。

而在温病学的理论方面，吴氏早年受吴又可《温疫论》影响较深，认为其“议论宏阔，实有发前人所未发”。所以对吴又可的学术观点进行了深入的研究，并把其中的许多学术思想融汇于《温病条辨》之中，该书提到吴又可的达 20 余处。如在论述外邪侵入途径时，继承了吴又可邪自口鼻而入之说，提出了“温病由口鼻而入，自上而下”。而在论述湿热之邪入侵人体时，又继承了吴又可邪伏膜原的观点，提出：“湿热受自口鼻，由膜原直走中道”。

在攻下法的运用上，对“邪气复聚””的治法也继承了吴又可屡下之说，但考虑到患者历经攻下之后，正气较虚，故用增液承气汤以代吴又可之小承气汤。这也是受到吴又可对阳明腑实兼虚者治法的启示，如龚绍林在《重订医门普度温疫论》中所说：“然亦有夹气虚者，宜加党参于承气汤中；又有夹血虚者，宜用承气养营汤；或气血两虚，则宜陶氏黄龙汤。是在临时体认，照依脉症而用之也。”《温病条辨》中治疗气液两虚之阳明腑实证所用的新加黄龙汤即是黄龙汤之化裁。但在进一步研究之后，又感到“其法亦不免支离驳杂”，认为《温疫论》中有许多治法“断不可概施于今日也”。所以吴氏对吴又可的学术不是全盘接受的，如认为《温疫论》中“有矫枉过正，不暇详审之处”，这虽然体现了吴氏在治学上的严谨。但由于二人所处的时代不同，所接触的疾病种类各异，所以在对疾病的认识和处理上有不同的见解也是不足为奇的。然而，也不可否认，《温病条辨》中对吴又可的部分理论和证治方法的继承尚不够全面，如治疗宣透膜原法的达原饮、温病后期痰瘀阻络的三甲散等名方，在《温病条辨》中没有收入，这不能不说是个缺憾。

在温病学方面对吴氏影响最大的，要数清代的著名医学家叶天士。叶氏在温病学方面有极深的造诣，对当时医学界的影响也很大。吴氏认为：“惟叶天士持论平和，立法精细，然叶氏吴人，所治多南方证，又立论甚简，但有医案散见于杂证之中，人多忽之而不深究。”即认为叶氏有关温病学的理论和治疗经验多散见于医案之中，不仅容易被人所忽略，而且人们在学习掌握时较为困难。因而吴氏感到有必要把前人有关温病学的理论和治疗方法作一系统的整理，进行较为全面的论述。吴氏有关温病学的理论证治内容大多源于叶氏，《清史稿》称吴氏“学本于桂……著《温病条辨》以畅其义”。以《温病条辨》而言，吴氏所说的“凡病温者，始于上焦，在手太阴”，并制辛凉轻剂桑菊饮、辛凉平剂银翘散、辛凉重剂白虎汤，即来自叶天士《温热论》中“温邪上受，首先犯肺”和“在表初用辛凉轻剂”之论。叶氏提出的“透热转气”为营分证的治疗大法，吴氏所制清营汤即体现了这一治疗思想，即在用犀角、生地等清营的同时，加入清轻宣透的银花、连翘、竹叶等，以使营分邪热能透出气分而解。另外，叶氏《幼科要略·痧疹》中所提出的：“上焦药用辛凉、中焦药用苦辛寒、下焦药用咸寒”，对吴氏的三焦治则有重要的影响，在这基础上，吴氏提出的治疗三焦病证分别主以“轻、平、重”及其相应药性的选择都是以叶氏的理论为基础的。再从吴氏对温病的治疗重视顾护阴液，也是继承了叶氏对温病病变过程中阴液耗伤的重视及所采用的相应治疗方法。叶氏在《温热论》中提出“热邪不燥胃津，必耗肾液”，同时也提出了胃津亡“主以甘寒”，而肾阴不足者则应“甘寒之中加入咸寒”。而吴氏也以此为据，分别制定了滋养肺胃和填补真阴的治法和方药。

再从《温病条辨》的方剂来看，其中半数以上的方剂是直接或间接引用叶氏《临证指南医案》的医案而制的。如该书中焦篇99条，就有49条引自《临证指南医案》。其中有原案全录者，如中焦篇第55条所载的三香散即取自《临证指南医案》湿门李姓案；下焦篇第66条来自《临证指南医案》痢门朱姓案，定方名为“断下渗湿汤”。也有取叶氏医案之案语而变易其方者，如上焦篇第52条的杏仁汤来自叶氏医案之疟门某案；又如上焦篇第32条为《临证指南医案》王姓案，改原方加入银花、扁豆、丝瓜皮，定名为“清络饮加杏仁苡仁滑石汤”。再有是改其案中病证而用其方者，如上焦篇第49条即是改写了《临证指南医案》湿门的王姓案，加上了脉缓、舌淡或白滑、不渴，而定其方为“桂枝姜附汤”。还有是取二个病案合并而成者，如中焦篇70条的二金汤取自《临证指南医案》疸门的张、蒋二案。更多的是吴氏在叶氏医案的基础上加以发挥的内容，如下焦篇中的加减复脉汤即取自

《临证指南医案》中叶氏对《伤寒论》炙甘草汤的加减运用法；中焦篇66条治疗湿热发疹的薏苡竹叶散就是根据《临证指南医案》湿门某姓案而来，并对其发生白瘖的病机进行了发挥。据统计，《温病条辨》中直接采自《临证指南医案》的有99条、92方，其它间接取自，《临证指南医案》就更多了。再以《温病条辨》中有关湿温和寒湿二病的论述来看，共有条文104条，除去无方的5条外，其余有来自《伤寒论》和《金匮要略》的，而采用《临证指南医案》的达76条，其中症状和所用方药完全相同者有61条，占80.3%，主要症状相同而药物有增减的有15条，占19.7%。其中如五个加减正气散、两个宣痹汤、两个青蒿鳖甲汤、三香散、银翘马勃散、黄芩滑石汤、宣清导浊汤等，均为来自叶氏医案的方剂。当然，除了以上所述的一些方剂来自叶氏医案外，《温病条辨》中还有许多名方实际上也是来自叶氏医案，如小定风珠、椒梅汤、连梅汤、三才汤、桑杏汤、沙参麦冬汤、清营汤、清络饮、三石汤、翘荷汤、玉竹麦冬汤等。

以上可以充分反映出吴氏对叶氏学术的继承关系，吴氏可以称之为真正继承和发扬了叶氏学术思想的第一人。但由于历史的原因，除了《临证指南医案》外，吴氏可能没有能看到反映叶氏学术思想的另外几本医案，所以尽管吴氏通过《温病条辨》的编写反映了许多叶氏在温病证治方面的学术思想，但仍然是不够全面的。因而在学习《温病条辨》一时，仍要注意学习叶氏的《临证指南医案》和其它的医案。

可见吴氏能广泛地继承前人成就，加以整理、加工、提高，因而在医学方面，特别在温病学方面作出了重大贡献。

三、《温病条辨》主要学术思想

（一）创立了温病三焦辨治纲领

自叶天士创温病卫气营血辨治理论后，对于明确温病与伤寒的不同证治，阐明温病不同阶段、不同层次的病机特点、诊断要点和治疗大法等作出了重大的贡献。但是，仅以卫气营血四个阶段还不能全面、准确地表明病变的所在脏腑部位，因而叶天士在对温病辨证时仍然要联系脏腑辨证，并也提出了“温热须究三焦”。然而，叶氏对如何进行三焦辨证，尚未进行深入地阐述。吴氏在继承前人理论和证治经验的基础上，通过自己的丰富临床实践，深刻地体会到，温病的发生发展与三焦所属脏腑的病机变化有密切的关系，而且在温病过程中，这些脏腑的传变和治疗有一定的规律，而这些规律可以用三焦进行归纳，从而创立了温病三焦辨证理论，即以肺与心包为上焦，脾与胃为中焦，肝与肾为下焦。在这一基础上又提出了三焦的治疗原则，形成了一整套的温病辨证治疗体系。

三焦辨治的内容大致包括以下两个方面：

1. 温病的发病和传变规律　吴氏认为“温病由口鼻而入，鼻气通于肺，口气通于胃。肺病逆传，则为心包。上焦病不治，则传于中焦，胃与脾也。中焦病不治，即传下焦，肝与肾也。始上焦，终下焦。”这一观点，实质是对叶氏《温热论》中有关温邪发病、传变规律的阐发和补充。其主要精神是说明了温病初起邪多从口鼻而犯于肺，所以初起时多表现为上焦肺卫见证。继则有病邪有传胃与传心包的不同，可以分别引起热盛阳明和热闭心包。如传入中焦，邪热亢盛可导致胃阴耗伤，如邪热进一步耗及肝肾真阴，到疾病后期就可以出现真阴耗伤或虚风内动。这一传变反映了温病由表入里、由轻转重、由实到虚的发病规律。当然，由于温病种类有别，人体正气虚实各异，治疗亦有准确与否，故并不是所有温病都按吴氏所述的那样而发病和发展演变的。

2. 关于温病的治疗原则　吴氏提出，温病发展全过程的治疗原则可以概括为：治上焦如羽，非轻不举；治中焦如衡，非平不安；治下焦如权，非重不沉。这是根据上中下三焦病变的邪正特点所采用的治法特点而提出来的。所谓"治上焦如羽"，是因为"肺位最高，药过重则过病所，少用又有病重药轻之患"。此处"轻"是指"轻可去实"，即选取药物性味偏轻薄而不用过于苦寒沉降之品，剂量不宜过重，煎药时间也不宜久。所谓"治中焦如衡"，是因为邪在中焦，其势已盛，而人体正气尚实，故治疗以祛邪为主，邪去则人体阴阳可恢复平衡。在选方用药上，既不宜味薄质轻者，又不可用味厚质重者，介于二者之间，故称为"衡"。同时，中焦病变每有热盛阴伤或表现为湿热蕴阻，用药又当权衡其邪正虚实或湿热偏盛，以防偏倚之弊，类似以秤量物的"衡"。所谓"治下焦如权"，是因为下焦病变系肝肾真阴耗竭，甚则阴虚而动风，故其治疗每取味厚质重之品以滋补真阴，平息虚风，药性下降，与秤之砣，即"权"之义相似。

三焦辨证的本质主要是脏腑辨证，然而与内科学中对内伤杂病的脏腑辨证有所不同，其不同之处主要是温病学的脏腑并不是孤立地对某脏某腑进行辨证，而是反映出温病传变的动态规律，并体现了治疗方面的主要法则。其与卫气营血辨证又相互补充，相辅相成，分别反映了温病病程变化中的纵与横的关系，因而在吴鞠通提出三焦辨治纲领后，可以认为温病学的理论体系已趋于完善，也是温病学走向成熟的表现。

（二）丰富了温病的祛邪扶正治法

对于温病的治疗，吴氏在立法用药方面颇具特色，其中主要表现在对温病过程中的邪正双方都给予重视，正确地运用祛邪扶正的治疗方法。吴氏在治疗温病时，一方面强调要祛除病邪，另一方面又处处注意顾护正气，尤其是在祛邪之时提出"预护其虚"，而在护正之时又强调要"逐其余邪"，所以体现了邪正并重、邪正合治的思想。

由于温病是感受外在的温邪而发病，所以祛邪理所当然是治疗温病的着眼点。前人在这方面积累了丰富的经验，吴氏则在继承前人关于温病病机和治法理论的同时，在灵活运用《伤寒论》等经方的基础上，又整理了《临证指南医案》中大量温热病案的治法用药规律，制定了大量方剂，形成了许多定法和成方，使祛除温病病邪的各种治法更为充实、完善。如在解表法的运用方面，吴氏提出温热之邪在表时，当治以辛凉解表，主用银翘散、桑菊饮之类，此与刘河间、王安道提出温病初起以清里热之品加麻、桂之类以解表的"辛凉"之法有所发展。对于湿温初起或感受暑湿而又兼有外寒束表者，吴氏则认为不可一概投用辛凉，而分别主以芳化透表与辛温透表、清暑化湿之法，即所谓"温病最忌辛温，暑证不忌者，以暑必兼湿，湿为阴邪，非温不解。"同时，对辛凉解表法的运用，也每佐入辛温发散之品，如银翘散中用荆芥、豆豉，其意在"芳香散热解毒"，即利用其辛散之性，以加强祛除表邪之力。因而吴氏对解表药的运用是非常灵活，有常有变。又如在通下法的运用方面，吴氏继承了《伤寒论》中诸承气汤法的运用，强调温病亦须重视攻下，他说温病若"病纯在里，则非下夺不可矣，故主以大承气。"但吴氏又指出，温病因人体阴液正气已经受伤，故攻下法不可滥用，提出"承气非可轻尝之品。"此说显然较"温病下不厌早"的主张要全面、中肯。吴氏对通下法的具体运用亦较前人更为充实，如对阳明温病"应下失下，正虚不能运药"者，主以新加黄龙汤；对"喘促不宁，痰涎壅滞，右寸实大，肺气不降"者，主以宣白承气汤；对"左尺牢坚，小便赤痛，时烦渴甚"者，主以导赤承气汤；对"邪闭心包，神昏舌短，内窍不通，饮不解渴"者，主以牛黄承气汤；对"津液不足，无水舟停"者，主张"间服增液，再不下者，增液承气汤主之。"对下后邪气复聚，见"热不退或退不尽，口燥咽干，舌苔干黑或金黄色”，又见脉沉而有力者，予护胃承气汤；若见脉沉而弱者，属肠液亏虚而便秘者予增液汤。此外，对上焦之邪未清而已入中焦阳明，并煎熬肾水的“三焦俱急”之证，症见“大热大渴，舌燥，脉不浮而躁甚，舌色金黄，痰涎壅甚”者，即用承气合小陷胸汤。又对湿温久羁，致三焦气分闭塞不通而出现“神昏窍阻，少腹硬满，大便不下”者，予宣清导浊汤等。以上为吴氏将通下法与补气、养阴、化痰、宣肺、淡渗、开窍、理气、清热等法灵活配合而所制之方，以适应临床上温病的各种热结病证，显然是对仲景《伤寒论》中承气汤法的全面发展，使攻下之法的运用能更切合临床实际，取效更为明显。

又因温病所感受的病邪是温邪，具阳热之性，所以在温病的发展过程中极易耗伤阴液，而阴液的盈亏存亡又与病情的轻重预后的好坏有直接的关系，所以吴氏非常强调在治疗温病时应处处顾护阴液，在《温病条辨·杂说》中指出：“温病伤人身之阴，故喜辛凉、甘寒、甘咸以救其阴。”而这一句话中又暗含着吴氏三焦辨证用药的规律。即邪在上焦肺卫或热盛肺经之时，可分别投以辛凉解表之剂如桑菊饮、银翘散等或辛凉重剂白虎汤。邪在肺卫时，温邪初犯，邪热尚未炽盛，体内阴伤不甚，所以治疗以祛邪为主，邪去就可起到保护津液的作用，即吴氏所说的“预护其虚”。但如肺热已盛，则应投用辛凉重剂白虎汤以清热保津。如邪热进一步炽盛则可传入中焦，导致胃热亢盛，势必耗伤胃阴，所以在用辛寒或苦寒清胃泄热之剂或用通腑攻下之剂的同时，当加用甘寒滋养胃津之品。若病邪深入下焦，必劫伤真阴，故养阴之剂以甘咸之品为主。若以三焦阴伤的不同来选取方剂，大致是：上焦为肺阴伤，主以沙参麦冬汤；中焦为胃阴伤，主以益胃汤、五汁饮；下焦为肾阴伤，主以加减复脉汤。吴氏又提出：“在上焦以清邪为主，清邪之后，必继以存阴；在下焦以存阴为主，存阴之先，若邪尚有余，必先以搜邪。”由此也可看出，吴氏在治疗温病时一方面十分重视顾护阴液，另一方面又注意结合邪势之轻重盛衰而采用祛邪之品。吴氏《温病条辨》中滋阴方剂甚多，其中尤多用生地、玄参、麦冬（即增液汤）。此三味药不仅用作增水行舟，而且广泛地用于其它阴伤之证。如热结阴亏者，以增液汤合大黄、芒硝而成增液承气汤；热入营分、热灼营阴者，所用清营汤中亦有增液汤以滋养营阴；热盛气血者，所用加减玉女煎即为石膏、知母配合增液汤以滋阴清热。其它如清宫汤、银翘汤、益胃汤、竹叶玉女煎、护阳和阴汤、连梅汤等，均含有增液汤的主要成分。由此可见，吴氏将增液汤作为滋养阴液的基本方，并擅长将其灵活运用于临床。以《吴鞠通医案》为例，治疗热盛阴液大伤之案例中亦每每生地、玄参、麦冬合用，其中有病在心包而昏谵者，有邪热结于肠腑者，有热盛肝经而动风者，有热邪虽衰而真阴耗伤者，可见增液汤作为养阴生津的代表方适应范围是相当广泛的。在滋阴法的运用方面，吴氏在明确下焦病证的基础上进一步完善了滋养肾阴之法，这也是吴氏的一大贡献。叶天士在《临证指南医案》中，对温病后期肝肾真阴大伤的治疗，已有用复脉汤加减之法。吴氏以此为基础，制加减复脉汤，即以《伤寒论》炙甘草汤“去参、桂、姜、枣之补阳，加白芍收三阴之阴”，作为治疗肝肾阴伤之基本方。在实际应用时，根据不同情况进行变化：对心气欲脱者去麻仁，加龙骨、牡蛎，即救逆汤；若兼便溏则去麻仁，加牡蛎；若兼虚风欲动，手足蠕动，则加牡蛎、鳖甲；若兼热深厥甚，脉细促，心中憺憺大动，甚则心中痛，则再加龟板，即为三甲复脉汤；若阴精将竭，时时欲脱，则三甲复脉汤再加鸡子黄、五味子，即为大定风珠等。这样，对于下焦真阴耗伤诸证的治法得以基本完备。

（三）建立了较详细的温病理法方药体系

吴氏不仅注意对温病辨治规律的探求，而且对各种温病及温病过程中的各种具体病证确立了病机、治法、方剂和药物，从而使温病的治疗有成法可凭。以下把《温病条辨》中针对主要几种症状的治法内容作一归纳：

1. 神昏谵语证治　自《伤寒论》之后，多数医家因循《伤寒论》之说，把其发生原因归于“胃家实”。自叶天士提出“逆传心包”说，并于《临证指南医案》中载有多种病证所出现的神昏谵语之后，始揭示了神昏谵语的产生主要病位在心包，而且其发生因素相当复杂，针对不同的的病因应采取不同治法。吴氏在叶氏论述的基础上进一步论述了温病过程中出现神昏谵语的各种病证，对其产生神昏谵语的病机作一深入的阐述，并确立了相应的治法方药。如其中有手太阴肺经之邪逆传心包者，治以芳香开窍，用牛黄丸、紫雪丹、至宝丹之类；有邪热内闭心包者，治以清泄心包邪热，用清宫汤，昏谵较重者也可配合牛黄丸、紫雪丹、至宝丹之类；有邪入营分而扰心神者，其昏谵程度较轻，故用清营汤清泄营热；有阳明腑实，邪热上扰心神者，主以小承气汤；有阳明腑实又兼热闭心包者，主以牛黄承气汤；有湿热之气上蒙心包而神识昏蒙者，主以人参泻心汤、泻心汤类；有湿热弥漫三焦而窍阻神昏者，主以宣清导浊汤；有瘀热在里而致神气忽清忽乱者，主以桃仁承气汤。亦有因阴液元气亏虚而致心神失养、神识失常者，其中真阴欲竭者主以加减复脉汤合牛黄丸、紫雪丹；阴液元气两伤而致者，主以三才汤等。

2. 痉厥证治　在温病学形成之前，对痉厥尚未有过系统论述。吴氏在《温病条辨》三焦篇中对温病过程中的各种痉厥证治进行了论述。其中有属于热盛动风者，如暑痫系“热初入营，肝风内动”，治疗以清营汤加钩藤、丹皮、羚羊角为主法；又论及有阴虚动风者，如下焦肝肾阴竭而痉厥者，治疗又当以三甲复脉汤、大定风珠为主。在此同时，吴氏还强调痉厥之治必须分清邪实正虚，提出“痉厥神昏，舌短烦躁，手少阴证未罢者，先与牛黄、紫雪辈，开窍搜邪，再与复脉汤存阴、三甲潜阳，临证细参，勿致倒乱。”除此以外，吴氏在《温病条辨·解儿难》中还列有论痉六节（“痉因质疑”、“湿痉或问”、“痉有寒热虚实四大纲论”、“小儿痉病瘛病共有九大纲论”、“小儿易痉总论”、“痉病瘛病总论”），对痉厥的成因、种类、证治要点等又有较全面、系统的论述。以外感热病的痉病成因而言，提出寒邪可致痉，即柔痉、刚痉之类；感受风温之邪亦可致痉，其中有肺经热盛者，主以辛凉之剂，有热燔气营者，主以气血两清而养阴；感受温热之邪则“致痉者多而重”；感受暑邪而痉者，视其暑兼风寒、暑热在表、暑热盛于阳明、气阴欲脱、营热炽盛等不同而施治，其它尚有因湿、燥等邪而致痉者。该六节虽是针对小儿而言，但也同样适用于温病痉厥。

3. 哕的证治　对温病发哕的证治，吴氏对其分上、中、下三焦而辨治。病在上焦者属气分闭郁，其病机重点在肺，治疗用宣痹汤以轻宣肺气，开其郁闭。病在中焦者，其中有因湿热之邪壅遏胃气者，治以新加橘皮竹茹汤；有因实热壅塞阳明为哕者，治当通下胃腑；有属脾土衰败而气冲上逆者，当以附子粳米汤急救土败。病在下焦者，多属肝肾阴竭所致，可用小定风珠。同为发哕，其病机各别，治法迥异，吴氏之辨治内容首次对温病发哕的证治进行了较为系统的论述。

4. 汗出异常证治　《温病条辨》中对于汗出异常一证的辨治亦甚精细。其中有无汗者，病机有虚实之别。有的属于表气郁闭而致无汗者：如因寒邪客表，暑湿内蕴所致，可用新加香薷饮透散表寒、清暑化湿；如属温燥袭于肺卫，津液干燥而无汗者，投以桑杏汤以辛凉甘润，轻透肺卫。也有的无汗是因阴液大伤，汗源匮乏而致者：属胃液亏损者，投以益胃汤、五汁饮之类；属邪在血分，阴液亏乏而表实者，投以银翘散加生地、丹皮、赤芍、麦冬；属下后邪气还表而无汗脉浮者，投以银翘汤等。汗出异常者也有表现为汗出过多，病机也有虚实之分。有的是属于邪热引起的：如里热熏蒸而迫津外泄，属阳明无形热盛，投以白虎汤；汗出过多而气津受伤，则用白虎加人参汤；属阳明腑实者，投以承气汤之类；属湿热交蒸而致汗出热解，继而复热，投以黄芩滑石汤等。有的则属于虚证：如因邪正抗争日久，正气来复，奋起抗邪而战汗者，予生脉散养阴益气，助正敛汗；如卫表不固而冷汗自出，投以桂枝汤等。

此外，吴氏对温病常见的各种病证均有精细的辨治，除了在《温病条辨》中有所论述外，还可参照其医案，以深入了解其对各种病证的辨治用药规律。

（四）明确了温病的治疗禁忌

吴氏不仅确立了各种温病病证的治疗大法，而且根据温病的病机特点，指出了各种治疗禁忌，其内容涉及之广泛、深入，在温病学各种专著中是少见的。这些治禁对于指导临床实际，真正掌握治疗大法有很重要的指导价值。以下简要地介绍吴氏在《温病条辨》中提出的温病十大治禁。

1. 白虎之禁　吴氏说："白虎本为达热出表，若其人脉浮弦而细者不可与也，脉沉者不可与也，不渴者不可与也，汗不出者不可与也。"即指出白虎汤的适应证是阳明无形邪热浮盛于外，若见脉浮弦或沉，是邪或在表，或在半表半里，或属阴虚血少，或为热结于里，故不可用白虎汤。如不渴，为邪热不盛，津液未伤，亦不可用白虎汤。如汗不出为邪遏于里，非浮盛之热，故亦不宜白虎汤。但关于白虎之禁，在临床上应灵活掌握，如已见阳明热盛之征，但因表气郁闭而无汗者，白虎汤仍可投用，以取其达热出表之功，使热达腠开，汗出而热解。所以也不能拘于白虎"四不可予之说"。

2. 温病发汗之禁　吴氏说："温病忌汗，汗久不惟不解，反生他患"。其所谓忌汗是指不可用辛温发汗法，如麻、桂之类，以免温散之品助热耗阴。但温病忌汗并非指不可疏散表邪。吴氏所创银翘散，有疏风泄热之功，亦属汗剂范围，但其性辛凉，与辛温解表法不同。吴氏又指出，在某些特定情况下，辛温解表亦属可用之例。如温病初起兼有风寒外搏者，可暂用辛温以解表寒，湿热性温病初起，其治疗主以芳化，亦多属辛温之品。吴氏说："湿为阴邪，非温不解"，此类辛温药与辛温发汗剂当然迥然有别。即便是所用的辛凉解表之剂，如银翘散，其中也有荆芥、淡豆豉等辛温之品，目的是加强该方的疏散表邪之力，与单纯的辛温解表剂并不相同。

3. 湿温三禁　吴氏说湿温病"汗之则神昏耳聋，甚则目瞑不欲言，下之则洞泄，润之则病深不解"。这里所说的主要是湿温初起阶段的治疗禁忌，其中所说"汗"，是指误认为风寒在表而投用辛温解表剂以冀发汗，如用于湿温初起，发汗后湿邪不能祛除而徒伤卫阳、阴液。但在温病之初用芳香化湿宣表之法，虽属"汗法"范围，是当用之法，自然不在禁忌之例。其中所说"下"，是指攻下。湿温初起虽有腹满脘痞症，但并非是肠道结滞，更不是热结肠腑，误用攻下，反伤脾阳。然而，如湿邪已化燥而导致热结肠腑，或湿热积滞阻于肠道者，下法又不在禁忌之例。其中所说"润"，是指滋润养阴，湿温初起有午后身热等症，如误认为是阴虚而用养阴之剂，有恋邪助湿之弊。然而，若湿热已化燥化火而灼伤阴液，滋润之法则不可少。

4. 斑疹治禁　吴氏说："斑疹用升提则衄，或厥，或呛咳，或昏痉，用壅补则瞀乱。"说明治疗温病斑疹不可用升提、壅补之法。斑疹如具体区分，斑属阳明热盛，内迫血分而外溢于肌肤，对斑的治疗当主以清热凉血化斑，如误用升提，势必助热动血伤阴。疹则多属手太阴风热内窜营分，外现于血络，其治疗当主以透发，只是不宜用升、柴、麻、桂等辛温升提之品，以防助长火热之势。对于因表气郁闭而疹透不畅者，升提之法并非绝对禁用。所以对斑疹禁用升提，不能视为绝对之辞。至于壅补之法，对于邪热亢盛者固然有助邪之弊，但对正气不足而斑疹透发无力或甫出即隐者，补益之法亦当酌用，每有托斑透邪之效。故斑疹禁壅补亦是针对其一般情况而言，并不意味对斑疹之治绝对不用补法。

5. 淡渗之禁　吴氏说："温病小便不利者，淡渗不可与也，忌五苓、八正辈。"因为温病发生小便不利最常见的原因是热盛伤阴，阴伤后小便必然减少而不利。此时如误投淡渗利水之法，非但不能通利小便，反可更伤阴液。然而，在温病中出现小便不利的原因较为复杂，除了因阴伤引起者外，还多与水湿运行障碍有关，若其小便不利系湿热阻于膀胱，或水湿内停，或属三焦气化失司而致，则并非不能用淡渗之法。

6. 苦寒之禁　吴氏说："温病燥热，欲解燥者，先滋其干，不可纯用苦寒也，服之反燥甚。"说明温病热盛而阴伤者，用苦寒之品有化燥伤阴之弊，故"不可纯用"。然而，在温病过程中，如邪热炽盛，化火化毒，苦寒清热并非不可投用，只是在使用苦寒之品时，每应注意热盛阴伤的病机特点，每要配合甘寒生津之品，以取清热养阴之效，而无苦寒伤阴之弊。

7. 数下之禁　吴氏说："阳明温病，下后脉静，身不热，舌上津回，十数日不大便，可与益胃、增液辈，断不可再与承气也；下后舌苔未尽退，口微渴，面微赤，脉微数，身微热，日浅者亦与增液辈，日深舌微干者，属下焦复脉法也，勿得轻与承气。"说明在使用攻下之法后，如热结已去，见大便不解、余热未尽者，每与肠液不足有关，应予养阴生津以增水行舟，不可贸然再用承气汤之类。但攻下之后是否能再用攻下，应视具体情况而定，如热结未去，或热结又成，并非不可再下，如吴氏又说："下后邪气复聚，大热大渴，面正赤，脉躁甚，不在此例。"

8. 少阴耳聋治禁　吴氏说："温病耳聋，病系少阴，与柴胡汤者必死，六七日之后宜复脉辈复其精。"指出了少阴肾精亏损，不能上荣于耳而引起耳聋者，不可误认为是邪在少阳而投小柴胡汤。因少阳证虽可见"两耳无所闻"，但其病机为少阳胆热循经犯耳而致，与肾精不能上荣而致聋者迥然有别，故当用复脉汤滋补肾精，不得用柴胡剂。

9. 下焦病治禁　吴氏说："壮火尚盛者，不得用定风珠、复脉；邪少虚多者，不得用黄连阿胶汤；阴虚欲痉者，不得用青蒿鳖甲汤。"这是因为下焦病证虽然都以肝肾真阴不足为主要病机，所用的各种方剂也"皆为存阴退热而设"。但这些病证的具体情况并不相同，其中有壮火尚盛者，不宜过用滋腻之品；有邪少虚多者，不宜过用苦燥之品：有阴虚欲痉者，不宜用搜剔少阳、芳香透络之品。总的来说，对下焦病证的治疗要根据邪正虚实的具体情况以决定扶正祛邪的重点。

10. 下后食禁　吴氏说："阳明温病，下后热退，不可即食，食者必复。"即指出了在攻下之后必须防止暴饮暴食。当然，也并非绝对禁食，若病人知饥索食，也不妨稍进稀粥以养胃气。"

此外，吴氏还对温病过程中的多种病证提出了治疗上的注意点，这里不一一列举。

总之，吴氏提出各种治禁既继承了前人经验，又参以自己的心得，与他提出的治疗大法是相辅相成的。对这些治禁应知其常，明其所以禁之理，又须识其变，明其禁中亦有变通之由，切不可刻板对待，盲目套用。

（五）丰富的服药方法

《温病条辨》共载方剂204首，广为医者采用，其中各方剂不仅都列有剂量，而且往往注明了具体的服用方法，更贴切临床实用。现把书中有关的服用方法归纳如下：

1. 一日二次服药法　《条辨》中用此法者有57方，如宣痹汤、杏仁汤、厚朴草果汤等，多属芳香化湿、宣畅气机之剂。其作用较缓，不宜速效。可用于湿热性疾患。

2. 一日三次服药法　共有74方用此法，所占比重最大。如白虎汤、清营汤、黄连阿胶汤等皆用此法服用，服药间隔时间不尽相同。如白虎汤“分温三服”，而减味竹叶石膏汤则“一时服一杯，约三时令尽”。此法药效迅速，多有清热解毒、清化湿热的作用，多用于外感热病正邪剧烈交争的中期或极期。

3. 一昼夜四次服药法　有化斑汤、加减复脉汤等14方，服法为“日三服，夜一服。”多用于病情较重者。

4. 频服法　有25方采用频频服用或频频外用。如增液汤、雪梨浆方、薄荷末擦舌等。多属生津养阴之品，月于温病后期阴液损伤者。

5. 根据病情随时增减法　有大、小承气汤、五加减承气汤等。其药性多寒凉，作用猛烈，易伤正气。故里实热证多以此法治之。

6. 多剂服用法　如翘荷汤日服二剂，普济消毒饮“重者八钱……一时许一服”皆属此法。其有较强的清热解毒作用，针对各种邪毒炽盛而正气旺盛的病证。

7. 多用水多取药汁法　含生石膏、滑石等矿物药的方剂多用此法。如白虎汤、化斑汤等每以水八杯煎煮，取三杯药汁服用。

由此可见，吴氏对不同病证所用方剂的服用方法是很讲究的，体现了针对各种不同的病证，按治疗要求的不同，采取不同的服用方法，这对当前的临床具有很重要的启发。

综上所述，吴鞠通在温病学的理论、证治方面有杰出的贡献，其所著《温病条辨》和所留下的诸多温病医案成为学习温病学的重要参考资料，其治学精神和学术成就值得进一步继承发扬。

四、对《温病条辨》观点的分析

《温病条辨》对后世温病学的发展发挥了重大的作用，然而，对其中一些学术思想应全面理解，而且吴氏的论述也不是十全十美的，尚有一些片面或不够确切之处，后世有一些注家如王孟英、叶霖、曹炳章等，对书中的许多观点提出了异议，其中也不乏真知灼见。所以学习《温病条辨》时，在正确理解吴鞠通学术思想的同时，对所论及的内容应认真分析，独立思考。同时也可参考后世注家的一些意见。如书中提出的凡是温病都始于上焦、暑病中必兼湿邪等论点，就有可商榷之处。吴氏对某些中医理论、方剂药物作用的阐发，也不乏臆测和牵强之处，在学习过程中不能全盘接受。另外，书中收录了叶天士《临证指南医案》中的大量病例，把其脉案作为条文，处方则冠以方名，列为固定方剂，虽然其中有许多为后世所习用，不仅方便了学习和掌握，而且对于推广叶氏学说经验发挥了重要的作用，但其中也有些叶氏的个案在临床上甚少见到，根据其制定的方剂适用面较小，所以对书中条文和方剂的学习应有重点，不可不加选择。

《温病条辨》中温病重症的治法浅析及运用

屠燕捷　郭永洁

清代吴鞠通所著的《温病条辨》一书，是一部理法方药系统完整的温病学重要文献。它是吴鞠通继承了前人特别是清代初期著名温病学家叶天士的理论和经验，经过自己数十年的研究和实践写成的温病学集大成之作。本文对《温病条辨》中温病重症的辨证治疗加以梳理归纳，并例举《吴鞠通医案》一则以供参考：

一、温病中的心包证

自《伤寒论》之后的多数医家把温病中所出现的神昏原因归于“胃家实”。叶天士提出“逆传心包”说，揭示神昏谵语的产生主要病位在心包。吴鞠通在叶氏论述的基础上对温病过程中出现各种心包证加以归纳，对神昏谵语的发生病机作了深入阐述，并确立了相应治法方药。如：

1. 太阴温病肺经之邪逆传心包，汗出过多者，“其人表疏，一发而汗出不止，汗为心液，误汗亡阳，心阳伤而神明乱，中无所主，故神昏。心液伤而心血虚，心以阴为体，心阴不能济阳，则心阳独亢，心主言，故谵语不休也”，清宫汤主之，牛黄丸、紫雪丹、局方至宝丹亦主之。

2. 温毒热毒炽盛，出现热闭心包的神昏谵语者，亦主以清热开窍之剂，先与安宫牛黄丸、紫雪丹之属，继以清宫汤。

3. 暑入心包，身热不恶寒，精神不了了，时时谵语者，安宫牛黄丸主之，紫雪丹亦主之。暑温蔓延三焦日久，神识不清，热闭内窍者，先与紫雪丹开内窍而清热最速，再与清宫汤。

4. 湿温邪入心包，神昏肢逆，此时邪多已化燥化火，治疗以清泄心包邪热而开窍为主，又考虑到本证生于湿温中，有余湿不解，如用一派寒凉之药，有恋湿之弊，因此配合能清湿中之热的银花和赤小豆皮，去除苦寒、滋腻的莲心、麦冬，选用清营汤去莲心、麦冬，加银花、赤小豆皮，煎送至宝丹或紫雪丹，去秽浊复神明。

5. 秽湿之邪遍布三焦，热蒸头胀，身痛呕逆，小便不通，神识昏迷，舌白，渴不多饮，先选用芳香通神利窍安宫牛黄丸，再用淡渗分消浊湿茯苓皮汤。

6. 痉厥神昏，舌短，烦躁，手少阴证未罢者，先与牛黄、紫雪辈，开窍搜邪；再与复脉汤存阴，三甲潜阳。

由上可见，吴鞠通采用清心开窍法治疗邪入心包出现的神昏谵语，轻者善用犀角、生地、玄参、连翘、郁金、石菖蒲等药组方，如清宫汤；重者用安宫牛黄丸、至宝丹、紫雪丹。清宫汤以酸寒甘苦法，清膻中之方，俱用心者，因心能入心，即以清秽浊之品，补心中生生不已之生气，救性命于微芒也。

安宫牛黄丸、紫雪丹、至宝丹被称为温病“开窍三宝”，是吴氏对温病危重病辨治的重要贡献之一。其中安宫牛黄丸乃“芳香化浊而利诸窍，咸寒保肾水而安心体，苦寒通火腑而泻心用之方也”，寒凉性最强，长于清热解毒；紫雪丹“诸石利水火而通下窍，犀角、羚羊泻心、胆之火，诸香化秽浊”，“清包络之热而开内窍也”，寒凉之性稍逊于安宫牛黄丸，长于镇静安神、清泄阳明之热，具通导大小便之功；至宝丹“荟萃各种灵异，皆能补心体，通心用，除邪秽，解热结，共成拨乱反正之功”，寒凉之性更次于紫雪丹，长于宁心安神、辟秽化痰开窍。

二、温病中的动风证

温病中的动风证大致可归为热盛动风和肝肾真阴耗伤所致动风两类，吴鞠通在《温病条辨》三焦篇中对温病过程中的各种痉厥证治进行了论述。其中暑热入心营引发动风，临床表现可见高热烦渴，手足躁扰，甚至狂乱、神昏痉厥，或见颈项强直，角弓反张等；热邪深入肝肾，耗损阴精，虚风内动，临床可见低热或五心烦热、口舌干燥、舌绛枯萎、脉细弦数等。如：

1. 热盛动风者，如暑痫系“热初入营，肝风内动”，手足瘛疭，治疗以清营汤加钩藤、丹皮、羚羊角为主法，以增强凉肝息风的作用。

2. 下焦温病热灼真阴，阴虚不能涵木，筋脉失养而致挛急，导致虚风将动，症见舌干齿黑，手指但觉蠕动，脉沉数，须急防痉厥，用复脉汤加牡蛎、鳖甲以育阴潜阳息风，即二甲复脉汤主之。下焦温病，热深厥甚，脉细促，心中憺憺大动，甚则心中痛者，用二甲复脉汤加龟甲，即三甲复脉汤主之，以达滋阴潜镇之功。而若出现厥且哕，脉细而劲，选小定风珠滋阴息风。

3. 温邪久羁，吸灼真阴，或因误表，或因妄攻，或邪入营血，耗伤真阴，均可造成下焦肝肾阴竭，神倦瘛疭，脉气虚弱，舌绛苔少，时时欲脱者，大定风珠主之。

4. 痉厥神昏，舌短，烦躁，手少阴证未罢者，先与牛黄、紫雪辈，开窍搜邪；再与复脉汤存阴，三甲潜阳，临证细参，勿致倒乱。

吴氏对热盛动风所致痉厥采用清营凉血息风法，以清营汤加钩藤、丹皮、羚羊角治疗；对于真阴亏虚所致痉厥，则主要采取咸寒滋阴息风法治疗，以生地、白芍、麦冬、阿胶等咸寒滋阴药与鳖甲、龟甲、生龙骨、生牡蛎等潜阳息风药配伍组方，三甲复脉汤、大定风珠、小定风珠为其代表方。

三甲复脉汤组方特点是在加减复脉汤中加入“三甲”。其中牡蛎咸涩，平肝潜阳，收涩敛阴；鳖甲咸平，滋阴潜阳，搜剔血分络脉结邪；龟甲咸甘，通补奇经任脉，共达滋阴潜阳，息风止痉之效。大定风珠由三甲复脉汤加鸡子黄、五味子组成。吴氏指出：方“名定风珠者，以鸡子黄宛如珠形……能息肝风”。加五味子旨在取其酸，合生地、白芍、甘草等甘酸化阴，柔肝敛肝。大定风珠与三甲复脉汤所治的病证都属于阴虚风动，大定风珠方证真阴耗伤更甚，动风也更为显著，且时时欲脱，证情更为严重。小定风珠以复脉汤为基础，但从仲景白通加猪胆汁汤变通而出，于滋阴息风中可引阳入阴，主治阴虚动风而阳浮之证。

三、温病中的血分证

血分证是温病热邪深入血分，耗血动血，扰乱心神所出现的一系列病理变化，是温病的极盛阶段，此时病情危重，脏器损害严重，病理变化较为复杂。临床表现有高热、夜间热甚、躁扰不宁，斑疹显露、色多深紫、舌色深绛或紫晦，脉象细数，甚则出现神志不清、谵语发狂等症状，多涉及心、肝、肾三脏。热瘀交结是血分证的重要病理机制。如：

1. 太阴温病血分证证治。太阴温病，邪热深入血分而血从上溢，或表现为吐血，或表现为鼻、齿龈出血，这是温邪已深入血分，迫血妄行，使血液从上部清窍而出所致，则犀角地黄汤合银翘散主之。银翘散用以清散肺中热毒，犀角地黄汤用以清解深伏于血分的邪热，通过清热达到保存阴液，救护肺脏的目的。

2. 太阴温病不可发汗，如辛温之品助热势，而阴液不足，“其人热甚血燥，不能蒸汗，温邪郁于肌表血分，故必发斑疹也。”发斑者，化斑汤主之；发疹者，银翘散去豆豉，加细生地、丹皮、大青叶，倍元参主之。

3. 暑温暑热亢盛内追血分而引起的咳血、咯血，方选犀角地黄汤和银翘散加减为宜。

4. 阳明温邪深入血分，迫血溢于肌肤而发斑者，化斑汤主之。若下后疹续出者，因有形之邪虽从下解，但仍有无形余热未除而外窜肌肤血络，以至陆续发出红疹，采用银翘散去豆豉，加细生地、大青叶、元参、丹皮汤治之。

5. 下焦温病兼瘀血，以血分热盛、血溢肠间为主，临床表现可见时欲漱口不欲咽，大便黑而易者，有瘀血也，选用血分证代表方剂犀角地黄汤主之。

凉血散血法是叶天士根据热入血分、血热脉络瘀滞的病机提出的治疗大法，吴氏称此法为“甘咸微苦法”，代表方剂为犀角地黄汤。全方以犀角、生地、赤芍、丹皮四味达凉血止血、活血祛瘀，清热解毒之功。吴氏自注：“犀角味咸入下焦血分以清热，地黄去积聚而补阴，白芍去恶血，生新血，丹皮泻血中伏火”。对于温病发斑，热入血分，吴氏认为发斑系阳明胃热深入血分，迫血外发于肌表所致，凉血解毒是治疗发斑的关键，以白虎合犀角地黄汤加减，制成化斑汤进行治疗。而对于温病发疹，吴氏选用银翘散去豆豉加细生地、丹皮、大青叶、倍玄参方，吴氏自注云：“加四物，取其清血热；去豆豉，畏其温也。”

病案举例：

戊子二月十八日，某男风温误汗，邪归心包血分，谵语神昏，右脉空大，舌苔干燥不渴，津液消亡。与一面开心包之邪，一面育阴清热。

生石膏一两　细生地六钱　丹皮四钱　炒知母三钱　炙甘草四钱　麦冬连心六钱　粳米一撮　煮三杯，分三次服。外紫雪丹四钱与汤药分服，每次二钱。

十九日　温病邪入心包，谵语癫狂。昨与紫雪丹四钱，玉女煎加丹皮一帖，今日脉反洪大有力，紫斑夹疹，续出若汗。议化斑汤两清气血之伏热，其紫雪丹再服三钱，以谵语尽除为度。

生石膏二两　知母四钱　黄芩三钱　炙甘草三钱　犀角二钱　丹皮五钱　粳米一撮

煮三杯，与紫雪丹，分三次间服。

二十日　斑疹已出，脉之洪大，谵语已减，与护阴法。

细生地六钱　丹皮五钱　麦冬连心五钱　焦白芍三钱　连翘三钱　银花三钱　甘草一钱半　煮三盃，分三次服。

廿一日　热退神清，余邪有限，大便溏。与一甲复脉汤二帖，紫雪丹五分。

大生地五钱　甘草三钱　丹皮三钱　生白芍三钱　阿胶冲三钱　麻仁二钱　生牡蛎五钱　麦冬三钱

廿八日　温疹未十分清，即不服药，七八日后饮食进早，复受秽浊之气，右脉洪大有力，舌苔白厚，先清秽浊。以舌苔白，未可下。

牛蒡子炒，研，三钱　连翘心，三钱　银花三钱　炒黄芩二钱　芥穗二钱　苦梗三钱　香豆豉三钱　甘草二钱　煮三盃，分三次服。

本案例体现了吴鞠通对邪入心包之神昏、热入血分发疹以及后期阴伤的遣方用药特色，以资临床借鉴。

吴鞠通温病辨治体系的新思考

王秀莲

清代名医吴鞠通以其在温病学方面的贡献而闻名于世。其创立的三焦辨证纲领与卫气营血辨证融为一炉，完善了温病的辨证论治体系，丰富了温病的证治内容，其所论理、法、方、药，具有很高的理论水平的和实用价值，二百余年经久不衰。其学术思想体系是宗《内经》、《伤寒》之旨，发扬又可之说，师承叶氏之论，博采众家之长，结合自己的临床实践，特别是经历多次辨治大疫的实践而形成的，从理论上和实践上对祖国医学作出重大贡献。深入挖掘研究吴鞠通学术思想，特别是其辨治温病的思路和防治经验，不断跟踪新的疾病谱，探讨发病规律，对当前传染病和感染性疾病的防治具有重要意义。

一、详辨病因病性

1. 重视气运　吴鞠通在《温病条辨原病篇》中开篇就引用了运气七篇大论原文："《六元正纪大论》曰：辰戌之岁，初之气，民厉温病；卯酉之岁，二之气，厉大至，民善暴死；终之气，其病温。寅申之岁，初之气，温病乃起；丑未之岁，二之气，温厉大行，远近咸若。子午之岁，五之气，其病温。巳亥之岁，终之气，其病温厉。"在文中又说："叙运气，原温病之始也。每岁之温，有早暮微盛不等，司天在泉，主气客气，相加临而然也。"通过《内经》原文，进一步说明每年发生的温病有早晚轻重的不同，是由于每年的司天、在泉、主气、客气的循环和它们之间的相乎加临有所不同的缘故。吴鞠通在《医医病书》中还专门撰写了《气运论》《医不明六气论》《医必备四时五行六气论》《三元气候不同论》等文，强调精通气运在外感疾病临证中的重要意义。认为"精通运气之理，有先知之妙，时时体验其气之已至未至，太过不及，何者为胜气，何者为中气，何者为复气，何者为化气，再用有者求之，无者求之，微者责之，盛者责之之功，临证自有准的。"

由此可知，气运的变化可能是某些温病发生的重要原因之一，重视运气变化对疾病的影响是中医值得发掘和研究的领域。温病的发生虽然是多种因素综合作用的结果，但是不容忽视自然因素包括时间、空间、气象等对温病发生流行的影响。运气理论与气象密切相关，在一定条件下可以做为参考，为当今一些传染病的发生提供预警。

2. 强调内因　吴鞠通在《内经》"冬不藏精，春必病温"的基础上，进一步强调"盖谓冬伤寒则春病温，惟藏精者足以避之"，明确温病的发生是外因作用于内因的结果，强调"藏精"的重要。并对"不藏精"进行发挥，提出"不藏精三字需活看，不专主房劳说，一切人事之能动摇其精者皆是"，深化了不藏精的含义。可以认为凡是影响人体正气的原因如喜怒不节，过度劳作，思虑多欲，汗出过多，大病之后，禀赋不足等，均可造成少阴水脏先亏，阳气外泄，精气失于固藏。提示顾护正气是预防温病的关键。

3. 详辨"两纲""三因""胜气复气"　在外感热病中，就病证性质而言，不仅有伤寒、还有温病，就温病病证性质又有温热，湿热之分，如用湿热之法治温病，必然导致不良后果。如汪瑟庵评论《温病条辨》时指出"温热、湿热为本书两大纲"，反映了吴鞠通辨治温病的一大特色。对于温病病因，诸贤历有争论，吴鞠通兼收并蓄，融会贯通，提出温病"三因"说，《温病条辨原病篇》中"伏气温病，如春温、冬咳、温疟"，亦有"乃司天时令现行之气”，“更有非其时而有其气，如又可所云戾气”。伏气、新感、戾气“三因说”使温病病因说臻于完善。

不仅如此，吴氏对病因病性还进一步辨胜气、复气，他认为“秋燥之气，轻则为燥，重则为寒，化气为湿，复气为火。所以治疗燥气为病，既有化气火症，亦有胜气寒症”。据记载，道光元年（辛巳年，公元1821年）吴鞠通64岁，遇京师燥疫流行，民多吐利，腹痛而死，正是由于他细审病证详辨病性，认为系凉燥为患，才特制苦温芳香、扶阳逐秽之剂——霹雳散以救之，大获奇效。当年顺天（北京）乡试，主考官购其所制霹雳散百余剂，令考生服用，果然考场无患疫而死者。吴鞠通在霹雳散方论中指出“虽疠气之至，多见火证，而燥金、寒湿之疫，亦复时有。风、火、暑三者为阳邪，与秽浊异气相参，为温疠。湿、燥、寒与秽浊异气相参，为寒疠。”反映了他对疫病病性全面客观的认识。又如：癸丑年（公元1793年）吴鞠通36岁，京师发生瘟疫大流行，经误治而死者不可胜数。正如纪晓岚在《阅微草堂笔记》中所述：“乾隆癸丑春夏间，京中多疫，以张仲景法治之，十死八九，以吴又可法治之，亦不甚验。”说明面对新的疫病，他不拘常法，大胆创新，“虽然求治者大多已成坏病，但经其（吴鞠通）救治，幸存者达数十之多。”

吴鞠通“两纲”、“三因”、“胜复气”之辨，是他继承先贤，在实践中总结创新的结果，反映了他对温病病性的深刻认识。是对温病病因学的发展和完善。借鉴吴鞠通病因学思想，对当今各种传染病尤其是新发传染病，详辨病因病性，依据中医理论“审因论治”，早期治疗，可以为减轻病毒对人体的损害赢得时间。

二、完整独特的辨证体系

1. 辨病与辨证结合　《温病条辨》开卷首列九种温病，“温病者，有风温，有温热，有温疫，有温毒，有暑温，有湿温，有秋燥，有冬温，有温疟。”明确概念，并分辨其发病与临床特征，尽管传统温病的病名存在过于笼统的缺陷，但足见吴氏对辨病的重视。而《温病条辨》全书体例，即吴鞠通创立的三焦辨证体系是以三焦为“纲”以辨证，九种病名为“目”以辨病，树立了辨证与辨病紧密结合的典范。在确定病名之后，又按疾病的症状、性质分型论治，病证结合。辨病有利于把握疾病本质、传变的趋势、固有变化规律。只有先明确病的诊断，才能把握证的特征，辨病与辨证结合，才是中医真正的优势。

2. 分期与定位结合　外感病具有由轻到重、由浅至深基本规律，卫气营血辨证体现了病期和病变层次的不同。吴鞠通继承叶天士卫气营血理论，在辨病的前提下进行卫气营血辨证，揭示不同温病的特征，使得卫气营血辨证具体化，有利于把握各种疾病的规律寻求截断治疗。吴鞠通创立的三焦辨证的重要意义在于将脏腑辨证引入温病辨证领域，以补卫气营血辨证的不足。《温病条辨》将卫气营血分期辨证与脏腑定位结合，如“太阴温病，气血两燔者，玉女煎去牛膝加元参主之”，使辨证向更深层次发展，证型具体化，治疗更有针对性。又如吴鞠通在上焦篇秋燥名下论述：“秋感燥气，右脉数大，伤于太阴气分”体现了将三焦辨证、病名分类，卫气营血、六经辨证四结合的完整独特的辨证体系。

3. 主证和兼证结合　在辨证过程中力抓主证结合兼证进行辨识也是吴鞠通的一大特色。如著名的五承气汤的产生就是他在辨识“大便闭结”为主证的前提下，据兼证阴液亏虚、肺热、热闭心包、小肠热盛、气液两虚分别与滋阴、宣肺、开窍、清火府、补益气液合用而产生的，被誉为是对下法贡献。再如五加减正气散主证是“脘闷”，病机关键是湿滞中焦、升降失司。由于湿浊弥漫，在上可出现头痛或胀或重，在下可出现大便不爽或胀或泄，在中可出现脘腹胀，呕恶苔白；在肌表可有寒热、身痛、身重等症。苔白是辨湿邪的要点，白滑为湿重，白而黄是湿蕴化热之象，素体湿盛或脾阳不足之体又可转化为寒湿之证，按不同兼证分别加入不同的药物，使治疗更有针对性。临证抓主证固然重要，主证抓对了可击中要害，但是能否正确识别兼证，也是提高临床疗效的关键。主证和兼证结合的辨治思路是值得借鉴的。

吴鞠通完整独特的辨证体系，是对外感病辨证的巨大贡献，充分体现中医的辨证的多层面性。当然还有许多治疗特色有待于深入挖掘。面对当前传染性疾病总的发展态势是，“经典传染病没有被完全控制，新的传染病已出现，世界各国都面临着新老传染病的双重威胁。”寻找新的思路、新的方法、新的药物，有效地对付传染病的严重威胁，成为当前医学界面临的一大课题。尽管不断出现的新的疫病在中医典籍中可能没有明确记载，但依据中医药防治疫病的基本理论，借鉴吴鞠通的辨治思路可以认为中医在防治新的病毒性传染病方面存在极大潜力，可以作出很多有实效的工作。

吴鞠通说疫病

王　爽　指导老师：郭永洁

吴瑭，字佩珩，号鞠通，清代著名医学家，温病四大家之一。其著作《温病条辨》遥秉《内经》，承于《伤寒》，被誉为“温病之津梁”，“温病传世之作”。本文仅结合温疫谈谈吴鞠通对温病学的贡献。

一、吴鞠通的病原学说

1. 病原学说

明代吴又可之《温疫论》是第一部论述温疫类疾病的专著。《温疫论》提出了温疫的致病原因——戾气。在此基础上，吴鞠通进一步发展了温病的病原学说。现代中医大家邓铁涛将吴鞠通《温病条辨·原病》篇属于病因理论的论述归结为三点：①戾气可以导致温病的发生，属于外因。如“更有非其时而有其气，如又可云戾气，亦间有之，乃其变也。”②地理气候与社会因素与发病有密切关系，如“叙气运，原温疫之始也。每岁之温，有早暮微盛不等，司天在泉，主气客气，相加临而然也。”③强调内因在发病上的重要性，如“盖谓冬伤寒则春病温，惟藏精者足以避之。”“盖能藏精者，一切病患皆可却，岂独温病为然哉！”

2. 病原学说与传染病的流行（强调外因）

传染病，中医学泛称为温疫，是指一类具有传染性、流行性、季节性和地域性等临床特点的病症。正如吴鞠通所说，“温疫者，厉气流行，多兼秽浊，家家如是，如役使然也。”现代流行病学认为，传染性疾病的过程中有三个环节，分别为传染源、传播途径和易感人群。如“温病由口鼻而入，自上而下，鼻通于肺，始手太阴。”流行病学将这三个环节联系起来进行研究，却不可忽视自然因素和社会因素在这三个环节中所起的重要作用。自然因素包括地理因素与气候因素。某些传染病和一些自然疫原性疾病都有较为严格的地区性和季节性，如血吸虫病、典型肺炎。长江流域特别是长江以南的某些湖泊及水网地区，气候温和，雨量充沛，杂草丛生，适宜于钉螺的孳生，这就成为血吸虫病流行的地区分布特点。2002年冬季中山市平均温度明显比常年高，特别是出现气温骤升骤降伴少见的暖湿多雾天气，形成燥热夹湿的特殊环境，给 SARS 病毒造成滋生传播的条件。

吴鞠通对温病发生与年份关系的认识较《内经》又有发展，他明确指出，温病的发生和流行，社会条件比自然条件更为重要，“盖时和岁苒，天气以宁，民气以和，虽当盛之岁亦微；至于凶荒兵火之后，虽应微之岁亦盛。”这是符合实际的。社会因素对传染病的发生与流行有着决定性的作用。社会因素主要是与人民的生活水平，社会卫生保健事业的发展、预防、普及密切相关。生活水平低，工作与卫生条件差，可致机体抗病能力低下，无疑增加感染的机会。我国解放以来消灭与杜绝了烈性传染病与部分地区寄生虫病的流行，并使呼吸道传染病发病率降低，显然与国家“预防为主”和国泰民安社会制度息息相关。

3. 病原学说与艾滋病的发病（强调内因）

艾滋病在中医古籍中并无记载，从中医角度认识艾滋病尚处于探索阶段。中医普遍认为本病的外因为“邪毒入侵”，内因是“正虚”。艾滋病患者多为同性恋、男妓、女妓、注射毒品及有偿供血者，这些人多恣情纵欲、耗伤肾精；或嗜酒积毒，忧思劳倦，失血过多，气血损伤，阴阳失调；或先天不足、禀赋虚弱等，均使正气不足，正虚则易为邪气所感，毒邪即通过精窍、皮肤入侵，伏于血络，内伏营分，发为本病。《温病条辨·原病》篇《刺法论》：岐伯曰：不相染者，正气存内，邪不可干。吴鞠通称其为“避疫之道”。正气在疫病及其它温病的发生和发展过程中具有重要的作用，正气旺盛，则御邪作用完善，抗邪能力充足，病邪则难以侵入，即使发病，由于正气抗邪有力，病情亦轻，传变亦少，易于痊愈。正气相当于现代医学中的免疫功能，中医药可有效保护和改善艾滋病患者的免疫功能，延长寿命，提高生活质量，并使其长期带毒生存。

金燕等认为吴鞠通在《温病条辨》中明确指出体质因素能决定个体对某种致病因素的易感性。体质是指人群中的个体在其生长、发育和衰老过程中形成的机能、结构、代谢上的特殊性，体质因素决定着发病与否。研究表明，HIV 感染除与宿主细胞表面 CD4 分子结合外，还需要第二受体。第二受体基因在不同人种中遗传的突变率有明显差异。

二、吴鞠通对于温疫的治疗

1. “治上焦如羽”——银翘散的创立、临床应用及现代研究

“治上焦如羽”出自《温病条辨·卷四·治病法论》，是吴鞠通对上焦温病治疗原则的高度概括与生动比喻。所谓“治上焦如羽”，是因为“肺位最高，药过重则过病所，少用又有病重药轻之患”。此处“轻”是指“轻可去实”，即选取药物性味偏轻薄而不用过于苦寒沉降之品，剂量不宜过重，煎药时间也不宜过久。

代表方剂如银翘散等。本方见于《温病条辨》上焦篇，本方用药为遵循《内经》“风淫于内，治以辛凉，佐以苦甘”之法，宗喻嘉言“芳香逐秽”之说，据李东垣清心凉膈散加减化裁而成。功能辛凉解表，宣肺泻热。

银翘散自问世以来，常用不衰，疗效甚佳。目前被广泛运用于温热疾病初起的风热表证阶段，如流行性感冒、呼吸道感染、流行性腮腺炎、口疮、风疹、麻疹、乙型脑炎等。

有人将流感称为人类最大的温疫。流感病毒的抗原性极易发生变异，如不及时控制，容易引起爆发、流行，甚或世界范围内的大流行。现代医学对流感的治疗主要采用对症治疗和支持疗法，卧床休息、多饮水和服解热镇痛药。临床报道中药银翘散对流感有较好疗效。在目前还没有研究出治疗流感的特效药物之前，中医药防治流感的研究仍不失为寻找有效非特异性防治药物的良好途径。

现代药理实验研究表明，银翘散具有解热镇痛、抗炎与抗过敏、抗菌抗病毒作用。

2. 温疫治疗大法

吴鞠通对于温疫的治疗，后人评价如下“……治法一以护阴清热逐秽为主。然法者，规矩也。规矩不能使人巧，巧用在人也……”

（1）清气泄热：如“王，三十八岁，温病狂热，大渴引饮，过十二时饮凉水担余，癫狂谵语，大汗不止。”本案属温病气分里热证，但过饮凉水，寒凉过度，致使冰伏邪气，热被寒遏，气机不通，治疗仍宜辛寒清热达热出表。清解气热法属于八法中的“清”法，指清泄解除气分无形邪热的治法。温疫之邪进入气分，邪气既盛而正气未至大衰，邪正相持，病邪羁留。此时，正气若能奋起抗邪或经及时、正确的治疗，可冀邪退病愈；反之，此时若正气不支，或失治、误治，温邪因而鸱张，可由气分深入营分甚至血分，病情趋于严重恶化。清气泄热可使气分邪热宣泄出卫分而解，或将气分蕴热直接清化，从而截断病变发展、传变，更好地提高疗效，改善预后。

（2）通下逐邪法：如“癸丑年六月二十六日，赵，五十五岁，体瘦无子，过服桂、附，津液枯燥。”“癸丑年七月初九日，刘，六十岁，温病误表，津液消亡。”两案。

吴鞠通在温病学很多方面有其独特的发展和创造，尤其在《温病条辨》中对下法运用的论述。他在吴又可“承气本为逐邪而设，非专为结粪而设也”的影响下，不仅灵活运用仲景之大、小及调胃承气汤，而且还针对温病临床错综复杂的特殊情况，将益气、滋阴、宣肺、清热、开窍、化痰、养血等法与下法有机结合，创制新加黄龙汤、宣白承气汤、导赤承气汤、牛黄承气汤、增液承气汤、护胃承气汤、承气合小陷胸汤、桃仁承气汤、加减桃仁承气汤等一系列承气方剂，使下法的作用趋于完善。

吴又可治疗温疫亘视疫邪贵乎早逐，并提出了疫邪入里解以吐下的治疗原则。吴鞠通继承并发展了这一思想，在医案中屡屡运用通下逐邪治疗温疫并获效。正如后人所说“真乃运用之妙，存乎一心，岂庸手所能乎！”

（3）温疫后期，滋养肝肾之阴

温热病邪是温病发生的主要病因，其具阳热之性，易于耗伤人体的阴液。吴鞠通继承前贤在“损者益之”“燥者润之”“热邪不燥胃津，必耗肾液”等理论的影响下，认为“温为阳邪……最善发泄，阳盛必伤阴”，“温病者，津气先虚”，以及“盖热病未有不耗津者，耗之未尽则生，耗之尽则阳无以恋，必气绝而死矣。”因此，吴氏治温极其重视顾护阴津，尝谓温病“始终以救阴精为主”。

温病邪热久羁，往往深入下焦。下焦病变以肝肾为主，多属温病的后期阶段。此时邪少虚多，应重点滋养肝肾阴液，使真阴恢复，余邪自解，低热自退。吴鞠通创制加减复脉汤以甘润生津、滋补肝肾、复脉中之阴，治疗下焦温病邪少虚多之证，切合温邪深入下焦而重伤肝肾之阴的特点，凡肝肾阴伤、邪热少而虚热多之证，皆可酌情用之。如《吴鞠通医案》中王氏、赵氏、刘氏、史氏均以复脉汤加减收功。

吴鞠通的“矛盾论”

彭青鹤

清·吴鞠通遵《内经》，宗仲景，师叶桂而汇众长，于1798年著成《温病条辨》这部理、法、方、药自成体系的温病学专著。首方选用桂技汤，看似违反了温病应“温者凉之”的常识，但实则确有道理，现将认识浅谈如次。

桂枝汤为仲景群方之冠，吴氏《温病条辨》亦列为第一方，用于温病“初起恶风寒者”。意在取桂枝汤辛温解肌得微汗而解寒热之邪。但温病是温热之邪为患，若治以辛温之品，势若抱薪投火，况风温初起，邪在肺卫，最忌辛温发汗，只宜辛凉疏解，且桂枝辛温动血，所谓“桂枝下咽，阳盛则毙”。吴氏在自己的《卷四杂说·本论起银翘散论》中也提到：“温病忌汗，汗之不惟不解，反生他患，盖病在手经，徒伤足太阳无益，病自口、鼻吸受而生，徒发其表亦无益也”，并曾明确指出：“本论方法之始，实始于银翘散”。这使人产生质疑：吴氏所处的历史背景，《伤寒论》被众医家推崇，温病学派做为异于伤寒学派的一个新体系出现，难以被接受。所以，迫于医界偏见的压力，吴鞠通假推尊伤寒学派之名，而行立异标新之实。

难道吴鞠通也看重发行量？图书销量排行榜？

吴氏似乎也料到后人对此会有议论，故而在“凡例”自注中作了解释，“是书虽为温病而设，实可羽翼伤寒。若真能识得伤寒，断不致疑麻桂之法不可用；若真能识得温病，断不致以辛温治伤寒之法治温病”。自注对桂枝汤的应用指出：“盖温病忌汗，最喜解肌，桂枝汤本为解肌，且桂枝芳香化浊，芍药收阴敛液，甘草败毒和中，姜枣调和营卫，温病初起原可用之。此处却变易前法，恶风寒者主以桂枝，不恶风寒者主以辛凉，非敢擅违古训也”。此外，强调“煎法服法，必如《伤寒论》原文而后可，不然，不惟失桂枝汤之妙，反生他变，病必不除”。严谨的治学精神和认真考究的方药煎服法思想跃然纸上，既体现了吴氏对《伤寒论》学术理论的一脉相承，又表明了他实事求是、毫无门户之见，客观、完整地记录了临床见证，使其与《伤寒论》珠联璧合、相互补充，这正是吴鞠通高明、可贵之处。

这就引发人们思考：吴氏难不成在给后人做文字游戏？前后矛盾，自我否定再肯定？辩证唯物主义告诉我们，事物皆有其两面性，由对立面的统一构成矛盾，对立面之间既有内在的、有机的、不可分割的联系，又有相互离异、相互排斥的性质；任何事物内部都有肯定的方面和否定的方面，这两方面对立统一的运动过程，形成事物的自己运动和自我发展。吴鞠通不愧有医之大家风范，将中医精髓—辩证思维纵横交错展现出来。揭示了温病与人机体的矛盾斗争，即“初起恶风寒者”，温病初起应以“发热”为主证，伴见微恶风寒才对，但按传统的中医理论来讲，外感邪气，气机不畅，阳气郁闭，故而恶寒也可，但随即用“桂枝汤主之”便似解释不通，因为仲景一向主张辨病辨证相结合，吴氏作为仲景一脉相承之后，理应继承发扬，那么他既以“风温”辩证，当不同于伤寒，这样看来，只有一个解释可以行的通：“全在认证无差”。也就是“异病同治”法的运用。这使人想到逻辑思维的八大转化：摄取现象，占用大量临床资料，却难以融入固有的理论体系；设想求异，建立新体系；排出放弃，搁置特殊材料；构建成型，新知融入；修改适应，调整各种框架，镶嵌内容；储备积累，不断的临床充实；运用验证，指导临床。理论的生命力，关键在于是否能更有效地指导临床实践。

中医的病因说是审证求因与因果病因双重意义的病因，而人体，美国的威廉斯在《我们为什么生病》一书中指出，是一个精心安排的折衷方案，一个矛盾的统一体。既然这样，那么人一旦发病，我们只能依照清钱天来所指出的“受本难知，发则可辨，因发知受”来推求病因病机。同样是感受风寒病邪，因为人们体质的不同，发生的从化也将不同，结果会出现风寒感冒和风热感冒。邓铁涛老先生按：温病之形成有内因与外因两大因素。外因可感知，内因却易被忽视。得出，“因发知受”未必成为推知病因的必要条件。由此可见，中医的因果病因不是一对一的关系。结合此案，“太阴风温……冬温”与出现的症状“初起恶风寒者”也未必存在绝对必然的因果联系。

从另一个方面而言，“有是证便用是药”，不论它是白猫，黑猫，抓住老鼠就是好猫。中医的理论很模糊，可是治病却是实实在在的，这也是矛盾统一的。评论吴氏用药，自不能仅从狭义温病角度来衡量，治病不在用药之寒热温凉，而在辨证之有无错误，无所谓“经方”、“时方”学派之争。兹认为，在外感热病的初发阶段，辨证施治只要把握邪、正总纲领，就不至于因寒、温难以辨别，或症状复杂多变而迷惑。吴鞠通正是这么做的，他根据邪气羁留的部位和病邪的特性及病理演变趋势，选择一种最有利于祛除病邪的途径和方法以逐邪外出，即所谓“凡逐邪者，随其所在，就近而逐之；逐邪者，随其性而宣泄之，就其近而引导之”。在桂枝汤的运用上，亦是采用辨其病邪所在、顺其病势走向，辨别病情轻重进退，依据患者体质及气候、时令特点，结合自己的经验正确把握治疗时机和方药的运用。

当然，受时代所限，吴氏学术上尚有不足之处，如鸡子黄“有地球之象”类，发展推广到桂枝汤问题上也是推测之余，“破”者多，“立”者少。我们姑且学习先人的长处：其一，发扬中医经典要旨，“承古不泥古”；二，辨证思维，既要辨证辨病结合，还要做到“异病同治”；三，辨证否定，不断推翻，敢于创新；四，扬长避短，择善而从，继往开来。

外感热病昏谵病机证治探析

李群林　向中一

外感热病昏谵，为临床危重之候，即指神昏与谵语而言。因二症常伴随出现，故温病学中多昏谵并称，其基本特征是神志障碍，语无伦次，意识丧失。虽然引起昏谵的最终机理多为清窍阻蔽，但神明失常的病因病机是多种多样的，治法选方亦不尽相同。因此，临床若处理不当，则后患莫测。为了便于临证，本文试就其病机归纳浅析如次，以便鉴别和掌握。

一、邪热内陷，逆传心包

由外感温热病，肺卫之邪不解，内陷心包，壅闭清窍所致，多为“平素心虚有痰，外热一陷，里络就闭”。其病势大多凶险，昏迷程度亦深，临证以神昏谵语，甚至昏愦为特点，伴高热灼手，烦躁，肢厥，舌謇短缩，质纯绛，苔黄燥，脉细滑数等，多见于邪热深入营分阶段。因其病机重在热陷心包，故治宜清心开窍，方用清宫汤送服安宫牛黄丸，或至宝丹、紫雪丹等，以清心凉营，豁痰开窍，使神志清醒。

二、湿热酿痰，蒙闭清窍

此系湿热郁蒸，酿生痰浊，蒙蔽机窍而成。其昏迷程度一般较轻浅，以神识昏蒙、时昏时醒、错则谵语、寤则呆痴、呼之能应为特点；伴身热不扬，舌质红，苔白腻或黄腻，脉濡滑而数，多见于湿温病邪蕴蒸气分阶段。因痰蒙清窍是本证的病机关键，故治宜豁痰开窍，方拟菖蒲郁金汤送服至宝丹，或苏藿香丸，以清化湿热痰浊，宣通窍闭。

本证与热陷心包均属心包疾患，但病因病机及症状、治法不同，应予鉴别。

三、胃肠实热，熏扰神明

多因肺经邪热不解，传入阳明，内结肠腑，里热熏蒸，神明被扰所致。其证以“时有谵语”为主，伴日晡潮热，昏睡，口渴，腹满硬痛，苔黄燥，脉沉实等阳明里实热证，属于温病气分阶段。治宜调胃承气汤通腑泄热。因湿热之邪，易化燥伤阴，故不取大小承气枳朴之温燥，以防其燥烈之弊，若舌苔焦黑者，可用增液承气汤攻下泻热，生津养液。

四、血蓄下焦，瘀热上扰

因邪入营血，热与血互结下焦，血分瘀热上扰心神所致。故以神昏谵语，其人如狂为主。兼少腹硬满急痛，大便秘结，小便自利，舌紫绛或有瘀斑，脉沉实等瘀血阻滞之症，属于血分阶段。治予通瘀破结，宜桃仁承气汤攻下泄热，活血逐瘀，破散下焦蓄结之瘀血，以借通下为出路。

五、热入心营，灼伤营阴

由热毒入营，灼伤营阴，心神被扰所致。其证以时有神昏谵语为特点，伴身热夜甚，心烦，斑疹隐隐，舌质红绛。据《素问·至真要大论》“热淫于内，治以咸寒，佐以苦甘”为旨，故治用清营汤清营透热，活血消瘀。方中以犀角、生地、玄参、麦冬等咸寒甘润养阴之品，以清解心营之邪热；黄连、竹叶清热解毒，以透邪热，使入营之邪促进转出气分而解；并配丹参活血以消瘀热。

六、热盛迫血，扰乱心神

此因邪热深入血分，热毒炽盛，迫血妄行，扰乱心神所致。症见神昏谵妄，狂扰不安，伴灼热烦躁，抽搐，斑疹密布，色呈紫黑，吐血便血，舌绛苔焦等，治宜凉血散血，用犀角地黄汤加味，或用神犀丹、安宫牛黄丸等，以凉血解毒，清心开窍为治。

七、邪热内炽，引动肝风

由于外感热病邪热炽盛，风火相煽，肝热风动，上扰神明所致。其症以口噤神迷、甚至狂乱、神昏痉厥为主，兼有灼热肢厥、手足抽搐，甚则角弓反张、舌红苔黄、脉弦数等，治宜犀角钩藤汤，以凉肝熄风，生津养液。

八、气分热炽，血热亦盛

由于气热炽盛，内逼营血，甚则热毒充斥表里上下，以致气血两燔所致。以昏狂谵妄，两目昏谵为特点，伴壮热烦躁，头痛如劈，渴喜冷饮，斑紫黑，口秽喷人，吐血衄血，周身节痛，如被杖打，苔黄燥或焦黑，舌质绛紫。治宜气血两清，用清瘟败毒饮，以凉血养阴，清火解毒，通络散血。

九、热在心营，血络瘀滞

因热邪闭阻心包，营分热炽，灼伤营阴，以致血行不畅，瘀滞血络所致。其证以神昏谵语为主；兼发热夜甚，漱水不欲咽，舌绛无苔，望之若干，扪之尚润。本证与热闭腑实之牛黄承气汤证虽均为热在心营，但兼证不同；此外，与单纯的热入营分证亦有区别，即本证兼有血络瘀滞征象。故治宜清营、开窍、活血以泄热。用犀地清络饮，即以犀角地黄汤为主凉血散血；加桃仁、茅根、连翘、灯芯、菖蒲、竹沥、姜汁等清营泄热，活血开窍。

十、热陷心包，阳明腑实

如“阳明温病，下之不通，其证有五……邪闭心包，神昏舌短，内窍不通，饮不解渴者，牛黄承气汤主之”（《温病条辨·中焦》第十七条），此为阳明邪热既灼心经，又耗肾水之闭厥危候。故症见神昏舌謇，兼身热肢厥，便闭，腹满硬痛，饮不解渴等。其病机关健在于“热闭腑实”，治宜清心开窍，攻下腑实。用牛黄承气汤，方中以牛黄丸开手少阴之热闭；以“承气”急下阳明之热结，而救足少阴之肾水，以达“两少阴合治”之妙。本证与单纯的阳明腑实有别．其关键在于有无舌謇之症状。

十一、结语

1. 昏谵与昏愦亦有轻重之别，昏愦是指重度昏迷，昏睡不语之谓，故日轻则昏谵，重则昏愦，但二者都是温病发展过程中，一个严重的神志症状。

2. 热入心营之昏谵与逆传心包之昏谵有别，前者一般程度较浅，尚有清醒之时，无舌謇肢厥之象；而后者则皆有之，病情亦较深重。

3. 以上归纳，并非概全。若究其细微，定有更多发现。外感热病昏谵病机如此，其他疾病亦然，要在抓住所表现之症情，严格辨别病变之浅深，或属气属营属血，或气营之交，或气血两燔，痰蒙心窍，以选择恰当之方药，而保证治疗之确切。

（二）对吴鞠通方药的研究和应用

从《温病条辨》来谈滋阴法

张谷才

滋阴法是滋补阴津的一种治疗方法，它具有滋补真阴、生津增液、润燥清热等作用。一般多用于温病热邪渐降而阴液受伤，或素体阴虚，热未解而阴已伤的证候。因为温热之邪最易损伤津液，特别是后期尤多见伤阴耗液的证象，而阴液受伤的程度与预后有着密切的关系，因而有“有得一分津液，便有一分生机”之说。所以滋阴法在温病治疗学上运用较广。考历代温病运用滋阴方法，明以前论述者较少，明以后论述渐多。但是文献记载最多，运用最广者当推清代名医吴鞠通。他著有《温病条辨》一书，全书载有滋阴解表、滋阴解毒、滋阴清气、益气救阴、生津解渴、滋阴清营、生津增液、救阴通便、益胃滋阴、增液利尿、润肺滋阴、养阴清热、育阴安神、养阴熄风、滋阴复脉等十五法，详细论述了滋阴方法的主证、主方、用药、是现在治疗温病中常用的滋阴大法。因此要学习滋阴法治疗温病，必须首先学习《温病条辨》中的滋阴方法。所以我们从《温病条辨》结合临床实践，来谈滋阴方法，以供学习和研究温病滋阴方法者参考。

一、滋阴解表

《温病条辨》说："太阴伏暑，舌赤口渴，无汗者，银翘散加生地、丹皮、赤芍、麦冬主之。"说明伏暑病邪在卫，故见为热微恶寒，头痛无汗；暑热内服，热伤阴液，则见口干不渴，心烦舌赤而少苔，脉浮细而数。方用银翘散辛凉以解表，疏散卫分之邪，加丹皮、赤芍凉营泄热，生地、麦冬清热滋液，以泄内伏暑热。

此法现在多用温病初期，证见邪在卫分，兼有素体阴虚证状者，所以治疗应当在滋阴的基础上用辛凉解表剂，切不可不顾其形体消瘦，舌质红绛，脉细数，任用发汗解表剂，导致病邪内陷入营。

病例1　马姓，男性，42岁，南京人。

旧病肺结核，肺阴久亏，形体消瘦，手足心热，夜晚盗汗，咳嗽少痰。新病外感温热及恶寒，体温39℃，少汗，咳嗽气喘，咽痛口干，脉象浮细而数，舌质绛苔薄黄。治当辛凉解表，养肺滋阴。药用银花12克，连翘10克，竹叶10克，薄荷6克，豆豉10克，玉竹12克，麦冬10克，黄芩10克，大贝母6克。加减服药两剂，汗出热退，外邪即解，后用养阴清肺法调治。

二、滋阴解毒

滋阴解毒法，主治"下后无汗，脉浮"证，方用银翘汤。温病下后，邪气由气达卫，故发热无汗脉浮。治疗应随邪所去而宜泄之，就其近而引导之，故主以银翘汤治疗。方中以银花、连翘解毒而轻宣卫气，用生地、麦冬、元参清热益阴而和里气。

凡温病邪热在气未解，或热结下后，出现发热、舌红绛、口干舌燥，或温毒发热出现痧疹瘀斑，均可用此法加减治疗。如表未解加薄荷、桑叶辛凉透表，如气分热重加石膏、知母清热降火，如便秘加大黄、芒硝清热通腑，如血分热重加犀角、丹皮凉血清营。

三、滋阴清气

滋阴清气法常用张景岳玉女煎去牛膝加元参。病邪由气入营，证见壮热口渴，头痛烦躁不宁，肌肤发斑，甚或吐血衄血，舌绛苔黄，脉数。热邪在气分未解，故壮热头痛，口渴苔黄；邪入营血，则烦躁不宁，肌肤发斑，或吐血衄血，舌红绛脉数。所以说，"太阴温病，气血两燔者，玉女煎去膝加元参主之。"方中用石膏、知母清气之热：玄参、生地、麦冬清营之热。

温病中气营两燔、气血两燔，常用此法加减治疗。如出血者或出瘀斑，加犀角、丹皮凉血清热，如出痧疹加银花、连翘清热解毒，如气分热不解加黄芩、黄连、大黄泄热降火。

四、益气救阴

"手太阴暑温……汗多脉散大，喘喝欲脱者，生脉散主之。"暑温热伤气阴，津气欲脱，故证见热退许多，或汗出不止，气喘，脉散大。治宜益气救阴，用生脉散。方中用人参补益元气，麦冬、五味子酸甘化阴，元气得固，则汗不外泄，阴液内守，则气可得挕，病由脱而得救。

益气救阴法，一般多用于热邪衰退，气阴虚脱证。但是热性病素体气阴不足，早期即可出现虚脱，如出血热低血压、败血症休克等病，亦当用此法，先救其气阴。如气阴已回而反出现高热者，再治其高热不足。

病例2　王姓，男性，38岁，江宁人。

流性出血热4天，面目红赤，发热体温39℃，躁烦不宁，口干鼻衄，皮肤有出血点，大便两日未行，小便赀赤，脉象洪数，舌苔黄躁。病乃气血两燔，治当清气凉血，方选玉女煎加减。病情严重，谨防由热而转厥脱。药用石膏40克，知母10克，茅根20克，大皮叶15克，银花20克，生地20克，丹皮10克，赤芍10克、犀角0.5克粉（药汤下）。服药两剂，发热渐轻、烦躁渐宁。但精神萎靡，语言无力，舌红绛苔少，脉象细弱，血压80/40水银汞柱。病因热伤气阴，正不胜邪，气阴两脱，治当补气救阴，防其虚脱。处方：红参8克（另煎和服），麦冬30克，五味子15克。服药两剂，血压渐次稳定，气阴逐渐恢复，病由险入夷。后改用凉血解毒，滋阴益肾等法治疗，病即痊愈。

五、生津解渴

生津解渴法主治肺胃阴伤津液内亏，证见身热不高，干咳少痰，口舌干燥，口渴欲饮。治用五汁饮，生津解渴。所以说：“太阴温病，口渴甚者，雪浆沃之；吐白沫黏滞不快者，五汁饮沃之。”两方均用甘寒果汁，有生津增液解渴的功用。病因热伤阴液，非大剂甘寒果汁，不能补充的阴液，如阴液恢复，则口干舌燥等证自已。

此法现在多用于温病，由气入营阶段。因为阳明热盛伤津，故饮水自救，所以梨汁，荠葶汁、藕汁等均可用大剂内服。但是热邪入营分，津液内伤反而渴，可是伤津劫液的证状显明，出现口干舌燥、唇裂、齿黑等，正是五汁饮适用的主要时机。至于温病后期，口舌干燥，常服梨汁、藕汁等，不但有解渴作用，并且有生津养阴的功能，为温病后期常用的饮食疗法。

六、滋阴清营

热邪侵入营分，热邪损伤营阴，心神被扰，故证见身热夜甚，心烦躁扰，甚则时有谵语，舌绛而干，法当渴今反不渴。治当清营益阴，方选清营汤，方用犀角、黄连以清心营之热，生地、麦冬、元参、丹参清营热而滋阴，银花、连翘、竹叶清宣泄热，使营分之热，转出气分而解。此叶天士所说：“入营犹可透热转气”。

现在流行脑脊髓膜炎、乙型脑炎、出血热、败血症等热性病，最常见热邪入营，多用此法加减治疗。神昏者加牛黄丸、紫雪丹清营开窍，加钩藤、羚羊清热熄风。

病例3　蒋姓，男性，8岁，南京人。

患流行性乙型脑炎8日，病邪由气分侵入营分，高热稽留，体温40℃，口渴不饮，神昏谵语，烦躁不宁，四肢抽搐，角弓反张，脉象弦数，舌绛苔黄而中心剥落。在营之热未衰而阴液已伤，治宜清营熄风为主，佐以滋阴生津。方拟清营汤加减，药用犀角0.5克，黄连5克，山栀10克，麦冬20克，元参20克，生地20克，钩藤15克，僵蚕10克，大青叶15克，银花20克，紫雪丹2分（两次服）。服药两剂，高热稍有下降，体温39℃，神志似有清醒。但风未平，抽搐依然。治仍用原方加羚羊角1克，分两次服，再服药两剂，热渐衰退，神渐清醒，抽搐已停，舌苔完全剥脱，舌变红绛。在营之热已衰，已伤阴液未复，治改生津增液。药后热邪退尽，阴液渐复，病愈出院。

七、生津增液

“阳明温病，无上焦证，数日不大便，当下之。若其人阴素虚，不可行承气者，增液汤主之。若再不下者，增液承气汤主之。”阳明温病没有上焦症状，为在卫之邪已解，如发热腹满，大便秘结，为阳明热结，应当用承气汤攻下热结。若无热结，仅有不大便，口干唇裂，舌绛苔少等证，则为热邪伤津劫液，治当生津增液，用增液汤。方中麦冬、元参、生地均为生津增液之品，故名增液汤。如津液充足则大便自通，所以有增水行舟之功。若服增液汤后，大便不能通下，当用原方加大黄、芒硝通下大便。

本法多用于温病后期热退或退未尽，阴液俱伤证。但热伤津液，大便秘结而无阳明热结，亦当用此法生津增液。如热未尽加银花连翘清热解毒，如胃津伤加玉竹、石斛益阴生津，如肺津不足加沙参养肺润燥。

八、救阴通便

救阴通便法，为阳明温病“应下失下，正虚不能运药，不运药者死”的常用方法。其证多见身热、便秘、欲便不能、少气无力、精神萎弱、口干舌燥、苔黄或黑而干燥、脉象沉而细弱。病因阴液伤尽，阳明燥实，方用新加黄龙汤。药用人参、甘草扶补元气；大黄、芒硝泻热软坚；麦冬、生地、元参、当归滋阴润燥；海参滋补阴液，咸寒较坚；姜汁宣通气分之结滞，合之共奏攻补兼施之效。

一般来说，温病下之宜早，若已经热结，而不急下存阴，则热邪更伤阴液。所以应下失下，出现阴液干枯欲竭局面，非用救阴通便之法治疗不可。但忌用大剂人参、当归、甘草甘温补气助热，反伤阴液。至于气阴两伤，正气欲脱者，亦可在本法中以人参易西洋参补气救阴。

病例4　贾姓，男性，58岁，如皋人。

急性肺炎15天，高热虽退，但低热未尽，咳嗽气短，口干不思饮，精神萎弱，虚烦少寐，不时咳声呓语，腹微拘急，大便18日未解，时欲便不能，脉象细数，舌质红绛，舌苔焦黑干燥。病在阳明应下失下，气阴两亏，津液干竭，正虚邪实。治极棘手，勉拟吴氏新加黄龙汤加减，若得气阴来复，津液复生，大便通畅，方有生机。药用西洋参1克（另煎），海参15克（浓煎和服），生地20克，元参20克，麦冬20克，甘草6克，大黄12克（后下），芒硝12克（冲服）。服药一剂，大便下燥屎十多枚，腑气已通，气阴来复，诸症消退，病由危转安。后用原方去大黄、芒硝，加麻仁6克，鸡子黄一枚（冲服），龟板15克（先煎），重在益阴，再服两剂，气阴渐次恢复，病即慢慢痊愈。

九、益胃滋阴

“阳明温病，下后汗出，当复其阴，益胃汤主之。”温病本伤阴之病，下后邪解汗出，汗亦津液所生，则更伤其阴液。故治疗应当复其阴液。此阴指胃阴而言。因为诸脏皆禀气于胃，胃阴复而诸脏之阴自复。欲复其胃阴，必用甘寒滋阴之品，故方中用沙参、麦冬、生地、玉竹、冰糖养胃生津，以复其阴液。

此法用于温病气营之热渐衰，或阳明热结下后，胃阴内伤，而出现口干咽燥、舌红苔少、脉象细数等证。如口干欲脱加梨汁、藕汁生津增液；如痰出黏稠，咳而不爽，加荸荠汁、海蜇，化痰生津；如低热未尽，加青蒿、丹皮，清热凉血。

十、增液利尿

“阳明温病，无汗，实证未剧，小便不利者，甘苦合化冬地三黄汤主之。”小便不通，有责之膀胱不开者，有责之上游结热者，有责之肺气不化者。温热之小便不通，无膀胱不开者，皆上游热结（指小肠而言）与肺气不化而成也。小肠火腑，故以冬地三黄泄热增液利尿。方中用黄柏、黄连、黄芩、银花苦寒泄热，芦根、元参、麦冬、生地甘寒增液，甘草和中，热邪衰退，津液内生，则小便自利。

此法常用于流行出血热，以及其他热性病，病由热盛伤津劫液导致小便不利证。但是禁用淡渗利尿。因为温病最易伤津劫液，误用淡渗利尿反伤津液，则小便更不通。所以说："温病小便不利者，淡渗不可与也，忌五苓八正辈"。至于热邪内结二阳（太阳阳明）引起出血热少尿（无尿），则应用导赤承气汤下之，如热结除则小便自通。

病例5　皇甫姓，男性，34岁，江宁人。

流行性出血热，病进入少尿期，体温38℃，发热不高、口渴不饮，不时鼻衄，心烦，呃逆频作，大便3日未行，小便12小时未行，舌苔焦黄，脉象沉数。病因热血分，阴液亏损，热结膀胱。治宜清热凉血，滋阴利尿，仿冬地三黄汤意。药用麦冬20克，鲜生地30克，黄柏10克，黄芩10克，黄连4克，竹叶15克，甘草5克，茅根30克，芦根30克。服药一剂，小便未行，大便不通，病转危急。热结二阳，当用导赤承气加味，攻下二阳，如得大小便方能脱险。改用原方加大黄10克，芒硝10克。服药一剂，大便两次，小便通行，病由危转安。大便通畅，当复其阴，仍用冬地三黄汤加减调治，病转入多尿期，后用滋阴益肾之剂调治病愈出院。

十一、润肺滋阴

润肺滋阴法，常用沙参麦冬汤，主治温病余热未尽，燥伤肺胃阴分，或热或咳者。邪热退而未尽，则见轻度发热，或不发热；热伤肺胃之阴，则干咳或咳痰不爽，或见舌绛苔少、脉细数等证。方中以沙参、麦冬、花粉、玉竹滋养肺胃阴液；扁豆、甘草养胃和中；桑叶以清肺中余热，共奏润肺止咳、清热益胃之效用。

此法多用于急性肺炎后期以及麻疹、猩红热恢复期，肺阴受伤，或用于上呼吸道感染，肺阴不足证。如痰多加瓜蒌皮、桔梗化痰清热；如发热加黄芩、桑叶清肺泄热；如咳喘加杏仁甘草宣肺止咳。

十二、养阴清热

"夜热早凉，热退无汗，热自阴来者，青蒿鳖甲汤主之。"温病后余邪伏于阴分，入夜营气抗邪、达于外，则发热；清晨邪复于阳、归于阴分而不外解，故热退无汗。治宜清热养阴，方中取青蒿芳香透络导邪外出，鳖甲滋阴入络搜邪，丹皮、生地凉血养阴，知母清除余热。

凡温热病后期，热邪传入阴分，低热不解，或高热不降，舌红绛苔少，脉细数者，均当用养阴清热法，如津液不足加麦冬、元参以益阴生津，如虚风内动加牡蛎、龟板养阴熄风，如热毒未尽加银花、连翘清热解毒。

病例6　秦姓，男性，48岁，南京人。

败血症，高热渐次下降，但低热始终不尽，每日下午至夜半发热，体温在38℃上下，清晨热邪减退，汗出不多，微渴微烦，脉象细数，舌红绛无苔。病由热邪潜入阴分，治当清热养阴。方拟青蒿鳖甲汤加味，药用青蒿20克，鳖甲20克（先煎），生地20克，知母15克，丹皮10克，麦冬15克，玉竹15克，甘草5克。先服两剂，热邪渐退。再服两剂，热邪退尽，病即痊愈。

十三、育阴安神

育阴安神法常用黄连阿胶汤，主治少阴温病，真阴欲竭，壮火复炽，心中烦不得眠者。温病后热伤肾阴，心火亢盛，热扰心神，故见心中烦躁，不得睡眠。其脉多细而数，其舌多绛而苔黄。方中用黄连、黄芩清热降火，阿胶、芍药、鸡子黄养育真阴。如肾阴渐复，则火自然衰退，烦躁不眠自愈。

温病后由于热伤肾阴，阴伤则水亏，水亏则火自旺，所以多见虚烦不得眠之证。但在用黄连阿胶中，苦寒之芩连用量勿过重，防止过苦反伤胃阴，必须加以生地、麦冬甘寒养阴之品，方能泻火不伤其阴。

十四、养阴熄风

养阴熄风法主治热邪久羁，吸烁真阴，或误表，或因妄攻，神倦瘈疭，脉气虚弱，舌绛苔少，时时欲脱者。病由温热久羁，热灼肝肾之阴，导致虚风内动，而见神倦，手足蠕动等证。方用大定风珠，取甘草、地黄、白芍、麦冬、阿胶、麻仁大剂滋养肾阴、生津补血；牡蛎、鳖甲、龟板潜阳熄风；鸡子黄、五味子育阴敛阳，以防厥脱之变。

现在临床中常遇乙脑、流脑以及其他热性病后期，出现虚风内动的证状，都当用养阴熄风法治疗。但是某些热性病恢复期，抽搐始终不止，多属于风痰入络所致，治疗当从祛风化痰，若误用此法治疗则无效，不可不注意。

病例7　季姓，男性，8岁，泰县人。

患流行性脑脊髓膜炎，热邪气分传入营分，经用清营汤、安宫牛黄丸等清营开窍，药后高热已降，神志已清，手足不时蠕动，甚则痉厥欲脱，心烦不寐，精神萎弱，舌绛无苔，脉象细弦而数。病乃热邪伤阴，阴液耗竭，虚风内动。治当滋养真阴，镇摄浮阳，切忌熄风清热。方选大定风珠加减，药用龟板20克（先煎），鳖甲20克（先煎），牡蛎20克（先煎），阿胶12克（水化和服），生地15克，麦冬15克，鸡子黄一个（冲服），五味子6克。服药两剂，阴液渐复，虚风补平，手足蠕动已静，诸证告退。后用滋阴复脉，调治病愈出院。

十五、滋阴复脉

温病日久肾阴耗损，证见身热不高，手足心热重于手足背，口干，神倦少气，舌绛而干，甚则耳聋，脉沉细而弱，或虚大。病因热久深入下焦，耗灼真阴，肝肾阴竭。治疗宜滋阴复脉。”以说：“热邪深入，或在少阴，或在厥阴，均宜复脉。“方中用地黄、阿胶、白芍、麦冬滋补肝肾，甘草、麻仁补气润燥。如肝肾阴液恢复，则病自愈。

此法为温病后期，病症恢复的调补要法。但复脉汤中麻仁可勿用，因其润滑肠胃，反能伤阴。如气虚加人参以补气益阴。若温病后阴液未伤，中气虚弱者，当不用此法治疗。

病例8　顾姓，女性，38岁，如皋人。

伤寒二十多天，身热已退，手足心烦热，口干齿燥，神倦力疲，两耳失聪，舌绛苔少，脉象细弱。病属热伤肾阴，治当滋阴复脉。药用生地20克，甘草4克，麦冬15克，白芍20克，阿胶12克，龟板20克（先煎），鲜石斛15克。先服药3剂，烦热已去，阴液渐复，诸证渐去，再服3剂病即痊愈。

小结

以上所论述的温病滋阴法，是根据《温病条辨》的理论结合临床实践而论述的。但由于本人对于本书的学习和认识的肤浅，因此在论述中未免出现不当或错误的地方，请读者们予以批评指正。

清营汤浅探

左言富　李　飞

一、探源

清营汤，方由犀角、生地、玄参、竹叶心、银花、连翘、黄连、丹参、麦冬等9味组成。方中既有凉营血之品，又有清气热之药。功能使入营之温邪由气分透出，即叶天士所谓“入营犹可透热转气”之意。

“透热转气”治则首见于叶天士《温热论》：“大凡看法，卫之后方言气，营之后方言血。在卫汗之可也，到气才可清气，入营犹可透热转气，如犀角、玄参、羚羊角等物，……”。文中仅举透热转气三药为例，无清营汤方名称。检阅叶氏其它论述，亦未见此方名。兹集《临证指南医案》中温热入营案13则，例表如下。

《临证指南医案》中热邪入营诸案用药表

病案摘录	药物									其它
	犀角	玄参	生地	麦冬	丹参	黄连	竹叶	连翘	银花	
叶血门21案施:热入营络,震动而溢,仍以手厥阴治		+	+				+	+	+	赤豆皮
吐血门169案查:舌辣,失血易饥(心营热)		+	+		+		+	+		郁金汁
吐血门171案陈:夜热,邪迫血妄行,议清营热	+		+							丹皮、白芍
吐血门172案邵:营热失血		+	+		+		+	+		川斛、茯神
温热门15案马:少阴伏邪,津液不腾,法当清解血中伏气	+	+	+				+	+		丹皮
温热门16案陈:舌绛而干,不嗜汤饮,乃营中之热	+	+	+							菖蒲、远志
暑门30案又:脉虚,舌赤,消渴,伏暑热气,过卫入营,治在手厥阴	+	+	+	+			+	+		
暑门40案程:暑久入营,夜寐不安,议理心营(暑入心营)		+	+		+	+		+	+	
痿门11案俞:议清营热热以熄内风(阳明虚,营络热,内风动)	+	+	+					+		桑叶、丹皮、钩藤、天麻
痉厥门61案陶:脉数,厥止,热在营中(心营热)	+	+	+					+		丹皮、胆星、橘红
衄门4案陈:常有衄血,神识如呆(胆火上升,心营热)	+	+	+		+			+		知母
产后门31案项:初病舌赤,神烦,产后阴亏,暑热易深入,此亟消营热(暑伤营阴)		+	+	+				+	+	+
产后门97案袁:神识不甚灵慧,陡然狂乱入井,先以清心包,解营热(木火盛,心营热)	+	+	+				+	+		菖蒲、郁金、羚羊角

从上表中可以看到清营汤之滥觞。然叶氏多辨证遣药而不列方名，“人多忽而不深究”，

吴鞠通将叶案散在之经验集中归纳，审定方药份量，冠以汤名。清营汤就是吴氏在将叶氏治温热入营诸案之方药归纳的基础上，参《内经》“热淫于内，治以咸寒，佐以甘苦”的理论，化裁制订的一张方剂，并载入《温病条辨》中。可见此方是源出叶天士，成于吴鞠通：

一、辨用

日前各地中医学院所编方剂学教材，对于清营汤的主治功用各有见解。

成都中医学院《中医治法与方剂》亦认为本方证是“气分之热未尽，故苔黄而燥，身热烦渴。”

南京中医学院《中医方剂学讲义》：“身热烦渴，是气分犹有温邪，故用竹叶、黄连、银花、连翘清热解毒，清泄气分之邪。”

广东中医学院《方剂学》：“本方治症是温热之邪由气分传人营分，热伤营阴，而气分之邪尚未尽解，……治法上宜在清营解毒之中，配以清气之药，达到气营两清的目的”，“体现了本方气营两清之法。”

山东中医学院《中药方剂学》认为是治“热伤营阴而气分之邪尚未尽解之症”，故清热解毒为主，兼以清泄气分之热，而达”气营两清”的目的。

上列所举，总的认为是：一、在证候上，是“气分之邪未尽”；二、在用药上，黄连、竹叶心、连翘、银花为清泄气分热邪；三、在治疗上，达到“气营两清”的目的。这样就出现：清营汤究竟为邪入营分而设，抑或为气营两清而立？

复习《温病条辨》有关条文：上焦篇 15 条：“太阴温病，寸脉大，舌绛而干，法当渴，今反不渴者，热在营中也，清营汤去黄连主之。”上焦篇 30 条：“脉虚，夜寐不安，烦渴舌赤，时有谵语，目常开不闭，或喜闭不开，暑入手厥阴也。手厥阴暑温，清营汤主之；舌白滑者，不可也与。”中焦篇 20 条：“阳明温病，舌黄燥，肉色绛，不渴者，邪在血分，清营汤主之。若滑者，不可与也，当于湿温中求之。”上列主治证中，全是营分见证，没有气分证。上焦篇 30 条“烦渴舌赤”，吴氏自注：“烦渴舌赤，心用恣而心体亏也”；中焦篇 20 条之“舌黄燥”，吴氏自注：“曾过气分，故苔黄而燥。”说明方中所用银花、连翘、竹叶心等，并不是为了气分证，而是引营邪从气分透出。若气营俱见，吴氏又有玉女煎去牛膝、熟地加细生地、元参方；吴锡璜《中西温热串解》云：“营气俱病热盛者，尚有犀角地黄合白虎法，不止白虎加地黄汤也。”

二、体会

邪入营分，有深有浅。《温病条辨》治热邪深入营分，另有清宫汤送服牛黄丸法。清营汤之运用于营分证，我们认为关键在于对“入营犹可透热转气”的理解。此 8 字可分 4 节理解：“入营”，唐大烈《吴医汇讲》解为“乍入营分”，乍是刚或初的意思，认为已经进入。此时气分证已罢，营分证初现。“犹可”，是尚可、还可之意，说明有时机条件，若过了这一时机，则可能从“犹可”变成“不可”。清热是直折热邪，在气分则清气，在血分则清血。透热是指营分热邪可用轻清透热之品使营热由气分透出，较清热更有一层转折。“转气”，则是指明营邪的出路。营邪转气的可能有口渴、烦热、舌黄等证，终可清气以除。入营是前提，犹可是条件，透热是手段，转气是目的。如果没有这样的前提和条件，也就不能使用这样的手段或达不到这样的目的。秦伯未先生在《谦斋医学讲稿》中点明，邪初入营应用清营透气的清营汤，这样“才不会见到营分病就用凉血滋腻药”，以致犯引邪入血，邪贼深入之戒，确为有识之见。

吴鞠通六合治法解析

韩雪梅

吴鞠通运用于风温、春温病的下法，在《伤寒论》的基础上又有新的发展，温病以热盛阴伤为主要病理特点，且损伤脏腑不同，因此，突破了《伤寒论》下法运用的范畴，发展了新的攻下方法。风温、春温阳明腑实的特点是外感风热病邪或伏热内结阳明，阴液损伤，邪热与积滞相结形成腑实。由于风热病邪易化燥伤阴，而春温病患者先有阴精亏虚，且在病变过程中里热炽盛，耗灼气阴，所以风温、春温病所见腑实证多兼气阴亏乏，这是风温、春温阳明腑实证与伤寒腑实不同之处。本证既有腑实又有阴伤，与单纯腑实不同。肠腑热结与阴液亏损每互为因果，热结必阴伤，阴伤肠愈燥。六加减承气汤共同点，均有大黄的组成，具有泄下邪热、攻下燥结的作用，均可用于温病兼有腑实之证。现对吴鞠通治疗风温、春温腑实特点解析如下：

1. 宣白承气汤　属“脏腑合治法”，主治痰热阻肺，腑有热结证，具有宣肺化痰，攻下腑实的功能。

吴鞠通曰：“阳明温病，下之不通，其证有五……喘促不宁，痰涎壅滞，右寸实大，肺气不降者，宣白承气汤主之。”

又曰：“以杏仁、石膏宣肺气之痹，以大黄逐胃肠之结，此脏腑合治法也。”即在上清宣肺热，在下通降腑实，肺与大肠互为表里，互为因果。这样，泄肺实有助于通大肠，攻热结有助于降肺气，脏腑合治，宣上通下，邪易祛除。

现代研究认为，本法为“清下合用”，在降热、炎变吸收等方面，均具有优势，具有解热、抗炎、免疫激活、抗休克的效果，比单用两法能增强效果。尤其是对于肺系感染性疾病在高热、咳喘的同时常伴便秘，此时要注意通腑，腑气通则邪热易泄，高热咳喘易缓解，否则，邪无出路，易入营血。

2. 牛黄承气汤　属“两少阴合治法”，主治热闭心包，阳明腑实证，具有清心开窍，攻下腑实的功能。

吴鞠通曰：“阳明温病，下之不通，……邪闭心包，神昏舌短，内窍不通，引不解渴者，牛黄承气汤主之。”

吴鞠通以本方“牛黄丸”开手少阴之闭，以承气急泻阳明，急下存阴，而救足少阴肾阴的消亡。因“土燥”易致“水竭”，所以吴氏称本方为“两少阴合治法”。

临床上凡高热昏迷便秘者，要在清热开窍之中配以通便之品。因阳明燥结，常壅神明，这是治神昏的重要方法——给邪出路。

3. 增液承气汤　属“气血合治法”，主治热结阳明，阴液损伤证，具有滋阴生津，攻下腑实的功能。

吴鞠通曰：“阳明温病，下之不通，……津液不足，无水舟停者，间服增液，再不下者，增液承气汤主之。”

腑实阴伤证是热结于肠腑气分，阴伤则血易燥，本方硝黄清泄气分热结；增液汤滋阴润血燥，阳明为多气多血之经，本方攻阳明热结，又滋阴润燥，是谓顾护阳明气血生化之源，故吴氏称本方为气血合治。

温病多选取调胃承气汤，取其缓下热结之法，因其方药作用切合温病阳明腑实的病机、临床特点，即邪热阴伤明显，腑气壅滞不甚。

温病正盛邪实应大胆攻下，以“热结”、“阴伤”为辨证要点，若迁延日久，应下失下，势必导致津液消亡，正气耗损，殆误病机，致正虚邪实之危侯，故有“温病下不厌早”之说，即是针对温病温邪热变最速之特点，攻下不可迟疑。

吴鞠通根据病情需要，选用“三承气”，《温病条辨》引用其方，而减枳朴之量，是因伤寒与温病病因不同，温热之邪尤易化燥伤阴，故减（大承气汤）枳实（2枚）、厚朴（2两），以减其燥烈之弊，防其伤津助热。

4. 新加黄龙汤　属“邪正合治法”，主治热结阳明，气液两虚证，具有益气养阴，攻下腑实的功能。

须知正气久耗，而大便不下者，阴阳俱备，尤重阴液消亡，不得再用枳、朴伤气而耗液，故改用调胃承气汤，取甘草之缓急，合人参补正，微点姜汁，宣通胃气，代枳、朴之用，合人参最宜胃气，加麦、地、元参，保津液之难保，而又去血结之积聚，姜汁为宣气分之用，当归为宣血中气分之用，再加海参者，海参咸能化坚，甘能补正，按海参之液，数倍于其身。

新加黄龙汤　为陶氏黄龙汤加减化裁而成，亦为吴氏加减承气之一。

原方用大承气，吴氏从温病阴伤特点出发，改为调胃承气，即原方减枳、朴、桔、枣四药，加增液汤、海参而组成。目的是为缓其攻势，滋阴补气，或许尚可挽救。

以（调胃承气汤）攻下热结，以祛邪；以（增液汤）、人参、海参、当归益气滋阴润燥以扶正；实为邪正合治，攻补兼施之剂，祛邪以安正，扶正以祛邪。

注意：因本证病情较重，若治不及时或治不得当，常可致阴竭阳脱而死亡，所以吴鞠通强调应随时观察证情变化：

（1）服药后，若大便见通，乃邪退正存之佳兆，可停用本法，改用大队滋阴益气之品，如益胃汤加人参，可逐步向愈。

（2）服药后，若便仍不解，可继续服本方，或加用蜜煎导法，使燥热早出一时，而多留一分气阴。

5. 导赤承气汤　“二肠合治法”，主治阳明腑实，小肠热结，具有清导小肠，攻下腑实的功能。

因阳明腑实内阻，故取硝黄承气之意，攻下大肠热结；又小肠热盛津伤，火腑不通，故以黄连、黄柏清泄小肠火热，以生地、赤芍滋阴活血止痛。二肠之邪热祛，津液充，腑实通，小肠清，二肠合治则二便自然通利，故吴氏称本方为“二肠合治法”。

6. 桃仁承气汤　属“瘀热合治法”，主治热与血结，下焦蓄血证。具有通瘀破结，泄下邪热的功能。

本方是由《伤寒论》桃核承气汤化裁而成，因热盛，故吴氏去辛温易动血之桂枝，甘缓之甘草，使其方逐邪有力，又加丹皮、赤芍、当归增强其凉血散血之功。由于瘀热互结证，热不解则痛不去，瘀不祛则热不除，故当凉血与破瘀同时并举，故吴鞠通称本方为“瘀热合治法”。

“治上焦如羽，非轻不举”浅析

卜开初

自吴又可开温病治法之先河以下，诸家蜂起，各抒己见，争鸣于医坛，辉映于后先。如喻嘉言、叶天士、薛生白、徐灵胎等，都是治温病的高手，一时声名大噪。他们各树一帜，互不相让，大大推动了医学的发展。然而又不能统一思想，立具规模，无形中又阻碍了医学的发展。尤其是清代在温热病流行的情况下，广大患病者仍找不到行之有效的方药。吾淮吴鞠通先生，感亲人死于无辜，痛黎民遭受病魔，遂“概然弃举子业”，专攻温病，广泛采集历代名家论述，特别是叶天士和薛生白的理论与实践，加上自己的亲身经验，著成《温病条辨》一书，才使温病的治法有了准绳。其中创立了许多治法及行之有效之方，特别是三焦辨证法则，“治上焦如羽，治中焦如衡，治下焦如权”，最能体现吴鞠通的学术思想。现仅就”治上焦如羽”一论浅析之，以见一斑。

一、“治上焦如羽，非轻不举”的理论渊源

《灵枢·营卫生会篇》说：“上焦如雾，中焦如沤，下焦如渎。”雾者，氤氲弥漫轻清上浮之象，指出了三焦的生理功能。在治疗上，《素问·阴阳应象大论》说：“其在皮者，汗而发之”，“因其轻者而扬之”，明确提出初受邪者，部位轻浅，治当发汗，药用轻清。之后，张仲景大扬《内经》之旨，将理论与临床结合起来，提出“上焦得通，津液得下，胃气因和”，在治疗下焦病时又提出“无犯胃气及上二焦，必自愈”的理论，说明张仲景对三焦病的辨治也是分部进行的。吴鞠通杰出贡献——三焦辨证，并不是凭空想象和主观臆造的。其“治上焦如羽，非轻不上”也是渊源有自，上溯《内经》、《伤寒》，而以叶天士“在上汗之可也”给吴鞠通启发尤大，从而奠定了温病初起在上焦，治以轻清的理论基础。吴氏认为：“凡病温者，始于上焦在手太阴”，又因温为阳邪，感人后变动最速，故在治疗上，吴氏认为“治外感如将，兵贵神速，机圆法活，去邪务尽，善后务细，盖早平一日，则人少受一日之害”。在这种思想指导下，吴氏主张尽可能将病邪在上焦范围内祛逐出去，一不致传交加重，二是邪轻易愈。所以，“治上焦如羽，非轻不举”的理论既有治已病的思想，又有治

二、未病的思想，在临床上很有实用价值。

“治上焦如羽，非轻不举”的具体法则

既然上焦温病治法宜轻清，那么药物性味又当如何？吴氏取《内经》“风淫于内，治以辛凉，佐以苦甘”的方法，以辛凉解表药物组成轻宜透邪为主勿犯中下的方剂。如银翘散则为代表方，一改历代医家信奉的辛温解表之法，不能不说是医学发展史上的一天突破。考其指导思想，因肺位最高，禀清虚之性，用药必取轻灵，始能直入病所，祛邪外出。若味厚则入中焦，药过病所，何能取效？因此在轻清之剂中又细分三等，即辛凉轻剂、辛凉平剂、辛凉重剂，尽量取其适合病情的对症良方。如“风温、但咳、身不甚热、微渴者，辛凉轻剂桑菊饮主之”。其实银翘散既称平剂，理当通用，何用再分？吴氏因见身不甚热，渴不甚剧，“恐病轻药重，故另立轻剂方”。虽说治外感病如将，宜大刀阔斧，但临证亦如临阵，

也要小心谨慎，方保无虞。观吴氏用银翘散与桑菊饮的细微区别，足见他胆大心细，经验丰富，久于临床，处方严谨，充分体现他一丝不苟的治学精神。

至于“太阴温病，脉浮洪，舌黄，渴甚，大汗，面赤，恶热者”，乃火邪炎上灼伤肺津之证，辛凉平剂又不能胜任，必须以虎啸风生，金飙退热之剂，因此就用到辛凉重剂的白虎汤了。在这里，白虎汤清热保津，虽曰重剂，但仍为轻透之法。即使是逆传心包的热厥证，见到“脉虚，夜寐不安，烦渴，舌赤，时有谵语，目常开不闭或常闭不开，或身热，卒然痉厥”，“手足瘈疭”等证，因为其时仍属上焦，所以尚有透转之机，治法可用清热醒神，芳香开窍，方取清宫汤配牛黄、紫雪之类。

三、“治上焦如羽，非轻不举”的实际运用

在临床实际运用中，除了辛凉三剂以外，尚有多种方法以应病情之变，仅就《温病条辨》中，择其要者，略加说明。当外邪炽盛，造成气血两燔之时，吴氏首选玉女煎。但在用成方之时，刻刻不忘“非轻不举”之旨，于是就舍其趋下之牛膝，重浊之熟地，而加元参、生地。元参者，入肺肾经，其治在上；生地者，取其“轻而不重，凉而不温”，且能“发血中之表”，对太阴温病确是切中病机。若“痰涎壅盛，胸中痞塞欲呕者”，虽邪在上焦，但欲入包宫，必须急用吐法，使邪从上越，不致深入中焦。根据邪之轻重，分别选用栀子豉汤、瓜蒂散等。虽为重剂之方，却是轻用之法。又见于从清营汤中去黄连以治温病营热不渴之证，旨在求邪从上焦而解，“去黄连者，不欲其深入也”。此正是叶天士“入营犹可透热转气”的生动例证。所以风须汗法而解者，辛凉轻清即可，“妙在导邪外出，俾营卫气血调和自然得汗”而解。他如肺气闭郁咽痛者，轻药开之，连翘、马勃之辈；气分痹郁而哕，轻药宣之，杷叶、豆豉之流。如此者，皆灵心妙手，上承先贤之旨，下启后学之思，使人寻之，秩序井然，可师可法。

吴氏除了在选方、用药突出轻清之外，凡治上焦病用轻清之法者，在药物剂量上和煎药方法上都十分考究。如曰：“轻药不得重用，重用必过病所。”“再一次煮成三杯，且二、三次气味必变，药之气味俱轻故也。”这就告诉我们：凡须用轻清之药者，一是用量不宜过重，重则药过病所；二是不宜久煎，久则气味散失，起不到轻清的作用。所以，我们今天用古人方，不但要学其方药的组成和运用，还要掌握其煎法服法，才能得其真谛。这在《伤寒论》中体现尤深，难怪有人说吴鞠通乃仲景之功臣，实非过也。

此乃本人学习心得，谨作先生逝世150周年纪念之微辞，尚希识者正之。

重温“五方加减正气散”

宋少僧

今年（1986），是吾邑温病大家吴鞠通先生逝世150周年纪念。怀念之余，慨叹先生“为父病不知医，尚复何颜立天地间”，于是发愤学医，经过20余年的沤心沥血，伏读苦塊，终于“采辑历代名贤著述，去其驳杂，取其精华，间附己意”，著成《温病条辨》一书。问世后，使温病独立体系始成，既结束了约两千年以来诸代医家谈温病离不开《伤寒》本本，又以三焦作为辨证纲领，补充了叶氏卫气营血辨证的不足。

今天，重温“五方加减正气散”（以下简称五方），得益尤甚。五方是《温病条辨》中焦篇，治疗湿邪为患的方剂。现就五方的药物组成及适应证候，浅述于后，就教于广大同道。

纵观五方药物组成，藿香、厚朴、茯苓，陈皮为共有基本方，首先以苦温化湿，芳香化浊为前提，尔后随证加药，凡是由湿滞中焦，气机不利而引起的，脘腹痞胀，头昏身重，嗳气纳呆，便溏尿少，舌苔厚腻，或滑腻，兼或薄黄，脉濡者，根据症状的侧重，都可施以五方中的某一方治疗。如见脘腹胀甚，大便不爽，舌苔腻而面黄，小便短赤赤，用基本方加六曲、大腹皮、麦芽增强健运消胀之力，杏仁宣上通下，茵陈微寒清利，能托初酿之湿热，化于无形（一加减正气散）。余治一慢活肝，黄疸指数9单位，谷丙转胺酶97单位，目微黄，小便黄，脘腹痞胀，恶心纳少，舌苔厚腻，脉濡。施以一方略加半夏、郁金、白蔻仁三药，十剂后，诸症锐减，复查肝动正常。二加减正气散是从基本方中加入防己、豆卷叶，发脾胃，清利经络之蕴湿，通草、苡仁健脾渗湿，分利小便，所用治脘闷、便溏、身痛为甚者有良效。如临床见到蕴湿业已化热，胸脘痞闷为甚，舌苔黄腻，小溲微黄者，急从三基本方中加入杏仁开肺气，利胸膈，所谓气化则湿亦化矣；再加滑石清利湿热，使邪从小便而去。不久前遇一泌尿系感染患者，经服复方新诺明等西药，尿道刺激症状虽然消失，但腻苔不退，脘闷纳呆，就是以三加减正气散加入半夏、瓜蒌皮、谷麦芽等药，滑石易为六一散而治愈的。四基本方加入六曲、草果、山查三味，为湿邪著里，偏寒而设，适用于舌苔白滑，脉象濡缓之患者。五加减正气散，是以基本方中加入腹皮、苍术、谷芽，以行气燥湿运脾为主，适应胸脘痞闷大便溏薄之患者。

五方药物比较

药名＼剂量＼方名	一加减正气散	二加减正气散	三加减正气散	四加减正气散	五加减正气散	说明
藿香	10克	10克	10克	10克	10克	1. 剂量为成人一般用量，临床可因人因病加减。 2. 临床亦可因人因病而增损药味，此谓用古法而不泥于古方也。
厚朴	10克	10克	10克	10克	10克	
茯苓	15克	15克	15克	15克	15克	
陈皮	12克	12克	12克	12克	12克	
杏仁	10克		12克			
六曲	15克					
大腹皮	15克					
麦芽	15克					
茵陈	15克					
防己		10克				
大豆卷		15克				
通草		6克				
苡仁		15克				
滑石			20克			
草果				6克		
苍术					10克	
山查				15克		
谷芽					15克	

四、体会

盖湿邪为患，四时皆发，要以长夏为著。湿为阴邪，易伤阳气，脾胃受之，故五方立在中焦篇。湿凝则气滞，上下二焦亦遂之壅塞，临床虽多表现为湿阻中焦，运化乖和的消化系统证候，上则肺气失宣，下则肾气失利。五方药物以苦温芳化升发脾胃为主，不忘顾及宣肺气，启肾气之治。主治脾胃，俾使中焦得运，上下二焦自和。意即“中央健四旁如”之谓。

五方以湿移著里，壅滞气机为主治。观一、二、三方证，稍有偏热之象，四、五方证，稍有偏寒之征。故茵陈、滑石、草果、苍术等药，随证铨选，各应其急。笔者体会，寒湿、湿热甚者，又当另选方药，非五方所能全廓。

五方适用于一些急慢性疾患，无论内伤外感，见有以上脉证者，均可选用。随证加减，又是用古而不泥于古方之变通也。化裁古方之妙，亦在于此。

呜呼！先生逝世一百五十周年，先生嗜学不厌、研理务精的刻苦精神和学医不精，不若不学医的负责精神，使我们心悦叹服，永记胸怀。如今，中医事业得以大振，先生定会含笑九泉。中华全国中医学会于吾邑举行纪念大会，名贤荟萃，寄怀于斯。继承先生之遗志，为中医治疗外感热性病——急性传染病——打开新的局面，是迫在眉睫的了。

重读《温病条辨》之后

章壮龙

前言

吴瑭，字鞠通，淮阴人也，是清代温病学派杰出的代表人物之一。市中医学会为了继承发扬先贤的学术思想，举行吴鞠通学术思想研究的交流活动，激起我重新阅读吴氏代表作《温病条辨》的情绪。通过草草阅读之后，深感该书实为清代以前一部理法方药系统完整的温病学专书，具有很高的理论价值和实用价值。爰不揣谫陋，拟从以下几个方面谈谈读后的肤浅体会，错误之处，敬请诸同道指正。

一、理论实践结合，承先启后

吴瑭是清代温病学派代表人物之一，对温病学说的发展作出了承先启后的卓越贡献。他很重视理论研究，也重视实践总结。

吴瑭立志于医学研究，缘因“父病年馀，至于不起”。又“犹子巧官病温……至发黄而死”，这使他“哀痛欲绝”，因而慨然弃举子业，悉心于温病的研究，凡“十阅春秋”。在这段时间里，他又有机缘“游京师”检校《四库全书》，得以阅读大量先贤书籍，为其对中医理论研究提供了良好的条件。

据史料考查，清乾隆、嘉庆年间，温疫流行甚为频繁。如纪昀的《阅微草堂笔记》载：“乾隆癸丑，京师大疫。”又徐后山《柳崖外编》载：“乾隆甲子五六月间，京师大暑，冰至五百文一斤，热死者无算。九门出榇，日至千馀。”吴瑭正是这时期诞生和成长的，这就使他有了临床实践的机会。正如他在自序中说：“癸丑岁，都下温疫大行，诸友强起瑭治之。大抵已成坏病，幸成活数十人……”

通过多年的理论研究，又有实践治验，“因有志采辑历代名贤著述，去其驳杂，取其精微，间附己意，以及考验，合成一书。”据此，我们说《温病条辨》一书，是吴氏多年悉心研究和实践的总结，是毫不夸张的。

从现存的古代医学文献来说，在《温病条辨》成书之前，欲获得一本较为系统完整的温病学专书如《温病条辨》者，尚未之见。有人认为，“张仲景著作《伤寒论》《金匮要略》开创了中医药物疗法的基本格局。吴鞠通《温病条辨》开拓了中医学又一个重要领域的伟大工程。”余实有同感。他对温病学的发展，确实起到了承前启后的作用。

二、辨证立法严谨，羽翼伤寒

《伤寒论》是方书之祖，是辨证论治之大经大法。历代方书，无一能出其右者。吴瑭著《温病条辨》，完全仿效《伤寒论》作法。这不单纯表现在以条文叙证的体例形式上，重要的是其辨证立法严谨，亦如《伤寒论》。本书除将温病分为九种，指出鉴别要点外，还对每一种病的分期分证详加分辨，真正做到了眉目清楚，条分缕析。如在开章第一条说：“温病者，有风温，有温热，有温疫，有温毒，有暑温，有湿温，有秋燥，有冬温，有温疟。”分注中又说：“风温者，初春阳气始开，厥阴行令，风夹温也。温热者，春末夏初，阳气弛张，温盛为热也。温疫者，厉气流行，多兼秽浊，家家如是，若役使然也。温毒者，诸温夹毒，秽浊太甚也。暑温者，正夏之时，暑病之偏于热者也。湿温者，长夏初秋，湿中生热，即暑病之偏于湿者也。秋燥者，秋金燥烈之气也。冬温者，冬应寒而反温，阳不潜藏，民病温也。温疟者，阴气先伤，又因于暑，阳气独发也。”这是九种温病的鉴别。其次在对某一种病的辨证，亦非常详细。试以湿病为例。中焦篇第四十三条云：“湿之入中焦：有寒湿，有热湿。有自表传来，有水谷内蕴，有内外相合。其中伤也，有伤脾阳，有伤脾阴，有伤胃阳，有伤胃阴，有两伤脾胃。伤脾胃之阳者，十常八九；伤脾胃之阴者，十居一二。彼此混淆，若不中窾，遗患无穷。临症细推，不可泛论。”在分注中更进一步指出：“伤脾阳，在中则不运痞满，传下则洞泄腹痛。伤胃阳则呕逆不食，膈胀脘痛。脾胃两伤，既有脾症又有胃症也。……伤胃阴则口渴不饥；伤脾阴则舌先灰滑，后反黄燥，大便坚结。”这是何等的条理，又是何等的清晰。

吴氏在立法选方方面，亦非常严谨，真是法内有法，方外有方，大有“不容一发”之感。例如，太阴风温，遵《内经》“风淫于内，治以辛凉”之旨，当用辛凉大法，但太阴风温病情并非一端，吴氏制定了辛凉平剂银翘散、辛凉轻剂桑菊饮和辛凉重剂白虎汤三方。辛凉大法不变，而方却不一样。银翘散侧重化气分之秽，桑菊饮侧重降气分之逆，白虎汤侧重清气分之燥。再如，温邪传入下焦，肝肾之阴受损，养阴是其治疗大法，但如何育养，方能恰到好处，吴氏亦颇独具匠心。试以复脉汤、三甲复脉汤数方证为例而言之。《温病条辨·下焦篇》第八条谓：“热邪深入，或在少阴，或在厥阴，均宜复脉。”是说复脉汤为热邪劫阴之主方。而第九条却又说：“下后大便溏甚，周十二时三四行，脉仍数者，未可与复脉汤，一甲煎主之。服一二日，大便不溏者，可与一甲复脉汤。”为什么阴虚下利不能单用复脉汤呢？因救阴之药多滑润，既已大便溏，服之必致更溏，是存阴反令脱阴。牡蛎既能存阴又涩大便，且可清热，故专用之。温病阴虚大便溏，牡蛎是必用之品，故第十条说：“下焦温病，但大便溏者，即与一甲复脉汤。”下面再看看二甲复脉和三甲复脉的适应证候。《温病条辨·下焦篇》第十三条：“热邪深入下焦，脉沉数，舌干齿黑，手指但觉蠕动，急防痉厥，二甲复脉汤主之。”第十四条：“下焦温病，热深厥深，脉细促，心中憺憺大动，甚则心中痛者，三甲复脉汤主之。”前者阴虚风动，用二甲复脉养而镇之。后者阴虚不能上济于心，用三甲复脉养而济之。三方药物均仅一味之差，作用却如此不同。足见吴氏立法用药之严谨性和灵活性。类此者很多，如治高热神昏之“三宝”，中焦下之不通的五承气，湿热郁结之五加减正气等等，对后学启发颇大。

《伤寒论》详于寒证的症治，《温病条辨》详于温病的症治，从而充实丰富了六淫外感热病的证治法则，起到了羽翼伤寒的作用。

三、归结温病病因有三，推崇“三焦”辨证纲领

“温病”乃多种急性发热病证的总称，故吴瑭在《温病条辨》开章明义第一条即指出，“温病者，有风温，有温热，有温疫，有温毒，有暑温，有湿温，有秋燥，有冬温，有温疟。”既是多种病的总称，其病因也就肯定并非一种。奈过去医家，每多囿于成见，不善贯通。“伏气”论者，执《内经》“冬伤于寒，春必病温”之论，不及其他。“疫气论者，满眼温疫，但执“疠气”为殃，亦不及其馀。均难免顾此失彼之弊。吴瑭归纳诸家学说，提出温病发病原因有三：“按，伏气为病，如春温、冬温、温疟，《内经》已明言之矣。亦有不因伏气，乃司天时令现行之气。此二者，皆理数之常者也。更有非其时而有其气，如吴又可所云戾气，间亦有之，乃其变也。”近世论温病发病原因，多宗此说，可见其影响之深。

至于温病的病机，吴瑭推崇河间从三焦辨证。他认为：“伤寒由毛窍而入，自下而上，始足太阳，……治法必以仲景六经次传为祖法。温病由口鼻而入，自上而下，鼻通于肺，始手太阴，……必从河间定论。”他将风温、温热、湿温、温疫、秋燥等病，都分从上、中、下三焦论述，阐述其不同的变化和特征。如谓“温病自口鼻而入，鼻气通于肺，口气通于胃。肺病逆传，则为心包。上焦病不治，则传中焦胃与脾也。中焦病不治，则传下焦肝与肾也。始上焦，终下焦。”以三焦所属脏腑在温病过程中引起的病理变化，作为辨证依据，俾医者“心目了然，胸有成局，不致临症混淆，有治上犯中、治中犯下之弊。”

对温热病的辨证纲领，叶天士提出卫气营血辨证方法。从时间上说，应早于吴氏。但有人认为吴瑭著《温病条瑭》时，可能未见到叶氏这一论著。是否如此，姑置勿论。从实用价值来说，二者可以相互补充，有相得益彰之妙。吴氏的功绩是不容忽视的。

四、揭示寒温异性，创辛凉、甘寒、咸寒治温病大法

伤寒与温病，本是发热病中两种病因不同的病证。奈历代医家，类多不能脱却伤寒窠臼，概以伤寒一法，统治六气之病。“至王安道始能脱却伤寒，辨证温病，惜其论之未详，立法未备。吴又可力为卸却伤寒，单论温病，惜其立论不精，立法不纯”，均未能树立正确的治温病之法。所以然如此，缘对伤寒、温病的病因认识不清。吴氏明确指出，伤寒和温病，虽均系外感疾病，但其病邪性质，感染途径以及治疗法则，均判然有别。如谓“伤寒由毛窍而入，自下而上，始足太阳。……伤寒阴邪也，阴盛伤人身之阳。”“温病由口鼻而入，自上而下，鼻通于肺，始手太阴。……温热阳邪也，阳盛伤人身之阴。”又谓：“伤寒伤人身之阳，故喜辛温、甘温、苦温以救其阳。温病伤人身之阴，故喜辛凉、甘寒、咸寒以救其阴。”温病始终以救阴为主，临床分别使用凉、寒、咸等法以清温救阴，是吴瑭之创举，至此也方使温病真正脱却伤寒窠臼而成为独立的学科。

五、善取人长，树温病正邪合治之典范

吴瑭对吴又可学术观点，持批判吸收态度。认为又可“议论宏阔，实有发前人所未发”，“惜其立论不精，立法不纯”，“大抵功过两不相掩”，批判其不合理部分，吸收其合理内涵。这种态度，无疑是正确的。

吴瑭对温病初起即用达原饮，持否定态度。“岂有上焦温病，首用中下焦苦温雄烈劫夺之品，先劫少阴津液之理”。对又可动即用承气攻下，亦不完全赞同。他认为应用承气攻下，必须考虑热结、液干二者之主次，“其偏于阳邪炽盛热结之实证，则从承气法矣；其偏于阴亏液涸之半虚半实证，则不可混施承气”。并提出“滋阴不厌频繁，攻下切须慎重”和“温病始终以救阴为主”的主张。

虚人患温病，邪实正虚者，临床治疗，颇为棘手。俗话说：“温病尽死下虚人。”吴又可对此颇有见地。如其在《补泻兼施篇》说：“证本应下，耽搁失治，或为缓药羁迟，其邪壅闭，耗气搏血，精神殆尽，邪火独存。……皆缘应下失下之咎。邪热一毫未除，元神将脱，补之则邪毒愈甚，攻之则已微之气不胜其攻。攻不可，补不可，补泻不及，两无生理。不得已，勉用陶氏黄龙汤。”吴瑭在本条启发之下，制定了增液承气、宣白承气等五承气汤，为温病邪盛正虚者树立了邪正合治之典范。如其在中焦篇第十七条云：“阳明温病，下之不通，其症有五：应下失下，正虚不能运药，不运药者死，新加黄龙汤主之。喘促不宁，痰涎壅滞，右寸实大，肺气不降者，宣白承气汤主之。左尺牢坚，小便赤痛，时烦渴甚，导赤承气汤主之。邪闭心包，内窍不通，饮不介渴者，牛黄承气汤主之。津液不足，无水舟停者，间服增液，再不下者，增液增承气汤主。”

吴瑭受又可启发的还有：三甲复脉汤是受三甲散的启示，增液汤是受承气养荣汤启发等等。总之，吴瑭在学术思想上，善取人长，不囿己见，是非常难能可贵的。

六、补偏救弊，建全温病理法方药体系

吴瑭受叶天士的学术思想影响颇大，他对叶氏非常钦佩。如他在《温病条辨》凡例中说：“……惟叶天士持论和平，立法精细。”又在伏暑分注中说：“夏日三气什感，本难条分缕析。惟叶氏心灵手巧，精思过人。案中治法，丝丝入扣，可谓汇家善以为长者。”《温病条辨》一书，是以《临症指南医案》为蓝本而著成的。全书共 238 条（除补秋燥胜气论 8 条），198 方。其中完全录用《临症指南医案》或以叶案化裁者有 124 条，104 方，于此可见一班。但吴瑭对叶氏并不盲目崇拜，对其某些不足之处，做了不少补偏救弊工作。《临症指南医案》一书，系叶天士门人随诊记录综合而成。由于叶氏诊务繁忙，临症往往信手遣药而不名方，这给后学者带来了一定困难。吴氏不惮其烦地为之一一订方、订法。吴氏这样做的目的，是鉴于“其法散见于案中，章程未定，浅学者读之，有望洋之叹，无怪乎后人之无阶而升也。故本论摭拾其大概，粗定规模，俾学者有路可寻。”其实际价值还在于建全了温病理、法、方、药的理论体系，为温病学说的发展作出了卓越的贡献。

柴胡是疟疾病常用的药物之一，这是历代医家所公认的。但《临症指南医案、疟疾篇》共有医案 183 条，却无一方用柴胡者。徐灵胎评注说：“古圣凡一病必有一方。如疟疾，小柴胡汤主方也，症象不同，总以此方加减。或有别症，则不用原方亦可。此老不用柴胡汤而亦可愈者，固有此理。若以为疟而断不可用柴胡，则乱道矣。余向闻此老治疟禁用柴胡，……余以为此乃妄人传说，此老决不至此。今阅此案，无一方用柴胡，乃知此语信然。则此

老之离经叛道，真出人意表者矣。”吴瑭有鉴于此，故在《温病条辨·温疟篇》虽仍以《临症指南医案·疟疾篇》为蓝本（论疟疾条文，总共21条，录自叶案者17条，录自《金匮》者3条，自拟1条。）特别引人注目者，录取《金匮》“少阳疟如伤寒证者，小柴胡汤主之。渴甚者，去半夏加括蒌根。脉弦迟者，小柴胡加干姜陈皮汤主之”一条，是对叶氏无言的批评。可见吴瑭虽然十分推崇叶氏，但不是叶步亦步，叶趋亦趋，而是有选择性的，并能纠正其偏颇之处。古谓“事师无犯无隐”，吴氏是谨遵这一教导的。

结语

吴鞠通是清代温病学家杰出的代表人物之一。他的学术思想，远追仲景，阐明伤寒、温病病因有寒温之异，创立了辛凉、甘寒、咸寒治温病大法，起到羽翼伤寒的作用。近承叶氏，强调温病始终以救阴为主，建全了温病理、法、方，药完整理论体系。他的治学精神，不囿己见，善取人长。他认为伤寒由毛窍而人，当宗六经辨证；温病由口鼻而入，宗河间学说，制定了三焦辨证法则。在吴又可《攻补兼施篇》的启发之下，制定了增液承气等五承气汤，树立了温病正气合治之典范。总之，吴氏对温病学说的发展作出了卓越的贡献。他的学术思想对后世启发很大。我们必须学习他，钻研他，使其更加发扬光大。

读《温病条辨》“上焦篇”浅谈温病的纵横

程绍祖

温病学是一门研究温病的病因、病理、发展变化规律及辨证施治的一门学科。它以起病急、传变快、变化多、具有明显的季节性为特点，所以古人又有“时令病”之称。

吴瑭将《温病条辨》上焦篇列为58条，在该书中吴氏根据温病的不同特点，把各种温病分别命以不同的名称，作为对温病进行分类的一种方法。这些名称有以季节命名的，如春温、暑温、冬温，有以四时气候特点命名的，如风温、湿温；有以季节与四时气候特点结合命名的，如秋燥；有以发病特点或流行特点命名的，如温疟、温毒、温疫；也有以邪气潜伏于体内，伏而后发而命名的，如春温、伏暑。例如原文第一条就将温病类型归纳为9种。

首先《条辨》提出在三焦辨证为纲的原则下，以病名为目，把卫气营血辨证贯串在三焦辨证之中。原文第二条至第十七条，吴氏就将温病在手太阴经脉的三焦辨证与卫气营血辨证及病名三者结合在一起，纵横交织地进行论述。首先从卫分证开始以银翘、桑菊为主，详见原文第二至六条。随着疾病的传变，卫分证传至气分证后，吴氏就详细描写了白虎汤的主证和主脉，详见第七至第九条。由于病情的变化及素体的差异，出现卫分、气分证尚存，同时出现营血分证候的辨证施治。从原文第十条，气血两燔的玉女煎和营分已伤的清营汤，以及十六、七条逆传心包的紫雪丹等，充分体现了卫气营血辨证施治诸温病的重要意义。在三焦辨证施治的基础上，又把卫、气、营、血作为温病发展变化过程中的四个阶段，它不仅是温病发展过程中四类不同证候的概括，也标明了温病由浅入深的传变层次，从而揭示了温病发展变化的规律，有效地指导其临床辨证施治。

再从温病病变的性质来看，又可划分为温热病和湿热病两类。我认为吴氏《温病条辨》一书上焦篇第一至十七条可划分为温热病，第十八条至五十四条则应归纳为湿热病类。三焦辨证同样能揭示湿热病的发展变化规律，故应以三焦辨证作为湿热病的辨证纲领。如原文二十二条，二十四条至二十八条，描述湿热病初起卫分证候和气分证候的界线并不十分明显，而在湿热未化燥之前又很少入营分和血分，所以用卫气营血辨证难以概括湿热病的特点。吴氏在上述几条中描述了上焦湿热的证候，是湿热病初起阶段，其病因多以湿邪为主，其感邪途径，或因湿、热两种邪气相合而侵袭人体，或感受湿邪，阻滞气机，郁而化热，渐成湿热之证。我认为湿热病的证候特点，以三焦辨证来概括最为适宜。湿热邪气在上焦，主要侵袭于肺，导致肺气的宣发肃降失司，卫外功能失常的一类证候。上焦湿热证候，除肺的病变外，还可见湿热酿痰、蒙蔽心包之证；中焦湿热证候，是湿热之邪阻郁脾胃，导致脾胃运化功能障碍，气机升降失常的一类证候；由于湿邪与热邪的轻重程度不同，湿热证候可分为湿重于热、热重于湿和湿热并重三种类型。下焦湿热证候。是湿热邪气下注膀胱或小、大肠，导致水液代谢障碍，饮食物传导功能失常的一类证候，由于湿热病是湿热裹结，热在湿中，在未化燥之前多不伤阴血，故下焦湿热一般不损伤肝血贤精，其病变部位主要在膀胱或小、大肠。由以上三类证候可以看出上焦证候到中焦证候到下焦证候，标志了湿热病由上到下向纵深发展的三个阶段。

从上焦篇看吴瑭《温病条辨》，把卫气营血辨证穿插到三焦辨证之中，三焦与卫气营血融于一炉，将这种辨证方法做为温热病和湿热病的辨证纲领。因此学好《温病条辨》一书，必须纵横交错，才能做到心领神会。

鞠通方验案录选按

戈其德　严雪峰

严冰老师系江苏省名中医、教授、主任中医师。1966 年毕业于南京中医药大学医疗系本科，学制 6 年。毕业后一直从事中基临床和兼职代教工作，凡 40 余年。学验俱丰，尤其在治疗外感热病和疑难杂病方面造诣颇深。现将老师就吴鞠通用方应于用治疗外感热病验案数则加以整理，介绍如下。

一、风温（感冒）

张×，男，45 岁。

病起恶寒发热，经用中西药治疗，今已 4 天，未见明显效果，而来门诊部就诊。T39℃，其他检查无异常，口干渴引钦，咳嗽，痰不多，咽喉色红疼痛，舌苔薄白有黄，脉弦数。统观其案，邪袭肺卫，治当不难，何为不效！索阅病历，症状如上，所用方药为银花 10 克，连翘10 克，生地 12 克，麦冬 10 克，天花粉 10 克，山豆根 10 克，淡竹叶 10 克，荆芥 6 克，大力子 10 克，薄荷 10 克，2 剂。四季润喉片含化。医见不效，又增石膏 30 克，知母 12 克，又服两剂，仍无效。师审其证论其治，风温在表，初用辛凉，无不合拍；虑其热病阴伤，复加生地、麦冬等也属在理。但细审之，风温初起，病在上焦而用味厚滋腻之品，实嫌过早。诚如章虚谷谓："始初解表用辛凉，须避寒凝之品，恐遏其邪，反不宜解也。"再据病史追询，口渴引饮乃旧恙"消渴"之由，非热病劫阴之象，师仍以辛凉透表为法，用桑菊饮治疗，处方：桑叶 10 克，菊花 10 克，芦根 30 克，双花 10 克，大力子 6 克，木蝴蝶 5 克，2 剂，日 1 剂，水煎服。日进 1 剂，见微汗而热退，唯咽部尚觉不适，咳嗽未已，后制小其剂，又两剂告愈。

按：鞠通谓："治上焦如羽，非轻不单。"病在上焦肺卫，用辛凉平剂本不算错，然肺位至高，用药必轻清之品，方能达肺去邪，而医加气味厚重之味，则反无益有害。可见轻剂之用不可轻待也。

故师说："见口干渴引饮，而不加以辨证，随用白虎，实属不容之弊。"

二、风温，淋证（急性肾盂肾炎）

颜××，女，42岁。

寒热交诈，业已4天，经用西药，未见好转。刻诊：发热头昏重，汗出微咳，痰色黄量不多，口干但饮水不多，脘部作胀，恶心欲吐，上午较好，下午渐重，小便次多量少，解时涩痛而不畅，舌红苔黄腻，脉滑数。检查：T39℃，两肺呼吸音正常。尿检：尿蛋白（+），红血球（+++），白细胞/高倍，上皮细胞（++++）。血检：白细胞总数12000/mm^3，白细胞80%，淋巴18%，单核2%。良由风温犯肺，食滞中焦，兼夹湿邪，下阻膀胱所致。治拟清热渗湿，方用茯苓皮汤加减。处方：带皮茯苓15克，猪苓15克，生苡仁15克，淡竹叶10克，豆豉10克，小蓟20克，黄芩12克，杏仁10克，天花粉15克，六一散30克（包），3剂，日1剂，煎服。药后，热渐退，咳嗽渐平，脘胀亦消，唯腰痛尿痛，舌红苔黄微腻，脉弦数，T38℃。尿检：白血球微量，红血球++，上皮细胞++，余无不适。处方：上方去杏仁，加车前子30克（包），3剂，日1剂，水煎服。药后病去七八，上方调整，先后服药12剂，诸症消失，尿检（－）。

按：风温之邪，未得及解，郁而化热，热邪夹湿，波及三焦，故是症蜂起。师用鞠通茯苓皮汤化裁，湿热兼治，是谓合拍。

三、风温（流行性脑脊髓膜炎）

徐××，女，7岁。

患儿于夜两点许，发热头痛，呕吐食物痰涎，至晨即见昏迷，急诊入院。T40.6℃，西药用抗菌素及强的松、氯丙嗪、鲁米那等未见效应，反增阵发性狂燥，不能吞咽，于同月29日请秦老及予师会诊。询问病史如前，患儿昏迷不醒，周身均有大小不等之出血点，颈项强直，角膜反射消失，瞳孔散大，目暗光短，舌绛苔黄，脉数疾。克氏、巴氏、布氏征阳性。血检白血球18600/mm^3，淋巴7%，大单核2%，中性91%。脑脊液常规检查，符合流行性脑脊髓膜炎。良由热毒亢盛，邪陷心包，引动肝风，内侵营血所致。治拟清心开窍，凉肝熄风，解毒化斑。处方：生石膏150克，生大黄10克，白蔹根15克，天竹黄10克，石决明（先煎）24克，钩藤20克（后下），板蓝根24克，白薇15克，生地15克，玄参12克，车前子（包）30克，益元散（包）15克，1剂，急煎服。另安宫牛黄丸1粒，紫定锭2片（研），鼻饲给药。二诊：药后下便垢腻而臭，但量不多，狂躁等症依然。原方加贝母10克，白僵蚕15克，改生石膏100克，加玄明粉10克（冲），2剂，服法同前。三诊：药连进2剂，大便垢腻量多奇臭，神志稍清，斑疹渐没。此余邪未尽，调整再进，原方去玄明粉，2剂，日1剂，3次煎服。四诊：药后神清，抽搐渐止，知饥索食，斑疹亦隐没几无。此方连服8剂，后制小其剂调理一周而治愈出院。

按：鞠通谓："治外感如将，兵贵神速。"临床上凡高热昏迷患者皆属急重危证，故治宜速战，欲速战者，法当重剂，所谓重担大任也。方中石膏辛寒重用以清阳明气热，折其壮烈之炎威。陆九芝说："人病之热，惟胃为甚"，即属此意。大黄苦寒生用，以泻阳明腑热，而诱导其上炎之火势；佐钩藤、石决明、竹黄等凉肝熄风；知母、竹沥清热化痰，以助开窍；生地、玄参、赤芍、丹皮等清营凉血，化其斑毒；更用安宫牛黄丸先行开窍，诸药相合，兵将齐力，岂有不胜乎。

四、湿温（伤寒）

李××，女，35岁。

患者发热半月，西医确诊为“伤寒”，经用西药治疗，由高热转入低热而反复不退，病家要求服用中药治疗。诊见发热有汗，热不为汗解，T38.7℃。脘部痞闷，不思纳谷，口苦且干，但不欲饮，身疼痛，大便稀溏，小便黄赤，舌红苔腻微黄，脉濡数。师谓：此属湿温，良由湿热遏伏中焦不解，痹阻经络所致。治拟芳香化湿以畅其中焦，佐以淡渗利湿之味，方用一、二、三加减正气散化裁治之。处方：藿香梗10克，川厚朴10克，茯苓皮10克，茵陈12克，木防已10克，通草6克，苡仁15克，大豆卷10克，2剂，日1剂，煎服。药后，势渐退，（T37.5℃），身痛大减，唯脘闷纳差，口干苦等未见寸功，苔转黄腻。鞠通曾谓“秽湿着里，舌黄脘闷，气机不畅，久则酿热”，与此颇似。师从上方中再加清热之味，合黄芩滑石汤意裁，湿热两清，以冀机转。处方：黄芩10克，黄连3克，茯苓12克，白蔻仁3克，藿香梗10克，川朴6克，苡仁米15克，大豆卷10克，六一散30克。三剂，日一剂，煎服。药尽热退，后以调理脾胃而收全功。

按：湿热为患，郁阻三焦不解，一般地说病变中心多在脾胃，其又有湿重热重之别，此案初用芳香化湿之味，不无不对，但助其热，不可不防。药后虽见效应，但苔转黄腻，口干欲饮，热重可知。师随证变而变，转手清热化湿，两相兼顾而病愈。说明中医“辨证施治”，贵呼，贵哉！

五、湿毒发斑（重型流行性出血热）

王××，男，40岁。

患者因高热头痛，T39℃～40.2℃，而住医院治疗。西药经用抗菌素、止血、利尿、护肾、输液等法，治疗3天，疗效不佳，而师会诊。症状：患者高热烦躁不安，手足瘈疭，口干渴无汗，斑疹隐现，呃逆呕吐，不能进食，舌红绛，苔黄少津，脉弦数。检查T39.6℃，脉搏120次/分，呼吸20次/分，血压140/90mmHg，心肺（－）。血常规：白细胞8000/mm^3，中性70%，淋巴30%。尿常规：蛋白（＋＋＋），白细胞（＋），红细胞（＋＋＋），尿有絮状沉淀。肌酐5.1%，尿素氮56.7%。证属热入营血，耗血动血，且有动风之兆，治宜清热解毒，滋阴凉血，佐以平肝熄风。师用化斑汤合羚角钩藤汤化裁。方药：羚羊角粉2支冲服，生地20克，元参20克，赤芍12克，丹皮15克，紫草20克，银花15克，连翘15克，钩藤30克，白僵蚕20克，车前子30克，2剂，一剂二煎，6小时一次分服。二诊：药后身热渐退，T38.8℃，诸症轻减，原方继进4剂，煎法如前。三诊：药尽，斑疹渐没，手足活动自如，神疲欲睡，口干渴欲凉饮，大便干结，并夹血液，小便短赤，如浓茶，不思饮食。热毒未清，灼伤阴液，治以清热生津，以祛余邪。处方：水牛角30克（切片），生地20克，元参20克，丹皮10克，赤芍10克，双花15克，连翘15克，紫草15克，白茅根60克，天花粉15克，3剂，日1剂，煎服。四诊：药进3剂，诸症次弟消减，但下午仍低热，入夜为甚，T37.8℃左右，口微渴，纳谷不多，日二两稀粥，舌红少苔，脉细数。仍从养阴清热着手，佐以益胃助食之味，以冀津复热退。改用青蒿鳖甲汤化裁：生地20克，知母10

克，丹皮10克，青蒿20克，鳖甲15克，玄参15克，天花粉12克，玉竹10克，山楂10克，陈皮10克，日1剂。先后服此方加减15剂（配用西药），热退身凉，而病情稳定。后以调胃养阴之方出入，23天病愈出院。

按：温毒之邪，直犯营血，外发斑疹，毒盛可知：手足瘈疭，势盛动风无疑；温属阳邪，必伤阴液，是方用药皆宗此意。

六、痄腮、疝气（流行性腮腺炎并发睾丸炎）

刘×，男，27岁。

病起恶寒发热，左腮肿痛，头痛口干，小便黄赤，大便干燥，曾肌注青、链霉素等治疗五天未效。刻诊：左腮漫肿，灼热未减，反增右侧睾丸肿大如鸡蛋，触之痛甚，阴囊红肿下坠，舌质红苔黄微腻，脉弦数有力。检查：T40℃，白细胞总数10200/mm^3，中性80%，淋巴18%，单核2%。病属温毒上冲，夹湿下注，而为此证。治拟清温败毒，利湿消肿。处方：柴胡30克，黄芩10克，连翘10克，大力子10克，生地15克，黄柏10克，大黄10克，生石膏60克，山栀10克，白僵蚕15克，生苡仁20克，滑石30克，3剂，日1剂，煎服。二诊：药进1剂，大便得行，身见微汗，发热渐退，T38℃（腋下），口渴渐止，睾痛稍减。上方去大力子，继进3剂，体温趋向正常（T37.2℃～37.5℃）。余邪未净，上方去大黄、生石膏、黄连，连服3剂而愈。

按：考腮部乃足少阳胆经循行部位，温毒循经上窜，气血壅滞，则发为腮肿。睾丸是足厥阴肝经所络，肝胆者两相表里，热邪温毒，夹湿下行，壅滞络阻，是以睾丸、阴囊肿胀。是方用药，在清温败毒、利湿凉血而消肿，与症合拍，所以效速。方中柴胡重用，乃师之验。柴胡性寒味苦微辛，用之解表泄热，逐邪于卫气；配黄芩味苦性寒，清热泄火。《本草纲目》谓黄芩："治风热、温热、头痛"，又谓"得柴胡退寒热"。石膏甘寒而辛，清热泄火，除烦止渴，退热而无伤津之弊，邪在卫气，用之退热，其效屡验。

七、麻毒攻肺（麻疹并发肺炎）

戈×，女，6岁。

患儿发热2天，伴有咳嗽，经用青霉素等，病未见退，反见出疹而咳嗽加重，因虑出疹不宜见风而请老师出诊。诊见：疹色紫暗，隐而不活，密布肢体，T39℃，喘促痰鸣，呼吸困难，鼻翼煽动，但神志尚清，口渴欲凉，大便未行，舌质红绛，脉洪大而数。听诊：两肺呼吸音粗糙，夹有水泡音。建议X线胸透。综合上症，此系麻毒攻肺，邪毒窜营，治拟辛凉宣透，清热解毒合法。处方：银花12克，连翘12克，玄参10克，薄荷10克，时鸣衣6克，焦山楂10克，丹皮10克，生石膏30克，桑皮10克，紫草10克，1剂，急煎，分两次服。另紫雪散1支（冲服）。老师并嘱病家最好X胸透，以明诊断。二诊：X线胸透提示：两肺阴影密度增高。药后疹色荣活，咳喘较轻，热势渐退，原方续进2剂。三诊：疹渐收没，但见微热咳嗽。上方去薄荷、时鸣衣、紫雪散，加沙参10克，生地10克，滋阴清热，以绝炉烟虽熄，灰中有火之患。药进3剂，诸症告失。X线胸透：两肺阴影消失。但仍咳嗽，痰不多。继以甘寒之味调治肺胃而愈。

按：麻疹因由毒起，所以治疗麻疹，清热解毒应贯彻始终。麻疹并发肺炎，临床较为多见，若处理不当，则祸不旋踵。难怪老师常说："疹之初起，透表宜佐清肺，清热所以解毒而又能保津；中期清热解毒佐透表，透表以助达邪而解毒；后期养阴勿忘清解余毒，解毒以防死灰复燃。”临床上我们深有体会，凡此三者，皆当注意，不能有丝毫错漏。

八、肺炎喘嗽（肺炎合并渗出性胸膜炎）

刘××，男，15岁。

患者发热咳嗽，业已3天，经用桑菊、银翘之剂，热退而复起，T39℃，气急而喘，痰黄稠，咯之不爽，胸部咳唾隐痛，口干饮冷，有汗不多，大便干结，小便色黄，舌红苔黄有微腻，脉滑数。X线胸透：右肺见有片状模糊阴影，三肋下有少量积水。血检：白细胞总数20000/mm^3，中性80%，淋巴18%，单核2%。夫肺为娇脏，性喜清肃，风温之邪进入于肺，肺闭则发热；肺失清肃之令，轻者为咳，重者为喘，故症见咳嗽而喘；邪壅于肺，蒸液成痰，痰阻气逆，喘气急促而伴有胸痛；口干以及脉舌之征，皆热之象。师拟清热泻肺为法。方用麻杏石甘、宣白承气合泻白化裁。处方：生石膏30克，麻黄6克，杏仁10克，桑皮20克，葶苈子10克，黄芩10克，薄荷10克，瓜蒌皮15克，生大黄10克，2剂，日1剂，水煎3次分服。二诊：药进2剂，体温降至37.8℃，咳嗽渐平，胸痛亦减，大便日行2次，口仍渴，效方损益再进。上方去薄荷，加芦根20克，天花粉12克，熟军易生军，3剂，煎、服同前。三诊：诸症次弟消失，唯咳嗽胸痛尚有，体温下午稍高（T37℃～37.5℃）。原方去麻黄、石膏、双花、大黄，加玉竹、炙紫菀10克，5剂。药后热退，继以本方加减，调理1周。X线复查：阴影、积液消失。

按：方中用石膏、麻黄相伍，意在宣肺泄热而达止咳止喘；桑皮，葶苈、杏仁相配，的在泻肺之痰，利胸之水，以除痰热而消胸痛；石膏、瓜蒌相伍，通利大肠而泄热于下。诸药相合，与症合拍，故病速愈。

九、小儿暑热（小儿夏季热）

张××，男。

患儿发热4周，T39℃～40℃，经用抗菌素、氢考、输液疗法，热退而复起，要求中药治疗。询问病史如前，发热午后为甚，无汗而烦，口渴欲饮，神志清楚，舌红苔薄微黄，指纹色紫以过命关，脉细数。患儿幼时人工喂养，有进食先饮或饮食并进之习，否则拒食。面色淡白少华。刻值暑令，复感时邪，热甚阳明，病在中焦，属小儿暑热证。我乡鞠通先生谓“小儿稚阳未充，稚阴未足”，属“稚阳体，邪易干”。加之小儿“脾常不足”，夏日暑气熏蒸于脾胃之经，故发热。“暑多夹湿”，湿易伤脾，脾虚不能化水布津，津不上承则口渴多饮；水液下趋而为尿，汗尿同源，汗随尿去，尿多则汗少或汗闭；暑为阳邪，耗伤胃阴，则致口渴引饮。治宜清暑益气，以健其脾，甘寒生津，以养其胃。老师惯用方为：太子参6克，北沙参6克，白术6克，麦冬6克，双花6克，生石膏15克，白扁豆6克，苡仁米10克，益元散30克，荷叶一角，并嘱多食绿豆汤，2剂，煎服。药后热退至38.2℃，效不更方，继进3剂，热退身凉，儿得安宁。但仍便溏，下午曾一度热势又起，体温升至38.5℃，守方再进，又3剂而病已。

按：小儿暑热，有阴虚阳虚之偏，阴虚多责之于肺胃，胃为主；阳虚多责之于脾肾，脾为先。暑宜清，当凉；湿宜化，当温。过凉则伤其阳，过温（燥）则耗其阴，清阳明暑热和化太阴湿邪，两者相反相成。师遵鞠通之谓，用药时时顾护脾胃，以防正伤，恰到好处，故效若桴鼓。

（三）对吴鞠通学说的临床应用和有关实验的研究

略论吴鞠通《温病条辨·解产难》的学术思想

夏桂成

温病学家吴鞠通所著《解产难》，附录《温病条辨》之后，是吴氏的产科著作。其学术思想与《温病条辨》一脉相承，主张产后以护阴（精血）保津（液）为主，辅以祛、除恶露，在保胎方面，注重肝脾血气，依然强调清养的重要性，反应出产科领域里的温病学派的特点，我们认为有一定的临床意义，值得妇产科工作者专题研讨。

一、产后从虚，大补精血

产后从虚，来源于《金匮》，所谓“亡血伤津”，是产后的病理特点。元朱丹溪提出产后当以大补气血为先的观点以来，后世奉为圭皋。清代《傅青主女科》主张宜补宜温，对后人有着极大的影响，民间流传甚广。吴氏力反此说，主张产后当以大补精血，护阴保津为主，不仅推动产科学术发展，而且纠正产后滥施温补的流弊。他从《金匮》所提出的三大证，反复论述，指明亡血伤津者，在于下焦的血与津也。前人认为肝肾同居下焦，肝藏血肾藏精，精血同源，互相化生。亡血者，实亡肝肾之精血也。肾主五液，属阴中之阴，而为水藏，津液损伤，在于下焦之肾阴也。故吴氏认为：产后痉病、郁冒，乃肝肾亏虚，精血、精液衰少，阴不潜阳，肝阳上亢所致，必须用三甲复脉，大小定风珠，专翕膏六方施治。产后大便难者，吴氏提出增液汤，合成七方，是吴氏治疗产后虚证的主要方药。我们通过七张方药之分析，可以看清吴氏的治疗特点。附表：

药物 方名	炙甘草	干地黄	白芍	阿胶	麻仁	牡蛎	龟板	鳖甲	人参	茯苓	乌贼骨	鲍鱼	海参	五味子	麦冬	羊腰子	猪脊髓	鸡子黄	莲子	芡实	沙苑子	杞子	白蜜	淡菜	童便	元参	适应证
一甲复脉汤	+	+	+	+		+																					温病下后脉仍数
二甲复脉汤	+	+	+	+		+		+																			温病－痉厥
三甲复脉汤	+	+	+	+		+	+	+							+												热深厥甚心痛心悸
专翁大生膏		+	+	+		+	+	+	+	+	+	+	+	+	+	+	+	+	+	+	+	+	+	+			阴伤甚，上盛下虚
大定风珠	+	+	+	+	+	+	+	+						+				+									温病后期瘈疭欲脱
小定风珠				+			+											+						+	+		温病后期厥哕
增液汤		+													+											+	大便难

从上表的统计中，地黄、白芍、阿胶，牡蛎，是吴氏产后补虚所常用的药物。而朱丹溪、傅青主在其论著中早就提出用这些药物。为此吴氏特有“产后不可用白芍辨”，说明虚热非白芍不可的重要性。吴氏用药的另一特点，在于滋养精血，大补奇经。他在“产后当究奇经论”中说，孙真人创论于前，叶天士畅明于后，他认为产后虚损，在于奇经，奇经丽于肝肾，肝肾之精血不足，久而不复，必与奇经有关。而且指出奇经的阴精需与阳联系，谓之阴阳交构，故在大补奇经的精血法中，必须紧密地联系补阳。因而又创制二张偏于补阳的奇经方药，一是通补鹿丸奇经丸，一是天根月窟膏。方中针对奇经血脉通畅以及周期性排泄月经的特点，加入小茴香、牛膝、萆薢等，这样将更符合奇经的特点的需要。我们认为吴氏大补精血，甚则应用鸡子黄、猪脊髓、羊腰子等等血肉有情之品补养奇经，及其阴阳交构的方法，对调理月经周期，着重经后期、经间期论治者，有着重要意义。一般经后期补养阴血，选用归芍地黄汤、养精种玉汤、益经汤、滋肾生肝饮等疗效不够理想时，可以运用吴氏三甲复脉汤、专翕大生膏，加入适量的补阳药，将有助于临床疗效的提高。1978 年，我们曾经观察 13 例出血性疾病的阴道脱落细胞，检验激情素水平，发现辨证属阴虚的单用补阴方药，激情素水平呈维持状态。如以补阴为主，适当加入 1 ~ 2 味补阳药，激情素水平有上升现象；如以补阳为主，激情素水平有下降趋势。虽然例子少，但亦能说明一些问题。此外，在大补精血，选用血肉有情补养奇经的方药时，必须了解后天脾胃的运化功能，求得脾胃健运，才能最大地发挥出养“精”作用，以获得较好效果。

二、产后从实，清通宜速

吴氏在《解产难》中，秉承其温病学家固有的护阴保津观点，对产后血瘀实证，提出了清通从速论，并对滥施生化，痛加驳斥。他说：“产后瘀血实证，痛处拒按……，近见产妇腹痛、医者并不问拒按喜按，一概以生化汤从事，甚至病家亦不延医，每至产后，必服生化汤十数帖，成阴虚痨病，可胜悼哉。”生化汤的主药在于归芎，属于温通化瘀之剂，化中有生，缓化缓生，正如吴氏在“产后慎用归芎论”中说：“归芎为产后要药，然惟血寒而滞者为宜。若血虚而热者，断不可用。……误服致瘈，瘈甚致脱。”阴虚痨病，瘈甚则脱，这是耗阴伤津，拨动下元根本的必然结果，是温病学家最大的顾虑。因而主张清通。我们认为产后的确常有阴虚火旺，夹有血瘀的实证，亦的确需用滋阴降火化瘀的方药，在产后恶露不绝中较为多见，可应用景岳保阴煎加入失笑散等，疗效较好。当然吴氏对产后血瘀实证较为重者，主张从速排愈。他提出“无粮之兵，贵在速战”，虽大剂化瘀亦当用之。他赞成运用回生丹，尤推重醋煮大黄的作用，认为醋煮大黄入病所而不伤他脏，回生丹内多飞走有情食血之虫，……何瘀不破。我们认为产后瘀血内阻者，应从速排除血瘀，否则将导致严重后果。吴氏这一观点，完全符合临床实际。大黄清通，确为要药，但如兼有脾肾阳虚者不宜，临证时需加注意。

三、孕从肝脾，清养保胎

吴氏在《解产难》中，非常重视保胎。在仅有的妊娠两论中，均是针对保胎而言。一是孕五、六月，殒胎责之中焦，不能荫胎，宜平日常服小健中汤；另一是孕三月，殒胎责之肝虚而热，宜平时常服 40 味专翕膏，孕五、六月殒胎者较为少见，孕 3 月而殒胎者比较常见，因此清养保胎较为常用。我们认为吴氏这一思想，来源于北齐徐之才，唐代孙思邈的十二经络养胎说，而其处方用药又是继承《金匮·妇人妊娠篇》、《傅青主女科》及其温病学派的固有特点而来。十二经络养胎说的中心思想，是四时五行的相生延续观。春时肝木当令，肝胆二经养胎第1~2月；夏时心火当令，心君不得独主子时，手厥阴心包及其附属的手少阳三焦经代心行令，养胎第3~4月；长夏脾土当令，脾太阴经与胃阳明经养胎第5~6月；秋时肺金当令，手太阴肺经与手阳明大肠经养胎7~8月；冬时肾水当令，足少阴肾经与太阳膀胱经养胎第9~10月，10月足则分娩矣。故孕5~6月属脾胃养胎，脾胃薄弱则胎失所养而殒，故当以建中汤扶助中土。孕3月属手厥阴心包络养胎，手厥阴得足厥阴余气，且厥阴内寄相火，均以阴血为养。阴血不足，相火易动，动则常见肝胆证候，故吴氏云肝虚而热，虚是本，热是标，虚于下，热炎上，虚则胎元不固，热则心神不安，心神不安又必动精伤阴，益发使下虚加深。故吴氏主张大补奇经之阴，填固下焦，镇降心神，我们认为此乃保胎的重要措施。我们据此而制成清上固下保胎方。药用勾藤、黄芩、合欢皮、炒山药、寄生、炒川断、阿胶、菟丝子、白芍、苎麻根，临床用之确有其效。1983年，我们在病区内，以此加减，制成保胎协定方，系统观察36例，有效率达87%。

此外，吴氏所提出的保胎在孕3月或5、6月者还有着优生的意义在内。根据我们的临床观察及与有关医生的研讨，认为发生在8周（即孕2月）之内的流产，多属孕卵异常，外观胚胎常见到发育不全，或完全枯萎，有时仅存羊膜囊，而不见胚胎，绒毛退行变性，发现部分标本中有染色体异常，其数目异常为三体性、单体性及多倍体，其结构异常多为异位、倒位和断裂。这些异常，大都出现自然流产。有的胎儿虽然经多方治疗达到保全，往往造成生理缺陷。故两月以内的先兆流产，有些妇产科医师不赞成保胎。我们常有获取成功者，但的确有不少保之不易，终致流产。吴氏提出在孕三月保胎者，不仅成功率较高，我们还认为含有优生的意义，值得临床重视和研究。

《温病条辨》论痢疾

张名伟

痢疾，历代温病学家均未收入温病专著中。吴氏认为本病“多因暑湿、湿温而成”，故将其载入《温病条辨》。尽管他说“附见数条，以粗立规模”。但细阅《温病条辨》可以看出，吴氏采历代医家之长，结合亲身治疗经验，对本病进行了比较全面而有重点的论述，尤其对久痢的辨证论治更为详细，实为“论前人之未备也”。学习它对临床颇有裨益。今结合条文分述本病的病因病机、辨证论治和预后于下。

一、病因病机

吴氏认为，本病是由“湿热内蕴，夹杂饮食停带，气不得运，血不得行遂成”（参见中焦篇86条）。即湿热或兼挟食滞蕴结肠道，而致大肠传导功能失司，通降不利，气血壅滞，损伤肠道脂膜及血络而成。但因本病病变部位主要在中焦，故吴氏云：“盖土居中位，秽浊所归，四方皆至，悉可兼证，故错综参伍无穷极也。”（参见中焦篇69条吴注）由此可知，本病虽由湿热所致（或秽浊、食滞），但因兼挟外邪或湿热之邪的偏重，或久痢伤及脏腑阴阳气血的不同而病情变化多端，病机各异。如《温病条辨》中所论述的暑湿兼挟风寒互结大肠，或湿热互结上脘成痞，或湿热阻塞三焦气机，或湿邪偏重下注大肠，或因久痢伤及脾胃之阳，或伤及肾，或阴伤及阳，或伤气而致中气下陷，或伤及奇经、厥阴等等。

二、辨证论治

吴氏治疗痢疾是依证为据，是其证则立其法、用其方，选其药，用药恰当，说理精僻。正如吴氏所说："勤求古训，静与心谋，以为可汗则汗，可下则下，可清则清，可补则补，一视其证之所现，而不可先有成见也。"（参见中焦篇 87 条吴注）实为治疗本病经验之谈。具体辨证论治分析如下。

（一）急痢

急痢以湿热痢最为常见，吴氏论述也较丰富。

首辨湿热之轻重。如热邪偏重者（参见中焦篇 89、99 条，下焦篇 74 条），症见腹部胀疼痛，里急后重，下痢赤白，次数频繁，肛门灼热，或身热烦渴，小便短赤，脉象滑数，舌苔黄腻等。治以清热化湿，疏利肠间湿热为主，用加减芩芍汤、加味白头翁汤等。若肛坠者加槟榔，以行气除坠。苔浊脉实有积滞者，加楂肉、神曲、枳壳等以消食行气。若热气上冲，肠中逆阻似闭小腹痛甚，属热甚者，用白头翁汤以清热止痢。湿邪偏重者（参见中焦篇 87 条、92 条），见自利不爽，腹中拘急，身体困倦，小便短少，舌苔白腻，脉象滑数，是由阑门不分水，膀胱不渗湿，湿注大肠而致，治以淡渗清热法，用四苓合芩芍汤或五苓散加寒水石治之，以淡渗之品分阑门通膀胱，开支河，使邪不直注大肠，以清热行气之品以宣气分清积滞，湿去热清，痢疾则愈。但吴氏指出本法只适用于湿邪偏重者，而久痢不用之，防其分利加重阴伤。湿热并重者（参见中焦篇 90 条，下焦篇 75 条），见积下不爽，里急后重或中焦痞结，神志昏乱或干呕腹痛，皆由湿热内蕴而致，治以辛开苦降，泄热除痞，用泻心汤或加减泻心汤治之。

1. 辨暑湿有无风寒。暑湿内伏，三焦气机阻塞而痢者（参见中焦篇 91 条），见滞下红白，渴不多饮，或有泛恶，小便不利，舌苔灰黄等症，治以芳香化浊法，用滑石藿香汤，以渗湿宣气，芳香利窍，暑湿去而气机通调，滞下则愈。若兼风寒杂感者（参见中焦篇 88 条），见寒热迭作，甚则憎寒壮热，头痛身楚，里急后重，腹不和而滞下，口苦或渴而不欲饮，或喜热饮，脉浮数或浮紧，苔薄白者，治以逆流挽舟法，用活人败毒散，治痢之源，风寒外解，领邪外出，则湿热得化而痢自止。但中焦湿热壅滞者忌用。

2. 辨急痢有虚。急痢多为实证，但亦有虚证。如春温内陷下痢（参见中焦篇 97 条），因春温最易伤阴，初痢即见阴伤，而痢下红赤，量少肛坠，口干欲饮，舌红少津，脉细数等症，治以救阴为主，而用加黄连阿腹汤，以黄连苦寒清热坚阴，阿胶味甘育阴，则热清阴复而愈。

（二）久痢

痢疾失治或误治，迁延日久，正虚邪恶则变为久痢，是吴氏论述的重点。其辨证论治的特点是按脏腑辨虚实，分阴阳量病情。

首辨脾胃阳虚或气虚。如久痢湿热不化伤及脾胃阳气（参见中焦篇 93 条、下焦篇 67 条）成为虚寒痢，见痢下不止，白冻清稀，腹隐痛而喜热按，脉细，苔薄白而滑，或见下痢无度，肢厥，不能进食，脉象细微等症，宜用堵截阳明之法，用人参石脂汤或桃花汤。噤口痢脾胃两伤，胃关欲闭之症（参见下焦篇 76 条），见呕恶不饥，积少腹痛，形衰脉弦，舌白不渴等症，急宜复胃气为要，用加味参苓白术散，提上焦，涩下焦，醒中焦，上下斡旋，冀胃气渐醒而转危为安。若伤及脾阳（参见中焦篇 94 条、95 条），见痢下稀薄，腹张食少，神疲乏力，四肢不温，小便清长，脉沉细，苔薄白而滑质淡等症，治宜温脾止痢，用附子理中汤或附子粳米汤。久痢伤及脾气（参见中焦篇98条）而致中气不足，升清失职，精微不能上升与输布，中气下陷见泄痢无度，便意频数或有脱肛，伴有神疲乏力短气食少，语言低微，脉虚大无力等症，治宜益气升提，用加减补中益气汤治之。

二辨脾损及肾。久痢伤脾亦可及肾（参见下焦篇64条、69条），除见脾阳虚证外，还有肾阳虚证，如腰酸怕冷，甚则滑脱不禁，而无气胀腹痛肛坠之症，舌淡胖嫩，脉沉细者，治宜健脾温肾，用双补汤，脾肾得补而愈。肾阳虚弱，下焦不固而致肠腻滑下，纳谷运迟等症，治宜温肾涩脱，用三神丸。伤于奇经而偏于阳伤者（参见下焦篇71条），见少腹肛坠，腰胯髀酸痛等症，治宜补阳为主，用参茸汤治之。阴阳两伤者（参见下焦篇73条），见下痢滑泄，少腹气结，有似癥瘕，或肾虚胃关不开（参见下焦篇77条），而见滑泄无度，不饥不食者，活宜补益阴阳，中下二焦并治，用参芍汤或肉苁蓉汤。

三辨热邪伤阴。久痢不但可以伤及脾肾之阳，而且热邪内郁日久多耗阴血，出现阴伤之证。如久痢伤阴者（参见下焦篇70条），见口渴舌干，微热微咳，舌红少津，脉细数等症，急以救阴为主，用人参乌梅汤。肾虚阴伤气陷者（参见下焦篇68条），除有阴虚见症外，还有肛门坠胀，尻脉酸楚，舌红无苔，脉象细数等症，治宜益阴固涩，用地黄余粮汤，以熟地、五味于酸甘化阴，余粮固涩下焦，而症除痢止。若久痢阴伤是由阳伤及阴者（参见下焦篇65条），见小便不通之阴伤症，又见厌食欲呕之脾胃阳虚症。治宜益阳溢阴法，用加减理阴煎，以护其阴。若阳不见伤而阴伤甚者，又可去姜、附，专护其阴。

四辨久痢有实。久痢多为虚证，但也有虚实挟杂或实证。如气分湿热久郁而入血分者（参见下焦篇66条），是痢下瘀血，但肛中气坠，腹中不痛，是湿热在血分，治宜湿热燥湿涩血为法，用断下渗湿汤清涩兼施。久痢伤及厥阴，上犯阳明者（参见下焦篇72条），见气上撞心，饥不欲食，干呕腹痛等症，治宜寒热刚柔并用，攻补兼施，用乌梅丸治之，治厥阴，护阳明。虚邪内陷变痢，致延日久，脾胃气衰者（参见中焦篇96条），虽有面浮腹膨等虚象，但有里急肛坠等症，为邪实正虚，其治不宜用补，补则闭门留寇，而宜用逆流挽舟法，用加减小柴胡汤治之，使邪提而出，引内陷之邪外达。酒客湿热下注之久痢（参见下焦篇63条），但无他症，饮食不减，是未伤胃土，湿热仍在肠中，故其治法宜清热利湿，而用茵陈白芷汤，俾湿热去而脾阳升痢自止。

总之，久痢有虚有实，临证必须仔细辨证，尤其虚证变化多端，更要细辨阴阳之盛衰，脏腑之亏损，补其不足，损其有余，阴阳调和而愈。

三、痢疾的预后

痢疾的预后，《素问·通评虚实论》即有湿热痢“身热则死，寒则生”，“脉悬绝则死，滑大则生”，虚寒痢“脉沉则生，脉浮则死”，从临床症状和脉象上说明痢疾的预后，但不够全面具体。吴氏宗《内经》之说，详尽论述了本病的预后，归纳出从病之新久，病人体质强弱，痢下次数，面色便色的变化，滞利之先后等十方面进行了论述。正如《湿热条辨》所云：“初起腹痛胀者易治，日久不痛并不胀者难治。脉小弱者易治，脉实大数者难治。老年久衰，实大小弱并难治，脉调和者易治。日数十行者易治，一二行或有或无者难治。面色便色鲜明者易治，秽暗者难治。噤口痢属实者尚可治，属虚者难治。先滞后利者易治，先利后滞者难治。先滞后疟者易治，先疟后滞者难治。本年新受者易治，上年伏暑酒客积热，老年阳虚积湿者难治。季胁少腹无动气疝瘕者易治，有者难治。”从而可知凡正气尚旺，能抗邪外出者容易治疗，而病邪深入脏腑伤及正气者，比较难治。正如吴氏所说；“总之邪出向外者易治，深入脏络者难治也。”确为临床经验之高度概括，至今对临床仍有指导意义。

《温病条辨》虽为温病专著，但对痢疾辨证的论述详细，治法细腻，对预后的阐述也简明扼要，实为医者必读之书。

宣痹汤在骨科杂症中的应用

赵希森

宣痹汤乃清吴鞠通先师所制，专治“湿聚热蒸，蕴于经络，寒战热炽，骨骱烦疼，舌色灰滞，面目痿黄，病名湿痹”之方。近十余年来，笔者在骨科临床中，对凡因湿热导致的四肢骨节及腰背痿痹病患，用宣痹汤加味治百余例，每每奏效，深感此乃疗湿热痿痹之良方。

一、临床症候

一般多为胸烦闷、脘痞胀、身热而重、面色痿黄或晦暗、溲短少色黄而热、苔腻黄或灰、脉濡或滑而数。骨骱症候则因湿热侵袭部位不同而异，如或为骨节红肿热痛，或为双足痿软微现肿热，或为背、腰、骶、髋弛痛，但病处均有热感，且喜冷而恶热。

病因病机：湿热之邪侵袭骨节经络，致使气血阻滞所致。

治疗：宣痹汤加味主之。痛甚者宗先师立方之义，加姜黄、海桐皮；湿热侵袭上身骨节者，加羌活；侵淫腰骶及下肢骨节，或症现双足痿软者，加牛膝；下焦湿热盛者，加黄柏；合并或素体肾虚水涸者，加黄柏、龟板；新伤瘀血，内蕴湿热者，加乳香、没药、川芎、血竭、香附等；陈损郁化湿热者，加血藤、丹参、川芎、土鳖虫、蜈蚣等品，待湿热基本清利之后，再按伤科分期论治。另，原方中赤小豆皮均改用赤小豆。

二、宣痹汤方义

通观全方，其制方属苦辛通法。方药仅九味，泻热燥湿之苦品4味，善行散之辛品3味，疗热之寒品5味，如此苦辛而寒在于清化湿热，宣痹而止痛。然先师制方之妙，在于本病虽届热证，方中却有4味温性之品，温性之品多于辛品且与苦品并居。笔者认为其义有二：一乃寒热并用，相互制约；二因湿为阴邪，阻滞气机，伤人阳气，加用温品，以温调气血而促进湿邪宣化。

细审选药，更显先师制方之微妙。方中防己“急走经络之湿”，通利关节，宣痹而止痛。杏仁“开肺气之先”，入上焦而降肺气；滑石走下焦，“利窍而清热中之湿”；山栀通利三焦，“肃肺而泻湿中之热”。三者相伍，则上下相应，三焦之气畅达，水道通调，湿热自有外泄之路。连翘“清气分之湿热”，赤小豆皮“清血分之湿热”而利经络之湿，薏苡淡渗健脾而清利经络之湿热，三者相伍，可使气血之湿热两清，骨节经络之湿热双解。半夏“主寒热”，蚕砂“化浊道中清气”，二者相伍，开郁化湿而缓诸节不随。仅此9味，共奏通调三焦、祛湿而化热、温通气血、清利骨节、宣痹止痛之功。尚若痛甚者，另备行气活血镇痛之姜黄，祛风湿、通经络镇痛之海桐皮，随证取用，“以宣络而止痛也”。寥寥数味，药不惊人，融成一方，相须相使，丝丝入扣，却有四两拨千斤之功效。本组病例每每奏效，实赖先师制方之妙。临症据情加味，乃在适应骨科杂症之特点。

三、典型案例

1. 湿热侵袭实证案：何××，男，38岁。身热重而倦怠，胸烦闷而纳不振，双膝红肿且痛不可近，膝喜冷而恶热，溲短少黄而热，病延1周，加重3天。查：病员面色黄而略晦暗，舌苔黄腻而略厚，脉象濡数。实验室检查：白细胞总数：9000% mm^2，中性：75% 3，血沉：30mm/小时。脉证合参，乃湿热之邪浸渗经络，流注下肢骨节之实证，宣痹汤加牛膝主之。方药：薏苡仁24g，栀子8g，杏仁10g，连翘10g，法半夏10g，赤小豆12g，蚕砂12g，防己12g，滑石20g，姜黄10g，海桐皮20g，牛膝15g。两剂，双膝热痛锐减，余症亦减。8剂，身热胸烦闷退，纳增，膝仅略肿痛，溲微黄但已无热象，苔微黄腻。15剂，痊愈。

按：四肢骨节、腰背骶髋痛症，乃骨科临床中常见之杂症，以风寒湿邪侵袭，外伤瘀血阻滞及肾虚者最为多见。然属湿热为患者仍屡见不鲜，倘不辨证求因，一概蛮攻蛮补，必成痼疾，不可不辨。

本案乃湿热之邪侵袭之实证。热为阳邪，湿邪又可生热助热，故症现身热、痛处感热，且喜冷而恶热。湿热郁阻，气血瘀滞，故面色晦暗无华。热蕴湿中，热蒸湿动，湿热上熏，故胸烦而闷，虽有身热而面色不红，却反显痿黄。脾为湿土，喜燥恶湿，职司运化，主肌肉、与胃表里，湿热困脾，运化失职，故身重倦怠而纳不振。湿热之邪流注下焦，故溲黄短少而热。流注骨节，则骨节红肿热痛。如此湿热之实证，正合先师制方之义。故用备用药品因其痛甚，和用牛膝，一则为引药下行，增强清利下肢骨节湿热之功，二则助其活血通络之力。

2. 肾虚水涸，生化湿热，虚中夹实案：刘××，男，51岁。患者素有腰骶酸软疼痛，心烦失眠痼疾，一般劳累后痛增，休息后痛缓。近十多天来，见腰部弛痛连髋，伴局部发热，心烦失眠加重，溲现短黄微热。查病员面色痿黄少华，舌质红，边尖略现齿印，苔黄略腻，脉象细数。结合病史，参其脉症，此乃肾虚水涸，生化湿热，虚中夹实之证。投以宣痹汤加黄柏12g，龟板24g，治其卒病而兼顾其痼疾。3剂，卒病症减。10剂，湿热之卒病全消。复再进两剂以固疗效。尔后，即转为固本之痼疾治疗。

按：湿热之症，虽因湿邪侵袭、脾运失职化生者居多，但“因肾虚………气不利而成湿热者”，临床仍每每可见。肾者水也，水涸而相火炽，故现心烦失眠、舌质红。素体肾虚，故舌现齿印。湿热相搏于腰部经络，故现弛痛。面色痿黄少华，舌苔黄腻，溲短黄热，乃湿热之邪上熏下注所致。脉显细象，一因肾虚，二因湿邪阻压脉道之故。

本案湿热虽为转化而来，属标，但因其来势较急，故仍投以宣痹汤主之。又因肾虚水涸是本，不可不顾，加用黄柏，一则助宣痹清利下焦湿热，二则利用其降阴火，救肾阴而不碍湿热之特长；加黄柏同时，再伍以滋阴潜阳之龟板，则可收宣通湿滞而不助火，滋肾阴、降相火而不滞湿之效。此乃治标同时而兼固其本，一鼓而下之法。待湿热之标去后，即转为固本治疗，乃宗正本清源之法也。

3. 外伤瘀血，生化湿热，湿聚热蒸实证案：许××，男，34岁。骑自行车不慎跌倒，左膝于内翻位前仆触地损伤，伤后第二天来院就诊。查：左膝部肿胀（++），局皮肤微现红热，膝关节主动活动受限，被动活动尚可。左膝抗阻力伸直及被动内翻时诱发疼痛加剧。口略干，舌质正，苔白根腻略厚，脉数略滑且应指。X线检查：提示左膝关节未见折脱征象。诊断：左膝前份软组织挫伤伴左股四头肌肌纤维及左膝外侧付韧带撕裂伤。治疗：宜

"活血逐瘀，行气通络"，投以"复元逐瘀汤"（个人经验方）。

服药3剂，左膝疼痛略减，肿胀如故，肤红热征反加重，口干略苦，身倦怠，纳减、溲现黄热，苔黄腻根厚，脉滑数。实验室检查：白细胞总数：10000/mm^2，中性：80%。脉症合参，乃患者素体夹湿，今遇外伤，致瘀血阻滞经络，郁而化热，湿聚热蒸所致。急投以宣痹汤加姜黄12g，海桐皮24g，川芎12g，血竭12g，牛膝15g。3剂，左膝疼痛、肤红热症锐减。6剂，口干苦、身倦怠、左膝红热退，纳增，膝肿痛减半，溲正，苔白微腻，脉略滑数。血象检查已属正常。9剂，湿热症征尽消，仅左膝残余肿痛，即转为骨科正治之法治疗。

按骨骱及周围软组织损伤，是骨科中极为常见的疾患，新伤投以"复元逐瘀汤"属传统正治之法，每每奏效。然本案投以3剂，其大症不减而反增，乃病员素有湿邪，偶遇外伤，致瘀血阻滞经络，郁而化热、湿聚热蒸所致，此在骨科临床中屡见不鲜。是故，病转方变，急投以宣痹汤为主加活血逐瘀之品治之。3剂，症锐减；6剂，症基本消；9剂，湿热症征尽退。由此可见先师药方之宏效及祖国医学辨证施治大法之灵妙。倘若不辨证求因，一味投以复元逐瘀汤方，必致病痛缠绵，甚或还有导致诸证蜂起之忧。

四、小结：笔者在二十余年的中医临床实践中，以及近十余年来在骨科专业对湿热杂证的治疗中，认为宣痹汤方确不失为疗湿热之良方。该方药性平和，燥湿而不伤阴，泻热却不损阳；无论是湿热侵袭或由内而生化者，无论是湿聚热蒸之实证或为水涸由内生化之虚证，临证只要据情灵活加减应用，均可获良好效益。实可谓寥寥数味，药不惊人，相须相使，丝丝入扣，却有四两拨千斤之功效。

试析《伤寒论》与《温病条辨》对诸承气汤的运用

孟凡功

吴鞠通氏继承发扬仲景之说，在伤寒论基础上，对祖国医学温病学说作出了伟大贡献。本文仅就学习《伤寒论》和《温病条辨》对诸承气汤的运用，试作如下分析，谬误之处，尚祈贤者斧正。

一、承气汤证的主证治法

伤寒和温病，两种不同致病因子所导致的疾病，前者由风寒侵表，邪在太阳为病；后者乃温热之邪，由口鼻而入，首先犯肺而成。伤寒承气汤证，有因太阳病邪气本盛，不能即愈，有因少阳病廷误失治得属阳明（185条），或因误汗、误下、误利小便，损伤津液，导致胃中干燥，燥矢内结而成（181条）。它的传变特点，从表而始，由表及里，引起燥矢内结，腑气不通，故非有痞、满、燥，实之病征，是不可苦寒攻下的。温病承气汤证的形成，则由上焦表邪未解，里热炽盛，导致两热相搏，燥热互结，伤津耗液所致。它的传变特点，则是新感引动伏邪，由内达外，致成热与燥结，损伤津液的中焦阳明腑证，故用承气汤苦寒泄热，急下存阴。伤寒与温病承气汤的阳明腑实证，虽然同为表邪传入阳阴的疾病，但伤寒以燥矢为主要矛盾，温病则以里热为病机的症结，所以有"伤寒在下其结滞，温病在下其郁热"之说。由于他们造成阻明腑证的病因不同，所以其主证、主脉和治法，也互有同异。为了说明问题，兹列表如下以示意。

二、承气汤证的变证治法

《伤寒论》阳明腑实证，由于素体阴虚，或误汗而津液枯竭，燥矢内结者，虽有大便不通，大便鞕，而无胸腹满痛之苦，即有也很轻微。在这种情况下，绝不可用苦寒攻下之承气汤，再伤阴液，引起他变。仲景用润肠通便之麻仁丸、蜜煎导和土瓜根猪苦胆导法，即可达到既不伤阴又可通便之目的（见《伤寒论》247、233 条)。《温病条辨》则不然，温病邪入中焦，燥热内结之后，由于邪热弥漫三焦，而致痰热壅滞，肺气不降，热蕴小肠，下迫膀胱，邪扰心胞，内窍不通，或素体阴虚，或下后下证复现者，均不遽与承气汤。必须辨证求因，审因论治，在承气汤通腑泄热原则基础上，随着病情的变化，辨证施治。如：痰热壅肺者，宣白承气汤以宣肺降逆，通腑泄热；热结小肠者，导赤承气汤以苦寒燥湿，泄热救阴；热扰心胞者，牛黄承气汤以清心开窍，清泄里热；津竭便闭者，增液承气汤以增水行舟，通腑泄热；若下后数日，下证复现，邪少虚多者，止可与增液汤滋阴涤邪，切不可再与承气，伤正劫液，以犯数下之禁也。总之吴氏对阳明温病的辨治，“要看其邪正虚实，以定清热养阴之进退，大抵养阴不厌频烦，攻下切须慎重”。这是临床辨证阳明温病应当重视的问题。

《伤寒论》与《温病条辨》承气汤证的辨证论治异同表

辨证分类 项目	主证						主脉		治法	
	全身证状		腹部证状		二便情况		共同证	不同证	共同证	不同证
	共同证	不同证	共同证	不同证	共同证	不同证				
伤寒论	潮热（或微热），喘息不得解，汗多谵语，独话如见鬼状	心中懊侬而烦（或微烦）烦不解，目中不了了，睛不和	腹胀满或腹大满	腹满不减，减不足言	大便闭或下利	不大便能矢气小便数或不利	滑疾	滑数迟而涩，或实大	苦寒攻下	去其燥矢，中病即止，若一服利，则止后服（212 条）
温病条辨	但恶热，日晡益甚，呼吸粗汗多，谵语神昏	两目俱赤，语声重浊，肢厥（胸满灼热），甚则通体皆厥	胸腹紧满	腹满拒接	大便不通，或纯利，稀水无粪	大便下利，或下后大便不通，成下后下证复见，小便赤痛，或小便涩	或滑疾	沉数有力，或沉伏有力，或反而实小	苦寒攻下	泄其里热，下利仍可攻之，有下至数十次而后愈者（16 条）

三、承气汤证的坏证治法

《伤寒论》阳明腑实证，误吐、误下之后，大便不通，燥矢不去，徒伤津液，则燥结愈甚，再经延误失治，导致阴液枯竭，阳热独亢，出现发则不识人，循衣摸床，惕而不安，微喘直视等危证(《伤寒论》217 条)。在这种情况下，仲景从脉象的变化，来判断疾病的预后，“脉弦者生，涩者死”，就是以脉象测预后的典型。“脉弦者生”，说明正气尚存（亦说胃气尚存)，犹有生机。仲景之意，急用大承气汤去其燥矢，救护阴液，故有“若一服利，则止后服”的训诫。“脉涩”是阴液枯竭，正微邪实之象，正虚不可更下，邪实又不可不下，施治又无善策，所以危殆难治。赵嗣真说：“若脉弦为阴未绝，犹可下之以复其阴。脉涩为阴绝，不必药矣。”《温病条辨》中焦篇黄龙汤证，也是热性病阳明腑实证，应下失下，延误时日，津为燥热所伤，而致腑实未去，正气已虚，不能适药的危候。本病除有身热、腹满、便秘者外，同时见有口干、舌焦、唇裂、苔燥、倦怠少气、脉象沉弱或沉涩、气阴两虚、邪气复实等证，对此吴氏在无可奈何中，采用邪正合治法之新加黄龙汤以救治。方中以人参扶正，大黄逐邪，冬地增液，若大便得通，则邪退正存，转危为安。《伤寒论》（217条）之“脉涩者死”的坏证，笔者认为采用吴氏新加黄龙汤，扶正救阴，通腑泄热，效法救治，亦可获挽救绝症之效。

四、承气汤的禁忌证

热性病邪热内传阳明，形成阳明腑实证，必须具备一定的临床指征，方可使用苦寒攻下之承气汤，攻其燥矢，泄其里热，以达到邪祛正安，疾病向愈之目的。《伤寒论》承气汤的禁忌证，有邪未入里，太阳、少阳证未罢，腑证未实，胃中虚冷，正气虚弱，津液内竭等，均不可用苦寒攻下之承气汤。若误投之，则戕耗正气，劫夺阴液，引邪深入，危象丛生。《温病条辨》则不尽然，吴氏根据温热病邪入中焦，燥热内结，最易伤津耗液的病理特点，运用仲景《伤寒论》的辨证论治规律，细致地活泼地辨证求因，审因论治，把握承气汤苦寒攻下之作用，治疗温病邪入中焦之阳明腑证，达到泄热救阴之目的。并且根据温病“邪热内结”的特点，对疾病发展过程中，因热扰心胞，痰热壅肺，热结小肠，邪盛伤津等，上焦或下焦同病者，紧紧抓住“清泄里热，急下存阴”这一重要环节，以承气汤通腑泄热为基本法则，随着病情的变化，分别配以宣肺降逆、清心开窍、清热燥湿、增水行舟之品，如宣白、牛黄、导赤、承气和增液汤等。即使素来阴虚之人，不可用承气汤，服增液汤便仍不通者，还可用承气汤微和之(《温病条辨》中焦篇 11 条)。甚至正虚液竭之危证，吴氏在大队扶正救液药物中，仍用硝黄以通腑（温病条辨 17 条)。综观《温病条辨》承气汤类证，只要有里有热结，内有燥矢的指征，均可辨证应用承气汤，清泄里热以救阴。如病在上焦无里证，或攻里之后邪还于表者，方属承气汤禁忌之例。

五、承气汤症舌诊的主要意义

《伤寒论》阳明病承气汤证，原文计约 30 余条，辞简意深，辨证精当，为后世对热性病的辨治奠定了基础，是治疗阳明里实证的规范，但在舌苔诊断上，确有其不足之处。全书原文 367 条，仅有白苔、黄苔、舌燥、舌黄等少数记载。历代医家在《内经》和《伤寒论》的基础上，经过长期观察研究，充实和发展了舌诊范围。元代杜清碧撰著的《敖氏伤寒全镜录》，即为我国最早的一部舌诊专著。有清以来，对舌苔诊断的研究，有了更大的发展，如张廷先的《伤寒舌鉴》，梁特岩的《伤寒辨舌》和徐灵眙的《舌辨》等。同时代的叶天士《温热论》，章虚谷的《医门棒喝》和吴坤安的《伤寒指掌》等著作，对舌诊也有较大篇幅的论述。其中值得称道的是叶天士的“辨舌验齿”舌诊法，在温热病的诊断和治疗方面，有极其重大的实用意义。

吴鞠通氏总结前人的舌诊经验，把舌诊——辨舌验齿，作为辨治温热病的重要手段之一。在《温病条辨》中焦篇承气汤证的条文中，则更突出地说明舌和苔的变化，在辨证与运用承气汤的实际价值。如大承气汤症“舌苔老黄，甚则黑有芒刺”，小承气汤证的“舌苔老黄而干”，调胃承气汤证的“舌苔黄腻”等。三承气汤证的共同特点，是苔黄而干，苔黄乃燥热之盛，舌干为津液已伤。再根据燥结之轻重，津伤之程度，分别投服三承气。在苔黄的情况下，出现金黄色苔垢，则说明内有燥热，痰热结胸，应以小承气合小陷胸汤，通腑泄热，燥湿逐痰；如舌苔干黑，或金黄色者，即证明燥热不盛，胃阴耗伤，用护胃承气汤，清泄里热，护胃滋阴；若阳阴温病，舌黄燥，肉色绛者，为邪过气分，进入营血之征象。总之舌和苔的变化，在温热病进程中，有极其重大的诊断意义，它不仅可以测知温热病的邪之部位，病之轻重，燥结之程度和津液之存亡，而且在内科杂病中，对辨别疾病之所在脏腑和所属之表里寒热虚实，也有极为重要的实际价值。

吴鞠通对承气汤及其类方的应用和发展

原金隆

承气汤出自张仲景所撰《伤寒论》。其中大承气汤、小承气汤、调胃承气汤三方，专为治疗阳明腑实燥结而设，桃核承气汤则用于太阳腑证膀胱蓄血。

吴鞠通《温病条辨·中焦篇》所载阳明温病，在治疗上亦同样应用仲景之大、小、调胃承气三方。可见温病运用下法与伤寒运用下法颇有共同之处，均为针对阳明燥结成实之证。但吴氏使用承气汤，主在通下泄热，热泄则阴存；张氏使用承气汤，在于攻下燥屎，屎下则痞消。用伤寒方治温病，法药虽同而机理实异，此确为吴塘对承气汤在应用范围上的扩大和引伸。这不但从治疗角度，使温病与伤寒在理论上作了有机联系，而且在此基础上，吴氏还根据温病的病理特点和演变规律，在护阴保津学术思想的指导下，创制了七个承气汤类方，从而大大丰富了下法在阳阴温病这个特定条件下的具体运用。

一、对《伤寒论》承气汤的应用和发展

（一）提出大承气汤治阳明温病三厥证

《温病条辨》中焦篇，原文（六）指出：“阳明温病，面目俱赤，肢厥，甚则通体皆厥，不瘛疭，但神昏，不大便七、八日以外，小便赤，脉沉伏，或并脉亦厥，胸腹满坚，甚则柜按，喜凉饮者，大承气汤主之。”吴氏在此条首先提出阳明温病三厥证，即肢厥、通体皆厥、脉厥。其主要症结在于温热之邪郁阻中焦，阳明实热至极，气机壅闭而致热极生厥，热深厥深，在治疗中应用大承气汤，泻热泻实以治热厥，从而对大承气汤提出新的适应指征。

（二）提出调胃承气汤治阳明温病热结旁流证

《伤寒论》321条：“少阴病，自利清水，色纯青，心下必痛，口干燥者，急下之，宜大承气汤。”此条只言自利清水、色纯青而未确立“热结旁流”之证名。吴氏继伤寒之后，在《温病条辨》中焦篇原文（七）指出：“阳明温病，纯利稀水无粪者，谓之热结旁流，调胃承气汤主之。”明确了热结旁流一证，即纯利稀水而无粪便，所下之物，臭秽异常，还当兼有排便时肛门灼热感。此症自利愈甚则津液愈伤，津液愈伤则燥结愈甚，故在治疗上根据阳明温病的特点，应用调胃承气汤，咸寒缓下，取芒硝、大黄入阴软坚润燥而解热结，佐甘草以缓急和中，使邪热得清，燥粪得下。

（三）指出小承气汤证之脉象与舌象

《温病条辨》中焦篇原文（三）：“阳明温病，诸症悉有而微，脉不浮者，小承气汤微和之。”原文（四）：“阳明温病，汗出谵语，舌苔老黄而干者，宜小承气汤。”吴塘在该二条中，分别强调了小承气汤证之脉象和舌象。脉象不浮当是沉数，此乃温热之邪，结于阳明，腑气不通；舌苔老黄而干为邪热入里，津液干燥之症，突出脉之沉数与舌之黄干，更进一步

阐明了温病热邪伤津之外候。

以上三承气汤在温病中的应用和发展，说明吴鞠通虽采用《伤寒论》中的方剂、药物和治法，但在具体应用上却结合了温病之发病快、传变速、易伤津耗液的特点而分别采取急下存阴、软坚润燥及微和胃气以保阴液之治法。

二、对承气汤类方的应用和发展

纵观《温病条辨》承气汤的类方，均以调胃承气汤为基本方化裁衍生，其中有新加黄龙汤、护胃承气汤、宣白承气汤、牛黄承气汤、导赤承气汤、增液承气汤、加减桃仁承气汤等七方。

（一）根据中焦温病的病理特征

《温病条辨》中承气汤类方，基本应用于中焦温病。中焦篇条文，凡冠有“阳明”者，均有阳明温病。阳明当包括手阳明大肠与足阳明胃，阳明温病当指胃与大肠之病变，故中焦温病的病理特征为温热之邪烁津耗液，导致胃肠燥结成实。故承气汤类方大多应用硝、黄之泻热，地、冬之生津。

（二）根据阳明温病，下之不通所现变证

阳明温病，往往在下后或误治、失治后，会出现症候错综复杂，病情变化多端的局面。如中焦篇原文（十七）指出：“阳明温病，下之不通，其证有五。”中焦温病，既可带有上焦温病的某些临床表现，也可兼有下焦温病的部分症候。在这种情况下，承气汤的使用就不能一成不变，墨守陈规。已有的承气汤已不能适应温病在发展过程中的实际病情需要，因而创立了多种承气汤之类方。如应下失下，形成邪盛正虚危证而创制新加黄龙汤，谓“邪正合治”；肺气壅滞，喘促痰盛，肺与大肠同病而创制宣白承气汤，谓“脏腑合治”；小肠、大肠合病，尿赤、便秘、烦热口渴而创制导赤承气汤，谓“二肠同治”；邪热内闭心包，神昏舌短，口渴引饮不止，因而创制牛黄承气汤，谓“两少阴合治”；因阳明气热烁津，津液枯耗，大便闭结，而创制增液承气汤，谓“气血合治”。

（三）承气汤类方的药物组成特点

承气汤类方基本上均在调胃承气汤之基础上进行药物增删变通，药物组成中不用大、小承气汤中之厚朴、枳实。其因有二：一则承气汤类方，一般均应用于阳明温病下后变证，故不再施枳实、厚朴破气导滞，以免戕耗正气；二则阳明温病，下后津液已伤，故去朴、实之燥烈，恐再劫夺中焦之阴液。

在承气汤类方中，大多增生地、麦冬，意在养阴生津。所谓“保护一分津液，留得一分生机”。

（四）归纳吴瑭创制的七种承气汤类方

1. 新加黄龙汤　明·陶华《伤寒六书》根据张仲景《伤寒论》大承气汤而创制了黄龙汤。吴塘又在黄龙汤之基础上，根据邪实正虚这一病情，不攻则不能去其实，不补则无以救其虚，故采取攻补兼施。方中去枳、朴之苦温，防燥津之弊，增生地、麦冬、元参、海参之滋阴生津，意在急救将竭之阴，防其正气被邪热所灼而不能运药。着重人参补虚扶正，硝、黄攻其腑实，促使邪退正复。

2. 护胃承气汤　此方是针对温病下后，阴液损伤，余热未尽，复聚阳明而采用的一种轻下治法。临证可见发热不退，或退而不尽，口燥咽干，舌苔干黑，脉象沉而有力。该方大黄通腑，生地、元参、麦冬养阴，丹皮、知母泄热，共奏下泄余邪，保护胃阴之效。

3. 宣白承气汤　此方适用于温病腑气不通，肺气不降，痰热壅滞，见喘促不宁，脉右寸实大，舌苔黄燥之证。以生大黄通腑导下，生石膏清肺，杏仁、瓜蒌皮降气化痰平喘，实为宣上通下，肺与大肠合治之法。

4. 导赤承气汤　此方主治温病心热移于小肠，下迫膀胱，阳明实热，结滞不去，症见尿赤而有刺痛，时觉烦热口渴，不大便，脉左尺牢坚，故用硝、黄通大肠，连、柏泄小肠，赤芍、生地养阴清热，所谓泄小肠、通大肠之二肠同治。

5. 牛黄承气汤　此方用于温病热扰心包，内窍不通，见神志昏糊，舌短，饮不解渴。为阳明邪热既灼心经，又耗肾阴，病情危重，有闭厥之虑，故以安宫牛黄开手少阴心经之闭，调生大黄末急泻阳明腑实，以救足少阴肾阴之将竭，所谓少阴心肾合治之法。

6. 增液承气汤　此方适用于阳明温病，气热烁津，阴液枯耗致大便闭结不通。以增液汤养阴，硝黄荡结，即所谓津液不足，无水舟停，故增水以行舟矣。

7. 桃仁承气汤　此方为吴又可《温疫论》所创。是在《伤寒论》桃核承气汤方中去桂枝、甘草，加当归、芍药、丹皮而成，既有活血化瘀之能，又有逐邪泄热之功。吴塘在《温病条辨》载用此方，药味相同，仅在用量上稍有变动。宜于下焦温病，邪热深伏阴分与血瘀相结，膀胱蓄血，症见少腹胀满，按之坚硬有抵抗感，夜间发热，昼日退凉。该方功在活血化瘀，逐邪泄热。

8. 加减桃仁承气汤　此方在桃仁承气汤基础上加减而成，即去芒硝、当归、芍药，加生地、泽兰、人中白。适应于妇人温病，热入血室，瘀结在里，已成蓄血，症见身热不退，舌痿，心中烦热，饮冷，神志忽清忽乱。功在驱逐血分之瘀热。

三、小结

《温病条辨》所载承气汤及其类方共有十一张。其中大、小调胃承气汤三方为张仲景《伤寒论》所创；桃仁承气汤一方为吴又可所创；其它七个承气汤为吴塘所发展创新。

吴鞠通对承气汤及其类方的应用，除桃仁承气汤、加减桃仁承气汤在下焦篇论述外，其它均集中在中焦篇。中焦温病在向纵深发展的过程中，其病机往往有这样的规律，即热愈甚→津愈灼→结愈实→热愈甚。阻断和中止三者中的任何一方，均能控制或缓解病情。因此，吴氏就抓住这三个中心环节，应用荡涤胃肠燥实之法以泻热，热泻则津液恢复，所谓“急下存阴”。

温病之演变规律，一般由上焦肺卫开始，逐渐向中焦胃肠方面转化，也就是从呼吸道的温病波及到消化道温病。温病若已传至中焦，治疗上是否得法适度，显然是十分关键之所在。失治、误治均可导致病邪深陷下焦，损及真阴，或出现三焦俱急之证。故吴塘对中焦温病甚为重视，从实际病情出发，创制了七个承气汤类方，突出泻热和存阴二个方面，有其重要的临床实用价值。

吴氏对承气汤之发展，充分说明了阴津在温病中的重要地位。津液是内在抗病能力的表现，温病之病情轻重，恢复快慢及预后判断在很大程度上取决于津液的盛衰。这也体现吴氏护阴保津学术思想在治疗中的具体实施。

吴鞠通对承气汤及其类方的应用和发展，是他长期医疗实践经验的积累，同时为后世治疗急性热病、急性传染病和急腹症使用下法退热、下法止利、下法治厥、下法保津、下法存阴，奠定了理论依据。

三甲复脉汤在妇科临床运用述略

谈 勇

三甲复脉汤系吴鞠通所制。他在《温病条辨》中指出，该方主要用于“下焦温病，热深厥甚，脉细促，心中憺憺大动，甚者心中痛者”。（见《温病条辨》下焦篇第十四条）全方由生白芍、阿胶、龟板、鳖甲、牡蛎、麦冬、地黄、炙甘草、麻仁组成。其以三甲滋阴潜阳，复脉汤填阴塞隙，滋补肝肾之阴，所以历来被运用治疗温热病，邪热深入，劫伤肝肾阴分之证。但吴氏拟此方又取其大补肝肾之阴，是以血肉有情之品，大补奇经，故治疗妇科阴分大伤之疾有良效。在妇科临床，集夏桂成老师运用中医阴阳学说调整月经周期的方法，使用该方，收到一定效果。兹举几例，以概一般，错误之处，敬望批评指正。

一、临床举例

（一）闭经热涸案

郭××，女，28岁，已婚，经闭3～4年。初经13岁，$\frac{6}{1\sim6\text{月}}$，量中色红。既经于八年前患“功能性子宫出血”，经用黄体酮及三合激素治疗血止，其后月经前后无定期，量少，常不用纸垫。近3～4年完全闭止。汗多时热，烦躁升火，漱口齿龈常渗血，嗜饮凉物，大便干结。妇科检查：外阴已婚产式，阴道畅通，少许白色分泌物，轻度充血，宫颈轻度炎症，宫体后位，大小正常，活动尚好。脑部蝶鞍摄片报告：无确病变检得。尿查17羟12.9mg，17酮9.9mg。刻诊舌质偏红，苔薄白，脉细小数。证属：阴血亏虚，胃中燥热，热灼阴伤，血海干枯。拟滋阴清热，养血通经。先用一贯煎合玉烛散，进服5剂，月经来潮，量仍不多。继以三甲复脉汤合之为治，药用炙龟板、炙鳖甲、生地、生白芍、麦冬、阿胶、川断、寄生、鹿角片、补骨脂、淮牛膝、茺蔚子。药进约28剂，第二次月经愈九日至，量中等，经色红，4天净，基础体温量双相。仍原方再服，第三次月经准期而至。后继调以资巩固。

（二）崩漏、郁热伤阴案

章××，女，28岁。经行7天，量多如崩来诊。平素性情急躁，婚后3年未孕，性情抑郁，而致月事或前或后，经量或多或少，经色紫红，质稠有块，经前常头痛，胸闷烦躁。曾迭进逍遥散加减治之数月，未得改善。此次经来量多如崩，经色深红，舌红少苔，脉弦滑常数。先拟清肝凉血固经之剂，服后出血得减，然未止。二诊时加用三甲复脉汤意，药用生地10g，白芍10g，煅牡蛎30g先煎，旱莲草10g，地榆10g，丹皮炭10g，黑山栀10g，黄芩炭10g，阿胶10g烊，3剂后血止。此后遂以滋阴柔肝调整月经周期而愈。

（三）不孕证阴分不足案

段××，女，37岁。继发不孕7年，月经后期，周期2～3月行经一次，量多少不一，多数偏少，经色红，有小血块，偶感小腹痛，经前胸闷乳胀，头昏心烦，夜寐不熟，腰部酸痛，舌红，脉细小，测基础体温多呈单相，有时出现双相，但变相偏短，曾以补阳为主方药治疗效果欠佳。现转用补阴为主调治，药拟用三甲复脉合二至丸方意。处方：龟板15g，鳖甲15g，生地10g，白芍10g，麦冬10g，女贞子10g，墨旱莲10g，淮山药10g，茯苓10g，锁阳10g，仙灵脾10g，服药2周观察，见基础体温呈双相，高相波动稳定。连续在此方基础上治疗4～5月，疗效满意，停药3月妊娠。分娩后因低热，子宫收缩乏力，仍予养阴为主，兼以补气调治收效。

（四）经前期紧张综合证——经行头痛案

李×，女，40岁。始病月经先期，量多历半载，经治经水尚调，但形体消瘦，经临来潮一侧头痛，目胀干涩，耳鸣头晕，口干喜饮，彻夜不眠，胸闷乳胀，舌红少苔，脉细弦。证属肝肾不足，虚火上炎，夹有气郁。治拟补益肝肾，少佐疏泄。处方：炙龟板先煎15g，左牝牡蛎先煎15g，白芍10g，阿胶10g，杞子10g，灵磁石15g，夜交藤10g，荆芥10g，丹皮10g，茯苓10g，经前5天服用。平时嘱服杞菊地黄丸、逍遥散。调治3月余疾瘥。

（五）更年期综合症——阴虚阳旺失眠案

郭××，女，48岁。一年前月经紊乱，经量或多或少，继而断绝。自此即入夜难寐，伴有面部潮红，激动易汗，头晕耳鸣，手足心烦热，腰酸，舌红苔少，脉细数，证属肾阴亏虚，心肝阳亢。治拟滋阴清热，潜阳安神。药用生地、白芍、龟板、龙齿、珍珠母、麦冬、女贞子、墨旱莲、石决明、炙甘草。服5剂药后，即觉能自然入睡，此后又反复以该方加减随治。

二、讨论和体会

1. 肝肾阴虚是妇科疾患的基本要素　女子历来“以血为主，以肝为先天”（何伯斋）。肝藏血，主血海，血赖精化生；肾藏精，主生殖，精需血滋润。精涵养血中，随经脉直达胞宫，成为月经，故有经水出诸于肝肾之说。

冲为血海，经主胞胎。叶天士说：“经水必诸路之血贮于血海而下，其不致崩决淋漓者，任脉为之担任，带脉为之约束，刚维跷脉为之拥护，督脉以总督其统摄”（《临证指南医案》崩漏案）。然而“八脉丽于肝肾”，吴鞠通喻为“如树木之本也。”

因此，一旦肝肾之间阴阳失调，精血亏耗，月经亦将紊乱，妊育失却常态。如“因久患潮热烁血”（《古今医案》朱丹溪），或“有因胃火消烁”，以致肝肾阴伤，血海干枯，发为闭经。（如例一）若“怀抱甚郁”（《傅青主女科》），郁久化火，致“肝肾之相火挟心火之势，从而相煽，所以月水错经妄行，无时而泛溢”（《女科经论》），成为崩漏（如例二）。若肝肾阴血不足，血海亏虚，无以“化水种子”，又可致不孕(《傅青主女科》）（如例三）。若肝肾阴虚，适逢经潮，血海空虚，虚风不静，上扰清空，发为经行头痛；虚火上炎，神魂不安，发为失眠，这些均与肝肾阴虚密切相关。在临床远不止这几个病种，足见肝肾阴虚是妇科诸病产生之由。

2. 肝肾阴虚是本方的病理基础　吴氏将本方置于《温病条辨》下焦病篇，寓意久病后期，邪入下焦肝肾，已劫烁肝肾之阴。从本方形成来看，亦非孤立，而是建立在复脉汤系统中。其总特点，正如吴氏在下焦篇第八条所云：“热邪深入，或在少阴，或在厥阴，均宜复脉。”其立足点就是“少阴藏精，厥阴必待少阴精足而后能生，二经均主以复脉，乙癸同源也”。从它的演变来看，从加减复脉汤经一甲、二甲，到三甲复脉汤，病情逐步深入，阴损日重，已近阴涸，阴维脉失去滋养之功，所以在二甲基础上又增入“镇肾气补经脉，通阴维之龟板，合入肝搜邪之二甲，相济成功”。可见，肝肾阴虚是本方立足之基础。

3. 本方滋补肝肾在调整月经周期中的作用　一个周期，分为经后、经间、经前、行经四期。其总的活动规律是一个阴阳消长的过程。经后期，主要以阴长为主，以奠定物质基础，治疗则应滋养阴血为主。临床常见崩漏、闭经、月经落后等证。其经后期大大延长，甚至始终停留在一个阶段，不能向排卵方面转化，多责之阴分水平不足。调治则贵在滋补肝肾，促进精血化生，恢复和不断提高阴分水平，轻则多以一贯煎、归芍地黄汤。然如所举之例类，病久疾痼，肝肾阴损较重，又夹有虚火、虚风、郁热等，故一般养阴平补之剂每难奏效。试用三甲复脉汤为主加减，如例一经量极少，用本方后，阴分恢复，基础体温出现双相，有了排卵现象，经量亦增。例二崩漏，经期延长，阴分日损，清肝凉血未全止血，以本方收功。临床上肾阴虚损，水不涵木，而肝阴不足，虚阳偏亢，肝藏血失职之崩漏，用龟板、鳖甲为主的滋阴方药，确可控制月经，防止超前。

也有例外，如例三是平时期（即经间期），本当补足阳分，但反映出阴虚之证，补阳效果不佳，转用补阴后，基础体温双相，高相稳定，得以怀孕。这些均证实本方滋补肝肾之功为调整月经周期奠定了物质基础。

4. 本方滋补肝肾药物成分简检　本方 9 味药大多归肝、肾经，其中龟板、鳖甲含大量的动物胶、角蛋白、脂肪、维生素 D_1、A；阿胶含胶元及部分水解产物，基本是蛋白质及几种氨基酸；地黄、白芍、麦冬亦含氨基酸蛋白质、黏液质及脂肪。《内经》云："精不足者，补之以味。"味者，阴也。滋补肝肾以血肉有情之品最为直接。上述之品所含大量动物蛋白质、氨基酸等，类同血肉有情之品，所以前人早誉它们为"补肾家之要药，益阴血之上品"（《本草经疏》）。

需指出的是，运用此类要顾护脾胃，俟脾胃健运，方可奏效。另外，龟板、鳖甲均属紧缺药材，使临床运用受到限制。

综上所述，由于肝肾与胞宫、冲任关系密切，故其损伤可致月经、妊育诸疾。三甲复脉汤立足于邪入下焦，肝肾阴虚之基点，较一般平和补阴之剂滋补力强，又可潜摄亢阳，对于调整月经周期，恢复阴分水平，并提高和巩固，使之具有一定的物质基础，故而本方对妇科诸病有一定功效。

吴氏银翘散在温热病初期的应用

谢兆丰

银翘散为清代・吴鞠通所创制，方载《温病条辨》上焦篇，由银花、连翘、竹叶、豆豉、牛蒡、桔梗、薄荷、荆芥、甘草、芦根等药所组成。《温病条辨》称本方为"辛凉平剂"。此方结构严谨，用药精当，具有疏散表邪、清热解毒等作用，治疗温病初起，邪在卫分的风热表证。方中银花、连翘清热解毒，轻清宣透，为主药；荆芥穗、薄荷、豆豉辛散表邪，少透热外出，为辅药。其中荆芥虽属辛温之品，但与辛凉解表药配伍运用，则温而不燥，且有增强解表之功。桔梗、甘草、牛蒡子合用，宣肺解表，祛风痰，利咽喉；竹叶、芦根甘凉轻清，清热生津以止渴，均为佐药；甘草调和诸药以为使。诸药合用，共济疏散表邪、清热生津、解毒利咽之功，实是温病初起首选之方。

本方应用范围较广，凡属温热病范围的各种疾患初期，皆可应用。此方之妙，能预护其虚，纯然清肃上焦，不犯中下，无开门揖盗之弊，有轻以去实之能，用之得法，自能奏效。笔者曾以此方施治多种疾病，颇获效验。兹介绍如下，以供参考，谬误之处请指正。

1. 肺炎　本病属祖国医学"风温"范畴。叶天士云："温邪上受，首先犯肺。"风温之邪，内伤肺卫，卫气闭郁，肺失宣肃。病之初起，身热畏风，咳嗽气急，咽红口渴，微汗出，舌边尖红苔薄黄，脉浮数，甚则高热不迟，咳嗽频频，气急鼻扇，喉中痰鸣，口渴面红，苔黄质红，脉滑数。治用辛凉清解的银翘散，宣肺达邪，使汗出表解。如咳甚加杏仁、贝母；渴甚加花粉；热盛咳喘重者，可与麻杏石甘汤，清宣肺热。

2. 流行性感冒　中医属"时行感冒"。系疫疠之邪夹时气入侵所致。本病特点是发病急，病情重，传染快，极易化热化燥。病初虽有恶寒发热、鼻塞流涕、咳嗽等表寒证候，但过程短暂，迅即出现一派热象，如高热、头痛、全身酸楚、呛咳、目赤、咽痛，脉象浮数，舌红苔黄，有的还会鼻衄，出汗多而高热不降，小儿常易热极生风。治用银翘散开拓毛窍，疏达腠理，使病邪从汗而解，即《内经》所谓"体若燔炭，汗出而散"。若见表寒里热证，用解表清里的麻杏石甘汤加大青叶、银花等品；鼻衄者加茅根；咽痛甚者加土牛膝。

3. 流行性腮腺炎　属祖国医学中的"温毒"、"痄腮"、"虾蟆瘟"、"时毒"等范畴。即《温病条辨》所云"温毒、咽痛、喉肿、耳前耳后肿、腮肿……俗名虾蟆瘟者"。又《医宗金鉴·外科心法要诀》曰："时毒初发类伤寒，漫肿无头在项间，因感四时不正气，治分壮弱疏解痊。"本病由温热时毒入侵阳明而及少阳，邪毒阻滞经脉，郁结不散，毒留腮部，发而为病。症见耳下腮部一侧或两侧发酸肿胀，吞咽咀嚼不利，或见恶寒发热，腮部胀痛，舌红苔白或薄黄，脉浮或数。治拟疏风清解，用银翘散去豆豉，加僵蚕、夏枯草，以疏解风邪，外用如意金黄散涂敷局部。如毒重加大青叶、板蓝根；坚硬漫肿加夏枯草、昆布、海藻；如并发睾丸肿痛，重用橘核、延胡索，以疏泄厥阴，消肿止痛。

4. 急性扁桃腺炎　中医称"乳蛾"。系风邪热毒，由口鼻侵袭咽部，结于咽关，气血壅滞，遂成本病。《重楼玉钥》载："此症由肺经积热，受风邪凝结，感时而发，致生咽喉之旁，状如蚕蛾。"本病初期邪在肌表，多有恶寒发热、头痛身酸等表证。风邪热毒，搏结于咽关，而见蛾体红肿疼痛，吞咽不利。治当清热散风，利咽解毒。用银翘散去豆豉，加山豆根、锦灯笼解毒消肿。

5. 麻疹　俗称"痧子"。本病由于感受麻毒时邪，流行传染所致。《麻疹拾遗》说："麻疹之发，多为天行疠气传染。"邪毒侵入，伤于肺卫，故见一系列卫分证状，初起恶寒发热、鼻塞流涕、喷嚏、咳嗽等。若热毒内侵，则见唇腮、眼睑红赤，目泪汪汪，倦怠思睡，小便黄，苔白，脉数。治疗用银翘散去豆豉，加蝉衣、升麻、葛根轻清宣透。若疹出不透，可加芫荽疏散发表，宣肺透疹。

6. 流行性出血热　本病归于温热病中"温疫"、"温毒"等范畴。由于人体正气不足，自卫不慎，感受温疫病毒之邪而发病。病之初期，热毒在表，出现寒轻热重、头痛，目痛，腰及全身酸痛，面赤，颈胸潮红，貌似醉酒，肌肤斑疹透露，口干舌赤，小便黄浊，苔薄微黄少津，脉浮数或滑数。治拟辛凉清解，用银翘散去荆芥、豆豉，加丹皮、大青叶等。夹湿者加藿香、佩兰，恶心呕吐加黄连、竹茹，壮热烦渴加石膏、知母、茅根等品。本病起病急骤，且又复杂多变，往往卫分症状短暂，而气营血分症情交互并见，因而不可拘泥于"在卫汗之可也，到气才可清气"的戒律。

7. 流行性乙型脑炎　中医属"暑温"范畴。《温病条辨》说："夏至以后，立秋以前，天气炎热，人患暑温。"本病多由感染暑温病毒而致。温热时邪，外袭于表，卫气被郁，起病即见发热、头痛、项强，或呕吐嗜睡，口微渴、溲赤、舌边尖红、苔微黄、脉浮数等。治按《伤暑全书》"温病首用辛凉"。急以辛凉透邪的银翘散，去荆芥、豆豉，加大青叶、菊花、生石膏，取银翘白虎之意。石膏为肺胃二经清热生津之要药，且有透达之功，不可株守

"无汗不用"之戒。若咳嗽加杏仁，呕吐加藿香、竹茹等。本病特征发病急，变化快，大多数病例，邪热初起即出现阳明气分热证，但临床出现卫分表证的亦不少，必须辨证明确，根据卫气营血不同的证候，进行治疗。

以上为对银翘散治疗温热病初期的肤浅认识，及其适应范围。《温病条辨》立银翘散治疗温热病，是吴氏的独特观点。他认为治"上焦如羽"，治"中焦如衡"，治"下焦如权"。上焦乃肺卫之病，非轻不举，用轻清宣透之剂，使邪外泄。如原文第四条曰："太阴风温，温热温疫，冬温，……。但恶热不恶寒而渴者，辛凉平剂银翘散主之。"

本方为辛凉解表的常用方剂，可广泛适用于温病初起，外感风热表证，及咽喉等疾。但本文所举的病证，尚有未尽之处，如支气管炎、痈疡初期，以及某些急性传染病等均未论述，但已充分体现到该方之运用广泛，和祖国医学"异病同治"的辨证特点。从病象观察，所治之病各有差异，究其本质，均属温热病范畴，发病初期，具有共同症状，如发热、头痛、咳嗽、鼻塞流涕，或口干、咽痛等证。这些症状按中医八纲分析，都是属于外感温邪侵犯肺部，邪在卫分的表实热证，这些病候恰是银翘散适应证，用它治疗，可以抑制病邪、防止病情的发展。

我对椒梅汤的临床运用

汪再舫

椒梅汤见于《温病条辨》下焦篇。吴氏谓："暑邪深入厥阴，舌灰，消渴，心下板实，呕恶吐蛔，寒热，下利血水，甚至声音不出，上下格拒者，椒梅汤主之。"由黄连、黄芩、白芍、川椒、乌梅、人参、枳实、半夏组成。方中乌梅、白芍味酸入肝，养阴生津，伏厥阴之主；合川椒温肾，则火有所归，肝有所养，是固其本；配黄连、黄芩苦寒解毒，泻心清相火，而先其所用；肝欲散，以半夏、干姜辛散之；用枳实味苦微寒，入脾胃破气消痞；加人参扶助正气。观其全方，酸甘复苦辛，共奏扶助正气，以驱热邪，疏通上下，斡旋枢机，以开格闭，实为治疗暑邪深入厥阴之良方。临床上，笔者间附己见，用于内科杂病，亦每获良效。今列举案例，以资参考。

一、关格（急性肾炎、尿毒症伴发应激性溃疡）

徐××，男，43岁。1978年8月诊治。患者起则少尿，继则尿闭，业已5天，伴呕恶频频，杳不思食。经用速尿和强的松治疗未效，反增呕血便血，收入住院，中药治疗。刻诊患者烦躁不安，面色污秽发黄，面目四肢浮肿，舌苔黄腻罩灰，舌质红，脉细弦滑，血压134/98mmHg。结合实验室检查，诊断为"急性肾炎、尿毒症伴发激性溃疡"。属中医"关格病"。良由肾虚土败，肝木鸱张，湿热浸渍三焦，灼伤阴阳脉络，气机斡旋无权，上下格拒不通所致。治拟抑肝木，清湿热，理气机，通格闭。方宗椒梅汤加减：乌梅10克，川椒5克，白芍12克，黄连5克，黄芩10克，枳壳、枳实各10克，生军6克，半夏10克，生地榆15克，泽泻15克，六一散（包）25克2剂。并嘱患者多服西瓜，以助养阴生津。同时给予生理盐水250毫升低位灌肠一次。治疗后症状改善，呕血、便血止，尿量增加（为3500毫升/日）。上方继服2剂，肿消苔化，尿检好转。后改用调补肝、脾、肾法，2月而愈。

按："关格者……既关且格，必小便不通，旦夕之间，徒增呕恶。因此浊邪壅塞三焦，正气不得升降，所以关应下而小便闭，格应上而呕吐。"临床所见，本病每因病久，病重而致脏腑亏损，湿浊毒邪弥漫三焦，使气机悖逆。湿虽为阴寒之邪，久则可酿痰生热，形成正虚邪实，寒热错杂之证。选用椒梅汤为其基本方。取其酸甘并用，以安中扶正，用其辛散苦泄，而祛湿热毒邪，与病机合拍，故获效良佳。

二、胁痛（胆囊炎）

刘××，男，65岁。1983年11月就诊。患者形寒发热，业已5天，右胁攻撑胀痛，烦躁呕恶，口干欲饮不多，大便数日未行。在外院诊断为胆囊炎，曾用庆大霉素治疗。刻下患者呻吟不安，舌苔灰，质偏红，脉细弦，右胁下及脐周疼痛拒按，体温37.5℃。综合脉证，患者年过花甲，阴津暗耗，邪侵肝胆，枢机不利，湿热之邪阻于中宫，上下格拒。治以椒梅汤加减：川椒3克，乌梅12克，柴胡12克，黄芩10克，黄连5克，半夏10克，枳壳、枳实各10克，赤芍10克，川朴10克，生军6克（后下），元明粉10克（冲服），槟榔12克，2剂。药后大便数次，色黑恶臭，灰苔渐退，胁腹胀痛减之七八。原方去元明粉、槟榔，加砂仁、蔻仁各5克，生甘草5克。5剂药尽，寒热得平，病告痊愈。

按：胆囊炎一病，其临床表现，属祖国医学胁痛范畴，类似少阳病，少阳阳明合病，大小柴胡汤、四逆散为常用之方。笔者用椒梅汤加减，取川椒辛窜，功善止痛；乌梅养阴生津，味酸敛阴，直挟肝脏刚悍慓烈之性，对病久或老年津亏者尤为适宜。且据现代药理报导，乌梅尚有显著的抗菌作用，又能使胆囊收缩增强，促进胆汁分泌。因此，在治疗胆囊炎中加乌梅一味，可收一举两得之功。

三、泄泻（结肠炎）

李××，女，29岁，1982年11月就诊。

患者泄泻3年，常发不已，每因情志不遂或劳累过度而剧，曾作钡浣肠诊断为"结肠炎"。刻诊腹痛肠鸣，便下稀溏夹有黏冻血染，便后痛减，乍寒乍热，面赤肢冷，左少腹扪之疼痛，伴口渴，但欲饮不多，舌质红苔薄灰腻，脉细弦。证属肝脾同病，土虚木乘，寒热错杂。方宗椒梅汤加减：川椒5克，乌梅10克，白芍10克，黄芩10克，黄连5克、炒白术12克，法半夏108克，砂仁5克，煨木香10克，炒苡仁20克，5剂。药后诸证减轻，原方出入30剂病已。随访半年未见复发。

按：泄泻病因多端，治法各殊，案属肝脾同病，寒热错杂之泻。方与病合，药与症投，故病易已。

四、吐蛔（胆道蛔虫症）

袁××，女，25岁。1981年10月就诊。

患者曾便下蛔虫，半月前吐蛔一条。近3天来，右上腹钻顶样疼痛时作时止，痛势难忍，痛止如常人，伴形寒发热，面赤肢冷口干苦，欲饮不多，心中烦热，泛恶呕吐，舌质偏红，苔薄黄，脉细弦。证属蛔虫内扰，寒热错杂，热重于寒。方宗椒梅汤加减：川椒10克，乌梅12克，赤芍12克，黄连5克，黄芩12克，川楝子12克，苦楝皮15克，槟榔15克，枳壳、枳实各10克，生军6克（后下），元明粉10克（冲服），2剂。药后便下数次，见有蛔虫排出。原方去生军、元明粉、苦楝根皮、槟榔，加半夏10克，生甘草5克3剂，诸证消失。

按：吐蛔、蛔厥一证，多用乌梅丸治疗。取其酸能安蛔，辛能伏蛔，苦能下蛔。临床所见有偏寒偏热之分。若见四肢厥逆、腹痛得热则减、舌苔淡白者，用乌梅丸。此患者心中烦热，肢冷而面赤，舌质偏红苔黄，用椒梅汤切合病机。同时在方中加生军、元明粉、槟榔等通腑泄热，疏利胆道，故获效显著。

结语：椒梅汤是吴氏宗仲景乌梅丸，酸甘复苦辛之方。先生匠心巧用，变乌梅丸辛多于苦酸以温脏安蛔，为苦辛并重、酸甘合法之剂，迎合暑邪易于伤阴之特点，为暑邪深入厥阴而立。两方相比，椒梅汤治疗厥阴病之偏热者，乌梅丸为治疗厥阴病之偏寒者。厥阴者、其本阴，其标阳，其体木，其用火，内寄相火，阴中有阳，其为病，每多寒热错杂，常影响中土而出现条文所列之症。因此临床上凡病变部位在肝（胆）脾（胃），病机特点为寒热错杂，且热重寒轻，而见有上述症状者，皆可运用本方加减治之，至于消渴一症，不必悉具。以上所述，不当之处，望同道斧正。

运用温病理论治疗变应性亚败血症

郁觉初

温病学是中医药学宝库中一颗熠灿的明珠，以其独创的辨证理论和翔实可信的治疗方法，有效地指导着临床实践。二十余年来，我在外感病领域里，凡遇疑难重危病证，每于温病学中寻法觅方，济急救危，用温病学理论辨证治疗变应性亚败血症56例获效，就是其中一例。

一、临床概况

1974～1986年共治56例。年龄分布除2例16岁外，余均为成年，最大者56岁。性别差异不大，男29例，女27例。病程长短不一，最短2个月，最长9年，平均15个月，但起病均急。临床表现均以发热为主症，多呈高热或过高热，热型不规则。皮疹常见，以充血性点状红疹居多。亦有形态不一的斑疹，皮疹部位不固定。关节痛明显，呈多发性，时间短者功能活动自如，久者有影响，乃至关节变形。体检多有浅表淋巴结肿大。少数患者肝脏肿大。实验室检查白细胞总数均高，可达4万/mm^3，中性球比例升高，最高98%，但酸性球不消。黏蛋白亦高，最高18.5mg%。血沉加快，最快者126mm/小时。蛋白电泳α2或γ升高。血及骨髓细菌培养阴性。抗“O”正常。罗氏试验阴性。治疗以西药激素为主者12例，缓解4例，复发5例，死亡3例。中西医结合治疗44例，痊愈36例。复发8例，无一例死亡。

二、识病归类应属温病

变应性亚败血症的全称为变态反应性亚政血症，简称亚败。是由变态反应引起的临床表现酷似败血症的综合征，西医诊断比较困难，除了具备临床“三大主症”和实验室检查“四大特点”外，还须排除败血症、风湿热、类风湿性关节炎等相似病变后，方可确立本病的诊断。中医识病亚败为何，尚无定论。有的着眼于关节痛，认为是“风湿”、“热痹”，有的注目于高热肢厥，定名为“寒厥”；有的则联系发病季节，说成是“暑温”。个人认为，本病之初均有咽喉疼痛、恶寒发热等外感症状，提示亚败的发生与外邪感染有关。结合急性起病、来势急骤、热象明显、以发热为主症、易于伤阴、病程中有卫气营血的变化等特点，病属温病应无疑义。但鉴于本病的发生多无明显的季节性，又易反复发作，病程之长非一般的四时温病可比，因而如要认定其为某种特定的温病，尚缺少充分的诊断依据。可见对于亚败的诊断，西医固然较难，中医亦非易事。迄今为止，中医辨病可以定其性——属于温病范畴一种特殊病证，而难于冠其名。

三、辨证认清　虚实之情

亚败临床表现不一，变化较快，观其全过程，一般有前驱期、发作期与缓解期三个阶段，每一个阶段大体上有一个突出的证候类型。前驱阶段乃病之初，常先感咽喉疼痛，全身不适，继则恶寒发热，无汗或少汗，罕有咳嗽，口干微渴，查体可见咽峡充血或乳蛾红肿，偶见少量隐性皮疹，体温中等升高，舌红苔罩薄白，脉浮数，此为表证，邪在卫分，有风寒、风热之分。发作阶段症见高热弛张或稽留，汗多，渴饮喜冷，面红目赤，烦躁不安，关节剧痛，部位不固定。查体体温多呈高热或过高热，皮疹明显，多为充血性，呈点状，间有出血性片状斑疹，布于颜面、颈胸或上肢，舌赤而干苔黄，脉洪数。此属邪热炽盛气分波及营分之证。缓解阶段已至病之后期。且多长期使用激素，症见午后低热，颧红，脸浮胖潮红呈满月状，有的痤疮累累，口干饮少，五心烦热，夜间盗汗，舌质红嫩每有瘀紫斑点，脉细微数，此为阴虚证，兼瘀滞血络。由上可知，亚败在不同阶段有不同的证型，这些证型如为连续过程，则有病位由表入里、证情由实致虚的演变。需要注意的是，前驱阶段邪在卫分，宜分辨风寒与风热为患；发作期又需注意邪热在气在营之多寡；缓解期则须审察阴虚的程度及有无夹瘀。与此同时，还需注意大多数患者由于率先使用激素治疗而对辨证的干扰，如表里同病、虚实夹杂等复杂变化。

四、治疗用药知常达变

对于亚败的中医治疗，在辨证论治的原则指导下，总体方案由两个部分组成：一是以亚败全过程中三个阶段常见证型为依据而确立的治法方药，称之为常法常方，内含解表法、清气凉营法、养阴治血法等三法。解表法用于初期邪犯卫表阶段，我喜用《温病条辨》新加香薷饮为主，风寒明显者加荆芥、防风，咽喉疼痛者加板蓝根、白僵蚕。此方为鞠通先生在《条辨》中亲手所订，系辛温复辛凉法，原治手太阴暑温表实无汗，用于亚败初期稍事加减，风寒风热咸宜。清气凉营法用于亚败发作期，此时热炽如火，燔灼气分，累及营分，故用白虎汤为主以清气泄热，顿挫炎威，加丹皮、生地、赤芍、大青叶等凉营之品以退斑疹，关节痛甚者加用当归拈痛丸通利缓急止痛。养阴活血法为亚败缓解期而设，因患者高热之后或久用激素极易伤阴耗液，迁延日久每有瘀阻络脉，故是法以增液汤为基础养阴增液，合知毋能滋阴清热，合红花、泽兰以活血和络。

二是变法变方。亚败证情多变，加之不少患者使用中药前就已经服用激素时间较长，这样，在出现副作用的同时，也增加了病情的复杂性，以致出现一些病情变异或顽固难愈的证候，且非上述常法所能控制。因而须用权变方法加以处理，谓之变法变方。我曾经使用且获效的有：虚实并清法，适用于已经出现激素副作用。病情又突然“反跳”者。这类患者既有阴虚血瘀见症，又有高热、皮疹、关节痛等实热见症，呈现阴虚热炽虚实互见的复杂局面。对此证候的治疗实践表明，专清实热热不退，单纯滋阴活血亦徒然，而两法合用，虚实兼顾每可取效。此法由白虎汤合青蒿鳖甲汤加银柴胡、红花、土鳖虫等组成，一清阳明气分之热，一以滋阴活血，搜剔留伏阴分之邪，共成养阴扶正，清热达邪之功。化阴祛风法，用于邪热已退，关节痛消，唯皮疹反复出现，出没不定，顽固不退，服凉营退疹药无效者。本法由乌梅、白芍、五味子、生甘草、柴胡、防风、升麻、葛根等8味药组成。前4味具甘酸化阳之力，后4味有祛风透达之功，合而用之对久病入络之皮疹每可收到消风返疹的效果。如从临床效应回顾分析其治疗机理，本法亦属化阴托邪外出的“托化”法范畴。益气固表法，适用于病后体质虚弱，卫气失固，易遭外邪侵袭者。这类患者虽无明显的临床症状，但易遭邪袭而引起复发。因而寻找巩固疗效、防止复发的有效方药，亦为根治本病的重要环节。本法系玉屏风散加太子参、白芍、甘草而成，具有益气和阴、固表御邪的作用。临床验证表明，在缓解期经常服用此方者，复发的例数与次数与不用此法者相比明显减少，不少患者可以收到数年未发的良好效果。

五、结语

1. 变应性亚败血症以往几乎所有文献认为是好发于2~10岁少年儿童的儿科疾患，近几年来成人患者的报导续见增多。我们的资料表明，成年人患此病者亦不在少数，只是人们对它尚缺乏认识，难以诊断罢了。

2. 亚败属于与免疫异常有关的疾病之一，缺乏根治性的治疗措施，西医运用属于免疫抑制剂的激素等药治疗，虽有迅速控制症状之长，但久用副作用甚多，且不易撤停，每呈“骑虎”之势，因而运用中医药治疗势在必行。

3. 从中医辨证的角度来看，亚败的病情演变，既有一定的规律性，表现在病程阶段的卫气营血经过，又有其特殊性，表现在虚实错杂，证型多变。

4. 对亚败的中医治疗，原则是以辨证为依据，随证立法，选方用药则有常有变，贵在理法方药一致，临床取效确实。

5. 运用温病学理论指导亚败的辨证治疗获得成功的经验表示，温病学的发展，内科急症是其重要的领域。可以断言，随着中医内科急症的广泛开展和深入研究，温病学的前景将会越来越美好。

醒神志之昏乱　挽狂澜于既倒

——吴鞠通救治温病神昏的学术经验探要

蔡定芳　马　健　指导：孟澍江

温病神昏是临床常见危重急症，它反映了“主不明则十二宫危”的凶险病情，予示着随时都有神散气绝的可能。能否及时有效地苏醒神志，固然与病变本身的轻重有关，但医者辨治水平的高低无疑是其重要因素。清代温病学家吴鞠通对温病神昏救治有丰富的临床经验和深刻的理论见解。长期的温病临床实践和读书学习，使他对此积累了相当的心得，通过分析归纳，将经验心得理论化，再以升华后的理论指导临床，提高了辨治温病神昏的疗效。所以，读其《条辨》，觉得他对温病神昏的论述，不仅说理透彻，而且叙症切实，方药合拍，字字从实践得来。观其《医案》，感到他对温病神昏的治疗，既能力挽狂澜，转危为安，更能辨析入微，理法森严，案案有理论贯穿。这种融理论和实践于一炉的学术经验，颇值认真继承和发扬。兹不揣浅陋，略探其娶。

一、清开上焦醒神　须察肺卫遗热

心为火脏，主营血而舍神明，温邪上受，最易内窜营血心包，两阳相灼，神失其明而昏乱。《温病条辨》指出："脉虚夜寐不安，烦渴舌赤，时有谵语，目常开不闭，或喜闭不开，暑入手厥阴也。手厥阴暑温，清营汤主之。""手厥阴暑温，身热不恶寒，清神不了了，时时谵语者，安宫牛黄丸主之，紫雪丹亦主之。"同为暑温谵语，一以清营转气，一以清心开窍。后人大多据此认为心营神昏有热闭心包和营热扰心之别。但是，如果进一步领会其有关这方面的学术经验，不难发现吴鞠通更多的情况是清营与开窍并举。如谓"太阴温病……神昏谵语者，清宫汤主之，牛黄丸、紫雪丹、局方至宝丹亦主之。""温毒神昏谵语者，先与安宫牛黄丸、紫雪丹之属，继以清宫汤。""湿温邪入心包，神昏谵语，清宫汤去莲心、麦冬，加银花、赤小豆皮，煎送至宝丹，或紫雪丹亦可。"清宫汤虽属清膻中之方，但其组方原则同清营汤，是咸寒甘苦之剂，功在清营转气。再看其临床处方，绝少单用清营或开窍，基本上都是开窍法与清营、清宫、玉女煎、化斑汤等同用。如何理解这个问题呢？我们认为，这主要是由于临床上营热扰心与热闭心包每每同时存在之故。从病机上看，营分神昏，除营热扰神外，一般都有不同程度的热直入心病机存在。这也许是心与营特殊相关造成的；而热入心包本身就是营分证的范围，其营分之热，是肯定存在的。从方药上看。清营之方则开窍之力不足，开窍之剂则清营之功单薄。因此，两法齐下是深合病机的。

吴鞠通治某男，风温误汗，邪归心包，谵语神昏，右脉空大，舌苔干燥，不渴，治以一面开心包之邪，一面育阴清热：生石膏 30 克，细生地 24 克，丹皮 12 克，炒知母 9 克，炙甘草 12 克，连心麦冬 18 克，京米一撮，煮 3 杯，分 3 次服。外紫雪丹 12 克与汤药分服。次诊脉反洪大有力，紫斑夹疹，续若汗出，处方：生石膏 60 克，知母 12 克，黄芩 9 克，炙草 9 克，犀角 6 克，丹皮 15 克，京米一撮，煮 3 杯，与紫雪丹分 3 次间服。三诊斑疹透发，脉大谵语已减，与护防善后，遂热退神清。

按：温病最忌辛温汗散，鞠通反复告诫："太阴温病不可发汗"，"汗之不惟不解，反生他息……汗为心液，心阳受伤，必有神明内乱，谵语癫狂，内闭外脱之变。"此案违犯其禁，火热内窜，心包受邪，营分炽热。初投玉女煎气营两清，紫雪丹芳香开窍；复诊斑疹透露，为邪热外达之机，脉不空大，乃津液得救之象，故去冬地阴药，加犀芩清络，遂成化斑之方；三诊热退神清，依大法以滋阴善后。芳香开窍之方一贯治程始终，而其清营泄热之法则随病机变化而更易，常中寓变，曲畅清开醒神之奥义。

不宁唯是，鞠通在运用清开醒神的同时，更是细心观察肺卫有无遗热。倘若肺卫之热之尽，不可专务清开，当兼清外邪。盖心肺同居上焦，肺主气属卫，心主血属营，营卫紧连，气血相关，"温邪上受，首先犯肺"，其热尽入心营者固然多见，而其外邪未尽而又窜入心营者亦不少见。如果徒事清营开窍，外热继入，势必神昏不醒。故鞠通每在"身热不恶寒，已无手太阴证"时，才直清心营，否则必兼攘外。如治"热多昏狂，谵语烦渴，舌赤中黄，脉弱而数"之心症，用加减银翘散，攘外清内。

吴鞠通治潘某 35 岁，患大头瘟，误以刮痧，通阳太急，以致神昏谵语，竟夜不安，心肺同病。治宜两解：连翘 12 克，桔梗 9 克，银花 12 克，芥穗 9 克，蝉衣 6 克，牛蒡子 9 克，人中黄 6 克，马勃 3 克，芦根 9 克，元参 9 克，天虫 9 克，紫雪丹 9 克。次诊神清，以代赈普济散善后。

按：温毒犯上，内窜心营，外内俱急，吴氏以辛凉疏解治外，芳香开窍治内，俾外邪解而断热邪之源，内窍开而醒昏乱之神，处方用药，紧扣病机，故获效甚速。若一见心包有邪，不顾肺卫遗热，径投三宝开窍，吾知其无效矣！

二、清泻中焦安神　当辨心包兼邪

温病学家清心开窍法的问世，大大提高了神昏的辨治疗效。但是，由于长期受伤寒学的影响和对开窍法的过分扩大运用范围，造成两种不良结果：一是一味尊古，固执"从来神昏皆属胃家"之说，反对芳香开窍；一是盲目崇今，置千百年来攻下安神的宝贵经验于不顾，一遇神昏，动辄三宝。本来是统一的学术，表面上却被对立化了。鞠通清楚认识到这一问题的严重性，予以深入细致的辨析，首先指出"温病谵语，有因燥屎，有因热陷心包"，接着阐明阳明温病神昏病机是"心居膈上，胃居膈下，虽有膜隔，其浊气太甚，则亦可上干包络"，最后从临床辨证角度说明自己的经验见解："阳明温病，汗出谵语，舌苔干黄而干者，宜小承气汤；阳明温病，无汗，小便不利，谵语者，先与牛黄丸。不大便，再与调胃承气汤。""阳明温病。下利谵语，阳明脉实或滑疾者，小承气汤主之，脉不实者，牛黄丸主之，紫雪丹亦主之。"盖清心开窍为热闭心包而设，若病在中焦当然不能用上焦之剂，此其一。阳明温病神昏是因为热气蒸心之故，无邪直合其处，用药自应通泄胃腑以求本，此其二。温病神昏而脉不实，无汗，小便不利（此处提示无小便过多），为阴伤不著之征，大便当不硬结，故其病在心不在胃，宜清开。若汗出脉实，为实热伤阴之象，大便必结，故宜清泻。此外，牛黄丸有轻度通下之功，若服后仍神昏而大便不通，更是胃腑热结明证，当急下，此其三。通过病位、病机、病证等方面的论证，使人明确了清心开窍方适应证以及通泻阳明以安受扰之神在温病神昏救治中的现实意义，厥功不可低估。

吴鞠通治长氏22岁，患温热发疹，误服防柴葛发散，投银翘辈未挫其势。三诊时见舌苔黄老，舌肉甚绛．脉沉壮热，夜间谵语，躁烦面赤，舌干唇燥，喜凉饮，议急下存阴法：生大黄24克，玄明粉12克，厚朴9克，枳实9克，元参9克，麦冬15克，生地15克。煮成3茶杯，先服1杯，得快便止后服，不便或不快进第二杯，约三时不便，进第三杯。次日热势得杀，后以甘苦化阴调理。

按：《温病条辨》尝谓："阳明温病，面目俱赤，肢厥，甚则通体皆厥，不瘈疭，但神昏，不大便，七八日以外，小便赤，脉沉伏，或并脉亦厥，胸腹满坚，甚则拒按，喜凉饮者，大承气汤主之。"阐明了温热燔灼中焦，浊气蒸心而神昏的证治。但是，吴氏考虑到温病伤阴最速这一特点，故在临床用药时常与增液生津之品相伍，这在医案中有充分体现，此案亦可观其斑豹。增液与承气并举，急下温热，速复阴津，腑通热降，心神得安。

热入心包与阳明蒸热的神昏证治区别如前。但在长期实践中，鞠通发现还有"邪在心包阳明两处"的证型。他认为热在心包当清开，热燔阳明当清泄，而邪在两处，不可专治一边，顾此失彼。于是创制牛黄承气、牛黄白虎等法，发前人之未发，丰富了神昏救治措施，厥功甚伟。

吴鞠通治一人患冬温，脉沉细之极，舌赤面赤，谵语，便秘，治宜增液通腑，清心开窍：细生地18克，元参18克，连心麦冬18克，丹皮9克，甘草6克，生大黄15克，元明粉3克，牛黄清心丸2粒。次诊：仍谵语神昏，大便闭，面正赤，邪在阳明心包两处，宜急速开膻中，通泄阳明：先与广东牛黄丸2～3丸，继服生大黄24克，元明粉9克，厚朴6克，枳实12克，丹皮15克，元参24克。

吴鞠通治杨某，温病自汗，脉浮芤，神气昏，时有谵语，先服牛黄丸二丸，继人参白虎：洋参12克，生石膏240克，知母120克，炙草1 0克，京米2合。药后热减脉为之攻戢，再以甘苦化阴收功。

按：阳明腑实与心包邪热舍病，若不开窍，“徒攻阳明，下后仍然昏惑谵语”，鞠通立法，牛黄丸急开其闭，承气法速通其腑，上中分消，各个击破。《温病条辨》谓：“下后不通……邪闭心包，神昏舌短，内窍不通，饮不解渴者，牛黄承气汤主之。”可以说是其证治的高度概括。如果是阳明无形邪热上侵入心，则当随机辛寒清凉，不可苦寒攻下。此案因其壮热伤气，故加洋参以益气。此法《条辨》不载，今据《医案》补入，以完阳明心包合邪证治之璧。

三、清滋下焦养神　务审君主余邪

温病神昏的证治，重点在上中二焦，但下焦肝肾阴耗所致神昏亦偶有所见。温病到了下焦阶段，其热十去八九，真阴仅存一二。肝肾阴虚，无以上承心主济其火，水火不交，神失其明，故鞠通每以甘苦咸寒之方，补北泻南，清滋下焦以养神。《温病条辨》指出：“温病误表，津液被劫，心中震震，舌强神昏，宜复脉法复其津液。”“暑邪久热，寐不安，食不甘，神识不清，阴液元气两伤者，三才汤主之。”都是下焦阴虚神乱证治的大经大法。但是，病变是错综复杂的，往往虚实夹杂，上下同病。下焦病一般由上中二焦传变而来，临床上经常上、中焦之症未罢，而下焦阴耗之症已见的情况。如上焦君主之邪热末得清透，下焦之肾真阴大耗，其时神昏病机，既有心包邪实，又有肝肾正虚。治疗应先祛邪后扶正，绝不能误补留邪，致生变证。《温病条辨》谓：“痉厥神昏，舌短烦躁，手少阴证未罢者，先与牛黄、紫雪辈开窍搜邪，再与复脉汤存阴，三甲潜阳，临症细参，勿致倒乱。”又说：“暑邪深入少阴，心热烦躁，神昏甚者，先与紫雪丹，再与连梅汤。”反复强调了先上后下，先泻后补的原则。临床体会到，下焦之正虚神昏，一般表现神识淡漠，恍惚错乱等，不如上焦邪实之谵语狂乱势急。鞠通以“神昏甚者”作为辨证要点，很有参考价值。

吴鞠通治兆某，28岁，风湿误汗，以致谵语兼哕。诸症怕哕。脉右洪数，白睛朱缕缠绕。下焦虽虚，上焦邪热未罢。先治其上，投紫雪丹，玉女煎加减。药后症减，时有谵语，耳聋，脉亦渐小。津液重伤，病在下焦，邪少虚多，自觉精神恍惚，加纯静以守神，与三甲复脉法：真生地18克，生白芍15克，麦冬心12克，生阿胶3克，生鳖甲12克，炒黄芩12克。以此方加减凡十诊，历20天，病愈，以专翁大生膏半料巩固疗效。

按：下焦阴虚之神昏，鞠通每以复脉辈清滋肝肾，俾阴复热清，神明得养而意识清晰，这在其《医案》中屡有所见。然此案为风温误汗，下焦阴耗而热陷心包，上下同病。病从上而下者先治上，依经旨先投紫雪、玉女煎清开其上，俟上焦得清，仅余下焦正虚，再施三甲复脉，“时有谵语”亦得痊愈。先上后下，先清后滋，层次井然。

吴鞠通救治温病神昏的学术经验是相当丰富的，本文仅择其温热之邪为患而探其三焦证治大要，冀其有补于当前急症研究。至于湿热蒙清，瘀热阻窍等救治心法，虽在《条辨》中有所论述，但《医案》记载甚少，容来日再探。

吴鞠通诊便血认定寒湿　分刚柔崇苍术重用附子

吴　成

吴鞠通又名吴瑭，是清代温病四大家之一，著有《温病条辨》、《吴鞠通医案》等书，学用仲圣、天士，创立三焦辨证，增订银翘散、桑菊饮等许多治疗温病的特效方剂，至今流传不殆，深受后世喜用。吴氏不但对治疗外感病深有造诣，而且于内科杂证用药也独具匠心，在其医案中治便血重用附子取功足可窥见一斑。

一、辨证区分寒湿和湿热，诊断重在粪后与粪前

便血是临床上常见病证之一，无论在外感热病和内伤杂病中均可出现。传统认为，便血有实热和虚寒两大类型，实热便血常由于邪热炽盛，热入血分，迫血妄行，血从肠溢，或湿热化燥化火，损伤肠络，络伤血溢，故见大便下血，色常鲜红，并伴有发热、口渴、烦躁、舌红、脉数等实热证候。虚寒性便血多因于脾气虚寒失于统摄，或实热便血日久不愈，气随血脱所致。此种便血色多暗滞，常兼怕冷，少气乏力、面色皖白、脉细无力等证候。

吴氏诊断便血在上述分类的基础上，补充地提出了湿滞便血证治。他根据《金匮要略》“下血，先血后便，此近血也，赤小豆当归散主之”和“下血，先便后血，此远血也，黄土汤主之”的诊治特点，着重强调应以粪前便血与粪后便血来判定证属湿热还是寒湿。吴氏认为，粪前便血多为湿热，粪后便血每为寒湿：“粪后便血，寒湿为病”，“粪后便血，乃小肠寒湿”。指出两者证候不同，治疗迥异。如在毛案中指出：“粪后便血，责之小肠寒湿，不与粪前为大肠湿热同科。举世业医者不知有此，无怪乎数年不愈也。”

归纳吴氏所列医案，分析其病因病机可知，便血病位在肠，但与中焦脾胃密切相关。概括而言，脾气虚寒，统摄失权，脾失健运，湿浊内停，阻滞肠腑，损伤血络，故致便血。由于湿为阴邪，黏滞重浊，故病难速愈且每多反复。细究导致寒湿阻滞肠腑的原因，则是素体脾胃虚弱，或水肿、黄疸等久病不愈，损伤脾阳，或由于恣食生冷水果酒肉等。寒湿便血的特点在于大下狂血，量多而色暗，面色萎黄或苍白，肢冷脉细，舌淡苔白，脘腹冷痛，或素有便血、失血过多等病史。

吴氏补充寒湿便血颇有见地。因为一般中气虚寒，运化无力，易使水湿内停，寒湿交阻肠腑日久不除，便血更是不止。假若一见寒象，即投温补，湿愈内停，病本不除，便血何愈？真可谓开治疗虚寒夹湿、寒湿内阻便血之先河。遗憾的是，吴氏虽然认定以粪前与粪后来区分湿热与寒湿，但对湿热便血证治却未论及，诚为美中不足之处。对此当从《金匮要略》“下血，先血后便，此近血也，赤小豆当归散主之”推论其病机，当为大肠湿热迫血妄行，证候应是大便下血，先血后便，血色鲜红，或夹脓液，腹痛，大便不畅，舌苔黄腻，脉象滑数等，治宜清热利湿、活血止血，选用赤小豆当归散加减治疗。

二、远方不离黄土，用药推崇苍附

导致虚寒性便血的病机关键在于脾气虚寒，摄血无权，故治疗当以温中摄血，养血止血为主，常选用《金遗要略》黄土汤方。该方用灶心黄土（伏龙肝）温中收涩止血为主药；辅以白术、附子温阳散寒、益气止血，复其统摄之职；取生地、阿胶养血止血；配黄芩既可

除肠中余热，又可制术附温耗血之弊；甘草调和诸药。本方寒热并用，润燥共济，气血双补，温阳止血而不耗阴血，养阴补血又不碍脾阳，诚为配伍得当，疗效确实的便血良方。

吴氏治便血推崇此方，在其治便血验案中全部用黄土汤作为基本方剂。但考虑到寒湿便血的特点，既有脾气虚寒，气不摄血，又有湿滞内停，阻塞肠腑，单用温补收涩，湿滞不去；纯以苦温燥湿，又伤阴血，故应权衡病证，温补收涩，散寒除湿，养血止血。所以，运用黄土汤时必须对原方作以药味加减，并进行适当的剂量调整，以冀药证相符，准确无误。

对于药味加减，吴氏每易白术而改用苍术，并据证配用云苓、干姜、黄芩等物。在剂量上，黄土汤原方中除灶心黄土量独大外，其余药物用量是相近的。而吴氏认为虚寒夹湿，病本在于虚寒，故重用附子，其目的是取其“治病必求其本，仍从寒湿论治”。他把黄土汤类药物分成柔药与刚药两类，其中地黄、阿胶、白芍、当归等阴柔滋补养血止血类为柔药，而附子、苍术等温燥助阳祛湿行滞类为刚药。指出寒湿便血系“太阴中湿，病势沉闷，最难速功，非极刚以变脾胃两阳不可”。一般用附子少则三钱，多达七、八钱，甚至一两，且指出据证而用，常服重用不为害。典型病例如：“福，廿九岁，粪后大下狂血，每次有升许之多。余用黄土汤去柔药加刚药，每剂用黄土一斤，附子用六钱或一两，他药称是，服之九十余帖，始大愈。”又如在治陈案便血中指出：“万一血来甚涌，附子加重七八钱，以血止为度。”

三、药证相符，效不更方，血止为度

吴氏治疗便血，无论病变新旧，着重辨证施治，有是证则用是方，不受季节、病程等限制，归纳如下。

（一）辨证用方遣药，不受季节限制。“孙，三十八岁，湖洲孝廉，其人素有便血之症，自十八岁起至今不绝，现在面色萎黄，失血太多。急宜用古法，有病则病受之，虽暑月无障也。”可以看出，暑令炎热之季若证属脾胃虚寒，肠腑寒湿阻滞便血者，皆可选用黄土汤治疗，不会有助热伤阴耗血之弊。

（二）根据病情，决定用药，效不更方。对于便血治用黄土汤，吴氏主张效不更方，一用到底，“以血不来为变”。这正是吴氏辨证用药的特点所在，也是其收效显著的根本原因。他认为“血多则多服，血少则少服”，“诸症向安，惟粪后便血又发，与黄土法”，“再发再服，切勿听浅学者妄转方也”。观吴氏用方不畏苍附温燥，每用药剂少则五六剂，多至九十余剂。

四、附子重用取功，勿忘依证定量

吴氏用附子重剂久服治便血确收奇功，但并非一见便血，不辨病情轻重、阳虚程度若何，就大胆妄用，而是据证定量，颇有法度可循。

首先是认识到附子有毒，故在运用时一概用熟附子。其次，是用附子剂量由小到大，逐渐增加，增量的标准是在用小剂量附子收效后，说明药证相符，如此方可重用。第三，因附子毕竟是辛温燥热之品，极易耗伤阴血，加之便血经久不愈，本身阴血已亏，故除配用生地、阿胶、白芍、当归外，要求中病即可，血止后即刻停用，勿使过剂伤正。明确指出：“黄土汤俟便血发时再服。”既强调效不更方，“以血不来为度”，又认为血止即停，“发时再服”，颇合辨证施治之大法要求。

五、重视调理脾胃，辨证加减用药

寒湿便血病位在肠，但与中焦脾胃密切相关。中焦虚寒为本，肠腑寒湿为标，故其治疗用药，燥湿散寒固属重要，调理脾胃、益气健脾也必不可少。特别是血止之后，脾胃阳气未复，运化功能不健，必须进行饮食、药物等审慎调理，以善其后，防止病证复发。吴氏指出，在病中血止以后即刻停用黄土汤方，着重调理为妥以通补胃阳。如言“面色青黄滞暗，六脉弦细无力，胃阳不振，暂与和胃，其黄土汤俟便红发时再服”。在愈后调理上，吴氏提出忌生冷介属，认为寒湿“峻温犹恐不及，尚可吃生冷猪肉介属等阴物乎？”对于辨证加减方面，若兼痰饮者，宜配半夏、茯苓等逐消痰饮；痰多畏寒，胁下有伏饮者，以半夏、桂枝、云苓等通阳淡渗治疗。

六、小结

便血一证，临床比较常见。有血热便血和虚寒便血两类，前者属实，后者属虚，且后者每为前者便血不止，气随血脱所致。若每见便血，即认为血热动血，就一味凉血止血，寒凉败中，阳虚益甚，误治多危，诚如吴氏所说：“令人见血投凉，见血补阴，为医士一大痼疾。医士之疾不愈，安望病家之病愈哉！”有的虽明知虚寒便血，也仿用黄土汤温补摄血，但却认为附子辛烈大热有毒，而便血本身血亏阴耗，复重用附子燥热重竭阴血，似为不确。瞻前顾后，以求稳妥便小减其剂，且一用即止，莫敢重剂久服，病证每每迁延失治。惟吴氏鞠通大胆心细，辨证施治，诊便血认定寒湿，分刚柔崇苍术重用附子取功，独具一格，对后学启迪尤大，不可低估。当然，吴氏治便血重用附子收奇效确有其事，也符合治病求本、辨证施治的基本原则。但附子毕竟味辛甘性大热，慓悍燥烈，走而不守，故临证之际除准确辨证外，必须注意服法，应先煎30～60分钟去麻味后，再与他药共熬，孕妇慎用，如此方可谓得鞠通心法。

论述承气汤法在《温病条辨》中的运用

徐立明

清·温病学家吴鞠通先生采辑历代名贤著述，结合自己的经验，汇辑而成《温病条辨》一书，进一步总结、发展了温病学说，使祖国医学在治疗外感热病上别开生面。吴氏学验俱丰，擅用经方，更难能可贵的是他师古不泥，屡多创新，为后人继承和发展祖国医学大开敢于求索，勇于突破之风。今就承气汤法在《温病条辨》中的运用，略述管见。不当之处，敬请同道指正。

一、承气之溯源

承气汤乃东汉医圣张仲景依《内经》理论所创。据柯氏所言：“诸病皆因于气，秽物之不去，由于气之不顺也。攻积之剂必用行气之药以主之。亢则害，承乃制，此承气之所由名；又病去而元气不伤，此承气之义也。”故承气主要为攻下邪实而立，三承气汤为其代表方。仲景在《伤寒论》、《金匮要略》两书（本为一书）中，用大承气者25证，小承气7证，调胃承气8证，后世代沿袭，然当时多用于内伤杂病。至金之刘河间，明代吴又可，清初叶天士等才逐渐运用于温热病。但用得多，用得活，富于更新者还得当推吴鞠通先生。

《温病条辨》中云："承气者，承胃气也。……邪气蟠踞于中，阻其下降之气，胃虽自欲下降而不能，非药力助之不可，故承气汤通胃结，救胃阴，仍系承胃腑本来下降之气，非有一毫私智穿凿于其间也，故汤名承气"。吴氏遵古而不拘泥，参悟妙谛，赋于承气新义，指出承气以攻下中焦胃腑郁热燥结，救挽阴液为目的，而创立宣白、导赤、牛黄、增液、护胃等承气汤，用于温热病中，各尽其妙。

二、承气汤之运用

承气汤本乃仲景为腑实证所设，用有法度。而吴氏在《温病条辨》中予以阐扬发挥，应用广泛。兹将先生运用承气立为十法分述于下。

1. 苦寒攻下，泄热存阴　此为温病攻下的主法。用苦寒下夺之品，以攻泻实热。其证见燥结痞满者，方用大承气汤；汗多谵语，苔老黄而干，或下利谵语，脉实，脉滑疾者用小承气汤。

2. 咸寒入阴，清热解结　此法用于温病阳明热甚，深结于阴之实证，见纯利稀水无粪者。此非气不通，而是热淫于内，下结于阴而液不干，从旁流出所致，故用调胃承气汤治之。取咸寒芒硝入阴解热结，大黄苦寒泄热，反以甘草败毒缓中。此法大纠仲景治热结旁流概用小承气汤，及吴又可概用大承气汤，中有枳朴苦温伤阴之弊，亦是吴氏所创阳明下证，峙立三法之一，微言大义在"迴护其虚，务存津液"。

3. 缓下逐邪，益气养阴　此法用于温病阳明腑实，应下失下，正虚邪实之证，见热邪久结，大便燥结不下者。由于失下，正气被邪热所烁，而致正虚不能运药。方用新加黄龙汤，即以调胃承气缓下逐邪，用益气养血滋阴之品扶助正气，以达邪退正存之意。此法较之前医纯用大承气峻下，或用大承气汤中加参、地、归中以枳朴伤气耗液，则更存生机。

4. 三焦俱涤，化痰导下　此法用于温热之邪弥漫三焦俱急之证，见"大热大渴，舌燥，脉不浮面燥甚，舌色金黄，痰涎壅甚"者。此为上焦未清，已入中焦，恐热邪煎熬肾水，病急方急，方用承气合小陷胸汤，急涤三焦热邪，化痰导下，以防结胸而救阴伤。

5. 脏腑合治，宣上通下　此法用于肺经痰热兼阳明腑实证，见阳明温病"喘促不宁，痰涎壅盛，右寸实大，肺气不降者"。此乃上窍闭塞，下窍不通，肺气不降，里证已实所致。方用宣白承气汤，以杏仁、石膏、蒌皮宣肺气，大黄通腑结，脏腑合治。此法较仲景治阳明病"大便乍难，乍易，时有微热，喘冒不得平卧"之证用大承气汤，则为更新。

6. 肠胃合治，苦寒泄火　此法用于温病小肠热盛兼阳明腑实证，见"小便赤痛，时烦渴甚"。此乃心火移于小肠，二肠俱热所致。方用导赤承气汤，即导赤去淡通之阳，加连柏苦寒通火腑，硝黄承胃气而通大肠，共奏泄小肠之火，通阳明之结大功。

7. 清心开窍，通腑救阴　此法用于邪闭心包兼阳明腑实之证，见"神昏舌短，内窍不通，饮不解渴者"。此是热闭心包，阳明大闭，耗胃液、消肾阴所致。症情有闭厥之险，势不可缓。方用牛黄承气汤救之，即以安宫牛黄丸开手少阴心包之闭，用大黄泻阳明之结，救足少阴之消。此法较前人治热盛神昏证概用大承气，则更为切机。

8. 养阴荡结，增水行舟　此法用于阳明热结液干之证，见"津液不足，无水舟停者，间服增液，再不下者"。此乃阳明大热，津液枯干，脏燥太过，水不足以行舟，而结粪不下。方用增液承气汤，即以增液汤合调胃承气汤，养阴荡结，双管齐下，而操胜券。

9. 泻邪护胃，保阴扶正　此法用于温病下后，余邪复聚之证，见"下后数日，热不退，或退不尽，口燥咽干，舌苔干黑，或金黄色，脉沉而有力者”。此乃温病下后，邪气不净，延至数日复聚于胃，并耗伤阴津所致。方用护胃承气汤，即用大黄泻热逐邪，元参、生地、知母、丹皮养阴扶正，泻余邪而护胃阴。此法较前人治余邪复聚之证但主小承气而下，则殚思精虑，更胜一筹。

10. 瘀热共治，通下开结　此法用于温病热与血结之证，见“少腹坚满，小便自利，夜热昼凉，大便闭，脉沉实者”，或“热病经水适至，十余日不解，舌萎饮冷，心烦热，神气忽清忽乱，脉右长左沉”者。方用桃仁承气汤或加减桃仁承气汤，以逐血分瘀热为急务。前方偏于通下结，后方偏于化血瘀，侧重有别，全在证情之分。

三、承气汤下后之调治

吴氏云：“去邪务尽，善后务细。”用承气汤法下后，由于病邪虽去而易见正气虚耗。对此，仲景在《伤寒论》中虽多有调治之法，但因伤寒与温病有所不同，故吴氏在《温病条辨》中又提出一些调理之法，以补前人之不备。

若下后汗出，是温邪伤阴，下后邪解汗出，阴液受伤，当以益胃汤复其胃阴，“胃阴复而气降得食，则十二经之阴皆可复矣”。若下后无汗，脉浮，乃下后邪气还表之证，以脉浮验知邪不在里而在表，故用辛凉平剂银翘散解表宣散。若无汗脉浮洪，此为热气炽甚，当急用辛凉重剂白虎汤金飚退热。若无汗脉洪而芤，是“金受大克，元气不支”，用白虎加人参汤力挽狂澜。若下后无汗脉不浮而数，是邪之未解，治以清燥汤，增水敌火，戒辛燥之品，以后再相机易法。若下后余邪复聚，脉沉而有力者，用护胃承气汤微和之，以护胃阴；脉沉而弱者，用增液汤添水行舟。若“下后虚烦不眠，心中懊侬，甚至反复颠倒”，是邪气半在阳明，半犹在膈，循仲景栀子豉汤涌越其在上之邪；若兼见少气者，是误下而伤胸中阳气，故用栀子豉汤加甘草益气；若兼见呕者，是肝胃不和，上方加姜汁和胃降逆。

四、承气之禁忌

因承气终非轻尝之品，用之得当则效，不当则生弊端，故吴氏在温病中用承气汤时屡多告诫，不可忽视。

大承气汤有无坚不破、无微不入之力，故非真正实热蔽痼，气血俱结，的系燥结痞满者，不可用之。阴紊虚者，或体亏液涸者不可下之。因用承气往往造成下后阴气大伤，虚脱而亡。湿温病初起不可下，“下之则洞泄”。因为湿为阴邪，误下伤阳，则重抑脾阳不升，脾气转陷，湿邪乘势内渍，故洞泄。“下后脉静，身不热，舌上津回，十数日不大便”者，不可再与承气强责其便。因此为肠胃津液受伤之故，再进承气，则反生各种变证。邪在心包、阳明者，不可先下，因徒攻阳明，不先开心包，下后仍然“昏惑谵语”，“必不救也”。下后不可暴食，应当一日后，稍可慢慢进清淡食物。不可饱食，否则“食者必复”，“饱则必复”，“复必重也”。

综观上述，吴氏宗仲景“承顺胃气下行”之旨，根据温病特点，因证立方，灵活变化承气汤，补前人之未逮，实可为后人所效法。笔者认为，此汤法随着临床经验的不断总结和作用机理的探讨，将会发挥更大的作用。

《温病条辨》应用辛凉法探讨

刁人政

吴鞠通《温病条辨》论治温病，根据温病从三焦由上而下，由浅入深的传变规律。强调先识证，再立法，后用方。立法用方注重药物性味结合。其对辛凉法的应用尤具独到之处，试探讨如下。

一、温病初起，区别病候用辛凉

《温病条辨》开宗明义指出："温病由口鼻而入，自上而下，鼻通于肺，始手太阴。"且认为："温热之邪，春夏气也，此非辛凉秋金之气，不足以解之。"故温病初起，首先犯肺，病在上焦，首用辛凉。此即吴氏所说："本论方法之始，实始于银翘散。"其立方遵《内经》"风淫于内，治以辛凉，佐以苦甘"之训，又宗喻嘉言芳香逐秽之说，用东垣清心凉膈散，辛凉苦甘。病初起，去入里之黄芩，加银花辛凉，芥穗芳香，牛蒡子辛平润肺，解热散结，除风利咽。

根据温病初起病证的轻重，分别用辛凉平剂银翘散（连翘、银花、苦桔梗、薄荷、竹叶、生甘草、芥穗、淡豆豉、牛蒡子）主治太阴风温、温热、温疫、冬温之身热、咳嗽、自汗、口渴、头痛、身热、尺热等证；辛凉轻剂桑菊饮（杏仁、连翘、薄荷、桑叶、菊花、苦梗、甘草、苇根）主治太阴风温，但咳，身不甚热，微渴者；辛凉重剂白虎汤（生石膏、知母、生甘草、白粳米）主治太阴温病及暑温，脉浮洪，舌黄，渴甚，大汗，面赤，恶热者。特别银翘散方后详立加减，示人以方法。

按照温病初起不同病邪证候的特点，吴氏于首用辛凉之中又有所变化。如温毒初起用普济消毒饮去升、柴、芩、连（连翘、薄荷、马勃、牛蒡子、芥穗、僵蚕、元参、银花、板蓝根、苦梗、甘草）；暑温初起用新加香薷饮（香薷、银花、鲜扁豆花、厚朴、连翘），暑温轻证及余邪不解用清络饮（鲜荷叶边、鲜银花、西瓜翠衣、鲜扁豆花、丝瓜皮、鲜竹叶心）；秋燥初起用桑杏汤（桑叶、杏仁、沙参、象贝、香豉、栀皮、梨皮），燥气化火，清窍不利用翘荷汤（薄荷、连翘、生甘草、黑栀皮、桔梗、绿豆皮）；湿温初起用三仁汤（杏仁、飞滑石、白通草、白蔻仁、竹叶、厚朴、生薏仁、半夏）；湿温喉阻咽痛用银翘马勃散（连翘、牛蒡子、银花、射干、马勃）。或兼解毒，或重芳香，或偏凉润，或加淡渗，但都从辛凉立法。

二、温病传变，透邪外出用辛凉

吴氏在《温病条辨》中主张："逐邪者随其性而宣泄之，就其近而引导之。"故在温病传变过程中，亦较多使用辛凉法。如证见面目俱赤，语言重浊，呼吸俱粗，大便闭，小便涩，舌苔老黄，甚则黑有芒刺，但恶热，不恶寒，日晡益甚者，传至中焦，阳明温病也，若脉浮洪躁甚，邪气近表，仍用辛凉重剂白虎汤，亦从辛凉立法，仍冀邪从外解。阳明温病，脉浮而促者，减味竹叶石膏汤（竹叶、石膏、麦冬、甘草）主之。脉促，其势甚急，故以辛凉透表重剂，逐邪外出则愈。温病逆传心包，或入营分，证见热盛不渴，神昏谵语，舌绛而干等证，吴氏用清宫汤（元参心、莲子心、竹叶卷心、连翘心、犀角尖、连心麦冬）、加减银翘散（连翘、银花、元参、麦冬、犀角、竹叶）、清营汤（犀角、生地、元参、竹叶心、麦冬、丹参、黄连、银花、连翘），在以咸寒救肾水，以济心火，苦寒清热解毒而保津液的同时，仍以银花、连翘、竹叶辛凉透热，此实是遵从叶天士“入营犹可透热转气”之说。故《温病条辨》在辛凉轻剂桑菊饮方后有“二、三日不解，气粗似喘，燥在气分者，加石膏、知母；舌绛暮热，甚燥，邪初入营，加元参二钱，犀角一钱；在血分者，去薄荷、苇根，加麦冬、细生地、玉竹、丹皮各二钱”等诸多加减法。其立法与清宫汤、清营汤有异曲同工之妙。可见辛凉法实可用于温病卫气营血传变的全过程。

三、表里同病、内外兼治用辛凉

《温病条辨》指出：“温病伤人身之阴，故喜辛凉甘寒，以救其阴”。故温病过程中，无论表里同病或虚实兼夹，吴氏常以辛凉配合甘寒组成复法使用。

病在上焦，太阴温病，气血两燔，用玉女煎去牛膝熟地加细生地元参方（生石膏、知母、元参、细生地、麦冬）；太阴温病，发疹者，阳明温病，下后疹续出者，并用银翘散去豆豉加细生地、丹皮、大青叶，倍元参，前用辛凉清气，甘寒养阴；后用辛凉解肌，甘寒清血。因邪尚在表，阴分已伤，表里同病，故以辛凉合甘寒立法。同样病在上焦，诸气膹郁，诸痿喘呕之因于燥者，用喻氏清燥救肺汤（石膏、甘草、霜桑叶、人参、杏仁、胡麻仁、阿胶、麦冬、枇杷叶），属肺胃同病，辛凉清气，甘寒养胃立法。

阳明温病，下后无汗脉浮者，用银翘汤（银花、连翘、竹叶、生甘草、麦冬、细生地）。虽病情传至中焦，且阴液已伤，但邪仍有出表之势，故用辛凉透表，甘寒增液为作汗之工具，亦从辛凉甘寒立法。

温病邪入下焦，亦有合用辛凉甘寒法者。如夜热早凉，热退无汗，热自阴来，用青蒿鳖甲汤（青蒿、鳖甲、细生地、知母、丹皮）；妇女温病，经水适来，脉数耳聋，干呕烦渴，甚至十数日不解，邪陷发痉，用竹叶玉女煎（生石膏、干地黄、麦冬、知母、牛膝、竹叶）。前因邪气深伏阴分，混处气血之中，不能纯用养阴，又非壮火，更不得任用苦燥，故加辛凉芳香透络，从少阳领邪外出。后因外热未除，里热又急，故用辛凉退热，兼清血分，两清表里之热。

暑温、湿温、伏暑、温疟多表里同病，湿热兼夹。吴氏有用辛凉配合淡渗法，如治暑温寒热，舌白不渴，吐血者，名曰暑瘵，用清络饮加杏仁、薏仁、滑石汤；治太阴伏暑，舌白口渴，无汗者，用银翘散去牛蒡、元参加杏仁、滑石汤；治湿郁经脉，身热身痛，汗多自利，胸腹白疹，用薏苡竹叶散（薏苡、竹叶、飞滑石、白蔻仁、连翘、茯苓块、白通草）。都以辛凉解肌表之热，辛淡渗在里之湿，有双解表里之妙。有用辛凉配合辛温或苦温法，前者如治温疟骨节疼烦，时呕，其脉如平，但热不寒，用白虎加桂枝汤；后者如治手太阴暑温，汗不止，烦渴而喘，且身重者，用白虎汤加苍术汤；治疮家湿疟，用苍术白虎加草果汤。都以白虎辛凉重剂，清阳明之热湿，由肺卫而出，加苍术、草果温散脾中重滞之寒湿，或加桂枝引邪外出。热偏重者，则重加辛凉，如治太阴伏暑，舌白口渴，有汗，或大汗不止者，用银翘散去牛蒡、元参、芥穗、加杏仁、石膏、黄芩，或仍用白虎法；阴伤者，仍用辛凉甘寒法，如治太阴伏暑，舌赤口渴，无汗者，用银翘散加生地、丹皮、赤芍、麦冬。

总之，吴鞠通《温病条辨》辛凉法以辛凉苦甘兼芳香为基础，又发展性的应用了辛凉甘寒法、辛凉淡渗法、辛凉辛温法、辛凉苦温法，极大地丰富了温病治疗学的内容，至今仍有重要的临床实用价值，值得我们认真研究。

从承气类方看吴鞠通的学术贡献

郭选贤　殷光辉　郝秀梅

承气，始见于《伤寒论》诸承气汤名中，承气汤乃承气法则的典型运用。正如柯韵伯所说："夫诸病皆因于气，秽物之不去，由于气之不顺，故攻积之剂必用行气之药以主之，亢则害，承乃制，此承气之所由。又病去而元气不伤，此承气之义也。"吴鞠通结合自己临床实践，立足继承，重在发扬，丰富和发展了伤寒学说。

一、张仲景的四承气汤

大承气汤　本方为攻下法之代表方，主治阳明腑实重证，为承气汤中峻下之剂，即痞、满、燥、实证悉具。吴氏云："曰大承气者，合四药而观之，可谓无坚不破，无微不入，故曰大也。非真正实热蔽痼，气血俱结者，不可用也。"方中大黄通利实秘，芒硝化燥软坚，枳实行气消痞，厚朴宽中除满。

小承气汤　主治阳明腑实轻症，为承气汤中的轻下之剂，即痞、满、实症具备。方中大黄泻热去实、推陈致新，厚朴行气除满，枳实理气消痞。本方不用芒硝而用枳、朴，泻热之力较调胃承气弱，但通腑之力较调胃承气强。

调胃承气汤　主治燥、实较甚，痞、满不显之阳明腑实证，为承气中缓下之剂。方中攻积导滞，荡涤肠胃，芒硝润燥软坚，泻热导滞，甘草甘缓和中，使燥热邪气去而不损中州之气。

桃核承气汤　是张仲景活血化瘀方剂中之首方，本方由调胃承气汤减缓芒硝寒性，加桃仁、桂枝组成，具有破血逐瘀、荡涤瘀热之功效。临证不但可用于下焦蓄血之"发狂"、"少腹急结"，而且凡瘀血邪热结聚引起的各种病证都可获得较好疗效。

二、吴鞠通对《伤寒论》承气汤证的继承

在《温病条辨》中吴氏多处应用三承气汤，如中焦篇有"面目俱赤，语声重着，呼吸俱粗，大便闭，小便涩，舌苔老黄……大承气汤主之。""阳明温病，诸证悉有而微，脉不浮者，小承气汤微和之。""阳明温病，纯利稀水无粪者，谓之热结旁流，调胃承气汤主之。"这些运用在《伤寒论》原有承气汤证基础上加减化裁，使热结肠腑证的治疗更加灵活化、具体化。

三、吴鞠通的八承气汤

吴鞠通在《伤寒论》承气汤的基础上加减化裁，在风温、春温、暑温等病辨证论治中，创制出新加黄龙汤、宣白承气汤、导赤承气汤、牛黄承气汤、增液承气汤、桃仁承气汤、泻火承气汤、护胃承气汤，丰富和发展了《伤寒论》学术思想。

新加黄龙汤用于治疗阳明热结兼气液两虚。本方以人参补正，大黄、芒硝逐邪，麦冬、生地、玄参滋阴润燥，海参滋补阴液咸寒软坚，姜汁宣胃肠气机，当归和血分之滞，以使气血和畅，胃气宣通，则药得以运化。此即"邪正合治"法。

宣白承气汤　阳明温病用攻下法而大便依然不通，其病机有两个方面，一是痰热壅结上

焦，肺气不降；一是阳明胃肠里实，腑气不通。治用宣白承气汤，以石膏两清肺胃之热，杏仁、栝蒌皮宣降肺气，化痰定喘，大黄逐肠胃之结滞。此系宣上通下之法，既“脏腑合治”。

导赤承气汤　阳明温病下之腑气不通，小便热赤而有刺痛感，时觉烦热口渴，此是心火移于小肠的缘故。用导赤散去木通、竹叶之淡渗，加连、柏以苦泄小肠之热，大黄、芒硝以通大肠之腑实。此乃“二肠同治”法。

牛黄承气汤《温病条辨·中焦篇》指出：“邪闭心包，神昏舌短，内窍不通，饮不解渴者，牛黄承气汤主之”。阳明腑实，热入心包，此时用牛黄丸开手少阴之闭，以承气急泻阳明之结，而救足少阴肾液的消亡。此即“两少阴合治”法。

增液承气汤　阳明气热烁津，津液枯耗，其治疗用增液承气汤，既养阴又荡结。该方以玄参咸寒，滋阴降火，麦冬、生地甘寒，滋阴润燥，三药相合有养阴生津润燥通便之效。大黄、芒硝泻热软坚散结。此属“气血合治”法。

桃仁承气汤　用于治疗血蓄下焦证。方中大黄凉血化瘀，攻下热结。芒硝咸寒，润燥软坚攻下，二药相配，攻逐瘀结，导热下行。桃仁、丹皮活血逐瘀；当归养血活血，兼行血中之气。当归配芍药养血和营，祛瘀而不伤血。本方诸药配伍，共奏凉血清热，攻逐瘀结之功。

泻火承气汤　本症表现为咳逆喘息气促，鼻翼煽动，胸满烦躁，高热，口渴欲饮，便秘腹胀等。方中大黄、芒硝、枳实、厚朴以泻热通腑；知母、石膏、葶苈子以清泻肺热；银花、连翘疏散暑热；栝蒌、杏仁调肺气之宣降。共奏通下救肺，泻火平喘之功。

护胃承气汤　即增液承气汤去硝，入知、丹而成。主治温病下后数日，发热仍不退或热退不尽：并有口燥咽干，苔干燥而黑或老黄色，脉沉而有力等症。用大黄攻下实邪，元参、生地、知母润肠通便以柔制刚，丹皮、麦冬清热养阴。诸药相合，既有护胃阴的作用，又有轻下的作用。

以上诸方，其变化之活泼灵动，配合之融合妥贴，实为诸书中少见。而其衍化，师古不泥，自出新意，故可为我们临床借鉴。

四、吴鞠通对《伤寒论》承气汤证的发展

1. 注重因证立法，随症变方　证有主证兼证，法有正法变法，而后选药组方，根据不同症状的不同表现而增减药味，主证不变，主方不变，药味随症状而增损，遵守“观其脉证，知犯何逆，随证治之”的辨证施治。

2. 正确处理清热、滋阴、攻下三者的关系　温热病最易耗伤阴液，阴伤则肠燥便秘，反之便结又可助热势增高，发展下去可以形成恶性循环。清热即所以养阴，滋阴有助于通便，泻下有利于清热，三者相辅相成。古人有“存得一分阴液，便有一分生机”之说，故下法在温病治疗上占有很重要的位置。但应用下法要时刻注意维护阴液，切记下而勿损。吴氏在承气汤发展变化中，针对温病耗气伤津的特点，在《温病条辨》中承气汤的变方多加入滋阴生津之品，而不用枳实、厚朴，以免破气耗阴。

3. 注重舌苔变化　《伤寒论》中很少论及舌苔，舌苔黄燥或焦黑是腑实的共同征象，也是辨证选方用药的特有标志。临床之际，必掌握舌诊这一特点。虽然吴氏告诫我们承气非可轻尝之品，“舌苔老黄，甚则黑有芒刺，脉体沉实的系燥结痞满，方可用之。”但又不可拘泥。目前临床输液机会较多，舌象变化并非那样典型，必须四诊合参。

吴鞠通在继承和发展《伤寒论》下法的同时，还有化湿解表、填补肝肾真阴等仲景未涉及的理论和临床实践。正如《温病条辨》序言所说："昔人谓仲景为轩岐之功臣，鞠通亦仲景之功臣。"

清热化湿法临床与实验研究进展

吕文亮　周燕萍

本文在总结前期清热化湿法研究成果的基础上，提出了今后的研究思路。近年来，研究者从该法的临床应用、药理基础及作用机理多角度进行了探讨，认为该法作用机制包括退热、抑制病原微生物、保护胃肠吸收功能、调控胃肠动力、抗机体氧化反应、调节细胞免疫等。今后研究应注意新技术手段的应用，并研究与其他治法作用的异同点，全面解释清热化湿治法机理的关键仍然是湿热本质的研究。

一、清热化湿治法临床应用

近年流行病学调查研究证实，湿病（包括湿热病）在人群中发病率达10%，认为清热化湿法是脾胃湿热证的常用治法。有关湿热证的治疗，古代医家已积累丰富的经验。由于清代温病学说的创立，清热化湿法广泛应用于临床各科疾病的湿热证治疗，应用涉及消化系统、泌尿系统、皮肤病、传染性疾病中的数十种疾病。消化系统依次为病毒性肝炎、肠伤寒、急慢性胃炎、肠炎、溃疡病、肝胆病湿热证等。最常用清热化湿方依次为连朴饮、三仁汤、甘露消毒丹、雷氏芳香化浊法等。随着现代自然环境和人们生活条件的改变，人们体质以及饮食结构的变化，湿热病的发病率已有上升趋势，清热化湿法更加受到重视。彭万年对消渴病湿热证进行探讨，论述了消渴病从湿热论治的理论和临床意义。其认为在中国南方和东南亚一带，湿热型消渴病尤为常见，因此提出消渴病的重要疗法。李乾构主编的《中医实用消化病学》记载54种疾病，36种疾病有湿热证分型，12种病因与湿热有关。42种疾病提出清热化湿或者清热利湿之法，在治法应用统计之中占第一位。吕文亮主编的《脾胃病证治精要》收载了22种疾病，其中18种疾病有湿热证分型。其对湿热证用药统计分析，应用频次依次为黄连、藿香、黄芩、厚朴、木香、苍术、滑石等。鉴于湿热证的复杂性以及清热化湿法在临床运用的广泛性和重要性，运用现代科技手段探讨清热化湿法的作用机理显得尤为重要。

二、清热化湿法的实验研究

近年来，许多学者对清热化湿法的作用机理从不同角度、不同层次进行了探讨。吴仕九观察清热化湿法（代表方清香散：藿香15g，龙胆草10g，柴胡16g，黄芩10g，菖蒲9g，郁金9g，牡丹皮12g，山楂12g，白术10g，茯苓10g）对大鼠湿热证模型的疗效。结果表明，清热化湿法治疗湿热证可能与退热、抑制病原微生物、保护大肠吸收功能、抗机体氧化反应等作用有关。其同时认为，在清热化湿法中应用健脾中药对湿热证治疗尤其重要。有研究显示，清热化湿法常用药物如黄连、黄芩、蒲公英、大黄，均有明显的抵抗内毒素作用，体外对内毒素直接灭活与多黏菌素B相当，可直接破坏内毒素的超微结构。沈秀丽等观察内毒素致大鼠休克模型肠黏膜损伤情况以及"促动合剂"（厚朴等理气燥湿药为主药）对休克大鼠肠黏膜损伤的治疗作用，认为TNF和内毒素可导致大鼠的黏膜屏障损伤；“促动合剂”有保护肠黏膜作用。但从清热化湿法对胃肠激素的影响角度探讨其改善消化系统症状的机理较为少见。

张艺平以清热化湿法、清热化湿加活血化瘀法、清热解毒法、清热解毒加活血化瘀法进行对比研究，探讨以上诸法在温病湿热证治疗中的作用，提出了清热化湿法合用活血化瘀法治疗湿热证的新思路，并从微观角度探讨温病湿热证血瘀的客观性。陈爽白以三仁汤作为湿热证模型的反证方，认为该方可明显改善该湿热证模型的有关症状，提示三仁汤治疗有效。王氏等探讨清肾汤（丹参、茵陈、益母草、薏苡仁、黄连、蔻仁、白术、车前草、茯苓、猪苓、扁豆、泽泻、生大黄）对慢性肾功能衰竭急剧加重湿热证患者免疫功能的影响，认为清肾汤不但能降低该证患者肌苷水平、逆转急剧恶化的肾功能，而且具有调整其细胞免疫功能的作用。张诗军探讨了清热利湿法（龙胆草、柴胡、黄芩、栀子、酸枣仁）对慢性乙型肝炎湿热证患者自然杀伤细胞、自由基水平的影响。结果显示：清热利湿法能明显提高NK及OD水平。提示：本法可增强机体的免疫功能，抗自由基损伤，保护肝细胞。另外，本法还具有降低血清丙二醛（MDA）作用，因MDA与炎症反应有关，提示本法能促进炎症的消除。迟继铭在治疗致病性大肠杆菌所致泌尿道感染的疗效机理研究中发现，尿道致病性大肠杆菌的致病能力与其黏附尿道上皮细胞能力有关，黏附力量越强，其致病力越强，而清热利湿法具有抑制或减弱尿道致病性大肠杆菌黏附尿道上皮细胞的作用，并对大肠杆菌有一定的抗菌作用。

清热化湿药物对病变所致的组织损伤具有修复作用。如运用中药治疗各类病毒性肝炎，随着临床症状和肝功能好转的同时，肝脏的病理损伤亦可得到相应的恢复，从治疗前后肝穿刺活体组织检查和动物实验均证实，清热利湿、舒肝利胆的药物能减轻肝细胞组织损伤。吕氏以燥湿运脾汤（黄连、藿香、制半夏、厚朴等10味中药）为实验方，探讨其治疗脾胃湿热证的作用机理，证明该方有渗湿利尿、调中运脾、维持水和电解质的正常代谢的功能等作用。本实验模型动物的复健治疗前后对照，证明了该方有调节机体免疫功能及抗病原微生物的作用。

三、清热化湿法作用机理的研究思路

1. AQPs家族与湿邪的关系　调节细胞内外水平衡的水通道蛋白即水孔蛋白，是选择性水通透的内在膜蛋白，AQPs各成员在湿热证的许多证型中起重要作用。因为AQPs功能正常与否，直接影响到全身水液的输布和排泄。有研究者认为，中医治疗下焦湿热证清利湿邪即与AQP2利水的原理有关，而AQP1与脑脊液及体液的形成密切相关，因此探讨清热化湿法的机理，AQPs可以作为判断化湿效果好坏的指标之一。当然，细胞内外水液的变化不能完全等同于湿，水湿同源而性异，但两者毕竟有相关性。

2. 血脂异常与湿邪的关系　中医认为导致湿病的生活习惯是饮食不节、过食肥甘、嗜酒及香燥之品。肥甘食物性质滋腻，不易为脾胃所消化，反易妨碍脾胃运化，产生湿邪。在湿热证发生中，外湿入里，里湿为合，故发病之始，外湿经过“始虽外受，终归脾胃”的病理演变后，就以“内湿”这种有形之邪的形式存在了。外湿与内湿混合而为一，与热邪相混，成为湿热病邪。“湿浊”进入体内，日久则形成痰凝。其因有二：一为因阳热煎熬成痰；二为脉道闭阻，聚成痰饮。湿热酿痰蒙蔽心包证多在湿热性质疾病中后期发生，亦属于此病理。因此，探讨湿热气候和饮食肥甘生湿致病与血脂的关系，建立“血中膏脂”为湿

邪相关生化物质的假说，对诠释清热化湿治法作用机理，既有理论和实践依据，又有实际意义。

3. 脑肠肽及其受体表达与肠胃功能的关系　随着有关脑肠肽及受体对胃肠运动调节作用研究的深入，人们发现，胃肠壁内的肠神经系统（ENS）的神经元也能合成和释放多种脑肠肽，并认为它与胃肠系统、中枢神经系统一道参与了对胃肠运动的调控。脑肠肽作用的靶点为胃肠平滑肌细胞表面的特异性受体。这些受体的一个重要特征就是高特异性的识别和结合低浓度的肽。脑肠肽、神经递质及药物的生理效应和药理作用都必须通过机体的特异受体识别、放大、信号转输才能达到最后的效应。根据脑肠肽作用于胃肠肌肉细胞的收缩或舒适效应不同，可分为兴奋性和抑制性脑肠肽两类：胃泌素（GAS）、胃动素《MOT）、血管活性肽（VIP）、促胰液素、胆囊收缩素（CCK）为兴奋性脑肠肽，生长抑素为抑制性脑肠肽。另外 5 – HT 及其受体对胃肠运动的调控亦发挥作用。

胃动素（MOT）是由 22 个氨基酸组成的直链多肽，在多数哺乳动物的上消化道均有表达。MOT 属于兴奋胃肠运动的脑肠肽，它是启动消化间期胃肠移动性复合运动（MMC）的重要激素。周洁对大鼠离体胃的灌流实验表明，MOT 可特意性兴奋胃窦收缩活动。周吕、王玲等通过卖验研究了 MOT 对游离的大鼠胃平滑肌细胞的作用，结果表明：MOT 明显增强单个胃平滑肌细胞收缩活动，且呈剂量依赖性，它亦可促进整个胃的收缩活动，而且对不同胃分区的平滑肌细胞都有直接的收缩作用。它对胃的收缩作用最强，其收缩强度大于幽门和胃体。MOT 作用靶点为胃肠平滑肌细胞上特意性的 MOT 受体。1999 年 Feighner 等成功地鉴定和研究了 MOT 受体的基因序列和生物学特性，促进了人们对 MOT 系统的认识。原位杂交发现人食管、十二指肠、空肠、回肠及结肠的间质细胞均有 MOT – rRNA 的表达。

胃泌素（GAS）主要由胃及十二指肠黏膜开放型 G 细胞分泌，它亦属于兴奋性胃肠运动脑肠肽，可促进空腹和餐后胃的运动。20 世纪 90 年代以前，很少有 GAS 对胃肠运动调节作用的相关报道，认为其主要生理作用是刺激胃酸分泌，对胃肠黏膜和胰腺起营养作用。直到 1994 年 Yamamoto 等人才报道 GAS 为消化期激素之一，能刺激胃肠运动，它可破坏自发和 MOT 诱发的 MMCIII 相活动，使空腹样胃肠运动转变成食后样运动。GAS 在中枢神经系统和胃肠道分布很广，周吕和罗洁新观察了五肽 GAS（G5）对大鼠游离的胃平滑肌细胞的收缩作用后发现：高亲和力、特异的 GAS 受体在大鼠的胃体、胃幽门平滑肌细胞上存在，G5 对胃不同区域作用不同，对胃平滑肌细胞的收缩作用最强，幽门次之，胃体最弱。相关实验证明，GAS 作用于胃平滑肌上特异的 GAS – R，激活与 Gi 蛋白耦联的磷脂酶 C，从而引起胃平滑肌细胞的收缩。GAS 对胃平滑肌细胞的收缩作用可被 GAS – R 拮抗剂丙谷胺大大减弱，可被抗 GAS 血清完全取消，而不被 M 受体阻断剂阿托品所阻断，证明了大鼠胃平滑肌上 GAS – R 的特异性。

P 物质（SP）是速肽类家族中的一员，是第一个被发现的脑肠肽，主要分布在 ENS 和胃肠道 EC 内分泌细胞中。SP 能刺激胆碱能神经和作为非胆碱能兴奋性神经递质，作用于胃肠道，使大多数离体和在体胃肠平滑肌的收缩活动加强。有资料报道，大鼠及小鼠胃肠平滑肌上有与 SP 高亲和力结合的受体（NK – 1）。

抑制性脑肠肽及其受体：生长抑素（SS）亦在中区和胃肠组织中广泛分布，SS 的主要生理作用是抑制胃肠道的运动及各种胃肠激素的释放。SS 不仅可以直接抑制胃肠的运动，还可以抑制因胃泌素引起的胃肠平滑肌细胞的收缩活动。最近有资料证明，生长抑素抑制 G5 引起的胃平滑肌收缩作用可被生长抑素抗血清所阻断，表明胃平滑肌上存在特异的生长抑素受体。

4. 脾胃湿热证与胃肠动力障碍　15 年来，有关胃肠动力方面的研究者改变了单从形态、生物化学、免疫学角度探讨的不足，而是从中药或处方影响胃肠激素或调节神经递质的分泌角度探讨其调控胃肠动力的作用，取得了一定进展。胃肠动力障碍是由多种因素导致的胃排空延迟和小肠推进减慢为特征的一组症状。温病湿热证之发生，外感湿热，内伤脾胃，脾胃为病变中心。因此，脾胃气机升降失常引起的胸脘痞闷、纳呆便溏在湿热性质疾病的初、中期可出现。人体的胃纳脾运是在脾气升发，胃气下降中实现的，脾胃气机升降失常与胃肠动力障碍有关。已发现，许多中药、方剂对胃肠动力有调节作用。例如，朱金照对 15 味中药促胃肠动力的作用进行了筛选研究，发现木香、槟榔的胃肠动力效应以增强胃排空明显，枳实、藿香加快肠道传输明显。在我们课题组前期研究中，有关实验结果已显示兔脾胃湿热证模型表现为胃酸分泌减少，胃壁黏液量降低，胃肠推进运动减弱，且血浆胃泌素和全血 5 - HT 含量减低，提示两者有一定关联。同时证实清热化湿法（王氏连朴饮代表方）增强胃排空、加快肠道传输明显；并且，该法可促进温病湿热证大鼠的肠蠕动，并减少肠道内毒素移位。但清热化湿法调控胃肠运动的机制与胃肠激素和调节神经递质的分泌有何联系，内毒素对其是否产生影响，尚未见此方面探讨的报道。

5. 脑肠肽及其受体在阐释清热化湿法调控胃肠动力作用机制的意义　从胃肠激素及其受体角度探讨清热化湿法调控胃肠运动的机制，有可能揭示本法在恢复脾胃升降功能方面的作用靶点和科学内涵。在笔者对燥湿运脾汤的药效研究中，已发现清热化湿法有健脾调中的功效，随着病情的好转，消化系统许多症状初步消失。并且，已有研究以为，脾胃湿热证胃排空功能低下，存在胃肠动力障碍，与消化系统某些典型症状有关。有人探讨脾胃湿热证患者血胃泌素、胃动素、生长抑素含量变化，认为胃泌素、胃动素可能与脾胃湿热证和脾气虚证的某些共同病理有关。但温病脾胃湿热证的胃肠动力障碍，究竟与胃肠激素及其受体有何种关系，并且这些胃肠激素之间的相互作用关系如何为需要阐明的第一个问题；另外，清热化湿法改善温病脾胃湿热证的消化系统症状与消除胃肠动力障碍有无关系，该法对胃肠激素的影响是否与胃肠运动状态有关联为需要阐明的第二个问题；虽然多系统、多因素参与了调控胃肠运动的复杂活动，但是胃肠局部组织和血液中脑肠肽及神经递质含量的改变，能基本反映胃肠运动的功能状态。因此，以脑肠肽及神经递质为切入点，研究清热化湿法对胃肠运动的功能调节作用机制常有重要意义。脑肠肽及神经递质及药物的生理效应和药理作用都必须通过特定受体识别、放大、信号转输才能导致最后的效应。因此，本项目希望通过实验方法探索胃肠运动的功能状态及运用清热化湿法相关药物后相关受体表达情况，为今后在该领域更深层次研究打下基础。此外，温病脾胃湿热证的形成与 ETX 及其诱导的细胞因子密切相关，在我们的前期研究中，随着湿热症状的改善，血浆 ETX 水平及 TNF—α 和 IL - 1 亦呈下降趋势。因此，探讨致炎因子与胃肠激素水平之间的关系也是阐明清热化湿治法作用机理的一个重要途径。

6. 胃肠道消化吸收功能在阐释清热化湿法作用机制的意义　胃肠激素在胃肠道消化吸收功能中起主要作用。从胃肠激素及受体角度探讨清热化湿法调控胃肠运动的机制，有可能揭示本法在恢复脾胃升降功能方面的作用靶点和科学内涵。在对燥湿运脾汤的药效研究中，已发现清热化湿法有健脾调中的功效，随着病情的好转，消化系统许多症状初步消失。已有研究认为，脾胃湿热证胃排空功能低下，存在胃肠动力障碍，与消化系统某些典型症状有关。但温病脾胃湿热证的胃肠动力障碍，与胃肠激素及其受体之间的关系，以及这些胃肠激素之间的相互作用关系尚需阐明。此外，清热化湿法改善温病脾胃湿热证的消化系统症状与消除胃肠动力障碍有无关系，该法对胃肠激素的影响是否与胃肠运动状态有关联亦需要阐明。虽然多系统、多因素参与了调控胃肠运动的复杂活动，但是胃肠局部组织和血液中脑畅肽及神经递质含量的改变，能基本反映胃肠运动的功能状态。因此，以脑肠肽及神经递质为切入点，来研究清热化湿法对胃肠运动的功能调节作用机制常有重要意义。吴仕九等的研究认为，湿热证过程中湿困脾胃，胃纳呆滞，胃肠道消化吸收功能减弱，湿热证存在胃肠激素分泌异常，且温病湿热证动物模型与正常组血清 D－木糖水平比较时发现湿热证组明显下降，说明该证小肠吸收功能受到影响。因此，胃肠道消化吸收功能的恢复与否可以作为判断该法疗效的指标之一。

四、结语

本文在总结前期清热化湿法研究成果的基础上，提出了今后的研究思路。今后研究应注意新技术手段的应用，并研究与其他治法作用机理的异同点。诸如清热化湿法与清热解毒法对某一相关证型作用机理的比较研究，清热化湿法与其他治法如活血化瘀法的合用等与单一的治法比较，通过这些比较研究，容易找出两者的异同点。另外，应该注意的是，目前研究清热化湿法的作用机理的平台多采用外感湿热证模型，今后应选择内科杂病湿热证模型如糖尿病、肾病湿热证模型作为研究平台，有利于拓宽该法的作用机理的研究思路。当然，由于湿热证本质研究这一瓶颈问题尚未解决，“湿热”定性定量的检测仍需探讨，所以该治法的探讨不能脱离证本质研究而单独进行。因此，对清热化湿治法机理全面诠释的关键仍然是湿热证本质的研究。综上所述，胃肠激素和调节神经递质及受体表达可能在清热化湿法调控胃肠动力机制上有重要作用，虽然清热化湿法可改善炎症状态，并应用于多种感染性疾病的治疗，但国内尚未见从胃肠激素和调节神经递质及受体表达角度，研究该法改善消化系统功能、调控胃肠动力的中药作用机理的报道。因此，结合中西医理论，应用分子生物学等技术，从胃肠激素和调节神经递质及受体表达等方面，探讨常用中医治法——清热化湿法的作用机理具有实际意义，并可为众多感染性消化系统提供中医治疗的实验室依据。

张之文教授运用“开上运中奠下法”治疗 COPD 经验

郑秀丽

张之文教授系全国著名温病学家，国务院特殊津贴专家，首批四川省委直接掌握联系的高层优秀专家，四川省学术和技术带头人，全国老中医药专家学术经验继承导师，学验俱丰，尤擅治疗呼吸系统疾病。他提出以“开上运中奠下法”治疗慢性阻塞性肺疾病，颇有效验，兹介绍此经验如下。

一、“开上运中奠下法”之立法依据

慢性阻塞性肺疾病（COPD）是一种具有气流受限特征的可以预防和治疗的疾病，气流受限不完全可逆，呈进行性发展，与慢性支气管炎和肺气肿密切相关。当慢性支气管炎、肺气肿患者肺功能检查出现气流受限，并且不能完全可逆时，则能诊断为 COPD。有调查显示，COPD 患病率占 40 岁以上人群的 8.2%，可见患病率之高。临床症状有：（1）慢性咳嗽：通常为首发症状；（2）咳痰；（3）气短或呼吸困难：这是COPD的标志性症状；（4）喘息和胸闷；（5）全身性症状：如体重下降、食欲减退、外周肌肉萎缩和功能障碍等。属于中医“喘证”范畴。历代医家对喘证辨治论述颇多，或辨实喘与虚喘分治，或辨外感与内伤分治。张之文教授勤求古训，博采众长，执简驭繁，结合自身临证体会，以三焦为纲目，禀叶天士之谓“久咳不已，则三焦受之，是病不独在肺矣”（《临证指南医案·咳嗽》），提出本病的病机在于“上焦肺气失开，中焦脾气失运，下焦肾气失奠”。

1. 上焦肺气失开　《灵枢·决气》云：“上焦开发……若雾露之溉，是谓气。”上焦主气之升发与宣散，但不是有升无降，而是升已而降。肺为元气之主，呼吸之藩篱，位居最高，受脏腑上朝之清气，禀清肃之体，性主乎降，合于皮毛，又为娇脏，怕寒恶热，不耐邪侵，凡六淫之气，一有所著，即能致病。邪著则其失其清肃降令，遂痹塞不通爽也。河间云：“咳谓无痰而有声，肺气伤而不清也。”（《素问病机气宜保命集·咳嗽论》）肺本喜清肃，若失于开宣，则气壅涩滞，不得宣发，而咳逆上气。诸咳之原，其来虽各不同，其气必至于肺而后发。故有谓咳嗽不止于肺，亦不离乎肺。故咳之病机关键在于上焦肺气闭郁失开。

2. 中焦脾气失运　江流滔滔日夜无声，狂澜激石不平则鸣。所以咳嗽者，痰塞胸脘，气逆不下，冲击而动肺耳。动作便有痰声，痰出嗽止者，痰也。河间云：“嗽是无声而有痰，脾湿动而为痰也。咳嗽谓有痰而有声，盖因伤于肺气，动于脾湿，咳而为嗽也。”（《素问病机气宜保命集·咳嗽论》）脾为中土，通连上下，为气机升降之枢纽，且主为胃行其津液，故又为生痰之源。若水谷不运，湿聚气阻，则见喘咳。因痰而嗽者，痰为重，主治在脾；因咳而动痰者，咳为重，主治在肺。因痰而致咳者，但治其痰而咳自止。COPD的患者多为老年，中宫脾之运力渐不及年轻气盛之时，脾气失运，则津液停著不化，故而为痰为湿，引起咯痰或咳嗽。故痰之病机根本在乎中焦脾气失于健运。

3. 下焦肾气失奠　肾为元精之本，肺为元气之主。五脏之气分受伤，则病必自上而下，由肺由脾，以及于肾。肾主精髓而在下焦，若真阴亏损，精不化气，则下不交而上为促。虚喘者，气短不续，提之若不能升，吞之若不相及，劳动则甚，而惟急促似喘，但得引长一息为快也，其责在肾。五脏之精皆藏于肾，而少阴肾脉，从肾上贯肝膈，入肺中，循喉咙，夹舌本。所以，肺金之虚，多由肾水之涸，正以子令母虚也。若有元阳下亏，生气不布，以致脾困于中，肺困于上，而为喘促。“凡虚喘之证，无非由气虚耳。”（《景岳全书·喘促》）

故对于喘证，探其本，实乃“咳为气逆，嗽为有痰，喘为气促”。上焦易壅，中宫少运，阴虚阳升，气不摄纳而喘作。“肺为气之主，肾为气之根。肺主出气，肾主纳气。阴阳相交，呼吸乃和。若出纳升降失常，斯喘作矣。”（《类证治裁·喘证》）从三焦而言，咳、痰、喘三大主症分别对应上、中、下三焦；从脏腑而言，“咳在肺，痰在脾，喘在肾”。

值得注意的是，这只是相对应而言。咳、痰、喘之根本全在人身之气机失常。肺为气之主，肾为气之根，脾为中焦气机之枢纽。“手太阴肺金，天也；足太阴脾土，地也。地气上升，则天气下降。”（《医学真传·喘证》）脾气不升，肺气不降，痰涎在中，上下不交而为喘。然此喘也，必兼咳也。“肺天也，肾水也，天体不连地而连水，经云其本有肾，其末在肺，以明水天一气。”（《医学真传·喘证》）水天之气不相交接违行而喘生。肺气闭郁，失于宣开，上气不开，下气不降，为气壅滞而或咳或喘；脾气虚馁，健运不足，津聚为痰，痰引嗽发；肾气不充，失于摄纳，吸不能潜，气不归元而喘。

COPD的发展是一个慢性的过程，且多发生在老年，故喘证之病机常虚实夹杂。若感受寒邪触动引发，则有肺气为寒闭郁之实，然难免本身固有之虚；若伴肺部感染痰多，此际痰多气急为标实，且痰多之因本在脾气失运，而本病之根仍存肾气之虚，可表现为咳嗽无力，动则喘作等。故本病无可截然分开之虚实，而是虚实交错缠绕，虚中有实，实中夹虚。

二、“开上运中奠下法”之涵义阐微

1. 开上——上开肺气　者，开宣、开通其受郁闭之肺气也。张教授吸取叶天士《临证指南医案》之肺痹篇与喘篇中经验，盖肺位最高，主气，呼气主要依靠肺的宣发作用。其脏体恶寒恶热，肺气郁闭壅滞则咳嗽，以开上焦手太阴肺为治，宣辛则通，微苦则降。此法为顺其在上之性而开。每以麻黄、杏仁为开肺之要药。开气之品如瓜蒌皮、苏子、桔梗、枳壳等，总皆主乎轻浮，不用重浊厚味，是所谓微辛则开之，微苦则降之，适有合乎轻清娇脏之治也。2. 运中——中运脾气　运者，旋转、斡旋、运动之意。脾为土，厚德载物，为万物之母，脾阻宜动则运。叶天士云，脾宜升则健。故治痰法，实脾土，燥脾湿，杜其生痰之源，是治其本也。且善治痰者，兼治气，气顺则痰利。运中，即使中宫得运，脾复健运之常则痰湿自化。若发作期痰浊壅盛者，常见咯白痰，痰量多，每以枳桔二陈汤或蒌杏橘贝汤燥湿化痰，务尽快使痰湿之标急得驱，痰祛则嗽止，而咳嗽气喘可以得缓。若缓解期，痰不甚者，中气虚馁，健脾为主，常以六君子汤加减。脾土为肺金之母，故健运脾气，实蕴虚则补其母之意，并取培土生金之功。3. 奠下——下奠肾气　奠者，奠定、奠基之意。肾司封藏，主纳气，为气之根，如何梦瑶在《医碥》中所言：“气根于肾，亦归于肾，故曰肾纳气，其息深深。”其物质基础乃是肾中之精气。若肾精不足，摄纳无力，则出现呼多吸少，或动则气短，呼吸表浅，喘息等。故治疗以奠实肾气为要，且寓金水相生之意。常用菟丝子、枸杞子、杜仲、韭子等补益肾气之品。

三、“开上运中奠下法”之临床运用

临床上 COPD 的患者，每常咳、痰、喘三症兼有之，故处方时开上运中奠下三法并举，不可或缺，只不过根据病情调整其侧重。

病在上焦，常见咳嗽、气短或呼吸困难、喘息或胸闷等症状，查体见呼吸浅快、闻及哮鸣音等。此为肺气闭郁，治以开宣肺气为主，常用麻黄、葶苈子、枳壳、桔梗等，同时以杏仁、枳实、旋覆花、枇杷叶等肃降肺气。开宣与肃降并举，一宣一降，以复肺气之常，则上焦之气能升已而降。临床多见因外感寒邪引触而起病，故常以温开为主，即使内蕴邪热，初发之际，亦不可寒凉遏之。

若以咯痰多而色白为主者，此为肺有蓄痰，因痰而嗽，当以宣肺祛痰而止嗽，每以蒌杏橘贝汤。肺中蓄痰乃中焦病变脾气虚馁所致，故多兼有脘腹胀满、纳呆、便溏等，常予以参、术（常苍术、白术并用）、茯苓、半夏等。中焦脾转而痰自得化，并更可杜其痰生痰蓄之患。

病及下焦则动即作喘，张口气促。此因肾气不纳，气逆而喘，痰涎或多或少，或有或无，总宜补肾纳气定喘。临床上以阳虚者居多，多伴形寒怕冷、小便清长、夜尿多、舌胖嫩边有齿痕、脉沉。常用菟丝子、杜仲、补骨脂、仙灵脾、紫石英或牡蛎等。而肾阴亏虚者，多有虚烦躁热、面色潮红、少寐咽干、舌红少苔等，多以鳖甲、龟甲、黄柏、知母等填镇清滋下元。肺朝百脉，心气与肺气相顺接，气血应心之动而周行全身。肺气闭郁，气钝而血瘀，多有唇紫舌黯等瘀血征象，故常伍以桃仁、赤芍、丹参等。总之，临诊当明辨病变部位之偏重，阴阳之属性，兼顾三焦而灵活加减应用，开宣上焦，运化中宫，填补下元，并佐活血化瘀方能奏效。

四、验案举隅

肖××，男，77岁，2006年11月6日初诊。自诉咳嗽、咯痰、气喘病史6年，西医诊断为：COPD。刻诊：喘促，气紧，动则喘甚，可以平卧，咳嗽，咯痰为白色泡沫黏痰，痰量多，口干欲饮，纳差，二便可，舌质黯红，舌色不荣，苔薄黄，脉滑数。中医诊断：喘证。辨证：肺气闭郁，脾虚痰壅，肾气失纳。治法：开上运中奠下，开宣肺气，化痰理气，补肾纳气。处方：炙麻黄6s，杏仁15g，葶苈子15g，大枣15g，枳实15g，枳壳15g，桔梗15g，法半夏15g，茯苓15g，紫河车12g（冲服），蛤蚧粉10g（冲服），胡桃肉2枚，甘草3g。每日1剂，6剂。二诊（2006年11月20日）：服上方后，症状明显缓解，早上微咳，白色黏痰减少，仍动则喘，气紧，纳可，怕冷，舌质黯红，苔薄黄，脉细微数。以祛痰平喘为治。处方：生晒参15g，枳壳15g，枳实15g，法夏18g，茯苓18g，陈皮15g，乌梅20g，炒白术15g，旋覆花15g（包煎），丹参15g，补骨脂15g，菟丝子15g，葶苈子15g，炙甘草8g。6剂。三诊（2006年12月1日）：咳嗽、痰、动则喘进一步减轻，舌微黯红不荣，苔薄白，脉缓。治疗以补肾纳气为主，佐以活血。处方：太子参15g，补骨脂15g，葶苈子15g，紫河车12g，女贞子18g，生地8g，枳实15g，枳壳15g，苏叶15g，旋覆花15g（包煎），陈皮15g，丹参15g，蛤蚧粉10g，甘草3g。6剂。2007年3月5日患者特来诉2006年冬季未再因COPD急性加重而住院，病情稳定，呼吸日渐改善，咳嗽亦不再明显，对张老师不胜感激。

宣白承气汤在肺系病急性期治疗中的运用

胡　静　郭永洁

吴鞠通《温病条辨》对承气汤的运用灵活多变，用承气不强调痞满临床表现，而强调燥实，多用调胃承气汤，并且在此方基础上，因腑实兼证之不同，进行灵活化裁，创立了宣白承气汤、导赤承气汤、护胃承气汤、承气合小陷胸汤、加减桃仁承气汤、牛黄承气汤、增液承气汤、新加黄龙汤等，扩展了承气汤类方的适用范围，确立了下法在温病治疗中的地位。本课题组为继承和提升中医外感热病学中通里攻下法的科学内涵，扩展其临床适用范围，侧重考察了宣白承气汤在肺系疾病急性期治疗中的运用，期望为吴鞠通温病学理论指导内科临床提供新方法、新途径。

一、宣白承气汤在肺系常见病、多发病中的应用

肺系常见病、多发病所包涵的急、性气管－支气管炎、慢性支气管炎急性发作、喘息性支气管炎、支气管哮喘、急性肺炎、慢性阻塞性肺疾病急性加重期、肺原性心脏病、支气管扩张、肺脓疡、急性上呼吸道感染等西医疾病，凡出现高热喘嗽、大便秘结、舌红苔黄、脉实数有力者，证属痰热蕴肺，腑气不通的病人，均可用宣白承气汤原方或加减化裁治疗，举例如下。

急性气管炎、支气管炎、肺炎属于中医“咳嗽”、“咳喘”范畴。该病多因失治误治，

导致肺失宣肃，痰热壅肺，肺气上逆，腑失通降，临床见证虚少实多。郎立和等用宣白承气汤加味治疗急性气管炎、支气管炎45例，咳嗽、咯痰、胸闷、便秘诸症均可消除，疗效显著。张瑞利使用加减宣白承气汤治疗急性肺感染，立意于肃肺通腑，导痰热下行，亦取得良效。若邪热壅肺，热盛肉腐成脓，则病发肺脓疡，属于祖国医学“肺痈”范畴。孔祥文等用宣白承气汤原方治疗肺脓肿高热55例，疗效很好。杜怀棠等撰文指出，对于病毒性下呼吸道感染兼有便秘的患者，均可采用加味宣白承气汤治疗，具有宣肺化痰，清热解毒，通腑祛瘀的功效。范仁忠等则进一步指出，凡是肺系疾病有喘息者均可用宣白承气汤平喘。

宣白承气汤在肺系疾病临床治疗中应用广泛，不仅用于成人，而且用于儿科临床。张重州等用宣白承气汤化裁治疗小儿肺热咳嗽痰热壅肺型，诸药配合使用，宣肺、清热、通腑，作用完备而全面，也取得了较好的疗效。

可见，经过诸多医家的大胆尝试和推广运用，宣白承气汤在肺系常见病、多发病治疗中得到了广泛地应用。此外，宣白承气汤还用于治疗一些肺系疾病危急重症，如肺心病急性发作期和慢性阻塞性肺疾病急性加重期的治疗，也取得了一定的疗效。

肺心病急性发作期属中医“咳嗽”、“喘证”、“肺胀”等范畴，病机为感受外邪，痰浊与血瘀交阻。其中，痰热壅肺证非常常见，以咳、喘、痰、热为主要临床表现，兼有腹胀、便秘、舌苔厚腻等表现。因此，张凤宇等根据“肺与大肠相表里”的理论，认为本病应清肺平喘、泻热通便，用宣白承气汤加味配合西药抗感染对症支持疗法治疗肺心病急性发作期30例，有较好疗效。尤其是对于肺心病急性发作伴呼衰的患者，在纠正呼衰方面较对照组有明显优势。谢邦军进一步指出，如果病情危重，发生痰热腑实型肺性脑病，那么改变给药途径，以加味宣白承气汤直肠滴注治疗。直肠给药，通过经脉上输于肺，肺朝百脉，而将药物运送到全身，使腑气通而肺气肃、心窍开，痰热自除，肺性脑病急性期可得到缓解。

慢性阻塞性肺疾病（chronic obstructive pulmonary disease，COPD）属于祖国医学“肺胀”范畴，亦见于“咳嗽”、“心悸”、“喘症”、“水肿”等病证的危重阶段，是本虚标实证。“热毒”、“痰血”、“瘀浊”、“燥屎”在其急性加重期（AECOPD）发展过程中起主要作用，且对疾病的转归有较大影响，对于这种多因素复合性疾病，急性期治疗以祛邪法为主，通里攻下法治疗本病有其特色和优势。张元兵依据“肺与大肠相表里”理论和“痰瘀伏肺，气道壅塞”学术思想，着眼于疏利气机，采用宣白承气汤化裁方治疗，取得涤痰行瘀、利气除壅、通腑平喘的疗效。

AECOPD有一定难治性，严重危害人民健康，如何提高其临床疗效是医学领域的重要课题之一。本课题组也一直致力于观察宣白承气汤加味在AECOPD中的临床疗效，不仅对其做出疗效和副作用的双重评价，而且探讨其有效性的临床证据，以期提高疗效，减少毒副反应，这方面研究成果将另外撰写文章。

二、宣白承气汤用药特色及在肺系疾病治疗中的加减用药规律

宣白承气汤源自《温病条辨》，原为温病失下，邪热炽盛，痰热壅滞，肺气郁而不降，腑气失于通降，燥结成实而设。《温病条辨》曰：“阳明温病，下之不通……喘促不宁，痰涎壅滞，右寸实大，肺气不降者，宣白承气汤主之。”肺与大肠相表里，温热病邪易于炼液为痰，痰热互结则气机阻塞，导致肺失肃降，而腑气不通。此时一味清肺或使用攻下均非良策，故用宣白承气汤治疗。本方取白虎、承气两方之意，方中生石膏、杏仁、瓜蒌皮清肺化痰，生大黄通腑泻热，此外杏仁亦有通便作用。四药合用共奏宣肃肺气、清肺化痰、攻下腑

实之功，使腑气通降，则上逆之肺气得平，痰热得除，喘嗽得息，可谓匠心独运，是“脏腑合治法”的体现。直至今日，宣白承气汤原方在肺系疾病治疗中仍然有广泛应用。后世医家在原方基础上进行了灵活化裁，加减用药规律主要归纳为以下几点：

肺热炽盛者，宜加黄芩、桑白皮、鱼腥草、芦根；

痰涎壅盛者，宜加葶苈子、浙贝母、竹沥半夏、金荞麦根、胆南星；

胸闷甚者，宜加郁金、青皮、陈皮、厚朴、枳实、枳壳、苏叶；

久病致瘀者，宜加桃仁、红花、川芎；

咽喉红肿闭塞者，宜加连翘、山豆根、僵蚕；

邪入心包，身热神昏者，宜加水牛角、连翘心、郁金、黄连、生山栀子。

吴鞠通创立宣白承气汤已经有二百多年的历史了，用于痰热壅肺、腑气不通证，是“肺肠合治法”的体现，为肺系疾病的治疗另辟蹊径。虽肺气不降，痰涎壅滞，咳嗽喘促，不得以上焦法治之，故以“宣白承气汤主之”。今天的我们，温病研究工作者，不但要继承，而且要创新，将古方新用，师古而不泥古，加减化裁，增减剂量，灵活变通，以适应当今肺系疾病病情变化的需要，这是继承中有发展，与时俱进，以期代代相传，为吴鞠通学术思想和临床经验的传承开拓更广阔的空间，使其在数千年后仍然是中医学理论和临床实践研究中的一面旗帜。

吴鞠通新绛旋覆汤应用探析

刘逴慜　曹凡华

新绛旋覆汤原名旋覆花汤，系汉代张仲景《金匮要略》之方，由旋覆花、新绛、葱 3 味药物组成。主治肝着及妇人半产、漏下病。《金匮要略》记载：“肝着，其人常蹈其胸上，先未苦时，但欲热饮，旋覆花汤主之。”又云：“寸口脉弦大，弦则为减，大则为芤，减则为寒，芤则为虚，虚寒相搏，此名曰革，妇人则半产漏下，旋覆花汤主之。”

清代江苏淮阴之吴瑭鞠通先生深得仲景旋覆花汤应用之奥秘，在其临床代表作《吴鞠通医案》中，新绛旋覆汤所涉及之病种，仅内、妇科就达 13 门，病案有 25 例之多。其中肝厥 2 例，胁痛 4 例，肝痈 2 例，吐血 5 例，肿胀 2 例，单腹胀 1 例，积聚 1 例，淋浊 2 例，头痛 1 例，痰饮 2 例，疝瘕 1 例，痹 1 例，带下 1 例。本文将根据上述案例中，吴氏新绛旋覆汤应用之特点作粗浅探讨。

一、阐发病机，异病同治

吴氏认为，肝属木脏，主疏泄喜条达恶抑郁，主筋为罢极之本，主藏血能调节机体的血流量，且能养胎。肝着病与妇人半产漏下，皆因肝郁受寒，气血凝滞不行。肝着者，为络脉不利也；妇人半产漏下者，血不养胎，胎元不固使然。新绛旋覆汤温阳散寒，宣通络脉，旋覆花咸温下气散结，新绛和血通络，葱叶温阳散寒，俟其气血调和，络脉通利则肝着缓解，妇人胎元得固，半产漏下自愈也。

二、肝郁络病，宜横不宜纵

《医医病书》曰：“今人见肝郁，佥用逍遥散，效者半，不效者半，不知有仲景新绛旋覆汤主妙也。盖经主气，直行属阳，络主血，横行属阴。新绛等汤走络，横行为横，治肝宜于横不宜纵。”以吴氏之论，同为肝郁，有纵横之别，纵者影响脾胃，以致升降失司；横者累及肝胆，络脉不利。肝郁一证，初病者直行，在气在经；久病者横行，在血在络。在气在经者宜和肝胃；在络在血者，宣通肝络。

三、《医案》新绛旋覆案例分析

1. 肝郁络病，寒凝血瘀　吴氏认为，肝郁不疏，病久在络，复伤寒邪，络脉瘀阻，以温通络脉的新绛旋覆汤合辛温散寒化瘀之品，增强通络化瘀之功，如川椒炭、当归须、桃仁、郁金、降香这类。肝阳上窜，因怒触发十余年，脉强而弦细，为寒无疑，现胁下有块有声，经色紫色（肝厥门·高氏案）；肝郁胁痛，病名肝着，肝藏血，络主血故也。（胁痛门·伊氏案）

2. 肝郁络瘀，痰饮内结　肝郁气滞，经脉瘀阻，三焦气化不利，水液代谢障碍，内结成痰饮。吴氏在新绛旋覆汤中加入半夏、陈皮、苏子霜、郁金、香附等，通络理气，消痰化饮。病起肝郁，胁痛，痰中带血，病名肝着，肝络血瘀夹痰饮（肝痈门·谢案）；呛咳脓血气臭，午后身热面赤，左胁痛甚，肝痈夹痰饮所致（肝痈门·孙氏案）；肝郁夹痰饮，咳嗽气上阻胸，寒热。以宣肝络以开郁，和胃以逐饮，降肝气，镇肝逆以去气阻，调营卫以止寒热（痰饮门·陈氏案）。

3. 肝郁络阻，血不循经　因恼怒所伤，肝气郁结，络血瘀阻，血失常道，不能循经而行，引起吐血、尿血者，吴氏主张见血休治血，治在气和瘀。待气顺瘀化，血循常道则吐血自止。以新绛旋覆汤为主，佐苏子霜、郁金、降香等降气，牡丹皮、当归、桃仁、延胡索等凉血化瘀。脉弦如刃，吐出血后左胁胀痛，治在肝络，使血不瘀则吐血可止（吐血门·王案）；怒伤吐血，两胁俱痛，六脉弦紧。凡怒伤肝，郁必有瘀血，以活络为主（吐血门·岳案）；六脉弦细而沉，吐血久而不止，久病当于络中求之（吐血门·王案）；血淋太多，先与导赤不应脉弦细，询由怒郁而起，转方与和肝活络（淋浊门·珍案）；小便狂血，脉弦数，病由怒转（淋浊门·王案）。

4. 肝郁气滞，络胀臓虚　五行学说认为，肝为风木之脏，体阴而用阳，肝郁则木气偏亢，犯中克土则累及脾胃之纳化，造成脏虚形羸，脾胃气滞则内生膜胀。吴氏宗“治病求本”的原则，运用温通络脉之新绛旋覆汤，并随症加入理气消胀，培补脏元之品。初因肝厥犯胃……以致不能吃饭，饮粥汤止一口，食炒米粉止一酒杯，六脉弦紧而长，经闭骨瘦如柴，奄奄一息，经谓治病必求其本，仍肝络论治（肝厥门·杨女案）；病起肝郁，木郁克土，克阳土则不寐，克阴土则膜胀，自郁则胁痛，肝主血络亦主血，故治肝必治络（单腹胀门·毛案）。

5. 肝郁络闭，疝瘕积聚　肝郁日久，气血闭塞，络脉瘀结，内生疝瘕积聚。吴氏认为肝主血络，疝瘕积聚者，乃气血闭塞，络脉瘀结所致，治肝郁必治气血，治疝瘕积聚，必治肝络，故用温通络脉之新绛旋覆汤加桃仁、红花、桂枝、茴香、归须、化癥回生丹之属。脐左有积气，右脉沉伏弦细，溯其初，原从左胁注痛而起，为肝着之咳无疑，但宣通肝之阴络（积聚门·张案）；肝郁结成癥瘕，左脉沉伏如无，左脉浮弦，下焦血分闭寒极点，治法以宣络为要（疝瘕门·王室女案）。

四、体会

通过对吴氏新绛旋覆汤应用案例之分析，可以看出吴氏对经方研究和运用的至深造诣。《吴鞠通医案》中，吴氏十分重视情志病变，尤其是郁怒所致的疾病。他指出，肝郁气滞可以引起血瘀，血瘀日久入络，影响三焦之气化，使津液代谢受到障碍而形成痰饮。血瘀内结，络脉受阻既可血失常道，不能循经而行，造成血液妄行之吐血、尿血、又能内生症瘕积聚。肝郁木旺之时，犯中克土，脾胃气滞者则生䐜胀。脾胃虚弱者，气血亏虚，形羸消瘦。肝郁初病，在气在经，肝郁久病，在血入络，治肝郁络病者，新绛旋覆汤是也。

昔者，仲景用新绛旋覆汤治疗肝着及妇人生产漏下之疾，而吴氏能阐明病机，将新绛旋覆汤广泛地运用到临床各类疾病之中，诚属发扬光大。从而说明了吴氏不仅善于掌握古方古法，尚能善于灵活运用古方古法，这对后学者具有启发作用。

（四）对吴鞠通倡导的医德医风、学风文风的研究

试论吴鞠通的学风与文风

陈亦人

吴鞠通是我国清代中叶杰出的医学家，他在中医的传统理论方面，提出许多颇有价值的商榷意见，特别是对温病学理论的发展作出卓越的贡献。他不但确立了三焦证治体系，而且创制了不少配伍严谨的新方，如银翘散、桑菊饮、三香汤、三仁汤等。吴氏所以能取得这样大的成就，在一定程度上取决于他的学风与文风。因此，对吴氏学说和学术思想的讨论，把他的学风与文风联系起来研究，是有积极意义的。兹就这一问题略作探讨，聊供参考，并希教正。

他的学风主要有两大特点：

一、尊经重本

吴氏十分重视对中医经典的学习，他认为《内经》、《伤寒论》等经典医籍是中医理论的源泉与根本，必须痛下功夫去学习、钻研，否则就学无根柢，流于浅近、庸俗。他曾强调指出："学者不可不尊经，不尊经则学无根柢，或流于异端。"并举出自己的亲身体会："学医必先从《内经》入手，熟读深思，自有妙悟。其次细读《伤寒论》，按经辨证，因证辨脉。脉证既明，然后读叶氏辨舌之论，临证乃有把握。"他对"今人不读古书，安于小就，得少便足，囿于见闻，爱简便，畏繁重，喜浅近，惧深奥"，甚至仅读《药性赋》、《汤头歌》，便欲行医"，表示十分感慨！大声疾呼："《灵枢》、《素问》、《难经》、《伤寒论》、《金匮要略》……断不可不读者也。"又以读叶天士医案为例，说明读医学经典的重要性和必要性。"近代叶天士医案，精者多而粗者少，远胜陶氏等书，南方人多喜读之。无奈不得要领，但袭皮毛，名为叶派。但叶氏之书，本不易读。盖其书用古最多，读者不知其来路，未易领会其用意。而又搜罗散佚，集于门人之手，往往有前无后，有中间而无前后，碎金片

玉，不能全备，非真有天分人功者，不能读也。且不读《内经》、《金匮》等古书，不知其妙，不能用也。”他极赞同孙真人“伤寒热病自古有之，至于仲景特有神功，惜医人未能赞仰，而天下名贤，止而不学，诚可悲夫”的慨叹，主张“凡初学入门，必先读孙氏《千金翼方》中伤寒上下三十条；次读宋许学士《伤寒百证歌》及《伤寒九十论》；又次读金老医成无已《伤寒明理论》”，认为“此四者皆为后学必读之书，其余注家各存臆见，可阅而不可读，以皆有倚于一偏之弊焉”。所以他既不同意错简派的任意增删，也不同意崇古派的随文敷衍。提出“断不能起仲景于九原而问之，何条在先，何条在后，何处尚有若干文字，何处系后人所增”。主张“惟有阙疑阙殆，择其可信者而从之，不可信者考之而已”。这样的治学思想和方法是完全正确的。对于《伤寒论》注家，他主张必须泛览，才能弄清来龙去脉，才能避免偏执一家之言。提出“林氏、成氏，大抵随文顺解，不能透发精义，然创始实难，不为无功。有明中行方先生，实能苦心力索，畅所欲言，溯本探微，阐幽发秘，虽未能处处合拍，而大端已具。喻氏起而作《尚论》，补其阙略，发其所未发，亦诚仲景之功臣也。然除却心解数处，其大端亦从方论中来，不应力诋方氏。……喻氏之后又有高氏注《尚论发明》，亦有心得可取处。其大端暗窃方氏，明尊喻氏，而又力诋喻氏，亦如喻氏之于方氏也。……舒驰远之《集注》一以喻氏为主，兼引程郊倩之《后条辨》，杂以及门之论断，若不知有方氏之前条辨者，遂以喻氏窃方氏之论，直谓为喻氏书矣。……至慈溪柯韵伯注《伤寒论》，著《来苏集》，聪明才辨，不无发明，可供采择。……其删改原文处多逞臆说，不若方氏之纯正矣。且方氏创通大义，其功不可没也。”通过分析比较，指出“喻氏、高氏，柯氏三子之于方氏，补偏救弊，其卓识妙语，不无可取，而独恶其自高己见，各立门户，务掩前人之善耳。”这是一种相当严重的不良学风，所以他特向后之学者提出“其各以明道济世为急，毋以争名竞胜为心”的期望。

吴氏重视医学经典，强调“总要平日用功参悟古书”，似有复古保守之嫌。其实不然，他决不是为古而古，而是古为今用。他曾明确提出，对待古医籍应做到“拾古之遗，忏古之失，补古之阙，释古之疑，温故知新”，足资佐证。

二、研理务精

吴氏对前人理论的学习，从不满足于现成结论，浅尝辄止，而是深入钻研，探求其所以然，正如其友汪廷珍所说：“嗜学不厌，研理务精”，因而能够发皇古义，提出新的意见。例如《灵枢·热论篇》“热病三日，而气口静人迎躁者，取之诸阳五十九刺，实其阴以补其不足”一段经文，历来皆就针法解释，吴氏却推广其义，指出“实其阴以补其不足，此一句实治温热之吃紧大纲。盖热病未有不耗阴者，其耗之未尽则生，尽则无阳留恋，必脱而死也。真能体味此理，思过半矣。此论中治法，实从此处着手”。又如《金匮真言论》“夫精者，身之本也，故藏于精者，春不病温”一节经文，医家大多理解“精”为“肾精”，专与房事联系。吴氏结合《素问·上古天真论》与《四气调神大论》以及《金匮要略》中“五脏元真通畅，人即安和”等内容，提出“盖能藏精者，一切病患皆可却，岂独温病为然哉”的论断。又提出“不藏精三字须活看，不专主房劳说，一切人事之能摇动其精者皆是，即冬日天气应寒而阳不潜藏，如春日之发泄，甚则桃李反花之类亦是”。这些，对深入理解经典著作中理论颇有启发意义。又如对《伤寒论》太阳中风的性质问题，大多以“风为阳邪”解释，试问既为阳邪，怎么能用桂枝汤？吴氏直接指出：“桂枝汤在《伤寒》书内所治之风，风兼寒者也，治风之变法也。若风之不兼寒者，则从《内经》风淫于内，治以辛凉，佐以苦甘，治风之正法也。”这样的分析，不仅言之成理，持之有故，而且符合临床实际。

又如对虚劳证滥用滋阴问题，追溯原因是惑于丹溪“阳常有余，阴常不足”之论，认为“从来最善补虚者，莫如仲景。仲景谓‘大则为芤，弦则为减，芤则为虚，减则为寒，虚寒相搏，其名曰革，男子失精亡血，女人半产漏下，诸虚不足，小建中汤主之’。夫失精亡血，半产漏下，伤阴甚矣，仲景何不用冬地丹萸，而用建中乎？盖建中以调和营卫为扼要，全以补土为主，药止六味，而甘药居四，俾开胃健食，土旺生金，金复生水以生木，木生火而生土，循环无已。其意不欲以药补虚，使之脾胃健旺，以食补虚，此君子以人治人之道，岂浅学所知哉！”不仅揭示了小建中汤的配伍意义，而且揭示了虚劳症的施治原则，特别是“不欲以药补虚”与“以人治人之道”二语，的确是仲景心法，真有金针度人之妙！

又如对“产后不可用白芍，恐伐生生之气”论点的商榷，指出“但视其为虚寒虚热耳。若系虚寒，虽非产后，亦不可用。“后世不善读书者，古人良法不知守，此等偏谬处，偏牢记在心，误尽大事，可发一叹！”

又如对吴又可“黄连不可轻用”之说的分析，提出“夫黄连不可轻用，大黄与黄连同一苦寒药，迅利于黄连百倍，反可轻用哉！”认为宜用、禁用、轻用、重用都应随具体病情决定。他的经验是：“用普济消毒饮，于温病初起，必去芩连，畏其入里而犯中下焦也。于应用芩连方内，必大队甘寒以监之，但令清热化阴，不令化燥，如阳亢不寐，火府不通等证。于酒客便溏频数者，则重用之。湿温门中不惟不忌芩连，仍重赖之，盖欲其化燥也。”从而作出“药用当而通神，医者之于药，何好何恶，惟当之是求”的结论。即使为他所赞佩的叶天士，也决不盲从附和。如对叶氏使用泻白散治外邪未尽的咳嗽，同样提出批评意见，指出：“夫以叶氏之明，犹不知此。”又说：“虽明如王晋三、叶天士，犹率意用之。”表示深为婉惜。至于泻白散的作用究竟怎样？他追溯到钱仲阳制方的原意为“治小儿实热已退，虚热不除”而误，属于调气归原法。所以“若兼一毫外感，即不可用。如风寒、风温正盛之时，而用桑皮、地骨，或于别方中加桑，或加地骨，如油入面，锢结不可解矣。”另一根据是《金匮》已有“如风寒，桑根勿取之”的记载，桑皮既然不宜，连类而及，地骨皮自然也不可用，从而纠正了长期以来误用泻白散的积弊。

仅从以上数例，已可充分证明“研理务精”与“尊经重本”，确实是吴氏学风的两大特点，也可以说是他在医学领域中取得巨大成就的重要因素。然而“文以载道”，“道而无文，行之不远”，吴氏的著作所以能那样深入人心，广泛传布，则与他的文风有关。约而言之，其文风也具有两大特点。

一、翔实而不浮泛

吴氏著书立说的目的是补偏救偏，所以内容力求翔实，很少浮泛不切之词。他的代表作《温病条辨》，就是“因世之医温病者，毫无尺度，人之死于温病者，不可胜纪”而作。他说，“瑭哀道之不明，人之不得其死，不自揣而作是书，非与人争名，亦无求胜前贤之私心也。”他的另一部著作《医医病书》，全书七十二论，皆针对各种时弊而言，读来非常实际，没有一篇是泛泛而谈。如“用古方必求立方之故论”，指出“且古方不可不信，不可信之太过，亦不能全信，须对症细参，斟酌尽善。”又如“诊病以现症为主，不可拘执古方论”，指出“诊病者全在确识病情之寒热虚实润燥，再能精考药理，有是病即用是药，无是病即不用是药。有是病，虽险绝之药亦敢用，无是病，虽平淡之品，亦不敢妄加，如是则用药断无不效之理。有见症虽同，而所以致病之由不同者，断不可执定古方。”因举三例阴吹治验，一用温阳行气化饮而愈，一用分利温腑阳而愈，一用温通下焦而愈，皆非猪膏发煎之症，误使不能变通，则三症都不能治愈，以事实证明同病异治的机理。又如“论药不论病论”，指出“天下无不偏之药，亦无不偏之病，医者原以药之偏矫病之偏。如对症，毒药亦仙丹；不对症，谷食皆毒药。无论病家医土，只当讲求病系何症，法当用何法，方当用何方，药当用何药，对准病情，寒热温凉皆在所用。无好无恶，无不见效。若不论症之是非，而议药之可否，寒者畏其泄，热者畏其燥，医者纸上谈兵，胶柱鼓瑟，病者以耳为目，恶直好谀，吾不知其可也。”关于医案，他主张“必择疑难大证，从慎思明辨而后能得心应手者数则，以扩后学之智识，阅者方得益处。”他是这样要求别人，也是这样要求自己的，所以他所著的《医案》，内容也非常翔实，很少附加成分。

二、简要而不庞杂

“文尚简要”，是吴氏的一贯主张。《温病条辨》凡例中说：“是书仿仲景《伤寒论》作法，文尚简要，便手记诵。又恐简则不明，一切议论悉于分注注明，俾纲举目张，一见瞭然，并免后人妄注，致失本文奥义。”事实的确如此，他的所有著作，内容都很简要。因此，也以是否简要去衡量别人的著作或文章。他对章虚谷的医论，曾多次提出意见。如谓“学说以简要为贵，今观《六气阴阳论》及答问，词多枝叶，难免阅者生厌。”又“参易理以读医理，当举其精要立言。今娓娓而谈，文繁词费，恐阅者读之不终篇奈何?”医与易的关系比较复杂，很难说清。吴氏对此“仅以数盲以蔽之曰：医者，易也，有不易之定理，有交易之变通，有变易之化工，此即医本于易之要义也。”真是“知其要者，一言而中”。吴氏认为他与章虚谷的医学见解颇同，主要差异是文风的不同。他曾向章氏提出：“追则追踪仲景，近则师法香岩。君与予同一趋向。惟君尚文，以多取胜，予尚质，以简为贵，性质不同，学说遂异。”

至于六经、三焦与卫气营血辨证的关系怎样，历来意见纷歧，目前认识仍有很大距离。其实吴氏早有概括的说明：“六经、三焦皆创自《内经》，而详辨六经病状，惟仲祖《伤寒论》为最精，阐发三焦病理，惟天翁案论为最确。且叶氏细辨营卫气血，尤发前人所未发。”所谓“伤寒当辨六经，温热须究三焦，一则由表入里须横看，一则由上及下须竖看”，只是相比较而言，人是有机整体，不可能截然划分。观《温病条辨》虽然以三焦分篇，但仍然以六经名病，如太阴温病、阳明温病、少阴温病、手太阴暑温、手厥阴暑温等。而且贯穿着卫气营血辨证。如辛凉轻剂桑菊饮的加减法就是根据在气、在营、在血的证候。再如白虎汤用于肺胃气热伤津，清营汤用于热在营中，加减玉女煎用于气血两燔等。实际已将六经、三焦、卫气营血有机地结合，正是吴氏吸收仲景、天士之长的具体体现。后世医家无视《温病条辨》的内容，认为吴氏专论三焦，实有背于吴氏原意。

吴氏为文所以能够简要，还因为他善于分析归纳，抓住要领，不但富有条理，而且概括性强。如对温病死候的归纳，提出：“温病死状百端，大纲不越五条：在上焦有二，一曰肺之化源绝者死；二曰心神内闭外脱者死。在中焦亦有二，一曰阳明大实，土克水者死，二曰脾郁发黄，黄极则诸窍为闭，秽浊塞窍者死。在下焦则热邪深入，消铄津液涸尽而死也。”对阳明下法的归纳，提出：“本证于阳明下证峙立三法：热结液干之大实证，则用大承气；偏于热结而液不干者，旁流是也，则用调胃承气；偏于液干多而热结少者，则用增液。所以回护其虚，务存津液之法也。”对下焦温病存阴退热诸方的分析，得出“其中有以补阴之品为退热之用者，有一面补阴，一面搜邪者，有一面填阴，一面护阳者。”关于存阴退热诸方的禁例，则分析指出：“壮火尚盛者，不得用定风珠、复脉；邪少虚多者，不得用黄连阿胶汤；阴虚欲痉者，不得用青蒿鳖甲汤。”这方面的例子极多，不再列举。

或者因为《温病条辨》取材于叶氏医案较多，讥刺吴氏为抄袭、剿劫，指摘其文风不正。殊不知吴氏本人早有说明，如在凡例中提出“惟叶天士持论平和，立法精细。然叶氏吴人，所治多南方证，又立论甚简，但有医案散见于杂证之中，人多忽之而不深究。瑭故历取诸贤精妙，考之《内经》，参以心得，为是编之作。诸贤如木工，钻眼已至九分，瑭特透此一分，作圆满会耳。”在上焦篇伏暑条下说得尤其明确：“惟叶氏心灵手巧，精思过人，案中治法，丝丝入扣，可谓汇众善以为长者，惜时人不能知其一二。然其法散见于案牛，章程来定，浅学者读之，有望洋之叹，无怪乎后人之无阶而升也。故本论摭拾其大概，粗定规模，俾学者有路可寻。精妙甚多，不及备录，学者仍当参考各家，细绎叶案，而后可以深造。”吴氏态度如此光明磊落，怎么能说是剽劫？也不等于抄袭。要知能把叶氏的散在经验，升华为具有规律的理论，乃是质的飞跃，是一种再创造。因此，应该肯定这是吴氏的伟大功绩，决不是其他。

缅怀吴瑭大师

严　冰　王亚南

吴瑭，字鞠通，江苏淮阴人，生于清乾隆嘉庆年间（公元1758～1836），为清代对温病研究有杰出贡献的医家之一，著有《温病条辨》、《吴鞠通医案》、《医医病书》。今值大师谢世150周年，笔者重温大作，收益大，感受深，故提笔作文，以表对吴瑭大师缅怀之心。

一、医德高尚　仁人之心

吴瑭大师本习儒，因其父与侄子相继患病，医治无效而死，而时医俗医墨守成规，囿于门户之见，既不能“确识病情之寒热虚实燥润”，也不能“稍察药性”，或则束手无策，或则胡乱投药，使无辜者，“不死于病而死于医”，造成“有医不若无医”的局面。于是抱“济病者之苦，医医人之病”之的，弃儒习医，刻苦学习，直至著书立说，专心研究温病，成为清温病史上一位具有丰富经验的医学大师。

吴瑭大师，论为人，“心正口直，性刚气傲”，凡事求实，“见俗医处方之谬者辄疵之”，“至病家交口訾君，君据理直言”，不徇人情。对于那些以医术为手段，妄抬身价，重索谢金，既骄且吝的“俗医”、“庸医”，白眼相待，斥之为“可耻之极”，不相往来，以致那些“俗医”、“庸医”们见而“避去”。对病人，怀救人之心，临症中，“虽是危疾，不避嫌怨”，以治病救人为怀，其医术过人，“所医者皆奇效”，“沉疴怪症，无不应手而愈”。大师先后在京、苏淮、浙等地，为民治病，所到之处皆以医名，致使求治者接踵相来。古稀之年，春节欢聚之日，不避旧风习俗，出门为病人诊治。医德之高，仁心之良，实为后人所敬。

二、发愤自学　业精于勤

大师之成功，决非偶然。他既非世医门庭，又无师指导，知识来自哪里，来自于勤，勤于苦读，勤于实践。远至《内经》、《难经》、《神农本草经》等，近至同代著说，皆百览而细读。单就《温病条辨》一书而言，吸取了前人的经验，评述、引证了二十多位医家的理论，通过实践，在获得了丰富的临床经验之后，花了六年时间而写成。如若没有救人之心为动力，没有狠下功夫之恒心，稍有松懒，则绝不会有此大成。大师读书不但百览，且贵在精，这从《温病条辨》卷首引经十九条即可佐证。师将《内经》中有关温热病的条文，依次罗列，一一详加注释，全面地、集中地反映了《内经》对温热病的病因病机、证候、治疗以及预防等方面的认识，有的还提出了自己的看法。如在原病篇第三条引《金匮真言论》曰："夫精者，身之本也，故藏于精者，春不病温。"对保精的注文中说："不藏精三字须活看，不专主房劳说，一切人事之能摇动其精者皆是，即冬日天气应寒而阳不潜藏，如春日之发泄，甚至桃李反花之类亦是。"从注文中不难看出，吴师认为一切能扰动或损耗人体阴精的各种原因，都可以造成"不藏精"，诸如房劳、精神情志失调、气候异常等等，都可以导致在春季温病多发季节而发病。大师对"不藏精"三字解释如此精辟透切，卓见高人，所以难怪乎极尽贬损之能事的叶霖也不得不叹服："释经必明白晓畅，'不藏精'三字，尤有卓见。"由此可见，吴师对经文精神领会之深，见识之高，非同一般。

吴瑭大师学有根底，博览众长，但这一切都没有代替他自己的临床实践。正如他自己所说："瑭进与病谋，退与心谋，十阅春秋，然后有得，然未敢轻治一人。"他在经历了温疫大流行的考验之后，才落笔著书。他的千古不朽之作《温病条辨》、《医医病书》、《吴鞠通医案》，完全是他几十年孜孜不倦，伏案苦读，勤奋钻研，经过考验的心血结晶。

三、开拓创新　不囿成法

吴瑭大师的学说思想，经过近200年的临床考验，至今犹存未衰，仍被临床家所效法。他发掘和制订了一些有效的方剂，如桑菊饮、银翘散以及由此而演化的桑菊感冒片、银翘解毒片等，皆疗效可靠，久用不衰。他所创制的三焦辨证，既是在继承《内经》基础上的发展，又给后学者以莫大的启迪。他尊经而不泥古，对经典著作的《内经》、《难经》、《神农本草经》、《伤寒论》、《金匮要略》等，认为必须深入学研，谓"务深究古法，循其规矩"。但他又认为医学的进步，时代的变迁，地域的不同，绝不能守而不变。所以他坦率直言，谓"学者必不可不尊经，不尊经则学无根底，或流于异端。然信经太过，死于句下，则为贤者过之"。主张"择其可信者而从之，不可信者而考之"。寥寥数语，可以看出吴瑭大师明经态度是何等的中肯啊！而且言之有行，例如对《内经》所列热病禁刺的"死"证诸条中，他则认为，由于各科皆有其长，针刺不济于事者，汤药亦可回生，一再提出"药之得法，有可生之理，前所谓针药各异用也"。针对"死"证，倡立了不少益阴留阳的有效方法，一直为临床所延用。他这种对经典著作和古人经验尊而不泥，力主发展和前进的观点是十分可贵的。他师百氏，主张参考百家，取其精妙，去其驳杂。对刘河间、吴又可、叶天士、喻嘉言诸家，皆崇为师。其对叶氏崇拜过于一般，他把叶氏医案引为可遵可法的巨经之一。他一面赞叶氏善用古方，善汇善众，"博而能精"，"精思过人"；一面也实事求是地指出："叶氏博而能精，其不精者十之一二，如不识燥证"。并指出叶氏治多南方病，由于气候、地域不同，亦不可拘泥。就是对医圣张仲景的书，他奉为金科玉律，但是他也指出不能固守伤寒法统治四时之病，不能"以《伤寒》一书，应四时无穷之变"，故作《温病条辨》以"羽翼《伤寒》"。在用方上，他一面采用了大量仲景方，一面又作了许多创造性的化裁变通。单仲景承气一法，就创制了宣白、导赤、牛黄、增液、护胃等承气汤。对复脉汤的加减化裁，更赋予新义。他这种深研过细，求实创新的治学精神，实为后学者之楷模。

四、光明磊落　千古典范

吴瑭大师的著作共三种，即温病学专著《温病条辨》，成书于1798年；医论集《医医病书》，成书于1831年；《吴鞠通医案》，于1856年付印。全由本人手著。在温病史上，其《温病条辨》是一部里程碑式的著作，对温病的论述，从温、暑、湿、燥到疫、毒、症、痢、疸、痹，极为广泛全面。可以毫不夸张地说，在温病学史上，该书是最系统、最完整的一部。列宁说："判断历史的功绩，不是根据历史活动家有没有提供现代所需求的东西，而是根据他们比他们的前辈提供了新的东西。"吴瑭大师的可贵之处，就在于他比他的前辈提供了新的东西——创立了三焦辨证纲领，正确地反映了多种热性病的传变规律，强调了按脏腑进行定位、诊断和治疗。它标志着由吴又可、叶天士等先行者创建的温病理论体系经过吴氏的系统论述，已宣告完成。统观三书，吴瑭大师不单是一位温病学家，而且也是一位伟大的医学家。

先生生平，记载不多，只在他的论著、医案及友人论述中零星可见。他知识渊博，其"论甚豪，上下古今，了如指掌"。学有根底，善师众长，谦虚诚恳。学叶氏，一再表明，只是要将散见于叶氏医案中的"散金碎玉"整理出来，"摭拾其大概，粗定规模"，目的"俾学者有路可寻"，毫无隐讳、自夸，对人不隐善掠美。在他的著述中，对诸医家的评述，"大抵功过两不相掩"，实事求是，公允、中肯。如在《温病条辨》中说："诸贤如木工钻眼，已至九分，瑭特透此一分，作圆满会耳，非敢谓高过前贤也。至于驳证处，不得不下直言，恐误来学。"他非常厌恶那些力诋别人却又暗窃别人成果的坏学风。他在《温病条辨·伤寒注论》中论到喻嘉言等人时说："独恶其自高己见，各立门户，务掩前人善耳。后之学者，其各以明道济世为急，毋以争名竞胜为心"，则"民生幸甚"。对自己的不足，直言不隐，如谈自己对燥气的认识，是沿袭前人之旧，论述有偏。综上所述，他这种不隐人之善，不掩己之过，光明磊落，乃千古典范，值得我们学习！

《医医病书》值得弘扬

严晓枫

《医医病书》写于清道光辛卯年（1831），全书所论计72篇，为吴瑭完整医学理论体系的重要组成部分，作者因叹时医之谬妄而作。此书"一医流医之病，一以补前刻（指《温病条辨》）所不及，盖前未及内伤及杂证也。"是书溯源探幽，勤求古训，尤重视《内经》、《难经》、《玉函经》、《本草经》等。融会贯通，发其精微，是吴氏对内伤杂病治疗的经验积累。是书以重视阳气，护其胃气为要旨。对时医滥用滋补之弊，对医德、医术及医者之病，以及治病原则、方法、药性和择方用药之道，皆一一作了论述。可惜的是，此书写成后，未曾刊行，只有手秒本，开始在吾淮流传，后传入浙江，被浙江名医何廉臣先生所珍藏。四明曹炳章先生，有识之士也，又从何廉臣先生处录得，并加以整理，于1915年由绍兴育新书局石印，收载于《曺氏医学丛书》之中。从此，渐传于世，然仍流传不广。直到1983年，才由江苏科学技术出版社重新印刷，方得流传。

鞠通认为天下万事，莫不成于才，莫不统于德。无才固不足以成德，无德以统才，则才为跋扈之才。所以他严肃指出："医也，儒也，德为尚矣。"这实际上是对医生最基本的要求。对名医、时医、俗医之病其详，归根到底，他们“只为自己打算，不为人命打算”。所以，他一再提出医者必须德才兼备，尤当以德统才。作为医生，无术害人，无德坑人，虽为数极少，但已不是什么鲜事。考书出之成距今虽久，但仍不失其现实意义。对为医不学无术者指出：“今人不读古本，安于小就……医之大病也。”医者首先要学习理论，再去实践，理论实践偏一不可。他指出“熟读王叔和，不如临证多”的偏执行为，业医者不可取。要读书临证，两不可废，亦两不可偏为是。选方遣药，其思维独具，给人以宝贵的启迪，值得一读。为学习方便，一览知意，现将是书凡72篇分上、中、下三卷，将原目录重新排列，即卷一医术医德篇，卷二杂病辨治篇，卷三方药之道篇。《医医病书》文字虽不多，其立论广泛，内容丰富，医学修养、治学态度、学术造诣堪为后学楷模。今分述于兹，以飨同道。

卷一医德医术，计13篇。“行医之本本于术，施术之本本于德”。医乃仁术，贵在活人，术不精，医不好病则杀人，有了术没有德，为已谋财，则坑人。览读《医医病书》，吴氏特别重视医德的修养和医术的提高。是卷计13篇，鞠通认为：“天下万事，莫不成于才，莫不统于德。无才固不足以成德，无德以统才，则才为跋扈之才。有德者必有不忍之心，不忍山之心由然而生，必力学诚求其所谓才者。”所以他指出：“医也，儒也，德为尚矣。”一语道破，为医者，医德医术不可缺一。

在《时医俗医病论》中，鞠通先生对“妄抬身份，重索谢资，竟有非三百金一日请不至者”的俗医、时医十分鄙视。他们贪得无厌，将手中的医术当着本钱，任意抬价、要价，索取象做生意一样，“杀人以求利”。他们连商人都不如，哪还有一点德啊！孰可忍孰不可忍，所以先生在《俗医时医病论》中避近就远，举苏州为例，大声疾呼“此等盛气苏州更甚”。笔者深思鞠通曾在故里淮阴坐堂，常出诊涟水（见《吴鞠通医案》）以及周边乡村，他对家乡医德医风十分清楚，只不过以举苏州更甚为例，来指出家乡乃至整个社会的不正医风的缩影罢了。曾见一个不到200户人家约3平方公里的范围内，就有注册登记的诊所、药店30多家，求医买药者每天有数百人之多。这个资料一是证据不确，二是皆为医商、药商，正是鞠通先生所抨击的俗医。先生还对名医、时医、俗医批评道：“名医之病首在门户之见，看不起他人。”时医之病又骄又吝，重索谢金。俗医之病，病态百出，一好似商人“做买卖”，谓之“开药店”。总之名医、时医、俗医之病表现虽不同，其实质都是“只为自己打算，不为人命打算”，所以为医者必须德好才好，方能称得上一名好医生。

对医术，鞠通在《医非上智不能论》指出，为医应广读经书，博知博览，为业心正，否则不能成为大医。医必读有博学之才，方能应付错综复杂的病情变化，因人之体质有强弱之分，得病之后病情千变万化，若执一见，只难十全。如金元四大家，刘河间主火说，李东垣补土说，朱丹溪滋阴说，张子和攻下说，皆各持其理，也各有道理，但归根结底各有所偏。故吴鞠通提出，对各家学说，只可采择从事，不可死搬硬套，还当以《内经》、《难经》、仲景大家等为主，兼参百家之理，方不致偏，也不致误。所以先生在《不读古书论》中指出：“今人不读古书，安于小就，得少便足，囿于见闻，爱简便，畏繁重，喜浅近，惧深奥，（医之）大病也。”不读《内经》、《金匮》、《神农本草经》、《易经》、《周礼》等古书，不知其妙不能用也。先生还认为不读古书固然不对，但读古书要有选择且要精读，故在《好古恶今论》中说：“有必读之书，有可读之书，有不可读之书，当区别对待。”实践证明，鞠通高论，是有见地。古为今用，不是为了读古书而去读古书，读书是为了用，即继承与发扬并举，发扬与创新并举，医者方能达到鞠通先生提出的果、达、艺三者俱备。果者，即果敢、果断之意；达者，通晓，明白之意；艺者，才能、技艺之谓。就是医生要有胆、有识、有巧，三者缺一不可。否则临证必乱，乱则害人，此之谓也。归根结底一句话，医者要有仁爱之心，必须德才兼备，以德为先，以术为重，缺一不可。

卷二杂病辨治，计 31 篇。主要论述对内伤杂病的辨证治疗，一补《温病条辨》之不足，二是对有关理论的再认识。曹炳章在《医医病书》序中赞谓“为后学师范，堪作诊断术之专书”。吴瑭是一位深究辨证论治并作出贡献的一位医学家。他十分强调作为一个医生首要之事是“识证真，对病确，一击而罢”。在门庭方面，他认为无论内伤外感，必辨明阴阳，必辨明病位，必究“所损伤处”，方可对证治疗。反对乱投药方，妄伤无过之地。在《五脏六腑作用治法论》中说：“五脏六腑体用不同，因此各有补法，补脏之体用守法，五脏的功能，藏而不泻，以藏为用。补腑之用，用泻药，六腑的功能泻而不藏，以通为用。万不可一听需补，凡补药皆上，坑人也。”

在辨证上，先生不但对治疗热性病方面提出以三焦辨证为纲，而且在辨治内伤杂病方面也提出以三焦为纲。他在《治内伤必须辨明阴阳三焦论》中说：“又必究其上中下三焦所损何处”，而施治：补上焦以清华空灵为要；补中焦以脾胃之体用各适其性，两不相忤为要；补下焦之阴，以藏纳缩为要，补下焦之阳，以流动充满为要。补上焦如鉴之空，补中焦如衡之平，补下焦如水之注，各得其所，忽令乱也。

在辨明三焦的基础上，还指出脏腑体阴用阳，治法殊异。如对中焦寒湿，伤在中焦脾胃，又有伤脾阳、伤脾阴、伤胃阳、伤胃阴之分，法各不同。对杂病虚劳，吐血、便血、溺血，小便论，大便论，头痛头晕，经闭，中风，外感，溢饮水肿，鼓胀，痿痹等，皆列专篇论述。经验独到，治有特色，如治血证，认为肝郁最多。夫肝藏血广性喜条达，肝郁则血瘀滞，血失其常则为吐血、咳血等，由肝下冲脉注其前阴则为溺血，治疗皆当活其肝络，降其火。降火所以降气，降气所以清肝，气畅火降则络宁血止，而肝血得藏则血不外溢也。

在诊治上，众所周知，鞠通重养阴清热。这是因为他认为凡热病者皆伤精气也。温为阳邪，易伤阴耗液。他说：“盖热病未有不耗阴者，其耗之未尽则生，尽则阳无留恋，必脱而死也。”可见吴瑭非常重视护阴。但对内伤杂病则不然。对内伤诸症，十分重视阳气。他批评朱丹溪“阳常有余，阴常不足”的一偏之弊。他在《虚劳论》中说：“愚按虚劳一证，阳虚者多，阴虚者少。”又列举“虚劳尚有伤阴、伤阳、伤八脉之辨”。八脉受伤，补之犹以督脉之阳为主。盖阳能统阴，阴不能统阳也。其他则伤阳居多，今人恣用补阴，爱用寒凉，伤阳者更多之又多矣。古人云：“阳不尽不死。”又云：“人非阳气不生活。”所以“即当补阴之症仍所以为恋阳计也。”指出虽喜补虚者，莫过仲景：“诸虚不足，小建中汤主之。”夫建中以调和营卫，补中土为主。他在《虚劳论》中指出：“无论三阴，皆以胃气为要。”胃为后天之本，人之十二经，都取于胆，听命于心，受养于胃，有胃气则生，无胃气则死，可见胃气之重要。故治之过程中，首要顾护胃气，凡苦寒败胃，滋腻碍胃，皆当慎佣，不可久服，此将顾护胃家辨治之道也。

卷三方药之道，计 22 篇。医术神奇，精于方药。“方以药成”，方从法出，法随证立，互相为用，密不可分。临床选方遣药，皆因辨证所需。在是卷中，鞠通对其方、其药、其制、其用论述颇精，值得师法。兹略作阐述。

五脏六腑，体阴者用必阳，体阳者用必阴。凡补五脏之体者皆守药，补六腑之体者皆通药，此之要也。鞠通谓“看病须察兼证”，“用古方必求其立方之故”。是卷计 28 篇，论选方用药之道。论用方对证为是，论用药先后缓急得宜，不可偏执，对临床颇有指导意义。用方先生有肝郁用逍遥散，痰饮用二冬二母，外感身热或佥用泻白散以及四君子汤、肾气丸等皆列有专论。方随法出，法取之于证，所损何处既定，则法随出。病有虚实，治有补泻，虚则补之，实则泻之，理确无疑。但议补亦有补之道。吴氏认为：补虚先去实，如虚损应补，而有实症碍手，当先去其实；否则，虚未能补，已滋长其邪。如《痰饮用二冬二母六味论》中说："有见痰饮之咳，又谓劳病，恣用补阳，亦更不可为矣。"其结果必将为贼立帜，更增其害。方以对证，药以治病。吴氏还认为：天下无不偏之药，亦无不偏之病，以药治疗，矫病之偏，对药不能治疗，论药不论病，医者有好用之药畏用之药，皆又立专论，论其道。治好病就是好药，则要对症，毒药亦仙丹。法当何法，方当何方，药当何药，鞠通认为：无好恶之分，寒热温凉，皆在所不同。另外，药以组方，药量多少，对方药疗效亦至关重要，他作了精辟地阐述。鞠通在《用药分量论》中指出：用药分量的大小，无定规，因证有轻重之分，用量全据病之需要。以石膏为例，有剂达半斤，有剂用一斤之多者，全因病之需要，有宜少，有宜多，当重则重，当轻则轻，以中病为目的。方药虽好，若药煮不得法，也影响疗效。吴瑭指出：药之效不效，与煎煮关系至密。如小建中汤先煎五味去渣，后入饴糖。大柴胡汤则煎减半，去渣再煎。以及麻黄汤、桂枝汤、苓桂草枣汤、五苓散等皆有专论，不可胜数。对"炮炙"，各有法度，非常符合临床实际。总之，论文论药之道文字虽不多，而内容十分丰富，皆方药之道也，读后给人以启迪，值得进一步研讨。

以上所述，疏忽缺漏之处，望同道斧正。

第四篇　研究、弘扬纪念吴鞠通学术的主要活动和相关机构

一、主要研究性、纪念性活动

（一）全国纪念温病学家吴鞠通逝世150周年学术研讨会在淮阴召开

全国纪念温病学家吴鞠通逝世150周年学术研讨会于1984年11月22日——11月25日在吴鞠通故里淮阴召开。中华全国中医学会副秘书长陆宏、学术部主任韩梅、中华全国中医学会江苏省分会李国光会长、朱良春副会长、中国中医研究院研究员耿鉴庭、南京中医学院温病教研组孟树江等专家教授参会，淮阴市中医学会承担会务事宜。淮阴市委、市政府、市人大、市政协的领导李寿章书记、除燕市长、陈耀主任、高景堂主席出席大会开幕式。参会代表来自北京、天津、成都等17个省、市和地区，共收到论文148篇，审选98篇参会交流，到会代表共129人。

（二）2007年全国《纪念吴鞠通诞辰250年高层学术论坛》在淮召开

2007年全国《纪念吴鞠通诞辰250年高层学术论坛》于2007年12月8日——11日在吴鞠通家乡淮安市淮阴召开。大会由中华中医药学会主办，中华中医药学会感染病分会、江苏省中医药学会、淮安市中医药学会、淮阴吴瑭医派学术研究会、淮阴区人民政府承办。大会收到论文198篇，参会代表来自北京、天津、上海、台湾以及韩国、马来西亚等共计187人，其中博士生导师、研究员、教授、主任医师、副主任医师以上职称者89人，其他职称者98人。

江苏省卫生厅副厅长、中医管理局局长吴坤平教授，淮安市人民政府陆长苏副市长，江苏省中医学会秘书长、四会一刊书记、《江苏中医药》副主编黄亚搏研究员，中华中医药学会感染病分会主任委员杨进教授，淮安市科协副主席张苏成同志，淮安市中医药学会会长严冰教授，淮阴卫生高等职业学校校长陆志群同志，淮安市卫生局局长王振彦同志，淮阴区人民政府区长葛来同志，区人大党组书记葛志胜同志，区政协主席王祥生同志，区政府副区长

邱华康同志，区宣传部长杨恒忠同志出席了开幕式，淮安市医学会陆庆秘书长到会祝贺。

会上还收到了国医大师朱良春、程莘农、周仲瑛发来的贺信、贺电、题词。

淮阴吴门（瑭）医派学术研究会为会议的召开，还编著出版《吴鞠通医书合编》、《温病条辨析评》、《淮阴中医》、《医医病书点注》、《温病赋方歌积义》5本医著。

朱晋龙执笔

2010年8月于淮阴

（三）纪念医学科学家吴鞠通逝世150周年学术研讨会方家贺词、诗、联荟萃

纪念温病学家吴鞠通逝世150周年学术研讨会，今天开幕了，我代表中华全国中医学会向大会的胜利召开表示热烈的祝贺，向来自全国各地的代表们、专家、教授表示亲切的问候。先贤吴鞠通先生是清代著名温病学家，他创立的三焦辨证学说，为中医治疗温热性疾病，包括传染病开辟了新章，是为空前仅有。……今天同志们欢聚一堂，研讨他的学术思想，很有意义，会议的召开必将对中医治疗热性病、传染性疾病和中医学术活动等方面产生积极的影响和推动作用。……希望同志们集中精力，“百花齐放，百家争鸣”，各抒己见，求同存异，互相学习，共同研讨，把会议开活开好。……预祝大会圆满成功，借此机会祝家乡人民健康幸福！

（上为原中华全国中医学会副秘书长陆长宏同志的讲话节选，他原籍淮阴渔沟人）

中华全国中医学会学术部主任韩梅，中华全国中医学会江苏省分会李国光会长、朱良春副会长，中国中医研究院研究员耿鉴庭教授，南京中医学院孟树江教授、孟景春教授与会讲话，淮阴市委、市政府、市人大、市政协的领导李寿章、徐燕、陈耀、高景堂以及市卫生局唐维新局长等到会祝贺和看望代表。会议于1984年11月25日在热烈的掌声中胜利闭幕。

贺词、诗、联荟萃

1. 中国医药学是一个伟大的宝库，应当努力发掘加以提高。

毛泽东题　甲子初冬　吴閬书

2. 继承发扬祖国医学遗产，为社会建设服务。

周恩来题　甲子初冬　王绍和书

3. 中医中药是门科学，门门科学都无止境。

胡耀邦为中医药题词　甲子初冬　吴閬书

4. 欣逢吴鞠通先生逝世150周年学术思想研讨会于淮阴隆重召开，谨赋七绝一首，志贺！

吴瑭盛会自辉煌，条辨交流济一堂。
钦听贤哲佳妙谛，欣看新秀谱新章。

江苏丹徒朱良春甲子润十月初三

5. 祝贺吴瑭逝世150周年学术思想研究会在淮隆重开幕。

七绝二首

（一）

中医盛会集群贤，淮上风光分外妍。
学术宏文共研尝，发掘国萃探渊泉。

（二）

治疗温病创先河，造福人民贡献多。

秘启医缄名著在，欣逢盛世发讴歌。

淮阴市人大高景唐一九八四年冬月

6. 祝贺吴鞠通学术研讨会在淮阴召开

吴瑭学术谱新章，首创三焦辨证纲。

字字珠玑济世法，条条瑰宝活人方。

医医医病医风好，理理理温理论详。

启后承先称典范，杏林载誉永留芳。

江苏盱眙县中医院顾克明一九八四年初冬

7. 为吴鞠通学术研讨会召开，谨撰七绝三首以资祝贺

（一）

六经识透识三焦，珠有灵根玉有苗。

同为岐黄明奥旨，非关众口辨哓哓。

（二）

壹穴未可概全痍，六气罹胸则少欺。

记得前贤沉痛语，不亡于病亡于医。

（三）

广集前贤又创新，酹随时代逐芳尘。

六书推广三焦意，一脉河间胜守真。

淮安县中医院章湘候八十有三老拙敬书

一九八四年十一月二十五书于楚城

8. 恭祝吴鞠通先生逝世150周年学术会议在淮阴召开

七绝二首

（一）

医海茫茫一叶舟，扬波逐浪赴中流。

任他四面风浪恶，踪迹终须遍五洲。

（二）

条辨两字最堂堂，温病而今济世长。

多谢辛凉成妙剂，医国医人技最强。

淮安县韩玉甫手稿于仲冬时年八十撰

9. 吴鞠通学术会议在我市召开献俚词

七绝一首

橘井泉香淮上歌，三焦证治倡先河。

前贤学术如山斗，活水源头演译多。

一九八四年十一月下浣淮阴清浦靳中人撰书

10. 祝贺吴鞠通先生学术研讨会在淮召开

伤寒温病弘岐黄，一纵一横保健康。

造福居世口皆碑，继承前贤国医扬。

一九八四年十一月淮阴程绍祖撰书

11. 贺吴鞠通先生学术研讨会在鞠通故里淮阴召开

七律

淮阴盛会振精神，博采勤求古训留。
贯通中西求新知，祖国医学传九州。
喜看青年奔红专，无限风光在前头。
振兴中华大事业，完成四化垂千秋。

甲子年初冬　无锡吴闿德钊八四年初冬于淮阴

12. 七律一首

岐黄首创温病始，诸代贤能相继承。
迨至清晚方成就，果硕四一结淮阴。
运筹机转上中下，帷幄祛魔补泻清。
挖掘不辞临吾侪，发扬来自百家鸣。

一九八四年初冬江苏宿迁宋少僧

13. 七律一首

山川秀气莅清江，一代名医继汉唐。
泰岱东西称妙术，大河南北仰奇方。
杏林叶绿春风暖，橘井泉香世泽长。
宝库还须勤发掘，系肩吾辈共担当。

洪泽县人民医院卜开初甲子孟冬撰并书于文字堂

14. 吴鞠通乃清代温病学家之杰出者，《温病条辨》、《吴氏医案》乃温病学说两部巨著，诚今之研究温病者必读之书。经曰：辨温病者，伤寒之类也。欢于此言，则知吴鞠通是仲师之功臣也。特作俚句一首表而彰之。

回生起死不寻常，温病专家姓字香。
力驳产期禁芍药，精编医案胜青囊。
书分条辨皆真谛，证列三焦各有方。
赤胆忠心除疾苦，千秋争颂一吴瑭。

江苏盱眙82岁中医顾绣之八四年十一月二十四于新街拙墨

15. 逢吴鞠通学术思想研究盛会在淮阴召开

七律

振兴中医赖众英，精神物质两文明。
中兴有日看今朝，默念中央意医心。
岐黄一脉传真谛，阐发灵兰秘典真。
却喜杏林枝叶茂，祖国医学有传人。

甲子初冬吴闿德钊书

16. 祝贺吴鞠通学术研究会召开

七律

淮阴自古多俊豪，平温医国盛翔翱。
持论平和宗天士，立法精细振风骚。
三焦辨证羽衡权，一部条辨壶擅高。
明末又可清末瑭，华宗以来善挥毫。

于雷撰一九八四年甲子初冬无锡下里巴人吴闾书

17. 祝贺吴鞠通学术研究会召开

七律

水火寒温自不同，百家门户各西东。
移花接木生嘉果，炼石补天缀锦虹。
晚却伤寒裁旧论，条辨温病铸新锋。
开来继往称伟业，吾仰淮阴吴鞠通。

八四年甲子初冬江苏常熟王天如书于淮阴

18. 纪念清·温病学家吴鞠通谢世150周年学说研讨会在淮阴召开，拙词一首以贺！

相见欢

今日古城淮阴，气象新。华夏国医盛会，聚群英。承伤寒，阅条辨，论温病，施展疗天妙手，定回春。

甲子冬月淮阴市中医院严冰于得一斋书室

19. 纪念吴鞠通先生学说研讨会在淮阴召开志贺！

贺新郎

喜黄花堆积，全色悦。一堂济济，医家心热。今日研究吴鞠通，招来四方贤哲。专家们个个挥笔。党为振兴中医药，常教导“要努力发掘”。淮阴人，情更切。

温病条辨名屹立，承内经，仲景河间，吴瑭为民效力，有斗文六卷，治温病，堪称绝。益后学，济世业绩。吾侪从医志如铁。深发掘。偕现代医学，攀绝顶，同登极。

甲子冬月鞠通先生同里王家宝撰

20. 西江月

一卷雄文条辨，千秋治病规模，妙方四季用时多，温热逢之即妥。济世功高山岳，活人心比弥陀，精深学术细研磨，谨以微词作贺

西江月一首献给吴鞠通学术思想研究会

江苏洪泽县人民医院卜开初作并书

21. 为纪念吴鞠通逝世150周年学说思想研究会献词

右调·浣溪纱

总结精华集大成，先贤学术妙无纶，三焦启发后来人。
一代名流光日月，千秋功绩似春晨，温病条辨世医珍。

盱眙张晶亚一九八四年十一月二十日

22. 祝贺吴鞠通学说研讨会在淮召开

菩萨蛮

温病温疫几时了？有些疫情已减少。建国三十五年，预防走在前。天花已告绝，白喉也将灭。吴瑭如知道，他也将含笑。

江苏丹徒　陈之初撰并书

23. 为吴鞠通学术研究会在淮阴召开而贺

西江月

仲景伤寒广博，吴瑭温病精详，三焦辨证绩辉煌，济世诚心榜样。　祖国医林瑰宝，淮阴大地争光，继承整理千秋扬，振兴中医众望。

甲子仲冬盱眙顾克明撰

24. 调寄金人·捧露盘

诩神奇，谈运气，论阴阳，都是一味荒唐。英医杰作，扬波医海放毫光，展开双眼好文章，美丽堂皇。是否瑕，汰空言，凭实验，弹欢调，露新芒，居科学之乡，朱刘张李。

弃缎摘瑜本无伤，大家努力自今后，吾道其昌。

吴鞠通学说会议在淮阴召开恭贺　淮安张玉甫年八十手稿

25. 吴瑭学术研究会感题

淮阴故君，淮安新府。物华天宝，人杰地灵。群英会聚，俊宋星驰，宾主共中医之美。千里逢迎，高师满座，后人何知，躬逢盛会。腾蛟起风，是鞠通之医宗。时逢十月，序属初冬。聆听教诲，逸兴遄飞。冒昧提笔，仰先贤之英宏。今日棒秋，学前辈之医功。自知才疏，慕胜友而自惜。振兴中医，道远而任重。请诊幸遇，逞拙作以迎送。

淮安县中医院　王炯明于甲子初冬

26. 祝贺吴鞠通学术会议召开

真学者真医贤公其伟哉

亦启后亦承先德莫大焉

甲子初冬清江市人民医院秦正生倾卿贤吴鞠通联

27. 颂先贤吴鞠通学术研究会

张长沙论伤寒六经传变始病手太阳由表入里横传惠搏五洲

吴淮阴著条辨三焦递入首邪手太阴从上及下纵行动垂千古

清浦张芸生撰一九八四年十一月六日于淮阴

28. 吴鞠通学术研究会在淮召开

轩岐奥旨传万代　鞠通医术耀千秋

甲子孟冬鞠通同里严冰撰书

29. 庆贺吴鞠通先生学说研讨盛会在淮阴召开

发掘鞠通学术群贤荟萃

研究温病医理医工云集

成都中医学院赵隶华　一九八四年十一月于淮敬撰

30. 庆贺吴鞠通先生学术研究盛会召开

发掘前人学术群贤荟萃

研究吴氏体系医工云集

宋少僧医师联　吴闿书

师古宗叶开辟治温新途径

承先启后越出疗法老法规

甲子初冬淮阴市第一人民医院宋少僧

31. 纪念吴鞠通先生逝世150周年学说研讨会在淮阴召开

群贤毕至　翰墨生香

精研吴术　造福人类

书贺吴鞠通学说研讨会

南京中医学院孟树江八四年孟冬书于淮阴

32. 贺吴鞠通先生逝世150周年学说讨论会

继卫气营血　创三焦辨证

淮阴市第二人民医院一九八四年十一月书贺

33. 贺先贤吴鞠通先生逝世150周年学术研究会

理温理湿理理　医国医民医医

甲子初冬淮阴冯正春撰书

34. 贺淮阴吴瑭研讨会召开

伤寒宗仲景　六经论述

温病有鞠通　三焦辨证

安徽中医学院王乐匋八四年冬书于淮阴

35. 为庆贺吴鞠通学术研讨会的召开，除书法之外，还有刻字以贺之的。

吴德钊先生刻

龙

冯正春刻：

策

天祎刻：

功满杏林

冯正春刻：

济人济世

清浦卫生局医学会送字：

化

为振兴中医，为中医现代化而奋斗！

淮阴吴门（瑭）医派学术研究会供稿

（四）淮阴纪念吴鞠通活动相关采风

1. 纪念温病学家吴鞠通逝世 150 周年学术研讨会代表合影	
2. 纪念温病学家吴鞠通诞辰 250 周年高层学术论坛主会场	
3. 纪念温病学家吴鞠通诞辰 250 周年高层学术论坛代表合影	

<table>
<tr>
<td>4. 纪念温病学家吴鞠通诞辰 250 周年高层学术论坛学术交流会场</td>
<td>
</td>
</tr>
<tr>
<td>5. 淮阴市中医学会吴鞠通学术研讨会于 1987 年在淮阴市第三招待所召开</td>
<td>
</td>
</tr>
<tr>
<td>6. 工程院院士程莘农教授为“纪念温病学家吴鞠通诞辰 250 周年高层学术论坛”发来贺电</td>
<td>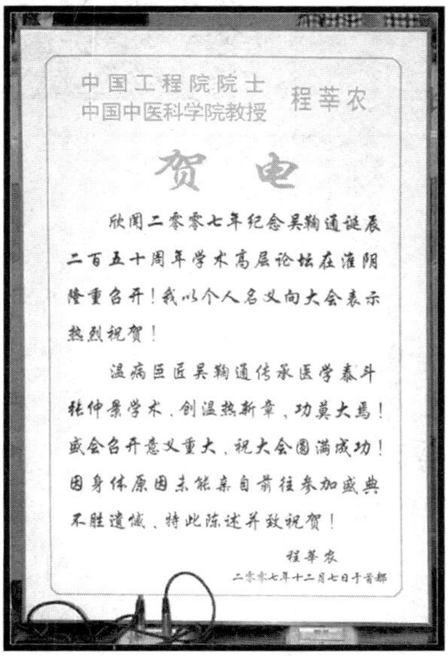
中国工程院院士
中国中医科学院教授 程莘农

贺电

欣闻二零零七年纪念吴鞠通诞辰二百五十周年学术高层论坛在淮阴隆重召开！我以个人名义向大会表示热烈祝贺！
温病巨匠吴鞠通传承医学泰斗张仲景学术，创温热新章，功莫大焉！盛会召开意义重大，祝大会圆满成功！因身体原因未能亲自前往参加盛典不胜遗憾，特此陈述并致祝贺！
程莘农
二零零七年十二月七日于首都</td>
</tr>
</table>

7. 国医大师周仲瑛教授为“纪念温病学家吴鞠通诞辰 250 周年高层学术论坛”的召开题词

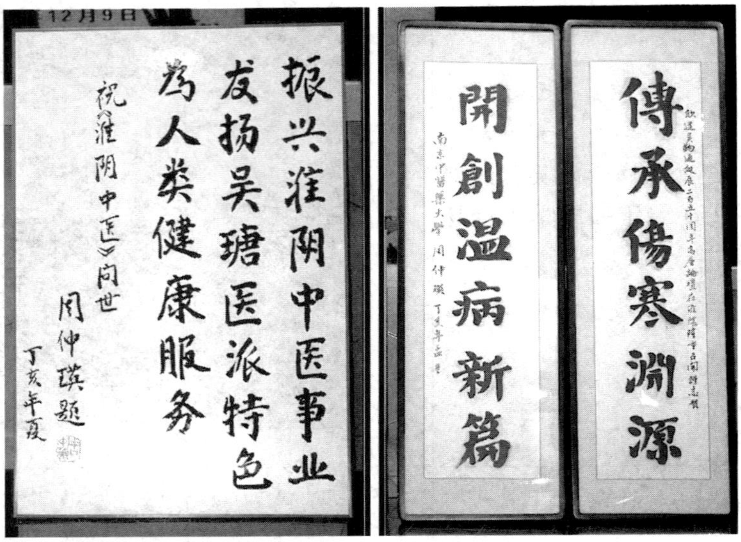

8. 国医大师朱良春教授亲笔为“纪念温病学家吴鞠通诞辰 250 周年高层学术论坛”发来贺信

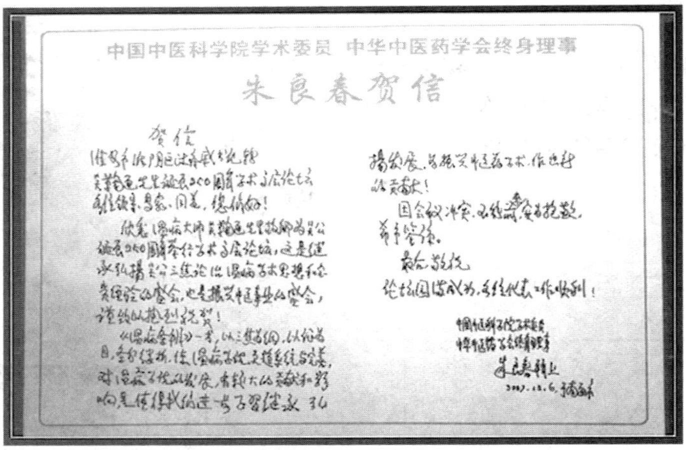
中国中医科学院学术委员 中华中医药学会终身理事

朱良春贺信

贺信

9. “2007，纪念温病学家吴鞠通诞辰 250 周年高层学术论坛”，著名画家崔成雨为吴鞠通创作画像

10. 为纪念吴鞠通先生诞辰250周年，淮阴区政府新修建的“鞠通路”和“鞠通大桥”举行命名仪式，省市区各界领导出席（自左至右分别为：江苏中医药杂志常务主编黄亚博研究员、淮安市副市长陆长苏、江苏省卫生厅副厅长吴坤平、淮阴区区长葛莱、淮安市中医药学会会长严冰）	
11. 鞠通路标牌	
12. 淮阴医院广场鞠通公园一角	

13. 吴鞠通青铜塑像落成典礼	
14. 参加吴鞠通塑像落成典礼的市、区领导（自左至右分别为：葛莱区长、淮安市副市长戚寿余、副市长陆长苏，淮安市原市长樊金龙、雕塑家吴为山、市政协副主席荀德麟、会长严冰）	
15. 淮安市淮阴医院院长唐业勤和雕塑家吴为山在鞠通塑像前合影	

16. 淮阴吴鞠通中医研究院成立揭牌仪式（自左至右为：严冰会长、淮阴区人大党组书记葛志胜、淮安市卫生局原局长王振彦、陆长苏副市长、南京中医药大学杨进教授、吴坤平副厅长、黄亚博研究员、淮阴卫生高等职业技术学校校长陆志群，淮阴区副区长邱华康宣读批文）	
17. 淮阴吴瑭医派研究会的部分委员在鞠通碑林留影（自右至左为：丁勇、严冰、韩如章、顾克明、胡启梅、王兆军）	
18. 淮阴的医护人员清明节瞻仰鞠通碑林	

19. 淮阴大兴古镇鞠通故里一条街（牌坊对联：古镇圣医良方济世惠黎民、杏坛大师金书活人翼仲景。王兆凯题，姜华书）	
20. 吴氏老宅“佩珩亭”一角	
21. 吴氏老宅建筑遗存	

22. 淮阴鞠通故里一条街吴鞠通塑像	
23. 淮阴吴瑭医派研究会第五次会议召开	
24. 淮阴韩侯（韩信）广场吴鞠通石刻像	

25. 淮安市楚州区吴鞠通中医馆	
26. 淮安市第四人民医院广场吴鞠通塑像	

27. 中华中医药学会鞠通碑林碑文 （如羽如衡如权、三焦论治与六经共纵横，立人立言立术、四时没法成温病为一统）	
28. 为纪念吴鞠通先生诞辰250周年，淮阴文化局朱爱民局长创作的《鞠通方歌》	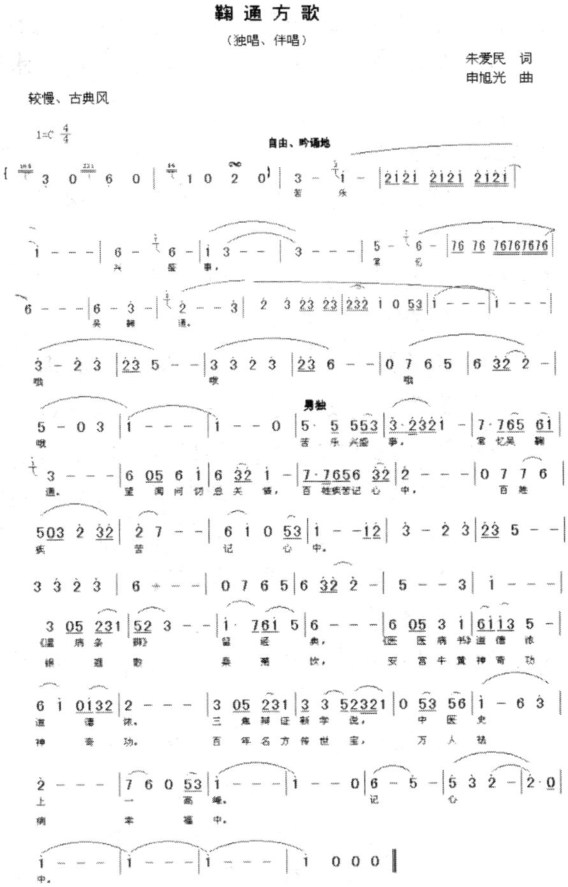

二、主要研究、纪念性机构

（一）淮安（原淮阴）市中医药学会关于吴鞠通学术研究机构简介

（1）1984 年中华中医学会江苏省淮阴市分会第一届理事会成立吴鞠通学说研究组（1984 年正式分入分支机构，可单独活动）。

（2）1995 年淮阴市中医药学会第二届理事会会上将原吴鞠通学术研究组更名为吴鞠通学术研究专业委员会。

（3）2001 年淮安（原淮阴）市中医药学会将原吴鞠通学术研究专业委员会更名为吴鞠通学术研究会（原急症研究会并入）。

（4）2006 年淮安市中医药学会经研究，将原吴鞠通学术研究会更名为淮阴吴瑭医派学术研究会，归两会一基工作组（青年中医研究会、吴瑭医派学术研究会、基层中医）领导，组长王兆军，秘书朱晋龙。职责：负责基层中医（含社区）、青年中医学术活动和办班提高等相关工作。开展吴鞠通学术研究活动、编写吴瑭学术研究汇编、出版吴瑭学术研究专著和成果开发等工作。

淮阴吴瑭医派学术研究会

学术顾问：严　冰　韩如章　顾克明　马超俊　毛立法

主任委员：卜开初

副主任委员：王兆军　丁　勇　杨　飞　吴同和

成　　员：（排名不分先后）

王兆凯　徐立明　丁　勇　胡启梅　何亚萍　顾天培
唐寿延　原金隆　黄毓庆　赵启香　袁长新　宋崇友
徐　超　周学义　马岳青　田中成　牛尚一　邹　波
严晓枫　朱晋龙　魏聿祥　石毓才　杨彭龄　高业勤
刘　云　刘　红　稽明亚　张　雨　付其武　王修锋
项翠华　唐开武　孙祥健　刘　枚　厉有为　谢德明

秘书长：严晓枫

2010 年 6 月 20 日在淮阴医院召开的吴瑭医派学术研究会议上增补如下 22 人为研究会成员：

戚玉华　耿昌海　李树年　姜玉石　赵化南　熊秀萍
郭　海　王殿虎　郭佳堂　陈世龙　侯　丽　张恒兵
王素芹　杨道海　李　鹤　李宝同　胡娟娟　王　兵
徐广顺　高仁美　徐　宝　仇　伟

（二）江苏省 1987 年成立温病学术委员会

1987 年 5 月江苏省中医学会成立江苏省温病学术研究会

主 任 委 员：孟树江

副主任委员：秦正生　沈凤阁　何焕荣

委　　　员：孟树江　沈凤阁　秦正生　何焕荣　严　冰

王德明　张俊峰　倪爱德　申春华　陈继明

李金英　包永敏　费国斌　王顺贤　戴金良

孙济仁　周志芳　张健纯　杨　进

秘　　　书：严冰（兼）　杨进（兼）

会议制定江苏省近期温病学术研究协作课题：江苏省著名温病学家医案研究，病毒感染性高热的退热研究，感染性疾病急性肾衰的结肠透析治疗，宣白承气汤治疗肺炎的研究，辛凉三剂治疗温热病的研究，中医治疗湿温病的研究。

会议初步决定江苏省温病学术研究会下一次学术活动拟在江苏苏州举行，重点是研讨温病理论的临床运用。

吴同和执笔

2010 年 8 月于淮阴

（三）淮阴吴鞠通中医研究院简介

淮阴吴鞠通中医研究院于 2007 年 12 月 8 日经淮安市淮阴区人民政府批准成立。

在全国纪念吴鞠通先生诞辰 250 周年学术论坛的开幕式上，江苏省卫生厅副厅长、江苏省中医药管理局局长吴坤平先生和淮安市人民政府陆长苏副市长为吴鞠通中医研究院揭牌，参加揭牌仪式的还有江苏省中医药学会书记、四会一刊秘书长、江苏中医药常务副主编黄亚博先生，中华中医药学会感染病分会主任委员、南京中医药大学博士生导师杨进教授，淮安市中医药学会会长、江苏省名中医、主任医师、淮阴吴瑭医派学术研究会顾问严冰教授，淮安市卫生局王振彦局长，淮阴卫生高等职业技术学校陆志群校长，淮阴区人民政府葛莱区长，中共淮阴区人大常委会党组葛志胜书记，淮阴区政协王祥生主席，中共淮阴区委宣传部杨恒忠部长，淮阴区政府邱华康副区长。

该研究院依托淮阴医院（二级甲等），是集中医临床研究，中医理论挖掘、整理、研究，中西医结合为一体的公立医疗机构，同时也是中医理论研究机构。研究院坚持以中医、中西医结合为特点从事临床服务，对中医理论的研究特别是对吴鞠通学术理论的探讨，取得了一定的成果。研究院在临床上以历史悠久的中医专科特色为来自全国各地的乳糜尿、糖尿病患者服务。该专科的创始人王绍和先生四世为医，创立了治疗乳糜尿一方八法，获科技进步奖及国家发明专利，由于贡献突出荣获江苏省劳动模范称号并享受国务院特殊津贴。同时研究院还为周边群众提供优质高效、方便快捷的中医、中西医结合医疗服务。

淮阴吴鞠通中医研究院现在常年有省、市名老中医坐诊；其科研、理论研究团队 17 人（其中包括主任中医师 5 人，副主任中医师 4 人，副教授一人，博士后一人，研究生 3 人。）拥有国家发明专利 3 项，出版医学专著 16 本（其中研究吴鞠通温病学术的著作 9 本），各级科技进步奖6项，在全国、省级杂志发表论文百余篇。研究院还承担了二项淮安市非物质文化遗产保护（吴鞠通温病疗法和乳糜尿中医疗法）以及全国、省级中医临床和基础理论科研项目。

在研究院的卫技人员中有有全国、江苏省中医药学会的会员、理事，全国学会的专业委员会委员，省级专业委员会的副主委、常委、委员，省级、市级学术技术带头人，全国基层优秀名中医、江苏省名中医、淮安市名中医等等优秀的人才。

部分专家简介

顾克明 主任中医师，江苏省名中医。从事中医临床工作四十多年，擅治内科杂病。自拟多种协定方治疗疑难病症，均取得了满意的效果，并在全国省、市有关会议交流。先后担任江苏省中医学会理事，淮阴市中医学会常务理事、副会长、名誉会长、终身理事、淮阴吴瑭医派研究会学术顾问、市自然科学中医优秀论文评审组长、县政协副主席等职务。

严冰 主任中医师，兼职教授，江苏省名中医。从事中医临床和兼职带教工作，至今业四十余年。擅长内科，工于辨证，勤于笔耕。对内科、妇科疑难病和难治病颇多心得，治肾病、糖尿病、高血压病、胃病、外感热病以及男女不育不孕症等有独到之处，驰名远近。撰写学术论文百余篇，分别在国内外学术刊物或学术会议上发表或交流，其中11篇分别荣获国际、全国、省、市优秀学术论文奖。编著《温病条辨析评》、《淮阴中医》、《吴瑭医书合编》、《鞠通方验案录》等。先后任江苏省中医学会常务理事，江苏省中医学会糖尿病专业委员会副主任委员，血证专业委员会副主任委员，肾病专业委员会委员，《江苏中医》编委，淮阴市政协第三、四届委员，淮阴市科学技术协会常务委员，淮阴市中医药学会会长，淮安（阴）市中医药学会终身理事。

韩如章 主任中医师，江苏省名中医，从医四十余年，擅长内科，对内科疑难病的诊治有独到之处，驰名远近，撰写十多篇学术论文，在省级以上刊物发表。先后担任江苏省中医学会理事、淮阴市中医学常务理事、市青年中医研究会顾问、县政协常委、县中医院院长、淮安（阴）市中医药学会终身理事、淮安市中医药学会名誉会长，淮阴吴瑭医派研究会学术顾问，涟水县中医药学会名誉会长等职务。

何亚萍 主任中医师，淮安市十大名中医，从事中医临床工作四十多年，曾先后在市一院及江苏省中医院分别进修西医内科和中医内科各一年。以“振兴中医，发展中医”为己任，以扎实深厚中医理论为基础，以中医辨论及整体观念为前提，做到了以中医辨证与西医辨病相结合，对内科的常见病、多发病及疑难病症的治疗均积累了丰富的经验，特别对脾胃病、肝胆病、肾病、心脑血管病治疗有丰富经验，在当地有较高信誉。先后撰写论文二十多篇，多次参加省及全国学术会议交流，有十多篇论文刊登在省及以上杂志，并多次获淮安市政府自然科学论文奖，还多次被评为市，县先进工作者，优秀党员，1997年被县委，县政府授予有突出贡献的技术人员，2000年被市委评为文化科技卫生“三下乡”先进个人。先后任淮安市中医学会常务理事，淮安市中西医结合学会常务理事，淮阴区中医药学会副会长、名誉会长。

王兆凯 副主任中医师，淮安市十大名中医，从事乳糜尿病、糖尿病、中医肾病等疑难杂病的诊疗工作四十余年，在省级以上杂志发表论文二十多篇。总结其父王绍和治疗乳糜尿的经验所编著的《乳糜尿中医证治》一书由中国科技出版社正式出版。主编《吴鞠通医案析评》。先后获3项国家发明专利。曾获淮阴市科学技术进步奖二等奖、淮阴县科技进步一等奖。曾先后任淮阴市第二、三、四届政协委员，省中医药学会糖尿病专业委员会常务委员，省中医药学会感染管理专业委员会委员，淮安市中医药学会理事，淮安市中西医结合学会理事，淮阴区中医药学会副会长、名誉会长，淮阴吴瑭医派学术研究会委员。先后被评为全国和江苏省优秀基层中医药工作者，全国基层优秀名中医等。

魏聿祥 副主任中医师，从事中医临床工作三十多年，擅长中医治疗外感病症、脾胃肠病症、肝胆病症、气血津液病症、经络肢体病症等疾病，在省级以上杂志发表论文十多篇，多次受到上级的表彰，先后任中华中医药学会会员，江苏省中医药学会会员，淮安市中西医结合学会理事，淮安市中医药学会会员，淮阴吴瑭医派学术研究会委员，淮阴区中医药学会常务理事、副会长。

朱惠 主任中医师，从事中医妇科三十多年，以治疗中医妇科病为专长，在江苏省中医院跟随夏桂成教授进修中医妇科一年，对治疗女性不孕方面具有一定的临床经验，得到了广大病员的好评。在中医妇科痛经、月经不调、崩漏、盆腔炎、带下，有很好的治疗经验。对男性弱精症引起的不育症也有较好的治疗效果，被群众誉为“送子观音”。在省级以上杂志发表论文多篇。多次受到上级的表彰。先后任中华中医药学会会员，江苏省中医药学会会员，淮安市中医药学会会员，淮安市中西医结合学会理事，淮阴吴瑭医派学术研究会委员，淮阴区中医药学会理事。

卜开初 副主任中医师，从事中医临床工作三十多年，擅长中医治疗脾胃、肝胆、肾脏病等疾病，在省级以上杂志发表论文二十多篇，出版医学专著3本，诗词文学专著5本。多次受到上级的表彰。先后任江苏省中医药学会理事，淮安市中医药学会常务理事、副秘书长，淮阴吴瑭医派学术研究会主任委员。

丁勇 副教授，从事中医教学及临床工作二十多年，擅长中医基础理论研究和中医临床研究，多次参加中医教材编写工作，在省级以上杂志发表基础理论研究和中医临床研究论文十多篇，医学专著1本。先后被评为江苏省优秀青年中医药工作者，先进工作者，先后任江苏省中医药学会理事，淮安市中医药学会副会长，淮阴吴瑭医派学术研究会副主任委员。

王修锋 副主任中医师。从事中医临床工作二十多年，坚持以中医为主，中西医结合方法治疗临床常见病、多发病，勤于钻研业务，不断探索，提高中医药疗效。通过临床实践，应用中西医联用，治疗消化性溃疡，中药内外合治急慢性前列腺炎，中药治疗中风后顽固性肢体麻木，中药联合干扰素及抗病毒治疗乙型肝炎等方面取得了较好的疗效，赢得了区内外广大患者的信任与好评。临床擅于应用中药，中西药结合方法治疗的肠胃病、脑血管病后遗症、肝胆系疾病及急慢性前列腺病等。先后被评为江苏省优秀青年中医药工作者，淮阴区中医学科带头人，淮阴区优秀科技工作者。在省级以上杂志发表论文十多篇，多次受到上级的表彰，先后任淮安市中医药学会理事、副秘书长，淮阴区中医药学会常务理事、秘书长，淮阴吴瑭医派学术研究会委员。

王兆军 副主任中医师，现任淮阴吴鞠通中医研究院院长，从事中医临床工作三十多年。自幼随其父著名老中医王绍和先生学习，对治疗乳糜尿、糖尿病、肾病、脾胃、中医妇科、男性病等疾病尤有特长。曾获市、县科技进步奖五项，国家发明专利1项。在省级以上杂志发表论文二十多篇，出版医学专著2本。先后任中华中医药学会文化专业委员会委员，江苏省中医药学会理事，江苏省中医药学会名家流派研究会副主任委员，淮安市中医药学会副会长，淮安市科协委员，淮安市中西医结合学会常务理事，淮安市针灸学会常务理事，淮阴吴瑭医派学术研究会副主任委员。先后被表彰为江苏省首届优秀中青年中医药工作者，江苏省第五届优秀科技工作者，淮安市劳动模范，淮安市中医学术技术带头人，淮阴区中医学科带头人，淮阴区有突出贡献的专业技术人员。

严晓枫 副主任中医师，淮阴吴瑭医派研究会秘书长，淮安市中医药学会副秘书长。江苏省优秀青年中医药工作者，在省级以上杂志发表论文二十多篇，主编《吴鞠通医案》、《医医病书》各一册（收入《吴鞠通医书合编》，2007 年由北京中医古籍出版社出版发行），主编《医医病书析评》一部，目前主要从事吴鞠通学说，肾病，糖尿病的临床与科研

郭海 温病专业博士后，专科、本科毕业于河北医科大学中医学专业，硕士、博士毕业于南京中医药大学温病学专业。从事中医温病学科研及临床工作多年，擅长温病学的理论、实验和临床研究。有丰富的临床经验，尤其对温病治法治疗发热、呼吸道病毒性疾病、肺纤维化、肺癌、慢性肝炎、肝硬化、肝癌以及恶性肿瘤的肺转移、抗癌药物的肺毒性等疾病的作用机理有较深入的研究。对于温病学的卫气营血理论有较深入的研究和发展，已在核心期刊及省级以上刊物发表学术论文 20 余篇，编写出版论著 3 余部，参与编写了《温病学学习参考》、《温病条辨白话解》等著作。先后参加了国家自然科学基金、国家中医药管理局、江苏省自然科学基金、江苏省教育厅、江苏省中医药管理局等科研项目多项。现为淮阴吴鞠通中医研究院研究员，淮阴吴瑭医派研究会委员。

王兆军

2010 年 8 月于淮阴

（四）淮阴吴门（瑭）医派简说

社会之文明，推动了学术的发展。中医学也和其它学科一样，蓬蓬勃勃，异彩纷呈。近年来，淮阴医界相继出现了“吴瑭医派”、“山阳医派”、“石寿棠医派”、“杨介医派”等学术流派会上之题。本来这是一件好事，但有些提法容易引起学者误会，故将“淮阴吴瑭医派”作一简说，理清脉络，使后人有端倪可寻。

经查阅资料，以前古淮阴地区并无“吴瑭医派”、“山阳医派”之说，也没有后来涟水的“石寿棠医派”和盱眙的“杨介医派”之名，同时也没有“淮医学派”之称。首见于文献的是《淮阴中医》（中医古籍出版社，2007 年 11 月版。），才明确提出了“吴瑭医派”之说。

早在 1984 年，全国纪念吴鞠通逝世 150 周年学术研讨会在淮阴召开，时任中华全国中医药学会秘书长陆常宏先生和学术部韩梅主任，他们根据会议代表的建议，拟成立一个吴鞠通学术研究组织，经讨论，定名为江苏省吴鞠通学说研究组。由南京中医学院（南京中医药大学前身）温病教研组长孟澍江教授任组长，南京中医学院杨进老师、淮阴市中医学会严冰任秘书长，其成员省辖市每市一名。为与其相应，淮阴市中医药学会也成立了市吴鞠通学术研究组，由秦正生主任医师任组长，原金隆医师任秘书。1987 年 5 月江苏省中医学会成立了江苏省温病学术研究会（其吴鞠通学术研究组并入），主任委员孟澍江，副主任委员秦正生、沈凤阁、何焕荣，秘书严冰、杨进。成员有王德明、倪爱德、陈继明等 19 人组成。

之后江苏省中医药学会成立了中医急症研究会，将温病学术研究会并入其中，统称“江苏省中医药学会急症学术委员会”。而淮阴恰恰相反，将中医急症学组并入吴鞠通学说研究组，通称为“淮阴市中医药学会吴鞠通学说研究组”。并相继出版了《吴鞠通学说资料选编》、《吴鞠通学说思想研究专辑》、《温病赋与方歌》、《温病条辨剖析》等书。

2001年，淮阴更名淮安，在市中医药学会第三次会员代表大会上，将原“吴鞠通学说研究组”更名为“吴鞠通学术研究会”。

2006年，在淮安市中医药学会第四届会员代表大会上，又将“吴鞠通学术研究会”更名为“淮阴吴瑭医派学说研究会”。并组织编著出版有《吴鞠通医书合编》、《温病条辨析评》、《医医病书点注》、《淮阴中医》、《温病条辨赋方歌释义》、《医医病书析评》、《吴鞠通医案析评》、《吴鞠通研究集成》等著作。

考其原因有三：

其一，是淮阴乃是古名，秦朝已建县，历史悠久。解放后，于1949年5月25日成立淮阴专区，又称专署。鞠通家乡研究和推崇鞠通学说者，清时有清河曹柏玉、安东（今涟水）石寿棠等。之后代有传人，如已故名中医孟乐天、汪子文等，直至第三代传人秦正生、章湘侯、谢德明等。今又成立“淮阴吴门（瑭）医派学术研究会”，当为吴鞠通学术第四代传人，他们皆有著作传世。

1972年2月，改淮阴专区为淮阴地区，管辖灌云、灌南（均先后划归连云港市）、宿迁、沭阳、泗阳、泗洪、淮阴、涟水、淮安、洪泽、金湖、盱眙、清江市，共一市十二县。

1983年，撤区建市，称淮阴市，原清江市划为清河、清浦两个区，这样，淮阴市共辖宿迁、沭阳、泗阳、泗洪、淮阴、涟水、淮安、洪泽、金湖、盱眙十县和清河、清浦二区。

1996年11月，宿迁撤县建市，将宿迁（后改为宿豫县）、沭阳、泗阳、泗洪四县划归宿迁市管辖。

2001年，淮阴市更名为淮安市，原淮安县更为为楚州区，原淮阴县更名为淮阴区。所辖地区依旧。

其二，名称虽几经改变，而地域未动，各位中医药工作者仍耕耘在各自的岗位上，而以前多种研究吴鞠通学说的书籍中的大作，都出自他们手中，所记医事皆是他们辛勤劳动的成果。根据划出去的县市代表建议，原“淮安市吴鞠通学术研究组”已不适应当前情况，为照顾其面，名正言顺，提出研究组也要更名。我们以前都是成员，学术无界，我们继续是成员。在改名问题上，众说纷纭，有人认为，我们研究吴瑭，首先要尊重吴瑭，他在《温病条辨》医书中自署名为“淮阴吴瑭”，我们研究会就叫“淮阴吴瑭研究会”。后又有人提出：我们研究的是以吴瑭学术为主，还应该加上“学术”二字。几经商量，始定名为“淮阴吴瑭学术研究会”。

其三，时隔不久，常州市中医药学会来电，他们要发起在江苏省中医药学会下成立一个“中医名家流派学术研究会”，征求我们意见，并说“你们淮阴研究吴瑭学说很有成就，可否由我们常州牵头，请苏州吴门医派和你们参加。”后经研究，我们同意加入他们研究组织。为了和常州的“孟河医派”和苏州的“吴门医派”相适应，才在名字上加了“医派”二字，称为“淮阴吴瑭医派学术研究会”。在《淮阴中医·序》中，原淮阴（今淮安）市长、时任政协主席陈从亮先生说：“‘吴瑭医派’的学术研究和发展，对淮阴的中医发展起了很大的影响和推动作用，硕果累累，为广大人民群众和身体健康作出了贡献。这是淮阴中医的特色，与我省苏州的‘吴门医派’、武进的‘孟河医派’争相辉映。应当继续研究，不断创新，发扬特色优势。”为此，原南京中医药大学校长、著名中医学家周仲瑛教授特为之题词曰：“振兴淮阴中医事业，发扬吴瑭医派特色，为人类健康服务。”最后，“淮阴吴瑭医派学术研究会”正式成立，隶属淮安（阴）市中医药学会，即今淮安市淮阴吴瑭医派。

在此之后，又有山阳医派、安东医派、杨介医派之名的提出，争议热闹，各有说词，莫衷一是。山阳，原淮安县，今楚州区也。安东，今涟水县也，《医原》和《温病合编》二书的作者石寿棠之故乡。杨介，盱眙人，《存真图》作者，曾为宋徽宗治过病而著名。以上三个县区，均属今淮安（原淮阴）市管辖。可喜之处，他们无不把其派和吴鞠通联系起来，并都把吴鞠通视为研究中心。既然如此，大家都以吴瑭为宗，挂牌布阵，那么，吴鞠通亲手写的“淮阴吴瑭”这张名片就应不改为好，还叫“淮阴吴瑭医派学术研究会”，简称“吴瑭医派”，这样大家都能接受。纵有不解其义者，也出于对自己家乡之爱，正如胡长庚老中医在他所撰的《吴公琐谈》一文中谓：“此也不感情之乎哉！”

在《吴鞠通研究集成》付梓之前，国医大师周仲瑛、颜正华教授分别为该书题词。周仲瑛教授的题词是：“根植经典，学融百家。吴门医派，温病奇葩。”颜正华教授的题词是：“淮阴吴瑭，独树一门，医术医德，造福千秋。”两位大师都先后提出了门派二字，考江苏学术门派者已有苏州吴门医派、常州孟河医派之称，颜正华教授称“淮阴吴瑭，独树一门”，实质就是独树一派。国医大师周仲瑛乃称吴鞠通为“吴门医派”，实质是指研究吴鞠通学术的一个流派。他和以上二个流派含义迥然不同，苏州吴门医派指苏州地域性的医派，而淮阴吴门医派是指研究吴鞠通学术名家性医派。从此，中国中医史上将有两个吴门医派之称。

淮阴吴门（瑭）医派学术研究会
卜开初执笔
2010 年夏

（五）淮阴“吴鞠通国医堂”简介

吴鞠通国医堂坐落在清·医学科学家吴鞠通坐堂看病、著书立说“问心堂”东侧，鞠通路南端。本于国医大师程莘农等的倡义，淮阴吴瑭医派研究会自筹资金，筹建于2010年春，经淮阴区卫生局批准，属民营非企业单位。国医堂秉承祖国传统医学之精华，荟萃淮地中医学术权威专家，由省、市名老中医轮流坐诊，集中医诊疗、鞠通方开发、人才培养为一体，认真实施中华人民共和国卫生部2006年第52号令，做好“师带徒”工作为宗旨，首先为淮阴区21个乡镇卫生院先后分批免费培养1名青年中医，三年达大专水平，理论联系实际，能看病，会看病，深受农民喜爱的青年中医。

淮阴吴鞠通是一位伟大的医学科学家，目前据不完全统计，以吴鞠通先生的验方生产的药品有安宫牛黄丸、维C银翘丸、化癥回生丹等九大类计60多种产品。从事生产吴鞠通验方的厂家，全国计有600多家。厂医结合，医患结合，不仅弘扬了吴鞠通学术，也提高了企业的知名度。可以说吴鞠通三个字本身就是一个无形资产。所以建成后的“吴鞠通国医堂”将和生产厂家、淮阴吴鞠通中医研究院联手，进一步共同研究、共同开发有关吴鞠通的名方、单方、验方，在新形势下这种研究方法，乃是一种值得称赞的研究模式，当努力做好。

丁勇执笔

2010年8月于淮阴

（六）60年来全国有关厂家应用鞠通方创作中成药的研究

解放后在党中医政策的指引下，中医药事业取得了很大发展，吴鞠通的学术思想在防病治病方面产生了积极的广泛的影响。国内以吴鞠通学术思想为主题，从事研究和开发中成药的企事业单位如雨后春笋不断出现。他们或把吴鞠通的经验方开发成药品，或应用现代科技手段中西医结合，古为今用，把吴鞠通的学术思想进一步研究开发，增添新意，发展具有特色的相关产业，成为举世瞩目、独具一格的产品，供于临床，深受医患者好评。这种将学术发展和经济腾飞，互为补益，相得益彰，互为促进，共同发展的方法，不仅弘扬了吴鞠通学术，也提高了企业单位的知名度，是新形势下出现的一种值得称赞的研究模式。吴鞠通这个闪光的名字创造的价值，本身就是无法计量的无形资产。

目前，据不完全统计，以吴鞠通验方从事研究、开发的厂家计600余家，生产的药品计有九大类，60多种品种，他们是：

1. 安宫牛黄丸

相关成药名称：

（1）安宫牛黄丸

生产厂家：北京同仁堂股份有限公司同仁堂制药厂，哈药集团中药二厂、三厂、四厂，世一堂制药厂等17家。

（2）安宫牛黄片

生产厂家：漳州市生物化学制药厂、太极集团重庆桐君阁药厂等。

（3）安宫牛黄胶囊

生产厂家：白山市长白山制药有限公司、河北安国药业集团有限公司等。

（4）安宫牛黄栓

生产厂家：哈药集团中药三厂等。

（5）安宫牛黄散

生产厂家：齐齐哈尔参鸽药业有限公司、哈高科佳木斯中药有限公司、哈药集团中药三厂等四家。

（6）清开灵注射液

生产厂家：河北神威药业有限公司、山西太行药业股份有限公司、北京中医药大学药厂等11家。

（7）清开灵滴丸

生产厂家：江苏清江药业有限公司、海南赛立克药业有限公司、包头中药有限责任公司等。

（8）清开灵片

生产厂家：浙江长生堂药业有限公司、哈尔滨圣泰制药股份有限公司、远达药业集团哈尔滨一洲制药有限公司等。

（9）清开灵软胶囊

生产厂家：神威药业有限公司等。

（10）清开灵颗粒

广州白云山明兴制药有限公司、远达药业集团哈尔滨一洲制药有限公司等。

（11）清开灵口服液

生产厂家：广州白云山明兴制药有限公司、山西太行药业股份有限公司、北京中医药大学药厂等四家。

（12）清开灵胶囊

生产厂家：广州白云山明兴制药有限公司、远达药业集团哈尔滨一洲制药有限公司等。

2. 银翘散

相关成药名称：

（1）银翘解毒片

生产厂家：江苏康缘药业股份有限公司、江西天施康中药股份有限公司、三九黄石制药厂等224家。

（2）银翘解毒丸

成都地奥集团天府药业股份有限公司、成都九芝堂金鼎药业有限公司、河北安国药业集团有限公司等109家。

（3）强力银翘片

生产厂家：云南天昭药业有限公司、陕西省唐都科研药厂、汉中中药厂等四家。

（4）银翘散袋泡剂

生产厂家：重庆碚陵药业有限公司等。

（5）银翘解毒颗粒

生产厂家：广东华天宝药业集团有限公司、九寨沟天然药业集团有限责任公司、青岛国风药业股份有限公司等76家。

（6）银翘解毒胶囊

生产厂家：华颐药业有限公司、天津宏仁堂药业有限公司、东莞广发制药有限公司等。

（7）银翘解毒软胶囊

生产厂家：江苏康缘药业股份有限公司等。

（8）精制银翘解毒胶囊

生产厂家：贵州恒和制药有限公司等。

（9）银翘解毒合剂

生产厂家：河南竹林众生制药股份有限公司、河北恒祥医药集团扁鹊制药有限公司、北京三九药业有限公司等39家。

（10）精制银翘解毒片

生产厂家：天津同仁堂股份有限公司、湖南安邦制药有限公司、哈药集团世一堂外用药厂等46家。

（11）银翘解毒口服液

生产厂家：石家庄四药有限公司、河北（冀衡集团）华威制药有限公司等。

（12）银翘解毒滴鼻剂

生产厂家：通化东宝五药有限公司。

（13）银翘袋泡剂

生产厂家：广西𫍯莹药业有限公司、广州白云山制药股份有限公司广州白云山中药厂、重庆市中药研究院制药厂等四家。

（14）银翘解毒液

生产厂家：哈药集团中药二厂、石家庄乐仁堂制药有限责任公司、太极集团·四川天诚制药有限公司等26家。

（15）维C银翘片

生产厂家：广东国医堂制药股份有限公司、广西金嗓子药业有限公司、哈药集团制药四厂等337家。

（16）复方银翘氨敏胶囊

生产厂家：吉林省集安益盛药业股份有限公司、吉林一正药业集团有限公司、江西汇仁药业有限公司等6家。

（17）复方银翘氨酚维C片

生产厂家：酒泉大得利制药有限公司、陕西省西安妇幼制药厂、陕西白鹿制药股份有限公司等。

（18）银翘伤风胶囊

生产厂家：成都天银制药有限公司、贵州三力制药有限责任公司、广东雷允上药业有限公司等。

（19）加味银翘片

生产厂家：石家庄以岭药业股份有限公司、贵阳德昌祥药业有限公司等。

（20）银翘合剂

生产厂家：太极集团浙江东方制药有限公司、四川维奥制药有限公司、湖南省湘中制药有限公司等8家。

（21）银翘片

生产厂家：上海雷允上药业有限公司等。

（22）银翘散

生产厂家：北京三九药业有限公司、贵州省安顺市顺健制药厂、遵义廖元和堂药业有限公司等7家。

（23）银翘双解栓

生产厂家：双鸭山哈慈制药有限公司等。

（24）桑菊银翘散

生产厂家：昆明中药厂有限公司等。

（25）天津感冒片

生产厂家：天津乐仁堂制药厂等。

（26）羚羊感冒口服液

生产厂家：南京同仁堂药业有限责任公司等。

（27）羚羊感冒片

生产厂家：北京同仁堂科技发展股份有限公司、哈药集团世一堂制药厂、河南省宛西制药股份有限公司等146家。

（28）羚羊感冒颗粒

生产厂家：黑龙江省济仁药业有限公司、太极集团重庆桐君阁药厂、四川济生堂药业有限公司等4家。

3. **桑菊饮**

相关成药名称：

（1）桑菊感冒合剂

生产厂家：国药控股深圳中药有限公司、太极集团重庆桐君阁药厂、北京亚东生物制药有限公司等19家。

（2）桑菊感冒颗粒

生产厂家：湖南省回春堂药业有限公司、太极集团四川绵阳制药有限公司、太唐山市龙山药业有限公司等30家。

（3）复方桑菊感冒颗粒

生产厂家：四平市吉特药业有限公司等。

（4）桑菊感冒糖浆

生产厂家：四川禾邦阳光制药有限责任公司、天津中新药业集团股份有限公司等。

（5）桑菊感冒丸

生产厂家：太极集团涪陵制药厂、四川大千药业有限公司、重庆东方药业股份有限公司等9家。

（6）桑菊感冒片

生产厂家：广西半宙大康制药有限公司、哈药集团三精黑河药业有限公司、太极集团涪陵制药厂等133家。

（7）复方桑菊感冒片

生产厂家：南宁市金马制药厂（有限公司）等。

（8）复方桑菊感冒冲剂

生产厂家：江西新和药业有限公司、南京厚生药业有限公司等。

（9）桑菊感冒冲剂

生产厂家：吉林敖东延边药业股份有限公司、四川光大制药有限公司、河北龙昌药业有限公司等28家。

4. **青蒿鳖甲汤**

相关成药名称：

青蒿鳖甲片

生产厂家：云南植物药业有限公司、太极集团重庆桐君阁药厂等。

5. **增液汤**

相关成药名称：

（1）增液颗粒

生产厂家：浙江新光药业有限公司等。

（2）生脉增液通胶囊

生产厂家：北京康而福药业有限公司等。

6. 三仁汤

相关成药名称：

三仁合剂

生产厂家：太极集团重庆桐君阁药厂等。

7. 雪梨浆

相关成药名称：

雪梨膏

生产厂家：河南时珍制药有限公司、江苏康缘药业股份有限公司、李时珍医药集团有限公司等51家。

8. 杏苏散

相关成药名称：

（1）杏苏合剂

生产厂家：太极集团重庆桐君阁药厂、四川省中药厂有限责任公司等。

（2）杏苏止咳口服液

生产厂家：广州潘高寿药业股份有限公司等。

（3）杏苏止咳糖浆

生产厂家：武汉健民药业集团股份有限公司、武汉长江巨龙药业有限公司、太极集团重庆桐君阁药厂、四川禾邦阳光制药有限责任公司等24家。

（4）杏苏止咳颗粒

生产厂家：广东罗定制药有限公司、武汉健民集团随州药业有限公司、吉林方大药业集团股份有限公司等6家。

（5）杏苏感冒颗粒

生产厂家：广西华天宝药业有限公司等。

9. 化癥回生丹

相关成药名称：

（1）化癥回生片

生产厂家：太原大宁堂药业有限公司、成都地奥集团天府药业股份有限公司、太极集团重庆桐君阁药厂等4家。

（2）化癥回生口服液

生产厂家：哈药慈航制药股份有限公司、成都地奥集团天府药业有限公司等。

（3）化癥回生胶囊

生产厂家：武汉大众康泰生物科技有限公司等。

附　　篇

一、《吴鞠通研究集成》编委会

学术顾问：

（名次均按姓氏笔画排序）

国医大师 朱良春 南通市中医院首任院长、主任中医师、教授、中华中医药学会终身理事	
国医大师 周仲瑛 南京中医药大学原校长、教授、主任医师、中华中医药学会终身理事	

国医大师 徐景藩 江苏省中医院原院长、教授、主任医师、中华中医药学会终身理事	
国医大师 程莘农 中国中医科学院教授、主任中医师、工程院院士、中央文史研究馆馆员	
国医大师 颜正华 北京中医药大学教授、主任中医师	

主编

严冰 南京中医药大学教堂医院淮安市中医院主任中医师、教授、江苏省名中医淮安市中医药学会会长、淮阴吴鞠通中医研究院名誉院长	

责任主编

肖照岑 天津中医药大学温病教研室主任 教授、博士研究生导师	
杨　进 南京中医药大学温病教研室主任 教授、博士研究生导师	
郭永洁 上海中医药大学温病教研室主任 教授、博士研究生导师	
郭选贤 河南中医学院温病教研室主任 教授	

责任副主编

江卫平 盱眙县中医院院长 副主任中医师 淮安市中医药学会副会长	
陈国明 洪泽县中医院院长 副主任中医师 淮安市中医药学会常务理事	
杨正文 金湖县中医院院长 副主任医师 淮安市中医药学会副会长	

唐业勤 淮安市淮阴医院院长 淮安市淮阴区中医药学会会长	

副主编

丁勇 淮阴卫生高等职业技术学校 副教授 淮安市中医药学会副会长	
卜开初 洪泽县人民医院 副主任中医师 淮安市中医药学会副秘书长 淮阴吴门（瑭）医派学术研究会主任委员	

王兆军 淮阴吴鞠通中医研究院院长 副主任中医师 淮安市中医药学会副会长	
王修锋 淮阴医院中医科主任 主任中医师 淮安市中医药学会副秘书长	
严晓枫 南京中医药大学教学院 淮安市中医院 副主任中医师、副教授，淮安市中医药学会副秘书长兼淮阴吴门（瑭）医派学术研究会秘书长	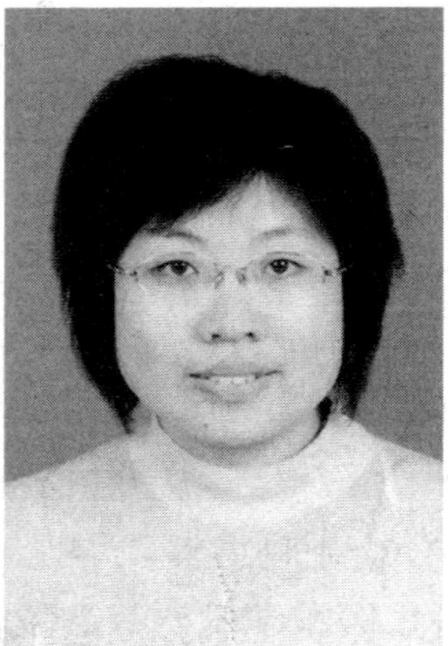

编委

丁以山 金湖县中医院业务院长淮阴吴门（瑭）医派学术研究会委员	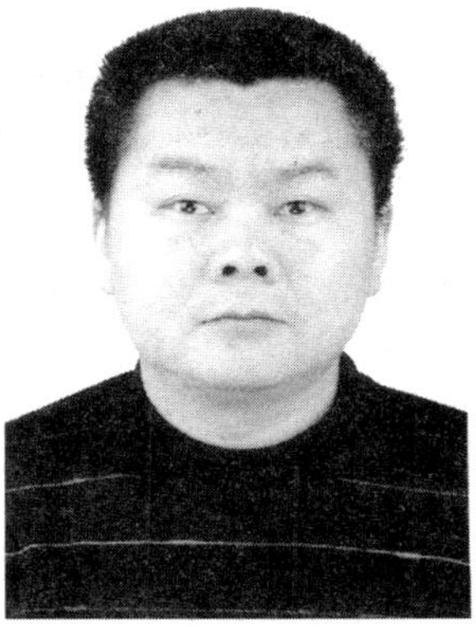
王兆凯 淮阴吴鞠通中医研究院研究员、名誉院长副主任中医师	
刘宏艳 天津中医药大学 博士　副教授	

刘枚 淮安市第一人民医院 主任中医师 市中医药学会理事	
朱建华 南通大学医学院 主任中医师 教授	
吴同和 南京中医药大学教授医院 淮安市中医院业务院长 副主任中医师、副教授 淮安市中医药学会秘书长	

张琪 常州市中医院院长 主任中医师、博士生导师、常州中医学会副会长、孟河医派第四代传人	
张华锴 河南中医学院热疾研究所 讲师	
李树年 淮安市第一人民医院 主任中医师 淮安市中医药学会常务理事	

汪再舫 南京中医药大学教学医院 淮安市中医院 主任中医师、教授，江苏省名中医 淮安市中医药学会副会长	
沈达荣 淮安市皮肤病防治院书记 副主任中医师 淮安市中医药学会常务理事	
周学义 淮安市第二人民医院 主任中医师 淮安市中医药学会理事、淮阴吴门（瑭）医派学术研究会委员	

金兆刚 淮安市楚州区医院中医科主任 副主任中医师 淮安市中医药学会理事、淮阴吴门（瑭）医派学术研究会委员	
胡启梅 淮安市楚州区中医院副院长 主任中医师 淮安市中医药学会副会长	
赵化南 连云港市中医院 主任中医师 教授 淮阴吴门（瑭）医派学术研究会委员	

原金隆 上海市普陀区中医院 主任中医师 淮阴吴门（瑭）医派学术研究会委员	
唐开武 涟水县中医院业务院长 副主任中医师 淮阴吴门（瑭）医派学术研究会委员	
秦素凡 上海工惠医院 主任医师 教授 淮阴吴门（瑭）医派学术研究会委员	

郭海 南京中医药大学温病学 博士 淮阴吴门（瑭）医派学术研究会委员	
顾克明 淮阴吴鞠通中医研究院研究员 主任中医师 淮阴吴门（瑭）医派学术研究会学术顾问	
戚玉华 淮安市妇幼保健院 主任中医师 淮安市中医药学 会常务理事	

龚婕宁 南京中医药大学 教授 博士研究生导师	
屠燕捷 上海中医药大学温病教研室 讲师	
嵇明亚 灌南县中医院 副主任中医师 淮阴吴门（瑭）医派学术研究会委员	

程绍祖 淮阴吴鞠通中医研究院研究员 副主任中医师 淮阴吴门（瑭）医派学术研究会委员	
谢锦生 洪泽县中医院业务院长 淮阴吴门（瑭）医派学术研究会委员	
韩如章 淮阴吴鞠通中医研究院研究员 主任中医师 淮阴吴门（瑭）医派学术研究会学术顾问	

熊秀萍 常熟市中医院业务院长 主任中医师 淮阴吴门（塘）医派学术研究会委员	
薛玉书 涟水县医院 主任中医 淮阴吴门（塘）医派学术研究会委员 淮安市中医药学会常务理事	

二、从国医大师对《吴鞠通研究集成》的题词谈吴门医派

温病学说自从元王安道提出“温病不得混称伤寒”一论后，经明吴又可的努力和实践，著《温疫论》开温病之先河。到清叶天士创卫气营血学说，奠定了温病理论的基础。待到吴通的《温病条辨》问世，温病学说的理论体系始告完成。由经过王孟英的进一步完善，温病学说已成为一门独立学科。

吴鞠通，名瑭，字佩珩，江苏淮阴人。他一生中，对温病学说作出了巨大贡献，与吴天士、薛生白、王孟英并称“温病四大家”。2007 年，是吴鞠通诞辰 250 周年，来自全国各地的专家、学者，在淮阴举行隆重纪念活动和吴鞠通学说高层论坛。嗣后，为了将吴鞠通学说进一步发扬光大，造福人类，由严冰教授会集同仁，编纂《吴鞠通研究集成》这一巨著。这一壮举，得到了各地专家学者的赞同和支持，特别是首届“国医大师”程莘农、朱良春、颜正华、周仲瑛、徐景藩教授，欣然命笔题词，共襄盛举。

在国医大师的题词中，周仲瑛教授的题词是：“植根经典，学融百家。吴门医派，温病奇葩。”颜正华教授的题词是：“淮阴吴瑭，独树一门。医术医德，造福千秋。”两位大师，都不约而同地提出了门派。周教授直书吴门医派，颜教授称赞独树一门。其中吴门医派，当如何理解，试学习之。

水之头为源，水之身为流，水之支为派。流派者，门户也，学术亦是如此。儒之门户分于宋，医之门户分于金。金元之后，各家学说蜂起，互相争鸣，使中医学说异彩纷呈。学派之名也各不相同。其一、地域名派者，如以苏州为中心的医家们，研究医学，作出了很大贡献，称为“吴门医派”。所谓吴者，因苏州古属吴国，故称吴。武进孟河镇的“孟河医派”，实际是马、费、巢、丁四大医家的学术流派。安徽徽州的“新安医派”等。其二、以学术名派者，如“伤寒学派”、“温病学派”等。其三、以治法名派者，如“攻邪派”、“补上派”、“温补派”、“滋阴派”等。其四、以研究某个医家的学说而名派者，如“仲景学派”、“易水学派”、“河间学派”、“丹溪学派”等。从这里可以看出，医派之名，并不是一个固定的含义。

国医大师周仲瑛教授所说的“吴门医派”，与苏州的“吴门医派”不是一个意思，只是研究吴门（吴氏及鞠通之门）学说的一个流派。它与“仲景学派”、“丹溪学派”相同。

那么，“门”字又将如何理解？国医大师颜正华教授指出：“淮阴吴瑭，独树一门。”门字，本义是家门，后来引申为自成门户之学派。独树一门，就是独树一派。凡是入其门者，统称门人。谢观在编著《中国医学大辞典》时，参订者有门人 66 名之多。柳宝诒医术精湛，曾有百人拜门求艺之举。既入其门，当入其派。故医之门派者，称为“医派”。

由此可以推论，凡研究吴鞠通学说的学者们，皆属于吴门医派。这样，在中医学史上，从此将出现两个“吴门医派”，一是苏州地域性的医派，即“苏州吴门医派”；一是淮阴的研究吴鞠通学说的名家性医派，即“淮阴吴门医派”。

淮阴吴门（瑭）医派学术研究会
卜开初

三、结　语

2007“纪念吴鞠通诞辰250周年高层学术论坛”在淮阴刚刚落下帷幕，会议的胜利召开和圆满结束，给代表们留下深刻印象，也给吴鞠通家乡人留下了声誉。高兴之时，一种带有使命感的声音在淮回荡不息，这就是《张仲景研究集成》已经出版，比肩而立的淮阴吴鞠通怎么办？是巧合，还是必然。早在论坛召开之前，淮上的中医人就有计划将会议资料和手中的相关资料汇编成册。代表刚刚送走，就召开了会议，决定组建《吴鞠通研究集成》编委会，为扩大阵容，聚集精英，把事情做得更好，会上决定向全国有关单位和专家发函邀请，参与工作，于2008年春节后的第一个休息日，即2008年2月10日编委会开始工作了。其参与者有淮安市中医药学会、淮阴吴瑭医派研究会、淮阴吴鞠通中医研究院以及发信邀请的北京、天津、上海、南京、河南等中医药大学的专家和学者，还特聘朱良春、周仲瑛、程莘农、徐景藩、颜正华教授为《吴鞠通研究集成》高级顾问，在技术上和重大学术问题上给予指导。几经努力，一个以专家为主的编委会成立了。

集成者，集大成也。我们很想把所有收集到的资料全盘捧出，奉献给读者。但限于篇幅，终未如愿。为了不失《集成》之名，我们呕心沥血，作了不少审视，最终采取分篇分类选辑排编，其余以目录形式入编。对已出版的大量原著原作只节选少量作为代表，无法全面展现原著原貌，实为憾事。不过，有目录展示，又很容易从有关书中找到自己所需资料的出处，为幸！为《集成》的出版，编委会的同仁们辛勤工作，为了完成各自负担的任务，为了查找资料，他们忘了节假日，放弃了和家人团聚，在图书馆、电脑旁、书店里，都留下了他们的足迹和汗水。就在成书进入倒计时的最后半年里，部分编委们每星期二、四、日晚还要集中，统一审稿、议事，从未见有缺席。有一位副主编因未来得及吃晚饭，宁愿自己带着快餐面上班，也不愿因自己的迟到而耽误了工作。可以这样说，号称百万言的这本书中，浸透了痴迷于《吴鞠通研究集成》人的心。心血没有白耗，汗水没有白流，近200年来研究吴鞠通的一本本著作，一篇篇论著，一项项科研成果，经过编者的手被汇集一起了，从而组成了一幅全方位的吴鞠通功绩图，也是一幅无数古今学者，尤其是现代学者为之奋斗的心血结晶。无可非议，吴鞠通学说是一门科学，吴鞠通和他的学说，是伟大的，为伟大的人和事，做点工作，出点汗，值！

吴鞠通创立的温病三焦辨证学说是空前的，是温病学的里程碑；其医学实践是实在的、科学的、有创见的；其医德医风、学风文风是后人的榜样，精神永存！吴鞠通无愧于一位伟大的医学科学家、温病学家、临床学家的称谓。《吴鞠通研究集成》的问世，还与有关领导和医界的善人善事，善言善词的支持者们分不开，我们从心里真诚地道一声：谢谢！

最后，当这部《集成》呈现在您的面前时，我们还想再说一句，这部《集成》虽称百万言之作，但也无论如何概括不了吴鞠通学说的全部，表现不了吴鞠通学说的丰厚结晶，表达不了研究吴鞠通人的所有心愿，这只能是吴鞠通学说研究的开始，因此需要更多的专家学者们，共同再作努力，专心研究，不断实践，探索创新，总结提高，汇集更新、以更加翔实的研究资料去续写新的《集成》篇章！

2010年8月9日　严　冰